SEGURANÇA E MEDICINA DO TRABALHO

ATUALIZE GRATUITAMENTE

http://legislacao.saraivajur.com.br

Esta edição poderá ser atualizada, semanalmente, pela Internet até 31 de outubro de 2022.

www.editorasaraiva.com.br/direito

Visite nossa página

SEGURANÇA E MEDICINA DO TRABALHO

Obra composta pelas Normas Regulamentadoras 1 a 37, acompanhada de dispositivos da Constituição Federal e CLT, bem como da legislação complementar, das súmulas, das orientações jurisprudenciais e dos precedentes normativos pertinentes.

27ª edição atualizada
2022

saraiva jur

saraiva EDUCAÇÃO | saraiva jur

Av. Paulista, 901, Edifício CYK, 3º andar
Bela Vista – SP – CEP 01310-100

SAC | sac.sets@saraivaeducacao.com.br

DADOS INTERNACIONAIS DE CATALOGAÇÃO NA PUBLICAÇÃO (CIP)
VAGNER RODOLFO DA SILVA – CRB-8/9410

E23s Saraiva Educação

Segurança e Medicina do Trabalho / obra coletiva de autoria da Saraiva Educação com a colaboração de Livia Céspedes e Fabiana Dias Rocha. – 27. ed. – São Paulo : SaraivaJur, 2022.

1.208 p.

ISBN 978-65-5362-314-9 (Impresso)

1. Saúde e Segurança do Trabalho. 2. Medicina do Trabalho. I. Céspedes, Livia. II. Rocha, Fabiana Dias da.

2021-4080 CDD 363.11
CDU 613.6

Índices para catálogo sistemático:

1. Saúde e Segurança do Trabalho 363.11
2. Saúde e Segurança do Trabalho 613.6

Direção executiva Flávia Alves Bravin
Direção editorial Ana Paula Santos Matos
Gerência editorial e de projetos Fernando Penteado

Novos projetos Aline Darcy Flôr de Souza
Dalila Costa de Oliveira

Edição Livia Céspedes (coord.)
Eduarda do Prado Ribeiro
Fabiana Dias da Rocha
Fabio Ricardo de Abreu
José Roberto Borba Ferreira Júnior
Maria Cecília Coutinho Martins

Produção editorial Daniele Debora de Souza (coord.)
Cintia Aparecida dos Santos
Paula Brito

Arte e digital Mônica Landi (coord.)
Camilla Felix Cianelli Chaves
Claudirene de Moura Santos Silva
Deborah Mattos
Guilherme H. M. Salvador
Tiago Dela Rosa

Projetos e serviços editoriais Daniela Maria Chaves Carvalho
Emily Larissa Ferreira da Silva
Kelli Priscila Pinto
Klariene Andrielly Giraldi

Projeto gráfico Claudirene de Moura Santos Silva
Diagramação Laudemir Marinho dos Santos
Revisão Amanda Anhoque
Capa Deborah Mattos
Produção gráfica Marli Rampim
Sergio Luiz Pereira Lopes
Impressão e acabamento Edições Loyola

Data de fechamento da edição: 13-1-2022

Dúvidas? Acesse www.editorasaraiva.com.br/direito

CL 607487 CAE 785490

SEGURANÇA E MEDICINA DO TRABALHO

27ª edição atualizada
2022

Obra coletiva com a colaboração
de Livia Céspedes e Fabiana Dias da Rocha
(Editorial de Legislação do selo Saraiva Jur)

Indicador Geral

Indicador Geral

Nota dos Organizadores

Apresentação

Esta legislação está prevista na CLT, mas não é de uso exclusivo do acadêmico do Direito. Vem para atender plenamente profissionais, mais especificamente os de segurança e medicina do trabalho (técnicos, engenheiros e médicos), estudantes e professores de cursos técnico-profissionalizantes da rede oficial e particular, entre outros.

A obra apresenta *layout* moderno somado ao conteúdo criteriosamente selecionado, organizado de forma simples e eficiente.

Constituição Federal

Selecionamos para este volume os dispositivos constitucionais relacionados à matéria.

Destaque

▬ ➔ dispositivos alterados em 2020, 2021 e 2022.

Medidas Provisórias

Medidas Provisórias são normas com força de lei editadas pelo Presidente da República em situações de relevância e urgência (CF, art. 62). Apesar de produzirem efeitos jurídicos imediatos, devem ser submetidas à apreciação das Casas do Congresso Nacional (Câmara dos Deputados e Senado Federal) para serem convertidas definitivamente em lei ordinária.

O prazo inicial de vigência de uma Medida Provisória é de 60 dias, prorrogável por igual período, caso não tenha sua votação concluída nas duas Casas do Congresso Nacional. Se não for apreciada em até 45 dias, contados da sua publicação, entra em regime de urgência, sobrestando todas as demais deliberações legislativas da Casa em que estiver tramitando.

Considerando que as Medidas Provisórias estão sujeitas a avaliação posterior pelo Congresso Nacional, podendo ou não serem convertidas em lei, no caso de sua apreciação não ocorrer até o fechamento da edição da obra, a redação anterior do dispositivo alterado é mantida em forma de nota.

Ministérios

Mantivemos a redação original no texto da legislação, com a denominação dos Ministérios vigente à época da norma.

Multas

Os valores das multas contidas nos dispositivos da Consolidação das Leis do Trabalho passaram por inúmeras alterações ao longo dos anos. Dessa forma, preferimos manter seu texto original e elaborar um histórico para que o consulente possa conferir os valores com exatidão.

Histórico:

a) A Lei n. 6.205, de 29 de abril de 1975, proibiu a utilização do salário mínimo como medida de valor. Surgiu então, o coeficiente de atualização monetária nos termos do art. 2º da citada Lei, que poderia ter como base fator de reajustamento salarial disposto na Lei n. 6.147, de 29 de novembro de 1974, ou a variação das Obrigações do Tesouro Nacional – OTN.

b) O Decreto n. 75.704, de 8 de maio de 1975, alterado pelo Decreto n. 77.511, de 29 de abril de 1976, fixou coeficiente de atualização monetária previsto no art. 2º da Lei n. 6.205, de 29 de abril de 1975.

c) A Lei n. 6.986, de 13 de abril de 1982, em seu art. 7º, elevou em dez vezes o valor das multas por infração aos preceitos da Consolidação das Leis do Trabalho.

d) A Lei n. 7.784, de 28 de junho de 1989, em seu art. 2º, determinou que todas as penalidades previstas em Obrigações do Tesouro Nacional – OTN fossem convertidas em Bônus do Tesouro Nacional – BTN.

e) A Lei n. 7.855, de 24 de outubro de 1989, em seu art. 2º, triplicou o valor das multas administrativas decorrentes da violação das normas trabalhistas previstas na Consolidação das Leis do Trabalho e determinou que fossem expressas em BTN.

f) A Lei n. 8.177, de 1º de março de 1991, em seu art. 3º, extinguiu o BTN e determinou sua conversão para Cruzeiro.

g) A Lei n. 8.383, de 30 de dezembro de 1991, instituiu a Unidade Fiscal de Referência – UFIR como medida de valor e parâmetro de atualização monetária de tributos e de valores expressos em Cruzeiros na legislação tributária federal, bem como os relativos a multas e penalidades de qualquer natureza.

h) A Portaria n. 290, de 11 de abril de 1997, estabeleceu valores em UFIR para as multas administrativas previstas na legislação trabalhista.

i) A Lei n. 9.782, de 23 de novembro de 1999, em seu art. 9º, concedeu anistia das multas já aplicadas, por infração à legislação trabalhista, de valor consolidado igual ou inferior a R$ 1.000,00 (mil reais).

j) A Lei n. 10.522, de 19 de julho de 2002, em seu art. 29, § 3º, extinguiu a UFIR, estabelecendo a reconversão dos créditos para o Real, para os fins de débitos de qualquer natureza com a Fazenda Nacional.

Normas Alteradoras

Normas alteradoras são aquelas que não possuem texto próprio, mas apenas alteram outros diplomas. Para facilitar a consulta, processamos as alterações no texto legislativo alterado.

Notas

As notas foram selecionadas de acordo com seu grau de importância, e estão separadas em fundamentais (grafadas com ••) e acessórias (grafadas com •).

Súmulas

Constam deste volume apenas as Súmulas do STF, Vinculante, STJ, TST e JEFs relacionadas à legislação de segurança e medicina do trabalho.

Sendo assim, a inexistência de súmulas nesta obra não significa que elas tenham sido revogadas ou estejam prejudicadas.

Textos Parciais

Alguns diplomas deixam de constar integralmente. O propósito foi criar espaço para normas mais utilizadas no dia a dia pelos profissionais e acadêmicos.

Organizadores

Abreviaturas

ABNT – Associação Brasileira de Normas Técnicas

ADCT – Ato das Disposições Constitucionais Transitórias

AFT – Auditor Fiscal do Trabalho

AGU – Advocacia-Geral da União

AIDS – Síndrome da Imunodeficiência Adquirida

ANTAQ – Agência Nacional de Transportes Aquaviários

ANTT – Agência Nacional de Transportes Terrestres

ANVISA – Agência Nacional de Vigilância Sanitária

APR – Análise Preliminar de Risco

ART – Anotação de Responsabilidade Técnica

ASO – Atestado de Saúde Ocupacional

AT – Alta Tensão

ATTM – Ácido Trans, Transmucônico

BPF – Boas Práticas de Fabricação

BT – Baixa Tensão

CA – Certificado de Aprovação

CAEPI – Certificado de Aprovação de Equipamento de Proteção Individual

CAGED – Cadastro Geral de Empregados e Desempregados

CAI – Certificado de Aprovação de Instalações

CANPAT – Campanha Nacional de Prevenção de Acidentes do Trabalho

CANPATR – Campanha Nacional de Prevenção de Acidentes do Trabalho Rural

CAT – Comunicação de Acidente do Trabalho

CAU/BR – Conselho de Arquitetura e Urbanismo do Brasil

CC – Código Civil (Lei n. 10.406, de 10-1-2002)

CCIT – Comissão de Colaboração com a Inspeção do Trabalho

CDTT – Certidão Declaratória de Transporte de Trabalhadores

CE – Comissão Eleitoral

CEI – Cadastro Específico do INSS

CF – Constituição Federal

CGPGE – Coordenação-Geral de Planejamento e Gestão Estratégica

CGR – Coordenação-Geral de Recursos

CGRH – Coordenação-Geral de Recursos Humanos

CID – Classificação Internacional de Doenças

CIF – Carteira de Identidade Fiscal

CIPA – Comissão Interna de Prevenção de Acidentes

CIPAMIN – Comissão Interna de Prevenção de Acidentes na Mineração

CIPATR – Comissão Interna de Prevenção de Acidentes do Trabalho Rural

CLT – Consolidação das Leis do Trabalho (Decreto-lei n. 5.452, de 1.º-5-1943)

CNAE – Classificação Nacional de Atividades Econômicas

CNEN – Comissão Nacional de Energia Nuclear

CNES – Cadastro Nacional de Estabelecimentos de Saúde

CNH – Carteira Nacional de Habilitação

CNPJ – Cadastro Nacional de Pessoa Jurídica

CNTT – Comissão Nacional Tripartite Temática

CODEFAT – Conselho Deliberativo do Fundo de Amparo ao Trabalhador

CONFEA – Conselho Federal de Engenharia, Arquitetura e Agronomia

CONMETRO – Conselho Nacional de Metrologia, Normalização e Qualidade Industrial

COVs – Compostos Orgânicos Voláteis

CP – Código Penal (Decreto-lei n. 2.848, de 7-12-1940)

CPATP – Comissão de Prevenção de Acidentes no Trabalho Portuário

CPC – Código de Processo Civil (Lei n. 13.105, de 16-3-2015)

CPF – Cadastro de Pessoa Física

CPMR – Controle de Processos de Multas e Recursos

CPN – Comitê Permanente Nacional (sobre Condições e Meio Ambiente do Trabalho na Indústria da Construção)

CPNA – Comissão Permanente Nacional (do Setor Aquaviário)

CPNR – Comissão Permanente Nacional Rural

CPR – Comitê Permanente Regional (sobre Condições e Meio Ambiente do Trabalho na Indústria da Construção)

CPRR – Comissão Permanente Regional Rural

CREA – Conselho Regional de Engenharia e Arquitetura

CREM – Comunicação do Resultado de Exame Médico

CRER – Comunicação de Resultado de Requerimento

CRF – Certificado de Registro de Fretamento

CRM – Conselho Regional de Medicina

CSC – Convenção de Segurança para Contêineres

CTB – Código de Trânsito Brasileiro (Lei n. 9.503, de 23-9-1997)

CTPN – Comissão Tripartite Permanente Nacional

CTPR – Comissão Tripartite Permanente Regional

CTPS – Carteira de Trabalho e Previdência Social

CTSST – Comissão Tripartite de Saúde e Segurança no Trabalho

DCO – Doença Cervicobraquial Ocupacional

DJ – *Diário da Justiça*

DJE – *Diário da Justiça Eletrônico*

DNPM – Departamento Nacional de Produção Mineral

DNSHT – Departamento Nacional de Segurança e Higiene do Trabalho

DNSST – Departamento Nacional de Segurança e Saúde do Trabalho

DORT – Distúrbios Osteomusculares Relacionados ao Trabalho

DOU – *Diário Oficial da União*

DPC – Diretoria de Portos e Costas

DPRF – Departamento de Polícia Rodoviária Federal

DRT – Delegacia Regional do Trabalho

DSST – Departamento de Segurança e Saúde no Trabalho

DTM – Delegacia do Trabalho Marítimo

EBT – Extrabaixa Tensão

ECA – Estatuto da Criança e do Adolescente

EPC – Equipamento de Proteção Coletiva

EPI – Equipamento de Proteção Individual

EPR – Equipamento de Proteção Respiratória

FGTS – Fundo de Garantia do Tempo de Serviço

FISPQ – Ficha de Informação de Segurança de Produtos Químicos

FUNDACENTRO – Fundação Jorge Duprat Figueiredo de Segurança e Medicina do Trabalho

GHS – Sistema Globalmente Harmonizado de Classificação e Rotulagem de Produtos Químicos

GLP – Gás Liquefeito de Petróleo

GR – Grau de Risco

GRTE – Gerência Regional do Trabalho e Emprego

GSSTB – Grupo de Segurança e Saúde no Trabalho a Bordo de Embarcações

IBE – Índice Biológico de Exposição

IBGE – Instituto Brasileiro de Geografia e Estatística

IBMP – Índice Biológico Máximo Permitido

IMDG – (denominação do) Código Marítimo Internacional de Mercadorias Perigosas

INAMPS – Instituto Nacional de Assistência Médica da Previdência Social (atual INSS)

INMETRO - Instituto Nacional de Metrologia, Normalização e Qualidade Industrial

INSS – Instituto Nacional do Seguro Social

IOE – Indivíduo Ocupacionalmente Exposto

IPVS – Imediatamente Perigoso à Vida e à Saúde

JEFs – Juizados Especiais Federais

LBA – Legião Brasileira de Assistência

LER – Lesões por Esforços Repetitivos

LIE – Limite Inferior de Explosividade

LINACH – Lista Nacional de Agentes Cancerígenos para Humanos

LRM – Livro de Registro do Mergulhador

LTC – Lesões por Traumas Cumulativos

MF – Ministério da Fazenda

MPS – Ministério da Previdência Social

MRA – Mistura Respiratória Artificial

MRE – Ministério das Relações Exteriores

MTb – antiga designação do Ministério do Trabalho e Emprego
MTE – Ministério do Trabalho e Emprego
n. – número
NR – Norma Regulamentadora
OGMO – Órgão Gestor de Mão de Obra
OIT – Organização Internacional do Trabalho
OJ – Orientação Jurisprudencial
OMI – Organização Marítima Internacional
ONU – Organização das Nações Unidas
OS – Ordem de Serviço
OSAD – Ordem de Serviço Administrativa
OTN – Obrigações do Tesouro Nacional
PAM – Plano de Ajuda Mútua
PAT – Programa de Alimentação do Trabalhador
PCE – Plano de Controle de Emergência
PCMAT – Programa de Condições e Meio Ambiente de Trabalho na Indústria da Construção
PCMSO – Programa de Controle Médico de Saúde Ocupacional
PET – Permissão de Entrada e Trabalho
PGR – Programa de Gerenciamento de Riscos
PMOC – Plano de Manutenção, Operação e Controle
PMTA – Pressão Máxima de Trabalho Admissível
PMTP – Pressão Máxima de Trabalho Permitida
PN – Precedentes Normativos
PNSST – Política Nacional de Segurança e Saúde do Trabalho
PPA – Plano Plurianual
PPEOB – Programa de Prevenção da Exposição Ocupacional ao Benzeno
PPRA – Programa de Prevenção de Riscos Ambientais
PPRO – Programa de Prevenção de Riscos Ocupacionais
PT – Permissão de Trabalho
PTA – Plataforma de Trabalho Aéreo
RA – Relatório de Atividades
RAC – Regulamento de Avaliação da Conformidade
RAIS – Relações Anuais de Informações Sociais
Res. – Resolução
RI – Relatório de Inspeção
RIA – Responsável por Instalação Aberta
ROM – Registro das Operações de Mergulho
RTP – Recomendações Técnicas de Procedimentos
s. – seguinte(s)
SAT – Seguro de Acidente do Trabalho

SDC – Seção de Dissídios Coletivos

SDI – Seção de Dissídios Individuais

SDI-1 – Subseção 1 da Seção Especializada em Dissídios Individuais

SDI-2 – Subseção 2 da Seção Especializada em Dissídios Individuais

SEINT – Seção de Inspeção do Trabalho

SENAC – Serviço Nacional de Aprendizagem Comercial

SENAD – Secretaria Nacional Antidrogas

SENAR – Serviço Nacional de Aprendizagem Rural

SENAT – Serviço Nacional de Aprendizagem do Transporte

SEP – Sistema Elétrico de Potência

SEPATR – Serviço Especializado em Prevenção de Acidentes do Trabalho Rural

SERET – Seção de Relações do Trabalho

SERT – Setor de Relações do Trabalho

SESC – Serviço Social do Comércio

SESCOOP – Serviço Nacional de Aprendizagem do Cooperativismo

SESI – Serviço Social da Indústria

SESMT – Serviço Especializado em Engenharia de Segurança e em Medicina do Trabalho

SESSTP – Serviço Especializado em Segurança e Saúde do Trabalhador Portuário

SESTR – Serviço Especializado em Segurança e Saúde no Trabalho Rural

SFIT – Sistema Federal de Inspeção do Trabalho

SIF – Serviço de Inspeção Federal

SIMPEAQ – Sistema de Monitoramento de Populações Expostas a Agentes Químicos

SINAN – Sistema de Informação de Agravos de Notificação

SINASE – Sistema Nacional de Atendimento Socioeducativo

SINE – Sistema Nacional de Emprego

SINMETRO – Sistema Nacional de Metrologia, Normalização e Qualidade Industrial

SIPAT – Semana Interna de Prevenção de Acidentes do Trabalho

SIPATMIN – Semana Interna de Prevenção de Acidentes do Trabalho na Mineração

SIPEC – Sistema de Pessoal Civil

SIT – Secretaria de Inspeção do Trabalho

SITI – Sistema de Informações sobre Focos de Trabalho Infantil

SPIE – Serviço Próprio de Inspeção de Equipamentos

SRT – Secretaria de Relações do Trabalho

SRTE – Superintendência Regional do Trabalho e Emprego

SSMT – Secretaria de Segurança e Medicina do Trabalho

SSO – Síndrome de Sobrecarga Ocupacional

SSST – Secretaria de Segurança e Saúde no Trabalho

STF – Supremo Tribunal Federal

STJ – Superior Tribunal de Justiça

SUS – Sistema Único de Saúde

TCE – Tomada de Contas Especial

TR – Título de Registro

TST – Tribunal Superior do Trabalho

UFIR – Unidade Fiscal de Referência

VRT – Valor de Referência Tecnológico

ZEE – Zona Econômica Exclusiva

Índice Cronológico da Legislação

DECRETOS:

DECRETO-LEI:

DESPACHO

INSTRUÇÕES NORMATIVAS:

LEIS:

LEI COMPLEMENTAR:

NORMAS REGULAMENTADORAS:

PORTARIA CONJUNTA:

PORTARIAS:

PORTARIAS INTERMINISTERIAIS:

RESOLUÇÕES:

Constituição da República Federativa do Brasil (1)

Preâmbulo

Nós, representantes do povo brasileiro, reunidos em Assembleia Nacional Constituinte para instituir um Estado Democrático, destinado a assegurar o exercício dos direitos sociais e individuais, a liberdade, a segurança, o bem-estar, o desenvolvimento, a igualdade e a justiça como valores supremos de uma sociedade fraterna, pluralista e sem preconceitos, fundada na harmonia social e comprometida, na ordem interna e internacional, com a solução pacífica das controvérsias, promulgamos, sob a proteção de Deus, a seguinte CONSTITUIÇÃO DA REPÚBLICA FEDERATIVA DO BRASIL.

Título I

Dos Princípios Fundamentais

Art. 1º A República Federativa do Brasil, formada pela união indissolúvel dos Estados e Municípios e do Distrito Federal, constitui-se em Estado Democrático de Direito e tem como fundamentos:

....

III – a dignidade da pessoa humana;

IV – os valores sociais do trabalho e da livre-iniciativa;

....

Título II

Dos Direitos e Garantias Fundamentais

Capítulo I

Dos Direitos e Deveres Individuais e Coletivos

Art. 5º Todos são iguais perante a lei, sem distinção de qualquer natureza, garantindo-se aos brasileiros e aos estrangeiros residentes no País a inviolabilidade do direito à vida, à liberdade, à igualdade, à segurança e à propriedade, nos termos seguintes:

I – homens e mulheres são iguais em direitos e obrigações, nos termos desta Constituição;

- *Vide* Lei n. 9.029, de 13-4-1995.
- Convenção sobre a eliminação de todas as formas de discriminação contra a mulher: Decreto n. 4.377, de 13-9-2002.

II – ninguém será obrigado a fazer ou deixar de fazer alguma coisa senão em virtude de lei;

III – ninguém será submetido a tortura nem a tratamento desumano ou degradante;

- Convenção contra a tortura e outros tratamentos ou penas cruéis, desumanos ou degradantes: Decreto n. 40, de 15-2-1991.
- A Lei n. 9.455, de 7-4-1997, define os crimes de tortura.

....

VIII – ninguém será privado de direitos por motivo de crença religiosa ou de convicção filosófica ou política, salvo se as invocar para eximir-se de obrigação legal a todos imposta e recusar-se a cumprir prestação alternativa, fixada em lei;

....

X – são invioláveis a intimidade, a vida privada, a honra e a imagem das pessoas, assegurado o direito a indenização pelo dano material ou moral decorrente de sua violação;

....

XIII – é livre o exercício de qualquer trabalho, ofício ou profissão, atendidas as qualificações profissionais que a lei estabelecer;

....

XVII – é plena a liberdade de associação para fins lícitos, vedada a de caráter paramilitar;

XVIII – a criação de associações e, na forma da lei, a de cooperativas independem de autorização, sendo vedada a interferência estatal em seu funcionamento;

- A Lei n. 5.764, de 16-12-1971, dispõe sobre o regime jurídico das cooperativas.

XIX – as associações só poderão ser compulsoriamente dissolvidas ou ter suas atividades suspensas por decisão judicial, exigindo-se, no primeiro caso, o trânsito em julgado;

XX – ninguém poderá ser compelido a associar-se ou a permanecer associado;

XXI – as entidades associativas, quando expressamente autorizadas, têm legitimidade para representar seus filiados judicial ou extrajudicialmente;

....

XXXV – a lei não excluirá da apreciação do Poder Judiciário lesão ou ameaça a direito;

XXXVI – a lei não prejudicará o direito adquirido, o ato jurídico perfeito e a coisa julgada;

....

XLI – a lei punirá qualquer discriminação atentatória dos direitos e liberdades fundamentais;

....

LXIX – conceder-se-á mandado de segurança para proteger direito líquido e certo, não amparado por *habeas*

(1) Publicada no *Diário Oficial da União* n. 191-A, de 5-10-1988.

corpus ou *habeas data*, quando o responsável pela ilegalidade ou abuso de poder for autoridade pública ou agente de pessoa jurídica no exercício de atribuições do Poder Público;

• Mandado de segurança: Lei n. 12.016, de 7-8-2009.

• *Habeas Data*: Lei n. 9.507, de 12-11-1997.

LXX – o mandado de segurança coletivo pode ser impetrado por:

a) partido político com representação no Congresso Nacional;

b) organização sindical, entidade de classe ou associação legalmente constituída e em funcionamento há pelo menos um ano, em defesa dos interesses de seus membros ou associados;

....

LXXIII – qualquer cidadão é parte legítima para propor ação popular que vise a anular ato lesivo ao patrimônio público ou de entidade de que o Estado participe, à moralidade administrativa, ao meio ambiente e ao patrimônio histórico e cultural, ficando o autor, salvo comprovada má-fé, isento de custas judiciais e do ônus da sucumbência;

• Lei de Ação Popular: Lei n. 4.717, de 29-6-1965.

....

§ 1º As normas definidoras dos direitos e garantias fundamentais têm aplicação imediata.

§ 2º Os direitos e garantias expressos nesta Constituição não excluem outros decorrentes do regime e dos princípios por ela adotados, ou dos tratados internacionais em que a República Federativa do Brasil seja parte.

§ 3º Os tratados e convenções internacionais sobre direitos humanos que forem aprovados, em cada Casa do Congresso Nacional, em dois turnos, por três quintos dos votos dos respectivos membros, serão equivalentes às emendas constitucionais.

•• § 3º acrescentado pela Emenda Constitucional n. 45, de 8-12-2004.

§ 4º O Brasil se submete à jurisdição de Tribunal Penal Internacional a cuja criação tenha manifestado adesão.

•• § 4º acrescentado pela Emenda Constitucional n. 45, de 8-12-2004.

Capítulo II

Dos Direitos Sociais

Art. 6º São direitos sociais a educação, a saúde, a alimentação, o trabalho, a moradia, o transporte, o lazer, a segurança, a previdência social, a proteção à maternidade e à infância, a assistência aos desamparados, na forma desta Constituição.

•• *Caput* com redação determinada pela Emenda Constitucional n. 90, de 15-9-2015.

Parágrafo único. Todo brasileiro em situação de vulnerabilidade social terá direito a uma renda básica familiar, garantida pelo poder público em programa permanente de transferência de renda, cujas normas e requisitos de acesso serão determinados em lei, observada a legislação fiscal e orçamentária.

•• Parágrafo único acrescentado pela Emenda Constitucional n. 114, de 16-12-2021.

Art. 7º São direitos dos trabalhadores urbanos e rurais, além de outros que visem à melhoria de sua condição social:

• A Lei n. 9.799, de 26-5-1999, insere na Consolidação das Leis do Trabalho regras de acesso da mulher ao mercado de trabalho.

I – relação de emprego protegida contra despedida arbitrária ou sem justa causa, nos termos de lei complementar, que preverá indenização compensatória, dentre outros direitos;

II – seguro-desemprego, em caso de desemprego involuntário;

•• A Lei n. 7.998, de 11-1-1990, regulamenta o Programa de Seguro-Desemprego.

III – fundo de garantia do tempo de serviço;

IV – salário mínimo, fixado em lei, nacionalmente unificado, capaz de atender a suas necessidades vitais básicas e às de sua família com moradia, alimentação, educação, saúde, lazer, vestuário, higiene, transporte e previdência social, com reajustes periódicos que lhe preservem o poder aquisitivo, sendo vedada sua vinculação para qualquer fim;

• A Medida Provisória n. 1.091, de 30-12-2021, estabelece que, a partir de 1º-1-2022, o salário mínimo será de R$ 1.212,00 (mil e duzentos e doze reais).

V – piso salarial proporcional à extensão e à complexidade do trabalho;

• A Lei Complementar n. 103, de 14-7-2000, autoriza os Estados e o Distrito Federal a instituir o piso salarial a que se refere este inciso.

VI – irredutibilidade do salário, salvo o disposto em convenção ou acordo coletivo;

VII – garantia de salário, nunca inferior ao mínimo, para os que percebem remuneração variável;

VIII – décimo terceiro salário com base na remuneração integral ou no valor da aposentadoria;

IX – remuneração do trabalho noturno superior à do diurno;

• Trabalho noturno na CLT: art. 73 e §§ 1º a 5º.

X – proteção do salário na forma da lei, constituindo crime sua retenção dolosa;

XI – participação nos lucros, ou resultados, desvinculada da remuneração, e, excepcionalmente, participação na gestão da empresa, conforme definido em lei;

•• Regulamento: Lei n. 10.101, de 19-12-2000.

XII – salário-família pago em razão do dependente do trabalhador de baixa renda nos termos da lei;

•• Inciso XII com redação determinada pela Emenda Constitucional n. 20, de 15-12-1998.

XIII – duração do trabalho normal não superior a oito horas diárias e quarenta e quatro semanais, facultada a compensação de horários e a redução da jornada, mediante acordo ou convenção coletiva de trabalho;

• Duração do trabalho na CLT: arts. 57 e s. e 224 e s.

• Jornada de trabalho na CLT: arts. 58 e s.

XIV – jornada de seis horas para o trabalho realizado em turnos ininterruptos de revezamento, salvo negociação coletiva;

XV – repouso semanal remunerado, preferencialmente aos domingos;

• *Vide* art. 67 da CLT.

XVI – remuneração do serviço extraordinário superior, no mínimo, em cinquenta por cento à do normal;

XVII – gozo de férias anuais remuneradas com, pelo menos, um terço a mais do que o salário normal;

XVIII – licença à gestante, sem prejuízo do emprego e do salário, com a duração de cento e vinte dias;

XIX – licença-paternidade, nos termos fixados em lei;

XX – proteção do mercado de trabalho da mulher, mediante incentivos específicos, nos termos da lei;

• Proteção ao trabalho da mulher na CLT: arts. 372 e s.

• Convenção sobre a eliminação de todas as formas de discriminação contra a mulher: Decreto n. 4.377, de 13-9-2002.

XXI – aviso prévio proporcional ao tempo de serviço, sendo no mínimo de trinta dias, nos termos da lei;

XXII – redução dos riscos inerentes ao trabalho, por meio de normas de saúde, higiene e segurança;

• Segurança e medicina do trabalho: arts. 154 e s. da CLT.

XXIII – adicional de remuneração para as atividades penosas, insalubres ou perigosas, na forma da lei;

• Atividades insalubres e perigosas na CLT: arts. 189 e s.

XXIV – aposentadoria;

XXV – assistência gratuita aos filhos e dependentes desde o nascimento até 5 (cinco) anos de idade em creches e pré-escolas;

•• Inciso XXV com redação determinada pela Emenda Constitucional n. 53, de 19-12-2006.

XXVI – reconhecimento das convenções e acordos coletivos de trabalho;

XXVII – proteção em face da automação, na forma da lei;

XXVIII – seguro contra acidentes de trabalho, a cargo do empregador, sem excluir a indenização a que este está obrigado, quando incorrer em dolo ou culpa;

• Acidente do trabalho: Lei n. 8.212, de 24-7-1991; Lei n. 8.213, de 24-7-1991; e Decreto n. 3.048, de 6-5-1999.

• *Vide* Súmula Vinculante 22.

XXIX – ação, quanto aos créditos resultantes das relações de trabalho, com prazo prescricional de cinco anos para os trabalhadores urbanos e rurais, até o limite de dois anos após a extinção do contrato de trabalho;

•• Inciso XXIX com redação determinada pela Emenda Constitucional n. 28, de 25-5-2000.

a)* e *b) (*Revogadas pela Emenda Constitucional n. 28, de 25-5-2000.*)

XXX – proibição de diferença de salários, de exercício de funções e de critério de admissão por motivo de sexo, idade, cor ou estado civil;

XXXI – proibição de qualquer discriminação no tocante a salário e critérios de admissão do trabalhador portador de deficiência;

XXXII – proibição de distinção entre trabalho manual, técnico e intelectual ou entre os profissionais respectivos;

XXXIII – proibição de trabalho noturno, perigoso ou insalubre a menores de 18 (dezoito) e de qualquer trabalho a menores de 16 (dezesseis) anos, salvo na condição de aprendiz, a partir de 14 (quatorze) anos;

•• Inciso XXXIII com redação determinada pela Emenda Constitucional n. 20, de 15-12-1998.

• Proteção ao trabalho do menor na CLT: arts. 402 e s.

XXXIV – igualdade de direitos entre o trabalhador com vínculo empregatício permanente e o trabalhador avulso.

Parágrafo único. São assegurados à categoria dos trabalhadores domésticos os direitos previstos nos incisos IV, VI, VII, VIII, X, XIII, XV, XVI, XVII, XVIII, XIX, XXI, XXII, XXIV, XXVI, XXX, XXXI e XXXIII e, atendidas as condições estabelecidas em lei e observada a simplificação do cumprimento das obrigações tributárias, principais e acessórias, decorrentes da relação de trabalho e suas peculiaridades, os previstos nos incisos I, II, III, IX, XII, XXV e XXVIII, bem como a sua integração à previdência social.

•• Parágrafo único com redação determinada pela Emenda Constitucional n. 72, de 2-4-2013.

• Empregado doméstico: Lei n. 7.195, de 12-6-1984, e Lei Complementar n. 150, de 1º-6-2015.

Art. 8º É livre a associação profissional ou sindical, observado o seguinte:

I – a lei não poderá exigir autorização do Estado para a fundação de sindicato, ressalvado o registro no órgão competente, vedadas ao Poder Público a interferência e a intervenção na organização sindical;

II – é vedada a criação de mais de uma organização sindical, em qualquer grau, representativa de categoria profissional ou econômica, na mesma base territorial, que será definida pelos trabalhadores ou empregadores interessados, não podendo ser inferior à área de um Município;

III – ao sindicato cabe a defesa dos direitos e interesses coletivos ou individuais da categoria, inclusive em questões judiciais ou administrativas;

IV – a assembleia geral fixará a contribuição que, em se tratando de categoria profissional, será descontada em folha, para custeio do sistema confederativo da representação sindical respectiva, independentemente da contribuição prevista em lei;

•• *Vide* Súmula 516 do STJ.

V – ninguém será obrigado a filiar-se ou a manter-se filiado a sindicato;

VI – é obrigatória a participação dos sindicatos nas negociações coletivas de trabalho;

VII – o aposentado filiado tem direito a votar e ser votado nas organizações sindicais;

VIII – é vedada a dispensa do empregado sindicalizado a partir do registro da candidatura a cargo de direção ou representação sindical e, se eleito, ainda que suplente, até um ano após o final do mandato, salvo se cometer falta grave nos termos da lei.

Parágrafo único. As disposições deste artigo aplicam-se à organização de sindicatos rurais e de colônias de pescadores, atendidas as condições que a lei estabelecer.

Art. 9º É assegurado o direito de greve, competindo aos trabalhadores decidir sobre a oportunidade de exercê-lo e sobre os interesses que devam por meio dele defender.

§ 1º A lei definirá os serviços ou atividades essenciais e disporá sobre o atendimento das necessidades inadiáveis da comunidade.

§ 2º Os abusos cometidos sujeitam os responsáveis às penas da lei.

Art. 10. É assegurada a participação dos trabalhadores e empregadores nos colegiados dos órgãos públicos em que seus interesses profissionais ou previdenciários sejam objeto de discussão e deliberação.

Art. 11. Nas empresas de mais de duzentos empregados, é assegurada a eleição de um representante destes com a finalidade exclusiva de promover-lhes o entendimento direto com os empregadores.

Capítulo III
Da Nacionalidade

Art. 12. São brasileiros:

....

§ 2º A lei não poderá estabelecer distinção entre brasileiros natos e naturalizados, salvo nos casos previstos nesta Constituição.

....

Título III
Da Organização do Estado

....

Capítulo II
Da União

....

Art. 21. Compete à União:

....

XXIV – organizar, manter e executar a inspeção do trabalho;

....

Art. 22. Compete privativamente à União legislar sobre:

I – direito civil, comercial, penal, processual, eleitoral, agrário, marítimo, aeronáutico, espacial e do trabalho;

• *Vide* Súmula Vinculante 46.

....

XVI – organização do sistema nacional de emprego e condições para o exercício de profissões;

....

Parágrafo único. Lei complementar poderá autorizar os Estados a legislar sobre questões específicas das matérias relacionadas neste artigo.

Art. 23. É competência comum da União, dos Estados, do Distrito Federal e dos Municípios:

....

II – cuidar da saúde e assistência pública, da proteção e garantia das pessoas portadoras de deficiência;

•• *Vide* Lei n. 13.146, de 6-7-2015 (Estatuto da Pessoa com Deficiência).

• Da proteção à pessoa portadora de deficiência: Lei n. 7.853, de 24-10-1989, regulamentada pelo Decreto n. 3.298, de 20-12-1999.

....

Parágrafo único. Leis complementares fixarão normas para a cooperação entre a União e os Estados, o Distrito Federal e os Municípios, tendo em vista o equilíbrio do desenvolvimento e do bem-estar em âmbito nacional.

•• Parágrafo único com redação determinada pela Emenda Constitucional n. 53, de 19-12-2006.

Art. 24. Compete à União, aos Estados e ao Distrito Federal legislar concorrentemente sobre:

....

XII – previdência social, proteção e defesa da saúde;

• Planos de Benefícios da Previdência Social: Lei n. 8.213, de 24-7-1991, regulamentada pelo Decreto n. 3.048, de 6-5-1999.

• Proteção e defesa da saúde: Leis n. 8.080, de 19-9-1990, e n. 8.142, de 28-12-1990.

....

XIV – proteção e integração social das pessoas portadoras de deficiência;

XV – proteção à infância e à juventude;

• ECA: Lei n. 8.069, de 13-7-1990.

....

§ 1º No âmbito da legislação concorrente, a competência da União limitar-se-á a estabelecer normas gerais.

§ 2º A competência da União para legislar sobre normas gerais não exclui a competência suplementar dos Estados.

§ 3º Inexistindo lei federal sobre normas gerais, os Estados exercerão a competência legislativa plena, para atender a suas peculiaridades.

§ 4º A superveniência de lei federal sobre normas gerais suspende a eficácia da lei estadual, no que lhe for contrário.

....

Título IV
Da Organização dos Poderes

....

Capítulo III
Do Poder Judiciário

....

Seção II

Do Supremo Tribunal Federal

....

Art. 102. Compete ao Supremo Tribunal Federal, precipuamente, a guarda da Constituição, cabendo-lhe:

I – processar e julgar, originariamente:

....

o) os conflitos de competência entre o Superior Tribunal de Justiça e quaisquer tribunais, entre Tribunais Superiores, ou entre estes e qualquer outro tribunal;

....

Art. 103-A. O Supremo Tribunal Federal poderá, de ofício ou por provocação, mediante decisão de dois terços dos seus membros, após reiteradas decisões sobre matéria constitucional, aprovar súmula que, a partir de sua publicação na imprensa oficial, terá efeito vinculante em relação aos demais órgãos do Poder Judiciário e à administração pública direta e indireta, nas esferas federal, estadual e municipal, bem como proceder à sua revisão ou cancelamento, na forma estabelecida em lei.

•• *Caput* acrescentado pela Emenda Constitucional n. 45, de 8-12-2004.

•• Artigo regulamentado pela Lei n. 11.417, de 19-12-2006.

§ 1º A súmula terá por objetivo a validade, a interpretação e a eficácia de normas determinadas, acerca das quais haja controvérsia atual entre órgãos judiciários ou entre esses e a administração pública que acarrete grave insegurança jurídica e relevante multiplicação de processos sobre questão idêntica.

•• § 1º acrescentado pela Emenda Constitucional n. 45, de 8-12-2004.

§ 2º Sem prejuízo do que vier a ser estabelecido em lei, a aprovação, revisão ou cancelamento de súmula poderá ser provocada por aqueles que podem propor a ação direta de inconstitucionalidade.

•• § 2º acrescentado pela Emenda Constitucional n. 45, de 8-12-2004.

§ 3º Do ato administrativo ou decisão judicial que contrariar a súmula aplicável ou que indevidamente a aplicar, caberá reclamação ao Supremo Tribunal Federal que, julgando-a procedente, anulará o ato administrativo ou cassará a decisão judicial reclamada, e determinará que outra seja proferida com ou sem a aplicação da súmula, conforme o caso.

•• § 3º acrescentado pela Emenda Constitucional n. 45, de 8-12-2004.

....

Seção IV

Dos Tribunais Regionais Federais e dos Juízes Federais

....

Art. 109. Aos juízes federais compete processar e julgar:

I – as causas em que a União, entidade autárquica ou empresa pública federal forem interessadas na condição de autoras, rés, assistentes ou oponentes, exceto as de falência, as de acidentes de trabalho e as sujeitas à Justiça Eleitoral e à Justiça do Trabalho;

• *Vide* Súmulas 235 e 501 do STF; Súmula 15 do STJ e Súmula Vinculante 22.

....

Seção V

Do Tribunal Superior do Trabalho, dos Tribunais Regionais do Trabalho e dos Juízes do Trabalho

•• Seção V com denominação determinada pela Emenda Constitucional n. 92, de 12-7-2016.

Art. 111. São órgãos da Justiça do Trabalho:

I – o Tribunal Superior do Trabalho;

II – os Tribunais Regionais do Trabalho;

III – Juízes do Trabalho.

•• Inciso III com redação determinada pela Emenda Constitucional n. 24, de 9-12-1999.

§§ 1º a 3º (*Revogados pela Emenda Constitucional n. 45, de 8-12-2004.*)

Art. 111-A. O Tribunal Superior do Trabalho compor-se-á de vinte e sete Ministros, escolhidos dentre brasileiros com mais de trinta e cinco anos e menos de sessenta e cinco anos, de notável saber jurídico e reputação ilibada, nomeados pelo Presidente da República após aprovação pela maioria absoluta do Senado Federal, sendo:

•• *Caput* com redação determinada pela Emenda Constitucional n. 92, de 12-7-2016.

I – um quinto dentre advogados com mais de dez anos de efetiva atividade profissional e membros do Ministério Público do Trabalho com mais de dez anos de efetivo exercício, observado o disposto no art. 94;

•• Inciso I acrescentado pela Emenda Constitucional n. 45, de 8-12-2004.

II – os demais dentre juízes dos Tribunais Regionais do Trabalho, oriundos da magistratura da carreira, indicados pelo próprio Tribunal Superior.

•• Inciso II acrescentado pela Emenda Constitucional n. 45, de 8-12-2004.

§ 1º A lei disporá sobre a competência do Tribunal Superior do Trabalho.

•• § 1º acrescentado pela Emenda Constitucional n. 45, de 8-12-2004.

§ 2º Funcionarão junto ao Tribunal Superior do Trabalho:

•• § 2º, *caput*, acrescentado pela Emenda Constitucional n. 45, de 8-12-2004.

I – a Escola Nacional de Formação e Aperfeiçoamento de Magistrados do Trabalho, cabendo-lhe, dentre outras funções, regulamentar os cursos oficiais para o ingresso e promoção na carreira;

•• Inciso I acrescentado pela Emenda Constitucional n. 45, de 8-12-2004.

II – o Conselho Superior da Justiça do Trabalho, cabendo-lhe exercer, na forma da lei, a supervisão administrativa, orçamentária, financeira e patrimonial da Justiça do Trabalho de primeiro e segundo graus, como órgão central do sistema, cujas decisões terão efeito vinculante.

•• Inciso II acrescentado pela Emenda Constitucional n. 45, de 8-12-2004.

• *Vide* art. 6º da Emenda Constitucional n. 45, de 8-12-2004.

• A Resolução n. 20, de 23-5-2006, dispõe sobre a estrutura do Conselho Superior da Justiça do Trabalho.

• A Resolução Administrativa n. 1.407, de 7-6-2010, do TST, aprova o Regimento Interno do Conselho Superior da Justiça do Trabalho.

§ 3º Compete ao Tribunal Superior do Trabalho processar e julgar, originariamente, a reclamação para a preservação de sua competência e garantia da autoridade de suas decisões.

•• § 3º acrescentado pela Emenda Constitucional n. 92, de 12-7-2016.

Art. 114. Compete à Justiça do Trabalho processar e julgar:

•• *Caput* com redação determinada pela Emenda Constitucional n. 45, de 8-12-2004.

I – as ações oriundas da relação de trabalho, abrangidos os entes de direito público externo e da administração pública direta e indireta da União, dos Estados, do Distrito Federal e dos Municípios;

•• Inciso I acrescentado pela Emenda Constitucional n. 45, de 8-12-2004.

•• O STF, nas ADI n. 3.395 e 3.529, "julgou parcialmente procedente o pedido formulado, confirmando a decisão liminar concedida e fixando, com aplicação de interpretação conforme à Constituição, sem redução de texto, que o disposto no inciso I do art. 114 da Constituição Federal não abrange causas ajuizadas para discussão de relação jurídico-estatutária entre o Poder Público dos Entes da Federação e seus Servidores", nas sessões virtuais de 3-4-2020 a 14-4-2020 (*DOU* de 23-4-2020 e 1-9-2020).

•• O STF julgou procedente a ADI n. 3.684, nas sessões virtuais de 1º-5-2020 a 8-5-2020 (*DOU* de 22-5-2020), e conferiu interpretação conforme à Constituição a este inciso, "para afastar qualquer interpretação que entenda competir à Justiça do Trabalho processar e julgar ações penais".

II – as ações que envolvam exercício do direito de greve;

•• Inciso II acrescentado pela Emenda Constitucional n. 45, de 8-12-2004.

III – as ações sobre representação sindical, entre sindicatos, entre sindicatos e trabalhadores, e entre sindicatos e empregadores;

•• Inciso III acrescentado pela Emenda Constitucional n. 45, de 8-12-2004.

IV – os mandados de segurança, *habeas corpus* e *habeas data*, quando o ato questionado envolver matéria sujeita à sua jurisdição;

•• Inciso IV acrescentado pela Emenda Constitucional n. 45, de 8-12-2004.

•• O STF julgou procedente a ADI n. 3.684, nas sessões virtuais de 1º-5-2020 a 8-5-2020 (*DOU* de 22-5-2020), e conferiu interpretação conforme à Constituição a este inciso, "para afastar qualquer interpretação que entenda competir à Justiça do Trabalho processar e julgar ações penais".

V – os conflitos de competência entre órgãos com jurisdição trabalhista, ressalvado o disposto no art. 102, I, *o*;

•• Inciso V acrescentado pela Emenda Constitucional n. 45, de 8-12-2004.

VI – as ações de indenização por dano moral ou patrimonial, decorrentes da relação de trabalho;

•• Inciso VI acrescentado pela Emenda Constitucional n. 45, de 8-12-2004.

• *Vide* Súmulas 235 e 501 do STF; Súmula 15 do STJ e Súmula Vinculante 22.

VII – as ações relativas às penalidades administrativas impostas aos empregadores pelos órgãos de fiscalização das relações de trabalho;

•• Inciso VII acrescentado pela Emenda Constitucional n. 45, de 8-12-2004.

VIII – a execução, de ofício, das contribuições sociais previstas no art. 195, I, *a*, e II, e seus acréscimos legais, decorrentes das sentenças que proferir;

•• Inciso VIII acrescentado pela Emenda Constitucional n. 45, de 8-12-2004.

•• *Vide* Súmula Vinculante 53.

IX – outras controvérsias decorrentes da relação de trabalho, na forma da lei.

•• Inciso IX acrescentado pela Emenda Constitucional n. 45, de 8-12-2004.

•• O STF julgou procedente a ADI n. 3.684, nas sessões virtuais de 1º-5-2020 a 8-5-2020 (*DOU* de 22-5-2020), e conferiu interpretação conforme à Constituição a este inciso, "para afastar qualquer interpretação que entenda competir à Justiça do Trabalho processar e julgar ações penais".

§ 1º Frustrada a negociação coletiva, as partes poderão eleger árbitros.

§ 2º Recusando-se qualquer das partes à negociação coletiva ou à arbitragem, é facultado às mesmas, de comum acordo, ajuizar dissídio coletivo de natureza econômica, podendo a Justiça do Trabalho decidir o conflito, respeitadas as disposições mínimas legais de proteção ao trabalho, bem como as convencionadas anteriormente.

•• § 2º com redação determinada pela Emenda Constitucional n. 45, de 8-12-2004.

§ 3º Em caso de greve em atividade essencial, com possibilidade de lesão do interesse público, o Ministério Público do Trabalho poderá ajuizar dissídio coletivo, competindo à Justiça do Trabalho decidir o conflito.

•• § 3º com redação determinada pela Emenda Constitucional n. 45, de 8-12-2004.

Capítulo IV
Das Funções Essenciais à Justiça

Seção I
Do Ministério Público

Art. 129. São funções institucionais do Ministério Público:

....

II – zelar pelo efetivo respeito dos Poderes Públicos e dos serviços de relevância pública aos direitos assegurados nesta Constituição, promovendo as medidas necessárias a sua garantia;

III – promover o inquérito civil e a ação civil pública, para a proteção do patrimônio público e social, do meio ambiente e de outros interesses difusos e coletivos;

- A Lei n. 7.347, de 24-7-1985, disciplina a ação civil pública de responsabilidade por danos causados ao meio ambiente, ao consumidor, a bens e direitos de valor artístico, estético, histórico, turístico e paisagístico.

....

TÍTULO VIII
Da Ordem Social

CAPÍTULO I
Disposição Geral

Art. 193. A ordem social tem como base o primado do trabalho, e como objetivo o bem-estar e a justiça sociais.

Parágrafo único. O Estado exercerá a função de planejamento das políticas sociais, assegurada, na forma da lei, a participação da sociedade nos processos de formulação, de monitoramento, de controle e de avaliação dessas políticas.

•• Parágrafo único acrescentado pela Emenda Constitucional n. 108, de 26-8-2020, produzindo efeitos a partir de 1º-1-2021.

CAPÍTULO II
Da Seguridade Social

- Organização da seguridade social, Plano de Custeio: Lei n. 8.212, de 24-7-1991, regulamentada pelo Decreto n. 3.048, de 6-5-1999.

Seção I
Disposições Gerais

Art. 194. A seguridade social compreende um conjunto integrado de ações de iniciativa dos Poderes Públicos e da sociedade, destinadas a assegurar os direitos relativos à saúde, à previdência e à assistência social.

....

Seção II
Da Saúde

Art. 196. A saúde é direito de todos e dever do Estado, garantido mediante políticas sociais e econômicas que visem à redução do risco de doença e de outros agravos e ao acesso universal igualitário às ações e serviços para sua promoção, proteção e recuperação.

Art. 197. São de relevância pública as ações e serviços de saúde, cabendo ao Poder Público dispor, nos termos da lei, sobre sua regulamentação, fiscalização e controle, devendo sua execução ser feita diretamente ou através de terceiros e, também, por pessoa física ou jurídica de direito privado.

....

Art. 200. Ao sistema único de saúde compete, além de outras atribuições, nos termos da lei:

- Sistema Único de Saúde – SUS: Leis n. 8.080, de 19-9-1990, e n. 8.142, de 28-12-1990.

....

II – executar as ações de vigilância sanitária e epidemiológica, bem como as de saúde do trabalhador;

....

VII – participar do controle e fiscalização da produção, transporte, guarda e utilização de substâncias e produtos psicoativos, tóxicos e radioativos;

VIII – colaborar na proteção do meio ambiente, nele compreendido o do trabalho.

Seção III
Da Previdência Social

- Planos de benefícios da previdência social: Lei n. 8.213, de 24-7-1991, regulamentada pelo Decreto n. 3.048, de 6-5-1999.

Art. 201. A previdência social será organizada sob a forma do Regime Geral de Previdência Social, de caráter contributivo e de filiação obrigatória, observados critérios que preservem o equilíbrio financeiro e atuarial, e atenderá, na forma da lei, a:

•• *Caput* com redação determinada pela Emenda Constitucional n. 103, de 12-11-2019.

I – cobertura dos eventos de incapacidade temporária ou permanente para o trabalho e idade avançada;

•• Inciso I com redação determinada pela Emenda Constitucional n. 103, de 12-11-2019.

II – proteção à maternidade, especialmente à gestante;

•• Inciso II com redação determinada pela Emenda Constitucional n. 20, de 15-12-1998.

III – proteção ao trabalhador em situação de desemprego involuntário;

•• Inciso III com redação determinada pela Emenda Constitucional n. 20, de 15-12-1998.

•• A Lei n. 7.998, de 11-1-1990, regulamenta o Programa do Seguro-Desemprego, o Abono Salarial, e institui o Fundo de Amparo ao Trabalhador.

IV – salário-família e auxílio-reclusão para os dependentes dos segurados de baixa renda;

•• Inciso IV com redação determinada pela Emenda Constitucional n. 20, de 15-12-1998.

V – pensão por morte do segurado, homem ou mulher, ao cônjuge ou companheiro e dependentes, observado o disposto no § 2º.

•• Inciso V com redação determinada pela Emenda Constitucional n. 20, de 15-12-1998.

§ 1º É vedada a adoção de requisitos ou critérios diferenciados para concessão de benefícios, ressalvada, nos termos de lei complementar, a possibilidade de previsão de idade e tempo de contribuição distintos da regra geral para concessão de aposentadoria exclusivamente em favor dos segurados:

•• § 1º, *caput*, com redação determinada pela Emenda Constitucional n. 103, de 12-11-2019.

•• § 1º regulamentado pela Lei Complementar n. 142, de 8-5-2013, em vigor 6 meses após a publicação (*DOU* de 9-5-2013), no tocante à aposentadoria da pessoa com deficiência segurada do Regime Geral de Previdência Social – RGPS.

•• *Vide* arts. 19, § 1º, e 22 da Emenda Constitucional n. 103, de 12-11-2019.

I – com deficiência, previamente submetidos a avaliação biopsicossocial realizada por equipe multiprofissional e interdisciplinar;

•• Inciso I acrescentado pela Emenda Constitucional n. 103, de 12-11-2019.

II – cujas atividades sejam exercidas com efetiva exposição a agentes químicos, físicos e biológicos prejudiciais à saúde, ou associação desses agentes, vedada a caracterização por categoria profissional ou ocupação.

•• Inciso II acrescentado pela Emenda Constitucional n. 103, de 12-11-2019.

§ 2º Nenhum benefício que substitua o salário de contribuição ou o rendimento do trabalho do segurado terá valor mensal inferior ao salário mínimo.

•• § 2º com redação determinada pela Emenda Constitucional n. 20, de 15-12-1998.

§ 3º Todos os salários de contribuição considerados para o cálculo de benefício serão devidamente atualizados, na forma da lei.

•• § 3º com redação determinada pela Emenda Constitucional n. 20, de 15-12-1998.

§ 4º É assegurado o reajustamento dos benefícios para preservar-lhes, em caráter permanente, o valor real, conforme critérios definidos em lei.

•• § 4º com redação determinada pela Emenda Constitucional n. 20, de 15-12-1998.

§ 5º É vedada a filiação ao regime geral de previdência social, na qualidade de segurado facultativo, de pessoa participante de regime próprio de previdência.

•• § 5º com redação determinada pela Emenda Constitucional n. 20, de 15-12-1998.

§ 6º A gratificação natalina dos aposentados e pensionistas terá por base o valor dos proventos do mês de dezembro de cada ano.

•• § 6º com redação determinada pela Emenda Constitucional n. 20, de 15-12-1998.

§ 7º É assegurada aposentadoria no regime geral de previdência social, nos termos da lei, obedecidas as seguintes condições:

•• § 7º, *caput*, com redação determinada pela Emenda Constitucional n. 20, de 15-12-1998.

I – 65 (sessenta e cinco) anos de idade, se homem, e 62 (sessenta e dois) anos de idade, se mulher, observado tempo mínimo de contribuição;

•• Inciso I com redação determinada pela Emenda Constitucional n. 103, de 12-11-2019.

II – 60 (sessenta) anos de idade, se homem, e 55 (cinquenta e cinco) anos de idade, se mulher, para os trabalhadores rurais e para os que exerçam suas atividades em regime de economia familiar, nestes incluídos o produtor rural, o garimpeiro e o pescador artesanal.

•• Inciso II com redação determinada pela Emenda Constitucional n. 103, de 12-11-2019.

§ 8º O requisito de idade a que se refere o inciso I do § 7º será reduzido em 5 (cinco) anos, para o professor que comprove tempo de efetivo exercício das funções de magistério na educação infantil e no ensino fundamental e médio fixado em lei complementar.

•• § 8º com redação determinada pela Emenda Constitucional n. 103, de 12-11-2019.

§ 9º Para fins de aposentadoria, será assegurada a contagem recíproca do tempo de contribuição entre o Regime Geral de Previdência Social e os regimes próprios de previdência social, e destes entre si, observada a compensação financeira, de acordo com os critérios estabelecidos em lei.

•• § 9º com redação determinada pela Emenda Constitucional n. 103, de 12-11-2019.

§ 9º-A. O tempo de serviço militar exercido nas atividades de que tratam os arts. 42, 142 e 143 e o tempo de contribuição ao Regime Geral de Previdência Social ou a regime próprio de previdência social terão contagem recíproca para fins de inativação militar ou aposentadoria, e a compensação financeira será devida entre as receitas de contribuição referentes aos militares e as receitas de contribuição aos demais regimes.

•• § 9º-A acrescentado pela Emenda Constitucional n. 103, de 12-11-2019.

§ 10. Lei complementar poderá disciplinar a cobertura de benefícios não programados, inclusive os decorrentes de acidente do trabalho, a ser atendida concorrentemente pelo Regime Geral de Previdência Social e pelo setor privado.

•• § 10 com redação determinada pela Emenda Constitucional n. 103, de 12-11-2019.

§ 11. Os ganhos habituais do empregado, a qualquer título, serão incorporados ao salário para efeito de contribuição previdenciária e consequente repercussão em benefícios, nos casos e na forma da lei.

•• § 11 acrescentado pela Emenda Constitucional n. 20, de 15-12-1998.

§ 12. Lei instituirá sistema especial de inclusão previdenciária, com alíquotas diferenciadas, para atender aos trabalhadores de baixa renda, inclusive os que se encontram em situação de informalidade, e àqueles sem renda própria que se dediquem exclusivamente ao trabalho doméstico no âmbito de sua residência, desde que pertencentes a famílias de baixa renda.

•• § 12 com redação determinada pela Emenda Constitucional n. 103, de 12-11-2019.

§ 13. A aposentadoria concedida ao segurado de que trata o § 12 terá valor de 1 (um) salário mínimo.

•• § 13 com redação determinada pela Emenda Constitucional n. 103, de 12-11-2019.

Capítulo VI
Do Meio Ambiente

Art. 225. Todos têm direito ao meio ambiente ecologicamente equilibrado, bem de uso comum do povo e essencial à sadia qualidade de vida, impondo-se ao Poder Público e à coletividade o dever de defendê-lo e preservá-lo para as presentes e futuras gerações.

....

§ 3º As condutas e atividades consideradas lesivas ao meio ambiente sujeitarão os infratores, pessoas físicas ou jurídicas, a sanções penais e administrativas, independentemente da obrigação de reparar os danos causados.

....

Capítulo VII
Da Família, da Criança, do Adolescente, do Jovem e do Idoso

•• Capítulo VII com denominação determinada pela Emenda Constitucional n. 65, de 13-7-2010.

Art. 226. A família, base da sociedade, tem especial proteção do Estado.

....

§ 3º Para efeito da proteção do Estado, é reconhecida a união estável entre o homem e a mulher como entidade familiar, devendo a lei facilitar sua conversão em casamento.

•• § 3º regulamentado pela Lei n. 9.278, de 10-5-1996.

....

Ato das Disposições Constitucionais Transitórias

....

Art. 10. Até que seja promulgada a lei complementar a que se refere o art. 7º, I, da Constituição:

....

II – fica vedada a dispensa arbitrária ou sem justa causa:

a) do empregado eleito para cargo de direção de comissões internas de prevenção de acidentes, desde o registro de sua candidatura até um ano após o final de seu mandato;

• *Vide* Súmula 676 do STF.

b) da empregada gestante, desde a confirmação da gravidez até cinco meses após o parto.

•• *Vide* art. 391-A da CLT.

....

Brasília, 5 de outubro de 1988.

Ulysses Guimarães

Decreto-lei n. 5.452, de 1º de maio de 1943 (1)

Aprova a Consolidação das Leis do Trabalho.

O Presidente da República, usando da atribuição que lhe confere o art. 180 da Constituição, decreta:

Art. 1º Fica aprovada a Consolidação das Leis do Trabalho, que a este Decreto-lei acompanha, com as alterações por ela introduzidas na legislação vigente.

Parágrafo único. Continuam em vigor as disposições legais transitórias ou de emergência, bem como as que não tenham aplicação em todo o território nacional.

Art. 2º O presente Decreto-lei entrará em vigor em 10 de novembro de 1943.

Rio de Janeiro, 1º de maio de 1943; 122º da Independência e 55º da República.

Getúlio Vargas

CONSOLIDAÇÃO DAS LEIS DO TRABALHO

Título I
Introdução

Art. 1º Esta Consolidação estatui as normas que regulam as relações individuais e coletivas de trabalho, nela previstas.

Art. 2º Considera-se empregador a empresa, individual ou coletiva, que, assumindo os riscos da atividade econômica, admite, assalaria e dirige a prestação pessoal de serviço.

§ 1º Equiparam-se ao empregador, para os efeitos exclusivos da relação de emprego, os profissionais liberais, as instituições de beneficência, as associações recreativas ou outras instituições sem fins lucrativos, que admitirem trabalhadores como empregados.

§ 2º Sempre que uma ou mais empresas, tendo, embora, cada uma delas, personalidade jurídica própria, estiverem sob a direção, controle ou administração de outra, ou ainda quando, mesmo guardando cada uma sua autonomia, integrem grupo econômico, serão responsáveis solidariamente pelas obrigações decorrentes da relação de emprego.

•• § 2º com redação determinada pela Lei n. 13.467, de 13-7-2017.

§ 3º Não caracteriza grupo econômico a mera identidade de sócios, sendo necessárias, para a configuração do grupo, a demonstração do interesse integrado, a efetiva comunhão de interesses e a atuação conjunta das empresas dele integrantes.

•• § 3º acrescentado pela Lei n. 13.467, de 13-7-2017.

Art. 3º Considera-se empregado toda pessoa física que prestar serviços de natureza não eventual a empregador, sob a dependência deste e mediante salário.

Parágrafo único. Não haverá distinções relativas à espécie de emprego e à condição de trabalhador, nem entre o trabalho intelectual, técnico e manual.

• *Vide* art. 7º, XXXII, da CF.

Art. 4º Considera-se como de serviço efetivo o período em que o empregado esteja à disposição do empregador, aguardando ou executando ordens, salvo disposição especial expressamente consignada.

§ 1º Computar-se-ão, na contagem de tempo de serviço, para efeito de indenização e estabilidade, os períodos em que o empregado estiver afastado do trabalho prestando serviço militar e por motivo de acidente do trabalho.

•• Parágrafo único renumerado pela Lei n. 13.467, de 13-7-2017.

§ 2º Por não se considerar tempo à disposição do empregador, não será computado como período extraordinário o que exceder a jornada normal, ainda que ultrapasse o limite de cinco minutos previsto no § 1º do art. 58 desta Consolidação, quando o empregado, por escolha própria, buscar proteção pessoal, em caso de insegurança nas vias públicas ou más condições climáticas, bem como adentrar ou permanecer nas dependências da empresa para exercer atividades particulares, entre outras:

•• § 2º, *caput*, acrescentado pela Lei n. 13.467, de 13-7-2017.

I – práticas religiosas;

•• Inciso I acrescentado pela Lei n. 13.467, de 13-7-2017.

II – descanso;

•• Inciso II acrescentado pela Lei n. 13.467, de 13-7-2017.

III – lazer;

•• Inciso III acrescentado pela Lei n. 13.467, de 13-7-2017.

IV – estudo;

•• Inciso IV acrescentado pela Lei n. 13.467, de 13-7-2017.

V – alimentação;

•• Inciso V acrescentado pela Lei n. 13.467, de 13-7-2017.

VI – atividades de relacionamento social;

•• Inciso VI acrescentado pela Lei n. 13.467, de 13-7-2017.

VII – higiene pessoal;

•• Inciso VII acrescentado pela Lei n. 13.467, de 13-7-2017.

VIII – troca de roupa ou uniforme, quando não houver obrigatoriedade de realizar a troca na empresa.

(1) Publicado no *Diário Oficial da União*, de 9-8-1943.

•• Inciso VIII acrescentado pela Lei n. 13.467, de 13-7-2017.

• *Vide* Súmula 46 do TST.

Art. 5º A todo trabalho de igual valor corresponderá salário igual, sem distinção de sexo.

• *Vide* art. 7º, XXX e XXXI, da CF.

Art. 6º Não se distingue entre o trabalho realizado no estabelecimento do empregador, o executado no domicílio do empregado e o realizado a distância, desde que estejam caracterizados os pressupostos da relação de emprego.

•• *Caput* com redação determinada pela Lei n. 12.551, de 15-12-2011.

Parágrafo único. Os meios telemáticos e informatizados de comando, controle e supervisão se equiparam, para fins de subordinação jurídica, aos meios pessoais e diretos de comando, controle e supervisão do trabalho alheio.

•• Parágrafo único acrescentado pela Lei n. 12.551, de 15-12-2011.

Art. 7º Os preceitos constantes da presente Consolidação, salvo quando for, em cada caso, expressamente determinado em contrário, não se aplicam:

a) aos empregados domésticos, assim considerados, de um modo geral, os que prestam serviços de natureza não econômica à pessoa ou à família, no âmbito residencial destas;

• *Vide* art. 7º, parágrafo único, da CF.

• Empregados domésticos: Lei Complementar n. 150, de 1º-6-2015.

b) aos trabalhadores rurais, assim considerados aqueles que, exercendo funções diretamente ligadas à agricultura e à pecuária, não sejam empregados em atividades que, pelos métodos de execução dos respectivos trabalhos ou pela finalidade de suas operações, se classifiquem como industriais ou comerciais;

• Trabalhadores rurais: Lei n. 5.889, de 8-6-1973.

c) aos funcionários públicos da União, dos Estados e dos Municípios e aos respectivos extranumerários em serviço nas próprias repartições;

•• Alínea *c* com redação determinada pelo Decreto-lei n. 8.079, de 11-10-1945.

• A Lei n. 8.112, de 11-12-1990, dispõe sobre o Regime Jurídico dos Servidores Públicos Civis da União, das Autarquias e das Fundações Públicas Federais.

d) aos servidores de autarquias paraestatais, desde que sujeitos a regime próprio de proteção ao trabalho que lhes assegure situação análoga à dos funcionários públicos;

•• Alínea *d* com redação determinada pelo Decreto-lei n. 8.079, de 11-10-1945.

f) às atividades de direção e assessoramento nos órgãos, institutos e fundações dos partidos, assim definidas em normas internas de organização partidária.

•• Alínea *f* acrescentada pela Lei n. 13.877, de 27-9-2019.

•• Numeração conforme publicação oficial.

Parágrafo único. (*O Decreto-lei n. 8.079, de 11-10-1945, acrescentou este parágrafo. Todavia, o Decreto-lei n. 8.249, de 20-11-1945, alterando o Decreto-lei n. 8.079, de 11-10-1945, determinou a revogação deste parágrafo.*)

Art. 8º As autoridades administrativas e a Justiça do Trabalho, na falta de disposições legais ou contratuais, decidirão, conforme o caso, pela jurisprudência, por analogia, por equidade e outros princípios e normas gerais de direito, principalmente do direito do trabalho, e, ainda, de acordo com os usos e costumes, o direito comparado, mas sempre de maneira que nenhum interesse de classe ou particular prevaleça sobre o interesse público.

• *Vide* art. 5º, XXXVI, da CF.

§ 1º O direito comum será fonte subsidiária do direito do trabalho.

•• Anterior parágrafo único com redação determinada pela Lei n. 13.467, de 13-7-2017.

§ 2º Súmulas e outros enunciados de jurisprudência editados pelo Tribunal Superior do Trabalho e pelos Tribunais Regionais do Trabalho não poderão restringir direitos legalmente previstos nem criar obrigações que não estejam previstas em lei.

•• § 2º acrescentado pela Lei n. 13.467, de 13-7-2017.

§ 3º No exame de convenção coletiva ou acordo coletivo de trabalho, a Justiça do Trabalho analisará exclusivamente a conformidade dos elementos essenciais do negócio jurídico, respeitado o disposto no art. 104 da Lei n. 10.406, de 10 de janeiro de 2002 (Código Civil), e balizará sua atuação pelo princípio da intervenção mínima na autonomia da vontade coletiva.

•• § 3º acrescentado pela Lei n. 13.467, de 13-7-2017.

Art. 9º Serão nulos de pleno direito os atos praticados com o objetivo de desvirtuar, impedir ou fraudar a aplicação dos preceitos contidos na presente Consolidação.

• Crimes contra a organização do trabalho: arts. 197 a 207 do CP.

Art. 10. Qualquer alteração na estrutura jurídica da empresa não afetará os direitos adquiridos por seus empregados.

Art. 10-A. O sócio retirante responde subsidiariamente pelas obrigações trabalhistas da sociedade relativas ao período em que figurou como sócio, somente em ações ajuizadas até dois anos depois de averbada a modificação do contrato, observada a seguinte ordem de preferência:

•• *Caput* acrescentado pela Lei n. 13.467, de 13-7-2017.

I – a empresa devedora;

•• Inciso I acrescentado pela Lei n. 13.467, de 13-7-2017.

II – os sócios atuais; e

•• Inciso II acrescentado pela Lei n. 13.467, de 13-7-2017.

III – os sócios retirantes.

•• Inciso III acrescentado pela Lei n. 13.467, de 13-7-2017.

Parágrafo único. O sócio retirante responderá solidariamente com os demais quando ficar comprovada fraude na alteração societária decorrente da modificação do contrato.

•• Parágrafo único acrescentado pela Lei n. 13.467, de 13-7-2017.

Art. 11. A pretensão quanto a créditos resultantes das relações de trabalho prescreve em cinco anos para os trabalhadores urbanos e rurais, até o limite de dois anos após a extinção do contrato de trabalho.

•• *Caput* com redação determinada pela Lei n. 13.467, de 13-7-2017.

I e II – (*Revogados pela Lei n. 13.467, de 13-7-2017.*)

§ 1º O disposto neste artigo não se aplica às ações que tenham por objeto anotações para fins de prova junto à Previdência Social.

•• § 1º acrescentado pela Lei n. 9.658, de 5-6-1998.

§ 2º Tratando-se de pretensão que envolva pedido de prestações sucessivas decorrente de alteração ou descumprimento do pactuado, a prescrição é total, exceto quando o direito à parcela esteja também assegurado por preceito de lei.

•• § 2º com redação determinada pela Lei n. 13.467, de 13-7-2017.

§ 3º A interrupção da prescrição somente ocorrerá pelo ajuizamento de reclamação trabalhista, mesmo que em juízo incompetente, ainda que venha a ser extinta sem resolução do mérito, produzindo efeitos apenas em relação aos pedidos idênticos.

•• § 3º com redação determinada pela Lei n. 13.467, de 13-7-2017.

Art. 11-A. Ocorre a prescrição intercorrente no processo do trabalho no prazo de dois anos.

•• *Caput* acrescentado pela Lei n. 13.467, de 13-7-2017.

§ 1º A fluência do prazo prescricional intercorrente inicia-se quando o exequente deixa de cumprir determinação judicial no curso da execução.

•• § 1º acrescentado pela Lei n. 13.467, de 13-7-2017.

•• O art. 2º da Instrução Normativa n. 41, de 21-6-2018, do TST, dispõe sobre a aplicação das normas processuais da CLT alteradas pela Lei n. 13.467, de 13-7-2017.

§ 2º A declaração da prescrição intercorrente pode ser requerida ou declarada de ofício em qualquer grau de jurisdição.

•• § 2º acrescentado pela Lei n. 13.467, de 13-7-2017.

Art. 12. Os preceitos concernentes ao regime de seguro social são objeto de lei especial.

TÍTULO II

Das Normas Gerais de Tutela do Trabalho

CAPÍTULO II

Da Duração do Trabalho

Seção I

Disposição Preliminar

Art. 57. Os preceitos deste Capítulo aplicam-se a todas as atividades, salvo as expressamente excluídas, constituindo exceções as disposições especiais, concernentes estritamente a peculiaridades profissionais, constantes do Capítulo I do Título III.

Seção II

Da Jornada de Trabalho

Art. 58. A duração normal do trabalho, para os empregados em qualquer atividade privada, não excederá de 8 (oito) horas diárias, desde que não seja fixado expressamente outro limite.

§ 1º Não serão descontadas nem computadas como jornada extraordinária as variações de horário no registro de ponto não excedentes de cinco minutos, observado o limite máximo de dez minutos diários.

•• § 1º acrescentado pela Lei n. 10.243, de 19-6-2001.

• *Vide* art. 7º, XIII e XIV, da CF.

§ 2º O tempo despendido pelo empregado desde a sua residência até a efetiva ocupação do posto de trabalho e para o seu retorno, caminhando ou por qualquer meio de transporte, inclusive o fornecido pelo empregador, não será computado na jornada de trabalho, por não ser tempo à disposição do empregador.

•• § 2º com redação determinada pela Lei n. 13.467, de 13-7-2017.

§ 3º (*Revogado pela Lei n. 13.467, de 13-7-2017.*)

Art. 58-A. Considera-se trabalho em regime de tempo parcial aquele cuja duração não exceda a trinta horas semanais, sem a possibilidade de horas suplementares semanais, ou, ainda, aquele cuja duração não exceda a vinte e seis horas semanais, com a possibilidade de acréscimo de até seis horas suplementares semanais.

•• *Caput* com redação determinada pela Lei n. 13.467, de 13-7-2017.

§ 1º O salário a ser pago aos empregados sob o regime de tempo parcial será proporcional à sua jornada, em relação aos empregados que cumprem, nas mesmas funções, tempo integral.

•• § 1º acrescentado pela Medida Provisória n. 2.164-41, de 24-8-2001.

§ 2º Para os atuais empregados, a adoção do regime de tempo parcial será feita mediante opção manifestada perante a empresa, na forma prevista em instrumento decorrente de negociação coletiva.

•• § 2º acrescentado pela Medida Provisória n. 2.164-41, de 24-8-2001.

• *Vide* art. 7º, XIII e XVI, da CF.

§ 3º As horas suplementares à duração do trabalho semanal normal serão pagas com o acréscimo de 50% (cinquenta por cento) sobre o salário-hora normal.

•• § 3º acrescentado pela Lei n. 13.467, de 13-7-2017.

§ 4º Na hipótese de o contrato de trabalho em regime de tempo parcial ser estabelecido em número inferior a vinte e seis horas semanais, as horas suplementares a este quantitativo serão consideradas horas extras para fins do pagamento estipulado no § 3º, estando também limitadas a seis horas suplementares semanais.

•• § 4º acrescentado pela Lei n. 13.467, de 13-7-2017.

§ 5º As horas suplementares da jornada de trabalho normal poderão ser compensadas diretamente até a semana imediatamente posterior à da sua execução, devendo ser feita a sua quitação na folha de pagamento do mês subsequente, caso não sejam compensadas.

•• § 5º acrescentado pela Lei n. 13.467, de 13-7-2017.

§ 6º É facultado ao empregado contratado sob regime de tempo parcial converter um terço do período de férias a que tiver direito em abono pecuniário.

•• § 6º acrescentado pela Lei n. 13.467, de 13-7-2017.

§ 7º As férias do regime de tempo parcial são regidas pelo disposto no art. 130 desta Consolidação.

•• § 7º acrescentado pela Lei n. 13.467, de 13-7-2017.

Art. 59. A duração diária do trabalho poderá ser acrescida de horas extras, em número não excedente de duas, por acordo individual, convenção coletiva ou acordo coletivo de trabalho.

•• *Caput* com redação determinada pela Lei n. 13.467, de 13-7-2017.

§ 1º A remuneração da hora extra será, pelo menos, 50% (cinquenta por cento) superior à da hora normal.

•• § 1º com redação determinada pela Lei n. 13.467, de 13-7-2017.

§ 2º Poderá ser dispensado o acréscimo de salário se, por força de acordo ou convenção coletiva de trabalho, o excesso de horas em um dia for compensado pela correspondente diminuição em outro dia, de maneira que não exceda, no período máximo de 1 (um) ano, à soma das jornadas semanais de trabalho previstas, nem seja ultrapassado o limite máximo de 10 (dez) horas diárias.

•• § 2º com redação determinada pela Medida Provisória n. 2.164-41, de 24-8-2001.

§ 3º Na hipótese de rescisão do contrato de trabalho sem que tenha havido a compensação integral da jornada extraordinária, na forma dos §§ 2º e 5º deste artigo, o trabalhador terá direito ao pagamento das horas extras não compensadas, calculadas sobre o valor da remuneração na data da rescisão.

•• § 3º com redação determinada pela Lei n. 13.467, de 13-7-2017.

§ 4º (*Revogado pela Lei n. 13.467, de 13-7-2017.*)

§ 5º O banco de horas de que trata o § 2º deste artigo poderá ser pactuado por acordo individual escrito, desde que a compensação ocorra no período máximo de seis meses.

•• § 5º acrescentado pela Lei n. 13.467, de 13-7-2017.

§ 6º É lícito o regime de compensação de jornada estabelecido por acordo individual, tácito ou escrito, para a compensação no mesmo mês.

•• § 6º acrescentado pela Lei n. 13.467, de 13-7-2017.

Art. 59-A. Em exceção ao disposto no art. 59 desta Consolidação, é facultado às partes, mediante acordo individual escrito, convenção coletiva ou acordo coletivo de trabalho, estabelecer horário de trabalho de doze horas seguidas por trinta e seis horas ininterruptas de descanso, observados ou indenizados os intervalos para repouso e alimentação.

•• *Caput* acrescentado pela Lei n. 13.467, de 13-7-2017.

Parágrafo único. A remuneração mensal pactuada pelo horário previsto no *caput* deste artigo abrange os pagamentos devidos pelo descanso semanal remunerado e pelo descanso em feriados, e serão considerados compensados os feriados e as prorrogações de trabalho noturno, quando houver, de que tratam o art. 70 e o § 5º do art. 73 desta Consolidação.

•• Parágrafo único acrescentado pela Lei n. 13.467, de 13-7-2017.

Art. 59-B. O não atendimento das exigências legais para compensação de jornada, inclusive quando estabelecida mediante acordo tácito, não implica a repetição do pagamento das horas excedentes à jornada normal diária se não ultrapassada a duração máxima semanal, sendo devido apenas o respectivo adicional.

•• *Caput* acrescentado pela Lei n. 13.467, de 13-7-2017.

Parágrafo único. A prestação de horas extras habituais não descaracteriza o acordo de compensação de jornada e o banco de horas.

•• Parágrafo único acrescentado pela Lei n. 13.467, de 13-7-2017.

Art. 60. Nas atividades insalubres, assim consideradas as constantes dos quadros mencionados no Capítulo "Da Segurança e da Medicina do Trabalho", ou que neles venham a ser incluídas por ato do Ministro do Trabalho e Previdência Social, quaisquer prorrogações só poderão ser acordadas mediante licença prévia das autoridades competentes em matéria de higiene do trabalho, as quais, para esse efeito, procederão aos necessários exames locais e à verificação dos métodos e processos de trabalho, quer diretamente, quer por intermédio de autoridades sanitárias federais, estaduais e municipais, com quem entrarão em entendimento para tal fim.

•• Sobre Ministérios, *vide* Nota dos Organizadores.

•• Sobre prorrogação de jornada em atividade insalubre: arts. 64 a 97 da Portaria n. 671, de 8-11-2021.

• *Vide* art. 7º, XXXIII, da CF.

Parágrafo único. Excetuam-se da exigência de licença prévia as jornadas de doze horas de trabalho por trinta e seis horas ininterruptas de descanso.

•• Parágrafo único acrescentado pela Lei n. 13.467, de 13-7-2017.

Art. 61. Ocorrendo necessidade imperiosa, poderá a duração do trabalho exceder do limite legal ou convencionado, seja para fazer face a motivo de força maior, seja para atender à realização ou conclusão de serviços inadiáveis ou cuja inexecução possa acarretar prejuízo manifesto.

§ 1º O excesso, nos casos deste artigo, pode ser exigido independentemente de convenção coletiva ou acordo coletivo de trabalho.

•• § 1º com redação determinada pela Lei n. 13.467, de 13-7-2017.

§ 2º Nos casos de excesso de horário por motivo de força maior, a remuneração da hora excedente não será inferior à da hora normal. Nos demais casos de excesso previstos neste artigo, a remuneração será, pelo menos, 25% (vinte e cinco por cento) superior à da hora normal, e o trabalho não poderá exceder de 12 (doze) horas, desde que a lei não fixe expressamente outro limite.

•• O art. 7º, XVI, da CF estabelece a remuneração do serviço extraordinário superior, no mínimo, em 50% (cinquenta por cento) à do normal.

§ 3º Sempre que ocorrer interrupção do trabalho, resultante de causas acidentais, ou de força maior, que determinem a impossibilidade de sua realização, a duração do trabalho poderá ser prorrogada pelo tempo necessário até o máximo de 2 (duas) horas, durante o número de dias indispensáveis à recuperação do tempo perdido, desde que não exceda de 10 (dez) horas diárias, em período não superior a 45 (quarenta e cinco) dias por ano, sujeita essa recuperação à prévia autorização da autoridade competente.

Art. 62. Não são abrangidos pelo regime previsto neste Capítulo:

•• *Caput* com redação determinada pela Lei n. 8.966, de 27-12-1994.

I – os empregados que exercem atividade externa incompatível com a fixação de horário de trabalho, devendo tal condição ser anotada na Carteira de Trabalho e Previdência Social e no registro de empregados;

•• Inciso I com redação determinada pela Lei n. 8.966, de 27-12-1994.

• *Vide* art. 7º, VII, da CF.

II – os gerentes, assim considerados os exercentes de cargos de gestão, aos quais se equiparam, para efeito do disposto neste artigo, os diretores e chefes de departamento ou filial;

•• Inciso II com redação determinada pela Lei n. 8.966, de 27-12-1994.

III – os empregados em regime de teletrabalho.

•• Inciso III acrescentado pela Lei n. 13.467, de 13-7-2017.

Parágrafo único. O regime previsto neste capítulo será aplicável aos empregados mencionados no inciso II deste artigo, quando o salário do cargo de confiança, compreendendo a gratificação de função, se houver, for inferior ao valor do respectivo salário efetivo acrescido de 40% (quarenta por cento).

•• Parágrafo único com redação determinada pela Lei n. 8.966, de 27-12-1994.

Art. 63. Não haverá distinção entre empregados e interessados, e a participação em lucros e comissões, salvo em lucros de caráter social, não exclui o participante do regime deste Capítulo.

Art. 64. O salário-hora normal, no caso de empregado mensalista, será obtido dividindo-se o salário mensal correspondente à duração do trabalho, a que se refere o art. 58, por 30 (trinta) vezes o número de horas dessa duração.

Parágrafo único. Sendo o número de dias inferior a 30 (trinta), adotar-se-á para o cálculo, em lugar desse número, o de dias de trabalho por mês.

Art. 65. No caso do empregado diarista, o salário-hora normal será obtido dividindo-se o salário diário correspondente à duração do trabalho, estabelecido no art. 58, pelo número de horas de efetivo trabalho.

Seção III
Dos Períodos de Descanso

Art. 66. Entre 2 (duas) jornadas de trabalho haverá um período mínimo de 11 (onze) horas consecutivas para descanso.

Art. 67. Será assegurado a todo empregado um descanso semanal de 24 (vinte e quatro) horas consecutivas, o qual, salvo motivo de conveniência pública ou necessidade imperiosa do serviço, deverá coincidir com o domingo, no todo ou em parte.

Parágrafo único. Nos serviços que exijam trabalho aos domingos, com exceção quanto aos elencos teatrais, será estabelecida escala de revezamento, mensalmente organizada e constando de quadro sujeito à fiscalização.

Art. 68. O trabalho em domingo, seja total ou parcial, na forma do art. 67, será sempre subordinado à permissão prévia da autoridade competente em matéria de trabalho.

Parágrafo único. A permissão será concedida a título permanente nas atividades que, por sua natureza ou pela conveniência pública, devem ser exercidas aos domingos, cabendo ao Ministro do Trabalho e Previdência Social expedir instruções em que sejam especificadas tais atividades. Nos demais casos, ela será dada sob forma transitória, com discriminação do período autorizado, o qual, de cada vez, não excederá de 60 (sessenta) dias.

•• Sobre trabalho aos domingos e feriados: arts. 56 a 63 da Portaria n. 671, de 8-11-2021.

•• Sobre Ministérios, *vide* Nota dos Organizadores.

Art. 69. Na regulamentação do funcionamento de atividades sujeitas ao regime deste Capítulo, os municípios atenderão aos preceitos nele estabelecidos, e as regras que venham a fixar não poderão contrariar tais preceitos nem as instruções que, para seu cumprimento, forem expedidas pelas autoridades competentes em matéria de trabalho.

Art. 70. Salvo o disposto nos arts. 68 e 69, é vedado o trabalho em dias feriados nacionais e feriados religiosos, nos termos da legislação própria.

•• Artigo com redação determinada pelo Decreto-lei n. 229, de 28-2-1967.

•• *Vide* Nota dos Organizadores, sobre os feriados nacionais.

Art. 71. Em qualquer trabalho contínuo, cuja duração exceda de 6 (seis) horas, é obrigatória a concessão de um intervalo para repouso ou alimentação, o qual será, no mínimo, de 1 (uma) hora e, salvo acordo escrito ou contrato coletivo em contrário, não poderá exceder de 2 (duas) horas.

§ 1º Não excedendo de 6 (seis) horas o trabalho, será, entretanto, obrigatório um intervalo de 15 (quinze) minutos quando a duração ultrapassar 4 (quatro) horas.

§ 2º Os intervalos de descanso não serão computados na duração do trabalho.

§ 3º O limite mínimo de 1 (uma) hora para repouso ou refeição poderá ser reduzido por ato do Ministro do Trabalho e Previdência Social quando, ouvida a Secretaria de Segurança e Higiene do Trabalho, se verificar que o estabelecimento atende integralmente às exigências concernentes à organização dos refeitórios e quando os respectivos empregados não estiverem sob regime de trabalho prorrogado a horas suplementares.

•• Sobre Ministérios, *vide* Nota dos Organizadores.

§ 4º A não concessão ou a concessão parcial do intervalo intrajornada mínimo, para repouso e alimentação, a empregados urbanos e rurais, implica o pagamento, de natureza indenizatória, apenas do período suprimido, com acréscimo de 50% (cinquenta por cento) sobre o valor da remuneração da hora normal de trabalho.

•• § 4º com redação determinada pela Lei n. 13.467, de 13-7-2017.

§ 5º O intervalo expresso no *caput* poderá ser reduzido e/ou fracionado, e aquele estabelecido no § 1º poderá ser fracionado, quando compreendidos entre o término da primeira hora trabalhada e o início da última hora trabalhada, desde que previsto em convenção ou acordo coletivo de trabalho, ante a natureza do serviço e em virtude das condições especiais de trabalho a que são submetidos estritamente os motoristas, cobradores, fiscalização de campo e afins nos serviços de operação de veículos rodoviários, empregados no setor de transporte coletivo de passageiros, mantida a remuneração e concedidos intervalos para descanso menores ao final de cada viagem.

•• § 5º com redação determinada pela Lei n. 13.103, de 2-3-2015.

Art. 72. Nos serviços permanentes de mecanografia (datilografia, escrituração ou cálculo), a cada período de 90 (noventa) minutos de trabalho consecutivo corresponderá um repouso de 10 (dez) minutos não deduzidos da duração normal de trabalho.

Seção IV
Do Trabalho Noturno

• *Vide* Decreto n. 10.088, de 5-11-2019, Convenção n. 171, da Organização Internacional do Trabalho, relativa ao trabalho noturno.

Art. 73. Salvo nos casos de revezamento semanal ou quinzenal, o trabalho noturno terá remuneração superior à do diurno e, para esse efeito, sua remuneração terá um acréscimo de 20% (vinte por cento), pelo menos, sobre a hora diurna.

•• *Caput* com redação determinada pelo Decreto-lei n. 9.666, de 28-8-1946.

• *Vide* art. 7º, IX e XVI, da CF.

• *Vide* Súmulas 60, 140 e 265 do TST, Súmulas 213, 214, 313 e 402 do STF, e OJ 388 da SDI-1.

§ 1º A hora do trabalho noturno será computada como de 52 (cinquenta e dois) minutos e 30 (trinta) segundos.

•• § 1º com redação determinada pelo Decreto-lei n. 9.666, de 28-8-1946.

• Inaplicabilidade nos trabalhos com petróleo: Súmula 112 do TST.

§ 2º Considera-se noturno, para os efeitos deste artigo, o trabalho executado entre as 22 (vinte e duas) horas de um dia e as 5 (cinco) horas do dia seguinte.

•• § 2º com redação determinada pelo Decreto-lei n. 9.666, de 28-8-1946.

§ 3º O acréscimo a que se refere o presente artigo, em se tratando de empresas que não mantêm, pela natureza de suas atividades, trabalho noturno habitual, será feito tendo em vista os quantitativos pagos por trabalhos diurnos de natureza semelhante. Em relação às empresas cujo trabalho noturno decorra da natureza de suas atividades, o aumento será calculado sobre o salário mínimo geral vigente na região, não sendo devido quando exceder desse limite, já acrescido da percentagem.

•• § 3º com redação determinada pelo Decreto-lei n. 9.666, de 28-8-1946.

§ 4º Nos horários mistos, assim entendidos os que abrangem períodos diurnos e noturnos, aplica-se às horas de trabalho noturno o disposto neste artigo e seus parágrafos.

•• § 4º com redação determinada pelo Decreto-lei n. 9.666, de 28-8-1946.

§ 5º Às prorrogações do trabalho noturno aplica-se o disposto neste Capítulo.

•• § 5º com redação determinada pelo Decreto-lei n. 9.666, de 28-8-1946.

Capítulo II-A
do Teletrabalho

•• Capítulo II-A acrescentado pela Lei n. 13.467, de 13-7-2017.

Art. 75-A. A prestação de serviços pelo empregado em regime de teletrabalho observará o disposto neste Capítulo.

•• Artigo acrescentado pela Lei n. 13.467, de 13-7-2017.

Art. 75-B. Considera-se teletrabalho a prestação de serviços preponderantemente fora das dependências do empregador, com a utilização de tecnologias de informação e de comunicação que, por sua natureza, não se constituam como trabalho externo.

•• *Caput* acrescentado pela Lei n. 13.467, de 13-7-2017.

Parágrafo único. O comparecimento às dependências do empregador para a realização de atividades específicas que exijam a presença do empregado no estabelecimento não descaracteriza o regime de teletrabalho.

•• Parágrafo único acrescentado pela Lei n. 13.467, de 13-7-2017.

Art. 75-C. A prestação de serviços na modalidade de teletrabalho deverá constar expressamente do contrato individual de trabalho, que especificará as atividades que serão realizadas pelo empregado.

•• *Caput* acrescentado pela Lei n. 13.467, de 13-7-2017.

§ 1º Poderá ser realizada a alteração entre regime presencial e de teletrabalho desde que haja mútuo acordo entre as partes, registrado em aditivo contratual.

•• § 1º acrescentado pela Lei n. 13.467, de 13-7-2017.

§ 2º Poderá ser realizada a alteração do regime de teletrabalho para o presencial por determinação do empregador, garantido prazo de transição mínimo de quinze dias, com correspondente registro em aditivo contratual.

•• § 2º acrescentado pela Lei n. 13.467, de 13-7-2017.

Art. 75-D. As disposições relativas à responsabilidade pela aquisição, manutenção ou fornecimento dos equipamentos tecnológicos e da infraestrutura necessária e adequada à prestação do trabalho remoto, bem como ao reembolso de despesas arcadas pelo empregado, serão previstas em contrato escrito.

•• *Caput* acrescentado pela Lei n. 13.467, de 13-7-2017.

Parágrafo único. As utilidades mencionadas no *caput* deste artigo não integram a remuneração do empregado.

•• Parágrafo único acrescentado pela Lei n. 13.467, de 13-7-2017.

Art. 75-E. O empregador deverá instruir os empregados, de maneira expressa e ostensiva, quanto às precauções a tomar a fim de evitar doenças e acidentes de trabalho.

•• *Caput* acrescentado pela Lei n. 13.467, de 13-7-2017.

Parágrafo único. O empregado deverá assinar termo de responsabilidade comprometendo-se a seguir as instruções fornecidas pelo empregador.

•• Parágrafo único acrescentado pela Lei n. 13.467, de 13-7-2017.

Capítulo III
Do Salário Mínimo

•• A Medida Provisória n. 1.091, de 30-12-2021, estabelece que, a partir de 1.º-1-2022, o salário mínimo será de R$ 1.212,00 (mil e duzentos e doze reais).

Seção I
Do Conceito

Art. 76. Salário mínimo é a contraprestação mínima devida e paga diretamente pelo empregador a todo trabalhador, inclusive ao trabalhador rural, sem distinção de sexo, por dia normal de serviço, e capaz de satisfazer, em determinada época e região do País, as suas necessidades normais de alimentação, habitação, vestuário, higiene e transporte.

• *Vide* art. 7º, IV, da CF.

....

Capítulo V
Da Segurança e da Medicina do Trabalho

•• A Portaria n. 3.214, de 8-6-1978, aprova as Normas Regulamentadoras – NR – deste capítulo.

•• *Vide* Resolução n. 2.297, de 5-8-2021, do Conselho Federal de Medicina, que dispõe de normas específicas para médicos que atendem o trabalhador.

Seção I
Disposições Gerais

Art. 154. A observância, em todos os locais de trabalho, do disposto neste Capítulo, não desobriga as empresas do cumprimento de outras disposições que, com relação à matéria, sejam incluídas em códigos de obras ou regulamentos sanitários dos Estados ou Municípios em que se situem os respectivos estabelecimentos, bem como daquelas oriundas de convenções coletivas de trabalho.

•• Artigo com redação determinada pela Lei n. 6.514, de 22-12-1977.

Art. 155. Incumbe ao órgão de âmbito nacional competente em matéria de segurança e medicina do trabalho:

•• *Caput* com redação determinada pela Lei n. 6.514, de 22-12-1977.

•• *Vide* Portaria n. 672, de 8-11-2021.

I – estabelecer, nos limites de sua competência, normas sobre a aplicação dos preceitos deste Capítulo, especialmente os referidos no art. 200;

•• Inciso I com redação determinada pela Lei n. 6.514, de 22-12-1977.

II – coordenar, orientar, controlar e supervisionar a fiscalização e as demais atividades relacionadas com a segurança e a medicina do trabalho em todo o território nacional, inclusive a Campanha Nacional de Prevenção de Acidentes do Trabalho;

•• Inciso II com redação determinada pela Lei n. 6.514, de 22-12-1977.

III – conhecer, em última instância, dos recursos, voluntários ou de ofício, das decisões proferidas pelos Delegados Regionais do Trabalho, em matéria de segurança e medicina do trabalho.

•• Inciso III com redação determinada pela Lei n. 6.514, de 22-12-1977.

Art. 156. Compete especialmente às Delegacias Regionais do Trabalho, nos limites de sua jurisdição:

•• *Caput* com redação determinada pela Lei n. 6.514, de 22-12-1977.

I – promover a fiscalização do cumprimento das normas de segurança e medicina do trabalho;

•• Inciso I com redação determinada pela Lei n. 6.514, de 22-12-1977.

II – adotar as medidas que se tornem exigíveis, em virtude das disposições deste Capítulo, determinando as obras e reparos que, em qualquer local de trabalho, se façam necessárias;

•• Inciso II com redação determinada pela Lei n. 6.514, de 22-12-1977.

III – impor as penalidades cabíveis por descumprimento das normas constantes deste Capítulo, nos termos do art. 201.

•• Inciso III com redação determinada pela Lei n. 6.514, de 22-12-1977.

Art. 157. Cabe às empresas:

•• *Caput* com redação determinada pela Lei n. 6.514, de 22-12-1977.

I – cumprir e fazer cumprir as normas de segurança e medicina do trabalho;

•• Inciso I com redação determinada pela Lei n. 6.514, de 22-12-1977.

II – instruir os empregados, através de ordens de serviço, quanto às precauções a tomar no sentido de evitar acidentes do trabalho ou doenças ocupacionais;

•• Inciso II com redação determinada pela Lei n. 6.514, de 22-12-1977.

III – adotar as medidas que lhe sejam determinadas pelo órgão regional competente;

•• Inciso III com redação determinada pela Lei n. 6.514, de 22-12-1977.

IV – facilitar o exercício da fiscalização pela autoridade competente.

•• Inciso IV com redação determinada pela Lei n. 6.514, de 22-12-1977.

Art. 158. Cabe aos empregados:

•• *Caput* com redação determinada pela Lei n. 6.514, de 22-12-1977.

I – observar as normas de segurança e medicina do trabalho, inclusive as instruções de que trata o item II do artigo anterior;

•• Inciso I com redação determinada pela Lei n. 6.514, de 22-12-1977.

II – colaborar com a empresa na aplicação dos dispositivos deste Capítulo.

•• Inciso II com redação determinada pela Lei n. 6.514, de 22-12-1977.

Parágrafo único. Constitui ato faltoso do empregado a recusa injustificada:

•• Parágrafo único, *caput*, com redação determinada pela Lei n. 6.514, de 22-12-1977.

a) à observância das instruções expedidas pelo empregador na forma do item II do artigo anterior;

•• Alínea *a* com redação determinada pela Lei n. 6.514, de 22-12-1977.

b) ao uso dos equipamentos de proteção individual fornecidos pela empresa.

•• Alínea *b* com redação determinada pela Lei n. 6.514, de 22-12-1977.

• *Vide* Súmula 289 do TST.

Art. 159. Mediante convênio autorizado pelo Ministério do Trabalho, poderão ser delegadas a outros órgãos federais, estaduais ou municipais atribuições de fiscalização ou orientação às empresas quanto ao cumprimento das disposições constantes deste Capítulo.

•• Artigo com redação determinada pela Lei n. 6.514, de 22-12-1977.

Seção II
Da Inspeção Prévia e do Embargo ou Interdição

•• Seção II com redação determinada pela Lei n. 6.514, de 22-12-1977.

• *Vide* NR-2 (Inspeção prévia) e NR-3 (Embargo ou Interdição).

Art. 160. Nenhum estabelecimento poderá iniciar suas atividades sem prévia inspeção e aprovação das respectivas instalações pela autoridade regional competente em matéria de segurança e medicina do trabalho.

•• *Caput* com redação determinada pela Lei n. 6.514, de 22-12-1977.

• *Vide* art. 21, XXIV, da CF.

§ 1º Nova inspeção deverá ser feita quando ocorrer modificação substancial nas instalações, inclusive equipamentos, que a empresa fica obrigada a comunicar, prontamente, à Delegacia Regional do Trabalho.

•• § 1º com redação determinada pela Lei n. 6.514, de 22-12-1977.

§ 2º É facultado às empresas solicitar prévia aprovação, pela Delegacia Regional do Trabalho, dos projetos de construção e respectivas instalações.

•• § 2º com redação determinada pela Lei n. 6.514, de 22-12-1977.

Art. 161. O Delegado Regional do Trabalho, à vista do laudo técnico do serviço competente que demonstre grave e iminente risco para o trabalhador, poderá interditar estabelecimento, setor de serviço, máquina ou equipamento, ou embargar obra, indicando na decisão, tomada com a brevidade que a ocorrência exigir, as providências que deverão ser adotadas para prevenção de infortúnios de trabalho.

•• *Caput* com redação determinada pela Lei n. 6.514, de 22-12-1977.

§ 1º As autoridades federais, estaduais e municipais darão imediato apoio às medidas determinadas pelo Delegado Regional do Trabalho.

•• § 1º com redação determinada pela Lei n. 6.514, de 22-12-1977.

§ 2º A interdição ou embargo poderão ser requeridos pelo serviço competente da Delegacia Regional do Trabalho e, ainda, por agente da inspeção do trabalho ou por entidade sindical.

•• § 2º com redação determinada pela Lei n. 6.514, de 22-12-1977.

§ 3º Da decisão do Delegado Regional do Trabalho poderão os interessados recorrer, no prazo de 10 (dez) dias, para o órgão de âmbito nacional competente em matéria de segurança e medicina do trabalho, ao qual será facultado dar efeito suspensivo ao recurso.

•• § 3º com redação determinada pela Lei n. 6.514, de 22-12-1977.

§ 4º Responderá por desobediência, além das medidas penais cabíveis, quem, após determinada a interdição ou embargo, ordenar ou permitir o funcionamento do estabelecimento ou de um dos seus setores, a utilização de máquina ou equipamento, ou o prosseguimento de obra, se, em consequência, resultarem danos a terceiros.

•• § 4º com redação determinada pela Lei n. 6.514, de 22-12-1977.

§ 5º O Delegado Regional do Trabalho, independente de recurso, e após laudo técnico do serviço competente, poderá levantar a interdição.

•• § 5º com redação determinada pela Lei n. 6.514, de 22-12-1977.

§ 6º Durante a paralisação dos serviços, em decorrência da interdição ou embargo, os empregados receberão os salários como se estivessem em efetivo exercício.

•• § 6º com redação determinada pela Lei n. 6.514, de 22-12-1977.

Seção III
Dos Órgãos de Segurança e de Medicina do Trabalho nas Empresas

•• Seção III com redação determinada pela Lei n. 6.514, de 22-12-1977.

• *Vide* NR-4 (Serviços Especializados em Engenharia de Segurança e Medicina do Trabalho – SESMT) e NR-5 (Comissão Interna de Prevenção de Acidentes – CIPA).

Art. 162. As empresas, de acordo com normas a serem expedidas pelo Ministério do Trabalho, estarão obrigadas a manter serviços especializados em segurança e em medicina do trabalho.

•• *Caput* com redação determinada pela Lei n. 6.514, de 22-12-1977.

Parágrafo único. As normas a que se refere este artigo estabelecerão:

a) classificação das empresas segundo o número mínimo de empregados e a natureza do risco de suas atividades;

b) o número mínimo de profissionais especializados exigido de cada empresa, segundo o grupo em que se classifique, na forma da alínea anterior;

c) a qualificação exigida para os profissionais em questão e o seu regime de trabalho;

d) as demais características e atribuições dos serviços especializados em segurança e em medicina do trabalho, nas empresas.

•• Parágrafo único com redação determinada pela Lei n. 6.514, de 22-12-1977.

Art. 163. Será obrigatória a constituição de Comissão Interna de Prevenção de Acidentes – CIPA –, de conformidade com instruções expedidas pelo Ministério do Trabalho, nos estabelecimentos ou locais de obra nelas especificadas.

•• *Caput* com redação determinada pela Lei n. 6.514, de 22-12-1977.

•• *Vide* NR-5 (CIPA).

Parágrafo único. O Ministério do Trabalho regulamentará as atribuições, a composição e o funcionamento das CIPAs.

•• Parágrafo único com redação determinada pela Lei n. 6.514, de 22-12-1977.

Art. 164. Cada CIPA será composta de representantes da empresa e dos empregados, de acordo com os critérios que vierem a ser adotados na regulamentação de que trata o parágrafo único do artigo anterior.

•• *Caput* com redação determinada pela Lei n. 6.514, de 22-12-1977.

§ 1º Os representantes dos empregadores, titulares e suplentes, serão por eles designados.

•• § 1º com redação determinada pela Lei n. 6.514, de 22-12-1977.

§ 2º Os representantes dos empregados, titulares e suplentes, serão eleitos em escrutínio secreto, do qual participem, independentemente de filiação sindical, exclusivamente os empregados interessados.

•• § 2º com redação determinada pela Lei n. 6.514, de 22-12-1977.

§ 3º O mandato dos membros eleitos da CIPA terá a duração de 1 (um) ano, permitida uma reeleição.

•• § 3º com redação determinada pela Lei n. 6.514, de 22-12-1977.

§ 4º O disposto no parágrafo anterior não se aplicará ao membro suplente que, durante o seu mandato, tenha participado de menos da metade do número de reuniões da CIPA.

•• § 4º com redação determinada pela Lei n. 6.514, de 22-12-1977.

§ 5º O empregador designará, anualmente, dentre os seus representantes, o Presidente da CIPA, e os empregados elegerão, dentre eles, o Vice-Presidente.

•• § 5º com redação determinada pela Lei n. 6.514, de 22-12-1977.

Art. 165. Os titulares da representação dos empregados nas CIPAs não poderão sofrer despedida arbitrária, entendendo-se como tal a que não se fundar em motivo disciplinar, técnico, econômico ou financeiro.

•• *Caput* com redação determinada pela Lei n. 6.514, de 22-12-1977.

•• *Vide* art. 10, II, *a*, do ADCT.

• *Vide* Súmula 339 do TST e Súmula 676 do STF.

Parágrafo único. Ocorrendo a despedida, caberá ao empregador, em caso de reclamação à Justiça do Trabalho, comprovar a existência de qualquer dos motivos mencionados neste artigo, sob pena de ser condenado a reintegrar o empregado.

•• Parágrafo único com redação determinada pela Lei n. 6.514, de 22-12-1977.

Seção IV
Do Equipamento de Proteção Individual

•• Seção IV com redação determinada pela Lei n. 6.514, de 22-12-1977.

• *Vide* NR-6 (Equipamento de Proteção Individual – EPI).

• *Vide* Portaria n. 672, de 8-11-2021.

Art. 166. A empresa é obrigada a fornecer aos empregados, gratuitamente, equipamento de proteção individual adequado ao risco e em perfeito estado de conservação e funcionamento, sempre que as medidas de ordem geral não ofereçam completa proteção contra os riscos de acidentes e danos à saúde dos empregados.

•• Artigo com redação determinada pela Lei n. 6.514, de 22-12-1977.

Art. 167. O equipamento de proteção só poderá ser posto à venda ou utilizado com a indicação do Certificado de Aprovação do Ministério do Trabalho.

•• Artigo com redação determinada pela Lei n. 6.514, de 22-12-1977.

• *Vide* art. 2º da Portaria n. 191, de 4-12-2006.

Seção V
Das Medidas Preventivas de Medicina do Trabalho

•• Seção V com redação determinada pela Lei n. 6.514, de 22-12-1977.

• *Vide* NR-7 (Programa de Controle Médico de Saúde Ocupacional – PCMSO).

Art. 168. Será obrigatório exame médico, por conta do empregador, nas condições estabelecidas neste artigo e nas instruções complementares a serem expedidas pelo Ministério do Trabalho:

•• *Caput* com redação determinada pela Lei n. 7.855, de 24-10-1989.

• *Vide* art. 3º, § 2º, da Lei n. 6.514, de 22-12-1977.

I – na admissão;

•• Inciso I com redação determinada pela Lei n. 7.855, de 24-10-1989.

II – na demissão;

•• Inciso II com redação determinada pela Lei n. 7.855, de 24-10-1989.

III – periodicamente.

•• Inciso III com redação determinada pela Lei n. 7.855, de 24-10-1989.

§ 1º O Ministério do Trabalho baixará instruções relativas aos casos em que serão exigíveis exames:

a) por ocasião da demissão;

b) complementares.

•• § 1º com redação determinada pela Lei n. 7.855, de 24-10-1989.

§ 2º Outros exames complementares poderão ser exigidos, a critério médico, para apuração da capacidade ou aptidão física e mental do empregado para a função que deva exercer.

•• § 2º com redação determinada pela Lei n. 7.855, de 24-10-1989.

• A Lei n. 9.029, de 13-4-1995, proíbe a exigência de atestados de gravidez e esterilização, e outras práticas discriminatórias, para efeitos admissionais ou de permanência da relação jurídica de trabalho.

§ 3º O Ministério do Trabalho estabelecerá, de acordo com o risco da atividade e o tempo de exposição, a periodicidade dos exames médicos.

•• § 3º com redação determinada pela Lei n. 7.855, de 24-10-1989.

§ 4º O empregador manterá, no estabelecimento, o material necessário à prestação de primeiros socorros médicos, de acordo com o risco da atividade.

•• § 4º com redação determinada pela Lei n. 7.855, de 24-10-1989.

§ 5º O resultado dos exames médicos, inclusive o exame complementar, será comunicado ao trabalhador, observados os preceitos da ética médica.

•• § 5º com redação determinada pela Lei n. 7.855, de 24-10-1989.

§ 6º Serão exigidos exames toxicológicos, previamente à admissão e por ocasião do desligamento, quando se tratar de motorista profissional, assegurados o direito à contraprova em caso de resultado positivo e a confidencialidade dos resultados dos respectivos exames.

•• § 6º acrescentado pela Lei n. 13.103, de 2-3-2015.

• Sobre realização dos exames toxicológicos por motoristas profissionais: arts. 60 a 64 da Portaria n. 672, de 8-11-2021.

§ 7º Para os fins do disposto no § 6º, será obrigatório exame toxicológico com janela de detecção mínima de 90 (noventa) dias, específico para substâncias psicoativas que causem dependência ou, comprovadamente, comprometam a capacidade de direção, podendo ser utilizado para essa finalidade o exame toxicológico previsto na Lei n. 9.503, de 23 de setembro de 1997 – Código de Trânsito Brasileiro, desde que realizado nos últimos 60 (sessenta) dias.

•• § 7º acrescentado pela Lei n. 13.103, de 2-3-2015.

•• *Vide* art. 13 da Lei n. 13.103, de 2-3-2015.

• Sobre realização dos exames toxicológicos por motoristas profissionais: arts. 60 a 64 da Portaria n. 672, de 8-11-2021.

Art. 169. Será obrigatória a notificação das doenças profissionais e das produzidas em virtude de condições especiais de trabalho, comprovadas ou objeto de suspeita, de conformidade com as instruções expedidas pelo Ministério do Trabalho.

•• Artigo com redação determinada pela Lei n. 6.514, de 22-12-1977.

• A Portaria n. 1.339, de 18-11-1999, do Ministério da Saúde, institui a Lista de Doenças relacionadas ao Trabalho.

• A Portaria n. 589, de 28-4-2014, do MTE, disciplina as medidas a serem adotadas pelas empresas em relação à notificação de doenças e acidentes do trabalho.

Seção VI
Das Edificações

•• Seção VI com redação determinada pela Lei n. 6.514, de 22-12-1977.

• *Vide* NR-8 (Edificações).

Art. 170. As edificações deverão obedecer aos requisitos técnicos que garantam perfeita segurança aos que nelas trabalhem.

•• Artigo com redação determinada pela Lei n. 6.514, de 22-12-1977.

Art. 171. Os locais de trabalho deverão ter, no mínimo, 3 (três) metros de pé-direito, assim considerada a altura livre do piso ao teto.

•• *Caput* com redação determinada pela Lei n. 6.514, de 22-12-1977.

Parágrafo único. Poderá ser reduzido esse mínimo desde que atendidas as condições de iluminação e conforto térmico compatíveis com a natureza do trabalho, sujeitando-se tal redução ao controle do órgão competente em matéria de segurança e medicina do trabalho.

•• Parágrafo único com redação determinada pela Lei n. 6.514, de 22-12-1977.

Art. 172. Os pisos dos locais de trabalho não deverão apresentar saliências nem depressões que prejudiquem a circulação de pessoas ou a movimentação de materiais.

•• Artigo com redação determinada pela Lei n. 6.514, de 22-12-1977.

Art. 173. As aberturas nos pisos e paredes serão protegidas de forma que impeçam a queda de pessoas ou de objetos.

•• Artigo com redação determinada pela Lei n. 6.514, de 22-12-1977.

Art. 174. As paredes, escadas, rampas de acesso, passarelas, pisos, corredores, coberturas e passagens dos locais de trabalho deverão obedecer às condições de segurança e de higiene do trabalho estabelecidas pelo Ministério do Trabalho e manter-se em perfeito estado de conservação e limpeza.

•• Artigo com redação determinada pela Lei n. 6.514, de 22-12-1977.

Seção VII
Da Iluminação

•• Seção VII com redação determinada pela Lei n. 6.514, de 22-12-1977.

Art. 175. Em todos os locais de trabalho deverá haver iluminação adequada, natural ou artificial, apropriada à natureza da atividade.

•• *Caput* com redação determinada pela Lei n. 6.514, de 22-12-1977.

§ 1º A iluminação deverá ser uniformemente distribuída, geral e difusa, a fim de evitar ofuscamento, reflexos incômodos, sombras e contrastes excessivos.

•• § 1º com redação determinada pela Lei n. 6.514, de 22-12-1977.

§ 2º O Ministério do Trabalho estabelecerá os níveis mínimos de iluminamento a serem observados.

•• § 2º com redação determinada pela Lei n. 6.514, de 22-12-1977.

Seção VIII
Do Conforto Térmico

•• Seção VIII com redação determinada pela Lei n. 6.514, de 22-12-1977.

Art. 176. Os locais de trabalho deverão ter ventilação natural, compatível com o serviço realizado.

•• *Caput* com redação determinada pela Lei n. 6.514, de 22-12-1977.

Parágrafo único. A ventilação artificial será obrigatória sempre que a natural não preencha as condições de conforto térmico.

•• Parágrafo único com redação determinada pela Lei n. 6.514, de 22-12-1977.

Art. 177. Se as condições de ambiente se tornarem desconfortáveis, em virtude de instalações geradoras de frio ou de calor, será obrigatório o uso de vestimenta adequada para o trabalho em tais condições ou de capelas, anteparos, paredes duplas, isolamento térmico e recursos similares, de forma que os empregados fiquem protegidos contra as radiações térmicas.

•• Artigo com redação determinada pela Lei n. 6.514, de 22-12-1977.

Art. 178. As condições de conforto térmico dos locais de trabalho devem ser mantidas dentro dos limites fixados pelo Ministério do Trabalho.

•• Artigo com redação determinada pela Lei n. 6.514, de 22-12-1977.

Seção IX
Das Instalações Elétricas

•• Seção IX com redação determinada pela Lei n. 6.514, de 22-12-1977.

• *Vide* NR-10 (Segurança em instalações e serviços de eletricidade).

Art. 179. O Ministério do Trabalho disporá sobre as condições de segurança e as medidas especiais a serem observadas relativamente a instalações elétricas, em qualquer das fases de produção, transmissão, distribuição ou consumo de energia.

•• Artigo com redação determinada pela Lei n. 6.514, de 22-12-1977.

Art. 180. Somente profissional qualificado poderá instalar, operar, inspecionar ou reparar instalações elétricas.

•• Artigo com redação determinada pela Lei n. 6.514, de 22-12-1977.

Art. 181. Os que trabalharem em serviços de eletricidade ou instalações elétricas devem estar familiarizados com os métodos de socorro a acidentados por choque elétrico.

•• Artigo com redação determinada pela Lei n. 6.514, de 22-12-1977.

Seção X
Da Movimentação, Armazenagem e Manuseio de Materiais

•• Seção X com redação determinada pela Lei n. 6.514, de 22-12-1977.

• *Vide* NR-11 (Transporte, movimentação, armazenagem e manuseio de materiais).

Art. 182. O Ministério do Trabalho estabelecerá normas sobre:

•• *Caput* com redação determinada pela Lei n. 7.855, de 24-10-1989.

I – as precauções de segurança na movimentação de materiais nos locais de trabalho, os equipamentos a serem obrigatoriamente utilizados e as condições especiais a que estão sujeitas a operação e a manutenção desses equipamentos, inclusive exigências de pessoal habilitado;

•• Inciso I com redação determinada pela Lei n. 7.855, de 24-10-1989.

II – as exigências similares relativas ao manuseio e à armazenagem de materiais, inclusive quanto às condições de segurança e higiene relativas aos recipientes e locais de armazenagem e os equipamentos de proteção individual;

•• Inciso II com redação determinada pela Lei n. 7.855, de 24-10-1989.

III – a obrigatoriedade de indicação de carga máxima permitida nos equipamentos de transporte, dos avisos de proibição de fumar e de advertência quanto à natureza perigosa ou nociva à saúde das substâncias em movimentação ou em depósito, bem como das recomendações de primeiros socorros e de atendimento médico e símbolo de perigo, segundo padronização internacional, nos rótulos dos materiais ou substâncias armazenados ou transportados.

•• Inciso III com redação determinada pela Lei n. 7.855, de 24-10-1989.

Parágrafo único. As disposições relativas ao transporte de materiais aplicam-se, também, no que couber, ao transporte de pessoas nos locais de trabalho.

•• Parágrafo único com redação determinada pela Lei n. 6.514, de 22-12-1977.

Art. 183. As pessoas que trabalharem na movimentação de materiais deverão estar familiarizadas com os métodos racionais de levantamento de cargas.

•• Artigo com redação determinada pela Lei n. 6.514, de 22-12-1977.

Seção XI
Das Máquinas e Equipamentos

•• Seção XI com redação determinada pela Lei n. 6.514, de 22-12-1977.

• *Vide* NR-12 (Máquinas e equipamentos).

Art. 184. As máquinas e os equipamentos deverão ser dotados de dispositivos de partida e parada e outros que se fizerem necessários para a prevenção de acidentes do trabalho, especialmente quanto ao risco de acionamento acidental.

•• *Caput* com redação determinada pela Lei n. 6.514, de 22-12-1977.

Parágrafo único. É proibida a fabricação, a importação, a venda, a locação e o uso de máquinas e equipamentos que não atendam ao disposto neste artigo.

•• Parágrafo único com redação determinada pela Lei n. 6.514, de 22-12-1977.

Art. 185. Os reparos, limpeza e ajustes somente poderão ser executados com as máquinas paradas, salvo se o movimento for indispensável à realização do ajuste.

•• Artigo com redação determinada pela Lei n. 6.514, de 22-12-1977.

Art. 186. O Ministério do Trabalho estabelecerá normas adicionais sobre proteção e medidas de segurança na operação de máquinas e equipamentos, especialmente quanto à proteção das partes móveis, distância entre estas, vias de acesso às máquinas e equipamentos de grandes dimensões, emprego de ferramentas, sua adequação e medidas de proteção exigidas quando motorizadas ou elétricas.

•• Artigo com redação determinada pela Lei n. 6.514, de 22-12-1977.

Seção XII
Das Caldeiras, Fornos e Recipientes sob Pressão

•• Seção XII com redação determinada pela Lei n. 6.514, de 22-12-1977.

• *Vide* NR-13 (Caldeiras e vasos de pressão) e NR-14 (Fornos).

Art. 187. As caldeiras, equipamentos e recipientes em geral que operam sob pressão deverão dispor de válvulas e outros dispositivos de segurança, que evitem seja ultrapassada a pressão interna de trabalho compatível com a sua resistência.

•• *Caput* com redação determinada pela Lei n. 6.514, de 22-12-1977.

Parágrafo único. O Ministério do Trabalho expedirá normas complementares quanto à segurança das caldeiras, fornos e recipientes sob pressão, especialmente quanto ao revestimento interno, à localização, à ventilação dos locais e outros meios de eliminação de gases ou vapores prejudiciais à saúde, e demais instalações ou equipamentos necessários à execução segura das tarefas de cada empregado.

•• Parágrafo único com redação determinada pela Lei n. 6.514, de 22-12-1977.

Art. 188. As caldeiras serão periodicamente submetidas a inspeções de segurança, por engenheiro ou empresa especializada, inscritos no Ministério do Trabalho, de conformidade com as instruções que, para esse fim, forem expedidas.

•• *Caput* com redação determinada pela Lei n. 6.514, de 22-12-1977.

§ 1º Toda caldeira será acompanhada de "Prontuário", com documentação original do fabricante, abrangendo, no mínimo: especificação técnica, desenhos, detalhes, provas e testes realizados durante a fabricação e a montagem, características funcionais e a pressão máxima de trabalho permitida (PMTP), esta última indicada, em local visível, na própria caldeira.

•• § 1º com redação determinada pela Lei n. 6.514, de 22-12-1977.

§ 2º O proprietário da caldeira deverá organizar, manter atualizado e apresentar, quando exigido pela autoridade competente, o Registro de Segurança, no qual serão anotadas, sistematicamente, as indicações das provas efetuadas, inspeções, reparos e quaisquer outras ocorrências.

•• § 2º com redação determinada pela Lei n. 6.514, de 22-12-1977.

§ 3º Os projetos de instalação de caldeiras, fornos e recipientes sob pressão deverão ser submetidos à aprovação prévia do órgão regional competente em matéria de segurança do trabalho.

•• § 3º com redação determinada pela Lei n. 6.514, de 22-12-1977.

Seção XIII
Das Atividades Insalubres ou Perigosas

•• Seção XIII com redação determinada pela Lei n. 6.514, de 22-12-1977.

• *Vide* NR-15 (Atividades e operações insalubres) e NR-16 (Atividades e operações perigosas).

• *Vide* Súmulas 39, 47, 70, 80, 132, 139, 191, 248 e 361 do TST, e Súmulas 194, 212, 307 e 460 do STF.

• *Vide* art. 7º, XXII e XXIII, da CF.

Art. 189. Serão consideradas atividades ou operações insalubres aquelas que, por sua natureza, condições ou métodos de trabalho, exponham os empregados a agentes nocivos à saúde, acima dos limites de tolerância fixados em razão da natureza e da intensidade do agente e do tempo de exposição aos seus efeitos.

•• Artigo com redação determinada pela Lei n. 6.514, de 22-12-1977.

• Sobre prorrogação de jornada em atividade insalubre: arts. 64 a 97 da Portaria n. 671, de 8-11-2021.

• *Vide* art. 7º, XXIII, da CF.

Art. 190. O Ministério do Trabalho aprovará o quadro das atividades e operações insalubres e adotará normas sobre os critérios de caracterização da insalubridade, os limites de tolerância aos agentes agressivos, meios de proteção e o tempo máximo de exposição do empregado a esses agentes.

•• *Caput* com redação determinada pela Lei n. 6.514, de 22-12-1977.

Parágrafo único. As normas referidas neste artigo incluirão medidas de proteção do organismo do trabalhador nas operações que produzem aerodispersoides tóxicos, irritantes, alergênicos ou incômodos.

•• Parágrafo único com redação determinada pela Lei n. 6.514, de 22-12-1977.

Art. 191. A eliminação ou a neutralização da insalubridade ocorrerá:

I – com a adoção de medidas que conservem o ambiente de trabalho dentro dos limites de tolerância;

II – com a utilização de equipamentos de proteção individual ao trabalhador, que diminuam a intensidade do agente agressivo a limites de tolerância.

•• *Caput* com redação determinada pela Lei n. 6.514, de 22-12-1977.

Parágrafo único. Caberá às Delegacias Regionais do Trabalho, comprovada a insalubridade, notificar as empresas, estipulando prazos para sua eliminação ou neutralização, na forma deste artigo.

•• Parágrafo único com redação determinada pela Lei n. 6.514, de 22-12-1977.

Art. 192. O exercício de trabalho em condições insalubres, acima dos limites de tolerância estabelecidos pelo Ministério do Trabalho, assegura a percepção de adicional respectivamente de 40% (quarenta por cento), 20% (vinte por cento) e 10% (dez por cento) do salário mínimo da região, segundo se classifiquem nos graus máximo, médio e mínimo.

•• Artigo com redação determinada pela Lei n. 6.514, de 22-12-1977.

• *Vide* art. 7º, IV e XXIII, da CF.

Art. 193. São consideradas atividades ou operações perigosas, na forma da regulamentação aprovada pelo Ministério do Trabalho e Emprego, aquelas que, por sua natureza ou métodos de trabalho, impliquem risco acentuado em virtude de exposição permanente do trabalhador a:

•• *Caput* com redação determinada pela Lei n. 12.740, de 8-12-2012.

I – inflamáveis, explosivos ou energia elétrica;

•• Inciso I acrescentado pela Lei n. 12.740, de 8-12-2012.

II – roubos ou outras espécies de violência física nas atividades profissionais de segurança pessoal ou patrimonial.

•• Inciso II acrescentado pela Lei n. 12.740, de 8-12-2012.

§ 1º O trabalho em condições de periculosidade assegura ao empregado um adicional de 30% (trinta por cento) sobre o salário sem os acréscimos resultantes de gratificações, prêmios ou participações nos lucros da empresa.

•• § 1º com redação determinada pela Lei n. 6.514, de 22-12-1977.

• *Vide* art. 7º, XXIII, da CF.

• *Vide* Súmula 364 do TST.

§ 2º O empregado poderá optar pelo adicional de insalubridade que porventura lhe seja devido.

•• § 2º com redação determinada pela Lei n. 6.514, de 22-12-1977.

§ 3º Serão descontados ou compensados do adicional outros da mesma natureza eventualmente já concedidos ao vigilante por meio de acordo coletivo.

•• § 3º acrescentado pela Lei n. 12.740, de 8-12-2012.

§ 4º São também consideradas perigosas as atividades de trabalhador em motocicleta.

•• § 4º acrescentado pela Lei n. 12.997, de 18-6-2014.

Art. 194. O direito do empregado ao adicional de insalubridade ou de periculosidade cessará com a eliminação do risco à sua saúde ou integridade física, nos termos desta Seção e das normas expedidas pelo Ministério do Trabalho.

•• Artigo com redação determinada pela Lei n. 6.514, de 22-12-1977.

Art. 195. A caracterização e a classificação da insalubridade e da periculosidade, segundo as normas do Ministério do Trabalho, far-se-ão através de perícia a cargo de Médico do Trabalho ou Engenheiro do Trabalho, registrados no Ministério do Trabalho.

•• *Caput* com redação determinada pela Lei n. 6.514, de 22-12-1977.

• *Vide* Súmula 453 do TST.

§ 1º É facultado às empresas e aos sindicatos das categorias profissionais interessadas requererem ao Ministério do Trabalho a realização de perícia em estabelecimento ou setor deste, com o objetivo de caracterizar e classificar ou delimitar as atividades insalubres ou perigosas.

•• § 1º com redação determinada pela Lei n. 6.514, de 22-12-1977.

§ 2º Arguida em juízo insalubridade ou periculosidade, seja por empregado, seja por sindicato em favor de grupo de associados, o juiz designará perito habilitado na forma deste artigo, e, onde não houver, requisitará perícia ao órgão competente do Ministério do Trabalho.

•• § 2º com redação determinada pela Lei n. 6.514, de 22-12-1977.

§ 3º O disposto nos parágrafos anteriores não prejudica a ação fiscalizadora do Ministério do Trabalho, nem a realização *ex officio* da perícia.

•• § 3º com redação determinada pela Lei n. 6.514, de 22-12-1977.

Art. 196. Os efeitos pecuniários decorrentes do trabalho em condições de insalubridade ou periculosidade serão devidos a contar da data da inclusão da respectiva atividade nos quadros aprovados pelo Ministério do Trabalho, respeitadas as normas do art. 11.

•• Artigo com redação determinada pela Lei n. 6.514, de 22-12-1977.

• *Vide* art. 2º da Lei n. 6.514, de 22-12-1977.

Art. 197. Os materiais e substâncias empregados, manipulados ou transportados nos locais de trabalho, quando perigosos ou nocivos à saúde, devem conter, no rótulo, sua composição, recomendações de socorro imediato e o símbolo de perigo correspondente, segundo a padronização internacional.

•• *Caput* com redação determinada pela Lei n. 6.514, de 22-12-1977.

Parágrafo único. Os estabelecimentos que mantenham as atividades previstas neste artigo afixarão, nos setores de trabalho atingidos, avisos ou cartazes, com advertência quanto aos materiais e substâncias perigosos ou nocivos à saúde.

•• Parágrafo único com redação determinada pela Lei n. 6.514, de 22-12-1977.

Seção XIV
Da Prevenção da Fadiga

•• Seção XIV com redação determinada pela Lei n. 6.514, de 22-12-1977.

• *Vide* NR-17 (Ergonomia).

Art. 198. É de 60 (sessenta) quilogramas o peso máximo que um empregado pode remover individualmente, ressalvadas as disposições especiais relativas ao trabalho do menor e da mulher.

•• *Caput* com redação determinada pela Lei n. 6.514, de 22-12-1977.

Parágrafo único. Não está compreendida na proibição deste artigo a remoção de material feita por impulsão ou tração de vagonetes sobre trilhos, carros de mão ou quaisquer outros aparelhos mecânicos, podendo o Ministério do Trabalho, em tais casos, fixar limites diversos, que evitem sejam exigidos do empregado serviços superiores às suas forças.

•• Parágrafo único com redação determinada pela Lei n. 6.514, de 22-12-1977.

Art. 199. Será obrigatória a colocação de assentos que assegurem postura correta ao trabalhador, capazes de evitar posições incômodas ou forçadas, sempre que a execução da tarefa exija que trabalhe sentado.

•• *Caput* com redação determinada pela Lei n. 6.514, de 22-12-1977.

Parágrafo único. Quando o trabalho deva ser executado de pé, os empregados terão à sua disposição assentos para serem utilizados nas pausas que o serviço permitir.

•• Parágrafo único com redação determinada pela Lei n. 6.514, de 22-12-1977.

Seção XV
Das Outras Medidas Especiais de Proteção

•• Seção XV com redação determinada pela Lei n. 6.514, de 22-12-1977.

• *Vide* NRs 18 a 36.

Art. 200. Cabe ao Ministério do Trabalho estabelecer disposições complementares às normas de que trata este Capítulo, tendo em vista as peculiaridades de cada atividade ou setor de trabalho, especialmente sobre:

•• *Caput* com redação determinada pela Lei n. 7.855, de 24-10-1989.

I – medidas de prevenção de acidentes e os equipamentos de proteção individual em obras de construção, demolição ou reparos;

•• Inciso I com redação determinada pela Lei n. 7.855, de 24-10-1989.

II – depósitos, armazenagem e manuseio de combustíveis, inflamáveis e explosivos, bem como trânsito e permanência nas áreas respectivas;

•• Inciso II com redação determinada pela Lei n. 7.855, de 24-10-1989.

III – trabalho em escavações, túneis, galerias, minas e pedreiras, sobretudo quanto à prevenção de explosões, incêndios, desmoronamentos e soterramentos, eliminação de poeiras, gases etc., e facilidades de rápida saída dos empregados;

•• Inciso III com redação determinada pela Lei n. 7.855, de 24-10-1989.

IV – proteção contra incêndio em geral e as medidas preventivas adequadas, com exigências ao especial revestimento de portas e paredes, construção de paredes contra fogo, diques e outros anteparos, assim como garantia geral de fácil circulação, corredores de acesso e saídas amplas e protegidas, com suficiente sinalização;

•• Inciso IV com redação determinada pela Lei n. 7.855, de 24-10-1989.

V – proteção contra insolação, calor, frio, umidade e ventos, sobretudo no trabalho a céu aberto, com provisão, quanto a este, de água potável, alojamento e profilaxia de endemias;

•• Inciso V com redação determinada pela Lei n. 7.855, de 24-10-1989.

VI – proteção do trabalhador exposto a substâncias químicas nocivas, radiações ionizantes e não ionizantes, ruídos, vibrações e trepidações ou pressões anormais ao ambiente de trabalho, com especificação das medidas cabíveis para eliminação ou atenuação desses efeitos, limites máximos quanto ao tempo de exposição, à intensidade da ação ou de seus efeitos sobre o organismo do trabalhador, exames médicos obrigatórios, limites de idade, controle permanente dos locais de trabalho e das demais exigências que se façam necessárias;

•• Inciso VI com redação determinada pela Lei n. 7.855, de 24-10-1989.

VII – higiene nos locais de trabalho, com discriminação das exigências, instalações sanitárias, com separação de sexos, chuveiros, lavatórios, vestiários e armários individuais, refeitórios ou condições de conforto por ocasião das refeições, fornecimento de água potável, condições de limpeza dos locais de trabalho e modo de sua execução, tratamento de resíduos industriais;

•• Inciso VII com redação determinada pela Lei n. 7.855, de 24-10-1989.

VIII – emprego das cores nos locais de trabalho, inclusive nas sinalizações de perigo.

•• Inciso VIII com redação determinada pela Lei n. 7.855, de 24-10-1989.

Parágrafo único. Tratando-se de radiações ionizantes e explosivos, as normas a que se refere este artigo serão expedidas de acordo com as resoluções a respeito adotadas pelo órgão técnico.

•• Parágrafo único com redação determinada pela Lei n. 6.514, de 22-12-1977.

Seção XVI
Das Penalidades

•• Seção XVI com redação determinada pela Lei n. 6.514, de 22-12-1977.

• *Vide* NR-28 (Fiscalização e Penalidades).

Art. 201. As infrações ao disposto neste Capítulo relativas à medicina do trabalho serão punidas com multa de 3 (três) a 30 (trinta) vezes o valor de referência previsto no art. 2º, parágrafo único, da Lei n. 6.205, de 29 de abril de 1975, e as concernentes à segurança do trabalho com multa de 5 (cinco) a 50 (cinquenta) vezes o mesmo valor.

•• *Caput* com redação determinada pela Lei n. 6.514, de 22-12-1977.

• *Vide* Nota dos Organizadores sobre o valor das multas previstas na CLT.

Parágrafo único. Em caso de reincidência, embaraço ou resistência à fiscalização, emprego de artifício ou simulação com o objetivo de fraudar a lei, a multa será aplicada em seu valor máximo.

•• Parágrafo único com redação determinada pela Lei n. 6.514, de 22-12-1977.

Arts. 202 a 223. (*Revogados pela Lei n. 6.514, de 22-12-1977.*)

Título II-A
Do Dano Extrapatrimonial

•• Título II-A acrescentado pela Lei n. 13.467, de 13-7-2017.

Art. 223-A. Aplicam-se à reparação de danos de natureza extrapatrimonial decorrentes da relação de trabalho apenas os dispositivos deste Título.

•• Artigo acrescentado pela Lei n. 13.467, de 13-7-2017.

Art. 223-B. Causa dano de natureza extrapatrimonial a ação ou omissão que ofenda a esfera moral ou existencial da pessoa física ou jurídica, as quais são as titulares exclusivas do direito à reparação.

•• Artigo acrescentado pela Lei n. 13.467, de 13-7-2017.

Art. 223-C. A honra, a imagem, a intimidade, a liberdade de ação, a autoestima, a sexualidade, a saúde, o lazer e a integridade física são os bens juridicamente tutelados inerentes à pessoa física.

•• Artigo acrescentado pela Lei n. 13.467, de 13-7-2017.

Art. 223-D. A imagem, a marca, o nome, o segredo empresarial e o sigilo da correspondência são bens juridicamente tutelados inerentes à pessoa jurídica.

•• Artigo acrescentado pela Lei n. 13.467, de 13-7-2017.

Art. 223-E. São responsáveis pelo dano extrapatrimonial todos os que tenham colaborado para a ofensa ao bem jurídico tutelado, na proporção da ação ou da omissão.

•• Artigo acrescentado pela Lei n. 13.467, de 13-7-2017.

Art. 223-F. A reparação por danos extrapatrimoniais pode ser pedida cumulativamente com a indenização por danos materiais decorrentes do mesmo ato lesivo.

•• *Caput* acrescentado pela Lei n. 13.467, de 13-7-2017.

§ 1º Se houver cumulação de pedidos, o juízo, ao proferir a decisão, discriminará os valores das indenizações a título de danos patrimoniais e das reparações por danos de natureza extrapatrimonial.

•• § 1º acrescentado pela Lei n. 13.467, de 13-7-2017.

§ 2º A composição das perdas e danos, assim compreendidos os lucros cessantes e os danos emergentes, não interfere na avaliação dos danos extrapatrimoniais.

•• § 2º acrescentado pela Lei n. 13.467, de 13-7-2017.

Art. 223-G. Ao apreciar o pedido, o juízo considerará:

•• *Caput* acrescentado pela Lei n. 13.467, de 13-7-2017.

I – a natureza do bem jurídico tutelado;

•• Inciso I acrescentado pela Lei n. 13.467, de 13-7-2017.

II – a intensidade do sofrimento ou da humilhação;

•• Inciso II acrescentado pela Lei n. 13.467, de 13-7-2017.

III – a possibilidade de superação física ou psicológica;

•• Inciso III acrescentado pela Lei n. 13.467, de 13-7-2017.

IV – os reflexos pessoais e sociais da ação ou da omissão;

•• Inciso IV acrescentado pela Lei n. 13.467, de 13-7-2017.

V – a extensão e a duração dos efeitos da ofensa;

•• Inciso V acrescentado pela Lei n. 13.467, de 13-7-2017.

VI – as condições em que ocorreu a ofensa ou o prejuízo moral;

•• Inciso VI acrescentado pela Lei n. 13.467, de 13-7-2017.

VII – o grau de dolo ou culpa;

•• Inciso VII acrescentado pela Lei n. 13.467, de 13-7-2017.

VIII – a ocorrência de retratação espontânea;

•• Inciso VIII acrescentado pela Lei n. 13.467, de 13-7-2017.

IX – o esforço efetivo para minimizar a ofensa;

•• Inciso IX acrescentado pela Lei n. 13.467, de 13-7-2017.

X – o perdão, tácito ou expresso;

•• Inciso X acrescentado pela Lei n. 13.467, de 13-7-2017.

XI – a situação social e econômica das partes envolvidas;

•• Inciso XI acrescentado pela Lei n. 13.467, de 13-7-2017.

XII – o grau de publicidade da ofensa.

•• Inciso XII acrescentado pela Lei n. 13.467, de 13-7-2017.

§ 1º Se julgar procedente o pedido, o juízo fixará a indenização a ser paga, a cada um dos ofendidos, em um dos seguintes parâmetros, vedada a acumulação:

•• § 1º, *caput*, acrescentado pela Lei n. 13.467, de 13-7-2017.

I – ofensa de natureza leve, até três vezes o último salário contratual do ofendido;

•• Inciso I acrescentado pela Lei n. 13.467, de 13-7-2017.

II – ofensa de natureza média, até cinco vezes o último salário contratual do ofendido;

•• Inciso II acrescentado pela Lei n. 13.467, de 13-7-2017.

III – ofensa de natureza grave, até vinte vezes o último salário contratual do ofendido;

•• Inciso III acrescentado pela Lei n. 13.467, de 13-7-2017.

IV – ofensa de natureza gravíssima, até cinquenta vezes o último salário contratual do ofendido.

•• Inciso IV acrescentado pela Lei n. 13.467, de 13-7-2017.

§ 2º Se o ofendido for pessoa jurídica, a indenização será fixada com observância dos mesmos parâmetros estabelecidos no § 1º deste artigo, mas em relação ao salário contratual do ofensor.

•• § 2º acrescentado pela Lei n. 13.467, de 13-7-2017.

§ 3º Na reincidência entre partes idênticas, o juízo poderá elevar ao dobro o valor da indenização.

•• § 3º acrescentado pela Lei n. 13.467, de 13-7-2017.

TÍTULO III

Das Normas Especiais de Tutela do Trabalho

CAPÍTULO I

Das Disposições Especiais sobre Duração e Condições de Trabalho

Seção I

Dos Bancários

Art. 224. A duração normal do trabalho dos empregados em bancos, casas bancárias e Caixa Econômica Federal será de 6 (seis) horas contínuas nos dias úteis, com exceção dos sábados, perfazendo um total de 30 (trinta) horas de trabalho por semana.

•• *Caput* com redação determinada pela Lei n. 7.430, de 17-12-1985.

§ 1º A duração normal do trabalho estabelecida neste artigo ficará compreendida entre 7 (sete) e 22 (vinte e duas) horas, assegurando-se ao empregado, no horário diário, um intervalo de 15 (quinze) minutos para alimentação.

•• § 1º com redação determinada pelo Decreto-lei n. 229, de 28-2-1967.

§ 2º As disposições deste artigo não se aplicam aos que exercem funções de direção, gerência, fiscalização, chefia e equivalentes, ou que desempenhem outros cargos de confiança, desde que o valor da gratificação não seja inferior a 1/3 (um terço) do salário do cargo efetivo.

•• § 2º com redação determinada pelo Decreto-lei n. 754, de 11-8-1969.

Art. 225. A duração normal de trabalho dos bancários poderá ser excepcionalmente prorrogada até 8 (oito) horas diárias, não excedendo de 40 (quarenta) horas semanais, observados os preceitos gerais sobre a duração do trabalho.

•• Artigo com redação determinada pela Lei n. 6.637, de 8-5-1979.

Art. 226. O regime especial de 6 (seis) horas de trabalho também se aplica aos empregados de portaria e de limpeza, tais como porteiros, telefonistas de mesa, contínuos e serventes, empregados em bancos e casas bancárias.

•• *Caput* com redação determinada pela Lei n. 3.488, de 12-12-1958.

Parágrafo único. A direção de cada banco organizará a escala de serviço do estabelecimento de maneira a haver empregados do quadro da portaria em função, meia hora antes e até meia hora após o encerramento dos trabalhos, respeitado o limite de 6 (seis) horas diárias.

•• Parágrafo único com redação determinada pela Lei n. 3.488, de 12-12-1958.

Seção II

Dos Empregados nos Serviços de Telefonia, de Telegrafia Submarina e Subfluvial de Radiotelegrafia e Radiotelefonia

Art. 227. Nas empresas que explorem o serviço de telefonia, telegrafia submarina ou subfluvial, de radiotelegrafia ou de radiotelefonia, fica estabelecida para os respectivos operadores a duração máxima de 6 (seis) horas contínuas de trabalho por dia ou 36 (trinta e seis) horas semanais.

•• *Caput* com redação determinada pelo Decreto-lei n. 6.353, de 20-3-1944.

§ 1º Quando, em caso de indeclinável necessidade, forem os operadores obrigados a permanecer em serviço além do período normal fixado neste artigo, a empresa pagar-lhes-á extraordinariamente o tempo excedente com acréscimo de 50% (cinquenta por cento) sobre o seu salário-hora normal.

§ 2º O trabalho aos domingos, feriados e dias santos de guarda será considerado extraordinário e obedecerá, quanto à sua execução e remuneração, ao que dispuserem empregadores e empregados em acordo, ou os respectivos sindicatos em contrato coletivo de trabalho.

•• § 2º com redação determinada pelo Decreto-lei n. 6.353, de 20-3-1944.

Art. 228. Os operadores não poderão trabalhar, de modo ininterrupto na transmissão manual, bem como na recepção visual, auditiva, com escrita manual ou datilográfica, quando a velocidade for superior a 25 (vinte e cinco) palavras por minuto.

Art. 229. Para os empregados sujeitos a horários variáveis, fica estabelecida a duração máxima de 7 (sete) horas diárias de trabalho e 17 (dezessete) horas de folga, deduzindo-se desse tempo 20 (vinte) minutos para descanso, de cada um dos empregados, sempre que se verificar um esforço contínuo de mais de 3 (três) horas.

§ 1º São considerados empregados sujeitos a horários variáveis, além dos operadores, cujas funções exijam classificação distinta, os que pertençam a seções de técnica, telefones, revisão, expedição, entrega e balcão.

•• § 1º com redação determinada pelo Decreto-lei n. 6.353, de 20-3-1944.

§ 2º Quanto à execução e remuneração aos domingos, feriados e dias santos de guarda e às prorrogações de expediente, o trabalho dos empregados a que se refere o parágrafo anterior será regido pelo que se contém no § 1º do art. 227 desta Seção.

•• § 2º com redação determinada pelo Decreto-lei n. 6.353, de 20-3-1944.

Art. 230. A direção das empresas deverá organizar as turmas de empregados, para a execução dos seus serviços, de maneira que prevaleça sempre o revezamento entre os que exercem a mesma função, quer em escalas diurnas, quer em noturnas.

§ 1º Aos empregados que exerçam a mesma função será permitida, entre si, a troca de turmas, desde que isso não importe em prejuízo dos serviços, cujo chefe ou encarregado resolverá sobre a oportunidade ou possibilidade dessa medida, dentro das prescrições desta Seção.

§ 2º As empresas não poderão organizar horários que obriguem os empregados a fazer a refeição do almoço antes das 10 (dez) e depois das 13 (treze) horas e a de jantar antes das 16 (dezesseis) e depois das 19:30 (dezenove e trinta) horas.

Art. 231. As disposições desta Seção não abrangem o trabalho dos operadores de radiotelegrafia embarcados em navios ou aeronaves.

Seção IV-A
Do Serviço do Motorista Profissional Empregado

•• Seção IV-A com redação determinada pela Lei n. 13.103, de 2-3-2015.

•• *Vide* Lei n. 13.103, de 2-3-2015.

Art. 235-A. Os preceitos especiais desta Seção aplicam-se ao motorista profissional empregado:

•• *Caput* com redação determinada pela Lei n. 13.103, de 2-3-2015.

I – de transporte rodoviário coletivo de passageiros;

•• Inciso I acrescentado pela Lei n. 13.103, de 2-3-2015.

II – de transporte rodoviário de cargas.

•• Inciso II acrescentado pela Lei n. 13.103, de 2-3-2015.

•• *Vide* art. 9º da Lei n. 13.103, de 2-3-2015.

Art. 235-B. São deveres do motorista profissional empregado:

•• *Caput* com redação determinada pela Lei n. 13.103, de 2-3-2015.

I – estar atento às condições de segurança do veículo;

•• Inciso I acrescentado pela Lei n. 12.619, de 30-4-2012.

II – conduzir o veículo com perícia, prudência, zelo e com observância aos princípios de direção defensiva;

•• Inciso II acrescentado pela Lei n. 12.619, de 30-4-2012.

III – respeitar a legislação de trânsito e, em especial, as normas relativas ao tempo de direção e de descanso controlado e registrado na forma do previsto no art. 67-E da Lei n. 9.503, de 23 de setembro de 1997 – Código de Trânsito Brasileiro;

•• Inciso III com redação determinada pela Lei n. 13.103, de 2-3-2015.

IV – zelar pela carga transportada e pelo veículo;

•• Inciso IV acrescentado pela Lei n. 12.619, de 30-4-2012.

V – colocar-se à disposição dos órgãos públicos de fiscalização na via pública;

•• Inciso V acrescentado pela Lei n. 12.619, de 30-4-2012.

VI – (*Vetado.*)

•• Inciso VI acrescentado pela Lei n. 12.619, de 30-4-2012.

VII – submeter-se a exames toxicológicos com janela de detecção mínima de 90 (noventa) dias e a programa de controle de uso de droga e de bebida alcoólica, instituído pelo empregador, com sua ampla ciência, pelo menos uma vez a cada 2 (dois) anos e 6 (seis) meses, podendo ser utilizado para esse fim o exame obrigatório previsto na Lei n. 9.503, de 23 de setembro de 1997 – Código de Trânsito Brasileiro, desde que realizado nos últimos 60 (sessenta) dias.

•• Inciso VII com redação determinada pela Lei n. 13.103, de 2-3-2015.

•• *Vide* art. 13 da Lei n. 13.103, de 2-3-2015.

Parágrafo único. A recusa do empregado em submeter-se ao teste ou ao programa de controle de uso de droga e de bebida alcoólica previstos no inciso VII será considerada infração disciplinar, passível de penalização nos termos da lei.

•• Parágrafo único com redação determinada pela Lei n. 13.103, de 2-3-2015.

Art. 235-C. A jornada diária de trabalho do motorista profissional será de 8 (oito) horas, admitindo-se a sua prorrogação por até 2 (duas) horas extraordinárias ou, mediante previsão em convenção ou acordo coletivo, por até 4 (quatro) horas extraordinárias.

•• *Caput* com redação determinada pela Lei n. 13.103, de 2-3-2015.

§ 1º Será considerado como trabalho efetivo o tempo em que o motorista empregado estiver à disposição do empregador, excluídos os intervalos para refeição, repouso e descanso e o tempo de espera.

•• § 1º com redação determinada pela Lei n. 13.103, de 2-3-2015.

§ 2º Será assegurado ao motorista profissional empregado intervalo mínimo de 1 (uma) hora para refeição, podendo esse período coincidir com o tempo de parada obrigatória na condução do veículo estabelecido pela Lei n. 9.503, de 23 de setembro de 1997 – Código de Trânsito Brasileiro, exceto quando se tratar do motorista profissional enquadrado no § 5º do art. 71 desta Consolidação.

•• § 2º com redação determinada pela Lei n. 13.103, de 2-3-2015.

•• Sobre a produção de efeitos deste § 2º, *vide* art. 12 da Lei n. 13.103, de 2-3-2015.

§ 3º Dentro do período de 24 (vinte e quatro) horas, são asseguradas 11 (onze) horas de descanso, sendo facultados o seu fracionamento e a coincidência com os períodos de parada obrigatória na condução do veículo estabelecida pela Lei n. 9.503, de 23 de setembro de 1997 – Código de Trânsito Brasileiro, garantidos o mínimo de 8 (oito) horas ininterruptas no primeiro período e o gozo do remanescente dentro das 16 (dezesseis) horas seguintes ao fim do primeiro período.

•• § 3º com redação determinada pela Lei n. 13.103, de 2-3-2015.

•• Sobre a produção de efeitos deste § 3º, *vide* art. 12 da Lei n. 13.103, de 2-3-2015.

§ 4º Nas viagens de longa distância, assim consideradas aquelas em que o motorista profissional empregado permanece fora da base da empresa, matriz ou filial e de sua residência por mais de 24 (vinte e quatro) horas, o repouso diário pode ser feito no veículo ou em alojamento do empregador, do contratante do transporte, do embarcador ou do destinatário ou em outro local que ofereça condições adequadas.

•• § 4º com redação determinada pela Lei n. 13.103, de 2-3-2015.

§ 5º As horas consideradas extraordinárias serão pagas com o acréscimo estabelecido na Constituição Federal ou compensadas na forma do § 2º do art. 59 desta Consolidação.

•• § 5º com redação determinada pela Lei n. 13.103, de 2-3-2015.

§ 6º À hora de trabalho noturno aplica-se o disposto no art. 73 desta Consolidação.

•• § 6º com redação determinada pela Lei n. 13.103, de 2-3-2015.

§ 7º (*Vetado.*)

•• § 7º acrescentado pela Lei n. 12.619, de 30-4-2012.

§ 8º São considerados tempo de espera as horas em que o motorista profissional empregado ficar aguardando carga ou descarga do veículo nas dependências do embarcador ou do destinatário e o período gasto com a fiscalização da mercadoria transportada em barreiras fiscais ou alfandegárias, não sendo computados como jornada de trabalho e nem como horas extraordinárias.

•• § 8º com redação determinada pela Lei n. 13.103, de 2-3-2015.

§ 9º As horas relativas ao tempo de espera serão indenizadas na proporção de 30% (trinta por cento) do salário-hora normal.

•• § 9º com redação determinada pela Lei n. 13.103, de 2-3-2015.

§ 10. Em nenhuma hipótese, o tempo de espera do motorista empregado prejudicará o direito ao recebimento da remuneração correspondente ao salário-base diário.

•• § 10 acrescentado pela Lei n. 13.103, de 2-3-2015.

§ 11. Quando a espera de que trata o § 8º for superior a 2 (duas) horas ininterruptas e for exigida a permanência do motorista empregado junto ao veículo, caso o local ofereça condições adequadas, o tempo será considerado como de repouso para os fins do intervalo de que tratam os §§ 2º e 3º, sem prejuízo do disposto no § 9º.

•• § 11 acrescentado pela Lei n. 13.103, de 2-3-2015.

§ 12. Durante o tempo de espera, o motorista poderá realizar movimentações necessárias do veículo, as quais não serão consideradas como parte da jornada de trabalho, ficando garantido, porém, o gozo do descanso de 8 (oito) horas ininterruptas aludido no § 3º.

•• § 12 acrescentado pela Lei n. 13.103, de 2-3-2015.

§ 13. Salvo previsão contratual, a jornada de trabalho do motorista empregado não tem horário fixo de início, de final ou de intervalos.

•• § 13 acrescentado pela Lei n. 13.103, de 2-3-2015.

§ 14. O empregado é responsável pela guarda, preservação e exatidão das informações contidas nas anotações em diário de bordo, papeleta ou ficha de trabalho externo, ou no registrador instantâneo inalterável de velocidade e tempo, ou nos rastreadores ou sistemas e meios eletrônicos, instalados nos veículos, normatizados pelo Contran, até que o veículo seja entregue à empresa.

•• § 14 acrescentado pela Lei n. 13.103, de 2-3-2015.

§ 15. Os dados referidos no § 14 poderão ser enviados a distância, a critério do empregador, facultando-se a anexação do documento original posteriormente.

•• § 15 acrescentado pela Lei n. 13.103, de 2-3-2015.

§ 16. Aplicam-se as disposições deste artigo ao ajudante empregado nas operações em que acompanhe o motorista.

•• § 16 acrescentado pela Lei n. 13.103, de 2-3-2015.

§ 17. O disposto no *caput* deste artigo aplica-se também aos operadores de automotores destinados a puxar ou a arrastar maquinaria de qualquer natureza ou a executar trabalhos de construção ou pavimentação e aos operadores de tratores, colheitadeiras, autopropelidos e demais aparelhos automotores destinados a puxar ou a arrastar maquinaria agrícola ou a executar trabalhos agrícolas.

•• § 17 acrescentado pela Lei n. 13.154, de 30-7-2015.

Art. 235-D. Nas viagens de longa distância com duração superior a 7 (sete) dias, o repouso semanal será de 24 (vinte e quatro) horas por semana ou fração trabalhada, sem prejuízo do intervalo de repouso diário de 11 (onze) horas, totalizando 35 (trinta e cinco) horas, usufruído no retorno do motorista à base (matriz ou filial) ou ao seu domicílio, salvo se a empresa oferecer condições adequadas para o efetivo gozo do referido repouso.

•• *Caput* com redação determinada pela Lei n. 13.103, de 2-3-2015.

I a III – (*Revogados pela Lei n. 13.103, de 2-3-2015.*)

§ 1º É permitido o fracionamento do repouso semanal em 2 (dois) períodos, sendo um destes de, no mínimo, 30 (trinta) horas ininterruptas, a serem cumpridos na mesma semana e em continuidade a um período de repouso diário, que deverão ser usufruídos no retorno da viagem.

•• § 1º acrescentado pela Lei n. 13.103, de 2-3-2015.

§ 2º A cumulatividade de descansos semanais em viagens de longa distância de que trata o *caput* fica limitada ao número de 3 (três) descansos consecutivos.

•• § 2º acrescentado pela Lei n. 13.103, de 2-3-2015.

§ 3º O motorista empregado, em viagem de longa distância, que ficar com o veículo parado após o cumprimento da jornada normal ou das horas extraordinárias fica dispensado do serviço, exceto se for expressamente autorizada a sua permanência junto ao veículo pelo empregador, hipótese em que o tempo será considerado de espera.

•• § 3º acrescentado pela Lei n. 13.103, de 2-3-2015.

§ 4º Não será considerado como jornada de trabalho, nem ensejará o pagamento de qualquer remuneração, o período em que o motorista empregado ou o ajudante ficarem espontaneamente no veículo usufruindo dos intervalos de repouso.

•• § 4º acrescentado pela Lei n. 13.103, de 2-3-2015.

§ 5º Nos casos em que o empregador adotar 2 (dois) motoristas trabalhando no mesmo veículo, o tempo de repouso poderá ser feito com o veículo em movimento, assegurado o repouso mínimo de 6 (seis) horas consecutivas fora do veículo em alojamento externo ou, se na cabine leito, com o veículo estacionado, a cada 72 (setenta e duas) horas.

•• § 5º acrescentado pela Lei n. 13.103, de 2-3-2015.

§ 6º Em situações excepcionais de inobservância justificada do limite de jornada de que trata o art. 235-C, devidamente registradas, e desde que não se comprometa a segurança rodoviária, a duração da jornada de trabalho do motorista profissional empregado poderá ser elevada pelo tempo necessário até o veículo chegar a um local seguro ou ao seu destino.

•• § 6º acrescentado pela Lei n. 13.103, de 2-3-2015.

§ 7º Nos casos em que o motorista tenha que acompanhar o veículo transportado por qualquer meio onde ele siga embarcado e em que o veículo disponha de cabine leito ou a embarcação disponha de alojamento para gozo do intervalo de repouso diário previsto no § 3º do art. 235-C, esse tempo será considerado como tempo de descanso.

•• § 7º acrescentado pela Lei n. 13.103, de 2-3-2015.

§ 8º Para o transporte de cargas vivas, perecíveis e especiais em longa distância ou em território estrangeiro poderão ser aplicadas regras conforme a especificidade da operação de transporte realizada, cujas condições de trabalho serão fixadas em convenção ou acordo coletivo de modo a assegurar as adequadas condições de viagem e entrega ao destino final.

•• § 8º acrescentado pela Lei n. 13.103, de 2-3-2015.

Art. 235-E. Para o transporte de passageiros, serão observados os seguintes dispositivos:

•• *Caput* com redação determinada pela Lei n. 13.103, de 2-3-2015.

I – é facultado o fracionamento do intervalo de condução do veículo previsto na Lei n. 9.503, de 23 de setembro de 1997 – Código de Trânsito Brasileiro, em períodos de no mínimo 5 (cinco) minutos;

•• Inciso I acrescentado pela Lei n. 13.103, de 2-3-2015.

II – será assegurado ao motorista intervalo mínimo de 1 (uma) hora para refeição, podendo ser fracionado em 2 (dois) períodos e coincidir com o tempo de parada obrigatória na condução do veículo estabelecido pela Lei n. 9.503, de 23 de setembro de 1997 – Código de Trânsito Brasileiro, exceto quando se tratar do motorista profissional enquadrado no § 5º do art. 71 desta Consolidação;

•• Inciso II acrescentado pela Lei n. 13.103, de 2-3-2015.

III – nos casos em que o empregador adotar 2 (dois) motoristas no curso da mesma viagem, o descanso poderá ser feito com o veículo em movimento, respeitando-se os horários de jornada de trabalho, assegurado, após 72 (setenta e duas) horas, o repouso em alojamento externo ou, se em poltrona correspondente ao serviço de leito, com o veículo estacionado.

•• Inciso III acrescentado pela Lei n. 13.103, de 2-3-2015.

§ 1º (*Revogado pela Lei n. 13.103, de 2-3-2015.*)

§ 2º (*Vetado.*)

•• § 2º acrescentado pela Lei n. 12.619, de 30-4-2012.

§§ 3º a 7º (*Revogados pela Lei n. 13.103, de 2-3-2015.*)

§ 8º (*Vetado.*)

•• § 8º acrescentado pela Lei n. 12.619, de 30-4-2012.

§§ 9º a 12. (*Revogados pela Lei n. 13.103, de 2-3-2015.*)

Art. 235-F. Convenção e acordo coletivo poderão prever jornada especial de 12 (doze) horas de trabalho por 36 (trinta e seis) horas de descanso para o trabalho do motorista profissional empregado em regime de compensação.

•• Artigo com redação determinada pela Lei n. 13.103, de 2-3-2015.

Art. 235-G. É permitida a remuneração do motorista em função da distância percorrida, do tempo de viagem ou da natureza e quantidade de produtos transportados, inclusive mediante oferta de comissão ou qualquer outro tipo de vantagem, desde que essa remuneração ou comissionamento não comprometa a segurança da rodovia e da coletividade ou possibilite a violação das normas previstas nesta Lei.

•• Artigo com redação determinada pela Lei n. 13.103, de 2-3-2015.

Art. 235-H. (*Revogado pela Lei n. 13.103, de 2-3-2015.*)

Seção V
Do Serviço Ferroviário

Art. 236. No serviço ferroviário – considerado este o de transporte em estradas de ferro abertas ao tráfego público, compreendendo a administração, construção, conservação e remoção das vias férreas e seus edifícios, obras de arte, material rodante, instalações complementares e acessórias, bem como o serviço do tráfego, de telegrafia, telefonia e funcionamento de todas as instalações ferroviárias – aplicam-se os preceitos especiais constantes desta Seção.

Art. 237. O pessoal a que se refere o artigo antecedente fica dividido nas seguintes categorias:

a) funcionários de alta administração, chefes e ajudantes de departamentos e seções, engenheiros residentes, chefes de depósitos, inspetores e demais empregados que exercem funções administrativas ou fiscalizadoras;

b) pessoal que trabalhe em lugares ou trechos determinados e cujas tarefas requeiram atenção constante; pessoal de escritório, turmas de conservação e construção da via permanente, oficinas e estações principais, inclusive os respectivos telegrafistas; pessoal de tração, lastro e revistadores;

c) das equipagens de trens em geral;

d) pessoal cujo serviço é de natureza intermitente ou de pouca intensidade, embora com permanência prolongada nos locais de trabalho; vigias e pessoal das estações do interior, inclusive os respectivos telegrafistas.

Art. 238. Será computado como de trabalho efetivo todo o tempo em que o empregado estiver à disposição da Estrada.

•• *Caput* com redação primitiva restaurada pelo art. 36 do Decreto-lei n. 5, de 4-4-1966.

§ 1º Nos serviços efetuados pelo pessoal da categoria c, não será considerado como de trabalho efetivo o tempo gasto em viagens do local ou para o local de terminação e início dos mesmos serviços.

•• § 1º com redação primitiva restaurada pelo art. 36 do Decreto-lei n. 5, de 4-4-1966.

§ 2º Ao pessoal removido ou comissionado fora da sede será contado como de trabalho normal e efetivo o tempo gasto em viagens, sem direito à percepção de horas extraordinárias.

•• § 2º com redação primitiva restaurada pelo art. 36 do Decreto-lei n. 5, de 4-4-1966.

§ 3º No caso das turmas de conservação da via permanente, o tempo efetivo do trabalho será contado desde a hora da saída da casa da turma até a hora em que cessar o serviço em qualquer ponto compreendido dentro dos limites da respectiva turma. Quando o empregado trabalhar fora dos limites da sua turma, ser-lhe-á também computado como de trabalho efetivo o tempo gasto no percurso da volta a esses limites.

•• § 3º com redação primitiva restaurada pelo art. 36 do Decreto-lei n. 5, de 4-4-1966.

§ 4º Para o pessoal da equipagem de trens, só será considerado esse trabalho efetivo, depois de chegado ao destino, o tempo em que o ferroviário estiver ocupado ou retido à disposição da Estrada. Quando, entre dois períodos de trabalho, não mediar intervalo superior a 1 (uma) hora, será esse intervalo computado como de trabalho efetivo.

•• § 4º com redação primitiva restaurada pelo art. 36 do Decreto-lei n. 5, de 4-4-1966.

§ 5º O tempo concedido para refeição não se computa como de trabalho efetivo, senão para o pessoal da categoria c, quando as refeições forem tomadas em viagem ou nas estações durante as paradas. Esse tempo não será inferior a 1 (uma) hora, exceto para o pessoal da referida categoria em serviço de trens.

•• § 5º com redação primitiva restaurada pelo art. 36 do Decreto-lei n. 5, de 4-4-1966.

§ 6º No trabalho das turmas encarregadas da conservação de obras de arte, linhas telegráficas ou telefônicas e edifícios, não será contado como de trabalho efetivo o tempo de viagem para o local do serviço, sempre que não exceder de 1 (uma) hora, seja para ida ou para volta, e a Estrada fornecer os meios de locomoção, computando-se sempre o tempo excedente a esse limite.

•• § 6º com redação primitiva restaurada pelo art. 36 do Decreto-lei n. 5, de 4-4-1966.

Art. 239. Para o pessoal da categoria c, a prorrogação do trabalho independe de acordo ou contrato coletivo, não podendo, entretanto, exceder de 12 (doze) horas, pelo que as empresas organizarão, sempre que possível, os serviços de equipagens de trens com destacamentos nos trechos das linhas de modo a ser observada a duração normal de 8 (oito) horas de trabalho.

§ 1º Para o pessoal sujeito ao regime do presente artigo, depois de cada jornada de trabalho haverá um repouso de 10 (dez) horas contínuas, no mínimo, observando-se, outrossim, o descanso semanal.

§ 2º Para o pessoal da equipagem de trens, a que se refere o presente artigo, quando a empresa não fornecer alimentação, em viagem, e hospedagem, no destino, concederá uma ajuda de custo para atender a tais despesas.

§ 3º As escalas do pessoal abrangido pelo presente artigo serão organizadas de modo que não caiba a qualquer empregado, quinzenalmente, um total de horas de serviço noturno superior às de serviço diurno.

§ 4º Os períodos de trabalho do pessoal a que alude o presente artigo serão registrados em cadernetas especiais, que ficarão sempre em poder do empregado, de acordo com o modelo aprovado pelo ministro do Trabalho e Previdência Social.

•• Sobre Ministérios, *vide* Nota dos Organizadores.

Art. 240. Nos casos de urgência ou de acidente, capazes de afetar a segurança ou regularidade do serviço, poderá a duração do trabalho ser excepcionalmente elevada a qualquer número de horas, incumbindo à Estrada zelar pela incolumidade dos seus empregados e pela possibilidade de revezamento de turmas, assegurando ao pessoal um repouso correspondente e comunicando a ocorrência ao Ministério do Trabalho e Previdência Social, dentro de 10 (dez) dias da sua verificação.

•• Sobre Ministérios, *vide* Nota dos Organizadores.

Parágrafo único. Nos casos previstos neste artigo, a recusa, sem causa justificada, por parte de qualquer empregado, à execução de serviço extraordinário será considerada falta grave.

Art. 241. As horas excedentes das do horário normal de 8 (oito) horas serão pagas como serviço extraordinário na seguinte base: as 2 (duas) primeiras com o acréscimo de 25% (vinte e cinco por cento) sobre o salário-hora normal, as 2 (duas) subsequentes com um adicional de 50% (cinquenta por cento) e as restantes com um adicional de 75% (setenta e cinco por cento).

•• *Vide* art. 7º, XVI, da CF, que estabelece que a remuneração do serviço extraordinário deve ser superior, no mínimo, em 50% (cinquenta por cento) à do normal.

Parágrafo único. Para o pessoal da categoria c, a primeira hora será majorada de 25% (vinte e cinco por cento), a segunda hora será paga com o acréscimo de 50% (cinquenta por cento) e as 2 (duas) subsequentes com o de 60% (sessenta por cento), salvo caso de negligência comprovada.

•• *Vide* nota ao *caput* deste artigo.

Art. 242. As frações de meia hora superiores a 10 (dez) minutos serão computadas como meia hora.

Art. 243. Para os empregados de estações do interior, cujo serviço for de natureza intermitente ou de pouca intensidade, não se aplicam os preceitos gerais sobre duração do trabalho, sendo-lhes, entretanto, assegurado o repouso contínuo de 10 (dez) horas, no mínimo, entre 2 (dois) períodos de trabalho e descanso semanal.

Art. 244. As estradas de ferro poderão ter empregados extranumerários, de sobreaviso e de prontidão, para executarem serviços imprevistos ou para substituições de outros empregados que faltem à escala organizada.

•• *Caput* revogado pela Lei n. 3.970, de 13-10-1961, e restaurado pelo art. 36 do Decreto-lei n. 5, de 4-4-1966.

§ 1º Considera-se "extranumerário" o empregado não efetivo, candidato à efetivação, que se apresentar normalmente ao serviço, embora só trabalhe quando for necessário. O extranumerário só receberá os dias de trabalho efetivo.

•• § 1º revogado pela Lei n. 3.970, de 13-10-1961, e restaurado pelo art. 36 do Decreto-lei n. 5, de 4-4-1966.

§ 2º Considera-se de "sobreaviso" o empregado efetivo, que permanecer em sua própria casa, aguardando a qualquer momento o chamado para o serviço. Cada escala de "sobreaviso" será, no máximo, de 24 (vinte e quatro) horas. As horas de "sobreaviso", para todos os efeitos, serão contadas à razão de 1/3 (um terço) do salário normal.

•• § 2º com redação determinada pelo Decreto-lei n. 6.353, de 20-3-1944, que foi revogado pela Lei n. 3.970, de 13-10-1961, e restaurada pelo art. 36 do Decreto-lei n. 5, de 4-4-1966.

§ 3º Considera-se de "prontidão" o empregado que ficar nas dependências da Estrada, aguardando ordens. A escala de prontidão será, no máximo, de 12 (doze) horas. As horas de prontidão serão, para todos os efeitos, contadas à razão de 2/3 (dois terços) do salário-hora normal.

•• § 3º com redação primitiva restaurada pelo art. 36 do Decreto-lei n. 5, de 4-4-1966.

§ 4º Quando, no estabelecimento ou dependência em que se achar o empregado, houver facilidade de alimentação, as 12 (doze) horas de prontidão, a que se refere o parágrafo anterior, poderão ser contínuas. Quando não existir essa facilidade, depois de 6 (seis) horas de prontidão, haverá sempre um intervalo de 1 (uma) hora para cada refeição, que não será, nesse caso, computada como de serviço.

•• § 4º com redação primitiva restaurada pelo art. 36 do Decreto-lei n. 5, de 4-4-1966.

Art. 245. O horário normal de trabalho dos cabineiros nas estações de tráfego intenso não excederá de 8 (oito) horas e deverá ser dividido em 2 (dois) turnos com intervalo não inferior a 1 (uma) hora de repouso, não podendo nenhum turno ter duração superior a 5 (cinco) horas, com um período de descanso entre 2 (duas) jornadas de trabalho de 14 (quatorze) horas consecutivas.

Art. 246. O horário de trabalho dos operadores telegrafistas nas estações de tráfego intenso não excederá de 6 (seis) horas diárias.

Art. 247. As estações principais, estações de tráfego intenso e estações do interior serão classificadas para cada empresa pelo Departamento Nacional de Estradas de Ferro.

Seção VI
Das Equipagens das Embarcações da Marinha Mercante Nacional, de Navegação Fluvial e Lacustre, do Tráfego nos Portos e da Pesca

Art. 248. Entre as horas zero e 24 (vinte e quatro) de cada dia civil, o tripulante poderá ser conservado em seu posto durante 8 (oito) horas, quer de modo contínuo, quer de modo intermitente.

§ 1º A exigência do serviço contínuo ou intermitente ficará a critério do comandante e, neste último caso, nunca por período menor que 1 (uma) hora.

§ 2º Os serviços de quarto nas máquinas, passadiço, vigilância e outros que, consoante parecer médico, possam prejudicar a saúde do tripulante serão executados por períodos não maiores e com intervalos não menores de 4 (quatro) horas.

Art. 249. Todo o tempo de serviço efetivo, excedente de 8 (oito) horas, ocupado na forma do artigo anterior, será considerado de trabalho extraordinário, sujeito à compensação a que se refere o art. 250, exceto se se tratar de trabalho executado:

• *Vide* art. 7º, XVI, da CF.

a) em virtude de responsabilidade pessoal do tripulante e no desempenho de funções de direção, sendo consideradas como tais todas aquelas que a bordo se achem constituídas em um único indivíduo com responsabilidade exclusiva e pessoal;

b) na iminência de perigo, para salvaguarda ou defesa da embarcação, dos passageiros, ou da carga, a juízo exclusivo do comandante ou do responsável pela segurança a bordo;

c) por motivo de manobras ou fainas gerais que reclamem a presença, em seus postos, de todo o pessoal de bordo;

d) na navegação lacustre e fluvial, quando se destina ao abastecimento do navio ou embarcação de combustível e rancho, ou por efeito das contingências da natureza da navegação, na transposição de passos ou pontos difíceis, inclusive operações de alívio ou transbordo de carga, para obtenção de calado menor para essa transposição.

§ 1º O trabalho executado aos domingos e feriados será considerado extraordinário, salvo se se destinar:

a) ao serviço de quartos e vigilância, movimentação das máquinas e aparelhos de bordo, limpeza e higiene da embarcação, preparo de alimentação da equipagem e dos passageiros, serviço pessoal destes e, bem assim, aos socorros de urgência ao navio ou ao pessoal;

b) ao fim da navegação ou das manobras para a entrada ou saída de portos, atracação, desatracação, embarque ou desembarque de carga e passageiros.

§ 2º Não excederá de 30 (trinta) horas semanais o serviço extraordinário prestado para o tráfego nos portos.

Art. 250. As horas de trabalho extraordinário serão compensadas, segundo a conveniência do serviço, por descanso em período equivalente no dia seguinte ou no subsequente dentro das do trabalho normal, ou no fim da viagem, ou pelo pagamento do salário correspondente.

Parágrafo único. As horas extraordinárias de trabalho são indivisíveis, computando-se a fração de hora como hora inteira.

Art. 251. Em cada embarcação haverá um livro em que serão anotadas as horas extraordinárias de trabalho de cada tripulante, e outro, do qual constarão, devidamente circunstanciadas, as transgressões dos mesmos tripulantes.

Parágrafo único. Os livros de que trata este artigo obedecerão a modelos organizados pelo Ministério do Trabalho e Previdência Social, serão escriturados em dia pelo comandante da embarcação e ficam sujeitos às formalidades instituídas para os livros de registro de empregados em geral.

•• Sobre Ministérios, *vide* Nota dos Organizadores.

Art. 252. Qualquer tripulante que se julgue prejudicado por ordem emanada de superior hierárquico poderá interpor recurso, em termos, perante a Delegacia do Trabalho Marítimo, por intermédio do respectivo comandante, o qual deverá encaminhá-lo com a respectiva informação dentro de 5 (cinco) dias, contados de sua chegada ao porto.

Seção VII
Dos Serviços Frigoríficos

Art. 253. Para os empregados que trabalham no interior das câmaras frigoríficas e para os que movimentam mercadorias do ambiente quente ou normal para o frio e vice-versa, depois de 1 (uma) hora e 40 (quarenta) minutos de trabalho contínuo, será assegurado um período de 20 (vinte) minutos de repouso, computado esse intervalo como de trabalho efetivo.

Parágrafo único. Considera-se artificialmente frio, para os fins do presente artigo, o que for inferior, nas primeira, segunda e terceira zonas climáticas do mapa oficial do Ministério do Trabalho e Previdência Social, a 15° (quinze graus), na quarta zona a 12° (doze graus), e nas quinta, sexta e sétima zonas a 10° (dez graus).

•• Sobre Ministérios, *vide* Nota dos Organizadores.

Seção X
Do Trabalho em Minas de Subsolo

Art. 293. A duração normal do trabalho efetivo para os empregados em minas no subsolo não excederá de 6 (seis) horas diárias ou de 36 (trinta e seis) semanais.

Art. 294. O tempo despendido pelo empregado da boca da mina ao local do trabalho e vice-versa será computado para o efeito de pagamento do salário.

Art. 295. A duração normal do trabalho efetivo no subsolo poderá ser elevada até 8 (oito) horas diárias ou 48 (quarenta e oito) semanais, mediante acordo escrito entre empregado e empregador ou contrato coletivo de trabalho, sujeita essa prorrogação à prévia licença da autoridade competente em matéria de higiene do trabalho.

•• Limite máximo da jornada de trabalho: 44 (quarenta e quatro) horas semanais (CF, art. 7º, XIII).

Parágrafo único. A duração normal do trabalho efetivo no subsolo poderá ser inferior a 6 (seis) horas diárias, por determinação da autoridade de que trata este artigo, tendo em vista condições locais de insalubridade e os métodos e processos do trabalho adotado.

Art. 296. A remuneração da hora prorrogada será no mínimo de 25% (vinte e cinco por cento) superior à da hora normal e deverá constar do acordo ou contrato coletivo de trabalho.

•• O art. 7º, XVI, da CF, assegura um acréscimo de no mínimo 50% sobre o salário da hora normal.

Art. 297. Ao empregado no subsolo será fornecida, pelas empresas exploradoras de minas, alimentação adequada à natureza do trabalho, de acordo com as instruções estabelecidas pelo Serviço de Alimentação da Previdência Social e aprovadas pelo Ministério do Trabalho e Previdência Social.

•• Serviço de Alimentação da Previdência Social: atualmente Departamento de Segurança e Saúde no Trabalho (Secretaria de Inspeção do Trabalho).

•• Sobre Ministérios, *vide* Nota dos Organizadores.

Art. 298. Em cada período de 3 (três) horas consecutivas de trabalho, será obrigatória uma pausa de 15 (quinze) minutos para repouso, a qual será computada na duração normal de trabalho efetivo.

Art. 299. Quando nos trabalhos de subsolo ocorrerem acontecimentos que possam comprometer a vida ou saúde do empregado, deverá a empresa comunicar o fato imediatamente à autoridade Regional do Trabalho, do Ministério do Trabalho e Previdência Social.

•• Sobre Ministérios, *vide* Nota dos Organizadores.

Art. 300. Sempre que, por motivo de saúde, for necessária a transferência do empregado, a juízo da autoridade competente em matéria de segurança e medicina do trabalho, dos serviços no subsolo para os de superfície, é a empresa obrigada a realizar essa transferência, assegurando ao transferido a remuneração atribuída ao trabalhador de superfície em serviço equivalente, respeitada a capacidade profissional do interessado.

•• *Caput* com redação determinada pela Lei n. 2.924, de 21-10-1956.

Parágrafo único. No caso de recusa do empregado em atender a essa transferência, será ouvida a autoridade competente em matéria de segurança e medicina do trabalho, que decidirá a respeito.

•• Parágrafo único com redação determinada pela Lei n. 2.924, de 21-10-1956.

Art. 301. O trabalho no subsolo somente será permitido a homens, com idade compreendida entre 21 (vinte e um) e 50 (cinquenta) anos, assegurada a transferência para a superfície nos termos previstos no artigo anterior.

• *Vide* art. 7º, XXX, da CF (proibição de discriminação em função de sexo).

Seção XI
Dos Jornalistas Profissionais

Art. 302. Os dispositivos da presente Seção se aplicam aos que nas empresas jornalísticas prestem serviços como jornalistas, revisores, fotógrafos, ou na ilustração, com as exceções nela previstas.

§ 1º Entende-se como jornalista o trabalhador intelectual cuja função se estende desde a busca de informações até a redação de notícias e artigos e a organização, orientação e direção desse trabalho.

§ 2º Consideram-se empresas jornalísticas, para os fins desta Seção, aquelas que têm a seu cargo a edição de jornais, revistas, boletins e periódicos, ou a distribuição de noticiário, e, ainda, a radiodifusão em suas seções destinadas à transmissão de notícias e comentários.

Art. 303. A duração normal do trabalho dos empregados compreendidos nesta Seção não deverá exceder de 5 (cinco) horas, tanto de dia como à noite.

Art. 304. Poderá a duração normal do trabalho ser elevada a 7 (sete) horas, mediante acordo escrito, em que se estipule aumento de ordenado, correspondente ao excesso do tempo de trabalho, em que se fixe um intervalo destinado a repouso ou a refeição.

Parágrafo único. Para atender a motivos de força maior, poderá o empregado prestar serviços por mais tempo do que aquele permitido nesta Seção. Em tais casos, porém, o excesso deve ser comunicado à Divisão de Fiscalização do Departamento Nacional do Trabalho ou às Delegacias Regionais, do Ministério do Trabalho e Previdência Social, dentro de 5 (cinco) dias, com a indicação expressa dos seus motivos.

•• Sobre Ministérios, *vide* Nota dos Organizadores.

Art. 305. As horas de serviço extraordinário, quer as prestadas em virtude de acordo, quer as que derivam das causas previstas no parágrafo único do artigo anterior, não poderão ser remuneradas com quantia inferior à que resulta do quociente da divisão da importância do salário mensal por 150 (cento e cinquenta) para os mensalistas, e do salário diário por 5 (cinco) para os diaristas, acrescido de, pelo menos, 25% (vinte e cinco por cento).

•• O art. 7º, XVI, da CF assegura um acréscimo de no mínimo 50% sobre o salário da hora normal.

Art. 306. Os dispositivos dos arts. 303, 304 e 305 não se aplicam àqueles que exercem as funções de redator-chefe, secretário, subsecretário, chefe e subchefe de revisão, chefe de oficina, de ilustração e chefe de portaria.

Parágrafo único. Não se aplicam, do mesmo modo, os artigos acima referidos aos que se ocuparem unicamente em serviços externos.

Art. 307. A cada 6 (seis) dias de trabalho efetivo corresponderá 1 (um) dia de descanso obrigatório, que coincidirá com o domingo, salvo acordo escrito em contrário, no qual será expressamente estipulado o dia em que se deve verificar o descanso.

• *Vide* art. 7º, XV, da CF.

Art. 308. Em seguida a cada período diário de trabalho haverá um intervalo mínimo de 10 (dez) horas, destinado ao repouso.

Art. 309. Será computado como de trabalho efetivo o tempo em que o empregado estiver à disposição do empregador.

• *Vide* art. 4º da CLT.

Art. 310. (*Revogado pelo Decreto-lei n. 972, de 17-10-1969.*)

Art. 311. Para o registro de que trata o artigo anterior, deve o requerente exibir os seguintes documentos:

•• Artigo prejudicado por força do Decreto-lei n. 972, de 17-10-1969.

a) prova de nacionalidade brasileira;

b) folha corrida;

c) (*Suprimida pelo Decreto-lei n. 8.305, de 6-12-1945.*)

d) carteira de trabalho e previdência social.

§ 1º Aos profissionais devidamente registrados será feita a necessária declaração na carteira de trabalho e previdência social.

§ 2º Aos novos empregados será concedido o prazo de 60 dias para a apresentação da carteira de trabalho e previdência social, fazendo-se o registro condicionado a essa apresentação e expedindo-se um certificado provisório para aquele período.

Art. 312. O registro dos diretores-proprietários de jornais será feito, no Distrito Federal e nos Estados, e independentemente da exigência constante do art. 311, letra *d*, da presente seção.

•• Artigo prejudicado por força do Decreto-lei n. 972, de 17-10-1969.

§ 1º A prova de profissão, apresentada pelo diretor-proprietário juntamente com os demais documentos exigidos, consistirá em uma certidão, fornecida nos Estados e Território do Acre, pelas Juntas Comerciais ou Cartórios, e, no Distrito Federal, pela seção competente do Departamento Nacional de Indústria e Comércio, do Ministério do Trabalho, Indústria e Comércio.

§ 2º Aos diretores-proprietários regularmente inscritos será fornecido um certificado do qual deverão constar o livro e a folha em que houver sido feito o registro.

Art. 313. Aqueles que, sem caráter profissional, exercerem atividades jornalísticas, visando fins culturais, científicos ou religiosos, poderão promover sua inscrição como jornalistas, na forma desta seção.

§ 1º As repartições competentes do Ministério do Trabalho, Indústria e Comércio manterão, para os fins do artigo anterior, um registro especial, anexo ao dos jornalistas profissionais, nele inscrevendo os que satisfaçam os requisitos das alíneas *a*, *b* e *c* do art. 311 e apresentem prova do exercício de atividade jornalística não profissional, o que poderá ser feito por meio de atestado de associação cultural, científica ou religiosa idônea.

§ 2º O pedido de registro será submetido a despacho do ministro que, em cada caso, apreciará o valor da prova oferecida.

§ 3º O registro de que trata o presente artigo tem caráter puramente declaratório e não implica no reconhecimento de direitos que decorrem do exercício remunerado e profissional do jornalismo.

Art. 314. (*Revogado pelo Decreto-lei n. 972, de 17-10-1969.*)

Art. 315. O Governo Federal, de acordo com os governos estaduais, promoverá a criação de escolas de preparação ao jornalismo, destinadas à formação dos profissionais da imprensa.

Art. 316. A empresa jornalística que deixar de pagar pontualmente, e na forma acordada, os salários devidos a seus empregados, terá suspenso o seu funcionamento, até que se efetue o pagamento devido.

•• Entendemos prejudicado o disposto neste artigo pelo Decreto-lei n. 368, de 19-12-1968.

Parágrafo único. Para os efeitos do cumprimento deste artigo deverão os prejudicados reclamar contra a falta de pagamento perante a autoridade competente e, proferida a condenação, desde que a empresa não a cumpra, ou, em caso de recurso, não deposite o valor da indenização, a autoridade que proferir a condenação oficiará à autoridade competente, para a suspensão da circulação do jornal.

Em igual pena de suspensão incorrerá a empresa que deixar de recolher as contribuições devidas às instituições de previdência social.

Seção XII
Dos Professores

• *Vide* art. 201, § 8º, da CF.

Art. 317. O exercício remunerado do magistério, em estabelecimentos particulares de ensino, exigirá apenas habilitação legal e registro no Ministério da Educação.

•• Artigo com redação determinada pela Lei n. 7.855, de 24-10-1989.

Art. 318. O professor poderá lecionar em um mesmo estabelecimento por mais de um turno, desde que não ultrapasse a jornada de trabalho semanal estabelecida legalmente, assegurado e não computado o intervalo para refeição.

•• Artigo com redação determinada pela Lei n. 13.415, de 16-2-2017.

Art. 319. Aos professores é vedado, aos domingos, a regência de aulas e o trabalho em exames.

Art. 320. A remuneração dos professores será fixada pelo número de aulas semanais, na conformidade dos horários.

§ 1º O pagamento far-se-á mensalmente, considerando-se para este efeito cada mês constituído de quatro semanas e meia.

§ 2º Vencido cada mês, será descontada, na remuneração dos professores, a importância correspondente ao número de aulas a que tiverem faltado.

§ 3º Não serão descontadas, no decurso de 9 (nove) dias, as faltas verificadas por motivo de gala ou de luto em consequência de falecimento do cônjuge, do pai ou mãe, ou de filho.

Art. 321. Sempre que o estabelecimento de ensino tiver necessidade de aumentar o número de aulas marcado nos horários, remunerará o professor, findo cada mês, com uma importância correspondente ao número de aulas excedentes.

Art. 322. No período de exames e no de férias escolares, é assegurado aos professores o pagamento, na mesma periodicidade contratual, da remuneração por eles percebida, na conformidade dos horários, durante o período de aulas.

•• *Caput* com redação determinada pela Lei n. 9.013, de 30-3-1995.

§ 1º Não se exigirá dos professores, no período de exames, a prestação de mais de 8 (oito) horas de trabalho diário, salvo mediante o pagamento complementar de cada hora excedente pelo preço correspondente ao de uma aula.

§ 2º No período de férias, não se poderá exigir dos professores outro serviço senão o relacionado com a realização de exames.

§ 3º Na hipótese de dispensa sem justa causa, ao término do ano letivo ou no curso das férias escolares, é assegurado ao professor o pagamento a que se refere o *caput* deste artigo.

•• § 3º acrescentado pela Lei n. 9.013, de 30-3-1995.

Art. 323. Não será permitido o funcionamento do estabelecimento particular de ensino que não remunere condignamente os seus professores, ou não lhes pague pontualmente a remuneração de cada mês.

Parágrafo único. Compete ao Ministério da Educação e Saúde fixar os critérios para a determinação da condigna remuneração devida aos professores bem como assegurar a execução do preceito estabelecido no presente artigo.

•• Sobre Ministérios, *vide* Nota dos Organizadores.

Art. 324. (*Revogado pela Lei n. 7.855, de 24-10-1989.*)

Seção XIII
Dos Químicos

Art. 325. É livre o exercício da profissão de químico em todo o território da República, observadas as condições de capacidade técnica e outras exigências previstas na presente Seção:

• A Resolução Normativa n. 248, de 20-12-2012, do Conselho Federal de Química, define as atribuições profissionais do Técnico em Segurança do Trabalho na área da Química.

a) aos possuidores de diploma de químico, químico industrial, químico industrial agrícola ou engenheiro químico, concedido, no Brasil, por escola oficial ou oficialmente reconhecida;

b) aos diplomados em química por instituto estrangeiro de ensino superior, que tenham, de acordo com a lei e a partir de 14 de julho de 1934, revalidado os seus diplomas;

c) aos que, ao tempo da publicação do Decreto n. 24.693, de 12 de julho de 1934, se achavam no exercício efetivo de função pública ou particular, para a qual seja exigida a qualidade de químico, e que tenham requerido o respectivo registro até a extinção do prazo fixado pelo Decreto-lei n. 2.298, de 10 de junho de 1940.

§ 1º Aos profissionais incluídos na alínea *c* deste artigo, se dará, para os efeitos da presente Seção, a denominação de "licenciados".

§ 2º O livre exercício da profissão de que trata o presente artigo só é permitido a estrangeiros, quando compreendidos:

a) nas alíneas *a* e *b*, independentemente de revalidação do diploma, se exerciam, legitimamente, na República, a profissão de químico em a data da promulgação da Constituição de 1934;

b) na alínea *b*, se a seu favor militar a existência de reciprocidade internacional, admitida em lei, para o reconhecimento dos respectivos diplomas;

c) na alínea *c*, satisfeitas as condições nela estabelecidas.

§ 3º O livre exercício da profissão a brasileiros naturalizados está subordinado à prévia prestação do serviço militar, no Brasil.

•• Publicado como § 1º.

§ 4º Só aos brasileiros natos é permitida a revalidação dos diplomas de químicos, expedidos por institutos estrangeiros de ensino superior.

•• Publicado como § 2º.

•• *Vide* art. 12, § 2º, da CF.

Art. 326. Todo aquele que exercer ou pretender exercer as funções de químico é obrigado ao uso da Carteira de Trabalho e Previdência Social, devendo os profissionais que se encontrarem nas condições das alíneas *a* e *b* do art. 325, registrar os seus diplomas de acordo com a legislação vigente.

•• A CTPS foi instituída pelo Decreto-lei n. 926, de 10-10-1969, em substituição à Carteira Profissional, descrita no texto original da CLT.

§ 1º A requisição de Carteiras de Trabalho e Previdência Social para uso dos químicos, além do disposto no capítulo "Da Identificação Profissional", somente será processada mediante apresentação dos seguintes documentos que provem:

a) ser o requerente brasileiro, nato ou naturalizado, ou estrangeiro;

•• *Vide* art. 12, § 2º, da CF.

b) estar, se for brasileiro, de posse dos direitos civis e políticos;

c) ter diploma de químico, químico industrial, químico industrial agrícola ou engenheiro químico, expedido por escola superior oficial ou oficializada;

d) ter, se diplomado no estrangeiro, o respectivo diploma revalidado nos termos da lei;

e) haver, o que for brasileiro naturalizado, prestado serviço militar no Brasil;

f) achar-se o estrangeiro, ao ser promulgada a Constituição de 1934, exercendo legitimamente, na República, a profissão de químico, ou concorrer a seu favor a existência de reciprocidade internacional, admitida em lei, para o reconhecimento dos diplomas dessa especialidade.

•• § 1º com redação determinada pelo Decreto-lei n. 926, de 10-10-1969.

§ 2º A requisição de que trata o parágrafo anterior deve ser acompanhada:

a) do diploma devidamente autenticado no caso da alínea *b* do artigo precedente, e com as firmas reconhecidas no país de origem e na Secretaria de Estado das Relações Exteriores, ou da respectiva certidão, bem como do título de revalidação, ou certidão respectiva, de acordo com a legislação em vigor;

b) do certificado ou atestado comprobatório de se achar o requerente na hipótese da alínea *c* do referido artigo, ao tempo da publicação do Decreto n. 24.693, de 12 de julho de 1934, no exercício efetivo de função pública, ou particular, para a qual seja exigida a qualidade de químico, devendo esses documentos ser autenticados pelo Delegado Regional do Trabalho, quando se referirem a requerentes moradores nas capitais dos Estados, ou coletor federal, no caso de residirem os interessados nos municípios do interior;

c) de 3 (três) exemplares de fotografia exigida pelo art. 329 e de 1 (uma) folha com as declarações que devem ser lançadas na Carteira de Trabalho e Previdência Social de conformidade com o disposto nas alíneas do mesmo artigo e seu parágrafo único.

§ 3º Reconhecida a validade dos documentos apresentados, o Serviço de Identificação Profissional do Departamento Nacional do Trabalho, no Distrito Federal, ou os órgãos regionais do Ministério do Trabalho, Indústria e Comércio, nos Estados e no Território do

Acre, registrarão, em livros próprios, os documentos a que se refere a alínea *c* do § 1º e, juntamente com a Carteira de Trabalho e Previdência Social emitida, os devolverão ao interessado.

•• Entendemos prejudicado o disposto neste § 3º pela Lei n. 2.800, de 18-6-1956, que cria os Conselhos Federal e Regionais de Química.

Art. 327. Além dos emolumentos fixados no Capítulo "Da Identificação Profissional", o registro do diploma fica sujeito à taxa de Cr$ 30,00 (trinta cruzeiros).

•• Entendemos prejudicado o disposto neste artigo pela Lei n. 2.800, de 18-6-1956, que cria os Conselhos Federal e Regionais de Química.

Art. 328. Só poderão ser admitidos a registro os diplomas, certificados de diplomas, cartas e outros títulos, bem como atestados e certificados que estiverem na devida forma e cujas firmas hajam sido regularmente reconhecidas por tabelião público e, sendo estrangeiros, pela Secretaria do Estado de Relações Exteriores, acompanhados estes últimos da respectiva tradução, feita por intérprete comercial brasileiro.

Parágrafo único. O Departamento Nacional do Trabalho e as Delegacias Regionais do Ministério do Trabalho e Previdência Social, nos Estados, publicarão, periodicamente, a lista dos químicos registrados na forma desta Seção.

•• Entendemos prejudicado o disposto neste parágrafo único pela Lei n. 2.800, de 18-6-1956, que cria os Conselhos Federal e Regionais de Química.

Art. 329. A cada inscrito, e como documento comprobatório do registro, será fornecida pelas Delegacias Regionais do Trabalho, no Distrito Federal, ou pelas Delegacias Regionais, nos Estados e no Território do Acre, uma Carteira de Trabalho e Previdência Social numerada, que, além da fotografia, medindo 3 (três) por 4 (quatro) centímetros, tirada de frente, com a cabeça descoberta, e das impressões do polegar, conterá as declarações seguintes:

•• A Lei n. 2.800, de 18-6-1956, cria os Conselhos Federal e Regionais de Química, e estabelece, em seu art. 15, que todas as atribuições estabelecidas na CLT, referentes ao registro, à fiscalização e à imposição de penalidades, quanto ao exercício da profissão de químico, passam a ser de competência dos Conselhos Regionais de Química.

•• A Lei n. 4.070, de 15-6-1962, eleva o território do Acre à categoria de Estado.

a) o nome por extenso;

b) a nacionalidade e, se estrangeiro, a circunstância de ser ou não naturalizado;

c) a data e lugar do nascimento;

d) a denominação da escola em que houver feito o curso;

e) a data da expedição do diploma e o número do registro no Ministério do Trabalho, Indústria e Comércio;

•• A Lei n. 2.800, de 18-6-1956, cria os Conselhos Federal e Regionais de Química, e estabelece, em seu art. 15, que todas as atribuições estabelecidas na CLT, referentes ao registro, à fiscalização e à imposição de penalidades, quanto ao exercício da profissão de químico, passam a ser de competência dos Conselhos Regionais de Química.

•• Sobre Ministérios, *vide* Nota dos Organizadores.

f) a data da revalidação do diploma, se de instituto estrangeiro;

g) a especificação, inclusive data, de outro título ou títulos de habilitação;

h) a assinatura do inscrito.

Parágrafo único. A carteira destinada aos profissionais a que se refere o § 1º do art. 325 deverá, em vez das declarações indicadas nas alíneas *d*, *e* e *f* deste artigo, e além do título – licenciado – posto em destaque, conter a menção do título de nomeação ou admissão e respectiva data, se funcionário público, ou do atestado relativo ao exercício, na qualidade de químico, de um cargo em empresa particular, com designação desta e da data inicial do exercício.

Art. 330. A Carteira de Trabalho e Previdência Social, expedida nos termos desta Seção, é obrigatória para o exercício da profissão, substitui em todos os casos o diploma ou título e servirá de carteira de identidade.

•• Artigo com redação determinada pelo Decreto-lei n. 5.922, de 25-10-1943.

Art. 331. Nenhuma autoridade poderá receber impostos relativos ao exercício profissional de químico, senão à vista da prova de que o interessado se acha registrado de acordo com a presente Seção, e essa prova será também exigida para a realização de concursos periciais e todos os outros atos oficiais que exijam capacidade técnica de químico.

Art. 332. Quem, mediante anúncio, placas, cartões comerciais ou outros meios capazes de ser identificados, se propuser ao exercício da química, em qualquer dos seus ramos, sem que esteja devidamente registrado, fica sujeito às penalidades aplicáveis ao exercício ilegal da profissão.

Art. 333. Os profissionais a que se referem os dispositivos anteriores só poderão exercer legalmente as funções de químicos depois de satisfazerem as obrigações constantes do art. 330 desta Seção.

Art. 334. O exercício da profissão de químico compreende:

a) a fabricação de produtos e subprodutos químicos em seus diversos graus de pureza;

b) a análise química, a elaboração de pareceres, atestados e projetos de especialidade e sua execução, perícia civil ou judiciária sobre essa matéria, a direção e a responsabilidade de laboratórios ou departamentos químicos, de indústria e empresas comerciais;

c) o magistério nas cadeiras de química dos cursos superiores especializados em química;

d) a engenharia química.

§ 1º Aos químicos, químicos industriais e químicos industriais agrícolas que estejam nas condições estabelecidas no art. 325, alíneas *a* e *b*, compete o exercício das atividades definidas nos itens *a*, *b* e *c* deste artigo, sendo privativa dos engenheiros químicos a do item *d*.

§ 2º Aos que estiverem nas condições do art. 325, alíneas *a* e *b*, compete, como aos diplomados em medicina ou farmácia, as atividades definidas no art. 2º, alíneas *d*, *e* e *f* do Decreto n. 20.377, de 8 de setembro de 1931, cabendo aos agrônomos e engenheiros agrônomos as que se acham especificadas no art. 6º, alínea *h*, do Decreto n. 23.196, de 12 de outubro de 1933.

Art. 335. É obrigatória a admissão de químicos nos seguintes tipos de indústria:

a) de fabricação de produtos químicos;

b) que mantenham laboratório de controle químico;

c) de fabricação de produtos industriais que são obtidos por meio de reações químicas dirigidas, tais como: cimento, açúcar e álcool, vidro, curtume, massas plásticas artificiais, explosivos, derivados de carvão ou de petróleo, refinação de óleos vegetais ou minerais, sabão, celulose e derivados.

Art. 336. No preenchimento de cargos públicos, para os quais se faz mister a qualidade de químico, ressalvadas as especializações referidas no § 2º do art. 334, a partir da data da publicação do Decreto n. 24.693, de 12 de julho de 1934, requer-se, como condição essencial, que os candidatos previamente hajam satisfeito as exigências do art. 333 desta Seção.

Art. 337. Fazem fé pública os certificados de análises químicas, pareceres, atestados, laudos de perícias e projetos relativos a essa especialidade, assinados por profissionais que satisfaçam as condições estabelecidas nas alíneas *a* e *b* do art. 325.

Art. 338. É facultado aos químicos que satisfizerem as condições constantes do art. 325, alíneas *a* e *b*, o ensino da especialidade a que se dedicarem, nas escolas superiores, oficiais ou oficializadas.

Parágrafo único. Na hipótese de concurso para o provimento de cargo ou emprego público, os químicos a que este artigo se refere terão preferência, em igualdade de condições.

Art. 339. O nome do químico responsável pela fabricação dos produtos de uma fábrica, usina ou laboratório deverá figurar nos respectivos rótulos, faturas e anúncios, compreendida entre estes últimos a legenda impressa em cartas e sobrecartas.

Art. 340. Somente os químicos habilitados, nos termos do art. 325, alíneas *a* e *b*, poderão ser nomeados *ex officio* para os exames periciais de fábricas, laboratórios e usinas e de produtos aí fabricados.

Parágrafo único. Não se acham compreendidos no artigo anterior os produtos farmacêuticos e os laboratórios de produtos farmacêuticos.

Art. 341. Cabe aos químicos habilitados, conforme estabelece o art. 325, alíneas *a* e *b*, a execução de todos os serviços que, não especificados no presente regulamento, exijam por sua natureza o conhecimento de química.

Art. 342. A fiscalização do exercício da profissão de químico incumbe às Delegacias Regionais do Trabalho no Distrito Federal e às autoridades regionais do Ministério do Trabalho, Indústria e Comércio, nos Estados e Território do Acre.

•• Entendemos prejudicado o disposto neste parágrafo único pela Lei n. 2.800, de 18-6-1956, que cria os Conselhos Federal e Regionais de Química.

•• A Lei n. 4.070, de 15-6-1962, eleva o território do Acre à categoria de Estado.

Art. 343. São atribuições dos órgãos de fiscalização:

a) examinar os documentos exigidos para o registro profissional de que trata o art. 326 e seus §§ 1º e 2º e o art. 327, proceder à respectiva inscrição e indeferir o pedido dos interessados que não satisfizerem as exigências desta Seção;

b) registrar as comunicações e contratos, a que aludem o art. 350 e seus parágrafos, e dar as respectivas baixas;

c) verificar o exato cumprimento das disposições desta Seção, realizando as investigações que forem necessárias, bem como o exame dos arquivos, livros de escrituração, folhas de pagamento, contratos e outros documentos de uso de firmas ou empresas industriais ou comerciais, em cujos serviços tome parte 1 (um) ou mais profissionais que desempenhem função para a qual se deva exigir a qualidade de químico.

Art. 344. Aos sindicatos de químicos devidamente reconhecidos é facultado auxiliar a fiscalização, no tocante à observância da alínea *c* do artigo anterior.

Art. 345. Verificando-se, pelo Ministério do Trabalho e Previdência Social, serem falsos os diplomas ou outros títulos dessa natureza, atestados, certificados e quaisquer documentos exibidos para os fins de que trata esta Seção, incorrerão os seus autores e cúmplices nas penalidades estabelecidas em lei.

•• A Lei n. 2.800, de 18-6-1956, cria os Conselhos Federal e Regionais de Química, e estabelece, em seu art. 15, que todas as atribuições estabelecidas na CLT, referentes ao registro, à fiscalização e à imposição de penalidades, quanto ao exercício da profissão de químico, passam a ser de competência dos Conselhos Regionais de Química.

Parágrafo único. A falsificação de diploma ou outros quaisquer títulos, uma vez verificada, será imediatamente comunicada ao Serviço de Identificação Profissional, das Delegacias Regionais do Trabalho, remetendo-se-lhe os documentos falsificados, para instauração do processo que no caso couber.

•• *Vide* nota ao *caput* deste artigo.

Art. 346. Será suspenso do exercício de suas funções, independentemente de outras penas em que possa incorrer, o químico, inclusive o licenciado, que incidir em alguma das seguintes faltas:

•• Artigo regulamentado pela Resolução Normativa n. 241, de 15-12-2011, do Conselho Federal de Química.

a) revelar improbidade profissional, dar falso testemunho, quebrar o sigilo profissional e promover falsificações, referentes à prática de atos de que trata esta Seção;

b) concorrer com seus conhecimentos científicos para a prática de crime ou atentado contra a pátria, a ordem social ou a saúde pública;

c) deixar, no prazo marcado nesta Seção, de requerer a revalidação e registro do diploma estrangeiro, ou o seu registro profissional no Ministério do Trabalho, Indústria e Comércio.

•• *Vide* nota ao art. 345, *caput*.

Parágrafo único. O tempo de suspensão a que alude este artigo variará entre 1 (um) mês e 1 (um) ano, a critério do Departamento Nacional do Trabalho, após processo regular, ressalvada a ação da justiça pública.

•• *Vide* nota ao art. 345, *caput*.

Art. 347. Aqueles que exercerem a profissão de químico sem ter preenchido as condições do art. 325 e suas alíneas, nem promovido o seu registro, nos termos do art. 326, incorrerão na multa de 200 cruzeiros a 5.000 cruzeiros, que será elevada ao dobro, no caso de reincidência.

• *Vide* Nota dos Organizadores sobre o valor das multas previstas na CLT.

Art. 348. Aos licenciados a que alude o § 1º do art. 325 poderão, por ato da Delegacia Regional do Trabalho, sujeito à aprovação do Ministro, ser cassadas as garantias asseguradas por esta Seção, desde que interrompam, por motivo de falta prevista no art. 346, a função pública ou particular em que se encontravam por ocasião da publicação do Decreto n. 24.693, de 12 de julho de 1934.

•• *Vide* nota ao art. 345, *caput*, da CLT.

Art. 349. O número de químicos estrangeiros a serviço de particulares, empresas ou companhias não poderá exceder de 1/3 (um terço) aos dos profissionais brasileiros compreendidos nos respectivos quadros.

Art. 350. O químico que assumir a direção técnica ou cargo de químico de qualquer usina, fábrica, ou laboratório industrial ou de análise deverá, dentro de 24 (vinte e quatro) horas e por escrito, comunicar essa ocorrência ao órgão fiscalizador, contraindo, desde essa data, a responsabilidade da parte técnica referente à sua profissão, assim como a responsabilidade técnica dos produtos manufaturados.

§ 1º Firmando-se contrato entre o químico e o proprietário da usina, fábrica ou laboratório, será esse documento apresentado, dentro do prazo de 30 (trinta) dias, para registro, ao órgão fiscalizador.

§ 2º Comunicação idêntica à de que trata a primeira parte deste artigo fará o químico, quando deixar a direção técnica ou o cargo de químico, em cujo exercício se encontrava, a fim de ressalvar a sua responsabilidade e fazer-se o cancelamento do contrato. Em caso de falência do estabelecimento, a comunicação será feita pela firma proprietária.

• Falência: Lei n. 11.101, de 9-2-2005.

• *Vide* art. 5º, XIII, da CF.

Capítulo III
Da Proteção do Trabalho da Mulher

Seção I
Da Duração, Condições do Trabalho e da Discriminação contra a Mulher

•• Seção I com denominação determinada pela Lei n. 9.799, de 26-5-1999.

Art. 372. Os preceitos que regulam o trabalho masculino são aplicáveis ao trabalho feminino, naquilo em que não colidirem com a proteção especial instituída por este Capítulo.

• *Vide* art. 5º, I, da CF.

Parágrafo único. (*Revogado pela Lei n. 13.467, de 13-7-2017.*)

Art. 373. A duração normal de trabalho da mulher será de 8 (oito) horas diárias, exceto nos casos para os quais for fixada duração inferior.

• *Vide* art. 7º, XIII, da CF.

Art. 373-A. Ressalvadas as disposições legais destinadas a corrigir as distorções que afetam o acesso da mulher ao mercado de trabalho e certas especificidades estabelecidas nos acordos trabalhistas, é vedado:

•• *Caput* acrescentado pela Lei n. 9.799, de 26-5-1999.

I – publicar ou fazer publicar anúncio de emprego no qual haja referência ao sexo, à idade, à cor ou situação familiar, salvo quando a natureza da atividade a ser exercida, pública e notoriamente, assim o exigir;

•• Inciso I acrescentado pela Lei n. 9.799, de 26-5-1999.

II – recusar emprego, promoção ou motivar a dispensa do trabalho em razão de sexo, idade, cor, situação familiar ou estado de gravidez, salvo quando a natureza da atividade seja notória e publicamente incompatível;

•• Inciso II acrescentado pela Lei n. 9.799, de 26-5-1999.

III – considerar o sexo, a idade, a cor ou situação familiar como variável determinante para fins de remuneração, formação profissional e oportunidades de ascensão profissional;

•• Inciso III acrescentado pela Lei n. 9.799, de 26-5-1999.

IV – exigir atestado ou exame, de qualquer natureza, para comprovação de esterilidade ou gravidez, na admissão ou permanência no emprego;

•• Inciso IV acrescentado pela Lei n. 9.799, de 26-5-1999.

V – impedir o acesso ou adotar critérios subjetivos para deferimento de inscrição ou aprovação em concursos, em empresas privadas, em razão de sexo, idade, cor, situação familiar ou estado de gravidez;

•• Inciso V acrescentado pela Lei n. 9.799, de 26-5-1999.

VI – proceder o empregador ou preposto a revistas íntimas nas empregadas ou funcionárias.

•• Inciso VI acrescentado pela Lei n. 9.799, de 26-5-1999.

Parágrafo único. O disposto neste artigo não obsta a adoção de medidas temporárias que visem ao estabelecimento das políticas de igualdade entre homens e mulheres, em particular as que se destinam a corrigir as distorções que afetam a formação profissional, o acesso ao emprego e as condições gerais de trabalho da mulher.

•• Parágrafo único acrescentado pela Lei n. 9.799, de 26-5-1999.

Arts. 374 e 375. (*Revogados pela Lei n. 7.855, de 24-10-1989.*)

Art. 376. (*Revogado pela Lei n. 10.244, de 27-6-2001.*)

Art. 377. A adoção de medidas de proteção ao trabalho das mulheres é considerada de ordem pública, não justificando, em hipótese alguma, a redução de salário.

• *Vide* art. 7º, VI, da CF.

Art. 378. (*Revogado pela Lei n. 7.855, de 24-10-1989.*)

Seção II
Do Trabalho Noturno

• *Vide* art. 7º, IX, da CF.

Arts. 379 e 380. (*Revogados pela Lei n. 7.855, de 24-10-1989.*)

Art. 381. O trabalho noturno das mulheres terá salário superior ao diurno.

• *Vide* Súmula 265 do TST.

§ 1º Para os fins desse artigo, os salários serão acrescidos duma percentagem adicional de 20% (vinte por cento) no mínimo.

§ 2º Cada hora do período noturno de trabalho das mulheres terá 52 (cinquenta e dois) minutos e 30 (trinta) segundos.

Seção III
Dos Períodos de Descanso

Art. 382. Entre 2 (duas) jornadas de trabalho, haverá um intervalo de 11 (onze) horas consecutivas, no mínimo, destinado ao repouso.

Art. 383. Durante a jornada de trabalho, será concedido à empregada um período para refeição e repouso não inferior a 1 (uma) hora nem superior a 2 (duas) horas salvo a hipótese prevista no art. 71, § 3º.

Art. 384. (*Revogado pela Lei n. 13.467, de 13-7-2017.*)

Art. 385. O descanso semanal será de 24 (vinte e quatro) horas consecutivas e coincidirá no todo ou em parte com o domingo, salvo motivo de conveniência pública ou necessidade imperiosa de serviço, a juízo da autoridade competente, na forma das disposições gerais, caso em que recairá em outro dia.

Parágrafo único. Observar-se-ão, igualmente, os preceitos da legislação geral sobre a proibição de trabalho nos feriados civis e religiosos.

Art. 386. Havendo trabalho aos domingos, será organizada uma escala de revezamento quinzenal, que favoreça o repouso dominical.

Seção IV
Dos Métodos e Locais de Trabalho

Art. 387. (*Revogado pela Lei n. 7.855, de 24-10-1989.*)

Art. 388. Em virtude de exame e parecer da autoridade competente, o Ministro do Trabalho e Previdência Social poderá estabelecer derrogações totais ou parciais às proibições a que alude o artigo anterior, quando tiver desaparecido, nos serviços considerados perigosos ou insalubres, todo e qualquer caráter perigoso ou prejudicial mediante a aplicação de novos métodos de trabalho ou pelo emprego de medidas de ordem preventiva.

•• Prejudicado com a revogação do artigo anterior.

•• Sobre Ministérios, *vide* Nota dos Organizadores.

Art. 389. Toda empresa é obrigada:

•• *Caput* com redação determinada pelo Decreto-lei n. 229, de 28-2-1967.

I – a prover os estabelecimentos de medidas concernentes à higienização dos métodos e locais de trabalho, tais como ventilação e iluminação e outros que se fizerem necessários à segurança e ao conforto das mulheres, a critério da autoridade competente;

•• Inciso I com redação determinada pelo Decreto-lei n. 229, de 28-2-1967.

II – a instalar bebedouros, lavatórios, aparelhos sanitários; dispor de cadeiras ou bancos, em número suficiente, que permitam às mulheres trabalhar sem grande esgotamento físico;

•• Inciso II com redação determinada pelo Decreto-lei n. 229, de 28-2-1967.

III – a instalar vestiários com armários individuais privativos das mulheres, exceto os estabelecimentos comerciais, escritórios, bancos e atividades afins, em que não seja exigida a troca de roupa e outros, a critério da autoridade competente em matéria de segurança e higiene do trabalho, admitindo-se como suficientes as gavetas ou escaninhos, onde possam as empregadas guardar seus pertences;

•• Inciso III com redação determinada pelo Decreto-lei n. 229, de 28-2-1967.

IV – a fornecer, gratuitamente, a juízo da autoridade competente, os recursos de proteção individual, tais como óculos, máscaras, luvas e roupas especiais, para a defesa dos olhos, do aparelho respiratório e da pele, de acordo com a natureza do trabalho.

•• Inciso IV com redação determinada pelo Decreto-lei n. 229, de 28-2-1967.

§ 1º Os estabelecimentos em que trabalharem pelo menos 30 (trinta) mulheres com mais de 16 (dezesseis) anos de idade terão local apropriado onde seja permitido às empregadas guardar sob vigilância e assistência os seus filhos no período da amamentação.

•• § 1º com redação determinada pelo Decreto-lei n. 229, de 28-2-1967.

• *Vide* art. 7º, XXV, da CF.

§ 2º A exigência do § 1º poderá ser suprida por meio de creches distritais mantidas, diretamente ou mediante convênios, com outras entidades públicas ou privadas, pelas próprias empresas, em regime comunitário, ou a cargo do SESI, do SESC, da LBA ou de entidades sindicais.

•• § 2º com redação determinada pelo Decreto-lei n. 229, de 28-2-1967.

Art. 390. Ao empregador é vedado empregar a mulher em serviço que demande o emprego de força muscular superior a 20 (vinte) quilos para o trabalho contínuo, ou 25 (vinte e cinco) quilos para o trabalho ocasional.

Parágrafo único. Não está compreendida na determinação deste artigo a remoção de material feita por impulsão ou tração de vagonetes sobre trilhos, de carros de mão ou quaisquer aparelhos mecânicos.

• *Vide* art. 405, § 5º, da CLT.

Art. 390-A. (*Vetado*.)

•• Artigo acrescentado pela Lei n. 9.799, de 26-5-1999.

Art. 390-B. As vagas dos cursos de formação de mão de obra, ministrados por instituições governamentais, pelos próprios empregadores ou por qualquer órgão de ensino profissionalizante, serão oferecidas aos empregados de ambos os sexos.

•• Artigo acrescentado pela Lei n. 9.799, de 26-5-1999.

Art. 390-C. As empresas com mais de 100 (cem) empregados, de ambos os sexos, deverão manter programas especiais de incentivos e aperfeiçoamento profissional da mão de obra.

•• Artigo acrescentado pela Lei n. 9.799, de 26-5-1999.

Art. 390-D. (*Vetado*.)

•• Artigo acrescentado pela Lei n. 9.799, de 26-5-1999.

Art. 390-E. A pessoa jurídica poderá associar-se a entidade de formação profissional, sociedades civis, sociedades cooperativas, órgãos e entidades públicas ou entidades sindicais, bem como firmar convênios para o desenvolvimento de ações conjuntas, visando à execução de projetos relativos ao incentivo ao trabalho da mulher.

•• Artigo acrescentado pela Lei n. 9.799, de 26-5-1999.

Seção V
Da Proteção à Maternidade

Art. 391. Não constitui justo motivo para a rescisão do contrato de trabalho da mulher o fato de haver contraído matrimônio ou de encontrar-se em estado de gravidez.

• *Vide* art. 7º, XVIII, da CF.

Parágrafo único. Não serão permitidos em regulamentos de qualquer natureza contratos coletivos ou individuais de trabalho, restrições ao direito da mulher ao seu emprego, por motivo de casamento ou de gravidez.

Art. 391-A. A confirmação do estado de gravidez advindo no curso do contrato de trabalho, ainda que durante o prazo do aviso prévio trabalhado ou indenizado, garante à empregada gestante a estabilidade provisória prevista na alínea *b* do inciso II do art. 10 do Ato das Disposições Constitucionais Transitórias.

•• *Caput* acrescentado pela Lei n. 12.812, de 16-5-2013.

Parágrafo único. O disposto no *caput* deste artigo aplica-se ao empregado adotante ao qual tenha sido concedida guarda provisória para fins de adoção.

•• Parágrafo único acrescentado pela Lei n. 13.509, de 22-11-2017.

Art. 392. A empregada gestante tem direito à licença-maternidade de 120 (cento e vinte) dias, sem prejuízo do emprego e do salário.

•• *Caput* com redação determinada pela Lei n. 10.421, de 15-4-2002.

•• A Lei n. 11.770, de 9-9-2008, cria o Programa Empresa Cidadã, que faculta a prorrogação da licença-maternidade por 60 dias, mediante concessão de incentivo fiscal, a partir do exercício de 2010.

§ 1º A empregada deve, mediante atestado médico, notificar o seu empregador da data do início do afastamento do emprego, que poderá ocorrer entre o 28º (vigésimo oitavo) dia antes do parto e ocorrência deste.

•• § 1º com redação determinada pela Lei n. 10.421, de 15-4-2002.

•• O STF, na ADI n. 6.327, em sessão virtual de 27-3-2020 a 2-4-2020 (*DOU* de 15-4-2020), conferiu interpretação conforme à Constituição a este § 1º e "assim assentar a necessidade de prorrogar o benefício, bem como considerar como termo inicial da licença-maternidade e do respectivo salário-maternidade a alta hospitalar do recém-nascido e/ou de sua mãe, o que ocorrer por último, quando o período de internação exceder as duas semanas previstas no art. 392, § 2º, da CLT, e no art. 93, § 3º, do Decreto n. 3.048/99".

§ 2º Os períodos de repouso, antes e depois do parto, poderão ser aumentados de 2 (duas) semanas cada um, mediante atestado médico.

•• § 2º com redação determinada pela Lei n. 10.421, de 15-4-2002.

§ 3º Em caso de parto antecipado, a mulher terá direito aos 120 (cento e vinte) dias previstos neste artigo.

•• § 3º com redação determinada pela Lei n. 10.421, de 15-4-2002.

§ 4º É garantido à empregada, durante a gravidez, sem prejuízo do salário e demais direitos:

•• § 4º com redação determinada pela Lei n. 9.799, de 26-5-1999.

I – transferência de função, quando as condições de saúde o exigirem, assegurada a retomada da função anteriormente exercida, logo após o retorno ao trabalho;

•• Inciso I acrescentado pela Lei n. 9.799, de 26-5-1999.

II – dispensa do horário de trabalho pelo tempo necessário para a realização de, no mínimo, 6 (seis) consultas médicas e demais exames complementares.

•• Inciso II acrescentado pela Lei n. 9.799, de 26-5-1999.

•• A Lei n. 10.421, de 15-4-2002, propôs nova redação para este § 4º, porém teve seu texto vetado.

§ 5º (*Vetado.*)

•• § 5º acrescentado pela Lei n. 10.421, de 15-4-2002.

Art. 392-A. À empregada que adotar ou obtiver guarda judicial para fins de adoção de criança ou adolescente será concedida licença-maternidade nos termos do art. 392 desta Lei.

•• *Caput* com redação determinada pela Lei n. 13.509, de 22-11-2017.

•• O ECA considera criança a pessoa de até doze anos de idade incompletos.

§§ 1º a 3º (*Revogados pela Lei n. 12.010, de 3-8-2009.*)

§ 4º A licença-maternidade só será concedida mediante apresentação do termo judicial de guarda à adotante ou guardiã.

•• § 4º acrescentado pela Lei n. 10.421, de 15-4-2002.

§ 5º A adoção ou guarda judicial conjunta ensejará a concessão de licença-maternidade a apenas um dos adotantes ou guardiães empregado ou empregada.

•• § 5º acrescentado pela Lei n. 12.873, de 24-10-2013.

Art. 392-B. Em caso de morte da genitora, é assegurado ao cônjuge ou companheiro empregado o gozo de licença por todo o período da licença-maternidade ou pelo tempo restante a que teria direito a mãe, exceto no caso de falecimento do filho ou de seu abandono.

•• Artigo acrescentado pela Lei n. 12.873, de 24-10-2013.

Art. 392-C. Aplica-se, no que couber, o disposto nos arts. 392-A e 392-B ao empregado que adotar ou obtiver guarda judicial para fins de adoção.

•• Artigo acrescentado pela Lei n. 12.873, de 24-10-2013.

Art. 393. Durante o período a que se refere o art. 392, a mulher terá direito ao salário integral e, quando variável, calculado de acordo com a média dos 6 (seis) últimos meses de trabalho, bem como aos direitos e vantagens adquiridos, sendo-lhe ainda facultado reverter à função que anteriormente ocupava.

•• Artigo com redação determinada pelo Decreto-lei n. 229, de 28-2-1967.

Art. 394. Mediante atestado médico, à mulher grávida é facultado romper o compromisso resultante de qualquer contrato de trabalho, desde que este seja prejudicial à gestação.

Art. 394-A. Sem prejuízo de sua remuneração, nesta incluído o valor do adicional de insalubridade, a empregada deverá ser afastada de:

•• *Caput* com redação determinada pela Lei n. 13.467, de 13-7-2017.

I – atividades consideradas insalubres em grau máximo, enquanto durar a gestação;

•• Inciso I acrescentado pela Lei n. 13.467, de 13-7-2017.

II – atividades consideradas insalubres em grau médio ou mínimo, quando apresentar atestado de saúde, emitido por médico de confiança da mulher, que recomende o afastamento durante a gestação;

•• Inciso II acrescentado pela Lei n. 13.467, de 13-7-2017.

•• O STF, na ADI n. 5.938, de 29-4-2019 (*DOU* de 4-6-2019), declarou a inconstitucionalidade da expressão "quando apresentar atestado de saúde, emitido por médico de confiança da mulher, que recomende o afastamento", contida neste inciso II.

III – atividades consideradas insalubres em qualquer grau, quando apresentar atestado de saúde, emitido por médico de confiança da mulher, que recomende o afastamento durante a lactação.

•• Inciso III acrescentado pela Lei n. 13.467, de 13-7-2017.

•• O STF, na ADI n. 5.938, de 29-4-2019 (*DOU* de 4-6-2019), declarou a inconstitucionalidade da expressão "quando apresentar atestado de saúde, emitido por médico de confiança da mulher, que recomende o afastamento", contida neste inciso III.

§ 1º (*Vetado.*)

•• Parágrafo único renumerado pela Lei n. 13.467, de 13-7-2017.

§ 2º Cabe à empresa pagar o adicional de insalubridade à gestante ou à lactante, efetivando-se a compensação, observado o disposto no art. 248 da Constituição Federal, por ocasião do recolhimento das contribuições incidentes sobre a folha de salários e demais rendimentos pagos ou creditados, a qualquer título, à pessoa física que lhe preste serviço.

•• § 2º acrescentado pela Lei n. 13.467, de 13-7-2017.

§ 3º Quando não for possível que a gestante ou a lactante afastada nos termos do *caput* deste artigo exerça suas atividades em local salubre na empresa, a hipótese será considerada como gravidez de risco e ensejará a percepção de salário-maternidade, nos termos da Lei n. 8.213, de 24 de julho de 1991, durante todo o período de afastamento.

•• § 3º acrescentado pela Lei n. 13.467, de 13-7-2017.

Art. 395. Em caso de aborto não criminoso, comprovado por atestado médico oficial, a mulher terá um repouso remunerado de 2 (duas) semanas, ficando-lhe assegurado o direito de retornar à função que ocupava antes de seu afastamento.

Art. 396. Para amamentar seu filho, inclusive se advindo de adoção, até que este complete 6 (seis) meses de idade, a mulher terá direito, durante a jornada de trabalho, a 2 (dois) descansos especiais de meia hora cada um.

•• *Caput* com redação determinada pela Lei n. 13.509, de 22-11-2017.

§ 1º Quando o exigir a saúde do filho, o período de 6 (seis) meses poderá ser dilatado, a critério da autoridade competente.

•• Parágrafo único renumerado pela Lei n. 13.467, de 13-7-2017.

§ 2º Os horários dos descansos previstos no *caput* deste artigo deverão ser definidos em acordo individual entre a mulher e o empregador.

•• § 2º acrescentado pela Lei n. 13.467, de 13-7-2017.

Art. 397. O SESI, o SESC, a LBA e outras entidades públicas destinadas à assistência à infância manterão ou subvencionarão, de acordo com suas possibilidades financeiras, escolas maternais e jardins de infância, distribuídos nas zonas de maior densidade de trabalhadores, destinados especialmente aos filhos das mulheres empregadas.

•• Artigo com redação determinada pelo Decreto-lei n. 229, de 28-2-1967.

Art. 398. (*Revogado pelo Decreto-lei n. 229, de 28-2-1967.*)

Art. 399. O Ministro do Trabalho e Previdência Social conferirá diploma de benemerência aos empregadores que se distinguirem pela organização e manutenção de creches e de instituições de proteção aos menores em idade pré-escolar, desde que tais serviços se recomendem por sua generosidade e pela eficiência das respectivas instalações.

•• Sobre Ministérios, *vide* Nota dos Organizadores.

Art. 400. Os locais destinados à guarda dos filhos das operárias durante o período da amamentação deverão possuir, no mínimo, um berçário, uma saleta de amamentação, uma cozinha dietética e uma instalação sanitária.

• *Vide* art. 7º, XXV, da CF.

Capítulo IV
Da Proteção do Trabalho do Menor

Seção I
Disposições Gerais

Art. 402. Considera-se menor para os efeitos desta Consolidação o trabalhador de 14 (quatorze) até 18 (dezoito) anos.

•• *Caput* com redação determinada pela Lei n. 10.097, de 19-12-2000.

•• *Vide* art. 7º, XXXIII, da CF.

Parágrafo único. O trabalho do menor reger-se-á pelas disposições do presente Capítulo, exceto no serviço em oficinas em que trabalhem exclusivamente pessoas da família do menor e esteja este sob a direção do pai, mãe ou tutor, observado, entretanto, o disposto nos arts. 404, 405 e na Seção II.

•• Parágrafo único com redação determinada pelo Decreto-lei n. 229, de 28-2-1967.

Art. 403. É proibido qualquer trabalho a menores de 16 (dezesseis) anos de idade, salvo na condição de aprendiz, a partir dos 14 (quatorze) anos.

•• *Caput* com redação determinada pela Lei n. 10.097, de 19-12-2000.

Parágrafo único. O trabalho do menor não poderá ser realizado em locais prejudiciais à sua formação, ao seu desenvolvimento físico, psíquico, moral e social e em horários e locais que não permitam a frequência à escola.

•• Parágrafo único com redação determinada pela Lei n. 10.097, de 19-12-2000.

•• *Vide* art. 7º, XXXIII, da CF.

a)* e *b) (*Revogadas pela Lei n. 10.097, de 19-12-2000.*)

Art. 404. Ao menor de 18 (dezoito) anos é vedado o trabalho noturno, considerado este o que for executado no período compreendido entre as 22 (vinte e duas) e as 5 (cinco) horas.

•• *Vide* art. 7º, XXXIII, da CF.

Art. 405. Ao menor não será permitido o trabalho:

•• *Caput* com redação determinada pelo Decreto-lei n. 229, de 28-2-1967.

I – nos locais e serviços perigosos ou insalubres, constantes de quadro para esse fim aprovado pela Secretaria de Segurança e Medicina do Trabalho;

•• Inciso I com redação determinada pelo Decreto-lei n. 229, de 28-2-1967.

•• *Vide* art. 7º, XXXIII, da CF.

•• *Vide* Decreto n. 6.481, de 12-6-2008, que aprova a Lista das Piores Formas de Trabalho Infantil.

• A Portaria n. 88, de 28-4-2009, da Secretaria de Inspeção do Trabalho, estabelece em seu art. 1º que, para efeitos deste inciso, são considerados locais e serviços perigosos ou insalubres, proibidos ao trabalho do menor de 18 (dezoito) anos, os descritos no item I do Decreto n. 6.481, de 12-6-2008.

II – em locais ou serviços prejudiciais à sua moralidade.

•• Inciso II com redação determinada pelo Decreto-lei n. 229, de 28-2-1967.

§ 1º (*Revogado pela Lei n. 10.097, de 19-12-2000.*)

§ 2º O trabalho exercido nas ruas, praças e outros logradouros dependerá de prévia autorização do Juiz da Infância e da Juventude, ao qual cabe verificar se a ocupação é indispensável à sua própria subsistência ou à de seus pais, avós ou irmãos e se dessa ocupação não poderá advir prejuízo à sua formação moral.

•• § 2º com redação determinada pelo Decreto-lei n. 229, de 28-2-1967.

§ 3º Considera-se prejudicial à moralidade do menor o trabalho:

a) prestado de qualquer modo em teatros de revista, cinemas, boates, cassinos, cabarés, *dancings* e estabelecimentos análogos;

• *Vide caput* do art. 406 da CLT.

b) em empresas circenses, em funções de acrobata, saltimbanco, ginasta e outras semelhantes;

• *Vide caput* do art. 406 da CLT.

c) de produção, composição, entrega ou venda de escritos, impressos, cartazes, desenhos, gravuras, pinturas, emblemas, imagens e quaisquer outros objetos que possam, a juízo da autoridade competente, prejudicar sua formação moral;

d) consistente na venda, a varejo, de bebidas alcoólicas.

•• § 3º com redação determinada pelo Decreto-lei n. 229, de 28-2-1967.

§ 4º Nas localidades em que existirem, oficialmente reconhecidas, instituições destinadas ao amparo dos menores jornaleiros, só aos que se encontrem sob o patrocínio dessas entidades será outorgada a autorização do trabalho a que alude o § 2º.

•• § 4º com redação determinada pelo Decreto-lei n. 229, de 28-2-1967.

§ 5º Aplica-se ao menor o disposto no art. 390 e seu parágrafo único.

•• § 5º com redação determinada pelo Decreto-lei n. 229, de 28-2-1967.

Art. 406. O Juiz da Infância e da Juventude poderá autorizar ao menor o trabalho a que se referem as letras *a* e *b* do § 3º do art. 405:

I – desde que a representação tenha fim educativo ou a peça de que participe não possa ser prejudicial à sua formação moral;

II – desde que se certifique ser a ocupação do menor indispensável à própria subsistência ou à de seus pais, avós ou irmãos e não advir nenhum prejuízo à sua formação moral.

•• *Caput* e incisos com redação determinada pelo Decreto-lei n. 229, de 28-2-1967.

Art. 407. Verificado pela autoridade competente que o trabalho executado pelo menor é prejudicial à sua saúde, ao seu desenvolvimento físico ou à sua moralidade, poderá ela obrigá-lo a abandonar o serviço, devendo a respectiva empresa, quando for o caso, proporcionar ao menor todas as facilidades para mudar de funções.

•• *Caput* com redação determinada pelo Decreto-lei n. 229, de 28-2-1967.

Parágrafo único. Quando a empresa não tomar as medidas possíveis e recomendadas pela autoridade competente para que o menor mude de função, configurar-se-á a rescisão do contrato de trabalho, na forma do art. 483.

•• Parágrafo único com redação determinada pelo Decreto-lei n. 229, de 28-2-1967.

Art. 408. Ao responsável legal do menor é facultado pleitear a extinção do contrato de trabalho, desde que o serviço possa acarretar para ele prejuízos de ordem física ou moral.

•• Artigo com redação determinada pelo Decreto-lei n. 229, de 28-2-1967.

Art. 409. Para maior segurança do trabalho e garantia da saúde dos menores, a autoridade fiscalizadora poderá proibir-lhes o gozo dos períodos de repouso nos locais de trabalho.

Art. 410. O Ministro do Trabalho e Previdência Social poderá derrogar qualquer proibição decorrente do quadro a que se refere o inciso I do art. 405 quando se certificar haver desaparecido, parcial ou totalmente, o caráter perigoso ou insalubre, que determinou a proibição.

•• Sobre Ministérios, *vide* Nota dos Organizadores.

• *Vide* art. 194 da CLT.

Seção II
Da Duração do Trabalho

• *Vide* art. 7º, XIII, XIV e XVI, da CF.

Art. 411. A duração do trabalho do menor regular-se-á pelas disposições legais relativas à duração do trabalho em geral, com as restrições estabelecidas neste Capítulo.

Art. 412. Após cada período de trabalho efetivo, quer contínuo, quer dividido em 2 (dois) turnos, haverá um intervalo de repouso, não inferior a 11 (onze) horas.

Art. 413. É vedado prorrogar a duração normal diária do trabalho do menor, salvo:

•• *Caput* com redação determinada pelo Decreto-lei n. 229, de 28-2-1967.

I – até mais 2 (duas) horas, independentemente de acréscimo salarial, mediante convenção ou acordo coletivo nos termos do Título VI desta Consolidação, desde que o excesso de horas em um dia seja compensado pela diminuição em outro, de modo a ser observado o limite máximo de 48 (quarenta e oito) horas semanais ou outro inferior legalmente fixado;

•• Inciso I com redação determinada pelo Decreto-lei n. 229, de 28-2-1967.

•• Limite máximo da jornada de trabalho: 44 (quarenta e quatro) horas semanais (CF, art. 7º, XIII).

II – excepcionalmente, por motivo de força maior, até o máximo de 12 (doze) horas, com acréscimo salarial de pelo menos 25% (vinte e cinco por cento) sobre a hora normal e desde que o trabalho do menor seja imprescindível ao funcionamento do estabelecimento.

•• Inciso II com redação determinada pelo Decreto-lei n. 229, de 28-2-1967.

•• O art. 7º, XVI, da CF determina que a remuneração do serviço extraordinário seja superior, no mínimo, em 50% à do normal.

Parágrafo único. Aplica-se à prorrogação do trabalho do menor o disposto no art. 375, no parágrafo único do art. 376, no art. 378 e no art. 384 desta Consolidação.

•• Parágrafo único com redação determinada pelo Decreto-lei n. 229, de 28-2-1967.

Art. 414. Quando o menor de 18 (dezoito) anos for empregado em mais de um estabelecimento, as horas de trabalho em cada um serão totalizadas.

Seção IV
Dos Deveres dos Responsáveis Legais de Menores e dos Empregadores

Da Aprendizagem

•• *Vide* Decreto n. 9.579, de 22-11-2018, que regulamenta a contratação de aprendizes.

Art. 424. É dever dos responsáveis legais de menores, pais, mães, ou tutores, afastá-los de empregos que diminuam consideravelmente o seu tempo de estudo, reduzam o tempo de repouso necessário à sua saúde e constituição física, ou prejudiquem a sua educação moral.

Art. 425. Os empregadores de menores de 18 (dezoito) anos são obrigados a velar pela observância, nos seus estabelecimentos ou empresas, dos bons costumes e da decência pública, bem como das regras de higiene e segurança do trabalho.

•• Denominação atual: Segurança e Medicina do Trabalho.

Art. 426. É dever do empregador, na hipótese do art. 407, proporcionar ao menor todas as facilidades para mudar de serviço.

Art. 427. O empregador, cuja empresa ou estabelecimento ocupar menores, será obrigado a conceder-lhes o tempo que for necessário para a frequência às aulas.

Parágrafo único. Os estabelecimentos situados em lugar onde a escola estiver a maior distância que 2 (dois) quilômetros, e que ocuparem, permanentemente, mais de 30 (trinta) menores analfabetos, de 14 (quatorze) a 18 (dezoito) anos, serão obrigados a manter local apropriado em que lhes seja ministrada a instrução primária.

Art. 428. Contrato de aprendizagem é o contrato de trabalho especial, ajustado por escrito e por prazo determinado, em que o empregador se compromete a assegurar ao maior de 14 (quatorze) e menor de 24 (vinte e quatro) anos inscrito em programa de aprendizagem formação técnico-profissional metódica, compatível com o seu desenvolvimento físico, moral e psicológico, e o aprendiz, a executar com zelo e diligência as tarefas necessárias a essa formação.

•• *Caput* com redação determinada pela Lei n. 11.180, de 23-9-2005.

•• *Vide* Decreto n. 9.579, de 22-11-2018, que regulamenta a contratação de aprendizes.

§ 1º A validade do contrato de aprendizagem pressupõe anotação na Carteira de Trabalho e Previdência Social, matrícula e frequência do aprendiz na escola, caso não haja concluído o ensino médio, e inscrição em programa de aprendizagem desenvolvido sob orientação de entidade qualificada em formação técnico-profissional metódica.

•• § 1º com redação determinada pela Lei n. 11.788, de 25-9-2008.

§ 2º Ao aprendiz, salvo condição mais favorável, será garantido o salário mínimo hora.

•• § 2º com redação determinada pela Lei n. 13.420, de 13-3-2017.

§ 3º O contrato de aprendizagem não poderá ser estipulado por mais de 2 (dois) anos, exceto quando se tratar de aprendiz portador de deficiência.

•• § 3º com redação determinada pela Lei n. 11.788, de 25-9-2008.

§ 4º A formação técnico-profissional a que se refere o *caput* deste artigo caracteriza-se por atividades teóricas e práticas, metodicamente organizadas em tarefas de complexidade progressiva desenvolvidas no ambiente de trabalho.

•• § 4º acrescentado pela Lei n. 10.097, de 19-12-2000.

§ 5º A idade máxima prevista no *caput* deste artigo não se aplica a aprendizes portadores de deficiência.

•• § 5º acrescentado pela Lei n. 11.180, de 23-9-2005.

§ 6º Para os fins do contrato de aprendizagem, a comprovação da escolaridade de aprendiz com deficiência deve considerar, sobretudo, as habilidades e competências relacionadas com a profissionalização.

•• § 6º com redação determinada pela Lei n. 13.146, de 6-7-2015.

§ 7º Nas localidades onde não houver oferta de ensino médio para o cumprimento do disposto no § 1º deste artigo, a contratação do aprendiz poderá ocorrer sem a frequência à escola, desde que ele já tenha concluído o ensino fundamental.

•• § 7º acrescentado pela Lei n. 11.788, de 25-9-2008.

§ 8º Para o aprendiz com deficiência com 18 (dezoito) anos ou mais, a validade do contrato de aprendizagem pressupõe anotação na CTPS e matrícula e frequência em programa de aprendizagem desenvolvido sob orientação de entidade qualificada em formação técnico-profissional metódica.

•• § 8º acrescentado pela Lei n. 13.146, de 6-7-2015.

Art. 429. Os estabelecimentos de qualquer natureza são obrigados a empregar e matricular nos cursos dos Serviços Nacionais de Aprendizagem número de aprendizes equivalente a 5% (cinco por cento), no mínimo, e 15% (quinze por cento), no máximo, dos trabalhadores existentes em cada estabelecimento, cujas funções demandem formação profissional.

•• *Caput* com redação determinada pela Lei n. 10.097, de 19-12-2000.

•• *Vide* art. 51, III, da Lei Complementar n. 123, de 14-12-2006, que dispensa as microempresas e as empresas de pequeno porte de empregar e matricular seus aprendizes nos cursos dos Serviços Nacionais de Aprendizagem.

a)* e *b) (*Revogadas pela Lei n. 10.097, de 19-12-2000.*)

§ 1º-A. O limite fixado neste artigo não se aplica quando o empregador for entidade sem fins lucrativos, que tenha por objetivo a educação profissional.

•• § 1º-A acrescentado pela Lei n. 10.097, de 19-12-2000.

§ 1º-B Os estabelecimentos a que se refere o *caput* poderão destinar o equivalente a até 10% (dez por cento) de sua cota de aprendizes à formação técnico-profissional metódica em áreas relacionadas a práticas de atividades desportivas, à prestação de serviços relacionados à infraestrutura, incluindo as atividades de construção, ampliação, recuperação e manutenção de instalações esportivas e à organização e promoção de eventos esportivos.

•• § 1º-B acrescentado pela Lei n. 13.420, de 13-3-2017, originalmente vetado, todavia promulgado em 1º-9-2017.

§ 1º As frações de unidade, no cálculo da percentagem de que trata o *caput*, darão lugar à admissão de um aprendiz.

•• § 1º acrescentado pela Lei n. 10.097, de 19-12-2000.

§ 2º Os estabelecimentos de que trata o *caput* ofertarão vagas de aprendizes a adolescentes usuários do Sistema Nacional de Atendimento Socioeducativo (Sinase) nas condições a serem dispostas em instrumentos de cooperação celebrados entre os estabelecimentos e os gestores dos Sistemas de Atendimento Socioeducativo locais.

•• § 2º acrescentado pela Lei n. 12.594, de 18-1-2012.

§ 3º Os estabelecimentos de que trata o *caput* poderão ofertar vagas de aprendizes a adolescentes usuários do Sistema Nacional de Políticas Públicas sobre Drogas – SISNAD nas condições a serem dispostas em instrumentos de cooperação celebrados entre os estabelecimentos e os gestores locais responsáveis pela prevenção do uso indevido, atenção e reinserção social de usuários e dependentes de drogas.

•• § 3º acrescentado pela Lei n. 13.840, de 5-6-2019.

Art. 430. Na hipótese de os Serviços Nacionais de Aprendizagem não oferecerem cursos ou vagas suficientes para atender à demanda dos estabelecimentos, esta poderá ser suprida por outras entidades qualificadas em formação técnico-profissional metódica, a saber:

•• *Caput* com redação determinada pela Lei n. 10.097, de 19-12-2000.

I – Escolas Técnicas de Educação;

•• Inciso I com redação determinada pela Lei n. 10.097, de 19-12-2000.

II – entidades sem fins lucrativos, que tenham por objetivo a assistência ao adolescente e à educação profissional, registradas no Conselho Municipal dos Direitos da Criança e do Adolescente;

•• Inciso II com redação determinada pela Lei n. 10.097, de 19-12-2000.

III – entidades de prática desportiva das diversas modalidades filiadas ao Sistema Nacional do Desporto e aos Sistemas de Desporto dos Estados, do Distrito Federal e dos Municípios.

•• Inciso III acrescentado pela Lei n. 13.420, de 13-3-2017.

§ 1º As entidades mencionadas neste artigo deverão contar com estrutura adequada ao desenvolvimento dos programas de aprendizagem, de forma a manter a qualidade do processo de ensino, bem como acompanhar e avaliar os resultados.

•• § 1º acrescentado pela Lei n. 10.097, de 19-12-2000.

§ 2º Aos aprendizes que concluírem os cursos de aprendizagem, com aproveitamento, será concedido certificado de qualificação profissional.

•• § 2º acrescentado pela Lei n. 10.097, de 19-12-2000.

§ 3º O Ministério do Trabalho fixará normas para avaliação da competência das entidades mencionadas nos incisos II e III deste artigo.

•• § 3º com redação determinada pela Lei n. 13.420, de 13-3-2017.

§ 4º As entidades mencionadas nos incisos II e III deste artigo deverão cadastrar seus cursos, turmas e aprendizes matriculados no Ministério do Trabalho.

•• § 4º acrescentado pela Lei n. 13.420, de 13-3-2017.

§ 5º As entidades mencionadas neste artigo poderão firmar parcerias entre si para o desenvolvimento dos programas de aprendizagem, conforme regulamento.

•• § 5º acrescentado pela Lei n. 13.420, de 13-3-2017.

Art. 431. A contratação do aprendiz poderá ser efetivada pela empresa onde se realizará a aprendizagem ou pelas entidades mencionadas nos incisos II e III do art. 430, caso em que não gera vínculo de emprego com a empresa tomadora dos serviços.

•• *Caput* com redação determinada pela Lei n. 13.420, de 13-3-2017.

• *Vide* art. 7º, XXXIII, da CF.

a)* a *c) *(Revogadas pela Lei n. 10.097, de 19-12-2000.)*

Parágrafo único. Aos candidatos rejeitados pela seleção profissional deverá ser dada, tanto quanto possível, orientação profissional para ingresso em atividade mais adequada às qualidades e aptidões que tiverem demonstrado.

•• A Lei n. 10.097, de 19-12-2000, propôs nova redação para este parágrafo único, porém teve seu texto vetado.

Art. 432. A duração do trabalho do aprendiz não excederá de 6 (seis) horas diárias, sendo vedadas a prorrogação e a compensação de jornada.

•• *Caput* com redação determinada pela Lei n. 10.097, de 19-12-2000.

§ 1º O limite previsto neste artigo poderá ser de até 8 (oito) horas diárias para os aprendizes que já tiverem completado o ensino fundamental, se nelas forem computadas as horas destinadas à aprendizagem teórica.

•• § 1º com redação determinada pela Lei n. 10.097, de 19-12-2000.

§ 2º *(Revogado pela Lei n. 10.097, de 19-12-2000.)*

Art. 433. O contrato de aprendizagem extinguir-se-á no seu termo ou quando o aprendiz completar 24 (vinte e quatro) anos, ressalvada a hipótese prevista no § 5º do art. 428 desta Consolidação, ou ainda antecipadamente nas seguintes hipóteses:

•• *Caput* com redação determinada pela Lei n. 11.180, de 23-9-2005.

a)* e *b) *(Revogadas pela Lei n. 10.097, de 19-12-2000.)*

I – desempenho insuficiente ou inadaptação do aprendiz, salvo para o aprendiz com deficiência quando desprovido de recursos de acessibilidade, de tecnologias assistivas e de apoio necessário ao desempenho de suas atividades;

•• Inciso I com redação determinada pela Lei n. 13.146, de 6-7-2015.

II – falta disciplinar grave;

•• Inciso II acrescentado pela Lei n. 10.097, de 19-12-2000.

III – ausência injustificada à escola que implique perda do ano letivo; ou

•• Inciso III acrescentado pela Lei n. 10.097, de 19-12-2000.

IV – a pedido do aprendiz.

•• Inciso IV acrescentado pela Lei n. 10.097, de 19-12-2000.

Parágrafo único. *(Revogado pela Lei n. 3.519, de 30-12-1958.)*

§ 2º Não se aplica o disposto nos arts. 479 e 480 desta Consolidação às hipóteses de extinção do contrato mencionadas neste artigo.

•• § 2º acrescentado pela Lei n. 10.097, de 19-12-2000.

•• Mantivemos o § 2º conforme publicação oficial.

Seção VI
Disposições Finais

Art. 439. É lícito ao menor firmar recibo pelo pagamento dos salários. Tratando-se, porém, de rescisão do contrato de trabalho, é vedado ao menor de 18 (dezoito) anos dar, sem assistência dos seus responsáveis legais, quitação ao empregador pelo recebimento da indenização que lhe for devida.

Art. 440. Contra os menores de 18 (dezoito) anos não corre nenhum prazo de prescrição.

Art. 441. O quadro a que se refere o item I do art. 405 será revisto bienalmente.

•• Artigo com redação determinada pelo Decreto-lei n. 229, de 28-2-1967.

Título IV
Do Contrato Individual do Trabalho

Capítulo V
Da Rescisão

Art. 482. Constituem justa causa para rescisão do contrato de trabalho pelo empregador:

a) ato de improbidade;

b) incontinência de conduta ou mau procedimento;

c) negociação habitual por conta própria ou alheia sem permissão do empregador, e quando constituir ato de concorrência à empresa para a qual trabalha o empregado, ou for prejudicial ao serviço;

d) condenação criminal do empregado, passada em julgado, caso não tenha havido suspensão da execução da pena;

e) desídia no desempenho das respectivas funções;

f) embriaguez habitual ou em serviço;

g) violação de segredo da empresa;

h) ato de indisciplina ou de insubordinação;

i) abandono de emprego;

j) ato lesivo da honra ou da boa fama praticado no serviço contra qualquer pessoa, ou ofensas físicas, nas mesmas condições, salvo em caso de legítima defesa, própria ou de outrem;

k) ato lesivo da honra e boa fama ou ofensas físicas praticadas contra o empregador e superiores hierárquicos, salvo em caso de legítima defesa, própria ou de outrem;

l) prática constante de jogos de azar;

m) perda da habilitação ou dos requisitos estabelecidos em lei para o exercício da profissão, em decorrência de conduta dolosa do empregado.

•• Alínea *m* acrescentada pela Lei n. 13.467, de 13-7-2017.

Parágrafo único. Constitui igualmente justa causa para dispensa de empregado a prática, devidamente comprovada em inquérito administrativo, de atos atentatórios contra a segurança nacional.

•• Parágrafo único acrescentado pelo Decreto-lei n. 3, de 27-1-1966.

Art. 483. O empregado poderá considerar rescindido o contrato e pleitear a devida indenização quando:

a) forem exigidos serviços superiores às suas forças, defesos por lei, contrários aos bons costumes, ou alheios ao contrato;

b) for tratado pelo empregador ou por seus superiores hierárquicos com rigor excessivo;

c) correr perigo manifesto de mal considerável;

d) não cumprir o empregador as obrigações do contrato;

e) praticar o empregador ou seus prepostos, contra ele ou pessoas de sua família, ato lesivo da honra e boa fama;

f) o empregador ou seus prepostos ofenderem-no fisicamente, salvo em caso de legítima defesa, própria ou de outrem;

g) o empregador reduzir o seu trabalho, sendo este por peça ou tarefa, de forma a afetar sensivelmente a importância dos salários.

§ 1º O empregado poderá suspender a prestação dos serviços ou rescindir o contrato, quando tiver de desempenhar obrigações legais, incompatíveis com a continuação do serviço.

§ 2º No caso de morte do empregador constituído em empresa individual, é facultado ao empregado rescindir o contrato de trabalho.

§ 3º Nas hipóteses das letras *d* e *g*, poderá o empregado pleitear a rescisão de seu contrato de trabalho e o pagamento das respectivas indenizações, permanecendo ou não no serviço até final decisão do processo.

•• § 3º acrescentado pela Lei n. 4.825, de 5-11-1965.

Título IV-A
Da Representação dos Empregados

•• Título IV-A acrescentado pela Lei n. 13.467, de 13-7-2017.

Art. 510-A. Nas empresas com mais de duzentos empregados, é assegurada a eleição de uma comissão para representá-los, com a finalidade de promover-lhes o entendimento direto com os empregadores.

•• *Caput* acrescentado pela Lei n. 13.467, de 13-7-2017.

§ 1º A comissão será composta:

•• § 1º, *caput*, acrescentado pela Lei n. 13.467, de 13-7-2017.

I – nas empresas com mais de duzentos e até três mil empregados, por três membros;

•• Inciso I acrescentado pela Lei n. 13.467, de 13-7-2017.

II – nas empresas com mais de três mil e até cinco mil empregados, por cinco membros;

•• Inciso II acrescentado pela Lei n. 13.467, de 13-7-2017.

III – nas empresas com mais de cinco mil empregados, por sete membros.

•• Inciso III acrescentado pela Lei n. 13.467, de 13-7-2017.

§ 2º No caso de a empresa possuir empregados em vários Estados da Federação e no Distrito Federal, será assegurada a eleição de uma comissão de representantes dos empregados por Estado ou no

Distrito Federal, na mesma forma estabelecida no § 1º deste artigo.

•• § 2º acrescentado pela Lei n. 13.467, de 13-7-2017.

Art. 510-B. A comissão de representantes dos empregados terá as seguintes atribuições:

•• *Caput* acrescentado pela Lei n. 13.467, de 13-7-2017.

I – representar os empregados perante a administração da empresa;

•• Inciso I acrescentado pela Lei n. 13.467, de 13-7-2017.

II – aprimorar o relacionamento entre a empresa e seus empregados com base nos princípios da boa-fé e do respeito mútuo;

•• Inciso II acrescentado pela Lei n. 13.467, de 13-7-2017.

III – promover o diálogo e o entendimento no ambiente de trabalho com o fim de prevenir conflitos;

•• Inciso III acrescentado pela Lei n. 13.467, de 13-7-2017.

IV – buscar soluções para os conflitos decorrentes da relação de trabalho, de forma rápida e eficaz, visando à efetiva aplicação das normas legais e contratuais;

•• Inciso IV acrescentado pela Lei n. 13.467, de 13-7-2017.

V – assegurar tratamento justo e imparcial aos empregados, impedindo qualquer forma de discriminação por motivo de sexo, idade, religião, opinião política ou atuação sindical;

•• Inciso V acrescentado pela Lei n. 13.467, de 13-7-2017.

VI – encaminhar reivindicações específicas dos empregados de seu âmbito de representação;

•• Inciso VI acrescentado pela Lei n. 13.467, de 13-7-2017.

VII – acompanhar o cumprimento das leis trabalhistas, previdenciárias e das convenções coletivas e acordos coletivos de trabalho.

•• Inciso VII acrescentado pela Lei n. 13.467, de 13-7-2017.

§ 1º As decisões da comissão de representantes dos empregados serão sempre colegiadas, observada a maioria simples.

•• § 1º acrescentado pela Lei n. 13.467, de 13-7-2017.

§ 2º A comissão organizará sua atuação de forma independente.

•• § 2º acrescentado pela Lei n. 13.467, de 13-7-2017.

Art. 510-C. A eleição será convocada, com antecedência mínima de trinta dias, contados do término do mandato anterior, por meio de edital que deverá ser fixado na empresa, com ampla publicidade, para inscrição de candidatura.

•• *Caput* acrescentado pela Lei n. 13.467, de 13-7-2017.

§ 1º Será formada comissão eleitoral, integrada por cinco empregados, não candidatos, para a organização e o acompanhamento do processo eleitoral, vedada a interferência da empresa e do sindicato da categoria.

•• § 1º acrescentado pela Lei n. 13.467, de 13-7-2017.

§ 2º Os empregados da empresa poderão candidatar-se, exceto aqueles com contrato de trabalho por prazo determinado, com contrato suspenso ou que estejam em período de aviso prévio, ainda que indenizado.

•• § 2º acrescentado pela Lei n. 13.467, de 13-7-2017.

§ 3º Serão eleitos membros da comissão de representantes dos empregados os candidatos mais votados, em votação secreta, vedado o voto por representação.

•• § 3º acrescentado pela Lei n. 13.467, de 13-7-2017.

§ 4º A comissão tomará posse no primeiro dia útil seguinte à eleição ou ao término do mandato anterior.

•• § 4º acrescentado pela Lei n. 13.467, de 13-7-2017.

§ 5º Se não houver candidatos suficientes, a comissão de representantes dos empregados poderá ser formada com número de membros inferior ao previsto no art. 510-A desta Consolidação.

•• § 5º acrescentado pela Lei n. 13.467, de 13-7-2017.

§ 6º Se não houver registro de candidatura, será lavrada ata e convocada nova eleição no prazo de um ano.

•• § 6º acrescentado pela Lei n. 13.467, de 13-7-2017.

Art. 510-D. O mandato dos membros da comissão de representantes dos empregados será de um ano.

•• *Caput* acrescentado pela Lei n. 13.467, de 13-7-2017.

§ 1º O membro que houver exercido a função de representante dos empregados na comissão não poderá ser candidato nos dois períodos subsequentes.

•• § 1º acrescentado pela Lei n. 13.467, de 13-7-2017.

§ 2º O mandato de membro de comissão de representantes dos empregados não implica suspensão ou interrupção do contrato de trabalho, devendo o empregado permanecer no exercício de suas funções.

•• § 2º acrescentado pela Lei n. 13.467, de 13-7-2017.

§ 3º Desde o registro da candidatura até um ano após o fim do mandato, o membro da comissão de representantes dos empregados não poderá sofrer despedida arbitrária, entendendo-se como tal a que não se fundar em motivo disciplinar, técnico, econômico ou financeiro.

•• § 3º acrescentado pela Lei n. 13.467, de 13-7-2017.

§ 4º Os documentos referentes ao processo eleitoral devem ser emitidos em duas vias, as quais permanecerão sob a guarda dos empregados e da empresa pelo prazo de cinco anos, à disposição para consulta de qualquer trabalhador interessado, do Ministério Público do Trabalho e do Ministério do Trabalho.

•• § 4º acrescentado pela Lei n. 13.467, de 13-7-2017.

Título VI
Das Convenções Coletivas de Trabalho

•• Título VI com redação determinada pelo Decreto-lei n. 229, de 28-2-1969.

•• A Lei n. 14.020, de 6-7-2020, dispõe em seu art. 17: "Art. 17. Durante o estado de calamidade pública de que trata o art. 1º desta Lei: I – o curso ou o programa de qualificação profissional de que trata o art. 476-A da CLT, aprovada pelo Decreto-Lei n. 5.452, de 1º de maio de 1943, poderá ser oferecido pelo empregador exclusivamente na modalidade não presencial, e terá duração não inferior a 1 (um) mês e não superior a 3 (três) meses; II – poderão ser utilizados meios eletrônicos para atendimento aos requisitos formais previstos no Título VI da CLT, aprovada pelo Decreto-Lei

n. 5.452, de 1º de maio de 1943, inclusive para convocação, deliberação, decisão, formalização e publicidade de convenção coletiva ou acordo coletivo de trabalho; III – os prazos previstos no Título VI da CLT, aprovada pelo Decreto-Lei n. 5.452, de 1º de maio de 1943, ficarão reduzidos pela metade; IV – (Vetado); e V – a dispensa sem justa causa do empregado pessoa com deficiência será vedada".

Art. 611. Convenção Coletiva de Trabalho é o acordo de caráter normativo, pelo qual dois ou mais Sindicatos representativos de categorias econômicas e profissionais estipulam condições de trabalho aplicáveis, no âmbito das respectivas representações, às relações individuais do trabalho.

•• *Caput* com redação determinada pelo Decreto-lei n. 229, de 28-2-1967.

§ 1º É facultado aos Sindicatos representativos de categorias profissionais celebrar Acordos Coletivos com uma ou mais empresas da correspondente categoria econômica, que estipulem condições de trabalho, aplicáveis no âmbito da empresa ou das empresas acordantes às respectivas relações de trabalho.

•• § 1º com redação determinada pelo Decreto-lei n. 229, de 28-2-1967.

§ 2º As Federações e, na falta destas, as Confederações representativas de categorias econômicas ou profissionais poderão celebrar convenções coletivas de trabalho para reger as relações das categorias a elas vinculadas, inorganizadas em Sindicatos, no âmbito de suas representações.

•• § 2º com redação determinada pelo Decreto-lei n. 229, de 28-2-1967.

Art. 611-A. A convenção coletiva e o acordo coletivo de trabalho têm prevalência sobre a lei quando, entre outros, dispuserem sobre:

•• *Caput* acrescentado pela Lei n. 13.467, de 13-7-2017.

I – pacto quanto à jornada de trabalho, observados os limites constitucionais;

•• Inciso I acrescentado pela Lei n. 13.467, de 13-7-2017.

II – banco de horas anual;

•• Inciso II acrescentado pela Lei n. 13.467, de 13-7-2017.

III – intervalo intrajornada, respeitado o limite mínimo de trinta minutos para jornadas superiores a seis horas;

•• Inciso III acrescentado pela Lei n. 13.467, de 13-7-2017.

....

VI – regulamento empresarial;

•• Inciso VI acrescentado pela Lei n. 13.467, de 13-7-2017.

VII – representante dos trabalhadores no local de trabalho;

•• Inciso VII acrescentado pela Lei n. 13.467, de 13-7-2017.

VIII – teletrabalho, regime de sobreaviso, e trabalho intermitente;

•• Inciso VIII acrescentado pela Lei n. 13.467, de 13-7-2017.

....

X – modalidade de registro de jornada de trabalho;

•• Inciso X acrescentado pela Lei n. 13.467, de 13-7-2017.

XI – troca do dia de feriado;

•• Inciso XI acrescentado pela Lei n. 13.467, de 13-7-2017.

XII – enquadramento do grau de insalubridade;

•• Inciso XII acrescentado pela Lei n. 13.467, de 13-7-2017.

XIII – prorrogação de jornada em ambientes insalubres, sem licença prévia das autoridades competentes do Ministério do Trabalho;

•• Inciso XIII acrescentado pela Lei n. 13.467, de 13-7-2017.

....

§ 1º No exame da convenção coletiva ou do acordo coletivo de trabalho, a Justiça do Trabalho observará o disposto no § 3º do art. 8º desta Consolidação.

•• § 1º acrescentado pela Lei n. 13.467, de 13-7-2017.

§ 2º A inexistência de expressa indicação de contrapartidas recíprocas em convenção coletiva ou acordo coletivo de trabalho não ensejará sua nulidade por não caracterizar um vício do negócio jurídico.

•• § 2º acrescentado pela Lei n. 13.467, de 13-7-2017.

§ 3º Se for pactuada cláusula que reduza o salário ou a jornada, a convenção coletiva ou o acordo coletivo de trabalho deverão prever a proteção dos empregados contra dispensa imotivada durante o prazo de vigência do instrumento coletivo.

•• § 3º acrescentado pela Lei n. 13.467, de 13-7-2017.

§ 4º Na hipótese de procedência de ação anulatória de cláusula de convenção coletiva ou de acordo coletivo de trabalho, quando houver a cláusula compensatória, esta deverá ser igualmente anulada, sem repetição do indébito.

•• § 4º acrescentado pela Lei n. 13.467, de 13-7-2017.

§ 5º Os sindicatos subscritores de convenção coletiva ou de acordo coletivo de trabalho deverão participar, como litisconsortes necessários, em ação individual ou coletiva, que tenha como objeto a anulação de cláusulas desses instrumentos.

•• § 5º acrescentado pela Lei n. 13.467, de 13-7-2017.

•• O art. 3º da Instrução Normativa n. 41, de 21-6-2018, do TST, dispõe sobre a aplicação das normas processuais da CLT alteradas pela Lei n. 13.467, de 13-7-2017.

Art. 611-B. Constituem objeto ilícito de convenção coletiva ou de acordo coletivo de trabalho, exclusivamente, a supressão ou a redução dos seguintes direitos:

•• *Caput* acrescentado pela Lei n. 13.467, de 13-7-2017.

I – normas de identificação profissional, inclusive as anotações na Carteira de Trabalho e Previdência Social;

•• Inciso I acrescentado pela Lei n. 13.467, de 13-7-2017.

....

IV – salário mínimo;

•• Inciso IV acrescentado pela Lei n. 13.467, de 13-7-2017.

....

VI – remuneração do trabalho noturno superior à do diurno;

•• Inciso VI acrescentado pela Lei n. 13.467, de 13-7-2017.

VII – proteção do salário na forma da lei, constituindo crime sua retenção dolosa;

•• Inciso VII acrescentado pela Lei n. 13.467, de 13-7-2017.

VIII – salário-família;

•• Inciso VIII acrescentado pela Lei n. 13.467, de 13-7-2017.

IX – repouso semanal remunerado;

•• Inciso IX acrescentado pela Lei n. 13.467, de 13-7-2017.

X – remuneração do serviço extraordinário superior, no mínimo, em 50% (cinquenta por cento) à do normal;

•• Inciso X acrescentado pela Lei n. 13.467, de 13-7-2017.

XI – número de dias de férias devidas ao empregado;

•• Inciso XI acrescentado pela Lei n. 13.467, de 13-7-2017.

XII – gozo de férias anuais remuneradas com, pelo menos, um terço a mais do que o salário normal;

•• Inciso XII acrescentado pela Lei n. 13.467, de 13-7-2017.

XIII – licença-maternidade com a duração mínima de cento e vinte dias;

•• Inciso XIII acrescentado pela Lei n. 13.467, de 13-7-2017.

XIV – licença-paternidade nos termos fixados em lei;

•• Inciso XIV acrescentado pela Lei n. 13.467, de 13-7-2017.

XV – proteção do mercado de trabalho da mulher, mediante incentivos específicos, nos termos da lei;

•• Inciso XV acrescentado pela Lei n. 13.467, de 13-7-2017.

XVI – aviso prévio proporcional ao tempo de serviço, sendo no mínimo de trinta dias, nos termos da lei;

•• Inciso XVI acrescentado pela Lei n. 13.467, de 13-7-2017.

XVII – normas de saúde, higiene e segurança do trabalho previstas em lei ou em normas regulamentadoras do Ministério do Trabalho;

•• Inciso XVII acrescentado pela Lei n. 13.467, de 13-7-2017.

XVIII – adicional de remuneração para as atividades penosas, insalubres ou perigosas;

•• Inciso XVIII acrescentado pela Lei n. 13.467, de 13-7-2017.

XIX – aposentadoria;

•• Inciso XIX acrescentado pela Lei n. 13.467, de 13-7-2017.

XX – seguro contra acidentes de trabalho, a cargo do empregador;

•• Inciso XX acrescentado pela Lei n. 13.467, de 13-7-2017.

XXI – ação, quanto aos créditos resultantes das relações de trabalho, com prazo prescricional de cinco anos para os trabalhadores urbanos e rurais, até o limite de dois anos após a extinção do contrato de trabalho;

•• Inciso XXI acrescentado pela Lei n. 13.467, de 13-7-2017.

XXII – proibição de qualquer discriminação no tocante a salário e critérios de admissão do trabalhador com deficiência;

•• Inciso XXII acrescentado pela Lei n. 13.467, de 13-7-2017.

XXIII – proibição de trabalho noturno, perigoso ou insalubre a menores de dezoito anos e de qualquer trabalho a menores de dezesseis anos, salvo na condição de aprendiz, a partir de quatorze anos;

•• Inciso XXIII acrescentado pela Lei n. 13.467, de 13-7-2017.

XXIV – medidas de proteção legal de crianças e adolescentes;

•• Inciso XXIV acrescentado pela Lei n. 13.467, de 13-7-2017.

XXV – igualdade de direitos entre o trabalhador com vínculo empregatício permanente e o trabalhador avulso;

•• Inciso XXV acrescentado pela Lei n. 13.467, de 13-7-2017.

....

XXX – as disposições previstas nos arts. 373-A, 390, 392, 392-A, 394, 394-A, 395, 396 e 400 desta Consolidação.

•• Inciso XXX acrescentado pela Lei n. 13.467, de 13-7-2017.

Parágrafo único. Regras sobre duração do trabalho e intervalos não são consideradas como normas de saúde, higiene e segurança do trabalho para os fins do disposto neste artigo.

•• Parágrafo único acrescentado pela Lei n. 13.467, de 13-7-2017.

....

Art. 620. As condições estabelecidas em acordo coletivo de trabalho sempre prevalecerão sobre as estipuladas em convenção coletiva de trabalho.

•• Artigo com redação determinada pela Lei n. 13.467, de 13-7-2017.

....

Normas Regulamentadoras

Portaria n. 3.214, de 8 de junho de 1978 (1)

Aprova as Normas Regulamentadoras – NR – do Capítulo V, Título II, da Consolidação das Leis do Trabalho, relativas a Segurança e Medicina do Trabalho. Aprova a Consolidação das Leis do Trabalho.

O Ministro de Estado do Trabalho, no uso de suas atribuições legais, considerando o disposto no art. 200, da Consolidação das Leis do Trabalho, com redação dada pela Lei n. 6.514, de 22 de dezembro de 1977, resolve:

Art. 1º Aprovar as Normas Regulamentadoras – NR – do Capítulo V, Título II, da Consolidação das Leis do Trabalho, relativas à Segurança e Medicina do Trabalho:

NORMAS REGULAMENTADORAS

NR – 1 – Disposições Gerais

NR – 2 – Inspeção Prévia

NR – 3 – Embargo ou Interdição

NR – 4 – Serviços Especializados em Engenharia de Segurança e em Medicina do Trabalho

NR – 5 – Comissão Interna de Prevenção de Acidentes – CIPA

NR – 6 – Equipamento de Proteção Individual – EPI

NR – 7 – Programa de Controle Médico de Saúde Ocupacional

NR – 8 – Edificações

NR – 9 – Programa de Prevenção de Riscos Ambientais

NR – 10 – Segurança em Instalações e Serviços em Eletricidade

NR – 11 – Transporte, Movimentação, Armazenagem e Manuseio de Materiais

NR – 12 – Máquinas e Equipamentos

NR – 13 – Caldeiras, vasos de pressão, tubulações e tanques metálicos de armazenamento

NR – 14 – Fornos

NR – 15 – Atividades e Operações Insalubres

NR – 16 – Atividades e Operações Perigosas

NR – 17 – Ergonomia

NR – 18 – Condições e Meio Ambiente de Trabalho na Indústria da Construção

NR – 19 – Explosivos

NR – 20 – Líquidos Combustíveis e Inflamáveis

NR – 21 – Trabalhos a Céu Aberto

NR – 22 – Segurança e Saúde Ocupacional na Mineração

NR – 23 – Proteção Contra Incêndios

NR – 24 – Condições Sanitárias e de Conforto nos Locais de Trabalho

NR – 25 – Resíduos Industriais

NR – 26 – Sinalização de Segurança

NR – 27 – Registro Profissional do Técnico de Segurança do Trabalho no Ministério do Trabalho

NR – 28 – Fiscalização e Penalidades

NR – 29 – Segurança e Saúde no Trabalho Portuário

•• NR aprovada pela Portaria n. 53, de 17-12-1997.

NR – 30 – Segurança e Saúde no Trabalho Aquaviário

•• NR aprovada pela Portaria n. 34, de 4-12-2002.

NR – 31 – Segurança e Saúde no Trabalho na Agricultura, Pecuária, Silvicultura, Exploração Florestal e Aquicultura

•• NR aprovada pela Portaria n. 86, de 3-3-2005.

NR – 32 – Segurança e Saúde no Trabalho em Serviços de Saúde

•• NR aprovada pela Portaria n. 485, de 11-11-2005.

NR – 33 – Segurança e Saúde nos Trabalhos em Espaços Confinados

•• NR aprovada pela Portaria n. 202, de 22-12-2006.

NR – 34 – Trabalho na Indústria Naval

•• NR aprovada pela Portaria n. 200, de 20-1-2011.

NR – 35 – Trabalho em Altura

•• NR aprovada pela Portaria n. 313, de 23-3-2012.

NR – 36 – Abate e Processamento de Carnes e Derivados

---

(1) Publicada no *Diário Oficial da União*, de 6-7-1978 – Suplemento.

•• NR aprovada pela Portaria n. 555, de 18-4-2013.

NR – 37 – Segurança e Saúde em Plataformas de Petróleo

•• NR aprovada pela Portaria n. 1.186, de 20-12-2018.

Art. 2º As alterações posteriores, decorrentes da experiência e necessidade, serão baixadas pela Secretaria de Segurança e Medicina do Trabalho.

•• Artigo revigorado pela Portaria n. 3.144, de 2-5-1989.

•• *Vide* Decretos n. 4.552, de 27-12-2002.

Art. 3º Ficam revogadas as Portarias MTIC 31, de 6-4-1954; 34, de 8-4-1954; 30, de 7-2-1958; 73, de 2-5-1959; 1, de 5-1-1960; 49, de 8-4-1960; Portarias MTPS 46, de 19-2-1962; 133, de 30-4-1962; 1.032, de 11-11-1964; 607, de 26-10-1965; 491, de 10-9-1965; 608, de 26-10-1965; Portarias MTb 3.442, de 23-12-1974; 3.460, de 31-12-1975; 3.456, de 3-8-1977; Portarias DNSHT 16, de 21-6-1966; 6, de 26-1-1967; 26, de 26-9-1967; 8, de 7-5-1968; 9, de 9-5-1968; 20, de 6-5-1970; 13, de 26-6-1962; 15, de 18-8-1972; 18, de 2-7-1974; Portaria SRT 7, de 18-3-1976 e demais disposições em contrário.

Art. 4º As dúvidas suscitadas e os casos omissos serão decididos pela Secretaria de Segurança e Medicina do Trabalho.

•• Artigo revigorado pela Portaria n. 3.144, de 2-5-1989.

Art. 5º Esta Portaria entrará em vigor na data de sua publicação.

Arnaldo Prieto

NR 1

Disposições Gerais e Gerenciamento de Riscos Ocupacionais (1)

SUMÁRIO:

1.1. Objetivo

1.1.1. O objetivo desta Norma é estabelecer as disposições gerais, o campo de aplicação, os termos e as definições comuns às Normas Regulamentadoras – NR relativas a segurança e saúde no trabalho e as diretrizes e os requisitos para o gerenciamento de riscos ocupacionais e as medidas de prevenção em Segurança e Saúde no Trabalho – SST.

1.1.2. Para fins de aplicação das Normas Regulamentadoras – NR, consideram-se os termos e definições constantes no Anexo I.

1.2. Campo de aplicação

1.2.1. As NR obrigam, nos termos da lei, empregadores e empregados, urbanos e rurais.

1.2.1.1. As NR são de observância obrigatória pelas organizações e pelos órgãos públicos da administração direta e indireta, bem como pelos órgãos dos Poderes Legislativo, Judiciário e Ministério Público, que possuam empregados regidos pela Consolidação das Leis do Trabalho – CLT.

1.2.1.2. Nos termos previstos em lei, aplica-se o disposto nas NR a outras relações jurídicas.

1.2.2. A observância das NR não desobriga as organizações do cumprimento de outras disposições que, com relação à matéria, sejam incluídas em códigos de obras ou regulamentos sanitários dos Estados ou Municípios, bem como daquelas oriundas de convenções e acordos coletivos de trabalho.

1.3. Competências e estrutura

1.3.1. A Secretaria de Trabalho – STRAB, por meio da Subsecretaria de Inspeção do Trabalho – SIT, é o órgão de âmbito nacional competente em matéria de segurança e saúde no trabalho para:

a) formular e propor as diretrizes, as normas de atuação e supervisionar as atividades da área de segurança e saúde do trabalhador;

b) promover a Campanha Nacional de Prevenção de Acidentes do Trabalho – CANPAT;

c) coordenar e fiscalizar o Programa de Alimentação do Trabalhador – PAT;

d) promover a fiscalização do cumprimento dos preceitos legais e regulamentares sobre Segurança e Saúde no Trabalho – SST em todo o território nacional;

e) participar da implementação da Política Nacional de Segurança e Saúde no Trabalho – PNSST; e

f) conhecer, em última instância, dos recursos voluntários ou de ofício, das decisões proferidas pelo órgão regional competente em matéria de segurança e saúde no trabalho, salvo disposição expressa em contrário.

1.3.2. Compete à SIT e aos órgãos regionais a ela subordinados em matéria de Segurança e Saúde no Trabalho, nos limites de sua competência, executar:

a) fiscalização dos preceitos legais e regulamentares sobre segurança e saúde no trabalho; e

b) as atividades relacionadas com a CANPAT e o PAT.

1.3.3. Cabe à autoridade regional competente em matéria de trabalho impor as penalidades cabíveis por descumprimento dos preceitos legais e regulamentares sobre segurança e saúde no trabalho.

1.4. Direitos e deveres

1.4.1. Cabe ao empregador:

a) cumprir e fazer cumprir as disposições legais e regulamentares sobre segurança e saúde no trabalho;

b) informar aos trabalhadores:

I. os riscos ocupacionais existentes nos locais de trabalho;

II. as medidas de prevenção adotadas pela empresa para eliminar ou reduzir tais riscos;

III. os resultados dos exames médicos e de exames complementares de diagnóstico aos quais os próprios trabalhadores forem submetidos; e

IV. os resultados das avaliações ambientais realizadas nos locais de trabalho.

(1) NR aprovada pela Portaria n. 3.214, de 8-6-1978, e com redação determinada pela Portaria n. 6.730, de 9-3-2020, do Ministério da Economia. *Vide* arts. 154 a 159 da CLT.

c) elaborar ordens de serviço sobre segurança e saúde no trabalho, dando ciência aos trabalhadores;

d) permitir que representantes dos trabalhadores acompanhem a fiscalização dos preceitos legais e regulamentares sobre segurança e saúde no trabalho;

e) determinar procedimentos que devem ser adotados em caso de acidente ou doença relacionada ao trabalho, incluindo a análise de suas causas;

f) disponibilizar à Inspeção do Trabalho todas as informações relativas à segurança e saúde no trabalho; e

g) implementar medidas de prevenção, ouvidos os trabalhadores, de acordo com a seguinte ordem de prioridade:

I. eliminação dos fatores de risco;

II. minimização e controle dos fatores de risco, com a adoção de medidas de proteção coletiva;

III. minimização e controle dos fatores de risco, com a adoção de medidas administrativas ou de organização do trabalho; e

IV. adoção de medidas de proteção individual.

1.4.2. Cabe ao trabalhador:

a) cumprir as disposições legais e regulamentares sobre segurança e saúde no trabalho, inclusive as ordens de serviço expedidas pelo empregador;

b) submeter-se aos exames médicos previstos nas NR;

c) colaborar com a organização na aplicação das NR; e

d) usar o equipamento de proteção individual fornecido pelo empregador.

1.4.2.1. Constitui ato faltoso a recusa injustificada do empregado ao cumprimento do disposto nas alíneas do subitem anterior.

1.4.3. O trabalhador poderá interromper suas atividades quando constatar uma situação de trabalho onde, a seu ver, envolva um risco grave e iminente para a sua vida e saúde, informando imediatamente ao seu superior hierárquico.

1.4.3.1. Comprovada pelo empregador a situação de grave e iminente risco, não poderá ser exigida a volta dos trabalhadores à atividade enquanto não sejam tomadas as medidas corretivas.

1.4.4. Todo trabalhador, ao ser admitido ou quando mudar de função que implique em alteração de risco, deve receber informações sobre:

a) os riscos ocupacionais que existam ou possam originar-se nos locais de trabalho;

b) os meios para prevenir e controlar tais riscos;

c) as medidas adotadas pela organização;

d) os procedimentos a serem adotados em situação de emergência; e

e) os procedimentos a serem adotados, em conformidade com os subitens 1.4.3 e1.4.3.1.

1.4.4.1. As informações podem ser transmitidas:

a) durante os treinamentos; e

b) por meio de diálogos de segurança, documento físico ou eletrônico.

1.5. Gerenciamento de riscos ocupacionais

1.5.1. O disposto neste item deve ser utilizado para fins de prevenção e gerenciamento dos riscos ocupacionais.

1.5.2. Para fins de caracterização de atividades ou operações insalubres ou perigosas, devem ser aplicadas as disposições previstas na NR-15 – Atividades e operações insalubres e NR-16 – Atividades e operações perigosas.

1.5.3. Responsabilidades

1.5.3.1. A organização deve implementar, por estabelecimento, o gerenciamento de riscos ocupacionais em suas atividades.

1.5.3.1.1. O gerenciamento de riscos ocupacionais deve constituir um Programa de Gerenciamento de Riscos – PGR.

1.5.3.1.1.1. A critério da organização, o PGR pode ser implementado por unidade operacional, setor ou atividade.

1.5.3.1.2. O PGR pode ser atendido por sistemas de gestão, desde que estes cumpram as exigências previstas nesta NR e em dispositivos legais de segurança e saúde no trabalho.

1.5.3.1.3. O PGR deve contemplar ou estar integrado com planos, programas e outros documentos previstos na legislação de segurança e saúde no trabalho.

1.5.3.2. A organização deve:

a) evitar os riscos ocupacionais que possam ser originados no trabalho;

b) identificar os perigos e possíveis lesões ou agravos à saúde;

c) avaliar os riscos ocupacionais indicando o nível de risco;

d) classificar os riscos ocupacionais para determinar a necessidade de adoção de medidas de prevenção;

e) implementar medidas de prevenção, de acordo com a classificação de risco e na ordem de prioridade estabelecida na alínea *g* do subitem 1.4.1; e

f) acompanhar o controle dos riscos ocupacionais.

1.5.3.2.1. A organização deve considerar as condições de trabalho, nos termos da NR-17.

1.5.3.3. A organização deve adotar mecanismos para:

a) consultar os trabalhadores quanto à percepção de riscos ocupacionais, podendo para este fim ser adotadas as manifestações da Comissão Interna de Prevenção de Acidentes – CIPA, quando houver; e

b) comunicar aos trabalhadores sobre os riscos consolidados no inventário de riscos e as medidas de prevenção do plano de ação do PGR.

1.5.3.4. A organização deve adotar as medidas necessárias para melhorar o desempenho em SST.

1.5.4. Processo de identificação de perigos e avaliação de riscos ocupacionais

1.5.4.1. O processo de identificação de perigos e avaliação de riscos ocupacionais deve considerar o disposto nas Normas Regulamentadoras e demais exigências legais de segurança e saúde no trabalho.

1.5.4.2. Levantamento preliminar de perigos

1.5.4.2.1. O levantamento preliminar de perigos deve ser realizado:

a) antes do início do funcionamento do estabelecimento ou novas instalações;

b) para as atividades existentes; e

c) nas mudanças e introdução de novos processos ou atividades de trabalho.

1.5.4.2.1.1. Quando na fase de levantamento preliminar de perigos o risco não puder ser evitado, a organização deve implementar o processo de identificação de perigos e avaliação de riscos ocupacionais, conforme disposto nos subitens seguintes.

1.5.4.2.1.2. A critério da organização, a etapa de levantamento preliminar de perigos pode estar contemplada na etapa de identificação de perigos.

1.5.4.3. Identificação de perigos

1.5.4.3.1. A etapa de identificação de perigos deve incluir:

a) descrição dos perigos e possíveis lesões ou agravos à saúde;

b) identificação das fontes ou circunstâncias; e

c) indicação do grupo de trabalhadores sujeitos aos riscos.

1.5.4.3.2. A identificação dos perigos deve abordar os perigos externos previsíveis relacionados ao trabalho que possam afetar a saúde e segurança no trabalho.

1.5.4.4. Avaliação de riscos ocupacionais

1.5.4.4.1. A organização deve avaliar os riscos ocupacionais relativos aos perigos identificados em seu(s) estabelecimento(s), de forma a manter informações para adoção de medidas de prevenção.

1.5.4.4.2. Para cada risco deve ser indicado o nível de risco ocupacional, determinado pela combinação da severidade das possíveis lesões ou agravos à saúde com a probabilidade ou chance de sua ocorrência.

1.5.4.4.2.1. A organização deve selecionar as ferramentas e técnicas de avaliação de riscos que sejam adequadas ao risco ou circunstância em avaliação.

1.5.4.4.3. A gradação da severidade das lesões ou agravos à saúde deve levar em conta a magnitude da consequência e o número de trabalhadores possivelmente afetados.

1.5.4.4.3.1. A magnitude deve levar em conta as consequências de ocorrência de acidentes ampliados.

1.5.4.4.4. A gradação da probabilidade de ocorrência das lesões ou agravos à saúde deve levar em conta:

a) os requisitos estabelecidos em Normas Regulamentadoras;

b) as medidas de prevenção implementadas;

c) as exigências da atividade de trabalho; e

d) a comparação do perfil de exposição ocupacional com valores de referência estabelecidos na NR-09.

1.5.4.4.5. Após a avaliação, os riscos ocupacionais devem ser classificados, observado o subitem 1.5.4.4.2, para fins de identificar a necessidade de adoção de medidas de prevenção e elaboração do plano de ação.

1.5.4.4.6. A avaliação de riscos deve constituir um processo contínuo e ser revista a cada dois anos ou quando da ocorrência das seguintes situações:

a) após implementação das medidas de prevenção, para avaliação de riscos residuais;

b) após inovações e modificações nas tecnologias, ambientes, processos, condições, procedimentos e organização do trabalho que impliquem em novos riscos ou modifiquem os riscos existentes;

c) quando identificadas inadequações, insuficiências ou ineficácias das medidas de prevenção;

d) na ocorrência de acidentes ou doenças relacionadas ao trabalho;

e) quando houver mudança nos requisitos legais aplicáveis.

1.5.4.4.6.1. No caso de organizações que possuírem certificações em sistema de gestão de SST, o prazo poderá ser de até 3 (três) anos.

1.5.5. Controle dos riscos

1.5.5.1. Medidas de prevenção

1.5.5.1.1. A organização deve adotar medidas de prevenção para eliminar, reduzir ou controlar os riscos sempre que:

a) exigências previstas em Normas Regulamentadoras e nos dispositivos legais determinarem;

b) a classificação dos riscos ocupacionais assim determinar, conforme subitem 1.5.4.4.5;

c) houver evidências de associação, por meio do controle médico da saúde, entre as lesões e os agravos à saúde dos trabalhadores com os riscos e as situações de trabalho identificados.

1.5.5.1.2. Quando comprovada pela organização a inviabilidade técnica da adoção de medidas de proteção coletiva, ou quando estas não forem suficientes ou encontrarem-se em fase de estudo, planejamento ou implantação ou, ainda, em caráter complementar ou emergencial, deverão ser adotadas outras medidas, obedecendo-se à seguinte hierarquia:

a) medidas de caráter administrativo ou de organização do trabalho;

b) utilização de equipamento de proteção individual – EPI.

1.5.5.1.3. A implantação de medidas de prevenção deverá ser acompanhada de informação aos trabalhadores quanto aos procedimentos a serem adotados e limitações das medidas de prevenção.

1.5.5.2. Planos de ação

1.5.5.2.1. A organização deve elaborar plano de ação, indicando as medidas de prevenção a serem introduzidas, aprimoradas ou mantidas, conforme o subitem 1.5.4.4.5.

1.5.5.2.2. Para as medidas de prevenção deve ser definido cronograma, formas de acompanhamento e aferição de resultados.

NR 1

1.5.5.3. Implementação e acompanhamento das medidas de prevenção

1.5.5.3.1. A implementação das medidas de prevenção e respectivos ajustes devem ser registrados.

1.5.5.3.2. O desempenho das medidas de prevenção deve ser acompanhado de forma planejada e contemplar:

a) a verificação da execução das ações planejadas;

b) as inspeções dos locais e equipamentos de trabalho; e

c) o monitoramento das condições ambientais e exposições a agentes nocivos, quando aplicável.

1.5.5.3.2.1. As medidas de prevenção devem ser corrigidas quando os dados obtidos no acompanhamento indicarem ineficácia em seu desempenho.

1.5.5.4. Acompanhamento da saúde ocupacional dos trabalhadores

1.5.5.4.1. A organização deve desenvolver ações em saúde ocupacional dos trabalhadores integradas às demais medidas de prevenção em SST, de acordo com os riscos gerados pelo trabalho.

1.5.5.4.2. O controle da saúde dos empregados deve ser um processo preventivo planejado, sistemático e continuado, de acordo com a classificação de riscos ocupacionais e nos termos da NR-07.

1.5.5.5. Análise de acidentes e doenças relacionadas ao trabalho

1.5.5.5.1. A organização deve analisar os acidentes e as doenças relacionadas ao trabalho.

1.5.5.5.2. As análises de acidentes e doenças relacionadas ao trabalho devem ser documentadas e:

a) considerar as situações geradoras dos eventos, levando em conta as atividades efetivamente desenvolvidas, ambiente de trabalho, materiais e organização da produção e do trabalho;

b) identificar os fatores relacionados com o evento; e

c) fornecer evidências para subsidiar e revisar as medidas de prevenção existentes.

1.5.6. Preparação para emergências

1.5.6.1. A organização deve estabelecer, implementar e manter procedimentos de respostas aos cenários de emergências, de acordo com os riscos, as características e as circunstâncias das atividades.

1.5.6.2. Os procedimentos de respostas aos cenários de emergências devem prever:

a) os meios e recursos necessários para os primeiros socorros, encaminhamento de acidentados e abandono; e

b) as medidas necessárias para os cenários de emergências de grande magnitude, quando aplicável.

1.5.7. Documentação

1.5.7.1. O PGR deve conter, no mínimo, os seguintes documentos:

a) inventário de riscos; e

b) plano de ação.

1.5.7.2. Os documentos integrantes do PGR devem ser elaborados sob a responsabilidade da organização, respeitado o disposto nas demais Normas Regulamentadoras, datados e assinados.

1.5.7.2.1. Os documentos integrantes do PGR devem estar sempre disponíveis aos trabalhadores interessados ou seus representantes e à Inspeção do Trabalho.

1.5.7.3. Inventário de riscos ocupacionais

1.5.7.3.1. Os dados da identificação dos perigos e das avaliações dos riscos ocupacionais devem ser consolidados em um inventário de riscos ocupacionais.

1.5.7.3.2. O Inventário de Riscos Ocupacionais deve contemplar, no mínimo, as seguintes informações:

a) caracterização dos processos e ambientes de trabalho;

b) caracterização das atividades;

c) descrição de perigos e de possíveis lesões ou agravos à saúde dos trabalhadores, com a identificação das fontes ou circunstâncias, descrição de riscos gerados pelos perigos, com a indicação dos grupos de trabalhadores sujeitos a esses riscos, e descrição de medidas de prevenção implementadas;

d) dados da análise preliminar ou do monitoramento das exposições a agentes físicos, químicos e biológicos e os resultados da avaliação de ergonomia nos termos da NR-17.

e) avaliação dos riscos, incluindo a classificação para fins de elaboração do plano de ação; e

f) critérios adotados para avaliação dos riscos e tomada de decisão.

1.5.7.3.3. O inventário de riscos ocupacionais deve ser mantido atualizado.

1.5.7.3.3.1. O histórico das atualizações deve ser mantido por um período mínimo de 20 (vinte) anos ou pelo período estabelecido em normatização específica.

1.5.8. Disposições gerais do gerenciamento de riscos ocupacionais

1.5.8.1. Sempre que várias organizações realizem, simultaneamente, atividades no mesmo local de trabalho devem executar ações integradas para aplicar as medidas de prevenção, visando à proteção de todos os trabalhadores expostos aos riscos ocupacionais.

1.5.8.2. O PGR da empresa contratante poderá incluir as medidas de prevenção para as empresas contratadas para prestação de serviços que atuem em suas dependências ou local previamente convencionado em contrato ou referenciar os programas das contratadas.

1.5.8.3. As organizações contratantes devem fornecer às contratadas informações sobre os riscos ocupacionais sob sua gestão e que possam impactar nas atividades das contratadas.

1.5.8.4. As organizações contratadas devem fornecer ao contratante o Inventário de Riscos Ocupacionais específicos de suas atividades que são realizadas nas dependências da contratante ou local previamente convencionado em contrato.

1.6. Da prestação de informação digital e digitalização de documentos

1.6.1. As organizações devem prestar informações de segurança e saúde no trabalho em formato digital, conforme modelo aprovado pela STRAB, ouvida a SIT.

1.6.1.1. Os modelos aprovados pela STRAB devem considerar os princípios de simplificação e desburocratização.

1.6.2. Os documentos previstos nas NR podem ser emitidos e armazenados em meio digital com certificado digital emitido no âmbito da Infraestrutura de Chaves Públicas Brasileira (ICP-Brasil), normatizada por lei específica.

1.6.3. Os documentos físicos, assinados manualmente, inclusive os anteriores à vigência desta NR, podem ser arquivados em meio digital, pelo período correspondente exigido pela legislação própria, mediante processo de digitalização conforme disposto em Lei.

1.6.3.1. O processo de digitalização deve ser realizado de forma a manter a integridade, a autenticidade e, se necessário, a confidencialidade do documento digital, com o emprego de certificado digital emitido no âmbito da Infraestrutura de Chaves Públicas Brasileira (ICP-Brasil).

1.6.3.2. Os empregadores que optarem pela guarda de documentos prevista no *caput* devem manter os originais conforme previsão em lei.

1.6.4. O empregador deve garantir a preservação de todos os documentos nato digitais ou digitalizados por meio de procedimentos e tecnologias que permitam verificar, a qualquer tempo, sua validade jurídica em todo território nacional, garantindo permanentemente sua autenticidade, integridade, disponibilidade, rastreabilidade, irretratabilidade, privacidade e interoperabilidade.

1.6.5. O empregador deve garantir à Inspeção do Trabalho amplo e irrestrito acesso a todos os documentos digitalizados ou nato digitais.

1.6.5.1. Para os documentos que devem estar à disposição dos trabalhadores ou dos seus representantes, a organização deverá prover meios de acesso destes às informações, de modo a atender os objetivos da norma específica.

1.7. Capacitação e treinamento em Segurança e Saúde no Trabalho

1.7.1. O empregador deve promover capacitação e treinamento dos trabalhadores, em conformidade com o disposto nas NR.

1.7.1.1. Ao término dos treinamentos inicial, periódico ou eventual, previstos nas NR, deve ser emitido certificado contendo o nome e assinatura do trabalhador, conteúdo programático, carga horária, data, local de realização do treinamento, nome e qualificação dos instrutores e assinatura do responsável técnico do treinamento.

1.7.1.2. A capacitação deve incluir:

a) treinamento inicial;

b) treinamento periódico; e

c) treinamento eventual.

1.7.1.2.1. O treinamento inicial deve ocorrer antes de o trabalhador iniciar suas funções ou de acordo com o prazo especificado em NR.

1.7.1.2.2. O treinamento periódico deve ocorrer de acordo com periodicidade estabelecida nas NR ou, quando não estabelecido, em prazo determinado pelo empregador.

1.7.1.2.3. O treinamento eventual deve ocorrer:

a) quando houver mudança nos procedimentos, condições ou operações de trabalho, que impliquem em alteração dos riscos ocupacionais;

b) na ocorrência de acidente grave ou fatal, que indique a necessidade de novo treinamento; ou

c) após retorno de afastamento ao trabalho por período superior a 180 (cento e oitenta) dias.

1.7.1.2.3.1. A carga horária, o prazo para sua realização e o conteúdo programático do treinamento eventual deve atender à situação que o motivou.

1.7.1.3. A capacitação pode incluir:

a) estágio prático, prática profissional supervisionada ou orientação em serviço;

b) exercícios simulados; ou

c) habilitação para operação de veículos, embarcações, máquinas ou equipamentos.

1.7.2. O tempo despendido em treinamentos previstos nas NR é considerado como de trabalho efetivo.

1.7.3. O certificado deve ser disponibilizado ao trabalhador e uma cópia arquivada na organização.

1.7.4. A capacitação deve ser consignada nos documentos funcionais do empregado.

1.7.5. Os treinamentos previstos em NR podem ser ministrados em conjunto com outros treinamentos da organização, observados os conteúdos e a carga horária previstos na respectiva norma regulamentadora.

Aproveitamento de conteúdos de treinamento na mesma organização

1.7.6. É permitido o aproveitamento de conteúdos de treinamentos ministrados na mesma organização desde que:

a) o conteúdo e a carga horária requeridos no novo treinamento estejam compreendidos no treinamento anterior;

b) o conteúdo do treinamento anterior tenha sido ministrado no prazo inferior ao estabelecido em NR ou há menos de 2 (dois) anos, quando não estabelecida esta periodicidade; e

c) seja validado pelo responsável técnico do treinamento.

1.7.6.1. O aproveitamento de conteúdos deve ser registrado no certificado, mencionando o conteúdo e a data de realização do treinamento aproveitado.

1.7.6.1.1. A validade do novo treinamento passa a considerar a data do treinamento mais antigo aproveitado.

Aproveitamento de treinamentos entre organizações

1.7.7. Os treinamentos realizados pelo trabalhador podem ser avaliados pela organização e convalidados ou complementados.

1.7.7.1. A convalidação ou complementação deve considerar:

a) as atividades desenvolvidas pelo trabalhador na organização anterior, quando for ocaso;

b) as atividades que desempenhará na organização;

c) o conteúdo e carga horária cumpridos;

d) o conteúdo e carga horária exigidos; e

e) que o último treinamento tenha sido realizado em período inferior ao estabelecido na NR ou há menos de 2 (dois) anos, nos casos em que não haja prazo estabelecido em NR.

1.7.8. O aproveitamento de treinamentos anteriores, total ou parcialmente, não exclui a responsabilidade da organização de emitir a certificação da capacitação do trabalhador, devendo mencionar no certificado a data da realização dos treinamentos convalidados ou complementados.

1.7.8.1. Para efeito de periodicidade de realização de novo treinamento, é considerada a data do treinamento mais antigo convalidado ou complementado.

Dos treinamentos ministrados na modalidade de ensino a distância ou semipresencial

1.7.9. Os treinamentos podem ser ministrados na modalidade de ensino a distância ou semipresencial, desde que atendidos os requisitos operacionais, administrativos, tecnológicos e de estruturação pedagógica previstos no Anexo II desta NR.

1.7.9.1. O conteúdo prático do treinamento pode ser realizado na modalidade de ensino a distância ou semipresencial, desde que previsto em NR específica.

1.8. Tratamento diferenciado ao Microempreendedor Individual – MEI, à Microempresa – ME e à Empresa de Pequeno Porte – EPP.

1.8.1. O Microempreendedor Individual – MEI está dispensado de elaborar o PGR.

1.8.1.1. A dispensa da obrigação de elaborar o PGR não alcança a organização contratante do MEI, que deverá incluí-lo nas suas ações de prevenção e no seu PGR, quando este atuar em suas dependências ou local previamente convencionado em contrato.

1.8.2. Serão expedidas pela Secretaria Especial de Previdência e Trabalho – SEPRT fichas com orientações sobre as medidas de prevenção a serem adotadas pelo MEI.

1.8.3. As microempresa e empresas de pequeno porte que não forem obrigadas a constituir SESMT e optarem pela utilização de ferramenta(s) de avaliação de risco a serem disponibilizada(s) pela SEPRT, em alternativa às ferramentas e técnicas previstas no subitem 1.5.4.4.2.1, poderão estruturar o PGR considerando o relatório produzido por esta(s) ferramenta(s) e o plano de ação.

1.8.4. As microempresas e empresas de pequeno porte, graus de risco 1 e 2, que no levantamento preliminar de perigos não identificarem exposições ocupacionais a agentes físicos, químicos e biológicos, em conformidade com a NR9, e declararem as informações digitais na forma do subitem 1.6.1, ficam dispensadas da elaboração do PGR.

1.8.4.1. As informações digitais de segurança e saúde no trabalho declaradas devem ser divulgadas junto aos trabalhadores.

1.8.5. A dispensa prevista nesta Norma é aplicável quanto à obrigação de elaboração do PGR e não afasta a obrigação de cumprimento por parte do MEI, ME e EPP das demais disposições previstas em NR.

1.8.6. O MEI, a ME e a EPP, graus de risco 1 e 2, que declararem as informações digitais na forma do subitem 1.6.1 e não identificarem exposições ocupacionais a agentes físicos, químicos, biológicos e riscos relacionados a fatores ergonômicos, ficam dispensados de elaboração do Programa de Controle Médico de Saúde Ocupacional – PCMSO.

1.8.6.1. A dispensa do PCMSO não desobriga a empresa da realização dos exames médicos e emissão do Atestado de Saúde Ocupacional – ASO.

1.8.7. Os graus de riscos 1 e 2 mencionados nos subitens 1.8.4 e 1.8.6 são os previstos na Norma Regulamentadores n. 04 – Serviços Especializados em Engenharia de Segurança e em Medicina do Trabalho – SESMT.

1.8.8. O empregador é o responsável pela prestação das informações previstas nos subitens 1.8.4 e 1.8.6.

1.9. Disposições finais

1.9.1. O não cumprimento das disposições legais e regulamentares sobre segurança e saúde no trabalho acarretará a aplicação das penalidades previstas na legislação pertinente.

1.9.2. Os casos omissos verificados no cumprimento das NR serão decididos pela Secretaria de Trabalho, ouvida a SIT.

Anexo I da NR-01
Termos e definições

Agente biológico: Microrganismos, parasitas ou materiais originados de organismos que, em função de sua natureza e do tipo de exposição, são capazes de acarretar lesão ou agravo à saúde do trabalhador. Exemplos: bactéria *Bacillus anthracis*, vírus linfotrópico da célula T humana, príon agente de doença de Creutzfeldt-Jakob, fungo *Coccidioides immitis*.

Agente físico: Qualquer forma de energia que, em função de sua natureza, intensidade e exposição, é capaz de causar lesão ou agravo à saúde do trabalhador. Exemplos: ruído, vibrações, pressões anormais, temperaturas extremas, radiações ionizantes, radiações não ionizantes.

Observação: Critérios sobre iluminamento, conforto térmico e conforto acústico da NR-17 não constituem agente físico para fins da NR-09.

Agente químico: Substância química, por si só ou em misturas, quer seja em seu estado natural, quer seja produzida, utilizada ou gerada no processo de trabalho, que em função de sua natureza, concentração e exposição, é capaz de causar lesão ou agravo à saúde do trabalhador. Exemplos: fumos de cádmio, poeira mineral contendo sílica cristalina, vapores de tolueno, névoas de ácido sulfúrico.

Canteiro de obra: área de trabalho fixa e temporária, onde se desenvolvem operações de apoio e execução à construção, demolição ou reforma de uma obra.

Empregado: a pessoa física que presta serviços de natureza não eventual a empregador, sob a dependência deste e mediante salário.

Empregador: a empresa individual ou coletiva que, assumindo os riscos da atividade econômica, admite, assalaria e dirige a prestação pessoal de serviços. Equiparam-se ao empregador as organizações, os profissionais liberais, as instituições de beneficência, as associações recreativas ou outras instituições sem fins lucrativos, que admitam trabalhadores como empregados.

Estabelecimento: local privado ou público, edificado ou não, móvel ou imóvel, próprio ou de terceiros, onde a empresa ou a organização exerce suas atividades em caráter temporário ou permanente.

Evento perigoso: Ocorrência ou acontecimento com o potencial de causar lesões ou agravos à saúde.

Frente de trabalho: área de trabalho móvel e temporária. Local de trabalho: área onde são executados os trabalhos.

Obra: todo e qualquer serviço de engenharia de construção, montagem, instalação, manutenção ou reforma.

Ordem de serviço de segurança e saúde no trabalho: instruções por escrito quanto às precauções para evitar acidentes do trabalho ou doenças ocupacionais. A ordem de serviço pode estar contemplada em procedimentos de trabalho e outras instruções de SST.

Organização: pessoa ou grupo de pessoas com suas próprias funções com responsabilidades, autoridades e relações para alcançar seus objetivos. Inclui, mas não é limitado a empregador, a tomador de serviços, a empresa, a empreendedor individual, produtor rural, companhia, corporação, firma, autoridade, parceria, organização de caridade ou instituição, ou parte ou combinação desses, seja incorporada ou não, pública ou privada.

Perigo ou fator de risco ocupacional/Perigo ou fonte de risco ocupacional: Fonte com o potencial de causar lesões ou agravos à saúde. Elemento que isoladamente ou em combinação com outros tem o potencial intrínseco de dar origem a lesões ou agravos à saúde.

Prevenção: o conjunto das disposições ou medidas tomadas ou previstas em todas as fases da atividade da organização, visando evitar, eliminar, minimizar ou controlar os riscos ocupacionais.

Responsável técnico pela capacitação: profissional legalmente habilitado ou trabalhador qualificado, conforme disposto em NR específica, responsável pela elaboração das capacitações e treinamentos.

Risco ocupacional: combinação da probabilidade de ocorrer lesão ou agravo à saúde causados por um evento perigoso, exposição a agente nocivo ou exigência da atividade de trabalho e da severidade dessa lesão ou agravo à saúde.

Setor de serviço: a menor unidade administrativa ou operacional compreendida no mesmo estabelecimento.

Trabalhador: pessoa física inserida em uma relação de trabalho, inclusive de natureza administrativa, como os empregados e outros sem vínculo de emprego.

Anexo II da NR-01

Diretrizes e requisitos mínimos para utilização da modalidade de ensino a distância e semipresencial

SUMÁRIO:

1. Objetivo

1.1. Estabelecer diretrizes e requisitos mínimos para utilização da modalidade de ensino à distância e semipresencial para as capacitações previstas nas NR, disciplinando tanto aspectos relativos à estruturação pedagógica, quanto exigências relacionadas às condições operacionais, tecnológicas e administrativas necessárias para uso desta modalidade de ensino.

2. Disposições gerais

2.1. O empregador que optar pela realização das capacitações por meio das modalidades de ensino a distância ou semipresencial poderá desenvolver toda a capacitação ou contratar empresa ou instituição especializada que a oferte, devendo em ambos os casos observar os requisitos constantes deste Anexo e da NR-01.

2.1.1. A empresa ou instituição especializada que oferte as capacitações previstas nas NR na modalidade de ensino à distância e semipresencial, deve atender aos requisitos constantes deste Anexo e da NR-01 para que seus certificados sejam considerados válidos.

2.2. O empregador que optar pela contratação de serviços de empresa ou instituição especializada deve fazer constar na documentação que formaliza a prestação de serviços a obrigatoriedade pelo prestador de serviço do atendimento aos requisitos previstos neste Anexo e nos itens relativos à capacitação previstos nas NR.

2.3. As capacitações que utilizam ensino a distância ou semipresencial devem ser estruturadas com, no mínimo, a duração definida para as respectivas capacitações na modalidade presencial.

2.4. A elaboração do conteúdo programático deve abranger tópicos de aprendizagem requeridos, bem como respeitar a carga horária estabelecida para todos os conteúdos.

2.5. As atividades práticas obrigatórias devem respeitar as orientações previstas nas NR e estar descritas no Projeto Pedagógico do curso.

3. Estruturação pedagógica

3.1. Sempre que a modalidade de ensino a distância ou semipresencial for utilizada, será obrigatória a elaboração de projeto pedagógico que deve conter:

a) objetivo geral da capacitação;

b) princípios e conceitos para a proteção da segurança e da saúde dos trabalhadores, definidos nas NR;

c) estratégia pedagógica da capacitação, incluindo abordagem quanto à parte teórica e prática, quando houver;

d) indicação do responsável técnico pela capacitação;

e) relação de instrutores, quando aplicável;

f) infraestrutura operacional de apoio e controle;

g) conteúdo programático teórico e prático, quando houver;

h) objetivo de cada módulo;

i) carga horária;

j) estimativa de tempo mínimo de dedicação diária ao curso;

k) prazo máximo para conclusão da capacitação;

l) público-alvo;

m) material didático;

n) instrumentos para potencialização do aprendizado; e

o) avaliação de aprendizagem.

3.2. O projeto pedagógico do curso deverá ser validado a cada 2 (dois) anos ou quando houver mudança na NR, procedendo a sua revisão, caso necessário.

4. Requisitos operacionais e administrativos

4.1. O empregador deve manter o projeto pedagógico disponível para a Inspeção do Trabalho, para a representação sindical da categoria no estabelecimento e para a Comissão Interna de Prevenção de Acidentes – CIPA.

4.1.1. A empresa ou instituição especializada deve disponibilizar aos contratantes o projeto pedagógico.

4.2. Deve ser disponibilizado aos trabalhadores todo o material didático necessário para participar da capacitação, conforme item 3.1 deste Anexo.

4.3. Devem ser disponibilizados recursos e ambiente que favoreça a concentração e a absorção do conhecimento pelo empregado, para a realização da capacitação.

4.4. O período de realização do curso deve ser exclusivamente utilizado para tal fim para que não seja concomitante com o exercício das atividades diárias de trabalho.

4.5. Deve ser mantido canal de comunicação para esclarecimento de dúvidas, possibilitando a solução das mesmas, devendo tal canal estar operacional durante o período de realização do curso.

4.6. A verificação de aprendizagem deve ser realizada de acordo com a estratégia pedagógica adotada para a capacitação, estabelecendo a classificação com o conceito satisfatório ou insatisfatório.

4.6.1. A avaliação da aprendizagem se dará pela aplicação da prova no formato presencial, obtendo, dessa forma, o registro da assinatura do empregado, ou pelo formato digital, exigindo a sua identificação e senha individual.

4.6.2. Quando a avaliação da aprendizagem for *online*, devem ser preservadas condições de rastreabilidade que garantam a confiabilidade do processo.

4.6.3. O processo de avaliação da aprendizagem deve contemplar situações práticas que representem a rotina laboral do trabalhador para a adequada tomada de decisões com vistas à prevenção de acidentes e doenças relacionadas ao trabalho.

4.7. Após o término do curso, as empresas devem registrar sua realização, mantendo o resultado das avaliações de aprendizagem e informações sobre acesso dos participantes (*logs*).

4.7.1. O histórico do registro de acesso dos participantes (*logs*) deve ser mantido pelo prazo mínimo de 2 (dois) anos após o término da validade do curso.

5. Requisitos tecnológicos

5.1. Somente serão válidas as capacitações realizadas na modalidade de ensino à distância ou semipresencial que sejam executadas em um Ambiente Virtual de Aprendizagem apropriado à gestão, transmissão do conhecimento e aprendizagem do conteúdo.

6. Glossário

Ambiente exclusivo: espaço físico distinto do posto de trabalho que disponibilize ao trabalhador os recursos tecnológicos necessários à execução do curso e condições de conforto adequadas para a aprendizagem.

Ambiente Virtual de Aprendizagem (AVA): espaço virtual de aprendizagem que oferece condições para interações (síncrona e assíncrona) permanentes entre seus usuários. Pode ser traduzida como sendo uma "sala de aula" acessada via *web*. Permite integrar múltiplas mídias, linguagens e recursos, apresentar informações de maneira organizada, desenvolver interações entre pessoas e objetos de conhecimento, elaborar e socializar produções, tendo em vista atingir determinados objetivos.

Avaliação de Aprendizagem: visa aferir o conhecimento adquirido pelo trabalhador e o respectivo grau de assimilação após a realização da capacitação.

EAD: segundo Decreto n. 9.057/2017, caracteriza-se a Educação a Distância como modalidade educacional na qual a mediação didático-pedagógica nos processos de ensino e aprendizagem ocorre com a utilização de meios e tecnologias de informação e comunicação, com estudantes e professores desenvolvendo atividades educativas em lugares ou tempos diversos.

Ensino semipresencial: conjugação de atividades presenciais obrigatórias com outras atividades educacionais que podem ser realizadas sem a presença física do participante em sala de aula, utilizando recursos didáticos com suporte da tecnologia, de material impresso e/ou de outros meios de comunicação.

Projeto pedagógico: instrumento de concepção do processo ensino aprendizagem. Nele deve-se registrar o objetivo da aprendizagem, a estratégia pedagógica escolhida para a formação e capacitação dos trabalhadores, bem como todas as informações que estejam envolvidas no processo. Instrumentos para potencialização do aprendizado: recursos, ferramentas, dinâmicas e tecnologias de comunicação que tenham como objetivo tornar mais eficaz o processo de ensino-aprendizagem.

***Log*:** registro informatizado de acesso ao sistema. Ex.: *log* de acesso: registro de acessos; *login*: registro de entrada;

***Logoff*:** registro de saída.

NR 2
Inspeção Prévia

•• Revogada pela Portaria n. 915, de 30-7-2019.

NR 3

Embargo e Interdição (1)

•• *Vide* art. 3º da Portaria n. 1.068, de 23-9-2019.

SUMÁRIO:

3.1. Objetivo;

3.2. Definições;

3.3. Caracterização do Grave e Iminente Risco;

3.4. Requisitos de embargo e interdição;

3.5. Disposições Finais.

3.1. Objetivo

3.1.1. Esta norma estabelece as diretrizes para caracterização do grave e iminente risco e os requisitos técnicos objetivos de embargo e interdição.

3.1.1.1. A adoção dos referidos requisitos técnicos visa à formação de decisões consistentes, proporcionais e transparentes.

3.2. Definições

3.2.1. Considera-se grave e iminente risco toda condição ou situação de trabalho que possa causar acidente ou doença com lesão grave ao trabalhador.

3.2.2. Embargo e interdição são medidas de urgência adotadas a partir da constatação de condição ou situação de trabalho que caracterize grave e iminente risco ao trabalhador.

3.2.2.1. O embargo implica a paralisação parcial ou total da obra.

• Código: 103.008-6. Infração: 4. Tipo: S.

3.2.2.2. A interdição implica a paralisação parcial ou total da atividade, da máquina ou equipamento, do setor de serviço ou do estabelecimento.

• Código: 103.009-4. Infração: 4. Tipo: S.

3.2.2.3. O embargo e a interdição podem estar associados a uma ou mais das hipóteses referidas nos itens 3.2.2.1 e 3.2.2.2.

3.2.2.3.1. O Auditor Fiscal do Trabalho deve adotar o embargo ou a interdição na menor unidade onde for constatada situação de grave e iminente risco.

3.3. Caracterização do grave e iminente risco

3.3.1. A caracterização do grave e iminente risco deve considerar:

a) a consequência, como o resultado ou resultado potencial esperado de um evento, conforme Tabela 3.1; e

b) a probabilidade, como a chance de o resultado ocorrer ou estar ocorrendo, conforme Tabela 3.2.

3.3.2. Para fins de aplicação desta norma, o risco é expresso em termos de uma combinação das consequências de um evento e a probabilidade de sua ocorrência.

3.3.3. Ao avaliar os riscos o Auditor-Fiscal do Trabalho deve considerar a consequência e a probabilidade separadamente.

3.3.4. A classificação da consequência e da probabilidade será efetuada de forma fundamentada pelo Auditor-Fiscal do Trabalho.

3.3.5. A classificação das consequências deve ser efetuada de acordo com o previsto na Tabela 3.1 e a classificação das probabilidades de acordo com o previsto na Tabela 3.2.

TABELA 3.1 – Classificação das consequências

CONSEQUÊNCIA	PRINCÍPIO GERAL
MORTE	Pode levar a óbito imediato ou que venha a ocorrer posteriormente.
SEVERA	Pode prejudicar a integridade física e/ou a saúde, provocando lesão ou sequela permanentes.
SIGNIFICATIVA	Pode prejudicar a integridade física e/ou a saúde, provocando lesão que implique em incapacidade temporária por prazo superior a 15 (quinze) dias.
LEVE	Pode prejudicar a integridade física e/ou a saúde, provocando lesão que implique em incapacidade temporária por prazo igual ou inferior a 15 (quinze) dias.
NENHUMA	Nenhuma lesão ou efeito à saúde.

TABELA 3.2 – Classificação das probabilidades

CLASSIFICAÇÃO	DESCRIÇÃO
PROVÁVEL	Medidas de prevenção inexistentes ou reconhecidamente inadequadas. Uma consequência é esperada, com grande probabilidade de que aconteça ou se realize.

(1) NR aprovada pela Portaria n. 3.214, de 8-6-1978, e com redação determinada pela Portaria n. 1.068, de 23-9-2019. *Vide* art. 161 da CLT.

CLASSIFICAÇÃO	DESCRIÇÃO
POSSÍVEL	Medidas de prevenção apresentam desvios ou problemas significativos. Não há garantias de que as medidas sejam mantidas. Uma consequência talvez aconteça, com possibilidade de que se efetive, concebível.
REMOTA	Medidas de prevenção adequadas, mas com pequenos desvios. Ainda que em funcionamento, não há garantias de que sejam mantidas sempre ou a longo prazo. Uma consequência é pouco provável que aconteça, quase improvável.
RARA	Medidas de prevenção adequadas e com garantia de continuidade desta situação. Uma consequência não é esperada, não é comum sua ocorrência, extraordinária.

3.3.6. Na caracterização de grave e iminente risco ao trabalhador, o Auditor-Fiscal do Trabalho deverá estabelecer o excesso de risco por meio da comparação entre o risco atual (situação encontrada) e o risco de referência (situação objetivo).

3.3.7. O excesso de risco representa o quanto o risco atual (situação encontrada) está distante do risco de referência esperado após a adoção de medidas de prevenção (situação objetivo).

3.3.8. A Tabela 3.3 deve ser utilizada pelo Auditor-Fiscal do Trabalho em caso de exposição individual ou de reduzido número de potenciais vítimas expostas ao risco avaliado.

3.3.9. A Tabela 3.4 deve ser utilizada para a avaliação de situação onde a exposição ao risco pode resultar em lesão ou adoecimento de diversas vítimas simultaneamente.

3.3.10. Os descritores do excesso de risco são: E – extremo, S – substancial, M – moderado, P – pequeno ou N – nenhum.

3.3.11. Para estabelecer o excesso de risco, o Auditor-Fiscal do Trabalho deve seguir as seguintes etapas:

a) primeira etapa: avaliar o risco atual (situação encontrada) decorrente das circunstâncias encontradas, levando em consideração as medidas de controle existentes, ou seja, o nível total de risco que se observa ou se considera existir na atividade, utilizando a classificação indicada nas colunas do lado esquerdo das Tabelas 3.3 ou 3.4;

b) segunda etapa: estabelecer o risco de referência (situação objetivo), ou seja, o nível de risco remanescente quando da implementação das medidas de prevenção necessárias, utilizando a classificação nas linhas da parte inferior das Tabelas 3.3 ou 3.4;

c) terceira etapa: determinar o excesso de risco por comparação entre o risco atual e o risco de referência, localizando a interseção entre os dois riscos na tabela 3.3 ou 3.4.

3.3.12. Para ambos os riscos, atual e de referência (definidos na primeira e na segunda etapas, respectivamente), deve-se determinar a consequência em primeiro lugar e, em seguida, a probabilidade de a consequência ocorrer.

3.3.12.1. As condições ou situações de trabalho contempladas em normas regulamentadoras consideram-se como situação objetivo (risco de referência).

3.3.12.2. O Auditor-Fiscal do Trabalho deve sempre considerar a consequência de maior previsibilidade de ocorrência.

3.4. Requisitos de embargo e interdição

3.4.1. São passíveis de embargo ou interdição, a obra, a atividade, a máquina ou equipamento, o setor de serviço, o estabelecimento, com a brevidade que a ocorrência exigir, sempre que o Auditor-Fiscal do Trabalho constatar a existência de excesso de risco extremo (E).

3.4.2. São passíveis de embargo ou interdição, a obra, a atividade, a máquina ou equipamento, o setor de serviço, o estabelecimento, com a brevidade que a ocorrência exigir, consideradas as circunstâncias do caso específico, quando o Auditor-Fiscal do Trabalho constatar a existência de excesso de risco substancial (S).

3.4.3. O Auditor-Fiscal do Trabalho deve considerar se a situação encontrada é passível de imediata adequação.

3.4.3.1. Concluindo pela viabilidade de imediata adequação, o Auditor-Fiscal do Trabalho determinará a necessidade de paralisação das atividades relacionadas à situação de risco e a adoção imediata de medidas de prevenção e precaução para o saneamento do risco, que não gerem riscos adicionais.

3.4.4. Não são passíveis de embargo ou interdição as situações com avaliação de excesso de risco moderado (M), pequeno (P) ou nenhum (N).

TABELA 3.3 – Tabela de excesso de risco: exposição individual ou reduzido número de potenciais vítimas

Classificação do risco atual (situação encontrada)	Consequência	Probabilidade											
	Nenhuma	Rara	N	N	N	N	N	N	N	N	N	N	N

Classificação do risco atual (situação encontrada)	Leve	Remota	N	N	P	N	N	N	P	N	N	N	P
		Possível	N	N	P	N	N	N	P	N	N	P	P
		Provável	N	N	M	N	N	N	M	N	P	M	M
	Significativa	Remota	N	N	M	N	N	N	M	P	M	M	M
		Possível	N	N	M	N	N	M	M	M	M	M	M
		Provável	N	N	S	N	M	M	S	M	M	M	S
	Morte/Severa	Remota	N	N	S	M	M	M	S	M	M	S	S
		Possível	N	M	E	M	S	S	E	S	S	S	E
		Provável	S	S	E	S	S	S	E	S	S	E	E
	Probabilidade de referência		Possível	Remota	Rara	Provável	Possível	Remota	Rara	Provável	Possível	Remota	Rara
	Consequência de referência		Morte/Severa			Significativa				Leve/Nenhuma			
	Classificação do risco de referência (situação objetivo)												

Excesso de Risco:

E – Extremo S – Substancial M – Moderado P – Pequeno N – Nenhum

TABELA 3.4. – Tabela de excesso de risco: exposição ao risco pode resultar em lesão ou adoecimento de diversas vítimas simultaneamente

Classificação do risco atual (situação encontrada)	Consequência	Probabilidade											
	Nenhuma	Rara	N	N	N		N	N	N	N	N	N	N
Classificação do risco atual (situação encontrada)	Leve	Remota	N	N	P		N	N	N	N	N	N	P
		Possível	N	N	P		N	N	N	N	N	P	P
		Provável	N	N	M		N	N	N	N	P	M	M
	Significativa	Remota	N	N	S		N	N	N	M	M	M	S
		Possível	N	N	S		N	N	M	S	S	S	S
		Provável	N	N	S		N	M	M	S	S	S	S
	Morte/Severa	Remota	N	N	S		M	S	S	S	S	S	S
		Possível	N	S	E		S	S	S	S	S	S	E
		Provável	E	E	E		E	E	E	E	E	E	E
	Probabilidade de referência		Possível	Remota	Rara	Provável	Possível	Remota	Rara	Provável	Possível	Remota	Rara
	Consequência de referência		Morte/Severa			Significativa				Leve/Nenhuma			
	Classificação do risco de referência (situação objetivo)												

Excesso de Risco:

E – Extremo S – Substancial M – Moderado P – Pequeno N – Nenhum

3.5. Disposições Finais

3.5.1. A metodologia de avaliação qualitativa prevista nesta norma possui a finalidade específica de caracterização de situações de grave e iminente risco pelo Auditor-Fiscal do Trabalho, não se constituindo em metodologia padronizada para gestão de riscos pelo empregador.

3.5.1.1. Fica dispensado o uso da metodologia prevista nesta norma para imposição de medida de embargo ou interdição quando constatada condição ou situação definida como grave e iminente risco nas Normas Regulamentadoras.

3.5.2. O embargo e a interdição são medidas de proteção emergencial à segurança e à saúde do trabalhador, não se caracterizando como medidas punitivas.

3.5.2.1. Nas condições ou situações de trabalho em que não haja previsão normativa da situação objetivo (risco de referência), o Auditor Fiscal do Trabalho deverá incluir na fundamentação os critérios técnicos utilizados para determinação da situação objetivo (risco de referência).

3.5.3. A imposição de embargo ou interdição não elide a lavratura de autos de infração por descumprimento das normas de segurança e saúde no trabalho ou dos demais dispositivos da legislação trabalhista relacionados à situação analisada.

3.5.4. Durante a vigência de embargo ou interdição, podem ser desenvolvidas atividades necessárias à correção da situação de grave e iminente risco, desde que garantidas condições de segurança e saúde aos trabalhadores envolvidos.

- Código: 103.010-8. Infração: 4. Tipo: S.

3.5.5. Durante a paralisação do serviço, em decorrência da interdição ou do embargo, os trabalhadores receberão os salários como se estivessem em efetivo exercício.

- Código: 103.011-6. Infração: 2. Tipo: S.

NR 4

Serviços Especializados em Engenharia de Segurança e em Medicina do Trabalho (1)

•• *Vide* art. 155 da Portaria n. 672, de 8-11-2021.

4.1. As empresas privadas e públicas, os órgãos públicos da administração direta e indireta e dos poderes Legislativo e Judiciário, que possuam empregados regidos pela Consolidação das Leis do Trabalho – CLT, manterão, obrigatoriamente, Serviços Especializados em Engenharia de Segurança e em Medicina do Trabalho, com a finalidade de promover a saúde e proteger a integridade do trabalhador no local de trabalho.

• Código: 104.027-8. Infração: 4. Tipo: S.

4.2. O dimensionamento dos Serviços Especializados em Engenharia de Segurança e em Medicina do Trabalho vincula-se à gradação do risco da atividade principal e ao número total de empregados do estabelecimento, constantes dos Quadros I e II, anexos, observadas as exceções previstas nesta NR.

• Código: 104.028-6. Infração: 3. Tipo: S.

4.2.1. Para fins de dimensionamento, os canteiros de obras e as frentes de trabalho com menos de 1 (um) mil empregados e situados no mesmo Estado, Território ou Distrito Federal não serão considerados como estabelecimentos, mas como integrantes da empresa de engenharia principal responsável, a quem caberá organizar os Serviços Especializados em Engenharia de Segurança e em Medicina do Trabalho.

4.2.1.1. Neste caso, os engenheiros de segurança do trabalho, os médicos do trabalho e os enfermeiros do trabalho poderão ficar centralizados.

4.2.1.2. Para os técnicos de segurança do trabalho e auxiliares de enfermagem do trabalho, o dimensionamento será feito por canteiro de obra ou frente de trabalho, conforme o Quadro II, anexo.

•• Item com redação determinada pela Portaria n. 34, de 11-12-1987.

4.2.2. As empresas que possuam mais de 50% (cinquenta por cento) de seus empregados em estabelecimentos ou setor com atividade cuja gradação de risco seja de grau superior ao da atividade principal deverão dimensionar os Serviços Especializados em Engenharia de Segurança e em Medicina do Trabalho, em função do maior grau de risco, obedecido o disposto no Quadro II desta NR.

4.2.3. A empresa poderá constituir Serviço Especializado em Engenharia de Segurança e em Medicina do Trabalho centralizado para atender a um conjunto de estabelecimentos pertencentes a ela, desde que a distância a ser percorrida entre aquele em que se situa o serviço e cada um dos demais não ultrapasse a 5.000 m (cinco mil metros), dimensionando-o em função do total de empregados e do risco, de acordo com o Quadro II, anexo, e o subitem 4.2.2.

4.2.4. Havendo, na empresa, estabelecimento(s) que se enquadre(m) no Quadro II, desta NR, e outro(s) que não se enquadre(m), a assistência a este(s) será feita pelos serviços especializados daquele(s) dimensionados conforme os subitens 4.2.5.1 e 4.2.5.2 e desde que localizados no mesmo Estado, Território ou Distrito Federal.

•• Item com redação determinada pela Portaria n. 34, de 20-12-1983.

• Código: 104.029-4. Infração: 3. Tipo: S.

4.2.5. Havendo, na mesma empresa, apenas estabelecimentos que, isoladamente, não se enquadrem no Quadro II, anexo, o cumprimento desta NR será feito através de Serviços Especializados em Engenharia de Segurança e em Medicina do Trabalho centralizados em cada Estado, Território ou Distrito Federal, desde que o total de empregados dos estabelecimentos no Estado, Território ou Distrito Federal alcance os limites previstos no Quadro II, anexo, aplicado o disposto no subitem 4.2.2.

4.2.5.1. Para as empresas enquadradas no grau de risco 1 o dimensionamento dos serviços referidos no subitem 4.2.5 obedecerá ao Quadro II, anexo, considerando-se como número de empregados o somatório dos empregados existentes no estabelecimento que possua o maior número e a média aritmética do número de empregados dos demais estabelecimentos, devendo todos os profissionais integrantes dos Serviços Especializados em Engenharia de Segurança e em Medicina do Trabalho, assim constituídos, cumprirem tempo integral.

4.2.5.2. Para as empresas enquadradas nos graus de risco 2, 3 e 4, o dimensionamento dos serviços referidos no subitem 4.2.5 obedecerá o Quadro II, anexo, considerando-se como número de empregados o somatório dos empregados de todos os estabelecimentos.

4.3. As empresas enquadradas no grau de risco 1 obrigadas a constituir Serviços Especializados em Engenharia de Segurança e em Medicina do Trabalho e que possuam outros serviços de medicina e engenharia poderão integrar estes serviços com os Serviços Especializados em Engenharia de Segurança e em Medicina do Trabalho constituindo um serviço único de engenharia e medicina.

4.3.1. As empresas que optarem pelo serviço único de engenharia e medicina ficam obrigadas a elaborar e submeter à aprovação da Secretaria de Segurança e

(1) NR aprovada pela Portaria n. 3.214, de 8-6-1978, e com redação determinada pela Portaria n. 33, de 27-10-1983.

Medicina do Trabalho, até o dia 30 de março, um programa bienal de segurança e medicina do trabalho a ser desenvolvido.

4.3.1.1. As empresas novas que se instalarem após o dia 30 de março de cada exercício poderão constituir o serviço único de que trata o subitem 4.3.1 e elaborar o programa respectivo a ser submetido à Secretaria de Segurança e Medicina do Trabalho, no prazo de 90 (noventa) dias a contar de sua instalação.

4.3.1.2. As empresas novas, integrantes de grupos empresariais que já possuam serviço único, poderão ser assistidas pelo referido serviço, após comunicação à DRT.

4.3.2. À Secretaria de Segurança e Medicina do Trabalho fica reservado o direito de controlar a execução do programa e aferir a sua eficácia.

4.3.3. O serviço único de engenharia e medicina deverá possuir os profissionais especializados previstos no Quadro II desta NR.

•• Item com redação determinada pela Portaria n. 510, de 29-4-2016.

• Código: 104.042-1. Infração: 3. Tipo: S.

4.3.4. O dimensionamento do serviço único de engenharia e medicina deverá obedecer ao disposto no Quadro II desta NR, no tocante aos profissionais especializados.

• Código: 104.031-6. Infração: 3. Tipo: S.

4.4. Os Serviços Especializados em Engenharia de Segurança e em Medicina do Trabalho devem ser compostos por Médico do Trabalho, Engenheiro de Segurança do Trabalho, Técnico de Segurança do Trabalho, Enfermeiro do Trabalho e Auxiliar ou Técnico em Enfermagem do Trabalho, obedecido o Quadro II desta NR.

•• Item com redação determinada pela Portaria n. 590, de 28-4-2014.

• Código: 104.041-3. Infração: 3. Tipo: S.

4.4.1. Os profissionais integrantes do SESMT devem possuir formação e registro profissional em conformidade com o disposto na regulamentação da profissão e nos instrumentos normativos emitidos pelo respectivo Conselho Profissional, quando existente.

•• Item com redação determinada pela Portaria n. 590, de 28-4-2014.

•• *Vide* arts. 129 e 130 da Portaria n. 671, de 8-11-2021.

• A Portaria n. 2.018, de 23-12-2014, concede prazo de quatro anos para que os Médicos do Trabalho integrantes do SESMT – Serviços Especializados em Engenharia de Segurança e Medicina do Trabalho atendam aos requisitos de formação e registro profissional exigidos na regulamentação da profissão e nos instrumentos normativos emitidos pelo Conselho Federal de Medicina, nos termos deste item.

4.4.1.1. Em relação ao Engenheiro de Segurança do Trabalho e ao Técnico de Segurança do Trabalho, observar-se-á o disposto na Lei n. 7.410, de 27 de novembro de 1985.

•• Item com redação determinada pela Portaria n. 2.018, de 23-12-2014.

4.4.2. Os profissionais integrantes dos Serviços Especializados em Engenharia de Segurança e em Medicina do Trabalho deverão ser empregados da empresa, salvo os casos previstos nos itens 4.14 e 4.15.

•• Item com redação determinada pela Portaria n. 11, de 17-9-1990.

• Código: 104.033-2. Infração: 3. Tipo: S.

4.5. A empresa que contratar outra(s) para prestar serviços em estabelecimentos enquadrados no Quadro II, anexo, deverá estender a assistência de seus Serviços Especializados em Engenharia de Segurança e em Medicina do Trabalho aos empregados da(s) contratada(s), sempre que o número de empregados desta(s), exercendo atividade naqueles estabelecimentos, não alcançar os limites previstos no Quadro II, devendo, ainda, a contratada cumprir o disposto no subitem 4.2.5.

• Código: 104.034-0. Infração: 2. Tipo: S.

4.5.1. Quando a empresa contratante e as outras por ela contratadas não se enquadrarem no Quadro II, anexo, mas que pelo número total de empregados de ambos, no estabelecimento, atingirem os limites dispostos no referido quadro, deverá ser constituído um serviço especializado em Engenharia de Segurança e em Medicina do Trabalho comum, nos moldes do item 4.14.

• Código: 104.035-9. Infração: 4. Tipo: S.

4.5.2. Quando a empresa contratada não se enquadrar no Quadro II, anexo, mesmo considerando-se o total de empregados nos estabelecimentos, a contratante deve estender aos empregados da contratada a assistência de seus Serviços Especializados em Engenharia de Segurança e em Medicina do Trabalho, sejam estes centralizados ou por estabelecimento.

• Código: 104.036-7. Infração: 2. Tipo: S.

4.5.3. A empresa que contratar outras para prestar serviços em seu estabelecimento pode constituir SESMT comum para assistência aos empregados das contratadas, sob gestão própria, desde que previsto em Convenção ou Acordo Coletivo de Trabalho.

•• Item com redação determinada pela Portaria n. 17, de 1º-8-2007.

4.5.3.1. O dimensionamento do SESMT organizado na forma prevista no subitem 4.5.3 deve considerar o somatório dos trabalhadores assistidos e a atividade econômica do estabelecimento da contratante.

•• Item com redação determinada pela Portaria n. 17, de 1º-8-2007.

4.5.3.2. No caso previsto no item 4.5.3, o número de empregados da empresa contratada no estabelecimento da contratante, assistidos pelo SESMT comum, não integra a base de cálculo para dimensionamento do SESMT da empresa contratada.

•• Item com redação determinada pela Portaria n. 17, de 1º-8-2007.

4.5.3.3. O SESMT organizado conforme o subitem 4.5.3 deve ter seu funcionamento avaliado semestralmente, por Comissão composta de representantes da empresa contratante, do sindicato de trabalhadores e da Delegacia Regional do Trabalho, ou na forma e periodicidade previstas na Convenção ou Acordo Coletivo de Trabalho.

•• Item com redação determinada pela Portaria n. 17, de 1º-8-2007.

4.6. Os Serviços Especializados em Engenharia de Segurança e em Medicina do Trabalho das empresas que operem em regime sazonal deverão ser dimensionados, tomando-se por base a média aritmética do número de trabalhadores do ano civil anterior e obedecidos os Quadros I e II anexos.

4.7. Os Serviços Especializados em Engenharia de Segurança e em Medicina do Trabalho deverão ser chefiados por profissional qualificado, segundo os requisitos especificados no subitem 4.4.1 desta Norma Regulamentadora.

•• Item com redação determinada pela Portaria n. 11, de 17-9-1990.

• Código: 104.018-9. Infração: 1. Tipo: S.

4.8. O técnico de segurança do trabalho e o auxiliar de enfermagem do trabalho deverão dedicar 8 (oito) horas por dia para as atividades dos Serviços Especializados em Engenharia de Segurança e em Medicina do Trabalho, de acordo com o estabelecido no Quadro II, anexo.

•• Item com redação determinada pela Portaria n. 34, de 11-12-1987.

• Código: 104.037-5. Infração: 2. Tipo: S.

4.9. O engenheiro de segurança do trabalho, o médico do trabalho e o enfermeiro do trabalho deverão dedicar, no mínimo, 3 (três) horas (tempo parcial) ou 6 (seis) horas (tempo integral) por dia para as atividades dos Serviços Especializados em Engenharia de Segurança e em Medicina do Trabalho, de acordo com o estabelecido no Quadro II, anexo, respeitada a legislação pertinente em vigor.

• Código: 104.038-3. Infração: 2. Tipo: S.

4.9.1. Relativamente ao médico do trabalho, para cumprimento das atividades dos Serviços Especializados em Engenharia de Segurança e em Medicina do Trabalho em tempo integral, a empresa poderá contratar mais de um profissional, desde que cada um dedique, no mínimo, 3 (três) horas de trabalho, sendo necessário que o somatório das horas diárias trabalhadas por todos seja de, no mínimo, 6 (seis) horas.

•• Item acrescentado pela Portaria n. 590, de 28-4-2014.

4.10. Ao profissional especializado em Segurança e em Medicina do Trabalho é vedado o exercício de outras atividades na empresa, durante o horário de sua atuação nos Serviços Especializados em Engenharia de Segurança e em Medicina do Trabalho.

• Código: 104.039-1. Infração: 3. Tipo: S.

4.11. Ficará por conta exclusiva do empregador todo o ônus decorrente da instalação e manutenção dos Serviços Especializados em Engenharia de Segurança e em Medicina do Trabalho.

• Código: 104.040-5. Infração: 1. Tipo: S.

4.12. Compete aos profissionais integrantes dos Serviços Especializados em Engenharia de Segurança e em Medicina do Trabalho:

• Código: 104.026-0. Infração: 2. Tipo: S.

a) aplicar os conhecimentos de engenharia de segurança e de medicina do trabalho ao ambiente de trabalho e a todos os seus componentes, inclusive máquinas e equipamentos, de modo a reduzir até eliminar os riscos ali existentes à saúde do trabalhador;

b) determinar, quando esgotados todos os meios conhecidos para a eliminação do risco e este persistir, mesmo reduzido, a utilização, pelo trabalhador, de Equipamentos de Proteção Individual-EPI, de acordo com o que determina a NR 6, desde que a concentração, a intensidade ou característica do agente assim o exija;

c) colaborar, quando solicitado, nos projetos e na implantação de novas instalações físicas e tecnológicas da empresa, exercendo a competência disposta na alínea *a*;

d) responsabilizar-se, tecnicamente, pela orientação quanto ao cumprimento do disposto nas NR aplicáveis às atividades executadas pela empresa e/ou seus estabelecimentos;

e) manter permanente relacionamento com a CIPA, valendo-se ao máximo de suas observações, além de apoiá-la, treiná-la e atendê-la, conforme dispõe a NR 5;

f) promover a realização de atividades de conscientização, educação e orientação dos trabalhadores para a prevenção de acidentes do trabalho e doenças ocupacionais, tanto através de campanhas quanto de programas de duração permanente;

g) esclarecer e conscientizar os empregadores sobre acidentes do trabalho e doenças ocupacionais, estimulando-os em favor da prevenção;

•• Redação conforme publicação oficial. Acreditamos que onde está escrito empregadores o correto seja empregados.

h) analisar e registrar em documento(s) específico(s) todos os acidentes ocorridos na empresa ou estabelecimento, com ou sem vítima, e todos os casos de doença ocupacional, descrevendo a história e as características do acidente e/ou da doença ocupacional, os fatores ambientais, as características do agente e as condições do(s) indivíduo(s) portador(es) de doença ocupacional ou acidentado(s);

i) registrar mensalmente os dados atualizados de acidentes do trabalho, doenças ocupacionais e agentes de insalubridade, preenchendo, no mínimo, os quesitos descritos nos modelos de mapas constantes nos Quadros III, IV, V e VI, devendo o empregador manter a documentação à disposição da inspeção do trabalho;

•• Alínea *i* com redação determinada pela Portaria n. 2.018, de 23-12-2014.

j) manter os registros de que tratam as alíneas *h* e *i* na sede dos Serviços Especializados em Engenharia de Segurança e em Medicina do Trabalho ou facilmente alcançáveis a partir da mesma, sendo de livre escolha da empresa o método de arquivamento e recuperação, desde que sejam asseguradas condições de acesso aos registros e entendimento de seu conteúdo, devendo ser guardados somente os mapas anuais dos dados correspondentes às alíneas *h* e *i* por um período não inferior a 5 (cinco) anos;

l) as atividades dos profissionais integrantes dos Serviços Especializados em Engenharia de Segurança e em

Medicina do Trabalho são essencialmente prevencionistas, embora não seja vedado o atendimento de emergência, quando se tornar necessário. Entretanto, a elaboração de planos de controle de efeitos de catástrofes, de disponibilidade de meios que visem ao combate a incêndios e ao salvamento e de imediata atenção à vítima deste ou de qualquer outro tipo de acidente estão incluídos em suas atividades.

4.13. Os Serviços Especializados em Engenharia de Segurança e em Medicina do Trabalho deverão manter entrosamento permanente com a CIPA, dela valendo-se como agente multiplicador, e deverão estudar suas observações e solicitações, propondo soluções corretivas e preventivas, conforme o disposto no subitem 5.14.1 da NR 5.

•• Atualmente o item 5.16 da NR 5 dispõe sobre as atribuições da CIPA.

4.14. As empresas cujos estabelecimentos não se enquadrem no Quadro II, anexo a esta NR, poderão dar assistência na área de segurança e medicina do trabalho a seus empregados através de Serviços Especializados em Engenharia de Segurança e em Medicina do Trabalho comuns, organizados pelo sindicato ou associação da categoria econômica correspondente ou pelas próprias empresas interessadas.

•• *Vide* Portaria n. 672, de 8-11-2021.

4.14.1. A manutenção desses Serviços Especializados em Engenharia de Segurança e em Medicina do Trabalho deverá ser feita pelas empresas usuárias, que participarão das despesas em proporção ao número de empregados de cada uma.

4.14.2. Os Serviços Especializados em Engenharia de Segurança e em Medicina do Trabalho previstos no item 4.14 deverão ser dimensionados em função do somatório dos empregados das empresas participantes, obedecendo ao disposto nos Quadros I e II e no subitem 4.2 desta NR.

4.14.3. As empresas de mesma atividade econômica, localizadas em um mesmo município, ou em municípios limítrofes, cujos estabelecimentos se enquadrem no Quadro II, podem constituir SESMT comum, organizado pelo sindicato patronal correspondente ou pelas próprias empresas interessadas, desde que previsto em Convenção ou Acordo Coletivo de Trabalho.

•• Item com redação determinada pela Portaria n. 17, de 1º-8-2007.

4.14.3.1. O SESMT comum pode ser estendido a empresas cujos estabelecimentos não se enquadrem no Quadro II, desde que atendidos os demais requisitos do subitem 4.14.3.

•• Item com redação determinada pela Portaria n. 17, de 1º-8-2007.

4.14.3.2. O dimensionamento do SESMT organizado na forma do subitem 4.14.3 deve considerar o somatório dos trabalhadores assistidos.

•• Item com redação determinada pela Portaria n. 17, de 1º-8-2007.

4.14.3.3. No caso previsto no item 4.14.3, o número de empregados assistidos pelo SESMT comum não integra a base de cálculo para dimensionamento do SESMT das empresas.

•• Item com redação determinada pela Portaria n. 17, de 1º-8-2007.

• Código: 104.043-0. Infração: 2. Tipo: S.

4.14.3.4. O SESMT organizado conforme o subitem 4.14.3 deve ter seu funcionamento avaliado semestralmente, por Comissão composta de representantes das empresas, do sindicato de trabalhadores e da Delegacia Regional do Trabalho, ou na forma e periodicidade previstas na Convenção ou Acordo Coletivo de Trabalho.

•• Item com redação determinada pela Portaria n. 17, de 1º-8-2007.

4.14.4. As empresas que desenvolvem suas atividades em um mesmo polo industrial ou comercial podem constituir SESMT comum, organizado pelas próprias empresas interessadas, desde que previsto nas Convenções ou Acordos Coletivos de Trabalho das categorias envolvidas.

•• Item com redação determinada pela Portaria n. 17, de 1º-8-2007.

4.14.4.1. O dimensionamento do SESMT comum organizado na forma do subitem 4.14.4 deve considerar o somatório dos trabalhadores assistidos e a atividade econômica que empregue o maior número entre os trabalhadores assistidos.

•• Item com redação determinada pela Portaria n. 17, de 1º-8-2007.

4.14.4.2. No caso previsto no item 4.14.4, o número de empregados assistidos pelo SESMT comum não integra a base de cálculo para dimensionamento do SESMT das empresas.

•• Item com redação determinada pela Portaria n. 17, de 1º-8-2007.

4.14.4.3. O SESMT organizado conforme o subitem 4.14.4 deve ter seu funcionamento avaliado semestralmente, por Comissão composta de representantes das empresas, dos sindicatos de trabalhadores e da Delegacia Regional do Trabalho, ou na forma e periodicidade previstas nas Convenções ou Acordos Coletivos de Trabalho.

•• Item com redação determinada pela Portaria n. 17, de 1º-8-2007.

4.15. As empresas referidas no item 4.14 poderão optar pelos Serviços Especializados em Engenharia de Segurança e em Medicina do Trabalho de instituição oficial ou instituição privada de utilidade pública, cabendo às empresas o custeio das despesas, na forma prevista no subitem 4.14.1.

4.16. As empresas cujos Serviços Especializados em Engenharia de Segurança e em Medicina do Trabalho não possuam médico do trabalho e/ou engenheiro de segurança do trabalho, de acordo com o Quadro II desta NR, poderão se utilizar dos serviços destes profissionais existentes nos Serviços Especializados em Engenharia de Segurança e em Medicina do Trabalho mencionados no item 4.14 e subitem 4.14.1 ou no item 4.15, para atendimento do disposto nas Normas Regulamentadoras.

4.16.1. O ônus decorrente dessa utilização caberá à empresa solicitante.

4.17. Os Serviços Especializados em Engenharia de Segurança e em Medicina do Trabalho de que trata esta NR deverão ser registrados no órgão regional do MTb.

•• *Vide* Portaria n. 672, de 8-11-2021.

• Código: 104.023-5. Infração: 1. Tipo: S.

4.17.1. O registro referido no item 4.17 deverá ser requerido ao órgão regional do MTb e o requerimento deverá conter os seguintes dados:

a) nome dos profissionais integrantes dos Serviços Especializados em Engenharia de Segurança e em Medicina do Trabalho;

b) número de registro dos profissionais na Secretaria de Segurança e Medicina do Trabalho, do MTb;

c) número de empregados da requerente e grau de risco das atividades, por estabelecimento;

d) especificação dos turnos de trabalho, por estabelecimento;

e) horário de trabalho dos profissionais dos Serviços Especializados em Engenharia de Segurança e em Medicina do Trabalho.

4.18. Os Serviços Especializados em Engenharia de Segurança e em Medicina do Trabalho já constituídos deverão ser redimensionados nos termos desta NR e a empresa terá 90 (noventa) dias de prazo, a partir da publicação desta Norma, para efetuar o redimensionamento e o registro referido no item 4.17.

4.19. A empresa é responsável pelo cumprimento da NR, devendo assegurar, como um dos meios para concretizar tal responsabilidade, o exercício profissional dos componentes dos Serviços Especializados em Engenharia de Segurança e em Medicina do Trabalho. O impedimento do referido exercício profissional, mesmo que parcial e o desvirtuamento ou desvio de funções constituem, em conjunto ou separadamente, infrações classificadas no grau I4, se devidamente comprovadas, para os fins de aplicação das penalidades previstas na NR 28.

• Código: 104.025-1. Infração: 4. Tipo: S.

4.20. Quando se tratar de empreiteiras ou empresas prestadoras de serviços, considera-se estabelecimento, para fins de aplicação desta NR, o local em que os seus empregados estiverem exercendo suas atividades.

Quadro I

Relação da classificação nacional de atividades econômicas – CNAE (Versão 2.0)(*), com correspondente Grau de Risco – GR para fins de dimensionamento do SESMT

•• Quadro I com redação determinada pela Portaria n. 76, de 21-11-2008.

Códigos	Denominação	GR
A – AGRICULTURA, PECUÁRIA, PRODUÇÃO FLORESTAL, PESCA E AQUICULTURA		
01	AGRICULTURA, PECUÁRIA E SERVIÇOS RELACIONADOS	
01.1	Produção de lavouras temporárias	
01.11-3	Cultivo de cereais	3
01.12-1	Cultivo de algodão herbáceo e de outras fibras de lavoura temporária	3
01.13-0	Cultivo de cana-de-açúcar	3
01.14-8	Cultivo de fumo	3
01.15-6	Cultivo de soja	3
01.16-4	Cultivo de oleaginosas de lavoura temporária, exceto soja	3
01.19-9	Cultivo de plantas de lavoura temporária não especificadas anteriormente	3
01.2	Horticultura e floricultura	
01.21-1	Horticultura	3
01.22-9	Cultivo de flores e plantas ornamentais	3
01.3	Produção de lavouras permanentes	
01.31-8	Cultivo de laranja	3
01.32-6	Cultivo de uva	3
01.33-4	Cultivo de frutas de lavoura permanente, exceto laranja e uva	3

(*) Informações sobre detalhamentos dos CNAE, ver http://www.ibge.gov.br/concla/default.php.

01.34-2	Cultivo de café	3
01.35-1	Cultivo de cacau	3
01.39-3	Cultivo de plantas de lavoura permanente não especificadas anteriormente	3
01.4	Produção de sementes e mudas certificadas	
01.41-5	Produção de sementes certificadas	3
01.42-3	Produção de mudas e outras formas de propagação vegetal, certificadas	3
01.5	Pecuária	
01.51-2	Criação de bovinos	3
01.52-1	Criação de outros animais de grande porte	3
01.53-9	Criação de caprinos e ovinos	3
01.54-7	Criação de suínos	3
01.55-5	Criação de aves	3
01.59-8	Criação de animais não especificados anteriormente	3
01.6	Atividades de apoio à agricultura e à pecuária; atividades de pós-colheita	
01.61-0	Atividades de apoio à agricultura	3
01.62-8	Atividades de apoio à pecuária	3
01.63-6	Atividades de pós-colheita	3
01.7	Caça e serviços relacionados	
01.70-9	Caça e serviços relacionados	3
02	PRODUÇÃO FLORESTAL	
02.1	Produção florestal – florestas plantadas	
02.10-1	Produção florestal – florestas plantadas	3
02.2	Produção florestal – florestas nativas	
02.20-9	Produção florestal – florestas nativas	4
02.3	Atividades de apoio à produção florestal	
02.30-6	Atividades de apoio à produção florestal	3
03	PESCA E AQUICULTURA	
03.1	Pesca	
03.11-6	Pesca em água salgada	3
03.12-4	Pesca em água doce	3
03.2	Aquicultura	
03.21-3	Aquicultura em água salgada e salobra	3
03.22-1	Aquicultura em água doce	3
B – INDÚSTRIAS EXTRATIVAS		
05	EXTRAÇÃO DE CARVÃO MINERAL	
05.0	Extração de carvão mineral	
05.00-3	Extração de carvão mineral	4
06	EXTRAÇÃO DE PETRÓLEO E GÁS NATURAL	
06.0	Extração de petróleo e gás natural	
06.00-0	Extração de petróleo e gás natural	4
07	EXTRAÇÃO DE MINERAIS METÁLICOS	
07.1	Extração de minério de ferro	
07.10-3	Extração de minério de ferro	4
07.2	Extração de minerais metálicos não ferrosos	

07.21-9	Extração de minério de alumínio	4
07.22-7	Extração de minério de estanho	4
07.23-5	Extração de minério de manganês	4
07.24-3	Extração de minério de metais preciosos	4
07.25-1	Extração de minerais radioativos	4
07.29-4	Extração de minerais metálicos não ferrosos não especificados anteriormente	4
08	EXTRAÇÃO DE MINERAIS NÃO METÁLICOS	
08.1	Extração de pedra, areia e argila	
08.10-0	Extração de pedra, areia e argila	4
08.9	Extração de outros minerais não metálicos	
08.91-6	Extração de minerais para fabricação de adubos, fertilizantes e outros produtos químicos	4
08.92-4	Extração e refino de sal marinho e sal-gema	4
08.93-2	Extração de gemas (pedras preciosas e semipreciosas)	4
08.99-1	Extração de minerais não metálicos não especificados anteriormente	4
09	ATIVIDADES DE APOIO À EXTRAÇÃO DE MINERAIS	
09.1	Atividades de apoio à extração de petróleo e gás natural	
09.10-6	Atividades de apoio à extração de petróleo e gás natural	4
09.9	Atividades de apoio à extração de minerais, exceto petróleo e gás natural	
09.90-4	Atividades de apoio à extração de minerais, exceto petróleo e gás natural	4

C – INDÚSTRIAS DE TRANSFORMAÇÃO

10	FABRICAÇÃO DE PRODUTOS ALIMENTÍCIOS	
10.1	Abate e fabricação de produtos de carne	
10.11-2	Abate de reses, exceto suínos	3
10.12-1	Abate de suínos, aves e outros pequenos animais	3
10.13-9	Fabricação de produtos de carne	3
10.2	Preservação do pescado e fabricação de produtos do pescado	
10.20-1	Preservação do pescado e fabricação de produtos do pescado	3
10.3	Fabricação de conservas de frutas, legumes e outros vegetais	
10.31-7	Fabricação de conservas de frutas	3
10.32-5	Fabricação de conservas de legumes e outros vegetais	3
10.33-3	Fabricação de sucos de frutas, hortaliças e legumes	3
10.4	Fabricação de óleos e gorduras vegetais e animais	
10.41-4	Fabricação de óleos vegetais em bruto, exceto óleo de milho	3
10.42-2	Fabricação de óleos vegetais refinados, exceto óleo de milho	3
10.43-1	Fabricação de margarina e outras gorduras vegetais e de óleos não comestíveis de animais	3
10.5	Laticínios	
10.51-1	Preparação do leite	3
10.52-0	Fabricação de laticínios	3
10.53-8	Fabricação de sorvetes e outros gelados comestíveis	3
10.6	Moagem, fabricação de produtos amiláceos e de alimentos para animais	
10.61-9	Beneficiamento de arroz e fabricação de produtos do arroz	3
10.62-7	Moagem de trigo e fabricação de derivados	3
10.63-5	Fabricação de farinha de mandioca e derivados	3

10.64-3	Fabricação de farinha de milho e derivados, exceto óleos de milho	3
10.65-1	Fabricação de amidos e féculas de vegetais e de óleos de milho	3
10.66-0	Fabricação de alimentos para animais	3
10.69-4	Moagem e fabricação de produtos de origem vegetal não especificados anteriormente	3
10.7	Fabricação e refino de açúcar	
10.71-6	Fabricação de açúcar em bruto	3
10.72-4	Fabricação de açúcar refinado	3
10.8	Torrefação e moagem de café	
10.81-3	Torrefação e moagem de café	3
10.82-1	Fabricação de produtos à base de café	3
10.9	Fabricação de outros produtos alimentícios	
10.91-1	Fabricação de produtos de panificação	3
10.92-9	Fabricação de biscoitos e bolachas	3
10.93-7	Fabricação de produtos derivados do cacau, de chocolates e confeitos	3
10.94-5	Fabricação de massas alimentícias	3
10.95-3	Fabricação de especiarias, molhos, temperos e condimentos	3
10.96-1	Fabricação de alimentos e pratos prontos	3
10.99-6	Fabricação de produtos alimentícios não especificados anteriormente	3
11	FABRICAÇÃO DE BEBIDAS	
11.1	Fabricação de bebidas alcoólicas	
11.11-9	Fabricação de aguardentes e outras bebidas destiladas	3
11.12-7	Fabricação de vinho	3
11.13-5	Fabricação de malte, cervejas e chopes	3
11.2	Fabricação de bebidas não alcoólicas	
11.21-6	Fabricação de águas envasadas	3
11.22-4	Fabricação de refrigerantes e de outras bebidas não alcoólicas	3
12	FABRICAÇÃO DE PRODUTOS DO FUMO	
12.1	Processamento industrial do fumo	
12.10-7	Processamento industrial do fumo	3
12.2	Fabricação de produtos do fumo	
12.20-4	Fabricação de produtos do fumo	3
13	FABRICAÇÃO DE PRODUTOS TÊXTEIS	
13.1	Preparação e fiação de fibras têxteis	
13.11-1	Preparação e fiação de fibras de algodão	3
13.12-0	Preparação e fiação de fibras têxteis naturais, exceto algodão	3
13.13-8	Fiação de fibras artificiais e sintéticas	3
13.14-6	Fabricação de linhas para costurar e bordar	3
13.2	Tecelagem, exceto malha	
13.21-9	Tecelagem de fios de algodão	3
13.22-7	Tecelagem de fios de fibras têxteis naturais, exceto algodão	3
13.23-5	Tecelagem de fios de fibras artificiais e sintéticas	3
13.3	Fabricação de tecidos de malha	
13.30-8	Fabricação de tecidos de malha	3

13.4	Acabamentos em fios, tecidos e artefatos têxteis	
13.40-5	Acabamentos em fios, tecidos e artefatos têxteis	3
13.5	Fabricação de artefatos têxteis, exceto vestuário	
13.51-1	Fabricação de artefatos têxteis para uso doméstico	3
13.52-9	Fabricação de artefatos de tapeçaria	3
13.53-7	Fabricação de artefatos de cordoaria	3
13.54-5	Fabricação de tecidos especiais, inclusive artefatos	3
13.59-6	Fabricação de outros produtos têxteis não especificados anteriormente	3
14	CONFECÇÃO DE ARTIGOS DO VESTUÁRIO E ACESSÓRIOS	
14.1	Confecção de artigos do vestuário e acessórios	
14.11-8	Confecção de roupas íntimas	2
14.12-6	Confecção de peças do vestuário, exceto roupas íntimas	2
14.13-4	Confecção de roupas profissionais	2
14.14-2	Fabricação de acessórios do vestuário, exceto para segurança e proteção	2
14.2	Fabricação de artigos de malharia e tricotagem	
14.21-5	Fabricação de meias	2
14.22-3	Fabricação de artigos do vestuário, produzidos em malharias e tricotagens, exceto meias	2
15	PREPARAÇÃO DE COUROS E FABRICAÇÃO DE ARTEFATOS DE COURO, ARTIGOS PARA VIAGEM E CALÇADOS	
15.1	Curtimento e outras preparações de couro	
15.10-6	Curtimento e outras preparações de couro	3
15.2	Fabricação de artigos para viagem e de artefatos diversos de couro	
15.21-1	Fabricação de artigos para viagem, bolsas e semelhantes de qualquer material	2
15.29-7	Fabricação de artefatos de couro não especificados anteriormente	2
15.3	Fabricação de calçados	
15.31-9	Fabricação de calçados de couro	3
15.32-7	Fabricação de tênis de qualquer material	3
15.33-5	Fabricação de calçados de material sintético	3
15.39-4	Fabricação de calçados de materiais não especificados anteriormente	3
15.4	Fabricação de partes para calçados, de qualquer material	
15.40-8	Fabricação de partes para calçados, de qualquer material	3
16	FABRICAÇÃO DE PRODUTOS DE MADEIRA	
16.1	Desdobramento de madeira	
16.10-2	Desdobramento de madeira	3
16.2	Fabricação de produtos de madeira, cortiça e material trançado, exceto móveis	
16.21-8	Fabricação de madeira laminada e de chapas de madeira compensada, prensada e aglomerada	3
16.22-6	Fabricação de estruturas de madeira e de artigos de carpintaria para construção	3
16.23-4	Fabricação de artefatos de tanoaria e de embalagens de madeira	3
16.29-3	Fabricação de artefatos de madeira, palha, cortiça, vime e material trançado não especificados anteriormente, exceto móveis	3
17	FABRICAÇÃO DE CELULOSE, PAPEL E PRODUTOS DE PAPEL	
17.1	Fabricação de celulose e outras pastas para a fabricação de papel	
17.10-9	Fabricação de celulose e outras pastas para a fabricação de papel	3

17.2	Fabricação de papel, cartolina e papel-cartão	
17.21-4	Fabricação de papel	3
17.22-2	Fabricação de cartolina e papel-cartão	3
17.3	Fabricação de embalagens de papel, cartolina, papel-cartão e papelão ondulado	
17.31-1	Fabricação de embalagens de papel	2
17.32-0	Fabricação de embalagens de cartolina e papel-cartão	2
17.33-8	Fabricação de chapas e de embalagens de papelão ondulado	2
17.4	Fabricação de produtos diversos de papel, cartolina, papel-cartão e papelão ondulado	
17.41-9	Fabricação de produtos de papel, cartolina, papel-cartão e papelão ondulado para uso comercial e de escritório	2
17.42-7	Fabricação de produtos de papel para usos doméstico e higiênico-sanitário	2
17.49-4	Fabricação de produtos de pastas celulósicas, papel, cartolina, papel-cartão e papelão ondulado não especificados anteriormente	2
18	IMPRESSÃO E REPRODUÇÃO DE GRAVAÇÕES	
18.1	Atividade de impressão	
18.11-3	Impressão de jornais, livros, revistas e outras publicações periódicas	3
18.12-1	Impressão de material de segurança	3
18.13-0	Impressão de materiais para outros usos	3
18.2	Serviços de pré-impressão e acabamentos gráficos	
18.21-1	Serviços de pré-impressão	3
18.22-9	Serviços de acabamentos gráficos	3
18.3	Reprodução de materiais gravados em qualquer suporte	
18.30-0	Reprodução de materiais gravados em qualquer suporte	3
19	FABRICAÇÃO DE COQUE, DE PRODUTOS DERIVADOS DO PETRÓLEO E DE BIOCOMBUSTÍVEIS	
19.1	Coquerias	
19.10-1	Coquerias	3
19.2	Fabricação de produtos derivados do petróleo	
19.21-7	Fabricação de produtos do refino de petróleo	3
19.22-5	Fabricação de produtos derivados do petróleo, exceto produtos do refino	3
19.3	Fabricação de biocombustíveis	
19.31-4	Fabricação de álcool	3
19.32-2	Fabricação de biocombustíveis, exceto álcool	3
20	FABRICAÇÃO DE PRODUTOS QUÍMICOS	
20.1	Fabricação de produtos químicos inorgânicos	
20.11-8	Fabricação de cloro e álcalis	3
20.12-6	Fabricação de intermediários para fertilizantes	3
20.13-4	Fabricação de adubos e fertilizantes	3
20.14-2	Fabricação de gases industriais	3
20.19-3	Fabricação de produtos químicos inorgânicos não especificados anteriormente	3
20.2	Fabricação de produtos químicos orgânicos	
20.21-5	Fabricação de produtos petroquímicos básicos	3
20.22-3	Fabricação de intermediários para plastificantes, resinas e fibras	3
20.29-1	Fabricação de produtos químicos orgânicos não especificados anteriormente	3
20.3	Fabricação de resinas e elastômeros	
20.31-2	Fabricação de resinas termoplásticas	3

20.32-1	Fabricação de resinas termofixas	3
20.33-9	Fabricação de elastômeros	3
20.4	Fabricação de fibras artificiais e sintéticas	
20.40-1	Fabricação de fibras artificiais e sintéticas	3
20.5	Fabricação de defensivos agrícolas e desinfetantes domissanitários	
20.51-7	Fabricação de defensivos agrícolas	3
20.52-5	Fabricação de desinfetantes domissanitários	3
20.6	Fabricação de sabões, detergentes, produtos de limpeza, cosméticos, produtos de perfumaria e de higiene pessoal	
20.61-4	Fabricação de sabões e detergentes sintéticos	3
20.62-2	Fabricação de produtos de limpeza e polimento	3
20.63-1	Fabricação de cosméticos, produtos de perfumaria e de higiene pessoal	2
20.7	Fabricação de tintas, vernizes, esmaltes, lacas e produtos afins	
20.71-1	Fabricação de tintas, vernizes, esmaltes e lacas	3
20.72-0	Fabricação de tintas de impressão	3
20.73-8	Fabricação de impermeabilizantes, solventes e produtos afins	3
20.9	Fabricação de produtos e preparados químicos diversos	
20.91-6	Fabricação de adesivos e selantes	3
20.92-4	Fabricação de explosivos	4
20.93-2	Fabricação de aditivos de uso industrial	3
20.94-1	Fabricação de catalisadores	3
20.99-1	Fabricação de produtos químicos não especificados anteriormente	3
21.10-6	Fabricação de produtos farmoquímicos	3
21.2	Fabricação de produtos farmacêuticos	
21.21-1	Fabricação de medicamentos para uso humano	3
21.22-0	Fabricação de medicamentos para uso veterinário	3
21.23-8	Fabricação de preparações farmacêuticas	3
22	FABRICAÇÃO DE PRODUTOS DE BORRACHA E DE MATERIAL PLÁSTICO	
22.1	Fabricação de produtos de borracha	
22.11-1	Fabricação de pneumáticos e de câmaras de ar	3
22.12-9	Reforma de pneumáticos usados	3
22.19-6	Fabricação de artefatos de borracha não especificados anteriormente	3
22.2	Fabricação de produtos de material plástico	
22.21-8	Fabricação de laminados planos e tubulares de material plástico	3
22.22-6	Fabricação de embalagens de material plástico	3
22.23-4	Fabricação de tubos e acessórios de material plástico para uso na construção	3
22.29-3	Fabricação de artefatos de material plástico não especificados anteriormente	3
23	FABRICAÇÃO DE PRODUTOS DE MINERAIS NÃO METÁLICOS	
23.1	Fabricação de vidro e de produtos do vidro	
23.11-7	Fabricação de vidro plano e de segurança	3
23.12-5	Fabricação de embalagens de vidro	3
23.19-2	Fabricação de artigos de vidro	3
23.2	Fabricação de cimento	
23.20-6	Fabricação de cimento	4
23.3	Fabricação de artefatos de concreto, cimento, fibrocimento, gesso e materiais semelhantes	
23.30-3	Fabricação de artefatos de concreto, cimento, fibrocimento, gesso e materiais semelhantes	4

23.4	Fabricação de produtos cerâmicos	
23.41-9	Fabricação de produtos cerâmicos refratários	4
23.42-7	Fabricação de produtos cerâmicos não refratários para uso estrutural na construção	3(*)
23.49-4	Fabricação de produtos cerâmicos não refratários não especificados anteriormente	4
23.9	Aparelhamento de pedras e fabricação de outros produtos de minerais não metálicos	
23.91-5	Aparelhamento e outros trabalhos em pedras	3
23.92-3	Fabricação de cal e gesso	4
23.99-1	Fabricação de produtos de minerais não metálicos não especificados anteriormente	3
24	METALURGIA	
24.1	Produção de ferro-gusa e de ferroligas	
24.11-3	Produção de ferro-gusa	4
24.12-1	Produção de ferroligas	4
24.2	Siderurgia	
24.21-1	Produção de semiacabados de aço	4
24.22-9	Produção de laminados planos de aço	4
24.23-7	Produção de laminados longos de aço	4
24.24-5	Produção de relaminados, trefilados e perfilados de aço	4
24.3	Produção de tubos de aço, exceto tubos sem costura	
24.31-8	Produção de tubos de aço com costura	4
24.39-3	Produção de outros tubos de ferro e aço	4
24.4	Metalurgia dos metais não ferrosos	
24.41-5	Metalurgia do alumínio e suas ligas	4
24.42-3	Metalurgia dos metais preciosos	4
24.43-1	Metalurgia do cobre	4
24.49-1	Metalurgia dos metais não ferrosos e suas ligas não especificados anteriormente	4
24.5	Fundição	
24.51-2	Fundição de ferro e aço	4
24.52-1	Fundição de metais não ferrosos e suas ligas	4
25	FABRICAÇÃO DE PRODUTOS DE METAL, EXCETO MÁQUINAS E EQUIPAMENTOS	
25.1	Fabricação de estruturas metálicas e obras de caldeiraria pesada	
25.11-0	Fabricação de estruturas metálicas	4
25.12-8	Fabricação de esquadrias de metal	3
25.13-6	Fabricação de obras de caldeiraria pesada	3
25.2	Fabricação de tanques, reservatórios metálicos e caldeiras	
25.21-7	Fabricação de tanques, reservatórios metálicos e caldeiras para aquecimento central	3
25.22-5	Fabricação de caldeiras geradoras de vapor, exceto para aquecimento central e para veículos	3
25.3	Forjaria, estamparia, metalurgia do pó e serviços de tratamento de metais	
25.31-4	Produção de forjados de aço e de metais não ferrosos e suas ligas	4
25.32-2	Produção de artefatos estampados de metal; metalurgia do pó	4
25.39-0	Serviços de usinagem, solda, tratamento e revestimento em metais	4
25.4	Fabricação de artigos de cutelaria, de serralheria e ferramentas	
25.41-1	Fabricação de artigos de cutelaria	3
25.42-0	Fabricação de artigos de serralheria, exceto esquadrias	3

(*) Grau de risco da classe 23.42-7 determinado pela Portaria n. 128, de 11-12-2009.

25.43-8	Fabricação de ferramentas	3
25.5	Fabricação de equipamento bélico pesado, armas de fogo e munições	
25.50-1	Fabricação de equipamento bélico pesado, armas de fogo e munições	4
25.9	Fabricação de produtos de metal não especificados anteriormente	
25.91-8	Fabricação de embalagens metálicas	3
25.92-6	Fabricação de produtos de trefilados de metal	4
25.93-4	Fabricação de artigos de metal para uso doméstico e pessoal	3
25.99-3	Fabricação de produtos de metal não especificados anteriormente	3
26	FABRICAÇÃO DE EQUIPAMENTOS DE INFORMÁTICA, PRODUTOS ELETRÔNICOS E ÓPTICOS	
26.1	Fabricação de componentes eletrônicos	
26.10-8	Fabricação de componentes eletrônicos	3
26.2	Fabricação de equipamentos de informática e periféricos	
26.21-3	Fabricação de equipamentos de informática	3
26.22-1	Fabricação de periféricos para equipamentos de informática	3
26.3	Fabricação de equipamentos de comunicação	
26.31-1	Fabricação de equipamentos transmissores de comunicação	3
26.32-9	Fabricação de aparelhos telefônicos e de outros equipamentos de comunicação	3
26.4	Fabricação de aparelhos de recepção, reprodução, gravação e amplificação de áudio e vídeo	
26.40-0	Fabricação de aparelhos de recepção, reprodução, gravação e amplificação de áudio e vídeo	3
26.5	Fabricação de aparelhos e instrumentos de medida, teste e controle; cronômetros e relógios	
26.51-5	Fabricação de aparelhos e equipamentos de medida, teste e controle	3
26.52-3	Fabricação de cronômetros e relógios	3
26.6	Fabricação de aparelhos eletromédicos e eletroterapêuticos e equipamentos de irradiação	
26.60-4	Fabricação de aparelhos eletromédicos e eletroterapêuticos e equipamentos de irradiação	3
26.7	Fabricação de equipamentos e instrumentos ópticos, fotográficos e cinematográficos	
26.70-1	Fabricação de equipamentos e instrumentos ópticos, fotográficos e cinematográficos	3
26.8	Fabricação de mídias virgens, magnéticas e ópticas	
26.80-9	Fabricação de mídias virgens, magnéticas e ópticas	3
27	FABRICAÇÃO DE MÁQUINAS, APARELHOS E MATERIAIS ELÉTRICOS	
27.1	Fabricação de geradores, transformadores e motores elétricos	
27.10-4	Fabricação de geradores, transformadores e motores elétricos	3
27.2	Fabricação de pilhas, baterias e acumuladores elétricos	
27.21-0	Fabricação de pilhas, baterias e acumuladores elétricos, exceto para veículos automotores	3
27.22-8	Fabricação de baterias e acumuladores para veículos automotores	3
27.3	Fabricação de equipamentos para distribuição e controle de energia elétrica	
27.31-7	Fabricação de aparelhos e equipamentos para distribuição e controle de energia elétrica	3
27.32-5	Fabricação de material elétrico para instalações em circuito de consumo	3
27.33-3	Fabricação de fios, cabos e condutores elétricos isolados	3
27.4	Fabricação de lâmpadas e outros equipamentos de iluminação	
27.40-6	Fabricação de lâmpadas e outros equipamentos de iluminação	3
27.5	Fabricação de eletrodomésticos	
27.51-1	Fabricação de fogões, refrigeradores e máquinas de lavar e secar para uso doméstico	3
27.59-7	Fabricação de aparelhos eletrodomésticos não especificados anteriormente	3

27.9	Fabricação de equipamentos e aparelhos elétricos não especificados anteriormente	
27.90-2	Fabricação de equipamentos e aparelhos elétricos não especificados anteriormente	3
28	FABRICAÇÃO DE MÁQUINAS E EQUIPAMENTOS	
28.1	Fabricação de motores, bombas, compressores e equipamentos de transmissão	
28.11-9	Fabricação de motores e turbinas, exceto para aviões e veículos rodoviários	3
28.12-7	Fabricação de equipamentos hidráulicos e pneumáticos, exceto válvulas	3
28.13-5	Fabricação de válvulas, registros e dispositivos semelhantes	3
28.14-3	Fabricação de compressores	3
28.15-1	Fabricação de equipamentos de transmissão para fins industriais	3
28.2	Fabricação de máquinas e equipamentos de uso geral	
28.21-6	Fabricação de aparelhos e equipamentos para instalações térmicas	3
28.22-4	Fabricação de máquinas, equipamentos e aparelhos para transporte e elevação de cargas e pessoas	3
28.23-2	Fabricação de máquinas e aparelhos de refrigeração e ventilação para uso industrial e comercial	3
28.24-1	Fabricação de aparelhos e equipamentos de ar condicionado	3
28.25-9	Fabricação de máquinas e equipamentos para saneamento básico e ambiental	3
28.29-1	Fabricação de máquinas e equipamentos de uso geral não especificados anteriormente	3
28.3	Fabricação de tratores e de máquinas e equipamentos para a agricultura e pecuária	
28.31-3	Fabricação de tratores agrícolas	3
28.32-1	Fabricação de equipamentos para irrigação agrícola	3
28.33-0	Fabricação de máquinas e equipamentos para a agricultura e pecuária, exceto para irrigação	3
28.4	Fabricação de máquinas-ferramenta	
28.40-2	Fabricação de máquinas-ferramenta	3
28.5	Fabricação de máquinas e equipamentos de uso na extração mineral e na construção	
28.51-8	Fabricação de máquinas e equipamentos para a prospecção e extração de petróleo	3
28.52-6	Fabricação de outras máquinas e equipamentos para uso na extração mineral, exceto na extração de petróleo	3
28.53-4	Fabricação de tratores, exceto agrícolas	3
28.54-2	Fabricação de máquinas e equipamentos para terraplenagem, pavimentação e construção, exceto tratores	3
28.6	Fabricação de máquinas e equipamentos de uso industrial específico	
28.61-5	Fabricação de máquinas para a indústria metalúrgica, exceto máquinas-ferramenta	3
28.62-3	Fabricação de máquinas e equipamentos para as indústrias de alimentos, bebidas e fumo	3
28.63-1	Fabricação de máquinas e equipamentos para a indústria têxtil	3
28.64-0	Fabricação de máquinas e equipamentos para as indústrias do vestuário, do couro e de calçados	3
28.65-8	Fabricação de máquinas e equipamentos para as indústrias de celulose, papel e papelão e artefatos	3
28.66-6	Fabricação de máquinas e equipamentos para a indústria do plástico	3
28.69-1	Fabricação de máquinas e equipamentos para uso industrial específico não especificados anteriormente	3
29	FABRICAÇÃO DE VEÍCULOS AUTOMOTORES, REBOQUES E CARROCERIAS	
29.1	Fabricação de automóveis, camionetas e utilitários	

29.10-7	Fabricação de automóveis, camionetas e utilitários	3
29.2	Fabricação de caminhões e ônibus	
29.20-4	Fabricação de caminhões e ônibus	3
29.3	Fabricação de cabines, carrocerias e reboques para veículos automotores	
29.30-1	Fabricação de cabines, carrocerias e reboques para veículos automotores	3
29.4	Fabricação de peças e acessórios para veículos automotores	
29.41-7	Fabricação de peças e acessórios para o sistema motor de veículos automotores	3
29.42-5	Fabricação de peças e acessórios para os sistemas de marcha e transmissão de veículos automotores	3
29.43-3	Fabricação de peças e acessórios para o sistema de freios de veículos automotores	3
29.44-1	Fabricação de peças e acessórios para o sistema de direção e suspensão de veículos automotores	3
29.45-0	Fabricação de material elétrico e eletrônico para veículos automotores, exceto baterias	3
29.49-2	Fabricação de peças e acessórios para veículos automotores não especificados anteriormente	3
29.5	Recondicionamento e recuperação de motores para veículos automotores	
29.50-6	Recondicionamento e recuperação de motores para veículos automotores	3
30	FABRICAÇÃO DE OUTROS EQUIPAMENTOS DE TRANSPORTE, EXCETO VEÍCULOS AUTOMOTORES	
30.1	Construção de embarcações	
30.11-3	Construção de embarcações e estruturas flutuantes	3
30.12-1	Construção de embarcações para esporte e lazer	3
30.3	Fabricação de veículos ferroviários	
30.31-8	Fabricação de locomotivas, vagões e outros materiais rodantes	3
30.32-6	Fabricação de peças e acessórios para veículos ferroviários	3
30.4	Fabricação de aeronaves	
30.41-5	Fabricação de aeronaves	3
30.42-3	Fabricação de turbinas, motores e outros componentes e peças para aeronaves	3
30.5	Fabricação de veículos militares de combate	
30.50-4	Fabricação de veículos militares de combate	3
30.9	Fabricação de equipamentos de transporte não especificados anteriormente	
30.91-1	Fabricação de motocicletas	3
30.92-0	Fabricação de bicicletas e triciclos não motorizados	3
30.99-7	Fabricação de equipamentos de transporte não especificados anteriormente	3
31	FABRICAÇÃO DE MÓVEIS	
31.0	Fabricação de móveis	
31.01-2	Fabricação de móveis com predominância de madeira	3
31.02-1	Fabricação de móveis com predominância de metal	3
31.03-9	Fabricação de móveis de outros materiais, exceto madeira e metal	3
31.04-7	Fabricação de colchões	2
32	FABRICAÇÃO DE PRODUTOS DIVERSOS	
32.1	Fabricação de artigos de joalheria, bijuteria e semelhantes	
32.11-6	Lapidação de gemas e fabricação de artefatos de ourivesaria e joalheria	3
32.12-4	Fabricação de bijuterias e artefatos semelhantes	3
32.2	Fabricação de instrumentos musicais	

32.20-5	Fabricação de instrumentos musicais	3
32.3	Fabricação de artefatos para pesca e esporte	
32.30-2	Fabricação de artefatos para pesca e esporte	3
32.4	Fabricação de brinquedos e jogos recreativos	
32.40-0	Fabricação de brinquedos e jogos recreativos	3
32.5	Fabricação de instrumentos e materiais para uso médico e odontológico e de artigos ópticos	
32.50-7	Fabricação de instrumentos e materiais para uso médico e odontológico e de artigos ópticos	3
32.9	Fabricação de produtos diversos	
32.91-4	Fabricação de escovas, pincéis e vassouras	3
32.92-2	Fabricação de equipamentos e acessórios para segurança e proteção pessoal e profissional	3
32.99-0	Fabricação de produtos diversos não especificados anteriormente	3
33	MANUTENÇÃO, REPARAÇÃO E INSTALAÇÃO DE MÁQUINAS E EQUIPAMENTOS	
33.1	Manutenção e reparação de máquinas e equipamentos	
33.11-2	Manutenção e reparação de tanques, reservatórios metálicos e caldeiras, exceto para veículos	3
33.12-1	Manutenção e reparação de equipamentos eletrônicos e ópticos	3
33.13-9	Manutenção e reparação de máquinas e equipamentos elétricos	3
33.14-7	Manutenção e reparação de máquinas e equipamentos da indústria mecânica	3
33.15-5	Manutenção e reparação de veículos ferroviários	3
33.16-3	Manutenção e reparação de aeronaves	3
33.17-1	Manutenção e reparação de embarcações	3
33.19-8	Manutenção e reparação de equipamentos e produtos não especificados anteriormente	3
33.2	Instalação de máquinas e equipamentos	
33.21-0	Instalação de máquinas e equipamentos industriais	3
33.29-5	Instalação de equipamentos não especificados anteriormente	3
D – ELETRICIDADE E GÁS		
35	ELETRICIDADE, GÁS E OUTRAS UTILIDADES	
35.1	Geração, transmissão e distribuição de energia elétrica	
35.11-5	Geração de energia elétrica	3
35.12-3	Transmissão de energia elétrica	3
35.13-1	Comércio atacadista de energia elétrica	3
35.14-0	Distribuição de energia elétrica	3
35.2	Produção e distribuição de combustíveis gasosos por redes urbanas	
35.20-4	Produção de gás; processamento de gás natural; distribuição de combustíveis gasosos por redes urbanas	3
35.3	Produção e distribuição de vapor, água quente e ar condicionado	
35.30-1	Produção e distribuição de vapor, água quente e ar condicionado	3
E – ÁGUA, ESGOTO, ATIVIDADES DE GESTÃO DE RESÍDUOS E DESCONTAMINAÇÃO		
36	CAPTAÇÃO, TRATAMENTO E DISTRIBUIÇÃO DE ÁGUA	
36.0	Captação, tratamento e distribuição de água	
36.00-6	Captação, tratamento e distribuição de água	3
37	ESGOTO E ATIVIDADES RELACIONADAS	
37.0	Esgoto e atividades relacionadas	

37.01-1	Gestão de redes de esgoto	3
37.02-9	Atividades relacionadas a esgoto, exceto a gestão de redes	3
38	COLETA, TRATAMENTO E DISPOSIÇÃO DE RESÍDUOS; RECUPERAÇÃO DE MATERIAIS	
38.1	Coleta de resíduos	
38.11-4	Coleta de resíduos não perigosos	3
38.12-2	Coleta de resíduos perigosos	3
38.2	Tratamento e disposição de resíduos	
38.21-1	Tratamento e disposição de resíduos não perigosos	3
38.22-0	Tratamento e disposição de resíduos perigosos	3
38.3	Recuperação de materiais	
38.31-9	Recuperação de materiais metálicos	3
38.32-7	Recuperação de materiais plásticos	3
38.39-4	Recuperação de materiais não especificados anteriormente	3
39	DESCONTAMINAÇÃO E OUTROS SERVIÇOS DE GESTÃO DE RESÍDUOS	
39.0	Descontaminação e outros serviços de gestão de resíduos	
39.00-5	Descontaminação e outros serviços de gestão de resíduos	3
F – CONSTRUÇÃO		
41	CONSTRUÇÃO DE EDIFÍCIOS	
41.1	Incorporação de empreendimentos imobiliários	
41.10-7	Incorporação de empreendimentos imobiliários	1
41.2	Construção de edifícios	
41.20-4	Construção de edifícios	3
42	OBRAS DE INFRAESTRUTURA	
42.1	Construção de rodovias, ferrovias, obras urbanas e obras de arte especiais	
42.11-1	Construção de rodovias e ferrovias	4
42.12-0	Construção de obras de arte especiais	4
42.13-8	Obras de urbanização – ruas, praças e calçadas	3
42.2	Obras de infraestrutura para energia elétrica, telecomunicações, água, esgoto e transporte por dutos	
42.21-9	Obras para geração e distribuição de energia elétrica e para telecomunicações	4
42.22-7	Construção de redes de abastecimento de água, coleta de esgoto e construções correlatas	4
42.23-5	Construção de redes de transportes por dutos, exceto para água e esgoto	4
42.9	Construção de outras obras de infraestrutura	
42.91-0	Obras portuárias, marítimas e fluviais	4
42.92-8	Montagem de instalações industriais e de estruturas metálicas	4
42.99-5	Obras de engenharia civil não especificadas anteriormente	3
43	SERVIÇOS ESPECIALIZADOS PARA CONSTRUÇÃO	
43.1	Demolição e preparação do terreno	
43.11-8	Demolição e preparação de canteiros de obras	4
43.12-6	Perfurações e sondagens	4
43.13-4	Obras de terraplenagem	3
43.19-3	Serviços de preparação do terreno não especificados anteriormente	3
43.2	Instalações elétricas, hidráulicas e outras instalações em construções	
43.21-5	Instalações elétricas	3

43.22-3	Instalações hidráulicas, de sistemas de ventilação e refrigeração	3
43.29-1	Obras de instalações em construções não especificadas anteriormente	3
43.3	Obras de acabamento	
43.30-4	Obras de acabamento	3
43.9	Outros serviços especializados para construção	
43.91-6	Obras de fundações	4
43.99-1	Serviços especializados para construção não especificados anteriormente	3
G – COMÉRCIO; REPARAÇÃO DE VEÍCULOS AUTOMOTORES E MOTOCICLETAS		
45	COMÉRCIO E REPARAÇÃO DE VEÍCULOS AUTOMOTORES E MOTOCICLETAS	
45.1	Comércio de veículos automotores	
45.11-1	Comércio a varejo e por atacado de veículos automotores	2
45.12-9	Representantes comerciais e agentes do comércio de veículos automotores	2
45.2	Manutenção e reparação de veículos automotores	
45.20-0	Manutenção e reparação de veículos automotores	3
45.3	Comércio de peças e acessórios para veículos automotores	
45.30-7	Comércio de peças e acessórios para veículos automotores	2
45.4	Comércio, manutenção e reparação de motocicletas, peças e acessórios	
45.41-2	Comércio por atacado e a varejo de motocicletas, peças e acessórios	2
45.42-1	Representantes comerciais e agentes do comércio de motocicletas, peças e acessórios	2
45.43-9	Manutenção e reparação de motocicletas	3
46	COMÉRCIO POR ATACADO, EXCETO VEÍCULOS AUTOMOTORES E MOTOCICLETAS	
46.1	Representantes comerciais e agentes do comércio, exceto de veículos automotores e motocicletas	
46.11-7	Representantes comerciais e agentes do comércio de matérias-primas agrícolas e animais vivos	2
46.12-5	Representantes comerciais e agentes do comércio de combustíveis, minerais, produtos siderúrgicos e químicos	2
46.13-3	Representantes comerciais e agentes do comércio de madeira, material de construção e ferragens	2
46.14-1	Representantes comerciais e agentes do comércio de máquinas, equipamentos, embarcações e aeronaves	2
46.15-0	Representantes comerciais e agentes do comércio de eletrodomésticos, móveis e artigos de uso doméstico	2
46.16-8	Representantes comerciais e agentes do comércio de têxteis, vestuário, calçados e artigos de viagem	2
46.17-6	Representantes comerciais e agentes do comércio de produtos alimentícios, bebidas e fumo	2
46.18-4	Representantes comerciais e agentes do comércio especializado em produtos não especificados anteriormente	2
46.19-2	Representantes comerciais e agentes do comércio de mercadorias em geral não especializado	2
46.2	Comércio atacadista de matérias-primas agrícolas e animais vivos	
46.21-4	Comércio atacadista de café em grão	2
46.22-2	Comércio atacadista de soja	2
46.23-1	Comércio atacadista de animais vivos, alimentos para animais e matérias-primas agrícolas, exceto café e soja	2
46.3	Comércio atacadista especializado em produtos alimentícios, bebidas e fumo	

46.31-1	Comércio atacadista de leite e laticínios	2
46.32-0	Comércio atacadista de cereais e leguminosas beneficiados, farinhas, amidos e féculas	2
46.33-8	Comércio atacadista de hortifrutigranjeiros	2
46.34-6	Comércio atacadista de carnes, produtos da carne e pescado	2
46.35-4	Comércio atacadista de bebidas	2
46.36-2	Comércio atacadista de produtos do fumo	2
46.37-1	Comércio atacadista especializado em produtos alimentícios não especificados anteriormente	2
46.39-7	Comércio atacadista de produtos alimentícios em geral	2
46.4	Comércio atacadista de produtos de consumo não alimentar	
46.41-9	Comércio atacadista de tecidos, artefatos de tecidos e de armarinho	2
46.42-7	Comércio atacadista de artigos do vestuário e acessórios	2
46.43-5	Comércio atacadista de calçados e artigos de viagem	2
46.44-3	Comércio atacadista de produtos farmacêuticos para uso humano e veterinário	2
46.45-1	Comércio atacadista de instrumentos e materiais para uso médico, cirúrgico, ortopédico e odontológico	2
46.46-0	Comércio atacadista de cosméticos, produtos de perfumaria e de higiene pessoal	2
46.47-8	Comércio atacadista de artigos de escritório e de papelaria; livros, jornais e outras publicações	2
46.49-4	Comércio atacadista de equipamentos e artigos de uso pessoal e doméstico não especificados anteriormente	2
46.5	Comércio atacadista de equipamentos e produtos de tecnologias de informação e comunicação	
46.51-6	Comércio atacadista de computadores, periféricos e suprimentos de informática	3
46.52-4	Comércio atacadista de componentes eletrônicos e equipamentos de telefonia e comunicação	3
46.6	Comércio atacadista de máquinas, aparelhos e equipamentos, exceto de tecnologias de informação e comunicação	
46.61-3	Comércio atacadista de máquinas, aparelhos e equipamentos para uso agropecuário; partes e peças	3
46.62-1	Comércio atacadista de máquinas, equipamentos para terraplenagem, mineração e construção; partes e peças	3
46.63-0	Comércio atacadista de máquinas e equipamentos para uso industrial; partes e peças	3
46.64-8	Comércio atacadista de máquinas, aparelhos e equipamentos para uso odonto-médico-hospitalar; partes e peças	3
46.65-6	Comércio atacadista de máquinas e equipamentos para uso comercial; partes e peças	3
46.69-9	Comércio atacadista de máquinas, aparelhos e equipamentos não especificados anteriormente; partes e peças	3
46.7	Comércio atacadista de madeira, ferragens, ferramentas, material elétrico e material de construção	
46.71-1	Comércio atacadista de madeira e produtos derivados	3
46.72-9	Comércio atacadista de ferragens e ferramentas	3
46.73-7	Comércio atacadista de material elétrico	3
46.74-5	Comércio atacadista de cimento	3
46.79-6	Comércio atacadista especializado de materiais de construção não especificados anteriormente e de materiais de construção em geral	3
46.8	Comércio atacadista especializado em outros produtos	
46.81-8	Comércio atacadista de combustíveis sólidos, líquidos e gasosos, exceto gás natural e GLP	3

46.82-6	Comércio atacadista de gás liquefeito de petróleo (GLP)	3
46.83-4	Comércio atacadista de defensivos agrícolas, adubos, fertilizantes e corretivos do solo	3
46.84-2	Comércio atacadista de produtos químicos e petroquímicos, exceto agroquímicos	3
46.85-1	Comércio atacadista de produtos siderúrgicos e metalúrgicos, exceto para construção	3
46.86-9	Comércio atacadista de papel e papelão em bruto e de embalagens	3
46.87-7	Comércio atacadista de resíduos e sucatas	3
46.89-3	Comércio atacadista especializado de outros produtos intermediários não especificados anteriormente	3
46.9	Comércio atacadista não especializado	
46.91-5	Comércio atacadista de mercadorias em geral, com predominância de produtos alimentícios	2
46.92-3	Comércio atacadista de mercadorias em geral, com predominância de insumos agropecuários	2
46.93-1	Comércio atacadista de mercadorias em geral, sem predominância de alimentos ou de insumos agropecuários	2
47	COMÉRCIO VAREJISTA	
47.1	Comércio varejista não especializado	
47.11-3	Comércio varejista de mercadorias em geral, com predominância de produtos alimentícios – hipermercados e supermercados	2
47.12-1	Comércio varejista de mercadorias em geral, com predominância de produtos alimentícios – minimercados, mercearias e armazéns	2
47.13-0	Comércio varejista de mercadorias em geral, sem predominância de produtos alimentícios	2
47.2	Comércio varejista de produtos alimentícios, bebidas e fumo	
47.21-1	Comércio varejista de produtos de padaria, laticínio, doces, balas e semelhantes	2
47.22-9	Comércio varejista de carnes e pescados – açougues e peixarias	3
47.23-7	Comércio varejista de bebidas	2
47.24-5	Comércio varejista de hortifrutigranjeiros	2
47.29-6	Comércio varejista de produtos alimentícios em geral ou especializado em produtos alimentícios não especificados anteriormente; produtos do fumo	2
47.3	Comércio varejista de combustíveis para veículos automotores	
47.31-8	Comércio varejista de combustíveis para veículos automotores	3
47.32-6	Comércio varejista de lubrificantes	3
47.4	Comércio varejista de material de construção	
47.41-5	Comércio varejista de tintas e materiais para pintura	2
47.42-3	Comércio varejista de material elétrico	1
47.43-1	Comércio varejista de vidros	2
47.44-0	Comércio varejista de ferragens, madeira e materiais de construção	2
47.5	Comércio varejista de equipamentos de informática e comunicação; equipamentos e artigos de uso doméstico	
47.51-2	Comércio varejista especializado de equipamentos e suprimentos de informática	1
47.52-1	Comércio varejista especializado de equipamentos de telefonia e comunicação	1
47.53-9	Comércio varejista especializado de eletrodomésticos e equipamentos de áudio e vídeo	1
47.54-7	Comércio varejista especializado de móveis, colchoaria e artigos de iluminação	1
47.55-5	Comércio varejista especializado de tecidos e artigos de cama, mesa e banho	1
47.56-3	Comércio varejista especializado de instrumentos musicais e acessórios	1

47.57-1	Comércio varejista especializado de peças e acessórios para aparelhos eletroeletrônicos para uso doméstico, exceto informática e comunicação	1
47.59-8	Comércio varejista de artigos de uso doméstico não especificados anteriormente	1
47.6	Comércio varejista de artigos culturais, recreativos e esportivos	
47.61-0	Comércio varejista de livros, jornais, revistas e papelaria	1
47.62-8	Comércio varejista de discos, CDs, DVDs e fitas	1
47.63-6	Comércio varejista de artigos recreativos e esportivos	1
47.7	Comércio varejista de produtos farmacêuticos, perfumaria e cosméticos e artigos médicos, ópticos e ortopédicos	
47.71-7	Comércio varejista de produtos farmacêuticos para uso humano e veterinário	2
47.72-5	Comércio varejista de cosméticos, produtos de perfumaria e de higiene pessoal	1
47.73-3	Comércio varejista de artigos médicos e ortopédicos	1
47.74-1	Comércio varejista de artigos de óptica	1
47.8	Comércio varejista de produtos novos não especificados anteriormente e de produtos usados	
47.81-4	Comércio varejista de artigos do vestuário e acessórios	1
47.82-2	Comércio varejista de calçados e artigos de viagem	1
47.83-1	Comércio varejista de joias e relógios	1
47.84-9	Comércio varejista de gás liquefeito de petróleo (GLP)	3
47.85-7	Comércio varejista de artigos usados	2
47.89-0	Comércio varejista de outros produtos novos não especificados anteriormente	1
47.9	Comércio ambulante e outros tipos de comércio varejista	
47.90-3	Comércio ambulante e outros tipos de comércio varejista	2
H – TRANSPORTE, ARMAZENAGEM E CORREIO		
49	TRANSPORTE TERRESTRE	
49.1	Transporte ferroviário e metroferroviário	
49.11-6	Transporte ferroviário de carga	3
49.12-4	Transporte metroferroviário de passageiros	3
49.2	Transporte rodoviário de passageiros	
49.21-3	Transporte rodoviário coletivo de passageiros, com itinerário fixo, municipal e em região metropolitana	3
49.22-1	Transporte rodoviário coletivo de passageiros, com itinerário fixo, intermunicipal, interestadual e internacional	3
49.23-0	Transporte rodoviário de táxi	3
49.24-8	Transporte escolar	3
49.29-9	Transporte rodoviário coletivo de passageiros, sob regime de fretamento, e outros transportes rodoviários não especificados anteriormente	3
49.3	Transporte rodoviário de carga	
49.30-2	Transporte rodoviário de carga	3
49.4	Transporte dutoviário	
49.40-0	Transporte dutoviário	3
49.5	Trens turísticos, teleféricos e similares	
49.50-7	Trens turísticos, teleféricos e similares	3
50	TRANSPORTE AQUAVIÁRIO	
50.1	Transporte marítimo de cabotagem e longo curso	
50.11-4	Transporte marítimo de cabotagem	3

50.12-2	Transporte marítimo de longo curso	3
50.2	Transporte por navegação interior	
50.21-1	Transporte por navegação interior de carga	3
50.22-0	Transporte por navegação interior de passageiros em linhas regulares	3
50.3	Navegação de apoio	
50.30-1	Navegação de apoio	3
50.9	Outros transportes aquaviários	
50.91-2	Transporte por navegação de travessia	3
50.99-8	Transportes aquaviários não especificados anteriormente	3
51	TRANSPORTE AÉREO	
51.1	Transporte aéreo de passageiros	
51.11-1	Transporte aéreo de passageiros regular	3
51.12-9	Transporte aéreo de passageiros não regular	3
51.2	Transporte aéreo de carga	
51.20-0	Transporte aéreo de carga	3
51.3	Transporte espacial	
51.30-7	Transporte espacial	3
52	ARMAZENAMENTO E ATIVIDADES AUXILIARES DOS TRANSPORTES	
52.1	Armazenamento, carga e descarga	
52.11-7	Armazenamento	3
52.12-5	Carga e descarga	3
52.2	Atividades auxiliares dos transportes terrestres	
52.21-4	Concessionárias de rodovias, pontes, túneis e serviços relacionados	3
52.22-2	Terminais rodoviários e ferroviários	3
52.23-1	Estacionamento de veículos	3
52.29-0	Atividades auxiliares dos transportes terrestres não especificadas anteriormente	3
52.3	Atividades auxiliares dos transportes aquaviários	
52.31-1	Gestão de portos e terminais	3
52.32-0	Atividades de agenciamento marítimo	3
52.39-7	Atividades auxiliares dos transportes aquaviários não especificadas anteriormente	3
52.4	Atividades auxiliares dos transportes aéreos	
52.40-1	Atividades auxiliares dos transportes aéreos	3
52.5	Atividades relacionadas à organização do transporte de carga	
52.50-8	Atividades relacionadas à organização do transporte de carga	3
53	CORREIO E OUTRAS ATIVIDADES DE ENTREGA	
53.1	Atividades de Correio	
53.10-5	Atividades de Correio	2
53.2	Atividades de malote e de entrega	
53.20-2	Atividades de malote e de entrega	2
I – ALOJAMENTO E ALIMENTAÇÃO		
55	ALOJAMENTO	
55.1	Hotéis e similares	

55.10-8	Hotéis e similares	2
55.9	Outros tipos de alojamento não especificados anteriormente	
55.90-6	Outros tipos de alojamento não especificados anteriormente	2
56	ALIMENTAÇÃO	
56.1	Restaurantes e outros serviços de alimentação e bebidas	
56.11-2	Restaurantes e outros estabelecimentos de serviços de alimentação e bebidas	2
56.12-1	Serviços ambulantes de alimentação	2
56.2	Serviços de catering, bufê e outros serviços de comida preparada	
56.20-1	Serviços de catering, bufê e outros serviços de comida preparada	2
J – INFORMAÇÃO E COMUNICAÇÃO		
58	EDIÇÃO E EDIÇÃO INTEGRADA À IMPRESSÃO	
58.1	Edição de livros, jornais, revistas e outras atividades de edição	
58.11-5	Edição de livros	3
58.12-3	Edição de jornais	3
58.13-1	Edição de revistas	3
58.19-1	Edição de cadastros, listas e outros produtos gráficos	3
58.2	Edição integrada à impressão de livros, jornais, revistas e outras publicações	
58.21-2	Edição integrada à impressão de livros	3
58.22-1	Edição integrada à impressão de jornais	3
58.23-9	Edição integrada à impressão de revistas	3
58.29-8	Edição integrada à impressão de cadastros, listas e outros produtos gráficos	3
59	ATIVIDADES CINEMATOGRÁFICAS, PRODUÇÃO DE VÍDEOS E DE PROGRAMAS DE TELEVISÃO; GRAVAÇÃO DE SOM E EDIÇÃO DE MÚSICA	
59.1	Atividades cinematográficas, produção de vídeos e de programas de televisão	
59.11-1	Atividades de produção cinematográfica, de vídeos e de programas de televisão	2
59.12-0	Atividades de pós-produção cinematográfica, de vídeos e de programas de televisão	2
59.13-8	Distribuição cinematográfica, de vídeo e de programas de televisão	2
59.14-6	Atividades de exibição cinematográfica	2
59.2	Atividades de gravação de som e de edição de música	
59.20-1	Atividades de gravação de som e de edição de música	2
60	ATIVIDADES DE RÁDIO E DE TELEVISÃO	
60.1	Atividades de rádio	
60.10-1	Atividades de rádio	2
60.2	Atividades de televisão	
60.21-7	Atividades de televisão aberta	2
60.22-5	Programadoras e atividades relacionadas à televisão por assinatura	2
61	TELECOMUNICAÇÕES	
61.1	Telecomunicações por fio	
61.10-8	Telecomunicações por fio	2
61.2	Telecomunicações sem fio	
61.20-5	Telecomunicações sem fio	2
61.3	Telecomunicações por satélite	
61.30-2	Telecomunicações por satélite	2
61.4	Operadoras de televisão por assinatura	

61.41-8	Operadoras de televisão por assinatura por cabo	2
61.42-6	Operadoras de televisão por assinatura por micro-ondas	2
61.43-4	Operadoras de televisão por assinatura por satélite	2
61.9	Outras atividades de telecomunicações	
61.90-6	Outras atividades de telecomunicações	2
62	ATIVIDADES DOS SERVIÇOS DE TECNOLOGIA DA INFORMAÇÃO	
62.0	Atividades dos serviços de tecnologia da informação	
62.01-5	Desenvolvimento de programas de computador sob encomenda	2
62.02-3	Desenvolvimento e licenciamento de programas de computador customizáveis	2
62.03-1	Desenvolvimento e licenciamento de programas de computador não customizáveis	2
62.04-0	Consultoria em tecnologia da informação	2
62.09-1	Suporte técnico, manutenção e outros serviços em tecnologia da informação	2
63	ATIVIDADES DE PRESTAÇÃO DE SERVIÇOS DE INFORMAÇÃO	
63.1	Tratamento de dados, hospedagem na internet e outras atividades relacionadas	
63.11-9	Tratamento de dados, provedores de serviços de aplicação e serviços de hospedagem na internet	2
63.19-4	Portais, provedores de conteúdo e outros serviços de informação na internet	2
63.9	Outras atividades de prestação de serviços de informação	
63.91-7	Agências de notícias	2
63.99-2	Outras atividades de prestação de serviços de informação não especificadas anteriormente	2
K – ATIVIDADES FINANCEIRAS, DE SEGUROS E SERVIÇOS RELACIONADOS		
64	ATIVIDADES DE SERVIÇOS FINANCEIROS	
64.1	Banco Central	1
64.10-7	Banco Central	1
64.2	Intermediação monetária – depósitos à vista	
64.21-2	Bancos comerciais	1
64.22-1	Bancos múltiplos, com carteira comercial	1
64.23-9	Caixas econômicas	1
64.24-7	Crédito cooperativo	1
64.3	Intermediação não monetária – outros instrumentos de captação	
64.31-0	Bancos múltiplos, sem carteira comercial	1
64.32-8	Bancos de investimento	1
64.33-6	Bancos de desenvolvimento	1
64.34-4	Agências de fomento	1
64.35-2	Crédito imobiliário	1
64.36-1	Sociedades de crédito, financiamento e investimento – financeiras	1
64.37-9	Sociedades de crédito ao microempreendedor	1
64.38-7	Bancos de câmbio e outras instituições de intermediação não monetária	1
64.4	Arrendamento mercantil	
64.40-9	Arrendamento mercantil	1
64.5	Sociedades de capitalização	
64.50-6	Sociedades de capitalização	1
64.6	Atividades de sociedades de participação	
64.61-1	Holdings de instituições financeiras	1

64.62-0	Holdings de instituições não financeiras	1
64.63-8	Outras sociedades de participação, exceto holdings	1
64.7	Fundos de investimento	
64.70-1	Fundos de investimento	1
64.9	Atividades de serviços financeiros não especificadas anteriormente	
64.91-3	Sociedades de fomento mercantil – factoring	1
64.92-1	Securitização de créditos	1
64.93-0	Administração de consórcios para aquisição de bens e direitos	1
64.99-9	Outras atividades de serviços financeiros não especificadas anteriormente	1
65	SEGUROS, RESSEGUROS, PREVIDÊNCIA COMPLEMENTAR E PLANOS DE SAÚDE	
65.1	Seguros de vida e não vida	
65.11-1	Seguros de vida	1
65.12-0	Seguros não vida	1
65.2	Seguros-saúde	
65.20-1	Seguros-saúde	1
65.3	Resseguros	
65.30-8	Resseguros	1
65.4	Previdência complementar	
65.41-3	Previdência complementar fechada	1
65.42-1	Previdência complementar aberta	1
65.5	Planos de saúde	
65.50-2	Planos de saúde	1
66	ATIVIDADES AUXILIARES DOS SERVIÇOS FINANCEIROS, SEGUROS, PREVIDÊNCIA COMPLEMENTAR E PLANOS DE SAÚDE	
66.1	Atividades auxiliares dos serviços financeiros	
66.11-8	Administração de bolsas e mercados de balcão organizados	1
66.12-6	Atividades de intermediários em transações de títulos, valores mobiliários e mercadorias	1
66.13-4	Administração de cartões de crédito	1
66.19-3	Atividades auxiliares dos serviços financeiros não especificadas anteriormente	1
66.2	Atividades auxiliares dos seguros, da previdência complementar e dos planos de saúde	
66.21-5	Avaliação de riscos e perdas	1
66.22-3	Corretores e agentes de seguros, de planos de previdência complementar e de saúde	1
66.29-1	Atividades auxiliares dos seguros, da previdência complementar e dos planos de saúde não especificadas anteriormente	1
66.3	Atividades de administração de fundos por contrato ou comissão	
66.30-4	Atividades de administração de fundos por contrato ou comissão	1
L – ATIVIDADES IMOBILIÁRIAS		
68	ATIVIDADES IMOBILIÁRIAS	
68.1	Atividades imobiliárias de imóveis próprios	
68.10-2	Atividades imobiliárias de imóveis próprios	1
68.2	Atividades imobiliárias por contrato ou comissão	
68.21-8	Intermediação na compra, venda e aluguel de imóveis	1
68.22-6	Gestão e administração da propriedade imobiliária	1

M – ATIVIDADES PROFISSIONAIS, CIENTÍFICAS E TÉCNICAS		
69	ATIVIDADES JURÍDICAS, DE CONTABILIDADE E DE AUDITORIA	
69.1	Atividades jurídicas	
69.11-7	Atividades jurídicas, exceto cartórios	1
69.12-5	Cartórios	1
69.2	Atividades de contabilidade, consultoria e auditoria contábil e tributária	
69.20-6	Atividades de contabilidade, consultoria e auditoria contábil e tributária	1
70	ATIVIDADES DE SEDES DE EMPRESAS E DE CONSULTORIA EM GESTÃO EMPRESARIAL	
70.1	Sedes de empresas e unidades administrativas locais	
70.10-7	Sedes de empresas e unidades administrativas locais	1
70.2	Atividades de consultoria em gestão empresarial	
70.20-4	Atividades de consultoria em gestão empresarial	1
71	SERVIÇOS DE ARQUITETURA E ENGENHARIA; TESTES E ANÁLISES TÉCNICAS	
71.1	Serviços de arquitetura e engenharia e atividades técnicas relacionadas	
71.11-1	Serviços de arquitetura	1
71.12-0	Serviços de engenharia	1
71.19-7	Atividades técnicas relacionadas à arquitetura e engenharia	1
71.2	Testes e análises técnicas	
71.20-1	Testes e análises técnicas	2
72	PESQUISA E DESENVOLVIMENTO CIENTÍFICO	
72.1	Pesquisa e desenvolvimento experimental em ciências físicas e naturais	
72.10-0	Pesquisa e desenvolvimento experimental em ciências físicas e naturais	2
72.2	Pesquisa e desenvolvimento experimental em ciências sociais e humanas	
72.20-7	Pesquisa e desenvolvimento experimental em ciências sociais e humanas	2
73	PUBLICIDADE E PESQUISA DE MERCADO	
73.1	Publicidade	
73.11-4	Agências de publicidade	1
73.12-2	Agenciamento de espaços para publicidade, exceto em veículos de comunicação	1
73.19-0	Atividades de publicidade não especificadas anteriormente	1
73.2	Pesquisas de mercado e de opinião pública	
73.20-3	Pesquisas de mercado e de opinião pública	1
74	OUTRAS ATIVIDADES PROFISSIONAIS, CIENTÍFICAS E TÉCNICAS	
74.1	Design e decoração de interiores	
74.10-2	Design e decoração de interiores	1
74.2	Atividades fotográficas e similares	
74.20-0	Atividades fotográficas e similares	2
74.9	Atividades profissionais, científicas e técnicas não especificadas anteriormente	
74.90-1	Atividades profissionais, científicas e técnicas não especificadas anteriormente	1
	ATIVIDADES VETERINÁRIAS	
75.0	Atividades veterinárias	
75.00-1	Atividades veterinárias	3
N – ATIVIDADES ADMINISTRATIVAS E SERVIÇOS COMPLEMENTARES		
77	ALUGUÉIS NÃO IMOBILIÁRIOS E GESTÃO DE ATIVOS INTANGÍVEIS NÃO FINANCEIROS	
77.1	Locação de meios de transporte sem condutor	

77.11-0	Locação de automóveis sem condutor	1
77.19-5	Locação de meios de transporte, exceto automóveis, sem condutor	1
77.2	Aluguel de objetos pessoais e domésticos	
77.21-7	Aluguel de equipamentos recreativos e esportivos	1
77.22-5	Aluguel de fitas de vídeo, DVDs e similares	1
77.23-3	Aluguel de objetos do vestuário, joias e acessórios	1
77.29-2	Aluguel de objetos pessoais e domésticos não especificados anteriormente	1
77.3	Aluguel de máquinas e equipamentos sem operador	
77.31-4	Aluguel de máquinas e equipamentos agrícolas sem operador	1
77.32-2	Aluguel de máquinas e equipamentos para construção sem operador	1
77.33-1	Aluguel de máquinas e equipamentos para escritório	1
77.39-0	Aluguel de máquinas e equipamentos não especificados anteriormente	1
77.4	Gestão de ativos intangíveis não financeiros	
77.40-3	Gestão de ativos intangíveis não financeiros	1
78	SELEÇÃO, AGENCIAMENTO E LOCAÇÃO DE MÃO DE OBRA	
78.1	Seleção e agenciamento de mão de obra	
78.10-8	Seleção e agenciamento de mão de obra	1
78.2	Locação de mão de obra temporária	
78.20-5	Locação de mão de obra temporária	1
78.3	Fornecimento e gestão de recursos humanos para terceiros	
78.30-2	Fornecimento e gestão de recursos humanos para terceiros	1
79	AGÊNCIAS DE VIAGENS, OPERADORES TURÍSTICOS E SERVIÇOS DE RESERVAS	
79.1	Agências de viagens e operadores turísticos	
79.11-2	Agências de viagens	1
79.12-1	Operadores turísticos	1
79.9	Serviços de reservas e outros serviços de turismo não especificados anteriormente	
79.90-2	Serviços de reservas e outros serviços de turismo não especificados anteriormente	1
80	ATIVIDADES DE VIGILÂNCIA, SEGURANÇA E INVESTIGAÇÃO	
80.1	Atividades de vigilância, segurança privada e transporte de valores	
80.11-1	Atividades de vigilância e segurança privada	3
80.12-9	Atividades de transporte de valores	3
80.2	Atividades de monitoramento de sistemas de segurança	
80.20-0	Atividades de monitoramento de sistemas de segurança	3
80.3	Atividades de investigação particular	
80.30-7	Atividades de investigação particular	3
81	SERVIÇOS PARA EDIFÍCIOS E ATIVIDADES PAISAGÍSTICAS	
81.1	Serviços combinados para apoio a edifícios	
81.11-7	Serviços combinados para apoio a edifícios, exceto condomínios prediais	2
81.12-5	Condomínios prediais	2
81.2	Atividades de limpeza	
81.21-4	Limpeza em prédios e em domicílios	3
81.22-2	Imunização e controle de pragas urbanas	3
81.29-0	Atividades de limpeza não especificadas anteriormente	3
81.3	Atividades paisagísticas	

81.30-3	Atividades paisagísticas	1
82	SERVIÇOS DE ESCRITÓRIO, DE APOIO ADMINISTRATIVO E OUTROS SERVIÇOS PRESTADOS ÀS EMPRESAS	
82.1	Serviços de escritório e apoio administrativo	
82.11-3	Serviços combinados de escritório e apoio administrativo	1
82.19-9	Fotocópias, preparação de documentos e outros serviços especializados de apoio administrativo	2
82.2	Atividades de teleatendimento	
82.20-2	Atividades de teleatendimento	2
82.3	Atividades de organização de eventos, exceto culturais e esportivos	
82.30-0	Atividades de organização de eventos, exceto culturais e esportivos	2
82.9	Outras atividades de serviços prestados principalmente às empresas	
82.91-1	Atividades de cobrança e informações cadastrais	2
82.92-0	Envasamento e empacotamento sob contrato	2
82.99-7	Atividades de serviços prestados principalmente às empresas não especificadas anteriormente	2
O – ADMINISTRAÇÃO PÚBLICA, DEFESA E SEGURIDADE SOCIAL		
84	ADMINISTRAÇÃO PÚBLICA, DEFESA E SEGURIDADE SOCIAL	
84.1	Administração do estado e da política econômica e social	
84.11-6	Administração pública em geral	1
84.12-4	Regulação das atividades de saúde, educação, serviços culturais e outros serviços sociais	1
84.13-2	Regulação das atividades econômicas	1
84.2	Serviços coletivos prestados pela administração pública	
84.21-3	Relações exteriores	1
84.22-1	Defesa	1
84.23-0	Justiça	1
84.24-8	Segurança e ordem pública	1
84.25-6	Defesa Civil	1
84.3	Seguridade social obrigatória	
84.30-2	Seguridade social obrigatória	1
P – EDUCAÇÃO		
85	EDUCAÇÃO	
85.1	Educação infantil e ensino fundamental	
85.11-2	Educação infantil – creche	2
85.12-1	Educação infantil – pré-escola	2
85.13-9	Ensino fundamental	2
85.2	Ensino médio	
85.20-1	Ensino médio	2
85.3	Educação superior	
85.31-7	Educação superior – graduação	2
85.32-5	Educação superior – graduação e pós-graduação	2
85.33-3	Educação superior – pós-graduação e extensão	2
85.4	Educação profissional de nível técnico e tecnológico	
85.41-4	Educação profissional de nível técnico	2
85.42-2	Educação profissional de nível tecnológico	2

85.5	Atividades de apoio à educação	
85.50-3	Atividades de apoio à educação	2
85.9	Outras atividades de ensino	
85.91-1	Ensino de esportes	2
85.92-9	Ensino de arte e cultura	2
85.93-7	Ensino de idiomas	2
85.99-6	Atividades de ensino não especificadas anteriormente	2
Q – SAÚDE HUMANA E SERVIÇOS SOCIAIS		
86	ATIVIDADES DE ATENÇÃO À SAÚDE HUMANA	
86.1	Atividades de atendimento hospitalar	
86.10-1	Atividades de atendimento hospitalar	3
86.2	Serviços móveis de atendimento a urgências e de remoção de pacientes	
86.21-6	Serviços móveis de atendimento a urgências	3
86.22-4	Serviços de remoção de pacientes, exceto os serviços móveis de atendimento a urgências	3
86.3	Atividades de atenção ambulatorial executadas por médicos e odontólogos	
86.30-5	Atividades de atenção ambulatorial executadas por médicos e odontólogos	3
86.4	Atividades de serviços de complementação diagnóstica e terapêutica	
86.40-2	Atividades de serviços de complementação diagnóstica e terapêutica	3
86.5	Atividades de profissionais da área de saúde, exceto médicos e odontólogos	
86.50-0	Atividades de profissionais da área de saúde, exceto médicos e odontólogos	2
86.6	Atividades de apoio à gestão de saúde	
86.60-7	Atividades de apoio à gestão de saúde	1
86.9	Atividades de atenção à saúde humana não especificadas anteriormente	
86.90-9	Atividades de atenção à saúde humana não especificadas anteriormente	1
87	ATIVIDADES DE ATENÇÃO À SAÚDE HUMANA INTEGRADAS COM ASSISTÊNCIA SOCIAL, PRESTADAS EM RESIDÊNCIAS COLETIVAS E PARTICULARES	
87.1	Atividades de assistência a idosos, deficientes físicos, imunodeprimidos e convalescentes, e de infraestrutura e apoio a pacientes prestadas em residências coletivas e particulares	
87.11-5	Atividades de assistência a idosos, deficientes físicos, imunodeprimidos e convalescentes prestadas em residências coletivas e particulares	1
87.12-3	Atividades de fornecimento de infraestrutura de apoio e assistência a paciente no domicílio	1
87.2	Atividades de assistência psicossocial e à saúde a portadores de distúrbios psíquicos, deficiência mental e dependência química	
87.20-4	Atividades de assistência psicossocial e à saúde a portadores de distúrbios psíquicos, deficiência mental e dependência química	1
87.3	Atividades de assistência social prestadas em residências coletivas e particulares	1
87.30-1	Atividades de assistência social prestadas em residências coletivas e particulares	1
88	SERVIÇOS DE ASSISTÊNCIA SOCIAL SEM ALOJAMENTO	
88.0	Serviços de assistência social sem alojamento	
88.00-6	Serviços de assistência social sem alojamento	1
R – ARTES, CULTURA, ESPORTE E RECREAÇÃO		
90	ATIVIDADES ARTÍSTICAS, CRIATIVAS E DE ESPETÁCULOS	
90.0	Atividades artísticas, criativas e de espetáculos	
90.01-9	Artes cênicas, espetáculos e atividades complementares	2
90.02-7	Criação artística	2

90.03-5	Gestão de espaços para artes cênicas, espetáculos e outras atividades artísticas	1
91	ATIVIDADES LIGADAS AO PATRIMÔNIO CULTURAL E AMBIENTAL	
91.0	Atividades ligadas ao patrimônio cultural e ambiental	
91.01-5	Atividades de bibliotecas e arquivos	2
91.02-3	Atividades de museus e de exploração, restauração artística e conservação de lugares e prédios históricos e atrações similares	2
91.03-1	Atividades de jardins botânicos, zoológicos, parques nacionais, reservas ecológicas e áreas de proteção ambiental	2
92	ATIVIDADES DE EXPLORAÇÃO DE JOGOS DE AZAR E APOSTAS	
92.0	Atividades de exploração de jogos de azar e apostas	
92.00-3	Atividades de exploração de jogos de azar e apostas	1
93	ATIVIDADES ESPORTIVAS E DE RECREAÇÃO E LAZER	
93.1	Atividades esportivas	
93.11-5	Gestão de instalações de esportes	1
93.12-3	Clubes sociais, esportivos e similares	2
93.13-1	Atividades de condicionamento físico	2
93.19-1	Atividades esportivas não especificadas anteriormente	2
93.2	Atividades de recreação e lazer	
93.21-2	Parques de diversão e parques temáticos	2
93.29-8	Atividades de recreação e lazer não especificadas anteriormente	2
S – OUTRAS ATIVIDADES DE SERVIÇOS		
94	ATIVIDADES DE ORGANIZAÇÕES ASSOCIATIVAS	
94.1	Atividades de organizações associativas patronais, empresariais e profissionais	
94.11-1	Atividades de organizações associativas patronais e empresariais	1
94.12-0	Atividades de organizações associativas profissionais	1
94.2	Atividades de organizações sindicais	
94.20-1	Atividades de organizações sindicais	1
94.3	Atividades de associações de defesa de direitos sociais	
94.30-8	Atividades de associações de defesa de direitos sociais	1
94.9	Atividades de organizações associativas não especificadas anteriormente	
94.91-0	Atividades de organizações religiosas	1
94.92-8	Atividades de organizações políticas	1
94.93-6	Atividades de organizações associativas ligadas à cultura e à arte	1
94.99-5	Atividades associativas não especificadas anteriormente	1
95	REPARAÇÃO E MANUTENÇÃO DE EQUIPAMENTOS DE INFORMÁTICA E COMUNICAÇÃO E DE OBJETOS PESSOAIS E DOMÉSTICOS	
95.1	Reparação e manutenção de equipamentos de informática e comunicação	
95.11-8	Reparação e manutenção de computadores e de equipamentos periféricos	3
95.12-6	Reparação e manutenção de equipamentos de comunicação	3
95.2	Reparação e manutenção de objetos e equipamentos pessoais e domésticos	
95.21-5	Reparação e manutenção de equipamentos eletroeletrônicos de uso pessoal e doméstico	3
95.29-1	Reparação e manutenção de objetos e equipamentos pessoais e domésticos não especificados anteriormente	3
96	OUTRAS ATIVIDADES DE SERVIÇOS PESSOAIS	

96.0	Outras atividades de serviços pessoais	
96.01-7	Lavanderias, tinturarias e toalheiros	2
96.02-5	Cabeleireiros e outras atividades de tratamento de beleza	2
96.03-3	Atividades funerárias e serviços relacionados	2
96.09-2	Atividades de serviços pessoais não especificadas anteriormente	2
T – SERVIÇOS DOMÉSTICOS		
97	SERVIÇOS DOMÉSTICOS	
97.0	Serviços domésticos	
97.00-5	Serviços domésticos	2
U – ORGANISMOS INTERNACIONAIS E OUTRAS INSTITUIÇÕES EXTRATERRITORIAIS		
99	ORGANISMOS INTERNACIONAIS E OUTRAS INSTITUIÇÕES EXTRATERRITORIAIS	
99.0	Organismos internacionais e outras instituições extraterritoriais	
99.00-8	Organismos internacionais e outras instituições extraterritoriais	1

Quadro II

Dimensionamento dos SESMT

•• Quadro II com redação determinada pela Portaria n. 34, de 11-12-1987.

GRAU DE RISCO	N. DE EMPREGADOS NO ESTABELECIMENTO / TÉCNICOS	50 A 100	101 A 250	251 A 500	501 A 1.000	1.001 A 2.000	2.001 A 3.500	3.501 A 5.000	ACIMA DE 5.000 PARA CADA GRUPO DE 4.000 OU FRAÇÃO ACIMA DE 2.000 **
1	Técnico Seg. Trabalho				1	1	1	2	1
1	Engenheiro Seg. Trabalho						1•	1	1•
1	Aux. Enfermag. Trabalho						1	1	1
1	Enfermeiro do Trabalho							1•	
1	Médico do Trabalho					1•	1•	1	1•
2	Técnico Seg. Trabalho				1	1	2	5	1
2	Engenheiro Seg. Trabalho					1•	1	1	1•
2	Aux. Enfermag. do Trabalho					1	1	1	1
2	Enfermeiro do Trabalho							1	
2	Médico do Trabalho					1•	1	1	1
3	Técnico Seg.Trabalho		1	2	3	4	6	8	3
3	Engenheiro Seg.Trabalho				1•	1	1	2	1
3	Aux. Enfermag. do Trabalho					1	2	1	1
3	Enfermeiro do Trabalho							1	
3	Médico do Trabalho				1•	1	1	2	1
4	Técnico Seg. Trabalho	1	2	3	4	5	8	10	3
4	Engenheiro Seg. Trabalho		1•	1•	1	1	2	3	1

NR 4

GRAU DE RISCO	N. DE EMPREGADOS NO ESTABELECIMENTO / TÉCNICOS	50 A 100	101 A 250	251 A 500	501 A 1.000	1.001 A 2.000	2.001 A 3.500	3.501 A 5.000	ACIMA DE 5.000 PARA CADA GRUPO DE 4.000 OU FRAÇÃO ACIMA DE 2.000 **
4	Aux. Enfermag. do Trabalho				1	1	2	1	1
4	Enfermeiro do Trabalho							1	
4	Médico do Trabalho		1•	1•	1	1	2	3	1

(•) – Tempo parcial (mínimo de três horas).

(**) – O dimensionamento total deverá ser feito levando-se em consideração o dimensionamento da faixa de 3.501 a 5.000 mais o dimensionamento do(s) grupo(s) de 4.000 ou fração acima de 2.000.

OBS.: Hospitais, Ambulatórios, Maternidades, Casas de Saúde e Repouso, Clínicas e estabelecimentos similares com mais de 500 (quinhentos) empregados, deverão contratar um Enfermeiro do Trabalho em tempo integral.

Quadro III

Acidentes com Vítima

ACIDENTES COM VÍTIMA DATA DO MAPA: ___/___/___

RESPONSÁVEL: ______________________ ASS.: ______________

SETOR	N. ABSOLUTO	N. ABSOLUTO COM AFASTAMENTO ≤ 15 DIAS	N. ABSOLUTO COM AFASTAMENTO > 15 DIAS	N. ABSOLUTO SEM AFASTAMENTO	ÍNDICE RELATIVO / TOTAL DE EMPREGADOS	DIAS/HOMENS PERDIDOS	TAXA DE FREQUÊNCIA	ÓBITOS	ÍNDICE DE AVALIAÇÃO DA GRAVIDADE
TOTAL DO ESTABELECIMENTO									

Quadro IV

Doenças Ocupacionais

DOENÇAS OCUPACIONAIS DATA DO MAPA: ___/___/___

RESPONSÁVEL: ______________________ ASS.: ______________

TIPO DE DOENÇA	N. ABSOLUTO DE CASOS	SETORES DE ATIVIDADES DOS PORTADORES (*)	N. RELATIVO DE CASOS (% TOTAL EMPREGADOS)	N. DE ÓBITOS	N. DE TRABALHADORES TRANSFERIDOS P/OUTRO SETOR	N. DE TRABALHADORES DEFINITIVAMENTE INCAPACITADOS

(*) Codificar no verso. Por exemplo 1 – setor embalagens; 2 – setor montagem.

Quadro V

Insalubridade

INSALUBRIDADE DATA DO MAPA: ____/____/____

RESPONSÁVEL: ______________________________ ASS.: __________________________

SETOR	AGENTES IDENTIFICADOS	INTENSIDADE OU CONCENTRAÇÃO	N. DE TRABALHADORES EXPOSTOS

Quadro VI

Acidentes sem Vítima

DATA DO MAPA: ____/____/____

RESPONSÁVEL: ______________________________ ASS.: __________________________

SETOR	N. DE ACIDENTES	PERDA MATERIAL AVALIADA (Cr$ 1.000,00)	ACID. S/VÍTIMA ACID. C/VÍTIMA	OBSERVAÇÕES
TOTAL DO ESTABELECIMENTO				

NR 5

Comissão Interna de Prevenção de Acidentes – CIPA (1)

•• *Vide* Portaria n. 422, de 7-10-2021, do MTP, que aprova a nova redação desta Norma Regulamentadora.

SUMÁRIO:

5.1. Objetivo

5.1.1. Esta Norma Regulamentadora – NR estabelece os parâmetros e os requisitos da Comissão Interna de Prevenção de Acidentes – CIPA, tendo por objetivo a prevenção de acidentes e doenças relacionadas ao trabalho, de modo a tornar compatível, permanentemente, o trabalho com a preservação da vida e promoção da saúde do trabalhador.

5.2. Campo de aplicação

5.2.1. As organizações e os órgãos públicos da administração direta e indireta, bem como os órgãos dos Poderes Legislativo, Judiciário e Ministério Público, que possuam empregados regidos pela Consolidação das Leis do Trabalho – CLT, devem constituir e manter CIPA.

5.2.2. Nos termos previstos em lei, aplica-se o disposto nesta NR a outras relações jurídicas de trabalho.

5.3. Atribuições

5.3.1. A CIPA tem por atribuições:

a) acompanhar o processo de identificação de perigos e avaliação de riscos, bem como a adoção de medidas de prevenção implementadas pela organização;

b) registrar a percepção dos riscos dos trabalhadores, em conformidade com o subitem 1.5.3.3 da NR-1, por meio do mapa de risco ou outra técnica ou ferramenta apropriada à sua escolha, sem ordem de preferência, com assessoria do Serviço Especializado em Segurança e em Medicina do Trabalho – SESMT, onde houver;

c) verificar os ambientes e as condições de trabalho, visando identificar situações que possam trazer riscos para a segurança e saúde dos trabalhadores;

d) elaborar e acompanhar plano de trabalho que possibilite a ação preventiva em segurança e saúde no trabalho;

e) participar no desenvolvimento e implementação de programas relacionados à segurança e saúde no trabalho;

f) acompanhar a análise dos acidentes e doenças relacionadas ao trabalho, nos termos da NR-1, e propor, quando for o caso, medidas para a solução dos problemas identificados;

g) requisitar à organização as informações sobre questões relacionadas à segurança e saúde dos trabalhadores, incluindo as Comunicações de Acidente de Trabalho – CAT emitidas pela organização, resguardados o sigilo médico e as informações pessoais;

h) propor ao SESMT, quando houver, ou à organização, a análise das condições ou situações de trabalho nas quais considere haver risco grave e iminente à segurança e saúde dos trabalhadores e, se for o caso, a interrupção das atividades até a adoção das medidas corretivas e de controle; e

i) promover, anualmente, em conjunto com o SESMT, onde houver, a Semana Interna de Prevenção de Acidentes do Trabalho – SIPAT, conforme programação definida pela CIPA.

5.3.2. Cabe à organização:

a) proporcionar aos membros da CIPA os meios necessários ao desempenho de suas atribuições, garantindo tempo suficiente para a realização das tarefas constantes no plano de trabalho;

b) permitir a colaboração dos trabalhadores nas ações da CIPA; e

c) fornecer à CIPA, quando requisitadas, as informações relacionadas às suas atribuições.

5.3.3. Cabe aos trabalhadores indicar à CIPA, ao SESMT e à organização situações de riscos e apresentar sugestões para melhoria das condições de trabalho.

5.3.4. Cabe ao Presidente da CIPA:

a) convocar os membros para as reuniões; e

b) coordenar as reuniões, encaminhando à organização e ao SESMT, quando houver, as decisões da comissão.

5.3.5. Cabe ao Vice-Presidente substituir o Presidente nos seus impedimentos eventuais ou nos seus afastamentos temporários.

---

(1) NR aprovada pela Portaria n. 3.214, de 8-6-1978, e com redação determinada pela Portaria n. 422, de 7-10-2021.

5.3.6. O Presidente e o Vice-Presidente da CIPA, em conjunto, terão as seguintes atribuições:

a) coordenar e supervisionar as atividades da CIPA, zelando para que os objetivos propostos sejam alcançados; e

b) divulgar as decisões da CIPA a todos os trabalhadores do estabelecimento.

5.4. Constituição e estruturação

5.4.1. A CIPA será constituída por estabelecimento e composta de representantes da organização e dos empregados, de acordo com o dimensionamento previsto no Quadro I desta NR, ressalvadas as disposições para setores econômicos específicos.

5.4.2. As CIPA das organizações que operem em regime sazonal devem ser dimensionadas tomando-se por base a média aritmética do número de trabalhadores do ano civil anterior e obedecido o disposto no Quadro I desta NR.

5.4.3. Os representantes da organização na CIPA, titulares e suplentes, serão por ela designados.

5.4.4. Os representantes dos empregados, titulares e suplentes, serão eleitos em escrutínio secreto, do qual participem, independentemente de filiação sindical, exclusivamente os empregados interessados.

5.4.5. A organização designará, entre seus representantes, o Presidente da CIPA, e os representantes eleitos dos empregados escolherão, entre os titulares, o vice-presidente.

5.4.6. O mandato dos membros eleitos da CIPA terá a duração de um ano, permitida uma reeleição.

5.4.7. Os membros da CIPA, eleitos e designados, serão empossados no primeiro dia útil após o término do mandato anterior.

5.4.8. A organização deve fornecer cópias das atas de eleição e posse aos membros titulares e suplentes da CIPA.

5.4.9. Quando solicitada, a organização encaminhará a documentação referente ao processo eleitoral da CIPA, podendo ser em meio eletrônico, ao sindicato dos trabalhadores da categoria preponderante, no prazo de até dez dias.

5.4.10. A CIPA não poderá ter seu número de representantes reduzido, bem como não poderá ser desativada pela organização, antes do término do mandato de seus membros, ainda que haja redução do número de empregados, exceto no caso de encerramento das atividades do estabelecimento.

5.4.11. É vedada à organização, em relação ao integrante eleito da CIPA:

a) a alteração de suas atividades normais na organização que prejudique o exercício de suas atribuições; e

b) a transferência para outro estabelecimento, sem a sua anuência, ressalvado o disposto nos parágrafos primeiro e segundo do art. 469 da CLT.

5.4.12. É vedada a dispensa arbitrária ou sem justa causa do empregado eleito para cargo de direção da CIPA, desde o registro de sua candidatura até um ano após o final de seu mandato.

5.4.12.1. O término do contrato de trabalho por prazo determinado não caracteriza dispensa arbitrária ou sem justa causa do empregado eleito para cargo de direção da CIPA.

5.4.13. Quando o estabelecimento não se enquadrar no disposto no Quadro I e não for atendido por SESMT, nos termos da Norma Regulamentadora n. 4 (NR-4), a organização nomeará um representante da organização entre seus empregados para auxiliar na execução das ações de prevenção em segurança e saúde no trabalho, podendo ser adotados mecanismos de participação dos empregados, por meio de negociação coletiva.

5.4.13.1. No caso de atendimento pelo SESMT, este deverá desempenhar as atribuições da CIPA.

5.4.13.2. O microempreendedor individual – MEI está dispensado de nomear o representante previsto no item 5.4.13.

5.4.14. A nomeação de empregado como representante da organização e sua forma de atuação devem ser formalizadas anualmente pela organização.

5.4.15. A nomeação de empregado como representante da organização não impede o seu ingresso na CIPA, quando da sua constituição, seja como representante do empregador ou como dos empregados.

5.5. Processo eleitoral

5.5.1. Compete ao empregador convocar eleições para escolha dos representantes dos empregados na CIPA, no prazo mínimo de sessenta dias antes do término do mandato em curso.

5.5.1.1. A organização deve comunicar, com antecedência, podendo ser por meio eletrônico, com confirmação de entrega, o início do processo eleitoral ao sindicato da categoria preponderante.

5.5.2. O Presidente e o Vice-Presidente da CIPA constituirão dentre seus membros a comissão eleitoral, que será a responsável pela organização e acompanhamento do processo eleitoral.

5.5.2.1. Nos estabelecimentos onde não houver CIPA, a comissão eleitoral será constituída pela organização.

5.5.3. O processo eleitoral deve observar as seguintes condições:

a) publicação e divulgação de edital de convocação da eleição e abertura de prazos para inscrição de candidatos, em locais de fácil acesso e visualização, podendo ser em meio físico ou eletrônico;

b) inscrição e eleição individual, sendo que o período mínimo para inscrição será de quinze dias corridos;

c) liberdade de inscrição para todos os empregados do estabelecimento, independentemente de setores ou locais de trabalho, com fornecimento de comprovante em meio físico ou eletrônico;

d) garantia de emprego até a eleição para todos os empregados inscritos;

e) publicação e divulgação da relação dos empregados inscritos, em locais de fácil acesso e visualização, podendo ser em meio físico ou eletrônico;

f) realização da eleição no prazo mínimo de trinta dias antes do término do mandato da CIPA, quando houver;

g) realização de eleição em dia normal de trabalho, respeitando os horários de turnos e em horário que possibilite a participação da maioria dos empregados do estabelecimento;

h) voto secreto;

i) apuração dos votos, em horário normal de trabalho, com acompanhamento de representante da organização e dos empregados, em número a ser definido pela comissão eleitoral, facultado o acompanhamento dos candidatos; e

j) organização da eleição por meio de processo que garanta tanto a segurança do sistema como a confidencialidade e a precisão do registro dos votos.

5.5.4. Na hipótese de haver participação inferior a cinquenta por cento dos empregados na votação, não haverá a apuração dos votos e a comissão eleitoral deverá prorrogar o período de votação para o dia subsequente, computando-se os votos já registrados no dia anterior, a qual será considerada válida com a participação de, no mínimo, um terço dos empregados.

5.5.4.1. Constatada a participação inferior a um terço dos empregados no segundo dia de votação, não haverá a apuração dos votos e a comissão eleitoral deverá prorrogar o período de votação para o dia subsequente, computando-se os votos já registrados nos dias anteriores, a qual será considerada válida com a participação de qualquer número de empregados.

5.5.4.2. A prorrogação referida nos subitens 5.5.4 e 5.5.4.1 deve ser comunicada ao sindicato da categoria profissional preponderante.

5.5.5. As denúncias sobre o processo eleitoral deverão ser protocolizadas na unidade descentralizada de inspeção do trabalho, até trinta dias após a data da divulgação do resultado da eleição da CIPA.

5.5.5.1. Compete à autoridade máxima regional em matéria de inspeção do trabalho, confirmadas irregularidades no processo eleitoral, determinar a sua correção ou proceder à anulação, quando for o caso.

5.5.5.2. Em caso de anulação somente da votação, a organização convocará nova votação, no prazo de dez dias, a contar da data de ciência, garantidas as inscrições anteriores.

5.5.5.3. Nos demais casos, a decisão da autoridade máxima regional em matéria de inspeção do trabalho determinará os atos atingidos, as providências e os prazos a serem adotados, atendidos os prazos previstos nesta NR.

5.5.5.4. Quando a anulação se der antes da posse dos membros da CIPA, ficará assegurada a prorrogação do mandato anterior, quando houver, até a complementação do processo eleitoral.

5.5.6. Assumirão a condição de membros titulares e suplentes os candidatos mais votados.

5.5.7. Em caso de empate, assumirá aquele que tiver maior tempo de serviço no estabelecimento.

5.5.8. Os candidatos votados e não eleitos serão relacionados na ata de eleição e apuração, em ordem decrescente de votos, possibilitando nomeação posterior, em caso de vacância de suplentes.

5.6. Funcionamento

5.6.1. A CIPA terá reuniões ordinárias mensais, de acordo com o calendário preestabelecido.

5.6.1.1. A critério da CIPA, nas Microempresas – ME e Empresas de Pequeno Porte – EPP, graus de risco 1 e 2, as reuniões poderão ser bimestrais.

5.6.2. As reuniões ordinárias da CIPA serão realizadas na organização, preferencialmente, de forma presencial, podendo a participação ocorrer de forma remota.

5.6.2.1. A data e horário das reuniões serão acordadas entre os seus membros, observando os turnos e as jornadas de trabalho.

5.6.3. As reuniões da CIPA terão atas assinadas pelos presentes.

5.6.3.1. As atas das reuniões devem ser disponibilizadas a todos os integrantes da CIPA, podendo ser por meio eletrônico.

5.6.3.2. As deliberações e encaminhamentos das reuniões da CIPA devem ser disponibilizadas a todos os empregados, em quadro de aviso ou por meio eletrônico.

5.6.4. As reuniões extraordinárias devem ser realizadas quando:

a) ocorrer acidente do trabalho grave ou fatal; ou

b) houver solicitação de uma das representações.

5.6.5. Para cada reunião ordinária ou extraordinária, os membros da CIPA designarão o secretário responsável por redigir a ata.

5.6.6. O membro titular perderá o mandato, sendo substituído por suplente, quando faltar a mais de quatro reuniões ordinárias sem justificativa.

5.6.7. A vacância definitiva de cargo, ocorrida durante o mandato, será suprida por suplente, obedecida a ordem de colocação decrescente que consta na ata de eleição, devendo os motivos ser registrados em ata de reunião.

5.6.7.1. Caso não existam mais suplentes, durante os primeiros seis meses do mandato, a organização deve realizar eleição extraordinária para suprir a vacância, que somente será considerada válida com a participação de, no mínimo, um terço dos trabalhadores.

5.6.7.1.1. Os prazos da eleição extraordinária serão reduzidos à metade dos prazos previstos no processo eleitoral definidos nesta NR.

5.6.7.1.2. As demais exigências estabelecidas para o processo eleitoral devem ser atendidas.

5.6.7.2. No caso de afastamento definitivo do presidente, a organização indicará o substituto, em dois dias úteis, preferencialmente entre os membros da CIPA.

5.6.7.3. No caso de afastamento definitivo do vice-presidente, os membros titulares da representação dos empregados, escolherão o substituto, entre seus titulares, em dois dias úteis.

5.6.7.4. O mandato do membro eleito em processo eleitoral extraordinário deve ser compatibilizado com o mandato dos demais membros da Comissão.

5.6.7.5. O treinamento de membro eleito em processo extraordinário deve ser realizado no prazo máximo de trinta dias, contado a partir da data da posse.

5.6.8. As decisões da CIPA serão, preferencialmente, por consenso.

5.6.8.1. Não havendo consenso, a CIPA deve regular o procedimento de votação e o pedido de reconsideração da decisão.

5.7. Treinamento

5.7.1. A organização deve promover treinamento para o representante nomeado previsto no item 5.4.13 desta NR e para os membros da CIPA, titulares e suplentes, antes da posse.

5.7.1.1. O treinamento de CIPA, em primeiro mandato, será realizado no prazo máximo de trinta dias, contados a partir da data da posse.

5.7.2. O treinamento deve contemplar, no mínimo, os seguintes itens:

a) estudo do ambiente, das condições de trabalho, bem como, dos riscos originados do processo produtivo;

b) noções sobre acidentes e doenças relacionadas ao trabalho, decorrentes das condições de trabalho e da exposição aos riscos existentes no estabelecimento e suas medidas de prevenção;

c) metodologia de investigação e análise de acidentes e doenças relacionadas ao trabalho;

d) princípios gerais de higiene do trabalho e de medidas de prevenção dos riscos;

e) noções sobre as legislações trabalhista e previdenciária relativas à segurança e saúde no trabalho;

f) noções sobre a inclusão de pessoas com deficiência e reabilitados nos processos de trabalho; e

g) organização da CIPA e outros assuntos necessários ao exercício das atribuições da Comissão.

5.7.3. O treinamento realizado há menos de dois anos, contados da conclusão do curso, pode ser aproveitado na mesma organização, observado o estabelecido na NR-1.

5.7.4. O treinamento deve ter carga horária mínima de:

a) oito horas para estabelecimentos de grau de risco 1;

b) doze horas para estabelecimentos de grau de risco 2;

c) dezesseis horas para estabelecimentos de grau de risco 3; e

d) vinte horas para estabelecimentos de grau de risco 4.

5.7.4.1. A carga horária do treinamento deve ser distribuída em, no máximo, oito horas diárias.

5.7.4.2. Para a modalidade presencial deve ser observada a seguinte carga horária mínima do treinamento:

a) quatro horas para estabelecimentos de grau de risco 2; e

b) oito horas para estabelecimentos de grau de risco 3 e 4.

5.7.4.3. A carga horária do treinamento dos estabelecimentos de grau de risco 1 e do representante nomeado da organização pode ser realizada integralmente na modalidade de ensino à distância ou semipresencial, nos termos da NR-1.

5.7.4.4. O treinamento realizado integralmente na modalidade de ensino à distância deve contemplar os riscos específicos do estabelecimento, nos termos do subitem 5.7.2.

5.7.4.5. O integrante do SESMT fica dispensado do treinamento da CIPA.

5.8. CIPA das organizações contratadas para prestação de serviços

5.8.1. A organização de prestação de serviços deve constituir CIPA centralizada, quando o número total de seus empregados na unidade da Federação se enquadrar no disposto no Quadro I desta NR.

5.8.1.1. Quando a organização contratada para prestação de serviços a terceiros exercer suas atividades em estabelecimento de contratante enquadrado em grau de riscos 3 ou 4 e o número total de seus empregados no estabelecimento da contratante se enquadrar no disposto no Quadro I desta NR, deve constituir CIPA própria neste estabelecimento, considerando o grau de risco da contratante.

5.8.1.1.1. A organização contratada está dispensada da constituição da CIPA própria, no caso de prestação de serviços a terceiros com até cento e oitenta dias de duração.

5.8.1.2. O número total de empregados da organização contratada para prestação de serviços, para efeito de dimensionamento da CIPA centralizada, deve desconsiderar os empregados alcançados por CIPA própria.

5.8.2. A organização contratada para prestação de serviços, quando desobrigada de constituir CIPA própria, deve nomear um representante da organização para cumprir os objetivos desta NR, se possuir cinco ou mais empregados no estabelecimento da contratante.

5.8.2.1. A nomeação de representante da organização em estabelecimento onde há empregado membro de CIPA centralizada é dispensada.

5.8.2.2. O estabelecido no subitem 5.8.2 não exclui o disposto no subitem 5.4.13 quanto ao estabelecimento sede da organização contratada para a prestação de serviços.

5.8.2.3. A nomeação do representante da organização contratada para a prestação de serviços deve ser feita entre os empregados que exercem suas atividades no estabelecimento.

5.8.3. A organização contratada para a prestação de serviços deve garantir que a CIPA centralizada mantenha interação entre os estabelecimentos nos quais possua empregados.

5.8.3.1. A organização deve garantir a participação dos representantes nomeados na CIPA nas reuniões da CIPA centralizada.

5.8.3.2. A organização deve dar condições aos integrantes da CIPA centralizada de atuarem nos estabelecimentos que não possuem representante nomeado, atendido o disposto no subitem 5.6.2.

5.8.4. O representante nomeado das organizações contratadas para a prestação de serviço deve participar de treinamento de acordo com o grau de risco da contratante.

5.8.5. A CIPA da prestadora de serviços a terceiros, constituída nos termos do subitem 5.8.1.1, será considerada encerrada, para todos os efeitos, quando encerradas as suas atividades no estabelecimento.

5.8.6. A organização contratante deve exigir da organização prestadora de serviços a nomeação do representante da organização, na forma prevista no subitem 5.8.2.

5.8.7. A contratante deve convidar a contratada para participar da reunião da CIPA da contratante, com a finalidade de integrar as ações de prevenção, sempre que as organizações atuarem em um mesmo estabelecimento.

5.8.7.1. A contratada deve indicar um representante da CIPA ou o representante nomeado da organização para participar da reunião da CIPA da contratante.

5.9. Disposições finais

5.9.1. A contratante adotará medidas para que as contratadas, sua CIPA, os representantes nomeados das organizações e os demais trabalhadores lotados naquele estabelecimento recebam informações sobre os riscos presentes nos ambientes de trabalho, bem como sobre as medidas de prevenção, em conformidade com o Programa de Gerenciamento de Riscos, previsto na NR 1.

5.9.2. Toda a documentação referente à CIPA deve ser mantida no estabelecimento, à disposição da inspeção do trabalho, pelo prazo mínimo de cinco anos.

5.9.3. Na hipótese de haver alteração do grau de risco do estabelecimento, o redimensionamento da CIPA deve ser efetivado na próxima eleição.

Quadro I

Dimensionamento de CIPA

		NÚMERO DE EMPREGADOS NO ESTABELECIMENTO													
GRAU de RISCO*	N. de INTEGRANTES da CIPA	0 a 19	20 a 29	30 a 50	51 a 80	81 a 100	101 a 120	121 a 140	141 a 300	301 a 500	501 a 1000	1001 a 2500	2501 a 5000	5001 a 10.000	Acima de 10.000 para cada grupo de 2.500 acrescentar
1	Efetivos					1	1	1	1	2	4	5	6	8	1
	Suplentes					1	1	1	1	2	3	4	5	6	1
2	Efetivos				1	1	2	2	3	4	5	6	8	10	1
	Suplentes				1	1	1	1	2	3	4	5	6	8	1
3	Efetivos		1	1	2	2	2	3	4	5	6	8	10	12	2
	Suplentes		1	1	1	1	1	2	2	4	4	6	8	8	2
4	Efetivos		1	2	3	3	4	4	4	5	6	9	11	13	2
	Suplentes		1	1	2	2	2	2	3	4	5	7	8	10	2

* Grau de Risco conforme estabelecido no Quadro I da NR-4 – Relação da Classificação Nacional de Atividades Econômicas – CNAE (Versão 2.0), com correspondente Grau de Risco – GR para fins de dimensionamento do Serviço Especializado em Segurança e em Medicina do Trabalho – SESMT.

•• Havia aqui os Quadros II e III, não previstos pela Portaria n. 422, de 7-10-2021.

ANEXO I
DA NR-5 - CIPA DA INDÚSTRIA DA CONSTRUÇÃO

Sumário

1. Objetivo

1.1. O disposto neste Anexo estabelece requisitos específicos para a Comissão Interna de Prevenção de Acidentes – CIPA da indústria da construção.

2. Campo de aplicação

2.1. As disposições estabelecidas neste Anexo se aplicam às organizações previstas no subitem 18.2.1 da Norma Regulamentadora n. 18 – Condições de Segurança e Saúde no Trabalho na Indústria da Construção.

3. Disposições gerais

3.1. A organização responsável pela obra deve constituir a CIPA por canteiro de obras, quando o número de empregados se enquadrar no dimensionamento previsto no Quadro I, observadas as disposições gerais desta Norma.

3.1.1. Quando o canteiro de obras não se enquadrar no dimensionamento previsto no Quadro I da NR-5, a organização responsável pela obra deverá nomear, entre seus empregados do local, no mínimo, um representante para cumprir os objetivos desta NR.

3.1.2. A organização responsável pela obra está dispensada de constituir CIPA por frente de trabalho.

3.1.3. Quando existir frente de trabalho, independentemente da quantidade de empregados próprios no local, a organização responsável pela obra deverá nomear, entre seus empregados, no mínimo, um representante, que exerça suas atividades na frente de trabalho ou no canteiro de obras, para cumprir os objetivos desta NR.

3.1.3.1. O representante nomeado da organização responsável pela obra pode ser nomeado como representante para mais de uma frente de trabalho.

3.2. Na hipótese de haver, no canteiro de obras ou na frente de trabalho, organização prestadora de serviços a terceiros, essa deve nomear, no mínimo, um representante da organização para cumprir os objetivos desta NR, quando possuir cinco ou mais empregados próprios no local.

3.2.1. A nomeação do representante da organização prestadora de serviços a terceiros, no canteiro de obras ou na frente de trabalho, deve ser feita entre os empregados que, obrigatoriamente, exercem suas atividades no local.

3.2.2. A organização responsável pela obra deve exigir da organização prestadora de serviços a terceiros que presta serviços no canteiro de obras ou na frente de trabalho a nomeação do representante, quando essa alcançar o mínimo previsto no item 3.2.

3.2.3. A organização que presta serviços a terceiros nos canteiros de obras ou frentes de trabalho, quando o dimensionamento se enquadrar no Quadro I da NR-5, considerando o número total de empregados nos diferentes locais de trabalho, deve constituir uma CIPA centralizada.

3.2.3.1. O dimensionamento da CIPA centralizada da organização prestadora de serviços a terceiros nos canteiros de obras ou frentes de trabalho, deve levar em consideração o número de empregados da organização distribuídos nos diferentes locais de trabalho onde presta serviços, tendo como limite territorial, para o dimensionamento da CIPA Centralizada, a unidade da Federação.

3.2.3.1.1. A organização deve garantir que a CIPA centralizada mantenha interação entre os canteiros de obras e frentes de trabalho onde atua na unidade da Federação.

3.3. Obras com até cento e oitenta dias de duração estão dispensadas da constituição da CIPA, devendo a Comunicação Prévia de Obra ser enviada ao sindicato dos trabalhadores da categoria preponderante do local, no prazo máximo de dez dias, a partir de seu registro eletrônico no Sistema de Comunicação Prévia de Obras – SCPO.

3.3.1. Para obras com até cento e oitenta dias de duração, a organização responsável pela obra deverá nomear, no mínimo, um representante da organização para cumprir os objetivos desta NR, aplicando-se o disposto no subitem 3.1.2 quando existir frente de trabalho.

3.3.2. Para obras com até cento e oitenta dias de duração, havendo no canteiro de obras ou na frente de trabalho organização prestadora de serviços a terceiros, essa deverá nomear, no mínimo, um representante da organização para cumprir os objetivos desta NR, quando possuir cinco ou mais empregados próprios no local.

3.4. A escolha do representante nomeado compete à organização, observado o disposto nos itens 5.4.14 e 5.4.15.

3.4.1. A organização deve fornecer ao representante nomeado cópia da sua nomeação.

3.5. Os membros da CIPA do canteiro de obras devem participar de treinamento, conforme estabelecido nesta Norma.

3.5.1. O representante nomeado deve participar de treinamento, com carga horária mínima de oito horas, considerando o disposto no item 1.7 da NR-1 e observadas as disposições gerais dessa Norma, com o seguinte conteúdo:

a) noções de prevenção de acidentes e doenças relacionadas ao trabalho;

b) estudo do ambiente e das condições de trabalho, dos riscos originados no processo produtivo e das medidas de prevenção, de acordo com a etapa da obra; e

c) noções sobre a legislação trabalhista e previdenciária relativas à segurança e saúde no trabalho.

3.5.1.1. A validade do treinamento do representante nomeado deverá atender ao disposto nessa Norma, podendo ser, dentro do prazo de validade e para a organização que promoveu o treinamento, aproveitado em diferentes canteiros de obras ou frentes de trabalho.

3.5.1.2. É permitida a convalidação do treinamento do representante por diferentes organizações, desde que atendido o disposto no item 1.7 da NR-1.

3.6. A organização responsável pela obra deve coordenar, observadas as disposições gerais desta Norma, o trabalho da CIPA, quando existente no canteiro de obras e, quando aplicável, do representante nomeado pela organização.

3.6.1. A organização responsável pela obra deve promover a integração entre a CIPA, quando existente, e o representante nomeado quando aplicável, no canteiro de obras e na frente de trabalho, observadas as disposições gerais dessa Norma.

3.6.2. A participação dos membros da CIPA e do representante nas reuniões, para cumprir os objetivos dessa Norma, deve atender ao disposto em sua parte geral.

3.7. A CIPA do canteiro de obras será considerada encerrada, para todos os efeitos, quando as atividades da obra forem finalizadas.

3.7.1. Consideram-se finalizadas as atividades da obra, para os efeitos de aplicação do disposto nessa Norma, quando todas as suas etapas previstas em projetos estiverem concluídas.

3.7.2. A conclusão da obra deverá ser formalizada em documento próprio pelo responsável técnico da obra e cuja cópia deve ser encaminhada – física ou eletronicamente – ao sindicato da categoria dos trabalhadores predominante no estabelecimento.

NR 6
Equipamento de Proteção Individual – EPI ([1])

6.1. Para os fins de aplicação desta Norma Regulamentadora – NR, considera-se Equipamento de Proteção Individual – EPI, todo dispositivo ou produto, de uso individual utilizado pelo trabalhador, destinado à proteção de riscos suscetíveis de ameaçar a segurança e a saúde no trabalho.

6.1.1. Entende-se como Equipamento Conjugado de Proteção Individual, todo aquele composto por vários dispositivos, que o fabricante tenha associado contra um ou mais riscos que possam ocorrer simultaneamente e que sejam suscetíveis de ameaçar a segurança e a saúde no trabalho.

6.2. O equipamento de proteção individual, de fabricação nacional ou importado, só poderá ser posto à venda ou utilizado com a indicação do Certificado de Aprovação – CA, expedido pelo órgão nacional competente em matéria de segurança e saúde no trabalho do Ministério do Trabalho e Emprego.

• Código: 206.023-0. Infração: 4. Tipo: S.

6.3. A empresa é obrigada a fornecer aos empregados, gratuitamente, EPI adequado ao risco, em perfeito estado de conservação e funcionamento, nas seguintes circunstâncias:

• Código: 206.024-8. Infração: 4. Tipo: S.

a) sempre que as medidas de ordem geral não ofereçam completa proteção contra os riscos de acidentes do trabalho ou de doenças profissionais e do trabalho;

b) enquanto as medidas de proteção coletiva estiverem sendo implantadas; e,

c) para atender a situações de emergência.

6.4. Atendidas as peculiaridades de cada atividade profissional, e observado o disposto no item 6.3, o empregador deve fornecer aos trabalhadores os EPI adequados, de acordo com o disposto no Anexo I desta NR.

6.4.1. As solicitações para que os produtos que não estejam relacionados no Anexo I, desta NR, sejam considerados como EPI, bem como as propostas para reexame daqueles ora elencados, deverão ser avaliadas por comissão tripartite a ser constituída pelo órgão nacional competente em matéria de segurança e saúde no trabalho, após ouvida a CTPP, sendo as conclusões submetidas àquele órgão do Ministério do Trabalho e Emprego para aprovação.

•• A Portaria n. 59, de 19-6-2008, da Secretaria de Inspeção do Trabalho, cria, em substituição à Comissão Tripartite prevista neste item, a Comissão Nacional Tripartite.

6.5. Compete ao Serviço Especializado em Engenharia de Segurança e em Medicina do Trabalho – SESMT, ouvida a Comissão Interna de Prevenção de Acidentes – CIPA e trabalhadores usuários, recomendar ao empregador o EPI adequado ao risco existente em determinada atividade.

•• Item com redação determinada pela Portaria n. 194, de 7-12-2010.

6.5.1. Nas empresas desobrigadas a constituir SESMT, cabe ao empregador selecionar o EPI adequado ao risco, mediante orientação de profissional tecnicamente habilitado, ouvida a CIPA ou, na falta desta, o designado e trabalhadores usuários.

•• Item com redação determinada pela Portaria n. 194, de 7-12-2010.

6.6. Responsabilidades do empregador.

•• Item com redação determinada pela Portaria n. 194, de 7-12-2010.

6.6.1. Cabe ao empregador quanto ao EPI:

a) adquirir o adequado ao risco de cada atividade;

• Código: 206.005-1. Infração: 3. Tipo: S.

b) exigir seu uso;

• Código: 206.025-6. Infração: 4. Tipo: S.

c) fornecer ao trabalhador somente o aprovado pelo órgão nacional competente em matéria de segurança e saúde no trabalho;

• Código: 206.026-4. Infração: 4. Tipo: S.

d) orientar e treinar o trabalhador sobre o uso adequado, guarda e conservação;

• Código: 206.008-6. Infração: 3. Tipo: S.

e) substituir imediatamente, quando danificado ou extraviado;

• Código: 206.009-4. Infração: 3. Tipo: S.

f) responsabilizar-se pela higienização e manutenção periódica;

• Código: 206.027-2. Infração: 2. Tipo: S.

g) comunicar ao MTE qualquer irregularidade observada;

h) registrar o seu fornecimento ao trabalhador, podendo ser adotados livros, fichas ou sistema eletrônico.

•• Alínea *h* acrescentada pela Portaria n. 107, de 25-8-2009.

• Código: 206.033-7. Infração: 2. Tipo: S.

6.7. Responsabilidades dos trabalhadores.

•• Item com redação determinada pela Portaria n. 194, de 7-12-2010.

6.7.1. Cabe ao empregado quanto ao EPI:

---

(1) NR aprovada pela Portaria n. 3.214, de 8-6-1978, e com redação determinada pela Portaria n. 25, de 15-10-2001. *Vide* arts. 166 e 167 da CLT, sobre EPI. *Vide* Portaria n. 672, de 8-11-2021.

a) usar, utilizando-o apenas para a finalidade a que se destina;

b) responsabilizar-se pela guarda e conservação;

c) comunicar ao empregador qualquer alteração que o torne impróprio para uso; e,

d) cumprir as determinações do empregador sobre o uso adequado.

6.8. Responsabilidades de fabricantes e/ou importadores.

•• Item com redação determinada pela Portaria n. 194, de 7-12-2010.

6.8.1. O fabricante nacional ou importador deverá:

•• Item com redação determinada pela Portaria n. 194, de 7-12-2010.

a) cadastrar-se junto ao órgão nacional competente em matéria de segurança e saúde no trabalho;

•• Alínea *a* com redação determinada pela Portaria n. 194, de 7-12-2010.

• Código: 206.047-7. Infração: 4. Tipo: S.

b) solicitar a emissão do CA;

•• Alínea *b* com redação determinada pela Portaria n. 194, de 7-12-2010.

• Código: 206.047-7. Infração: 4. Tipo: S.

c) solicitar a renovação do CA quando vencido o prazo de validade estipulado pelo órgão nacional competente em matéria de segurança e saúde do trabalho;

•• Alínea *c* com redação determinada pela Portaria n. 194, de 7-12-2010.

• Código: 206.047-7. Infração: 4. Tipo: S.

d) requerer novo CA quando houver alteração das especificações do equipamento aprovado;

•• Alínea *d* com redação determinada pela Portaria n. 194, de 7-12-2010.

• Código: 206.047-7. Infração: 4. Tipo: S.

e) responsabilizar-se pela manutenção da qualidade do EPI que deu origem ao Certificado de Aprovação – CA;

• Código: 206.047-7. Infração: 4. Tipo: S.

f) comercializar ou colocar à venda somente o EPI, portador de CA;

• Código: 206.047-7. Infração: 4. Tipo: S.

g) comunicar ao órgão nacional competente em matéria de segurança e saúde no trabalho quaisquer alterações dos dados cadastrais fornecidos;

• Código: 206.047-7. Infração: 4. Tipo: S.

h) comercializar o EPI com instruções técnicas no idioma nacional, orientando sua utilização, manutenção, restrição e demais referências ao seu uso;

• Código: 206.047-7. Infração: 4. Tipo: S.

i) fazer constar do EPI o número do lote de fabricação;

• Código: 206.047-7. Infração: 4. Tipo: S.

j) providenciar a avaliação da conformidade do EPI no âmbito do SINMETRO, quando for o caso;

• Código: 206.047-7. Infração: 4. Tipo: S.

k) fornecer as informações referentes aos processos de limpeza e higienização de seus EPI, indicando quando for o caso, o número de higienizações acima do qual é necessário proceder à revisão ou à substituição do equipamento, a fim de garantir que os mesmos mantenham as características de proteção original;

•• Alínea *k* acrescentada pela Portaria n. 194, de 7-12-2010.

• Código: 206.047-7. Infração: 4. Tipo: S.

l) promover adaptação do EPI detentor de Certificado de Aprovação para pessoas com deficiência.

•• Alínea *l* acrescentada pela Portaria n. 877, de 24-10-2018.

• Código: 206.047-7. Infração: 4. Tipo: S.

6.8.1.1. Os procedimentos de cadastramento de fabricante e/ou importador de EPI e de emissão e/ou renovação de CA devem atender os requisitos estabelecidos em Portaria específica.

•• Item acrescentado pela Portaria n. 194, de 7-12-2010.

6.9. Certificado de Aprovação – CA

6.9.1. Para fins de comercialização o CA concedido aos EPI terá validade:

• Código: 206.039-6. Infração: 4. Tipo: S.

a) de 5 (cinco) anos, para aqueles equipamentos com laudos de ensaio que não tenham sua conformidade avaliada no âmbito do SINMETRO;

b) do prazo vinculado à avaliação da conformidade no âmbito do SINMETRO, quando for o caso;

c) e d) (*Revogadas pela Portaria n. 194, de 7-12-2010.*)

6.9.2. O órgão nacional competente em matéria de segurança e saúde no trabalho, quando necessário e mediante justificativa, poderá estabelecer prazos diversos daqueles dispostos no subitem 6.9.1.

6.9.3. Todo EPI deverá apresentar em caracteres indeléveis e bem visíveis, o nome comercial da empresa fabricante, o lote de fabricação e o número do CA, ou, no caso de EPI importado, o nome do importador, o lote de fabricação e o número do CA.

• Código: 206.032-9. Infração: 3. Tipo: S.

6.9.3.1. Na impossibilidade de cumprir o determinado no item 6.9.3, o órgão nacional competente em matéria de segurança e saúde no trabalho poderá autorizar forma alternativa de gravação, a ser proposta pelo fabricante ou importador, devendo esta constar do CA.

6.9.3.2. A adaptação do Equipamento de Proteção Individual para uso pela pessoa com deficiência feita pelo fabricante ou importador detentor do Certificado de Aprovação não invalida o certificado já emitido, sendo desnecessária a emissão de novo CA.

•• Item acrescentado pela Portaria n. 877, de 24-10-2018.

6.10. (*Revogado pela Portaria n. 194, de 7-12-2010.*)

6.10.1. (*Revogado pela Portaria n. 194, de 7-12-2010.*)

6.11. Da competência do Ministério do Trabalho e Emprego / MTE

6.11.1. Cabe ao órgão nacional competente em matéria de segurança e saúde no trabalho:

a) cadastrar o fabricante ou importador de EPI;

b) receber e examinar a documentação para emitir ou renovar o CA de EPI;

c) estabelecer, quando necessário, os regulamentos técnicos para ensaios de EPI;

•• A Portaria n. 198, de 6-1-2011, da Secretaria de Inspeção do Trabalho, determina que os Certificados de Aprovação – CA dos equipamentos de proteção individual contra agentes térmicos, calor e/ou chamas, exceto arco elétrico, fogo repentino e combate a incêndio terão sua validade prorrogada até 30-4-2011.

• *Vide* Portaria n. 452, de 20-11-2014, do Departamento de Segurança e Saúde no Trabalho, que estabelece normas técnicas de ensaios.

d) emitir ou renovar o CA e o cadastro de fabricante ou importador;

e) fiscalizar a qualidade do EPI;

f) suspender o cadastramento da empresa fabricante ou importadora; e,

g) cancelar o CA.

6.11.1.1. Sempre que julgar necessário o órgão nacional competente em matéria de segurança e saúde no trabalho, poderá requisitar amostras de EPI, identificadas com o nome do fabricante e o número de referência, além de outros requisitos.

6.11.2. Cabe ao órgão regional do MTE:

a) fiscalizar e orientar quanto ao uso adequado e a qualidade do EPI;

b) recolher amostras de EPI; e

c) aplicar, na sua esfera de competência, as penalidades cabíveis pelo descumprimento desta NR.

6.12. (*Revogado pela Portaria n. 125, de 12-11-2009.*)

Anexo I
Lista de Equipamentos de Proteção Individual

•• Anexo I com redação determinada pela Portaria n. 194, de 7-12-2010.

A – EPI PARA PROTEÇÃO DA CABEÇA

A.1 – Capacete

a) capacete para proteção contra impactos de objetos sobre o crânio;

b) capacete para proteção contra choques elétricos;

c) capacete para proteção do crânio e face contra agentes térmicos.

A.2 – Capuz ou balaclava

a) capuz para proteção do crânio e pescoço contra riscos de origem térmica;

b) capuz para proteção do crânio, face e pescoço contra agentes químicos;

•• Alínea *b* com redação determinada pela Portaria n. 505, de 16-4-2015.

c) capuz para proteção do crânio e pescoço contra agentes abrasivos e escoriantes.

d) capuz para proteção da cabeça e pescoço contra umidade proveniente de operações com uso de água.

•• Alínea *d* acrescentada pela Portaria n. 505, de 16-4-2015.

B – EPI PARA PROTEÇÃO DOS OLHOS E FACE

B.1 – Óculos

a) óculos para proteção dos olhos contra impactos de partículas volantes;

b) óculos para proteção dos olhos contra luminosidade intensa;

c) óculos para proteção dos olhos contra radiação ultravioleta;

d) óculos para proteção dos olhos contra radiação infravermelha;

e) óculos de tela para proteção limitada dos olhos contra impactos de partículas volantes.

•• Alínea *e* acrescentada pela Portaria n. 1.134, de 23-7-2014.

B.2 – Protetor facial

a) protetor facial para proteção da face contra impactos de partículas volantes;

b) protetor facial para proteção da face contra radiação infravermelha;

c) protetor facial para proteção dos olhos contra luminosidade intensa;

d) protetor facial para proteção da face contra riscos de origem térmica;

e) protetor facial para proteção da face contra radiação ultravioleta.

B.3 – Máscara de Solda:

a) máscara de solda para proteção dos olhos e face contra impactos de partículas volantes, radiação ultravioleta, radiação infravermelha e luminosidade intensa.

C – EPI PARA PROTEÇÃO AUDITIVA

C.1 – Protetor auditivo:

a) protetor auditivo circum-auricular para proteção do sistema auditivo contra níveis de pressão sonora superiores ao estabelecido na NR-15, Anexos n. 1 e 2;

b) protetor auditivo de inserção para proteção do sistema auditivo contra níveis de pressão sonora superiores ao estabelecido na NR-15, Anexos n. 1 e 2;

c) protetor auditivo semiauricular para proteção do sistema auditivo contra níveis de pressão sonora superiores ao estabelecido na NR-15, Anexos n. 1 e 2.

D – EPI PARA PROTEÇÃO RESPIRATÓRIA

D.1 – Respirador purificador de ar não motorizado:

a) peça semifacial filtrante (PFF1) para proteção das vias respiratórias contra poeiras e névoas;

b) peça semifacial filtrante (PFF2) para proteção das vias respiratórias contra poeiras, névoas e fumos;

c) peça semifacial filtrante (PFF3) para proteção das vias respiratórias contra poeiras, névoas, fumos e radionuclídeos;

d) peça um quarto facial, semifacial ou facial inteira com filtros para material particulado tipo P1 para proteção das vias respiratórias contra poeiras e névoas; e ou P2 para proteção contra poeiras, névoas e fumos; e ou P3 para proteção contra poeiras, névoas, fumos e radionuclídeos;

e) peça um quarto facial, semifacial ou facial inteira com filtros químicos e ou combinados para proteção das vias respiratórias contra gases e vapores e ou material particulado.

D.2 – Respirador purificador de ar motorizado:

a) sem vedação facial tipo touca de proteção respiratória, capuz ou capacete para proteção das vias respiratórias contra poeiras, névoas, fumos e radionuclídeos e ou contra gases e vapores;

b) com vedação facial tipo peça semifacial ou facial inteira para proteção das vias respiratórias contra poeiras, névoas, fumos e radionuclídeos e ou contra gases e vapores.

D.3 – Respirador de adução de ar tipo linha de ar comprimido:

a) sem vedação facial de fluxo contínuo tipo capuz ou capacete para proteção das vias respiratórias em atmosferas com concentração de oxigênio maior que 12,5%;

b) sem vedação facial de fluxo contínuo tipo capuz ou capacete para proteção das vias respiratórias em operações de jateamento e em atmosferas com concentração de oxigênio maior que 12,5%;

c) com vedação facial de fluxo contínuo tipo peça semifacial ou facial inteira para proteção das vias respiratórias em atmosferas com concentração de oxigênio maior que 12,5%;

d) de demanda com pressão positiva tipo peça semifacial ou facial inteira para proteção das vias respiratórias em atmosferas com concentração de oxigênio maior que 12,5%;

e) de demanda com pressão positiva tipo peça facial inteira combinado com cilindro auxiliar para proteção das vias respiratórias em atmosferas com concentração de oxigênio menor ou igual que 12,5%, ou seja, em atmosferas Imediatamente Perigosas à Vida e à Saúde (IPVS).

D.4 – Respirador de adução de ar tipo máscara autônoma:

a) de circuito aberto de demanda com pressão positiva para proteção das vias respiratórias em atmosferas com concentração de oxigênio menor ou igual que 12,5%, ou seja, em atmosferas Imediatamente Perigosas à Vida e a Saúde (IPVS);

b) de circuito fechado de demanda com pressão positiva para proteção das vias respiratórias em atmosferas com concentração de oxigênio menor ou igual que 12,5%, ou seja, em atmosferas Imediatamente Perigosas à Vida e a Saúde (IPVS).

D.5 – Respirador de fuga

a) respirador de fuga tipo bocal para proteção das vias respiratórias contra gases e vapores e ou material particulado em condições de escape de atmosferas Imediatamente Perigosas à Vida e a Saúde (IPVS).

E – EPI PARA PROTEÇÃO DO TRONCO

E.1 – Vestimentas

a) vestimentas para proteção do tronco contra riscos de origem térmica;

b) vestimentas para proteção do tronco contra riscos de origem mecânica;

c) vestimentas para proteção do tronco contra agentes químicos;

•• Alínea *c* com redação determinada pela Portaria n. 505, de 16-4-2015.

d) vestimentas para proteção do tronco contra riscos de origem radioativa;

e) vestimenta para proteção do tronco contra umidade proveniente de precipitação pluviométrica;

•• Alínea *e* com redação determinada pela Portaria n. 870, de 6-7-2017.

f) vestimentas para proteção do tronco contra umidade proveniente de operações com uso de água.

E.2 – Colete à prova de balas de uso permitido para vigilantes que trabalhem portando arma de fogo, para proteção do tronco contra riscos de origem mecânica.

F – EPI PARA PROTEÇÃO DOS MEMBROS SUPERIORES

F.1 – Luvas

a) luvas para proteção das mãos contra agentes abrasivos e escoriantes;

b) luvas para proteção das mãos contra agentes cortantes e perfurantes;

• A Portaria n. 392, de 18-7-2013, da SIT, aprova o Regulamento Técnico para luvas de segurança utilizadas na atividade de corte manual de cana-de-açúcar.

c) luvas para proteção das mãos contra choques elétricos;

d) luvas para proteção das mãos contra agentes térmicos;

e) luvas para proteção das mãos contra agentes biológicos;

f) luvas para proteção das mãos contra agentes químicos;

g) luvas para proteção das mãos contra vibrações;

h) luvas para proteção contra umidade proveniente de operações com uso de água;

i) luvas para proteção das mãos contra radiações ionizantes.

F.2 – Creme protetor

a) creme protetor de segurança para proteção dos membros superiores contra agentes químicos.

F.3 – Manga

a) manga para proteção do braço e do antebraço contra choques elétricos;

b) manga para proteção do braço e do antebraço contra agentes abrasivos e escoriantes;

c) manga para proteção do braço e do antebraço contra agentes cortantes e perfurantes;

d) manga para proteção do braço e do antebraço contra umidade proveniente de operações com uso de água;

e) manga para proteção do braço e do antebraço contra agentes térmicos.

f) manga para proteção do braço e do antebraço contra agentes químicos.

•• Alínea *f* acrescentada pela Portaria n. 505, de 16-4-2015.

F.4 – Braçadeira

a) braçadeira para proteção do antebraço contra agentes cortantes;

b) braçadeira para proteção do antebraço contra agentes escoriantes.

F.5 – Dedeira

a) dedeira para proteção dos dedos contra agentes abrasivos e escoriantes.

G – EPI PARA PROTEÇÃO DOS MEMBROS INFERIORES

G.1 – Calçado

a) calçado para proteção contra impactos de quedas de objetos sobre os artelhos;

b) calçado para proteção dos pés contra agentes provenientes de energia elétrica;

c) calçado para proteção dos pés contra agentes térmicos;

d) calçado para proteção dos pés contra agentes abrasivos e escoriantes;

e) calçado para proteção dos pés contra agentes cortantes e perfurantes;

f) calçado para proteção dos pés e pernas contra umidade proveniente de operações com uso de água;

g) calçado para proteção dos pés e pernas contra agentes químicos.

•• Alínea *g* com redação determinada pela Portaria n. 505, de 16-4-2015.

G.2 – Meia

a) meia para proteção dos pés contra baixas temperaturas.

G.3 – Perneira

a) perneira para proteção da perna contra agentes abrasivos e escoriantes;

b) perneira para proteção da perna contra agentes térmicos;

c) perneira para proteção da perna contra agentes químicos;

•• Alínea *c* com redação determinada pela Portaria n. 505, de 16-4-2015.

d) perneira para proteção da perna contra agentes cortantes e perfurantes;

e) perneira para proteção da perna contra umidade proveniente de operações com uso de água.

G.4 – Calça

a) calça para proteção das pernas contra agentes abrasivos e escoriantes;

b) calça para proteção das pernas contra agentes químicos;

•• Alínea *b* com redação determinada pela Portaria n. 505, de 16-4-2015.

c) calça para proteção das pernas contra agentes térmicos;

d) calça para proteção das pernas contra umidade proveniente de operações com uso de água;

e) calça para proteção das pernas contra umidade proveniente de precipitação pluviométrica;

•• Alínea *e* acrescentada pela Portaria n. 870, de 6-7-2017.

H – EPI PARA PROTEÇÃO DO CORPO INTEIRO

H.1 – Macacão

a) macacão para proteção do tronco e membros superiores e inferiores contra agentes térmicos;

b) macacão para proteção do tronco e membros superiores e inferiores contra agentes químicos;

•• Alínea *b* com redação determinada pela Portaria n. 505, de 16-4-2015.

c) macacão para proteção do tronco e membros superiores e inferiores contra umidade proveniente de operações com uso de água;

d) macacão para proteção do tronco e membros superiores e inferiores contra umidade proveniente de precipitação pluviométrica.

•• Alínea *d* acrescentada pela Portaria n. 870, de 6-7-2017.

H.2 – Vestimenta de corpo inteiro

a) vestimenta para proteção de todo o corpo contra riscos de origem química;

•• Alínea *a* com redação determinada pela Portaria n. 505, de 16-4-2015.

b) vestimenta para proteção de todo o corpo contra umidade proveniente de operações com água;

c) vestimenta condutiva para proteção de todo o corpo contra choques elétricos;

d) vestimenta para proteção de todo o corpo contra umidade proveniente de precipitação pluviométrica.

•• Alínea *d* acrescentada pela Portaria n. 870, de 6-7-2017.

I – EPI PARA PROTEÇÃO CONTRA QUEDAS COM DIFERENÇA DE NÍVEL

•• Item com redação determinada pela Portaria n. 292, de 8-12-2011.

I.1 – Cinturão de Segurança com Dispositivo trava-queda

•• Item com redação determinada pela Portaria n. 292, de 8-12-2011.

a) cinturão de segurança com dispositivo trava-queda para proteção do usuário contra quedas em operações com movimentação vertical ou horizontal.

•• Alínea *a* com redação determinada pela Portaria n. 292, de 8-12-2011.

I.2 – Cinturão de Segurança com Talabarte

•• Item com redação determinada pela Portaria n. 292, de 8-12-2011.

a) cinturão de segurança com TALABARTE para proteção do usuário contra riscos de queda em trabalhos em altura;

•• Alínea *a* com redação determinada pela Portaria n. 292, de 8-12-2011.

b) cinturão de segurança com TALABARTE para proteção do usuário contra riscos de queda no posicionamento em trabalhos em altura.

•• Alínea *b* com redação determinada pela Portaria n. 292, de 8-12-2011.

Nota: O presente Anexo poderá ser alterado por portaria específica a ser expedida pelo órgão nacional competente em matéria de segurança e saúde no trabalho, após observado o disposto no subitem 6.4.1.

Anexo II

•• Anexo II revogado pela Portaria n. 194, de 7-12-2010.

Anexo III

•• Anexo III revogado pela Portaria n. 194, de 7-12-2010.

NR 7
Programa de Controle Médico de Saúde Ocupacional – PCMSO ([1])

SUMÁRIO:

7.1. Objetivo

7.1.1. Esta Norma Regulamentadora – NR estabelece diretrizes e requisitos para o desenvolvimento do Programa de Controle Médico de Saúde Ocupacional – PCMSO nas organizações, com o objetivo de proteger e preservar a saúde de seus empregados em relação aos riscos ocupacionais, conforme avaliação de riscos do Programa de Gerenciamento de Risco – PGR da organização.

7.2. Campo de aplicação

7.2.1. Esta Norma se aplica às organizações e aos órgãos públicos da administração direta e indireta, bem como aos órgãos dos poderes legislativo e judiciário e ao Ministério Público, que possuam empregados regidos pela Consolidação das Leis do Trabalho – CLT.

7.3. Diretrizes

7.3.1. O PCMSO é parte integrante do conjunto mais amplo de iniciativas da organização no campo da saúde de seus empregados, devendo estar harmonizado com o disposto nas demais NR.

7.3.2. São diretrizes do PCMSO:

a) rastrear e detectar precocemente os agravos à saúde relacionados ao trabalho;

b) detectar possíveis exposições excessivas a agentes nocivos ocupacionais;

c) definir a aptidão de cada empregado para exercer suas funções ou tarefas determinadas;

d) subsidiar a implantação e o monitoramento da eficácia das medidas de prevenção adotadas na organização;

e) subsidiar análises epidemiológicas e estatísticas sobre os agravos à saúde e sua relação com os riscos ocupacionais;

f) subsidiar decisões sobre o afastamento de empregados de situações de trabalho que possam comprometer sua saúde;

g) subsidiar a emissão de notificações de agravos relacionados ao trabalho, de acordo com a regulamentação pertinente;

h) subsidiar o encaminhamento de empregados à Previdência Social;

i) acompanhar de forma diferenciada o empregado cujo estado de saúde possa ser especialmente afetado pelos riscos ocupacionais;

j) subsidiar a Previdência Social nas ações de reabilitação profissional;

k) subsidiar ações de readaptação profissional;

l) controlar da imunização ativa dos empregados, relacionada a riscos ocupacionais, sempre que houver recomendação do Ministério da Saúde.

7.3.2.1. O PCMSO deve incluir ações de:

a) vigilância passiva da saúde ocupacional, a partir de informações sobre a demanda espontânea de empregados que procurem serviços médicos;

b) vigilância ativa da saúde ocupacional, por meio de exames médicos dirigidos que incluam, além dos exames previstos nesta NR, a coleta de dados sobre sinais e sintomas de agravos à saúde relacionados aos riscos ocupacionais.

7.3.2.2. O PCMSO não deve ter caráter de seleção de pessoal.

7.4. Responsabilidades

7.4.1. Compete ao empregador:

a) garantir a elaboração e efetiva implantação do PCMSO;

b) custear sem ônus para o empregado todos os procedimentos relacionados ao PCMSO;

c) indicar médico do trabalho responsável pelo PCMSO.

(1) NR aprovada pela Portaria n. 3.214, de 8-6-1978, e com redação determinada pela Portaria n. 6.734, de 10-3-2020, do Ministério da Economia. *Vide* arts. 168 e 169 da CLT e Portaria n. 6.734, de 10-3-2020, do Ministério da Economia.

7.5. Planejamento

7.5.1. O PCMSO deve ser elaborado considerando os riscos ocupacionais identificados e classificados pelo PGR.

7.5.2. Inexistindo médico do trabalho na localidade, a organização pode contratar médico de outra especialidade como responsável pelo PCMSO.

7.5.3. O PCMSO deve incluir a avaliação do estado de saúde dos empregados em atividades críticas, como definidas nesta Norma, considerando os riscos envolvidos em cada situação e a investigação de patologias que possam impedir o exercício de tais atividades com segurança.

7.5.4. A organização deve garantir que o PCMSO:

a) descreva os possíveis agravos à saúde relacionados aos riscos ocupacionais identificados e classificados no PGR;

b) contenha planejamento de exames médicos clínicos e complementares necessários, conforme os riscos ocupacionais identificados, atendendo ao determinado nos Anexos desta NR;

c) contenha os critérios de interpretação e planejamento das condutas relacionadas aos achados dos exames médicos;

d) seja conhecido e atendido por todos os médicos que realizarem os exames médicos ocupacionais dos empregados;

e) inclua relatório analítico sobre o desenvolvimento do programa, conforme o subitem 7.6.2 desta NR.

7.5.5. O médico responsável pelo PCMSO, caso observe inconsistências no inventário de riscos da organização, deve reavaliá-las em conjunto com os responsáveis pelo PGR.

7.5.6. O PCMSO deve incluir a realização obrigatória dos exames médicos:

a) admissional;

b) periódico;

c) de retorno ao trabalho;

d) de mudança de riscos ocupacionais;

e) demissional.

7.5.7. Os exames médicos de que trata o subitem 7.5.6 compreendem exame clínico e exames complementares, realizados de acordo com as especificações desta e de outras NR.

7.5.8. O exame clínico deve obedecer aos prazos e à seguinte periodicidade:

I – no exame admissional: ser realizado antes que o empregado assuma suas atividades;

II – no exame periódico: ser realizado de acordo com os seguintes intervalos:

a) para empregados expostos a riscos ocupacionais identificados e classificados no PGR e para portadores de doenças crônicas que aumentem a susceptibilidade tais riscos

1. a cada ano ou a intervalos menores, a critério do médico responsável;

2. de acordo com a periodicidade especificada no Anexo IV desta Norma, relativo a empregados expostos a condições hiperbáricas;

b) para os demais empregados, o exame clínico deve ser realizado a cada dois anos.

7.5.9. No exame de retorno ao trabalho, o exame clínico deve ser realizado antes que o empregado reassuma suas funções, quando ausente por período igual ou superior a 30 (trinta) dias por motivo de doença ou acidente, de natureza ocupacional ou não.

7.5.9.1. No exame de retorno ao trabalho, a avaliação médica deve definir a necessidade de retorno gradativo ao trabalho.

7.5.10. O exame de mudança de risco ocupacional deve, obrigatoriamente, ser realizado antes da data da mudança, adequando-se o controle médico aos novos riscos.

7.5.11. No exame demissional, o exame clínico deve ser realizado em até 10 (dez) dias contados do término do contrato, podendo ser dispensado caso o exame clínico ocupacional mais recente tenha sido realizado há menos de 135 (centro e trinta e cinco) dias, para as organizações graus de risco 1 e 2, e há menos de 90 dias, para as organizações graus de risco 3 e 4.

7.5.12. Os exames complementares laboratoriais previstos nesta NR devem ser executados por laboratório que atenda ao disposto na RDC/Anvisa n. 302/2005, no que se refere aos procedimentos de coleta, acondicionamento, transporte e análise, e interpretados com base nos critérios constantes nos Anexos desta Norma e são obrigatórios quando:

a) o levantamento preliminar do PGR indicar a necessidade de medidas de prevenção imediatas;

b) houver exposições ocupacionais acima dos níveis de ação determinados na NR-09 ou se a classificação de riscos do PGR indicar.

7.5.12.1. O momento da coleta das amostras biológicas deve seguir o determinado nos Quadros 1 e 2 do Anexo I desta NR.

7.5.12.2. Quando a organização realizar o armazenamento e o transporte das amostras, devem ser seguidos os procedimentos recomendados pelo laboratório contratado.

7.5.13. Os exames previstos nos Quadros 1 e 2 do Anexo I desta NR devem ser realizados a cada seis meses, podendo ser antecipados ou postergados por até 45 (quarenta e cinco) dias, a critério do médico responsável, mediante justificativa técnica, a fim de que os exames sejam realizados em situações mais representativas da exposição do empregado ao agente.

7.5.14. Para as atividades realizadas de forma sazonal, a periodicidade dos exames constantes nos Quadros 1 e 2 do Anexo I desta NR pode ser anual, desde que realizada em concomitância com o período da execução da atividade.

7.5.15. Os exames previstos no Quadro 1 do Anexo I desta NR não serão obrigatórios nos exames admissional, de retorno ao trabalho, de mudança de risco ocupacional e demissional.

7.5.16. Os empregados devem ser informados, durante o exame clínico, das razões da realização dos exames complementares previstos nesta NR e do significado dos resultados de tais exames.

7.5.17. No exame admissional, a critério do médico responsável, poderão ser aceitos exames complementares realizados nos 90 (noventa) dias anteriores, exceto quando definidos prazos diferentes nos Anexos desta NR.

7.5.18. Podem ser realizados outros exames complementares, a critério do médico responsável, desde que relacionados aos riscos ocupacionais classificados no PGR e tecnicamente justificados no PCMSO.

7.5.19. Para cada exame clínico ocupacional realizado, o médico emitirá Atestado de Saúde Ocupacional – ASO, que deve ser comprovadamente disponibilizado ao empregado, devendo ser fornecido em meio físico quando solicitado.

7.5.19.1. O ASO deve conter no mínimo:

a) razão social e CNPJ ou CAEPF da organização;

b) nome completo do empregado, o número de seu CPF e sua função;

c) a descrição dos perigos ou fatores de risco identificados e classificados no PGR que necessitem de controle médico previsto no PCMSO, ou a sua inexistência;

d) indicação e data de realização dos exames ocupacionais clínicos e complementares a que foi submetido o empregado;

e) definição de apto ou inapto para a função do empregado;

f) o nome e número de registro profissional do médico responsável pelo PCMSO, se houver;

g) data, número de registro profissional e assinatura do médico que realizou o exame clínico.

7.5.19.2. A aptidão para trabalho em atividades específicas, quando assim definido em Normas Regulamentadoras e seus Anexos, deve ser consignada no ASO.

7.5.19.3. Quando forem realizados exames complementares sem que tenha ocorrido exame clínico, a organização emitirá recibo de entrega do resultado do exame, devendo o recibo ser fornecido ao empregado em meio físico, quando solicitado.

7.5.19.4. Sendo verificada a possibilidade de exposição excessiva a agentes listados no Quadro 1 do Anexo I desta NR, o médico do trabalho responsável pelo PCMSO deve informar o fato aos responsáveis pelo PGR para reavaliação dos riscos ocupacionais e das medidas de prevenção.

7.5.19.5. Constatada ocorrência ou agravamento de doença relacionada ao trabalho ou alteração que revele disfunção orgânica por meio dos exames complementares do Quadro 2 do Anexo I, dos demais Anexos desta NR ou dos exames complementares incluídos com base no subitem 7.5.18 da presente NR, caberá à organização, após informada pelo médico responsável pelo PCMSO:

a) emitir a Comunicação de Acidente do Trabalho – CAT;

b) afastar o empregado da situação, ou do trabalho, quando necessário;

c) encaminhar o empregado à Previdência Social, quando houver afastamento do trabalho superior a 15 (quinze) dias, para avaliação de incapacidade e definição da conduta previdenciária;

d) reavaliar os riscos ocupacionais e as medidas de prevenção pertinentes no PGR.

7.5.19.6. O empregado, em uma das situações previstas nos subitens 7.5.19.4 ou 7.5.19.5, deve ser submetido a exame clínico e informado sobre o significado dos exames alterados e condutas necessárias.

7.5.19.6.1. O médico responsável pelo PCMSO deve avaliar a necessidade de realização de exames médicos em outros empregados sujeitos às mesmas situações de trabalho.

7.6. Documentação

7.6.1. Os dados dos exames clínicos e complementares deverão ser registrados em prontuário médico individual sob a responsabilidade do médico responsável pelo PCMSO, ou do médico responsável pelo exame, quando a organização estiver dispensada de PCMSO.

7.6.1.1. O prontuário do empregado deve ser mantido pela organização, no mínimo, por 20 (vinte) anos após o seu desligamento, exceto em caso de previsão diversa constante nos Anexos desta NR.

7.6.1.2. Em caso de substituição do médico responsável pelo PCMSO, a organização deve garantir que os prontuários médicos sejam formalmente transferidos para seu sucessor.

7.6.1.3. Podem ser utilizados prontuários médicos em meio eletrônico desde que atendidas as exigências do Conselho Federal de Medicina.

7.6.2. O médico responsável pelo PCMSO deve elaborar relatório analítico do Programa, anualmente, considerando a data do último relatório, contendo, no mínimo:

a) o número de exames clínicos realizados;

b) o número e tipos de exames complementares realizados;

c) estatística de resultados anormais dos exames complementares, categorizados por tipo do exame e por unidade operacional, setor ou função;

d) incidência e prevalência de doenças relacionadas ao trabalho, categorizadas por unidade operacional, setor ou função;

e) informações sobre o número, tipo de eventos e doenças informadas nas CAT, emitidas pela organização, referentes a seus empregados;

f) análise comparativa em relação ao relatório anterior e discussão sobre as variações nos resultados.

7.6.3. A organização deve garantir que o médico responsável pelo PCMSO considere, na elaboração do relatório analítico, os dados dos prontuários médicos a ele transferidos, se for o caso.

7.6.4. Caso o médico responsável pelo PCMSO não tenha recebido os prontuários médicos ou considere as informações insuficientes, deve informar o ocorrido no relatório analítico.

7.6.5. O relatório analítico deve ser apresentado e discutido com os responsáveis por segurança e saúde no trabalho da organização, incluindo a CIPA , quando existente, para que as medidas de prevenção necessárias sejam adotadas na organização.

7.6.6. As organizações de graus de risco 1 e 2 com até 25 (vinte e cinco) empregados e as organizações de graus de risco 3 e 4 com até 10 (dez) empregados podem elaborar relatório analítico apenas com as informações solicitadas nas alíneas *a* e *b* do subitem 7.6.2.

7.7. Microempreendedor Individual – MEI, Microempresa – ME e Empresa de Pequeno Porte – EPP

7.7.1. As MEI, ME e EPP desobrigadas de elaborar PCMSO, de acordo com o subitem 1.8.6 da NR-01, devem realizar e custear exames médicos ocupacionais admissionais, demissionais e periódicos, a cada dois anos, de seus empregados.

7.7.1.1. Os empregados devem ser encaminhados pela organização, para realização dos exames médicos ocupacionais, a:

a) médico do trabalho; ou

b) serviço médico especializado em medicina do trabalho, devidamente registrado, de acordo com a legislação.

7.7.2. A organização deve informar, ao médico do trabalho ou ao serviço médico especializado em medicina do trabalho, que está dispensada da elaboração do PCMSO, de acordo com a NR-01, e que a função que o empregado exerce ou irá exercer não apresenta riscos ocupacionais.

7.7.3. Para cada exame clínico ocupacional, o médico que realizou o exame emitirá ASO, que deve ser disponibilizado ao empregado, mediante recibo, em meio físico, quando assim solicitado, e atender ao subitem 7.5.19.1 desta NR.

7.7.4. O relatório analítico não será exigido para:

a) Microempreendedores Individuais – MEI;

b) ME e EPP dispensadas da elaboração do PCMSO.

Anexo I

Monitoração da Exposição Ocupacional a Agentes Químicos

Quadro 1

Indicadores Biológicos de Exposição Excessiva (IBE/EE)[1]

•• Sobre prazos: *vide* art. 3º da Portaria n. 6.734, de 10-3-2020.

Substância	Número CAS	Indicador(es)	Momento da Coleta	Valor do IBE/EE	Observações
Acetona	67-64-1	Acetona na urina	FJ	25 mg/L	NE
Anilina	62-53-3	p-amino-fenol na urina(H) ou meta-hemoglobina no sangue	FJ FJ	50 mg/L 1,5% da hemoglobina	EPNE, NE EPNE, NE
Arsênico elementar e seus compostos inorgânicos solúveis, exceto arsina e arsenato de gálio	7440-38-2	Arsênico inorgânico mais metabólitos metilados na urina	FS	35 µg/L	EPNE

(1) São indicadores de exposição excessiva (EE) aqueles que não têm caráter diagnóstico ou significado clínico. Avaliam a absorção dos agentes por todas as vias de exposição e indicam, quando alterados, após descartadas outras causas não ocupacionais que justifiquem o achado, a possibilidade de exposição acima dos limites de exposição ocupacional. As amostras devem ser colhidas nas jornadas de trabalho em que o trabalhador efetivamente estiver exposto ao agente a ser monitorado.

Benzeno	71-43-2	Ácido s-fenilmercaptúrico (S- PMA) na urina ou Ácido trans-transmucônico (TTMA) na urina	FJ FJ	45 μg/g.creat. 750 μg/g.creat. Observação: para a siderurgia será mantida a regra atualmente vigente.	EPNE, NF EPNE, NE
1,3 butadieno	106-99-0	1,2 di-hidro-4 (n-acetilcisteína) butano na urina	FJ	2,5 μg/L	EPNE
2-butoxietanol	111-76-2	Ácido butoxiacético na urina (BAA) (H)	FJ	200 mg/g. creat.	
Sulfeto de carbono	75-15-0	Ácido 2-tioxotiazolidina 4 carboxílico (TTCA) na urina	FJ	0,5 mg/g.creat.	EPNE, NE
Clorobenzeno	108-90-7	4-clorocatecol na urina ou p-clorocatecol na urina	FJFS FJFS	100 mg/g.creat. 20 mg/g.creat.	NE NE
Monóxido de carbono	630-08-0	Carboxi-hemoglobina no sangue ou Monóxido de carbono no ar exalado	FJ FJ	3,5% da hemoglobina 20 ppm	EPNE, NE, NF EPNE, NE, NF
Chumbo tetraetila	78-00-2	Chumbo na urina	FJ	50 μg/L	
Cromo hexavalente (compostos solúveis)	7440-47-3	Cromo na urina ou Cromo na urina	FJFS AJ-FJ	25 μg/L 10 μg/L (Aumento durante a jornada)	
Cobalto e seus compostos inorgânicos, incluindo óxidos de cobalto, mas não combinados com carbeto de tungstênio	7440-48-4	Cobalto na urina	FJFS	15 μg/L	NE
Ciclo-hexanona	108-94-1	1,2 ciclo-hexanodiol (H) na urina ou Ciclo-hexanol (H) na urina	FJFS FJ	80 mg/L 8 mg/L	NE NE
Diclorometano	75-09-2	Diclorometano na urina	FJ	0,3 mg/L	
N,N Dimetilacetamida	127-19-5	N-metilacetamida na urina	FJFS	30 mg/g.creat.	
N,N Dimetilformamida	68-12-2	N-metilformamida total* na urina * (soma da N-metilformamida e N-(hidroximetil)-N-metilformamida) Ou N-Acetil-S-(N-metilcarbemoil) cisteína na urina	FJ FJFS	30 mg/L 30 mg/L	
Etoxietanol e Etoxietilacetato	110-80-5 111-15-9	Ácido etoxiacético na urina	FJFS	100 mg/g.creat.	
Óxido de etileno	75-21-8	Adutos de N-(2-hidroxietil) valina (HEV) em hemoglobina	NC	5.000 pmol/g. hemog.	NE

Etilbenzeno	100-41-4	Soma dos ácidos mandélico e fenilglioxílico na urina	FJ	0,15 g.g.creat.	NE
Furfural	98-01-1	Ácido furoico(H) na urina	FJ	200 mg/L	NE
1,6 diisocianato de hexametileno (HDI)	822-06-0	1,6 hexametileno diamina na urina	FJ	15 µg/g.creat.	NE
N-hexano	110-54-3	2,5 hexanodiona (HS) (2,5HD) na urina	FJ	0,5 mg/L	-
Mercúrio metálico	7439-97-6	Mercúrio na urina	AJ	20 µg/g.creat.	EPNE
Metanol	67-56-1	Metanol na urina	FJ	15 mg/L	EPNE, NE
Indutores de Meta-hemoglobina		Meta-hemoglobina no sangue	FJ	1,5% da hemoglobina	EPNE, NE
2-metoxietanol e 2-metoxietilacetato	109-86-4 110-49-6	Ácido 2-metoxiacético na urina	FJFS	1 mg/g.creat.	-
Metilbutilcetona	591-78-6	2,5 hexanodiona (HS) (2,5HD) na urina	FJFS	0,4 mg/L	-
1,1,1 Tricloroetano	71-55-6	Metilclorofórmio no ar exalado ou	AJFS	40 ppm	-
		Ácido tricloroacético na urina ou	FJFS	10 mg/L	NE
		Tricloroetanol total na urina ou	FJFS	30 mg/L	NE
		Tricloroetanol total no sangue	FJFS	1 mg/L	NE
Metiletilcetona (MEK)	78-93-3	MEK na urina	FJ	2 mg/L	NE
Metilisobutilcetona (MIBK)	108-10-1	MIBK na urina	FJ	1 mg/L	
N-metil-2- pirrolidona	872-50-4	5-hidroxi-n-metil-2-pirrolidona na urina	FJ	100 mg/L	-
Nitrobenzeno	98-95-3	Meta-hemoglobina no sangue	FJ	1,5% da hemoglobina	EPNE,NE
Fenol	108-95-2	Fenol(H) na urina	FJ	250 mg/g.creat.	EPNE,NE
2-propanol	67-63-0	Acetona na urina	FJFS	40 mg/L	EPNE, NE
Estireno	100-42-5	Soma dos ácidos mandélico e fenilglioxílico na urina ou	FJ	400 mg/g creat.	NE
		Estireno na urina	FJ	40 µg/L	-
Tetracloroetileno	127-18-4	Tetracloretileno no ar exalado ou	AJ	3 ppm	-
		Tetracloroetileno no sangue	AJ	0,5 mg/L	-
Tetra-hidrofurano	109-99-9	Tetra-hidrofurano na urina	FJ	2 mg/L	
Tolueno	108-88-3	Tolueno no sangue ou	AJFS	0,02 mg/L	-
		Tolueno na urina ou	FJ	0,03 mg/L	-
		Orto-cresol na urina(H)	FJ	0,3 mg/g.creat.	EPNE

2,4 e 2,6 Tolueno diisocianato (puros ou em mistura dos dois isômeros)	584-84-9 91-08-7	Isômeros 2,4 e 2,6 toluenodiamino na urina(H) (soma dos isômeros)	FJ	5 µg.g.creat.	NE
Tricloroetileno	79-01-6	Ácido tricloroacético na urina ou	FJFS	15 mg/L	NE
		Tricloroetanol no sangue(HS)	FJFS	0,5 mg/L	NE
Xilenos	95-47-6 106-42-3 108-38-3 1330-27-7	Ácido metil-hipúrico na urina	FJ	1,5 mg/g.creat.	-

Quadro 2

Indicadores Biológicos de Exposição com Significado Clínico (IBE/SC)[(1)]

Substância	**Número CAS**	**Indicador**	**Coleta**	**Valor do IBE/SC**	**Observações**
Cádmio e seus compostos inorgânicos	7440-43-9	Cádmio na urina	NC	5 µg/g.creat.	
Inseticidas inibidores da Colinesterase	-	Atividade da acetilcolinesterase eritrocitária ou	FJ	70% da atividade basal (#)	NE
		Atividade da butilcolinesterase no plasma ou soro	FJ	60% da atividade basal (#)	NE
Flúor, ácido fluorídrico e fluoretos inorgânicos		Fluoreto urinário	AJ48	2 mg/L	EPNE
Chumbo e seus compostos inorgânicos	7439-92-1	Chumbo no sangue (Pb-S) e	NC	60 µg/100 ml(M)	EPNE
		Ácido Delta Amino Levulínico na urina (ALA-U)	NC	10 mg/g. creat.	EPNE PNE

(#) A atividade basal é a atividade enzimática pré-ocupacional e deve ser estabelecida com o empregado afastado por pelo menos 30 (trinta) dias da exposição a inseticidas inibidores da colinesterase.

(M) Mulheres em idade fértil, com valores de Chumbo no sangue (Pb-S) a partir de 30 µg/100ml, devem ser afastadas da exposição ao agente.

Abreviaturas

IBE/EE – Indicadores Biológicos de Exposição Excessiva

IBE/SC – Indicadores Biológicos de Exposição com Significado Clínico

µg/g.creat. – Microgramas por grama de creatinina

µg/L – Microgramas por litro

AJ – Antes da Jornada

AJ-FJ – Diferença pré e pós-jornada

AJ48 – Antes da jornada com no mínimo 48 horas sem exposição

AJFS – Início da última jornada de trabalho da semana

EPNE – Encontrado em populações não expostas ocupacionalmente

FJ – Final de jornada de trabalho

FJFS – Final do último dia de jornada da semana

FS – Após 4 ou 5 jornadas de trabalho consecutivas

H – Método analítico exige hidrólise para este IBE/EE

HS – O método analítico deve ser realizado sem hidrólise para este IBE/EE

(1) Indicadores biológicos com significado clínico (SC) evidenciam disfunções orgânicas e efeitos adversos à saúde.

mg/L – Miligramas por litro

NC – Não crítica (pode ser colhido a qualquer momento desde que o trabalhador esteja trabalhando nas últimas semanas)

NE – Não específico (pode ser encontrado por exposições a outras substâncias)

NF – Valores para não fumantes (fumantes apresentam valores basais elevados deste indicador que inviabilizam a interpretação)

pmol/g.hemog – Picomoles por grama de hemoglobina

ppm – Partes por milhão

Anexo II

Controle Médico Ocupacional da Exposição a Níveis de Pressão Sonora Elevados

1. Este Anexo estabelece diretrizes para avaliação e controle médico ocupacional da audição de empregados expostos a níveis de pressão sonora elevados.

2. Devem ser submetidos a exames audiométricos de referência e sequenciais todos os empregados que exerçam ou exercerão suas atividades em ambientes cujos níveis de pressão sonora estejam acima dos níveis de ação, conforme informado no PGR da organização, independentemente do uso de protetor auditivo.

2.1. Compõem os exames audiológicos de referência e sequenciais:

a) anamnese clínico-ocupacional;

b) exame otológico;

c) exame audiométrico realizado segundo os termos previstos neste Anexo;

d) outros exames audiológicos complementares solicitados a critério médico.

3. Exame audiométrico

3.1. O exame audiométrico será realizado em cabina audiométrica, cujos níveis de pressão sonora não ultrapassem os níveis máximos permitidos, de acordo com a norma técnica ISO 8253-1.

3.1.1. Nas empresas em que existir ambiente acusticamente tratado, que atenda à norma técnica ISO 8253-1, a cabina audiométrica poderá ser dispensada.

3.2. O audiômetro deve ser submetido a procedimentos de verificação e controle periódico do seu funcionamento, incluindo:

I – aferição acústica anual;

II – calibração acústica:

a) sempre que a aferição acústica indicar alteração;

b) quando houver recomendação de prazo pelo fabricante;

c) a cada 5 (cinco) anos, se não houver indicação do fabricante.

III – aferição biológica precedendo a realização dos exames audiométricos.

3.2.1. Os procedimentos constantes das alíneas *a* e *b* acima devem seguir o preconizado na norma técnica ISO 8253-1, e os resultados devem ser incluídos em certificado de aferição e/ou calibração que acompanhará o equipamento.

3.2.1.1. Na impossibilidade da realização do exame audiométrico nas condições previstas no item 3.1, o responsável pela execução do exame avaliará a viabilidade de sua realização em ambiente silencioso, por meio do exame audiométrico em 2 (dois) indivíduos, cujos limiares auditivos sejam conhecidos, detectados em exames audiométricos de referência atuais, e que não haja diferença de limiar auditivo, em qualquer frequência e em qualquer um dos 2 (dois) indivíduos examinados, acima de 5 (cinco) dB (NA) (nível de audição em decibéis).

3.3. O exame audiométrico deve ser executado por médico ou fonoaudiólogo, conforme resoluções dos respectivos conselhos federais profissionais.

3.4. O empregado deve permanecer em repouso auditivo por um período mínimo de 14 horas até o exame audiométrico.

3.5. O resultado do exame audiométrico deve ser registrado e conter, no mínimo:

a) nome, idade, CPF e função do empregado;

b) razão social da organização e CNPJ ou CPF;

c) tempo de repouso auditivo cumprido para a realização do exame audiométrico;

d) nome do fabricante, modelo e data da última aferição acústica do audiômetro;

e) traçado audiométrico e símbolos, conforme indicados neste Anexo;

f) nome, número de registro no conselho regional e assinatura do profissional responsável pelo exame audiométrico.

3.6. O exame audiométrico deve ser realizado, sempre, pela via aérea nas frequências de 500, 1.000, 2.000, 3.000, 4.000, 6.000 e 8.000 Hz.

3.6.1. No caso de alteração detectada no teste pela via aérea, a audiometria deve ser feita, também, por via óssea, nas frequências de 500, 1.000, 2.000, 3.000 e 4.000 Hz, ou ainda segundo a avaliação do profissional responsável pela execução do exame.

3.6.2. Segundo a avaliação do profissional responsável, no momento da execução do exame, podem ser determinados os Limiares de Reconhecimento de Fala – LRF.

4. Periodicidade dos exames audiométricos

4.1. O exame audiométrico deve ser realizado, no mínimo:

a) na admissão;

b) anualmente, tendo como referência o exame da alínea *a* acima;

c) na demissão.

4.1.1. Na demissão pode ser aceito exame audiométrico realizado até 120 (cento e vinte) dias antes da data de finalização do contrato de trabalho.

4.2. O intervalo entre os exames audiométricos pode ser reduzido a critério do médico do trabalho responsável pelo PCMSO.

4.3. O empregado deve ser submetido a exame audiométrico de referência e a exames audiométricos sequenciais na forma descrita nos subitens seguintes.

4.3.1. Exame audiométrico de referência é aquele com o qual os exames sequenciais serão comparados e que deve ser realizado:

a) quando não houver um exame audiométrico de referência prévio;

b) quando algum exame audiométrico sequencial apresentar alteração significativa em relação ao exame de referência.

4.3.2. Exame audiométrico sequencial é aquele que será comparado com o exame de referência e se aplica a todo empregado que já possua um exame audiométrico de referência prévio.

5. Interpretação dos resultados dos exames audiométricos.

5.1. São considerados dentro dos limites aceitáveis, para efeito deste Anexo, os casos cujos audiogramas mostram limiares auditivos menores ou iguais a 25 (vinte e cinco) dB (NA) em todas as frequências examinadas.

5.2. São considerados sugestivos de Perda Auditiva Induzida por Níveis de Pressão Sonora Elevados (PAINPSE) os casos cujos audiogramas, nas frequências de 3.000 e/ou 4.000 e/ou 6.000 Hz, apresentem limiares auditivos acima de 25 (vinte e cinco) dB (NA) e mais elevados do que nas outras frequências testadas, estando estas comprometidas ou não, tanto no teste da via aérea quanto da via óssea, em um ou em ambos os lados.

5.2.1. Não são consideradas alterações sugestivas de PAINPSE aquelas que não se enquadrem nos critérios definidos no item 5.2 acima.

5.3. São considerados sugestivos de desencadeamento de PAINPSE os casos em que os limiares auditivos em todas as frequências testadas no exame audiométrico de referência e no sequencial permaneçam menores ou iguais a 25 (vinte e cinco) dB (NA), mas a comparação do audiograma sequencial com o de referência mostra evolução que preencha um dos critérios abaixo:

a) a diferença entre as médias aritméticas dos limiares auditivos no grupo de frequências de 3.000, 4.000 e 6.000 Hz iguala ou ultrapassa 10 (dez) dB (NA);

b) a piora em pelo menos uma das frequências de 3.000, 4.000 ou 6.000 Hz iguala ou ultrapassa 15 (quinze) dB (NA).

5.3.1. São considerados também sugestivos de desencadeamento de PAINPSE os casos em que apenas o exame audiométrico de referência apresente limiares auditivos em todas as frequências testadas menores ou iguais a 25 (vinte e cinco) dB (NA), e a comparação do audiograma sequencial com o de referência preencha um dos critérios abaixo:

a) a diferença entre as médias aritméticas dos limiares auditivos no grupo de frequências de 3.000, 4.000 e 6.000 Hz iguala ou ultrapassa 10 (dez) dB (NA);

b) a piora em pelo menos uma das frequências de 3.000, 4.000 ou 6.000 Hz iguala ou ultrapassa 15 dB (NA).

5.4. São considerados sugestivos de agravamento da PAINPSE os casos já confirmados em exame audiométrico de referência e nos quais a comparação de exame audiométrico sequencial com o de referência mostra evolução que preenche um dos critérios abaixo:

a) a diferença entre as médias aritméticas dos limiares auditivos no grupo de frequências de 500, 1.000 e 2.000 Hz, ou no grupo de frequências de 3.000, 4.000 e 6.000 Hz iguala ou ultrapassa 10 (dez) dB (NA);

b) a piora em uma frequência isolada iguala ou ultrapassa 15 (quinze) dB (NA).

5.5. Para fins deste Anexo, o exame audiométrico de referência deve permanecer como tal até que algum dos exames audiométricos sequenciais demonstre desencadeamento ou agravamento de PAINPSE.

5.5.1. O exame audiométrico sequencial que venha a demonstrar desencadeamento ou agravamento de PAINPSE passará a ser, a partir de então, o novo exame audiométrico de referência.

6. O diagnóstico conclusivo, o diagnóstico diferencial e a definição da aptidão para a função ou atividade, na suspeita de PAINPSE, são atribuições do médico do trabalho responsável pelo PCMSO.

7. Devem ser motivo de especial atenção empregados expostos a substâncias ototóxicas e/ou vibração, de forma isolada ou simultânea à exposição a ruído potencialmente nocivo à audição.

8. A PAINPSE, por si só, não é indicativa de inaptidão para o trabalho, devendo-se levar em consideração na análise de cada caso, além do traçado audiométrico ou da evolução sequencial de exames audiométricos, os seguintes fatores:

a) a história clínica e ocupacional do empregado;

b) o resultado da otoscopia e de outros testes audiológicos complementares;

c) a idade do empregado;

d) os tempos de exposição pregressa e atual a níveis de pressão sonora elevados;

e) os níveis de pressão sonora a que o empregado estará, está ou esteve exposto no exercício do trabalho;

f) a demanda auditiva do trabalho ou da função;

g) a exposição não ocupacional a níveis de pressão sonora elevados;

h) a exposição ocupacional a outro(s) agente(s) de risco ao sistema auditivo;

i) a exposição não ocupacional a outro(s) agentes de risco ao sistema auditivo;

j) a capacitação profissional do empregado examinado;

k) os programas de conservação auditiva aos quais tem ou terá acesso o empregado.

9. Nos casos de desencadeamento ou agravamento de PAINPSE, conforme os critérios deste Anexo, o médico do trabalho responsável pelo PCMSO deve:

a) definir a aptidão do empregado para a função;

b) incluir o caso no Relatório Analítico do PCMSO;

c) participar da implantação, aprimoramento e controle de programas que visem à conservação auditiva e prevenção da progressão da perda auditiva do empregado acometido e de outros expostos a riscos ocupacionais à audição, levando-se em consideração, inclusive, a exposição à vibração e a agentes ototóxicos ocupacionais;

d) disponibilizar cópias dos exames audiométricos aos empregados.

10. Nos casos em que o exame audiométrico de referência demonstre alterações cuja evolução esteja em desacordo com os moldes definidos neste Anexo para PAINPSE, o médico do trabalho responsável pelo PCMSO deve:

a) verificar a possibilidade da presença concomitante de mais de um tipo de agressão ao sistema auditivo;

b) orientar e encaminhar o empregado para avaliação especializada;

c) definir sobre a aptidão do empregado para função;

d) participar da implantação e aprimoramento de programas que visem à conservação auditiva e prevenção da progressão da perda auditiva do empregado acometido e de outros expostos a riscos ocupacionais à audição, levando-se em consideração, inclusive, a exposição à vibração e a agentes ototóxicos ocupacionais;

e) disponibilizar cópias dos exames audiométricos aos empregados.

MODELO DE FORMULÁRIO PARA REGISTRO DE TRAÇADO AUDIOMÉTRICO

ORELHA DIREITA

Frequência em kHz

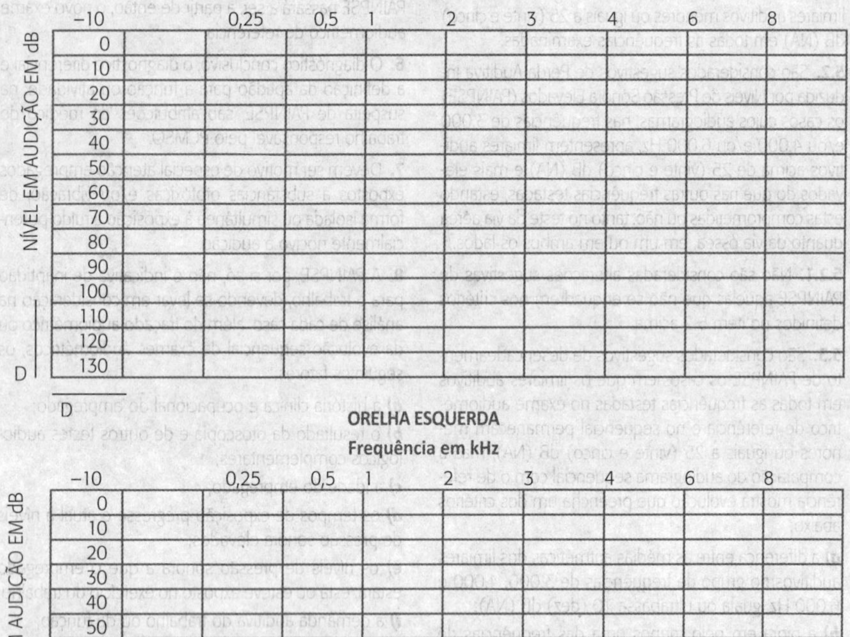

ORELHA ESQUERDA

Frequência em kHz

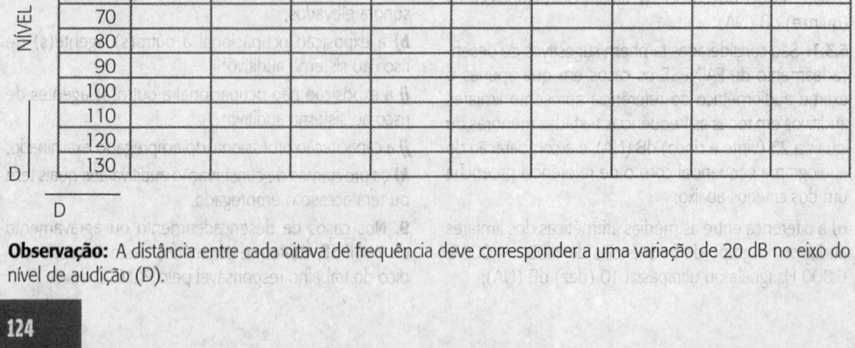

Observação: A distância entre cada oitava de frequência deve corresponder a uma variação de 20 dB no eixo do nível de audição (D).

SÍMBOLOS PARA REGISTROS DE AUDIOMETRIAS

	ORELHA DIREITA	ORELHA ESQUERDA
RESPOSTAS PRESENTES Via de Condução Aérea Via de Condução Óssea	O <	X >
RESPOSTAS PRESENTES Via de Condução Aérea Via de Condução Óssea	O ↙ <	X ↘ >

Observações:

a) Os símbolos referentes à via de condução aérea devem ser ligados por meio de linhas contínuas para a orelha direita e linhas interrompidas para a orelha esquerda.

b) Os símbolos de condução óssea não devem ser interligados.

c) No caso do uso de cores: a cor vermelha deve ser usada para os símbolos referentes à orelha direita; a cor azul deve ser usada para os símbolos referentes à orelha esquerda.

Anexo III

Controle Radiológico e Espirométrico da Exposição a Agentes Químicos

1. Este Anexo estabelece as condições técnicas e parâmetros mínimos para a realização de:

a) Radiografias de Tórax – RXTP em programas de controle médico em saúde ocupacional de empregados expostos a poeiras minerais, de acordo com os critérios da Organização Internacional do Trabalho – OIT;

b) Espirometrias para avaliação da função respiratória em empregados expostos a poeiras minerais e para avaliação de empregados com indicação de uso de equipamentos individuais de proteção respiratória.

2. RADIOGRAFIAS DE TÓRAX PARA APOIO AO DIAGNÓSTICO DE PNEUMOCONIOSES

2.1. Os procedimentos para realização de RXTP devem atender às diretrizes da Resolução da Diretoria Colegiada – RDC n. 330, de 20 de dezembro de 2019, que dispõe sobre o uso dos raios X diagnósticos em todo o território nacional, ou suas revisões mais recentes.

2.2. Os equipamentos utilizados para realização de RXTP devem possuir as seguintes características:

a) gerador monofásico de alta frequência de preferência e/ou trifásico de 6 a 12 pulsos, no mínimo de 500 mA;

b) tubo de raios X – 30/50;

c) filtro de alumínio de 3 a 5 mm;

d) grade fixa com distância focal de 1,50 m;

e) razão da grade 10:1 com mais de 100 colunas;

f) razão da grade 12:1 com 100 colunas.

2.2.1. As unidades móveis de raios X podem utilizar equipamentos de 300 mA (trezentos miliamperes) desde que o gerador tenha potência mínima de 30 kW (trinta quilowatts).

2.2.2. No caso de utilização de equipamentos para RXTP em unidades móveis, devem ser cumpridas, além do exigido acima, as seguintes condições:

a) dispor de alvará específico para funcionamento da unidade transportável de raios X;

b) ser realizado por profissional legalmente habilitado e sob a supervisão de responsável técnico nos termos da RDC já referida;

c) dispor de Laudo Técnico emitido por profissional legalmente habilitado, comprovando que os equipamentos utilizados atendem ao exigido neste Anexo.

2.3. A técnica radiológica para RXTP deve observar os seguintes padrões:

a) foco fino (0,6 a 1,2 mm);

b) 100 mA ou 200 mA (tubo de alta rotação);

c) tempo – 0,01 a 0,02 ou 0,03 segundos;

d) constante – 40 ou 50 kV (quilovolts).

2.4. O processamento dos filmes deve ser realizado por processadora automática e que atenda às exigências dos órgãos ambientais responsáveis.

2.5. A identificação dos filmes radiográficos utilizados em radiologia convencional deve incluir, no canto superior direito do filme radiográfico, a data da realização do exame, o número de ordem do serviço ou do prontuário do empregado e nome completo do empregado ou as iniciais do nome completo.

2.6. A leitura radiológica deve ser descritiva e, para a interpretação e emissão dos laudos dos RXTP, devem ser utilizados, obrigatoriamente, os critérios da OIT na sua revisão mais recente e a coleção de radiografias-padrão da OIT.

2.6.1. Em casos selecionados, a critério clínico, pode ser realizada a Tomografia Computadorizada de Alta Resolução de Tórax.

2.6.2. As leituras radiológicas devem ser anotadas em Folha de Leitura Radiológica que contenha a identificação da radiografia e do leitor, informações sobre a qualidade da imagem e os itens da classificação.

2.7. O laudo do exame radiológico deve ser assinado por um ou mais de um, em caso de múltiplas leituras, dos seguintes profissionais:

a) médico radiologista com título de especialista ou registro de especialidade no Conselho Regional de Medicina e com qualificação e/ou certificação em Leitura Radiológica das Pneumoconioses – Classificação Radiológica da OIT, por meio de curso/módulo específico;

b) médicos de outras especialidades, que possuam título ou registro de especialidade no Conselho Regional de Medicina em Pneumologia, Medicina do Trabalho ou Clínica Médica (ou uma das suas subespecialidades) e que possuam qualificação e/ou certificação em Leitura Radiológica das Pneumoconioses – Classificação Radiológica da OIT, por meio de curso/módulo específico.

2.8. As certificações são concedidas por aprovação nos exames do National Institute for Occupational Safety and Health – NIOSH ou pelo exame "AIR-Pneumo", sendo que, em caso de certificação concedida pelo exame do NIOSH, o profissional também pode ser denominado "Leitor B".

2.9. Sistemas de radiologia digital do tipo CR ou DR podem ser utilizados para a obtenção de imagens radiológicas do tórax para fins de interpretação radiológica da OIT.

2.9.1. Os parâmetros físicos para obtenção de RXTP de qualidade técnica adequada, utilizando-se equipamentos de radiologia digital, devem ser similares aos da radiologia convencional.

2.9.2. A identificação dos filmes digitais deve conter, no mínimo, a data da realização do exame, número de ordem do serviço ou do prontuário do paciente e nome completo do paciente ou as iniciais do nome completo.

2.10. A Interpretação Radiológica de radiografias digitais deve seguir os critérios da OIT.

2.10.1. Imagens geradas em sistemas de radiologia digital (CR ou DR) e transferidas para monitores só podem ser interpretadas com as radiografias-padrão em monitor anexo.

2.10.2. Os monitores utilizados para exibição da radiografia a ser interpretada e das radiografias-padrão devem ser de qualidade diagnóstica, possuir resolução mínima de 3 megapixels e 21" (54 cm) de exibição diagonal por imagem.

2.10.3. Imagens digitais impressas em filmes radiológicos devem ser interpretadas com as radiografias-padrão em formato impresso, em negatoscópios.

2.10.4. Não é permitida a interpretação de radiografias digitais, para fins de classificação radiológica da OIT, nas seguintes condições:

a) radiografias em monitores comparadas com as radiografias-padrão em negatoscópio, ou o inverso;

b) radiografias digitais impressas em filmes radiológicos com reduções menores do que 2/3 do tamanho original;

c) radiografias digitais impressas em papel fotográfico;

d) imagens originadas no sistema de radiografia convencional que foram digitalizadas por *scanner* e, posteriormente, impressas ou exibidas em tela.

2.11. Os serviços que ofertem radiologia digital devem assegurar a confidencialidade dos arquivos eletrônicos e de dados dos trabalhadores submetidos a RXTP admissionais, periódicos e demissionais, para fins da classificação radiológica da OIT, por meio de procedimentos técnicos e administrativos adequados.

2.12. RXTP obtidas pelo método convencional devem ser guardadas em filmes radiológicos, em formato original.

2.13. Imagens obtidas por sistemas digitais (CR ou DR) devem ser armazenadas nos seguintes formatos:

a) impressas em filmes radiológicos cuja redução máxima seja equivalente a 2/3 do tamanho original; ou

b) em mídia digital, gravadas em formato DICOM e acompanhadas de visualizador (*viewer*) de imagens radiológicas.

2.14. A guarda das imagens deve ter sua responsabilidade definida e documentada.

2.15. São responsáveis pela guarda o médico do trabalho responsável pelo PCMSO ou, no caso de a empresa possuir serviço próprio, o responsável pelo serviço de radiologia.

2.15.1. A guarda das imagens refere-se às radiografias de cunho ocupacional, admissionais, periódicas e demissionais, bem como a eventuais radiografias cujas alterações sejam suspeitas ou atribuíveis à exposição ocupacional.

2.16. O tempo de guarda dos exames deve obedecer aos critérios definidos na NR-07.

Quadro 1

Periodicidade dos Exames Radiológicos para Empregados Expostos a Sílica e Asbesto

Empresas com medições quantitativas periódicas	
CLSC* <= 10% LEO	RX na admissão somente.
10% LEO < CLSC < 50% LEO	RX na admissão, a cada 5 anos de exposição até os 15 anos, e, após, a cada 3 anos.
50% LEO < CLSC < 100% LEO	RX na admissão, a cada 3 anos de exposição até 15 anos, e, após, a cada 2 anos.
CLSC > 100% LEO	RX na admissão e anual.
Empresas sem avaliações quantitativas	RX na admissão, a cada 2 anos de exposição até 15 anos, e, após, anual.

**LEO = Limite de exposição ocupacional

*CLSC(95%) ou percentil 95 = Concentração calculada estatisticamente com Limite Superior de Confiança 95%

NOTA: Trabalhadores que apresentarem Leitura Radiológica 0/1 ou mais deverão ser avaliados por profissionais médicos especializados.

Quadro 2

Periodicidade dos Exames Radiológicos, Após o Término do Contrato de Trabalho, para Empregados Expostos ao Asbesto

1. Cabe ao empregador, após o término do contrato de trabalho envolvendo exposição ao asbesto, disponibilizar a realização periódica de exames médicos de controle durante, no mínimo, 30 (trinta) anos, sem custos aos trabalhadores.

1.1. Estes exames, incluindo raios X de Tórax, devem ser realizados com a seguinte periodicidade:

a) a cada 3 (três) anos para trabalhadores com período de exposição até 12 (doze) anos;

b) a cada 2 (dois) anos para trabalhadores com período de exposição de mais de 12 (doze) a 20 (vinte) anos;

c) anual para trabalhadores com período de exposição superior a 20 (vinte) anos.

2. O trabalhador receberá, por ocasião da demissão e retornos posteriores, comunicação da data e local da próxima avaliação médica.

Quadro 3

Poeiras Contendo Partículas Insolúveis ou Pouco Solúveis de Baixa Toxicidade e Não Classificadas de Outra Forma

Empresas com medições quantitativas periódicas	
CLSC <=10% LEO*	RX na admissão somente.
10% LEO < CLSC** < 50% LEO	RX na admissão e após 5 anos. Caso normal, repetir somente a critério clínico.
50% LEO < CLSC < 100% LEO	RX na admissão e após 5 anos. Caso normal, repetir somente a critério clínico.
CLSC >100% LEO	RX na admissão e a cada 5 anos.
Empresas sem avaliações quantitativas	RX na admissão e a cada 5 anos.
1.1.1	1.1.2

*LEO = Limite de exposição ocupacional

**CLSC (95%) ou percentil 95 = Concentração calculada estatisticamente com Limite superior de confiança 95%

3. ESPIROMETRIAS OCUPACIONAIS

3.1. Os empregados expostos ocupacionalmente a poeiras minerais e empregados com indicação de uso de equipamentos individuais de proteção respiratória devem ser submetidos a espirometria nos exames médicos admissional e periódicos a cada dois anos.

3.1.1. No caso de constatação de espirometrias com alterações, independentemente da causa, a periodicidade deve ser reduzida para anual ou inferior, a critério médico.

3.1.2. Nos exames pós-demissionais em empregados expostos ao asbesto, a periodicidade da espirometria deve ser a mesma do exame radiológico.

3.2. No caso da constatação de alteração espirométrica, o médico do trabalho responsável pelo PCMSO deve investigar possíveis relações do resultado com exposições ocupacionais no ambiente de trabalho.

3.3. A organização deve garantir que a execução e a interpretação das espirometrias sigam as padronizações constantes nas Diretrizes do Consenso Brasileiro sobre Espirometria na sua mais recente versão.

3.4. A interpretação do exame e o laudo da espirometria devem ser feitos por médico.

Anexo IV

Controle Médico Ocupacional de Exposição a Condições Hiperbáricas

1. TRABALHADOR NA CONSTRUÇÃO CIVIL EXPOSTO A CONDIÇÕES HIPERBÁRICAS

1.1. É obrigatória a realização de exames médicos, dentro dos padrões estabelecidos neste Anexo, para o exercício de atividade sob pressão atmosférica elevada (pressão hiperbárica).

1.2. Os exames médicos para trabalhadores candidatos a trabalho em pressões hiperbáricas deverão ser avaliados por médico qualificado.

1.3. O atestado de aptidão terá validade por 6 (seis) meses.

1.4. O trabalhador não pode sofrer mais que uma compressão num período de 24 (vinte e quatro) horas.

1.5. Profissionais que realizem liberação de base dentro dos tubulões de ar comprimido em jornadas de curta duração, de até 30 minutos, podem ser submetidos a mais de uma compressão em menos de 24 horas e até o máximo de três compressões.

1.6. O trabalhador não pode ser exposto à pressão superior a 4,4 ATA, exceto em caso de emergência, sob supervisão direta do médico qualificado.

1.7. A duração do período de trabalho sob ar comprimido não pode ser superior a 8 (oito) horas, em pressões de trabalho de 1,0 a 2,0 ATA; a 6 (seis) horas, em pressões de trabalho de 2,1 a 3,5 ATA; e a 4 (quatro) horas, em pressão de trabalho de 3,6 a 4,4 ATA.

1.8. Após a descompressão, os trabalhadores devem ser obrigados a permanecer, no mínimo, por 2 (duas)

horas, no canteiro de obra, cumprindo um período de observação médica.

1.9. O local adequado para o cumprimento do período de observação deve ser designado pelo médico do trabalho responsável pelo PCMSO ou pelo médico qualificado.

1.10. O médico qualificado deve manter disponibilidade para contato enquanto houver trabalho sob ar comprimido, sendo que, em caso de acidente de trabalho, deve ser providenciada assistência, bem como local apropriado para atendimento médico.

1.11. Todo empregado que trabalhe sob ar comprimido deve ter um prontuário médico, no qual devem ser registrados os dados relativos aos exames realizados.

1.12. Em caso de ausência ao trabalho por mais de 15 (quinze) dias ou afastamento por doença, o empregado, ao retornar, deve ser submetido a novo exame médico, com emissão de ASO.

1.13. Em caso de ausência ao trabalho por doença, por até 15 (quinze) dias, o empregado deve ser submetido a novo exame clínico supervisionado pelo médico qualificado, sem a necessidade da emissão de um novo ASO.

1.14. Se durante o processo de compressão o empregado apresentar queixas, dores no ouvido ou de cabeça, a compressão deve ser imediatamente interrompida com redução gradual da pressão na campânula até que o empregado se recupere.

1.14.1. Caso não ocorra a recuperação, a descompressão deve continuar até a pressão atmosférica, retirando-se, então, o empregado e encaminhando-o ao serviço médico.

1.15. Todo empregado que vá exercer trabalho sob ar comprimido deve ser orientado quanto aos riscos decorrentes da atividade e às precauções que devem ser tomadas.

1.16. A capacidade física de empregados para trabalho em condições hiperbáricas deve ser avaliada antes do início das atividades e supervisionada por médico qualificado.

1.17. É proibido o trabalho de menores de 18 anos em qualquer ambiente hiperbárico.

1.18. Devem ser realizados os seguintes exames complementares quando da realização do admissional e periódico, para trabalho em condições hiperbáricas:

a) radiografia de tórax em visão anteroposterior e de perfil: admissional e anual;

b) eletrocardiograma: admissional e anual;

c) hemograma completo: admissional e anual;

d) grupo sanguíneo e fator RH: apenas admissional;

e) dosagem de glicose sanguínea: admissional e anual;

f) radiografia bilateral das articulações escapuloumerais, coxofemorais e de joelhos: admissional e bienal;

g) audiometria: admissional, seis meses após o início da atividade, e, a seguir, anualmente;

h) eletroencefalograma: apenas admissional;

i) espirometria: admissional e bienal.

1.18.1. A critério médico, outros exames complementares poderão ser solicitados a qualquer tempo.

1.19. A descompressão deve ser realizada segundo as tabelas constantes deste Anexo.

1.20. Deve ser disponibilizada uma câmara hiperbárica de tratamento, 24 horas por dia, 7 dias por semana, situada a uma distância tal que o trabalhador seja atendido em, no máximo, 1 (uma) hora após a ocorrência.

1.21. O empregador deve garantir a disponibilidade, no local de trabalho, de recursos médicos, incluindo oxigênio medicinal de superfície, e de pessoal necessário para os primeiros socorros, em casos de acidentes descompressivos ou outros eventos que comprometam a saúde dos trabalhadores na frente de trabalho, sendo que o planejamento desses recursos cabe ao médico do trabalho responsável pelo PCMSO ou ao médico qualificado.

1.22. O tratamento recompressivo deve ser conduzido sob supervisão do médico qualificado.

1.23. Em relação à ventilação, à temperatura e à qualidade do ar, devem ser observadas as seguintes condições:

a) durante a permanência dos trabalhadores na câmara de trabalho ou na campânula ou eclusa, a ventilação deve ser contínua, à razão de, no mínimo, 30 (trinta) pés cúbicos/min./homem;

b) a temperatura, no interior da campânula ou eclusa e da câmara de trabalho, não deve exceder a 27 °C (vinte e sete graus centígrados);

c) a qualidade do ar deve ser mantida dentro dos padrões de pureza a seguir: monóxido de carbono menor que 20 ppm; dióxido de carbono menor que 2.500 ppm; óleo menor que 5 mg/m³ (PT>2atm); material particulado menor que 3 g/m³ (PT<2atm);

d) oxigênio maior que 20% (vinte por cento).

1.24. A compressão deve ser realizada a uma vazão máxima de 0,3 atm no primeiro minuto e não poderá exceder 0,7 atm nos minutos subsequentes.

1.25. Não é permitido à organização submeter o empregado a voos ou elevações acima de 700 metros nas 24 (vinte e quatro) horas que sucederem um mergulho seco.

2. GUIAS INTERNOS DE CÂMARAS HIPERBÁRICAS MULTIPLACE

2.1. Esta categoria profissional deve ser avaliada com os mesmos critérios clínicos e de exames complementares do item "1. TRABALHADOR NA CONSTRUÇÃO CIVIL EXPOSTO A CONDIÇÕES HIPERBÁRICAS" deste Anexo.

2.2. Esta categoria profissional pode ser submetida a até 2 (duas) exposições em 24 (vinte e quatro) horas, sob supervisão do médico qualificado.

2.3. Não é permitido à organização submeter o empregado a voos ou elevações acima de 700 metros nas 24 (vinte e quatro) horas que sucederem um mergulho seco.

3. MERGULHADORES PROFISSIONAIS

3.1. Para mergulho profissional, as atividades devem ser acompanhadas e orientadas por médico qualificado com conhecimento de fisiologia de mergulho, escolha de misturas gasosas, diagnóstico e tratamento de doenças e acidentes ligados ao mergulho.

3.2. Todos os mergulhos devem ser registrados, incluindo a identificação dos mergulhadores participantes e os dados técnicos de pressões, tempos e composição do gás respirado.

3.3. Nos mergulhos em que se utilize mistura gasosa diferente do ar, devem ser obedecidas medidas específicas para evitar enganos, troca de cilindros e erros na execução de paradas de descompressão.

3.4. Os exames médicos ocupacionais dos empregados em mergulho profissional devem ser realizados:

a) por ocasião da admissão;

b) a cada 6 (seis) meses, para todo o pessoal em efetiva atividade de mergulho;

c) após acidente ocorrido no desempenho de atividade de mergulho ou doença grave;

d) em situações especiais outros exames podem ser solicitados a critério médico.

3.5. Devem ser realizados os seguintes exames complementares quando da realização do admissional e periódico, para mergulho profissional:

a) radiografia de tórax em visão anteroposterior e de perfil: admissional e anual;

b) eletrocardiograma ou teste ergométrico de esforço, a critério médico: anual;

c) ecocardiograma: apenas admissional;

d) teste ergométrico de esforço: admissional;

e) hemograma completo: admissional e anual;

f) grupo sanguíneo e fator RH: apenas admissional;

g) dosagem de glicose sanguínea: admissional e anual;

h) radiografia bilateral das articulações escapuloumerais, coxofemorais e de joelhos: admissional e bienal, que poderão ser substituídos, a critério médico, por Ressonância Nuclear Magnética ou Tomografia Computadorizada;

i) audiometria: admissional, seis meses após o início da atividade e, a seguir, anualmente;

j) eletroencefalograma: admissional;

k) espirometria: admissional e bienal;

l) acuidade visual: admissional e anual.

3.6. A critério médico, outros exames complementares e pareceres de outros profissionais de saúde podem ser solicitados a qualquer tempo.

3.7. É vedada a atividade de mergulho para gestantes e lactantes.

3.8. A compressão e a descompressão devem ser definidas pelo médico qualificado responsável pelo mergulho.

3.9. Todas as embarcações para trabalho de mergulho profissional devem ter, a bordo, uma câmara hiperbárica de tratamento para atendimento de doenças ou acidentes de mergulho.

3.10. Os tratamentos de doenças ou acidentes de mergulho devem estar a cargo de médico qualificado.

3.11. Para os mergulhos realizados a partir de bases em terra, deve se disponibilizada uma câmara hiperbárica de tratamento, 24 horas por dia, 7 dias por semana, para que o mergulhador seja atendido em, no máximo, 1 hora após a ocorrência.

3.12. O empregador deve garantir a disponibilidade, no local de trabalho, de recursos médicos, incluindo oxigênio medicinal de superfície, e de pessoal necessário para os primeiros socorros, em casos de acidentes descompressivos ou outros eventos que comprometam a saúde dos trabalhadores na frente de trabalho, sendo que o planejamento desses recursos cabe ao médico qualificado.

3.13. A segurança de mergulho deve seguir a NORMAM-15/DPC em sua última revisão.

3.14. Não é permitido à organização submeter o empregado a voos ou elevações acima de 700 metros nas 24 horas que sucederem um mergulho raso, ou 48 horas para mergulho saturado.

3.15. O tratamento recompressivo deve ser conduzido sob supervisão do médico qualificado.

TABELAS DE DESCOMPRESSÃO

TABELA 1 – PRESSÃO DE TRABALHO DE 1 A 1,900 ATA			
PERÍODO DE TRABALHO (HORAS)	**ESTÁGIO DE DESCOMPRESSÃO**	**TEMPO TOTAL DE DESCOMPRESSÃO (**)**	
	1,3 ATA		
0 a 6:00	4 min	4min	Linha 1
6:00 a 8:00	14min	14min	Linha 2
+ de 8:00 (**)	30min	30min	Linha 3

PRESSÃO DE TRABALHO DE 1,0 A 2,0 ATA

TABELA 2 – PERÍODO DE TRABALHO DE 30 MINUTOS A 1 HORA											
PRESSÃO DE TRABALHO*** (ATA)	ESTÁGIO DE DESCOMPRESSÃO (ATA)*									TEMPO TOTAL DE DESCOMPRESSÃO** (min.)	
	2,8	2,6	2,4	2,2	2,0	1,8	1,6	1,4	1,2		
2,0 a 2,2											Linha 4
2,2 a 2,4										-	Linha 5
2,4 a 2,6									5	5	Linha 6
2,6 a 2,8									10	10	Linha 7
2,8 a 3,0								5	15	20	Linha 8
TABELA 3 – PERÍODO DE TRABALHO DE 1 HORA A 1 HORA E 30 MINUTOS											
2,0 a 2,2										-	Linha 9
2,2 a 2,4									5	5	Linha 10
2,4 a 2,6									10	10	Linha 11
2,6 a 2,8								5	15	20	Linha 12
2,8 a 3,0								5	20	35	Linha 13
TABELA 4 – PERÍODO DE TRABALHO DE 1 HORA E 30 MINUTOS A 2 HORAS											
2,0 a 2,2									5	5	Linha 14
2,2 a 2,4									10	10	Linha 15
2,4 a 2,6								5	20	25	Linha 16
2,6 a 2,8								10	30	40	Linha 17
2,8 a 3,0							5	15	35	55	Linha 18
TABELA 5 – PERÍODO DE TRABALHO DE 2 HORAS A 2 HORAS E 30 MINUTOS											
2,0 a 2,2									5	5	Linha 19
2,2 a 2,4									20	20	Linha 20
2,4 a 2,6								5	30	35	Linha 21
2,6 a 2,8								15	40	55	Linha 22
2,8 a 3,0							5	25	40	70	Linha 23
TABELA 6 – PERÍODO DE TRABALHO DE 2 HORAS E 30 MINUTOS A 3 HORAS											
2,0 a 2,2									10	10	Linha 24
2,2 a 2,4								5	20	25	Linha 25
2,4 a 2,6								10	35	45	Linha 26
2,6 a 2,8							5	20	40	65	Linha 27
2,8 a 3,0							10	30	40	80	Linha 28
TABELA 7 – PERÍODO DE TRABALHO DE 3 HORAS A 4 HORAS											
2,0 a 2,2									15	15	Linha 29
2,2 a 2,4								5	30	35	Linha 30
2,4 a 2,6								15	40	55	Linha 31
2,6 a 2,8							5	25	45	75	Linha 32
2,8 a 3,0						5	15	30	45	95	Linha 33

TABELA 8 – PERÍODO DE TRABALHO DE 4 HORAS A 6 HORAS											
2,0 a 2,2									20	20	Linha 34
2,2 a 2,4								5	35	40	Linha 35
2,4 a 2,6							5	20	40	65	Linha 36
2,6 a 2,8							10	30	45	85	Linha 37
2,8 a 3,0						5	20	35	45	105	Linha 38

PRESSÃO DE TRABALHO DE 3,0 A 4,4 ATA

TABELA 9 – PERÍODO DE TRABALHO DE 0 A 30 MINUTOS										
PRESSÃO DE TRABALHO *** (ATA)	ESTÁGIO DE DESCOMPRESSÃO (ATA)*								TEMPO TOTAL DE DESCOMPRESSÃO** (min.)	
	2,6	2,4	2,2	2,0	1,8	1,6	1,4	1,2		
3,0 a 3,2								5	5	Linha 39
3,2 a 3,4								5	5	Linha 40
3,4 a 3,6								5	5	Linha 41
3,6 a 3,8								5	5	Linha 42
3,8 a 4,0							5	5	10	Linha 43
4,0 a 4,2							5	5	10	Linha 44
4,2 a 4,4							5	10	15	Linha 45
TABELA 10 – PERÍODO DE TRABALHO DE 30 MINUTOS A 1 HORA										
3,0 a 3,2							5	15	20	Linha 46
3,2 a 3,4							5	20	25	Linha 47
3,4 a 3,6							10	25	35	Linha 48
3,6 a 3,8						5	10	35	50	Linha 49
3,8 a 4,0						5	15	40	60	Linha 50
4,0 a 4,2					5	5	20	40	70	Linha 51
4,2 a 4,4					5	10	25	40	80	Linha 52
TABELA 11 – PERÍODO DE TRABALHO DE 1 HORA A 1 HORA E 30 MINUTOS										
3,0 a 3,2						5	10	35	50	Linha 53
3,2 a 3,4						5	20	35	60	Linha 54
3,4 a 3,6						10	25	40	75	Linha 55
3,6 a 3,8					5	10	30	45	90	Linha 56
3,8 a 4,0					5	20	35	45	105	Linha 57
4,0 a 4,2				5	10	20	35	45	115	Linha 58
4,2 a 4,4				5	15	25	35	45	125	Linha 59
TABELA 12 – PERÍODO DE TRABALHO DE 1 HORA E 30 MINUTOS A 2 HORAS										
3,0 a 3,2						5	25	40	70	Linha 60
3,2 a 3,4					5	10	30	40	85	Linha 61
3,4 a 3,6					5	20	35	40	100	Linha 62
3,6 a 3,8				5	10	25	35	40	115	Linha 63
3,8 a 4,0				5	15	30	35	45	130	Linha 64
4,0 a 4,2			5	10	20	30	35	45	145	Linha 66
4,2 a 4,4			5	15	25	30	35	45	155	Linha 67

TABELA 13 – PERÍODO DE TRABALHO DE 2 HORAS A 2 HORAS E 30 MINUTOS											
3,0 a 3,2						5	10	30	45	90	Linha 68
3,2 a 3,4						5	20	35	45	105	Linha 69
3,4 a 3,6					5	10	25	35	45	120	Linha 70
3,6 a 3,8					5	20	30	35	45	135	Linha 71
3,8 a 4,0				5	10	20	30	35	45	145	Linha 72
4,0 a 4,2			5	5	15	25	30	35	45	160	Linha 73
4,2 a 4,4			5	10	20	25	30	40	45	175	Linha 74
TABELA 14 – PERÍODO DE TRABALHO DE 2 HORAS E 30 MINUTOS A 3 HORAS											
3,0 a 3,2						5	15	35	40	95	Linha 75
3,2 a 3,4						10	25	35	45	115	Linha 76
3,4 a 3,6					5	15	30	35	45	130	Linha 77
3,6 a 3,8				5	10	20	30	35	45	145	Linha 78
3,8 a 4,0				5	20	25	30	35	45	160	Linha 79
4,0 a 4,2			5	10	20	25	30	40	45	175	Linha 80
4,2 a 4,4		5	5	15	25	25	30	40	45	190	Linha 81
TABELA 15 – PERÍODO DE TRABALHO DE 3 HORAS A 4 HORAS											
3,0 a 3,2						10	20	35	45	110	Linha 82
3,2 a 3,4					5	15	25	40	45	130	Linha 83
3,4 a 3,6				5	5	25	30	40	45	150	Linha 84
3,6 a 3,8				5	15	25	30	40	45	160	Linha 85
3,8 a 4,0			5	10	20	25	30	40	45	175	Linha 86
4,0 a 4,2		5	5	15	25	25	30	40	45	190	Linha 87
4,2 a 4,4		5	15	20	25	30	30	40	45	210	Linha 88
TABELA 16 – PERÍODO DE TRABALHO DE 4 HORAS A 6 HORAS											
3,0 a 3,2					5	10	25	40	50	130	Linha 89
3,2 a 3,4					10	20	30	40	55	155	Linha 90
3,4 a 3,6				5	15	25	30	45	60	180	Linha 91
3,6 a 3,8			5	10	20	25	30	45	70	205	Linha 92
3,8 a 4,0			10	15	20	30	40	50	80	245 ****	Linha 93

NOTAS:

(*) A descompressão tanto para o 1º estágio quanto entre os estágios subsequentes deve ser feita a velocidade não superior a 0,4 atm/minuto.

(**) Não está incluído o tempo entre estágios.

(***) Para os valores limites de pressão de trabalho, use a maior descompressão.

(****) O período de trabalho mais o tempo de descompressão (incluindo o tempo entre os estágios) não deverá exceder a 12 horas.

Anexo V

Controle Médico Ocupacional da Exposição a Substâncias Químicas Cancerígenas e a Radiações Ionizantes

1. OBJETIVOS

1.1. Estabelecer diretrizes e parâmetros complementares no PCMSO para vigilância da saúde dos empregados expostos ocupacionalmente a substâncias químicas cancerígenas e a radiações ionizantes, de acordo com as informações fornecidas pelo Programa de Gerenciamento de Risco – PGR, visando à prevenção e à detecção do câncer e de lesões e alterações pré-cancerígenas relacionados ao trabalho.

2. CAMPO DE APLICAÇÃO

2.1. O presente Anexo aplica-se às organizações que produzam, transportem, armazenem, utilizem ou manipulem substâncias químicas cancerígenas, com registro CAS, conforme indicadas no Inventário de Riscos do PGR, misturas líquidas contendo concentração igual ou maior que 0,1% (zero vírgula um por cento) em volume dessas substâncias, ou mistura gasosa contendo essas substâncias, e às organizações nas quais os processos de trabalho exponham seus empregados a radiações ionizantes.

3. DIRETRIZES

3.1. O médico do trabalho responsável deve registrar no PCMSO as atividades e funções na organização com exposição ocupacional a radiações ionizantes e a substâncias químicas cancerígenas, identificadas e classificadas no PGR.

3.1.1. O médico responsável pelo PCMSO deve orientar os médicos que realizam o exame clínico desses empregados sobre a importância da identificação de lesões e alterações clínicas ou laboratoriais que possam estar relacionadas à exposição ocupacional a substâncias químicas cancerígenas e a radiações ionizantes.

4. SUBSTÂNCIAS QUÍMICAS CANCERÍGENAS

4.1. Os prontuários médicos dos empregados expostos a substâncias químicas cancerígenas devem ser mantidos por período mínimo de 40 (quarenta) anos após o desligamento do empregado.

4.1.1. Os exames complementares para os empregados expostos a agentes químicos cancerígenos, conforme informado no PGR da organização, são obrigatórios quando a exposição ocupacional estiver acima de 10% (dez por cento) dos limites de exposição ocupacional, ou quando não houver avaliação ambiental, e devem ser executados e interpretados com base nos critérios constantes nesta NR.

4.2. Benzeno

•• *Vide* Instrução Normativa n. 2, de 8-11-2021, do Ministério do Trabalho e Previdência.

4.2.1. As ações de vigilância da saúde dos empregados expostos a benzeno devem seguir o disposto na Instrução Normativa n. 2, de 20 de dezembro de 1995, da SSST/Ministério do Trabalho, e na Portaria de Consolidação n. 5, Anexos LXVIII, LXIX, LXX e LXXI, de 28 de setembro de 2017, do Ministério da Saúde.

5. RADIAÇÕES IONIZANTES

5.1. Os empregados devem ser avaliados, no exame médico admissional, de retorno ao trabalho ou de mudança de risco, quanto à sua aptidão para exercer atividades em áreas controladas ou supervisionadas, de acordo com as informações do PGR e a classificação da Comissão Nacional de Energia Nuclear – CNEN (Norma CNEN NN 3.01) para áreas de trabalho com radiação ou material radioativo.

5.1.1. A informação sobre aptidão ou inaptidão para exercer atividade com exposição a radiação ou material radioativo deve ser consignada no ASO do empregado.

5.2. No caso de exposição ocupacional acima do limite de dose anual de radiação ionizante, efetiva ou equivalente, deve ser realizada nova avaliação médica do empregado para definição sobre a sua continuidade na atividade, quando deve ser emitido novo ASO.

5.3. No caso de exposição ocupacional acidental a níveis elevados de radiação ionizante, deve ser realizada nova avaliação médica, com coleta de hemograma completo imediatamente e 24 horas após a exposição.

5.4. Os prontuários médicos dos empregados expostos a radiações ionizantes devem ser mantidos até a data em que o empregado completará 75 anos e, pelo menos, por período mínimo de 30 (trinta) anos após o desligamento do empregado.

GLOSSÁRIO

Ata: abreviação de Atmosfera de Pressão Absoluta. Unidade de pressão que considera a pressão manométrica e a pressão atmosférica ambiente.

Atividades críticas: aquelas que exijam avaliação médica específica para definir a aptidão do empregado.

Câmara hiperbárica de tratamento: câmara que, independentemente da câmara de trabalho, é usada para tratamento de indivíduos que adquiram doença descompressiva ou embolia e é diretamente supervisionada por médico qualificado; constitui Vaso de Pressão para Ocupação Humana – VPOH, do tipo multipaciente (para mais de uma pessoa).

Câmara de superfície: uma câmara hiperbárica especialmente projetada para ser utilizada na descompressão dos mergulhadores, requerida pela operação ou pelo tratamento hiperbárico.

Câmara de trabalho: espaço ou compartimento com pressão superior à pressão atmosférica, onde o trabalho é realizado.

Câmara submersível de pressão atmosférica: câmara resistente à pressão externa, especialmente projetada para uso submerso, na qual os seus ocupantes permanecem submetidos à pressão atmosférica.

Campânula: câmara através da qual o trabalhador passa do ar livre para a câmara de trabalho do tubulão e vice-versa. O termo é utilizado nos trabalhos em tubulões de ar comprimido e define a câmara onde o trabalhador permanece aguardando enquanto a pressão é aumentada no início da atividade laboral, e onde a pressão é diminuída no final da atividade laboral.

Descompressão: o conjunto de procedimentos, por meio do qual um mergulhador elimina do seu organismo o excesso de gases inertes absorvidos durante determinadas condições hiperbáricas, sendo tais procedimentos absolutamente necessários no seu retorno à pressão atmosférica.

Eclusa de pessoal: câmara através da qual o trabalhador passa do ar livre para a câmara de trabalho em túneis pressurizados e vice-versa; termo utilizado nos trabalhos em perfuração de túneis, também conhecidas como "Shield", em referência ao nome da marca do equipamento de perfuração de túneis, que tem acoplada uma câmara hiperbárica para a compressão. É a câmara onde o trabalhador aguarda enquanto a pressão é aumentada no início da atividade laboral, e onde a pressão é diminuída no final da atividade laboral.

Encarregado de ar comprimido: profissional treinado e conhecedor das técnicas empregadas nos trabalhos em condições hiperbáricas, designado pela organização como o responsável imediato pelos empregados e por toda a operação de ar comprimido, incluindo pessoal e equipamento.

Guia interno: profissional de saúde ou mergulhador profissional que é pressurizado juntamente com o paciente.

Médico qualificado: médico com habilitação em medicina hiperbárica.

Mergulhador: trabalhador qualificado para utilização de equipamentos de mergulho com suprimento de gás respiratório, em ambiente submerso.

Misturas respiratórias artificiais: misturas de oxigênio, hélio ou outros gases, apropriadas à respiração durante os trabalhos submersos, quando não seja indicado o uso do ar natural.

Operador de eclusa ou de campânula: trabalhador previamente treinado nas manobras de compressão e descompressão das eclusas ou campânulas, responsável pelo controle da pressão no seu interior, tanto no tubulão quanto na eclusa de pessoal.

Operação de mergulho: toda aquela que envolve trabalhos submersos e que se estende desde os procedimentos iniciais de preparação até o final do período de observação, determinado pelo médico qualificado responsável pelo mergulho.

Período de trabalho: tempo em que o trabalhador permanece sob condição hiperbárica excluindo-se o tempo de descompressão. Na atividade de mergulho é chamado "tempo de fundo".

Poeiras contendo partículas insolúveis ou pouco solúveis de baixa toxicidade e não classificadas de outra forma: também chamadas de "poeiras incômodas", "biologicamente inertes", "partículas não classificadas de outra forma" – PNOC e que, quando inaladas em quantidades excessivas, podem contribuir para doenças pulmonares.

Pressão Máxima de Trabalho – PMT: a maior pressão de ar à qual o trabalhador é exposto durante sua jornada de trabalho. Esta pressão é aquela que deve ser considerada na programação da descompressão.

Trabalhos sob ar comprimido: os efetuados em ambientes onde o trabalhador é obrigado a suportar pressões maiores que a atmosférica, e onde se exige cuidadosa descompressão, de acordo com padrões técnicos estabelecidos.

Tratamento recompressivo: tratamento de emergência em câmara hiperbárica multipaciente, realizado ou supervisionado exclusivamente por médico qualificado e acompanhado diretamente por guia interno junto ao paciente.

Tubulão de ar comprimido: equipamento para fundações com estrutura vertical, que se estende abaixo da superfície da água ou solo, no interior da qual os trabalhadores devem penetrar, entrando pela campânula, para uma pressão maior que atmosférica. A atmosfera pressurizada opõe-se à pressão da água e permite trabalho em seu interior.

Túnel pressurizado: escavação abaixo da superfície do solo, cujo maior eixo faz um ângulo não superior a 45° (quarenta e cinco graus) com a horizontal, fechado nas duas extremidades, em cujo interior haja pressão superior a uma atmosfera.

NR 8

Edificações (1)

8.1. Esta Norma Regulamentadora – NR estabelece requisitos técnicos mínimos que devem ser observados nas edificações, para garantir segurança e conforto aos que nelas trabalhem.

8.2. Os locais de trabalho devem ter a altura do piso ao teto, pé direito, de acordo com as posturas municipais, atendidas as condições de conforto, segurança e salubridade, estabelecidas na Portaria 3.214/78.

•• Item com redação determinada pela Portaria n. 23, de 9-10-2001.

• Código: 108.016-4. Infração: 3. Tipo: S.

8.2.1. (*Revogado pela Portaria n. 23, de 9-10-2001.*)

8.3. Circulação:

8.3.1. Os pisos dos locais de trabalho não devem apresentar saliências nem depressões que prejudiquem a circulação de pessoas ou a movimentação de materiais.

• Código: 108.017-2. Infração: 2. Tipo: S.

8.3.2. As aberturas nos pisos e nas paredes devem ser protegidas de forma que impeçam a queda de pessoas ou objetos.

• Código: 108.018-0. Infração: 4. Tipo: S.

8.3.3. Os pisos, as escadas e rampas devem oferecer resistência suficiente para suportar as cargas móveis e fixas, para as quais a edificação se destina.

• Código: 108.019-9. Infração: 4. Tipo: S.

8.3.4. As rampas e as escadas fixas de qualquer tipo devem ser construídas de acordo com as normas técnicas oficiais e mantidas em perfeito estado de conservação.

• Código: 108.020-2. Infração: 3. Tipo: S.

8.3.5. Nos pisos, escadas, rampas, corredores e passagens dos locais de trabalho, onde houver perigo de escorregamento, serão empregados materiais ou processos antiderrapantes.

• Código: 108.021-0. Infração: 2. Tipo: S.

8.3.6. Os andares acima do solo devem dispor de proteção adequada contra quedas, de acordo com as normas técnicas e legislações municipais, atendidas as condições de segurança e conforto.

•• Item com redação determinada pela Portaria n. 222, de 6-5-2011.

• Código: 108.030-0. Infração: 4. Tipo: S.

8.4. Proteção contra intempéries.

8.4.1. As partes externas, bem como todas as que separem unidades autônomas de uma edificação, ainda que não acompanhem sua estrutura, devem, obrigatoriamente, observar as normas técnicas oficiais relativas à resistência ao fogo, isolamento térmico, isolamento e condicionamento acústico, resistência estrutural e impermeabilidade.

• Código: 108.026-1. Infração: 2. Tipo: S.

8.4.2. Os pisos e as paredes dos locais de trabalho devem ser, sempre que necessário, impermeabilizados e protegidos contra a umidade.

• Código: 108.027-0. Infração: 2. Tipo: S.

8.4.3. As coberturas dos locais de trabalho devem assegurar proteção contra as chuvas.

• Código: 108.028-8. Infração: 2. Tipo: S.

8.4.4. As edificações dos locais de trabalho devem ser projetadas e construídas de modo a evitar insolação excessiva ou falta de insolação.

• Código: 108.029-6. Infração: 2. Tipo: S.

---

(1) NR aprovada pela Portaria n. 3.214, de 8-6-1978, e com redação determinada pela Portaria n. 12, de 6-6-1983. *Vide* arts. 170 a 174 da CLT.

NR 9

Avaliação e Controle das Exposições Ocupacionais a Agentes Físicos, Químicos e Biológicos (1)

SUMÁRIO:

•• Item I acrescentado pela Portaria n. 426, de 7-10-2021.

•• Item II acrescentado pela Portaria n. 426, de 7-10-2021.

9.1. Objetivo

9.1.1. Esta Norma Regulamentadora – NR estabelece os requisitos para a avaliação das exposições ocupacionais a agentes físicos, químicos e biológicos quando identificados no Programa de Gerenciamento de Riscos – PGR, previsto na NR-1, e subsidiá-lo quanto às medidas de prevenção para os riscos ocupacionais.

9.2. Campo de Aplicação

9.2.1. As medidas de prevenção estabelecidas nesta Norma se aplicam onde houver exposições ocupacionais aos agentes físicos, químicos e biológicos.

9.2.1.1. A abrangência e profundidade das medidas de prevenção dependem das características das exposições e das necessidades de controle.

9.2.2. Esta NR e seus anexos devem ser utilizados para fins de prevenção e controle dos riscos ocupacionais causados por agentes físicos, químicos e biológicos.

9.2.2.1. Para fins de caracterização de atividades ou operações insalubres ou perigosas, devem ser aplicadas as disposições previstas na NR-15 – Atividades e operações insalubres e NR-16 – Atividades e operações perigosas.

9.3. Identificação das Exposições Ocupacionais aos Agentes Físicos, Químicos e Biológicos

9.3.1. A identificação das exposições ocupacionais aos agentes físicos, químicos e biológicos deverá considerar:

a) descrição das atividades;

b) identificação do agente e formas de exposição;

c) possíveis lesões ou agravos à saúde relacionados às exposições identificadas;

d) fatores determinantes da exposição;

e) medidas de prevenção já existentes; e

f) identificação dos grupos de trabalhadores expostos.

9.4. Avaliação das Exposições Ocupacionais aos Agentes Físicos, Químicos e Biológicos

9.4.1. Deve ser realizada análise preliminar das atividades de trabalho e dos dados já disponíveis relativos aos agentes físicos, químicos e biológicos, a fim de determinar a necessidade de adoção direta de medidas de prevenção ou de realização de avaliações qualitativas ou, quando aplicáveis, de avaliações quantitativas.

9.4.2. A avaliação quantitativa das exposições ocupacionais aos agentes físicos, químicos e biológicos, quando necessária, deverá ser realizada para:

a) comprovar o controle da exposição ocupacional aos agentes identificados;

b) dimensionar a exposição ocupacional dos grupos de trabalhadores;

c) subsidiar o equacionamento das medidas de prevenção.

9.4.2.1. A avaliação quantitativa deve ser representativa da exposição ocupacional, abrangendo aspectos organizacionais e condições ambientais que envolvam o trabalhador no exercício das suas atividades.

9.4.3. Os resultados das avaliações das exposições ocupacionais aos agentes físicos, químicos e biológicos devem ser incorporados ao inventário de riscos do PGR.

9.4.4. As avaliações das exposições ocupacionais devem ser registradas pela organização, conforme os aspectos específicos constantes nos Anexos desta NR.

9.5. Medidas de Prevenção e Controle das Exposições Ocupacionais aos Agentes Físicos, Químicos e Biológicos

9.5.1. As medidas de prevenção e controle das exposições ocupacionais referentes a cada agente físico, químico e biológico estão estabelecidas nos Anexos desta NR.

9.5.2. Devem ser adotadas as medidas necessárias para a eliminação ou o controle das exposições ocupacionais relacionados aos agentes físicos, químicos e biológicos, de acordo com os critérios estabelecidos nos Anexos desta NR, em conformidade com o PGR.

9.5.3. As medidas de prevenção e controle das exposições ocupacionais integram os controles dos riscos do PGR e devem ser incorporados ao Plano de Ação.

9.6. Disposições Transitórias

(1) NR aprovada pela Portaria n. 3.214, de 8-6-1978, e com redação determinada pela Portaria n. 6.735, de 10-3-2020, do Ministério da Economia. *Vide* arts. 176 a 178 da CLT.

9.6.1. Enquanto não forem estabelecidos os Anexos a esta Norma, devem ser adotados para fins de medidas de prevenção:

a) os critérios e limites de tolerância constantes na NR-15 e seus anexos;

b) como nível de ação para agentes químicos, a metade dos limites de tolerância;

c) como nível de ação para o agente físico ruído, a metade da dose.

9.6.1.1. Na ausência de limites de tolerância previstos na NR-15 e seus anexos, devem ser utilizados como referência para a adoção de medidas de prevenção aqueles previstos pela American Conference of Governmental Industrial Higyenists – ACGIH.

9.6.1.2. Considera-se nível de ação, o valor acima do qual devem ser implementadas ações de controle sistemático de forma a minimizar a probabilidade de que as exposições ocupacionais ultrapassem os limites de exposição.

ANEXO I
VIBRAÇÃO

•• Anexo I com redação determinada pela Portaria n. 426, de 7-10-2021.

SUMÁRIO:

1. Objetivos

1.1. Estabelecer os requisitos para a avaliação da exposição ocupacional às Vibrações em Mãos e Braços – VMB e às Vibrações de Corpo Inteiro – VCI, quando identificadas no Programa de Gerenciamento de Riscos – PGR, previsto na NR-01, e subsidiá-lo quanto às medidas de prevenção.

2. Campo de Aplicação

2.1. As disposições estabelecidas neste Anexo se aplicam onde houver exposição ocupacional às VMB e às VCI.

3. Disposições Gerais

3.1. As organizações devem adotar medidas de prevenção e controle da exposição às vibrações mecânicas que possam afetar a segurança e a saúde dos trabalhadores, eliminando o risco ou, onde comprovadamente não houver tecnologia disponível, reduzindo-o aos menores níveis possíveis.

3.1.1. No processo de eliminação ou redução dos riscos relacionados à exposição às vibrações mecânicas, devem ser considerados, entre outros fatores, os esforços físicos e aspectos posturais.

3.2. A organização deve comprovar, no âmbito das ações de manutenção preventiva e corretiva de veículos, máquinas, equipamentos e ferramentas, a adoção de medidas que visem ao controle e à redução da exposição a vibrações.

3.3. As ferramentas manuais vibratórias que produzam acelerações superiores a 2,5 m/s^2 nas mãos dos operadores devem informar junto às suas especificações técnicas a vibração emitida pelas mesmas, indicando as normas de ensaio que foram utilizadas para a medição.

4. Avaliação Preliminar da Exposição

4.1. Deve ser realizada avaliação preliminar da exposição às VMB e VCI, considerando os seguintes aspectos:

a) ambientes de trabalho, processos, operações e condições de exposição;

b) características das máquinas, veículos, ferramentas ou equipamentos de trabalho;

c) informações fornecidas por fabricantes sobre os níveis de vibração gerados por ferramentas, veículos, máquinas ou equipamentos envolvidos na exposição, quando disponíveis;

d) condições de uso e estado de conservação de veículos, máquinas, equipamentos e ferramentas, incluindo componentes ou dispositivos de isolamento e amortecimento que interfiram na exposição de operadores ou condutores;

e) características da superfície de circulação, cargas transportadas e velocidades de operação, no caso de VCI;

f) estimativa de tempo efetivo de exposição diária;

g) constatação de condições específicas de trabalho que possam contribuir para o agravamento dos efeitos decorrentes da exposição;

h) esforços físicos e aspectos posturais;

i) dados de exposição ocupacional existentes; e

j) informações ou registros relacionados a queixas e antecedentes médicos relacionados aos trabalhadores expostos.

4.2. Os resultados da avaliação preliminar devem subsidiar a adoção de medidas preventivas e corretivas, sem prejuízo de outras medidas previstas nas demais NR.

4.3. Se a avaliação preliminar não for suficiente para permitir a tomada de decisão quanto à necessidade de implantação de medidas preventivas e corretivas, deve-se proceder à avaliação quantitativa da exposição.

5. Avaliação quantitativa da exposição

5.1. A avaliação quantitativa deve ser representativa da exposição, abrangendo aspectos organizacionais e condições ambientais que envolvam o trabalhador no exercício de suas funções.

5.1.1. Os procedimentos de avaliação quantitativa para VCI e VMB, a serem adotados no âmbito deste anexo, são aqueles estabelecidos nas Normas de Higiene Ocupacional – NHO, publicadas pela Fundação Jorge Duprat Figueiredo, de Segurança e Medicina do Trabalho – Fundacentro.

5.2. Avaliação quantitativa da exposição dos trabalhadores às VMB

5.2.1. A avaliação da exposição ocupacional à vibração em mãos e braços deve ser feita utilizando-se sistemas de medição que permitam a obtenção da aceleração resultante de exposição normalizada – Aren, parâmetro representativo da exposição diária do trabalhador.

5.2.2. O nível de ação para a avaliação da exposição ocupacional diária à vibração em mãos e braços corresponde a um valor de Aren de 2,5 m/s^2.

5.2.3. O limite de exposição ocupacional diária à vibração em mãos e braços corresponde a um valor de Aren de 5 m/s^2.

5.2.4. As situações de exposição ocupacional superior ao nível de ação, independentemente do uso de equipamentos de proteção individual, implicam obrigatória adoção de medidas de caráter preventivo, sem prejuízo do disposto no subitem 1.5.5 da NR-01

5.2.5. As situações de exposição ocupacional superior ao limite de exposição, independentemente do uso de equipamentos de proteção individual, implicam obrigatória adoção de medidas de caráter corretivo, sem prejuízo do disposto no subitem 1.5.5 da NR-01.

5.3. Avaliação quantitativa da exposição dos trabalhadores às VCI

5.3.1. A avaliação da exposição ocupacional à vibração de corpo inteiro deve ser feita utilizando-se sistemas de medição que permitam a determinação da Aren e do valor da dose de vibração resultante – VDVR, parâmetros representativos da exposição diária do trabalhador.

5.3.2. O nível de ação para a avaliação da exposição ocupacional diária à vibração de corpo inteiro corresponde a um valor da Aren de 0,5m/s^2, ou ao VDVR de 9,1$m/s^{1,75}$.

5.3.3. O limite de exposição ocupacional diária à vibração de corpo inteiro corresponde ao:

a) valor da Aren de 1,1 m/s^2; ou

b) valor da VDVR de 21,0 $m/s^{1,75}$.

5.3.3.1. Para fins de caracterização da exposição, a organização deve comprovar a avaliação dos dois parâmetros acima descritos.

5.3.4. As situações de exposição ocupacional superiores ao nível de ação implicam obrigatória adoção de medidas de caráter preventivo, sem prejuízo do disposto no subitem 1.5.5 da NR-01.

5.3.5. As situações de exposição ocupacional superiores ao limite de exposição ocupacional implicam obrigatória adoção de medidas de caráter corretivo, sem prejuízo do disposto no subitem 1.5.5 da NR-01.

6. Medidas de Prevenção

6.1. As medidas de prevenção devem contemplar:

a) avaliação periódica da exposição;

b) orientação dos trabalhadores quanto aos riscos decorrentes da exposição à vibração e à utilização adequada dos equipamentos de trabalho, bem como quanto ao direito de comunicar aos seus superiores sobre níveis anormais de vibração observados durante suas atividades;

c) vigilância da saúde dos trabalhadores focada nos efeitos da exposição à vibração; e

d) adoção de procedimentos e métodos de trabalho alternativos que permitam reduzir a exposição a vibrações mecânicas.

6.1.1. As medidas de prevenção descritas neste item não excluem outras medidas que possam ser consideradas necessárias ou recomendáveis em função das particularidades de cada condição de trabalho.

6.2. As medidas de caráter corretivo devem contemplar, no mínimo, uma das medidas abaixo, obedecida a hierarquia prevista na alínea "g" do subitem 1.4.1 da NR-01:

I – no caso de exposição às VMB, modificação do processo ou da operação de trabalho, podendo envolver:

a) a substituição de ferramentas e acessórios;

b) a reformulação ou a reorganização de bancadas e postos de trabalho;

c) a alteração das rotinas ou dos procedimentos de trabalho; e

d) a adequação do tipo de ferramenta, do acessório utilizado e das velocidades operacionais;

II – no caso de exposição às VCI, modificação do processo ou da operação de trabalho, podendo envolver:

a) o reprojeto de plataformas de trabalho;

b) a reformulação, a reorganização ou a alteração das rotinas ou dos procedimentos e organização do trabalho;

c) a adequação de veículos utilizados, especialmente pela adoção de assentos antivibratórios; e

d) a melhoria das condições e das características dos pisos e pavimentos utilizados para circulação das máquinas e dos veículos;

III – redução do tempo e da intensidade de exposição diária à vibração; e

IV – alternância de atividades ou operações que gerem exposições a níveis mais elevados de vibração, com outras que não apresentem exposições ou impliquem exposições a menores níveis.

6.2.1. As medidas de caráter corretivo mencionadas não excluem outras medidas que possam ser consideradas necessárias ou recomendáveis, em função das particularidades de cada condição de trabalho.

ANEXO II

(Revogado pela Portaria n. 426, de 7-10-2021.)

ANEXO III
CALOR

•• Anexo III com redação determinada pela Portaria n. 426, de 7-10-2021.

SUMÁRIO:

1. Objetivos

1.1. Estabelecer os requisitos para a avaliação da exposição ocupacional ao agente físico calor, quando identificado no Programa de Gerenciamento de Riscos – PGR, previsto na NR-01, e subsidiá-lo quanto às medidas de prevenção.

2. Campo de Aplicação

2.1. As disposições estabelecidas neste Anexo se aplicam onde houver exposição ocupacional ao agente físico calor.

3. Responsabilidades da organização

3.1. A organização deve adotar medidas de prevenção, de modo que a exposição ocupacional ao calor não cause efeitos adversos à saúde do trabalhador.

3.1.1. A organização deve orientar os trabalhadores, especialmente, quanto aos seguintes aspectos:

a) fatores que influenciam os riscos relacionados à exposição ao calor;

b) distúrbios relacionados ao calor, com exemplos de seus sinais e sintomas, tratamentos, entre outros;

c) necessidade de informar ao superior hierárquico ou ao médico a ocorrência de sinais e sintomas relacionados ao calor;

d) medidas de prevenção relacionadas à exposição ao calor, de acordo com a avaliação de risco da atividade;

e) informações sobre o ambiente de trabalho e suas características; e

f) situações de emergência decorrentes da exposição ocupacional ao calor e condutas a serem adotadas.

3.1.2. Devem ser realizados treinamentos periódicos anuais específicos, quando indicados nas medidas de prevenção.

3.2. A avaliação preliminar da exposição ocupacional ao calor deve considerar os seguintes aspectos, quando aplicáveis:

a) a identificação do perigo;

b) a caracterização das fontes geradoras;

c) a identificação das possíveis trajetórias e dos meios de propagação dos agentes no ambiente de trabalho;

d) a identificação das funções e determinação do número de trabalhadores expostos;

e) a caracterização das atividades e do tipo da exposição, considerando a organização do trabalho;

f) a obtenção de dados existentes na empresa, indicativos de possível comprometimento da saúde decorrente do trabalho;

g) as possíveis lesões ou agravos à saúde relacionados aos perigos identificados, disponíveis na literatura técnica;

h) a descrição das medidas de prevenção já existentes;

i) as características dos fatores ambientais e demais condições de trabalho que possam influenciar na exposição ao calor e no mecanismo de trocas térmicas entre o trabalhador e o ambiente;

j) as estimativas do tempo de permanência em cada atividade e situação térmica às quais o trabalhador permanece exposto ao longo da sua jornada de trabalho;

k) a taxa metabólica para execução das atividades com exposição ao calor; e

l) os registros disponíveis sobre a exposição ocupacional ao calor.

3.2.1. A avaliação preliminar deve subsidiar a adoção de medidas de prevenção, sem prejuízo de outras medidas previstas nas demais Normas Regulamentadoras.

3.2.1.1. Se as informações obtidas na avaliação preliminar não forem suficientes para permitir a tomada de decisão quanto à necessidade de implementação de medidas de prevenção, deve-se proceder à avaliação quantitativa para:

a) comprovar o controle da exposição ou a inexistência de riscos identificados na etapa de avaliação preliminar;

b) dimensionar a exposição dos trabalhadores; e

c) subsidiar o equacionamento das medidas de prevenção.

3.3. A avaliação quantitativa do calor deverá ser realizada com base na metodologia e procedimentos descritos na Norma de Higiene Ocupacional n. 06 – NHO 06 (2ª edição – 2017) da Fundação Jorge Duprat Figueiredo, de Segurança e Medicina do Trabalho – Fundacentro, nos seguintes aspectos:

a) determinação de sobrecarga térmica por meio do Índice de Bulbo Úmido Termômetro de Globo – IBUTG;

b) equipamentos de medição e formas de montagem, posicionamento e procedimentos de uso dos mesmos nos locais avaliados;

c) procedimentos quanto à conduta do avaliador; e

d) medições e cálculos.

3.3.1. A taxa metabólica deve ser estimada com base na comparação da atividade realizada pelo trabalhador com as opções apresentadas no Quadro 3 deste Anexo.

3.3.1.1. Caso uma atividade específica não esteja apresentada no Quadro 3 deste Anexo, o valor da taxa metabólica deverá ser obtido por associação com atividade similar do referido Quadro.

3.3.1.1.1. Na impossibilidade de enquadramento por similaridade, a taxa metabólica também pode ser estimada com base em outras referências técnicas, desde que justificadas tecnicamente.

3.3.2. Para atividades em ambientes externos sem fontes artificiais de calor, alternativamente ao previsto nas alíneas "b", "c", e "d" do subitem 3.3, poderá ser utilizada ferramenta da Fundacentro, para estimativa do IBUTG, se disponível.

4. Medidas de prevenção

4.1. Medidas preventivas

4.1.1. Sempre que os níveis de ação para exposição ocupacional ao calor, estabelecidos no Quadro 1, forem excedidos, devem ser adotadas pela organização uma ou mais das seguintes medidas:

a) disponibilizar água fresca potável (ou outro líquido de reposição adequado) e incentivar a sua ingestão; e

b) programar os trabalhos mais pesados (acima de quatrocentos e quatorze watts), preferencialmente, nos períodos com condições térmicas mais amenas, desde que nesses períodos não ocorram riscos adicionais.

4.1.2. Para os ambientes fechados ou com fontes artificiais de calor, além de observar o disposto no subitem 4.1.1, o empregador deve fornecer vestimentas de trabalho adaptadas ao tipo de exposição e à natureza da atividade.

4.2. Medidas corretivas

4.2.1. As medidas corretivas visam reduzir a exposição ocupacional ao calor a valores abaixo do limite de exposição.

4.2.2. Quando ultrapassados os limites de exposição estabelecidos no Quadro 2, devem ser adotadas pela organização uma ou mais das seguintes medidas corretivas:

a) adequar os processos, as rotinas ou as operações de trabalho;

b) alternar operações que gerem exposições a níveis mais elevados de calor com outras que não apresentem exposições ou impliquem exposições a menores níveis, resultando na redução da exposição; e

c) disponibilizar acesso a locais, inclusive naturais, termicamente mais amenos, que possibilitem pausas espontâneas, permitindo a recuperação térmica nas atividades realizadas em locais abertos e distantes de quaisquer edificações ou estruturas naturais ou artificiais.

4.2.2.1. Para os ambientes fechados ou com fontes artificiais de calor, além das medidas definidas no subitem 4.2.2, a organização deve:

a) adaptar os locais e postos de trabalho;

b) reduzir a temperatura ou a emissividade das fontes de calor;

c) utilizar barreiras para o calor radiante;

d) adequar o sistema de ventilação do ar; e

e) adequar a temperatura e a umidade relativa do ar.

4.2.3. O Programa de Controle Médico de Saúde Ocupacional – PCMSO, previsto na Norma Regulamentadora n. 07, deve prever procedimentos e avaliações médicas considerando a necessidade de exames complementares e monitoramento fisiológico, quando ultrapassados os limites de exposição previstos no Quadro 2 deste Anexo e caracterizado risco de sobrecarga térmica e fisiológica dos trabalhadores expostos ao calor.

4.2.3.1. Fica caracterizado o risco de sobrecarga térmica e fisiológica com possibilidade de lesão grave à integridade física ou à saúde dos trabalhadores:

a) quando não forem adotadas as medidas previstas no item 4 deste Anexo; ou

b) quando as medidas adotadas não forem suficientes para a redução do risco.

5. Aclimatização

5.1. Para atividades de exposição ocupacional ao calor acima do nível de ação, deve ser considerada a aclimatização dos trabalhadores descrita no PCMSO.

5.2. Quando houver a necessidade de elaboração de plano de aclimatização dos trabalhadores, devem ser considerados os parâmetros previstos na NHO 06 da Fundacentro ou outras referências técnicas emitidas por organização competente.

6. Procedimentos de emergência

6.1. A organização deve possuir procedimento de emergência específico para o calor, contemplando:

a) meios e recursos necessários para o primeiro atendimento ou encaminhamento do trabalhador para atendimento; e

b) informação a todas as pessoas envolvidas nos cenários de emergências.

Quadro 1 – Nível de ação para trabalhadores aclimatizados

M[W]	$IBUTG_{MAx}$ [°c]	M [W]	$IBUTG_{MAx}$ [°c]	M[W]	$IBUTG_{MAx}$ [°c]
100	31,7	183	28,0	334	24,3
101	31,6	186	27,9	340	24,2
103	31,5	189	27,8	345	24,1
105	31,4	192	27,7	351	24,0
106	31,3	195	27,6	357	23,9
108	31,2	198	27,5	363	23,8
110	31,1	201	27,4	369	23,7
112	31,0	205	27,3	375	23,6
114	30,9	208	27,2	381	23,5

115	30,8	212	27,1	387	23,4
117	30,7	215	27,0	394	23,3
119	30,6	219	26,9	400	23,2
121	30,5	222	26,8	407	23,1
123	30,4	226	26,7	414	23,0
125	30,3	230	26,6	420	22,9
127	30,2	233	26,5	427	22,8
129	30,1	237	26,4	434	22,7
132	30,0	241	26,3	442	22,6
134	29,9	245	26,2	449	22,5
136	29,8	249	26,1	456	22,4
138	29,7	253	26,0	464	22,3
140	29,6	257	25,9	479	22,1
143	29,5	262	25,8	487	22,0
145	29,4	266	25,7	495	21,9
148	29,3	270	25,6	503	21,8
150	29,2	275	25,5	511	21,7
152	29,1	279	25,4	520	21,6
155	29,0	284	25,3	528	21,5
158	28,9	289	25,2	537	21,4
160	28,8	293	25,1	546	21,3
163	28,7	298	25,0	555	21,2
165	28,6	303	24,9	564	21,1
168	28,5	308	24,8	573	21,0
171	28,4	313	24,7	583	20,9
174	28,3	318	24,6	593	20,8
177	28,2	324	24,5	602	20,7
180	28,1	329	24,4		

Quadro 2 – Limite de exposição ocupacional ao calor para trabalhadores aclimatizados

M[W]	$IBUTG_{MAx}$ [ºc]	M [W]	$IBUTG_{MAx}$ [ºc]	M[W]	$IBUTG_{MAx}$ [ºc]
100	33,7	186	30,6	346	27,5
102	33,6	189	30,5	353	27,4
104	33,5	193	30,4	360	27,3
106	33,4	197	30,3	367	27,2
108	33,3	201	30,2	374	27,1
110	33,2	205	30,1	382	27,0
112	33,1	209	30,0	390	26,9
115	33,0	214	29,9	398	26,8
117	32,9	218	29,8	406	26,7
119	32,8	222	29,7	414	26,6

122	32,7	227	29,6	422	26,5
124	32,6	231	29,5	431	26,4
127	32,5	236	29,4	440	26,3
129	32,4	241	29,3	448	26,2
132	32,3	246	29,2	458	26,1
135	32,2	251	29,1	467	26,0
137	32,1	256	29,0	476	25,9
140	32,0	261	28,9	486	25,8
143	31,9	266	28,8	496	25,7
146	31,8	272	28,7	506	25,6
149	31,7	277	28,6	516	25,5
152	31,6	283	28,5	526	25,4
155	31,5	289	28,4	537	25,3
158	31,4	294	28, 3	548	25,2
161	31,3	300	28,2	559	25,1
165	31,2	306	28,1	570	25,0
168	31,1	313	28,0	582	24,9
171	31,0	319	27,9	594	24,8
175	30,9	325	27,8	606	24,7
178	30,8	332	27,7		
182	30,7	339	27,6		

Nota 1: Os limites estabelecidos são válidos apenas para trabalhadores com uso de vestimentas que não incrementem ajuste de Índice de Bulbo Úmido Termômetro de Globo – IBUTG médio, conforme correções previstas no Quadro 4 deste Anexo.

Nota 2: Os limites são válidos para trabalhadores com aptidão para o trabalho, conforme avaliação médica prevista na NR-07.

Quadro 3 – Taxa metabólica por tipo de atividade

Atividade	Taxa metabólica (W)
Sentado	
Em repouso	100
Trabalho leve com as mãos	126
Trabalho moderado com as mãos	153
Trabalho pesado com as mãos	171
Trabalho leve com um braço	162
Trabalho moderado com um braço	198
Trabalho pesado com um braço	234
Trabalho leve com dois braços	216
Trabalho moderado com dois braços	252
Trabalho pesado com dois braços	288
Trabalho leve com braços e pernas	324
Trabalho moderado com braços e pernas	441
Trabalho pesado com braços e pernas	603
Em pé, agachado ou ajoelhado	
Em repouso	126
Trabalho leve com as mãos	153
Trabalho moderado com as mãos	180
Trabalho pesado com as mãos	198
Trabalho leve com um braço	189
Trabalho moderado com um braço	225
Trabalho pesado com um braço	261
Trabalho leve com dois braços	243
Trabalho moderado com dois braços	279
Trabalho pesado com dois braços	315
Trabalho leve com o corpo	351

Trabalho moderado com o corpo	468
Trabalho pesado com o corpo	630
Em pé, em movimento	
Andando no plano	
1. Sem carga	
2 km/h	198
3 km/h	252
4 km/h	297
5 km/h	360
2. Com carga	
10 kg, 4 km/h	333
30 kg, 4 km/h	450
Correndo no plano	
9 km/h	787
12 km/h	873
15 km/h	990
Subindo rampa	
1. Sem carga	
com 5° de inclinação, 4 km/h	324
com 15° de inclinação, 3 km/h	378
com 25° de inclinação, 3 km/h	540
2. Com carga de 20 kg	
com 15° de inclinação, 4 km/h	486
com 25° de inclinação, 4 km/h	738
Descendo rampa (5 km/h) sem carga	
com 5° de inclinação	243
com 15° de inclinação	252
com 25° de inclinação	324
Subindo escada (80 degraus por minuto - altura do degrau de 0,17 m)	
Sem carga	522
Com carga (20 kg)	648
Descendo escada (80 degraus por minuto - altura do degrau de 0,17 m)	
Sem carga	279
Com carga (20 kg)	400
Trabalho moderado de braços (ex.: varrer, trabalho em almoxarifado)	320
Trabalho moderado de levantar ou empurrar	349
Trabalho de empurrar carrinhos de mão, no mesmo plano, com carga	391
Trabalho de carregar pesos ou com movimentos vigorosos com os braços (ex.: trabalho com foice)	495
Trabalho pesado de levantar, empurrar ou arrastar pesos (ex.: remoção com pá, abertura de valas)	524

Quadro 4 – Incrementos de ajuste do Índice de Bulbo Úmido Termômetro de Globo – IBUTG médio para alguns tipos de vestimentas*

Tipo de roupa	Adição ao IBUTG [°C]
Uniforme de trabalho (calça e camisa de manga comprida)	0
Macacão de tecido	0
Macacão de polipropileno SMS (*Spun-Melt-Spun*)	0,5
Macacão de poliolefina	2
Vestimenta ou macacão forrado (tecido duplo)	3
Avental longo de manga comprida impermeável ao vapor	4
Macacão impermeável ao vapor	10
Macacão impermeável ao vapor sobreposto à roupa de trabalho	12

* O valor do IBUTG para vestimentas com capuz deve ter seu valor acrescido em 1°C

NR 10
Segurança em Instalações e Serviços em Eletricidade ([1])

10.1. Objetivo e campo de aplicação

10.1.1. Esta Norma Regulamentadora – NR estabelece os requisitos e condições mínimas objetivando a implementação de medidas de controle e sistemas preventivos, de forma a garantir a segurança e a saúde dos trabalhadores que, direta ou indiretamente, interajam em instalações elétricas e serviços com eletricidade.

10.1.2. Esta NR se aplica às fases de geração, transmissão, distribuição e consumo, incluindo as etapas de projeto, construção, montagem, operação, manutenção das instalações elétricas e quaisquer trabalhos realizados nas suas proximidades, observando-se as normas técnicas oficiais estabelecidas pelos órgãos competentes e, na ausência ou omissão destas, as normas internacionais cabíveis.

10.2. Medidas de controle

10.2.1. Em todas as intervenções em instalações elétricas devem ser adotadas medidas preventivas de controle do risco elétrico e de outros riscos adicionais, mediante técnicas de análise de risco, de forma a garantir a segurança e a saúde no trabalho.

- Código: 210.122-0. Infração: 4. Tipo: S.

10.2.2. As medidas de controle adotadas devem integrar-se às demais iniciativas da empresa, no âmbito da preservação da segurança, da saúde e do meio ambiente do trabalho.

- Código: 210.002-9. Infração: 1. Tipo: S.

10.2.3. As empresas estão obrigadas a manter esquemas unifilares atualizados das instalações elétricas dos seus estabelecimentos com as especificações do sistema de aterramento e demais equipamentos e dispositivos de proteção.

- Código: 210.003-7. Infração: 3. Tipo: S.

10.2.4. Os estabelecimentos com carga instalada superior a 75 kW devem constituir e manter o Prontuário de Instalações Elétricas, contendo, além do disposto no subitem 10.2.3, no mínimo:

a) conjunto de procedimentos e instruções técnicas e administrativas de segurança e saúde, implantadas e relacionadas a esta NR e descrição das medidas de controle existentes;

- Código: 210.178-5. Infração: 2. Tipo: S.

b) documentação das inspeções e medições do sistema de proteção contra descargas atmosféricas e aterramentos elétricos;

- Código: 210.178-5. Infração: 2. Tipo: S.

c) especificação dos equipamentos de proteção coletiva e individual e o ferramental, aplicáveis conforme determina esta NR;

- Código: 210.178-5. Infração: 2. Tipo: S.

d) documentação comprobatória da qualificação, habilitação, capacitação, autorização dos trabalhadores e dos treinamentos realizados;

- Código: 210.178-5. Infração: 2. Tipo: S.

e) resultados dos testes de isolação elétrica realizados em equipamentos de proteção individual e coletiva;

- Código: 210.178-5. Infração: 2. Tipo: S.

f) certificações dos equipamentos e materiais elétricos em áreas classificadas; e

- Código: 210.178-5. Infração: 2. Tipo: S.

g) relatório técnico das inspeções atualizadas com recomendações, cronogramas de adequações, contemplando as alíneas de *a* a *f*.

- Código: 210.178-5. Infração: 2. Tipo: S.

10.2.5. As empresas que operam em instalações ou equipamentos integrantes do sistema elétrico de potência devem constituir prontuário com o conteúdo do item 10.2.4 e acrescentar ao prontuário os documentos a seguir listados:

- Código: 210.012-6. Infração: 4. Tipo: S.

a) descrição dos procedimentos para emergências; e

- Código: 210.127-0. Infração: 2. Tipo: S.

b) certificações dos equipamentos de proteção coletiva e individual.

- Código: 210.128-9. Infração: 2. Tipo: S.

10.2.5.1. As empresas que realizam trabalhos em proximidade do Sistema Elétrico de Potência devem constituir prontuário contemplando as alíneas *a*, *c*, *d* e *e*, do item 10.2.4 e alíneas *a* e *b* do item 10.2.5.

10.2.6. O Prontuário de Instalações Elétricas deve ser organizado e mantido atualizado pelo empregador ou pessoa formalmente designada pela empresa, devendo permanecer à disposição dos trabalhadores envolvidos nas instalações e serviços em eletricidade.

- Código: 210.016-9. Infração: 3. Tipo: S.

10.2.7. Os documentos técnicos previstos no Prontuário de Instalações Elétricas devem ser elaborados por profissional legalmente habilitado.

- Código: 210.017-7. Infração: 2. Tipo: S.

10.2.8. Medidas de proteção coletiva

---

(1) NR aprovada pela Portaria n. 3.214, de 8-6-1978, e com redação determinada pela Portaria n. 598, de 7-12-2004. *Vide* arts. 179 a 181 da CLT.

10.2.8.1. Em todos os serviços executados em instalações elétricas devem ser previstas e adotadas, prioritariamente, medidas de proteção coletiva aplicáveis, mediante procedimentos, às atividades a serem desenvolvidas, de forma a garantir a segurança e a saúde dos trabalhadores.

- Código: 210.179-3. Infração: 4. Tipo: S.

10.2.8.2. As medidas de proteção coletiva compreendem, prioritariamente, a desenergização elétrica conforme estabelece esta NR e, na sua impossibilidade, o emprego de tensão de segurança.

- Código: 210.179-3. Infração: 4. Tipo: S.

10.2.8.2.1. Na impossibilidade de implementação do estabelecido no subitem 10.2.8.2, devem ser utilizadas outras medidas de proteção coletiva, tais como: isolação das partes vivas, obstáculos, barreiras, sinalização, sistema de seccionamento automático de alimentação, bloqueio do religamento automático.

- Código: 210.179-3. Infração: 4. Tipo: S.

10.2.8.3. O aterramento das instalações elétricas deve ser executado conforme regulamentação estabelecida pelos órgãos competentes e, na ausência desta, deve atender às Normas Internacionais vigentes.

- Código: 210.179-3. Infração: 4. Tipo: S.

10.2.9. Medidas de proteção individual

10.2.9.1. Nos trabalhos em instalações elétricas, quando as medidas de proteção coletiva forem tecnicamente inviáveis ou insuficientes para controlar os riscos, devem ser adotados equipamentos de proteção individual específicos e adequados às atividades desenvolvidas, em atendimento ao disposto na NR 6.

- Código: 210.180-7. Infração: 4. Tipo: S.

10.2.9.2. As vestimentas de trabalho devem ser adequadas às atividades, devendo contemplar a condutibilidade, inflamabilidade e influências eletromagnéticas.

- Código: 210.180-7. Infração: 4. Tipo: S.

10.2.9.3. É vedado o uso de adornos pessoais nos trabalhos com instalações elétricas ou em suas proximidades.

- Código: 210.180-7. Infração: 4. Tipo: S.

10.3. Segurança em projetos

10.3.1. É obrigatório que os projetos de instalações elétricas especifiquem dispositivos de desligamento de circuitos que possuam recursos para impedimento de reenergização, para sinalização de advertência com indicação da condição operativa.

- Código: 210.181-5. Infração: 3. Tipo: S.

10.3.2. O projeto elétrico, na medida do possível, deve prever a instalação de dispositivo de seccionamento de ação simultânea, que permita a aplicação de impedimento de reenergização do circuito.

- Código: 210.181-5. Infração: 3. Tipo: S.

10.3.3. O projeto de instalações elétricas deve considerar o espaço seguro, quanto ao dimensionamento e a localização de seus componentes e as influências externas, quando da operação e da realização de serviços de construção e manutenção.

- Código: 210.181-5. Infração: 3. Tipo: S.

10.3.3.1. Os circuitos elétricos com finalidades diferentes, tais como: comunicação, sinalização, controle e tração elétrica devem ser identificados e instalados separadamente, salvo quando o desenvolvimento tecnológico permitir compartilhamento, respeitadas as definições de projetos.

- Código: 210.181-5. Infração: 3. Tipo: S.

10.3.4. O projeto deve definir a configuração do esquema de aterramento, a obrigatoriedade ou não da interligação entre o condutor neutro e o de proteção e a conexão à terra das partes condutoras não destinadas à condução da eletricidade.

- Código: 210.181-5. Infração: 3. Tipo: S.

10.3.5. Sempre que for tecnicamente viável e necessário, devem ser projetados dispositivos de seccionamento que incorporem recursos fixos de equipotencialização e aterramento do circuito seccionado.

- Código: 210.181-5. Infração: 3. Tipo: S.

10.3.6. Todo projeto deve prever condições para a adoção de aterramento temporário.

- Código: 210.181-5. Infração: 3. Tipo: S.

10.3.7. O projeto das instalações elétricas deve ficar à disposição dos trabalhadores autorizados, das autoridades competentes e de outras pessoas autorizadas pela empresa e deve ser mantido atualizado.

- Código: 210.138-6. Infração: 3. Tipo: S.

10.3.8. O projeto elétrico deve atender ao que dispõem as Normas Regulamentadoras de Saúde e Segurança no Trabalho, as regulamentações técnicas oficiais estabelecidas, e ser assinado por profissional legalmente habilitado.

- Código: 210.033-9. Infração: 2. Tipo: S.

10.3.9. O memorial descritivo do projeto deve conter, no mínimo, os seguintes itens de segurança:

a) especificação das características relativas à proteção contra choques elétricos, queimaduras e outros riscos adicionais;

- Código: 210.182-3. Infração: 3. Tipo: S.

b) indicação de posição dos dispositivos de manobra dos circuitos elétricos: (Verde – "D", desligado e Vermelho – "L", ligado);

- Código: 210.182-3. Infração: 3. Tipo: S.

c) descrição do sistema de identificação de circuitos elétricos e equipamentos, incluindo dispositivos de manobra, de controle, de proteção, de intertravamento, dos condutores e os próprios equipamentos e estruturas, definindo como tais indicações devem ser aplicadas fisicamente nos componentes das instalações;

- Código: 210.182-3. Infração: 3. Tipo: S.

d) recomendações de restrições e advertências quanto ao acesso de pessoas aos componentes das instalações;

- Código: 210.182-3. Infração: 3. Tipo: S.

e) precauções aplicáveis em face das influências externas;

• Código: 210.182-3. Infração: 3. Tipo: S.

f) o princípio funcional dos dispositivos de proteção, constantes do projeto, destinados à segurança das pessoas; e

• Código: 210.182-3. Infração: 3. Tipo: S.

g) descrição da compatibilidade dos dispositivos de proteção com a instalação elétrica.

• Código: 210.182-3. Infração: 3. Tipo: S.

10.3.10. Os projetos devem assegurar que as instalações proporcionem aos trabalhadores iluminação adequada e uma posição de trabalho segura, de acordo com a NR 17 – Ergonomia.

• Código: 210.041-0. Infração: 2. Tipo: S.

10.4. Segurança na construção, montagem, operação e manutenção

10.4.1. As instalações elétricas devem ser construídas, montadas, operadas, reformadas, ampliadas, reparadas e inspecionadas de forma a garantir a segurança e a saúde dos trabalhadores e dos usuários, e serem supervisionadas por profissional autorizado, conforme dispõe esta NR.

• Código: 210.042-8. Infração: 4. Tipo: S.

10.4.2. Nos trabalhos e nas atividades referidas devem ser adotadas medidas preventivas destinadas ao controle dos riscos adicionais, especialmente quanto a altura, confinamento, campos elétricos e magnéticos, explosividade, umidade, poeira, fauna e flora e outros agravantes, adotando-se a sinalização de segurança.

• Código: 210.043-6. Infração: 4. Tipo: S.

10.4.3. Nos locais de trabalho só podem ser utilizados equipamentos, dispositivos e ferramentas elétricas compatíveis com a instalação elétrica existente, preservando-se as características de proteção, respeitadas as recomendações do fabricante e as influências externas.

• Código: 210.183-1. Infração: 3. Tipo: S.

10.4.3.1. Os equipamentos, dispositivos e ferramentas que possuam isolamento elétrico devem estar adequados às tensões envolvidas, e serem inspecionados e testados de acordo com as regulamentações existentes ou recomendações dos fabricantes.

• Código: 210.183-1. Infração: 3. Tipo: S.

10.4.4. As instalações elétricas devem ser mantidas em condições seguras de funcionamento e seus sistemas de proteção devem ser inspecionados e controlados periodicamente, de acordo com as regulamentações existentes e definições de projetos.

• Código: 210.046-0. Infração: 3. Tipo: S.

10.4.4.1. Os locais de serviços elétricos, compartimentos e invólucros de equipamentos e instalações elétricas são exclusivos para essa finalidade, sendo expressamente proibido utilizá-los para armazenamento ou guarda de quaisquer objetos.

• Código: 210.047-9. Infração: 2. Tipo: S.

10.4.5. Para atividades em instalações elétricas deve ser garantida ao trabalhador iluminação adequada e uma posição de trabalho segura, de acordo com a NR 17 – Ergonomia, de forma a permitir que ele disponha dos membros superiores livres para a realização das tarefas.

• Código: 210.146-7. Infração: 3. Tipo: S.

10.4.6. Os ensaios e testes elétricos laboratoriais e de campo ou comissionamento de instalações elétricas devem atender à regulamentação estabelecida nos itens 10.6 e 10.7, e somente podem ser realizados por trabalhadores que atendam às condições de qualificação, habilitação, capacitação e autorização estabelecidas nesta NR.

• Código: 210.049-5. Infração: 3. Tipo: S.

10.5. Segurança em instalações elétricas desenergizadas

10.5.1. Somente serão consideradas desenergizadas as instalações elétricas liberadas para trabalho, mediante os procedimentos apropriados, obedecida a sequência abaixo:

• Código: 210.184-0. Infração: 4. Tipo: S.

a) seccionamento;

b) impedimento de reenergização;

c) constatação da ausência de tensão;

d) instalação de aterramento temporário com equipotencialização dos condutores dos circuitos;

e) proteção dos elementos energizados existentes na zona controlada (Anexo II);

•• Alínea *e* com redação determinada pela Portaria n. 508, de 29-4-2016.

f) instalação da sinalização de impedimento de reenergização.

10.5.2. O estado de instalação desenergizada deve ser mantido até a autorização para reenergização, devendo ser reenergizada respeitando a sequência de procedimentos abaixo:

• Código: 210.184-0. Infração: 4. Tipo: S.

a) retirada das ferramentas, utensílios e equipamentos;

b) retirada da zona controlada de todos os trabalhadores não envolvidos no processo de reenergização;

c) remoção do aterramento temporário, da equipotencialização e das proteções adicionais;

d) remoção da sinalização de impedimento de reenergização; e

e) destravamento, se houver, e religação dos dispositivos de seccionamento.

10.5.3. As medidas constantes das alíneas apresentadas nos itens 10.5.1 e 10.5.2 podem ser alteradas, substituídas, ampliadas ou eliminadas, em função das peculiaridades de cada situação, por profissional legalmente habilitado, autorizado e mediante justificativa técnica previamente formalizada, desde que seja mantido o mesmo nível de segurança originalmente preconizado.

10.5.4. Os serviços a serem executados em instalações elétricas desligadas, mas com possibilidade de energização, por qualquer meio ou razão, devem atender ao que estabelece o disposto no item 10.6.

• Código: 210.184-0. Infração: 4. Tipo: S.

10.6. Segurança em instalações elétricas energizadas

10.6.1. As intervenções em instalações elétricas com tensão igual ou superior a 50 volts em corrente alternada ou superior a 120 volts em corrente contínua somente podem ser realizadas por trabalhadores que atendam ao que estabelece o item 10.8 desta Norma.

• Código: 210.185-8. Infração: 4. Tipo: S.

10.6.1.1. Os trabalhadores de que trata o item anterior devem receber treinamento de segurança para trabalhos com instalações elétricas energizadas, com currículo mínimo, carga horária e demais determinações estabelecidas no Anexo III desta NR.

•• Item com redação determinada pela Portaria n. 508, de 29-4-2016.

• Código: 210.185-8. Infração: 4. Tipo: S.

10.6.1.2. As operações elementares como ligar e desligar circuitos elétricos, realizadas em baixa tensão, com materiais e equipamentos elétricos em perfeito estado de conservação, adequados para operação, podem ser realizadas por qualquer pessoa não advertida.

10.6.2. Os trabalhos que exigem o ingresso na zona controlada devem ser realizados mediante procedimentos específicos respeitando as distâncias previstas no Anexo II.

•• Item com redação determinada pela Portaria n. 508, de 29-4-2016.

• Código: 210.171-8. Infração: 3. Tipo: S.

10.6.3. Os serviços em instalações energizadas, ou em suas proximidades devem ser suspensos de imediato na iminência de ocorrência que possa colocar os trabalhadores em perigo.

• Código: 210.186-6. Infração: 4. Tipo: S.

10.6.4. Sempre que inovações tecnológicas forem implementadas ou para a entrada em operações de novas instalações ou equipamentos elétricos devem ser previamente elaboradas análises de risco, desenvolvidas com circuitos desenergizados, e respectivos procedimentos de trabalho.

• Código: 210.067-3. Infração: 3. Tipo: S.

10.6.5. O responsável pela execução do serviço deve suspender as atividades quando verificar situação ou condição de risco não prevista, cuja eliminação ou neutralização imediata não seja possível.

• Código: 210.186-6. Infração: 4. Tipo: S.

10.7. Trabalhos envolvendo alta tensão (AT)

10.7.1. Os trabalhadores que intervenham em instalações elétricas energizadas com alta tensão, que exerçam suas atividades dentro dos limites estabelecidos como zonas controladas e de risco, conforme Anexo II, devem atender ao disposto no item 10.8 desta NR.

•• Item com redação determinada pela Portaria n. 508, de 29-4-2016.

• Código: 210.187-4. Infração: 4. Tipo: S.

10.7.2. Os trabalhadores de que trata o item 10.7.1 devem receber treinamento de segurança, específico em segurança no Sistema Elétrico de Potência (SEP) e em suas proximidades, com currículo mínimo, carga horária e demais determinações estabelecidas no Anexo III desta NR.

•• Item com redação determinada pela Portaria n. 508, de 29-4-2016.

• Código: 210.187-4. Infração: 4. Tipo: S.

10.7.3. Os serviços em instalações elétricas energizadas em AT, bem como aqueles executados no Sistema Elétrico de Potência – SEP, não podem ser realizados individualmente.

• Código: 210.187-4. Infração: 4. Tipo: S.

10.7.4. Todo trabalho em instalações elétricas energizadas em AT, bem como aquelas que interajam com o SEP, somente pode ser realizado mediante ordem de serviço específica para data e local, assinada por superior responsável pela área.

• Código: 210.187-4. Infração: 4. Tipo: S.

10.7.5. Antes de iniciar trabalhos em circuitos energizados em AT, o superior imediato e a equipe, responsáveis pela execução do serviço, devem realizar uma avaliação prévia, estudar e planejar as atividades e ações a serem desenvolvidas de forma a atender os princípios técnicos básicos e as melhores técnicas de segurança em eletricidade aplicáveis ao serviço.

• Código: 210.187-4. Infração: 4. Tipo: S.

10.7.6. Os serviços em instalações elétricas energizadas em AT somente podem ser realizados quando houver procedimentos específicos, detalhados e assinados por profissional autorizado.

• Código: 210.187-4. Infração: 4. Tipo: S.

10.7.7. A intervenção em instalações elétricas energizadas em AT dentro dos limites estabelecidos como zona de risco, conforme Anexo II desta NR, somente pode ser realizada mediante a desativação, também conhecida como bloqueio, dos conjuntos e dispositivos de religamento automático do circuito, sistema ou equipamento.

•• Item com redação determinada pela Portaria n. 508, de 29-4-2016.

• Código: 210.187-4. Infração: 4. Tipo: S.

10.7.7.1. Os equipamentos e dispositivos desativados devem ser sinalizados com identificação da condição de desativação, conforme procedimento de trabalho específico padronizado.

• Código: 210.187-4. Infração: 4. Tipo: S.

10.7.8. Os equipamentos, ferramentas e dispositivos isolantes ou equipados com materiais isolantes, destinados ao trabalho em alta tensão, devem ser submetidos a testes elétricos ou ensaios de laboratório periódicos, obedecendo-se as especificações do fabricante, os procedimentos da empresa e na ausência desses, anualmente.

• Código: 210.187-4. Infração: 4. Tipo: S.

10.7.9. Todo trabalhador em instalações elétricas energizadas em AT, bem como aqueles envolvidos em atividades no SEP devem dispor de equipamento que permita a comunicação permanente com os demais membros da equipe ou com o centro de operação durante a realização do serviço.

• Código: 210.187-4. Infração: 4. Tipo: S.

10.8. Habilitação, qualificação, capacitação e autorização dos trabalhadores

10.8.1. É considerado trabalhador qualificado aquele que comprovar conclusão de curso específico na área elétrica reconhecido pelo Sistema Oficial de Ensino.

10.8.2. É considerado profissional legalmente habilitado o trabalhador previamente qualificado e com registro no competente conselho de classe.

10.8.3. É considerado trabalhador capacitado aquele que atenda às seguintes condições, simultaneamente:

a) receba capacitação sob orientação e responsabilidade de profissional habilitado e autorizado; e

b) trabalhe sob a responsabilidade de profissional habilitado e autorizado.

10.8.3.1. A capacitação só terá validade para a empresa que o capacitou e nas condições estabelecidas pelo profissional habilitado e autorizado responsável pela capacitação.

10.8.4. São considerados autorizados os trabalhadores qualificados ou capacitados e os profissionais habilitados, com anuência formal da empresa.

10.8.5. A empresa deve estabelecer sistema de identificação que permita a qualquer tempo conhecer a abrangência da autorização de cada trabalhador, conforme o item 10.8.4.

• Código: 210.188-2. Infração: 2. Tipo: S.

10.8.6. Os trabalhadores autorizados a trabalhar em instalações elétricas devem ter essa condição consignada no sistema de registro de empregado da empresa.

• Código: 210.188-2. Infração: 2. Tipo: S.

10.8.7. Os trabalhadores autorizados a intervir em instalações elétricas devem ser submetidos à exame de saúde compatível com as atividades a serem desenvolvidas, realizado em conformidade com a NR 7 e registrado em seu prontuário médico.

• Código: 210.156-4. Infração: 2. Tipo: M.

10.8.8. Os trabalhadores autorizados a intervir em instalações elétricas devem possuir treinamento específico sobre os riscos decorrentes do emprego da energia elétrica e as principais medidas de prevenção de acidentes em instalações elétricas, de acordo com o estabelecido no Anexo III desta NR.

•• Item com redação determinada pela Portaria n. 508, de 29-4-2016.

• Código: 210.189-0. Infração: 3. Tipo: S.

10.8.8.1. A empresa concederá autorização na forma desta NR aos trabalhadores capacitados ou qualificados e aos profissionais habilitados que tenham participado com avaliação e aproveitamento satisfatórios dos cursos constantes do Anexo III desta NR.

•• Item com redação determinada pela Portaria n. 508, de 29-4-2016.

• Código: 210.189-0. Infração: 3. Tipo: S.

10.8.8.2. Deve ser realizado um treinamento de reciclagem bienal e sempre que ocorrer alguma das situações a seguir:

• Código: 210.189-0. Infração: 3. Tipo: S.

a) troca de função ou mudança de empresa;

b) retorno de afastamento ao trabalho ou inatividade, por período superior a três meses; e

c) modificações significativas nas instalações elétricas ou troca de métodos, processos e organização do trabalho.

10.8.8.3. A carga horária e o conteúdo programático dos treinamentos de reciclagem destinados ao atendimento das alíneas *a*, *b* e *c* do item 10.8.8.2 devem atender as necessidades da situação que o motivou.

• Código: 210.189-0. Infração: 3. Tipo: S.

10.8.8.4. Os trabalhos em áreas classificadas devem ser precedidos de treinamento específico de acordo com risco envolvido.

• Código: 210.189-0. Infração: 3. Tipo: S.

10.8.9. Os trabalhadores com atividades não relacionadas às instalações elétricas desenvolvidas em zona livre e na vizinhança da zona controlada, conforme define esta NR, devem ser instruídos formalmente com conhecimentos que permitam identificar e avaliar seus possíveis riscos e adotar as precauções cabíveis.

• Código: 210.090-8. Infração: 2. Tipo: S.

10.9. Proteção contra incêndio e explosão

10.9.1. As áreas onde houver instalações ou equipamentos elétricos devem ser dotadas de proteção contra incêndio e explosão, conforme dispõe a NR 23 – Proteção Contra Incêndios.

• Código: 210.091-6. Infração: 3. Tipo: S.

10.9.2. Os materiais, peças, dispositivos, equipamentos e sistemas destinados à aplicação em instalações elétricas de ambientes com atmosferas potencialmente explosivas devem ser avaliados quanto à sua conformidade, no âmbito do Sistema Brasileiro de Certificação.

• Código: 210.161-0. Infração: 3. Tipo: S.

10.9.3. Os processos ou equipamentos susceptíveis de gerar ou acumular eletricidade estática devem dispor de proteção específica e dispositivos de descarga elétrica.

• Código: 210.162-9. Infração: 3. Tipo: S.

10.9.4. Nas instalações elétricas de áreas classificadas ou sujeitas a risco acentuado de incêndio ou explosões, devem ser adotados dispositivos de proteção, como alarme e seccionamento automático para prevenir sobretensões, sobrecorrentes, falhas de isolamento, aquecimentos ou outras condições anormais de operação.

• Código: 210.094-0. Infração: 3. Tipo: S.

10.9.5. Os serviços em instalações elétricas nas áreas classificadas somente poderão ser realizados mediante permissão para o trabalho com liberação formalizada, conforme estabelece o item 10.5 ou supressão do agente de risco que determina a classificação da área.

• Código: 210.163-7. Infração: 3. Tipo: S.

10.10. Sinalização de segurança

10.10.1. Nas instalações e serviços em eletricidade deve ser adotada sinalização adequada de segurança, destinada à advertência e à identificação, obedecendo ao disposto na NR-26 – Sinalização de Segurança, de forma a atender, dentre outras, as situações a seguir:

a) identificação de circuitos elétricos;

• Código: 210.190-4. Infração: 3. Tipo: S.

b) travamentos e bloqueios de dispositivos e sistemas de manobra e comandos;

• Código: 210.190-4. Infração: 3. Tipo: S.

c) restrições e impedimentos de acesso;

• Código: 210.190-4. Infração: 3. Tipo: S.

d) delimitações de áreas;

• Código: 210.190-4. Infração: 3. Tipo: S.

e) sinalização de áreas de circulação, de vias públicas, de veículos e de movimentação de cargas;

• Código: 210.190-4. Infração: 3. Tipo: S.

f) sinalização de impedimento de energização; e

• Código: 210.190-4. Infração: 3. Tipo: S.

g) identificação de equipamento ou circuito impedido.

• Código: 210.190-4. Infração: 3. Tipo: S.

10.11. Procedimentos de trabalho

10.11.1. Os serviços em instalações elétricas devem ser planejados e realizados em conformidade com procedimentos de trabalho específicos, padronizados, com descrição detalhada de cada tarefa, passo a passo, assinados por profissional que atenda ao que estabelece o item 10.8 desta NR.

• Código: 210.191-2. Infração: 3. Tipo: S.

10.11.2. Os serviços em instalações elétricas devem ser precedidos de ordens de serviço específicas, aprovadas por trabalhador autorizado, contendo, no mínimo, o tipo, a data, o local e as referências aos procedimentos de trabalho a serem adotados.

• Código: 210.191-2. Infração: 3. Tipo: S.

10.11.3. Os procedimentos de trabalho devem conter, no mínimo, objetivo, campo de aplicação, base técnica, competências e responsabilidades, disposições gerais, medidas de controle e orientações finais.

• Código: 210.191-2. Infração: 3. Tipo: S.

10.11.4. Os procedimentos de trabalho, o treinamento de segurança e saúde e a autorização de que trata o item 10.8 devem ter a participação em todo processo de desenvolvimento do Serviço Especializado de Engenharia de Segurança e Medicina do Trabalho – SESMT, quando houver.

• Código: 210.191-2. Infração: 3. Tipo: S.

10.11.5. A autorização referida no item 10.8 deve estar em conformidade com o treinamento ministrado, previsto no Anexo III desta NR.

•• Item com redação determinada pela Portaria n. 508, de 29-4-2016.

• Código: 210.177-7. Infração: 3. Tipo: S.

10.11.6. Toda equipe deverá ter um de seus trabalhadores indicado e em condições de exercer a supervisão e condução dos trabalhos.

• Código: 210.192-0. Infração: 3. Tipo: S.

10.11.7. Antes de iniciar trabalhos em equipe os seus membros, em conjunto com o responsável pela execução do serviço, devem realizar uma avaliação prévia, estudar e planejar as atividades e ações a serem desenvolvidas no local, de forma a atender os princípios técnicos básicos e as melhores técnicas de segurança aplicáveis ao serviço.

• Código: 210.192-0. Infração: 3. Tipo: S.

10.11.8. A alternância de atividades deve considerar a análise de riscos das tarefas e a competência dos trabalhadores envolvidos, de forma a garantir a segurança e a saúde no trabalho.

• Código: 210.166-1. Infração: 3. Tipo: S.

10.12. Situação de emergência

10.12.1. As ações de emergência que envolvam as instalações ou serviços com eletricidade devem constar do plano de emergência da empresa.

• Código: 210.193-9. Infração: 3. Tipo: S.

10.12.2. Os trabalhadores autorizados devem estar aptos a executar o resgate e prestar primeiros socorros a acidentados, especialmente por meio de reanimação cardiorrespiratória.

• Código: 210.193-9. Infração: 3. Tipo: S.

10.12.3. A empresa deve possuir métodos de resgate padronizados e adequados às suas atividades, disponibilizando os meios para a sua aplicação.

• Código: 210.193-9. Infração: 3. Tipo: S.

10.12.4. Os trabalhadores autorizados devem estar aptos a manusear e operar equipamentos de prevenção e combate a incêndio existentes nas instalações elétricas.

• Código: 210.193-9. Infração: 3. Tipo: S.

10.13. Responsabilidades

10.13.1. (*Revogado pela Portaria n. 915, de 30-7-2019.*)

10.13.2. É de responsabilidade dos contratantes manter os trabalhadores informados sobre os riscos a que estão expostos, instruindo-os quanto aos procedimentos e medidas de controle contra os riscos elétricos a serem adotados.

• Código: 210.194-7. Infração: 4. Tipo: S.

10.13.3. Cabe à empresa, na ocorrência de acidentes de trabalho envolvendo instalações e serviços em eletricidade, propor e adotar medidas preventivas e corretivas.

• Código: 210.194-7. Infração: 4. Tipo: S.

10.13.4. Cabe aos trabalhadores:

a) zelar pela sua segurança e saúde e a de outras pessoas que possam ser afetadas por suas ações ou omissões no trabalho;

b) responsabilizar-se junto com a empresa pelo cumprimento das disposições legais e regulamentares, inclusive quanto aos procedimentos internos de segurança e saúde;

c) comunicar, de imediato, ao responsável pela execução do serviço as situações que considerar de risco para sua segurança e saúde e a de outras pessoas.

10.14. Disposições finais

10.14.1. *(Revogado pela Portaria n. 915, de 30-7-2019.)*

10.14.2. As empresas devem promover ações de controle de riscos originados por outrem em suas instalações elétricas e oferecer, de imediato, quando cabível, denúncia aos órgãos competentes.

• Código: 210.195-5. Infração: 4. Tipo: S.

10.14.3. Na ocorrência do não cumprimento das normas constantes nesta NR, o MTE adotará as providências estabelecidas na NR 3.

10.14.4. A documentação prevista nesta NR deve estar permanentemente à disposição dos trabalhadores que atuam em serviços e instalações elétricas, respeitadas as abrangências, limitações e interferências nas tarefas.

• Código: 210.195-5. Infração: 4. Tipo: S.

10.14.5. *(Revogado pela Portaria n. 915, de 30-7-2019.)*

10.14.6. Esta NR não é aplicável a instalações elétricas alimentadas por extrabaixa tensão.

GLOSSÁRIO

1. Alta-Tensão (AT): tensão superior a 1000 volts em corrente alternada ou 1500 volts em corrente contínua, entre fases ou entre fase e terra.

2. Área Classificada: local com potencialidade de ocorrência de atmosfera explosiva.

3. Aterramento Elétrico Temporário: ligação elétrica efetiva confiável e adequada intencional à terra, destinada a garantir a equipotencialidade e mantida continuamente durante a intervenção na instalação elétrica.

4. Atmosfera Explosiva: mistura com o ar, sob condições atmosféricas, de substâncias inflamáveis na forma de gás, vapor, névoa, poeira ou fibras, na qual após a ignição a combustão se propaga.

5. Baixa Tensão (BT): tensão superior a 50 volts em corrente alternada ou 120 volts em corrente contínua e igual ou inferior a 1000 volts em corrente alternada ou 1500 volts em corrente contínua, entre fases ou entre fase e terra.

6. Barreira: dispositivo que impede qualquer contato com partes energizadas das instalações elétricas.

7. Direito de Recusa: instrumento que assegura ao trabalhador a interrupção de uma atividade de trabalho por considerar que ela envolve grave e iminente risco para sua segurança e saúde ou de outras pessoas.

8. Equipamento de Proteção Coletiva (EPC): dispositivo, sistema, ou meio, fixo ou móvel de abrangência coletiva, destinado a preservar a integridade física e a saúde dos trabalhadores, usuários e terceiros.

9. Equipamento Segregado: equipamento tornado inacessível por meio de invólucro ou barreira.

10. Extrabaixa Tensão (EBT): tensão não superior a 50 volts em corrente alternada ou 120 volts em corrente contínua, entre fases ou entre fase e terra.

11. Influências Externas: variáveis que devem ser consideradas na definição e seleção de medidas de proteção para segurança das pessoas e desempenho dos componentes da instalação.

12. Instalação Elétrica: conjunto das partes elétricas e não elétricas associadas e com características coordenadas entre si, que são necessárias ao funcionamento de uma parte determinada de um sistema elétrico.

13. Instalação Liberada para Serviços (BT/AT): aquela que garanta as condições de segurança ao trabalhador por meio de procedimentos e equipamentos adequados desde o início até o final dos trabalhos e liberação para uso.

14. Impedimento de Reenergização: condição que garante a não energização do circuito através de recursos e procedimentos apropriados, sob controle dos trabalhadores envolvidos nos serviços.

15. Invólucro: envoltório de partes energizadas destinado a impedir qualquer contato com partes internas.

16. Isolamento Elétrico: processo destinado a impedir a passagem de corrente elétrica, por interposição de materiais isolantes.

17. Obstáculo: elemento que impede o contato acidental, mas não impede o contato direto por ação deliberada.

18. Perigo: situação ou condição de risco com probabilidade de causar lesão física ou dano à saúde das pessoas por ausência de medidas de controle.

19. Pessoa Advertida: pessoa informada ou com conhecimento suficiente para evitar os perigos da eletricidade.

20. Procedimento: sequência de operações a serem desenvolvidas para realização de um determinado trabalho, com a inclusão dos meios materiais e humanos, medidas de segurança e circunstâncias que impossibilitem sua realização.

21. Prontuário: sistema organizado de forma a conter uma memória dinâmica de informações pertinentes às instalações e aos trabalhadores.

22. Risco: capacidade de uma grandeza com potencial para causar lesões ou danos à saúde das pessoas.

23. Riscos Adicionais: todos os demais grupos ou fatores de risco, além dos elétricos, específicos de cada ambiente ou processos de Trabalho que, direta ou indiretamente, possam afetar a segurança e a saúde no trabalho.

24. Sinalização: procedimento padronizado destinado a orientar, alertar, avisar e advertir.

25. Sistema Elétrico: circuito ou circuitos elétricos inter-relacionados destinados a atingir um determinado objetivo.

26. Sistema Elétrico de Potência (SEP): conjunto das instalações e equipamentos destinados à geração, transmissão e distribuição de energia elétrica até a medição, inclusive.

27. Tensão de Segurança: extrabaixa tensão originada em uma fonte de segurança.

28. Trabalho em Proximidade: trabalho durante o qual o trabalhador pode entrar na zona controlada, ainda que seja com uma parte do seu corpo ou com extensões condutoras, representadas por materiais, ferramentas ou equipamentos que manipule.

29. Travamento: ação destinada a manter, por meios mecânicos, um dispositivo de manobra fixo numa determinada posição, de forma a impedir uma operação não autorizada.

30. Zona de Risco: entorno de parte condutora energizada, não segregada, acessível inclusive acidentalmente, de dimensões estabelecidas de acordo com o nível de tensão, cuja aproximação só é permitida a profissionais autorizados e com a adoção de técnicas e instrumentos apropriados de trabalho.

31. Zona Controlada: entorno de parte condutora energizada, não segregada, acessível, de dimensões estabelecidas de acordo com o nível de tensão, cuja aproximação só é permitida a profissionais autorizados.

Anexo II

•• Numeração dos anexos conforme publicação oficial.

Zona de risco e zona controlada

Tabela de raios de delimitação de zonas de risco, controlada e livre

Faixa de tensão nominal da instalação elétrica em kV	Rr – Raio de delimitação entre zona de risco e controlada em metros	Rc – Raio de delimitação entre zona controlada e livre em metros
<1	0,20	0,70
≥ 1 e <3	0,22	1,22
≥3 e <6	0,25	1,25
≥6 e <10	0,35	1,35
≥10 e <15	0,38	1,38
≥15 e <20	0,40	1,40
≥20 e <30	0,56	1,56
≥30 e <36	0,58	1,58
≥36 e <45	0,63	1,63
≥45 e <60	0,83	1,83
≥60 e <70	0,90	1,90
≥70 e <110	1,00	2,00
≥110 e <132	1,10	3,10
≥132 e <150	1,20	3,20
≥150 e <220	1,60	3,60
≥220 e <275	1,80	3,80
≥275 e <380	2,50	4,50
≥380 e <480	3,20	5,20
≥480 e <700	5,20	7,20

Figura 1 - Distâncias no ar que delimitam radialmente as zonas de risco, controlada e livre.

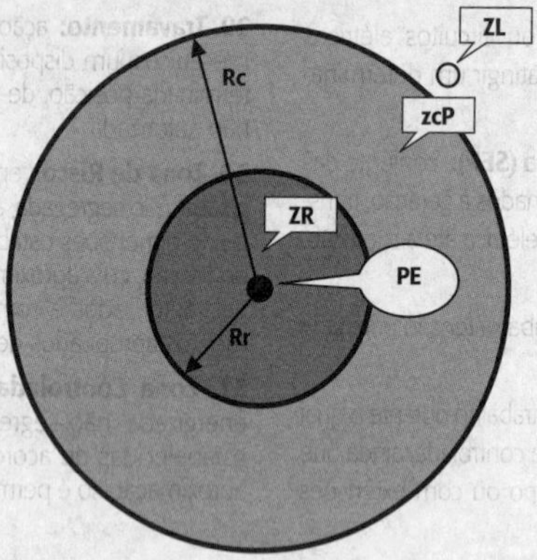

Figura 2 - Distâncias no ar que delimitam radialmente as zonas de risco, controlada e livre, com interposição de superfície de separação física adequada.

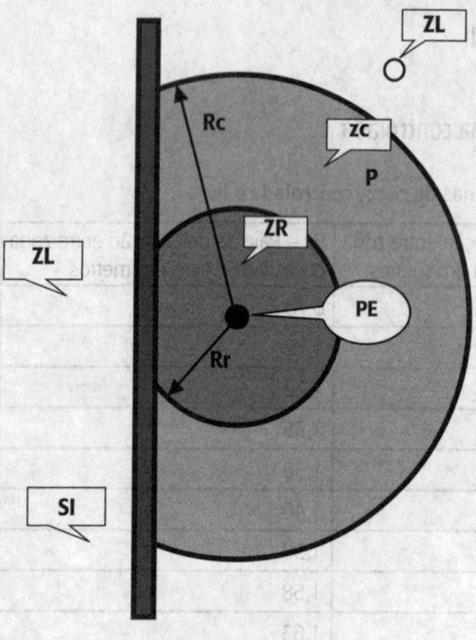

ZL = Zona livre.
ZC = Zona controlada, restrita a trabalhadores autorizados.
ZR = Zona de risco, restrita a trabalhadores autorizados e com a adoção de técnicas, instrumentos e equipamentos apropriados ao trabalho.
PE = Ponto da instalação energizado.
SI = Superfície isolante construída com material resistente e dotada de todos dispositivos de segurança.

Anexo III
Treinamento

1. Curso básico – segurança em instalações e serviços com eletricidade

I – Para os trabalhadores autorizados: carga horária mínima – 40h:

Programação Mínima:

1. Introdução à segurança com eletricidade.
2. Riscos em instalações e serviços com eletricidade:

a) o choque elétrico, mecanismos e efeitos;
b) arcos elétricos; queimaduras e quedas;
c) campos eletromagnéticos.

3. Técnicas de Análise de Risco.
4. Medidas de Controle do Risco Elétrico:

a) desenergização;
b) aterramento funcional (TN/TT/IT); de proteção; temporário;
c) equipotencialização;

d) seccionamento automático da alimentação;
e) dispositivos a corrente de fuga;
f) extrabaixa tensão;
g) barreiras e invólucros;
h) bloqueios e impedimentos;
i) obstáculos e anteparos;
j) isolamento das partes vivas;
k) isolação dupla ou reforçada;
l) colocação fora de alcance;
m) separação elétrica.
5. Normas Técnicas Brasileiras – NBR da ABNT: NBR-5410, NBR-14039 e outras;
6. Regulamentações do MTE:
a) NRs;
b) NR-10 (Segurança em Instalações e Serviços com Eletricidade);
c) qualificação; habilitação; capacitação e autorização.
7. Equipamentos de proteção coletiva.
8. Equipamentos de proteção individual.
9. Rotinas de trabalho – Procedimentos:
a) instalações desenergizadas;
b) liberação para serviços;
c) sinalização;
d) inspeções de áreas, serviços, ferramental e equipamento.
10. Documentação de instalações elétricas.
11. Riscos adicionais:
a) altura;
b) ambientes confinados;
c) áreas classificadas;
d) umidade;
e) condições atmosféricas.
12. Proteção e combate a incêndios:
a) noções básicas;
b) medidas preventivas;
c) métodos de extinção;
d) prática.
13. Acidentes de origem elétrica:
a) causas diretas e indiretas;
b) discussão de casos.
14. Primeiros socorros:
a) noções sobre lesões;
b) priorização do atendimento;
c) aplicação de respiração artificial;
d) massagem cardíaca;
e) técnicas para remoção e transporte de acidentados;
f) práticas.
15. Responsabilidades.

2. Curso complementar – segurança no sistema elétrico de potência (SEP) e em suas proximidades

É pré-requisito para frequentar este curso complementar, ter participado, com aproveitamento satisfatório, do curso básico definido anteriormente.
Carga horária mínima – 40h
I – Programação Mínima:
1. Organização do Sistema Elétrico de Potência – SEP.
2. Organização do trabalho:
a) programação e planejamento dos serviços;
b) trabalho em equipe;
c) prontuário e cadastro das instalações;
d) métodos de trabalho; e
e) comunicação.
3. Aspectos comportamentais.
4. Condições impeditivas para serviços.
5. Riscos típicos no SEP e sua prevenção ():
a) proximidade e contatos com partes energizadas;
b) indução;
c) descargas atmosféricas;
d) estática;
e) campos elétricos e magnéticos;
f) comunicação e identificação; e
g) trabalhos em altura, máquinas e equipamentos especiais.
6. Técnicas de Análise de Risco no SEP (*).
7. Procedimentos de trabalho – análise e discussão. (*)
8. Técnicas de trabalho sob tensão: (*)
a) em linha viva;
b) ao potencial;
c) em áreas internas;
d) trabalho a distância;
e) trabalhos noturnos; e
f) ambientes subterrâneos.
9. Equipamentos e ferramentas de trabalho (escolha, uso, conservação, verificação, ensaios) (*).
10. Sistemas de proteção coletiva (*).
11. Equipamentos de proteção individual (*).
12. Posturas e vestuários de trabalho (*).
13. Segurança com veículos e transporte de pessoas, materiais e equipamentos (*).
14. Sinalização e isolamento de áreas de trabalho (*).
15. Liberação de instalação para serviço e para operação e uso (*).
16. Treinamento em técnicas de remoção, atendimento, transporte de acidentados (*).
17. Acidentes típicos (*) – Análise, discussão, medidas de proteção.
18. Responsabilidades (*).

(*) Estes tópicos deverão ser desenvolvidos e dirigidos especificamente para as condições de trabalho características de cada ramo, padrão de operação, de nível de tensão e de outras peculiaridades específicas ao tipo ou condição especial de atividade, sendo obedecida a hierarquia no aperfeiçoamento técnico do trabalhador.

Anexo IV
Prazos para cumprimento dos itens da Norma Regulamentadora n. 10

1. Prazo de seis meses: 10.3.1; 10.3.6 e 10.9.2;
2. prazo de nove meses: 10.2.3; 10.7.3; 10.7.8 e 10.12.3;
3. prazo de doze meses: 10.2.9.2 e 10.3.9;
4. prazo de dezoito meses: subitens 10.2.4; 10.2.5; 10.2.5.1 e 10.2.6;
5. prazo de vinte e quatro meses: subitens 10.6.1.1; 10.7.2; 10.8.8 e 10.11.1.

NR 11

Transporte, Movimentação, Armazenagem e Manuseio de Materiais (1)

11.1. Normas de segurança para operação de elevadores, guindastes, transportadores industriais e máquinas transportadoras.

11.1.1. Os poços de elevadores e monta-cargas deverão ser cercados, solidamente, em toda sua altura, exceto as portas ou cancelas necessárias nos pavimentos.

• Código: 111.036-5. Infração: 4. Tipo: S.

11.1.2. Quando a cabina do elevador não estiver ao nível do pavimento, a abertura deverá estar protegida por corrimão ou outros dispositivos convenientes.

• Código: 111.037-3. Infração: 3. Tipo: S.

11.1.3. Os equipamentos utilizados na movimentação de materiais, tais como ascensores, elevadores de carga, guindastes, monta-carga, pontes-rolantes, talhas, empilhadeiras, guinchos, esteiras-rolantes, transportadores de diferentes tipos, serão calculados e construídos de maneira que ofereçam as necessárias garantias de resistência e segurança e conservados em perfeitas condições de trabalho.

• Código: 111.038-1. Infração: 4. Tipo: S.

11.1.3.1. Especial atenção será dada aos cabos de aço, cordas, correntes, roldanas e ganchos que deverão ser inspecionados, permanentemente, substituindo-se as suas partes defeituosas.

• Código: 111.039-0. Infração: 4. Tipo: S.

11.1.3.2. Em todo o equipamento será indicado, em lugar visível, a carga máxima de trabalho permitida.

• Código: 111.040-3. Infração: 2. Tipo: S.

11.1.3.3. Para os equipamentos destinados à movimentação do pessoal serão exigidas condições especiais de segurança.

• Código: 111.041-1. Infração: 4. Tipo: S.

11.1.4. Os carros manuais para transporte devem possuir protetores das mãos.

• Código: 111.042-0. Infração: 2. Tipo: S.

11.1.5. Nos equipamentos de transporte, com força motriz própria, o operador deverá receber treinamento específico, dado pela empresa, que o habilitará nessa função.

• Código: 111.126-4. Infração: 3. Tipo: S.

11.1.6. Os operadores de equipamentos de transporte motorizado deverão ser habilitados e só poderão dirigir se durante o horário de trabalho portarem um cartão de identificação, com o nome e fotografia, em lugar visível.

• Código: 111.126-4. Infração: 3. Tipo: S.

11.1.6.1. O cartão terá a validade de 1 (um) ano, salvo imprevisto, e, para a revalidação, o empregado deverá passar por exame de saúde completo, por conta do empregador.

• Código: 111.126-4. Infração: 3. Tipo: S.

11.1.7. Os equipamentos de transporte motorizados deverão possuir sinal de advertência sonora (buzina).

• Código: 111.046-2. Infração: 2. Tipo: S.

11.1.8. Todos os transportadores industriais serão permanentemente inspecionados e as peças defeituosas, ou que apresentem deficiências, deverão ser imediatamente substituídas.

• Código: 111.047-0. Infração: 3. Tipo: S.

11.1.9. Nos locais fechados ou pouco ventilados, a emissão de gases tóxicos, por máquinas transportadoras, deverá ser controlada para evitar concentrações, no ambiente de trabalho, acima dos limites permissíveis.

• Código: 111.127-2. Infração: 4. Tipo: S.

11.1.10. Em locais fechados e sem ventilação, é proibida a utilização de máquinas transportadoras, movidas a motores de combustão interna, salvo se providas de dispositivos neutralizadores adequados.

• Código: 111.127-2. Infração: 4. Tipo: S.

11.2. Normas de segurança do trabalho em atividades de transporte de sacas.

11.2.1. Denomina-se para fins de aplicação da presente regulamentação, a expressão "Transporte manual de sacos", toda atividade realizada de maneira contínua ou descontínua, essencial ao transporte manual de sacos, na qual o peso da carga é suportado, integralmente, por um só trabalhador, compreendendo também o levantamento e sua deposição.

11.2.2. Fica estabelecida a distância máxima de 60,00 m (sessenta metros) para o transporte manual de um saco.

• Código: 111.128-0. Infração: 2. Tipo: S.

11.2.2.1. Além do limite previsto nesta norma o transporte de descarga deverá ser realizado mediante impulsão de vagonetes, carros, carretas, carros de mão apropriados, ou qualquer tipo de tração mecanizada.

• Código: 111.128-0. Infração: 2. Tipo: S.

11.2.3. É vedado o transporte manual de sacos, através de pranchas, sobre vãos superiores a 1,00 m (um metro) ou mais de extensão.

• Código: 111.128-0. Infração: 2. Tipo: S.

11.2.3.1. As pranchas de que trata o item 11.2.3 deverão ter a largura mínima de 0,50 m (cinquenta centímetros).

(1) NR aprovada pela Portaria n. 3.214, de 8-6-1978. *Vide* arts. 182 e 183 da CLT.

• Código: 111.128-0. Infração: 2. Tipo: S.

11.2.4. Na operação manual de carga e descarga de sacos, em caminhão ou vagão, o trabalhador terá o auxílio de ajudante.

• Código: 111.054-3. Infração: 2. Tipo: S.

11.2.5. As pilhas de sacos, nos armazéns, devem ter altura máxima limitada ao nível de resistência do piso, à forma e resistência dos materiais de embalagem e à estabilidade, baseada na geometria, tipo de amarração e inclinação das pilhas.

•• Item com redação determinada pela Portaria n. 82, de 1º-6-2004.

• Código: 111.055-1. Infração: 3. Tipo: S.

11.2.6. (*Revogado pela Portaria n. 82, de 1º-6-2004.*)

11.2.7. No processo mecanizado de empilhamento aconselha-se o uso de esteiras-rolantes, dalas ou empilhadeiras.

11.2.8. Quando não for possível o emprego de processo mecanizado, admite-se o processo manual, mediante a utilização de escada removível de madeira, com as seguintes características:

• Código: 111.056-0. Infração: 3. Tipo: S.

a) lance único de degraus com acesso a um patamar final;

b) a largura mínima de 1,00 m (um metro), apresentando o patamar as dimensões mínimas de 1,00 m x 1,00 m (um metro x um metro) e a altura máxima, em relação ao solo, de 2,25 m (dois metros e vinte e cinco centímetros);

c) deverá ser guardada proporção conveniente entre o piso e o espelho dos degraus, não podendo o espelho ter altura superior a 0,15 m (quinze centímetros), nem o piso largura inferior a 0,25 m (vinte e cinco centímetros);

d) deverá ser reforçada, lateral e verticalmente, por meio de estrutura metálica ou de madeira que assegure sua estabilidade;

e) deverá possuir, lateralmente, um corrimão ou guarda-corpo na altura de 1,00 m (um metro) em toda a extensão;

f) perfeitas condições de estabilidade e segurança, sendo substituída imediatamente a que apresente qualquer defeito.

11.2.9. O piso do armazém deverá ser constituído de material não escorregadio, sem aspereza, utilizando-se, de preferência, o mastique asfáltico, e mantido em perfeito estado de conservação.

• Código: 111.057-8. Infração: 2. Tipo: S.

11.2.10. Deve ser evitado o transporte manual de sacos em pisos escorregadios ou molhados.

• Código: 111.128-0. Infração: 2. Tipo: S.

11.2.11. A empresa deverá providenciar cobertura apropriada dos locais de carga e descarga da sacaria.

• Código: 111.050-0. Infração: 2. Tipo: S.

11.3. Armazenamento de materiais.

11.3.1. O peso do material armazenado não poderá exceder a capacidade de carga calculada para o piso.

• Código: 111.058-6. Infração: 3. Tipo: S.

11.3.2. O material armazenado deverá ser disposto de forma a evitar a obstrução de portas, equipamentos contra incêndio, saídas de emergências, etc.

• Código: 111.129-9. Infração: 3. Tipo: S.

11.3.3. Material empilhado deverá ficar afastado das estruturas laterais do prédio a uma distância de pelo menos 50 (cinquenta) centímetros.

• Código: 111.129-9. Infração: 3. Tipo: S.

11.3.4. A disposição da carga não deverá dificultar o trânsito, a iluminação, o acesso às saídas de emergência.

• Código: 111.129-9. Infração: 3. Tipo: S.

11.3.5. O armazenamento deverá obedecer aos requisitos de segurança especiais a cada tipo de material.

• Código: 111.129-9. Infração: 3. Tipo: S.

11.4. Movimentação, armazenagem e manuseio de chapas de mármore, granito e outras rochas.

•• Item acrescentado pela Portaria n. 56, de 17-9-2003.

11.4.1. A movimentação, armazenagem e manuseio de chapas de mármore, granito e outras rochas deve obedecer ao disposto no Regulamento Técnico de Procedimentos constante no Anexo I desta NR.

•• Item acrescentado pela Portaria n. 56, de 17-9-2003.

• Código: 111.035-7. Infração: 4. Tipo: S.

Anexo I ao item 11.4.1 da NR-11

Regulamento Técnico de Procedimentos para Movimentação, Armazenagem e Manuseio de Chapas de Rochas Ornamentais

•• Anexo I com redação determinada pela Portaria n. 505, de 29-4-2016.

1. Princípios gerais

1.1. Este Regulamento Técnico define princípios fundamentais e medidas de proteção para preservar a saúde e a integridade física dos trabalhadores e estabelece requisitos mínimos para a prevenção de acidentes e doenças do trabalho no comércio e na indústria de beneficiamento, transformação, movimentação, manuseio e armazenamento de chapas de rochas ornamentais, sem prejuízo da observância do disposto nas demais Normas Regulamentadoras – NR aprovadas pela Portaria n. 3.214, de 8 de junho de 1978, nas normas técnicas vigentes e, na ausência ou omissão destas, nas normas internacionais aplicáveis.

1.2. Os equipamentos devem ser calculados e construídos de maneira que ofereçam as necessárias garantias de resistência e segurança, conservados em perfeitas condições de trabalho.

• Código: 111.130-2. Infração: 4. Tipo: S.

1.2.1. Em todo equipamento deve ser indicado, em lugar visível, a sua identificação, carga máxima de trabalho permitida, nome e CNPJ do fabricante e responsável técnico.

• Código: 111.130-2. Infração: 4. Tipo: S.

1.2.1.1. As informações indicadas no subitem 1.2.1 e demais pertinentes devem constar em livro próprio.

• Código: 111.130-2. Infração: 4. Tipo: S.

1.2.1.2. Carros porta-blocos e fueiros podem ser identificados somente com número próprio e carga máxima de trabalho permitida.

• Código: 111.130-2. Infração: 4. Tipo: S.

1.2.2. O fabricante do equipamento deve fornecer manual de instrução, atendendo aos requisitos estabelecidos na NR-12, objetivando a correta operação e manutenção, além de subsidiar a capacitação do operador.

1.3. A empresa deve manter registro, em meio físico ou eletrônico, de inspeção periódica e de manutenção dos equipamentos e elementos de sustentação utilizados na movimentação, armazenagem e manuseio de chapas de rochas ornamentais.

• Código: 111.131-0. Infração: 4. Tipo: S.

1.3.1. Após a inspeção do equipamento ou elemento de sustentação, deve ser emitido "Relatório de Inspeção", com periodicidade anual, elaborado por profissional legalmente habilitado com ART – Anotação de Responsabilidade Técnica – recolhida, que passa a fazer parte da documentação do equipamento.

• Código: 111.131-0. Infração: 4. Tipo: S.

1.3.2. As inspeções rotineiras e manutenções devem ser realizadas por profissional capacitado ou qualificado.

• Código: 111.131-0. Infração: 4. Tipo: S.

1.3.3. A empresa deve manter no estabelecimento nota fiscal do equipamento adquirido ou, no caso de fabricação própria, os projetos, laudos, cálculos e as especificações técnicas.

• Código: 111.131-0. Infração: 4. Tipo: S.

1.4. As áreas de movimentação de chapas devem propiciar condições para a realização do trabalho com segurança.

• Código: 111.132-9. Infração: 4. Tipo: S.

1.4.1. A circulação de pessoas nas áreas de movimentação de chapas deve ser interrompida durante a realização desta atividade.

• Código: 111.132-9. Infração: 4. Tipo: S.

2. Requisitos técnicos para equipamentos utilizados para movimentação, armazenagem e manuseio de chapas de rochas ornamentais

2.1. Fueiros ou "L"

2.1.1. As proteções laterais ("L" ou Fueiros) devem possuir sistema de trava que impeça a sua saída acidental dos encaixes do carro porta-bloco.

• Código: 111.133-7. Infração: 4. Tipo: S.

2.1.1.1. O carro porta-bloco deve possuir no mínimo duas guias para evitar o deslocamento lateral do "L".

• Código: 111.133-7. Infração: 4. Tipo: S.

2.1.2. Deve-se instalar a proteção lateral ("L" ou Fueiro) no carro porta-bloco previamente à retirada do sistema de sustentação do equipamento de elevação das frações de bloco ("enteras").

• Código: 111.133-7. Infração: 4. Tipo: S.

2.1.2.1. A retirada das proteções laterais ("L" ou Fueiros) somente poderá ser realizada dentro do alojamento do tear.

• Código: 111.133-7. Infração: 4. Tipo: S.

2.1.3. Os blocos serrados, ainda sobre o carro porta-bloco e dentro do alojamento do tear, devem possuir ou receber, no mínimo, três proteções laterais ("L" ou Fueiros) de cada lado, para impedir a queda das chapas.

• Código: 111.133-7. Infração: 4. Tipo: S.

2.1.4. As proteções laterais ("L" ou Fueiros) devem ser mantidas até a retirada de todas as chapas.

• Código: 111.133-7. Infração: 4. Tipo: S.

2.2. Carro porta-blocos e carro transportador

2.2.1. O carro porta-blocos e o carro transportador devem dispor de proteção das partes que ofereçam risco, com atenção especial aos cabos de aço, ganchos, roldanas, rodas do carro, polias, correias, engrenagens, acoplamentos e partes elétricas.

• Código: 111.134-5. Infração: 4. Tipo: S.

2.2.2. Nenhum trabalho pode ser executado com pessoas entre as chapas.

• Código: 111.134-5. Infração: 4. Tipo: S.

2.2.3. É proibida a retirada de chapas de um único lado do carro porta-blocos, com objetivo de manter a sua estabilidade.

• Código: 111.134-5. Infração: 4. Tipo: S.

2.2.4. A operação do carro transportador e do carro porta-bloco deve ser realizada por, no mínimo, duas pessoas capacitadas, conforme o item 5 deste Anexo.

• Código: 111.134-5. Infração: 4. Tipo: S.

2.3. Pátio de estocagem

2.3.1. Nos locais do pátio onde for realizada a movimentação e armazenagem de chapas, devem ser observados os seguintes critérios:

a) o piso deve ser pavimentado, não ser escorregadio, não ter saliências, ser nivelado e com resistência suficiente para suportar as cargas usuais;

•• A Portaria n. 505, de 29-4-2016, estabelece em seu art. 2º o prazo de 3 anos para o cumprimento do requisito estabelecido nesta alínea *a*.

• Código: 111.135-3. Infração: 4. Tipo: S.

b) a área de armazenagem de chapas deve ser protegida contra intempéries.

•• A Portaria n. 505, de 29-4-2016, estabelece em seu art. 2º o prazo de 5 anos para cumprimento do disposto nesta alínea *b*.

• Código: 111.135-3. Infração: 4. Tipo: S.

2.4. Cavaletes

2.4.1. Os cavaletes devem estar instalados sobre bases construídas de material resistente e impermeável, de forma a garantir perfeitas condições de estabilidade e de posicionamento, observando-se os seguintes requisitos:

• Código: 111.084-4. Infração: 4. Tipo: S.

a) os cavaletes devem garantir adequado apoio das chapas e possuir altura mínima de um metro e cinquenta centímetros (1,5m);

b) os cavaletes verticais devem ser compostos de seções com largura máxima de vinte e cinco centímetros (0,25m);

c) os palitos dos cavaletes verticais devem ter espessura que possibilite resistência aos esforços das cargas usuais e ajustados ou soldados em sua base, garantindo a estabilidade;

d) cada cavalete vertical deve ter no máximo seis metros de comprimento, sendo que as peças das extremidades devem possuir maior resistência;

e) deve ser garantido um espaço, devidamente sinalizado, com no mínimo oitenta centímetros entre os extremos e as laterais dos cavaletes;

f) a distância entre cavaletes e as paredes do local de armazenagem deve ser de no mínimo cinquenta centímetros (0,5m);

g) a área principal de circulação de pessoas deve ser demarcada e possuir no mínimo um metro e vinte centímetros de largura (1,20m);

h) os cavaletes devem ser mantidos em perfeitas condições de uso: pintados, sem corrosão e sem danos à sua estrutura;

i) é proibido o uso de prolongadores a fim de ampliar a capacidade de armazenamento dos cavaletes em formato triangular;

j) as atividades de retirada e colocação de chapas em cavaletes devem ser realizadas obrigatoriamente com pelo menos um trabalhador em cada extremidade da chapa;

k) cada par de cavaletes deve possuir sistema de travamento ou amarração entre si a fim de garantir a estabilidade do equipamento.

2.5. Movimentação de chapas com uso de ventosas

2.5.1. Na movimentação de chapas com o uso de ventosas, devem ser observados os seguintes requisitos mínimos:

• Código: 111.136-1. Infração: 4. Tipo: S.

a) a válvula direcional das ventosas deve ter acesso e localização facilitados ao operador, respeitando-se a postura e a segurança do operador;

b) as ventosas devem ser dotadas de dispositivo auxiliar que garanta a contenção da mangueira, evitando seu ricocheteamento em caso de desprendimento acidental;

c) as mangueiras devem estar protegidas, firmemente presas aos tubos de saída e de entrada e afastadas das vias de circulação;

d) as borrachas das ventosas devem ter manutenção periódica e imediata substituição em caso de desgaste, defeitos ou descolamento;

e) procedimentos de segurança a serem adotados para garantir a movimentação segura de chapas em caso de falta de energia elétrica.

2.5.2. As ventosas com vácuo gerado por equipamento elétrico devem possuir alarme sonoro e visual que indique pressão fora dos limites de segurança estabelecidos.

• Código: 111.136-1. Infração: 4. Tipo: S.

2.6. Movimentação de chapas com uso de cabos de aço, vigas de suspensão, cintas, correntes, garras, ovador de contêineres e outros equipamentos

2.6.1. Na movimentação de chapas com a utilização de vigas de suspensão, garras, ovador de contêineres e outros equipamentos de movimentação, devem ser observadas a capacidade de sustentação destes meios de içar e a capacidade de carga do equipamento de elevação, atendendo às especificações técnicas e recomendações do fabricante.

• Código: 111.137-0. Infração: 4. Tipo: S.

2.6.1.1. Os cabos de aço, cintas, correntes e outros acessórios devem estar devidamente dimensionados, de acordo com as características das cargas a serem movimentadas.

• Código: 111.137-0. Infração: 4. Tipo: S.

2.6.2. O empregador deve manter no estabelecimento à disposição da fiscalização as notas fiscais de aquisição dos cabos de aço, correntes, cintas e outros acessórios, com os respectivos certificados.

• Código: 111.137-0. Infração: 4. Tipo: S.

2.6.3. A movimentação de chapas com uso de garras só pode ser realizada pegando-se uma chapa por vez.

• Código: 111.137-0. Infração: 4. Tipo: S.

2.6.4. As chapas movimentadas com uso de carro de transferência devem possuir amarração com cintas ou material de resistência equivalente.

• Código: 111.137-0. Infração: 4. Tipo: S.

3. Condições ambientais e equipamentos para movimentação de chapas fracionadas de rochas ornamentais em marmorarias

3.1. Os pisos dos locais de trabalho onde houver movimentação de chapas de rochas ornamentais fracionadas devem ser projetados e construídos de acordo com parâmetros técnicos, com o objetivo de suportar as cargas usuais e oferecer segurança na movimentação.

• Código: 111.138-8. Infração: 4. Tipo: S.

3.1.1. Os pisos devem ter superfície regular, firme, estável e antiderrapante sob qualquer condição, de forma a não provocar trepidação nos equipamentos de movimentação de chapas fracionadas.

• Código: 111.138-8. Infração: 4. Tipo: S.

3.1.1.1. A inclinação longitudinal do piso deve ser de, no máximo, 5% (cinco por cento).

• Código: 111.138-8. Infração: 4. Tipo: S.

3.1.1.1.1. As inclinações superiores a 5% (cinco por cento) são consideradas rampas e devem ser calculadas de acordo com a seguinte equação:

$$i = \frac{h \times 100}{c}$$

onde:

i = inclinação, em porcentagem;

h = altura do desnível;

c = comprimento da projeção horizontal.

• Código: 111.138-8. Infração: 4. Tipo: S.

3.1.1.1.1.1. Independente do comprimento da rampa e sem prejuízo do teor do item 3.1.1.1.1, a inclinação máxima permitida é de 12,50% (doze inteiros e cinquenta centésimos por cento).

3.2. A largura das vias onde houver movimentação de chapas fracionadas de rochas ornamentais deve ser de, no mínimo, um metro e vinte centímetros (1,2m).

• Código: 111.138-8. Infração: 4. Tipo: S.

3.3. O equipamento para movimentação de chapas fracionadas de rochas ornamentais deve possuir no mínimo três rodas, resistência, estabilidade e facilidade de mobilidade, identificação de capacidade máxima de carga e ser compatível com as cargas.

• Código: 111.139-6. Infração: 4. Tipo: S.

3.3.1. As cargas de chapas fracionadas devem estar devidamente amarradas à estrutura do equipamento.

• Código: 111.139-6. Infração: 4. Tipo: S.

4. Carga e descarga de chapas de rochas ornamentais

4.1. A empresa deve destinar área específica de carga e descarga de chapas, com sinalização horizontal e vertical.

• Código: 111.140-0. Infração: 4. Tipo: S.

4.1.1. O espaço destinado à carga e descarga de materiais e o acesso ao veículo de carga devem oferecer condições para que a operação se realize com segurança.

• Código: 111.140-0. Infração: 4. Tipo: S.

4.1.1.1. As movimentações de cargas devem seguir instruções definidas em procedimentos específicos para cada tipo de carga, objetivando a segurança da operação para pessoas e materiais.

• Código: 111.140-0. Infração: 4. Tipo: S.

4.2. A área de operação onde houver utilização de pistola pneumática portátil deve ser delimitada e sinalizada, proibindo-se a presença de pessoas não envolvidas na atividade nesta área.

• Código: 111.103-5. Infração: 4. Tipo: S.

4.3. A atividade de empacotamento de chapas deve ser realizada com uso de cavaletes que propiciem boa postura e segurança aos trabalhadores.

• Código: 111.104-3. Infração: 4. Tipo: S.

4.4. O interior de contêineres deve possuir iluminação natural ou artificial, nos termos definidos nas Normas de Higiene Ocupacional da FUNDACENTRO.

• Código: 111.141-8. Infração: 4. Tipo: S.

4.5. Os trabalhos no interior de contêineres devem ser realizados com equipamentos e meios de acesso seguros e adequados à natureza das atividades.

• Código: 111.141-8. Infração: 4. Tipo: S.

4.6. É proibida a permanência de trabalhadores no interior de contêineres durante a entrada da carga.

• Código: 111.141-8. Infração: 4. Tipo: S.

4.7. A retirada da amarração da carga no contêiner só poderá ser realizada após a estabilização e fixação primária da carga.

• Código: 111.141-8. Infração: 4. Tipo: S.

5. Capacitação para movimentação, armazenagem e manuseio de chapas de rochas ornamentais

5.1. A movimentação, manuseio e armazenagem de chapas de rochas ornamentais somente podem ser realizadas por trabalhador capacitado e autorizado pelo empregador.

• Código: 111.142-6. Infração: 4. Tipo: S.

5.2. A capacitação deve ocorrer após a admissão do trabalhador, dentro dos horários normais de trabalho e ser custeada integralmente pelo empregador.

• Código: 111.142-6. Infração: 4. Tipo: S.

5.2.1. As instruções visando à informação e à capacitação do trabalhador devem ser elaboradas em linguagem compreensível e adotando-se metodologias, técnicas e materiais que facilitem o aprendizado.

• Código: 111.142-6. Infração: 4. Tipo: S.

5.3. Além de capacitação, informações e instruções, o trabalhador deve receber orientação em serviço, que consiste de período no qual deve desenvolver suas atividades sob orientação e supervisão direta de outro trabalhador capacitado e experiente, com duração mínima de trinta dias.

• Código: 111.142-6. Infração: 4. Tipo: S.

5.4. A capacitação para movimentação, manuseio e armazenagem de chapas de rochas ornamentais deve atender ao conteúdo programático e carga horária conforme item 5.7.

• Código: 111.142-6. Infração: 4. Tipo: S.

5.4.1. As aulas teóricas devem ser limitadas a quarenta participantes por turma.

• Código: 111.142-6. Infração: 4. Tipo: S.

5.4.2. As aulas práticas devem ser limitadas a oito participantes para cada instrutor.

• Código: 111.142-6. Infração: 4. Tipo: S.

5.4.2.1. O certificado somente será concedido ao participante que cumprir a carga horária total dos módulos e demonstrar habilidade na operação dos equipamentos.

• Código: 111.142-6. Infração: 4. Tipo: S.

5.4.3. O certificado deve conter o nome do trabalhador, conteúdo programático, carga horária diária e total, data, local, nome e formação profissional do(s) instrutor(es), nome e assinatura do responsável técnico ou do responsável pela organização técnica do curso.

• Código: 111.142-6. Infração: 4. Tipo: S.

5.4.3.1. O certificado deve ser fornecido ao trabalhador, mediante recibo, arquivando-se uma cópia na empresa.

• Código: 111.142-6. Infração: 4. Tipo: S.

5.4.4. Os participantes da capacitação devem receber material didático impresso.

• Código: 111.142-6. Infração: 4. Tipo: S.

5.5. Deve ser realizada nova capacitação a cada três anos, com carga horária mínima de dezesseis horas, sendo oito horas com conteúdo do Módulo I e oito horas do Módulo III, referidos no item 5.7 deste Anexo.

• Código: 111.142-6. Infração: 4. Tipo: S.

5.6. Deve ser realizada nova capacitação, com carga horária e conteúdo programático que atendam às necessidades que a motivou, nas situações previstas abaixo:

• Código: 111.142-6. Infração: 4. Tipo: S.

a) troca de função;

b) troca de métodos e organização do trabalho;

c) retorno de afastamento ao trabalho ou inatividade, por período superior a seis meses;

d) modificações significativas nas instalações, operação de máquinas, equipamentos ou processos diferentes dos que o trabalhador está habituado a operar.

5.7. Programas de capacitação

Módulo I – Saúde, Segurança e Higiene No Trabalho

Carga horária: 16 horas

Objetivo: Preservar a saúde e a integridade física do trabalhador, informar sobre os riscos ambientais e desenvolver cultura prevencionista.

Conteúdo programático mínimo:

1 – Conceito de acidentes de trabalho: prevencionista, legal;

2 – Tipos de acidente;

3 – Comunicação de Acidente de Trabalho – CAT;

4 – Causas de acidentes de trabalho: homem, máquina, ambiente etc.;

5 – Consequências dos acidentes de trabalho;

6 – Acidentes com movimentação, manuseio e armazenagem de chapas de rochas ornamentais: análise de causas e medidas preventivas;

7 – Riscos ambientais: físicos, químicos, biológicos e ergonômicos;

8 – Riscos de acidentes;

9 – Metodologias de Análise de Riscos: conceitos e exercícios práticos;

10 – Equipamentos de proteção coletiva;

11 – Medidas técnicas e administrativas;

12 – Equipamentos de Proteção Individual;

13 – Inspeção de Segurança.

Módulo II – Estudo do Conteúdo do Anexo I da NR-11

Carga horária: 4 horas

Objetivo: Fornecer conhecimentos básicos ao participante para assimilar o conteúdo da legislação de segurança do setor de rochas ornamentais.

Conteúdo programático mínimo:

1 – Carro Porta-Blocos;

2 – Fueiros ou "L";

3 – Carro Transportador;

4 – Cavalete Triangular;

5 – Cavalete Vertical ou Palito;

6 – Ventosa: operação e procedimentos de segurança;

7 – Cinta;

8 – Viga de suspensão;

9 – Garra (Pinça);

10 – Cabo de aço;

11 – Correntes;

12 – Ovador de Contêiner;

13 – Equipamento de movimentação de chapas fracionadas;

14 – Inspeção nos equipamentos e acessórios;

15 – Registros de inspeção de segurança nos equipamentos e acessórios.

Módulo III – Segurança na Operação de Ponte Rolante

Carga horária: 16 horas

Objetivo: Nas aulas teóricas e práticas, os participantes devem adquirir conhecimentos e desenvolver competências no controle da movimentação de carga de chapas de rochas ornamentais, objetivando que tal atividade se desenvolva com segurança.

Aulas teóricas: 8 horas

Conteúdo Programático mínimo:

1 – Princípios de segurança na utilização dos equipamentos;

2 – Descrição dos riscos relacionados aos equipamentos;

3 – Centro de gravidade de cargas;

4 – Amarração de cargas;

5 – Escolha dos tipos de cabos de aço (estropos);

6 – Capacidade de carga dos cabos de aço, cintas e correntes;

7 – Critérios de descarte para cabos de aço, cintas e correntes;

8 – Acessórios para garantir boa amarração;

9 – Uso de quebra-canto;

10 – Manilhas, cintas, peras, ganchos – bitolas e capacidades;

11 – Inspeção nos equipamentos, acessórios e registros de inspeção e segurança;

12 – Sinalização para içamento e movimentação;

13 – Ovador de Contêiner;

14 – Equipamento de movimentação de chapas fracionadas;

15 – Dispositivos de segurança de acordo com a NR-12 e normas técnicas aplicáveis.

Aulas práticas: 8 horas

Conteúdo Programático mínimo:

Carga e descarga de chapas e blocos em veículos;

1 – Carga e descarga do carro porta-bloco;

2 – Carro transportador;

3 – Ventosa;

4 – Viga de suspensão;

5 – Garra (Pinça);

6 – Colocação e retirada de chapa em bancada;

7 – Movimentação de bloco de rocha ornamental com uso de pórtico rolante;

8 – Ovador de Contêiner;

9 – Equipamento de movimentação de chapas fracionadas.

6. Disposições gerais

6.1. Durante as atividades de preparação e retirada de chapas serradas do tear, devem ser tomadas providências para impedir que o quadro inferior porta-lâminas do tear caia sobre os trabalhadores.

- Código: 111.122-1. Infração: 4. Tipo: S.

6.2. São proibidos o armazenamento e a disposição de chapas em paredes, colunas, estruturas metálicas ou outros locais que não sejam os cavaletes especificados neste Anexo.

- Código: 111.123-0. Infração: 4. Tipo: S.

6.3. A máquina de corte de fio diamantado, o monofio e o multifio devem ter as respectivas áreas de corte e percurso do fio diamantado isoladas e sinalizadas.

- Código: 111.124-8. Infração: 4. Tipo: S.

6.4. As bancadas de trabalho, sobre as quais são depositadas chapas, inteiras ou fracionadas, devem possuir resistência e estabilidade para suportar as cargas manuseadas.

- Código: 111.125-6. Infração: 4. Tipo: S.

GLOSSÁRIO

Armazenamento: Constitui-se em um conjunto de funções de recepção, descarga, carregamento, arrumação, conservação etc., realizadas em espaço destinado para o fluxo e armazenagem de chapas de rochas ornamentais, com o objetivo de controle e proteção dos materiais.

Beneficiamento: Constitui-se em processo de desdobramento do bloco até o produto final, podendo passar pelas seguintes etapas: serragem, desplacamento, levigamento (primeiro polimento), secagem, resinagem, polimento e recorte.

Cabos de Suspensão: Cabo de aço destinado à elevação (içamento) de materiais e equipamentos.

Carro porta-bloco: Equipamento utilizado para transportar e suportar os blocos e enteras nas operações de corte das rochas nos teares.

Carro transportador: Equipamento utilizado para movimentar o carro porta-bloco.

Cavalete triangular: Estrutura metálica em formato triangular com uma base de apoio, usada para armazenagem de chapas de rochas ornamentais.

Cavalete vertical: Estrutura metálica com divisórias dispostas verticalmente (palitos), fixadas sobre bases metálicas, usada para armazenamento de chapas de rochas ornamentais.

Chapas de rochas ornamentais: Produto da serragem ou desplacamento de rochas, com medidas variáveis.

Chapas fracionadas: Chapas de rochas ornamentais com dimensões variadas e altura máxima de um metro.

Cinta: Acessório utilizado para amarração e movimentação de cargas, nos termos definidos na norma ABNT NBR 15637.

Empacotamento de chapas: Atividade de embalar (emadeirando e/ou plastificando) um conjunto de chapas de rochas ornamentais.

Entera: Fração de bloco de rocha ornamental, passível de ser serrado, normalmente acomodado em espaço existente no carro porta-blocos, junto ao bloco principal que será serrado.

Equipamento de elevação de carga: Todo equipamento que faça o trabalho de levantar, movimentar e abaixar cargas, incluindo seus acessórios (destinados a fixar a carga a ser transportada, ligando-a ao equipamento).

Equipamento ovador de contêiner: Equipamento sustentado por ponte rolante, utilizado para carga e descarga de pacotes de chapas de rochas ornamentais em contêineres. Possui a forma de um C, sendo a parte superior presa à ponte rolante, e a inferior, que entra no contêiner, sustenta o pacote a ser ovado.

Equipamento para movimentação de chapas de rochas ornamentais fracionadas: Equipamento destinado à movimentação de cargas, constituído por uma estrutura com, no mínimo, três rodas.

Fueiro: Peça metálica em formato de L ou I, fixada ou encaixada no carro porta-bloco, que tem por finalidade garantir a estabilidade das chapas.

Indústria de beneficiamento e comércio de rochas ornamentais: Empresas cujas atividades econômicas se enquadram nos CNAE 2391-5/01, 2391-5/02, 2391-5/03, 4679-6/02.

Máquina de corte de fio diamantado: Máquina de corte de rocha ornamental que utiliza um fio diamantado. O processo de corte ocorre pela ação abrasiva dos anéis ou pérolas com grãos de diamante dispostos ao longo do fio.

Monofio: Máquina de corte de rocha ornamental que utiliza um fio diamantado. O processo de corte ocorre pela ação abrasiva dos anéis ou pérolas com grãos de diamante dispostos ao longo do fio.

Multifio: Máquina de corte de rocha ornamental que utiliza vários fios diamantados proporcionando o desdobramento do bloco em chapas. O processo de corte ocorre pela ação abrasiva dos anéis ou pérolas com grãos de diamante dispostos ao longo dos fios.

Palitos: Hastes metálicas usadas nos cavaletes verticais para apoio e sustentação das chapas de rochas ornamentais.

Piso Resistente: Piso capaz de resistir sem deformação ou ruptura aos esforços submetidos.

Procedimento: Sequência de operações a serem desenvolvidas para realização de um determinado trabalho, com a inclusão dos meios materiais e humanos, medidas de segurança e circunstâncias que possibilitem sua realização.

Profissional capacitado: Trabalhador que recebeu capacitação sob orientação e responsabilidade de um profissional habilitado.

Profissional habilitado: Profissional com atribuições legais para a atividade a ser desempenhada e que assume a responsabilidade técnica, tendo registro no conselho profissional de classe.

Profissional qualificado: Aquele que comprovar conclusão de curso específico na área, reconhecido pelo sistema oficial de ensino.

Sinalização: Procedimento padronizado destinado a orientar, alertar, avisar e advertir.

Tear: Equipamento constituído por quatro colunas que suportam o quadro porta-lâminas. O processo de corte se dá pela ação da fricção do conjunto de lâminas com elementos abrasivos, fazendo um movimento de vai e vem, serrando a rocha de cima para baixo.

Ventosa (transportador pneumático): Equipamento a vácuo usado na movimentação de chapas de rochas ornamentais.

NR 12
Segurança no Trabalho em Máquinas e Equipamentos (1)

•• *Vide* art. 4º da Portaria n. 916, de 30-7-2019.

SUMÁRIO:

12.1. Princípios Gerais.

12.1.1. Esta Norma Regulamentadora – NR e seus anexos definem referências técnicas, princípios fundamentais e medidas de proteção para resguardar a saúde e a integridade física dos trabalhadores e estabelece requisitos mínimos para a prevenção de acidentes e doenças do trabalho nas fases de projeto e de utilização de máquinas e equipamentos, e ainda à sua fabricação, importação, comercialização, exposição e cessão a qualquer título, em todas as atividades econômicas, sem prejuízo da observância do disposto nas demais NRs aprovadas pela Portaria MTb n. 3.214, de 8 de junho de 1978, nas normas técnicas oficiais ou nas normas internacionais aplicáveis e, na ausência ou omissão destas, opcionalmente, nas normas Europeias tipo "C" harmonizadas.

12.1.1.1. Entende-se como fase de utilização o transporte, montagem, instalação, ajuste, operação, limpeza, manutenção, inspeção, desativação e desmonte da máquina ou equipamento.

12.1.2. As disposições desta NR referem-se a máquinas e equipamentos novos e usados, exceto nos itens em que houver menção específica quanto à sua aplicabilidade.

12.1.3. As máquinas e equipamentos comprovadamente destinados à exportação estão isentos do atendimento dos requisitos técnicos de segurança previstos nesta NR.

12.1.4. Esta NR não se aplica:

a) às máquinas e equipamentos movidos ou impulsionados por força humana ou animal;

b) às máquinas e equipamentos expostos em museus, feiras e eventos, para fins históricos ou que sejam considerados como antiguidades e não sejam mais empregados com fins produtivos, desde que sejam adotadas medidas que garantam a preservação da integridade física dos visitantes e expositores;

c) às máquinas e equipamentos classificados como eletrodomésticos;

d) aos equipamentos estáticos;

e) às ferramentas portáteis e ferramentas transportáveis (semiestacionárias), operadas eletricamente, que atendam aos princípios construtivos estabelecidos em norma técnica tipo "C" (parte geral e específica) nacional ou, na ausência desta, em norma técnica internacional aplicável;

f) às máquinas certificadas pelo INMETRO, desde que atendidos todos os requisitos técnicos de construção relacionados à segurança da máquina.

(1) NR aprovada pela Portaria n. 3.214, de 8-6-1978, e com redação determinada pela Portaria n. 916, de 30-7-2019, retificada em 5-8-2019 e 12-8-2019.

12.1.4.1. Aplicam-se as disposições da NR-12. às máquinas existentes nos equipamentos estáticos.

12.1.5. É permitida a movimentação segura de máquinas e equipamentos fora das instalações físicas da empresa para reparos, adequações, modernização tecnológica, desativação, desmonte e descarte.

12.1.6. É permitida a segregação, o bloqueio e a sinalização que impeçam a utilização de máquinas e equipamentos, enquanto estiverem aguardando reparos, adequações de segurança, atualização tecnológica, desativação, desmonte e descarte.

12.1.7. O empregador deve adotar medidas de proteção para o trabalho em máquinas e equipamentos, capazes de resguardar a saúde e a integridade física dos trabalhadores.

• Código: 312.309-0. Infração: 3. Tipo: S.

12.1.8. São consideradas medidas de proteção, a ser adotadas nessa ordem de prioridade:

• Código: 312.310-3. Infração: 2. Tipo: S.

a) medidas de proteção coletiva;

b) medidas administrativas ou de organização do trabalho; e

c) medidas de proteção individual.

12.1.9. Na aplicação desta NR e de seus anexos, devem-se considerar as características das máquinas e equipamentos, do processo, a apreciação de riscos e o estado da técnica.

• Código: 312.311-1. Infração: 4. Tipo: S.

12.1.9.1. A adoção de sistemas de segurança nas zonas de perigo deve considerar as características técnicas da máquina e do processo de trabalho e as medidas e alternativas técnicas existentes, de modo a atingir o nível necessário de segurança previsto nesta NR.

• Código: 312.311-1. Infração: 4. Tipo: S.

12.1.9.1.1. Entende-se por alternativas técnicas existentes as previstas nesta NR e em seus Anexos, bem como nas normas técnicas oficiais ou nas normas internacionais aplicáveis e, na ausência ou omissão destas, nas normas Europeias tipo "C" harmonizadas.

12.1.9.2. Não é obrigatória a observação de novas exigências advindas de normas técnicas publicadas posteriormente à data de fabricação, importação ou adequação das máquinas e equipamentos, desde que atendam a Norma Regulamentadora n. 12, publicada pela Portaria SIT n. 197, de 17 de dezembro de 2010, *D.O.U.* de 24-12-2010, seus anexos e suas alterações posteriores, bem como às normas técnicas vigentes à época de sua fabricação, importação ou adequação.

12.1.10. Cabe aos trabalhadores:

a) cumprir todas as orientações relativas aos procedimentos seguros de operação, alimentação, abastecimento, limpeza, manutenção, inspeção, transporte, desativação, desmonte e descarte das máquinas e equipamentos;

b) não realizar qualquer tipo de alteração nas proteções mecânicas ou dispositivos de segurança de máquinas e equipamentos, de maneira que possa colocar em risco a sua saúde e integridade física ou de terceiros;

c) comunicar seu superior imediato se uma proteção ou dispositivo de segurança foi removido, danificado ou se perdeu sua função;

d) participar dos treinamentos fornecidos pelo empregador para atender às exigências/requisitos descritos nesta NR;

e) colaborar com o empregador na implementação das disposições contidas nesta NR.

12.1.11. As máquinas nacionais ou importadas fabricadas de acordo com a NBR ISO 13849, Partes 1 e 2, são consideradas em conformidade com os requisitos de segurança previstos nesta NR, com relação às partes de sistemas de comando relacionadas à segurança.

12.1.12. Os sistemas robóticos que obedeçam às prescrições das normas ABNT ISO 10218-1, ABNT ISO 10218-2, da ISO/TS 15066 e demais normas técnicas oficiais ou, na ausência ou omissão destas, nas normas internacionais aplicáveis, estão em conformidade com os requisitos de segurança previstos nessa NR.

• Código: 312.312-0. Infração: 4. Tipo: S.

12.2. Arranjo físico e instalações.

12.2.1. Nos locais de instalação de máquinas e equipamentos, as áreas de circulação devem ser devidamente demarcadas em conformidade com as normas técnicas oficiais.

• Código: 312.313-8. Infração: 2. Tipo: S.

12.2.1.1. É permitida a demarcação das áreas de circulação utilizando-se marcos, balizas ou outros meios físicos.

12.2.1.2. As áreas de circulação devem ser mantidas desobstruídas.

• Código: 312.313-8. Infração: 2. Tipo: S.

12.2.2. A distância mínima entre máquinas, em conformidade com suas características e aplicações, deve resguardar a segurança dos trabalhadores durante sua operação, manutenção, ajuste, limpeza e inspeção, e permitir a movimentação dos segmentos corporais, em face da natureza da tarefa.

• Código: 312.314-6. Infração: 3. Tipo: S.

12.2.3. As áreas de circulação e armazenamento de materiais e os espaços em torno de máquinas devem ser projetados, dimensionados e mantidos de forma que os trabalhadores e os transportadores de materiais, mecanizados e manuais, movimentem-se com segurança.

• Código: 312.315-4. Infração: 3. Tipo: S.

12.2.4. O piso do local de trabalho onde se instalam máquinas e equipamentos e das áreas de circulação devem ser resistentes às cargas a que estão sujeitos e não devem oferecer riscos de acidentes.

• Código: 312.316-2. Infração: 3. Tipo: S.

12.2.5. As ferramentas utilizadas no processo produtivo devem ser organizadas e armazenadas ou dispostas em locais específicos para essa finalidade.

• Código: 312.317-0. Infração: 2. Tipo: S.

12.2.6. As máquinas estacionárias devem possuir medidas preventivas quanto à sua estabilidade, de modo que não basculem e não se desloquem intempestivamente por vibrações, choques, forças externas previsíveis, forças dinâmicas internas ou qualquer outro motivo acidental.

• Código: 312.318-9. Infração: 3. Tipo: S.

12.2.6.1. As máquinas estacionárias instaladas a partir da Portaria SIT n. 197, de 17 de dezembro de 2010, *D.O.U.* de 24-12-2010, devem respeitar os requisitos necessários fornecidos pelos fabricantes ou, na falta desses, o projeto elaborado por profissional legalmente habilitado quanto à fundação, fixação, amortecimento, nivelamento.

• Código: 312.318-9. Infração: 3. Tipo: S.

12.2.7. Nas máquinas móveis que possuem rodízios, pelo menos dois deles devem possuir travas.

• Código: 312.319-7. Infração: 2. Tipo: S.

12.2.8. As máquinas, as áreas de circulação, os postos de trabalho e quaisquer outros locais em que possa haver trabalhadores devem ficar posicionados de modo que não ocorra transporte e movimentação aérea de materiais sobre os trabalhadores.

• Código: 312.320-0. Infração: 3. Tipo: S.

12.2.8.1. É permitido o transporte de cargas em teleférico nas áreas internas e externas à edificação fabril, desde que não haja postos de trabalho sob o seu percurso, exceto os indispensáveis para sua inspeção e manutenção, que devem ser programadas e realizadas de acordo com esta NR e a Norma Regulamentadora n. 35 – Trabalho em Altura.

• Código: 312.321-9. Infração: 3. Tipo: S.

12.2.9. Nos casos em que houver regulamentação específica ou NR setorial estabelecendo requisitos para sinalização, arranjos físicos, circulação, armazenamento prevalecerá a regulamentação específica ou a NR setorial.

12.3. Instalações e dispositivos elétricos.

12.3.1. Os circuitos elétricos de comando e potência das máquinas e equipamentos devem ser projetados e mantidos de modo a prevenir, por meios seguros, os perigos de choque elétrico, incêndio, explosão e outros tipos de acidentes, conforme previsto nas normas técnicas oficiais e, na falta dessas, nas normas internacionais aplicáveis.

• Código: 312.322-7. Infração: 4. Tipo: S.

12.3.2. Devem ser aterrados, conforme as normas técnicas oficiais vigentes, as carcaças, invólucros, blindagens ou partes condutoras das máquinas e equipamentos que não façam parte dos circuitos elétricos, mas que possam ficar sob tensão.

• Código: 312.323-5. Infração: 4. Tipo: S.

12.3.3. Os circuitos elétricos de comando e potência das máquinas e equipamentos que estejam ou possam estar em contato direto ou indireto com água ou agentes corrosivos devem ser projetadas com meios e dispositivos que garantam sua blindagem, estanqueidade, isolamento e aterramento, de modo a prevenir a ocorrência de acidentes.

• Código: 312.324-3. Infração: 4. Tipo: S.

12.3.4. Os condutores de alimentação elétrica das máquinas e equipamentos devem atender aos seguintes requisitos mínimos de segurança:

a) oferecer resistência mecânica compatível com a sua utilização;

• Código: 312.325-1. Infração: 4. Tipo: S.

b) possuir proteção contra a possibilidade de rompimento mecânico, de contatos abrasivos e de contato com lubrificantes, combustíveis e calor;

• Código: 312.325-1. Infração: 4. Tipo: S.

c) localização de forma que nenhum segmento fique em contato com as partes móveis ou cantos vivos;

• Código: 312.325-1. Infração: 4. Tipo: S.

d) não dificultar o trânsito de pessoas e materiais ou a operação das máquinas;

• Código: 312.325-1. Infração: 4. Tipo: S.

e) não oferecer quaisquer outros tipos de riscos na sua localização; e

• Código: 312.325-1. Infração: 4. Tipo: S.

f) ser constituídos de materiais que não propaguem o fogo.

• Código: 312.325-1. Infração: 4. Tipo: S.

12.3.5. Os quadros ou painéis de comando e potência das máquinas e equipamentos devem atender aos seguintes requisitos mínimos de segurança:

a) possuir porta de acesso mantida permanentemente fechada, exceto nas situações de manutenção, pesquisa de defeitos e outras intervenções, devendo ser observadas as condições previstas nas normas técnicas oficiais ou nas normas internacionais aplicáveis;

• Código: 312.326-0. Infração: 4. Tipo: S.

b) possuir sinalização quanto ao perigo de choque elétrico e restrição de acesso por pessoas não autorizadas;

• Código: 312.326-0. Infração: 4. Tipo: S.

• Código: 312.327-8. Infração: 3. Tipo: S.

c) ser mantidos em bom estado de conservação, limpos e livres de objetos e ferramentas;

• Código: 312.326-0. Infração: 4. Tipo: S.

• Código: 312.328-6. Infração: 4. Tipo: S.

d) possuir proteção e identificação dos circuitos; e

• Código: 312.326-0. Infração: 4. Tipo: S.

• Código: 312.329-4. Infração: 3. Tipo: S.

e) observar ao grau de proteção adequado em função do ambiente de uso.

• Código: 312.326-0. Infração: 4. Tipo: S.

• Código: 312.330-8. Infração: 4. Tipo: S.

12.3.6. As ligações e derivações dos condutores elétricos das máquinas e equipamentos devem ser feitas mediante dispositivos apropriados e conforme as normas técnicas oficiais vigentes, de modo a assegurar resistência mecânica e contato elétrico adequado, com características equivalentes aos condutores elétricos utilizados e proteção contra riscos.

- Código: 312.326-0. Infração: 4. Tipo: S.
- Código: 312.331-6. Infração: 4. Tipo: S.

12.3.7. As instalações elétricas das máquinas e equipamentos que utilizem energia elétrica fornecida por fonte externa devem possuir dispositivo protetor contra sobrecorrente, dimensionado conforme a demanda de consumo do circuito.

- Código: 312.332-4. Infração: 4. Tipo: S.

12.3.7.1. As máquinas e equipamentos devem possuir dispositivo protetor contra sobretensão quando a elevação da tensão puder ocasionar risco de acidentes.

- Código: 312.333-2. Infração: 4. Tipo: S.

12.3.7.2. Nas máquinas e equipamentos em que a falta ou a inversão de fases da alimentação elétrica puder ocasionar riscos, deve haver dispositivo que impeça a ocorrência de acidentes.

- Código: 312.334-0. Infração: 4. Tipo: S.

12.3.8. São proibidas nas máquinas e equipamentos:

a) a utilização de chave geral como dispositivo de partida e parada;

- Código: 312.335-9. Infração: 4. Tipo: S.

b) a utilização de chaves tipo faca nos circuitos elétricos; e

- Código: 312.335-9. Infração: 4. Tipo: S.
- Código: 312.336-7. Infração: 4. Tipo: S.

c) a existência de partes energizadas expostas de circuitos que utilizam energia elétrica.

- Código: 312.335-9. Infração: 4. Tipo: S.
- Código: 312.337-5. Infração: 4. Tipo: S.

12.3.9. As baterias devem atender aos seguintes requisitos mínimos de segurança:

a) localização de modo que sua manutenção e troca possam ser realizadas facilmente a partir do solo ou de uma plataforma de apoio;

- Código: 312.338-3. Infração: 3. Tipo: S.

b) constituição e fixação de forma a não haver deslocamento acidental; e

- Código: 312.338-3. Infração: 3. Tipo: S.

c) proteção do terminal positivo, a fim de prevenir contato acidental e curto-circuito.

- Código: 312.338-3. Infração: 3. Tipo: S.

12.3.10. Os serviços e substituições de baterias devem ser realizados conforme indicação constante do manual de operação.

- Código: 312.339-1. Infração: 3. Tipo: S.

12.4. Dispositivos de partida, acionamento e parada.

12.4.1. Os dispositivos de partida, acionamento e parada das máquinas devem ser projetados, selecionados e instalados de modo que:

a) não se localizem em suas zonas perigosas;

- Código: 312.340-5. Infração: 4. Tipo: S.

b) possam ser acionados ou desligados em caso de emergência por outra pessoa que não seja o operador;

- Código: 312.340-5. Infração: 4. Tipo: S.

c) impeçam acionamento ou desligamento involuntário pelo operador ou por qualquer outra forma acidental;

- Código: 312.340-5. Infração: 4. Tipo: S.

d) não acarretem riscos adicionais; e

- Código: 312.340-5. Infração: 4. Tipo: S.

e) dificulte-se a burla.

- Código: 312.340-5. Infração: 4. Tipo: S.

12.4.2. Os comandos de partida ou acionamento das máquinas devem possuir dispositivos que impeçam seu funcionamento automático ao serem energizadas.

- Código: 312.341-3. Infração: 4. Tipo: S.

12.4.3. Quando forem utilizados dispositivos de acionamento bimanual, visando a manter as mãos do operador fora da zona de perigo, esses devem atender aos seguintes requisitos mínimos do comando:

a) possuir atuação síncrona, ou seja, um sinal de saída deve ser gerado somente quando os dois dispositivos de atuação do comando – botões – forem atuados com um retardo de tempo menor ou igual a 0,5 s (meio segundo);

- Código: 312.342-1. Infração: 4. Tipo: S.

b) estar sob monitoramento automático por interface de segurança, se indicado pela apreciação de risco;

- Código: 312.342-1. Infração: 4. Tipo: S.

c) ter relação entre os sinais de entrada e saída, de modo que os sinais de entrada aplicados a cada um dos dois dispositivos de atuação devem juntos se iniciar e manter o sinal de saída somente durante a aplicação dos dois sinais;

- Código: 312.342-1. Infração: 4. Tipo: S.

d) o sinal de saída deve terminar quando houver desacionamento de qualquer dos dispositivos de atuação;

- Código: 312.342-1. Infração: 4. Tipo: S.

e) possuir dispositivos de atuação que exijam intenção do operador em acioná-los a fim de minimizar a probabilidade de acionamento acidental;

- Código: 312.342-1. Infração: 4. Tipo: S.

f) possuir distanciamento, barreiras ou outra solução prevista nas normas técnicas oficiais ou nas normas internacionais aplicáveis entre os dispositivos de atuação para dificultar a burla do efeito de proteção; e

- Código: 312.342-1. Infração: 4. Tipo: S.

g) tornar possível o reinício do sinal de saída somente após a desativação dos dois dispositivos de atuação.

- Código: 312.342-1. Infração: 4. Tipo: S.

12.4.4. Nas máquinas e equipamentos operados por dois ou mais dispositivos de acionamento bimanual, a atuação síncrona é requerida somente para cada um dos dispositivos de acionamento bimanual e não entre dispositivos diferentes, que devem manter simultaneidade entre si.

12.4.5. Os dispositivos de acionamento bimanual devem ser posicionados a uma distância segura da zona de perigo, levando em consideração:

a) a forma, a disposição e o tempo de resposta do dispositivo de acionamento bimanual;

• Código: 312.343-0. Infração: 4. Tipo: S.

b) o tempo máximo necessário para a paralisação da máquina ou para a remoção do perigo, após o término do sinal de saída do dispositivo de acionamento bimanual; e

• Código: 312.343-0. Infração: 4. Tipo: S.

c) a utilização projetada para a máquina.

• Código: 312.343-0. Infração: 4. Tipo: S.

12.4.6. Os dispositivos de acionamento bimanual móveis instalados em pedestais devem:

a) manter-se estáveis em sua posição de trabalho; e

• Código: 312.344-8. Infração: 4. Tipo: S.

b) possuir altura compatível com o alcance do operador em sua posição de trabalho.

• Código: 312.344-8. Infração: 4. Tipo: S.

12.4.7. Nas máquinas e equipamentos cuja operação requeira a participação de mais de uma pessoa, o número de dispositivos de acionamento bimanual simultâneos deve corresponder ao número de operadores expostos aos perigos decorrentes de seu acionamento, de modo que o nível de proteção seja o mesmo para cada trabalhador.

• Código: 312.345-6. Infração: 4. Tipo: S.

12.4.7.1. Deve haver seletor do número de dispositivos de acionamento em utilização, com bloqueio que impeça a sua seleção por pessoas não autorizadas.

• Código: 312.346-4. Infração: 4. Tipo: S.

12.4.7.2. O circuito de acionamento deve ser projetado de modo a impedir o funcionamento dos dispositivos de acionamento bimanual habilitados pelo seletor enquanto os demais dispositivos de acionamento bimanuais não habilitados não forem desconectados.

• Código: 312.347-2. Infração: 4. Tipo: S.

12.4.7.3. Quando utilizados dois ou mais dispositivos de acionamento bimanual simultâneos, devem possuir sinal luminoso que indique seu funcionamento.

• Código: 312.348-0. Infração: 4. Tipo: S.

12.4.8. As máquinas ou equipamentos concebidos e fabricados para permitir a utilização de vários modos de comando ou de funcionamento que apresentem níveis de segurança diferentes devem possuir um seletor que atenda aos seguintes requisitos:

a) possibilidade de bloqueio em cada posição, impedindo a sua mudança por pessoas não autorizadas;

• Código: 312.349-9. Infração: 4. Tipo: S.

b) correspondência de cada posição a um único modo de comando ou de funcionamento;

• Código: 312.349-9. Infração: 4. Tipo: S.

c) modo de comando selecionado com prioridade sobre todos os outros sistemas de comando, com exceção da parada de emergência; e

• Código: 312.349-9. Infração: 4. Tipo: S.

d) a seleção deve ser visível, clara e facilmente identificável.

• Código: 312.349-9. Infração: 4. Tipo: S.

12.4.9. As máquinas e equipamentos, cujo acionamento por pessoas não autorizadas possam oferecer risco à saúde ou integridade física de qualquer pessoa, devem possuir sistema que possibilite o bloqueio de seus dispositivos de acionamento.

• Código: 312.350-2. Infração: 1. Tipo: S.

12.4.10. O acionamento e o desligamento simultâneo por um único comando de um conjunto de máquinas e equipamentos ou de máquinas e equipamentos de grande dimensão devem ser precedidos da emissão de sinal sonoro ou visual.

• Código: 312.351-0. Infração: 2. Tipo: S.

12.4.11. Devem ser adotadas, quando necessárias, medidas adicionais de alerta, como sinal visual e dispositivos de telecomunicação, considerando as características do processo produtivo e dos trabalhadores.

• Código: 312.352-9. Infração: 2. Tipo: S.

12.4.12. As máquinas e equipamentos comandados por radiofrequência devem possuir proteção contra interferências eletromagnéticas acidentais.

• Código: 312.353-7. Infração: 2. Tipo: S.

12.4.13. Os componentes de partida, parada, acionamento e controles que compõem a interface de operação das máquinas e equipamentos fabricados a partir de 24 de Março de 2012 devem:

a) possibilitar a instalação e funcionamento do sistema de parada de emergência, quando aplicável, conforme itens e subitens do capítulo sobre dispositivos de parada de emergência, desta NR; e

• Código: 312.354-5. Infração: 2. Tipo: S.

b) operar em extrabaixa tensão de até 25VCA (vinte e cinco volts em corrente alternada) ou de até 60VCC (sessenta volts em corrente contínua).

• Código: 312.354-5. Infração: 2. Tipo: S.

12.4.13.1. Os componentes de partida, parada, acionamento e controles que compõem a interface de operação das máquinas e equipamentos fabricados até 24 de março de 2012 devem:

a) possibilitar a instalação e funcionamento do sistema de parada de emergência, quando aplicável, conforme itens e subitens do capítulo dispositivos de parada de emergência, desta NR; e

• Código: 312.355-3. Infração: 2. Tipo: S.

b) quando a apreciação de risco indicar a necessidade de proteções contra choques elétricos, operar em extrabaixa tensão de até 25VCA (vinte e cinco volts em corrente alternada) ou de até 60VCC (sessenta volts em corrente contínua).

• Código: 312.355-3. Infração: 2. Tipo: S.

12.4.13.1.1. Poderá ser adotada outra medida de proteção contra choques elétricos, conforme normas técnicas oficiais vigentes em alternativa as alíneas "b" dos respectivos subitens 12.4.13 e 12.4.13.1 desta NR.

12.4.14. Se indicada pela apreciação de riscos a necessidade de redundância dos dispositivos responsáveis pela prevenção de partida inesperada ou pela função de parada relacionada à segurança, conforme a categoria de segurança requerida, o circuito elétrico da chave de partida de motores de máquinas e equipamentos deve:

a) possuir estrutura redundante;

• Código: 312.356-1. Infração: 2. Tipo: S.

b) permitir que as falhas que comprometem a função de segurança sejam monitoradas; e

• Código: 312.356-1. Infração: 2. Tipo: S.

c) ser adequadamente dimensionado de acordo com o estabelecido pelas normas técnicas oficiais ou pelas normas internacionais aplicáveis.

• Código: 312.356-1. Infração: 2. Tipo: S.

12.4.14.1. É permitida a parada controlada do motor, desde que não haja riscos decorrentes de sua parada não instantânea.

• Código: 312.357-0. Infração: 2. Tipo: S.

12.5. Sistemas de segurança.

12.5.1. As zonas de perigo das máquinas e equipamentos devem possuir sistemas de segurança, caracterizados por proteções fixas, proteções móveis e dispositivos de segurança interligados, que resguardem proteção à saúde e à integridade física dos trabalhadores.

• Código: 312.358-8. Infração: 4. Tipo: S.

12.5.1.1. Quando utilizadas proteções que restringem o acesso do corpo ou parte dele, devem ser observadas as distâncias mínimas conforme normas técnicas oficiais ou normas internacionais aplicáveis.

• Código: 312.359-6. Infração: 3. Tipo: S.

12.5.2. Os sistemas de segurança devem ser selecionados e instalados de modo a atender aos seguintes requisitos:

a) ter categoria de segurança conforme apreciação de riscos prevista nas normas técnicas oficiais;

• Código: 312.360-0. Infração: 3. Tipo: S.

b) estar sob a responsabilidade técnica de profissional legalmente habilitado;

• Código: 312.361-8. Infração: 3. Tipo: S.

c) possuir conformidade técnica com o sistema de comando a que são integrados;

• Código: 312.362-6. Infração: 3. Tipo: S.

d) instalação de modo que dificulte a sua burla;

• Código: 312.363-4. Infração: 3. Tipo: S.

e) manterem-se sob vigilância automática, ou seja, monitoramento, se indicado pela apreciação de risco, de acordo com a categoria de segurança requerida, exceto para dispositivos de segurança exclusivamente mecânicos; e

• Código: 312.364-2. Infração: 3. Tipo: S.

f) paralisação dos movimentos perigosos e demais riscos quando ocorrerem falhas ou situações anormais de trabalho.

• Código: 312.365-0. Infração: 3. Tipo: S.

12.5.2.1. A instalação de sistemas de segurança deve ser realizada por profissional legalmente habilitado ou profissional qualificado ou capacitado, quando autorizados pela empresa.

• Código: 312.366-9. Infração: 2. Tipo: S.

12.5.3. Os sistemas de segurança, se indicado pela apreciação de riscos, devem exigir rearme ("reset") manual.

• Código: 312.367-7. Infração: 2. Tipo: S.

12.5.3.1. Depois que um comando de parada tiver sido iniciado pelo sistema de segurança, a condição de parada deve ser mantida até que existam condições seguras para o rearme.

• Código: 312.367-7. Infração: 2. Tipo: S.

12.5.4. Para fins de aplicação desta NR, considera-se proteção o elemento especificamente utilizado para prover segurança por meio de barreira física, podendo ser:

a) proteção fixa, que deve ser mantida em sua posição de maneira permanente ou por meio de elementos de fixação que só permitam sua remoção ou abertura com o uso de ferramentas;

b) proteção móvel, que pode ser aberta sem o uso de ferramentas, geralmente ligada por elementos mecânicos à estrutura da máquina ou a um elemento fixo próximo, e deve se associar a dispositivos de intertravamento.

12.5.5. Os componentes relacionados aos sistemas de segurança e comandos de acionamento e parada das máquinas, inclusive de emergência, devem garantir a manutenção do estado seguro da máquina ou equipamento quando ocorrerem flutuações no nível de energia além dos limites considerados no projeto, incluindo o corte e restabelecimento do fornecimento de energia.

• Código: 312.368-5. Infração: 2. Tipo: S.

12.5.6. A proteção deve ser móvel quando o acesso a uma zona de perigo for requerido mais de uma vez por turno de trabalho, observando-se que:

• Código: 312.369-3. Infração: 2. Tipo: S.

a) a proteção deve ser associada a um dispositivo de intertravamento quando sua abertura não possibilitar o acesso à zona de perigo antes da eliminação do risco; e

• Código: 312.370-7. Infração: 2. Tipo: S.

b) a proteção deve ser associada a um dispositivo de intertravamento com bloqueio quando sua abertura possibilitar o acesso à zona de perigo antes da eliminação do risco.

• Código: 312.371-5. Infração: 2. Tipo: S.

12.5.6.1. É permitida a ligação em série, na mesma interface de segurança, de dispositivos de intertravamento de diferentes proteções móveis, desde que observado o disposto na ISO/TR 24.119.

• Código: 312.372-3. Infração: 2. Tipo: S.

12.5.7. As máquinas e equipamentos dotados de proteções móveis associadas a dispositivos de intertravamento devem:

a) operar somente quando as proteções estiverem fechadas;

• Código: 312.373-1. Infração: 2. Tipo: S.

b) paralisar suas funções perigosas quando as proteções forem abertas durante a operação; e

• Código: 312.373-1. Infração: 2. Tipo: S.

c) garantir que o fechamento das proteções por si só não possa dar início às funções perigosas.

• Código: 312.373-1. Infração: 2. Tipo: S.

12.5.7.1. A utilização de proteções intertravadas com comando de partida, como exceção ao previsto na alínea "c" do subitem 12.5.7, deve ser limitada e aplicada conforme as exigências específicas previstas em normas técnicas oficiais.

• Código: 312.374-0. Infração: 2. Tipo: S.

12.5.8. Os dispositivos de intertravamento com bloqueio associados às proteções móveis das máquinas e equipamentos devem:

a) permitir a operação somente enquanto a proteção estiver fechada e bloqueada;

• Código: 312.375-8. Infração: 2. Tipo: S.

b) manter a proteção fechada e bloqueada até que tenha sido eliminado o risco de lesão devido às funções perigosas da máquina ou do equipamento; e

• Código: 312.375-8. Infração: 2. Tipo: S.

c) garantir que o fechamento e bloqueio da proteção por si só não possa dar início às funções perigosas da máquina ou do equipamento.

• Código: 312.375-8. Infração: 2. Tipo: S.

12.5.8.1. A utilização de proteções intertravadas com comando de partida, como exceção ao previsto na alínea "c" do subitem 12.5.8, deve ser limitada e aplicada conforme as exigências específicas previstas em normas técnicas oficiais.

• Código: 312.376-6. Infração: 2. Tipo: S.

12.5.9. As transmissões de força e os componentes móveis a elas interligados, acessíveis ou expostos, desde que ofereçam risco, devem possuir proteções fixas, ou móveis com dispositivos de intertravamento, que impeçam o acesso por todos os lados.

• Código: 312.377-4. Infração: 2. Tipo: S.

12.5.9.1. Quando utilizadas proteções móveis para o enclausuramento de transmissões de força que possuam inércia, devem ser utilizados dispositivos de intertravamento com bloqueio.

• Código: 312.377-4. Infração: 2. Tipo: S.

12.5.9.2. O eixo cardã deve possuir proteção adequada, em toda a sua extensão, fixada na tomada de força da máquina, desde a cruzeta até o acoplamento do implemento ou equipamento.

• Código: 312.378-2. Infração: 4. Tipo: S.

12.5.10. As máquinas e equipamentos que ofereçam risco de ruptura de suas partes, projeção de materiais, partículas ou substâncias, devem possuir proteções que garantam a segurança e a saúde dos trabalhadores.

• Código: 312.379-0. Infração: 4. Tipo: S.

12.5.11. As proteções devem ser projetadas e construídas de modo a atender aos seguintes requisitos de segurança:

a) cumprir suas funções apropriadamente durante a vida útil da máquina ou possibilitar a reposição de partes deterioradas ou danificadas;

• Código: 312.380-4. Infração: 1. Tipo: S.

b) ser constituídas de materiais resistentes e adequados à contenção de projeção de peças, materiais e partículas;

• Código: 312.380-4. Infração: 1. Tipo: S.

c) fixação firme e garantia de estabilidade e resistência mecânica compatíveis com os esforços requeridos;

• Código: 312.380-4. Infração: 1. Tipo: S.

d) não criar pontos de esmagamento ou agarramento com partes da máquina ou com outras proteções;

• Código: 312.380-4. Infração: 1. Tipo: S.

e) não possuir extremidades e arestas cortantes ou outras saliências perigosas;

• Código: 312.380-4. Infração: 1. Tipo: S.

f) resistir às condições ambientais do local onde estão instaladas;

• Código: 312.380-4. Infração: 1. Tipo: S.

g) dificulte-se a burla;

• Código: 312.380-4. Infração: 1. Tipo: S.

h) proporcionar condições de higiene e limpeza;

• Código: 312.380-4. Infração: 1. Tipo: S.

i) impedir o acesso à zona de perigo;

• Código: 312.380-4. Infração: 1. Tipo: S.

j) ter seus dispositivos de intertravamento protegidos adequadamente contra sujidade, poeiras e corrosão, se necessário;

• Código: 312.380-4. Infração: 1. Tipo: S.

k) ter ação positiva, ou seja, atuação de modo positivo; e

• Código: 312.380-4. Infração: 1. Tipo: S.

l) não acarretar riscos adicionais.

• Código: 312.380-4. Infração: 1. Tipo: S.

12.5.12. Quando a proteção for confeccionada com material descontínuo, devem ser observadas as distâncias de segurança para impedir o acesso às zonas de perigo, conforme previsto nas normas técnicas oficiais ou nas normas internacionais aplicáveis.

• Código: 312.381-2. Infração: 4. Tipo: S.

12.5.13. Sempre que forem utilizados sistemas de segurança, inclusive proteções distantes, com possibilidade de alguma pessoa ficar na zona de perigo, deve ser adotada uma das seguintes medidas adicionais de proteção coletiva para impedir a partida da máquina enquanto houver pessoas nessa zona:

• Código: 312.382-0. Infração: 2. Tipo: S.

a) sensoriamento da presença de pessoas;

b) proteções móveis ou sensores de segurança na entrada ou acesso à zona de perigo, associadas a rearme ("reset") manual.

12.5.13.1. A localização dos atuadores de rearme ("reset") manual deve permitir uma visão completa da zona protegida pelo sistema.

• Código: 312.382-0. Infração: 2. Tipo: S.

12.5.13.2. Quando não for possível o cumprimento da exigência do subitem 12.5.13.1, deve ser adotado o sensoriamento da presença de pessoas nas zonas de perigo com a visualização obstruída, ou a adoção de sistema que exija a ida à zona de perigo não visualizada, como, por exemplo, duplo rearme ("reset").

• Código: 312.382-0. Infração: 2. Tipo: S.

12.5.13.3. Deve haver dispositivos de parada de emergência localizados no interior da zona protegida pelo sistema, bem como meios de liberar pessoas presas dentro dela.

12.5.14. As proteções também utilizadas como meio de acesso por exigência das características da máquina ou do equipamento devem atender aos requisitos de resistência e segurança adequados a ambas as finalidades.

• Código: 312.383-9. Infração: 3. Tipo: S.

12.5.15. Deve haver proteção no fundo dos degraus da escada, ou seja, nos espelhos, sempre que uma parte saliente do pé ou da mão possa contatar uma zona perigosa.

• Código: 312.384-7. Infração: 3. Tipo: S.

12.5.16. As proteções, dispositivos e sistemas de segurança são partes integrantes das máquinas e equipamentos e não podem ser considerados itens opcionais para qualquer fim.

• Código: 312.385-5. Infração: 3. Tipo: S.

12.5.17. Em função do risco, poderá ser exigido projeto, diagrama ou representação esquemática dos sistemas de segurança de máquinas, com respectivas especificações técnicas em língua portuguesa, elaborado por profissional legalmente habilitado.

• Código: 312.386-3. Infração: 3. Tipo: S.

12.6. Dispositivos de parada de emergência.

12.6.1. As máquinas devem ser equipadas com um ou mais dispositivos de parada de emergência, por meio dos quais possam ser evitadas situações de perigo latentes e existentes.

• Código: 312.387-1. Infração: 3. Tipo: S.

12.6.1.1. Os dispositivos de parada de emergência não devem ser utilizados como dispositivos de partida ou de acionamento.

• Código: 312.388-0. Infração: 2. Tipo: S.

12.6.1.2. Excetuam-se da obrigação do subitem 12.6.1:

a) as máquinas autopropelidas;

b) as máquinas e equipamentos nas quais o dispositivo de parada de emergência não possibilita a redução do risco.

12.6.2. Os dispositivos de parada de emergência devem ser posicionados em locais de fácil acesso e visualização pelos operadores em seus postos de trabalho e por outras pessoas, e mantidos permanentemente desobstruídos.

• Código: 312.389-8. Infração: 4. Tipo: S.

12.6.3. Os dispositivos de parada de emergência devem:

a) ser selecionados, montados e interconectados de forma a suportar as condições de operação previstas, bem como as influências do meio;

• Código: 312.390-1. Infração: 4. Tipo: S.

b) ser usados como medida auxiliar, não podendo ser alternativa a medidas adequadas de proteção ou a sistemas automáticos de segurança;

• Código: 312.390-1. Infração: 4. Tipo: S.

• Código: 312.391-0. Infração: 4. Tipo: S.

c) possuir acionadores projetados para fácil atuação do operador ou outros que possam necessitar da sua utilização;

• Código: 312.390-1. Infração: 4. Tipo: S.

• Código: 312.392-8. Infração: 4. Tipo: S.

d) prevalecer sobre todos os outros comandos;

• Código: 312.390-1. Infração: 4. Tipo: S.

• Código: 312.393-6. Infração: 4. Tipo: S.

e) provocar a parada da operação ou processo perigoso em período de tempo tão reduzido quanto tecnicamente possível, sem provocar riscos suplementares; e

• Código: 312.390-1. Infração: 4. Tipo: S.

• Código: 312.394-4. Infração: 4. Tipo: S.

f) ter sua função disponível e operacional a qualquer tempo, independentemente do modo de operação;

• Código: 312.390-1. Infração: 4. Tipo: S.

• Código: 312.395-2. Infração: 4. Tipo: S.

12.6.4. A função parada de emergência não deve:

• Código: 312.396-0. Infração: 3. Tipo: S.

a) prejudicar a eficiência de sistemas de segurança ou dispositivos com funções relacionadas com a segurança;

b) prejudicar qualquer meio projetado para resgatar pessoas acidentadas; e

c) gerar risco adicional.

12.6.5. O acionamento do dispositivo de parada de emergência deve também resultar na retenção do acionador, de tal forma que, quando a ação no acionador for descontinuada, este se mantenha retido até que seja desacionado.

• Código: 312.397-9. Infração: 4. Tipo: S.

12.6.5.1. O desacionamento deve ser possível apenas como resultado de uma ação manual intencionada sobre o acionador, por meio de manobra apropriada.

• Código: 312.397-9. Infração: 4. Tipo: S.

12.6.6. Quando usados acionadores do tipo cabo, deve-se:

a) utilizar chaves de parada de emergência que trabalhem tracionadas, de modo a cessarem automaticamente as funções perigosas da máquina em caso de ruptura ou afrouxamento dos cabos;

• Código: 312.398-7. Infração: 3. Tipo: S.

b) considerar o deslocamento e a força aplicada nos acionadores, necessários para a atuação das chaves de parada de emergência; e

• Código: 312.398-7. Infração: 3. Tipo: S.

c) obedecer à distância máxima entre as chaves de parada de emergência recomendada pelo fabricante.

• Código: 312.398-7. Infração: 3. Tipo: S.

12.6.7. As chaves de parada de emergência devem ser localizadas de tal forma que todo o cabo de acionamento seja visível a partir da posição de desacionamento da parada de emergência.

• Código: 312.401-0. Infração: 3. Tipo: S.

12.6.7.1. Se não for possível o cumprimento da exigência do subitem 12.6.7, deve-se garantir que, após a atuação e antes do desacionamento, a máquina ou equipamento seja inspecionado em toda a extensão do cabo.

• Código: 312.401-0. Infração: 3. Tipo: S.

12.6.8. A parada de emergência deve exigir rearme ou reset manual a ser realizado somente após a correção do evento que motivou o acionamento da parada de emergência.

• Código: 312.402-9. Infração: 3. Tipo: S.

12.6.8.1. A localização dos acionadores de rearme deve permitir uma visualização completa da área protegida pelo cabo.

• Código: 312.402-9. Infração: 3. Tipo: S.

12.7. Componentes pressurizados.

12.7.1. Devem ser adotadas medidas adicionais de proteção das mangueiras, tubulações e demais componentes pressurizados sujeitos a eventuais impactos mecânicos e outros agentes agressivos, quando houver risco.

• Código: 312.403-7. Infração: 2. Tipo: S.

12.7.2. As mangueiras, tubulações e demais componentes pressurizados devem ser localizados ou protegidos de tal forma que uma situação de ruptura destes componentes e vazamentos de fluidos não possa ocasionar acidentes de trabalho.

• Código: 312.404-5. Infração: 4. Tipo: S.

12.7.3. As mangueiras utilizadas nos sistemas pressurizados devem possuir indicação da pressão máxima de trabalho admissível especificada pelo fabricante.

• Código: 312.405-3. Infração: 4. Tipo: S.

12.7.4. Os sistemas pressurizados das máquinas devem possuir meios ou dispositivos destinados a garantir que:

a) a pressão máxima de trabalho admissível nos circuitos não possa ser excedida; e

• Código: 312.406-1. Infração: 4. Tipo: S.

b) quedas de pressão progressivas ou bruscas e perdas de vácuo não possam gerar perigo.

• Código: 312.406-1. Infração: 4. Tipo: S.

12.7.5. Quando as fontes de energia da máquina forem isoladas, a pressão residual dos reservatórios e de depósitos similares, como os acumuladores hidropneumáticos, não pode gerar risco de acidentes.

• Código: 312.408-8. Infração: 4. Tipo: S.

12.7.6. Os recipientes contendo gases comprimidos utilizados em máquinas e equipamentos devem permanecer em perfeito estado de conservação e funcionamento e ser armazenados em depósitos bem ventilados, protegidos contra quedas, calor e impactos acidentais.

• Código: 312.409-6. Infração: 4. Tipo: S.

12.7.7. Nas atividades de montagem e desmontagem de pneumáticos das rodas das máquinas e equipamentos não estacionários, que ofereçam riscos de acidentes, devem ser observadas as seguintes condições:

a) os pneumáticos devem ser completamente despressurizados, removendo o núcleo da válvula de calibragem antes da desmontagem e de qualquer intervenção que possa acarretar acidentes; e

• Código: 312.410-0. Infração: 4. Tipo: S.

b) o enchimento de pneumáticos só poderá ser executado dentro de dispositivo de clausura ou gaiola adequadamente dimensionada, até que seja alcançada uma pressão suficiente para forçar o talão sobre o aro e criar uma vedação pneumática.

• Código: 312.410-0. Infração: 4. Tipo: S.

12.7.8. Para fins de aplicação desta NR, consideram-se seguras, não suficientes para provocar danos à integridade física dos trabalhadores, a limitação da força das partes móveis até 150 N (cento e cinquenta Newtons), da pressão de contato até 50 N/cm^2 (cinquenta Newtons por centímetro quadrado) e da energia até 10 J (dez Joules), exceto nos casos em que haja previsão de outros valores em normas técnicas oficiais específicas.

12.7.8.1. Em sistemas pneumáticos e hidráulicos que utilizam dois ou mais estágios com diferentes pressões como medida de proteção, a força exercida no percurso inicial ou circuito de segurança – aproximação –, a pressão de contato e a energia devem respeitar os limites estabelecidos no subitem 12.7.8, exceto nos casos em que haja previsão de outros valores em normas técnicas oficiais específicas.

• Código: 312.411-8. Infração: 4. Tipo: S.

12.8. Transportadores de materiais.

12.8.1. Os movimentos perigosos dos transportadores contínuos de materiais, acessíveis durante a operação normal, devem ser protegidos, especialmente nos pontos de esmagamento, agarramento e aprisionamento.

• Código: 312.412-6. Infração: 3. Tipo: S.

12.8.1.1. Os transportadores contínuos de correia cuja altura da borda da correia que transporta a carga esteja superior a 2,70 m (dois metros e setenta centímetros) do piso estão dispensados da observância do subitem 12.8.1, desde que não haja circulação nem permanência de pessoas nas zonas de perigo.

• Código: 312.413-4. Infração: 3. Tipo: S.

12.8.1.2. Os transportadores contínuos de correia em que haja proteção fixa distante, associada a proteção móvel intertravada que restrinja o acesso a pessoal especializado para a realização de inspeções, manutenções e outras intervenções necessárias, estão dispensados da observância do subitem 12.8.1, desde que atendido o disposto no subitem 12.5.13.

• Código: 312.414-2. Infração: 3. Tipo: S.

12.8.2. Os transportadores contínuos de correia, cuja altura da borda da correia que transporta a carga esteja superior a 2,70 m (dois metros e setenta centímetros) do piso, devem possuir, em toda a sua extensão, passarelas em ambos os lados, atendidos os requisitos do item 3 do Anexo III desta NR.

• Código: 312.415-0. Infração: 3. Tipo: S.

12.8.2.1. Os transportadores cuja correia tenha largura de até 762 mm (setecentos e sessenta e dois milímetros) ou 30 (trinta) polegadas podem possuir passarela em apenas um dos lados, devendo-se adotar o uso de plataformas móveis ou elevatórias para quaisquer intervenções e inspeções.

• Código: 312.416-9. Infração: 3. Tipo: S.

12.8.2.2. Os transportadores móveis articulados em que haja possibilidade de realização de quaisquer intervenções e inspeções a partir do solo ficam dispensados da exigência do subitem 12.8.2.

12.8.2.3. Ficam dispensados da obrigatoriedade do cumprimento dos subitens 12.8.2 e 12.8.2.1 os transportadores contínuos de correia cuja manutenção e/ou inspeção seja realizada por meio de plataformas móveis ou elevatórias, atendidos os requisitos do item 4 do Anexo III desta NR.

12.8.3. Os transportadores de materiais somente devem ser utilizados para o tipo e capacidade de carga para os quais foram projetados.

• Código: 312.417-7. Infração: 3. Tipo: S.

12.8.4. Os cabos de aço, correntes, eslingas, ganchos e outros elementos de suspensão ou tração e suas conexões devem ser adequados ao tipo de material e dimensionados para suportar os esforços solicitantes.

• Código: 312.418-5. Infração: 3. Tipo: S.

12.8.5. Nos transportadores contínuos de materiais que necessitem de parada durante o processo é proibida a reversão de movimento para esta finalidade.

• Código: 312.419-3. Infração: 4. Tipo: S.

12.8.6. É proibida a permanência e a circulação de pessoas sobre partes em movimento, ou que possam ficar em movimento, dos transportadores de materiais, quando não projetadas para essas finalidades.

• Código: 312.420-7. Infração: 4. Tipo: S.

12.8.6.1. Nas situações em que haja inviabilidade técnica do cumprimento do disposto no subitem 12.8.6, devem ser adotadas medidas que garantam a paralisação e o bloqueio dos movimentos de risco, conforme o disposto nos subitens 12.11.3 e 12.11.3.1.

• Código: 312.420-7. Infração: 4. Tipo: S.

12.8.6.2. A permanência e a circulação de pessoas sobre os transportadores contínuos devem ser realizadas por meio de passarelas com sistema de proteção contra quedas, conforme item 7 do Anexo III desta NR.

12.8.7. Os transportadores contínuos acessíveis aos trabalhadores devem dispor, ao longo de sua extensão, de dispositivos de parada de emergência, de modo que possam ser acionados em todas as posições de trabalho.

• Código: 312.421-5. Infração: 3. Tipo: S.

12.8.7.1. Os transportadores contínuos acessíveis aos trabalhadores ficam dispensados do cumprimento da exigência do subitem 12.8.7 se a análise de risco assim indicar.

12.8.8. Nos transportadores contínuos de correia cujo desalinhamento anormal da correia ou sobrecarga de materiais ofereçam riscos de acidentes, devem existir dispositivos que garantam a segurança em caso de falha durante sua operação normal e interrompam seu funcionamento quando forem ultrapassados os limites de segurança, conforme especificado em projeto.

• Código: 312.422-3. Infração: 3. Tipo: S.

12.8.9. Durante o transporte de materiais suspensos, devem ser adotadas medidas de segurança visando a garantir que não haja pessoas sob a carga.

• Código: 312.423-1. Infração: 3. Tipo: S.

12.8.9.1. As medidas de segurança previstas no subitem 12.8.9 devem priorizar a existência de áreas exclusivas para a circulação de cargas suspensas devidamente delimitadas e sinalizadas.

• Código: 312.423-1. Infração: 3. Tipo: S.

12.8.9.2. É permitida a permanência e a circulação de pessoas sob os transportadores contínuos somente em locais protegidos que ofereçam resistência e dimensões adequadas contra quedas de materiais.

12.8.9.2.1. No transporte de materiais por meio de teleférico dentro da unidade fabril, é permitida a circulação de pessoas, devendo ser adotadas medidas de segurança que garantam a não permanência de trabalhadores sob a carga.

• Código: 312.424-0. Infração: 3. Tipo: S.

12.8.9.3. No transporte de materiais por meio de teleférico em área que não seja de propriedade ou domínio da empresa, fica dispensada a obrigação dos subitens 12.8.9, 12.8.9.1 e 12.8.9.2, desde que garantida a sinalização de advertência e sem prejuízo da observância do disposto nas legislações pertinentes nas esferas federal, estadual e municipal.

• Código: 312.425-8. Infração: 3. Tipo: S.

12.9. Aspectos ergonômicos.

12.9.1. Para o trabalho em máquinas e equipamentos devem ser respeitadas as disposições contidas na Norma Regulamentadora n. 17 – Ergonomia.

• Código: 312.426-6. Infração: 3. Tipo: S.

12.9.2. Com relação aos aspectos ergonômicos, as máquinas e equipamentos nacionais ou importadas fabricadas a partir da vigência deste item devem ser projetadas e construídas de modo a atender às disposições das normas técnicas oficiais ou normas técnicas internacionais aplicáveis.

• Código: 312.427-4. Infração: 3. Tipo: S.

12.10. Riscos adicionais.

12.10.1. Para fins de aplicação desta NR, devem ser considerados os seguintes riscos adicionais:

a) substâncias perigosas quaisquer, sejam agentes biológicos ou agentes químicos em estado sólido, líquido ou gasoso, que apresentem riscos à saúde ou integridade física dos trabalhadores por meio de inalação, ingestão ou contato com a pele, olhos ou mucosas;

b) radiações ionizantes geradas pelas máquinas e equipamentos ou provenientes de substâncias radiativas por eles utilizadas, processadas ou produzidas;

c) radiações não ionizantes com potencial de causar danos à saúde ou integridade física dos trabalhadores;

d) vibrações;

e) ruído;

f) calor;

g) combustíveis, inflamáveis, explosivos e substâncias que reagem perigosamente; e

h) superfícies aquecidas acessíveis que apresentem risco de queimaduras causadas pelo contato com a pele.

12.10.2. Devem ser adotadas medidas de controle dos riscos adicionais provenientes da emissão ou liberação de agentes químicos, físicos e biológicos pelas máquinas e equipamentos, com prioridade à sua eliminação, redução de sua emissão ou liberação e redução da exposição dos trabalhadores, conforme Norma Regulamentadora n. 9 – Programa de Prevenção de Riscos Ambientais – PPRA.

• Código: 312.428-2. Infração: 3. Tipo: S.

12.10.3. As máquinas e equipamentos que utilizem, processem ou produzam combustíveis, inflamáveis, explosivos ou substâncias que reagem perigosamente devem oferecer medidas de proteção contra sua emissão, liberação, combustão, explosão e reação acidentais, bem como a ocorrência de incêndio.

• Código: 312.429-0. Infração: 3. Tipo: S.

12.10.4. Devem ser adotadas medidas de proteção contra queimaduras causadas pelo contato da pele com superfícies aquecidas de máquinas e equipamentos, tais como a redução da temperatura superficial, isolação com materiais apropriados e barreiras, sempre que a temperatura da superfície for maior do que o limiar de queimaduras do material do qual é constituída, para um determinado período de contato.

• Código: 312.430-4. Infração: 3. Tipo: S.

12.11. Manutenção, inspeção, preparação, ajuste, reparo e limpeza.

12.11.1. As máquinas e equipamentos devem ser submetidos a manutenções na forma e periodicidade determinada pelo fabricante, por profissional legalmente habilitado ou por profissional qualificado, conforme as normas técnicas oficiais ou normas técnicas internacionais aplicáveis.

• Código: 312.431-2. Infração: 4. Tipo: S.

12.11.2. As manutenções devem ser registradas em livro próprio, ficha ou sistema informatizado interno da empresa, com os seguintes dados:

a) intervenções realizadas;

• Código: 312.432-0. Infração: 3. Tipo: S.

b) data da realização de cada intervenção;

• Código: 312.432-0. Infração: 3. Tipo: S.

c) serviço realizado;

• Código: 312.432-0. Infração: 3. Tipo: S.

d) peças reparadas ou substituídas;

• Código: 312.432-0. Infração: 3. Tipo: S.

e) condições de segurança do equipamento;

• Código: 312.432-0. Infração: 3. Tipo: S.

f) indicação conclusiva quanto às condições de segurança da máquina; e

• Código: 312.432-0. Infração: 3. Tipo: S.

g) nome do responsável pela execução das intervenções.

• Código: 312.432-0. Infração: 3. Tipo: S.

12.11.2.1. O registro das manutenções deve ficar disponível aos trabalhadores envolvidos na operação, manutenção e reparos, bem como à Comissão Interna de Prevenção de Acidentes – CIPA, ao Serviço de Segurança e Medicina do Trabalho – SESMT e à Auditoria Fiscal do Trabalho.

• Código: 312.432-0. Infração: 3. Tipo: S.

12.11.2.2. As manutenções de itens que influenciem na segurança devem:

a) no caso de preventivas, possuir cronograma de execução;

• Código: 312.434-7. Infração: 4. Tipo: S.

b) no caso de preditivas, possuir descrição das técnicas de análise e meios de supervisão centralizados ou de amostragem.

• Código: 312.434-7. Infração: 4. Tipo: S.

12.11.3. A manutenção, inspeção, reparos, limpeza, ajuste e outras intervenções que se fizerem necessárias devem ser executadas por profissionais capacitados, qualificados ou legalmente habilitados, formalmente autorizados pelo empregador, com as máquinas e equipamentos parados e adoção dos seguintes procedimentos:

• Código: 312.436-3. Infração: 1. Tipo: S.

a) isolamento e descarga de todas as fontes de energia das máquinas e equipamentos, de modo visível ou facilmente identificável por meio dos dispositivos de comando;

• Código: 312.437-1. Infração: 4. Tipo: S.

b) bloqueio mecânico e elétrico na posição "desligado" ou "fechado" de todos os dispositivos de corte de fontes de energia, a fim de impedir a reenergização, e sinalização com cartão ou etiqueta de bloqueio contendo o horário e a data do bloqueio, o motivo da manutenção e o nome do responsável;

• Código: 312.438-0. Infração: 4. Tipo: S.

c) medidas que garantam que à jusante dos pontos de corte de energia não exista possibilidade de gerar risco de acidentes;

• Código: 312.439-8. Infração: 3. Tipo: S.

d) medidas adicionais de segurança, quando for realizada manutenção, inspeção e reparos de máquinas ou equipamentos sustentadas somente por sistemas hidráulicos e pneumáticos; e

• Código: 312.440-1. Infração: 3. Tipo: S.

e) sistemas de retenção com trava mecânica, para evitar o movimento de retorno acidental de partes basculadas ou articuladas abertas das máquinas e equipamentos.

• Código: 312.441-0. Infração: 3. Tipo: S.

12.11.3.1. Para situações especiais de manutenção, regulagem, ajuste, limpeza, pesquisa de defeitos e inconformidades, em que não seja possível o cumprimento das condições estabelecidas no subitem 12.11.3, e em outras situações que impliquem a redução do nível de segurança das máquinas e equipamentos e houver necessidade de acesso às zonas de perigo, deve ser possível selecionar um modo de operação que:

a) torne inoperante o modo de comando automático;

• Código: 312.442-8. Infração: 3. Tipo: S.

b) permita a realização dos serviços com o uso de dispositivo de acionamento de ação continuada associado à redução da velocidade, ou dispositivos de comando por movimento limitado;

• Código: 312.443-6. Infração: 3. Tipo: S.

c) impeça a mudança por trabalhadores não autorizados;

• Código: 312.444-4. Infração: 3. Tipo: S.

d) a seleção corresponda a um único modo de comando ou de funcionamento;

• Código: 312.445-2. Infração: 3. Tipo: S.

e) quando selecionado, tenha prioridade sobre todos os outros sistemas de comando, com exceção da parada de emergência; e

• Código: 312.446-0. Infração: 3. Tipo: S.

f) torne a seleção visível, clara e facilmente identificável.

• Código: 312.447-9. Infração: 3. Tipo: S.

12.11.3.2. Ficam dispensadas do atendimento dos subitens 12.11.3 e 12.11.3.1, as situações especiais de manutenção, regulagem, ajuste, pesquisa de defeitos e inconformidades que não ofereçam riscos às pessoas envolvidas na realização destas atividades, que não impliquem na redução do nível de segurança e que não necessitem de acesso às zonas de perigo, desde que executadas sob supervisão do empregador ou pessoa por ele designada.

• Código: 312.448-7. Infração: 3. Tipo: S.

12.11.3.3. Na impossibilidade técnica da aplicação das medidas dos subitens 12.11.3 e 12.11.3.1, em função de inércia térmica do processo, podem ser adotadas outras medidas de segurança, desde que sejam planejadas e gerenciadas por profissional legalmente habilitado e resguardem a segurança e a saúde dos trabalhadores.

• Código: 312.449-5. Infração: 3. Tipo: S.

12.11.4. A manutenção de máquinas e equipamentos contemplará, quando indicado pelo fabricante, dentre outros itens, a realização de Ensaios Não Destrutivos – ENDs, nas estruturas e componentes submetidos a solicitações de força e cuja ruptura ou desgaste possa ocasionar acidentes.

12.11.4.1. Os ENDs, quando realizados, devem atender às normas técnicas oficiais ou normas técnicas internacionais aplicáveis.

• Código: 312.450-9. Infração: 3. Tipo: S.

12.11.5. Nas manutenções das máquinas e equipamentos, sempre que detectado qualquer defeito em peça ou componente que comprometa a segurança, deve ser providenciada sua reparação ou substituição imediata por outra peça ou componente original ou equivalente, de modo a garantir as mesmas características e condições seguras de uso.

• Código: 312.451-7. Infração: 3. Tipo: S.

12.12. Sinalização.

12.12.1. As máquinas e equipamentos, bem como as instalações em que se encontram, devem possuir sinalização de segurança para advertir os trabalhadores e terceiros sobre os riscos a que estão expostos, as instruções de operação e manutenção e outras informações necessárias para garantir a integridade física e a saúde dos trabalhadores.

• Código: 312.452-5. Infração: 3. Tipo: S.

12.12.1.1. A sinalização de segurança compreende a utilização de cores, símbolos, inscrições, sinais luminosos ou sonoros, entre outras formas de comunicação de mesma eficácia.

12.12.1.2. A sinalização, inclusive cores, das máquinas e equipamentos utilizados nos setores alimentícios, médico e farmacêutico deve respeitar a legislação sanitária vigente, sem prejuízo da segurança e saúde dos trabalhadores ou terceiros.

• Código: 312.453-3. Infração: 3. Tipo: S.

12.12.1.3. A sinalização de segurança deve ser adotada em todas as fases de utilização e vida útil das máquinas e equipamentos.

• Código: 312.454-1. Infração: 3. Tipo: S.

12.12.2. A sinalização de segurança deve:

a) ficar destacada na máquina ou equipamento;

• Código: 312.455-0. Infração: 2. Tipo: S.

b) ficar em localização claramente visível; e

• Código: 312.455-0. Infração: 2. Tipo: S.

c) ser de fácil compreensão.

• Código: 312.455-0. Infração: 2. Tipo: S.

12.12.3. Os símbolos, inscrições e sinais luminosos e sonoros devem seguir os padrões estabelecidos pelas normas técnicas oficiais ou pelas normas técnicas internacionais aplicáveis.

• Código: 312.456-8. Infração: 2. Tipo: S.

12.2.4. As inscrições das máquinas e equipamentos devem:

• Código: 312.457-6. Infração: 2. Tipo: S.

a) ser escritas na língua portuguesa (Brasil); e

b) ser legíveis.

12.12.4.1. As inscrições devem indicar claramente o risco e a parte da máquina ou equipamento a que se referem, e não deve ser utilizada somente a inscrição de "perigo".

• Código: 312.457-6. Infração: 2. Tipo: S.

12.12.5. As inscrições e símbolos devem ser utilizados nas máquinas e equipamentos para indicar as suas especificações e limitações técnicas fundamentais à segurança.

• Código: 312.458-4. Infração: 2. Tipo: S.

12.12.6. Devem ser adotados, sempre que necessário, sinais ativos de aviso ou de alerta, tais como sinais luminosos e sonoros intermitentes, que indiquem a iminência ou a ocorrência de um evento perigoso, como a partida, a parada ou a velocidade excessiva de uma máquina ou equipamento, de modo que:

a) não sejam ambíguos; e

• Código: 312.459-2. Infração: 2. Tipo: S.

b) possam ser inequivocamente reconhecidos pelos trabalhadores.

• Código: 312.459-2. Infração: 2. Tipo: S.

12.12.7. As máquinas e equipamentos fabricados a partir de 24. de dezembro de 2011 devem possuir em local visível as seguintes informações indeléveis:

a) razão social, CNPJ e endereço do fabricante ou importador;

• Código: 312.460-6. Infração: 2. Tipo: S.

b) informação sobre tipo, modelo e capacidade;

• Código: 312.460-6. Infração: 2. Tipo: S.

c) número de série ou identificação, e ano de fabricação;

• Código: 312.460-6. Infração: 2. Tipo: S.

d) número de registro do fabricante/importador ou do profissional legalmente habilitado no Conselho Regional de Engenharia e Agronomia – CREA; e

• Código: 312.460-6. Infração: 2. Tipo: S.

e) peso da máquina ou equipamento.

• Código: 312.460-6. Infração: 2. Tipo: S.

12.12.7.1. As máquinas e equipamentos fabricados antes de 24 de dezembro de 2011 devem possuir em local visível as seguintes informações:

a) informação sobre tipo, modelo e capacidade;

• Código: 312.461-4. Infração: 3. Tipo: S.

b) número de série ou, quando inexistente, identificação atribuída pela empresa.

• Código: 312.461-4. Infração: 3. Tipo: S.

12.12.8. Para advertir os trabalhadores sobre os possíveis perigos, devem ser instalados dispositivos indicadores, se necessária a leitura qualitativa ou quantitativa para o controle de segurança.

• Código: 312.462-2. Infração: 3. Tipo: S.

12.12.8.1. Os indicadores devem ser de fácil leitura e distinguíveis uns dos outros.

• Código: 312.462-2. Infração: 3. Tipo: S.

12.13. Manuais.

12.13.1. As máquinas e equipamentos devem possuir manual de instruções fornecido pelo fabricante ou importador, com informações relativas à segurança em todas as fases de utilização.

• Código: 312.463-0. Infração: 2. Tipo: S.

12.12.2. Os manuais devem:

a) ser escritos na língua portuguesa (Brasil), com caracteres de tipo e tamanho que possibilitem a melhor legibilidade possível, acompanhado das ilustrações explicativas;

• Código: 312.463-0. Infração: 2. Tipo: S.

b) ser objetivos, claros, sem ambiguidades e em linguagem de fácil compreensão;

• Código: 312.463-0. Infração: 2. Tipo: S.

c) ter sinais ou avisos referentes à segurança realçados; e

• Código: 312.463-0. Infração: 2. Tipo: S.

d) permanecer disponíveis a todos os usuários nos locais de trabalho.

• Código: 312.463-0. Infração: 2. Tipo: S.

12.13.3. Os manuais de máquinas e equipamentos, nacionais ou importados, fabricadas a partir da vigência deste item, devem seguir as normas técnicas oficiais ou internacionais aplicáveis.

• Código: 312.463-0. Infração: 2. Tipo: S.

12.13.4. Os manuais das máquinas e equipamentos fabricados ou importados entre 24 de junho de 2012 e a data de entrada em vigor deste item devem conter, no mínimo, as seguintes informações:

a) razão social, CNPJ e endereço do fabricante ou importador;

• Código: 312.464-9. Infração: 2. Tipo: S.

b) tipo, modelo e capacidade;

• Código: 312.464-9. Infração: 2. Tipo: S.

c) número de série ou número de identificação e ano de fabricação;

• Código: 312.464-9. Infração: 2. Tipo: S.

d) normas observadas para o projeto e construção da máquina ou equipamento;

• Código: 312.464-9. Infração: 2. Tipo: S.

e) descrição detalhada da máquina ou equipamento e seus acessórios;

• Código: 312.464-9. Infração: 2. Tipo: S.

f) diagramas, inclusive circuitos elétricos, em especial a representação esquemática das funções de segurança;

• Código: 312.464-9. Infração: 2. Tipo: S.

g) definição da utilização prevista para a máquina ou equipamento;

• Código: 312.464-9. Infração: 2. Tipo: S.

h) riscos a que estão expostos os usuários, com as respectivas avaliações quantitativas de emissões geradas pela máquina ou equipamento em sua capacidade máxima de utilização;

• Código: 312.464-9. Infração: 2. Tipo: S.

i) definição das medidas de segurança existentes e daquelas a serem adotadas pelos usuários;

• Código: 312.464-9. Infração: 2. Tipo: S.

j) especificações e limitações técnicas para a sua utilização com segurança;

• Código: 312.464-9. Infração: 2. Tipo: S.

k) riscos que podem resultar de adulteração ou supressão de proteções e dispositivos de segurança;

• Código: 312.464-9. Infração: 2. Tipo: S.

l) riscos que podem resultar de utilizações diferentes daquelas previstas no projeto;

• Código: 312.464-9. Infração: 2. Tipo: S.

m) informações técnicas para subsidiar a elaboração dos procedimentos de trabalho e segurança durante todas as fases de utilização;

• Código: 312.464-9. Infração: 2. Tipo: S.

n) procedimentos e periodicidade para inspeções e manutenção;

• Código: 312.464-9. Infração: 2. Tipo: S.

o) procedimentos a serem adotados em situações de emergência; e

• Código: 312.464-9. Infração: 2. Tipo: S.

p) indicação da vida útil da máquina ou equipamento e/ou dos componentes relacionados com a segurança.

• Código: 312.464-9. Infração: 2. Tipo: S.

12.13.5. Quando inexistente ou extraviado, o manual de máquinas ou equipamentos que apresentem riscos deve ser reconstituído pelo empregador ou pessoa por ele designada, sob a responsabilidade de profissional qualificado ou legalmente habilitado.

• Código: 312.465-7. Infração: 4. Tipo: S.

12.13.5.1. Em caso de manuais reconstituídos, estes devem conter as informações previstas nas alíneas "b", "e", "g", "i", "j", "k", "m", "n" e "o" do subitem 12.13.4, bem como diagramas de sistemas de segurança e diagrama unifilar ou trifilar do sistema elétrico, conforme o caso.

• Código: 312.465-7. Infração: 4. Tipo: S.

12.13.5.2. No caso de máquinas e equipamentos cujos fabricantes não estão mais em atividade, a alínea "j" do subitem 12.13.4 poderá ser substituída pelo procedimento previsto no subitem 12.14.1, contemplados os limites da máquina.

12.13.5.3. As microempresas e empresas de pequeno porte que não disponham de manual de instruções de máquinas e equipamentos fabricados antes de 24 de junho de 2012 devem elaborar ficha de informação contendo os seguintes itens:

a) tipo, modelo e capacidade;

• Código: 312.466-5. Infração: 4. Tipo: S.

b) descrição da utilização prevista para a máquina ou equipamento;

• Código: 312.466-5. Infração: 4. Tipo: S.

c) indicação das medidas de segurança existentes;

• Código: 312.466-5. Infração: 4. Tipo: S.

d) instruções para utilização segura da máquina ou equipamento;

• Código: 312.466-5. Infração: 4. Tipo: S.

e) periodicidade e instruções quanto às inspeções e manutenção;

• Código: 312.466-5. Infração: 4. Tipo: S.

f) procedimentos a serem adotados em situações de emergência, quando aplicável.

• Código: 312.466-5. Infração: 4. Tipo: S.

12.13.5.3.1. A ficha de informação indicada no subitem 12.13.5.3 pode ser elaborada pelo empregador ou pessoa designada por este.

12.14. Procedimentos de trabalho e segurança.

12.14.1. Devem ser elaborados procedimentos de trabalho e segurança para máquinas e equipamentos, específicos e padronizados, a partir da apreciação de riscos.

• Código: 312.467-3. Infração: 3. Tipo: S.

12.14.1.1. Os procedimentos de trabalho e segurança não podem ser as únicas medidas de proteção adotadas para se prevenir acidentes, sendo considerados complementos e não substitutos das medidas de proteção coletivas necessárias para a garantia da segurança e saúde dos trabalhadores.

12.14.2. Ao início de cada turno de trabalho ou após nova preparação da máquina ou equipamento, o operador deve efetuar inspeção rotineira das condições de operacionalidade e segurança e, se constatadas anormalidades que afetem a segurança, as atividades devem ser interrompidas, com a comunicação ao superior hierárquico.

• Código: 312.468-1. Infração: 3. Tipo: S.

12.14.2.1. Não é obrigatório o registro em livro próprio, ficha ou sistema informatizado da inspeção rotineira realizada pelo operador prevista no subitem 12.14.2.

12.14.3. Os serviços que envolvam risco de acidentes de trabalho em máquinas e equipamentos, exceto operação, devem ser planejados e realizados em conformidade com os procedimentos de trabalho e segurança, sob supervisão e anuência expressa de profissional habilitado ou qualificado, desde que autorizados.

• Código: 312.469-0. Infração: 4. Tipo: S.

12.14.3.1. As empresas que não possuem serviço próprio de manutenção de suas máquinas ficam desobrigadas de elaborar procedimentos de trabalho e segurança para essa finalidade.

12.15. Projeto, fabricação, importação, venda, locação, leilão, cessão a qualquer título e exposição.

12.15.1. O projeto das máquinas e equipamentos fabricados a partir da publicação da Portaria SIT n. 197, de 17 de dezembro de 2010, *D.O.U.* de 24 de dezembro de 2010 deve levar em conta a segurança intrínseca da máquina ou equipamento durante as fases de construção, transporte, montagem, instalação, ajuste, operação, limpeza, manutenção, inspeção, desativação, desmonte e sucateamento por meio das referências técnicas, a serem observadas para resguardar a saúde e a integridade física dos trabalhadores.

• Código: 312.470-3. Infração: 3. Tipo: S.

12.15.1.1. O projeto da máquina ou equipamento não deve permitir erros na montagem ou remontagem de determinadas peças ou elementos que possam gerar riscos durante seu funcionamento, especialmente quanto ao sentido de rotação ou deslocamento.

• Código: 312.471-1. Infração: 3. Tipo: S.

12.15.1.2. O projeto das máquinas ou equipamentos fabricados ou importados após a vigência desta NR deve prever meios adequados para o seu levantamento, carregamento, instalação, remoção e transporte.

• Código: 312.472-0. Infração: 3. Tipo: S.

12.15.1.3. Devem ser previstos meios seguros para as atividades de instalação, remoção, desmonte ou transporte, mesmo que em partes, de máquinas e equipamentos fabricados ou importados antes da vigência desta NR.

• Código: 312.473-8. Infração: 4. Tipo: S.

12.15.2. É proibida a fabricação, importação, comercialização, leilão, locação, cessão a qualquer título e exposição de máquinas e equipamentos que não atendam ao disposto nesta NR.

• Código: 312.474-6. Infração: 3. Tipo: S.

12.16. Capacitação.

12.16.1. A operação, manutenção, inspeção e demais intervenções em máquinas e equipamentos devem ser realizadas por trabalhadores habilitados ou qualificados ou capacitados, e autorizados para este fim.

• Código: 312.475-4. Infração: 2. Tipo: S.

12.16.2. Os trabalhadores envolvidos na operação, manutenção, inspeção e demais intervenções em máquinas e equipamentos devem receber capacitação providenciada pelo empregador e compatível com suas funções, que aborde os riscos a que estão expostos e as medidas de proteção existentes e necessárias, nos termos desta NR, para a prevenção de acidentes e doenças.

• Código: 312.476-2. Infração: 2. Tipo: S.

12.16.3. A capacitação deve:

• Código: 312.477-0. Infração: 2. Tipo: S.

a) ocorrer antes que o trabalhador assuma a sua função;

b) ser realizada sem ônus para o trabalhador;

c) ter carga horária mínima, definida pelo empregador, que garanta aos trabalhadores executarem suas atividades com segurança, sendo realizada durante a jornada de trabalho;

d) ter conteúdo programático conforme o estabelecido no Anexo II desta NR; e

e) ser ministrada por trabalhadores ou profissionais ou qualificados para este fim, com supervisão de profissional legalmente habilitado que se responsabilizará pela adequação do conteúdo, forma, carga horária, qualificação dos instrutores e avaliação dos capacitados.

12.16.3.1. A capacitação dos trabalhadores de microempresas e empresas de pequeno porte poderá ser ministrada por trabalhador da própria empresa que tenha sido capacitado nos termos do subitem 12.16.3 em entidade oficial de ensino de educação profissional.

12.16.3.1.1. O empregador é responsável pela capacitação realizada nos termos do subitem 12.16.3.1.

• Código: 312.478-9. Infração: 2. Tipo: S.

12.16.3.1.2. A capacitação dos trabalhadores de microempresas e empresas de pequeno porte, prevista no subitem 12.16.3.1, deve contemplar o disposto no subitem 12.16.3, exceto a alínea "e".

• Código: 312.479-7. Infração: 2. Tipo: S.

12.16.3.2. É considerado capacitado o trabalhador de microempresa e empresa de pequeno porte que apresentar declaração ou certificado emitido por entidade oficial de ensino de educação profissional, desde que atenda o disposto no subitem 12.16.3.

12.16.4. O material didático escrito ou audiovisual utilizado no treinamento, fornecido aos participantes, deve ser produzido em linguagem adequada aos trabalhadores.

• Código: 312.480-0. Infração: 2. Tipo: S.

12.16.5. O material didático fornecido aos trabalhadores, a lista de presença dos participantes ou certificado, o currículo dos ministrantes e a avaliação dos capacitados devem ser disponibilizados à Auditoria Fiscal do Trabalho em meio físico ou digital, quando solicitado.

• Código: 312.481-9. Infração: 2. Tipo: S.

12.16.6. A capacitação só terá validade para o empregador que a realizou e nas condições estabelecidas pelo profissional legalmente habilitado responsável pela supervisão da capacitação, exceto quanto aos trabalhadores capacitados nos termos do subitem 12.16.3.2.

• Código: 312.482-7. Infração: 2. Tipo: S.

12.16.6.1. Fica dispensada a exigência do subitem 12.16.6 para os operadores de injetoras com curso de capacitação conforme o previsto no subitem 12.16.11 e seus subitens.

12.16.7. Até a data da vigência desta NR, será considerado capacitado o trabalhador que possuir comprovação por meio de registro na Carteira de Trabalho e Previdência Social – CTPS ou registro de empregado de pelo menos dois anos de experiência na atividade e que receba reciclagem conforme o previsto no subitem 12.16.8 desta NR.

12.16.8. Deve ser realizada capacitação para reciclagem do trabalhador sempre que ocorrerem modificações significativas nas instalações e na operação de máquinas ou troca de métodos, processos e organização do trabalho, que impliquem em novos riscos.

• Código: 312.483-5. Infração: 2. Tipo: S.

12.16.8.1. O conteúdo programático da capacitação para reciclagem deve atender às necessidades da situação que a motivou, com carga horária mínima, definida pelo empregador e dentro da jornada de trabalho.

• Código: 312.483-5. Infração: 2. Tipo: S.

12.16.9. A função do trabalhador que opera e realiza intervenções em máquinas deve ser anotada no registro de empregado, consignado em livro, ficha ou sistema eletrônico e em sua CTPS.

• Código: 312.484-3. Infração: 2. Tipo: S.

12.16.10. Os operadores de máquinas autopropelidas devem portar cartão de identificação, com nome, função e fotografia em local visível, renovado com periodicidade máxima de um ano mediante exame médico, conforme disposições constantes da Norma Regulamentadora n. 07 – Programa de Controle Médico de Saúde Ocupacional – PCMSO e na Norma Regulamentadora n. 11 – Transporte, Movimentação, Armazenagem e Manuseio de Materiais.

• Código: 312.485-1. Infração: 2. Tipo: S.

12.16.11. O curso de capacitação para operadores de máquinas injetoras deve possuir carga horária mínima de oito horas por tipo de máquina citada no Anexo IX desta NR.

• Código: 312.486-0. Infração: 2. Tipo: S.

12.16.11.1. O curso de capacitação deve ser específico para o tipo máquina em que o operador irá exercer suas funções e atender ao seguinte conteúdo programático:

• Código: 312.487-8. Infração: 2. Tipo: S.

a) histórico da regulamentação de segurança sobre a máquina especificada;

b) descrição e funcionamento;

c) riscos na operação;

d) principais áreas de perigo;

e) medidas e dispositivos de segurança para evitar acidentes;

f) proteções – portas, e distâncias de segurança;

g) exigências mínimas de segurança previstas nesta NR e na Norma Regulamentadora n. 10 – Segurança em Instalações e Serviços em Eletricidade;

h) medidas de segurança para injetoras elétricas e hidráulicas de comando manual; e

i) demonstração prática dos perigos e dispositivos de segurança.

12.16.11.2. O instrutor do curso de capacitação para operadores de injetora deve, no mínimo, possuir:

• Código: 312.487-8. Infração: 2. Tipo: S.

a) formação técnica em nível médio;

b) conhecimento técnico de máquinas utilizadas na transformação de material plástico;

c) conhecimento da normatização técnica de segurança; e

d) capacitação específica de formação.

12.17. Outros requisitos específicos de segurança.

12.17.1. As ferramentas e materiais utilizados nas intervenções em máquinas e equipamentos devem ser adequados às operações realizadas.

• Código: 312.488-6. Infração: 2. Tipo: S.

12.17.2. Os acessórios e ferramental utilizados pelas máquinas e equipamentos devem ser adequados às operações realizadas.

• Código: 312.488-6. Infração: 2. Tipo: S.

12.17.3. É proibido o porte de ferramentas manuais em bolsos ou locais não apropriados a essa finalidade.

• Código: 312.489-4. Infração: 2. Tipo: S.

12.17.4. As máquinas e equipamentos tracionados devem possuir sistemas de engate padronizado para reboque pelo sistema de tração, de modo a assegurar o acoplamento e desacoplamento fácil e seguro, bem como a impedir o desacoplamento acidental durante a utilização.

• Código: 312.490-8. Infração: 2. Tipo: S.

12.17.4.1. A indicação de uso dos sistemas de engate padronizado mencionados no subitem 12.17.4 deve ficar em local de fácil visualização e afixada em local próximo da conexão.

• Código: 312.491-6. Infração: 2. Tipo: S.

12.17.4.2. Os equipamentos tracionados, caso o peso da barra do reboque assim o exija, devem possuir dispositivo de apoio que possibilite a redução do esforço e a conexão segura ao sistema de tração.

• Código: 312.492-4. Infração: 2. Tipo: S.

12.17.4.3. A operação de engate deve ser feita em local apropriado e com o equipamento tracionado imobilizado de forma segura com calço ou similar.

• Código: 312.493-2. Infração: 2. Tipo: S.

12.17.5. Para fins de aplicação desta NR, os Anexos contemplam obrigações, disposições especiais ou exceções que se aplicam a um determinado tipo de máquina ou equipamento, em caráter prioritário aos demais requisitos desta NR, sem prejuízo ao disposto em NR específica.

12.17.5.1. Nas situações onde os itens dos Anexos conflitarem com os itens da parte geral da NR, prevalecem os requisitos do anexo.

12.17.5.2. As obrigações dos anexos desta NR se aplicam exclusivamente às máquinas e equipamentos neles contidas.

12.18. Disposições finais.

12.18.1. O empregador deve manter à disposição da Auditoria-Fiscal do Trabalho relação atualizada das máquinas e equipamentos.

• Código: 312.494-0. Infração: 3. Tipo: S.

12.18.2. Toda a documentação referida nesta NR deve ficar disponível para CIPA ou Comissão Interna de Prevenção de Acidentes na Mineração – CIPAMIN, sindicatos representantes da categoria profissional e Auditoria Fiscal do Trabalho, apresentado em formato digital ou meio físico.

• Código: 312.495-9. Infração: 2. Tipo: S.

12.18.3. As máquinas autopropelidas agrícolas, florestais e de construção em aplicações agroflorestais e respectivos implementos devem atender ao disposto no Anexo XI desta NR.

12.18.4. As máquinas autopropelidas não contempladas no item 12.18.3 devem atender ao disposto nos itens e subitens 12.1.1, 12.1.1.1, 12.1.2, 12.1.7, 12.1.8, 12.1.9, 12.1.9.1, 12.3.9, 12.3.10, 12.5.1, 12.5.1, 12.5.9, 12.5.9.2, 12.5.10, 12.5.11, 12.5.14, 12.5.15, 12.5.16, 12.7.1, 12.7.2, 12.9.2, 12.10.2, 12.10.3, 12.11.1, 12.11.2, 12.11.5, 12.12.1, 12.12.1.3, 12.12.2, 12.12.3, 12.12.6, 12.14.1, 12.14.1.1, 12.14.2, 12.14.3, 12.15.1, 12.15.1.1, 12.15.1.2, 12.15.1.3, 12.15.2, 12.16.1, 12.16.2, 12.16.3, 12.16.4, 12.16.5, 12.16.6, 12.16.8, 12.16.8.1, 12.16.9, 12.16.10, 12.17.4, 12.17.4.1, 12.17.4.2, 12.17.4.3, itens e subitens 1, 1.4 e 3 do Anexo III, e itens e subitens 14, 14.1 e 14.2 do Anexo XI, desta NR.

Anexo I da NR-12

Requisitos para o Uso de Detectores de Presença Optoeletrônicos

1. Este Anexo estabelece referências de distâncias de segurança e requisitos para O USO DE DETECTORES DE PRESENÇA OPTOELETRÔNICO em máquinas e equipamentos em geral, devendo ser observadas, quando for o caso, as disposições contidas em anexos e normas específicas.

a) Cálculo das distâncias mínimas de segurança para instalação de detectores de presença optoeletrônicos – ESPE usando cortina de luz – AOPD.

1. A distância mínima na qual ESPE usando cortina de luz – AOPD deve ser posicionada em relação à zona de perigo, observará o cálculo de acordo com a norma ISO 13855. Para uma aproximação perpendicular à distância pode ser calculada de acordo com a fórmula geral apresentada na seção 5 da ISO 13855, a saber:

$$S = (K \times T) + C$$

Onde:

S: é a mínima distância em milímetros, da zona de perigo até o ponto, linha ou plano de detecção;

K: é um parâmetro em milímetros por segundo, derivado dos dados de velocidade de aproximação do corpo ou partes do corpo;

T: é a performance de parada de todo o sistema – tempo de resposta total em segundos;

C: é a distância adicional em milímetros, baseada na intrusão contra a zona de perigo antes da atuação do dispositivo de proteção.

1.1. A fim de determinar K, uma velocidade de aproximação de 1600 mm/s (mil e seiscentos milímetros por segundo) deve ser usada para cortinas de luz dispostas horizontalmente. Para cortinas dispostas verticalmente, deve ser usada uma velocidade de aproximação de 2000 mm/s (dois mil milímetros por segundo) se a distância mínima for igual ou menor que 500 mm (quinhentos milímetros). Uma velocidade de aproximação de 1600 mm/s (mil e seiscentos milímetros por segundo) pode ser usada se a distância mínima for maior que 500 mm (quinhentos milímetros).

1.2. As cortinas devem ser instaladas de forma que sua área de detecção cubra o acesso à zona de risco, com o cuidado de não se oferecer espaços de zona morta, ou seja, espaço entre a cortina e o corpo da máquina onde pode permanecer um trabalhador sem ser detectado.

1.3. Em respeito à capacidade de detecção da cortina de luz, deve ser usada pelo menos a distância adicional C no quadro I quando se calcula a mínima distância S.

QUADRO I – Distância adicional C

Capacidade de Detecção mm	Distância Adicional C mm
≤ 14	0
> 14 ≤ 20	80
> 20 ≤ 30	130
> 30 ≤ 40	240
> 40	850

1.4. Outras características de instalação de cortina de luz, tais como aproximação paralela, aproximação em ângulo e equipamentos de dupla posição devem atender às condições específicas previstas na norma ISO 13855. A aplicação de cortina de luz em dobradeiras hidráulicas deve atender à norma EN 12622.

Fonte: ISO 13855 – *Safety of machinery – The positioning of protective equipment in respect of approach speeds of parts of the human body.*

b) Requisitos para uso de sistemas de segurança de detecção multizona – AOPD multizona em dobradeiras hidráulicas.

- Código: 312.496-7. Infração: 4. Tipo: S.

1. As dobradeiras hidráulicas podem possuir AOPD multizona desde que acompanhado de procedimento de trabalho detalhado que atenda à EN12622 e os testes previstos conforme as recomendações do fabricante.

1.1. Os testes devem ser realizados a cada troca de ferramenta ou qualquer manutenção, e ser realizados pelo operador a cada início de turno de trabalho ou afastamento prolongado da máquina.

- Código: 312.497-5. Infração: 4. Tipo: S.

2. Nas dobradeiras hidráulicas providas de AOPD multizona que utilizem pedal para acionamento de descida, este deve ser de segurança e possuir as seguintes posições:

- Código: 312.498-3. Infração: 4. Tipo: S.

a) 1ª (primeira) posição = parar;

b) 2ª (segunda) posição = operar; e

c) 3ª (terceira) posição = parar em caso de emergência.

2.1. A abertura da ferramenta pode ser ativada, desde que controlado o risco de queda do produto em processo, com o acionamento do pedal para a 3ª (terceira) posição ou liberando-o para a 1ª (primeira) posição.

- Código: 312.499-1. Infração: 4. Tipo: S.

2.2. Após o acionamento do pedal até a 3ª (terceira) posição, o reinício somente será possível com seu retorno para a 1ª (primeira) posição. A 3ª (terceira) posição só pode ser acionada passando por um ponto de pressão; a força requerida não deve exceder 350 N (trezentos e cinquenta Newtons).

- Código: 312.500-9. Infração: 3. Tipo: S.

Anexo II da NR-12

Conteúdo Programático da Capacitação

1. A capacitação para operação segura de máquinas deve abranger as etapas teórica e prática, a fim de proporcionar a competência adequada do operador para trabalho seguro, contendo no mínimo:

a) descrição e identificação dos riscos associados com cada máquina e equipamento e as proteções específicas contra cada um deles;

b) funcionamento das proteções; como e por que devem ser usadas;

c) como e em que circunstâncias uma proteção pode ser removida, e por quem, sendo na maioria dos casos, somente o pessoal de inspeção ou manutenção;

d) o que fazer, por exemplo, contatar o supervisor, se uma proteção foi danificada ou se perdeu sua função, deixando de garantir uma segurança adequada;

e) os princípios de segurança na utilização da máquina ou equipamento;

f) segurança para riscos mecânicos, elétricos e outros relevantes;

g) método de trabalho seguro;

h) permissão de trabalho; e

i) sistema de bloqueio de funcionamento da máquina e equipamento durante operações de inspeção, limpeza, lubrificação e manutenção.

1.1. A capacitação de operadores de máquinas automotrizes ou autopropelidas, deve ser constituída das etapas teórica e prática e possuir o conteúdo programático mínimo descrito nas alíneas do item 1 deste Anexo e ainda:

a) noções sobre legislação de trânsito e de legislação de segurança e saúde no trabalho;

b) noções sobre acidentes e doenças decorrentes da exposição aos riscos existentes na máquina, equipamentos e implementos;

c) medidas de controle dos riscos: Equipamentos de Proteção Coletiva – EPCs e Equipamentos de Proteção Individual – EPIs;

d) operação com segurança da máquina ou equipamento;

e) inspeção, regulagem e manutenção com segurança;

f) sinalização de segurança;

g) procedimentos em situação de emergência; e

h) noções sobre prestação de primeiros socorros.

1.1.1. A etapa prática deve ser supervisionada e documentada, podendo ser realizada na própria máquina que será operada.

Anexo III da NR-12
Meios de Acesso a Máquinas e Equipamentos

1. As máquinas e equipamentos devem possuir acessos fixados e seguros a todos os seus pontos de operação, abastecimento, inserção de matérias-primas e retirada de produtos trabalhados, preparação, manutenção e intervenção constante.

• Código: 312.501-7. Infração: 2. Tipo: S.

1.1. Consideram-se meios de acesso às máquinas e equipamentos, para efeitos desta NR, elevadores, rampas, passarelas, plataformas ou escadas de degraus.

1.2. Não se aplica a exigência do item 1 aos meios de acessos dos prédios e às estruturas industriais fixas e flutuantes, nas quais as máquinas e equipamentos estão instalados, exceto quando a principal função seja prover acesso à máquina e equipamento.

1.3. Na impossibilidade técnica de adoção dos meios previstos no subitem 1.1, poderá ser utilizada escada fixa tipo marinheiro.

1.4. Nas máquinas e equipamentos, os meios de acesso devem ser localizados e instalados de modo a prevenir riscos de acidente e facilitar o seu acesso e utilização pelos trabalhadores.

• Código: 312.502-5. Infração: 2. Tipo: S.

1.5. Nas atividades de manutenção, limpeza ou outras intervenções eventuais poderá ser adotado o uso de plataformas móveis ou elevatórias, garantida sua estabilidade, ou de outros meios de acesso não pertencentes às máquinas e equipamentos desde que seguramente fixados.

1.6. As máquinas e equipamentos que atendam às disposições sobre meios de acesso, previstas em normas técnicas oficiais, ou internacionais, vigentes em 30 de julho de 2019, ou nas que venham a substituí-las, ficam dispensadas de cumprirem as exigências contidas neste anexo.

•• Item 1.6 acrescentado pela Portaria n. 428, de 7-10-2021.

2. O emprego dos meios de acesso deve considerar o ângulo de lance conforme Figura 1.

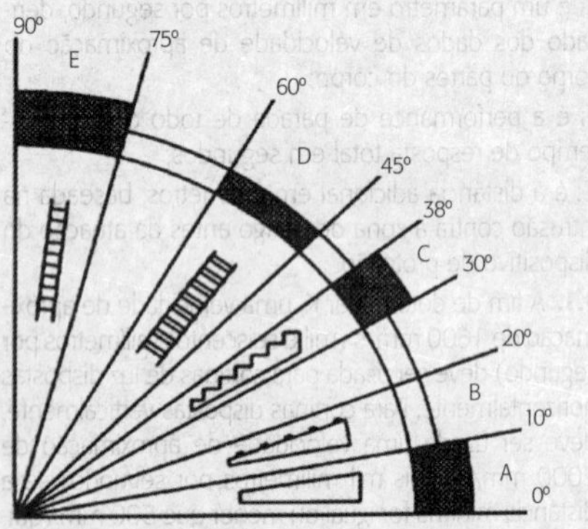

Legenda:

A: rampa.

B: rampa com peças transversais para evitar o escorregamento.

C: escada com espelho.

D: escada sem espelho.

E: escada do tipo marinheiro.

Figura 1: Escolha dos meios de acesso conforme a inclinação – ângulo de lance.

Fonte: ISO 14122. – Segurança de Máquinas – Meios de acesso permanentes às máquinas.

3. Os locais ou postos de trabalho acima do piso em que haja acesso de trabalhadores, para operação ou quaisquer outras intervenções habituais nas máquinas e equipamentos, como abastecimento, preparação, ajuste, inspeção, limpeza e manutenção, devem possuir plataformas de trabalho estáveis e seguras.

• Código: 312.503-3. Infração: 2. Tipo: S.

3.1. Na impossibilidade técnica de aplicação do previsto no item 3, poderá ser adotado o uso de plataformas móveis ou elevatórias.

4. As plataformas móveis devem ser estáveis, de modo a não permitir sua movimentação ou tombamento durante a realização do trabalho.

• Código: 312.504-1. Infração: 2. Tipo: S.

5. As passarelas, plataformas, rampas e escadas de degraus devem propiciar condições seguras de trabalho, circulação, movimentação e manuseio de materiais e:

a) ser dimensionadas, construídas e fixadas de modo seguro e resistente, de forma a suportar os esforços solicitantes e movimentação segura do trabalhador;

• Código: 312.505-0. Infração: 2. Tipo: S.

b) ter pisos e degraus constituídos de materiais ou revestimentos antiderrapantes;

• Código: 312.505-0. Infração: 2. Tipo: S.

c) ser mantidas desobstruídas;

• Código: 312.505-0. Infração: 2. Tipo: S.

d) ser localizadas e instaladas de modo a prevenir riscos de queda, escorregamento, tropeçamento e dispêndio excessivo de esforços físicos pelos trabalhadores ao utilizá-las.

• Código: 312.505-0. Infração: 2. Tipo: S.

6. Quando for necessária maior resistência ao escorregamento, nas rampas com α ângulo de inclinação entre 10° e 20°, deverão ser instaladas peças transversais horizontais distanciadas entre 0,40 m (quarenta centímetros) e 0,50 m (cinquenta centímetros) e com altura entre 0,01 m (um centímetro) e 0,02 m (dois centímetros), conforme Figura 2.

• Código: 312.509-2. Infração: 2. Tipo: S.

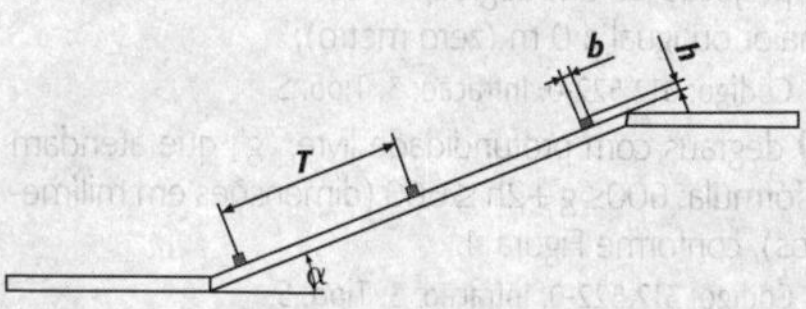

Legenda:

T distância entre duas peças transversais

B largura

h altura

α ângulo de inclinação

Figura 2: rampa com peças transversais

Fonte: ISO 14122-2:2016 – Segurança de Máquinas – Meios de acesso permanentes às máquinas

6.1. É proibida a construção de rampas com inclinação superior a 20° (vinte) graus em relação ao piso.

• Código: 312.510-6. Infração: 2. Tipo: S.

6.2. As rampas instaladas antes da vigência desse subitem, ficam dispensadas do atendimento do item 6, devendo ser adotada outra medida de mesma eficácia.

• Código: 312.511-4. Infração: 2. Tipo: S.

7. Os meios de acesso das máquinas e equipamentos devem possuir sistema de proteção contra quedas com as seguintes características:

a) ser dimensionados, construídos e fixados de modo seguro e resistente, de forma a suportar os esforços solicitantes;

• Código: 312.512-2. Infração: 2. Tipo: S.

b) ser constituídos de material resistente a intempéries e corrosão;

• Código: 312.512-2. Infração: 2. Tipo: S.

c) possuir travessão superior instalado de 1,10 m (um metro e dez centímetros) a 1,20 m (um metro e vinte centímetros) de altura em relação ao piso ao longo de toda a extensão, em ambos os lados;

• Código: 312.512-2. Infração: 2. Tipo: S.

d) o travessão superior não deve possuir superfície plana, a fim de evitar a colocação de objetos; e

• Código: 312.512-2. Infração: 2. Tipo: S.

e) possuir rodapé de, no mínimo, 0,20 m (vinte centímetros) de altura e travessão intermediário a 0,70 m (setenta centímetros) de altura em relação ao piso, localizado entre o rodapé e o travessão superior.

• Código: 312.512-2. Infração: 2. Tipo: S.

• Código: 312.517-3. Infração: 2. Tipo: S.

7.1. Os meios de acesso instalados antes da publicação da Portaria SIT n. 197, de 17 de dezembro de 2010, *D.O.U.* de 24-12-2010, ficam dispensados do atendimento da dimensão indicada na alínea "c" do item 7, devendo o travessão superior possuir no mínimo 1,00 m (um metro).

7.2. As escadas fixas do tipo marinheiro e elevadores estão dispensadas do cumprimento do item 7.

8. Havendo risco de queda de objetos e materiais, o vão entre o rodapé e o travessão superior do guarda corpo deve receber proteção fixa, integral e resistente.

• Código: 312.518-1. Infração: 2. Tipo: S.

8.1. A proteção mencionada no item 8. pode ser constituída de tela resistente, desde que sua malha não permita a passagem de qualquer objeto ou material que possa causar lesões aos trabalhadores.

• Código: 312.519-0. Infração: 2. Tipo: S.

9. Para o sistema de proteção contra quedas em plataformas utilizadas em operações de abastecimento ou que acumulam sujidades, é permitida a adoção das dimensões da Figura 3 deste Anexo.

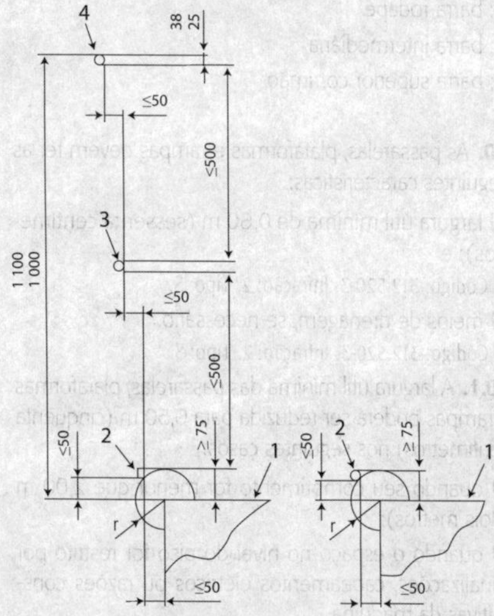

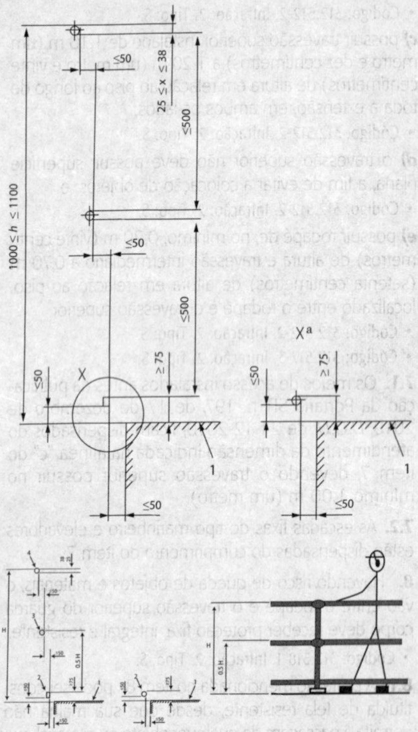

Figura 3: Sistema de proteção contra quedas em plataforma. (dimensões em milímetros)

Legenda:

H: altura barra superior, entre 1000 mm (mil milímetros) e 1100 mm (mil e cem milímetros)

1: plataforma

2: barra-rodapé

3: barra intermediária

4: barra superior corrimão

10. As passarelas, plataformas e rampas devem ter as seguintes características:

a) largura útil mínima de 0,60 m (sessenta centímetros); e

- Código: 312.520-3. Infração: 2. Tipo: S.

b) meios de drenagem, se necessário.

- Código: 312.520-3. Infração: 2. Tipo: S.

10.1. A largura útil mínima das passarelas, plataformas e rampas poderá ser reduzida para 0,50 m (cinquenta centímetros) nos seguintes casos:

a) quando seu comprimento for menor que 2,00 m (dois metros);

b) quando o espaço no nível do piso for restrito por canalizações, cabeamentos elétricos ou razões construtivas da máquina.

10.2. As passarelas, plataformas e rampas instaladas antes da publicação da Portaria SIT n. 197, de 17 de dezembro de 2010, *D.O.U.* de 24-12-2010, ficam dispensadas do atendimento da alínea "a" do item 10 deste Anexo, devendo ser garantida largura útil mínima de 0,50 m (cinquenta centímetros).

- Código: 312.521-1. Infração: 2. Tipo: S.

11. As escadas de degraus sem espelho devem ter:

a) largura útil mínima de 0,60. m (sessenta centímetros);

- Código: 312.522-0. Infração: 3. Tipo: S.

b) degraus com profundidade mínima de 0,15 m (quinze centímetros);

- Código: 312.522-0. Infração: 3. Tipo: S.

c) degraus e lances uniformes, nivelados e sem saliências;

- Código: 312.522-0. Infração: 3. Tipo: S.

d) altura máxima entre os degraus de 0,25 m (vinte e cinco centímetros);

- Código: 312.522-0. Infração: 3. Tipo: S.

e) plataforma de descanso com largura útil mínima de 0,60 m (sessenta centímetros) e comprimento a intervalos de, no máximo, 3,00 m (três metros) de altura;

- Código: 312.522-0. Infração: 3. Tipo: S.

f) projeção de um degrau, "r", sobre o outro deve ser maior ou igual a 0 m (zero metro);

- Código: 312.522-0. Infração: 3. Tipo: S.

g) degraus com profundidade livre, "g", que atendam à fórmula: 600≤ g +2h ≤ 660 (dimensões em milímetros), conforme Figura 4.

- Código: 312.522-0. Infração: 3. Tipo: S.

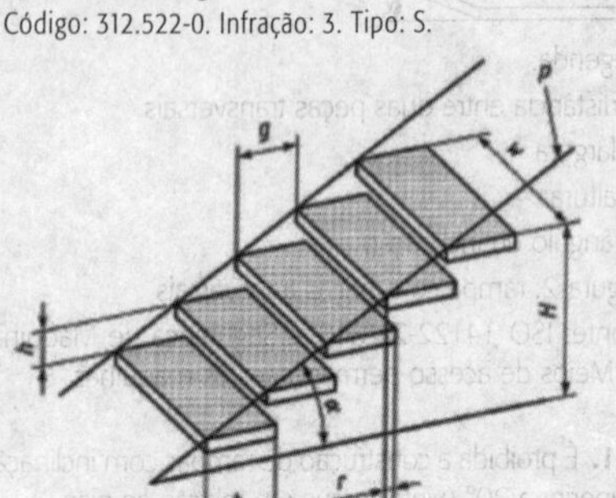

Legenda

H altura da escada.......................... a ângulo de inclinação

g profundidade livre do degrau....... w largura da escada

p linha de passo............................. r projeção entre degraus

h altura entre degraus...................... t profundidade total do degrau

Figura 4: Partes de escada (exemplo de escada sem espelho)

Fonte: ISO 14122-3:2016 – Segurança de Máquinas – Meios de acesso permanentes às máquinas (adaptado).

11.1. Para escadas com único lance cuja altura for inferior a 1,50 m (um metro e cinquenta centímetros), a largura útil mínima poderá ser reduzida para 0,50 m (cinquenta centímetros).

11.2. As escadas de degraus sem espelho das máquinas e equipamentos instaladas antes da publicação da Portaria SIT n. 197, de 17 de dezembro de 2010, *D.O.U.* de 24-12-2010, ficam dispensadas do atendimento das alíneas "a" e "e" (exceto quanto ao intervalo de até três metros) do item 11 deste Anexo, devendo ser garantida largura útil mínima de 0,50 m (cinquenta centímetros).

• Código: 312.523-8. Infração: 3. Tipo: S.

12. As escadas de degraus com espelho devem ter:

a) largura útil mínima de 0,60 m (sessenta centímetros);

• Código: 312.524-6. Infração: 3. Tipo: S.

b) degraus com profundidade mínima de 0,20 m (vinte centímetros);

• Código: 312.524-6. Infração: 3. Tipo: S.

c) degraus e lances uniformes, nivelados e sem saliências;

• Código: 312.524-6. Infração: 3. Tipo: S.

d) altura entre os degraus de 0,20 m (vinte centímetros) a 0,25 m (vinte e cinco centímetros);

• Código: 312.524-6. Infração: 3. Tipo: S.

e) plataforma de descanso com largura útil mínima de 0,60 m (sessenta centímetros) e comprimento a intervalos de, no máximo, 3,00 m (três metros) de altura.

• Código: 312.524-6. Infração: 3. Tipo: S.

12.1. Para escadas com único lance cuja altura for inferior a 1,50 m (um metro e cinquenta centímetros), a largura útil mínima poderá ser reduzida para 0,50 m (cinquenta centímetros).

12.2. As escadas de degraus com espelho das máquinas e equipamentos instaladas antes da publicação da Portaria SIT n. 197/2010 ficam dispensadas do atendimento das alíneas "a", "b", "d" e "e" do item 12 deste Anexo, exceto quanto ao intervalo de até três metros, devendo ser garantida largura útil mínima de 0,50 m (cinquenta centímetros).

• Código: 312.525-4. Infração: 3. Tipo: S.

13. As escadas fixas do tipo marinheiro devem ter:

• Código: 312.526-2. Infração: 3. Tipo: S.

a) dimensionamento, construção e fixação seguras e resistentes, de forma a suportar os esforços solicitantes;

b) constituição de materiais ou revestimentos resistentes a intempéries e corrosão, caso estejam expostas em ambiente externo ou corrosivo;

c) gaiolas de proteção, caso possuam altura superior a 3,50 m (três metros e meio), instaladas a partir de 2,0 m (dois metros) do piso, ultrapassando a plataforma de descanso ou o piso superior em pelo menos de 1,10 m (um metro e dez centímetros) a 1,20 m (um metro e vinte centímetros);

d) corrimão ou continuação dos montantes da escada ultrapassando a plataforma de descanso ou o piso superior de 1,10 m (um metro e dez centímetros) a 1,20 m (um metro e vinte centímetros);

e) largura de 0,40 m (quarenta centímetros) a 0,60 m (sessenta centímetros);

f) altura total máxima de 10,00 m (dez metros), se for de um único lance;

g) altura máxima de 6,00 m (seis metros) entre duas plataformas de descanso, se for de múltiplos lances, construídas em lances consecutivos com eixos paralelos, distanciados no mínimo em 0,70 m (setenta centímetros);

h) espaçamento entre barras horizontais de 0,25 m (vinte e cinco centímetros) a 0,30 m (trinta centímetros);

i) espaçamento entre o piso da máquina ou da edificação e a primeira barra não superior a 0,55 m (cinquenta e cinco centímetros);

j) distância em relação à estrutura em que é fixada de, no mínimo, 0,15 m (quinze centímetros);

k) barras horizontais de 0,025 m (vinte e cinco milímetros) a 0,038 m (trinta e oito milímetros) de diâmetro ou espessura; e

l) barras horizontais com superfícies, formas ou ranhuras a fim de prevenir deslizamentos.

13.1. As gaiolas de proteção devem ter diâmetro de 0,65 m (sessenta e cinco centímetros) a 0,80 m (oitenta centímetros), e:

a) possuir barras verticais com espaçamento máximo de 0,30 m (trinta centímetros) entre si e distância máxima de 1,50 m (um metro e cinquenta centímetros) entre arcos; ou

• Código: 312.527-0. Infração: 2. Tipo: S.

b) vãos entre arcos de, no máximo, 0,30 m (trinta centímetros), dotadas de barra vertical de sustentação dos arcos.

• Código: 312.527-0. Infração: 2. Tipo: S.

Anexo IV da NR-12

GLOSSÁRIO

Ação positiva: quando um componente mecânico móvel inevitavelmente move outro componente consigo, por contato direto ou através de elementos rígidos, o segundo componente é dito como atuado em modo positivo, ou positivamente, pelo primeiro.

Adubadora automotriz: máquina destinada à aplicação de fertilizante sólido granulado e desenvolvida para o setor canavieiro.

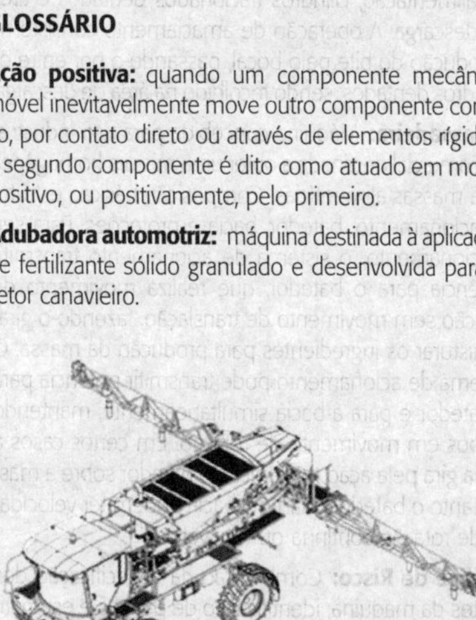

NR 12

Adubadora tracionada: implemento agrícola que, quando acoplado a um trator agrícola, pode realizar a operação de aplicar fertilizantes sólidos granulados ou em pó.

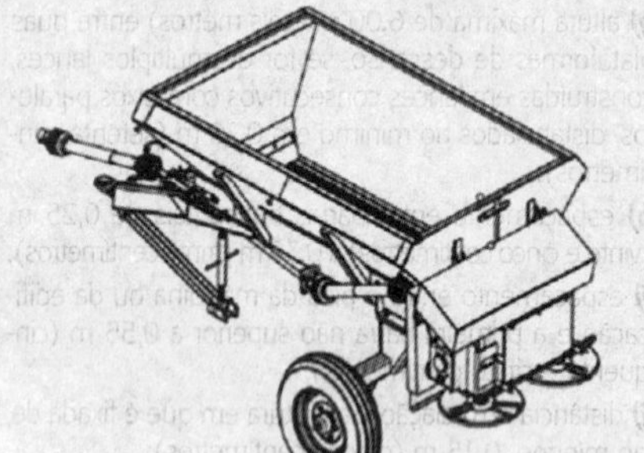

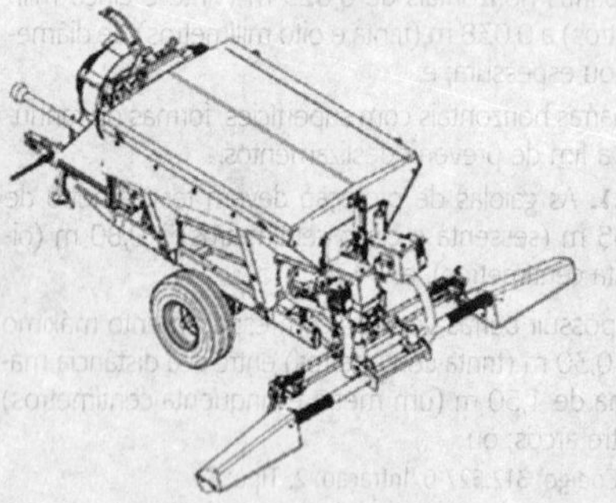

Amaciador de bifes: Máquina com dois ou mais cilindros dentados paralelos tracionados que giram em sentido de rotação inversa, por onde são passadas peças de bife pré-cortadas. É composto por: estrutura, bocal de alimentação, cilindros tracionados dentados e área de descarga. A operação de amaciamento consiste na introdução do bife pelo bocal, passando-o por entre os cilindros dentados, sendo recolhido na área de descarga.

Amassadeira: Máquina concebida para uso industrial ou comercial destinada a obter uma mistura homogênea para massas alimentícias. Composição básica: estrutura, acionamento, batedor, bacia e proteções. Para seu funcionamento, o sistema de acionamento transmite potência para o batedor, que realiza movimento de rotação sem movimento de translação, fazendo-o girar e misturar os ingredientes para produção da massa. O sistema de acionamento pode transmitir potência para o batedor e para a bacia simultaneamente, mantendo ambos em movimento de rotação. Em certos casos a bacia gira pela ação mecânica do batedor sobre a massa. Tanto o batedor quanto a bacia podem ter velocidade de rotação contínua ou variável.

Análise de Risco: Combinação da especificação dos limites da máquina, identificação de perigos e estimativa de riscos. (NBR 12.100)

Ângulo de lance: Ângulo formado entre a inclinação do meio de acesso e o plano horizontal.

Apreciação de Risco: Processo completo que compreende a análise de risco e a avaliação de risco. (NBR 12.100)

AOPD (*Active Opto-electronic Protective Device*): Dispositivo com função de detectar interrupção da emissão óptica por um objeto opaco presente na zona de detecção especificada, como cortina de luz, detector de presença laser múltiplos feixes, monitor de área a laser, fotocélulas de segurança para controle de acesso. Sua função é realizada por elementos sensores e receptores optoeletrônicos.

AOPD multizona: Dispositivo de detecção de presença optoeletrônico ativo, para aplicação em dobradeiras hidráulicas, composto por conjunto de feixes emissores/receptores alinhados em mais de uma coluna ou linha (ou ainda sistema de monitoramento de imagem) instalado de forma a acompanhar o movimento da ferramenta móvel (punção) da máquina, proporcionando uma zona de monitoramento da área onde ocorre a sujeição direta entre o ferramental e a chapa a ser dobrada. Sua correta aplicação é determinada pela norma harmonizada EN 12622 – *Safety of machine tools – Hydraulic press brakes*, cujos principais requisitos encontram-se transpostos nos subitens 4.1.2.1.1 e seus subitens, 4.1.2.4 e 4.1.2.5 do Anexo VIII – Prensas e Similares – desta NR.

Assento instrucional: Assento de máquina autopropelida projetado para fins exclusivamente instrucionais.

Autoteste: Teste funcional executado automaticamente pelo próprio dispositivo, na inicialização do sistema e durante determinados períodos, para verificação de falhas e defeitos, levando o dispositivo para uma condição segura.

Avaliação de Risco: julgamento com base na análise de risco, do quanto os objetivos de redução de risco foram atingidos. (NBR 12.100)

Baixa velocidade ou velocidade reduzida: velocidade inferior à de operação, compatível com o trabalho seguro.

Balancim de braço móvel manual – balancim jacaré: Máquina destinada ao corte de couro e materiais similares, operada por um trabalhador, dotada de uma superfície de corte não móvel correspondente à área útil total disponível e de um braço que contém a superfície de impacto móvel, ou seja, base prensora, que é capaz de se deslocar em um movimento de arco horizontal sobre a superfície de corte.

Balancim tipo ponte manual – balancim ponte: Máquina destinada ao corte de couro e materiais similares, operada por um trabalhador, na qual a superfície de impacto fica conectada ou presa à ponte que se desloca horizontal e verticalmente sobre uma superfície de corte não móvel.

Batedeira: Máquina concebida para uso industrial ou comercial destinada a obter uma mistura homogênea para massas ou cremes, de consistência leve ou média. É composta basicamente por estrutura, acionamento, batedores intercambiáveis que podem ter diversas geometrias, bacia e proteções. Para seu funcionamento, o motor transmite potência para o batedor, fazendo-o girar e misturar os ingredientes para a produção da massa, mantendo a bacia fixa. Durante o processo de operação, o batedor apresenta movimento de rotação sobre seu eixo, podendo ainda ter movimento de translação circular, denominado planetário, enquanto a bacia permanece fixa. O batedor pode ter velocidade de rotação e translação contínua ou variável. Em alguns casos a bacia pode ser movimentada manual ou eletricamente na direção vertical para ajuste operacional.

Burla: Ato de anular de maneira simples o funcionamento normal e seguro de dispositivos ou sistemas da máquina, utilizando para acionamento quaisquer objetos disponíveis, tais como, parafusos, agulhas, peças em chapa de metal, objetos de uso diário, como chaves e moedas ou ferramentas necessárias à utilização normal da máquina.

Categoria: Classificação das partes de um sistema de comando relacionadas à segurança, com respeito à sua resistência a defeitos e seu subsequente comportamento na condição de defeito, que é alcançada pela combinação e interligação das partes e/ou por sua confiabilidade. O desempenho com relação à ocorrência de defeitos, de uma parte de um sistema de comando, relacionado à segurança, é dividido em cinco categorias (B, 1, 2, 3 e 4) segundo a norma ABNT NBR 14153 – Segurança de máquinas – Partes de sistemas de comando relacionadas à segurança – Princípios gerais para projeto, equivalente à norma EN 954-1 – *Safety of machinery – Safety related parts of control systems,* que leva em conta princípios qualitativos para sua seleção. A norma europeia EN 954 foi substituída pela norma internacional ISO 13849 após um período de adaptação e convivência, sendo que a ABNT está trabalhando para a publicação da versão da norma ABNT ISO 13849 partes 1 e 2. A norma ISO 13849-1 prevê requisitos para a concepção e integração de componentes relacionadas com a segurança dos sistemas de controle, incluindo alguns aspectos do software, é expresso por nível de performance (PL) que é classificado de "a" até "e". O conceito de categoria é mantido, mas existem requisitos adicionais a serem preenchidos para que um nível de performance possa ser reivindicado por um sistema ou componente, sendo fundamental a confiabilidade dos dados que serão empregados em uma análise quantitativa do sistema de segurança. Máquinas importadas e componentes que já utilizam o conceito de PL não devem ser consideradas, apenas por esta razão, em desacordo com a NR-12, pois existe uma correlação, embora não linear, entre o os conceitos de PL e categoria (vide Nota Técnica DSST/SIT n. 48/2016).

Categoria B: Principalmente caracterizada pela seleção de componentes. A ocorrência de um defeito pode levar à perda da função de segurança.

Categoria 1: A ocorrência de um defeito pode levar à perda da função de segurança, porém a probabilidade de ocorrência é menor que para a categoria B.

Categoria 2: A função de segurança é verificada em intervalos pelo sistema:

a) a ocorrência de um defeito pode levar a perda da função de segurança entre as verificações; e

b) a perda da função de segurança é detectada pela verificação.

Categoria 3: quando o comportamento de sistema permite que:

a) quando ocorrer o defeito isolado, a função de segurança sempre seja cumprida;

b) alguns, mas não todos, defeitos sejam detectados; e

c) o acúmulo de defeitos não detectados leve à perda da função de segurança.

Categoria 4: quando as partes dos sistemas de comando relacionadas à segurança devem ser projetadas de tal forma que:

a) uma falha isolada em qualquer dessas partes relacionadas à segurança não leve à perda das funções de segurança, e

b) a falha isolada seja detectada antes ou durante a próxima atuação sobre a função de segurança, como, por exemplo, imediatamente, ao ligar o comando, ao final do ciclo de operação da máquina. Se essa detecção não for possível, o acúmulo de defeitos não deve levar à perda das funções de segurança.

Chave de partida: combinação de todos os dispositivos de manobra necessários para partir e parar um motor.

Circuito elétrico de comando: circuito responsável por levar o sinal gerado pelos controles da máquina ou equipamento até os dispositivos e componentes cuja função é comandar o acionamento das máquinas e equipamentos, tais como interfaces de segurança, relés, contatores, entre outros, geralmente localizados em painéis elétricos ou protegidos pela estrutura ou carenagem das máquinas e equipamentos.

Colhedora de algodão: a colhedora de algodão possui um sistema de fusos giratórios que retiram a fibra do algodão sem prejudicar a parte vegetativa da planta, ou seja, caules e folhas. Determinados modelos têm como característica a separação da fibra e do caroço, concomitante à operação de colheita.

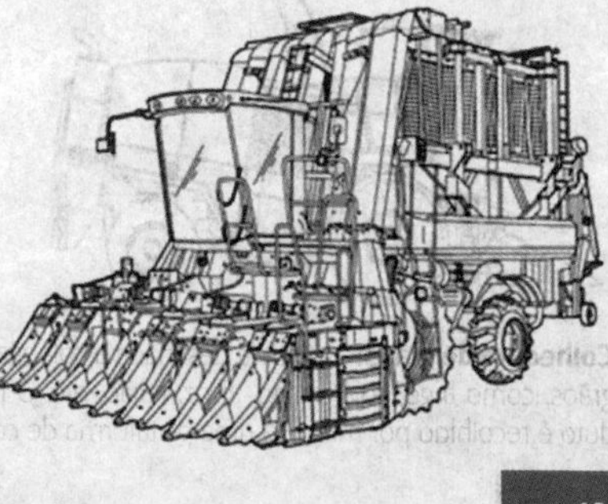

Colhedora de café: equipamento agrícola automotriz que efetua a "derriça" e a colheita de café.

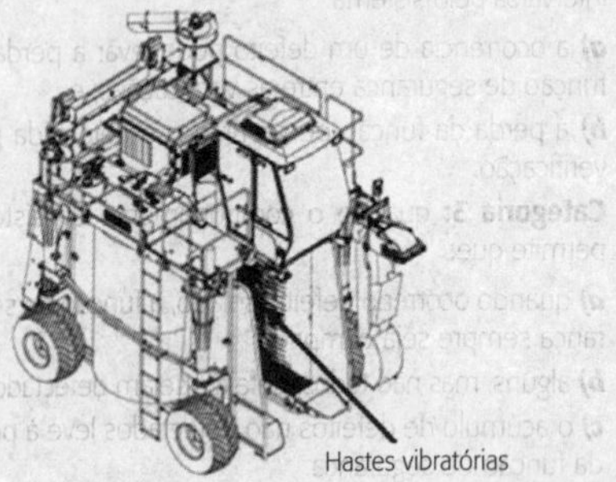

Colhedora de cana-de-açúcar: equipamento que permite a colheita de cana de modo uniforme, por possuir sistema de corte de base capaz de cortar a cana-de-açúcar acompanhando o perfil do solo. Possui um sistema de elevador que desloca a cana cortada até a unidade de transbordo.

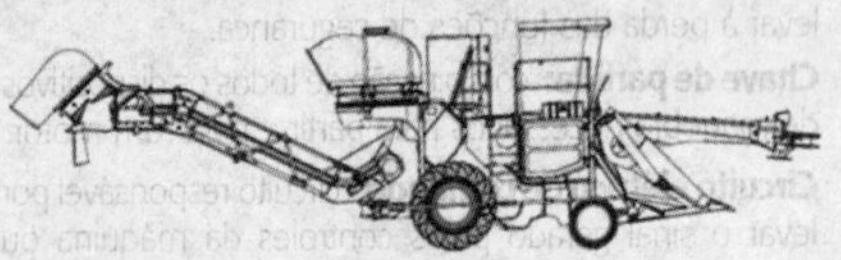

Colhedora de forragem ou forrageira autopropelida: equipamento agrícola automotriz apropriado para colheita e forragem de milho, sorgo, girassol e outros. Executa o corte da planta, sendo capaz de colher ou recolher, triturar e recolher a cultura cortada em contentores ou veículos separados de transbordo.

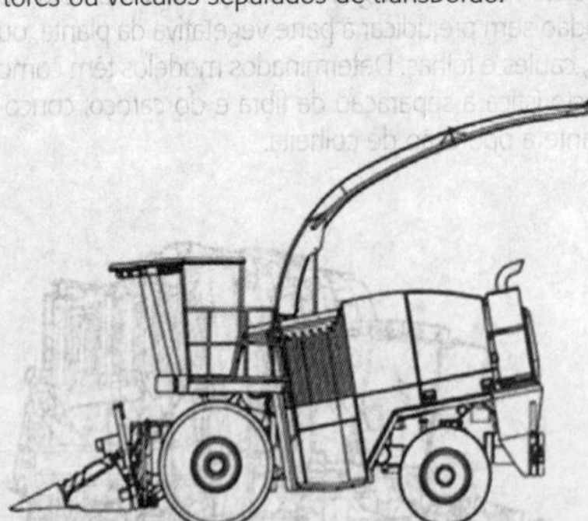

Colhedora de grãos: máquina destinada à colheita de grãos, como trigo, soja, milho, arroz, feijão, etc. O produto é recolhido por meio de uma plataforma de corte e conduzido para a área de trilha e separação, onde o grão é separado da palha, que é expelida, enquanto o grão é transportado ao tanque graneleiro.

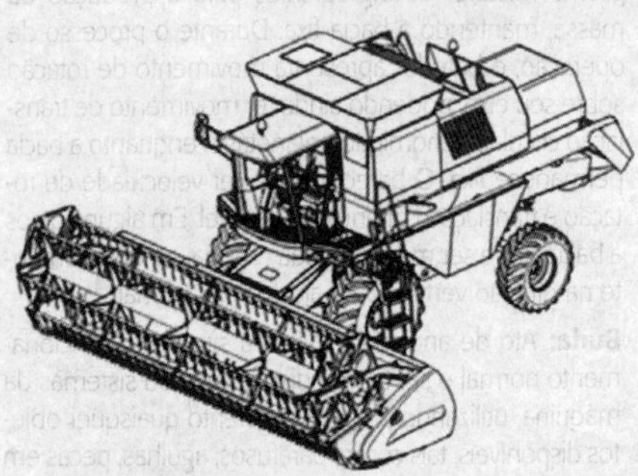

Colhedora de laranja: máquina agrícola autopropelida que efetua a colheita da laranja e outros cítricos similares.

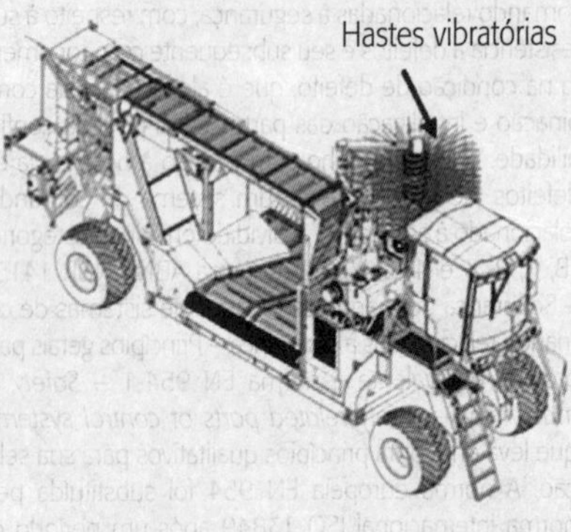

Comandos elétricos ou interfaces de segurança: dispositivos responsáveis por realizar o monitoramento que verificam a interligação, posição e funcionamento de outros dispositivos do sistema e impedem a ocorrência de falha que provoque a perda da função de segurança, como relés de segurança, controladores configuráveis de segurança e controlador lógico programável – CLP de segurança.

Controlador configurável de segurança – CCS: equipamento eletrônico computadorizado – hardware, que utiliza memória configurável para armazenar e executar internamente intertravamentos de funções específicas de programa – software, tais como sequenciamento, temporização, contagem e blocos de segurança, controlando e monitorando por meio de entradas e saídas de segurança vários tipos de máquinas ou processos. Deve ter três princípios básicos de funcionamento: – redundância, diversidade e autoteste. O software instalado deve garantir sua eficácia de forma a reduzir ao mínimo a possibilidade de erros provenientes de falha humana no projeto, a fim de evitar o comprometimento de qualquer função relativa à segurança, bem como não permitir alteração dos blocos de função de segurança específicos.

Contatos espelho: um contato auxiliar normalmente fechado (NF) que não pode estar na posição fechada ao mesmo tempo que um dos contatos principais (de força ou potência) no mesmo contator. Assim, contatos espelho é uma característica que diz respeito à ligação mecânica entre os contatos auxiliares e os contatos principais de um contator.

Contatos mecanicamente ligados: uma combinação de contatos normalmente abertos (NA) e contatos normalmente fechados (NF) projetada de modo que não possam estar simultaneamente na posição fechada (ou aberta). Aplica-se a contatos auxiliares de dispositivos de comando onde a força de atuação é provida internamente, tais como: contatores.

Controlador lógico programável – CLP de segurança: equipamento eletrônico computadorizado – hardware, que utiliza memória programável para armazenar e executar internamente instruções e funções específicas de programa – software, tais como lógica, sequenciamento, temporização, contagem, aritmética e blocos de segurança, controlando e monitorando por meio de entradas e saídas de segurança vários tipos de máquinas ou processos. O CLP de segurança deve ter três princípios básicos de funcionamento: – redundância, diversidade e autoteste. O software instalado deve garantir sua eficácia de forma a reduzir ao mínimo a possibilidade de erros provenientes de falha humana no projeto, a fim de evitar o comprometimento de qualquer função relativa à segurança, bem como não permitir alteração dos blocos de função de segurança específicos.

Controles: Dispositivos que compõem a interface de operação entre homem e máquina, incluídos os dispositivos de partida, acionamento e parada, tais como botões, pedais, alavancas, "joysticks", telas sensíveis ao toque ("touch-screen"), entre outros, geralmente visíveis. Os controles geram os sinais de comando da máquina ou equipamento.

Dispositivo de acionamento bimanual (também conhecido como dispositivo de comando bimanual): Dispositivo que exige, ao menos, a atuação simultânea pela utilização das duas mãos, com o objetivo de iniciar e manter as mãos do operador nos dispositivos de atuação (geralmente botões), enquanto existir uma condição de perigo, propiciando uma medida de proteção apenas para a pessoa que o atua. Distâncias requeridas entre os dispositivos de atuação e outras informações podem ser obtidas nas normas ISO 13851 e ANBT NBR 14152.

Dispositivo de ação continuada (também conhecido como dispositivo de comando sem retenção): dispositivo de acionamento manual que inicia e mantém em operação elementos da máquina ou equipamento apenas enquanto estiver atuado.

Dispositivo de acionamento por movimento limitado passo a passo (também conhecido como dispositivo de comando limitador de movimento): Dispositivo cujo acionamento permite apenas um deslocamento limitado de um elemento de uma máquina ou equipamento, reduzindo assim o risco tanto quanto possível, ficando excluído qualquer movimento posterior até que o dispositivo de atuação seja desativado e acionado novamente.

Dispositivo de intertravamento: dispositivo associado a uma proteção, cujo propósito é prevenir o funcionamento de funções perigosas da máquina sob condições específicas (geralmente enquanto a proteção não está fechada), com atuação mecânica (com contato físico), como os dispositivos mecânicos de intertravamento, ou sem atuação mecânica (sem contato físico), como os dispositivos de intertravamento indutivos, magnéticos, capacitivos, ultrassônicos, óticos, e por radiofrequência. Podem ou não ser codificados, a depender da aplicação, e sua instalação deve dificultar a burla por meios simples, como chaves de fenda, pregos, arames, fitas, imãs comuns, objetos metálicos, etc. (ISO 14119)

Dispositivo de restrição mecânica: Dispositivo que tem por função inserir em um mecanismo um obstáculo mecânico, como cunha, veio, fuso, escora, calço etc., capaz de se opor pela sua própria resistência a qualquer movimento perigoso, por exemplo, queda de uma corrediça no caso de falha do sistema de retenção normal.

Dispositivo inibidor ou defletor: Obstáculo físico que, sem impedir totalmente o acesso a uma zona perigosa, reduz sua probabilidade restringindo as possibilidades de acesso.

Dispositivo limitador: Dispositivo que previne uma máquina, ou as condições perigosas de uma máquina, de ultrapassar um limite determinado (por exemplo, limitador de espaço, limitador de pressão, limitador de torque etc.).

Dispositivo de obstrução: qualquer obstáculo físico (barreira, trilho etc.) que, sem impedir totalmente o acesso a uma zona perigosa, reduz a probabilidade do acesso a esta zona, oferecendo uma obstrução ao acesso livre.

Dispositivos mecânicos: dispositivos de retenção, restrição, obstrução, limitadores, separadores, empurradores, inibidores/defletores, retráteis, ajustáveis ou com auto fechamento; e

Dispositivo mecânico de intertravamento: seu funcionamento se dá pela inserção/remoção de um atuador externo no corpo do dispositivo, ou pela ação mecânica direta (ou positiva) de partes da máquina ou equipamento, geralmente proteções móveis, sobre elementos mecânicos do dispositivo. É passível de desgaste, devendo ser utilizado de forma redundante e diversa quando a apreciação de riscos assim exigir, para evitar que uma falha mecânica, como a quebra do atuador ou de outros elementos, leve à perda da função de segurança. Quando exigidos em redundância (dois dispositivos), pode-se aplicar um deles com ação direta de abertura de um elemento de contato normalmente fechado (NF), e o outro com ação não direta de abertura (por ação de mola) de um elemento de contato normalmente aberto (NA), gerando os sinais de parada, dentre outras configurações possíveis – a depender também da interface de segurança utilizada, que pode operar com sinais iguais ou invertidos. (ISO 14119).

Dispositivo de validação: dispositivos suplementares de controle operados manualmente, que, quando aplicados de modo permanente, habilitam o dispositivo de acionamento.

Dispositivos responsáveis pela prevenção de partida inesperada ou pela função de parada relacionada à segurança: São dispositivos projetados para estabelecer ou para interromper a corrente em um ou mais circuitos elétricos, por exemplo: contatores, dispositivos de seccionamento comandados remotamente através de bobina de mínima tensão; inversores e conversores de frequência, softstarters e demais chaves de partida.

Distância de segurança: Distância que protege as pessoas do alcance das zonas de perigo, sob condições específicas para diferentes situações de acesso. Quando utilizadas proteções, ou seja, barreiras físicas que restringem o acesso do corpo ou parte dele, deve ser observado o subitem 12.5.1.1 desta NR. Vide ABNT NBRNM-ISO 13852 – Segurança de Máquinas – Distâncias de segurança para impedir o acesso a zonas de perigo pelos membros superiores. As distâncias de segurança para impedir o acesso dos membros inferiores são determinadas pela ABNT NBRNM-ISO 13853 e devem ser utilizadas quando há risco apenas para os membros inferiores, pois quando houver risco para membros superiores e inferiores as distâncias de segurança previstas na norma para membros superiores devem ser atendidas. As normas ABNT NBRNM-ISO 13852 e ABNT NBRNM-ISO 13853 foram reunidas em uma única norma, a EN ISO 13857:2008 – *Safety of machinery – Safety distances to prevent hazard zones being reached by upper and lower limbs*, ainda sem tradução no Brasil.

Diversidade: Aplicação de componentes, dispositivos ou sistemas com diferentes princípios ou tipos, podendo reduzir a probabilidade de existir uma condição perigosa.

Engate mecânico por chaveta ou similar: Tipo de acoplamento que, uma vez colocado em funcionamento ou ativado, não pode ser desengatado até que o martelo tenha realizado um ciclo completo. O conceito inclui ainda certos tipos de acoplamento que somente podem ser desengatados em certas posições do ciclo de funcionamento. Prensas com esse tipo de acoplamento são extremamente perigosas, e sua fabricação é proibida.

Equipamentos estáticos: toda estrutura ou edificação que não possua movimentos mecânicos de partes móveis realizados por força motriz própria.

Equipamento tracionado: Equipamento que desenvolve a atividade para a qual foi projetado, deslocando-se por meio do sistema de propulsão de outra máquina que o conduz.

Escada de degraus com espelho: meio de acesso permanente com um ângulo de lance de 20° (vinte graus) a 45° (quarenta e cinco graus), cujos elementos horizontais são degraus com espelho.

Escada de degraus sem espelho: meio de acesso com um ângulo de lance de 45° (quarenta e cinco graus) a 75° (setenta e cinco graus), cujos elementos horizontais são degraus sem espelho.

Escada do tipo marinheiro: meio permanente de acesso com um ângulo de lance de 75° (setenta e cinco graus) a 90° (noventa graus), cujos elementos horizontais são barras ou travessas.

Escorregamento: movimento do eixo de manivela, excêntrico, além de um ponto de parada definido.

Escavadeira hidráulica em aplicação florestal: escavadeira projetada para executar trabalhos de construção, que pode ser utilizada em aplicação florestal por meio da instalação de dispositivos especiais que permitam o corte, desgalhamento, processamento ou carregamento de toras.

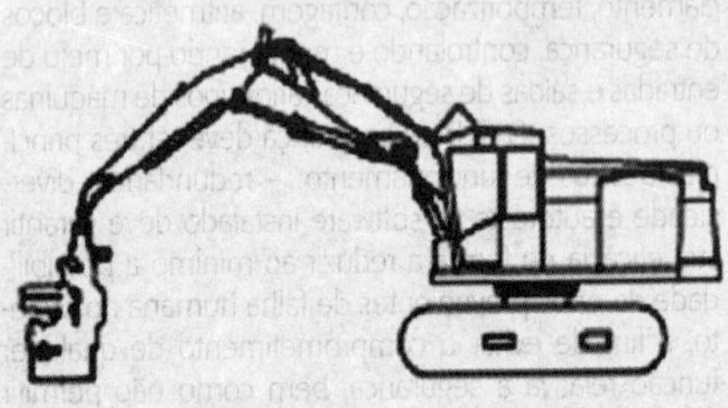

Espaço confinado: qualquer área ou ambiente não projetado para ocupação humana contínua, que possua meios limitados de entrada e saída, com ventilação insuficiente para remover contaminantes ou onde possa existir deficiência ou enriquecimento de oxigênio.

Especificação e limitação técnica: para efeito desta NR são informações detalhadas na máquina ou manual, tais como: capacidade, velocidade de rotação, dimensões máximas de ferramentas, massa de partes desmontáveis, dados de regulagem, necessidade de utilização de EPI, frequência de inspeções e manutenções etc.

ESPE (*Electro-sensitive protective* equipamento): sistema composto por dispositivos ou componentes que operam conjuntamente, com objetivo de proteção e sensoriamento da presença humana, compreendendo no mínimo: dispositivo de sensoriamento, dispositivo de monitoração ou controle e dispositivo de chaveamento do sinal de saída.

Exigência Cognitiva: exigência ligada a processos mentais como percepção, atenção, memória, raciocínio, agilidade mental, linguagem e interpretação. Envolve a necessidade de absorver informações, de memorização por meio da captação sensitiva, ou seja, visão, audição, tato, etc., de interpretar, compreender, avaliar, discriminar para então reagir, tomar uma decisão ou efetuar uma ação na interação entre o homem e outros elementos do sistema ou máquinas.

Fadiga do trabalhador: manifestação, mental ou física, local ou geral, não patológica, de uma tensão de trabalho excessiva, completamente reversível mediante descanso.

Fase de utilização: fase que compreende todas as etapas de transporte, montagem, instalação, ajuste, operação, limpeza, manutenção, inspeção, desativação e desmonte.

Fatiador de frios: máquina com lâmina tracionada em formato de disco utilizada para fatiar frios. O tipo mais frequente possui lâmina girante em forma de disco com proteção regulável para cobri-la, como borda do disco e carro porta-frios. A operação de fatiar é feita pelo movimento de vai e vem do carro porta-frios, que conduz o material a ser processado sobre a lâmina girante. Esse tipo de máquina oferece risco de acidente aos trabalhadores durante a operação, regulagem manual da proteção para expor a lâmina para operação de corte, limpeza e afiação. Máquinas mais modernas possuem lâmina girante em forma de disco com movimento de vai e vem sob uma mesa horizontal sem acesso aos trabalhadores à zona de movimento da lâmina. A zona de corte é acessada por meio de uma calha vertical porta-frios, que funciona como alimentador, e proteção móvel intertravada, que veda o acesso à lâmina. A descarga do material processado se dá por esteira ou bandeja.

Fatiadora de pães: máquina concebida para uso profissional destinada a cortar pães em fatias uniformes e paralelas. É basicamente composta por estrutura, acionamento, proteções e dispositivo de corte. O dispositivo de corte pode seccionar o produto tanto na vertical quanto na horizontal e pode ser constituído por um conjunto de facas serrilhadas que cortam por movimento oscilatório ou por uma serra contínua que corta pelo movimento em um único sentido. Para seu funcionamento, o motor transmite potência para o dispositivo de corte movimentando-o enquanto o pão é introduzido para o corte na região de carga, conduzido pelo dispositivo de alimentação.

***Feller buncher*:** trator florestal cortador-enfeixador de troncos para abate de árvores inteiras por meio do uso de implemento de corte com disco ou serra circular e garras para segurar e enfeixar vários troncos simultaneamente.

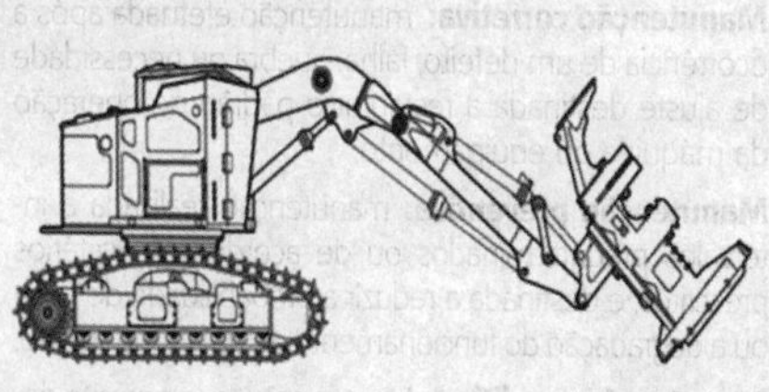

Ferramenta portátil: ferramenta destina a realizar o trabalho mecânico, com ou sem provisões para montagem em um suporte, e projetada de tal forma que o motor e a máquina formem um conjunto que possa ser facilmente carregado até o local de uso, e que possa ser seguro ou suportado pela mão ou suspenso durante a operação.

Ferramenta transportável (semiestacionária): ferramenta que possui as seguintes características:

a) destinada a ser utilizada em vários locais de trabalho apropriados. A ferramenta realiza o trabalho no material que é trazido para ela, a ferramenta é montada na peça a ser trabalhada ou ferramenta é colocada na proximidade da peça a ser trabalhada;

b) destinada a ser movimentada por uma ou duas pessoas, com ou sem dispositivo simples para facilitar o transporte, por exemplo, alças, rodas e similares;

c) utilizada em uma posição estacionária, montada em uma bancada, mesa, piso, ou incorporando um dispositivo que realiza a função de bancadas ou mesa, com ou sem fixação, por exemplo, dispositivos de fixação rápida, parafusos e similares, ou montada na peça a ser trabalhada;

d) utilizada sob o controle de um operador;

e) a peça a ser trabalhada ou a ferramenta é alimentada ou introduzida manualmente;

f) não é destinada ao uso para produção contínua ou linha de produção;

g) se conectada na rede elétrica, é alimentada com cordão de alimentação flexível e plugue.

Forrageira tracionada: implemento agrícola que, quando acoplado a um trator agrícola, pode realizar a operação de colheita ou recolhimento e trituração da planta forrageira, sendo o material triturado, como forragem, depositado em contentores ou veículos separados de transbordo.

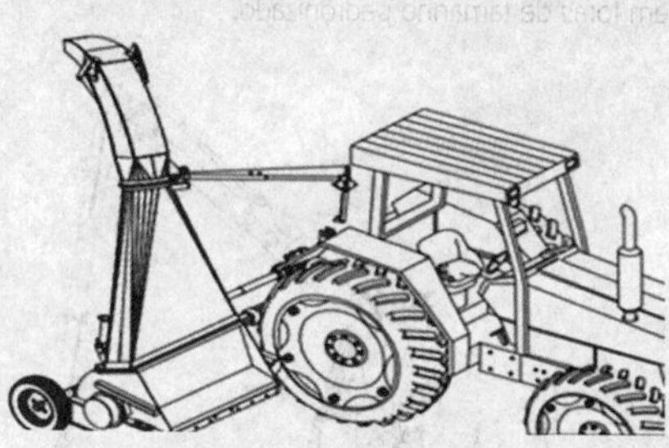

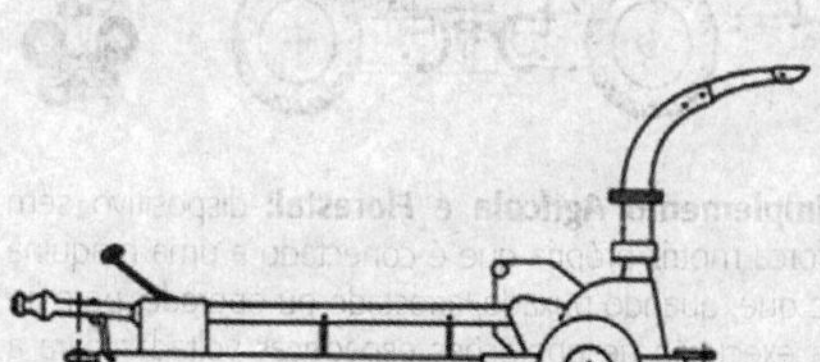

Grau de proteção – IP: representação numérica com dois algarismos que identificam as características do invólucro quanto à penetração de objetos sólidos ou líquidos, da maneira abaixo descrita.

1º (primeiro) algarismo – determina o grau de proteção dos equipamentos, quanto a objetos sólidos:

0 – não protegido;

1 – protegido contra objetos sólidos com diâmetro maior que 50 mm (cinquenta milímetros);

2 – protegido contra objetos sólidos com diâmetro maior que 12 mm (doze milímetros);

3 – protegido contra objetos sólidos com diâmetro maior que 2,5 mm (dois milímetros e meio);

4 – protegido contra objetos sólidos com diâmetro maior que 1 mm (um milímetro);

5 – protegido contra poeira;

6 – totalmente protegido contra poeira;

2º (segundo) algarismo – determina o grau de proteção dos equipamentos, quanto à entrada de água:

0 – não protegido;

1 – protegido contra quedas verticais de gotas d'água;

2 – protegido contra quedas verticais de gotas d'água para uma inclinação máxima de 15° (quinze graus);

3 – protegido contra água aspergida de um ângulo de +/- 69° (mais ou menos sessenta e nove graus);

4 – protegido contra projeções d'água;

5 – protegido contra jatos d'água;

6 – protegido contra ondas do mar ou jatos potentes;

7 – protegido contra imersão;

8 – protegido contra submersão.

***Harvester*:** trator florestal cortador de troncos para abate de árvores, utilizando cabeçote processador que corta troncos um por vez, e que tem capacidade de processar a limpeza dos galhos e corte subsequente em toras de tamanho padronizado.

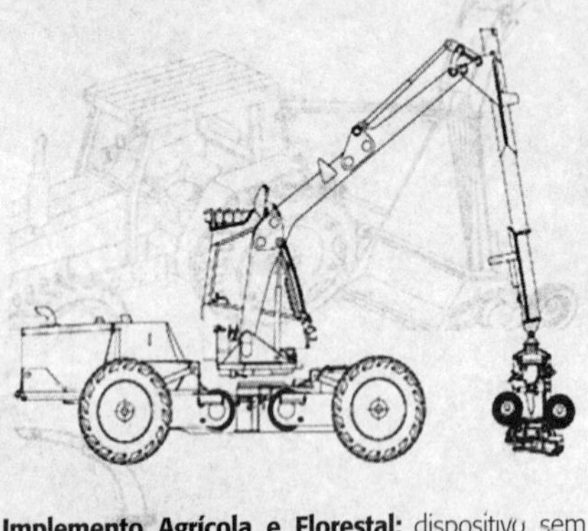

Implemento Agrícola e Florestal: dispositivo sem força motriz própria que é conectado a uma máquina e que, quando puxado, arrastado ou operado, permite a execução de operações específicas voltadas para a agricultura, pecuária e florestal, como preparo do solo, tratos culturais, plantio, colheita, abertura de valas para irrigação e drenagem, transporte, distribuição de ração ou adubos, poda e abate de árvores, etc.

Informação ou símbolo indelével: aquele aplicado diretamente sobre a máquina, que deve ser conservado de forma íntegra e legível durante todo o tempo de utilização máquina.

Interface de segurança: dispositivo responsável por realizar o monitoramento, verificando a interligação, posição e funcionamento de outros dispositivos do sistema, impedindo a ocorrência de falha que provoque a perda da função de segurança, como relés de segurança, controladores configuráveis de segurança e CLP de segurança.

Intertravamento com bloqueio: proteção associada a um dispositivo de intertravamento com dispositivo de bloqueio, de tal forma que:

– as funções perigosas cobertas pela proteção não possam operar enquanto a máquina não estiver fechada e bloqueada;

– a proteção permanece bloqueada na posição fechada até que tenha desaparecido o risco de acidente devido às funções perigosas da máquina; e

– quando a proteção estiver bloqueada na posição fechada, as funções perigosas da máquina possam operar, mas o fechamento e o bloqueio da proteção não iniciem por si próprios a operação dessas funções.

Geralmente apresenta-se sob a forma de dispositivo mecânico de intertravamento de duas partes: corpo e atuador – lingueta.

Laminadora: máquina concebida para uso profissional na indústria alimentícia. Destina-se a laminar massa por passagem consecutiva em movimento de vai e vem entre rolos rotativos tracionados com regulagem de altura. Pode possuir rolos rotativos de corte intercambiáveis, oferecendo opção de impressão e corte da massa.

Lanterna traseira de posição: dispositivo designado para emitir um sinal de luz para indicar a presença de uma máquina.

Limiar de queimaduras: temperatura superficial que define o limite entre a ausência de queimaduras e uma queimadura de espessura parcial superficial, causada pelo contato da pele com uma superfície aquecida, para um período específico de contato.

Manípulo ou pega-mão: dispositivo auxiliar, incorporado à estrutura da máquina ou nela afixado, que tem a finalidade de permitir o acesso.

Manutenção corretiva: manutenção efetuada após a ocorrência de um defeito, falha, quebra ou necessidade de ajuste destinada a restaurar o padrão de operação da máquina ou equipamento.

Manutenção preventiva: manutenção realizada a intervalos predeterminados ou de acordo com critérios prescritos, e destinada a reduzir a probabilidade de falha ou a degradação do funcionamento de um componente.

Manutenção preditiva: Manutenção que permite garantir uma qualidade de serviço desejada, com base na aplicação sistemática de técnicas de análise, utilizando-se de meios de supervisão centralizados ou de amostragem, para reduzir ao mínimo a manutenção preventiva e diminuir a manutenção corretiva.

Máquina agrícola e florestal autopropelida ou automotriz: máquina destinada a atividades agrícolas e florestais que se desloca sobre meio terrestre com sistema de propulsão próprio.

Máquina autopropelida ou automotriz: para fins desta NR, aquela que se desloca em meio terrestre com sistema de propulsão próprio.

Máquina de construção em aplicação agroflorestal: máquina originalmente concebida para realização de trabalhos relacionados à construção e movimentação de solo e que recebe dispositivos específicos para realização de trabalhos ligados a atividades agroflorestais.

Máquina e equipamento: para fins de aplicação desta NR, o conceito inclui somente máquina e equipamento de uso não doméstico e movido por força não humana.

Máquina ou equipamento manual: máquina ou equipamento portátil guiado à mão.

Máquina ou implemento projetado: todo equipamento ou dispositivo desenhado, calculado, dimensionado e construído por profissional habilitado, para o uso adequado e seguro.

Modeladora: máquina concebida para uso na indústria alimentícia, para modelar massa para pães por passagem entre rolos rotativos, que achatam a porção de massa a ser modelada. A porção de massa achatada é enrolada pela passagem entre duas superfícies, que podem ser duas correias transportadoras ou uma correia transportadora e uma placa fixa e, por fim, é alongada pela passagem entre correias transportadoras. É composta basicamente por estrutura, correia transportadora de alimentação, correias transportadoras de descarga e moldagem ou alongamento, proteções, conjunto de guias, conjunto de rolos e acionamento. Para seu funcionamento, o motor de acionamento transmite potência às correias transportadoras e ao conjunto de rolos, e cada rolo adquire movimento de rotação sobre seu eixo causando a passagem da massa entre eles. Pode operar com alimentação e descarga manuais. Em determinadas situações o mesmo tipo de máquina também é denominado alongadora.

Moedor de carne: picador de carne: máquina que utiliza rosca sem fim para moer carne. É composta por bocal instalado em bandeja para entrada da carne e rosca sem fim dentro de duto que a conduz em direção à lâmina de corte e, em seguida, até o bocal perfurado – zona de descarga.

Moinho para farinha de rosca: máquina concebida para uso profissional, destinada a reduzir mecanicamente partes de pão torrado em farinha. É composta por base e bocal, acionamento, proteções e dispositivo de moagem.

Monitoramento: função intrínseca de projeto do componente ou realizada por interface de segurança que garante a funcionalidade de um sistema de segurança quando um componente ou um dispositivo tiver sua função reduzida ou limitada, ou quando houver situações de perigo devido a alterações nas condições do processo.

Motocultivador: trator de Rabiças, "mula mecânica" ou microtrator: equipamento motorizado de duas rodas utilizado para tracionar implementos diversos, desde preparo de solo até colheita. Caracteriza-se pelo fato de o operador caminhar atrás do equipamento durante o trabalho.

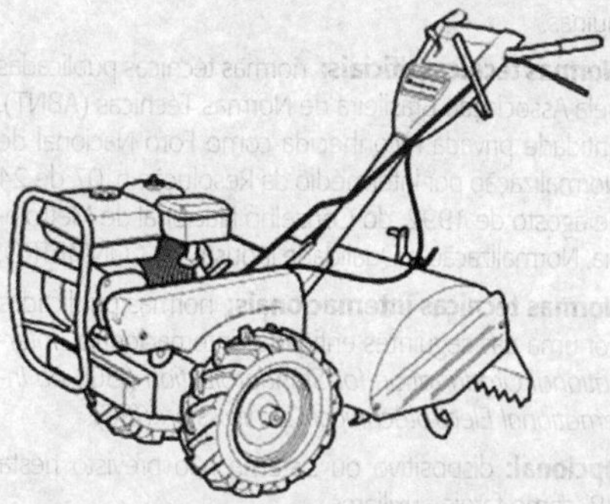

Motopoda: máquina similar à motosserra, dotada de cabo extensor para maior alcance nas operações de poda.

Motosserra: serra motorizada de empunhadura manual utilizada principalmente para corte e poda de árvores equipada obrigatoriamente com:

a) freio manual ou automático de corrente, que consiste em dispositivo de segurança que interrompe o giro da corrente, acionado pela mão esquerda do operador;

b) pino pega-corrente, que consiste em dispositivo de segurança que reduz o curso da corrente em caso de rompimento, evitando que atinja o operador;

c) protetor da mão direita, que consiste em proteção traseira que evita que a corrente atinja a mão do operador em caso de rompimento;

d) protetor da mão esquerda, que consiste em proteção frontal para evitar que a mão do operador alcance involuntariamente a corrente durante a operação de corte; e

e) trava de segurança do acelerador, que consiste em dispositivo que impede a aceleração involuntária.

***Muting*:** desabilitação automática e temporária de uma função de segurança por meio de componentes de segurança ou circuitos de comando responsáveis pela segurança, durante o funcionamento normal da máquina.

Normas europeias harmonizadas: norma técnica europeia desenvolvida por Organização Europeia de Normalização reconhecida. A lista atualizada das normas harmonizadas é publicada no Jornal Oficial da União Europeia.

Normas do tipo A: normas fundamentais de segurança que definem com rigor conceitos fundamentais, princípios de concepção e aspectos gerais válidos para todos os tipos de máquinas.

NR 12

Normas do tipo B: normas de segurança relativas a um grupo que tratam de um aspecto ou de um tipo de dispositivo condicionador de segurança, aplicáveis a uma gama extensa de máquinas.

Normas do tipo C: normas de segurança por categoria de máquinas, que são prescrições detalhadas aplicáveis a uma máquina em particular ou a um grupo de máquinas.

Normas técnicas oficiais: normas técnicas publicadas pela Associação Brasileira de Normas Técnicas (ABNT), entidade privada reconhecida como Foro Nacional de Normalização por intermédio da Resolução n. 07, de 24 de agosto de 1992, do Conselho Nacional de Metrologia, Normalização e Qualidade Industrial – CONMETRO;

Normas técnicas internacionais: normas publicadas por uma das seguintes entidades internacionais: *International Organization for Standardization (ISO) ou International Electrotechnical Commission (IEC).*

Opcional: dispositivo ou sistema não previsto nesta NR, como faróis auxiliares.

Outro tipo de microtrator e cortador de grama autopropelido: máquina de pequeno porte destinada à execução de serviços gerais e de conservação de jardins residenciais ou comerciais. Seu peso bruto total sem implementos não ultrapassa 600 kg (seiscentos quilogramas).

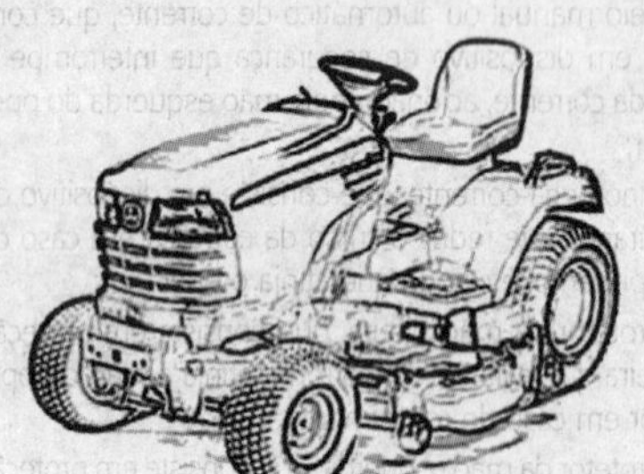

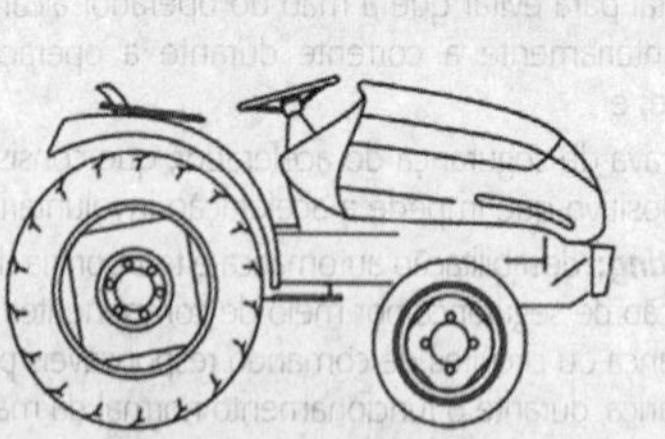

Permissão de trabalho: ordem de serviço: documento escrito, específico e auditável, que contenha, no mínimo, a descrição do serviço, a data, o local, nome e a função dos trabalhadores e dos responsáveis pelo serviço e por sua emissão e os procedimentos de trabalho e segurança.

Plantadeira tracionada: implemento agrícola que, quando acoplado a um trator agrícola, pode realizar a operação de plantio de culturas, como sementes, mudas, tubérculos ou outros.

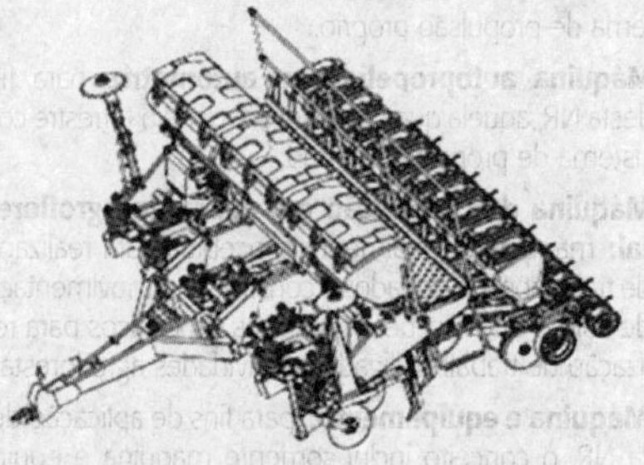

Plataforma ou escada externa para máquina autopropelida agrícola, florestal e de construção em aplicações agroflorestais: dispositivo de apoio não fixado de forma permanente na máquina.

Posto de operação: local da máquina ou equipamento de onde o trabalhador opera a máquina.

Posto de trabalho: qualquer local de máquinas e equipamentos em que seja requerida a intervenção do trabalhador.

Prensa mecânica excêntrica servoacionada: máquina que utiliza motor de torque ou servomotor ligado mecanicamente ao eixo de acionamento da máquina. O servoacionamento deve ficar intertravado com o sistema de segurança. Esse tipo de acionamento deve possuir um dispositivo de retenção do martelo, que pode ser incorporado no próprio motor. O sistema redundante de frenagem deve ser dimensionado de forma que possa bloquear o movimento do martelo em qualquer ângulo do excêntrico, em caso de emergência ou no caso de intervenção para manutenção. O sistema deve ser intertravado ao sistema de controle elétrico de segurança e projetado para atender ao nível de categoria 4 (quatro) de proteção.

Profissional habilitado para a supervisão da capacitação: profissional que comprove conclusão de curso específico na área de atuação, compatível com o curso a ser ministrado, com registro no competente conselho de classe, se necessário.

Profissional legalmente habilitado: trabalhador previamente qualificado e com registro no competente conselho de classe, se necessário.

Profissional ou trabalhador capacitado: aquele que recebeu capacitação sob orientação e responsabilidade de profissional habilitado.

Profissional ou trabalhador qualificado: aquele que comprove conclusão de curso específico na sua área de atuação e reconhecido pelo sistema oficial de ensino.

Proteção fixa distante: proteção que não cobre completamente a zona de perigo, mas que impede ou reduz o acesso em razão de suas dimensões e sua distância em relação à zona de perigo, como, por exemplo, grade de perímetro ou proteção em túnel.

Proteção intertravada com comando de partida: Forma especial de proteção com intertravamento que, uma vez fechada, gera um comando para iniciar as funções perigosas da máquina, sem a necessidade de comando adicional. As limitações e exigências para sua aplicação estão previstas na norma ABNT NBR ISO 12.100 e em outras normas específicas do tipo "c".

Psicofisiológico: característica que engloba o que constitui o caráter distintivo, particular de uma pessoa, incluindo suas capacidades sensitivas, motoras, psíquicas e cognitivas, destacando, entre outras, questões relativas aos reflexos, à postura, ao equilíbrio, à coordenação motora e aos mecanismos de execução dos movimentos que variam intra e inter indivíduos. Inclui, no mínimo, o conhecimento antropológico, psicológico, fisiológico relativo ao ser humano. Engloba, ainda, temas como níveis de vigilância, sono, motivação e emoção, memória e aprendizagem.

Pulverizador autopropelido: instrumento ou máquina utilizado na agricultura no combate às pragas da lavoura, infestação de plantas daninha e insetos. Sua maior função é permitir o controle da dosagem na aplicação de defensivos ou fertilizantes sobre determinada área.

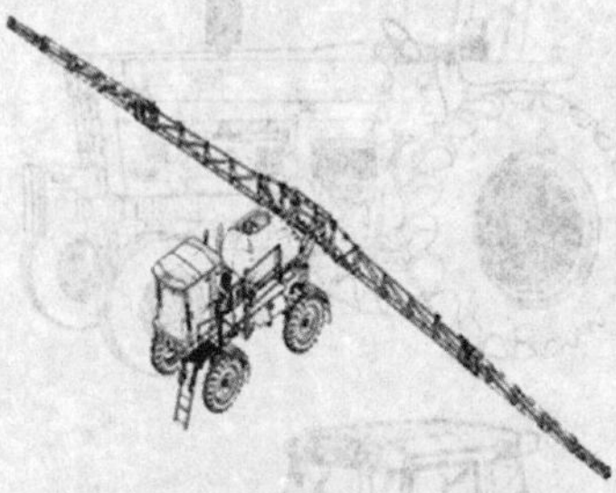

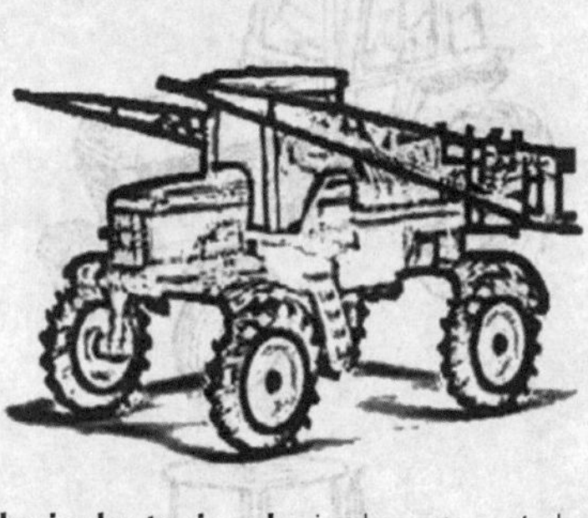

Pulverizador tracionado: implemento agrícola que, quando acoplado a um trator agrícola, pode realizar a operação de aplicar agrotóxicos.

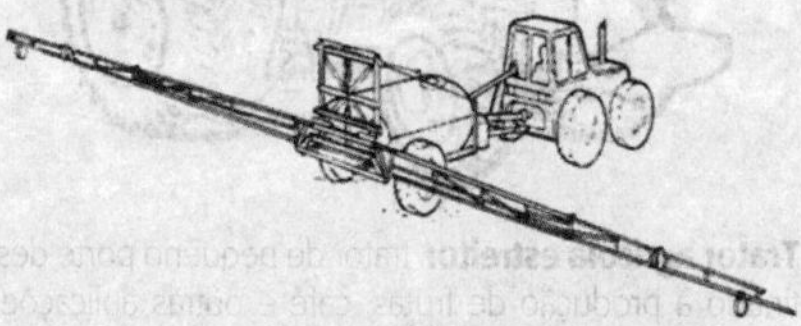

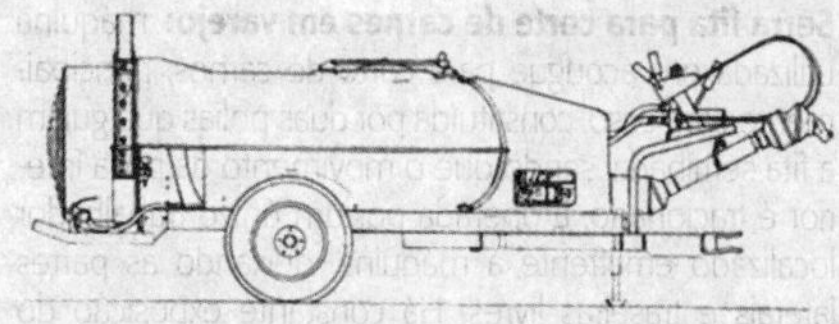

Queimadura de espessura parcial superficial: queimadura em que a epiderme é completamente destruída, mas os folículos pilosos e glândulas sebáceas, bem como as glândulas sudoríparas, são poupados.

Rampa: meio de acesso permanente inclinado e contínuo em ângulo de lance de 0° (zero grau) a 20° (vinte graus).

Rearme manual: Função de segurança utilizada para restaurar manualmente uma ou mais funções de segurança antes de reiniciar uma máquina ou parte dela.

Redundância: aplicação de mais de um componente, dispositivo ou sistema, a fim de assegurar que, havendo uma falha em um deles na execução de sua função o outro estará disponível para executar esta função.

Relé de segurança: componente com redundância e circuito eletrônico dedicado para acionar e supervisionar funções específicas de segurança, tais como dispositivo de intertravamento, sensores, circuitos de parada de emergência, ESPEs, válvulas e contatores, garantido que, em caso de falha ou defeito desses ou em sua fiação, a máquina interrompa o funcionamento e não permita a inicialização de um novo ciclo, até o defeito ser sanado. Deve ter três princípios básicos de funcionamento: redundância, diversidade e autoteste.

Ruptura positiva: operação de abertura positiva de um elemento de contato: efetivação da separação de um contato como resultado direto de um movimento específico do atuador da chave do interruptor, por meio de partes não resilientes, ou seja, não dependentes da ação de molas.

Seletor: chave seletora, dispositivo de validação: chave seletora ou seletora de modo de comando com acesso restrito ou senha de tal forma que:

a) possa ser bloqueada em cada posição, impedindo a mudança de posição por trabalhadores não autorizados;

b) cada posição corresponda a um único modo de comando ou de funcionamento;

c) o modo de comando selecionado tenha prioridade sobre todos os outros sistemas de comando, com exceção da parada de emergência; e

d) torne a seleção visível, clara e facilmente identificável.

Seletor – dispositivos detectores de presença mecânicos e não mecânicos, que atuam quando uma pessoa ou parte do seu corpo adentra a zona de detecção, enviando um sinal para interromper ou impedir o início de funções perigosas, como cortinas de luz, detectores de presença optoeletrônicos, laser de múltiplos feixes, barreiras óticas, monitores de área, ou scanners, batentes, tapetes e sensores de posição;

Serra fita para corte de carnes em varejo: máquina utilizada em açougue para corte de carnes, principalmente com osso, constituída por duas polias que guiam a fita serrilhada, sendo que o movimento da polia inferior é tracionado. É operada por um único trabalhador localizado em frente à máquina, deixando as partes laterais e traseiras livres. Há constante exposição do operador à zona de corte ao manipular a peça de carne a ser cortada.

Servodrive: dispositivo eletrônico de controle utilizado para controlar servomotores, podem ser interligados a CLPs, CNC ou computadores para realizar controles de sistemas automatizados servocontrolados. Seu funcionamento é similar aos inversores de frequência comuns, mas possuem precisão e controle de posicionamento.

Servomotor: dispositivo eletromecânico que apresenta movimento proporcional a um comando gerado por um servodriver que operam em malha fechada verificando a posição atual e indo para posição desejada. Usado largamente em máquinas CNC, equipamentos robotizados e sistemas de transporte que exijam precisão.

Símbolo – pictograma: desenho esquemático normatizado, destinado a significar certas indicações simples.

Sistema de proteção contra quedas: estrutura fixada à máquina ou equipamento, projetada para impedir a queda de pessoas, materiais ou objetos.

Sistema mecânico de frenagem: sistema mecânico utilizado para parada segura do movimento de risco, que garanta o retorno à posição frenado quando houver a interrupção da fonte de energia.

Talão: parte mais rígida – reforçada do pneu, que entra em contato com o aro, garantindo sua fixação.

Teleférico: Para fins desta NR, considera-se teleférico o transporte aéreo automatizado realizado por cabo e trilho de cargas em caçambas entre terminais automatizados de carga e descarga.

Tensão de trabalho – *work strain*: resposta interna do trabalhador ao ser exposto à pressão de trabalho, dependente de suas características individuais, por exemplo, tamanho, idade, capacidade, habilidade, destrezas, etc.

Tipo: No contexto dos AOPD (Active Opto-electronic Protective Device) – dispositivos de detecção de presença optoeletrônico ativos, "tipo" refere-se aos requisitos específicos para a concepção, construção e ensaios, tal como definido pela norma internacional IEC 61496-1 / 2, que estabelece condições óticas e de resistência a falhas. As AOPDs/cortinas de luz, quanto ao tipo, são classificadas em cortinas de luz de tipo 4 e cortinas de luz de tipo 2. As cortinas de luz de tipo 2 possuem apenas um microprocessador e utiliza o método de exclusão de falhas para assegurar a integridade da função de segurança; nas cortinas de luz do tipo 4 são alcançados altos níveis de tolerância a falhas por meio de redundância e monitoramento. Em relação à parte ótica, as cortinas de luz do tipo 2 têm um maior ângulo efetivo de abertura (EAA) ou o campo de visão emissor/receptor, sendo, portanto, mais susceptíveis a curtos-circuitos ópticos. A alteração da norma internacional IEC 61496 de 2013, harmonizada em 2014, que se adequou aos conceitos previstos na norma internacional ISO 13849, determinou que cortinas de luz do tipo 2 podem atender no máximo o PL "c" e as cortinas de luz do tipo 4 podem atender o PL "e". Monitores de área a laser (safety laser scanners) são dispositivos de detecção de presença optoeletrônicos ativos (AOPD) do tipo 3, atingindo no máximo PL "d".

Trator acavalado: trator agrícola em que, devido às dimensões reduzidas, a plataforma de operação consiste apenas de um piso pequeno nas laterais para o apoio dos pés e operação.

Trator agrícola: máquina autopropelida de médio a grande porte, destinada a puxar ou arrastar implementos agrícolas. Possui uma ampla gama de aplicações na agricultura e pecuária, e é caracterizado por possuir no mínimo dois eixos para pneus ou esteiras e peso, sem lastro ou implementos, maior que 600 kg (seiscentos quilogramas) e bitola mínima entre pneus traseiros, com o maior pneu especificado, maior que 1280 mm (mil duzentos e oitenta milímetros).

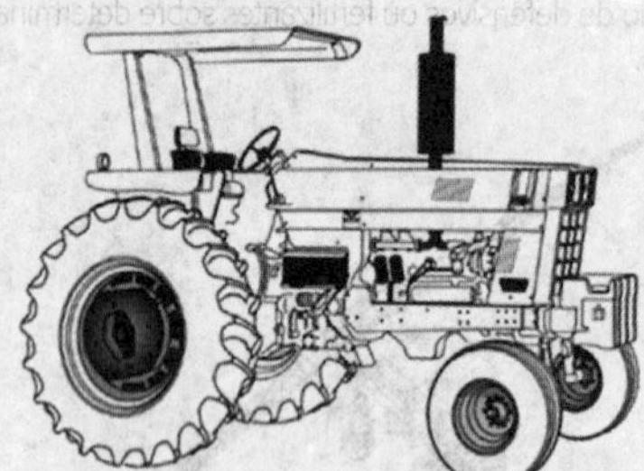

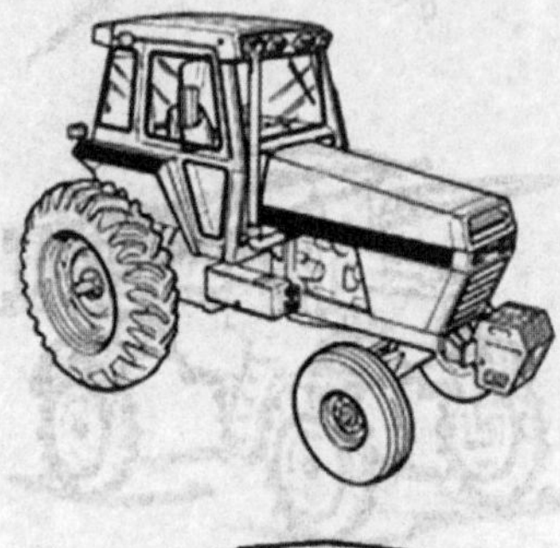

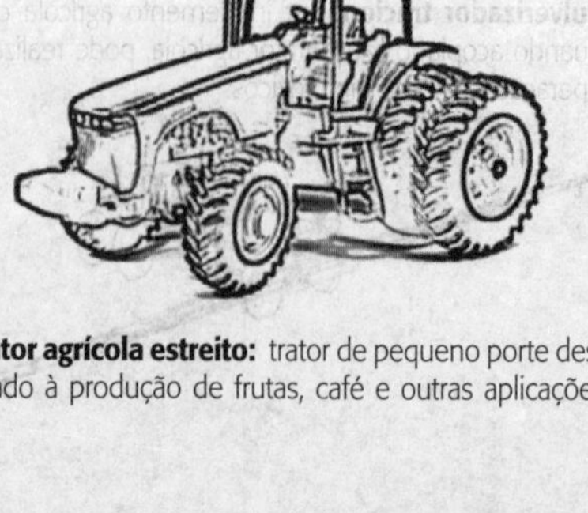

Trator agrícola estreito: trator de pequeno porte destinado à produção de frutas, café e outras aplicações nas quais o espaço é restrito e utilizado para implementos de pequeno porte. Possui bitola mínima entre pneus traseiros, com o maior pneu especificado, menor ou igual a 1280 mm (mil duzentos e oitenta milímetros) e peso bruto total acima de 600 Kg (seiscentos quilogramas).

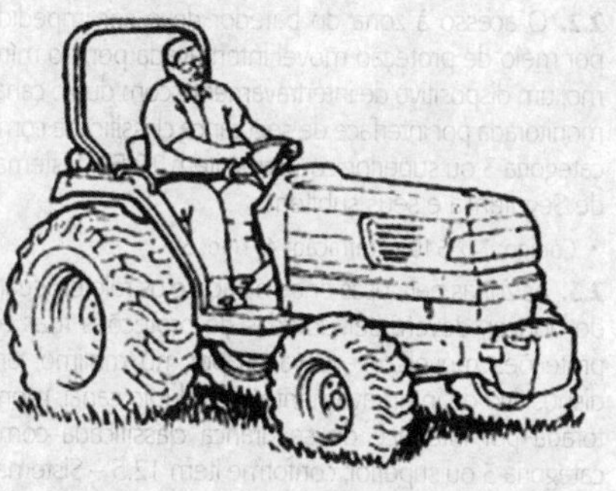

Válvula e bloco de segurança: componente conectado à máquina ou equipamento com a finalidade de permitir ou bloquear, quando acionado, a passagem de fluidos líquidos ou gasosos, como ar comprimido e fluidos hidráulicos, de modo a iniciar ou cessar as funções da máquina ou equipamento. Deve possuir monitoramento para a verificação de sua interligação, posição e funcionamento, impedindo a ocorrência de falha que provoque a perda da função de segurança.

Vida útil de máquina e equipamento: é aquela estimada pelo fabricante como limite temporal nos termos da norma ABNT NBR ISO 12.100:2015. Para fins de aplicação da informação prevista na alínea "p" do item 12.128, o vencimento do tempo de vida útil das máquinas e equipamentos e/ou de seus componentes relacionados com a segurança, por si, não significa a proibição da continuidade da sua utilização. Recursos técnicos podem ser usados para determinar a continuidade da utilização da máquina ou equipamento com segurança.

Zona perigosa: Qualquer zona dentro ou ao redor de uma máquina ou equipamento, onde uma pessoa possa ficar exposta a risco de lesão ou danos à saúde.

Anexo V da NR-12
Motosserras

1. As motosserras devem dispor dos seguintes dispositivos de segurança:

a) freio manual ou automático de corrente;

• Código: 312.530-0. Infração: 4. Tipo: S.

b) pino pega-corrente;

• Código: 312.530-0. Infração: 4. Tipo: S.

c) protetor da mão direita;

• Código: 312.530-0. Infração: 4. Tipo: S.

d) protetor da mão esquerda; e

• Código: 312.530-0. Infração: 4. Tipo: S.

e) trava de segurança do acelerador.

• Código: 312.530-0. Infração: 4. Tipo: S.

1.1. As motopodas e similares devem atender, no que couber, o disposto no item 1 e alíneas deste Anexo.

• Código: 312.531-9. Infração: 4. Tipo: S.

2. Os fabricantes e importadores de motosserras e similares devem informar, nos catálogos e manuais de instruções de todos os modelos, os níveis de ruído e vibração e a metodologia utilizada para a referida aferição.

• Código: 312.532-7. Infração: 2. Tipo: S.

3. As motosserras e similares fabricadas e importadas devem ser comercializadas com manual de instruções que contenha informações relativas à segurança e à saúde no trabalho, especialmente:

a) quanto aos riscos à segurança e a saúde durante o seu manuseio;

• Código: 312.533-5. Infração: 2. Tipo: S.

b) instruções de segurança no trabalho com o equipamento, de acordo com o previsto nas Recomendações Práticas da Organização Internacional do Trabalho – OIT;

• Código: 312.533-5. Infração: 2. Tipo: S.

c) especificações de ruído e vibração; e

• Código: 312.533-5. Infração: 2. Tipo: S.

d) advertências sobre o uso inadequado.

• Código: 312.533-5. Infração: 2. Tipo: S.

4. Os fabricantes e importadores de motosserras e similares instalados no País devem disponibilizar, por meio de seus revendedores, treinamento e material didático para os usuários, conforme conteúdo programático relativo à utilização constante do manual de instruções.

• Código: 312.534-3. Infração: 3. Tipo: S.

4.1. Os empregadores devem promover, a todos os operadores de motosserra e similares, treinamento para utilização segura da máquina, com carga horária mínima de oito horas e conforme conteúdo programático relativo à utilização constante do manual de instruções.

• Código: 312.534-3. Infração: 4. Tipo: S.

4.2. Os certificados de garantia das máquinas devem ter campo específico, a ser assinado pelo consumidor, confirmando a disponibilidade do treinamento ou responsabilizando-se pelo treinamento dos trabalhadores que utilizarão a máquina.

• Código: 312.536-0. Infração: 1. Tipo: S.

5. Todos os modelos de motosserra e similares devem conter sinalização de advertência indelével e resistente, em local de fácil leitura e visualização do usuário, com a seguinte informação: o uso inadequado pode provocar acidentes graves e danos à saúde.

• Código: 312.537-8. Infração: 2. Tipo: S.

6. É proibido o uso de motosserras e similares à combustão interna em lugares fechados ou insuficientemente ventilados.

• Código: 312.538-6. Infração: 4. Tipo: S.

NR 12

Anexo VI da NR-12
Máquinas para Panificação e Confeitaria

1. Este Anexo estabelece requisitos específicos de segurança para máquinas de panificação e confeitaria, a saber: amassadeiras, batedeiras, cilindros, modeladoras, laminadoras, fatiadoras para pães e moinho para farinha de rosca.

1.2. As máquinas de panificação e confeitaria não especificadas por este Anexo e certificadas pelo INMETRO estão excluídas da aplicação desta NR quanto aos requisitos técnicos de construção relacionados à segurança da máquina.

1.2.1. As máquinas de panificação e confeitaria não especificadas ou excluídas por este Anexo e fabricadas antes da existência de programa de avaliação da conformidade no âmbito do INMETRO devem atender aos requisitos técnicos de segurança relativos à proteção das zonas perigosas, estabelecidos pelo programa de avaliação da conformidade específico para estas máquinas.

- Código: 312.539-4. Infração: 4. Tipo: S.

1.3. As modeladoras, laminadoras, fatiadoras de pães e moinhos para farinha de rosca estão dispensadas de ter a interface de operação (circuito de comando) em extrabaixa tensão.

1.4. As microempresas e empresas de pequeno porte do setor de panificação e confeitaria ficam dispensadas do atendimento do subitem 12.2.1 da parte geral da NR-12 que trata do arranjo físico das instalações.

1.5. Para fins de aplicação deste Anexo e das normas técnicas oficiais vigentes, os sistemas de segurança aqui descritos para cada máquina são resultado da apreciação de risco.

1.6. O circuito elétrico do comando da partida e parada do motor elétrico das máquinas especificadas neste Anexo deve atender ao disposto nos subitens 12.4.14 e 12.4.14.1 da parte geral desta NR.

2. Amassadeira Espiral

2.1. Para aplicação deste Anexo consideram-se:

a) amassadeira classe 1: amassadeiras cujas bacias têm volume maior ou igual a 13 l (treze litros) e menor do que 70 l (setenta litros);

b) amassadeira classe 2: amassadeiras cujas bacias têm volume maior ou igual a 70 l (setenta litros);

c) as amassadeiras cujas bacias têm volume menor do que 13 l (treze litros) e sejam certificadas pelo INMETRO ficam excluídas da aplicação desta NR;

d) bacia: recipiente destinado a receber os ingredientes que se transformam em massa após misturados pelo batedor, podendo também ser denominado tacho ou cuba;

e) volume da bacia: volume máximo da bacia, usualmente medido em litros;

f) zonas perigosas da bacia: zona de contato entre a bacia e os roletes de apoio, quando houver;

g) batedor: dispositivo destinado a, por movimento de rotação, misturar os ingredientes e produzir a massa, podendo ter diversas geometrias e ser denominado, no caso de amassadeiras, de garfo ou braço;

h) zona perigosa do batedor: região na qual o movimento do batedor oferece risco ao trabalhador, podendo o risco ser de aprisionamento ou de esmagamento.

2.2. O acesso à zona do batedor deve ser impedido por meio de proteção móvel intertravada por, no mínimo, um dispositivo de intertravamento com duplo canal, monitorada por interface de segurança classificada como categoria 3 ou superior, conforme item 12.5 – Sistemas de Segurança e seus subitens.

- Código: 312.540-8. Infração: 4. Tipo: S.

2.3. As zonas perigosas entre a bacia e os roletes, quando houver, devem ser dotadas de proteções fixas ou proteções móveis intertravadas por, no mínimo, um dispositivo de intertravamento com duplo canal, monitorada por interface de segurança classificada como categoria 3 ou superior, conforme item 12.5 – Sistemas de Segurança e seus subitens.

- Código: 312.541-6. Infração: 4. Tipo: S.

2.4. Quando a bacia tiver elementos de fixação salientes que apresentem riscos de acidentes, deve ser dotada de proteção fixa ou proteção móvel intertravada por, no mínimo, um dispositivo de intertravamento com duplo canal, monitorada por interface de segurança classificada como categoria 3 ou superior, conforme item 12.5 – Sistemas de Segurança e seus subitens.

- Código: 312.542-4. Infração: 4. Tipo: S.

2.5. Caso sejam utilizados dispositivos mecânicos de intertravamento, no intertravamento das proteções móveis, devem ser instalados dois por proteção, monitoradas por uma interface de segurança classificada como categoria 3 ou superior, conforme item 12.5 – Sistemas de Segurança e seus subitens.

- Código: 312.543-2. Infração: 4. Tipo: S.

2.6. As amassadeiras deverão ser projetadas para cessar os movimentos perigosos em no máximo dois segundos quando a proteção móvel for acionada com a bacia vazia, ou deverá ser atendido o disposto na alínea "b" do subitem 12.5.6 desta NR.

- Código: 312.544-0. Infração: 3. Tipo: S.

2.6.1. Em função do desgaste natural de operação dos componentes, as amassadeiras existentes e já instaladas poderão cessar os movimentos perigosos em tempo diferente, desde que não ultrapasse 2,5 segundos.

2.7. As amassadeiras devem ser dotadas de dispositivo de parada de emergência, conforme item 12.6 – Dispositivos de parada de emergência e seus subitens, atendendo:

a) amassadeiras classe 1 devem possuir um botão de parada de emergência;

- Código: 312.545-9. Infração: 4. Tipo: S.

b) amassadeiras classe 2 devem possuir, no mínimo, dois botões de parada de emergência.

- Código: 312.545-9. Infração: 4. Tipo: S.

2.7.1. O monitoramento do intertravamento da proteção móvel e dos dispositivos de parada de emergência pode ser realizado por uma única interface de segurança classificada, no mínimo, como categoria 3, ou os dispositivos de parada de emergência podem ser ligados de modo a cortar a alimentação elétrica da interface de segurança responsável pelo monitoramento de proteção móvel, sem a necessidade de uma interface de segurança específica para o monitoramento dos dispositivos de parada de emergência.

3. Batedeiras

3.1. Para aplicação deste Anexo consideram-se:

a) batedeira classe 1: batedeiras cujas bacias têm volume maior do que 5 l (cinco litros) e menor ou igual 18 l (dezoito litros).

b) batedeira classe 2: batedeiras cujas bacias têm volume maior do que 18 l (dezoito litros).

c) as batedeiras cujas bacias têm volume menor ou igual a 5 l (cinco litros) e sejam certificadas pelo INMETRO ficam excluídas da aplicação desta NR.

d) bacia: recipiente destinado a receber os ingredientes que se transformarão na massa após misturados pelo batedor, podendo receber, também, as seguintes denominações: tacho ou cuba;

e) volume da bacia: volume máximo da bacia, usualmente medido em litros;

f) batedor: dispositivo destinado a, por movimento de rotação, misturar os ingredientes e produzir a massa; dependendo do trabalho a ser realizado, pode apresentar diversas geometrias, podendo também ser denominado gancho, leque ou paleta, globo ou arame;

g) zona perigosa do batedor: região na qual o movimento do batedor oferece risco ao usuário, podendo o risco ser de aprisionamento ou esmagamento.

3.2. O acesso à zona do batedor deve ser impedido por meio de proteção móvel intertravada por, no mínimo, um dispositivo de intertravamento com duplo canal, monitorada por interface de segurança classificada como categoria 3 ou superior, conforme item 12.5 – Sistemas de Segurança e seus subitens.

- Código: 312.546-7. Infração: 4. Tipo: S.

3.3. Caso sejam utilizados dispositivos mecânicos de intertravamento, no intertravamento das proteções móveis, devem ser instaladas duas por proteção, monitoradas por uma interface de segurança classificada como categoria 3 ou superior, conforme item 12.5 – Sistemas de Segurança e seus subitens.

- Código: 312.547-5. Infração: 4. Tipo: S.

3.4. Os movimentos perigosos devem cessar no máximo em dois segundos quando a proteção móvel for acionada com a bacia vazia, ou deverá ser atendido o disposto na alínea "b" do subitem 12.5.6 desta NR.

- Código: 312.548-3. Infração: 3. Tipo: S.

3.5. As batedeiras de classe 2, definidas na alínea "b" do subitem 3.1 deste Anexo, devem possuir dispositivo do tipo carrinho manual ou similar para deslocamento da bacia a fim de reduzir o esforço físico do operador.

- Código: 312.549-1. Infração: 3. Tipo: S.

3.6. As bacias das batedeiras de classe 1, definidas na alínea "a" do subitem 3.1 deste Anexo, que não possuam dispositivo para manuseio do tipo carrinho manual ou similar para seu deslocamento, devem possuir pega, ou alças.

- Código: 312.550-5. Infração: 2. Tipo: S.

3.7. As batedeiras classe 1 e 2 devem possuir um botão de parada de emergência, conforme item 12.6 – Dispositivos de parada de emergência e seus subitens.

- Código: 312.551-3. Infração: 4. Tipo: S.

3.7.1. O monitoramento do intertravamento da proteção móvel e do dispositivo de parada de emergência pode ser realizado por uma única interface de segurança classificada, no mínimo, como categoria 3, ou o dispositivo de parada de emergência pode ser ligado de modo a cortar a alimentação elétrica da interface de segurança responsável pelo monitoramento de proteção móvel, sem a necessidade de uma interface de segurança específica para o monitoramento do dispositivo de parada de emergência.

3.8. As batedeiras dotadas de sistema de aquecimento por meio de queima de combustível devem atender ao disposto no subitem 12.10.3 desta NR e aos requisitos das normas técnicas oficiais vigentes na data da fabricação da máquina ou equipamento.

- Código: 312.552-1. Infração: 4. Tipo: S.

3.9. A temperatura máxima das superfícies acessíveis aos trabalhadores deve atender ao disposto no subitem 12.10.4 desta NR e aos requisitos das normas técnicas oficiais vigentes na data da fabricação da máquina ou equipamento.

- Código: 312.553-0. Infração: 3. Tipo: S.

3.10. O dispositivo para movimentação vertical da bacia deve ser resistente para suportar os esforços solicitados e não deve gerar quaisquer riscos de aprisionamento ou compressão dos seguimentos corporais dos trabalhadores durante seu acionamento e movimentação da bacia.

- Código: 312.554-8. Infração: 2. Tipo: S.

3.11. As batedeiras de classe 2, definidas na alínea "b" do subitem 3.1 deste Anexo, se necessário, devem possuir dispositivo de movimentação vertical manual ou automatizado para retirada da bacia.

- Código: 312.555-6. Infração: 2. Tipo: S.

3.11.1. Deve haver garantia de que o batedor se movimente apenas com a bacia na posição de trabalho.

- Código: 312.556-4. Infração: 2. Tipo: S.

3.11.2. Os dispositivos de movimentação vertical automatizados devem dispor de comando de ação continuada para o seu acionamento.

- Código: 312.557-2. Infração: 2. Tipo: S.

4. Cilindro Sovador

4.1. Para aplicação deste Anexo considera-se cilindro sovador a máquina de utilização industrial concebida para sovar massas de panificação, independente da capacidade, comprimento e diâmetro dos rolos cilíndricos.

4.1.1. O cilindro sovador consiste principalmente de dois cilindros paralelos tracionados que giram em sentido de rotação inversa, mesa baixa, prancha de extensão traseira, motor e polias, sendo utilizado para dar ponto de massa, homogeneizando os gases de fermentação e a textura.

4.1.2. Os conceitos e definições aqui empregados levam em conta a atual tecnologia empregada no segmento, ou seja, alimentação manual.

4.2. Para cilindros dotados de esteira que conduz a massa para a zona de cilindragem, as definições e proteções necessárias são as mesmas das modeladoras de pães, entendendo-se que o movimento perigoso dos rolos, previsto no subitem 6.2.1.2 deste Anexo, deve cessar no máximo em dois segundos quando a proteção móvel for acionada, ou deverá ser atendido o disposto na alínea "b" do subitem 12.5.6 desta NR.

• Código: 312.558-0. Infração: 4. Tipo: S.

4.2.1. Definições aplicáveis a Cilindros Sovadores

a) mesa baixa: prancha na posição horizontal, utilizada como apoio para o operador manusear a massa;

b) prancha de extensão traseira: prancha inclinada em relação à base. Utilizada para suportar e encaminhar a massa até os cilindros;

c) cilindros superior e inferior: cilindros paralelos tracionados que giram em sentido de rotação inversa e comprimem a massa, tornando-a uniforme e na espessura desejada. Situados entre a mesa baixa e a prancha de extensão traseira;

d) distância de segurança: distância mínima necessária para dificultar o acesso à zona de perigo;

e) movimento de risco: movimento de partes da máquina que pode causar danos pessoais;

f) rolete obstrutivo: rolo cilíndrico não tracionado, de movimento livre, posicionado sobre o cilindro superior para evitar o acesso do operador à zona de perigo;

g) chapa de fechamento do vão entre cilindros: proteção que impede o acesso do operador à zona de convergência entre cilindros;

h) indicador visual: mostrador com régua graduada que indica a distância entre os cilindros superior e inferior e determina a espessura da massa;

i) proteção lateral: proteção fixa nas laterais ou conjugada com a prancha de extensão traseira;

j) lâminas de limpeza para os cilindros: lâminas paralelas ao eixo dos cilindros e com mesmo comprimento, mantidas tensionadas para obter contato com a superfície dos cilindros, retirando os resíduos de massa;

k) chapa de fechamento da lâmina: proteção fixa que impede o acesso ao vão entre o cilindro inferior e a mesa baixa, auxiliando a limpeza de resíduos do cilindro inferior;

l) zona perigosa: região na qual o movimento do cilindro oferece risco ao trabalhador, podendo o risco ser de aprisionamento ou de esmagamento.

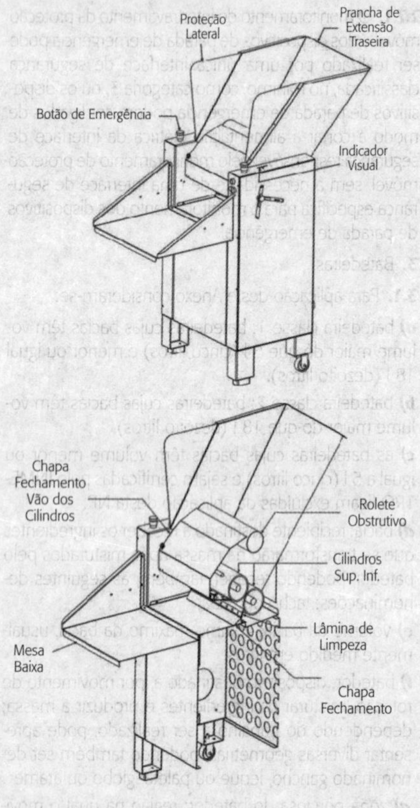

Figura 1: Representação esquemática do cilindro sovador.

4.3. O cilindro sovador deve possuir distâncias mínimas de segurança conforme figura 2.

• Código: 312.559-9. Infração: 4. Tipo: S.

Tolerância nas dimensões lineares das proteções +/- 25mm.

Tolerância nas dimensões angulares das proteções +/- 2,5°.

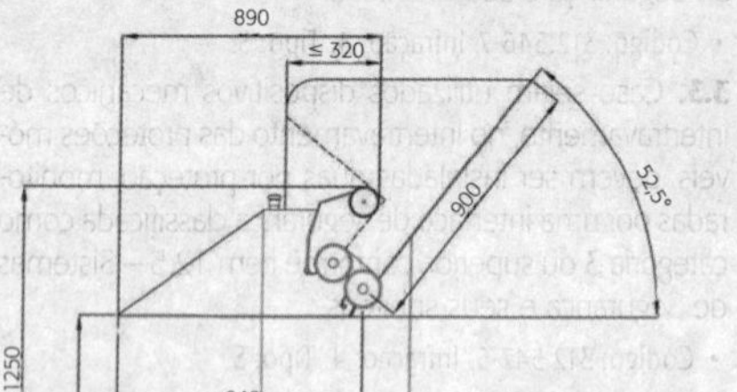

Legenda – dimensões em milímetros com tolerância de 25,00 mm (vinte e cinco milímetros)

Figura 2: Desenho Esquemático com as distâncias de segurança do cilindro sovador.

4.4. Entre o rolete obstrutivo e o cilindro tracionado superior deve haver proteção móvel intertravada – chapa de fechamento do vão entre cilindros – por, no mínimo, um dispositivo de intertravamento com duplo canal, monitorada por interface de segurança classificada com categoria 3 ou superior, conforme item 12.5 – Sistemas de Segurança e seus subitens.

• Código: 312.560-2. Infração: 4. Tipo: S.

4.4.1. Caso sejam utilizados dispositivos mecânicos de intertravamento, no intertravamento das proteções móveis, devem ser instaladas duas por proteção, monitoradas por uma interface de segurança classificada como categoria 3 ou superior, conforme item 12.5 – Sistemas de Segurança e seus subitens.

• Código: 312.561-0. Infração: 4. Tipo: S.

4.4.2. O acesso à área entre o rolete obstrutivo e o cilindro tracionado superior, protegido pela chapa de fechamento do vão entre cilindro, somente deve ser permitido quando o movimento do cilindro tracionado superior tenha cessado totalmente por meio de sistema de frenagem, que garanta a parada imediata quando aberta a proteção móvel intertravada, ou deve ser atendido o disposto no subitens 12.5.6, alínea "b", e 12.5.1.1 desta NR.

• Código: 312.562-9. Infração: 4. Tipo: S.

4.5. Quando a ligação for trifásica, a inversão do sentido de giro dos cilindros tracionados deve ser impedida por sistema de segurança mecânico, elétrico ou eletromecânico que dificulte a burla.

• Código: 312.563-7. Infração: 4. Tipo: S.

4.6. Os cilindros sovadores devem possuir dois botões de parada de emergência, conforme item 12.6 – Dispositivos de parada de emergência e seus subitens.

• Código: 312.564-5. Infração: 4. Tipo: S.

4.6.1. O monitoramento do intertravamento da proteção móvel e dos dispositivos de parada de emergência pode ser realizado por uma única interface de segurança classificada, no mínimo, como categoria 3, ou os dispositivos de parada de emergência podem ser ligados de modo a cortar a alimentação elétrica da interface de segurança responsável pelo monitoramento de proteção móvel, sem a necessidade de uma interface de segurança específica para o monitoramento dos dispositivos de parada de emergência.

5. Cilindro Laminador

5.1. Para aplicação deste Anexo considera-se cilindro laminador a máquina de uso não doméstico, concebida para laminar massas, inclusive de panificação.

5.1.1. Os cilindros laminadores (de Pastelaria) certificados pelo INMETRO ficam dispensados dos requisitos estabelecidos neste Anexo para o cilindro sovador, devendo atender à regulamentação do INMETRO.

• Código: 312.565-3. Infração: 4. Tipo: S.

6. Modeladoras

6.1. Para aplicação deste Anexo consideram-se:

a) correia transportadora modeladora: correia que transporta a porção de massa em processo de enrolamento;

b) correia transportadora enroladora: correia que, por pressionar a porção de massa contra a correia transportadora modeladora e por terem velocidades diferentes, enrola a massa já achatada pela passagem no conjunto de rolos;

c) correia transportadora alongadora: correia que, por pressionar a porção de massa contra a correia transportadora modeladora, alonga ou modela a massa já enrolada;

d) conjunto de rolos: conjunto de corpos cilíndricos que, quando em operação, apresentam movimento de rotação sobre seu eixo de simetria, observando-se que as posições relativas de alguns deles podem ser mudadas alterando-se a distância entre seus eixos de rotação, de forma a alterar a espessura da massa achatada pela passagem entre eles, que a seguir será enrolada e alongada; e

e) zona perigosa dos rolos: região na qual o movimento dos rolos oferece risco de aprisionamento ou esmagamento ao trabalhador.

6.2. O acesso à zona perigosa dos rolos, bem como aos elementos de transmissão das correias transportadoras, deve ser impedido por meio de proteções, exceto a entrada e saída da massa, em que se devem respeitar as distâncias de segurança, de modo a dificultar que as mãos e dedos dos trabalhadores alcancem as zonas de perigo, conforme item 12.5 – Sistemas de Segurança e seus subitens.

• Código: 312.566-1. Infração: 4. Tipo: S.

6.2.1. O acesso à zona perigosa dos rolos para alimentação por meio da correia modeladora transportadora deve possuir proteção móvel intertravada por, no mínimo, um dispositivo de intertravamento com duplo canal, monitorada por uma interface de segurança, conforme item 12.5 – Sistemas de Segurança e seus subitens.

• Código: 312.567-0. Infração: 4. Tipo: S.

6.2.1.1. Caso sejam utilizadas dispositivo mecânico de intertravamento, no intertravamento das proteções móveis, devem ser instaladas duas por proteção, monitoradas por uma interface de segurança classificada como categoria 3 ou superior, conforme item 12.5 – Sistemas de Segurança e seus subitens.

• Código: 312.568-8. Infração: 4. Tipo: S.

6.2.1.2. Nas modeladoras, os movimentos perigosos dos rolos devem cessar no máximo em dois segundos quando a proteção móvel for acionada, ou deverá ser atendido o disposto na alínea "b" do subitem 12.5.6 desta NR.

• Código: 312.569-6. Infração: 4. Tipo: S.

6.3. As modeladoras devem possuir, no mínimo, um botão de parada de emergência, conforme item 12.6 – Dispositivos de parada de emergência e seus subitens.

• Código: 312.570-0. Infração: 4. Tipo: S.

6.3.1. O monitoramento do intertravamento da proteção móvel e do dispositivo de parada de emergência pode ser realizado por uma única interface de segurança classificada, no mínimo, como categoria 3, ou o dispositivo de parada de emergência pode ser ligado de modo a cortar a alimentação elétrica da interface de segurança responsável pelo monitoramento de proteção móvel, sem a necessidade de uma interface de segurança específica para o monitoramento do dispositivo de parada de emergência.

7. Laminadora

7.1. Para aplicação deste Anexo consideram-se:

a) correia transportadora: correia que transporta a porção de massa em processo de conformação, possuindo sentido de vai e vem a ser comandado pelo operador e que se estende desde a mesa dianteira, passando pela zona dos rolos rotativos tracionados, responsáveis pela conformação da massa, até a mesa traseira;

b) mesa dianteira: correia transportadora na qual a massa é colocada no início do processo;

c) mesa traseira: correia transportadora na qual a massa já sofreu conformação nos rolos rotativos tracionados;

d) conjunto de rolos rotativos tracionados: conjunto de corpos cilíndricos que, quando em operação, apresentam movimento de rotação sobre seu eixo de simetria, podendo variar suas posições, alterando a distância entre seus eixos, de forma a mudar a espessura da massa, bem como para impressão e corte da massa;

e) zona perigosa dos rolos: região na qual o movimento dos rolos oferece risco de aprisionamento ou esmagamento ao trabalhador.

7.2. O acesso à zona perigosa dos rolos, bem como aos elementos de transmissão da correia transportadora, deve ser impedido por todos os lados por meio de proteções, exceto a entrada e saída da massa, em que se devem respeitar as distâncias de segurança, de modo a impedir que as mãos e dedos dos trabalhadores alcancem as zonas de perigo, conforme item 12.5 – Sistemas de Segurança e seus subitens.

• Código: 312.571-8. Infração: 4. Tipo: S.

7.2.1. O acesso à zona perigosa dos rolos pela correia transportadora nas mesas dianteira e traseira deve possuir proteção móvel intertravada por, no mínimo, um dispositivo de intertravamento com duplo canal, monitorada por interface de segurança, conforme item 12.5 – Sistemas de Segurança e seus subitens.

• Código: 312.572-6. Infração: 4. Tipo: S.

7.2.1.1. Caso sejam utilizadas dispositivo mecânico de intertravamento, no intertravamento das proteções móveis, devem ser instaladas duas por proteção, monitoradas por uma interface de segurança classificada como categoria 3 ou superior, conforme item 12.5 – Sistemas de Segurança e seus subitens.

• Código: 312.573-4. Infração: 4. Tipo: S.

7.2.1.2. Nas laminadoras, os movimentos perigosos devem cessar no máximo em dois segundos quando a proteção móvel for acionada, ou deverá ser atendido o disposto na alínea "b" do subitem 12.5.6 desta NR.

• Código: 312.574-2. Infração: 3. Tipo: S.

7.3. As laminadoras devem possuir, no mínimo, um botão de parada de emergência, conforme item 12.6 – Dispositivos de parada de emergência e seus subitens.

• Código: 312.575-0. Infração: 4. Tipo: S.

7.4. O monitoramento do dispositivo de parada de emergência deve ser realizado por interface de segurança específica ou pode ser realizado por uma das interfaces de segurança utilizadas para o monitoramento do intertravamento das proteções móveis, classificadas como categoria 3 ou superior.

8. Fatiadora de Pães

8.1. Para aplicação deste Anexo consideram-se:

a) dispositivo de corte: conjunto de facas serrilhadas retas paralelas, que cortam por movimento oscilatório, ou por uma ou mais serras contínuas paralelas, que cortam pelo movimento em um único sentido;

b) região de descarga: região localizada após o dispositivo de corte, na qual são recolhidos manual ou automaticamente os produtos já fatiados;

c) região de carga: região localizada antes do dispositivo de corte, na qual são depositados manual ou automaticamente os produtos a serem fatiados;

d) dispositivo de alimentação: dispositivo que recebe os produtos a serem fatiados e os guia para o local de corte, podendo ter operação automática, utilizando, por exemplo, correia transportadora, ou ser um dispositivo operado manualmente;

e) dispositivo de descarga: dispositivo que recebe os produtos já fatiados e os disponibiliza para o restante do processo produtivo, podendo ter operação automática, utilizando, por exemplo, correia transportadora, ou ser um dispositivo operado manualmente, ou ser apenas um suporte fixo que recebe o produto, que é retirado manualmente.

8.2. O acesso ao dispositivo de corte deve ser impedido por todos os lados por meio de proteções, exceto a entrada e saída dos pães, em que se devem respeitar as distâncias de segurança, de modo a impedir que as mãos e dedos dos trabalhadores alcancem as zonas de perigo, conforme item 12.5 – Sistemas de Segurança e seus subitens.

• Código: 312.576-9. Infração: 4. Tipo: S.

8.2.1. Quando for utilizada a proteção móvel intertravada para a entrada dos pães, esta deve ser dotada, no mínimo, de um dispositivo de intertravamento com duplo canal, monitorada por interface de segurança, conforme item 12.5 – Sistemas de Segurança e seus subitens.

• Código: 312.577-7. Infração: 4. Tipo: S.

8.2.1.1. Caso sejam utilizadas dispositivo mecânico de intertravamento, ou seja, com atuador mecânico, no intertravamento das proteções móveis, devem ser instaladas duas por proteção, monitoradas por uma interface de segurança classificada como categoria 3 ou superior, conforme item 12.5 – Sistemas de Segurança e seus subitens.

• Código: 312.578-5. Infração: 4. Tipo: S.

8.2.2. Na região da descarga dos pães, não se aplica o disposto no item 12.5 – Sistemas de Segurança e seus subitens, quando a distância entre as lâminas for inferior ou igual 12 mm.

8.2.3. Quando utilizadas proteções móveis, os movimentos perigosos devem cessar no máximo em dois segundos quando a proteção for acionada, ou deverá ser atendido o disposto na alínea "b" do subitem 12.5.6 desta NR.

• Código: 312.579-3. Infração: 3. Tipo: S.

8.3. A fatiadora de pães não necessita de botão de parada de emergência.

9. Moinho para Farinha de Rosca

9.1. Para aplicação deste Anexo consideram-se:

a) dispositivo de moagem: conjunto de aletas que reduzem mecanicamente o pão torrado até a granulação de farinha de rosca;

b) região de descarga: região do dispositivo de moagem na qual é recolhida manual ou automaticamente a farinha de rosca;

c) região de carga: região do dispositivo de moagem na qual o pão torrado é depositado manual ou automaticamente.

9.2. O acesso ao dispositivo de moagem deve ser impedido por todos os lados por meio de proteções fixas ou móveis intertravadas, de modo a impedir que as mãos e dedos dos trabalhadores alcancem as zonas de perigo, conforme item 12.5 – Sistemas de Segurança e seus subitens.

• Código: 312.580-7. Infração: 4. Tipo: S.

9.2.1. O acesso ao dispositivo de moagem pela região de carga pode possuir proteção que garanta, por meio de distanciamento e/ou geometria construtiva, a não inserção de mãos e dedos dos trabalhadores nas zonas de perigo.

• Código: 312.581-5. Infração: 4. Tipo: S.

9.2.2. Quando forem utilizadas proteções móveis, estas devem ser intertravadas por, no mínimo, um dispositivo de intertravamento com duplo canal, monitorada por interface de segurança, conforme item 12.5 – Sistemas de Segurança e seus subitens.

• Código: 312.582-3. Infração: 4. Tipo: S.

9.2.2.1. Caso sejam utilizadas dispositivo mecânico de intertravamento, ou seja, com atuador mecânico, no intertravamento das proteções móveis, devem ser instaladas duas por proteção, monitoradas por uma interface de segurança classificada como categoria 3 ou superior, conforme item 12.5 – Sistemas de Segurança e seus subitens.

• Código: 312.583-1. Infração: 4. Tipo: S.

9.3. O bocal, se móvel, deve ser intertravado com a base por, no mínimo, um dispositivo de intertravamento com duplo canal, monitorada por interface de segurança, conforme item 12.5 – Sistemas de Segurança e seus subitens, impedindo o movimento das aletas com a máquina desmontada.

• Código: 312.584-0. Infração: 4. Tipo: S.

9.3.1. Caso sejam utilizados dispositivos mecânicos de intertravamento, ou seja, com atuador mecânico, no intertravamento das proteções móveis, devem ser instaladas duas por proteção, monitoradas por uma interface de segurança classificada como categoria 3 ou superior, conforme item 12.5 – Sistemas de Segurança e seus subitens.

• Código: 312.585-8. Infração: 4. Tipo: S.

9.4. O moinho para farinha de rosca não necessita de botão de parada de emergência.

Anexo VII da NR-12
Máquinas para Açougue, Mercearia, Bares e Restaurantes

1. Este Anexo estabelece requisitos específicos de segurança para máquinas de açougue, mercearia, bares e restaurantes, novas, usadas e importadas, a saber: serra de fita, amaciador de bife e moedor de carne.

1.1. As máquinas para açougue, mercearia, bares e restaurantes não especificadas por este Anexo e certificadas pelo INMETRO estão excluídas da aplicação desta NR quanto aos requisitos técnicos de construção relacionados à segurança da máquina.

1.1.1. As máquinas de açougue, mercearia, bares e restaurantes não especificadas ou excluídas por este Anexo e fabricadas antes da existência de programa de avaliação da conformidade no âmbito do INMETRO devem atender aos requisitos técnicos de segurança relativos à proteção das zonas perigosas, estabelecidos pelo programa de avaliação da conformidade específico para estas máquinas.

• Código: 312.586-6. Infração: 4. Tipo: S.

1.2. As microempresas e empresas de pequeno porte de açougue, mercearia, bares e restaurantes ficam dispensadas do atendimento do subitem 12.2.1 desta NR que trata do arranjo físico das instalações.

1.3. O amaciador de bife e o moedor de carne estão dispensados de ter a interface de operação (circuito de comando) em extrabaixa tensão.

1.4. Para fins de aplicação deste Anexo e das normas técnicas oficiais vigentes, os sistemas de segurança aqui descritos para cada máquina são resultado da apreciação de risco.

1.5. O circuito elétrico do comando da partida e parada do motor elétrico das máquinas especificadas neste Anexo deve atender ao disposto nos subitens 12.4.14 e 12.4.14.1 da parte geral desta NR.

• Código: 312.587-4. Infração: 4. Tipo: S.

2. Serra de fita para corte de carnes em varejo

2.1. Para fins deste Anexo considera-se serra de fita a máquina utilizada para corte de carnes em varejo, principalmente com osso.

2.2. Os movimentos da fita no entorno das polias e demais partes perigosas, devem ser protegidos com proteções fixas ou proteções móveis intertravadas, conforme item 12.5 – Sistemas de Segurança e seus subitens, à exceção da área operacional necessária para o corte da carne, onde uma canaleta regulável deslizante, ou outra forma, deve enclausurar o perímetro da fita serrilhada na região de corte, liberando apenas a área mínima de fita serrilhada para operação.

• Código: 312.588-2. Infração: 4. Tipo: S.

2.3. Deve ser adotado braço articulado vertical – empurrador, com movimento pendular em relação à serra, que serve para guiar e empurrar a carne e impedir o acesso da mão à área de corte.

• Código: 312.589-0. Infração: 4. Tipo: S.

2.3.1. O braço articulado deve ser firmemente fixado à estrutura da máquina, não podendo apresentar folga lateral que comprometa a segurança, e ser rígido, de modo a não permitir deformações ou flexões.

• Código: 312.590-4. Infração: 4. Tipo: S.

2.4. A mesa fixa deve ter guia regulável paralela à serra fita, utilizada para limitar a espessura do corte da carne.

• Código: 312.591-2. Infração: 4. Tipo: S.

2.5. As mesas de corte das máquinas fabricadas a partir de 24 de junho de 2011 devem possuir uma parte móvel para facilitar o deslocamento da carne, exceto para as serras com altura de corte não superior a 250 mm.

• Código: 312.592-0. Infração: 4. Tipo: S.

2.5.1. A mesa móvel deve ter dispositivo limitador do seu curso para que a proteção para as mãos não toque a fita.

• Código: 312.593-9. Infração: 4. Tipo: S.

2.5.2. A mesa móvel deve ter guia que permita o apoio da carne na mesa e seu movimento de corte.

• Código: 312.594-7. Infração: 4. Tipo: S.

2.6. A mesa móvel e o braço articulado – empurrador – devem ter manípulos – punhos – com anteparos para proteção das mãos.

• Código: 312.595-5. Infração: 4. Tipo: S.

2.7. Deve ser utilizado dispositivo manual para empurrar a carne lateralmente contra a guia regulável, e perpendicularmente à serra de fita, para o corte de peças pequenas ou para finalização do corte da carne.

• Código: 312.596-3. Infração: 4. Tipo: S.

2.8. A serra de fita deve possuir, no mínimo, um botão de parada de emergência, conforme item 12.6 – Dispositivos de parada de emergência e seus subitens.

• Código: 312.597-1. Infração: 4. Tipo: S.

2.9. Os movimentos perigosos devem cessar no máximo em dois segundos quando a proteção móvel for acionada, ou deverá ser atendido o disposto na alínea "b" do subitem 12.5.6 desta NR.

• Código: 312.598-0. Infração: 3. Tipo: S.

2.10. O monitoramento do dispositivo de parada de emergência deve ser realizado por interface de segurança específica ou pode ser realizado por uma das interfaces de segurança utilizadas para o monitoramento do intertravamento das proteções móveis, classificadas como categoria 3 ou superior.

• Código: 312.599-8. Infração: 4. Tipo: S.

3. Amaciador de bife

3.1. Para fins deste Anexo, considera-se amaciador de bifes a máquina com dois ou mais cilindros dentados paralelos tracionados que giram em sentido de rotação inversa por onde são passadas peças de bife pré-cortadas.

3.2. Os movimentos dos cilindros dentados e de seus mecanismos devem ser enclausurados por proteções fixas ou proteções móveis intertravadas, conforme item 12.5 – Sistemas de Segurança e seus subitens.

• Código: 312.600-5. Infração: 4. Tipo: S.

3.3. O bocal de alimentação deve impedir o acesso dos membros superiores à área dos cilindros dentados, atuando como proteção móvel intertravada dotada de, no mínimo, um dispositivo de intertravamento com duplo canal, monitorada por interface de segurança, duplo canal, conforme item 12.5 – Sistemas de Segurança e seus subitens.

• Código: 312.601-3. Infração: 4. Tipo: S.

3.3.1. Quando os cilindros dentados forem removidos juntamente com a proteção, fica dispensada a aplicação do subitem 3.3 deste Anexo.

3.4. A abertura da zona de descarga deve impedir o alcance dos membros superiores na zona de convergência dos cilindros dentados, conforme subitem 12.5.1.1 desta NR.

• Código: 312.602-1. Infração: 4. Tipo: S.

3.5. O amaciador de bifes não necessita de parada de emergência.

4. Moedor de carne – Picador

4.1. Para fins deste Anexo considera-se moedor de carne a máquina que utiliza rosca sem fim para moer carne.

4.2. Os movimentos da rosca sem fim e de seus mecanismos devem ser enclausurados por proteções fixas ou proteções móveis intertravadas, conforme item 12.5. – Sistemas de Segurança e seus subitens.

• Código: 312.603-0. Infração: 4. Tipo: S.

4.3. O bocal de alimentação ou a bandeja devem impedir o ingresso dos membros superiores na zona da rosca sem fim, em função de sua geometria, atuando como proteção fixa ou como proteção móvel dotada de intertravamento, monitorada por interface de segurança, conforme item 12.5 – Sistemas de Segurança e seus subitens.

• Código: 312.604-8. Infração: 4. Tipo: S.

4.4. A abertura da zona de descarga deve impedir o alcance dos membros superiores na zona perigosa da rosca sem fim, conforme subitem 12.5.1.1 desta NR.

• Código: 312.605-6. Infração: 4. Tipo: S.

Anexo VIII da NR-12
Prensas e Similares

1. Prensas

1. Prensas são máquinas utilizadas na conformação e corte de materiais diversos, utilizando ferramentas, nas quais o movimento do martelo – punção – é proveniente de um sistema hidráulico ou pneumático – cilindro hidráulico ou pneumático –, ou de um sistema mecânico, em que o movimento rotativo se transforma em linear por meio de sistemas de bielas, manivelas, conjunto de alavancas ou fusos.

1.1. As prensas são classificadas em:

a) mecânicas excêntricas de engate por chaveta ou acoplamento equivalente;

b) mecânicas excêntricas com freio-embreagem;

c) de fricção com acionamento por fuso;

d) servoacionadas;

e) hidráulicas;

f) pneumáticas;

g) hidropneumáticas.

1.2. Para fins de aplicação deste Anexo, consideram-se similares as seguintes máquinas:

a) guilhotinas, tesouras e cisalhadoras;

b) dobradeiras;

c) dispositivos hidráulicos e/ou pneumáticos;

d) recalcadoras;

e) martelos de forjamento;

f) prensas enfardadeiras.

1.2.1. As disposições deste Anexo não se aplicam às máquinas dispostas no Anexo X – Máquinas para fabricação de calçados e afins.

1.3. Para fins deste Anexo, entende-se como ferramentas, ferramental, estampos ou matrizes os elementos que são fixados no martelo e na mesa das prensas e similares, com função de corte ou conformação de materiais, podendo incorporar os sistemas de alimentação ou extração relacionados no subitem 1.4 deste Anexo.

1.3.1. As ferramentas devem:

a) ser projetadas de forma que evitem a projeção de material nos operadores, ou ser utilizadas em prensas cujo sistema de segurança ofereça proteção contra a projeção de material nos operadores;

• Código: 312.606-4. Infração: 4. Tipo: S.

b) ser armazenadas em locais próprios e seguros;

• Código: 312.607-2. Infração: 3. Tipo: S.

c) ser fixadas às máquinas de forma adequada, sem improvisações;

• Código: 312.608-0. Infração: 4. Tipo: S.

d) não oferecer riscos adicionais.

• Código: 312.609-9. Infração: 4. Tipo: S.

1.4. Sistemas de alimentação ou extração são meios utilizados para introduzir a matéria-prima e retirar a peça processada da matriz e podem ser:

a) manuais;

b) por gaveta;

c) por bandeja rotativa ou tambor de revólver;

d) por gravidade, qualquer que seja o meio de extração;

e) por mão mecânica;

f) por robôs;

g) contínuos – alimentadores automáticos; e

h) outros sistemas não relacionados neste subitem.

1.5. As bobinadeiras, desbobinadeiras, endireitadeiras e outros equipamentos de alimentação devem ser dotadas de proteções em todo o perímetro, impedindo o acesso e a circulação de pessoas nas áreas de risco, conforme subitem 12.1.9 e seus subitens, nos termos do item 12.5 – Sistemas de Segurança e seus subitens.

• Código: 312.610-2. Infração: 4. Tipo: S.

1.6. Para fins de aplicação deste Anexo e das normas técnicas oficiais vigentes, os sistemas de segurança aqui descritos para cada máquina são resultado da apreciação de risco.

2. Requisitos de segurança para prensas

2.1. Os sistemas de segurança nas zonas de prensagem ou trabalho permitidos são:

a) enclausuramento da zona de prensagem, com frestas ou passagens que não permitam o ingresso dos dedos e mãos nas zonas de perigo, conforme subitem 12.5.1.1 desta NR, devendo ser constituídos de proteções fixas ou móveis dotadas de intertravamento, conforme item 12.5 – Sistemas de Segurança e seus subitens;

• Código: 312.611-0. Infração: 4. Tipo: S.

b) ferramenta fechada, que significa o enclausuramento do par de ferramentas, com frestas ou passagens que não permitam o ingresso dos dedos e mãos nas zonas de perigo, conforme subitem 12.5.1.1 desta NR;

• Código: 312.612-9. Infração: 4. Tipo: S.

c) cortina de luz com redundância e autoteste, tipo 4, conforme norma IEC 61496-1:2006, monitorada por interface de segurança, dimensionada e instalada, conforme item A, do Anexo I, desta NR e normas técnicas oficiais vigentes, conjugada com dispositivo de acionamento bimanual, atendidas as disposições dos subitens 12.4.3, 12.4.4, 12.4.5 e 12.4.6 desta NR.

• Código: 312.613-7. Infração: 4. Tipo: S.

2.1.1. Havendo possibilidade de acesso a zonas de perigo não supervisionadas pelas cortinas de luz, devem existir proteções móveis dotadas de intertravamento ou fixas, conforme item 12.5 – Sistemas de Segurança e seus subitens.

• Código: 312.614-5. Infração: 4. Tipo: S.

2.1.2. O número de dispositivos de acionamento bimanuais deve corresponder ao número de operadores na máquina, conforme subitem 12.4.7 e seus subitens, desta NR.

• Código: 312.615-3. Infração: 4. Tipo: S.

2.1.3. O sistema de intertravamento das proteções móveis referido na alínea "a" e os sistemas de segurança referidos na alínea "c" do subitem 2.1 e no subitem 2.1.1 deste Anexo devem ser classificados como categoria 4, conforme a norma ABNT NBR 14153.

• Código: 312.616-1. Infração: 4. Tipo: S.

2.1.4. Para as atividades de forjamento a frio nas prensas, a parte frontal da máquina deve estar protegida, através proteções móveis dotadas de intertravamento, e nas demais partes da área de risco com proteções fixas, conforme item 12.5 – Sistemas de Segurança e seus subitens.

• Código: 312.617-0. Infração: 4. Tipo: S.

2.1.4.1. A proteção frontal deve ser dimensionada e construída de modo a impedir que a projeção de material oriundo do processo venha a atingir o operador.

• Código: 312.618-8. Infração: 4. Tipo: S.

2.2. As prensas mecânicas excêntricas de engate por chaveta ou de sistema de acoplamento equivalente de ciclo completo e as prensas mecânicas de fricção com acionamento por fuso não podem permitir o ingresso das mãos ou dos dedos dos operadores nas zonas de prensagem, devendo ser adotado um dos seguintes sistemas de segurança:

a) enclausuramento com proteções fixas e, havendo necessidade de troca frequente de ferramentas, com proteções móveis dotadas de intertravamento com bloqueio, de modo a permitir a abertura somente após a parada total dos movimentos de risco, conforme alínea "a" do subitem 2.1, deste Anexo e subitem 12.5.8 desta NR; ou

• Código: 312.619-6. Infração: 4. Tipo: S.

b) operação somente com ferramentas fechadas, conforme alínea "b", do subitem 2.1 deste Anexo.

• Código: 312.619-6. Infração: 4. Tipo: S.

2.3. As prensas mecânicas excêntricas com freio-embreagem, servoacionadas, hidráulicas, pneumáticas, hidropneumáticas devem adotar um dos seguintes sistemas de segurança nas zonas de prensagem ou trabalho:

a) enclausuramento com proteções fixas ou proteções móveis dotadas de intertravamento, conforme alínea "a" do subitem 2.1 deste Anexo;

• Código: 312.620-0. Infração: 4. Tipo: S.

b) operação somente com ferramentas fechadas, conforme alínea "b" do subitem 2.1 deste Anexo;

• Código: 312.620-0. Infração: 4. Tipo: S.

c) utilização de cortina de luz conjugada com dispositivo de acionamento bimanual, conforme alínea "c" do subitem 2.1 e seus subitens deste Anexo.

• Código: 312.620-0. Infração: 4. Tipo: S.

2.4. As prensas mecânicas excêntricas com freio-embreagem pneumático e as prensas pneumáticas devem ser comandadas por válvula de segurança específica classificada como categoria 4 conforme norma técnica oficial vigente, com monitoramento dinâmico e pressão residual que não comprometa a segurança do sistema, e que fique bloqueada em caso de falha.

• Código: 312.621-8. Infração: 4. Tipo: S.

• Código: 312.666-8. Infração: 4. Tipo: S.

2.4.1. No caso de falha da válvula, somente deve ser possível voltar à condição normal de operação após o acionamento do "reset" ou "rearme manual".

• Código: 312.622-6. Infração: 3. Tipo: S.

2.4.1.1. O "reset" ou "rearme manual" deve ser incorporado à válvula de segurança ou em outro local do sistema, com atuador situado em posição segura que proporcione boa visibilidade para verificação da inexistência de pessoas nas zonas de perigo a fim de validar por meio de uma ação manual intencional um comando de partida.

• Código: 312.623-4. Infração: 3. Tipo: S.

2.4.2. Nos modelos de válvulas com monitoramento dinâmico externo por pressostato, micro-switches ou sensores de proximidade integrados à válvula, o monitoramento deve ser realizado por interface de segurança em sistema classificado como categoria 4 conforme a norma ABNT NBR 14153.

• Código: 312.624-2. Infração: 4. Tipo: S.

2.4.3. Nas válvulas de segurança, somente podem ser utilizados silenciadores de escape que não apresentem risco de entupimento ou que tenham passagem livre correspondente ao diâmetro nominal, de maneira a não interferir no tempo de frenagem.

• Código: 312.625-0. Infração: 4. Tipo: S.

2.4.4. Quando válvulas de segurança independentes forem utilizadas para o comando de prensas com freio e embreagem separados, devem ser interligadas de modo a estabelecer entre si um monitoramento dinâmico, para assegurar que o freio seja imediatamente aplicado caso a embreagem seja liberada durante o ciclo, e ainda para impedir que a embreagem seja acoplada caso a válvula do freio não atue.

• Código: 312.626-9. Infração: 4. Tipo: S.

2.4.5. A exigência do subitem 2.4.4 não se aplica a prensas pneumáticas.

2.4.6. Para prensas pneumáticas, quando a massa do conjunto martelo e ferramenta for superior a 15 kg, devem ser tomadas medidas que impeçam a queda do conjunto por gravidade em caso de despressurização acidental.

• Código: 312.627-7. Infração: 4. Tipo: S.

2.5. As prensas mecânicas excêntricas com freio-embreagem hidráulico devem ser comandadas por sistema de segurança composto por válvulas em redundância, com monitoramento dinâmico e pressão residual que não comprometa a segurança do sistema.

• Código: 312.628-5. Infração: 4. Tipo: S.

• Código: 312.666-8. Infração: 4. Tipo: S.

2.5.1. O sistema hidráulico referido no subitem 2.5 deste Anexo deve ser classificado como categoria 4 conforme a norma ABNT NBR 14153.

• Código: 312.628-5. Infração: 4. Tipo: S.

2.5.2. No caso de falha da válvula, somente deve ser possível voltar à condição normal de operação após o acionamento de seu "reset" ou "rearme manual".

• Código: 312.629-3. Infração: 4. Tipo: S.

2.5.2.1. O "reset" ou "rearme manual" deve ser incorporado à válvula de segurança ou em outro local do sistema, com atuador situado em posição segura que proporcione boa visibilidade para verificação da inexistência de pessoas nas zonas de perigo a fim de validar por meio de uma ação manual intencional um comando de partida.

• Código: 312.630-7. Infração: 3. Tipo: S.

2.5.3. Quando o monitoramento das válvulas se der por meio de interface de segurança esta deve ser classificada como categoria 4 conforme a norma ABNT NBR 14153.

• Código: 312.631-5. Infração: 4. Tipo: S.

2.5.4. Quando válvulas independentes forem utilizadas, devem ser interligadas de modo a estabelecer entre si um monitoramento dinâmico, assegurando que não haja pressão residual capaz de comprometer o funcionamento do conjunto freio-embreagem em caso de falha de uma das válvulas.

• Código: 312.632-3. Infração: 3. Tipo: S.

2.5.5. Quando forem utilizadas válvulas independentes para o comando de prensas com freio e embreagem separados, aplica-se o disposto no subitem 2.4.4 deste Anexo.

• Código: 312.633-1. Infração: 4. Tipo: S.

2.6. As prensas hidráulicas devem possuir bloco hidráulico de segurança ou sistema hidráulico equivalente, que possua a mesma característica e eficácia, com monitoramento dinâmico.

•• Sobre vigência deste item, *vide* art. 2º da Portaria n. 916, de 30-7-2019.

• Código: 312.634-0. Infração: 4. Tipo: S.

2.6.1. O bloco hidráulico de segurança ou sistema hidráulico equivalente deve ser composto por válvulas em redundância que interrompam o fluxo principal do fluido.

•• Sobre vigência deste item, *vide* art. 2º da Portaria n. 916, de 30-7-2019.

• Código: 312.635-8. Infração: 4. Tipo: S.

2.6.2. Em caso de falha do bloco hidráulico de segurança ou do sistema hidráulico equivalente, o sistema de segurança deve possuir "reset" ou "rearme manual", de modo a impedir acionamento subsequente.

•• Sobre vigência deste item, *vide* art. 2º da Portaria n. 916, de 30-7-2019.

• Código: 312.636-6. Infração: 4. Tipo: S.

2.6.3. Nos sistemas de válvulas com monitoramento dinâmico por micro-switches ou sensores de proximidade, o monitoramento deve ser realizado por interface de segurança classificada como categoria 4 conforme norma ABNT NBR 14153.

•• Sobre vigência deste item, *vide* art. 2º da Portaria n. 916, de 30-7-2019.

• Código: 312.637-4. Infração: 3. Tipo: S.

2.6.4. As prensas hidráulicas devem possuir válvula de retenção, incorporada ou não ao bloco hidráulico de segurança, para impedir a queda do martelo em caso de falha do sistema hidráulico, sendo que uma das válvulas em redundância referida no subitem 2.6.1 pode também executar a função de válvula de retenção, não sendo exigido neste caso uma válvula adicional para esta finalidade.

• Código: 312.638-2. Infração: 4. Tipo: S.

2.6.4.1. Quando utilizado sistema hidráulico equivalente, a válvula de retenção deve ser montada diretamente no corpo do cilindro e, se isto não for possível, deve se usar tubulação rígida, soldada ou flangeada entre o cilindro e a válvula.

• Código: 312.639-0. Infração: 4. Tipo: S.

2.6.5. Quando o circuito hidráulico do sistema equivalente permitir uma intensificação de pressão capaz de causar danos, deve possuir uma válvula de alívio diretamente operada, bloqueada e travada contra ajustes não autorizados, entre o cilindro hidráulico e a válvula de retenção.

• Código: 312.640-4. Infração: 4. Tipo: S.

2.7. As prensas devem possuir dispositivos de parada de emergência que garantam a parada segura do movimento da máquina, conforme item 12.6 – Dispositivos de parada de emergência e seus subitens.

• Código: 312.641-2. Infração: 4. Tipo: S.

2.7.1. O sistema de parada de emergência da prensa deve ser preparado para interligação com os sistemas de parada de emergência de equipamentos periféricos tais como desbobinadores, endireitadores e alimentadores, de modo que o acionamento do dispositivo de parada de emergência de qualquer um dos equipamentos provoque a parada segura de todos os demais.

• Código: 312.642-0. Infração: 4. Tipo: S.

2.7.2. Quando utilizados dispositivos de acionamento bimanuais conectáveis por plug ou tomada removíveis, que contenham botão de parada de emergência, deve haver também dispositivo de parada de emergência no painel ou no corpo da máquina.

• Código: 312.643-9. Infração: 4. Tipo: S.

2.7.3. Havendo vários dispositivos de acionamento bimanuais para o acionamento de uma prensa, estes devem ser ligados de modo a garantir o funcionamento adequado do botão de parada de emergência de cada um deles, nos termos desta NR.

• Código: 312.644-7. Infração: 4. Tipo: S.

2.8. Nas prensas mecânicas excêntricas com freio-embreagem, com zona de prensagem não enclausurada por proteção fixa, proteções móveis com intertravamento com bloqueio ou cujas ferramentas não sejam fechadas, a posição do martelo deve ser monitorada por sinais elétricos produzidos por equipamento acoplado mecanicamente ao eixo da máquina.

•• Sobre vigência deste item, *vide* art. 2º da Portaria n. 916, de 30-7-2019.

• Código: 312.645-5. Infração: 4. Tipo: S.

2.8.1. O monitoramento da posição do martelo, compreendido por ponto morto inferior – PMI, ponto morto superior – PMS e escorregamento máximo admissível,

NR 12

deve incluir dispositivos para assegurar que, se o escorregamento da frenagem ultrapassar o máximo admissível de até 15° (quinze graus), especificado pela norma ABNT NBR 13930, uma ação de parada seja iniciada e não possa ser possível o início de um novo ciclo.

•• Sobre vigência deste item, *vide* art. 2º da Portaria n. 916, de 30-7-2019.

• Código: 312.646-3. Infração: 4. Tipo: S.

2.8.1.1. Os sinais elétricos devem ser gerados por chaves de segurança com duplo canal e ruptura positiva, monitoradas por interface de segurança classificada como categoria 4 conforme a norma ABNT NBR 14153.

•• Sobre vigência deste item, *vide* art. 2º da Portaria n. 916, de 30-7-2019.

• Código: 312.647-1. Infração: 4. Tipo: S.

2.8.1.2. Quando for utilizada interface de segurança programável que tenha blocos de programação dedicados à função de controle e supervisão do PMS, PMI e escorregamento, a exigência de duplo canal fica dispensada.

•• Sobre vigência deste item, *vide* art. 2º da Portaria n. 916, de 30-7-2019.

2.8.2. Para prensas em que não seja possível garantir a parada segura do martelo em função de sua velocidade e do tempo de resposta da máquina, não é permitido o uso de cortinas de luz para proteção da zona de prensagem, ficando dispensada a exigência do subitem 2.8.1 deste Anexo, devendo a zona de prensagem ser protegida com proteções fixas ou móveis com intertravamento com bloqueio, conforme item 12.5 – Sistemas de Segurança e seus subitens.

• Código: 312.648-0. Infração: 4. Tipo: S.

2.9. As prensas que possuem zona de prensagem ou de trabalho enclausurada ou utilizam somente ferramentas fechadas podem ser acionadas por pedal com atuação elétrica, pneumática ou hidráulica, não sendo permitido o uso de pedais com atuação mecânica ou alavancas.

• Código: 312.649-8. Infração: 4. Tipo: S.

2.9.1. Os pedais de acionamento devem permitir o acesso somente por uma única direção e por um pé, devendo ser protegidos para evitar seu acionamento acidental.

• Código: 312.650-1. Infração: 3. Tipo: S.

2.9.2. O número de pedais deve corresponder ao número de operadores conforme o subitem 12.4.7 e seus subitens, desta NR.

• Código: 312.651-0. Infração: 3. Tipo: S.

2.9.3. Para atividades de forjamento a morno e a quente, podem ser utilizados pedais, sem a exigência de enclausuramento da face de alimentação da zona de prensagem, desde que sejam adotadas medidas de proteção que garantam o distanciamento do trabalhador das áreas de risco.

• Código: 312.652-8. Infração: 4. Tipo: S.

2.9.3.1. Caso necessário, as pinças e tenazes devem ser suportadas por dispositivos de alívio de peso, tais como balancins móveis ou tripés, de modo a minimizar a sobrecarga do trabalho.

• Código: 312.653-6. Infração: 4. Tipo: S.

2.10. As transmissões de força, como volantes, polias, correias e engrenagens, devem ser protegidas conforme item 12.5 – Sistemas de Segurança e seus subitens.

• Código: 312.654-4. Infração: 4. Tipo: S.

2.10.1. Nas prensas mecânicas excêntricas, deve haver proteção fixa das bielas e das pontas de seus eixos que resistam aos esforços de solicitação em caso de ruptura.

• Código: 312.655-2. Infração: 4. Tipo: S.

2.10.2. Os volantes vertical e horizontal das prensas de fricção com acionamento por fuso devem ser protegidos, de modo que não sejam projetados em caso de ruptura do fuso ou do eixo.

• Código: 312.656-0. Infração: 4. Tipo: S.

2.11. As prensas verticais descendentes devem possuir sistema de retenção mecânica que suporte o peso do martelo e da parte superior da ferramenta para travar o martelo no início das operações de trocas, ajustes e manutenções das ferramentas.

• Código: 312.657-9. Infração: 3. Tipo: S.

2.11.1. As prensas verticais ascendentes devem possuir sistema de retenção mecânica para deter os movimentos perigosos no início das operações de trocas, ajustes e manutenções das ferramentas.

• Código: 312.658-7. Infração: 3. Tipo: S.

2.11.2. O componente de retenção mecânica deve:

a) possuir intertravamento monitorado por interface de segurança, de forma a impedir, durante a sua utilização, o funcionamento da prensa;

• Código: 312.659-5. Infração: 4. Tipo: S.

b) garantir a retenção mecânica nas posições de parada do martelo;

• Código: 312.659-5. Infração: 4. Tipo: S.

c) ser projetado e construído de modo a garantir resistência à força estática exercida pelo peso total do conjunto móvel a ser sustentado e que impeça sua projeção ou sua simples soltura.

• Código: 312.659-5. Infração: 4. Tipo: S.

2.11.3. Nas situações em que não seja possível o uso do sistema de retenção mecânica, devem ser adotadas medidas alternativas que garantam o mesmo resultado.

• Código: 312.660-9. Infração: 3. Tipo: S.

2.12. As prensas hidráulicas com movimento ascendente da mesa ficam dispensadas do uso do bloco hidráulico de segurança, desde que atendidas as seguintes exigências:

a) possuir proteções móveis intertravadas monitoradas por interface de segurança, que atuem na alimentação de energia da bomba hidráulica por meio de dois contatores ligados em série, monitorados por interface de segurança, devendo esse sistema ser classificado como categoria 4;

• Código: 312.661-7. Infração: 3. Tipo: S.

b) possuir dispositivo de acionamento bimanual conforme os subitens 12.4.3 a 12.4.7 e seus subitens, desta NR;

• Código: 312.661-7. Infração: 3. Tipo: S.

c) possuir válvula de retenção instalada diretamente no corpo do cilindro e, se isto não for possível, utilizar tubulação rígida, soldada ou flangeada entre o cilindro e a válvula de retenção;

• Código: 312.661-7. Infração: 3. Tipo: S.

d) prevenir o perigo de cisalhamento ou esmagamento na zona abaixo da mesa móvel devido ao movimento descendente da mesma durante a manutenção, ajustes ou outras intervenções com um dispositivo de retenção mecânico dotado de intertravamento, monitorado por interface de segurança classificada como categoria 4;

• Código: 312.661-7. Infração: 3. Tipo: S.

e) ser adotadas medidas adicionais de proteção conforme subitens 12.7.1 e 12.7.5 e seus subitens, desta NR.

• Código: 312.661-7. Infração: 3. Tipo: S.

2.12.1. No caso previsto no subitem 2.12 deste Anexo, deve ser observado que não exista o acesso de qualquer parte do corpo pela área entre a mesa e a estrutura da máquina.

• Código: 312.662-5. Infração: 3. Tipo: S.

2.13. As prensas e similares com movimentação horizontal ficam dispensadas da obrigatoriedade de utilização de retenção mecânica em razão de suas características construtivas.

3. Requisitos de segurança para guilhotinas

3.1. Proteção da área frontal de trabalho de guilhotinas:

3.1.1. Nas guilhotinas hidráulicas e freio-embreagem, a proteção frontal deverá atender ao previsto nas alíneas "a" e "c" do subitem 2.3 "Sistemas de segurança das zonas de prensagem" deste Anexo.

• Código: 312.663-3. Infração: 4. Tipo: S.

3.1.2. Nas guilhotinas cujo acionamento do sistema de engate seja efetuado por chaveta ou acoplamento mecânico similar associado a freio de cinta, aplica-se a alínea "a" do subitem 2.2 deste Anexo.

• Código: 312.664-1. Infração: 4. Tipo: S.

3.1.3. Não se aplica o subitem 12.4.7 desta NR quando for utilizada proteção fixa ou móvel intertravada na área frontal em guilhotinas hidráulicas ou freio-embreagem.

3.2. Proteção da zona de acesso lateral e traseira de guilhotinas:

3.2.1. As guilhotinas devem possuir sistema de segurança que impeça o acesso pelas laterais e parte traseira da máquina às zonas de perigo, conforme item 12.5 – Sistemas de Segurança e seus subitens.

• Código: 312.665-0. Infração: 4. Tipo: S.

3.3. Sistemas hidráulicos e pneumáticos de comando para guilhotinas.

3.3.1. Aplicam-se às guilhotinas com freio-embreagem pneumático e hidráulico os subitens 2.4 e 2.5, respectivamente, e seus subitens, deste Anexo.

• Código: 312.666-8. Infração: 4. Tipo: S.

3.3.1.1. As guilhotinas com freio-embreagem pneumático devem ser comandadas por válvula de segurança específica classificada como categoria 4, com monitoramento dinâmico, bloqueio em caso de falha e pressão residual que não comprometa a segurança do sistema.

• Código: 312.667-6. Infração: 4. Tipo: S.

3.3.1.1.1. Não se aplica o subitem 3.3.1.1 quando utilizada a proteção fixa prevista na alínea *a* do subitem 2.1 para proteção da parte frontal, lateral e traseira das guilhotinas.

3.3.1.2. A guilhotina deve possuir "reset" ou "rearme manual", incorporado à válvula de segurança ou em outro componente do sistema, de modo a impedir acionamento acidental em caso de falha.

• Código: 312.668-4. Infração: 4. Tipo: S.

3.3.1.3. Nos modelos de válvulas com monitoramento dinâmico externo por pressostato, micro-switches ou sensores de proximidade integrados à válvula, o monitoramento deve ser realizado por interface de segurança em sistema classificado como categoria 4.

• Código: 312.669-2. Infração: 4. Tipo: S.

3.3.1.4. Nas válvulas de segurança somente podem ser utilizados silenciadores de escape que não apresentem risco de entupimento ou que tenham passagem livre correspondente ao diâmetro nominal, de maneira a não interferir no tempo de frenagem.

• Código: 312.670-6. Infração: 4. Tipo: S.

3.3.2. Aplicam-se as guilhotinas hidráulicas o subitem 2.6 e seus subitens, deste Anexo.

•• Sobre vigência deste item, *vide* art. 2º da Portaria n. 916, de 30-7-2019.

• Código: 312.671-4. Infração: 4. Tipo: S.

3.3.2.1. As guilhotinas hidráulicas devem possuir bloco hidráulico de segurança ou sistema hidráulico equivalente, que possua a mesma característica e eficácia, com monitoramento dinâmico.

•• Sobre vigência deste item, *vide* art. 2º da Portaria n. 916, de 30-7-2019.

• Código: 312.672-2. Infração: 4. Tipo: S.

3.3.2.1.1. O bloco hidráulico de segurança ou sistema hidráulico equivalente deve ser composto por válvulas em redundância que interrompam o fluxo principal do fluido.

•• Sobre vigência deste item, *vide* art. 2º da Portaria n. 916, de 30-7-2019.

• Código: 312.673-0. Infração: 4. Tipo: S.

3.3.2.1.2. Não se aplica o subitem 3.3.2.1 quando utilizada a proteção fixa prevista na alínea "a" do subitem 2.1, deste Anexo, para proteção da parte frontal, lateral e traseira das guilhotinas.

3.3.2.2. A guilhotina deve possuir "reset" ou "rearme manual", de modo a impedir acionamento acidental em caso de falha.

• Código: 312.674-9. Infração: 4. Tipo: S.

3.3.2.3. As guilhotinas hidráulicas devem possuir válvula de retenção, incorporada ou não ao bloco hidráulico de segurança, para impedir a queda do suporte da faca em caso de falha do sistema hidráulico, sendo que uma das válvulas em redundância referida no subitem 3.3.2.1 pode também executar a função de válvula de retenção, não sendo exigido neste caso uma válvula adicional para esta finalidade.

• Código: 312.675-7. Infração: 4. Tipo: S.

3.3.2.3.1. A válvula de retenção deve ser montada diretamente no corpo do cilindro e, se isto não for possível, deve se usar tubulação rígida, soldada ou flangeada entre o cilindro e a válvula.

• Código: 312.676-5. Infração: 4. Tipo: S.

3.3.2.4. Quando o circuito hidráulico do sistema equivalente permitir uma intensificação de pressão capaz de causar danos, deve possuir uma válvula de alívio diretamente operada, bloqueada e travada contra ajustes não autorizados, entre o cilindro hidráulico e a válvula de retenção.

• Código: 312.677-3. Infração: 4. Tipo: S.

4. Requisitos de segurança para dobradeiras

4.1. As dobradeiras devem possuir sistema de segurança adequadamente selecionado e instalado de acordo com este Anexo.

4.1.1. O sistema de segurança deve impedir ou detectar o acesso pelas laterais e parte traseira da máquina às zonas de perigo, conforme item 12.5 – Sistemas de Segurança e seus subitens.

• Código: 312.678-1. Infração: 4. Tipo: S.

4.1.2. O sistema de segurança frontal deve cobrir a área de trabalho, e ser selecionado de acordo com as características construtivas da máquina e a geometria da peça a ser conformada.

• Código: 312.679-0. Infração: 4. Tipo: S.

4.1.2.1. Para as dobradeiras hidráulicas é considerado sistema de segurança frontal os seguintes dispositivos detectores de presença ESPE (Equipamento de proteção eletrossensitivo):

• Código: 312.680-3. Infração: 4. Tipo: S.

a) cortinas de luz com redundância e autoteste, tipo 4 conforme norma IEC 61496, monitorada por interface de segurança, adequadamente dimensionada e instalada, conforme a norma EN 12622; ou

• Código: 312.681-1. Infração: 4. Tipo: S.

b) sistema de segurança de detecção multizona – ESPE /AOPD multizona tipo 4 conforme norma IEC 61496, monitorada por interface de segurança, adequadamente dimensionada e instalada, conforme a norma EN 12622.

• Código: 312.682-0. Infração: 4. Tipo: S.

4.1.2.1.1. O Sistema de segurança de detecção multizona – ESPE /AOPD multizona deve prover uma zona de proteção com uma capacidade de detecção de 14 mm (quatorze milímetros) que se estenda no plano vertical diretamente abaixo da linha de centro da ferramenta superior, mas não mais que 2,5 mm (dois vírgula cinco milímetros) atrás (plano de dobra).

• Código: 312.683-8. Infração: 4. Tipo: S.

4.1.2.1.1.1. A detecção da zona de proteção deve ser validada por meio dos testes previstos pelo fabricante e descritos no manual de instruções.

• Código: 312.684-6. Infração: 3. Tipo: S.

4.1.2.1.1.2. A zona de proteção também deve se estender à frente do plano de dobra por, pelo menos, 15 mm.

• Código: 312.685-4. Infração: 3. Tipo: S.

4.1.2.1.1.3. A desativação parcial (blanking) desta zona de proteção durante o curso de fechamento é possível, se a velocidade de fechamento é reduzida para 10 mm/s (dez milímetros por segundo) ou menos.

• Código: 312.686-2. Infração: 4. Tipo: S.

4.1.2.1.1.4. A desativação total (muting) desta zona de proteção pode ser feita quando a distância entre a punção e a chapa for menor ou igual a 10 mm (dez milímetros), se a velocidade de fechamento é reduzida para 10 mm/s (dez milímetros por segundo) ou menos.

• Código: 312.687-0. Infração: 4. Tipo: S.

4.1.2.1.1.5. O Sistema de segurança de detecção multizona – ESPE /AOPD multizona deve:

a) ser instalado próximo da ferramenta superior, de modo que se movimente em conjunto com o martelo, nas dobradeiras descendentes;

• Código: 312.688-9. Infração: 3. Tipo: S.

b) ser instalado de forma a garantir que não esteja sujeito à interferência luminosa externa que incida inadvertidamente no receptor, e dentro do alinhamento adequado entre emissor e receptor, e não haja reflexões óticas esperadas para dobradeiras;

• Código: 312.689-7. Infração: 3. Tipo: S.

c) ser utilizado para trabalho com as ferramentas de formato e dimensões indicadas pelo fabricante da ESPE/AOPD multizona, respeitando as limitações de uso e as medidas adicionais de segurança para garantir a zona de proteção prevista nos subitens 4.1.2.1.1 e 4.1.2.1.1.1 deste Anexo de acordo com as informações do manual de instruções do ESPE/AOPD multizona e Anexo I B desta NR;

• Código: 312.690-0. Infração: 4. Tipo: S.

d) ser utilizado em conjunto com comando bimanual conforme os subitens 12.4.3 a 12.4.7 e seus subitens, desta NR ou com pedal de 3 posições conforme o Anexo I B desta NR.

• Código: 312.691-9. Infração: 3. Tipo: S.

4.1.2.1.1.6. A velocidade de movimentação de descida na aproximação é livre e devem ser respeitados os critérios de segurança de escorregamento do ESPE /AOPD multizona previsto pelo fabricante, porém após o blanking a velocidade deve ser menor ou igual a 10 mm/s (dez milímetros por segundo).

• Código: 312.692-7. Infração: 3. Tipo: S.

4.1.2.1.1.7. Em sistemas cuja tecnologia permita o monitoramento de redução contínua de velocidade, a velocidade de 10 mm/s (dez milímetros por segundo) deverá ser atingida antes da desativação do feixe superior do ESPE /AOPD multizona.

• Código: 312.693-5. Infração: 3. Tipo: S.

4.1.2.1.1.8. Para um modo especial de operação, como dobra de caixa, medidas de segurança devem ser tomadas para a desativação da(s) zona(s) de proteção frontal e/ou traseira quando disponível, mantendo ativa a zona de proteção central, conforme indicado na figura 1:

• Código: 312.694-3. Infração: 3. Tipo: S.

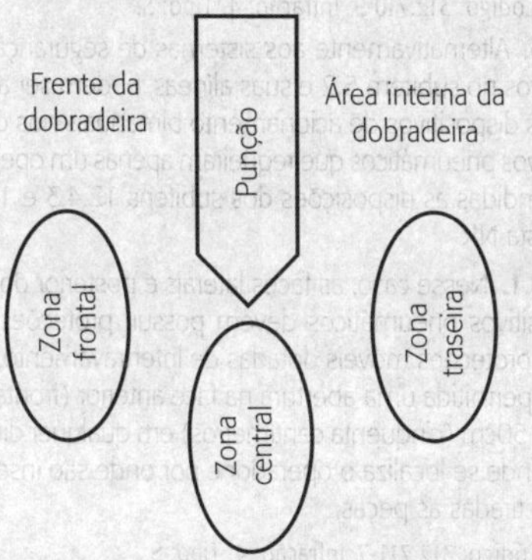

Figura 1: zonas de proteção

4.1.2.1.1.8.1. Este modo especial de operação deve ser realizado pelo operador por meio de um dispositivo de validação e deve ser automaticamente desativado:

a) a cada energização da máquina;

• Código: 312.695-1. Infração: 3. Tipo: S.

b) após mudanças de modos de seleção ou operação;

• Código: 312.695-1. Infração: 3. Tipo: S.

c) após a mudança de programa do controle numérico;

• Código: 312.695-1. Infração: 3. Tipo: S.

d) dentro de 8 horas de operação.

• Código: 312.695-1. Infração: 3. Tipo: S.

4.1.2.1.1.8.2. A desativação desta zona de proteção também é possível com o movimento em velocidade alta (mais que 10 mm/s), dado que a função "blanking" poderá ser ativada pelo sistema de controle antes de cada ciclo de dobra (p.e. através de informação vinda do controle numérico para determinar a sequência dos ciclos desativados e não desativados). Para cada um dos ciclos que requerem a desativação, o operador deve ter uma ação individual de confirmação (p.e. botão de pressão ou pressão extra no pedal) para que a desativação seja permitida.

• Código: 312.696-0. Infração: 3. Tipo: S.

4.1.2.1.1.9. Devem existir indicadores visuais do modo de operação do ESPE/AOPD multizona (p.e. blanking e muting).

• Código: 312.697-8. Infração: 3. Tipo: S.

4.1.2.1.1.10. No caso de dobra de chapas onduladas, e outros obstáculos do material a ser conformado, como, por exemplo, películas plásticas de proteção que venham a obstruir o sistema de segurança, este pode ser totalmente desabilitado durante o estágio final de aproximação (muting) após comando de validação feito pelo operador, seja por um botão, ou comando no pedal, em conjunto com a redução de velocidade de descida para 10 mm/s (dez milímetros por segundo) ou menos, e deve ser automaticamente reabilitado após ser atingido o PMS (ponto morto superior).

• Código: 312.698-6. Infração: 4. Tipo: S.

4.1.2.1.1.10.1. Esta informação deve estar descrita no procedimento fixado à máquina.

• Código: 312.699-4. Infração: 2. Tipo: S.

4.1.2.1.1.11. No caso de dobras em que a peça a ser dobrada ultrapasse a mesa da máquina, em função de sua geometria, o sistema de segurança ESPE / AOPD multizona pode ser desativado só e unicamente durante esta dobra, em conjunto com a redução de velocidade de descida para 10mm/s (dez milímetros por segundo) ou menos, e deve ser reabilitado para as demais dobras;

• Código: 312.700-1. Infração: 3. Tipo: S.

4.1.2.1.2. No caso de uso de ferramentas de conformação nas dobradeiras hidráulicas, deve-se enclausurar a máquina, utilizar ferramenta fechada e/ou cortina de luz conjugada com comando bimanual de acordo com os subitens 12.4.3 a 12.4.7 e seus subitens, desta NR.

• Código: 312.701-0. Infração: 4. Tipo: S.

4.1.2.2. A segurança na movimentação mecanizada (não manual) dos encostos traseiros deve ser garantida através da determinação de uma zona de segurança maior ou igual a 50mm (cinquenta milímetros) entre o encosto e a ferramenta inferior, e de no mínimo uma das seguintes alternativas:

a) velocidade de aproximação menor ou igual a 2m/min (dois metros por minuto), ou

• Código: 312.702-8. Infração: 4. Tipo: S.

b) limitação da força a 150N (cento e cinquenta Newtons), ou

• Código: 312.702-8. Infração: 4. Tipo: S.

c) sistema de basculamento dos encostos, associado à aproximação com movimento horizontal com no mínimo 5mm (cinco milímetros) acima da ferramenta inferior e posterior movimentação descendente para o posicionamento final dos encostos.

• Código: 312.702-8. Infração: 4. Tipo: S.

4.1.2.2.1. Estas medidas podem ser aplicadas pelo próprio sistema de comando da máquina.

4.1.2.3. A segurança contra os riscos decorrentes da aproximação da chapa a ser dobrada e o avental da máquina deve ser garantida através da redução da velocidade de dobra (quando aplicável) e do uso do pedal de três posições conforme Anexo I B desta NR.

• Código: 312.703-6. Infração: 4. Tipo: S.

4.1.2.4. Deve ser realizado o teste do escorregamento nas dobradeiras hidráulicas no máximo a cada 30 (trinta) horas de uso contínuo e/ou a cada energização da máquina, através de um sistema eletrônico de monitoramento de segurança classificado como no mínimo de categoria 2, conforme norma ABNT NBR 14153, associado a um sistema de came, encoder linear ou rotativo, ou automaticamente pelo próprio ESPE /AOPD multizona.

• Código: 312.704-4. Infração: 3. Tipo: S.

4.1.2.5. Para a função de blanking do ESPE /AOPD multizona, deve haver a garantia de velocidade lenta (menor ou igual a 10mm/s), feita através do monitoramento direto das válvulas de velocidade rápida ou através da medição direta de velocidade do avental, ambas por um sistema de segurança classificado no mínimo como categoria 3 conforme norma ABNT NBR 14153.

• Código: 312.705-2. Infração: 4. Tipo: S.

4.1.3. Aplicam-se as dobradeiras hidráulicas o subitem 2.6 e seus subitens, deste Anexo.

•• Sobre vigência deste item, *vide* art. 2º da Portaria n. 916, de 30-7-2019.

• Código: 312.706-0. Infração: 4. Tipo: S.

4.2. Os sistemas de segurança das dobradeiras freio--embreagem devem ser projetados, dimensionados e instalados com os mesmos critérios utilizados para a segurança de prensas excêntricas do tipo freio-embreagem previstos desta NR.

• Código: 312.707-9. Infração: 4. Tipo: S.

4.3. Os sistemas de segurança das dobradeiras híbridas, aquelas que possuem motores hidráulicos acionados por servomotores, devem ser projetados, dimensionados e instalados com os mesmos critérios utilizados para a segurança de dobradeiras hidráulicas deste Anexo.

• Código: 312.708-7. Infração: 4. Tipo: S.

5. Dispositivos hidráulicos e/ou pneumáticos

5.1. Para fins deste Anexo, dispositivos hidráulicos e/ou pneumáticos são máquinas de pequeno porte utilizadas na conformação e corte de materiais diversos, ou montagem de conjuntos de peças, utilizando ou não ferramentas, nas quais a atuação do cilindro não possui uma placa ou martelo guiados por prismas ou colunas laterais.

5.2. Os dispositivos hidráulicos e/ou pneumáticos devem possuir um dos seguintes sistemas de segurança nas zonas de perigo, exceto se atenderem o subitem 12.7.8 e seus subitens, desta NR:

a) enclausuramento da zona de perigo, com frestas ou passagens que não permitam o ingresso dos dedos e mãos, conforme subitem 12.5.1.1 desta NR, constituído de proteções fixas, conforme item 12.5 – Sistemas de Segurança e seus subitens; ou

• Código: 312.709-5. Infração: 4. Tipo: S.

b) enclausuramento da zona de perigo, com frestas ou passagens que não permitam o ingresso dos dedos e mãos, conforme subitem 12.5.1.1 desta NR, constituído de proteções fixas e proteções móveis dotadas de intertravamento, conforme item 12.5 – Sistemas de Segurança e seus subitens; ou

• Código: 312.709-5. Infração: 4. Tipo: S.

c) sensores de segurança conforme item 12.5 – Sistemas de Segurança e seus subitens.

• Código: 312.709-5. Infração: 4. Tipo: S.

5.2.1. Havendo possibilidade de acesso a zonas de perigo não supervisionadas pelos sensores de segurança previstos na alínea "c" do subitem 5.2, devem existir proteções móveis dotadas de intertravamento ou fixas, conforme item 12.5 – Sistemas de Segurança e seus subitens.

• Código: 312.710-9. Infração: 4. Tipo: S.

5.3. Alternativamente aos sistemas de segurança previstos no subitem 5.2 e suas alíneas, podem ser adotados dispositivos de acionamento bimanuais nos dispositivos pneumáticos que requeiram apenas um operador, atendidas as disposições dos subitens 12.4.3 e 12.4.5 desta NR.

5.3.1. Nesse caso, as faces laterais e posterior dos dispositivos pneumáticos devem possuir proteções fixas ou proteções móveis dotadas de intertravamento, sendo permitida uma abertura na face anterior (frontal) de até 50cm (cinquenta centímetros) em qualquer direção – onde se localiza o operador e por onde são inseridas e retiradas as peças.

• Código: 312.711-7. Infração: 4. Tipo: S.

5.3.2. Para os dispositivos pneumáticos dotados apenas de controles e comandos pneumáticos de seus movimentos perigosos, fica dispensado o monitoramento dos dispositivos de acionamento bimanuais por meio de interface de segurança com alimentação elétrica, devendo-se garantir sua simultaneidade pelo uso de componentes e circuitos pneumáticos que atendam ao estado da técnica.

• Código: 312.712-5. Infração: 4. Tipo: S.

5.4. Quando utilizadas proteções móveis ou sensores de segurança previstos nas alíneas "b" e "c" do subitem 5.2 deste Anexo, conforme indicado pela apreciação de risco e em função da categoria de segurança requerida, os dispositivos hidráulicos devem possuir uma das seguintes concepções:

•• Sobre vigência deste item, *vide* art. 2º da Portaria n. 916, de 30-7-2019.

a) para categoria 4: duas válvulas hidráulicas de segurança monitoradas dinamicamente e ligadas em série ou bloco hidráulico de segurança;

• Código: 312.713-3. Infração: 4. Tipo: S.

b) para categoria 3: uma válvula hidráulica de segurança monitorada dinamicamente e uma válvula convencional em série;

• Código: 312.714-1. Infração: 4. Tipo: S.

c) para categoria 2: uma válvula hidráulica de segurança monitorada dinamicamente ou uma válvula hidráulica convencional com verificação de funcionamento periódico.

• Código: 312.715-0. Infração: 4. Tipo: S.

5.5. Quando utilizadas proteções móveis ou sensores de segurança previstos nas alíneas "b" e "c" do subitem 5.2 deste Anexo, conforme indicado pela apreciação de risco e em função da categoria de segurança requerida, os dispositivos pneumáticos devem atender as seguintes concepções:

a) válvula pneumática de segurança dinamicamente monitorada, classificada como categoria 4, com bloqueio em caso de falha, sendo que a comutação incompleta de uma das válvulas, ou a pressão residual originada devido a falha na comutação ou vedações danificadas, não devem comprometer a segurança do sistema;

- Código: 312.716-8. Infração: 4. Tipo: S.

b) válvula pneumática de segurança monitorada classificada como categoria 3, ou circuito pneumático equivalente, sendo que a comutação incompleta de uma das válvulas, ou a pressão residual originada devido a falha na comutação ou vedações danificadas, não devem comprometer a segurança do sistema;

- Código: 312.717-6. Infração: 4. Tipo: S.

c) uma válvula pneumática monitorada ou uma válvula pneumática convencional com verificação de funcionamento periódico, para categoria 2.

- Código: 312.718-4. Infração: 4. Tipo: S.

6. Recalcadora com acoplamento de freio-embreagem

6.1. Recalcadora: É uma prensa mecânica com freio-embreagem com fechamento do martelo na posição horizontal. Recalcar é transformar uma barra de aço sob condições controladas em estágios com matrizes sequenciais, permitindo aproximação da geometria da peça.

6.2. Para atividades em recalcadoras no forjamento a quente podem ser utilizados pedais, sem a exigência de enclausuramento da face de alimentação da zona de prensagem, desde que sejam utilizadas tenazes que garantam o distanciamento do trabalhador das zonas de perigo.

- Código: 312.719-2. Infração: 4. Tipo: S.

6.2.1. As demais partes da máquina que permitam o acesso à área de risco devem ser protegidas por proteções móveis intertravadas ou fixas conforme item 12.5 – Sistemas de Segurança e seus subitens.

- Código: 312.720-6. Infração: 4. Tipo: S.

6.2.2. Os pedais de acionamento devem permitir o acesso somente por uma única direção e por um pé, devendo ser protegidos para evitar seu acionamento acidental, sendo vedado o uso de pedal de atuação mecânica.

- Código: 312.721-4. Infração: 3. Tipo: S.

6.3. A utilização de tenazes devem ser suportadas por dispositivos de alívio de peso, tais como balancins móveis, barras ou tripés, de modo a minimizar a sobrecarga do trabalho.

- Código: 312.722-2. Infração: 4. Tipo: S.

6.4. As recalcadoras com freio-embreagem pneumático devem ser comandadas por válvula de segurança específica classificada como categoria 4, com monitoramento dinâmico e pressão residual que não comprometa a segurança do sistema e, que fique bloqueada em caso de falha.

- Código: 312.723-0. Infração: 4. Tipo: S.

6.4.1. No caso de falha da válvula, somente deve ser possível voltar à condição normal de operação após o acionamento de seu "reset" ou "rearme manual".

- Código: 312.724-9. Infração: 3. Tipo: S.

6.4.1.1. O "reset" ou "rearme manual" deve ser incorporado à válvula de segurança ou em outro local do sistema, com atuador situado em posição segura que proporcione boa visibilidade para verificação da inexistência de pessoas nas zonas de perigo a fim de validar por meio de uma ação manual intencional um comando de partida.

- Código: 312.725-7. Infração: 3. Tipo: S.

6.4.2. Nas válvulas de segurança, somente podem ser utilizados silenciadores de escape que não apresentem risco de entupimento ou que tenham passagem livre correspondente ao diâmetro nominal, de maneira a não interferir no tempo de frenagem.

- Código: 312.726-5. Infração: 4. Tipo: S.

6.4.3. Nos modelos de válvulas com monitoramento dinâmico externo por pressostato, micro-switches ou sensores de proximidade integrados à válvula, o monitoramento deve ser realizado por interface de segurança em sistema classificado como categoria 4.

- Código: 312.727-3. Infração: 4. Tipo: S.

7. Martelos de forjamento

7.1. Para fins deste Anexo, são considerados martelos de forjamento:

a) martelos de forjamento de queda livre;

b) martelos de forjamento de duplo efeito, hidráulicos ou pneumáticos;

c) martelos de forjamento contra golpe, hidráulicos ou pneumáticos;

d) marteletes de forjamento a ar comprimido.

7.2. As zonas de prensagem ou trabalho dos martelos de forjamento devem ser dotadas de proteções fixas ou, se necessário, proteções móveis com intertravamento, conforme alínea "a", do subitem 2.1 deste Anexo.

- Código: 312.728-1. Infração: 4. Tipo: S.

7.3. Para atividades em martelo de forjamento a quente, podem ser utilizados pedais ou alavancas, sem a exigência de enclausuramento da face de alimentação e retirada de peças da zona de prensagem ou trabalho, desde que sejam adotadas medidas de proteção que garantam o distanciamento do trabalhador das zonas de perigo por meio de barreira física.

- Código: 312.729-0. Infração: 4. Tipo: S.

7.3.1. Os pedais de acionamento devem permitir o acesso somente por uma única direção e por um pé, devendo ser protegidos para evitar seu acionamento acidental, sendo vedado o uso de pedal de atuação mecânica.

- Código: 312.730-3. Infração: 3. Tipo: S.

7.3.2. A utilização de tenazes devem ser suportadas por dispositivos de alívio de peso, tais como balancins móveis, barras ou tripés, de modo a minimizar a sobrecarga do trabalho.

- Código: 312.731-1. Infração: 4. Tipo: S.

7.4. Adicionalmente ao disposto no subitem 7.2 os martelos pneumáticos devem ter:

a) o parafuso central da cabeça do amortecedor preso com cabo de aço;

• Código: 312.732-0. Infração: 4. Tipo: S.

b) o mangote de entrada de ar com proteção que impeça sua projeção em caso de ruptura; e

• Código: 312.733-8. Infração: 4. Tipo: S.

c) todos os prisioneiros, superior e inferior, travados com cabo de aço.

• Código: 312.734-6. Infração: 4. Tipo: S.

7.5. Para as atividades de forjamento a quente em martelos ou prensas, medidas adicionais de proteção coletiva devem ser adotadas para evitar que a projeção de partes do material que está sendo processado ou fagulhas atinjam os trabalhadores.

• Código: 312.735-4. Infração: 4. Tipo: S.

8. Prensa Enfardadeira Vertical

8.1. As prensas enfardadeiras verticais ficam dispensadas do uso do bloco hidráulico de segurança, desde que atendidas as seguintes exigências:

a) proteções móveis intertravadas monitoradas por interface de segurança, que atuem na alimentação de energia da bomba hidráulica por meio de dois contatores ligados em série, monitorados por interface de segurança, devendo esse sistema ser classificado como categoria 4;

• Código: 312.736-2. Infração: 3. Tipo: S.

b) acionamento realizado por controle que exija a utilização simultânea das duas mãos do operador, sendo aceita uma válvula hidráulica operada manualmente por alavanca conjugada com um botão de acionamento;

• Código: 312.736-2. Infração: 3. Tipo: S.

c) válvula de retenção instalada diretamente no corpo do cilindro e, se isto não for possível, utilizar tubulação rígida, soldada ou flangeada entre o cilindro e a válvula de retenção;

• Código: 312.736-2. Infração: 3. Tipo: S.

d) deve ser adotado procedimento de segurança para amarração e retirada dos fardos;

e) medidas adicionais de proteção conforme subitens 12.7.1 a 12.7.5 e seus subitens, desta NR.

9. Outras disposições

9.1. Na impossibilidade da aplicação das medidas prescritas neste Anexo, podem ser adotadas outras medidas de proteção e sistemas de segurança nas prensas e similares, observados os subitens 12.1.9 e 12.1.9.1, desde que garantam a mesma eficácia das proteções e dispositivos mencionados neste Anexo, e atendam ao disposto nas normas técnicas oficiais vigentes tipos A e B e, na ausência dessas, normas internacionais e europeias harmonizadas aplicáveis.

• Código: 312.737-0. Infração: 4. Tipo: S.

9.2. É proibida a importação, fabricação, comercialização, leilão, locação e cessão a qualquer título de prensas mecânicas excêntricas e similares com acoplamento para descida do martelo por meio de engate por chaveta ou similar e de dobradeiras mecânicas com freio de cinta, novas ou usadas, em todo o território nacional.

• Código: 312.738-9. Infração: 4. Tipo: S.

9.2.1. Entende-se como mecanismo similar aquele que não possibilite a parada imediata do movimento do martelo em qualquer posição do ciclo de trabalho.

9.3. Qualquer transformação substancial do sistema de funcionamento ou do sistema de acoplamento para movimentação do martelo – "retrofitting" de prensas e equipamentos similares somente deve ser realizada mediante projeto mecânico elaborado por profissional legalmente habilitado, acompanhado de Anotação de Responsabilidade Técnica – ART.

• Código: 312.739-7. Infração: 4. Tipo: S.

9.3.1. O projeto deverá conter memória de cálculo de dimensionamento dos componentes, especificação dos materiais empregados e memorial descritivo de todos os componentes.

Anexo IX da NR-12
Injetora de Materiais Plásticos

1. Para fins de aplicação deste Anexo considera-se injetora a máquina utilizada para a fabricação descontínua de produtos moldados, por meio de injeção de material no molde, que contém uma ou mais cavidades em que o produto é formado, consistindo essencialmente na unidade de fechamento – área do molde e mecanismo de fechamento, unidade de injeção e sistemas de acionamento e controle, conforme Figura 1 deste Anexo.

1.1. Definições aplicáveis:

a) máquina injetora hidráulica: máquina injetora em que os acionamentos dos eixos são executados por circuito de potência hidráulico, composto por motor elétrico, bomba hidráulica e cilindro hidráulico;

b) área do molde: zona compreendida entre as placas, onde o molde é montado;

c) mecanismo de fechamento: mecanismo fixado à placa móvel para movê-la e aplicar a força de fechamento;

d) força de fechamento: força exercida pelo conjunto cilindro de injeção e rosca sobre a peça de plástico que se solidifica dentro do molde de uma injetora, que garanta sua alimentação com material adicional enquanto ela se contrai em função da solidificação e resfriamento;

e) unidade de injeção: unidade responsável pela plastificação e injeção do material no molde por meio do bico;

f) injeção: transferência da massa do cilindro de injeção para o molde, processo cíclico em que um material amolecido por calor é injetado dentro de um molde sob pressão, que se mantém até que o plástico tenha endurecido suficientemente para ser ejetado do molde;

g) circuito de potência: circuito que fornece energia para operação da máquina;

h) máquina injetora carrossel – rotativa: máquina com duas ou mais unidades de fechamento, montadas em carrossel móvel, na posição vertical ou horizontal, vinculadas a uma ou mais unidades de injeção fixas;

i) máquina injetora multiestações com unidade de injeção móvel: máquina com unidade de injeção móvel vinculada a duas ou mais unidades de fechamento fixas;

j) máquina injetora com mesa porta-molde de deslocamento transversal: máquina projetada para conter uma ou mais partes inferiores do molde fixadas a uma mesa porta-molde de deslocamento transversal, que vincula a parte inferior do molde por meio de movimento de deslocamento ou rotação da mesa, à parte superior e à unidade de injeção;

k) máquina injetora elétrica: máquina injetora em que os acionamentos dos eixos são executados por atuadores elétricos – servomotores;

l) motor elétrico: qualquer tipo de motor que usa energia elétrica, como servomotor ou motor linear;

m) unidade de controle do motor: unidade para controlar o movimento, o processo de parada e interrupção de movimento de um motor elétrico, com ou sem dispositivo eletrônico integrado, tais como conversor de frequência e contator;

n) eixo elétrico: sistema composto por um motor elétrico, uma unidade de controle motor e os contatores adicionais;

o) estado de parada: condição no qual não há movimento de uma parte da máquina com um eixo elétrico;

p) estado de parada segura: estado de parada durante o qual medidas adicionais são tomadas para evitar disparo inesperado;

q) parada: desaceleração de um movimento de uma parte da máquina até que o estado de parada seja alcançado;

r) parada segura: parada durante a qual medidas adicionais são tomadas para evitar interrupção perigosa de movimento;

s) entrada de comando de segurança monitorada: entrada de uma unidade de controle do motor usada para interrupção do fornecimento de energia para o motor do eixo elétrico;

t) equipamento periférico: equipamento que interage com a máquina injetora, por exemplo, manipulador para retirada de peças, equipamento para troca de molde e presilhas de fixação automática do molde.

1.2. Requisitos específicos de segurança nas zonas de perigo das injetoras.

1.2.1. Perigos relacionados à área do molde.

1.2.1.1. O acesso à área do molde onde o ciclo é comandado, ou frontal, deve ser impedido por meio de proteções móveis intertravadas – portas, dotadas de dois dispositivos mecânicos de intertravamento monitorados por interface de segurança, atuando na unidade de comando de tal forma que a falha em qualquer um dos dispositivos de intertravamento ou em sua interligação seja automaticamente reconhecida e ainda seja impedido o início de qualquer movimento posterior de perigo, conforme item 12.5 – Sistemas de Segurança e seus subitens.

- Código: 312.740-0. Infração: 4. Tipo: S.

1.2.1.1.1. Quando utilizados dispositivos de intertravamento sem atuação mecânica, pode ser adotado apenas um dispositivo para o intertravamento, devendo o monitoramento ser mantido por interface de segurança.

- Código: 312.741-9. Infração: 4. Tipo: S.

1.2.1.2. Além do disposto no subitem 1.2.1.1 deste Anexo, a proteção frontal deve atuar no circuito de potência por meio de uma válvula monitorada ou, de maneira indireta, por meio de dois dispositivos mecânicos de intertravamento monitoradas por interface de segurança, exceto para as máquinas injetoras elétricas.

- Código: 312.742-7. Infração: 4. Tipo: S.

1.2.1.2.1. Quando utilizados dispositivos de intertravamento sem atuação mecânica, pode ser adotado apenas um dispositivo de intertravamento para essa função, mantendo-se o monitoramento por interface de segurança.

- Código: 312.743-5. Infração: 4. Tipo: S.

1.2.1.3. Quando utilizados dispositivos de intertravamento sem atuação mecânica, pode ser adotado apenas um dispositivo de intertravamento, monitorado por interface de segurança, para o atendimento de cada um dos subitens 1.2.1.1 e 1.2.1.2 deste Anexo.

- Código: 312.744-3. Infração: 4. Tipo: S.

1.2.1.4. O acesso à área do molde onde o ciclo não é comandado, ou traseira, deve ser impedido por meio de proteções móveis intertravadas – portas, dotadas de dois dispositivos mecânicos de intertravamento monitoradas por interface de segurança, que atuem no circuito de potência, e desliguem o motor principal.

- Código: 312.745-1. Infração: 4. Tipo: S.

1.2.1.4.1. Quando utilizados dispositivos de intertravamento sem atuação mecânica, pode ser adotado apenas um dispositivo de intertravamento para essa função, mantendo-se o monitoramento por interface de segurança.

- Código: 312.746-0. Infração: 4. Tipo: S.

1.2.1.5. As proteções móveis devem ser projetadas de modo que não seja possível a permanência de uma pessoa entre elas e a área do molde.

- Código: 312.747-8. Infração: 4. Tipo: S.

1.2.1.5.1. Caso seja necessária a permanência ou acesso de todo o corpo entre as proteções e a área de movimento perigoso ou dentro da área do molde, devem ser atendidos os subitens de 1.2.6.2 a 1.2.6.3.5 deste Anexo.

1.2.1.6. Deve ser instalado dispositivo mecânico de segurança autorregulável, de tal forma que atue independente da posição da placa, ao abrir a proteção – porta, interrompendo o movimento dessa placa sem necessidade de qualquer regulagem, ou seja, sem regulagem a cada troca de molde.

- Código: 312.748-6. Infração: 4. Tipo: S.

1.2.1.6.1. A partir da abertura da proteção até a efetiva atuação da segurança, é permitido um deslocamento da placa móvel, de amplitude máxima igual ao passo do dispositivo mecânico de segurança autorregulável.

- Código: 312.749-4. Infração: 4. Tipo: S.

1.2.1.6.2. O dispositivo mecânico de segurança autorregulável deve ser dimensionado para resistir aos esforços do início do movimento de fechamento da placa móvel, não sendo sua função resistir à força de fechamento.

- Código: 312.750-8. Infração: 4. Tipo: S.

1.2.1.6.3. Ficam dispensadas da instalação do dispositivo mecânico de segurança autorregulável as máquinas fabricadas ou importadas que atendam aos requisitos da norma ABNT NBR 13536:2016 ou da norma harmonizada EN 201.

1.2.1.6.3.1. As máquinas fabricadas a partir de 1º de junho de 2016 devem atender aos requisitos da norma ABNT NBR 13536:2016 e suas alterações, observado o disposto no subitem 12.1.8.2 desta NR.

- Código: 312.751-6. Infração: 4. Tipo: S.

1.2.1.6.3.2. As máquinas importadas devem atender a norma técnica harmonizada EN 201, vigente em sua data de fabricação, ou a norma ABNT NBR 13536:2016 e suas alterações, observado o disposto no subitem 12.1.8.2 desta NR.

- Código: 312.752-4. Infração: 4. Tipo: S.

1.2.1.6.3.3. Caso a empresa comprove que deu início ao processo de compra da injetora entre 1º de junho de 2016 e 1º de janeiro de 2017, poderá optar pelo cumprimento do Anexo IX, desde que encaminhe essa informação para o Departamento de Segurança e Saúde no Trabalho.

1.2.1.7. As proteções móveis intertravadas – portas, devem ainda proteger contra outros movimentos, e quando forem abertas, devem:

a) interromper o ciclo; a plastificação pode continuar se o espirramento de material plastificado for impedido e a força de contato do bico não puder provocar situações de perigo;

- Código: 312.753-2. Infração: 4. Tipo: S.

b) impedir movimento de avanço da rosca ou pistão de injeção;

- Código: 312.754-0. Infração: 4. Tipo: S.

c) impedir movimento de avanço da unidade de injeção; e

- Código: 312.755-9. Infração: 4. Tipo: S.

d) impedir movimentos perigosos dos extratores de machos e peças e de seus mecanismos de acionamento.

- Código: 312.756-7. Infração: 4. Tipo: S.

1.2.1.8. Dispositivos de segurança para máquinas com eixo elétrico – injetoras elétricas.

1.2.1.8.1. As máquinas injetoras elétricas devem atender aos requisitos de segurança deste Anexo, com exceção aos subitens 1.2.1.2. e 1.2.1.6.

1.2.1.8.2. Para o movimento de fechamento da placa das injetoras elétricas, o circuito de potência deve possuir ligação em série com mais de uma unidade de controle motor, da seguinte forma:

a) uma unidade de controle de velocidade do motor tendo em sua saída mais dois contatores em série; ou

- Código: 312.757-5. Infração: 4. Tipo: S.

b) uma unidade de controle de velocidade do motor com uma entrada de comando de segurança monitorada, tendo em sua saída mais um contator em série; ou

- Código: 312.757-5. Infração: 4. Tipo: S.

c) uma unidade de controle de velocidade do motor com duas entradas de comando de segurança monitoradas de categoria 3, sendo que, neste caso, o uso de contator em série é desnecessário.

- Código: 312.757-5. Infração: 4. Tipo: S.

1.2.1.8.3. Os componentes do circuito de potência devem possuir monitoramento automático, de forma que, em caso falha em um dos componentes, não seja possível iniciar o movimento seguinte do ciclo de injeção.

- Código: 312.758-3. Infração: 4. Tipo: S.

1.2.1.8.3.1. O monitoramento automático deve ser realizado ao menos uma vez a cada movimento da proteção móvel – porta.

- Código: 312.759-1. Infração: 4. Tipo: S.

1.2.1.8.4. A proteção móvel – porta, das injetoras elétricas deve possuir dispositivo de intertravamento com bloqueio que impeça sua abertura durante o movimento perigoso.

- Código: 312.760-5. Infração: 4. Tipo: S.

1.2.1.8.4.1. O dispositivo de intertravamento com bloqueio deve:

a) atender às disposições do item 12.5 – Sistemas de Segurança e seus subitens;

- Código: 312.761-3. Infração: 4. Tipo: S.

b) suportar um esforço de até 1000N (mil Newtons);

- Código: 312.762-1. Infração: 4. Tipo: S.

c) manter a proteção móvel travada na posição fechada até que o estado de parada do movimento de perigo seja alcançado, devendo a detecção de estado de parada ser segura contra falhas individuais.

- Código: 312.763-0. Infração: 4. Tipo: S.

1.2.1.8.5. As injetoras elétricas devem atender a uma parada de emergência controlada, com fornecimento de energia ao circuito de potência necessária para atingir a parada e, então, quando a parada for atingida, a energia ser removida.

- Código: 312.764-8. Infração: 4. Tipo: S.

1.2.1.8.5.1. A atuação da parada de emergência deve interromper todos os movimentos e descarregar os acumuladores hidráulicos.

- Código: 312.765-6. Infração: 4. Tipo: S.

1.2.2. Área do mecanismo de fechamento.

1.2.2.1. O acesso à zona de perigo do mecanismo de fechamento deve ser impedido por meio de proteção fixa ou proteção móvel intertravada – portas.

- Código: 312.766-4. Infração: 3. Tipo: S.

1.2.2.2. A proteção móvel intertravada – porta, frontal e traseira deve possuir um dispositivo de intertravamento monitorado por interface de segurança, que atue no circuito de potência e desligue o motor principal.

• Código: 312.767-2. Infração: 3. Tipo: S.

1.2.2.3. As injetoras elétricas em que o desligamento do respectivo motor possa manter retida energia potencial que traga risco de movimentos inesperados na área de mecanismo de fechamento – extração em moldes com molas, por exemplo, deve possuir dispositivos adicionais que impeçam estes movimentos, tais como freios magnéticos.

• Código: 312.768-0. Infração: 3. Tipo: S.

1.2.3. Proteção do cilindro de plastificação e bico injetor.

1.2.3.1. O cilindro de plastificação deve possuir proteção fixa para impedir queimaduras resultantes do contato não intencional em partes quentes da unidade de injeção em que a temperatura de trabalho exceda 80º C (oitenta graus Celsius) e, em complemento, deve ser fixada uma etiqueta indicando alta temperatura.

• Código: 312.769-9. Infração: 3. Tipo: S.

1.2.3.2. O bico de injeção deve possuir proteção móvel intertravada com um dispositivo de intertravamento monitorado por interface de segurança, que interrompa todos os movimentos da unidade de injeção.

• Código: 312.770-2. Infração: 3. Tipo: S.

1.2.3.3. O projeto das proteções deve levar em consideração as posições extremas do bico e os riscos de espirramento de material plastificado.

• Código: 312.771-0. Infração: 3. Tipo: S.

1.2.3.4. As partes móveis do conjunto injetor devem receber proteções fixas, ou proteção móvel intertravada com um dispositivo de intertravamento monitorado por interface de segurança, que interrompa todos os movimentos da unidade de injeção.

• Código: 312.772-9. Infração: 3. Tipo: S.

1.2.4. Área da alimentação de material – Funil.

1.2.4.1. O acesso à rosca plastificadora deve ser impedido, atendendo-se às distâncias de segurança previstas no subitem 12.5.1.1 desta NR.

• Código: 312.773-7. Infração: 3. Tipo: S.

1.2.4.2. No caso de unidades de injeção horizontais, admite-se uma abertura inferior na proteção do bico.

1.2.4.3. As unidades de injeção posicionadas sobre a área do molde devem ser equipadas com um dispositivo de retenção para impedir movimentos descendentes pela ação da gravidade.

• Código: 312.774-5. Infração: 3. Tipo: S.

1.2.4.3.1. No caso de movimento vertical de acionamento hidráulico, uma válvula de retenção deve ser instalada de forma direta sobre o cilindro, ou tão próximo quanto o possível daquele, usando somente tubos flangeados.

• Código: 312.775-3. Infração: 3. Tipo: S.

1.2.4.4. Em situações específicas de manutenção, dentre elas o acesso à zona de perigo, devem ser adotadas as medidas adicionais previstas no subitem 12.11.3.1 desta NR.

• Código: 312.776-1. Infração: 4. Tipo: S.

1.2.5. Área da descarga de peças.

1.2.5.1. Deve existir proteção na área de descarga de peças, de modo a impedir que segmentos corporais alcancem as zonas de perigo, conforme item 12.5 – Sistemas de Segurança e seus subitens.

• Código: 312.777-0. Infração: 3. Tipo: S.

1.2.5.1.1. A existência de esteiras transportadoras na área de descarga não desobriga o atendimento do previsto no subitem 1.2.5.1.

• Código: 312.778-8. Infração: 3. Tipo: S.

1.2.6. Requisitos adicionais de segurança associados com máquinas de grande porte.

1.2.6.1. Definem-se máquinas de grande porte quando:

a) a distância horizontal ou vertical entre os tirantes do fechamento for maior que 1,2 m (um metro e vinte centímetros); ou

b) se não existirem tirantes, a distância horizontal ou vertical equivalente, que limita o acesso à área do molde, for maior que 1,2 m; (um metro e vinte centímetros); ou

c) uma pessoa consiga permanecer entre a proteção da área do molde – porta – e a área de movimento perigoso.

1.2.6.2. Componentes de segurança adicionais, como travas mecânicas, devem ser instalados nas proteções de todos os lados da máquina em que o ciclo possa ser iniciado, para agir em cada movimento de abertura da proteção e impedir seu retorno à posição "fechada".

• Código: 312.779-6. Infração: 4. Tipo: S.

1.2.6.2.1. Os componentes previstos no subitem 1.2.6.2 devem ser reativados separadamente antes que se possa iniciar outro ciclo.

• Código: 312.780-0. Infração: 3. Tipo: S.

1.2.6.2.2. O correto funcionamento dos componentes de segurança adicionais deve ser supervisionado por dispositivos de segurança monitorados por interface de segurança, ao menos uma vez para cada ciclo de movimento da proteção – porta, de tal forma que qualquer falha em tais componentes, seus dispositivos de segurança ou sua interligação seja automaticamente reconhecida, de forma a impedir o início de qualquer movimento de fechamento do molde.

• Código: 312.781-8. Infração: 4. Tipo: S.

1.2.6.3. As máquinas injetoras de grande porte devem possuir dispositivos de segurança adicionais para detectar a presença de uma pessoa entre a proteção móvel da área do molde – porta – e a própria área do molde, ou detectar uma pessoa dentro da área do molde, conforme norma técnica oficial ou internacional aplicável a este equipamento.

• Código: 312.782-6. Infração: 4. Tipo: S.

1.2.6.3.1. A posição da qual estes dispositivos são reativados deve permitir uma clara visualização da área do molde, com a utilização de meios auxiliares de visão, se necessário.

• Código: 312.783-4. Infração: 3. Tipo: S.

1.2.6.3.2. Quando estes dispositivos forem acionados, o circuito de controle do movimento de fechamento da placa deve ser interrompido e, no caso de proteções – porta – com acionamento automático, o circuito de controle do movimento de fechamento da proteção deve ser interrompido.

• Código: 312.784-2. Infração: 3. Tipo: S.

1.2.6.3.3. Quando a zona monitorada pelos dispositivos detectores de presença for invadida, um comando automático deve:

a) interromper o circuito de comando do movimento de fechamento da placa e, no caso de utilização de proteções – portas de acionamento automático, interromper o circuito de comando do movimento de fechamento da proteção;

• Código: 312.785-0. Infração: 4. Tipo: S.

b) impedir a injeção na área do molde; e

• Código: 312.786-9. Infração: 4. Tipo: S.

c) impedir o início do ciclo subsequente.

• Código: 312.787-7. Infração: 4. Tipo: S.

1.2.6.3.4. Pelo menos um botão de emergência deve ser instalado, em posição acessível, entre a proteção móvel da área do molde – porta e a área do molde, conforme item 12.6 – Dispositivos de parada de emergência e seus subitens.

• Código: 312.788-5. Infração: 4. Tipo: S.

1.2.6.3.5. Pelo menos um botão de emergência deve ser instalado em posição acessível na parte interna da área do molde, conforme item 12.6 – Dispositivos de parada de emergência e seus subitens.

• Código: 312.789-3. Infração: 4. Tipo: S.

1.2.7. Máquinas com movimento vertical da placa móvel.

1.2.7.1. Máquinas hidráulicas ou pneumáticas de fechamento vertical devem ser equipadas com dois dispositivos de retenção, que podem ser, por exemplo, válvulas hidráulicas que impeçam o movimento descendente acidental da placa.

• Código: 312.790-7. Infração: 3. Tipo: S.

1.2.7.1.1. As válvulas previstas no subitem 1.2.7.1 devem ser instaladas diretamente no cilindro, ou o mais próximo possível, utilizando-se somente tubos flangeados.

• Código: 312.791-5. Infração: 3. Tipo: S.

1.2.7.2. No local em que a placa tiver uma dimensão maior que 800 mm (oitocentos milímetros) e o curso de abertura possa exceder 500 mm (quinhentos milímetros), ao menos um dos dispositivos de retenção deve ser mecânico.

• Código: 312.792-3. Infração: 3. Tipo: S.

1.2.7.2.1. Quando a proteção da área do molde for aberta ou quando outro dispositivo de segurança da área do molde atuar, esse dispositivo de retenção mecânico deve agir automaticamente em todo o curso da placa.

• Código: 312.793-1. Infração: 3. Tipo: S.

1.2.7.2.1.1. Quando não for possível a abertura da proteção móvel da área do molde antes que se atinja a posição máxima de abertura, permite-se que o dispositivo de retenção mecânico atue apenas no final do curso de abertura.

• Código: 312.794-0. Infração: 3. Tipo: S.

1.2.7.2.1.2. Na eventualidade da falha de um dos dispositivos de retenção o outro deverá impedir o movimento descendente da placa.

• Código: 312.795-8. Infração: 3. Tipo: S.

1.2.7.3. Os dispositivos de retenção devem ser automaticamente monitorados de modo que na falha de um deles:

a) a falha seja automaticamente reconhecida; e

• Código: 312.796-6. Infração: 3. Tipo: S.

b) seja impedido o início de qualquer movimento descendente da placa.

• Código: 312.796-6. Infração: 3. Tipo: S.

1.2.8. Máquinas carrossel.

1.2.8.1. O acesso aos movimentos de perigo do carrossel deve ser impedido por proteções fixas ou proteções móveis intertravadas conforme item 12.5 – Sistemas de Segurança e seus subitens.

• Código: 312.797-4. Infração: 4. Tipo: S.

1.2.8.2. O acesso à zona do molde deve ser impedido conforme o subitem 1.2.1.1 deste Anexo.

• Código: 312.798-2. Infração: 4. Tipo: S.

1.2.9. Máquina com mesa porta-molde de deslocamento transversal.

1.2.9.1. O acesso aos movimentos de perigo da mesa deve ser impedido pela adoção de sistemas de segurança previstos no item 12.5 – Sistemas de Segurança e seus subitens e complementarmente pela adoção de dispositivos de acionamento bimanual, conforme os subitens 12.4.3, 12.4.4, 12.4.5 e 12.4.6 desta NR.

• Código: 312.799-0. Infração: 4. Tipo: S.

1.2.9.2. Quando o movimento vertical da mesa for possível, deve ser impedido o movimento descendente acidental pela ação da gravidade.

• Código: 312.800-8. Infração: 4. Tipo: S.

1.2.10. Máquina multiestações com unidade de injeção móvel.

1.2.10.1. O acesso às zonas perigosas da unidade de injeção, quando esta se move entre as unidades de fechamento, deve ser impedido por proteções fixas ou proteções móveis intertravadas, conforme item 12.5 – Sistemas de Segurança e seus subitens.

• Código: 312.801-6. Infração: 4. Tipo: S.

1.2.10.2. O acesso à zona do molde deve ser impedido conforme o subitem 1.2.1.1 deste Anexo.

• Código: 312.802-4. Infração: 4. Tipo: S.

1.2.11. Equipamentos periféricos.

1.2.11.1. A instalação de equipamentos periféricos não deve reduzir o nível de segurança, observando-se que:

a) a instalação de equipamento periférico que implique a modificação das proteções da máquina não deve permitir acesso às zonas de perigo;

- Código: 312.803-2. Infração: 3. Tipo: S.

b) se a abertura de uma proteção do equipamento periférico permitir acesso a uma zona de perigo da máquina, essa proteção deve atuar da mesma maneira que a especificada para aquela zona da máquina ou, no caso de possibilidade de acesso de todo o corpo, deve ser aplicado o disposto no subitem 1.2.6 deste Anexo;

- Código: 312.804-0. Infração: 3. Tipo: S.

c) se o equipamento periférico impede o acesso à zona de perigo da máquina e pode ser removido sem o auxílio de ferramentas, deve ser intertravado com o circuito de comando da máquina da mesma forma que a proteção especificada para aquela área; e

- Código: 312.805-9. Infração: 3. Tipo: S.

d) se a abertura de uma proteção móvel da máquina permitir acesso a uma zona de perigo de um equipamento periférico, essa proteção deve cumprir os requisitos de segurança aplicáveis ao equipamento.

- Código: 312.806-7. Infração: 3. Tipo: S.

Figura 1: Desenho esquemático de injetora horizontal apresentando as principais zonas de perigo desprovidas das proteções fixas ou móveis.

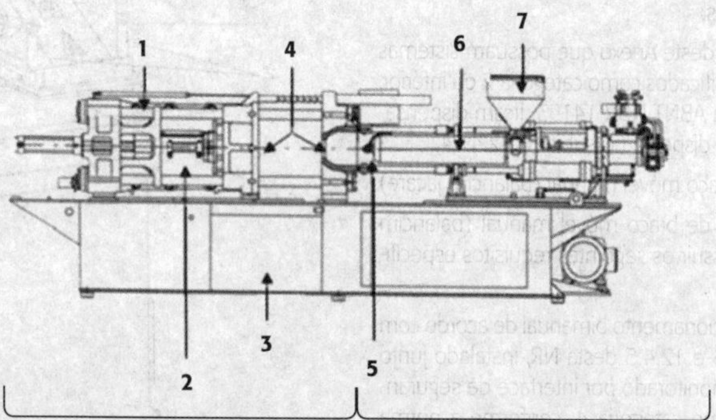

Legenda:
1: mecanismo de fechamento
2: extrator hidráulico
3: área de descarga de peças
4: placa móvel e placa fixa do bico (área do molde)
5: bico de injeção
6: cilindro de plastificação (canhão)
7: funil de alimentação
Fonte: Fundacentro

Anexo X da NR-12
Máquinas para Fabricação de Calçados e Afins

1. Introdução

1.1. Este Anexo estabelece requisitos específicos de segurança para máquinas utilizadas na fabricação de calçados e componentes, a saber: balancim de braço móvel manual (balancim jacaré), balancim tipo ponte manual, máquina de cambrê com borrachão, máquina de cambrê facão, máquina automática (pneumática ou mecânica) de aplicar ilhós, rebites e adornos, máquina de conformar traseiro, máquina de pregar salto, máquina de assentar cama de salto e rebater traseiro, máquina prato rotativo (dublar), máquina de montar bicos, máquina de montar base de calçados (passador de adesivo ou injetor de adesivo), máquina sorveteira, máquina de alta frequência, máquina de montar base e enfranque de calçados, máquina automática de rebater planta de calçado, máquina injetora rotativa de carrossel móvel, máquina manual de pregar enfeites (rebitadeira), máquina de dublar ou unir componentes de calçados com acionamento pneumático, máquina boca de sapo, máquinas de montar lados, máquina de carimbar solas e palmilhas, máquina de riscar e marcar cortes, máquina de dividir cortes (rachadeira), máquina de chanfrar cortes, máquina de colar fita e abrir costura, máquinas tampográficas, máquina bordadeira, máquina de passar cola, máquina de reativar couraça a vapor, máquina rotográfica e máquina de costura.

1.2. Para fins de aplicação deste Anexo e das Normas Técnicas oficiais vigentes, os sistemas de segurança aqui descritos para cada máquina são resultado da apreciação de risco.

1.3. As máquinas deste Anexo que não possuem citação sobre uso de dispositivo de parada de emergência estão dispensadas da aplicação do mesmo, conforme subitem 12.6.1 desta NR.

1.4. As máquinas deste Anexo que possuam sistemas de segurança monitorados por interface de segurança classificadas como categoria 3 ou superior, conforme a norma ABNT NBR 14153, devem atender ao disposto no subitem 12.4.14 e seu subitem para o comando de partida e parada do motor elétrico que provoque movimentos perigosos.

1.5. As máquinas deste Anexo que possuam sistemas de segurança classificados como categoria 2 ou inferior, conforme a norma ABNT NBR 14153, ficam dispensadas de atender ao disposto no subitem 12.4.14.

2. Balancim de braço móvel manual (balancim jacaré)

2.1. Os balancins de braço móvel manual (balancim jacaré) devem possuir os seguintes requisitos específicos de segurança:

a) dispositivo de acionamento bimanual de acordo com os subitens 12.4.3 e 12.4.5 desta NR, instalado junto ao braço móvel, monitorado por interface de segurança classificada como categoria 4, conforme a norma ABNT NBR 14153;

- Código: 312.807-5. Infração: 4. Tipo: S.

b) força para movimentar o braço móvel menor ou igual a 50N (cinquenta Newtons); e

- Código: 312.807-5. Infração: 4. Tipo: S.

c) altura do piso à superfície de corte igual a 1000 +/- 30mm (mil milímetros, com tolerância de mais ou menos trinta milímetros), podendo o empregador utilizar outras variações para melhor atender o conforto do trabalhador.

- Código: 312.807-5. Infração: 4. Tipo: S.

2.2. Os balancins do tipo jacaré que dispuserem de movimento angular automático do deslocamento horizontal do braço devem:

a) adotar proteção fixa ou móvel intertravada monitorada por interface de segurança, nas partes lateral e traseira, conforme item 12.5 – Sistemas de Segurança e seus subitens;

- Código: 312.808-3. Infração: 4. Tipo: S.

b) possuir dispositivos de acionamento bimanual para os deslocamentos do braço móvel de acordo com os subitens 12.4.3 e 12.4.5 desta NR;

- Código: 312.808-3. Infração: 4. Tipo: S.

c) utilizar dispositivo de parada de emergência com "reset manual" conforme subitens 12.6.1 a 12.6.5 desta NR e respectivos subitens, instalado na parte frontal da estrutura da máquina;

- Código: 312.808-3. Infração: 4. Tipo: S.

d) as proteções fixas ou móveis não devem causar riscos de acidente, como cisalhamento ou esmagamento, em função do movimento angular do braço móvel;

- Código: 312.808-3. Infração: 4. Tipo: S.

e) possuir monitoramento por interface de segurança classificada como categoria 3 ou superior, conforme a norma ABNT NBR 14153.

- Código: 312.808-3. Infração: 4. Tipo: S.

Figura 1: Balancim de braço móvel manual (balancim jacaré) - Vista lateral

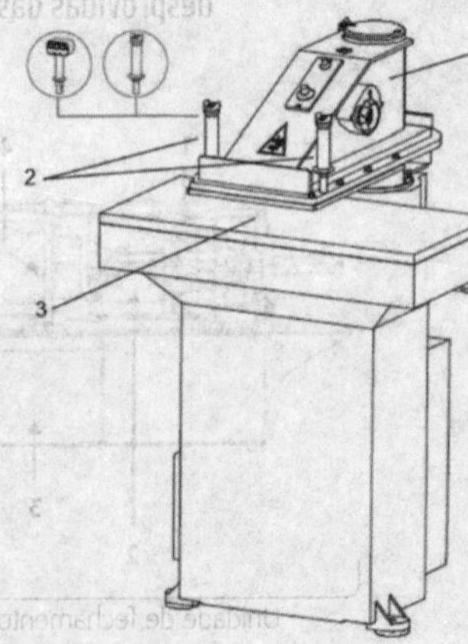

Legenda:
1. braço móvel
2. dispositivo de acionamento bimanual
3. superfície de corte

Figura 2: Balancim de braço móvel manual (balancim jacaré). Vista de topo - Posição de giro do braço 180º (cento e oitenta graus)

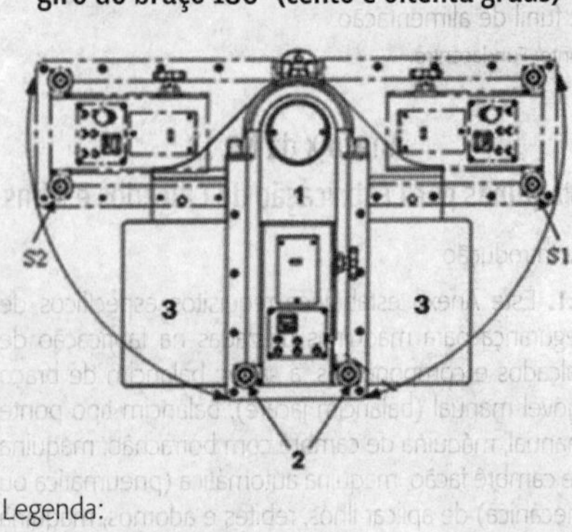

Legenda:
1. braço móvel
2. dispositivo de acionamento bimanual

3. superfície de corte
S1. posição de giro para direita
S2. posição de giro para esquerda

Figura 3: Balancim de braço móvel automático (movimento angular automático do deslocamento horizontal do braço) - Vista isométrica

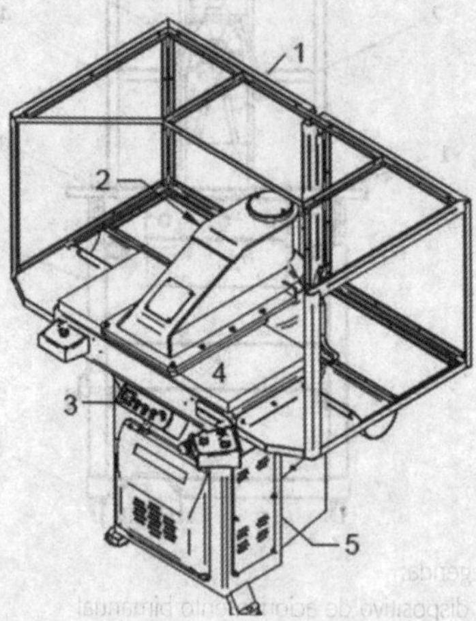

Legenda:
1. proteção fixa
2. braço móvel
3. dispositivo de parada de emergência
4. superfície de corte
5. corpo

Figura 4: Balancim de braço móvel automático (movimento angular automático do deslocamento horizontal do braço) - Vista de topo - Posição de giro do braço 180º (cento e oitenta graus)

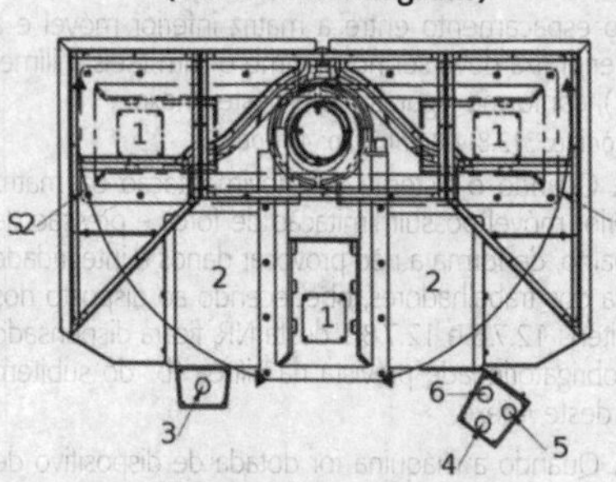

Legenda:
1. braço móvel
2. superfície de corte
3 e 4. dispositivo de acionamento bimanual, corte
3 e 5. dispositivo de acionamento bimanual, deslocamento para direita
3. e 6. dispositivo de acionamento bimanual, deslocamento para esquerda
S1. posição de giro para direita
S2. posição de giro para esquerda

3. Balancim tipo ponte manual

3.1. Os balancins tipo ponte manual devem possuir os seguintes requisitos específicos de segurança:

a) proteção fixa ou móvel intertravada nas partes traseira e frontal da máquina que impeça o acesso à zona de risco, exceto na região de operação, conforme Figura 5 deste Anexo;

- Código: 312.809-1. Infração: 4. Tipo: S.

b) proteção fixa ou móvel intertravada frontal na área de transmissão de força do deslocamento horizontal do carro, conforme subitem 12.5.9 e subitens desta NR e Figura 5 deste Anexo;

- Código: 312.809-1. Infração: 4. Tipo: S.

c) acionamento por três dispositivos de acionamento bimanual de acordo com os subitens 12.4.3 e 12.4.5 desta NR, sendo dois para os deslocamentos horizontais do carro móvel e outro para realizar o movimento vertical de corte, conforme detalhe "A" ou "B" da Figura 6 deste Anexo;

- Código: 312.809-1. Infração: 4. Tipo: S.

d) dispositivo de parada de emergência conforme subitens 12.6.1 a 12.6.5 e seus subitens, desta NR;

- Código: 312.809-1. Infração: 4. Tipo: S.

e) possuir monitoramento por interface de segurança classificada como categoria 3 ou superior, conforme a norma ABNT NBR 14153.

- Código: 312.809-1. Infração: 4. Tipo: S.

3.2. Quando o balancim do tipo ponte manual dispuser de movimento automático do deslocamento horizontal do carro, deve-se adotar cortina de luz frontal monitorada por interface de segurança classificada como categoria 3 ou superior, conforme a norma ABNT NBR 14153 e os subitens 12.5.1 e 12.5.2 desta NR.

- Código: 312.810-5. Infração: 3. Tipo: S.

3.3. Quando os dispositivos de acionamento bimanual forem instalados na estrutura da máquina, devem estar localizados de forma a não causar riscos de acidente, como cisalhamento ou esmagamento, em função do movimento vertical ou horizontal do carro.

- Código: 312.811-3. Infração: 3. Tipo: S.

Figura 5: Balancim tipo ponte manual - Vista lateral

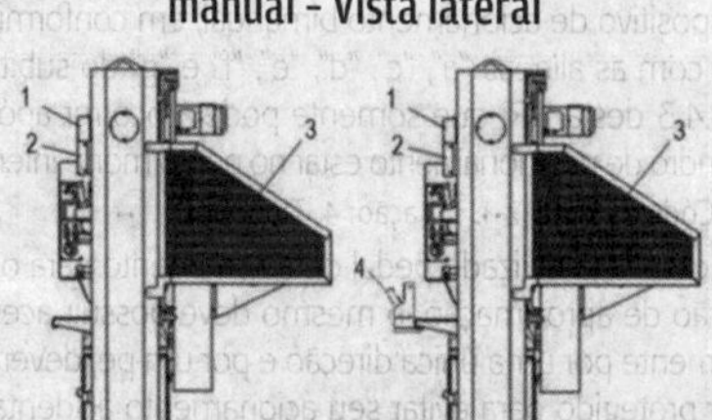

Legenda:
1. proteção do guia do carro

2. proteção frontal
3. proteção traseira
4. dispositivo de acionamento bimanual

Figura 6: Balancim tipo ponte manual - Vista frontal

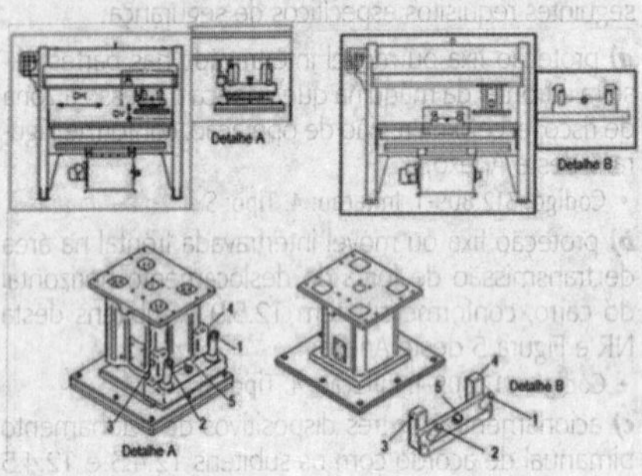

Legenda – Detalhe "A" e "B":
DH. deslocamento horizontal
DV. deslocamento vertical
1 e 2. dispositivo de acionamento bimanual, deslocamento vertical
1 e 3. dispositivo de acionamento bimanual, deslocamento horizontal para a direita
2. e 4. dispositivo de acionamento bimanual, deslocamento horizontal para esquerda
5. Dispositivo de parada de emergência

4. Máquina de cambrê com borrachão

4.1. As máquinas de cambrê com borrachão devem possuir os seguintes requisitos específicos de segurança:

a) proteções fixas nas zonas superior, lateral e traseira, conforme item 12.5 – Sistemas de Segurança e seus subitens, conforme Figura 7 deste Anexo;

- Código: 312.812-1. Infração: 4. Tipo: S.

b) acionamento de aproximação do cilindro por meio de um dispositivo de ação continuada com força de aproximação, obedecendo o disposto nos subitens 12.7.8 e 12.7.8.1 desta NR;

- Código: 312.812-1. Infração: 4. Tipo: S.

c) acionamento da pressão de trabalho, por meio de dispositivo de acionamento bimanual, em conformidade com as alíneas "a", "c", "d", "e", "f" e "g" do subitem 12.4.3 desta NR, que somente poderá ocorrer após o cilindro de posicionamento estar no ponto morto inferior;

- Código: 312.812-1. Infração: 4. Tipo: S.

d) caso seja utilizado pedal de acionamento para operação de aproximação, o mesmo deve possuir acesso somente por uma única direção e por um pé, devendo ser protegido para evitar seu acionamento acidental.

- Código: 312.812-1. Infração: 4. Tipo: S.

4.2. A ação de retorno do cilindro não deve ocasionar risco de acidente, como cisalhamento ou esmagamento.

- Código: 312.813-0. Infração: 4. Tipo: S.

Figura 7: Máquina de cambrê com borrachão - Vista Frontal

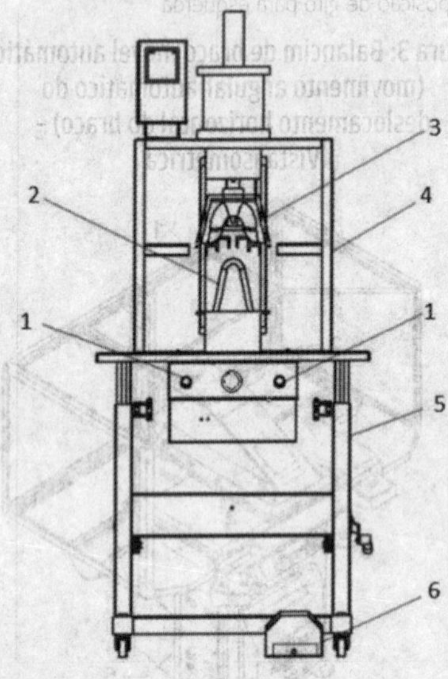

Legenda:
1. dispositivo de acionamento bimanual
2. matriz inferior (borrachão)
3. matriz superior
4. proteção fixa
5. estrutura da máquina
6. pedal de acionamento

5. Máquina de cambrê facão

5.1. As máquinas de cambrê facão devem possuir os seguintes requisitos específicos de segurança:

a) proteções fixas nas zonas superior e traseira, conforme item 12.5 – Sistemas de Segurança e seus subitens, conforme Figura 8 deste Anexo;

- Código: 312.814-8. Infração: 4. Tipo: S.

b) o espaçamento entre a matriz inferior móvel e a superior fixa deve ser no máximo 6 mm (seis milímetros), conforme Figuras 8 e 9 deste Anexo.

- Código: 312.814-8. Infração: 4. Tipo: S.

5.2. Quando o sistema de movimentação da matriz inferior móvel possuir limitação de força e pressão de trabalho, de forma a não provocar danos à integridade física dos trabalhadores, obedecendo ao disposto nos subitens 12.7.8 e 12.7.8.1 desta NR, ficará dispensado da obrigatoriedade prevista na alínea "b" do subitem 5.1 deste Anexo.

5.3. Quando a máquina for dotada de dispositivo de apoio da gáspea, deve possuir limitação da força e pressão de trabalho dos mecanismos de movimentação (cilindro pneumático), obedecendo ao disposto nos subitens 12.7.8 e 12.7.8.1 desta NR.

- Código: 312.815-6. Infração: 3. Tipo: S.

5.4. O acionamento das máquinas de cambrê facão pode ser realizado por botão de comando simples, por pedal de acionamento ou por outro sistema de simples acionamento.

5.5. Caso seja utilizado pedal de acionamento para operação de aproximação, o mesmo deve possuir acesso somente por uma única direção e por um pé, devendo ser protegido para evitar seu acionamento acidental.

• Código: 312.816-4. Infração: 3. Tipo: S.

5.6. A ação de retorno do cilindro não deve ocasionar risco de acidente, como cisalhamento ou esmagamento.

• Código: 312.817-2. Infração: 4. Tipo: S.

Figura 8: Máquina de cambrê facão - Vista frontal

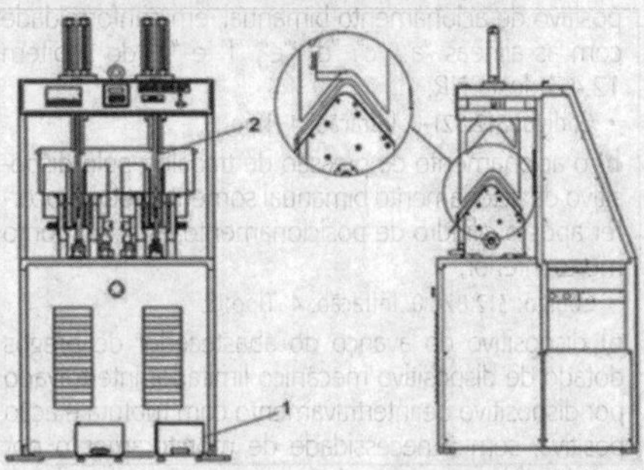

Legenda:
1. proteção do pedal de acionamento
2. limitação da abertura da área de trabalho

Figura 9: Máquina de cambrê facão - Vista lateral

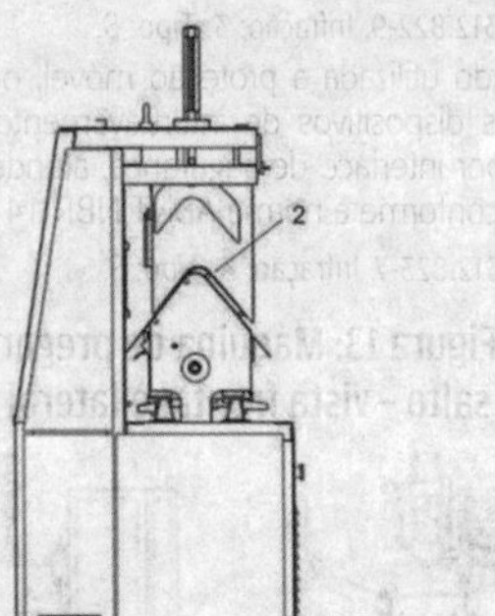

Legenda:
1. proteção do pedal de acionamento
2. limitação da abertura da área de trabalho

6. Máquina automática (pneumática ou mecânica) de aplicar ilhós, rebites e adornos

6.1. As máquinas automáticas (pneumática ou mecânica) de aplicar ilhós, rebites e adornos devem possuir os seguintes requisitos específicos de segurança:

a) acionamento por pedal elétrico conjugado com dispositivo mecânico limitador intertravado por dispositivo de intertravamento com ruptura e ação positiva, sem a necessidade de monitoramento por interface de segurança, conforme Figura 10 deste Anexo;

• Código: 312.818-0. Infração: 4. Tipo: S.

b) caso seja utilizado pedal de acionamento para operação de aproximação, o mesmo deve possuir acesso somente por uma única direção e por um pé, devendo ser protegido para evitar seu acionamento acidental;

• Código: 312.818-0. Infração: 4. Tipo: S.

c) a região de aplicação de ilhós/rebites deve ser dotada de um dispositivo de obstrução, nas partes lateral e frontal, que dificulte o acesso a esta zona.

• Código: 312.818-0. Infração: 4. Tipo: S.

Figura 10: Máquina automática de aplicar ilhós, rebites e adornos - detalhe da vista frontal

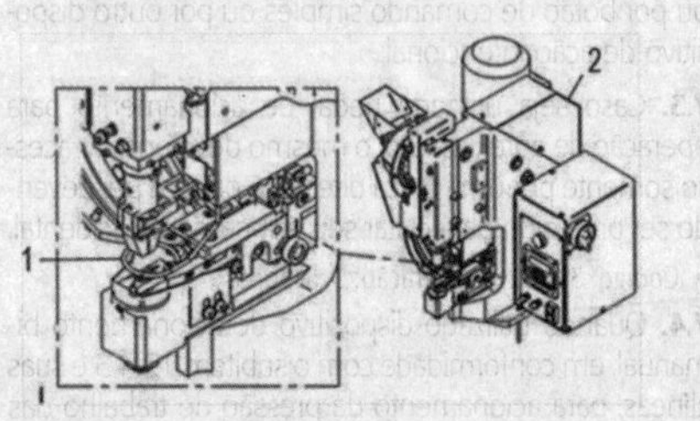

Legenda:
1. dispositivo mecânico limitador
2. proteção fixa

Figura 11: Máquina automática de aplicar ilhós, rebites e adornos - vista frontal

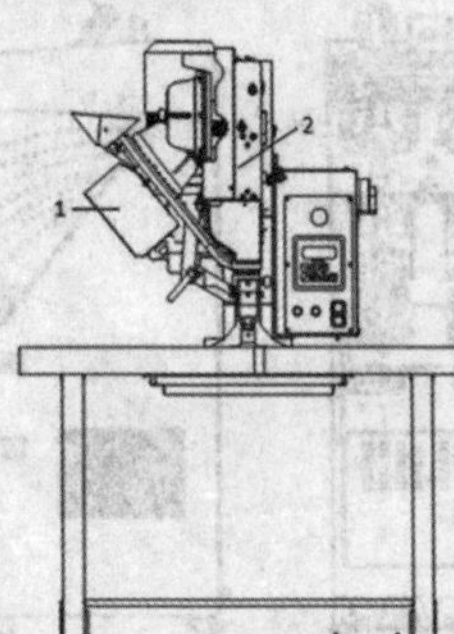

Legenda:
1. proteção fixa
2. proteção fixa
3. proteção do pedal de acionamento

7. Máquina de conformar traseiro

7.1. As máquinas de conformar traseiro devem possuir os seguintes requisitos específicos de segurança:

a) dispositivo de obstrução nos mecanismos de movimentação das borrachas de conformação, conforme item 12.5 – Sistemas de Segurança e seus subitens e conforme Figura 12 deste Anexo;

- Código: 312.819-9. Infração: 4. Tipo: S.

b) limitação da força de aproximação dos mecanismos de movimentação das borrachas de conformação (matrizes quente e fria) e das pinças, obedecendo ao disposto nos subitens 12.7.8 e 12.7.8.1 desta NR, sendo permitida a utilização de pedal elétrico, com proteção contra acionamento acidental ou botão de comando simples.

- Código: 312.819-9. Infração: 4. Tipo: S.

7.2. Quando existir a limitação da força de aproximação conforme alínea "b" do subitem 7.1 deste Anexo, os acionamentos da pressão de trabalho da matriz quente e da matriz fria podem ser realizados por dispositivo de acionamento bimanual, em conformidade com as alíneas "a", "c", "d", "e", "f" e "g" do subitem 12.4.3 desta NR, ou por botão de comando simples ou por outro dispositivo de ação intencional.

7.3. Caso seja utilizado pedal de acionamento para operação de aproximação, o mesmo deve possuir acesso somente por uma única direção e por um pé, devendo ser protegido para evitar seu acionamento acidental.

- Código: 312.820-2. Infração: 3. Tipo: S.

7.4. Quando utilizado dispositivo de acionamento bimanual, em conformidade com o subitem 12.4.3 e suas alíneas, para acionamento da pressão de trabalho das matrizes quente ou fria, ficará dispensada a obrigatoriedade prevista na alínea "b" do subitem 7.1 deste Anexo.

Figura 12: Máquina de conformar traseiro - vista frontal e lateral

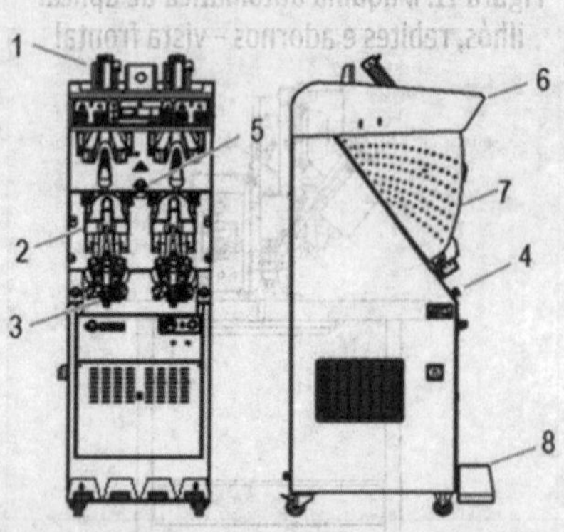

Legenda:
1. sistema de aproximação borracha quente
2. sistema de aproximação borracha fria
3. sistema de aproximação das pinças
4. dispositivo de acionamento bimanual – matriz fria
5. comando simples de acionamento
6. proteção fixa ou móvel do mecanismo superior
7. proteção fixa ou móvel lateral
8. proteção fixa do pedal de acionamento

8. Máquina de pregar salto

8.1. As máquinas de pregar salto devem possuir os seguintes requisitos específicos de segurança:

a) proteções fixas ou móveis intertravadas das áreas do mecanismo da caixa de prego e do mecanismo de movimentação dos martelos e do retorno do apoio do salto, conforme item 12.5 – Sistemas de Segurança e seus subitens, conforme Figura 13 deste Anexo;

- Código: 312.821-0. Infração: 4. Tipo: S.

b) limitação da força de aproximação do apoio e do abastecedor de pregos, de acordo com os subitens 12.7.8 e 12.7.8.1 desta NR;

- Código: 312.821-0. Infração: 4. Tipo: S.

c) a ação de pregar deve ser realizada através de dispositivo de acionamento bimanual, em conformidade com as alíneas "a", "c", "d", "e", "f" e "g" do subitem 12.4.3 desta NR;

- Código: 312.821-0. Infração: 4. Tipo: S.

d) o acionamento da pressão de trabalho pelo dispositivo de acionamento bimanual somente poderá ocorrer após o cilindro de posicionamento estar no ponto morto inferior;

- Código: 312.821-0. Infração: 4. Tipo: S.

e) dispositivo do avanço do abastecedor de pregos dotado de dispositivo mecânico limitador intertravado por dispositivo de intertravamento com ruptura e ação positiva, sem a necessidade de monitoramento por interface de segurança, de forma que, quando acionado, o abastecedor retorne à posição inicial.

- Código: 312.821-0. Infração: 4. Tipo: S.

8.2. Caso seja utilizado pedal de acionamento para operação de aproximação, o mesmo deve possuir acesso somente por uma única direção e por um pé, devendo ser protegido para evitar seu acionamento acidental.

- Código: 312.822-9. Infração: 3. Tipo: S.

8.3. Quando utilizada a proteção móvel, o monitoramento dos dispositivos de intertravamento deve ser realizado por interface de segurança, atendendo à categoria 3, conforme a norma ABNT NBR 14153.

- Código: 312.823-7. Infração: 3. Tipo: S.

Figura 13: Máquina de pregar salto - vista frontal e lateral

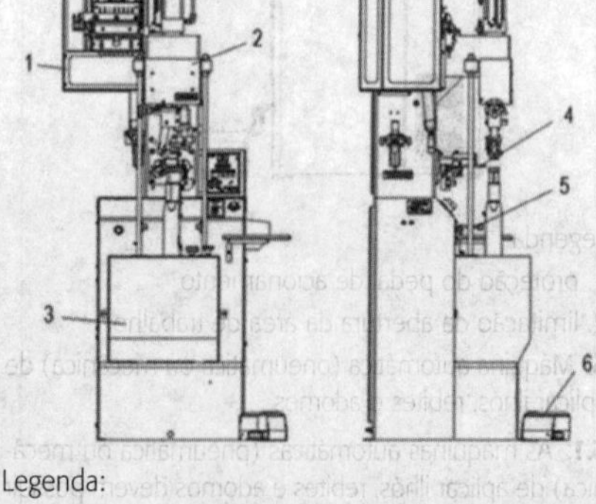

Legenda:
1. proteção fixa ou móvel intertravada da caixa de pregos

2. proteção fixa da torre de cilindros
3. proteção fixa do apoio de salto
4. alavanca de proteção do avanço do abastecedor
5. dispositivo de acionamento bimanual
6. proteção fixa do pedal de acionamento

9. Máquina de assentar cama de salto e rebater traseiro

9.1. As máquinas de assentar cama de salto e rebater traseiro devem possuir os seguintes requisitos específicos de segurança:

a) limitação da força de aproximação do fixador da forma, de acordo com os subitens 12.7.8 e 12.7.8.1 desta NR;

- Código: 312.824-5. Infração: 4. Tipo: S.

b) acionamento da pressão de trabalho por meio de dispositivo de acionamento bimanual, em conformidade com as alíneas "a", "c", "d", "e", "f" e "g" do subitem 12.4.3 desta NR, que somente poderá ocorrer após o cilindro de posicionamento estar no ponto morto superior;

- Código: 312.824-5. Infração: 4. Tipo: S.

c) proteção fixa nas partes lateral, traseira e superior do equipamento, conforme Figura 14 deste Anexo.

- Código: 312.824-5. Infração: 4. Tipo: S.

9.2. Caso seja utilizado pedal de acionamento para operação de aproximação, o mesmo deve possuir acesso somente por uma única direção e por um pé, devendo ser protegido para evitar seu acionamento acidental.

- Código: 312.825-3. Infração: 3. Tipo: S.

Figura 14: Máquina automática de assentar cama de salto e rebater traseiro - vista frontal

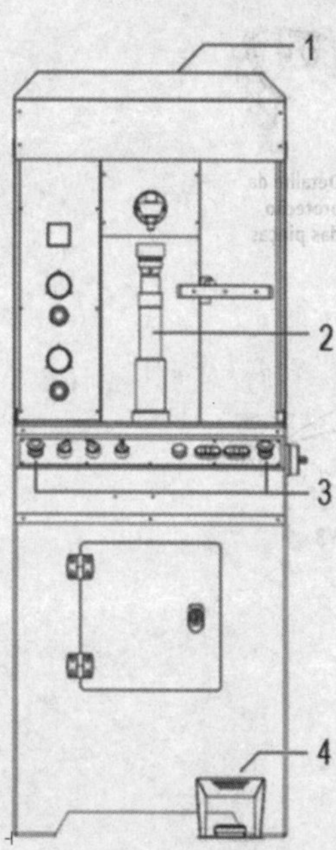

Legenda:
1. proteção superior fixa ou móvel intertravada
2. cilindro de aproximação
3. dispositivo de acionamento bimanual
4. proteção fixa do pedal de acionamento

10. Máquina prato rotativo (dublar)

10.1. As máquinas prato rotativo (dublar) devem possuir os seguintes requisitos específicos de segurança:

a) proteção fixa, nas partes lateral, superior e traseira da máquina, conforme item 12.5 – Sistemas de Segurança e seus subitens, conforme Figura 15 deste Anexo;

- Código: 312.826-1. Infração: 4. Tipo: S.

b) proteção fixa frontal, que, conjugada com o dispositivo de restrição mecânica do prato rotativo, não permita o acesso à zona de risco;

- Código: 312.826-1. Infração: 4. Tipo: S.

c) prato rotativo dotado de dispositivo de restrição mecânica, conforme Figura 16 deste Anexo;

- Código: 312.826-1. Infração: 4. Tipo: S.

d) o espaçamento entre o dispositivo de restrição mecânica e o platô de prensagem deve ser de no máximo 4 mm (quatro milímetros).

- Código: 312.826-1. Infração: 4. Tipo: S.

10.2. O acionamento das máquinas de prato rotativo (dublar) pode ser realizado por botão de comando simples, por pedal de acionamento ou por outro sistema de simples acionamento.

- Código: 312.827-0. Infração: 3. Tipo: S.

10.3. Caso seja utilizado pedal de acionamento, o mesmo deve possuir acesso somente por uma única direção e por um pé, devendo ser protegido para evitar seu acionamento acidental.

Figura 15: Máquina de prato rotativo (dublar) - vista frontal

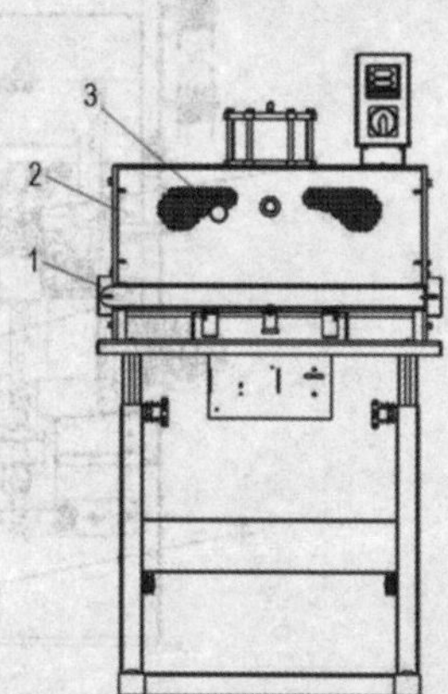

Legenda:
1. trava mecânica do prato giratório
2. proteção fixa
3. botão de acionamento

Figura 16: Máquina de prato rotativo (dublar) - vista superior

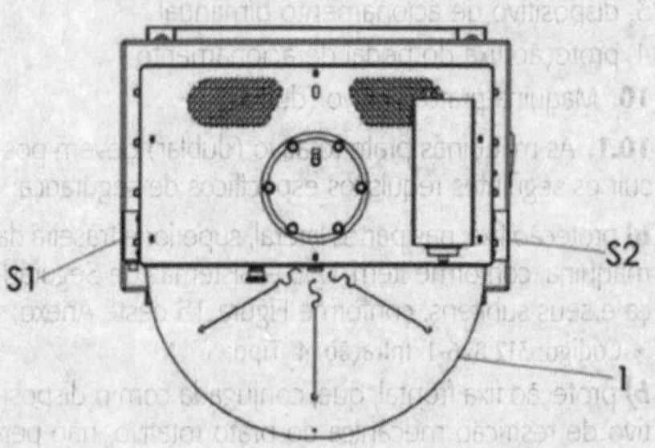

Legenda:

1. prato giratório

S1. posição de giro para esquerda

S2. posição de giro para direita

11. Máquina de montar bicos

11.1. As máquinas de montar bicos devem possuir os seguintes requisitos específicos de segurança:

a) no mínimo um dispositivo de emergência, duplo canal monitorado por interface de segurança, de acordo com os subitens 12.6.2 e 12.6.3 desta NR;

• Código: 312.828-8. Infração: 4. Tipo: S.

b) dispositivo de acionamento bimanual para o fechamento das tesouras, em conformidade com o subitem 12.4.3 desta NR;

• Código: 312.828-8. Infração: 4. Tipo: S.

c) dispositivo de obstrução de acesso à pinça inferior, conforme Figura 17 deste Anexo;

• Código: 312.828-8. Infração: 4. Tipo: S.

d) limitação da força e pressão de trabalho do mecanismo de fixação da parte traseira, obedecendo aos dispostos nos subitens 12.7.8 e 12.7.8.1 desta NR;

• Código: 312.828-8. Infração: 4. Tipo: S.

e) monitoramento por interface de segurança classificada como categoria 3 ou superior, conforme a norma ABNT NBR 14153.

• Código: 312.828-8. Infração: 4. Tipo: S.

11.2. Caso sejam utilizados pedais elétricos para o fechamento e a abertura das pinças, será permitida a utilização de uma única proteção que evite o acionamento acidental, conforme Figura 17 deste Anexo.

Figura 17: Máquina de montar bicos

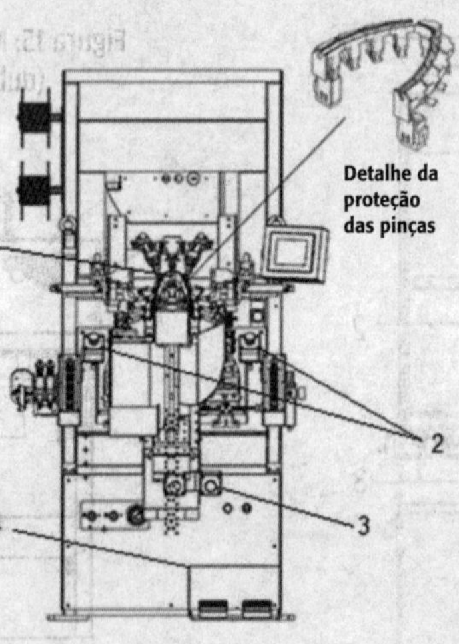

Legenda:

1. proteção fixa das pinças
2. dispositivo de acionamento bimanual
3. dispositivo de parada de emergência
4. proteção fixa do pedal de acionamento

12. Máquina de montar base de calçados (passador de adesivo ou injetor de adesivo)

12.1. As máquinas de montar base de calçados (passador de adesivo ou injetor de adesivo) devem possuir os seguintes requisitos específicos de segurança:

a) pedal de acionamento da máquina com acesso somente por uma única direção e por um pé, devendo ser protegido para evitar seu acionamento acidental;

- Código: 312.829-6. Infração: 4. Tipo: S.

b) a região de alimentação ou abastecimento da máquina deve ser dotada de um dispositivo de obstrução na parte frontal, conforme Figura 18 deste Anexo;

- Código: 312.829-6. Infração: 4. Tipo: S.

c) limitação da força e pressão de trabalho do cilindro pneumático de leitura de altura, obedecendo ao disposto nos subitens 12.7.8 e 12.7.8.1 desta NR.

- Código: 312.829-6. Infração: 4. Tipo: S.

Figura 18: Máquina de montar base de calçados

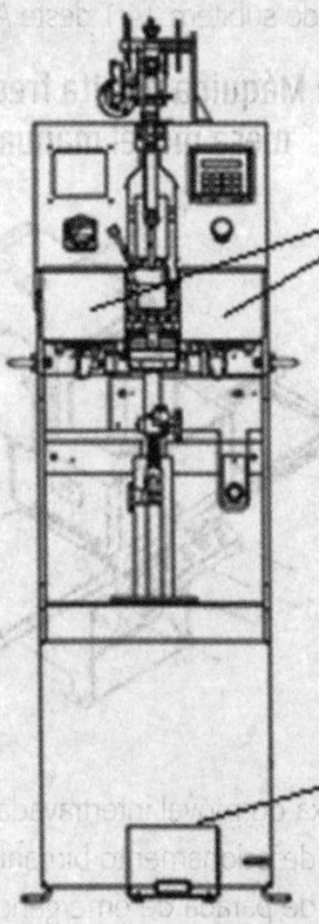

Legenda:
1. dispositivo de obstrução
2. proteção fixa do pedal de acionamento

Figura 19: Máquina de montar base de calçados - vista lateral

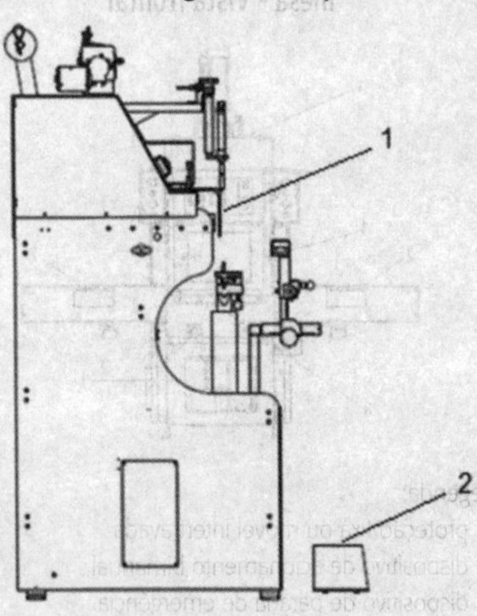

Legenda:
1. dispositivo de obstrução
2. proteção fixa do pedal de acionamento

13. Máquina sorveteira

13.1. As máquinas sorveteiras devem possuir os seguintes requisitos específicos de segurança:

a) dispositivo de restrição mecânica sobre o pino de fixação e giro da tampa da câmara de compressão, que suporte a pressão interna da membrana de borracha e não cause riscos de acidente por projeção de materiais, enquanto a mesma estiver pressurizada;

- Código: 312.830-0. Infração: 4. Tipo: S.

b) tampa da câmara de compressão do calçado intertravada por um dispositivo elétrico interligado com uma válvula pneumática para liberação do ar para a membrana de borracha;

- Código: 312.830-0. Infração: 4. Tipo: S.

c) tampa da câmara de compressão do calçado dotada de dispositivo de restrição mecânica (unha) que suporte a pressão interna da membrana de borracha e não cause riscos de acidente por projeção de materiais, enquanto a mesma estiver pressurizada;

- Código: 312.830-0. Infração: 4. Tipo: S.

d) dispositivo de travamento da tampa da membrana de borracha para possibilitar o transporte da máquina com segurança.

- Código: 312.830-0. Infração: 4. Tipo: S.

Figura 20: Máquina sorveteira

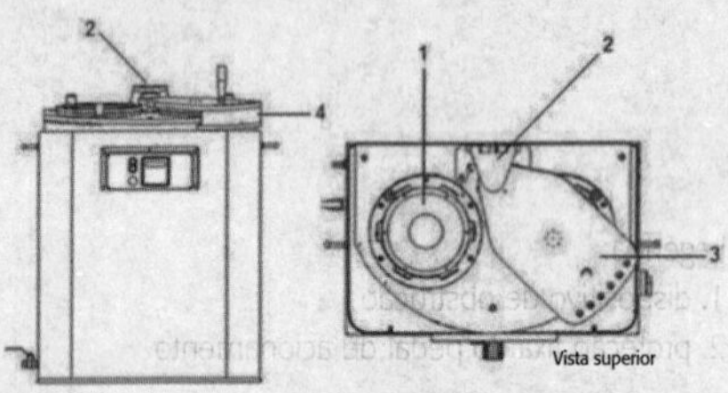

Legenda:

1. câmara de compressão do calçado
2. dispositivo de restrição mecânica sobre o pino de fixação e giro da tampa da câmara de compressão
3. tampa da câmara de compressão
4. dispositivo de restrição mecânica (unha) da tampa da câmara de compressão

14. Máquina de alta frequência

14.1. As máquinas de alta frequência devem possuir os seguintes requisitos específicos de segurança:

a) proteções fixas ou móveis intertravadas, conforme item 12.5 – Sistemas de Segurança e seus subitens;

- Código: 312.831-8. Infração: 4. Tipo: S.

b) acionamento através de dispositivo de acionamento bimanual, em conformidade com as alíneas "a", "c", "d", "e", "f" e "g" do subitem 12.4.3 desta NR;

- Código: 312.831-8. Infração: 4. Tipo: S.

c) dispositivo de parada de emergência, duplo canal, monitorado por uma interface de segurança, de acordo com os subitens 12.6.1 a 12.6.5 desta NR;

- Código: 312.831-8. Infração: 4. Tipo: S.

d) área de termoconformação da máquina dotada de proteção fixa ou móvel intertravada, conforme item 12.5 – Sistemas de Segurança e seus subitens.

- Código: 312.831-8. Infração: 4. Tipo: S.

14.1.1. Possuir monitoramento por interface de segurança classificada como categoria 3 ou superior, conforme a norma ABNT NBR 14153, para as alíneas "a", "c" e "d" do subitem 14.1 deste Anexo.

- Código: 312.832-6. Infração: 3. Tipo: S.

14.2. Quando o dispositivo de transporte do material da máquina for de deslocamento manual para a área de termoconformação, exclui-se a obrigatoriedade do uso do dispositivo de acionamento bimanual, previsto na alínea "b" do subitem 14.1 deste Anexo.

Figura 21: Máquina de alta frequência com mesa móvel manual

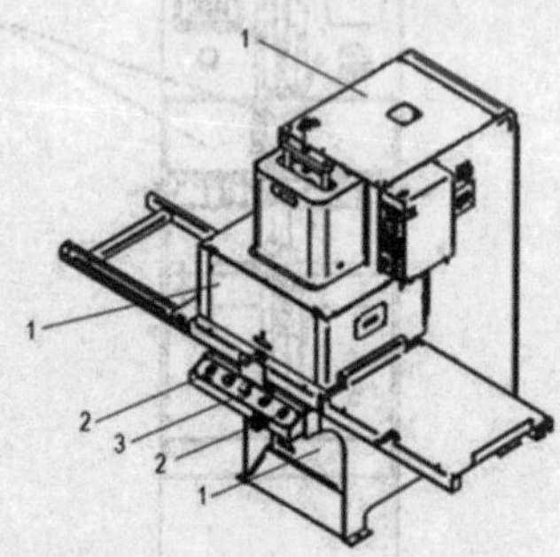

Legenda:

1. proteção fixa ou móvel intertravada
2. dispositivo de acionamento bimanual
3. dispositivo de parada de emergência

Figura 22: Máquina de alta frequência com corte hidropneumática/hidráulica com deslocamento automático da mesa - Vista frontal

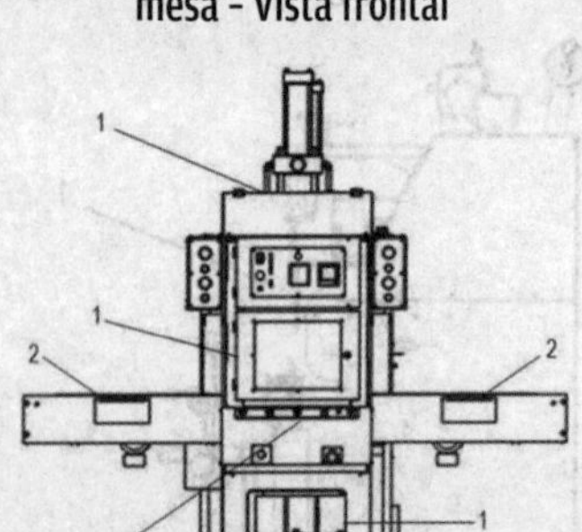

Legenda:

1. proteção fixa ou móvel intertravada
2. dispositivo de acionamento bimanual
3. dispositivo de parada de emergência

15. Máquina de montar base e enfranque de calçados

15.1. As máquinas de montar base e enfranque de calçados devem possuir os seguintes requisitos específicos de segurança:

a) proteções fixas na parte traseira e nas laterais, exceto na zona de operação da máquina, onde é posicionado o calçado pelo operador, conforme Figura 23 deste Anexo;

- Código: 312.833-4. Infração: 4. Tipo: S.

b) dispositivos de obstrução que dificultem o acesso à zona de trabalho da máquina, na parte frontal, conforme Figura 23 deste Anexo;

- Código: 312.833-4. Infração: 4. Tipo: S.

c) pedal de acionamento com acesso somente por uma única direção e por um pé, devendo ser protegido para evitar seu acionamento acidental;

- Código: 312.833-4. Infração: 4. Tipo: S.

d) dispositivo de acionamento bimanual para o fechamento da base e enfranque do cabedal do calçado e movimento das pinças, em conformidade com os subitens 12.4.3 e 12.4.5 desta NR, monitorado por interface de segurança classificada como categoria 4, conforme a norma ABNT NBR 14153;

- Código: 312.833-4. Infração: 4. Tipo: S.

e) limitação da força e pressão de trabalho do cilindro pneumático de apoio da forma, obedecendo ao disposto nos subitens 12.7.8 e 12.7.8.1 desta NR.

- Código: 312.833-4. Infração: 4. Tipo: S.

Figura 23: Máquina de montar base e enfranque de calçados

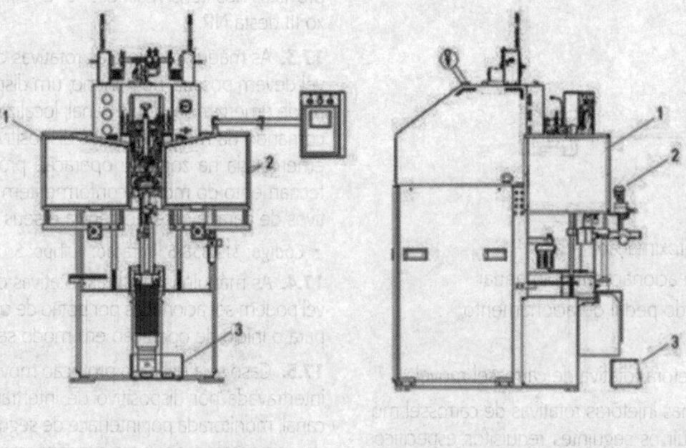

Legenda:
1. proteção fixa
2. dispositivo de acionamento bimanual
3. proteção fixa do pedal

16. Máquina automática de rebater planta de calçado

16.1. As máquinas automáticas de rebater planta de calçado devem possuir os seguintes requisitos específicos de segurança:

a) proteções fixas, conforme item 12.5 – Sistemas de Segurança e seus subitens, exceto na zona de operação da máquina, onde é posicionado o calçado pelo operador, conforme Figura 24 deste Anexo;

- Código: 312.834-2. Infração: 4. Tipo: S.

b) limitação da força de aproximação do cilindro de apoio da forma, obedecendo ao disposto nos subitens 12.7.8 e 12.7.8.1 desta NR;

- Código: 312.834-2. Infração: 4. Tipo: S.

c) acionamento da pressão de trabalho por meio de dispositivo de acionamento bimanual, em conformidade com as alíneas "a", "c", "d", "e", "f" e "g" do subitem 12.4.3 desta NR, que somente poderá ocorrer quando o cilindro de apoio da forma estiver no ponto morto inferior;

- Código: 312.834-2. Infração: 4. Tipo: S.

d) limitação da força e pressão de trabalho do movimento de rotação do dispositivo de rebatimento da planta de calçado, obedecendo ao disposto nos subitens 12.7.8 e 12.7.8.1 desta NR.

- Código: 312.834-2. Infração: 4. Tipo: S.

16.2. Caso seja utilizado pedal de acionamento para operação de aproximação, o mesmo deve possuir acesso somente por uma única direção e por um pé, devendo ser protegido para evitar seu acionamento acidental.

- Código: 312.835-0. Infração: 3. Tipo: S.

Figura 24: Máquina automática de rebater planta com matriz - vista frontal

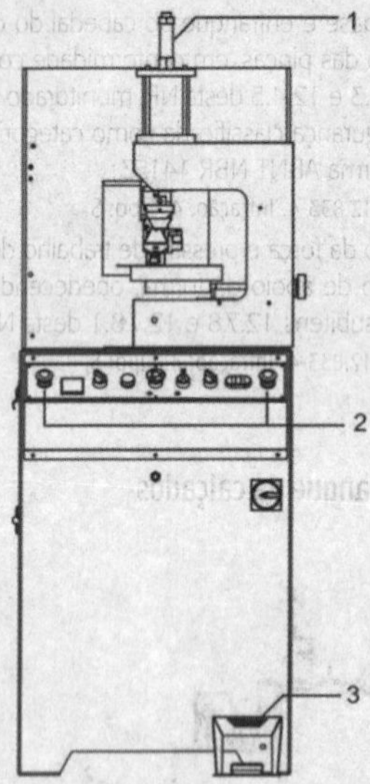

Legenda:
1. cilindro de aproximação
2. dispositivo de acionamento bimanual
3. proteção fixa do pedal de acionamento

17. Máquina injetora rotativa de carrossel móvel

17.1. As máquinas injetoras rotativas de carrossel móvel devem possuir os seguintes requisitos específicos de segurança:

17.1.1. Segurança para o perímetro do carrossel:

a) proteção fixa e/ou proteção móvel intertravada no perímetro do carrossel, de acordo com o subitem 12.5.1.1 desta NR, exceto nas áreas de inserção de componentes de calçados e extração de produtos;

- Código: 312.836-9. Infração: 4. Tipo: S.

b) as máquinas injetoras rotativas de carrossel móvel não devem permitir o fechamento automático do molde fora da região protegida destinada ao fechamento do molde;

- Código: 312.836-9. Infração: 4. Tipo: S.

c) as proteções do perímetro do carrossel não podem causar riscos de acidentes, como cisalhamento ou esmagamento, em função do movimento de rotação do carrossel;

- Código: 312.836-9. Infração: 4. Tipo: S.

d) o perímetro da região inferior do carrossel deve ser dotado de proteção fixa e/ou proteção móvel intertravada, conforme Figura 25 deste Anexo.

- Código: 312.836-9. Infração: 4. Tipo: S.

17.1.2. Segurança para a zona de injeção:

a) proteção fixa e/ou proteção móvel na região de injeção que impeça o acesso ao conjunto de injeção;

- Código: 312.837-7. Infração: 4. Tipo: S.

b) o cilindro de plastificação deve possuir dispositivo de obstrução que dificulte o contato não intencional com partes quentes da unidade de injeção, quando a temperatura de contato exceder a 80° C (oitenta graus Celsius);

- Código: 312.837-7. Infração: 4. Tipo: S.

c) o bocal de alimentação do cilindro de plastificação deve ser construído com geometria ou possuir dispositivo de obstrução que impeça o ingresso dos membros superiores na zona do fuso de plastificação.

- Código: 312.837-7. Infração: 4. Tipo: S.

17.2. As máquinas injetoras rotativas de carrossel móvel instaladas até a data da publicação da Portaria SIT n. 197, de 17 de dezembro de 2010, *D.O.U.* de 24-12-2010, ficam dispensadas do atendimento das dimensões previstas nos itens 7, alíneas "c" e "e", 11 e 12 do Anexo III desta NR.

17.3. As máquinas injetoras rotativas de carrossel móvel devem possuir, no mínimo, um dispositivo de parada de emergência, duplo canal, localizado no painel de comando da máquina, e um dispositivo de parada de emergência na zona de operação próximo à área de fechamento do molde, conforme item 12.6 – Dispositivos de parada de emergência e seus subitens.

- Código: 312.838-5. Infração: 4. Tipo: S.

17.4. As máquinas injetoras rotativas de carrossel móvel podem ser acionadas por botão de comando simples para o início de operação em modo semiautomático.

17.5. Caso seja utilizada proteção móvel, esta deve ser intertravada por dispositivo de intertravamento, duplo canal, monitorada por interface de segurança, classificada como categoria 3 ou superior, conforme a norma ABNT NBR 14153.

- Código: 312.839-3. Infração: 3. Tipo: S.

17.6. É permitida a ligação em série, na mesma interface de segurança, de dispositivos de intertravamento de até 4 (quatro) proteções móveis de uso não frequente (frequência de abertura menor ou igual a uma vez por hora) e com abertura não simultânea, ou de dispositivos de intertravamento de 1 (uma) proteção de uso frequente (frequência de abertura maior que uma vez por hora) e mais 1 (uma) proteção de uso não frequente, com abertura não simultânea.

17.7. O circuito elétrico do comando de partida e parada do motor elétrico da máquina injetora rotativa de carrossel móvel deve possuir um contator, sem necessidade de monitoramento por interface de segurança.

- Código: 312.840-7. Infração: 3. Tipo: S.

17.8. Para as máquinas injetoras rotativas de carrossel móvel aplica-se a válvula hidráulica monitorada para o sistema de abertura e fechamento do molde, classificada como categoria 3 ou superior, conforme a norma ABNT NBR 14153.

• Código: 312.841-5. Infração: 3. Tipo: S.

17.8.1. As máquinas injetoras rotativas de carrossel móvel com enclausuramento da região de injeção ou inacessíveis aos operadores ficam dispensadas do atendimento ao subitem 17.8 deste Anexo.

17.9. As máquinas injetoras rotativas de carrossel móvel com abertura e fechamento do molde por força humana ficam dispensadas do subitem 17.8 deste Anexo.

Figura 25: Máquina injetora rotativa de carrossel móvel

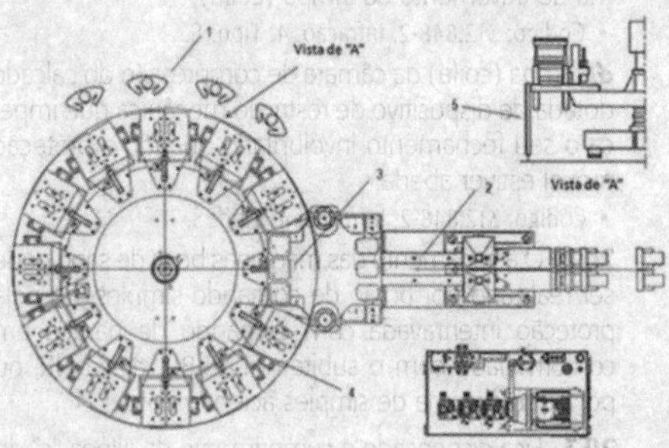

Legenda:
1. zona de operação
2. conjunto de injeção
3. zona de injeção
4. carrossel
5. proteção fixa ou móvel intertravada da região inferior do carrossel

18. Máquina manual de pregar enfeite (rebitadeira)

18.1. As máquinas manuais de pregar enfeite (rebitadeira) devem possuir os seguintes requisitos específicos de segurança:

a) acionamento de aproximação do cilindro por meio de um dispositivo de ação continuada com força de aproximação, conforme subitens 12.7.8 e 12.7.8.1 desta NR;

• Código: 312.842-3. Infração: 4. Tipo: S.

b) acionamento da pressão de trabalho, por meio de dispositivo de acionamento bimanual, em conformidade com as alíneas "a", "c", "d", "e", "f" e "g" do subitem 12.4.3 desta NR, que somente poderá ocorrer após o cilindro de posicionamento estar no ponto morto inferior.

• Código: 312.842-3. Infração: 4. Tipo: S.

18.2. Caso seja utilizado pedal de acionamento para operação de aproximação, o mesmo deve possuir acesso somente por uma única direção e por um pé, devendo ser protegido para evitar seu acionamento acidental.

• Código: 312.843-1. Infração: 3. Tipo: S.

18.3. Para as máquinas manuais de pregar enfeite, não é necessária a instalação de proteções fixas ou móveis intertravadas para região periférica da máquina, laterais, traseira e superior.

Figura 26: Máquina manual de pregar enfeite (rebitadeira) - Vista isométrica

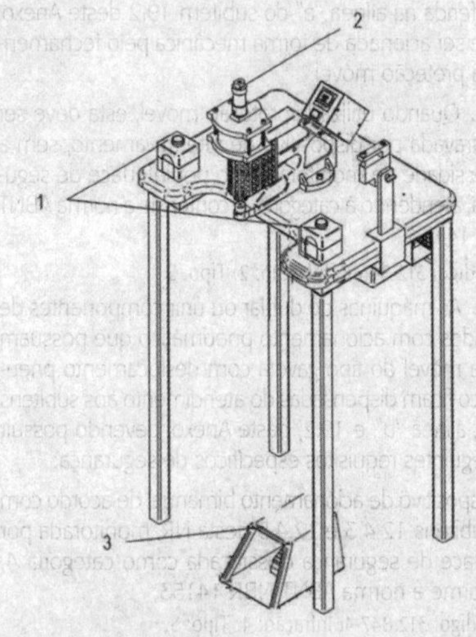

Legenda:
1. dispositivo de acionamento bimanual
2. cilindro de aproximação
3. proteção fixa do pedal de acionamento

19. Máquina de dublar ou unir componentes de calçados com acionamento pneumático

19.1. As máquinas de dublar ou unir componentes de calçados com acionamento pneumático devem possuir os seguintes requisitos específicos de segurança:

a) proteções fixas nas zonas superior, lateral e traseira, conforme item 12.5 – Sistemas de Segurança e seus subitens, conforme Figura 27 deste Anexo;

• Código: 312.844-0. Infração: 4. Tipo: S.

b) proteção móvel na parte frontal, área de operação da máquina, dotada de dispositivo de restrição mecânica, que atue de forma sincronizada à abertura dessa proteção;

• Código: 312.844-0. Infração: 4. Tipo: S.

c) o acionamento pode ser realizado através de um botão de comando simples.

• Código: 312.844-0. Infração: 4. Tipo: S.

19.2. As máquinas de dublar ou unir componentes de calçados com acionamento pneumático que possuam mesa móvel do tipo gaveta com deslocamento manual ficam dispensadas do cumprimento do subitem 19.1 deste Anexo, devendo possuir os seguintes requisitos específicos de segurança:

a) válvula pneumática que bloqueie o fluxo de ar do sistema quando a proteção móvel estiver aberta;

- Código: 312.845-8. Infração: 4. Tipo: S.

b) proteção móvel intertravada por dispositivo de intertravamento, interligada a válvula de controle do cilindro pneumático de atuação do platô de dublar.

- Código: 312.845-8. Infração: 4. Tipo: S.

19.2.1. A válvula pneumática para controle do fluxo de ar referida na alínea "a" do subitem 19.2 deste Anexo, pode ser acionada de forma mecânica pelo fechamento da proteção móvel.

19.3. Quando utilizada proteção móvel, esta deve ser intertravada por dispositivo de intertravamento, sem a necessidade de monitoramento por interface de segurança, atendendo à categoria 1, conforme a norma ABNT NBR 14153.

- Código: 312.846-6. Infração: 2. Tipo: S.

19.4. As máquinas de dublar ou unir componentes de calçados com acionamento pneumático que possuam mesa móvel do tipo gaveta com deslocamento pneumático ficam dispensadas do atendimento aos subitens 19.1, alínea "b", e 19.2, deste Anexo, devendo possuir os seguintes requisitos específicos de segurança:

a) dispositivo de acionamento bimanual de acordo com os subitens 12.4.3 e 12.4.5 desta NR, monitorada por interface de segurança classificada como categoria 4, conforme a norma ABNT NBR 14153;

- Código: 312.847-4. Infração: 4. Tipo: S.

b) dispositivo de restrição mecânica que limite o curso de deslocamento da mesa móvel.

- Código: 312.847-4. Infração: 4. Tipo: S.

Figura 27: Máquina de dublar ou unir componentes de calçados – Vista frontal e lateral

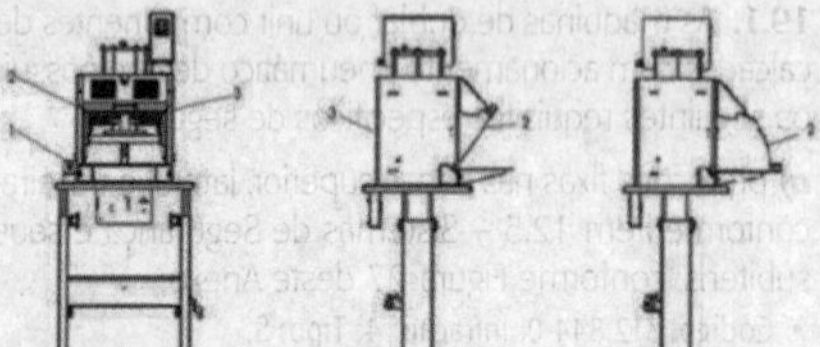

Legenda:
1. botão de acionamento
2. proteção móvel frontal
3. proteção fixa

20. Máquina boca de sapo

20.1. As máquinas boca de sapo devem possuir os seguintes requisitos específicos de segurança:

a) proteções fixas, na parte traseira e nas laterais da máquina, conforme subitem 12.5 – Sistemas de Segurança e seus subitens e conforme Figura 28 deste Anexo;

- Código: 312.848-2. Infração: 4. Tipo: S.

b) tampa (coifa) da câmara de compressão do calçado dotada de dispositivo de restrição mecânica que suporte a pressão interna da membrana de borracha, enquanto a mesma estiver pressurizada;

- Código: 312.848-2. Infração: 4. Tipo: S.

c) proteção móvel intertravada por dispositivo de intertravamento duplo canal, monitorada por interface de segurança, conforme item 12.5 – Sistemas de Segurança e seus subitens, que suporte a eventual projeção de fragmentos de materiais em caso de falha do sistema de travamento da tampa (coifa);

- Código: 312.848-2. Infração: 4. Tipo: S.

d) tampa (coifa) da câmara de compressão do calçado dotada de dispositivo de restrição mecânica que impeça o seu fechamento involuntário quando a proteção móvel estiver aberta.

- Código: 312.848-2. Infração: 4. Tipo: S.

20.2. O acionamento das máquinas boca de sapo pode ser realizado por botão de comando simples, ou pela proteção intertravada com comando de partida em conformidade com o subitem 12.5.8.1 desta NR, ou por outro sistema de simples acionamento.

20.3. Fica dispensado o cumprimento da alínea "c" do subitem 20.1 deste Anexo, quando a tampa (coifa) de compressão for dotada de sistema de segurança que garanta a pressurização da câmara somente se a tampa (coifa) estiver fechada e travada, atendendo à categoria 3 prevista na norma ABNT NBR 14153.

20.3.1. Para as máquinas que possuam o sistema de segurança previsto neste subitem, deverá existir sistema de acionamento por comando bimanual conforme as alíneas "a", "c", "d", "e", "f" e "g" do subitem 12.4.3 desta NR.

- Código: 312.849-0. Infração: 3. Tipo: S.

Figura 28: Máquina boca de sapo – Vista frontal e vista lateral

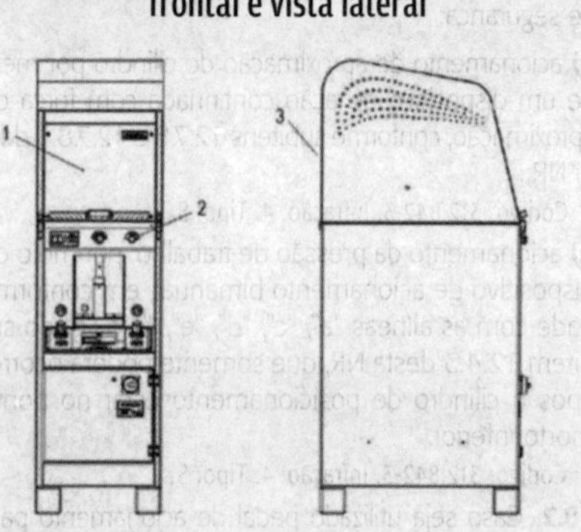

Legenda:
1. proteção móvel
2. botão de início do ciclo
3. proteção fixa

21. Máquina de montar lados

21.1. As máquinas de montar lados devem possuir os seguintes requisitos específicos de segurança:

a) proteção fixa no eixo cardã, conforme item 12.5 – Sistemas de Segurança e seus subitens e conforme Figura 29 deste Anexo;

- Código: 312.850-4. Infração: 4. Tipo: S.

b) dispositivo de obstrução que dificulte o acesso ao dispositivo de aquecimento e à zona de aplicação de adesivo, conforme Figura 29 deste Anexo;

- Código: 312.850-4. Infração: 4. Tipo: S.

c) pedal de acionamento com acesso somente por uma única direção e por um pé, devendo ser protegido para evitar seu acionamento acidental.

- Código: 312.850-4. Infração: 4. Tipo: S.

Figura 29: Máquina de montar lados - Vista frontal e lateral

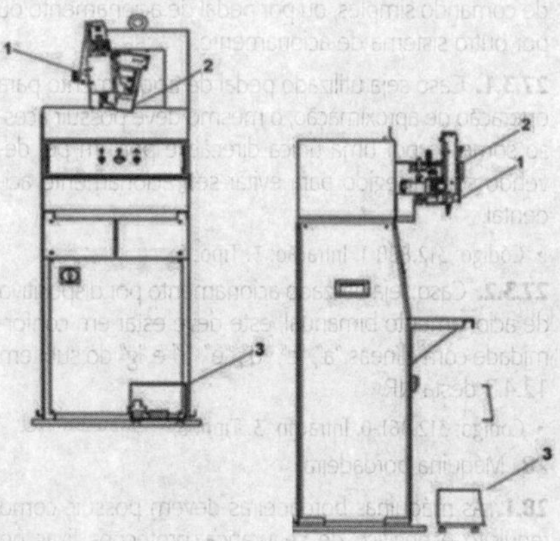

Legenda:

1. dispositivo de obstrução do sistema de aquecimento e aplicação de adesivo termoplástico
2. proteção do eixo cardã
3. proteção fixa do pedal de acionamento

22. Máquina de carimbar solas e palmilhas

22.1. As máquinas de carimbar solas e palmilhas devem possuir os seguintes requisitos específicos de segurança:

a) proteção móvel intertravada por dispositivo de intertravamento duplo canal, monitorada por interface de segurança que atenda à categoria 3, segundo a norma ABNT NBR 14.153, e conforme item 12.5 – Sistemas de Segurança e seus subitens;

- Código: 312.851-2. Infração: 4. Tipo: S.

b) pedal de acionamento com acesso somente por uma única direção e por um pé, devendo ser protegido para evitar seu acionamento acidental.

- Código: 312.851-2. Infração: 4. Tipo: S.

Figura 30: Máquina de carimbar solas e palmilhas

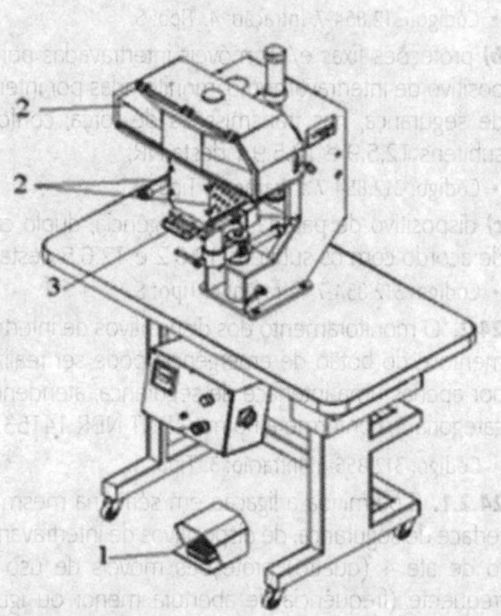

Legenda:

1. proteção fixa do pedal de acionamento
2. proteção móvel do carimbo
3. mesa retrátil

23. Máquina de riscar e marcar cortes

23.1. As máquinas de riscar e marcar cortes devem possuir os seguintes requisitos específicos de segurança:

a) proteção fixa nas laterais e na traseira e proteção móvel intertravada por dispositivo de intertravamento na parte frontal da zona de operação, conforme item 12.5 – Sistemas de Segurança e seus subitens, sem a necessidade de monitoramento por interface de segurança;

- Código: 312.852-0. Infração: 4. Tipo: S.

b) limitação da força e pressão de trabalho dos mecanismos de movimentação (cilindro pneumático), obedecendo ao disposto nos subitens 12.7.8 e 12.7.8.1 desta NR.

- Código: 312.852-0. Infração: 4. Tipo: S.

23.2. O acionamento poderá ser realizado por botão de comando simples, ou pela proteção intertravada com comando de partida, de acordo com o subitem 12.5.8.1, ou por outro sistema de simples acionamento.

23.3. Caso seja utilizado pedal de acionamento para operação de aproximação, o mesmo deve possuir acesso somente por uma única direção e por um pé, devendo ser protegido para evitar seu acionamento acidental.

- Código: 312.853-9. Infração: 3. Tipo: S.

24. Máquina de dividir cortes (rachadeira)

24.1. As máquinas de dividir cortes (rachadeira) devem possuir os seguintes requisitos específicos de segurança:

a) proteção fixa e/ou proteção móvel, intertravada por dispositivo de intertravamento, duplo canal, na região de operação, nos tampos superiores e na zona de afiação da navalha, com distâncias de segurança de acordo com o subitem 12.5.1.1 desta NR;

- Código: 312.854-7. Infração: 4. Tipo: S.

b) proteções fixas e/ou móveis intertravadas por dispositivo de intertravamento, monitoradas por interface de segurança, nas transmissões de força, conforme subitens 12.5.9 e 12.5.9.1 desta NR;

- Código: 312.854-7. Infração: 4. Tipo: S.

c) dispositivo de parada de emergência, duplo canal, de acordo com os subitens 12.6.2 e 12.6.5 desta NR.

- Código: 312.854-7. Infração: 4. Tipo: S.

24.2. O monitoramento dos dispositivos de intertravamento e do botão de emergência pode ser realizado por apenas uma interface de segurança, atendendo à categoria 3, conforme a norma ABNT NBR 14153.

- Código: 312.855-5. Infração: 3. Tipo: S.

24.2.1. É permitida a ligação em série, na mesma interface de segurança, de dispositivos de intertravamento de até 4 (quatro) proteções móveis de uso não frequente (frequência de abertura menor ou igual a uma vez por hora) e com abertura não simultânea, ou de dispositivos de intertravamento de 1 (uma) proteção de uso frequente (frequência de abertura maior que uma vez por hora) e mais 1 (uma) proteção de uso não frequente, com abertura não simultânea.

25. Máquina de chanfrar cortes

25.1. As máquinas de chanfrar cortes devem possuir os seguintes requisitos específicos de segurança:

a) proteção fixa e/ou proteção móvel intertravada por dispositivo de intertravamento, duplo canal, na zona de afiação, com distâncias de segurança de acordo com o subitem 12.5.1.1, sem a necessidade de monitoramento por interface de segurança;

- Código: 312.856-3. Infração: 4. Tipo: S.

b) proteções fixas ou móveis intertravadas, no sistema de transmissão de força, conforme item 12.5 – Sistemas de Segurança e seus subitens;

- Código: 312.856-3. Infração: 4. Tipo: S.

c) o espaçamento entre o guia e a matriz corte deve ser de no máximo 4 mm (quatro milímetros).

- Código: 312.856-3. Infração: 4. Tipo: S.

26. Máquina de colar fita e abrir costura

26.1. As máquinas de colar fita e abrir costura devem possuir os seguintes requisitos específicos de segurança:

a) dispositivo de obstrução que dificulte o acesso à zona de transporte da fita de reforço;

- Código: 312.857-1. Infração: 4. Tipo: S.

b) limitação da força e pressão de trabalho dos mecanismos de movimentação do cilindro pneumático de fechamento, obedecendo aos dispostos nos subitens 12.7.8 e 12.7.8.1 desta NR;

- Código: 312.857-1. Infração: 4. Tipo: S.

c) pedal de acionamento com acesso somente por uma única direção e por um pé, devendo ser protegido para evitar seu acionamento acidental.

- Código: 312.857-1. Infração: 4. Tipo: S.

27. Máquina tampográfica

27.1. As máquinas tampográficas devem possuir os seguintes requisitos específicos de segurança:

a) dispositivo de obstrução nas regiões laterais e posterior do mecanismo de movimentação do carimbador (tampão);

- Código: 312.858-0. Infração: 4. Tipo: S.

b) limitação da força e pressão de trabalho dos mecanismos de movimentação vertical do carimbador (tampão), obedecendo ao disposto nos subitens 12.7.8. e 12.7.8.1 desta NR.

- Código: 312.858-0. Infração: 4. Tipo: S.

27.2. O deslocamento horizontal do carimbador (tampão) não pode causar riscos de acidentes, como cisalhamento ou esmagamento, em função do movimento de avanço e recuo do cilindro pneumático.

- Código: 312.859-8. Infração: 4. Tipo: S.

27.3. O acionamento poderá ser realizado por botão de comando simples, ou por pedal de acionamento ou por outro sistema de acionamento.

27.3.1. Caso seja utilizado pedal de acionamento para operação de aproximação, o mesmo deve possuir acesso somente por uma única direção e por um pé, devendo ser protegido para evitar seu acionamento acidental.

- Código: 312.860-1. Infração: 3. Tipo: S.

27.3.2. Caso seja utilizado acionamento por dispositivo de acionamento bimanual, este deve estar em conformidade com alíneas "a", "c", "d", "e", "f" e "g" do subitem 12.4.3 desta NR.

- Código: 312.861-0. Infração: 3. Tipo: S.

28. Máquina bordadeira

28.1. As máquinas bordadeiras devem possuir, como requisito específico de segurança, proteções fixas no sistema de transmissão de força, conforme item 12.5 – Sistemas de Segurança e seus subitens.

- Código: 312.862-8. Infração: 3. Tipo: S.

28.2. As máquinas bordadeiras que possuam mais de um cabeçote e as máquinas de costura automáticas devem possuir os seguintes requisitos específicos de segurança:

a) possuir dispositivo de obstrução que impeça o acesso à zona de trabalho das agulhas quando o gabarito estiver posicionado na posição de trabalho, ou proteção móvel com intertravamento, ou dispositivo óptico-eletrônico que interrompa os movimentos gerados pelo conjunto de cabeçotes quando o sistema de segurança for acionado, atendendo à categoria 1 prevista na norma ABNT NBR 14153;

- Código: 312.863-6. Infração: 4. Tipo: S.

b) possuir dispositivo que impeça os movimentos gerados pela lançadeira durante a troca de bobina, atendendo à categoria 1 prevista na norma ABNT NBR 14153.

- Código: 312.863-6. Infração: 4. Tipo: S.

29. Máquina de passar cola

29.1. As máquinas de passar cola devem possuir os seguintes requisitos específicos de segurança:

a) proteção fixa no interior da câmara de armazenamento de cola, impedindo o acesso à rosca transportadora de cola, conforme item 12.5 – Sistemas de Segurança e seus subitens;

• Código: 312.864-4. Infração: 4. Tipo: S.

b) proteção fixa no sistema de transmissão de força, conforme item 12.5 – Sistemas de Segurança e seus subitens;

• Código: 312.864-4. Infração: 4. Tipo: S.

c) dispositivo de parada de emergência, sem a necessidade de monitoramento por interface de segurança, atendendo à categoria 1 prevista na norma NBR 14153;

• Código: 312.864-4. Infração: 4. Tipo: S.

d) força exercida entre os rolos não pode ser suficiente para provocar danos à integridade física dos trabalhadores, obedecendo ao disposto nos subitens 12.7.8 e 12.7.8.1 desta NR.

• Código: 312.864-4. Infração: 4. Tipo: S.

29.2. A zona de aplicação de cola (rolos) está dispensada do atendimento da alínea "b" do subitem 29.1 deste Anexo.

Figura 31: Máquina de passar cola

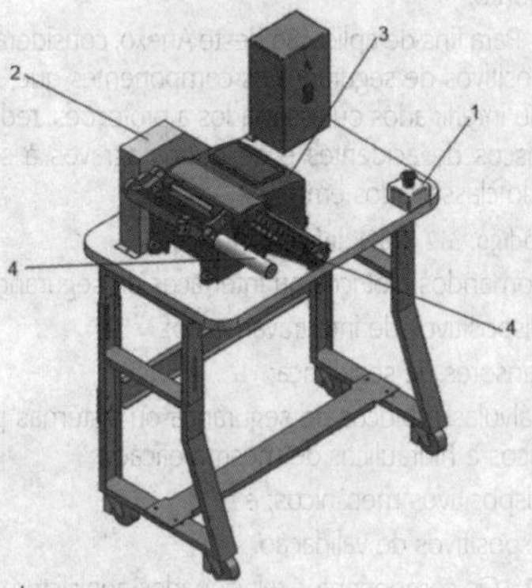

Legenda:
1. dispositivo de parada de emergência
2. proteção fixa do sistema de transmissão de força
3. câmara de armazenamento de cola
4. zona de aplicação de cola (rolos)

30. Máquina de reativar couraça a vapor

30.1. As máquinas de reativar couraça a vapor devem possuir, como requisito específico de segurança, limitação da força e pressão de trabalho dos mecanismos de movimentação (cilindro pneumático), obedecendo ao disposto nos subitens 12.7.8 e 12.7.8.1 desta NR.

• Código: 312.865-2. Infração: 4. Tipo: S.

30.2. O acionamento poderá ser realizado por botão de comando simples, ou por pedal de acionamento, ou por outro sistema de acionamento.

30.3. Caso seja utilizado pedal de acionamento para operação de aproximação, o mesmo deve possuir acesso somente por uma única direção e por um pé, devendo ser protegido para evitar seu acionamento acidental.

• Código: 312.866-0. Infração: 3. Tipo: S.

30.4. Caso seja utilizado acionamento por dispositivo de acionamento bimanual, este deve estar em conformidade com as alíneas "a", "c", "d", "e", "f" e "g" do subitem 12.4.3 desta NR.

• Código: 312.867-9. Infração: 3. Tipo: S.

31. Máquina rotográfica

31.1. As máquinas rotográficas devem possuir os seguintes requisitos específicos de segurança:

a) força exercida entre os rolos não pode ser suficiente para provocar danos à integridade física dos trabalhadores, obedecendo ao disposto nos subitens 12.7.8 e 12.7.8.1 desta NR;

• Código: 312.868-7. Infração: 4. Tipo: S.

b) proteção fixa no sistema de transmissão de força, conforme item 12.5 – Sistemas de Segurança e seus subitens;

• Código: 312.868-7. Infração: 4. Tipo: S.

c) dispositivo de parada de emergência, duplo canal, sem a necessidade de monitoramento por interface de segurança, atendendo à categoria 1, conforme a norma ABNT NBR 14153.

• Código: 312.868-7. Infração: 4. Tipo: S.

31.2. Caso seja utilizado pedal de acionamento para operação de aproximação, o mesmo deve possuir acesso somente por uma única direção e por um pé, devendo ser protegido para evitar seu acionamento acidental.

• Código: 312.869-5. Infração: 3. Tipo: S.

31.3. A zona de aplicação de tinta (rolos) está dispensada do atendimento da alínea "b" do subitem 31.1 deste Anexo.

32. Máquina de costura

32.1. As máquinas de costura devem possuir, como requisito específico de segurança, proteções fixas no sistema de transmissão de força, exceto no volante de regulagem, conforme item 12.5 – Sistemas de Segurança e seus subitens.

• Código: 312.870-9. Infração: 3. Tipo: S.

32.2. Os pedais de acionamento das máquinas de costura ficam dispensados da adoção de proteção fixa, exceto para os pedais de acionamento do tipo bolha.

• Código: 312.871-7. Infração: 3. Tipo: S.

33. Disposições gerais

33.1. Na impossibilidade da aplicação das medidas prescritas neste Anexo, podem ser adotadas outras medidas de proteção e sistemas de segurança, observados o subitem 12.1.9 e seus subitens, desde que garantam a mesma eficácia das proteções e dos dispositivos mencionados neste Anexo, e atendam ao disposto nas normas técnicas oficiais vigentes tipos A e B e, na ausência dessas, nas normas internacionais aplicáveis.

NR 12

33.2. É permitida a adoção de outras medidas de segurança, inclusive administrativas, enquanto a empresa estiver se adequando aos prazos previstos na portaria de publicação deste Anexo, desde que não haja exposição dos trabalhadores a grave e iminente risco.

Anexo XI da NR-12
Máquinas e Implementos para Uso Agrícola e Florestal

1. Este Anexo aplica-se às fases de projeto, fabricação, importação, comercialização, exposição e cessão a qualquer título de máquinas estacionárias ou não e implementos para uso agrícola e florestal, e ainda a máquinas e equipamentos de armazenagem e secagem e seus transportadores, tais como silos e secadores.

2. As proteções, dispositivos e sistemas de segurança previstos neste Anexo devem integrar as máquinas desde a sua fabricação, não podendo ser considerados itens opcionais para quaisquer fins.

• Código: 312.872-5. Infração: 4. Tipo: S.

3. Os dispositivos de partida, acionamento e parada das máquinas e dos equipamentos estacionários devem ser projetados, selecionados e instalados de modo que:

a) não se localizem em suas zonas perigosas;

• Código: 312.873-3. Infração: 3. Tipo: S.

b) impeçam acionamento ou desligamento involuntário pelo operador ou por qualquer outra forma acidental;

• Código: 312.873-3. Infração: 3. Tipo: S.

c) não acarretem riscos adicionais;

• Código: 312.873-3. Infração: 3. Tipo: S.

d) não possam ser burlados; e

• Código: 312.873-3. Infração: 3. Tipo: S.

e) possam ser acionados ou desligados em caso de emergência por outra pessoa que não seja o operador.

• Código: 312.873-3. Infração: 3. Tipo: S.

4. Os comandos de partida ou acionamento das máquinas estacionárias devem possuir dispositivos que impeçam seu funcionamento automático ao serem energizadas.

• Código: 312.874-1. Infração: 2. Tipo: S.

5. As máquinas cujo acionamento por pessoas não autorizadas possam oferecer risco à saúde ou integridade física de qualquer pessoa devem possuir sistema ou, no caso de máquinas autopropelidas, chave de ignição, para o bloqueio de seus dispositivos de acionamento.

• Código: 312.875-0. Infração: 3. Tipo: S.

6. As zonas de perigo das máquinas e implementos devem possuir sistemas de segurança, caracterizados por proteções fixas, móveis e dispositivos de segurança interligados ou não, que garantam a proteção à saúde e à integridade física dos trabalhadores.

• Código: 312.876-8. Infração: 4. Tipo: S.

6.1. A adoção de sistemas de segurança, em especial nas zonas de operação que apresentem perigo, deve considerar as características técnicas da máquina e do processo de trabalho e as medidas e alternativas técnicas existentes, de modo a atingir o nível necessário de segurança previsto nesta NR.

• Código: 312.876-8. Infração: 4. Tipo: S.

6.1.1. Os componentes funcionais das áreas de processo e trabalho das máquinas autopropelidas e implementos, que necessitem ficar expostos para correta operação, devem ser protegidos adequadamente até a extensão máxima possível, de forma a permitir a funcionalidade operacional a que se destinam, atendendo às normas técnicas vigentes e às exceções constantes do Quadro II deste Anexo.

• Código: 312.877-6. Infração: 4. Tipo: S.

6.2. Para fins de aplicação deste Anexo, considera-se proteção o elemento especificamente utilizado para prover segurança por meio de barreira física, podendo ser:

a) proteção fixa, que deve ser mantida em sua posição de maneira permanente ou por meio de elementos de fixação que só permitam sua remoção ou abertura com o uso de ferramentas;

b) proteção móvel, que pode ser aberta sem o uso de ferramentas, geralmente ligada por elementos mecânicos à estrutura da máquina ou a um elemento fixo próximo, e deve se associar a dispositivos de intertravamento.

6.3. Para fins de aplicação deste Anexo, consideram-se dispositivos de segurança os componentes que, por si só ou interligados ou associados a proteções, reduzam os riscos de acidentes e de outros agravos à saúde, sendo classificados em:

• Código: 312.878-4. Infração: 4. Tipo: S.

a) comandos elétricos ou interfaces de segurança:

b) dispositivos de intertravamento;

c) sensores de segurança;

d) válvulas e blocos de segurança ou sistemas pneumáticos e hidráulicos de mesma eficácia;

e) dispositivos mecânicos; e

f) dispositivos de validação.

6.3.1. Os componentes relacionados aos sistemas de segurança e comandos de acionamento e parada das máquinas estacionárias, inclusive de emergência, devem garantir a manutenção do estado seguro da máquina quando ocorrerem flutuações no nível de energia além dos limites considerados no projeto, incluindo o corte e restabelecimento do fornecimento de energia.

6.4. As proteções devem ser projetadas e construídas de modo a atender aos seguintes requisitos de segurança:

a) cumprir suas funções apropriadamente durante a vida útil da máquina ou possibilitar a reposição de partes deterioradas ou danificadas;

• Código: 312.879-2. Infração: 3. Tipo: S.

b) ser constituídas de materiais resistentes e adequados à contenção de projeção de peças, materiais e partículas;

• Código: 312.879-2. Infração: 3. Tipo: S.

c) fixação firme e garantia de estabilidade e resistência mecânica compatíveis com os esforços requeridos;

• Código: 312.879-2. Infração: 3. Tipo: S.

d) não criar pontos de esmagamento ou agarramento com partes da máquina ou com outras proteções;

• Código: 312.879-2. Infração: 3. Tipo: S.

e) não possuir extremidades e arestas cortantes ou outras saliências perigosas;

• Código: 312.879-2. Infração: 3. Tipo: S.

f) resistir às condições ambientais do local onde estão instaladas;

• Código: 312.879-2. Infração: 3. Tipo: S.

g) impedir que possam ser burladas;

• Código: 312.879-2. Infração: 3. Tipo: S.

h) proporcionar condições de higiene e limpeza;

• Código: 312.879-2. Infração: 3. Tipo: S.

i) impedir o acesso à zona de perigo;

• Código: 312.879-2. Infração: 3. Tipo: S.

j) ter seus dispositivos de intertravamento utilizados para bloqueio de funções perigosas das máquinas protegidos adequadamente contra sujidade, poeiras e corrosão, se necessário;

• Código: 312.879-2. Infração: 3. Tipo: S.

k) ter ação positiva, ou seja, atuação de modo positivo;

• Código: 312.879-2. Infração: 3. Tipo: S.

l) não acarretar riscos adicionais; e

• Código: 312.879-2. Infração: 3. Tipo: S.

m) possuir dimensões conforme previsto no subitem 12.5.1.1 desta NR.

• Código: 312.879-2. Infração: 3. Tipo: S.

6.4.1. Quando a proteção for confeccionada com material descontínuo, devem ser observadas as distâncias de segurança para impedir o acesso às zonas de perigo, conforme previsto no subitem 12.5.1.1 desta NR.

• Código: 312.879-2. Infração: 3. Tipo: S.

6.5. A proteção deve ser móvel quando o acesso a uma zona de perigo for requerido uma ou mais vezes por turno de trabalho, observando-se que:

a) a proteção deve ser associada a um dispositivo de intertravamento quando sua abertura não possibilitar o acesso à zona de perigo antes da eliminação do risco; e

• Código: 312.880-6. Infração: 3. Tipo: S.

b) a proteção deve ser associada a um dispositivo de intertravamento com bloqueio quando sua abertura possibilitar o acesso à zona de perigo antes da eliminação do risco.

• Código: 312.880-6. Infração: 3. Tipo: S.

6.5.1. Para as máquinas autopropelidas e seus implementos, a proteção deve ser móvel quando o acesso a uma zona de perigo for requerido mais de uma vez por turno de trabalho.

• Código: 312.880-6. Infração: 3. Tipo: S.

6.5.2. As máquinas e implementos dotados de proteções móveis associadas a dispositivos de intertravamento devem:

a) operar somente quando as proteções estiverem fechadas;

• Código: 312.881-4. Infração: 3. Tipo: S.

b) paralisar suas funções perigosas quando as proteções forem abertas durante a operação; e

• Código: 312.881-4. Infração: 3. Tipo: S.

c) garantir que o fechamento das proteções por si só não possa dar início às funções perigosas.

• Código: 312.881-4. Infração: 3. Tipo: S.

6.5.2.1. As máquinas autopropelidas ficam dispensadas do atendimento das alíneas "a" e "b" do subitem 6.5.2 deste Anexo para acesso em operações de manutenção e inspeção, desde que realizadas por trabalhador capacitado ou qualificado.

• Código: 312.881-4. Infração: 3. Tipo: S.

6.5.3. Para as máquinas autopropelidas, é permitida a utilização de dispositivo de intertravamento mecânico de atuação simples e não monitorado para proteção do compartimento do motor.

6.5.4. Os dispositivos de intertravamento com bloqueio associados às proteções móveis das máquinas e equipamentos devem:

a) permitir a operação somente enquanto a proteção estiver fechada e bloqueada;

• Código: 312.882-2. Infração: 3. Tipo: S.

b) manter a proteção fechada e bloqueada até que tenha sido eliminado o risco de lesão devido às funções perigosas da máquina ou do equipamento; e

• Código: 312.882-2. Infração: 3. Tipo: S.

c) garantir que o fechamento e bloqueio da proteção por si só não possa dar início às funções perigosas da máquina ou do equipamento.

• Código: 312.882-2. Infração: 3. Tipo: S.

6.5.4.1. As máquinas autopropelidas ficam dispensadas do atendimento das alíneas "a" e "b" do subitem 6.5.4 para acesso em operações de manutenção e inspeção, desde que realizadas por trabalhador capacitado ou qualificado.

• Código: 312.882-2. Infração: 3. Tipo: S.

6.6. As transmissões de força e os componentes móveis a elas interligados, acessíveis ou expostos, devem ser protegidos por meio de proteções fixas ou móveis com dispositivos de intertravamento, que impeçam o acesso por todos os lados, ressalvado o disposto no subitem 6.1.1 deste Anexo e as exceções previstas no Quadro II deste Anexo.

• Código: 312.883-0. Infração: 4. Tipo: S.

6.6.1. Quando utilizadas proteções móveis para o enclausuramento de transmissões de força que possuam inércia, devem ser utilizados dispositivos de intertravamento com bloqueio.

• Código: 312.883-0. Infração: 4. Tipo: S.

6.6.1.1. Em colhedoras, em situação de manutenção ou inspeção, quando as proteções forem abertas ou acessadas com exposição de elementos da máquina que ainda possuam rotação ou movimento após a interrupção de força, deve-se ter na área próxima da abertura uma evidência visível da rotação, ou indicação de sinal sonoro da rotação ou adesivo de segurança apropriado.

• Código: 312.884-9. Infração: 4. Tipo: S.

6.6.2. As proteções de colhedoras devem:

a) ser projetadas levando em consideração o risco para o operador e a geração de outros perigos, tais como evitar o acúmulo de detritos e risco de incêndio;

• Código: 312.885-7. Infração: 4. Tipo: S.

b) atingir a extensão máxima, considerando a funcionalidade da colhedora;

• Código: 312.885-7. Infração: 4. Tipo: S.

c) ser sinalizadas quanto ao risco;

• Código: 312.885-7. Infração: 4. Tipo: S.

d) ter indicação das informações sobre os riscos contidas no manual de instruções.

• Código: 312.885-7. Infração: 4. Tipo: S.

6.7. O eixo cardã deve possuir proteção adequada, em perfeito estado de conservação em toda a sua extensão, fixada na tomada de força da máquina desde a cruzeta até o acoplamento do implemento ou equipamento.

• Código: 312.886-5. Infração: 4. Tipo: S.

6.8. As máquinas e equipamentos que ofereçam risco de ruptura de suas partes, projeção de peças ou material em processamento devem possuir proteções que garantam a saúde e a segurança dos trabalhadores, salvo as exceções constantes dos Quadros I e II deste Anexo.

• Código: 312.887-3. Infração: 4. Tipo: S.

6.8.1. As roçadoras devem possuir dispositivos de proteção contra o arremesso de materiais sólidos.

• Código: 312.887-3. Infração: 4. Tipo: S.

6.9. As máquinas de cortar, picar, triturar, moer, desfibrar e similares devem possuir sistemas de segurança que impossibilitem o contato do operador ou demais pessoas com suas zonas de perigo.

• Código: 312.888-1. Infração: 4. Tipo: S.

6.10. Nas proteções distantes de máquinas estacionárias, em que haja possibilidade de alguma pessoa ficar na zona de perigo, devem ser adotadas medidas adicionais de proteção coletiva para impedir a partida da máquina, enquanto houver a presença de pessoas nesta zona.

• Código: 312.889-0. Infração: 4. Tipo: S.

6.11. As aberturas para alimentação de máquinas ou implementos que estiverem situadas ao nível do ponto de apoio do operador ou abaixo dele, devem possuir proteção que impeça a queda de pessoas em seu interior.

• Código: 312.890-3. Infração: 3. Tipo: S.

6.12. Quando as características da máquina ou implemento exigirem que as proteções sejam utilizadas também como meio de acesso, estas devem atender aos requisitos de resistência e segurança adequados a ambas as finalidades.

• Código: 312.891-1. Infração: 3. Tipo: S.

6.12.1. O fundo dos degraus ou da escada deve possuir proteção – espelho, sempre que uma parte saliente do pé ou da mão do trabalhador possa contatar uma zona perigosa.

• Código: 312.892-0. Infração: 3. Tipo: S.

6.13. As mangueiras, as tubulações e os componentes pressurizados de máquinas autopropelidas e seus implementos devem estar localizados ou protegidos de tal forma que, em uma situação de ruptura, o fluido não seja descarregado diretamente no operador quando este estiver no posto de operação.

• Código: 312.893-8. Infração: 3. Tipo: S.

6.13.1. Para mangueiras cuja pressão de trabalho seja superior a cinquenta bar, o perigo de "chicoteamento" deve ser prevenido por proteções fixas e/ou meios de fixação como correntes, cabos ou suportes.

• Código: 312.894-6. Infração: 3. Tipo: S.

6.13.1.1. Adicionalmente, a relação entre a pressão de trabalho e a pressão de ruptura da mangueira deve ser no mínimo de 3,5.

6.13.1.2. Alternativamente, para prevenir o "chicoteamento", podem ser utilizadas mangueiras e terminais que previnam o rasgamento da mangueira na conexão e a desmontagem não intencional, utilizando-se mangueiras, no mínimo, com duas tramas de aço e terminais flangeados, conformados ou roscados, sendo vetada a utilização de terminais com anel de penetração – anilhas – em contato com o elemento flexível.

6.14. Para máquinas autopropelidas, as superfícies quentes que possam ser tocadas sem intenção pelo operador durante a operação normal da máquina devem ser protegidas.

• Código: 312.895-4. Infração: 3. Tipo: S.

7. As baterias devem atender aos seguintes requisitos mínimos de segurança:

a) localização de modo que sua manutenção e troca possam ser realizadas facilmente a partir do solo ou de uma plataforma de apoio;

• Código: 312.896-2. Infração: 1. Tipo: S.

b) constituição e fixação de forma a não haver deslocamento acidental; e

• Código: 312.896-2. Infração: 1. Tipo: S.

c) proteção do terminal positivo, a fim de prevenir contato acidental e curto-circuito.

• Código: 312.896-2. Infração: 1. Tipo: S.

8. As máquinas autopropelidas fabricadas a partir de maio de 2008, sob a égide da redação da NR-31 dada pela Portaria MTE n. 86, de 3 de março de 2005, devem possuir faróis, lanternas traseiras de posição, buzina, espelho retrovisor e sinal sonoro automático de ré acoplado ao sistema de transmissão, salvo as exceções listadas no Quadro I deste Anexo.

• Código: 312.897-0. Infração: 2. Tipo: S.

9. As máquinas autopropelidas devem possuir Estrutura de Proteção na Capotagem – EPC e cinto de segurança, exceto as constantes do Quadro II deste Anexo, que devem ser utilizadas em conformidade com as especificações e recomendações indicadas nos manuais do fabricante.

• Código: 312.898-9. Infração: 4. Tipo: S.

10. As máquinas autopropelidas que durante sua operação ofereçam riscos de queda de objetos sobre o posto de trabalho devem possuir de Estrutura de Proteção contra Queda de Objetos – EPCO.

• Código: 312.898-9. Infração: 4. Tipo: S.

11. Na tomada de potência – TDP dos tratores agrícolas deve ser instalada uma proteção que cubra a parte superior e as laterais, conforme Figura 1 deste Anexo.

• Código: 312.899-7. Infração: 3. Tipo: S.

12. As máquinas e equipamentos tracionados devem possuir sistemas de engate para reboque pelo sistema de tração, de modo a assegurar o acoplamento e desacoplamento fácil e seguro, bem como a impedir o desacoplamento acidental durante a utilização.

• Código: 312.900-4. Infração: 2. Tipo: S.

12.1. A indicação de uso dos sistemas de engate mencionados no item 12 deve ficar em local de fácil visualização e afixada em local próximo da conexão.

• Código: 312.901-2. Infração: 1. Tipo: S.

12.2. Os implementos tracionados, caso o peso da barra do reboque assim exija, devem possuir dispositivo de apoio que possibilite a redução do esforço e a conexão segura ao sistema de tração.

• Código: 312.902-0. Infração: 2. Tipo: S.

13. As correias transportadoras devem possuir:

a) sistema de frenagem ao longo dos trechos em que haja acesso de trabalhadores;

• Código: 312.903-9. Infração: 3. Tipo: S.

b) dispositivo que interrompa seu acionamento quando necessário;

• Código: 312.903-9. Infração: 3. Tipo: S.

c) partida precedida de sinal sonoro audível em toda a área de operação que indique seu acionamento;

• Código: 312.903-9. Infração: 3. Tipo: S.

d) sistema de proteção contra quedas de materiais, quando oferecer risco de acidentes aos trabalhadores que operem ou circulem em seu entorno;

• Código: 312.903-9. Infração: 3. Tipo: S.

e) sistemas e passarelas que permitam que os trabalhos de manutenção sejam desenvolvidos de forma segura;

• Código: 312.903-9. Infração: 3. Tipo: S.

f) passarelas com sistema de proteção contra queda ao longo de toda a extensão elevada onde possa haver circulação de trabalhadores; e

• Código: 312.903-9. Infração: 3. Tipo: S.

g) sistema de travamento para ser utilizado nos serviços de manutenção.

• Código: 312.903-9. Infração: 3. Tipo: S.

13.1. Excetuam-se da obrigação do item 13 as correias transportadoras instaladas em máquinas autopropelidas, implementos e em esteiras móveis para carga e descarga.

14. As máquinas e implementos devem possuir manual de instruções fornecido pelo fabricante ou importador, com informações relativas à segurança nas fases de transporte, montagem, instalação, ajuste, operação, limpeza, manutenção, inspeção, desativação e desmonte.

• Código: 312.904-7. Infração: 2. Tipo: S.

14.1. Os manuais devem:

a) ser escritos na língua portuguesa – Brasil, com caracteres de tipo e tamanho que possibilitem a melhor legibilidade possível, acompanhado das ilustrações explicativas;

• Código: 312.905-5. Infração: 2. Tipo: S.

b) ser objetivos, claros, sem ambiguidades e em linguagem de fácil compreensão;

• Código: 312.905-5. Infração: 2. Tipo: S.

c) ter sinais ou avisos referentes à segurança realçados; e

• Código: 312.905-5. Infração: 2. Tipo: S.

d) permanecer disponíveis a todos os usuários nos locais de trabalho.

• Código: 312.905-5. Infração: 2. Tipo: S.

14.2. Os manuais das máquinas e equipamentos fabricados no Brasil ou importados devem conter, no mínimo, as seguintes informações:

a) razão social, endereço do fabricante ou importador, e CNPJ quando houver;

• Código: 312.905-5. Infração: 2. Tipo: S.

b) tipo e modelo;

• Código: 312.905-5. Infração: 2. Tipo: S.

c) número de série ou de identificação, e ano de fabricação;

• Código: 312.905-5. Infração: 2. Tipo: S.

d) descrição detalhada da máquina ou equipamento e seus acessórios;

• Código: 312.905-5. Infração: 2. Tipo: S.

e) diagramas, inclusive circuitos elétricos, em particular a representação esquemática das funções de segurança, no que couber, para máquinas estacionárias.

• Código: 312.905-5. Infração: 2. Tipo: S.

f) definição da utilização prevista para a máquina ou equipamento;

• Código: 312.905-5. Infração: 2. Tipo: S.

g) riscos a que estão expostos os usuários;

• Código: 312.905-5. Infração: 2. Tipo: S.

h) definição das medidas de segurança existentes e aquelas a serem adotadas pelos usuários;

• Código: 312.905-5. Infração: 2. Tipo: S.

i) especificações e limitações técnicas para a sua utilização com segurança, incluindo os critérios de declividade de trabalho para máquinas e implementos, no que couber;

• Código: 312.905-5. Infração: 2. Tipo: S.

j) riscos que poderiam resultar de adulteração ou supressão de proteções e dispositivos de segurança;

• Código: 312.905-5. Infração: 2. Tipo: S.

k) riscos que poderiam resultar de utilizações diferentes daquelas previstas no projeto;

• Código: 312.905-5. Infração: 2. Tipo: S.

l) procedimentos para utilização da máquina ou equipamento com segurança;

• Código: 312.905-5. Infração: 2. Tipo: S.

m) procedimentos e periodicidade para inspeções e manutenção;

• Código: 312.905-5. Infração: 2. Tipo: S.

n) procedimentos básicos a serem adotados em situações de emergência.

• Código: 312.905-5. Infração: 2. Tipo: S.

15. As máquinas, equipamentos e implementos devem dispor de acessos permanentemente fixados e seguros a todos os seus pontos de operação, abastecimento, inserção de matérias-primas e retirada de produtos trabalhados, preparação, manutenção e de intervenção constante.

• Código: 312.906-3. Infração: 2. Tipo: S.

15.1. Consideram-se meios de acesso elevadores, rampas, passarelas, plataformas ou escadas de degraus.

15.1.1. Na impossibilidade técnica de adoção dos meios previstos no subitem 15.1, poderá ser utilizada escada fixa tipo marinheiro.

15.1.2. As máquinas autopropelidas e implementos com impossibilidade técnica de adoção dos meios de acesso dispostos no subitem 15.1, onde a presença do trabalhador seja necessária para inspeção e manutenção e que não sejam acessíveis desde o solo devem possuir meios de apoio como manípulos ou corrimãos, barras, apoio para os pés ou degraus com superfície antiderrapante, que garantam ao operador manter contato de apoio em três pontos durante todo o tempo de acesso, de modo a torná-lo seguro, conforme o subitem 15.21 deste Anexo.

• Código: 312.907-1. Infração: 2. Tipo: S.

15.1.2.1. Deve-se utilizar uma forma de acesso seguro indicada no manual de operação, nas situações em que não sejam aplicáveis os meios previstos no subitem 15.1.2.

• Código: 312.907-1. Infração: 2. Tipo: S.

15.2. Os locais ou postos de trabalho acima do nível do solo em que haja acesso de trabalhadores para intervenções devem possuir plataformas de trabalho estáveis e seguras.

• Código: 312.908-0. Infração: 2. Tipo: S.

15.3. Devem ser fornecidos meios de acesso se a altura do solo ou do piso ao posto de operação das máquinas for maior que 0,55 m (cinquenta e cinco centímetros).

• Código: 312.909-8. Infração: 2. Tipo: S.

15.4. Em máquinas autopropelidas da indústria de construção com aplicação agroflorestal, os meios de acesso devem ser fornecidos se a altura do solo ao posto de operação for maior que 0,60 m (sessenta centímetros).

• Código: 312.909-8. Infração: 2. Tipo: S.

15.5. Em colhedoras de arroz, colhedoras equipadas com esteiras e outras colhedoras equipadas com sistema de autonivelamento, os meios de acesso devem ser fornecidos se a altura do solo ao posto de operação for maior que 0,70 m (setenta centímetros).

• Código: 312.909-8. Infração: 2. Tipo: S.

15.6. Nas máquinas, equipamentos e implementos os meios de acesso permanentes devem ser localizados e instalados de modo a prevenir riscos de acidente e facilitar sua utilização pelos trabalhadores.

• Código: 312.909-8. Infração: 2. Tipo: S.

15.7. Os meios de acesso de máquinas estacionárias, exceto escada fixa do tipo marinheiro e elevador, devem possuir sistema de proteção contra quedas com as seguintes características:

a) ser dimensionados, construídos e fixados de modo seguro e resistente, de forma a suportar os esforços solicitantes;

• Código: 312.910-1. Infração: 3. Tipo: S.

b) ser constituídos de material resistente a intempéries e corrosão;

• Código: 312.910-1. Infração: 3. Tipo: S.

c) possuir travessão superior de 1,10 m (um metro e dez centímetros) a 1,20 m (um metro e vinte centímetros) de altura em relação ao piso ao longo de toda a extensão, em ambos os lados;

• Código: 312.910-1. Infração: 3. Tipo: S.

d) o travessão superior não deve possuir superfície plana, a fim de evitar a colocação de objetos; e

• Código: 312.910-1. Infração: 3. Tipo: S.

e) possuir rodapé de, no mínimo, 0,20 m (vinte centímetros) de altura e travessão intermediário a 0,70 m (setenta centímetros) de altura em relação ao piso, localizado entre o rodapé e o travessão superior.

• Código: 312.910-1. Infração: 3. Tipo: S.

15.7.1. Havendo risco de queda de objetos e materiais, o vão entre o rodapé e o travessão superior do guarda corpo deve receber proteção fixa, integral e resistente.

• Código: 312.910-1. Infração: 3. Tipo: S.

15.7.1.1. A proteção mencionada no subitem 15.7.1 pode ser constituída de tela resistente, desde que sua malha não permita a passagem de qualquer objeto ou material que possa causar lesões aos trabalhadores.

• Código: 312.910-1. Infração: 3. Tipo: S.

15.7.2. Para o sistema de proteção contra quedas em plataformas utilizadas em operações de abastecimento ou que acumulam sujidades, é permitida a adoção das dimensões da Figura 3 do Anexo III desta NR.

• Código: 312.910-1. Infração: 3. Tipo: S.

15.8. O emprego dos meios de acesso de máquinas estacionárias deve considerar o ângulo de lance conforme Figura 1 do Anexo III desta NR.

• Código: 312.910-1. Infração: 3. Tipo: S.

15.9. As passarelas, plataformas, rampas e escadas de degraus devem propiciar condições seguras de trabalho, circulação, movimentação e manuseio de materiais e:

a) ser dimensionadas, construídas e fixadas de modo seguro e resistente, de forma a suportar os esforços solicitantes e movimentação segura do trabalhador;

• Código: 312.911-0. Infração: 2. Tipo: S.

b) ter pisos e degraus constituídos de materiais ou revestimentos antiderrapantes;

• Código: 312.911-0. Infração: 2. Tipo: S.

c) ser mantidas desobstruídas; e

• Código: 312.911-0. Infração: 2. Tipo: S.

d) ser localizadas e instaladas de modo a prevenir riscos de queda, escorregamento, tropeçamento e dispêndio excessivo de esforços físicos pelos trabalhadores ao utilizá-las.

• Código: 312.911-0. Infração: 2. Tipo: S.

15.10. As rampas com inclinação entre 10° (dez) e 20° (vinte) graus em relação ao plano horizontal devem possuir peças transversais horizontais fixadas de modo seguro, para impedir escorregamento, distanciadas entre si 0,40 m (quarenta centímetros) em toda sua extensão.

• Código: 312.912-8. Infração: 2. Tipo: S.

15.11. É proibida a construção de rampas com inclinação superior a 20° (vinte) graus em relação ao piso.

• Código: 312.912-8. Infração: 2. Tipo: S.

15.12. As passarelas, plataformas e rampas devem ter as seguintes características:

a) largura útil mínima de 0,60 m (sessenta centímetros) para máquinas, exceto para as autopropelidas e implementos que devem atender a largura mínima determinada conforme norma técnica específica;

• Código: 312.913-6. Infração: 2. Tipo: S.

b) meios de drenagem, se necessário; e

• Código: 312.913-6. Infração: 2. Tipo: S.

c) não possuir rodapé no vão de acesso.

• Código: 312.913-6. Infração: 2. Tipo: S.

15.12.1. A largura útil de plataformas de inspeção e manutenção de plantadeiras deve ser de, no mínimo, 0,3 m (trinta centímetros), conforme norma ISO 4254-9 ou alteração posterior.

• Código: 312.913-6. Infração: 2. Tipo: S.

15.13. Em máquinas estacionárias as escadas de degraus com espelho devem ter:

a) largura mínima de 0,60 m (sessenta centímetros);

• Código: 312.914-4. Infração: 2. Tipo: S.

b) degraus com profundidade mínima de 0,20 m (vinte centímetros);

• Código: 312.914-4. Infração: 2. Tipo: S.

c) degraus e lances uniformes, nivelados e sem saliências;

• Código: 312.914-4. Infração: 2. Tipo: S.

d) altura entre os degraus de 0,20 m (vinte centímetros) a 0,25 m (vinte e cinco centímetros);

• Código: 312.914-4. Infração: 2. Tipo: S.

e) plataforma de descanso de 0,60 m (sessenta centímetros) a 0,80 m (oitenta centímetros) de largura e comprimento a intervalos de, no máximo, 3,00 m (três metros) de altura.

• Código: 312.914-4. Infração: 2. Tipo: S.

15.14. Em máquinas estacionárias as escadas de degraus sem espelho devem ter:

a) largura mínima de 0,60 m (sessenta centímetros);

• Código: 312.915-2. Infração: 2. Tipo: S.

b) degraus com profundidade mínima de 0,15 m (quinze centímetros);

• Código: 312.915-2. Infração: 2. Tipo: S.

c) degraus e lances uniformes, nivelados e sem saliências;

• Código: 312.915-2. Infração: 2. Tipo: S.

d) altura máxima entre os degraus de 0,25 m (vinte e cinco centímetros);

• Código: 312.915-2. Infração: 2. Tipo: S.

e) plataforma de descanso com 0,60 m (sessenta centímetros) a 0,80 m (oitenta centímetros) de largura e comprimento a intervalos de, no máximo, 3,00 m (três metros) de altura;

• Código: 312.915-2. Infração: 2. Tipo: S.

f) projeção mínima de 0,01 m (dez milímetros) de um degrau sobre o outro; e

• Código: 312.915-2. Infração: 2. Tipo: S.

g) degraus com profundidade que atendam à fórmula: $600 \leq g + 2h \leq 660$ (dimensões em milímetros), conforme Figura 2 deste Anexo.

• Código: 312.915-2. Infração: 2. Tipo: S.

15.15. Em máquinas estacionárias as escadas fixas do tipo marinheiro devem ter:

a) dimensionamento, construção e fixação seguras e resistentes, de forma a suportar os esforços solicitantes;

• Código: 312.916-0. Infração: 2. Tipo: S.

b) constituição de materiais ou revestimentos resistentes a intempéries e corrosão, caso estejam expostas em ambiente externo ou corrosivo;

• Código: 312.916-0. Infração: 2. Tipo: S.

c) gaiolas de proteção, caso possuam altura superior a 3,50 m (três metros e meio), instaladas a partir de 2,0 m (dois metros) do piso, ultrapassando a plataforma de descanso ou o piso superior em pelo menos de 1,10 m (um metro e dez centímetros) a 1,20 m (um metro e vinte centímetros);

• Código: 312.916-0. Infração: 2. Tipo: S.

d) corrimão ou continuação dos montantes da escada ultrapassando a plataforma de descanso ou o piso superior de 1,10 m (um metro e dez centímetros) a 1,20 m (um metro e vinte centímetros);

• Código: 312.916-0. Infração: 2. Tipo: S.

e) largura de 0,40 m (quarenta centímetros) a 0,60 m (sessenta centímetros);

• Código: 312.916-0. Infração: 2. Tipo: S.

f) altura total máxima de 10,00 m (dez metros), se for de um único lance;

• Código: 312.916-0. Infração: 2. Tipo: S.

g) altura máxima de 6,00 m (seis metros) entre duas plataformas de descanso, se for de múltiplos lances, construídas em lances consecutivos com eixos paralelos, distanciados no mínimo em 0,70 m (setenta centímetros);

• Código: 312.916-0. Infração: 2. Tipo: S.

h) espaçamento entre barras horizontais de 0,25 m (vinte e cinco centímetros) a 0,30 m (trinta centímetros;

• Código: 312.916-0. Infração: 2. Tipo: S.

i) espaçamento entre o piso da máquina ou da edificação e a primeira barra não superior a 0,55 m (cinquenta e cinco centímetros);

• Código: 312.916-0. Infração: 2. Tipo: S.

j) distância em relação à estrutura em que é fixada de, no mínimo, 0,15 m (quinze centímetros);

• Código: 312.916-0. Infração: 2. Tipo: S.

k) barras horizontais de 0,025 m (vinte e cinco milímetros) a 0,038 m (trinta e oito milímetros) de diâmetro ou espessura; e

• Código: 312.916-0. Infração: 2. Tipo: S.

l) barras horizontais com superfícies, formas ou ranhuras a fim de prevenir deslizamentos.

• Código: 312.916-0. Infração: 2. Tipo: S.

15.15.1. As gaiolas de proteção devem ter diâmetro de 0,65 m (sessenta e cinco centímetros) a 0,80 m (oitenta centímetros):

a) possuir barras verticais com espaçamento máximo de 0,30 m (trinta centímetros) entre si e distância máxima de 1,50 m (um metro e cinquenta centímetros) entre arcos; ou

• Código: 312.917-9. Infração: 2. Tipo: S.

b) vãos entre arcos de, no máximo, 0,30m (trinta centímetros), dotadas de barra vertical de sustentação dos arcos.

• Código: 312.917-9. Infração: 2. Tipo: S.

15.16. s meios de acesso das máquinas autopropelidas e implementos, devem possuir as seguintes características:

a) ser dimensionados, construídos e fixados de modo seguro e resistente, de forma a suportar os esforços solicitantes;

• Código: 312.918-7. Infração: 2. Tipo: S.

b) ser constituídos de material resistente a intempéries e corrosão;

• Código: 312.918-7. Infração: 2. Tipo: S.

c) o travessão superior não deve ter superfície plana, a fim de evitar a colocação de objetos.

• Código: 312.918-7. Infração: 2. Tipo: S.

15.17. A direção não pode ser considerada manípulo de apoio.

• Código: 312.921-7. Infração: 2. Tipo: S.

15.18. Os pneus, cubos, rodas e para-lamas não são considerados degraus para acesso aos postos de trabalho.

• Código: 312.919-5. Infração: 2. Tipo: S.

15.19. Os para-lamas podem ser considerados degraus para acesso desde que projetados para esse fim.

• Código: 312.919-5. Infração: 2. Tipo: S.

15.20. Em máquinas de esteira, as sapatas e a superfície de apoio das esteiras podem ser utilizadas como degraus de acesso desde que projetados para esse fim e se for garantido ao operador apoio em três pontos de contato durante todo tempo de acesso.

• Código: 312.920-9. Infração: 2. Tipo: S.

15.21. As máquinas autopropelidas e implementos devem ser dotados de corrimãos ou manípulos – pega-mãos, em um ou ambos os lados dos meios de acesso que ofereçam risco de queda ou acesso às áreas de perigo, que devem possuir:

a) projeto de forma que o operador possa manter contato de apoio em três pontos durante todo o tempo de acesso;

• Código: 312.921-7. Infração: 2. Tipo: S.

b) largura da seção transversal entre 0,025 m (vinte e cinco milímetros) e 0,038 m (trinta e oito milímetros);

• Código: 312.921-7. Infração: 2. Tipo: S.

c) extremidade inferior em pelo menos um corrimão ou manípulo localizada no máximo a 1600 mm (mil e seiscentos milímetros) da superfície do solo;

• Código: 312.921-7. Infração: 2. Tipo: S.

d) espaço livre mínimo de 0,050 m (cinquenta milímetros) entre o corrimão ou manípulo e as partes adjacentes para acesso da mão, exceto nos pontos de fixação;

• Código: 312.921-7. Infração: 2. Tipo: S.

e) um manípulo instalado do último degrau superior do meio de acesso a uma altura de 0,85 m (oitenta e cinco centímetros a 1,10 m (um metro e dez centímetros); e

• Código: 312.921-7. Infração: 2. Tipo: S.

f) manípulo com comprimento mínimo de 0,15 m (quinze centímetros).

• Código: 312.921-7. Infração: 2. Tipo: S.

15.21.1. Os pontos de apoio para mãos devem ficar a pelo menos 0,30 m (trinta centímetros) de qualquer elemento de articulação.

• Código: 312.921-7. Infração: 2. Tipo: S.

15.22. As escadas usadas no acesso ao posto de operação das máquinas autopropelidas e implementos devem atender a um dos seguintes requisitos:

a) a inclinação a deve ser entre 70° (setenta graus) e 90° (noventa graus) em relação à horizontal, conforme Figura 2 deste Anexo; ou

• Código: 312.922-5. Infração: 2. Tipo: S.

b) no caso de inclinação a menor que 70° (setenta graus), as dimensões dos degraus devem atender à equação (2B +G) ≤700 mm, onde B é a distância vertical, em mm, e G a distância horizontal, em mm, entre degraus, permanecendo as dimensões restantes conforme Figura 2 deste Anexo.

• Código: 312.922-5. Infração: 2. Tipo: S

15.22.1. Os degraus devem possuir:

a) superfície antiderrapante;

• Código: 312.922-5. Infração: 2. Tipo: S.

b) batentes verticais em ambos os lados;

• Código: 312.922-5. Infração: 2. Tipo: S.

c) projeção de modo a minimizar o acúmulo de água e de sujidades, nas condições normais de trabalho;

• Código: 312.922-5. Infração: 2. Tipo: S.

d) altura do primeiro degrau alcançada com os maiores pneus indicados para a máquina;

• Código: 312.922-5. Infração: 2. Tipo: S.

e) espaço livre adequado na região posterior, quando utilizado sem espelho, de forma a proporcionar um apoio seguro para os pés;

• Código: 312.922-5. Infração: 2. Tipo: S.

f) dimensões conforme a Figura 2 deste Anexo;

• Código: 312.922-5. Infração: 2. Tipo: S.

g) altura do primeiro deles em relação ao solo de até 700 mm (setecentos milímetros) para colhedoras de arroz ou colhedoras equipadas com esteiras e outras colhedoras equipadas com sistema de autonivelamento; e

• Código: 312.922-5. Infração: 2. Tipo: S.

h) altura do primeiro deles em relação ao solo de até 600 mm (seiscentos milímetros) para máquinas autopropelidas da indústria da construção com aplicação agroflorestal.

• Código: 312.922-5. Infração: 2. Tipo: S.

15.22.2. A conexão entre o primeiro degrau e o segundo degrau pode ser articulada.

15.22.3. Não deve haver riscos de corte, esmagamento ou movimento incontrolável para o operador na movimentação de meios de acesso móveis.

• Código: 312.922-5. Infração: 2. Tipo: S.

15.23. As plataformas de máquinas autopropelidas e implementos que apresentem risco de queda de trabalhadores devem ser acessados por degraus e possuir sistema de proteção contra quedas conforme as dimensões da Figura 3 do Anexo III desta NR.

• Código: 312.923-3. Infração: 4. Tipo: S.

15.23.1. O sistema de proteção contra quedas de plataformas que não sejam a de operação em colhedoras está dispensado de atender aos requisitos da figura 3 do Anexo III dessa NR, desde que disponham de barra superior, instalada em um dos lados, tendo altura de 1 m (um metro) a 1,1 m (um metro e dez centímetros) em relação ao piso e barra intermediária instalada de 0,4 m (quarenta centímetros) a 0,6 m (sessenta centímetros) abaixo da barra superior.

• Código: 312.923-3. Infração: 4. Tipo: S.

15.23.1.1. As plataformas indicadas no subitem 15.23.1 somente podem ser acessadas quando a máquina estiver parada.

• Código: 312.923-3. Infração: 4. Tipo: S.

15.24. Plataforma de operação ou piso de trabalho das máquinas autopropelidas e implementos deve:

a) ser plana, nivelada e fixada de modo seguro e resistente;

• Código: 312.924-1. Infração: 2. Tipo: S.

b) possuir superfície antiderrapante;

• Código: 312.924-1. Infração: 2. Tipo: S.

c) possuir meios de drenagem, se necessário;

• Código: 312.924-1. Infração: 2. Tipo: S.

d) ser contínua, exceto para tratores denominados "acavalados", em que poderá ser de dois níveis; e

• Código: 312.924-1. Infração: 2. Tipo: S.

e) não possuir rodapé no vão de entrada da plataforma.

• Código: 312.924-1. Infração: 2. Tipo: S.

15.24.1. Os meios de acesso móveis ou retráteis das plataformas e cabines, para fins de transporte, devem possuir sistema para limitação do vão de acesso.

• Código: 312.924-1. Infração: 2. Tipo: S.

15.25. O bocal de abastecimento do tanque de combustível e de outros materiais deve ser localizado, no máximo, a 1,5m (um metro e cinquenta centímetros) acima do ponto de apoio do operador.

• Código: 312.925-0. Infração: 2. Tipo: S.

15.25.1. Caso não seja possível atender ao disposto no subitem 15.25 para as operações de abastecimento de combustível e de outros materiais, nas máquinas autopropelidas deve ser instalado degrau de acesso com manípulos que garantam três pontos de contato durante toda a tarefa.

• Código: 312.925-0. Infração: 2. Tipo: S.

15.25.2. Caso não seja possível atender ao disposto no subitem 15.25 para as operações de abastecimento de combustível das máquinas autopropelidas que possuam o tanque localizado na parte traseira ou lateral, poderá ser utilizada plataforma ou escada externa que servirá de apoio para execução segura da tarefa.

• Código: 312.925-0. Infração: 2. Tipo: S.

16. As máquinas autopropelidas e implementos devem adotar a sinalização de segurança conforme normas técnicas vigentes.

17. As máquinas autopropelidas e seus implementos devem possuir em local visível as informações indeléveis, contendo no mínimo:

a) razão social, CNPJ e endereço do fabricante ou importador;

• Código: 312.926-8. Infração: 2. Tipo: S.

b) informação sobre modelo, potência do motor para os tratores e capacidade quando aplicável ao tipo de equipamento (p.ex: equipamento de transporte ou elevação de carga);

• Código: 312.926-8. Infração: 2. Tipo: S.

c) número de série e ano de fabricação quando não constante no número de série.

• Código: 312.926-8. Infração: 2. Tipo: S.

Figura 1: Cobertura de proteção da TDP para tratores agrícolas

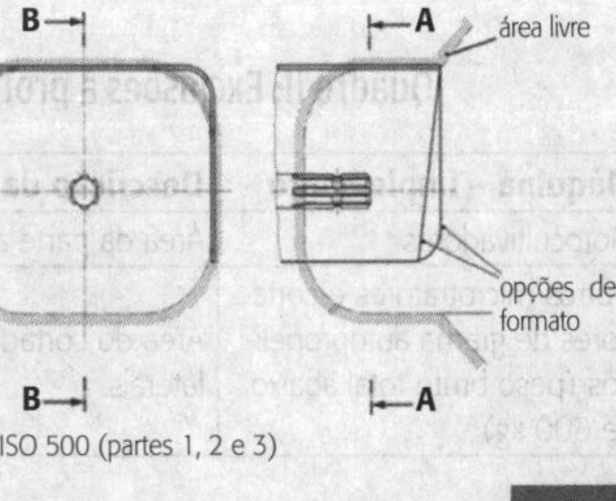

ABNT ISO 500 (partes 1, 2 e 3)

Figura 2: Dimensões em milímetros dos meios de acesso de máquina autopropelida.

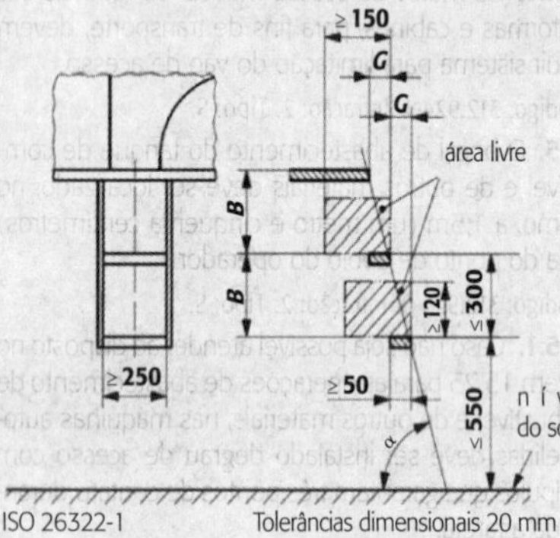

Legenda:
B: distância vertical entre degraus sucessivos
G: distância horizontal entre degraus sucessivos
α: ângulo de inclinação em relação à horizontal.

Quadro I: Máquinas excluídas

Tipo de máquina	Item 9 Estrutura de proteção na capotagem EPC	Item 9 Cinto de segurança	Subitem 6.8 Proteção contra projeção do material em processamento	Item 8 Sinal sonoro de ré acoplados ao sistema de transmissão e espelho retrovisor	Item 8. Faróis, buzina e lanternas traseiras de posição
Motocultivadores	X	X	X	X	X
Outros microtratores e cortadores de grama autopropelidos (peso bruto total abaixo de 600 kg)	X	X	X	X	X
Pulverizadores autopropelidos	X				
Adubadoras autopropelidas e tracionadas	X		X		
Colhedoras de grãos, cereais, forragem, café, cana-de-açúcar, algodão, laranja entre outras.	X		X		
Escavadeiras Hidráulicas	X				
Plantadeiras tracionadas	X	X	X	X	X
Plataforma porta-implementos (acoplável ao motocultivador)	X	X	X	X	X

Quadro II: Exclusões à proteção em partes móveis (subitens 6.1.1 e 6.6)

Máquina – implemento	Descrição da Exclusão
Motocultivadores	Área da parte ativa do implemento acoplado de acordo com aplicação.
Outros microtratores e cortadores de grama autopropelidos (peso bruto total abaixo de 600 kg)	Área do cortador de grama, embaixo da máquina, protegido por proteções laterais.

Máquina – implemento	Descrição da Exclusão
Adubadoras tracionadas e autopropelidas	Área distribuidora – área do distribuidor (disco ou tubo); Área de transporte e esteira helicoidal.
Colhedoras de grãos ou cereais	Área de corte e alimentação ou de captação (plataforma de corte/recolhimento); Área de expulsão e projeção de resíduos (espalhador de palha); Área de descarregamento (tubo descarregador de grãos).
Colhedoras de cana-de--açúcar	Área de corte ou recolhimento da cana-de-açúcar a ser processada (unidades de corte e recolhimento); Área de projeção/descarregamento do material (picador e transportador de material).
Colhedoras de algodão	Área de recolhimento da fibra do algodão; Área de descarregamento do fardo de algodão.
Colhedoras de café	Área de conjunto das hastes vibratórias, lâminas retráteis, transportadores e descarregamento.
Colhedoras de laranja	Área de conjunto das hastes vibratórias, lâminas retráteis, transportadores e descarregamento.
Escavadeiras hidráulicas, feller bunchers e harvesters	Área de corte, desgalhamento, processamento ou carregamento de toras.
Forrageiras tracionadas e autopropelidas	Área de corte ou recolhimento da planta a ser processada (plataforma de corte ou recolhimento); Área de descarregamento/projeção do material triturado.
Plantadeiras tracionadas	Linhas de corte da palha e seus componentes; Linhas de plantio e seus componentes; Área de distribuição de sementes e adubos; Transmissões acionadas somente quando a máquina estiver em movimento de deslocamento, exceto quanto às faces laterais.

Anexo XII da NR-12

Equipamentos de Guindar para Elevação de Pessoas e Realização de Trabalho em Altura

Cesta aérea: Equipamento veicular destinado à elevação de pessoas para execução de trabalho em altura, dotado de braço móvel, articulado, telescópico ou misto, com caçamba ou plataforma, com ou sem isolamento elétrico, podendo, desde que projetado para este fim, também elevar material por meio de guincho e de lança complementar (JIB), respeitadas as especificações do fabricante.

Cesto acoplado: Caçamba ou plataforma acoplada a um guindaste veicular para elevação de pessoas e execução de trabalho em altura, com ou sem isolamento elétrico, podendo também elevar material de apoio indispensável para realização do serviço.

Cesto suspenso: Conjunto formado pelo sistema de suspensão e a caçamba ou plataforma suspensa por equipamento de guindar que atenda aos requisitos de segurança deste Anexo, para utilização em trabalhos em altura.

1. Para fins deste Anexo, consideram-se as seguintes definições:

Altura nominal de trabalho (para cestas aéreas e cestos acoplados): Distância medida na elevação máxima desde o fundo da caçamba até o solo, acrescida de 1,5 m.

Berço: Suporte de apoio da lança do guindaste na sua posição recolhida.

Caçamba ou plataforma (*vide* figura 1): Componente destinado à acomodação e movimentação de pessoas à posição de trabalho.

Carga nominal (carga bruta): Capacidade estabelecida pelo fabricante ou por Profissional Legalmente Habilitado para determinada configuração do equipamento de guindar e caçamba ou plataforma.

Capacidade nominal da caçamba ou plataforma: A capacidade máxima da caçamba, estabelecida pelo fabricante, em termos de peso e número de ocupantes previsto.

Chassi (*vide* figura 1): É a estrutura de todo o conjunto onde se monta o mecanismo de giro, coluna, braços e lanças, bem como o sistema de estabilizadores.

Classificação de capacidade de carga (tabela de carga): Conjunto de cargas nominais para as configurações estipuladas de equipamentos de guindar e condições operacionais.

Comando: Sistema responsável pela execução de uma função.

Controle: Atuador de interface entre o operador e o comando.

Cuba isolante ou Liner: Componente projetado para ser acomodado dentro da caçamba, plataforma ou suporte similar, capaz de modificar as propriedades elétricas da caçamba/plataforma. Pode ser de duas naturezas:

Liner/Cuba Isolante: Acessório da caçamba destinado a garantir a sua isolação elétrica em Cestas Aéreas Isoladas, aplicáveis de acordo com a classe de isolação e método de trabalho.

Liner/Cuba condutiva: Acessório da caçamba destinado à equalização de potencial entre a rede, as partes metálicas e o eletricista, para trabalhos pelo método ao potencial.

Ensaios Não Destrutivos: Exame das Cestas Aéreas ou de seus componentes sem alteração das suas características originais. Portanto, eles (Cesta Aérea e componentes), após serem submetidos a esses ensaios, devem funcionar como antes. Incluem, mas não se limitam a: Inspeção Visual, ensaios de Emissão Acústica, Partícula Magnética/Líquido Penetrante, Ultrassom e Dielétrico.

Dispositivo de tração na subida e descida do moitão: Sistema ou dispositivo que controle o içamento ou descida motorizada da caçamba ou plataforma, impedindo a queda livre.

Eslinga, linga ou lingada: Dispositivo composto de cabos e acessórios destinados a promover a interligação entre o equipamento de guindar e a caçamba ou plataforma.

Estabilizadores (*vide* figura 1): Dispositivos e sistemas utilizados para estabilizar a cesta aérea, cesto acoplado ou equipamento de guindar.

Estabilizar/estabilidade: Condição segura de trabalho prevista pelo fabricante para evitar o tombamento.

Freio: Dispositivo utilizado para retardar ou parar o movimento.

Freio automático: Dispositivo que retarda ou para o movimento, sem atuação do operador, quando os parâmetros operacionais específicos do equipamento são atingidos.

Giro (*vide* figura 1): Movimento rotativo da coluna ou torre, da lança ou braço móvel em torno do eixo vertical.

Grau de isolamento: Cestas áreas isoladas são classificadas de acordo com sua classe de isolamento elétrico, definidas em 3 categorias conforme norma ABNT NBR 16092:2012.

Guindaste Veicular: Equipamento hidráulico veicular dotado de braço móvel articulado, telescópico ou misto destinado a elevar cargas.

JIB: Lança auxiliar acoplada à extremidade da lança principal com objetivo de içar ou sustentar cargas adicionais.

Lança ou braço móvel (*vide* figura 1): Componente articulado, extensível ou misto, que sustenta e movimenta a caçamba ou plataforma.

Manilha: Acessório para movimentação ou fixação de carga, formado por duas partes facilmente desmontáveis, consistindo em corpo e pino.

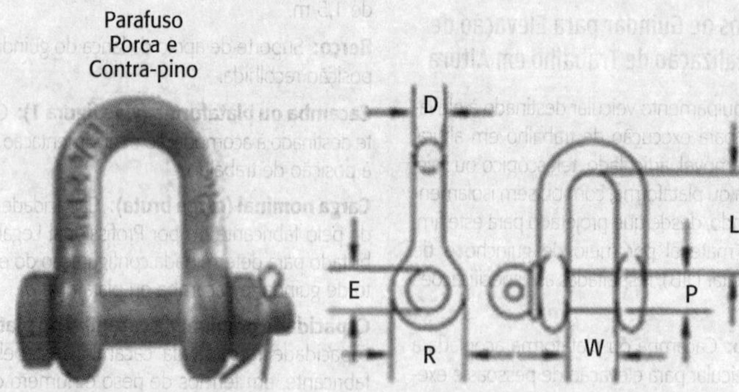

Plano de movimentação de carga (Plano de *Rigging*): Consiste no planejamento formalizado de uma movimentação com guindaste móvel ou fixo, visando à otimização dos recursos aplicados na operação (equipamentos, acessórios e outros) para se evitar acidentes e perdas de tempo. Ele indica, por meio do estudo da carga a ser içada, das máquinas disponíveis, dos acessórios, condições do solo e ação do vento, quais as melhores soluções para fazer um içamento seguro e eficiente.

Ponto(s) de fixação(ões): Lugar na caçamba ou plataforma para conexão ao sistema de suspensão.

Posição de acesso: Posição que permite o acesso à plataforma ou caçamba. Posição de acesso e posição de transporte podem ser idênticas.

Posição de transporte: A posição de transporte da plataforma ou caçamba é a posição recomendada pelo fabricante na qual a cesta aérea ou o cesto acoplado é transportado/deslocado ao local de utilização em vias públicas ou no interior dos canteiros de obras.

Posição de transporte para cesto acoplado: É considerada posição de transporte aquela definida pelo fabricante, quando as lanças do guindaste estiverem posicionadas no berço ou sobre a carroceria do caminhão, desde que não ultrapassadas as dimensões de transporte (largura e altura) em conformidade com a legislação vigente.

Profissional de movimentação de carga (*Rigger*): responsável pelo planejamento e elaboração do plano de movimentação de cargas, conforme previsto no subitem 12.16.3 desta NR.

Sapatilha: Elemento utilizado na proteção para olhal de cabo de aço.

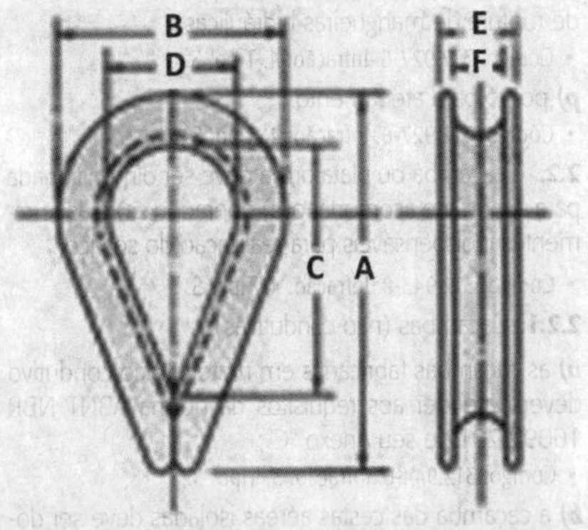

Sistema de suspensão: Cabo ou eslingas e outros componentes, incluindo dispositivos de fixação, utilizado para ligar o equipamento de guindar à caçamba ou plataforma.

Sistema de suspensão dedicado: É aquele que só pode ser utilizado para a operação em conjunto com a caçamba. Quando atendidos os requisitos de segurança previstos neste Anexo, pode ser dotado de cesto acoplado ou cesto suspenso.

Sistema limitador de momento: Sistema de segurança que atua quando alcançado o limite do momento de carga, impedindo os movimentos que aumentem o momento de carga.

Superlaço: Olhal feito abrindo-se a ponta do cabo em duas metades. Uma metade é curvada para formar um olhal, e em seguida a outra metade é entrelaçada no espaço vazio da primeira.

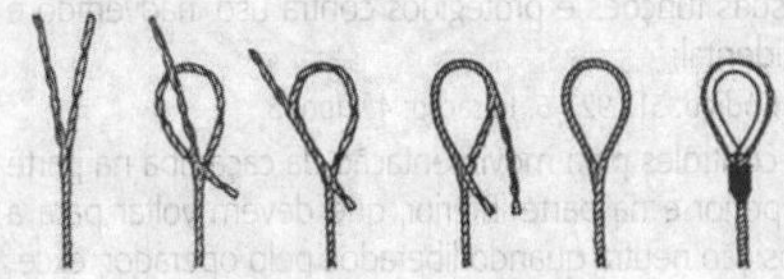

Trabalho pelo método ao potencial: Metodologia de trabalho em redes elétricas com tensões superiores a 60kV, onde, através de vestimentas e outros meios específicos, o trabalhador é equalizado no mesmo potencial da rede elétrica (mesmo nível de tensão), possibilitando o trabalho em contato direto com o condutor.

Válvula de Retenção: Válvula de segurança que evita movimentos involuntários e indesejáveis de um equipamento hidráulico no caso de rompimento de mangueira e/ou perda de pressão hidráulica.

Válvula de Contrabalanço: Válvula de segurança com função de eliminar oscilações (pulsos) gerados pela ação dinâmica do impulso de saída e do impulso de frenagem, quando dos movimentos de subida e descida do braço móvel de um equipamento hidráulico, tornando sua movimentação mais suave e segura para o operador.

Válvula *Holding*: Válvula de segurança com funções de contrabalanço e retenção combinadas, possuindo ainda recurso que permite sua operação manual para recolher o braço móvel de um equipamento hidráulico no caso de rompimento de mangueira e/ou perda de pressão hidráulica.

Figura 1: Exemplo de arranjo com cesto acoplado

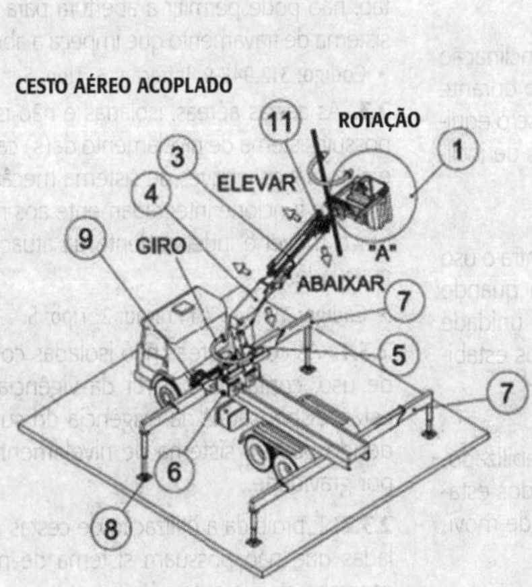

ITEM	DESCRIÇÃO
1	CJ. CESTO AÉREO ACOPLADO
2	CAÇAMBA
3	BRAÇO POSTERIOR
4	BRAÇO ANTERIOR
5	COLUNA GIRATÓRIA
6	BASE
7	ESTABILIZADORES
8	PÉS DE APOIO
9	COMANDO INFERIOR
10	COMANDO SUPERIOR
11	LANÇAS HID. EXTENSÍVEIS

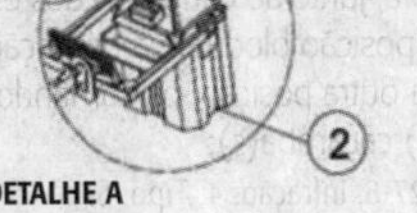

DETALHE A

2. CESTAS AÉREAS

2.1. As cestas aéreas devem dispor de:

a) ancoragem para cinto de segurança tipo paraquedista, conforme projeto e sinalização do fabricante;

- Código: 312.927-6. Infração: 4. Tipo: S.

b) todos os controles claramente identificados quanto a suas funções e protegidos contra uso inadvertido e acidental;

- Código: 312.927-6. Infração: 4. Tipo: S.

c) controles para movimentação da caçamba na parte superior e na parte inferior, que devem voltar para a posição neutra quando liberados pelo operador, exceto o controle das ferramentas hidráulicas;

- Código: 312.927-6. Infração: 4. Tipo: S.

d) controles inferior e superior para a operação do guincho e válvula de pressão para limitar a carga nas cestas aéreas equipadas com guincho e "JIB" para levantamento de material, caso possua este acessório;

- Código: 312.927-6. Infração: 4. Tipo: S.

e) dispositivo de travamento de segurança de modo a impedir a atuação inadvertida dos controles superiores;

- Código: 312.927-6. Infração: 4. Tipo: S.

f) controles superiores na caçamba ou ao seu lado e prontamente acessíveis ao operador;

- Código: 312.927-6. Infração: 4. Tipo: S.

g) controles inferiores prontamente acessíveis e dotados de um meio de prevalecer sobre o controle superior de movimentação da caçamba;

- Código: 312.927-6. Infração: 4. Tipo: S.

h) dispositivo de parada de emergência nos comandos superior e inferior devendo manter-se funcionais em ambos casos;

- Código: 312.927-6. Infração: 4. Tipo: S.

i) válvulas de retenção nos cilindros hidráulicos das sapatas estabilizadoras e válvulas de retenção e contrabalanço ou holding nos cilindros hidráulicos do braço móvel a fim de evitar movimentos indesejáveis em caso de perda de pressão no sistema hidráulico;

- Código: 312.927-6. Infração: 4. Tipo: S.

j) sistema estabilizador, com indicador de inclinação instalado, em local que permita a visualização durante a operação dos estabilizadores, para mostrar se o equipamento está posicionado dentro dos limites de inclinação lateral permitidos pelo fabricante;

- Código: 312.927-6. Infração: 4. Tipo: S.

k) controles dos estabilizadores protegidos contra o uso inadvertido, que retornem à posição neutra quando soltos pelo operador, localizados na base da unidade móvel, de modo que o operador possa ver os estabilizadores se movimentando;

- Código: 312.927-6. Infração: 4. Tipo: S.

l) válvula seletora, junto ao comando dos estabilizadores, que numa posição bloqueie a operação dos estabilizadores e na outra posição, os comandos de movimentação da(s) caçamba(s);

- Código: 312.927-6. Infração: 4. Tipo: S.

m) sistema que impeça a operação das sapatas estabilizadoras sem o prévio recolhimento do braço móvel para uma posição segura de transporte;

- Código: 312.927-6. Infração: 4. Tipo: S.

n) sistema de operação de emergência que permita a movimentação dos braços e rotação da torre em caso de pane, exceto no caso previsto na alínea "o";

- Código: 312.927-6. Infração: 4. Tipo: S.

o) recurso para operação de emergência que permita a movimentação dos braços e rotação da torre em caso de ruptura de mangueiras hidráulicas;

- Código: 312.927-6. Infração: 4. Tipo: S.

p) ponto para aterramento.

- Código: 312.927-6. Infração: 4. Tipo: S.

2.2. A caçamba ou plataforma deve ser dimensionada para suportar e acomodar o(s) operador(es) e as ferramentas indispensáveis para realização do serviço.

- Código: 312.943-8. Infração: 4. Tipo: S.

2.2.1. Caçambas (não condutivas):

a) as caçambas fabricadas em material não condutivo devem atender aos requisitos da norma ABNT NBR 16092:2012 e seu Anexo "C";

- Código: 312.944-6. Infração: 3. Tipo: S.

b) a caçamba das cestas aéreas isoladas deve ser dotada de cuba isolante (liner), exceto para trabalho pelo método ao potencial;

- Código: 312.945-4. Infração: 3. Tipo: S.

c) não deve haver aberturas nem passagens nas caçambas de cestas aéreas isoladas, exceto para trabalho pelo método ao potencial.

- Código: 312.946-2. Infração: 3. Tipo: S.

2.2.2. Plataformas metálicas (condutivas):

a) devem possuir sistema de proteção contra quedas com no mínimo 990 mm de altura e demais requisitos dos itens 7, alíneas "a", "b", "d" e "e", 8, 8.1 e 10 do Anexo III desta NR;

- Código: 312.947-0. Infração: 4. Tipo: S.

b) quando o acesso da plataforma for por meio de portão, não pode permitir a abertura para fora e deve ter sistema de travamento que impeça a abertura acidental.

- Código: 312.948-9. Infração: 3. Tipo: S.

2.3. As cestas aéreas, isoladas e não isoladas, devem possuir sistema de nivelamento da(s) caçamba(s) ativo e automático, através de sistema mecânico ou hidráulico que funcione integradamente aos movimentos do braço móvel e independente da atuação da força de gravidade.

- Código: 312.949-7. Infração: 2. Tipo: S.

2.3.1. As cestas áreas não isoladas com até 10 anos de uso, contados a partir da vigência deste Anexo, estão dispensadas da exigência do subitem 2.3, podendo possuir sistema de nivelamento da caçamba por gravidade.

2.3.2. É proibida a utilização de cestas aéreas não isoladas que não possuam sistema de nivelamento da caçamba ativo e automático.

•• Sobre vigência deste item, *vide* art. 3º da Portaria n. 916, de 30-7-2019.

2.4. Para serviços em linhas, redes e instalações energizadas com tensões superiores a 1.000V, deve-se utilizar cesta aérea isolada, que possua o grau de isolamento, categorias A, B ou C, conforme norma ABNT NBR 16092:2012, e devem ser adotadas outras medidas de proteção coletivas para a prevenção do risco de choque elétrico, nos termos da NR-10.

• Código: 312.950-0. Infração: 4. Tipo: S.

2.5. Para serviços em linhas, redes e instalações energizadas com tensões iguais ou inferiores a 1.000V, a caçamba deve possuir isolação própria e ser equipada com cuba isolante (liner), garantindo assim o grau de isolamento adequado, e devem ser adotadas outras medidas de proteção coletivas para a prevenção do risco de choque elétrico, nos termos da NR-10.

• Código: 312.951-9. Infração: 4. Tipo: S.

2.6. Para serviços em proximidade de linhas, redes e instalações energizadas ou com possibilidade de energização acidental, em que o trabalhador possa entrar na zona controlada com uma parte do seu corpo ou com extensões condutoras, o equipamento também deve possuir o grau de isolamento adequado, observando-se que:

a) caso o trabalho seja realizado próximo a tensões superiores a 1.000 V, a cesta aérea deve ser isolada, conforme previsto no subitem 2.4 deste Anexo;

• Código: 312.952-7. Infração: 4. Tipo: S.

b) caso o trabalho seja próximo a tensões igual ou inferiores a 1.000 V, a caçamba deve garantir o isolamento, conforme previsto no subitem 2.5 deste Anexo;

• Código: 312.953-5. Infração: 4. Tipo: S.

c) devem ser adotadas outras medidas de proteção coletivas para a prevenção do risco de choque elétrico, nos termos da NR-10.

• Código: 312.954-3. Infração: 4. Tipo: S.

2.7. Em cestas aéreas com duas caçambas, os controles superiores devem estar posicionados ao alcance dos operadores, sem que haja a necessidade de desengatar seu cinto de segurança.

• Código: 312.955-1. Infração: 3. Tipo: S.

2.8. Os controles inferiores da cesta aérea não devem ser operados com trabalhadores na caçamba, exceto em situações de emergência.

• Código: 312.956-0. Infração: 3. Tipo: S.

2.9. É proibida a movimentação de carga nas cestas aéreas, exceto as ferramentas, equipamentos e materiais para a execução da tarefa acondicionados de forma segura.

• Código: 312.957-8. Infração: 4. Tipo: S.

2.10. As ferramentas, equipamentos e materiais a serem transportados não devem ter dimensões que possam trazer riscos ou desconforto aos trabalhadores.

• Código: 312.958-6. Infração: 2. Tipo: S.

2.11. O peso total dos trabalhadores, ferramentas, equipamentos e materiais não pode exceder, em nenhum momento, a capacidade de carga nominal da caçamba.

• Código: 312.959-4. Infração: 4. Tipo: S.

2.12. As cestas aéreas devem ter placa de identificação, localizada na parte inferior do equipamento, na qual constem, no mínimo, as seguintes informações:

a) marca;

• Código: 312.960-8. Infração: 3. Tipo: S.

b) modelo;

• Código: 312.960-8. Infração: 3. Tipo: S.

c) isolado ou não isolado;

• Código: 312.960-8. Infração: 3. Tipo: S.

d) teste de qualificação e data do ensaio, se aplicável;

• Código: 312.960-8. Infração: 3. Tipo: S.

e) número de série;

• Código: 312.960-8. Infração: 3. Tipo: S.

f) data de fabricação (mês e ano);

• Código: 312.960-8. Infração: 3. Tipo: S.

g) capacidade nominal de carga;

• Código: 312.960-8. Infração: 3. Tipo: S.

h) altura nominal de trabalho;

• Código: 312.960-8. Infração: 3. Tipo: S.

i) pressão do sistema hidráulico;

• Código: 312.960-8. Infração: 3. Tipo: S.

j) número de caçambas;

• Código: 312.960-8. Infração: 3. Tipo: S.

k) categoria de isolamento da cesta aérea, se aplicável;

• Código: 312.960-8. Infração: 3. Tipo: S.

l) razão Social e CNPJ do fabricante ou importador;

• Código: 312.960-8. Infração: 3. Tipo: S.

m) empresa instaladora;

• Código: 312.960-8. Infração: 3. Tipo: S.

n) existência de acessórios para manuseio de materiais (guincho e JIB);

• Código: 312.960-8. Infração: 3. Tipo: S.

o) indicação de que o equipamento atende a norma ABNT NBR 16092:2012.

• Código: 312.960-8. Infração: 3. Tipo: S.

2.13. As cestas aéreas devem ser dotadas de sinalização de segurança, atendidos os requisitos desta NR, devendo contemplar também:

a) riscos envolvidos na operação do equipamento;

• Código: 312.961-6. Infração: 2. Tipo: S.

b) capacidade de carga da caçamba e dos equipamentos para movimentação de materiais (guincho e JIB);

• Código: 312.961-6. Infração: 2. Tipo: S.

c) informações relativas ao uso e à capacidade de carga da cesta aérea para múltiplas configurações.

• Código: 312.961-6. Infração: 2. Tipo: S.

2.14. Os controles das cestas aéreas devem estar identificados com símbolos e/ou inscrições com a descrição de suas funções.

• Código: 312.962-4. Infração: 2. Tipo: S.

2.15. As cestas aéreas devem ser submetidas a inspeções e ensaios previstos na norma ABNT NBR 16092:2012.

• Código: 312.963-2. Infração: 3. Tipo: S.

2.16. Nos casos de transferência de propriedade, é responsabilidade do comprador informar ao fabricante da cesta aérea, em um prazo de 30 (trinta) dias a partir do recebimento do equipamento, seu modelo e número de série, bem como o número do CNPJ e o endereço do novo proprietário.

• Código: 312.964-0. Infração: 2. Tipo: S.

2.17. O vendedor deve providenciar e entregar o manual da cesta aérea para o comprador.

• Código: 312.965-9. Infração: 2. Tipo: S.

3. CESTOS ACOPLADOS

3.1. Os cestos acoplados devem dispor de:

a) ancoragem para cinto de segurança tipo paraquedista, conforme projeto e sinalização do fabricante;

• Código: 312.966-7. Infração: 4. Tipo: S.

b) todos os controles claramente identificados quanto a suas funções e protegidos contra uso inadvertido e acidental;

• Código: 312.966-7. Infração: 4. Tipo: S.

c) controles para movimentação da caçamba na parte superior e na parte inferior, que voltem para a posição neutra quando liberados pelo operador;

• Código: 312.966-7. Infração: 4. Tipo: S.

• Código: 312.968-3. Infração: 4. Tipo: S.

d) dispositivo ou sistema de segurança que impeça a atuação inadvertida dos controles superiores;

• Código: 312.966-7. Infração: 4. Tipo: S.

e) controles superiores na caçamba ou ao seu lado e prontamente acessíveis ao operador;

• Código: 312.966-7. Infração: 4. Tipo: S.

• Código: 312.970-5. Infração: 3. Tipo: S.

f) controles inferiores prontamente acessíveis e dotados de um meio de prevalecer sobre o controle superior de movimentação da caçamba;

• Código: 312.966-7. Infração: 4. Tipo: S.

g) dispositivo de parada de emergência nos comandos superior e inferior, devendo manter-se funcionais em ambos os casos;

• Código: 312.966-7. Infração: 4. Tipo: S.

• Código: 312.972-1. Infração: 4. Tipo: S.

h) válvulas de retenção nos cilindros hidráulicos das sapatas estabilizadoras, e válvulas de retenção e contrabalanço ou holding nos cilindros hidráulicos do braço móvel, a fim de evitar movimentos indesejáveis em caso de perda de pressão no sistema hidráulico;

• Código: 312.966-7. Infração: 4. Tipo: S.

• Código: 312.973-0. Infração: 4. Tipo: S.

i) controles dos estabilizadores protegidos contra o uso inadvertido, que retornem à posição neutra quando soltos pelo operador, localizados na base do guindaste, de modo que o operador possa ver os estabilizadores movimentando;

• Código: 312.966-7. Infração: 4. Tipo: S.

j) válvula ou chave seletora, junto ao comando dos estabilizadores, que numa posição bloqueie a operação dos estabilizadores e na outra posição, os comandos de movimentação do equipamento de guindar;

• Código: 312.966-7. Infração: 4. Tipo: S.

k) sistema que impeça a operação das sapatas estabilizadoras sem o prévio recolhimento do braço móvel para uma posição segura de transporte;

• Código: 312.966-7. Infração: 4. Tipo: S.

l) sistema de operação de emergência que permita a movimentação dos braços e rotação da torre em caso de pane, exceto no caso previsto na alínea "m";

• Código: 312.966-7. Infração: 4. Tipo: S.

m) recurso para operação de emergência que permita a movimentação dos braços e rotação da torre em caso de ruptura de mangueiras hidráulicas;

• Código: 312.966-7. Infração: 4. Tipo: S.

n) sistema estabilizador, com indicador de inclinação instalado junto aos comandos dos estabilizadores, em ambos os lados, para mostrar se o equipamento está posicionado dentro dos limites de inclinação permitidos pelo fabricante;

• Código: 312.966-7. Infração: 4. Tipo: S.

• Código: 312.979-9. Infração: 4. Tipo: S.

o) sistema limitador de momento de carga que, quando alcançado o limite do momento de carga, emita um alerta visual e sonoro automaticamente e impeça o movimento de cargas acima da capacidade máxima do guindaste, bem como bloqueie as funções que aumentem o momento de carga.

• Código: 312.966-7. Infração: 4. Tipo: S.

p) ponto para aterramento no equipamento de guindar;

• Código: 312.966-7. Infração: 4. Tipo: S.

• Código: 312.981-0. Infração: 4. Tipo: S.

q) sistema mecânico e/ou hidráulico, ativo e automático, que promova o nivelamento do cesto, evite seu basculamento e assegure que o nível do cesto não oscile além de 5 graus em relação ao plano horizontal durante os movimentos do braço móvel ao qual o cesto está acoplado.

• Código: 312.966-7. Infração: 4. Tipo: S.

• Código: 312.982-9. Infração: 3. Tipo: S.

3.2. A caçamba ou plataforma deve ser dimensionada para suportar e acomodar o(s) operador(es) e as ferramentas indispensáveis para realização do serviço.

• Código: 312.983-7. Infração: 4. Tipo: S.

3.2.1. As caçambas fabricadas em material não condutivo devem atender às dimensões do Anexo "C" da norma ABNT NBR 16092:2012.

• Código: 312.984-5. Infração: 4. Tipo: S.

3.2.2. Plataformas metálicas (condutivas):

a) devem possuir sistema de proteção contra quedas com no mínimo 990 mm de altura e demais requisitos dos itens 7, alíneas "a", "b", "d" e "e", 8, 8.1 e 10 do Anexo III desta NR;

• Código: 312.985-3. Infração: 4. Tipo: S.

b) quando o acesso à plataforma for por meio de portão, não pode permitir a abertura para fora e deve ter sistema de travamento que impeça a abertura acidental;

• Código: 312.986-1. Infração: 4. Tipo: S.

c) possuir o piso com superfície antiderrapante e sistema de drenagem cujas aberturas não permitam a passagem de uma esfera com diâmetro de 15 mm;

• Código: 312.987-0. Infração: 3. Tipo: S.

d) possuir degrau, com superfície antiderrapante, para facilitar a entrada do operador quando a altura entre o nível de acesso à plataforma e o piso em que ele se encontra for superior a 0,55 m;

• Código: 312.988-8. Infração: 3. Tipo: S.

e) possuir borda com cantos arredondados.

• Código: 312.989-6. Infração: 2. Tipo: S.

3.3. Para serviços em linhas, redes e instalações energizadas com tensões superiores a 1.000V, a caçamba e o equipamento de guindar devem possuir isolamento, garantido o grau de isolamento, categorias A, B ou C, conforme norma ABNT NBR 16092:2012, e devem ser adotadas outras medidas de proteção coletivas para a prevenção do risco de choque elétrico, nos termos da NR-10.

• Código: 312.990-0. Infração: 4. Tipo: S.

3.4. Para serviços em linhas, redes e instalações energizadas com tensões iguais ou inferiores a 1.000V, a caçamba deve possuir isolação própria e ser equipada com cuba isolante (liner), garantindo assim o grau de isolamento adequado, e devem ser adotadas outras medidas de proteção coletivas para a prevenção do risco de choque elétrico, nos termos da NR-10.

• Código: 312.991-8. Infração: 4. Tipo: S.

3.5. Para serviços em proximidade de linhas, redes e instalações energizadas ou com possibilidade de energização acidental, em que o trabalhador possa entrar na zona controlada com uma parte do seu corpo ou com extensões condutoras, o equipamento também deve possuir o grau de isolamento adequado, observando-se que:

a) caso o trabalho seja realizado próximo a tensões superiores a 1.000 V, a caçamba e o equipamento de guindar devem ser isolados, conforme previsto no subitem 3.3 deste Anexo;

• Código: 312.992-6. Infração: 4. Tipo: S.

b) caso o trabalho seja próximo a tensões igual ou inferiores a 1.000 V, a caçamba deve garantir o isolamento, conforme previsto no subitem 3.4 deste Anexo.

• Código: 312.993-4. Infração: 4. Tipo: S.

c) devem ser adotadas outras medidas de proteção coletivas para a prevenção do risco de choque elétrico, nos termos da NR-10.

• Código: 312.994-2. Infração: 4. Tipo: S.

3.6. O posto de trabalho do equipamento de guindar, junto aos comandos inferiores, não deve permitir que o operador tenha contato com o solo na execução de serviços em proximidade de energia elétrica.

• Código: 312.995-0. Infração: 4. Tipo: S.

3.6.1. O posto de trabalho deve ser fixado na parte inferior do equipamento de guindar ou no chassi do veículo.

• Código: 312.996-9. Infração: 4. Tipo: S.

3.7. Os equipamentos de guindar que possuam mais de um conjunto de controle inferior devem possuir meios para evitar a operação involuntária dos controles, enquanto um dos controles estiver sendo operado.

• Código: 312.997-7. Infração: 4. Tipo: S.

3.8. Em cestos acoplados com duas caçambas, os controles superiores devem estar posicionados ao alcance dos operadores, sem que haja a necessidade de desengatar seu cinto de segurança.

• Código: 312.998-5. Infração: 3. Tipo: S.

3.9. Os controles inferiores do guindaste não devem ser operados com trabalhadores na caçamba, exceto em situações de emergência.

• Código: 312.999-3. Infração: 3. Tipo: S.

3.10. Quando o acesso da caçamba for por meio de portão, este não pode permitir a abertura para fora e deve ter sistema de travamento que impeça a abertura acidental.

• Código: 412.001-9. Infração: 3. Tipo: S.

3.11. O sistema de estabilização deve ser utilizado conforme orientações do fabricante para garantir a estabilidade do conjunto guindaste/cesto.

• Código: 412.002-7. Infração: 3. Tipo: S.

3.12. O conjunto guindaste/cesto acoplado deve ser ensaiado com carga de 1,5 vezes a capacidade nominal, a ser aplicada no centro da caçamba na sua posição de máximo momento de tombamento, registrado em relatório do ensaio.

• Código: 412.003-5. Infração: 4. Tipo: S.

3.13. Estabilizadores com extensão lateral devem ser projetados para evitar sua abertura involuntária e devem ter o seu curso máximo limitado por batentes mecânicos ou cilindros hidráulicos projetados para esta função.

• Código: 412.004-3. Infração: 3. Tipo: S.

3.14. As caçambas dos cestos acoplados devem ter placa de identificação na qual constem, no mínimo, as seguintes informações:

a) razão social e CNPJ do fabricante ou importador;

• Código: 412.005-1. Infração: 3. Tipo: S.

b) modelo;

• Código: 412.005-1. Infração: 3. Tipo: S.

c) data de fabricação;

• Código: 412.005-1. Infração: 3. Tipo: S.

d) capacidade nominal de carga;

• Código: 412.005-1. Infração: 3. Tipo: S.

e) número de ocupantes;

• Código: 412.005-1. Infração: 3. Tipo: S.

f) eventuais restrições de uso;

• Código: 412.005-1. Infração: 3. Tipo: S.

g) grau de isolação elétrica da caçamba, se aplicável.

• Código: 412.005-1. Infração: 3. Tipo: S.

3.15. As caçambas devem possuir sinalização, atendidos os requisitos desta NR, destacando a capacidade de carga nominal, o número de ocupantes e a tensão máxima de uso, quando aplicável.

• Código: 412.006-0. Infração: 2. Tipo: S.

3.16. Os equipamentos de guindar que receberem cestos acoplados para elevação de pessoas devem ser submetidos a ensaios e inspeções periódicas de forma a garantir seu bom funcionamento e sua integridade estrutural.

• Código: 412.007-8. Infração: 4. Tipo: S.

3.16.1. Devem ser realizados ensaios que comprovem a integridade estrutural, tais como ultrassom e/ou emissão acústica, conforme norma ABNT NBR 14768:2015.

• Código: 412.008-6. Infração: 4. Tipo: S.

3.17. É proibida a movimentação de cargas suspensas no gancho do equipamento de guindar simultaneamente à movimentação de pessoas dentro do cesto acoplado.

• Código: 412.009-4. Infração: 4. Tipo: S.

4. CESTOS SUSPENSOS

4.1. Desde que não haja possibilidade de contato ou proximidade com redes energizadas ou com possibilidade de energização, poderá ser utilizado cesto suspenso içado por equipamento de guindar, atendendo aos requisitos mínimos previstos neste Anexo, sem prejuízo do disposto nas demais NRs e normas técnicas oficiais vigentes pertinentes à atividade, nas seguintes situações:

a) nas atividades onde tecnicamente for inviável o uso de Plataforma de Trabalho Aéreo – PTA, Cesta Aérea ou Cesto Acoplado; ou

• Código: 412.010-8. Infração: 4. Tipo: S.

b) nas atividades em que o uso de Plataforma de Trabalho Aéreo – PTA, Cesta Aérea ou Cesto Acoplado ou outro processo de trabalho represente maior risco de acidentes para sua realização.

• Código: 412.010-8. Infração: 4. Tipo: S.

4.2. A utilização de cesto suspenso nas hipóteses previstas no subitem acima, deve ser comprovada por meio de laudo técnico e precedida por análise de risco realizada por Profissional Legalmente Habilitado com respectiva Anotação de Responsabilidade Técnica – ART.

• Código: 412.011-6. Infração: 2. Tipo: S.

4.3. É proibida a movimentação de pessoas simultaneamente com carga, exceto as ferramentas, equipamentos e materiais para a execução da tarefa acondicionados de forma segura.

• Código: 412.012-4. Infração: 4. Tipo: S.

4.4. As ferramentas, equipamentos e materiais a serem transportados não devem ter dimensões que possam trazer riscos ou desconforto aos trabalhadores.

• Código: 412.013-2. Infração: 2. Tipo: S.

4.5. O peso total dos trabalhadores, ferramentas, equipamentos e materiais não pode exceder, em nenhum momento, a capacidade de carga nominal da caçamba.

• Código: 412.014-0. Infração: 4. Tipo: S.

4.6. Para os cestos suspensos, o peso total da carga içada, incluindo o moitão, conjunto de cabos, caçamba, trabalhadores, ferramentas e material não deve exceder 50% da capacidade de carga nominal do equipamento de guindar.

• Código: 412.015-9. Infração: 4. Tipo: S.

4.7. A utilização de cesto suspenso deverá ser objeto de planejamento formal, contemplando as seguintes etapas:

a) realização de análise de risco;

• Código: 412.016-7. Infração: 3. Tipo: S.

b) especificação dos materiais e ferramentas necessárias;

• Código: 412.016-7. Infração: 3. Tipo: S.

c) elaboração de plano de movimentação de pessoas;

• Código: 412.016-7. Infração: 3. Tipo: S.

d) elaboração de procedimentos operacionais e de emergência;

• Código: 412.016-7. Infração: 3. Tipo: S.

e) emissão de permissão de trabalho para movimentação de pessoas.

• Código: 412.016-7. Infração: 3. Tipo: S.

4.8. A utilização do cesto suspenso deve estar sob a responsabilidade técnica de Profissional Legalmente Habilitado.

• Código: 412.017-5. Infração: 3. Tipo: S.

4.9. A supervisão da operação do cesto suspenso deve ser realizada por Engenheiro de Segurança do Trabalho ou Técnico de Segurança do Trabalho.

• Código: 412.018-3. Infração: 3. Tipo: S.

4.10. A operação contará com a presença física de profissional capacitado em movimentação de carga desde o planejamento até a conclusão.

• Código: 412.019-1. Infração: 3. Tipo: S.

4.11. A análise de risco da operação deve prever recurso para realização de operação de emergência com vistas à retirada do trabalhador da caçamba ou plataforma ou seu posicionamento em local seguro em caso de pane do sistema.

• Código: 412.020-5. Infração: 3. Tipo: S.

4.12. A análise de risco deve considerar possíveis interferências no entorno, em particular a operação de outros equipamentos de movimentação, devendo nesse caso ser impedida a movimentação simultânea ou adotado sistema anticolisão, quando utilizadas gruas.

• Código: 412.021-3. Infração: 3. Tipo: S.

4.13. Antes de içar os trabalhadores nos cestos suspensos, devem ser realizados testes operacionais de içamento com a caçamba a cada turno e após qualquer mudança de local de instalação, configuração dos equipamentos de içamento, ou do operador.

• Código: 412.022-1. Infração: 3. Tipo: S.

4.14. Os testes de içamento devem ser executados para avaliar a correta instalação e configuração dos equipamentos de içamento, o funcionamento dos sistemas de segurança, as capacidades de carga e a existência de qualquer interferência perigosa.

4.15. No içamento de teste, a caçamba deve ser carregada com a carga prevista para o içamento dos trabalhadores e deslocada até a posição em que ocorre o momento de carga máximo da operação planejada.

• Código: 412.023-0. Infração: 3. Tipo: S.

4.16. O cesto suspenso deve ser projetado por Profissional Legalmente Habilitado, contendo as especificações construtivas e a respectiva memória de cálculo, acompanhadas de ART.

• Código: 412.024-8. Infração: 3. Tipo: S.

4.17. Para efeitos de dimensionamento, devem ser considerados a carga nominal com os seguintes coeficientes de segurança:

a) cinco para os elementos estruturais da caçamba;

• Código: 412.025-6. Infração: 3. Tipo: S.

b) sete para o sistema de suspensão com um único ponto de sustentação;

• Código: 412.025-6. Infração: 3. Tipo: S.

c) cinco para os sistemas de suspensão com dois ou mais pontos de sustentação.

• Código: 412.025-6. Infração: 3. Tipo: S.

4.18. A caçamba deve dispor de:

a) capacidade mínima de 136 kg;

• Código: 412.026-4. Infração: 4. Tipo: S.

b) sistema de proteção contra quedas com no mínimo 990 mm de altura e demais requisitos dos itens dos itens 7, alíneas "a", "b", "d" e "e", 8, 8.1 e 10 do Anexo III desta NR;

• Código: 412.026-4. Infração: 4. Tipo: S.

c) piso com superfície antiderrapante e sistema de drenagem cujas aberturas não permitam a passagem de uma esfera com diâmetro de 15 mm;

• Código: 412.026-4. Infração: 4. Tipo: S.

d) no mínimo, conjunto estrutural, piso e sistema de proteção contra quedas confeccionados em material metálico;

• Código: 412.026-4. Infração: 4. Tipo: S.

e) ponto(s) de fixação para ancoragem de cinto de segurança tipo paraquedista em qualquer posição de trabalho, sinalizados e dimensionados em função do número máximo de ocupantes da caçamba e capazes de suportar cargas de impacto em caso de queda;

• Código: 412.026-4. Infração: 4. Tipo: S.

f) barra fixa no perímetro interno, na altura mínima de 990 mm, com projeção interna mínima de 50 mm a partir do limite do travessão superior do sistema de proteção contra quedas para o apoio e proteção das mãos e capaz de resistir aos esforços mencionados na alínea "g" deste subitem;

• Código: 412.026-4. Infração: 4. Tipo: S.

g) portão que não permita a abertura para fora e com sistema de travamento que impeça abertura acidental.

• Código: 412.026-4. Infração: 4. Tipo: S.

4.19. A caçamba deve ter afixada em seu interior placa de identificação indelével de fácil visualização, com no mínimo as seguintes informações:

a) identificação do fabricante;

• Código: 412.033-7. Infração: 3. Tipo: S.

b) data de fabricação;

• Código: 412.033-7. Infração: 3. Tipo: S.

c) capacidade de carga da caçamba em peso e número de ocupantes;

• Código: 412.033-7. Infração: 3. Tipo: S.

d) modelo e número de identificação de caçamba que permita a rastreabilidade do projeto;

• Código: 412.033-7. Infração: 3. Tipo: S.

e) peso do cesto suspenso vazio (caçamba e sistema de suspensão).

• Código: 412.033-7. Infração: 3. Tipo: S.

4.20. Sempre que o cesto suspenso sofrer alterações que impliquem em mudança das informações constantes da placa de identificação, esta deve ser atualizada.

• Código: 412.034-5. Infração: 2. Tipo: S.

4.21. O içamento do cesto suspenso somente pode ser feito por meio de cabo de aço, com fitilho de identificação ou sistema para identificação e rastreamento previsto pelo INMETRO – Regulamento de Avaliação da Conformidade para Cabos de Aço de Uso Geral, Portaria INMETRO/MDIC n. 176, de 16/06/2009.

• Código: 412.035-3. Infração: 4. Tipo: S.

4.22. É proibida a utilização de correntes, cabos de fibras naturais ou sintéticos no içamento e/ou sustentação do cesto suspenso.

• Código: 412.036-1. Infração: 4. Tipo: S.

4.23. O sistema de suspensão deve minimizar a inclinação devido ao movimento de pessoal na caçamba e não deve permitir inclinação de mais de dez graus fora do plano horizontal.

• Código: 412.037-0. Infração: 3. Tipo: S.

4.24. Os sistemas de suspensão devem ser dedicados, não podendo ser utilizados para outras finalidades, e satisfazer aos seguintes requisitos:

a) o sistema de suspensão de cabos com superlaços unidos mecanicamente deve ser projetado com sapatilha em todos os olhais, sendo proibida a utilização de grampos, soquetes tipo cunha, ou nós;

• Código: 412.038-8. Infração: 4. Tipo: S.

b) o sistema de suspensão de cabos com conexões finais de soquetes com furos deve ser concebido de acordo com as instruções do fabricante;

• Código: 412.038-8. Infração: 4. Tipo: S.

c) todos os sistemas de suspensão de eslinga devem utilizar uma ligação principal para a fixação ao gancho do moitão do equipamento de içamento ou à manilha com porca e contrapino;

• Código: 412.038-8. Infração: 4. Tipo: S.

d) as cargas devem ser distribuídas uniformemente entre os pontos de sustentação do sistema de suspensão;

• Código: 412.038-8. Infração: 4. Tipo: S.

e) o conjunto de cabos (superlaços) destinado a suspender a caçamba deve ter sua carga nominal identificada;

• Código: 412.038-8. Infração: 4. Tipo: S.

f) manilhas, se usadas no sistema de suspensão, devem ser do tipo com porca e contrapino;

• Código: 412.038-8. Infração: 4. Tipo: S.

g) deve haver um elemento reserva entre o gancho do moitão e as eslingas do sistema de suspensão, de for-

NR 12

ma a garantir a continuidade de sustentação do sistema em caso de rompimento do primeiro elemento;

- Código: 412.038-8. Infração: 4. Tipo: S.

h) os ganchos devem ser dotados de sistema distorcedor e trava de segurança;

- Código: 412.038-8. Infração: 4. Tipo: S.

i) os cabos e suas conexões devem atender aos requisitos da norma ABNT NBR 11900 – Extremidades de laços de cabos de aço.

- Código: 412.038-8. Infração: 4. Tipo: S.

4.25. Quando a análise de risco indicar a necessidade de estabilização da caçamba por auxiliar externo, esta deve ser feita por meio de elementos de material não condutor, vedado o uso de fibras naturais.

- Código: 412.039-6. Infração: 3. Tipo: S.

4.26. O equipamento de guindar utilizado para movimentar pessoas no cesto suspenso deve possuir, no mínimo:

a) anemômetro que emita alerta visual e sonoro para o operador do equipamento de guindar quando for detectada a incidência de vento com velocidade igual ou superior a 35 km/h;

- Código: 412.040-0. Infração: 4. Tipo: S.

b) indicadores do raio e do ângulo de operação da lança, com dispositivos automáticos de interrupção de movimentos (dispositivo limitador de momento de carga) que emitam um alerta visual e sonoro automaticamente e impeçam o movimento de cargas acima da capacidade máxima do guindaste;

- Código: 412.041-8. Infração: 4. Tipo: S.

c) indicadores de níveis longitudinal e transversal;

- Código: 412.042-6. Infração: 4. Tipo: S.

d) limitador de altura de subida do moitão que interrompa a ascensão do mesmo ao atingir a altura previamente ajustada;

- Código: 412.043-4. Infração: 4. Tipo: S.

e) dispositivo de tração de subida e descida do moitão que impeça a descida da caçamba ou plataforma em queda livre (banguela);

- Código: 412.044-2. Infração: 4. Tipo: S.

f) ganchos com identificação e travas de segurança;

- Código: 412.045-0. Infração: 4. Tipo: S.

g) aterramento elétrico;

- Código: 412.046-9. Infração: 4. Tipo: S.

h) válvulas hidráulicas em todos os cilindros hidráulicos a fim de evitar movimentos indesejáveis em caso de perda de pressão no sistema hidráulico, quando utilizado guindastes;

- Código: 412.047-7. Infração: 4. Tipo: S.

i) controles que devem voltar para a posição neutra quando liberados pelo operador;

- Código: 412.048-5. Infração: 4. Tipo: S.

j) dispositivo de parada de emergência;

- Código: 412.049-3. Infração: 4. Tipo: S.

k) dispositivo limitador de velocidade de deslocamento vertical do cesto suspenso de forma a garantir que se mantenha, no máximo, igual a trinta metros por minuto (30m/min).

- Código: 412.050-7. Infração: 4. Tipo: S.

4.27. Em caso de utilização de grua, esta deve possuir, no mínimo:

a) limitador de momento máximo, por meio de sistema de segurança monitorado por interface de segurança;

- Código: 412.051-5. Infração: 4. Tipo: S.

b) limitador de carga máxima para bloqueio do dispositivo de elevação, por meio de sistema de segurança monitorado por interface de segurança;

- Código: 412.052-3. Infração: 4. Tipo: S.

c) limitador de fim de curso para o carro da lança nas duas extremidades, por meio de sistema de segurança monitorado por interface de segurança;

- Código: 412.053-1. Infração: 4. Tipo: S.

d) limitador de altura que permita frenagem segura para o moitão, por meio de sistema de segurança monitorado por interface de segurança;

- Código: 412.054-0. Infração: 4. Tipo: S.

e) alarme sonoro para ser acionado pelo operador em situações de risco e alerta, bem como de acionamento automático, quando o limitador de carga ou momento estiver atuando;

- Código: 412.055-8. Infração: 4. Tipo: S.

f) placas indicativas de carga admissível ao longo da lança, conforme especificado pelo fabricante;

- Código: 412.056-6. Infração: 3. Tipo: S.

g) luz de obstáculo (lâmpada piloto);

- Código: 412.057-4. Infração: 4. Tipo: S.

h) trava de segurança no gancho do moitão;

- Código: 412.058-2. Infração: 4. Tipo: S.

i) cabos-guia para fixação do cabo de segurança para acesso à torre, lança e contralança;

- Código: 412.059-0. Infração: 4. Tipo: S.

j) limitador de giro, quando a grua não dispuser de coletor elétrico;

- Código: 412.060-4. Infração: 4. Tipo: S.

k) anemômetro que emita alerta visual e sonoro para o operador do equipamento de guindar quando for detectada a incidência de vento com velocidade igual ou superior a 35 km/h;

- Código: 412.061-2. Infração: 4. Tipo: S.

l) dispositivo instalado nas polias que impeça o escape acidental do cabo de aço;

- Código: 412.062-0. Infração: 4. Tipo: S.

m) limitador de curso de movimentação de gruas sobre trilhos, por meio de sistema de segurança monitorado por interface de segurança;

- Código: 412.063-9. Infração: 4. Tipo: S.

n) limitadores de curso para o movimento da lança – item obrigatório para gruas de lança móvel ou retrátil;

- Código: 412.064-7. Infração: 4. Tipo: S.

o) aterramento elétrico;

- Código: 412.065-5. Infração: 4. Tipo: S.

p) dispositivo de parada de emergência;

• Código: 412.066-3. Infração: 4. Tipo: S.

q) dispositivo limitador de velocidade de deslocamento vertical do cesto suspenso de forma a garantir que se mantenha, no máximo, igual a trinta metros por minuto (30m/min).

• Código: 412.067-1. Infração: 4. Tipo: S.

4.28. É obrigatório, imediatamente antes da movimentação, a realização de:

a) reunião de segurança sobre a operação com os envolvidos, contemplando as atividades que serão desenvolvidas, o processo de trabalho, os riscos e as medidas de proteção, conforme análise de risco, consignado num documento a ser arquivado contendo o nome legível e assinatura dos participantes;

• Código: 412.068-0. Infração: 3. Tipo: S.

b) inspeção visual do cesto suspenso;

• Código: 412.068-0. Infração: 3. Tipo: S.

c) checagem do funcionamento do rádio;

• Código: 412.068-0. Infração: 3. Tipo: S.

d) confirmação de que os sinais são conhecidos por todos os envolvidos na operação.

• Código: 412.068-0. Infração: 3. Tipo: S.

4.29. A reunião de segurança deve instruir toda a equipe de trabalho, dentre outros envolvidos na operação, no mínimo, sobre os seguintes perigos:

a) impacto com estruturas externas à plataforma;

• Código: 412.069-8. Infração: 2. Tipo: S.

b) movimento inesperado da plataforma;

• Código: 412.069-8. Infração: 2. Tipo: S.

c) queda de altura;

• Código: 412.069-8. Infração: 2. Tipo: S.

d) outros específicos associados com o içamento.

• Código: 412.069-8. Infração: 2. Tipo: S.

4.30. A equipe de trabalho é formada pelo(s) ocupante(s) do cesto, operador do equipamento de guindar, sinaleiro designado e supervisor da operação.

4.31. A caçamba, o sistema de suspensão e os pontos de fixação devem ser inspecionados, pelo menos, uma vez por dia, antes do uso, por um trabalhador capacitado para esta inspeção. A inspeção deve contemplar no mínimo os itens da Lista de Verificação n. 1 deste Anexo, os indicados pelo fabricante da caçamba e pelo Profissional Legalmente Habilitado responsável técnico pela utilização do cesto.

• Código: 412.070-1. Infração: 3. Tipo: S.

4.32. Quaisquer condições encontradas que constituam perigo devem ser corrigidas antes do içamento do pessoal.

• Código: 412.071-0. Infração: 4. Tipo: S.

4.33. As inspeções devem ser registradas em documentos específicos, podendo ser adotado meio eletrônico.

• Código: 412.072-8. Infração: 2. Tipo: S.

4.34. A equipe de trabalho deve portar rádio comunicador operando em faixa segura e exclusiva.

• Código: 412.073-6. Infração: 4. Tipo: S.

4.35. Os ocupantes do cesto devem portar um rádio comunicador para operação e um rádio adicional no cesto.

• Código: 412.074-4. Infração: 4. Tipo: S.

4.36. Deve haver comunicação permanente entre os ocupantes do cesto e o operador de guindaste.

• Código: 412.075-2. Infração: 3. Tipo: S.

4.37. Se houver interrupção da comunicação entre o operador do equipamento de guindar e o trabalhador ocupante do cesto, a movimentação do cesto deve ser interrompida até que a comunicação seja restabelecida.

• Código: 412.076-0. Infração: 4. Tipo: S.

4.38. Os sinais de mão devem seguir regras internacionais, podendo ser criados sinais adicionais desde que sejam conhecidos pela equipe e não entrem em conflito com os já estabelecidos pela regra internacional.

• Código: 412.077-9. Infração: 3. Tipo: S.

4.39. Placas ou cartazes contendo a representação dos sinais de mão devem ser afixados de modo visível dentro da caçamba e em quaisquer locais de controle e sinalização de movimento do cesto suspenso.

• Código: 412.078-7. Infração: 2. Tipo: S.

4.40. Dentre os ocupantes do cesto, pelo menos um trabalhador deve ser capacitado em código de sinalização de movimentação de carga.

• Código: 412.079-5. Infração: 2. Tipo: S.

4.41. É proibido o trabalho durante tempestades com descargas elétricas ou em condições climáticas adversas ou qualquer outra condição metrológica que possa afetar a segurança dos trabalhadores.

• Código: 412.080-9. Infração: 4. Tipo: S.

4.42. Na utilização do cesto suspenso, deve ser garantido distanciamento das redes energizadas.

• Código: 412.081-7. Infração: 4. Tipo: S.

5. Os sistemas de segurança previstos neste Anexo devem atingir a performance de segurança com a combinação de componentes de diferentes tecnologias (ex: mecânica, hidráulica, pneumática e eletrônica), e da seleção da categoria de cada componente levando em consideração a tecnologia usada.

6. Toda documentação prevista neste Anexo deve permanecer no estabelecimento à disposição dos Auditores Fiscais do Trabalho, dos representantes da Comissão Interna de Prevenção de Acidentes – CIPA e dos representantes das Entidades Sindicais representativas da categoria, sendo arquivada por um período mínimo de 5 (cinco) anos.

• Código: 412.082-5. Infração: 2. Tipo: S.

7. Para operações específicas de transbordo em plataformas marítimas, deve ser utilizada a cesta de transferência homologada pela Diretoria de Portos e Costas – DPC da Marinha do Brasil.

• Código: 412.083-3. Infração: 3. Tipo: S.

7.1. A equipe de trabalho deve ser capacitada com Curso Básico de Segurança de Plataforma (NORMAM 24) e portar colete salva-vidas.

• Código: 412.084-1. Infração: 3. Tipo: S.

7.2. Devem ser realizados procedimentos de adequação da embarcação, área livre de convés e condições ambientais.

- Código: 412.085-0. Infração: 3. Tipo: S.

7.3. O uso de Cesto Suspenso para o transbordo de pessoas entre cais e embarcação, deve atender, adicionalmente, aos seguintes requisitos:

a) deve ser emitida uma Permissão de Trabalho para a operação, cujo prazo de validade será, no máximo, aquele da jornada de trabalho do operador do equipamento de guindar;

- Código: 412.086-8. Infração: 3. Tipo: S.

b) deve ser registrado o nome de cada transbordado;

- Código: 412.086-8. Infração: 3. Tipo: S.

c) deve ser realizada, antes da entrada dos transbordados na caçamba, tanto a bordo da embarcação quanto no cais, uma instrução de segurança sobre as regras a serem observadas pelos mesmos durante o transbordo;

- Código: 412.086-8. Infração: 3. Tipo: S.

d) para atividades sobre a água, todas as pessoas transbordadas devem utilizar coletes salva-vidas homologados pela Diretoria de Portos e Costas da Marinha do Brasil.

- Código: 412.086-8. Infração: 3. Tipo: S.

8. Serviços de manutenção de instalações energizadas de linhas de transmissão e barramentos energizados para trabalhos ao potencial devem atender aos requisitos de segurança previstos na NR-10.

Lista de verificação n. 1

Formulário de Planejamento e Autorização de Içamento de Cesto Suspenso

1. Local: ______________________ Data: ___/___/___

2. Finalidade de içamento: ______________________

3. Fabricante dos Equipamentos de içamento: ______ Modelo: ______ n.: ______ N. de série: ______

4. Raio de operação: ______ (máximo): ______ (no local de obra)

5. (A) Capacidade nominal no raio de operação: ______
   (B) Carga máxima de ocupantes: ______ (50% de 5 (A))

6. Identificação do cesto: ______ Capacidade nominal da carga: ______ Capacidade máxima de ocupantes: ______

7. Peso do cesto: ______

8. (A) N. de ocupantes do cesto: ______ (B) Peso total (com equipamentos): ______

9. Peso total do içamento: ______ (7+8(B)) (não além de 5(B) acima)

10. Supervisor do içamento de pessoal: ______

11. Quais são as alternativas para este içamento de pessoal? ______

12. Por que elas não estão sendo usadas? ______

13. Instrução de pré-içamento feita: ______ (dia e hora)
Participantes: ______

14. Perigos antecipados (vento, condições climáticas, visibilidade, linhas de transmissão de alta tensão): ______

15. Data da realização do içamento: ___/___/___ Hora: ______

16. Observações: ______

___/___/___

______ ___/___/___

Assinatura e data do Autorizador de Içamento de Pessoal

NR 13

Caldeiras, Vasos de Pressão, Tubulações e Tanques Metálicos de Armazenamento [1]

SUMÁRIO:

13.1. Introdução

13.1.1. Esta Norma Regulamentadora - NR estabelece requisitos mínimos para gestão da integridade estrutural de caldeiras a vapor, vasos de pressão, suas tubulações de interligação e tanques metálicos de armazenamento nos aspectos relacionados à instalação, inspeção, operação e manutenção, visando à segurança e à saúde dos trabalhadores.

13.1.2. O empregador é o responsável pela adoção das medidas determinadas nesta NR.

13.2. Campo de Aplicação

13.2.1. Esta NR deve ser aplicada aos seguintes equipamentos:

a) todos os equipamentos enquadrados como caldeiras conforme subitens 13.4.1.1 e 13.4.1.2;

b) vasos de pressão cujo produto P.V seja superior a 8 (oito), onde P é a pressão máxima de operação em kPa, em módulo, e V o seu volume interno em m³;

c) vasos de pressão que contenham fluido da classe A, especificados na alínea "a" do subitem 13.5.1.2, independente das dimensões e do produto P.V;

d) recipientes móveis com P.V superior a 8 (oito) ou com fluido da classe A, especificado na alínea "a" do subitem 13.5.1.2;

e) tubulações ou sistemas de tubulação ligados a caldeiras ou vasos de pressão, categorizados, conforme subitens 13.4.1.2 e 13.5.1.2, que contenham fluidos de classe A ou B, conforme a alínea "a" do subitem 13.5.1.2 desta NR;

f) tanques metálicos de superfície para armazenamento e estocagem de produtos finais ou de matérias-primas, não enterrados e com fundo apoiado sobre o solo, com diâmetro externo maior do que 3 m (três metros), capacidade nominal maior do que 20.000 L (vinte mil litros), e que contenham fluidos de classe A ou B, conforme a alínea "a" do subitem 13.5.1.2 desta NR.

13.2.2. Os equipamentos abaixo referenciados devem ser inspecionados sob a responsabilidade técnica de PH, considerando recomendações do fabricante, códigos e normas nacionais ou internacionais a eles relacionados, bem como submetidos a manutenção, ficando dispensados do cumprimento dos demais requisitos desta NR:

• Código: 213.314-8. Infração: 4. Tipo: S.

a) recipientes transportáveis, vasos de pressão destinados ao transporte de produtos, reservatórios portáteis de fluido comprimido e extintores de incêndio;

b) recipientes transportáveis de Gás Liquefeito de Petróleo – GLP – com volume interno menor do que 500 L (quinhentos litros) e certificados pelo INMETRO;

c) vasos de pressão destinados à ocupação humana;

d) vasos de pressão que façam parte de sistemas auxiliares de pacote de máquinas;

e) vasos de pressão sujeitos apenas à condição de vácuo inferior a 5 kPa (cinco quilopascais) em módulo, independente da classe do fluido contido;

f) dutos e seus componentes;

g) fornos e serpentinas para troca térmica;

h) tanques e recipientes de superfície para armazenamento e estocagem de fluidos não enquadrados em normas e códigos de projeto relativos a vasos de pressão e que não estejam enquadrados na alínea "f" do subitem 13.2.1 desta NR;

i) vasos de pressão com diâmetro interno inferior a 150 mm (cento e cinquenta milímetros) para fluidos das classes B, C e D, conforme especificado na alínea "a" do subitem 13.5.1.2, e cujo produto P.V seja superior a 8 (oito), onde P é a pressão máxima de operação em kPa, em módulo, e V o seu volume interno em m³;

j) trocadores de calor de placas corrugadas gaxetadas;

k) geradores de vapor não enquadrados em códigos de vasos de pressão;

l) tubos de sistemas de instrumentação com diâmetro nominal ≤ 12,7mm (doze milímetros e sete décimos) e com fluidos das classes A ou B, conforme especificado na alínea "a" do subitem 13.5.1.2;

m) tubulações de redes públicas de distribuição de gás;

(1) NR aprovada pela Portaria n. 3.214, de 8-6-1978, e com redação determinada pela Portaria n. 1.082, de 18-12-2018, retificada em 24-12-2018 e 26-12-2018. *Vide* arts. 187 e 188 da CLT.

n) vasos de pressão fabricados em Plástico Reforçado de Fibra de Vidro – PRFV, contendo fluidos das classes A ou B, conforme especificado na alínea "a" do subitem 13.5.1.2, com volume interno maior do que 160 L (cento e sessenta litros) e pressão máxima de operação interna maior do que 50 kPa (cinquenta quilopascais);

o) vasos de pressão fabricados em PRFV, sujeitos à condição de vácuo, contendo fluidos das classes A ou B, conforme especificado na alínea "a" subitem 13.5.1.2, com volume interno maior do que 160 L (cento e sessenta litros) e vácuo maior do que 5 kPa (cinco quilopascais) e cujo produto P.V seja superior a 8 (oito), onde P é a pressão máxima de operação (vácuo) em kPa, em módulo, e V o seu volume interno em m³.

13.3. Disposições Gerais

13.3.1. Constitui condição de Risco Grave e Iminente – RGI o não cumprimento de qualquer item previsto nesta NR que possa causar acidente ou doença relacionada ao trabalho, com lesão grave à integridade física do trabalhador, especialmente:

a) operação de equipamentos abrangidos por esta NR sem os dispositivos de segurança previstos conforme alínea "a" do subitem 13.4.1.3, alínea "a" do subitem 13.5.1.3 e subitens 13.6.1.2 e 13.7.1.2;

b) atraso na inspeção de segurança periódica de caldeiras;

c) bloqueio de dispositivos de segurança de caldeiras, vasos de pressão e tubulações, sem a devida justificativa técnica baseada em códigos, normas ou procedimentos formais de operação do equipamento;

- Código: 213.315-6. Infração: 4. Tipo: S.

d) ausência de dispositivo operacional de controle do nível de água de caldeira;

e) operação de equipamento enquadrado nesta NR com deterioração atestada por meio de recomendação de sua retirada de operação constante de parecer conclusivo em relatório de inspeção de segurança, de acordo com seu respectivo código de projeto ou de adequação ao uso;

- Código: 213.316-4. Infração: 4. Tipo: S.

f) operação de caldeira por trabalhador que não atenda aos requisitos estabelecidos no Anexo I desta NR, ou que não esteja sob supervisão, acompanhamento ou assistência específica de operador qualificado.

13.3.1.1. Por motivo de força maior e com justificativa formal do empregador, acompanhada por análise técnica e respectivas medidas de contingência para mitigação dos riscos, elaborada por Profissional Habilitado – PH ou por grupo multidisciplinar por ele coordenado, pode ocorrer postergação de até 6 (seis) meses do prazo previsto para a inspeção de segurança periódica da caldeira.

- Código: 213.317-2. Infração: 4. Tipo: S.

13.3.1.1.1. O empregador deve comunicar ao sindicato dos trabalhadores da categoria predominante do estabelecimento a justificativa formal para postergação da inspeção de segurança periódica da caldeira.

- Código: 213.478-0. Infração: 4. Tipo: S.

13.3.2. Para efeito desta NR, considera-se PH aquele que tem competência legal para o exercício da profissão de engenheiro nas atividades referentes a projeto de construção, acompanhamento da operação e da manutenção, inspeção e supervisão de inspeção de caldeiras, vasos de pressão, tubulações e tanques metálicos de armazenamento, em conformidade com a regulamentação profissional vigente no País.

13.3.2.1. O PH, definido no subitem 13.3.2, pode obter voluntariamente a certificação de suas competências profissionais através de um Organismo de Certificação de Pessoas – OPC acreditado pela Coordenação Geral de Acreditação do Instituto Nacional de Metrologia, Qualidade e Tecnologia – Cgcre/INMETRO, conforme estabelece o Anexo III desta NR.

13.3.3. Todos os reparos ou alterações em equipamentos abrangidos por esta NR devem respeitar os respectivos códigos de projeto e pós-construção e as prescrições do fabricante no que se refere a:

- Código: 213.319-9. Infração: 4. Tipo: S.

a) materiais;

b) procedimentos de execução;

c) procedimentos de controle de qualidade;

d) qualificação e certificação de pessoal.

13.3.3.1. Quando não for conhecido o código de projeto, deve ser respeitada a concepção original do vaso de pressão, caldeira, tubulação ou tanques metálicos de armazenamento, empregando-se os procedimentos de controle prescritos pelos códigos aplicáveis a esses equipamentos.

- Código: 213.320-2. Infração: 4. Tipo: S.

13.3.3.2. A critério do PH podem ser utilizadas tecnologias de cálculo ou procedimentos mais avançados, em substituição aos previstos pelos códigos de projeto.

13.3.3.3. Projetos de alteração ou reparo devem ser concebidos previamente nas seguintes situações:

- Código: 213.321-0. Infração: 4. Tipo: S.

a) sempre que as condições de projeto forem modificadas;

b) sempre que forem realizados reparos que possam comprometer a segurança.

13.3.3.4. Os projetos de alterações ou reparo devem:

- Código: 213.322-9. Infração: 4. Tipo: S.

a) ser concebidos ou aprovados por PH;

b) determinar materiais, procedimentos de execução, controle de qualidade e qualificação de pessoal;

c) ser divulgados para os empregados do estabelecimento que estão envolvidos com o equipamento.

13.3.3.5. Todas as intervenções que exijam mandrilamento ou soldagem em partes que operem sob pressão devem ser objeto de exames ou testes para controle da qualidade com parâmetros definidos pelo PH, de acordo com normas ou códigos aplicáveis.

- Código: 213.323-7. Infração: 4. Tipo: S.

13.3.4. Os sistemas de controle e segurança das caldeiras, dos vasos de pressão, das tubulações e dos tanques metálicos de armazenamento devem ser submetidos à manutenção preventiva ou preditiva.

• Código: 213.324-5. Infração: 4. Tipo: S.

13.3.5. O empregador deve garantir que os exames e testes em caldeiras, vasos de pressão, tubulações e tanques metálicos de armazenamento sejam executados em condições de segurança para seus executantes e demais trabalhadores envolvidos.

• Código: 213.325-3. Infração: 4. Tipo: S.

13.3.6. O empregador deve comunicar ao órgão regional do Ministério do Trabalho e ao sindicato da categoria profissional predominante do estabelecimento a ocorrência de vazamento, incêndio ou explosão envolvendo equipamentos abrangidos nesta NR que tenha como consequência uma das situações a seguir:

• Código: 213.478-0. Infração: 4. Tipo: S.

a) morte de trabalhador(es);

b) acidentes que implicaram em necessidade de internação hospitalar de trabalhador(es);

c) eventos de grande proporção.

13.3.6.1. A comunicação deve ser encaminhada até o segundo dia útil após a ocorrência e deve conter:

a) razão social do empregador, endereço, local, data e hora da ocorrência;

b) descrição da ocorrência;

c) nome e função da(s) vítima(s);

d) procedimentos de investigação adotados;

e) cópia do último relatório de inspeção de segurança do equipamento envolvido;

f) cópia da Comunicação de Acidente de Trabalho – CAT.

13.3.6.2. Na ocorrência de acidentes previstos no subitem 13.3.6, o empregador deve comunicar a representação sindical dos trabalhadores predominante do estabelecimento para compor uma comissão de investigação.

13.3.6.3. (*Revogado pela Portaria n. 915, de 30-7-2019.*)

13.3.6.3.1. (*Revogado pela Portaria n. 915, de 30-7-2019.*)

13.3.6.4. (*Revogado pela Portaria n. 915, de 30-7-2019.*)

13.3.7. É proibida a fabricação, importação, comercialização, leilão, locação, cessão a qualquer título, exposição e utilização de caldeiras e vasos de pressão sem a declaração do respectivo código de projeto em seu prontuário e sua indicação na placa de identificação.

• Código: 213.330-0. Infração: 4. Tipo: S.

13.4. Caldeiras

13.4.1. Disposições Gerais

13.4.1.1. Caldeiras a vapor são equipamentos destinados a produzir e acumular vapor sob pressão superior à atmosférica, utilizando qualquer fonte de energia, projetados conforme códigos pertinentes, excetuando-se refervedores e similares.

13.4.1.2. Para os propósitos desta NR, as caldeiras são classificadas em 2 (duas) categorias, conforme segue:

a) caldeiras da categoria A são aquelas cuja pressão de operação é igual ou superior a 1.960 kPa (19,98 kgf/cm²), com volume superior a 100 L (cem litros);

b) caldeiras da categoria B são aquelas cuja a pressão de operação seja superior a 60kPa (0,61 kgf/cm²) e inferior a 1 960 kPa (19,98 kgf/cm²), volume interno superior a 100 L (cem litros) e o produto entre a pressão de operação em kPa e o volume interno em m³ seja superior a 6 (seis).

13.4.1.3. As caldeiras devem ser dotadas dos seguintes itens:

• Código: 213.331-8. Infração: 4. Tipo: S.

a) válvula de segurança com pressão de abertura ajustada em valor igual ou inferior a Pressão Máxima de Trabalho Admissível – PMTA, considerados os requisitos do código de projeto relativos a aberturas escalonadas e tolerâncias de calibração;

b) instrumento que indique a pressão do vapor acumulado;

c) injetor ou sistema de alimentação de água independente do principal que evite o superaquecimento por alimentação deficiente, acima das temperaturas de projeto, de caldeiras de combustível sólido não atomizado ou com queima em suspensão;

d) sistema dedicado de drenagem rápida de água em caldeiras de recuperação de álcalis, com ações automáticas após acionamento pelo operador;

e) sistema automático de controle do nível de água com intertravamento que evite o superaquecimento por alimentação deficiente.

13.4.1.4. Toda caldeira deve ter afixada em seu corpo, em local de fácil acesso e bem visível, placa de identificação indelével com, no mínimo, as seguintes informações:

• Código: 213.479-9. Infração: 3. Tipo: S.

a) nome do fabricante;

b) número de ordem dado pelo fabricante da caldeira;

c) ano de fabricação;

d) pressão máxima de trabalho admissível;

e) pressão de teste hidrostático de fabricação;

f) capacidade de produção de vapor;

g) área de superfície de aquecimento;

h) código de projeto e ano de edição.

13.4.1.5. Além da placa de identificação, deve constar, em local visível, a categoria da caldeira, conforme definida no subitem 13.4.1.2 desta NR, e seu número ou código de identificação.

• Código: 213.479-9. Infração: 3. Tipo: S.

13.4.1.6. Toda caldeira deve possuir, no estabelecimento onde estiver instalada, a seguinte documentação devidamente atualizada:

NR 13

a) Prontuário da caldeira, fornecido por seu fabricante, contendo as seguintes informações:

• Código: 213.334-2. Infração: 3. Tipo: S.

– código de projeto e ano de edição;

– especificação dos materiais;

– procedimentos utilizados na fabricação, montagem e inspeção final;

– metodologia para estabelecimento da PMTA;

– registros da execução do teste hidrostático de fabricação;

– conjunto de desenhos e demais dados necessários para o monitoramento da vida útil da caldeira;

– características funcionais;

– dados dos dispositivos de segurança;

– ano de fabricação;

– categoria da caldeira;

b) Registro de Segurança, em conformidade com o item 13.4.1.9;

• Código: 213.335-0. Infração: 3. Tipo: S.

c) projeto de instalação, em conformidade com o item 13.4.2.1;

• Código: 213.336-9. Infração: 3. Tipo: S.

d) projeto de alteração ou reparo, em conformidade com os subitens 13.3.3.3 e 13.3.3.4;

• Código: 213.337-7. Infração: 3. Tipo: S.

e) relatórios de inspeção de segurança, em conformidade com o subitem 13.4.4.16;

• Código: 213.338-5. Infração: 3. Tipo: S.

f) certificados de calibração dos dispositivos de segurança.

• Código: 213.339-3. Infração: 3. Tipo: S.

13.4.1.7. Quando inexistente ou extraviado, o prontuário da caldeira deve ser reconstituído pelo empregador, com responsabilidade técnica do fabricante ou de PH, sendo imprescindível a reconstituição das características funcionais, dos dados dos dispositivos de segurança e memória de cálculo da PMTA.

• Código: 213.340-7. Infração: 3. Tipo: S.

13.4.1.8. Quando a caldeira for vendida ou transferida de estabelecimento, os documentos mencionados nas alíneas "a", "d", e "e" do subitem 13.4.1.6 devem acompanhá-la.

13.4.1.9. O Registro de Segurança deve ser constituído por livro de páginas numeradas, pastas ou sistema informatizado do estabelecimento com segurança da informação onde serão registradas:

• Código: 213.341-5. Infração: 3. Tipo: S.

a) todas as ocorrências importantes capazes de influir nas condições de segurança da caldeira;

b) as ocorrências de inspeções de segurança inicial, periódica e extraordinária, devendo constar a condição operacional da caldeira, o nome legível e assinatura de PH e do operador de caldeira presente na ocasião da inspeção.

13.4.1.10. Caso a caldeira venha a ser considerada inadequada para uso, o Registro de Segurança deve conter tal informação e receber encerramento formal.

• Código: 213.342-3. Infração: 3. Tipo: S.

13.4.1.11. A documentação referida no subitem 13.4.1.6 deve estar sempre à disposição para consulta dos operadores, do pessoal de manutenção, de inspeção e das representações dos trabalhadores e do empregador na Comissão Interna de Prevenção de Acidentes - CIPA, devendo o empregador assegurar livre e pleno acesso a essa documentação, inclusive à representação sindical da categoria profissional predominante do estabelecimento, quando formalmente solicitado.

• Código: 213.343-1. Infração: 3. Tipo: S.

13.4.2. Instalação de caldeiras a vapor

13.4.2.1. A autoria do projeto de instalação de caldeiras a vapor, no que concerne ao atendimento desta NR, é de responsabilidade de PH, e deve obedecer aos aspectos de segurança, saúde e meio ambiente previstos nas Normas Regulamentadoras, convenções e disposições legais aplicáveis.

• Código: 213.344-0. Infração: 3. Tipo: S.

13.4.2.2. As caldeiras de qualquer estabelecimento devem ser instaladas em casa de caldeiras ou em local específico para tal fim, denominado área de caldeiras.

• Código: 213.345-8. Infração: 3. Tipo: S.

13.4.2.3. Quando a caldeira for instalada em ambiente aberto, a área de caldeiras deve satisfazer aos seguintes requisitos:

• Código: 213.346-6. Infração: 4. Tipo: S.

a) estar afastada de, no mínimo, 3,0 m (três metros) de:

– outras instalações do estabelecimento;

– de depósitos de combustíveis, excetuando-se reservatórios para partida com até 2 000 L (dois mil litros) de capacidade;

– do limite de propriedade de terceiros;

– do limite com as vias públicas;

b) dispor de pelo menos 2 (duas) saídas amplas, permanentemente desobstruídas, sinalizadas e dispostas em direções distintas;

c) dispor de acesso fácil e seguro, necessário à operação e à manutenção da caldeira, sendo que, para guarda-corpos vazados, os vãos devem ter dimensões que impeçam a queda de pessoas;

d) ter sistema de captação e lançamento dos gases e material particulado, provenientes da combustão, para fora da área de operação atendendo às normas ambientais vigentes;

e) dispor de iluminação conforme normas oficiais vigentes;

f) ter sistema de iluminação de emergência caso opere à noite.

13.4.2.4. Quando a caldeira estiver instalada em ambiente fechado, a casa de caldeiras deve satisfazer os seguintes requisitos:

• Código: 213.347-4. Infração: 4. Tipo: S.

a) constituir prédio separado, construído de material resistente ao fogo, podendo ter apenas uma parede adjacente a outras instalações do estabelecimento, porém com as outras paredes afastadas de, no mínimo, 3,0 m (três metros) de outras instalações, do limite de propriedade de terceiros, do limite com as vias públicas e de depósitos de combustíveis, excetuando-se reservatórios para partida com até 2.000 L (dois mil litros) de capacidade;

b) dispor de pelo menos 2 (duas) saídas amplas, permanentemente desobstruídas, sinalizadas e dispostas em direções distintas;

c) dispor de ventilação permanente com entradas de ar que não possam ser bloqueadas;

d) dispor de sensor para detecção de vazamento de gás quando se tratar de caldeira a combustível gasoso;

e) não ser utilizada para qualquer outra finalidade;

f) dispor de acesso fácil e seguro, necessário à operação e à manutenção da caldeira, sendo que, para guarda-corpos vazados, os vãos devem ter dimensões que impeçam a queda de pessoas;

g) ter sistema de captação e lançamento dos gases e material particulado, provenientes da combustão, para fora da área de operação, atendendo às normas ambientais vigentes;

h) dispor de iluminação conforme normas oficiais vigentes e ter sistema de iluminação de emergência.

13.4.2.5. Quando o estabelecimento não puder atender ao disposto nos subitens 13.4.2.3 e 13.4.2.4, deve ser elaborado projeto alternativo de instalação, com medidas complementares de segurança, que permitam a atenuação dos riscos, comunicando previamente a representação sindical dos trabalhadores predominante do estabelecimento.

• Código: 213.348-2. Infração: 4. Tipo: S.

13.4.2.6. As caldeiras classificadas na categoria A devem possuir painel de instrumentos instalados em sala de controle, construída segundo o que estabelecem as Normas Regulamentadoras aplicáveis.

• Código: 213.349-0. Infração: 4. Tipo: S.

13.4.3. Segurança na operação de caldeiras

13.4.3.1. Toda caldeira deve possuir manual de operação atualizado, em língua portuguesa, em local de fácil acesso aos operadores, contendo no mínimo:

• Código: 213.350-4. Infração: 3. Tipo: S.

a) procedimentos de partidas e paradas;

b) procedimentos e parâmetros operacionais de rotina;

c) procedimentos para situações de emergência;

d) procedimentos gerais de segurança, saúde e de preservação do meio ambiente.

13.4.3.2. Os instrumentos e controles de caldeiras devem ser mantidos calibrados e em boas condições operacionais.

• Código: 213.351-2. Infração: 4. Tipo: S.

13.4.3.2.1. A inibição provisória dos instrumentos e controles é permitida, desde que mantida a segurança operacional, e que esteja prevista nos procedimentos formais de operação e manutenção, ou com justificativa formalmente documentada, com prévia análise técnica e respectivas medidas de contingência para mitigação dos riscos elaborada pelo responsável técnico do processo, com anuência do PH.

• Código: 213.352-0. Infração: 4. Tipo: S.

13.4.3.3. A qualidade da água deve ser controlada e tratamentos devem ser implementados, quando necessários, para compatibilizar suas propriedades físico-químicas com os parâmetros de operação da caldeira definidos pelo fabricante.

• Código: 213.353-9. Infração: 4. Tipo: S.

13.4.3.4. Toda caldeira a vapor deve estar obrigatoriamente sob operação e controle de operador de caldeira.

• Código: 213.354-7. Infração: 4. Tipo: S.

13.4.3.5. É considerado operador de caldeira aquele que satisfizer o disposto no item "A" do Anexo I desta NR.

13.4.4. Inspeção de segurança de caldeiras.

13.4.4.1. As caldeiras devem ser submetidas a inspeções de segurança inicial, periódica e extraordinária.

13.4.4.2. A inspeção de segurança inicial deve ser feita em caldeiras novas, antes da entrada em funcionamento, no local definitivo de instalação, devendo compreender exame interno, seguido de teste de estanqueidade e exame externo.

• Código: 213.355-5. Infração: 4. Tipo: S.

13.4.4.3. As caldeiras devem obrigatoriamente ser submetidas a Teste Hidrostático – TH em sua fase de fabricação, com comprovação por meio de laudo assinado por PH, e ter o valor da pressão de teste afixado em sua placa de identificação.

• Código: 213.356-3. Infração: 4. Tipo: S.

13.4.4.3.1. Na falta de comprovação documental de que o Teste Hidrostático – TH tenha sido realizado na fase de fabricação, se aplicará o disposto a seguir:

a) para as caldeiras fabricadas ou importadas a partir da vigência da Portaria do MTE n. 594, de 28 de abril de 2014, o TH deve ser feito durante a inspeção de segurança inicial;

b) para as caldeiras em operação antes da vigência da Portaria do MTE n. 594, de 28 de abril de 2014, a execução do TH fica a critério do PH e, caso seja necessária, deve ser executada até a próxima inspeção de segurança periódica interna.

13.4.4.4. A inspeção de segurança periódica, constituída por exames interno e externo, deve ser executada nos seguintes prazos máximos:

• Código: 213.357-1. Infração: 4. Tipo: S.

a) 12 (doze) meses para caldeiras das categorias A e B;

b) 15 (quinze) meses para caldeiras de recuperação de álcalis de qualquer categoria;

c) 24 (vinte e quatro) meses para caldeiras da categoria A, desde que aos 12 (doze) meses sejam testadas as pressões de abertura das válvulas de segurança.

13.4.4.5. Estabelecimentos que possuam SPIE, conforme estabelecido no Anexo II, podem estender seus períodos entre inspeções de segurança, respeitando os seguintes prazos máximos:

a) 24 (vinte e quatro) meses para as caldeiras de recuperação de álcalis;

b) 24 (vinte e quatro) meses para as caldeiras da categoria B;

c) 30 (trinta) meses para caldeiras da categoria A.

13.4.4.6. O prazo de inspeção de segurança interna de caldeiras categoria A que atendam ao item 13.4.4.6.2 pode ser de até 48 (quarenta e oito) meses desde que disponham de barreira de proteção implementada por meio de Sistema Instrumentado de Segurança - SIS definido por estudos de confiabilidade, auditados por Organismo de Certificação de SPIE.

13.4.4.6.1 O empregador deve comunicar formalmente à representação sindical da categoria profissional predominante do estabelecimento a implementação dos novos prazos de inspeção de segurança destas caldeiras.

• Código: 213.478-0. Infração: 4. Tipo: S.

13.4.4.6.2 As caldeiras que operam de forma contínua podem ser consideradas com SIS quando todas as condições a seguir forem satisfeitas:

a) estiverem instaladas em estabelecimentos que possuam SPIE Certificado citado no Anexo II;

b) possuírem análise formal realizada por responsável técnico identificando os riscos que podem ser mitigados por funções instrumentadas de segurança e quantificando o nível de integridade de segurança (SIL) requerido para mitigar cada um dos riscos identificados, conforme normas internacionais;

c) disponham de SIS em conformidade com os subitens 13.4.4.6.3 a 13.4.4.6.6;

d) o SIS seja testado conforme estudo específico de confiabilidade das funções instrumentadas de segurança;

e) exista parecer técnico do PH e do responsável técnico sobre o SIS fundamentando a decisão de extensão de prazo;

f) atender ao que consta no subitem 13.4.3.3, quanto à qualidade da água;

g) exista controle de deterioração dos materiais que compõem as principais partes da caldeira.

13.4.4.6.3. As caldeiras devem dispor de SIS com projeto baseado em estudo de confiabilidade para este fim, que garanta execução segura da sequência de acendimento e o bloqueio automático dos combustíveis em casos de perda do controle de combustão ou da geração de vapor.

• Código: 213.480-2. Infração: 4. Tipo: S.

13.4.4.6.4. O proprietário deve comprovar, através de toda a documentação de projeto e de seu comissionamento, que o SIS da caldeira foi projetado, adquirido, instalado e testado adequadamente pelos responsáveis técnicos.

• Código: 213.480-2. Infração: 4. Tipo: S.

13.4.4.6.5. Alterações nas funções instrumentadas de segurança do SIS, sejam provisórias ou definitivas, devem ser registradas e aprovadas formalmente pelos responsáveis técnicos.

• Código: 213.480-2. Infração: 4. Tipo: S.

13.4.4.6.6. O proprietário deve comprovar, através de registros, que o SIS da caldeira é mantido adequadamente de acordo com procedimentos específicos definidos pelo fabricante ou seus responsáveis técnicos para a inspeção, testes e manutenção. Esses eventos devem ser executados e aprovados pelos responsáveis técnicos próprios ou contratados.

• Código: 213.480-2. Infração: 4. Tipo: S.

13.4.4.7. Os prazos de inspeção de segurança interna de caldeiras de categoria B que operem de forma contínua, a partir da publicação desta NR, com Sistema de Gerenciamento de Combustão - SGC podem ser estendidos para 30 (trinta) meses, se todas as condições a seguir forem satisfeitas.

a) as caldeiras devem dispor de SGC em conformidade com os subitens 13.4.4.7.1 a 13.4.4.7.7;

b) o SGC deve ser comissionado conforme projeto das funções instrumentadas de segurança, realizado pelo proprietário, com apoio do fabricante, com parecer formal de aceitação pelos responsáveis técnicos;

c) existência de projeto técnico do fabricante aprovado por responsável técnico sobre o SGC;

d) existência de controle periódico de deterioração dos materiais que compõem as principais partes da caldeira, capaz de garantir a extensão do prazo;

e) operação em automático, sem opção de operação em manual.

13.4.4.7.1. O proprietário deve comunicar ao Órgão Regional do Ministério do Trabalho e ao sindicato dos trabalhadores da categoria predominante do estabelecimento, até 30 (trinta) dias após o comissionamento da caldeira, o enquadramento com SGC.

• Código: 213.478-0. Infração: 4. Tipo: S.

13.4.4.7.2. As novas caldeiras categoria B com queima de combustíveis líquidos ou gasosos devem dispor de SGC definido no projeto pelo fabricante para este fim, que garanta a execução segura da sequência de acendimento e o bloqueio automático dos combustíveis em casos de perda do controle de combustão ou da geração de vapor, prevendo as seguintes funções de segurança:

• Código: 213.364-4. Infração: 4. Tipo: S.

a) proteção de nível baixo de água;

b) sequenciamento de purga e acendimento;

c) teste de estanqueidade de válvulas de bloqueio de combustível;

d) proteção de pressão alta ou baixa do combustível líquido ou gasoso;

e) proteção de falha de chama.

13.4.4.7.3. As novas caldeiras categoria B com queima de combustíveis sólidos devem dispor de SGC definido no projeto pelo fabricante para este fim, que garanta o controle automático do nível de água e da geração de vapor.

• Código: 213.365-2. Infração: 4. Tipo: S.

13.4.4.7.4. As novas caldeiras categoria B independente do combustível queimado devem possuir:

• Código: 213.366-0. Infração: 4. Tipo: S.

a) redundância de válvula de segurança;

b) descarga de fundo automática visando a redução de incrustações;

c) redundância de sistemas de segurança nos painéis de comando;

d) gerenciador com o registro dos alarmes ativos e inativos.

13.4.4.7.5. O proprietário deve comprovar, através de toda a documentação de projeto e de comissionamento, que o SGC da nova caldeira categoria B foi projetado, adquirido, instalado e testado adequadamente pelos responsáveis técnicos.

- Código: 213.481-0. Infração: 4. Tipo: S.

13.4.4.7.6. O proprietário deve comprovar, através de registros, que o SGC da caldeira categoria B é mantido adequadamente de acordo com procedimentos específicos definidos pelo fabricante para a inspeção, testes e manutenção. Esses eventos devem ser executados e aprovados pelos responsáveis técnicos próprios ou contratados e devem ser anotados no Registro de Segurança.

- Código: 213.481-0. Infração: 4. Tipo: S.

13.4.4.7.7. Alterações nas funções instrumentadas de segurança do SGC, sejam provisórias ou definitivas, devem ser registradas e aprovadas formalmente pelos responsáveis técnicos.

- Código: 213.481-0. Infração: 4. Tipo: S.

13.4.4.8. No máximo, ao completar 25 (vinte e cinco) anos de uso, na sua inspeção subsequente, as caldeiras devem ser submetidas a uma avaliação de integridade com maior abrangência para determinar a sua vida remanescente e novos prazos máximos para inspeção, caso ainda estejam em condições de uso.

- Código: 213.370-9. Infração: 4. Tipo: S.

13.4.4.9. As válvulas de segurança de caldeiras devem ser desmontadas, inspecionadas e calibradas com prazo adequado a sua manutenção, porém, não superior ao previsto para a inspeção de segurança periódica das caldeiras por elas protegidos, de acordo com os subitens 13.4.4.4 e 13.4.4.5.

- Código: 213.371-7. Infração: 4. Tipo: S.
- Código: 213.372-5. Infração: 4. Tipo: S.

13.4.4.9.1. As válvulas de segurança soldadas devem ser testadas no campo, com uma frequência compatível com o histórico operacional das mesmas, sendo estabelecidos como limites máximos para essas atividades os períodos de inspeção estabelecidos nos subitens 13.4.4.4 e 13.4.4.5.

13.4.4.9.2. As caldeiras com SIS, conforme subitem 13.4.4.6.2, devem ter as válvulas de segurança testadas na pressão de abertura a cada 12 (doze) meses;

- Código: 213.373-3. Infração: 4. Tipo: S.

13.4.4.10. As válvulas de segurança instaladas em caldeiras de categoria B devem ser testadas periodicamente conforme segue:

- Código: 213.374-1. Infração: 4. Tipo: S.

a) pelo menos 1 (uma) vez por mês, mediante acionamento manual da alavanca durante a operação de caldeiras sem tratamento de água conforme o subitem 13.4.3.3, exceto para aquelas que vaporizem fluido térmico;

b) as caldeiras que operem com água tratada devem ter a alavanca acionada manualmente quando condições anormais forem detectadas.

13.4.4.11. Adicionalmente aos testes prescritos nos subitens 13.4.4.9 e 13.4.4.10, as válvulas de segurança instaladas em caldeiras podem ser submetidas a testes de acumulação, a critério do PH.

- Código: 213.375-0. Infração: 4. Tipo: S.

13.4.4.12. A inspeção de segurança extraordinária deve ser feita nas seguintes oportunidades:

- Código: 213.376-8. Infração: 4. Tipo: S.

a) sempre que a caldeira for danificada por acidente ou outra ocorrência capaz de comprometer sua segurança;

b) quando a caldeira for submetida à alteração ou reparo importante capaz de alterar suas condições de segurança;

c) antes de a caldeira ser recolocada em funcionamento, quando permanecer inativa por mais de 6 (seis) meses;

d) quando houver mudança de local de instalação da caldeira.

13.4.4.13. A inspeção de segurança deve ser executada sob a responsabilidade técnica de PH.

13.4.4.14. Imediatamente após a inspeção da caldeira, deve ser anotada no seu Registro de Segurança a sua condição operacional, e, em até 60 (sessenta) dias, deve ser emitido o relatório, que passa a fazer parte da sua documentação, podendo este prazo ser estendido para 90 (noventa) dias em caso de parada geral de manutenção.

- Código: 213.377-6. Infração: 3. Tipo: S.

13.4.4.15. O empregador deve informar à representação sindical da categoria profissional predominante do estabelecimento, num prazo máximo de 30 (trinta) dias após o término da inspeção de segurança, a condição operacional da caldeira.

- Código: 213.478-0. Infração: 4. Tipo: S.

13.4.4.15.1. Mediante o recebimento de requisição formal, o empregador deve encaminhar à representação sindical predominante do estabelecimento, no prazo máximo de 10 (dez) dias após a sua elaboração, a cópia do relatório de inspeção.

- Código: 213.478-0. Infração: 4. Tipo: S.

13.4.4.15.2. A representação sindical da categoria profissional predominante do estabelecimento pode solicitar ao empregador que seja enviada de maneira regular cópia do relatório de inspeção de segurança da caldeira em prazo de 30 (trinta) dias após a sua elaboração, ficando o empregador desobrigado a atender os subitens 13.4.4.15 e 13.4.4.15.1.

13.4.4.16. O relatório de inspeção de segurança, mencionado na alínea "e" do subitem 13.4.1.6, deve ser elaborado em páginas numeradas contendo no mínimo:

- Código: 213.380-6. Infração: 3. Tipo: S.

a) dados constantes na placa de identificação da caldeira;

b) categoria da caldeira;

c) tipo da caldeira;

d) tipo de inspeção executada;

e) data de início e término da inspeção;

f) descrição das inspeções, exames e testes executados;

g) registros fotográficos do exame interno da caldeira;

h) resultado das inspeções e providências;

i) relação dos itens desta NR, relativos a caldeiras, que não estão sendo atendidos;

j) recomendações e providências necessárias;

k) parecer conclusivo quanto à integridade da caldeira até a próxima inspeção;

l) data prevista para a nova inspeção de segurança da caldeira;

m) nome legível, assinatura e número do registro no conselho profissional do PH e nome legível e assinatura de técnicos que participaram da inspeção.

13.4.4.16.1. O relatório de inspeção de segurança pode ser elaborado em sistema informatizado do estabelecimento com segurança da informação, ou em mídia eletrônica com utilização de assinatura digital, desde que a assinatura seja validada por uma Autoridade Certificadora – AC.

13.4.4.17. As recomendações decorrentes da inspeção devem ser registradas e implementadas pelo empregador, com a determinação de prazos e responsáveis pela execução.

• Código: 213.381-4. Infração: 3. Tipo: S.

13.4.4.18. Sempre que os resultados da inspeção determinarem alterações dos dados de projeto, a placa de identificação e a documentação do prontuário devem ser atualizadas.

• Código: 213.382-2. Infração: 3. Tipo: S.

13.5. Vasos de Pressão

13.5.1. Disposições Gerais

13.5.1.1. Vasos de pressão são equipamentos que contêm fluidos sob pressão interna ou externa, diferente da atmosférica.

13.5.1.2. Para efeito desta NR, os vasos de pressão são classificados em categorias segundo a classe de fluido e o potencial de risco.

a) os fluidos contidos nos vasos de pressão são classificados conforme descrito a seguir:

Classe A:

– fluidos inflamáveis;

– fluidos combustíveis com temperatura superior ou igual a 200 ºC (duzentos graus Celsius);

– fluidos tóxicos com limite de tolerância igual ou inferior a 20 ppm (vinte partes por milhão);

– hidrogênio;

– acetileno.

Classe B:

– fluidos combustíveis com temperatura inferior a 200 ºC (duzentos graus Celsius);

– fluidos tóxicos com limite de tolerância superior a 20ppm (vinte partes por milhão).

Classe C:

– vapor de água, gases asfixiantes simples ou ar comprimido.

Classe D:

– outro fluido não enquadrado acima.

b) quando se tratar de mistura deve ser considerado para fins de classificação o fluido que apresentar maior risco aos trabalhadores e instalações, considerando-se sua toxicidade, inflamabilidade e concentração;

c) os vasos de pressão são classificados em grupos de potencial de risco em função do produto P.V, onde P é a pressão máxima de operação em MPa, em módulo, e V o seu volume em m³, conforme segue:

Grupo 1 – $P.V \geq 100$

Grupo 2 – $P.V < 100$ e $P.V \geq 30$

Grupo 3 – $P.V < 30$ e $P.V \geq 2,5$

Grupo 4 – $P.V < 2,5$ e $P.V \geq 1$

Grupo 5 – $P.V < 1$

d) a tabela a seguir classifica os vasos de pressão em categorias de acordo com os grupos de potencial de risco e a classe de fluido contido.

CATEGORIAS DE VASOS DE PRESSÃO

Classe de Fluido	Grupo de Potencial de Risco				
	1 **P.V ≥ 100**	**2** **P.V < 100** **P.V ≥ 30**	**3** **P.V < 30** **P.V ≥ 2,5**	**4** **P.V < 2,5** **P.V ≥ 1**	**5** **P.V < 1**
	Categorias				
A – Fluidos inflamáveis, e fluidos combustíveis com temperatura igual ou superior a 200 °C – Tóxico com limite de tolerância ≤ 20ppm – Hidrogênio – Acetileno	I	I	II	III	III

Classe de Fluido	Grupo de Potencial de Risco				
	1 $P.V \geq 100$	2 $P.V < 100$ $P.V \geq 30$	3 $P.V < 30$ $P.V \geq 2{,}5$	4 $P.V < 2{,}5$ $P.V \geq 1$	5 $P.V < 1$
	Categorias				
B – Fluidos combustíveis com temperatura menor que 200 °C – Fluidos tóxicos com limite de tolerância > 20 ppm	I	II	III	IV	IV
C – Vapor de água – Gases asfixiantes simples – Ar comprimido	I	II	III	IV	V
D – Outro fluido	II	III	IV	V	V

Notas:
a) considerar volume em m^3 e pressão em MPa;
b) considerar 1 MPa correspondente a 10,197 kgf/cm^2.

13.5.1.3. Os vasos de pressão devem ser dotados dos seguintes itens:

• Código: 213.383-0. Infração: 4. Tipo: S.

a) válvula de segurança ou outro dispositivo de segurança com pressão de abertura ajustada em valor igual ou inferior à PMTA, instalado diretamente no vaso ou no sistema que o inclui, considerados os requisitos do código de projeto relativos a aberturas escalonadas e tolerâncias de calibração;

b) vasos de pressão submetidos a vácuo devem ser dotados de dispositivos de segurança ou outros meios previstos no projeto; se também submetidos à pressão positiva devem atender à alínea "a" deste subitem;

c) sistema de segurança que defina formalmente o(s) meio(s) para evitar o bloqueio inadvertido de dispositivos de segurança (Dispositivo Contra Bloqueio Inadvertido – DCBI), sendo que, na inexistência de tal sistema formalmente definido, deve ser utilizado no mínimo um dispositivo físico associado à sinalização de advertência;

d) instrumento que indique a pressão de operação, instalado diretamente no vaso ou no sistema que o contenha.

13.5.1.4 Todo vaso de pressão deve ter afixado em seu corpo, em local de fácil acesso e bem visível, placa de identificação indelével com, no mínimo, as seguintes informações:

• Código: 213.482-9. Infração: 3. Tipo: S.

a) fabricante;

b) número de identificação;

c) ano de fabricação;

d) pressão máxima de trabalho admissível;

e) pressão de teste hidrostático de fabricação;

f) código de projeto e ano de edição.

13.5.1.5 Além da placa de identificação, deve constar, em local visível, a categoria do vaso, conforme subitem 13.5.1.2, e seu número ou código de identificação.

• Código: 213.482-9. Infração: 3. Tipo: S.

13.5.1.6 Todo vaso de pressão deve possuir, no estabelecimento onde estiver instalado, a seguinte documentação devidamente atualizada:

a) prontuário do vaso de pressão a ser fornecido pelo fabricante, contendo as seguintes informações:

• Código: 213.386-5. Infração: 3. Tipo: S.

– código de projeto e ano de edição;

– especificação dos materiais;

– procedimentos utilizados na fabricação, montagem e inspeção final;

– metodologia para estabelecimento da PMTA;

– conjunto de desenhos e demais dados necessários para o monitoramento da sua vida útil;

– pressão máxima de operação;

– registros documentais do teste hidrostático;

– características funcionais, atualizadas pelo empregador, sempre que alteradas as originais;

– dados dos dispositivos de segurança, atualizados pelo empregador sempre que alterados os originais;

– ano de fabricação;

– categoria do vaso, atualizada pelo empregador sempre que alterada a original;

b) Registro de Segurança em conformidade com o subitem 13.5.1.8;

• Código: 213.387-3. Infração: 3. Tipo: S.

c) projeto de alteração ou reparo em conformidade com os subitens 13.3.3.3 e 13.3.3.4;

• Código: 213.388-1. Infração: 3. Tipo: S.

d) relatórios de inspeção em conformidade com o subitem 13.5.4.14;

• Código: 213.389-0. Infração: 3. Tipo: S.

e) certificados de calibração dos dispositivos de segurança, onde aplicável.

• Código: 213.390-3. Infração: 3. Tipo: S.

13.5.1.7 Quando inexistente ou extraviado, o prontuário do vaso de pressão deve ser reconstituído pelo empregador, com responsabilidade técnica do fabricante ou de PH, sendo imprescindível a reconstituição das premissas de projeto, dos dados dos dispositivos de segurança e da memória de cálculo da PMTA.

• Código: 213.391-1. Infração: 3. Tipo: S.

13.5.1.7.1 Vasos de pressão construídos sem códigos de projeto, instalados antes da publicação desta Norma, para os quais não seja possível a reconstituição da memória de cálculo por códigos reconhecidos, devem ter PMTA atribuída por PH a partir dos dados operacionais e serem submetidos a inspeções periódicas, conforme os prazos abaixo:

• Código: 213.392-0. Infração: 4. Tipo: S.

a) 01 ano, para inspeção de segurança periódica externa;

b) 03 anos, para inspeção de segurança periódica interna.

13.5.1.7.2 A empresa deve elaborar um Plano de Ação para realização de inspeção extraordinária especial de todos os vasos relacionados no subitem 13.5.1.7.1.

•• O art. 8.º da Portaria n. 1.082, de 18-12-2018, dispõe: "Art. 8.º O prazo para o cumprimento do subitem 13.5.1.7.2 é de até 60 (sessenta) meses a partir da data da publicação desta Portaria".

• Código: 213.483-7. Infração: 3. Tipo: S.

13.5.1.7.3 O prazo para implementação do projeto de alteração ou de reparo não deve ser superior à vida residual calculada quando da execução da inspeção extraordinária especial.

•• O art. 9.º da Portaria n. 1.082, de 18-12-2018, dispõe: "Art. 9.º O prazo para o cumprimento do subitem 13.5.1.7.3 é de até 10 (dez) anos a partir da data da publicação desta Portaria".

• Código: 213.483-7. Infração: 3. Tipo: S.

13.5.1.8 O Registro de Segurança deve ser constituído por livro de páginas numeradas, pastas ou sistema informatizado do estabelecimento com segurança da informação onde serão registradas:

• Código: 213.395-4. Infração: 3. Tipo: S.

a) todas as ocorrências importantes capazes de influir nas condições de segurança dos vasos de pressão;

b) as ocorrências de inspeções de segurança inicial, periódica e extraordinária, devendo constar a condição operacional do vaso, o nome legível e assinatura de PH no caso de registro em livro físico ou cópias impressas.

13.5.1.8.1. O empregador deve fornecer cópias impressas ou em mídia eletrônica de registros de segurança selecionadas pela representação sindical da categoria profissional predominante do estabelecimento, quando formalmente solicitadas.

• Código: 213.484-5. Infração: 3. Tipo: S.

13.5.1.9. A documentação referida no subitem 13.5.1.6 deve estar sempre à disposição para consulta dos operadores, do pessoal de manutenção, de inspeção e das representações dos trabalhadores e do empregador na CIPA, devendo o empregador assegurar livre e pleno acesso a essa documentação inclusive à representação sindical da categoria profissional predominante do estabelecimento, quando formalmente solicitado.

• Código: 213.484-5. Infração: 3. Tipo: S.

13.5.2. Instalação de vasos de pressão.

13.5.2.1 Todo vaso de pressão deve ser instalado de modo que todos os drenos, respiros, bocas de visita e indicadores de nível, pressão e temperatura, quando existentes, sejam facilmente acessíveis.

• Código: 213.398-9. Infração: 4. Tipo: S.

13.5.2.2 Quando os vasos de pressão forem instalados em ambientes fechados, a instalação deve satisfazer os seguintes requisitos:

• Código: 213.399-7. Infração: 4. Tipo: S.

a) dispor de pelo menos 2 (duas) saídas amplas, permanentemente desobstruídas, sinalizadas e dispostas em direções distintas;

b) dispor de acesso fácil e seguro para as atividades de manutenção, operação e inspeção, sendo que, para guarda-corpos vazados, os vãos devem ter dimensões que impeçam a queda de pessoas;

c) dispor de ventilação permanente com entradas de ar que não possam ser bloqueadas;

d) dispor de iluminação conforme normas oficiais vigentes;

e) possuir sistema de iluminação de emergência.

13.5.2.3 Quando o vaso de pressão for instalado em ambiente aberto, a instalação deve satisfazer as alíneas "a", "b", "d" e "e" do subitem 13.5.2.2.

• Código: 213.400-4. Infração: 4. Tipo: S.

13.5.2.4 A instalação de vasos de pressão deve obedecer aos aspectos de segurança, saúde e meio ambiente previstos nas Normas Regulamentadoras, convenções e disposições legais aplicáveis.

• Código: 213.401-2. Infração: 4. Tipo: S.

13.5.2.5 Quando o estabelecimento não puder atender ao disposto no subitem 13.5.2.2 ou 13.5.2.3, devem ser adotadas medidas formais complementares de segurança que permitam a atenuação dos riscos.

• Código: 213.402-0. Infração: 4. Tipo: S.

13.5.3 Segurança na operação de vasos de pressão.

13.5.3.1 Todo vaso de pressão enquadrado nas categorias I ou II deve possuir manual de operação próprio ou instruções de operação contidas no manual de operação de unidade onde estiver instalado, em língua portuguesa, em local de fácil acesso aos operadores, contendo no mínimo:

• Código: 213.403-9. Infração: 3. Tipo: S.

a) procedimentos de partidas e paradas;

b) procedimentos e parâmetros operacionais de rotina;

c) procedimentos para situações de emergência;

d) procedimentos gerais de segurança, saúde e de preservação do meio ambiente.

13.5.3.2 Os instrumentos e controles de vasos de pressão devem ser mantidos calibrados e em boas condições operacionais.

- Código: 213.404-7. Infração: 4. Tipo: S.

13.5.3.2.1 Poderá ocorrer a inibição provisória dos instrumentos e controles, desde que mantida a segurança operacional, e que esteja prevista nos procedimentos formais de operação e manutenção, ou com justificativa formalmente documentada, com prévia análise técnica e respectivas medidas de contingência para mitigação dos riscos, elaborada pelo responsável técnico do processo, com anuência do PH.

- Código: 213.405-5. Infração: 4. Tipo: S.

13.5.3.3 A operação de unidades de processo que possuam vasos de pressão de categorias I ou II deve ser efetuada por profissional capacitado conforme item "B" do Anexo I desta NR.

- Código: 213.406-3. Infração: 4. Tipo: S.

13.5.4 Inspeção de segurança de vasos de pressão.

13.5.4.1 Os vasos de pressão devem ser submetidos a inspeções de segurança inicial, periódica e extraordinária.

13.5.4.2 A inspeção de segurança inicial deve ser feita em vasos de pressão novos, antes de sua entrada em funcionamento, no local definitivo de instalação, devendo compreender exames externo e interno.

- Código: 213.407-1. Infração: 4. Tipo: S.

13.5.4.3 Os vasos de pressão devem obrigatoriamente ser submetidos a Teste Hidrostático – TH em sua fase de fabricação, com comprovação por meio de laudo assinado por PH, e ter o valor da pressão de teste afixado em sua placa de identificação.

- Código: 213.408-0. Infração: 4. Tipo: S.

13.5.4.3.1 Na falta de comprovação documental de que o Teste Hidrostático – TH tenha sido realizado na fase de fabricação, se aplicará o disposto a seguir:

a) para os vasos de pressão fabricados ou importados a partir da vigência da Portaria MTE n. 594, de 28 de abril de 2014, o TH deve ser feito durante a inspeção de segurança inicial;

b) para os vasos de pressão em operação antes da vigência da Portaria MTE n. 594, de 28 de abril de 2014, a execução do TH fica a critério do PH e, caso seja necessária à sua realização, o TH deve ser realizado até a próxima inspeção de segurança periódica interna.

13.5.4.4 Os vasos de pressão categorias IV ou V de fabricação em série, certificados pelo INMETRO, que possuam válvula de segurança calibrada de fábrica ficam dispensados da inspeção inicial, desde que instalados de acordo com as recomendações do fabricante.

13.5.4.4.1 Deve ser anotada no Registro de Segurança a data da instalação do vaso de pressão a partir da qual se inicia a contagem do prazo para a inspeção de segurança periódica.

- Código: 213.409-8. Infração: 3. Tipo: S.

13.5.4.5 A inspeção de segurança periódica, constituída por exames externo e interno, deve obedecer aos seguintes prazos máximos estabelecidos a seguir:

- Código: 213.410-1. Infração: 4. Tipo: S.

a) para estabelecimentos que não possuam SPIE, conforme citado no Anexo II:

Categoria do Vaso	Exame Externo	Exame Interno
I	1 ano	3 anos
II	2 anos	4 anos
III	3 anos	6 anos
IV	4 anos	8 anos
V	5 anos	10 anos

b) para estabelecimentos que possuam SPIE, conforme citado no Anexo II, consideradas as tolerâncias nele previstas:

Categoria do Vaso	Exame Externo	Exame Interno
I	3 anos	6 anos
II	4 anos	8 anos
III	5 anos	10 anos
IV	6 anos	12 anos
V	7 anos	a critério

13.5.4.6. Vasos de pressão que não permitam acesso visual para o exame interno ou externo por impossibilidade física devem ser submetidos alternativamente a outros exames não destrutivos e metodologias de avaliação da integridade, a critério do PH, baseados em normas e códigos aplicáveis à identificação de mecanismos de deterioração.

- Código: 213.411-0. Infração: 3. Tipo: S.

13.5.4.7. As empresas que possuam SPIE certificado conforme Anexo II desta Norma podem executar, em vasos de pressão de categorias I e II, uma INI, de acordo com a metodologia especificada na norma ABNT NBR 16455, desde que esta seja obrigatoriamente sucedida por um exame visual interno em um prazo máximo correspondente a 50% (cinquenta por cento) do intervalo determinado na alínea "b" do subitem 13.5.4.5 desta Norma.

- Código: 213.412-8. Infração: 3. Tipo: S.

13.5.4.7.1 O intervalo correspondente ao prazo máximo do subitem 13.5.4.7 deve ser contado a partir da data de realização da INI.

13.5.4.8 Vasos de pressão com enchimento interno ou com catalisador podem ter a periodicidade de exame interno ampliada, de forma a coincidir com a época da substituição de enchimentos ou de catalisador, desde que esta ampliação seja precedida de estudos conduzidos por PH ou por grupo multidisciplinar por ele coordenado, baseados em normas e códigos aplicáveis, onde sejam implementadas tecnologias alternativas para a avaliação da sua integridade estrutural.

- Código: 213.413-6. Infração: 3. Tipo: S.

13.5.4.9 Vasos de pressão com temperatura de operação inferior a 0° C (zero graus Celsius) e que operem em condições nas quais a experiência mostre que não ocorre deterioração devem ser submetidos a exame interno a cada 20 (vinte) anos e exame externo a cada 2 (dois) anos.

- Código: 213.414-4. Infração: 4. Tipo: S.

NR 13

13.5.4.10 As válvulas de segurança dos vasos de pressão devem ser desmontadas, inspecionadas e calibradas com prazo adequado à sua manutenção, porém, não superior ao previsto para a inspeção de segurança periódica interna dos vasos de pressão por elas protegidos.

- Código: 213.415-2. Infração: 4. Tipo: S.

13.5.4.11 A inspeção de segurança extraordinária deve ser feita nas seguintes oportunidades:

- Código: 213.416-0. Infração: 4. Tipo: S.

a) sempre que o vaso de pressão for danificado por acidente ou outra ocorrência que comprometa sua segurança;

b) quando o vaso de pressão for submetido a reparo ou alterações importantes, capazes de alterar sua condição de segurança;

c) antes do vaso de pressão ser recolocado em funcionamento, quando permanecer inativo por mais de 12 (doze) meses;

d) quando houver alteração do local de instalação do vaso de pressão, exceto para vasos móveis.

13.5.4.12 A inspeção de segurança deve ser executada sob a responsabilidade técnica de PH.

13.5.4.13 Imediatamente após a inspeção do vaso de pressão, deve ser anotada no Registro de Segurança a sua condição operacional, e, em até 60 (sessenta) dias, deve ser emitido o relatório, que passa a fazer parte da sua documentação, podendo este prazo ser estendido para 90 (noventa) dias em caso de parada geral de manutenção.

- Código: 213.417-9. Infração: 3. Tipo: S.

13.5.4.14 O relatório de inspeção de segurança, mencionado no item 13.5.1.6, alínea "d", deve ser elaborado em páginas numeradas, ou em sistema informatizado do estabelecimento com segurança de informação, no qual o PH esteja identificado como o responsável pela respectiva aprovação, e conter no mínimo:

- Código: 213.418-7. Infração: 3. Tipo: S.

a) identificação do vaso de pressão;

b) categoria do vaso de pressão;

c) fluidos de serviço;

d) tipo do vaso de pressão;

e) tipo de inspeção executada;

f) data de início e término da inspeção;

g) descrição das inspeções, exames e testes executados;

h) registro fotográfico das anomalias do exame interno do vaso de pressão;

i) resultado das inspeções e intervenções executadas;

j) recomendações e providências necessárias;

k) parecer conclusivo quanto a integridade do vaso de pressão até a próxima inspeção;

l) data prevista para a próxima inspeção de segurança;

m) nome legível, assinatura e número do registro no conselho profissional do PH e nome legível e assinatura de técnicos que participaram da inspeção.

13.5.4.14.1 O relatório de inspeção de segurança pode ser elaborado em sistema informatizado do estabelecimento com segurança da informação, ou em mídia eletrônica com utilização de assinatura digital, desde que a assinatura seja validada por uma AC.

13.5.4.15 O empregador deve disponibilizar aos trabalhadores acesso aos relatórios de inspeção de segurança armazenados em seu sistema informatizado.

- Código: 213.419-5. Infração: 3. Tipo: S.

13.5.4.16 Sempre que os resultados da inspeção determinarem alterações das condições de projeto, a placa de identificação e a documentação do prontuário devem ser atualizadas.

- Código: 213.420-9. Infração: 3. Tipo: S.

13.5.4.17 As recomendações decorrentes da inspeção devem ser implementadas pelo empregador, com a determinação de prazos e responsáveis pela sua execução.

- Código: 213.421-7. Infração: 3. Tipo: S.

13.6 Tubulações

13.6.1 Disposições Gerais

13.6.1.1 As empresas que possuem tubulações e sistemas de tubulações enquadradas nesta NR devem possuir um programa e um plano de inspeção que considere, no mínimo, as variáveis, condições e premissas descritas abaixo:

- Código: 213.485-3. Infração: 4. Tipo: S.

a) os fluidos transportados;

b) a pressão de trabalho;

c) a temperatura de trabalho;

d) os mecanismos de danos previsíveis;

e) as consequências para os trabalhadores, instalações e meio ambiente trazidas por possíveis falhas das tubulações.

13.6.1.2 As tubulações ou sistemas de tubulação devem possuir dispositivos de segurança conforme os critérios do código de projeto utilizado, ou em atendimento às recomendações de estudo de análises de cenários de falhas.

- Código: 213.485-3. Infração: 4. Tipo: S.

13.6.1.3 As tubulações ou sistemas de tubulação devem possuir indicador de pressão de operação, conforme definido no projeto de processo e instrumentação.

- Código: 213.485-3. Infração: 4. Tipo: S.

13.6.1.4 Todo estabelecimento que possua tubulações, sistemas de tubulação ou linhas deve ter a seguinte documentação devidamente atualizada:

- Código: 213.486-1. Infração: 3. Tipo: S.

a) especificações aplicáveis às tubulações ou sistemas, necessárias ao planejamento e execução da sua inspeção;

- Código: 213.486-1. Infração: 3. Tipo: S.

b) fluxograma de engenharia com a identificação da linha e seus acessórios;

- Código: 213.486-1. Infração: 3. Tipo: S.

c) projeto de alteração ou reparo em conformidade com os subitens 13.3.3.3 e 13.3.3.4;

- Código: 213.486-1. Infração: 3. Tipo: S.

d) relatórios de inspeção em conformidade com o subitem 13.6.3.9;

- Código: 213.486-1. Infração: 3. Tipo: S.

e) Registro de Segurança em conformidade com o subitem 13.6.1.4.1.

- Código: 213.486-1. Infração: 3. Tipo: S.

13.6.1.4.1 O Registro de Segurança deve ser constituído por um livro de páginas numeradas por estabelecimento ou sistema informatizado por estabelecimento com segurança da informação onde serão registradas ocorrências como vazamentos de grande proporção, incêndios ou explosões envolvendo tubulações abrangidas na alínea "e" do subitem 13.2.1 que tenham como consequência uma das situações a seguir:

- Código: 213.430-6. Infração: 3. Tipo: S.

a) influir nas condições de segurança das tubulações;

b) risco ao meio ambiente;

c) acidentes que implicaram em necessidade de internação hospitalar de trabalhador(es).

13.6.1.5 Os documentos referidos no subitem 13.6.1.4, quando inexistentes ou extraviados, devem ser reconstituídos pelo empregador, sob a responsabilidade técnica de um PH.

- Código: 213.487-0. Infração: 4. Tipo: S.

13.6.1.6 A documentação referida no subitem 13.6.1.4 deve estar sempre à disposição para fiscalização pela autoridade competente do Órgão Regional do Ministério do Trabalho, e para consulta pelos operadores, pessoal de manutenção, de inspeção e das representações dos trabalhadores e do empregador na CIPA, devendo, ainda, o empregador assegurar livre e pleno acesso a essa documentação à representação sindical da categoria profissional predominante do estabelecimento, quando formalmente solicitado.

- Código: 213.487-0. Infração: 4. Tipo: S.

13.6.2 Segurança na operação de tubulações

13.6.2.1 Os dispositivos de indicação de pressão da tubulação devem ser mantidos em boas condições operacionais.

- Código: 213.433-0. Infração: 4. Tipo: S.

13.6.2.2 As tubulações de vapor de água e seus acessórios devem ser mantidos em boas condições operacionais, de acordo com um plano de manutenção elaborado pelo estabelecimento.

- Código: 213.434-9. Infração: 4. Tipo: S.

13.6.2.3 As tubulações e sistemas de tubulação devem ser identificados conforme padronização formalmente instituída pelo estabelecimento, e sinalizadas conforme a Norma Regulamentadora n. 26 (NR-26).

- Código: 213.435-7. Infração: 3. Tipo: S.

13.6.3 Inspeção de segurança de tubulações

13.6.3.1 Deve ser realizada inspeção de segurança inicial nas tubulações.

- Código: 213.436-5. Infração: 4. Tipo: S.

13.6.3.2 As tubulações devem ser submetidas à inspeção de segurança periódica.

- Código: 213.437-3. Infração: 4. Tipo: S.

13.6.3.3 Os intervalos de inspeção das tubulações devem atender aos prazos máximos da inspeção interna do vaso ou caldeira mais crítica a elas interligadas, podendo ser ampliados pelo programa de inspeção elaborado por PH, fundamentado tecnicamente com base em mecanismo de danos e na criticidade do sistema, contendo os intervalos entre estas inspeções e os exames que as compõem, desde que essa ampliação não ultrapasse o intervalo máximo de 100% (cem por cento) sobre o prazo da inspeção interna, limitada a 10 (dez) anos.

- Código: 213.438-1. Infração: 3. Tipo: S.

13.6.3.4 Os intervalos de inspeção periódica da tubulação não podem exceder os prazos estabelecidos em seu programa de inspeção, consideradas as tolerâncias permitidas para as empresas com SPIE.

- Código: 213.439-0. Infração: 3. Tipo: S.

13.6.3.5 A critério do PH, o programa de inspeção pode ser elaborado por tubulação, por linha ou por sistema. No caso de programação por sistema, o intervalo a ser adotado deve ser correspondente ao da sua linha mais crítica.

- Código: 213.440-3. Infração: 3. Tipo: S.

13.6.3.6 As inspeções periódicas das tubulações devem ser constituídas de exames e análises definidas por PH, que permitam uma avaliação da sua integridade estrutural de acordo com normas e códigos aplicáveis.

- Código: 213.441-1. Infração: 4. Tipo: S.

13.6.3.6.1 No caso de risco à saúde e à integridade física dos trabalhadores envolvidos na execução da inspeção, a linha deve ser retirada de operação.

- Código: 213.442-0. Infração: 4. Tipo: S.

13.6.3.7 Deve ser executada inspeção extraordinária nas seguintes situações:

- Código: 213.443-8. Infração: 4. Tipo: S.

a) sempre que a tubulação for danificada por acidente ou outra ocorrência que comprometa a segurança dos trabalhadores;

b) quando a tubulação for submetida a reparo provisório ou alterações significativas, capazes de alterar sua capacidade de contenção de fluído;

c) antes da tubulação ser recolocada em funcionamento, quando permanecer inativa por mais de 24 (vinte e quatro) meses.

13.6.3.8 A inspeção periódica de tubulações deve ser executada sob a responsabilidade técnica de PH.

13.6.3.9 O relatório de inspeção de segurança, mencionado na alínea "d" do subitem 13.6.1.4, deve ser elaborado em páginas numeradas, contendo no mínimo:

- Código: 213.488-8. Infração: 4. Tipo: S.

a) identificação da(s) linha(s) ou sistema de tubulação;

b) fluidos de serviço da tubulação, e respectivas temperatura e pressão de operação;

c) tipo de inspeção executada;

d) data de início e de término da inspeção;

e) descrição das inspeções, exames e testes executados;

f) registro fotográfico, ou da localização das anomalias significativas detectadas no exame externo da tubulação;

g) resultado das inspeções e intervenções executadas;

h) recomendações e providências necessárias;

i) parecer conclusivo quanto à integridade da tubulação, do sistema de tubulação ou da linha até a próxima inspeção;

j) data prevista para a próxima inspeção de segurança;

k) nome legível, assinatura e número do registro no conselho profissional do PH e nome legível e assinatura de técnicos que participaram da inspeção.

13.6.3.9.1 O prazo para emissão desse relatório é de até 30 (trinta) dias para linhas individuais e de até 90 (noventa) dias para sistemas de tubulação.

- Código: 213.488-8. Infração: 4. Tipo: S.

13.6.3.9.2 O relatório de inspeção de segurança pode ser elaborado em sistema informatizado do estabelecimento com segurança da informação, ou em mídia eletrônica com utilização de assinatura digital, desde que a assinatura seja validada por uma AC.

13.6.3.10 As recomendações decorrentes da inspeção devem ser implementadas pelo empregador, com a determinação de prazos e responsáveis pela sua execução.

- Código: 213.488-8. Infração: 4. Tipo: S.

13.7 Tanques

13.7.1 Disposições Gerais

13.7.1.1 As empresas que possuem tanques metálicos de armazenamento e estocagem enquadrados nesta NR devem possuir um programa e um plano de inspeção que considere, no mínimo, as variáveis, condições e premissas descritas abaixo:

- Código: 213.447-0. Infração: 3. Tipo: S.

a) os fluidos armazenados;

b) condições operacionais;

c) os mecanismos de danos previsíveis;

d) as consequências para os trabalhadores, instalações e meio ambiente decorrentes de possíveis falhas nos tanques.

13.7.1.2 Os tanques devem possuir dispositivos de segurança contra sobrepressão e vácuo conforme os critérios do código de projeto utilizado, ou em atendimento às recomendações de estudo de análises de cenários de falhas.

- Código: 213.448-9. Infração: 4. Tipo: S.

13.7.1.3 Os tanques devem possuir instrumentação de controle conforme definido no projeto de processo e instrumentação.

- Código: 213.449-7. Infração: 4. Tipo: S.

13.7.1.4 Todo estabelecimento que possua tanques enquadrados nesta NR deve ter a seguinte documentação devidamente atualizada:

a) folhas de dados com as especificações dos tanques necessárias ao planejamento e execução da sua inspeção;

- Código: 213.489-6. Infração: 3. Tipo: S.

b) desenho geral;

- Código: 213.489-6. Infração: 3. Tipo: S.

c) projeto de alteração ou reparo em conformidade com os subitens 13.3.3.3 e 13.3.3.4;

- Código: 213.489-6. Infração: 3. Tipo: S.

d) relatórios de inspeção de segurança, em conformidade com o subitem 13.7.3.7;

- Código: 213.489-6. Infração: 3. Tipo: S.

e) Registro de Segurança em conformidade com o subitem 13.7.1.5.

- Código: 213.489-6. Infração: 3. Tipo: S.

13.7.1.5 O Registro de Segurança deve ser constituído por livro de páginas numeradas, pastas ou sistema informatizado do estabelecimento com segurança da informação onde devem ser registradas:

- Código: 213.455-1. Infração: 3. Tipo: S.

a) todas as ocorrências importantes capazes de influir nas condições de segurança dos tanques;

b) as ocorrências de inspeções de segurança inicial, periódica e extraordinária, devendo constar a condição operacional do tanque, o nome legível e assinatura do responsável técnico formalmente designado pelo empregador no caso de registro em livro físico ou cópias impressas.

13.7.1.6 Os documentos referidos no subitem 13.7.1.4, quando inexistentes ou extraviados, devem ser reconstituídos pelo empregador por um responsável técnico formalmente designado.

- Código: 213.490-0. Infração: 3. Tipo: S.

13.7.1.7 A documentação referida no subitem 13.7.1.4 deve estar sempre à disposição para fiscalização pela autoridade competente do Órgão Regional do Ministério do Trabalho, e para consulta pelos operadores, pessoal de manutenção, de inspeção e das representações dos trabalhadores e do empregador na CIPA, devendo, ainda, o empregador assegurar o livre e pleno acesso a essa documentação à representação sindical da categoria profissional predominante do estabelecimento, quando formalmente solicitado.

- Código: 213.490-0. Infração: 3. Tipo: S.

13.7.2 Segurança na operação de tanques

13.7.2.1 Os dispositivos contra sobrepressão e vácuo, e válvulas corta-chamas, quando aplicáveis, devem ser mantidos em boas condições operacionais, de acordo com um plano de manutenção elaborado pelo empregador.

- Código: 213.458-6. Infração: 4. Tipo: S.

13.7.2.2 A instrumentação de controle dos tanques deve ser mantida em boas condições operacionais, de acordo com um plano de manutenção elaborado pelo empregador.

• Código: 213.459-4. Infração: 4. Tipo: S.

13.7.2.3 Os tanques devem ser identificados conforme padronização formalmente instituída pelo empregador.

• Código: 213.460-8. Infração: 3. Tipo: S.

13.7.3 Inspeção de segurança de tanques

13.7.3.1 Deve ser realizada inspeção de segurança inicial nos tanques.

• Código: 213.461-6. Infração: 4. Tipo: S.

13.7.3.2 Os tanques devem ser submetidos à inspeção de segurança periódica.

• Código: 213.491-8. Infração: 4. Tipo: S.

13.7.3.3 Os intervalos de inspeção de segurança periódica dos tanques devem atender aos prazos estabelecidos em programa de inspeção formalmente instituído pelo empregador, não podendo esses prazos exceder aos estabelecidos na norma ABNT NBR 17505-2.

• Código: 213.491-8. Infração: 4. Tipo: S.

13.7.3.4 As inspeções de segurança periódicas dos tanques devem ser constituídas de exames e análises definidas por PH que permitam uma avaliação da sua integridade estrutural de acordo com normas e códigos aplicáveis.

• Código: 213.491-8. Infração: 4. Tipo: S.

13.7.3.5 Deve ser executada inspeção extraordinária nas seguintes situações:

• Código: 213.465-9. Infração: 4. Tipo: S.

a) sempre que o tanque for danificado por acidente ou outra ocorrência que comprometa a segurança dos trabalhadores;

b) quando o tanque for submetido a reparo provisório ou alterações significativas, capazes de alterar sua capacidade de contenção de fluído;

c) antes de o tanque ser recolocado em funcionamento, quando permanecer inativo por mais de 24 (vinte e quatro) meses;

d) quando houver alteração do local de instalação.

13.7.3.6 O relatório de inspeção de segurança, mencionado na alínea "d" do subitem 13.7.1.4 deve ser elaborado em páginas numeradas, contendo no mínimo:

• Código: 213.492-6. Infração: 3. Tipo: S.

a) identificação dos tanques;

b) fluidos armazenados nos tanques, e respectiva temperatura de operação;

c) tipo de inspeção executada;

d) data de início e de término da inspeção;

e) descrição das inspeções, exames e testes executados;

f) registro fotográfico, ou da localização das anomalias significativas detectadas nos exames internos e externos dos tanques;

g) resultado das inspeções e intervenções executadas;

h) recomendações e providências necessárias;

i) parecer conclusivo quanto à integridade dos tanques até a próxima inspeção;

j) data prevista para a próxima inspeção de segurança;

k) nome legível, assinatura e número do registro no conselho profissional do responsável técnico formalmente designado pelo empregador e nome legível e assinatura de técnicos que participaram da inspeção.

13.7.3.6.1 O prazo para emissão desse relatório é de até 90 (noventa) dias.

• Código: 213.492-6. Infração: 3. Tipo: S.

13.7.3.6.2 O relatório de inspeção de segurança pode ser elaborado em sistema informatizado do estabelecimento com segurança da informação, ou em mídia eletrônica com utilização de assinatura digital, desde que a assinatura seja validada por uma AC.

13.7.3.7 As recomendações decorrentes da inspeção devem ser implementadas pelo empregador, com a determinação de prazos e responsáveis pela sua execução.

• Código: 213.468-3. Infração: 3. Tipo: S.

13.8 Glossário

Abertura escalonada de válvulas de segurança – condição de calibração diferenciada da pressão de abertura de múltiplas válvulas de segurança, prevista no código de projeto do equipamento por elas protegido, onde podem ser estabelecidos valores de abertura acima da PMTA, consideradas as vazões necessárias para o alívio da sobrepressão em cenários distintos.

Acessório de tubulação – elementos integrantes de uma tubulação tais como válvulas, filtros de linha, flanges, suportes e conexões.

Adequação ao uso – estudo conceitual multidisciplinar de engenharia, baseado em códigos ou normas, como o API 579-1/ASME FFS-1 - Fitness - for - Service, usado para determinar se um equipamento com desgaste conhecido estará apto a operar com segurança por determinado tempo.

Adequação definitiva – para efeitos desta Norma, é o atendimento aos requisitos da inspeção extraordinária especial.

Alteração – mudança no projeto original do fabricante que promova alteração estrutural ou de parâmetros operacionais significativos definidos por PH, ou afete a capacidade de reter pressão ou possa comprometer a segurança de caldeiras, vasos de pressão e tubulações.

Autoridade Certificadora (AC) – entidade, pública ou privada, subordinada à hierarquia da ICP-Brasil, responsável por emitir, distribuir, renovar, revogar e gerenciar certificados digitais.

Avaliação ou inspeção de integridade – conjunto de estratégias e técnicas utilizadas na avaliação detalhada da condição física de um equipamento.

Caldeira de fluido térmico – caldeira utilizada para aquecimento de um fluido no estado líquido, chamado de fluido térmico, sem vaporizá-lo.

Caldeiras de recuperação de álcalis – caldeiras a vapor que utilizam como combustível principal o licor negro oriundo do processo de fabricação de celulose, realizando a recuperação de químicos e geração de energia.

Código de projeto – conjunto de normas e regras que estabelece os requisitos para o projeto, construção, montagem, controle de qualidade da fabricação e inspeção de equipamentos.

Códigos de pós-construção – compõe-se de normas ou recomendações práticas de avaliação da integridade estrutural de equipamentos durante a sua vida útil.

Comissionamento – conjunto de técnicas e procedimentos de engenharia aplicados de forma integrada à instalação ou parte dela, visando torná-la operacional de acordo com os requisitos especificados em projeto.

Componentes de duto – quaisquer elementos mecânicos pertencentes ao duto, compreendendo, mas não se limitando, aos seguintes: lançadores e recebedores de pigs e esferas de limpeza, válvulas, flanges, conexões padronizadas, conexões especiais, derivações tubulares, parafusos e juntas. Os tubos não são considerados componentes.

Construção – processo que inclui projeto, especificação de material, fabricação, inspeção, exame, teste e avaliação de conformidade de caldeiras, vasos de pressão e tubulações.

Controle da qualidade – conjunto de ações destinadas a verificar e atestar a conformidade de caldeiras, vasos de pressão e suas tubulações de interligação nas etapas de fabricação, montagem ou manutenção. As ações abrangem o acompanhamento da execução da soldagem, materiais utilizados e realização de exames e testes tais como: líquido penetrante, partículas magnéticas, ultrassom, visual, testes de pressão, radiografia, emissão acústica e correntes parasitas.

Demanda – condição ou evento perigoso que requer a atuação de uma Função Instrumentada de Segurança.

Dispositivo Contra Bloqueio Inadvertido – DCBI – meio utilizado para evitar que bloqueios inadvertidos impeçam a atuação de dispositivos de segurança.

Dispositivos de segurança – dispositivos ou componentes que protegem um equipamento contra sobrepressão manométrica, independente da ação do operador e de acionamento por fonte externa de energia.

Duto – tubulação projetada por códigos específicos, destinada à transferência de fluidos entre unidades industriais de estabelecimentos industriais distintos ou não, ocupando áreas de terceiros.

Empregador – empresa individual ou coletiva, que, assumindo os riscos da atividade econômica, admite, assalaria e dirige a prestação pessoal de serviços; equiparam-se ao empregador os profissionais liberais, as instituições de beneficência, as associações recreativas ou outras instituições sem fins lucrativos, que admitem trabalhadores como empregados.

Enchimento interno – materiais inseridos no interior dos vasos de pressão com finalidades específicas e período de vida útil determinado, tipo catalisador, recheio, peneira molecular, e carvão ativado. Bandejas e acessórios internos não configuram enchimento interno.

Especificação da tubulação – código alfanumérico que define a classe de pressão e os materiais dos tubos e acessórios das tubulações.

Estudo de confiabilidade para SIS – estudo que determina o Nível de Integridade de Segurança requerido da Função Instrumentada de Segurança e o cálculo de confiabilidade para sua adequação, conforme normas internacionais.

Exame – atividade conduzida por PH ou técnicos qualificados ou certificados, quando exigido por códigos ou normas, para avaliar se determinados produtos, processos ou serviços estão em conformidade com critérios especificados.

Exame externo – exame da superfície e de componentes externos de um equipamento, podendo ser realizado em operação, visando avaliar a sua integridade estrutural.

Exame interno – exame da superfície interna e de componentes internos de um equipamento, executado visualmente, com o emprego de ensaios e testes apropriados para avaliar sua integridade estrutural.

Fabricante – empresa responsável pela construção de caldeiras, vasos de pressão ou tubulações.

Fluxograma de engenharia (P&ID) – diagrama mostrando o fluxo do processo com os equipamentos, as tubulações e seus acessórios, e as malhas de controle de instrumentação.

Fluxograma de processo – diagrama de representação esquemática do processo de plantas industriais mostrando o percurso ou caminho percorrido pelos fluidos.

Força maior – todo acontecimento inevitável, em relação à vontade do empregador, e para a realização do qual este não concorreu, direta ou indiretamente. A imprevidência do empregador exclui a razão de força maior.

Função Instrumentada de Segurança – função implementada pelo SIS cujo objetivo é atingir ou manter o estado seguro do equipamento ou processo em relação a um evento perigoso específico.

Gerador de vapor – equipamentos destinados a produzir vapor sob pressão superior à atmosférica, sem acumulação e não enquadrados em códigos de vasos de pressão.

Inspeção de segurança extraordinária – inspeção executada devido a ocorrências que possam afetar a condição física do equipamento, tais como hibernação prolongada, mudança de locação, surgimento de deformações inesperadas, choques mecânicos de grande impacto ou vazamentos, entre outros, envolvendo caldeiras, vasos de pressão e tubulações, com abrangência definida por PH.

Inspeção de segurança inicial – inspeção executada no equipamento novo, montado no local definitivo de instalação e antes de sua entrada em operação.

Inspeção de segurança periódica – inspeção executada durante a vida útil de um equipamento, com critérios e periodicidades determinados por PH, respeitados os intervalos máximos estabelecidos nesta Norma.

Inspeção extraordinária especial – inspeção aplicada para vasos de pressão construídos sem código de projeto que compreende, impreterivelmente:

a) levantamento dimensional dos elementos de retenção de pressão que não possuem equação de projeto em códigos reconhecidos, como tampos nervurados, flanges, conexões, transições cônicas, entre outros;

b) caracterização de materiais de fabricação através de ensaios, ou admissão dos menores limites de resistência presentes nos códigos de projeto, para cada tipo de material/liga (aço ao carbono, aço inox etc.);

c) avaliação de integridade estrutural por metodologia complementar, análise de tensões, adequação ao uso ou similares, de acordo com critérios de aceitação de códigos internacionais de referência;

d) adoção de sobre-espessura de corrosão para os componentes avaliados, que permitam o monitoramento de vida residual;

e) dimensionamento de reforços estruturais, quando necessário, através da elaboração de projeto de alteração.

Instrumentos de monitoração ou de controle – dispositivos destinados à monitoração ou controle das variáveis operacionais dos equipamentos a partir da sala de controle ou do próprio equipamento.

Integridade estrutural – conjunto de propriedades e características físicas necessárias para que um equipamento ou item desempenhe com segurança e eficiência as funções para as quais foi projetado.

Linha – trecho de tubulação individualizado entre dois pontos definidos e que obedece a uma única especificação de materiais, produtos transportados, pressão e temperatura de projeto.

Manutenção preditiva – manutenção com ênfase na predição da falha e em ações baseadas na condição do equipamento para prevenir a falha ou degradação do mesmo.

Manutenção preventiva – manutenção executada a intervalos predeterminados ou de acordo com critérios prescritos, e destinada a reduzir a probabilidade de falha ou a degradação do funcionamento de um componente.

Máquinas de fluido – aquela que tem como função principal intercambiar energia com um fluido que as atravessa.

Mecanismos de danos – conjunto de fatores que causam degradação nos equipamentos e componentes.

Nível de Integridade de Segurança (SIL) – nível discreto (de um a quatro) usado para especificar os requisitos de integridade de segurança de uma função instrumentada de segurança alocada em um sistema instrumentado de segurança.

SIL	Probabilidade de falha na demanda	Fator de redução de risco (1/probabilidade de falha na demanda)
4	< 0,0001 (10^{-4})	> 10.000
3	≥ 0,0001 (10^{-4}) a < 0,001 (10^{-3})	> 1.000 a ≤ 10.000
2	≥ 0,001 (10^{-3}) a < 0,01 (10^{-2})	> 100 a ≤ 1.000
1	≥ 0,01 (10^{-2}) a < 0,1 (10^{-1})	> 10 a ≤ 100

Operação contínua – operação da caldeira por mais de 95 % do tempo correspondente aos prazos estipulados no subitem 13.4.4.5 desta NR.

Pacote de máquina – conjunto de equipamentos e dispositivos composto pela máquina e seus sistemas auxiliares (*vide* sistemas auxiliares de máquinas).

Pessoal qualificado – profissional com conhecimentos e habilidades que permitam exercer determinadas tarefas, e certificado quando exigível por código ou norma.

Placa de identificação – placa contendo dados do equipamento de acordo com os requisitos estabelecidos nesta NR, fixada em local visível.

Plano de inspeção – descrição das atividades, incluindo os exames e testes a serem realizados, necessárias para avaliar as condições físicas de caldeiras, vasos de pressão e tubulações, considerando o histórico dos equipamentos e os mecanismos de danos previsíveis.

Plástico Reforçado por Fibra de Vidro (PRFV) – material compósito constituído de uma matriz polimérica (a resina sintética) reforçada pela fibra de vidro.

Prática profissional supervisionada – atividade na qual o trabalhador vai colocar na prática tudo o que aprendeu na teoria com a supervisão de um responsável.

Pressão máxima de operação – para fins de enquadramento e definição da categoria de vasos de pressão considera-se pressão máxima de operação a maior pressão que o equipamento pode operar em condições normais de processo, previstas no prontuário. Caso não exista esta definição no prontuário, deve ser considerada a PMTA.

Pressão Máxima de Trabalho Admissível (PMTA) – é o maior valor de pressão a que um equipamento pode ser submetido continuamente, de acordo com o código de projeto, a resistência dos materiais utilizados, as dimensões do equipamento e seus parâmetros operacionais.

Programa de inspeção – cronograma contendo, entre outros dados, as datas das inspeções de segurança periódicas a serem executadas.

Projeto de alteração – projeto elaborado por ocasião de alteração que implique em intervenção estrutural ou mudança de processo significativa em caldeiras, vasos de pressão e tubulações.

Projeto de reparo – projeto estabelecendo os procedimentos de execução e controle de reparos que possam comprometer a capacidade de retenção de pressão de caldeiras, vasos de pressão e tubulações.

Projeto alternativo de instalação – projeto concebido para minimizar os impactos de segurança para o trabalhador quando as instalações não estiverem atendendo a determinado item desta NR.

Projeto de instalação – projeto contendo o posicionamento dos equipamentos e sistemas de segurança dentro das instalações e, quando aplicável, os acessos aos acessórios dos mesmos (*vents*, drenos, instrumentos). Integra o projeto de instalação o inventário de válvulas de segurança com os respectivos DCBI e equipamentos protegidos.

Prontuário – conjunto de documentos e registros do projeto de construção, fabricação, montagem, inspeção e manutenção dos equipamentos.

Recipientes móveis – vasos de pressão que podem ser movidos dentro de uma instalação ou entre instalações e que não podem ser enquadrados como transportáveis.

Recipientes transportáveis – recipientes projetados e construídos para serem transportados pressurizados e em conformidade com normas e regulamentações específicas de recipientes transportáveis.

Registro de Segurança – registro da ocorrência de inspeções ou de anormalidades durante a operação de caldeiras e vasos de pressão, executado por PH ou por pessoal de operação, inspeção ou manutenção diretamente envolvido com o fato gerador da anotação.

Relatórios de inspeção de segurança – registro formal dos resultados das inspeções executadas nos equipamentos com laudo conclusivo.

Reparo – intervenção executada para correção de danos, defeitos ou avarias em equipamentos e seus componentes, visando restaurar a condição do projeto de construção.

Segurança da informação – conjunto de ações definido pelo empregador com a finalidade de manter a integridade, inviolabilidade, controle de acessos, disponibilidade, transferência e guarda dos dados eletrônicos.

Sistemas auxiliares de máquinas – conjunto de equipamentos e dispositivos auxiliares para fins de arrefecimento, lubrificação e selagem, integrantes de pacote de máquina.

Sistema de Gerenciamento da Combustão (SGC) – sistema que compreende os dispositivos de campo, o sistema lógico e os elementos de controle finais dedicados à segurança da combustão e a assistência do operador no início e na parada de caldeiras e para evitar erros durante a operação normal. Também conhecido como Burner Management System (BMS).

Sistema de iluminação de emergência – sistema destinado a prover a iluminação necessária ao acesso seguro a um equipamento ou instalação na inoperância dos sistemas principais destinados a tal fim.

Sistema de intertravamento de caldeira – sistema de gerenciamento das atividades de dois ou mais dispositivos ou instrumentos de proteção, monitorado por interface de segurança.

Sistema de tubulação – conjunto integrado de linhas e tubulações que exerce uma função de processo ou que foram agrupadas para fins de inspeção, com características técnicas e de processos semelhantes.

Sistema Instrumentado de Segurança (SIS) – sistema usado para implementar uma ou mais Funções Instrumentadas de Segurança, composto por um conjunto de iniciadores, executores da lógica e elementos finais.

SPIE – Serviço Próprio de Inspeção de Equipamentos.

Teste de estanqueidade – tipo de teste de pressão realizado com a finalidade de atestar a capacidade de retenção de fluido, sem vazamentos, em equipamentos, tubulações e suas conexões, antes de sua entrada ou reentrada em operação.

Teste hidrostático - TH – tipo de teste de pressão com fluido incompressível, executado com o objetivo de avaliar a integridade estrutural dos equipamentos e o rearranjo de possíveis tensões residuais, de acordo com o código de projeto.

Tubulações – conjunto de linhas, incluindo seus acessórios, projetadas por códigos específicos, destinadas ao transporte de fluidos entre equipamentos de uma mesma unidade de uma empresa dotada de caldeiras ou vasos de pressão.

Unidades de processo – conjunto de equipamentos e interligações de uma unidade fabril destinada a transformar matérias-primas em produtos.

Vasos de pressão – são reservatórios projetados para resistir com segurança a pressões internas diferentes da pressão atmosférica, ou submetidos à pressão externa, cumprindo assim a sua função básica no processo no qual estão inseridos; para efeitos desta NR, estão incluídos:

a) permutadores de calor, evaporadores e similares;

b) vasos de pressão ou partes sujeitas à chama direta que não estejam dentro do escopo de outras NR, nem do subitem 13.2.2 e alínea "a" do 13.2.1 desta NR;

c) vasos de pressão encamisados, incluindo refervedores e reatores;

d) autoclaves e caldeiras de fluido térmico.

Vida remanescente – estimativa do tempo restante de vida de um equipamento ou acessório, executada durante avaliações de sua integridade, em períodos pré-determinados.

Vida útil – tempo de vida estimado na fase de projeto para um equipamento ou acessório.

Volume – volume interno útil do vaso de pressão, excluindo o volume dos acessórios internos, de enchimentos ou de catalisadores.

Anexo I
Capacitação Pessoal

A. Caldeiras

A1. Condições Gerais

A1.1. Para efeito da NR-13, é considerado operador de caldeira aquele que satisfizer uma das seguintes condições:

a) possuir certificado de Treinamento de Segurança na Operação de Caldeiras expedido por instituição competente e comprovação de prática profissional supervisionada conforme item A1.5 deste Anexo;

b) possuir certificado de Treinamento de Segurança na Operação de Caldeiras previsto na NR-13 aprovada pela Portaria SSMT n. 02, de 08 de maio de 1984 ou na Portaria SSST n. 23, de 27 de dezembro de 1994.

A1.2. O pré-requisito mínimo para participação como aluno, no Treinamento de Segurança na Operação de Caldeiras é o atestado de conclusão do ensino médio.

A1.3. O Treinamento de Segurança na Operação de Caldeiras deve, obrigatoriamente:

• Código: 213.493-4. Infração: 4. Tipo: S.

a) ser supervisionado tecnicamente por PH;

b) ser ministrado por profissionais capacitados para esse fim;

c) obedecer, no mínimo, ao currículo proposto no item A2 deste Anexo;

d) ocorrer com o acompanhamento da prática profissional, conforme item A1.5;

e) ser exclusivamente na modalidade presencial;

f) ter carga horária mínima de 40 (quarenta) horas.

A1.4 Os responsáveis pelo Treinamento de Segurança na Operação de Caldeiras estão sujeitos ao impedimento de ministrar novos cursos, bem como a outras sanções legais cabíveis, no caso de inobservância do disposto no item A1.3 deste Anexo.

A1.5 Todo operador de caldeira deve ser submetido à prática profissional supervisionada na operação da própria caldeira que irá operar, a qual deve ser documentada e ter duração mínima de:

• Código: 213.493-4. Infração: 4. Tipo: S.

a) caldeiras de categoria A: 80 (oitenta) horas;

b) caldeiras de categoria B: 60 (sessenta) horas.

A1.6 O estabelecimento onde for realizada a prática profissional supervisionada prevista nesta NR deve informar, quando requerido pela representação sindical da categoria profissional predominante do estabelecimento:

• Código: 213.471-3. Infração: 3. Tipo: S.

a) período de realização da prática profissional supervisionada;

b) entidade, empregador ou profissional responsável pelo Treinamento de Segurança na Operação de Caldeira;

c) relação dos participantes desta prática profissional supervisionada.

A1.7 Deve ser realizada a atualização dos conhecimentos dos operadores de caldeiras quando:

• Código: 213.472-1. Infração: 4. Tipo: S.

a) ocorrer modificação na caldeira;

b) ocorrer acidentes e/ou incidentes de alto potencial, que envolvam a operação da caldeira;

c) houver recorrência de incidentes.

A1.8 A prática profissional supervisionada obrigatória deve ser realizada após a conclusão de todo o conteúdo programático previsto no item A2 deste Anexo.

• Código: 213.473-0. Infração: 4. Tipo: S.

A2. Currículo Mínimo para Treinamento de Segurança na Operação de Caldeiras

1. Noções de física aplicada.

1.1 Pressão.

1.1.1 Pressão atmosférica

1.1.2 Pressão manométrica e pressão absoluta

1.1.3 Pressão interna em caldeiras

1.1.4 Unidades de pressão

1.2 Transferência de calor.

1.2.1 Noções gerais: o que é calor, o que é temperatura

1.2.2 Modos de transferência de calor

1.2.3 Calor específico e calor sensível

1.2.4 Transferência de calor a temperatura constante

1.3 Termodinâmica.

1.3.1 Conceitos

1.3.2 Vapor saturado e vapor superaquecido

1.4 Mecânica dos Fluidos.

1.4.1 Conceitos Fundamentais

1.4.2 Pressão em Escoamento

1.4.3 Escoamento de Gases

2. Noções de química aplicada.

2.1 Densidade

2.2 Solubilidade

2.3 Difusão de gases e vapores

2.4 Caracterização de Ácido e Base (Álcalis) – Definição de pH

2.5 Fundamentos básicos sobre corrosão

3. Tópicos de inspeção e manutenção de equipamentos e registros.

4. Caldeiras – considerações gerais.

4.1 Tipos de caldeiras e suas utilizações

4.1.1 Caldeiras flamotubulares

4.1.2 Caldeiras aquatubulares

4.1.3 Caldeiras elétricas

4.1.4 Caldeiras a combustíveis sólidos

4.1.5 Caldeiras a combustíveis líquidos

4.1.6 Caldeiras a gás

4.2 Acessórios de caldeiras

4.3 Instrumentos e dispositivos de controle de caldeiras

4.3.1 Dispositivo de alimentação

4.3.2 Visor de nível

4.3.3 Sistema de controle de nível

4.3.4 Indicadores de pressão

4.3.5 Dispositivos de segurança

4.3.6 Dispositivos auxiliares

4.3.7 Válvulas e tubulações

4.3.8 Tiragem de fumaça

4.3.9 Sistema Instrumentado de Segurança

5. Operação de caldeiras.

5.1 Partida e parada

5.2 Regulagem e controle

5.2.1 De temperatura

5.2.2 De pressão

5.2.3 De fornecimento de energia

5.2.4 Do nível de água

5.2.5 De poluentes

5.2.6 De combustão

5.3 Falhas de operação, causas e providências

5.4 Roteiro de vistoria diária

5.5 Operação de um sistema de várias caldeiras

5.6 Procedimentos em situações de emergência

6. Tratamento de água de caldeiras.

6.1 Impurezas da água e suas consequências

6.2 Tratamento de água de alimentação

6.3 Controle de água de caldeira

7. Prevenção contra explosões e outros riscos.

7.1 Riscos gerais de acidentes e riscos à saúde

7.2 Riscos de explosão

7.3 Estudos de caso

8. Legislação e normalização.

8.1 Norma Regulamentadora 13 – NR-13

8.2 Categoria de Caldeiras

B. Vasos de Pressão

B1. Condições Gerais

B1.1. A operação de unidades de processo que possuam vasos de pressão de categorias I ou II deve ser feita por profissional com Treinamento de Segurança na Operação de Unidades de Processos.

B1.2. Para efeito desta NR é considerado profissional com Treinamento de Segurança na Operação de Unidades de Processo aquele que satisfizer uma das seguintes condições:

a) possuir certificado de Treinamento de Segurança na Operação de Unidades de Processo expedido por instituição competente para o treinamento e comprovação de prática profissional supervisionada conforme item B1.6 deste Anexo;

b) possuir experiência comprovada na operação de vasos de pressão das categorias I ou II de pelo menos 2 (dois) anos antes da vigência da NR-13 aprovada pela Portaria SSST n. 23, de 27 de dezembro de 1994.

B1.3 O pré-requisito mínimo para participação, como aluno, no Treinamento de Segurança na Operação de Unidades de Processo é o atestado de conclusão do ensino médio.

B1.4 O Treinamento de Segurança na Operação de Unidades de Processo deve obrigatoriamente:

• Código: 213.474-8. Infração: 4. Tipo: S.

a) ser supervisionado tecnicamente por PH;

b) ser ministrado por profissionais capacitados para esse fim;

c) obedecer, no mínimo, ao currículo proposto no item B2 deste Anexo;

d) ocorrer com o acompanhamento da prática profissional conforme item B1.6;

e) ser exclusivamente na modalidade presencial;

f) ter carga horária mínima de 40 (quarenta) horas.

B1.5 Os responsáveis pelo Treinamento de Segurança na Operação de Unidades de Processo estão sujeitos ao impedimento de ministrar novos cursos, bem como a outras sanções legais cabíveis, no caso de inobservância do disposto no item B1.4.

B1.6 Todo profissional com Treinamento de Segurança na Operação de Unidades de Processo deve ser submetido à prática profissional supervisionada com duração de 300 (trezentas) horas na operação unidades de processo que possuam vasos de pressão de categorias I ou II.

• Código: 213.475-6. Infração: 4. Tipo: S.

B1.7 O estabelecimento onde for realizada a prática profissional supervisionada prevista nesta NR deve informar, quando requerido pela representação sindical da categoria profissional predominante do estabelecimento:

• Código: 213.476-4. Infração: 3. Tipo: S.

a) período de realização da prática profissional supervisionada;

b) entidade, empregador ou profissional responsável pelo Treinamento de Segurança na Operação de Unidades de Processo;

c) relação dos participantes desta prática profissional supervisionada.

B1.8 A prática profissional supervisionada obrigatória deve ser realizada após a conclusão de todo o conteúdo programático previsto no item B2.

• Código: 213.477-2. Infração: 3. Tipo: S.

B2. Currículo Mínimo para Treinamento de Segurança na Operação de Unidades de Processo

1. Noções de física aplicada.

1.1 Pressão

1.1.1 Pressão atmosférica

1.1.2 Pressão manométrica e pressão absoluta

1.1.3 Pressão interna, pressão externa e vácuo

1.1.4 Unidades de pressão

1.2 Transferência de calor.

1.2.1 Noções gerais: o que é calor, o que é temperatura

1.2.2 Modos de transferência de calor

1.2.3 Calor específico e calor sensível

1.2.4 Transferência de calor a temperatura constante

1.3 Termodinâmica.

1.3.1 Conceitos

1.3.2 Vapor saturado e vapor superaquecido

1.4 Mecânica dos Fluidos.

1.4.1 Conceitos Fundamentais

1.4.2 Pressão em Escoamento

1.4.3 Tipos de Escoamento: Laminar e Turbulento

1.4.4 Escoamento de Líquidos: Transferência por Gravidade, Diferença de pressão, Sifão

1.4.5 Perda de Carga: Conceito, rugosidade, acidentes.

1.4.6 Princípio de Bombeamento de Fluidos

2. Noções de química aplicada.

2.1 Densidade

2.2 Solubilidade

2.3 Difusão de gases e vapores

2.4 Caracterização de Ácido e Base (Álcalis) – Definição de pH

2.5 Fundamentos básicos sobre corrosão

3. Tópicos de inspeção e manutenção de equipamentos e registros.

4. Equipamentos de processo. Carga horária estabelecida de acordo com a complexidade da unidade, onde aplicável

4.1 Acessórios de tubulações

4.2 Acessórios elétricos e outros itens

4.3 Aquecedores de água

4.4 Bombas

4.5 Caldeiras (conhecimento básico)

4.6 Compressores

4.7 Condensador

4.8 Desmineralizador

4.9 Esferas

4.10 Evaporadores

4.11 Filtros

4.12 Lavador de gases

4.13 Reatores

4.14 Resfriador

4.15 Secadores

4.16 Silos

4.17 Tanques de armazenamento

4.18 Torres

4.19 Trocadores calor

4.20 Tubulações industriais

4.21 Turbinas a vapor

4.22 Injetores e ejetores

4.23 Dispositivos de segurança

4.24 Outros

5. Instrumentação.

6. Operação da unidade.

6.1 Descrição do processo

6.2 Partida e parada

6.3 Procedimentos de emergência

6.4 Descarte de produtos químicos e preservação do meio ambiente

6.5 Avaliação e controle de riscos inerentes ao processo

6.6 Prevenção contra deterioração, explosão e outros riscos

7. Legislação e normalização.

7.1 Norma Regulamentadora n. 13 – NR-13

7.2 Categorias de vasos de pressão

Anexo II

Requisitos para Certificação de Serviço Próprio de Inspeção de Equipamentos - SPIE

Antes de colocar em prática os períodos especiais entre inspeções, estabelecidos nos subitens 13.4.4.5, alínea "b" do 13.5.4.5, 13.6.3.3 e 13.7.3.3 da NR-13, os "Serviços Próprios de Inspeção de Equipamentos" da empresa, organizados na forma de setor, seção, departamento, divisão, ou equivalente, devem ser certificados por Organismos de Certificação de Produto – OCP acreditados pela Coordenação Geral de Acreditação do Instituto Nacional de Metrologia, Qualidade e Tecnologia – Cgcre/INMETRO, que verificarão por meio de auditorias programadas o atendimento aos seguintes requisitos mínimos expressos nas alíneas "a" a "h".

a) existência de pessoal próprio da empresa onde estão instalados caldeiras, vasos de pressão, tubulações e tanques, com dedicação exclusiva a atividades de inspeção, avaliação de integridade e vida residual, com formação, qualificação e treinamento compatíveis com a atividade proposta de preservação da segurança;

b) mão de obra contratada para ensaios não destrutivos certificada segundo regulamentação vigente e, para outros serviços de caráter eventual, selecionada e avaliada segundo critérios semelhantes ao utilizado para a mão de obra própria;

NR 13

c) serviço de inspeção de equipamentos proposto com um responsável pelo seu gerenciamento formalmente designado para esta função;

d) existência de pelo menos 1 (um) PH;

e) existência de condições para manutenção de arquivo técnico atualizado, necessário ao atendimento da NR-13, assim como mecanismos para distribuição de informações quando requeridas;

f) existência de procedimentos escritos para as principais atividades executadas;

g) existência de aparelhagem condizente com a execução das atividades propostas;

h) cumprimento mínimo da programação de inspeção.

A certificação de SPIE e a sua manutenção estão sujeitas a Regulamento específico do INMETRO.

ANEXO III

Certificação Voluntária de Competências do Profissional Habilitado da NR-13

1. O Profissional Habilitado – PH definido no subitem 13.3.2 da NR-13 pode, através de certificação voluntária no âmbito do Sistema Brasileiro de Avaliação da Conformidade – SBAC, obter o reconhecimento de sua competência profissional como Profissional Habilitado da NR-13 com certificação para o exercício das atividades referentes a acompanhamento da operação e da manutenção, inspeção e supervisão de inspeção de caldeiras, de vasos de pressão, de tubulações e de tanques metálicos de armazenamento.

2. A certificação voluntária de Profissional Habilitado da NR-13 deve ser feita por um Organismo de Certificação de Pessoas – OPC acreditado pela Coordenação Geral de Acreditação do Instituto Nacional de Metrologia, Qualidade e Tecnologia – Cgcre/INMETRO.

3. O esquema de certificação a ser desenvolvido pelo OPC deve considerar, como pré-requisito, que o candidato à certificação voluntária possua graduação de nível superior em Engenharia.

4. O Programa de Certificação voluntária de PH NR-13, executado pelo OPC, deverá ter, no mínimo, as seguintes fases:

a) avaliação – Comprovação de formação acadêmica, cursos complementares, experiência profissional e realização de exames teóricos e práticos;

b) análise e decisão – Realização por pessoa(s) ou comitê formalmente designados para este fim, não envolvidos nos processos (a) e (b);

c) formalização – Emissão de Certificado de Profissional Habilitado NR-13;

d) supervisão – Manutenção da Certificação, com reavaliação a cada 30 (trinta) meses;

e) recertificação – Realização a cada 60 (sessenta) meses.

5. Os profissionais que obtiverem o reconhecimento de suas competências profissionais através da certificação voluntária de Profissional Habilitado da NR-13, devem ter esta informação divulgada pelo Ministério do Trabalho.

NR 14

Fornos ([1])

14.1. Os fornos, para qualquer utilização, devem ser construídos solidamente, revestidos com material refratário, de forma que o calor radiante não ultrapasse os limites de tolerância estabelecidos pela Norma Regulamentadora – NR 15.

• Código: 114.008-6. Infração: 3. Tipo: S.

14.2. Os fornos devem ser instalados em locais adequados, oferecendo o máximo de segurança e conforto aos trabalhadores.

• Código: 114.013-2. Infração: 4. Tipo: S.

14.2.1. Os fornos devem ser instalados de forma a evitar acúmulo de gases nocivos e altas temperaturas em áreas vizinhas.

• Código: 114.013-2. Infração: 4. Tipo: S.

14.2.2. As escadas e plataformas dos fornos devem ser feitas de modo a garantir aos trabalhadores a execução segura de suas tarefas.

• Código: 114.011-6. Infração: 4. Tipo: S.

14.3. Os fornos que utilizarem combustíveis gasosos ou líquidos devem ter sistemas de proteção para:

a) não ocorrer explosão por falha da chama de aquecimento ou no acionamento do queimador;

• Código: 114.014-0. Infração: 4. Tipo: S.

b) evitar retrocesso da chama.

• Código: 114.014-0. Infração: 4. Tipo: S.

14.3.1. Os fornos devem ser dotados de chaminé, suficientemente dimensionada para a livre saída dos gases queimados, de acordo com normas técnicas oficiais sobre poluição do ar.

• Código: 114.012-4. Infração: 3. Tipo: S.

---

(1) NR aprovada pela Portaria n. 3.214, de 8-6-1978, e com redação determinada pela Portaria n. 12, de 6-6-1983.

NR 15
Atividades e Operações Insalubres ([1])

15.1. São consideradas atividades ou operações insalubres as que se desenvolvem:

15.1.1. Acima dos limites de tolerância previstos nos anexos ns. 1, 2, 3, 5, 11 e 12;

15.1.2. (*Revogado pela Portaria n. 3.751, de 23-11-1990.*)

15.1.3. Nas atividades mencionadas nos Anexos ns. 6, 13 e 14;

15.1.4. Comprovadas através de laudo de inspeção do local de trabalho, constantes dos Anexos n. 7, 8, 9 e 10.

15.1.5. Entende-se por Limite de Tolerância, para os fins desta Norma, a concentração ou intensidade máxima ou mínima, relacionada com a natureza e o tempo de exposição ao agente, que não causará dano à saúde do trabalhador, durante a sua vida laboral.

15.2. O exercício de trabalho em condições de insalubridade, de acordo com os subitens do item anterior, assegura ao trabalhador a percepção de adicional, incidente sobre o salário mínimo da região, equivalente a:

• Código: 115.001-4. Infração: 1. Tipo: S.

15.2.1. 40% (quarenta por cento), para insalubridade de grau máximo;

15.2.2. 20% (vinte por cento), para insalubridade de grau médio;

15.2.3. 10% (dez por cento), para insalubridade de grau mínimo.

15.3. No caso de incidência de mais de um fator de insalubridade, será apenas considerado o de grau mais elevado, para efeito de acréscimo salarial, sendo vedada a percepção cumulativa.

15.4. A eliminação ou neutralização da insalubridade determinará a cessação do pagamento do adicional respectivo.

15.4.1. A eliminação ou neutralização da insalubridade deverá ocorrer:

a) com a adoção de medidas de ordem geral que conservem o ambiente de trabalho dentro dos limites de tolerância;

b) com a utilização de equipamento de proteção individual.

15.4.1.1. Cabe à autoridade regional competente em matéria de segurança e saúde do trabalhador, comprovada a insalubridade por laudo técnico de engenheiro de segurança do trabalho ou médico do trabalho, devidamente habilitado, fixar adicional devido aos empregados expostos à insalubridade quando impraticável sua eliminação ou neutralização.

•• Item com redação determinada pela Portaria n. 3, de 1º-7-1992.

15.4.1.2. A eliminação ou neutralização da insalubridade ficará caracterizada através de avaliação pericial por órgão competente, que comprove a inexistência de risco à saúde do trabalhador.

15.5. É facultado às empresas e aos sindicatos das categorias profissionais interessadas requererem ao Ministério do Trabalho, através das DRTs, a realização de perícia em estabelecimento ou setor deste, com o objetivo de caracterizar e classificar ou determinar atividade insalubre.

15.5.1. Nas perícias requeridas às Delegacias Regionais do Trabalho, desde que comprovada a insalubridade, o perito do Ministério do Trabalho indicará o adicional devido.

15.6. O perito descreverá no laudo a técnica e a aparelhagem utilizadas.

15.7. O disposto no item 15.5 não prejudica a ação fiscalizadora do MTb, nem a realização *ex officio* da perícia, quando solicitado pela Justiça, nas localidades onde não houver perito.

---

(1) NR aprovada pela Portaria n. 3.214, de 8-6-1978.
Vide arts. 189 a 192 da CLT.

Anexo n. 1
Limites de Tolerância para Ruído Contínuo ou Intermitente

Nível de Ruído dB (A)	Máxima Exposição Diária Permissível
85	8 horas
86	7 horas
87	6 horas
88	5 horas
89	4 horas e 30 minutos
90	4 horas
91	3 horas e 30 minutos
92	3 horas
93	2 horas e 40 minutos
94	2 horas e 15 minutos
95	2 horas
96	1 hora e 45 minutos
98	1 hora e 15 minutos
100	1 hora
102	45 minutos
104	35 minutos
105	30 minutos
106	25 minutos
108	20 minutos
110	15 minutos
112	10 minutos
114	8 minutos
115	7 minutos

1. Entende-se por Ruído Contínuo ou Intermitente, para os fins de aplicação de Limites de Tolerância, o ruído que não seja ruído de impacto.

2. Os níveis de ruído contínuo ou intermitente devem ser medidos em decibéis (dB) com instrumento de nível de pressão sonora operando no circuito de compensação "A" e circuito de resposta lenta (SLOW). As leituras devem ser feitas próximas ao ouvido do trabalhador.

3. Os tempos de exposição aos níveis de ruído não devem exceder os limites de tolerância fixados no Quadro deste anexo.

• Código: 115.221-1. Infração: 4. Tipo: S.

4. Para os valores encontrados de nível de ruído intermediário será considerada a máxima exposição diária permissível relativa ao nível imediatamente mais elevado.

5. Não é permitida exposição a níveis de ruído acima de 115 dB(A) para indivíduos que não estejam adequadamente protegidos.

• Código: 115.221-1. Infração: 4. Tipo: S.

6. Se durante a jornada de trabalho ocorrerem dois ou mais períodos de exposição a ruído de diferentes níveis, devem ser considerados os seus efeitos combinados, de forma que, se a soma das seguintes frações:

$$\frac{C_1}{T_1} + \frac{C_2}{T_2} + \frac{C_3}{T_3} + \dots\dots\dots + \frac{C_n}{T_n}$$

exceder a unidade, a exposição estará acima do limite de tolerância.

Na equação acima, C_n indica o tempo total que o trabalhador fica exposto a um nível de ruído específico, e T_n indica a máxima exposição diária permissível a este nível, segundo o Quadro deste Anexo.

7. As atividades ou operações que exponham os trabalhadores a níveis de ruído, contínuo ou intermitente, superiores a 115 dB(A), sem proteção adequada, oferecerão risco grave e iminente.

Anexo n. 2
Limites de Tolerância para Ruídos de Impacto

1. Entende-se por ruído de impacto aquele que apresenta picos de energia acústica de duração inferior a 1 (um) segundo, a intervalos superiores a 1 (um) segundo.

2. Os níveis de impacto deverão ser avaliados em decibéis (dB), com medidor de nível de pressão sonora operando no circuito linear e circuito de resposta para impacto. As leituras devem ser feitas próximas ao ouvido do trabalhador. O limite de tolerância para ruído de impacto será de 130 dB(linear). Nos intervalos entre os picos, o ruído existente deverá ser avaliado como ruído contínuo.

3. Em caso de não se dispor de medidor de nível de pressão sonora com circuito de resposta para impacto, será válida a leitura feita no circuito de resposta rápida (FAST) e circuito de compensação "C". Neste caso, o limite de tolerância será de 120 dB(C).

4. As atividades ou operações que exponham os trabalhadores, sem proteção adequada, a níveis de ruído de impacto superiores a 140 dB(LINEAR), medidos no circuito de resposta para impacto, ou superiores a 130 dB(C), medidos no circuito de resposta rápida (FAST), oferecerão risco grave e iminente.

• Código: 115.053-7. Infração: 3. Tipo: S.

Anexo n. 3
Limites de Exposição Ocupacional ao Calor

•• Anexo 3 com redação determinada pela Portaria n. 1.359, de 9-12-2019.

SUMÁRIO:

1. Objetivos

2. Caracterização da atividade ou operação insalubre

3. Laudo Técnico para caracterização da exposição ocupacional ao calor

1. Objetivos

1.1. O objetivo deste Anexo é estabelecer critério para caracterizar as atividades ou operações insalubres decorrentes da exposição ocupacional ao calor em ambientes fechados ou ambientes com fonte artificial de calor.

1.1.1. Este Anexo não se aplica a atividades ocupacionais realizadas a céu aberto sem fonte artificial de calor.

2. Caracterização da atividade ou operação insalubre

2.1. A avaliação quantitativa do calor deverá ser realizada com base na metodologia e procedimentos descritos na Norma de Higiene Ocupacional NHO 06 (2ª edição – 2017) da FUNDACENTRO nos seguintes aspectos:

•• Código: 115.238-6. Infração: 4. Tipo: S.

a) determinação de sobrecarga térmica por meio do índice IBUTG – Índice de Bulbo Úmido Termômetro de Globo;

b) equipamentos de medição e formas de montagem, posicionamento e procedimentos de uso dos mesmos nos locais avaliados;

c) procedimentos quanto à conduta do avaliador; e

d) medições e cálculos.

2.2. A taxa metabólica deve ser estimada com base na comparação da atividade realizada pelo trabalhador com as opções apresentadas no Quadro 2 deste Anexo.

2.2.1. Caso uma atividade específica não esteja apresentada no Quadro 2 deste Anexo, o valor da taxa metabólica deverá ser obtido por associação com atividade similar do referido Quadro.

2.3. São caracterizadas como insalubres as atividades ou operações realizadas em ambientes fechados ou ambientes com fonte artificial de calor sempre que o IBUTG (médio) medido ultrapassar os limites de exposição ocupacional estabelecidos com base no Índice de Bulbo Úmido Termômetro de Globo apresentados no Quadro 1 ($\overline{IBUTG}_{MÁX}$) e determinados a partir da taxa metabólica das atividades, apresentadas no Quadro 2, ambos deste Anexo.

2.4. O Índice de Bulbo Úmido Termômetro de Globo Médio – $\overline{IBUTG}$ e a Taxa Metabólica Média – $\overline{M}$, a serem considerados na avaliação da exposição ao calor, devem ser aqueles que, obtidos no período de 60 (sessenta) minutos corridos, resultem na condição mais crítica de exposição.

2.4.1. A avaliação quantitativa deve ser representativa da exposição, devendo ser desconsideradas as situações de exposições eventuais ou não rotineiras nas quais os trabalhadores não estejam expostos diariamente.

2.5. Os limites de exposição ocupacional ao calor, $\overline{IBUTG}_{MÁX}$, estão apresentados no Quadro 1 deste Anexo para os diferentes valores de taxa metabólica média ($\overline{M}$).

2.6. As situações de exposição ocupacional ao calor, caracterizadas como insalubres, serão classificadas em grau médio.

3. Laudo Técnico para caracterização da exposição ocupacional ao calor

3.1. A caracterização da exposição ocupacional ao calor deve ser objeto de laudo técnico que contemple, no mínimo, os seguintes itens:

a) introdução, objetivos do trabalho e justificativa;

•• Código: 115.239-4. Infração: 2. Tipo: S.

b) avaliação dos riscos, descritos no item 3.2 do Anexo III da NR-09;

•• Alínea *b* com redação determinada pela Portaria n. 426, de 7-10-2021.

•• Código: 115.239-4. Infração: 2. Tipo: S.

c) descrição da metodologia e critério de avaliação, incluindo locais, datas e horários das medições;

•• Código: 115.239-4. Infração: 2. Tipo: S.

d) especificação, identificação dos aparelhos de medição utilizados e respectivos certificados de calibração conforme a NHO 06 da FUNDACENTRO, quando utilizado o medidor de IBUTG;

•• Código: 115.239-4. Infração: 2. Tipo: S.

e) avaliação dos resultados;

•• Código: 115.239-4. Infração: 2. Tipo: S.

f) descrição e avaliação de medidas de controle eventualmente já adotadas; e

•• Código: 115.239-4. Infração: 2. Tipo: S.

g) conclusão com a indicação de caracterização ou não de insalubridade.

•• Código: 115.239-4. Infração: 2. Tipo: S.

Quadro 1: Limite de exposição ocupacional ao calor

$\overline{M}$ [W]	$\overline{IBUTG}_{MÁX}$ [°C]	$\overline{M}$ [W]	$\overline{IBUTG}_{MÁX}$ [°C]	$\overline{M}$ [W]	$\overline{IBUTG}_{MÁX}$ [°C]
100	33,7	186	30,6	346	27,5
102	33,6	189	30,5	353	27,4
104	33,5	193	30,4	360	27,3
106	33,4	197	30,3	367	27,2
108	33,3	201	30,2	374	27,1
110	33,2	205	30,1	382	27,0
112	33,1	209	30,0	390	26,9
115	33,0	214	29,9	398	26,8

$\overline{M}$ [W]	$\overline{IBUTG}_{MÁX}$ [°C]	$\overline{M}$ [W]	$\overline{IBUTG}_{MÁX}$ [°C]	$\overline{M}$ [W]	$\overline{IBUTG}_{MÁX}$ [°C]
117	32,9	218	29,8	406	26,7
119	32,8	222	29,7	414	26,6
122	32,7	227	29,6	422	26,5
124	32,6	231	29,5	431	26,4
127	32,5	236	29,4	440	26,3
129	32,4	241	29,3	448	26,2
132	32,3	246	29,2	458	26,1
135	32,2	251	29,1	467	26,0
137	32,1	256	29,0	476	25,9
140	32,0	261	28,9	486	25,8
143	31,9	266	28,8	496	25,7
146	31,8	272	28,7	506	25,6
149	31,7	277	28,6	516	25,5
152	31,6	283	28,5	526	25,4
155	31,5	289	28,4	537	25,3
158	31,4	294	28,3	548	25,2
161	31,3	300	28,2	559	25,1
165	31,2	306	28,1	570	25,0
168	31,1	313	28,0	582	24,9
171	31,0	319	27,9	594	24,8
175	30,9	325	27,8	606	24,7
178	30,8	332	27,7		
182	30,7	339	27,6		

Quadro 2: Taxa metabólica por tipo de atividade

Atividade	Taxa metabólica (W)
Sentado	
Em repouso	100
Trabalho leve com as mãos	126
Trabalho moderado com as mãos	153
Trabalho pesado com as mãos	171
Trabalho leve com um braço	162
Trabalho moderado com um braço	198
Trabalho pesado com um braço	234
Trabalho leve com dois braços	216
Trabalho moderado com dois braços	252
Trabalho pesado com dois braços	288
Trabalho leve com braços e pernas	324
Trabalho moderado com braços e pernas	441
Trabalho pesado com braços e pernas	603
Em pé, agachado ou ajoelhado	
Em repouso	126
Trabalho leve com as mãos	153
Trabalho moderado com as mãos	180
Trabalho pesado com as mãos	198
Trabalho leve com um braço	189

Atividade	Taxa metabólica (W)
Trabalho moderado com um braço	225
Trabalho pesado com um braço	261
Trabalho leve com dois braços	243
Trabalho moderado com dois braços	279
Trabalho pesado com dois braços	315
Trabalho leve com o corpo	351
Trabalho moderado com o corpo	468
Trabalho pesado com o corpo	630
Em pé, em movimento	
Andando no plano	
1. Sem carga	
2 km/h	198
3 km/h	252
4 km/h	297
5 km/h	360
2. Com carga	
10 kg, 4 km/h	333
30 kg, 4 km/h	450
Correndo no plano	
9 km/h	787
12 km/h	873
15 km/h	990
Subindo rampa	
1.Sem carga	
com 5° de inclinação, 4 km/h	324
com 15° de inclinação, 3 km/h	378
com 25° de inclinação, 3 km/h	540
2. Com carga de 20 kg	
com 15° de inclinação, 4 km/h	486
com 25° de inclinação, 4 km/h	738
Descendo rampa (5 km/h) sem carga	
com 5° de inclinação	243
com 15° de inclinação	252
com 25° de inclinação	324
Subindo escada (80 degraus por minuto – altura do degrau de 0,17 m)	
Sem carga	522
Com carga (20 kg)	648
Descendo escada (80 degraus por minuto – altura do degrau de 0,17 m)	
Sem carga	279
Com carga (20 kg)	400
Trabalho moderado de braços (ex.: varrer, trabalho em almoxarifado)	320
Trabalho moderado de levantar ou empurrar	349
Trabalho de empurrar carrinhos de mão, no mesmo plano, com carga	391
Trabalho de carregar pesos ou com movimentos vigorosos com os braços (ex.: trabalho com foice)	495
Trabalho pesado de levantar, empurrar ou arrastar pesos (ex.: remoção com pá, abertura de valas)	524

Anexo n. 4

•• Revogado pela Portaria n. 3.751, de 23-11-1990.

Anexo n. 5
Radiações Ionizantes

•• Anexo 5 com redação determinada pela Portaria n. 1.084, de 18-12-2018.

• Código: 115.054-5. Infração: 3. Tipo: S.

Nas atividades ou operações onde trabalhadores possam ser expostos a radiações ionizantes, os limites de tolerância, os princípios, as obrigações e controles básicos para a proteção do homem e do seu meio ambiente contra possíveis efeitos indevidos causados pela radiação ionizante, são os constantes da Norma CNEN-NN- 3.01: "Diretrizes Básicas de Proteção Radiológica", de março de 2014, aprovada pela Resolução CNEN n. 164/2014, ou daquela que venha a substituí-la.

Anexo n. 6
Trabalho Sob Condições Hiperbáricas

•• Título com denominação determinada pela Portaria n. 24, de 14-9-1983.

•• Anexo 6 com redação determinada pela Portaria n. 5, de 9-2-1983.

Este Anexo trata dos trabalhos sob ar comprimido e dos trabalhos submersos.

1. TRABALHOS SOB AR COMPRIMIDO

1.1. Trabalhos sob ar comprimido são os efetuados em ambientes onde o trabalhador é obrigado a suportar pressões maiores que a atmosférica e onde se exige cuidadosa descompressão, de acordo com as tabelas anexas.

1.2. Para fins de aplicação deste item, define-se:

***a)* Câmara de Trabalho** – É o espaço ou compartimento sob ar comprimido, no interior da qual o trabalho está sendo realizado;

***b)* Câmara de Recompressão** – É uma câmara que, independentemente da câmara de trabalho, é usada para tratamento de indivíduos que adquirem doença descompressiva ou embolia e é diretamente supervisionada por médico qualificado;

***c)* Campânula** – É uma câmara através da qual o trabalhador passa do ar livre para a câmara de trabalho do tubulão e vice-versa;

***d)* Eclusa de Pessoal** – É uma câmara através da qual o trabalhador passa do ar livre para a câmara de trabalho do túnel e vice-versa;

***e)* Encarregado de Ar Comprimido** – É o profissional treinado e conhecedor das diversas técnicas empregadas nos trabalhos sob ar comprimido, designado pelo empregador como o responsável imediato pelos trabalhadores;

***f)* Médico Qualificado** – É o Médico do Trabalho com conhecimentos comprovados em Medicina Hiperbárica, responsável pela supervisão e pelo Programa Médico;

***g)* Operador de Eclusa ou de Campânula** – É o indivíduo previamente treinado nas manobras de compressão e descompressão das eclusas ou campânulas, responsável pelo controle da pressão no seu interior;

***h)* Período de Trabalho** – É o tempo durante o qual o trabalhador fica submetido a pressão maior que a do ar atmosférico, excluindo-se o período de descompressão;

***i)* Pressão de Trabalho** – É a maior pressão de ar à qual é submetido o trabalhador no tubulão ou túnel durante o período de trabalho;

***j)* Túnel Pressurizado** – É uma escavação, abaixo da superfície do solo, cujo maior eixo faz um ângulo não superior a 45° (quarenta e cinco graus) com a horizontal, fechado nas duas extremidades, em cujo interior haja pressão superior a uma atmosfera;

***l)* Tubulão de Ar Comprimido** – É uma estrutura vertical que se estende abaixo da superfície da água ou solo, através da qual os trabalhadores devem descer, entrando pela campânula, para uma pressão maior que a atmosférica. A atmosfera pressurizada opõe-se à pressão da água e permite que os homens trabalhem no interior.

1.3. O disposto neste item aplica-se a trabalhos sob ar comprimido em tubulões pneumáticos e túneis pressurizados.

1.3.1. Todo trabalho sob ar comprimido será executado de acordo com as prescrições dadas a seguir e quaisquer modificações deverão ser previamente aprovadas pelo Órgão Nacional competente em Segurança e Medicina do Trabalho.

• Código: 115.055-3. Infração: 4. Tipo: S.

1.3.2. O trabalhador não poderá sofrer mais que uma compressão num período de 24 (vinte e quatro) horas.

1.3.3. Durante o transcorrer dos trabalhos sob ar comprimido, nenhuma pessoa poderá ser exposta a pressão superior a 3,4 kgf/cm^2, exceto em caso de emergência ou durante tratamento em câmara de recompressão, sob supervisão direta do médico responsável.

1.3.4. A duração do período de trabalho sob ar comprimido não poderá ser superior a 8 (oito) horas, em pressões de trabalho de 0 a 1,0 kgf/cm^2; a 6 (seis) horas, em pressões de trabalho de 1,1 a 2,5 kgf/cm^2; e a 4 (quatro) horas, em pressão de trabalho de 2,6 a 3,4 kgf/cm^2.

1.3.5. Após a descompressão os trabalhadores serão obrigados a permanecer, no mínimo, por 2 (duas) horas, no canteiro de obra, cumprindo um período de observação médica.

1.3.5.1. O local adequado para o cumprimento do período de observação deverá ser designado pelo médico responsável.

1.3.6. Para trabalhos sob ar comprimido, os empregados deverão satisfazer os seguintes requisitos:

a) ter mais de 18 (dezoito) e menos de 45 (quarenta e cinco) anos de idade;

b) ser submetido a exame médico obrigatório, pré-admissional e periódico, exigido pelas características e peculiaridades próprias do trabalho;

c) ser portador de placa de identificação, de acordo com o modelo anexo (Quadro I), fornecida no ato da admissão, após a realização do exame médico.

1.3.7. Antes da jornada de trabalho, os trabalhadores deverão ser inspecionados pelo médico, não sendo permitida a entrada em serviço daqueles que apresentem sinais de afecções das vias respiratórias ou outras moléstias.

1.3.7.1. É vedado o trabalho àqueles que se apresentem alcoolizados ou com sinais de ingestão de bebidas alcoólicas.

1.3.8. É proibido ingerir bebidas gasosas e fumar dentro dos tubulões e túneis.

1.3.9. Junto ao local de trabalho deverão existir instalações apropriadas à Assistência Médica, à recuperação, à alimentação e à higiene individual dos trabalhadores sob ar comprimido.

1.3.10. Todo empregado que vá exercer trabalho sob ar comprimido deverá ser orientado quanto aos riscos decorrentes da atividade e às precauções que deverão ser tomadas, mediante educação audiovisual.

1.3.11. Todo empregado sem prévia experiência em trabalhos sob ar comprimido deverá ficar sob supervisão de pessoa competente, e sua compressão não poderá ser feita se não for acompanhado, na campânula, por pessoa hábil para instruí-lo quanto ao comportamento adequado durante a compressão.

1.3.12. As turmas de trabalho deverão estar sob a responsabilidade de um encarregado de ar comprimido, cuja principal tarefa será a de supervisionar e dirigir as operações.

1.3.13. Para efeito de remuneração, deverão ser computados na jornada de trabalho o período de trabalho, o tempo de compressão, descompressão e o período de observação médica.

1.3.14. Em relação à supervisão médica para o trabalho sob ar comprimido deverão ser observadas as seguintes condições:

a) sempre que houver trabalho sob ar comprimido, deverá ser providenciada a assistência por médico qualificado, bem como local apropriado para atendimento médico;

b) todo empregado que trabalhe sob ar comprimido deverá ter uma ficha médica, onde deverão ser registrados os dados relativos aos exames realizados;

c) nenhum empregado poderá trabalhar sob ar comprimido, antes de ser examinado por médico qualificado, que atestará, na ficha individual, estar essa pessoa apta para o trabalho;

d) o candidato considerado inapto não poderá exercer a função, enquanto permanecer sua inaptidão para esse trabalho;

e) o atestado de aptidão terá validade por 6 (seis) meses;

f) em caso de ausência ao trabalho por mais de 10 (dez) dias ou afastamento por doença, o empregado, ao retornar, deverá ser submetido a novo exame médico.

1.3.15. Exigências para Operações nas Campânulas ou Eclusas

1.3.15.1. Deverá estar presente no local, pelo menos uma pessoa treinada nesse tipo de trabalho e com autoridade para exigir o cumprimento, por parte dos empregados, de todas as medidas de segurança preconizadas neste item.

1.3.15.2. As manobras de compressão e descompressão deverão ser executadas através de dispositivos localizados no exterior da campânula ou eclusa, pelo operador das mesmas. Tais dispositivos deverão existir também internamente, porém serão utilizados somente em emergências. No início de cada jornada de trabalho, os dispositivos de controle deverão ser aferidos.

1.3.15.3. O operador da campânula ou eclusa anotará, em registro adequado (Quadro II) e para cada pessoa, o seguinte:

a) hora exata da entrada e saída da campânula ou eclusa;

b) pressão do trabalho;

c) hora exata do início e do término de descompressão.

1.3.15.4. Sempre que as manobras citadas no subitem 1.3.15.2 não puderem ser realizadas por controles externos, os controles de pressão deverão ser dispostos de maneira que uma pessoa, no interior da campânula, de preferência o capataz, somente possa operá-lo sob vigilância do encarregado da campânula ou eclusa.

1.3.15.5. Em relação à ventilação e à temperatura, serão observadas as seguintes condições:

a) durante a permanência dos trabalhadores na câmara de trabalho ou na campânula ou eclusa, a ventilação será contínua, à razão de, no mínimo, 30 (trinta) pés cúbicos/min./homem;

b) a temperatura, no interior da campânula ou eclusa, da câmara de trabalho, não excederá a 27° C (temperatura de globo úmido), o que poderá ser conseguido resfriando-se o ar através de dispositivos apropriados (resfriadores), antes da entrada na câmara de trabalho, campânula ou eclusa, ou através de outras medidas de controle;

c) a qualidade do ar deverá ser mantida dentro dos padrões de pureza estabelecidos no subitem 1.3.15.6, através da utilização de filtros apropriados, colocados entre a fonte de ar e a câmara de trabalho, campânula ou eclusa.

1.3.15.6

Contaminante	Limite de Tolerância
Monóxido de carbono	20 ppm
Dióxido de carbono	2.500 ppm
Óleo ou material particulado	5 mg/m³ (PT>2kgf/cm²) 3 mg/m³ (PT<2kgf/cm²)
Metano	10% do limite inferior de explosividade
Oxigênio	mais de 20%

1.3.15.7. A comunicação entre o interior dos ambientes sob pressão de ar comprimido e o exterior deverá ser feita por sistema de telefonia ou similar.

1.3.16. A compressão dos trabalhadores deverá obedecer às seguintes regras:

a) no primeiro minuto, após o início da compressão, a pressão não poderá ter incremento maior que 0,3 kgf/cm²;

b) atingido o valor 0,3kgf/cm², a pressão somente poderá ser aumentada após decorrido intervalo de tempo que permita ao encarregado da turma observar se todas as pessoas na campânula estão em boas condições;

c) decorrido o período de observação, recomendado na alínea "b", o aumento da pressão deverá ser feito a uma velocidade não superior a 0,7 kgf/cm², por minuto, para que nenhum trabalhador seja acometido de mal-estar;

d) se algum dos trabalhadores se queixar de mal-estar, dores no ouvido ou na cabeça, a compressão deverá ser imediatamente interrompida e o encarregado reduzirá gradualmente a pressão da campânula até que o trabalhador se recupere e, não ocorrendo a recuperação, a descompressão continuará até à pressão atmosférica, retirando-se, então, a pessoa e encaminhando-a ao serviço médico.

1.3.17. Na descompressão de trabalhadores expostos a pressão de 0,0 a 3,4kgf/cm², serão obedecidas as tabelas anexas (Quadro III), de acordo com as seguintes regras:

a) sempre que duas ou mais pessoas estiverem sendo descomprimidas na mesma campânula ou eclusa e seus períodos de trabalho ou pressão de trabalho não forem coincidentes, a descompressão processar-se-á de acordo com o maior período ou maior pressão de trabalho experimentada pelos trabalhadores envolvidos;

b) a pressão será reduzida a uma velocidade não superior a 0,4kgf/cm², por minuto, até o primeiro estágio de descompressão, de acordo com as tabelas anexas; a campânula ou eclusa deverá ser mantida naquela pressão, pelo tempo indicado em minutos, e depois diminuída a pressão à mesma velocidade anterior, até o próximo estágio e assim por diante; para cada 5 (cinco) minutos de parada, a campânula deverá ser ventilada à razão de 1 (um) minuto.

1.3.18. Para o tratamento de caso de doença descompressiva ou embolia traumática pelo ar, deverão ser empregadas as tabelas de tratamento de VAN DER AUER e as de WORKMAN e GOODMAN.

1.3.19. As atividades ou operações realizadas sob ar comprimido serão consideradas insalubres de grau máximo.

1.3.20. O não cumprimento ao disposto neste item caracteriza o grave e iminente risco para os fins e efeitos da NR 3.

Quadro I

Modelo de Placa de Identificação para Trabalho em Ambiente sob Ar Comprimido

FRENTE (4 cm × 6 cm)

EM CASO DE INCONSCIÊNCIA OU
MAL DE CAUSA INDETERMINADA
TELEFONAR IMEDIATAMENTE
PARA O N. E ENCAMINHAR
O PORTADOR DESTE PARA

VERSO (4 cm × 6 cm)

NOME DA CIA.
LOCAL E ANO
NOME DO TRABALHADOR
ATENÇÃO: TRABALHA EM
AR COMPRIMIDO

ESPECIFICAÇÃO DO MATERIAL DA PLACA:
Alumínio com espessura de 2 mm

Quadro II

Folha de Registro do Trabalho sob Ar Comprimido

FIRMA.. DATA..................................

OBRA.. NOME DO ENCARREGADO..

NOME	FUNÇÃO	COMPRESSÃO			DESCOMPRESSÃO			
		Pressão de Trabalho	Hora de Entrada	Período de Trabalho	Início	Término	Duração	Obs.

Quadro III

Tabelas de Descompressão

Pressão de Trabalho de 0 a 0,900 kgf/cm²

PERÍODO DE TRABALHO (HORAS)	ESTÁGIO DE DESCOMPRESSÃO 0,3 kgf/cm²	TEMPO TOTAL DE DESCOMPRESSÃO*
0 a 6:00	4 min	7 min
6 a 8:00	14 min	17 min
+ de 8:00**	30 min	33 min

NOTAS: A velocidade de descompressão entre os estágios não deverá exceder a 0,3 kgf/cm² por minuto.

(*) Incluído tempo de descompressão entre os estágios.

(**) Somente em casos excepcionais, não podendo ultrapassar 12 horas.

Período de trabalho de ½ a 1 hora

PRESSÃO DE TRABALHO*** (kgf/cm²)	ESTÁGIO DE DESCOMPRESSÃO (kgf/cm²)*									TEMPO TOTAL DESCOMPRESSÃO** (min)
	1,8	1,6	1,4	1,2	1,0	0,8	0,6	0,4	0,2	
1,0 a 1,2										-
1,2 a 1,4										-
1,4 a 1,6									5	5
1,6 a 1,8									10	10
1,8 a 2,0								5	15	20

NOTAS: (*) A descompressão, tanto para o 1º estágio quanto entre os estágios subsequentes, deverá ser feita a velocidade não superior a 0,4 kgf/cm²/minuto.

(**) Não está incluído o tempo entre estágio.

(***) Para os valores-limite de pressão de trabalho use a maior descompressão.

Período de trabalho de 1 h a 1 ½ hora

PRESSÃO DE TRABALHO*** (kgf/cm²)	ESTÁGIO DE DESCOMPRESSÃO (kgf/cm²)*									TEMPO TOTAL DESCOMPRESSÃO** (min)
	1,8	1,6	1,4	1,2	1,0	0,8	0,6	0,4	0,2	
1,0 a 1,2										
1,2 a 1,4									5	5

1,4 a 1,6									10	10
1,6 a 1,8								5	15	20
1,8 a 2,0								5	30	35

NOTAS: (*) A descompressão, tanto para o 1º estágio quanto entre os estágios subsequentes, deverá ser feita a velocidade não superior a 0,4 kgf/cm²/minuto.
(**) Não está incluído o tempo entre estágios.
(***) Para os valores-limite de pressão de trabalho use a maior descompressão.

Período de trabalho de 1 ½ a 2 horas

PRESSÃO DE TRABALHO*** (kgf/cm²)	ESTÁGIO DE DESCOMPRESSÃO (kgf/cm²)*									TEMPO TOTAL DESCOMPRESSÃO** (min)
	1,8	1,6	1,4	1,2	1,0	0,8	0,6	0,4	0,2	
1,0 a 1,2									5	5
1,2 a 1,4									10	10
1,4 a 1,6								5	20	25
1,6 a 1,8								10	30	40
1,8 a 2,0							5	15	35	55

NOTAS: (*) A descompressão, tanto para o 1º estágio quanto entre os estágios subsequentes, deverá ser feita a velocidade não superior a 0,4 kgf/cm²/minuto.
(**) Não está incluído o tempo entre estágios.
(***) Para os valores-limite de pressão de trabalho use a maior descompressão.

Período de trabalho de 2 a 2 ½ horas

PRESSÃO DE TRABALHO*** (kgf/cm²)	ESTÁGIO DE DESCOMPRESSÃO (kgf/cm²)*									TEMPO TOTAL DESCOMPRESSÃO** (min)
	1,8	1,6	1,4	1,2	1,0	0,8	0,6	0,4	0,2	
1,0 a 1,2									5	5
1,2 a 1,4									20	20
1,4 a 1,6								5	30	35
1,6 a 1,8								15	40	55
1,8 a 2,0							5	25	40	70

NOTAS: (*) A descompressão, tanto para o 1º estágio quanto entre os estágios subsequentes, deverá ser feita a velocidade não superior a 0,4 kgf/cm²/minuto.
(**) Não está incluído o tempo entre estágios.
(***) Para os valores-limite de pressão de trabalho use a maior descompressão.

Período de trabalho de 2 ½ a 3 horas

PRESSÃO DE TRABALHO*** (kgf/cm²)	ESTÁGIO DE DESCOMPRESSÃO (kgf/cm²)*									TEMPO TOTAL DESCOMPRESSÃO** (min)
	1,8	1,6	1,4	1,2	1,0	0,8	0,6	0,4	0,2	
1,0 a 1,2									10	10
1,2 a 1,4								5	20	25
1,4 a 1,6								10	35	45
1,6 a 1,8							5	20	40	65
1,8 a 2,0							10	30	40	80

NOTAS: (*) A descompressão, tanto para o 1º estágio quanto entre os estágios subsequentes, deverá ser feita a velocidade não superior a 0,4 kgf/cm²/minuto.
(**) Não está incluído o tempo entre estágios.
(***) Para os valores-limite de pressão de trabalho use a maior descompressão.

Período de trabalho de 3 a 4 horas

PRESSÃO DE TRABALHO*** (kgf/cm²)	ESTÁGIO DE DESCOMPRESSÃO (kgf/cm²)*									TEMPO TOTAL DESCOMPRESSÃO** (min)
	1,8	1,6	1,4	1,2	1,0	0,8	0,6	0,4	0,2	
1,0 a 1,2									15	15
1,2 a 1,4								5	30	35
1,4 a 1,6								15	40	55
1,6 a 1,8							5	25	45	75
1,8 a 2,0						5	15	30	45	95

NOTAS: (*) A descompressão, tanto para o 1º estágio quanto entre os estágios subsequentes, deverá ser feita à velocidade não superior a 0,4 kgf/cm²/minuto.
(**) Não está incluído o tempo entre estágios.
(***) Para os valores-limite de pressão de trabalho use a maior descompressão.

Período de trabalho de 4 a 6 horas****

PRESSÃO DE TRABALHO*** (kgf/cm²)	ESTÁGIO DE DESCOMPRESSÃO (kgf/cm²)*									TEMPO TOTAL DESCOMPRESSÃO** (min)
	1,8	1,6	1,4	1,2	1,0	0,8	0,6	0,4	0,2	
1,0 a 1,2									20	20
1,2 a 1,4								5	35	40
1,4 a 1,6							5	20	40	65
1,6 a 1,8							10	30	45	85
1,8 a 2,0						5	20	35	45	105

NOTAS: (*) A descompressão, tanto para o 1º estágio quanto entre os estágios subsequentes, deverá ser feita a velocidade não superior a 0,4 kgf/cm²/minuto.
(**) Não está incluído o tempo entre estágios.
(***) Para os valores-limite de pressão de trabalho use a maior descompressão.
(****) Até 8 (oito) horas para pressão de trabalho de 1,0 kgf/cm². E até 6 (seis) horas, para as demais pressões.

Período de trabalho de 0 a 1/2 hora

PRESSÃO DE TRABALHO*** (kgf/cm²)	ESTÁGIO DE DESCOMPRESSÃO (kgf/cm²)*								TEMPO TOTAL DESCOMPRESSÃO** (min)
	1,6	1,4	1,2	1,0	0,8	0,6	0,4	0,2	
2,0 a 2,2								5	5
2,2 a 2,4								5	5
2,4 a 2,6								5	5
2,6 a 2,8								5	5
2,8 a 3,0							5	5	10
3,0 a 3,2							5	5	10
3,2 a 3,4							5	10	15

NOTAS: (*) A descompressão, tanto para o 1º estágio quanto entre os estágios subsequentes, deverá ser feita a velocidade não superior a 0,4 kgf/cm²/minuto.
(**) Não está incluído o tempo entre estágios.
(***) Para os valores-limite de pressão de trabalho use a maior descompressão.

Período de trabalho de 1/2 a 1 hora

PRESSÃO DE TRABALHO*** (kgf/cm²)	ESTÁGIO DE DESCOMPRESSÃO (kgf/cm²)*								TEMPO TOTAL DESCOMPRESSÃO** (min)
	1,6	1,4	1,2	1,0	0,8	0,6	0,4	0,2	
2,0 a 2,2							5	15	20
2,2 a 2,4							5	20	25

2,4 a 2,6							10	25	35
2,6 a 2,8						5	10	35	50
2,8 a 3,0						5	15	40	60
3,0 a 3,2					5	5	20	40	70
3,2 a 3,4					5	10	25	40	80

NOTAS: (*) A descompressão tanto para o 1º estágio quanto ente os estágios subsequentes deverá ser feita a velocidade não superior a 0,4 kgf/cm²/minuto.
(**) Não está incluído o tempo entre os estágios.
(***) Para os valores-limite de pressão de trabalho use a maior descompressão.

Período de trabalho de 1 h a 1 ½ hora

PRESSÃO DE TRABALHO*** (kgf/cm²)	ESTÁGIO DE DESCOMPRESSÃO (kgf/cm²)*								TEMPO TOTAL DESCOMPRESSÃO** (min)
	1,6	1,4	1,2	1,0	0,8	0,6	0,4	0,2	
2,0 a 2,2						5	10	35	50
2,2 a 2,4						5	20	35	60
2,4 a 2,6						10	25	40	75
2,6 a 2,8					5	10	30	45	90
2,8 a 3,0					5	20	35	45	105
3,0 a 3,2				5	10	20	35	45	115
3,2 a 3,4				5	15	25	35	45	125

NOTAS: (*) A descompressão, tanto para o 1º estágio quanto entre os estágios subsequentes, deverá ser feita a velocidade não superior a 0,4 kgf/cm²/minuto.
(**) Não está incluído o tempo entre estágios.
(***) Para os valores-limite de pressão de trabalho use a maior descompressão.

Período de trabalho de 1 ½ a 2 horas

PRESSÃO DE TRABALHO*** (kgf/cm²)	ESTÁGIO DE DESCOMPRESSÃO (kgf/cm²)*								TEMPO TOTAL DESCOMPRESSÃO** (min)
	1,6	1,4	1,2	1,0	0,8	0,6	0,4	0,2	
2,0 a 2,2						5	25	40	70
2,2 a 2,4					5	10	30	40	85
2,4 a 2,6					5	20	35	40	100
2,6 a 2,8				5	10	25	35	40	115
2,8 a 3,0				5	15	30	35	45	130
3,0 a 3,2			5	10	20	30	35	45	145
3,2 a 3,4			5	15	25	30	35	45	155

NOTAS: (*) A descompressão, tanto para o 1º estágio quanto entre os estágios subsequentes, deverá ser feita a velocidade não superior a 0,4 kgf/cm²/minuto.
(**) Não está incluído o tempo entre estágios.
(***) Para os valores-limite de pressão de trabalho use a maior descompressão.

Período de trabalho de 2 a 2 ½ horas

PRESSÃO DE TRABALHO*** (kgf/cm²)	ESTÁGIO DE DESCOMPRESSÃO (kgf/cm²)*								TEMPO TOTAL DESCOMPRESSÃO** (min)
	1,6	1,4	1,2	1,0	0,8	0,6	0,4	0,2	
2,0 a 2,2					5	10	30	45	90
2,2 a 2,4					5	20	35	45	105
2,4 a 2,6				5	10	25	35	45	120
2,6 a 2,8				5	20	30	35	45	135

2,8 a 3,0			5	10	20	30	35	45	145
3,0 a 3,2		5	5	15	25	30	35	45	160
3,2 a 3,4		5	10	20	25	30	40	45	175

NOTAS: (*) A descompressão, tanto para o 1º estágio quanto entre os estágios subsequentes, deverá ser feita a velocidade não superior a 0,4 kgf/cm²/minuto.
(**) Não está incluído o tempo entre estágios.
(***) Para os valores-limite de pressão de trabalho use a maior descompressão.

Período de trabalho de 2 ½ a 3 horas

PRESSÃO DE TRABALHO*** (kgf/cm²)	ESTÁGIO DE DESCOMPRESSÃO (kgf/cm²)*								TEMPO TOTAL DESCOMPRESSÃO** (min)
	1,6	1,4	1,2	1,0	0,8	0,6	0,4	0,2	
2,0 a 2,2					5	15	35	40	95
2,2 a 2,4					10	25	35	45	115
2,4 a 2,6				5	15	30	35	45	130
2,6 a 2,8			5	10	20	30	35	45	145
2,8 a 3,0			5	20	25	30	35	45	160
3,0 a 3,2		5	10	20	25	30	40	45	175
3,2 a 3,4	5	5	15	25	25	30	40	45	190

NOTAS: (*) A descompressão, tanto para o 1º estágio quanto entre os estágios subsequentes, deverá ser feita a velocidade não superior a 0,4 kgf/cm²/minuto.
(**) Não está incluído o tempo entre estágios.
(***) Para os valores-limite de pressão de trabalho use a maior descompressão.

Período de trabalho de 3 a 4 horas

PRESSÃO DE TRABALHO*** (kgf/cm²)	ESTÁGIO DE DESCOMPRESSÃO (kgf/cm²)*								TEMPO TOTAL DESCOMPRESSÃO** (min)
	1,6	1,4	1,2	1,0	0,8	0,6	0,4	0,2	
2,0 a 2,2					10	20	35	45	110
2,2 a 2,4				5	15	25	40	45	130
2,4 a 2,6			5	5	25	30	40	45	150
2,6 a 2,8			5	15	25	30	40	45	160
2,8 a 3,0		5	10	20	25	30	40	45	175
3,0 a 3,2	5	5	15	25	25	30	40	45	190
3,2 a 3,4	5	15	20	25	30	30	40	45	210

NOTAS: (*) A descompressão, tanto para o 1º estágio quanto entre os estágios subsequentes, deverá ser feita a velocidade não superior a 0,4 kgf/cm²/minuto.
(**) Não está incluído o tempo entre estágios.
(***) Para os valores-limite de pressão de trabalho use a maior descompressão.

Período de trabalho de 4 a 6 horas

PRESSÃO DE TRABALHO*** (kgf/cm²)	ESTÁGIO DE DESCOMPRESSÃO (kgf/cm²)*								TEMPO TOTAL DESCOMPRESSÃO** (min)
	1,6	1,4	1,2	1,0	0,8	0,6	0,4	0,2	
2,0 a 2,2				5	10	25	40	50	130
2,2 a 2,4				10	20	30	40	55	155
2,4 a 2,6			5	15	25	30	45	60	180
2,6 a 2,8		5	10	20	25	30	45	70	205
2,8 a 3,0		10	15	20	30	40	50	80	245****

NOTAS: (*) A descompressão, tanto para o 1º estágio quanto entre os estágios subsequentes, deverá ser feita a velocidade não superior a 0,4 kgf/cm²/minuto.

(**) Não está incluído o tempo entre estágios.

(***) Para os valores-limite de pressão de trabalho use a maior descompressão.

(****) Período de trabalho mais o tempo de descompressão (incluindo tempo entre os estágios) não deverá exceder a 12 (doze) horas.

2. TRABALHOS SUBMERSOS

•• Item 2 e subitens 2.1 a 2.14.3 com redação determinada pela Portaria n. 24, de 14-9-1983.

2.1. Para os fins do presente item consideram-se:

I – Águas Abrigadas: toda massa líquida que, pela existência de proteção natural ou artificial, não estiver sujeita ao embate de ondas, nem correntezas superiores a 1 (um) nó;

II – Câmara Hiperbárica: um vaso de pressão especialmente projetado para a ocupação humana, no qual os ocupantes podem ser submetidos a condições hiperbáricas;

III – Câmara de Superfície: uma câmara hiperbárica especialmente projetada para ser utilizada na descompressão dos mergulhadores, requerida pela operação ou pelo tratamento hiperbárico;

IV – Câmara Submersível de Pressão Atmosférica: uma câmara resistente à pressão externa, especialmente projetada para uso submerso, na qual os seus ocupantes permanecem submetidos à pressão atmosférica;

V – Câmara Terapêutica: a câmara de superfície destinada exclusivamente ao tratamento hiperbárico;

VI – Comandante da Embarcação: o responsável pela embarcação que serve de apoio aos trabalhos submersos;

VII – Condição Hiperbárica: qualquer condição em que a pressão ambiente seja maior que a atmosférica;

VIII – Condições Perigosas: situações em que uma operação de mergulho envolva riscos adicionais ou condições adversas, tais como:

a) uso e manuseio de explosivos;

b) trabalhos submersos de corte e solda;

c) trabalhos em mar aberto;

d) correntezas superiores a 2 (dois) nós;

e) estado de mar superior a "mar de pequenas vagas" (altura máxima das ondas de 2,00 (dois metros);

f) manobras de peso ou trabalhos com ferramentas que impossibilitem o controle da flutuabilidade do mergulhador;

g) trabalhos noturnos;

h) trabalhos em ambientes confinados.

IX – Contratante: pessoa física ou jurídica que contrata os serviços de mergulho ou para quem esses serviços são prestados;

X – Descompressão: o conjunto de procedimentos, através do qual um mergulhador elimina do seu organismo o excesso de gases inertes absorvidos durante determinadas condições hiperbáricas, sendo tais procedimentos absolutamente necessários, no seu retorno à pressão atmosférica, para a preservação da sua integridade física;

XI – Emergência: qualquer condição anormal capaz de afetar a saúde do mergulhador ou a segurança da operação de mergulho;

XII – Empregador: pessoa física ou jurídica, responsável pela prestação dos serviços, de quem os mergulhadores são empregados;

XIII – Equipamento Autônomo de Mergulho: aquele em que o suprimento de mistura respiratória é levado pelo próprio mergulhador e utilizado como sua única fonte;

XIV – Linha de Vida: um cabo, manobrado do local de onde é conduzido o mergulho, que, conectado ao mergulhador, permite recuperá-lo e içá-lo da água, com seu equipamento;

XV – Mar Aberto: toda área que se encontra sob influência direta do mar alto;

XVI – Médico Hiperbárico: médico com curso de medicina hiperbárica com currículo aprovado pela SSMT/MTb, responsável pela realização dos exames psicofísicos admissional, periódico e demissional de conformidade com os Anexos A e B e a NR 7;

XVII – Mergulhador: o profissional qualificado e legalmente habilitado para utilização de equipamentos de mergulho, submersos;

XVIII – Mergulho de Intervenção: o mergulho caracterizado pelas seguintes condições:

a) utilização de misturas respiratórias artificiais;

b) tempo de trabalho, no fundo, limitado a valores que não incidam no emprego de técnica de saturação.

XIX – Misturas Respiratórias Artificiais: misturas de oxigênio, hélio ou outros gases, apropriadas à respiração durante os trabalhos submersos, quando não seja indicado o uso do ar natural;

XX – Operação de Mergulho: toda aquela que envolve trabalhos submersos e que se estende desde os procedimentos iniciais de preparação até o final do período de observação;

XXI – Período de Observação: aquele que se inicia no momento em que o mergulhador deixa de estar submetido a condições hiperbáricas e se estende:

a) até 12 (doze) horas para os mergulhos com ar;

b) até 24 (vinte e quatro) horas para os mergulhos com misturas respiratórias artificiais.

XXII – Plataforma de Mergulho: navio, embarcação, balsa, estrutura fixa ou flutuante, canteiro de obras, estaleiro, cais ou local a partir do qual se realiza o mergulho;

XXIII – Pressão Ambiente: a pressão do meio que envolve o mergulhador;

XXIV – Programa Médico: o conjunto de atividades desenvolvidas pelo empregador, na área médica, necessária à manutenção da saúde e integridade física do mergulhador;

XXV – Regras de Segurança: os procedimentos básicos que devem ser observados nas operações de mergulho, de forma a garantir sua execução em perfeita segurança e assegurar a integridade física dos mergulhadores;

XXVI – Sino Aberto: campânula com a parte inferior aberta e provida de estrado, de modo a abrigar e permitir o transporte de, no mínimo, 2 (dois) mergulhadores, da superfície ao local de trabalho, devendo possuir sistema próprio de comunicações, suprimento de gases de emergência e vigias que permitam a observação de seu exterior;

XXVII – Sino de Mergulho: uma câmara hiperbárica, especialmente projetada para ser utilizada em trabalhos submersos;

XXVIII – Sistema de Mergulho: o conjunto de equipamentos necessários à execução de operações de mergulho, dentro das normas de segurança;

XXIX – Supervisor de Mergulho: o mergulhador, qualificado e legalmente habilitado, designado pelo empregador para supervisionar a operação de mergulho;

XXX – Técnicas de Saturação: os procedimentos pelos quais um mergulhador evita repetidas descompressões para a pressão atmosférica, permanecendo submetido à pressão ambiente maior que aquela, de tal forma que seu organismo se mantenha saturado com os gases inertes das misturas respiratórias;

XXXI – Técnico de Saturação: o profissional devidamente qualificado para aplicação das técnicas adequadas às operações em saturação;

XXXII – Trabalho Submerso: qualquer trabalho realizado ou conduzido por um mergulhador em meio líquido;

XXXIII – Umbilical: o conjunto de linha de vida, mangueira de suprimento respiratório e outros componentes que se façam necessários à execução segura do mergulho, de acordo com a sua complexidade.

2.1.1. O curso referido no inciso XVI, do subitem 2.1, poderá ser ministrado por instituições reconhecidas e autorizadas pelo MEC e credenciadas pela FUNDACENTRO para ministrar o referido curso.

2.1.2. O credenciamento junto à FUNDACENTRO referido no subitem 2.1.1 e o registro do médico hiperbárico na SSMT/MTb serão feitos obedecendo às normas para credenciamento e registro na área de segurança e medicina do trabalho.

2.2. Das obrigações do contratante:

2.2.1. Será de responsabilidade do contratante:

a) exigir do empregador, através do instrumento contratual, que os serviços sejam desenvolvidos de acordo com o estabelecido neste item;

- Código: 115.222-0. Infração: 3. Tipo: S.

b) exigir do empregador que apresente Certificado de Cadastramento expedido pela Diretoria de Portos e Costas – DPC;

- Código: 115.222-0. Infração: 3. Tipo: S.

c) oferecer todos os meios ao seu alcance para atendimento em casos de emergência quando solicitado pelo supervisor de mergulho.

- Código: 115.222-0. Infração: 3. Tipo: S.

2.3. Das obrigações do empregador:

2.3.1. Será de responsabilidade do empregador:

a) garantir que todas as operações de mergulho obedeçam a este item;

- Código: 115.223-8. Infração: 4. Tipo: S.

b) manter disponível, para as equipes de mergulho, nos locais de trabalho, manuais de operação completos, equipamentos e tabelas de descompressão adequadas;

- Código: 115.223-8. Infração: 4. Tipo: S.

c) indicar por escrito os integrantes da equipe e suas funções;

- Código: 115.223-8. Infração: 4. Tipo: S.

d) comunicar, imediatamente, à Delegacia do Trabalho Marítimo da região, através de relatório circunstanciado, os acidentes ou situações de risco ocorridos durante a operação de mergulho;

- Código: 115.223-8. Infração: 4. Tipo: S.

e) exigir que os atestados médicos dos mergulhadores estejam atualizados;

- Código: 115.223-8. Infração: 4. Tipo: S.

f) garantir que as inspeções de saúde sejam conduzidas de acordo com as disposições do subitem 2.9 e propiciar condições adequadas à realização dos exames médico-ocupacionais;

- Código: 115.223-8. Infração: 4. Tipo: S.

g) garantir a aplicação do programa médico aos seus mergulhadores, bem como assegurar comunicações eficientes e meios para, em caso de acidente, prover o transporte rápido de médico qualificado para o local da operação;

- Código: 115.223-8. Infração: 4. Tipo: S.

h) fornecer à equipe de mergulho as provisões, roupas de trabalho e equipamentos, inclusive os de proteção individual, necessários à condução segura das operações planejadas;

- Código: 115.223-8. Infração: 4. Tipo: S.

i) assegurar que os equipamentos estejam em perfeitas condições de funcionamento e tenham os seus certificados de garantia dentro do prazo de validade;

- Código: 115.223-8. Infração: 4. Tipo: S.

j) prover os meios para assegurar o cumprimento dos procedimentos normais e de emergência, necessários à segurança da operação de mergulho, bem como à integridade física das pessoas nela envolvida;

- Código: 115.223-8. Infração: 4. Tipo: S.

l) fornecer, imediatamente, aos órgãos competentes, todas as informações a respeito das operações, equipamentos de mergulho e pessoal envolvidos, quando solicitadas;

- Código: 115.223-8. Infração: 4. Tipo: S.

m) timbrar e assinar os livros de registro dos mergulhadores, referentes às operações de mergulho em que os mesmos tenham participado;

- Código: 115.223-8. Infração: 4. Tipo: S.

n) guardar os Registros das Operações de Mergulho – ROM e outros julgados necessários, por um período mínimo de 5 (cinco) anos, a contar da data de sua realização;

- Código: 115.223-8. Infração: 4. Tipo: S.

o) providenciar, para as equipes, condições adequadas de alojamento, alimentação e transporte.

- Código: 115.223-8. Infração: 4. Tipo: S.

2.4. Das Obrigações do Comandante da Embarcação ou do Responsável pela Plataforma de Mergulho:

2.4.1. Será de responsabilidade do comandante da embarcação ou do responsável pela plataforma de mergulho:

- Código: 115.224-6. Infração: 4. Tipo: S.

a) não permitir a realização de nenhuma atividade que possa oferecer perigo para os mergulhadores que tenham a embarcação como apoio, consultando o supervisor de mergulho sobre as que possam afetar a segurança da operação, antes que os mergulhos tenham início;

b) tornar disponível ao supervisor, quando solicitado por este, durante as operações de mergulho e em casos de emergência, todo equipamento, espaço ou facilidade para garantir a integridade física dos mergulhadores;

c) garantir que nenhuma manobra seja realizada e qualquer máquina ou equipamento pare de operar, se oferecerem perigo para os mergulhadores em operação;

d) providenciar para que o supervisor de mergulho seja informado, antes do início da operação e a convenientes intervalos no curso da mesma, sobre as previsões meteorológicas para a área de operação;

e) avisar as outras embarcações, nas imediações da realização da operação de mergulho, usando, para isso, sinalização, balizamento ou outros meios adequados e eficientes.

2.5. Das Obrigações do Supervisor de Mergulho.

2.5.1. Será de responsabilidade do supervisor de mergulho:

- Código: 115.224-6. Infração: 4. Tipo: S.

a) assumir o controle direto da operação para a qual foi indicado;

b) só permitir que a operação de mergulho seja conduzida dentro do prescrito no presente item;

c) assinar o livro de registro de cada mergulhador participante da operação;

d) não mergulhar durante a operação de mergulho, quando atuando como supervisor;

e) só permitir que tomem parte na operação, pessoas legalmente qualificadas e em condições para o trabalho;

f) decidir com os outros supervisores, quando 2 (dois) ou mais supervisores forem indicados para uma operação, os períodos da responsabilidade de cada um;

g) efetuar e preservar os registros especificados no subitem 2.12;

h) estabelecer, com o comandante da embarcação ou responsável pela plataforma de mergulho, as medidas necessárias ao bom andamento e à segurança da operação de mergulho, antes do seu início;

i) requisitar a presença do médico qualificado no local da operação de mergulho, nos casos em que haja necessidade de tratamento médico especializado;

j) não permitir a operação de mergulho se não houver, no local, os equipamentos normais e de emergência adequados e em quantidade suficiente para sua condução segura;

l) comunicar ao empregador, dentro do menor prazo possível, todos os acidentes ou todas as situações de riscos, ocorridos durante a operação, inclusive as informações individuais encaminhadas pelos mergulhadores.

2.6. Dos Deveres dos Mergulhadores:

2.6.1. Será de responsabilidade do mergulhador:

a) portar, obrigatoriamente, o seu Livro de Registro do Mergulhador – LRM;

b) apresentar o LRM, sempre que solicitado pelo órgão competente, empregador, contratante ou supervisor;

c) providenciar os registros referentes a todas as operações de mergulho em que tenha tomado parte, tão breve quanto possível, respondendo legalmente pelas anotações efetuadas;

d) informar ao supervisor de mergulho se está fisicamente inapto ou se há qualquer outra razão pela qual não possa ser submetido à condição hiperbárica;

e) guardar os seus LRM, por um período mínimo de 5 (cinco) anos, a contar da data do último registro;

f) cumprir as regras de segurança e demais dispositivos deste item;

g) comunicar ao supervisor as irregularidades observadas durante a operação de mergulho;

h) apresentar-se para exame médico, quando determinado pelo empregador;

i) assegurar-se, antes do início da operação, de que os equipamentos individuais fornecidos pelo empregador estejam em perfeitas condições de funcionamento.

2.7. Da Classificação dos Mergulhadores:

2.7.1. Os mergulhadores serão classificados em 2 (duas) categorias:

a) MR – mergulhadores habilitados, apenas, para operações de mergulho utilizando ar comprimido;

b) MP – mergulhadores devidamente habilitados para operações de mergulho que exijam a utilização de mistura respiratória artificial.

2.8. Das Equipes de Mergulho:

2.8.1. A equipe básica para mergulho com ar comprimido até a profundidade de 50 m (cinquenta metros) e na ausência das condições perigosas definidas no inciso VIII do subitem 2.1, deverá ter a constituição abaixo especificada, desde que esteja prevista apenas descompressão na água:

- Código: 115.225-4. Infração: 4. Tipo: S.

a) 1 (um) supervisor;

b) 1 (um) mergulhador para a execução do trabalho;

c) 1 (um) mergulhador de reserva, pronto para intervir em caso de emergência;

d) 1 (um) auxiliar de superfície.

2.8.1.1. Em águas abrigadas, nas condições descritas no subitem 2.8.1, considerada a natureza do trabalho e, desde que a profundidade não exceda a 12,00 m (doze metros), a equipe básica poderá ser reduzida de seu auxiliar de superfície.

2.8.2. Quando, em mergulhos nas condições estipuladas no subitem 2.8.1 estiver programada descompressão na câmara de superfície, a equipe básica será acrescida de 1 (um) mergulhador, que atuará como operador de câmara.

- Código: 115.225-4. Infração: 4. Tipo: S.

2.8.3. Na ocorrência de qualquer das condições perigosas enumeradas no inciso VIII do subitem 2.1, as equipes descritas nos subitens 2.8.1 e 2.8.2 serão acrescidas de 1 (um) mergulhador, passando, respectivamente, a serem constituídas por 5 (cinco) e 6 (seis) homens.

- Código: 115.225-4. Infração: 4. Tipo: S.

2.8.4. Em toda operação de mergulho em que, para a realização do trabalho, for previsto o emprego simultâneo de 2 (dois) ou mais mergulhadores na água, deverá existir, no mínimo, 1 (um) mergulhador de reserva para cada 2 (dois) submersos.

- Código: 115.225-4. Infração: 4. Tipo: S.

2.8.5. Em operação a mais de 50,00 m (cinquenta metros), ou quando for utilizado equipamento autônomo, serão sempre empregados, no mínimo, 2 (dois) mergulhadores submersos, de modo que um possa, em caso de necessidade, prestar assistência ao outro.

- Código: 115.225-4. Infração: 4. Tipo: S.

2.8.6. Nos mergulhos de intervenção, utilizando-se Misturas Respiratórias Artificiais – MRA, as equipes de mergulho terão a seguinte constituição:

- Código: 115.225-4. Infração: 4. Tipo: S.

a) até a profundidade de 120,00 m (cento e vinte metros):

– 1 (um) supervisor;

– 2 (dois) mergulhadores;

– 1 (um) mergulhador encarregado da operação do sino;

– 1 (um) mergulhador auxiliar;

– 1 (um) mergulhador de reserva para atender a possíveis emergências.

b) de 120,00 m (cento e vinte metros) a 130,00 m (cento e trinta metros):

– todos os elementos acima e mais 1 (um) mergulhador encarregado da operação da câmara hiperbárica.

2.8.7. Nas operações com técnica de saturação deverá haver, no mínimo, 2 (dois) supervisores e 2 (dois) técnicos de saturação.

- Código: 115.225-4. Infração: 4. Tipo: S.

2.9. Exames Médicos:

2.9.1. É obrigatória a realização de exames médicos, dentro dos padrões estabelecidos neste subitem, para o exercício da atividade de mergulho, em nível profissional.

- Código: 115.226-2. Infração: 3. Tipo: S.

2.9.2. Os exames médicos serão divididos em duas categorias:

a) exame pré-admissional para seleção de candidatos à atividade de mergulho;

- Código: 115.226-2. Infração: 3. Tipo: S.

b) exame periódico para controle do pessoal em atividade de mergulho.

- Código: 115.226-2. Infração: 3. Tipo: S.

2.9.3. Os exames médicos só serão considerados válidos, habilitando o mergulhador para o exercício da atividade, quando realizados por médico qualificado.

- Código: 115.226-2. Infração: 3. Tipo: S.

2.9.4. Caberá, igualmente, ao médico qualificado, a condução dos testes de pressão e de tolerância de oxigênio.

- Código: 115.226-2. Infração: 3. Tipo: S.

2.9.5. Os exames deverão ser conduzidos de acordo com os padrões psicofísicos estabelecidos nos Anexos A e B.

- Código: 115.226-2. Infração: 3. Tipo: S.

2.9.6. O médico concluirá os seus laudos por uma das seguintes formas:

a) apto para mergulho (integridade física e psíquica);

- Código: 115.226-2. Infração: 3. Tipo: S.

b) incapaz temporariamente para mergulho (patologia transitória);

- Código: 115.226-2. Infração: 3. Tipo: S.

c) incapaz definitivamente para mergulho (patologia permanente e/ou progressiva).

- Código: 115.226-2. Infração: 3. Tipo: S.

2.9.7. Os exames médicos dos mergulhadores serão realizados nas seguintes condições:

a) por ocasião da admissão;

- Código: 115.226-2. Infração: 3. Tipo: S.

b) a cada 6 (seis) meses, para todo o pessoal em efetiva atividade de mergulho;

- Código: 115.226-2. Infração: 3. Tipo: S.

c) imediatamente, após acidente ocorrido no desempenho de atividade de mergulho ou moléstia grave;

- Código: 115.226-2. Infração: 3. Tipo: S.

d) após o término de incapacidade temporária;

- Código: 115.226-2. Infração: 3. Tipo: S.

e) em situações especiais, por solicitação do mergulhador ao empregador.

• Código: 115.226-2. Infração: 3. Tipo: S.

2.9.7.1. Os exames médicos a que se refere o subitem anterior, só terão validade quando realizados em território nacional.

• Código: 115.226-2. Infração: 3. Tipo: S.

2.9.8. Os exames complementares previstos nos Anexos A e B terão validade de 12 (doze) meses, ficando a critério do médico qualificado a solicitação, a qualquer tempo, de qualquer exame que julgar necessário.

• Código: 115.226-2. Infração: 3. Tipo: S.

2.10. Das Regras de Segurança do Mergulho:

2.10.1. É obrigatório o uso de comunicações verbais em todas as operações de mergulho realizadas em "condições perigosas" sendo que, em mergulhos com Misturas Respiratórias Artificiais – MRA, deverão ser incluídos instrumentos capazes de corrigir as distorções sonoras provocadas pelos gases na transmissão da voz.

• Código: 115.236-0. Infração: 4. Tipo: S.

2.10.2. Em mergulho a mais de 50,00 m (cinquenta metros) de profundidade, quando utilizando sino de mergulho ou câmara submersível de pressão atmosférica, é obrigatória a disponibilidade de intercomunicador, sem fio, que permita comunicações verbais, para utilização em caso de emergência.

• Código: 115.236-0. Infração: 4. Tipo: S.

2.10.3. Em todas as operações de mergulho serão utilizados balizamento e sinalização adequados de acordo com o código internacional de sinais e outros meios julgados necessários à segurança.

• Código: 115.236-0. Infração: 4. Tipo: S.

2.10.4. A técnica de mergulho suprido pela superfície será sempre empregada, exceto em casos especiais onde as próprias condições de segurança indiquem ser mais apropriada a técnica de mergulho autônomo, sendo esta apoiada por uma embarcação miúda.

• Código: 115.236-0. Infração: 4. Tipo: S.

2.10.5. Os umbilicais ou linhas de vida serão sempre afixados a cintas adequadas e que possam suportar o peso do mergulhador e dos equipamentos.

• Código: 115.236-0. Infração: 4. Tipo: S.

2.10.6. A entrada e saída dos mergulhadores no meio líquido será sempre facilitada com o uso de cestas, convés ao nível de água ou escadas rígidas.

• Código: 115.236-0. Infração: 4. Tipo: S.

2.10.7. Os mergulhos com descompressão só deverão ser planejados para situações em que uma câmara de superfície, conforme especificada no subitem 2.11.20 e pronta para operar, possa ser alcançada em menos de 1 (uma) hora, utilizado o meio de transporte disponível no local.

• Código: 115.236-0. Infração: 4. Tipo: S.

2.10.7.1. Caso a profundidade seja maior que 40,00 m (quarenta metros) ou o tempo de descompressão maior que 20 (vinte) minutos, é obrigatória a presença no local do mergulho de uma câmara de superfície de conformidade com o subitem 2.11.20.

• Código: 115.236-0. Infração: 4. Tipo: S.

2.10.8. Sempre que for necessário pressurizar ou descomprimir um mergulhador, um segundo homem deverá acompanhá-lo no interior da câmara.

• Código: 115.236-0. Infração: 4. Tipo: S.

2.10.9. O uso de câmaras de compartimento único só será permitido, em emergência, para transporte de acidentado, até o local onde houver instalada uma câmara de duplo compartimento.

• Código: 115.236-0. Infração: 4. Tipo: S.

2.10.10. Nas operações de mergulho em que for obrigatória a utilização de câmara de superfície, só poderá ser iniciado o segundo mergulho após o término do período de observação do mergulho anterior, a menos que haja no local, em disponibilidade, uma segunda câmara e pessoal suficiente para operá-la.

• Código: 115.236-0. Infração: 4. Tipo: S.

2.10.11. Durante o período de observação, as câmaras de superfície deverão estar desocupadas e prontas para utilização, de modo a atender a uma possível necessidade de recompressão do mergulhador.

• Código: 115.236-0. Infração: 4. Tipo: S.

2.10.11.1. Durante o período de observação, o supervisor e demais integrantes da equipe, necessários para conduzir uma recompressão, não deverão afastar-se do local.

• Código: 115.236-0. Infração: 4. Tipo: S.

2.10.12. Durante o período de observação não será permitido aos mergulhadores:

• Código: 115.236-0. Infração: 4. Tipo: S.

a) realizar outro mergulho, exceto utilizando as tabelas apropriadas para mergulhos sucessivos;

• Código: 115.236-0. Infração: 4. Tipo: S.

b) realizar voos a mais de 600,00 m (seiscentos metros);

• Código: 115.236-0. Infração: 4. Tipo: S.

c) realizar esforços físicos excessivos;

• Código: 115.236-0. Infração: 4. Tipo: S.

d) afastar-se do local da câmara, caso o mergulho tenha se realizado com a utilização de Misturas Respiratórias Artificiais-MRA.

• Código: 115.236-0. Infração: 4. Tipo: S.

2.10.13. Nas operações de mergulho discriminadas neste subitem deve ser observado o seguinte:

• Código: 115.236-0. Infração: 4. Tipo: S.

a) mergulho com equipamento autônomo a ar comprimido: profundidade máxima igual a 40,00 m (quarenta metros);

• Código: 115.236-0. Infração: 4. Tipo: S.

b) mergulho com equipamento a ar comprimido suprido pela superfície: profundidade máxima igual a 50,00 m (cinquenta metros);

• Código: 115.236-0. Infração: 4. Tipo: S.

c) mergulho sem apoio de sino aberto: profundidade máxima igual a 50,00 m (cinquenta metros);

• Código: 115.236-0. Infração: 4. Tipo: S.

d) mergulho de intervenção com Mistura Respiratória Artificial – MRA e apoiado por sino aberto: profundidade máxima igual a 90,00 m (noventa metros);

• Código: 115.236-0. Infração: 4. Tipo: S.

e) mergulho de intervenção com Mistura Respiratória Artificial – MRA e apoiado por sino de mergulho: profundidade máxima igual a 130,00 m (cento e trinta metros).

• Código: 115.236-0. Infração: 4. Tipo: S.

2.10.13.1. Nas profundidades de 120,00 m (cento e vinte metros) a 130,00 m (cento e trinta metros) só poderão ser realizados mergulhos utilizando equipamentos e equipes que permitam a técnica de saturação.

• Código: 115.236-0. Infração: 4. Tipo: S.

2.10.13.2. As operações de mergulho, em profundidade superior a 130,00 m (cento e trinta metros), só poderão ser realizadas quando utilizando técnicas de saturação.

• Código: 115.236-0. Infração: 4. Tipo: S.

2.10.13.3. Em profundidade superior a 90,00 m (noventa metros), qualquer operação de mergulho só deverá ser realizada com sino de mergulho em conjunto com câmara de superfície dotada de todos acessórios e equipamentos auxiliares, ficando a profundidade limitada à pressão máxima de trabalho dessa câmara.

• Código: 115.236-0. Infração: 4. Tipo: S.

2.10.13.4. O tempo máximo submerso diário, em mergulhos utilizando ar comprimido, não deverá ser superior a 4 (quatro) horas, respeitando-se, ainda, os seguintes limites:

• Código: 115.236-0. Infração: 4. Tipo: S.

a) Mergulho com Equipamento Autônomo: o tempo de fundo deverá ser mantido dentro dos limites de mergulho sem descompressão, definidos nas tabelas em anexo;

• Código: 115.236-0. Infração: 4. Tipo: S.

b) Mergulho com Equipamento Suprido da Superfície: o tempo de fundo deverá ser inferior aos limites definidos nas tabelas de mergulhos excepcionais em anexo.

• Código: 115.236-0. Infração: 4. Tipo: S.

2.10.13.5. Utilizando Mistura Respiratória Artificial – MRA em mergulho de intervenção com sino aberto, o tempo de permanência do mergulhador na água não poderá exceder a 160 (cento e sessenta) minutos.

• Código: 115.236-0. Infração: 4. Tipo: S.

2.10.13.6. Utilizando Mistura Respiratória Artificial – MRA, em mergulho de intervenção com sino de mergulho, o tempo de fundo não poderá exceder de:

• Código: 115.236-0. Infração: 4. Tipo: S.

a) 90 (noventa) minutos, para mergulhos até 90,00 m (noventa metros);

• Código: 115.236-0. Infração: 4. Tipo: S.

b) 60 (sessenta) minutos, para mergulhos entre 90,00 m (noventa metros) a 120,00 m (cento e vinte metros) de profundidade;

• Código: 115.236-0. Infração: 4. Tipo: S.

c) 30 (trinta) minutos, para mergulhos entre 120,00 m (cento e vinte metros) a 130,00 m (cento e trinta metros) de profundidade.

• Código: 115.236-0. Infração: 4. Tipo: S.

2.10.13.7. Utilizando a técnica de saturação, o período máximo submerso para cada mergulhador, incluída a permanência no interior do sino, não poderá exceder de 8 (oito) horas em cada período de 24 (vinte e quatro) horas.

• Código: 115.236-0. Infração: 4. Tipo: S.

2.10.13.8. Utilizando a técnica de saturação, o período máximo de permanência sob pressão será de 28 (vinte e oito) dias e o intervalo mínimo entre duas saturações será igual ao tempo de saturação, não podendo este intervalo ser inferior a 14 (quatorze) dias. O tempo total de permanência sob saturação num período de 12 (doze) meses consecutivos não poderá ser superior a 120 (cento e vinte) dias.

• Código: 115.236-0. Infração: 4. Tipo: S.

2.10.14. Em mergulho a mais de 150,00 m (cento e cinquenta metros) de profundidade, a Mistura Respiratória Artificial – MRA deverá ser devidamente aquecida para suprimento ao mergulhador.

• Código: 115.236-0. Infração: 4. Tipo: S.

2.10.15. Só será permitido realizar mergulhos a partir de embarcações não fundeadas, quando o supervisor de mergulho julgar seguro este procedimento e medidas adequadas forem tomadas para resguardar a integridade física do mergulhador protegendo-o contra os sistemas de propulsão, fluxo de água e possíveis obstáculos.

• Código: 115.236-0. Infração: 4. Tipo: S.

2.10.15.1. Estes mergulhos só serão permitidos se realizados à luz do dia, exceto quando a partir de embarcação de posicionamento dinâmico aprovada pela Diretoria de Portos e Costas – DPC, para esse tipo de operação.

• Código: 115.236-0. Infração: 4. Tipo: S.

2.10.16. Qualquer equipamento elétrico utilizado em submersão deverá ser dotado de dispositivo de segurança que impeça a presença de tensões ou correntes elevadas, que possam ameaçar a integridade física do mergulhador, em caso de mau funcionamento.

• Código: 115.236-0. Infração: 4. Tipo: S.

2.10.17. O supervisor de mergulho não poderá manter nenhum mergulhador submerso ou sob condição hiperbárica contra a sua vontade, exceto quando for necessária a complementação de uma descompressão ou em caso de tratamento hiperbárico.

• Código: 115.236-0. Infração: 4. Tipo: S.

2.10.17.1. O mergulhador que se recusar a iniciar o mergulho ou permanecer sob condição hiperbárica, sem motivos justificáveis, será passível de sanções de conformidade com a legislação pertinente.

• Código: 115.236-0. Infração: 4. Tipo: S.

2.10.18. Qualquer operação de mergulho deverá ser interrompida ou cancelada pelo supervisor de mergulho, quando as condições de segurança não permitirem a execução ou continuidade do trabalho.

• Código: 115.236-0. Infração: 4. Tipo: S.

2.10.19. A distância percorrida pelo mergulhador entre o sino de mergulho e o local de efetivo trabalho só poderá exceder a 33,00 m (trinta e três metros) em situações especiais, se atendidas as seguintes exigências:

• Código: 115.236-0. Infração: 4. Tipo: S.

a) não houver outra alternativa para a realização da operação de mergulho sem a utilização desse excesso. Neste caso, será o contratante o responsável pela determinação do uso de umbilical para atender a distância superior a 33,00 m (trinta e três metros), ouvidos o supervisor de mergulho e o comandante ou responsável pela plataforma de mergulho;

• Código: 115.236-0. Infração: 4. Tipo: S.

b) a operação de mergulho for realizada à luz do dia;

• Código: 115.236-0. Infração: 4. Tipo: S.

c) o percurso entre o sino de mergulho e o local de efetivo trabalho submerso for previamente inspecionado por uma câmara de TV submarina;

• Código: 115.236-0. Infração: 4. Tipo: S.

d) for estendido um cabo-guia entre o sino de mergulho e o local de trabalho submerso por um veículo de controle remoto ou pelo primeiro mergulhador;

• Código: 115.236-0. Infração: 4. Tipo: S.

e) a distância percorrida pelo mergulhador não exceder a 60,00 m (sessenta metros);

• Código: 115.236-0. Infração: 4. Tipo: S.

f) forem utilizadas garrafas de emergência suficientes para garantir o retorno do mergulhador ao sino de mergulho, tomando-se como base de consumo respiratório 60 (sessenta) litros/minuto, na profundidade considerada, com autonomia de 3 (três) minutos;

• Código: 115.236-0. Infração: 4. Tipo: S.

g) for utilizado um sistema com, no mínimo, 2 (duas) alternativas de fornecimento de gás, aquecimento e comunicações;

• Código: 115.236-0. Infração: 4. Tipo: S.

h) for utilizado umbilical de flutuabilidade neutra.

2.10.19.1. Caso as condições de visibilidade não permitam a completa visão do trajeto do mergulhador por uma câmara de TV fixa, será obrigatório o uso de câmara instalada em veículo autopropulsável com controle remoto.

• Código: 115.236-0. Infração: 4. Tipo: S.

2.10.19.2. Os mergulhadores, para utilizarem umbilical para distâncias superiores a 33 m (trinta e três metros), deverão receber treinamento prévio de resgate e retorno ao sino em situação de emergência, devidamente registrado no Livro Registro do Mergulhador – LRM.

• Código: 115.236-0. Infração: 4. Tipo: S.

2.10.20. Nenhuma operação de mergulho poderá ser realizada sem ter havido uma revisão no sistema e equipamento com antecedência não superior a 12 (doze) horas.

• Código: 115.236-0. Infração: 4. Tipo: S.

2.10.21. Todos os integrantes das equipes de mergulho, especialmente os supervisores, deverão tomar as devidas precauções, relativas à segurança das operações, no tocante ao planejamento, preparação, execução e procedimentos de emergência, conforme discriminado a seguir:

• Código: 115.236-0. Infração: 4. Tipo: S.

I – Quanto ao Planejamento:

• Código: 115.236-0. Infração: 4. Tipo: S.

a) condições meteorológicas;

• Código: 115.236-0. Infração: 4. Tipo: S.

b) condições de mar;

• Código: 115.236-0. Infração: 4. Tipo: S.

c) movimentação de embarcações;

• Código: 115.236-0. Infração: 4. Tipo: S.

d) perigos submarinos, incluindo ralos, bombas de sucção ou locais onde a diferença de pressão hidrostática possa criar uma situação de perigo para os mergulhadores;

• Código: 115.236-0. Infração: 4. Tipo: S.

e) profundidade e tipo de operação a ser executada;

• Código: 115.236-0. Infração: 4. Tipo: S.

f) adequação dos equipamentos;

• Código: 115.236-0. Infração: 4. Tipo: S.

g) disponibilidade e qualificação do pessoal;

• Código: 115.236-0. Infração: 4. Tipo: S.

h) exposição a quedas da pressão atmosférica causadas por transporte aéreo, após o mergulho;

• Código: 115.236-0. Infração: 4. Tipo: S.

i) operações de mergulho simultâneas.

• Código: 115.236-0. Infração: 4. Tipo: S.

II – Quanto à Preparação:

• Código: 115.236-0. Infração: 4. Tipo: S.

a) obtenção, junto aos responsáveis, pela condução de quaisquer atividades que, na área, possam interferir com a operação, de informações que possam interessar à sua segurança;

• Código: 115.236-0. Infração: 4. Tipo: S.

b) seleção dos equipamentos e misturas respiratórias;

• Código: 115.236-0. Infração: 4. Tipo: S.

c) verificação dos sistemas e equipamentos;

• Código: 115.236-0. Infração: 4. Tipo: S.

d) distribuição das tarefas entre os membros da equipe;

• Código: 115.236-0. Infração: 4. Tipo: S.

e) habilitação dos mergulhadores para a realização do trabalho;

• Código: 115.236-0. Infração: 4. Tipo: S.

f) procedimentos de sinalização;

• Código: 115.236-0. Infração: 4. Tipo: S.

g) precauções contra possíveis perigos no local de trabalho.

• Código: 115.236-0. Infração: 4. Tipo: S.

III – Quanto à Execução:

• Código: 115.236-0. Infração: 4. Tipo: S.

a) responsabilidade de todo o pessoal envolvido;

• Código: 115.236-0. Infração: 4. Tipo: S.

b) uso correto dos equipamentos individuais;

• Código: 115.236-0. Infração: 4. Tipo: S.

c) suprimento e composição adequada das misturas respiratórias;

• Código: 115.236-0. Infração: 4. Tipo: S.

d) locais de onde poderá ser conduzida a operação;

• Código: 115.236-0. Infração: 4. Tipo: S.

e) operações relacionadas com câmaras de compressão submersíveis;

• Código: 115.236-0. Infração: 4. Tipo: S.

f) identificação e características dos locais de trabalho;

• Código: 115.236-0. Infração: 4. Tipo: S.

g) utilização de ferramentas e outros equipamentos pelos mergulhadores;

• Código: 115.236-0. Infração: 4. Tipo: S.

h) limites de profundidade e tempo de trabalho;

• Código: 115.236-0. Infração: 4. Tipo: S.

i) descida, subida e resgate da câmara de compressão submersível e dos mergulhadores;

• Código: 115.236-0. Infração: 4. Tipo: S.

j) tabelas de descompressão, inclusive as de tratamento e de correção;

• Código: 115.236-0. Infração: 4. Tipo: S.

l) controle das alterações das condições iniciais;

• Código: 115.236-0. Infração: 4. Tipo: S.

m) período de observação;

• Código: 115.236-0. Infração: 4. Tipo: S.

n) manutenção dos registros de mergulho.

• Código: 115.236-0. Infração: 4. Tipo: S.

IV – Quanto aos Procedimentos de Emergência:

• Código: 115.236-0. Infração: 4. Tipo: S.

a) sinalização;

• Código: 115.236-0. Infração: 4. Tipo: S.

b) assistência na água e na superfície;

• Código: 115.236-0. Infração: 4. Tipo: S.

c) disponibilidade de câmara de superfície ou terapêutica;

• Código: 115.236-0. Infração: 4. Tipo: S.

d) primeiros socorros;

• Código: 115.236-0. Infração: 4. Tipo: S.

e) assistência médica especializada;

• Código: 115.236-0. Infração: 4. Tipo: S.

f) comunicação e transporte para os serviços e equipamentos de emergência;

• Código: 115.236-0. Infração: 4. Tipo: S.

g) eventual necessidade de evacuação dos locais de trabalho;

• Código: 115.236-0. Infração: 4. Tipo: S.

h) suprimentos diversos para atender às emergências.

• Código: 115.236-0. Infração: 4. Tipo: S.

2.11. Dos equipamentos de mergulho:

2.11.1. Os sistemas e equipamentos deverão ser instalados em local adequado, de forma a não prejudicar as condições de segurança das operações.

• Código: 115.237-8. Infração: 4. Tipo: S.

2.11.2. Os equipamentos de mergulho utilizados nas operações de mergulho deverão possuir certificado de aprovação fornecido ou homologado pela Diretoria de Portos e Costas – DPC.

• Código: 115.237-8. Infração: 4. Tipo: S.

2.11.3. Os vasos de pressão deverão apresentar em caracteres indeléveis e bem visíveis:

• Código: 115.237-8. Infração: 4. Tipo: S.

a) limites máximos de trabalho e segurança;

b) nome da entidade que o tenha aprovado;

c) prazo de validade do certificado;

d) data do último teste de rutura.

2.11.4. O certificado referido no subitem 2.11.2 não terá validade se:

a) qualquer alteração ou reparo tiver sido efetuado no sistema ou equipamento de forma a alterar suas características originais;

b) vencidos os períodos estabelecidos no quadro abaixo para os testes de vazamento e testes de rutura.

TESTES / EQUIPAMENTOS	DE VAZAMENTO	DE RUTURA
Câmaras Hiperbáricas	2 anos	5 anos
Reservatório de Gases Não Submerso	5 anos	5 anos
Reservatório de Gases Submerso	2 anos	5 anos
Equipamentos com pressão de trabalho superior a 500 mbar	2 anos	2 anos

2.11.5. A pressão do teste de rutura dos equipamentos deverá ser igual a 1,5 vezes a pressão máxima de trabalho para a qual foram projetados.

2.11.6. Preferencialmente, serão utilizados testes hidrostáticos, contudo, em caso de impossibilidade, poderão ser realizados testes pneumáticos, quando suficientes precauções forem tomadas para a segurança das pessoas, no caso de falha estrutural do equipamento.

2.11.7. Os sistemas e equipamentos deverão incluir um meio de fornecer aos mergulhadores mistura respiratória adequada (incluindo um suprimento de reserva para o caso de uma emergência ou para uma recompressão terapêutica) em volume, temperatura e pressão capazes de permitir esforço físico vigoroso e prolongado durante a operação.

• Código: 115.237-8. Infração: 4. Tipo: S.

2.11.8. Todos os equipamentos que funcionem com reciclagem de mistura respiratória deverão ser previamente certificados por uma entidade reconhecida e aprovada pela Diretoria de Portos e Costas – DPC, quanto à sua capacidade de fornecer misturas respiratórias nos padrões exigidos e em quantidade suficiente.

• Código: 115.237-8. Infração: 4. Tipo: S.

2.11.9. Todos os compressores de misturas respiratórias, especialmente os de ar, deverão ser instalados de maneira que não exista o risco de que aspirem gases da descarga do seu próprio motor ou de ambientes onde exista qualquer possibilidade de contaminação (praças de máquinas, porões, etc.).

• Código: 115.237-8. Infração: 4. Tipo: S.

2.11.10. Todos os reservatórios de gases deverão ter dispositivos de segurança que operem à pressão máxima do trabalho.

• Código: 115.237-8. Infração: 4. Tipo: S.

2.11.11. Os gases ou misturas respiratórias, fornecidos em reservatórios, para as operações de mergulho, só poderão ser utilizados se acompanhados das seguintes especificações:

• Código: 115.237-8. Infração: 4. Tipo: S.

a) percentual dos elementos constituintes;

b) grau de pureza;

c) tipo de análise realizada;

d) nome e assinatura do responsável pela análise.

2.11.12. As misturas respiratórias artificiais deverão ser analisadas no local das operações, quanto aos seus percentuais de oxigênio, e ter, indelevelmente, marcados os seus reservatórios, de forma legível, com o nome e a composição de seu conteúdo.

• Código: 115.237-8. Infração: 4. Tipo: S.

2.11.13. A equipe de mergulho deverá ter, sempre, condições de analisar, no local da operação, as misturas respiratórias artificiais empregadas, quanto ao percentual de:

• Código: 115.237-8. Infração: 4. Tipo: S.

a) oxigênio;

b) gás carbônico;

c) monóxido de carbono.

2.11.14. Só poderá ser realizada uma operação de mergulho se houver disponível, no local, uma quantidade de gases, no mínimo, igual a 3 (três) vezes a necessária à pressurização das câmaras hiperbáricas, na pressão da profundidade máxima de trabalho, durante uma operação normal.

• Código: 115.237-8. Infração: 4. Tipo: S.

2.11.14.1. Nos equipamentos que dispuserem de sistema de reciclagem, a quantidade de gases poderá ser apenas 2/3 (dois terços) da exigida no subitem 2.11.14.

2.11.15. Todos os indicadores de pressão, profundidade ou equivalentes, deverão ser construídos de forma a não serem afetados pelas condições ambientes, exceto aqueles projetados para tal.

• Código: 115.237-8. Infração: 4. Tipo: S.

2.11.16. Todos os instrumentos de controle, indicadores e outros acessórios deverão ser indelével e legivelmente marcados, em língua portuguesa, quanto à sua função.

• Código: 115.237-8. Infração: 4. Tipo: S.

2.11.17. Todos os sistemas e equipamentos deverão ter manutenção permanente de forma a assegurar seu funcionamento perfeito, quando em utilização.

• Código: 115.237-8. Infração: 4. Tipo: S.

2.11.18. Os sistemas e equipamentos de mergulho deverão possuir:

• Código: 115.237-8. Infração: 4. Tipo: S.

a) umbilical, exceto quando for utilizada a técnica de mergulho autônomo;

• Código: 115.237-8. Infração: 4. Tipo: S.

b) linha de vida, exceto quando:

• Código: 115.237-8. Infração: 4. Tipo: S.

I – a natureza das operações apresentar inconvenientes ao seu uso, sendo, neste caso, utilizado um sistema alternativo para manter a segurança dos mergulhadores;

II – a profundidade de trabalho for inferior a 30,00 m (trinta metros) e um dos mergulhadores submersos já a estiver usando.

c) nas operações utilizando sino de mergulho, meios de registrar em fita magnética todas as intercomunicações efetuadas durante a pressurização, desde o seu início, até o retorno dos mergulhadores à superfície ou a entrada dos mesmos numa câmara de superfície em condições normais;

• Código: 115.237-8. Infração: 4. Tipo: S.

d) sistema de intercomunicação, entre os mergulhadores e o supervisor da operação, em trabalhos em profundidades superiores a 30,00 m (trinta metros), exceto quando a técnica empregada seja a de mergulho autônomo;

• Código: 115.237-8. Infração: 4. Tipo: S.

e) profundímetro, que permita leitura na superfície, em operações em profundidades superiores a 12,00 m (doze metros), exceto quando utilizado equipamento autônomo;

• Código: 115.237-8. Infração: 4. Tipo: S.

f) sistema e equipamento para permitir, com segurança, a entrada e saída dos mergulhadores da água;

• Código: 115.237-8. Infração: 4. Tipo: S.

g) sistema de iluminação, normal e de emergência que durante o mergulho noturno seja capaz de iluminar adequadamente o local de controle e a superfície da água, exceto quando a natureza das operações contraindicarem seu uso;

• Código: 115.237-8. Infração: 4. Tipo: S.

h) equipamento individual, de uso obrigatório, composto de:

• Código: 115.237-8. Infração: 4. Tipo: S.

I – roupa apropriada para cada tipo de mergulho;

II – suprimento de mistura respiratória de reserva, para o caso de emergência, a partir de 20,00 m (vinte metros) de profundidade;

III – relógio, quando em mergulhos autônomos;

IV – faca;

V – controle de flutuabilidade individual, para trabalhos em profundidade maior do que 12,00 m (doze metros) ou em condições perigosas, exceto em profundidades superiores a 50,00 m (cinquenta metros);

VI – luvas de proteção, exceto quando as condições não impuserem seu uso;

VII – tabelas de descompressão impermeabilizadas, de modo a permitir sua utilização em operações de mergulho com equipamentos autônomos;

VIII – colete inflável de mergulho, profundímetro, tubo respirador, máscara, nadadeiras e lastro adequado, quando a técnica empregada for de mergulho autônomo;

IX – lanterna, para mergulhos noturnos ou em locais escuros.

2.11.19. Todas as câmaras hiperbáricas deverão:

• Código: 115.237-8. Infração: 4. Tipo: S.

a) ser construídas:

• Código: 115.237-8. Infração: 4. Tipo: S.

I – com vigias que permitam que todos os seus ocupantes sejam perfeitamente visíveis do exterior;

II – de forma que todas as escotilhas assegurem a manutenção da pressão interna desejada;

III – de forma que todas as redes que atravessem seu corpo disponham, interna e externamente próximo ao ponto de penetração, de válvulas ou outros dispositivos convenientes à segurança;

IV – dispondo, em cada compartimento, de válvulas de alívio da pressão interna máxima do trabalho, capazes de serem operadas do exterior;

V – com isolamento térmico apropriado, de forma a proteger seus ocupantes, quando utilizadas misturas respiratórias artificiais;

VI – de modo a minimizar os riscos de incêndio interno e externo;

VII – de modo a minimizar o ruído interno.

b) ser equipadas:

• Código: 115.237-8. Infração: 4. Tipo: S.

I – com dispositivo de segurança para impedir sucção nas extremidades internas das redes, que possam permitir sua despressurização;

II – de modo que a pressão em seus compartimentos possa ser controlada interna e externamente;

III – com indicadores da profundidade correspondente à pressão interna, no seu interior e no local de controle na superfície;

IV – com estojo de primeiros socorros, contendo medicamentos adequados para o tratamento de acidentes típicos e as instruções para sua aplicação, na ausência do médico;

V – com sistema de iluminação normal e de emergência, em todos os seus compartimentos;

VI – com ferramentas adequadas para atender a uma possível emergência;

VII – com tabelas de descompressão adequadas, bem como regras para procedimentos em emergência;

VIII – nos mergulhos com misturas respiratórias artificiais, com analisador da pressão parcial ou de percentagem de oxigênio;

IX – nos mergulhos com misturas respiratórias artificiais, com equipamento automático que registre, gráfica e cronologicamente, as variações da pressão interna, desde o início da pressurização até o término da descompressão ou tratamento hiperbárico.

2.11.20. Todas as câmaras de superfície deverão:

• Código: 115.237-8. Infração: 4. Tipo: S.

a) ser construídas:

• Código: 115.237-8. Infração: 4. Tipo: S.

I – com, no mínimo, 2 (dois) compartimentos estanques, pressurizáveis independentemente;

II – de modo a ter espaço suficiente, em um dos compartimentos, para permitir que dois adultos permaneçam deitados, com relativo conforto;

III – de modo a ter um diâmetro interno mínimo de 1,75 m (um metro e setenta e cinco centímetros), exceto aquelas já em uso no País, na data da publicação deste Anexo;

IV – de modo a ter um diâmetro mínimo de 2,00 m (dois metros), quando empregadas em operações de duração superior a 12 (doze) horas, exceto aquelas já em uso no País, na data da publicação deste Anexo;

V – com compartimentos próprios que permitam a transferência, sob pressão, do exterior para o interior e vice-versa, de medicamentos, alimentos e equipamentos necessários.

b) ser equipadas:

• Código: 115.237-8. Infração: 4. Tipo: S.

I – em cada compartimento, com recursos de combate a incêndio adequados;

II – com sistema capaz de fornecer a seus ocupantes oxigenoterapia hiperbárica, através de máscaras faciais, havendo exaustão direta para o exterior quando forem utilizadas misturas respiratórias artificiais como atmosfera ambiente;

III – quando utilizadas em operações que exijam ocupação por período superior a 12 (doze) horas:

a) com sistemas de controle de temperatura e umidade relativa do meio ambiente;

b) com sistema sanitário completo, incluindo vaso, chuveiro e lavatório com água quente e fria.

IV – com flange padronizado pela Diretoria de Portos e Costas – DPC, que permita o seu acoplamento em emergência, a diferentes sinos de mergulho, quando prevista a utilização destes sinos.

2.11.20.1. Nos mergulhos com ar comprimido, quando a descompressão não exceder a 2 (duas) horas, ou nos casos em que seja necessário o tratamento hiperbárico, será permitida a utilização de câmaras com diâmetro mínimo de 1,20 m (um metro e vinte centímetros).

2.11.20.2. Ficam dispensados das exigências dos subitens 2.11.19 e 2.11.20 as câmaras destinadas, exclusivamente, a transporte em condições de emergência.

2.11.21. Todos os sinos do mergulho deverão:

- Código: 115.237-8. Infração: 4. Tipo: S.

a) ser construídos:

- Código: 115.237-8. Infração: 4. Tipo: S.

I – com escotilha de fácil acesso para a entrada e saída dos mergulhadores;

II – com escotilha de acoplamento que permita, facilmente, a transferência dos mergulhadores sob pressão para a câmara de superfície e vice-versa;

III – com sistema próprio de controle da sua flutuabilidade, acionável internamente, sob qualquer condição de pressão, e com dispositivos de segurança que evitem seu acionamento acidental;

IV – com dispositivo de segurança que não permita que as redes e manômetros de oxigênio, no seu interior, sejam submetidas a pressões com uma diferença de mais de 8 (oito) bares acima da pressão interna ambiente.

b) ser equipados:

- Código: 115.237-8. Infração: 4. Tipo: S.

I – com flange padronizado pela Diretoria de Portos e Costas – DPC, que permita o seu acoplamento em emergência, a qualquer câmara de superfície;

II – com um sistema de içamento principal e outro secundário, capazes de içar o sino até a superfície da água;

III – com recursos que os mantenham em posição adequada, evitando, tanto quanto possível, movimentos laterais, verticais ou rotacionais excessivos;

IV – com umbilical, no qual esteja incorporada uma linha de suprimento, independente da principal, capaz de controlar a pressurização e descompressão a partir da superfície;

V – com indicadores da profundidade externa;

VI – com sistema de proteção térmica e com suprimento externo de reserva de oxigênio, que permita a sobrevivência autônoma de seus ocupantes por um período mínimo de 24 (vinte e quatro) horas;

VII – com reserva de mistura respiratória artificial, para ser utilizada exclusivamente em casos de emergência;

VIII – com analisador da pressão parcial de gás carbônico;

IX – com equipamento apropriado para permitir que um mergulhador inconsciente seja içado para o seu interior pelo mergulhador que ali permanece;

X – com dispositivo que permita sua fácil localização, para resgate, em caso de emergência.

2.12. Dos Registros das Operações de Mergulho:

2.12.1. No Registro das Operações de Mergulho – ROM, deve constar:

- Código: 115.227-0. Infração: 2. Tipo: S.

a) o nome do contratante da operação de mergulho;

b) o período de realização da operação;

c) o nome ou outra designação da plataforma de mergulho, sua localização e o nome do seu comandante ou responsável;

d) o nome do supervisor de mergulho e o período da operação na qual ele atua desempenhando aquela função;

e) o nome dos demais componentes da equipe de mergulho e outras pessoas operando qualquer sistema ou equipamento, discriminando suas respectivas tarefas;

f) os arranjos para atender a possíveis emergências;

g) os procedimentos seguidos no curso da operação de mergulho incluindo a tabela de descompressão utilizada;

h) a máxima profundidade alcançada por cada mergulhador no decurso da operação;

i) para cada mergulhador, com relação a cada mergulho realizado, a hora em que deixa a superfície e seu tempo de fundo;

j) o tipo de equipamento de respiração e a mistura utilizada;

l) a natureza da operação de mergulho;

m) qualquer tipo de acidente ou lesão sofrida pelos mergulhadores, bem como a ocorrência de doença descompressiva ou outros males;

n) particularidades de qualquer emergência ocorrida durante a operação de mergulho e as ações desenvolvidas;

o) qualquer avaria verificada no equipamento utilizado na operação de mergulho;

p) particularidades de qualquer fator ambiental que possa afetar a operação;

q) qualquer outro elemento de importância para a segurança ou a integridade física das pessoas envolvidas na operação.

2.12.1.1. Os registros das intercomunicações só poderão ser destruídos 48 (quarenta e oito) horas após o término da operação de mergulho e caso não tenha havido nenhum acidente, situação de risco ou particularidade relevante, que, nestes casos, serão registradas no ROM.

- Código: 115.227-0. Infração: 2. Tipo: S.

2.12.2. O Livro de Registro do Mergulhador – LRM será aprovado pela Diretoria de Portos e Costas – DPC, devendo dele constar, além dos dados pessoais do mergulhador e do registro dos exames médicos periódicos:

- Código: 115.227-0. Infração: 2. Tipo: S.

a) o nome e endereço do empregador;

b) a data;

c) o nome ou outra designação da embarcação ou plataforma de mergulho de onde é conduzida a operação de mergulho e sua localização;

d) o nome do supervisor de mergulho;

e) a máxima profundidade atingida em cada mergulho;

f) para cada mergulho, a hora em que deixou e chegou à superfície e o respectivo tempo de fundo;

g) quando o mergulho incluir um tempo numa câmara hiperbárica, detalhes de qualquer tempo dispendido fora da câmara, a uma pressão diferente;

h) o tipo de equipamento empregado e, quando for o caso, a composição da mistura respiratória artificial utilizada;

i) o trabalho realizado em cada mergulho, mencionando o ferramental utilizado;

j) as tabelas de descompressão seguidas em cada mergulho;

l) qualquer tipo de acidente ou lesão sofrida, bem como a ocorrência de doença descompressiva ou outros males;

m) qualquer outro elemento de importância para sua saúde ou integridade física.

2.13. Das Tabelas de Descompressão e Tratamento:

2.13.1. As tabelas empregadas em todas as operações de mergulho onde o ar comprimido seja utilizado como suprimento respiratório, inclusive as de tratamento, serão as constantes do Anexo C.

2.13.1.1. Outras tabelas poderão ser empregadas, desde que devidamente homologadas pela Diretoria de Portos e Costas – DPC.

2.13.2. As tabelas referentes à utilização de misturas respiratórias artificiais só poderão ser aplicadas quando homologadas pela Diretoria de Portos e Costas – DPC.

2.14. Das Disposições Gerais:

2.14.1. O trabalho submerso ou sob pressão somente será permitido a trabalhadores com idade mínima de 18 (dezoito) anos.

- Código: 115.220-3. Infração: 4. Tipo: S.

2.14.2. A atividade de mergulho é considerada como atividade insalubre em grau máximo.

2.14.3. O descumprimento ao disposto no item 2 – Trabalhos Submersos caracterizará o grave e iminente risco para os fins e efeitos previstos na NR 3.C) Acrescentar na Tabela Padrão de Descompressão com A, na coluna Profundidade (metros), a correspondência em pés: 12 m – 40 pés; 15 m – 50 pés; 18 m – 60 pés; 21 m – 70 pés; 24 m – 80 pés; 27 m – 90 pés; 30 m – 100 pés; 33 m – 110 pés; 36 m – 120 pés; 48 m – 160 pés; 51 m –170 pés; 54 m – 180 pés; 57 m – 190 pés.

Anexo A

Padrões Psicofísicos para Seleção dos Candidatos à Atividade de Mergulho

I – IDADE

O trabalho submerso ou sob pressão somente será permitido a trabalhadores com idade mínima de 18 (dezoito) anos.

II – ANAMNESE

Inabilita o candidato à atividade de mergulho a ocorrência ou constatação de patologias referentes a: epilepsia, meningite, tuberculose, asma e qualquer doença pulmonar crônica; sinusites crônicas ou repetidas; otite média e otite externa crônica; doença incapacitante do aparelho locomotor; distúrbios gastrointestinais crônicos ou repetidos; alcoolismo crônico e sífilis (salvo quando convenientemente tratada e sem a persistência de nenhum sintoma consequente); outras a critério médico.

III – EXAME MÉDICO

1. BIOMETRIA

Peso: os candidatos a atividade de mergulho serão selecionados de acordo com o seu biotipo e tendência a obesidade futura. Poderão ser inabilitados aqueles que apresentarem variação para mais de 10 (dez) por cento em peso, das tabelas-padrão de idade-altura-peso, a critério médico.

2. APARELHO CIRCULATÓRIO

A integridade do aparelho circulatório será verificada pelo exame clínico, radiológico e eletrocardiográfico; a pressão arterial sistólica não deverá exceder a 145 mm/Hg e a diastólica a 90mm/Hg, sem nenhuma repercussão hemodinâmica. As perturbações da circulação venosa periférica (varizes e hemorroidas) acarretam a inaptidão.

3. APARELHO RESPIRATÓRIO

Será verificada a integridade clínica e radiológica do aparelho respiratório:

a) integridade anatômica da caixa torácica;

b) atenção especial deve ser dada à possibilidade de tuberculose e outras doenças pulmonares pelo emprego de telerradiografia e reação tuberculínica, quando indicada;

c) doença pulmonar ou outra qualquer condição mórbida que dificulte a ventilação pulmonar deve ser causa de inaptidão;

d) incapacitam os candidatos doenças inflamatórias crônicas tais como: tuberculose, histoplasmose, bronquiectasia, asma brônquica, enfisema, pneumotórax, paquipleuriz e sequela de processo cirúrgico torácico.

4. APARELHO DIGESTIVO

Será verificada a integridade anatômica e funcional do aparelho digestivo e de seus anexos:

a) candidatos com manifestação de colite, úlcera péptica, prisão de ventre, diarreia crônica, perfuração do trato gastrointestinal ou hemorragia digestiva serão inabilitados;

b) dentes: os candidatos devem possuir número suficiente de dentes, naturais ou artificiais e boa oclusão, que assegurem mastigação satisfatória. Doenças da cavidade oral, dentes cariados ou comprometidos por focos de infecção podem também ser causas de inaptidão.

As próteses deverão ser fixas, de preferência. Próteses removíveis, tipo de grampos, poderão ser aceitas desde que não interfiram com o uso efetivo dos equipamentos autônomos (válvula reguladora, respirador) e dependentes (tipo narquilé). Os candidatos, quando portadores desse tipo de prótese, devem ser orientados para removê-las quando em atividades de mergulho.

5. APARELHO GENITURINÁRIO

As doenças geniturinárias, crônicas ou recorrentes, bem como as doenças venéreas, ativas ou repetidas, inabilitam o candidato.

6. SISTEMA ENDÓCRINO

As perturbações do metabolismo, da nutrição ou das funções endócrinas são incapacitantes.

IV – EXAME OFTALMO-OTORRINOLARINGOLÓGICO

a) Deve ser verificada a ausência de doenças agudas ou crônicas em ambos os olhos;

b) Acuidade visual: é exigido 20/30 de visão em ambos os olhos, corrigível para 20/20;

c) Senso cromático: são incapacitantes as discromatopsias de grau acentuado;

d) A audição deve ser normal em ambos os ouvidos. Doenças agudas ou crônicas do conduto auditivo externo, da membrana timpânica, do ouvido médio ou interno, inabilitam o candidato.

As trompas de Eustáquio deverão estar, obrigatoriamente, permeáveis e livres para equilíbrio da pressão, durante as variações barométricas nos mergulhos;

e) As obstruções à respiração e as sinusites crônicas são causas de inabilitação. As amígdalas com inflamações crônicas, bem como todos os obstáculos nasofaringeanos que dificultam a ventilação adequada, devem inabilitar os candidatos.

V – EXAME NEUROPSIQUIÁTRICO

Será verificada a integridade anatômica e funcional do sistema nervoso:

a) A natureza especial do trabalho de mergulho requer avaliação cuidadosa dos ajustamentos nos planos emocional, social e intelectual dos candidatos;

b) História pregressa de distúrbios neuropsíquicos ou de moléstia orgânica do sistema nervoso, epilepsia, ou pós-traumática, inabilitam os candidatos;

c) Tendências neuróticas, imaturidade ou instabilidade emocional, manifestações antissociais, desajustamentos ou inadaptações inabilitam os candidatos.

VI – EXAMES COMPLEMENTARES

Serão exigidos os seguintes exames complementares:

1. Telerradiografia do tórax (AP);
2. Eletrocardiograma basal;
3. Eletroencefalograma;
4. Urina: elementos anormais e sedimentoscopia;
5. Fezes: protozooscopia e ovo-helmintoscopia;
6. Sangue: sorologia para lues, dosagem de glicose, hemograma completo, grupo sanguíneo e fator Rh;
7. Radiografia das articulações escapuloumerais, coxofemorais e dos joelhos (AP);
8. Audiometria.

VII – TESTES DE PRESSÃO

Todos os candidatos devem ser submetidos a pressão de 6 ATA na câmara de recompressão, para verificar a capacidade de equilibrar a pressão no ouvido médio e seios da face.

Qualquer sinal de claustrofobia, bem como apresentação de suscetibilidade individual à narcose pelo nitrogênio, será motivo de inabilitação do candidato.

VIII – TESTE DE TOLERÂNCIA AO OXIGÊNIO

Deverá ser realizado o Teste de Tolerância ao Oxigênio, que consiste em fazer o candidato respirar oxigênio puro sob pressão (2,8 ATA) num período de 30 (trinta) minutos, na câmara de recompressão. Qualquer sinal ou sintoma de intoxicação pelo oxigênio será motivo de inabilitação.

IX – TESTE DE APTIDÃO FÍSICA

Todos os candidatos devem ser submetidos ao "Teste de Ruffier" (ou similar) que consiste em: 30 (trinta) agachamentos em 45 (quarenta e cinco) segundos e tomadas de frequência do pulso:

P1 – Pulso do mergulhador em repouso.

P2 – Pulso imediatamente após o esforço.

P3 – Pulso após 1 (um) minuto de repouso.

$$\text{Índice de Ruffier (IR)} = \frac{(P_1+P_2+P_3) - 200}{10}$$

O "Índice de Ruffier" deverá ser abaixo de 10 (dez).

Anexo B
Padrões Psicofísicos para Controle do Pessoal em Atividade de Mergulho

Os critérios psicofísicos para controle do pessoal em atividade de mergulho são os mesmos prescritos no Anexo A, com as seguintes modificações:

I – IDADE

Todos os mergulhadores que permaneçam em atividade deverão ser submetidos a exames médicos periódicos.

II – ANAMNESE

A história de qualquer doença constatada após a última inspeção será meticulosamente averiguada, principalmente as doenças neuropsiquiátricas, otorrinolaringológicas, pulmonares e cardíacas, advindas ou não de acidentes de mergulho.

III – EXAME MÉDICO

1. BIOMETRIA

Mesmo critério do Anexo A.

2. APARELHO CIRCULATÓRIO

a) a evidência de lesão orgânica ou de distúrbio funcional do coração será causa de inaptidão;

b) as pressões sistólica e diastólica não devem exceder 150 e 95 mm/Hg, respectivamente.

3. APARELHO RESPIRATÓRIO

Qualquer lesão pulmonar, advinda ou não de um acidente de mergulho, é incapacitante.

4. APARELHO DIGESTIVO

Mesmos critérios constantes do Anexo A.

5. APARELHO GENITURINÁRIO

Mesmos critérios constantes do Anexo A.

6. SISTEMA ENDÓCRINO

As perturbações do metabolismo, da nutrição ou das funções endócrinas acarretam uma incapacidade temporária: a diabete caracterizada é motivo de inaptidão.

IV – EXAME OFTALMO-OTORRINOLARINGOLÓGICO

Os mesmos critérios do Anexo A com a seguinte alteração: acuidade visual: 20/40 de visão em ambos os olhos, corrigível para 20/20.

V – EXAME NEUROPSIQUIÁTRICO

Os mesmos critérios do Anexo A. Dar atenção a um passado de embolia traumática pelo ar ou doença descompressiva, forma neurológica, que tenha deixado sequelas neuropsiquiátricas.

VI – EXAMES COMPLEMENTARES

1. Telerradiografia do tórax (AP);
2. Urina: elementos normais e sedimentoscopia;
3. Fezes: protozooscopia e ovo-helmintoscopia;
4. Sangue: sorologia para lues, hemograma completo, glicose;
5. ECG basal;
6. Audiometria, caso julgar necessário;
7. Radiografia das articulações escapuloumerais, coxofemorais e dos joelhos, caso julgado necessário;
8. Quaisquer outros exames (ex.: ecocardiograma, cicloergometria, etc.) poderão ser solicitados a critério do médico responsável pelo exame de saúde do mergulhador.

Anexo C
Tabelas de Descompressão

1. Definições dos Termos

1.1. PROFUNDIDADE – significa a profundidade máxima, medida em metros, atingida pelo mergulhador durante o mergulho.

1.2. TEMPO DE FUNDO – é o tempo total corrido desde o início do mergulho, quando se deixa a superfície, até o início da subida quando termina o mergulho, medido em minutos.

1.3. TEMPO PARA PRIMEIRA PARADA – é o tempo decorrido desde quando o mergulhador deixa a profundidade máxima até atingir a profundidade da primeira parada, considerando uma velocidade de subida de 18 (dezoito) metros por minuto.

1.4. PARADA PARA DESCOMPRESSÃO – é a profundidade específica na qual o mergulhador deverá permanecer por um tempo determinado para eliminar os gases inertes dos tecidos do seu organismo.

1.5. MERGULHO SIMPLES – é qualquer mergulho realizado após um período de tempo maior que 12 (doze) horas de outro mergulho.

1.6. NITROGÊNIO RESIDUAL – é o gás nitrogênio que ainda permanece nos tecidos do mergulhador após o mesmo ter chegado à superfície.

1.7. TEMPO DE NITROGÊNIO RESIDUAL – é a quantidade de tempo em minutos que precisa ser adicionado ao tempo de fundo de um mergulho repetitivo para compensar o nitrogênio residual de um mergulho prévio.

1.8. MERGULHO REPETITIVO – é qualquer mergulho realizado antes de decorridas 12 (doze) horas do término de outro.

1.9. DESIGNAÇÃO DO GRUPO REPETITIVO – é a letra a qual relaciona diretamente o total de nitrogênio residual de um mergulho com outro a ser realizado num período de tempo menor que 12 (doze) horas.

1.10. MERGULHO REPETITIVO SIMPLES – é um mergulho no qual o tempo de fundo usado para selecionar a tabela de descompressão é a soma do tempo de nitrogênio residual mais o tempo de fundo do mergulho posterior.

1.11. MERGULHO EXCEPCIONAL – é um mergulho cujo fator tempo de fundo/profundidade não permite a realização de qualquer outro mergulho antes de decorridas 12 (doze) horas após o mesmo.

2. Instruções para Uso das Tabelas de Descompressão

2.1. Para dar início à descompressão, utilizar a tabela com a profundidade exata ou a próxima maior profundidade alcançada durante o mergulho.

Exemplo: Profundidade máxima = 12,5 metros.

Selecione a tabela de 15 metros.

2.2. Para dar início à descompressão, utilizar a tabela com o tempo de fundo exato ou com o próximo maior.

Exemplo: Tempo de fundo = 112 minutos.
Selecione 120 minutos.

2.3. Nunca tente interpolar tempos ou profundidades entre os valores indicados nas tabelas.

2.4. Procure sempre seguir a velocidade de subida indicada: 18 (dezoito) metros por minuto.

2.5. Não inclua o tempo de subida entre as paradas para descompressão no tempo indicado para as paradas.

Tabela Padrão de Descompressão com Ar

Profundidade (metros)	Tempo de Fundo (minutos)	Tempo p/ 1ª Parada (min:seg)	Paradas p/ Descompressão (minutos)											Tempo Total p/ Subida (min:seg)	Grupo Repetitivo
			33m	30m	27m	24m	21m	18m	15m	12m	9m	6m	3m		
	200												0	0:40	*
	210	0:30											2	2:40	N
	230	0:30											7	7:40	N
	250	0:30											11	11:40	O
12	270	0:30											15	15:40	O
(40 pés)	300	0:30											19	19:40	Z
	360	0:30											23	23:40	**
	480	0:30											41	41:40	**
	720	0:30											69	69:40	**
	100												0	0:50	*
	110	0:40											3	3:50	L
	120	0:40											5	5:50	M
	140	0:40											10	10:50	M
15	160	0:40											21	21:50	N
(50 pés)	180	0:40											29	29:50	O
	200	0:40											35	35:50	O
	220	0:40											40	40:50	Z
	240	0:40											47	47:50	Z
	60												0	1:00	*
	70	0:50											2	3:00	K
	80	0:50											7	8:00	L
	100	0:50											14	15:00	M
	120	0:50											26	27:00	N
	140	0:50											39	40:00	O
18	160	0:50											48	49:00	Z
(60 pés)	180	0:50											56	57:00	Z
	200	0:40										1	69	71:00	Z
	240	0:40										2	79	82:00	**
	360	0:40										20	119	140:00	**
	480	0:40										44	148	193:00	**
	720	0:40										78	187	266:00	**
	50												0	1:10	*
	60	1:00											8	9:10	K

(*) Consulte a Tabela de Limites sem Descompressão.

(**) Não deverá ser permitido nenhum mergulho repetitivo após mergulhos excepcionais.

NR 15

Profundidade (metros)	Tempo de Fundo (minutos)	Tempo p/ 1ª Parada (min:seg)	Paradas p/ Descompressão (minutos)											Tempo Total p/ Subida (min:seg)	Grupo Repetitivo
			33m	30m	27m	24m	21m	18m	15m	12m	9m	6m	3m		
	70	1:00											14	15:10	L
	80	1:00											18	19:10	M
	90	1:00											23	24:10	N
	100	1:00											33	34:10	N
21	110	0:50										2	41	44:10	O
(70 pés)	120	0:50										4	47	52:10	O
	130	0:50										6	52	59:10	O
	140	0:50										8	56	65:10	Z
	150	0:50										9	61	71:10	Z
	160	0:50										13	72	86:10	Z
	170	0:50										19	79	99:10	Z
	40												0	1:20	*
	50	1:10											10	11:20	K
	60	1:10											17	18:20	L
	70	1:10											23	24:20	M
	80	1:00										2	31	34:20	N
	90	1:00										7	39	47:20	N
	100	1:00										11	46	58:20	O
	110	1:00										13	53	67:20	O
24	120	1:00										17	56	74:20	Z
(80 pés)	130	1:00										19	63	83:20	Z
	140	1:00										26	69	96:20	Z
	150	1:00										32	77	110:20	Z
	180	1:00										35	85	121:20	**
	240	0:50									6	52	120	179:20	**
	360	0:50									29	90	160	280:20	**
	480	0:50									59	107	187	354:20	**
	720	0:40								17	108	142	187	455:20	**
	30												0	1:30	*
	40	1:20											7	8:30	J
	50	1:20											18	19:30	L
	60	1:20											25	26:30	M
	70	1:10										7	30	38:30	N
27	80	1:10										13	40	54:30	N
(90 pés)	90	1:10										18	48	67:30	O
	100	1:10										21	54	76:30	Z
	110	1:10										24	61	86:30	Z
	120	1:10										32	68	101:30	Z
	130	1:00									5	36	74	116:30	Z

(*) Consulte a Tabela de Limites sem Descompressão.

(**) Não deverá ser permitido nenhum mergulho repetitivo após mergulhos excepcionais.

Profundidade (metros)	Tempo de Fundo (minutos)	Tempo p/ 1ª Parada (min:seg)	Paradas p/ Descompressão (minutos)											Tempo Total p/ Subida (min:seg)	Grupo Repetitivo
			33m	30m	27m	24m	21m	18m	15m	12m	9m	6m	3m		
	25												0	1:40	*
	30	1:30											3	4:40	I
	40	1:30											15	16:40	K
	50	1:20										2	24	27:40	L
	60	1:20										9	28	38:40	N
	70	1:20										17	39	57:40	O
	80	1:20										23	48	72:40	O
30	90	1:10									3	23	57	84:40	Z
(100 pés)	100	1:10									7	23	66	97:40	Z
	110	1:10									10	34	72	117:40	Z
	120	1:10									12	41	78	132:40	Z
	180	1:00								1	29	53	118	202:40	**
	240	1:00								14	42	84	142	283:40	**
	360	0:50							2	42	73	111	187	416:40	**
	480	0:50							21	61	91	142	187	503:40	**
	720	0:50							55	106	122	142	187	613:40	**
	20												0	1:50	*
	25	1:40											3	4:50	H
	30	1:40											7	8:50	J
	40	1:30										2	21	24:50	L
33	50	1:30										8	26	35:50	M
(110 pés)	60	1:30										18	36	55:50	N
	70	1:20									1	23	48	73:50	O
	80	1:20									7	23	57	88:50	Z
	90	1:20									12	30	64	107:50	Z
	100	1:20									15	37	72	125:50	Z
	15												0	2:00	*
	20	1:50											2	4:00	H
	25	1:50											6	8:00	I
	30	1:50											14	16:00	J
	40	1:40										5	25	32:00	L
	50	1:40										15	31	48:00	N
	60	1:30									2	22	45	71:00	O
36	70	1:30									9	23	55	89:00	O
(120 pés)	80	1:30									15	27	63	107:00	Z
	90	1:30									19	37	74	132:00	Z
	100	1:30									23	45	80	150:00	Z
	120	1:20								10	19	47	98	176:00	**

(*) Consulte a Tabela de Limites sem Descompressão.
(**) Não deverá ser permitido nenhum mergulho repetitivo após mergulhos excepcionais.

Profun-didade (metros)	Tempo de Fundo (minutos)	Tempo p/ 1ª Parada (min:seg)	Paradas p/ Descompressão (minutos)											Tempo Total p/ Subida (min:seg)	Grupo Repetitivo
			33m	30m	27m	24m	21m	18m	15m	12m	9m	6m	3m		
	180	1:10							5	27	37	76	137	284:00	**
	240	1:10							23	35	60	97	179	396:00	**
	360	1:00						18	45	64	93	142	187	551:00	**
	480	0:50					3	41	64	93	122	142	187	654:00	**
	720	0:50					32	74	100	114	122	142	187	773:00	**
	10												0	2:10	*
	15	2:00											1	3:10	F
	20	2:00											4	6:10	H
	25	2:00											10	12:10	J
	30	1:50										3	18	23:10	M
39	40	1:50										10	25	37:10	N
(130 pés)	50	1:40									3	21	37	63:10	O
	60	1:40									9	23	52	86:10	Z
	70	1:40									16	24	61	103:10	Z
	80	1:30								3	19	35	72	131:10	Z
	90	1:30								8	19	45	80	154:10	Z
	10												0	2:20	*
	15	2:10											2	4:20	G
	20	2:10											6	8:20	I
	25	2:00										2	14	18:20	J
	30	2:00										5	21	28:20	K
	40	1:50									2	16	26	46:20	N
	50	1:50									6	24	44	76:20	O
	60	1:50									16	23	56	97:20	Z
42	70	1:40								4	19	32	68	125:20	Z
(140 pés)	80	1:40								10	23	41	79	155:20	Z
	90	1:30							2	14	18	42	88	166:20	**
	120	1:30							12	14	36	56	120	240:20	**
	180	1:20						10	26	32	54	94	168	386:20	**
	240	1:10					8	28	34	50	78	124	187	511:20	**
	360	1:00				9	32	42	64	84	122	142	187	684:20	**
	480	1:00				31	44	59	100	114	122	142	187	801:20	**
	720	0:50			16	56	88	97	100	114	122	142	187	924:20	**
	5												0	2:30	C
	10	2:20											1	3:30	E
	15	2:20											3	5:30	G

(*) Consulte a Tabela de Limites sem Descompressão.

(**) Não deverá ser permitido nenhum mergulho repetitivo após mergulhos excepcionais.

Profundidade (metros)	Tempo de Fundo (minutos)	Tempo p/ 1ª Parada (min:seg)	Paradas p/ Descompressão (minutos)											Tempo Total p/ Subida (min:seg)	Grupo Repetitivo
			33m	30m	27m	24m	21m	18m	15m	12m	9m	6m	3m		
	20	2:10										2	7	11:30	H
45	25	2:10										4	17	23:30	K
(150 pés)	30	2:10										8	24	34:30	L
	40	2:00									5	19	33	59:30	N
	50	2:00									12	23	51	88:30	O
	60	1:50								3	19	26	62	112:30	Z
	70	1:50								11	19	39	75	146:30	Z
	80	1:40							1	17	19	50	84	173:30	Z
	5												0	2:40	D
	10	2:30											1	3:40	F
	15	2:20										1	4	7:40	H
	20	2:20										3	11	16:40	J
48	25	2:20										7	20	29:40	K
(160 pés)	30	2:10									2	11	25	40:40	M
	40	2:10									7	23	39	71:40	N
	50	2:00								2	16	23	55	98:40	Z
	60	2:00								9	19	33	69	132:40	Z
	70	1:50							1	17	22	44	80	166:40	**
	5												0	2:50	D
	10	2:40											2	4:50	F
	15	2:30										2	5	9:50	H
	20	2:30										4	15	21:50	J
	25	2:20									2	7	23	34:50	L
	30	2:20									4	13	26	45:50	M
	40	2:10								1	10	23	45	81:20	O
51	50	2:10								5	18	23	61	109:50	Z
(170 pés)	60	2:00							2	15	22	37	74	152:50	Z
	70	2:00							8	17	19	51	86	183:50	**
	90	1:50						12	12	14	34	52	120	246:50	**
	120	1:30				2	10	12	18	32	42	82	156	356:50	**
	180	1:20			4	10	22	28	34	50	78	120	187	535:50	**
	240	1:20			18	24	30	42	50	70	116	142	187	681:50	**
	360	1:10		22	34	40	52	60	98	114	122	142	187	873:50	**
	480	1:00	14	40	42	56	91	97	100	114	122	142	187	1007:50	**
54	5												0	3:00	D
(180 pés)	10	2:50											3	6:00	F
	15	2:40										3	6	12:00	I

(**) Não deverá ser permitido nenhum mergulho repetitivo após mergulhos excepcionais.

Profundidade (metros)	Tempo de Fundo (minutos)	Tempo p/ 1ª Parada (min:seg)	Paradas p/ Descompressão (minutos) 33m	30m	27m	24m	21m	18m	15m	12m	9m	6m	3m	Tempo Total p/ Subida (min:seg)	Grupo Repetitivo
	20	2:30									1	5	17	26:00	K
	25	2:30									3	10	24	40:00	L
	30	2:30									6	17	27	53:00	N
	40	2:20								3	14	23	50	93:00	O
	50	2:10							2	9	19	30	65	128:00	Z
	60	2:10							5	16	19	44	81	168:00	Z
57	5												0	3:10	D
(190 pés)	10	2:50										1	3	7:10	G
	15	2:50										4	7	14:10	I
	20	2:40									2	6	20	31:10	K
	25	2:40									5	11	25	44:10	M
	30	2:30								1	8	19	32	63:10	N
	40	2:30								8	14	23	55	103:10	O
	50	2:20							4	13	22	33	72	147:10	**
	60	2:20							10	17	19	50	84	183:10	**

(**) Não deverá ser permitido nenhum mergulho repetitivo após mergulhos excepcionais.

Tabela Padrão de Descompressão com Ar

Profundidade (metros)	Tempo de Fundo (minutos)	Tempo p/ 1ª Parada (min:seg)	Paradas p/ Descompressão (minutos) 39m	36m	33m	30m	27m	24m	21m	18m	15m	12m	9m	6m	3m	Tempo Total p/ Subida (min:seg)
	5	3:10													1	4:20
	10	3:00												1	4	8:20
	15	2:50											1	4	10	18:20
	20	2:50											3	7	27	40:20
	25	2:50											7	14	25	49:20
	30	2:40										2	9	22	37	73:20
60	40	2:30									2	8	17	23	59	112:20
**	50	2:30									6	16	22	39	75	161:20
	60	2:20								2	13	17	24	51	89	199:20
	90	1:50					1	10	10	12	12	30	38	74	134	324:20
	120	1:40				6	10	10	10	24	28	40	64	98	180	473:20
	180	1:20		1	10	10	18	24	24	42	48	70	106	142	187	685:20
	240	1:20		6	20	24	24	36	42	54	68	114	122	142	187	842:20
	360	1:10	12	22	36	40	44	56	82	98	100	114	122	142	187	1058:20
	5	3:20													1	4:30
	10	3:10												2	4	9:30

(**) Não deverá ser permitido nenhum mergulho repetitivo após mergulhos excepcionais.

Profundidade (metros)	Tempo de Fundo (minutos)	Tempo p/ 1ª Parada (min:seg)	Paradas p/ Descompressão (minutos) 39m	36m	33m	30m	27m	24m	21m	18m	15m	12m	9m	6m	3m	Tempo Total p/ Subida (min:seg)
	15	3:00											1	5	13	22:30
63	20	3:00											4	10	23	40:30
**	25	2:50										2	7	17	27	56:30
	30	2:50										4	9	24	41	81:30
	40	2:40									4	9	19	26	63	124:30
	50	2:30								1	9	17	19	45	80	174:30
	5	3:30													2	5:40
	10	3:20												2	5	10:40
	15	3:10											2	5	16	26:40
66	20	3:00										1	3	11	24	42:40
**	25	3:00										3	8	19	33	66:40
	30	2:50									1	7	10	23	47	91:40
	40	2:50									6	12	22	29	68	140:40
	50	2:40								3	12	17	18	51	86	190:40
	5	3:40													2	5:50
	10	3:20											1	2	6	12:50
	15	3:20											3	6	18	30:50
69	20	3:10										2	5	12	26	48:50
**	25	3:10										4	8	22	37	74:50
	30	3:00									2	8	12	23	51	99:50
	40	2:50								1	7	15	22	34	74	156:50
	50	2:50								5	14	16	24	51	89	202:50
	5	3:50													2	6:00
	10	3:30											1	3	6	14:00
72	15	3:30											4	6	21	35:00
**	20	3:20										3	6	15	25	53:00
	25	3:10									1	4	9	24	40	82:00
	30	3:10									4	8	15	22	56	109:00
	40	3:00								3	7	17	22	39	75	167:00
	50	2:50							1	8	15	16	29	51	94	218:00
	5	3:50												1	2	7:10
	10	3:40											1	4	7	16:10
	15	3:30										1	4	7	22	38:10
75	20	3:30										4	7	17	27	59:10
**	25	3:20									2	7	10	24	45	92:10
	30	3:20									6	7	17	23	59	116:10
	40	3:10								5	9	17	19	45	79	178:10
	60	2:40					4	10	10	10	12	22	36	64	126	298:10
	90	2:10		8	10	10	10	10	10	28	28	44	68	98	186	514:10

(**) Não deverá ser permitido nenhum mergulho repetitivo após mergulhos excepcionais.

Profundidade (metros)	Tempo de Fundo (minutos)	Tempo p/ 1ª Parada (min:seg)	Paradas p/ Descompressão (minutos)													Tempo Total p/ Subida (min:seg)
			39m	36m	33m	30m	27m	24m	21m	18m	15m	12m	9m	6m	3m	
	5	4:00												1	2	7:20
	10	3:50											2	4	9	19:20
78	15	3:40										2	4	10	22	42:20
**	20	3:30									1	4	7	20	31	67:20
	25	3:30									3	8	11	23	50	99:20
	30	3:20								2	6	8	19	26	61	126:20
	40	3:10							1	6	11	16	19	49	84	190:20
	5	4:10												1	3	8:30
	10	4:00											2	5	11	22:30
81	15	3:50										3	4	11	24	46:30
**	20	3:40									2	3	9	21	35	74:30
	25	3:30								2	3	8	13	23	53	106:30
	30	3:30								3	6	12	22	27	64	138:30
	40	3:20							5	6	11	17	22	51	88	204:30
	5	4:20												2	2	8:40
	10	4:00										1	2	5	13	25:40
84	15	3:50									1	3	4	11	26	49:40
**	20	3:50									3	4	8	23	39	81:40
	25	3:40								2	5	7	16	23	56	113:40
	30	3:30							1	3	7	13	22	30	70	150:40
	40	3:20						1	6	6	13	17	27	51	93	218:40
	5	4:30												2	3	9:50
	10	4:10										1	3	5	16	29:50
87	15	4:00									1	3	6	12	26	52:50
**	20	4:00									3	7	9	23	43	89:50
	25	3:50								3	5	8	17	23	60	120:50
	30	3:40							1	5	6	16	22	36	72	162:50
	40	3:30						3	5	7	15	16	32	51	95	228:50
	5	4:40												3	3	11:00
	10	4:20										1	3	6	17	32:00
	15	4:10									2	3	6	15	26	57:00
90	20	4:00								2	3	7	10	23	47	97:00
**	25	3:50							1	3	6	8	19	26	61	129:00
	30	3:50							2	5	7	17	22	39	75	172:00
	40	3:40						4	6	9	15	17	34	51	90	231:00
	60	3:00		4	10	10	10	10	10	14	28	32	50	90	187	460:00

(**) Não deverá ser permitido nenhum mergulho repetitivo após mergulhos excepcionais.

Tabelas para Exposições Extremas – Descompressão com Ar

Profundidade (metros)	Tempo de Fundo (minuto)	Tempo p/ 1ª Parada (min:seg)	Paradas p/ Descompressão (minutos)																				Tempo Total p/ Subida (min:seg)
			60m	57m	54m	51m	48m	45m	42m	39m	36m	33m	30m	27m	24m	21m	18m	15m	12m	9m	6m	3m	
75	120	1:50							5	10	10	10	10	16	24	24	36	48	64	94	142	187	684:10
**	180	1:30					4	8	8	10	22	24	24	32	42	44	60	84	114	122	142	187	931:10
	240	1:30					9	14	21	22	22	40	40	42	56	76	98	100	114	122	142	187	1109:10
90	90	2:20					3	8	8	10	10	10	10	16	24	24	34	48	64	90	142	187	693:00
**	120	2:00			4	8	8	8	8	10	14	24	24	24	34	42	58	66	102	122	142	187	890:00
	180	1:40	6	8	8	8	14	20	21	21	28	40	40	48	56	82	98	100	114	122	142	187	1168:00

(**) Não deverá ser permitido nenhum mergulho repetitivo após mergulhos excepcionais.

Tabela de Limites sem Descompressão e de Designação de Grupo para Mergulhos com Ar sem Descompressão

Profundidade (metros)	Tempo Limite s/ Descompressão (minutos)	Designação de Grupo (tempos em minutos)														
		A	B	C	D	E	F	G	H	I	J	K	L	M	N	O
3		60	120	210	300											
4,5		35	70	110	160	225	350									
6		25	50	75	100	135	180	240	325							
7,5		20	35	55	75	100	125	160	195	245	315					
9		15	30	45	60	75	95	120	145	170	205	250	310			
10,5	310	5	15	25	40	50	60	80	100	120	140	160	190	220	270	310
12	200	5	15	25	30	40	50	70	80	100	110	130	150	170	200	
15	100		10	15	25	30	40	50	60	70	80	90	100			
18	60		10	15	20	25	30	40	50	55	60					
21	50		5	10	15	20	30	35	40	45	50					
24	40		5	10	15	20	25	30	35	40						
27	30		5	10	12	15	20	25	30							
30	25		5	7	10	15	20	22	25							
33	20			5	10	13	15	20								
36	15			5	10	12	15									
39	10			5	8	10										
42	10			5	7	10										
45	5			5												
48	5				5											
51	5				5											
54	5				5											
57	5				5											

Tabela de Nitrogênio Residual para Mergulhos Repetitivos com Ar

GRUPO REPETITIVO NO INÍCIO DO INTERVALO DE SUPERFÍCIE

	Z	O	N	M	L	K	J	I	H	G	F	E	D	C	B	A
A																0:10
																12:00*
B															0:10	2:11
															2:10	12:00*
C														0:10	1:40	2:50
														1:39	2:49	12:00*
D													0:10	1:10	2:39	5:49
													1:09	2:38	5:48	12:00*
E												0:10	0:55	1:58	3:23	6:33
												0:54	1:57	3:22	6:32	12:00*
F											0:10	0:46	1:30	2:29	3:58	7:06
											0:45	1:29	2:28	3:57	7:05	12:00*
G										0:10	0:41	1:16	2:00	2:59	4:26	7:36
										0:40	1:15	1:59	2:58	4:25	7:35	12:00*
H									0:10	0:37	1:07	1:42	2:24	3:21	4:50	8:00
									0:36	1:06	1:41	2:23	3:20	4:49	7:59	12:00*
I								0:10	0:34	1:00	1:30	2:03	2:45	3:44	5:13	8:22
								0:33	0:59	1:29	2:02	2:44	3:43	5:12	8:21	12:00*
J							0:10	0:32	0:55	1:20	1:48	2:21	3:05	4:03	5:41	8:41
							0:31	0:54	1:19	1:47	2:20	3:04	4:02	5:40	8:40	12:00*
K						0:10	0:29	0:50	1:12	1:36	2:04	2:39	3:22	4:20	5:49	8:59
						0:28	0:49	1:11	1:35	2:03	2:38	3:21	4:19	5:48	8:58	12:00*
L					0:10	0:27	0:46	1:05	1:26	1:50	2:20	2:54	3:37	4:36	6:03	9:13
					0:26	0:45	1:04	1:25	1:49	2:19	2:53	3:36	4:35	6:02	9:12	12:00*
M				0:10	0:26	0:43	1:00	1:19	1:40	2:06	2:35	3:09	3:53	4:50	6:19	9:29
				0:25	0:42	0:59	1:18	1:39	2:05	2:34	3:08	3:52	4:49	6:18	9:28	12:00*
N			0:10	0:25	0:40	0:55	1:12	1:31	1:54	2:19	2:48	3:23	4:05	5:04	6:33	9:44
			0:24	0:39	0:54	1:11	1:30	1:53	2:18	2:47	3:22	4:04	5:03	6:32	9:43	12:00*
O		0:10	0:24	0:37	0:52	1:08	1:25	1:44	2:05	2:30	3:00	3:34	4:18	5:17	6:45	9:55
		0:23	0:36	0:51	1:07	1:24	1:43	2:04	2:29	2:59	3:33	4:17	5:16	6:44	9:54	12:00*
Z	0:10	0:23	0:35	0:49	1:03	1:19	1:37	1:56	2:18	2:43	3:11	3:46	4:30	5:28	6:57	10:06
	0:22	0:34	0:48	1:02	1:18	1:36	1:55	2:17	2:42	3:10	3:45	4:29	5:27	6:56	10:05	12:00*
Nova designação de Grupo	Z	O	N	M	L	K	J	I	H	G	F	E	D	C	B	A

(*) Mergulhos seguidos de intervalos de superfície maiores que 12 horas não são mergulhos repetitivos. Use os tempos reais de fundo nas tabelas padrão de descompressão com ar para computar tais mergulhos.

Profundidade de Mergulho Repetitivo (Metros)	Z	O	N	M	L	K	J	I	H	G	F	E	D	C	B	A
12	257	241	213	187	161	138	116	101	87	73	61	49	37	25	17	7
15	169	160	142	124	111	99	87	76	66	56	47	38	29	21	13	6
18	122	117	107	97	88	79	70	61	52	44	36	30	24	17	11	5
21	100	96	87	80	72	64	57	50	43	37	31	26	20	15	9	4
24	84	80	73	68	61	54	48	43	38	32	28	23	18	13	8	4
27	73	70	64	58	53	47	43	38	33	29	24	20	16	11	7	3
30	64	62	57	52	48	43	38	34	30	26	22	18	14	10	7	3
33	57	55	51	47	42	38	34	31	27	24	20	16	13	10	6	3
36	52	50	46	43	39	35	32	28	25	21	18	15	12	9	6	3
39	46	44	40	38	35	31	28	25	22	19	16	13	11	8	6	3
42	42	40	38	35	32	29	26	23	20	18	15	12	10	7	5	2
45	40	38	35	32	30	27	24	22	19	17	14	12	9	7	5	2
48	37	36	33	31	28	26	23	20	18	16	13	11	9	6	4	2
51	35	34	31	29	26	24	22	19	17	15	13	10	8	6	4	2
54	32	31	29	27	25	22	20	18	16	14	12	10	8	6	4	2
57	31	30	28	26	24	21	19	17	15	13	11	10	8	6	4	2

Tempo Nitrogênio Residual (Minutos)

Tabela de Descompressão na Superfície Usando Oxigênio

Prof. (metros)	Tempo de Fundo (min)	Tempo p/ 1ª Parada ou Superfície (min:seg)	Paradas de Descompressão na Água. Tempo em Minutos Respirando Ar				Intervalo de Superfície	Tempo a 12m na Câmara Respirando Oxigênio (min)	Tempo de Superfície	Tempo Total de Descompressão (min:seg)
			18m	15m	12m	9m				
	52	2:48	0	0	0	0	O TEMPO ENTRE A ÚLTIMA PARADA NA ÁGUA E A PRIMEIRA PARADA NA CÂMARA NÃO PODE EXCEDER 5 MINUTOS	0	O TEMPO DE SUBIDA DE 12 METROS NA CÂMARA ATÉ A SUPERFÍCIE NÃO DEVE SER MENOR QUE 2 MINUTOS RESPIRANDO OXIGÊNIO	2:48
	90	2:48	0	0	0	0		15		23:48
21	120	2:48	0	0	0	0		23		31:48
	150	2:48	0	0	0	0		31		39:48
	180	2:48	0	0	0	0		39		47:48
	40	3:12	0	0	0	0		0		3:12
	70	3:12	0	0	0	0		14		23:12
	85	3:12	0	0	0	0		20		29:12
24	100	3:12	0	0	0	0		26		35:12
	115	3:12	0	0	0	0		31		40:12
	130	3:12	0	0	0	0		37		46:12
	150	3:12	0	0	0	0		44		53:12
	32	3:36	0	0	0	0		0		3:36
	60	3:36	0	0	0	0		14		23:36
	70	3:36	0	0	0	0		20		29:36

Prof. (metros)	Tempo de Fundo (min)	Tempo p/ 1ª Parada ou Superfície (min:seg)	Paradas de Descompressão na Água. Tempo em Minutos Respirando Ar				Intervalo de Superfície	Tempo a 12m na Câmara Respirando Oxigênio (min)	Tempo de Superfície	Tempo Total de Descompressão (min:seg)
			18m	15m	12m	9m				
	80	3:36	0	0	0	0	O TEMPO ENTRE A ÚLTIMA PARADA NA ÁGUA E A PRIMEIRA PARADA NA CÂMARA NÃO PODE EXCEDER 5 MINUTOS	25	O TEMPO DE SUBIDA DE 12 METROS NA CÂMARA ATÉ A SUPERFÍCIE NÃO DEVE SER MENOR QUE 2 MINUTOS RESPIRANDO OXIGÊNIO	34:36
27	90	3:36	0	0	0	0		30		39:36
	100	3:36	0	0	0	0		34		43:36
	110	3:36	0	0	0	0		39		48:36
	120	3:36	0	0	0	0		43		52:36
	130	3:36	0	0	0	0		48		57:36
	26	4:00	0	0	0	0		0		4:00
	50	4:00	0	0	0	0		14		24:00
	60	4:00	0	0	0	0		20		30:00
	70	4:00	0	0	0	0		26		36:00
30	80	4:00	0	0	0	0		32		42:00
	90	4:00	0	0	0	0		38		48:00
	100	4:00	0	0	0	0		44		54:00
	110	4:00	0	0	0	0		49		59:00
	120	2:48	0	0	0	3		53		65:48
	22	4:24	0	0	0	0		0		4:24
	40	4:24	0	0	0	0		12		22:24
	50	4:24	0	0	0	0		19		29:24
33	60	4:24	0	0	0	0		26		36:24
	70	4:24	0	0	0	0		33		43:24
	80	3:12	0	0	0	1		40		51:12
	90	3:12	0	0	0	2		46		58:12
	100	3:12	0	0	0	5		51		66:12
	110	3:12	0	0	0	12		54		76:12
	18	4:48	0	0	0	0		0		4:48
	30	4:48	0	0	0	0		9		19:48
	40	4:48	0	0	0	0		16		26:48
	50	4:48	0	0	0	0		24		34:48
36	60	3:36	0	0	0	2		32		44:36
	70	3:36	0	0	0	4		39		53:36
	80	3:36	0	0	0	5		46		61:36
	90	3:12	0	0	3	7		51		72:12
	100	3:12	0	0	6	15		54		86:12
	15	5:12	0	0	0	0		0		5:12
	30	5:12	0	0	0	0		12		23:12
	40	5:12	0	0	0	0		21		32:12
	50	4:00	0	0	0	3		29		43:00
39	60	4:00	0	0	0	5		37		53:00
	70	4:00	0	0	0	7		45		63:00
	80	3:36	0	0	6	7		51		75:36

Prof. (metros)	Tempo de Fundo (min)	Tempo p/ 1ª Parada ou Superfície (min:seg)	Paradas de Descompressão na Água. Tempo em Minutos Respirando Ar				Intervalo de Superfície	Tempo a 12m na Câmara Respirando Oxigênio (min)	Tempo de Superfície	Tempo Total de Descompressão (min:seg)
			18m	15m	12m	9m				
	90	3:36	0	0	10	12	O TEMPO ENTRE A ÚLTIMA PARADA NA ÁGUA E A PRIMEIRA PARADA NA CÂMARA NÃO PODE EXCEDER 5 MINUTOS	56	O TEMPO DE SUBIDA DE 12 METROS NA CÂMARA ATÉ A SUPERFÍCIE NÃO DEVE SER MENOR QUE 2 MINUTOS RESPIRANDO OXIGÊNIO	89:36
	13	5:36	0	0	0	0		0		5:36
	25	5:36	0	0	0	0		11		22:36
	30	5:36	0	0	0	0		15		26:36
	35	5:36	0	0	0	0		20		31:36
	40	4:24	0	0	0	2		24		37:24
	45	4:24	0	0	0	4		29		44:24
42	50	4:24	0	0	0	6		33		50:24
	55	4:24	0	0	0	7		38		56:24
	60	4:24	0	0	0	8		43		62:24
	65	4:00	0	0	3	7		48		70:00
	70	3:36	0	2	7	7		51		79:36
	11	6:00	0	0	0	0		0		6:00
	25	6:00	0	0	0	0		13		25:00
	30	6:00	0	0	0	0		18		30:00
	35	4:48	0	0	0	4		23		38:48
45	40	4:24	0	0	3	6		27		48:24
	45	4:24	0	0	5	7		33		57:24
	50	4:00	0	2	5	8		38		66:00
	55	3:36	2	5	9	4		44		77:36
	9	6:24	0	0	0	0		0		6:24
	20	6:24	0	0	0	0		11		23:24
	25	6:24	0	0	0	0		16		28:24
48	30	5:12	0	0	0	2		21		35:12
	35	4:48	0	0	4	6		26		48:48
	40	4:24	0	3	5	8		32		61:24
	45	4:00	3	4	8	8		38		73:00
	7	6:48	0	0	0	0		0		6:48
	20	6:48	0	0	0	0		13		25:48
	25	6:48	0	0	0	0		19		31:48
51	30	5:12	0	0	3	5		23		44:12
	35	4:48	0	4	4	7		29		57:48
	40	4:24	4	4	8	6		36		72:24

Tabela de Descompressão na Superfície com Ar

Profundidade (metros)	Tempo de Fundo (min)	Tempo p/ 1ª Parada (min:seg)	Paradas de Descompressão na Água (minutos)			Intervalo de superfície	Paradas na Câmara (minutos)		Tempo Total p/ Subida (min:seg)
			9m	6m	3m		6m	3m	
	230	0:30			3	O TEMPO ENTRE A ÚLTIMA PARADA NA ÁGUA E A PRIMEIRA PARADA NA CÂMARA NÃO PODE EXCEDER DE 5 MINUTOS		7	14:30
12	250	0:30			3			11	18:30
	270	0:30			3			15	22:30
	300	0:30			3			19	26:30
	120	0:40			3			5	12:40
	140	0:40			3			10	17:40
	160	0:40			3			21	28:40
15	180	0:40			3			29	36:40
	200	0:40			3			35	42:40
	220	0:40			3			40	47:40
	240	0:40			3			47	54:40
	80	0:50			3			7	14:50
	100	0:50			3			14	21:50
18	120	0:50			3			26	33:50
	140	0:50			3			39	46:50
	160	0:50			3			48	55:50
	180	0:50			3			56	63:50
	200	0:40		3			3	69	80:10
	60	1:00			3			8	16:00
	70	1:00			3			14	22:00
	80	1:00			3			18	26:00
	90	1:00			3			23	31:00
	100	1:00			3			33	41:00
21	110	0:50		3			3	41	52:20
	120	0:50		3			4	47	59:20
	130	0:50		3			6	52	66:20
	140	0:50		3			8	56	72:20
	150	0:50		3			9	61	78:20
	160	0:50		3			13	72	93:20
	170	0:50		3			19	79	106:20
	50	1:10		3				10	18:10
	60	1:10		3				17	25:10
	70	1:10		3				23	31:10
	80	1:00	3				3	31	42:30
	90	1:00	3				7	39	54:30

Profundidade (metros)	Tempo de Fundo (min)	Tempo p/ 1ª Parada (min:seg)	Paradas de Descompressão na Água (minutos)			Intervalo de superfície	Paradas na Câmara (minutos)		Tempo Total p/ Subida (min:seg)
			9m	6m	3m		6m	3m	
24	100	1:00		3		O TEMPO ENTRE A ÚLTIMA PARADA NA ÁGUA E A PRIMEIRA PARADA NA CÂMARA NÃO PODE EXCEDER DE 5 MINUTOS	11	46	65:30
	110	1:00		3			13	53	74:30
	120	1:00		3			17	56	81:30
	130	1:00		3			19	63	90:30
	140	1:00		26			26	69	126:30
	150	1:00		32			32	77	146:30
	40	1:20		3				7	15:20
	50	1:20		3				18	26:20
	60	1:20		3				25	33:20
	70	1:10		3			7	30	45:40
27	80	1:10		13			13	40	71:40
	90	1:10		18			18	48	89:40
	100	1:10		21			21	54	101:40
	110	1:10		24			24	61	114:40
	120	1:10		32			32	68	137:40
	130	1:00	5	36			36	74	156:40

Tabela de Descompressão na Superfície com Ar

Profundidade (metros)	Tempo de Fundo (min)	Tempo p/ 1ª Parada (min:seg)	Paradas de Descompressão na Água (minutos)					Intervalo de Superfície	Paradas na Câmara (minutos)		Tempo Total p/ Subida (min:seg)
			15m	12m	9m	6m	3m		6m	3m	
	40	1:30					3	O TEMPO ENTRE A ÚLTIMA PARADA NA ÁGUA E A PRIMEIRA PARADA NA CÂMARA NÃO PODE EXCEDER DE 5 MINUTOS		15	23:30
	50	1:20				3			3	24	35:50
	60	1:20				3			9	28	45:50
	70	1:20				3			17	39	64:50
30	80	1:20				23			23	48	99:50
	90	1:10			3	23			23	57	111:50
	100	1:10			7	23			23	66	124:50
	110	1:10			10	34			34	72	155:50
	120	1:10			12	41			41	78	177:50
	30	1:40					3			7	15:40
	40	1:30				3			3	21	33:00
	50	1:30				3			8	26	43:00
33	60	1:30				18			18	36	78:00
	70	1:20			1	23			23	48	101:00
	80	1:20			7	23			23	57	116:00
	90	1:20			12	30			30	64	142:00
	100	1:20			15	37			37	72	167:00
	25	1:50					3			6	14:50
	30	1:50					3			14	22:50

Profundidade (metros)	Tempo de Fundo (min)	Tempo p/ 1ª Parada (min:seg)	Paradas de Descompressão na Água (minutos)					Intervalo de Superfície	Paradas na Câmara (minutos)		Tempo Total p/ Subida (min:seg)
			15m	12m	9m	6m	3m		6m	3m	
	40	1:40				3		O TEMPO ENTRE A ÚLTIMA PARADA NA ÁGUA E A PRIMEIRA PARADA NA CÂMARA NÃO PODE EXCEDER DE 5 MINUTOS	5	25	39:10
	50	1:40				15			15	31	67:10
36	60	1:30			2	22			22	45	97:10
	70	1:30			9	23			23	55	116:10
	80	1:30			15	27			27	63	138:10
	90	1:30			19	37			37	74	173:10
	100	1:30			23	45			45	80	189:10
	25	2:00					3			10	19:00
	30	1:50				3			3	18	30:20
	40	1:50				10			10	25	51:20
39	50	1:40			3	21			21	37	88:20
	60	1:40			9	23			23	52	113:20
	70	1:40			16	24			24	61	131:20
	80	1:30		3	19	35			35	72	170:20
	90	1:30		8	19	45			45	80	203:20
	20	2:10					3			6	15:10
	25	2:00				3			3	14	26:30
	30	2:00				5			5	21	37:30
42	40	1:50			2	16			16	26	66:30
	50	1:50			6	24			24	44	104:30
	60	1:50			16	23			23	56	124:30
	70	1:40		4	19	32			32	68	161:30
	80	1:40		10	23	41			41	79	200:30
	20	2:10				3			3	7	19:40
	25	2:10				4			4	17	31:40
	30	2:10				8			8	24	46:40
45	40	2:00			5	19			19	33	82:40
	50	2:00			12	23			23	51	115:40
	60	1:50		3	19	26			26	62	142:40
	70	1:50		11	19	39			39	75	189:40
	80	1:40	1	17	19	50			50	84	227:40
	20	2:20				3			3	11	23:50
	25	2:20				7			7	20	40:50
	30	2:10			2	11			11	25	55:50
48	40	2:10			7	23			23	39	98:50
	50	2:00		2	16	23			23	55	125:50
	60	2:00		9	19	33			33	69	169:50
	70	1:50	1	17	22	44			44	80	214:50

Profundidade (metros)	Tempo de Fundo (min)	Tempo p/ 1ª Parada (min:seg)	Paradas de Descompressão na Água (minutos)					Intervalo de Superfície	Paradas na Câmara (minutos)		Tempo Total p/ Subida (min:seg)
			15m	12m	9m	6m	3m		6m	3m	
	15	2:30				3		O TEMPO ENTRE A ÚLTIMA PARADA NA ÁGUA E A PRIMEIRA PARADA NA CÂMARA NÃO PODE EXCEDER DE 5 MINUTOS	3	5	18:00
	20	2:30				4			4	15	30:00
	25	2:20			2	7			7	23	46:00
	30	2:20			4	13			13	26	63:00
	40	2:10		1	10	23			23	45	109:00
51	50	2:10		5	18	23			23	61	137:00
	60	2:00	2	15	22	37			37	74	194:00
	70	2:00	8	17	19	51			51	86	239:00
	15	2:40				3			3	6	19:10
	20	2:30			1	5			5	17	35:10
	25	2:30			3	10			10	24	54:10
54	30	2:30			6	17			17	27	74:10
	40	2:20		3	14	23			23	50	120:10
	50	2:10	2	9	19	30			30	65	162:10
	60	2:10	5	16	19	44			44	81	216:10
	15	2:50				4			4	7	22:20
	20	2:40			2	6			6	20	41:20
57	25	2:40			5	11			11	25	59:20
	30	2:30		1	8	19			19	32	86:20
	40	2:30		8	14	23			23	55	130:20
	50	2:20	4	13	22	33			33	72	184:20
	60	2:20	10	17	19	50			50	84	237:20

II – TABELAS PARA RECOMPRESSÃO TERAPÊUTICA

Instruções para uso das Tabelas de Recompressão Terapêutica

1 – Siga as tabelas de tratamento precisamente.

2 – Tenha um acompanhante qualificado dentro da câmara todo o tempo da recompressão.

3 – Mantenha as velocidades de descida e subida normais.

4 – Examine totalmente o paciente na profundidade de alívio ou de tratamento.

5 – Trate um paciente inconsciente como para embolia ou sintomas sérios, a menos que haja certeza absoluta de que tal condição seja causada por outro motivo.

6 – Somente utilize as Tabelas de Tratamento com Ar quando não dispuser de oxigênio.

7 – Fique alerta para envenenamento por oxigênio se ele é utilizado.

8 – Na ocorrência de convulsões por intoxicação por oxigênio, remova a máscara oral-nasal e mantenha o paciente de forma a não se machucar.

9 – Mantenha a utilização do oxigênio dentro das limitações de profundidade e tempo.

10 – Verifique as condições do paciente antes e depois de ir para cada parada e durante as paradas mais longas.

11– Observe o paciente pelo mínimo de 6 horas após o tratamento, atento para sintomas de recorrência.

12 – Mantenha uma acurada cronometragem dos tempos e relatórios escritos.

13 – Mantenha à mão e bem guardado o kit de socorros médicos.

14 – Não permita qualquer encurtamento ou outra alteração nas tabelas, exceto aquelas autorizadas pelo órgão competente sob a supervisão direta de um médico qualificado.

15 – Não permita ao paciente dormir entre as paradas de descompressão ou por mais de 1 hora em qualquer parada.

16 – Não espere por um ressuscitador. Inicie imediatamente o método de ressuscitação boca a boca no caso de parada respiratória.

17 – Não quebre o ritmo durante a ressuscitação.

18 – Não permita o uso de oxigênio em profundidades maiores que 18 metros.

19 – Instrua o paciente para reportar imediatamente os sintomas quando sentir.

20 – Não hesite em tratar casos duvidosos.

21 – Não permita ao paciente ou acompanhante a permanência em posições que possam interferir com a completa circulação sanguínea dos seus organismos.

Diagnóstico de Doença Descompressiva e Embolia Gasosa

Sinais e Sintomas	DOENÇA DESCOMPRESSIVA				EMBOLIA GASOSA			
			Sintomas Sérios		Sintomas no Sistema Nervoso Central			
	Pele	Dor Somente	Sistema Nervoso Central	Sufocação	Lesão Cerebral	Lesão na Medula Espinhal	Pneumotórax	Enfisema do Mediastino
DOR NA CABEÇA					**			
DOR NAS COSTAS			*					
DOR NO PESCOÇO								**
DOR NO PEITO			*	**		*	**	*
DOR NO ESTÔMAGO			**			*		
DOR NO(S) BRAÇO(S)/PERNA(S)		**				*		
DOR NOS OMBROS		**				*		
DOR NOS QUADRIS		**				*		
INCONSCIÊNCIA			**	*	**	*	*	
CHOQUE			**	*	**	*	*	
VERTIGENS/ TONTEIRA			**					
DIFICULDADE VISUAL			**		**			
NÁUSEAS/VÔMITOS			**		**			
DIFICULDADE DE OUVIR			**		**			
DIFICULDADE DE FALAR			**		**			

Sinais e Sintomas	DOENÇA DESCOMPRESSIVA				EMBOLIA GASOSA			
			Sintomas Sérios		Sintomas no Sistema Nervoso Central			
	Pele	Dor Somente	Sistema Nervoso Central	Sufocação	Lesão Cerebral	Lesão na Medula Espinhal	Pneumotórax	Enfisema do Mediastino
FALTA DE EQUILÍBRIO			**		**			
DORMÊNCIA	*		**		**	*		*
FRAQUEZA		*	**		**	*		
SENSAÇÃO ESTRANHA	*		**		**	*		
PESCOÇO INCHADO								**
RESPIRAÇÃO CURTA			*	*	*	*	*	*
CIANOSE				*	*	*	*	*
MODIFICAÇÕES NA PELE	**							
* * = MAIS PROVÁVEL					* = CAUSA POSSÍVEL			

INFORMAÇÃO CONFIRMATIVA

HISTÓRICO DO MERGULHO
Descompressão obrigatória?
Descompressão adequada?
Subida descontrolada?
Prendeu a respiração?
Causado fora do mergulho?
Mergulho repetitivo?
EXAME DO PACIENTE
Sente-se bem?
Reage e tem aparência normal?
Tem o vigor normal?
Sua sensibilidade é normal?
Seus olhos estão normais?
Seus reflexos estão normais?
Seu pulso é normal? (cardíaco)
Seu modo de andar é normal?
Sua audição está normal?
Sua coordenação motora está normal?
Seu equilíbrio é normal?
Está sentindo náuseas?

Tratamento de Embolia Gasosa

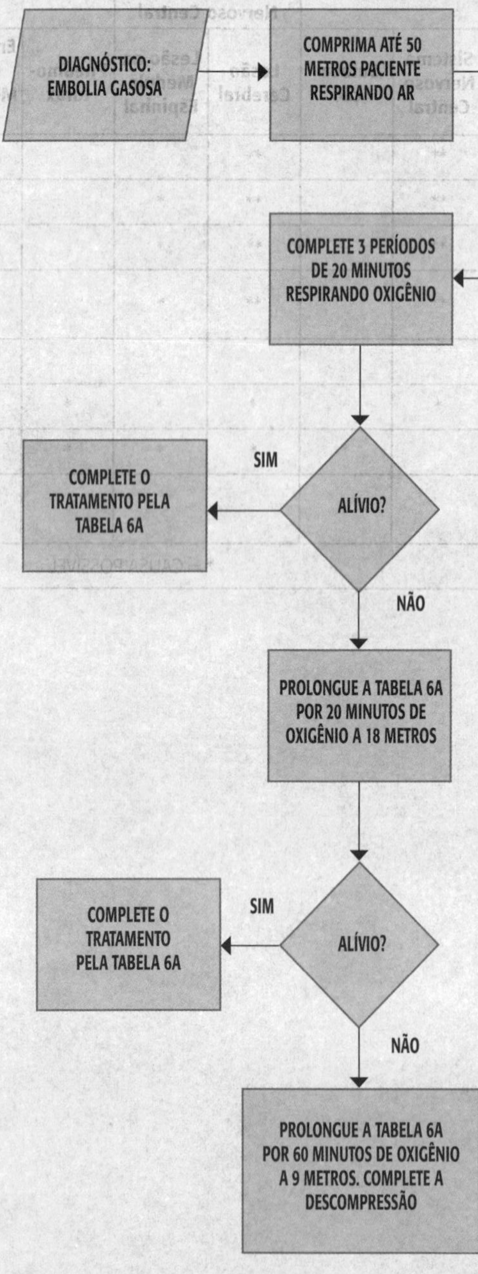

Tratamento de Doença Descompressiva

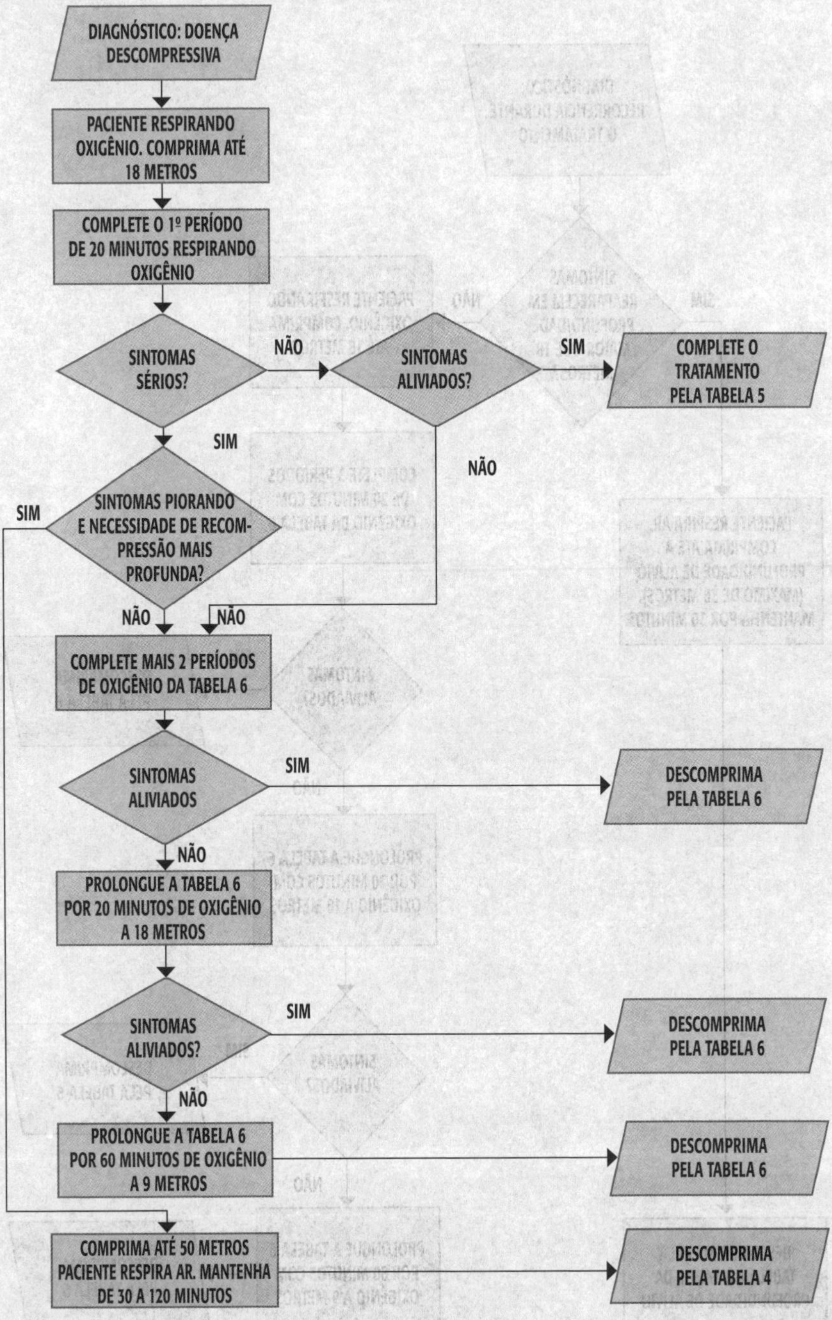

Recorrência Durante o Tratamento

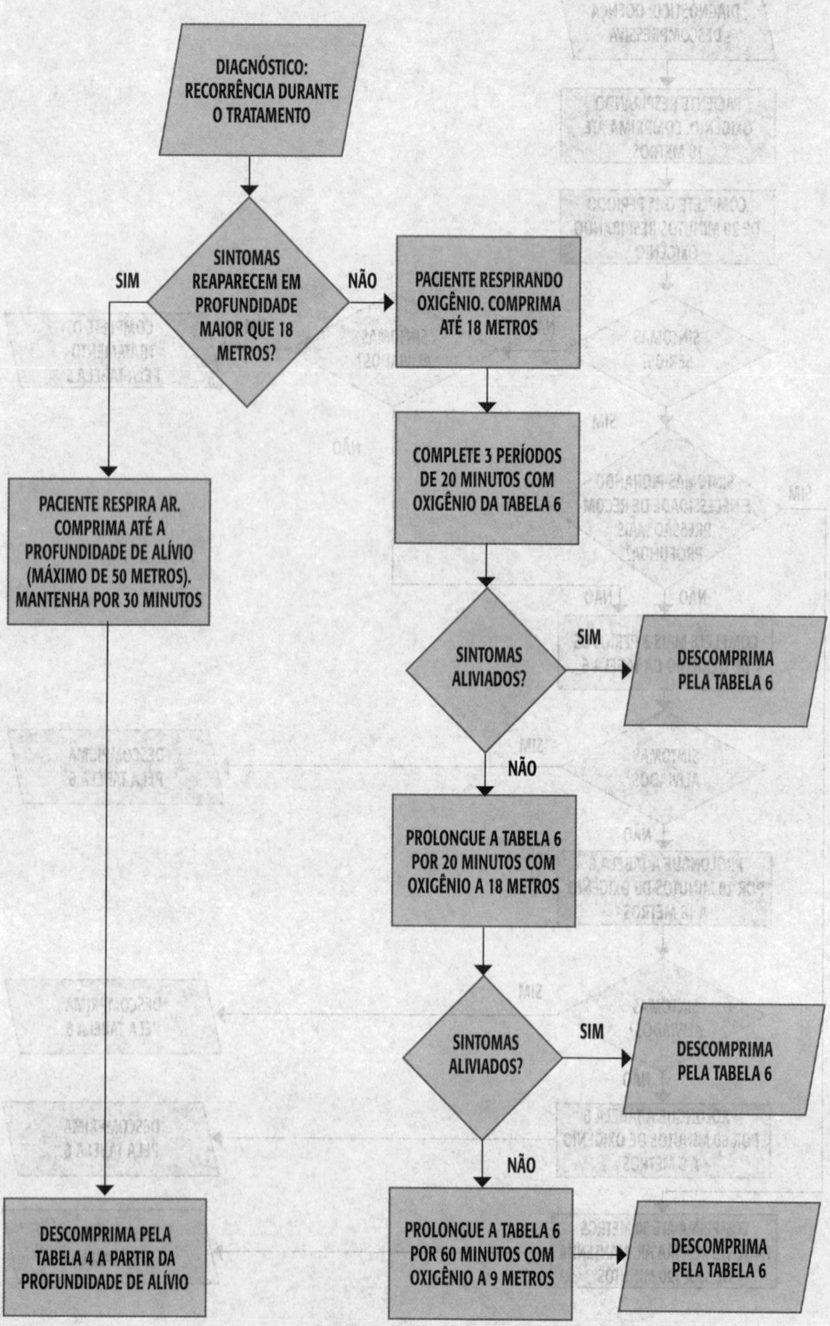

Recorrência Após o Tratamento

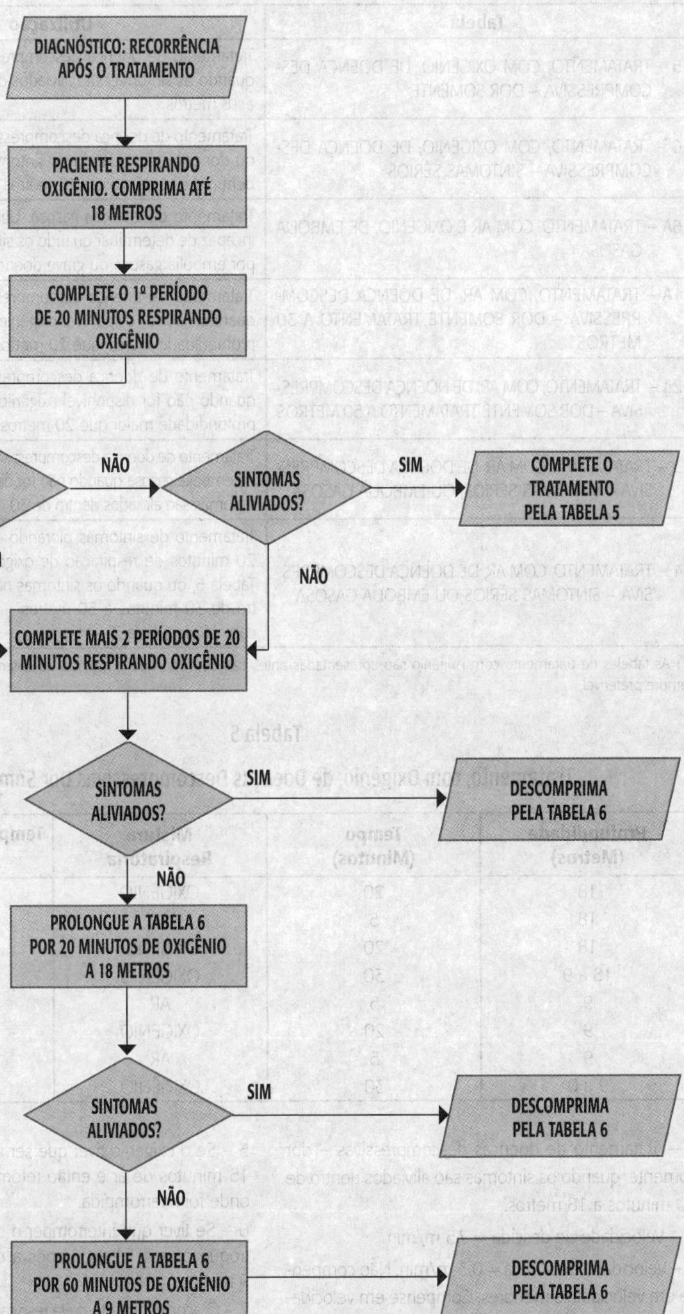

Relação das Tabelas de Tratamento (*)

Tabela	Utilização
5 – TRATAMENTO, COM OXIGÊNIO, DE DOENÇA DESCOMPRESSIVA – DOR SOMENTE	Tratamento de doença descompressiva – dor somente quando os sintomas são aliviados dentro de 10 minutos a 18 metros
6 – TRATAMENTO, COM OXIGÊNIO, DE DOENÇA DESCOMPRESSIVA – SINTOMAS SÉRIOS	Tratamento de doença descompressiva – sintomas sérios ou dor somente quando os sintomas não são aliviados dentro de 10 minutos a 18 metros
6A – TRATAMENTO, COM AR E OXIGÊNIO, DE EMBOLIA GASOSA	Tratamento de embolia gasosa. Utilize também quando incapaz de determinar quando os sintomas são causados por embolia gasosa ou grave doença descompressiva
1A – TRATAMENTO, COM AR, DE DOENÇA DESCOMPRESSIVA – DOR SOMENTE TRATAMENTO A 30 METROS	Tratamento de doença descompressiva – dor somente quando não for disponível oxigênio e a dor é aliviada a profundidade menor que 20 metros
2A – TRATAMENTO, COM AR, DE DOENÇA DESCOMPRESSIVA – DOR SOMENTE TRATAMENTO A 50 METROS	Tratamento de doença descompressiva – dor somente quando não for disponível oxigênio e a dor é aliviada a profundidade maior que 20 metros
3 – TRATAMENTO, COM AR, DE DOENÇA DESCOMPRESSIVA – SINTOMAS SÉRIOS, OU EMBOLIA GASOSA	Tratamento de doença descompressiva – sintomas sérios ou de embolia gasosa quando não for disponível oxigênio e os sintomas são aliviados dentro de 30 minutos a 50 metros
4 – TRATAMENTO, COM AR, DE DOENÇA DESCOMPRESSIVA – SINTOMAS SÉRIOS OU EMBOLIA GASOSA	Tratamento de sintomas piorando durante os primeiros 20 minutos de respiração de oxigênio a 18 metros na Tabela 6, ou quando os sintomas não são aliviados dentro de 30 minutos a 50 metros – utilizar o tratamento com AR da Tabela 3

(*) As tabelas de tratamento com oxigênio são apresentadas antes das de ar porque o método de tratamento com oxigênio será sempre preferível.

Tabela 5

Tratamento, com Oxigênio, de Doenças Descompressivas Dor Somente

Profundidade (Metros)	Tempo (Minutos)	Mistura Respiratória	Tempo Total Decorrido (Hs:Min)
18	20	OXIGÊNIO	0:20
18	5	AR	0:25
18	20	OXIGÊNIO	0:45
18 a 9	30	OXIGÊNIO	1:15
9	5	AR	1:20
9	20	OXIGÊNIO	1:40
9	5	AR	1:45
9 a 0	30	OXIGÊNIO	2:15

1 – Tratamento de doenças descompressivas – dor somente, quando os sintomas são aliviados dentro de 10 minutos a 18 metros.

2 – Velocidade de descida = 7,5 m/min.

3 – Velocidade de subida = 0,3 m/min. Não compense em velocidades menores. Compense em velocidades maiores demorando a subida.

4 – O tempo em 18 metros inicia na chegada aos 18 metros.

5 – Se o oxigênio tiver que ser interrompido permita 15 minutos de ar e então retorne à tabela no ponto onde foi interrompida.

6 – Se tiver que interromper o oxigênio a 18 metros troque para a Tabela 6 após a chegada a parada de 9 metros.

7 – O acompanhante deve respirar ar. Se o tratamento é um mergulho repetitivo para o acompanhante ou as tabelas forem prolongadas, o acompanhante deve respirar oxigênio durante os últimos 30 minutos até a superfície.

Tabela 5

Perfil Profundidade/Tempo

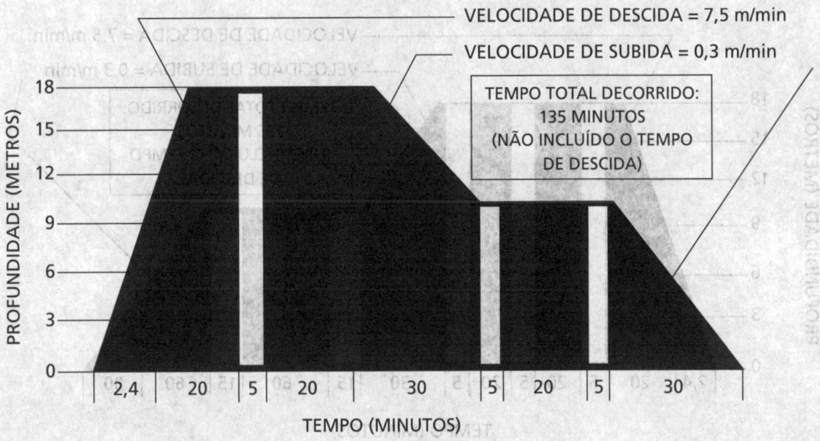

Tabela 6

Tratamento, com Oxigênio, de Doenças Descompressivas Sintomas Sérios

PROFUNDIDADE (METROS)	TEMPO (MINUTOS)	MISTURA RESPIRATÓRIA	TEMPO TOTAL DECORRIDO (HS:MIN)
18	20	OXIGÊNIO	0:20
18	5	AR	0:25
18	20	OXIGÊNIO	0:45
18	5	AR	0:50
18	20	OXIGÊNIO	1:10
18	5	AR	1:15
18 a 9	30	OXIGÊNIO	1:45
9	15	AR	2:00
9	60	OXIGÊNIO	3:00
9	15	AR	3:15
9	60	OXIGÊNIO	4:15
9 a 0	30	OXIGÊNIO	4:45

1 – Tratamento de doença descompressiva – sintomas sérios ou dor somente, quando os sintomas não são aliviados dentro de 10 minutos a 18 metros.

2 – Velocidade de descida = 7,5 m/min.

3 – Velocidade de subida = 0,3 m/min. Não compense em velocidades menores. Compense em velocidades maiores demorando a subida.

4 – O tempo em 18 metros se inicia na chegada aos 18 metros.

5 – Se o oxigênio tiver que ser interrompido, permita 15 minutos de ar e então retorne à tabela no ponto onde foi interrompida.

6 – O acompanhante deve respirar ar. Se o tratamento é um mergulho repetitivo para o acompanhante ou as tabelas forem prolongadas, o acompanhante deve respirar oxigênio durante os últimos 30 minutos até a chegada à superfície.

7 – A Tabela 6 pode ser prolongada por 25 minutos adicionais a 18 metros (20 minutos de oxigênio e 5 minutos de ar) ou por 75 minutos adicionais a 9 m (15 minutos de ar e 60 minutos de oxigênio) ou ambos.

Tabela 6

Perfil Profundidade/Tempo

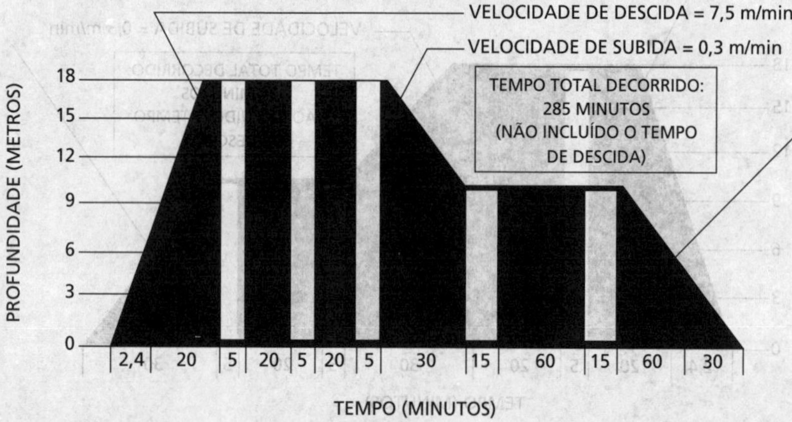

Tabela 6A

Tratamento, com Ar e Oxigênio, de Embolia Gasosa

PROFUNDIDADE (METROS)	TEMPO (MINUTOS)	MISTURA RESPIRATÓRIA	TEMPO TOTAL DECORRIDO (HS : MIN)
50	30	AR	0:30
50 a 18	4	AR	0:34
18	20	OXIGÊNIO	0:54
18	5	AR	0:59
18	20	OXIGÊNIO	1:19
18	5	AR	1:29
18	20	OXIGÊNIO	1:44
18	5	AR	1:49
18 a 9	30	OXIGÊNIO	2:19
9	15	AR	2:34
9	60	OXIGÊNIO	3:34
9	15	AR	3:49
9	60	OXIGÊNIO	4:49
9 a 0	30	OXIGÊNIO	5:19

1 – Tratamento de embolia gasosa. Utilize também quando for impossível determinar se os sintomas são causados por embolia gasosa ou grave doença descompressiva.

2 – Velocidade de descida = a mais rápida que o paciente puder suportar.

3 – Velocidade de subida = 0,3 m/min. Não compense em velocidades menores. Compense em velocidades maiores demorando a subida.

4 – O tempo a 50 metros inclui o tempo desde a superfície.

5 – Se o oxigênio tiver que ser interrompido, permita 15 minutos de ar e então retorne à tabela no ponto em que foi interrompida.

6 – O acompanhante deve respirar ar. Se o tratamento é um mergulho repetitivo para o acompanhante ou a tabela for prolongada, deve respirar oxigênio durante os últimos 30 minutos até a chegada à superfície.

7 – A tabela 6 pode ser prolongada por 25 minutos adicionais a 18 metros (20 minutos de oxigênio e 5 minutos de ar) ou por 75 minutos adicionais a 9 metros (15 minutos no ar e 60 minutos de oxigênio) ou ambos.

Tabela 6A

Perfil Profundidade/Tempo

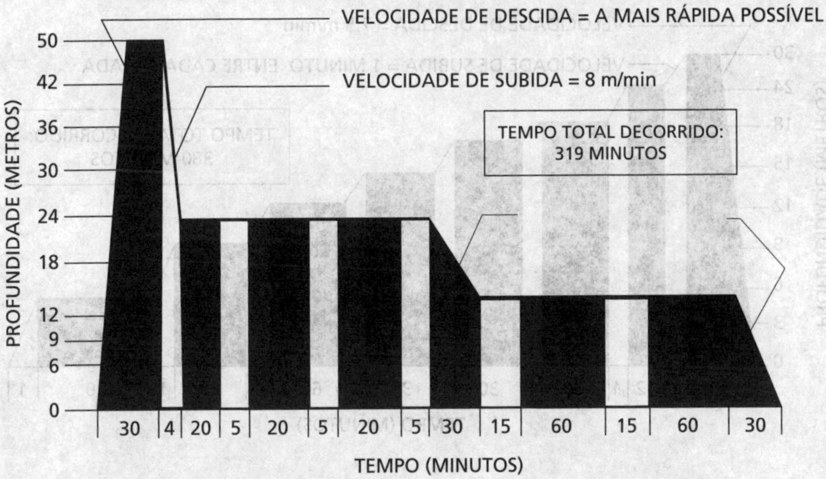

Tabela 1A

Tratamento, com Ar, de Doença Descompressiva - Dor Somente

Tratamento a 30 Metros

PROFUNDIDADE (METROS)	TEMPO (MINUTOS)	MISTURA RESPIRATÓRIA	TEMPO TOTAL DECORRIDO (HS : MIN)
30	30	AR	0:30
24	12	AR	0:43
18	30	AR	1:14
15	30	AR	1:45
12	30	AR	2:16
9	60	AR	3:17
6	60	AR	4:18
3	120	AR	6:19
0	1	AR	6:20

1 – Tratamento de doença descompressiva – dor somente, quando não se dispuser de oxigênio e a dor é aliviada à profundidade menor que 20 metros.

2 – Velocidade de descida = 7,5 m/min.

3 – Velocidade de subida = 1 minuto entre cada parada.

4 – Tempo a 30 metros – inclui o tempo desde a superfície.

5 – Se a configuração das tubulações da câmara não permite o retorno à superfície desde os 3 metros dentro de 1 minuto como específico, não considere o tempo adicional requerido.

Tabela 1A

Perfil Profundidade/Tempo

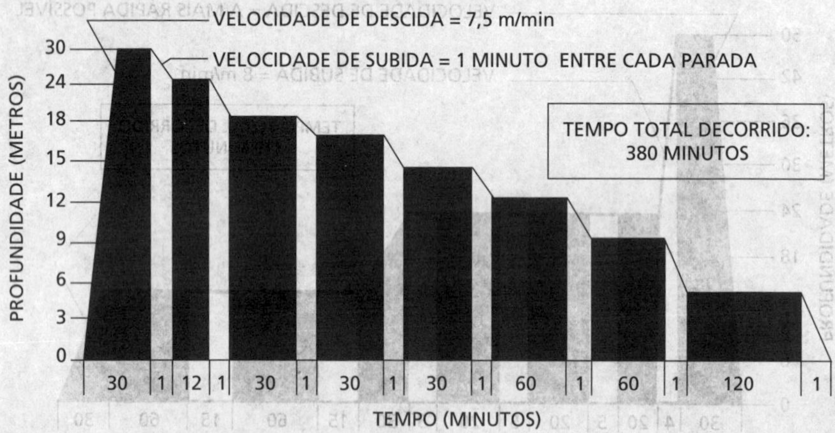

Tabela 2A

Tratamento, com Ar, de Doença Descompressiva - Dor Somente
Tratamento a 50 Metros

PROFUNDIDADE (METROS)	TEMPO (MINUTOS)	MISTURA RESPIRATÓRIA	TEMPO TOTAL DECORRIDO (HS : MIN)
50	30	AR	0:30
42	12	AR	0:43
36	12	AR	0:56
30	12	AR	1:09
24	12	AR	1:22
18	30	AR	1:53
15	30	AR	2:24
12	30	AR	2:55
9	120	AR	4:56
6	120	AR	6:57
3	240	AR	10:58
3 a 0	1	AR	10:59

1 – Tratamento de doença descompressiva – dor somente, quando não tiver disponível oxigênio e a dor é aliviada a uma profundidade maior que 20 metros.

2 – Velocidade de descida = 7,5 m/min.

3 – Velocidade de subida = 1 minuto entre cada parada.

4 – Tempo a 50 metros – inclui o tempo desde a superfície.

Tabela 2A

Perfil Profundidade/Tempo

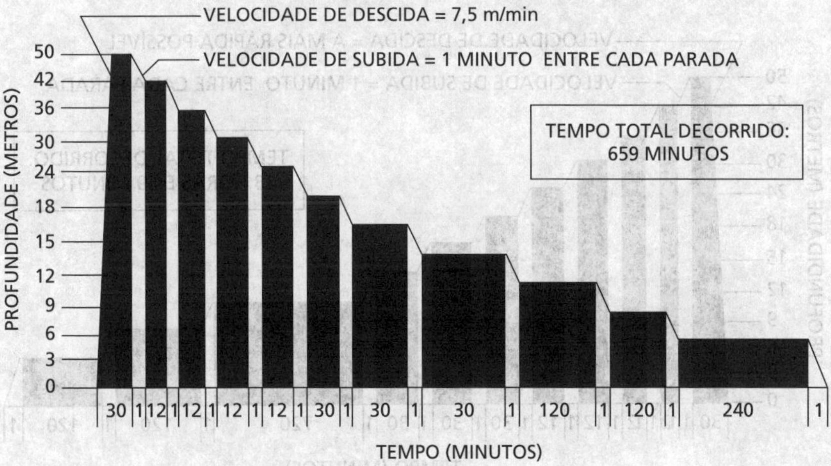

Tabela 3

Tratamento, com Ar, de Doença Descompressiva Sintomas Sérios ou Embolia Gasosa

PROFUNDIDADE (METROS)	TEMPO	MISTURA RESPIRATÓRIA	TEMPO TOTAL DECORRIDO (HS : MIN)
50	30 min	AR	0:30
42	12 min	AR	0:43
36	12 min	AR	0:56
30	12 min	AR	1:09
24	12 min	AR	1:22
18	30 min	AR	1:53
15	30 min	AR	2:24
12	30 min	AR	2:55
9	12h	AR	14:56
6	2h	AR	16:57
3	2h	AR	18:58
3 a 0	1 min	AR	18:59

1 – Tratamento de doença descompressiva – sintomas sérios ou embolia gasosa, quando não dispuser de oxigênio e os sintomas são aliviados dentro de 30 minutos a 50 metros.

2 – Velocidade de descida = a mais rápida que o paciente puder suportar.

3 – Velocidade de subida = 1 minuto entre cada parada.

4 – Tempo a 50 metros – inclui o tempo desde a superfície.

Tabela 3

Perfil Profundidade/Tempo

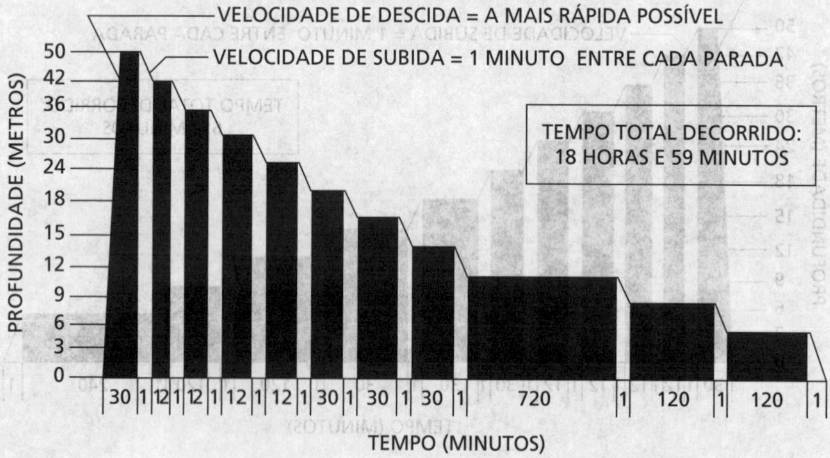

Tabela 4

Tratamento, com Ar, de Doença Descompressiva Sintomas Sérios ou Embolia Gasosa

PROFUNDIDADE (METROS)	TEMPO	MISTURA RESPIRATÓRIA	TEMPO TOTAL DECORRIDO (HS : MIN)
50	1/2 a 2 h	AR	2:00
42	1/2 h	AR	2:31
36	1/2 h	AR	3:02
30	1/2 h	AR	3:33
24	1/2 h	AR	4:04
18	6 h	AR	10:05
15	6 h	AR	16:06
12	6 h	AR	22:07
9	11 h	AR	33:08
9	1 h	OXIGÊNIO (OU AR)	34:08
6	1 h	AR	35:09
6	1 h	OXIGÊNIO (OU AR)	36:09
3	1 h	AR	37:10
3	1 h	OXIGÊNIO (OU AR)	38:10
3 a 0	1 min	OXIGÊNIO (OU AR)	38:11

1 – Tratamento de sintomas piorando durante os primeiros 20 minutos de respiração do oxigênio a 18 metros na tabela 6 ou quando os sintomas não são aliviados dentro de 30 minutos a 50 metros, utilizando o tratamento com ar da tabela 3.

2 – Velocidade de descida = a mais rápida que o paciente puder suportar.

3 – Velocidade de subida = 1 minuto entre cada parada.

4 – Tempo a 50 metros – inclui o tempo desde a superfície.

Tabela 4
Perfil Profundidade/Tempo

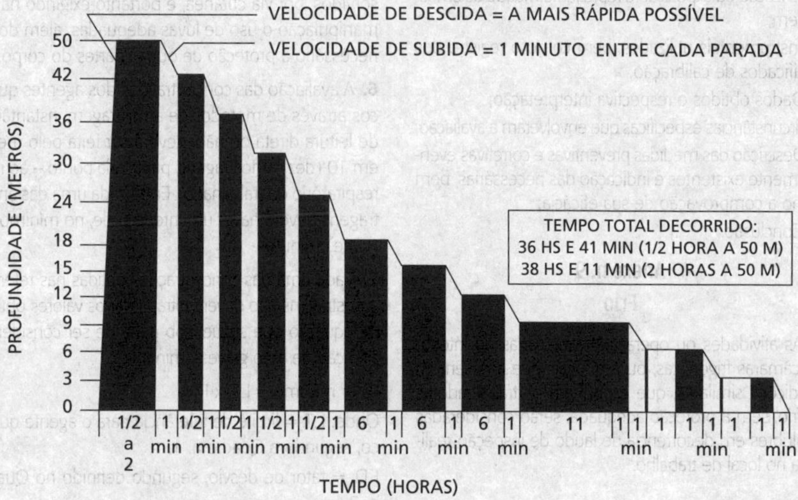

Anexo n. 7
Radiações Não Ionizantes

1. Para os efeitos desta norma, são radiações não ionizantes as micro-ondas, ultravioletas e laser.

2. As operações ou atividades que exponham os trabalhadores às radiações não ionizantes, sem a proteção adequada, serão consideradas insalubres, em decorrência de laudo de inspeção realizada no local de trabalho.

3. As atividades ou operações que exponham os trabalhadores às radiações da luz negra (ultravioleta na faixa – 400-320 nanômetros) não serão consideradas insalubres.

Anexo n. 8
Vibração

•• Anexo 8 com redação determinada pela Portaria n. 1.297, de 13-8-2014.

SUMÁRIO:

1. Objetivos

2. Caracterização e classificação da insalubridade

1. Objetivos

1.1. Estabelecer critérios para caracterização da condição de trabalho insalubre decorrente da exposição às Vibrações de Mãos e Braços (VMB) e Vibrações de Corpo Inteiro (VCI).

1.2. Os procedimentos técnicos para a avaliação quantitativa das VCI e VMB são os estabelecidos nas Normas de Higiene Ocupacional da FUNDACENTRO.

2. Caracterização e classificação da insalubridade

2.1. Caracteriza-se a condição insalubre caso seja superado o limite de exposição ocupacional diária a VMB correspondente a um valor de aceleração resultante de exposição normalizada (aren) de 5 m/s^2.

2.2. Caracteriza-se a condição insalubre caso sejam superados quaisquer dos limites de exposição ocupacional diária a VCI:

a) valor da aceleração resultante de exposição normalizada (aren) de 1,1 m/s^2;

b) valor da dose de vibração resultante (VDVR) de 21,0 $m/s^{1,75}$.

2.2.1. Para fins de caracterização da condição insalubre, o empregador deve comprovar a avaliação dos dois parâmetros acima descritos.

2.3. As situações de exposição a VMB e VCI superiores aos limites de exposição ocupacional são caracterizadas como insalubres em grau médio.

2.4. A avaliação quantitativa deve ser representativa da exposição, abrangendo aspectos organizacionais e ambientais que envolvam o trabalhador no exercício de suas funções.

2.5. A caracterização da exposição deve ser objeto de laudo técnico que contemple, no mínimo, os seguintes itens:

• Código: 115.110-0. Infração: 3. Tipo: S.

a) Objetivo e datas em que foram desenvolvidos os procedimentos;

b) descrição e resultado da avaliação preliminar da exposição, realizada de acordo com o item 4 do Anexo I da NR-09;

•• Alínea *b* com redação determinada pela Portaria n. 426, de 7-10-2021.

c) Metodologia e critérios empregados, inclusas a caracterização da exposição e representatividade da amostragem;

d) Instrumentais utilizados, bem como o registro dos certificados de calibração;

e) Dados obtidos e respectiva interpretação;

f) Circunstâncias específicas que envolveram a avaliação;

g) Descrição das medidas preventivas e corretivas eventualmente existentes e indicação das necessárias, bem como a comprovação de sua eficácia;

h) Conclusão.

Anexo n. 9
Frio

1. As atividades ou operações executadas no interior de câmaras frigoríficas, ou em locais que apresentem condições similares, que exponham os trabalhadores ao frio, sem a proteção adequada, serão consideradas insalubres em decorrência de laudo de inspeção realizada no local de trabalho.

Anexo n. 10
Umidade

1. As atividades ou operações executadas em locais alagados ou encharcados, com umidade excessiva, capazes de produzir danos à saúde dos trabalhadores, serão consideradas insalubres em decorrência de laudo de inspeção realizada no local de trabalho.

Anexo n. 11
Agentes Químicos Cuja Insalubridade É Caracterizada por Limite de Tolerância e Inspeção no Local de Trabalho

•• Anexo 11 com redação determinada pela Portaria n. 9, de 9-10-1992.

1. Nas atividades ou operações nas quais os trabalhadores ficam expostos a agentes químicos, a caracterização de insalubridade ocorrerá quando forem ultrapassados os limites de tolerância constantes do Quadro n. 1 deste Anexo.

2. Todos os valores fixados no Quadro n. 1 – Tabela de Limites de Tolerância são válidos para absorção apenas por via respiratória.

3. Todos os valores fixados no Quadro n. 1 como "Asfixiantes Simples" determinam que nos ambientes de trabalho, em presença destas substâncias, a concentração mínima de oxigênio deverá ser 18 (dezoito) por cento em volume. As situações nas quais a concentração de oxigênio estiver abaixo deste valor serão consideradas de risco grave e iminente.

• Código: 115.057-0. Infração: 4. Tipo: S.

4. Na coluna "VALOR TETO" estão assinalados os agentes químicos cujos limites de tolerância não podem ser ultrapassados em momento algum da jornada de trabalho.

• Código: 115.058-8. Infração: 4. Tipo: S.

5. Na coluna "ABSORÇÃO TAMBÉM PELA PELE" estão assinalados os agentes químicos que podem ser absorvidos, por via cutânea, e portanto exigindo na sua manipulação o uso de luvas adequadas, além do EPI necessário à proteção de outras partes do corpo.

6. A avaliação das concentrações dos agentes químicos através de métodos de amostragem instantânea, de leitura direta ou não, deverá ser feita pelo menos em 10 (dez) amostragens, para cada ponto – ao nível respiratório do trabalhador. Entre cada uma das amostragens deverá haver um intervalo de, no mínimo, 20 (vinte) minutos.

7. Cada uma das concentrações obtidas nas referidas amostragens não deverá ultrapassar os valores obtidos na equação que segue, sob pena de ser considerada situação de risco grave e iminente.

Valor máximo = L.T. x F.D.

Onde: L.T. = limite de tolerância para o agente químico, segundo o Quadro n. 1.

F.D. = fator de desvio, segundo definido no Quadro n. 2.

• Código: 115.059-6. Infração: 4. Tipo: S.

Quadro n. 2

•• Quadros organizados de acordo com a publicação oficial.

Quadro N. 2	
L.T.	**F.D.**
(ppm ou mg/m³)	
0 a 1	3
1 a 10	2
10 a 100	1,5
100 a 1000	1,25
acima de 1000	1,1

8. O limite de tolerância será considerado excedido quando a média aritmética das concentrações ultrapassar os valores fixados no Quadro n. 1.

9. Para os agentes químicos que tenham "VALOR TETO" assinalado no Quadro n. 1 (Tabela de Limites de Tolerância) considerar-se-á excedido o limite de tolerância, quando qualquer uma das concentrações obtidas nas amostragens ultrapassar os valores fixados no mesmo Quadro.

10. Os limites de tolerância fixados no Quadro n. 1 são válidos para jornadas de trabalho de até 48 (quarenta e oito) horas por semana, inclusive.

10.1. Para jornadas de trabalho que excedam as 48 (quarenta e oito) horas semanais dever-se-á cumprir o disposto no art. 60 da CLT.

Quadro n. 1

Tabela de Limites de Tolerância

•• Quadros organizados de acordo com a publicação oficial.

AGENTES QUÍMICOS	Valor teto	Absorção também p/ pele	Até 48 horas/semana		Grau de insalubridade a ser considerado no caso de sua caracterização
			ppm*	mg/m³**	
Acetaldeído			78	140	máximo
Acetato de cellosolve		+	78	420	médio
Acetato de éter monoetílico de etileno glicol (*vide* acetato de cellsolve)			-	-	-
Acetato de etila			310	1090	mínimo
Acetato de 2-etóxi etila (*vide* acetato de cellosolve)			-	-	-
Acetileno			Asfixiante	simples	-
Acetona			780	1870	mínimo
Acetonitrila			30	55	máximo
Ácido acético			8	20	médio
Ácido cianídrico		+	8	9	máximo
Ácido clorídrico	+		4	5,5	máximo
Ácido crômico (névoa)			-	0,04	máximo
Ácido etanoico (*vide* ácido acético)			-	-	-
Ácido fluorídrico			2,5	1,5	máximo
Ácido fórmico			4	7	médio
Ácido metanoico (*vide* ácido fórmico)			-	-	-
Acrilato de metila		+	8	27	máximo
Acrilonitrila		+	16	35	máximo
Álcool isoamílico			78	280	mínimo
Álcool n-butílico	+	+	40	115	máximo
Álcool isobutílico			40	115	médio
Álcool sec-butílico (2-butanol)			115	350	médio
Álcool terc-butílico			78	235	médio
Álcool etílico			780	1480	mínimo
Álcool furfurílico		+	4	15,5	médio
Álcool metil amílico (*vide* metil isobutil carbinol)			-	-	-
Álcool metílico		+	156	200	máximo
Álcool n-propílico		+	156	390	médio
Álcool isopropílico		+	310	765	médio
Aldeído acético (*vide* acetaldeído)			-	-	-
Aldeído fórmico (*vide* formaldeído)			-	-	-
Amônia			20	14	médio

(*) ppm – partes de vapor ou gás por milhão de partes de ar contaminado.

(**) mg/m³ – miligramas por metro cúbico de ar.

AGENTES QUÍMICOS	Valor teto	Absorção também p/ pele	Até 48 horas/semana		Grau de insalubridade a ser considerado no caso de sua caracterização
			ppm*	mg/m³**	
Anidrido sulfuroso (*vide* dióxido de enxofre)			-	-	-
Anilina		+	4	15	máximo
Argônio			Asfixiante	simples	-
Arsina (arsenamina)			0,04	0,16	máximo
Brometo de etila			156	695	máximo
Brometo de metila		+	12	47	máximo
Bromo			0,08	0,6	máximo
Bromoetano (*vide* brometo de etila)			-	-	-
Bromofórmio		+	0,4	4	médio
Bromometano (*vide* brometo de metila)			-	-	-
1,3 Butadieno			780	1720	médio
n-Butano			470	1090	médio
n-Butanol (*vide* álcool n-butílico)			-	-	-
sec-Butanol (*vide* álcool sec-butílico)			-	-	-
Butanona (*vide* metil etil cetona)			-	-	-
1-Butanotiol (*vide* butil mercaptana)			-	-	-
n-Butilamina	+	+	4	12	máximo
Butil cellosolve		+	39	190	médio
n-Butil mercaptana			0,4	1,2	médio
2-Butóxi etanol (*vide* butil cellosolve)			-	-	-
Cellosolve (*vide* 2-etóxi etanol)			-	-	-
Chumbo			-	0,1	máximo
Cianeto de metila (*vide* acetonitrila)			-	-	-
Cianeto de vinila (*vide* acrilonitrila)			-	-	-
Cianogênio			8	16	máximo
Ciclo-hexano			235	820	médio
Ciclo-hexanol			40	160	máximo
Ciclo-hexilamina		+	8	32	máximo
Cloreto de carbonila (*vide* fosgênio)			-	-	-
Cloreto de etila			780	2030	médio
Cloreto de fenila (*vide* cloro benzeno)			-	-	-
Cloreto de metila			78	165	máximo
Cloreto de metileno			156	560	máximo
Cloreto de vinila	+		156	398	máximo
Cloreto de vinilideno			8	31	máximo
Cloro			0,8	2,3	máximo
Clorobenzeno			59	275	médio

* ppm – partes de vapor ou gás por milhão de partes de ar contaminado.

** mg/m³ – miligramas por metro cúbico de ar.

*** O Benzeno foi retirado desta Tabela conforme Portaria n. 3, de 16-3-1994.

AGENTES QUÍMICOS	Valor teto	Absorção também p/ pele	Até 48 horas/semana		Grau de insalubridade a ser considerado no caso de sua caracterização
			ppm*	mg/m³**	
Clorobromometano			156	820	máximo
Cloroetano (*vide* cloreto de etila)			-	-	-
Cloroetileno (*vide* cloreto de vinila)			-	-	-
Clorodifluometano (Freon 22)			780	2730	mínimo
Clorofórmio			20	94	máximo
1-Cloro 1-nitropropano			16	78	máximo
Cloroprene		+	20	70	máximo
Cumeno		+	39	190	máximo
Decaborano		+	0,04	0,25	máximo
Demeton		+	0,008	0,08	máximo
Diamina (*vide* hidrazina)			-	-	
Diborano			0,08	0,08	máximo
1,2-Dibramoetano		+	16	110	médio
o-Diclorobenzeno	+		39	235	máximo
Diclorodifluormetano (Freon 12)			780	3860	mínimo
1,1 Dicloroetano			156	640	médio
1,2 Dicloroetano			39	156	máximo
1,1 Dicloroetileno (*vide* cloreto de vinilideno)			-	-	
1,2 Dicloroetileno			155	615	médio
Diclorometano (*vide* cloreto de metileno)			-		
1,1 Dicloro-1-nitroetano	+		8	47	máximo
1,2 Dicloropropano			59	275	máximo
Diclorotetrafluoretano (Freon 114)			780	5460	mínimo
Dietil amina			20	59	médio
Dietil éter (*vide* éter etílico)			-		
2,4 Diisocianato de tolueno (TDI)	+		0,016	0,11	máximo
Diisopropilamina		+	4	16	máximo
Dimetilacetamida		+	8	28	máximo
Dimetilamina			8	14	médio
Dimetiformamida			8	24	médio
l,l Dimetil hidrazina		+	0,4	0,8	máximo
Dióxido de carbono			3900	7020	mínimo
Dióxido de cloro			0,08	0,25	máximo
Dióxido de enxofre			4	10	máximo
Dióxido de nitrogênio	+		4	7	máximo
Dissulfeto de carbono		+	16	47	máximo
Estibina			0,08	0,4	máximo
Estireno			78	328	médio

* ppm – partes de vapor ou gás por milhão de partes de ar contaminado.
** mg/m³ – miligramas por metro cúbico de ar.

AGENTES QUÍMICOS	Valor teto	Absorção também p/ pele	Até 48 horas/semana		Grau de insalubridade a ser considerado no caso de sua caracterização
			ppm*	mg/m³**	
Etanol (*vide* acetaldeído)			-	-	
Etano			Asfixiante	simples	
Etanol (*vide* álcool etílico)			-	-	
Etanotiol (*vide* etil mercaptana)			-	-	
Éter decloroetílico		+	4	24	máximo
Éter etílico			310	940	médio
Éter monobutílico do etileno glicol (*vide* butil cellosolve)			-	-	-
Éter monoetílico do etileno glicol (*vide* cellosolve)			-	-	-
Éter monometílico do etileno glicol (*vide* metil cellosolve)			-	-	
Etilamina			8	14	máximo
Etilbenzeno			78	340	médio
Etileno			Asfixiante	simples	-
Etilenoimina		+	0,4	0,8	máximo
Etil mercaptana			0,4	0,8	médio
n-Etil morfolina		+	16	74	médio
2-Etoxietanol		+	78	290	médio
Fenol		+	4	15	máximo
Fluortriclorometano (Freon 11)			780	4370	médio
Formaldeído (formol)	+		1,6	2,3	máximo
Fosfina (fosfamina)			0,23	0,3	máximo
Fosgênio			0,08	0,3	máximo
Freon 11 (*vide* fluortriclorometano)			-	-	-
Freon 12 (*vide* diclorodifluormetano)			-	-	-
Freon 22 (*vide* clorodifluormetano)			-	-	-
Freon 113 (*vide* 1,1,2,tricloro-1,2,2- trifluoretano)			-	-	-
Freon 114 (*vide* diclorotetrafluoretano)			-	-	-
Gás amoníaco (*vide* amônia)			-	-	-
Gás carbônico (*vide* dióxido de carbono)			-	-	-
Gás cianídrico (*vide* ácido cianídrico)			-	-	-
Gás clorídrico (*vide* ácido clorídrico)			-	-	-
Gás sulfídrico			8	12	máximo
Hélio			Asfixiante	simples	-
Hidrazina		+	0,08	0,08	máximo
Hidreto de antimônio (*vide* estibina)			-	-	-
Hidrogênio			Asfixiante	simples	-

* ppm – partes de vapor ou gás por milhão de partes de ar contaminado.
** mg/m³ – miligramas por metro cúbico de ar.

AGENTES QUÍMICOS	Valor teto	Absorção também p/ pele	Até 48 horas/semana		Grau de insalubridade a ser considerado no caso de sua caracterização
			ppm*	mg/m³**	
Isobutanol (*vide* álcool isobutílico)			-	-	-
Isopropilamina			4	9,5	médio
Isopropil benzeno (*vide* cumeno)			-	-	-
Mercúrio (todas as formas exceto orgânicas)			-	0,04	máximo
Metacrilato de metila			78	320	mínimo
Metano			Asfixiante	simples	-
Metanol (*vide* álcool metílico)			-	-	-
Metilamina			8	9,5	máximo
Metil cellosolve		+	20	60	máximo
Metil ciclo-hexanol			39	180	médio
Metilclorofórmio			275	1480	médio
Metil demeton		+	-	0,4	máximo
Metil etil cetona			155	460	médio
Metil isobutilcarbinol		+	20	78	máximo
Metil mercaptana (metanotiol)			0,4	0,8	médio
2-Metóxi etanol (*vide* metil cellosolve)			-	-	-
Monometil hidrazina	+	+	0,16	0,27	máximo
Monóxido de carbono			39	43	máximo
Negro de fumo(1)			-	3,5	máximo
Neônio			Asfixiante	simples	-
Níquel carbonila (níquel tetracarbonila)			0,04	0,28	máximo
Nitrato de n-propila			20	85	máximo
Nitroetano			78	245	médio
Nitrometano			78	195	máximo
1 – Nitropropano			20	70	médio
2 – Nitropropano			20	70	médio
Óxido de etileno			39	70	máximo
Óxido nítrico (NO)			20	23	máximo
Óxido nitroso (N^2O)			Asfixiante	simples	-
Ozona			0,08	0,16	máximo
Pentaborano			0,004	0,008	máximo
n-Pentano		+	470	1400	mínimo
Percloroetileno			78	525	médio
Piridina			4	12	médio
n-Propano			Asfixiante	simples	-
n-Propanol (*vide* álcool n-propílico)			-	-	-
iso-Propanol (*vide* álcool isopropílico)			-	-	-
Propanona (*vide* acetona)			-	-	-

* ppm – partes de vapor ou gás por milhão de partes de ar contaminado.
** mg/m³ – miligramas por metro cúbico de ar.

AGENTES QUÍMICOS	Valor teto	Absorção também p/ pele	Até 48 horas/semana		Grau de insalubridade a ser considerado no caso de sua caracterização
			ppm*	mg/m³**	
Propileno			Asfixiante	simples	
Propileno imina		+	1,6	4	máximo
Sulfato de dimetila	+	+	0,08	0,4	máximo
Sulfeto de hidrogênio (*vide* gás sulfídrico)			-	-	-
Systox (*vide* demeton)			-	-	-
1, 1, 2, 2 Tetrabromoetano			0,8	11	médio
Tetracloreto de carbono		+	8	50	máximo
Tetracloroetano		+	4	27	máximo
Tetracloroetileno (*vide* percloroetileno)			-	-	-
Tetrahidrofurano			156	460	máximo
Tolueno (toluol)		+	78	290	médio
Tolueno-2,4-diisocianato (TDI) (*vide* 2,4 diisocianato de tolueno)			-	-	-
Tribromometano (*vide* bromofórmio)			-	-	-
Tricloreto de vinila (*vide* 1,1,2 tricloroetano)			-	-	-
1,1,1 Tricloroetano (*vide* metil clorofórmio)			-	-	-
1,1,2 Tricloroetano		+	8	35	médio
Tricloroetileno			78	420	máximo
Triclorometano (*vide* clorofórmio)			-	-	-
1,2,3 Tricloropropano			40	235	máximo
1,1,2 Tricloro-1,2,2 trifluoretano (Freon 113)			780	5930	médio
Trietilamina			20	78	máximo
Trifluormonobramometano			780	4760	médio
Viniebenzeno (*vide* estireno)			-	-	-
Xileno (xilol)		+	78	340	médio

* ppm – partes de vapor ou gás por milhão de partes de ar contaminado.
** mg/m³ – miligramas por metro cúbico de ar.

Anexo n. 12
Limites de Tolerância para Poeiras Minerais

•• Anexo 12 com redação determinada pela Portaria n. 1, de 28-5-1991.

Asbesto

1. O presente Anexo aplica-se a todas e quaisquer atividades nas quais os trabalhadores estão expostos ao asbesto no exercício do trabalho.

1.1. Entende-se por "asbesto", também denominado amianto, a forma fibrosa dos silicatos minerais pertencentes aos grupos de rochas metamórficas das serpentinas, isto é, a crisotila (asbesto branco), e dos anfibólios, isto é, a actinolita, a amosita (asbesto marrom), a antofilita, a crocidolita (asbesto azul), a tremolita ou qualquer mistura que contenha um ou vários destes minerais.

1.2. Entende-se por "exposição ao asbesto", a exposição no trabalho às fibras de asbesto respiráveis ou poeira de asbesto em suspensão no ar originada pelo asbesto ou por minerais, materiais ou produtos que contenham asbesto.

1.3. Entende-se por "fornecedor" de asbesto, o produtor e/ou distribuidor da matéria-prima *in natura*.

2. Sempre que dois ou mais empregadores, embora cada um deles com personalidade jurídica própria, levem a cabo atividades em um mesmo local de trabalho, serão, para efeito de aplicação dos dispositivos legais previstos neste Anexo, solidariamente responsáveis contratante(s) e contratado(s).

2.1. Compete à(s) contratante(s) garantir os dispositivos legais previstos neste Anexo por parte do(s) contratado(s).

• Código: 115.016-2. Infração: 4. Tipo: S.

3. Cabe ao empregador elaborar normas de procedimento a serem adotadas em situações de emergência, informando os trabalhadores convenientemente, inclusive com treinamento específico.

• Código: 115.060-0. Infração: 3. Tipo: S.

3.1. Entende-se por "situações de emergência" qualquer evento não programado dentro do processo habitual de trabalho que implique o agravamento da exposição dos trabalhadores.

4. Fica proibida a utilização de qualquer tipo de asbesto do grupo anfibólio e dos produtos que contenham estas fibras.

• Código: 115.228-9. Infração: 4. Tipo: S.

4.1. A autoridade competente, após consulta prévia às organizações mais representativas de empregadores e de trabalhadores interessados, poderá autorizar o uso de anfibólios, desde que a substituição não seja exequível e sempre que sejam garantidas as medidas de proteção à saúde dos trabalhadores.

5. Fica proibida a pulverização (*spray*) de todas as formas do asbesto.

• Código: 115.228-9. Infração: 4. Tipo: S.

6. Fica proibido o trabalho de menores de 18 (dezoito) anos em setores onde possa haver exposição à poeira de asbesto.

• Código: 115.020-0. Infração: 4. Tipo: S.

7. As empresas (públicas e privadas) que produzem, utilizam ou comercializam fibras de asbesto e as responsáveis pela remoção de sistemas que contêm ou podem liberar fibras de asbesto para o ambiente deverão ter seus estabelecimentos cadastrados junto ao Ministério do Trabalho e da Previdência Social/Instituto Nacional de Seguridade Social, através de seu setor competente em matéria de segurança e saúde do trabalhador.

• Código: 115.021-9 Infração: 3. Tipo: S.

7.1. O referido cadastro será obtido mediante a apresentação do modelo Anexo I.

7.2. O número de cadastro obtido será obrigatoriamente apresentado quando da aquisição da matéria-prima junto ao fornecedor.

• Código: 115.229-7. Infração: 3. Tipo: S.

7.3. O fornecedor de asbesto só poderá entregar a matéria-prima a empresas cadastradas.

• Código: 115.229-7. Infração: 3. Tipo: S.

7.4. Os órgãos públicos responsáveis pela autorização da importação de fibras de asbesto só poderão fornecer a guia de importação a empresas cadastradas.

7.5. O cadastro deverá ser atualizado obrigatoriamente a cada 2 (dois) anos.

8. Antes de iniciar os trabalhos de remoção e/ou demolição, o empregador e/ou contratado, em conjunto com a representação dos trabalhadores, deverão elaborar um plano de trabalho onde sejam especificadas as medidas a serem tomadas, inclusive as destinadas a:

• Código: 115.024-3. Infração: 3. Tipo: S.

a) proporcionar toda proteção necessária aos trabalhadores;

b) limitar o desprendimento da poeira de asbesto no ar;

c) prever a eliminação dos resíduos que contenham asbesto.

9. Será de responsabilidade dos fornecedores de asbesto, assim como dos fabricantes e fornecedores de produtos contendo asbesto, a rotulagem adequada e suficiente, de maneira facilmente compreensível pelos trabalhadores e usuários interessados.

• Código: 115.025-1. Infração: 3. Tipo: S.

9.1. A rotulagem deverá conter, conforme modelo Anexo II:

• Código: 115.230-0. Infração: 2. Tipo: S.

– a letra minúscula "a" ocupando 40% (quarenta por cento) da área total da etiqueta;

– caracteres: "Atenção: contém amianto", "Respirar poeira de amianto é prejudicial à saúde" e "Evite risco: siga as instruções de uso".

9.2. A rotulagem deverá, sempre que possível, ser impressa no produto, em cor contrastante, de forma visível e legível.

• Código: 115.230-0. Infração: 2. Tipo: S.

10. Todos os produtos contendo asbesto deverão ser acompanhados de "instrução de uso" com, no mínimo, as seguintes informações: tipo de asbesto, risco à saúde e doenças relacionadas, medidas de controle e proteção adequada.

• Código: 115.028-6. Infração: 3. Tipo: S.

11. O empregador deverá realizar a avaliação ambiental de poeira de asbesto nos locais de trabalho, em intervalos não superiores a 6 (seis) meses.

• Código: 115.231-9. Infração: 3. Tipo: S.

11.1. Os registros das avaliações deverão ser mantidos por um período não inferior a 30 (trinta) anos.

• Código: 115.231-9. Infração: 3. Tipo: S.

11.2. Os representantes indicados pelos trabalhadores acompanharão o processo de avaliação ambiental.

• Código: 115.065-0. Infração: 2. Tipo: S.

11.3. Os trabalhadores e/ou seus representantes têm o direito de solicitar avaliação ambiental complementar nos locais de trabalho e/ou impugnar os resultados das avaliações junto à autoridade competente.

11.4. O empregador é obrigado a afixar o resultado dessas avaliações em quadro próprio de avisos para conhecimento dos trabalhadores.

• Código: 115.066-9. Infração: 1. Tipo: S.

12. O limite de tolerância para fibras respiráveis de asbesto crisotila é de 2,0 f/cm³.

12.1. Entende-se por "fibras respiráveis de asbesto" aquelas com diâmetro inferior a 3 (três) micrômetros, comprimento maior que 5 (cinco) micrômetros e relação entre comprimento e diâmetro superior a 3:1.

•• Item com redação determinada pela Portaria n. 22, de 26-12-1994.

13. A avaliação ambiental será realizada pelo método do filtro de membrana, utilizando-se aumentos de 400 a 500x, com iluminação de contraste de fase.

13.1. Serão contadas as fibras respiráveis conforme subitem 12.1 independentemente de estarem ou não ligadas ou agregadas a outras partículas.

13.2. O método de avaliação a ser utilizado será definido pela ABNT/INMETRO.

13.3. Os laboratórios que realizarem análise de amostras ambientais de fibras dispersas no ar devem atestar a participação em programas de controle de qualidade laboratorial e sua aptidão para proceder às análises requeridas pelo método do filtro de membrana.

•• Item acrescentado pela Portaria n. 22, de 26-12-1994.

14. O empregador deverá fornecer gratuitamente toda vestimenta de trabalho que poderá ser contaminada por asbesto, não podendo esta ser utilizada fora dos locais de trabalho.

• Código: 115.232-7. Infração: 3. Tipo: S.

14.1. O empregador será responsável pela limpeza, manutenção e guarda da vestimenta de trabalho, bem como dos EPI utilizados pelo trabalhador.

• Código: 115.232-7. Infração: 3. Tipo: S.

14.2. A troca de vestimenta de trabalho será feita com frequência mínima de duas vezes por semana.

• Código: 115.232-7. Infração: 3. Tipo: S.

15. O empregador deverá dispor de vestiário duplo para os trabalhadores expostos ao asbesto.

• Código: 115.233-5. Infração: 2. Tipo: S.

15.1. Entende-se por "vestiário duplo" a instalação que oferece uma área para guarda de roupa pessoal e outra, isolada, para guarda da vestimenta de trabalho, ambas com comunicação direta com a bateria de chuveiros.

15.2. As demais especificações de construção e instalação obedecerão às determinações das demais Normas Regulamentadoras.

16. Ao final de cada jornada diária de trabalho, o empregador deverá criar condições para troca de roupa e banho do trabalhador.

• Código: 115.233-5. Infração: 2. Tipo: S.

17. O empregador deverá eliminar os resíduos que contêm asbesto, de maneira que não se produza nenhum risco à saúde dos trabalhadores e da população em geral, de conformidade com as disposições legais previstas pelos órgãos competentes do meio ambiente e outros que porventura venham a regulamentar a matéria.

• Código: 115.071-5. Infração: 3. Tipo: S.

18. Todos os trabalhadores que desempenham ou tenham funções ligadas à exposição ocupacional ao asbesto serão submetidos a exames médicos previstos no subitem 7.1.3 da NR 7, sendo que por ocasião da admissão, demissão e anualmente devem ser realizados, obrigatoriamente, exames complementares, incluindo, além da avaliação clínica, telerradiografia de tórax e prova de função pulmonar (espirometria).

• Código: 115.072-3. Infração: 3. Tipo: S.

18.1. A técnica utilizada na realização das telerradiografias de tórax deverá obedecer ao padrão determinado pela Organização Internacional do Trabalho, especificado na Classificação Internacional de Radiografias de Pneumoconioses (OIT-1980).

18.2. As empresas ficam obrigadas a informar aos trabalhadores examinados, em formulário próprio, os resultados dos exames realizados.

• Código: 115.041-3. Infração: 2. Tipo: S.

19. Cabe ao empregador, após o término do contrato de trabalho envolvendo exposição ao asbesto, manter disponível a realização periódica de exames médicos de controle dos trabalhadores durante 30 (trinta) anos.

• Código: 115.234-3. Infração: 3. Tipo: S.

19.1. Estes exames deverão ser realizados com a seguinte periodicidade:

a) a cada 3 (três) anos para trabalhadores com período de exposição de 0 (zero) a 12 (doze) anos;

• Código: 115.234-3. Infração: 3. Tipo: S.

b) a cada 2 (dois) anos para trabalhadores com período de exposição de 12 (doze) a 20 (vinte) anos;

• Código: 115.234-3. Infração: 3. Tipo: S.

c) anual para trabalhadores com período de exposição superior a 20 (vinte) anos.

• Código: 115.234-3. Infração: 3. Tipo: S.

19.2. O trabalhador receberá, por ocasião da demissão e retornos posteriores, comunicação da data e local da próxima avaliação médica.

• Código: 115.234-3. Infração: 3. Tipo: S.

20. O empregador deve garantir informações e treinamento aos trabalhadores, com frequência mínima anual, priorizando os riscos e as medidas de proteção e controle devido à exposição ao asbesto.

• Código: 115.099-5. Infração: 3. Tipo: S.

20.1. Os programas de prevenção já previstos em lei (curso da CIPA, SIPAT, etc.) devem conter informações específicas sobre os riscos de exposição ao asbesto.

• Código: 115.077-4. Infração: 2. Tipo: S.

21. Os prazos de notificações e os valores das infrações estão especificados no Anexo III.

22. As exigências contidas neste anexo entrarão em vigor em 180 (cento e oitenta) dias a contar da data de sua publicação, revogadas as disposições em contrário.

•• Este anexo foi publicado no *Diário Oficial da União* de 29-5-1991.

Anexo I
Modelo do Cadastro dos Utilizadores do Asbesto

I – IDENTIFICAÇÃO

Nome: ____________________

Endereço: ____________________ Bairro: ____________________

Cidade: ____________________ Telefone: ____________________ CEP: ____________________

CGC: ____________________

Ramo de Atividade: ____________________ CNAE: ____________________

II – DADOS DE PRODUÇÃO

1. Número de Trabalhadores

Total: ____________ Menores: ____________ Mulheres: ____________

Em contato direto com o asbesto: ____________________

2. Procedência do asbesto

Nacional ☐

Importado ☐

Nome do(s) fornecedor(es) ____________________

____

____

3. Produtos Fabricados

Gênero de produto que contém asbesto	Utilização a que se destina

4. Observações: ____________________

____

____

____

NOTA: As declarações acima prestadas são de inteira responsabilidade da empresa, passíveis de verificação e eventuais penalidades facultadas pela lei.

_____/_____/_____

Assinatura e carimbo

Anexo II

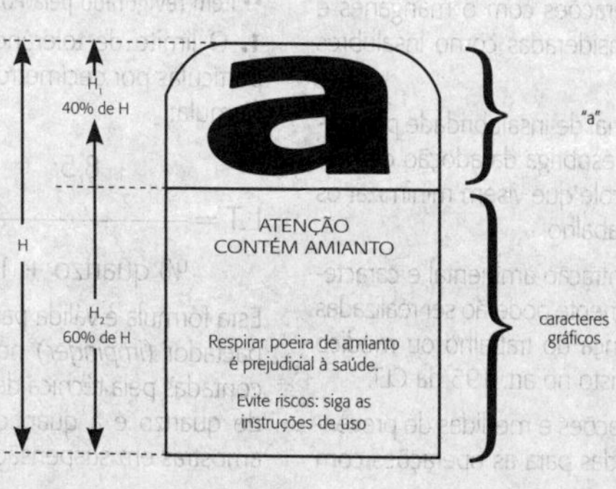

Anexo III

Item e Subitem	Prazo	Infração
- 2.1	P_4	I_4
- 3	P_2	I_2
- 4	P_1	I_4
- 5	P_1	I_4
- 6	P_1	I_4
- 7, 7.2, 7.4	P_1	I_3
- 8	P_2	I_3
- 9, 9.1, 9.2	P_4	I_3
- 10	P_4	I_3
- 11, 11.1, 11.2 e 11.4	P_4	I_3
- 12	P_4	I_4
- 14, 14.1, 14.2	P_3	I_3
- 15	P_4	I_3
- 16	P_1	I_1
- 17	P_4	I_4
- 18, 18.2	P_3	I_2
- 19, 19.1	P_1	I_1
- 20, 20.1	P_1	I_1

Manganês e seus compostos

•• Item acrescentado pela Portaria n. 8, de 5-10-1992.

• Código: 115.078-2. Infração: 3. Tipo: S.

1. O limite de tolerância para as operações com manganês e seus compostos referente à extração, tratamento, moagem, transporte do minério, ou ainda outras operações com exposição a poeiras do manganês ou de seus compostos é de até 5mg/m³ no ar, para jornada de até 8 (oito) horas por dia.

2. O limite de tolerância para as operações com manganês e seus compostos referente à metalurgia de minerais de manganês, fabricação de compostos de manganês, fabricação de baterias e pilhas secas, fabricação de vidros especiais e cerâmicas, fabricação e uso de eletrodos de solda, fabricação de produtos químicos, tintas e fertilizantes, ou ainda outras operações com exposição a fumos de manganês ou de seus compostos é de até 1mg/m³ no ar, para jornada de até 8 (oito) horas por dia.

3. Sempre que os limites de tolerância forem ultrapassados, as atividades e operações com o manganês e seus compostos serão consideradas como insalubres no grau máximo.

4. O pagamento do adicional de insalubridade por parte do empregador não o desobriga da adoção de medidas de prevenção e controle que visem minimizar os riscos dos ambientes de trabalho.

5. As avaliações de concentração ambiental e caracterização da insalubridade somente poderão ser realizadas por engenheiro de segurança do trabalho ou médico do trabalho conforme previsto no art. 195 da CLT.

6. As seguintes recomendações e medidas de prevenção de controle são indicadas para as operações com manganês e seus compostos, independentemente dos limites de tolerância terem sido ultrapassados ou não:

– substituição de perfuração a seco por processos úmidos;

– perfeita ventilação após detonações, antes de se reiniciarem os trabalhos;

– ventilação adequada, durante os trabalhos, em áreas confinadas;

– uso de equipamentos de proteção respiratória com filtros mecânicos para áreas contaminadas;

– uso de equipamentos de proteção respiratórias com linha de ar mandado, para trabalhos, por pequenos períodos, em áreas altamente contaminadas;

– uso de máscaras autônomas para casos especiais e treinamentos específicos;

– rotatividade das atividades e turnos de trabalho para os perfuradores e outras atividades penosas;

– controle da poeira em níveis abaixo dos permitidos.

7. As seguintes precauções de ordem médica e de higiene são de caráter obrigatório para todos os trabalhadores expostos às operações com manganês e seus compostos, independentemente dos limites de tolerância terem sido ultrapassados ou não:

– exames médicos pré-admissionais e periódicos;

– exames adicionais para as causas de absenteísmo prolongado, doença, acidentes ou outros casos;

– não admissão de empregado portador de lesões respiratórias orgânicas, do sistema nervoso central e disfunções sanguíneas para trabalhos em exposição ao manganês;

– exames periódicos de acordo com os tipos de atividades de cada trabalhador, variando de períodos de 3 (três) a 6 (seis) meses para os trabalhos do subsolo e de 6 (seis) meses a anualmente para os trabalhadores de superfície;

– análises biológicas de sangue;

– afastamento imediato de pessoas com sintomas de intoxicação ou alterações neurológicas ou psicológicas;

– banho obrigatório após a jornada de trabalho;

– troca de roupas de passeio/serviço/passeio;

– proibição de se tomarem refeições nos locais de trabalho.

Sílica livre cristalizada

•• Item revigorado pela Portaria n. 8, de 5-10-1992.

1. O limite de tolerância, expresso em milhões de partículas por decímetro cúbico, é dado pela seguinte fórmula:

$$L.T = \frac{8,5}{\%\ \text{quartzo} + 10} \quad \text{mppdc (milhões de partículas por decímetro cúbico)}$$

Esta fórmula é válida para amostras tomadas com impactador (*impinger*) no nível da zona respiratória e contadas pela técnica de campo claro. A porcentagem de quartzo é a quantidade determinada através de amostras em suspensão aérea.

2. O limite de tolerância para poeira respirável, expresso em mg/m³, é dado pela seguinte fórmula:

$$L.T = \frac{8}{\%\ quartzo + 2}\ mg/m^3$$

3. Tanto a concentração como a porcentagem do quartzo, para a aplicação deste limite, devem ser determinadas a partir da porção que passa por um seletor com as características do Quadro n. 1.

Quadro n. 1

Diâmetro Aerodinâmico (um) (esfera de densidade unitária)	% de passagem pelo seletor
menor ou igual a 2	90
2,5	75
3,5	50
5,0	25
10,0	0 (zero)

4. O limite de tolerância para poeira total (respirável e não respirável), expresso em mg/m³, é dado pela seguinte fórmula:

$$L.T = \frac{24}{\%\ quartzo + 3}\ mg/m^3$$

5. Sempre será entendido que "quartzo" significa sílica livre cristalizada.

6. Os limites de tolerância fixados no item 5 são válidos para jornadas de trabalho de até 48 (quarenta e oito) horas por semana, inclusive.

6.1. Para jornadas de trabalho que excedem a 48 (quarenta e oito) horas semanais, os limites deverão ser deduzidos, sendo estes valores fixados pela autoridade competente.

7. Fica proibido o processo de trabalho de jateamento que utilize areia seca ou úmida com abrasivo.

•• Item acrescentado pela Portaria n. 99, de 19-10-2004.

• Código: 115.079-0. Infração: 3. Tipo: S.

8. As máquinas e ferramentas utilizadas nos processos de corte e acabamento de rochas ornamentais devem ser dotadas de sistema de umidificação capaz de minimizar ou eliminar a geração de poeira decorrente de seu funcionamento.

•• Item acrescentado pela Portaria n. 43, de 11-3-2008.

•• A Portaria n. 43, de 11-3-2008, dispõe: "Art. 2º Ficam proibidas adaptações de máquinas e ferramentas elétricas que não tenham sido projetadas para sistemas úmidos. Art. 3º Os empregadores devem providenciar a adequação às exigências desta Portaria no prazo de 18 (dezoito) meses".

• Código: 115.093-6. Infração: 3. Tipo: S.

Anexo n. 13
Agentes Químicos

1. Relação das atividades e operações, envolvendo agentes químicos, consideradas insalubres em decorrência de inspeção realizada no local de trabalho. Excluam-se desta relação as atividades ou operações com os agentes químicos constantes dos Anexos 11 e 12.

ARSÊNICO

Insalubridade de grau máximo

Extração e manipulação de arsênico e preparação de seus compostos. Fabricação e preparação de tintas à base de arsênico.

Fabricação de produtos parasiticidas, inseticidas e raticidas contendo compostos de arsênico.

Pintura a pistola com pigmentos de compostos de arsênico, em recintos limitados ou fechados.

Preparação do *Secret*.

Produção de trióxido de arsênico.

Insalubridade de grau médio

Bronzeamento em negro e verde com compostos de arsênico.

Conservação e peles e plumas; depilação de peles à base de compostos de arsênico.

Descoloração de vidros e cristais à base de compostos de arsênico.

Emprego de produtos parasiticidas, inseticidas e raticidas à base de compostos de arsênico.

Fabricação de cartas de jogar, papéis pintados e flores artificiais à base de compostos de arsênico.

Metalurgia de minérios arsenicais (ouro, prata, chumbo, zinco, níquel, antimônio, cobalto e ferro).

Operações de galvanotécnica à base de compostos de arsênico.

Pintura manual (pincel, rolo e escova) com pigmentos de compostos de arsênico em recintos limitados ou fechados, exceto com pincel capilar.

Insalubridade de grau mínimo

Empalhamento de animais à base de compostos de arsênico.

Fabricação de tafetá "sire".

Pintura a pistola ou manual com pigmentos de compostos de arsênico ao ar livre.

CARVÃO

Insalubridade de grau máximo

Trabalho permanente no subsolo em operações de corte, furação e desmonte, de carregamento no local de desmonte, em atividades de manobra, nos pontos de transferência de carga e de viradores.

Insalubridade de grau médio

Demais atividades permanentes do subsolo compreendendo serviços, tais como: operações de locomotiva, condutores, engatadores, bombeiros, madeireiros, trilheiros e eletricistas.

Insalubridade de grau mínimo

Atividades permanentes de superfícies nas operações a seco, com britadores, peneiras, classificadores, carga e descarga de silos, de transportadores de correia e de teleférreos.

CHUMBO

Insalubridade de grau máximo

Fabricação de compostos de chumbo, carbonato, arseniato, cromatomínio, litargírio e outros.

Fabricação de esmaltes, vernizes, cores, pigmentos, tintas, unguentos, óleos, pastas, líquidos e pós à base de compostos de chumbo.

Fabricação e restauração de acumuladores, pilhas e baterias elétricas contendo compostos de chumbo.

Fabricação e emprego de chumbo tetraetila e chumbo tetrametila.

Fundição e laminação de chumbo, de zinco velho, cobre e latão.

Limpeza, raspagem e reparação de tanques de mistura, armazenamento e demais trabalhos com gasolina contendo chumbo tetraetila.

Pintura a pistola com pigmentos de compostos de chumbo em recintos limitados ou fechados Vulcanização de borracha pelo litargírio ou outros compostos de chumbo.

Insalubridade de grau médio

Aplicação e emprego de esmaltes, vernizes, cores, pigmentos, tintas, unguentos, óleos, pastas, líquidos e pós à base de compostos de chumbo.

Fabricação de porcelana com esmaltes de compostos de chumbo.

Pintura e decoração manual (pincel, rolo e escova) com pigmentos de compostos de chumbo (exceto pincel capilar), em recintos limitados ou fechados.

Tinturaria e estamparia com pigmentos à base de compostos de chumbo.

Insalubridade de grau mínimo

Pintura a pistola ou manual com pigmentos de compostos de chumbo ao ar livre.

CROMO

Insalubridade de grau máximo

Fabricação de cromatos e bicromatos.

Pintura a pistola com pigmentos de compostos de cromo, em recintos limitados ou fechados.

Insalubridade de grau médio

Cromagem eletrolítica dos metais.

Fabricação de palitos fosfóricos à base de compostos de cromo (preparação da pasta e trabalho nos secadores).

Manipulação de cromatos e bicromatos.

Pintura manual com pigmentos de compostos de cromo em recintos limitados ou fechados (exceto pincel capilar).

Preparação por processos fotomecânicos de clichês para impressão à base de compostos de cromo.

Tanagem a cromo.

FÓSFORO

Insalubridade de grau máximo

Extração e preparação de fósforo branco e seus compostos.

Fabricação de defensivos fosforados e organofosforados.

Fabricação de projéteis incendiários, explosivos e gases asfixiantes à base de fósforo branco.

Insalubridade de grau médio

Emprego de defensivos organofosforados.

Fabricação de bronze fosforado.

Fabricação de mechas fosforadas para lâmpadas de mineiros.

HIDROCARBONETOS E OUTROS COMPOSTOS DE CARBONO

Insalubridade de grau máximo

Destilação do alcatrão da hulha.

Destilação do petróleo.

Manipulação de alcatrão, breu, betume, antraceno, negro de fumo, óleos minerais, óleo queimado, parafina ou outras substâncias cancerígenas afins.

•• *Vide* art. 3º da Portaria n. 9, de 9-10-1992, que exclui a manipulação do negro de fumo deste Anexo.

Fabricação de fenóis, cresóis, naftóis, nitroderivados, aminoderivados, derivados halogenados e outras substâncias tóxicas derivadas de hidrocarbonetos cíclicos.

Pintura a pistola com esmaltes, tintas, vernizes e solventes contendo hidrocarbonetos aromáticos.

Insalubridade de grau médio

Emprego de defensivos organoclorados: DDT (diclorodifeniltricloretano), DDD (diclorodifenildicloretano), metoxicloro (dimetoxidifeniltricloretano), BHC (hexacloreto de benzeno) e seus compostos e isômeros.

Emprego de defensivos derivados do ácido carbônico.

Emprego de aminoderivados de hidrocarbonetos aromáticos (homólogos da anilina).

Emprego de cresol, naftaleno e derivados tóxicos.

Emprego de isocianatos na formação de poliuretanas (lacas de desmoldagem, lacas de dupla composição, lacas protetoras de madeira e metais, adesivos especiais e outros produtos à base de poli-isocianetos e poliuretanas).

Emprego de produtos contendo hidrocarbonetos aromáticos como solventes ou em limpeza de peças.

Fabricação de artigos de borracha, de produtos para impermeabilização e de tecidos impermeáveis à base de hidrocarbonetos.

Fabricação de linóleos, celuloides, lacas, tintas, esmaltes, vernizes, solventes, colas, artefatos de ebonite, guta-percha, chapéus de palha e outros à base de hidrocarbonetos.

Limpeza de peças ou motores com óleo diesel aplicado sob pressão (nebulização).

Pintura a pincel com esmaltes, tintas e vernizes em solvente contendo hidrocarbonetos aromáticos.

MERCÚRIO

Insalubridade de grau máximo

Fabricação e manipulação de compostos orgânicos de mercúrio.

SILICATOS

Insalubridade de grau máximo

Operações que desprendam poeira de silicatos em trabalhos permanentes no subsolo, em minas e túneis (operações de corte, furação, desmonte, carregamentos e outras atividades exercidas no local do desmonte e britagem no subsolo).

Operações de extração, trituração e moagem de talco.

Fabricação de material refratário, como refratários para fôrmas, chaminés e cadinhos; recuperação de resíduos.

SUBSTÂNCIAS CANCERÍGENAS

•• Item com redação determinada pela Portaria n. 14, de 20-12-1995.

• Código: 115.080-4. Infração: 4. Tipo: S.

Para as substâncias ou processos a seguir relacionados, não deve ser permitida nenhuma exposição ou contato, por qualquer via:

– 4-aminodifenil (p-xenilamina);

– Produção de Benzidina;

– Betanaftilamina;

– 4-nitrodifenil.

Entende-se por nenhuma exposição ou contato, hermetizar o processo ou operação, através dos melhores métodos praticáveis de engenharia, sendo que o trabalhador deve ser protegido adequadamente de modo a não permitir nenhum contato com o carcinogênio.

Sempre que os processos ou operações que envolvem as 4 (quatro) substâncias citadas não forem hermetizados, será considerada como situação de risco grave e iminente para o trabalhador, além de insalubridade de grau máximo.

Para o Benzeno deve ser observado o disposto no Anexo 13-A.

OPERAÇÕES DIVERSAS

Insalubridade de grau máximo

Operações com cádmio e seus compostos: extração, tratamento, preparação de ligas, fabricação e emprego de seus compostos, solda com cádmio, utilização em fotografia com luz ultravioleta, em fabricação de vidros, como antioxidante, em revestimentos metálicos, e outros produtos.

Operações com manganês e seus compostos: extração, tratamento, trituração, transporte do minério; fabricação de compostos de manganês, fabricação de pilhas secas, fabricação de vidros especiais, indústria de cerâmica ou ainda outras operações com exposição prolongada à poeira de pirolusita ou de outros compostos de manganês.

•• A Portaria n. 8, de 5-10-1992, exclui as operações com manganês e seus componentes deste Anexo.

Operações com as seguintes substâncias:

– Éter bis (clorometílico)

– Benzopireno

– Berílio

– Cloreto de dimetilcarbamila

– 3,3' – diclorobenzidina

– Dióxido de vinilciclo-hexano

– Epicloridrina

– Hexametilfosforamida

– 4,4' – metileno bis (2-cloroanilina)

– 4,4' – metileno dianilina

– Nitrosaminas

– Propano sultone

– Betapropiolactona

– Tálio

Produção de trióxido de amônio – ustulação de sulfeto de níquel.

Insalubridade de grau médio

Aplicação a pistola de tintas de alumínio.

Fabricação de pós de alumínio (trituração e moagem).

Fabricação de emetina e pulverização de ipeca.

Fabricação e manipulação de ácido oxálico, nítrico sulfúrico, bromídrico, fosfórico, pícrico.

Metalização a pistola.

Operações com o timbó.

Operações com bagaço de cana nas fases de grande exposição à poeira.

Operações de galvanoplastia: douração, prateação, niquelagem, cromagem, zincagem, cobreagem, anodização de alumínio.

Telegrafia e radiotelegrafia, manipulação em aparelhos do tipo Morse e recepção de sinais em fones.

Trabalhos com escórias de Thomas: remoção, trituração, moagem e acondicionamento.

Trabalho de retirada, raspagem a seco e queima de pinturas.

Trabalhos na extração de sal (salinas).

Fabricação e manuseio de álcalis cáusticos.

Trabalhos em convés de navios.

Insalubridade de grau mínimo

Fabricação e transporte de cal e cimento nas fases de grande exposição a poeiras.

Trabalhos de carregamento, descarregamento ou remoção de enxofre ou sulfitos em geral, em sacos ou a granel.

Anexo n. 13-A
Benzeno

•• Anexo acrescentado pela Portaria n. 14, de 20-12-1995.

•• *Vide* Instrução Normativa n. 2, de 8-11-2021, do Ministério do Trabalho e Previdência.

•• *Vide* Portaria n. 672, de 8-11-2021.

1. O presente Anexo tem como objetivo regulamentar ações, atribuições e procedimentos de prevenção da exposição ocupacional ao benzeno, visando à proteção da saúde do trabalhador, visto tratar-se de um produto comprovadamente cancerígeno.

2. O presente Anexo se aplica a todas as empresas que produzem, transportam, armazenam, utilizam ou manipulam benzeno e suas misturas líquidas contendo 1% (um por cento) ou mais de volume e aquelas por elas contratadas, no que couber.

2.1. O presente Anexo não se aplica às atividades de armazenamento, transporte, distribuição, venda e uso de combustíveis derivados de petróleo.

3. Fica proibida a utilização do benzeno, a partir de 1º de janeiro de 1997, para qualquer emprego, exceto nas indústrias e laboratórios que:

a) o produzem;

b) o utilizem em processos de síntese química;

c) o empreguem em combustíveis derivados de petróleo;

d) o empreguem em trabalhos de análise ou investigação realizados em laboratório, quando não for possível sua substituição;

e) *(Revogada pela Portaria n. 203, de 28-1-2011.)*

3.1. *(Revogado pela Portaria n. 203, de 28-1-2011.)*

3.2. As empresas que utilizam benzeno em atividades que não as identificadas nas alíneas do item 3 e que apresentem inviabilidade técnica ou econômica de sua substituição deverão comprová-la quando da elaboração do Programa de Prevenção da Exposição Ocupacional ao Benzeno – PPEOB.

3.3. *(Revogado pela Portaria n. 291, de 8-12-2011.)*

4. As empresas que produzem, transportam, armazenam, utilizam ou manipulam benzeno e suas misturas líquidas contendo 1% (um por cento) ou mais de volume devem cadastrar seus estabelecimentos no DSST.

•• Item com redação determinada pela Portaria n. 203, de 28-1-2011.

•• *Vide* Portaria n. 672, de 8-11-2021.

4.1. Para o cadastramento previsto no item 4, a empresa deverá apresentar ao DSST as seguintes informações:

•• Item, *caput*, com redação determinada pela Portaria n. 203, de 28-1-2011.

a) identificação da empresa (nome, endereço, CGC, ramo de atividade e Classificação Nacional de Atividade Econômica – CNAE);

b) número de trabalhadores por estabelecimento;

c) nome das empresas fornecedoras de benzeno, quando for o caso;

d) utilização a que se destina o benzeno;

e) quantidade média de processamento mensal;

f) Documento-base do PPEOB.

•• Alínea *f* acrescentada pela Portaria n. 203, de 28-1-2011.

4.1.1. Somente serão cadastradas as instalações concluídas e aptas a operar.

•• Item acrescentado pela Portaria n. 203, de 28-1-2011.

4.1.2. Para o cadastramento de empresas e instituições que utilizam benzeno apenas em seus laboratórios, processos de análise ou pesquisa, quando não for possível a sua substituição, a solicitação deve ser acompanhada de declaração assinada pelos responsáveis legal e técnico da empresa ou instituição, com justificativa sobre a inviabilidade da substituição.

•• Item com redação determinada pela Portaria n. 291, de 8-12-2011.

4.1.2.1. O PPEOB do laboratório de empresas ou instituições enquadradas no subitem 4.1.2 deve ser mantido à disposição da fiscalização no local de trabalho, não sendo necessário o seu encaminhamento para o Departamento de Segurança e Saúde no Trabalho – DSST.

•• Item com redação determinada pela Portaria n. 291, de 8-12-2011.

• Código: 115.098-7. Infração: 3. Tipo: S.

4.2. A comprovação de cadastramento deverá ser apresentada quando da aquisição do benzeno junto ao fornecedor.

4.3. As fornecedoras de benzeno só poderão comercializar o produto para empresas cadastradas.

• Código: 115.082-0. Infração: 4. Tipo: S.

4.4. As empresas constantes deverão manter, por 10 (dez) anos, uma relação atualizada das empresas por elas contratadas que atuem nas áreas incluídas na caracterização prevista no PPEOB, contendo:

• Código: 115.083-9. Infração: 4. Tipo: S.

– identificação da contratada;

– período de contratação;

– atividade desenvolvida;

– número de trabalhadores.

4.5. O cadastramento da empresa ou instituição poderá ser suspenso em caso de infração à legislação do benzeno, de acordo com os procedimentos previstos em portaria específica.

•• Item com redação determinada pela Portaria n. 203, de 28-1-2011.

4.6. As alterações de instalações que impliquem modificação na utilização a que se destina o benzeno e a quantidade média de processamento mensal devem ser informadas ao DSST, para fins de atualização dos dados de cadastramento da empresa.

•• Item com redação determinada pela Portaria n. 203, de 28-1-2011.

• Código: 115.097-9. Infração: 2. Tipo: S.

5. As empresas que produzem, transportam, armazenam, utilizam ou manipulam benzeno em suas misturas líquidas contendo 1% (um por cento) ou mais do volume devem apresentar ao DSST o documento-base do PPEOB, juntamente com as informações previstas no subitem 4.1.

•• Item com redação determinada pela Portaria n. 203, de 28-1-2011.

•• A Portaria n. 319, de 15-5-2012, ao alterar a NR 28, deixou de atribuir um "tipo" para este item, por esse motivo mantivemos apenas o seu código e infração.

5.1. *(Revogado pela Portaria n. 203, de 28-1-2011.)*

5.2. O PPEOB, elaborado pela empresa, deve representar o mais elevado grau de compromisso de sua diretoria com os princípios e diretrizes da prevenção da exposição dos trabalhadores ao benzeno devendo:

a) ser formalizado através de ato administrativo oficial do ocupante do cargo gerencial mais elevado;

b) ter indicação de um responsável pelo Programa que responderá pelo mesmo junto aos órgãos públicos, às representações dos trabalhadores específicas para o benzeno e ao sindicato profissional da categoria.

5.3. No PPEOB deverão estar relacionados os empregados responsáveis pela sua execução, com suas respectivas atribuições e competências.

• Código: 115.235-1. Infração: 4. Tipo: S.

5.4. O conteúdo do PPEOB deve ser aquele estabelecido pela Norma Regulamentadora n. 9 – Programa de Prevenção de Riscos Ambientais, com a redação dada pela Portaria n. 25, de 29.12.94, acrescido de:

• Código: 115.235-1. Infração: 4. Tipo: S.

– caracterização das instalações contendo benzeno ou misturas que o contenham em concentração maior do que 1% (um por cento) em volume;

– avaliação das concentrações de benzeno para verificação da exposição ocupacional e vigilância do ambiente de trabalho segundo a Instrução Normativa n. 1, de 11.4.94;

•• *Vide* Portaria n. 672, de 8-11-2021.

– ações de vigilância à saúde dos trabalhadores próprios e de terceiros, segundo a Instrução Normativa n. 2;

– descrição do cumprimento das determinações da Portaria e acordos coletivos referentes ao benzeno;

– procedimentos para o arquivamento dos resultados de avaliações ambientais previstas na Instrução Normativa n. 1 por 40 (quarenta) anos;

– adequação da proteção respiratória ao disposto na Instrução Normativa n. 1, de 11.4.94;

•• *Vide* Portaria n. 672, de 8-11-2021.

– definição dos procedimentos operacionais de manutenção, atividades de apoio e medidas de organização do trabalho necessárias para a prevenção da exposição ocupacional ao benzeno. Nos procedimentos de manutenção, deverão ser descritos os de caráter emergencial, rotineiros e preditivos, objetivando minimizar possíveis vazamentos ou emissões fugitivas;

– levantamento de todas as situações onde possam ocorrer concentrações elevadas de benzeno, com dados qualitativos e quantitativos que contribuam para a avaliação ocupacional dos trabalhadores;

– procedimentos para proteção coletiva e individual dos trabalhadores, do risco de exposição ao benzeno nas situações críticas verificadas no item anterior, através de medidas tais como: organização do trabalho, sinalização apropriada, isolamento de área, treinamento específico, ventilação apropriada, proteção respiratória adequada e proteção para evitar contato com a pele;

– descrição dos procedimentos usuais nas operações de drenagem, lavagem, purga de equipamentos, operação manual de válvulas, transferências, limpezas, controle de vazamentos, partidas e paradas de unidades que requeiram procedimentos rigorosos de controle de emanação de vapores e prevenção de contato direto do trabalhador com o benzeno;

– descrição dos procedimentos e recursos necessários para o controle da situação de emergência, até o retorno à normalidade;

– cronograma detalhado das mudanças que deverão ser realizadas na empresa para a prevenção da exposição ocupacional ao benzeno e a adequação ao Valor de Referência Tecnológico;

– exigências contratuais pertinentes, que visem adequar as atividades de empresas contratadas à observância do Programa de contratante;

– procedimentos específicos de proteção para o trabalho do menor de 18 (dezoito) anos, mulheres grávidas ou em período de amamentação.

6. Valor de Referência Tecnológico – VRT se refere à concentração de benzeno no ar considerada exequível do ponto de vista técnico, definido em processo de negociação tripartite. O VRT deve ser considerado como referência para os programas de melhoria contínua das condições dos ambientes de trabalho. O cumprimento do VRT é obrigatório e não exclui risco à saúde.

• Código: 115.087-1. Infração: 4. Tipo: S.

6.1. O princípio da melhoria contínua parte do reconhecimento de que o benzeno é uma substância comprovadamente carcinogênica, para a qual não existe limite seguro de exposição. Todos os esforços devem ser dispendidos continuamente no sentido de buscar a tecnologia mais adequada para evitar a exposição do trabalhador ao benzeno.

6.2. Para fins de aplicação deste Anexo, é definida uma categoria de VRT: VRT-MPT que corresponde à concentração média de benzeno no ar ponderada pelo tempo, para uma jornada de trabalho de 8 (oito) horas, obtida na zona de respiração dos trabalhadores, individualmente ou de Grupos Homogêneos de Exposição – GHE, conforme definido na Instrução Normativa n. 1/94.

6.2.1. Os valores Limites de Concentração – LC a serem utilizados na Instrução Normativa n. 1/94, para o cálculo do Índice de Julgamento "I", são os VRT-MPT estabelecidos a seguir.

7. Os valores estabelecidos para os VRT-MPT são:

– 1,0 (um) ppm para as empresas abrangidas por este Anexo (com exceção das empresas siderúrgicas, as produtoras de álcool anidro e aquelas que deverão substituir o benzeno a partir de 1º-1-1997).

– 2,5 (dois e meio) ppm para as empresas siderúrgicas.

7.1. O Fator de Conversão da concentração de benzeno de ppm para mg/m³ é 1ppm = 3,19mg/m³ nas condições de 25º C, 101 kPa ou 1 atm.

7.2. Os prazos de adequação das empresas aos referidos VRT-MPT serão acordados entre as representações de trabalhadores, empregadores e de governo.

7.3. Situações consideradas de maior risco ou atípicas devem ser obrigatoriamente avaliadas segundo critérios de julgamento profissional que devem estar especificados no relatório da avaliação.

7.4. As Avaliações Ambientais deverão seguir o disposto na Instrução Normativa n. 1/94 "Avaliação das Concentrações de Benzeno em Ambientes de Trabalho".

8. Entende-se como Vigilância da Saúde o conjunto de ações e procedimentos que visam a detecção, o mais precocemente possível, de efeitos nocivos induzidos pelo benzeno à saúde dos trabalhadores.

8.1. Estas ações e procedimentos deverão seguir o disposto na Instrução Normativa n. 2 sobre "Vigilância da Saúde dos Trabalhadores na Prevenção da Exposição Ocupacional ao Benzeno."

9. As empresas abrangidas pelo presente Anexo, e aquelas por elas contratadas quando couber, deverão garantir a constituição de representação específica dos trabalhadores para o benzeno objetivando acompanhar a elaboração, implantação e desenvolvimento do Programa de Prevenção da Exposição Ocupacional ao Benzeno.

• Código: 115.088-0. Infração: 4. Tipo: S.

9.1. A organização, constituição, atribuições e treinamento desta representação serão acordadas entre as representações dos trabalhadores e empregadores.

10. Os trabalhadores das empresas abrangidas pelo presente Anexo, e aquelas por elas contratadas, com risco de exposição ao benzeno, deverão participar de treinamento sobre os cuidados e as medidas de prevenção.

• Código: 115.089-8. Infração: 4. Tipo: S.

11. As áreas, recipientes, equipamentos e pontos com risco de exposição ao benzeno deverão ser sinalizadas com os dizeres – "Perigo: Presença de Benzeno – Risco à Saúde" e o acesso a estas áreas deverá ser restringido às pessoas autorizadas.

• Código: 115.090-1. Infração: 4. Tipo: S.

12. A informação sobre os riscos do benzeno à saúde deve ser permanente, colocando-se à disposição dos trabalhadores uma "Ficha de Informações de Segurança sobre Benzeno", sempre atualizada.

• Código: 115.091-0. Infração: 4. Tipo: S.

13. Será de responsabilidade dos fornecedores de benzeno, assim como dos fabricantes e fornecedores de produtos contendo benzeno, a rotulagem adequada, destacando a ação cancerígena do produto, de maneira facilmente compreensível pelos trabalhadores e usuários, incluindo obrigatoriamente instrução de uso, riscos à saúde e doenças relacionadas, medidas de controle adequadas, em cores contrastantes, de forma legível e visível.

14. Quando da ocorrência de situações de emergência, situação anormal que pode resultar em uma imprevista liberação de benzeno que possa exceder o VRT-MPT, devem ser adotados os seguintes procedimentos:

• Código: 115.092-8. Infração: 4. Tipo: S.

a) após a ocorrência de emergência, deve-se assegurar que a área envolvida tenha retornado à condição anterior através de monitorizações sistemáticas. O tipo de monitorização deverá ser avaliado dependendo da situação envolvida;

b) caso haja dúvidas das condições das áreas, deve-se realizar uma bateria padronizada de avaliação ambiental nos locais e dos grupos homogêneos de exposição envolvidos nestas áreas;

c) o registro da emergência deve ser feito segundo o roteiro que se segue:

– descrição da emergência – descrever as condições em que a emergência ocorreu indicando:

- atividade;
- local, data e hora da emergência;
- causas da emergência;
- planejamento feito para o retorno à situação normal;
- medidas para evitar reincidências;
- providências tomadas a respeito dos trabalhadores expostos.

15. Os dispositivos estabelecidos nos itens anteriores, decorrido o prazo para sua aplicação, são de autuação imediata, dispensando prévia notificação, enquadrando-se na Categoria "I-4", prevista na Norma Regulamentadora 28.

Anexo n. 14
Agentes Biológicos

•• Anexo 14 acrescentado pela Portaria n. 12, de 12-11-1979.

Relação das atividades que envolvem agentes biológicos, cuja insalubridade é caracterizada pela avaliação qualitativa:

Insalubridade de grau máximo

Trabalho ou operações, em contato permanente com:

– pacientes em isolamento por doenças infectocontagiosas, bem como objetos de seu uso, não previamente esterilizados;

– carnes, glândulas, vísceras, sangue, ossos, couros, pelos e dejeções de animais portadores de doenças infectocontagiosas (carbunculose, brucelose, tuberculose);

– esgotos (galerias e tanques); e

– lixo urbano (coleta e industrialização).

Insalubridade de grau médio

Trabalhos e operações em contato permanente com pacientes, animais ou com material infectocontagiante, em:

– hospitais, serviços de emergência, enfermarias, ambulatórios, postos de vacinação e outros estabelecimentos destinados aos cuidados da saúde humana (aplica-se unicamente ao pessoal que tenha contato com os pacientes, bem como aos que manuseiam objetos de uso desses pacientes, não previamente esterilizados);

– hospitais, ambulatórios, postos de vacinação e outros estabelecimentos destinados ao atendimento e trata-

mento de animais (aplica-se apenas ao pessoal que tenha contato com tais animais);
– contato em laboratórios, com animais destinados ao preparo de soro, vacinas e outros produtos;
– laboratórios de análise clínica e histopatologia (aplica-se tão só ao pessoal técnico);
– gabinetes de autópsias, de anatomia e histoanatomopatologia (aplica-se somente ao pessoal técnico);
– cemitérios (exumação de corpos);
– estábulos e cavalariças; e
– resíduos de animais deteriorados.

Graus de Insalubridade

Anexo	Atividades ou operações que exponham o trabalhador	Percentual
1	Níveis de ruído contínuo ou intermitente superiores aos limites de tolerância fixados no Quadro constante do Anexo 1 e no item 6 do mesmo Anexo.	20%
2	Níveis de ruído de impacto superiores aos limites de tolerância fixados nos itens 2 e 3 do Anexo 2.	20%
3	Exposição ao calor com valores de IBUTG, superiores aos limites de tolerância fixados nos Quadros 1 e 2	20%
4	(*Revogado pela Portaria n. 3.751, de 23-11-1990.*)	
5	Níveis de radiações ionizantes com radioatividade superior aos limites de tolerância fixados neste Anexo.	40%
6	Ar comprimido	40%
7	Radiações não ionizantes consideradas insalubres em decorrência de inspeção realizada no local de trabalho.	20%
8	Vibrações consideradas insalubres em decorrência de inspeção realizada no local de trabalho.	20%
9	Frio considerado insalubre em decorrência de inspeção realizada no local de trabalho.	20%
10	Umidade considerada insalubre em decorrência de inspeção realizada no local de trabalho.	20%
11	Agentes químicos cujas concentrações sejam superiores aos limites de tolerância fixados no Quadro 1.	10%, 20% e 40%
12	Poeiras minerais cujas concentrações sejam superiores aos limites de tolerância fixados neste Anexo.	40%
13	Atividades ou operações, envolvendo agentes químicos, consideradas insalubres em decorrência de inspeção realizada no local de trabalho.	10%, 20% e 40%
14	Agentes biológicos.	20% e 40%

NR 16

Atividades e Operações Perigosas ([1])

16.1. São consideradas atividades e operações perigosas as constantes dos Anexos desta Norma Regulamentadora – NR.

- Item com redação determinada pela Portaria n. 1.565, de 13-10-2014.

16.2. O exercício de trabalho em condições de periculosidade assegura ao trabalhador a percepção de adicional de 30% (trinta por cento), incidente sobre o salário, sem os acréscimos resultantes de gratificações, prêmios ou participação nos lucros da empresa.

- Código: 116.001-0. Infração: 1. Tipo: S.

16.2.1. O empregado poderá optar pelo adicional de insalubridade que porventura lhe seja devido.

16.3. É responsabilidade do empregador a caracterização ou a descaracterização da periculosidade, mediante laudo técnico elaborado por Médico do Trabalho ou Engenheiro de Segurança do Trabalho, nos termos do artigo 195 da CLT.

•• Item com redação determinada pela Portaria n. 1.565, de 13-10-2014.

16.4. O disposto no item 16.3 não prejudica a ação fiscalizadora do Ministério do Trabalho nem a realização *ex officio* da perícia.

16.5. Para os fins desta Norma Regulamentadora – NR são consideradas atividades ou operações perigosas as executadas com explosivos sujeitos a:

a) degradação química ou autocatalítica;

b) ação de agentes exteriores, tais como, calor, umidade, faíscas, fogo, fenômenos sísmicos, choque e atritos.

16.6. As operações de transporte de inflamáveis líquidos ou gasosos liquefeitos, em quaisquer vasilhames e a granel, são consideradas em condições de periculosidade, com exclusão para o transporte em pequenas quantidades, até o limite de 200 (duzentos) litros para os inflamáveis líquidos e 135 (cento e trinta e cinco) quilos para os inflamáveis gasosos liquefeitos.

16.6.1. As quantidades de inflamáveis, contidas nos tanques de consumo próprio dos veículos, não serão consideradas para efeito desta Norma.

16.6.1.1. Não se aplica o item 16.6 às quantidades de inflamáveis contidas nos tanques de combustível originais de fábrica e suplementares, certificados pelo órgão competente.

•• Item acrescentado pela Portaria n. 1.357, de 9-12-2019.

16.7. Para efeito desta Norma Regulamentadora considera-se líquido combustível todo aquele que possua ponto de fulgor maior que 60° C (sessenta graus Celsius) e menor ou igual a 93° C (noventa e três graus Celsius).

•• Item com redação determinada pela Portaria n. 312, de 23-3-2012.

16.8. Todas as áreas de risco previstas nesta NR devem ser delimitadas, sob responsabilidade do empregador.

•• Item acrescentado pela Portaria n. 25, de 29-12-1994.

- Código: 116.029-0. Infração: 3. Tipo S.

Anexo 1

Atividades e Operações Perigosas com Explosivos

•• Anexo 1 com redação determinada pela Portaria n. 2, de 2-2-1979.

1. São consideradas atividades ou operações perigosas as enumeradas no Quadro n. 1, seguinte:

Quadro n. 1

Atividades	Adicional de 30%
a) no armazenamento de explosivos	todos os trabalhadores nessa atividade ou que permaneçam na área de risco.
b) no transporte de explosivos	todos os trabalhadores nessa atividade.
c) na operação de escorva dos cartuchos de explosivos	todos os trabalhadores nessa atividade.
d) na operação de carregamento de explosivos	todos os trabalhadores nessa atividade.
e) na detonação	todos os trabalhadores nessa atividade.
f) na verificação de detonações falhadas	todos os trabalhadores nessa atividade.
g) na queima e destruição de explosivos deteriorados	todos os trabalhadores nessa atividade.
h) nas operações de manuseio de explosivos	todos os trabalhadores nessa atividade.

(1) NR aprovada pela Portaria n. 3.214, de 8-6-1978.
Vide arts. 193 a 197 e 405, I, da CLT.

2. O trabalhador, cuja atividade esteja enquadrada nas hipóteses acima discriminadas, faz jus ao adicional de 30% (trinta por cento) sobre o salário, sem os acréscimos resultantes de gratific ações, prêmios ou participações nos lucros da empresa, sendo-lhe ressalvado o direito de opção por adicional de insalubridade eventualmente devido.

3. São consideradas áreas de risco:

a) nos locais de armazenagem de pólvoras químicas, artifícios pirotécnicos e produtos químicos usados na fabricação de misturas explosivas ou de fogos de artifício, a área compreendida no Quadro n. 2:

Quadro n. 2

Quantidade Armazenada em Quilos	Faixa de Terreno até a Distância Máxima de
até 4.500	45 metros
mais de 4.500 até 45.000	90 metros
mais de 45.000 até 90.000	110 metros
mais de 90.000 até 225.000*	180 metros

* Quantidade máxima que não pode ser ultrapassada.

b) nos locais de armazenagem de explosivos iniciadores, a área compreendida no Quadro n. 3:

Quadro n. 3

Quantidade Armazenada em Quilos	Faixa de Terreno até a Distância Máxima de
até 20	75 metros
mais de 20 até 200	220 metros
mais de 200 até 900	300 metros
mais de 900 até 2.200	370 metros
mais de 2.200 até 4.500	460 metros
mais de 4.500 até 6.800	500 metros
mais de 6.800 até 9.000*	530 metros

* Quantidade máxima que não pode ser ultrapassada.

c) nos locais de armazenagem de explosivos de ruptura e pólvoras mecânicas (pólvora negra e pólvora chocolate ou parda), área de operação compreendida no Quadro n. 4:

Quadro n. 4

Quantidade em Quilos	Faixa de Terreno até a Distância Máxima de
até 23	45 metros
mais de 23 até 45	75 metros
mais de 45 até 90	110 metros
mais de 90 até 135	160 metros
mais de 135 até 180	200 metros
mais de 180 até 225	220 metros
mais de 225 até 270	250 metros
mais de 270 até 300	265 metros
mais de 300 até 360	280 metros
mais de 360 até 400	300 metros
mais de 400 até 450	310 metros
mais de 450 até 680	345 metros
mais de 680 até 900	365 metros
mais de 900 até 1.300	405 metros
mais de 1.300 até 1.800	435 metros
mais de 1.800 até 2.200	460 metros
mais de 2.200 até 2.700	480 metros
mais de 2.700 até 3.100	490 metros
mais de 3.100 até 3.600	510 metros
mais de 3.600 até 4.000	520 metros
mais de 4.000 até 4.500	530 metros
mais de 4.500 até 6.800	570 metros
mais de 6.800 até 9.000	620 metros
mais de 9.000 até 11.300	660 metros
mais de 11.300 até 13.600	700 metros
mais de 13.600 até 18.100	780 metros
mais de 18.100 até 22.600	860 metros
mais de 22.600 até 34.000	1.000 metros
mais de 34.000 até 45.300	1.100 metros
mais de 45.300 até 68.000	1.150 metros
mais de 68.000 até 90.700	1.250 metros
mais de 90.700 até 113.300	1.350 metros

d) quando se tratar de depósitos barricados ou entrincheirados, para o efeito da delimitação de área de risco, as distâncias previstas no Quadro n. 4 podem ser reduzidas à metade;

e) será obrigatória a existência física de delimitação da área de risco, assim entendido qualquer obstáculo que impeça o ingresso de pessoas não autorizadas.

Anexo 2

Atividades e operações perigosas com inflamáveis

1. São consideradas atividades ou operações perigosas, conferindo aos trabalhadores que se dedicam a essas atividades ou operações, bem como aqueles que operam na área de risco adicional de 30% (trinta por cento), as realizadas:

a) na produção, transporte, processamento e armazenamento de gás liquefeito	todos os trabalhadores nessas atividades ou que operam na área de risco.
b) no transporte e armazenagem de inflamáveis líquidos e gasosos liquefeitos e de vasilhames vazios não desgaseificados ou decantados	todos os trabalhadores da área de operação.
c) nos postos de reabastecimento de aeronaves	todos os trabalhadores da área de operação.
d) nos locais de carregamento de navios-tanques, vagões-tanques e caminhões--tanques e enchimento de vasilhames, com inflamáveis líquidos ou gasosos liquefeitos	todos os trabalhadores nessas atividades ou que operam na área de risco.
e) nos locais de descarga de navios-tanques, vagões-tanques e caminhões--tanques com inflamáveis líquidos ou gasosos liquefeitos ou de vasilhames vazios não desgaseificados ou decantados	todos os trabalhadores nessas atividades ou que operam na área de risco.
f) nos serviços de operações e manutenção de navios-tanque, vagões-tanques, caminhões-tanques, bombas e vasilhames, com inflamáveis líquidos ou gasosos liquefeitos, ou vazios não desgaseificados ou decantados	todos os trabalhadores nessas atividades ou que operam na área de risco.
g) nas operações de desgaseificação, decantação e reparos de vasilhames não desgaseificados ou decantados	todos os trabalhadores nessas atividades ou que operam na área de risco.
h) nas operações de testes de aparelhos de consumo do gás e seus equipamentos	todos os trabalhadores nessas atividades ou que operam na área de risco.
i) no transporte de inflamáveis líquidos e gasosos liquefeitos em caminhão-tanque	motorista e ajudantes.
j) no transporte de vasilhames (em caminhões de carga), contendo inflamável líquido, em quantidade total igual ou superior a 200 litros, quando não observado o disposto nos subitens 4.1 e 4.2 deste anexo •• Alínea *j* com redação determinada pela Portaria n. 545, de 10-7-2000.	motorista e ajudantes.
l) no transporte de vasilhames (em carreta ou caminhão de carga), contendo inflamável gasoso e líquido, em quantidade total igual ou superior a 135 quilos	motorista e ajudantes.
m) na operação em postos de serviço e bombas de abastecimento de inflamáveis líquidos	operador de bomba e trabalhadores que operam na área de risco.

2. Para os efeitos desta Norma Regulamentadora – NR entende-se como:

I – Serviços de operação e manutenção de embarcações, vagões-tanques, caminhões-tanques, bombas e vasilhames de inflamáveis:

a) atividades de inspeção, calibração, medição, contagem de estoque e colheita de amostra em tanques ou quaisquer vasilhames cheios;

b) serviços de vigilância, de arrumação de vasilhames vazios não desgaseificados, de bombas propulsoras em recintos fechados e de superintendência;

c) atividades de manutenção, reparos, lavagem, pintura de embarcações, tanques, viaturas de abastecimento e de quaisquer vasilhames cheios de inflamáveis ou vazios, não desgaseificados;

d) atividades de desgaseificação e lavagem de embarcações, tanques, viaturas, bombas de abastecimento ou quaisquer vasilhames que tenham contido inflamáveis líquidos;

e) quaisquer outras atividades de manutenção ou operação, tais como: serviço de almoxarifado, de escritório, de laboratório de inspeção de segurança, de conferência de estoque, de ambulatório médico, de engenharia, de oficinas em geral, de caldeiras, de mecânica, de eletricidade, de soldagem, de enchimento, fechamento e arrumação de quaisquer vasilhames com substâncias consideradas inflamáveis, desde que essas atividades sejam executadas dentro de áreas consideradas perigosas, *ad referendum* do Ministério do Trabalho.

II – Serviços de operação e manutenção de embarcações, vagões-tanques, caminhões-tanques e vasilhames de inflamáveis gasosos liquefeitos:

a) atividades de inspeção nos pontos de vazamento eventual no sistema de depósito de distribuição e de medição de tanques pelos processos de escapamento direto;

b) serviços de superintendência;

c) atividades de manutenção das instalações da frota de caminhões-tanques, executadas dentro da área e em torno dos pontos de escapamento normais ou eventuais;

d) atividades de decantação, desgaseificação, lavagem, reparos, pinturas e areação de tanques, cilindros e botijões cheios de GLP;

e) quaisquer outras atividades de manutenção ou operações, executadas dentro das áreas consideradas perigosas pelo Ministério do Trabalho.

III – Armazenagem de inflamáveis líquidos, em tanques ou vasilhames:

a) quaisquer atividades executadas dentro da bacia de segurança dos tanques;

b) arrumação de tambores ou latas ou quaisquer outras atividades executadas dentro do prédio de armazenamento de inflamáveis ou em recintos abertos e com vasilhames cheios de inflamáveis ou não desgaseificados ou decantados.

IV – Armazenagem de inflamáveis gasosos liquefeitos, em tanques ou vasilhames:

a) arrumação de vasilhames ou quaisquer outras atividades executadas dentro do prédio de armazenamento de inflamáveis ou em recintos abertos e com vasilhames cheios de inflamáveis ou vazios não desgaseificados ou decantados.

V – Operações em postos de serviço e bombas de abastecimento de inflamáveis líquidos:

a) atividades ligadas diretamente ao abastecimento de viaturas com motor de explosão.

VI – Outras atividades, tais como: manutenção, lubrificação, lavagem de viaturas, mecânica, eletricidade, escritório de vendas e gerência, *ad referendum* do Ministério do Trabalho.

VII – Enchimento de quaisquer vasilhames (tambores, latas), com inflamáveis líquidos:

a) atividades de enchimento, fechamento e arrumação de latas ou caixas com latas.

VIII – Enchimento de quaisquer vasilhames (cilindros, botijões) com inflamáveis gasosos liquefeitos:

a) atividades de enchimento, pesagem, inspeção, estiva e arrumação de cilindros ou botijões cheios de GLP;

b) outras atividades executadas dentro da área considerada perigosa, *ad referendum* do Ministério do Trabalho.

3. São consideradas áreas de risco:

Atividades	Área de Risco
a) Poços de petróleo em produção de gás.	Círculo com raio de 30 metros, no mínimo, com centro na boca do poço.
b) Unidade de processamento das refinarias.	Faixa de 30 metros de largura, no mínimo, contornando a área de operação.
c) Outros locais de refinaria onde se realizam operações com inflamáveis em estado de volatilização ou possibilidade de volatilização decorrente de falha ou defeito dos sistemas de segurança e fechamento das válvulas.	Faixa de 15 metros de largura, no mínimo, contornando a área de operação.
d) Tanques de inflamáveis líquidos.	Toda a bacia de segurança.
e) Tanques elevados de inflamáveis gasosos.	Círculo com raio de 3 metros com centro nos pontos de vazamento eventual (válvulas, registros, dispositivos de medição por escapamento, gaxetas).
f) Carga e descarga de inflamáveis líquidos contidos em navios, chatas e batelões.	Afastamento de 15 metros da beira do cais, durante a operação, com extensão correspondente ao comprimento da embarcação.
g) Abastecimento de aeronaves.	Toda a área de operação.
h) Enchimento de vagões-tanques e caminhões--tanques com inflamáveis líquidos.	Círculo com raio de 15 metros com centro nas bocas de enchimento dos tanques.
i) Enchimento de vagões-tanques e caminhões--tanques inflamáveis gasosos liquefeitos.	Círculo com 7,5 metros com centro nos pontos de vazamento eventual (válvula e registros).
j) Enchimento de vasilhames com inflamáveis gasosos liquefeitos.	Círculos com raio de 15 metros com centro nos bicos de enchimento.
l) Enchimento de vasilhames com inflamáveis líquidos, em locais abertos.	Círculo com raio de 7,5 metros com centro nos bicos de enchimento.
m) Enchimento de vasilhames com inflamáveis líquidos, em recinto fechado.	Toda a área interna do recinto.
n) Manutenção de viaturas-tanques, bombas e vasilhames que continham inflamável líquido.	Local de operação, acrescido de faixa de 7,5 metros de largura em torno dos seus pontos externos.
o) Desgaseificação, decantação e reparos de vasilhames não desgaseificados ou decantados, utilizados no transporte de inflamáveis.	Local da operação, acrescido de faixa de 7,5 metros de largura em torno dos seus pontos externos.
p) Testes em aparelhos de consumo de gás e seus equipamentos.	Local da operação, acrescido de faixa de 7,5 metros de largura em torno dos seus pontos extremos.

Atividades	Área de Risco
q) Abastecimento de inflamáveis.	Toda a área de operação, abrangendo, no mínimo, círculo com raio de 7,5 metros com centro no ponto de abastecimento e o círculo com raio de 7,5 metros com centro na bomba de abastecimento da viatura e faixa de 7,5 metros de largura para ambos os lados da máquina.
r) Armazenamento de vasilhames que contenham inflamáveis líquidos ou vazios não desgaseificados ou decantados, em locais abertos.	Faixa de 3 metros de largura em torno dos seus pontos externos.
s) Armazenamento de vasilhames que contenham inflamáveis líquidos ou vazios não desgaseificados, ou decantados, em recinto fechado.	Toda a área interna do recinto.
t) Carga e descarga de vasilhames contendo inflamáveis líquidos ou vasilhames vazios não desgaseificados ou decantados, transportados por navios, chatas ou batelões.	Afastamento de 3 metros da beira do cais, durante a operação, com extensão correspondente ao comprimento da embarcação.

4. Não caracterizam periculosidade, para fins de percepção de adicional:

•• Item acrescentado pela Portaria n. 545, de 10-7-2000.

4.1. o manuseio, a armazenagem e o transporte de líquidos inflamáveis em embalagens certificadas, simples, compostas ou combinadas, desde que obedecidos os limites consignados no Quadro I abaixo, independentemente do número total de embalagens manuseadas, armazenadas ou transportadas, sempre que obedecidas as Normas Regulamentadoras expedidas pelo Ministério do Trabalho e Emprego, a Norma NBR 11564/91 e a legislação sobre produtos perigosos relativa aos meios de transporte utilizados;

•• Item acrescentado pela Portaria n. 545, de 10-7-2000.

4.2. o manuseio, a armazenagem e o transporte de recipientes de até cinco litros, lacrados na fabricação, contendo líquidos inflamáveis, independentemente do número total de recipientes manuseados, armazenados ou transportados, sempre que obedecidas as Normas Regulamentadoras expedidas pelo Ministério do Trabalho e Emprego e a legislação sobre produtos perigosos relativa aos meios de transporte utilizados.

•• Item acrescentado pela Portaria n. 545, de 10-7-2000.

Quadro I

•• Quadro I acrescentado pela Portaria n. 545, de 10-7-2000.

Capacidade máxima para embalagens de líquidos inflamáveis				
Embalagem combinada				
Embalagem interna	**Embalagem externa**	**Grupo de embalagens* I**	**Grupo de embalagens* II**	**Grupo de embalagens*III**
Recipiente de **Vidro** com mais de 5 e até 10 litros; **Plástico** com mais de 5 e até 30 litros; **Metal** com mais de 5 e até 40 litros	**Tambores de:**			
	Metal	250 kg	400 kg	400 kg
	Plástico	250 kg	400 kg	400 kg
	Madeira compensada	150 kg	400 kg	400 kg
	Fibra	75 kg	400 kg	400 kg
	Caixas			
	Aço ou alumínio	250 kg	400 kg	400 kg
	Madeira natural ou compensada	150 kg	400 kg	400 kg
	Madeira aglomerada	75 kg	400 kg	400 kg
	Papelão	75 kg	400 kg	400 kg
	Plástico flexível	60 kg	60 kg	60 kg
	Plástico rígido	150 kg	400 kg	400 kg
	Bombonas			
	Aço ou alumínio	120 kg	120 kg	120 kg
	Plástico	120 kg	120 kg	120 kg

Embalagens Simples			
	Grupo de embalagens* I	Grupo de embalagens* II	Grupo de embalagens* III
Tambores		450 L	450 L
Aço, tampa não removível	250 L		
Aço, tampa removível	250 L**		
Alumínio, tampa não removível	250 L		
Alumínio, tampa removível	250 L**		
Outros metais, tampa não removível	250 L		
Outros metais, tampa removível	250 L**		
Plástico, tampa não removível	250 L**		
Plástico, tampa removível	250 L**		
Bombonas		60 L	60 L
Aço, tampa não removível	60 L		
Aço, tampa removível	60 L**		
Alumínio, tampa não removível	60 L		
Alumínio, tampa removível	60 L**		
Outros metais, tampa não removível	60 L		
Outros metais, tampa removível	60 L**		
Plástico, tampa não removível	60 L		
Plástico, tampa removível	60 L**		

Embalagens Compostas			
	Grupo de embalagens* I	Grupo de embalagens* II	Grupo de embalagens* III
Plástico com tambor externo de aço ou alumínio Plástico com tambor externo de fibra, plástico ou compensado	250 L	250 L	250 L
Plástico com engradado ou caixa externa de aço ou alumínio ou madeira externa ou caixa externa de compensado ou de cartão ou de plástico rígido	120 L	250 L	250 L
Vidro com tambor externo de aço, alumínio, fibra, compensado, plástico flexível ou em caixa de aço, alumínio, madeira, papelão ou compensado	60 L	60 L	60 L

* Conforme definições NBR 11564 – ABNT.

** Somente para substâncias com viscosidade maior que 200 mm²/seg.

Glossário

•• Glossário com redação determinada pela Portaria n. 26, de 2-8-2000.

Bombonas: elementos de metal ou plástico, com seção retangular ou poligonal.

Caixas: elementos com faces retangulares ou poligonais, feitas de metal, madeira, papelão, plástico flexível, plástico rígido ou outros materiais compatíveis.

Embalagens ou embalagens simples: recipientes ou quaisquer outros componentes ou materiais necessários para embalar, com a função de conter e proteger líquidos inflamáveis.

Embalagens combinadas: uma combinação de embalagens, consistindo em uma ou mais embalagens internas acondicionadas numa embalagem externa.

Embalagens compostas: consistem em uma embalagem externa e um recipiente interno, construídos de tal forma que o recipiente interno e a embalagem externa formam uma unidade que permanece integrada, que se enche, manuseia, armazena, transporta e esvazia como tal.

Embalagens certificadas: são aquelas aprovadas nos ensaios e padrões de desempenho fixados para embalagens, da NBR 11564/91.

Embalagens externas: são a proteção exterior de uma embalagem composta ou combinada, juntamente com quaisquer outros componentes necessários para conter e proteger recipientes ou embalagens.

Embalagens internas: são as que, para serem manuseadas, armazenadas ou transportadas, necessitam de uma embalagem externa.

Grupo de embalagens: os líquidos inflamáveis classificam-se para fins de embalagens segundo 3 grupos, conforme o nível de risco:

– Grupo de embalagens I – alto risco
– Grupo de embalagens II – risco médio
– Grupo de embalagens III – baixo risco

Para efeito de classificação de Grupo de Embalagens, segundo o risco, adotar-se-á a classificação descrita na tabela do item 4 – Relação de Produtos Perigosos, da Portaria n. 204, de 20 de maio de 1997, do Ministério dos Transportes.

Lacrados: fechados, no processo de envazamento, de maneira estanque para que não venham a apresentar vazamentos nas condições normais de manuseio, armazenamento ou transporte, assim como decorrentes de variações de temperatura, umidade ou pressão ou sob os efeitos de choques e vibrações.

Líquidos inflamáveis: para os efeitos do adicional de periculosidade estão definidos na NR 20 – Portaria n. 3.214/78.

Recipientes: elementos de contenção, com quaisquer meios de fechamento, destinados a receber e conter líquidos inflamáveis. Exemplos: latas, garrafas etc.

Tambores: elementos cilíndricos de fundo plano ou convexo, feitos de metal, plástico, madeira, fibra ou outros materiais adequados. Esta definição inclui, também, outros formatos, excluídas bombonas. Por exemplo: redondo de bocal cintado ou em formato de balde.

Anexo
Atividades e Operações Perigosas com Radiações Ionizantes ou Substâncias Radioativas

•• Anexo com redação determinada pela Portaria n. 518, de 4-4-2003.

Atividades	Áreas de risco
1. Produção, utilização, processamento, transporte, guarda, estocagem, e manuseio de materiais radioativos, selados e não selados, de estado físico e forma química quaisquer, naturais ou artificiais, incluindo:	Minas e depósitos de materiais radioativos Plantas-piloto e usinas de beneficiamento de minerais radioativos. Outras áreas sujeitas a risco potencial devido às radiações ionizantes.
1.1. Prospecção, mineração, operação, beneficiamento e processamento de minerais radioativos.	Lixiviação de minerais radioativos para a produção de concentrados de urânio e tório. Purificação de concentrados e conversão em outras formas para uso como combustível nuclear.
1.2. Produção, transformação e tratamento de materiais nucleares para o ciclo do combustível nuclear.	Produção de fluoretos de urânio para a produção de hexafluoreto e urânio metálico. Instalações para enriquecimento isotópico e reconversão. Fabricação do elemento combustível nuclear. Instalações para armazenamento dos elementos combustíveis usados. Instalações para o retratamento do combustível irradiado. Instalações para o tratamento e deposições, provisórias e finais, dos rejeitos radioativos naturais e artificiais.
1.3. Produção de radioisótopos para uso em medicina, agricultura agropecuária, pesquisa científica e tecnológica.	Laboratórios para a produção de radioisótopos e moléculas marcadas.
1.4. Produção de Fontes Radioativas.	Instalações para tratamento do material radioativo e confecção de fontes. Laboratórios de testes, ensaios e calibração de fontes, detectores e monitores de radiação, com fontes radioativas.
1.5. Testes, ensaios e calibração de detectores e monitores de radiação com fontes de radiação.	Laboratórios de ensaios para materiais radioativos. Laboratórios de radioquímica.

Atividades	Áreas de risco
1.6. Descontaminação de superfícies, instrumentos, máquinas, ferramentas, utensílios de laboratório, vestimentas e de quaisquer outras áreas ou bens duráveis contaminados com material radioativo.	Laboratórios para descontaminação de peças e materiais radioativos. Coleta de rejeitos radioativos em instalações, prédios e em áreas abertas. Lavanderia para roupas contaminadas. Transporte de materiais e rejeitos radioativos, condicionamento, estocagens e sua deposição.
1.7. Separação isotópica e processamento radioquímico.	Instalações para tratamento, condicionamento, contenção, estabilização, estocagem e deposição de rejeitos radioativos. Instalações para retenção de rejeitos radioativos.
1.8. Manuseio, condicionamento, liberação, monitoração, estabilização, inspeção, retenção e deposição de rejeitos radioativos.	Sítio de rejeitos. Instalações para estocagem de produtos radioativos para posterior aproveitamento.
2. Atividades de operação e manutenção de reatores nucleares, incluindo:	Edifícios de reatores. Edifícios de estocagem de combustível.
2.1. Montagem, instalação, substituição e inspeção de elementos combustíveis.	Instalações de tratamento e estocagem de rejeitos radioativos.
2.2. Manutenção de componentes integrantes do reator e dos sistemas hidráulicos, mecânicos e elétricos, irradiados, contaminados ou situados em áreas de radiação.	Instalações para tratamento de água de reatores e separação e contenção de produtos radioativos. Salas de operação de reatores. Salas de amostragem de efluentes radioativos.
2.3. Manuseio de amostras irradiadas.	Laboratórios de medidas de radiação.
2.4. Experimentos utilizando canais de irradiação.	Outras áreas sujeitas a risco potencial às radiações ionizantes passíveis de serem atingidas por dispersão de produtos voláteis.
2.5. Medição de radiação, levantamento de dados radiológicos e nucleares, ensaios, testes, inspeções, fiscalização e supervisão de trabalhos técnicos.	Laboratórios semiquentes e quentes. Minas de urânio e tório. Depósitos de minerais radioativos e produtos do tratamento de minerais radioativos.
2.6. Segregação, manuseio, tratamento, acondicionamento e armazenamento de rejeitos radioativos.	Coletas de materiais e peças radioativas, materiais contaminados com radioisótopos e águas radioativas.
3. Atividades de operação e manutenção de aceleradores de partículas, incluindo:	Áreas de irradiação de alvos.
3.1. Montagem, instalação, substituição e manutenção de componentes irradiados ou contaminados.	Oficinas de manutenção de componentes irradiados ou contaminados. Salas de operação de aceleradores.
3.2. Processamento de alvos irradiados.	Laboratórios para tratamento de alvos irradiados e separação de radioisótopos.
3.3. Experimentos com feixes de partículas.	Laboratórios de testes com radiação e medidas nucleares.
3.4. Medição de radiação, levantamento de dados radiológicos e nucleares, testes, inspeções e supervisão de trabalhos técnicos.	Áreas de tratamento e estocagem de rejeitos radioativos.
3.5. Segregação, manuseio, tratamento, acondicionamento e armazenamento de rejeitos radioativos.	Laboratórios de processamento de alvos irradiados.
4. Atividades de operação com aparelhos de raios-X, com irradiadores de radiação gama, radiação beta ou radiação de nêutrons, incluindo:	Salas de irradiação e de operação de aparelhos de raios-X e de irradiadores gama, beta ou nêutrons.
4.1. Diagnóstico médico e odontológico.	Laboratórios de testes, ensaios e calibração com as fontes de radiação descritas.
4.2. Radioterapia.	
4.3. Radiografia industrial, gamagrafia e neutronradiografia	Manuseio de fontes.

Atividades	Áreas de risco
4.4. Análise de materiais por difratometria.	Manuseio do equipamento.
4.5. Testes, ensaios e calibração de detectores e monitores de radiação.	Manuseio de fontes e amostras radioativas.
4.6. Irradiação de alimentos.	Manuseio de fontes e instalações para a irradiação de alimentos.
4.7. Esterilização de instrumentos médico-hospitalares.	Manuseio de fontes e instalações para a operação.
4.8. Irradiação de espécimes minerais e biológicos.	Manuseio de amostras irradiadas.
4.9. Medição de radiação, levantamento de dados radiológicos, ensaios, testes, inspeções, fiscalização de trabalhos técnicos.	Laboratórios de ensaios e calibração de fontes e materiais radioativos.
5. Atividades de medicina nuclear.	Salas de diagnóstico e terapia com medicina nuclear.
5.1. Manuseio e aplicação de radioisótopos para diagnóstico médico e terapia.	Enfermaria de pacientes, sob treinamento com radioisótopos. Enfermaria de pacientes contaminados com radioisótopos em observação e sob tratamento de descontaminação.
5.2. Manuseio de fontes seladas para aplicação em braquiterapia.	Área de tratamento e estocagem de rejeitos radioativos.
5.3. Obtenção de dados biológicos de pacientes com radioisótopos incorporados.	Manuseio de materiais biológicos contendo radioisótopos ou moléculas marcadas.
5.4. Segregação, manuseio, tratamento, acondicionamento e estocagem de rejeitos radioativos.	Laboratórios para descontaminação e coleta de rejeitos radioativos.
6. Descomissionamento de instalações nucleares e radioativas, que inclui:	Áreas de instalações nucleares e radioativas contaminadas e com rejeitos.
6.1. Todas as descontaminações radioativas inerentes.	Depósitos provisórios e definitivos de rejeitos radioativos.
6.2. Gerenciamento dos rejeitos radioativos existentes, ou sejam: tratamento e acondicionamento dos rejeitos líquidos, sólidos, gasosos e aerossóis; transporte e deposição dos mesmos.	Instalações para contenção de rejeitos radioativos. Instalações para asfaltamento de rejeitos radioativos. Instalações para cimentação de rejeitos radioativos.
7. Descomissionamento de minas, moinhos e usinas de tratamento de minerais radioativos.	Tratamento de rejeitos minerais. Repositório de rejeitos naturais (bacia de contenção de rádio e outros radioisótopos). Deposição de gangas e rejeitos de mineração.

Nota Explicativa:

•• Nota explicativa acrescentada pela Portaria n. 595, de 7-5-2015.

1. Não são consideradas perigosas, para efeito deste anexo, as atividades desenvolvidas em áreas que utilizam equipamentos móveis de Raios X para diagnóstico médico.

2. Áreas tais como emergências, centro de tratamento intensivo, sala de recuperação e leitos de internação não são classificadas como salas de irradiação em razão do uso do equipamento móvel de Raios X.

Anexo 3
Atividades e Operações Perigosas com Exposição a Roubos ou Outras Espécies de Violência Física nas Atividades Profissionais de Segurança Pessoal ou Patrimonial

•• Anexo 3 acrescentado pela Portaria n. 1.885, de 2-12-2013.

1. As atividades ou operações que impliquem em exposição dos profissionais de segurança pessoal ou patrimonial a roubos ou outras espécies de violência física são consideradas perigosas.

2. São considerados profissionais de segurança pessoal ou patrimonial os trabalhadores que atendam a uma das seguintes condições:

a) empregados das empresas prestadoras de serviço nas atividades de segurança privada ou que integrem serviço orgânico de segurança privada, devidamente registradas e autorizadas pelo Ministério da Justiça, conforme Lei n. 7.102/1983 e suas alterações posteriores.

b) empregados que exercem a atividade de segurança patrimonial ou pessoal em instalações metroviárias, ferroviárias, portuárias, rodoviárias, aeroportuárias e de bens públicos, contratados diretamente pela administração pública direta ou indireta.

3. As atividades ou operações que expõem os empregados a roubos ou outras espécies de violência física, desde que atendida uma das condições do item 2, são as constantes do quadro abaixo:

Atividades ou operações	Descrição
Vigilância patrimonial	Segurança patrimonial e/ou pessoal na preservação do patrimônio em estabelecimentos públicos ou privados e da incolumidade física de pessoas.
Segurança de eventos	Segurança patrimonial e/ou pessoal em espaços públicos ou privados, de uso comum do povo.
Segurança nos transportes coletivos	Segurança patrimonial e/ou pessoal nos transportes coletivos e em suas respectivas instalações.
Segurança ambiental e florestal	Segurança patrimonial e/ou pessoal em áreas de conservação de fauna, flora natural e de reflorestamento.
Transporte de valores	Segurança na execução do serviço de transporte de valores.
Escolta armada	Segurança no acompanhamento de qualquer tipo de carga ou de valores.
Segurança pessoal	Acompanhamento e proteção da integridade física de pessoa ou de grupos.
Supervisão/fiscalização Operacional	Supervisão e/ou fiscalização direta dos locais de trabalho para acompanhamento e orientação dos vigilantes.
Telemonitoramento/telecontrole	Execução de controle e/ou monitoramento de locais, através de sistemas eletrônicos de segurança.

Anexo 4
Atividades e Operações Perigosas com Energia Elétrica

•• Anexo 4 acrescentado pela Portaria n. 1.078, de 16-7-2014.

1. Têm direito ao adicional de periculosidade os trabalhadores:

a) que executam atividades ou operações em instalações ou equipamentos elétricos energizados em alta tensão;

b) que realizam atividades ou operações com trabalho em proximidade, conforme estabelece a NR-10;

c) que realizam atividades ou operações em instalações ou equipamentos elétricos energizados em baixa tensão no sistema elétrico de consumo – SEC, no caso de descumprimento do item 10.2.8 e seus subitens da NR10 – Segurança em Instalações e Serviços em Eletricidade;

d) das empresas que operam em instalações ou equipamentos integrantes do sistema elétrico de potência – SEP, bem como suas contratadas, em conformidade com as atividades e respectivas áreas de risco descritas no quadro I deste anexo.

2. Não é devido o pagamento do adicional nas seguintes situações:

a) nas atividades ou operações no sistema elétrico de consumo em instalações ou equipamentos elétricos desenergizados e liberados para o trabalho, sem possibilidade de energização acidental, conforme estabelece a NR-10;

b) nas atividades ou operações em instalações ou equipamentos elétricos alimentados por extrabaixa tensão;

c) nas atividades ou operações elementares realizadas em baixa tensão, tais como o uso de equipamentos elétricos energizados e os procedimentos de ligar e desligar circuitos elétricos, desde que os materiais e equipamentos elétricos estejam em conformidade com as normas técnicas oficiais estabelecidas pelos órgãos competentes e, na ausência ou omissão destas, as normas internacionais cabíveis.

3. O trabalho intermitente é equiparado à exposição permanente para fins de pagamento integral do adicional de periculosidade nos meses em que houver exposição, excluída a exposição eventual, assim considerado o caso fortuito ou que não faça parte da rotina.

4. Das atividades no sistema elétrico de potência – SEP.

4.1. Para os efeitos deste anexo entende-se como atividades de construção, operação e manutenção de redes de linhas aéreas ou subterrâneas de alta e baixa tensão integrantes do SEP:

a) Montagem, instalação, substituição, conservação, reparos, ensaios e testes de: verificação, inspeção, levantamento, supervisão e fiscalização; fusíveis, condutores, para-raios, postes, torres, chaves, muflas, isoladores, transformadores, capacitores, medidores, reguladores de tensão, religadores, seccionalizadores, carrier (onda portadora via de transmissão), cruzetas, relé e braço de iluminação pública, aparelho de medição gráfica, bases de concreto ou alvenaria de torres, postes e estrutura de sustentação de redes e linhas aéreas e demais componentes das redes aéreas;

b) Corte e poda de árvores;

c) Ligações e cortes de consumidores;

d) Manobras aéreas e subterrâneas de redes e linhas;

e) Manobras em subestação;

f) Testes de curto em linhas de transmissão;

g) Manutenção de fontes de alimentação de sistemas de comunicação;

h) Leitura em consumidores de alta tensão;

i) Aferição em equipamentos de medição;

j) Medidas de resistências, lançamento e instalação de cabo contrapeso;

k) Medidas de campo eletromagnético, rádio, interferência e correntes induzidas;

l) Testes elétricos em instalações de terceiros em faixas de linhas de transmissão (oleodutos, gasodutos etc.);

m) Pintura de estruturas e equipamentos;

n) Verificação, inspeção, inclusive aérea, fiscalização, levantamento de dados e supervisão de serviços técnicos;

o) Montagem, instalação, substituição, manutenção e reparos de: barramentos, transformadores, disjuntores, chaves e seccionadoras, condensadores, chaves a óleo, transformadores para instrumentos, cabos subterrâneos e subaquáticos, painéis, circuitos elétricos, contatos, muflas e isoladores e demais componentes de redes subterrâneas;

p) Construção civil, instalação, substituição e limpeza de: valas, bancos de dutos, dutos, condutos, canaletas, galerias, túneis, caixas ou poços de inspeção, câmaras;

q) Medição, verificação, ensaios, testes, inspeção, fiscalização, levantamento de dados e supervisões de serviços técnicos.

4.2. Para os efeitos deste anexo entende-se como atividades de construção, operação e manutenção nas usinas, unidades geradoras, subestações e cabinas de distribuição em operações, integrantes do SEP:

a) Montagem, desmontagem, operação e conservação de: medidores, relés, chaves, disjuntores e religadoras, caixas de controle, cabos de força, cabos de controle, barramentos, baterias e carregadores, transformadores, sistemas anti-incêndio e de resfriamento, bancos de capacitores, reatores, reguladores, equipamentos eletrônicos, eletromecânico e eletroeletrônicos, painéis, para-raios, áreas de circulação, estruturas-suporte e demais instalações e equipamentos elétricos;

b) Construção de: valas de dutos, canaletas, bases de equipamentos, estruturas, condutos e demais instalações;

c) Serviços de limpeza, pintura e sinalização de instalações e equipamentos elétricos;

d) Ensaios, testes, medições, supervisão, fiscalizações e levantamentos de circuitos e equipamentos elétricos, eletrônicos de telecomunicações e telecontrole.

Quadro I

Atividades	Áreas de risco
I. Atividades, constantes no item 4.1, de construção, operação e manutenção de redes de linhas aéreas ou subterrâneas de alta e baixa tensão integrantes do SEP, energizados ou desenergizados, mas com possibilidade de energização acidental ou por falha operacional.	a) Estruturas, condutores e equipamentos de linhas aéreas de transmissão, subtransmissão e distribuição, incluindo plataformas e cestos aéreos usados para execução dos trabalhos; b) Pátio e salas de operação de subestações; c) Cabines de distribuição; d) Estruturas, condutores e equipamentos de redes de tração elétrica, incluindo escadas, plataformas e cestos aéreos usados para execução dos trabalhos; e) Valas, bancos de dutos, canaletas, condutores, recintos internos de caixas, poços de inspeção, câmaras, galerias, túneis, estruturas terminais e aéreas de superfície correspondentes; f) Áreas submersas em rios, lagos e mares.
II. Atividades, constantes no item 4.2, de construção, operação e manutenção nas usinas, unidades geradoras, subestações e cabinas de distribuição em operações, integrantes do SEP, energizados ou desenergizados, mas com possibilidade de energização acidental ou por falha operacional.	a) Pontos de medição e cabinas de distribuição, inclusive de consumidores; b) Salas de controles, casa de máquinas, barragens de usinas e unidades geradoras; c) Pátios e salas de operações de subestações, inclusive consumidoras.
III. Atividades de inspeção, testes, ensaios, calibração, medição e reparos em equipamentos e materiais elétricos, eletrônicos, eletromecânicos e de segurança individual e coletiva em sistemas elétricos de potência de alta e baixa tensão.	a) Áreas das oficinas e laboratórios de testes e manutenção elétrica, eletrônica e eletromecânica onde são executados testes, ensaios, calibração e reparos de equipamentos energizados ou passíveis de energização acidental; b) Sala de controle e casas de máquinas de usinas e unidades geradoras; c) Pátios e salas de operação de subestações, inclusive consumidoras; d) Salas de ensaios elétricos de alta tensão; e) Sala de controle dos centros de operações.

Atividades	Áreas de risco
IV. Atividades de treinamento em equipamentos ou instalações integrantes do SEP, energizadas ou desenergizadas, mas com possibilidade de energização acidental ou por falha operacional.	a) Todas as áreas descritas nos itens anteriores.

Anexo 5
Atividades Perigosas em Motocicleta

•• Anexo 5 acrescentado pela Portaria n. 1.565, de 13-10-2014.

1. As atividades laborais com utilização de motocicleta ou motoneta no deslocamento de trabalhador em vias públicas são consideradas perigosas.

2. Não são consideradas perigosas, para efeito deste anexo:

a) a utilização de motocicleta ou motoneta exclusivamente no percurso da residência para o local de trabalho ou deste para aquela;

b) as atividades em veículos que não necessitem de emplacamento ou que não exijam carteira nacional de habilitação para conduzi-los;

c) as atividades em motocicleta ou motoneta em locais privados;

d) as atividades com uso de motocicleta ou motoneta de forma eventual, assim considerado o fortuito, ou o que, sendo habitual, dá-se por tempo extremamente reduzido.

NR 17
Ergonomia (1)

SUMÁRIO

17.1. Objetivo

17.1.1. Esta Norma Regulamentadora – NR visa estabelecer as diretrizes e os requisitos que permitam a adaptação das condições de trabalho às características psicofisiológicas dos trabalhadores, de modo a proporcionar conforto, segurança, saúde e desempenho eficiente no trabalho.

17.1.1.1. As condições de trabalho incluem aspectos relacionados ao levantamento, transporte e descarga de materiais, ao mobiliário dos postos de trabalho, ao trabalho com máquinas, equipamentos e ferramentas manuais, às condições de conforto no ambiente de trabalho e à própria organização do trabalho.

17.2. Campo de aplicação

17.2.1. Esta Norma se aplica a todas as situações de trabalho, relacionadas às condições previstas no subitem 17.1.1.1, das organizações e dos órgãos públicos da administração direta e indireta, bem como dos órgãos dos Poderes Legislativo, Judiciário e Ministério Público, que possuam empregados regidos pela Consolidação das Leis do Trabalho – CLT.

17.2.2. Nos termos previstos em lei, aplica-se o disposto nesta NR a outras relações jurídicas.

17.3. Avaliação das situações de trabalho

17.3.1. A organização deve realizar a avaliação ergonômica preliminar das situações de trabalho que, em decorrência da natureza e conteúdo das atividades requeridas, demandam adaptação às características psicofisiológicas dos trabalhadores, a fim de subsidiar a implementação das medidas de prevenção e adequações necessárias previstas nesta NR.

17.3.1.1. A avaliação ergonômica preliminar das situações de trabalho pode ser realizada por meio de abordagens qualitativas, semiquantitativas, quantitativas ou combinação dessas, dependendo do risco e dos requisitos legais, a fim de identificar os perigos e produzir informações para o planejamento das medidas de prevenção necessárias.

17.3.1.2. A avaliação ergonômica preliminar pode ser contemplada nas etapas do processo de identificação de perigos e de avaliação dos riscos, descrito no item 1.5.4 da Norma Regulamentadora n. 01 (NR 01) – Disposições Gerais e Gerenciamento de Riscos Ocupacionais.

17.3.1.2.1. A avaliação ergonômica preliminar das situações de trabalho deve ser registrada pela organização.

17.3.2. A organização deve realizar Análise Ergonômica do Trabalho – AET da situação de trabalho quando:

a) observada a necessidade de uma avaliação mais aprofundada da situação;

b) identificadas inadequações ou insuficiência das ações adotadas;

c) sugerida pelo acompanhamento de saúde dos trabalhadores, nos termos do Programa de Controle Médico de Saúde Ocupacional – PCMSO e da alínea "c" do subitem 1.5.5.1.1 da NR 01; ou

d) indicada causa relacionada às condições de trabalho na análise de acidentes e doenças relacionadas ao trabalho, nos termos do Programa de Gerenciamento de Riscos – PGR.

17.3.3. A AET deve abordar as condições de trabalho, conforme estabelecido nesta NR, incluindo as seguintes etapas:

a) análise da demanda e, quando aplicável, reformulação do problema;

b) análise do funcionamento da organização, dos processos, das situações de trabalho e da atividade;

c) descrição e justificativa para definição de métodos, técnicas e ferramentas adequados para a análise e sua aplicação, não estando adstrita à utilização de métodos, técnicas e ferramentas específicos;

d) estabelecimento de diagnóstico;

e) recomendações para as situações de trabalho analisadas; e

f) restituição dos resultados, validação e revisão das intervenções efetuadas, quando necessária, com a participação dos trabalhadores.

---

(1) NR aprovada pela Portaria n. 3.214, de 8-6-1978, e com redação determinada pela Portaria n. 423, de 7-10-2021. *Vide* arts. 198 e 199 da CLT. A Resolução n. 385, de 8-6-2011, dispõe sobre o uso da ginástica laboral pelo fisioterapeuta.

17.3.4. As Microempresas – ME e Empresas de Pequeno Porte – EPP enquadradas como graus de risco 1 e 2 e o Microempreendedor Individual – MEI não são obrigados a elaborar a AET, mas devem atender todos os demais requisitos estabelecidos nesta NR, quando aplicáveis.

17.3.4.1. As ME ou EPP enquadradas como graus de risco 1 e 2 devem realizar a AET quando observadas as situações previstas nas alíneas "c" e "d" do item 17.3.2.

17.3.5. Devem integrar o inventário de riscos do PGR:

a) os resultados da avaliação ergonômica preliminar; e

b) a revisão, quando for o caso, da identificação dos perigos e da avaliação dos riscos, conforme indicado pela AET.

17.3.6. Devem ser previstos planos de ação, nos termos do PGR, para:

a) as medidas de prevenção e adequações decorrentes da avaliação ergonômica preliminar, atendido o previsto nesta NR; e

b) as recomendações da AET.

17.3.7. O relatório da AET, quando realizada, deve ficar à disposição na organização pelo prazo de vinte anos.

17.3.8. A organização deve garantir que os empregados sejam ouvidos durante o processo da avaliação ergonômica preliminar e na AET.

17.4. Organização do trabalho

17.4.1. A organização do trabalho, para efeito desta NR, deve levar em consideração:

a) as normas de produção;

b) o modo operatório, quando aplicável;

c) a exigência de tempo;

d) o ritmo de trabalho;

e) o conteúdo das tarefas e os instrumentos e meios técnicos disponíveis; e

f) os aspectos cognitivos que possam comprometer a segurança e a saúde do trabalhador.

17.4.2. Nas atividades que exijam sobrecarga muscular estática ou dinâmica do tronco, do pescoço, da cabeça, dos membros superiores e dos membros inferiores, devem ser adotadas medidas técnicas de engenharia, organizacionais e/ou administrativas, com o objetivo de eliminar ou reduzir essas sobrecargas, a partir da avaliação ergonômica preliminar ou da AET.

17.4.3. Devem ser implementadas medidas de prevenção, a partir da avaliação ergonômica preliminar ou da AET, que evitem que os trabalhadores, ao realizar suas atividades, sejam obrigados a efetuar de forma contínua e repetitiva:

a) posturas extremas ou nocivas do tronco, do pescoço, da cabeça, dos membros superiores e/ou dos membros inferiores;

b) movimentos bruscos de impacto dos membros superiores;

c) uso excessivo de força muscular;

d) frequência de movimentos dos membros superiores ou inferiores que possam comprometer a segurança e a saúde do trabalhador;

e) exposição a vibrações, nos termos do Anexo I da Norma Regulamentadora n. 09 – Avaliação e Controle das Exposições Ocupacionais a Agentes Físicos, Químicos e Biológicos; ou

f) exigência cognitiva que possa comprometer a segurança e saúde do trabalhador.

17.4.3.1. As medidas de prevenção devem incluir duas ou mais das seguintes alternativas:

a) pausas para propiciar a recuperação psicofisiológica dos trabalhadores, que devem ser computadas como tempo de trabalho efetivo;

b) alternância de atividades com outras tarefas que permitam variar as posturas, os grupos musculares utilizados ou o ritmo de trabalho;

c) alteração da forma de execução ou organização da tarefa; e

d) outras medidas técnicas aplicáveis, recomendadas na avaliação ergonômica preliminar ou na AET.

17.4.3.1.1. Quando não for possível adotar as alternativas previstas nas alíneas "c" e "d" do subitem 17.4.3.1, devem, obrigatoriamente, ser adotadas pausas e alternância de atividades previstas, respectivamente, nas alíneas "a" e "b" do subitem 17.4.3.1.

17.4.3.2. Para que as pausas possam propiciar descanso e recuperação psicofisiológica dos trabalhadores, devem ser observados os requisitos mínimos:

a) a introdução das pausas não pode ser acompanhada de aumento da cadência individual; e

b) as pausas devem ser usufruídas fora dos postos de trabalho.

17.4.3.3. Deve ser assegurada a saída dos postos de trabalho para satisfação das necessidades fisiológicas dos trabalhadores, nos termos do item 24.9.8 da Norma Regulamentadora n. 24 (NR 24) – Condições Sanitárias e de Conforto nos Locais de Trabalho, independentemente da fruição das pausas.

17.4.4. Todo e qualquer sistema de avaliação de desempenho, para efeito de remuneração e vantagens de qualquer espécie, deve levar em consideração as repercussões sobre a saúde dos trabalhadores.

17.4.5. A concepção dos postos de trabalho deve levar em consideração os fatores organizacionais e ambientais, a natureza da tarefa e das atividades e facilitar a alternância de posturas.

17.4.6. As dimensões dos espaços de trabalho e de circulação, inerentes à execução da tarefa, devem ser suficientes para que o trabalhador possa movimentar os segmentos corporais livremente, de maneira a facilitar o trabalho, reduzir o esforço do trabalhador e não exigir a adoção de posturas extremas ou nocivas.

17.4.7. Os superiores hierárquicos diretos dos trabalhadores devem ser orientados para buscar no exercício de suas atividades:

a) facilitar a compreensão das atribuições e responsabilidades de cada função;

b) manter aberto o diálogo, de modo que os trabalhadores possam sanar dúvidas quanto ao exercício de suas atividades;

c) facilitar o trabalho em equipe; e

d) estimular tratamento justo e respeitoso nas relações pessoais no ambiente de trabalho.

17.4.7.1. A organização com até dez empregados fica dispensada do atendimento ao item 17.4.7.

17.5. Levantamento, transporte e descarga individual de cargas

17.5.1. Não deverá ser exigido nem admitido o transporte manual de cargas por um trabalhador cujo peso seja suscetível de comprometer sua saúde ou sua segurança.

17.5.1.1. A carga suportada deve ser reduzida quando se tratar de trabalhadora mulher e de trabalhador menor nas atividades permitidas por lei.

17.5.2. No levantamento, manuseio e transporte individual e não eventual de cargas, devem ser observados os seguintes requisitos:

a) os locais para pega e depósito das cargas, a partir da avaliação ergonômica preliminar ou da AET, devem ser organizados de modo que as cargas, acessos, espaços para movimentação, alturas de pega e deposição não obriguem o trabalhador a efetuar flexões, extensões e rotações excessivas do tronco e outros posicionamentos e movimentações forçadas e nocivas dos segmentos corporais; e

b) cargas e equipamentos devem ser posicionados o mais próximo possível do trabalhador, resguardando espaços suficientes para os pés, de maneira a facilitar o alcance, não atrapalhar os movimentos ou ocasionar outros riscos.

17.5.2.1. É vedado o levantamento não eventual de cargas que possa comprometer a segurança e a saúde do trabalhador quando a distância de alcance horizontal da pega for superior a sessenta centímetros em relação ao corpo.

17.5.3. O transporte e a descarga de materiais feitos por impulsão ou tração de vagonetes, carros de mão ou qualquer outro aparelho mecânico devem observar a carga, a frequência, a pega e a distância percorrida, para que não comprometam a saúde ou a segurança do trabalhador.

17.5.4. Na movimentação e no transporte manual não eventual de cargas, devem ser adotadas uma ou mais das seguintes medidas de prevenção:

a) implantar meios técnicos facilitadores;

b) adequar o peso e o tamanho da carga (dimensões e formato) para que não provoquem o aumento do esforço físico que possa comprometer a segurança e a saúde do trabalhador;

c) limitar a duração, a frequência e o número de movimentos a serem efetuados pelos trabalhadores;

d) reduzir as distâncias a percorrer com cargas, quando aplicável; e

e) efetuar a alternância com outras atividades ou pausas suficientes, entre períodos não superiores a duas horas.

17.5.5. Todo trabalhador designado para o transporte manual não eventual de cargas deve receber orientação quanto aos métodos de levantamento, carregamento e deposição de cargas.

17.5.6. O capítulo 17.5 – Levantamento, transporte e descarga individual de cargas, desta NR não se aplica a levantamento, transporte e movimentação de pessoas.

17.6. Mobiliário dos postos de trabalho

17.6.1. O conjunto do mobiliário do posto de trabalho deve apresentar regulagens, em um ou mais de seus elementos, que permitam adaptá-lo às características antropométricas que atendam ao conjunto dos trabalhadores envolvidos e à natureza do trabalho a ser desenvolvido.

17.6.2. Sempre que o trabalho puder ser executado alternando a posição de pé com a posição sentada, o posto de trabalho deve ser planejado ou adaptado para favorecer a alternância das posições.

17.6.3. Para trabalho manual, os planos de trabalho devem proporcionar ao trabalhador condições de boa postura, visualização e operação e devem atender aos seguintes requisitos mínimos:

a) características dimensionais que possibilitem posicionamento e movimentação dos segmentos corporais, de forma a não comprometer a saúde e não ocasionar amplitudes articulares excessivas ou posturas nocivas de trabalho;

b) altura e características da superfície de trabalho compatíveis com o tipo de atividade, com a distância requerida dos olhos ao campo de trabalho e com a altura do assento;

c) área de trabalho dentro da zona de alcance manual e de fácil visualização pelo trabalhador;

d) para o trabalho sentado, espaço suficiente para pernas e pés na base do plano de trabalho, para permitir que o trabalhador se aproxime o máximo possível do ponto de operação e possa posicionar completamente a região plantar, podendo utilizar apoio para os pés, nos termos do item 17.6.4; e

e) para o trabalho em pé, espaço suficiente para os pés na base do plano de trabalho, para permitir que o trabalhador se aproxime o máximo possível do ponto de operação e possa posicionar completamente a região plantar.

17.6.3.1. A área de trabalho dentro da zona de alcance máximo pode ser utilizada para ações que não prejudiquem a segurança e a saúde do trabalhador, sejam elas eventuais ou, também, conforme AET, as não eventuais.

17.6.4. Para adaptação do mobiliário às dimensões antropométricas do trabalhador, pode ser utilizado apoio para os pés sempre que o trabalhador não puder manter a planta dos pés completamente apoiada no piso.

17.6.5. Os pedais e demais comandos para acionamento pelos pés devem ter posicionamento e dimensões que possibilitem fácil alcance, além de atender aos requisitos estabelecidos no item 17.6.3.

17.6.6. Os assentos utilizados nos postos de trabalho devem atender aos seguintes requisitos mínimos:

a) altura ajustável à estatura do trabalhador e à natureza da função exercida;

b) sistemas de ajustes e manuseio acessíveis;

c) características de pouca ou nenhuma conformação na base do assento;

d) borda frontal arredondada; e

e) encosto com forma adaptada ao corpo para proteção da região lombar.

17.6.7. Para as atividades em que os trabalhos devam ser realizados em pé, devem ser colocados assentos com encosto para descanso em locais em que possam ser utilizados pelos trabalhadores durante as pausas.

17.6.7.1. Os assentos previstos no item 17.6.7 estão dispensados do atendimento ao item 17.6.6.

17.7. Trabalho com máquinas, equipamentos e ferramentas manuais

17.7.1. O trabalho com máquinas e equipamentos deve atender, em consonância com a Norma Regulamentadora n. 12 – Segurança no Trabalho em Máquinas e Equipamentos, além das demais disposições desta NR, aos aspectos constantes neste Capítulo.

17.7.2. Os fabricantes de máquinas e equipamentos devem projetar e construir os componentes, como monitores de vídeo, sinais e comandos, de forma a possibilitar a interação clara e precisa com o operador, objetivando reduzir possibilidades de erros de interpretação ou retorno de informação, nos termos do item 12.9.2 da NR 12.

17.7.2.1. A localização e o posicionamento do painel de controle e dos comandos devem facilitar o acesso, o manejo fácil e seguro e a visibilidade da informação do processo.

17.7.3. Os equipamentos utilizados no processamento eletrônico de dados com terminais de vídeo devem permitir ao trabalhador ajustá-lo de acordo com as tarefas a serem executadas.

17.7.3.1. Os equipamentos devem ter condições de mobilidade suficiente para permitir o ajuste da tela do equipamento à iluminação do ambiente, protegendo-a contra reflexos, e proporcionar corretos ângulos de visibilidade ao trabalhador.

17.7.3.2. Nas atividades com uso de computador portátil de forma não eventual em posto de trabalho, devem ser previstas formas de adaptação do teclado, do mouse ou da tela, a fim de permitir o ajuste às características antropométricas do trabalhador e à natureza das tarefas a serem executadas.

17.7.4. Devem ser dotados de dispositivo de sustentação os equipamentos e ferramentas manuais cujos pesos e utilização na execução das tarefas forem passíveis de comprometer a segurança ou a saúde dos trabalhadores ou adotada outra medida de prevenção, a partir da avaliação ergonômica preliminar ou da AET.

17.7.5. A concepção das ferramentas manuais deve atender, além dos demais itens desta NR, aos seguintes aspectos:

a) facilidade de uso e manuseio; e

b) evitar a compressão da palma da mão ou de um ou mais dedos em arestas ou quinas vivas.

17.7.6. A organização deve selecionar as ferramentas manuais para que o tipo, formato e a textura da empunhadura sejam apropriados à tarefa e ao eventual uso de luvas.

17.8. Condições de conforto no ambiente de trabalho

17.8.1. Em todos os locais e situações de trabalho deve haver iluminação, natural ou artificial, geral ou suplementar, apropriada à natureza da atividade.

17.8.2. A iluminação deve ser projetada e instalada de forma a evitar ofuscamento, reflexos incômodos, sombras e contrastes excessivos.

17.8.3. Em todos os locais e situações de trabalho internos, deve haver iluminação em conformidade com os níveis mínimos de iluminamento a serem observados nos locais de trabalho estabelecidos na Norma de Higiene Ocupacional n. 11 (NHO 11) da Fundação Jorge Duprat Figueiredo, de Segurança e Medicina do Trabalho – Fundacentro – Avaliação dos Níveis de Iluminamento em Ambientes Internos de Trabalho, versão 2018.

17.8.4. Nos locais de trabalho em ambientes internos onde são executadas atividades que exijam manutenção da solicitação intelectual e atenção constantes, devem ser adotadas medidas de conforto acústico e de conforto térmico, conforme disposto nos subitens seguintes.

17.8.4.1. A organização deve adotar medidas de controle do ruído nos ambientes internos, com a finalidade de proporcionar conforto acústico nas situações de trabalho.

17.8.4.1.1. O nível de ruído de fundo para o conforto deve respeitar os valores de referência para ambientes internos, de acordo com sua finalidade de uso estabelecidos em normas técnicas oficiais.

17.8.4.1.2. Para os demais casos, o nível de ruído de fundo aceitável para efeito de conforto acústico será de até sessenta e cinco decibéis dB(A), nível de pressão sonora contínuo equivalente ponderado em A e no circuito de resposta Slow (S).

17.8.4.2. A organização deve adotar medidas de controle da temperatura, da velocidade do ar e da umidade, com a finalidade de proporcionar conforto térmico nas situações de trabalho, observando-se o parâmetro de faixa de temperatura do ar entre dezoito e vinte cinco graus Celsius para ambientes climatizados.

17.8.4.2.1. Devem ser adotadas medidas de controle da ventilação ambiental para minimizar a ocorrência de correntes de ar aplicadas diretamente sobre os trabalhadores.

17.8.5. Fica ressalvado o atendimento dos itens 17.8.3 e 17.8.4.2 nas situações em que haja normativa específica, com a devida justificativa técnica de que não haverá prejuízo à segurança ou à saúde dos trabalhadores.

Anexo I da NR 17
Trabalho dos Operadores de *Checkout*

SUMÁRIO

1. Objetivo

1.1. Estabelecer as diretrizes e os requisitos para adequação das condições de trabalho dos operadores de *checkout*, visando à prevenção dos problemas de saúde e segurança relacionados ao trabalho.

2. Campo de aplicação

2.1. Este Anexo aplica-se às organizações que desenvolvam atividade comercial utilizando sistema de autosserviço e *checkout*, como supermercados, hipermercados e comércio atacadista.

3. Posto de trabalho

3.1. Em relação ao mobiliário do *checkout* e às suas dimensões, incluindo distâncias e alturas, no posto de trabalho deve-se:

a) atender às características antropométricas de noventa por cento dos trabalhadores, respeitando os alcances dos membros e da visão, ou seja, compatibilizando as áreas de visão com a manipulação;

b) assegurar a postura para o trabalho na posição sentada e em pé, e as posições confortáveis dos membros superiores e inferiores nessas duas situações;

c) respeitar os ângulos limites e trajetórias naturais dos movimentos, durante a execução das tarefas, evitando a flexão e a torção do tronco;

d) garantir um espaço adequado para livre movimentação do operador e colocação da cadeira, a fim de permitir a alternância do trabalho na posição em pé com o trabalho na posição sentada;

e) manter uma cadeira de trabalho com assento e encosto para apoio lombar, com estofamento de densidade adequada, ajustáveis à estatura do trabalhador e à natureza da tarefa;

f) colocar apoio para os pés, independente da cadeira;

g) adotar, em cada posto de trabalho, sistema com esteira eletromecânica, para facilitar a movimentação de mercadorias nos *checkouts*, com comprimento de dois metros e setenta centímetros ou mais;

h) disponibilizar sistema de comunicação com pessoal de apoio e supervisão; e

i) manter mobiliário sem quinas vivas ou rebarbas, devendo os elementos de fixação (pregos, rebites, parafusos) ser mantidos de forma a não causar acidentes.

3.2. Em relação ao equipamento e às ferramentas utilizadas pelos operadores de *checkout* para o cumprimento de seu trabalho, deve-se:

a) escolhê-los de modo a favorecer os movimentos e ações próprias da função, sem exigência acentuada de força, pressão, preensão, flexão, extensão ou torção dos segmentos corporais;

b) posicioná-los no posto de trabalho dentro dos limites de alcance manual e visual do operador, permitindo a movimentação dos membros superiores e inferiores e respeitando a natureza da tarefa;

c) garantir proteção contra acidentes de natureza mecânica ou elétrica nos *checkouts*, com base no que está previsto nas normas regulamentadoras ou em outras normas técnicas oficiais; e

d) mantê-los em condições adequadas de funcionamento.

3.3. Em relação ao ambiente físico de trabalho e ao conjunto do posto de trabalho, deve-se:

a) manter as condições de iluminamento, ruído e conforto térmico de acordo com o previsto na Norma Regulamentadora n. 17 (NR 17), bem como as medidas de prevenção previstas no Programa de Gerenciamento de Riscos – PGR, quanto aos agentes físicos e químicos;

b) proteger os operadores de *checkout* contra correntes de ar, vento ou grandes variações climáticas, quando necessário; e

c) utilizar superfícies que evitem reflexos incômodos no campo visual do trabalhador.

3.4. Na concepção do posto de trabalho do operador de *checkout*, deve-se prever a possibilidade de fazer adequações ou ajustes localizados, exceto nos equipamentos fixos, considerando o conforto dos operadores.

4. Manipulação de mercadorias

4.1. A organização deve envidar esforços a fim de que a manipulação de mercadorias não acarrete o uso de força muscular excessiva por parte dos operadores de *checkout*, por meio da adoção de um ou mais dos seguintes itens, cuja escolha fica a critério da organização:

a) negociação do tamanho e volume das embalagens de mercadorias com fornecedores;

b) uso de equipamentos e instrumentos de tecnologia adequada;

c) formas alternativas de apresentação do código de barras da mercadoria ao leitor ótico, quando existente;

d) disponibilidade de pessoal auxiliar, quando necessário; e

e) outras medidas que ajudem a reduzir a sobrecarga do operador na manipulação de mercadorias.

4.2. A organização deve adotar mecanismos auxiliares sempre que, em função do grande volume ou excesso de peso das mercadorias, houver limitação para a execução manual das tarefas por parte dos operadores de *checkout*.

4.3. A organização deve adotar medidas para evitar que a atividade de ensacamento de mercadorias se incorpore ao ciclo de trabalho ordinário e habitual dos operadores de *checkout*, tais como:

a) manter, no mínimo, um ensacador a cada três *checkouts* em funcionamento;

b) proporcionar condições que facilitem o ensacamento pelo cliente; e

c) outras medidas que se destinem ao mesmo fim.

4.3.1. A escolha dentre as medidas relacionadas no item 4.3 é prerrogativa da organização.

4.4. A pesagem de mercadorias pelo operador de *checkout* só poderá ocorrer quando os seguintes requisitos forem atendidos, simultaneamente:

a) balança localizada frontalmente e próxima ao operador;

b) balança nivelada com a superfície do *checkout*;

c) continuidade entre as superfícies do *checkout* e da balança, admitindo-se até dois centímetros de descontinuidade em cada lado da balança;

d) teclado para digitação localizado a uma distância máxima de quarenta e cinco centímetros da borda interna do *checkout*; e

e) número máximo de oito dígitos para os códigos de mercadorias que sejam pesadas.

4.5. Para o atendimento no *checkout* de pessoas idosas, gestantes, portadoras de deficiências ou que apresentem algum tipo de incapacidade momentânea, a organização deve disponibilizar pessoal auxiliar, sempre que o operador de caixa solicitar.

5. Organização do trabalho

5.1. A disposição física e o número de *checkouts* em atividade (abertos) e de operadores devem ser compatíveis com o fluxo de clientes, de modo a adequar o ritmo de trabalho às características psicofisiológicas de cada operador, por meio da adoção de, pelo menos, um dos seguintes itens, cuja escolha fica a critério da organização:

a) pessoas para apoio ou substituição, quando necessário;

b) filas únicas por grupos de *checkouts*;

c) *checkouts* especiais (idosos, gestantes, deficientes, clientes com pequenas quantidades de mercadorias);

d) pausas durante a jornada de trabalho;

e) rodízio entre os operadores de *checkouts* com características diferentes; e

f) outras medidas que ajudem a manter o movimento adequado de atendimento sem a sobrecarga do operador de *checkout*.

5.2. São garantidas saídas do posto de trabalho, mediante comunicação, a qualquer momento da jornada, para que os operadores atendam às suas necessidades fisiológicas, ressalvado o intervalo para refeição previsto na CLT.

5.3. É vedado promover, para efeitos de remuneração ou premiação de qualquer espécie, sistema de avaliação do desempenho com base no número de mercadorias ou compras por operador.

5.4. É atribuição do operador de *checkout* a verificação das mercadorias apresentadas, sendo-lhe vedada qualquer tarefa de segurança patrimonial.

6. Aspectos psicossociais do trabalho

6.1. Todo trabalhador envolvido com o trabalho em *checkout* deve portar um dispositivo de identificação visível, com nome e/ou sobrenome, escolhido(s) pelo próprio trabalhador.

6.2. É vedado obrigar o trabalhador ao uso, permanente ou temporário, de vestimentas ou propagandas ou maquilagem temática que causem constrangimento ou firam sua dignidade pessoal.

7. Treinamento e capacitação dos trabalhadores

7.1. Todos os trabalhadores envolvidos com o trabalho de operador de *checkout* devem receber treinamento, cujo objetivo é aumentar o conhecimento da relação entre o seu trabalho e a promoção à saúde.

7.2. O treinamento deve conter noções sobre as medidas de prevenção e os fatores de risco para a saúde, decorrentes da modalidade de trabalho de operador de *checkout*, levando em consideração os aspectos relacionados a:

a) posto de trabalho;

b) manipulação de mercadorias;

c) organização do trabalho;

d) aspectos psicossociais do trabalho; e

e) lesões ou agravos à saúde mais encontrados entre operadores de *checkout*.

7.2.1. Cada trabalhador deve receber treinamento inicial com duração mínima de duas horas, até o trigésimo dia da data da sua admissão, e treinamento periódico anual com duração mínima de duas horas, ministrados durante sua jornada de trabalho.

7.3. Os trabalhadores devem ser informados com antecedência sobre mudanças que venham a ocorrer no processo de trabalho.

7.4. O treinamento deve incluir a disponibilização de material didático com os tópicos mencionados no item 7.2 e alíneas.

7.5. A forma do treinamento (contínuo ou intermitente, presencial ou a distância, por palestras, cursos ou audiovisual), fica a critério de cada organização.

7.6. A elaboração do conteúdo técnico e avaliação dos resultados do treinamento devem contar com a participação de integrantes do Serviço Especializado em Segurança e Medicina do Trabalho – SESMT e da Comissão Interna de Prevenção de Acidentes – CIPA, quando houver, do médico responsável pelo Programa de Controle Médico de Saúde Ocupacional – PCMSO e dos responsáveis pela elaboração e implementação do PGR.

Anexo II da NR 17

Trabalho em Teleatendimento/Telemarketing

SUMÁRIO

1. Objetivo

1.1. Estabelecer os requisitos para o trabalho em atividades de teleatendimento/telemarketing, nas diversas modalidades desse serviço, de modo a proporcionar o máximo de conforto, segurança, saúde e desempenho eficiente.

2. Campo de aplicação

2.1. As disposições constantes deste Anexo aplicam-se a todas as organizações que mantêm serviço de teleatendimento/telemarketing, nas modalidades ativo ou receptivo, em centrais de atendimento telefônico e/ou centrais de relacionamento com clientes (*call centers*), para prestação de serviços, informações e comercialização de produtos.

2.1.1. Entende-se como *call center* o ambiente de trabalho no qual a principal atividade é conduzida via telefone/rádio, com utilização simultânea de terminais de computador.

2.1.1.1. O contido neste Anexo aplica-se, inclusive, a setores de organizações e postos de trabalho dedicados a essa atividade, além daquelas organizações especificamente voltadas para essa atividade-fim.

2.1.2. Entende-se como trabalho de teleatendimento/telemarketing aquele cuja comunicação com interlocutores clientes e usuários é realizada a distância, por intermédio da voz/mensagens eletrônicas, com a utilização simultânea de equipamentos de audição/escuta e fala telefônica e sistemas informatizados ou manuais de processamento de dados.

3. Mobiliário dos postos de trabalho

3.1. Para trabalho manual sentado ou que tenha de ser feito em pé, deve ser proporcionado ao trabalhador mobiliário que atenda ao disposto no Capítulo 17.6 – Mobiliário dos postos de trabalho, da Norma Regulamentadora n. 17 (NR 17), e que permita variações posturais, com ajustes de fácil acionamento, de modo a prover espaço suficiente para seu conforto, atendendo aos seguintes requisitos:

a) o monitor de vídeo e o teclado devem estar apoiados em superfícies com mecanismos de regulagem independentes;

b) será aceita superfície regulável única para teclado e monitor quando este for dotado de regulagem independente de, no mínimo, vinte e seis centímetros no plano vertical;

c) a bancada sem material de consulta deve ter, no mínimo, profundidade de setenta e cinco centímetros, medidos a partir de sua borda frontal, e largura de noventa centímetros que proporcionem zonas de alcance manual de, no máximo, sessenta e cinco centímetros de raio em cada lado, medidas centradas nos ombros do operador em posição de trabalho;

d) a bancada com material de consulta deve ter, no mínimo, profundidade de noventa centímetros a partir de sua borda frontal e largura de cem centímetros que proporcionem zonas de alcance manual de, no máximo, sessenta e cinco centímetros de raio em cada lado, medidas centradas nos ombros do operador em posição de trabalho, para livre utilização e acesso de documentos;

e) o plano de trabalho deve ter bordas arredondadas;

f) as superfícies de trabalho devem ser reguláveis em altura, em um intervalo mínimo de treze centímetros, medidos de sua face superior, permitindo o apoio das plantas dos pés no piso;

g) o dispositivo de apontamento na tela (mouse) deve estar apoiado na mesma superfície do teclado, colocado em área de fácil alcance e com espaço suficiente para sua livre utilização;

h) o espaço sob a superfície de trabalho deve ter profundidade livre, mínima, de quarenta e cinco centímetros ao nível dos joelhos e de setenta centímetros ao nível dos pés, medidos de sua borda frontal;

i) nos casos em que os pés do operador não alcancem o piso, mesmo após a regulagem do assento, deve ser fornecido apoio para os pés que se adapte ao comprimento das pernas do trabalhador, permitindo o apoio das plantas dos pés, com inclinação ajustável e superfície revestida de material antiderrapante; e

j) os assentos devem ser dotados de:

I – apoio em cinco pés, com rodízios cuja resistência evite deslocamentos involuntários e que não comprometam a estabilidade do assento;

II – superfícies onde ocorre contato corporal estofadas e revestidas de material que permita a perspiração;

III – base estofada com material de densidade entre quarenta a cinquenta quilogramas por metro cúbico.

IV – altura da superfície superior ajustável, em relação ao piso, entre trinta e sete centímetros e cinquenta centímetros, podendo ser adotados até três tipos de cadeiras com alturas diferentes, de forma a atender as necessidades de todos os operadores;

V – profundidade útil de trinta e oito centímetros a quarenta e seis centímetros;

VI – borda frontal arredondada;

VII – características de pouca ou nenhuma conformação na base;

VIII – encosto ajustável em altura e em sentido anteroposterior, com forma levemente adaptada ao corpo, para proteção da região lombar;

IX – largura de, no mínimo, quarenta centímetros e, com relação aos encostos de, no mínimo, trinta vírgula cinquenta centímetros; e

X – apoio de braços regulável em altura de vinte centímetros a vinte e cinco centímetros a partir do assento, sendo que seu comprimento não deve interferir no movimento de aproximação da cadeira em relação à mesa, nem nos movimentos inerentes à execução da tarefa.

4. Equipamentos dos postos de trabalho

4.1. Devem ser fornecidos gratuitamente conjuntos de microfone e fone de ouvido (*headsets*) individuais, que permitam ao operador a alternância do uso das orelhas ao longo da jornada de trabalho e que sejam substituídos sempre que apresentarem defeitos ou desgaste devido ao uso.

4.1.1. Alternativamente, poderá ser fornecido um *headset* para cada posto de atendimento, desde que as partes que permitam qualquer espécie de contágio ou risco à saúde sejam de uso individual.

4.1.2. Os *headsets* devem:

a) ter garantidas pelo empregador a correta higienização e as condições operacionais recomendadas pelos fabricantes;

b) ser substituídos prontamente quando situações irregulares de funcionamento forem detectadas pelo operador;

c) ter seus dispositivos de operação e controles de fácil uso e alcance; e

d) permitir ajuste individual da intensidade do nível sonoro e ser providos de sistema de proteção contra choques acústicos e ruídos indesejáveis de alta intensidade, garantindo o entendimento das mensagens.

4.2. A organização deve garantir o correto funcionamento e a manutenção contínua dos equipamentos de comunicação, incluindo os conjuntos de *headsets*, utilizando pessoal técnico familiarizado com as recomendações dos fabricantes.

4.3. Os monitores de vídeo devem proporcionar corretos ângulos de visão e ser posicionados frontalmente ao operador, devendo ser dotados de regulagem que permita o correto ajuste da tela à iluminação do ambiente, protegendo o trabalhador contra reflexos indesejáveis.

4.4. Toda introdução de novos métodos ou dispositivos tecnológicos que tragam alterações sobre os modos operatórios dos trabalhadores, deve ser precedida de avaliação ergonômica preliminar ou Análise Ergonômica do Trabalho – AET, prevendo-se períodos e procedimentos adequados de capacitação e adaptação.

5. Condições ambientais de trabalho

5.1. Os locais de trabalho devem ser dotados de condições acústicas adequadas à comunicação telefônica, adotando-se medidas de prevenção com o fim de atender ao nível de ruído previsto no item 17.8.4.1 e subitens da NR 17.

5.2. Os ambientes de trabalho devem atender ao disposto no item 17.8.4.2 da NR 17 em relação à temperatura, velocidade do ar e umidade, com a finalidade de proporcionar conforto térmico nas situações de trabalho.

5.2.1. Devem ser implementados projetos adequados de climatização dos ambientes de trabalho que permitam distribuição homogênea das temperaturas e fluxos de ar, utilizando, se necessário, controles locais e/ou setorizados da temperatura, velocidade e direção dos fluxos.

5.2.2. A organização pode instalar equipamentos que permitam ao trabalhador acompanhar a temperatura, a velocidade e a umidade do ar do ambiente de trabalho.

5.3. Para a prevenção da chamada "síndrome do edifício doente", deve ser atendida a Lei n. 13.589, de 4 de janeiro de 2018, e o disposto no subitem 1.5.5.1.1 da Norma Regulamentadora n. 1 (NR 01) – Disposições Gerais e Gerenciamento de Riscos Ocupacionais, bem como o disposto no regulamento dos Padrões Referenciais de Qualidade do Ar Interior em ambientes climatizados artificialmente de uso público e coletivo, com redação dada pela Resolução RE n. 9, de 16 de janeiro de 2003, da Agência Nacional de Vigilância Sanitária – Anvisa, ou outra que a venha substituir.

5.3.1. As instalações das centrais de ar-condicionado, especialmente o plenum de mistura da casa de máquinas, não devem ser utilizadas para armazenamento de quaisquer materiais.

5.3.2. A descarga de água de condensado não pode manter qualquer ligação com a rede de esgoto cloacal.

6. Organização do trabalho

6.1. A organização do trabalho deve ser feita de forma a não haver atividades aos domingos e feriados, seja total ou parcial, com exceção das organizações autorizadas previamente pela autoridade competente em matéria de trabalho, conforme o previsto no artigo 68 da Consolidação das do Trabalho – CLT, e das atividades previstas em lei.

6.1.1. Aos trabalhadores é assegurado, nos casos previamente autorizados, pelo menos um dia de repouso semanal remunerado coincidente com o domingo, a cada mês, independentemente de metas, faltas e/ou produtividade.

6.1.2. As escalas de fins de semana e de feriados devem ser especificadas e informadas aos trabalhadores com a antecedência necessária, de conformidade com o parágrafo único do artigo 67 e o artigo 386 da CLT, ou por intermédio de acordos ou convenções coletivas.

6.1.2.1. A organização deve levar em consideração as necessidades dos operadores na elaboração das escalas laborais que acomodem necessidades especiais da vida familiar dos trabalhadores com dependentes sob seus cuidados, especialmente nutrizes, incluindo flexibilidade especial para trocas de horários e utilização das pausas.

6.1.3. A duração das jornadas de trabalho somente poderá prolongar-se além do limite previsto nos termos da lei em casos excepcionais, por motivo de força maior, necessidade imperiosa ou para a realização ou conclusão de serviços inadiáveis ou cuja inexecução possa acarretar prejuízo manifesto, conforme dispõe o artigo 61 da CLT.

6.2. O contingente de operadores deve ser dimensionado às demandas da produção, no sentido de não gerar sobrecarga habitual ao trabalhador.

6.2.1. O contingente de operadores em cada estabelecimento deve ser suficiente para garantir que todos possam usufruir as pausas e intervalos previstos neste Anexo.

6.3. O tempo de trabalho em efetiva atividade de teleatendimento/telemarketing é de, no máximo, seis horas diárias, nele incluídas as pausas, sem prejuízo da remuneração.

6.3.1. A prorrogação do tempo previsto no presente item só será admissível nos termos da legislação, sem prejuízo das pausas previstas neste Anexo, respeitado o limite de trinta e seis horas semanais de tempo efetivo em atividade de teleatendimento/telemarketing.

6.3.2. Para o cálculo do tempo efetivo em atividade de teleatendimento/telemarketing, devem ser computados os períodos em que o operador se encontra no posto de trabalho, os intervalos entre os ciclos laborais e os deslocamentos para solução de questões relacionadas ao trabalho.

6.4. Para prevenir sobrecarga psíquica e muscular estática de pescoço, ombros, dorso e membros superiores, a organização deve permitir a fruição de pausas de descanso e intervalos para repouso e alimentação aos trabalhadores.

6.4.1. As pausas devem ser concedidas:

a) fora do posto de trabalho;

b) em dois períodos de dez minutos contínuos; e

c) após os primeiros e antes dos últimos sessenta minutos de trabalho em atividade de teleatendimento/telemarketing.

6.4.1.1. A instituição de pausas não prejudica o direito ao intervalo obrigatório para repouso e alimentação previsto no § 1º do art. 71 da CLT.

6.4.2. O intervalo para repouso e alimentação para a atividade de teleatendimento/telemarketing deve ser de vinte minutos.

6.4.3. Para tempos de trabalho efetivo de teleatendimento/telemarketing de até quatro horas diárias, deve ser observada a concessão de uma pausa de descanso contínua de dez minutos.

6.4.4. As pausas para descanso devem ser consignadas em registro impresso ou eletrônico.

6.4.4.1. O registro eletrônico de pausas deve ser disponibilizado impresso para a fiscalização do trabalho no curso da inspeção, sempre que exigido.

6.4.4.2. Os trabalhadores devem ter acesso aos seus registros de pausas.

6.4.5. Devem ser garantidas pausas no trabalho imediatamente após operação em que tenham ocorrido ameaças, abuso verbal ou agressões, ou que tenha sido especialmente desgastante, que permitam ao operador recuperar-se e socializar conflitos e dificuldades com colegas, supervisores ou profissionais de saúde ocupacional especialmente capacitados para tal acolhimento.

6.5. O tempo necessário para a atualização do conhecimento do operador e para o ajuste do posto de trabalho é considerado como parte da jornada normal.

6.6. A participação em quaisquer modalidades de atividade física, quando adotadas pela organização, não é obrigatória, e a recusa do trabalhador em praticá-la não poderá ser utilizada para efeito de qualquer punição.

6.7. Com o fim de permitir a satisfação das necessidades fisiológicas, a organização deve permitir que os operadores saiam de seus postos de trabalho a qualquer momento da jornada, sem repercussões sobre suas avaliações e remunerações.

6.8. Nos locais de trabalho deve ser permitida a alternância de postura pelo trabalhador, de acordo com suas conveniência e necessidade.

6.9. Os mecanismos de monitoramento da produtividade, tais como mensagens nos monitores de vídeo, sinais luminosos, cromáticos, sonoros, ou indicações do tempo utilizado nas ligações ou de filas de clientes em espera, não podem ser utilizados para aceleração do trabalho e, quando existentes, devem estar disponíveis para consulta pelo operador, a seu critério.

6.10. Para fins de elaboração de programas preventivos, devem ser considerados os seguintes aspectos da organização do trabalho:

a) compatibilização de metas com as condições de trabalho e tempo oferecidas;

b) monitoramento de desempenho;

c) repercussões sobre a saúde dos trabalhadores, decorrentes de todo e qualquer sistema de avaliação para efeito de remuneração e vantagens de qualquer espécie;

d) pressões aumentadas de tempo em horários de maior demanda; e

e) períodos para adaptação ao trabalho.

6.11. É vedado à organização:

a) exigir a observância estrita do *script* ou roteiro de atendimento; e

b) imputar ao operador os períodos de tempo ou interrupções no trabalho não dependentes de sua conduta.

6.12. A utilização de procedimentos de monitoramento por escuta e gravação de ligações deve ocorrer somente mediante o conhecimento do operador.

6.13. É vedada a utilização de métodos que causem assédio moral, medo ou constrangimento, tais como:

a) estímulo abusivo à competição entre trabalhadores ou grupos/equipes de trabalho;

b) exigência de que os trabalhadores usem, de forma permanente ou temporária, adereços, acessórios, fantasias e vestimentas com o objetivo de punição, promoção e propaganda; e

c) exposição pública das avaliações de desempenho dos operadores.

6.14. Com a finalidade de reduzir o estresse dos operadores, devem ser minimizados os conflitos e ambiguidades de papéis nas tarefas a executar, estabelecendo-se claramente as diretrizes quanto a ordens e instruções de diversos níveis hierárquicos, autonomia para resolução de problemas, autorização para transferência de chamadas e consultas necessárias a colegas e supervisores.

6.15. Os sistemas informatizados devem ser elaborados, implantados e atualizados, contínua e suficientemente, de maneira a mitigar sobretarefas, como a utilização constante de memória de curto prazo, utilização de anotações precárias, duplicidade e concomitância de anotações em papel e sistema informatizado.

6.16. As prescrições de diálogos de trabalho não devem exigir que o trabalhador forneça o sobrenome aos clientes, visando resguardar sua privacidade e segurança pessoal.

7. Capacitação e treinamento dos trabalhadores

7.1. Todos os trabalhadores de operação e de gestão devem receber capacitação que proporcione conhecer as formas de adoecimento relacionadas à sua atividade, suas causas, efeitos sobre a saúde e medidas de prevenção.

7.1.1. A capacitação deve envolver, também, obrigatoriamente os trabalhadores temporários.

7.1.2. O treinamento deve incluir os seguintes itens:

a) noções sobre os fatores de risco para a saúde em teleatendimento/telemarketing;

b) medidas de prevenção indicadas para a redução dos riscos relacionados ao trabalho;

c) informações sobre os sintomas de adoecimento que possam estar relacionados à atividade de teleatendimento/telemarketing, principalmente os que envolvam o sistema osteomuscular, a saúde mental, as funções vocais, auditivas e acuidade visual dos trabalhadores; e

d) informações sobre a utilização correta dos mecanismos de ajuste do mobiliário e dos equipamentos dos postos de trabalho, incluindo orientação para alternância de orelhas no uso dos fones mono ou biauriculares e limpeza e substituição de tubos de voz.

7.1.2.1. O treinamento inicial deve ter a duração de quatro horas na admissão, e o treinamento periódico deve ser realizado a cada seis meses, independentemente de campanhas educativas que sejam promovidas pelos empregadores.

7.1.2.2. Durante o treinamento é obrigatória a distribuição de material didático com o conteúdo apresentado.

7.1.2.3. O treinamento deve ser realizado durante a jornada de trabalho.

7.2. Os trabalhadores devem receber treinamento eventual obrigatório, quando forem introduzidos novos fatores de risco decorrentes de métodos, equipamentos, tipos específicos de atendimento, mudanças gerenciais ou de procedimentos.

7.3. A elaboração do conteúdo técnico, a execução e a avaliação dos resultados dos procedimentos de capacitação devem contar com a participação de:

a) pessoal de organização e métodos responsável pela organização do trabalho na empresa, quando houver;

b) integrantes do Serviço Especializado em Segurança e Medicina do Trabalho – SESMT, quando houver;

c) representantes dos trabalhadores na Comissão Interna de Prevenção de Acidentes – CIPA, quando houver;

d) médico responsável pelo Programa de Controle Médico de Saúde Ocupacional – PCMSO;

e) responsáveis pelo Programa de Gerenciamento de Riscos – PGR; e

f) representantes dos trabalhadores e outras entidades, quando previsto em acordos ou convenções coletivas de trabalho.

8. Condições sanitárias de conforto

8.1. Devem ser garantidas boas condições sanitárias e de conforto, incluindo sanitários permanentemente adequados ao uso e separados por sexo, local para lanche e armários individuais dotados de chave para guarda de pertences na jornada de trabalho.

8.2. Deve ser proporcionada a todos os trabalhadores disponibilidade irrestrita e próxima de água potável, além do disposto na Norma Regulamentadora n. 24 (NR 24) – Condições Sanitárias e de Conforto nos Locais de Trabalho.

8.3. A organização deve manter ambientes confortáveis para descanso e recuperação durante as pausas, fora dos ambientes de trabalho, dimensionados em proporção adequada ao número de operadores usuários, onde estejam disponíveis assentos, facilidades de água potável, instalações sanitárias e lixeiras com tampa.

9. Programa de Controle Médico de Saúde Ocupacional e Análise Ergonômica do Trabalho

9.1. A organização deve disponibilizar, comprovadamente, ao empregado, os Atestados de Saúde Ocupacional – ASO, que devem ser fornecidos em meio físico, quando solicitados, além de cópia dos resultados dos demais exames.

9.2. A organização deve implementar um programa de vigilância epidemiológica para detecção precoce de casos de doenças relacionadas ao trabalho, comprovadas ou objeto de suspeita, que inclua procedimentos de vigilância passiva (processando a demanda espontânea de trabalhadores que procurem serviços médicos) e procedimentos de vigilância ativa, por intermédio de exames médicos dirigidos que incluam, além dos exames obrigatórios por norma, coleta de dados sobre sintomas referentes aos aparelhos psíquico, osteomuscular, vocal, visual e auditivo, analisados e apresentados com a utilização de ferramentas estatísticas e epidemiológicas.

9.2.1. No sentido de promover a saúde vocal dos trabalhadores, a organização deve implementar, entre outras medidas:

a) modelos de diálogos que favoreçam micropausas e evitem carga vocal intensiva do operador;

b) redução do ruído de fundo; e

c) estímulo à ingestão frequente de água potável, fornecida gratuitamente aos operadores.

9.3. A notificação das doenças profissionais e das produzidas em virtude das condições especiais de trabalho, comprovadas ou objeto de suspeita, será obrigatória por meio da emissão de Comunicação de Acidente de Trabalho – CAT, na forma do art. 169 da CLT e da legislação vigente da Previdência Social.

9.4. A AET, quando indicada por uma das alíneas do item 17.3.2 da NR 17, deve contemplar:

a) descrição das características dos postos de trabalho no que se refere ao mobiliário, utensílios, ferramentas, espaço físico para a execução do trabalho e condições de posicionamento e movimentação de segmentos corporais;

b) avaliação da organização do trabalho, demonstrando:

I – trabalho real e trabalho prescrito;

II – descrição da produção em relação ao tempo alocado para as tarefas;

III – variações diárias, semanais e mensais da carga de atendimento, incluindo variações sazonais e intercorrências técnico-operacionais mais frequentes;

IV – número de ciclos de trabalho e sua descrição, incluindo trabalho em turnos e trabalho noturno;

V – ocorrência de pausas interciclos;

VI – explicitação das normas de produção, das exigências de tempo, da determinação do conteúdo de tempo, do ritmo de trabalho e do conteúdo das tarefas executadas;

VII – histórico mensal de horas extras realizadas em cada ano; e

VIII – explicitação da existência de sobrecargas estáticas ou dinâmicas do sistema osteomuscular;

c) relatório estatístico da incidência de queixas de agravos à saúde, colhidas pela Medicina do Trabalho nos prontuários médicos;

d) relatórios de avaliações de satisfação no trabalho e clima organizacional, se realizadas no âmbito da organização;

e) registro e análise de impressões e sugestões dos trabalhadores com relação aos aspectos dos itens anteriores; e

f) recomendações ergonômicas expressas em planos e propostas claros e objetivos, com definição de datas de implantação.

9.4.1. As AET devem contemplar as seguintes etapas de execução:

a) explicitação da demanda do estudo;

b) análise das tarefas, atividades e situações de trabalho;

c) discussão e restituição dos resultados aos trabalhadores envolvidos;

d) recomendações ergonômicas específicas para os postos avaliados;

e) avaliação e revisão das intervenções efetuadas com a participação dos trabalhadores, supervisores e gerentes; e

f) avaliação da eficiência das recomendações.

10. Pessoas com deficiência

10.1. Para as pessoas com deficiência e aquelas cujas medidas antropométricas não sejam atendidas pelas especificações dispostas neste Anexo, o mobiliário dos postos de trabalho deve ser adaptado para atender às suas necessidades, e devem estar disponíveis ajudas técnicas necessárias, em seu respectivo posto de trabalho, para facilitar sua integração ao trabalho, levando em consideração as repercussões sobre a saúde desses trabalhadores.

10.2. As condições de trabalho, incluindo o acesso às instalações, mobiliário, equipamentos, condições ambientais, organização do trabalho, capacitação, condições sanitárias, programas de prevenção e cuidados para segurança pessoal, devem levar em conta as necessidades dos trabalhadores com deficiência.

11. Disposições transitórias

11.1. As organizações que, na data de 2 de abril de 2007, mantinham com seus trabalhadores a contratação de jornada de seis horas diárias, nela contemplados e remunerados quinze minutos de intervalo para repouso e alimentação, obrigar-se-ão somente à complementação de cinco minutos, igualmente remunerados, de maneira a alcançar o total de vinte minutos de pausas obrigatórias remuneradas, concedidos na forma dos itens 6.4.1 e 6.4.2..

NR 18
Condições de Segurança e Saúde no Trabalho na Indústria da Construção (1)

•• Título com denominação determinada pela Portaria n. 3.733, de 10-2-2020.

•• *Vide* Portaria n. 3.733, de 10-2-2020.

•• *Vide* art. 155 da Portaria n. 672, de 8-11-2021.

SUMÁRIO:

18.1. Objetivo

18.1.1. Esta Norma Regulamentadora – NR tem o objetivo de estabelecer diretrizes de ordem administrativa, de planejamento e de organização, que visam à implementação de medidas de controle e sistemas preventivos de segurança nos processos, nas condições e no meio ambiente de trabalho na indústria da construção.

18.2. Campo de aplicação

18.2.1. Esta Norma se aplica às atividades da indústria da construção constantes da seção "F" do Código Nacional de Atividades Econômicas – CNAE e às atividades e serviços de demolição, reparo, pintura, limpeza e manutenção de edifícios em geral e de manutenção de obras de urbanização.

18.3. Responsabilidades

18.3.1. A organização da obra deve:

a) vedar o ingresso ou a permanência de trabalhadores no canteiro de obras sem que estejam resguardados pelas medidas previstas nesta NR;

b) fazer a Comunicação Prévia de Obras em sistema informatizado da Subsecretaria de Inspeção do Trabalho – SIT, antes do início das atividades, de acordo com a legislação vigente.

18.4. Programa de Gerenciamento de Riscos (PGR)

18.4.1. São obrigatórias a elaboração e a implementação do PGR nos canteiros de obras, contemplando os riscos ocupacionais e suas respectivas medidas de prevenção.

18.4.2. O PGR deve ser elaborado por profissional legalmente habilitado em segurança do trabalho e implementado sob responsabilidade da organização.

18.4.2.1. Em canteiros de obras com até 7 m (sete metros) de altura e com, no máximo, 10 (dez) trabalhadores, o PGR pode ser elaborado por profissional qualificado em segurança do trabalho e implementado sob responsabilidade da organização.

18.4.3. O PGR, além de contemplar as exigências previstas na NR-01, deve conter os seguintes documentos:

a) projeto da área de vivência do canteiro de obras e de eventual frente de trabalho, em conformidade com o item 18.5 desta NR, elaborado por profissional legalmente habilitado;

b) projeto elétrico das instalações temporárias, elaborado por profissional legalmente habilitado;

c) projetos dos sistemas de proteção coletiva elaborados por profissional legalmente habilitado;

d) projetos dos Sistemas de Proteção Individual Contra Quedas (SPIQ), quando aplicável, elaborados por profissional legalmente habilitado;

e) relação dos Equipamentos de Proteção Individual (EPI) e suas respectivas especificações técnicas, de acordo com os riscos ocupacionais existentes.

18.4.3.1. O PGR deve estar atualizado de acordo com a etapa em que se encontra o canteiro de obras.

18.4.4. As empresas contratadas devem fornecer ao contratante o inventário de riscos ocupacionais específicos de suas atividades, o qual deve ser contemplado no PGR do canteiro de obras.

---

(1) NR aprovada pela Portaria n. 3.214, de 8-6-1978, e com redação determinada pela Portaria n. 3.733, de 10-2-2020, do Ministério da Economia, *Vide* Decreto n. 10.088, de 5-11-2019, Convenção OIT n. 167 e a Recomendação OIT n. 175 sobre segurança e saúde na Construção.

18.4.5. As frentes de trabalho devem ser consideradas na elaboração e implementação do PGR.

18.4.6. São facultadas às empresas construtoras, regularmente registradas no Sistema CONFEA/CREA, sob responsabilidade de profissional legalmente habilitado em segurança do trabalho, mediante cumprimento dos requisitos previstos nos subitens seguintes, a adoção de soluções alternativas às medidas de proteção coletiva previstas nesta NR, a adoção de técnicas de trabalho e o uso de equipamentos, tecnologias e outros dispositivos que:

a) propiciem avanço tecnológico em segurança, higiene e saúde dos trabalhadores;

b) objetivem a implementação de medidas de controle e de sistemas preventivos de segurança nos processos, nas condições e no meio ambiente de trabalho na indústria da construção;

c) garantam a realização das tarefas e atividades de modo seguro e saudável.

18.4.6.1. As tarefas a serem executadas mediante a adoção de soluções alternativas devem estar expressamente previstas em procedimentos de segurança do trabalho, nos quais devem constar:

a) os riscos ocupacionais aos quais os trabalhadores estarão expostos;

b) a descrição dos equipamentos e das medidas de proteção coletiva a serem implementadas;

c) a identificação e a indicação dos EPI a serem utilizados;

d) a descrição de uso e a indicação de procedimentos quanto aos Equipamentos de Proteção Coletiva (EPC) e EPI, conforme as etapas das tarefas a serem realizadas;

e) a descrição das medidas de prevenção a serem observadas durante a execução dos serviços, dentre outras medidas a serem previstas e prescritas por profissional legalmente habilitado em segurança do trabalho.

18.4.6.2. As tarefas envolvendo soluções alternativas somente devem ser iniciadas com autorização especial, precedida de análise de risco e permissão de trabalho, que contemple os treinamentos, os procedimentos operacionais, os materiais, as ferramentas e outros dispositivos necessários à execução segura da tarefa.

18.4.6.3. A documentação relativa à adoção de soluções alternativas integra o PGR do canteiro de obras, devendo estar disponível no local de trabalho e acompanhada das respectivas memórias de cálculo, especificações técnicas e procedimentos de trabalho.

18.5. Áreas de vivência

18.5.1. As áreas de vivência devem ser projetadas de forma a oferecer, aos trabalhadores, condições mínimas de segurança, de conforto e de privacidade e devem ser mantidas em perfeito estado de conservação, higiene e limpeza, contemplando as seguintes instalações:

a) instalação sanitária;

b) vestiário;

c) local para refeição;

d) alojamento, quando houver trabalhador alojado.

18.5.2. As instalações da área de vivência devem atender, no que for cabível, ao disposto na NR-24 (Condições Sanitárias e de Conforto nos Locais de Trabalho).

18.5.3. A instalação sanitária deve ser constituída de lavatório, bacia sanitária sifonada, dotada de assento com tampo, e mictório, na proporção de 1 (um) conjunto para cada grupo de 20 (vinte) trabalhadores ou fração, bem como de chuveiro, na proporção de 1 (uma) unidade para cada grupo de 10 (dez) trabalhadores ou fração.

18.5.4. É obrigatória, quando o caso exigir, a instalação de alojamento, no canteiro de obras ou fora dele, contemplando as seguintes instalações:

a) cozinha, quando houver preparo de refeições;

b) local para refeição;

c) instalação sanitária;

d) lavanderia, dotada de meios adequados para higienização e passagem das roupas;

e) área de lazer, para recreação dos trabalhadores alojados, podendo ser utilizado o local de refeição para este fim.

18.5.5. Deve ser de, no máximo, 150 m (cento e cinquenta metros) o deslocamento do trabalhador do seu posto de trabalho até a instalação sanitária mais próxima.

18.5.6. É obrigatório o fornecimento de água potável, filtrada e fresca para os trabalhadores, no canteiro de obras, nas frentes de trabalho e nos alojamentos, por meio de bebedouro ou outro dispositivo equivalente, na proporção de 1 (uma) unidade para cada grupo de 25 (vinte e cinco) trabalhadores ou fração, sendo vedado o uso de copos coletivos.

18.5.6.1. O fornecimento de água potável deve ser garantido de forma que, do posto de trabalho ao bebedouro ou ao dispositivo equivalente, não haja deslocamento superior a 100 m (cem metros) no plano horizontal e 15 m (quinze metros) no plano vertical.

18.5.6.2. Na impossibilidade de instalação de bebedouro ou de dispositivo equivalente dentro dos limites referidos no subitem anterior, as empresas devem garantir, nos postos de trabalho, suprimento de água potável, filtrada e fresca fornecida em recipientes portáteis herméticos.

18.5.7. Nas frentes de trabalho, devem ser disponibilizados:

a) instalação sanitária, composta de bacia sanitária sifonada, dotada de assento com tampo, e lavatório para cada grupo de 20 (vinte) trabalhadores ou fração, podendo ser utilizado banheiro com tratamento químico dotado de mecanismo de descarga ou de isolamento dos dejetos, com respiro e ventilação, de material para lavagem e enxugo das mãos, sendo proibido o uso de toalhas coletivas, e garantida a higienização diária dos módulos;

b) local para refeição dos trabalhadores, observadas as condições mínimas de conforto e higiene, e com a devida proteção contra as intempéries.

18.5.7.1. O atendimento ao disposto neste item poderá ocorrer mediante convênio formal com estabelecimentos nas proximidades do local de trabalho, desde que preservadas a segurança, higiene e conforto, e garantido o transporte de todos os trabalhadores até o referido local, quando o caso exigir.

18.6. Instalações elétricas

18.6.1. A execução das instalações elétricas temporárias e definitivas deve atender ao disposto na NR-10 (Segurança em Instalações e Serviços em Eletricidade).

18.6.2. As instalações elétricas temporárias devem ser executadas e mantidas conforme projeto elétrico elaborado por profissional legalmente habilitado.

18.6.3. Os serviços em instalações elétricas devem ser realizados por trabalhadores autorizados conforme NR-10.

18.6.4. É proibida a existência de partes vivas expostas e acessíveis pelos trabalhadores não autorizados em instalações e equipamentos elétricos.

18.6.5. Os condutores elétricos devem:

a) ser dispostos de maneira a não obstruir a circulação de pessoas e materiais;

b) estar protegidos contra impactos mecânicos, umidade e contra agentes capazes de danificar a isolação;

c) possuir isolação em conformidade com as normas técnicas nacionais vigentes;

d) possuir isolação dupla ou reforçada quando destinados à alimentação de máquinas e equipamentos elétricos móveis ou portáteis.

18.6.6. As conexões, emendas e derivações dos condutores elétricos devem possuir resistência mecânica, condutividade e isolação compatíveis com as condições de utilização.

18.6.7. As instalações elétricas devem possuir sistema de aterramento elétrico de proteção e devem ser submetidas a inspeções e medições elétricas periódicas, com emissão dos respectivos laudos por profissional legalmente habilitado, em conformidade com o projeto das instalações elétricas temporárias e com as normas técnicas nacionais vigentes.

18.6.8. As partes condutoras das instalações elétricas, máquinas, equipamentos e ferramentas elétricas não pertencentes ao circuito elétrico, mas que possam ficar energizadas quando houver falha da isolação, devem estar conectadas ao sistema de aterramento elétrico de proteção.

18.6.9. É obrigatória a utilização do dispositivo Diferencial Residual (DR), como medida de segurança adicional nas instalações elétricas, nas situações previstas nas normas técnicas nacionais vigentes.

18.6.10. Os quadros de distribuição das instalações elétricas devem:

a) ser dimensionados com capacidade para instalar os componentes dos circuitos elétricos que o constituem;

b) ser constituídos de materiais resistentes ao calor gerado pelos componentes das instalações;

c) ter as partes vivas inacessíveis e protegidas aos trabalhadores não autorizados;

d) ter acesso desobstruído;

e) ser instalados com espaço suficiente para a realização de serviços e operação;

f) estar identificados e sinalizados quanto ao risco elétrico;

g) estar em conformidade com a classe de proteção requerida;

h) ter seus circuitos identificados.

18.6.11. É vedada a guarda de quaisquer materiais ou objetos nos quadros de distribuição.

18.6.12. Os dispositivos de manobra, controle e comando dos circuitos elétricos devem:

a) ser compatíveis com os circuitos elétricos que operam;

b) ser identificados;

c) possuir condições para a instalação de bloqueio e sinalização de impedimento de ligação.

18.6.13. Em todos os ramais ou circuitos destinados à ligação de equipamentos elétricos, devem ser instalados dispositivos de seccionamento, independentes, que possam ser acionados com facilidade e segurança.

18.6.14. Máquinas e equipamentos móveis e ferramentas elétricas portáteis devem ser conectadas à rede de alimentação elétrica, por intermédio de conjunto de plugue e tomada, em conformidade com as normas técnicas nacionais vigentes.

18.6.15. Os circuitos energizados em alta tensão e em extrabaixa tensão devem ser instalados separadamente dos circuitos energizados em extrabaixa tensão, respeitadas as definições de projeto.

18.6.16. As áreas de transformadores e salas de controle e comando devem ser separadas por barreiras físicas, sinalizadas e protegidas contra o acesso de pessoas não autorizadas.

18.6.17. As áreas onde ocorram intervenções em instalações elétricas energizadas devem ser isoladas e sinalizadas e, se necessário, possuir controle de acesso, de modo a evitar a entrada e a permanência no local de pessoas não autorizadas.

18.6.18. Os canteiros de obras devem estar protegidos por Sistema de Proteção contra Descargas Atmosféricas – SPDA, projetado, construído e mantido conforme normas técnicas nacionais vigentes.

18.6.18.1. O cumprimento do disposto neste subitem é dispensado nas situações previstas em normas técnicas nacionais vigentes, mediante laudo emitido por profissional legalmente habilitado.

18.6.19. O trabalho em proximidades de redes elétricas energizadas, internas ou externas ao canteiro de obras, só é permitido quando protegido contra o choque elétrico e arco elétrico.

18.6.20. Nas atividades de montagens metálicas, onde houver a possibilidade de acúmulo de energia estática, deve ser realizado aterramento da estrutura desde o início da montagem.

18.7. Etapas de obra

18.7.1. Demolição

18.7.1.1. Deve ser elaborado e implementado Plano de Demolição, sob responsabilidade de profissional legalmente habilitado, contemplando os riscos ocupacionais potencialmente existentes em todas as etapas da demolição e as medidas de prevenção a serem adotadas para preservar a segurança e a saúde dos trabalhadores.

18.7.1.2. O Plano de Demolição deve considerar:

a) as linhas de fornecimento de energia elétrica, água, inflamáveis líquidos e gasosos liquefeitos, substâncias tóxicas, canalizações de esgoto e de escoamento de água e outros;

b) as construções vizinhas à obra;

c) a remoção de materiais e entulhos;

d) as aberturas existentes no piso;

e) as áreas para a circulação de emergência;

f) a disposição dos materiais retirados;

g) a propagação e o controle de poeira;

h) o trânsito de veículos e pessoas.

18.7.2. Escavação, fundação e desmonte de rochas

18.7.2.1. O serviço de escavação, fundação e desmonte de rochas deve ser realizado e supervisionado conforme projeto elaborado por profissional legalmente habilitado.

18.7.2.2. Os locais onde são realizadas as atividades de escavação, fundação e desmonte de rochas, quando houver riscos, devem ter sinalização de advertência, inclusive noturna, e barreira de isolamento em todo o seu perímetro, de modo a impedir a entrada de veículos e pessoas não autorizadas.

18.7.2.2.1. A sinalização deve ser colocada de modo visível em número e tamanho adequados.

Escavação

18.7.2.3. Toda escavação com profundidade superior a 1,25 m (um metro e vinte e cinco centímetros) somente pode ser iniciada com a liberação e autorização do profissional legalmente habilitado, atendendo o disposto nas normas técnicas nacionais vigentes.

18.7.2.4. O projeto das escavações deve levar em conta a característica do solo, as cargas atuantes, os riscos a que estão expostos os trabalhadores e as medidas de prevenção.

18.7.2.5. Nas escavações em encostas, devem ser tomadas precauções especiais para evitar escorregamentos ou movimentos de grandes proporções no maciço adjacente, devendo merecer cuidado a remoção de blocos e pedras soltas.

18.7.2.6. O talude da escavação, quando indicado no projeto, deve ser protegido contra os efeitos da erosão interna e superficial durante a execução da obra.

18.7.2.7. Nas bordas da escavação, deve ser mantida uma faixa de proteção de no mínimo 1 m (um metro), livre de cargas, bem como a manutenção de proteção para evitar a entrada de águas superficiais na cava da escavação.

18.7.2.8. As escavações com profundidade superior a 1,25 m (um metro e vinte e cinco centímetros) devem ser protegidas com taludes ou escoramentos definidos em projeto elaborado por profissional legalmente habilitado e devem dispor de escadas ou rampas colocadas próximas aos postos de trabalho, a fim de permitir, em caso de emergência, a saída rápida dos trabalhadores.

18.7.2.8.1. Para escavações com profundidade igual ou inferior a 1,25 m (um metro e vinte e cinco centímetros), deve-se avaliar no local a existência de riscos ocupacionais e, se necessário, adotar as medidas de prevenção.

18.7.2.9. As escavações do canteiro de obras próximas de edificações devem ser monitoradas e o resultado documentado.

18.7.2.10. Quando existir, na proximidade da escavação, cabos elétricos, tubulações de água, esgoto, gás e outros, devem ser tomadas medidas preventivas de modo a eliminar o risco de acidentes durante a execução da escavação.

18.7.2.11. Os escoramentos utilizados como medida de prevenção devem ser inspecionados diariamente.

18.7.2.12. Quando for necessário o trânsito de pessoas sobre as escavações, devem ser construídas passarelas em conformidade com o item 18.8 desta NR.

18.7.2.13. O tráfego próximo às escavações deve ser desviado, ou, na sua impossibilidade, devem ser adotadas medidas para redução da velocidade dos veículos.

Fundação

18.7.2.14. Em caso de utilização de bate-estacas, os cabos de sustentação do pilão, em qualquer posição de trabalho, devem ter comprimento mínimo em torno do tambor definido pelo fabricante ou pelo profissional legalmente habilitado.

18.7.2.15. Quando o bate-estacas não estiver em operação, o pilão deve permanecer em repouso sobre o solo ou no fim da guia do seu curso.

Tubulão escavado manualmente

18.7.2.16. É proibida a utilização de sistema de tubulão escavado manualmente com profundidade superior a 15 m (quinze metros).

18.7.2.17. O tubulão escavado manualmente deve:

a) ser encamisado em toda a sua extensão;

b) ser executado após sondagem ou estudo geotécnico local, para profundidade superior a 3 m (três metros); e

c) possuir diâmetro mínimo de 0,9 m (noventa centímetros).

18.7.2.17.1. A escavação manual de tubulão acima do nível d'água ou abaixo dele somente pode ser executada nos casos em que o solo se mantenha estável, sem risco de desmoronamento, e seja possível controlar a água no seu interior.

18.7.2.18. A atividade de escavação manual de tubulão deve ser precedida de plano de resgate e remoção.

18.7.2.19. Os trabalhadores envolvidos na atividade de escavação manual de tubulão devem:

a) possuir capacitação específica de acordo com o Anexo I desta NR, de acordo com a NR-33 (Segurança e Saúde no Trabalho em Espaços Confinados) e com a NR-35 (Trabalho em Altura);

b) ter exames médicos atualizados de acordo com a NR-07 (Programa de Controle Médico de Saúde Ocupacional).

18.7.2.20. As ocorrências e as atividades sequenciais da escavação manual do tubulão devem ser registradas diariamente em livro próprio por profissional legalmente habilitado.

18.7.2.21. No tubulão escavado manualmente, são proibidos:

a) o trabalho simultâneo em bases alargadas em tubulões adjacentes, sejam estes trabalhos de escavação e/ou de concretagem;

b) a abertura simultânea de bases tangentes.

18.7.2.22. O equipamento de descida e içamento de trabalhadores e materiais utilizados no processo de escavação manual de tubulão deve:

a) dispor de sistema de sarilho, projetado por profissional legalmente habilitado, fixado no terreno, fabricado em material resistente e com rodapé de 0,2 m (vinte centímetros) em sua base, dimensionado conforme a carga e apoiado com, no mínimo, 0,5 m (cinquenta centímetros) de afastamento em relação à borda do tubulão;

b) ser dotado de sistema de segurança com travamento;

c) possuir dupla trava de segurança no sarilho, sendo uma de cada lado;

d) possuir corda de cabo de fibra sintética que atenda às recomendações do Anexo II desta NR;

e) utilizar corda de sustentação do balde com comprimento de modo que haja, em qualquer posição de trabalho, no mínimo 6 (seis) voltas sobre o tambor;

f) ter gancho com trava de segurança na extremidade da corda do balde.

18.7.2.22.1. A operação do equipamento de descida e içamento de trabalhadores e materiais utilizados no processo de escavação manual de tubulão deve atender às seguintes medidas:

a) liberar o serviço em cada etapa (abertura de fuste e alargamento de base), registrada no livro de registro diário de escavação;

b) dispor de sistema de ventilação por insuflação de ar por duto, captado em local isento de fontes de poluição ou, em caso contrário, adotar processo de filtragem do ar;

c) depositar materiais longe da borda do tubulão, com distância determinada pelo estudo geotécnico;

d) ter cobertura quando o serviço for executado a céu aberto;

e) isolar, sinalizar e fechar os poços nos intervalos e no término da jornada de trabalho;

f) impedir o trânsito de veículos nos locais de trabalho;

g) paralisar imediatamente as atividades de escavação no início de chuvas quando o serviço for executado a céu aberto;

h) utilizar iluminação blindada e à prova de explosão.

Tubulão com pressão hiperbárica

18.7.2.23. É proibida a execução de fundação por meio de tubulão de ar comprimido.

•• *Vide* art. 3º da Portaria n. 3.733, de 10-2-2020.

Desmonte de rochas

18.7.2.24. O armazenamento, manuseio e transporte de explosivos deve obedecer às recomendações de segurança do fabricante e aos regulamentos definidos pelo órgão responsável.

18.7.2.25. Para a operação de desmonte de rocha a fogo, com a utilização de explosivos, é obrigatória a elaboração de um Plano de Fogo para cada detonação, por profissional legalmente habilitado, considerando os riscos ocupacionais e as medidas de prevenção para assegurar a segurança e saúde dos trabalhadores.

18.7.2.26. Na operação de desmonte de rocha a fogo, fogacho ou mista, deve haver um blaster responsável pelo armazenamento e preparação das cargas, carregamento das minas, ordem de fogo e detonação e retirada dos explosivos que não explodiram e sua destinação adequada.

18.7.2.27. Em casos especiais, quando da necessidade de o carregamento dos explosivos ser executado simultaneamente com a perfuração da rocha, deve ser garantida uma distância mínima, determinada pelo blaster, entre o local do carregamento e o local de perfuração.

18.7.2.28. Antes da introdução das cargas deve ser verificada a existência de obstrução nos furos.

18.5.2.29. O carregamento dos furos deve ser efetuado imediatamente antes da detonação.

•• Numeração conforme publicação oficial.

18.7.2.30. A área de fogo deve ser protegida para evitar a projeção de partículas quando expuser a risco trabalhadores e terceiros.

18.7.2.31. Durante o carregamento só devem permanecer no local os trabalhadores envolvidos na atividade, conforme condições estabelecidas pelo blaster.

18.7.2.32. O aviso final da detonação deve ser feito por meio de sirene, com intensidade de som suficiente para que seja ouvido em todos os setores da obra e no entorno.

18.7.2.33. O tempo de retorno ao local da detonação deve ser definido pelo blaster.

18.7.2.34. Os explosivos e espoletas não utilizados devem ser recolhidos aos seus respectivos depósitos após cada fogo.

18.7.3. Carpintaria e armação

18.7.3.1. As áreas de trabalho dos serviços de carpintaria e onde são realizadas as atividades de corte, dobragem e armação de vergalhões de aço devem:

a) ter piso resistente, nivelado e antiderrapante;

b) possuir cobertura capaz de proteger os trabalhadores contra intempéries e queda de materiais;

c) possuir lâmpadas para iluminação protegidas contra impactos provenientes da projeção de partículas;

d) ter coletados e removidos, diariamente, os resíduos das atividades.

18.7.3.2. A área de movimentação de vergalhões de aço deve ser isolada para evitar a circulação de pessoas não envolvidas na atividade.

18.7.3.3. Os feixes de vergalhões de aço que forem deslocados por equipamentos de guindar devem ser amarrados de modo a evitar escorregamento.

18.7.3.4. As armações de pilares, vigas e outras estruturas devem ser apoiadas e escoradas para evitar tombamento e desmoronamento.

18.7.3.5. É obrigatória a colocação de pranchas de material resistente firmemente apoiadas sobre as armações, para a circulação de trabalhadores.

18.7.3.6. As extremidades de vergalhões que ofereçam risco para os trabalhadores devem ser protegidas.

18.7.4. Estrutura de concreto

18.7.4.1. O projeto das fôrmas e dos escoramentos, indicando a sequência de retirada das escoras, deve ser elaborado por profissional legalmente habilitado.

18.7.4.2. Na montagem das fôrmas e na desforma, são obrigatórios o isolamento e a sinalização da área no entorno da atividade, além de serem previstas as medidas de prevenção de forma a impedir a queda livre das peças.

18.7.4.3. A operação de concretagem deve ser supervisionada por trabalhador capacitado, devendo ser observadas as seguintes medidas:

a) inspecionar os equipamentos e os sistemas de alimentação de energia antes e durante a execução dos serviços;

b) inspecionar as peças e máquinas do sistema transportador de concreto antes e durante a execução dos serviços;

c) inspecionar o escoramento e a resistência das fôrmas antes e durante a execução dos serviços;

d) isolar e sinalizar o local onde se executa a concretagem, sendo permitido o acesso somente à equipe responsável;

e) dotar as caçambas transportadoras de concreto de dispositivos de segurança que impeçam o seu descarregamento acidental.

18.7.4.4. Durante as operações de protensão e desprotensão dos tirantes, a área no entorno da atividade deve ser isolada e sinalizada, sendo proibida a permanência de trabalhadores atrás ou sobre os dispositivos de protensão, ou em outro local que ofereça riscos.

18.7.4.5. Quando o local de lançamento de concreto não for visível pelo operador do equipamento de transporte ou da bomba de concreto, deve ser utilizado um sistema de sinalização, sonoro ou visual, e, quando isso não for possível, deve haver comunicação por telefone ou rádio para determinar o início e o fim do lançamento.

18.7.5. Estruturas metálicas

18.7.5.1. Toda montagem, manutenção e desmontagem de estrutura metálica deve estar sob responsabilidade de profissional legalmente habilitado.

18.7.5.2. Na montagem de estruturas metálicas, o SPIQ e os meios de acessos dos trabalhadores à estrutura devem estar previstos no PGR da obra.

18.7.5.3. Nas operações de montagem, desmontagem e manutenção das estruturas metálicas, o trabalhador deve ter recipiente e/ou suporte adequado para depositar materiais e/ou ferramentas.

18.7.6. Trabalho a quente

18.7.6.1. Para fins desta NR, considera-se trabalho a quente as atividades de soldagem, goivagem, esmerilhamento, corte ou outras que possam gerar fontes de ignição, tais como aquecimento, centelha ou chama.

18.7.6.2. Deve ser elaborada análise de risco específica para trabalhos a quente quando:

a) houver materiais combustíveis ou inflamáveis no entorno;

b) for realizado em área sem prévio isolamento e não destinada para este fim.

18.7.6.3. Quando definido na análise de risco, deve haver um trabalhador observador para exercer a vigilância da atividade de trabalho a quente até a conclusão do serviço.

18.7.6.4. O trabalhador observador deve ser capacitado em prevenção e combate a incêndio.

18.7.6.5. Nos locais onde se realizam trabalhos a quente, deve ser efetuada inspeção preliminar, de modo a assegurar que o local de trabalho e áreas adjacentes:

a) estejam limpos, secos e isentos de agentes combustíveis, inflamáveis, tóxicos e contaminantes;

b) sejam liberados após constatação da ausência de atividades incompatíveis com o trabalho a quente.

18.7.6.6. Devem ser tomadas as seguintes medidas de prevenção contra incêndio nos locais onde se realizam trabalhos a quente:

a) eliminar ou manter sob controle possíveis riscos de incêndios;

b) instalar proteção contra o fogo, respingos, calor, fagulhas ou borras, de modo a evitar o contato com materiais combustíveis ou inflamáveis, bem como evitar a interferência em atividades paralelas ou na circulação de pessoas;

c) manter sistema de combate a incêndio desobstruído e próximo à área de trabalho;

d) inspecionar, ao término do trabalho, o local e as áreas adjacentes, a fim de evitar princípios de incêndio.

18.7.6.7. Para o controle de fumos e contaminantes decorrentes dos trabalhos a quente, devem ser implementadas as seguintes medidas:

a) limpar adequadamente a superfície e remover os produtos de limpeza utilizados, antes de realizar qualquer operação;

b) providenciar renovação de ar em ambientes fechados a fim de eliminar gases, vapores e fumos empregados e/ou gerados durante os trabalhos a quente.

18.7.6.8. Sempre que ocorrer mudança nas condições ambientais, as atividades devem ser interrompidas, avaliando-se as condições ambientais e adotando-se as medidas necessárias para adequar a renovação de ar.

18.7.6.9. Nos trabalhos a quente que utilizem gases, devem ser adotadas as seguintes medidas:

a) utilizar somente gases adequados à aplicação, de acordo com as informações do fabricante;

b) seguir as determinações indicadas na Ficha de Informação de Segurança de Produtos Químicos – FISPQ;

c) utilizar reguladores de pressão e manômetros calibrados e em conformidade com o gás empregado;

d) utilizar somente acendedores apropriados, que produzam somente centelhas e não possuam reservatório de combustível, para o acendimento de chama do maçarico;

e) impedir o contato de oxigênio a alta pressão com matérias orgânicas, tais como óleos e graxas.

18.7.6.10. É proibida a instalação de adaptadores entre o cilindro e o regulador de pressão.

18.7.6.11. No caso de equipamento de oxiacetileno, deve ser utilizado dispositivo contra retrocesso de chama nas alimentações da mangueira e do maçarico.

18.7.6.12. Somente é permitido emendar mangueiras por meio do uso de conector em conformidade com as especificações técnicas do fabricante.

18.7.6.13. Os cilindros de gás devem ser:

a) mantidos em posição vertical e devidamente fixados;

b) afastados de chamas, de fontes de centelhamento, de calor e de produtos inflamáveis;

c) instalados de forma a não se tornar parte de circuito elétrico, mesmo que acidentalmente;

d) transportados na posição vertical, com capacete rosqueado, por meio de equipamentos apropriados, devidamente fixados, evitando-se colisões;

e) mantidos com as válvulas fechadas e guardados com o protetor de válvulas (capacete rosqueado), quando inoperantes ou vazios.

18.7.6.14. Sempre que o serviço for interrompido, devem ser fechadas as válvulas dos cilindros, dos maçaricos e dos distribuidores de gases.

18.7.6.15. Os equipamentos e as mangueiras inoperantes ou que não estejam sendo utilizados devem ser mantidos fora dos espaços confinados.

18.7.6.16. São proibidas a instalação, a utilização e o armazenamento de cilindros de gases em ambientes confinados.

•• *Vide* art. 3º da Portaria n. 3.733, de 10-2-2020.

18.7.6.17. Nas operações de soldagem ou corte a quente de vasilhame, recipiente, tanque ou similar que envolvam geração de gases, é obrigatória a adoção de medidas preventivas adicionais para eliminar riscos de explosão e intoxicação do trabalhador.

18.7.7. Serviços de impermeabilização

18.7.7.1. Os serviços de aquecimento, transporte e aplicação de impermeabilizante em edificações devem atender às normas técnicas nacionais vigentes.

18.7.7.2. O reservatório para aquecimento deve possuir:

a) nome e CNPJ da empresa fabricante ou importadora em caracteres indeléveis;

b) manual técnico de operação disponível aos trabalhadores;

c) tampa com respiradouro de segurança;

d) medidor de temperatura.

18.7.7.3. O local de instalação do reservatório para aquecimento deve:

a) possuir ventilação natural ou forçada;

b) estar nivelado;

c) ter isolamento e sinalização de advertência;

d) ser mantido limpo e organizado.

18.7.7.4. A armazenagem dos produtos utilizados nas operações de impermeabilização, inclusive os cilindros de gás, deve ser realizada em local isolado, sinalizado, ventilado, protegido contra risco de incêndio e distinto do local de instalação dos equipamentos de aquecimento.

18.7.7.5. Os sistemas de aquecimento a gás devem atender aos seguintes requisitos:

a) cilindros de gás devem ter capacidade de, no mínimo, 8 kg (oito quilos);

b) cilindros de gás devem ser instalados a, no mínimo, 3 m (três metros) do equipamento de aquecimento;

c) cilindros de gás com capacidade igual ou superior a 45 kg (quarenta e cinco quilos) devem estar sobre rodas;

d) devem ser utilizados tubos ou mangueiras flexíveis de, no mínimo, 5 m (cinco metros), previstos nas normas técnicas nacionais vigentes.

18.7.7.6. O sistema de aquecimento a gás deve ser inspecionado, quanto à existência de vazamentos, a cada intervenção.

18.7.7.7. A limpeza e a manutenção do equipamento de aquecimento devem seguir as recomendações do fabricante.

18.7.7.8. Nos serviços de impermeabilização, é proibido:

a) utilizar aquecimento a lenha;

b) movimentar equipamento de aquecimento com a tampa destravada.

18.7.7.9. Os trabalhadores envolvidos na atividade devem ser capacitados conforme definido no Anexo I desta NR.

18.7.8. Telhados e coberturas

18.7.8.1. No serviço em telhados e coberturas que excedam 2 m (dois metros) de altura com risco de queda de pessoas, aplica-se o disposto na NR-35.

18.7.8.1.1. O acesso ao SPIQ instalado sobre telhados e coberturas deve ser projetado de forma que não ofereça risco de quedas.

18.7.8.2. É proibida a realização de trabalho ou atividades em telhados ou coberturas:

a) sobre superfícies instáveis ou que não possuam resistência estrutural;

b) sobre superfícies escorregadias;

c) sob chuva, ventos fortes ou condições climáticas adversas;

d) sobre fornos ou qualquer outro equipamento do qual haja emanação de gases provenientes de processos industriais, devendo o equipamento ser previamente desligado ou serem adotadas medidas de prevenção no caso da impossibilidade do desligamento;

e) com a concentração de cargas em um mesmo ponto sobre telhado ou cobertura, exceto se autorizada por profissional legalmente habilitado.

18.8. Escadas, rampas e passarelas

18.8.1. É obrigatória a instalação de escada ou rampa para transposição de pisos com diferença de nível superior a 0,4 m (quarenta centímetros) como meio de circulação de trabalhadores.

18.8.2. A utilização de escadas e rampas deve observar os seguintes ângulos de inclinação:

a) para rampas, ângulos inferiores a 15° (quinze graus);

b) para escadas móveis, ângulos entre 50° (cinquenta graus) e 75° (setenta e cinco graus), ou de acordo com as recomendações do fabricante;

c) para escadas fixas tipo vertical, ângulos entre 75° (setenta e cinco graus) e 90° (noventa graus).

18.8.3. É obrigatória a instalação de passarelas quando for necessário o trânsito de pessoas sobre vãos com risco de queda de altura.

18.8.4. As escadas, rampas e passarelas devem ser dimensionadas e construídas em função das cargas a que estarão submetidas.

18.8.5. O transporte de materiais deve ser feito por meio adequado, quando utilizadas escadas que demandem o uso das mãos como ponto de apoio para o acesso ou para a execução do trabalho.

18.8.6. Escadas

Escada fixa de uso coletivo

18.8.6.1. As escadas de uso coletivo devem:

a) ser dimensionadas em função do fluxo de trabalhadores;

b) ser dotadas de sistema de proteção contra quedas, de acordo com o subitem 18.9.4.1 ou 18.9.4.2 desta NR;

c) ter largura mínima de 0,8 m (oitenta centímetros);

d) ter altura uniforme entre os degraus de, no máximo, 0,2 m (vinte centímetros);

e) ter patamar intermediário, no máximo, a cada 2,9 m (dois metros e noventa centímetros) de altura, com a mesma largura da escada e comprimento mínimo igual à largura;

f) ter piso com forração completa e antiderrapante;

g) ser firmemente fixadas em suas extremidades.

Escada fixa vertical

18.8.6.2. A escada fixa vertical deve:

a) suportar os esforços solicitantes;

b) possuir corrimão ou continuação dos montantes da escada ultrapassando a plataforma de descanso ou o piso superior com altura entre 1,1 m (um metro e dez centímetros) a 1,2 m (um metro e vinte centímetros);

c) largura entre 0,4 m (quarenta centímetros) e 0,6 m (sessenta centímetros);

d) ter altura máxima de 10 m (dez metros), se for de um único lance;

e) ter altura máxima de 6 m (seis metros) entre duas plataformas de descanso, se for de múltiplos lances;

f) possuir plataforma de descanso com dimensões mínimas de 0,6 m x 0,6 m (sessenta centímetros por sessenta centímetros) e dotada de sistema de proteção contra quedas, de acordo o subitem 18.9.4.1 ou 18.9.4.2 desta NR;

g) espaçamento uniforme dos degraus entre 0,25 m (vinte e cinco centímetros) e 0,3 m (trinta centímetros);

h) fixação na base, a cada 3 m (três metros), e no topo na parte superior.

i) espaçamento entre o piso e a primeira barra não superior a 0,4 m (quarenta centímetros);

j) distância em relação à estrutura em que é fixada de, no mínimo, 0,15 m (quinze centímetros);

k) dispor de lances em eixos paralelos distanciados, no mínimo, 0,7 m (setenta centímetros) entre eixos.

18.8.6.3. É obrigatória a utilização de SPIQ em escadas tipo fixa vertical com altura superior a 2 m (dois metros).

Escadas portáteis

18.8.6.4. As escadas de madeira não devem apresentar farpas, saliências ou emendas.

18.8.6.5. A seleção do tipo de escada portátil como meio de acesso e local de trabalho deve considerar a sua característica e se a tarefa a ser realizada pode ser feita com segurança.

18.8.6.6. A escada portátil deve ser selecionada:

a) de acordo com a carga projetada, de forma a resistir ao peso aplicado durante o acesso ou a execução da tarefa;

b) considerando os esforços quando da utilização de sistemas de proteção contra quedas;

d) considerando as situações de resgate.

18.8.6.7. As escadas portáteis devem:

a) ter espaçamento uniforme entre os degraus de 0,25 m (vinte e cinco centímetros) a 0,3 m (trinta centímetros);

b) ser dotadas de degraus antiderrapantes;

•• *Vide* art. 3º da Portaria n. 3.733, de 10-2-2020.

c) ser apoiadas em piso resistente;

d) ser fixadas em seus apoios ou possuir dispositivo que impeça seu escorregamento.

18.8.6.8. É proibido utilizar escada portátil:

a) nas proximidades de portas ou áreas de circulação, de aberturas e vãos e em locais onde haja risco de queda de objetos ou materiais, exceto quando adotadas medidas de prevenção;

b) em estruturas sem resistência;

c) junto a redes e equipamentos elétricos energizados desprotegidos.

18.8.6.9. No caso do uso de escadas portáteis nas proximidades de portas ou áreas de circulação, a área no entorno dos serviços deve ser isolada e sinalizada.

18.8.6.10. As escadas portáteis devem ser usadas por uma pessoa de cada vez, exceto quando especificado pelo fabricante o uso simultâneo.

18.8.6.11. Durante a subida e descida de escadas portáteis, o trabalhador deve estar apoiado em três pontos.

18.8.6.12. As escadas portáteis devem possuir sapatas antiderrapantes ou dispositivo que impeça o seu escorregamento.

Escada portátil de uso individual (de mão)

18.8.6.13. As escadas de mão devem:

a) possuir, no máximo, 7 m (sete metros) de extensão;

b) ultrapassar em pelo menos 1 m (um metro) o piso superior;

c) possuir degraus fixados aos montantes por meios que garantam sua rigidez.

18.8.6.14. É proibido o uso de escada de mão com montante único.

18.8.6.15. A escada de mão deve ter seu uso restrito para serviços de pequeno porte e acessos temporários.

Escada portátil dupla (cavalete, abrir ou autossustentável)

18.8.6.16. As escadas duplas devem:

a) possuir, no máximo, 6 m (seis metros) de comprimento quando fechadas;

b) ser utilizadas com os limitadores de abertura operantes e nas posições indicadas pelo fabricante;

c) ter a estabilidade garantida, quando da utilização de ferramentas e materiais aplicados na atividade.

18.8.6.17. As escadas duplas devem ser utilizadas apenas para a realização de atividades com ela compatíveis, sendo proibida sua utilização para a transposição de nível.

Escada portátil extensível

18.8.6.18. As escadas extensíveis devem:

a) ser dotadas de dispositivo limitador de curso, colocado no quarto vão a contar da catraca, ou conforme determinado pelo fabricante;

b) permitir sobreposição de, no mínimo, 1 m (um metro), quando estendida, caso não haja limitador de curso;

c) ser fixada em estrutura resistente e estável em pelo menos um ponto, de preferência no nível superior;

d) ter a base apoiada a uma distância entre 1/5 (um quinto) e 1/3 (um terço) em relação à altura;

e) ser posicionada de forma a ultrapassar em pelo menos 1 m (um metro) o nível superior, quando usada para acesso.

18.8.6.19. A escada extensível com mais de 7 m (sete metros) de comprimento deve possuir sistema de travamento (tirante ou vareta de segurança) para impedir que os montantes fiquem soltos e prejudiquem a estabilidade.

18.8.7. Rampas e passarelas

18.8.7.1. As rampas e passarelas devem:

a) ser dimensionadas em função de seu comprimento e das cargas a que estarão submetidas;

b) possuir sistema de proteção contra quedas em todo o perímetro, conforme o subitem 18.9.4.1 ou 18.9.4.2 desta NR;

a) ter largura mínima de 0,8 m (oitenta centímetros);

b) ter piso com forração completa e antiderrapante;

c) ser firmemente fixadas em suas extremidades.

18.8.7.2. Nas rampas com inclinação superior a 6° (seis graus), devem ser fixadas peças transversais, espaçadas em, no máximo, 0,4 m (quarenta centímetros) ou outro dispositivo de apoio para os pés.

18.9. Medidas de prevenção contra queda de altura

18.9.1. É obrigatória a instalação de proteção coletiva onde houver risco de queda de trabalhadores ou de projeção de materiais e objetos no entorno da obra, projetada por profissional legalmente habilitado.

18.9.2. As aberturas no piso devem:

a) ter fechamento provisório constituído de material resistente travado ou fixado na estrutura; ou

b) ser dotada de sistema de proteção contra quedas, de acordo com o subitem 18.9.4.1 ou 18.9.4.2 desta NR.

18.9.3. Os vãos de acesso às caixas dos elevadores devem ter fechamento provisório de toda a abertura, constituído de material resistente, travado ou fixado à estrutura, até a colocação definitiva das portas.

18.9.4. É obrigatória, na periferia da edificação, a instalação de proteção contra queda de trabalhadores e projeção de materiais a partir do início dos serviços necessários à concretagem da primeira laje.

18.9.4.1. A proteção, quando constituída de anteparos rígidos com fechamento total do vão, deve ter altura mínima de 1,2 m (um metro e vinte centímetros).

18.9.4.2. A proteção, quando constituída de anteparos rígidos em sistema de guarda-corpo e rodapé, deve atender aos seguintes requisitos:

a) travessão superior a 1,2 m (um metro e vinte centímetros) de altura e resistência à carga horizontal de 90 kgf/m (noventa quilogramas-força por metro), sendo que a deflexão máxima não deve ser superior a 0,076 m (setenta e seis milímetros);

b) travessão intermediário a 0,7 m (setenta centímetros) de altura e resistência à carga horizontal de 66 kgf/m (sessenta e seis quilogramas-força por metro);

c) rodapé com altura mínima de 0,15 m (quinze centímetros) rente à superfície e resistência à carga horizontal de 22 kgf/m (vinte e dois quilogramas-força por metro);

d) ter vãos entre travessas preenchidos com tela ou outro dispositivo que garanta o fechamento seguro da abertura.

18.9.4.3. Quando da utilização de plataformas de proteção primária, secundária ou terciária, essas devem ser projetadas por profissional legalmente habilitado e atender aos seguintes requisitos:

a) ser projetada e construída de forma a resistir aos impactos das quedas de objetos;

b) ser mantida em adequado estado de conservação;

c) ser mantida sem sobrecarga que prejudique a estabilidade de sua estrutura.

18.9.4.4. Quando da utilização de redes de segurança, essas devem ser confeccionadas e instaladas de acordo com os requisitos de segurança e ensaios previstos nas normas EN 1263-1 e EN 1263-2 ou em normas técnicas nacionais vigentes.

18.9.4.4.1. O projeto de redes de segurança deve conter o procedimento das fases de montagem, ascensão e desmontagem.

18.9.4.4.2. As redes devem apresentar malha uniforme em toda a sua extensão.

18.9.4.4.3. Quando necessárias emendas na panagem da rede, devem ser asseguradas as mesmas características da rede original, com relação à resistência, à tração e à deformação, além da durabilidade, sendo proibidas emendas com sobreposições da rede.

18.9.4.4.4. As emendas devem ser feitas por profissional capacitado, sob supervisão de profissional legalmente habilitado.

18.9.4.4.5. O sistema de redes deve ser submetido a uma inspeção semanal para verificação das condições de todos os seus elementos e pontos de fixação.

18.9.4.4.6. As redes, os elementos de sustentação e os acessórios devem ser armazenados em local apropriado, seco e acondicionados em recipientes adequados.

18.9.4.4.7. As redes, quando utilizadas para proteção de periferia, devem estar associadas a um sistema, com altura mínima de 1,2 m (um metro e vinte centímetros), que impeça a queda de materiais e objetos.

18.10. Máquinas, equipamentos, ferramentas

18.10.1. Máquinas e equipamentos

18.10.1.1. As máquinas e os equipamentos devem atender ao disposto na NR-12 (Segurança no Trabalho em Máquinas e Equipamentos).

18.10.1.2. As máquinas e equipamentos estacionários devem estar localizados em ambiente coberto e com iluminação adequada às atividades.

18.10.1.3. Devem ser elaborados procedimentos de segurança para o trabalho com máquinas, equipamentos e ferramentas não contempladas no campo de aplicação da NR-12.

18.10.1.4. Nas obras com altura igual ou superior a 10 m (dez metros), é obrigatória a instalação de máquina ou equipamento de transporte vertical motorizado de materiais.

18.10.1.4.1. As máquinas ou equipamentos de transporte de materiais devem possuir dispositivos que impeçam a descarga acidental do material.

18.10.1.5. A serra circular deve:

a) ser projetada por profissional legalmente habilitado;

b) ser dotada de estrutura metálica estável;

c) ter o disco afiado e travado, devendo ser substituído quando apresentar defeito;

d) possuir dispositivo que impeça o aprisionamento do disco e o retrocesso da madeira;

e) dispor de dispositivo que possibilite a regulagem da altura do disco;

f) ter coletor de serragem;

g) ser dotada de dispositivo empurrador e guia de alinhamento, quando necessário;

h) ter coifa ou outro dispositivo que impeça a projeção do disco de corte.

Máquina autopropelida

18.10.1.6. Na operação com máquina autopropelida, devem ser observadas as seguintes medidas de segurança:

a) as zonas de perigo e as partes móveis devem possuir proteções de modo a impedir o acesso de partes do corpo do trabalhador, podendo ser retiradas somente para limpeza, lubrificação, reparo e ajuste, e, após, devem ser, obrigatoriamente, recolocadas;

b) os operadores não podem se afastar do equipamento sob sua responsabilidade quando em funcionamento;

c) nas paradas temporárias ou prolongadas, devem ser adotadas medidas com o objetivo de eliminar riscos provenientes de funcionamento acidental;

d) quando o operador do equipamento tiver a visão dificultada por obstáculos, deve ser exigida a presença de um trabalhador capacitado para orientar o operador;

e) em caso de superaquecimento de pneus e sistema de freio, devem ser tomadas precauções especiais, prevenindo-se de possíveis explosões ou incêndios;

f) possuir retrovisores e alarme sonoro acoplado ao sistema de câmbio quando operada em marcha a ré;

g) não deve ser operada em posição que comprometa sua estabilidade;

h) antes de iniciar a movimentação ou dar partida no motor, é preciso certificar-se de que não há ninguém sobre, debaixo ou perto dos mesmos, de modo a garantir que a movimentação da máquina não exponha trabalhadores ou terceiros a acidentes;

i) assegurar que, antes da operação, esteja brecada e com suas rodas travadas, implementando medidas adicionais no caso de pisos inclinados ou irregulares.

18.10.1.7. A inspeção, limpeza, ajuste e reparo somente devem ser executados com a máquina desligada, salvo se o movimento for indispensável à realização da inspeção ou ajuste.

18.10.1.8. É proibido manter sustentação de máquinas autopropelidas somente pelos cilindros hidráulicos, quando em manutenção.

18.10.1.9. O abastecimento de máquinas autopropelidas com motor a explosão deve ser realizado por trabalhador capacitado, em local apropriado, utilizando-se de técnica e equipamentos que garantam a segurança da operação.

18.10.1.10. O processo de enchimento ou esvaziamento de pneus deve ser feito de modo gradativo, com medições sucessivas da pressão, dentro de gaiolas de proteção, projetadas para esse fim, de modo a resguardar a segurança do trabalhador.

18.10.1.11. O transporte de acessórios e materiais por içamento deve ser feito o mais próximo possível do piso, com o isolamento da área, em conformidade com a análise de risco.

18.10.1.12. Devem ser tomadas precauções especiais quando da movimentação de máquinas autopropelidas próxima a redes elétricas.

18.10.1.13. A máquina autopropelida com massa (tara) superior a 4.500 kg (quatro mil e quinhentos quilos) deve possuir cabine climatizada e oferecer proteção contra queda e projeção de objetos e contra incidência de raios solares e intempéries.

•• *Vide* art. 3º da Portaria n. 3.733, de 10-2-2020.

18.10.1.14. A máquina autopropelida com massa (tara) igual ou inferior a 4.500 kg (quatro mil e quinhentos quilos) deve possuir posto de trabalho protegido contra queda e projeção de objetos e contra incidência de raios solares e intempéries.

Equipamentos de guindar

18.10.1.15. Para fins de aplicação dos subitens 18.10.1.16 a 18.10.1.44, consideram-se equipamentos de guindar as gruas, inclusive as de pequeno porte, os guindastes, os pórticos, as pontes rolantes e equipamentos similares.

18.10.1.16. Os equipamentos de guindar devem ser utilizados de acordo com as recomendações do fabricante e com o plano de carga, elaborado por profissional legalmente habilitado e contemplado no PGR.

18.10.1.17. O plano de carga para movimentação de carga suspensa deve ser elaborado para cada equipamento e conter as seguintes informações:

a) endereço do local onde o equipamento estiver instalado e a duração prevista para sua utilização;

b) razão social, endereço e CNPJ do fabricante, importador, locador ou proprietário do equipamento e do responsável pela montagem, desmontagem e serviços de manutenção;

c) tipo, modelo, ano de fabricação, capacidade, dimensões e demais dados técnicos;

d) conter croquis ou planta baixa, mostrando a área coberta pela operacionalização do equipamento, de todas possíveis interferências dentro e fora dos limites da obra, e os principais locais de carregamento e descarregamento de materiais;

e) indicar as medidas previstas para isolamento das áreas sob cargas suspensas e das áreas adjacentes que eventualmente possam estar sob risco de queda de materiais;

f) especificar todos os dispositivos e acessórios auxiliares de içamento que devem ser utilizados em cada operação, tais como ganchos, lingas, calços, contenedores especiais, balancins, manilhas, roldanas auxiliares e quaisquer outros necessários;

g) detalhar procedimentos especiais que se façam necessários com relação à movimentação de peças de grande porte, quanto à preparação da área de operações, velocidades e percursos previstos na movimentação da carga, sequenciamento de etapas necessárias, utilização conjunta de mais de um equipamento de guindar, ensaios e/ou treinamentos preliminares e qualquer outra situação singular de alto risco;

h) conter lista de verificação do equipamento e dos dispositivos auxiliares de movimentação de carga, emitida pelo fabricante, locador ou profissional legalmente habilitado;

i) conter lista de verificação para plataforma de carga e descarga, emitida por profissional legalmente habilitado;

j) conter medidas preventivas complementares quando no mesmo local houver outro equipamento de guindar com risco de interferência entre seus movimentos.

18.10.1.17.1. Para grua, além do disposto neste subitem, deve ser indicada a altura inicial e final, o comprimento da lança, a capacidade de carga na ponta, a capacidade máxima de carga, se provida ou não de coletor elétrico e a planilha de esforços sobre a base e sobre os locais de ancoragens do equipamento.

18.10.1.18. Deve ser elaborada análise de risco para movimentação de cargas, sendo que, quando a movimentação for rotineira, a análise pode estar descrita em procedimento operacional.

18.10.1.19. Deve ser elaborada análise de risco específica para movimentação de cargas não rotineiras, com a respectiva permissão de trabalho.

18.10.1.20. Quando da utilização de equipamento de guindar sobre base móvel, a sua estabilidade deve ser garantida, assim como a da superfície onde será utilizado, atendendo às recomendações do fabricante ou do profissional legalmente habilitado.

18.10.1.21. Devem ser mantidos o isolamento e a sinalização da área sob carga suspensa.

18.10.1.22. Quando no mesmo local houver dois ou mais equipamentos de guindar com risco de interferência entre seus movimentos, deve haver sistema automatizado anticolisão instalado nos equipamentos ou sinaleiro capacitado e autorizado para coordenar os movimentos desses equipamentos.

18.10.1.23. Quando da utilização de equipamento de guindar, os seguintes documentos, quando aplicável, devem ser disponibilizados no canteiro de obras:

a) plano de cargas, conforme subitem 18.10.1.17 desta NR;

b) registro de todas as ações de manutenção preventivas e corretivas e de inspeção do equipamento, ocorridas após a instalação no local onde estiver em operação, e os termos de entrega técnica e liberação para uso, conforme disposto no item 12.11 da NR-12;

c) comprovantes de capacitação e autorização do operador do equipamento de guindar em operação no local;

d) comprovantes de capacitação do sinaleiro/amarrador de cargas e do trabalhador designado para inspecionar plataformas em balanço para recebimento de cargas;

e) projeto de fixação na edificação ou em estrutura independente;

f) projeto para a passarela de acesso à torre da grua;

g) listas de verificação mencionadas nesta NR e instruções de segurança emitidas, específicas à operacionalização do equipamento;

h) laudo de aterramento elétrico com medição ôhmica, conforme normas técnicas nacionais vigentes, elaborado por profissional legalmente habilitado e atualizado semestralmente.

18.10.1.24. O equipamento de guindar, de acordo com suas especificidades, deve dispor dos seguintes itens de segurança:

a) limitador de carga máxima;

b) limitador de altura que permita a frenagem do moitão na elevação de cargas;

c) dispositivo de monitoramento na descida, se definido na análise de risco;

d) alarme sonoro com acionamento automático quando o limitador de carga ou de momento estiver atuando;

e) alarme sonoro para ser acionado pelo operador em situações de risco e/ou alerta;

g) trava de segurança no gancho do moitão;

h) dispositivo instalado nas polias que impeça o escape acidental dos cabos de aço;

i) limitadores de curso para movimento de translação quando instalado sobre trilhos.

18.10.1.25. Quando o equipamento de guindar possuir cabine de comando, esta deve dispor de:

a) acesso seguro e, quando necessário em movimentação vertical para acessar a cabine, tornar obrigatório o uso do SPIQ;

b) interior climatizado;

•• *Vide* art. 3º da Portaria n. 3.733, de 10-2-2020.

c) assento ergonômico;

d) proteção contra raios solares e intempéries;

e) tabela de cargas máximas em todas as condições de uso, escrita em língua portuguesa, no seu interior e de fácil visualização pelo operador;

f) extintor de incêndio adequado ao risco.

18.10.1.26. Guindastes e gruas, além das exigências anteriores cabíveis, devem possuir:

a) limitador de momento máximo, impedindo a continuidade do movimento e só permitindo a sua reversão;

b) anemômetro que indique no interior da cabine do equipamento a velocidade do vento;

c) indicadores de níveis longitudinal e transversal, exceto para as gruas que não são montadas sobre base móvel.

18.10.1.27. Os dispositivos auxiliares de içamento devem atender aos seguintes requisitos:

a) dispor de forma indelével a razão social do fabricante ou do locador, a capacidade de carga e o número de série que permita sua rastreabilidade;

b) possuir certificado ou dispor de projeto elaborado por profissional legalmente habilitado, contendo a especificação e descrição completa das características mecânicas e elétricas, se cabíveis;

c) ser inspecionado pelo sinaleiro/amarrador de cargas antes de entrar em uso.

18.10.1.28. Os controles remotos utilizados para o comando de equipamento de guindar devem conter a identificação correspondente ao equipamento que está sendo utilizado e possuir indicação, em língua portuguesa, dos comandos de operação.

18.10.1.29. São proibidos durante a operação dos equipamentos de guindar:

a) circulação ou permanência de pessoas estranhas nas áreas sob movimentação da carga suspensa;

b) colocação de placas de publicidade na estrutura do equipamento, salvo quando especificado pelo fabricante ou profissional legalmente habilitado;

c) movimentação de cargas com peso desconhecido;

d) movimentação em ações de arraste ou com o içamento inclinado em relação à vertical;

e) içamento de carga que não esteja totalmente desprendida da sua superfície de apoio e livre de qualquer interferência que ofereça resistência ao movimento pretendido;

f) utilização de cordas de fibras naturais ou sintéticas como elementos de içamento de cargas, salvo cabos de fibra sintética previstos nas normas técnicas nacionais vigentes;

g) transporte de pessoas, salvo nas condições em operação de resgate e salvamento, sob supervisão de profissional legalmente habilitado, ou quando em conformidade com o item 4 do Anexo XII da NR-12;

h) trabalho em condições climáticas adversas ou qualquer outra condição meteorológica que possa afetar a segurança dos trabalhadores.

18.10.1.30. Na impossibilidade de o operador do equipamento visualizar a carga em todo o seu percurso, a operação deve ser orientada por, no mínimo, um sinaleiro/amarrador de carga.

18.10.1.31. A comunicação entre o operador do equipamento e o sinaleiro/amarrador de carga deve ser efetuada por sistema de comunicação eficiente.

18.10.1.32. Devem ser realizadas e registradas as inspeções diárias das condições de segurança:

a) no equipamento, pelo seu operador, com lista de verificação emitida e sob a responsabilidade do fabricante, locador ou proprietário do equipamento;

b) nos dispositivos auxiliares de movimentação de carga, pelo sinaleiro/amarrador de carga, mediante lista de verificação;

c) nas plataformas de carga e descarga, por trabalhador capacitado e autorizado pelo seu empregador, mediante lista de verificação.

Gruas

18.10.1.33. Além do exigido nos itens anteriores pertinentes a equipamento de guindar, a grua deve dispor de:

a) cabine de comando, acoplada à parte giratória do equipamento, exceto para gruas de pequeno porte e automontante;

b) limitador de fim de curso para o carro da lança nas duas extremidades;

c) sistema automático de controle de carga admissível ou placas indicativas de carga admissível ao longo da lança, conforme especificado pelo fabricante ou locador;

d) luz de obstáculo no ponto mais alto da grua;

e) SPIQ para acesso horizontal e vertical onde houver risco de queda;

f) limitador/contador de giro, mesmo quando a grua dispuser de coletor elétrico;

g) sistema de proteção contra quedas na transposição entre a escada de acesso e o posto de trabalho do operador e na contralança, conforme a NR-12;

h) escadas fixas conforme disposto no item 18.8 desta NR;

i) limitadores de movimento para lanças retráteis ou basculantes;

j) dispositivo automático com alarme sonoro que indique a ocorrência de ventos superiores a 42 km/h (quarenta e dois quilômetros por hora).

18.10.1.34. Além das proibições referidas no subitem 18.10.1.29 desta NR, as gruas também devem obedecer às seguintes prescrições restritivas:

a) o trabalho sob condições de ventos com velocidade acima de 42 km/h (quarenta e dois quilômetros por hora) deve ser precedido de análise de risco específica e autorizado mediante permissão de trabalho;

b) sob nenhuma condição é permitida a operação com gruas quando da ocorrência de ventos com velocidade superior a 72 km/h (setenta e dois quilômetros por hora);

c) a ponta da lança e o cabo de aço de levantamento da carga devem estar afastados da rede elétrica conforme orientação da concessionária local e distar, no mínimo, 3 m (três metros) de qualquer obstáculo, sendo que, para distanciamentos inferiores a operacionalização da grua, deve ser realizada análise de risco elaborada por profissional legalmente habilitado.

18.10.1.35. Quando o equipamento não estiver em funcionamento, a movimentação da lança da grua deve ser livre, salvo em situações onde há obstáculos ao seu giro, que devem estar previstas no plano de carga.

18.10.1.36. O posicionamento e configuração dos pontos de ancoragens e/ou estaiamento da grua devem:

a) seguir as instruções do fabricante sobre os esforços aplicados nesses pontos;

b) ter as estruturas e materiais de fixação definidos em projeto e cálculos elaborados por profissional legalmente habilitado, vinculado ao locador ou à empresa responsável pela montagem do equipamento.

18.10.1.37. A grua ascensional que possuir sistema de telescopagem por meio de elementos metálicos verticais só pode ser utilizada quando dispuser de sistema de fixação ou quadro-guia que garanta seu paralelismo, de modo a evitar a desacoplagem da torre dos elementos metálicos durante o processo de telescopagem.

18.10.1.38. Nas operações de montagem, telescopagem e desmontagem de gruas ascensionais, devem ser obedecidas as seguintes prescrições:

a) o sistema hidráulico deve ser operado fora da torre, não sendo permitida a presença de pessoas no interior do equipamento;

b) em casos previstos pelo fabricante ou locador, é permitida a presença de pessoas para inspeção e verificação do acionamento do sistema hidráulico, mediante análise de risco para a operação, elaborada e sob responsabilidade de profissional legalmente habilitado.

18.10.1.39. No término da montagem inicial e após qualquer intervenção de inspeção ou manutenção da grua, é obrigatória a emissão de termo de entrega técnica e liberação para uso, que deve ser entregue mediante recibo, contendo, no mínimo:

a) descrição de todas as ações executadas;

b) resultados dos testes de carga e sobrecarga, se efetuados;

c) data, identificação e respectivas assinaturas do responsável pelo trabalho executado e por quem o aceita como bem realizado;

d) a explícita afirmação impressa ou carimbada no documento de que "todos os dispositivos e elementos de segurança do equipamento estão plenamente regulados e atuantes para a sua operacionalização segura";

e) registro em livro próprio, ficha ou sistema informatizado, de acordo com item 12.11 da NR-12.

18.10.1.40. Deve ser elaborado laudo estrutural e operacional quanto à integridade estrutural e eletromecânica da grua, sob responsabilidade de profissional legalmente habilitado, nas seguintes situações:

a) quando não dispuser de identificação do fabricante, não possuir fabricante ou importador estabelecido;

b) conforme periodicidade estabelecida pelo fabricante ou, no máximo, com 20 (vinte) anos de uso;

c) para equipamentos com mais de 20 (vinte) anos de uso, o laudo deve ser feito a cada 2 (dois) anos;

d) quando ocorrer algum evento que possa comprometer a sua integridade estrutural e eletromecânica, a critério de profissional legalmente habilitado.

18.10.1.41. Cabe ao empregador prover instalação sanitária contendo vaso sanitário e lavatório, a uma distância máxima de 50 m (cinquenta metros) do posto de trabalho do operador do equipamento.

18.10.1.41.1. Na impossibilidade do cumprimento desta exigência, deve o empregador disponibilizar no mínimo 4 (quatro) intervalos para cada turno de trabalho diário, com duração que permita ao operador do equipamento sair e retornar à cabine, para atender suas necessidades fisiológicas.

Gruas de pequeno porte

18.10.1.42. São considerados gruas de pequeno porte os equipamentos que atendam simultaneamente às seguintes características:

a) raio máximo de alcance da lança de 6 m (seis metros);

b) capacidade de carga máxima não superior a 500 kg (quinhentos quilogramas);

c) altura máxima da torre de 6 m (seis metros) acima da laje em construção.

18.10.1.43. Além do exigido nos subitens anteriores pertinentes a equipamentos de guindar, a grua de pequeno porte deve possuir:

a) comando elétrico por botoeira ou manipulador a cabo, respeitando voltagem máxima de 24V (vinte e quatro volts);

b) botão de parada de emergência;

c) limitador de carga máxima;

d) limitador de momento máximo, impedindo a continuidade do movimento e só permitindo a sua reversão;

e) limitador de altura que permita a frenagem do moitão na elevação de cargas;

f) dispositivo de monitoramento na descida, se definido na análise de risco;

g) luz de obstáculo no ponto mais alto do equipamento;

h) alarme sonoro com acionamento automático quando o limitador de carga ou de momento estiver atuando;

i) alarme sonoro para ser acionado pelo operador em situações de risco e/ou alerta;

j) trava de segurança do gancho de moitão;

k) dispositivo instalado nas polias que impeça o escape acidental dos cabos de aço;

l) SPIQ para utilização quando da operação do equipamento.

18.10.1.43.1. Não se aplica à grua de pequeno porte o disposto no subitem 18.10.1.24 desta NR.

18.10.1.44. É proibido o uso de grua de pequeno porte:

a) com giro da lança inferior a 180° (cento e oitenta graus);

b) que necessite de ação manual para girar a lança.

Guincho de coluna

18.10.1.45. Para fins de cumprimento dos dispositivos da NR-18, o guincho de coluna deve atender exclusivamente aos seguintes requisitos:

a) ter capacidade de carga não superior a 500 kg (quinhentos quilos);

b) possuir análise de risco e procedimento operacional;

c) possuir dispositivos adequados para sua fixação, especificados no projeto de instalação;

d) ter seu tambor nivelado para garantir o enrolamento adequado do cabo de aço;

e) possuir proteção para impedir o contato de qualquer parte do corpo do trabalhador com o tambor de enrolamento;

f) possuir comando elétrico por botoeira ou manipulador a cabo, respeitando voltagem máxima de 24V (vinte e quatro volts);

•• *Vide* art. 3º da Portaria n. 3.733, de 10-2-2020.

g) possuir botão para parada de emergência.

18.10.2. Ferramentas

18.10.2.1. Os trabalhadores devem ser capacitados e instruídos para a utilização das ferramentas, seguindo as recomendações de segurança desta NR e, quando aplicável, do manual do fabricante.

18.10.2.2. Para a utilização das ferramentas, deve ser evitada a utilização de roupas soltas e adornos que possam colocar em risco a segurança do trabalhador.

18.10.2.3. As ferramentas devem ser vistoriadas antes da sua utilização.

Ferramenta elétrica portátil

18.10.2.4. O condutor de alimentação da ferramenta elétrica deve ser manuseado de forma que não sofra torção, ruptura ou abrasão, nem obstrua o trânsito de trabalhadores e equipamentos.

18.10.2.5. Os dispositivos de proteção removíveis da ferramenta elétrica só podem ser retirados para limpeza, lubrificação, reparo e ajuste, e após devem ser, obrigatoriamente, recolocados.

18.10.2.6. A ferramenta elétrica utilizada para cortes deve ser provida de disco específico para o tipo de material a ser cortado.

18.10.2.7. É proibida a utilização de ferramenta elétrica portátil sem duplo isolamento.

Ferramenta pneumática

18.10.2.8. A ferramenta pneumática deve possuir dispositivo de partida instalado de modo a reduzir ao mínimo a possibilidade de funcionamento acidental.

18.10.2.9. A válvula de ar da ferramenta pneumática deve ser fechada automaticamente quando cessar a pressão da mão do operador sobre os dispositivos de partida.

18.10.2.10. As mangueiras e conexões de alimentação devem resistir às pressões de serviço, permanecendo firmemente presas aos tubos de saída e afastadas das vias de circulação.

18.10.2.11. A ferramenta pneumática deve ser desconectada quando não estiver em uso, e o suprimento de ar para as mangueiras deve ser desligado e aliviada a pressão.

18.10.2.12. No uso das ferramentas pneumáticas, é proibido:

a) utilizá-la para a limpeza das roupas;

b) exceder a pressão máxima do ar.

Ferramenta de fixação a pólvora ou gás

18.10.2.13. A ferramenta de fixação a pólvora ou gás deve possuir sistema de segurança contra disparos acidentais.

18.10.2.14. É proibido o uso de ferramenta de fixação a pólvora ou gás:

a) em ambientes contendo substâncias inflamáveis ou explosivas;

b) com a presença de pessoas, inclusive o ajudante, nas proximidades do local do disparo.

18.10.2.15. A ferramenta de fixação a pólvora deve estar descarregada (sem o pino e o finca-pino) sempre que estiver sem uso.

18.10.2.16. Antes da fixação de pinos por ferramenta de fixação, devem ser verificados o tipo e a espessura da parede ou laje, o tipo de pino e finca-pino mais adequados, e a região oposta à superfície de aplicação deve ser previamente inspecionada.

Ferramenta manual

18.10.2.17. Cabe ao empregador fornecer gratuitamente aos trabalhadores as ferramentas manuais necessárias para o desenvolvimento das atividades.

18.10.2.17.1. É obrigação do trabalhador zelar pelo cuidado na utilização das ferramentas manuais e devolvê-las ao empregador sempre que solicitado.

18.10.2.18. As ferramentas manuais não devem ser deixadas sobre passagens, escadas, andaimes e outras superfícies de trabalho ou de circulação, devendo ser guardadas em locais apropriados, quando não estiverem em uso.

18.10.2.19. As ferramentas manuais utilizadas nas instalações elétricas devem ser totalmente isoladas de acordo com a tensão envolvida, ficando exposta apenas a parte que fará contato com a instalação.

18.10.2.20. As ferramentas manuais devem ser transportadas em recipientes próprios.

18.11. Movimentação e transporte de materiais e pessoas (elevadores)

18.11.1. As disposições deste item aplicam-se à instalação, montagem, desmontagem, operação, teste, manutenção e reparos em elevadores para transporte vertical de materiais e de pessoas em canteiros de obras ou frentes de trabalho.

18.11.2. É proibida a instalação de elevador tracionado com cabo único e aqueles adaptados com mais de um cabo, na movimentação e transporte vertical de materiais e pessoas, que não atendam as normas técnicas nacionais vigentes.

18.11.3. Toda empresa fabricante, locadora ou prestadora de serviços de instalação, montagem, desmontagem e manutenção, seja do equipamento em seu conjunto ou de parte dele, deve ser registrada no respectivo conselho de classe e estar sob responsabilidade de profissional legalmente habilitado.

18.11.4. Os equipamentos de transporte vertical de materiais e de pessoas devem ser dimensionados por profissional legalmente habilitado e atender às normas técnicas nacionais vigentes ou, na sua ausência, às normas técnicas internacionais vigentes.

18.11.5. Os serviços de instalação, montagem, operação, desmontagem e manutenção devem ser executados por profissional capacitado, com anuência formal da empresa e sob a responsabilidade de profissional legalmente habilitado.

18.11.6. São atribuições do operador:

a) manter o posto de trabalho limpo e organizado;

b) organizar a carga e descarga de material no interior da cabine;

c) separar materiais de pessoas no interior da cabine;

d) comunicar e registrar ao técnico responsável pela obra qualquer anomalia no equipamento;

e) acompanhar todos os serviços de manutenção no equipamento.

18.11.7. Toda empresa usuária de equipamentos de movimentação e transporte vertical de materiais e/ou pessoas deve possuir os seguintes documentos disponíveis no canteiro de obras:

a) programa de manutenção preventiva, conforme recomendação do locador, importador ou fabricante;

b) termo de entrega técnica de acordo com as normas técnicas nacionais vigentes ou, na sua ausência, de acordo com o determinado pelo profissional legalmente habilitado responsável pelo equipamento;

c) laudo de testes dos freios de emergência a serem realizados, no máximo, a cada 90 (noventa) dias, assinado pelo responsável técnico pela manutenção do equipamento ou, na sua ausência, pelo profissional legalmente habilitado responsável pelo equipamento, contendo os parâmetros mínimos determinados por normas técnicas nacionais vigentes;

d) registro, pelo operador, das vistorias diárias realizadas antes do início dos serviços, conforme orientação dada pelo responsável técnico do equipamento, atendidas as recomendações do manual do fabricante;

e) laudos dos ensaios não destrutivos dos eixos dos motofreios e dos freios de emergência, sendo a periodicidade definida por profissional legalmente habilitado, obedecidos os prazos máximos previstos pelo fabricante no manual de manutenção do equipamento;

f) manual de orientação do fabricante;

g) registro das atividades de manutenção conforme item 12.11 da NR-12;

h) laudo de aterramento elaborado por profissional legalmente habilitado.

18.11.8. É proibido o uso de chave do tipo comutadora e/ou reversora para comando elétrico de subida, descida ou parada.

18.11.9. Todos os componentes elétricos ou eletrônicos que fiquem expostos às condições meteorológicas devem ter proteção contra intempéries.

18.11.10. Devem ser observados os seguintes requisitos de segurança durante a execução dos serviços de montagem, desmontagem, ascensão e manutenção de equipamentos de movimentação vertical de materiais e de pessoas:

a) isolamento da área de trabalho;

b) proibição, se necessário, da execução de outras atividades nas periferias das fachadas onde estão sendo executados os serviços;

c) proibição de execução deste tipo de serviço em dias de condições meteorológicas adversas.

18.11.11. As torres dos elevadores devem estar afastadas das redes elétricas ou estar isoladas conforme normas específicas da concessionária local.

18.11.12. As torres dos elevadores devem ser montadas de maneira que a distância entre a face da cabine e a face da edificação seja de, no máximo, 0,2 m (vinte centímetros).

18.11.12.1. Para distâncias maiores, as cargas e os esforços solicitantes originados pelas rampas devem ser considerados no dimensionamento e especificação da torre do elevador.

18.11.13. Em todos os acessos de entrada à torre do elevador deve ser instalada barreira (cancela) que tenha, no mínimo, 1,8 m (um metro e oitenta centímetros) de altura, impedindo que pessoas exponham alguma parte de seu corpo no interior da mesma.

18.11.13.1. A barreira (cancela) da torre do elevador deve ser dotada de dispositivo de intertravamento com duplo canal e ruptura positiva, monitorado por interface de segurança, de modo a impedir sua abertura quando o elevador não estiver no nível do pavimento.

18.11.14. O fechamento da base da torre do elevador deve proteger todos os lados até uma altura de pelo menos 2,0 m (dois metros) e ser dotado de proteção e sinalização, de forma a proibir a circulação de trabalhadores através da mesma.

18.11.15. A rampa de acesso à torre de elevador deve:

a) ser provida de sistema de proteção contra quedas, conforme o subitem 18.9.4.1 ou 18.9.4.2 desta NR;

b) ter piso de material resistente, sem apresentar aberturas;

c) não ter inclinação descendente no sentido da torre;

d) estar fixada à cabine de forma articulada no caso do elevador de cremalheira.

18.11.16. Deve haver altura livre de, no mínimo, 2 m (dois metros) sobre a rampa.

18.11.17. É proibido, nos elevadores, o transporte de pessoas juntamente com materiais, exceto quanto ao operador e ao responsável pelo material a ser transportado, desde que isolados da carga por uma barreira física, com altura mínima de 1,8 m (um metro e oitenta centímetros), instalada com dispositivo de intertravamento com duplo canal e ruptura positiva, monitorado por interface de segurança.

18.11.18. O elevador de materiais e/ou pessoas deve dispor, no mínimo, de:

a) cabine metálica com porta;

b) horímetro;

•• *Vide* art. 3º da Portaria n. 3.733, de 10-2-2020.

c) iluminação e ventilação natural ou artificial durante o uso;

d) indicação do número máximo de passageiros e peso máximo equivalente em quilogramas;

e) botão em cada pavimento a fim de garantir comunicação única através de painel interno de controle.

18.11.19. elevador de materiais e/ou pessoas deve dispor, no mínimo, dos seguintes itens de segurança:

a) intertravamento das proteções com o sistema elétrico, através de dispositivo de intertravamento com duplo canal e ruptura positiva, monitorado por interface de segurança que impeça a movimentação da cabine quando:

I – a porta de acesso da cabine, inclusive o alçapão, não estiver devidamente fechada;

II – a rampa de acesso à cabine não estiver devidamente recolhida no elevador de cremalheira, e;

III – a porta da cancela de qualquer um dos pavimentos ou do recinto de proteção da base estiver aberta.

a) dispositivo eletromecânico de emergência que impeça a queda livre da cabine, monitorado por interface de segurança, de forma a freá-la quando ultrapassar a velocidade de descida nominal, interrompendo automática e simultaneamente a corrente elétrica da cabine;

•• Redação conforme publicação oficial.

b) dispositivo de intertravamento com duplo canal e ruptura positiva, monitorado por interface de segurança, ou outro sistema com a mesma categoria de segurança que impeça que a cabine ultrapasse a última parada superior ou inferior;

c) dispositivo mecânico que impeça que a cabine se desprenda acidentalmente da torre do elevador;

d) amortecedores de impacto de velocidade nominal na base, caso o mesmo ultrapasse os limites de parada final;

e) sistema que possibilite o bloqueio dos seus dispositivos de acionamento de modo a impedir o seu acionamento por pessoas não autorizadas;

f) sistema de frenagem automática, a ser acionado em situações que possam gerar a queda livre da cabine;

g) sistema que impeça a movimentação do equipamento quando a carga ultrapassar a capacidade permitida.

Movimentação de pessoas

18.11.20. O transporte de passageiros no elevador deve ter prioridade sobre o de cargas.

18.11.21. Na construção com altura igual ou superior a 24 m (vinte e quatro metros), é obrigatória a instalação de, pelo menos, um elevador de passageiros, devendo seu percurso alcançar toda a extensão vertical da obra, considerando o subsolo.

18.11.21.1. O elevador de passageiros deve ser instalado, no máximo, a partir de 15 m (quinze metros) de deslocamento vertical na obra.

18.11.22. Nos elevadores do tipo cremalheira, a altura livre para trabalho após a amarração na última laje concretada ou último pavimento será determinada pelo fabricante, em função do tipo de torre e seus acessórios de amarração.

18.11.23. Nos elevadores do tipo cremalheira, o último elemento da torre do elevador deve ser montado com a régua invertida ou sem cremalheira, de modo a evitar o tracionamento da cabine.

Movimentação de materiais

18.11.24. Na movimentação de materiais por meio de elevador, é proibido:

a) transportar materiais com dimensões maiores do que a cabine no elevador;

b) transportar materiais apoiados nas portas da cabine;

c) transportar materiais do lado externo da cabine, exceto nas operações de montagem e desmontagem do elevador;

d) transportar material a granel sem acondicionamento apropriado;

e) adaptar a instalação de qualquer equipamento ou dispositivo para içamento de materiais em qualquer parte da cabine ou da torre do elevador.

18.12. Andaime e plataforma de trabalho

18.12.1. Os andaimes devem atender aos seguintes requisitos:

a) ser projetados por profissionais legalmente habilitados, de acordo com as normas técnicas nacionais vigentes;

b) ser fabricados por empresas regularmente inscritas no respectivo conselho de classe;

c) ser acompanhados de manuais de instrução, em língua portuguesa, fornecidos pelo fabricante, importador ou locador;

d) possuir sistema de proteção contra quedas em todo o perímetro, conforme subitem 18.9.4.1 ou 18.9.4.2 desta NR, com exceção do lado da face de trabalho;

e) possuir sistema de acesso ao andaime e aos postos de trabalho, de maneira segura, quando superiores a 0,4 m (quarenta centímetros) de altura.

18.12.2. A montagem de andaimes deve ser executada conforme projeto elaborado por profissional legalmente habilitado.

18.12.2.1. No caso de andaime simplesmente apoiado construído em torre única com altura inferior a 4 (quatro) vezes a menor dimensão da base de apoio, fica dispensado o projeto de montagem, devendo, nesse caso, ser montado de acordo com o manual de instrução.

18.12.2.2. Quando da utilização de andaime simplesmente apoiado com a interligação de pisos de trabalho, independentemente da altura, deve ser elaborado projeto de montagem por profissional legalmente habilitado.

18.12.3. As torres de andaimes, quando não estaiadas ou não fixadas à estrutura, não podem exceder, em altura, 4 (quatro) vezes a menor dimensão da base de apoio.

18.12.4. Os andaimes devem possuir registro formal de liberação de uso assinado por profissional qualificado em segurança do trabalho ou pelo responsável pela frente de trabalho ou da obra.

18.12.5. A superfície de trabalho do andaime deve ser resistente, ter forração completa, ser antiderrapante, nivelada e possuir travamento que não permita seu deslocamento ou desencaixe.

18.12.6. A atividade de montagem e desmontagem de andaimes deve ser realizada:

a) por trabalhadores capacitados que recebam treinamento específico para o tipo de andaime utilizado;

b) com uso de SPIQ;

c) com ferramentas com amarração que impeçam sua queda acidental;

d) com isolamento e sinalização da área.

18.12.7. O andaime tubular deve possuir montantes e painéis fixados com travamento contra o desencaixe acidental.

18.12.8. Em relação ao andaime e à plataforma de trabalho, é proibido:

a) utilizar andaime construído com estrutura de madeira, exceto quando da impossibilidade técnica de utilização de andaimes metálicos;

b) retirar ou anular qualquer dispositivo de segurança do andaime;

c) utilizar escadas e outros meios sobre o piso de trabalho do andaime, para atingir lugares mais altos.

18.12.9. O ponto de instalação de qualquer aparelho de içar materiais no andaime deve ser escolhido de modo a não comprometer a sua estabilidade e a segurança do trabalhador.

18.12.10. A manutenção do andaime deve ser feita por trabalhador capacitado, sob supervisão e responsabilidade técnica de profissional legalmente habilitado, obedecendo às especificações técnicas do fabricante.

18.12.11. É proibido trabalhar em plataforma de trabalho sobre cavaletes que possuam altura superior a 1,5 m (um metro e cinquenta centímetros) e largura inferior a 0,9 m (noventa centímetros).

18.12.12. Nas edificações com altura igual ou superior a 12 m (doze metros), a partir do nível do térreo, devem ser instalados dispositivos destinados à ancoragem de equipamentos e de cabos de segurança para o uso de SPIQ, a serem utilizados nos serviços de limpeza, manutenção e restauração de fachadas.

18.12.12.1. Os pontos de ancoragem de equipamentos e dos cabos de segurança devem ser independentes, com exceção das edificações que possuírem projetos específicos para instalação de equipamentos definitivos para limpeza, manutenção e restauração de fachadas.

18.12.12.2. Os dispositivos de ancoragem devem:

a) estar dispostos de modo a atender todo o perímetro da edificação;

b) suportar uma carga de trabalho de, no mínimo, 1.500 kgf (mil e quinhentos quilogramas-força);

c) constar do projeto estrutural da edificação;

d) ser constituídos de material resistente às intempéries, como aço inoxidável ou material de características equivalentes.

18.12.12.2.1. Os ensaios para comprovação da carga mínima do dispositivo de ancoragem devem atender ao disposto nas normas técnicas nacionais vigentes ou, na sua ausência, às determinações do fabricante.

18.12.12.3. A ancoragem deve apresentar na sua estrutura, em caracteres indeléveis e bem visíveis:

a) razão social do fabricante e o seu CNPJ;

b) modelo ou código do produto;

c) número de fabricação/série;

d) material do qual é constituído;

e) indicação da carga;

f) número máximo de trabalhadores conectados simultaneamente ou força máxima aplicável;

g) pictograma indicando que o usuário deve ler as informações fornecidas pelo fabricante.

Andaime simplesmente apoiado

18.12.13. O andaime simplesmente apoiado deve:

a) ser apoiado em sapatas sobre base rígida e nivelada capazes de resistir aos esforços solicitantes e às cargas transmitidas, com ajustes que permitam o nivelamento;

b) ser fixado, quando necessário, à estrutura da construção ou edificação, por meio de amarração, de modo a resistir aos esforços a que estará sujeito.

18.12.14. O acesso ao andaime simplesmente apoiado, cujo piso de trabalho esteja situado a mais de 1 m (um metro) de altura, deve ser feito por meio de escadas, observando-se ao menos uma das seguintes alternativas:

a) utilizar escada de mão, incorporada ou acoplada aos painéis, com largura mínima de 0,4 m (quarenta centímetros) e distância uniforme entre os degraus compreendida entre 0,25 m (vinte e cinco centímetros) e 0,3 m (trinta centímetros);

b) utilizar escada para uso coletivo, incorporada interna ou externamente ao andaime, com largura mínima de 0,6 m (sessenta centímetros), corrimão e degraus antiderrapantes.

18.12.15. O andaime simplesmente apoiado, quando montado nas fachadas das edificações, deve ser externamente revestido por tela, de modo a impedir a projeção e queda de materiais.

18.12.15.1. O entelamento deve ser feito desde a primeira plataforma de trabalho até 2 m (dois metros) acima da última.

18.12.16. O andaime simplesmente apoiado, quando utilizado com rodízios, deve:

a) ser apoiado sobre superfície capaz de resistir aos esforços solicitantes e às cargas transmitidas;

b) ser utilizado somente sobre superfície horizontal plana, que permita a sua segura movimentação;

c) possuir travas, de modo a evitar deslocamentos acidentais.

18.12.17. É proibido o deslocamento das estruturas do andaime com trabalhadores sobre os mesmos.

Andaime suspenso

18.12.18. Os sistemas de fixação e sustentação e as estruturas de apoio dos andaimes suspensos devem suportar, pelo menos, 3 (três) vezes os esforços solicitantes e ser precedidos de projeto elaborado por profissional legalmente habilitado.

18.12.19. A sustentação de andaimes suspensos em platibanda ou beiral de edificação deve ser precedida de laudo de verificação estrutural sob responsabilidade de profissional legalmente habilitado.

18.12.20. É proibida a utilização do andaime suspenso com enrolamento de cabo no seu corpo.

18.12.21. O andaime suspenso deve:

a) possuir placa de identificação;

b) ter garantida a estabilidade durante todo o período de sua utilização, através de procedimentos operacionais e de dispositivos ou equipamentos específicos para tal fim;

c) possuir, no mínimo, quatro pontos de sustentação independentes;

d) dispor de ponto de ancoragem do SPIQ independente do ponto de ancoragem do andaime;

e) dispor de sistemas de fixação, sustentação e estruturas de apoio, precedidos de projeto elaborado por profissional legalmente habilitado;

f) ter largura útil da plataforma de trabalho de, no mínimo, 0,65 m (sessenta e cinco centímetros).

18.12.21.1. A placa de identificação do andaime suspenso deve ser fixada em local de fácil visualização e conter a identificação do fabricante e a capacidade de carga em peso e número de ocupantes.

18.12.22. O sistema de contrapeso, quando utilizado como forma de fixação da estrutura de sustentação do andaime suspenso, deve:

a) ser invariável quanto à forma e ao peso especificados no projeto;

b) possuir peso conhecido e marcado de forma indelével em cada peça;

c) ser fixado à estrutura de sustentação do andaime;

d) possuir contraventamentos que impeçam seu deslocamento horizontal.

18.12.23. O sistema de suspensão do andaime deve:

a) ser feito por cabos de aço;

b) garantir o seu nivelamento;

c) ser verificado diariamente pelos usuários e pelo responsável pela obra, antes de iniciarem seus trabalhos.

18.12.23.1. Os usuários e o responsável pela verificação devem receber treinamento e os procedimentos para a rotina de verificação diária.

18.12.24. Em relação ao andaime suspenso, é proibido:

a) utilizar trechos em balanço;

b) interligar suas estruturas;

c) utilizá-lo para transporte de pessoas ou materiais que não estejam vinculados aos serviços em execução.

18.12.25. Os guinchos de cabo passante para acionamento manual devem:

a) ter dispositivo que impeça o retrocesso do sistema de movimentação;

b) ser acionados por meio de manivela ou outro dispositivo, na descida e subida do andaime.

18.12.26. O andaime suspenso com acionamento manual deve possuir piso de trabalho com comprimento máximo de 8 m (oito metros).

18.12.27. Quando utilizado apenas um guincho de sustentação por armação, é obrigatório o uso de um cabo de aço de segurança adicional, ligado a um dispositivo de bloqueio mecânico automático, observando-se a sobrecarga indicada pelo fabricante do equipamento.

Andaime suspenso motorizado

18.12.28. O andaime suspenso motorizado deve dispor de:

a) cabos de alimentação de dupla isolação;

b) plugues/tomadas blindadas;

c) limitador de fim de curso superior e batente;

d) dispositivos que impeçam sua movimentação, quando sua inclinação for superior a 15° (quinze graus);

e) dispositivo mecânico de emergência.

Plataforma de trabalho de cremalheira

18.12.29. A plataforma por cremalheira deve dispor de:

a) cabos de alimentação de dupla isolação;

b) plugues/tomadas blindadas;

c) limites elétricos de percurso inferior e superior;

d) motofreio;

e) freio automático de segurança;

f) botoeira de comando de operação com atuação por pressão contínua;

g) dispositivo mecânico de emergência;

h) capacidade de carga mínima de piso de trabalho e das suas extensões telescópicas de 150 kgf/m² (cento e cinquenta quilogramas-força por metro quadrado);

i) botão de parada de emergência;

j) sinalização sonora automática na movimentação do equipamento;

k) dispositivo de segurança que garanta o nivelamento do equipamento;

l) dispositivos eletroeletrônicos que impeçam sua movimentação, quando abertos os seus acessos;

m) ancoragem obrigatória a partir de 9 m (nove metros) de altura.

18.12.30. A operação da plataforma de cremalheira deve:

a) ser realizada por trabalhadores capacitados quanto ao carregamento e posicionamento dos materiais no equipamento;

b) ser realizada por trabalhadores protegidos por SPIQ independente da plataforma ou do dispositivo de ancoragem definido pelo fabricante;

c) ter a área de trabalho sob o equipamento sinalizada e com acesso controlado;

d) ser realizada, no percurso vertical, sem interferências no seu deslocamento.

18.12.31. Não é permitido o transporte de pessoas e materiais não vinculados aos serviços em execução na plataforma de cremalheira.

18.12.32. No caso de utilização de plataforma de chassi móvel, este deve ficar devidamente nivelado, patolado ou travado no início da montagem das torres verticais de sustentação da plataforma, permanecendo dessa forma durante o seu uso e desmontagem.

Plataforma elevatória móvel de trabalho – PEMT

18.12.33. Os requisitos de segurança e as medidas de prevenção, bem como os meios para a sua verificação, para as plataformas elevatórias móveis de trabalho destinadas ao posicionamento de pessoas, juntamente com as suas ferramentas e materiais necessários nos locais de trabalho, devem atender às normas técnicas nacionais vigentes.

18.12.34. A PEMT deve atender às especificações técnicas do fabricante quanto à aplicação, operação, manutenção e inspeções periódicas.

18.12.35. A PEMT deve ser dotada de:

a) dispositivos de segurança que garantam seu perfeito nivelamento no ponto de trabalho, conforme especificação do fabricante;

b) alça de apoio interno;

c) sistema de proteção contra quedas que atenda às especificações do fabricante ou, na falta destas, ao disposto na NR-12;

d) botão de parada de emergência;

e) dispositivo de emergência que possibilite baixar o trabalhador e a plataforma até o solo em caso de pane elétrica, hidráulica ou mecânica;

f) sistema sonoro automático de sinalização acionado durante a subida e a descida;

g) proteção contra choque elétrico;

h) horímetro.

•• *Vide* art. 3º da Portaria n. 3.733, de 10-2-2020.

18.12.36. A manutenção da PEMT deve ser efetuada por pessoa com capacitação específica para a marca e modelo do equipamento.

18.12.37. Cabe ao operador, previamente capacitado pelo empregador, realizar a inspeção diária do local de trabalho onde será utilizada a PEMT.

18.12.38. Antes do uso diário ou no início de cada turno, devem ser realizadas inspeção visual e teste funcional na PEMT, verificando-se o perfeito ajuste e o funcionamento dos seguintes itens:

a) controles de operação e de emergência;

b) dispositivos de segurança do equipamento;

c) dispositivos de proteção individual, incluindo proteção contra quedas;

d) sistemas de ar, hidráulico e de combustível;

e) painéis, cabos e chicotes elétricos;

f) pneus e rodas;

g) placas, sinais de aviso e de controle;

h) estabilizadores, eixos expansíveis e estrutura em geral;

i) demais itens especificados pelo fabricante.

18.12.39. No uso da PEMT, são vedados:

a) o uso de pranchas, escadas e outros dispositivos que visem atingir maior altura ou distância sobre a mesma;

b) a sua utilização como guindaste;

c) a realização de qualquer trabalho sob condições climáticas que exponham trabalhadores a riscos;

d) a operação de equipamento em situações que contrariem as especificações do fabricante quanto à velocidade do ar, inclinação da plataforma em relação ao solo e proximidade a redes de energia elétrica;

e) o transporte de trabalhadores e materiais não relacionados aos serviços em execução.

18.12.40. Antes e durante a movimentação da PEMT, o operador deve manter:

a) visão clara do caminho a ser percorrido;

b) distância segura de obstáculos, depressões, rampas e outros fatores de risco, conforme especificado em projeto ou ordem de serviço;

d) distância mínima de obstáculos aéreos, conforme especificado em projeto ou ordem de serviço;

e) limitação da velocidade de deslocamento da PEMT, observando as condições da superfície, o trânsito, a visibilidade, a existência de declives, a localização da equipe e outros fatores de risco de acidente.

18.12.41. A PEMT não deve ser operada quando posicionada sobre caminhões, *trailers*, carros, veículos flutuantes, estradas de ferro, andaimes ou outros veículos, vias e equipamentos similares, a menos que tenha sido projetada para este fim.

18.12.42. Todos os trabalhadores na PEMT devem utilizar SPIQ conectado em ponto de ancoragem definido pelo fabricante.

Cadeira suspensa

18.12.43. Em qualquer atividade que não seja possível a instalação de andaime ou plataforma de trabalho, é permitida a utilização de cadeira suspensa.

18.12.44. A cadeira suspensa deve apresentar na sua estrutura, em caracteres indeléveis e bem visíveis, a razão social do fabricante/importador, o CNPJ e o número de identificação.

18.12.45. A cadeira suspensa deve:

a) ter sustentação por meio de cabo de aço ou cabo de fibra sintética;

b) dispor de sistema dotado com dispositivo de subida e descida com dupla trava de segurança, quando a sustentação for através de cabo de aço;

c) dispor de sistema dotado com dispositivo de descida com dupla trava de segurança, quando a sustentação for através de cabo de fibra sintética;

d) dispor de cinto de segurança para fixar o trabalhador na mesma.

18.12.46. A cadeira suspensa deve atender aos requisitos, métodos de ensaios, marcação, manual de instrução e embalagem de acordo com as normas técnicas nacionais vigentes.

18.12.47. O trabalhador, quando da utilização da cadeira suspensa, deve dispor de ponto de ancoragem do SPIQ independente do ponto de ancoragem da cadeira suspensa.

18.13. Sinalização de segurança

18.13.1. O canteiro de obras deve ser sinalizado com o objetivo de:

a) identificar os locais de apoio;

b) indicar as saídas de emergência;

c) advertir quanto aos riscos existentes, tais como queda de materiais e pessoas e o choque elétrico;

d) alertar quanto à obrigatoriedade do uso de EPI;

e) identificar o isolamento das áreas de movimentação e transporte de materiais;

f) identificar acessos e circulação de veículos e equipamentos;

g) identificar locais com substâncias tóxicas, corrosivas, inflamáveis, explosivas e radioativas.

18.13.2. É obrigatório o uso de vestimenta de alta visibilidade, coletes ou quaisquer outros meios, no tórax e costas, quando o trabalhador estiver em serviço em áreas de movimentação de veículos e cargas.

18.14. Capacitação

18.14.1. A capacitação dos trabalhadores da indústria da construção será feita de acordo com o disposto na NR-01 (Disposições Gerais).

18.14.1.1. A carga horária, a periodicidade e o conteúdo dos treinamentos devem obedecer ao Anexo I desta NR.

18.14.2. A capacitação, quando envolver a operação de máquina ou equipamento, deve ser compatível com a máquina ou equipamento a ser utilizado.

18.14.3. O treinamento básico em segurança do trabalho, conforme o Quadro 1 do Anexo I desta NR, deve ser presencial.

18.14.4. Os treinamentos devem ser realizados em local que ofereça condições mínimas de conforto e higiene.

18.14.5. Os treinamentos devem possuir avaliação de modo a aferir o conhecimento adquirido pelo trabalhador, exceto para o treinamento inicial.

18.15. Serviços em flutuantes

18.15.1. As plataformas flutuantes devem estar regularmente inscritas na Capitania dos Portos e, portar:

a) Título de Inscrição de Embarcação – TIE ou Provisão de Registro de Propriedade Marítima – PRPM originais;

b) Certificado de Segurança de Navegação – CSN válido.

18.15.2. Na periferia da plataforma flutuante, deve haver guarda-corpo de proteção contra quedas de trabalhadores (balaustrada), de acordo com a Norma da Autoridade Marítima (NORMAM-02/DPC).

18.15.3. As superfícies de trabalho das plataformas flutuantes devem ser antiderrapantes.

18.15.4. Os locais de embarque, escadas e rampas devem possuir piso antiderrapante, em bom estado de conservação e dotados de guarda-corpos e corrimão.

18.15.5. Deve haver, na plataforma flutuante, equipamentos de salvatagem, em conformidade com a NORMAM-02/DPC.

18.15.6. Na execução de trabalho com risco de queda na água, deve ser usado colete salva-vidas, homologado pela Diretoria de Portos e Costas.

18.15.7. Quando da execução de trabalhos a quente nas plataformas flutuantes, deve-se utilizar colete salva-vidas retardante de chamas.

18.15.8. Os coletes salva-vidas devem ser disponibilizados em número mínimo igual ao de pessoas a bordo.

18.15.9. É obrigatório o uso de botas com elástico lateral nas atividades em plataformas flutuantes.

18.15.10. Deve haver, nas plataformas flutuantes, iluminação de segurança estanque às condições climáticas, quando da realização de atividades noturnas.

18.15.11. É obrigatória a instalação de equipamentos de combate a incêndio, de acordo com a NORMAM-02/DPC.

18.15.12. Nas plataformas flutuantes, deve haver trabalhadores capacitados em salvamento e primeiros socorros, na proporção de 2 (dois) para cada grupo de 20 (vinte) trabalhadores ou fração.

18.15.13. Nas plataformas flutuantes, deve haver placa, em lugar visível e em língua portuguesa, indicativa da quantidade máxima de pessoas e da carga máxima permitida a ser transportadas.

18.16. Disposições gerais

18.16.1. Nas atividades da indústria da construção, a adoção das medidas de prevenção deve seguir a hierarquia prevista na NR-01.

18.16.2. As vestimentas de trabalho serão fornecidas de acordo com a NR-24.

18.16.3. O levantamento manual ou semimecanizado de cargas deve ser executado de acordo com a NR-17 (Ergonomia).

18.16.4. Os materiais devem ser armazenados e estocados de modo a não ocasionar acidentes, prejudicar o trânsito de pessoas, a circulação de materiais, o acesso aos equipamentos de combate a incêndio e não obstruir portas ou saídas de emergência.

18.16.4.1. As madeiras retiradas de andaimes, tapumes, fôrmas e escoramentos devem ser empilhadas após retirados ou rebatidos os pregos, arames e fitas de amarração.

18.16.5. Os locais destinados ao armazenamento de materiais tóxicos, corrosivos, inflamáveis ou explosivos devem:

a) ser isolados, apropriados e sinalizados;

b) ter acesso permitido somente a pessoas devidamente autorizadas; e

c) dispor de FISPQ.

18.16.6. O transporte coletivo de trabalhadores em veículos automotores deve observar as normas técnicas nacionais vigentes.

18.16.7. O transporte coletivo dos trabalhadores deve ser feito por meio de transporte normatizado pelas entidades competentes e adequado às características do percurso.

18.16.8. A condução do veículo utilizado para o transporte coletivo de passageiros deve ser feita por condutor habilitado.

18.16.9. O canteiro de obras deve ser dotado de medidas de prevenção de incêndios, em conformidade com a legislação estadual e as normas técnicas nacionais vigentes.

18.16.10. Os locais de trabalho devem dispor de saídas em número suficiente e dispostas de modo que aqueles que se encontrem nesses locais possam abandoná-los com rapidez e segurança, em caso de emergência.

18.16.11. As saídas e vias de passagem devem ser claramente sinalizadas por meio de placas ou sinais luminosos indicando a direção da saída.

18.16.12. Nenhuma saída de emergência deve ser fechada a chave ou trancada durante a jornada de trabalho.

18.16.13. As saídas de emergência podem ser equipadas com dispositivos de travamento que permitam fácil abertura pelo interior do estabelecimento.

18.16.14. O empregador deve informar todos os trabalhadores sobre utilização dos equipamentos de combate ao incêndio, dispositivos de alarme existentes e procedimentos para abandono dos locais de trabalho com segurança.

18.16.15. O canteiro de obras deve apresentar-se organizado, limpo e desimpedido, notadamente nas vias de circulação, passagens e escadarias.

18.16.16. A remoção de entulhos ou sobras de materiais deve ser realizada por meio de equipamentos ou calhas fechadas.

18.16.17. É proibido manter resíduos orgânicos acumulados ou expostos em locais inadequados do canteiro de obras, assim como a sua queima.

18.16.18. É obrigatória a colocação de tapume, com altura mínima de 2 m (dois metros), sempre que se executarem atividades da indústria da construção, de forma a impedir o acesso de pessoas estranhas aos serviços.

18.16.19. Nas atividades da indústria da construção com mais de 2 (dois) pavimentos a partir do nível do meio-fio, executadas no alinhamento do logradouro, deve ser construída galeria sobre o passeio ou outra medida de proteção que garanta a segurança dos pedestres e trabalhadores, de acordo com projeto elaborado por profissional legalmente habilitado.

18.16.20. Nas atividades da indústria da construção em que há necessidade da realização de serviços sobre o passeio, deve-se respeitar a legislação do Código de Obras Municipal e de trânsito em vigor.

18.16.21. Os canteiros de obras devem possuir sistema de comunicação de modo a permitir a comunicabilidade externa.

18.16.22. A madeira a ser usada para construção de escadas, rampas, passarelas e sistemas de proteção coletiva deve ser de boa qualidade, sem nós e rachaduras que comprometam sua resistência, estar seca, sendo proibido o uso de pintura que encubra imperfeições.

18.16.23. Em caso de ocorrência de acidente fatal, é obrigatória a adoção das seguintes medidas:

a) comunicar de imediato e por escrito ao órgão regional competente em matéria de segurança e saúde no trabalho, que repassará a informação ao sindicato da categoria profissional;

b) isolar o local diretamente relacionado ao acidente, mantendo suas características até sua liberação pela autoridade policial competente e pelo órgão regional competente em matéria de segurança e saúde no trabalho;

c) a liberação do local, pelo órgão regional competente em matéria de segurança e saúde no trabalho, será concedida em até 72 (setenta e duas) horas, contadas do protocolo de recebimento da comunicação escrita ao referido órgão.

18.17. Disposições transitórias

18.17.1. O Programa de Condições e Meio Ambiente de Trabalho da indústria da construção (PCMAT) existente antes da entrada em vigência desta Norma terá validade até o término da obra a que se refere.

Contêiner

18.17.2. É proibido reutilizar contêiner originalmente utilizado para transporte de cargas em área de vivência.

•• *Vide* art. 3º da Portaria n. 3.733, de 10-2-2020.

Tubulões com pressão hiperbárica

18.17.3. Nas atividades com uso de tubulões com pressão hiperbárica, devem ser adotadas as seguintes medidas:

a) permitir a comunicação entre os trabalhadores do lado interno e externo da campânula pelo sistema de telefonia ou similar;

b) executar plano de ação para acidentes com descompressão com duração menor que a prevista na tabela de descompressão disponível em norma regulamentadora;

c) executar plano de ação de emergência em caso de acidentes no interior do tubulão;

d) manter no local grupo gerador de energia para emergência;

e) possuir compressores, prevendo um de reserva para cada frente de trabalho;

f) elaborar plano de manutenção com inspeções atualizadas das campânulas, compressores e dos grupos geradores de energia;

g) atender ao disposto no Anexo IV da NR-07;

h) conter sistema de refrigeração do ar comprimido de modo a evitar temperaturas elevadas e desidratação dos trabalhadores;

i) conter sistema de controle de ruído.

18.17.4. O plano de ação para acidentes com descompressão deve conter: nome, CNPJ e endereço da clínica responsável pelo tratamento com oxigenoterapia hiperbárica, bem como nome e CRM do responsável da clínica.

18.17.5. O empregador deve manter ambulância UTI com médico no canteiro de obras enquanto houver trabalhador comprimido.

18.17.6. Quando houver câmara hiperbárica de tratamento no canteiro de obras, esta deve seguir os seguintes requisitos:

a) estar instalada em local coberto ao abrigo de alterações climáticas, em sala exclusiva obedecendo a todas as determinações da Resolução – RDC n. 50/2002, da ANVISA, sobre elaboração e avaliação de projetos físicos de estabelecimentos assistenciais de saúde;

b) atender à Nota Técnica n. 01/2008/GQUIP/GGTPS/ANVISA (Riscos nos Serviços de Medicina Hiperbárica);

c) a operação da câmara deve ser realizada por profissional de saúde habilitado, e o modo de tratamento (pressão, tempos de compressão e descompressão) deve ser definido pelo médico habilitado, que deve permanecer na supervisão de todo o tratamento;

d) o trabalhador sujeito ao tratamento deve ser acompanhado por um guia interno durante todo o período de tratamento, conforme determinação do Conselho Federal de Medicina;

e) a câmara deverá ter revisão preventiva anual comprovada, assim como registro de teste hidrostático a cada 5 (cinco) anos e teste de sistema contra incêndio a cada 6 (seis) meses.

18.17.7. Deve-se evitar trabalho simultâneo em fustes e bases alargadas em tubulões adjacentes, seja quanto à escavação ou à concretagem, visando impedir o desmoronamento de bases abertas.

18.17.8. Toda campânula deve ter:

a) laudo de verificação estrutural atualizado a cada 5 (cinco) anos, incluindo a pressão máxima de trabalho, e laudos do teste hidrostático e de outros ensaios não destrutivos que se fizerem necessários;

b) manômetros, interno e externo, que indiquem a pressão interna de trabalho, com medição em Sistema Internacional;

c) termômetros, interno e externo, que indiquem a temperatura interna de trabalho, com medição em Sistema Internacional;

d) sistema de ventilação artificial projetado por profissional legalmente habilitado;

e) aterramento elétrico de acordo com a NR-10;

f) sistema interno e externo de descompressão.

18.17.9. Para cada campânula deve haver dois compressores ligados em paralelo para que, em caso de pane, o segundo equipamento entre em operação de modo automático.

18.17.10. Quanto ao uso dos compressores e grupos geradores de energia, devem ser atendidas as seguintes medidas:

a) ter silenciador de ruído;

b) ficar em área coberta;

c) manter no local das atividades peças para substituição emergencial como manômetros, termômetros, válvulas, registros, juntas etc.;

d) ter cuidado especial na captação do ar quanto à descarga de fumaça de veículos ou outros equipamentos.

18.17.11. Os trabalhadores que adentrarem e ficarem expostos a pressões hiperbáricas devem:

a) possuir capacitação, de acordo com a NR-33 e NR-35;

b) ter exames médicos atualizados, de acordo com a NR-07;

c) seguir procedimentos de compressão e descompressão previstos na NR-07.

18.17.12. O encarregado de ar comprimido deve possuir capacitação, conforme o Anexo I desta NR.

18.17.13. Cada frente de trabalho deve possuir no mínimo 3 (três) trabalhadores com capacitação para atuação como encarregado de ar comprimido.

18.17.14. Os meios de acessos devem atender o previsto nos itens 18.8 e 18.9 desta NR.

18.17.15. Os trabalhadores devem ser avaliados pelo médico, no máximo, até 2 (duas) horas antes de iniciar as atividades em ambiente hiperbárico, não sendo permitida a entrada em serviço daqueles que apresentem sinais de afecções das vias respiratórias ou outras moléstias.

18.17.16. Os trabalhadores devem permanecer no canteiro de obras pelo menos 2 (duas) horas após o término da descompressão.

18.17.17. Deve haver, no canteiro de obras ou frente de trabalho, instalações para assistência médica, recuperação e observação dos trabalhadores.

18.17.18. Após a utilização de explosivos só é permitida a entrada de trabalhadores no tubulão após 6 (seis) horas de ventilação forçada.

Equipamentos de guindar

18.17.19. As obras iniciadas antes da vigência desta Norma estão dispensadas do atendimento da alínea *b* do subitem 18.10.1.25.

Anexo I

Capacitação: carga horária, periodicidade e conteúdo programático

1. Carga horária e periodicidade

1.1. A carga horária e a periodicidade das capacitações dos trabalhadores da indústria da construção devem seguir o disposto no Quadro 1 deste Anexo.

QUADRO 1

Capacitação	Treinamento inicial (carga horária)	Treinamento periódico (carga horária/ periodicidade)	Treinamento eventual
Básico em segurança do trabalho	4 horas	4 horas/2 anos	
Operador de grua	80 horas, sendo pelo menos 40 horas para a parte prática	a critério do empregador	
Operador de guindaste	120 horas, sendo pelo menos 80 horas para a parte prática	a critério do empregador	
Operador de equipamentos de guindar	a critério do empregador, sendo pelo menos 50% para a parte prática	a critério do empregador/ 2 anos	
Sinaleiro/amarrador de cargas	16 horas	a critério do empregador/ 2 anos	
Operador de elevador	16 horas	4 horas/anual	
Instalação, montagem, desmontagem e manutenção de elevadores	a critério do empregador	a critério do empregador/ anual	carga horária a critério do empregador
Operador de PEMT	4 horas	4 horas/2 anos	
Encarregado de ar comprimido	16 horas	a critério do empregador	
Resgate e remoção em atividades no tubulão	8 horas	a critério do empregador	
Serviços de impermeabilização	4 horas	a critério do empregador	
Utilização de cadeira suspensa	16 horas, sendo pelo menos 8 horas para a parte prática	8 horas/anual	
Atividade de escavação manual de tubulão	24 horas, sendo pelo menos 8 horas para a parte prática	8 horas/anual	
Demais atividades/funções	a critério do empregador	a critério do empregador/ a critério do empregador	

1.2. No caso das gruas e guindastes, além do treinamento teórico e prático, o operador deve passar por um estágio supervisionado de pelo menos 90 (noventa) dias.

1.2.1. O estágio supervisionado pode ser dispensado para o operador com experiência comprovada de, no mínimo, 6 (seis) meses na função, a critério e sob responsabilidade do empregador.

2. Conteúdo programático

2.1. O conteúdo programático do treinamento inicial deve conter informações sobre:

a) para a capacitação básica em segurança do trabalho:

I – as condições e meio ambiente de trabalho;

II – os riscos inerentes às atividades desenvolvidas;

III – os equipamentos e proteção coletiva existentes no canteiro de obras;

IV – o uso adequado dos equipamentos de proteção individual;

V – o PGR do canteiro de obras.

b) para o operador de equipamento de guindar: o conteúdo programático descrito no Anexo II da NR-12 ou definido pelo fabricante/locador.

c) para o operador de grua:

I – operação e inspeção diária do equipamento;

II – atuação dos dispositivos de segurança;

III – sinalização manual e por comunicação via rádio;

IV – isolamento de áreas sob cargas suspensas;

V – amarração de cargas;

VI – identificação visual de danos em polias, ganchos, cabos de aço e cintas sintéticas;

VII – prevenção de acidentes;

VIII – cuidados com linhas de alta tensão próximas;

IX – fundamentos da NR-35 que trata de trabalho em altura;

X – as demais normas de segurança vigentes.

d) para o operador de guindaste:

I – todos os itens previstos na capacitação para operação de gruas;

II – leitura e interpretação de plano de içamento;

III – condições que afetam a capacidade de carga da máquina, em especial quanto ao nivelamento, características da superfície sob a máquina, carga dinâmica e vento.

e) para o sinaleiro/amarrador de cargas:

I – sinalização manual e por comunicação via rádio;

II – isolamentos seguros de áreas sob cargas suspensas;

III – amarração de cargas;

IV – conhecimento para inspeções visuais das condições de uso e conformidade de ganchos, cabos de aço, cintas sintéticas e de todos outros elementos e acessórios utilizados no içamento de cargas.

f) para o encarregado de ar comprimido:

I – normas e regulamentos sobre segurança;

II – análise de risco, condições impeditivas e medidas de proteção para compressão e descompressão;

III – riscos potenciais inerentes ao trabalho hiperbárico;

IV – sistemas de segurança;

V – acidentes e doenças do trabalho;

VI – procedimentos e condutas em situações de emergência.

g) para o operador de PEMT: conforme disposto em norma técnica nacional vigente;

h) para os trabalhadores envolvidos em serviços de impermeabilização:

I – acidentes típicos nos trabalhos de impermeabilização;

II – riscos potenciais inerentes ao trabalho e medidas de prevenção;

III – operação do equipamento para aquecimento com segurança;

IV – condutas em situações de emergência, incluindo noções de técnicas de resgate e primeiros socorros (principalmente no caso de queimaduras);

V – isolamento da área e sinalização de advertência.

i) para os trabalhadores que utilizam cadeira suspensa:

I – modo de operação;

II – técnicas de descida;

III – tipos de ancoragem;

IV – tipos de nós;

V – manutenção dos equipamentos;

VI – procedimentos de segurança;

VII – técnicas de autorresgate.

2.2. O conteúdo dos treinamentos periódico e eventual será definido pelo empregador e deve contemplar os princípios básicos de segurança compatíveis com o equipamento e a atividade a ser desenvolvida no local de trabalho.

Anexo II
Cabos de aço e de fibra sintética

1. É obrigatória a observância das condições de utilização, dimensionamento e conservação dos cabos de aço utilizados em obras de construção, conforme o disposto nas normas técnicas nacionais vigentes.

2. Os cabos de aço de tração não podem ter emendas nem pernas quebradas, que possam vir a comprometer sua segurança.

3. Os cabos de aço devem ter carga de ruptura equivalente a, no mínimo, 5 (cinco) vezes a carga máxima de trabalho a que estiverem sujeitos e resistência à tração de seus fios de, no mínimo, 160 kgf/mm² (cento e sessenta quilogramas-força por milímetro quadrado).

4. Os cabos de aço devem atender aos requisitos mínimos contidos nas normas técnicas nacionais vigentes e permitir a sua rastreabilidade.

5. O cabo de aço e o de fibra sintética devem ser fixados por meio de dispositivos que impeçam seu deslizamento e desgaste.

6. O cabo de fibra sintética ou o de aço utilizado no SPIQ e aquele utilizado para sustentação da cadeira suspensa devem ser exclusivos para cada tipo de aplicação.

7. O cabo de aço e o de fibra sintética devem ser substituídos quando apresentarem condições que comprometam a sua integridade em face da utilização a que estiverem submetidos.

8. O cabo de fibra sintética utilizado no SPIQ como linha de vida vertical deve ser compatível com o trava-queda a ser utilizado.

9. O cabo de fibra sintética deve ser submetido aos ensaios, realizados pelo fabricante, conforme as normas técnicas nacionais vigentes.

10. No manual do fabricante devem constar recomendações para inspeção, uso, alongamento, manutenção e armazenamento dos cabos de fibra sintética.

11. O cabo de fibra sintética deve possuir no mínimo 22 kN (vinte e dois quilonewtons) de carga de ruptura sem os terminais, podendo ser de 3 (três) capas ou capa e alma, sendo proibida a utilização de polipropileno para sua fabricação.

GLOSSÁRIO

Ancoragem: ponto ou elemento de fixação instalado na edificação ou outra estrutura para a sustentação de equipamento de trabalho ou EPI.

Andaime: plataforma de trabalho com estrutura provisória para realização de atividades em locais elevados.

Andaime simplesmente apoiado: plataforma de trabalho, fixa ou móvel, cujos pontos de sustentação estão apoiados no piso.

Andaime suspenso: plataforma de trabalho sustentada por meio de cabos de aço e movimentada no sentido vertical.

Autopassante: sistema onde o cabo de aço passa no interior do guincho sem enrolamento no seu interior.

Balaustrada: estrutura de proteção contra quedas situada na periferia do flutuante.

Bate-estaca: equipamento utilizado para a cravação de estacas utilizadas em fundações.

Beiral da edificação: prolongamento da laje além do alinhamento da parede de periferia da edificação.

Blaster: profissional qualificado responsável pela execução do plano de fogo e encarregado de organizar, conectar, dispor e distribuir os explosivos e acessórios empregados no desmonte de rochas.

Cadeira suspensa: plataforma individual de trabalho sustentada por meio de cabos, de aço ou de fibra sintética, movimentada no sentido vertical.

Campânula: câmara utilizada sob condições hiperbáricas que permite a passagem de pessoas de um ambiente sob pressão mais alta que a atmosférica para o ar livre, ou vice-versa.

Canteiro de obra: área de trabalho fixa e temporária onde se desenvolvem operações de apoio e execução de construção, demolição, montagem, instalação, manutenção ou reforma.

Caracteres indeléveis: qualquer dígito numérico, letra do alfabeto ou símbolo especial que não possa ser apagado ou removido.

Climatização: processo para se obter condições ambientais de temperatura e umidade confortáveis ao trabalhador, nas cabines dos equipamentos.

Coifa: dispositivo destinado a impedir a projeção do disco de corte da serra circular.

Coletor de serragem: dispositivo destinado a captar a serragem proveniente do corte de madeira.

Coletor elétrico: dispositivo responsável pela transmissão da alimentação elétrica da parte fixa (torre) da grua à parte rotativa.

Condutor habilitado: condutor de veículos portador de Carteira Nacional de Habilitação (CNH), expedida pelo órgão competente.

Desmonte de rocha a fogo: retirada de rochas com explosivos.

Desprotensão: operação de alívio da tensão em cabos ou fios de aço usados no concreto protendido.

Dispositivo auxiliar de içamento: dispositivo conectado ao gancho do moitão utilizado para facilitar a movimentação da carga.

Dispositivo empurrador: dispositivo instalado na serra circular, destinado à movimentação da madeira durante o corte.

Dispositivo limitador de curso: dispositivo destinado a permitir uma sobreposição segura dos montantes da escada portátil extensível.

Eixo expansível: eixo provido de rodízios ou esteiras nas extremidades que permitem sua expansão, com o objetivo de proporcionar estabilidade à PEMT.

Equipamento de guindar: equipamento utilizado no transporte vertical de materiais (grua, guincho, guindaste e outros).

Equipamento de salvatagem: equipamento utilizado para resgate e manutenção da vida do trabalhador após um acidente na água.

Escada fixa vertical: escada fixada a uma estrutura e utilizada para transpor diferença de nível.

Escada portátil: escada de mão transportável.

Escada portátil de uso individual: escada de mão com lance único.

Escada portátil dupla: escada de abrir, cavalete ou autossustentável.

Escada portátil extensível: escada que pode ser estendida em mais de um lance.

Estabilidade garantida: condição caracterizada via laudo técnico, atestando que determinada estrutura, talude, vala, escoramento ou outro elemento estrutural não oferece risco de colapso.

Estabilizador: barra extensível dotada de mecanismo hidráulico, mecânico ou elétrico, fixado na estrutura da PEMT para impedir sua inclinação ou tombamento.

Estaiamento: utilização de cabos, hastes metálicas ou outros dispositivos para a sustentação de uma estrutura.

Estudo geotécnico: estudo necessário à definição de parâmetros do solo ou rocha, tal como sondagem, ensaios de campo ou ensaios de laboratório.

Ferramenta: instrumento manual utilizado pelo trabalhador para realização de tarefas.

Ferramenta de fixação a pólvora ou gás: instrumento utilizado para fixação de pinos acionada a pólvora ou a gás.

Ferramenta pneumática: instrumento acionado por ar comprimido.

Frente de trabalho: área de trabalho móvel e temporária.

Fumos: vapores provenientes da combustão incompleta de metais.

Fuste: escavação feita com a finalidade de alcançar camadas de solo mais profundas para construção de fundação.

Galeria: corredor coberto que permite o trânsito de pedestres com segurança.

Goivagem: operação de remoção de cordões de solda ou abertura de sulcos para posterior soldagem.

Grua: equipamento de guindar que possui lança de giro horizontal, suportada por uma estrutura vertical (torre), utilizado para movimentação horizontal e vertical de materiais.

Grua ascensional: grua cuja torre é de altura definida, normalmente instalada e fixada no poço do elevador, amarrada à laje através de gravatas e elevada através de sistema hidráulico.

Grua automontante: grua cuja montagem é feita de forma automática sem a necessidade de equipamento auxiliar.

Guia de alinhamento: dispositivo, fixo ou móvel, instalado na bancada da serra circular, destinado a orientar a direção e a largura do corte na madeira.

Guincho de coluna: equipamento fixado na edificação ou estrutura independente, destinado ao içamento de pequenas cargas.

Guincho de sustentação: equipamento, mecânico ou elétrico, utilizado para a movimentação do andaime suspenso.

Guindaste: equipamento de guindar utilizado para a elevação e movimentação de cargas e materiais pesados.

Instalações elétricas temporárias: instalações elétricas das edificações temporárias que compõem o canteiro de obras e as frentes de trabalho.

Laudo estrutural: documento emitido por profissional legalmente habilitado referente às condições estruturais no que diz respeito à resistência e integridade da estrutura em questão.

Laudo operacional: documento emitido por profissional legalmente habilitado referente às condições operacionais e de funcionamento dos mecanismos, comandos e dispositivos de segurança de um equipamento.

Linga: conjunto de correntes, cabos ou outros materiais utilizados para o içamento de carga.

Manilha: dispositivo auxiliar para o içamento de carga.

Máquina autopropelida: máquina que se desloca por meio próprio de propulsão.

Moitão: dispositivo mecânico utilizado nos equipamentos de guindar para movimentação de carga.

Momento máximo: indicação do máximo esforço de momento aplicado na estrutura de alguns equipamentos de guindar.

Montante: peça estrutural vertical de andaime, torres e escadas.

Organização: pessoa ou grupo de pessoas, com suas próprias funções, responsabilidades, autoridades e relações para alcançar seus objetivos. Inclui, mas não se limita a: empregador, tomador de serviços, empresa, empreendedor individual, produtor rural, companhia, corporação, firma, autoridade, parceria, organização de caridade ou instituição, parte ou combinação desses, seja incorporada ou não, pública ou privada.

Panagem: tecido que forma a rede de proteção.

Patamar: plataforma entre dois lances de uma escada.

PEMT: Plataforma Elevatória Móvel de Trabalho. Equipamento móvel, autopropelido ou não, dotado de uma estação de trabalho, cesto ou plataforma, sustentado por haste metálica, lança ou tesoura, capaz de ascender para atingir ponto ou local de trabalho elevado.

Pilão: peça utilizada para imprimir golpes por gravidade no bate-estaca.

Pistola finca-pino: ferramenta utilizada para fixação de pino metálico em estrutura da edificação.

Plataforma de proteção: plataforma instalada no perímetro da edificação destinada a aparar materiais em queda livre.

Plataforma de proteção primária: plataforma instalada na primeira laje.

Plataforma de proteção secundária: plataforma instalada acima da primeira laje.

Plataforma de proteção terciária: plataforma instalada abaixo da primeira laje.

Platibanda: mureta construída na periferia da parte mais elevada da edificação.

Profissional legalmente habilitado: trabalhador previamente qualificado e com registro no competente conselho de classe.

Profissional qualificado: trabalhador que comprove conclusão de curso específico na sua área de atuação, reconhecido pelo sistema oficial de ensino.

Protensão: operação de aplicar tensão em cabos ou fios de aço usados no concreto protendido.

Quadro-guia: estrutura de alinhamento para utilização durante o processo de telescopagem da grua ascensional.

Rede de segurança: sistema de proteção para evitar ou amortecer a queda de pessoas.

Reservatório para aquecimento: equipamento metálico utilizado para aquecimento do produto impermeabilizante.

Sarilho: equipamento para levantar materiais constituído por um cilindro horizontal móvel, acionado por motor ou manivela, onde se enrola a corda ou cabo de aço.

Semimecanizado: processo que utiliza, conjuntamente, meios mecânicos e esforços físicos do trabalhador para movimentação de cargas.

Serviços em flutuantes: atividades desenvolvidas em embarcações, plataformas ou outras estruturas sobre a água.

Sinaleiro/amarrador: trabalhador responsável pela sinalização e amarração de carga.

SPIQ: Sistema de Proteção Individual contra Quedas, constituído de sistema de ancoragem, elemento de ligação e equipamento de proteção individual, em consonância com a NR-35.

Talude: resultado de uma escavação em solo com determinada inclinação.

Telescopagem da grua: processo que altera a altura da grua pela inserção de elementos à sua torre através de uma abertura na gaiola.

Trabalhador capacitado: trabalhador treinado para a realização de atividade específica no âmbito da organização.

NR 19
Explosivos (1)

SUMÁRIO:

19.1. Objetivo

19.1.1. Esta Norma Regulamentadora – NR tem o objetivo de estabelecer os requisitos e as medidas de prevenção para garantir as condições de segurança e saúde dos trabalhadores em todas as etapas da fabricação, manuseio, armazenamento e transporte de explosivos.

19.2. Campo de Aplicação

19.2.1. Esta Norma aplica-se a todas as atividades relacionadas com a fabricação, manuseio, armazenamento e transporte de explosivos.

19.3. Disposições Gerais

19.3.1. Para fins desta Norma, considera-se explosivo material ou substância que, quando iniciada, sofre decomposição muito rápida em produtos mais estáveis, com grande liberação de calor e desenvolvimento súbito de pressão.

19.3.2. As atividades de fabricação, manuseio, armazenamento e transporte de explosivos devem obedecer ao disposto nesta Norma, e no normativo de explosivos da Diretoria de Fiscalização de Produtos Controlados do Exército Brasileiro.

19.3.3. É proibida a fabricação de explosivos no perímetro urbano das cidades, vilas ou povoados.

19.3.4. As organizações devem manter, nas instalações de fabricação, comércio e armazenamento de explosivos, quantidades máximas de explosivos, de acordo com o disposto no Anexo II desta Norma.

19.3.4.1. As distâncias constantes do Anexo II desta Norma poderão ser reduzidas à metade, no caso de depósitos barricados.

19.3.5. O PGR das organizações que fabricam, armazenam e transportam explosivos deve contemplar, além do previsto na Norma Regulamentadora n. 1 – NR-1, os fatores de riscos de incêndio e explosão e a implementação das respectivas medidas de prevenção.

19.4. Fabricação de explosivos

19.4.1. A fabricação de explosivos somente é permitida às organizações portadoras de Certificado de Conformidade homologado pelo Exército Brasileiro.

19.4.2. As áreas perigosas de fábricas de explosivos, definidas pelo responsável técnico da organização ou de profissional legalmente habilitado em segurança do trabalho, deverão ter monitoramento eletrônico permanente, de acordo com o disposto no normativo de explosivos da Diretoria de Fiscalização de Produtos Controlados do Exército Brasileiro.

19.4.3. O terreno em que se achar instalado o conjunto de edificações das organizações que fabricam explosivos deve ser provido de cerca adequada e de separação entre os locais de fabricação, armazenagem e administração.

19.4.3.1. As atividades em que explosivos sejam depositados em invólucros, tal como encartuchamento, devem ser efetuadas em locais isolados, não podendo ter em seu interior mais de quatro trabalhadores ao mesmo tempo.

19.4.4. Os locais de fabricação de explosivos devem ser:

a) mantidos em perfeito estado de conservação;

b) adequadamente arejados;

c) construídos com paredes e tetos de material incombustível e pisos antiestáticos;

d) dotados de equipamentos aterrados e, se necessárias, instalações elétricas especiais de segurança;

e) providos de sistemas de combate a incêndios adequados aos fins a que se destinam, de acordo com a legislação estadual e normas técnicas nacionais vigentes; e

f) livres de materiais combustíveis ou inflamáveis.

19.4.5. No manuseio de explosivos, é proibido:

a) utilizar ferramentas ou utensílios que possam gerar centelha ou calor por atrito;

b) fumar ou praticar ato suscetível de produzir fogo ou centelha;

c) usar calçados cravejados com pregos ou peças metálicas externas; e

d) manter objetos que não tenham relação direta com a atividade.

---

(1) NR aprovada pela Portaria n. 3.214, de 8-6-1978, e com redação determinada pela Portaria n. 424, de 7-10-2021.

19.4.6. Nos locais de manuseio de explosivos, as matérias primas que ofereçam risco de explosão devem permanecer nas quantidades mínimas possíveis, admitindo-se, no máximo, material para o trabalho de quatro horas.

19.5. Armazenamento de explosivos

19.5.1. A armazenagem de explosivos deve ser feita em depósitos, permanentes ou temporários, construídos para esta finalidade.

19.5.1.1. No caso de paióis ou depósitos permanentes, as paredes devem ser duplas, em alvenaria ou concreto, com intervalos vazios entre elas de, no mínimo, cinquenta centímetros.

19.5.2. Os depósitos de explosivos devem obedecer aos seguintes requisitos:

a) ser construídos de materiais incombustíveis e maus condutores de calor, em terreno firme, seco, a salvo de inundações;

b) ser apropriadamente ventilados; e

c) ser dotados de sinalização externa adequada.

19.5.3. Os depósitos de explosivos deverão ter permanente monitoramento eletrônico, de acordo com o disposto no normativo de explosivos da Diretoria de Fiscalização de Produtos Controlados do Exército Brasileiro

19.5.4. As distâncias mínimas a serem observadas com relação a edifícios habitados, ferrovias, rodovias e a outros depósitos, para fixação das quantidades de explosivos e acessórios que poderão ser armazenadas num depósito de explosivos, constam das Tabelas de Quantidades-Distâncias (Anexo II).

19.5.5. O produto número de ordem 3.2.0120 – pólvoras químicas de qualquer tipo, conforme critérios da Organização das Nações Unidas – ONU e do Sistema Globalmente Harmonizado de Classificação e Rotulagem de Produtos Químicos – GHS, deve ser enquadrado como sólido inflamável quando:

I – armazenado em quantidade de até vinte quilos, inclusive;

II – acondicionado em recipiente fabricado com material de baixa resistência (vidro, plástico, cerâmica etc); e

III – a altura da coluna no interior desses recipientes for inferior a trinta centímetros.

19.5.5.1. Atendidas as condições descritas nos incisos I a III, fica dispensada a aplicação das Tabelas de Quantidades-Distâncias (Anexo II).

19.5.6. Na capacidade de armazenamento de depósitos levar-se-á em consideração os seguintes fatores:

I – dimensões das embalagens de explosivos a armazenar;

II – altura máxima de empilhamento;

III – ocupação máxima de sessenta por cento da área, para permitir a circulação do pessoal no interior do depósito e o afastamento das caixas das paredes; e

IV – distância mínima de setenta centímetros entre o teto do depósito e o topo do empilhamento.

19.5.6.1. Conhecida a quantidade de explosivos a armazenar, em face das tabelas de quantidades-distâncias, a área do depósito de explosivos poderá ser determinada pela seguinte fórmula:

A = N.S/0,6.E

A – área interna em metros quadrados;

N – número de caixas a serem armazenadas;

S – superfície ocupada por uma caixa, em metros quadrados; e

E – número de caixas que serão empilhadas verticalmente.

19.5.7. A armazenagem de diferentes tipos de explosivos deve seguir o grupo de incompatibilidade previsto no Anexo III desta Norma.

19.5.8. Os acessórios explosivos podem ser armazenados com explosivos no mesmo depósito de explosivos, desde que estejam isolados e atendam as quantidades máximas previstas nas Tabelas do Anexo II desta Norma.

19.5.9. É proibida a armazenagem de explosivos, em um mesmo depósito de explosivos:

I – com acessórios iniciadores;

II – com pólvoras; ou

III – com fogos de artifício ou outros artefatos pirotécnicos.

19.5.10. Na armazenagem de explosivos em caixas, o empilhamento deve estar afastado das paredes e do teto e sobre material incombustível.

19.5.11. As instalações elétricas dos depósitos de explosivos devem ser específicas para áreas classificadas.

19.5.12. Explosivos de diferentes organizações podem ser armazenados num mesmo depósito de explosivo, desde que:

I – os produtos estejam visivelmente separados e identificados;

II – as movimentações de entrada e saída sejam individualizadas; e

III – atendam as regras de segurança de armazenagem previstas nesta Norma.

19.5.13. Para efeito da aplicação das Tabelas de Quantidades-Distâncias (Anexo II), serão considerados:

I – como construção única, os depósitos de explosivos cujas distâncias entre si sejam inferiores às constantes nas Tabelas de Quantidades-Distâncias (Anexo II); ou

II – como unidades individuais, os depósitos de explosivos cujas distâncias entre si sejam iguais ou superiores às constantes nas Tabelas de Quantidades-Distâncias (Anexo II).

19.5.13.1. As quantidades de explosivos armazenadas no caso do inciso I serão a soma das quantidades estocadas em cada um dos depósitos de explosivos.

19.5.13.2. Caso os depósitos de explosivos sejam de materiais incompatíveis, a Tabela a ser adotada deverá ser a mais restritiva.

19.6 Transporte de explosivos

19.6.1. O transporte de explosivos deve atender às prescrições gerais, de acordo com o meio de transporte a ser utilizado:

I – transporte rodoviário: normas da Agência Nacional de Transportes Terrestres – ANTT;

II – transporte por via marítima, fluvial ou lacustre: normas da Agência Nacional de Transportes Aquaviários – ANTAQ; e

III – transporte por via aérea: normas da Agência Nacional de Aviação Civil – ANAC.

19.6.2. Para o transporte de explosivos devem ser observadas as seguintes prescrições gerais:

a) o material a ser transportado deve estar devidamente acondicionado em embalagem regulamentar;

b) os serviços de embarque e desembarque devem ser supervisionados por um trabalhador que tenha sido capacitado, nos termos da NR-1, sob responsabilidade do responsável técnico da organização fabricante ou de profissional legalmente habilitado em segurança do trabalho;

c) todos os equipamentos empregados nos serviços de carga, transporte e descarga devem ser verificados quanto às condições de segurança;

d) sinalizações de explosivo devem ser afixadas em lugares visíveis do veículo de transporte;

e) o material deve ser disposto e fixado no veículo de modo a prover segurança e facilitar a inspeção;

f) munições, pólvoras, explosivos, acessórios iniciadores, artifícios pirotécnicos e outros artefatos pirotécnicos devem ser transportados separadamente;

g) o material deve ser protegido contra a umidade e incidência direta dos raios solares;

h) é proibido bater, arrastar, rolar ou jogar os recipientes de explosivos;

i) antes de descarregar os materiais, o local previsto para armazená-los deve ser examinado;

j) é proibida a utilização de sistemas de iluminação que não sejam específicos para áreas classificadas, fósforos, isqueiros, dispositivos e ferramentas capazes de produzir chama ou centelha nos locais de embarque, desembarque e no transporte;

k) salvo casos especiais, de acordo com a análise de riscos da operação, os serviços de carga e descarga de explosivos devem ser feitos durante o dia e com tempo sem ocorrência de intempéries; e

l) quando houver necessidade de carregar ou descarregar explosivos durante a noite, somente será usada iluminação com lanternas e holofotes elétricos que sejam específicos para áreas classificadas.

19.6.3. O transporte de explosivos no território nacional deverá ser realizado em veículo de carroceria fechada tipo baú ou em equipamento tipo container, ressalvados os transportes associados a operações de canhoneio.

19.6.4. Explosivos podem ser transportados com acessórios iniciadores, desde que os acessórios iniciadores estejam em compartimento ou uma caixa de segurança, isolados dos demais produtos transportados; e em embalagens que evitem o risco de atrito ou choque mecânico.

19.6.4.1. O compartimento de segurança deve possuir:

a) blindagem em chapa de aço; e

b) revestimento interno de madeira, preferencialmente, de compensado naval, para evitar o atrito.

19.6.4.2 A caixa de segurança deve possuir:

a) blindagem em chapa de aço (com espessura mínima de 4,8 mm, em aço do American Iron and Steel Institute – AISI 1020);

b) revestimento térmico (com espessura mínima de 10 mm);

c) revestimento interno em madeira/compensado (com espessura mínima de 6 mm); e

d) trancas.

19.6.4.3. A caixa de segurança deve ser colocada na carroceria do veículo em local de fácil acesso, ter a sua inviolabilidade preservada e ter a sua parte superior livre de empilhamentos de embalagens.

19.6.4.4. No caso de Unidade Móvel de Bombeamento – UMB, os produtos devem ser transportados em compartimentos ou caixas de segurança diferentes e em lados opostos na carroceria, que permitam seu isolamento.

19.6.5. Os veículos de transporte de explosivos devem possuir:

I – comunicação eficaz com a organização responsável pelo transporte;

II – sistema de rastreamento do veículo em tempo real, por meio de GPS, que permita a sua localização;

III – dispositivos de intervenção remota, que permitam o controle e bloqueio de abertura das portas; e

IV – botão de pânico, com ligação direta com a organização responsável pelo transporte.

ANEXO I da NR-19

Segurança e Saúde na Indústria e Comércio de Fogos de Artifício e Outros Artefatos Pirotécnicos

SUMÁRIO

10. Proteção Individual

11. Acesso aos Estabelecimentos

12. Destruição de Resíduos

13. Higiene e Conforto no Trabalho

14. Treinamento de Trabalhadores

15. Acidentes de Trabalho

16. Controle de Qualidade

17. Comercialização

18. Disposições Finais

1. Objetivo

1.1 Este Anexo tem o objetivo de estabelecer os requisitos e as medidas de prevenção para garantir as condições de segurança e saúde dos trabalhadores em todas as etapas da fabricação, armazenamento, transporte e comercialização de fogos de artifícios e outros artefatos pirotécnicos.

2. Campo de Aplicação

2.1. O contido neste Anexo aplica-se a todos os estabelecimentos de fabricação, armazenamento e comercialização de fogos de artifício e outros artefatos pirotécnicos.

2.2. Incluem-se no campo de aplicação do disposto neste Anexo as unidades de produção de pólvora negra, alumínio para pirotecnia e produtos intermediários destinados à fabricação de fogos de artifício e outros artefatos pirotécnicos.

3. Disposições Gerais

3.1. Para fins das disposições deste Anexo, consideram-se:

a) fogos de artifício e outros artifícios pirotécnicos – artigos pirotécnicos preparados para transmitir inflamação com a finalidade de produzir luz, ruído, fumaça ou outros efeitos visuais ou sonoros normalmente empregados para entretenimento;

b) Responsável Técnico – profissional legalmente habilitado da área de química, responsável pela coordenação dos laboratórios de controle de qualidade e/ou controle de processos, assim como das operações de produção, inclusive desenvolvimento de novos produtos, conforme disposto na legislação vigente;

c) acidente do trabalho – evento não previsto, ocorrido no exercício do trabalho ou como consequência desse, que resulte em danos à saúde ou integridade física do trabalhador;

d) incidente – evento não previsto, ocorrido no exercício do trabalho ou como consequência desse, que não resulte em danos à saúde ou integridade física do trabalhador, mas que, potencialmente, possa provocá-los; e

e) substância perigosa – aquela com potencial de causar danos materiais, ao meio ambiente, lesões ou agravos à saúde, em função de suas propriedades físico-químicas ou toxicológicas; é classificada como tal a partir de critérios e categorias definidas em um sistema de classificação.

3.2. A observância do contido neste Anexo não desobriga as organizações do cumprimento de outras disposições legais e regulamentares com relação à matéria, inclusive as oriundas de convenções e acordos coletivos de trabalho.

4. Instalações

4.1. As instalações físicas dos estabelecimentos devem obedecer ao disposto na Norma Regulamentadora n. 8 – NR-8, assim como no normativo de explosivos da Diretoria de Fiscalização de Produto Controlado do Exército Brasileiro.

4.2. As cercas em torno dos estabelecimentos devem possuir, no mínimo, os seguintes requisitos técnicos:

a) ser aterradas;

b) ter sinalização de advertência em intervalos máximos de cem metros;

c) ter altura de no mínimo dois metros e vinte centímetros; e

d) delimitar os setores administrativo, de depósitos e de fabricação.

4.3. Todas as vias de transporte de materiais no interior do estabelecimento devem:

a) apresentar largura mínima de um metro e vinte centímetros;

b) ser mantidas permanentemente desobstruídas; e

c) ser sinalizadas.

4.4. Deve ser mantida uma faixa de terreno livre de vegetação rasteira, com vinte metros de largura mínima, em torno de todos os depósitos e pavilhões de trabalho.

4.5. Os ambientes internos dos pavilhões de trabalho devem:

a) propiciar conforto térmico para os trabalhadores;

b) ter nível de iluminamento de acordo com as normas técnicas oficiais; e

c) ter iluminação específica para áreas classificadas.

4.6. Na entrada dos pavilhões de trabalho deve haver aviso de segurança em caracteres indeléveis facilmente visualizáveis, contendo as seguintes informações:

a) identificação do pavilhão e da atividade desenvolvida;

b) número máximo de trabalhadores permitido;

c) nome completo do encarregado do pavilhão; e

d) quantidade máxima permitida de explosivos ou peças contendo explosivos.

4.7. Os pavilhões de trabalho no setor de explosivos devem ser dotados de:

a) pisos impermeabilizados, lisos, laváveis, constituídos de material ou providos de sistema que não permita o acúmulo de energia estática, e mantidos em perfeito estado de conservação e limpeza;

b) junções de pisos com paredes, de bancadas com paredes e entre paredes com acabamento arredondado, com a finalidade de evitar o acúmulo de resíduos;

c) materiais e equipamentos antiestáticos, adotando-se procedimentos que impeçam acúmulo de poeiras e resíduos, assim como quedas de materiais no chão;

d) superfícies de trabalho lisas revestidas por material ou providas de sistema que não permita o acúmulo de energia estática, com proteções laterais e acabamentos arredondados, de forma a evitar a queda de produtos e nem possibilitar o acúmulo de pó; e

e) prateleiras, bancadas e superfícies na quantidade mínima indispensável ao desenvolvimento dos trabalhos, sendo proibido o uso de materiais não condutivos ou que permitam o centelhamento.

4.7.1. O pavilhão de manipulação de pólvora branca e similares deve ser dotado de:

a) piso e paredes impermeáveis;

b) teto lavável;

c) bancada lisa, constituída de material ou provida de sistema que não permita o acúmulo de energia estática e de baixa resistência a impacto;

d) lâmina d'água de dez centímetros sobre o piso; e

e) cocho de alvenaria com um metro de largura à frente da entrada, também dotado de lâmina d'água de dez centímetros.

4.7.1.1. Toda a água deve ser substituída periodicamente, por meio de filtragem adequada, com sistema de limpeza do filtro, conforme projeto elaborado por profissional legalmente habilitado.

4.8. Todas as instalações elétricas no interior ou proximidades dos pavilhões de produção e armazenamento de explosivos devem ser dotadas de circuitos independentes e atenderem às normas técnicas específicas para áreas classificadas.

4.9. As máquinas e os equipamentos que utilizarem ou gerarem energia elétrica devem ser aterrados eletricamente, em conformidade com a Norma Regulamentadora n. 12 – NR-12.

4.10. Todo projeto de instalação, reforma ou mudança da organização, após sua autorização pelo Exército, deve ser comunicado antes do início da sua execução à unidade descentralizada da Inspeção do Trabalho, por escrito, preferencialmente por meio eletrônico.

5. Programa de Gerenciamento de Riscos – PGR

5.1. O PGR das organizações deve contemplar, além do disposto na Norma Regulamentadora n. 1 – NR-1, as disposições constantes deste Capítulo.

5.2. O PGR deve ser elaborado e implementado, preferencialmente, por equipe multidisciplinar conjunta com profissional legalmente habilitado em segurança do trabalho, e pelo responsável técnico da organização e pelos seus responsáveis legais.

5.3. O PGR deve conter a indicação dos seguintes elementos:

a) papel e responsabilidades de todos em relação às atividades de segurança e saúde no trabalho;

b) nomes do coordenador e dos demais responsáveis técnicos, a serem atualizados sempre que houver alterações.

c) os responsáveis pela execução de cada medida de prevenção prevista no plano de ação; e

d) as justificativas para os ajustes e alterações realizadas no plano de ação.

5.3.1. Devem ser anexados ao PGR os seguintes documentos:

a) relatórios de investigação de acidentes ou incidentes ocorridos desde a última revisão;

b) relatórios de monitoramento de exposições a agentes ambientais; e

c) estatísticas de acidentes, incidentes e lesões ou agravos à saúde relacionados ao trabalho;

5.3.2 Os documentos integrantes do PGR devem conter:

a) data de elaboração e revisão; e

b) assinatura do responsável legal pela organização.

5.4. O inventário de riscos ocupacionais deve ser mantido atualizado, com previsão de revisões, no mínimo anuais, ou a serem realizadas sempre que houver necessidade de alteração de suas informações.

5.4.1. o inventário de riscos deve ser assinado conjuntamente por profissional qualificado em segurança no trabalho e pelo responsável técnico da organização.

5.5. As organizações devem manter à disposição dos órgãos de fiscalização um inventário de todos os produtos por elas utilizados ou fabricados, inclusive misturas pirotécnicas intermediárias e resíduos gerados, elaborado pelo responsável técnico, contendo, pelo menos:

a) nome do produto e respectivos sinônimos ou códigos pelos quais são conhecidos ou referidos na organização;

b) categoria de produto (matéria-prima, produto intermediário, produto final ou resíduo);

c) composição química qualitativa do produto, em particular dos ingredientes que contribuem para o perigo;

d) local de armazenamento;

e) processos ou operações onde são utilizados;

f) classificação da substância ou mistura quanto aos perigos ou ameaças físicas – incêndio, explosão ou reação violenta e perigos ou ameaças à saúde humana e ao meio ambiente – sendo recomendada a adoção das diretrizes estabelecidas pela Comissão Europeia para classificação de substâncias e misturas perigosas, até que sejam adotadas diretrizes nacionais; e

g) frases de risco e frases de segurança, de acordo com os principais riscos potenciais e medidas de segurança.

5.6. Outros procedimentos ou planos específicos devem ser elaborados em função da complexidade do processo produtivo e porte da organização, devendo ser incluídos, no mínimo:

a) Plano de Emergência e Combate a Incêndio e Explosão;

b) plano de manutenção preventiva das máquinas e equipamentos do setor produtivo, em conformidade com a NR-12 e plano de manutenção preventiva para veículos utilizados para o transporte de substâncias químicas; e

c) procedimentos operacionais para fabricação, armazenamento e manipulação de produtos ou misturas explosivas, com as devidas informações de segurança.

5.6.1. O Plano de Emergência e Combate a Incêndio e Explosão, além do previsto na NR-1, deve conter:

a) informações sobre a organização:

I – nome da organização;

II – detalhamento das edificações de forma isolada;

III – população fixa e flutuante;

IV – quartel de bombeiros mais próximo;

V – croqui dos equipamentos de segurança contra incêndio instalados;

b) medidas de prevenção:

I – constituição e atribuições da brigada de incêndio;

II – registros de treinamentos e exercícios simulados anuais envolvendo os trabalhadores e a brigada de incêndio;

III – previsão de sistema de comunicação com o corpo de bombeiros e autoridades competentes;

IV – descrição dos equipamentos de segurança contra incêndio;

V – cronograma de inspeção e manutenção periódica dos equipamentos de segurança contra incêndio; e

c) ações de combate a incêndio e procedimentos em caso de explosão:

I – acionamento do sistema de alerta e alarme;

II – procedimento de abandono e previsão de rotas de fuga;

III – comunicação com o corpo de bombeiros e autoridades competentes;

IV – acionamento da brigada de incêndio;

V – isolamento da área afetada (perímetro de segurança);

VI – local de concentração de vítimas;

VII – descrição dos procedimentos de atendimentos às vítimas;

VIII – previsão das rotas de acesso dos veículos de socorro;

IX – procedimentos de combate a incêndio e ações emergenciais em decorrência de explosão;

X – procedimento de avaliação e registro do sinistro; e

XI – autorização para o retorno às atividades normais.

5.6.1.1. As ações do Plano de Emergência e Combate a Incêndio e Explosão devem ser implantadas segundo cronograma detalhado, contendo prazos para execução de todas as etapas, inclusive treinamento teórico e prático, devendo ser simulado e revisado anualmente, com a participação da Comissão Interna de Prevenção de Acidentes – CIPA e de todos os trabalhadores.

5.6.1.2. Uma cópia do Plano de Emergência e Combate a Incêndio e Explosão deve ser encaminhada à Coordenadoria Municipal de Defesa Civil e ao Corpo de Bombeiros local.

5.6.1.3. O trabalhador que exerce atividades de ronda deve ter conhecimento do Plano de Emergência e Combate a Incêndio e Explosão e dispor de todo o material e mecanismos necessários para acioná-lo.

6. Comissão Interna de Prevenção de Acidentes – CIPA

6.1. A Comissão Interna de Prevenção de Acidentes – CIPA, organizada conforme o disposto na Norma Regulamentadora n. 5 – NR-5, deve realizar inspeções em todos os postos de trabalho com periodicidade mínima mensal, visando à identificação de situações que representem riscos à saúde e segurança dos trabalhadores, com a participação do responsável técnico e de profissionais de segurança e saúde no trabalho.

6.2. Os relatórios das inspeções, com as respectivas conclusões, devem ser registrados em documentos próprios, submetidos à ciência do empregador e mantidos à disposição da Inspeção do Trabalho.

6.3. As organizações desobrigadas de manter CIPA devem indicar comissão para realizar as inspeções, que deve incluir, obrigatoriamente, pelo menos um trabalhador do setor de produção e o responsável técnico.

6.4. O treinamento anual da CIPA, ou do trabalhador nomeado para o cumprimento dos objetivos da Comissão, deverá incluir todos os aspectos relativos aos riscos de acidentes com explosivos e sua prevenção.

7. Responsabilidade técnica

7.1. Todas as organizações devem manter responsável técnico a seu serviço, legalmente habilitado, cujo nome deverá figurar em todos os rótulos e anúncios.

7.2. Cabe ao responsável técnico zelar pela qualidade e segurança dos produtos fabricados, inclusive no que diz respeito à segurança e saúde dos trabalhadores.

7.3. A responsabilidade técnica abrange as operações de produção, inclusive o desenvolvimento de novos produtos, estocagem, embalagem, rotulagem e transporte interno, além do controle de qualidade.

7.4. O responsável técnico deve ter horário de trabalho expressamente estabelecido em seu contrato com a organização, devendo ser mantido registro de seu cumprimento.

8. Locais de trabalho

8.1. As organizações devem manter todos os locais de trabalho sempre em perfeito estado de organização e limpeza, contendo exclusivamente o material necessário à atividade laboral.

8.2. Devem ser criados procedimentos eficazes para a limpeza dos calçados na entrada dos pavilhões de trabalho.

8.3. As organizações devem instituir e implementar procedimentos operacionais para todas as atividades, sob a orientação do responsável técnico, especificando detalhadamente os procedimentos seguros para a execução de cada tarefa e afixando os procedimentos operacionais nos respectivos pavilhões, em local e tamanho que sejam visíveis a todos os trabalhadores.

8.4. Deve ser observada a quantidade máxima de material explosivo e o número máximo de trabalhadores permitidos em cada pavilhão de trabalho, conforme definido pelo responsável técnico e observando-se os dispositivos legais referentes ao tema.

8.5. É vedada a permanência de fontes de ignição, assim como de materiais ou utensílios estranhos à atividade, no interior dos pavilhões de trabalho com explosivos.

8.5.1. As ferramentas utilizadas no manuseio de materiais explosivos devem ser de aço inoxidável ou outro material que dificulte a geração de faíscas.

8.6. Durante a jornada laboral as portas dos pavilhões de trabalho devem ser mantidas totalmente abertas para fora, por meio de dispositivo adequado para sua fixação nessa posição, constituído de material que não gere centelhas por atrito, devendo permanecer desobstruídas.

8.7. Sempre que o trabalho puder ser executado alternando a posição de pé com a posição sentada, o posto de trabalho deve ser planejado ou adaptado para favorecer a alternância das posições.

8.7.1. Todos os assentos nos postos de trabalho devem atender ao disposto na Norma Regulamentadora n. 17 – NR-17.

8.7.2. Para as atividades em que os trabalhos devam ser realizados de pé, e nos casos em que a posição sentada implique risco de acidente, devem ser disponibilizados assentos para descanso próximos aos postos de trabalho, instituindo-se, pelo menos, uma pausa de quinze minutos a cada duas horas de trabalho.

8.8. Todos os estabelecimentos devem dispor de reservas suficientes de água, localizadas de modo a permitir sua utilização imediata, inclusive para limpeza diária e umedecimento dos locais de trabalho.

8.9. Os depósitos de pólvora negra, de produtos acabados e de bombas devem ser dotados de instrumentos para aferição de temperatura e umidade do ar, mantendo-se à disposição dos órgãos de fiscalização o registro escrito das medições, que devem ser realizadas diariamente.

9. Transporte interno

9.1. O transporte interno de produtos inflamáveis ou explosivos deve obedecer a regras especificadas pelo responsável técnico, que deve definir os meios de transporte, os trajetos e os recipientes a serem utilizados, assim como as quantidades máximas a serem transportadas de cada vez.

9.1.1. Os meios de transporte de explosivos devem ser adequados, conforme a NR-17, e conter mecanismos de redução de impactos e risco de quedas, assim como dispositivos para evitar centelhamento.

9.2. Os trabalhadores responsáveis pelo transporte interno de produtos acabados ou outros materiais, devem conhecer todos os riscos inerentes a esta atividade e receber treinamento sobre levantamento e transporte manual de peso.

10. Proteção individual

10.1. Todos os trabalhadores do setor de explosivos devem utilizar vestimenta de trabalho completa em algodão ou tecido antiestático similar, fornecidos gratuitamente pelo empregador, sem quaisquer detalhes que possam acumular poeira ou resíduos de produtos químicos.

10.1.1. A manutenção e a reposição das vestimentas devem ser realizadas pela organização, sem ônus para os trabalhadores.

10.1.2. As vestimentas dos trabalhadores que manipulam pólvora negra, pólvora branca e cores devem ser lavadas semanalmente pela organização.

10.2. Todos os trabalhadores devem portar calçados adequados ao trabalho.

10.2.1. Os trabalhadores envolvidos na manipulação de explosivos devem portar calçados com solados antiestáticos, sem peças metálicas externas.

10.2.1.1. Nos locais de trabalho dotados de piso com lâmina d'água, devem ser utilizados calçados impermeáveis, não sendo obrigatória a propriedade antiestática.

11. Acesso aos estabelecimentos

11.1. Os estabelecimentos devem manter serviço permanente de portaria, com trabalhador com conhecimento sobre os riscos existentes nos locais de trabalho e treinado na prevenção de acidentes com explosivos, especialmente no que concerne ao Plano de Emergência e Combate a Incêndio e Explosão, cabendo-lhe impedir a entrada de pessoas, veículos e materiais que não atendam às exigências de segurança estabelecidas pelas normas internas da organização.

11.2. As organizações devem adotar e divulgar no portão de entrada do estabelecimento regras de segurança sobre a circulação de pessoas, veículos automotores ou de tração animal utilizados no transporte de explosivos no perímetro da fábrica, definindo previamente seu itinerário.

11.2.1. As organizações devem exercer controle para que o cano de descarga dos veículos não seja posicionado na direção do pavilhão e esteja dotado de dispositivo quebra-chamas.

11.2.2. O carregamento e o descarregamento de veículos devem ser efetuados com os motores desligados e atendendo ao disposto nesta Norma e na legislação pertinente.

12. Destruição de resíduos

12.1. As organizações devem implantar sistema de coleta seletiva do lixo em todos os pavilhões de trabalho e adotar procedimentos seguros de descarte de materiais e produtos impróprios para utilização.

12.2. Os resíduos de matérias-primas perigosas e/ou produtos explosivos, coletados de forma seletiva, devem ser adequadamente armazenados em recipientes apropriados e em locais seguros, distantes dos pavilhões de trabalho, até serem encaminhados para destinação adequada.

12.3. A destruição de produtos explosivos deve seguir o normativo de explosivos da Diretoria de Fiscalização de Produto Controlado do Exército Brasileiro, com procedimentos implantados sob coordenação do responsável técnico.

12.3.1. Todos os trabalhadores envolvidos nas atividades de coleta e destruição de resíduos devem receber treinamento específico.

13. Higiene e conforto no trabalho

13.1. As organizações devem manter instalações sanitárias para uso de seus trabalhadores, separadas por sexo, adequadamente conservadas e permanentemente limpas, em quantidade suficiente ao número daqueles, de acordo com o dimensionamento previsto na Norma Regulamentadora n. 24 – NR-24, localizadas estrategicamente de forma a atender todo o perímetro da fábrica, à distância máxima de cento e vinte metros dos postos de trabalho.

13.2. Os estabelecimentos devem ser dotados de vestiários com chuveiros e armários individuais, em quantidade suficiente ao número de trabalhadores, de acordo com o dimensionamento previsto na NR-24, localizados estrategicamente de forma a permitir que todos ingressem na área perigosa portando somente as vestimentas e calçados adequados e de modo a propiciar a higienização antes do acesso ao local de refeições.

13.2.1. As organizações manterão, em cada estabelecimento, vestiários específicos e separados para os trabalhadores que manuseiam alumínio em pó e pólvora negra, localizados estrategicamente à distância máxima de cinquenta metros dos respectivos pavilhões de trabalho.

13.3. Deve ser fornecida água potável a todos os trabalhadores em recipientes térmicos ou bebedouros não metálicos, instalados em todos os locais de trabalho, sendo proibido o uso de copos metálicos e coletivos.

13.3.1. Nos locais onde se manuseie explosivos, os bebedouros devem ser instalados do lado de fora dos pavilhões, protegidos da luz solar.

13.4. As organizações assegurarão condições suficientes de conforto para as refeições dos trabalhadores, em local adequado e fora da área de produção, provido de iluminação apropriada, piso lavável, dispositivo para aquecer as refeições e fornecimento de água potável.

13.4.1. É proibida a realização de refeições nos pavilhões de trabalho.

13.5. Nos casos em que o transporte de trabalhadores seja fornecido pela organização, deve ser utilizado veículo em boas condições de conforto e manutenção e devidamente licenciado pelas autoridades competentes, com assentos e local separado para guarda de equipamentos e materiais de trabalho, quando necessário.

14. Treinamento de trabalhadores

14.1. As organizações devem promover o treinamento permanente dos seus trabalhadores, conforme programa e cronograma específico, elaborado pelo Serviço Especializado em Engenharia de Segurança e em Medicina do Trabalho – SESMT, quando houver, e ministrando-lhes todas as informações sobre:

a) os riscos decorrentes das suas atividades produtivas e as medidas de prevenção;

b) o PGR, especialmente no que diz respeito à prevenção de acidentes com explosivos;

c) o Plano de Emergência e Combate a Incêndio e Explosão;

d) procedimentos operacionais; e

e) a correta utilização e manutenção dos equipamentos de proteção individual, bem como as suas limitações.

14.1.1. O treinamento inicial deve ser ministrado, obrigatoriamente, no ato de admissão.

14.1.2. O treinamento periódico deve ser ministrado, no mínimo, a cada ano a todos os trabalhadores.

14.1.3. O treinamento eventual deve ser realizado sempre que houver troca de função que envolva novos riscos, mudança nos procedimentos, equipamentos, processos ou nos materiais de trabalho.

14.1.4. Ao término dos treinamentos inicial, periódico ou eventual, é obrigatório o registro de seu conteúdo, carga horária e frequência, em conformidade com a NR-1.

15. Acidentes de trabalho

15.1. Todos os acidentes de trabalho envolvendo materiais explosivos devem ser comunicados aos sindicatos das categorias profissional e econômica e à unidade descentralizada da Inspeção do Trabalho, observado o prazo legal, e os incidentes envolvendo materiais explosivos, a estas entidades, em até dois dias úteis.

15.2. Todos os acidentes e incidentes envolvendo materiais explosivos devem ser objeto de registro escrito e análise por comissão constituída, no mínimo, pelo responsável técnico, pela CIPA ou representante dos empregados e pelo SESMT da organização, quando houver, com discriminação:

a) da descrição pormenorizada do acidente ou incidente e suas consequências;

b) dos fatores causais diretos e indiretos;

c) das medidas a serem tomadas para a prevenção de eventos similares; e

d) do cronograma para implantação dessas medidas.

16. Controle de qualidade

16.1. As organizações devem dispor de documentos que atestem a qualidade das matérias-primas utilizadas.

16.1.1. Os documentos mencionados no item 16.1 devem ser arquivados em meio físico ou eletrônico por um período mínimo de dois anos e mantidos à disposição da Inspeção do Trabalho.

17. Comercialização

17.1. Para efeitos deste Anexo considera-se:

a) comércio de produtos de uso restrito: venda a varejo e/ou atacado de fogos de artifício ou outros artifícios pirotécnicos de uso restrito, conforme estabelecido por este Anexo e pelo normativo de explosivos da Diretoria de Fiscalização de Produtos Controlados do Exército Brasileiro;

b) comércio de produtos de uso permitido: venda a varejo e/ou atacado de fogos de artifício ou outros artifícios pirotécnicos em geral, que não são definidos como de uso restrito pela legislação do Exército Brasileiro.

17.2. No local de comercialização de produtos de uso restrito também poderão ser comercializados produtos de uso permitido.

17.3. Nos depósitos e locais de comercialização de fogos de artifício ou outros artifícios pirotécnicos são expressamente vedadas as atividades de fabricação, testes, montagem e desmontagem de fogos de artifício ou outros artifícios pirotécnicos.

17.3.1. No caso de organizações autorizadas a realizar espetáculos pirotécnicos, as atividades de montagem e desmontagem somente podem ser realizadas em local específico para este fim, independente e isolado das instalações principais e que atenda ao disposto na legislação pertinente.

17.4. A quantidade máxima de fogos de artifício ou outros artifícios pirotécnicos permitida em um local de comercialização de produtos de uso permitido deve atender às normas expedidas pelo órgão estadual ou municipal competente.

17.5. A quantidade máxima de fogos de artifício ou outros artifícios pirotécnicos no local de comercialização de produtos de uso restrito deve atender ao disposto no normativo de explosivos da Diretoria de Fiscalização de Produto Controlado do Exército Brasileiro.

17.6. Todo local de comercialização deve possuir sistema de proteção contra incêndio, de acordo com a Norma Regulamentadora n. 23 – NR-23 e normas pertinentes do estado ou município.

17.7. Os estabelecimentos de comercialização de produtos de uso restrito devem estar localizados de modo a atender ao disposto no normativo de explosivos da Diretoria de Fiscalização de Produto Controlado do Exército Brasileiro.

17.8. Os fogos de artifício ou outros artifícios pirotécnicos à venda devem ser dispostos em locais distintos dos de líquidos inflamáveis, substâncias oxidantes, corrosivas e outras de riscos similares, sendo vedada a sua disposição em móveis fechados.

17.8.1. As substâncias mencionadas devem ser adequadamente identificadas.

17.9. Os fogos de artifícios ou outros artifícios pirotécnicos devem ser mantidos em suas embalagens originais, com rótulos em português e atender ao disposto no normativo de explosivos da Diretoria de Fiscalização de Produto Controlado do Exército Brasileiro.

17.10. As prateleiras e os balcões de venda de fogos de artifício ou outros artifícios pirotécnicos devem ser dotados de sinalização de advertência quanto à proibição de fumar ou provocar qualquer tipo de chama ou centelha.

18. Disposições Finais

18.1. Em todas as atividades produtivas de fabricação de fogos de artifício ou outros artifícios pirotécnicos é proibida a remuneração por produtividade.

18.2. É vedada a fabricação de fogos de artifícios ou outros artifícios pirotécnicos com as matérias-primas proibidas pela legislação da Diretoria de Fiscalização de Produtos Controlados do Exército Brasileiro.

18.3. É vedada a contratação de serviços externos que envolvam o manuseio de materiais ou misturas de explosivos, exceto de organização ou prestador de serviço que atenda o disposto nesta norma.

18.4. As organizações não utilizarão mão de obra de menores de dezoito anos para a fabricação de fogos de artifício ou outros artifícios pirotécnicos e nem para o transporte, processamento, armazenamento, manuseio ou carregamento de suas matérias-primas.

18.5. As organizações não permitirão a entrada de menores de dezoito anos nos estabelecimentos de fabricação de fogos de artifício ou outros artifícios pirotécnicos, exceto no setor de cartonagem, em que não haja contato com explosivos ou inflamáveis e nos setores administrativos, desde que localizados fora da área de risco.

18.6. É expressamente proibida a realização de testes de materiais ou produtos nos pavilhões de trabalho ou por trabalhador não treinado para esta finalidade.

18.7. O teste de novos materiais ou novos produtos somente poderá ser realizado sob a supervisão direta de responsável técnico.

ANEXO II da NR-19

Tabelas De Quantidades-Distâncias

SUMÁRIO

1. Considerações iniciais

1.1. Na organização das tabelas apresentadas, explosivos e acessórios cujo comércio é permitido, foram agrupados em classes, de modo que os que apresentem riscos semelhantes pertençam à mesma classificação.

1.2. A distribuição em classes não implica em armazenar, em conjunto, os elementos de uma mesma classe. Deve-se observar a compatibilidade dos mesmos.

1.3. A distribuição em classes não visa, apenas, a estabelecer as distâncias mínimas permitidas entre depósitos ou entre depósito, edifícios habitados, rodovias e ferrovias.

1.4. As distâncias e quantidades previstas nas tabelas buscam assegurar a proteção pessoal e material nas vizinhanças dos depósitos e mitigar os danos causados por um possível acidente.

1.5. As distâncias previstas nas tabelas não só decorrem da quantidade total do material armazenado, como também do alcance dos estilhaços.

1.6. Para depósitos ou oficinas barricados ou entrincheirados, as distâncias previstas podem ser reduzidas à metade, tudo dependendo da vistoria do local.

2. Tabelas

2.1. Explosivos de ruptura

De uma forma geral, compreendem materiais que podem ser detonados por uma espoleta comum quando não confinados, isto é, liberam sua energia tão rapidamente quanto possível, apresentando taxas de queima supersônicas e produzindo os efeitos destrutivos necessários a partir da formação de ondas de choque e da expansão de gases de altas temperaturas oriundas de reações químicas exotérmicas de decomposição. Eles se destinam à produção de trabalho de destruição pela ação dos gases e da onda de choque produzidos quando se transformam por detonação. Recebem o nome de explosivos secundários por exigirem a onda de detonação de outro explosivo para ser iniciado. Para os produtos enquadrados no grupo explosivos de ruptura, devem ser aplicadas as distâncias constantes da Tabela 3.

2.2. Baixos Explosivos

De uma forma geral, compreendem os materiais que produzem gases quentes sem a formação de onda de choque e liberam energia por meio de deflagração quando confinados, isto é, apresentam taxas de queima subsônicas conduzidas pelo efeito progressivo de transferência de calor, de modo que esta expansão de gases exerça uma pressão que possa ser aproveitada para a geração de um empuxo controlado, dando origem a efeitos balísticos de propulsão. Para os produtos enquadrados no grupo baixos explosivos, devem ser aplicadas as distâncias constantes da Tabela 1.

2.2.1. Pólvoras químicas (base simples, dupla e tripla)

Esses produtos se deterioram pela ação da umidade, temperatura elevada e idade; queimam produzindo calor intenso, sem estilhaços ou pressões capazes de causar danos sérios, deve-se aplicar a Tabela 1, para seu armazenamento, exceto quando classificadas como sólido inflamável, conforme descrito no subitem 19.5.5 desta Norma. Neste caso, o risco principal é o incêndio, não havendo necessidade de tabela especial de distâncias.

2.3. Iniciadores Explosivos

De uma forma geral, compreendem os materiais energéticos extremamente sensíveis que podem ser iniciados por atrito, choque mecânico, calor ou centelha elétrica, que se decompõem por detonação e têm por finalidade precípua iniciar explosivos menos sensíveis. Para os produtos enquadrados no grupo iniciadores explosivos, devem ser aplicadas as distâncias constantes da Tabela 2.

2.4. Produtos químicos usados como insumos ou intermediários no fabrico de misturas explosivas

Fazem parte desta categoria o clorato de potássio, dinitrotolueno, emulsão base ou pré-emulsão, nitrato de amônio, perclorato de amônio, perclorato de potássio e outros que só detonam em condições especiais:

a) quando os produtos armazenados apresentarem apenas o risco de fogo, as distâncias constantes da Tabela 1 devem ser aplicadas; e

b) quando os produtos forem armazenados próximos a outros materiais, com os quais podem formar misturas explosivas, as distâncias entre depósitos, devem obedecer às constantes da Tabela 3, permanecendo as demais distâncias (habitações, rodovias e ferrovias), as constantes da Tabela 1.

2.5. Artifícios pirotécnicos

a) quando apresentam risco de explosão em massa ou de projeção, devem ser armazenados aplicando-se a Tabela 3;

b) quando há apenas perigo de fogo, com pequeno risco de explosão, deve aplicar-se a Tabela 4; e

c) quando não há risco significativo e que, na eventualidade de uma iniciação, seus efeitos ficam confinados, predominantemente, à embalagem e não projetam fragmentos de dimensões apreciáveis à grande distância, devem ser armazenados conforme a Tabela 1.

Tabela 1

Peso Líquido (kg)		**Distâncias mínimas (m)**			
		Edifícios habitados	**Ferrovias**	**Rodovias**	**Entre depósitos ou oficinas**
De	Até				
0	450	25	25	25	15
451	2.250	35	35	35	25
2.251	4.500	45	45	45	30
4.501	9.000	60	60	60	40
9.001	18.100	70	70	70	50
18.001	31.750	80	80	80	55
31.751	45.350	90	90	90	60
45.351	90.700	115	115	115	75

Peso Líquido (kg)		Distâncias mínimas (m)			
		Edifícios habitados	Ferrovias	Rodovias	Entre depósitos ou oficinas
90.701	136.000	110	110	110	75
136.001	181.400	150	150	150	100
181.401	226.800	180	180	180	120

Observações:

1) a quantidade de 226.800 kg é a máxima permitida em um mesmo local;

2) a quantidade máxima permitida, em um mesmo local, de nitrato de amônio, grau agrícola, destinado à fabricação de fertilizantes, e as condições de armazenamento serão esta-belecidas em legislação complementar.

Tabela 2

Peso Líquido (kg)		Distâncias mínimas (m)			
De	Até	Edifícios habitados	Ferrovias	Rodovias	Entre depósitos ou oficinas
0	20	75	45	22	20
21	100	140	90	43	30
101	200	220	135	70	45
201	500	260	160	80	65
501	900	300	180	95	90
901	2.200	370	220	110	90
2.201	4.500	460	280	140	90
4.501	6.800	500	300	150	90
6.801	9.000	530	320	160	90

Observação: a quantidade de 9.000 kg é a máxima permitida em um mesmo local.

Tabela 3

Peso Líquido do Material (kg)		Distâncias(m)			
De	Até	Edifícios habitados	Rodovias	Ferrovias	Entre depósitos ou oficinas
0	20	90	15	30	20
21	50	120	25	45	30
51	90	145	35	70	30
91	140	170	50	100	30
141	170	180	60	115	40
171	230	200	70	135	40
231	270	210	75	145	40
271	320	220	80	160	40
321	360	230	85	165	40
361	410	240	90	180	44
411	460	250	95	185	50
461	680	285	100	195	60
681	910	310	110	220	60
911	1.350	355	120	235	70
1.351	1.720	385	130	255	70
1.721	2.270	420	135	270	80
2.271	2.720	445	145	285	80

Peso Líquido do Material (kg)		Distâncias(m)			
		Edifícios habitados	Rodovias	Ferrovias	Entre depósitos ou oficinas
2.721	3.180	470	150	295	90
3.181	3.630	490	150	300	90
3.631	4.090	510	155	310	100
4.091	4.540	530	160	315	100
4.541	6.810	545	160	325	110
6.811	9.080	595	175	355	120
9.081	11.350	610	190	385	130
11.351	13.620	610	205	410	140
13.621	15.890	610	220	435	150
15.891	18.160	610	230	460	160
18.161	20.430	610	240	485	160
20.431	22.700	610	255	505	170
22.701	24.970	610	265	525	180
24.971	27.240	610	275	550	180
27.241	29.510	610	285	565	190
29.511	30.780	610	295	585	190
31.781	34.050	610	300	600	200
34.051	36.320	610	310	615	210
36.321	38.590	610	315	625	210
38.591	40.860	610	320	640	220
40.861	43.130	610	325	645	220
43.131	45.400	610	330	655	230
45.401	56.750	610	330	660	260
56.751	68.100	610	345	685	290
68.101	79.450	610	355	710	320
79.451	90.800	620	370	735	350
90.801	102.150	640	380	760	380
102.151	113.500	660	390	780	410

Observação: a quantidade de 113.500 kg é a máxima permitida em um mesmo local.

Tabela 4

Peso Líquido do Material (kg)		Distâncias(m)			
		Edifícios habitados	Ferrovias	Rodovias	Entre depósitos ou oficinas
De	Até				
0	180	61	61	31	21
181	270	64	61	31	21
271	360	77	61	31	21
361	450	89	61	31	21
451	900	140	71	36	24
901	1.360	181	91	46	30

Peso Líquido do Material (kg)		Distâncias(m)			
		Edifícios habitados	Ferrovias	Rodovias	Entre depósitos ou oficinas
1.361	1.810	215	108	54	36
1.811	2.260	244	122	61	41
2.261	2.720	269	135	66	45
2.721	3.620	311	156	78	82
3.621	4.530	345	173	87	58
4.531	6.800	407	204	102	68
6.801	9.070	455	228	114	76
9.071	13.600	526	264	132	88
13.601	18.140	581	291	146	97
18.141	22.670	628	314	157	105
22.671	27.210	668	334	167	111
27.211	36.280	735	368	184	123
36.281	45.350	793	397	198	132
45.351	68.020	907	454	227	151
68.021	90.700	999	500	250	167
90.701	113.370	1.076	538	269	179

Observação: a quantidade de 113.370 kg é a máxima permitida em um mesmo local.

ANEXO III da NR-19

Grupos de Incompatibilidade para Armazenamento e Transporte

Grupo	Descrição do Produto e Exemplo
A	Descrição: Substância explosiva primária (iniciadores). Exemplo: azida de chumbo úmida, estifinato de chumbo úmido, fulminato de mercúrio úmido, tetrazeno úmido, ciclonite (RDX) seca e nitropenta (PETN) nitropenta seca.
B	Descrição: Artigo contendo substância explosiva primária e não contendo dois ou mais dispositivos de segurança eficazes (engenhos iniciadores). Exemplo: detonadores, espoletas comuns, espoletas de armas pequenas e espoletas de granadas.
C	Descrição: Substância explosiva propelente ou outra substância explosiva deflagrante ou artigo contendo tal substância explosiva. Exemplo: Propelentes de base simples, dupla, tripla, composites, propelentes sólidos de foguetes e munição com projéteis inertes.
D	Descrição: Substância explosiva detonante secundária ou pólvora negra; ou artigo contendo uma substância explosiva detonante secundária. Em qualquer caso, sem meios de iniciação e sem carga propelente ou, ainda, artigo contendo uma substância explosiva primária e dois ou mais dispositivos de segurança eficazes. Exemplo: pólvora negra; altos explosivos; munições contendo altos explosivos sem carga propelentes e dispositivos de iniciação; trinitrotolueno (TNT); composição B, RDX ou PETN úmidos; bombas projéteis; bombas embaladas em contêiner (CBU); cargas de profundidade e cabeças de torpedo.
E	Descrição: artigo contendo uma substância explosiva detonante secundária, sem meios próprios de iniciação, com uma carga propelente (exceto se contiver um líquido ou gel inflamável ou líquido hipergólico). Exemplo: munições de artilharia, foguetes e mísseis.
F	Descrição: artigo contendo uma substância explosiva detonante secundária, com seus meios próprios de iniciação, com uma carga propelente (exceto se contiver um líquido ou gel inflamável ou líquido hipergólico) ou sem carga propelente.

Grupo	Descrição do Produto e Exemplo
G	Descrição: substância pirotécnica ou artigo contendo uma substância pirotécnica; artigo contendo tanto uma substância explosiva quanto uma iluminativa, incendiária, lacrimogênea ou fumígena (exceto engenhos acionáveis por água e aqueles contendo fósforo branco, fosfetos, substância pirofórica, um líquido ou gel inflamável ou líquidos hipergólicos). Exemplo: fogos de artifício, dispositivos de iluminação, incendiários, fumígenos (inclusive com hexacloroetano HC), sinalizadores, munição incendiária, iluminativa, fumígena ou lacrimogênea.
H	Descrição: artigo contendo substância explosiva ou fósforo branco. Exemplo: fósforo branco (WP), fósforo branco plastificado (PWP), outras munições contendo material pirofórico.
J	Descrição: artigo contendo uma substância explosiva e um líquido ou gel inflamável. Exemplo: munição incendiária com carga de líquido ou gel inflamável (exceto as que são espontaneamente inflamáveis quando expostas ao ar ou à água), dispositivos explosivos combustível-ar (FAE).
K	Descrição: artigo contendo substância explosiva e um agente químico tóxico. Exemplo: munições de guerra química.
L	Descrição: substância explosiva ou artigo contendo uma substância explosiva que apresenta risco especial (ativação por água ou presença de líquidos hipergólicos, fosfetos ou substância pirofórica), que exija isolamento para cada tipo de substância. Exemplo: munição danificada ou suspeita de qualquer outro grupo, trietilalumínio.
N	Descrição: artigo contendo apenas substâncias detonantes extremamente insensíveis. Exemplo: bombas e cabeças de guerra.
S	Descrição: substância ou artigo concebido ou embalado de forma que efeitos decorrentes de funcionamento acidental fiquem confinados dentro da embalagem. Se a embalagem tiver sido danificada pelo fogo, os efeitos da explosão ou projeção devem limitados, de modo a não impedir ou dificultar o combate ao fogo ou outros esforços de contenção da emergência nas imediações da embalagem. Exemplo: baterias térmicas

GRUPOS DE INCOMPATIBILIDADE PARA ARMAZENAMENTO E TRANSPORTE

Grupos	A	B	C	D	E	F	G	H	J	K	L	N	S
A		X	X	X	X	X	X	X	X	X	X	X	X
B	X		X	X	X	X	X	X	X	X	X	X	
C	X	X				X	X	X	X	X	X		
D	X	X				X	X	X	X	X	X		
E	X	X				X	X	X	X	X	X		
F	X	X	X	X	X		X	X	X	X	X	X	
G	X	X	X	X	X	X		X	X	X	X	X	
H	X	X	X	X	X	X	X		X	X	X	X	
J	X	X	X	X	X	X	X	X		X	X	X	
K	X	X	X	X	X	X	X	X	X		X	X	
L	X	X	X	X	X	X	X	X	X	X		X	X
N	X	X				X	X	X	X	X	X		
S	X										X		

Observação: 1) X – combinações incompatíveis entre si, ou seja, os produtos não devem ser transportados ou armazenados em uma mesma unidade.

GLOSSÁRIO

Acessório explosivo – engenho não muito sensível, de elevada energia de ativação, que tem por finalidade fornecer energia suficiente à continuidade de um trem explosivo e que necessita de um acessório iniciador para ser ativado.

Acessório iniciador – engenho sensível, de pequena energia de ativação, que tem por finalidade fornecer energia suficiente à iniciação de um trem explosivo de forma confiável, no tempo especificado e na sequência correta.

Análise de Risco – avaliação dos riscos potenciais, suas causas, consequências e medidas de prevenção.

ANFO – misturas de nitrato de amônio e óleos combustíveis.

Barricada – barreira intermediária de uso aprovado, natural ou artificial, de tipo, dimensões e construção de forma a limitar, de maneira efetiva, os efeitos de uma explosão eventual nas áreas adjacentes.

Cargas moldadas – explosivos com formato fixo, predefinido, de acordo com um molde inicial; o tipo mais comum possui um orifício cônico em seu corpo, destinado a concentrar a energia da explosão em uma direção específica; o funcionamento desses dispositivos é baseado no efeito Monroe ou "carga oca", é muito utilizado em munições para perfuração de blindagens.

Cordel detonante – tubo flexível preenchido com nitropenta, RDX ou HMX, destinado a transmitir a detonação do ponto de iniciação até a carga explosiva; seu tipo mais comum é o NP 10, ou seja, aquele que possui dez gramas de nitropenta RDX por metro linear. Para fins de armazenamento, a unidade a ser utilizada é o metro.

Depósitos – construções destinadas ao armazenamento de explosivos e seus acessórios, munições ou outros produtos controlados pelo Exército. Podem ser permanentes ou temporários.

Depósitos permanentes ou paióis – visam ao armazenamento prolongado do material. São construídos em alvenaria ou concreto, com paredes duplas e ventilação natural ou artificial, geralmente usados em fábricas, entrepostos e para grande quantidade de material.

Depósitos temporários – visam ao armazenamento do produto por breve período de tempo, geralmente para atendimento de prestação de serviço de detonação. Podem ser fixos ou móveis.

Depósitos temporários fixos – depósitos que não podem ser deslocados. São de construção simples, constituídos, em princípio, de um cômodo. Paredes de pouca resistência ao choque. Cobertura de laje de concreto simples ou de telhas sobrepostas a um gradeado fixo nas paredes. Dispõem de ventilação natural, geralmente obtida por meio de aberturas enteladas nas partes altas das paredes. Piso cimentado ou asfaltado. É muito usado para armazenamento de explosivos utilizados em demolições industriais, em pedreiras, mineradoras e desmontes de rocha.

Depósitos temporários móveis – construções especiais, geralmente galpões fechados, de material leve, com as laterais reforçadas e o teto de pouca resistência. Podem ser desmontáveis, ou não, a fim de permitir o seu deslocamento de um ponto a outro do terreno, acompanhando a mudança de local dos trabalhos.

Dinamite – dispositivos que contêm nitroglicerina em sua composição e exigem maior cuidado em seu manuseio e utilização, devido à elevada sensibilidade.

Emprego imediato de explosivos – situação na qual a utilização de explosivos deverá ocorrer em até vinte e quatro horas, a contar da chegada do material no local da detonação.

Emulsão – misturas de nitrato de amônio diluído em água e óleos combustíveis, obtidas por meio de um agente emulsificante; contêm microbolhas dispersas no interior de sua massa, responsáveis por sua sensibilização; normalmente são sensíveis à espoleta comum n. 8 e, eventualmente, necessitam de um reforçador para sua iniciação.

Emulsão base ou pré-emulsão – mistura base de explosivos tipo emulsão bombeada, ainda não sensibilizada. As unidades industriais móveis de transferência e de fabricação transportam apenas a emulsão base, que só é sensibilizada no momento de utilização.

Emulsão bombeada – explosivos tipo emulsão a granel, bombeados e sensibilizados diretamente no local de emprego, por meio de unidades móveis, de fabricação ou de bombeamento.

Emulsão encartuchada – explosivos tipo emulsão, embalados em cartuchos cilíndricos, normalmente de filme plástico, sensibilizados desde a fabricação.

Espoleta comum – tubo de alumínio, que contém, em geral, carga de nitropenta e misto de azida e estifinato de chumbo. É destinada à iniciação de explosivos e o tipo mais utilizado é a espoleta comum n. 8; também conhecida como espoleta não elétrica ou pirotécnica.

Espoleta pirotécnica com acionamento elétrico – conjunto de espoleta acoplada a um circuito elétrico com o mesmo efeito de uma espoleta comum, mas acionado por corrente elétrica.

Espoleta pirotécnica com acionamento eletrônico – conjunto de espoleta acoplada a um circuito eletrônico, que permite a programação dos retardos; é acionado por um conjunto de equipamentos de programação e detonação específicos para esse fim.

Espoletim, estopim-espoleta, espoleta-estopim ou espoletados – conjunto de estopim acoplado a uma espoleta. Pode ser hidráulico, se transmitir chama dentro da água, ou comum, se não transmitir.

Estopim – tubo flexível preenchido com pólvora negra, destinado a transmitir a chama para iniciação de espoletas.

Explosivo granulado industrial – composições explosivas que, além de nitrato de amônio e óleo combustível, possuem aditivos como serragem, casca de arroz e alumínio em pó (para correção de densidade, balanço de oxigênio, sensibilidade e potencial energético); também são conhecidos comercialmente como granulados, pulverulentos, derramáveis ou nitrocarbonitratos.

Explosivo plástico – massa maleável, normalmente à base de ciclonite (RDX), trinitrotolueno, nitropenta e óleos aglutinantes, que pode ser moldada conforme a necessidade de emprego. São os explosivos mais cobiçados para fins ilícitos, por sua facilidade de iniciação (é sensível à espoleta comum n. 8), por seu poder de destruição e sua praticidade. São conhecidos como cargas moldáveis.

Sistema Harmonizado Globalmente para Classificação e Rotulagem de Produtos Químicos - GHS – metodologia para definir os perigos específicos de cada produto químico, para criar critérios de classificação segundo seus perigos e para organizar e facilitar a comunicação da informação de perigo em rótulos e fichas de informação de segurança.

Lama Explosiva – mistura de nitratos diluídos em água e agentes sensibilizantes na forma de pastas; também conhecidos como *slurries* (ou *slurry*).

Manuseio – atividade de movimentação de explosivos, em todas as suas etapas, contidos em recipientes, tanques portáteis, tambores, bombonas, vasilhames, caixas, latas, frascos e similares. Ato de manusear o produto envasado, embalado ou lacrado.

Pólvora negra – mistura de nitrato de potássio, carvão e enxofre.

Reforçador – acessórios explosivos destinados a amplificar a onda de choque, para permitir a iniciação de explosivos em geral, não sensíveis à espoleta comum n. 8 ou cordel detonante; normalmente são tipos específicos de cargas moldadas de TNT, nitropenta ou pentolite.

Responsável Técnico – profissional legalmente habilitado da área de química, responsável pela coordenação dos laboratórios de controle de qualidade e/ou controle de processos, assim como das operações de produção, inclusive desenvolvimento de novos produtos, conforme disposto na legislação vigente.

Retardo – dispositivos semelhantes a espoletas comuns, normalmente com revestimento de corpo plástico, que proporcionam atraso controlado na propagação da onda de choque. São empregados na montagem de malhas que necessitam de uma defasagem na iniciação do explosivo em diferentes pontos ou de detonações isoladas, a fim de oferecer maior segurança à operação.

Tubo de choque – tubo flexível oco, com revestimento interno de película de mistura explosiva ou pirotécnica suficiente para transmitir a onda de choque ou de calor sem danificar o tubo.

Unidade Móvel de Apoio – UMA – veículo destinado a abastecer as Unidades Móveis de Bombeamento.

Unidade Móvel de Bombeamento – UMB – veículo destinado ao transporte de emulsão base ao local de emprego, onde é realizada a sensibilização e o bombeamento de explosivo tipo emulsão, bem como a fabricação e aplicação de explosivo tipo ANFO no próprio local de emprego.

Utilização de explosivos – compreende a aplicação, a pesquisa, a detonação, a demolição e outra finalidade considerada excepcional, onde o produto é iniciado pelo corpo técnico pertencente ao usuário registrado, sem a intermediação de terceiros.

Veículos automotores que transportam explosivos e seus acessórios, munições e outros implementos de material bélico – não são considerados depósitos; devem atender às características, dispositivos de segurança e habilitação dos condutores exigidos na legislação de transporte de cargas perigosas.

NR 20

Segurança e Saúde no Trabalho com Inflamáveis e Combustíveis (1)

SUMÁRIO:

20.1. Introdução

•• *Vide* art. 2º da Portaria n. 1.360, de 9-12-2019.

20.1.1. Esta Norma Regulamentadora – NR estabelece requisitos mínimos para a gestão da segurança e saúde no trabalho contra os fatores de risco de acidentes provenientes das atividades de extração, produção, armazenamento, transferência, manuseio e manipulação de inflamáveis e líquidos combustíveis.

20.1.2. Esta NR e seus anexos devem ser utilizados para fins de prevenção e controle dos riscos no trabalho com inflamáveis e combustíveis. Para fins de caracterização de atividades ou operações insalubres ou perigosas, devem ser aplicadas as disposições previstas na NR 15 – atividades e operações insalubres e NR 16 – atividades e operações perigosas.

20.2. Abrangência

20.2.1. Esta NR se aplica às atividades de:

a) extração, produção, armazenamento, transferência, manuseio e manipulação de inflamáveis, nas etapas de projeto, construção, montagem, operação, manutenção, inspeção e desativação da instalação;

b) extração, produção, armazenamento, transferência e manuseio de líquidos combustíveis, nas etapas de projeto, construção, montagem, operação, manutenção, inspeção e desativação da instalação.

20.2.2. Esta NR não se aplica:

a) às plataformas e instalações de apoio empregadas com a finalidade de exploração e produção de petróleo e gás do subsolo marinho, conforme definido na Norma Regulamentadora 37; e

b) às edificações residenciais unifamiliares.

20.3. Definições

20.3.1. Líquidos inflamáveis: são líquidos que possuem ponto de fulgor ≤ 60ºC (sessenta graus Celsius).

20.3.1.1 Líquidos que possuem ponto de fulgor superior a 60ºC (sessenta graus Celsius), quando armazenados e transferidos aquecidos a temperaturas iguais ou superiores ao seu ponto de fulgor, se equiparam aos líquidos inflamáveis.

20.3.2. Gases inflamáveis: gases que inflamam com o ar a 20ºC (vinte graus Celsius) e a uma pressão padrão de 101,3 kPa (cento e um vírgula três quilopascal).

20.3.3. Líquidos combustíveis: são líquidos com ponto de fulgor > 60ºC (sessenta graus Celsius) e ≤ 93ºC (noventa e três graus Celsius).

20.4. Classificação das Instalações

20.4.1. Para efeito desta NR, as instalações são divididas em classes, conforme Tabela 1.

(1) NR aprovada pela Portaria n. 3.214, de 8-6-1978, com redação determinada pela Portaria n. 1.360, de 9-12-2019, publicada no *Diário Oficial da União*, de 10-12-2019.

Tabela 1

Classe I
a) Quanto à atividade:
a.1 – postos de serviço com inflamáveis e/ou líquidos combustíveis.
a.2 – atividades de distribuição canalizada de gases inflamáveis em instalações com Pressão Máxima de Trabalho Admissível – PMTA limitada a 18,0 kgf/cm².
b) Quanto à capacidade de armazenamento, de forma permanente e/ou transitória:
b.1 – gases inflamáveis: acima de 2 ton até 60 ton;
b.2 – líquidos inflamáveis e/ou combustíveis: acima de 10 m³ até 5.000 m³.
Classe II
a) Quanto à atividade:
a.1 – engarrafadoras de gases inflamáveis;
a.2 – atividades de transporte dutoviário de gases e líquidos inflamáveis e/ou combustíveis.
a.3 – atividades de distribuição canalizada de gases inflamáveis em instalações com Pressão Máxima de Trabalho Admissível – PMTA acima de 18,0 kgf/cm².
b) Quanto à capacidade de armazenamento, de forma permanente e/ou transitória:
b.1 – gases inflamáveis: acima de 60 ton até 600 ton;
b.2 – líquidos inflamáveis e/ou combustíveis: acima de 5.000 m³ até 50.000 m³.
Classe III
a) Quanto à atividade:
a.1 – refinarias;
a.2 – unidades de processamento de gás natural;
a.3 – instalações petroquímicas;
a.4 – usinas de fabricação de etanol.
b) Quanto à capacidade de armazenamento, de forma permanente e/ou transitória:
b.1 – gases inflamáveis: acima de 600 ton;
b.2 – líquidos inflamáveis e/ou combustíveis: acima de 50.000 m³.

20.4.1.1. Para critérios de classificação, o tipo de atividade enunciada possui prioridade sobre a capacidade de armazenamento.

20.4.1.1.1. O tipo de atividade enunciada não possui prioridade sobre a capacidade de armazenamento quando esta for superior a 250.000 m³ (duzentos e cinquenta mil metros cúbicos) de líquidos inflamáveis e/ou combustíveis e/ou 3.000 (três mil) toneladas de gases inflamáveis.

20.4.1.2. Quando a capacidade de armazenamento da instalação se enquadrar em duas classes distintas, por armazenar líquidos inflamáveis e/ou combustíveis e gases inflamáveis, deve-se utilizar a classe de maior gradação.

20.4.2. O Anexo II contém as exceções à aplicação da Tabela I – Classificação das Instalações.

20.5. Projeto da Instalação

20.5.1. As instalações para extração, produção, armazenamento, transferência, manuseio e manipulação de inflamáveis e líquidos combustíveis devem ser projetadas considerando os aspectos de segurança, saúde e meio ambiente que impactem sobre a integridade física dos trabalhadores previstos nas Normas Regulamentadoras, normas técnicas nacionais e, na ausência ou omissão destas, nas normas internacionais, convenções e acordos coletivos, bem como nas demais regulamentações pertinentes em vigor.

- Código: 220.218-2. Infração: 4. Tipo: S.

20.5.2. No projeto das instalações classes I, II e III devem constar, no mínimo, e em língua portuguesa:

a) descrição das instalações e seus respectivos processos através do manual de operações;

- Código: 220.219-0. Infração: 3. Tipo: S.

b) planta geral de locação das instalações;

- Código: 220.219-0. Infração: 3. Tipo: S.

c) características e informações de segurança, saúde e meio ambiente relativas aos inflamáveis e líquidos combustíveis, constantes nas fichas com dados de segurança de produtos químicos, de matérias primas, materiais de consumo e produtos acabados;

- Código: 220.219-0. Infração: 3. Tipo: S.

d) especificação técnica dos equipamentos, máquinas e acessórios críticos em termos de segurança e saúde no trabalho, estabelecidos conforme projeto;

- Código: 220.219-0. Infração: 3. Tipo: S.

e) plantas, desenhos e especificações técnicas dos sistemas de segurança da instalação;

NR 20

• Código: 220.219-0. Infração: 3. Tipo: S.

f) identificação das áreas classificadas da instalação, para efeito de especificação dos equipamentos e instalações elétricas.

• Código: 220.219-0. Infração: 3. Tipo: S.

20.5.2.1. No projeto devem ser observadas as distâncias de segurança entre instalações, edificações, tanques, máquinas, equipamentos, áreas de movimentação e fluxo, vias de circulação interna, bem como dos limites da propriedade em relação a áreas circunvizinhas e vias públicas, estabelecidas em normas técnicas nacionais.

• Código: 220.220-4. Infração: 3. Tipo: S.

20.5.2.2. O projeto deve incluir o estabelecimento de mecanismos de controle para interromper e/ou reduzir uma possível cadeia de eventos decorrentes de vazamentos, incêndios ou explosões.

• Código: 220.221-2. Infração: 3. Tipo: S.

20.5.3. Os projetos das instalações existentes devem ser atualizados com a utilização de metodologias de análise de riscos para a identificação da necessidade de adoção de medidas de proteção complementares.

• Código: 220.222-0. Infração: 3. Tipo: S.

20.5.4. Modificações ou ampliações das instalações passíveis de afetar a segurança e a integridade física dos trabalhadores devem ser precedidas de projeto que contemple estudo de análise de riscos.

• Código: 220.223-9. Infração: 3. Tipo: S.

20.5.5. O projeto deve ser elaborado por profissional habilitado.

• Código: 220.224-7. Infração: 4. Tipo: S.

20.5.6. No processo de transferência, enchimento de recipientes ou de tanques, devem ser definidas em projeto as medidas preventivas para:

a) eliminar ou minimizar a emissão de vapores e gases inflamáveis;

• Código: 220.225-5. Infração: 3. Tipo: S.

b) controlar a geração, acúmulo e descarga de eletricidade estática.

• Código: 220.225-5. Infração: 3. Tipo: S.

20.6. Prontuário da Instalação

20.6.1. O Prontuário da instalação deve ser organizado, mantido e atualizado pelo empregador e constituído pela seguinte documentação:

a) Projeto da Instalação;

• Código: 220.226-3. Infração: 3. Tipo: S.

b) Plano de Inspeção e Manutenção;

• Código: 220.226-3. Infração: 3. Tipo: S.

c) Análise de Riscos previstas no item 20.7.1;

• Código: 220.226-3. Infração: 3. Tipo: S.

d) Plano de prevenção e controle de vazamentos, derramamentos, incêndios e explosões e identificação das fontes de emissões fugitivas;

• Código: 220.226-3. Infração: 3. Tipo: S.

e) Plano de Resposta a Emergências.

• Código: 220.226-3. Infração: 3. Tipo: S.

20.6.2. Os Prontuários das instalações classe I, II e III devem conter um índice.

• Código: 220.227-1. Infração: 1. Tipo: S.

20.6.2.1. Os documentos do Prontuário das instalações classes I, II ou III podem estar separados, desde que seja mencionado no índice a localização destes na empresa e o respectivo responsável, podendo ser mantidos em sistemas informatizados.

• Código: 220.227-1. Infração: 1. Tipo: S.

20.6.3. O Prontuário da Instalação deve estar disponível às autoridades competentes, bem como para consulta aos trabalhadores e seus representantes.

• Código: 220.228-0. Infração: 2. Tipo: S.

20.6.3.1. As análises de riscos devem estar disponíveis para consulta aos trabalhadores e seus representantes, exceto nos aspectos ou partes que envolvam informações comerciais confidenciais.

• Código: 220.228-0. Infração: 2. Tipo: S.

20.7. Análise de Riscos

20.7.1. Nas instalações classes I, II e III, o empregador deve elaborar e documentar as análises de riscos das operações que envolvam processo ou processamento nas atividades de extração, produção, armazenamento, transferência, manuseio e manipulação de inflamáveis e de líquidos combustíveis.

• Código: 220.229-8. Infração: 4. Tipo: S.

20.7.2. As análises de riscos da instalação devem ser estruturadas com base em metodologias apropriadas, escolhidas em função dos propósitos da análise, das características e complexidade da instalação.

• Código: 220.229-8. Infração: 4. Tipo: S.

20.7.2.1. As análises de riscos das instalações classe II e III devem ser coordenadas por profissional habilitado, com proficiência no assunto.

• Código: 220.230-1. Infração: 3. Tipo: S.

20.7.2.2. As análises de riscos devem ser elaboradas por equipe multidisciplinar, com conhecimento na aplicação das metodologias, dos riscos e da instalação, com participação de, no mínimo, um trabalhador com experiência na instalação, ou em parte desta, que é objeto da análise.

• Código: 220.230-1. Infração: 3. Tipo: S.

20.7.3. Nas instalações classe I, deve ser elaborada Análise Preliminar de Perigos/Riscos (APP/APR).

• Código: 220.231-0. Infração: 3. Tipo: S.

20.7.4. Nas instalações classes II e III, devem ser utilizadas metodologias de análise definidas pelo profissional habilitado, devendo a escolha levar em consideração os riscos, as características e complexidade da instalação.

• Código: 220.231-0. Infração: 3. Tipo: S.

20.7.4.1. O profissional habilitado deve fundamentar tecnicamente e registrar na própria análise a escolha da metodologia utilizada.

• Código: 220.231-0. Infração: 3. Tipo: S.

20.7.5. As análises de riscos devem ser revisadas:

a) no prazo recomendado pela própria análise;

• Código: 220.232-8. Infração: 3. Tipo: S.

b) caso ocorram modificações significativas no processo ou processamento;

• Código: 220.232-8. Infração: 3. Tipo: S.

c) por solicitação do SESMT ou da CIPA;

• Código: 220.232-8. Infração: 3. Tipo: S.

d) por recomendação decorrente da análise de acidentes ou incidentes relacionados ao processo ou processamento;

• Código: 220.232-8. Infração: 3. Tipo: S.

e) quando o histórico de acidentes e incidentes assim o exigir.

• Código: 220.232-8. Infração: 3. Tipo: S.

20.7.6. O empregador deve implementar as recomendações resultantes das análises de riscos, com definição de prazos e de responsáveis pela execução.

• Código: 220.301-4. Infração: 3. Tipo: S.

20.7.6.1. A não implementação das recomendações nos prazos definidos deve ser justificada e documentada.

• Código: 220.301-4. Infração: 3. Tipo: S.

20.8. Segurança na Construção e Montagem

20.8.1. A construção e montagem das instalações para extração, produção, armazenamento, transferência, manuseio e manipulação de inflamáveis e líquidos combustíveis devem observar as especificações previstas no projeto, bem como nas Normas Regulamentadoras e nas normas técnicas nacionais e, na ausência ou omissão destas, nas normas internacionais.

• Código: 220.233-6. Infração: 3. Tipo: S.

20.8.2. As inspeções e os testes realizados na fase de construção e montagem e no comissionamento devem ser documentados de acordo com o previsto nas Normas Regulamentadoras, nas normas técnicas nacionais e, na ausência ou omissão destas, nas normas internacionais, e nos manuais de fabricação dos equipamentos e máquinas.

• Código: 220.234-4. Infração: 3. Tipo: S.

20.8.3. Os equipamentos e as instalações devem ser identificados e sinalizados, de acordo com o previsto pelas Normas Regulamentadoras e normas técnicas nacionais.

• Código: 220.235-2. Infração: 3. Tipo: S.

20.9. Segurança Operacional

20.9.1. O empregador deve elaborar, documentar, implementar, divulgar e manter atualizados procedimentos operacionais que contemplem aspectos de segurança e saúde no trabalho, em conformidade com as especificações do projeto das instalações classes I, II e III e com as recomendações das análises de riscos.

• Código: 220.236-0. Infração: 4. Tipo: S.

20.9.1.1. Nas instalações industriais classes II e III, com unidades de processo, os procedimentos referidos no item 20.9.1 devem possuir instruções claras para o desenvolvimento de atividades em cada uma das seguintes fases:

• Código: 220.237-9. Infração: 3. Tipo: S.

a) pré-operação;

b) operação normal;

c) operação temporária;

d) operação em emergência;

e) parada normal;

f) parada de emergência;

g) operação pós-emergência.

20.9.2. Os procedimentos operacionais referidos no item 20.9.1 devem ser revisados e/ou atualizados, no máximo, trienalmente para instalações classes I e II e, quinquenalmente, para instalações classe III ou em uma das seguintes situações:

a) recomendações decorrentes do sistema de gestão de mudanças;

• Código: 220.236-0. Infração: 4. Tipo: S.

b) recomendações decorrentes das análises de riscos;

• Código: 220.236-0. Infração: 4. Tipo: S.

c) modificações ou ampliações da instalação;

• Código: 220.236-0. Infração: 4. Tipo: S.

d) recomendações decorrentes das análises de acidentes e/ou incidentes nos trabalhos relacionados com inflamáveis e líquidos combustíveis;

• Código: 220.236-0. Infração: 4. Tipo: S.

e) solicitações da CIPA ou SESMT.

• Código: 220.236-0. Infração: 4. Tipo: S.

20.9.3. Na operação com inflamáveis e líquidos combustíveis, em instalações de processo contínuo de produção e de Classe III, o empregador deve dimensionar o efetivo de trabalhadores suficiente para a realização das tarefas operacionais com segurança.

• Código: 220.238-7. Infração: 3 Tipo: S.

20.9.3.1. Os critérios e parâmetros definidos pelo empregador para o dimensionamento do efetivo de trabalhadores devem estar documentados.

• Código: 220.238-7. Infração: 3 Tipo: S.

20.10. Manutenção e Inspeção das Instalações

20.10.1. As instalações classes I, II e III para extração, produção, armazenamento, transferência, manuseio e manipulação de inflamáveis e líquidos combustíveis devem possuir plano de inspeção e manutenção devidamente documentado, em formulário próprio ou sistema informatizado.

• Código: 220.239-5. Infração: 4 Tipo: S.

20.10.2. O plano de inspeção e manutenção deve abranger, no mínimo:

a) tipos de intervenção;

• Código: 220.240-9. Infração: 3 Tipo: S.

b) procedimentos de inspeção e manutenção;

• Código: 220.240-9. Infração: 3 Tipo: S.

c) cronograma anual;

• Código: 220.240-9. Infração: 3 Tipo: S.

d) identificação dos responsáveis;

• Código: 220.240-9. Infração: 3 Tipo: S.

NR 20

e) identificação dos equipamentos críticos para a segurança;

• Código: 220.240-9. Infração: 3 Tipo: S.

f) sistemas e equipamentos de proteção coletiva e individual.

• Código: 220.240-9. Infração: 3 Tipo: S.

20.10.3. Os planos devem ser periodicamente revisados e atualizados, considerando o previsto nas Normas Regulamentadoras, nas normas técnicas nacionais e, na ausência ou omissão destas, nas normas internacionais, nos manuais de inspeção, bem como nos manuais fornecidos pelos fabricantes.

• Código: 220.241-7. Infração: 3 Tipo: S.

20.10.4. A fixação da periodicidade das inspeções e das intervenções de manutenção deve considerar:

a) o previsto nas Normas Regulamentadoras e normas técnicas nacionais e, na ausência ou omissão destas, nas normas internacionais;

• Código: 220.242-5. Infração: 3 Tipo: S.

b) as recomendações do fabricante, em especial dos itens críticos à segurança e saúde do trabalhador;

• Código: 220.242-5. Infração: 3 Tipo: S.

c) as recomendações dos relatórios de inspeções de segurança e de análise de acidentes e incidentes do trabalho, elaborados pela CIPA ou SESMT;

• Código: 220.242-5. Infração: 3 Tipo: S.

d) as recomendações decorrentes das análises de riscos;

• Código: 220.242-5. Infração: 3 Tipo: S.

e) a existência de condições ambientais agressivas.

• Código: 220.242-5. Infração: 3 Tipo: S.

20.10.5. As atividades de inspeção e manutenção devem ser realizadas por trabalhadores capacitados e com apropriada supervisão.

• Código: 220.243-3. Infração: 3 Tipo: S.

20.10.6. As recomendações decorrentes das inspeções e manutenções devem ser registradas e implementadas, com a determinação de prazos e de responsáveis pela execução.

• Código: 220.244-1. Infração: 3 Tipo: S.

20.10.6.1. A não implementação da recomendação no prazo definido deve ser justificada e documentada.

• Código: 220.244-1. Infração: 3 Tipo: S.

20.10.7. Deve ser elaborada permissão de trabalho para atividades não rotineiras de intervenção na instalação, baseada em análise de risco, nos trabalhos:

• Código: 220.245-0. Infração: 2 Tipo: S.

a) que possam gerar chamas, calor, centelhas ou ainda que envolvam o seu uso;

b) em espaços confinados, conforme Norma Regulamentadora n. 33;

c) envolvendo isolamento de equipamentos e bloqueio/etiquetagem;

d) em locais elevados com risco de queda;

e) com equipamentos elétricos, conforme Norma Regulamentadora n. 10;

f) cujas boas práticas de segurança e saúde recomendem.

20.10.7.1. As atividades rotineiras de inspeção e manutenção devem ser precedidas de instrução de trabalho.

• Código: 220.245-0. Infração: 2 Tipo: S.

20.10.8. O planejamento e a execução de paradas para manutenção de uma instalação devem incorporar os aspectos relativos à segurança e saúde no trabalho.

• Código: 220.246-8. Infração: 3 Tipo: S.

20.10.9. O plano de inspeção e manutenção deve contemplar as tubulações de água utilizadas para combate a incêndio.

• Código: 220.247-6. Infração: 3 Tipo: S.

20.10.10. Nas operações de soldagem e corte a quente com utilização de gases inflamáveis, as mangueiras devem possuir mecanismo contra o retrocesso das chamas na saída do cilindro e chegada do maçarico.

• Código: 220.248-4. Infração: 3 Tipo: S.

20.11. Inspeção em Segurança e Saúde no Ambiente de Trabalho

20.11.1. As instalações classes I, II e III para extração, produção, armazenamento, transferência, manuseio e manipulação de inflamáveis e líquidos combustíveis devem ser periodicamente inspecionadas com enfoque na segurança e saúde no ambiente de trabalho.

• Código: 220.249-2. Infração: 4 Tipo: S.

20.11.2. Deve ser elaborado um cronograma de inspeções em segurança e saúde no ambiente de trabalho, de acordo com os riscos das atividades e operações desenvolvidas.

• Código: 220.250-6. Infração: 3 Tipo: S.

20.11.3. As inspeções devem ser documentadas e as respectivas recomendações implementadas, com estabelecimento de prazos e de responsáveis pela sua execução.

• Código: 220.251-4. Infração: 3 Tipo: S.

20.11.3.1. A não implementação da recomendação no prazo definido deve ser justificada e documentada.

• Código: 220.251-4. Infração: 3 Tipo: S.

20.11.4. Os relatórios de inspeção devem ficar disponíveis às autoridades competentes e aos trabalhadores.

• Código: 220.252-2. Infração: 2 Tipo: S.

20.12. Capacitação dos trabalhadores

20.12.1. Toda capacitação prevista nesta NR deve ser realizada a cargo e custo do empregador e durante o expediente normal da empresa.

• Código: 220.253-0. Infração: 2 Tipo: S.

20.12.2. O tipo de capacitação exigida está condicionada à atividade desempenhada pelo trabalhador, à classe da instalação e ao fato do trabalhador adentrar, ou não, na área e manter, ou não, contato direto com o processo ou processamento. Estes critérios encontram-se resumidos na Tabela 1 do Anexo I.

• Código: 220.254-9. Infração: 3 Tipo: S.

20.12.3. Conforme os critérios estabelecidos no item anterior e resumidos na Tabela 1 do Anexo I, são os seguintes os tipos de capacitação:

• Código: 220.254-9. Infração: 3 Tipo: S.

a) Curso de Iniciação sobre Inflamáveis e Combustíveis;

b) Curso Básico;

c) Curso Intermediário;

d) Curso Avançado I;

e) Curso Avançado II;

f) Curso Específico.

20.12.3.1. Os cursos previstos nas alíneas "b", "c", "d" e "e" possuem um conteúdo programático prático, que deve contemplar conhecimentos e utilização dos sistemas de segurança contra incêndio com inflamáveis existentes na instalação.

• Código: 220.255-7. Infração: 2 Tipo: S.

20.12.4. Os trabalhadores que laboram em instalações classes I, II ou III e não adentram na área ou local de extração, produção, armazenamento, transferência, manuseio e manipulação de inflamáveis e líquidos combustíveis devem receber informações sobre os perigos, riscos e sobre procedimentos para situações de emergências.

• Código: 220.256-5. Infração: 2 Tipo: S.

20.12.5. O Curso de Iniciação sobre Inflamáveis e Combustíveis deve ser realizado pelos trabalhadores que laboram em instalações classes I, II ou III e adentram na área ou local de extração, produção, armazenamento, transferência, manuseio e manipulação de inflamáveis e líquidos combustíveis, mas não mantêm contato direto com o processo ou processamento.

• Código: 220.257-3. Infração: 3 Tipo: S.

20.12.6. Os trabalhadores que realizaram o curso Básico, caso venham a necessitar do curso Intermediário, devem fazer complementação com carga horária de 8 horas, nos conteúdos estabelecidos pelos itens 6, 7 e 8 do curso Intermediário, incluindo a parte prática.

• Código: 220.258-1. Infração: 3 Tipo: S.

20.12.7. Os trabalhadores que realizaram o curso Intermediário, caso venham a necessitar do curso Avançado I, devem fazer complementação com carga horária de 8 horas, nos conteúdos estabelecidos pelos itens 9 e 10 do curso Avançado I, incluindo a parte prática.

• Código: 220.259-0. Infração: 3 Tipo: S.

20.12.8. Os trabalhadores que realizaram o curso Avançado I, caso venham a necessitar do curso Avançado II, devem fazer complementação com carga horária de 8 horas, no item 11 e 12 do curso Avançado II, incluindo a parte prática.

• Código: 220.260-3. Infração: 3 Tipo: S.

20.12.9. O trabalhador deve participar de curso de Atualização, cujo conteúdo será estabelecido pelo empregador e com a periodicidade estabelecida na Tabela 2 do Anexo I.

• Código: 220.261-1. Infração: 2 Tipo: S.

20.12.9.1. Deve ser realizado curso de Atualização nas seguintes situações:

a) onde o histórico de acidentes e/ou incidentes assim o exigir;

• Código: 220.261-1. Infração: 2 Tipo: S.

b) em até 30 (trinta) dias, quando ocorrer modificação significativa;

• Código: 220.261-1. Infração: 2 Tipo: S.

c) em até 45 (quarenta e cinco) dias, quando ocorrerem ferimentos em decorrência de explosão e/ou queimaduras de 2º (segundo) ou 3º (terceiro) grau, que implicaram em necessidade de internação hospitalar;

• Código: 220.261-1. Infração: 2 Tipo: S.

d) em até 90 (noventa) dias, quando ocorrer morte de trabalhador.

• Código: 220.261-1. Infração: 2 Tipo: S.

20.12.10. Os instrutores da capacitação dos cursos de Iniciação sobre Inflamáveis e Combustíveis, Básico, Intermediário, Avançados I e II e Específico, devem ter proficiência no assunto.

• Código: 220.262-0. Infração: 3 Tipo: S.

20.12.11. Os cursos de Iniciação sobre Inflamáveis e Combustíveis, Básico e Intermediário, devem ter um responsável por sua organização técnica, devendo ser um dos instrutores.

• Código: 220.262-0. Infração: 3 Tipo: S.

20.12.12. Os cursos Avançados I e II e Específico devem ter um profissional habilitado como responsável técnico.

• Código: 220.262-0. Infração: 3 Tipo: S.

20.12.13. Para os cursos de Iniciação sobre Inflamáveis e Combustíveis, Básico, Intermediário, Avançados I e II e Específico, a emissão do certificado se dará para os trabalhadores que, após avaliação, tenham obtido aproveitamento satisfatório.

• Código: 220.263-8. Infração: 3 Tipo: S.

20.12.14. Os participantes da capacitação devem receber material didático, que pode ser em meio impresso, eletrônico ou similar.

• Código: 220.264-6. Infração: 2 Tipo: S.

20.12.15. O empregador deve estabelecer e manter sistema de identificação que permita conhecer a capacitação de cada trabalhador.

• Código: 220.265-4. Infração: 2 Tipo: S.

20.13. Controle de fontes de ignição

20.13.1. Todas as instalações elétricas e equipamentos elétricos fixos, móveis e portáteis, equipamentos de comunicação, ferramentas e similares utilizados em áreas classificadas, assim como os equipamentos de controle de descargas atmosféricas, devem estar em conformidade com a Norma Regulamentadora n. 10.

• Código: 220.266-2. Infração: 4 Tipo: S.

20.13.2. O empregador deve implementar medidas específicas para controle da geração, acúmulo e descarga de eletricidade estática em áreas sujeitas à existência de atmosferas inflamáveis, em conformidade com normas técnicas nacionais e, na ausência ou omissão destas, normas internacionais.

• Código: 220.267-0. Infração: 4 Tipo: S.

20.13.3. Os trabalhos envolvendo o uso de equipamentos que possam gerar chamas, calor ou centelhas, nas áreas sujeitas à existência de atmosferas inflamáveis, devem ser precedidos de permissão de trabalho.

- Código: 220.268-9. Infração: 4 Tipo: S.

20.13.4. O empregador deve sinalizar a proibição do uso de fontes de ignição nas áreas sujeitas à existência de atmosferas inflamáveis.

- Código: 220.269-7. Infração: 4 Tipo: S.

20.13.5. Os veículos que circulem nas áreas sujeitas à existência de atmosferas inflamáveis devem possuir características apropriadas ao local e ser mantidos em bom estado de conservação.

- Código: 220.270-0. Infração: 4 Tipo: S.

20.14. Prevenção e controle de vazamentos, derramamentos, incêndios, explosões e emissões fugitivas

20.14.1. O empregador deve elaborar plano que contemple a prevenção e controle de vazamentos, derramamentos, incêndios e explosões e, nos locais sujeitos à atividade de trabalhadores, a identificação e controle das fontes de emissões fugitivas.

- Código: 220.271-9. Infração: 4 Tipo: S.

20.14.2. O plano deve ser revisado:

a) por recomendações das inspeções de segurança e/ou da análise de riscos, ouvida a CIPA;

- Código: 220.271-9. Infração: 4 Tipo: S.

b) quando ocorrerem modificações significativas nas instalações;

- Código: 220.271-9. Infração: 4 Tipo: S.

c) quando da ocorrência de vazamentos, derramamentos, incêndios e/ou explosões.

- Código: 220.271-9. Infração: 4 Tipo: S.

20.14.3. Os sistemas de prevenção e controle devem ser adequados aos perigos/riscos dos inflamáveis e líquidos combustíveis.

- Código: 220.272-7. Infração: 4 Tipo: S.

20.14.4. Os tanques que armazenam líquidos inflamáveis e combustíveis devem possuir sistemas de contenção de vazamentos ou derramamentos, dimensionados e construídos de acordo com as normas técnicas nacionais.

- Código: 220.273-5. Infração: 4 Tipo: S.

20.14.4.1. No caso de bacias de contenção, é vedado o armazenamento de materiais, recipientes e similares em seu interior, exceto nas atividades de manutenção e inspeção.

- Código: 220.273-5. Infração: 4 Tipo: S.

20.14.5. Para as instalações que dispõem de esferas de armazenamento de gases inflamáveis, o plano deve prever testes de funcionamento dos dispositivos e sistemas de segurança envolvidos direta e indiretamente com o armazenamento dos gases.

- Código: 220.274-3. Infração: 4 Tipo: S.

20.15. Plano de Resposta a Emergências da Instalação

20.15.1. O empregador deve elaborar e implementar plano de resposta a emergências que contemple ações específicas a serem adotadas na ocorrência de vazamentos ou derramamentos de inflamáveis e líquidos combustíveis, incêndios ou explosões.

- Código: 220.275-1. Infração: 4 Tipo: S.

20.15.1.1. O Plano de Prevenção e Controle de Vazamentos, Derramamentos, Incêndios, Explosões e Emissões Fugitivas e o Plano de Resposta a Emergências da Instalação podem ser constituídos em um mesmo documento.

20.15.2. O plano de resposta a emergências das instalações classe I, II e III deve ser elaborado de acordo com normas técnicas nacionais e, na ausência ou omissão destas, nas normas internacionais, bem como nas demais regulamentações pertinentes e considerando as características e a complexidade da instalação, contendo, no mínimo:

- Código: 220.276-0. Infração: 4 Tipo: S.

a) referência técnico-normativa utilizada;

b) nome e função do(s) responsável(eis) técnico(s) pela elaboração e revisão do plano;

c) estabelecimento dos possíveis cenários de emergências, com base nas análises de riscos;

d) procedimentos de resposta à emergência para cada cenário contemplado;

e) cronograma, metodologia e registros de realização de exercícios simulados.

20.15.3. Nos casos em que os resultados das análises de riscos indiquem a possibilidade de ocorrência de um acidente cujas consequências ultrapassem os limites da instalação, o empregador deve incorporar, no plano de emergência, ações que visem à proteção da comunidade circunvizinha, estabelecendo mecanismos de comunicação e alerta, de isolamento da área atingida e de acionamento das autoridades públicas.

- Código: 220.277-8. Infração: 4 Tipo: S.

20.15.4. O plano de resposta a emergências deve ser avaliado após a realização de exercícios simulados e/ou na ocorrência de situações reais, com o objetivo de testar a sua eficácia, detectar possíveis falhas e proceder aos ajustes necessários.

- Código: 220.278-6. Infração: 2 Tipo: S.

20.15.5. Os exercícios simulados devem ser realizados durante o horário de trabalho, com periodicidade, no mínimo, anual, podendo ser reduzida em função das falhas detectadas ou se assim recomendar a análise de riscos.

- Código: 220.279-4. Infração: 3 Tipo: S.

20.15.5.1. Os trabalhadores na empresa devem estar envolvidos nos exercícios simulados, que devem retratar, o mais fielmente possível, a rotina de trabalho.

- Código: 220.279-4. Infração: 3 Tipo: S.

20.15.5.2. O empregador deve estabelecer critérios para avaliação dos resultados dos exercícios simulados.

- Código: 220.279-4. Infração: 3 Tipo: S.

20.15.5.2.1. Os resultados obtidos no simulado de emergência devem ser divulgados aos trabalhadores abrangidos no cenário da emergência.

• Código: 220.279-4. Infração: 3 Tipo: S.

20.15.6. Os integrantes da equipe de resposta a emergências devem ser submetidos a exames médicos específicos para a função que irão desempenhar, conforme estabelece a Norma Regulamentadora n. 7, incluindo os fatores de riscos psicossociais, com a emissão do respectivo atestado de saúde ocupacional.

• Código: 220.280-8. Infração: 3 Tipo: S.

20.15.7. A participação do trabalhador nas equipes de resposta a emergências é voluntária, salvo nos casos em que a natureza da função assim o determine.

• Código: 220.302-2. Infração: 4 Tipo: S.

20.16. Comunicação de Ocorrências

20.16.1. O empregador deve comunicar à unidade descentralizada do Sistema Federal de Inspeção do Trabalho e ao sindicato da categoria profissional predominante no estabelecimento a ocorrência de vazamento, incêndio ou explosão envolvendo inflamáveis e líquidos combustíveis que tenha como consequência qualquer das possibilidades a seguir:

a) morte de trabalhador(es);

• Código: 220.303-0. Infração: 3 Tipo: S.

b) ferimentos em decorrência de explosão e/ou queimaduras de 2º ou 3º grau, que implicaram em necessidade de internação hospitalar;

• Código: 220.303-0. Infração: 3 Tipo: S.

c) acionamento do plano de resposta a emergências que tenha requerido medidas de intervenção e controle de grande magnitude.

• Código: 220.303-0. Infração: 3 Tipo: S.

20.16.1.1. A comunicação deve ser encaminhada até o segundo dia útil após a ocorrência e deve conter:

a) nome da empresa, endereço, local, data e hora da ocorrência;

• Código: 220.303-0. Infração: 3 Tipo: S.

b) descrição da ocorrência, incluindo informações sobre os inflamáveis, líquidos combustíveis e outros produtos envolvidos;

• Código: 220.303-0. Infração: 3 Tipo: S.

c) nome e função da vítima;

• Código: 220.303-0. Infração: 3 Tipo: S.

d) procedimentos de investigação adotados;

• Código: 220.303-0. Infração: 3 Tipo: S.

e) consequências; e

• Código: 220.303-0. Infração: 3 Tipo: S.

f) medidas emergenciais adotadas.

• Código: 220.303-0. Infração: 3 Tipo: S.

20.16.1.2. A comunicação pode ser feita por ofício ou meio eletrônico ao sindicato da categoria profissional predominante no estabelecimento e ao setor de segurança e saúde do trabalho da unidade descentralizada do Sistema Federal de Inspeção do Trabalho.

20.16.2. O empregador deve elaborar relatório de investigação e análise da ocorrência descrita no item 20.16.1, contendo as causas básicas e medidas preventivas adotadas, e mantê-lo no local de trabalho à disposição da autoridade competente, dos trabalhadores e seus representantes.

• Código: 220.281-6. Infração: 3 Tipo: S.

20.17. Contratante e Contratadas

20.17.1. A contratante e as contratadas são responsáveis pelo cumprimento desta Norma Regulamentadora.

20.17.2. Das responsabilidades da Contratante.

20.17.2.1. Os requisitos de segurança e saúde no trabalho adotados para os empregados das contratadas devem ser, no mínimo, equivalentes aos aplicados para os empregados da contratante.

• Código: 220.282-4. Infração: 2 Tipo: S.

20.17.2.2. A empresa contratante, visando atender ao previsto nesta NR, deve verificar e avaliar o desempenho em segurança e saúde no trabalho nos serviços contratados.

• Código: 220.283-2. Infração: 2 Tipo: S.

20.17.2.3. Cabe à contratante informar às contratadas e a seus empregados os riscos existentes no ambiente de trabalho e as respectivas medidas de segurança e de resposta a emergências a serem adotadas.

• Código: 220.284-0. Infração: 3 Tipo: S.

20.17.3. Da Responsabilidade das Contratadas.

20.17.3.1. A empresa contratada deve cumprir os requisitos de segurança e saúde no trabalho especificados pela contratante, por esta e pelas demais Normas Regulamentadoras.

• Código: 220.285-9. Infração: 3 Tipo: S.

20.17.3.2. A empresa contratada deve assegurar a participação dos seus empregados nas capacitações em segurança e saúde no trabalho promovidas pela contratante, assim como deve providenciar outras capacitações específicas que se façam necessárias.

• Código: 220.286-7. Infração: 2 Tipo: S.

Anexo I da NR-20

Critérios para Capacitação dos Trabalhadores e Conteúdo Programático

Tabela 1 – Critérios para Capacitação

Atividade Classe	Instalação Classe I	Instalação Classe II	Instalação Classe III
Específica, pontual e de curta duração	Curso Básico (4 horas)	Curso Básico (6 horas)	Curso Básico (8 horas)
Manutenção e inspeção	Curso Intermediário (12 horas)	Curso Intermediário (14 horas)	Curso Intermediário (16 horas)

Operação e atendimento a emergências	Curso Intermediário (12 horas)	Curso Avançado I (20 horas)	Curso Avançado II (32 horas)
Segurança e saúde no trabalho	-	Curso Específico (14 horas)	Curso Específico (16 horas)

Tabela 2 - Critérios para Atualização

Curso	Periodicidade			Carga Horária
Básico	Trienal			4 horas
Intermediário	Classe I	Classe II	Classe III	4 horas
	Trienal	Bienal	Bienal	
Avançado I	Bienal			4 horas
Avançado II	Anual			4 horas

Conteúdo programático

a) Curso de Iniciação sobre Inflamáveis e Combustíveis

Carga horária: 3 horas

1. Inflamáveis: características, propriedades, perigos e riscos;

2. Controles coletivo e individual para trabalhos com inflamáveis;

3. Fontes de ignição e seu controle;

4. Procedimentos básicos em situações de emergência com inflamáveis.

b) Curso Básico

I) Conteúdo programático teórico:

1. Inflamáveis: características, propriedades, perigos e riscos;

2. Controles coletivo e individual para trabalhos com inflamáveis;

3. Fontes de ignição e seu controle;

4. Proteção contra incêndio com inflamáveis;

5. Procedimentos básicos em situações de emergência com inflamáveis;

II) Conteúdo programático prático:

1. Conhecimentos e utilização dos sistemas de segurança contra incêndio com inflamáveis.

c) Curso Intermediário

I) Conteúdo programático teórico:

1. Inflamáveis: características, propriedades, perigos e riscos;

2. Controles coletivo e individual para trabalhos com inflamáveis;

3. Fontes de ignição e seu controle;

4. Proteção contra incêndio com inflamáveis;

5. Procedimentos em situações de emergência com inflamáveis;

6. Estudo da Norma Regulamentadora n. 20;

7. Análise Preliminar de Perigos/Riscos: conceitos e exercícios práticos;

8. Permissão para Trabalho com Inflamáveis.

II) Conteúdo programático prático:

1. Conhecimentos e utilização dos sistemas de segurança contra incêndio com inflamáveis.

d) Curso Avançado I

I) Conteúdo programático teórico:

1. Inflamáveis: características, propriedades, perigos e riscos;

2. Controles coletivo e individual para trabalhos com inflamáveis;

3. Fontes de ignição e seu controle;

4. Proteção contra incêndio com inflamáveis;

5. Procedimentos em situações de emergência com inflamáveis;

6. Estudo da Norma Regulamentadora n. 20;

7. Metodologias de Análise de Riscos: conceitos e exercícios práticos;

8. Permissão para Trabalho com Inflamáveis;

9. Acidentes com inflamáveis: análise de causas e medidas preventivas;

10. Planejamento de Resposta a emergências com Inflamáveis;

II) Conteúdo programático prático:

1. Conhecimentos e utilização dos sistemas de segurança contra incêndio com inflamáveis.

e) Curso Avançado II

I) Conteúdo programático teórico:

1. Inflamáveis: características, propriedades, perigos e riscos;

2. Controles coletivo e individual para trabalhos com inflamáveis;

3. Fontes de ignição e seu controle;

4. Proteção contra incêndio com inflamáveis;

5. Procedimentos em situações de emergência com inflamáveis;

6. Estudo da Norma Regulamentadora n. 20;

7. Metodologias de Análise de Riscos: conceitos e exercícios práticos;

8. Permissão para Trabalho com Inflamáveis;

9. Acidentes com inflamáveis: análise de causas e medidas preventivas;

10. Planejamento de Resposta a emergências com Inflamáveis;

11. Noções básicas de segurança de processo da instalação;

12. Noções básicas de gestão de mudanças.

II) Conteúdo programático prático:

1. Conhecimentos e utilização dos sistemas de segurança contra incêndio com inflamáveis.

f) Curso Específico

I) Conteúdo programático teórico:

1. Estudo da Norma Regulamentadora nº 20;

2. Metodologias de Análise de Riscos: conceitos e exercícios práticos;

3. Permissão para Trabalho com Inflamáveis;

4. Acidentes com inflamáveis: análise de causas e medidas preventivas;

5. Planejamento de Resposta a emergências com Inflamáveis.

Anexo II da NR-20

Instalações que constituem exceções à aplicação do item 20.4 (Classificação das Instalações)

1. As instalações que desenvolvem atividades de manuseio, armazenamento, manipulação e transporte com gases inflamáveis acima de 1 (uma) tonelada até 2 (duas) toneladas e de líquidos inflamáveis e/ou combustíveis acima de 1 m³ (um metro cúbico) até 10 m³ (dez metros cúbicos) devem contemplar no Programa de Prevenção de Riscos Ambientais, além dos requisitos previstos na Norma Regulamentadora n. 9:

a) o inventário e características dos inflamáveis e/ou líquidos combustíveis;

• Código: 220.304-9. Infração: 3. Tipo: S.

b) os riscos específicos relativos aos locais e atividades com inflamáveis e/ou líquidos combustíveis;

• Código: 220.304-9. Infração: 3. Tipo: S.

c) os procedimentos e planos de prevenção de acidentes com inflamáveis e/ou líquidos combustíveis;

• Código: 220.304-9. Infração: 3. Tipo: S.

d) as medidas para atuação em situação de emergência.

• Código: 220.304-9. Infração: 3. Tipo: S.

1.1 O empregador deve treinar, no mínimo, três trabalhadores da instalação que estejam diretamente envolvidos com inflamáveis e/ou líquidos combustíveis, no curso básico previsto no Anexo I.

• Código: 220.287-5. Infração: 2. Tipo: S.

2. As instalações varejistas e atacadistas que desenvolvem atividades de manuseio, armazenamento e transporte de recipientes de até 20 (vinte) litros, fechados ou lacrados de fabricação, contendo líquidos inflamáveis e/ou combustíveis até o limite máximo de 5.000 m³ (cinco mil metros cúbicos) e de gases inflamáveis até o limite máximo de 600 (seiscentas) toneladas, devem contemplar no Programa de Prevenção de Riscos Ambientais, além dos requisitos previstos na Norma Regulamentadora n. 9:

a) o inventário e características dos inflamáveis e/ou líquidos combustíveis;

• Código: 220.288-3. Infração: 3. Tipo: S.

b) os riscos específicos relativos aos locais e atividades com inflamáveis e/ou líquidos combustíveis;

• Código: 220.288-3. Infração: 3. Tipo: S.

c) os procedimentos e planos de prevenção de acidentes com inflamáveis e/ou líquidos combustíveis;

• Código: 220.288-3. Infração: 3. Tipo: S.

d) as medidas para atuação em situação de emergência.

• Código: 220.288-3. Infração: 3. Tipo: S.

2.1. O empregador deve treinar trabalhadores da instalação que estejam diretamente envolvidos com inflamáveis, no curso Básico, na proporção definida na Tabela 3.

• Código: 220.289-1. Infração: 2. Tipo: S.

Tabela 3 – Critérios para o Curso Básico em instalações varejistas e atacadistas

Capacidade armazenada (gases inflamáveis e/ou líquidos inflamáveis e/ou combustíveis)	N. de trabalhadores treinados
Acima de 1 ton até 5 ton e/ou acima de 1 m³ até 9 m³	mínimo: 2
Acima de 5 ton até 10 ton e/ou acima de 9 m³ até 42 m³	mínimo: 3
Acima de 10 ton até 20 ton e/ou acima de 42 m³ até 84 m³	mínimo: 4
Para cada 20 ton e/ou 84 m³	mais de 2 trabalhadores

3. Aplica-se o disposto nos itens 2 e 2.1 deste Anexo para a instalação de armazenamento de recipientes de até 20 (vinte) litros, fechados ou lacrados de fabricação, contendo líquidos inflamáveis e/ou combustíveis até o limite máximo de 10.000 m³ (dez mil metros cúbicos) e de gases inflamáveis até o limite máximo de 1.200 (mil e duzentas) toneladas, desde que a instalação de armazenamento esteja separada por parede da instalação onde ocorre a fabricação, envase e embalagem do produto a ser armazenado.

3.1. A instalação de armazenamento de recipientes com volume total superior aos limites mencionados no item 3 deve elaborar análise de riscos, conforme disposto nos itens 20.7.2, 20.7.2.1, 20.7.2.2, 20.7.4, 20.7.4.1,

20.7.5, 20.7.6 e 20.7.6.1, e plano de resposta a emergências, conforme itens 20.15.1, 20.15.2, 20.15.4, 20.15.5, 20.15.5.1, 20.15.5.2, 20.15.5.2.1, 20.15.6 e 20.15.7.

- Código: 220.290-5. Infração: 3. Tipo: S.

Anexo III da NR-20

Tanque de líquidos inflamáveis no interior de edifícios

1. Os tanques de líquidos inflamáveis somente poderão ser instalados no interior dos edifícios sob a forma de tanque enterrado e destinados somente a óleo diesel e biodiesel.

- Código: 220.291-3. Infração: 3. Tipo: S.

2. Excetuam-se da aplicação do item 1 deste Anexo os tanques de superfície para consumo de óleo diesel e biodiesel destinados à alimentação de motores utilizados para a geração de energia elétrica em situações de emergência, para assegurar a continuidade operacional ou para o funcionamento das bombas de pressurização da rede de água para combate a incêndios, nos casos em que seja comprovada a impossibilidade de instalá-lo enterrado ou fora da projeção horizontal do edifício.

2.1 A instalação do tanque no interior do edifício deve ser precedida de Projeto e de Análise Preliminar de Perigos/Riscos (APP/APR), ambos elaborados por profissional habilitado, contemplando os aspectos de segurança, saúde e meio ambiente previstos nas Normas Regulamentadoras, normas técnicas nacionais e, na ausência ou omissão destas, nas normas internacionais, bem como nas demais regulamentações pertinentes, e deve obedecer aos seguintes critérios:

- Código: 220.292-1. Infração: 4. Tipo: S.

a) localizar-se no pavimento térreo, subsolo ou pilotis, em área exclusivamente destinada para tal fim;

- Código: 220.293-0. Infração: 4. Tipo: S.

b) deve dispor de sistema de contenção de vazamentos;

- Código: 220.294-8. Infração: 4. Tipo: S.

c) os tanques devem ser abrigados em recinto interno fechado por paredes resistentes ao fogo por no mínimo 2 (duas) horas e porta do tipo corta-fogo;

- Código: 220.295-6. Infração: 4. Tipo: S.

d) deve respeitar o máximo de até 5.000 (cinco mil) litros por tanque e por recinto, bem como o limite de 10.000 (dez mil) litros por edifício, sendo este limite aplicável a cada edifício, independentemente da existência de interligação entre edifícios por meio de garagens, passarelas, túneis, entre outros;

- Código: 220.296-4. Infração: 4. Tipo: S.

e) possuir aprovação pela autoridade competente;

- Código: 220.297-2. Infração: 4. Tipo: S.

f) os tanques devem ser metálicos;

- Código: 220.297-2. Infração: 4. Tipo: S.

g) possuir sistemas automáticos de detecção e combate a incêndios, bem como saídas de emergência dimensionadas conforme normas técnicas;

- Código: 220.297-2. Infração: 4. Tipo: S.

h) os tanques devem estar localizados de forma a não bloquear, em caso de emergência, o acesso às saídas de emergência e aos sistemas de segurança contra incêndio;

- Código: 220.297-2. Infração: 4. Tipo: S.

i) os tanques devem ser protegidos contra danos físicos e da proximidade de equipamentos ou dutos geradores de calor;

- Código: 220.297-2. Infração: 4. Tipo: S.

j) deve ser avaliada a necessidade de proteção contra vibração e danos físicos no sistema de interligação entre o tanque e o gerador;

- Código: 220.297-2. Infração: 4. Tipo: S.

k) a estrutura da edificação deve ser protegida para suportar um eventual incêndio originado nos locais que abrigam os tanques; e

- Código: 220.297-2. Infração: 4. Tipo: S.

l) devem ser adotadas as medidas necessárias para garantir a ventilação dos tanques para alívio de pressão, bem como para a operação segura de abastecimento e destinação dos gases produzidos pelos motores à combustão.

- Código: 220.297-2. Infração: 4. Tipo: S.

2.1.1. O contido na alínea d do item 2.1 deste Anexo não se aplica a tanques acoplados à estrutura do gerador.

2.2. O responsável pela segurança do edifício deve designar responsável técnico pela instalação, operação, inspeção e manutenção, bem como pela supervisão dos procedimentos de segurança no processo de abastecimento do tanque.

- Código: 220.298-0. Infração: 3. Tipo: S.

2.3. Os trabalhadores envolvidos nas atividades de operação, inspeção, manutenção e abastecimento do tanque devem ser capacitados com curso Intermediário, conforme Anexo I.

- Código: 220.299-9. Infração: 3. Tipo: S.

3. Aplica-se para tanques enterrados o disposto no item 2.1, *caput*, alíneas "b", "e", "f", "g", "h", "i", "j", 'K" e "l", item 2.2 e 2.3, bem como o previsto nas normas técnicas nacionais e, na sua ausência ou omissão, nas normas técnicas internacionais.

- Código: 220.300-6. Infração: 3. Tipo: S.

4. A aplicação do conteúdo do Anexo III contempla apenas edifícios, não se aplicando a instalações cujos conceitos estão definidos no Glossário desta Norma.

4.1. Não se aplicam os itens 1 a 3 deste Anexo aos tanques aéreos de superfície localizados no interior de instalações industriais, desde que não configurem a situação definida pelo item 2 deste Anexo.

GLOSSÁRIO

Áreas Classificadas – área na qual uma atmosfera explosiva está presente ou na qual é provável sua ocorrência a ponto de exigir precauções e critérios especiais para seleção, instalação e utilização de equipamentos elétricos.

Armazenamento – retenção de uma quantidade de inflamáveis (líquidos e/ou gases) e líquidos combustíveis em uma instalação fixa, em depósitos, reservatórios de superfície, elevados ou subterrâneos. Retenção de uma quantidade de inflamáveis, envasados ou embalados, em depósitos ou armazéns; não se incluem nesta definição os tanques de superfície para consumo de óleo diesel mencionados no item 2 do Anexo III.

Atividade industrial – atividade de extração, produção, armazenamento, transferência, manuseio e manipulação de inflamáveis (líquidos e gases) e combustíveis, em caráter permanente ou transitório.

Comissionamento – conjunto de técnicas e procedimentos de engenharia aplicados de forma integrada à instalação ou parte dela, visando torná-la operacional de acordo com os requisitos especificados em projeto.

Continuidade operacional – funcionamento em geral das atividades empresariais, tais como serviços, operações e trabalho.

Contratante – pessoa física ou jurídica que celebra contrato com empresa de prestação de serviços relacionados a quaisquer de suas atividades, inclusive sua atividade principal.

Coordenação – ação de assumir responsabilidade técnica.

Desativação da instalação – processo para tornar inoperante a instalação, seja de forma parcial ou total, de maneira temporária ou definitiva, observando sempre aspectos de segurança e saúde previstos nas Normas Regulamentadoras, normas técnicas nacionais e, na ausência ou omissão destas, nas normas internacionais, bem como nas demais regulamentações pertinentes em vigor.

Distância de segurança – distância mínima livre, medida no plano horizontal para que, em caso de acidentes (incêndios, explosões), os danos sejam minimizados.

Distribuição canalizada de gás – atividade de fornecimento de gás combustível, por meio de dutos, aos estabelecimentos consumidores (residenciais, comerciais, industriais, outros) através de rede da distribuidora.

Edificações residenciais unifamiliares – edificações destinadas exclusivamente ao uso residencial, constituídas de uma única unidade residencial.

Edifício – construção com pavimentos, com finalidade de abrigar atividades humanas, e não destinada ao desenvolvimento de atividades industriais.

Emissões fugitivas – liberações de gás ou vapor inflamável que ocorrem de maneira contínua ou intermitente durante as operações normais dos equipamentos. Incluem liberações em selos ou gaxetas de bombas, engaxetamento de válvulas, vedações de flanges, selos de compressores, drenos de processos.

Envasado – líquido ou gás inflamável acondicionado em recipiente, podendo ser ou não lacrado.

Exercícios simulados – exercícios práticos de simulação mais realista possível de um cenário de acidente, durante o qual é testada a eficiência do plano de respostas a emergências, com foco nos procedimentos, na capacitação da equipe, na funcionalidade das instalações e dos equipamentos, dentre outros aspectos.

Fechado – produto fechado no processo de envasamento, de maneira estanque, para que não venha a apresentar vazamentos nas condições normais de manuseio, armazenamento ou transporte, assim como sob condições decorrentes de variações de temperatura, umidade ou pressão ou sob os efeitos de choques e vibrações.

Fluxograma de processo – documento contendo, em representação gráfica, o balanço de material e de energia dos fluxos de matérias-primas, produtos, subprodutos e rejeitos de um determinado processo de produção.

Instalação – unidade de extração, produção, armazenamento, transferência, manuseio e manipulação de inflamáveis (líquidos e gases) e líquidos combustíveis, em caráter permanente ou transitório, incluindo todos os equipamentos, máquinas, estruturas, tubulações, tanques, edificações, depósitos, terminais e outros necessários para o seu funcionamento.

Lacrado – produto que possui selo e/ou lacre de garantia de qualidade e/ou de inviolabilidade.

Manipulação – ato ou efeito de manipular. Preparação ou operação manual com inflamáveis, com finalidade de misturar ou fracionar os produtos. Considera-se que há manipulação quando ocorre o contato direto do produto com o ambiente.

Manuseio – atividade de movimentação de inflamáveis contidos em recipientes, tanques portáteis, tambores, bombonas, vasilhames, caixas, latas, frascos e similares. Ato de manusear o produto envasado, embalado ou lacrado.

Metodologias de análises de risco – constitui-se em um conjunto de métodos e técnicas que, aplicados a operações que envolvam processo ou processamento, identificam os cenários hipotéticos de ocorrências indesejadas (acidentes), as possibilidades de danos, efeitos e consequências.

Exemplos de algumas metodologias:

a) Análise Preliminar de Perigos/Riscos (APP/APR);

b) "What-if (E SE)";

c) Análise de Riscos e Operabilidade (HAZOP);

d) Análise de Modos e Efeitos de Falhas (FMEA/FMECA);

e) Análise por Árvore de Falhas (AAF);

f) Análise por Árvore de Eventos (AAE);

g) Análise Quantitativa de Riscos (AQR).

Modificações ou ampliações das instalações – qualquer alteração de instalação industrial que:

I – altere a tecnologia de processo ou processamento empregada;

II – altere as condições de segurança da instalação industrial;

III – adapte fisicamente instalações e/ou equipamentos de plantas industriais existentes provenientes de outros segmentos produtivos;

IV – aumente a capacidade de processamento de quaisquer insumos;

V – aumente a capacidade de armazenamento de insumos ou de produtos;

VI – altere o perfil de produção ou a qualidade final dos produtos.

Planta geral de locação – planta que apresenta a localização da instalação no interior do terreno, indicando as distâncias entre os limites do terreno e um ponto inicial da instalação.

Posto de serviço – instalação onde se exerce a atividade de fornecimento varejista de inflamáveis (líquidos e gases) e líquidos combustíveis.

Procedimentos operacionais – conjunto de instruções claras e suficientes para o desenvolvimento das atividades operacionais de uma instalação, considerando os aspectos de segurança, saúde e meio ambiente que impactem sobre a integridade física dos trabalhadores.

Processo contínuo de produção – sistema de produção que opera ininterruptamente durante as 24 (vinte e quatro) horas do dia, por meio do trabalho em turnos de revezamento, isto é, a unidade de produção tem continuidade operacional durante todo o ano. Paradas na unidade de produção para manutenção ou emergência não caracterizam paralisação da continuidade operacional.

Processo ou processamento – sequência integrada de operações. A sequência pode ser inclusive de operações físicas e/ou químicas. A sequência pode envolver, mas não se limita à preparação, separação, purificação ou mudança de estado, conteúdo de energia ou composição.

Proficiência – competência, aptidão, capacitação e habilidade aliadas à experiência. Para avaliação da proficiência, pode ser verificado o currículo do profissional, a partir do conteúdo programático que ele ministrará. O conhecimento teórico pode ser comprovado através de diplomas, certificados e material didático elaborado pelo profissional. A experiência pode ser avaliada pelo tempo em que o profissional atua na área e serviços prestados.

Profissional habilitado – profissional com atribuições legais para a atividade a ser desempenhada e que assume a responsabilidade técnica, tendo registro no conselho profissional de classe.

Prontuário da Instalação – sistema organizado de forma a conter uma memória dinâmica das informações técnicas pertinentes às instalações, geradas desde a fase de projeto, operação, inspeção e manutenção, que registra, em meio físico ou eletrônico, todo o histórico da instalação ou contém indicações suficientes para a obtenção deste histórico.

Recinto – quaisquer áreas que estejam delimitadas por fronteiras físicas constituídas de paredes e tetos resistentes ao fogo.

Recipiente – receptáculo projetado e construído para armazenar produtos inflamáveis (líquidos e gases) e líquidos combustíveis conforme normas técnicas; não se incluem nesta definição os tanques de superfície para consumo de óleo diesel mencionados no item 2 do Anexo III.

Riscos psicossociais – influência na saúde mental dos trabalhadores, provocada pelas tensões da vida diária, pressão do trabalho e outros fatores adversos.

Separada por parede – instalação de armazenamento localizada na instalação de fabricação, mas separada desta por parede de alvenaria. Instalação de armazenamento localizada em outra instalação e/ou edificação.

Sistema de Gestão de Mudanças – processo contínuo e sistemático que assegura que as mudanças permanentes ou temporárias sejam avaliadas e gerenciadas de forma que os riscos advindos destas alterações permaneçam em níveis aceitáveis e controlados.

Tanque Acoplado – tanque de consumo instalado como parte integrante do grupo motor gerador.

Tanque de consumo – tanque ligado direta ou indiretamente a motores ou equipamentos térmicos, visando a alimentação destes.

Trabalhadores capacitados – trabalhadores que possuam qualificação e treinamento necessários à realização das atividades previstas nos procedimentos operacionais.

Transferência – atividade de movimentação de inflamáveis entre recipientes, tais como tanques, vasos, tambores, bombonas e similares, por meio de tubulações.

Unidade de processo – organização produtora que alcança o objetivo para o qual se destina através do processamento e/ou transformação de materiais/substância.

ANEXO IV da NR-20

Exposição Ocupacional ao Benzeno em Postos de Serviços Revendedores de Combustíveis Automotivos

•• Anexo IV acrescentado pela Portaria n. 427, de 7-10-2021.

SUMÁRIO

12. Equipamentos de Proteção Individual – EPI

13. Sinalização referente ao benzeno

14. Medidas de controle coletivo de exposição durante o abastecimento

1. Objetivo

1.1. Este Anexo estabelece os requisitos de Segurança e Saúde no Trabalho – SST para as atividades com exposição ocupacional ao benzeno em Postos de Serviços Revendedores de Combustíveis Automotivos – PRC contendo essa substância.

1.1.1. Estes requisitos devem complementar as exigências e orientações já previstas na legislação de SST em vigor no Brasil.

2. Campo de Aplicação

2.1. As disposições estabelecidas neste Anexo aplicam-se às atividades com exposição ocupacional ao benzeno em Postos de Serviços Revendedores de Combustíveis Automotivos – PRC.

2.1.1. Para fins do disposto neste Anexo, consideram-se Postos de Serviço Revendedores de Combustíveis Automotivos contendo benzeno o estabelecimento localizado em terra firme que revende, a varejo, combustíveis automotivos e abastece tanque de consumo dos veículos automotores terrestres ou em embalagens certificadas pelo Instituto Nacional de Metrologia, Qualidade e Tecnologia – Inmetro.

3. Responsabilidades

3.1. Cabe à organização:

a) só permitir a contratação de serviços de outras empresas desde que faça constar no contrato a obrigatoriedade do cumprimento das medidas de SST previstas neste Anexo;

b) interromper todo e qualquer tipo de atividade que exponha os trabalhadores a condições de risco grave e iminente para a sua segurança ou saúde;

c) fornecer às empresas contratadas, além do disposto no subitem 1.5.8 da Norma Regulamentadora n. 01 (NR-01), as informações sobre os riscos potenciais e às medidas preventivas de exposição ao benzeno, na área da instalação em que desenvolvem suas atividades;

d) informar os trabalhadores, além do disposto no subitem 1.4.1 da NR-01, sobre os riscos potenciais de exposição ao benzeno que possam afetar sua segurança e saúde, bem como as medidas preventivas necessárias;

e) manter as Fichas com Dados de Segurança de Produto Químico dos combustíveis à disposição dos trabalhadores, em local de fácil acesso para consulta; e

f) dar conhecimento sobre os procedimentos operacionais aos trabalhadores, com o objetivo de informar sobre os riscos da exposição ao benzeno e as medidas de prevenção necessárias.

3.2. Cabe aos trabalhadores:

a) zelar pela sua segurança e saúde ou de terceiros que possam ser afetados pela exposição ao benzeno;

b) comunicar imediatamente ao seu superior hierárquico as situações que considerem representar risco grave e iminente para sua segurança e saúde ou para a de terceiros; e

c) não utilizar flanela, estopa e tecidos similares para a contenção de respingos e extravasamentos, conforme previsto no subitem 9.6 deste Anexo.

3.3. São direitos dos trabalhadores, além do previsto no item 1.4.4 da NR-01, serem informados sobre os riscos potenciais de exposição ao benzeno que possam afetar sua segurança e saúde, bem como as medidas preventivas necessárias.

4. Comissão Interna de Prevenção de Acidentes – CIPA

4.1. O conteúdo do treinamento previsto na NR-05 dado aos membros da CIPA ou nomeado nos PRC que operem com combustíveis líquidos contendo benzeno deve enfatizar informações sobre os riscos da exposição ocupacional a essa substância, assim como as medidas preventivas, observando o conteúdo do subitem 5.1.1 deste Anexo.

5. Treinamento e capacitação dos Trabalhadores

5.1. Os trabalhadores que irão exercer atividades com risco de exposição ocupacional ao benzeno devem receber treinamento inicial com carga horária mínima de quatro horas.

5.1.1. O conteúdo do treinamento deve contemplar os seguintes temas:

a) riscos de exposição ao benzeno e vias de absorção;

b) conceitos básicos sobre monitoramento ambiental, biológico e de saúde;

c) sinais e sintomas de intoxicação ocupacional por benzeno;

d) medidas de prevenção;

e) procedimentos de emergência;

f) caracterização básica das instalações, atividades de risco e pontos de possíveis emissões de benzeno; e

g) dispositivos legais sobre o benzeno.

5.1.1.1. O treinamento deve enfatizar a identificação das situações de risco de exposição ao benzeno e as medidas de prevenção nas atividades de maior risco abaixo elencadas:

a) conferência do produto no caminhão-tanque no ato do descarregamento;

b) coleta de amostras no caminhão-tanque com amostrador específico;

c) medição volumétrica de tanque subterrâneo com régua;

d) estacionamento do caminhão, aterramento e conexão via mangotes aos tanques subterrâneos;

e) descarregamento de combustíveis para os tanques subterrâneos;

f) desconexão dos mangotes e retirada do conteúdo residual;

g) abastecimento de combustível para veículos;

h) abastecimento de combustíveis em recipientes certificados;

i) análises físico-químicas para o controle de qualidade dos produtos comercializados;

j) limpeza de válvulas, bombas e seus compartimentos de contenção de vazamentos;

k) esgotamento e limpeza de caixas separadoras;

l) limpeza de caixas de passagem e canaletas;

m) aferição de bombas de abastecimento;

n) manutenção operacional de bombas;

o) manutenção e reforma do sistema de abastecimento subterrâneo de combustível – SASC; e

p) outras operações e atividades passíveis de exposição ao benzeno.

5.2. O treinamento periódico deve ser realizado a cada dois anos com conteúdo e carga horária previstos no item 5.1 e seguintes.

6. Programa de Controle Médico de Saúde Ocupacional – PCMSO

6.1. Os trabalhadores que exerçam suas atividades com risco de exposição ocupacional ao benzeno devem realizar, com frequência mínima semestral, hemograma completo com contagem de plaquetas e reticulócitos, independentemente de outros exames previstos no PCMSO.

6.1.1. Os casos de dispensa de aplicação dos exames previstos no subitem 6.1 devem ser justificados tecnicamente no PCMSO dos PRC.

6.2. Os resultados dos hemogramas devem ser organizados sob a forma de séries históricas, de fácil compreensão, com vistas a facilitar a detecção precoce de alterações hematológicas.

6.3. As séries históricas dos hemogramas devem ficar em poder do Médico Responsável pelo PCMSO.

6.4. Ao término de seus serviços, o Médico Responsável pelo PCMSO deve repassar as séries históricas para o médico que o sucederá na função.

6.5. Os resultados dos hemogramas semestrais e a série histórica atualizada devem ser entregues aos trabalhadores, mediante recibo em, no máximo, trinta dias após a emissão dos resultados.

6.6. Ao final do contrato de trabalho, a série histórica dos hemogramas deve ser entregue ao trabalhador.

6.7. Aplicam-se aos trabalhadores dos PRC as disposições da Portaria de Consolidação n. 5, Anexos LXVIII, LXIX, LXX e LXXI, de 28 de setembro de 2017, do Ministério da Saúde, e suas eventuais atualizações, especialmente, no que tange aos critérios de interpretação da série histórica dos hemogramas.

7. Programa de Gerenciamento de Riscos

7.1. Para os PRCs, o processo de identificação de perigos e avaliação de riscos ocupacionais previsto no subitem 1.5.4 da NR-01 deve considerar todas as atividades, setores, áreas, operações, procedimentos e equipamentos onde possa haver exposição dos trabalhadores a combustíveis líquidos contendo benzeno, seja pela via respiratória, seja pela via cutânea, incluindo as atividades relacionadas no subitem 5.1.1.1 deste Anexo, no que couber.

7.1.1. As informações levantadas durante a identificação de perigos, prevista no subitem 1.5.4.1 da NR-01, devem incluir os procedimentos de operação normal, os de manutenção e os de situações de emergência.

8. Procedimentos Operacionais

8.1. Os PRC devem possuir procedimentos operacionais, com o objetivo de informar sobre os riscos da exposição ao benzeno e as medidas de prevenção necessárias, para as atividades que se seguem:

a) abastecimento de veículos com combustíveis líquidos contendo benzeno;

b) limpeza e manutenção operacional de:

I) reservatório de contenção para tanques (*sump* de tanque);

II) reservatório de contenção para bombas (*sump* de bombas);

III) canaletas de drenagem;

IV) tanques e tubulações;

V) caixa separadora de água-óleo (SAO);

VI) caixas de passagem para sistemas eletroeletrônicos;

VIII) aferição de bombas;

c) de emergência em casos de extravasamento de combustíveis líquidos contendo benzeno, atingindo pisos, vestimentas dos trabalhadores e o corpo dos trabalhadores, especialmente os olhos;

d) medição de tanques com régua e aferição de bombas de combustível líquido contendo benzeno;

e) recebimento de combustíveis líquidos contendo benzeno, contemplando:

I) identificação e qualificação do profissional responsável pela operação;

II) isolamento da área e aterramento;

III) cuidados durante a abertura do tanque;

IV) equipamentos de proteção coletiva e individual;

V) coleta, análise e armazenamento de amostras;

VI) descarregamento; e

f) manuseio, acondicionamento e descarte de líquidos e resíduos sólidos contaminados com derivados de petróleo contendo benzeno.

8.2. Os PRC devem exigir das empresas contratadas para prestação de serviços de manutenção técnica a apresentação dos procedimentos operacionais, que informem os riscos da exposição ao benzeno e as medidas de prevenção necessárias, para as atividades que se seguem:

a) troca de tanques e linhas;

b) manutenção preventiva e corretiva de equipamentos;

c) sistema de captação e recuperação de vapores;

d) teste de estanqueidade;

e) investigação para análise de risco de contaminação de solo; e

f) remediações de solo.

8.3. Os procedimentos citados nos subitens 8.1 e 8.2 devem estar disponíveis à inspeção do trabalho e para consulta dos trabalhadores.

8.4. Os conteúdos dos procedimentos citados nos subitens 8.1 e 8.2 podem ser incluídos no documento sobre os procedimentos operacionais exigidos pela NR-20.

9. Atividades Operacionais

9.1. Os PRC que entraram em operação a partir de 22 de março de 2017 devem possuir sistema eletrônico de medição de estoque.

9.2. Os PRC em operação e que já possuem tanques de armazenamento com viabilidade técnica para instalação de sistemas de medição eletrônica devem instalar o sistema eletrônico de medição de estoque.

•• Sobre vigência deste item, vide art. 3º da Portaria n. 427, de 7-10-2021.

9.2.1. Os tanques de armazenamento com viabilidade técnica para a instalação de sistemas de medição eletrônica são aqueles que possuem boca de visita, câmara de contenção de monitoramento eletrônico e que possuem linhas de conexão já instaladas, de modo a não ter que realizar obras de infraestrutura.

9.2.1.1. O sensor de monitoramento eletrônico de estoque deve ser instalado apenas em tanques subterrâneos que atendam à exigência constante do subitem 9.2.1 e que possuam paredes duplas, interstício, tubo de monitoramento e caixa de passagem para monitoramento de interstício.

9.2.1.2. Os PRC que necessitam de obras de infraestrutura para instalação de sistemas de medição eletrônica deverão promover a instalação destes equipamentos, quando da renovação de sua licença ambiental.

9.2.1.3. A substituição dos tanques subterrâneos deverá ser precedida de licença ou autorização ambiental e realizada por profissional da engenharia e empresa devidamente acreditada pelo Inmetro.

9.2.1.4. O prazo de validade dos tanques será aquele fixado pelo órgão ambiental competente, devendo ser respeitada a sua vida útil.

9.3. A medição de tanques com régua é admitida nas seguintes situações:

a) para aferição do sistema eletrônico;

b) em situações em que a medição eletrônica não puder ser realizada por pane temporária do sistema;

c) para a verificação da necessidade de drenagem dos tanques; e

d) para fins de testes de estanqueidade.

9.3.1. Nas situações em que a medição de tanques tiver que ser realizada com o uso de régua, é obrigatória a utilização dos EPI referidos no item 12 deste Anexo.

9.4. Todas as bombas de abastecimento de combustíveis líquidos contendo benzeno devem estar equipadas com bicos automáticos.

9.5. Ficam vedadas nos PRC as seguintes atividades envolvendo combustíveis líquidos contendo benzeno:

a) transferência de combustível líquido contendo benzeno de veículo a veículo automotor ou de quaisquer recipientes para veículo automotor com uso de mangueira por sucção oral;

b) transferência de combustível líquido contendo benzeno entre tanques de armazenamento por qualquer meio, salvo em situações de emergência após a adoção das medidas de prevenção necessárias e com equipamentos intrinsecamente seguros e apropriados para áreas classificadas;

c) armazenamento de amostras coletadas de combustíveis líquidos contendo benzeno em áreas ou recintos fechados onde haja a presença regular de trabalhadores em quaisquer atividades;

d) enchimento de tanques veiculares após o desarme do sistema automático, referido no subitem 9.4, exceto quando ocorrer o desligamento precoce do bico, em função de características do tanque do veículo;

e) comercialização de combustíveis líquidos contendo benzeno em recipientes que não sejam certificados para o seu armazenamento;

f) qualquer tipo de acesso pessoal ao interior de tanques do caminhão ou de tubulações por onde tenham circulado combustíveis líquidos contendo benzeno; e

g) abastecimento com a utilização de bicos que não disponham de sistema de desarme automático.

9.6. Para a contenção de respingos e extravasamentos de combustíveis líquidos contendo benzeno durante o abastecimento e outras atividades com essa possibilidade, só podem ser utilizados dispositivos que tenham sido projetados para esta finalidade.

9.7. Cabe ao empregador proibir a utilização de flanela, estopa e tecidos similares para a contenção de respingos e extravasamentos nas atividades referidas no subitem 9.6.

9.8. Para a limpeza de superfícies contaminadas com combustíveis líquidos contendo benzeno, será admitido apenas o uso de tolhas de papel absorvente, desde que o trabalhador esteja utilizando luvas impermeáveis apropriadas.

9.8.1. O material referido no subitem 9.8 só pode ser utilizado uma única vez, devendo, a seguir, ser acondicionado para posterior descarte em recipiente apropriado para esta finalidade, que deve estar disponível próximo à área de operação.

9.9. As análises físico-químicas de combustíveis líquidos contendo benzeno devem ser realizadas em local ventilado e afastado das outras áreas de trabalho, do local de tomada de refeições e de vestiários.

9.9.1. As análises em ambientes fechados devem ser realizadas sob sistema de exaustão localizada ou em capela com exaustão.

10. Ambientes de trabalho anexos

10.1. Os PRC devem dispor de área exclusiva para armazenamento de amostras coletadas de combustíveis líquidos contendo benzeno, dotada de ventilação e temperatura adequadas e afastada de outras áreas de trabalho, dos locais de tomada de refeições e de vestiários.

10.2. Os PRC devem adotar medidas para garantir a qualidade do ar em seus ambientes internos anexos às áreas de abastecimentos, de descarregamento e de respiros de tanques de combustíveis líquidos contendo benzeno, como escritórios, lojas de conveniência e outros.

10.2.1. Os sistemas de climatização que captam ar do ambiente externo ou outro de igual eficiência devem ser instalados de forma a evitar a contaminação dos ambientes internos por vapores de combustíveis líquidos contendo benzeno provenientes daquelas áreas.

11. Vestimenta de trabalho

11.1. Aos trabalhadores de PRC com atividades que impliquem em exposição ocupacional ao benzeno, serão fornecidos, gratuitamente, pelo empregador, vestimenta e calçados de trabalho adequados aos riscos.

11.2. A higienização das vestimentas de trabalho será feita pelo empregador com frequência mínima semanal.

11.3. O empregador deverá manter à disposição, nos PRC, um conjunto extra de vestimenta de trabalho, para pelo menos um terço do efetivo dos trabalhadores em atividade expostos a combustíveis líquidos contendo benzeno, a ser disponibilizado em situações nas quais seu uniforme venha a ser contaminado por tais produtos.

12. Equipamentos de Proteção Individual – EPI

12.1. Aplicam-se aos PRC as disposições da Instrução Normativa SSST/MTb n. 1, de 11 de abril de 1994, e adicionalmente o que se segue.

•• *Vide* Portaria n. 672, de 8-11-2021.

12.1.1. Os trabalhadores que realizem, direta ou indiretamente, as atividades críticas listadas no subitem 5.1.1.1, exceto as relacionadas nas alíneas "d", "g" e "h", e, inclusive, no caso de atividade de descarga selada, prevista na alínea "e", devem utilizar equipamento de proteção respiratória de face inteira, com filtro para vapores orgânicos, assim como equipamentos de proteção para a pele.

12.1.1.1. Quando o sistema de exaustão previsto no subitem 9.9.1 estiver sob manutenção, deve ser utilizado o equipamento de proteção respiratória de forma provisória, atendendo à especificação do subitem 12.1.1.

12.1.1.2. O empregador pode optar por outro equipamento de proteção respiratória, mais apropriado às características do processo de trabalho do PRC do que aquele sugerido no subitem 12.1.1, desde que a mudança represente uma proteção maior para o trabalhador.

12.1.1.3. A substituição periódica dos filtros das máscaras é obrigatória e deve obedecer às orientações do fabricante e do Programa de Proteção Respiratória – PPR.

12.2. Os trabalhadores que realizem a atividade de abastecimento de veículos, citada nas alíneas "g" e "h" do subitem 5.1.1.1, em função das características inerentes à própria atividade, estão dispensados do uso de equipamento de proteção respiratória.

13. Sinalização referente ao benzeno

13.1. Os PRC devem manter sinalização, em local visível, na altura das bombas de abastecimento de combustíveis líquidos contendo benzeno, indicando os riscos dessa substância, nas dimensões de 20 x 14 cm com os dizeres: "A GASOLINA CONTÉM BENZENO, SUBSTÂNCIA CANCERÍGENA. RISCO À SAÚDE."

14. Medidas de controle coletivo de exposição durante o abastecimento

14.1. Os PRC devem instalar sistema de recuperação de vapores.

•• Sobre vigência deste item, vide art. 4º da Portaria n. 427, de 7-10-2021.

14.2. Para fins do disposto no presente Anexo, considera-se como sistema de recuperação de vapores um sistema de captação de vapores, instalado nos bicos de abastecimento das bombas de combustíveis líquidos contendo benzeno, que direcione esses vapores para o tanque de combustível do próprio PRC ou para um equipamento de tratamento de vapores.

14.3. Os PRC novos, aprovados e construídos após 22 de setembro de 2019, devem ter instalado o sistema previsto no subitem 14.1.

14.3.1. Considera-se como data de aprovação a data de emissão do alvará de construção do PRC ou documento equivalente.

NR 21

Trabalho a Céu Aberto ([1])

21.1. Nos trabalhos realizados a céu aberto, é obrigatória a existência de abrigos, ainda que rústicos, capazes de proteger os trabalhadores contra intempéries.

• Código: 121.032-7. Infração: 3. Tipo: S.

21.2. Serão exigidas medidas especiais que protejam os trabalhadores contra a insolação excessiva, o calor, o frio, a umidade e os ventos inconvenientes.

• Código: 121.033-5. Infração: 3. Tipo: S.

21.3. Aos trabalhadores que residirem no local do trabalho, deverão ser oferecidos alojamentos que apresentem adequadas condições sanitárias.

• Código: 121.034-3. Infração: 3. Tipo: S.

21.4. Para os trabalhos realizados em regiões pantanosas ou alagadiças, serão imperativas as medidas de profilaxia de endemias, de acordo com as normas de saúde pública.

• Código: 121.004-1. Infração: 2. Tipo: M.

21.5. Os locais de trabalho deverão ser mantidos em condições sanitárias compatíveis com o gênero de atividade.

• Código: 121.035-1. Infração: 2. Tipo: S.

21.6. Quando o empregador fornecer ao empregado moradia para si e sua família, esta deverá possuir condições sanitárias adequadas.

• Código: 121.046-7. Infração: 3. Tipo: S.

21.6.1. É vedada, em qualquer hipótese, a moradia coletiva da família.

• Código: 121.037-8. Infração: 3. Tipo: S.

21.7. A moradia deverá ter:

a) capacidade dimensionada de acordo com o número de moradores;

• Código: 121.038-6. Infração: 2. Tipo: S.

b) ventilação e luz direta suficiente;

• Código: 121.046-7. Infração: 3. Tipo: S.

c) as paredes caiadas e os pisos construídos de material impermeável.

• Código: 121.046-7. Infração: 3. Tipo: S.

21.8. As casas de moradia serão construídas em locais arejados, livres de vegetação e afastadas no mínimo 50 m (cinquenta metros) dos depósitos de feno ou estercos, currais, estábulos, pocilgas e quaisquer viveiros de criação.

• Código: 21.046-7. Infração: 3. Tipo: S.

21.9. As portas, janelas e frestas deverão ter dispositivos capazes de mantê-las fechadas, quando necessário.

• Código: 21.046-7. Infração: 3. Tipo: S.

21.10. O poço de água será protegido contra a contaminação.

• Código: 121.042-4. Infração: 3. Tipo: S.

21.11. A cobertura será sempre feita de material impermeável, imputrecível, não combustível.

• Código: 21.046-7. Infração: 3. Tipo: S.

21.12. Toda moradia disporá de, pelo menos, um dormitório, uma cozinha e um compartimento sanitário.

• Código: 21.046-7. Infração: 3. Tipo: S.

21.13. As fossas negras deverão estar, no mínimo, 15 m (quinze metros) do poço, 10 m (dez metros) da casa, em lugar livre de enchentes e à jusante do poço.

• Código: 121.047-5. Infração: 2. Tipo: S.

21.14. Os locais destinados às privadas serão arejados, com ventilação abundante, mantidos limpos, em boas condições sanitárias e devidamente protegidos contra a proliferação de insetos, ratos, animais e pragas.

• Código: 121.047-5. Infração: 2. Tipo: S.

21.15 a 21.22. (*Revogados pela Portaria n. 2.037, de 15-12-1999.*)

(1) NR aprovada pela Portaria n. 3.214, de 8-6-1978.

NR 22
Segurança e Saúde Ocupacional na Mineração (1)

Anexo I
Índice Geral

22.1. Objetivo

22.1.1. Esta Norma Regulamentadora tem por objetivo disciplinar os preceitos a serem observados na organização e no ambiente de trabalho, de forma a tornar compatível o planejamento e o desenvolvimento da atividade mineira com a busca permanente da segurança e saúde dos trabalhadores.

22.2. Campos de Aplicação

22.2.1. Esta norma se aplica a:

a) minerações subterrâneas;

b) minerações a céu aberto;

c) garimpos, no que couber;

d) beneficiamentos minerais; e

e) pesquisa mineral.

22.3. Das Responsabilidades da Empresa e do Permissionário de Lavra Garimpeira

22.3.1. Cabe à empresa, ao Permissionário de Lavra Garimpeira e ao responsável pela mina a obrigação de zelar pelo estrito cumprimento da presente Norma, prestando as informações que se fizerem necessárias aos órgãos fiscalizadores.

• Código: 222.370-8. Infração: 1. Tipo: S.

22.3.1.1. A empresa, o Permissionário de Lavra Garimpeira ou o responsável pela mina deve indicar aos órgãos fiscalizadores os técnicos responsáveis de cada setor.

• Código: 222.371-6. Infração: 1. Tipo: S.

22.3.2. Quando forem realizados trabalhos através de empresas contratadas pela empresa ou Permissionário de Lavra Garimpeira, no contrato deverá constar o nome do responsável pelo cumprimento da presente Norma Regulamentadora.

•• Item com redação determinada pela Portaria n. 27, de 1º-10-2002.

• Código: 222.372-4. Infração: 1. Tipo: S.

22.3.3. Toda mina e demais atividades referidas no item 22.2 devem estar sob supervisão técnica de profissional legalmente habilitado.

(1) NR aprovada pela Portaria n. 3.214, de 8-6-1978, e com redação determinada pela Portaria n. 2.037, de 15-12-1999. *Vide* arts. 293 a 301 da CLT. *Vide* Decreto n. 10.088, de 5-11-2019, Convenção OIT n. 176 e a Recomendação OIT n. 183 sobre segurança e saúde nas minas.

• Código: 222.774-6. Infração: 3. Tipo: S.

22.3.3.1. A empresa ou Permissionário de Lavra Garimpeira deve registrar, por meio de livro ou fichas próprias, as atividades de supervisão técnica da mina, efetuadas pelo Profissional Legalmente Habilitado, bem como as observações e intervenções propostas e realizadas, que devem ficar no estabelecimento à disposição dos órgãos fiscalizadores.

•• Item acrescentado pela Portaria n. 732, de 22-5-2014.

• Código: 222.931-5. Infração: 3. Tipo: S.

22.3.4. Compete ainda à empresa ou Permissionário de Lavra Garimpeira:

a) interromper todo e qualquer tipo de atividade que exponha os trabalhadores a condições de risco grave e iminente para sua saúde e segurança;

• Código: 222.961-7. Infração: 4. Tipo: S.

b) garantir a interrupção das tarefas, quando proposta pelos trabalhadores, em função da existência de risco grave e iminente, desde que confirmado o fato pelo superior hierárquico, que diligenciará as medidas cabíveis; e

• Código: 222.961-7. Infração: 4. Tipo: S.

c) fornecer às empresas contratadas as informações sobre os riscos potenciais nas áreas em que desenvolverão suas atividades.

• Código: 222.373-2. Infração: 3. Tipo: S.

22.3.5. A empresa ou Permissionário de Lavra Garimpeira coordenará a implementação das medidas relativas à segurança e saúde dos trabalhadores das empresas contratadas e proverá os meios e condições para que estas atuem em conformidade com esta Norma.

• Código: 222.775-4. Infração: 4. Tipo: S.

22.3.6. Cabe à empresa ou Permissionário de Lavra Garimpeira elaborar e implementar o Programa de Controle Médico e Saúde Ocupacional – PCMSO, conforme estabelecido na Norma Regulamentadora n. 7.

• Código: 222.776-2. Infração: 4. Tipo: S.

22.3.7. Cabe à empresa ou Permissionário de Lavra Garimpeira elaborar e implementar o Programa de Gerenciamento de Riscos – PGR, contemplando os aspectos desta Norma, incluindo, no mínimo, os relacionados a:

• Código: 222.777-0. Infração: 4. Tipo: S.

a) riscos físicos, químicos e biológicos;

• Código: 222.963-3. Infração: 4. Tipo: S.

b) atmosferas explosivas;

• Código: 222.962-5. Infração: 4. Tipo: S.

c) deficiências de oxigênio;

• Código: 222.962-5. Infração: 4. Tipo: S.

d) ventilação;

• Código: 222.962-5. Infração: 4. Tipo: S.

e) proteção respiratória, de acordo com a Instrução Normativa n. 1, de 11 de abril de 1994, da Secretaria de Segurança e Saúde no Trabalho;

•• *Vide* Portaria n. 672, de 8-11-2021.

• Código: 222.963-3. Infração: 4. Tipo: S.

f) investigação e análise de acidentes do trabalho;

• Código: 222.964-1. Infração: 4. Tipo: S.

g) ergonomia e organização do trabalho;

• Código: 222.964-1. Infração: 4. Tipo: S.

h) riscos decorrentes do trabalho em altura, em profundidade e em espaços confinados;

• Código: 222.964-1. Infração: 4. Tipo: S.

i) riscos decorrentes da utilização de energia elétrica, máquinas, equipamentos, veículos e trabalhos manuais;

• Código: 222.964-1. Infração: 4. Tipo: S.

j) equipamentos de proteção individual de uso obrigatório, observando-se no mínimo o constante na Norma Regulamentadora n. 6;

• Código: 222.964-1. Infração: 4. Tipo: S.

l) estabilidade do maciço;

• Código: 222.965-0. Infração: 4. Tipo: S.

m) plano de emergência; e

• Código: 222.965-0. Infração: 4. Tipo: S.

n) outros resultantes de modificações e introduções de novas tecnologias.

• Código: 222.965-0. Infração: 4. Tipo: S.

22.3.7.1. O Programa de Gerenciamento de Riscos – PGR deve incluir as seguintes etapas:

a) antecipação e identificação de fatores de risco, levando-se em conta, inclusive, as informações do Mapa de Risco elaborado pela CIPAMIN, quando houver;

• Código: 222.778-9. Infração: 3. Tipo: S.

b) avaliação dos fatores de risco e da exposição dos trabalhadores;

• Código: 222.779-7. Infração: 3. Tipo: S.

c) estabelecimento de prioridades, metas e cronograma;

• Código: 222.780-0. Infração: 3. Tipo: S.

d) acompanhamento das medidas de controle implementadas;

• Código: 222.781-9. Infração: 3. Tipo: S.

e) monitorização da exposição aos fatores de riscos;

• Código: 222.782-7. Infração: 3. Tipo: S.

f) registro e manutenção dos dados por, no mínimo, vinte anos; e

• Código: 222.783-5. Infração: 3. Tipo: S.

g) análise crítica do programa, pelo menos, uma vez ao ano, contemplando a evolução do cronograma, com registro das medidas de controle implantadas e programadas.

•• Alínea *g* com redação determinada pela Portaria n. 732, de 22-5-2014.

• Código: 222.932-3. Infração: 3. Tipo: S.

22.3.7.1.1. O Programa de Gerenciamento de Riscos, suas alterações e complementações deverão ser apresentados e discutidos na CIPAMIN, para acompanhamento das medidas de controle.

• Código: 222.785-1. Infração: 1. Tipo: S.

22.3.7.1.2. O Programa de Gerenciamento de Riscos deve considerar os níveis de ação acima dos quais devem ser desenvolvidas ações preventivas, de forma a minimizar a probabilidade de ultrapassagem dos limites de exposição ocupacional, implementando-se medidas para o monitoramento periódico da exposição, informação dos trabalhadores e o controle médico, observadas as seguintes definições:

•• Item com redação determinada pela Portaria n. 27, de 1º-10-2002.

• Código: 222.786-0. Infração: 3. Tipo: S.

a) limites de exposição ocupacional são os valores de limites de tolerância previstos na Norma Regulamentadora n. 15 ou, na ausência destes, os valores limites de exposição ocupacional adotados pela American Conference of Governamental Industrial Higyenists – ACGIH ou valores que venham a ser estabelecidos em negociação coletiva, desde que mais rigorosos que os acima referenciados;

•• Alínea *a* com redação determinada pela Portaria n. 27, de 1º-10-2002.

b) níveis de ação para agentes químicos são os valores de concentração ambiental correspondentes à metade dos limites de exposição, conforme definidos na alínea *a* anterior; e

c) níveis de ação para ruído são os valores correspondentes à dose de zero vírgula cinco (dose superior a cinquenta por cento), conforme critério estabelecido na Norma Regulamentadora n. 15, Anexo I, item 6.

22.3.7.1.3. Desobrigam-se da exigência do PPRA as empresas que implementarem o PGR.

22.4. Das Responsabilidades dos Trabalhadores

• A Lei n. 11.685, de 2-6-2008, institui o Estatuto do Garimpeiro e dá outras providências.

22.4.1. Cumpre aos trabalhadores:

a) zelar pela sua segurança e saúde ou de terceiros que possam ser afetados por suas ações ou omissões no trabalho, colaborando com a empresa ou Permissionário de Lavra Garimpeira para o cumprimento das disposições legais e regulamentares, inclusive das normas internas de segurança e saúde; e

b) comunicar, imediatamente, ao seu superior hierárquico as situações que considerar representar risco para sua segurança e saúde ou de terceiros.

22.5. Dos Direitos dos Trabalhadores

• A Lei n. 11.685, de 2-6-2008, institui o Estatuto do Garimpeiro e dá outras providências.

22.5.1. São direitos dos trabalhadores:

a) interromper suas tarefas sempre que constatar evidências que representem riscos graves e iminentes para sua segurança e saúde ou de terceiros, comunicando imediatamente o fato a seu superior hierárquico que diligenciará as medidas cabíveis; e

b) ser informados sobre os riscos existentes no local de trabalho que possam afetar sua segurança e saúde.

22.6. Organização dos Locais de Trabalho

22.6.1. A empresa ou Permissionário de Lavra Garimpeira adotará as medidas necessárias para que:

a) os locais de trabalho sejam concebidos, construídos, equipados, utilizados e mantidos de forma que os trabalhadores possam desempenhar as funções que lhes forem confiadas, eliminando ou reduzindo ao mínimo, praticável e factível, os riscos para sua segurança e saúde; e

• Código: 222.966-8. Infração: 3. Tipo: S.

b) os postos de trabalho sejam projetados e instalados segundo princípios ergonômicos.

• Código: 222.966-8. Infração: 3. Tipo: S.

22.6.1.1. É vedada a concepção, a construção, a manutenção e o funcionamento de instalações destinadas a atividades administrativas, de vivência, de saúde e de recreação da empresa ou Permissionário de Lavra Garimpeira localizadas nas áreas à jusante de barragem sujeitas à inundação em caso de rompimento, consideradas tais situações de risco grave e iminente e passíveis de interdição da instalação da empresa ou Permissionário de Lavra Garimpeira que esteja em desconformidade com este subitem.

•• Item acrescentado pela Portaria n. 210, de 11-4-2019.

22.6.1.1.1. Para barragens novas, a vedação prevista no subitem 22.6.1.1 não se aplica até o momento de início do enchimento do reservatório.

•• Item acrescentado pela Portaria n. 210, de 11-4-2019.

• Código: 322.016-8. Infração: 4. Tipo: S.

22.6.1.1.2. Consideram-se áreas de vivência as seguintes instalações:

•• Item, *caput*, acrescentado pela Portaria n. 210, de 11-4-2019.

a) instalações sanitárias;

•• Alínea *a* acrescentada pela Portaria n. 210, de 11-4-2019.

b) vestiário;

•• Alínea *b* acrescentada pela Portaria n. 210, de 11-4-2019.

c) alojamento;

•• Alínea *c* acrescentada pela Portaria n. 210, de 11-4-2019.

d) local de refeições;

•• Alínea *d* acrescentada pela Portaria n. 210, de 11-4-2019.

e) cozinha;

•• Alínea *e* acrescentada pela Portaria n. 210, de 11-4-2019.

f) lavanderia;

•• Alínea *f* acrescentada pela Portaria n. 210, de 11-4-2019.

g) área de lazer; e

•• Alínea *g* acrescentada pela Portaria n. 210, de 11-4-2019.

h) ambulatório.

•• Alínea *h* acrescentada pela Portaria n. 210, de 11-4-2019.

22.6.1.1.3. Excetuam-se do disposto no subitem 22.6.1.1 as instalações sanitárias essenciais aos trabalhadores que atuam nas áreas à jusante de barragem sujeitas à inundação em caso de rompimento.

•• Item acrescentado pela Portaria n. 210, de 11-4-2019.

22.6.2. As áreas de mineração com atividades operacionais devem possuir entradas identificadas com o nome da empresa ou do Permissionário de Lavra Garimpeira e os acessos e as estradas sinalizadas.

• Código: 222.789-4. Infração: 2. Tipo: S.

22.6.3. Nas atividades abaixo relacionadas serão designadas equipes com, no mínimo, dois trabalhadores:

a) no subsolo, nas atividades de:

• Código: 222.967-6. Infração: 3. Tipo: S

I) abatimento manual de choco e blocos instáveis;

II) contenção de maciço desarticulado;

III) perfuração manual;

IV) retomada de atividades em fundo de saco com extensão acima de dez metros; e

V) carregamento de explosivos, detonação e retirada de fogos falhados.

b) a céu aberto, nas atividades de carregamento de explosivos, detonação e retirada de fogos falhados.

• Código: 222.007-5. Infração: 3. Tipo: S.

22.6.3.1. A empresa ou Permissionário de Lavra Garimpeira deve estabelecer norma interna de segurança para supervisão e controle dos demais locais de atividades onde se poderá trabalhar desacompanhado.

• Código: 222.790-8. Infração: 3. Tipo: S.

22.7. Circulação e Transporte de Pessoas e Materiais

22.7.1. Toda mina deve possuir plano de trânsito estabelecendo regras de preferência de movimentação e distâncias mínimas entre máquinas, equipamentos e veículos compatíveis com a segurança, e velocidades permitidas, de acordo com as condições das pistas de rolamento.

• Código: 222.009-1. Infração: 2. Tipo: S.

22.7.2. Equipamentos de transporte de materiais ou pessoas devem possuir dispositivos de bloqueio que impeçam seu acionamento por pessoas não autorizadas.

• Código: 222.010-5. Infração: 3. Tipo: S.

22.7.3. Equipamentos de transporte sobre pneus, de materiais e pessoas, devem possuir, em bom estado de conservação e funcionamento, faróis, luz e sinal sonoro de ré acoplado ao sistema de câmbio de marchas, buzina e sinal de indicação de mudança do sentido de deslocamento e espelhos retrovisores.

• Código: 222.011-3. Infração: 3. Tipo: S.

22.7.4. A capacidade e a velocidade máxima de operação dos equipamentos de transporte devem figurar em placa afixada, em local visível.

• Código: 222.407-0. Infração: 1. Tipo: S.

22.7.5. A operação das locomotivas e de outros meios de transporte só será permitida a trabalhador qualificado, autorizado e identificado.

• Código: 222.791-6. Infração: 3. Tipo: S.

22.7.6. O transporte em minas a céu aberto deve obedecer aos seguintes requisitos mínimos:

a) os limites externos das bancadas utilizadas como estradas devem estar demarcados e sinalizados de forma visível durante o dia e à noite;

• Código: 222.968-4. Infração: 3. Tipo: S.

b) a largura mínima das vias de trânsito, deve ser duas vezes maior que a largura do maior veículo utilizado, no caso de pista simples, e três vezes, para pistas duplas; e

• Código: 222.968-4. Infração: 3. Tipo: S.

c) nas laterais das bancadas ou estradas onde houver riscos de quedas de veículos devem ser construídas leiras com altura mínima correspondente à metade do diâmetro do maior pneu de veículo que por elas trafegue.

• Código: 222.968-4. Infração: 3. Tipo: S.

22.7.6.1. Quando o plano de lavra e a natureza das atividades realizadas ou o porte da mina não permitirem a observância do constante na alínea *b* deste item, a largura das vias de trânsito poderá ser de no mínimo uma vez e meia maior que a largura do maior veículo utilizado, devendo existir baias intercaladas para o estacionamento dos veículos e ser adotados procedimentos e sinalização adicionais para garantir o tráfego com segurança, previstos no Plano de Trânsito.

•• Item com redação determinada pela Portaria n. 1.894, de 9-12-2013.

• Código: 222.926-9. Infração: 4. Tipo: S.

22.7.7. Os veículos de pequeno porte que transitam em áreas de mineração a céu aberto devem possuir sinalização, através de bandeira de sinalização em antena telescópica ou, outro dispositivo que permita a sua visualização pelos operadores dos demais equipamentos e veículos, bem como manter os faróis acesos durante todo dia, de forma a facilitar sua visualização.

•• Item com redação determinada pela Portaria n. 27, de 1º-10-2002.

• Código: 222.015-6. Infração: 3. Tipo: S.

22.7.7.1. Sinalização luminosa é obrigatória em condições de visibilidade adversa e à noite.

• Código: 222.410-0. Infração: 3. Tipo: S.

22.7.8. As vias de circulação de veículos no empreendimento mineiro, não pavimentadas, devem ser umidificadas, de forma a minimizar a geração de poeira.

•• Item com redação determinada pela Portaria n. 1.894, de 9-12-2013.

• Código: 222.927-7. Infração: 3. Tipo: S.

22.7.9. Sempre que houver via única para circulação de pessoal e transporte de material ou trânsito de veículo no subsolo, a galeria deverá ter a largura mínima de 1,50 m (um metro e cinquenta centímetros) além da largura do maior veículo que nela trafegue, além do estabelecimento das regras de circulação.

• Código: 222.017-2. Infração: 3. Tipo: S.

22.7.9.1. Quando o plano de lavra e a natureza das atividades não permitirem a existência da distância de segurança prevista neste item, deverão ser construídas nas paredes das galerias ou rampas, aberturas com, no mínimo, 0,60 m (sessenta centímetros) de profundidade, 2 m (dois metros) de altura e 1,50 m (um metro e cinquenta centímetros) de comprimento, devidamente sinalizadas e desobstruídas a cada cinquenta metros, para abrigo de pessoal.

• Código: 222.018-0. Infração: 4. Tipo: S.

22.7.10. Quando utilizados guinchos ou vagonetas, no transporte de material em planos inclinados sem vias específicas e isoladas por barreiras para pedestres, estes devem permanecer parados enquanto houver circulação de pessoal.

• Código: 222.019-9. Infração: 4. Tipo: S.

22.7.11. O transporte de trabalhadores em todas as áreas das minas deve ser realizado através de veículo adequado para transporte de pessoas, que atenda, no mínimo, aos seguintes requisitos:

a) condições seguras de tráfego;

• Código: 222.969-2. Infração: 4. Tipo: S.

b) assento com encosto;

• Código: 222.969-2. Infração: 4. Tipo: S.

c) cinto de segurança;

• Código: 222.969-2. Infração: 4. Tipo: S.

d) proteção contra intempéries ou contato acidental com tetos das galerias; e

• Código: 222.969-2. Infração: 4. Tipo: S.

e) escada para embarque e desembarque quando necessário.

• Código: 222.969-2. Infração: 4. Tipo: S.

22.7.11.1. Em situações em que o uso de cinto de segurança possa implicar em riscos adicionais, o mesmo será dispensado, observando-se normas internas de segurança para estas situações.

• Código: 222.416-0. Infração: 2. Tipo: S.

22.7.11.2. A empresa ou Permissionário de Lavra Garimpeira é corresponsável pela segurança do transporte dos trabalhadores caso contrate empresa prestadora de serviço para tal fim.

22.7.12. O transporte conjunto de pessoas e materiais tais como ferramentas, equipamentos, insumos e matéria-prima somente será permitido em quantidades compatíveis com a segurança e quando estes estiverem acondicionados de maneira segura, em compartimento adequado, fechado e fixado de forma a não causar lesão aos trabalhadores.

• Código: 222.021-0. Infração: 3. Tipo: S.

22.7.13. O transporte de pessoas em máquinas ou equipamentos somente será permitido se estes estiverem projetados ou adaptados para tal fim, por profissional legalmente habilitado.

• Código: 222.794-0. Infração: 3. Tipo: S.

22.7.14. O transporte vertical de pessoas só será permitido em cabines ou gaiolas que possuam as seguintes características:

a) altura mínima de dois metros;

• Código: 222.970-6. Infração: 3. Tipo: S.

b) portas com trancas que impeçam sua abertura acidental;

• Código: 222.970-6. Infração: 3. Tipo: S.

c) manter-se fechadas durante a operação de transporte;

• Código: 222.970-6. Infração: 3. Tipo: S.

d) teto resistente, com corrimão e saída de emergência;

• Código: 222.970-6. Infração: 3. Tipo: S.

e) proteção lateral que impeça o acesso acidental à área externa;

• Código: 222.970-6. Infração: 3. Tipo: S.

f) iluminação;

• Código: 222.970-6. Infração: 3. Tipo: S.

g) acesso convenientemente protegido;

• Código: 222.970-6. Infração: 3. Tipo: S.

h) distância inferior a quinze centímetros entre a plataforma de acesso e a gaiola;

• Código: 222.970-6. Infração: 3. Tipo: S.

i) fixação em local visível do limite máximo de capacidade de carga e de velocidade; e

• Código: 222.970-6. Infração: 3. Tipo: S.

j) sistema de comunicação com o operador do guincho nos pontos de embarque e desembarque.

• Código: 222.970-6. Infração: 3. Tipo: S.

22.7.14.1. O transporte de pessoas durante a fase de abertura e equipagem de poços deve obedecer aos seguintes requisitos mínimos:

a) o poço deve ser dotado de tampa protetora com abertura basculante, que impeça a queda de material ou pessoas e que deverá ser mantida fechada durante a permanência de pessoas no poço;

• Código: 222.023-7. Infração: 3. Tipo: S.

b) o colar do poço deve ser concretado;

• Código: 222.024-5. Infração: 3. Tipo: S.

c) o balde de transporte deve ser construído com material de qualidade, resistente à carga transportada e com altura lateral mínima de um metro e vinte centímetros;

• Código: 222.025-3. Infração: 3. Tipo: S.

d) velocidade máxima de um metro e vinte centímetros por segundo, que deverá ser reduzida durante a aproximação do fundo do poço;

• Código: 222.971-4. Infração: 3. Tipo: S.

e) dispor de sinalização sonora específica, conforme o item 22.18; e

• Código: 222.971-4. Infração: 3. Tipo: S.

f) não transportar em conjunto pessoas e materiais.

• Código: 222.971-4. Infração: 3. Tipo: S.

22.7.15. Os equipamentos e transportes de pessoas em rampas ou planos inclinados sobre trilhos devem obedecer aos seguintes requisitos mínimos:

a) possuir assentos em número igual a capacidade máxima de usuários;

• Código: 222.972-2. Infração: 3. Tipo: S.

b) ter proteção frontal e superior, de forma a impedir o contato acidental com o teto;

• Código: 222.972-2. Infração: 3. Tipo: S.

c) ter fixado em local visível o limite máximo de carga ou de usuários e de velocidade; e

• Código: 222.972-2. Infração: 3. Tipo: S.

d) embarcar ou desembarcar pessoas somente em locais apropriados.

• Código: 222.972-2. Infração: 3. Tipo: S.

22.7.15.1. O transporte de pessoas durante a fase de abertura e equipagem de rampas ou planos inclinados sobre trilhos, deve obedecer aos seguintes requisitos mínimos:

a) velocidade máxima de um metro e vinte centímetros por segundo, que deverá ser reduzida durante a aproximação do fundo da rampa ou plano inclinado;

• Código: 222.973-0. Infração: 3. Tipo: S.

b) dispor de estrado para apoio das pessoas transportadas;

• Código: 222.973-0. Infração: 3. Tipo: S.

c) dispor de sinalização sonora específica, conforme o item 22.18; e

• Código: 222.973-0. Infração: 3. Tipo: S.

d) não transportar em conjunto pessoas e materiais.

• Código: 222.973-0. Infração: 3. Tipo: S.

22.7.16. O transporte de pessoas em planos inclinados ou poços deve ser informado, pelo sistema de sinalização, ao operador do guincho.

• Código: 222.426-7. Infração: 3. Tipo: S.

22.7.17. Havendo irregularidade que ponha em risco o transporte por gaiola ou plano inclinado deve ser proibido imediatamente o funcionamento do guincho, tomando-se prontamente as medidas cabíveis para restabelecer a segurança do transporte.

• Código: 222.035-0. Infração: 4. Tipo: S.

22.7.18. As vias de circulação de pessoas devem ser sinalizadas, desimpedidas e protegidas contra queda de material e mantidas em boas condições de segurança e trânsito.

• Código: 222.036-9. Infração: 3. Tipo: S.

22.7.19. Quando o somatório das distâncias a serem percorridas a pé pelo trabalhador, na ida ou volta de seu local de atividade, em subsolo, for superior a dois mil metros, a mina deverá ser dotada de sistema mecanizado para este deslocamento.

• Código: 222.037-7. Infração: 3. Tipo: S.

22.7.20. Em galerias ou rampas no subsolo, com tráfego nos dois sentidos, deve haver locais próprios para desvios em intervalos regulares ou dispositivo de sinalização que indique a prioridade de fluxo, de tal forma que não ocorra o tráfego simultâneo em sentidos contrários.

• Código: 222.038-5. Infração: 3. Tipo: S.

22.7.21. É proibido o transporte de material através da movimentação manual de vagonetas.

• Código: 222.427-5. Infração: 2. Tipo: S.

22.7.21.1. É permitida a movimentação manual de vagonetas em operações de manobra, em distância não superior a cinquenta metros e em inclinação inferior a meio por cento, desde que a força exercida pelos trabalhadores não comprometa sua saúde e segurança.

• Código: 222.428-3. Infração: 2. Tipo: S.

22.7.22. Cada vagoneta a ser movimentada em planos inclinados deve estar ligada a um dispositivo de acoplamento principal e a um secundário de segurança.

• Código: 222.797-5. Infração: 2. Tipo: S.

22.7.23. O comboio só poderá se movimentar estando acoplado em toda sua extensão.

• Código: 222.429-1. Infração: 2. Tipo: S.

22.7.24. É proibido manipular os dispositivos de acoplamento durante a movimentação das vagonetas, exceto se os mesmos forem projetados para tal fim.

• Código: 222.430-5. Infração: 3. Tipo: S.

22.7.25. As vagonetas devem possuir dispositivo limitador que garanta uma distância mínima de cinquenta centímetros entre as caçambas.

• Código: 222.431-3. Infração: 2. Tipo: S.

22.7.26. Nos locais onde forem executados serviços de acoplamento e desacoplamento de vagonetas devem ser adotadas medidas de segurança com relação à limpeza, iluminação e espaço livre para circulação de pessoas.

• Código: 222.432-1. Infração: 2. Tipo: S.

22.7.27. Os locais de tombamento de vagonetas devem ser dotados de:

a) proteção coletiva e individual contra quedas;

• Código: 222.974-9. Infração: 3. Tipo: S.

b) dispositivos de proteção que permita trabalhos sobre a grelha, quando necessários;

• Código: 222.974-9. Infração: 3. Tipo: S.

c) iluminação;

• Código: 222.974-9. Infração: 3. Tipo: S.

d) sinalização adequada;

• Código: 222.974-9. Infração: 3. Tipo: S.

e) dispositivos e procedimentos de trabalho que reduzam os riscos de exposição dos trabalhadores às poeiras minerais; e

• Código: 222.974-9. Infração: 3. Tipo: S.

f) bloqueadores, a fim de evitar movimentações imprevistas no tombamento manual.

• Código: 222.974-9. Infração: 3. Tipo: S.

22.8. Transportadores Contínuos através de Correia

22.8.1. No dimensionamento, projeto, instalação, montagem e operação de transportadores contínuos, devem ser observados, sem prejuízo das demais exigências desta Norma, os controles especificados nas análises de riscos constantes do Programa de Gerenciamento de Riscos previsto no subitem 22.3.7 e as especificações das normas técnicas da ABNT aplicáveis, especialmente as NBR 6.177, NBR 13.742 e NBR 13.862.

•• Item com redação determinada pela Portaria n. 202, de 26-1-2011.

• Código: 222.924-2. Infração: 3. Tipo: S.

22.8.1.1. Os transportadores contínuos de correia já em uso e que foram construídos antes da vigência do estabelecido no subitem 22.8.1 devem possuir medidas de controle para mitigar os riscos identificados na fase de avaliação do Programa de Gerenciamento de Riscos.

• Código: 222.925-0. Infração: 3. Tipo: S.

22.8.2. O dimensionamento e a construção de transportadores contínuos devem considerar o tensionamento do sistema, de forma a garantir uma tensão adequada à segurança da operação, conforme especificado em projeto.

• Código: 222.434-8. Infração: 1. Tipo: S.

22.8.3. É obrigatória a existência de dispositivo de desligamento ao longo de todos os trechos de transportadores contínuos, onde possa haver acesso rotineiro de trabalhadores.

• Código: 222.046-6. Infração: 3. Tipo: S.

22.8.3.1. Os transportadores contínuos devem possuir dispositivos que interrompam seu funcionamento quando forem atingidos os limites de segurança, conforme especificado em projeto, que deve contemplar, no mínimo, as seguintes condições de:

• Código: 222.799-1. Infração: 3. Tipo: S.

a) ruptura da correia;

b) escorregamento anormal da correia em relação aos tambores;

c) desalinhamento anormal da correia; e

d) sobrecarga.

22.8.4. Só será permitido a transposição por cima dos transportadores contínuos através de passarelas dotadas de guarda-corpo e rodapé.

• Código: 222.051-2. Infração: 4. Tipo: S.

22.8.5. O trânsito por baixo de transportadores contínuos só será permitido em locais protegidos contra queda de materiais.

• Código: 222.052-0. Infração: 4. Tipo: S.

22.8.6. A partida dos transportadores contínuos só será permitida decorridos vinte segundos após sinal audível ou outro sistema de comunicação que indique o seu acionamento.

• Código: 222.053-9. Infração: 4. Tipo: S.

22.8.7. Os transportadores contínuos, cuja altura do lado da carga esteja superior a dois metros do piso, devem ser dotados em toda a sua extensão por passarelas com guarda-corpo e rodapé fechado com altura mínima de vinte centímetros.

• Código: 222.054-7. Infração: 4. Tipo: S.

22.8.7.1. Os transportadores que, em função da natureza da operação, não possam suportar a estrutura de passarelas, deverão possuir sistema e procedimento de segurança para inspeção e manutenção.

• Código: 222.055-5. Infração: 4. Tipo: S.

22.8.8. Todos os pontos de transmissão de força, de rolos de cauda e de desvio dos transportadores contínuos, devem ser protegidos com grades de segurança ou outro mecanismo que impeça o contato acidental.

• Código: 222.056-3. Infração: 4. Tipo: S.

22.8.9. Os transportadores contínuos elevados devem ser dotados de dispositivos de proteção, onde houver risco de queda ou lançamento de materiais de forma não controlada.

• Código: 222.057-1. Infração: 4. Tipo: S.

22.8.10. Os trabalhos de limpeza e manutenção dos transportadores contínuos só podem ser realizados com o equipamento parado e bloqueado, exceto quando a limpeza for através de jato d'água ou outro sistema, devendo neste caso possuir mecanismo, que impeça contato acidental do trabalhador com as partes móveis.

• Código: 222.058-0. Infração: 4. Tipo: S.

22.9. Superfícies de Trabalho

22.9.1. Os postos de trabalho devem ser dotados de plataformas móveis, sempre que a altura das frentes de trabalho for superior a dois metros ou a conformação do piso não possibilite a segurança necessária.

• Código: 222.059-8. Infração: 4. Tipo: S.

22.9.1.1. As plataformas móveis devem possuir piso antiderrapante de, no mínimo, um metro de largura, com rodapé de vinte centímetros de altura e guarda-corpo.

• Código: 222.060-1. Infração: 4. Tipo: S.

22.9.2. É proibido utilizar máquinas e equipamentos como plataforma de trabalho, quando esses não tenham sido projetados, construídos ou adaptados com segurança para tal fim, e autorizado seu funcionamento por profissional competente.

• Código: 222.061-0. Infração: 4. Tipo: S.

22.9.3. As passarelas suspensas e seus acessos devem possuir guarda-corpo e rodapé com vinte centímetros de altura, garantida sua estabilidade e condições de uso.

• Código: 222.062-8. Infração: 4. Tipo: S.

22.9.3.1. Os pisos das passarelas devem ser antiderrapantes, resistentes e mantidas em condições adequadas de segurança.

• Código: 222.063-6. Infração: 4. Tipo: S.

22.9.4. As passarelas de trabalho deverão possuir largura mínima de sessenta centímetros, quando se destinarem ao trânsito eventual e de oitenta centímetros nos demais casos.

• Código: 222.064-4. Infração: 3. Tipo: S.

22.9.4.1. As passarelas de trabalho construídas e em operação, que não foram concebidas e construídas de acordo com o exigido neste item, deverão ter procedimentos de trabalho adequados à segurança da operação.

• Código: 222.435-6. Infração: 3. Tipo: S.

22.9.5. Passarelas com inclinação superior a quinze graus e altura superior a dois metros, devem possuir rodapé de vinte centímetros e guarda-corpo com tela até a altura de quarenta centímetros acima do rodapé em toda a sua extensão ou outro sistema que impeça a queda do trabalhador.

• Código: 222.065-2. Infração: 4. Tipo: S.

22.9.6. Trabalhos em pilhas de estéril e minério desmontado e em desobstrução de galerias, devem ser executados, de acordo com normas de segurança específica elaboradas pela empresa ou Permissionário de Lavra Garimpeira.

• Código: 222.066-0. Infração: 4. Tipo: S.

22.9.7. O trabalho em telhados somente poderá ser executado com o uso de cinto de segurança tipo "paraquedista" afixado em cabo-guia, ou outro sistema adequado de proteção contra quedas.

• Código: 222.067-9. Infração: 4. Tipo: S.

22.9.8. Nos trabalhos realizados em superfícies inclinadas, com risco de quedas superior a dois metros, é obrigatório o uso de cinto de segurança, adequadamente fixado.

• Código: 222.800-9. Infração: 4. Tipo: S.

22.9.9. As galerias e superfícies de trabalho devem ser adequadamente drenadas.

• Código: 222.069-5. Infração: 2. Tipo: S.

22.10. Escadas

22.10.1. Para transposição de poços, chaminés ou aberturas no piso devem ser instaladas passarelas dotadas de guarda-corpo e rodapé.

• Código: 222.070-9. Infração: 4. Tipo: S.

22.10.2. Quando os meios de acesso aos locais de trabalho possuírem uma inclinação maior que vinte graus e menor que cinquenta graus com a horizontal deverá ser instalado um sistema de escadas fixadas de modo seguro, com as seguintes características:

•• Item com redação determinada pela Portaria n. 1.894, de 9-12-2013.

• Código: 222.928-5. Infração: 3. Tipo: S.

a) possuir degraus e lances uniformes;

•• Alínea *a* com redação determinada pela Portaria n. 1.894, de 9-12-2013.

b) ter espelhos entre os degraus com altura entre dezoito e vinte centímetros;

•• Alínea *b* com redação determinada pela Portaria n. 1.894, de 9-12-2013.

c) possuir distância vertical entre planos ou lances no máximo de três metros e sessenta centímetros;

•• Alínea *c* com redação determinada pela Portaria n. 1.894, de 9-12-2013.

d) possuir guarda-corpo resistente e com uma altura entre noventa centímetros e um metro; e

•• Alínea *d* com redação determinada pela Portaria n. 1.894, de 9-12-2013.

e) ser o piso dotado de material antiderrapante.

•• Alínea *e* com redação determinada pela Portaria n. 1.894, de 9-12-2013.

22.10.3. Quando os meios de acesso ao local de trabalho possuírem uma inclinação superior a cinquenta graus com a horizontal, deverá ser disponibilizada uma escada de mão, que atenda aos seguintes requisitos:

• Código: 222.802-5. Infração: 3. Tipo: S.

a) ser de construção rígida e fixada de modo seguro, de forma a reduzir ao mínimo os riscos de queda;

b) ser livres de elementos soltos ou quebrados;

c) ter distância entre degraus entre vinte e cinco e trinta centímetros;

d) ter espaçamento no mínimo de dez centímetros entre o degrau e a parede ou outra obstrução atrás da escada, proporcionando apoio seguro para os pés;

e) possuir instalação de plataforma de descanso com no mínimo sessenta centímetros de largura e cento e vinte centímetros de comprimento em intervalos de, no máximo, sete metros, com abertura suficiente para permitir a passagem dos trabalhadores; e

f) ultrapassar a plataforma de descanso em pelo menos um metro.

22.10.3.1. Se a escada for instalada em poço de passagem de pessoas, deverá ser construída em lances consecutivos com eixos diferentes, distanciados, no mínimo, de sessenta centímetros.

• Código: 222.436-4. Infração: 3. Tipo: S.

22.10.3.2. Se a escada possuir inclinação maior que setenta graus com a horizontal, deverá ser dotada de gaiola de proteção a partir de dois metros do piso ou outro dispositivo de proteção contra quedas.

• Código: 222.082-2. Infração: 3. Tipo: S.

22.10.4. As escadas de madeira devem possuir as seguintes características mínimas:

a) a madeira deve ser de boa qualidade, não apresentar nós ou rachaduras que comprometam sua resistência;

• Código: 222.975-7. Infração: 2. Tipo: S.

b) não ser pintadas ou tratadas de forma a encobrir imperfeições;

• Código: 222.975-7. Infração: 2. Tipo: S.

c) ter uma distância entre degraus entre vinte e cinco e trinta centímetros;

• Código: 222.975-7. Infração: 2. Tipo: S.

d) ter espaçamento de pelo menos dez centímetros entre os degraus e a parede ou outra obstrução atrás da escada, proporcionando apoio seguro para os pés; e

• Código: 222.975-7. Infração: 2. Tipo: S.

e) projetar-se pelo menos um metro acima do piso ou abertura, caso não haja corrimão resistente no topo da escada.

• Código: 222.975-7. Infração: 2. Tipo: S.

22.10.5. No caso de uso de escadas metálicas, deverão ser adotadas medidas adicionais de segurança, quando próximas a instalações elétricas.

• Código: 222.088-1. Infração: 3. Tipo: S.

22.10.6. Só será permitida a utilização de escadas de corrente nas fases de abertura de poços em minas subterrâneas.

• Código: 222.089-0. Infração: 4. Tipo: S.

22.11. Máquinas, Equipamentos, Ferramentas e Instalações

22.11.1. Todas as máquinas, equipamentos, instalações auxiliares e elétricas devem ser projetadas, montadas, operadas e mantidas em conformidade com as normas técnicas vigentes e as instruções dos fabricantes e as melhorias desenvolvidas por profissional habilitado.

• Código: 222.803-3. Infração: 4. Tipo: S.

22.11.2. As máquinas e equipamentos devem ter dispositivos de acionamento e parada, instalados de modo que:

a) seja acionado ou desligado pelo operador na sua posição de trabalho;

• Código: 222.976-5. Infração: 3. Tipo: S.

b) não se localize na zona perigosa da máquina ou equipamento e nem acarrete riscos adicionais;

- Código: 222.976-5. Infração: 3. Tipo: S.

c) possa ser acionado ou desligado, em caso de emergência, por outra pessoa que não seja o operador;

- Código: 222.976-5. Infração: 3. Tipo: S.

d) não possa ser acionado ou desligado involuntariamente pelo operador ou de qualquer outra forma acidental.

- Código: 222.976-5. Infração: 3. Tipo: S.

22.11.3. Máquinas, equipamentos, sistemas e demais instalações que funcionem automaticamente devem conter dispositivos de fácil acesso, que interrompam seu funcionamento quando necessário.

- Código: 222.095-4. Infração: 3. Tipo: S.

22.11.4. As máquinas e sistemas de comando automático, uma vez paralisados, somente podem voltar a funcionar com prévia sinalização sonora de advertência.

- Código: 222.096-2. Infração: 3. Tipo: S.

22.11.5. As máquinas e equipamentos de grande porte devem possuir sinal sonoro que indique o início de sua operação e inversão de seu sentido de deslocamento.

- Código: 222.097-0. Infração: 3. Tipo: S.

22.11.5.1. As máquinas e equipamentos de grande porte, que se deslocam também em marcha à ré, devem possuir sinal sonoro que indique o início desta manobra.

- Código: 222.098-9. Infração: 3. Tipo: S.

22.11.5.2. As máquinas e equipamentos, cuja área de atuação esteja devidamente sinalizada e isolada, estão dispensadas de possuir sinal sonoro.

22.11.6. As máquinas e equipamentos operando em locais com riscos de queda de objetos e materiais devem dispor de proteção adequada contra impactos que possam atingir os operadores.

- Código: 222.099-7. Infração: 3. Tipo: S.

22.11.6.1. As máquinas e equipamentos devem possuir proteção do operador contra exposição ao sol e chuva.

- Código: 222.100-4. Infração: 2. Tipo: S.

22.11.7. No subsolo, os motores de combustão interna utilizados só podem ser movidos a óleo diesel e respeitando as seguintes condições:

a) existir sistema eficaz de ventilação em todos os locais de seu funcionamento;

- Código: 222.977-3. Infração: 4. Tipo: S.

b) possuir sistemas de filtragem do ar aspirado pelo motor, com sistemas de resfriamento e de lavagem de gás de exaustão ou catalisador;

- Código: 222.977-3. Infração: 4. Tipo: S.

c) possuir sistema de prevenção de chamas e faíscas do ar exaurido pelo motor, em minas com emanações de gases explosivos ou no transporte de explosivos; e

- Código: 222.977-3. Infração: 4. Tipo: S.

d) executar programa de amostragem periódica do ar exaurido, em intervalos que não excedam um mês, nos pontos mais representativos da área afetada, e de gases de exaustão dos motores em intervalos que não excedam três meses, realizados em condições de carga plena e sem carga, devendo ser amostrados pelo menos gases nitrosos, monóxido de carbono e dióxido de enxofre.

- Código: 222.977-3. Infração: 4. Tipo: S.

22.11.8. Nas operações de início de furos com marteletes pneumáticos deve ser usado dispositivo adequado para firmar a haste, vedada a utilização exclusiva das mãos.

- Código: 222.105-5. Infração: 4. Tipo: S.

22.11.9. As máquinas e equipamentos que ofereçam risco de tombamento, de ruptura de suas partes ou projeção de materiais, peças ou partes destas, devem possuir dispositivo de proteção ao operador.

- Código: 222.106-3. Infração: 4. Tipo: S.

22.11.10. É obrigatória a proteção de todas as partes móveis de máquinas e equipamentos ao alcance dos trabalhadores e que lhes ofereçam riscos.

- Código: 222.107-1. Infração: 4. Tipo: S.

22.11.10.1. No caso de remoção das proteções para execução de manutenção ou testes, as áreas próximas deverão ser isoladas e sinalizadas até a sua recolocação para funcionamento definitivo do equipamento.

- Código: 222.108-0. Infração: 4. Tipo: S.

22.11.11. As instalações, máquinas e equipamentos, em locais com possibilidade de ocorrência de atmosfera explosiva, devem ser à prova de explosão, observando as especificações constantes nas normas NBR 5418 – Instalações Elétricas em Atmosferas Explosivas e NBR 9518 – Equipamentos Elétricos para Atmosferas Explosivas – Requisitos Gerais, da Associação Brasileira de Normas Técnicas – ABNT.

•• Item com redação determinada pela Portaria n. 27, de 1º-10-2002.

- Código: 222.109-8. Infração: 4. Tipo: S.

22.11.12. A manutenção e o abastecimento de veículos e equipamentos devem ser realizados por trabalhador treinado, utilizando-se de técnicas e dispositivos que garantam a segurança da operação.

- Código: 222.110-1. Infração: 3. Tipo: S.

22.11.13. Todo equipamento ou veículo de transporte deve possuir registro disponível no estabelecimento, em que conste:

- Código: 222.808-4. Infração: 3. Tipo: S.

a) suas características técnicas;

b) a periodicidade e o resultado das inspeções e manutenções;

c) acidentes e anormalidades;

d) medidas corretivas a adotar ou adotadas; e

e) indicação de pessoa, técnico ou empresa que realizou as inspeções ou manutenções.

22.11.13.1. O registro citado neste item deve ser mantido por, no mínimo, um ano à disposição dos órgãos fiscalizadores.

• Código: 222.111-0. Infração: 2. Tipo: S.

22.11.14. As ferramentas devem ser apropriadas ao uso a que se destinam, proibindo-se o emprego de defeituosas, danificadas ou improvisadas inadequadamente.

• Código: 222.112-8. Infração: 3. Tipo: S.

22.11.15. As mangueiras e conexões de alimentação de equipamentos pneumáticos devem possuir as seguintes características:

a) permanecer protegidas, firmemente presas aos tubos de saída e entrada e, preferencialmente, afastadas das vias de circulação; e

• Código: 222.978-1. Infração: 3. Tipo: S.

b) serem dotadas de dispositivo auxiliar, que garanta a contenção da mangueira, evitando seu chicoteamento, em caso de desprendimento acidental.

•• Alínea *b* com redação determinada pela Portaria n. 27, de 1º-10-2002.

• Código: 222.978-1. Infração: 3. Tipo: S.

22.11.16. Os condutores de alimentação de ar comprimido devem ser locados de forma a minimizar os impactos acidentais.

• Código: 222.115-2. Infração: 3. Tipo: S.

22.11.17. Na utilização e manuseio de ferramentas de fixação à pólvora devem ser observadas as seguintes condições:

a) o operador deve ser devidamente qualificado e autorizado;

• Código: 222.979-0. Infração: 4. Tipo: S.

b) o operador deve certificar-se que quaisquer outras pessoas não estejam no raio de ação do projétil, inclusive atrás de paredes;

• Código: 222.979-0. Infração: 4. Tipo: S.

c) o operador deve certificar-se que o ambiente de operação não contém substâncias inflamáveis e explosivas;

• Código: 222.979-0. Infração: 4. Tipo: S.

d) as ferramentas devem ser transportadas e guardadas descarregadas, sem o pino e o finca-pino; e

• Código: 222.119-5. Infração: 4. Tipo: S.

e) as ferramentas devem ser guardadas em local de acesso restrito.

• Código: 222.120-9. Infração: 4. Tipo: S.

22.11.18. Todo equipamento elétrico manual utilizado deve ter sistema de duplo isolamento, exceto quando acionado por baterias.

• Código: 222.121-7. Infração: 3. Tipo: S.

22.11.19. Nas operações com máquinas e equipamentos pesados devem ser observadas as seguintes medidas de segurança:

a) isolar e sinalizar a sua área de atuação, sendo o acesso à área somente permitido mediante autorização do operador ou pessoa responsável;

• Código: 222.980-3. Infração: 4. Tipo: S.

b) antes de iniciar a partida e movimentação o operador deve certificar-se de que ninguém está trabalhando sobre ou debaixo dos mesmos ou na zona de perigo;

• Código: 222.980-3. Infração: 4. Tipo: S.

c) não operar em posição que comprometa sua estabilidade; e

• Código: 222.124-1. Infração: 4. Tipo: S.

d) tomar precauções especiais quando da movimentação próxima a redes elétricas.

• Código: 222.125-0. Infração: 4. Tipo: S.

22.11.19.1. As máquinas e equipamentos pesados devem possuir no mínimo:

a) indicação de capacidade máxima em local visível no corpo dos mesmos; e

• Código: 222.981-1. Infração: 3. Tipo: S.

b) cadeira confortável, fixada, de forma que sejam reduzidos os efeitos da transmissão da vibração.

• Código: 222.981-1. Infração: 3. Tipo: S.

22.11.20. É proibido fazer manutenção, inspeção e reparos de qualquer equipamento ou máquinas sustentados somente por sistemas hidráulicos.

• Código: 222.128-4. Infração: 4. Tipo: S.

22.11.21. Nas atividades de montagem e desmontagem de pneumáticos das rodas devem ser observadas as seguintes condições:

a) os pneumáticos devem ser completamente esvaziados, removendo o núcleo da válvula de calibragem antes da desmontagem, remoção do eixo ou reparos em que não haja necessidade de sua retirada;

• Código: 222.982-0. Infração: 4. Tipo: S.

b) o enchimento de pneumáticos só poderá ser executado dentro de dispositivo de clausura até alcançar uma pressão suficiente para forçar o talão sobre o aro e criar uma vedação pneumática; e

• Código: 222.982-0. Infração: 4. Tipo: S.

c) o dispositivo de clausura citado na alínea *b* deve suportar o impacto de um aro de um pneumático com cento e cinquenta por cento da pressão máxima especificada.

• Código: 222.982-0. Infração: 4. Tipo: S.

22.11.22. As hastes de abater choco devem ser, levando-se em conta a segurança da operação, ergonomicamente compatíveis com o trabalho a ser realizado, tendo comprimento e resistência suficientes e peso o menor possível para não gerar sobrecarga muscular excessiva.

• Código: 222.132-2. Infração: 3. Tipo: S.

22.11.23. Os recipientes contendo gases comprimidos devem ser armazenados em depósitos bem ventilados e estar protegidos contra quedas, calor e impactos acidentais, bem como observar o estabelecido nas NBR 12.791 – Cilindro de Aço, sem costura, para Armazenamento e Transporte de Gases a Alta Pressão, NBR 12.790 – Cilindro de Aço Especificado, sem costura, para Armazenagem e Transporte de Gases a Alta Pressão, e NBR 11.725 – Conexões e Roscas para Válvulas de cilindros para Gases Comprimidos, da Associação Brasileira de Normas Técnicas – ABNT e ainda atender as recomendações do fabricante.

•• Item com redação determinada pela Portaria n. 27, de 1º-10-2002.

• Código: 222.442-9. Infração: 4. Tipo: S.

22.11.24. Todo cabo sem fim só poderá operar nas seguintes condições:

a) possuir sistema de proteção antirrecuo que impeça a continuidade do movimento em caso de desligamento;

• Código: 222.983-8. Infração: 4. Tipo: S.

b) dispor de proteção das partes móveis das estações de impulso e inversão;

• Código: 222.983-8. Infração: 4. Tipo: S.

c) ser instalados de maneira que seu acionamento exclua movimentos bruscos e descontrolados; e

• Código: 222.983-8. Infração: 4. Tipo: S.

d) sua partida só será permitida decorridos vinte segundos após sinal audível ou outro sistema de comunicação que indique seu acionamento.

• Código: 222.983-8. Infração: 4. Tipo: S.

22.12. Equipamentos de Guindar

22.12.1. Os equipamentos de guindar devem possuir:

a) indicação de carga máxima permitida e da velocidade máxima de operação e dispositivos que garantam sua paralisação em caso de ultrapassagem destes índices;

• Código: 222.984-6. Infração: 3. Tipo: S.

b) indicador e limitador de velocidade para máquinas com potência superior a quarenta quilowatts;

• Código: 222.984-6. Infração: 3. Tipo: S.

c) em subsolo, indicador de profundidade funcionando independente do tambor;

• Código: 222.984-6. Infração: 3. Tipo: S.

d) freio de segurança contra recuo; e

• Código: 222.984-6. Infração: 3. Tipo: S.

e) freio de emergência quando utilizados para transporte de pessoas.

• Código: 222.984-6. Infração: 3. Tipo: S.

22.12.2. Poços com guincho devem ser equipados, no mínimo, com as seguintes instalações e dispositivos:

a) bloqueios que evitem o acesso indevido ao poço;

• Código: 222.985-4. Infração: 4. Tipo: S.

b) portões para acesso à cabine ou gaiola em cada nível;

• Código: 222.985-4. Infração: 4. Tipo: S.

c) dispositivos que interrompam a corrente elétrica do guincho quando a cabine ou gaiola, na subida ou na descida, ultrapasse os limites de velocidade e posicionamento permitidos;

• Código: 222.985-4. Infração: 4. Tipo: S.

d) sinal mecanizado ou automático em cada nível do poço;

• Código: 222.985-4. Infração: 4. Tipo: S.

e) sistema de telefonia integrado com os níveis principais do poço, com o guincho e a superfície; e

• Código: 222.985-4. Infração: 4. Tipo: S.

f) sistema de sinalização sonora e luminosa ou através de rádio ou telefone, que permita comunicação ao longo de todo o poço para fins de revisão e emergência.

• Código: 222.985-4. Infração: 4. Tipo: S.

22.12.3. O meio de transporte e extração, em subsolo, acionado por guincho, deve ser dotado de sistema de frenagem que possibilite a sua sustentação, parado e em qualquer posição, carregado com, no mínimo, cento e cinquenta por cento da carga máxima recomendada.

• Código: 222.145-4. Infração: 4. Tipo: S.

22.12.3.1. O sistema de frenagem do equipamento de transporte vertical deve ser acionado quando:

a) houver um comando de parada;

• Código: 222.986-2. Infração: 4. Tipo: S.

b) o sistema de transporte estiver desativado;

• Código: 222.986-2. Infração: 4. Tipo: S.

c) os dispositivos de proteção forem ativados;

• Código: 222.986-2. Infração: 4. Tipo: S.

d) houver interrupção da energia;

• Código: 222.986-2. Infração: 4. Tipo: S.

e) for ultrapassado o limite de velocidade; e

• Código: 222.986-2. Infração: 4. Tipo: S.

f) for ultrapassada a carga máxima permitida.

• Código: 222.986-2. Infração: 4. Tipo: S.

22.12.3.2. O sistema de frenagem só poderá liberar o equipamento de transporte vertical quando os motores estiverem ligados.

• Código: 222.446-1. Infração: 4. Tipo: S.

22.12.4. Os equipamentos de guindar devem ser montados conforme recomendam as normas e especificações técnicas vigentes e as instruções do fabricante.

• Código: 222.766-5. Infração: 3. Tipo: S.

22.12.4.1. No caso de utilização de equipamentos de guindar de lança fixa, devem ser obedecidos os requisitos mínimos constantes no Anexo III desta NR.

•• Item acrescentado pela Portaria n. 1.894, de 9-12-2013.

• Código: 222.929-3. Infração: 3. Tipo: S.

22.13. Cabos, Correntes e Polias

22.13.1. Os cabos, correntes e outros meios de suspensão ou tração e suas conexões, devem ser projetados, especificados, instalados e mantidos em poços e planos inclinados, conforme as instruções dos fabricantes e o estabelecido nas NBR 6.327 – Cabo de Aço para Usos Gerais – Especificações, NBR 11.900 – Extremidade de Laços de Cabo de Aço – Especificações, NBR 13.541 – Movimentação de Carga – Laço de Cabo de Aço – Especificações, NBR 13.542 – Movimentação de Carga – Anel de Carga, NBR 13.543 – Movimentação de Carga – Laço de Cabo de Aço – Utilização e Inspeção, NBR 13.544 – Movimentação de Carga – Sapatilho para Cabo de Aço, NBR 13.545 – Movimentação de Carga – Manilha, da Associação Brasileira de Normas Técnicas – ABNT, além de serem previamente certificados por organismo credenciado pelo Instituto Nacional de Metrologia, Normalização e Qualidade Industrial – INMETRO, ou, ainda, por instituição certificadora internacional.

•• Item com redação determinada pela Portaria n. 27, de 1º-10-2002.

• Código: 222.447-0. Infração: 3. Tipo: S.

22.13.2. Os cabos, correntes e outros meios de suspensão ou tração devem observar os seguintes requisitos:

a) no poço, possuir coeficiente de segurança de, no mínimo, igual a oito em relação à carga estática máxima;

• Código: 222.987-0. Infração: 4. Tipo: S.

b) em outros aparelhos dos sistemas de transportes, cuja ruptura possa ocasionar acidentes pessoais, possuir coeficiente de segurança de, no mínimo, igual a seis em relação à carga estática máxima; e

• Código: 222.987-0. Infração: 4. Tipo: S.

c) para suspensão ou conjugação de veículos possuir no mínimo resistência de dez vezes a carga máxima.

• Código: 222.987-0. Infração: 4. Tipo: S.

22.13.2.1. Mediante justificativa técnica, os coeficientes de segurança e de resistência citados neste item poderão ser alterados, mediante responsabilidade técnica de profissional legalmente habilitado.

• Código: 222.448-8. Infração: 4. Tipo: S.

22.13.2.2. Devem ser realizadas, no mínimo a cada seis meses, medições topográficas para verificar o posicionamento dos eixos das polias dos cabos, de acordo com as características técnicas do respectivo projeto.

• Código: 222.809-2. Infração: 3. Tipo: S.

22.13.3. A empresa ou Permissionário de Lavra Garimpeira anotará em livro ou outro sistema de registro, sob responsabilidade técnica, os seguintes dados relativos aos cabos, correntes e outros meios de suspensão ou tração utilizados nas atividades de guindar:

• Código: 222.810-6. Infração: 3. Tipo: S.

a) composição e natureza;

b) características mecânicas;

c) nome e endereço do fornecedor e fabricante;

d) tipos de ensaios e inspeções recomendadas pelo fabricante;

e) tipo e resultado das inspeções realizadas;

f) data de instalação e de reparos ou substituições;

g) natureza e consequências dos eventuais acidentes;

h) capacidade de carga conduzida; e

i) datas das inspeções com nomes e assinaturas dos inspetores.

22.13.3.1. Os registros citados neste item devem ser mantidos por, no mínimo, um ano à disposição dos órgãos fiscalizadores.

• Código: 222.811-4. Infração: 2. Tipo: S.

22.13.4. No caso da extração com polia de fricção, todos os níveis principais do poço serão indicados na mesma e no painel do indicador de profundidade, sendo corrigido concomitantemente com o ajuste do cabo.

• Código: 222.460-7. Infração: 2. Tipo: S.

22.14. Estabilidade dos Maciços

22.14.1. Todas as obras de mineração, no subsolo e na superfície, devem ser levantadas topograficamente e representadas em mapas e plantas, revistas e atualizadas periodicamente por profissional habilitado.

• Código: 222.461-5. Infração: 3. Tipo: S.

22.14.1.1. Devem ser realizadas, no mínimo a cada seis meses, medições topográficas para verificar a verticalidade das torres dos poços.

• Código: 222.155-1. Infração: 3. Tipo: S.

22.14.2. A empresa ou Permissionário de Lavra Garimpeira deve adotar procedimentos técnicos, de forma a controlar a estabilidade do maciço, observando-se critérios de engenharia, incluindo ações para:

• Código: 222.812-2. Infração: 4. Tipo: S.

a) monitorar o movimento dos estratos;

• Código: 222.813-0. Infração: 3. Tipo: S.

b) tratar de forma adequada o teto e as paredes dos locais de trabalho e de circulação de pessoal;

• Código: 222.814-9. Infração: 3. Tipo: S.

c) monitorar e controlar as bancadas e taludes das minas a céu aberto;

• Código: 222.815-7. Infração: 3. Tipo: S.

d) verificar o impacto sobre a estabilidade de áreas anteriormente lavradas; e

• Código: 222.816-5. Infração: 3. Tipo: S.

e) verificar a presença de fatores condicionantes de instabilidade dos maciços, em especial água, gases, rochas alteradas, falhas e fraturas.

• Código: 222.817-3. Infração: 3. Tipo: S.

22.14.3. Os métodos de lavra em que haja abatimento controlado do maciço ou com recuperação de pilares deverão ser acompanhados de medidas de segurança, que permitam o monitoramento permanente do processo de extração e supervisionado por pessoal qualificado.

• Código: 222.161-6. Infração: 4. Tipo: S.

22.14.4. Quando se verificarem situações potenciais de instabilidade no maciço através de avaliações que levem em consideração as condições geotécnicas e geomecânicas do local, as atividades deverão ser imediatamente paralisadas, com afastamento dos trabalhadores da área de risco, adotadas as medidas corretivas necessárias, executadas sob supervisão e por pessoal qualificado.

• Código: 222.162-4. Infração: 4. Tipo: S.

22.14.4.1. São consideradas indicativas de situações de potencial instabilidade no maciço as seguintes ocorrências:

a) em minas a céu aberto:

I. fraturas ou blocos desgarrados do corpo principal nas faces dos bancos da cava e abertura de trincas no topo do banco;

II. abertura de fraturas em rochas com eventual surgimento de água;

III. feições de subsidências superficiais;

IV. estruturas em taludes negativos; e

V. percolação de água através de planos de fratura ou quebras mecânicas;

b) em minas subterrâneas:

I. quebras mecânicas com blocos desgarrados dos tetos ou paredes;

II. quebras mecânicas no teto, nas encaixantes ou nos pilares de sustentação;

III. surgimento de água em volume anormal durante escavação, perfuração ou após detonação;

IV. deformação acentuada nas estruturas de sustentação.

22.14.4.2. Na ocorrência das situações descritas no subitem 22.14.4.1 sem o devido monitoramento, conforme previsto no subitem 22.14.2, as atividades serão imediatamente paralisadas, sem prejuízo da adoção das medidas corretivas necessárias.

22.14.4.2.1. A retomada das atividades operacionais somente poderá ocorrer após a adoção de medidas corretivas e liberação formal da área pela supervisão técnica responsável.

- Código: 222.462-3. Infração: 4. Tipo: S.

22.14.5. A deposição de qualquer material próximo às cristas das bancadas e o estacionamento de máquinas devem obedecer a uma distância mínima de segurança, definida em função da estabilidade e da altura da bancada.

- Código: 222.164-0. Infração: 4. Tipo: S.

22.14.6. É obrigatória a estabilização ou remoção, até uma distância adequada, de material com risco de queda das cristas da bancada superior.

- Código: 222.165-9. Infração: 4. Tipo: S.

22.15. Aberturas Subterrâneas

22.15.1. As aberturas de vias subterrâneas devem ser executadas e mantidas de forma segura, durante o período de sua vida útil.

- Código: 222.166-7. Infração: 3. Tipo: S.

22.15.2. Os colares dos poços e os acessos à mina devem ser construídos e mantidos, de forma a não permitir a entrada de água em quantidades que comprometam a sua estabilidade ou a ocorrência de desmoronamentos.

- Código: 222.167-5. Infração: 4. Tipo: S.

22.15.3. As galerias devem ser projetadas e construídas de forma compatível com a segurança do operador das máquinas e equipamentos que por elas transitam, assegurando posição confortável e impedindo o contato acidental com o teto e paredes.

- Código: 222.168-3. Infração: 4. Tipo: S.

22.15.4. Em áreas de influência da lavra não é permitido o desenvolvimento de outras obras subterrâneas que possam prejudicar a sua estabilidade e segurança.

- Código: 222.169-1. Infração: 4. Tipo: S.

22.15.5. As aberturas, que possam acarretar riscos de queda de material ou pessoas, devem ser protegidas e sinalizadas.

- Código: 222.170-5. Infração: 4. Tipo: S.

22.15.6. As aberturas subterrâneas e frentes de trabalho devem ser periodicamente inspecionadas para a identificação de blocos instáveis e chocos.

- Código: 222.171-3. Infração: 4. Tipo: S.

22.15.6.1. As inspeções devem ser realizadas com especial cuidado, quando da retomada das frentes de lavra após as detonações.

- Código: 222.172-1. Infração: 4. Tipo: S.

22.15.7. Verificada a existência de blocos instáveis estes devem ter sua área de influência isolada até que sejam tratados ou abatidos.

- Código: 222.173-0. Infração: 4. Tipo: S.

22.15.7.1. Verificada a existência de chocos, estes devem ser abatidos imediatamente.

- Código: 222.463-1. Infração: 4. Tipo: S.

22.15.7.2. O abatimento de chocos ou blocos instáveis deve ser realizado através de dispositivo adequado para a atividade, que deverá estar disponível em todas as frentes de trabalho e realizados por trabalhador qualificado, observando normas de procedimentos da empresa ou Permissionário de Lavra Garimpeira.

- Código: 222.174-8. Infração: 4. Tipo: S.

22.15.8. No desenvolvimento de galerias, eixos principais, lavra em áreas já mineradas, intemperizadas ou ao longo de zonas com distúrbios geológicos devem ser utilizadas técnicas adequadas de segurança.

- Código: 222.175-6. Infração: 4. Tipo: S.

22.15.9. A base do poço de elevadores e gaiolas deve ser rebaixada além do último nível, adequadamente dimensionada, dotada de sistemas de drenagem e limpa periodicamente, de forma a manter uma profundidade segura.

- Código: 222.176-4. Infração: 3. Tipo: S.

22.15.10. Os depósitos de materiais desmontados, próximos aos níveis de acesso aos poços e planos inclinados, devem ser adequadamente protegidos contra deslizamento ou dispostos a uma distância superior a dez metros da abertura.

- Código: 222.177-2. Infração: 4. Tipo: S.

22.15.11. Vias de acesso, de trânsito e outras aberturas com inclinações maiores que trinta e cinco graus devem ser protegidas, a fim de neutralizar deslizamentos e evitar quedas de objetos e pessoas.

- Código: 222.178-0. Infração: 4. Tipo: S.

22.16. Tratamento e Revestimento de Aberturas Subterrâneas

22.16.1. Todas as aberturas subterrâneas devem ser avaliadas e convenientemente tratadas segundo suas características hidrogeomecânicas e finalidades a que se destinam.

- Código: 222.179-9. Infração: 3. Tipo: S.

22.16.2. A avaliação realizada e os sistemas de tratamento a serem adotados devem ser implantados pelo profissional previsto no subitem 22.3.3 e devem estar disponíveis para a fiscalização do trabalho.

• Código: 222.464-0. Infração: 3. Tipo: S.

22.16.2.1. Em todas as minas com necessidade de tratamento devem estar disponíveis os planos atualizados dos tipos utilizados.

• Código: 222.818-1. Infração: 3. Tipo: S.

22.16.2.2. Devem constar do plano de tratamento:

a) fundamentação técnica do tipo adotado;

• Código: 222.988-9. Infração: 2. Tipo: S.

b) representação gráfica; e

• Código: 222.988-9. Infração: 2. Tipo: S.

c) instruções precisas, em linguagem acessível, das técnicas de montagem e das condições dos locais a serem tratados.

• Código: 222.988-9. Infração: 2. Tipo: S.

22.16.3. O pessoal de supervisão deve, sistemática e periodicamente, vistoriar todo o tratamento da mina em atividade.

• Código: 222.469-0. Infração: 3. Tipo: S.

22.16.4. No caso de comprometimento do tratamento deverão ser adotadas medidas adicionais, a fim de prevenir o colapso e desestruturação do maciço.

• Código: 222.470-4. Infração: 4. Tipo: S.

22.16.5. O responsável técnico pela mina definirá as áreas em que serão recuperados os escoramentos, aprovará os métodos, sequências de desmontagem dos elementos e quais equipamentos serão utilizados na recuperação.

• Código: 222.471-2. Infração: 4. Tipo: S.

22.16.5.1. Os serviços de recuperação devem ser executados somente por trabalhadores qualificados.

• Código: 222.822-0. Infração: 3. Tipo: S.

22.16.6. Todo material de escoramento deve ser protegido contra umidade, apodrecimento, corrosão, além de outros tipos de deterioração, em função de sua vida útil programada.

• Código: 222.180-2. Infração: 3. Tipo: S.

22.16.7. O uso de macacos hidráulicos para escoramento deve estar associado a dispositivos que detectem eventuais movimentações na rocha sustentada.

• Código: 222.181-0. Infração: 3. Tipo: S.

22.17. Proteção contra Poeira Mineral

22.17.1. Nos locais onde haja geração de poeiras na superfície ou no subsolo, a empresa ou Permissionário de Lavra Garimpeira deverá realizar o monitoramento periódico da exposição dos trabalhadores, através de grupos homogêneos de exposição e das medidas de controle adotadas, com o registro dos dados observando-se, no mínimo, o Quadro I.

• Código: 222.182-9. Infração: 4. Tipo: S.

22.17.1.1. Grupo Homogêneo de Exposição corresponde a um grupo de trabalhadores que experimentam exposição semelhante, de forma que o resultado fornecido pela avaliação da exposição de qualquer trabalhador do grupo seja representativo da exposição do restante dos trabalhadores do mesmo grupo.

22.17.2. Quando ultrapassados os limites de tolerância à exposição a poeiras minerais, devem ser adotadas medidas técnicas e administrativas que reduzam, eliminem ou neutralizem seus efeitos sobre a saúde dos trabalhadores e considerados os níveis de ação estabelecidos nesta Norma.

• Código: 222.183-7. Infração: 4. Tipo: S.

22.17.3. Em toda mina deve estar disponível água em condições de uso, com o propósito de controle da geração de poeiras nos postos de trabalho, onde rocha ou minério estiver sendo perfurado, cortado, detonado, carregado, descarregado ou transportado.

• Código: 222.184-5. Infração: 4. Tipo: S.

22.17.3.1. As operações de perfuração ou corte devem ser realizados por processos umidificados para evitar a dispersão da poeira no ambiente de trabalho.

• Código: 222.185-3. Infração: 4. Tipo: S.

22.17.3.2. Caso haja impedimento de umidificação, em função das características mineralógicas da rocha, impossibilidade técnica ou quando a água acarretar riscos adicionais, devem ser utilizados dispositivos ou técnicas de controle, que impeçam a dispersão da poeira no ambiente de trabalho.

• Código: 222.473-9. Infração: 4. Tipo: S.

22.17.4. Os equipamentos geradores de poeira com exposição dos trabalhadores devem utilizar dispositivos para sua eliminação ou redução e ser mantidos em condições operacionais de uso.

• Código: 222.186-1. Infração: 4. Tipo: S.

22.17.5. As superfícies de máquinas, instalações e pisos dos locais de trânsito de pessoas e equipamentos, devem ser periodicamente umidificados ou limpos, de forma a impedir a dispersão de poeira no ambiente de trabalho.

• Código: 222.187-0. Infração: 4. Tipo: S.

22.17.6. Os postos de trabalho, que sejam enclausurados ou isolados, devem possuir sistemas adequados, que permitam a manutenção das condições de conforto previstas na Norma Regulamentadora n. 17, especialmente as constantes no subitem 17.5.2. da citada NR e que possibilitem trabalhar com o sistema hermeticamente fechado.

• Código: 222.823-8. Infração: 3. Tipo: S.

22.18. Sistemas de Comunicação

22.18.1. Todas as minas subterrâneas devem possuir sistema de comunicação padronizado para informar o transporte em poços e planos inclinados.

• Código: 222.189-6. Infração: 2. Tipo: S.

22.18.2. O transporte de pessoas em poços e planos inclinados deve ser informado pelo sistema de comunicação ao operador do guincho.

22.18.2.1. Não existindo na mina código padronizado para o sistema de comunicação, o código de sinais básicos, sonoros e luminosos, deverá observar a sistemática constante na tabela a seguir:

• Código: 222.191-8. Infração: 2. Tipo: S.

Número de Toques	Tipo de Toque	Ação
1	longo	parar
1	curto	subir
2	curto	descer
3	curto	entrada ou saída de pessoas
3+3+1	curto	subir lentamente
3+3+2	curto	descer lentamente
4	curto	início do transporte de pessoas
4+4	curto	fim do transporte de pessoas
5	curto	o sinalizador vai entrar na gaiola
1	contínuo	emergência

22.18.2.2. O código do sistema de comunicação deve estar afixado em local visível, em todos os pontos de parada e nos postos de operação do sistema de transporte.

• Código: 222.192-6. Infração: 2. Tipo: S.

22.18.3. Quando detectada falha no sistema de comunicação, que comprometa a segurança dos trabalhadores, o transporte deverá ser imediatamente paralisado, sendo informado ao pessoal de supervisão e providenciado o necessário reparo.

• Código: 222.474-7. Infração: 4. Tipo: S.

22.18.4. Todo sistema de comunicação deve possuir retorno, através de repetição do sinal, que comprove ao emissor que o receptor recebeu corretamente a mensagem.

• Código: 222.193-4. Infração: 2. Tipo: S.

22.18.5. Os seguintes setores da mina devem estar interligados, através de rede telefônica ou outros meios de comunicação:

• Código: 222.824-6. Infração: 3. Tipo: S.

a) supervisão da mina;

b) próximo às frentes de trabalho;

c) segurança e medicina do trabalho;

d) manutenção;

e) estação principal de ventilação;

f) subestação principal;

g) acesso de cada nível de poços e planos inclinados;

h) posto de vigilância do depósito de explosivos;

i) prevenção e combate a incêndios;

j) central de transporte;

l) salas de controle de beneficiamento; e

m) câmaras de refúgio para os casos de emergência.

22.18.5.1. As linhas telefônicas devem ser independentes e protegidas de contatos com a rede elétrica geral.

• Código: 222.825-4. Infração: 3. Tipo: S.

22.18.6. Em minas grisutosas, o sistema de comunicação deve ser à prova de explosão.

• Código: 222.195-0. Infração: 4. Tipo: S.

22.19. Sinalização de Áreas de Trabalho e de Circulação

22.19.1. As vias de circulação e acesso das minas devem ser sinalizadas de modo adequado, para a segurança dos trabalhadores.

• Código: 222.826-2. Infração: 2. Tipo: S.

22.19.2. As áreas de utilização de material inflamável, assim como aquelas sujeitas à ocorrência de explosões ou incêndios devem estar sinalizadas, com indicação de área de perigo e proibição de uso de fósforos, de fumar ou outros meios que produzam calor, faísca ou chama.

• Código: 222.827-0. Infração: 3. Tipo: S.

22.19.2.1. Os trabalhos nas áreas citadas neste item, que utilizem meios que produzam calor, faísca ou chama, só poderão ser realizados quando adotados procedimentos especiais ou mediante a liberação por escrito do responsável pelo setor, observado o disposto no subitem 22.3.3.

•• Item com redação determinada pela Portaria n. 27, de 1º-10-2002.

• Código: 222.198-5. Infração: 4. Tipo: S.

22.19.3. Os tanques e depósitos de substâncias tóxicas, de combustíveis inflamáveis, de explosivos e de materiais passíveis de gerar atmosfera explosiva devem ser sinalizadas, com a indicação de perigo e proibição de uso de chama aberta nas proximidades e o acesso restrito a trabalhadores autorizados.

• Código: 222.828-9. Infração: 3. Tipo: S.

22.19.4. Nos depósitos de substâncias tóxicas e de explosivos e nos tanques de combustíveis inflamáveis devem ser fixados, em local visível, indicações do tipo do produto e capacidade máxima dos mesmos.

• Código: 222.829-7. Infração: 3. Tipo: S.

22.19.5. Os dispositivos de sinalização devem ser mantidos em perfeito estado de conservação.

• Código: 222.830-0. Infração: 2. Tipo: S.

22.19.6. Todas as galerias principais devem ser identificadas e sinalizadas de forma visível.

• Código: 222.831-9. Infração: 3. Tipo: S.

22.19.6.1. Nos cruzamentos e locais de ramificações principais devem estar indicadas as direções e as saídas da mina, inclusive as de emergência.

• Código: 222.832-7. Infração: 3. Tipo: S.

22.19.7. As plantas de beneficiamento devem ter suas vias de circulação e saída identificadas e sinalizadas de forma visível.

• Código: 222.490-9. Infração: 3. Tipo: S.

22.19.8. As áreas em subsolo já lavradas ou desativadas devem permanecer sinalizadas e interditadas, sendo o acesso permitido apenas a pessoas autorizadas.

• Código: 222.833-5. Infração: 3. Tipo: S.

22.19.9. As áreas de superfície mineradas ou desativadas, que ofereçam perigo devido a sua condição ou profundidade, devem ser cercadas e sinalizadas ou vigiadas contra o acesso inadvertido.

• Código: 222.203-5. Infração: 4. Tipo: S.

22.19.10. As tubulações devem ser identificadas na forma disposta na NBR 6.493 – Emprego de Cores para Identificação de Tubulações, da Associação Brasileira de Normas Técnicas – ABNT ou, alternativamente, identificadas a cada cem metros, informando a natureza do seu conteúdo, direção do fluxo e pressão de trabalho.

•• Item com redação determinada pela Portaria n. 27, de 1º-10-2002.

• Código: 222.492-5. Infração: 3. Tipo: S.

22.19.11. Os recipientes de produtos tóxicos, perigosos ou inflamáveis devem ser rotulados obedecendo a regulamentação vigente, indicando, no mínimo, a composição do material utilizado.

•• Item com redação determinada pela Portaria n. 27, de 1º-10-2002.

• Código: 222.834-3. Infração: 3. Tipo: S.

22.19.11.1. Nos locais de estocagem, manuseio e uso de produtos tóxicos, perigosos ou inflamáveis devem estar disponíveis fichas de emergência contendo informações acessíveis e claras sobre o risco à saúde e as medidas a serem tomadas em caso de derramamento ou contato acidental ou não.

• Código: 222.835-1. Infração: 3. Tipo: S.

22.19.12. As áreas de basculamento devem ser sinalizadas, delimitadas e protegidas contra quedas acidentais de pessoas ou equipamentos.

• Código: 222.836-0. Infração: 3. Tipo: S.

22.19.13. Os acessos às bancadas devem ser identificados e sinalizados.

• Código: 222.205-1. Infração: 3. Tipo: S.

22.20. Instalações Elétricas

22.20.1. Nos trabalhos em instalações elétricas o responsável pela mina deve assegurar a presença de pelo menos um eletricista.

• Código: 222.206-0. Infração: 3. Tipo: S.

22.20.2. As instalações e serviços de eletricidade devem ser projetados, executados, operados, mantidos, reformados e ampliados, de forma a permitir a adequada distribuição de energia e isolamento, correta proteção contra fugas de corrente, curtos-circuitos, choques elétricos e outros riscos decorrentes do uso de energia elétrica.

• Código: 222.837-8. Infração: 3. Tipo: S.

22.20.3. Os cabos e condutores de alimentação elétrica utilizados devem ser certificados por um organismo de certificação, credenciado pelo Instituto Nacional de Metrologia, Normalização e Qualidade Industrial – INMETRO.

• Código: 222.838-6. Infração: 3. Tipo: S.

22.20.4. Os locais de instalação de transformadores e capacitores, seus painéis e respectivos dispositivos de operação devem atender aos seguintes requisitos:

a) ser ventilados e iluminados ou projetados e construídos com tecnologia adequada para operação em ambientes confinados;

• Código: 222.989-7. Infração: 3. Tipo: S.

b) ser construídos e ancorados de forma segura;

• Código: 222.989-7. Infração: 3. Tipo: S.

c) ser devidamente protegidos e sinalizados, indicando zona de perigo, de forma a alertar que o acesso é proibido a pessoas não autorizadas;

• Código: 222.989-7. Infração: 3. Tipo: S.

d) não ser usados para outras finalidades diferentes daquelas do projeto elétrico; e

• Código: 222.989-7. Infração: 3. Tipo: S.

e) possuir extintores portáteis de incêndio, adequados à classe de risco, localizados na entrada ou nas proximidades e, em subsolo, montante do fluxo de ventilação.

• Código: 222.989-7. Infração: 3. Tipo: S.

22.20.5. Os cabos, instalações e equipamentos elétricos devem ser protegidos contra impactos, água e influência de agentes químicos, observando-se suas aplicações, de acordo com as especificações técnicas.

• Código: 222.212-4. Infração: 3. Tipo: S.

22.20.6. Os serviços de manutenção ou reparo de sistemas elétricos só podem ser executados com o equipamento desligado, etiquetado, bloqueado e aterrado, exceto se forem:

a) utilizadas técnicas adequadas para circuitos energizados;

• Código: 222.990-0. Infração: 4. Tipo: S.

b) utilizadas ferramentas e equipamentos adequados à classe de tensão; e

• Código: 222.990-0. Infração: 4. Tipo: S.

c) tomadas precauções necessárias para a segurança dos trabalhadores.

• Código: 222.990-0. Infração: 4. Tipo: S.

22.20.6.1. O bloqueio durante as operações de manutenção e reparo de instalações elétricas deve ser realizado utilizando-se de cadeado e etiquetas sinalizadoras, fixadas em local visível, contendo, no mínimo, as seguintes indicações:

• Código: 222.839-4. Infração: 4. Tipo: S.

a) horário e data do bloqueio;

b) motivo da manutenção; e

c) nome do responsável pela operação.

22.20.7. Os equipamentos e máquinas de emergência, destinados a manter a continuidade do fornecimento de energia elétrica e as condições de segurança no trabalho, devem ser mantidos permanentemente em condições de funcionamento.

• Código: 222.215-9. Infração: 4. Tipo: S.

22.20.8. Redes elétricas, transformadores, motores, máquinas e circuitos elétricos, devem estar equipados com dispositivos de proteção automáticos, para os casos de curto-circuito, sobrecarga, queda de fase e fugas de corrente.

• Código: 222.216-7. Infração: 4. Tipo: S.

22.20.9. Os fios condutores de energia elétrica instalados no teto de galerias para alimentação de equipamentos devem estar à altura compatível com o trânsito seguro de pessoas e equipamentos e protegidos contra contatos acidentais.

• Código: 222.217-5. Infração: 4. Tipo: S.

22.20.10. Os sistemas de recolhimento automático de cabos alimentadores de equipamentos elétricos móveis devem ser eletricamente solidários à carcaça do equipamento principal.

• Código: 222.218-3. Infração: 4. Tipo: S.

22.20.11. Os equipamentos elétricos móveis devem ter aterramento adequadamente dimensionado.

• Código: 222.219-1. Infração: 3. Tipo: S.

22.20.12. Em locais com ocorrência de gases inflamáveis e explosivos, as tarefas de manutenção elétrica devem ser realizadas sob o controle de um supervisor, com a rede de energia desligada e chave de acionamento bloqueada, monitorando-se a concentração dos gases.

• Código: 222.220-5. Infração: 4. Tipo: S.

22.20.13. Os terminais energizados dos transformadores devem ser isolados fisicamente por barreiras ou outros meios físicos, a fim de evitar contatos acidentais.

• Código: 222.221-3. Infração: 4. Tipo: S.

22.20.14. Toda instalação, carcaça, invólucro, blindagem ou peça condutora, que não faça parte dos circuitos elétricos mas que, eventualmente, possa ficar sob tensão, deve ser aterrada, desde que esteja em local acessível a contatos.

• Código: 222.840-8. Infração: 3. Tipo: S.

22.20.15. Todas as instalações ou peças, que não fazem parte da rede condutora, mas que possam armazenar energia estática com possibilidade de gerar fagulhas ou centelhas, devem ser aterradas.

• Código: 222.841-6. Infração: 3. Tipo: S.

22.20.16. As malhas, os pontos de aterramento e os para-raios devem ser revisados periodicamente e os resultados registrados.

• Código: 222.224-8. Infração: 3. Tipo: S.

22.20.17. A implantação, operação e manutenção de instalações elétricas devem ser executadas somente por pessoa qualificada, que deve receber treinamento continuado em manuseio e operação de equipamentos de combate a incêndios e explosões, bem como para prestação de primeiros socorros a acidentados.

• Código: 222.225-6. Infração: 4. Tipo: S.

22.20.18. Trabalhos em condições de risco acentuado deverão ser executados por duas pessoas qualificadas, salvo critério do responsável técnico.

• Código: 222.842-4. Infração: 4. Tipo: S.

22.20.19. Durante a manutenção de máquinas ou instalações elétricas, os ajustes e as características dos dispositivos de segurança não devem ser alterados, prejudicando sua eficácia.

• Código: 222.227-2. Infração: 3. Tipo: S.

22.20.20. Ocorrendo defeitos em máquinas ou em instalações elétricas, estes devem ser comunicados à supervisão para a adoção imediata de providências.

• Código: 222.504-2. Infração: 3. Tipo: S.

22.20.21. Trabalhos em rede elétrica entre dois ou mais pontos sem possibilidade de contato visual entre os operadores somente podem ser realizados com comunicação por meio de rádio ou outro sistema de comunicação, que impeça a energização acidental.

• Código: 222.228-0. Infração: 4. Tipo: S.

22.20.22. No caso de uso dos trilhos para o retorno do circuito elétrico de locomotivas, devem existir conexões elétricas entre os trilhos.

• Código: 222.229-9. Infração: 3. Tipo: S.

22.20.23. As instalações elétricas, com possibilidade de contato com água, devem ser projetadas, executadas e mantidas com especial cuidado quanto à blindagem, estanqueidade, isolamento, aterramento e proteção contra falhas elétricas.

• Código: 222.230-2. Infração: 4. Tipo: S.

22.20.24. Nas subestações de distribuição de energia devem estar disponíveis os esquemas elétricos referentes à instalação da rede.

• Código: 222.843-2. Infração: 3. Tipo: S.

22.20.25. Os cabos e as linhas elétricas, especialmente no subsolo, devem ser dispostos, de modo que não sejam danificados por qualquer meio de transporte, lançamento de fragmentos de rochas ou pelo próprio peso.

• Código: 222.232-9. Infração: 3. Tipo: S.

22.20.26. Os trechos e pontos de tomada de força da rede elétrica em desuso devem ser desenergizados, marcados e isolados ou retirados, quando não forem mais utilizados.

• Código: 222.233-7. Infração: 4. Tipo: S.

22.20.27. Em planos inclinados, galerias e poços, as instalações de cabos e linhas energizadas devem ser executadas com suportes fixos, para a segurança de sua sustentação.

• Código: 222.234-5. Infração: 3. Tipo: S.

22.20.28. Os quadros de distribuição elétrica devem ser devidamente fixados e aterrados e os locais de sua instalação devem ser ventilados, sinalizados e protegidos contra impactos acidentais.

• Código: 222.235-3. Infração: 4. Tipo: S.

22.20.29. As estações de carregamento de baterias tracionárias no subsolo devem observar as seguintes condições:

a) ser identificadas e sinalizadas;

• Código: 222.991-9. Infração: 3. Tipo: S.

b) estar sujeitas à ventilação de ar fresco da mina, observando-se que a corrente do ar deverá passar primeiro pelos transformadores e depois pelas baterias, saindo diretamente no sistema de retorno da ventilação;

• Código: 222.991-9. Infração: 3. Tipo: S.

c) ser separadas das outras instalações elétricas e do local de manutenção de equipamentos; e

• Código: 222.991-9. Infração: 3. Tipo: S.

d) ter o acesso permitido somente a pessoas autorizadas e portando lâmpadas à prova de explosão.

• Código: 222.991-9. Infração: 3. Tipo: S.

22.20.30. Na mina devem ser mantidos atualizados os documentos referentes às instalações elétricas e os respectivos programas e registros de manutenções.

• Código: 222.509-3. Infração: 3. Tipo: S.

22.20.31. Em locais sujeitos a emanações de gases explosivos e inflamáveis, as instalações elétricas serão à prova de explosão.

• Código: 222.237-0. Infração: 4. Tipo: S.

22.20.32. As instalações e edificações na superfície devem estar protegidas contra descargas elétricas atmosféricas, com sistema de proteção adequadamente dimensionado, sendo sua integridade e condições de aterramento periodicamente verificadas.

• Código: 222.238-8. Infração: 3. Tipo: S.

22.21. Operações com Explosivos e Acessórios

22.21.1. Todas as operações envolvendo explosivos e acessórios devem observar as recomendações de segurança do fabricante, sem prejuízo do contido nesta Norma.

• Código: 222.844-0. Infração: 4. Tipo: S.

22.21.2. O manuseio e utilização de material explosivo devem ser efetuados por pessoal devidamente treinado, respeitando-se as normas do Departamento de Fiscalização de Produtos Controlados do Ministério da Defesa.

• Código: 222.845-9. Infração: 3. Tipo: S.

22.21.3. Em cada mina, onde seja necessário o desmonte de rocha com uso de explosivos, deve estar disponível plano de fogo, no qual conste:

a) disposição e profundidade dos furos;

• Código: 222.992-7. Infração: 4. Tipo: S.

b) quantidade de explosivos;

• Código: 222.992-7. Infração: 4. Tipo: S.

c) tipos de explosivos e acessórios utilizados;

• Código: 222.992-7. Infração: 4. Tipo: S.

d) sequência das detonações;

• Código: 222.992-7. Infração: 4. Tipo: S.

e) razão de carregamento;

• Código: 222.992-7. Infração: 4. Tipo: S.

f) volume desmontado; e

• Código: 222.992-7. Infração: 4. Tipo: S.

g) tempo mínimo de retorno após a detonação.

• Código: 222.992-7. Infração: 4. Tipo: S.

22.21.3.1. O plano de fogo da mina deve ser elaborado por profissional legalmente habilitado.

•• Item com redação determinada pela Portaria n. 27, de 1º-10-2002.

• Código: 222.516-6. Infração: 4. Tipo: S.

22.21.4. A execução do plano de fogo, operações de detonação e atividades correlatas devem ser supervisionadas ou executadas pelo encarregado-do-fogo.

• Código: 222.847-5. Infração: 3. Tipo: S.

22.21.4.1. O encarregado do fogo é responsável por:

a) ordenar a retirada dos paióis ou depósitos, transporte e descarregamento dos explosivos e acessórios nas quantidades necessárias ao posto de trabalho a que se destinam;

b) orientar e supervisionar o carregamento dos furos, verificando a quantidade carregada e a sequência de fogo;

c) antes e durante o carregamento dos furos, no caso de minas ou frentes de trabalho sujeitas a emanações de gases explosivos, solicitar a medida da concentração destes gases, respeitando o limite constante no subitem 22.28.3.1;

d) orientar a conexão dos furos carregados com o sistema de iniciação;

e) certificar que não haja mais pessoas na frente de desmonte, antes de ligar o fogo e retirar-se;

f) nas frentes em desenvolvimento, certificar-se do adequado funcionamento da ventilação auxiliar e da aspersão de água;

g) certificar-se da inexistência de fogos falhados e, se houver, adotar as providências previstas no subitem 22.21.37; e

h) comunicar ao responsável pela área ou frente de serviço o encerramento das atividades de detonação.

22.21.5. A localização, construção, armazenagem e manutenção dos depósitos principais e secundários de explosivos e acessórios devem estar de acordo com a regulamentação vigente, do Ministério da Defesa.

• Código: 222.848-3. Infração: 4. Tipo: S.

22.21.6. Os depósitos de explosivos e acessórios, no subsolo, não podem estar localizados junto a galerias de acesso de pessoal e de ventilação principal da mina.

• Código: 222.243-4. Infração: 4. Tipo: S.

22.21.7. Nos acessos dos depósitos de explosivos e acessórios devem estar disponíveis dispositivos de combate a incêndios.

• Código: 222.517-4. Infração: 4. Tipo: S.

22.21.8. O acesso aos depósitos de explosivos e de acessórios, só pode ser liberado a pessoal devidamente qualificado, treinado e autorizado pela empresa ou Permissionário de Lavra Garimpeira ou acompanhado de pessoa, que atenda a estas qualificações.

• Código: 222.518-2. Infração: 3. Tipo: S.

22.21.9. Os locais de armazenamento de explosivos e acessórios no subsolo devem:

a) conter no máximo a quantidade a ser utilizada num período de cinco dias de trabalho;

• Código: 222.519-0. Infração: 4. Tipo: S.

b) ser protegidos de impactos acidentais;

• Código: 222.520-4. Infração: 4. Tipo: S.

c) ser trancados sob responsabilidade de profissional habilitado;

• Código: 222.521-2. Infração: 4. Tipo: S.

d) ser independentes, separados e sinalizados;

• Código: 222.993-5. Infração: 4. Tipo: S.

e) ser sinalizados na planta da mina indicando-se sua capacidade; e

• Código: 222.993-5. Infração: 4. Tipo: S.

f) ser livres de umidade excessiva e onde a ventilação possibilite manter a temperatura adequada e minimizar o arraste de gases para as frentes de trabalho, em caso de acidente.

• Código: 222.993-5. Infração: 4. Tipo: S.

22.21.10. O consumo de explosivos deve ser controlado por intermédio dos mapas previstos na regulamentação vigente, do Ministério da Defesa.

• Código: 222.525-5. Infração: 3. Tipo: S.

22.21.10.1. Em todos os depósitos de explosivos e acessórios devem ser anotados os estoques semanais destes materiais, sendo que os registros devem ser examinados e conferidos periodicamente pelo encarregado do fogo e pelo engenheiro responsável pela mina.

• Código: 222.526-3. Infração: 3. Tipo: S.

22.21.11. É proibida a estocagem de explosivos e acessórios fora dos locais apropriados.

• Código: 222.245-0. Infração: 4. Tipo: S.

22.21.11.1. Explosivos e acessórios não usados devem retornar imediatamente aos depósitos respectivos.

• Código: 222.246-9. Infração: 4. Tipo: S.

22.21.12. A menos de vinte metros de um depósito de explosivos e acessórios somente será permitido o acesso de pessoas que trabalhem naquela área, para execução de manutenção das galerias e de trabalho no depósito.

• Código: 222.247-7. Infração: 4. Tipo: S.

22.21.13. No subsolo, dentro de depósito de explosivos e acessórios e a menos de vinte e cinco metros do mesmo o sistema de contenção será constituído, preferencialmente, de material incombustível e não podendo existir deposição de qualquer outro material.

• Código: 222.248-5. Infração: 4. Tipo: S.

22.21.14. Explosivos e acessórios devem ser estocados em suas embalagens originais ou em recipientes apropriados e sobre material não metálico, resistente e livre de umidade.

• Código: 222.249-3. Infração: 4. Tipo: S.

22.21.14.1. Os explosivos e acessórios não podem estar em contato com qualquer material que possa gerar faíscas, fagulhas ou centelhas.

• Código: 222.250-7. Infração: 4. Tipo: S.

22.21.15. Os depósitos de explosivos e acessórios devem ser sinalizados com placas de advertência contendo a menção "EXPLOSIVOS", em locais visíveis nas proximidades e nas portas de acesso aos mesmos.

• Código: 222.850-5. Infração: 3. Tipo: S.

22.21.16. O transporte de explosivos e acessórios deve ser realizado por veículo dotado de proteção, que impeça o contato de partes metálicas com explosivos e acessórios e atenda à regulamentação vigente, do Ministério da Defesa e observadas as recomendações do fabricante.

• Código: 222.251-5. Infração: 4. Tipo: S.

22.21.16.1. O carregamento e descarregamento deve ser feito com o veículo desligado e travado.

• Código: 222.528-0. Infração: 4. Tipo: S.

22.21.17. Os trabalhadores envolvidos no transporte de explosivos e acessórios devem receber treinamento específico para realizar sua atividade.

• Código: 222.252-3. Infração: 3. Tipo: S.

22.21.18. É proibido o transporte de explosivos e cordéis detonantes simultaneamente com acessórios e outros materiais bem como com pessoas estranhas à atividade.

• Código: 222.253-1. Infração: 4. Tipo: S.

22.21.19. O transporte manual de explosivos e acessórios deve ser feito utilizando recipientes apropriados.

• Código: 222.529-8. Infração: 4. Tipo: S.

22.21.20. O guincheiro deve ser previamente comunicado de todo transporte de explosivo e acessórios no interior dos poços e planos inclinados.

• Código: 222.530-1. Infração: 4. Tipo: S.

22.21.21. Os explosivos comprometidos em seu estado de conservação, inclusive os oriundos de fogos falhados, devem ser destruídos, conforme regulamentação vigente do Ministério da Defesa e instruções do fabricante.

• Código: 222.531-0. Infração: 4. Tipo: S.

22.21.22. Antes do início dos trabalhos de carregamento de furos no subsolo, o profissional habilitado deve verificar:

a) a existência de contenção, conforme o plano de lavra;

• Código: 222.994-3. Infração: 3. Tipo: S.

b) a limpeza dos furos;

• Código: 222.994-3. Infração: 3. Tipo: S.

c) a existência da ventilação e sua proteção;

• Código: 222.994-3. Infração: 3. Tipo: S.

d) se todas as pessoas não envolvidas no processo já foram retiradas do local da detonação, interditando o acesso; e

• Código: 222.994-3. Infração: 3. Tipo: S.

e) a existência e funcionamento de aspersor de água em frentes de desenvolvimento, para lavagem de gases e deposição da poeira durante e após a detonação;

• Código: 222.994-3. Infração: 3. Tipo: S.

22.21.23. O desmonte com uso de explosivos deve obedecer as seguintes condições:

a) ser precedido do acionamento de sirene, no caso de mina a céu aberto;

• Código: 222.995-1. Infração: 4. Tipo: S.

b) a área de risco deve ser evacuada e devidamente vigiada;

• Código: 222.995-1. Infração: 4. Tipo: S.

c) horários de fogo previamente definidos e consignados em placas visíveis na entrada de acesso às áreas da mina;

• Código: 222.995-1. Infração: 4. Tipo: S.

d) dispor de abrigo para uso eventual daqueles que acionam a detonação; e

• Código: 222.995-1. Infração: 4. Tipo: S.

e) seguir as normas técnicas vigentes e as instruções do fabricante.

• Código: 222.995-1. Infração: 4. Tipo: S.

22.21.24. Na interligação de duas frentes em subsolo, devem ser observados os seguintes critérios:

a) retirada total do pessoal das duas frentes, quando da detonação de cada frente;

• Código: 222.996-0. Infração: 4. Tipo: S.

b) detonação não simultânea das frentes; e

• Código: 222.996-0. Infração: 4. Tipo: S.

c) estabelecer a distância mínima de segurança para a paralisação de uma das frentes.

• Código: 222.996-0. Infração: 4. Tipo: S.

22.21.25. Somente ferramentas que não originem faíscas, fagulhas ou centelhas devem ser usadas para abrir recipientes de material explosivo ou para fazer furos nos cartuchos de explosivos.

• Código: 222.256-6. Infração: 4. Tipo: S.

22.21.26. No carregamento dos furos é permitido somente o uso de socadores de madeira, plástico ou cobre.

• Código: 222.257-4. Infração: 4. Tipo: S.

22.21.27. Os instrumentos e equipamentos utilizados para detonação elétrica e medição de resistências devem ser inspecionados e calibrados periodicamente, mantendo-se o registro da última inspeção.

• Código: 222.258-2. Infração: 3. Tipo: S.

22.21.28. Em minas com emanações comprovadas de gases inflamáveis ou explosivos somente será permitido o uso de explosivos adequados a esta condição.

• Código: 222.259-0. Infração: 4. Tipo: S.

22.21.29. É proibida a escorva de explosivos fora da frente de trabalho.

• Código: 222.545-0. Infração: 4. Tipo: S.

22.21.30. A fixação da espoleta no pavio deverá ser feita com instrumento específico a este fim.

• Código: 222.260-4. Infração: 4. Tipo: S.

22.21.31. É proibido utilizar fósforos, isqueiros, chama exposta ou qualquer outro instrumento gerador de faíscas, fagulhas ou centelhas durante o manuseio e transporte de explosivos e acessórios.

• Código: 222.261-2. Infração: 4. Tipo: S.

22.21.32. Os fios condutores, utilizados nas detonações por descarga elétrica, devem possuir as seguintes características:

a) ser de cobre ou ferro galvanizado;

• Código: 222.997-8. Infração: 4. Tipo: S.

b) estar isolados;

• Código: 222.997-8. Infração: 4. Tipo: S.

c) possuir resistividade elétrica abaixo da estabelecida para o circuito;

• Código: 222.997-8. Infração: 4. Tipo: S.

d) não conter emendas;

• Código: 222.549-2. Infração: 4. Tipo: S.

e) ser mantidos em curto circuito até sua conexão aos detonadores;

• Código: 222.550-6. Infração: 4. Tipo: S.

f) ser conectados ao equipamento de detonação pelo encarregado do fogo e após a retirada do pessoal da frente de detonação; e

• Código: 222.551-4. Infração: 4. Tipo: S.

g) possuir comprimento adequado, que possibilite uma distância segura para o encarregado do fogo.

• Código: 222.552-2. Infração: 4. Tipo: S.

22.21.33. Em minas com baixa umidade relativa do ar, sujeitas ao acúmulo de eletricidade estática, o encarregado do fogo deverá usar anel de aterramento ou outro dispositivo similar, durante a atividade de montagem do circuito e detonação elétrica.

• Código: 222.263-9. Infração: 4. Tipo: S.

22.21.34. É proibida a detonação a céu aberto em condições de baixo nível de iluminamento ou quando ocorrerem descargas elétricas atmosféricas.

• Código: 222.264-7. Infração: 4. Tipo: S.

22.21.34.1. Caso a frente esteja parcial ou totalmente carregada, a área deve ser imediatamente evacuada.

• Código: 222.265-5. Infração: 4. Tipo: S.

22.21.35. Para os trabalhos de aprofundamento de poços e rampas, devem ser atendidos os seguintes requisitos adicionais:

a) o transporte dos explosivos e acessórios para o local do desmonte só pode ocorrer separadamente e após ter sido retirado todo o pessoal não autorizado;

• Código: 222.553-0. Infração: 4. Tipo: S.

b) antes da conexão das espoletas elétricas com o fio condutor, devem ser desligadas todas as instalações elétricas no poço ou rampa;

• Código: 222.554-9. Infração: 4. Tipo: S.

c) a detonação só pode ser acionada da superfície ou de níveis intermediários; e

• Código: 222.555-7. Infração: 4. Tipo: S.

d) os operadores de poços e rampas devem ser devidamente informados do início do carregamento.

• Código: 222.556-5. Infração: 4. Tipo: S.

22.21.36. O retorno à frente detonada só será permitido com autorização do responsável pela área e após verificação da existência das seguintes condições:

a) dissipação dos gases e poeiras, observando-se o tempo mínimo determinado pelo projeto de ventilação e plano de fogo;

b) confirmação das condições de estabilidade da área; e

c) marcação e eliminação de fogos falhados.

22.21.37. Na constatação ou suspeita de fogos falhados no material detonado, após o retorno das atividades, devem ser tomadas as seguintes providências:

a) os trabalhos devem ser interrompidos imediatamente;

• Código: 222.998-6. Infração: 4. Tipo: S.

b) o local deve ser evacuado; e

• Código: 222.998-6. Infração: 4. Tipo: S.

c) informar ao encarregado do fogo para adoção das providências cabíveis.

• Código: 222.998-6. Infração: 4. Tipo: S.

22.21.37.1. A retirada de fogos falhados só poderá ser executada pelo encarregado do fogo ou, sob sua orientação, por pessoal qualificado e treinado.

• Código: 222.856-4. Infração: 3. Tipo: S.

22.21.38. A retirada de fogos falhados só poderá ser realizada através de dispositivo que não produza faíscas, fagulhas ou centelhas.

• Código: 222.564-6. Infração: 4. Tipo: S.

22.21.39. Os explosivos e acessórios remanescentes de um carregamento ou que tenham falhado devem ser recolhidos a seus respectivos depósitos, após retirada imediata da escorva entre eles e utilizando-se recipientes separados.

• Código: 222.565-4. Infração: 4. Tipo: S.

22.21.40. É proibido o aproveitamento de restos de furos falhados.

• Código: 222.269-8. Infração: 4. Tipo: S.

22.22. Lavra com Dragas Flutuantes

22.22.1. As dragas flutuantes, além das obrigações estabelecidas na Lei n. 9.537, de 11 de dezembro de 1997, devem atender ainda os seguintes requisitos mínimos:

a) a plataforma da draga deve ser equipada com corrimão;

• Código: 222.999-4. Infração: 4. Tipo: S.

b) todos os equipamentos devem ser seguramente presos contra deslocamento;

• Código: 222.999-4. Infração: 4. Tipo: S.

c) deve existir alerta sonoro em caso de emergência;

• Código: 222.999-4. Infração: 4. Tipo: S.

d) ser equipadas com salva-vidas em número correspondente ao de trabalhadores; e

• Código: 222.999-4. Infração: 4. Tipo: S.

e) ter a carga máxima indicada em placa e local visível.

• Código: 222.999-4. Infração: 4. Tipo: S.

22.23. Desmonte Hidráulico

22.23.1. Os trabalhadores e os equipamentos que efetuarem o desmonte devem estar protegidos por uma distância adequada, de forma a protegê-los contra possíveis desmoronamentos ou deslizamentos.

• Código: 222.271-0. Infração: 4. Tipo: S.

22.23.2. É proibida a entrada de pessoas não autorizadas nos taludes com desmonte hidráulico.

• Código: 222.272-8. Infração: 3. Tipo: S.

22.23.3. Os trabalhadores encarregados do desmonte devem estar protegidos por equipamentos de proteção adequado para trabalhos em condições de alta umidade.

• Código: 222.273-6. Infração: 3. Tipo: S.

22.23.4. Nas instalações de desmonte que funcionem com pressões de água acima de três quilogramas por centímetro quadrado devem ser observados os seguintes requisitos adicionais:

•• Item com redação determinada pela Portaria n. 27, de 1º-10-2002.

a) os tubos, as conexões e os suportes das tubulações de pressão devem ser apropriados para estas finalidades e dotados de dispositivo que impeça o chicoteamento da mangueira em caso de desengate acidental;

•• Alínea *a* com redação determinada pela Portaria n. 27, de 1º-10-2002.

• Código: 222.570-0. Infração: 3. Tipo: S.

b) deve existir suporte para o equipamento de jateamento; e

• Código: 222.571-9. Infração: 3. Tipo: S.

c) a instalação deve ter dispositivo para o desligamento de emergência da bomba de pressão.

• Código: 222.572-7. Infração: 3. Tipo: S.

22.24. Ventilação em Atividades de Subsolo

22.24.1. As atividades em subsolo devem dispor de sistema de ventilação mecânica que atenda aos seguintes requisitos:

• Código: 222.858-0. Infração: 4. Tipo: S.

a) suprimento de oxigênio;

• Código: 222.573-5. Infração: 4. Tipo: S.

b) renovação contínua do ar;

• Código: 222.574-3. Infração: 4. Tipo: S.

c) diluição eficaz de gases inflamáveis ou nocivos e de poeiras do ambiente de trabalho;

• Código: 222.575-1. Infração: 4. Tipo: S.

d) temperatura e umidade adequadas ao trabalho humano; e

• Código: 222.576-0. Infração: 4. Tipo: S.

e) ser mantido e operado de forma regular e contínua.

• Código: 222.577-8. Infração: 4. Tipo: S.

22.24.1.1. Devem ser observados os níveis de ação para implantação de medidas preventivas, conforme disposto nesta Norma.

• Código: 222.578-6. Infração: 3. Tipo: S.

22.24.2. Para cada mina deve ser elaborado e implantado um projeto de ventilação com fluxograma atualizado periodicamente, contendo, no mínimo, os seguintes dados:

• Código: 222.859-9. Infração: 4. Tipo: S.

a) localização, vazão e pressão dos ventiladores principais;

b) direção e sentido do fluxo de ar; e

c) localização e função de todas as portas, barricadas, cortinas, diques, tapumes e outros dispositivos de controle do fluxo de ventilação.

22.24.2.1. O fluxograma de ventilação deverá estar disponível aos trabalhadores ou seus representantes e autoridades competentes.

• Código: 222.860-2. Infração: 2. Tipo: S.

22.24.2.2. Um diagrama esquemático do fluxograma de ventilação, de cada nível, deve ser afixado em local visível do respectivo nível.

• Código: 222.583-2. Infração: 3. Tipo: S.

22.24.3. Todas as frentes de trabalho, em desenvolvimento e lavra, devem ser ventiladas por uma corrente de ar que previna a exposição dos trabalhadores a contaminantes acima dos Limites de Tolerância legais.

•• Item com redação determinada pela Portaria n. 732, de 22-5-2014.

• Código: 222.933-1. Infração: 4. Tipo: S.

22.24.4. É proibida a utilização de um mesmo poço ou plano inclinado para a saída e entrada de ar, exceto durante o trabalho de desenvolvimento com exaustão ou adução tubuladas ou através de sistema que garanta a ausência de mistura entre os dois fluxos de ar.

• Código: 222.277-9. Infração: 4. Tipo: S.

22.24.5. Em minas com emanações de grisu, a corrente de ar viciado deve ser dirigida ascendentemente.

• Código: 222.278-7. Infração: 4. Tipo: S.

22.24.5.1. A corrente de ar viciado só poderá ser dirigida descendentemente mediante justificativa técnica.

• Código: 222.584-0. Infração: 4. Tipo: S.

22.24.6. Nos locais onde pessoas estiverem transitando ou trabalhando a concentração de oxigênio no ar não deve ser inferior a dezenove por cento em volume.

• Código: 222.279-5. Infração: 4. Tipo: S.

22.24.7. A vazão de ar necessária em minas de carvão, para cada frente de trabalho, deve ser de, no mínimo, seis metros cúbicos por minuto por pessoa.

• Código: 222.280-9. Infração: 4. Tipo: S.

22.24.7.1. A vazão de ar fresco em galerias de minas de carvão constituídas pelos últimos travessões arrombados deve ser de, no mínimo, duzentos e cinquenta metros cúbicos por minuto.

• Código: 222.281-7. Infração: 4. Tipo: S.

22.24.7.2. Em outras minas, a quantidade do ar fresco nas frentes de trabalho deve ser de, no mínimo, dois metros cúbicos por minuto por pessoa.

• Código: 222.282-5. Infração: 4. Tipo: S.

22.24.7.3. No caso da utilização de veículos e equipamentos a óleo diesel que operem com diesel com teor de enxofre máximo de 50 ppm e motores que tenham padrões de emissão aceitáveis pela fase P7 do Proconve – Programas de Controle da Poluição do Ar por Veículos Automotores, a vazão de ar fresco na frente de trabalho deve ser aumentada em 2,65 m³/min (dois vírgula sessenta e cinco metros cúbicos por minuto) para cada cavalo-vapor de potência instalada.

•• Item com redação determinada pela Portaria n. 732, de 22-5-2014.

• Código: 222.934-0. Infração: 4. Tipo: S.

22.24.7.3.1. No caso da utilização de veículos e equipamentos a óleo diesel com teor de enxofre acima de 50 ppm ou que operem com motores diesel que não tenham padrões de emissão aceitáveis pela fase P7 do Proconve – Programas de Controle da Poluição do Ar por Veículos Automotores, a vazão de ar fresco na frente de trabalho deve ser aumentada em 3,5 m³/min (três e meio metros cúbicos por minuto) para cada cavalo-vapor de potência instalada.

•• Item com redação determinada pela Portaria n. 732, de 22-5-2014.

• Código: 222.935-8. Infração: 4. Tipo: S.

22.24.7.3.2. No caso de uso simultâneo de mais de um veículo ou equipamento a diesel que operem com diesel com teor de enxofre máximo de 50 ppm e motores que tenham padrões de emissão aceitáveis pela fase P7 do Proconve, em frente de desenvolvimento, deve ser adotada a seguinte fórmula para o cálculo da vazão de ar fresco na frente de trabalho:

$$Q^T = 2,65\ (P1 + 0,75 \times P2 + 0,5 \times Pn)\ [m^3/min]$$

Onde:

Q^T = vazão total de ar fresco em metros cúbicos por minuto

P1 = potência em cavalo-vapor do equipamento de maior potência em operação

P2 = potência em cavalo-vapor do equipamento de segunda maior potência em operação

Pn = somatório da potência em cavalo-vapor dos demais equipamentos em operação

•• Item com redação determinada pela Portaria n. 732, de 22-5-2014.

• Código: 222.936-6. Infração: 4. Tipo: S.

22.24.7.3.3. No caso de uso simultâneo de mais de um veículo ou equipamento a óleo diesel com teor de enxofre acima de 50 ppm ou que operem com motores diesel que não tenham padrões de emissão aceitáveis pela fase P7 do Proconve – Programas de Controle da Poluição do Ar por Veículos Automotores, em frente de desenvolvimento, deve ser adotada a seguinte fórmula para o cálculo da vazão de ar fresco na frente de trabalho:

$$Q^T = 3,50\ (P1 + 0,75 \times P2 + 0,5 \times Pn)\ [m^3/min]$$

Onde:

Q^T = vazão total de ar fresco em metros cúbicos por minuto

P1 = potência em cavalo-vapor do equipamento de maior potência em operação

P2 = potência em cavalo-vapor do equipamento de segunda maior potência em operação

Pn = somatório da potência em cavalo-vapor dos demais equipamentos em operação

•• Item acrescentado pela Portaria n. 732, de 22-5-2014.

• Código: 222.937-4. Infração: 4. Tipo: S.

22.24.7.3.4. No caso de desenvolvimento, sem uso de veículos ou equipamentos a óleo diesel, a vazão de ar fresco deverá ser dimensionada à razão de quinze metros cúbicos por minuto por metro quadrado da área da frente em desenvolvimento.

•• Item acrescentado pela Portaria n. 732, de 22-5-2014.

• Código: 222.938-2. Infração: 4. Tipo: S.

22.24.8. Em outras minas e demais atividades subterrâneas a vazão de ar fresco nas frentes de trabalho será dimensionada de acordo com o disposto no Quadro II, prevalecendo a vazão que for maior.

• Código: 222.585-9. Infração: 4. Tipo: S.

22.24.9. O fluxo total de ar fresco na mina será, no mínimo, o somatório dos fluxos das áreas de desenvolvimento e dos fluxos das demais áreas da mina, dimensionados conforme determinado nesta Norma.

• Código: 222.586-7. Infração: 4. Tipo: S.

22.24.10. A velocidade do ar no subsolo não deve ser inferior a zero vírgula dois metros por segundo nem superior à média de oito metros por segundo onde haja circulação de pessoas.

• Código: 222.286-8. Infração: 4. Tipo: S.

22.24.10.1. Os casos especiais que demandem o aumento de limite superior da velocidade para até dez metros por segundo deverão ser submetidos à instância regional do Ministério do Trabalho e Emprego – MTE.

• Código: 222.861-0. Infração: 2. Tipo: S.

22.24.10.2. Em poços, furos de sonda, chaminés ou galerias, exclusivos para ventilação, a velocidade pode ser superior a dez metros por segundo.

22.24.11. Sempre que a passagem por portas de ventilação acarretar riscos oriundos da diferença de pressão deverão ser instaladas duas portas em série, de modo a permitir que uma permaneça fechada enquanto a outra estiver aberta, durante o trânsito de pessoas ou equipamentos.

• Código: 222.287-6. Infração: 3. Tipo: S.

22.24.11.1. A montagem e desmontagem das portas de ventilação somente será permitida com autorização do responsável pela mina.

• Código: 222.588-3. Infração: 3. Tipo: S.

22.24.12. Na corrente principal, as estruturas utilizadas para a separação de ar fresco do ar viciado, nos cruzamentos, devem ser construídas com alvenaria ou material resistente à combustão ou revestido com material antichama.

• Código: 222.288-4. Infração: 3. Tipo: S.

22.24.12.1. Os tapumes de ventilação devem ser conservados em boas condições de vedação de forma a proporcionar um fluxo adequado de ar nas frentes de trabalho.

• Código: 222.289-2. Infração: 3. Tipo: S.

22.24.13. A instalação e as formas de operação do ventilador principal e do de emergência devem ser definidas e estabelecidas no projeto de ventilação constante do plano de lavra.

• Código: 222.290-6. Infração: 3. Tipo: S.

22.24.14. O sistema de ventilação deve atender, no mínimo, aos seguintes requisitos:

a) possuir ventilador de emergência com capacidade que mantenha a direção do fluxo de ar, de acordo com as atividades para este caso, previstas no projeto de ventilação;

• Código: 322.001-0. Infração: 4. Tipo: S.

b) as entradas aspirantes dos ventiladores devem ser protegidas;

• Código: 322.001-0. Infração: 4. Tipo: S.

c) o ventilador principal e o de emergência devem ser instalados de modo que não permitam a recirculação do ar; e

• Código: 322.001-0. Infração: 4. Tipo: S.

d) possuir sistema alternativo de alimentação de energia proveniente de fonte independente da alimentação principal para acionar o sistema de emergência nas seguintes situações:

I – minas sujeitas a acúmulo de gases explosivos ou tóxicos; e

II – minas em que a falta de ventilação coloque em risco a segurança das pessoas durante sua retirada.

22.24.14.1. Na falta de alimentação de energia e de fonte independente da alimentação principal, o responsável pela mina deverá providenciar a retirada imediata das pessoas.

• Código: 222.594-8. Infração: 4. Tipo: S.

22.24.15. A estação onde estão localizados os ventiladores principais e de emergência deve estar equipada com instrumentos para medição da pressão do ar.

• Código: 222.292-2. Infração: 4. Tipo: S.

22.24.16. O ventilador principal deve ser dotado de dispositivo de alarme que indique a sua paralisação.

• Código: 222.293-0. Infração: 4. Tipo: S.

22.24.17. Os motores dos ventiladores a serem instalados nas frentes com presença de gases explosivos devem ser a prova de explosão.

• Código: 222.294-9. Infração: 4. Tipo: S.

22.24.18. Todas as galerias de desenvolvimento, após dez metros de avançamento, e obras subterrâneas sem comunicação ou em fundo de saco devem ser ventiladas através de sistema de ventilação auxiliar e o ventilador utilizado deverá ser instalado em posição que impeça a recirculação de ar.

• Código: 222.295-7. Infração: 4. Tipo: S.

22.24.18.1. A chave de partida dos ventiladores deve estar na corrente de ar fresco.

• Código: 222.595-6. Infração: 3. Tipo: S.

22.24.19. Para cada instalação ou desinstalação de ventilação auxiliar deve ser elaborado um diagrama específico, aprovado pelo responsável pela ventilação da mina.

• Código: 222.862-9. Infração: 2. Tipo: S.

22.24.20. A ventilação auxiliar não deve ser desligada enquanto houver pessoas trabalhando na frente de serviço, salvo em casos de manutenção do próprio sistema e após a retirada do pessoal, permitida apenas a presença da equipe de manutenção, seguindo procedimentos previstos para esta situação específica.

• Código: 222.863-7. Infração: 4. Tipo: S.

22.24.21. É vedada a ventilação utilizando-se somente ar comprimido, salvo em situações de emergência ou se o mesmo for tratado para a retirada de impurezas.

• Código: 222.298-1. Infração: 4. Tipo: S.

22.24.21.1. O ar de descarga das perfuratrizes não é considerado ar de ventilação.

22.24.22. O pessoal envolvido na ventilação e todo o nível de supervisão da mina, que trabalhe em subsolo, deve receber treinamento em princípios básicos de ventilação de mina.

• Código: 222.596-4. Infração: 3. Tipo: S.

22.24.23. Devem ser executadas, mensalmente, medições para avaliação da velocidade, vazão do ar, temperatura de bulbo seco e bulbo úmido contemplando, no mínimo, os seguintes pontos:

a) caminhos de entrada da ventilação;

• Código: 322.002-8. Infração: 3. Tipo: S.

b) frentes de lavra e de desenvolvimento; e

• Código: 322.002-8. Infração: 3. Tipo: S.

c) ventilador principal.

• Código: 322.002-8. Infração: 3. Tipo: S.

22.24.23.1. O resultados das medições devem ser anotados em registros próprios.

• Código: 222.864-5. Infração: 2. Tipo: S.

22.24.24. No caso de minas grisutosas ou com ocorrência de gases tóxicos, explosivos ou inflamáveis o controle da sua concentração deve ser feito a cada turno, nas frentes de trabalho em operação e nos pontos importantes da ventilação.

• Código: 222.601-4. Infração: 4. Tipo: S.

22.25. Beneficiamento

22.25.1. Os equipamentos de beneficiamento devem ser dispostos a uma distância suficiente entre si, de forma a permitir:

a) a circulação segura do pessoal;

• Código: 322.003-6. Infração: 3. Tipo: S.

b) a sua manutenção;

• Código: 322.003-6. Infração: 3. Tipo: S.

c) o desvio do material no caso de defeitos; e

• Código: 322.003-6. Infração: 3. Tipo: S.

d) a interposição de outros equipamentos necessários para reparos e manutenção.

• Código: 322.003-6. Infração: 3. Tipo: S.

22.25.2. É obrigatória a adoção de medidas especiais de segurança para o trabalho no interior dos seguintes equipamentos:

a) alimentadores;

• Código: 322.004-4. Infração: 4. Tipo: S.

b) moinhos;

• Código: 322.004-4. Infração: 4. Tipo: S.

c) teares;

• Código: 322.004-4. Infração: 4. Tipo: S.

d) galgas;

• Código: 322.004-4. Infração: 4. Tipo: S.

e) transportadores contínuos;

• Código: 322.004-4. Infração: 4. Tipo: S.

f) espessadores;

• Código: 322.004-4. Infração: 4. Tipo: S.

g) silos de armazenamento e transferência; e

• Código: 322.004-4. Infração: 4. Tipo: S.

h) outros também utilizados nas operações de corte, revolvimento, moagem, mistura, armazenamento e transporte de massa.

• Código: 322.004-4. Infração: 4. Tipo: S.

22.25.2.1. As medidas especiais de segurança citadas devem contemplar, no mínimo, os seguintes aspectos:

a) uso de cinto de segurança fixado a cabo salva-vida;

• Código: 322.005-2. Infração: 4. Tipo: S.

b) realização dos trabalhos sob supervisão;

• Código: 322.005-2. Infração: 4. Tipo: S.

c) os equipamentos devem estar desligados, desenergizados, com os comandos bloqueados, travados e etiquetados;

• Código: 322.005-2. Infração: 4. Tipo: S.

d) descarregamento e ventilação prévia dos equipamentos; e

• Código: 322.005-2. Infração: 4. Tipo: S.

e) monitoramento prévio, quando aplicável de:

I – qualidade do ar;

II – explosividade; e

III – radiações ionizantes, quando utilizados medidores radioativos.

22.25.2.2. Somente o responsável pelo bloqueio pode desbloquear o comando de partida dos equipamentos, cujo procedimento deverá estar devidamente registrado

• Código: 222.619-7. Infração: 4. Tipo: S.

22.25.3. Nos casos em que houver trabalho manual auxiliar na alimentação por gravidade de britadores, outros equipamentos ou locais com risco de queda, o trabalhador deve usar, obrigatoriamente, cinto de segurança firmemente fixado.

• Código: 222.303-1. Infração: 4. Tipo: S.

22.25.4. Nos processos que exijam coleta de amostras esta deve ser realizada seguindo procedimentos escritos e os equipamentos devem dispor de local seguro para esta atividade.

• Código: 222.620-0. Infração: 3. Tipo: S.

22.25.5. Em locais de risco de queda de material ou pessoas ou contato com partes móveis as áreas de circulação de pessoas devem estar sinalizadas e protegidas adequadamente.

• Código: 222.304-0. Infração: 4. Tipo: S.

22.25.6. O acionamento de qualquer equipamento só pode ser realizado por pessoa autorizada, através de um sistema ou procedimento adequado de comando de partida, que impeça a ligação acidental.

• Código: 222.621-9. Infração: 4. Tipo: S.

22.25.6.1. Deve haver, no mínimo, um sinal audível por todos os trabalhadores envolvidos ou afetados pela operação, pelo menos vinte segundos antes da movimentação efetiva de equipamentos que ofereçam riscos acentuados.

- Código: 222.305-8. Infração: 4. Tipo: S.

22.25.7. Os locais de implantação de processos de lixiviação em pilha devem ser cercados e sinalizados, de forma a alertar que o acesso é proibido a pessoas não autorizadas.

- Código: 222.865-3. Infração: 2. Tipo: S.

22.25.8. Os processos de lixiviação devem ser executados por trabalhadores treinados e supervisionados por profissional legalmente habilitado.

- Código: 222.307-4. Infração: 3. Tipo: S.

22.26. Disposição de Estéril, Rejeitos e Produtos

•• Item com redação mantida pela Portaria n. 1.085, de 18-12-2018.

22.26.1. Os depósitos de estéril, rejeitos e produtos devem ser construídos e mantidos sob supervisão de profissional legalmente habilitado.

•• Item com redação determinada pela Portaria n. 1.085, de 18-12-2018.

- Código: 222.939-0. Infração: 3. Tipo: S.
- Código: 222.941-2. Infração: 4. Tipo: S.

22.26.2. Os depósitos de substâncias sólidas devem possuir estudos hidrogeológicos e pluviométricos regionais e dispor de monitoramento da percolação de água, do lençol freático e da movimentação e da estabilidade dos maciços.

•• Item com redação determinada pela Portaria n. 1.085, de 18-12-2018.

- Código: 222.942-0. Infração: 4. Tipo: S.

22.26.2.1. Os estudos a que se refere o subitem 22.26.2 poderão ser dispensados por laudo técnico elaborado por profissional legalmente habilitado, conforme as demais legislações pertinentes.

•• Item com redação determinada pela Portaria n. 1.085, de 18-12-2018.

- Código: 222.867-0. Infração: 4. Tipo: S.

22.26.3 Os depósitos de substâncias líquidas em barragens de mineração e bacias de decantação devem possuir estudos hidrogeológicos, pluviométricos e sismológicos regionais e dispor de monitoramento da percolação de água, do lençol freático e da movimentação e da estabilidade dos maciços.

•• Item com redação determinada pela Portaria n. 1.085, de 18-12-2018.

- Código: 222.868-8. Infração: 4. Tipo: S.
- Código: 222.943-9. Infração: 4. Tipo: S.

22.26.3.1 Serão dispensadas dos estudos a que se refere o subitem 22.26.3 as barragens de mineração cadastradas no órgão regulador nacional e não inseridas na Política Nacional de Segurança de Barragens.

•• Item acrescentado pela Portaria n. 1.085, de 18-12-2018.

22.26.4 A empresa com barragens inseridas na Política Nacional de Segurança de Barragens deve manter, à disposição do SESMT, da representação sindical profissional da categoria preponderante e da fiscalização do Ministério do Trabalho o Plano de Segurança de Barragens, incluindo o Plano de Ação de Emergência para Barragens de Mineração (PAEBM), quando exigível.

•• Item acrescentado pela Portaria n. 1.085, de 18-12-2018.

- Código: 222.944-7. Infração: 3. Tipo: S.

22.26.5 A empresa com barragens inseridas na Política Nacional de Segurança de Barragens deve enviar cópia da declaração de Condição de Estabilidade semestral ao SESMT.

•• Item acrescentado pela Portaria n. 1.085, de 18-12-2018.

- Código: 222.945-5. Infração: 3. Tipo: S.

22.26.6 A empresa deve informar ao SESMT, à representação sindical profissional da categoria preponderante e ao órgão regional do Ministério do Trabalho os casos de anomalias que impliquem no desencadeamento de inspeção especial, conforme exigência do órgão regulador nacional.

•• Item acrescentado pela Portaria n. 1.085, de 18-12-2018.

- Código: 222.946-3. Infração: 3. Tipo: S.

22.26.7 Nas situações de risco grave e iminente de colapso de depósito de estéril, rejeitos e produtos e de ruptura de barragens de mineração, as áreas de risco devem ser evacuadas, isoladas e a evolução do processo deve ser monitorada, informando-se todo o pessoal potencialmente afetado, conforme previsto no Plano de Atendimento a Emergências - PAE.

•• Item acrescentado pela Portaria n. 1.085, de 18-12-2018.

- Código: 222.947-1. Infração: 4. Tipo: S.

22.26.8 O acesso aos depósitos de produtos, estéril, rejeitos e às barragens de mineração deve ser sinalizado e restrito ao pessoal necessário aos trabalhos ali realizados.

•• Item acrescentado pela Portaria n. 1.085, de 18-12-2018.

- Código: 222.948-0. Infração: 3. Tipo: S.

22.26.9 A estocagem definitiva ou temporária de produtos tóxicos ou perigosos deve ser realizada com segurança e de acordo com a regulamentação vigente dos órgãos competentes.

•• Item acrescentado pela Portaria n. 1.085, de 18-12-2018.

- Código: 222.949-8. Infração: 3. Tipo: S.

22.27. Iluminação

22.27.1. Os locais de trabalho, circulação e transporte de pessoas devem dispor de sistemas de iluminação natural ou artificial, adequado às atividades desenvolvidas.

- Código: 222.869-6. Infração: 4. Tipo: S.

22.27.1.1. Em subsolo, é obrigatória a existência de sistema de iluminação estacionária, mantendo-se os seguintes níveis mínimos de iluminamento médio nos locais a seguir relacionados:

a) cinquenta lux no fundo do poço;

- Código: 322.006-0. Infração: 3. Tipo: S.

b) cinquenta lux na casa de máquinas;

- Código: 322.006-0. Infração: 3. Tipo: S.

c) vinte lux no caminhos principais;

• Código: 322.006-0. Infração: 3. Tipo: S.

d) vinte lux nos pontos de carregamento, descarregamento e trânsito sobre transportadores contínuos:

• Código: 322.006-0. Infração: 3. Tipo: S.

e) sessenta lux na estação de britagem; e

• Código: 322.006-0. Infração: 3. Tipo: S.

f) duzentos e setenta lux no escritório e oficinas de reparos.

• Código: 322.006-0. Infração: 3. Tipo: S.

22.27.2. As instalações de superfície que dependam de iluminação artificial, cuja falha possa colocar em risco acentuado a segurança das pessoas, devem ser providas de iluminação de emergência que atenda aos seguintes requisitos:

a) ligação automática no caso de falha do sistema principal;

• Código: 322.007-9. Infração: 4. Tipo: S.

b) ser independente do sistema principal;

• Código: 322.007-9. Infração: 4. Tipo: S.

c) prover iluminação suficiente que permita a saída das pessoas da instalação; e

• Código: 322.007-9. Infração: 4. Tipo: S.

d) ser testadas e mantidas em condições de funcionamento.

• Código: 322.007-9. Infração: 4. Tipo: S.

22.27.2.1. Caso não seja possível a instalação de iluminação de emergência, os trabalhadores devem dispor de equipamentos individuais de iluminação.

• Código: 222.315-5. Infração: 4. Tipo: S.

22.27.3. Devem dispor de iluminação suplementar à iluminação individual as seguintes atividades no subsolo:

a) verificação de riscos de quedas de material;

• Código: 322.008-7. Infração: 4. Tipo: S.

b) verificação de falhas e descontinuidades geológicas;

• Código: 322.008-7. Infração: 4. Tipo: S.

c) abatimentos de chocos e blocos instáveis; e

• Código: 322.008-7. Infração: 4. Tipo: S.

d) manutenção elétrica e mecânica nas frentes de trabalho.

• Código: 322.008-7. Infração: 4. Tipo: S.

22.27.4. Quando necessária iluminação dos depósitos de explosivos e acessórios, esta somente poderá ser externa.

• Código: 222.637-5. Infração: 4. Tipo: S.

22.27.5. Em trabalhos no interior de depósitos de explosivos e acessórios só é permitido o uso de lanternas de segurança.

• Código: 222.638-3. Infração: 4. Tipo: S.

22.27.6. Durante o trabalho noturno ou em condições de pouca visibilidade em minas a céu aberto, as frentes de basculamento ou descarregamento em operação devem possuir iluminação suficiente.

• Código: 222.317-1. Infração: 4. Tipo: S.

22.27.6.1. Quando as condições atmosféricas impedirem a visibilidade, mesmo com iluminação artificial, os trabalhos e o tráfego de veículos e equipamentos móveis deverão ser suspensos.

• Código: 222.318-0. Infração: 4. Tipo: S.

22.27.7. É obrigatório o uso de lanternas individuais nas seguintes condições:

a) para o acesso e o trabalho em mina subterrânea e

• Código: 322.009-5. Infração: 4. Tipo: S.

b) para deslocamento noturno na área de operação de lavra, basculamento e carregamento, nas minas a céu aberto.

• Código: 322.009-5. Infração: 4. Tipo: S.

22.27.7.1. Em minas com ocorrência de gases explosivos, só será permitido o uso de lanternas de segurança.

• Código: 222.320-1. Infração: 4. Tipo: S.

22.27.7.2. Lanternas de reserva devem estar disponíveis em pontos próximos aos locais de trabalho e em condições de uso.

• Código: 222.876-9. Infração: 3. Tipo: S.

22.27.8. No caso de trabalhos em minerais com alto índice de refletância deverão ser tomadas medidas especiais de proteção da visão.

• Código: 222.641-3. Infração: 3. Tipo: S.

22.28. Proteção contra Incêndios e Explosões Acidentais

22.28.1. Na minas e instalações sujeitas a emanações de gases tóxicos, explosivos ou inflamáveis o PGR – Programa de Gerenciamento de Riscos – deverá incluir ações de prevenção e combate a incêndio e de explosões acidentais.

• Código: 222.642-1. Infração: 3. Tipo: S.

22.28.1.1. As ações de prevenção e combate a incêndio e de prevenção de explosões acidentais devem ser implementadas pelo responsável pela mina e devem incluir, no mínimo:

a) indicação de um responsável pelas equipes, serviços e equipamentos para realizar as medições;

• Código: 322.010-9. Infração: 4. Tipo: S.

b) registros dos resultados das medições permanentemente organizados, atualizados e disponíveis à fiscalização; e

• Código: 322.010-9. Infração: 4. Tipo: S.

c) a periodicidade da realização das medições deverá ser determinada em função das características dos gases, podendo ser modificada a critério técnico.

• Código: 322.010-9. Infração: 4. Tipo: S.

22.28.2. Em minas subterrâneas não deve ser ultrapassada a concentração um por cento em volume, ou equivalente, de metano no ambiente de trabalho.

• Código: 222.323-6. Infração: 4. Tipo: S.

22.28.2.1. No caso da ocorrência de metano acima desta concentração, as atividades devem ser imediatamente suspensas, informando-se a chefia imediata e executando somente trabalhos para reduzir a concentração.

• Código: 222.324-4. Infração: 4. Tipo: S.

22.28.2.2. Em caso de ocorrência de metano com concentração igual ou superior a dois por cento em volume, ou equivalente, a zona em perigo deve ser imediatamente evacuada e interditada.

• Código: 222.325-2. Infração: 4. Tipo: S.

22.28.3. A concentração de metano na corrente de ar deverá ser controlada periodicamente, conforme programa estabelecido e aprovado pelo responsável pela mina.

• Código: 222.326-0. Infração: 3. Tipo: S.

22.28.3.1. Acima de zero vírgula oito por cento em volume de metano no ar, será proibido desmonte com explosivo.

• Código: 222.327-9. Infração: 4. Tipo: S.

22.28.4. Nas minas subterrâneas sujeitas à concentração de gases, que possam provocar explosões e incêndios, devem estar disponíveis próximos aos postos de trabalho equipamentos individuais de fuga rápida em quantidade suficiente para o número de pessoas presentes na área.

• Código: 222.328-7. Infração: 4. Tipo: S.

22.28.4.1. Além dos equipamentos de fuga rápida deverão estar disponíveis câmaras de refúgio incombustíveis, por tempo mínimo previsto no Programa de Gerenciamento de Riscos – PGR – com capacidade para abrigar os trabalhadores em caso de emergência possuindo as seguintes características mínimas:

• Código: 222.881-5. Infração: 4. Tipo: S.

a) porta capaz de ser selada hermeticamente;

• Código: 222.882-3. Infração: 3. Tipo: S.

b) sistema de comunicação com a superfície;

• Código: 222.883-1. Infração: 3. Tipo: S.

c) água potável e sistema de ar comprimido; e

• Código: 222.884-0. Infração: 3. Tipo: S.

d) ser facilmente acessíveis e identificados.

• Código: 222.885-8. Infração: 3. Tipo: S.

22.28.5. Todas as minerações devem possuir um sistema com procedimentos escritos, equipes treinadas de combate a incêndio e sistema de alarme.

• Código: 222.330-9. Infração: 3. Tipo: S.

22.28.5.1. As equipes deverão ser treinadas por profissional qualificado e fazer exercícios periódicos de simulação.

• Código: 222.650-2. Infração: 3. Tipo: S.

22.28.6. A prevenção de incêndio deverá ser promovida em todas as dependências da mina através das seguintes medidas:

a) proibição de se portar ou utilizar produtos inflamáveis ou qualquer objeto que produza fogo ou faísca, a não ser os necessários aos trabalhos de mineração subterrânea;

• Código: 322.011-7. Infração: 4. Tipo: S.

b) disposição adequada de lixo ou material descartável com potencial inflamável em qualquer dependência da mina;

• Código: 322.011-7. Infração: 4. Tipo: S.

c) proibição de estocagem de produtos inflamáveis e de explosivos próximo a transformadores, caldeiras, e outros equipamentos e instalações que envolvam eletricidade e calor;

• Código: 322.011-7. Infração: 4. Tipo: S.

d) os trabalhos envolvendo soldagem, corte e aquecimento, através de chama aberta, só poderão ser executados quando forem providenciados todos os meios adequados para prevenção e combate de eventual incêndio; e

• Código: 322.011-7. Infração: 4. Tipo: S.

e) proibição de fumar em subsolo.

• Código: 322.011-7. Infração: 4. Tipo: S.

22.28.7. É proibido o porte e uso de lanternas de carbureto de cálcio em subsolo.

• Código: 222.332-5. Infração: 4. Tipo: S.

22.28.8. Em minas subterrâneas, onde for utilizado sistema de transporte por correias transportadoras, deverá ser instalado sistema de combate a incêndio próximo ao seu sistema de acionamento e dos tambores.

• Código: 222.333-3. Infração: 4. Tipo: S.

22.28.9. Em minas de carvão, as correias transportadoras deverão ser construídas de material resistente à combustão.

• Código: 222.334-1. Infração: 4. Tipo: S.

22.28.9.1. Em minas de carvão deverão ser tomadas todas as medidas necessárias para evitar o acúmulo de pó de carvão ao longo das partes móveis dos sistemas de transportadores de correia, onde possa ocorrer aquecimento por atrito.

• Código: 222.335-0. Infração: 4. Tipo: S.

22.28.10. Nos acessos de ar fresco devem ser tomadas precauções adicionais nas instalações para se evitar incêndios e sua propagação.

• Código: 222.336-8. Infração: 4. Tipo: S.

22.28.11. O sistema da ventilação de mina subterrânea deve ser regido e dotado de procedimentos ou dispositivos que:

a) impeçam que os gases de combustão provenientes de incêndio na superfície penetrem no seu interior; e

• Código: 322.012-5. Infração: 4. Tipo: S.

b) possibilitem que os gases de combustão ou outros gases tóxicos gerados em seu interior em virtude de incêndio não sejam carreados para as frentes de trabalho ou sejam adequadamente diluídos.

• Código: 322.012-5. Infração: 4. Tipo: S.

22.28.12. Nas proximidades dos acessos à mina subterrânea não devem ser instalados depósitos de produtos combustíveis, inflamáveis ou explosivos.

• Código: 222.338-4. Infração: 4. Tipo: S.

22.28.13. Todo insumo inflamável ou explosivo, deve ser rotulado e guardado em depósito seguro, identificado e construído conforme regulamentação vigente.

• Código: 222.339-2. Infração: 3. Tipo: S.

22.28.14. Devem ser instaladas, nas minas subterrâneas, redes de água, sistemas ou dispositivos que permitam o combate a incêndios.

• Código: 222.340-6. Infração: 4. Tipo: S.

22.28.15. Em toda mina devem ser instalados extintores portáteis de incêndio, adequados à classe de risco, cuja inspeção deve ser realizada por pessoal treinado.

• Código: 222.341-4. Infração: 4. Tipo: S.

22.28.16. Os equipamentos de combate a incêndios, as tomadas de água e o estoque do material a ser utilizado na construção emergencial de diques, na superfície e no subsolo, devem estar permanentemente identificados e dispostos em locais apropriados e visíveis.

• Código: 222.658-8. Infração: 4. Tipo: S.

22.28.16.1. Os equipamentos do sistema de combate a incêndio devem ser inspecionados periodicamente.

• Código: 222.659-6. Infração: 3. Tipo: S.

22.28.17. Todos os trabalhadores devem estar instruídos sobre prevenção e combate a princípios de incêndios, através do uso de extintores portáteis, e sobre noções de primeiros socorros.

• Código: 222.660-0. Infração: 3. Tipo: S.

22.28.18. Havendo a constatação de incêndio, toda a área de risco deve ser interditada e as pessoas não diretamente envolvidas no seu combate devem ser evacuadas para áreas seguras.

• Código: 222.661-8. Infração: 4. Tipo: S.

22.28.19. As carpintarias devem estar distantes de outras oficinas e demais zonas com risco de incêndio e explosão.

• Código: 222.342-2. Infração: 3. Tipo: S.

22.29. Prevenção de Explosão de Poeiras Inflamáveis em Minas Subterrâneas de Carvão

22.29.1. As minas subterrâneas de carvão devem identificar as fontes de geração de poeiras tomando as medidas preventivas cabíveis para reduzir o risco de inflamação de poeiras e a propagação da chama.

• Código: 222.343-0. Infração: 4. Tipo: S.

22.29.1.1. As medidas preventivas serão implementadas principalmente nos seguintes locais:

a) frentes de lavra;

• Código: 322.013-3. Infração: 4. Tipo: S.

b) pontos de transferência;

• Código: 322.013-3. Infração: 4. Tipo: S.

c) pontos de carregamento de minério em correias transportadoras; e

• Código: 322.013-3. Infração: 4. Tipo: S.

d) onde existam fontes de ignição.

• Código: 322.013-3. Infração: 4. Tipo: S.

22.29.1.2. As medidas preventivas serão:

a) nas frentes de lavra: umidificação das operações que possam gerar poeiras;

b) nos pontos de transferência e nos pontos de carregamento:

I – umidificação;

II – neutralização com material inerte; ou

III – lavagem periódica em intervalos de tempo a serem determinados para cada local, das paredes, teto e lapa; e

c) nos locais onde existam fontes de ignição:

I – isolamento da fonte;

II – umidificação; ou

III – neutralização com material inerte.

22.30. Proteção contra Inundações

22.30.1. A empresa ou o Permissionário de Lavra Garimpeira deve adotar medidas que previnam inundações acidentais em suas instalações, tomando por base os estudos hidrogeológicos previstos nas normas reguladoras de mineração.

•• Item com redação determinada pela Portaria n. 27, de 1º-10-2002.

• Código: 222.886-6. Infração: 4. Tipo: S.

22.30.1.1. No subsolo, serão ainda adotadas as seguintes providências:

a) controlar a quantidade de água bombeada e suas variações ao longo do tempo; e

• Código: 322.014-1. Infração: 4. Tipo: S.

b) adotar sistema de comunicação adequado sempre que houver risco iminente de inundação das galerias de acesso ou saída de pessoal.

• Código: 322.014-1. Infração: 4. Tipo: S.

22.31. Equipamentos Radioativos

22.31.1. As minerações que utilizem fontes ou medidores radioativos em seus processos devem obedecer as Diretrizes Básicas e de Radioproteção da Comissão Nacional de Energia Nuclear – CNEN, especialmente nas NE ns. 3.01/83; 6.02/84; 3.02/88; 3.03/88 e alterações posteriores.

• Código: 222.675-8. Infração: 4. Tipo: S.

22.31.2. A empresa que utilizar fontes ou medidores radioativos deverá manter a disposição da fiscalização seu Plano de Radioproteção, os resultados de exposição dos trabalhadores e dos levantamentos radiométricos, além dos certificados de calibração dos aparelhos de medição.

• Código: 222.887-4. Infração: 1. Tipo: S.

22.31.3. Todas as fontes radioativas e áreas com possibilidade de expor os trabalhadores a taxas de doses acima das permitidas para indivíduos do público devem ser mantidas sinalizadas.

• Código: 222.349-0. Infração: 4. Tipo: S.

22.31.4. Os trabalhadores sujeitos a exposição a radiações ionizantes e os que transitem por áreas onde haja fontes radioativas devem ser informados sobre os equipamentos, seu funcionamento e seus riscos.

• Código: 222.676-6. Infração: 3. Tipo: S.

22.31.5. Os trabalhos envolvendo radiações ionizantes devem possuir orientação de um Supervisor de Radioproteção habilitado pela CNEN.

• Código: 222.350-3. Infração: 4. Tipo: S.

22.31.6. As fontes radioativas suplementares e as fora de uso devem estar armazenadas segundo as normas da CNEN.

• Código: 222.351-1. Infração: 4. Tipo: S.

22.32. Plano de Atendimento a Emergências - PAE.

•• Item com redação determinada pela Portaria n. 1.085, de 18-12-2018.

22.32.1 Toda mina deverá elaborar, implementar e manter atualizado um Plano de Atendimento a Emergências que inclua, no mínimo, os seguintes requisitos e cenários:

•• Item e incisos com redação determinada pela Portaria n. 1.085, de 18-12-2018.

• Código: 222.888-2. Infração: 4. Tipo: S.

a) identificação de seus riscos maiores; e

• Código: 222.677-4. Infração: 3. Tipo: S.

• Código: 222.951-0. Infração: 4. Tipo: S.

b) normas de procedimentos para operações em caso de:

• Código: 222.952-8. Infração: 4. Tipo: S.

I. incêndios;

• Código: 222.678-2. Infração: 3. Tipo: S.

II. inundações;

• Código: 222.679-0. Infração: 3. Tipo: S.

III. explosões;

• Código: 222.680-4. Infração: 3. Tipo: S.

IV. desabamentos;

• Código: 222.681-2. Infração: 3. Tipo: S.

V. paralisação do fornecimento de energia para o sistema de ventilação principal da mina;

• Código: 222.682-0. Infração: 3. Tipo: S.

VI. acidentes maiores;

• Código: 222.683-9. Infração: 3. Tipo: S.

VII. rompimento de barragem de mineração, conforme previsto no PAEBM;

• Código: 222.684-7. Infração: 3. Tipo: S.

VIII. outras situações de emergência em função das características da mina, dos produtos e dos insumos utilizados.

c) localização de equipamentos e materiais necessários para as operações de emergência e prestação de primeiros socorros;

• Código: 222.953-6. Infração: 4. Tipo: S.

d) descrição da composição e os procedimentos de operação de brigadas de emergência para atuar nas situações descritas nos incisos I a VIII, da alínea "b" deste subitem;

• Código: 222.954-4. Infração: 4. Tipo: S.

e) treinamento periódico das brigadas de emergência;

• Código: 222.955-2. Infração: 4. Tipo: S.

f) simulação periódica de situações de salvamento com a mobilização do contingente da mina diretamente afetado pelo evento;

• Código: 222.956-0. Infração: 4. Tipo: S.

g) definição de áreas e instalações construídas e equipadas para refúgio das pessoas e prestação de primeiros socorros;

• Código: 222.957-9. Infração: 4. Tipo: S.

h) definição de sistema de comunicação e sinalização de emergência, abrangendo o ambiente interno e externo e

• Código: 222.958-7. Infração: 4. Tipo: S.

i) a articulação da empresa com órgãos da defesa civil.

• Código: 222.959-5. Infração: 4. Tipo: S.

j) estabelecimento de sistema que permita saber, com precisão e em qualquer momento, os nomes de todas as pessoas que estão no subsolo, assim como a localização provável das mesmas.

• Código: 222.960-9. Infração: 4. Tipo: S.

22.32.1.1. Compete ao supervisor conhecer e divulgar os procedimentos do plano de emergência a todos os seus subordinados.

• Código: 222.692-8. Infração: 3. Tipo: S.

22.32.2. A empresa proporcionará treinamento semestral específico à brigada de emergência, com aulas teóricas e aplicações práticas.

• Código: 222.693-6. Infração: 3. Tipo: S.

22.32.3. Devem ser realizadas, anualmente, simulações do plano de emergência com mobilização do contingente da mina diretamente afetado.

• Código: 222.694-4. Infração: 3. Tipo: S.

22.32.4. Nas minas de subsolo deve existir uma área reservada para refúgio, em caso de emergência, devidamente construída e equipada para abrigar o pessoal e prestação de primeiros socorros.

• Código: 222.353-8. Infração: 4. Tipo: S.

22.33. Vias e Saídas de Emergência

22.33.1. Toda mina subterrânea em atividade deve possuir, obrigatoriamente, no mínimo, duas vias de acesso à superfície, uma via principal e uma alternativa ou de emergência, separadas entre si e comunicando-se por vias secundárias, de forma que a interrupção de uma delas não afete o trânsito pela outra.

• Código: 222.354-6. Infração: 4. Tipo: S.

22.33.1.1. O disposto neste item não se aplica durante a fase de abertura da mina.

22.33.2. Na mina subterrânea em operação normal de suas atividades, as vias principais e secundárias devem proporcionar condições para que toda pessoa, a partir dos locais de trabalho, tenha alternativa de trânsito para as duas vias de acesso à superfície, sendo uma delas o caminho de emergência.

• Código: 222.355-4. Infração: 4. Tipo: S.

22.33.3. No subsolo, os locais de trabalho devem possibilitar a imediata evacuação, em condições de segurança para os trabalhadores, devendo ser previsto o número e distribuição do pessoal no plano de emergências conforme disposto no subitem 22.32.1.

• Código: 222.696-0. Infração: 4. Tipo: S.

22.33.4. As vias e saídas de emergência devem ser direcionadas o mais diretamente possível para o exterior, em zona de segurança ou ponto de concentração previamente determinado e sinalizado.

• Código: 222.697-9. Infração: 4. Tipo: S.

22.33.5. As vias e saídas de emergência, assim como as vias de circulação e as portas que lhes dão acesso, devem ser devidamente sinalizadas e mantidas desobstruídas.

• Código: 222.356-2. Infração: 4. Tipo: S.

22.33.6. Os planos inclinados e chaminés destinados à saída de emergência devem possuir escadas construídas e instaladas conforme prescrito no item 22.10.

22.34. Paralisação e Retomada de Atividades nas Minas

22.34.1. Ao suspender temporária ou definitivamente a lavra, a empresa ou Permissionário de Lavra Garimpeira deverá comunicar ao órgão regional do Ministério do Trabalho e Emprego – MTE.

• Código: 222.889-0. Infração: 1. Tipo: S.

22.34.2. As minas paralisadas definitivamente deverão ter todos os seus acessos vedados, na forma da legislação em vigor.

• Código: 222.700-2. Infração: 4. Tipo: S.

22.34.3. Para o retorno das atividades de lavra, a empresa ou Permissionário de Lavra Garimpeira deverá tomar as seguintes providências:

a) reavaliar o estado de conservação da mina, suas dependências, equipamentos e sistemas;

• Código: 222.701-0. Infração: 3. Tipo: S.

b) restabelecer as condições de higiene e segurança do trabalho;

• Código: 222.702-9. Infração: 4. Tipo: S.

c) ventilar todas as frentes antes de se adentrar nas mesmas, no caso de minas subterrâneas, monitorando a qualidade do ar;

• Código: 222.703-7. Infração: 4. Tipo: S.

d) drenar as áreas inundadas ou alagadas;

• Código: 222.704-5. Infração: 4. Tipo: S.

e) verificar a estabilidade da estrutura da mina, reforçando-a, em especial aquelas danificadas;

• Código: 222.705-3. Infração: 4. Tipo: S.

f) realizar estudos e projetos adicionais exigidos pelos órgãos fiscalizadores; e

• Código: 222.706-1. Infração: 3. Tipo: S.

g) manter à disposição da fiscalização do trabalho a autorização de reinício das atividades de lavra, expedida pelo DNPM.

• Código: 222.890-4. Infração: 1. Tipo: S.

22.35. Informação, Qualificação e Treinamento

22.35.1. A empresa ou Permissionário de Lavra Garimpeira deve proporcionar aos trabalhadores treinamento, qualificação, informações, instruções e reciclagem necessárias para preservação da sua segurança e saúde, levando-se em consideração o grau de risco e natureza das operações.

• Código: 222.708-8. Infração: 3. Tipo: S.

22.35.1.1. O treinamento admissional para os trabalhadores, que desenvolverão atividades no setor de mineração ou daqueles transferidos da superfície para o subsolo ou vice-versa, abordará, no mínimo, os seguintes tópicos:

• Código: 222.891-2. Infração: 3. Tipo: S.

a) treinamento introdutório geral com reconhecimento do ambiente de trabalho;

b) treinamento específico na função; e

c) orientação em serviço.

22.35.1.2. O treinamento introdutório geral deve ter duração mínima de seis horas diárias, durante cinco dias, para as atividades de subsolo, e de oito horas diárias, durante três dias, para atividades em superfície, durante o horário de trabalho, e terá o seguinte currículo mínimo:

• Código: 222.892-0. Infração: 3. Tipo: S.

a) ciclo de operações da mina;

b) principais equipamentos e suas funções;

c) infraestrutura da mina;

d) distribuição de energia;

e) suprimento de materiais;

f) transporte na mina;

g) regras de circulação de equipamentos e pessoas;

h) procedimentos de emergência;

i) primeiros socorros;

j) divulgação dos riscos existentes nos ambientes de trabalho constantes no Programa de Gerenciamento de Riscos e dos acidentes e doenças profissionais; e

l) reconhecimento do ambiente do trabalho.

22.35.1.3. O treinamento específico na função consistirá de estudo e práticas relacionadas às atividades a serem desenvolvidas, seus riscos, sua prevenção, procedimentos corretos e de execução e terá duração mínima de quarenta horas para as atividades de superfície e quarenta e oito horas para as atividades de subsolo, durante o horário de trabalho e no período contratual de experiência ou antes da mudança de função.

• Código: 222.893-9. Infração: 3. Tipo: S.

22.35.1.3.1. A empresa ou Permissionário de Lavra Garimpeira deve proporcionar treinamento específico, com reciclagem periódica, aos trabalhadores que executem as seguintes operações e atividades:

a) abatimento de chocos e blocos instáveis;

• Código: 222.894-7. Infração: 3. Tipo: S.

b) tratamento de maciços;

• Código: 222.895-5. Infração: 3. Tipo: S.

c) manuseio de explosivos e acessórios;

• Código: 222.896-3. Infração: 3. Tipo: S.

d) perfuração manual;

• Código: 222.897-1. Infração: 3. Tipo: S.

e) carregamento e transporte de material;

• Código: 222.898-0. Infração: 3. Tipo: S.

f) transporte por arraste;

• Código: 222.899-8. Infração: 3. Tipo: S.

g) operações com guinchos e içamentos;

• Código: 222.900-5. Infração: 3. Tipo: S.

h) inspeções gerais da frente de trabalho;

• Código: 222.901-3. Infração: 3. Tipo: S.

i) manipulação e manuseio de produtos tóxicos ou perigosos; e

• Código: 222.902-1. Infração: 3. Tipo: S.

j) outras atividades ou operações de risco especificadas no PGR.

• Código: 222.903-0. Infração: 3. Tipo: S.

22.35.1.4. A orientação em serviço consistirá de período no qual o trabalhador desenvolverá suas atividades, sob orientação de outro trabalhador experiente ou sob supervisão direta, com a duração mínima de quarenta e cinco dias.

• Código: 222.733-9. Infração: 3. Tipo: S.

22.35.1.5. Treinamentos periódicos e para situações específicas deverão ser ministrados sempre que necessário para a execução das atividades de forma segura.

• Código: 222.734-7. Infração: 3. Tipo: S.

22.35.2. Para operação de máquinas, equipamentos ou processos diferentes a que o operador estava habituado, deve ser feito novo treinamento, de modo a qualificá-lo à utilização dos mesmos.

• Código: 222.904-8. Infração: 3. Tipo: S.

22.35.3. Será obrigatória orientação que inclua as condições atuais das vias de circulação das minas para os trabalhadores afastados do trabalho por mais de trinta dias consecutivos.

• Código: 222.361-9. Infração: 3. Tipo: S.

22.35.4. As instruções visando a informação, qualificação e treinamento dos trabalhadores devem ser redigidas em linguagem compreensível e adotando metodologias, técnicas e materiais que facilitem o aprendizado para preservação de sua segurança e saúde.

• Código: 222.905-6. Infração: 2. Tipo: S.

22.35.5. Considerando as características da mina, dos métodos de lavra e do beneficiamento, outros treinamentos poderão ser determinados pela autoridade regional competente em matéria de Segurança e Saúde do Trabalhador.

• Código: 222.737-1. Infração: 3. Tipo: S.

22.36. Comissão Interna de Prevenção de Acidentes na Mineração – CIPAMIN

22.36.1. A empresa de mineração ou Permissionário de Lavra Garimpeira que admita trabalhadores como empregados deve organizar e manter em regular funcionamento, na forma prevista nesta NR, em cada estabelecimento, uma Comissão Interna de Prevenção de Acidentes – CIPA, doravante denominada CIPA na Mineração – CIPAMIN.

• Código: 222.906-4. Infração: 4. Tipo: S.

22.36.2. A CIPAMIN tem por objetivo observar e relatar as condições de risco no ambiente de trabalho, visando a prevenção de acidentes e doenças decorrentes do trabalho na mineração, de modo a tornar compatível permanentemente o trabalho com a segurança e a saúde dos trabalhadores.

22.36.3. A CIPAMIN será composta de representante do empregador e dos empregados e seus respectivos suplentes, de acordo com as proporções mínimas constantes no Quadro III, anexo.

• Código: 222.738-0. Infração: 3. Tipo: S.

22.36.3.1. A composição da CIPAMIN deverá observar critérios que permitam estar representados os setores que ofereçam maior risco ou que apresentem maior número de acidentes do trabalho.

• Código: 222.907-2. Infração: 2. Tipo: S.

22.36.3.1.1. Os setores de maior risco deverão ser definidos pela CIPAMIN com base nos dados do PGR, no relatório anual do PCMSO, na estatística de acidentes do trabalho elaborada pelo SESMT e outros dados e informações relativas à segurança e saúde no trabalho disponíveis na empresa.

• Código: 222.908-0. Infração: 2. Tipo: S.

22.36.3.2. Quando o estabelecimento não se enquadrar no Quadro III desta NR a empresa ou Permissionário de Lavra Garimpeira deverá designar e treinar em prevenção de acidentes um representante para cumprir os objetivos da CIPAMIN, o qual deverá promover a participação dos trabalhadores nas ações de prevenção de acidentes e doenças profissionais.

• Código: 222.909-9. Infração: 2. Tipo: S.

22.36.4. Os representantes dos empregados na CIPAMIN serão por estes eleitos seguindo os procedimentos estabelecidos na Norma Regulamentadora n. 5 – CIPA e respeitando o critério estabelecido no item subitem 22.36.3.1.

• Código: 222.910-2. Infração: 3. Tipo: S.

22.36.4.1. Em obediência aos critérios do subitem 22.36.3.1 para a composição da CIPAMIN esta indicará as áreas a serem contempladas pela representatividade individual de empregados do setor.

• Código: 222.911-0. Infração: 1. Tipo: S.

22.36.4.1.1. Observado o dimensionamento do Quadro III, a CIPAMIN deverá ser composta de forma a abranger a representatividade de todos os setores da empresa, podendo, se for o caso, agrupar áreas ou setores preferentemente afins.

• Código: 222.744-4. Infração: 2. Tipo: S.

22.36.4.2. Os candidatos interessados deverão inscrever-se para representação da sua área ou setor de trabalho.

22.36.4.3. A eleição será realizada por área ou setor e os empregados votarão nos inscritos de sua área ou setor de trabalho.

• Código: 222.745-2. Infração: 2. Tipo: S.

22.36.4.4. Assumirá a condição de titular da CIPAMIN o candidato mais votado na área ou setor de trabalho.

• Código: 222.746-0. Infração: 2. Tipo: S.

22.36.4.5. Assumirá a condição de suplente, considerando o Quadro III, dentre todos os outros candidatos, o mais votado desconsiderando a área ou setor de trabalho.

• Código: 222.747-9. Infração: 2. Tipo: S.

22.36.4.6. O mandato dos membros eleitos da CIPAMIN terá duração de um ano, permitida uma reeleição.

• Código: 222.748-7. Infração: 2. Tipo: S.

22.36.5. O Presidente da CIPAMIN, bem como o representante suplente do empregador serão por este indicados.

• Código: 222.912-9. Infração: 2. Tipo: S.

22.36.6. O Vice-Presidente da CIPAMIN será escolhido entre os representantes titulares dos empregados.

• Código: 222.749-5. Infração: 2. Tipo: S.

22.36.7. A CIPAMIN terá como atribuições:

a) elaborar o Mapa de Riscos, conforme prescrito na Norma Regulamentadora n. 5 (CIPA), encaminhando-o ao empregador e ao SESMT, quando houver;

b) recomendar a implementação de ações para o controle dos riscos identificados;

c) analisar e discutir os acidentes do trabalho e doenças profissionais ocorridos, propondo e solicitando medidas que previnam ocorrências semelhantes e orientando os demais trabalhadores quanto à sua prevenção;

d) estabelecer negociação permanente no âmbito de suas representações para a recomendação e solicitação de medidas de controle ao empregador;

e) acompanhar a implantação das medidas de controle e do cronograma de ações estabelecido no PGR e no PCMSO;

f) participar das inspeções periódicas dos ambientes de trabalho programadas pela empresa ou SESMT, quando houver, seguindo cronograma negociado com o empregador;

g) realizar reuniões mensais em local apropriado e durante o expediente normal da empresa, em obediência ao calendário anual, com lavratura das respectivas atas e nos termos da Norma Regulamentadora n. 5;

•• Alínea *g* com redação determinada pela Portaria n. 202, de 26-1-2011.

h) realizar reuniões extraordinárias quando da ocorrência de acidentes de trabalho fatais ou que resultem em lesões graves com perda de membro ou função orgânica ou que cause prejuízo de monta, no prazo máximo de 48 (quarenta e oito) horas após sua ocorrência;

i) requerer do SESMT, quando houver, ou do empregador ciência prévia do impacto à segurança e à saúde dos trabalhadores de novos projetos ou de alterações significativas no ambiente ou no processo de trabalho, revisando, nestes casos, o Mapa de Riscos elaborado;

j) requisitar à empresa ou ao Permissionário de Lavra Garimpeira as cópias da Comunicações de Acidente do Trabalho – CAT – emitidas;

l) apresentar, durante o treinamento admissional dos trabalhadores previsto no item 22.35, os seus objetivos, atribuições e responsabilidades; e

m) realizar, anualmente, a Semana Interna de Prevenção de Acidentes do Trabalho na Mineração – SIPATMIN, com divulgação do resultado das ações implementadas pela CIPAMIN.

22.36.8. O empregador deverá proporcionar à CIPAMIN os meios e condições necessários ao desempenho de suas atribuições.

• Código: 222.913-7. Infração: 2. Tipo: S.

22.36.9. São atribuições do Presidente da CIPAMIN:

a) coordenar e controlar as atividades da CIPAMIN;

b) convocar os membros para as reuniões ordinárias mensais e extraordinárias;

c) preparar a pauta das reuniões ordinárias em conjunto com o Vice-Presidente;

d) presidir as reuniões;

e) encaminhar ao empregador e ao SESMT, quando houver, o Mapa de Riscos elaborado;

f) encaminhar ao empregador e ao SESMT, quando houver, as recomendações e solicitações da CIPAMIN;

g) zelar pelo funcionamento e prover os meios necessários ao cumprimento das atribuições da CIPAMIN;

h) manter e promover o relacionamento da CIPAMIN com o SESMT, quando houver, e com os demais setores da empresa; e

i) elaborar relatório trimestral de atividades, em conjunto com o Vice-Presidente, enviando-o ao empregador e ao SESMT, quando houver.

22.36.10. São atribuições do Vice-Presidente da CIPAMIN:

a) substituir o Presidente em seus impedimentos;

b) coordenar os representantes dos empregados na elaboração e no encaminhamento das recomendações e demais ações previstas nas atribuições da CIPAMIN;

c) liderar os representantes dos empregados nas discussões e negociações dos itens da pauta nas reuniões da CIPAMIN;

d) negociar com o empregador a adoção de medidas de controle e de correção dos riscos e de melhoria dos ambientes de trabalho, inclusive a designação de grupo de trabalho para investigação de acidentes de trabalho e para participar das inspeções periódicas dos ambientes de trabalho; e

e) havendo impasse na negociação prevista na alínea *d*, solicitar a presença do Ministério do Trabalho e Emprego na empresa.

22.36.11. Será indicado pela empresa, de comum acordo com os membros da CIPAMIN, um secretário e seu substituto, componentes ou não da Comissão.

• Código: 222.914-5. Infração: 1. Tipo: S.

22.36.11.1. O Secretário da CIPAMIN terá como atribuições:

a) acompanhar as reuniões da Comissão, lavrando as respectivas atas e submetendo-as à aprovação e assinatura dos membros presentes;

b) preparar a correspondência;

c) outras que lhe forem conferidas pelo Presidente ou Vice-Presidente da CIPAMIN; e

d) registrar em Ata as recomendações e solicitações da CIPAMIN.

22.36.12. Todos os membros da CIPAMIN, efetivos e suplentes, deverão receber treinamento de prevenção de acidentes e doenças profissionais, durante o expediente normal da empresa.

• Código: 222.752-5. Infração: 3. Tipo: S.

22.36.12.1. O treinamento para membros da CIPAMIN poderá ser ministrado pelo SESMT, entidades sindicais de empregadores ou de trabalhadores ou por profissionais que possuam conhecimentos sobre os temas ministrados, escolhidos de comum acordo entre o empregador e os membros da Comissão.

•• Item com redação determinada pela Portaria n. 63, de 2-12-2003.

22.36.12.1.1. As empresas com até cinquenta empregados, inclusive as que possuem somente trabalhadores designados, podem organizar ou participar de treinamentos conjuntos que contemplem os temas especificados no item 22.36.12.2.

•• Item com redação determinada pela Portaria n. 63, de 2-12-2003.

22.36.12.2. O currículo do curso previsto neste item deverá abranger os riscos de acidentes e doenças profissionais constantes no PGR, as medidas adotadas para eliminar e controlar aqueles riscos, além de técnicas para elaboração do Mapa de Riscos e metodologias de análise de acidentes.

• Código: 222.915-3. Infração: 2. Tipo: S.

22.36.12.3. A carga horária do curso de prevenção de acidentes e doenças profissionais deverá ser de quarenta horas anuais, das quais vinte horas serão ministradas antes da posse dos membros da CIPAMIN.

• Código: 222.916-1. Infração: 2. Tipo: S.

22.36.13. Uma vez instalada a CIPAMIN, o processamento de toda a documentação referente ao processo eleitoral, atas de eleição e de posse e o calendário anual deverão observar o previsto nos itens 5.14; 5.14.1 e 5.14.2 da Norma Regulamentadora n. 5.

•• Item com redação determinada pela Portaria n. 1.894, de 9-12-2013.

• Código: 222.930-7. Infração: 1. Tipo: S.

22.36.14. Havendo no estabelecimento empresas prestadoras de serviços ou empreiteiras que não se enquadrem no Quadro III desta Norma, estas deverão indicar pelo menos um representante para participar das reuniões da CIPAMIN da contratante.

• Código: 222.918-8. Infração: 1. Tipo: S.

22.37. Disposições Gerais

22.37.1. O empregador deverá fornecer ao trabalhador do subsolo alimentação compatível com a natureza do trabalho, sob a supervisão de um nutricionista, na forma da legislação vigente.

•• Item com redação determinada pela Portaria n. 27, de 1º-10-2002.

• Código: 222.363-5. Infração: 3. Tipo: S.

22.37.1.1. Havendo fornecimento de alimentação no subsolo a empresa ou Permissionário de Lavra Garimpeira manterá local adequado que atenda às condições de segurança, higiene e conforto.

• Código: 222.364-3. Infração: 3. Tipo: S.

22.37.2. A empresa ou Permissionário de Lavra Garimpeira manterá instalações sanitárias tratadas e higienizadas destinadas à satisfação das necessidades fisiológicas, próximas aos locais e frentes de trabalho.

• Código: 222.365-1. Infração: 3. Tipo: S.

22.37.2.1. Em subsolo os recipientes coletores dos dejetos gerados deverão ser removidos ao final de cada turno de trabalho para a superfície, onde será dado destino conveniente a seu conteúdo, respeitadas as normas de higiene e saúde e a legislação ambiental vigente.

• Código: 222.757-6. Infração: 3. Tipo: S.

22.37.2.2. As instalações sanitárias que adotem processamento químico ou biológico dos dejetos deverão observar as normas de higiene e saúde e as instruções do fabricante.

• Código: 222.758-4. Infração: 3. Tipo: S.

22.37.3. As condições de conforto e higiene nos locais de trabalho serão aquelas estabelecidas na Norma Regulamentadora n. 24 – Condições sanitárias e de conforto nos locais de trabalho.

22.37.3.1. A empresa ou Permissionário de Lavra Garimpeira poderá substituir os armários individuais por outros dispositivos para a guarda de roupa e objetos pessoais que garantam condições de higiene, saúde e conforto.

• Código: 222.760-6. Infração: 2. Tipo: S.

22.37.3.2. Havendo locais para a troca e guarda de roupa no subsolo estes deverão observar os mesmos requisitos dos subitens 22.37.3 e 22.37.3.1.

• Código: 222.919-6. Infração: 2. Tipo: S.

22.37.4. Nos locais e postos de trabalho será fornecida aos trabalhadores água potável em condições de higiene.

• Código: 222.366-0. Infração: 4. Tipo: S.

22.37.5. Quando o empregador fornecer o transporte para deslocamento de pessoal, diretamente ou através de empresas idôneas, deverá observar que sejam realizados em veículos apropriados, garantindo condições de comodidade, conforto e segurança aos trabalhadores.

• Código: 222.920-0. Infração: 4. Tipo: S.

22.37.6. A empresa deverá manter organizada e atualizada a estatística de acidentes de trabalho e doenças profissionais, assegurado o acesso a essa documentação pelos membros da CIPAMIN e do SESMT.

•• Item com redação determinada pela Portaria n. 27, de 1º-10-2002.

• Código: 222.921-8. Infração: 2. Tipo: S.

22.37.6.1. Os acidentes e doenças profissionais deverão ser analisados segundo metodologia que permita identificar as causas principais e contribuintes que levaram à ocorrência do evento, indicando as medidas de controle para prevenção de novas ocorrências.

• Código: 222.763-0. Infração: 3. Tipo: S.

22.37.7. Em caso de ocorrência de acidente fatal, é obrigatória a adoção das seguintes medidas:

a) comunicar, de imediato, à autoridade policial competente e a DRT, a ocorrência de acidente; e

•• Alínea *a* com redação determinada pela Portaria n. 27, de 1º-10-2002.

• Código: 322.015-0. Infração: 3. Tipo: S.

b) isolar o local diretamente relacionado ao acidente, mantendo suas características até sua liberação pela autoridade policial competente.

• Código: 322.015-0. Infração: 3. Tipo: S.

22.37.8. Os casos omissos decorrentes da aplicação desta Norma Regulamentadora serão dirimidas pelo Departamento de Segurança e Saúde no Trabalho – DSST/MTE.

22.37.9. O disciplinado na presente Norma Regulamentadora não exclui a observância das demais disposições estabelecidas em legislações específicas.

•• Item com redação determinada pela Portaria n. 27, de 1º-10-2002.

Quadros Anexos à NR-22

•• A Portaria n. 33, de 26-12-2000, estabelece em seu art. 2º: "Para observação dos prazos previstos no anexo II da Portaria Ministerial n. 2.037/99 – Quadro de prazos para o cumprimento dos itens da NR-22 – a empresa ou Permissionário de Lavra Garimpeira deverá elaborar um cronograma físico de implantação dos itens ali consignados, nas formas previstas nas alíneas *c* e *g* do item 22.3.7.1, da NR-22, o qual deverá integrar o PGR".

Quadro I

Número de trabalhadores a serem amostrados em função do número de trabalhadores do Grupo Homogêneo de Exposição, conforme disposto no item 22.17.1.

N*	n
8	7
9	8
10	9
11-12	10
13-14	11
15-17	12
18-20	13
21-24	14
25-29	15
30-37	16
38-49	17
50	18
ACIMA DE 50	22

Onde: N = número de trabalhadores do Grupo Homogêneo de Exposição
n = número de trabalhadores a serem amostrados
* se N menor ou igual a 7, n = N

Quadro II

Determinação da Vazão de Ar Fresco Conforme Disposto no Item 22.24.8

a) Cálculo da vazão de ar fresco em função do número máximo de pessoas ou máquinas com motores a combustão a óleo diesel

$Q_T = Q_1 \times n_1 + Q_2 \times n_2$ [m³/min.]

Onde : Q_T = vazão total de ar fresco em m³/min.

Q_1 = quantidade de ar por pessoa em m³/min.
(em minas de carvão = 6,0 m³/min.; em outras minas = 2,0 m³/min.)

n_1 = número de pessoas no turno de trabalho

Q_2 = 3,5 m³/min./cv (cavalo-vapor) dos motores a óleo diesel

n_2 = número total de cavalo-vapor dos motores a óleo diesel em operação

b) Cálculo da vazão de ar fresco em função do consumo de explosivos

$Q_T = \frac{0,5 \times A}{t}$ [m³/min.]

Onde: Q_T = vazão total de ar fresco em m³/min.

A = quantidade total em quilogramas de explosivos empregados por desmonte

t = tempo de aeração (reentrada) da frente em minutos

c) Cálculo da vazão de ar fresco em função da tonelagem mensal desmontada

$Q_T = q \times T$ [m³/min.]

Onde: Q_T = vazão total de ar fresco em m³/min.

q = vazão de ar em m³/minuto para 1.000 toneladas desmontadas por mês (mínimo de 180 m³/minuto/1.000 toneladas por mês)

T = produção em toneladas desmontadas por mês

Quadro III

Dimensionamento da CIPAMIN

N. de empregados no estabelecimento	15 a 30	31 a 50	51 a 100	101 a 250	251 a 500	501 a 1.000	1.001 a 2.500	2.501 a 5.000	acima de 5.000 para cada grupo de 500 acrescentar
n. de representantes titulares do empregador	1	1	1	1	1	1	1	1	–
n. de representantes suplentes do empregador	1	1	1	1	1	1	1	1	–
n. de representantes titulares dos empregados	1	2	3	4	5	6	9	12	4
n. de representantes suplentes dos empregados	1	1	1	1	2	2	3	4	2

Anexo II

Quadro de Prazos para Cumprimento dos Itens DA NR-22

N. de trabalhadores no estabelecimento ITENS	01 a 50	51 a 100	101 a 250	251 a 500	501 a 1.000	1.001 a 2.500	2.501 ou mais
	Tempo em meses para cumprimento						
Programa de Gerenciamento de Riscos: 22.3.7	12	12	12	6	6	6	6
Circulação e transporte de Pessoas e Materiais: 22.7.9 e 22.7.9.1	12	12	12	24	24	24	24
Transportadores contínuos através de correias: 22.8.3; 22.8.3.1 e 22.8.7	36	36	36	36	36	36	36
Superfícies de trabalho: 22.9.1 e 22.9.5	36	36	36	36	36	36	36
Escadas: 22.10.2 e 22.10.3	24	24	24	6	6	6	6
Máquinas, equipamentos, ferramentas e instalações: 22.11.7 alíneas "a", "b" e "c"; 22.11.9; 22.11.10; 22.11.24	36	36	36	36	36	24	24
Equipamentos de Guindar: 22.12.1 alíneas "b", "c", "d" e "e"; 22.12.2 alíneas "c" e "e"	36	36	36	36	36	24	24
Cabos, correntes e polias: 22.13.2	24	24	24	12	12	12	12
Estabilidade de maciços: 22.14.1 e 22.14.2	36	36	36	36	24	12	12
Proteção contra poeira mineral: 22.17.3 a 22.17.6	60	48	36	36	36	24	24
Eletricidade: 22.20.8; 22.20.10; 22.20.11; 22.20.24 e 22.20.32	36	36	36	24	24	12	12
Ventilação em atividades de subsolo: 22.24.2 a 22.24.4; 22.24.7 a 22.24.10.2; 22.24.13 e 22.24.14 alínea "d"	36	36	36	36	36	12	12
Iluminação: 22.27.1.1 a 22.27.3 e 22.27.6	36	36	36	24	24	12	12

N. de trabalhadores no estabelecimento ITENS	01 a 50	51 a 100	101 a 250	251 a 500	501 a 1.000	1.001 a 2.500	2.501 ou mais
	Tempo em meses para cumprimento						
Proteção contra incêndios e explosões acidentais: 22.28.4 e 22.28.14	12	12	12	36	48	48	48
Câmaras de refúgio : 22.28.4.1 e 22.32.4	12	12	12	36	48	48	48
Vias e saídas de emergência: 22.33.1 a 22.33.6	36	36	36	36	24	24	24
Itens referentes a elaboração de registros: 22.11.13; 22.13.3; 22.20.30; 22.28.1.1, alínea "b"; 22.28.5; e 22.32.1	36	36	36	36	36	12	12
Itens referentes a treinamento: 22.24.22; 22.28.17; 22.35.1 a 22.35.5	36	36	36	36	36	36	36

Anexo III

•• Anexo acrescentado pela Portaria n. 1.894, de 9-12-2013.

Requisitos Mínimos para Utilização de Equipamentos de guindar de lança fixa

Os requisitos a seguir são específicos para Equipamentos de guindar de lança fixa, aplicando-se, no que couber, ao de lança giratória.

1 – Projeto: o projeto dos equipamentos deve ser elaborado por profissional legalmente habilitado, com a respectiva emissão de Anotação de Responsabilidade Técnica – ART.

2 – Material da lança: poderá ser de madeira tratada, aço ou outro material estrutural e dimensionada para os esforços atuantes, conforme as Normas da Associação Brasileira de Normas Técnicas – ABNT, e na ausência destas, as normas internacionais aplicáveis.

3 – Bases da Lança e dos Estaios: as bases da lança e dos estaios devem ser rígidas e garantir a estabilidade do equipamento e devem ser projetadas e executadas de forma compatível com a carga máxima e a natureza do solo do local. Os blocos devem ter um afloramento mínimo de 10 cm, de forma que a cava de assento da lança ou dos chumbadores não tenham contato com terra ou umidade.

4 – Fixação da lança: a extremidade inferior da lança deve ser fixada à base por meio de elementos mecânicos que garantam a estabilidade do equipamento. No caso de uso de bloco de rocha consistente ou de concreto como base da lança, deve-se fazer um entalhe no bloco para sua fixação. A extremidade inferior da lança deve ficar completamente apoiada no entalhe evitando-se esforços desiguais na seção de apoio.

5 – Reforço metálico: no caso de utilização de lança de madeira, deve ser utilizada em sua extremidade superior, dispositivo de reforço metálico, a exemplo do constante no croqui anexo, dimensionado com alças para fixação dos estaios, do moitão superior ou qualquer outro dispositivo de elevação.

6 – Fixação dos estaios nas bases: devem ser usados chumbadores dimensionados de acordo com as Normas da Associação Brasileira de Normas Técnicas – ABNT, e na ausência destas, as normas internacionais aplicáveis, cravados em rocha ou em base de concreto, para amarração dos laços dos cabos de aço.

7 – Dimensionamento dos cabos de aço e confecção dos laços: os cabos de aço devem ser dimensionados e os laços confeccionados de acordo com as Normas da Associação Brasileira de Normas Técnicas – ABNT, citadas no item 22.13.1 da NR-22 e na ausência destas, as normas internacionais aplicáveis.

8 – Acesso ao topo da lança: deve ser proporcionado meio seguro para acesso ao topo da lança. No caso de utilização de escada devem ser obedecidos os requisitos do item 22.10 – Escadas desta NR-22.

9 – Aquisição de cabos de aço: os cabos de aço novos adquiridos devem ser certificados para a carga máxima de utilização prevista, conforme as Normas da Associação Brasileira de Normas Técnicas – ABNT, e na ausência destas, as normas internacionais aplicáveis. Caso sejam utilizados cabos de aço usados estes devem ser recertificados por organismo credenciado pelo Instituto Nacional de Metrologia, Normalização e Qualidade Industrial – INMETRO, ou ainda, por instituição certificadora internacional, levando-se em conta a carga máxima de utilização prevista.

10 – Lubrificação dos cabos de aço: os cabos de aço devem ser lubrificados com produto específico, de acordo com as necessidades operacionais, conforme especificações do profissional legalmente habilitado e instruções do fabricante.

11 – Travamento de eixos e pinos: eixos e pinos usados na fixação de cabos, moitões, polias e da carga de içamento devem ser fixados por elementos travantes especificados no projeto construtivo.

12 – Fixação da roda de manobra ao pé da lança ("Catarina"): se utilizada, esta deve ser fixada por meio de elementos mecânicos projetados e dimensionados para garantir a segurança das operações.

13 – Inspeções nos cabos de aço: devem ser realizadas inspeções periódicas, por profissional capacitado, em intervalos definidos nas Normas da Associação Brasileira de Normas Técnicas – ABNT, e na ausência destas, as normas internacionais aplicáveis.

14 – Indicação da capacidade de carga: na lança deve ser instalada, em local de fácil visualização, placa com indicação de sua capacidade máxima, do fabricante e do responsável técnico e respectivo registro no Conselho Regional de Engenharia e Agrimensura – CREA.

15 – Registros: devem ser registrados em meio eletrônico, pasta ou livro, os dados das intervenções realizadas no equipamento como: laudos técnicos, inspeções periódicas, manutenções preventivas e corretivas, trocas de cabos de aço, nota fiscal de aquisição dos cabos de aço e cópia do respectivo certificado, lubrificação dos cabos, troca de peças, acidentes ocorridos e outros dados pertinentes ao equipamento. Nos registros de manutenção devem estar indicados os nomes dos executores. Os registros devem estar disponíveis aos órgãos fiscalizadores.

16 – Operação de arraste: o equipamento não pode ser utilizado em operações de arraste de blocos.

17 – Montagem e realocação: a montagem e a realocação do equipamento devem ser supervisionadas e atestadas por profissional legalmente habilitado, com a respectiva emissão de Anotação de Responsabilidade Técnica – ART.

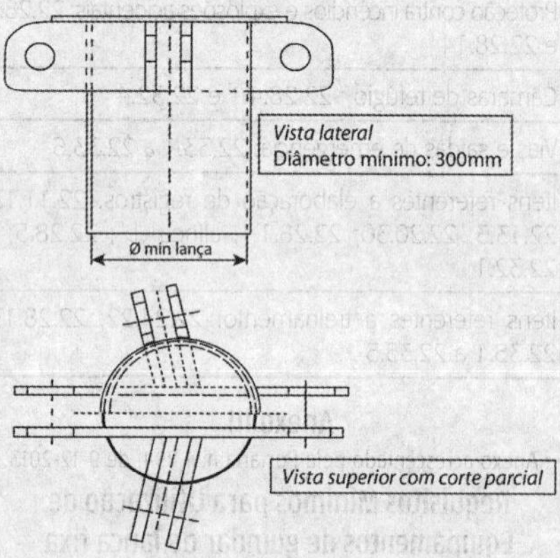

NR 23

Proteção contra Incêndios ([1])

23.1. Todos os empregadores devem adotar medidas de prevenção de incêndios, em conformidade com a legislação estadual e as normas técnicas aplicáveis.

• Código: 123.093-0. Infração: 4. Tipo: S.

23.1.1. O empregador deve providenciar para todos os trabalhadores informações sobre:

a) utilização dos equipamentos de combate ao incêndio;

• Código: 123.101-4. Infração: 3. Tipo: S.

b) procedimentos para evacuação dos locais de trabalho com segurança;

• Código: 123.101-4. Infração: 3. Tipo: S.

c) dispositivos de alarme existentes.

• Código: 123.101-4. Infração: 3. Tipo: S.

23.2. Os locais de trabalho deverão dispor de saídas, em número suficiente e dispostas de modo que aqueles que se encontrem nesses locais possam abandoná-los com rapidez e segurança, em caso de emergência.

• Código: 123.097-2. Infração: 4. Tipo: S.

23.3. As aberturas, saídas e vias de passagem devem ser claramente assinaladas por meio de placas ou sinais luminosos, indicando a direção da saída.

• Código: 123.098-0. Infração: 3. Tipo: S.

23.4. Nenhuma saída de emergência deverá ser fechada à chave ou presa durante a jornada de trabalho.

• Código: 123.102-2. Infração: 4. Tipo: S.

23.5. As saídas de emergência podem ser equipadas com dispositivos de travamento que permitam fácil abertura do interior do estabelecimento.

• Código: 123.102-2. Infração: 4. Tipo: S.

(1) NR aprovada pela Portaria n. 3.214, de 8-6-1978, e com redação determinada pela Portaria n. 221, de 6-5-2011.

NR 24

Condições de Higiene e Conforto nos Locais de Trabalho ([1])

•• *Vide* art. 2º da Portaria n. 1.066, de 23-9-2019.

SUMÁRIO:

24.1. Objetivo e campo de aplicação

24.1.1. Esta norma estabelece as condições mínimas de higiene e de conforto a serem observadas pelas organizações, devendo o dimensionamento de todas as instalações regulamentadas por esta NR ter como base o número de trabalhadores usuários do turno com maior contingente.

24.1.1.1. Para efeitos desta NR, trabalhadores usuários, doravante denominados trabalhador, é o conjunto de todos os trabalhadores no estabelecimento que efetivamente utilizem de forma habitual as instalações regulamentadas nesta NR.

24.2. Instalações sanitárias

24.2.1. Todo estabelecimento deve ser dotado de instalação sanitária constituída por bacia sanitária sifonada, dotada de assento com tampo, e por lavatório.

• Código: 124.250-4. Infração: 2. Tipo: S.

24.2.1.1. As instalações sanitárias masculinas devem ser dotadas de mictório, exceto quando essencialmente de uso individual, observando-se que:

a) os estabelecimentos construídos até 23-9-2019 devem possuir mictórios dimensionados de acordo com o previsto na NR-24, com redação dada pela Portaria MTb n. 3.214/1978.

• Código: 124.251-2. Infração: 2. Tipo: S.

b) os estabelecimentos construídos a partir de 24-9-2019 devem possuir mictórios na proporção de uma unidade para cada 20 (vinte) trabalhadores ou fração, até 100 (cem) trabalhadores, e de uma unidade para cada 50 (cinquenta) trabalhadores ou fração, no que exceder.

• Código: 124.251-2. Infração: 2. Tipo: S.

24.2.2. Deve ser atendida a proporção mínima de uma instalação sanitária para cada grupo de 20 (vinte) trabalhadores ou fração, separadas por sexo.

• Código: 124.252-0. Infração: 2. Tipo: S.

24.2.2.1. Será exigido um lavatório para cada 10 (dez) trabalhadores nas atividades com exposição e manuseio de material infectante, substâncias tóxicas, irritantes, aerodispersoides ou que provoquem a deposição de poeiras, que impregnem a pele e roupas do trabalhador.

• Código: 124.253-9. Infração: 2. Tipo: S.

24.2.2.2. Em estabelecimentos com funções comerciais, administrativas ou similares, com até 10 (dez) trabalhadores, poderá ser disponibilizada apenas uma instalação sanitária individual de uso comum entre os sexos desde que garantidas condições de privacidade.

24.2.3. As instalações sanitárias devem:

a) ser mantidas em condição de conservação, limpeza e higiene;

• Código: 124.254-7. Infração: 2. Tipo: S.

b) ter piso e parede revestidos por material impermeável e lavável;

• Código: 124.254-7. Infração: 2. Tipo: S.

c) peças sanitárias íntegras;

• Código: 124.254-7. Infração: 2. Tipo: S.

d) possuir recipientes para descarte de papéis usados;

• Código: 124.254-7. Infração: 2. Tipo: S.

e) ser ventiladas para o exterior ou com sistema de exaustão forçada;

• Código: 124.254-7. Infração: 2. Tipo: S.

f) dispor de água canalizada e esgoto ligados à rede geral ou a outro sistema que não gere risco à saúde e que atenda à regulamentação local; e

• Código: 124.254-7. Infração: 2. Tipo: S.

g) comunicar-se com os locais de trabalho por meio de passagens com piso e cobertura, quando se situarem fora do corpo do estabelecimento.

• Código: 124.254-7. Infração: 2. Tipo: S.

24.3. Componentes sanitários

(1) NR aprovada pela Portaria n. 3.214, de 8-6-1978, e com redação determinada pela Portaria n. 1.066, de 23-9-2019. *Vide* art. 200, VII, da CLT.

Bacias sanitárias

24.3.1. Os compartimentos destinados as bacias sanitárias devem:

a) ser individuais;

- Código: 124.255-5. Infração: 2. Tipo: S.

b) ter divisórias com altura que mantenham seu interior indevassável com vão inferior que facilite a limpeza e a ventilação;

- Código: 124.255-5. Infração: 2. Tipo: S.

c) ser dotados de portas independentes, providas de fecho que impeçam o devassamento;

- Código: 124.255-5. Infração: 2. Tipo: S.

d) possuir papel higiênico com suporte e recipiente para descarte de papéis higiênicos usados, quando não for permitido descarte na própria bacia sanitária, devendo o recipiente possuir tampa quando for destinado às mulheres; e

- Código: 124.255-5. Infração: 2. Tipo: S.

e) possuir dimensões de acordo com o código de obras local ou, na ausência desse, deve haver área livre de pelo menos 0,60m (sessenta centímetros) de diâmetro entre a borda frontal da bacia sanitária e a porta fechada.

- Código: 124.255-5. Infração: 2. Tipo: S.

Mictórios

24.3.2. Poderá ser disponibilizado mictório tipo individual ou calha coletiva, com anteparo.

24.3.2.1. No mictório do tipo calha coletiva, cada segmento de, no mínimo, 0,60m (sessenta centímetros), corresponderá a uma unidade para fins de dimensionamento da calha.

24.3.2.2. No mictório do tipo calha coletiva, quando inexistir anteparo, cada segmento de, no mínimo, 0,80m (oitenta centímetros), corresponderá a uma unidade para fins de dimensionamento da calha.

24.3.2.3. Os mictórios devem ser construídos com material impermeável e mantidos em condições de limpeza e higiene.

- Código: 124.256-3. Infração: 2. Tipo: S.

Lavatórios

24.3.3. O lavatório poderá ser tipo individual, calha ou de tampo coletivo com várias cubas, possuindo torneiras, sendo que cada segmento de 0,60m (sessenta centímetros) corresponde a uma unidade para fins de dimensionamento do lavatório.

24.3.4. O lavatório deve ser provido de material ou dispositivo para a limpeza, enxugo ou secagem das mãos, proibindo-se o uso de toalhas coletivas.

- Código: 124.257-1. Infração: 2. Tipo: S.

Chuveiros

24.3.5. Será exigido, para cada grupo de trabalhadores ou fração, 1 (um) chuveiro para cada:

a) 10 (dez) trabalhadores, nas atividades laborais em que haja exposição e manuseio de material infectante, substâncias tóxicas, irritantes ou aerodispersoides, que impregnem a pele e roupas do trabalhador;

- Código: 124.258-0. Infração: 2. Tipo: S.

b) 20 (vinte) trabalhadores, nas atividades laborais em que haja contato com substâncias que provoquem deposição de poeiras que impregnem a pele e as roupas do trabalhador, ou que exijam esforço físico ou submetidas a condições ambientais de calor intenso.

- Código: 124.258-0. Infração: 2. Tipo: S.

24.3.5.1. Nas atividades em que há exigência de chuveiros, estes devem fazer parte ou estar anexos aos vestiários.

- Código: 124.258-0. Infração: 2. Tipo: S.

24.3.6. Os compartimentos destinados aos chuveiros devem:

a) ser individuais e mantidos em condição de conservação, limpeza e higiene;

- Código: 124.259-8. Infração: 2. Tipo: S.

b) ter portas de acesso que impeçam o devassamento;

- Código: 124.259-8. Infração: 2. Tipo: S.

c) dispor de chuveiro de água quente e fria;

- Código: 124.259-8. Infração: 2. Tipo: S.

d) ter piso e paredes revestidos de material impermeável e lavável;

- Código: 124.259-8. Infração: 2. Tipo: S.

e) dispor de suporte para sabonete e para toalha; e

- Código: 124.259-8. Infração: 2. Tipo: S.

f) possuir dimensões de acordo com o código de obras local ou, na ausência desse, no mínimo 0,80m (oitenta centímetros) por 0,80m (oitenta centímetros).

- Código: 124.259-8. Infração: 2. Tipo: S.

24.4. Vestiários

24.4.1. Todos os estabelecimentos devem ser dotados de vestiários quando:

a) a atividade exija a utilização de vestimentas de trabalho ou que seja imposto o uso de uniforme cuja troca deva ser feita no próprio local de trabalho; ou

- Código: 124.260-1. Infração: 2. Tipo: S.

b) a atividade exija que o estabelecimento disponibilize chuveiro.

- Código: 124.260-1. Infração: 2. Tipo: S.

24.4.2. Os vestiários devem ser dimensionados em função do número de trabalhadores que necessitam utilizá-los, até o limite de 750 (setecentos e cinquenta) trabalhadores, conforme o seguinte cálculo: área mínima do vestiário por trabalhador = 1,5 – (n. de trabalhadores/1000).

- Código: 124.261-0. Infração: 2. Tipo: S.

24.4.2.1. Em estabelecimentos com mais de 750 (setecentos e cinquenta) trabalhadores, os vestiários devem ser dimensionados com área de, no mínimo, 0,75m² (setenta e cinco decímetros quadrados) por trabalhador.

- Código: 124.261-0. Infração: 2. Tipo: S.

24.4.3. Os vestiários devem:

- Código: 124.262-8. Infração: 2. Tipo: S.

a) ser mantidos em condição de conservação, limpeza e higiene;

b) ter piso e parede revestidos por material impermeável e lavável;

c) ser ventilados para o exterior ou com sistema de exaustão forçada;

d) ter assentos em material lavável e impermeável em número compatível com o de trabalhadores; e

e) dispor de armários individuais simples e/ou duplos com sistema de trancamento.

Armários

24.4.4. É admitido o uso rotativo de armários simples entre usuários, exceto nos casos em que estes sejam utilizados para a guarda de Equipamentos de Proteção Individual – EPI e de vestimentas expostas a material infectante, substâncias tóxicas, irritantes ou que provoquem sujidade.

- Código: 124.263-6. Infração: 2. Tipo: S.

24.4.5. Nas atividades laborais em que haja exposição e manuseio de material infectante, substâncias tóxicas, irritantes ou aerodispersoides, bem como naquelas em que haja contato com substâncias que provoquem deposição de poeiras que impregnem a pele e as roupas do trabalhador devem ser fornecidos armários de compartimentos duplos ou dois armários simples.

- Código: 124.264-4. Infração: 2. Tipo: S.

24.4.5.1. Ficam dispensadas de disponibilizar 2 (dois) armários simples ou armário duplo as organizações que promovam a higienização diária de vestimentas ou que forneçam vestimentas descartáveis, assegurada a disponibilização de 1 (um) armário simples para guarda de roupas comuns de uso pessoal do trabalhador.

24.4.6. Os armários simples devem ter tamanho suficiente para que o trabalhador guarde suas roupas e acessórios de uso pessoal, não sendo admitidas dimensões inferiores a: 0,40m (quarenta centímetros) de altura, 0,30m (trinta centímetros) de largura e 0,40m (quarenta centímetros) de profundidade.

- Código: 124.265-2. Infração: 2. Tipo: S.

24.4.6.1. Nos armários de compartimentos duplos, não são admitidas dimensões inferiores a:

- Código: 124.265-2. Infração: 2. Tipo: S.

a) 0,80m (oitenta centímetros) de altura por 0,30m (trinta centímetros) de largura e 0,40m (quarenta centímetros) de profundidade, com separação ou prateleira, de modo que um compartimento, com a altura de 0,40m (quarenta centímetros), se destine a abrigar a roupa de uso comum e o outro compartimento, com altura de 0,40m (quarenta centímetros) a guardar a roupa de trabalho; ou

b) 0,80m (oitenta centímetros) de altura por 0,50m (cinquenta centímetros) de largura e 0,40m (quarenta centímetros) de profundidade, com divisão no sentido vertical, de forma que os compartimentos, com largura de 0,25m (vinte e cinco centímetros), estabeleçam, rigorosamente, o isolamento das roupas de uso comum e de trabalho.

24.4.7. As empresas que oferecerem serviços de guarda volume para a guarda de roupas e acessórios pessoais dos trabalhadores estão dispensadas de fornecer armários.

24.4.8. Nas empresas desobrigadas de manter vestiário, deve ser garantido o fornecimento de escaninho, gaveta com tranca ou similar que permita a guarda individual de pertences pessoais dos trabalhadores ou serviço de guarda-volume.

- Código: 124.266-0. Infração: 2. Tipo: S.

24.5. Locais para refeições

24.5.1. Os empregadores devem oferecer aos seus trabalhadores locais em condições de conforto e higiene para tomada das refeições por ocasião dos intervalos concedidos durante a jornada de trabalho.

- Código: 124.267-9. Infração: 2. Tipo: S.

24.5.1.1. É permitida a divisão dos trabalhadores do turno, em grupos para a tomada de refeições, a fim de organizar o fluxo para o conforto dos usuários do refeitório, garantido o intervalo para alimentação e repouso.

24.5.2. Os locais para tomada de refeições para atender até 30 (trinta) trabalhadores, observado o subitem 24.5.1.1, devem:

- Código: 124.268-7. Infração: 2. Tipo: S.

a) ser destinados ou adaptados a este fim;

b) ser arejados e apresentar boas condições de conservação, limpeza e higiene; e

c) possuir assentos e mesas, balcões ou similares suficientes para todos os usuários atendidos.

24.5.2.1. A empresa deve garantir, nas proximidades do local para refeições:

- Código: 124.268-7. Infração: 2. Tipo: S.

a) meios para conservação e aquecimento das refeições;

b) local e material para lavagem de utensílios usados na refeição; e

c) água potável.

24.5.3. Os locais destinados às refeições para atender mais de 30 (trinta) trabalhadores, conforme subitem 24.5.1.1, devem:

- Código: 124.268-7. Infração: 2. Tipo: S.

a) ser destinados a este fim e fora da área de trabalho;

b) ter pisos revestidos de material lavável e impermeável;

c) ter paredes pintadas ou revestidas com material lavável e impermeável;

d) possuir espaços para circulação;

e) ser ventilados para o exterior ou com sistema de exaustão forçada, salvo em ambientes climatizados artificialmente;

f) possuir lavatórios instalados nas proximidades ou no próprio local, atendendo aos requisitos do subitem 24.3.4;

g) possuir assentos e mesas com superfícies ou coberturas laváveis ou descartáveis, em número correspondente aos usuários atendidos;

h) ter água potável disponível;

i) possuir condições de conservação, limpeza e higiene;

j) dispor de meios para aquecimento das refeições; e

k) possuir recipientes com tampa para descarte de restos alimentares e descartáveis.

24.5.4. Ficam dispensados das exigências do item 24.5 desta NR:

a) estabelecimentos comerciais bancários e atividades afins que interromperem suas atividades por 2 (duas) horas, no período destinado às refeições;

b) estabelecimentos industriais localizados em cidades do interior, quando a empresa mantiver vila operária ou residirem, seus trabalhadores, nas proximidades, permitindo refeições nas próprias residências.

c) os estabelecimentos que oferecerem vale-refeição, desde que seja disponibilizado condições para conservação e aquecimento da comida, bem como local para a tomada das refeições pelos trabalhadores que trazem refeição de casa.

24.6. Cozinhas

24.6.1. Quando as empresas possuírem cozinhas, estas devem:

a) ficar anexas aos locais para refeições e com ligação para os mesmos;

- Código: 124.269-5. Infração: 2. Tipo: S.

b) possuir pisos e paredes revestidos com material impermeável e lavável;

- Código: 124.269-5. Infração: 2. Tipo: S.

c) dispor de aberturas para ventilação protegidas com telas ou ventilação exautora;

- Código: 124.269-5. Infração: 2. Tipo: S.

d) possuir lavatório para uso dos trabalhadores do serviço de alimentação, dispondo de material ou dispositivo para a limpeza, enxugo ou secagem das mãos, proibindo-se o uso de toalhas coletivas;

- Código: 124.269-5. Infração: 2. Tipo: S.

e) ter condições para acondicionamento e disposição do lixo de acordo com as normas locais de controle de resíduos sólidos; e

- Código: 124.269-5. Infração: 2. Tipo: S.

f) dispor de sanitário próprio para uso exclusivo dos trabalhadores que manipulam gêneros alimentícios, separados por sexo.

- Código: 124.269-5. Infração: 2. Tipo: S.

24.6.2. Em câmaras frigoríficas devem ser instalados dispositivos para abertura da porta pelo lado interno, garantida a possibilidade de abertura mesmo que trancada pelo exterior.

- Código: 124.270-9. Infração: 2. Tipo: S.

24.6.3. Os recipientes de armazenagem de gás liquefeito de petróleo (GLP) devem ser instalados em área externa ventilada, observadas as normas técnicas brasileiras pertinentes.

- Código: 124.271-7. Infração: 2. Tipo: S.

24.7. Alojamento

24.7.1. Alojamento é o conjunto de espaços ou edificações, composto de dormitório, instalações sanitárias, refeitório, áreas de vivência e local para lavagem e secagem de roupas, sob responsabilidade do empregador, para hospedagem temporária de trabalhadores.

24.7.2. Os dormitórios dos alojamentos devem:

a) ser mantidos em condições de conservação, higiene e limpeza;

- Código: 124.272-5. Infração: 2. Tipo: S.

b) ser dotados de quartos;

- Código: 124.272-5. Infração: 2. Tipo: S.

c) dispor de instalações sanitárias, respeitada a proporção de 01 (uma) instalação sanitária com chuveiro para cada 10 (dez) trabalhadores hospedados ou fração; e

- Código: 124.272-5. Infração: 2. Tipo: S.

d) ser separados por sexo.

- Código: 124.272-5. Infração: 2. Tipo: S.

24.7.2.1. Caso as instalações sanitárias não sejam parte integrante dos dormitórios, devem estar localizadas a uma distância máxima de 50 m (cinquenta metros) dos mesmos, interligadas por passagens com piso lavável e cobertura.

- Código: 124.272-5. Infração: 2. Tipo: S.

24.7.3. Os quartos dos dormitórios devem:

- Código: 124.273-3. Infração: 2. Tipo: S.

a) possuir camas correspondente ao número de trabalhadores alojados no quarto, vedado o uso de 3 (três) ou mais camas na mesma vertical, e ter espaçamentos vertical e horizontal que permitam ao trabalhador movimentação com segurança;

b) possuir colchões certificados pelo INMETRO;

c) possuir colchões, lençóis, fronhas, cobertores e travesseiros limpos e higienizados, adequados às condições climáticas;

d) possuir ventilação natural, devendo esta ser utilizada conjuntamente com a ventilação artificial, levando em consideração as condições climáticas locais;

e) possuir capacidade máxima para 8 (oito) trabalhadores;

f) possuir armários;

g) ter, no mínimo, a relação de 3,00 m² (três metros quadrados) por cama simples ou 4,50 m² (quatro metros e cinquenta centímetros quadrados) por beliche, em ambos os casos incluídas a área de circulação e armário; e

h) possuir conforto acústico conforme NR17.

24.7.3.1. As camas superiores dos beliches devem ter proteção lateral e escada fixas à estrutura.

- Código: 124.273-3. Infração: 2. Tipo: S.

24.7.3.2. Os armários dos quartos devem ser dotados de sistema de trancamento e com dimensões compatíveis para a guarda de roupas e pertences pessoais do trabalhador, e enxoval de cama.

- Código: 124.273-3. Infração: 2. Tipo: S.

24.7.4. Os trabalhadores alojados no mesmo quarto devem pertencer, preferencialmente, ao mesmo turno de trabalho.

24.7.5. Os locais para refeições devem ser compatíveis com os requisitos do item 24.5 desta NR, podendo ser parte integrante do alojamento ou estar localizados em ambientes externos.

24.7.5.1. Quando os locais para refeições não fizerem parte do alojamento, deverá ser garantido o transporte dos trabalhadores.

- Código: 124.274-1. Infração: 2. Tipo: S.

24.7.5.2. É vedado o preparo de qualquer tipo de alimento dentro dos quartos.

- Código: 124.275-0. Infração: 2. Tipo: S.

24.7.6. Os alojamentos devem dispor de locais e infraestrutura para lavagem e secagem de roupas pessoais dos alojados ou ser fornecido serviço de lavanderia.

- Código: 124.276-8. Infração: 2. Tipo: S.

24.7.7. Os pisos dos alojamentos devem ser impermeáveis e laváveis.

- Código: 124.277-6. Infração: 2. Tipo: S.

24.7.8. Deve ser garantida coleta de lixo diária, lavagem de roupa de cama, manutenção das instalações e renovação de vestuário de camas e colchões.

- Código: 124.278-4. Infração: 2. Tipo: S.

24.7.9. Nos alojamentos deverão ser obedecidas as seguintes instruções gerais de uso:

a) os sanitários deverão ser higienizados diariamente;

- Código: 124.279-2. Infração: 2. Tipo: S.

b) é vedada, nos quartos, a instalação e utilização de fogão, fogareiro ou similares;

- Código: 124.280-6. Infração: 2. Tipo: S.

c) ser garantido o controle de vetores conforme legislação local.

- Código: 124.281-4. Infração: 2. Tipo: S.

24.7.10. Os trabalhadores hospedados com suspeita de doença infectocontagiosa devem ser submetidos à avaliação médica que decidirá pelo afastamento ou permanência no alojamento.

- Código: 124.282-2. Infração: 2. Tipo: M.

24.8. Vestimenta de trabalho

24.8.1. Vestimenta de trabalho é toda peça ou conjunto de peças de vestuário, destinada a atender exigências de determinadas atividades ou condições de trabalho que impliquem contato com sujidade, agentes químicos, físicos ou biológicos ou para permitir que o trabalhador seja mais bem visualizado, não considerada como uniforme ou EPI.

24.8.2. O empregador deve fornecer gratuitamente as vestimentas de trabalho.

- Código: 124.283-0. Infração: 2. Tipo: S.

24.8.3. A vestimenta não substitui a necessidade do EPI, podendo seu uso ser conjugado.

24.8.4. Cabe ao empregador quanto às vestimentas de trabalho:

a) fornecer peças que sejam confeccionadas com material e em tamanho adequado, visando o conforto e a segurança necessária à atividade desenvolvida pelo trabalhador;

- Código: 124.284-9. Infração: 2. Tipo: S.

b) substituir as peças conforme sua vida útil ou sempre que danificadas;

- Código: 124.284-9. Infração: 2. Tipo: S.

c) fornecer em quantidade adequada ao uso, levando em consideração a necessidade de troca da vestimenta; e

- Código: 124.284-9. Infração: 2. Tipo: S.

d) responsabilizar-se pela higienização com periodicidade necessária nos casos em que a lavagem ofereça riscos de contaminação.

- Código: 124.284-9. Infração: 2. Tipo: S.

24.8.4.1. Nos casos em que seja inviável o fornecimento de vestimenta exclusiva para cada trabalhador, deverá ser assegurada a higienização prévia ao uso.

- Código: 124.284-9. Infração: 2. Tipo: S.

24.8.5. As peças de vestimentas de trabalho, quando usadas na cabeça ou face, não devem restringir o campo de visão do trabalhador.

- Código: 124.284-9. Infração: 2. Tipo: S.

24.9. Disposições gerais

24.9.1. Em todos os locais de trabalho deverá ser fornecida aos trabalhadores água potável, sendo proibido o uso de copos coletivos.

- Código: 124.285-7. Infração: 2. Tipo: S.

24.9.1.1. O fornecimento de água deve ser feito por meio de bebedouros na proporção de, no mínimo, 1 (um) para cada grupo de 50 (cinquenta) trabalhadores ou fração, ou outro sistema que ofereça as mesmas condições.

- Código: 124.285-7. Infração: 2. Tipo: S.

24.9.1.2. Quando não for possível obter água potável corrente, esta deverá ser fornecida em recipientes portáteis próprios e hermeticamente fechados.

- Código: 124.285-7. Infração: 2. Tipo: S.

24.9.2. Os locais de armazenamento de água potável devem passar periodicamente por limpeza, higienização e manutenção, em conformidade com a legislação local.

- Código: 124.286-5. Infração: 2. Tipo: S.

24.9.3. Deve ser realizada periodicamente análise de potabilidade da água dos reservatórios para verificar sua qualidade, em conformidade com a legislação.

- Código: 124.287-3. Infração: 2. Tipo: S.

24.9.4. A água não-potável para uso no local de trabalho ficará separada, devendo ser afixado aviso de advertência da sua não potabilidade.

- Código: 124.287-3. Infração: 2. Tipo: S.

24.9.5. Os locais de armazenamento de água, os poços e as fontes de água potável serão protegidos contra a contaminação.

- Código: 124.288-1. Infração: 2. Tipo: S.

24.9.6. Os locais de trabalho serão mantidos em estado de higiene compatível com o gênero de atividade.

- Código: 124.289-0. Infração: 2. Tipo: S.

24.9.6.1. O serviço de limpeza será realizado, sempre que possível, fora do horário de trabalho e por processo que reduza ao mínimo o levantamento de poeiras.

24.9.7. Todos os ambientes previstos nesta norma devem ser construídos de acordo com o código de obras local, devendo:

• Código: 124.290-3. Infração: 2. Tipo: S.

a) ter cobertura adequada e resistente, que proteja contra intempéries;

b) ter paredes construídas de material resistente;

c) ter pisos de material compatível com o uso e a circulação de pessoas;

d) possuir iluminação que proporcione segurança contra acidentes.

24.9.7.1. Na ausência de código de obra local, deve ser garantido pé direito mínimo de 2,50 m (dois metros e cinquenta centímetros), exceto nos quartos de dormitórios com beliche, cuja medida mínima será de 3,00 m (três metros).

• Código: 124.290-3. Infração: 2. Tipo: S.

24.9.7.2. As instalações elétricas devem ser protegidas para evitar choques elétricos.

• Código: 124.291-1. Infração: 2. Tipo: S.

24.9.8. Devem ser garantidas condições para que os trabalhadores possam interromper suas atividades para utilização das instalações sanitárias.

• Código: 124.292-0. Infração: 2. Tipo: S.

24.9.9. Em edificações com diversos estabelecimentos, todas as instalações previstas nesta NR podem ser atendidas coletivamente por grupo de empregadores ou pelo condomínio, mantendo-se o empregador como o responsável pela disponibilização das instalações.

24.9.9.1. O dimensionamento deve ser feito com base no maior número de trabalhadores por turno.

Anexo I da NR-24

Condições sanitárias e de conforto aplicáveis a trabalhadores em "shopping center"

1. Para efeito deste Anexo, considera-se "Shopping Center" o espaço planejado sob uma administração central sujeito a normas contratuais padronizadas, procurando assegurar convivência integrada, composto por estabelecimentos tais como: lojas de qualquer natureza e quiosques, lanchonetes, restaurantes, salas de cinema e estacionamento, destinados à exploração comercial e à prestação de serviços.

2. A administração central é responsável pela disponibilização das instalações sanitárias, vestiários e ambientes para refeições aos seus trabalhadores e aos trabalhadores dos estabelecimentos que não disponham de espaço construtivo para atender os dispositivos desta NR em seus estabelecimentos.

• Código: 124.293-8. Infração: 2. Tipo: S.

2.1. A administração central disponibilizará local para conservação, aquecimento da alimentação trazida pelos trabalhadores, bem como para tomada das refeições.

• Código: 124.294-6. Infração: 2. Tipo: S.

2.2. A administração central disponibilizará vestiário para troca de roupa dos trabalhadores usuários, dos quais são exigidos o uso de uniforme e vestimentas de trabalho, bem como para guarda de seus pertences.

• Código: 124.295-4. Infração: 2. Tipo: S.

3. Os estabelecimentos referidos no item 1 ficam dispensados dos itens relativos a instalações sanitárias, vestiários e locais para refeições, desde que os trabalhadores possam utilizar as instalações sanitárias e a praça de alimentação do "Shopping Center" ou outro espaço destinado a estes fins, conforme o estabelecido nesta norma.

4. Aos trabalhadores de lanchonetes, restaurantes ou similares deverão ser disponibilizados vestiários e instalações sanitárias com chuveiros na proporção de um conjunto para cada grupo de 20 (vinte) trabalhadores ou fração, obedecendo ao horário do turno de maior contingente.

• Código: 124.296-2. Infração: 2. Tipo: S.

4.1. Aos trabalhadores de atividades com exposição a material infectante, substâncias tóxicas, irritantes ou que provoquem sujidade deverão ser disponibilizados vestiários e instalações sanitárias com chuveiros na proporção de um conjunto para cada grupo de 10 (dez) trabalhadores ou fração, obedecendo ao horário do turno de maior contingente.

• Código: 124.296-2. Infração: 2. Tipo: S.

Anexo II da NR-24

Condições sanitárias e de conforto aplicáveis a trabalhadores em trabalho externo de prestação de serviços

1. Para efeito deste Anexo, considera-se trabalho externo todo aquele realizado fora do estabelecimento do empregador cuja execução se dará no estabelecimento do cliente ou em logradouro público. Excetua-se deste anexo as atividades relacionadas à construção, leituristas, vendedores, entregadores, carteiros e similares, bem como o de atividade regulamentada pelo Anexo III desta norma.

2. Nas atividades desenvolvidas em estabelecimento do cliente, este será o responsável pelas garantias de conforto para satisfação das necessidades básicas de higiene e alimentação, conforme item 24.1 desta norma.

2.1. Sempre que o trabalho externo, móvel ou temporário, ocorrer preponderantemente em logradouro público, em frente de trabalho, deverá ser garantido pelo empregador:

• Código: 124.297-0. Infração: 2. Tipo: S.

a) instalações sanitárias compostas de bacia sanitária e lavatório para cada grupo de 20 (vinte) trabalhadores ou fração, podendo ser usados banheiros químicos dotados de mecanismo de descarga ou de isolamento dos dejetos, com respiro e ventilação, material para lavagem e enxugo das mãos, sendo proibido o uso de toalhas coletivas, garantida a higienização diária dos módulos;

b) local para refeição protegido contra intempéries e em condições de higiene, que atenda a todos os trabalhadores ou prover meio de custeio para alimentação em estabelecimentos comerciais; e

c) água fresca e potável acondicionada em recipientes térmicos em bom estado de conservação e em quantidade suficiente.

3. O uso de instalações sanitárias em trabalhos externos deve ser gratuito para o trabalhador.

• Código: 124.298-9. Infração: 2. Tipo: S.

4. Aos trabalhadores, em trabalho externo que levem suas próprias refeições, devem ser oferecidos dispositivos térmicos para conservação e aquecimento dos alimentos.

• Código: 124.299-7. Infração: 2. Tipo: S.

5. Em trabalhos externos o atendimento a este Anexo poderá ocorrer mediante convênio com estabelecimentos nas proximidades do local do trabalho, garantido o transporte de todos os trabalhadores até o referido local.

• Código: 124.300-4. Infração: 2. Tipo: S.

Anexo III da NR-24

Condições sanitárias e de conforto aplicáveis a trabalhadores em transporte público rodoviário coletivo urbano de passageiros em atividade externa

1. Para efeito deste Anexo, considera-se trabalho em transporte público coletivo rodoviário urbano de passageiros aquele desempenhado pelo pessoal de operação do transporte coletivo urbano e de caráter urbano por ônibus: os motoristas, cobradores e fiscais de campo – assim identificados como trabalhadores.

2. Este Anexo estabelece as condições mínimas aplicáveis às instalações sanitárias e locais para refeição a serem disponibilizados pelo empregador ao pessoal que realiza trabalho externo na operação do transporte público coletivo urbano e de caráter urbano.

3. Para efeito deste Anexo, são considerados pontos iniciais e finais de linhas de ônibus urbano e de caráter urbano os locais pré-determinados pelo poder público competente como pontos extremos das linhas, itinerários ou rotas de ônibus, situados em logradouros públicos, com área destinada ao estacionamento de veículos e instalações mínimas para controle operacional do serviço e acomodação do pessoal de operação nos intervalos entre viagens.

3.1. Em caso de terminais e estações de passageiros implantados pelo poder público, presumem-se cumpridos os dispositivos desta norma.

3.2. Recomenda-se aos órgãos gestores públicos responsáveis pelas redes de transporte público coletivo urbano e de caráter urbano que considerem as disposições deste Anexo no processo de definição dos locais para instalação dos pontos iniciais e finais das linhas que compõem as referidas redes.

4. Condições de Satisfação de Necessidades Fisiológicas, Alimentação e Hidratação.

4.1. Nos casos de linhas de transporte público coletivo de passageiros por ônibus que não possuem nenhum dos pontos iniciais e finais em edifício terminal, deverão ser garantidos pelo empregador, próximo a pelo menos um dos referidos pontos, instalações sanitárias, local para refeição e hidratação, em distância não superior a 250 m (duzentos e cinquenta metros) de deslocamento a pé.

• Código: 124.301-2. Infração: 2. Tipo: S.

4.1.1. As instalações sanitárias serão compostas de bacia sanitária e lavatório, respeitando a proporção de 1 (um) para cada grupo de 20 (vinte) trabalhadores ou fração, podendo ser dispensada a separação de instalação sanitária por sexo, para grupo de até 10 (dez) trabalhadores desde que sejam garantidas condições de privacidade e higiene.

• Código: 124.302-0. Infração: 2. Tipo: S.

4.1.2. As instalações sanitárias podem ser substituídas por unidades de banheiros químicos dotados de mecanismo de descarga ou de isolamento dos dejetos, com respiro e ventilação, material para lavagem e enxugo das mãos, sendo proibido o uso de toalhas coletivas, garantida a higienização diária dos módulos.

• Código: 124.302-0. Infração: 2. Tipo: S.

4.2. Os locais para refeição deverão ser protegidos contra intempéries, estar em boas condições e atender a todos os trabalhadores.

• Código: 124.303-9. Infração: 2. Tipo: S.

4.3. Água potável deve ser disponibilizada nos pontos inicial ou final e nos terminais por bebedouro ou equipamento similar que permita o enchimento de recipientes individuais ou o consumo no local, proibido o uso de copos coletivos.

• Código: 124.304-7. Infração: 2. Tipo: S.

4.3.1. As trocas de recipientes estarão sob a responsabilidade da empresa permissionária ou concessionária cujas recomposições se darão numa frequência que leve em consideração as condições climáticas e o número de trabalhadores, de tal modo a que haja sempre suprimento de água a qualquer momento da jornada de trabalho.

• Código: 124.304-7. Infração: 2. Tipo: S.

4.4. Para efeito de dimensionamento das instalações sanitárias e do local para refeição, deverá ser considerado o número máximo existente de trabalhadores presentes ao mesmo tempo, no referido ponto inicial ou final, de acordo com a programação horária oficial das linhas de ônibus.

4.5. O atendimento ao disposto nos itens 4.1, 4.2 e 4.3 poderá ocorrer mediante convênio ou parceria com estabelecimentos comerciais, industriais ou propriedades privadas.

4.6. O uso de instalações sanitárias em trabalhos externos de transporte público coletivo urbano rodoviário não deve ter custo para o trabalhador.

• Código: 124.305-5. Infração: 2. Tipo: S.

NR 25
Resíduos Industriais [1]

25.1. Entende-se como resíduos industriais aqueles provenientes dos processos industriais, na forma sólida, líquida ou gasosa ou combinação dessas, e que por suas características físicas, químicas ou microbiológicas não se assemelham aos resíduos domésticos, como cinzas, lodos, óleos, materiais alcalinos ou ácidos, escórias, poeiras, borras, substâncias lixiviadas e aqueles gerados em equipamentos e instalações de controle de poluição, bem como demais efluentes líquidos e emissões gasosas contaminantes atmosféricos.

25.2. A empresa deve buscar a redução da geração de resíduos por meio da adoção das melhores práticas tecnológicas e organizacionais disponíveis.

• Código: 125.004-3. Infração: 4. Tipo: S.

25.3. Os resíduos industriais devem ter destino adequado sendo proibido o lançamento ou a liberação no ambiente de trabalho de quaisquer contaminantes que possam comprometer a segurança e saúde dos trabalhadores.

•• Item com redação determinada pela Portaria n. 253, de 4-8-2011.

• Código: 125.012-4. Infração: 4. Tipo: S.

25.3.1. As medidas, métodos, equipamentos ou dispositivos de controle do lançamento ou liberação dos contaminantes gasosos, líquidos e sólidos devem ser submetidos ao exame e à aprovação dos órgãos competentes.

• Código: 125.006-0. Infração: 4. Tipo: S.

25.3.2. Os resíduos líquidos e sólidos produzidos por processos e operações industriais devem ser adequadamente coletados, acondicionados, armazenados, transportados, tratados e encaminhados à adequada disposição final pela empresa.

• Código: 125.017-5. Infração: 4. Tipo: S.

25.3.2.1. Em cada uma das etapas citadas no subitem 25.3.2 a empresa deve desenvolver ações de controle, de forma a evitar risco à segurança e saúde dos trabalhadores.

• Código: 125.017-5. Infração: 4. Tipo: S.

25.3.3. Os resíduos sólidos e líquidos de alta toxicidade e periculosidade devem ser dispostos com o conhecimento, aquiescência e auxílio de entidades especializadas/públicas e no campo de sua competência.

•• Item com redação determinada pela Portaria n. 253, de 4-8-2011.

• Código: 125.018-3. Infração: 4. Tipo: S.

25.3.3.1. Os rejeitos radioativos devem ser dispostos conforme legislação específica da Comissão Nacional de Energia Nuclear – CNEN.

•• Item acrescentado pela Portaria n. 253, de 4-8-2011.

• Código: 125.018-3. Infração: 4. Tipo: S.

25.3.3.2. Os resíduos de risco biológico devem ser dispostos conforme previsto nas legislações sanitária e ambiental.

•• Item acrescentado pela Portaria n. 253, de 4-8-2011.

• Código: 125.018-3. Infração: 4. Tipo: S.

25.4. (*Revogado pela Portaria n. 253, de 4-8-2011.*)

25.5. Os trabalhadores envolvidos em atividades de coleta, manipulação, acondicionamento, armazenamento, transporte, tratamento e disposição de resíduos devem ser capacitados pela empresa, de forma continuada, sobre os riscos envolvidos e as medidas de controle e eliminação adequadas.

•• Item com redação determinada pela Portaria n. 253, de 4-8-2011.

• Código: 125.016-7. Infração: 3. Tipo: S.

(1) NR aprovada pela Portaria n. 3.214, de 8-6-1978, e com redação determinada pela Portaria n. 227, de 24-5-2011.

NR 26
Sinalização de Segurança (1)

26.1. Cor na segurança do trabalho

26.1.1. Devem ser adotadas cores para segurança em estabelecimentos ou locais de trabalho, a fim de indicar e advertir acerca dos riscos existentes.

• Código: 126.052-9. Infração: 2. Tipo: S.

26.1.2. As cores utilizadas nos locais de trabalho para identificar os equipamentos de segurança, delimitar áreas, identificar tubulações empregadas para a condução de líquidos e gases e advertir contra riscos, devem atender ao disposto nas normas técnicas oficiais.

• Código: 126.052-9. Infração: 2. Tipo: S.

26.1.3. A utilização de cores não dispensa o emprego de outras formas de prevenção de acidentes.

• Código: 126.052-2. Infração: 2. Tipo: S.

26.1.4. O uso de cores deve ser o mais reduzido possível, a fim de não ocasionar distração, confusão e fadiga ao trabalhador.

• Código: 126.052-2. Infração: 2. Tipo: S.

26.2. Classificação, Rotulagem Preventiva e Ficha com Dados de Segurança de Produto Químico

26.2.1. O produto químico utilizado no local de trabalho deve ser classificado quanto aos perigos para a segurança e a saúde dos trabalhadores de acordo com os critérios estabelecidos pelo Sistema Globalmente Harmonizado de Classificação e Rotulagem de Produtos Químicos (GHS), da Organização das Nações Unidas.

• Código: 126.053-7. Infração: 3. Tipo: S.

26.2.1.2. A classificação de substâncias perigosas deve ser baseada em lista de classificação harmonizada ou com a realização de ensaios exigidos pelo processo de classificação.

• Código: 126.053-7. Infração: 3. Tipo: S.

26.2.1.2.1. Na ausência de lista nacional de classificação harmonizada de substâncias perigosas pode ser utilizada lista internacional.

• Código: 126.053-7. Infração: 3. Tipo: S.

26.2.1.3. Os aspectos relativos à classificação devem atender ao disposto em norma técnica oficial vigente.

• Código: 126.053-7. Infração: 3. Tipo: S.

26.2.2. A rotulagem preventiva do produto químico classificado como perigoso à segurança e saúde dos trabalhadores deve utilizar procedimentos definidos pelo Sistema Globalmente Harmonizado de Classificação e Rotulagem de Produtos Químicos (GHS), da Organização das Nações Unidas.

• Código: 126.054-5. Infração: 3. Tipo: S.

26.2.2.1. A rotulagem preventiva é um conjunto de elementos com informações escritas, impressas ou gráficas, relativas a um produto químico, que deve ser afixada, impressa ou anexada à embalagem que contém o produto.

• Código: 126.054-5. Infração: 3. Tipo: S.

26.2.2.2. A rotulagem preventiva deve conter os seguintes elementos:

• Código: 126.054-5. Infração: 3. Tipo: S.

a) identificação e composição do produto químico;

b) pictograma(s) de perigo;

c) palavra de advertência;

d) frase(s) de perigo;

e) frase(s) de precaução;

f) informações suplementares.

26.2.2.3. Os aspectos relativos à rotulagem preventiva devem atender ao disposto em norma técnica oficial vigente.

• Código: 126.054-5. Infração: 3. Tipo: S.

26.2.2.4. O produto químico não classificado como perigoso à segurança e saúde dos trabalhadores conforme o GHS deve dispor de rotulagem preventiva simplificada que contenha, no mínimo, a indicação do nome, a informação de que se trata de produto não classificado como perigoso e recomendações de precaução.

• Código: 126.054-5. Infração: 3. Tipo: S.

26.2.2.5. Os produtos notificados ou registrados como Saneantes na ANVISA estão dispensados do cumprimento das obrigações de rotulagem preventiva estabelecidas pelos itens 26.2.2, 26.2.2.1, 26.2.2.2 e 26.2.2.3 da NR 26.

•• Item acrescentado pela Portaria n. 704, de 28-5-2015.

•• A Portaria n. 704, de 28-5-2015, estabelece que o previsto neste item, não dispensa a elaboração da ficha com dados de segurança do produto químico previsto no item 26.2.3, desta NR.

26.2.3. O fabricante ou, no caso de importação, o fornecedor no mercado nacional deve elaborar e tornar disponível ficha com dados de segurança do produto químico para todo produto químico classificado como perigoso.

• Código: 126.055-3. Infração: 4. Tipo: S.

•• *Vide* nota ao item 26.2.2.5 desta NR.

26.2.3.1. O formato e conteúdo da ficha com dados de segurança do produto químico devem seguir o estabelecido pelo Sistema Globalmente Harmonizado de Classificação e Rotulagem de Produtos Químicos (GHS), da Organização das Nações Unidas.

---

(1) NR aprovada pela Portaria n. 3.214, de 8-6-1978, e com redação determinada pela Portaria n. 229, de 24-5-2011.

• Código: 126.055-3. Infração: 4. Tipo: S.

26.2.3.1.1. No caso de mistura deve ser explicitado na ficha com dados de segurança o nome e a concentração, ou faixa de concentração, das substâncias que:

• Código: 126.055-3. Infração: 4. Tipo: S.

a) representam perigo para a saúde dos trabalhadores, se estiverem presentes em concentração igual ou superior aos valores de corte/limites de concentração estabelecidos pelo GHS para cada classe/categoria de perigo; e

b) possuam limite de exposição ocupacional estabelecidos.

26.2.3.2. Os aspectos relativos à ficha com dados de segurança devem atender ao disposto em norma técnica oficial vigente.

• Código: 126.055-3. Infração: 4. Tipo: S.

26.2.3.3. O disposto no item 26.2.3 se aplica também a produto químico não classificado como perigoso, mas cujos usos previstos ou recomendados derem origem a riscos à segurança e saúde dos trabalhadores.

• Código: 126.049-9. Infração: 3. Tipo: S.

26.2.3.4. O empregador deve assegurar o acesso dos trabalhadores às fichas com dados de segurança dos produtos químicos que utilizam no local de trabalho.

• Código: 126.050-2. Infração: 3. Tipo: S.

26.2.4. Os trabalhadores devem receber treinamento:

• Código: 126.051-0. Infração: 3. Tipo: S.

a) para compreender a rotulagem preventiva e a ficha com dados de segurança do produto químico;

b) sobre os perigos, riscos, medidas preventivas para o uso seguro e procedimentos para atuação em situações de emergência com o produto químico.

NR 27
Registro Profissional do Técnico de Segurança do Trabalho

•• A Portaria n. 13, de 20-12-1995, do Ministério do Trabalho e Emprego, que dava redação a esta NR 27, foi revogada pela Portaria n. 262, de 29-5-2008, que por sua vez, foi revogada pela Portaria n. 671, de 8-11-2021.

•• *Vide* arts. 129 a 130 da Portaria n. 671, de 8-11-2021.

NR 28
Fiscalização e Penalidades (1)

28.1. FISCALIZAÇÃO:

28.1.1. A fiscalização do cumprimento das disposições legais e/ou regulamentares sobre segurança e saúde do trabalhador será efetuada obedecendo ao disposto nos Decretos n. 55.841, de 15 de março de 1965, 97.995, de 26 de julho de 1989, no Título VII da CLT e no § 3º do art. 6º da Lei n. 7.855, de 24 de outubro de 1989, e nesta Norma Regulamentadora – NR.

•• Item com redação determinada pela Portaria n. 7, de 5-10-1992.

•• Os Decretos n. 55.841, de 15-3-1965, e n. 97.995, de 26-7-1989, foram revogados pelo Decreto n. 4.552, de 27-12-2002, que regulamenta a inspeção do trabalho.

28.1.2. Aos processos resultantes da ação fiscalizadora é facultado anexar quaisquer documentos, quer de pormenorização de fatos circunstanciais, quer comprobatórios, podendo, no exercício das funções de inspeção do trabalho, o Agente de Inspeção do Trabalho usar de todos os meios, inclusive audiovisuais, necessários à comprovação da infração.

28.1.3. O Agente da Inspeção do Trabalho deverá lavrar o respectivo auto de infração à vista de descumprimento dos preceitos legais e/ou regulamentares contidos nas Normas Regulamentadoras Urbanas e Rurais, considerando o critério da dupla visita, elencados no Decreto n. 55.841, de 15 de março de 1965, no Título VII da CLT e no § 3º do art. 6º da Lei n. 7.855, de 24 de outubro de 1989.

•• Item com redação determinada pela Portaria n. 7, de 5-10-1992.

•• O Decreto n. 55.841, de 15-3-1965, foi revogado pelo Decreto n. 4.552, de 27-12-2002, que regulamenta a inspeção do trabalho.

28.1.4. O agente da inspeção do trabalho, com base em critérios técnicos, poderá notificar os empregadores concedendo prazos para a correção das irregularidades encontradas.

28.1.4.1. O prazo para cumprimento dos itens notificados deverá ser limitado a, no máximo, 60 (sessenta) dias.

28.1.4.2. A autoridade regional competente, diante de solicitação escrita do notificado, acompanhada de exposição de motivos relevantes, apresentada no prazo de 10 (dez) dias do recebimento da notificação, poderá prorrogar por 120 (cento e vinte) dias, contados da data do Termo de Notificação, o prazo para seu cumprimento.

•• Item com redação determinada pela Portaria n. 7, de 5-10-1992.

28.1.4.3. A concessão de prazos superiores a 120 (cento e vinte) dias fica condicionada à prévia negociação entre o notificado e o sindicato representante da categoria dos empregados, com a presença da autoridade regional competente.

•• Item com redação determinada pela Portaria n. 7, de 5-10-1992.

28.1.4.4. A empresa poderá recorrer ou solicitar prorrogação de prazo de cada item notificado até no máximo 10 (dez) dias a contar da data de emissão da notificação.

28.1.5. Poderão, ainda, os agentes da inspeção do trabalho lavrar auto de infração pelo descumprimento dos preceitos legais e/ou regulamentares sobre segurança e saúde do trabalhador, à vista de laudo técnico emitido por engenheiro de segurança do trabalho ou médico do trabalho, devidamente habilitado.

28.2. EMBARGO OU INTERDIÇÃO:

28.2.1. Quando o agente da inspeção do trabalho constatar situação de grave e iminente risco à saúde e/ou integridade física do trabalhador, com base em critérios técnicos, deverá propor de imediato à autoridade regional competente a interdição do estabelecimento, setor de serviço, máquina ou equipamento, ou o embargo parcial ou total da obra, determinando as medidas que deverão ser adotadas para a correção das situações de risco.

•• Item com redação determinada pela Portaria n. 7, de 5-10-1992.

28.2.2. A autoridade regional competente, à vista de novo laudo técnico do agente da inspeção do trabalho, procederá à suspensão ou não da interdição ou embargo.

•• Item com redação determinada pela Portaria n. 7, de 5-10-1992.

28.2.3. A autoridade regional competente, à vista de relatório circunstanciado, elaborado por agente da inspeção do trabalho que comprove o descumprimento reiterado das disposições legais e/ou regulamentares sobre segurança e saúde do trabalhador, poderá convocar representante legal da empresa para apurar o motivo da irregularidade e propor solução para corrigir as situações que estejam em desacordo com exigências legais.

(1) NR aprovada pela Portaria n. 3.214, de 8-6-1978, e com redação determinada pela Portaria n. 3, de 1º-7-1992.

•• Item com redação determinada pela Portaria n. 7, de 5-10-1992.

28.2.3.1. Entende-se por descumprimento reiterado a lavratura do auto de infração por 3 (três) vezes no tocante ao descumprimento do mesmo item de norma regulamentadora ou a negligência do empregador em cumprir as disposições legais e/ou regulamentares sobre segurança e saúde do trabalhador, violando-as reiteradamente, deixando de atender às advertências, intimações ou sanções e sob reiterada ação fiscal por parte dos agentes da inspeção do trabalho.

28.3. PENALIDADES:

28.3.1. As infrações aos preceitos legais e/ou regulamentadores sobre segurança e saúde do trabalhador terão as penalidades aplicadas conforme o disposto no quadro de gradação de multas (Anexo I), obedecendo às infrações previstas no quadro de classificação das infrações (Anexo II) desta Norma.

•• Item com redação determinada pela Portaria n. 7, de 5-10-1992.

28.3.1.1. Em caso de reincidência, embaraço ou resistência à fiscalização, emprego de artifício ou simulação com o objetivo de fraudar a lei, a multa será aplicada na forma do art. 201, parágrafo único, da CLT, conforme os seguintes valores estabelecidos:

•• Item com redação determinada pela Portaria n. 7, de 5-10-1992.

Valor da Multa (em UFIR)	
Segurança do Trabalho	Medicina do Trabalho
6.304	3.782

•• Sobre UFIR, *vide* Nota dos Organizadores.

Anexo I

Gradação das Multas (em UFIR)

•• Anexo I com redação determinada pela Portaria n. 3, de 1º-7-1992.

•• Sobre UFIR, *vide* Nota dos Organizadores.

Número de empregados	**Segurança do Trabalho**				**Medicina do Trabalho**			
	I_1	I_2	I_3	I_4	I_1	I_2	I_3	I_4
1-10	630-729	1129-1393	1691-2091	2252-2792	378-428	676-839	1015-1254	1350-1680
11-25	730-830	1394-1664	2092-2495	2793-3334	429-498	840-1002	1255-1500	1681-1998
26-50	831-963	1665-1935	2496-2898	3335-3876	499-580	1003-1166	1501-1746	1999-2320
51-100	964-1104	1936-2200	2899-3302	3877-4418	581-662	1167-1324	1747-1986	2321-2648
101-250	1105-1241	2201-2471	3303-3718	4419-4948	663-744	1325-1482	1987-2225	2649-2976
251-500	1242-1374	2472-2748	3719-4121	4949-5490	745-826	1483-1646	2226-2471	2977-3297
501-1000	1375-1507	2749-3020	4122-4525	5491-6033	827-906	1647-1810	2472-2717	3298-3618
mais de 1000	1508-1646	3021-3284	4526-4929	6034-6304	907-990	1811-1973	2718-2957	3619-3782

Anexo I-A

Valor das Multas Específicas de Trabalho Portuário (NR-29)

•• Anexo I-A acrescentado pela Portaria n. 319, de 15-5-2012.

Número de Empregados	**Gradação das multas em reais (R$)**							
	Segurança do Trabalho							
	I_1		I_2		I_3		I_4	
	Mínimo	Máximo	Mínimo	Máximo	Mínimo	Máximo	Mínimo	Máximo
01-10	575,00	665,36	1.030,44	1.271,39	1.543,38	1.908,46	2.055,40	2.548,27

11-25	666,27	757,54	1.272,31	1.518,73	1.909,38	2.277,19	2.549,18	3.042,95
26-50	758,46	878,93	1.519,65	1.766,08	2.278,10	2.645,01	3.043,86	3.537,63
51-100	879,84	1.007,63	1.766,99	2.007,95	2.645,93	3.013,75	3.538,55	4.032,32
101-250	1.008,54	1.132,67	2.008,85	2.255,29	3.014,65	3.393,42	4.033,23	4.516,05
251-500	1.133,57	1.254,05	2.256,20	2.508,11	3.394,34	3.761,25	4.516,96	5.010,74
501-1000	1.254,97	1.375,44	2.509,02	2.756,36	3.762,16	4.129,98	5.011,65	5.506,34
Mais de 1000	1.376,35	1.502,31	2.757,28	2.997,31	4.130,89	4.498,71	5.507,25	5.750,00

Número de Empregados	**Medicina do Trabalho**							
	I_1		I_2		I_3		I_4	
	Mínimo	Máximo	Mínimo	Máximo	Mínimo	Máximo	Mínimo	Máximo
01-10	345,00	390,63	616,98	765,75	926,39	1.144,52	1.232,15	1.533,33
11-25	391,55	454,52	766,66	914,52	1.145,44	1.369,05	1.534,24	1.823,57
26-50	455,44	529,37	915,43	1.064,21	1.369,96	1.593,57	1.824,49	2.117,46
51-100	530,28	604,20	1.065,11	1.208,41	1.594,48	1.812,62	2.118,38	2.416,83
101-250	605,12	679,05	1.209,32	1.355,36	1.813,53	2.030,75	2.417,74	2.716,19
251-500	679,96	753,89	1.353,53	1.502,30	2.031,67	2.255,28	2.717,11	3.009,17
501-1000	754,80	826,90	1.503,21	1.651,98	2.256,19	2.479,80	3.010,08	3.302,14
Mais de 1000	827,82	903,57	1.652,90	1.800,75	2.480,71	2.698,84	3.303,06	3.450,00

Anexo II

Normas Regulamentadoras – NR

•• Anexo II com redação determinada pelas Portarias n. 1.067, de 23-9-2019, n. 1.358, de 9-12-2019, n. 1.360, de 9-12-2019, n. 1.359, de 9-12-2019, e n. 9.384, de 6-4-2020.

•• O art. 4º da Portaria n. 1.067, de 23-9-2019, dispõe: "Art. 4º Determinar, conforme previsto na Portaria SIT n. 787, de 27 de novembro de 2018, que o Anexo II da Norma Regulamentadora n. 28 seja interpretado com a tipificação de 'Tipo 1' – NR Geral".

NR 1 (101.000-0)

Item/Subitem	Código	Infração	Tipo
1.4.1, alínea "a"	101.012-3	4	S
1.4.1, alínea "b", incisos I, II, III e IV	101.013-1	4	S
1.4.1, alínea "c"	101.014-0	3	S
1.4.1, alínea "d"	101.015-8	3	S
1.4.1, alínea "e"	101.016-6	3	S
1.4.1, alínea "f"	101.017-4	3	S
1.4.1, alínea "g", incisos I, II, III e IV	101.018-2	4	S
1.4.3.1	101.019-0	4	S
1.4.4, alíneas "a", "b", "c", "d" e "e"	101.020-4	2	S
1.5.1	101.021-2	3	S
1.5.4	101.022-0	3	S
1.5.5	101.023-9	3	S
1.5.5.1	101.024-7	3	S
1.6.1	101.025-5	3	S
1.6.1 e 1.6.3	101.026-3	3	S
1.6.1.2, alínea "a", 1.6.1.2.1 e 1.6.2	101.027-1	3	S
1.6.1.2, alínea "b", 1.6.1.2.2 e 1.6.2	101.028-0	3	S
1.6.1.2, alínea "c", 1.6.1.2.3, alíneas "a", "b", e "c", e 1.6.2	101.029-8	3	S
1.6.4	101.030-1	2	S
1.6.5	101.031-0	3	S

Item/Subitem	Código	Infração	Tipo
1.6.6, alíneas "a", "b" e "c", 1.6.6.1 e 1.6.6.1.1	101.032-8	3	S
1.6.7, 1.6.7.1, alíneas "a", "b", "c", "d" e "e", 1.6.8 e 1.6.8.1	101.033-6	3	S
1.6.9.1	101.034-4	3	S
1.7.1.1	101.035-2	3	S
1.7.2.1	101.036-0	4	M

NR 1 – Anexo II

Item/Subitem	Código	Infração	Tipo
2.2	101.037-9	3	S
2.3 e 2.4	101.038-7	3	S
2.5	101.039-5	3	S
3.1 e 3.2	101.040-9	3	S
4.1	101.041-7	3	S
4.1.1	101.042-5	3	S
4.2 e 4.3	101.043-3	3	S
4.4	101.044-1	3	S
4.5	101.045-0	3	S
4.6, 4.6.1, 4.6.2 e 4.6.3	101.046-8	3	S
4.7 e 4.7.1	101.047-6	3	S
5.1	101.048-4	3	S

NR 3

Item/Subitem	Código	Infração	Tipo
3.2.2.1	103.008-6	4	S
3.2.2.2	103.009-4	4	S
3.5.4	103.010-8	4	S
3.5.5	103.011-6	2	S

NR 4 (104.000-0)

Item/Subitem	Código	Infração	Tipo
4.1	104.027-8	4	S
4.2	104.028-6	3	S
4.2.4	104.029-4	3	S
4.3.3	104.042-1	3	S
4.3.4	104.031-6	3	S
4.4	104.041-3	3	S
4.4.2	104.033-2	3	S
4.5	104.034-0	2	S
4.5.1	104.035-9	4	S
4.5.2	104.036-7	2	S
4.7	104.018-9	1	S
4.8	104.037-5	2	S
4.9	104.038-3	2	S
4.10	104.039-1	3	S
4.11	104.040-5	1	S
4.12	104.026-0	2	S
4.14.3.4	104.043-0	2	S
4.17	104.023-5	1	S
4.19	104.025-1	4	S

NR 5 (205.000-0)

Item/Subitem	Código	Infração	Tipo
5.2	205.001-3	4	S
5.6	205.067-6	3	S
5.6.2	205.068-4	3	S
5.6.4	205.007-2	2	S
5.7	205.008-0	2	S
5.8	205.069-2	3	S
5.9	205.070-6	3	S
5.10	205.071-4	1	S
5.11	205.072-2	1	S
5.12	205.073-0	1	S
5.13	205.014-5	1	S
5.14	205.103-6	1	S
5.14.1	205.104-4	2	S
5.14.2	205.105-2	2	S
5.15	205.106-0	3	S
5.17	205.017-0	2	S
5.23	205.076-5	3	S
5.24	205.019-6	2	S
5.25	205.077-3	1	S
5.26	205.107-9	1	S
5.27	205.064-1	3	S
5.30	205.079-0	1	S
5.31	205.108-7	2	S
5.31.1	205.080-3	1	S
5.31.3	205.109-5	2	S

Item/Subitem	Código	Infração	Tipo
5.31.3.1	205.110-9	2	S
5.31.3.2	205.111-7	3	S
5.32	205.081-1	3	S
5.32.1	205.082-0	3	S
5.32.2	205.083-8	3	S
5.33	205.065-0	2	S
5.34	205.038-2	2	S
5.36	205.084-6	1	S
5.38	205.085-4	2	S
5.38.1	205.086-2	1	S
5.39	205.102-8	1	S
5.39.1	205.087-0	1	S
5.40, alíneas "a" a "h" e 5.40, alínea "j"	205.112-5	2	S
5.41	205.095-1	1	S
5.42.2	205.096-0	2	S
5.42.3	205.097-8	2	S
5.43	205.098-6	3	S
5.45	205.058-7	2	S
5.48	205.099-4	1	S
5.49	205.100-1	3	S
5.50	205.101-0	3	S

NR 6 (206.000-0)

Item/Subitem	Código	Infração	Tipo
6.2	206.023-0	4	S
6.3	206.024-8	4	S
6.6.1, alínea a	206.005-1	3	S
6.6.1, alínea b	206.025-6	4	S
6.6.1, alínea c	206.026-4	4	S
6.6.1, alínea d	206.008-6	3	S
6.6.1, alínea e	206.009-4	3	S
6.6.1, alínea f	206.027-2	2	S
6.6.1, alínea "h"	206.033-7	2	S
6.8.1, alíneas "a", "b", "c", "d", "e", "f", "g", "h", "i", "j", "k" e "l"	206.047-7	4	S
6.9.1	206.039-6	4	S
6.9.3	206.032-9	3	S

NR 7 (107.000-0)

Item/Subitem	Código	Infração	Tipo
7.1.3	107.055-0	3	M
7.2.1	107.089-4	4	M
7.2.2	107.056-8	3	M
7.2.3	107.057-6	3	M
7.2.4	107.058-4	3	M
7.3.1, alínea a	107.059-2	4	M
7.3.1, alínea b	107.060-6	2	M
7.3.1, alíneas "c" e "d"	107.090-8	2	S
7.3.2, alíneas "a" e "b"	107.091-6	2	S
7.4.1, alínea a	107.008-8	3	M
7.4.1, alínea b	107.009-6	3	M
7.4.1, alínea c	107.010-0	3	M
7.4.1, alínea d	107.011-8	3	M
7.4.1, alínea e	107.012-6	3	M
7.4.2, alíneas "a" e "b"	107.092-4	3	S
7.4.2.1	107.067-3	3	M
7.4.2.2 e 7.4.2.3	107.093-2	1	S
7.4.3.1	107.068-1	2	M
7.4.3.2, alíneas "a.1", "a.2", "b.1" e "b.2"	107.094-0	2	S
7.4.3.3	107.072-0	2	M
7.4.3.4	107.073-8	2	M
7.4.3.5	107.074-6	2	M
7.4.4.3	107.078-9	2	M
7.4.4, 7.4.4.1 e 7.4.4.2	107.095-9	2	S
7.4.5	107.033-9	3	M
7.4.5.1 e 7.4.5.2	107.096-7	3	S
7.4.6	107.081-9	3	M
7.4.6.1	107.082-7	2	M
7.4.6.2 e 7.4.6.3	107.097-5	1	S
7.4.7	107.083-5	4	M
7.4.8, alíneas "a", "b", "c" e "d"	107.098-3	4	S
7.5.1	107.045-2	1	M

NR 8 (108.000-0)

Item/Subitem	Código	Infração	Tipo
8.2	108.016-4	3	S
8.3.1	108.017-2	2	S
8.3.2	108.018-0	4	S
8.3.3	108.019-9	4	S
8.3.4	108.020-2	3	S
8.3.5	108.021-0	2	S
8.3.6	108.030-0	4	S
8.4.1	108.026-1	2	S
8.4.2	108.027-0	2	S
8.4.3	108.028-8	2	S
8.4.4	108.029-6	2	S

NR 9 (109.000-0)

Item/Subitem	Código	Infração	Tipo
9.1.1	109.042-9	4	S
9.1.2	109.002-0	2	S
9.1.3	109.155-7	4	S
9.2.1, alíneas "a", "b", "c" e "d"	109.156-5	2	S
9.2.1.1	109.048-8	3	S
9.2.2, 9.2.2.1 e 9.2.2.2	109.157-3	2	S
9.2.3	109.052-6	2	S
9.3.1, alíneas "a", "b", "c", "d", "e" e "f"	109.158-1	3	S
9.3.2	109.059-3	3	S
9.3.3, alíneas "a", "b", "c", "d", "e", "f", "g" e "h"	109.159-0	2	S
9.3.4, alíneas "a", "b" e "c"	109.160-3	4	S
9.3.5.1	109.069-0	4	S
9.3.5.2	109.070-4	2	S
9.3.5.3	109.071-2	3	S
9.3.5.4	109.072-0	2	S
9.3.5.5, alíneas "a", "b" e "c"	109.161-1	3	S
9.3.5.6	109.077-1	2	S
9.3.6.2	109.078-0	3	S
9.3.7.1	109.079-8	2	S
9.3.8.1, 9.3.8.2 e 9.3.8.3	109.162-0	3	S
9.5.2	109.082-8	3	S
9.6.1	109.039-9	2	S
9.6.2	109.040-2	2	S

NR 9 – Anexo I

Item/Subitem	Código	Infração	Tipo
2.1	109.084-4	3	S
2.2	109.085-2	3	S
2.3	109.086-0	3	S
3.1	109.087-9	4	S
4.1.1	109.088-7	4	S
4.2.1	109.089-5	4	S
4.2.4	109.090-9	3	S
4.2.5	109.091-7	4	S
4.3.1	109.092-5	4	S
4.3.4	109.093-3	3	S
4.3.5	109.094-1	4	S

NR 9 – Anexo II

Item/Subitem	Código	Infração	Tipo
2.1.2	109.098-4	2	S
2.1.3	109.099-2	4	S
2.1.4, 2.1.5, 2.1.6 e 2.1.8	109.163-8	3	S
2.1.7	109.103-4	3	S
4.1.1	109.105-0	3	S
5.1, 5.1.1, 5.1.1.1, 5.2 e 5.3	109.164-6	3	S
6.2, 6.2.1, 6.3 e 6.4	109.165-4	4	S
6.5	109.115-8	3	M
6.6 e 6.7	109.166-2	3	S
6.8	109.118-2	3	M
7.2 e 7.2.1	109.167-0	2	S
8.1	109.121-2	3	S
8.2	109.122-0	3	S
8.3	109.123-9	2	S
9.1	109.124-7	3	S
9.2	109.125-5	3	S
9.2.1.2, 9.2.1.3 e 9.2.1.4	109.173-5	3	S
9.2.2 (*)	109.126-3	3	S
9.3 e 9.3.1	109.168-9	3	S
9.4	109.129-8	3	S
9.5, alíneas "a", "b", "c", "d", "e", "f" e "g"	109.169-7	4	S
9.6	109.137-9	3	S
9.7	109.138-7	3	S
9.8 e 9.8.1	109.170-0	3	S
9.9 e 9.9.1	109.171-9	4	S
10.1	109.143-3	3	S
10.2	109.144-1	4	S
10.2.1	109.145-0	4	S
11.2 e 11.3	109.172-7	3	S
11.4	109.148-4	3	S
12.1.1	109.154-9	4	S
12.1.1.1	109.150-6	4	S
12.1.1.3	109.151-4	4	S
13.1	109.152-2	2	S
14.1	109.153-0	4	S

(*) Código revogado pela Portaria n. 1.358, de 9-12-2019.

NR 9 – Anexo III

Item/Subitem	Código	Infração	Tipo
2.1	109.174-3	4	S
2.1.1, alíneas "a", "b", "c", "d", "e" e "f", e 2.1.2	109.175-1	2	S

2.3, alíneas "a", "b", "c", "d", "e", "f", "g", "h", "i", "j", "k" e "l", e 2.3.1	109.176-0	3	S
2.3.1.1, alíneas "a", "b" e "c", e 2.4, alíneas "a", "b", "c" e "d"	109.177-8	3	S
3.1, alíneas "a" e "b"	109.178-6	3	S
4.1, alíneas "a" e "b", e 4.1.1	109.179-4	4	S
5.1	109.180-8	3	S
6.2, alíneas "a", "b" e "c", e 6.2.1, alíneas "a", "b", "c", "d" e "e"	109.181-6	4	S
6.3	109.182-4	3	S

NR 10 (210.000-0)

Item/Subitem	Código	Infração	Tipo
10.2.1	210.122-0	4	S
10.2.2	210.002-9	1	S
10.2.3	210.003-7	3	S
10.2.4, alíneas "a", "b", "c", "d", "e", "f" e "g"	210.178-5	2	S
10.2.5	210.012-6	4	S
10.2.5, alínea a	210.127-0	2	S
10.2.5, alínea b	210.128-9	2	S
10.2.6	210.016-9	3	S
10.2.7	210.017-7	2	S
10.2.8.1, 10.2.8.2, 10.2.8.2.1 e 10.2.8.3	210.179-3	4	S
10.2.9.1, 10.2.9.2 e 10.2.9.3	210.180-7	4	S
10.3.1, 10.3.2, 10.3.3, 10.3.3.1, 10.3.4, 10.3.5 e 10.3.6	210.181-5	3	S
10.3.7	210.138-6	3	S
10.3.8	210.033-9	2	S
10.3.9, alíneas "a", "b", "c", "d", "e", "f" e "g"	210.182-3	3	S
10.3.10	210.041-0	2	S
10.4.1	210.042-8	4	S
10.4.2	210.043-6	4	S
10.4.3 e 10.4.3.1	210.183-1	3	S
10.4.4	210.046-0	3	S
10.4.4.1	210.047-9	2	S
10.4.5	210.146-7	3	S
10.4.6	210.049-5	3	S
10.5.1, 10.5.2 e 10.5.4	210.184-0	4	S
10.6.1 e 16.6.1.1	210.185-8	4	S
10.6.2	210.171-8	3	S

Item/Subitem	Código	Infração	Tipo
10.6.3 e 10.6.5	210.186-6	4	S
10.6.4	210.067-3	3	S
10.7.1, 10.7.2, 10.7.3, 10.7.4, 10.7.5, 10.7.6, 10.7.7, 10.7.7.1, 10.7.8 e 10.7.9	210.187-4	4	S
10.8.5, 10.8.6	210.188-2	2	S
10.8.7	210.156-4	2	M
10.8.8, 10.8.8.1, 10.8.8.2, 10.8.8.3 e 10.8.8.4	210.189-0	3	S
10.8.9	210.090-8	2	S
10.9.1	210.091-6	3	S
10.9.2	210.161-0	3	S
10.9.3	210.162-9	3	S
10.9.4	210.094-0	3	S
10.9.5	210.163-7	3	S
10.10.1, alíneas "a", "b", "c", "d", "e", "f" e "g"	210.190-4	3	S
10.11.1, 10.11.2, 10.11.3 e 10.11.4	210.191-2	3	S
10.11.5	210.177-7	3	S
10.11.6 e 10.11.7	210.192-0	3	S
10.11.8	210.166-1	3	S
10.12.1, 10.12.2, 10.12.3 e 10.12.4	210.193-9	3	S
10.13.2 e 10.13.3	210.194-7	4	S
10.14.2 e 10.14.4	210.195-5	4	S

NR 11 (111.000-0)

Item/Subitem	Código	Infração	Tipo
11.1.1	111.036-5	4	S
11.1.2	111.037-3	3	S
11.1.3	111.038-1	4	S
11.1.3.1	111.039-0	4	S
11.1.3.2	111.040-3	2	S
11.1.3.3	111.041-1	4	S
11.1.4	111.042-0	2	S
11.1.5, 11.1.6 e 11.1.6.1	111.126-4	3	S
11.1.7	111.046-2	2	S
11.1.8	111.047-0	3	S
11.1.9 e 11.1.10	111.127-2	4	S
11.2.2, 11.2.2.1, 11.2.3, 11.2.3.1 e 11.2.10	111.128-0	2	S
11.2.4	111.054-3	2	S
11.2.5	111.055-1	3	S
11.2.8	111.056-0	3	S
11.2.9	111.057-8	2	S
11.2.11	111.050-0	2	S

NR 28

Item/Subitem	Código	Infração	Tipo
11.3.1	111.058-6	3	S
11.3.2, 11.3.3, 11.3.4 e 11.3.5	111.129-9	3	S
11.4.1	111.035-7	4	S

NR 11 – Anexo I

Item/Subitem	Código	Infração	Tipo
1.2, 1.2.1, 1.2.1.1 e 1.2.2	111.130-2	4	S
1.3, 1.3.1, 1.3.2 e 1.3.3	111.131-0	4	S
1.4 e 1.4.1	111.132-9	4	S
2.1.1, 2.1.1.1, 2.1.2, 2.1.2.1, 2.1.3 e 2.1.4	111.133-7	4	S
2.2.1, 2.2.2, 2.2.3 e 2.2.4	111.134-5	4	S
2.3.1, alíneas "a" e"b"	111.135-3	4	S
2.4.1	111.084-5	4	S
2.5.1 e 2.5.2	111.136-1	4	S
2.6.1, 2.6.1.1, 2.6.2, 2.6.3 e 2.6.4	111.137-0	4	S
3.1, 3.1.1, 3.1.1.1, 3.1.1.1.1 e 3.2	111.138-8	4	S
3.3 e 3.3.1	111.139-6	4	S
4.1, 4.1.1 e 4.1.1.1	111.140-0	4	S
4.2	111.103-5	4	S
4.3	111.104-3	4	S
4.4, 4.5, 4.6 e 4.7	111.141-8	4	S
5.1, 5.2, 5.2.1, 5.3, 5.4, 5.4.1, 5.4.2, 5.4.2.1, 5.4.3, 5.4.3.1, 5.4.4, 5.5 e 5.6	111.142-6	4	S
6.1	111.122-1	4	S
6.2	111.123-0	4	S
6.3	111.124-8	4	S
6.4	111.125-6	4	S

NR 12 (312.000-0)

Item/Subitem	Código	Infração	Tipo
12.1.7	312.309-0	3	S
12.1.8	312.310-3	2	S
12.1.9 e 12.1.9.1	312.311-1	4	S
12.1.12	312.312-0	4	S
12.2.1 e 12.2.1.2	312.313-8	2	S
12.2.2	312.314-6	3	S
12.2.3	312.315-4	3	S
12.2.4	312.316-2	3	S
12.2.5	312.317-0	2	S
12.2.6 e 12.2.6.1.	312.318-9	3	S
12.2.7	312.319-7	2	S
12.2.8	312.320-0	3	S
12.2.8.1	312.321-9	3	S
12.3.1	312.322-7	4	S
12.3.2	312.323-5	4	S
12.3.3	312.324-3	4	S
12.3.4, alíneas "a", "b", "c", "d", "e" e "f"	312.325-1	4	S
12.3.5, alínea "a", 12.3.5, alínea "b", 12.3.5, alínea "c", 12.3.5, alínea "d", 12.3.5, alínea "e", 12.3.5, alínea "e", 12.3.6	312.326-0	4	S
12.3.5, alínea "b"	312.327-8	3	S
12.3.5, alínea "c"	312.328-6	4	S
12.3.5, alínea "d"	312.329-4	3	S
12.3.5, alínea "e"	312.330-8	4	S
12.3.6	312.331-6	4	S
12.3.7	312.332-4	4	S
12.3.7.1	312.333-2	4	S
12.3.7.2	312.334-0	4	S
12.3.8, alínea "a", 12.3.8, alínea "b", 12.3.8, alínea "c"	312.335-9	4	S
12.3.8, alínea "b"	312.336-7	4	S
12.3.8, alínea "c"	312.337-5	4	S
12.3.9, alíneas "a", "b" e "c"	312.338-3	3	S
12.3.10	312.339-1	3	S
12.4.1, alíneas "a", "b", "c", "d" e "e"	312.340-5	4	S
12.4.2	312.341-3	4	S
12.4.3, alíneas "a", "b", "c", "d", "e", "f" e "g"	312.342-1	4	S
12.4.5, alíneas "a", "b" e "c"	312.343-0	4	S
12.4.6, alíneas "a" e "b"	312.344-8	4	S
12.4.7	312.345-6	4	S
12.4.7.1	312.346-4	4	S
12.4.7.2	312.347-2	4	S
12.4.7.3	312.348-0	4	S
12.4.8, alíneas "a", "b", "c" e "d"	312.349-9	4	S
12.4.9	312.350-2	1	S
12.4.10	312.351-0	2	S
12.4.11	312.352-9	2	S
12.4.12	312.353-7	2	S
12.4.13, alíneas "a" e "b"	312.354-5	2	S

Item/Subitem	Código	Infração	Tipo
12.4.13.1, alíneas "a" e "b"	312.355-3	2	S
12.4.14, alíneas "a", "b" e "c"	312.356-1	2	S
12.4.14.1	312.357-0	2	S
12.5.1	312.358-8	4	S
12.5.1.1	312.359-6	3	S
12.5.2, alínea "a"	312.360-0	3	S
12.5.2, alínea "b"	312.361-8	3	S
12.5.2, alínea "c"	312.362-6	3	S
12.5.2, alínea "d"	312.363-4	3	S
12.5.2, alínea "e"	312.364-2	3	S
12.5.2, alínea "f"	312.365-0	3	S
12.5.2.1	312.366-9	2	S
12.5.3 e 12.5.3.1	312.367-7	2	S
12.5.5	312.368-5	2	S
12.5.6	312.369-3	2	S
12.5.6, alínea "a"	312.370-7	2	S
12.5.6, alínea "b"	312.371-5	2	S
12.5.6.1	312.372-3	2	S
12.5.7, alíneas "a", "b" e "c"	312.373-1	2	S
12.5.7.1	312.374-0	2	S
12.5.8, alíneas "a", "b" e "c"	312.375-8	2	S
12.5.8.1	312.376-6	2	S
12.5.9 e 12.5.9.1	312.377-4	2	S
12.5.9.2	312.378-2	4	S
12.5.10	312.379-0	4	S
12.5.11, alíneas "a", "b", "c", "d", "e", "f", "g", "h", "i", "j", "k" e "l"	312.380-4	1	S
12.5.12	312.381-2	4	S
12.5.13, 12.5.13.1 e 12.5.13.2	312.382-0	2	S
12.5.14	312.383-9	3	S
12.5.15	312.384-7	3	S
12.5.16	312.385-5	3	S
12.5.17	312.386-3	3	S
12.6.1	312.387-1	3	S
12.6.1.1	312.388-0	2	S
12.6.2	312.389-8	4	S
12.6.3, alínea "a", 12.6.3, alínea "b", 12.6.3, alínea "c", 12.6.3, alínea "d", 12.6.3, alínea "e", 12.6.3, alínea "f"	312.390-1	4	S
12.6.3, alínea "b"	312.391-0	4	S
12.6.3, alínea "c"	312.392-8	4	S
12.6.3, alínea "d"	312.393-6	4	S
12.6.3, alínea "e"	312.394-4	4	S
12.6.3, alínea "f"	312.395-2	4	S
12.6.4	312.396-0	3	S
12.6.5 e 12.6.5.1	312.397-9	4	S
12.6.6, alínea "a", 12.6.6, alínea "b", 12.6.6, alínea "c"	312.398-7	3	S
12.6.7 e 12.6.7.1	312.401-0	3	S
12.6.8 e 12.6.8.1	312.402-9	3	S
12.7.1	312.403-7	2	S
12.7.2	312.404-5	4	S
12.7.3	312.405-3	4	S
12.7.4, alínea "a", 12.7.4, alínea "b"	312.406-1	4	S
12.7.5	312.408-8	4	S
12.7.6	312.409-6	4	S
12.7.7, alíneas "a" e "b"	312.410-0	4	S
12.7.8.1	312.411-8	4	S
12.8.1	312.412-6	3	S
12.8.1.1	312.413-4	3	S
12.8.1.2	312.414-2	3	S
12.8.2	312.415-0	3	S
12.8.2.1	312.416-9	3	S
12.8.3	312.417-7	3	S
12.8.4	312.418-5	3	S
12.8.5	312.419-3	4	S
12.8.6 e 12.8.6.1	312.420-7	4	S
12.8.7	312.421-5	3	S
12.8.8	312.422-3	3	S
12.8.9 e 12.8.9.1	312.423-1	3	S
12.8.9.2.1	312.424-0	3	S
12.8.9.3	312.425-8	3	S
12.9.1	312.426-6	3	S
12.9.2	312.427-4	3	S
12.10.2	312.428-2	3	S
12.10.3	312.429-0	3	S
12.10.4	312.430-4	3	S
12.11.1	312.431-2	4	S
12.11.2, alíneas "a", "b", "c", "d", "e", "f" e "g"	312.432-0	3	S
12.11.2.1	312.433-9	3	S
12.11.2.2, alínea "a" 12.11.2.2, alínea "b"	312.434-7	4	S
12.11.3	312.436-3	1	S
12.11.3, alínea "a"	312.437-1	4	S
12.11.3, alínea "b"	312.438-0	4	S
12.11.3, alínea "c"	312.439-8	3	S
12.11.3, alínea "d"	312.440-1	3	S

Item/Subitem	Código	Infração	Tipo
12.11.3, alínea "e"	312.441-0	3	S
12.11.3.1, alínea "a"	312.442-8	3	S
12.11.3.1, alínea "b"	312.443-6	3	S
12.11.3.1, alínea "c"	312.444-4	3	S
12.11.3.1, alínea "d"	312.445-2	3	S
12.11.3.1, alínea "e"	312.446-0	3	S
12.11.3.1, alínea "f"	312.447-9	3	S
12.11.3.2	312.448-7	3	S
12.11.3.3	312.449-5	3	S
12.11.4.1	312.450-9	3	S
12.11.5	312.451-7	3	S
12.12.1	312.452-5	3	S
12.12.1.2	312.453-3	3	S
12.12.1.3	312.454-1	3	S
12.12.2, alíneas "a", "b" e "c"	312.455-0	2	S
12.12.3	312.456-8	2	S
12.12.4 e 12.12.4.1	312.457-6	2	S
12.12.5	312.458-4	2	S
12.12.6, alíneas "a" e "b"	312.459-2	2	S
12.12.7, alíneas "a", "b", "c", "d" e "e"	312.460-6	2	S
12.12.7.1, alíneas "a" e "b"	312.461-4	3	S
12.12.8 e 12.12.8.1	312.462-2	3	S
12.13.1, 12.13.2, alíneas "a", "b", "c" e "d", e 12.13.3	312.463-0	2	S
12.13.4, alíneas "a", "b", "c", "d", "e", "f", "g", "h", "i", "j", "k", "l", "m", "n", "o" e "p"	312.464-9	2	S
12.13.5 e 12.13.5.1	312.465-7	4	S
12.13.5.3, alíneas "a", "b", "c", "d", "e" e "f"	312.466-5	4	S
12.14.1	312.467-3	3	S
12.14.2	312.468-1	3	S
12.14.3	312.469-0	4	S
12.15.1	312.470-3	3	S
12.15.1.1	312.471-1	3	S
12.15.1.2	312.472-0	3	S
12.15.1.3	312.473-8	4	S
12.15.2	312.474-6	3	S
12.16.1	312.475-4	2	S
12.16.2	312.476-2	2	S
12.16.3	312.477-0	2	S
12.16.3.1.1	312.478-9	2	S
12.16.3.1.2	312.479-7	2	S
12.16.4	312.480-0	2	S
12.16.5	312.481-9	2	S
12.16.6	312.482-7	2	S
12.16.8 e 12.16.8.1	312.483-5	2	S
12.16.9	312.484-3	2	S
12.16.10	312.485-1	2	S
12.16.11	312.486-0	2	S
12.16.11.1 e 12.16.11.2	312.487-8	2	S
12.17.1 e 12.17.2	312.488-6	2	S
12.17.3	312.489-4	2	S
12.17.4	312.490-8	2	S
12.17.4.1	312.491-6	2	S
12.17.4.2	312.492-4	2	S
12.17.4.3	312.493-2	2	S
12.18.1	312.494-0	3	S
12.18.2	312.495-9	2	S

NR 12 – Anexo I

Item/Subitem	Código	Infração	Tipo
1, alínea "b"	312.496-7	4	S
1.1, alínea "b"	312.497-5	4	S
2, alínea "b"	312.498-3	4	S
2.1, alínea "b"	312.499-1	4	S
2.2, alínea "b"	312.500-9	3	S

NR 12 – Anexo III

Item/Subitem	Código	Infração	Tipo
1	312.501-7	2	S
1.4	312.502-5	2	S
3	312.503-3	2	S
4	312.504-1	2	S
5, alínea "a", 5, alínea "b", 5, alínea "c", 5, alínea "d"	312.505-0	2	S
6	312.509-2	2	S
6.1	312.510-6	2	S
6.2	312.511-4	2	S
7, alínea "a", 7, alínea "b", 7, alínea "c", 7, alínea "d", 7, alínea "e"	312.512-2	2	S
7, alínea "e"	312.517-3	2	S
8	312.518-1	2	S
8.1	312.519-0	2	S
10, alíneas "a" e "b"	312.520-3	2	S
10.2	312.521-1	2	S

Item/Subitem	Código	Infração	Tipo
11, alíneas "a", "b", "c", "d", "e", "f" e "g"	312.522-0	3	S
11.2	312.523-8	3	S
12, alíneas "a", "b", "c", "d" e "e"	312.524-6	3	S
12.2	312.525-4	3	S
13	312.526-2	3	S
13.1, alínea "a", 13.1, alínea "b"	312.527-0	2	S

NR 12 – Anexo V

Item/Subitem	Código	Infração	Tipo
1, alíneas "a", "b", "c", "d" e "e"	312.530-0	4	S
1.1	312.531-9	4	S
2	312.532-7	2	S
3, alíneas "a", "b", "c" e "d"	312.533-5	3	S
4	312.534-3	3	S
4.1	312.535-1	4	S
4.2	312.536-0	1	S
5	312.537-8	2	S
6	312.538-6	4	S

NR 12 – Anexo VI

Item/Subitem	Código	Infração	Tipo
1.2.1	312.539-4	4	S
2.2	312.540-8	4	S
2.3	312.541-6	4	S
2.4	312.542-4	4	S
2.5	312.543-2	4	S
2.6	312.544-0	3	S
2.7, alíneas "a" e "b"	312.545-9	4	S
3.2	312.546-7	4	S
3.3	312.547-5	4	S
3.4	312.548-3	3	S
3.5	312.549-1	3	S
3.6	312.550-5	2	S
3.7	312.551-3	4	S
3.8	312.552-1	4	S
3.9	312.553-0	3	S
3.10	312.554-8	2	S
3.11	312.555-6	2	S
3.11.1	312.556-4	2	S
3.11.2	312.557-2	2	S
4.2	312.558-0	4	S
4.3	312.559-9	4	S
4.4	312.560-2	4	S
4.4.1	312.561-0	4	S
4.4.2	312.562-9	4	S
4.5	312.563-7	4	S
4.6	312.564-5	4	S
5.1.1	312.565-3	4	S
6.2	312.566-1	4	S
6.2.1	312.567-0	4	S
6.2.1.1	312.568-8	4	S
6.2.1.2	312.569-6	4	S
6.3	312.570-0	4	S
7.2	312.571-8	4	S
7.2.1	312.572-6	4	S
7.2.1.1	312.573-4	4	S
7.2.1.2	312.574-2	3	S
7.3	312.575-0	4	S
8.2	312.576-9	4	S
8.2.1	312.577-7	4	S
8.2.1.1	312.578-5	4	S
8.2.3	312.579-3	3	S
9.2	312.580-7	4	S
9.2.1	312.581-5	4	S
9.2.2	312.582-3	4	S
9.2.2.1	312.583-1	4	S
9.3	312.584-0	4	S
9.3.1	312.585-8	4	S

NR 12 – Anexo VII

Item/Subitem	Código	Infração	Tipo
1.1.1	312.586-6	4	S
1.5	312.587-4	4	S
2.2	312.588-2	4	S
2.3	312.589-0	4	S
2.3.1	312.590-4	4	S
2.4	312.591-2	4	S
2.5	312.592-0	4	S
2.5.1	312.593-9	4	S
2.5.2	312.594-7	4	S
2.6	312.595-5	4	S
2.7	312.596-3	4	S
2.8	312.597-1	4	S
2.9	312.598-0	3	S
2.10	312.599-8	4	S
3.2	312.600-5	4	S
3.3	312.601-3	4	S
3.4	312.602-1	4	S
4.2	312.603-0	4	S
4.3	312.604-8	4	S
4.4	312.605-6	4	S

NR 12 – Anexo VIII

Item/Subitem	Código	Infração	Tipo
1.3.1, alínea "a"	312.606-4	4	S
1.3.1, alínea "b"	312.607-2	3	S
1.3.1, alínea "c"	312.608-0	4	S
1.3.1, alínea "d"	312.609-9	4	S
1.5	312.610-2	4	S
2.1, alínea "a"	312.611-0	4	S
2.1, alínea "b"	312.612-9	4	S
2.1, alínea "c"	312.613-7	4	S
2.1.1	312.614-5	4	S
2.1.2	312.615-3	4	S
2.1.3	312.616-1	4	S
2.1.4	312.617-0	4	S
2.1.4.1	312.618-8	4	S
2.2, alíneas "a" e "b"	312.619-6	4	S
2.3, alíneas "a", "b" e "c"	312.620-0	4	S
2.4	312.621-8	4	S
2.4.1	312.622-6	3	S
2.4.1.1	312.623-4	3	S
2.4.2	312.624-2	4	S
2.4.3	312.625-0	4	S
2.4.4	312.626-9	4	S
2.4.6	312.627-7	4	S
2.5 e 2.5.1	312.628-5	4	S
2.5.2	312.629-3	4	S
2.5.2.1	312.630-7	3	S
2.5.3	312.631-5	4	S
2.5.4	312.632-3	3	S
2.5.5	312.633-1	4	S
2.6	312.634-0	4	S
2.6.1	312.635-8	4	S
2.6.2	312.636-6	4	S
2.6.3	312.637-4	3	S
2.6.4	312.638-2	4	S
2.6.4.1	312.639-0	4	S
2.6.5	312.640-4	4	S
2.7	312.641-2	4	S
2.7.1	312.642-0	4	S
2.7.2	312.643-9	4	S
2.7.3	312.644-7	4	S
2.8	312.645-5	4	S
2.8.1	312.646-3	4	S
2.8.1.1	312.647-1	4	S
2.8.2	312.648-0	4	S
2.9	312.649-8	4	S
2.9.1	312.650-1	3	S
2.9.2	312.651-0	3	S
2.9.3	312.652-8	4	S
2.9.3.1	312.653-6	4	S
2.10	312.654-4	4	S
2.10.1	312.655-2	4	S
2.10.2	312.656-0	4	S
2.11	312.657-9	3	S
2.11.1	312.658-7	3	S
2.11.2, alíneas "a", "b" e "c"	312.659-5	4	S
2.11.3	312.660-9	3	S
2.12, alíneas "a", "b", "c", "d" e "e"	312.661-7	3	S
2.12.1	312.662-5	3	S
3.1.1	312.663-3	4	S
3.1.2	312.664-1	4	S
3.2.1	312.665-0	4	S
3.3.1, 2.4 e 2.5	312.666-8	4	S
3.3.1.1	312.667-6	4	S
3.3.1.2	312.668-4	4	S
3.3.1.3	312.669-2	4	S
3.3.1.4	312.670-6	4	S
3.3.2	312.671-4	4	S
3.3.2.1	312.672-2	4	S
3.3.2.1.1	312.673-0	4	S
3.3.2.2	312.674-9	4	S
3.3.2.3	312.675-7	4	S
3.3.2.3.1	312.676-5	4	S
3.3.2.4	312.677-3	4	S
4.1.1	312.678-1	4	S
4.1.2	312.679-0	4	S
4.1.2.1	312.680-3	4	S
4.1.2.1, alínea "a"	312.681-1	4	S
4.1.2.1, alínea "b"	312.682-0	4	S
4.1.2.1.1	312.683-8	4	S
4.1.2.1.1.1	312.684-6	3	S
4.1.2.1.1.2	312.685-4	3	S
4.1.2.1.1.3	312.686-2	4	S
4.1.2.1.1.4	312.687-0	4	S
4.1.2.1.1.5, alínea "a"	312.688-9	3	S
4.1.2.1.1.5, alínea "b"	312.689-7	3	S
4.1.2.1.1.5, alínea "c"	312.690-0	4	S
4.1.2.1.1.5, alínea "d"	312.691-9	3	S
4.1.2.1.1.6	312.692-7	3	S
4.1.2.1.1.7	312.693-5	3	S
4.1.2.1.1.8	312.694-3	3	S
4.1.2.1.1.8.1, alíneas "a", "b", "c" e "d"	312.695-1	3	S

Item/Subitem	Código	Infração	Tipo
4.1.2.1.1.8.2	312.696-0	3	S
4.1.2.1.1.9	312.697-8	3	S
4.1.2.1.1.10	312.698-6	4	S
4.1.2.1.1.10.1	312.699-4	2	S
4.1.2.1.1.11	312.700-1	3	S
4.1.2.1.2	312.701-0	4	S
4.1.2.2, alíneas "a", "b" e "c"	312.702-8	4	S
4.1.2.3	312.703-6	4	S
4.1.2.4	312.704-4	3	S
4.1.2.5	312.705-2	4	S
4.1.3	312.706-0	4	S
4.2	312.707-9	4	S
4.3	312.708-7	4	S
5.2, alíneas "a", "b" e "c"	312.709-5	4	S
5.2.1	312.710-9	4	S
5.3.1	312.711-7	4	S
5.3.2	312.712-5	4	S
5.4, alínea "a"	312.713-3	4	S
5.4, alínea "b"	312.714-1	4	S
5.4, alínea "c"	312.715-0	4	S
5.5, alínea "a"	312.716-8	4	S
5.5, alínea "b"	312.717-6	4	S
5.5, alínea "c"	312.718-4	4	S
6.2	312.719-2	4	S
6.2.1	312.720-6	4	S
6.2.2	312.721-4	3	S
6.3	312.722-2	4	S
6.4	312.723-0	4	S
6.4.1	312.724-9	3	S
6.4.1.1	312.725-7	3	S
6.4.2	312.726-5	4	S
6.4.3	312.727-3	4	S
7.2	312.728-1	4	S
7.3	312.729-0	4	S
7.3.1	312.730-3	3	S
7.3.2	312.731-1	4	S
7.4, alínea "a"	312.732-0	4	S
7.4, alínea "b"	312.733-8	4	S
7.4, alínea "c"	312.734-6	4	S
7.5	312.735-4	4	S
8.1, alíneas "a", "b" e "c"	312.736-2	3	S
9.1	312.737-0	4	S
9.2	312.738-9	4	S
9.3	312.739-7	4	S

NR 12 – Anexo IX

Item/Subitem	Código	Infração	Tipo
1.2.1.1	312.740-0	4	S
1.2.1.1.1	312.741-9	4	S
1.2.1.2	312.742-7	4	S
1.2.1.2.1	312.743-5	4	S
1.2.1.3	312.744-3	4	S
1.2.1.4	312.745-1	4	S
1.2.1.4.1	312.746-0	4	S
1.2.1.5	312.747-8	4	S
1.2.1.6	312.748-6	4	S
1.2.1.6.1	312.749-4	4	S
1.2.1.6.2	312.750-8	4	S
1.2.1.6.3.1	312.751-6	4	S
1.2.1.6.3.2	312.752-4	4	S
1.2.1.7, alínea "a"	312.753-2	4	S
1.2.1.7, alínea "b"	312.754-0	4	S
1.2.1.7, alínea "c"	312.755-9	4	S
1.2.1.7, alínea "d"	312.756-7	4	S
1.2.1.8.2, alíneas "a", "b" e "c"	312.757-5	4	S
1.2.1.8.3	312.758-3	4	S
1.2.1.8.3.1	312.759-1	4	S
1.2.1.8.4	312.760-5	4	S
1.2.1.8.4.1, alínea "a"	312.761-3	4	S
1.2.1.8.4.1, alínea "b"	312.762-1	4	S
1.2.1.8.4.1, alínea "c"	312.763-0	4	S
1.2.1.8.5	312.764-8	4	S
1.2.1.8.5.1	312.765-6	4	S
1.2.2.1	312.766-4	3	S
1.2.2.2	312.767-2	3	S
1.2.2.3	312.768-0	3	S
1.2.3.1	312.769-9	3	S
1.2.3.2	312.770-2	3	S
1.2.3.3	312.771-0	3	S
1.2.3.4	312.772-9	3	S
1.2.4.1	312.773-7	3	S
1.2.4.3	312.774-5	3	S
1.2.4.3.1	312.775-3	3	S
1.2.4.4	312.776-1	4	S
1.2.5.1	312.777-0	3	S
1.2.5.1.1	312.778-8	3	S
1.2.6.2	312.779-6	4	S
1.2.6.2.1	312.780-0	3	S
1.2.6.2.2	312.781-8	4	S
1.2.6.3	312.782-6	4	S
1.2.6.3.1	312.783-4	3	S
1.2.6.3.2	312.784-2	3	S

Item/Subitem	Código	Infração	Tipo
1.2.6.3.3, alínea "a"	312.785-0	4	S
1.2.6.3.3, alínea "b"	312.786-9	4	S
1.2.6.3.3, alínea "c"	312.787-7	4	S
1.2.6.3.4	312.788-5	4	S
1.2.6.3.5	312.789-3	4	S
1.2.7.1	312.790-7	3	S
1.2.7.1.1	312.791-5	3	S
1.2.7.2	312.792-3	3	S
1.2.7.2.1	312.793-1	3	S
1.2.7.2.1.1	312.794-0	3	S
1.2.7.2.1.2	312.795-8	3	S
1.2.7.3, alíneas "a" e "b"	312.796-6	3	S
1.2.8.1	312.797-4	4	S
1.2.8.2	312.798-2	4	S
1.2.9.1	312.799-0	4	S
1.2.9.2	312.800-8	4	S
1.2.10.1	312.801-6	4	S
1.2.10.2	312.802-4	4	S
1.2.11.1, alínea "a"	312.803-2	3	S
1.2.11.1, alínea "b"	312.804-0	3	S
1.2.11.1, alínea "c"	312.805-9	3	S
1.2.11.1, alínea "d"	312.806-7	3	S

NR 12 – Anexo X

Item/Subitem	Código	Infração	Tipo
2.1, alíneas "a", "b" e "c"	312.807-5	4	S
2.2, alíneas "a", "b", "c", "d" e "e"	312.808-3	4	S
3.1, alíneas "a", "b", "c", "d" e "e"	312.809-1	4	S
3.2	312.810-5	3	S
3.3	312.811-3	3	S
4.1, alíneas "a", "b", "c" e "d"	312.812-1	4	S
4.2	312.813-0	4	S
5.1, alíneas "a" e "b"	312.814-8	4	S
5.3	312.815-6	3	S
5.5	312.816-4	3	S
5.6	312.817-2	4	S
6.1, alíneas "a", "b" e "c"	312.818-0	4	S
7.1, alíneas "a" e "b"	312.819-9	4	S
7.3	312.820-2	3	S
8.1, alíneas "a", "b", "c", "d" e "e"	312.821-0	4	S
8.2	312.822-9	3	S
8.3	312.823-7	3	S
9.1, alíneas "a", "b" e "c"	312.824-5	4	S
9.2	312.825-3	3	S
10.1, alíneas "a", "b", "c" e "d"	312.826-1	4	S
10.2	312.827-0	3	S
11.1, alíneas "a", "b", "c", "d" e "e"	312.828-8	4	S
12.1, alíneas "a", "b" e "c"	312.829-6	4	S
13.1, alíneas "a", "b", "c" e "d"	312.830-0	4	S
14.1, alíneas "a", "b", "c" e "d"	312.831-8	4	S
14.1.1	312.832-6	3	S
15.1, alíneas "a", "b", "c", "d" e "e"	312.833-4	4	S
16.1, alíneas "a", "b", "c" e "d"	312.834-2	4	S
16.2	312.835-0	3	S
17.1.1, alíneas "a", "b", "c" e "d"	312.836-9	4	S
17.1.2, alíneas "a", "b" e "c"	312.837-7	4	S
17.3	312.838-5	4	S
17.5	312.839-3	3	S
17.7	312.840-7	3	S
17.8	312.841-5	3	S
18.1, alíneas "a" e "b"	312.842-3	4	S
18.2	312.843-1	3	S
19.1, alíneas "a", "b" e "c"	312.844-0	4	S
19.2, alíneas "a" e "b"	312.845-8	4	S
19.3	312.846-6	2	S
19.4, alíneas "a" e "b"	312.847-4	4	S
20.1, alíneas "a", "b", "c" e "d"	312.848-2	4	S
20.3.1	312.849-0	3	S
21.1, alíneas "a", "b" e "c"	312.850-4	4	S
22.1, alíneas "a" e "b"	312.851-2	4	S
23.1, alíneas "a" e "b"	312.852-0	4	S
23.3	312.853-9	3	S
24.1, alíneas "a", "b" e "c"	312.854-7	4	S
24.2	312.855-5	3	S

Item/Subitem	Código	Infração	Tipo
25.1, alíneas "a", "b" e "c"	312.856-3	4	S
26.1, alíneas "a", "b" e "c"	312.857-1	4	S
27.1, alíneas "a" e "b"	312.858-0	4	S
27.2	312.859-8	4	S
27.3.1	312.860-1	3	S
27.3.2	312.861-0	3	S
28.1	312.862-8	3	S
28.2, alíneas "a" e "b"	312.863-6	4	S
29.1, alíneas "a", "b", "c" e "d"	312.864-4	4	S
30.1	312.865-2	4	S
30.3	312.866-0	3	S
30.4	312.867-9	3	S
31.1, alíneas "a", "b" e "c"	312.868-7	4	S
31.2	312.869-5	3	S
32.1	312.870-9	3	S
32.2	312.871-7	3	S

NR 12 – Anexo XI

Item/Subitem	Código	Infração	Tipo
2	312.872-5	4	S
3, alíneas "a", "b", "c", "d" e "e"	312.873-3	3	S
4	312.874-1	2	S
5	312.875-0	3	S
6 e 6.1	312.876-8	4	S
6.1.1	312.877-6	4	S
6.3.1	312.878-4	4	S
6.4, alíneas "a", "b", "c", "d", "e", "f", "g", "h", "i", "j", "k", "l" e "m", e 6.4.1	312.879-2	3	S
6.5, alíneas "a" e "b", e 6.5.1	312.880-6	3	S
6.5.2, alíneas "a", "b" e "c", e 6.5.2.1	312.881-4	3	S
6.5.4, alíneas "a", "b" e "c", e 6.5.4.1	312.882-2	3	S
6.6 e 6.6.1	312.883-0	4	S
6.6.1.1	312.884-9	4	S
6.6.2, alíneas "a", "b", "c" e "d"	312.885-7	4	S
6.7	312.886-5	4	S
6.8 e 6.8.1	312.887-3	4	S

Item/Subitem	Código	Infração	Tipo
6.9	312.888-1	4	S
6.10	312.889-0	4	S
6.11	312.890-3	3	S
6.12	312.891-1	3	S
6.12.1	312.892-0	3	S
6.13	312.893-8	3	S
6.13.1	312.894-6	3	S
6.14	312.895-4	3	S
7, alíneas "a", "b" e "c"	312.896-2	1	S
8	312.897-0	2	S
9 e 10	312.898-9	4	S
11	312.899-7	3	S
12	312.900-4	2	S
12.1	312.901-2	1	S
12.2	312.902-0	2	S
13, alíneas "a", "b", "c", "d", "e", "f" e "g"	312.903-9	3	S
14	312.904-7	2	S
14.1, alíneas "a", "b", "c" e "d", e 14.2, "a", "b", "c", "d", "e", "f", "g", "h", "i", "j", "k", "l", "m" e "n"	312.905-5	2	S
15	312.906-3	2	S
15.1.2 e 15.1.2.1	312.907-1	2	S
15.2	312.908-0	2	S
15.3, 15.4, 15.5 e 15.6	312.909-8	2	S
15.7, alíneas "a", "b", "c", "d" e "e", 15.7.1, 15.7.1.1, 15.7.2 e 15.8	312.910-1	3	S
15.9, alíneas "a", "b", "c" e "d"	312.911-0	2	S
15.10 e 15.11	312.912-8	2	S
15.12, alíneas "a", "b" e "c", e 15.12.1	312.913-6	2	S
15.13, alíneas "a", "b", "c", "d" e "e"	312.914-4	2	S
15.14, alíneas "a", "b", "c", "d", "e", "f" e "g"	312.915-2	2	S
15.15, alíneas "a", "b", "c", "d", "e", "f", "g", "h", "i", "j", "k" e "l"	312.916-0	2	S
15.15.1, alíneas "a" e "b"	312.917-9	2	S
15.16, alíneas "a", "b" e "c"	312.918-7	2	S
15.18 e 15.19	312.919-5	2	S

Item/Subitem	Código	Infração	Tipo
15.20	312.920-9	2	S
15.17, 15.21, alíneas "a", "b", "c", "d", "e" e "f", e 15.21.1	312.921-7	2	S
15.22, alíneas "a" e "b", 15.22.1, alíneas "a", "b", "c", "d", "e", "f", "g" e "h", e 15.22.3	312.922-5	2	S
15.23, 15.23.1 e 15.23.1.1	312.923-3	4	S
15.24, alíneas "a", "b", "c", "d" e "e", e 15.24.1	312.924-1	2	S
15.25, 15.25.1 e 15.25.2	312.925-0	2	S
17, alíneas "a", "b" e "c"	312.926-8	2	S

NR 12 – Anexo XII

Item/Subitem	Código	Infração	Tipo
2.1, alíneas "a" a "p", e 2.2	312.927-6	4	S
2.2	312.943-8	4	S
2.2.1, alínea "a"	312.944-6	3	S
2.2.1, alínea "b"	312.945-4	3	S
2.2.1, alínea "c"	312.946-2	3	S
2.2.2, alínea "a"	312.947-0	4	S
2.2.2, alínea "b"	312.948-9	3	S
2.3	312.949-7	2	S
2.4	312.950-0	4	S
2.5	312.951-9	4	S
2.6, alínea "a"	312.952-7	4	S
2.6, alínea "b"	312.953-5	4	S
2.6, alínea "c"	312.954-3	4	S
2.7	312.955-1	3	S
2.8	312.956-0	3	S
2.9	312.957-8	4	S
2.10	312.958-6	2	S
2.11	312.959-4	4	S
2.12, alíneas "a", "b", "c", "d", "e", "f", "g", "h", "i", "j", "k", "l", "m", "n" e "o"	312.960-8	3	S
2.13, alíneas "a", "b" e "c"	312.961-6	2	S
2.14	312.962-4	2	S

Item/Subitem	Código	Infração	Tipo
2.15	312.963-2	3	S
2.16	312.964-0	2	S
2.17	312.965-9	2	S
3.1, alíneas "a" a "q"	312.966-7	4	S
3.1, alínea "c"	312.968-3	4	S
3.1, alínea "e"	312.970-5	3	S
3.1, alínea "g"	312.972-1	4	S
3.1, alínea "h"	312.973-0	4	S
3.1, alínea "n"	312.979-9	4	S
3.1, alínea "p"	312.981-0	4	S
3.1, alínea "q"	312.982-9	3	S
3.2	312.983-7	4	S
3.2.1	312.984-5	4	S
3.2.2, alínea "a"	312.985-3	4	S
3.2.2, alínea "b"	312.986-1	4	S
3.2.2, alínea "c"	312.987-0	3	S
3.2.2, alínea "d"	312.988-8	3	S
3.2.2, alínea "e"	312.989-6	2	S
3.3	312.990-0	4	S
3.4	312.991-8	4	S
3.5, alínea "a"	312.992-6	4	S
3.5, alínea "b"	312.993-4	4	S
3.5, alínea "c"	312.994-2	4	S
3.6	312.995-0	4	S
3.6.1	312.996-9	4	S
3.7	312.997-7	4	S
3.8	312.998-5	3	S
3.9	312.999-3	3	S
3.10	412.001-9	3	S
3.11	412.002-7	3	S
3.12	412.003-5	4	S
3.13	412.004-3	3	S
3.14, alíneas "a", "b", "c", "d", "e", "f" e "g"	412.005-1	3	S
3.15	412.006-0	2	S
3.16	412.007-8	4	S
3.16.1	412.008-6	4	S
3.17	412.009-4	4	S
4.1, alíneas "a" e "b"	412.010-8	4	S
4.2	412.011-6	2	S
4.3	412.012-4	4	S
4.4	412.013-2	2	S
4.5	412.014-0	4	S
4.6	412.015-9	4	S
4.7, alíneas "a", "b", "c", "d" e "e"	412.016-7	3	S

Item/Subitem	Código	Infração	Tipo
4.8	412.017-5	3	S
4.9	412.018-3	3	S
4.10	412.019-1	3	S
4.11	412.020-5	3	S
4.12	412.021-3	3	S
4.13	412.022-1	3	S
4.15	412.023-0	3	S
4.16	412.024-8	3	S
4.17, alíneas "a", "b" e "c"	412.025-6	3	S
4.18, alíneas "a" a "g"	412.026-4	4	S
4.19, alíneas "a", "b", "c", "d" e "e"	412.033-7	3	S
4.20	412.034-5	2	S
4.21	412.035-3	4	S
4.22	412.036-1	4	S
4.23	412.037-0	3	S
4.24, alíneas "a", "b", "c", "d", "e", "f", "g", "h" e "i"	412.038-8	4	S
4.25	412.039-6	3	S
4.26, alínea "a"	412.040-0	4	S
4.26, alínea "b"	412.041-8	4	S
4.26, alínea "c"	412.042-6	4	S
4.26, alínea "d"	412.043-4	4	S
4.26, alínea "e"	412.044-2	4	S
4.26, alínea "f"	412.045-0	4	S
4.26, alíneas "g"	412.046-9	4	S
4.26, alínea "h"	412.047-7	4	S
4.26, alínea "i"	412.048-5	4	S
4.26, alínea "j"	412.049-3	4	S
4.26, alínea "k"	412.050-7	4	S
4.27, alínea "a"	412.051-5	4	S
4.27, alínea "b"	412.052-3	4	S
4.27, alínea "c"	412.053-1	4	S
4.27, alínea "d"	412.054-0	4	S
4.27, alínea "e"	412.055-8	4	S
4.27, alínea "f"	412.056-6	3	S
4.27, alínea "g"	412.057-4	4	S
4.27, alínea "h"	412.058-2	4	S
4.27, alínea "i"	412.059-0	4	S
4.27, alínea "j"	412.060-4	4	S
4.27, alínea "k"	412.061-2	4	S
4.27, alínea "l"	412.062-0	4	S
4.27, alínea "m"	412.063-9	4	S
4.27, alínea "n"	412.064-7	4	S
4.27, alínea "o"	412.065-5	4	S
4.27, alínea "p"	412.066-3	4	S
4.27, alínea "q"	412.067-1	4	S
4.28, alíneas "a", "b", "c" e "d"	412.068-0	3	S
4.29, alíneas "a", "b", "c" e "d"	412.069-8	2	S
4.31	412.070-1	3	S
4.32	412.071-0	4	S
4.33	412.072-8	2	S
4.34	412.073-6	4	S
4.35	412.074-4	4	S
4.36	412.075-2	3	S
4.37	412.076-0	4	S
4.38	412.077-9	3	S
4.39	412.078-7	2	S
4.40	412.079-5	2	S
4.41	412.080-9	4	S
4.42	412.081-7	4	S
6	412.082-5	2	S
7	412.083-3	3	S
7.1	412.084-1	3	S
7.2	412.085-0	3	S
7.3, alíneas "a", "b", "c", "d"	412.086-8	3	S

NR 13 (213.000-0)

Item/Subitem	Código	Infração	Tipo
13.2.2	213.314-8	4	S
13.3.1, alínea "c"	213.315-6	4	S
13.3.1, alínea "e"	213.316-4	4	S
13.3.1.1	213.317-2	4	S
13.3.1.1.1, 13.3.6, 13.4.4.6.1, 13.4.4.7.1, 13.4.4.15, 13.4.4.15.1	213.478-0	4	S
13.3.3	213.319-9	4	S
13.3.3.1	213.320-2	4	S
13.3.3.3	213.321-0	4	S
13.3.3.4	213.322-9	4	S
13.3.3.5	213.323-7	4	S
13.3.4	213.324-5	4	S
13.3.5	213.325-3	4	S
13.3.7	213.330-0	4	S

NR 28

Item/Subitem	Código	Infração	Tipo
13.4.1.3	213.331-8	4	S
13.4.1.4, 13.4.1.5	213.479-9	3	S
13.4.1.6, alínea "a"	213.334-2	3	S
13.4.1.6, alínea "b"	213.335-0	3	S
13.4.1.6, alínea "c"	213.336-9	3	S
13.4.1.6, alínea "d"	213.337-7	3	S
13.4.1.6, alínea "e"	213.338-5	3	S
13.4.1.6, alínea "f"	213.339-3	3	S
13.4.1.7	213.340-7	3	S
13.4.1.9	213.341-5	3	S
13.4.1.10	213.342-3	3	S
13.4.1.11	213.343-1	3	S
13.4.2.1	213.344-0	3	S
13.4.2.2	213.345-8	3	S
13.4.2.3	213.346-6	4	S
13.4.2.4	213.347-4	4	S
13.4.2.5	213.348-2	4	S
13.4.2.6	213.349-0	4	S
13.4.3.1	213.350-4	3	S
13.4.3.2	213.351-2	4	S
13.4.3.2.1	213.352-0	4	S
13.4.3.3	213.353-9	4	S
13.4.3.4	213.354-7	4	S
13.4.4.2	213.355-5	4	S
13.4.4.3	213.356-3	4	S
13.4.4.4	213.357-1	4	S
13.4.4.6.3, 13.4.4.6.4, 13.4.4.6.5, 13.4.4.6.6	213.480-2	4	S
13.4.4.7.2	213.364-4	4	S
13.4.4.7.3	213.365-2	4	S
13.4.4.7.4	213.366-0	4	S
13.4.4.7.5, 13.4.4.7.6, 13.4.4.7.7	213.481-0	4	S
13.4.4.8	213.370-9	4	S
13.4.4.9	213.371-7	4	S
13.4.4.9	213.372-5	4	S
13.4.4.9.2	213.373-3	4	S
13.4.4.10	213.374-1	4	S
13.4.4.11	213.375-0	4	S
13.4.4.12	213.376-8	4	S
13.4.4.14	213.377-6	3	S
13.4.4.16	213.380-6	3	S
13.4.4.17	213.381-4	3	S

Item/Subitem	Código	Infração	Tipo
13.4.4.18	213.382-2	3	S
13.5.1.3	213.383-0	4	S
13.5.1.4, 13.5.1.5	213.482-9	3	S
13.5.1.6, alínea "a"	213.386-5	3	S
13.5.1.6, alínea "b"	213.387-3	3	S
13.5.1.6, alínea "c"	213.388-1	3	S
13.5.1.6, alínea "d"	213.389-0	3	S
13.5.1.6, alínea "e"	213.390-3	3	S
13.5.1.7	213.391-1	3	S
13.5.1.7.1	213.392-0	4	S
13.5.1.7.2, 13.5.1.7.3	213.483-7	3	S
13.5.1.8	213.395-4	3	S
13.5.1.8.1, 13.5.1.9	213.484-5	3	S
13.5.2.1	213.398-9	4	S
13.5.2.2	213.399-7	4	S
13.5.2.3	213.400-4	4	S
13.5.2.4	213.401-2	4	S
13.5.2.5	213.402-0	4	S
13.5.3.1	213.403-9	3	S
13.5.3.2	213.404-7	4	S
13.5.3.2.1	213.405-5	4	S
13.5.3.3	213.406-3	4	S
13.5.4.2	213.407-1	4	S
13.5.4.3	213.408-0	4	S
13.5.4.4.1	213.409-8	3	S
13.5.4.5	213.410-1	4	S
13.5.4.6	213.411-0	3	S
13.5.4.7	213.412-8	3	S
13.5.4.8	213.413-6	3	S
13.5.4.9	213.414-4	4	S
13.5.4.10	213.415-2	4	S
13.5.4.11	213.416-0	4	S
13.5.4.13	213.417-9	3	S
13.5.4.14	213.418-7	3	S
13.5.4.15	213.419-5	3	S
13.5.4.16	213.420-9	3	S
13.5.4.17	213.421-7	3	S
13.6.1.1, 13.6.1.2, 13.6.1.3	213.485-3	4	S
13.6.1.4, alínea "a", 13.6.1.4, alínea "b", 13.6.1.4, alínea "c", 13.6.1.4, alínea "d", 13.6.1.4, alínea "e"	213.486-1	3	S
13.6.1.5, 13.6.1.6	213.487-0	4	S

Item/Subitem	Código	Infração	Tipo
13.6.1.4.1	213.430-6	3	S
13.6.2.1	213.433-0	4	S
13.6.2.2	213.434-9	4	S
13.6.2.3	213.435-7	3	S
13.6.3.1	213.436-5	4	S
13.6.3.2	213.437-3	4	S
13.6.3.3	213.438-1	3	S
13.6.3.4	213.439-0	3	S
13.6.3.5	213.440-3	3	S
13.6.3.6	213.441-1	4	S
13.6.3.6.1	213.442-0	4	S
13.6.3.7	213.443-8	4	S
13.6.3.9, 13.6.3.9.1, 13.6.3.10	213.488-8	4	S
13.7.1.1	213.447-0	3	S
13.7.1.2	213.448-9	4	S
13.7.1.3	213.449-7	4	S
13.7.1.4, alínea "a", 13.7.1.4, alínea "b", 13.7.1.4, alínea "c", 13.7.1.4, alínea "d", 13.7.1.4, alínea "e"	213.489-6	3	S
13.7.1.5	213.455-1	3	S
13.7.1.6, 13.7.1.7	213.490-0	3	S
13.7.2.1	213.458-6	4	S
13.7.2.2	213.459-4	4	S
13.7.2.3	213.460-8	3	S
13.7.3.1	213.461-6	4	S
13.7.3.2, 13.7.3.3, 13.7.3.4	213.491-8	4	S
13.7.3.5	213.465-9	4	S
13.7.3.6, 13.7.3.6.1	213.492-6	3	S
13.7.3.7	213.468-3	3	S

NR 13 – Anexo I

Item/Subitem	Código	Infração	Tipo
A1.3 e A1.5	213.493-4	4	S
A1.6	213.471-3	3	S
A1.7	213.472-1	3	S
A1.8	213.473-0	4	S
B1.4	213.474-8	4	S
B1.6	213.475-6	4	S
B1.7	213.476-4	3	S
B1.8	213.477-2	3	S

NR 14 (114.000-0)

Item/Subitem	Código	Infração	Tipo
14.1	114.008-6	3	S
14.2 e 14.2.1	114.013-2	4	S
14.2.2	114.011-6	4	S
14.3, alíneas "a" e "b"	114.014-0	4	S
14.3.1	114.012-4	3	S

NR 15 (115.000-0)

Item/Subitem	Código	Infração	Tipo
15.2	115.001-4	1	S

NR 15 – Anexo 1

Item/Subitem	Código	Infração	Tipo
3 e 5	115.221-1	4	S

NR 15 – Anexo 2

Item/Subitem	Código	Infração	Tipo
4	115.052-9	4	S

NR 15 – Anexo 3

Item/Subitem	Código	Infração	Tipo
2.1	115.238-6	4	S
3.1, alíneas "a", "b", "c", "d", "e", "f" e "g"	115.239-4	2	S

NR 15 – Anexo 5

Item/Subitem	Código	Infração	Tipo
Anexo 5	115.054-5	3	S

NR 15 – Anexo 6

Item/Subitem	Código	Infração	Tipo
1.3.1	115.055-3	4	S
2.2.1, alíneas "a", "b" e "c"	115.222-0	3	S
2.3.1, alíneas "a", "b", "c", "d", "e", "f", "g", "h", "i", "j", "l", "m", "n" e "o",	115.223-8	4	S
2.4.1 e 2.5.1	115.224-6	4	S
2.8.1, 2.8.2, 2.8.3, 2.8.4, 2.8.5, 2.8.6 e 2.8.7	115.225-4	4	S
2.9.1, 2.9.2 (alíneas "a" e "b"), 2.9.3, 2.9.4, 2.9.5, 2.9.6 (alíneas "a", "b" e "c"), 2.9.7 (alíneas "a", "b", "c", "d" e "e"), 2.9.7.1 e 2.9.8	115.226-2	3	S
2.10.1 a 2.10.21 e respectivos subitens	115.236-0	4	S

2.11.1, 2.11.2, 2.11.3, 2.11.7, 2.11.8, 2.11.9, 2.11.10, 2.11.11, 2.11.12, 2.11.13, 2.11.14, 2.11.15, 2.11.16, 2.11.17, 2.11.18 e alíneas, 2.11.19 e alíneas, 2.11.20 e alíneas e 2.11.21 e alíneas	115.237-8	4	S
2.12.1, 2.12.1.1 e 2.12.2	115.227-0	2	S
2.14.1	115.220-3	4	S

NR 15 – Anexo 8

Item/Subitem	Código	Infração	Tipo
2.5	115.110-0	3	S

NR 15 – Anexo 11

Item/Subitem	Código	Infração	Tipo
3	115.057-0	4	S
4	115.058-8	4	S
7	115.059-6	4	S

NR 15 – Anexo 12

Item/Subitem	Código	Infração	Tipo
2.1	115.016-2	4	S
3	115.060-0	3	S
4 e 5	115.228-9	4	S
6	115.020-0	4	S
7	115.021-9	3	S
7.2 e 7.3	115.229-7	3	S
8	115.024-3	3	S
9	115.025-1	3	S
9.1 e 9.2	115.230-0	2	S
10	115.028-6	3	S
11 e subitem 11.1	115.231-9	3	S
11.2	115.065-0	2	S
11.4	115.066-9	1	S
14, 14.1 e 14.2	115.232-7	3	S
15 e 16	115.233-5	2	S
17	115.071-5	3	S
18	115.072-3	3	M
18.2	115.041-3	2	M
19, 19.1 (alíneas "a", "b" e "c") e 19.2	115.234-3	3	M
20	115.099-5	3	S
20.1	115.077-4	2	S
"Manganês"	115.078-2	3	S
7 do item "Sílica"	115.079-0	3	S
8 do item "Sílica"	115.093-6	3	S

NR 15 – Anexo 13

Item/Subitem	Código	Infração	Tipo
"Substâncias Cancerígenas"	115.080-4	4	S

NR 15 – Anexo 13-A

Item/Subitem	Código	Infração	Tipo
4.1.2.1	115.098-7	3	S
4.3	115.082-0	4	S
4.4	115.083-9	4	S
4.6	115.097-9	2	S
5.3 e 5.4	115.235-1	4	S
6	115.087-1	4	S
9	115.088-0	4	S
10	115.089-8	4	S
11	115.090-1	4	S
12	115.091-0	4	S
14	115.092-8	4	S

NR 16 (116.000-0)

Item/Subitem	Código	Infração	Tipo
16.2	116.001-0	1	S
16.8	116.029-0	3	S

NR 17 (117.000-0)

Item/Subitem	Código	Infração	Tipo
17.1.2	117.037-6	4	S
17.2.2	117.038-4	3	S
17.2.3	117.039-2	3	S
17.2.4	117.040-6	2	S
17.2.5	117.041-4	3	S
17.2.6	117.042-2	3	S
17.2.7	117.043-0	3	S
17.3.1	117.044-9	3	S
17.3.2, alíneas "a", "b" e "c"	117.211-5	3	S
17.3.2.1	117.010-4	2	S
17.3.3	117.046-5	3	S
17.3.4	117.047-3	2	S
17.3.5	117.048-1	3	S
17.4.1	117.049-0	3	S
17.4.2 (alíneas "a" e "b") e 17.4.3 (alíneas "a", "b", "c" e "d")	117.212-3	2	S
17.5.1	117.052-0	3	S
17.5.2, alíneas "a", "b", "c" e "d"	117.213-1	4	S

Item/Subitem	Código	Infração	Tipo
17.5.3, 17.5.3.1, 17.5.3.2, 17.5.3.3	117.214-0	4	S
17.6.1	117.056-2	4	S
17.6.3, alíneas "a", "b" e "c"	117.215-8	4	S
17.6.4, alíneas "a", "b", "c", "d" e "e"	117.216-6	2	S

NR 17 – Anexo I

Item/Subitem	Código	Infração	Tipo
2.1, alíneas "a", "b", "c", "d" e "i"	117.217-4	2	S
2.1, alínea e	117.062-7	3	S
2.1, alínea f	117.063-5	2	S
2.1, alínea g	117.064-3	2	S
2.1, alínea h	117.065-1	2	S
2.2, alíneas "a", "b", "c" e "d"	117.218-2	2	S
2.3, alíneas "a", "b" e "c"	117.219-0	4	S
2.4	117.074-0	3	S
3.1	117.075-9	3	S
3.2	117.076-7	3	S
3.3	117.077-5	3	S
3.4, alíneas "a", "b" e "c"	117.220-4	2	S
3.4, alíneas "d" e "e"	117.221-2	2	S
3.5	117.083-0	1	S
4.1	117.084-8	3	S
4.2	117.085-6	4	S
4.3	117.086-4	3	S
4.4	117.087-2	2	S
5.1 e 5.2	117.222-0	2	S
6.1, 6.2, 6.2.1, 6.3, 6.4 e 6.6	117.223-9	2	S

NR 17 – Anexo II

Item/Subitem	Código	Infração	Tipo
2.1, alíneas "a", "b", "c", "d", "e", "f", "g", "h" e "i"	117.224-7	2	S
2.1, alínea j	117.106-2	3	S
3.1, 3.1.3 (alíneas "a", "b", "c" e "d"), 3.2, 3.3 e 3.4	117.225-5	4	S
4.1, 4.2 (alíneas "a", "b", "c" e "d"), 4.2.1, 4.3, 4.3.1, 4.3.2 e 4.3.3	117.226-3	4	S
5.1.2.1 e 5.1.3.1	117.227-1	4	S

Item/Subitem	Código	Infração	Tipo
5.2 e 5.2.1	117.228-0	4	S
5.3 e 5.3.1	117.229-8	2	S
5.4, 5.4.1 (alíneas "a", "b" e "c"), 5.4.2, 5.4.3 e 5.4.5	117.230-1	4	S
5.4.4, 5.4.4.1 e 5.4.4.2	117.231-0	2	S
5.5	117.141-0	2	S
5.6	117.142-9	2	S
5.7 e 5.8	117.232-8	2	S
5.9	117.145-3	3	S
5.10, alíneas, "a", "b", "c", "d" e "e"	117.233-6	4	S
5.11, alíneas "a" e "b"	117.234-4	2	S
5.12	117.153-4	3	S
5.13	117.209-3	3	S
5.14	117.157-7	2	S
5.15	117.158-5	3	S
5.16	117.159-3	1	S
6.1 e 6.1.1	117.235-2	4	S
6.1.2, alíneas "a", "b", "c", "d", "e", "f" e "g", e 6.2	117.236-0	4	S
6.3, alíneas "a", "b", "c", "d" e "e"	117.237-9	4	S
7.1	117.175-5	3	S
7.2	117.176-3	4	S
7.3	117.177-1	3	S
8.1	117.178-0	2	M
8.1.1	117.179-8	1	M
8.2	117.180-1	3	M
8.2.1, alíneas "a", "b" e "c"	117.238-7	4	S
8.3	117.184-4	4	S
8.4, alíneas "a", "c", "d", "e" e "f"	117.239-5	4	S
8.4, alínea "b", "1", "2", "3", "4", "5", "6", "7" e "8"	117.240-9	1	S
8.4.1, alíneas "a", "b", "c", "d", "e" e "f"	117.241-7	4	S
8.5	117.206-9	1	S
9.1	117.207-7	3	S
9.2	117.208-5	3	S

NR 18 (218.000-0 e 318.000-0)

Item/Subitem	Código	Infração	Tipo
18.1.3	218.001-4	3	S
18.2.1	218.002-2	1	S

Item/Subitem	Código	Infração	Tipo
18.3.1	218.003-0	4	S
18.3.1.1	218.004-9	2	S
18.3.1.2	218.946-1	1	S
18.3.2	218.947-0	2	S
18.3.3	218.007-3	3	S
18.3.4, alínea a	218.008-1	3	S
18.3.4, alínea b	218.009-0	3	S
18.3.4, alínea c	218.010-3	3	S
18.3.4, alínea d	218.948-8	2	S
18.3.4, alínea e	218.949-6	1	S
18.3.4, alínea f	218.013-8	1	S
18.4.1, alínea a	218.014-6	3	S
18.4.1, alínea b	218.015-4	3	S
18.4.1, alínea c	218.016-2	3	S
18.4.1, alínea d	218.017-0	3	S
18.4.1, alínea e	218.018-9	3	S
18.4.1, alínea f	218.019-7	1	S
18.4.1, alínea g	218.020-0	1	S
18.4.1, alínea h	218.021-9	3	S
18.4.1.2	218.022-7	2	S
18.4.1.3 e alíneas	318.044-1	2	S
18.4.1.3.1	218.028-6	2	S
18.4.1.3.2	218.029-4	2	S
18.4.2.2	218.030-8	2	S
18.4.2.3 e alíneas	318.045-0	2	S
18.4.2.4	218.041-3	2	S
18.4.2.5.1	218.042-1	2	S
18.4.2.6.1, 18.4.2.6.2 e 18.4.2.7.1	318.046-8	2	S
18.4.2.8.1, 18.4.2.8.2, 18.4.2.8.3, 18.4.2.8.4 e 18.4.2.8.5	318.047-6	3	S
18.4.2.9.2	218.051-0	1	S
18.4.2.9.3, alíneas "a", "b", "c", "d", "e" e "g"	318.048-4	1	S
18.4.2.9.3, alíneas "f", "h" e "i"	318.049-2	2	S
18.4.2.10.1, alíneas "a", "b", "e", "f", "g" e "h"	318.050-6	3	S
18.4.2.10.1, alíneas "c", "d" e "i"	318.051-4	3	S
18.4.2.10.2, 18.4.2.10.3, 18.4.2.10.4, 18.4.2.10.5 e 18.4.2.10.6	318.052-2	1	S
18.4.2.10.7	218.075-8	1	S
18.4.2.10.8	218.076-6	2	S

Item/Subitem	Código	Infração	Tipo
18.4.2.10.9	218.077-4	2	S
18.4.2.10.10	218.078-2	4	S
18.4.2.10.11	218.079-0	4	M
18.4.2.11.2, alíneas "a", "b", "c", "e", "i", "j", "k" e "l"	318.053-0	2	S
18.4.2.11.2, alíneas "d", "f", "g" e "h"	318.054-9	1	S
18.4.2.11.3	218.092-8	2	S
18.4.2.11.3.1	218.093-6	2	S
18.4.2.11.4	218.094-4	4	S
18.4.2.12.1, alíneas "a", "b", "c", "d", "e", "f", "g", "i" e "k"	318.055-7	3	S
18.4.2.12.1, alíneas "h", "j", "l" e "m"	318.056-5	3	S
18.4.2.12.2	218.108-8	1	S
18.4.2.13.2	218.109-6	1	S
18.5.1	218.110-0	4	S
18.5.2	218.111-8	3	S
18.5.3	218.112-6	3	S
18.5.4	218.113-4	3	S
18.5.5	218.114-2	3	S
18.5.6	218.115-0	2	S
18.5.7	218.116-9	2	S
18.5.8	218.117-7	2	S
18.5.9	218.118-5	2	S
18.5.10	218.119-3	4	S
18.5.11	218.120-7	3	S
18.5.12	218.121-5	3	S
18.5.13	218.122-3	3	S
18.6.1	218.123-1	4	S
18.6.2	218.124-0	4	S
18.6.3	218.125-8	3	S
18.6.5	218.128-2	4	S
18.6.4 e 18.6.4.1	318.057-3	4	S
18.6.6	218.129-0	3	S
18.6.7	218.130-4	3	S
18.6.8	218.131-2	4	S
18.6.9	218.132-0	4	S
18.6.10 e 18.6.10.1	318.058-1	4	S
18.6.11	218.135-5	3	S
18.6.12	218.136-3	3	S
18.6.13	218.137-1	2	S
18.6.14	218.138-0	3	S
18.6.15	218.139-8	3	S
18.6.17	218.141-0	3	S
18.6.18	218.142-8	4	S

Item/Subitem	Código	Infração	Tipo
18.6.19	218.143-6	3	S
18.6.20.1	218.962-3	4	S
18.6.21, alínea "a"	218.964-0	4	S
18.6.21, alíneas "b" e "c"	318.059-0	4	S
18.6.21, alínea "d"	218.967-4	4	S
18.6.21, alínea "e"	218.968-2	4	S
18.6.21, alínea "f"	218.969-0	4	S
18.6.21, alínea "g"	218.970-4	4	S
18.6.22	218.971-2	4	S
18.7.1	218.146-0	3	S
18.7.2, alínea a	218.147-9	3	S
18.7.2, alínea b	218.148-7	2	S
18.7.2, alínea c	218.149-5	4	S
18.7.2, alínea d	218.150-9	3	S
18.7.2, alínea e	218.151-7	4	S
18.7.3	218.152-5	4	S
18.7.4	218.153-3	1	S
18.7.5	218.154-1	2	S
18.8.1	218.155-0	2	S
18.8.2	218.156-8	2	S
18.8.3 e 18.8.3.1	318.060-3	2	S
18.8.4	218.159-2	2	S
18.8.5	218.160-6	3	S
18.8.6	218.161-4	1	S
18.9.1	218.162-2	2	S
18.9.2	218.163-0	3	S
18.9.3	218.164-9	2	S
18.9.4	218.165-7	4	S
18.9.5	218.166-5	4	S
18.9.6	218.167-3	4	S
18.9.7	218.168-1	3	S
18.9.8	218.169-0	2	S
18.9.9	218.170-3	2	S
18.9.10	218.171-1	2	S
18.9.11	218.172-0	3	S
18.9.12	218.173-8	3	S
18.10.1, 18.10.2, 18.10.3, 18.10.4, 18.10.5, 18.10.6, 18.10.7, 18.10.8 e 18.10.9	318.061-1	4	S
18.11.1	218.183-5	3	S
18.11.2	218.184-3	3	S
18.11.3	218.185-1	4	S
18.11.4	218.186-0	2	S
18.11.6	218.187-8	4	S
18.11.7	218.188-6	4	S

Item/Subitem	Código	Infração	Tipo
18.11.8	218.189-4	3	S
18.11.9	218.190-8	2	S
18.12.1 e 18.12.2	318.062-0	3	S
18.12.3 e 18.12.4	318.063-8	2	S
18.12.5.1 e 18.12.5.1.1	318.064-6	2	S
18.12.5.2	218.197-5	2	S
18.12.5.3 e 18.12.5.6, alíneas "a", "b", "c" e "d"	318.066-2	3	S
18.12.5.4 e 18.12.5.5, alíneas "a", "b" e "c"	318.065-4	3	S
18.12.5.7	218.207-6	4	S
18.12.5.8	218.208-4	3	S
18.12.5.9	218.209-2	3	S
18.12.5.10 e 18.12.5.10.1	318.067-0	3	S
18.12.6.1	218.212-2	3	S
18.12.6.2, 18.12.6.3, 18.12.6.4, 18.12.6.5 e 18.12.6.6	318.068-9	3	S
18.13.1	218.218-1	4	S
18.13.2 e 18.13.2.1	318.069-7	4	S
18.13.3	218.221-1	4	S
18.13.4	218.222-0	4	S
18.13.5, alíneas "a" e "b"	318.070-0	3	S
18.13.5, alínea c	218.225-4	3	S
18.13.6	218.226-2	4	S
18.13.6.1 e 18.13.6.2	318.071-9	3	S
18.13.7	218.229-7	4	S
18.13.7.1 e 18.13.7.2	318.072-7	3	S
18.13.8 e 18.13.8.1	318.073-5	3	S
18.13.9	318.074-3	3	S
18.13.11	218.236-0	3	S
18.13.12.2 a 18.13.12.26 e respectivos subitens	318.138-3	4	S
18.14.1.1	218.741-8	3	S
18.14.1.2	218.992-5	3	S
18.14.1.2.1	218.993-3	3	S
18.14.1.3	218.743-4	3	S
18.14.1.3.1	218.744-2	2	S
18.14.1.4	218.745-0	3	S
18.14.1.5	218.746-9	2	S
18.14.1.6	218.747-7	3	S
18.14.1.6.1	218.748-5	2	S

Item/Subitem	Código	Infração	Tipo
18.14.1.7	218.749-3	3	S
18.14.1.8	218.950-0	2	S
18.14.1.9	218.751-5	4	S
18.14.1.11	218.954-2	4	S
18.14.1.12	218.955-0	4	S
18.14.1.13	218.956-9	4	S
18.14.2	218.900-3	3	S
18.14.2.1	218.753-1	3	S
18.14.3	318.075-1	4	S
18.14.4	218.901-1	3	S
18.14.5	218.757-4	2	S
18.14.6	218.902-0	2	S
18.14.7	218.951-8	3	S
18.14.8	218.759-0	3	S
18.14.9	218.760-4	3	S
18.14.10	218.761-2	4	S
18.14.11	218.903-8	3	S
18.14.12, 18.14.13	318.076-0	4	S
18.14.14	218.906-2	3	S
18.14.15	218.762-0	3	S
18.14.16	218.907-0	3	S
18.14.17	218.908-9	4	S
18.14.18	218.909-7	4	S
18.14.19	218.910-0	4	S
18.14.20	218.911-9	4	S
18.14.21.1	218.912-7	4	S
18.14.21.1.1	218.763-9	4	S
18.14.21.3	218.914-3	4	S
18.14.21.4	218.764-7	4	S
18.14.21.4.1	218.765-5	4	S
18.14.21.5	218.766-3	4	S
18.14.21.6	218.767-1	4	S
18.14.21.7	218.915-1	3	S
18.14.21.8	218.916-0	3	S
18.14.21.9	218.768-0	4	S
18.14.21.10, alínea a	218.769-8	4	S
18.14.21.10, alínea b	218.770-1	4	S
18.14.21.11	318.077-8	4	S
18.14.21.11.1	318.010-7	4	S
18.14.21.12	218.774-4	4	S
18.14.21.13	218.775-2	4	S
18.14.21.14	218.776-0	4	S
18.14.21.15	218.777-9	4	S
18.14.21.16	218.994-1	4	S
18.14.21.17, alínea a	218.779-5	4	S
18.14.21.17, alínea b	218.780-9	4	S
18.14.21.17, alínea c	218.781-7	4	S

Item/Subitem	Código	Infração	Tipo
18.14.21.17, alínea d	218.782-5	4	S
18.14.21.18	218.783-3	3	S
18.14.21.19	218.784-1	4	S
18.14.21.20	218.952-6	2	S
18.14.21.21	218.953-4	4	S
18.14.22.1	218.787-6	4	S
18.14.22.1.1, alíneas "a", "b", "c", "d" e "e"	318.078-6	4	S
18.14.22.2	218.918-6	1	S
18.14.22.3	218.919-4	3	S
18.14.22.4, alínea "a"	218.793-0	4	S
18.14.22.4, alínea "b"	218.996-8	4	S
18.14.22.4, alínea "c"	218.795-7	4	S
18.14.22.4, alínea "d"	218.997-6	4	S
18.14.22.4, alínea "e"	218.797-3	4	S
18.14.22.4, alínea "f"	218.998-4	4	S
18.14.22.4.1.1	218.999-2	3	S
18.14.22.5	218.798-1	2	S
18.14.22.6	218.922-4	4	S
18.14.22.7	218.799-0	3	S
18.14.22.8	218.923-2	2	S
18.14.22.9	218.800-7	3	S
18.14.22.10	318.001-8	4	S
18.14.22.11	318.002-6	4	S
18.14.22.13	318.003-4	2	S
18.14.22.13.1	318.004-2	2	S
18.14.23.1 e 18.14.23.1.1	318.079-4	4	S
18.14.23.2, 18.14.23.2.1, 18.14.23.2.2, 18.14.23.2.3 e18.14.23.2.4	318.080-8	4	S
18.14.23.3, alínea "a"	318.005-0	4	S
18.14.23.3, alínea "b"	218.926-7	4	S
18.14.23.3, alínea "c"	318.006-9	4	S
18.14.23.3, alínea "d"	318.007-7	4	S
18.14.23.3, alínea "f"	218.929-1	4	S
18.14.23.3, alínea "g"	218.807-4	4	S
18.14.23.3.1.1	318.008-5	4	S
18.14.23.4	218.808-2	2	S
18.14.23.5	218.930-5	2	S
18.14.23.6	218.809-0	4	S
18.14.23.7.1, alínea "b"	218.972-0	4	S
18.14.23.8	318.009-3	2	S
18.14.24.1	218.340-4	4	S
18.14.24.1.2	218.341-2	3	S

Item/Subitem	Código	Infração	Tipo
18.14.24.2	218.342-0	4	S
18.14.24.3	218.343-9	4	S
18.14.24.4	218.344-7	3	S
18.14.24.5	218.345-5	4	S
18.14.24.5.1	218.346-3	3	S
18.14.24.6	218.347-1	4	S
18.14.24.6.1	218.348-0	3	S
18.14.24.6.2	218.349-8	4	S
18.14.24.6.4	218.350-1	4	S
18.14.24.7	218.351-0	3	S
18.14.24.8	218.352-8	2	S
18.14.24.8.1	218.353-6	4	S
18.14.24.8.2	218.354-4	4	S
18.14.24.9	218.355-2	4	S
18.14.24.9.1	218.356-0	4	S
18.14.24.10	218.357-9	4	S
18.14.24.11, alínea a	218.358-7	4	S
18.14.24.11, alínea b	218.359-5	4	S
18.14.24.11, alínea c	218.360-9	4	S
18.14.24.11, alínea d	218.361-7	4	S
18.14.24.11, alínea e	218.362-5	4	S
18.14.24.11, alínea f	218.363-3	2	S
18.14.24.11, alínea g	218.364-1	4	S
18.14.24.11, alínea h	218.365-0	4	S
18.14.24.11, alínea i	218.366-8	4	S
18.14.24.11, alínea j	218.367-6	4	S
18.14.24.11, alínea k	218.368-4	4	S
18.14.24.11, alínea l	218.369-2	4	S
18.14.24.11, alínea m	218.370-6	3	S
18.14.24.11, alínea n	218.371-4	4	S
18.14.24.11, alínea o	218.372-2	4	S
18.14.24.11, alínea p	218.373-0	4	S
18.14.24.11, alínea q	218.374-9	4	S
18.14.24.11.1	218.375-7	4	S
18.14.24.12	218.376-5	4	S
18.14.24.13	218.377-3	2	S
18.14.24.13.1	218.378-1	3	S
18.14.24.14	318.081-6	4	S
18.14.24.15 e 18.14.24.15 .1	318.082-4	3	S
18.14.24.16	218.384-6	3	S
18.14.24.17	218.385-4	4	S
18.14.24.18	218.810-4	4	S
18.14.25.1	218.931-3	4	S
18.14.25.2	218.932-1	2	S
18.14.25.3, alíneas "a" e "b"	318.083-2	4	S
18.14.25.4, alínea "a"	218.813-9	4	S
18.14.25.4, alínea "b"	218.814-7	4	S
18.14.25.4, alínea "c"	218.815-5	4	S

Item/Subitem	Código	Infração	Tipo
18.14.25.4, alínea "d"	218.816-3	4	S
18.14.25.5	218.817-1	4	S
18.15.1 e 18.15.1.1	318.084-0	3	S
18.15.2 e 18.15.2.1	318.085-9	4	S
18.15.2.4	218.824-4	3	S
18.15.2.5	218.825-2	3	S
18.15.2.6	218.826-0	4	S
18.15.2.7, alínea "a"	218.827-9	4	S
18.15.2.7, alínea "b"	218.828-7	4	S
18.15.2.7, alínea "c"	218.829-5	3	S
18.15.2.7, alínea "d"	218.830-9	3	S
18.15.2.8 e 18.15.3	318.086-7	4	S
18.15.3.2	218.833-3	3	S
18.15.4	218.834-1	4	S
18.15.5 e 18.15.5.1	318.087-5	4	S
18.15.6	218.394-3	4	S
18.15.7	218.395-1	4	S
18.15.8	218.396-0	4	S
18.15.9	218.397-8	4	S
18.15.9.1, alíneas "a", "b" e "c"	318.088-3	4	S
18.15.9.1.1	218.839-2	4	S
18.15.10	218.840-6	4	S
18.15.11	218.399-4	4	S
18.15.12	218.841-4	4	S
18.15.13	218.401-0	4	S
18.15.14	218.842-2	2	S
18.15.15	218.403-6	4	S
18.15.16	218.933-0	4	S
18.15.17	218.844-9	4	S
18.15.18	218.406-0	4	S
18.15.19	218.407-9	4	S
18.15.20	218.408-7	4	S
18.15.21	218.409-5	2	S
18.15.22, 18.15.23 e 18.15.24	318.089-1	4	S
18.15.25 e 18.15.25.1	318.090-5	3	S
18.15.26 e 18.15.27	318.091-3	3	S
18.15.28 e 18.15.29	318.092-1	4	S
18.15.30	218.848-1	3	S
18.15.30.1	218.849-0	2	S
18.15.30.2	218.850-3	3	S
18.15.30.3	218.851-1	4	S
18.15.31	218.852-0	4	S
18.15.32	218.853-8	4	S
18.15.32.1	218.854-6	4	S
18.15.32.1.1	218.855-4	4	S
18.15.32.1.2	218.856-2	2	S
18.15.32.2	218.857-0	4	S
18.15.32.3	218.858-9	4	S

Item/Subitem	Código	Infração	Tipo
18.15.32.4 e alíneas "a", "b", "c" e "d"	318.093-0	4	S
18.15.33	218.863-5	4	S
18.15.34	218.864-3	4	S
18.15.35	218.865-1	4	S
18.15.35.1	218.866-0	3	S
18.15.36, alíneas "a" e "b"	318.094-8	4	S
18.15.37	218.439-7	4	S
18.15.38	218.440-0	4	S
18.15.39	218.441-9	4	S
18.15.40	218.442-7	3	S
18.15.40.1	218.443-5	3	S
18.15.41	218.444-3	4	S
18.15.41.1	218.445-1	4	S
18.15.41.2	218.869-4	4	S
18.15.42, alíneas "a", "b", "c" e "d"	318.095-6	4	S
18.15.43, 18.15.43.1 e 18.15.43.3	318.096-4	2	S
18.15.44	218.453-2	4	S
18.15.45	318.097-2	4	S
18.15.45.1	218.459-1	4	S
18.15.45.2	218.460-5	3	S
18.15.45.3	218.871-6	2	S
18.15.46	218.872-4	3	S
18.15.47, 18.15.47.1, 18.15.47.2, 18.15.47.3, 18.15.47.4, 18.15.47.4.1, 18.15.47.4.1.1, 18.15.47.5,18.15.47.6 e 18.15.47.7	318.098-0	3	S
18.15.47.8, 18.15.47.9, 18.15.47.10, 18.15.47.11, 18.15.47.12, 18.15.47.13, 18.15.47.14, 18.15.47.15, 18.15.47.16 e 18.15.47.17	318.099-9	4	S
18.15.47.18, 18.15.47.19, 18.15.47.19.1, 18.15.47.20, 18.15.47.21, 18.15.47.22, 18.15.47.23, 18.15.47.24, 18.15.47.25 e 18.15.47.26	318.100-6	4	S
18.15.48	318.101-4	3	S

Item/Subitem	Código	Infração	Tipo
18.15.49	218.501-6	4	S
18.15.50	218.502-4	4	S
18.15.51	318.102-2	4	S
18.15.52	218.507-5	4	S
18.15.53	218.508-3	2	S
18.15.54	218.509-1	4	S
18.15.55	218.510-5	4	S
18.15.56.1	218.960-7	4	S
18.15.56.2	218.512-1	4	S
18.15.56.3	218.513-0	4	S
18.15.56.5	218.961-5	4	S
18.15.57	218.514-8	4	S
18.16	318.103-0	4	S
18.17.1, 18.17.2, 18.17.3 e 18.17.3.1	318.104-9	3	S
18.17.4, 18.17.4.1, 18.17.4.2, 18.17.4.3, 18.17.4.4, 18.17.4.5, 18.17.4.6, 18.17.4.7, 18.17.4.8, 18.17.4.9. 18.17.5, 18.17.6, 18.17.7, 18.17.8, 18.17.9, 18.17.10 e 18.17.11	318.105-7	4	S
18.18.1	218.526-1	4	S
18.18.1.1	218.527-0	4	S
18.18.1.2, 18.18.2, 18.18.3, 18.18.3.1, 18.18.4, 18.18.5, 18.18.5.1	318.106-5	4	S
18.19.1, 18.19.2, 18.19.3, 18.19.4, 18.19.4.1, 18.19.5, 18.19.6, 18.19.7, 18.19.8, 18.19.9, 18.19.10, 18.19.11, 18.19.12, 18.19.13, 18.19.14	318.107-3	4	S
18.20.1 e 18.21.1	318.108-1	4	S
18.21.2	318.012-3	4	S
18.21.3	318.013-1	4	S
18.21.4	318.014-0	4	S
18.21.5	318.109-0	4	S
18.21.6	318.020-4	4	S
18.21.7 e 18.21.7.1	318.110-3	4	S
18.21.8	318.023-9	4	S
18.21.9	318.111-1	4	S
18.21.10	318.032-8	3	S
18.21.11	318.112-0	4	S
18.21.12	318.036-0	4	S

Item/Subitem	Código	Infração	Tipo
18.21.13	318.037-9	4	S
18.21.14	318.038-7	4	S
18.21.15 e 18.21.15.1	318.113-8	4	S
18.21.16	318.041-7	4	S
18.21.17	318.042-5	4	S
18.21.18	318.043-3	4	S
18.22.1	218.587-3	3	S
18.22.2	218.588-1	4	S
18.22.3	218.589-0	4	S
18.22.4	218.590-3	3	S
18.22.5	218.591-1	3	S
18.22.6	218.592-0	3	S
18.22.7 e subitens	318.114-6	3	S
18.22.8	218.598-9	3	S
18.22.9, 18.22.11	318.115-4	3	S
18.22.10	218.600-4	2	S
18.22.12 e subitens	318.116-2	3	S
18.22.13, 18.22.14, 18.22.15 e 18.22.16	318.117-0	3	S
18.22.17, 18.22.17.1, 18.22.17.2, 18.22.17.3, 18.22.17.4	318.118-9	3	S
18.22.18, 18.22.18.1, 18.22.18.2, 18.22.18.3, 18.22.18.4	318.119-7	4	S
18.22.19	218.624-1	2	S
18.22.20	218.625-0	4	S
18.22.21	218.626-8	3	S
18.23.1	218.627-6	4	S
18.23.2, 18.23.3.1, 18.23.4, 18.23.5	318.120-0	4	S
18.23.3	218.629-2	4	S
18.24.1, 18.24.2, 18.24.2.1, 18.24.3, 18.24.4, 18.24.5, 18.24.6, 18.24.7, 18.24.8, 18.24.9	318.121-9	3	S
18.25.1, 18.25.2, 18.25.3, 18.25.4, 18.25.5, 18.25.5, alínea "a", 18.25.5, alínea "b", 18.25.5, alínea "c", 18.25.5, alínea "d", 18.25.5, alínea "e", 18.25.5, alínea "f", 18.25.5, alínea "g"	318.122-7	3	S

Item/Subitem	Código	Infração	Tipo
18.26.1, 18.26.2, 18.26.3, 18.26.4, alínea "a", 18.26.4, alínea "b", 18.26.4, alínea "c", 18.26.4, alínea "d", 18.26.4, alínea "e", 18.26.4, alínea "f", 18.26.4, alínea "g", 18.26.5	318.123-5	3	S
18.27.1, 18.27.2, 18.27.3	318.124-3	2	S
18.28.1, 18.28.2, 18.28.3, 18.28.4	318.125-1	3	S
18.29.1, 18.29.2, 18.29.3, 18.29.4, 18.29.5	318.126-0	3	S
18.30.1, 18.30.2, 18.30.3, 18.30.3.1, 18.30.4, 18.30.5, 18.30.6, 18.30.7, 18.30.8	318.127-8	3	S
18.31.1, alíneas "a", "b", 18.31.1.1	318.128-6	3	S
18.33.1, 18.33.2, 18.33.3, 18.33.4, 18.33.6	318.129-4	3	S
18.36.2, alíneas "a", "b", "c", "d" e "e"	318.130-8	4	S
18.36.2, alíneas "f", "g" e "h"	318.131-6	4	S
18.36.3, alínea a	218.705-1	4	S
18.36.3, alínea b	218.706-0	4	S
18.36.3, alínea c	218.707-8	3	S
18.36.3, alínea d	218.708-6	4	S
18.36.3, alínea e	218.709-4	3	S
18.36.3, alínea f	218.710-8	3	S
18.36.3, alínea g	218.711-6	3	S
18.36.3, alínea h	218.712-4	3	S
18.36.3, alínea i	218.713-2	3	S
18.36.3, alínea j	218.714-0	3	S
18.36.3 alínea k	218.715-9	4	S
18.36.3, alínea l	218.716-7	4	S
18.36.4, alíneas "a", "c" e "d"	318.132-4	3	S
18.36.5, alíneas "a", "b" e "c"	318.133-2	3	S
18.36.6, alíneas "b", "c", "d" e "e"	318.134-0	3	S
18.36.7, alíneas "a", "b" e "c"	318.135-9	3	S
18.36.7, alínea d	218.730-2	3	S

Item/Subitem	Código	Infração	Tipo
18.37.1	218.731-0	1	S
18.37.2, 18.37.2.1, 18.37.2.2 e 18.37.2.3	318.136-7	4	S
18.37.2.4	218.736-1	2	S
18.37.2.5	218.737-0	2	S
18.37.2.6	218.738-8	1	S
18.37.3	218.739-6	3	S
18.37.7.1	218.935-6	4	S
18.37.7.2 e subitens	318.137-5	4	S
18.37.7.3	218.941-0	4	S
18.37.7.4	218.942-9	4	S
18.37.7.4.1	218.943-7	4	S
18.37.7.5	218.944-5	4	S
18.37.7.6	218.945-3	4	S

NR 19 (119.000-0)

Item/Subitem	Código	Infração	Tipo
19.1.2	119.223-0	4	S
19.1.3	119.224-8	4	S
19.1.4	119.225-6	4	S
19.1.5	119.226-4	3	S
19.2.1	119.227-2	4	S
19.2.2	119.228-0	4	S
19.2.2.1	119.229-9	4	S
19.2.3, alínea "a", 19.2.3, alínea "b", 19.2.3, alínea "c", 19.2.3, alínea "f"	119.256-6	4	S
19.2.3, alínea"d"	119.220-5	4	S
19.2.3, alínea "e"	119.221-3	4	S
19.2.4, alínea "a", 19.2.4, alínea "b", 19.2.4, alínea "c", 19.2.4, alínea "d"	119.257-4	4	S
19.2.5	119.234-5	4	S
19.3.1, alínea "a", 19.3.1, alínea "b", 19.3.1, alínea "c", 19.3.1, alínea "d"	119.258-2	4	S
19.3.2, alínea "a", 19.3.2, alínea "b", 19.3.2, alínea "c"	119.259-0	4	S
19.3.2, alínea "d"	119.242-6	4	S
19.4.1	119.243-4	4	S
19.4.2, alínea "a"	119.244-2	4	S
19.4.2, alínea "b"	119.245-0	3	S
19.4.2, alínea "c"	119.246-9	3	S
19.4.2, alínea "d"	119.247-7	3	S
19.4.2, alínea "e"	119.248-5	3	S
19.4.2, alínea "f"	119.249-3	4	S
19.4.2, alínea "g"	119.250-7	4	S
19.4.2, alínea "h"	119.251-5	4	S
19.4.2, alínea "i"	119.252-3	3	S
19.4.2, alínea "j"	119.253-1	4	S
19.4.2, alínea "k"	119.254-0	4	S
19.4.2, alínea "l"	119.255-8	4	S

NR 19 – Anexo I

Item/Subitem	Código	Infração	Tipo
4.1	119.077-6	4	S
4.2, alínea "a", 4.2, alínea "b"	119.260-4	3	S
4.2, alínea c	119.080-6	3	S
4.3, alínea "a", 4.3, alínea "b", 4.3, alínea "c"	119.261-2	3	S
4.4	119.084-9	4	S
4.5	119.085-7	2	S
4.6, alínea "a", 4.6, alínea "b", 4.6, alínea "c", 4.6, alínea "d"	119.262-0	3	S
4.7, alínea "a", 4.7, alínea "b", 4.7, alínea "d", 4.7, alínea "e"	119.263-9	4	S
4.7, alínea c	119.093-8	4	S
4.7.1, alínea "a", 4.7.1, alínea "b", 4.7.1, alínea "c", 4.7.1, alínea "d", 4.7.1, alínea "e"	119.264-7	4	S
4.7.1.1	119.101-2	4	S
4.8	119.102-0	4	S
4.9	119.103-9	4	S
4.10	119.104-7	2	S
5.1	119.105-5	3	S
5.1.1	119.106-3	3	S
5.2, alínea "a", 5.2, alínea "b", 5.2, alínea "c", 5.2, alínea "d"	119.265-5	3	S
5.2.1	119.111-0	2	S
5.2.2	119.112-8	2	S
5.2.2.1, alínea "a", 5.2.2.1, alínea "b", 5.2.2.1, alínea "c"	119.266-3	2	S
5.2.2.1.1	119.116-0	2	S
5.2.3, alínea "a", 5.2.3, alínea "b", 5.2.3, alínea "c", 5.2.3, alínea "d", 5.2.3, alínea "e", 5.2.3, alínea "f", 5.2.3, alínea "g"	119.267-1	3	S

Item/Subitem	Código	Infração	Tipo
5.2.4.1	119.121-7	2	S
5.2.4.2	119.122-5	2	S
5.2.4.3	119.123-3	1	S
5.2.4.4	119.124-1	3	S
6.1	119.126-8	2	S
6.2	119.127-6	1	S
6.3	119.128-4	2	S
6.4	119.129-2	2	S
7.1	119.130-6	4	S
7.3	119.131-4	3	S
7.4	119.132-2	3	S
8.1	119.133-0	4	S
8.2	119.134-9	4	S
8.3	119.135-7	3	S
8.4	119.136-5	4	S
8.5	119.137-3	4	S
8.5.1	119.138-1	4	S
8.6	119.139-0	4	S
8.7	119.140-3	3	S
8.7.1	119.141-1	3	S
8.7.2	119.142-0	3	S
8.8	119.143-8	3	S
8.9	119.144-6	4	S
9.1	119.145-4	4	S
9.1.1	119.146-2	4	S
9.1.2	119.147-0	4	S
9.2	119.148-9	3	S
10.2	119.150-0	4	S
10.2.1	119.151-9	2	S
10.2.2	119.152-7	3	S
10.3.1	119.154-3	4	S
10.3.1.1	119.155-1	3	S
11.1	119.156-0	4	S
11.2	119.157-8	3	S
11.2.1	119.158-6	4	S
11.2.2	119.159-4	4	S
12.1	119.160-8	3	S
12.2	119.161-6	4	S
12.3	119.162-4	4	S
12.3.1	119.163-2	3	S
13.2.1	119.166-7	4	S
13.3.1	119.168-3	4	S
14.1	119.172-1	3	S
14.1.1	119.173-0	3	S
15.1	119.174-8	3	S
15.2	119.175-6	3	S
16.1	119.176-4	4	S
17.2	119.177-2	4	S
17.2.1	119.178-0	4	S
18	119.179-9	4	S
19	119.180-2	4	S
20	119.181-0	4	S
21	119.182-9	4	S
22	119.183-7	4	S
22.1	119.184-5	3	S
23	119.185-3	4	S
24	119.186-1	3	S
25	119.187-0	4	S
26	119.188-8	4	S
27	119.189-6	4	S
28	119.190-0	4	S
29	119.191-8	3	S
30	119.192-6	4	S
30.1	119.193-4	4	S

NR 20 (120.000-0)

Item/Subitem	Código	Infração	Tipo
20.5.1	220.218-2	4	S
20.5.2, alíneas "a", "b", "c", "d", "e" e "f"	220.219-0	3	S
20.5.2.1	220.220-4	3	S
20.5.2.2	220.221-2	3	S
20.5.3	220.222-0	3	S
20.5.4	220.223-9	3	S
20.5.5	220.224-7	4	S
20.5.6, alíneas "a" e "b"	220.225-5	3	S
20.6.1, alíneas "a", "b", "c", "d" e "e"	220.226-3	3	S
20.6.2 e 20.6.2.1	220.227-1	1	S
20.6.3 e 20.6.3.1	220.228-0	2	S
20.7.1 e 20.7.2	220.229-8	4	S
20.7.2.1 e 20.7.2.2	220.230-1	3	S
20.7.3, 20.7.4 e 20.7.4.1	220.231-0	3	S
20.7.5, alíneas "a", "b", "c", "d" e "e"	220.232-8	3	S
20.7.6 e 20.7.6.1	220.301-4	3	S
20.8.1	220.233-6	3	S
20.8.2	220.234-4	3	S
20.8.3	220.235-2	3	S
20.9.1 e 20.9.2, alíneas "a", "b", "c", "d" e "e"	220.236-0	4	S
20.9.1.1	220.237-9	3	S
20.9.3 e 20.9.3.1	220.238-7	4	S

Item/Subitem	Código	Infração	Tipo
20.10.1	220.239-5	4	S
20.10.2, alíneas "a", "b", "c", "d", "e" e "f"	220.240-9	3	S
20.10.3	220.241-7	3	S
20.10.4, alíneas "a", "b", "c", "d" e "e"	220.242-5	3	S
20.10.5	220.243-3	3	S
20.10.6 e 20.10.6.1	220.244-1	3	S
20.10.7 e 20.10.7.1	220.245-0	2	S
20.10.8	220.246-8	3	S
20.10.9	220.247-6	3	S
20.10.10	220.248-4	3	S
20.11.1	220.249-2	4	S
20.11.2	220.250-6	3	S
20.11.3 e 20.11.3.1	220.251-4	3	S
20.11.4	220.252-2	2	S
20.12.1	220.253-0	2	S
20.12.2 e 20.12.3	220.254-9	3	S
20.12.3.1	220.255-7	2	S
20.12.4	220.256-5	2	S
20.12.5	220.257-3	3	S
20.12.6	220.258-1	3	S
20.12.7	220.259-0	3	S
20.12.8	220.260-3	3	S
20.12.9 e 20.12.9.1, alíneas "a", "b", "c" e "d"	220.261-1	2	S
20.12.10, 20.12.11 e 20.12.12	220.262-0	3	S
20.12.13	220.263-8	3	S
20.12.14	220.264-6	2	S
20.12.15	220.265-4	2	S
20.13.1	220.266-2	4	S
20.13.2	220.267-0	4	S
20.13.3	220.268-9	4	S
20.13.4	220.269-7	4	S
20.13.5	220.270-0	4	S
20.14.1 e 20.14.2, alíneas "a", "b" e "c"	220.271-9	4	S
20.14.3	220.272-7	4	S
20.14.4 e 20.14.4.1	220.273-5	4	S
20.14.5	220.274-3	4	S
20.15.1	220.275-1	4	S
20.15.2	220.276-0	4	S
20.15.3	220.277-8	4	S
20.15.4	220.278-6	2	S
20.15.5, 20.15.5.1, 20.15.5.2 e 20.15.5.2.1	220.279-4	3	S

Item/Subitem	Código	Infração	Tipo
20.15.6	220.280-8	3	S
20.15.7	220.302-2	4	S
20.16.1, alíneas "a", "b" e "c", e 20.16.1.1, alíneas "a", "b", "c", "d", "e" e "f"	220.303-0	3	S
20.16.2	220.281-6	3	S
20.17.2.1	220.282-4	2	S
20.17.2.2	220.283-2	2	S
20.17.2.3	220.284-0	3	S
20.17.3.1	220.285-9	3	S
20.17.3.2	220.286-7	2	S

NR 20 – Anexo II

Item/Subitem	Código	Infração	Tipo
1, alíneas "a", "b", "c" e "d"	220.304-9	3	S
1.1	220.287-5	2	S
2, alíneas "a", "b", "c" e "d"	220.288-3	3	S
2.1	220.289-1	2	S
3.1	220.290-5	3	S

NR 20 – Anexo III

Item/Subitem	Código	Infração	Tipo
1	220.291-3	3	S
2.1	220.292-1	4	S
2.1, alínea "a"	220.293-0	4	S
2.1, alínea "b"	220.294-8	4	S
2.1, alínea "c"	220.295-6	4	S
2.1, alínea "d"	220.296-4	4	S
2.1, alíneas "e", "f", "g", "h", "i", "j", "k" e "l"	220.297-2	4	S
2.2	220.298-0	3	S
2.3	220.299-9	3	S
3	220.300-6	3	S

NR 21 (121.000-0)

Item/Subitem	Código	Infração	Tipo
21.1	121.032-7	3	S
21.2	121.033-5	3	S
21.3	121.034-3	3	S
21.4	121.004-1	2	M
21.5	121.035-1	2	S
21.6, 21.7, alíneas "b" e "c", 21.8, 21.9, 21.11 e 21.12	121.046-7	3	S
21.6.1	121.037-8	3	S

Item/Subitem	Código	Infração	Tipo
21.7, alínea a	121.038-6	2	S
21.10	121.042-4	3	S
21.13 e 21.14	121.047-5	2	S

NR 22 (222.000-0)

Item/Subitem	Código	Infração	Tipo
22.3.1	222.370-8	1	S
22.3.1.1	222.371-6	1	S
22.3.2	222.372-4	1	S
22.3.3	222.774-6	3	S
22.3.3.1	222.931-5	3	S
22.3.4, alíneas "a" e "b"	222.961-7	4	S
22.3.4, alínea c	222.373-2	3	S
22.3.5	222.775-4	4	S
22.3.6	222.776-2	4	M
22.3.7	222.777-0	4	S
22.3.7, alíneas "a" e "e"	222.963-3	4	S
22.3.7, alíneas "b", "c" e "d"	222.962-5	4	S
22.3.7, alíneas "f", "g", "h", "i" e "j"	222.964-1	4	S
22.3.7, alíneas "l", "m" e "n"	222.965-0	4	S
22.3.7.1, alínea a	222.778-9	3	S
22.3.7.1, alínea b	222.779-7	3	S
22.3.7.1, alínea c	222.780-0	3	S
22.3.7.1, alínea d	222.781-9	3	S
22.3.7.1, alínea e	222.782-7	3	S
22.3.7.1, alínea f	222.783-5	3	S
22.3.7.1, alínea "g"	222.932-3	3	S
22.3.7.1.1	222.785-1	1	S
22.3.7.1.2	222.786-0	3	S
22.6.1, alíneas "a" e "b"	222.966-8	3	S
22.6.1.1	322.016-8	4	S
22.6.2	222.789-4	2	S
22.6.3, alínea "a"	222.967-6	3	S
22.6.3, alínea b	222.007-5	3	S
22.6.3.1	222.790-8	3	S
22.7.1	222.009-1	2	S
22.7.2	222.010-5	3	S
22.7.3	222.011-3	3	S
22.7.4	222.407-0	1	S
22.7.5	222.791-6	3	S
22.7.6, alíneas "a", "b" e "c"	222.968-4	3	S

Item/Subitem	Código	Infração	Tipo
22.7.6.1	222.926-9	4	S
22.7.7	222.015-6	3	S
22.7.7.1	222.410-0	3	S
22.7.8	222.927-7	3	S
22.7.9	222.017-2	3	S
22.7.9.1	222.018-0	4	S
22.7.10	222.019-9	4	S
22.7.11, alíneas "a", "b", "c", "d" e "e"	222.969-2	4	S
22.7.11.1	222.416-0	2	S
22.7.12	222.021-0	3	S
22.7.13	222.794-0	3	S
22.7.14, alíneas "a", "b", "c", "d", "e", "f", "g", "h", "i" e "j"	222.970-6	3	S
22.7.14.1, alínea a	222.023-7	3	S
22.7.14.1, alínea b	222.024-5	3	S
22.7.14.1, alínea c	222.025-3	3	S
22.7.14.1, alíneas "d", "e" e "f"	222.971-4	3	S
22.7.15, alíneas "a", "b", "c" e "d"	222.972-2	3	S
22.7.15.1, alíneas "a", "b", "c" e "d"	222.973-0	3	S
22.7.16	222.426-7	3	S
22.7.17	222.035-0	4	S
22.7.18	222.036-9	3	S
22.7.19	222.037-7	3	S
22.7.20	222.038-5	3	S
22.7.21	222.427-5	2	S
22.7.21.1	222.428-3	2	S
22.7.22	222.797-5	2	S
22.7.23	222.429-1	2	S
22.7.24	222.430-5	3	S
22.7.25	222.431-3	2	S
22.7.26	222.432-1	2	S
22.7.27, alíneas "a", "b", "c", "d", "e" e "f"	222.974-9	3	S
22.8.1	222.924-2	3	S
22.8.1.1	222.925-0	3	S
22.8.2	222.434-8	1	S
22.8.3	222.046-6	3	S
22.8.3.1	222.799-1	3	S
22.8.4	222.051-2	4	S
22.8.5	222.052-0	4	S
22.8.6	222.053-9	4	S
22.8.7	222.054-7	4	S
22.8.7.1	222.055-5	4	S

Item/Subitem	Código	Infração	Tipo
22.8.8	222.056-3	4	S
22.8.9	222.057-1	4	S
22.8.10	222.058-0	4	S
22.9.1	222.059-8	4	S
22.9.1.1	222.060-1	4	S
22.9.2	222.061-0	4	S
22.9.3	222.062-8	4	S
22.9.3.1	222.063-6	4	S
22.9.4	222.064-4	3	S
22.9.4.1	222.435-6	3	S
22.9.5	222.065-2	4	S
22.9.6	222.066-0	4	S
22.9.7	222.067-9	4	S
22.9.8	222.800-9	4	S
22.9.9	222.069-5	2	S
22.10.1	222.070-9	4	S
22.10.2	222.928-5	3	S
22.10.3	222.802-5	3	S
22.10.3.1	222.436-4	3	S
22.10.3.2	222.082-2	3	S
22.10.4, alíneas "a", "b", "c", "d" e "e"	222.975-7	2	S
22.10.5	222.088-1	3	S
22.10.6	222.089-0	4	S
22.11.1	222.803-3	4	S
22.11.2, alíneas "a", "b", "c" e "d"	222.976-5	3	S
22.11.3	222.095-4	3	S
22.11.4	222.096-2	3	S
22.11.5	222.097-0	3	S
22.11.5.1	222.098-9	3	S
22.11.6	222.099-7	3	S
22.11.6.1	222.100-4	2	S
22.11.7, alíneas "a", "b", "c" e "d"	222.977-3	4	S
22.11.8	222.105-5	4	S
22.11.9	222.106-3	4	S
22.11.10	222.107-1	4	S
22.11.10.1	222.108-0	4	S
22.11.11	222.109-8	4	S
22.11.12	222.110-1	3	S
22.11.13	222.808-4	3	S
22.11.13.1	222.111-0	2	S
22.11.14	222.112-8	3	S
22.11.15, alíneas "a" e "b"	222.978-1	3	S
22.11.16	222.115-2	3	S

Item/Subitem	Código	Infração	Tipo
22.11.17, alíneas "a", "b" e "c"	222.979-0	4	S
22.11.17, alínea d	222.119-5	4	S
22.11.17, alínea e	222.120-9	4	S
22.11.18	222.121-7	3	S
22.11.19, alíneas "a" e "b"	222.980-3	4	S
22.11.19, alínea c	222.124-1	4	S
22.11.19, alínea d	222.125-0	4	S
22.11.19.1, alíneas "a" e "b"	222.981-1	3	S
22.11.20	222.128-4	4	S
22.11.21, alíneas "a", "b" e "c"	222.982-0	4	S
22.11.22	222.132-2	3	S
22.11.23	222.442-9	4	S
22.11.24, alíneas "a", "b", "c" e "d"	222.983-8	4	S
22.12.1, alíneas "a", "b", "c", "d" e "e"	222.984-6	3	S
22.12.2, alíneas "a", "b", "c", "d", "e" e "f"	222.985-4	4	S
22.12.3	222.145-4	4	S
22.12.3.1, alíneas "a", "b", "c", "d", "e" e "f"	222.986-2	4	S
22.12.3.2	222.446-1	4	S
22.12.4	222.766-5	3	S
22.12.4.1	222.929-3	3	S
22.13.1	222.447-0	3	S
22.13.2, alíneas "a", "b" e "c"	222.987-0	4	S
22.13.2.1	222.448-8	4	S
22.13.2.2	222.809-2	3	S
22.13.3	222.810-6	3	S
22.13.3.1	222.811-4	2	S
22.13.4	222.460-7	2	S
22.14.1	222.461-5	3	S
22.14.1.1	222.155-1	3	S
22.14.2	222.812-2	4	S
22.14.2, alínea a	222.813-0	3	S
22.14.2, alínea b	222.814-9	3	S
22.14.2, alínea c	222.815-7	3	S
22.14.2, alínea d	222.816-5	3	S
22.14.2, alínea e	222.817-3	3	S
22.14.3	222.161-6	4	S
22.14.4	222.162-4	4	S
22.14.4.2.1	222.462-3	4	S
22.14.5	222.164-0	4	S

Item/Subitem	Código	Infração	Tipo
22.14.6	222.165-9	4	S
22.15.1	222.166-7	3	S
22.15.2	222.167-5	4	S
22.15.3	222.168-3	4	S
22.15.4	222.169-1	4	S
22.15.5	222.170-5	4	S
22.15.6	222.171-3	4	S
22.15.6.1	222.172-1	4	S
22.15.7	222.173-0	4	S
22.15.7.1	222.463-1	4	S
22.15.7.2	222.174-8	4	S
22.15.8	222.175-6	4	S
22.15.9	222.176-4	3	S
22.15.10	222.177-2	4	S
22.15.11	222.178-0	4	S
22.16.1	222.179-9	3	S
22.16.2	222.464-0	3	S
22.16.2.1	222.818-1	3	S
22.16.2.2, alíneas "a", "b" e "c"	222.988-9	2	S
22.16.3	222.469-0	3	S
22.16.4	222.470-4	4	S
22.16.5	222.471-2	4	S
22.16.5.1	222.822-0	3	S
22.16.6	222.180-2	3	S
22.16.7	222.181-0	3	S
22.17.1	222.182-9	4	S
22.17.2	222.183-7	4	S
22.17.3	222.184-5	4	S
22.17.3.1	222.185-3	4	S
22.17.3.2	222.473-9	4	S
22.17.4	222.186-1	4	S
22.17.5	222.187-0	4	S
22.17.6	222.823-8	3	S
22.18.1	222.189-6	2	S
22.18.2.1	222.191-8	2	S
22.18.2.2	222.192-6	2	S
22.18.3	222.474-7	4	S
22.18.4	222.193-4	2	S
22.18.5	222.824-6	3	S
22.18.5.1	222.825-4	3	S
22.18.6	222.195-0	4	S
22.19.1	222.826-2	2	S
22.19.2	222.827-0	3	S
22.19.2.1	222.198-5	4	S
22.19.3	222.828-9	3	S
22.19.4	222.829-7	3	S

Item/Subitem	Código	Infração	Tipo
22.19.5	222.830-0	2	S
22.19.6	222.831-9	3	S
22.19.6.1	222.832-7	3	S
22.19.7	222.490-9	3	S
22.19.8	222.833-5	3	S
22.19.9	222.203-5	4	S
22.19.10	222.492-5	3	S
22.19.11	222.834-3	3	S
22.19.11.1	222.835-1	3	S
22.19.12	222.836-0	3	S
22.19.13	222.205-1	3	S
22.20.1	222.206-0	3	S
22.20.2	222.837-8	3	S
22.20.3	222.838-6	3	S
22.20.4"	222.989-7	3	S
22.20.5	222.212-4	3	S
22.20.6, alíneas "a", "b" e "c"	222.990-0	4	S
22.20.6.1	222.839-4	4	S
22.20.7	222.215-9	4	S
22.20.8	222.216-7	4	S
22.20.9	222.217-5	4	S
22.20.10	222.218-3	4	S
22.20.11	222.219-1	3	S
22.20.12	222.220-5	4	S
22.20.13	222.221-3	4	S
22.20.14	222.840-8	3	S
22.20.15	222.841-6	3	S
22.20.16	222.224-8	3	S
22.20.17	222.225-6	4	S
22.20.18	222.842-4	4	S
22.20.19	222.227-2	3	S
22.20.20	222.504-2	3	S
22.20.21	222.228-0	4	S
22.20.22	222.229-9	3	S
22.20.23	222.230-2	4	S
22.20.24	222.843-2	3	S
22.20.25	222.232-9	3	S
22.20.26	222.233-7	4	S
22.20.27	222.234-5	3	S
22.20.28	222.235-3	4	S
22.20.29, alíneas "a", "b", "c" e "d"	222.991-9	3	S
22.20.30	222.509-3	3	S
22.20.31	222.237-0	4	S
22.20.32	222.238-8	3	S
22.21.1	222.844-0	4	S

Item/Subitem	Código	Infração	Tipo
22.21.2	222.845-9	3	S
22.21.3, alíneas "a", "b", "c", "d", "e", "f" e "g"	222.992-7	4	S
22.21.3.1	222.516-6	4	S
22.21.4	222.847-5	3	S
22.21.5	222.848-3	4	S
22.21.6	222.243-4	4	S
22.21.7	222.517-4	4	S
22.21.8	222.518-2	3	S
22.21.9, alínea a	222.519-0	4	S
22.21.9, alínea b	222.520-4	4	S
22.21.9, alínea c	222.521-2	4	S
22.21.9, alíneas "d", "e" e "f"	222.993-5	4	S
22.21.10	222.525-5	3	S
22.21.10.1	222.526-3	3	S
22.21.11	222.245-0	4	S
22.21.11.1	222.246-9	4	S
22.21.12	222.247-7	4	S
22.21.13	222.248-5	4	S
22.21.14	222.249-3	4	S
22.21.14.1	222.250-7	4	S
22.21.15	222.850-5	3	S
22.21.16	222.251-5	4	S
22.21.16.1	222.528-0	4	S
22.21.17	222.252-3	3	S
22.21.18	222.253-1	4	S
22.21.19	222.529-8	4	S
22.21.20	222.530-1	4	S
22.21.21	222.531-0	4	S
22.21.22, alíneas "a", "b", "c", "d" e "e"	222.994-3	3	S
22.21.23, alíneas "a", "b", "c", "d" e "e"	222.995-1	4	S
22.21.24, alíneas "a", "b" e "c"	222.996-0	4	S
22.21.25	222.256-6	4	S
22.21.26	222.257-4	4	S
22.21.27	222.258-2	3	S
22.21.28	222.259-0	4	S
22.21.29	222.545-0	4	S
22.21.30	222.260-4	4	S
22.21.31	222.261-2	4	S
22.21.32, alíneas "a", "b" e "c"	222.997-8	4	S
22.21.32, alínea d	222.549-2	4	S
22.21.32, alínea e	222.550-6	4	S
22.21.32, alínea f	222.551-4	4	S
22.21.32, alínea g	222.552-2	4	S
22.21.33	222.263-9	4	S
22.21.34	222.264-7	4	S
22.21.34.1	222.265-5	4	S
22.21.35, alínea a	222.553-0	4	S
22.21.35, alínea b	222.554-9	4	S
22.21.35, alínea c	222.555-7	4	S
22.21.35, alínea d	222.556-5	4	S
22.21.37, alíneas "a", "b" e "c"	222.998-6	4	S
22.21.37.1	222.856-4	3	S
22.21.38	222.564-6	4	S
22.21.39	222.565-4	4	S
22.21.40	222.269-8	4	S
22.22.1, alíneas "a", "b", "c", "d" e "e"	222.999-4	4	S
22.23.1	222.271-0	4	S
22.23.2	222.272-8	3	S
22.23.3	222.273-6	3	S
22.23.4, alínea a	222.570-0	3	S
22.23.4, alínea b	222.571-9	3	S
22.23.4, alínea c	222.572-7	3	S
22.24.1	222.858-0	4	S
22.24.1, alínea a	222.573-5	4	S
22.24.1, alínea b	222.574-3	4	S
22.24.1, alínea c	222.575-1	4	S
22.24.1, alínea d	222.576-0	4	S
22.24.1, alínea e	222.577-8	4	S
22.24.1.1	222.578-6	3	S
22.24.2	222.859-9	4	S
22.24.2.1	222.860-2	2	S
22.24.2.2	222.583-2	3	S
22.24.3	222.933-1	4	S
22.24.4	222.277-9	4	S
22.24.5	222.278-7	4	S
22.24.5.1	222.584-0	4	S
22.24.6	222.279-5	4	S
22.24.7	222.280-9	4	S
22.24.7.1	222.281-7	4	S
22.24.7.2	222.282-5	4	S
22.24.7.3	222.934-0	4	S
22.24.7.3.1	222.935-8	4	S
22.24.7.3.2	222.936-6	4	S
22.24.7.3.3	222.937-4	4	S
22.24.7.3.4	222.938-2	4	S
22.24.8	222.585-9	4	S
22.24.9	222.586-7	4	S

Item/Subitem	Código	Infração	Tipo
22.24.10	222.286-8	4	S
22.24.10.1	222.861-0	2	S
22.24.11	222.287-6	3	S
22.24.11.1	222.588-3	3	S
22.24.12	222.288-4	3	S
22.24.12.1	222.289-2	3	S
22.24.13	222.290-6	3	S
22.24.14, alíneas "a", "b" e "c"	322.001-0	4	S
22.24.14.1	222.594-8	4	S
22.24.15	222.292-2	4	S
22.24.16	222.293-0	4	S
22.24.17	222.294-9	4	S
22.24.18	222.295-7	4	S
22.24.18.1	222.595-6	3	S
22.24.19	222.862-9	2	S
22.24.20	222.863-7	4	S
22.24.21	222.298-1	4	S
22.24.22	222.596-4	3	S
22.24.23, alíneas "a", "b" e "c"	322.002-8	3	S
22.24.23.1	222.864-5	2	S
22.24.24	222.601-4	4	S
22.25.1, alíneas "a", "b", "c" e "d"	322.003-6	3	S
22.25.2, alíneas "a", "b", "c", "d", "e", "f", "g" e "h"	322.004-4	4	S
22.25.2.1, alíneas "a", "b", "c" e "d"	322.005-2	4	S
22.25.2.2	222.619-7	4	S
22.25.3	222.303-1	4	S
22.25.4	222.620-0	3	S
22.25.5	222.304-0	4	S
22.25.6	222.621-9	4	S
22.25.6.1	222.305-8	4	S
22.25.7	222.865-3	2	S
22.25.8	222.307-4	3	S
22.26.1	222.939-0	3	S
22.26.1	222.941-2	4	S
22.26.2	222.942-0	4	S
22.26.2.1	222.867-0	4	S
22.26.3	222.868-8	4	S
22.26.3	222.943-9	4	S
22.26.4	222.944-7	3	S
22.26.5	222.945-5	3	S
22.26.6	222.946-3	3	S
22.26.7	222.947-1	4	S

Item/Subitem	Código	Infração	Tipo
22.26.8	222.948-0	3	S
22.26.9	222.949-8	3	S
22.27.1	222.869-6	4	S
22.27.1.1, alíneas "a", "b", "c", "d", "e" e "f"	322.006-0	3	S
22.27.2, alíneas "a", "b", "c" e "d"	322.007-9	4	S
22.27.2.1	222.315-5	4	S
22.27.3, alíneas "a", "b", "c" e "d"	322.008-7	4	S
22.27.4	222.637-5	4	S
22.27.5	222.638-3	4	S
22.27.6	222.317-1	4	S
22.27.6.1	222.318-0	4	S
22.27.7, alíneas "a" e "b"	322.009-5	4	S
22.27.7.1	222.320-1	4	S
22.27.7.2	222.876-9	3	S
22.27.8	222.641-3	3	S
22.28.1	222.642-1	3	S
22.28.1.1, alíneas "a", "b" e "c"	322.010-9	4	S
22.28.2	222.323-6	4	S
22.28.2.1	222.324-4	4	S
22.28.2.2	222.325-2	4	S
22.28.3	222.326-0	3	S
22.28.3.1	222.327-9	4	S
22.28.4	222.328-7	4	S
22.28.4.1	222.881-5	4	S
22.28.4.1, alínea a	222.882-3	3	S
22.28.4.1, alínea b	222.883-1	3	S
22.28.4.1, alínea c	222.884-0	3	S
22.28.4.1, alínea d	222.885-8	3	S
22.28.5	222.330-9	3	S
22.28.5.1	222.650-2	3	S
22.28.6, alíneas "a", "b", "c", "d" e "e"	322.011-7	4	S
22.28.7	222.332-5	4	S
22.28.8	222.333-3	4	S
22.28.9	222.334-1	4	S
22.28.9.1	222.335-0	4	S
22.28.10	222.336-8	4	S
22.28.11, alíneas "a" e "b"	322.012-5	4	S
22.28.12	222.338-4	4	S
22.28.13	222.339-2	3	S
22.28.14	222.340-6	4	S

Item/Subitem	Código	Infração	Tipo
22.28.15	222.341-4	4	S
22.28.16	222.658-8	4	S
22.28.16.1	222.659-6	3	S
22.28.17	222.660-0	3	S
22.28.18	222.661-8	4	S
22.28.19	222.342-2	3	S
22.29.1	222.343-0	4	S
22.29.1.1, alíneas "a", "b", "c" e "d"	322.013-3	4	S
22.30.1	222.886-6	4	S
22.30.1.1, alíneas "a" e "b"	322.014-1	4	S
22.31.1	222.675-8	4	S
22.31.2	222.887-4	1	S
22.31.3	222.349-0	4	S
22.31.4	222.676-6	3	S
22.31.5	222.350-3	4	S
22.31.6	222.351-1	4	S
22.32.1	222.950-1	4	S
22.32.1	222.888-2	4	S
22.32.1, alínea a	222.677-4	3	S
22.32.1, alínea "a"	222.951-0	4	S
22.32.1, alínea "b"	222.952-8	4	S
22.32.1, alínea b-I	222.678-2	3	S
22.32.1, alínea b-II	222.679-0	3	S
22.32.1, alínea b-III	222.680-4	3	S
22.32.1, alínea b-IV	222.681-2	3	S
22.32.1, alínea b, V	222.682-0	3	S
22.32.1, alínea b, VI	222.683-9	3	S
22.32.1, alínea b, VII	222.684-7	3	S
22.32.1, alínea "c"	222.953-6	4	S
22.32.1, alínea "d"	222.954-4	4	S
22.32.1, alínea "e"	222.955-2	4	S
22.32.1, alínea "f"	222.956-0	4	S
22.32.1, alínea "g"	222.957-9	4	S
22.32.1, alínea "h"	222.958-7	4	S
22.32.1, alínea "i"	222.959-5	4	S
22.32.1, alínea "j"	222.960-9	4	S
22.32.1.1	222.692-8	3	S
22.32.2	222.693-6	3	S
22.32.3	222.694-4	3	S
22.32.4	222.353-8	4	S
22.33.1	222.354-6	4	S
22.33.2	222.355-4	4	S
22.33.3	222.696-0	4	S
22.33.4	222.697-9	4	S
22.33.5	222.356-2	4	S

Item/Subitem	Código	Infração	Tipo
22.34.1	222.889-0	1	S
22.34.2	222.700-2	4	S
22.34.3, alínea a	222.701-0	3	S
22.34.3, alínea b	222.702-9	4	S
22.34.3, alínea c	222.703-7	4	S
22.34.3, alínea d	222.704-5	4	S
22.34.3, alínea e	222.705-3	4	S
22.34.3, alínea f	222.706-1	3	S
22.34.3, alínea g	222.890-4	1	S
22.35.1	222.708-8	3	S
22.35.1.1	222.891-2	3	S
22.35.1.2	222.892-0	3	S
22.35.1.3	222.893-9	3	S
22.35.1.3.1, alínea a	222.894-7	3	S
22.35.1.3.1, alínea b	222.895-5	3	S
22.35.1.3.1, alínea c	222.896-3	3	S
22.35.1.3.1, alínea d	222.897-1	3	S
22.35.1.3.1, alínea e	222.898-0	3	S
22.35.1.3.1, alínea f	222.899-8	3	S
22.35.1.3.1, alínea g	222.900-5	3	S
22.35.1.3.1, alínea h	222.901-3	3	S
22.35.1.3.1, alínea i	222.902-1	3	S
22.35.1.3.1, alínea j	222.903-0	3	S
22.35.1.4	222.733-9	3	S
22.35.1.5	222.734-7	3	S
22.35.2	222.904-8	3	S
22.35.3	222.361-9	3	S
22.35.4	222.905-6	2	S
22.35.5	222.737-1	3	S
22.36.1	222.906-4	4	S
22.36.3	222.738-0	3	S
22.36.3.1	222.907-2	2	S
22.36.3.1.1	222.908-0	2	S
22.36.3.2	222.909-9	2	S
22.36.4	222.910-2	3	S
22.36.4.1	222.911-0	1	S
22.36.4.1.1	222.744-4	2	S
22.36.4.3	222.745-2	2	S
22.36.4.4	222.746-0	2	S
22.36.4.5	222.747-9	2	S
22.36.4.6	222.748-7	2	S
22.36.5	222.912-9	2	S
22.36.6	222.749-5	2	S
22.36.8	222.913-7	2	S
22.36.11	222.914-5	1	S
22.36.12	222.752-5	3	S
22.36.12.2	222.915-3	2	S

Item/Subitem	Código	Infração	Tipo
22.36.12.3	222.916-1	2	S
22.36.13	222.930-7	1	S
22.36.14	222.918-8	1	S
22.37.1	222.363-5	3	S
22.37.1.1	222.364-3	3	S
22.37.2	222.365-1	3	S
22.37.2.1	222.757-6	3	S
22.37.2.2	222.758-4	3	S
22.37.3.1	222.760-6	2	S
22.37.3.2	222.919-6	2	S
22.37.4	222.366-0	4	S
22.37.5	222.920-0	4	S
22.37.6	222.921-8	2	S
22.37.6.1	222.763-0	3	S
22.37.7, alíneas "a" e "b"	322.015-0	3	S

NR 23 (123.000-0)

Item/Subitem	Código	Infração	Tipo
23.1	123.093-0	4	S
23.1.1, alíneas "a", "b" e "c"	123.101-4	3	S
23.2	123.097-2	4	S
23.3	123.098-0	3	S
23.4 e 23.5	123.102-2	4	S

NR 24 (124.000-0)

Item/Subitem	Código	Infração	Tipo
24.2.1	124.250-4	2	S
24.2.1.1, alíneas "a" e "b"	124.251-2	2	S
24.2.2	124.252-0	2	S
24.2.2.1	124.253-9	2	S
24.2.3, alíneas "a", "b", "c", "d", "e", "f" e "g"	124.254-7	2	S
24.3.1, alíneas "a", "b", "c", "d" e "e"	124.255-5	2	S
24.3.2.3	124.256-3	2	S
24.3.4	124.257-1	2	S
24.3.5, alíneas "a" e "b", e 24.3.5.1	124.258-0	2	S
24.3.6, alíneas "a", "b", "c", "d", "e" e "f"	124.259-8	2	S
24.4.1, alíneas "a" e "b"	124.260-1	2	S
24.4.2 e 24.4.2.1	124.261-0	2	S
24.4.3	124.262-8	2	S
24.4.4	124.263-6	2	S
24.4.5	124.264-4	2	S
24.4.6 e 24.4.6.1	124.265-2	2	S
24.4.8	124.266-0	2	S
24.5.1	124.267-9	2	S
24.5.2, 24.5.2.1 e 24.5.3	124.268-7	2	S
24.6.1, alíneas "a", "b", "c", "d", "e" e "f"	124.269-5	2	S
24.6.2	124.270-9	2	S
24.6.3	124.271-7	2	S
24.7.2, alíneas "a", "b", "c" e "d", e 24.7.2.1	124.272-5	2	S
24.7.3, 24.7.3.1 e 24.7.3.2	124.273-3	2	S
24.7.5.1	124.274-1	2	S
24.7.5.2	124.275-0	2	S
24.7.6	124.276-8	2	S
24.7.7	124.277-6	2	S
24.7.8	124.278-4	2	S
24.7.9, alínea "a	124.279-2	2	S
24.7.9, alínea "b"	124.280-6	2	S
24.7.9, alínea "c"	124.281-4	2	S
24.7.10	124.282-2	2	M
24.8.2	124.283-0	2	S
24.8.4, alíneas "a", "b", "c" e "d", 24.8.4.1 e 24.8.5	124.284-9	2	S
24.9.1, 24.9.1.1 e 24.9.1.2	124.285-7	2	S
24.9.2	124.286-5	2	S
24.9.3 e 24.9.4	124.287-3	2	S
24.9.5	124.288-1	2	S
24.9.6	124.289-0	2	S
24.9.7 e 24.9.7.1	124.290-3	2	S
24.9.7.2	124.291-1	2	S
24.9.8	124.292-0	2	S

NR 24 – Anexo I

Item/Subitem	Código	Infração	Tipo
2	124.293-8	2	S
2.1	124.294-6	2	S
2.2	124.295-4	2	S
4 e 4.1	124.296-2	2	S

NR 24 – Anexo II

Item/Subitem	Código	Infração	Tipo
2.1	124.297-0	2	S
3	124.298-9	2	S
4	124.299-7	2	S
5	124.300-4	2	S

NR 24 – Anexo III

Item/Subitem	Código	Infração	Tipo
4.1	124.301-2	2	S
4.1.1 e 4.1.2	124.302-0	2	S
4.2	124.303-9	2	S
4.3 e 4.3.1	124.304-7	2	S
4.6	124.305-5	2	S

NR 25 (125.000-0)

Item/Subitem	Código	Infração	Tipo
25.2	125.004-3	4	S
25.3	125.012-4	4	S
25.3.1	125.006-0	4	S
25.3.2 e 25.3.2.1	125.017-5	4	S
25.3.3, 25.3.3.1 e 25.3.3.2	125.018-3	4	S
25.5	125.016-7	3	S

NR 26 (126.000-0)

Item/Subitem	Código	Infração	Tipo
26.1.1, 26.1.2, 26.1.3, 26.1.4	126.052-9	2	S
26.2.1, 26.2.1.2, 26.2.1.2.1, 26.2.1.3	126.053-7	3	S
26.2.2, 26.2.2.1, 26.2.2.2, 26.2.2.3, 26.2.2.4	126.054-5	3	S
26.2.3, 26.2.3.1, 26.2.3.1.1, 26.2.3.2	126.055-3	4	S
26.2.3.3	126.049-9	3	S
26.2.3.4	126.050-2	3	S
26.2.4	126.051-0	3	S

NR 29 (329.000-0)

Item/Subitem	Código	Infração	Tipo
29.1.4.1, alínea "a", 29.1.4.1, alínea "b", 29.1.4.1, alínea "d", 29.1.4.2, alínea "a", 29.1.4.2, alínea "b", 29.1.4.2, alínea "c", 29.1.4.2, alínea "d"	329.334-3	4	S
29.1.4.4	329.279-7	1	S
29.1.5.1	329.280-0	3	S
29.1.6.1, 29.6.6.3	329.335-1	4	S
29.1.6.2, alínea "a", 29.1.6.2, alínea "b", 29.1.6.2, alínea "c", 29.1.6.2, alínea "d", 29.1.6.2, alínea "e", 29.1.6.2, alínea "f"	329.336-0	3	S
29.1.6.3, 29.6.6.2	329.337-8	3	S
29.2.1.1, 29.2.1.1.1, 29.2.1.1.3	329.338-6	4	S
29.2.1.1.2, 29.2.1.2.3, 29.2.1.3	329.339-4	3	S
29.2.1.4	329.018-2	1	S
29.2.2.1, 29.2.2.3, 29.2.2.4, 29.2.2.5, 29.2.2.15, 29.2.2.15.1, 29.2.2.16, 29.2.2.17	329.340-8	4	S
29.2.2.6	329.022-0	2	S
29.2.2.8, 29.2.2.9, 29.2.2.11	329.341-6	3	S
29.2.2.12	329.286-0	2	S
29.2.2.18	229.401-0	3	S
29.2.2.20	329.291-6	1	S
29.2.2.25, alínea "a", 29.2.2.25, alínea "b", 29.2.2.25, alínea "c", 29.2.2.25, alínea "d", 29.2.2.25, alínea "e"	329.342-4	2	S
29.2.2.27	329.029-8	3	S
29.2.2.28	329.295-9	3	S
29.2.2.29	229.402-8	3	S
29.3.1.1	329.030-1	3	S
29.3.1.2	329.031-0	3	S
29.3.1.3	329.032-8	3	S
29.3.1.4	329.033-6	3	S
29.3.2.1	329.034-4	4	S
29.3.2.2	329.035-2	4	S
29.3.2.2.1	329.036-0	3	S
29.3.2.3	329.037-9	3	S
29.3.2.4	329.038-7	4	S
29.3.2.5	329.039-5	3	S
29.3.2.6	329.040-9	3	S
29.3.2.7	329.041-7	3	S
29.3.2.8	329.042-5	4	S
29.3.2.9	329.043-3	3	S
29.3.2.10, alínea "a", 29.3.2.10, alínea "b", 29.3.2.10, alínea "c", 29.3.2.10, alínea "d", 29.3.2.10, alínea "e"	329.343-2	3	S
29.3.2.11	329.051-4	4	S
29.3.2.12	329.052-2	4	S
29.3.2.13, 29.3.2.13.1	329.344-0	3	S
29.3.3.1	329.055-7	3	S
29.3.3.2	329.056-5	4	S
29.3.3.3	329.057-3	3	S

Item/Subitem	Código	Infração	Tipo
29.3.3.4	329.058-1	3	S
29.3.3.5	329.059-0	4	S
29.3.3.6	329.060-3	3	S
29.3.3.7	329.061-1	4	S
29.3.4.1	329.062-0	3	S
29.3.4.2	329.297-5	2	S
29.3.4.3	329.063-8	3	S
29.3.4.4	329.064-6	2	S
29.3.4.4.1	329.065-4	3	S
29.3.4.4.2	329.066-2	4	S
29.3.4.6	329.067-0	3	S
29.3.4.7	329.068-9	3	S
29.3.4.8	329.069-7	3	S
29.3.4.9	329.070-0	3	S
29.3.4.9.1	329.071-9	3	S
29.3.4.9.2	329.072-7	3	S
29.3.4.10	329.073-5	2	S
29.3.4.10.1	329.074-3	2	S
29.3.4.11	329.075-1	4	S
29.3.4.11.1	329.076-0	3	S
29.3.4.12	329.077-8	3	S
29.3.4.13	329.078-6	3	S
29.3.4.14	329.079-4	3	S
29.3.4.15	329.080-8	4	S
29.3.4.16	329.081-6	3	S
29.3.4.17	329.082-4	3	S
29.3.4.18	329.083-2	3	S
29.3.4.18.1	329.084-0	4	S
29.3.5.1	329.085-9	3	S
29.3.5.2	329.086-7	2	S
29.3.5.2.1	329.087-5	4	S
29.3.5.3	329.088-3	3	S
29.3.5.4	329.089-1	4	S
29.3.5.5	329.090-5	4	S
29.3.5.6	329.091-3	3	S
29.3.5.7	329.298-3	4	S
29.3.5.8	329.092-1	4	S
29.3.5.10, 29.3.5.10.1, 29.3.5.10.2	329.345-9	3	S
29.3.5.11	329.094-8	2	S
29.3.5.12	329.095-6	1	S
29.3.5.13	329.096-4	3	S
29.3.5.14	329.097-2	3	S
29.3.5.15	329.098-0	2	S
29.3.5.16	329.099-9	2	S
29.3.5.17	329.100-6	3	S
29.3.5.18	329.101-4	3	S

Item/Subitem	Código	Infração	Tipo
29.3.5.18.1	229.403-6	3	S
29.3.5.18.2	229.404-4	3	S
29.3.5.19	329.102-2	3	S
29.3.5.20	329.103-0	2	S
29.3.5.21	329.104-9	4	S
29.3.5.22	329.105-7	3	S
29.3.5.23	329.106-5	3	S
29.3.5.24	329.301-7	3	S
29.3.5.25	229.405-2	3	S
29.3.6.1	329.108-1	2	S
29.3.6.2, alínea "a", 29.3.6.2, alínea "b", 29.3.6.2, alínea "c", 29.3.6.2, alínea "d"	329.346-7	3	S
29.3.6.3	329.112-0	4	S
29.3.6.4	329.113-8	3	S
29.3.6.5	329.114-6	3	S
29.3.6.5.1	329.115-4	3	S
29.3.6.5.2	329.116-2	3	S
29.3.6.5.3	329.117-0	3	S
29.3.6.5.4	329.118-9	3	S
29.3.7.1	329.119-7	4	S
29.3.7.2	329.120-0	4	S
29.3.7.3	329.121-9	4	S
29.3.7.4	329.122-7	4	S
29.3.7.4.1	329.123-5	4	S
29.3.7.5	329.124-3	4	S
29.3.7.6	329.125-1	4	S
29.3.7.7	329.126-0	3	S
29.3.7.8	329.127-8	3	S
29.3.7.9	329.128-6	3	S
29.3.7.10, alínea "a", 29.3.7.10, alínea "b", 29.3.7.10, alínea "c", 29.3.7.10, alínea "d"	329.347-5	3	S
29.3.8.1	329.132-4	4	S
29.3.8.2	329.133-2	4	S
29.3.8.2.1	329.315-7	4	S
29.3.8.3	329.134-0	4	S
29.3.8.4, alínea "a", 29.3.8.4, alínea "b", 29.3.8.4, alínea "c", 29.3.8.4, alínea "d", 29.3.8.4, alínea "e", 29.3.8.4, alínea "f", 29.3.8.4, alínea "g"	329.348-3	3	S
29.3.8.5	329.142-1	3	S
29.3.8.6	329.316-5	4	S
29.3.8.6.1	329.317-3	4	S

Item/Subitem	Código	Infração	Tipo
29.3.8.6.2	329.318-1	3	S
29.3.8.6.3, alínea "a", 29.3.8.6.3, alínea "b", 29.3.8.6.3, alínea "c", 29.3.8.6.3, alínea "d", 29.3.8.6.3, alínea "e", 29.3.8.6.3, alínea "f"	329.349-1	4	S
29.3.9.1	329.143-0	3	S
29.3.9.1.1	329.325-4	4	S
29.3.9.1.2	329.327-0	4	S
29.3.9.2	329.144-8	3	S
29.3.9.3	329.145-6	3	S
29.3.9.3.1	329.146-4	3	S
29.3.9.4	329.147-2	3	S
29.3.9.5	329.148-0	4	S
29.3.9.6.1	329.326-2	4	S
29.3.10.1, alínea "a", 29.3.10.1, alínea "b", 29.3.10.1, alínea "c", 29.3.10.1, alínea "d", 29.3.10.1, alínea "e", 29.3.10.1, alínea "f", 29.3.10.1, alínea "g"	329.350-5	4	S
29.3.10.2	329.156-1	4	S
29.3.10.3, alínea "a", 29.3.10.3, alínea "b", 29.3.10.3, alínea "c", 29.3.10.3, alínea "d", 29.3.10.3, alínea "e"	329.351-3	4	S
29.3.11.1	329.161-8	4	S
29.3.11.2	329.162-6	4	S
29.3.12.2	329.163-4	4	S
29.3.12.3	329.164-2	2	S
29.3.13.1	329.305-0	2	S
29.3.13.2	329.165-0	3	S
29.3.13.3	329.166-9	3	S
29.3.14.1	329.167-7	2	S
29.3.14.2	329.168-5	2	S
29.3.15.2	329.169-3	4	S
29.3.16.1	329.170-7	4	S
29.3.16.2	329.171-5	4	S
29.4.1	329.172-3	3	S
29.4.1.1	329.328-9	3	S
29.4.1.2	329.329-7	3	S
29.4.2	329.173-1	2	S
29.4.3	329.174-0	3	S
29.4.4	329.306-8	4	S
29.5.1	329.175-8	4	S
29.5.2	229.408-7	3	S
29.5.3	329.177-4	3	S
29.5.4	329.178-2	3	S

Item/Subitem	Código	Infração	Tipo
29.5.4.1	329.179-0	3	S
29.6.2.1	329.180-4	3	S
29.6.3.1.1, alínea "a", 29.6.3.1.1, alínea "b", 29.6.3.1.1, alínea "c"	329.352-1	3	S
29.6.3.2.1	329.308-4	3	S
29.6.3.4, alínea "a", 29.6.3.4, alínea "b", 29.6.3.4, alínea "c", 29.6.3.4, alínea "d"	329.353-0	4	S
29.6.3.5, alínea "a", 29.6.3.5, alínea "b", 29.6.3.5, alínea "c", 29.6.3.5, alínea "d", 29.6.3.5, alínea "e"	329.354-8	3	S
29.6.4, alínea "a", 29.6.4, alínea "b", 29.6.4, alínea "c", 29.6.4, alínea "d"	329.355-6	4	S
29.6.4.1, alínea "a", 29.6.4.1, alínea "b", 29.6.4.1, alínea "c", 29.6.4.1, alínea "d", 29.6.4.1, alínea "e", 29.6.4.1, alínea "f", 29.6.4.1, alínea "g", 29.6.4.1, alínea "h", 29.6.4.1, alínea "i", 29.6.4.1, alínea "j"	329.356-4	4	S
29.6.4.2, alíneas "a", "b", "c", "d", "e", "f" e incisos, e "g"	329.371-8	3	S
29.6.4.3, alínea "a", 29.6.4.3, alínea "b", 29.6.4.3, alínea "c", 29.6.4.3, alínea "d", 29.6.4.3, alínea "e", 29.6.4.3, alínea "f", 29.6.4.3, alínea "g"	329.357-2	4	S
29.6.4.4, alínea "a", 29.6.4.4, alínea "b", 29.6.4.4, alínea "c", 29.6.4.4, alínea "d"	329.358-0	4	S
29.6.4.5, alínea "a", 29.6.4.5, alínea "b", 29.6.4.5, alínea "c", 29.6.4.5, alínea "d", 29.6.4.5, alínea "e", 29.6.4.5, alínea "f", 29.6.4.5, alínea "g"	329.359-9	4	S
29.6.4.6, alínea "b", 29.6.4.6, alínea "c", 29.6.4.6, alínea "d", 29.6.4.6, alínea "e"	329.360-2	4	S

Item/Subitem	Código	Infração	Tipo
29.6.4.7, alínea "a", 29.6.4.7, alínea "b", 29.6.4.7, alínea "c"	329.361-0	4	S
29.6.4.8, alínea "a", 29.6.4.8, alínea "b", 29.6.4.8, alínea "c", 29.6.4.8, alínea "d", 29.6.4.8, alínea "e"	329.362-9	4	S
29.6.5.1, 29.6.5.2, 29.6.5.3, 29.6.5.4	329.363-7	4	S
29.6.5.6.1	329.251-7	4	S
29.6.5.7.1, alínea "a", 29.6.5.7.1, alínea "b", 29.6.5.7.1, alínea "c", 29.6.5.7.1, alínea "d"	329.364-5	4	S
29.6.5.8.1, alínea "a", 29.6.5.8.1, alínea "b", 29.6.5.8.1, alínea "c", 29.6.5.8.1, alínea "d", 29.6.5.8.1, alínea "e"	329.365-3	4	S
29.6.5.9.1, 29.6.5.9.2, 29.6.5.9.3, 29.6.5.9.4	329.366-1	4	S
29.6.5.10.1, 29.6.5.10.2, 29.6.5.10.3, 29.6.5.10.4, 29.6.5.10.5	329.367-0	4	S
29.6.5.11.2	329.270-3	4	S
29.6.5.12.1, 29.6.5.12.2, 29.6.5.12.3	329.368-8	4	S
29.6.5.13.1, 29.6.5.13.2	329.369-6	4	S
29.6.6.1	329.276-2	4	S
29.6.6.4	329.278-9	2	S

NR 30 (130.000-0)

Item/Subitem	Código	Infração	Tipo
30.2.3.2	130.339-2	3	S
30.3.1.1, alínea b	130.003-2	1	S
30.3.1.1, alínea c	130.340-6	2	M
30.3.1.1, alínea d	130.005-9	2	S
30.4.1	130.616-2	4	S
30.4.1.1 e alíneas e 30.4.1.2	130.621-9	4	S
30.4.1.3.1	130.345-7	2	S
30.4.1.4, 30.4.1.4.1 e 30.4.1.4.2	130.622-7	2	S
30.4.1.5 e 30.4.1.6	130.623-5	2	S
30.4.5.1 e 30.4.8.4	130.624-3	2	S
30.4.8.1 e 30.4.8.2, alíneas "a", "b", "c" e "d"	130.625-1	2	S
30.4.8.5 e 30.4.8.5.1	130.626-0	1	S
30.4.8.6 e 30.4.8.7	130.627-8	1	S
30.4.9.1, alíneas "a", "b" e "c"	130.628-6	2	S
30.4.9.2, alíneas "a", "b" e "c"	130.629-4	3	S
30.4.8.3	130.013-0	2	S
30.5.1	130.353-8	4	M
30.5.2, 30.5.2.1, 30.5.2.2 e 30.5.2.3	130.630-8	2	M
30.5.3	130.024-5	2	M
30.5.4	130.620-0	3	M
30.6.1 e 30.6.1.1	130.631-6	4	S
30.7.1 e 30.7.1.1	130.632-4	3	S
30.7.2	130.029-6	3	S
30.7.3 e 30.7.4	130.633-2	3	S
30.7.5, 30.7.5.1 e 30.7.5.2	130.634-0	1	S
30.7.6	130.035-0	2	S
30.7.7	130.036-9	2	S
30.7.8, 30.7.9, 30.7.9.1 e 30.7.15	130.635-9	2	S
30.7.10, 30.7.11 e 30.7.12	130.636-7	2	S
30.7.13	130.359-7	1	S
30.7.14	130.360-0	2	S
30.7.16	130.361-9	2	S
30.8.1 e 30.8.1.1	130.637-5	2	S
30.8.2, 30.8.2.1 e 30.8.3	130.638-3	2	S
30.8.4	130.362-7	1	S
30.9.1	130.053-9	2	S
30.9.2	130.363-5	3	S
30.10.1, alíneas "a", "b", "c", "d", "e" e "f"	130.639-1	2	S
30.11.1 e 30.11.2	130.640-5	2	S
30.11.3	130.367-8	2	S
30.12.1 e 30.12.2	130.641-3	3	S
30.13.1, alíneas "a", "b", "c", "d", "e", "f" e "g"	130.642-1	4	S
30.13.2	130.073-3	4	S
30.13.3	130.372-4	4	S
30.13.4	130.373-2	4	S

NR 30 – Anexo I

Item/Subitem	Código	Infração	Tipo
3.1, alínea a	130.092-0	4	S
3.1, alínea b	130.093-8	4	S
3.2, 3.2.1 e 3.2.2	130.643-0	2	S

Item/Subitem	Código	Infração	Tipo
4.4, alíneas "a" e "b"	130.644-8	3	S
4.4, alíneas "c" e "d"	130.645-6	4	S
4.4, alínea e	130.142-0	3	S
4.4, alínea f	130.143-8	4	S
5.1, alínea a	130.147-0	2	M
5.1, alíneas "b" e "c"	130.646-4	3	M
5.2, 5.2.1, 5.2.2 e 5.2.3	130.647-2	2	M
6.1, alínea a	130.173-0	3	S
6.1, alínea b	130.174-8	3	S
6.2 e 6.2.1	130.648-0	3	S
6.3 e 6.3.1	130.649-9	4	S
2.1 do Apêndice I e 2.1 do Apêndice II	130.650-2	4	S
2.2 e 2.4 do Apêndice I e 2.2 e 2.4 do Apêndice II	130.651-0	4	S
2.3 do Apêndice I e 2.3 do Apêndice II	130.652-9	4	S
3.1.1, alíneas "a", "b" e "c", do Apêndice I e 3.1.1, alíneas "a", "b" e "c", do Apêndice II	130.653-7	4	S
3.1.2 e 3.1.2.1 do Apêndice I	130.654-5	4	S
3.1.2 e 3.1.2.1 do Apêndice II	130.655-3	4	S
3.1.2.2 do Apêndice I	130.104-7	3	S
3.1.3, alíneas "a", "b" e "c" do Apêndice I	130.656-1	4	S
3.1.4 do Apêndice I	130.110-1	4	S
3.2.1 do Apêndice I	130.113-6	4	S
3.2.2 do Apêndice I e 3.2.1 do Apêndice II	130.658-8	4	S
3.2.3 do Apêndice I	130.117-9	4	S
3.2.4 do Apêndice I	130.118-7	3	S
3.2.5 do Apêndice I	130.119-5	4	S
3.2.6 e 3.2.6.1 do Apêndice I	130.659-6	4	S
4.1, alíneas "a", "b" e "c" do Apêndice I, e 4.1, alíneas "a", "b" e "c", do Apêndice II	130.660-0	4	S
4.1.1 do Apêndice I e 4.1.1 do Apêndice II	130.661-8	4	S
4.1.2 do Apêndice I e 4.3 e 4.3.1 do Apêndice II	130.662-6	4	S
4.2 do Apêndice I e 4.2 do Apêndice II	130.663-4	4	S

Item/Subitem	Código	Infração	Tipo
4.3, alíneas "a" e "b" do Apêndice I	130.664-2	3	S
4.4 do Apêndice I e 4.4 do Apêndice II	130.665-0	4	S
5.1 do Apêndice I e 5.1 do Apêndice II	130.666-9	4	S
5.1.1, alíneas "a" e "b" do Apêndice I e 5.1.1 do Apêndice II	130.667-7	3	S
5.1.2 do Apêndice I e 5.1.2 do Apêndice II	130.668-5	3	S
5.1.3 do Apêndice I e 5.1.3 do Apêndice II	130.669-3	3	S
5.1.4 e 5.1.4.1 do Apêndice I e 5.1.4 e 5.1.4.1 do Apêndice II	130.670-7	3	S
5.2 do Apêndice I e 5.2 do Apêndice II	130.671-5	3	S
5.3 do Apêndice I e 5.3 do Apêndice II	130.672-3	2	S
6.1.1 e 6.1.1.1 do Apêndice I e 6.1.1 e 6.1.1.1 do Apêndice II	130.673-1	2	S
6.1.2 do Apêndice I e 6.1.2 do Apêndice II	130.674-0	3	S
6.1.3 do Apêndice I e 6.1.5 do Apêndice II	130.675-8	3	S
6.1.3.1 do Apêndice I e 6.1.6 do Apêndice II	130.676-6	3	S
6.1.3.2 do Apêndice I e 6.1.7 e 6.1.7.1 do Apêndice II	130.677-4	3	S
6.1.3.3 do Apêndice I e 6.1.4 do Apêndice II	130.678-2	3	S
6.2.1 do Apêndice I e 6.2.1 do Apêndice II	130.679-0	3	S
6.2.2 do Apêndice I e 6.2.2 do Apêndice II	130.680-4	2	S
6.3.1 do Apêndice I e 6.3.1 do Apêndice II	130.681-2	3	S
6.3.2 e 6.3.3 do Apêndice I e 6.3.2 e 6.3.3 do Apêndice II	130.682-0	3	S
6.4.1 do Apêndice I e 6.4.1 do Apêndice II	130.683-9	3	S
6.4.2 do Apêndice I e 6.4.2 do Apêndice II	130.684-7	3	S
6.4.3 e 6.4.3.1 do Apêndice I e 6.4.3 e 6.4.3.1 do Apêndice II	130.685-5	4	S
6.4.4 do Apêndice I e 6.4.4 do Apêndice II	130.686-3	4	S

Item/Subitem	Código	Infração	Tipo
6.4.5 do Apêndice I e 6.4.5 do Apêndice II	130.687-1	4	S
6.4.6 e 6.4.6.1 do Apêndice I e 6.4.6 e 6.4.6.1 do Apêndice II	130.688-0	4	S
7.1 do Apêndice I e 7.1 do Apêndice II	130.689-8	4	S
7.1.1 do Apêndice I e 7.1.1 do Apêndice II	130.690-1	2	S
7.2 e 7.2.1 do Apêndice I e 7.2 e 7.2.1 do Apêndice II	130.691-0	3	S
7.3, alíneas "a", "b" e "c" do Apêndice I	130.692-8	3	S
7.4 do Apêndice I	130.236-1	4	S
7.5 do Apêndice I e 7.5 do Apêndice II	130.693-6	4	S
7.5.1 do Apêndice I e 7.5.1 do Apêndice II	130.694-4	4	S
7.6 do Apêndice I e 7.6 do Apêndice II	130.695-2	3	S
7.7 do Apêndice I e 7.7 do Apêndice II	130.696-0	3	S
7.8 do Apêndice I e 7.8 do Apêndice II	130.697-9	4	S
7.9, alíneas "a" e "b", do Apêndice I	130.698-7	3	S
7.10 do Apêndice I e 7.10 do Apêndice II	130.699-5	2	S
8.1.1 do Apêndice I	130.254-0	2	S
8.1.2, 8.1.2.1 e 8.1.2.2 do Apêndice I	130.701-0	2	S
8.1.3, 8.1.3.1 e 8.1.3.2 do Apêndice I	130.702-9	2	S
8.1.4 do Apêndice I	130.265-5	2	S
8.1.5 do Apêndice I	130.268-0	2	S
8.1.6 do Apêndice I	130.270-1	4	S
8.1.7 do Apêndice I	130.275-2	3	S
8.1.8 do Apêndice I	130.276-0	1	S
8.1.9 do Apêndice I	130.278-7	1	S
8.1.10 do Apêndice I	130.279-5	2	S
8.2.1 e 8.2.1.1 do Apêndice I	130.704-5	2	S
8.2.2 do Apêndice I	130.286-8	2	S
8.2.3 e 8.2.3.1 do Apêndice I	130.705-3	2	S
8.2.4 e 8.2.4.1 do Apêndice I	130.706-1	2	S
8.2.5 e 8.2.5.1 do Apêndice I	130.707-0	2	S
8.3.1 do Apêndice I	130.293-0	4	S

Item/Subitem	Código	Infração	Tipo
8.3.2, 8.3.2.1 e 8.3.2.2 do Apêndice I	130.708-8	2	S
8.3.3 e 8.3.3.1 do Apêndice I, e 8.1.2 e 8.1.2.1 do Apêndice II	130.709-6	2	S
8.3.4 do Apêndice I e 8.1.3 do Apêndice II	130.710-0	1	S
8.3.5 e 8.3.5.1 do Apêndice I, e 8.1.4 e 8.1.4.2 do Apêndice II	130.711-8	2	S
8.3.6, 8.3.6.1 e 8.3.6.2 do Apêndice I	130.712-6	2	S
8.3.7 do Apêndice I	130.306-6	1	S
8.3.8 do Apêndice I	130.307-4	1	S
8.4.1, 8.4.1.1, alíneas "a", "b", "c" e "d", e 8.4.1.2 do Apêndice I	130.714-2	2	S
8.5.1 e 8.5.1.1 do Apêndice I	130.716-9	2	S
8.5.2 do Apêndice I	130.316-3	2	S
8.5.3 do Apêndice I	130.317-1	2	S
8.6.1, 8.6.1.1 e 8.6.1.2 do Apêndice I	130.717-7	2	S
8.6.2 do Apêndice I	130.321-0	2	S
8.6.3 do Apêndice I	130.322-8	4	S
8.6.4, 8.6.4.1 e 8.6.4.2 do Apêndice I	130.718-5	2	S
8.6.5 do Apêndice I	130.326-0	2	S
8.6.6 do Apêndice I	130.327-9	2	S
8.6.7 do Apêndice I	130.328-7	3	S
8.7.1, 8.7.1.1 e 8.7.1.2 do Apêndice I	130.719-3	1	S
8.8.1 e 8.8.1.1 do Apêndice I	130.720-7	3	S
8.8.2 do Apêndice I e 8.3.1 do Apêndice II	130.721-5	3	S
9.1, 9.1.1 e 9.1.2 do Apêndice I	130.722-3	3	S
3.1.3 do Apêndice II	130.657-0	4	S
3.1.2.2 do Apêndice II	130.105-5	3	S
5.4 do Apêndice II	130.171-3	1	S
6.1.3 do Apêndice II	130.182-9	3	S
7.3 do Apêndice II	130.235-3	4	S
7.4 do Apêndice II	130.237-0	4	S
7.9 do Apêndice II	130.251-5	3	S
8.1.1 e 8.1.1.1 do Apêndice II	130.700-2	2	S
8.1.5 e 8.1.6 do Apêndice II	130.713-4	2	S
8.1.7, alíneas "a", "b" e "c" do Apêndice II	130.703-7	2	S

Item/Subitem	Código	Infração	Tipo
8.1.8 do Apêndice II	130.277-9	2	S
8.2.1 e 8.2.1.1, alíneas "a", "b" e "c" do Apêndice II	130.715-0	2	S
2 do Apêndice III	130.082-2	4	S
3 do Apêndice III	130.091-1	4	S
4 e 5 do Apêndice III	130.723-1	3	S
6 do Apêndice III	130.172-1	3	S
7 do Apêndice III	130.221-3	3	S
8 e 8.1 do Apêndice III	130.724-0	2	S
9 do Apêndice III	130.335-0	3	S

NR 31 (131.000-0)

Item/Subitem	Código	Infração	Tipo
31.3.3, alínea a	131.001-1	4	S
31.3.3, alínea b	131.002-0	4	S
31.3.3, alínea c	131.003-8	4	S
31.3.3, alínea d	131.399-1	1	S
31.3.3, alínea e	131.005-4	3	S
31.3.3, alínea f	131.400-9	2	S
31.3.3, alínea g	131.401-7	4	S
31.3.3, alínea i	131.009-7	3	S
31.3.3, alínea k	131.406-8	3	S
31.3.3, alínea l	131.014-3	3	S
31.3.3, alíneas "h" e "j"	131.710-5	3	S
31.5.1 e 31.5.1.1, alíneas "a", "b" e "c"	131.711-3	3	S
31.5.1.2, alíneas "a", "b" e "c"	131.712-1	3	S
31.5.1.3 e 31.5.1.3.5	131.713-0	2	M
31.5.1.3.1, alíneas "a", "b", "c", "d" e "e"	131.714-8	3	M
31.5.1.3.2	131.028-3	3	M
31.5.1.3.3 e 31.5.1.3.4	131.715-6	2	M
31.5.1.3.6 e 31.5.1.3.7	131.716-4	1	M
31.5.1.3.8	131.410-6	4	S
31.5.1.3.9, alíneas "a" e "b"	131.717-2	2	M
31.5.1.3.10	131.042-9	2	M
31.5.1.3.11	131.411-4	4	M
31.6.2 e 31.6.3	131.718-0	3	S
31.6.5.1	131.057-7	3	S
31.6.6.1 e 31.6.6.2	131.719-9	3	S
31.6.7	131.414-9	4	S
31.6.8.5	131.415-7	1	S
31.6.11	131.062-3	3	S

Item/Subitem	Código	Infração	Tipo
31.6.12	131.416-5	3	S
31.6.13	131.064-0	3	S
31.7.2 e 31.7.2.1	131.720-2	4	S
31.7.3	131.066-6	3	S
31.7.4 e 31.7.5	131.721-0	3	S
31.7.5.1	131.419-0	2	S
31.7.6	131.070-4	2	S
31.7.7	131.420-3	1	S
31.7.8 e 31.7.15	131.722-9	3	S
31.7.10, alíneas "a", "b" e "c", e 31.7.14	131.723-7	3	S
31.7.12 e 31.7.13	131.724-5	3	S
31.7.16.1	131.424-6	2	S
31.7.16.2, alíneas "a", "b", "c", "d", "e", "f", "g", "h", "i" e "j"	131.725-3	3	S
31.7.16.3 e 31.7.16.4.3	131.726-1	2	S
31.7.16.4.4 e 31.7.16.4.6	131.727-0	2	S
31.7.17, 31.7.17.1 e 31.7.18	131.728-8	3	S
31.7.20.1, 31.7.20.2 e 31.7.20.3	131.729-6	3	S
31.8.2 e 31.8.4	131.730-0	4	S
31.8.3 e 31.8.3.1	131.731-8	4	S
31.8.5 e 31.8.10.1	131.732-6	3	S
31.8.7 e 31.8.10	131.733-4	3	S
31.8.8, 31.8.8.1, 31.8.8.2, 31.8.8.3 e 31.8.8.4	131.734-2	3	S
31.8.9, alíneas "a", "b" e "g"	131.735-0	4	S
31.8.6	131.135-2	4	S
31.8.9, alínea c	131.149-2	3	S
31.8.9, alínea d	131.150-6	3	S
31.8.9, alínea e	131.151-4	3	S
31.8.9, alínea f	131.152-2	3	S
31.8.9, alínea h	131.154-9	4	S
31.8.11	131.694-0	4	M
31.8.12, alíneas "a", "b", "c" e "d"	131.736-9	4	S
31.8.13	131.170-0	4	S
31.8.13.1	131.171-9	3	S
31.8.14 e 31.8.15	131.737-7	4	S
31.8.16 e 31.8.17, alíneas "a", "b", "c", "d", "e" e "f"	131.738-5	4	S
31.8.18, alíneas "a" e "b"	131.739-3	3	S

Item/Subitem	Código	Infração	Tipo
31.8.19, 31.8.19.1 e 31.8.19.4	131.740-7	4	S
31.8.19.2 e 31.8.19.3	131.741-5	3	S
31.9.1, 31.9.2 e 31.9.4	131.742-3	3	S
31.9.3	131.191-3	4	S
31.10.1 e 31.10.8	131.743-1	3	S
31.10.2 e 31.10.3	131.744-0	3	S
31.10.4	131.196-4	3	S
31.10.5	131.197-2	3	S
31.10.6	131.198-0	3	S
31.10.7 e 31.10.9	131.745-8	3	S
31.11.1 e 31.11.2, alíneas "a", "b" e "c"	131.746-6	3	S
31.11.3	131.206-5	3	S
31.11.4, alíneas "a" e "b"	131.747-4	3	S
31.12.1	131.480-7	4	S
31.12.3	131.481-5	3	S
31.12.4	131.482-3	4	S
31.12.5	131.483-1	4	S
31.12.6, alíneas "a", "b", "c", "d" e "e"	131.748-2	3	S
31.12.8	131.490-4	3	S
31.12.9	131.491-2	3	S
31.12.10 e 31.12.11	131.749-0	4	S
31.12.11.1	131.494-7	4	S
31.12.12	131.495-5	4	S
31.12.15, alíneas "a", "b", "c", "d", "e", "f", "g", "h", "i", "j", "k", "l" e "m", e 31.12.15.1	131.750-4	3	S
31.12.16	131.510-2	4	S
31.12.17, alíneas "a" e "b", e 31.12.17.1	131.751-2	3	S
31.12.18, alíneas "a", "b" e "c", e 31.12.18.1	131.752-0	3	S
31.12.19, alíneas "a", "b" e "c", e 31.12.19.1	131.753-9	3	S
31.12.20 e 31.12.21	131.754-7	4	S
31.12.20.1, alíneas "a", "b", "c" e "d"	131.755-5	4	S
31.12.22	131.525-0	4	S
31.12.23 e 31.12.23.1	131.756-3	4	S
31.12.24	131.528-5	4	S
31.12.25	131.529-3	4	S
31.12.26	131.530-7	3	S
31.12.27	131.531-5	3	S

Item/Subitem	Código	Infração	Tipo
31.12.28	131.532-3	3	S
31.12.29, alíneas "a", "b" e "c"	131.757-1	1	S
31.12.30 e 31.12.30.1	131.758-0	2	S
31.12.31 e 31.12.34	131.759-8	4	S
31.12.33, alíneas "a", "b" e "c"	131.760-1	3	S
31.12.35	131.543-9	3	S
31.12.36	131.544-7	2	S
31.12.36.1	131.545-5	1	S
31.12.36.2	131.546-3	2	S
31.12.36.3	131.547-1	3	S
31.12.37	131.548-0	3	S
31.12.38, alíneas "a", "b", "c", "d" e "e", e 31.12.38.1	131.761-0	3	S
31.12.39	131.555-2	2	S
31.12.40	131.556-0	2	S
31.12.41.2 e 31.12.41.2.1	131.762-8	2	S
31.12.42, 31.12.42.1 e 31.12.42.1.1	131.763-6	2	S
31.12.43, 31.12.44, 31.12.45 e 31.12.46	131.764-4	2	S
31.12.47, alíneas "a", "b", "c", "d" e "e", 31.12.47.1, 31.12.47.1.1 e 31.12.48	131.765-2	3	S
31.12.47.3 e 31.12.47.3.1	131.766-0	4	S
31.12.49, alíneas "a", "b", "c" e "d"	131.767-9	2	S
31.12.50 e 31.12.50.1	131.768-7	2	S
31.12.51, alíneas "a", "b" e "c"	131.769-5	2	S
31.12.52, alíneas "a", "b", "c", "d" e "e"	131.770-9	2	S
31.12.53, alíneas "a", "b", "c", "d", "e", "f" e "g"	131.771-7	2	S
31.12.54, alíneas "a", "b", "c", "d", "e", "f", "g", "h", "i", "j", "k" e "l"	131.772-5	2	S
31.12.54.1, alíneas "a" e "b"	131.773-3	2	S
31.12.55, alíneas "a", "b" e "c"	131.774-1	2	S
31.12.57 e 31.12.58	131.775-0	2	S
31.12.56, 31.12.60, alíneas "a", "b", "c", "d", "e" e "f", 31.12.60.1	131.776-8	2	S

Item/Subitem	Código	Infração	Tipo
31.12.59	131.616-8	2	S
31.12.61, alíneas "a", "b", "c", "d", "e", "f", "g" e "h", 31.12.61.1 e 31.12.61.3	131.777-6	2	S
31.12.62	131.636-2	2	S
31.12.63, alíneas "a", "b", "c", "d" e "e", e 31.12.63.1	131.778-4	2	S
31.12.65, 31.12.65.1 e 31.12.65.2	131.779-2	2	S
31.12.66	131.646-0	3	S
31.12.67	131.647-8	3	S
31.12.68 e 31.12.68.1	131.780-6	3	S
31.12.69	131.649-4	3	S
31.12.70	131.650-8	3	S
31.12.71	131.651-6	3	S
31.12.72, alíneas "a" e "b"	131.781-4	3	S
31.12.73, alíneas "a", "b", "c", "d", "e", "f" e "g"	131.782-2	3	S
31.12.74 e 31.12.75, alíneas "a", "b", "c" e "d"	131.783-0	2	S
31.12.76	131.667-2	2	S
31.12.77	131.668-0	2	S
31.12.78	131.669-9	2	S
31.12.80 e 31.12.80.1	131.784-9	2	S
31.12.81	131.672-9	2	S
31.12.82	131.673-7	2	S
31.12.83, 31.12.84, 31.12.84.1, alíneas "a", "b", "c" e "d", e 31.12.84.2	131.785-7	2	S
31.13.1	131.250-2	3	S
31.13.2, alíneas "a", "b" e "c", e 31.13.2.1	131.786-5	3	S
31.13.3, alíneas "a" e "b"	131.787-3	3	S
31.14.1, 31.14.2 e 31.14.3	131.788-1	3	S
31.14.4 e 31.14.9	131.789-0	4	S
31.14.5, 31.14.6 e 31.14.7	131.790-3	4	S
31.14.8, alíneas "a" e "b"	131.791-1	4	S
31.14.10	131.456-4	1	S
31.14.11 e 31.14.14	131.792-0	4	S

Item/Subitem	Código	Infração	Tipo
31.14.12	131.457-2	4	S
31.14.13	131.458-0	4	S
31.14.15	131.272-3	3	S
31.15.1, 31.15.2, 31.15.3 e 31.15.4	131.793-8	3	S
31.16.1, alíneas "a", "b", "c", "d" e "e"	131.794-6	4	S
31.16.2, alíneas "a", "b", "c", "d", "e" e "f"	131.795-4	4	S
31.17.1 e 31.17.2	131.796-2	3	S
31.17.3	131.289-8	3	S
31.18.1, alíneas "a", "b" e "c", e 31.18.4	131.797-0	3	S
31.18.2	131.461-0	3	S
31.18.3	131.462-9	4	S
31.19.1, alínea a	131.463-7	3	S
31.19.1, alínea b	131.300-2	3	S
31.19.1, alínea c	131.301-0	1	S
31.19.2	131.302-9	3	S
31.20.1 e 31.20.1.1	131.798-9	4	S
31.20.1.2	131.308-8	3	S
31.20.1.3	131.465-3	3	S
31.21.1	131.318-5	3	S
31.21.2 e 31.21.3	131.799-7	2	S
31.21.4, 31.21.5 e 31.21.6	131.800-4	4	S
31.21.7	131.324-0	2	S
31.21.8, alíneas "a", "b", "c", "d" e "e", e 31.21.10	131.801-2	3	S
31.21.9	131.468-8	2	S
31.22.1 e 31.22.2	131.802-0	4	S
31.22.3	131.335-5	3	S
31.22.4	131.336-3	4	S
31.22.5	131.337-1	4	S
31.22.6	131.338-0	2	S
31.22.7	131.339-8	2	S
31.23.1, alínea a	131.341-0	3	S
31.23.1, alínea b	131.342-8	3	S
31.23.1, alínea c	131.343-6	3	S
31.23.1, alínea d	131.344-4	3	S
31.23.1, alínea e	131.469-6	1	S
31.23.2, alíneas "a", "b", "c", "d" e "e", e 31.23.2.1	131.803-9	3	S
31.23.3.1, alíneas "a", "b", "c" e "d"	131.804-7	2	S
31.23.3.2, alíneas "a", "b", "c", "d", "e" e "f"	131.805-5	2	S

Item/Subitem	Código	Infração	Tipo
31.23.3.3	131.362-2	2	S
31.23.3.4	131.363-0	3	S
31.23.4.1, alíneas "a", "b", "c", "d", "e", "f" e "g"	131.806-3	2	S
31.23.4.2	131.371-1	3	S
31.23.4.3	131.372-0	3	S
31.23.5.1, alíneas "a", "b", "c", "d" e "e"	131.807-1	2	S
31.23.5.2	131.378-9	3	S
31.23.5.3	131.472-6	2	S
31.23.5.4	131.380-0	2	S
31.23.5.5	131.381-9	3	M
31.23.6.1 e 31.23.6.2	131.808-0	2	S
31.23.7.1 e 31.23.7.2	131.809-8	1	S
31.23.8	131.386-0	3	S
31.23.9 e 31.23.10	131.810-1	4	S
31.23.11.1, alíneas "a", "b", "c", "d", "e", "f", "g" e "h", e 31.23.11.2	131.811-0	3	S
31.23.11.3	131.398-3	3	S

NR 32 (132.000-0)

Item/Subitem	Código	Infração	Tipo
32.2.2.1, inciso I	132.375-0	3	S
32.2.2.1, inciso II	132.382-2	3	S
32.2.2.1, inciso I e alíneas	132.439-0	2	S
32.2.2.1, inciso II e alíneas	132.440-3	2	S
32.2.2.2 e alíneas	132.441-1	3	S
32.2.3.1 e alíneas	132.442-0	3	M
32.2.3.2	132.394-6	2	M
32.2.3.3 e alíneas	132.443-8	2	M
32.2.3.4	132.395-4	2	M
32.2.3.5	132.033-5	4	S
32.2.4.1	132.034-3	4	S
32.2.4.1.1	132.035-1	4	S
32.2.4.2	132.036-0	4	S
32.2.4.3 e 32.2.4.3.1	132.444-6	3	S
32.2.4.3.2	132.039-4	3	S
32.2.4.4	132.040-8	4	S
32.2.4.5, alínea a	132.041-6	4	S
32.2.4.5, alíneas "b", "c" e "e"	132.445-4	4	S
32.2.4.5, alínea d	132.044-0	4	S
32.2.4.6, 32.2.4.6.1 e 32.2.4.6.3	132.446-2	4	S
32.2.4.6.2	132.398-9	4	S
32.2.4.6.4	132.399-7	4	S
32.2.4.7	132.051-3	4	S
32.2.4.8, alíneas "a" e "b"	132.447-0	4	S
32.2.4.9, alíneas "a", "b" e "c", 32.2.4.9.1 e 32.2.4.9.2	132.448-9	3	S
32.2.4.10 e 32.2.4.10.1	132.449-7	3	S
32.2.4.12	132.405-5	3	S
32.2.4.15	132.071-8	4	S
32.2.4.16	132.436-5	4	S
32.2.4.16.2	132.437-3	3	S
32.2.4.17.1, 32.2.4.17.2, 32.2.4.17.3, 32.2.4.17.4, 32.2.4.17.5, 32.2.4.17.6 e 32.2.4.17.7	132.450-0	4	M
32.3.1	132.407-1	4	S
32.3.2	132.080-7	4	S
32.3.3	132.081-5	4	S
32.3.4.1	132.082-3	3	S
32.3.4.1.1	132.083-1	3	S
32.3.4.1.2	132.408-0	3	S
32.3.5.1	132.090-4	2	M
32.3.6.1 e 32.3.6.1.1	132.451-9	3	S
32.3.7.1, 32.3.7.1.1 e 32.3.7.1.3, alíneas "a", "b", "c", "d", "e" e "f"	132.452-7	3	S
32.3.7.2	132.103-0	3	S
32.3.7.3	132.104-8	4	S
32.3.7.4	132.105-6	4	S
32.3.7.5	132.106-4	4	S
32.3.7.6 e 32.3.7.6.1	132.453-5	4	S
32.3.8.1, 32.3.8.1.1, 32.3.8.2, alíneas "a", "b", "c", "d", "e", "f", "g", "h", "i" e "j"	132.454-3	4	S
32.3.8.3	132.121-8	4	S
32.3.8.4	132.412-8	2	S
32.3.9.2	132.127-7	2	S
32.3.9.3.1, 32.3.9.3.2 e 32.3.9.3.2.1	132.455-1	4	S
32.3.9.3.3	132.131-5	3	S
32.3.9.3.4	132.132-3	4	S
32.3.9.4.1	132.133-1	4	S
32.3.9.4.1, alíneas "a", "b", "c" e "d"	132.456-0	3	S

Item/Subitem	Código	Infração	Tipo
32.3.9.4.2, alíneas "a", "b", "c", "d", "e" e "f"	132.457-8	3	S
32.3.9.4.3 e 32.3.9.4.3.1	132.458-6	3	S
32.3.9.4.4	132.146-3	3	S
32.3.9.4.5	132.147-1	4	S
32.3.9.4.5, alíneas "a" e "b"	132.459-4	3	S
32.3.9.4.5.1, alíneas "a", "b", "c", "d", "e" e "f"	132.460-8	4	S
32.3.9.4.6, alíneas "a", "b", "c", "d", "e" e "f"	132.461-6	4	S
32.3.9.4.7, alínea a	132.162-5	3	S
32.3.9.4.7, alínea b	132.163-3	3	S
32.3.9.4.8, alínea a	132.164-1	4	S
32.3.9.4.8, alínea b	132.165-0	4	S
32.3.9.4.9.2	132.166-8	3	S
32.3.9.4.9.3	132.167-6	4	S
32.3.10.1 e 32.3.10.1.1	132.462-4	3	S
32.4.2 e 32.4.2.1, alíneas "a", "b", "c", "d" e "e"	132.463-2	3	S
32.4.3, alíneas "a", "b", "c", "d" e "e"	132.464-0	4	S
32.4.4	132.185-4	4	S
32.4.5, 32.4.5.1, 32.4.5.2,32.4.5.3, 32.4.5.4, 32.4.5.5 e 32.4.5.6	132.465-9	4	S
32.4.6, alíneas "a", "b", "c", "d", "e" e "f"	132.466-7	4	S
32.4.7 e 32.4.7.1	132.467-5	4	S
32.4.8	132.211-7	4	S
32.4.9, 32.4.9.1, 32.4.9.2, alíneas "a", "b" e "c", 32.4.9.3 e 32.4.9.4	132.468-3	4	S
32.4.10	132.219-2	3	M
32.4.11	132.220-6	4	S
32.4.12, alíneas "a", "b", "c", "d", "e", "f" e "g"	132.469-1	4	S
32.4.13.1 a 32.4.13.7, e respectivas alíneas	132.487-0	4	S
32.4.14.1, alíneas "a" e "b", 32.4.14.2.1, 32.4.14.2.2, 32.4.14.2.3, 32.4.14.2.4, 32.4.14.2.5, 32.4.14.2.6 e 32.4.14.2.7	132.470-5	4	S

Item/Subitem	Código	Infração	Tipo
32.4.15.1, 32.4.15.2, alíneas a e b, 32.4.15.3, alíneas a e b, 32.4.15.3.1, 32.4.15.3.2, 32.4.15.4, alíneas a e b, 32.4.15.5, 32.4.15.6, 32.4.15.7, 32.4.15.8, alíneas a, b, c, e d, 32.4.15.8.1	132.488-8	4	S
32.4.16.1, alíneas "a", "b" e "c", 32.4.16.2	132.471-3	4	S
32.5.1	132.423-3	3	S
32.5.2, alíneas "a", "b", "c" e "d"	132.472-1	3	S
32.5.3, alíneas "a", "b", "c" e "d"	132.473-0	3	S
32.5.3.2 e 32.5.3.2.1	132.474-8	4	S
32.5.4	132.300-8	3	S
32.5.5	132.301-6	3	S
32.5.6 inciso I, alíneas "a", "b", "c", "d", "e" e "f", 32.5.6 inciso II, 32.5.6 inciso III, 32.5.6 inciso IV e 32.5.6 inciso V	132.475-6	2	S
32.5.7, alíneas "a" e "b", 32.5.7.1	132.476-4	3	S
32.5.8, 32.5.8.1	132.477-2	4	S
32.5.9	132.317-2	4	S
32.6.2, alíneas "a", "b", "c", "d", "e", "f" e "g", 32.6.3	132.478-0	3	S
32.7.1, 32.7.2, 32.7.2.1, 32.7.3, alíneas "a", "b" e "c", 32.7.4	132.479-9	3	S
32.8.1, 32.8.1.1	132.480-2	3	S
32.8.2, alíneas "a", "b", "c" e "d"	132.481-0	3	S
32.9.1	132.339-3	3	S
32.9.2 e 32.9.2.1	132.482-9	4	S
32.9.3, 32.9.3.1, 32.9.3.3	132.483-7	4	S
32.9.4	132.350-4	3	S
32.9.5	132.351-2	3	S
32.9.6	132.352-0	3	S
32.10.1, alíneas "a", "b", "c" e "d"	132.484-5	3	S
32.10.2	132.431-4	3	S
32.10.3	132.359-8	3	S

Item/Subitem	Código	Infração	Tipo
32.10.4	132.360-1	3	S
32.10.5	132.361-0	4	S
32.10.6	132.362-8	3	S
32.10.7	132.363-6	2	S
32.10.8	132.364-4	3	S
32.10.9	132.365-2	3	S
32.10.10	132.366-0	3	S
32.10.11	132.367-9	3	S
32.10.12, alíneas "a" e "b"	132.485-3	3	S
32.10.13	132.370-9	2	S
32.10.14	132.371-7	4	S
32.10.15, alíneas "a" e "b"	132.486-1	3	S
32.10.16	132.374-1	3	S

NR 33 (133.000-0)

Item/Subitem	Código	Infração	Tipo
33.2.1, alínea a	133.001-2	2	S
33.2.1, alínea g	133.002-0	3	S
33.2.1, alínea h	133.003-9	4	S
33.2.1, alínea i	133.004-7	4	S
33.2.1, alínea j	133.005-5	3	S
33.3.1	133.006-3	4	S
33.3.2, alínea "a", 33.3.2, alínea "b", 33.3.2, alínea "c", 33.3.2, alínea "d"	133.088-8	3	S
33.3.2, alínea e	133.011-0	3	S
33.3.2, alínea f	133.012-8	3	S
33.3.2 alínea g	133.013-6	3	S
33.3.2, alínea h	133.014-4	3	S
33.3.2, alínea i	133.015-2	3	S
33.3.2, alínea "j", 33.3.2, alínea "k"	133.089-6	3	S
33.3.2.1	133.018-7	3	S
33.3.2.2	133.019-5	3	S
33.3.2.3	133.020-9	3	S
33.3.2.4	133.021-7	3	S
33.3.2.5	133.022-5	3	S
33.3.3, alínea "a", 33.3.3, alínea "b", 33.3.3, alínea "d", 33.3.3, alínea "e", 33.3.3, alínea "j", 33.3.3, alínea "k", 33.3.3, alínea "l", 33.3.3, alínea "m", 33.3.3, alínea "p"	133.090-0	3	S
33.3.3, alínea "c", 33.3.3, alínea "f", 33.3.3, alínea "g", 33.3.3, alínea "h", 33.3.3, alínea "n", 33.3.3, alínea "o"	133.091-8	3	S
33.3.5.4, 33.3.5.5, 33.3.5.6, 33.3.5.7, 33.3.5.8	133.095-0	3	S
33.3.3.1	133.039-0	3	S
33.3.3.2	133.040-3	3	S
33.3.3.3	133.041-1	2	S
33.3.3.4	133.042-0	2	S
33.3.3.5, alínea "a", 33.3.3.5, alínea "b", 33.3.3.5, alínea "c", 33.3.3.5, alínea "d", 33.3.3.5, alínea "e", 33.3.3.5, alínea "f"	133.092-6	2	S
33.3.4.1	133.049-7	3	M
33.3.4.3	133.050-0	3	S
33.3.4.4	133.051-9	4	S
33.3.4.5, alínea "a", 33.3.4.5, alínea "b", 33.3.4.5, alínea "c", 33.3.4.5, alínea "d", 33.3.4.5, alínea "e"	133.093-4	3	S
33.3.4.7, alínea "a", 33.3.4.7, alínea "b", 33.3.4.7, alínea "c", 33.3.4.7, alínea "d", 33.3.4.7, alínea "e"	133.094-2	3	S
33.3.4.8	133.061-6	4	S
33.3.4.9	133.062-4	3	S
33.3.4.10	133.063-2	4	S
33.3.5.1	133.064-0	3	S
33.3.5.2, alínea c	133.067-5	2	S
33.3.5.3	133.085-3	3	S
33.4.1, alínea "a", 33.4.1, alínea "b", 33.4.1, alínea "c", 33.4.1, alínea "d", 33.4.1, alínea "e"	133.096-9	4	S
33.4.2, 33.4.3	133.097-7	3	S
33.5.1	133.083-7	4	S
33.5.3	133.084-5	4	S

NR 34 (134.000-0)

Item/Subitem	Código	Infração	Tipo
34.2.1, alínea "a"	134.002-6	3	S
34.2.1, alínea "b"	134.003-4	4	S

Item/Subitem	Código	Infração	Tipo
34.2.1, alínea "c"	134.004-2	4	S
34.2.1, alínea "d"	134.005-0	4	S
34.2.1, alínea "e"	134.006-9	4	S
34.2.1, alínea "f"	134.007-7	4	S
34.2.1, alínea "g"	134.008-5	4	S
34.2.2	134.009-3	4	S
34.3.4, 34.3.4.1 e 34.3.4.2	134.586-9	3	S
34.3.5	134.013-1	4	S
34.3.5.1, 34.3.5.2, 34.3.5.3 e 34.3.6	134.587-7	2	S
34.4.1	134.018-2	4	S
34.4.2, alíneas "a", "b", "c" e "d"	134.588-5	4	S
34.4.3	134.023-9	4	S
34.5.2.1, alíneas "a", "b" e "c"	134.589-3	4	S
34.5.3.1, alíneas "a", "b", "c" e "d"	134.590-7	4	S
34.5.4.1, alíneas "a" e "b"	134.591-5	4	S
34.5.4.2	134.033-6	4	S
34.5.4.3	134.034-4	4	S
34.5.5.1, alíneas "a", "b" e "c"	134.592-3	4	S
34.5.5.2	134.038-7	4	S
34.5.5.3	134.039-5	4	S
34.5.5.4, alíneas "a" e "b"	134.593-1	4	S
34.5.5.5	134.042-5	4	S
34.5.5.6, alíneas "a", "b", "c" e "d"	134.594-0	4	S
34.5.5.7	134.047-6	4	S
34.5.5.8	134.048-4	4	S
34.5.5.9	134.049-2	3	S
34.5.5.10	134.050-6	4	S
34.5.6.1	134.051-4	4	S
34.5.6.2	134.052-2	4	S
34.5.6.3 e 34.5.6.4	134.595-8	3	S
34.5.8	134.055-7	2	S
34.5.9	134.056-5	4	S
34.5.10 e 34.5.10.1	134.596-6	4	S
34.6.2.1, alíneas "a", "b", "c", "d" e "e"	134.597-4	4	S
34.6.2.2, alíneas "a" e "b"	134.598-2	3	S
34.6.3.1	134.417-0	3	S
34.6.3.2	134.418-8	3	S
34.6.3.3	134.419-6	3	S

Item/Subitem	Código	Infração	Tipo
34.6.3.4	134.420-0	3	S
34.6.3.5	134.421-8	3	S
34.6.3.6, alíneas "a", "b", "c", "d" e "e", 34.6.3.7 e 34.6.3.8	134.599-0	4	S
34.6.3.9	134.430-7	4	S
34.6.3.10	134.431-5	4	S
34.6.3.11, alíneas "a" e "b"	134.600-8	4	S
34.6.3.12, 34.6.3.13, 34.6.3.14, 34.6.3.15 e 34.6.3.16	134.601-6	4	S
34.6.4.1, 34.6.4.2, 34.6.4.3, 34.6.4.4 e 34.6.4.5	134.602-4	4	S
34.6.5.1, 34.6.5.2 e 34.6.5.3	134.603-2	4	S
34.6.5.4	134.447-1	4	S
34.6.5.5, 34.6.5.6 e 34.6.5.7	134.604-0	4	S
34.6.5.8, 34.6.5.9 e 34.6.5.10	134.605-9	4	S
34.6.5.12	134.454-4	3	S
34.6.5.13, alíneas "a", "b" e "c"	134.606-7	3	S
34.6.5.14	134.458-7	3	S
34.6.5.15	134.459-5	4	S
34.6.5.16	134.460-9	4	S
34.6.5.17	134.461-7	4	S
34.6.5.18	134.462-5	3	S
34.6.5.19	134.463-3	3	S
34.6.5.20	134.464-1	3	S
34.6.5.21	134.465-0	4	S
34.6.5.22	134.466-8	4	S
34.6.5.23	134.467-6	4	S
34.6.5.24	134.468-4	4	S
34.6.5.25	134.469-2	4	S
34.6.6.1	134.470-6	4	S
34.6.6.2	134.471-4	3	S
34.6.6.3	134.472-2	3	S
34.6.6.4	134.473-0	3	S
34.6.6.5	134.474-9	3	S
34.6.6.6, 34.6.6.7 e 34.6.6.8	134.607-5	3	S
34.6.6.9	134.478-1	4	S
34.6.6.9.1, alíneas "a" e "b"	134.608-3	3	S
34.6.6.10	134.481-1	3	S

Item/Subitem	Código	Infração	Tipo
34.6.7.1, alíneas "a", "b", "c" e "d", 34.6.7.1.1 e 34.6.7.1.2, alíneas "a" e "b"	134.609-1	3	S
34.7.1	134.568-0	4	S
34.7.2	134.569-9	4	S
34.7.3	134.570-2	4	S
34.7.4	134.571-0	4	S
34.7.5, alíneas "a", "b", "c", "d" e "e", e 34.7.6	134.610-5	4	S
34.7.7 e 34.7.8, alíneas "a", "b", "c", "d", "e", "f", "g" e "h"	134.611-3	4	S
34.7.8.1	134.575-3	4	S
34.7.9	134.576-1	4	S
34.7.9.1	134.577-0	4	S
34.7.10, 34.7.10.1, alíneas "a" e "b", e 34.7.10.2, alíneas "a" e "b"	134.612-1	4	S
34.7.11	134.583-4	4	S
34.7.12	134.584-2	4	S
34.7.12.1	134.585-0	4	S
34.8.1 e 34.8.1.1	134.613-0	4	S
34.8.1.2	134.185-5	3	S
34.8.2	134.186-3	3	S
34.8.3	134.187-1	3	S
34.8.4, alíneas "a", "b", "c", "d", "e", "f", "g", "h", "i" e "j"	134.614-8	4	S
34.8.5	134.198-7	4	S
34.8.6	134.199-5	4	S
34.8.7	134.200-2	2	S
34.8.8	134.201-0	4	S
34.8.9	134.202-9	3	S
34.8.10	134.203-7	3	S
34.8.11 e 34.8.11.1	134.615-6	4	S
34.8.12	134.206-1	2	S
34.8.13	134.207-0	4	S
34.9.1, alíneas "a", "b", "c", "d", "e" e "f	134.616-4	3	S
34.9.2	134.214-2	3	S
34.9.3	134.215-0	4	S
34.9.4	134.216-9	4	S
34.9.4.1	134.217-7	4	S
34.9.4.2	134.218-5	4	S
34.9.5	134.219-3	4	S

Item/Subitem	Código	Infração	Tipo
34.9.5.1	134.567-2	4	S
34.9.6, 34.9.7, 34.9.8, 34.9.9	134.617-2	2	S
34.9.10	134.225-8	4	S
34.9.11	134.226-6	4	S
34.9.12	134.227-4	4	S
34.9.13	134.228-2	4	S
34.9.14	134.229-0	3	S
34.9.15	134.230-4	3	S
34.9.16	134.231-2	4	S
34.9.17	134.232-0	4	S
34.10.1	134.233-9	3	S
34.10.2	134.234-7	4	S
34.10.3, alíneas "a", "b", "c", "d", "e" e "f"	134.618-0	3	S
34.10.4	134.241-0	4	S
34.10.5	134.242-8	4	S
34.10.6, alíneas "a", "b" e "c", e 34.10.6.1, alíneas "a", "b" e "c"	134.619-9	4	S
34.10.6.2	134.249-5	4	S
34.10.7	134.250-9	3	S
34.10.8	134.251-7	4	S
34.10.9	134.252-5	4	S
34.10.10	134.253-3	4	S
34.10.11, alíneas "a", "b", "c", "d", "e", "f", "g", "h", "i", "j", "k", "l", "m", "n" e "o"	134.620-2	4	S
34.10.12	134.269-0	3	S
34.10.12.1	134.270-3	3	S
34.10.13, alíneas "a", "b", "c" e "d"	134.621-0	3	S
34.10.14	134.275-4	3	S
34.10.15, alíneas "a", "b", "c" e "d"	134.622-9	4	S
34.10.16	134.280-0	4	S
34.10.17, 34.10.18, 34.10.18.1, 34.10.19 e 34.10.20	134.623-7	4	S
34.10.21	134.286-0	4	S
34.10.22	134.287-8	4	S
34.11.1	134.516-8	4	S
34.11.2, 34.11.3 e 34.11.4	134.624-5	4	S
34.11.5	134.520-6	4	S
34.11.5.1	134.521-4	4	S
34.11.6	134.522-2	4	S
34.11.7	134.523-0	3	S

Item/Subitem	Código	Infração	Tipo
34.11.8	134.524-9	4	S
34.11.9	134.525-7	3	S
34.11.10	134.526-5	4	S
34.11.11	134.527-3	4	S
34.11.12, alíneas "a" e "b"	134.625-3	4	S
34.11.13	134.530-3	3	S
34.11.14, 34.11.14.1 e 34.11.15	134.626-1	4	S
34.11.16, 34.11.16.1 e 34.11.16.2	134.627-0	4	S
34.11.17	134.536-2	4	S
34.11.18, alíneas "a", "b" e "c"	134.628-8	4	S
34.11.19	134.540-0	3	S
34.11.20	134.541-9	3	S
34.11.21, alíneas "a" e "b"	134.629-6	4	S
34.11.22, alíneas "a", "b" e "c"	134.630-0	4	S
34.11.23	134.545-1	3	S
34.11.24 e 34.11.25	134.631-8	4	S
34.11.25.1	134.632-6	4	S
34.11.25.1.1, alíneas "a" e "b"	134.633-4	4	S
34.11.26	134.549-4	4	S
34.11.27, 34.11.28 e 34.11.29	134.634-2	4	S
34.11.30	134.553-2	4	S
34.11.30.1	134.554-0	3	S
34.11.31, 34.11.32 e 34.11.33	134.635-0	2	S
34.12.1	134.330-0	3	S
34.12.2	134.331-9	4	S
34.12.3	134.332-7	3	S
34.12.4	134.333-5	3	S
34.12.5	134.334-3	4	S
34.12.6	134.335-1	4	S
34.12.7	134.336-0	4	S
34.12.8	134.337-8	3	S
34.12.9, alíneas "a", "b", "c" e "d"	134.636-9	4	S
34.12.10, 34.12.11 e 34.12.12	134.637-7	3	S
34.12.13	134.345-9	3	S
34.12.14	134.346-7	3	S
34.12.14.1	134.347-5	3	S
34.13.1	134.348-3	4	S
34.13.2	134.349-1	4	S

Item/Subitem	Código	Infração	Tipo
34.13.3	134.350-5	4	S
34.13.4	134.351-3	4	S
34.13.5	134.352-1	2	S
34.13.6	134.353-0	3	S
34.13.7	134.354-8	4	S
34.13.8	134.355-6	2	S
34.13.8.2	134.356-4	2	S
34.13.9	134.357-2	3	S
34.13.10	134.358-0	4	S
34.13.10.1	134.359-9	3	S
34.14.2	134.407-2	3	S
34.14.2.2 e 34.14.2.3	134.638-5	2	S
34.14.3	134.361-0	2	S
34.14.4, 34.14.5 e 34.14.5.1	134.639-3	4	S
34.14.6, alíneas "a", "b", "c" e "d"	134.640-7	4	S
34.14.7	134.369-6	3	S
34.14.8	134.370-0	3	S
34.14.9	134.371-8	4	S
34.14.10	134.372-6	4	S
34.14.11	134.373-4	4	S
34.14.12	134.374-2	3	S
34.14.13	134.375-0	4	S
34.14.14	134.376-9	3	S
34.14.15	134.377-7	4	S
34.15.1.2	134.489-7	2	S
34.15.1.3, alíneas "a" e "b"	134.641-5	2	S
34.15.1.4	134.492-7	3	S
34.15.2	134.493-5	3	S
34.15.3	134.494-3	3	S
34.15.4	134.495-1	3	S
34.15.4.1	134.496-0	2	S
34.15.5	134.497-8	3	S
34.16.1 a 34.16.21 e subitens	134.642-3	4	S
34.17.1, 34.17.2 e 34.17.3	134.660-1	4	S
34.17.3.1 e 34.17.3.2	134.661-0	3	S
34.17.4, 34.17.4.1, alíneas "a", "b" e "c", e 34.17.4.2	134.662-8	3	S
34.17.5, alíneas "a", "b" e "c", e 34.17.6	134.663-6	2	S
34.17.7 e 34.17.8	134.664-4	2	S
34.18.1 e 34.18.2	134.665-2	4	S
34.18.3 e 34.18.4	134.666-0	3	S
34.18.5, 34.18.5.1 e 34.18.5.2	134.667-9	3	S

Item/Subitem	Código	Infração	Tipo
34.18.6	134.668-7	4	S
34.18.7	134.669-5	4	S
34.18.8, 34.18.8.1, 34.18.8.2 e 34.18.8.3	134.670-9	4	S
34.18.9, alíneas "a" e "b"	134.671-7	4	S
34.18.10	134.672-5	2	S
34.18.11	134.673-3	2	S
34.18.12	134.674-1	2	S
34.18.13.2, alíneas "a", "b" e "c", e 34.18.13.2.2	134.675-0	4	S
34.18.13.2.3	134.562-1	3	S

NR 35 (135.000-0)

Item/Subitem	Código	Infração	Tipo
35.2.1, alínea "a"	135.001-3	3	S
35.2.1, alínea "b"	135.002-1	3	S
35.2.1, alínea "c"	135.148-6	3	S
35.2.1, alínea "i"	135.149-4	3	S
35.2.1, alínea "d"	135.004-8	3	S
35.2.1, alínea "e"	135.005-6	3	S
35.2.1, alínea "f"	135.006-4	3	S
35.2.1, alínea "g"	135.007-2	3	S
35.2.1, alínea "h"	135.008-0	4	S
35.2.1, alínea "j"	135.010-2	3	S
35.2.1, alínea "k"	135.011-0	3	S
35.3.2, alíneas "a" a "g"	135.013-7	4	S
35.3.3.1	135.015-3	2	S
35.3.6	135.018-8	3	S
35.4.1	135.022-6	3	S
35.4.1.2	135.023-4	3	M
35.4.1.2.1	135.024-2	2	M
35.4.2	135.026-9	3	S
35.4.3	135.027-7	3	S
35.4.5	135.029-3	3	S
35.4.5.1, alíneas "a", "b", "c", "d", "e", "f", "g", "h", "i", "j", "k", "l", "m"	135.150-8	3	S
"35.4.7", "35.4.7.1", "35.4.8", "35.4.8.1", "35.4.8.2"	135.151-6	3	S
35.5.1	135.094-3	4	S
35.5.2, alíneas "a", "b", "c", "d", "e" e "f"	135.152-4	4	S
35.5.3	135.101-0	3	S
35.5.3.1	135.102-8	3	S
35.5.5.1, alíneas "a", "b", "c" e "d"	135.153-2	4	S
"35.5.6", "35.5.6.1", "35.5.6.2" e "35.5.6.3"	135.154-0	4	S
35.5.7	135.112-5	4	S
35.5.8.1	135.113-3	4	S
35.5.9	135.114-1	4	S
35.5.9.1	135.115-0	4	S
35.5.10	135.116-8	3	S
35.5.11, alíneas "a", "b", "c", "d", "e" e "f"	135.163-0	2	S
35.5.11.1, alíneas "a", "b" e "c"	135.155-9	4	S
35.5.11.1.1	135.126-5	4	S
35.6.1	135.065-0	4	S
35.6.2	135.066-8	4	S
35.6.3	135.067-6	3	S
35.6.4	135.068-4	3	S

NR 35 – Anexo I

Item/Subitem	Código	Infração	Tipo
2.1, alíneas "a", "b" e "c" e 2.2	135.156-7	3	S
3.1, 3.2, 3.3, 3.3.1, 3.4, 3.4.1, 3.4.2, 3.4.2.1, 3.4.2.2, 3.5, alíneas "a", "b" e "c ", 3.6	135.157-5	3	S
4.1	135.087-0	2	S
4.2	135.088-9	3	S
5.1	135.089-7	4	S
5.2, alíneas "a", "b", "c" e "d"	135.158-3	4	S

NR 35 – Anexo II

Item/Subitem	Código	Infração	Tipo
2.1.1, 2.2, alíneas "a" e "b", 2.2.1, 2.2.1.1, 2.2.1.1.1, 2.3	135.159-1	4	S
3.1, alínea "a", 3.1.1, 3.1.2, 3.2, alíneas "a" e "b", 3.3	135.160-5	3	S
4.1, alíneas "a", "b", "c" e "d" e 4.1.1	135.161-3	3	S
5.1 e 5.1.1, alíneas "a" e "b"	135.162-1	3	S

NR 36 (136.000-0)

Item/Subitem	Código	Infração	Tipo
36.2.1	136.001-9	2	S
36.2.2 e 36.2.3	136.317-4	2	S
36.2.4	136.004-3	2	S
36.2.5	136.005-1	2	S
36.2.6.1	136.006-0	2	S
36.2.6.2	136.007-8	2	S
36.2.6.3	136.008-6	2	S
36.2.7, alíneas "a", "b", "c" e "d"	136.318-2	2	S
36.2.8	136.013-2	2	S
36.2.8.1	136.014-0	2	S
36.2.9, alíneas "a", "b", "c", "d" e "e"	136.319-0	2	S
36.2.10.1, 36.2.10.1.1	136.320-4	2	S
36.3.1	136.022-1	2	S
36.3.2	136.023-0	2	S
36.3.3.1	136.024-8	2	S
36.3.4	136.025-6	2	S
36.4.1, 36.4.1.1, 36.4.4.1, alínea "a", 36.4.4.1, alínea "b", 36.4.4.1, alínea "c"	136.321-2	2	S
36.4.1.2	136.031-0	2	S
36.4.1.3	136.032-9	2	S
36.4.1.4	136.033-7	2	S
36.4.1.5 e 36.4.1.5.1	136.322-0	2	S
36.4.1.6, alíneas "a", "b", "c", "d" e "e"	136.323-9	2	S
36.4.1.7, alíneas "a", "b" e "c"	136.324-7	2	S
36.5.1, 36.5.2	136.325-5	2	S
36.5.3	136.046-9	2	S
36.5.4	136.047-7	2	S
36.5.5	136.048-5	2	S
36.5.6	136.049-3	2	S
36.5.7, alíneas "a", "b", "c" e "d"	136.326-3	2	S
36.5.7.1	136.054-0	2	S
36.5.8 e 36.5.8.1	136.327-1	2	S
36.5.9, 36.5.10, 36.5.11	136.328-0	2	S
36.6.1, alíneas "a" a "f"	136.329-8	2	S
36.6.1, alíneas "g" e "h"	136.330-1	2	S
36.6.1.1	136.068-0	2	S
36.6.2	136.069-8	2	S
36.6.3	136.070-1	2	S
36.6.4	136.071-0	2	S
36.6.5	136.072-8	2	S
36.6.6	136.073-6	2	S
36.6.7 e 36.6.7.1	136.331-0	2	S
36.7.2 e 36.7.5	136.332-8	2	S
36.7.3	136.077-9	2	S
36.7.4	136.078-7	2	S
36.7.7, alíneas "a", "b" e "c"	136.333-6	2	S
36.7.8	136.083-3	2	S
36.8.1 e 36.8.3	136.334-4	2	S
36.8.2	136.085-0	2	S
36.8.4 e 36.8.4.1, alíneas "a" e "b"	136.335-2	2	S
36.8.6	136.091-4	2	S
36.8.7	136.092-2	2	S
36.8.8	136.093-0	2	S
36.8.9	136.094-9	2	S
36.8.10, alíneas "a", "b", "c", "d" e "e"	136.336-0	2	S
36.8.11	136.100-7	2	S
36.9.1.1, 36.9.1.2	136.337-9	2	S
36.9.1.3	136.103-1	2	S
36.9.1.4, alíneas "a" e "b"	136.338-7	2	S
36.9.2.1 e 36.9.2.2, alíneas "a", "b" e "c"	136.339-5	2	S
36.9.2.3	136.110-4	2	S
36.9.2.4	136.111-2	2	S
36.9.3.1	136.112-0	2	S
36.9.3.2, alínea "a"	136.113-9	2	S
36.9.3.2, alínea "b"	136.114-7	2	S
36.9.3.2, alínea "c"	136.115-5	2	S
36.9.3.2, alínea "d"	136.116-3	2	S
36.9.3.2, alínea "e"	136.117-1	2	S
36.9.3.2, alínea "f"	136.118-0	2	S
36.9.3.2, alínea "g"	136.119-8	2	S
36.9.3.2, alínea "h"	136.120-1	2	S
36.9.3.2, alínea "i"	136.121-0	2	S
36.9.3.2, alínea "j"	136.122-8	2	S
36.9.3.2.1, alíneas "a" e "b"	136.340-9	2	S
36.9.3.3 e 36.9.3.3.1	136.341-7	2	S
36.9.3.4 e 36.9.3.4.1	136.342-5	2	S
36.9.4.1, alíneas "a", "b", "c", "d" e "e"	136.343-3	2	S
36.9.4.2, alíneas "a", "b", "c", "d" e "e"	136.344-1	2	S
36.9.4.3	136.139-2	2	S

Item/Subitem	Código	Infração	Tipo
36.9.5.1, 36.9.5.1.1 e 36.9.5.1.2	136.345-0	2	S
36.9.5.2	136.141-4	2	S
36.9.5.3	136.142-2	2	S
36.10.1 e 36.10.1.1	136.346-8	2	S
36.10.1.2	136.145-7	2	S
36.10.1.3	136.146-5	2	S
36.10.1.4	136.147-3	2	S
36.10.2, alíneas "a", "b" e "c"	136.347-6	2	S
36.10.2.1	136.152-0	2	S
36.11.1	136.153-8	2	S
36.11.2, alíneas "a" e "b"	136.348-4	2	S
36.11.3	136.156-2	2	S
36.11.5, alíneas "a", "b" e "c"	136.349-2	2	S
36.11.6	136.160-0	2	S
36.11.7	136.161-9	2	S
36.11.8, 36.11.9	136.350-6	2	S
36.12.1	136.164-3	2	S
36.12.2, alíneas "a", "b" e "c"	136.351-4	2	S
36.12.3	136.168-6	2	M
36.12.4	136.169-4	2	M
36.12.5	136.352-2	2	S
36.12.6	136.171-6	2	M
36.12.6.1	136.172-4	2	S
36.12.7	136.173-2	2	M
36.12.8, alíneas "a", "b", "c" e "d"	136.353-0	2	S
36.12.9	136.178-3	2	S
36.12.10	136.179-1	2	S
36.13.1	136.180-5	2	S
36.13.2	136.181-3	2	S
36.13.2.3 e 36.13.2.3.1	136.354-9	2	S
36.13.2.4	136.184-8	2	S
36.13.2.5 e 36.13.2.6	136.355-7	2	S
36.13.4	136.187-2	4	S
36.13.5	136.188-0	2	S
36.13.6	136.189-9	2	S
36.13.7	136.190-2	2	S
36.13.9	136.191-0	2	S
36.14.1 e 36.14.1.1	136.356-5	2	S
36.14.2, alíneas "a", "b", "c" e "d"	136.357-3	2	S
36.14.3	136.198-8	2	S
36.14.4	136.199-6	2	S
36.14.5 e 36.14.6	136.358-1	2	S
36.14.7.1 e 36.14.7.2	136.359-0	2	S
36.14.7.1.2	136.203-8	2	S
36.14.7.3	136.205-4	2	S
36.14.7.4	136.206-2	2	S
36.14.8.1	136.207-0	2	S
36.15.1 e 36.15.2, alíneas "a", "b", "c" e "d"	136.360-3	2	S
36.16.1, 36.16.1.1, 36.16.1.3, 36.16.3 e 36.16.7	136.361-1	2	S
36.16.1.2, alíneas "a", "b", "c", "d", "e" e "f", e 36.16.2, alíneas "a", "b", "c", "d", "e" e "f"	136.362-0	2	S
36.16.4 e 36.16.4.1	136.363-8	2	S
36.16.5	136.231-3	2	S
36.16.6	136.232-1	2	S
36.16.6.1 e 36.16.6.1.1	136.364-6	2	S

NR 36 – Anexo II

Item/Subitem	Código	Infração	Tipo
1.1.1 e 1.2.1.2	136.365-4	2	S
1.1.2.1, 1.2.2.1 e 1.3.2.1	136.366-2	4	S
1.1.3, 1.1.3.1 e 1.1.3.2	136.367-0	4	S
1.1.4	136.241-0	4	S
1.1.5	136.242-9	4	S
1.1.6, 1.2.5, 1.3.3, 1.4.16 e 1.5.8	136.368-9	3	S
1.1.7, 1.2.7, 1.3.5 e 1.4.12	136.369-7	3	S
1.1.8, 1.1.8.1, 1.1.8.2, 1.2.6, 1.2.6.1, 1.2.6.2, 1.3.4, 1.3.4.1, 1.3.4.2, 1.4.13, 1.4.13.1, 1.5.9, 1.5.9.1 e 1.5.9.2	136.379-4	3	S
1.1.9, 1.1.9.1, 1.2.8, 1.2.8.1, 1.3.6, 1.3.6.1, 1.4.14, 1.4.14.1, 1.5.10 e 1.5.10.1	136.380-8	3	S
1.2.1	136.248-8	3	S
1.2.3, 1.2.3.1, 1.2.3.2, 1.2.3.2.1, 1.2.3.3, 1.2.3.3.1, 1.2.3.4, 1.2.3.5, 1.2.3.5.1, 1.2.3.5.2, 1.2.3.5.3, 1.2.3.6, 1.2.3.6.1 e 1.2.3.6.2	136.370-0	4	S

Item/Subitem	Código	Infração	Tipo
1.2.4	136.263-1	4	S
1.2.9, 1.2.9.1, 1.3.7 e 1.3.7.1, 1.4.15, 1.4.15.1, 1.5.11 e 1.5.11.1	136.371-9	4	S
1.3.2.2, 1.3.2.2.1 e 1.3.2.2.2	136.372-7	4	S
1.3.2.3, 1.3.2.3.1 e 1.3.2.3.2	136.373-5	4	S
1.3.2.4	136.278-0	4	S
1.4.5	136.297-6	3	S
1.4.6, alíneas "a", "b", "c" e "d", 1.4.6.1, 1.4.6.1.1, 1.4.6.1.2 e 1.4.6.2	136.374-3	3	S
1.4.7	136.304-2	3	S
1.4.8	136.305-0	3	S
1.4.9	136.306-9	3	S
1.4.10	136.307-7	3	S
1.4.11	136.308-5	3	S
1.4.17	136.316-6	3	S
1.5.4, 1.5.4.1, 1.5.4.1.1, 1.5.4.2, 1.5.4.3	136.375-1	4	S
1.5.5	136.376-0	4	S
1.5.6	136.377-8	4	S
1.5.7	136.378-6	2	S

NR 37

Item/Subitem	Código	Infração	Tipo
37.2.1, alínea "b"	137.002-2	4	S
37.2.1, alínea "c"	137.003-0	3	S
37.2.1, alíneas "d" e "e"	137.004-9	3	S
37.2.1, alínea "f"	137.005-7	3	S
37.2.1, alíneas "g" e "h"	137.006-5	3	S
37.2.2, alínea "b"	137.007-3	3	S
37.2.2, alínea "c"	137.008-1	3	S
37.3.1.1, 37.3.1.2 e 37.3.1.2.1	137.009-0	3	S
37.3.2 e 37.3.3	137.010-3	3	S
37.3.4	137.011-1	3	S
37.3.5 e 37.3.6	137.012-0	3	S
37.3.7	137.013-8	3	S
37.5.1 e 37.5.2	137.014-6	2	S
37.5.1.1, 37.5.1.2, 37.5.1.3 e 37.5.1.3.1	137.015-4	2	S
37.5.2.1, alíneas "a", "b", "c", "d" e "e", e 37.5.2.2	137.016-2	2	S
37.5.3	137.017-0	2	S
37.5.4	137.018-9	2	S
37.6.1.1, alíneas "a", "b" e "c"	137.019-7	3	S
37.6.1.1, alínea "d"	137.020-0	3	S
37.6.2, 37.6.2.2, alíneas "a", "b", "c" e "d", 37.6.2.3 e 37.6.3	137.021-9	2	S
37.6.4 e 37.6.4.1, alíneas "a", "b", "c" e "d"	137.022-7	2	S
37.7.1, 37.7.1.1, 37.7.1.1.1 e 37.7.1.2	137.023-5	2	S
37.7.1.3, 37.7.1.3.2 e 37.7.2 da NR-37	137.024-3	1	S
37.7.1.4 e 37.7.1.4.1	137.025-1	2	S
37.7.3 e 37.7.3.1	137.026-0	2	S
37.8.1	137.027-8	2	S
37.8.1.1	137.028-6	2	S
37.8.2, alínea "a"	137.029-4	2	S
37.8.2, alíneas "b" e "c"	137.030-8	2	S
37.8.3, 37.8.4, 37.8.4.1 e 37.8.5	137.031-6	1	S
37.8.6, alíneas "a", "b", "c", "d", "e", "f", "g" e "h", e 37.8.7	137.032-4	1	S
37.8.6.1	137.033-2	2	S
37.8.8 e 37.8.8.1	137.034-0	2	S
37.8.9	137.035-9	2	S
37.8.10.1, alíneas "a", "c", "f" e "g", e 37.8.10.1.1	137.036-7	3	S
37.8.10.1, alíneas "b", "d" e "e"	137.037-5	3	S
37.8.10.1.2, alíneas "a", "b", "c", "d", "e", "f", "g" e "h", 37.8.10.1.2.1 e 37.6.2.1	137.038-3	3	S
37.8.10.2, alíneas "a", "b", "c", "d", "e", "f", "g", "h", "i", "j", "k", "l", "m", e "n", 37.8.10.2.2 e 37.8.10.3	137.039-1	3	S
37.8.10.4, alíneas "a", "b", "c", "d", "e", "f" e "g", e 37.8.10.4.1	137.040-5	3	S
37.8.10.5, alíneas "a", "b", "c" e "d", e 37.8.10.5.1	137.041-3	3	S

Item/Subitem	Código	Infração	Tipo
37.8.10.6, alíneas "a", "b", "c", "d" e "e", e 37.8.10.6.1	137.042-1	3	S
37.8.10.7.1, alíneas "a", "b", "c" e "d"	137.043-0	3	S
37.8.10.7.1.1	137.044-8	3	S
37.9.1 e 37.9.3.3	137.045-6	3	S
37.9.2.1, 37.9.2.1.1, 37.9.2.1.2 e 37.9.2.1.3	137.046-4	3	S
37.9.2.1, 37.9.2.1.1 e 37.9.2.1.2	137.047-2	3	S
37.9.3.2, 37.9.3.2.1 e 37.9.3.2.2	137.048-0	3	S
37.9.3.4 e 37.9.3.4.1	137.049-9	3	S
37.9.3.4.2 e 37.9.3.4.2.1	137.050-2	3	S
37.9.4 e 37.9.5	137.051-0	3	S
37.9.6, 37.9.6.1 e 37.9.6.2	137.052-9	3	S
37.10.1, 37.10.2.3, 37.10.3 e 37.10.4	137.053-7	2	S
37.10.2, 37.10.2.1, 37.10.2.2, 37.10.5, 37.10.6, 37.10.7, 37.10.8 e 37.10.9	137.054-5	2	S
37.10.3.1	137.055-3	2	S
37.10.10, 37.10.10.1, 37.10.10.2, 37.10.10.3, alíneas "a", "b" e "c", 37.10.10.3.1, 37.10.10.4 e 37.10.10.5	137.056-1	2	S
37.10.11 e 37.10.11.1	137.057-0	2	S
37.10.12 e 37.10.13	137.058-8	2	S
37.10.12.1 e 37.10.13	137.059-6	2	S
37.10.14	137.060-0	2	S
37.10.15	137.061-8	2	S
37.11.1 e 37.11.2	137.062-6	3	S
37.11.2.1	137.063-4	3	S
37.11.3 e 37.11.4.1	137.064-2	3	S
37.11.4	137.065-0	3	S
37.11.5 e 37.11.5.1	137.066-9	3	S
37.12.1	137.067-7	3	M
37.12.1.1	137.068-5	3	M

Item/Subitem	Código	Infração	Tipo
37.12.2, alíneas "a", "b", "c", "d" "e" e "f"	137.069-3	3	M
37.12.3	137.070-7	3	M
37.12.3, alínea "b"	137.071-5	3	M
37.12.4, alíneas "a" e "b", e 37.12.4.1	137.072-3	2	M
37.12.5, alíneas "a" e "b"	137.073-1	3	M
37.12.5, alínea "c"	137.074-0	3	M
37.12.5.1	137.075-8	3	M
37.12.5.2	137.076-6	3	M
37.12.5.3 e 37.12.5.3.1	137.077-4	3	M
37.12.6	137.078-2	3	M
37.13.1, 37.13.1.1 e 37.13.1.2, alíneas "a", "b" e "c"	137.079-0	3	S
37.13.1.2, alínea "d"	137.080-4	3	S
37.13.2	137.081-2	2	S
37.13.2.1	137.082-0	2	S
37.13.3	137.083-9	3	S
37.13.3.1, alíneas "a", "b", "d", "e", "f" e "g", 37.13.3.2 e 37.13.3.3	137.084-7	3	S
37.13.3.1, alínea "c"	137.085-5	3	S
37.13.4, alíneas "b" e "c"	137.086-3	3	S
37.13.4, alínea "a"	137.087-1	3	S
37.13.4.1, alíneas "a", "b", "c" e "d", 37.13.4.2, alíneas "a", "b" e "c", 37.13.4.4, alíneas "a", "b", "c", "d" e "e", e 37.13.4.4.1	137.088-0	3	S
37.13.4.3 e 37.13.4.6	137.089-8	3	S
37.13.4.5, alíneas "a", "b", "c" e "d", e 37.13.4.7, alíneas "a", "b", "c", "d" e "e"	137.090-1	3	S
37.13.5	137.091-0	3	S
37.13.5.1	137.092-8	3	S
37.13.5.2	137.093-6	3	S
37.13.5.2, alínea "b"	137.094-4	3	S
37.13.6, alíneas "a", "b", "c", "d", "e", "f", "g", "h", "i", "j" e "k", e 37.13.6.1	137.095-2	3	S
37.13.7	137.096-0	3	S
37.14.1	137.097-9	2	S

Item/Subitem	Código	Infração	Tipo
37.14.2.1, alíneas "a", "b", "c", "d" e "e"	137.098-7	2	S
37.14.2.2	137.099-5	2	S
37.14.2.3	137.100-2	2	S
37.14.3.1, alíneas "a", "b", "d", "f", "g", "h", "i", "j", "k" e "l"	137.101-0	2	S
37.14.3.1, alínea "c"	137.102-9	2	S
37.14.3.1, alínea "e"	137.103-7	2	S
37.14.3.2, alíneas "a", "b", "c", "e", "f" e "g", e 37.14.3.2.1	137.104-5	2	S
37.14.3.2, alínea "d"	137.105-3	2	S
37.14.3.3 e 37.14.3.4	137.106-1	2	S
37.14.3.5, alíneas "a", "b", "c" e "d", 37.14.3.5.1, alíneas "a", "b" e "c", e 37.14.3.6, alíneas "a", "b" e "c"	137.107-0	2	S
37.14.3.7, alíneas "a", "b", "c", "d", "e" e "f" e 37.14.3.7.1	137.108-8	2	S
37.14.3.7.2	137.109-6	2	S
37.14.3.8, alíneas "a", "b", "c", "d", "e", "f", "g", "h", "i", "j" e "k", e 37.14.3.8.1	137.110-0	2	S
37.14.3.9	137.111-8	2	S
37.14.3.10 e 37.14.3.10.1, alíneas "a", "b", "c" e "d"	137.112-6	2	S
37.14.3.11, alíneas "a", "b", "c" e "d", 37.14.3.11.2, 37.14.3.11.3 e 37.14.3.12	137.113-4	2	S
37.14.3.13	137.114-2	2	S
37.14.3.14, alíneas "a", "b", "c" e "d", e 37.14.3.15, alíneas "a", "b", "c" e "d"	137.115-0	2	S
37.14.3.16	137.116-9	2	S
37.14.3.17	137.117-7	2	S
37.14.4.1, 37.14.4.2, alíneas "a", "b", "c", "d", "e", "f", "g", "h", "i" e "k" e 37.14.4.2.1	137.118-5	2	S
37.14.4.2, alínea "j"	137.119-3	2	S
37.14.4.3	137.120-7	2	S

Item/Subitem	Código	Infração	Tipo
37.14.4.4	137.121-5	2	S
37.14.4.5, alíneas "a", "b", "c", "d", "e", "f", "g", "h", "i", "j" e "k", e 37.14.4.5.1	137.122-3	2	S
37.14.4.6, 37.14.4.8 e 37.15.4.1	137.123-1	2	S
37.14.4.7 e 37.14.4.7.1	137.124-0	2	S
37.14.5, 37.14.5.1, 37.14.5.2, 37.14.5.2.1, 37.14.5.3, 37.14.5.4, 37.14.5.5, 37.14.5.6, 37.14.5.7, 37.14.5.7.1, 37.14.5.8, 37.14.5.9 e 37.14.6.9.1	137.125-8	3	S
37.14.6.1, alíneas "a", "b", "c", "d", "e", "f", "g", "h", "i", "j", "l", "n", "o" e "p", 37.14.6.1.1, 37.14.6.1.2 e 37.14.6.1.3	137.126-6	2	S
37.14.6.1, alínea "k"	137.127-4	2	S
37.14.6.1, alínea "m"	137.128-2	2	S
37.14.6.2, alíneas "a", "b", "c", "d", "f", "g", "h", "i" e "j"	137.129-0	2	S
37.14.6.2, alínea "e"	137.130-4	2	S
37.14.6.3, alíneas "b", "d" e "e"	137.131-2	2	S
37.14.6.3, alíneas "a", "c", e "f"	137.132-0	2	S
37.14.6.3.1, alíneas "a", "b", "c", e "d", e 37.14.6.3.1.1	137.133-9	2	S
37.14.6.3.1, alínea "e"	137.134-7	2	S
37.14.6.4.1 e 37.14.6.4.2	137.135-5	2	S
37.14.6.4.3, alíneas "a", "b", "c", "d", "e", "f", "g", "h" e "j"	137.136-3	2	S
37.14.6.4.3, alínea "i"	137.137-1	2	S
37.14.6.5 e 37.14.6.6	137.138-0	2	S
37.14.6.7, alíneas "a", "b" e "d"	137.139-8	2	S

Item/Subitem	Código	Infração	Tipo
37.14.6.7, alíneas "c" e "e"	137.140-1	2	S
37.14.6.9 e 37.14.6.10	137.141-0	2	S
37.14.7.1	137.142-8	2	S
37.14.7.1.1, alíneas "a", "b", "c", "d", "e" e "f"	137.143-6	2	S
37.14.7.2	137.144-4	2	S
37.14.8.1, alíneas "a", "b", "c", "e" e "f"	137.145-2	2	S
37.14.8.1, alínea "d"	137.146-0	2	S
37.14.8.2, alíneas "a" e "b", e 37.14.8.2.1	137.147-9	2	S
37.14.8.3, alíneas "a", "b", "c", "d" "e" e "f", 37.14.8.3.1, alíneas "a", "b", "c", "d" e "e", e 37.14.8.3.2	137.148-7	2	S
37.15.1, 37.15.1.1 e 37.15.1.3	137.149-5	3	S
37.15.1.4	137.150-9	2	S
37.15.2 e 37.15.2.1	137.151-7	2	S
37.15.3, alíneas "a", "b", "c", "d" "e", "f", "g" e "h"	137.152-5	2	S
37.15.5, 37.15.5.1, 37.15.5.2, 37.15.5.3, 37.15.5.4, 37.15.5.5 e 37.15.5.7, alíneas "a", "b", "c", "d" e "e"	137.153-3	3	S
37.15.5.6 e 37.15.5.6.1	137.154-1	2	S
37.15.6	137.155-0	2	S
37.15.7, 37.15.7.1, 37.15.7.1.1, 37.15.7.1.2 e 37.15.7.1.3	137.156-8	2	S
37.15.8, alíneas "a", "b", "c" e "d", e 37.15.8.1, alíneas "a" e "b"	137.157-6	2	S
37.15.9 e 37.15.9.1, alíneas "a", "b", "c" e "d"	137.158-4	2	S
37.15.9.2	137.159-2	2	S
37.16.1 e 37.16.1.1	137.160-6	2	S
37.16.1.1.1 e 37.16.1.1.1.1	137.161-4	4	S

Item/Subitem	Código	Infração	Tipo
37.16.2, 37.16.2.1, alíneas "a", "b", "c", "d" e "e", e 37.16.2.2, alíneas "a", "b", "c", "d", "e", "f", "g" e "h"	137.162-2	2	S
37.16.3 e 37.16.3.2	137.163-0	2	S
37.16.3.1	137.164-9	2	S
37.16.3.3, alíneas "a", "b", "c", "d" e "e", e 37.16.3.4	137.165-7	2	S
37.16.4, alíneas "b" e "c"	137.166-5	2	S
37.16.4, alínea "a"	137.167-3	2	S
37.16.5	137.168-1	2	S
37.16.6	137.169-0	2	S
37.17.1.1 e 37.17.1.2	137.170-3	2	S
37.17.2, 37.17.3, 37.17.4 e 37.17.4.1	137.171-1	3	S
37.17.4.1.1, alíneas "a", "b", "d" e "e"	137.172-0	3	S
37.17.4.1.1, alínea "c"	137.173-8	3	S
37.17.4.2, 37.17.4.2.1 e 37.17.4.3	137.174-6	3	S
37.17.4.4	137.175-4	3	S
37.17.5 e 37.17.6	137.176-2	3	S
37.18.2	137.177-0	2	S
37.18.3	137.178-9	3	S
37.18.4	137.179-7	2	S
37.19.1 e 37.19.3	137.180-0	3	S
37.19.2	137.181-9	3	S
37.19.2	137.182-7	3	S
37.19.5, alíneas "a", "b", "c", "d", "e", "f", "g", "h", "i", "j", "k" e "l", 37.19.5.1 e 37.19.5.2	137.183-5	3	S
37.19.6, alíneas "a", "b", "c", "d" e "e"	137.184-3	3	S
37.19.7, alíneas "a", "b", "c", "d" e "e", 37.19.7.1 e 37.19.10	137.185-1	3	S
37.19.8 e 37.19.9	137.186-0	3	S
37.19.11 e 37.19.12	137.187-8	3	S
37.20.1.1 e 37.20.1.1.1	137.188-6	3	S
37.20.1.2	137.189-4	3	S

Item/Subitem	Código	Infração	Tipo
37.20.1.2.1 e 37.20.1.2.2	137.190-8	3	S
37.20.1.3, alíneas "a", "b", "c", "d", "e" e "f", 37.20.132.1	137.191-6	2	S
37.20.1.4, alíneas "a", "b" e "c", e 37.20.1.5, alíneas "a", "b", "c", "d", "e", "f" e "g"	137.192-4	3	S
37.20.1.6 e 37.20.1.7	137.193-2	3	S
37.20.2.1, 37.20.2.1.1 e 37.20.2.2	137.194-0	3	S
37.20.2.3 e 37.20.2.3.1	137.195-9	3	S
37.20.2.4, 37.20.2.5 e 37.20.2.6	137.196-7	3	S
37.20.2.7 e 37.20.2.7.1	137.197-5	3	S
37.20.3.1	137.198-3	3	S
37.20.3.2, 37.20.3.2.1, 37.20.3.2.2 e 37.20.3.2.3, alíneas "a", "b" e "c", 37.20.3.6	137.199-1	3	S
37.20.3.3, 37.20.3.3.1 e 37.20.3.4	137.200-9	3	S
37.20.3.5, 37.20.3.5.1 e 37.20.3.5.1.1	137.201-7	3	S
37.20.3.8 e 37.20.3.9	137.202-5	3	S
37.20.3.10, alíneas "a", "b" e "c", e 37.20.3.10.1	137.203-3	4	S
37.20.3.11, alíneas "a", "b", "c", "d", "e", "f", "g", "h", "i", "j", "k", "l", "m", "n" e "o"	137.204-1	3	S
37.20.3.12, alíneas "a", "b", "c", "d", "e", "f" e "g"	137.205-0	3	S
37.21.5	137.206-8	2	S
37.21.6, 37.21.6.1, 37.21.6.2.3	137.207-6	3	S
37.21.6.2.4, 37.21.6.2.4.1, 37.21.6.2.5	137.208-4	3	S
37.22.1, 37.22.2 e 37.22.9	137.209-2	3	S

Item/Subitem	Código	Infração	Tipo
37.22.3	137.210-6	3	S
37.22.4, alíneas "a", "b", "c", "d", "e" e "f"	137.211-4	3	S
37.22.4.1 e 37.22.4.1.2	137.212-2	3	S
37.22.5 e 37.22.5.1	137.213-0	3	S
37.22.6	137.214-9	3	S
37.22.7, alíneas "a", "b", "c", "d", "e" e "f"	137.215-7	4	S
37.22.8	137.216-5	3	S
37.23.1, 37.23.2, 37.23.3, 37.23.4, alíneas "a", "b", "c", "d", "e" e "f", 37.23.4.1 e 37.23.4.2	137.217-3	4	S
37.24.1, 37.24.1.1, 37.24.2 e 37.24.3, alíneas "a", "b", "c", "d", "e", "f" e "g"	137.218-1	3	S
37.24.3.1, 37.24.3.2 e 37.24.4, alíneas "a", "b", "c", "d", "e", "f", "g" e "h"	137.219-0	3	S
37.24.5 e 37.24.6, alíneas "a", "b", "c", "d" e "e"	137.220-3	3	S
37.24.7	137.221-1	4	S
37.24.8 e 37.24.8.1, alíneas "a", "b", "c", "d" e "e"	137.222-0	3	S
37.25.1 e 37.25.1.1, alíneas "a" e "b", e 37.25.2, "a", "b", "c", "d", "e" e "f"	137.223-8	2	S
37.25.3, alíneas "a", "b", "c" e "d", e 37.25.4	137.224-6	2	S
37.25.5, alíneas "a", "b", "c", "d", "e", "f" e "g", 37.25.5.1, 37.25.5.2 e 37.25.5.3	137.225-4	3	S
37.26.1, 37.26.1.1, 37.26.1.2, 37.26.1.3, 37.26.4 e 37.26.4.1	137.226-2	3	S
37.26.2, 37.26.5 e 37.26.9	137.227-0	3	S
37.26.3	137.228-9	3	S
37.26.3.1	137.229-7	3	S
37.26.6, 37.26.6.1 e 37.26.8	137.230-0	3	S

Item/Subitem	Código	Infração	Tipo
37.26.7, alíneas "a", "b", "c", "d", "e" e "f", 37.26.7.1 e 37.26.10, alíneas "a", "b" e "c"	137.231-9	3	S
37.26.11	137.232-7	3	S
37.26.12	137.233-5	3	S
37.26.13, 37.26.13.1 e 37.26.13.2	137.234-3	3	S
37.26.14, 37.26.15 e 37.26.15.1	137.235-1	3	S
37.27.1, 37.27.1.1, 37.27.2 e 37.27.2.1	137.236-0	4	S
37.27.3, alíneas "a", "b", "c", "d", "e", "f", "g" e "h"	137.237-8	4	S
37.27.4, 37.27.4.1 e 37.27.4.2	137.238-6	4	S
37.27.5, alíneas "a", "b" e "c"	137.239-4	4	S
37.27.5, alíneas "a", "b" e "c", e 37.27.10	137.240-8	4	S
37.27.7 e 37.27.8	137.241-6	3	S
37.27.9 e 37.27.9.1	137.242-4	3	S
37.27.11	137.243-2	3	S
37.27.12	137.244-0	3	S
37.28.1	137.245-9	3	S
37.28.2, alíneas "a", "b", "c", "d", "e" e "f" e 37.28.3, alíneas "a", "b", "c", "d", "e", "f" e "g"	137.246-7	4	S
37.28.4.1, 37.28.4.2 e 37.28.4.3	137.247-5	3	S
37.28.4.4 e 37.28.4.4.1, alíneas "a", "b", "c", "d", "e" e "f"	137.248-3	3	S
37.28.5	137.249-1	3	S
37.28.6.1, 37.28.6.2 e 37.28.6.2.1	137.250-5	4	S
37.28.6.1.1, 37.28.6.1.2, 37.28.6.1.3 e 37.28.6.1.4	137.251-3	4	S
37.28.6.1.5, 37.28.6.1.5.1, 37.28.6.1.5.2 e 37.28.6.1.5.3	137.252-1	4	S
37.28.6.1.6, 37.28.6.1.6.1 e 37.28.6.1.6.2	137.253-0	4	S

Item/Subitem	Código	Infração	Tipo
37.28.7.1, 37.28.7.2 e 37.28.7.3	137.254-8	4	S
37.28.7.4.1, 37.28.7.4.2, 37.28.7.4.3, 37.28.7.4.4, 37.28.7.4.5 e 37.28.7.4.6	137.255-6	4	S
37.28.7.5.1, 37.28.7.5.2 e 37.28.7.5.3	137.256-4	4	S
37.28.8.1 e 37.28.8.2, alíneas "a", "b", "c", "d" e "e"	137.257-2	4	S
37.28.8.3, alíneas "a", "b", "c", "d", "e" e "f"	137.258-0	4	S
37.28.8.3.1 e 37.28.8.3.2	137.259-9	4	S
37.28.8.4, "a", "b", "c" e "d", 37.28.8.4.1, 37.28.8.4.2, 37.28.8.4.3, 37.28.8.4.4 e 37.28.8.4.5	137.260-2	4	S
37.28.9.1, "a", "b", "c", "d", "e" e "f", e 37.28.9.2	137.261-0	4	S
37.28.9.3 e 37.28.9.3.1	137.262-9	4	S
37.28.10.1 e 37.28.10.2	137.263-7	4	S
37.29.1.1	137.264-5	3	S
37.29.1.1.1	137.265-3	3	S
37.29.2 e 37.29.3	137.266-1	2	S
37.29.4.1, 37.29.4.1.1, 37.29.4.1.2 e 37.29.4.1.3	137.267-0	3	S
37.29.4.2, "a", "b", "c", "d", "e", "f", "g", "h", "i", "j" e "k"	137.268-8	2	S
37.29.4.3, 37.29.4.3.1, 37.29.4.3.2 e 37.29.4.8	137.269-6	3	S
37.29.4.4, 37.29.4.4.1 e 37.29.4.16	137.270-0	3	S
37.29.4.5, 37.29.4.6, 37.29.4.6.1 e 37.29.4.6.2	137.271-8	2	S

Item/Subitem	Código	Infração	Tipo
37.29.4.7	137.272-6	2	S
37.29.4.9	137.273-4	3	S
37.29.4.10, 37.29.4.11 e 37.29.4.12	137.274-2	2	S
37.29.4.10.1	137.275-0	2	S
37.29.4.13 e 37.29.4.13.1	137.276-9	3	M
37.29.4.14, 37.29.4.14.1, alíneas "a", "b", "c", "d" e "e", e 37.29.4.14.2, alíneas "a", "b", "c", "d", "e" e "f"	137.277-7	3	S
37.29.4.14.3	137.278-5	3	S
37.29.4.14.3.1	137.279-3	3	S
37.29.4.15 e 37.29.4.17	137.280-7	2	S
37.29.4.18 e 37.29.4.18.1	137.281-5	2	S
37.29.5.1, alíneas "a", "b", "c", "d", "e" e "f", e 37.29.5.1.1	137.282-3	3	S
37.29.5.2, alíneas "a", "b", "c", "d", "e", "f" e "g"	137.283-1	3	S
37.29.5.3, alíneas "a", "b", "c", "d", "e" e "f", e 37.29.5.4, alíneas "a", "b" e "c"	137.284-0	3	S
37.29.6.1	137.285-8	3	S
37.29.6.1.1, 37.29.6.1.2, 37.29.6.1.3 e 37.29.6.1.3.1, alíneas "a", "b", "c", "d", "e" e "f"	137.286-6	3	S
37.29.6.2, 37.29.6.2.1, 37.29.6.2.2, e 37.29.6.2.3	137.287-4	3	S
37.29.6.3	137.288-2	2	S
37.29.6.4, 37.29.6.4.1 e 37.29.6.4.2	137.289-0	3	S
37.29.6.5 e 37.29.6.6	137.290-4	2	S
37.29.6.7	137.291-2	2	S

Item/Subitem	Código	Infração	Tipo
37.30.1, 37.30.1.1, 37.30.2, alíneas "a", "b", "c", "d", "e", "f", "g", "h", "i", "j", "k", "l", "m", "n", "o" e "p", e 37.30.2.1	137.292-0	4	S
37.30.3, 37.30.3.1 e 37.30.3.1.1	137.293-9	3	S
37.30.4, alíneas "a", "b", "c" e "d"	137.294-7	3	S
37.31.1 e 37.31.10	137.295-5	3	S
37.31.1.1, alíneas "a", "b", "c" e "d"	137.296-3	3	S
37.31.2, 37.31.3 e 37.31.3.1	137.297-1	2	S
37.31.4	137.298-0	3	S
37.31.5 e 37.31.5.1	137.299-8	4	S
37.31.5.2, 37.31.5.2.1, 37.31.5.2.2, 37.31.5.2.5, alíneas "a", "b", "c", "d", "e" e "f", 37.31.5.2.7 e 37.31.5.2.8	137.300-5	4	S
37.31.5.2.3, 37.31.5.2.4 e 37.31.5.2.4.1	137.301-3	3	S
37.31.6, 37.31.6.1, 37.31.6.2 e 37.31.6.3	137.302-1	3	S
37.31.7 e 37.31.8	137.303-0	3	S
37.31.9, 37.31.9.1 e 37.31.9.5	137.304-8	3	S
37.31.9.2 e 37.31.9.3	137.305-6	3	S
37.31.9.4, alíneas "b", "c", "d", "e", "f", "g", "h" e "i"	137.306-4	3	S
37.31.9.4, alínea "a"	137.307-2	3	S
37.31.9.6, 37.31.9.6.1, 37.31.9.6.2 e 37.31.9.7	137.308-0	3	S
37.32.1, 37.32.1.1, 37.32.2 e 37.32.6, alíneas "a" e "b"	137.309-9	3	S
37.32.3, 37.32.3.1, alíneas "a", "b", "c", "d", "e", "f" e "g", 37.32.4, 37.32.4.1 e 37.32.5	137.310-2	4	S
37.32.3.3	137.311-0	4	S

NR 29

Norma Regulamentadora de Segurança e Saúde no Trabalho Portuário (1)

29.1. DISPOSIÇÕES INICIAIS

29.1.1. Objetivos

Regular a proteção obrigatória contra acidentes e doenças profissionais, facilitar os primeiros socorros a acidentados e alcançar as melhores condições possíveis de segurança e saúde aos trabalhadores portuários.

- O Decreto n. 6.869, de 4-6-2009, dispõe sobre a coordenação e articulação dos órgãos federais, bem como sobre os níveis de proteção dos navios e das instalações portuárias, e institui a Rede de Alarme e Controle dos Níveis de Proteção de Navios e Instalações Portuárias, e dá outras providências.

29.1.2. Aplicabilidade

As disposições contidas nesta NR aplicam-se aos trabalhadores portuários em operações tanto a bordo como em terra, assim como aos demais trabalhadores que exerçam atividades nos portos organizados e instalações portuárias de uso privativo e retroportuárias, situados dentro ou fora da área do porto organizado.

29.1.3. Definições

Para os fins desta Norma Regulamentadora, considera-se:

a) Terminal Retroportuário

É o terminal situado em zona contígua à de porto organizado ou instalação portuária, compreendida no perímetro de cinco quilômetros dos limites da zona primária, demarcada pela autoridade aduaneira local, no qual são executados os serviços de operação, sob controle aduaneiro, com carga de importação e exportação, embarcadas em contêiner, reboque ou semirreboque.

b) Zona Primária

É a área alfandegada para a movimentação ou armazenagem de cargas destinadas ou provenientes do transporte aquaviário.

c) Tomador de Serviço

É toda pessoa jurídica de direito público ou privado que, não sendo operador portuário ou empregador, requisite trabalhador portuário avulso.

d) Pessoa Responsável

É aquela designada por operadores portuários, empregadores, tomadores de serviço, comandantes de embarcações, Órgão Gestor de Mão de Obra – OGMO, sindicatos de classe, fornecedores de equipamentos mecânicos e outros, conforme o caso, para assegurar o cumprimento de uma ou mais tarefas específicas e que possuam suficientes conhecimentos e experiência, com a necessária autoridade para o exercício dessas funções.

29.1.4. Competências

29.1.4.1. Compete aos operadores portuários, empregadores, tomadores de serviço e OGMO, conforme o caso:

•• Item com redação determinada pela Portaria n. 1.895, de 9-12-2013.

a) cumprir e fazer cumprir esta NR no que tange à prevenção de riscos de acidentes do trabalho e doenças profissionais nos serviços portuários;

- Código: 329.334-3. Infração: 4. Tipo: S.

b) fornecer instalações, equipamentos, maquinários e acessórios em bom estado e condições de segurança, responsabilizando-se pelo correto uso;

- Código: 329.334-3. Infração: 4. Tipo: S.

c) cumprir e fazer cumprir a norma de segurança e saúde no trabalho portuário e as demais Normas Regulamentadoras expedidas pela Portaria MTb n. 3.214/78 e alterações posteriores;

•• Alínea *c* com redação determinada pela Portaria n. 1.895, de 9-12-2013.

d) fazer a gestão dos riscos à segurança e à saúde do trabalhador portuário, de acordo com as recomendações técnicas do SESSTP e aquelas sugeridas e aprovadas pela CPATP, em consonância com os subitens 29.2.1.3, alíneas *a* e *b*, e 29.2.2.2, respectivamente.

•• Alínea *d* acrescentada pela Portaria n. 1.895, de 9-12-2013.

- Código: 329.334-3. Infração: 4. Tipo: S.

29.1.4.2. Compete ao OGMO ou ao empregador:

a) proporcionar a todos os trabalhadores formação sobre segurança, saúde e higiene ocupacional no trabalho portuário, conforme o previsto nesta NR;

- Código: 329.334-3. Infração: 4. Tipo: S.

b) responsabilizar-se pela compra, manutenção, distribuição, higienização, treinamento e zelo pelo uso correto dos Equipamentos de Proteção Individual – EPI e Equipamentos de Proteção Coletiva – EPC, observado o disposto na NR-6;

- Código: 329.334-3. Infração: 4. Tipo: S.

---

(1) NR aprovada pela Portaria n. 53, de 17-12-1997, e com redação determinada pela Portaria n. 158, de 10-4-2006. *Vide* o anexo I-A da NR 28, que determina o valor das multas específicas de trabalho portuário. A Lei n. 12.815, de 5-6-2013, dispõe sobre a exploração direta e indireta pela União de portos e instalações portuárias e sobre as atividades desempenhadas pelos operadores portuários. A Lei n. 9.719, de 27-11-1998, dispõe sobre normas e condições gerais de proteção ao trabalho portuário e institui multas pela inobservância de seus preceitos. A Resolução n. 65, de 15-12-2021, da ANTAQ, estabelece os procedimentos para operações com produtos perigosos quando em trânsito por instalações portuárias situadas dentro ou fora da área do porto organizado.

c) elaborar e implementar o Programa de Prevenção de Riscos Ambientais – PPRA no ambiente de trabalho portuário, observado o disposto na NR-9;

• Código: 329.334-3. Infração: 4. Tipo: S.

d) elaborar e implementar o Programa de Controle Médico em Saúde Ocupacional – PCMSO abrangendo todos os trabalhadores portuários, observado o disposto na NR-7.

• Código: 329.334-3. Infração: 4. Tipo: S.

29.1.4.3. Compete aos trabalhadores:

a) cumprir a presente NR, bem como as demais disposições legais de segurança e saúde do trabalhador;

b) informar ao responsável pela operação de que esteja participando, as avarias ou deficiências observadas que possam constituir risco para o trabalhador ou para a operação;

c) utilizar corretamente os dispositivos de segurança – EPI e EPC, que lhes sejam fornecidos, bem como as instalações que lhes forem destinadas.

29.1.4.4. Compete às administrações portuárias, dentro dos limites da área do porto organizado, zelar para que os serviços se realizem com regularidade, eficiência, segurança e respeito ao meio ambiente.

• Código: 329.279-7. Infração: 1. Tipo: S.

29.1.5. Instruções Preventivas de Riscos nas Operações Portuárias

29.1.5.1. Para adequar os equipamentos e acessórios necessários à manipulação das cargas, os operadores portuários, empregadores ou tomadores de serviço, deverão obter com a devida antecedência o seguinte:

• Código: 329.280-0. Infração: 3. Tipo: S.

a) peso dos volumes, unidades de carga e suas dimensões;

b) tipo e classe do carregamento a manipular;

c) características específicas das cargas perigosas a serem movimentadas ou em trânsito.

29.1.6. Plano de Controle de Emergência – PCE e Plano de Ajuda Mútua – PAM

29.1.6.1. Cabe à administração do porto, ao OGMO e empregadores, a elaboração PCE, contendo ações coordenadas a serem seguidas nas situações descritas neste subitem e compor com outras organizações o PAM.

• Código: 329.335-1. Infração: 4. Tipo: S.

29.1.6.2. Devem ser previstos os recursos necessários, bem como linhas de atuação conjunta e organizada, sendo objeto dos planos as seguintes situações:

a) incêndio ou explosão;

• Código: 329.336-0. Infração: 3. Tipo: S.

b) vazamento de produtos perigosos;

• Código: 329.336-0. Infração: 3. Tipo: S.

c) queda de homem ao mar;

• Código: 329.336-0. Infração: 3. Tipo: S.

d) condições adversas de tempo que afetem a segurança das operações portuárias;

• Código: 329.336-0. Infração: 3. Tipo: S.

e) poluição ou acidente ambiental;

• Código: 329.336-0. Infração: 3. Tipo: S.

f) socorro a acidentados.

• Código: 329.336-0. Infração: 3. Tipo: S.

29.1.6.3. No PCE e no PAM, deve constar o estabelecimento de uma periodicidade de treinamentos simulados, cabendo aos trabalhadores indicados comporem as equipes e efetiva participação.

• Código: 329.337-8. Infração: 3. Tipo: S.

29.2. ORGANIZAÇÃO DA ÁREA DE SEGURANÇA E SAÚDE DO TRABALHO PORTUÁRIO

29.2.1. Serviço Especializado em Segurança e Saúde do Trabalhador Portuário – SESSTP.

•• *Vide* Portaria n. 672, de 8-11-2021.

29.2.1.1. Todo porto organizado, instalação portuária de uso privativo e retroportuária deve dispor de um SESSTP, de acordo com o dimensionamento mínimo constante do Quadro I, mantido pelo OGMO, OGMO e empregadores ou empregadores conforme o caso, atendendo todas as categorias de trabalhadores.

• Código: 329.338-6. Infração: 4. Tipo: S.

29.2.1.1.1. O custeio do SESSTP será dividido proporcionalmente de acordo com o número de trabalhadores utilizados pelos operadores portuários, empregadores, tomadores de serviço e pela administração do porto, por ocasião da arrecadação dos valores relativos à remuneração dos trabalhadores.

• Código: 329.338-6. Infração: 4. Tipo: S.

29.2.1.1.2. Os profissionais integrantes do SESSTP deverão ser empregados do OGMO ou empregadores, podendo ser firmados convênios entre os terminais privativos, os operadores portuários e administrações portuárias, compondo com seus profissionais o SESSTP local, que deverá ficar sob a coordenação do OGMO.

• Código: 329.339-4. Infração: 3. Tipo: S.

29.2.1.1.3. Nas situações em que o OGMO não tenha sido constituído, cabe ao responsável pelas operações portuárias o cumprimento deste subitem, tendo, de forma análoga, as mesmas atribuições e responsabilidade do OGMO.

• Código: 329.338-6. Infração: 4. Tipo: S.

29.2.1.2. O SESSTP deve ser dimensionado, conforme o caso, de acordo com os seguintes fatores:

a) no caso do OGMO, pelo resultado da divisão do número de trabalhadores portuários avulsos escalados no ano civil anterior, pelo número de dias efetivamente trabalhados;

b) nos demais casos pela média mensal do número de trabalhadores portuários com vínculo empregatício no ano civil anterior.

29.2.1.2.1. Nos portos organizados e instalações portuárias de uso privativo em início de operação, o dimensionamento terá por base o número estimado de trabalhadores a serem tomados no ano.

Quadro I
Dimensionamento Mínimo do SESSTP

Profissionais especializados	Números de Trabalhadores			
	20 – 250	251 – 750	751 – 2000	2001 – 3500
Engenheiro de Segurança	–	01	02	03
Técnico de Segurança	01	02	04	11
Médico do Trabalho	–	01*	02	03
Enfermeiro do Trabalho	–	–	01	03
Auxiliar Enf. Do Trabalho	01	01	02	04

* horário parcial 3 horas.

29.2.1.2.2. Acima de 3500 (três mil e quinhentos) trabalhadores para cada grupo de 2000 (dois mil) trabalhadores, ou fração acima de 500, haverá um acréscimo de 01 profissional especializado por função, exceto no caso do Técnico de Segurança do Trabalho, no qual haverá um acréscimo de três profissionais.

29.2.1.2.3. Os profissionais do SESSTP devem cumprir jornada de trabalho integral, observada a exceção prevista no Quadro I.

• Código: 329.339-4. Infração: 3. Tipo: S.

29.2.1.3. Compete aos profissionais integrantes do SESSTP:

• Código: 329.339-4. Infração: 3. Tipo: S.

a) realizar, com acompanhamento de pessoa responsável, a identificação das condições de segurança nas operações portuárias – a bordo da embarcação, nas áreas de atracação, pátios e armazéns – antes do início das mesmas ou durante sua realização conforme o caso, priorizando as operações com maior vulnerabilidade para ocorrências de acidentes, detectando os agentes de riscos existentes, demandando as medidas de segurança para sua imediata eliminação ou neutralização, para garantir a integridade do trabalhador;

b) registrar os resultados da identificação em relatório a ser entregue a pessoa responsável;

c) realizar análise imediata e obrigatória – em conjunto com o órgão competente do Ministério do Trabalho e Emprego – MTE – dos acidentes em que haja morte, perda de membro, função orgânica ou prejuízo de grande monta, ocorrido nas atividades portuárias.

d) as atribuições previstas na NR-4 (Serviços Especializados em Engenharia de Segurança e em Medicina do Trabalho – SESMT), observados os modelos de mapas constantes do anexo I.

29.2.1.4. O SESSTP disposto nesta NR deverá ser registrado no órgão regional do MTE.

• Código: 329.018-2. Infração: 1. Tipo: S.

29.2.1.4.1. O registro deverá ser requerido ao órgão regional do MTE, devendo conter os seguintes dados:

a) o nome dos profissionais integrantes do SESSTP;

b) número de registro dos componentes do SESSTP nos respectivos conselhos profissionais ou órgãos competentes;

c) o número de trabalhadores portuários conforme as alíneas *a* ou *b* do subitem 29.2.1.2;

d) especificação dos turnos de trabalho do(s) estabelecimento(s);

e) horário de trabalho dos profissionais do SESSTP.

29.2.2. Comissão de Prevenção de Acidentes no Trabalho Portuário – CPATP

29.2.2.1. O OGMO, os empregadores e as instalações portuárias de uso privativo, ficam obrigados a organizar e manter em funcionamento a CPATP.

• Código: 329.340-8. Infração: 4. Tipo: S.

29.2.2.2. A CPATP tem como objetivo observar e relatar condições de risco nos ambientes de trabalho e solicitar medidas para reduzir até eliminar ou neutralizar os riscos existentes, bem como discutir os acidentes ocorridos, encaminhando ao SESSTP, ao OGMO ou empregadores, o resultado da discussão, solicitando medidas que previnam acidentes semelhantes, e, ainda, orientar os demais trabalhadores quanto à prevenção de acidentes.

29.2.2.3. A CPATP será constituída de forma paritária, por representantes dos trabalhadores portuários com vínculo empregatício por tempo indeterminado e avulsos e por representantes dos operadores portuários e empregadores, dimensionado de acordo com o Quadro II.

•• Item com redação determinada pela Portaria n. 1.895, de 9-12-2013.

• Código: 329.340-8. Infração: 4. Tipo: S.

29.2.2.4. A duração do mandato será de 2 (dois) anos, permitida uma reeleição.

• Código: 329.340-8. Infração: 4. Tipo: S.

29.2.2.5. Haverá na CPATP tantos suplentes quantos forem os representantes titulares, sendo a suplência específica de cada titular.

• Código: 329.340-8. Infração: 4. Tipo: S.

29.2.2.6. A composição da CPATP obedecerá a critérios que garantam a representação das atividades portuárias com maior potencial de risco e ocorrência de acidentes, respeitado o dimensionamento mínimo do quadro II.

• Código: 329.022-0. Infração: 2. Tipo: S.

Quadro II

Dimensionamento da CPATP

N. médio de trabalhadores	20 a 50	51 a 100	101 a 500	501 a 1.000	1.001 a 2.000	2.001 a 5.000	5.001 a 10.000	Acima de 10.000 a cada grupo de 2.500 acrescentar
N. de Representantes Titulares do Empregador	01	02	04	06	09	12	15	02
N. de Representantes Titulares dos trabalhadores	01	02	04	06	09	12	15	02

29.2.2.7. A composição da CPATP será proporcional ao número médio do conjunto de trabalhadores portuários utilizados no ano anterior.

29.2.2.8. Os representantes dos trabalhadores na CPATP, titulares e suplentes, serão eleitos em escrutínio secreto.

• Código: 329.341-6. Infração: 3. Tipo: S.

29.2.2.9. Assumirão a condição de membros titulares os candidatos mais votados, observando-se os critérios dos subitens 29.2.2.6 e 29.2.2.7.

• Código: 329.341-6. Infração: 3. Tipo: S.

29.2.2.10. Em caso de empate, assumirá o candidato que tiver maior tempo de serviço no trabalho portuário.

29.2.2.11. Os demais candidatos votados assumirão a condição de suplentes, obedecendo a ordem decrescente de votos recebidos, observando o disposto no item 29.2.2 e subitens.

• Código: 329.341-6. Infração: 3. Tipo: S.

29.2.2.12. A eleição deve ser realizada durante o expediente, respeitados os turnos, devendo ter a participação de, no mínimo, metade mais um do número médio do conjunto dos trabalhadores portuários utilizados no ano anterior, obtido conforme subitem 29.2.1.4 desta NR.

• Código: 329.286-0. Infração: 2. Tipo: S.

29.2.2.13. (*Revogado pela Portaria n. 1.895, de 9-12-2013.*)

29.2.2.14. (*Revogado pela Portaria n. 1.895, de 9-12-2013.*)

29.2.2.15. Os empregadores e as instalações portuárias de uso privativo designarão dentre os seus representantes titulares o presidente da CPATP, que assumirá no primeiro ano de mandato.

•• Item com redação determinada pela Portaria n. 1.895, de 9-12-2013.

• Código: 329.340-8. Infração: 4. Tipo: S.

29.2.2.15.1. Os trabalhadores titulares da CPATP elegerão, dentre os seus pares o vice-presidente, que assumirá a presidência no segundo ano do mandato.

• Código: 329.340-8. Infração: 4. Tipo: S.

29.2.2.15.2. O representante dos empregadores ou dos trabalhadores, quando não estiver na presidência, assumirá as funções do vice-presidente.

29.2.2.16. No impedimento eventual ou no afastamento temporário do presidente, assumirá as suas funções o vice-presidente. No caso de afastamento definitivo, os empregadores ou trabalhadores, conforme o caso, indicarão o substituto em até 2 (dois) dias úteis, obrigatoriamente entre os membros da CPATP.

• Código: 329.340-8. Infração: 4. Tipo: S.

29.2.2.17. A CPATP terá um secretário e seu respectivo substituto que serão escolhidos, de comum acordo, pelos membros titulares da comissão.

• Código: 329.340-8. Infração: 4. Tipo: S.

29.2.2.18. A CPATP terá as seguintes atribuições:

•• Item com redação determinada pela Portaria n. 1.895, de 9-12-2013.

• Código: 229.401-0. Infração: 3. Tipo: S.

a) discutir os acidentes ocorridos na área portuária, inclusive a bordo;

b) sugerir medidas de prevenção de acidentes julgadas necessárias, por iniciativa própria ou indicadas por outros trabalhadores, encaminhando-as ao SESSTP, ao OGMO, empregadores e/ou as administrações dos terminais de uso privativo;

c) promover a divulgação e zelar pela observância das Normas Regulamentadoras de Segurança e Saúde no Trabalho;

d) despertar o interesse dos trabalhadores portuários pela prevenção de acidentes e de doenças ocupacionais e estimulá-los, permanentemente, a adotar comportamento preventivo durante o trabalho;

e) promover, anualmente, em conjunto com o SESSTP, a Semana Interna de Prevenção de Acidente no Trabalho Portuário – SIPATP;

f) encaminhar mensalmente cópias das atas das reuniões, assinadas pelos presentes, ao SESSTP, OGMO, aos empregadores e à administração dos terminais portuários de uso privativo e disponibilizá-las para a fiscalização do Ministério do Trabalho e Emprego;

•• Alínea *f* com redação determinada pela Portaria n. 1.895, de 9-12-2013.

g) realizar em conjunto com o SESSTP, quando houver, a investigação de causas e consequências dos acidentes e das doenças ocupacionais, acompanhando a execução das medidas corretivas;

h) realizar mensalmente e sempre que houver denúncia de risco, mediante prévio aviso ao OGMO, empregadores, administrações de instalações portuárias de uso privativo e ao SESSTP, inspeção nas dependências do porto ou instalação portuária de uso privativo, dando-lhes conhecimento dos riscos encontrados;

i) sugerir a realização de cursos, treinamentos e campanhas que julgar necessárias para melhorar o desempenho dos trabalhadores portuários quanto à segurança e saúde no trabalho;

j) preencher o Anexo II desta NR, mantendo-o arquivado, de maneira a permitir acesso a qualquer momento, aos interessados, sendo de livre escolha o método de arquivamento;

k) elaborar o Mapa de Risco;

l) convocar pessoas, quando necessário, para tomada de informações, depoimentos e dados ilustrativos e/ou esclarecedores, por ocasião de investigação dos acidentes do trabalho.

29.2.2.19. As decisões da CPATP deverão ocorrer, sempre que possível, por consenso entre os participantes.

29.2.2.20. Não havendo consenso para as decisões da CPATP, deverá ser tomada pelo menos uma das seguintes providências, visando à solução dos conflitos:

• Código: 329.291-6. Infração: 1. Tipo: S.

a) constituir um mediador em comum acordo com os participantes;

b) solicitar no prazo de 8 (oito) dias, através do presidente da CPATP, a mediação do órgão regional do MTE.

29.2.2.21. Compete ao presidente da CPATP:

a) convocar os membros para as reuniões da CPATP;

b) presidir as reuniões, encaminhando ao OGMO, empregadores, administrações dos terminais portuários de uso privativo e ao SESSTP as recomendações aprovadas, bem como, acompanhar-lhes a execução;

c) designar membros da CPATP para investigar o acidente do trabalho ou acompanhar investigação feita pelo SESSTP, imediatamente após receber a comunicação da ocorrência do acidente;

d) determinar tarefas aos membros da CPATP;

e) coordenar todas as atribuições da CPATP;

f) manter e promover o relacionamento da CPATP com o SESSTP e demais órgãos dos portos organizados ou instalações portuárias de uso privativo;

g) delegar atribuições ao vice-presidente.

29.2.2.22. Compete ao vice-presidente da CPATP:

a) executar atribuições que lhe forem delegadas;

b) substituir o presidente nos impedimento eventual ou temporário.

29.2.2.23. Compete ao Secretário da CPATP:

•• Item com redação determinada pela Portaria n. 1.895, de 9-12-2013.

a) acompanhar as reuniões da CPATP e redigir as atas apresentando-as para aprovação e assinatura dos membros presentes;

•• Alínea *a* com redação determinada pela Portaria n. 1.895, de 9-12-2013.

b) preparar a correspondência;

c) manter o arquivo atualizado;

d) providenciar para que as atas sejam assinadas por todos os membros do CPATP;

e) realizar as demais tarefas que lhe forem atribuídas pelo presidente da CPATP.

29.2.2.24. Compete aos Membros da CPATP:

a) elaborar o calendário anual de reuniões da CPATP;

b) participar das reuniões da CPATP, discutindo os assuntos em pauta e aprovando ou não as recomendações;

c) investigar o acidente do trabalho, quando designado pelo presidente da CPATP, e discutir os acidentes ocorridos;

d) frequentar o curso sobre prevenção de acidentes do trabalho, promovido pelo OGMO, empregadores e administrações dos terminais portuários de uso privativo;

e) cuidar para que todas as atribuições da CPATP previstas no subitem 29.2.2.18 sejam cumpridas durante a respectiva gestão;

f) mediante denúncia de risco, realizar em conjunto com o responsável pela operação portuária, a verificação das condições de trabalho, dando conhecimento a CPATP e ao SESSTP.

29.2.2.25. Compete ao OGMO ou empregadores:

a) promover para todos os membros da CPATP, titulares e suplentes, curso sobre prevenção de acidentes do trabalho, higiene e saúde ocupacional, com carga horária mínima de 24 (vinte e quatro) horas, obedecendo ao currículo básico do Anexo III desta NR, sendo este de frequência obrigatória e realizada antes da posse dos membros de cada mandato, exceção feita ao mandato inicial;

• Código: 329.342-4. Infração: 2. Tipo: S.

b) prestigiar integralmente a CPATP, proporcionando aos seus componentes os meios necessários ao desempenho de suas atribuições;

• Código: 329.342-4. Infração: 2. Tipo: S.

c) convocar eleições para escolha dos membros da nova CPATP, com antecedência mínima de 45 (quarenta e cinco) dias, realizando-as, no máximo, até 30 (trinta) dias antes do término do mandato da CPATP em exercício;

• Código: 329.342-4. Infração: 2. Tipo: S.

d) promover cursos de atualização para os membros da CPATP;

• Código: 3329.342-4. Infração: 2. Tipo: S.

e) dar condições necessárias para que todos os titulares de representações na CPATP compareçam às reuniões ordinárias e/ou extraordinárias;

• Código: 329.342-4. Infração: 2. Tipo: S.

29.2.2.26. Compete aos trabalhadores:

a) eleger seus representantes na CPATP;

NR 29

b) indicar a CPATP e ao SESSTP situações de risco e apresentar sugestões para melhoria das condições de trabalho;

c) cumprir as recomendações quanto à prevenção de acidentes, transmitidas pelos membros da CPATP e do SESSTP;

d) comparecer às reuniões da CPATP sempre que convocado.

29.2.2.27. A CPATP se reunirá pelo menos uma vez por mês, em local apropriado e durante o expediente, obedecendo ao calendário anual.

• Código: 329.029-8. Infração: 3. Tipo: S.

29.2.2.28. Sempre que ocorrer acidente que resulte em morte, perda de membro ou de função orgânica, ou que cause prejuízo de grande monta, a CPATP se reunirá em caráter extraordinário no prazo máximo de 48 (quarenta e oito) horas após a ocorrência, podendo ser exigida a presença da pessoa responsável pela operação portuária conforme definido no subitem 29.1.3, alínea *d*, desta NR.

• Código: 329.295-9. Infração: 3. Tipo: S.

29.2.2.29. A CPATP não pode ter o número de representantes reduzido, bem como não pode ser desativada pelo OGMO ou empregadores antes do término do mandato de seus membros, ainda que haja redução do número de trabalhadores portuários, exceto nos casos em que houver encerramento da atividade portuária.

•• Item com redação determinada pela Portaria n. 1.895, de 9-12-2013.

• Código: 229.402-8. Infração: 3. Tipo: S.

29.2.2.30. No caso de instalações portuárias de uso privativo e os terminais retroportuários que possuam SESMT e CIPA nos termos do que estabelecem, respectivamente, as NR-4 e NR-5, aprovadas pela Portaria n. 3.214/78 do MTE e alterações posteriores, e não utilizem mão de obra de trabalhadores portuários avulsos, poderão mantê-los, com as atribuições especificadas nesta NR.

29.3. SEGURANÇA, HIGIENE E SAÚDE NO TRABALHO PORTUÁRIO.

29.3.1. Nas operações de atracação, desatracação e manobras de embarcações.

29.3.1.1. Na atracação, desatracação e manobras de embarcações devem ser adotadas medidas de prevenção de acidentes, com cuidados especiais aos riscos de prensagem, batidas contra e esforços excessivos dos trabalhadores.

• Código: 329.030-1. Infração: 3. Tipo: S.

29.3.1.2. É obrigatório o uso de um sistema de comunicação entre o prático, na embarcação, e o responsável em terra pela atracação, através de transceptor portátil, de modo a ser assegurada uma comunicação bilateral.

• Código: 329.031-0. Infração: 3. Tipo: S.

29.3.1.3. Todos os trabalhadores envolvidos nessas operações devem fazer uso de coletes salva-vidas, Classe IV, aprovados pela Diretoria de Portos e Costas – DPC.

• Código: 329.032-8. Infração: 3. Tipo: S.

29.3.1.4. Durante as manobras de atracação e desatracação, os guindastes de terra e os de pórtico devem estar o mais afastado possível das extremidades dos navios.

• Código: 329.033-6. Infração: 3. Tipo: S.

29.3.2. Acessos às embarcações.

29.3.2.1. As escadas, rampas e demais acessos às embarcações devem ser mantidas em bom estado de conservação e limpeza, sendo preservadas as características das superfícies antiderrapantes.

• Código: 329.034-4. Infração: 4. Tipo: S.

29.3.2.2. As escadas e rampas de acesso às embarcações devem dispor de balaustrada – guarda-corpos de proteção contra quedas.

• Código: 329.035-2. Infração: 4. Tipo: S.

29.3.2.2.1. O corrimão deve oferecer apoio adequado, possuindo boa resistência em toda a sua extensão, não permitindo flexões que tirem o equilíbrio do usuário.

• Código: 329.036-0. Infração: 3. Tipo: S.

29.3.2.3. As escadas de acesso às embarcações ou às estruturas complementares a estas conforme o previsto no subitem 29.3.2.10, devem ficar apoiadas em terra, tendo em sua base um dispositivo rotativo, devidamente protegido que permita a compensação dos movimentos da embarcação.

• Código: 329.037-9. Infração: 3. Tipo: S.

29.3.2.4. As escadas de acesso às embarcações devem possuir largura adequada que permita o trânsito seguro para um único sentido de circulação, devendo ser guarnecidas com uma rede protetora, em perfeito estado de conservação. Uma parte lateral da rede deve ser amarrada ao costado do navio, enquanto a outra, passando sob a escada, deve ser amarrada no lado superior de sua balaustrada (lado de terra), de modo que, em caso de queda, o trabalhador não venha a bater contra as estruturas vizinhas.

• Código: 329.038-7. Infração: 4. Tipo: S.

29.3.2.4.1. O disposto no subitem 29.3.2.4 não se aplica quando a distância do convés da embarcação ao cais não permita a instalação de redes de proteção.

29.3.2.5. A escada de portaló deve ficar posicionada com aclividade adequada em relação ao plano horizontal de modo que permita o acesso seguro à embarcação.

• Código: 329.039-5. Infração: 3. Tipo: S.

29.3.2.6. Os degraus das escadas, em face das variações de nível da embarcação, devem ser montados de maneira a mantê-los em posição horizontal ou com declive que permita apoio adequado para os pés.

• Código: 329.040-9. Infração: 3. Tipo: S.

29.3.2.7. O acesso à embarcação deve ficar fora do alcance do raio da lança do guindaste, pau de carga ou assemelhado. Quando isso não for possível, o local de acesso deve ser adequadamente sinalizado.

• Código: 329.041-7. Infração: 3. Tipo: S.

29.3.2.8. É proibida a colocação de extensões elétricas nas estruturas e corrimões das escadas e rampas de acesso das embarcações.

• Código: 329.042-5. Infração: 4. Tipo: S.

29.3.2.9. Os suportes e os cabos de sustentação das escadas ligados ao guincho não podem criar obstáculos à circulação de pessoas e devem ser mantidos sempre tencionados.

• Código: 329.043-3. Infração: 3. Tipo: S.

29.3.2.10. Quando necessário o uso de pranchas, rampas ou passarelas de acesso, conjugadas ou não com as escadas, estas devem seguir as seguintes especificações:

a) serem de concepção rígida;

• Código: 329.343-2. Infração: 3. Tipo: S.

b) terem largura mínima de 0,80 m (oitenta centímetros);

• Código: 329.343-2. Infração: 3. Tipo: S.

c) estarem providas de tacos transversais a intervalos de 0,40 m (quarenta centímetros) em toda extensão do piso;

• Código: 329.343-2. Infração: 3. Tipo: S.

d) possuírem corrimão em ambos os lados de sua extensão dotado de guarda-corpo duplo com réguas situadas a alturas mínimas de 1,20 m (um metro e vinte centímetros) e 0,70 m (setenta centímetros) medidas a partir da superfície do piso e perpendicularmente ao eixo longitudinal da escada;

• Código: 329.343-2. Infração: 3. Tipo: S.

e) serem dotadas de dispositivos que permitam fixá-las firmemente à escada da embarcação ou à sua estrutura numa extremidade;

• Código: 329.343-2. Infração: 3. Tipo: S.

f) a extremidade, que se apoia no cais, deve ser dotada de dispositivo rotativo que permita acompanhar o movimento da embarcação;

g) estarem posicionadas no máximo a 30 (trinta) graus de um plano horizontal.

29.3.2.11. Não é permitido o acesso à embarcação utilizando-se escadas tipo quebra-peito, salvo em situações excepcionais, devidamente justificadas, avaliadas e acompanhadas pelo SESSTP e SESMT, conforme o caso.

• Código: 329.051-4. Infração: 4. Tipo: S.

29.3.2.12. É proibido o acesso de trabalhadores à embarcações em equipamentos de guindar, exceto em operações de resgate e salvamento ou quando forem utilizados cestos especiais de transporte, desde que os equipamentos de guindar possuam condições especiais de segurança e existam procedimentos específicos para tais operações.

• Código: 329.052-2. Infração: 4. Tipo: S.

29.3.2.13. Nos locais de trabalho próximos à água e pontos de transbordo devem existir boias salva-vidas e outros equipamentos necessários ao resgate de vítimas que caiam na água, que sejam aprovados pela DPC.

• Código: 329.344-0. Infração: 3. Tipo: S.

29.3.2.13.1. Nos trabalhos noturnos as boias salva-vidas deverão possuir dispositivo de iluminação automática aprovadas pela DPC.

• Código: 329.344-0. Infração: 3. Tipo: S.

29.3.3. Conveses

29.3.3.1. Os conveses devem estar sempre limpos e desobstruídos, dispondo de uma área de circulação que permita o trânsito seguro dos trabalhadores.

• Código: 329.055-7. Infração: 3. Tipo: S.

29.3.3.2. Quaisquer aberturas devem estar protegidas de forma que impeçam a queda de pessoas ou objetos. Quando houver perigo de escorregamento nas superfícies em suas imediações, devem ser empregados dispositivos ou processo que tornem o piso antiderrapante.

• Código: 329.056-5. Infração: 4. Tipo: S.

29.3.3.3. A circulação de pessoal no convés principal deve ser efetuada pelo lado do mar, exceto por impossibilidade técnica ou operacional comprovada.

• Código: 329.057-3. Infração: 3. Tipo: S.

29.3.3.4. Os conveses devem oferecer boas condições de visibilidade aos operadores dos equipamentos de içar, sinaleiros e outros, a fim de que não sejam prejudicadas as manobras de movimentação de carga.

• Código: 329.058-1. Infração: 3. Tipo: S.

29.3.3.5. As cargas ou objetos que necessariamente tenham que ser estivadas no convés, devem ser peadas e escoradas imediatamente após a estivagem.

• Código: 329.059-0. Infração: 4. Tipo: S.

29.3.3.6. Olhais, escadas, tubulações, aberturas e cantos vivos devem ser mantidos sinalizados, a fim de indicar e advertir acerca dos riscos existentes.

• Código: 329.060-3. Infração: 3. Tipo: S.

29.3.3.7. Nas operações de abertura e fechamento de equipamentos acionados por força motrizes, os quartéis, tampas de escotilha e aberturas similares, devem possuir dispositivos de segurança que impeçam sua movimentação acidental. Esses equipamentos só poderão ser abertos ou fechados por pessoa autorizada, após certificar-se de que não existe risco para os trabalhadores.

• Código: 329.061-1. Infração: 4. Tipo: S.

29.3.4. Porões.

29.3.4.1. As bocas dos agulheiros devem estar protegidas por braçolas e serem providas de tampas com travas de segurança.

• Código: 329.062-0. Infração: 3. Tipo: S.

29.3.4.2. As escadas de acesso ao porão devem estar em perfeito estado de conservação e limpeza.

• Código: 329.297-5. Infração: 2. Tipo: S.

29.3.4.3. Quando o porão possuir escada vertical até o piso, esta deve ser dotada de guarda-corpos ou ser provida de cabo de aço paralelo à escada para se aplicar dispositivos do tipo trava-quedas acoplado ao cinto de segurança utilizado na operação de subida e descida da escada.

• Código: 329.063-8. Infração: 3. Tipo: S.

29.3.4.4. A estivagem das cargas nos porões não deve obstruir o acesso às escadas dos agulheiros.

• Código: 329.064-6. Infração: 2. Tipo: S.

29.3.4.4.1. Quando não houver condições de utilização dos agulheiros, o acesso ao porão do navio deverá ser efetuado por escada de mão de no máximo 7 m (sete metros) de comprimento, afixada junto à estrutura do navio, devendo ultrapassar a borda da estrutura de apoio em 1 m (um metro).

• Código: 329.065-4. Infração: 3. Tipo: S.

29.3.4.4.2. Não é permitido o uso de escada do tipo quebra-peito.

• Código: 329.066-2. Infração: 4. Tipo: S.

29.3.4.5. Recomenda-se a criação de passarelas para circulação de no mínimo 0,60 m (sessenta centímetros) de largura sobre as cargas estivadas de modo a permitir o acesso seguro à praça de trabalho.

29.3.4.6. Os pisos dos porões devem estar limpos e isentos de materiais inservíveis e de substâncias que provoquem riscos de acidente.

• Código: 329.067-0. Infração: 3. Tipo: S.

29.3.4.7. A forração empregada deve oferecer equilíbrio à carga e criar sobre a mesma um piso de trabalho regular e seguro.

• Código: 329.068-9. Infração: 3. Tipo: S.

29.3.4.8. As plataformas de trabalho devem ser confeccionadas de maneira que não ofereçam riscos de desmoronamento e propiciem espaço seguro de trabalho.

• Código: 329.069-7. Infração: 3. Tipo: S.

29.3.4.9. Passarelas, plataformas, beiras de cobertas abertas, bocas de celas de contêineres e grandes vãos entre cargas, com diferença de nível superior a 2,00 m (dois metros), devem possuir guarda-corpos com 1,10 m (um metro e dez centímetros) de altura.

• Código: 329.070-0. Infração: 3. Tipo: S.

29.3.4.9.1. O trânsito de pessoas sobre os vãos entre cargas estivadas, só será permitido se cobertos com pranchas de madeira de boa qualidade, seca, sem nós ou rachaduras que comprometam a sua resistência e sem pintura, podendo ser utilizado material de maior resistência.

• Código: 329.071-9. Infração: 3. Tipo: S.

29.3.4.9.2. É obrigatório o uso de escadas para a transposição de obstáculos de altura superior a 1,50 m (um metro e cinquenta centímetros).

• Código: 329.072-7. Infração: 3. Tipo: S.

29.3.4.10. Os quartéis devem estar sempre em perfeito estado de conservação e nivelados, a fim de não criarem irregularidades no piso.

• Código: 329.073-5. Infração: 2. Tipo: S.

29.3.4.10.1. Os quartéis devem permanecer fechados por ocasião de trabalho na mesma coberta.

• Código: 329.074-3. Infração: 2. Tipo: S.

29.3.4.11. Em locais em que não haja atividade, os vãos livres com risco de quedas, como bocas de agulheiros, cobertas e outros, devem estar fechados.

• Código: 329.075-1. Infração: 4. Tipo: S.

29.3.4.11.1. Quando em atividade, devem ser devidamente sinalizados, iluminados e protegidos com guarda-corpos, redes ou madeiramento resistente.

• Código: 329.076-0. Infração: 3. Tipo: S.

29.3.4.12. A altura entre a parte superior da carga e a coberta deve permitir ao trabalhador condições adequadas de postura para execução do trabalho.

• Código: 329.077-8. Infração: 3. Tipo: S.

29.3.4.13. Nas operações de carga e descarga com contêineres, ou demais cargas de altura equivalente, é obrigatório o uso de escadas. Quando essas forem portáteis devem ultrapassar 1,00 m (um metro) do topo do contêiner, ser providas de sapatas, sinalização reflexiva nos degraus e montantes, não ter mais de 7,00 m (sete metros) de comprimento e ser construída de material comprovadamente leve e resistente.

• Código: 329.078-6. Infração: 3. Tipo: S.

29.3.4.14. Nas operações em embarcações do tipo transbordo horizontal (*roll-on/roll-off*) devem ser adotadas medidas preventivas de controle de ruídos e de exposição a gases tóxicos.

• Código: 329.079-4. Infração: 3. Tipo: S.

29.3.4.15. A carga deve ser estivada de forma que fique em posição segura, sem perigo de tombar ou desmoronar sobre os trabalhadores no porão.

• Código: 329.080-8. Infração: 4. Tipo: S.

29.3.4.16. O empilhamento de tubos, bobinas ou similares deve ser obrigatoriamente peado imediatamente após a estivagem e mantido adequadamente calçado. Os trabalhadores só devem se posicionar à frente desses materiais, por ocasião da movimentação, quando absolutamente indispensável.

• Código: 329.081-6. Infração: 3. Tipo: S.

29.3.4.17. A iluminação de toda a área de operação deve ser adequada, adotando-se medidas para evitar colisões e/ou atropelamentos.

• Código: 329.082-4. Infração: 3. Tipo: S.

29.3.4.18. A estivagem de carga deve ser efetuada à distância de 1,00 m (um metro) da abertura do porão, quando esta tiver que ser aberta posteriormente.

• Código: 329.083-2. Infração: 3. Tipo: S.

29.3.4.18.1. É proibida qualquer atividade laboral em cobertas distintas do mesmo porão e mesmo bordo simultaneamente.

• Código: 329.084-0. Infração: 4. Tipo: S.

29.3.5. Trabalho com máquinas, equipamentos, aparelhos de içar e acessórios de estivagem.

29.3.5.1. Os equipamentos: pás mecânicas, empilhadeiras, aparelhos de guindar e outros serão entregues para a operação em perfeitas condições de uso.

• Código: 329.085-9. Infração: 3. Tipo: S.

29.3.5.2. Todo equipamento de movimentação de carga deve apresentar, de forma legível, sua capacidade máxima de carga e seu peso bruto, quando se deslocar de ou para bordo.

• Código: 329.086-7. Infração: 2. Tipo: S.

29.3.5.2.1. A capacidade máxima de carga do aparelho não deve ser ultrapassada, mesmo que se utilizem dois equipamentos cuja soma de suas capacidades supere o peso da carga a ser transportada, devendo ser respeitados seus limites de alcance, salvo em situações excepcionais, com prévio planejamento técnico que garanta a execução segura da operação, a qual será acompanhada pelo SESSTP ou SESMT conforme o caso.

• Código: 329.087-5. Infração: 4. Tipo: S.

29.3.5.3. Somente pode operar máquinas e equipamentos o trabalhador habilitado e devidamente identificado.

• Código: 329.088-3. Infração: 3. Tipo: S.

29.3.5.4. Não é permitida a operação de empilhadeiras sobre as cargas estivadas que apresentem piso irregular, ou sobre quartéis de madeira.

• Código: 329.089-1. Infração: 4. Tipo: S.

29.3.5.5. Todo trabalho em porões que utilize máquinas e equipamentos de combustão interna, deve contar com exaustores cujos dutos estejam em perfeito estado, em quantidade suficiente e instalados de forma a promoverem a retirada dos gases expelidos por essas máquinas ou equipamentos, de modo a garantir um ambiente propício à realização dos trabalhos em conformidade com a legislação vigente.

• Código: 329.090-5. Infração: 4. Tipo: S.

29.3.5.6. Os maquinários utilizados devem conter dispositivos que controlem a emissão de poluentes gasosos, fagulhas, chamas e a produção de ruídos.

• Código: 329.091-3. Infração: 3. Tipo: S.

29.3.5.7. É proibido o uso de máquinas de combustão interna e elétrica em porões e armazéns com cargas inflamáveis ou explosivas, salvo se as especificações das máquinas forem compatíveis com a classificação da área envolvida.

• Código: 329.298-3. Infração: 4. Tipo: S.

29.3.5.8. É proibido o transporte de trabalhadores em empilhadeiras e similares, exceto em operações de resgate e salvamento.

• Código: 329.092-1. Infração: 4. Tipo: S.

29.3.5.9. A empresa armadora e seus representantes no país são os responsáveis pelas condições de segurança dos equipamentos de guindar e acessórios de bordo, devendo promover vistoria periódica, conforme especificações dos fabricantes, através de profissionais, empresas e órgãos técnicos devidamente habilitados, promovendo o reparo ou troca das partes defeituosas imediatamente após a constatação.

29.3.5.10. Os equipamentos terrestres de guindar e os acessórios neles utilizados para içamento de cargas devem ser periodicamente vistoriados e testados por pessoa física ou jurídica devidamente registrada no Conselho Regional de Engenharia, Arquitetura e Agronomia – CREA.

• Código: 329.345-9. Infração: 3. Tipo: S.

29.3.5.10.1. A vistoria deve ser efetuada pelo menos uma vez a cada doze meses.

• Código: 329.345-9. Infração: 3. Tipo: S.

29.3.5.10.2. Deve ser estabelecido cronograma para vistorias e testes dos equipamentos, os quais terão suas planilhas e laudos encaminhados pelos detentores ou arrendatários dos mesmos ao OGMO, que dará conhecimento aos trabalhadores envolvidos na operação.

• Código: 329.345-9. Infração: 3. Tipo: S.

29.3.5.11. A vistoria realizada por Sociedade Classificadora, que atestar o bom estado de conservação e funcionamento dos equipamentos de guindar e acessórios do navio, deve ser comprovada através de certificado que será exibido pelo comandante da embarcação mediante solicitação da pessoa responsável envolvida nas operações que estiverem em curso na embarcação, cabendo ao agente marítimo sua tradução, quando de origem estrangeira.

• Código: 329.094-8. Infração: 2. Tipo: S.

29.3.5.12. Em se tratando de instalações portuárias de uso privativo, os laudos e planilhas das vistorias e testes devem ser encaminhados à administração destas instalações e/ou empregadores, que darão conhecimento aos trabalhadores envolvidos na operação e ao OGMO, quando utilizar trabalhadores avulsos.

• Código: 329.095-6. Infração: 1. Tipo: S.

29.3.5.13. Os equipamentos em operação devem estar posicionados de forma que não ultrapassem outras áreas de trabalho, não sendo permitido o trânsito ou permanência de pessoas no setor necessário à rotina operacional do equipamento.

• Código: 329.096-4. Infração: 3. Tipo: S.

29.3.5.14. No local onde se realizam serviços de manutenção, testes e montagens de aparelhos de içar, a área de risco deve ser isolada e devidamente sinalizada.

• Código: 329.097-2. Infração: 3. Tipo: S.

29.3.5.15. Os aparelhos de içar e os acessórios de estivagem, devem trazer, de modo preciso e de fácil visualização, a indicação de sua carga máxima admissível.

• Código: 329.098-0. Infração: 2. Tipo: S.

29.3.5.16. Todo aparelho de içar deve ter afixado no interior de sua cabine tabela de carga que possibilite ao

NR 29

operador o conhecimento da carga máxima em todas as suas condições de uso.

- Código: 329.099-9. Infração: 2. Tipo: S.

29.3.5.17. Todo equipamento de guindar deve emitir sinais sonoros e luminosos, durante seus deslocamentos.

- Código: 329.100-6. Infração: 3. Tipo: S.

29.3.5.18. Os guindastes sobre trilhos devem dispor de suportes de prevenção de tombamento.

- Código: 329.101-4. Infração: 3. Tipo: S.

29.3.5.18.1. Todo equipamento de guindar sobre trilhos deve ser dotado de sistema de frenagem e ancoragem a fim de evitar o seu deslocamento acidental pela ação do vento.

•• Item acrescentado pela Portaria n. 1.895, de 9-12-2013.

- Código: 229.403-6. Infração: 3. Tipo: S.

29.3.5.18.2. No Plano de Controle de Emergência – PCE da instalação portuária devem constar todas as medidas aplicáveis para prevenir acidentes pela ação do vento, sendo obedecidos os limites operacionais recomendados pelo fabricante do equipamento de guindar.

•• Item acrescentado pela Portaria n. 1.895, de 9-12-2013.

- Código: 229.404-4. Infração: 3. Tipo: S.

29.3.5.19. Os equipamentos de guindar quando não utilizados devem ser desligados e fixados em posição que não ofereça riscos aos trabalhadores e à operação portuária.

- Código: 329.102-2. Infração: 3. Tipo: S.

29.3.5.20. Toda embarcação deve conservar a bordo os planos de enxárcia/equipamentos fixos, e todos os outros documentos necessários para possibilitar a enxárcia correta dos mastros de carga e de seus acessórios que devem ser apresentados quando solicitados pela inspeção do trabalho.

- Código: 329.103-0. Infração: 2. Tipo: S.

29.3.5.21. No caso de acidente envolvendo guindastes de bordo, paus de carga, cábreas de bordo e similares, em que ocorram danos nos equipamentos que impeçam sua operação, estes não poderão reiniciar os trabalhos até que os reparos e testes necessários sejam feitos em conformidade com os padrões ditados pela Sociedade Classificadora do navio.

- Código: 329.104-9. Infração: 4. Tipo: S.

29.3.5.22. Os acessórios de estivagem e demais equipamentos portuários devem ser mantidos em perfeito estado de funcionamento e serem vistoriados pela pessoa responsável, antes do início dos serviços.

- Código: 329.105-7. Infração: 3. Tipo: S.

29.3.5.23. Lingas descartáveis não devem ser reutilizadas, sendo inutilizadas imediatamente após o uso.

- Código: 329.106-5. Infração: 3. Tipo: S.

29.3.5.24. Os ganchos de içar devem dispor de travas de segurança em perfeito estado de conservação e funcionamento.

- Código: 329.301-7. Infração: 3. Tipo: S.

29.3.5.25. É obrigatória a observância das condições de utilização, dimensionamento e conservação de cabos de aço, anéis de carga, manilhas e sapatilhos para cabos de aço utilizados nos acessórios de estivagem, nas lingas e outros dispositivos de levantamento que formem parte integrante da carga, conforme o disposto nas normas técnicas da ABNT: NBR ISO 2408:2008 versão corrigida 2009 (Cabos de aço para uso geral – Requisitos mínimos). NBR 11900/91 (Terminal para cabo de aço – Parte 3:

Olhal com presilha, 2408:2008 versão corrigida 2009 (Cabos de aço para uso geral – Requisitos mínimos), ABNT NBR ISO 16798:2006 versão corrigida 2007 (Anel de carga Grau 8 para uso em lingas), ABNT NBR 13541-2:2012 (Linga de cabo de aço – Parte 2: Utilização e inspeção), NBR 13544/95 (Movimentação de Carga – Sapatilho para Cabo de Aço) NBR 13545/95 (Movimentação de Carga – Manilha), e alterações posteriores.

•• Item com redação determinada pela Portaria n. 1.895, de 9-12-2013.

- Código: 229.405-2. Infração: 3. Tipo: S.

29.3.6. Lingamento e deslingamento de cargas.

29.3.6.1. O operador de equipamento de guindar deve certificar-se de que os freios segurarão o peso a ser transportado.

- Código: 329.108-1. Infração: 2. Tipo: S.

29.3.6.2. Todos os carregamentos devem lingar-se na vertical do engate do equipamento de guindar, observando-se em especial:

a) o impedimento da queda ou deslizamento parcial ou total da carga;

- Código: 329.346-7. Infração: 3. Tipo: S.

b) de que nas cargas de grande comprimento como tubos, perfis metálicos, tubulões, tábuas e outros, sejam usadas no mínimo 02 (duas) lingas/estropos ou através de uma balança com dois ramais;

- Código: 329.346-7. Infração: 3. Tipo: S.

c) de que o ângulo formado pelos ramais das lingas/estropos não exceda a 120° (cento e vinte graus), salvo em casos especiais;

- Código: 329.346-7. Infração: 3. Tipo: S.

d) de que as lingas/estropos, estrados, paletes, redes e outros acessórios tenham marcada sua capacidade de carga de forma bem visível.

- Código: 329.346-7. Infração: 3. Tipo: S.

29.3.6.3. Nos serviços de lingamento e deslingamento de cargas sobre veículos com diferença de nível, é obrigatório o uso de plataforma de trabalho segura do lado contrário ao fluxo de cargas. Nos locais em que não exista espaço disponível, será utilizada escada.

- Código: 329.112-0. Infração: 4. Tipo: S.

29.3.6.4. É proibido o transporte de materiais soltos sobre a carga lingada.

- Código: 329.113-8. Infração: 3. Tipo: S.

29.3.6.5. A movimentação aérea de cargas deve ser necessariamente orientada por sinaleiro devidamente habilitado.

- Código: 329.114-6. Infração: 3. Tipo: S.

29.3.6.5.1. O sinaleiro deve ser facilmente destacável das demais pessoas na área de operação pelo uso de coletes de cor diferenciada.

- Código: 329.115-4. Infração: 3. Tipo: S.

29.3.6.5.2. Nas operações noturnas o mesmo deve portar luvas de cor clara e colete, ambos com aplicações de material refletivo.

- Código: 329.116-2. Infração: 3. Tipo: S.

29.3.6.5.3. O sinaleiro deve localizar-se de modo que possa visualizar toda área de operação da carga e ser visto pelo operador do equipamento de guindar. Quando estas condições não puderem ser atendidas deverá ser utilizado um sistema de comunicação bilateral.

- Código: 329.117-0. Infração: 3. Tipo: S.

29.3.6.5.4. O sinaleiro deve receber treinamento adequado para aquisição de conhecimento do código de sinais de mão nas operações de guindar.

- Código: 329.118-9. Infração: 4. Tipo: S.

29.3.7. Operações com contêineres.

29.3.7.1. Na movimentação de carga e descarga de contêiner é obrigatório o uso de quadro posicionador dotado de travas de acoplamento acionadas mecanicamente, de maneira automática ou manual, com dispositivo visual indicador da situação de travamento e dispositivo de segurança que garantam o travamento dos quatro cantos.

- Código: 329.119-7. Infração: 4. Tipo: S.

29.3.7.2. No caso de contêineres fora de padrão, avariados ou em condições que impeçam os procedimentos do subitem 29.3.7.1, será permitida a movimentação por outros métodos seguros, sob a supervisão direta do responsável pela operação.

- Código: 329.120-0. Infração: 4. Tipo: S.

29.3.7.3. Nos casos em que a altura de empilhamento dos contêineres for superior a 2 (dois) de alto, ou 5 m (cinco metros), quando necessário e exclusivamente para o transporte de trabalhadores dos conveses para os contêineres e vice-versa, deve ser empregada gaiola especialmente construída para esta finalidade, com capacidade máxima de dois trabalhadores, dotada de guarda-corpos e de dispositivo para acoplamento do cinto de segurança. Esta operação deve ser realizada com o uso de um sistema de rádio que propicie comunicação bilateral adequada.

- Código: 329.121-9. Infração: 4. Tipo: S.

29.3.7.4. O trabalhador que estiver sobre o contêiner deve estar em comunicação visual e utilizar-se de meios de rádio comunicação com sinaleiro e o operador de guindaste, os quais deverão obedecer unicamente às instruções formuladas pelo trabalhador.

- Código: 329.122-7. Infração: 4. Tipo: S.

29.3.7.4.1. Não é permitida a permanência de trabalhador sobre contêiner quando este estiver sendo movimentado.

- Código: 329.123-5. Infração: 4. Tipo: S.

29.3.7.5. A abertura de contêineres contendo cargas perigosas deve ser efetuada por trabalhador usando EPI adequado ao risco.

- Código: 329.124-3. Infração: 4. Tipo: S.

29.3.7.5.1. Quando houver em um mesmo contêiner cargas perigosas e produtos inócuos, prevalecem as recomendações de utilização de EPI adequado à carga perigosa.

29.3.7.6. Todos os contêineres que cheguem a um porto organizado, instalações portuárias de uso privativo, ou retroportuários para serem movimentados, devem estar devidamente certificados, de acordo com a Convenção de Segurança para Contêineres – CSC da Organização Marítima Internacional – OMI.

- Código: 329.125-1. Infração: 4. Tipo: S.

29.3.7.7. Todo contêiner que requeira uma inspeção detalhada, deve ser retirado de sua pilha e conduzido a uma zona reservada especialmente para esse fim, que disponha de meios de acesso seguros, tais como plataformas ou escadas fixas.

- Código: 329.126-0. Infração: 3. Tipo: S.

29.3.7.8. Os trabalhadores devem utilizar-se de hastes guia ou de cabos, com a finalidade de posicionar o contêiner quando o mesmo for descarregado sobre veículo.

- Código: 329.127-8. Infração: 3. Tipo: S.

29.3.7.9. Cada porto organizado, instalação portuária de uso privativo e retroportuária deve dispor de um regulamento próprio, estabelecendo ações coordenadas a serem adotadas na ocorrência de condições ambientais adversas.

- Código: 329.128-6. Infração: 3. Tipo: S.

29.3.7.10. Nas operações com contêineres devem ser adotadas as seguintes medidas de segurança:

a) movimentá-los somente após o trabalhador haver descido do mesmo;

- Código: 329.347-5. Infração: 3. Tipo: S.

b) instruir o trabalhador quanto às posturas ergonômicas e seguras nas operações de estivagem, desestivagem, fixação e movimentação de contêiner;

- Código: 329.347-5. Infração: 3. Tipo: S.

c) obedecer à sinalização e rotulagem dos contêineres quanto aos riscos inerentes a sua movimentação;

- Código: 329.347-5. Infração: 3. Tipo: S.

d) instruir o trabalhador sobre o significado das sinalizações e das rotulagens de risco de contêineres, bem como dos cuidados e medidas de prevenção a serem observados.

• Código: 329.347-5. Infração: 3. Tipo: S.

29.3.8. Operações com granéis secos.

29.3.8.1. Durante as operações devem ser adotados procedimentos que impeçam a formação de barreiras que possam pôr em risco a segurança dos trabalhadores.

• Código: 329.132-4. Infração: 4. Tipo: S.

29.3.8.2. Quando houver risco de queda ou deslizamento volumoso durante a carga ou descarga de granéis secos, nenhum trabalhador deve permanecer no interior do porão e outros recintos similares.

• Código: 329.133-2. Infração: 4. Tipo: S.

29.3.8.2.1. A avaliação específica de risco de queda de barreiras ou deslizamento de cargas de granel sólido armazenadas em porões deve ser efetuada pela pessoa responsável, considerando-se, obrigatoriamente, o ângulo de repouso do produto, conforme estabelecido na ficha do produto constante no Código Marítimo Internacional para Cargas Sólidas a Granel (IMSBC), da IMO.

•• Item acrescentado pela Portaria n. 1.080, de 16-7-2014.

• Código: 329.315-7. Infração: 4. Tipo: S.

29.3.8.3. Nas operações com pá mecânica no interior do porão, ou armazém, na presença de aerodispersoides, o operador deve estar protegido por cabine resistente, fechada, dotada de ar-condicionado, provido de filtro contra pó em seu sistema de captação de ar.

• Código: 329.134-0. Infração: 4. Tipo: S.

29.3.8.4. Nas operações com uso de caçambas, *grabs*, moegas e pás carregadeiras, a produção de pó, derrames e outros incidentes, deve ser evitada com as seguintes medidas:

•• Item com redação determinada pela Portaria n. 1.895, de 9-12-2013.

a) umidificação da carga, caso sua natureza o permita;

• Código: 329.348-3. Infração: 3. Tipo: S.

b) manutenção periódica das caçambas, *grabs*, moegas e pás carregadeiras;

•• Alínea *b* com redação determinada pela Portaria n. 1.895, de 9-12-2013.

• Código: 329.348-3. Infração: 3. Tipo: S.

c) carregamento adequado das pás carregadeiras, evitando a queda do material por excesso;

• Código: 329.348-3. Infração: 3. Tipo: S.

d) abertura das caçambas ou basculamento de pás carregadeiras, na menor altura possível, quando da descarga;

• Código: 329.348-3. Infração: 3. Tipo: S.

e) estabilização de caçambas, moegas e pás carregadeiras, em sua posição de descarga, até que estejam totalmente vazias;

•• Alínea e com redação determinada pela Portaria n. 1.895, de 9-12-2013.

• Código: 329.348-3. Infração: 3. Tipo: S.

f) utilização de adaptadores apropriados ao veículo terrestre, com bocas de descarga e vedações em material flexível, lonas, mantas de plásticos e outros, sempre que a descarga se realize diretamente de navio para caminhão, vagão ou solo;

• Código: 329.348-3. Infração: 3. Tipo: S.

g) utilização de proteção na carga e descarga de granéis, que garanta o escoamento do material que caia no percurso entre porão e costado do navio, para um só local no cais.

• Código: 329.348-3. Infração: 3. Tipo: S.

29.3.8.5. Veículos e vagões transportando granéis sólidos devem estar cobertos, para trânsito e estacionamento em área portuária.

• Código: 329.142-1. Infração: 3. Tipo: S.

29.3.8.6. A moega ou funil utilizado no descarregamento de granéis sólidos deve ser vistoriado anualmente, devendo o responsável técnico emitir um laudo, acompanhado da respectiva Anotação de Responsabilidade Técnica no CREA, que comprove que a estrutura está em condições operacionais para suportar as tensões de sua capacidade máxima de carga de trabalho seguro, de acordo com seu projeto construtivo.

•• Item acrescentado pela Portaria n. 1.080, de 16-7-2014.

• Código: 329.316-5. Infração: 4. Tipo: S.

29.3.8.6.1. No caso de incidentes, avarias ou reformas nos equipamentos, estes somente podem iniciar seus trabalhos após nova vistoria, obedecido o disposto no subitem 29.3.8.6.

•• Item acrescentado pela Portaria n. 1.080, de 16-7-2014.

• Código: 329.317-3. Infração: 4. Tipo: S.

29.3.8.6.2. Toda moega/funil deve apresentar de forma legível sua capacidade máxima de carga e seu peso bruto.

•• Item acrescentado pela Portaria n. 1.080, de 16-7-2014.

• Código: 329.318-1. Infração: 3. Tipo: S.

29.3.8.6.3. A moega ou funil deve oferecer as seguintes condições de trabalho ao operador:

•• Item, *caput*, acrescentado pela Portaria n. 1.080, de 16-7-2014.

a) possuir cabine fechada que impeça a exposição do trabalhador à poeira e às intempéries;

•• Alínea *a* acrescentada pela Portaria n. 1.080, de 16-7-2014.

• Código: 329.349-1. Infração: 4. Tipo: S.

b) possuir janela de material transparente e resistente ao vento, à chuva e à vibração;

•• Alínea *b* acrescentada pela Portaria n. 1.080, de 16-7-2014.

• Código: 329.349-1. Infração: 4. Tipo: S.

c) possuir ar-condicionado mantido em bom estado de funcionamento;

•• Alínea *c* acrescentada pela Portaria n. 1.080, de 16-7-2014.

• Código: 329.349-1. Infração: 4. Tipo: S.

d) possuir escadas de acesso à cabine e parte superior dotadas de corrimão e guarda-corpo;

•• Alínea *d* acrescentada pela Portaria n. 1.080, de 16-7-2014.

• Código: 329.349-1. Infração: 4. Tipo: S.

e) ter as instalações elétricas em bom estado, devidamente aterradas e protegidas;

•• Alínea *e* acrescentada pela Portaria n. 1.080, de 16-7-2014.

• Código: 329.349-1. Infração: 4. Tipo: S.

f) possuir assento ergonômico de acordo com a NR-17.

•• Alínea *f* acrescentada pela Portaria n. 1.080, de 16-7-2014.

• Código: 329.349-1. Infração: 4. Tipo: S.

29.3.8.6.3.1. Moegas e funis operados de modo remoto ficam dispensados do disposto no subitem 29.3.8.6.3.

•• Item acrescentado pela Portaria n. 1.080, de 16-7-2014.

29.3.9. Transporte, movimentação, armazenagem e manuseio de materiais.

29.3.9.1. Cada porto organizado e instalação portuária de uso privativo, deve dispor de um regulamento próprio que discipline a rota de tráfego de veículos, equipamentos, ciclistas e pedestres, bem como a movimentação de cargas no cais, plataformas, pátios, estacionamentos, armazéns e demais espaços operacionais.

• Código: 329.143-0. Infração: 3. Tipo: S.

29.3.9.1.1. Cada porto organizado, terminal privativo e terminal retroportuário deve dispor de sinalização adequada, que esteja contida em regulamento próprio, tais como sinalização vertical, horizontal, com dispositivos e sinalização auxiliares, semafórica, por gestos, sonora, visando à adequação do trânsito de pedestres, tráfego de veículos, armazenamento de carga, posicionamento de equipamentos fixos e móveis, a fim de preservar a segurança dos trabalhadores envolvidos nas diversas atividades executadas nestas áreas.

•• Item acrescentado pela Portaria n. 1.080, de 16-7-2014.

• Código: 329.325-4. Infração: 4. Tipo: S.

29.3.9.2. Os veículos automotores utilizados nas operações portuárias que trafeguem ou estacionem na área do porto organizado e instalações portuárias de uso privativo devem possuir sinalização sonora e luminosa adequada para as manobras de marcha a ré.

• Código: 329.144-8. Infração: 3. Tipo: S.

29.3.9.3. As cargas transportadas por caminhões ou carretas devem estar peadas ou fixas de modo a evitar sua queda acidental.

• Código: 329.145-6. Infração: 3. Tipo: S.

29.3.9.3.1. Nos veículos cujas carrocerias tenham assoalho, este deve estar em perfeita condição de uso e conservação.

• Código: 329.146-4. Infração: 3. Tipo: S.

29.3.9.4. As pilhas de cargas ou materiais devem distar, pelo menos, de 1,50 m (um metro e cinquenta centímetros) das bordas do cais.

• Código: 329.147-2. Infração: 3. Tipo: S.

29.3.9.5. Embalagens com produtos perigosos não devem ser movimentadas com equipamentos inadequados que possam danificá-las.

• Código: 329.148-0. Infração: 4. Tipo: S.

29.3.9.6. Segurança em Armazéns e Silos.

•• Item acrescentado pela Portaria n. 1.080, de 16-7-2014.

29.3.9.6.1. Os armazéns e silos onde houver o trânsito de pessoas devem dispor de sinalização horizontal em seu piso, demarcando área de segurança, e sinalização vertical que indique outros riscos existentes no local.

•• Item acrescentado pela Portaria n. 1.080, de 16-7-2014.

• Código: 329.326-2. Infração: 4. Tipo: S.

29.3.9.6.2. Toda instalação portuária que tenha em sua área de abrangência local onde uma atmosfera explosiva de gás, vapor, névoa e/ou poeira combustível esteja presente, ou possa estar presente, deve dispor de regulamento interno que estabeleça normas de segurança para a entrada e permanência de pessoas nestes locais, liberação para serviços a quente como solda elétrica ou corte a maçarico (oxiacetileno), circuito elétrico e iluminação classificado para este tipo de área e sistema de aterramento que controle a energia estática, devendo ainda comprovar com documentação a efetiva execução das recomendações de segurança para o controle dos riscos de explosões e incêndios.

•• Item acrescentado pela Portaria n. 1.080, de 16-7-2014.

29.3.10. Segurança nos trabalhos de limpeza e manutenção nos portos e embarcações.

29.3.10.1. Na limpeza de tanques de carga, óleo ou lastro de embarcações que contenham ou tenham contido produtos tóxicos, corrosivos e/ou inflamáveis, é obrigatório:

a) a vistoria antecipada do local por pessoa responsável, com atenção especial no monitoramento dos percentuais de oxigênio e de explosividade da mistura no ambiente;

• Código: 329.350-5. Infração: 4. Tipo: S.

b) o uso de exaustores, cujos dutos devem prolongar-se até o convés, para a eliminação de resíduos tóxicos;

• Código: 329.350-5. Infração: 4. Tipo: S.

c) o trabalho ser realizado em dupla, portando o observador um cabo de arrasto conectado ao executante;

• Código: 329.350-5. Infração: 4. Tipo: S.

d) o uso de aparelhos de iluminação e acessórios cujas especificações sejam adequadas à área classificada;

• Código: 329.350-5. Infração: 4. Tipo: S.

e) não fumar ou portar objetos que produzam chamas, centelhas ou faíscas;

• Código: 329.350-5. Infração: 4. Tipo: S.

f) o uso de equipamentos de ar mandado ou autônomo em ambientes com ar rarefeito ou impregnados por substâncias tóxicas;

• Código: 329.350-5. Infração: 4. Tipo: S.

g) depositar em recipientes adequados as estopas e trapos usados, com óleos, graxa, solventes ou similares para serem retirados de bordo logo após o término do trabalho.

• Código: 329.350-5. Infração: 4. Tipo: S.

29.3.10.1.1. As determinações do item anterior aplicam-se também, nos locais confinados ou de produtos tóxicos ou inflamáveis.

29.3.10.2. São vedados os trabalhos simultâneos de reparo e manutenção com os de carga e descarga, que prejudiquem a saúde e a integridade física dos trabalhadores.

• Código: 329.156-1. Infração: 4. Tipo: S.

29.3.10.3. Nas pinturas, raspagens, apicoamento de ferragens e demais reparos em embarcações, é recomendada onde couber a proteção dos trabalhadores através de:

a) andaimes com guarda-corpos ou, preferencialmente, com cadeiras suspensas;

• Código: 329.351-3. Infração: 4. Tipo: S.

b) uso de cinturão de segurança do tipo paraquedista, fixado em cabo paralelo à estrutura do navio;

• Código: 329.351-3. Infração: 4. Tipo: S.

c) uso dos demais EPI necessários;

• Código: 329.351-3. Infração: 4. Tipo: S.

d) uso de colete salva-vidas Classe IV, aprovados pela DPC;

• Código: 329.351-3. Infração: 4. Tipo: S.

e) interdição quando necessário, da área abaixo desses serviços.

• Código: 329.351-3. Infração: 4. Tipo: S.

29.3.11. Recondicionamento de embalagens.

29.3.11.1. Os trabalhos de recondicionamento de embalagens, nos quais haja risco de danos à saúde e a integridade física dos trabalhadores, deve ser efetuada em local fora da área de movimentação de carga. Quando isto não for possível, a operação no local será interrompida até a conclusão do reparo.

• Código: 329.161-8. Infração: 4. Tipo: S.

29.3.11.2. No recondicionamento de embalagens com cargas perigosas, a área deve ser vistoriada, previamente, por pessoa responsável, que definirá as medidas de proteção coletiva e individual necessárias.

• Código: 329.162-6. Infração: 4. Tipo: S.

29.3.12. Segurança nos serviços do vigia de portaló.

29.3.12.1. No caso do portaló não possuir proteção para o vigia se abrigar das intempéries, aplicam-se as disposições da NR-21 (Trabalho a Céu Aberto) – itens 21.1 e 21.2.

29.3.12.2. Havendo movimentação de carga sobre o portaló ou outros postos onde deva permanecer um vigia portuário, este se posicionará fora dele, em local seguro.

• Código: 329.163-4. Infração: 4. Tipo: S.

29.3.12.3. Deve ser fornecido ao vigia assento com encosto, com forma levemente adaptada ao corpo para a proteção da região lombar.

• Código: 329.164-2. Infração: 2. Tipo: S.

29.3.13. Sinalização de segurança dos locais de trabalho portuários.

29.3.13.1. Os riscos nos locais de trabalho, tais como: faixa primária, embarcações, abertura de acesso aos porões, conveses, escadas, olhais, estações de força e depósitos de cargas devem ser sinalizados conforme NR-26 (Sinalização de Segurança).

• Código: 329.305-0. Infração: 2. Tipo: S.

29.3.13.2. Quando a natureza do obstáculo exigir, a sinalização incluirá iluminação adequada.

• Código: 329.165-0. Infração: 3. Tipo: S.

29.3.13.3. As vias de trânsito de veículos ou pessoas nos recintos e áreas portuárias, com especial atenção na faixa primária do porto, em plataformas, rampas, armazéns e pátios devem ser sinalizadas, aplicando-se o Código Nacional de Trânsito do Ministério da Justiça e NR-26 (Sinalização de Segurança) no que couber.

• Código: 329.166-9. Infração: 3. Tipo: S.

29.3.14. Iluminação dos locais de trabalho

29.3.14.1. Os porões, passagens de trabalhadores e demais locais de operação, devem ter níveis adequados de iluminamento, obedecendo ao que estabelece a NR-17 (Ergonomia). Não sendo permitido níveis inferiores a 50 lux.

• Código: 329.167-7. Infração: 2. Tipo: S.

29.3.14.2. Os locais iluminados artificialmente devem ser dotados de pontos de iluminação de forma que não provoquem ofuscamento, reflexos incômodos, sombras e contrastes excessivos aos trabalhadores, em qualquer atividade.

• Código: 329.168-5. Infração: 2. Tipo: S.

29.3.15. Transporte de trabalhadores por via aquática

29.3.15.1. As embarcações que fizerem o transporte de trabalhadores, devem observar as normas de segurança estabelecidas pela Autoridade Marítima.

29.3.15.2. Os locais de atracação sejam fixos ou flutuantes, para embarque e desembarque de trabalhadores, devem possuir dispositivos que garantam o transbordo seguro.

• Código: 329.169-3. Infração: 4. Tipo: S.

29.3.16. Locais frigorificados

29.3.16.1. Nos locais frigorificados é proibido o uso de máquinas e equipamentos movidos a combustão interna.

• Código: 329.170-7. Infração: 4. Tipo: S.

29.3.16.2. A jornada de trabalho em locais frigorificados deve obedecer a seguinte tabela:

• Código: 329.171-5. Infração: 4. Tipo: S.

Tabela 1

Faixa de Temperatura de Bulbo Seco (ºC)	Máxima Exposição Diária Permissível para Pessoas Adequadamente Vestidas para Exposição ao Frio.
+15,0 a -17,9 * +12,0 a -17,9 ** +10,0 a -17,9 ***	Tempo total de trabalho no ambiente frio de 6 horas e 40 minutos, sendo quatro períodos de 1 hora e 40 minutos alternados com 20 minutos de repouso e recuperação térmica fora do ambiente de trabalho.
-18,0 a -33,9	Tempo total de trabalho no ambiente frio de 4 horas alternando-se 1 hora de trabalho com 1 hora para recuperação térmica fora do ambiente frio.
-34,0 a -56,9	Tempo total de trabalho no ambiente frio de 1 hora, sendo dois períodos de 30 minutos com separação mínima de 4 horas para recuperação térmica fora do ambiente frio.
-57,0 a -73,0	Tempo total de trabalho no ambiente frio de 5 minutos sendo o restante da jornada cumprida obrigatoriamente fora de ambiente frio.
Abaixo de -73,0	Não é permitida a exposição ao ambiente frio, seja qual for a vestimenta utilizada.

(*) faixa de temperatura válida para trabalhos em zona climática quente, de acordo com o mapa oficial do IBGE.
(**) faixa de temperatura válida para trabalhos em zona climática subquente, de acordo com o mapa oficial do IBGE.
(***) faixa de temperatura válida para trabalhos em zona climática mesotérmica, de acordo com o mapa oficial do IBGE.

29.4. CONDIÇÕES SANITÁRIAS E DE CONFORTO NOS LOCAIS DE TRABALHO

29.4.1. As instalações sanitárias, vestiários, refeitórios, locais de repouso e aguardo de serviços devem ser mantidos pela administração do porto organizado, pelo titular da instalação portuária de uso privativo e retroportuária, conforme o caso, e observar o disposto na NR-24 (Condições Sanitárias e de Conforto nos Locais de Trabalho).

• Código: 329.172-3. Infração: 3. Tipo: S.

29.4.1.1. Toda instalação portuária deve ser dotada de local para aguardo de serviço que deve:

•• Item, *caput,* acrescentado pela Portaria n. 1.080, de 16-7-2014.

• Código: 329.328-9. Infração: 3. Tipo: S.

a) ter paredes em alvenaria ou material equivalente;

•• Alínea *a* acrescentada pela Portaria n. 1.080, de 16-7-2014.

b) ter piso em concreto cimentado ou material equivalente;

•• Alínea *b* acrescentada pela Portaria n. 1.080, de 16-7-2014.

c) ter cobertura que proteja contra as intempéries;

•• Alínea *c* acrescentada pela Portaria n. 1.080, de 16-7-2014.

d) possuir área de ventilação natural, composta por, no mínimo, duas aberturas adequadamente dispostas para permitir eficaz ventilação interna;

•• Alínea *d* acrescentada pela Portaria n. 1.080, de 16-7-2014.

e) garantir condições de conforto térmico, acústico e de iluminação;

•• Alínea *e* acrescentada pela Portaria n. 1.080, de 16-7-2014.

f) ter assentos em número suficiente para atender aos usuários durante a sua pausa na jornada de trabalho;

•• Alínea *f* acrescentada pela Portaria n. 1.080, de 16-7-2014.

g) ter pé direito de 2,40m ou respeitando-se o que determinar o código de obras do município;

•• Alínea *g* acrescentada pela Portaria n. 1.080, de 16-7-2014.

h) possuir proteção contra riscos de choque elétrico e aterramento elétrico;

•• Alínea *h* acrescentada pela Portaria n. 1.080, de 16-7-2014.

i) ser identificado de forma visível, sendo proibida sua utilização para outras finalidades;

•• Alínea *i* acrescentada pela Portaria n. 1.080, de 16-7-2014.

j) ser mantido em perfeito estado de conservação e limpeza.

•• Alínea *j* acrescentada pela Portaria n. 1.080, de 16-7-2014.

29.4.1.2. Toda instalação portuária deve ser dotada de um local de repouso, destinado aos trabalhadores que operem equipamentos portuários de grande porte, ou àqueles cuja análise ergonômica exija que o trabalhador tenha períodos de descansos intrajornadas.

•• Item acrescentado pela Portaria n. 1.080, de 16-7-2014.

• Código: 329.329-7. Infração: 3. Tipo: S.

29.4.1.2.1. O local de repouso deve ser climatizado, dotado de isolamento acústico eficiente e mobiliário apropriado ao descanso dos usuários.

•• Item acrescentado pela Portaria n. 1.080, de 16-7-2014.

29.4.2. As instalações sanitárias devem estar situadas à distância máxima de 200 m (duzentos metros) dos locais das operações portuárias.

• Código: 329.173-1. Infração: 2. Tipo: S.

29.4.3. As embarcações devem oferecer aos trabalhadores em operação a bordo, instalações sanitárias, com gabinete sanitário e lavatório, em boas condições de higiene e funcionamento. Quando não for possível este atendimento, o operador portuário deverá dispor, a bordo, de instalações sanitárias móveis, similares às descritas (WC – Químico).

• Código: 329.174-0. Infração: 3. Tipo: S.

29.4.4. O transporte de trabalhadores ao longo do porto deve ser feito através de meios seguros.

• Código: 329.306-8. Infração: 4. Tipo: S.

29.5. PRIMEIROS SOCORROS E OUTRAS PROVIDÊNCIAS

29.5.1. Todo porto organizado, instalação portuária de uso privativo e retroportuária deve dispor de serviço de atendimento de urgência próprio ou terceirizado mantido pelo OGMO ou empregadores, possuindo equipamentos e pessoal habilitado a prestar os primeiros socorros e prover a rápida e adequada remoção de acidentado.

• Código: 329.175-8. Infração: 4. Tipo: S.

29.5.2. Para o resgate de acidentado em embarcações atracadas devem ser mantidas, próximas a estes locais de trabalho, gaiolas e macas em bom estado de conservação e higiene, não podendo ser utilizadas para outros fins.

•• Item com redação determinada pela Portaria n. 1.895, de 9-12-2013.

• Código: 229.408-7. Infração: 3. Tipo: S.

29.5.3. Nos trabalhos executados em embarcações ao largo deve ser garantida comunicação eficiente e meios para, em caso de acidente, prover a rápida remoção do acidentado, devendo os primeiros socorros ser prestados por trabalhador treinado para este fim.

• Código: 329.177-4. Infração: 3. Tipo: S.

29.5.4. No caso de acidente a bordo em que haja morte, perda de membro, função orgânica ou prejuízo de grande monta, o responsável pela embarcação deve comunicar, imediatamente, à Capitania dos Portos, suas Delegacias e Agências e ao órgão regional do MTE.

• Código: 329.178-2. Infração: 3. Tipo: S.

29.5.4.1. O local do acidente deve ser isolado, estando a embarcação impedida de suspender (zarpar) até que seja realizada a investigação do acidente por especialistas desses órgãos e posterior liberação do despacho da embarcação pela Capitania dos Portos, suas Delegacias ou Agências.

• Código: 329.179-0. Infração: 3. Tipo: S.

29.5.4.2. Estando em condições de navegabilidade e não trazendo prejuízos aos trabalhos de investigação do acidente e a critério da Capitania dos Portos, suas Delegacias e Agências, o navio poderá ser autorizado a deslocar-se do berço de atracação para outro local, onde será concluída a análise do acidente.

29.6. OPERAÇÕES COM CARGAS PERIGOSAS

29.6.1. Cargas perigosas são quaisquer cargas que, por serem explosivas, gases comprimidos ou liquefeitos, inflamáveis, oxidantes, venenosas, infecciosas, radioativas, corrosivas ou poluentes, possam representar riscos aos trabalhadores e ao ambiente.

29.6.1.1. O termo cargas perigosas inclui quaisquer receptáculos, tais como tanques portáteis, embalagens, contentores intermediários para granéis (IBC) e contêineres tanques que tenham anteriormente contido cargas perigosas e estejam sem a devida limpeza e descontaminação que anulem os seus efeitos prejudiciais.

29.6.1.2. As cargas perigosas embaladas ou a granel, serão abrangidas conforme o caso, por uma das convenções ou códigos internacionais publicados da OMI, constantes do Anexo IV.

29.6.2. As cargas perigosas se classificam de acordo com tabela de classificação contida no Anexo V desta NR.

29.6.2.1. Deve ser instalado um quadro obrigatório contendo a identificação das classes e tipos de produtos perigosos, em locais estratégicos, de acordo com os símbolos padronizados pela OMI, conforme Anexo VI.

• Código: 329.180-4. Infração: 3. Tipo: S.

29.6.3. Obrigações e competências

29.6.3.1. Do armador ou seu preposto

29.6.3.1.1. O armador ou seu preposto, responsável pela embarcação que conduzir cargas perigosas embaladas destinadas ao porto organizado e instalação portuária de uso privativo, dentro ou fora da área do porto organizado, ainda que em trânsito, deverá enviar à administração do porto e ao OGMO, pelo menos 24h (vinte e quatro horas) antes da chegada da embarcação, a documentação contendo:

•• Item, *caput*, com redação determinada pela Portaria n. 1.080, de 16-7-2014.

a) declaração de mercadorias perigosas conforme o Código Marítimo Internacional de Mercadorias Perigosas – código IMDG, com as seguintes informações, conforme modelo do Anexo VII:

• Código: 329.352-1. Infração: 3. Tipo: S.

I – nome técnico das substâncias perigosas, classe e divisão de risco;

II – número ONU – número de identificação das substâncias perigosas estabelecidas pelo Comitê das Nações Unidas e grupo de embalagem;

III – ponto de fulgor, e quando aplicável, a temperatura de controle e de emergência dos líquidos inflamáveis;

IV – quantidade e tipo de embalagem da carga;

V – identificação de carga como poluentes marinhos;

b) ficha de emergência da carga perigosa, em português, contendo, no mínimo, as informações constantes do modelo do Anexo VIII;

•• Alínea *b* com redação determinada pela Portaria n. 1.080, de 16-7-2014.

• Código: 329.352-1. Infração: 3. Tipo: S.

c) indicação das cargas perigosas – qualitativa e quantitativamente – segundo o código IMDG, informando as que serão descarregadas no porto e as que permanecerão a bordo, com sua respectiva localização.

• Código: 329.352-1. Infração: 3. Tipo: S.

29.6.3.2. Do exportador e seu preposto

29.6.3.2.1. Na movimentação de carga perigosa embalada para exportação, o exportador ou seu preposto é responsável por garantir que a documentação de que tratam as alíneas *a* e *b* do subitem 29.6.3.1.1 esteja disponível para a administração do porto, OGMO e ao operador portuário, com antecedência mínima de 48 h (quarenta e oito horas), da entrega da carga no porto para armazenagem ou para embarque direto em navio.

• Código: 329.308-4. Infração: 3. Tipo: S.

29.6.3.3. Do responsável pela embarcação com cargas perigosas

29.6.3.3.1. Durante todo o tempo de atracação de uma embarcação com carga perigosa no porto, o seu comandante deve adotar os procedimentos contidos no seu plano de controle de emergências o qual, entre outros, deve assegurar:

a) manobras de emergência, reboque ou propulsão;

b) manuseio seguro de carga e lastro;

c) controle de avarias.

29.6.3.3.2. O comandante deve informar imediatamente à administração do porto e ao operador portuário, qualquer incidente ocorrido com as cargas perigosas que transporta, quer na viagem, quer durante sua permanência no porto.

29.6.3.4. Cabe à administração do porto:

a) divulgar à guarda portuária toda a relação de cargas perigosas recebida do armador ou seu preposto;

• Código: 329.353-0. Infração: 4. Tipo: S.

b) manter em seu arquivo literatura técnica referente às cargas perigosas, devidamente atualizadas;

• Código: 329.353-0. Infração: 4. Tipo: S.

c) criar e coordenar o Plano de Controle de Emergência (PCE);

• Código: 329.353-0. Infração: 4. Tipo: S.

d) participar do Plano de Ajuda Mútua (PAM);

• Código: 329.353-0. Infração: 4. Tipo: S.

29.6.3.5. Cabe ao OGMO, titular de instalação portuária de uso privativo ou empregador:

•• Item, *caput*, com redação determinada pela Portaria n. 1.080, de 16-7-2014.

a) enviar, aos sindicatos dos trabalhadores envolvidos com a operação, cópia da documentação de que trata os subitens 29.6.3.1.1, alíneas *b* e *c*, e 29.6.3.2.1 desta NR, com antecedência mínima de 24h (vinte e quatro horas) do início da operação;

•• Alínea *a* com redação determinada pela Portaria n. 1.080, de 16-7-2014.

• Código: 329.354-8. Infração: 3. Tipo: S.

b) instruir o trabalhador portuário, envolvido nas operações com cargas perigosas, quanto aos riscos existentes e cuidados a serem observados durante o manejo, movimentação, estiva e armazenagem nas zonas portuárias;

• Código: 329.354-8. Infração: 3. Tipo: S.

c) participar da elaboração e execução do PCE;

• Código: 329.354-8. Infração: 3. Tipo: S.

d) responsabilizar-se pela adequada proteção de todo o pessoal envolvido diretamente com a operação;

• Código: 329.354-8. Infração: 3. Tipo: S.

e) supervisionar o uso dos equipamentos de proteção específicos para a carga perigosa manuseada;

• Código: 329.354-8. Infração: 3. Tipo: S.

29.6.3.6. Cabe ao trabalhador:

a) habilitar-se por meio de cursos específicos, oferecidos pelo OGMO, titular de instalação portuária de uso privativo ou empregador, para operações com carga perigosa;

b) comunicar ao responsável pela operação as irregularidades observadas com as cargas perigosas;

c) participar da elaboração e execução do PCE e PAM;

d) zelar pela integridade dos equipamentos fornecidos e instalações;

e) fazer uso adequado dos EPI e EPC fornecidos.

29.6.4. Nas operações com cargas perigosas devem ser obedecidas as seguintes medidas gerais de segurança:

a) somente devem ser manipuladas, armazenadas e estivadas as substâncias perigosas que estiverem embaladas, sinalizadas e rotuladas de acordo com o código marítimo internacional de cargas perigosas (IMDG);

• Código: 329.355-6. Infração: 4. Tipo: S.

b) as cargas relacionadas abaixo devem permanecer o tempo mínimo necessário próximas às áreas de operação de carga e descarga:

• Código: 329.355-6. Infração: 4. Tipo: S.

I – explosivos em geral;

II – gases inflamáveis (classe 2.1) e venenosos (classe 2.3);

III – radioativos;

IV – chumbo tetraetila;

V – poliestireno expansível;

VI – perclorato de amônia, e

VII – mercadorias perigosas acondicionadas em contêineres refrigerados;

c) as cargas perigosas devem ser submetidas a cuidados especiais, sendo observadas, dentre outras, as providências para adoção das medidas constantes das fichas de emergências a que se refere o subitem 29.6.3.1.1 alínea *b* desta NR, inclusive aquelas cujas embalagens estejam avariadas ou que estejam armazenadas próximas a cargas nessas condições;

• Código: 329.355-6. Infração: 4. Tipo: S.

d) é vedado lançar na águas, direta ou indiretamente, poluentes resultantes dos serviços de limpeza e trato de vazamento de carga perigosa.

• Código: 329.355-6. Infração: 4. Tipo: S.

29.6.4.1. Nas operações com explosivos – Classe 1:

a) limitar a permanência de explosivos nos portos ao tempo mínimo necessário;

• Código: 329.356-4. Infração: 4. Tipo: S.

b) evitar a exposição dos explosivos aos raios solares;

• Código: 329.356-4. Infração: 4. Tipo: S.

c) manipular em separado as distintas divisões de explosivos, salvo nos casos de comprovada compatibilidade;

• Código: 329.356-4. Infração: 4. Tipo: S.

d) adotar medidas de proteção contra incêndio e explosões no local de operação, incluindo proibição de fumar e o controle de qualquer fonte de ignição ou de calor;

• Código: 329.356-4. Infração: 4. Tipo: S.

e) impedir o abastecimento de combustíveis na embarcação, durante essas operações;

• Código: 329.356-4. Infração: 4. Tipo: S.

f) proibir a operação com explosivos sob condições atmosféricas adversas à carga;

• Código: 329.356-4. Infração: 4. Tipo: S.

g) utilizar somente aparelhos e equipamentos cujas especificações sejam adequadas ao risco;

• Código: 329.356-4. Infração: 4. Tipo: S.

h) estabelecer zona de silêncio na área de manipulação – proibição do uso de transmissor de rádio, telefone celular e radar – exceto por permissão de pessoa responsável;

• Código: 329.356-4. Infração: 4. Tipo: S.

i) proibir a realização de trabalhos de reparos nas embarcações atracadas, carregadas com explosivos ou em outras, a menos de 40 m (quarenta metros) dessa embarcação;

• Código: 329.356-4. Infração: 4. Tipo: S.

j) determinar que os explosivos sejam as últimas cargas a embarcar e as primeiras a desembarcar.

• Código: 329.356-4. Infração: 4. Tipo: S.

29.6.4.2. Operações com gases e líquidos inflamáveis – Classes 2 e 3:

a) adotar medidas de proteção contra incêndio e explosões, incluindo especialmente a proibição de fumar, o controle de qualquer fonte de ignição e de calor, os aterramentos elétricos necessários, bem como a utilização dos equipamentos elétricos adequados à área classificada;

• Código: 329.371-8. Infração: 3. Tipo: S.

b) depositar os recipientes de gases em lugares arejados e protegidos dos raios solares;

• Código: 329.371-8. Infração: 3. Tipo: S.

c) utilizar os capacetes protetores das válvulas dos cilindros durante, a movimentação afim de protegê-las contra impacto ou tensão;

• Código: 329.371-8. Infração: 3. Tipo: S.

d) prevenir impactos e quedas dos recipientes nas plataformas do cais, nos armazéns e porões;

• Código: 329.371-8. Infração: 3. Tipo: S.

e) segregar, em todas as etapas das operações, os gases, líquidos inflamáveis e tóxicos dos produtos alimentícios e das demais classes incompatíveis;

• Código: 329.371-8. Infração: 3. Tipo: S.

f) observar as seguintes recomendações, nas operações com gases e líquidos inflamáveis, sem prejuízo do disposto na NR-16 (Atividades e Operações Perigosas) e NR-20 (Líquidos Combustíveis e Inflamáveis):

• Código: 329.371-8. Infração: 3. Tipo: S.

I – isolar a área a partir do ponto de descarga durante as operações;

• Código: 329.371-8. Infração: 3. Tipo: S.

II – manter a fiação e terminais elétricos com isolamento perfeito e com os respectivos tampões, inclusive os instalados nos guindastes;

• Código: 329.371-8. Infração: 3. Tipo: S.

III – manter os guindastes totalmente travados, tanto no solo como nas superestruturas;

• Código: 329.371-8. Infração: 3. Tipo: S.

IV – realizar inspeções visuais e testes periódicos nos mangotes, mantendo-as em boas condições de uso operacional;

• Código: 329.371-8. Infração: 3. Tipo: S.

V – fiscalizar permanentemente a operação, paralisando-a sob qualquer condição de anormalidade operacional;

• Código: 329.371-8. Infração: 3. Tipo: S.

VI – alojar, nos abrigos de material de combate a incêndio, os equipamentos necessários ao controle de emergências;

• Código: 329.371-8. Infração: 3. Tipo: S.

VII – instalar na área delimitada, durante a operação e em locais de fácil visualização, placas em fundo branco, com os seguintes dizeres pintados em vermelho reflexivo: NÃO FUME – *NO SMOKING*; NÃO USE LÂMPADAS DESPROTEGIDAS – *NO OPEN LIGHTS*;

• Código: 329.371-8. Infração: 3. Tipo: S.

VIII – instalar na área delimitada da faixa do cais, onde se encontram as tomadas e válvulas de gases e líquidos inflamáveis, placa com fundo branco, pintadas em vermelho reflexivo e em local de fácil visualização, com os dizeres: NÃO FUME – *NO SMOKING*; NÃO USE LÂMPADAS DESPROTEGIDAS – *NO OPEN LIGHTS*.

• Código: 329.371-8. Infração: 3. Tipo: S.

g) manter os caminhões tanques usados nas operações com inflamáveis líquidos a granel em conformidade com a legislação sobre transporte de produtos perigosos.

• Código: 329.371-8. Infração: 3. Tipo: S.

29.6.4.3. Operações com sólidos e outras substâncias inflamáveis – Classe 4:

a) adotar medidas preventivas para controle não somente do risco principal, como também dos riscos secundários, como toxidez e corrosividade, encontrados em algumas substâncias desta classe;

• Código: 329.357-2. Infração: 4. Tipo: S.

b) adotar as práticas de segurança, relativas às cargas sólidas a granel, que constam do suplemento ao código IMDG;

• Código: 329.357-2. Infração: 4. Tipo: S.

c) utilizar medidas de proteção contra incêndio e explosões, incluindo especialmente a proibição de fumar e o controle de qualquer fonte de ignição e de calor;

• Código: 329.357-2. Infração: 4. Tipo: S.

d) adotar medidas que impeçam o contato da água com substâncias das subclasses 4.2 – substâncias sujeitas a combustão espontânea e 4.3 – substâncias perigosas em contato com a água;

• Código: 329.357-2. Infração: 4. Tipo: S.

e) adotar medidas que evitem a fricção e impactos com a carga;

• Código: 329.357-2. Infração: 4. Tipo: S.

f) ventilar o local de operação que contém ou conteve substâncias da Classe 4, antes dos trabalhadores terem acesso ao mesmo. No caso de concentração de gases, os trabalhadores que adentrem neste espaço devem portar aparelhos de respiração autônoma, cintos de segurança com dispositivos de engate, travamento e cabo de arrasto;

• Código: 329.357-2. Infração: 4. Tipo: S.

g) monitorar, antes e durante a operação de descarga de carvão ou pré-reduzidos de ferro, a temperatura do porão e a presença de hidrogênio ou outros gases no mesmo, para as providências devidas.

• Código: 329.357-2. Infração: 4. Tipo: S.

29.6.4.4. Operações com substâncias oxidantes e peróxidos orgânicos – Classe 5:

a) adotar medidas de segurança contra os riscos específicos desta classe e os secundários, como corrosão e toxidez, que ela possa apresentar;

• Código: 329.358-0. Infração: 4. Tipo: S.

b) adotar medidas que impossibilitem o contato das substâncias dessa classe com os materiais ácidos, óxidos metálicos e aminas;

• Código: 329.358-0. Infração: 4. Tipo: S.

c) monitorar e controlar a temperatura externa, até seu limite máximo, dos tanques que contenham peróxidos orgânicos;

• Código: 329.358-0. Infração: 4. Tipo: S.

d) adotar medidas de proteção contra incêndio e explosões, incluindo especialmente a proibição de fumar e o controle de qualquer fonte de ignição e de calor.

• Código: 329.358-0. Infração: 3. Tipo: S.

29.6.4.5. Nas operações com substâncias tóxicas e infectantes – Classe 6:

a) segregar substâncias desta classe dos produtos alimentícios;

• Código: 329.359-9. Infração: 4. Tipo: S.

b) manipular cuidadosamente as cargas, especialmente aquelas simultaneamente tóxicas e inflamáveis;

• Código: 329.359-9. Infração: 4. Tipo: S.

c) restringir o acesso à área operacional e circunvizinha, somente ao pessoal envolvido nas operações;

• Código: 329.359-9. Infração: 4. Tipo: S.

d) dispor de conjuntos adequados de EPC e EPI, para o caso de avarias ou na movimentação de granéis da Classe 6;

• Código: 329.359-9. Infração: 4. Tipo: S.

e) dispor, no local das operações, de sacos com areia limpa e seca ou similar, para absorver e conter derramamentos;

• Código: 329.359-9. Infração: 4. Tipo: S.

f) proibir a participação de trabalhadores, na manipulação destas cargas, principalmente da Classe 6.2 (Substâncias Infectantes) quando portadores de erupções, úlceras ou cortes na pele;

• Código: 329.359-9. Infração: 4. Tipo: S.

g) proibir comer, beber ou fumar na área operacional e nas proximidades.

• Código: 329.359-9. Infração: 4. Tipo: S.

29.6.4.6. Nas operações com materiais radioativos – Classe 7:

•• Item com redação determinada pela Portaria n. 1.895, de 9-12-2013.

a) exigir que as embarcações de bandeira estrangeira que transportem materiais radioativos apresentem, para a admissão no porto, a documentação fixada no "Regulamento para o Transporte com Segurança de Materiais Radioativos", da Agência Internacional de Energia Atômica. No caso de embarcações de bandeira brasileira, deverá ser atendida a "Norma de Transporte de Materiais Radioativos" – Resolução da Comissão Nacional de Energia Nuclear – CNEN 13/80 e Norma CNEN-NE 5.01/88 e alterações posteriores;

b) obedecer às normas de segregação desses materiais, constantes no IMDG, com as distâncias de afastamento aplicáveis, constante no "Regulamento para o Transporte com Segurança de Materiais Radioativos", da Agência Internacional de Energia Atômica;

•• Alínea *b* com redação determinada pela Portaria n. 1.895, de 9-12-2013.

• Código: 329.360-2. Infração: 4. Tipo: S.

c) a autorização para a atracação de embarcação com carga da Classe 7 deve ser precedida pela confirmação de que as exigências contidas no subitem 29.6.4.6 alíneas *a* e *b* desta NR foram adequadamente cumpridas, sendo que esta confirmação deve ser feita com base nas informações contidas nos documentos de transporte;

•• Alínea *c* com redação determinada pela Portaria n. 1.895, de 9-12-2013.

• Código: 329.360-2. Infração: 4. Tipo: S.

d) em caso de acidente/incidente com ou sem danos aos embalados, a pessoa responsável deverá solicitar a presença do Supervisor de Proteção Radiológica – SPR – designado pelo expedidor ou destinatário da carga, para avaliação geral, que decidirá formalmente pelos procedimentos a serem adotados;

•• Alínea *d* com redação determinada pela Portaria n. 1.895, de 9-12-2013.

• Código: 329.360-2. Infração: 4. Tipo: S.

e) é assegurado ao pessoal envolvido nas operações com materiais radioativos, o total acesso aos dados e resultados da eventual monitoração e do consequente controle da exposição.

•• Alínea *e* com redação determinada pela Portaria n. 1.895, de 9-12-2013.

• Código: 329.360-2. Infração: 4. Tipo: S.

29.6.4.7. Nas operações com substâncias corrosivas – Classe 8:

a) adotar medidas de segurança que impeçam o contato de substâncias dessa classe com a água ou com temperatura elevada;

• Código: 329.361-0. Infração: 4. Tipo: S.

b) utilizar medidas de proteção contra incêndio e explosões, incluindo especialmente a proibição de fumar e o controle de qualquer fonte de ignição e de calor;

• Código: 329.361-0. Infração: 4. Tipo: S.

c) dispor, no local das operações, de sacos com areia limpa e seca ou similar, para absorver e conter eventuais derramamentos.

• Código: 329.361-0. Infração: 4. Tipo: S.

29.6.4.8. Nas operações com misturas de substâncias e artigos perigosos – Classe 9:

•• Item com redação determinada pela Portaria n. 1.895, de 9-12-2013.

a) adotar medidas preventivas dos riscos dessas substâncias, que podem ser inflamáveis, irritantes e, afora outros riscos, passíveis de uma decomposição ou alteração durante o transporte;

• Código: 329.362-9. Infração: 4. Tipo: S.

b) rotular as embalagens com o nome técnico dessas substâncias, marcados de forma indelével;

• Código: 329.362-9. Infração: 4. Tipo: S.

c) utilizar medidas de proteção contra incêndio e explosões, incluindo especialmente a proibição de fumar e o controle de qualquer fonte de ignição e de calor;

• Código: 329.362-9. Infração: 4. Tipo: S.

d) dispor, no local das operações, de sacos com areia limpa e seca ou similar, para absorver e conter derramamentos;

• Código: 329.362-9. Infração: 4. Tipo: S.

e) adotar medidas de controle de aerodispersoides.

• Código: 329.362-9. Infração: 4. Tipo: S.

29.6.5. Armazenamento de cargas perigosas

29.6.5.1. A administração portuária, em conjunto com o SESSTP, deve fixar em cada porto, a quantidade máxima total por classe e subclasse de substâncias a serem armazenadas na zona portuária, obedecendo-se as recomendações contidas na tabela de segregação, Anexo IX.

• Código: 329.363-7. Infração: 4. Tipo: S.

29.6.5.2. Os depósitos de cargas perigosas devem ser compatíveis com as características dos produtos a serem armazenados.

• Código: 329.363-7. Infração: 4. Tipo: S.

29.6.5.3. Não serão armazenadas cargas perigosas em embalagens inadequadas ou avariadas.

• Código: 329.363-7. Infração: 4. Tipo: S.

29.6.5.4. Deve ser realizada vigilância permanente e inspeção diária da carga armazenada, adotando-se, nos casos de avarias, os procedimentos previstos na respectiva ficha de emergência referida no subitem 29.6.3.1 alínea *b* desta norma.

• Código: 329.363-7. Infração: 4. Tipo: S.

29.6.5.6. Armazenamento de explosivos

•• Numeração dos itens conforme publicação oficial.

29.6.5.6.1. Não é permitido o armazenamento de explosivos na área portuária, e a sua movimentação será efetuada conforme o disposto na NR-19 (Explosivos).

• Código: 329.251-7. Infração: 4. Tipo: S.

29.6.5.7. Armazenamento de gases e de líquidos inflamáveis.

29.6.5.7.1. No armazenamento de gases e de líquidos inflamáveis será observada a NR-20 (Combustíveis Líquidos e Inflamáveis), a NBR 7505 (Armazenamento de Petróleo e seus Derivados Líquidos) e as seguintes prescrições gerais:

a) os gases inflamáveis ou tóxicos devem ser depositados em lugares adequadamente ventilados e protegidos contra as intempéries, incidência dos raios solares e água do mar, longe de habitações e de qualquer fonte de ignição e calor que não esteja sob controle;

• Código: 329.364-5. Infração: 4. Tipo: S.

b) no caso de suspeita de vazamento de gases, devem ser adotadas as medidas de segurança constantes do PCE, a que se refere o item 29.6.6 desta NR;

• Código: 329.364-5. Infração: 4. Tipo: S.

c) os gases inflamáveis serão armazenados, adequadamente segregados de outras cargas perigosas, conforme tabela de segregação (Anexo IX) e completamente isolados de alimentos;

• Código: 329.364-5. Infração: 4. Tipo: S.

d) os armazéns e os tanques de inflamáveis a granel devem ser providos de instalações e equipamentos de combate a incêndio.

• Código: 329.364-5. Infração: 4. Tipo: S.

29.6.5.8. Armazenamento de inflamáveis sólidos

29.6.5.8.1. No armazenamento de inflamáveis sólidos devem ser utilizados depósitos especiais e observadas as seguintes prescrições gerais:

a) os recipientes devem ser armazenados em compartimentos bem ventilados ou ao ar livre, protegidos de intempéries, água do mar, bem como de fontes de calor e de ignição que não estejam sob controle;

• Código: 329.365-3. Infração: 4. Tipo: S.

b) os sólidos inflamáveis da subclasse 4.1 podem ser armazenados em lugares abertos ou fechados;

• Código: 329.365-3. Infração: 4. Tipo: S.

c) os das subclasses 4.2 e 4.3 devem ser depositados em lugares ventilados, rigorosamente protegidos do contato com a água e a umidade;

• Código: 329.365-3. Infração: 4. Tipo: S.

d) no caso de substâncias tóxicas, isolar rigorosamente dos gêneros alimentícios;

• Código: 329.365-3. Infração: 4. Tipo: S.

e) as substâncias desta classe devem ser armazenadas de conformidade com a tabela de segregação no Anexo IX.

• Código: 329.365-3. Infração: 4. Tipo: S.

29.6.5.9. Armazenamento de oxidantes e peróxidos.

29.6.5.9.1. O armazenamento de produtos da Classe 5 será feito em depósitos específicos.

• Código: 329.366-1. Infração: 4. Tipo: S.

29.6.5.9.2. Antes de armazenar estes produtos, verificar se o local está limpo, sem a presença de material combustível ou inflamável.

• Código: 329.366-1. Infração: 4. Tipo: S.

29.6.5.9.3. Obedecer à segregação das cargas desta Classe 5, com outras incompatíveis, de conformidade com a tabela de segregação (Anexo IX).

• Código: 329.366-1. Infração: 4. Tipo: S.

29.6.5.9.4. Durante o armazenamento, os peróxidos orgânicos devem ser mantidos refrigerados e longe de qualquer fonte artificial de calor ou ignição.

• Código: 329.366-1. Infração: 4. Tipo: S.

29.6.5.10. Armazenamento de substâncias tóxicas e infectantes.

29.6.5.10.1. Substâncias tóxicas devem ser armazenadas em depósitos especiais, espaços bem ventilados e em recipientes que poderão ficar ao ar livre, desde que protegidos do sol, de intempéries ou da água do mar.

• Código: 329.367-0. Infração: 4. Tipo: S.

29.6.5.10.2. Quando as substâncias tóxicas forem armazenadas em recintos fechados, estes locais devem dispor de ventilação forçada. O armazenamento dessas substâncias deve ser feito mantendo sob controle o risco das fontes de calor, incluindo faíscas, chamas ou canalização de vapor.

• Código: 329.367-0. Infração: 4. Tipo: S.

29.6.5.10.3. Para evitar contaminação, as substâncias desta classe devem ser armazenadas em ambientes distintos dos de gêneros alimentícios.

• Código: 329.367-0. Infração: 4. Tipo: S.

29.6.5.10.4. No armazenamento será observada a tabela de segregação, constante do anexo IX.

• Código: 329.367-0. Infração: 4. Tipo: S.

29.6.5.10.5. As substâncias da subclasse 6.2 só poderão ser armazenadas em caráter excepcional e mediante autorização da vigilância sanitária.

• Código: 329.367-0. Infração: 4. Tipo: S.

29.6.5.11. Armazenamento de substâncias radioativas.

29.6.5.11.1. (*Revogado pela Portaria n. 1.895, de 9-12-2013.*)

29.6.5.11.2. No armazenamento destas cargas, será obedecida a tabela de segregação do anexo IX.

• Código: 329.270-3. Infração: 4. Tipo: S.

29.6.5.12. Armazenamento de substâncias corrosivas.

29.6.5.12.1. As substâncias corrosivas devem ser armazenadas em locais abertos ou em recintos fechados bem ventilados.

• Código: 329.368-8. Infração: 4. Tipo: S.

29.6.5.12.2. Quando a céu aberto, as embalagens devem ficar protegidas de intempéries ou de água, mantendo sob controle os riscos das fontes de calor, chamas, faíscas ou canalizações de vapor.

• Código: 329.368-8. Infração: 4. Tipo: S.

29.6.5.12.3. No armazenamento destas cargas, deve ser obedecida a tabela de segregação do anexo IX.

• Código: 329.368-8. Infração: 4. Tipo: S.

29.6.5.13. Armazenamento de substâncias perigosas diversas.

29.6.5.13.1. As substâncias desta classe, armazenadas em lugares abertos ou fechados, devem receber os cuidados preventivos aos seus riscos principal e secundários.

• Código: 329.369-6. Infração: 4. Tipo: S.

29.6.5.13.2. No armazenamento destas cargas, aplica-se a tabela de segregação, conforme anexo IX, ficando segregadas de alimentos.

• Código: 329.369-6. Infração: 4. Tipo: S.

29.6.6. Plano de Controle de Emergência – PCE e Plano de Ajuda Mútua – PAM.

29.6.6.1. Devem ser adotados procedimentos de emergência, primeiros socorros e atendimento médico. Constando para cada classe de risco a respectiva ficha, nos locais de operação dos produtos perigosos.

• Código: 329.276-2. Infração: 4. Tipo: M.

29.6.6.2. Os trabalhadores devem ter treinamento específico em relação às operações com produtos perigosos.

• Código: 329.337-8. Infração: 3. Tipo: S.

29.6.6.3. O plano de atendimento às situações de emergência deve ser abrangente, permitindo o controle dos sinistros potenciais, como explosão, contaminação ambiental por produto tóxico, corrosivo, radioativo e outros agentes agressivos, incêndio, abalroamento e colisão de embarcação com o cais.

• Código: 329.335-1. Infração: 4. Tipo: S.

29.6.6.4. Os PCE e PAM devem prever ações em terra e a bordo, e deverá ser exibido aos agentes da inspeção do trabalho, quando solicitado.

• Código: 329.278-9. Infração: 2. Tipo: S.

Anexo I

Mapas

Mapa I

Acidente com Vítima ______________________ Data do Mapa: ___/___/___

Responsável: ______________________ Assinatura: ______________

Local	N. Absoluto (Abs)	N. Abs c/ afast. ≤ 15 dias	N. Abs c/afast. > 15 dias	N. Abs s/afast	Índice relativo total de Trabalhadores	Dias/ Homem perdidos	Taxa de Frequência	Óbitos	Índice avaliação da gravidade
Total do Setor									

Mapa II

Doenças Ocupacionais: ______________________ Data do Mapa: ___/___/___

Responsável: ______________________ Assinatura: ______________

Tipo de doença	N. absoluto de casos	Setores de atividades dos portadores	N. relativo de casos	N. de óbitos	N. de trabalhadores transferidos p/ outra atividade	N. de trabalhadores definitivamente incapacitados

(*) codificar no verso. Por exemplo, 1- Serviço de estiva, 2- Conserto de Carga, 3- Capatazia.

Mapa III

INSALUBRIDADE: ______________________ DATA: ___/___/___

Responsável: ______________________ Assinatura: ______________

Setor/Atividade	Agentes Identificados	Intensidade ou Concentração	Nº de Trabalhadores Expostos

Mapa IV

ACIDENTES SEM VÍTIMA ______________________ Data do Mapa: ___/___/___

Responsável: ______________________ Assinatura: ______________

Total do Estabelecimento			

Anexo II
Ficha de identificação

MINISTÉRIO DO TRABALHO Ficha de Identificação	NR-29 Anexo

Identificação
01. Razão Social ____ 02. Endereço: ____ Bairro: ____ Município ____ UF: ____ CEP: ____ Telefone: ( ) ____ Fax: ____ E-Mail ____ 03. Número do CGC: ____ 04. CNAE: ____ 05. N. Registro: ____ 06. Data do Início da Atividade: ____

Dados Gerais	Quantidade	Informações Gerais	Sim	Não
07. N. de Reuniões Ordinárias no Trimestre 08. N. de representantes na CPATP 09. N. de Trabalhadores capacitados em prevenção de acidentes 10. N. total de horas empregadas em capacitação 11. N. de investigações e inspeções realizadas pela CPATP 12. N. de reuniões extraordinárias no semestre		13. O responsável pelo setor do acidentes compareceu à reunião extraordinária? 14. A CPATP tem recebido sugestões dos trabalhadores? 15. Existe SESSTP? 16. A CPATP foi orientada pelo SESSTP? 17. A CPATP recebeu orientação da DRT ou Fundacentro? 18. Todos os representantes da CPATP foram capacitados em Prevenção de Acidentes?		

Informações Estatísticas — Ano Base: ____ Semestre: ____

19. N. médio de trabalhadores no semestre: ____ 20. N. de homens horas trabalhadas no semestre: ____

Número	Acidente Típico	Doença Profissional	Acidente de Trajeto
Mortes	21.	22.	23.
Acidentes	24.	25.	26.
Dias Perdidos	27.	28.	29.
Dias Debitados	30.	31.	32.

33. Resumo das Recomendações

A presente declaração é a expressão da verdade
Local: ______________ Data: ___/___/___
Nome: ____________________________
____________________ Assinatura do Representante da CPATP

Instruções de preenchimento do anexo II

1. Razão social ou denominação do empregador, do operador portuário ou OGMO.

2. Dados referentes a localização do estabelecimento (Porto, Instalação Portuária de uso privativo e retroportuária).

3. Número de inscrição no Cadastro Geral de Contribuintes do Ministério da Fazenda – CGC da empresa, incluindo complemento e dígito de controle do estabelecimento.

4. CNAE – Código Nacional de Atividade Econômica.

5. Número do registro da CPATP na DRT.

6. Mês e ano do início da atividade da empresa.

Dados Gerais

7. Número de reuniões ordinárias no semestre realizadas pela CPATP.

8. Número de representantes na CPATP (empregadores + trabalhadores).

9. Número de trabalhadores capacitados em prevenção de acidentes do trabalho no semestre.

10. Número de horas utilizados para a capacitação dos trabalhadores indicados no item 9.

11. Número de investigações e inspeções realizadas pelos representantes da CPATP durante o semestre.

12. Número de reuniões realizadas no semestre, em caráter extraordinário, em face de ocorrência de morte ou de acidentes que tenham ocasionado graves prejuízos pessoais ou materiais.

Informações Gerais

De 13 a 18, assinalar com "X" a resposta conveniente.

Informações Estatísticas

19. Número médio de Trabalhadores no semestre: é a soma total dos trabalhadores Portuários (por mês) com contrato por tempo indeterminado mais os avulsos tomados no semestre divididos por seis.

20. Horas-Homem trabalhadas no semestre (HHT): é o número total de horas efetivamente trabalhadas no semestre, incluídas as horas extraordinárias.

21. Total de trabalhadores no semestre, vítimas por acidentes do trabalho, com perda de vida.

22. Total de trabalhadores no semestre vitimados por doenças profissionais com perda de vida.

23. Total de trabalhadores, no semestre, vítimas de acidentes de trajeto com perda de vida.

24. Total de vítimas de acidentes do trabalho, no semestre, com lesão pessoal que cause incapacidade total, temporária ou permanente, para o trabalho.

25. Total de doentes no semestre, vitimados por doenças profissionais com incapacidade temporária total e incapacidade permanente parcial ou total.

26. Total de dias no semestre, perdidos em decorrência de acidentes de trajeto com perda total ou temporária da capacidade de trabalho.

27. Total de dias, no semestre, perdidos em decorrência de acidentes do trabalho com perda total ou temporária da capacidade de trabalho.

28. Total de dias, no semestre, perdidos em decorrência de doenças profissionais, com perda total e temporária da capacidade de trabalho.

29. Total de dias, no semestre, perdidos em decorrência de acidentes de trajeto com perda total ou temporária da capacidade de trabalho.

30. Total de dias, no semestre, debitado em decorrência de acidente do trabalho com morte ou perda permanente, parcial ou total, da capacidade de trabalho. Para atribuição de dias debitados será utilizada a tabela do Quadro 1A da NR-5.

31. Total de dias, no semestre, debitados em decorrência por doenças profissionais com morte ou perda permanente parcial ou total da capacidade de trabalho. Para atribuição de dias debitados será utilizada a tabela do Quadro 1A da NR-5.

32. Total de dias, no semestre, debitado em decorrência de acidentes de trajeto com morte ou perda permanente parcial ou total da capacidade de trabalho. Para atribuição de dias debitados será utilizada a tabela do Quadro 1A da NR-5.

33. A ser preenchido pela CPATP, com o resumo das recomendações enviadas ao do empregador, ao OGMO, ao tomador de serviço, conforme o caso, e ao SESSTP, referentes ao semestre, bem como o resumo das medidas adotadas.

Anexo III

Currículo básico do curso para componentes da CPATP

1. Organização do trabalho e riscos ambientais.

2. Mapeamento de risco:

a) Riscos físicos;

b) Riscos químicos;

c) Riscos biológicos;

d) Riscos ergonômicos;

e) Riscos de acidentes.

3. Introdução à segurança do trabalho.

a) Acidentes do trabalho.

b) Conceito legal; conceito prevencionista; outros casos considerados como acidentes do trabalho;

c) Causas dos acidentes do trabalho;

Equipamentos portuários sob os aspectos da segurança.

4. Inspeção de segurança – Conceito de importância; objetivos; levantamento das condições ambientais e de trabalho; relatório.

5. Investigação dos acidentes – Procura das causas do acidente; fonte da lesão; fator pessoal de insegurança; natureza da lesão, localização da lesão, levantamento das condições ambientais e de trabalho.

6. Análise dos acidentes – Comunicação do acidente; cadastro de acidentados; levantamento das causas dos acidentes; medidas de segurança a serem adotadas; taxa de frequência; taxa de gravidade e estatística de acidentes.

7. Campanhas de segurança – SIPATP (Semana Interna de Prevenção de Acidentes do Trabalho Portuário); CANPAT (Campanha Nacional de Prevenção de Acidentes do Trabalho); campanhas internas.

8. Equipamento de Proteção Individual/Coletivo – EPI/EPC – Exigência legal para empresa e empregados; EPI/EPC de uso permanente; EPI/EPC de uso temporário; relação dos EPI/EPC mais usados e as formas de sua utilização.

9. Princípios básicos de prevenção de incêndios – Normas básicas; procedimentos em caso de incêndio; classe de incêndio e tipos de equipamentos para seu combate, tática e técnicas de combate a incêndios.

10. Estudo da NR-29 e NR-5 – Organização e funcionamento da CPATP, preenchimento do Anexo I da NR-29.

11. Reuniões da CPATP – Organização e finalidade; forma de atuação dos representantes; reuniões ordinária e extraordinária; realização prática de uma reunião da CPATP.

12. Primeiros socorros – Material necessário para emergência; tipos de emergências; como prestar primeiros socorros.

13. Análise de riscos e impactos ambientais.

14. Noções básicas sobre produtos perigosos.

Anexo IV

Produtos	Regulamentos
1. Óleos	– Convenção MARPOL 73/78, Anexo I. Lei n. 9.966/2000 (Lei do Óleo)
2. Gases	– Código Internacional para Construção e Equipamentos de Navios que transportam Gases Liquefeitos a Granel (IGC Code) – Códigos para Construção e Equipamentos de Navios que Transportam Gases Liquefeitos a Granel (Gas Carrier Code – GC Code) – Código para Navios Existentes que Transportam Gases Liquefeitos a Granel (*Existing Ships Code*)
3. Químicos perigosos com substâncias líquidas nocivas	– Regras para o Controle da Poluição por Substâncias Líquidas Nocivas Transportadas a Granel (Convenção MARPOL 73/78, Anexo II) – Código para Construção de Navios e Equipamentos que Transportam Produtos Químicos a Granel (BCH Code) – Código Internacional para Construção de Navios e Equipamentos que Transportam Produtos Químicos a Granel (IBC Code)

Produtos	Regulamentos
4. Substâncias embaladas, materiais e artigos perigosos ou potencialmente perigosos, incluindo resíduos e prejudiciais ao meio ambiente	– Código Marítimo Internacional para Transporte de Mercadorias Perigosas – (IMDG Code) da IMO
5. Materiais sólidos que possuam riscos químicos e materiais sólidos a granel, incluindo resíduos	– Código de Práticas Seguras para Cargas Sólidas a Granel – BC Code da IMO, Apêndice B

Anexo V

Mercadorias Perigosas	
Classe 1 – Explosivos	
DIVISÃO	DESCRIÇÃO DA SUBSTÂNCIA OU ARTIGO
1.1	Substâncias ou produtos que apresentam um risco de explosão de toda a massa
1.2	Substâncias ou produtos que apresentam um risco de projeção, mas não um risco de explosão de toda a massa
1.3	Substâncias e produtos que apresentam um risco de ignição e um risco de que se produzam pequenos efeitos de onda de choque ou projeção, ou de ambos os efeitos, mas que não apresentam um risco de explosão de toda a massa
1.4	Substâncias e produtos que não apresentam nenhum risco considerável
1.5	Substâncias e produtos muito insensíveis e produtos que apresentam um risco de explosão de toda a massa
1.6	Produtos extremamente insensíveis que não apresentam risco de explosão de toda a massa
Classe 2 – Gases Comprimidos, Liquefeitos, Dissolvidos Sob Pressão	
DIVISÃO	DESCRIÇÃO DA SUBSTÂNCIA OU ARTIGO
2.1	Gases inflamáveis
2.2	Gases não inflamáveis, não venenosos
2.3	Gases venenosos (tóxicos)
Classe 3 – 3 Líquidos Inflamáveis	
DIVISÃO	DESCRIÇÃO DA SUBSTÂNCIA OU ARTIGO
3.1	Líquidos inflamáveis com ponto de fulgor baixo: compreende os líquidos cujo ponto de fulgor é inferior a -18º C (0º F).
3.2	Líquidos inflamáveis com ponto de fulgor médio: compreende os líquidos cujo ponto de fulgor é igual ou superior a -18º C (0º F) e inferior a 23º C (73º F).
3.3	Líquidos inflamáveis com ponto de fulgor alto: compreende os líquidos cujo ponto de fulgor é igual ou superior a 23º C (73º F) porém não superior a 61º C (141º F).
Classe 4 – Sólidos Inflamáveis, Substâncias Sujeitas à Combustão Espontânea, Substâncias que, em Contato com a Água Emitem Gases Inflamáveis	
DIVISÃO	DESCRIÇÃO DA SUBSTÂNCIA OU ARTIGO
4.1	Sólidos sujeitos a rápida combustão imediata e sólidos que podem causar ignição mediante fricção; autorreativos (sólidos e líquidos) e substâncias relacionadas; explosivos neutralizados (reação exortérmica).
4.2	Substâncias sujeitas à combustão espontânea.
4.3	Substâncias que, em contato com a água, emitem gases inflamáveis.

Classe 5 – Substâncias Oxidantes, Peróxidos Orgânicos	
DIVISÃO	DESCRIÇÃO DA SUBSTÂNCIA OU ARTIGO
5.1	Substâncias (Agentes) oxidantes
5.2	Peróxidos orgânicos
Classe 6 – Substâncias Venenosas (Tóxicas), Substâncias Infectantes	
DIVISÃO	DESCRIÇÃO DA SUBSTÂNCIA OU ARTIGO
6.1	Substâncias venenosas (tóxicas)
6.2	Substâncias infectantes
Classe 7 – Materiais Radioativos	
Classe 8 – Substâncias Corrosivas	
Classe 9 – Misturas de Substâncias e Artigos Perigosos •• Redação determinada pela Portaria n. 1.895, de 9-12-2013.	

Observações: (*)

A CLASSE 3 – LÍQUIDOS INFLAMÁVEIS não possui as "DIVISÕES" 3.1, 3.2 e 3.3; de acordo com as seguintes publicações:

a) *RECOMMENDATION ON THE TRANSPORT OF DANGEROUS GOOD – MODEL REGULATIONS – TWELFTH REVISED EDITION*;

b) *IMDG CODE – 2000 EDITION – AMENDMENT* 30.00; e

c) RESOLUÇÃO 420 da ANTT.

Anexo VI

•• Anexo VI com redação determinada pela Portaria n. 1.895, de 9-12-2013.

Símbolos Padronizados pela I.M.O

ETIQUETAS

CLASSE 1

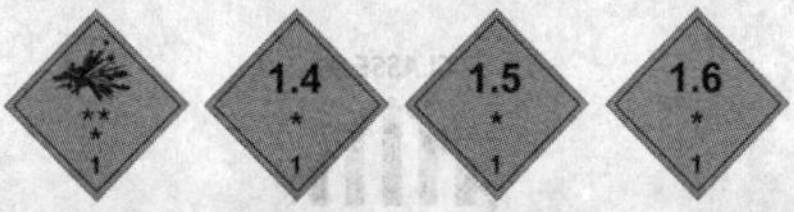

** Local para indicação da subclasse – para ser deixado sem inscrição se o explosivo tem risco subsidiário.

* Local para indicação do grupo de compatibilidade – para ser deixado sem inscrição se o explosivo tem risco subsidiário.

CLASSE 2

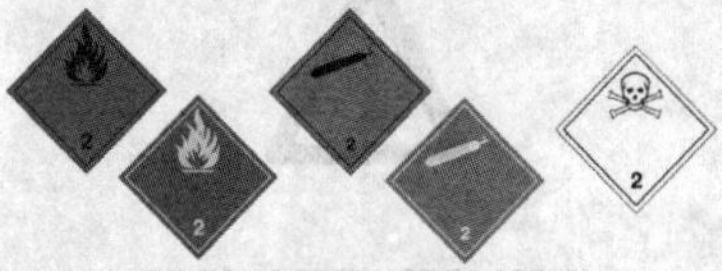

CLASSE 3

CLASSE 4

CLASSE 5

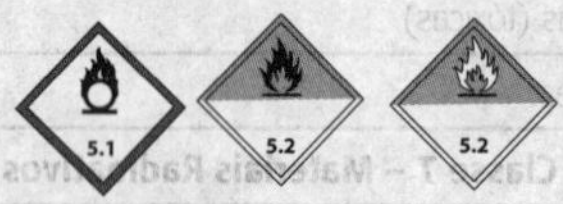

CLASSE 6

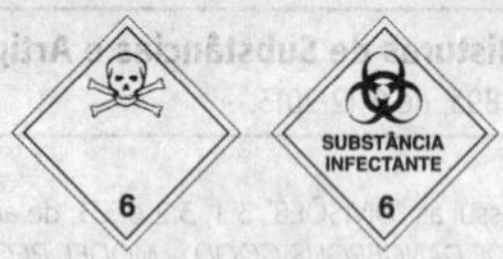

CLASSE 7

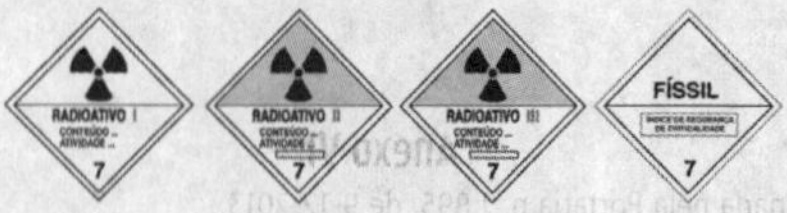

CLASSE 8

CLASSE 9

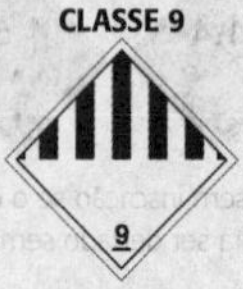

SINAL DE TEMPERATURA ELEVADA

MARCA DE POLUENTE MARINHO

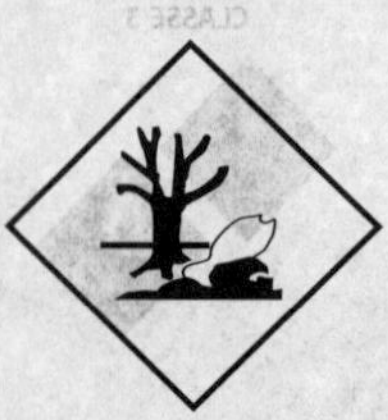

FUMIGAÇÃO SINAL DE ADVERTÊNCIA

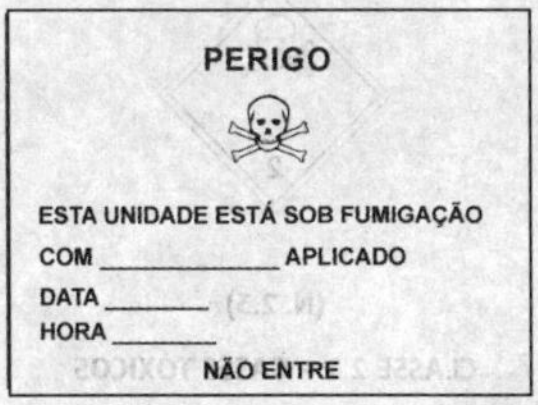

* COMPLETE OS ESPAÇOS DE FORMA APROPRIADA

CLASSE 1 – SUBSTÂNCIAS EXPLOSIVAS OU ARTIGOS

(N. 1)

DIVISÕES 1.1, 1.2 E 1.3

Símbolo (Bomba explodindo): em preto, fundo em laranja: número 1 no canto inferior

(N. 1.4)
DIVISÃO 1.4

(N. 1.5)
DIVISÃO 1.5

(N. 1.6)
DIVISÃO 1.6

Fundo: em laranja
Números em preto e devem ter 30 mm de altura por 5 mm de largura (para um rótulo medindo 100 mm x 100 mm). Número 1 no canto inferior.
** Local para indicação da subclasse – para ser deixado sem inscrição se o explosivo tem risco subsidiário.
* Local para indicação do grupo de compatibilidade – para ser deixado sem inscrição se o explosivo tem risco subsidiário.

CLASSE 2 – GASES

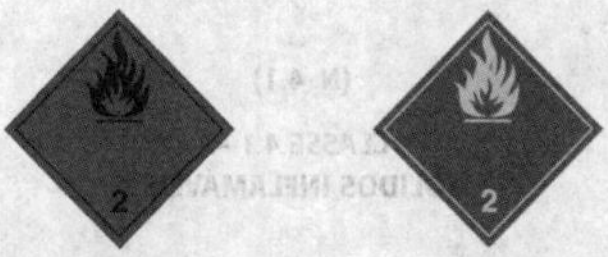

(N. 2.1)

CLASSE 2.1 – GASES INFLAMÁVEIS

Símbolo – Chama em preto ou branco
Fundo em vermelho – número 2 no canto inferior

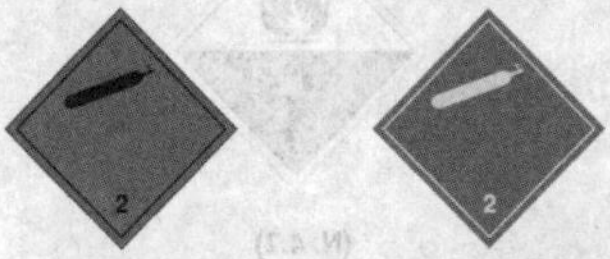

(N. 2.2)

CLASSE 2.2 – GASES NÃO INFLAMÁVEIS E NÃO TÓXICOS

Símbolo – Cilindro de gás preto ou branco
Fundo em verde – número 2 no canto inferior

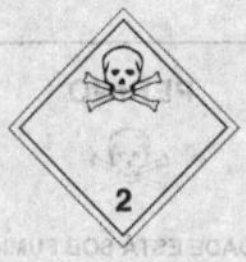

(N. 2.3)

CLASSE 2.3 – GASES TÓXICOS

Símbolo – Caveira em preto
Fundo em branco
número 2 no canto inferior

CLASSE 3 – LÍQUIDOS INFLAMÁVEIS

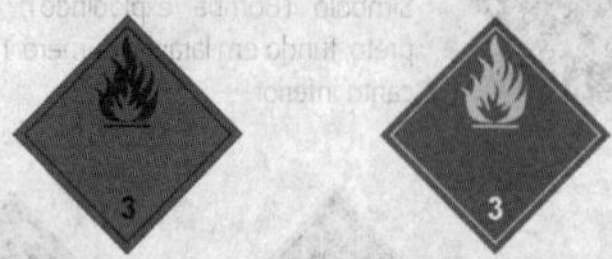

(N. 3)

CLASSE 3 – LÍQUIDOS INFLAMÁVEIS

Símbolo – Chama em preto ou branco
Fundo vermelho
número 3 no canto inferior

CLASSE 4

(N. 4.1)

CLASSE 4.1 – SÓLIDOS INFLAMÁVEIS

Símbolo – Chama em preto
Fundo branco com sete listas verticais vermelhas
número 4 no canto inferior

(N. 4.2)

CLASSE 4.2 – SUBSTÂNCIAS SUJEITAS A COMBUSTÃO ESPONTÂNEA

Símbolo – Chama em preto
Fundo metade superior branca e metade inferior vermelha
número 4 no canto inferior

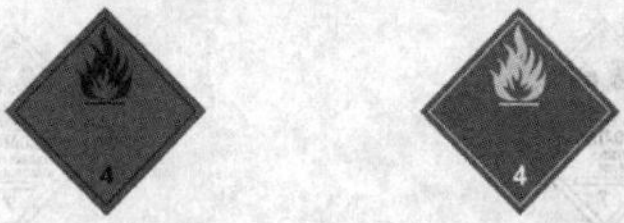

(N. 4.3)

CLASSE 4.3 – SUBSTÂNCIAS QUE EM CONTATO COM A ÁGUA EMITEM GASES INFLAMÁVEIS

Símbolo – Chama preta ou branca
Fundo azul número 4 no canto inferior

CLASSE 5 – SUBSTÂNCIAS OXIDANTES

(N. 5.1)

CLASSE 5.1 – SUBSTÂNCIAS OXIDANTES

Símbolo – Chama sobre círculo em preto – Fundo amarelo – número 5.1 no canto inferior

(N. 5.2)

CLASSE 5.2 – PERÓXIDOS ORGÂNICOS

Símbolo – Chama sobre círculo em preto – Fundo amarelo – número 5.2 no canto inferior

CLASSE 6 – SUBSTÂNCIAS TÓXICAS

(N. 6.1)

CLASSE 6.1 – SUBSTÂNCIAS TÓXICAS

Símbolo – Caveira em preto – Fundo branco – número 6 no canto inferior

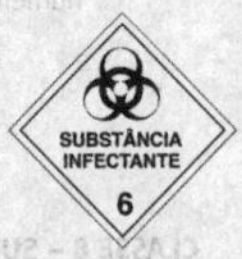

(N. 6.2)

CLASSE 6.2 – SUBSTÂNCIAS INFECTANTES

A metade inferior da etiqueta deve ter a inscrição SUBSTÂNCIA INFECTANTE e em caso de dano ou vazamento comunicar imediatamente a autoridade de saúde pública. Símbolo: três meia-luas crescentes superpostas em um círculo e inscrições em preto – Fundo branco – número 6 no canto inferior

CLASSE 7 – MATERIAL RADIOATIVO

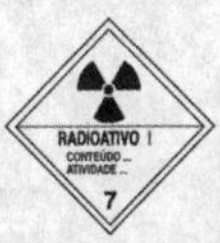

(N. 7A)

Categoria I – Branco

Símbolo – Trifólio em preto, fundo branco. Texto obrigatório em preto na metade inferior da etiqueta contendo: RADIOATIVO

Conteúdo ....

Atividade ....

Uma barra vertical vermelha após a palavra RADIOATIVO; e o número 7 no canto inferior

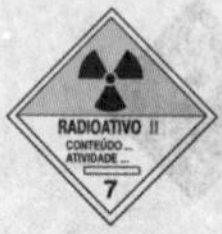

(N. 7B)

Categoria II – Amarelo
Duas barras verticais em vermelho após a palavra RADIOATIVO
número 7 no canto inferior

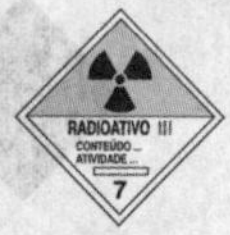

(N. 7C)

Categoria III – Amarelo
Duas barras verticais em vermelho após a palavra RADIOATIVO
número 7 no canto inferior

Símbolo – Trifólio em preto, fundo branco. Texto obrigatório em preto na metade inferior da etiqueta contendo:
RADIOATIVO
Conteúdo ......
Atividade ......
num retângulo em preto: Índice de transporte

CLASSE 7 – MATERIAL FÍSSIL

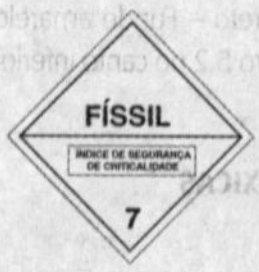

(N. 7E)

Fundo Branco
Texto (obrigatório) em preto na parte superior da etiqueta escrito: FÍSSIL. Na metade inferior da etiqueta, num retângulo em preto: ÍNDICE DE SEGURANÇA CRÍTICA
número 7 no canto inferior

CLASSE 8 – SUBSTÂNCIAS CORROSIVAS

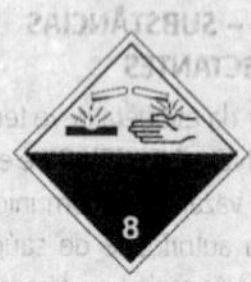

(N. 8)

Símbolo – Líquidos pingando de dois recipientes de vidro atacando um pedaço de metal e uma mão em preto
Fundo: metade superior em branco e metade inferior em preto com bordas em branco número 8 no canto inferior

CLASSE 9 – MISTURA DE SUBSTÂNCIAS E ARTIGOS PERIGOSOS

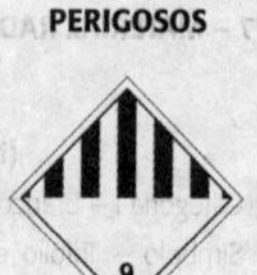

(N. 9)

Símbolo – sete listas verticais na metade superior da etiqueta em preto
Fundo – branco
número 9 sublinhado no canto inferior

Anexo VII
Declaração de Mercadorias Perigosas

<table>
<tr><td>EXPEDIDOR</td><td>NÚMERO DE REFERÊNCIA</td></tr>
<tr><td>CONSIGNATÁRIO</td><td>TRANSPORTADOR</td></tr>
<tr><td>Declaração de Arrumação Contêiner/ Veículo

DECLARAÇÃO:
Declaro que a arrumação do contêiner/ veículo está de acordo com o disposto na Introdução Geral do IMDG Code, parágrafo 12.3.7 ou 17.7.7.</td><td>NOME/ CARGO, ORGANIZAÇÃO DO SIGNATÁRIO

Local e Data
Assinatura e Nome do Embalador</td></tr>
<tr><td>Nome do Navio/ Viagem no Porto de Carga</td><td rowspan="2">(Reservado para texto e outras informações)</td></tr>
<tr><td>Porto de Carga</td></tr>
<tr><td>Marca e número, quando aplicável, identificação ou número de registro da unidade</td><td>N. e tipo de embalagens, nome de expedição/ nome técnico correto, classe, divisão de risco, N. ONU, Grupo de embalagem/ envase, Ponto de fulgor (ºC c.f.), temperatura de controle e de emergência, identificação de mercadoria como Poluentes Marinhos, procedimentos de emergência (EmS/ Fem) e procedimentos de primeiros socorros (MFAG).</td></tr>
<tr><td>Peso Bruto
Peso Líquido</td><td>Mercadorias Transportadas como:
Carga Heterogênea
☐ Carga Homogênea
☐ Embalagens para Granéis
☐ Tipo de Unidade
Contêiner: aberto ☐
fechado ☐</td></tr>
<tr><td colspan="2">OBS: – Nomes comerciais, somente, não são permitidos
– Quando for o caso, as expressões: RESÍDUO, QUANTIDADE LIMITADA ou VAZIO SEM LIMPAR, deverão constar junto aos nomes técnicos dos produtos.</td></tr>
<tr><td>Informações Adicionais:</td><td></td></tr>
<tr><td>DECLARAÇÃO:
Pelo presente documento, declaro que os nomes técnicos corretos, nome de expedição acima indicados correspondem com exatidão ao conteúdo dessa remessa estando classificadas, embaladas (embalagens aprovadas), marcadas, rotuladas e estão sob todos os aspectos em condições adequadas para o transporte, de acordo com as normas nacionais e internacionais.</td><td>Nome/ Cargo, Companhia/ Organização do Signatário

Local e Data:
Assinatura e Nome do Expedidor</td></tr>
</table>

Anexo VIII
Modelo de Ficha de Emergência

•• Anexo VIII com redação determinada pela Portaria n. 1.895, de 9-12-2013.

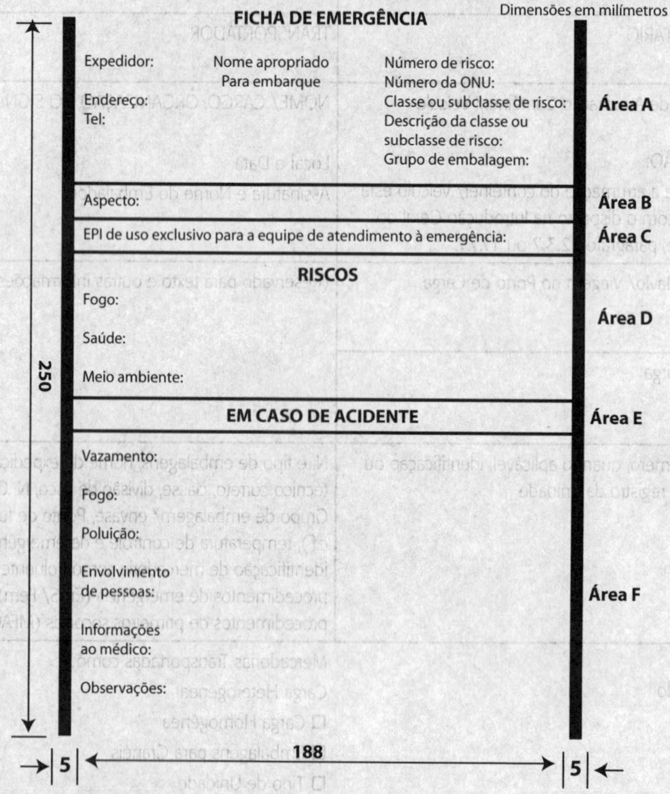

Anexo IX

•• Anexo IX com redação determinada pela Portaria n. 1.895, de 9-12-2013.

Cargas Perigosas

Tabela de Segregação

CLASSE	1.1 1.2 1.5	1.3	1.4	2.1	2.2	2.3	3	4.1	4.2	4.3	5.1	5.2	6.1	6.2	7	8	9
Explosivos 1.1, 1.2, 1.5	*	*	*	4	2	2	4	4	4	4	4	4	2	4	2	4	x
Explosivos 1.3	*	*	*	4	2	2	4	3	3	4	4	4	2	4	2	2	x
Explosivos 1.4	*	*	*	2	1	1	2	2	2	2	2	2	x	4	2	2	x
Gases inflamáveis 2.1	4	4	2	x	x	x	2	1	2	x	2	2	x	4	2	1	x
Gases não tóxicos, não inflamáveis 2.2	2	2	1	x	x	x	1	x	1	x	x	1	x	2	1	x	x
Gases venenosos 2 3	2	2	1	x	x	x	2	x	2	x	x	2	x	2	1	x	x

CLASSE	1.1 1.2 1.5	1.3	1.4	2.1	2.2	2.3	3	4.1	4.2	4.3	5.1	5.2	6.1	6.2	7	8	9
Líquido inflamáveis 3	4	4	2	2	1	2	x	x	2	1	2	2	x	3	2	x	x
Sólidos inflamáveis 4.1	4	3	2	1	x	x	x	x	1	x	1	2	x	3	2	1	x
Substâncias sujeitas à combustão espontânea 4.2	4	3	2	2	1	2	2	1	x	1	2	2	1	3	2	1	x
Substâncias que são perigosas quando molhadas 4.3	4	4	2	x	x	x	1	x	1	x	2	2	x	2	2	1	x
Substâncias oxidantes 5.1	4	4	2	2	x	x	2	1	2	2	x	2	1	3	1	2	x
Peróxidos orgânicos 5.2	4	4	2	2	1	2	2	2	2	2	2	x	1	3	2	2	x
Venenos 6.1	2	2	x	x	x	x	x	x	1	x	1	1	x	1	x	x	x
Substâncias infecciosas 6.2	4	4	4	4	2	2	3	3	3	2	3	3	1	x	3	3	x
Materiais radiativos 7	2	2	2	2	1	1	2	2	2	2	1	2	x	3	x	2	x
Corrosivos 8	4	2	2	1	x	x	x	1	1	1	2	2	x	3	2	x	x
Misturas de substâncias e artigos perigosos 9	x	x	x	x	x	x	x	x	x	x	x	x	x	x	x	x	x

Números e símbolos relativos aos seguintes termos conforme definidos na seção 15 para a introdução geral do IMDG Code:

1 – "Longe de"

2 – "Separado de"

3 – "Separado por um compartimento completo"

4 – "Separado longitudinalmente por um compartimento completo"

x – a segregação caso haja, é indicada na ficha individual da substância no IMDG

* – não é permitida a armazenagem na área portuária

Tipo de Segregação	Sentido de Segregação		
	Longitudinal	**Transversal**	**Vertical**
TIPO 1	Não há restrições	Não há restrições	Permitido um remonte
TIPO 2	Um espaço para contêiner ou contêiner neutro.	Um espaço para contêiner ou contêiner neutro.	Proibido o remonte.
TIPO 3	Um espaço para contêiner ou contêiner neutro.	Dois espaços para contêineres ou dois contêineres neutros.	Proibido o remonte.
TIPO 4	À distância de pelo menos 24 metros.	À distância de pelo menos 24 metros.	Proibido o remonte.
TIPO X	Não há nenhuma recomendação geral. Consultar a FICHA correspondente de cada produto.		

OBSERVAÇÕES:

a) A tabela de segregação anexa, está baseada no quadro de segregação do Código Marítimo Internacional de Mercadorias Perigosas – IMDG/CODE-IMO.

b) Um "espaço para contêineres", significa uma distância de pelo menos 6 metros no sentido longitudinal e pelo menos 2,4 metros no sentido transversal do armazenamento.

c) Contêiner neutro significa cofre com carga compatível com o da mercadoria perigosa (ex.: contêiner com carga geral – não alimento).

d) Não será permitido o armazenamento na área portuária de explosivos em geral (Classe 1) e tóxicos infectantes (Classe 6.2).

•• Alínea *d* com redação determinada pela Portaria n. 1.895, de 9-12-2013.

NR 30
Segurança e Saúde no Trabalho Aquaviário (1)

30.1. Objetivo

30.1.1. Esta Norma Regulamentadora e seu Anexo estabelecem requisitos para a proteção e o resguardo da segurança e da saúde no trabalho aquaviário, disciplinando medidas a serem observadas nas organizações e nos ambientes de trabalho para a prevenção de possíveis lesões ou agravos à saúde.

30.2. Campo de aplicação

30.2.1. Esta Norma se aplica aos trabalhos realizados em embarcações comerciais, de bandeira nacional, bem como às de bandeiras estrangeiras, nos termos do disposto em Convenções Internacionais ratificadas em vigor, utilizadas no transporte de cargas ou de passageiros, inclusive naquelas embarcações usadas na prestação de serviços.

30.2.1.1. Aos trabalhadores das embarcações classificadas como comerciais de pesca, aplica-se apenas o Anexo desta Norma, sem prejuízo das disposições previstas nas demais normas regulamentadoras.

30.2.2. A observância desta Norma Regulamentadora não desobriga a organização do cumprimento das demais Normas Regulamentadoras gerais e especiais, de outras disposições legais com relação à matéria e, ainda, daquelas oriundas de convenções, acordos e contratos coletivos de trabalho.

30.2.3. Às embarcações classificadas de acordo com a Convenção Solas, cujas normas de segurança são auditadas pelas sociedades classificadoras, não se aplicam as Normas Regulamentadoras n. 10 (NR-10), 13 (NR-13) e 23 (NR-23), desde que apresentados os certificados de classe.

30.3. Direitos e deveres

30.3.1. Cabe ao empregador ou equiparado, além das obrigações previstas no item 1.4 da Norma Regulamentadora n. 01 (NR-01), designar formalmente e capacitar, no mínimo, um tripulante efetivamente embarcado como responsável pela aplicação desta NR.

30.3.2. Cabe aos trabalhadores, além do previsto no item 1.4 da NR-01, informar ao oficial de serviço ou a qualquer membro do Grupo de Segurança e Saúde no Trabalho a Bordo das Embarcações – GSSTB, as avarias ou deficiências observadas, que possam constituir fatores de risco para o trabalhador ou para a embarcação.

30.4. Programa de Gerenciamento de Riscos no Trabalho Aquaviário – PGRTA

30.4.1. O empregador ou equiparado deve elaborar e implementar o Programa de Gerenciamento de Riscos no Trabalho Aquaviário – PGRTA, por embarcação, nos termos da Norma Regulamentadora n. 01 (NR-01) e do disposto nesta NR, com base nas necessidades e peculiaridades das atividades aquaviárias.

30.4.1.1. A elaboração do PGRTA não dispensa a organização de elaborar e implementar o PGR em seus estabelecimentos, nos termos da NR-01.

30.4.1.2. Nas embarcações com até quinhentos de arqueação bruta – AB, o empregador ou equiparado pode optar pela utilização de ferramenta de avaliação de risco a ser disponibilizada pelo Ministério do Trabalho e Previdência, para estruturar o PGRTA e elaborar plano de ação, considerando o relatório produzido por essa ferramenta.

30.4.1.3. O atendimento ao disposto no subitem 30.4.1.1 não desobriga o empregador ou equiparado do cumprimento das demais disposições previstas nesta NR.

30.4.2. A organização deve elaborar e manter na embarcação os seguintes procedimentos operacionais:

a) procedimentos de segurança nas atividades de manutenção em embarcação em operação;

b) orientação aos trabalhadores quanto aos procedimentos a serem adotados na ocorrência de condições climáticas extremas e interrupção das atividades nessas situações;

c) procedimentos de acesso seguro à embarcação atracada e fundeada;

d) procedimentos seguros de movimentação de carga;

e) procedimentos de segurança nas atividades que envolvam outras embarcações, balsas, plataformas de petróleo e demais unidades marítimas; e

f) procedimentos de segurança nas manobras de atracação e fundeio.

30.4.2.1. Os procedimentos devem estar em conformidade com o inventário de riscos e o plano de ação do PGRTA.

30.4.2.2. Os procedimentos previstos no subitem 30.4.2 devem ser anexados ao PGRTA.

30.4.3. O PGRTA deve ser revisto a cada três anos, ou quando ocorrerem inovações e modificações nas tecnologias, ambientes, processos, condições, procedimentos e organização do trabalho, ou quando identificadas inadequações ou insuficiência na avaliação dos riscos e na adoção das medidas de prevenção.

30.5. Proteção à saúde

---

(1) NR aprovada pela Portaria n. 34, de 4-12-2002, e com redação determinada pela Portaria n. 425, de 7-10-2021. A Portaria n. 1.186, de 20-12-2018 (*DOU* de 21-12-2018), dispõe em seus arts. 4º e 5º: "Art. 4º A NR-37 entrará em vigor no prazo de 1(um) ano a partir da data de publicação desta Portaria, (...) Art. 5º Na data do início da vigência da NR-37, revogue-se a Portaria SIT n. 183, de 11 de maio de 2010, que aprovou o Anexo II da Norma Regulamentadora 30 – NR-30".

30.5.1. Além das disposições previstas na Norma Regulamentadora n. 07 (NR-07), o Programa de Controle Médico de Saúde Ocupacional – PCMSO deve contemplar o disposto nesse item.

30.5.1.1. Para os trabalhadores aquaviários do grupo marítimos, devem ser adotados os padrões médicos e o modelo de Certificado Médico (Health Certificate – Convenção Internacional sobre Padrões de Instrução, Certificação e Serviço de Quarto para Marítimos – STCW) estabelecidos no QUADRO III desta NR, sem prejuízo da elaboração do Atestado de Saúde Ocupacional – ASO, conforme a NR-07 e disposições desta NR sobre o tema.

30.5.2. Os exames médicos compreendem exames clínicos e exames complementares realizados de acordo com as especificações da NR-07.

30.5.2.1. Uma cópia do Atestado de Saúde Ocupacional – ASO deve ser mantida na embarcação, em meio físico ou eletrônico.

30.5.3. Caso o prazo de validade do exame médico expire no decorrer de uma travessia, fica prorrogado até a data da escala da embarcação em porto onde haja condições necessárias para realização desses exames, observado o prazo máximo de quarenta e cinco dias.

30.5.4. Podem ser realizados outros exames complementares, a critério do médico responsável, desde que relacionados aos riscos ocupacionais identificados e classificados no PGRTA.

30.5.5. Toda embarcação deverá estar equipada com material necessário à prestação dos primeiros socorros, considerando-se as características da atividade desenvolvida, mantendo esse material guardado em local adequado e aos cuidados de pessoa treinada para prestar os primeiros socorros.

30.5.6. A enfermaria, quando existente, deve:

a) ser separada de outras dependências;

b) ter espaço apropriado para guardar os materiais e medicamentos do navio;

c) possuir instalações de água quente e fria; e

d) dispor de drenagem de líquidos e resíduos.

30.5.6.1. A enfermaria não poderá ser utilizada para outros fins que não sejam aqueles destinados ao atendimento de doentes.

30.5.6.2. A enfermaria das embarcações SOLAS deve atender, adicionalmente, ao disposto nas Normas da Autoridade Marítima – NORMAM.

30.5.7. O empregador ou equiparado deve viabilizar o acesso dos trabalhadores aos órgãos de saúde com a finalidade de:

a) prevenção e profilaxia de doenças endêmicas; e

b) aplicação de vacinas.

30.6. Comissão Interna de Prevenção de Acidentes – CIPA

30.6.1. A CIPA das organizações que empregam aquaviários será constituída pelos empregados de cada estabelecimento, inclusive os aquaviários, efetivamente trabalhando em embarcações próprias ou de terceiros, na forma estabelecida por esta NR e na Norma Regulamentadora n. 05 (NR-05), naquilo que não for contrário.

30.6.1.1. Os aquaviários serão representados na CIPA do estabelecimento com maior número de trabalhadores, na razão de um membro titular para cada dez embarcações da organização, ou fração, e de um suplente para cada vinte embarcações da organização, ou fração.

30.6.2. Os aquaviários candidatos à CIPA serão eleitos em votação em separado, tendo todos os direitos assegurados pela legislação vigente.

30.6.2.1. Os aquaviários que estejam em período de descanso poderão participar do processo eleitoral, devendo a organização garantir os meios necessários para o exercício do voto.

30.6.3. O empregador adotará os meios necessários para a participação do(s) trabalhador(es) eleito(s) nas reuniões da CIPA, inclusive, mediante a adoção de meios eletrônicos de comunicação.

30.6.3.1. A participação por meio eletrônico de comunicação será consignada em ata, assinada pelos demais presentes, que suprirá sua assinatura.

30.6.4. Os membros da CIPA eleitos, titulares e suplentes, quando embarcados, devem participar da reunião mensal do GSSTB.

30.7. Grupo de Segurança e Saúde no Trabalho a Bordo das Embarcações – GSSTB

30.7.1. É obrigatória a constituição de GSSTB a bordo das embarcações de bandeira nacional com, no mínimo, quinhentos arqueação bruta – AB.

30.7.1.1 Às embarcações de bandeira estrangeira que forem operar por mais de cento e oitenta dias em águas jurisdicionais brasileiras e com trabalhadores brasileiros a bordo aplica-se o disposto no subitem 30.7.1.

30.7.2. O GSSTB funcionará sob a orientação e o apoio técnico dos Serviços Especializados em Segurança e Medicina do Trabalho – SESMT, observado o disposto na Norma Regulamentadora n. 04 (NR-04).

30.7.3. Da composição

30.7.3.1. O GSSTB fica sob a responsabilidade do comandante da embarcação e deve ser integrado pelos seguintes tripulantes:

a) encarregado da segurança;

b) chefe de máquinas;

c) representante do nível técnico de subalterno da seção de convés;

d) responsável pela seção de saúde, se existente; e

e) representante do nível técnico de subalterno da seção de máquinas.

30.7.3.1.1. Caso a embarcação não disponha dos tripulantes acima mencionados, os integrantes poderão ser substituídos por outros tripulantes com funções assemelhadas.

30.7.3.2. Quando a lotação da embarcação for composta de registro em rol portuário, o GSSTB será cons-

NR 30

tituído por um representante de cada seção de aquaviários da lotação do rol, sendo, no mínimo, um GSSTB para cada cinco embarcações ou fração existentes na empresa.

30.7.3.3. O comandante tomará as providências para proporcionar aos membros do GSSTB os meios necessários ao desempenho de suas funções e ao cumprimento das deliberações do grupo.

30.7.4. O GSSTB tem como finalidade manter procedimentos que visem à preservação da segurança e saúde no trabalho, procurando atuar de forma preventiva.

30.7.4.1. Os membros do GSSTB deverão ser treinados para desempenhar as atribuições elencadas no subitem 30.7.5.

30.7.5. São atribuições do GSSTB:

a) zelar pelo cumprimento das normas de segurança e saúde, objetivando a preservação da segurança e saúde no trabalho a bordo;

b) avaliar se as medidas existentes a bordo para prevenção de acidentes e doenças relacionadas ao trabalho atendem ao estabelecido no PGRTA;

c) informar possíveis riscos ocupacionais não previstos no PGRTA e sugerir medidas de prevenção;

d) verificar e informar deficiências de sistemas e equipamentos de segurança e de salvatagem;

e) preencher o quadro estatístico de acidentes, conforme modelo constante no Quadro I, e elaborar relatório, encaminhando-os ao empregador;

f) participar do planejamento para a execução dos exercícios regulamentares de segurança, previstos nas normas regulamentadoras e nas NORMAM, avaliando os resultados e propondo medidas corretivas;

g) promover, a bordo, palestras e debates de caráter educativo, assim como a distribuição de publicações e/ou recursos audiovisuais relacionados com os propósitos do grupo;

h) identificar as necessidades de treinamento sobre segurança e saúde no trabalho;

i) contribuir para a melhoria das condições de trabalho e de bem-estar a bordo; e

j) verificar a adoção de medidas de proteção coletiva e que todos a bordo recebam e usem equipamentos de proteção individual adequados ao risco.

30.7.6. Das reuniões

30.7.6.1. O GSSTB reunir-se-á, em sessão ordinária, de caráter obrigatório, pelo menos uma vez a cada trinta dias.

30.7.6.1.1. As reuniões do GSSTB devem contemplar, no mínimo, os seguintes temas:

a) leitura da ata da reunião anterior e acompanhamento dos itens pendentes;

b) relatos sobre fatores de risco observados a bordo;

c) avaliação das medidas existentes a bordo para prevenção de acidentes e doenças relacionadas ao trabalho;

d) verificação do correto funcionamento dos sistemas e equipamentos de segurança e de salvatagem;

e) relato de eventual deficiência dos sistemas e equipamentos de segurança e de salvatagem;

f) apresentação de resultados de investigação de acidentes e ocorrências perigosas, ocorridos no último mês, e ações corretivas adotadas e propostas;

g) identificação das necessidades de treinamento da tripulação referentes à segurança e saúde no trabalho;

h) avaliação do estado do navio quanto às condições de habitabilidade, conforto, arrumação e limpeza, definindo ações corretivas;

i) análise das solicitações de materiais não atendidas que estejam impactando a segurança; e

j) informação sobre os dados do Quadro I, referentes a estatísticas de acidentes, relativos ao mês anterior.

30.7.6.2. As reuniões extraordinárias ocorrerão nas seguintes situações:

a) por iniciativa do comandante da embarcação;

b) por solicitação escrita da maioria dos componentes do GSSTB ao comandante da embarcação;

c) quando da ocorrência de acidente a bordo em que haja morte ou desaparecimento, lesão grave ou prejuízo material de grande monta; e

d) na ocorrência de incidente, práticas ou procedimentos que possam gerar riscos ao trabalho a bordo.

30.7.6.3. Serão consideradas de efetivo trabalho as horas destinadas ao cumprimento das atribuições do GSSTB, que devem ser realizadas durante a jornada de trabalho.

30.7.6.4. O comandante da embarcação poderá convocar qualquer outro membro da tripulação para participar das reuniões do GSSTB.

30.7.6.5. Ao final de cada reunião será elaborada uma ata referente às questões discutidas.

30.7.6.5.1. As atas das reuniões ficarão arquivadas a bordo, sendo extraídas cópias para o envio à direção da organização ou, quando houver, diretamente aos SESMT, devendo ser apresentada na próxima reunião ordinária da CIPA.

30.7.6.6. Anualmente o GSSTB reunir-se-á a bordo com representantes do SESMT da empresa, em porto nacional escolhido por esta, para acompanhamento, monitoramento e avaliação das atividades do referido grupo.

30.7.6.6.1. Na inviabilidade da presença a bordo do representante do SESMT da organização, a reunião poderá se dar por videoconferência, contemplando, no máximo, vinte por cento da frota da organização nesta modalidade de reunião virtual.

30.7.6.6.1.1. As frações de unidade resultante da aplicação do percentual sobre a base de cálculo do subitem 30.7.6.6.1 não serão consideradas.

30.7.6.6.1.2. A organização deverá justificar a inviabilidade ao comandante, que consignará em ata da reunião do GSSTB.

30.7.6.7. Quando o empregador não for obrigado a manter o SESMT, deverá recorrer aos serviços profissionais de uma assessoria especializada em segurança e medicina do trabalho, para avaliação anual das atividades do GSSTB.

30.7.7. Das comunicações e providências

30.7.7.1. Cabe ao comandante da embarcação:

a) comunicar e divulgar as normas que a tripulação deve conhecer e cumprir em matéria de segurança e saúde no trabalho, em especial o PGRTA;

b) dar conhecimento à tripulação das sanções legais que poderão advir do descumprimento desta norma regulamentadora e das demais normas gerais e especiais, no que tange ao trabalho a bordo; e

c) encaminhar à empresa as atas das reuniões do GSSTB, solicitando o atendimento para os itens que não puderam ser resolvidos com os recursos de bordo.

30.7.7.2. Cabe ao empregador ou equiparado:

a) analisar as propostas do grupo, implementando-as sempre que se mostrarem exequíveis e, em qualquer caso, informar ao GSSTB sua decisão fundamentada;

b) assegurar, quando do transporte de substâncias perigosas, que o comandante da embarcação tenha conhecimento das medidas de segurança que deverão ser tomadas; e

c) promover os meios necessários para o cumprimento das atribuições do GSSTB previstas nos subitens 30.7.4 e 30.7.5.

30.8. Alimentação

30.8.1. Toda embarcação comercial deve ter a bordo o aprovisionamento de víveres e água potável, observados:

a) a duração e a natureza da viagem;

b) o número de tripulantes; e

c) as situações de emergência.

30.8.1.1. Os víveres e a água potável devem ser acondicionados em local que preserve suas características e propriedades para consumo.

30.8.1.2. Para manutenção da saúde e higiene dos trabalhadores naquelas embarcações onde houver a confecção de refeições a bordo, se faz necessário que as atividades relacionadas ao preparo e execução das refeições estabelecidas no cardápio balanceado sejam realizadas por cozinheiro, em conformidade com a NORMAM e com a legislação sanitária aplicável.

30.8.1.2.1. Estão dispensadas de cozinheiro as embarcações cujas singraduras sejam inferiores a doze horas e trafeguem em área onde seja possível o apoio de alimentação proveniente de facilidades em terra, garantidas condições higiênico-sanitárias em conformidade com a legislação sanitária aplicável.

30.9. Camarotes

30.9.1 Os membros da tripulação devem dispor de camas individuais.

30.9.2. As camas devem estar colocadas a uma distância uma da outra de modo a que se permita o acesso a uma delas sem passar por cima da outra.

30.9.3. A cama superior deve ser provida de escada fixa para que possa ser acessada com segurança.

30.9.4. É vedada a sobreposição de mais de duas camas.

30.9.5. É vedada a sobreposição de camas ao longo do costado da embarcação, quando esta sobreposição impedir a ventilação e iluminação natural proporcionada por uma vigia.

30.9.6. As camas devem:

•• Sobre prazos: *Vide* art. 4º da Portaria n. 425, de 7-10-2021.

a) estar dispostas a mais de trinta centímetros do piso;

b) ter dimensões internas não inferiores a um metro e noventa e oito centímetros por oitenta centímetros;

c) dispor de colchões certificados pelo Instituto Nacional de Metrologia, Qualidade e Tecnologia – Inmetro ou Organismo Certificador Internacional; e

d) dispor de iluminação artificial ou suplementar.

30.9.7. O fornecimento, conservação e higienização de colchões e de roupa de cama devem ser por conta do empregador.

30.9.8. Os camarotes das embarcações acima de quinhentos de arqueação bruta (500 AB) devem estar providos de:

a) mesa ou escrivaninha;

b) espelho;

c) armário para artigos usados no asseio pessoal;

d) estante para livros;

e) cabides para pendurar roupas;

f) armário individual; e

g) cesto de lixo.

30.9.8.1. O mobiliário deve ser de material liso e resistente, que não se deforme pela corrosão.

30.9.9. Nos casos de prévia utilização de qualquer acomodação por tripulante portador de doença infectocontagiosa, o local deverá ser submetido a uma desinfecção que atenda aos protocolos da Autoridade Sanitária.

30.10. Salões de refeições e locais de recreio

30.10.1. Os pisos devem ser de material antiderrapante e as anteparas não devem apresentar irregularidades e depressões.

30.10.1.1. Os pisos e as anteparas devem ser mantidos limpos e conservados.

30.10.2. As mesas e cadeiras devem:

a) possuir dispositivos para fixação ao piso;

b) ser de material resistente à umidade;

c) ser de fácil limpeza; e

d) estar em perfeitas condições de uso.

30.10.3. Nas embarcações maiores que três mil de arqueação bruta (3000 AB), devem ser instaladas salas de lazer, com mobiliário próprio.

NR 30

30.10.3.1. Nas embarcações menores que as previstas no subitem 30.10.3, o refeitório pode ser utilizado como sala de lazer.

30.11. Cozinha

30.11.1. A captação de fumaças, vapores e odores deve ser feita mediante a utilização de um sistema de exaustão.

30.11.2. Os recipientes de gás liquefeito de petróleo – GLP e suas conexões devem ser:

a) certificados de acordo com as normas técnicas brasileiras ou normas técnicas internacionais aplicáveis; e

b) instalados em área externa ventilada, sinalizada e protegida.

30.11.2.1. As canalizações utilizadas para a distribuição de gás deverão ter proteção adequada contra o calor e, quando flexíveis, deverão atender às normas técnicas brasileiras ou normas técnicas internacionais aplicáveis.

30.11.3. Os fogões deverão ser dotados de dispositivos que impeçam a queda e o deslocamento de panelas e utensílios, quando do balanço da embarcação.

30.12. Instalações sanitárias

30.12.1 As embarcações devem possuir instalações sanitárias obedecendo aos seguintes requisitos:

a) os pisos devem ser de material antiderrapante, impermeável, de fácil limpeza e devem estar providos de um sistema de drenagem;

b) os locais devem ser devidamente iluminados e arejados;

c) as pias devem ter o necessário abastecimento de água doce, quente e fria;

d) os vasos sanitários devem ter pressão de descarga dimensionada, permitindo seu funcionamento a qualquer momento e o seu controle de modo individual e, quando necessário, dispor de ducha higiênica próxima;

e) quando houver vários vasos sanitários instalados num mesmo local, eles devem ser projetados para garantir a privacidade dos usuários; e

f) as instalações sanitárias devem ser mantidas em permanente estado de conservação e limpeza.

30.13. Locais para lavagem, secagem e guarda de roupas de trabalho

30.13.1. Todas as embarcações com quinhentos de arqueação bruta (500 AB) ou mais, devem ter máquinas para lavagem e secagem de roupas de trabalho.

30.13.1.1. As embarcações com menos de quinhentos de arqueação bruta (500 AB) deverão propiciar meios e locais para lavagem e secagem de roupas de trabalho.

30.13.2. As instalações para a lavagem de roupas devem ter abastecimento de água doce.

30.13.3. Deve haver local devidamente arejado e de fácil acesso para guardar as roupas de trabalho.

30.14. Segurança na manutenção em embarcação em operação

30.14.1. As atividades de manutenção em embarcação em operação devem observar o disposto neste item.

30.14.1.1. O contido neste item não se aplica à embarcação em comissionamento.

30.14.1.2. O tripulante não deve realizar trabalhos de manutenção cumulativamente com atividades de vigilância, navegação, carga ou descarga.

30.14.2. Cabe ao comandante da embarcação:

a) assegurar a implementação das medidas de prevenção antes do início de qualquer trabalho de manutenção;

b) assegurar a realização da Análise de Risco – AR e, quando aplicável, a emissão da Permissão de Trabalho – PT;

c) informar aos trabalhadores sobre os riscos da atividade de manutenção e as medidas de prevenção a serem adotadas

d) assegurar que os trabalhos sejam imediatamente interrompidos, quando houver mudanças nas condições ambientais que os tornem potencialmente perigosos à integridade física dos trabalhadores; e

e) proporcionar condições para que os tripulantes possam colaborar com a implementação das medidas previstas nesta Norma, bem como interromper imediatamente o trabalho, conforme previsto na alínea "d" deste subitem.

30.14.3. Todo trabalho de manutenção em embarcação em operação deve ser precedido de AR.

30.14.3.1. A AR deve indicar a necessidade de emissão de PT.

30.14.3.2. A AR deve ser:

a) realizada pela equipe técnica envolvida na atividade de manutenção;

b) coordenada pelo responsável pela aplicação desta NR a bordo;

c) registrada em documento; e

d) assinada por todos os participantes da análise, podendo a assinatura ser eletrônica.

30.14.4. A PT deve conter:

a) as disposições e medidas estabelecidas na AR;

b) os requisitos mínimos a serem atendidos para a execução das atividades; e

c) os participantes da equipe de trabalho e suas autorizações.

30.14.4.1. A PT deve ser:

a) aprovada pelo responsável pela aplicação da desta NR a bordo;

b) assinada pelos participantes da equipe de trabalho e pela chefia imediata; e

c) disponibilizada no local de execução das atividades.

30.14.4.2 A PT deve ter validade limitada à duração da atividade, podendo ser revalidada pelo responsável pela aprovação nas situações em que não ocorram mudanças nas condições estabelecidas ou na equipe de trabalho.

30.14.4.2.1. A validade da PT não poderá exceder o período de vinte e quatro horas.

30.14.5. No trabalho a quente, nas atividades de pintura *spray* e de jateamento, se aplicam as disposições contidas no subitem 30.14.4.

30.14.6. Os serviços em espaços confinados somente devem ser realizados de acordo com a Norma Regulamentadora n. 33 (NR-33) – Segurança e Saúde no Trabalho em Espaços Confinados.

30.14.7. Na execução do trabalho em altura, além do cumprimento da Norma Regulamentadora n. 35 (NR-35) – Trabalho em Altura, devem ser tomadas as seguintes providências:

a) isolamento e sinalização de toda a área afetada pelo serviço antes do início das atividades; e

b) adoção de medidas para evitar a queda de ferramentas e materiais, inclusive no caso de paralisação dos trabalhos.

30.14.7.1. O trabalho em altura deve ser interrompido imediatamente em caso de:

a) iluminação insuficiente;

b) condições meteorológicas adversas como chuvas, ventos relativos com intensidades superiores a vinte nós e ondas com altura acima de dois metros e meio; e

c) na ocorrência de balanços longitudinais e transversais que possam causar riscos ao trabalhador.

30.15. Movimentação de carga

30.15.1. Os equipamentos de guindar e acessórios devem ser certificados.

30.15.1.1. Nova certificação deve ocorrer de acordo com o prazo estabelecido em norma técnica nacional ou em conformidade com recomendação do órgão certificador, em prazo não superior a cinco anos.

30.15.2. Todo equipamento de movimentação de carga deve apresentar, de forma legível e de fácil visualização, sua capacidade máxima de carga.

30.15.3. Os equipamentos de guindar e acessórios devem ser submetidos a inspeções:

a) iniciais, antes da sua entrada em operação;

b) periódicas;

c) eventuais; e

d) diárias, antes de iniciar qualquer movimentação.

30.15.3.1. As inspeções iniciais e periódicas do equipamento de guindar e acessórios devem ser realizadas por trabalhadores qualificados, sob supervisão de profissional legalmente habilitado ou por Sociedades Classificadoras reconhecidas pela Autoridade competente, que ateste o bom estado de conservação e funcionamento em conformidade com a legislação nacional.

30.15.3.1.1. A periodicidade das inspeções deve ser realizada conforme calendário de inspeções, em prazos entre as inspeções não superiores a doze meses, de acordo com as recomendações:

a) do fabricante;

b) do órgão certificador; ou

c) decorrentes da última inspeção.

30.15.3.1.2. Após a realização das inspeções iniciais e periódicas deve ser emitido relatório de inspeção por profissional legalmente habilitado.

30.15.3.1.2.1. O relatório de inspeção periódica deve conter:

•• *Vide* art. 5º da Portaria n. 425, de 7-10-2021.

a) critérios e normas técnicas utilizadas;

b) itens inspecionados;

c) não conformidades encontradas, descrevendo as impeditivas e as não impeditivas à operação do equipamento;

d) medidas corretivas adotadas para as não conformidades impeditivas ao seu funcionamento;

e) cronograma de correção para as irregularidades não impeditivas que não representem, isoladamente ou em conjunto, perigo à segurança e à saúde dos trabalhadores;

f) data estabelecida para a próxima inspeção; e

g) parecer conclusivo quanto à operação do equipamento.

30.15.3.1.2.1.1. Para os navios de bandeira estrangeira, que venham a operar em águas jurisdicionais brasileiras – AJB, será aceito o relatório das inspeções periódicas elaborado no país de origem, sendo exigível o conteúdo previsto no subitem 30.15.3.1.2.1 nas próximas inspeções periódicas.

30.15.3.2. A inspeção eventual deve ser realizada quando da ocorrência de manutenção, reparo ou avaria que possa afetar a operação segura do equipamento, em conformidade com as recomendações do fabricante ou do órgão certificador.

30.15.3.3. As inspeções diárias devem ser realizadas pelo operador do equipamento ou trabalhador capacitado a cada jornada antes de iniciar qualquer movimentação.

30.16. Máquinas e equipamentos

30.16.1. As máquinas e equipamentos utilizados no trabalho aquaviário devem atender ao disposto na Norma Regulamentadora n. 12 (NR-12) – Segurança no Trabalho em Máquinas e Equipamentos.

30.16.1.1. O disposto no subitem anterior não se aplica às máquinas e aos equipamentos certificados pela autoridade competente do país de Bandeira ou por sociedade classificadora ou certificadora por ela reconhecida, desde que atendidos todos os requisitos técnicos de construção relacionados à segurança da máquina ou equipamento e mantidos de acordo com o projeto da embarcação.

30.16.2. A distância mínima entre máquinas, em conformidade com suas características, aplicações e projeto da embarcação, deve resguardar a segurança e a saúde dos trabalhadores durante sua operação, manutenção, ajuste, limpeza e inspeção.

30.16.3. As áreas de circulação e armazenamento de materiais e os espaços em torno de máquinas devem ser mantidos de acordo com o projeto da embarcação, de forma que os trabalhadores e os transportadores de materiais movimentem-se com segurança.

30.17. Capacitação e treinamento em segurança e saúde no trabalho

30.17.1. Além do previsto na NR-01, a capacitação e treinamento em segurança e saúde no trabalho deve atender ao disposto neste item.

30.17.1.1. O tomador de serviços de profissionais não tripulantes deverá exigir do prestador de serviços o(s) certificado(s) de capacitação para o exercício das atividades que irão realizar.

30.17.2. Toda capacitação que envolver a operação de máquina ou de equipamento deverá ter conteúdo programático compatível com a máquina ou o equipamento a ser utilizado.

30.17.3. Do Treinamento inicial

30.17.3.1. O treinamento inicial será presencial, aplicado a todos os tripulantes e terá carga horária mínima de quatro horas, abordando, no mínimo, o seguinte conteúdo programático:

a) capacitação básica em segurança do trabalho:

I – as condições do local de trabalho;

II – os riscos inerentes às atividades desenvolvidas;

III – o uso adequado dos equipamentos de proteção individual e coletiva; e

b) em caso de operação de máquina ou de equipamento, o mencionado no subitem 30.17.2.

30.17.3.2. Os treinamentos periódicos deverão ser aplicados a cada dois anos e abranger, no mínimo, o conteúdo programático do treinamento inicial.

30.18. Acesso à embarcação

30.18.1. Deve ser garantido acesso seguro para o embarque e desembarque da embarcação.

30.18.2. Acesso à embarcação atracada

30.18.2.1. As escadas, pranchas, rampas e demais meios de acesso às embarcações devem ser mantidos em bom estado de conservação e limpeza, sendo preservadas as características das superfícies antiderrapantes.

30.18.2.2. As escadas e pranchas de acesso às embarcações devem dispor de corrimão.

30.18.2.2.1. Os corrimãos devem oferecer resistência e apoio em toda a sua extensão e, quando constituídos por cordas ou cabos de aço, devem estar sempre esticados.

30.18.2.3. É proibida a colocação de extensões elétricas, mangueiras, mangotes e assemelhados nas estruturas e corrimões das escadas e pranchas de acesso das embarcações.

30.18.2.4. As escadas de acesso às embarcações ou estruturas complementares devem atender aos seguintes requisitos:

a) estar apoiadas em terra;

b) compensar os movimentos da embarcação;

c) possuir largura que permita o trânsito seguro; e

d) possuir rede de segurança contra queda de pessoas.

30.18.2.4.1. Deve ser mantida na embarcação a seguinte documentação referente às escadas:

a) certificação de acordo com as normas técnicas aplicáveis;

b) identificação permanente que permita correlacionar o equipamento à certificação;

c) identificação da data em que foi colocada em serviço; e

e) registro de reparos efetuados.

30.18.2.4.2. A rede de segurança deve obedecer aos seguintes requisitos:

a) ser mantida em perfeito estado de conservação

b) ser montada envolvendo a parte inferior do meio de acesso; e

c) proteger toda a extensão do meio de acesso.

30.18.2.5. A escada de portaló deve ficar posicionada em relação ao plano horizontal, de modo que permita o acesso seguro à embarcação com ângulo máximo de cinquenta e cinco graus, a menos que projetada e construída para uso em ângulos maiores que esse e devidamente marcada com essa informação.

30.18.2.6. Os suportes e os cabos de sustentação das escadas ligados ao guincho não podem criar obstáculos à circulação de pessoas e devem garantir a estabilidade da escada.

30.18.2.7. As pranchas, rampas ou passarelas de acesso, conjugadas ou não com as escadas de portaló, não certificadas por organização reconhecida por autoridade marítima da bandeira da embarcação devem seguir as seguintes especificações:

a) serem de concepção rígida;

b) terem largura mínima de oitenta centímetros;

c) estarem providas de tacos transversais a intervalos entre trinta e cinco centímetros e quarenta centímetros em toda extensão do piso;

d) possuírem corrimão, em ambos os lados de sua extensão, dotado de guarda-corpo duplo com régua superior situada a uma altura de um metro e dez centímetros e régua intermediária a uma altura entre cinquenta centímetros e setenta centímetros, medidas a partir da superfície do piso e perpendicularmente ao eixo longitudinal da escada;

e) serem dotadas de dispositivos que permitam fixá-las firmemente à escada da embarcação ou à sua estrutura numa extremidade;

f) a extremidade, que se apoia no cais, deve ser dotada de dispositivo rotativo que permita acompanhar o movimento da embarcação; e

g) estarem posicionadas no máximo a trinta graus de um plano horizontal.

30.18.2.8. É proibido o acesso de trabalhadores a embarcações em equipamentos de guindar, exceto em operações de resgate e salvamento;

30.18.2.9. Não é permitido o acesso à embarcação atracada utilizando-se escadas tipo quebra-peito.

30.18.3. Acesso à embarcação fundeada

30.18.3.1. Os dispositivos utilizados para transferência de pessoas em embarcação fundeada devem permitir o embarque e o desembarque seguro, devendo ser mantidos limpos e regularmente inspecionados.

30.18.3.2. O embarque e o desembarque de pessoas a bordo devem ser supervisionados por tripulante designado que disponha de meios de comunicação com o passadiço.

30.18.3.3. Os equipamentos mecânicos de auxílio ao embarque de pessoas a bordo devem ser inspecionados antes de sua utilização e operados por trabalhador capacitado.

30.18.3.4. A escada de acesso à embarcação deve ser, prioritariamente, do tipo portaló.

30.18.3.5. A escada tipo quebra-peito, quando for utilizada, deve atender aos seguintes requisitos:

a) deve ter a possibilidade de ser instalada em qualquer dos bordos, numa posição segura em que não haja o risco de receber descargas eventuais provenientes do navio;

b) deve estar suficientemente afastada, na medida do possível, das arestas do navio e situar-se na parte plana do costado a meia-nau;

c) deve ser lançada a sotavento;

d) não deve exigir uma subida menor do que um metro e cinquenta centímetros e nem maior do que nove metros;

e) quando a altura a ser escalada for superior a nove metros, a subida a bordo, a partir da escada de quebra-peito, deve se efetuar com a ajuda da escada de portaló;

f) deve ser montada por tripulante capacitado e sob a sua supervisão;

g) cada degrau deve se apoiar firmemente no costado do navio;

h) os degraus devem estar igualmente espaçados;

i) o ponto de apoio para a fixação da escada, as manilhas e os cabos de fixação devem ser tão resistentes quanto os cabos laterais da escada;

j) deve haver um travessão de, no mínimo, cento e oitenta centímetros de comprimento, no máximo, a cada nove degraus; e

k) os travessões não devem ser colocados entre os degraus.

30.18.3.6. O acesso ao convés da embarcação deve ser mantido seguro, desobstruído e provido de iluminação.

30.18.3.7. Os seguintes equipamentos devem ser mantidos à mão e prontos para utilização imediata no embarque e desembarque de pessoas a bordo de embarcações:

a) dois cabos de segurança fixados no convés da embarcação;

b) uma boia salva-vidas dotada de luz de acendimento automático; e

c) uma retinida.

30.18.3.8. Os trabalhadores que acessem embarcação fundeada devem usar colete salva-vidas.

30.19. Disposições gerais de segurança e saúde

30.19.1. Os corredores, os camarotes, os refeitórios e as salas de recreação devem garantir segurança e proteção contra as intempéries e condições da navegação, bem como isolamento do calor, do frio, do ruído excessivo, das vibrações e das emanações provenientes de outras partes da embarcação.

30.19.1.1. A embarcação deverá possuir vias e saídas destinadas às situações de emergência, sinalizadas e desimpedidas, para a passagem dos tripulantes.

30.19.2. As tubulações de vapor, de descarga de gases e outras tubulações semelhantes não devem passar pelas acomodações da tripulação nem pelos corredores que as sirvam.

30.19.2.1. Caso, por motivos técnicos, seja necessário passar essas tubulações por tais corredores, elas deverão estar isoladas e protegidas.

30.19.3. Toda embarcação deve estar provida de um sistema de ventilação que mantenha o ar em condições atmosféricas satisfatórias, de modo suficiente a atender quaisquer circunstâncias climáticas.

30.19.4. Toda embarcação, à exceção daquelas destinadas exclusivamente à navegação nos trópicos, deve estar provida de um sistema de calefação que permita o conforto térmico nos alojamentos da tripulação.

30.19.4.1. Os radiadores e demais equipamentos de calefação devem estar instalados de modo a evitar perigo ou desconforto para os ocupantes dos alojamentos.

30.19.5. Todos os locais destinados à tripulação devem ser bem iluminados.

30.19.5.1. Quando não for possível obter luz natural suficiente, deve ser instalado um sistema de iluminação artificial.

30.19.6. Na embarcação onde a aplicação do disposto nos subitens 30.10.3 e 30.19.1 gere modificações estruturais incompatíveis tecnicamente com as áreas disponíveis, ou reformas capazes de influenciar na segurança da embarcação, deve ser apresentado pelo armador projeto técnico alternativo para aprovação pela autoridade competente e, para as embarcações classificadas ou certificadas, a aprovação da sociedade classificadora ou certificadora da embarcação.

30.20. Glossário

Acessórios de movimentação: dispositivos utilizados na movimentação de carga, situados entre a carga e o cabo de elevação do equipamento de transporte, tais como moitões, estropos, manilhas, balanças, correntes, grampos, destorcedores, olhais de suspensão, cintas e ganchos.

Análise de Risco – AR: avaliação dos riscos potenciais, suas causas, consequências e medidas de prevenção.

Embarcação em comissionamento: embarcação, sob responsabilidade de um estaleiro, em processo de assegurar que seus sistemas e componentes estejam projetados, instalados, testados, operados e mantidos de acordo com as necessidades e requisitos operacionais. O comissionamento pode ser aplicado tanto a novas embarcações quanto àquelas em processo de expansão, modernização ou ajuste.

Embarcação em operação: qualquer embarcação em viagem, em trânsito ou em serviço de apoio marítimo de qualquer natureza, fundeada, atracada em atividade de carga e descarga, em atividades de manutenção e sem que a embarcação esteja sob responsabilidade contratual de um estaleiro.

Equiparado: considera-se equiparado ao empregador a pessoa física ou jurídica com algum tipo de gestão sobre a embarcação ou sobre seus tripulantes, seja na posição de proprietário, armador, afretador, operador ou preposto.

Manutenção em embarcação em operação: é o conjunto de procedimentos realizados para manter ou recolocar um equipamento, instalação ou maquinário de uma embarcação, durante a sua operação, em um estado que volte a desenvolver a função requerida inicialmente.

Nó: unidade de medida de velocidade derivada da milha náutica, ou milha marítima. Um nó é igual a uma milha náutica por hora ou 1.852 (mil oitocentos e cinquenta e dois) metros por hora.

Ocorrência perigosa: ocorrência que, sem ter resultado em danos à saúde ou integridade física de trabalhadores, tem potencial para causar tais agravos.

Permissão de Trabalho – PT: documento escrito contendo conjunto de medidas de prevenção, visando ao desenvolvimento de trabalho seguro, além de medidas de emergência e resgate.

Rol Portuário: é o documento hábil, emitido segundo modelo estabelecido pela Marinha do Brasil, (modelo DPC-2304), contendo os embarques e desembarques dos tripulantes de embarcações de uma mesma empresa, empregadas na navegação interior. É emitido por armadores, possibilitando a movimentação de seus tripulantes em suas embarcações de acordo com a conveniência do serviço.

Sotavento: Lado contrário ao de onde vem o vento ou lado protegido do vento.

Vento relativo: vento resultante da soma vetorial do vento real com o vento induzido pela velocidade da embarcação.

Quadro I da NR-30

Quadro Estatístico de Acidentes					
EMPRESA:				ANO:	
NAVIO:					
(1) HORAS HOMEM DE EXPOSIÇÃO AO RISCO		NÚMERO DE ACIDENTES OCORRIDOS		TAXA DE ACIDENTADOS	
MÊS	QUANTIDADE	(2) SEM AFASTAMENTO	(3) COM AFASTAMENTO	(4) TFSA	(5) TFCA
JAN					
FEV					
MAR					
ABR					
MAI					
JUN					
JUL					
AGO					
SET					
OUT					
NOV					
DEZ					
TOTAL					

(1) Total de horas à disposição do empregador (número de tripulantes x 24 horas x 30 dias).

(2) Aquele em que o empregado retorna às suas atividades normais no mesmo dia do acidente ou no dia seguinte no início da próxima jornada de trabalho.

(3) Aquele em que o empregado não retorna às suas atividades normais no mesmo dia do acidente ou no dia seguinte no início da próxima jornada de trabalho.

(4) Número de acidentes sem afastamento x 1.000.000 / número de horas homem de exposição.

(5) Número de acidentes com afastamento x 1.000.000 / número de horas homem de exposição.

Quadro II

Padrões Mínimos Básicos nos Exames Médicos

Requisitos gerais para todos os trabalhadores aquaviários por ocasião do exame médico:

a) não apresentar qualquer distúrbio em seu senso de equilíbrio, sendo capaz de movimentar-se sobre superfícies escorregadias irregulares e instáveis;

b) não apresentar qualquer limitação ou doença que possa impedir a sua movimentação normal e o desempenho das atividades físicas de rotina de bordo, incluído agachar, ajoelhar, curvar e alcançar objetos localizados acima da altura do ombro;

c) ser capaz de subir e descer, sem ajuda, escadas verticais e inclinadas;

d) ser capaz de segurar, levantar, girar e manejar diversas ferramentas de uso comum, abrir e fechar alavancas e volantes de válvulas e equipamentos de uso comum;

e) ser capaz de manter uma conversação normal;

f) não apresentar sintomas de distúrbios mentais ou de comportamento;

g) dentição – mínimo de 10 dentes naturais ou prótese similar, em cada arcada, que não comprometam a articulação normal e os tecidos moles.

Acuidade Visual

Suficiente com correção para desempenhar suas atividades ou funções a bordo.	Para os trabalhadores aquaviários que se tornarem monoculares em serviço, sem evidência de doença degenerativa progressiva, será requerida uma acuidade visual, com correção, compatível com as atividades ou funções que desempenham a bordo.

Padrões Mínimos Específicos

Função a bordo	Acuidade Visual Básica	Acuidade Visual Corrigida
Comandante, Oficiais de Náutica e Subalternos da Seção de Convés	Sem Correção 6/ 60 = 0,6	6/ 6 no melhor olho = 1 e 6/ 12 = 0,5 no outro olho

Tripulante que se tornou monocular em serviço com evidência de doença progressiva no olho remanescente

Comandante, Oficiais de Náutica e Subalternos da Seção de Convés	Sem Correção 6/ 60 = 0,6	6/ 6 = 1 no olho remanescente
Função a bordo	Acuidade Visual Básica	Acuidade Visual Corrigida
Oficiais de máquinas e Subalternos da Seção de Máquinas	Sem Correção 6/ 60 = 0,6	6/ 18 = 0,4

Tripulante que se tornou monocular em serviço com evidência de doença progressiva no olho remanescente

Oficiais de máquinas e Subalternos da Seção de Máquinas	Sem Correção 6/ 60 = 0,6	6/ 9 = 0,6 no olho remanescente

Para todas as funções a bordo serão considerados como padrões mínimos específicos:

– Sem condições significativas evidentes de visão dupla (diplopia);

– Campos visuais suficientes e sem evidências de patologias;

– Serão toleradas discromatopsias leves e moderadas, conforme os critérios estabelecidos nos testes utilizados.

Quadro III da NR-30

Padrões Médicos e Modelo de Certificado Médico (Health Certificate - Convenção Internacional sobre Padrões de Instrução, Certificação e Serviço de Quarto para Marítimos - STCW), para os Trabalhadores Aquaviários do Grupo Marítimos que Operam Embarcações Classificadas para Navegação em Mar Aberto e Apoio Marítimo.

Padrões Mínimos Básicos nos Exames Médicos
Requisitos gerais por ocasião do exame médico: 1. não apresentar qualquer distúrbio em seu senso de equilíbrio, sendo capaz de se movimentar sobre superfícies escorregadias irregulares e instáveis; 2. não apresentar qualquer limitação ou doença que possa impedir a sua movimentação normal e o desempenho das atividades físicas de rotina e emergência a bordo, durante o período de validade do seu certificado médico, incluindo-se agachar, ajoelhar, curvar e alcançar objetos localizados acima da altura do ombro; 3. ser capaz de subir e descer, sem ajuda, escadas verticais e inclinadas; 4. ser capaz de segurar, levantar, girar e manejar diversas ferramentas de uso comum, abrir e fechar alavancas e volantes de válvulas e equipamentos de uso comum; 5. demonstrar ter uma audição e uma fala adequadas para se comunicar de maneira eficaz e detectar quaisquer alarmes sonoros; 6. não apresentar sintomas de distúrbios mentais ou de comportamento; 7. dentição - mínimo de 10 dentes naturais ou prótese similar, em cada arcada, que não comprometam a articulação normal e os tecidos moles; 8. não estar sofrendo de qualquer problema de saúde que possa ser agravado pelo serviço no mar ou tornar o aquaviário inapto para esse serviço, ou colocar em perigo a saúde e a segurança de outras pessoas a bordo; 9. não estar tomando qualquer medicamento que tenha efeitos colaterais que possam prejudicar quaisquer requisitos para um desempenho eficaz e seguro de atribuições de rotina e de emergência a bordo; 10. ter capacitação física compatível com técnicas de sobrevivência pessoal, prevenção e combate a incêndio, primeiros socorros elementares, segurança pessoal e responsabilidades sociais.

Acuidade Visual	
Suficiente com correção para desempenhar suas atividades ou funções a bordo.	Para os trabalhadores aquaviários que se tornarem monoculares em serviço, sem evidência de doença degenerativa progressiva, será requerida uma acuidade visual, com correção, compatível com as atividades ou funções que desempenham a bordo.

Padrões Mínimos de Visão em Serviço

Regra da Convenção STCW	Categoria do Marítimo	Visão para longe com correção[1]		Visão para perto	Visão de Cores[3]	Campos Visuais[4]	Cegueira noturna[4]	Diplopia (visão dupla)[4]
		Um olho	Outro olho	Os dois olhos juntos, com ou sem correção				
I/11 II/1 II/2 II/3 II/4 II/5 VII/2	Comandante, oficiais do departamento de convés e subalternos de convés dos quais é exigido que desempenhem atribuições de vigilância	0,5[2]	0,5	Visão exigida para a navegação do navio (ex.: consulta a cartas e publicações náuticas, utilização dos instrumentos e equipamentos do passadiço e identificação dos auxílios à navegação)	Ver Nota 6	Campos visuais normais	Visão exigida para desempenhar todas as funções necessárias no escuro, sem comprometer o seu desempenho	Nenhum problema significativo evidente

Regra da Convenção STCW	Categoria do Marítimo	Visão para longe com correção[1]		Visão para perto	Visão de Cores[3]	Campos Visuais[4]	Cegueira noturna[4]	Diplopia (visão dupla)[4]
		Um olho	Outro olho	Os dois olhos juntos, com ou sem correção				
I/11 III/1 III/2 III/3 III/4 III/5 III/6 III/7 VII/2	Todos os oficiais de máquinas, oficiais eletrotécnicos, subalternos eletrotécnicos e subalternos ou outros que façam parte de um quarto de serviço na máquina	0,4[5]	0,4 (Ver Nota 5)	Visão exigida para ler instrumentos próximos, para operar equipamentos e para identificar sistemas/ componentes como for necessário	Ver Nota 7	Campos visuais suficientes	Visão exigida para desempenhar todas as funções necessárias no escuro, sem comprometer o seu desempenho	Nenhum problema significativo evidente
I/11 IV/2	Radioperadores de GMDSS	0,4	0,4	Visão exigida para ler instrumentos próximos, para operar equipamentos e para identificar sistemas/ componentes como for necessário	Ver Nota 7	Campos visuais suficientes	Visão exigida para desempenhar todas as funções necessárias no escuro, sem comprometer o seu desempenho	Nenhum problema significativo evidente

Notas:

1. Valores fornecidos na escala decimal de Snellen.
2. É recomendado um valor de pelo menos 0,7 num olho, para reduzir o risco de uma doença subjacente não detectada nos olhos.
3. Como definido nas Recomendações Internacionais para Exigências para Visão de Cores para Transporte pela Commission Internationale de l'Eclairage (CIE-143-2001, inclusive quaisquer versões posteriores).
4. Sujeito a uma avaliação por um especialista clínico em visão, quando indicado por conclusões no exame inicial.
5. O pessoal do departamento de máquinas deverá ter uma visão conjunta de pelo menos 0,4.
6. Padrão de visão de cores 1 ou 2 da CIE.
7. Padrão de visão de cores 1, 2 ou 3 da CIE.

Diretrizes Sobre a Avaliação do Nível Mínimo da Capacidade Física Necessária para Admissão e para a Permanência em Serviço

Tarefa, Função, Evento ou Situação a Bordo[3]	Capacidade Física Relacionada	Um Examinador Médico Deve Estar Convencido de que o Candidato[4,5]
Movimentos de rotina em superfícies escorregadias, desniveladas e instáveis; risco de ferimentos	Manter o equilíbrio	não tem perturbação do senso de equilíbrio.
Acesso de rotina entre níveis; procedimentos de reação à emergência	Subir e descer escadas verticais e inclinadas	é capaz de subir e descer, sem ajuda, escadas verticais e inclinadas.
Movimentos de rotina entre espaços e compartimentos; procedimentos de reação à emergência	Passar por cima de braçolas (ex.: de até 60 cm de altura)	é capaz de passar por cima, sem ajuda, de uma soleira de porta alta (braçola).

Tarefa, Função, Evento ou Situação a Bordo[3]	Capacidade Física Relacionada	Um Examinador Médico Deve Estar Convencido de que o Candidato[4,5]
Abrir e fechar portas estanques; sistemas manuais de manivelas; abrir e fechar volantes de válvulas; manusear cabos; utilizar ferramentas manuais (isto é, chaves de boca, machados de incêndio, chaves para válvulas, martelos, chaves de fenda, alicates)	Manusear dispositivos mecânicos (destreza e força manual e digital)	é capaz de segurar, levantar e manusear diversas ferramentas comuns de bordo; mover as mãos/braços para abrir e fechar volantes de válvulas nas direções vertical e horizontal; girar os punhos para girar manivelas.
Obter acesso através do navio; utilizar ferramentas e equipamentos; os procedimentos de reação à emergência devem ser seguidos prontamente, inclusive vestir colete salva-vidas ou roupa de exposição	Mover-se com agilidade	não tem qualquer debilitação ou doença que possa impedir seus movimentos e suas atividades físicas normais.
Manusear os suprimentos de bordo; utilizar ferramentas e equipamentos; manusear cabos; seguir os procedimentos de reação à emergência	Levantar, puxar, empurrar e transportar uma carga	não tem qualquer debilitação ou doença que possa impedir seus movimentos e suas atividades físicas normais.
Armazenar em local elevado; abrir e fechar válvulas	Alcançar locais acima da altura dos ombros	não tem qualquer debilitação ou doença que possa impedir seus movimentos e suas atividades físicas normais.
Manutenção geral do navio; procedimentos de reação à emergência, inclusive controle de avarias	Agachar (reduzir a altura dobrando os joelhos); Ajoelhar (colocar os joelhos no chão); Curvar o corpo (reduzir a altura curvando a cintura).	não tem qualquer debilitação ou doença que possa impedir seus movimentos e suas atividades físicas normais.
Procedimentos de reação à emergência, inclusive escape de compartimentos cheios de fumaça	Rastejar (a capacidade de mover o corpo com as mãos e os joelhos); Sentir (a capacidade de manusear ou tocar para examinar ou verificar diferenças de temperatura).	não tem qualquer debilitação ou doença que possa impedir seus movimentos e suas atividades físicas normais.

Tarefa, Função, Evento ou Situação a Bordo[3]	Capacidade Física Relacionada	Um Examinador Médico Deve Estar Convencido de que o Candidato[4,5]
Fazer serviço de quarto no mínimo por 4 horas	Ficar em pé e andar por longos períodos de tempo	é capaz de ficar em pé e andar por longos períodos de tempo.
Obter acesso entre compartimentos; seguir os procedimentos de reação à emergência	Trabalhar em espaços apertados e mover-se através de aberturas restritas (ex.: 60 cm x 60 cm)	não tem qualquer debilitação ou doença que possa impedir seus movimentos e suas atividades físicas normais.
Reagir a alarmes, avisos e instruções visuais; procedimentos de reação à emergência	Distinguir um objeto ou uma forma a uma certa distância	atende aos padrões de acuidade visual especificados pela autoridade competente.
Reagir a alarmes e instruções sonoras; procedimentos de reação à emergência	Ouvir um som com um nível especificado de dB, numa frequência especificada	atende aos padrões de capacidade auditiva especificados pela autoridade competente.
Dar informações verbais ou chamar a atenção para situações suspeitas ou de emergência	Descrever o que está à sua volta e atividades próximas e pronunciar claramente as palavras	é capaz de manter uma conversação normal.

Observações:

1. A tabela acima descreve (a) as tarefas, funções, eventos e situações normais a bordo, (b) uma capacidade física correspondente que é considerada necessária para a segurança de um aquaviário que esteja vivendo e trabalhando a bordo de um navio no mar, e (c) uma diretriz para medir a capacidade física correspondente. As Administrações devem levar em conta estas capacidades físicas ao estabelecer os padrões de aptidão médica.
2. Esta tabela não se destina a abordar todas as situações possíveis a bordo, nem todas as situações que possam desqualificar medicamente o indivíduo e devem, portanto, ser utilizadas apenas como uma orientação geral. As administrações devem estabelecer as categorias de aquaviários que estão sujeitos a uma avaliação da capacidade física para o serviço em navios que operam na navegação marítima, levando em conta a natureza do trabalho em que serão empregados a bordo. Por exemplo, a aplicação integral destas diretrizes pode não ser adequada no caso de artistas aos quais não são designadas tarefas na tabela mestra. Além disto, deve ser dada toda a atenção a circunstâncias especiais envolvendo casos individuais, bem como quaisquer riscos conhecidos de permitir que o indivíduo seja empregado a bordo do navio, e até que ponto uma capacidade limitada pode ser conciliada numa determinada situação.
3. O termo "procedimentos de reação à emergência", como disposto nesta tabela, destina-se a abranger todas as medidas padrão de reação a emergências, tais como abandono do navio e combate a incêndio, bem como os procedimentos básicos a serem seguidos pelo aquaviário para aumentar a sua sobrevivência pessoal, para evitar criar situações em que seja necessária a ajuda especial de outros membros da tripulação.
4. O termo "ajuda" significa a utilização de outra pessoa para realizar a tarefa.
5. Na dúvida, o examinador médico deve quantificar, por meio de testes objetivos, o grau de gravidade de qualquer debilitação que desqualifique o candidato, sempre que houver testes adequados disponíveis, ou enviar o candidato para uma outra avaliação.
6. A Convenção sobre Exames Médicos (Aquaviários) da OIT, 1946 (N. 73) fornece, entre outras, as medidas que devem ser tomadas para permitir que uma pessoa a quem, após um exame, tenha sido negado um certificado, possa solicitar um novo exame por um árbitro ou árbitros médicos, que deverão ser independentes de qualquer armador ou de qualquer organização de armadores ou de aquaviários.

Modelo de Certificado Médico (*Health Certificate*), de Acordo Com a Convenção Internacional sobre Padrões de Instrução, Certificação e Serviço de Quarto para Aquaviários – STCW, para os Trabalhadores Aquaviários do Grupo Marítimos que Operam Embarcações Classificadas para Navegação em Mar Aberto e Apoio Aquaviário.

CERTIFICADO MÉDICO
Health Certificate

Nome/*Name*:

Data de Nascimento/*Date of Birth*:

Sexo/*Gender*:

Nacionalidade/*Nationality*:

Matrícula/*Identification*:

CPF/*CPF Id*:

Cargo/*Function*:

Tipo de Exame/*Type of Medical Exam*:

( ) Admissional/*Admission* ( ) Periódico/*Periodic*

( ) Outro/*Other*: ____________________

Médico Coordenador/*Medical Coordinator*: ____________________

Riscos Ocupacionais da Atividade/*Occupational Risks*: ____________________

Físicos/*Physical*:

( ) Ausentes/*Absent* ( ) Calor/*Heat* ( ) Ruído/*Noise*

( ) Frio/*Cold* ( ) Vibração/*Vibration*

( ) Outros/*Others*: ____________________

Químicos/*Chemical*:

( ) Ausentes/*Absent* ( ) Hidrocarbonetos/*Hydrocarbons*

( ) Gases Tóxicos/*Toxic Gases* ( ) Produtos Químicos/*Chemical Products* ( ) Outros/*Others*:

____

Biológicos/*Biological*:

( ) Ausentes/*Absent* ( ) Agentes microbiológicos/*Microbiological pathogens* ( ) Outros/*Others*:

____

EXAMES COMPLEMENTARES/*ADDITIONAL EXAMS*:

Exame/*Exam*: Data/*Date*:

( ) Apto/*Fit for duty* ( ) Inapto/*Unfit for duty*

Fui informado do conteúdo do exame e do direito a recurso, caso não concorde com o mesmo./
I hereby certify that I was informed about the content of this document, and that I have the right to ask for recourse (appeal) if I do notagreewith it.

____________________, ______ de ____________________de ______.

Local e data/*Place and Date*

____________________ ____________________

Médico/*Doctor* Tripulante/*Crew member*

Este Certificado de Saúde tem validade de um ano; menos apenas se claramente registrado. /
This Health Certificateisvalid for oneyear, exceptifclearlystatedotherwise.

De acordo com Reg. 1/9 do SCTW, MLC – 2006/ *In accordance with SCTW Reg 1/9, MLC – 2006.*

Informações adicionais/*Additional Information*

Pergunta/*Question*	Sim/ *Yes*	Não/ *No*
A identificação foi verificada?/*Was the identity verified?*		
A audição atende aos requisitos mínimos para embarque?/*Is hearing adequate for boarding?*		
A audição sem próteses é adequada?/*Is unaided hearing adequate?*		
A acuidade visual satisfaz os padrões estabelecidos no STCW seção A-I/9? *Visual acuitymeets standards in section A-I/9?*		
A visão de cores atende aos padrões estabelecidos no STWC seção A-I/9? *Is colour vision adequate in accordancewith STCW A-I/9?*		
Data da última verificação de daltonismo (máximo: 6 anos)/*Last colour vision evaluation (Max. 6 years)*		
Alguma limitação ou restrição médica?/*Any medical limitation or restriction?*		
Se sim, qual?/*If (Yes), specify:*		
O aquaviário está livre de condições que possam torná-lo inapto ou qualquer problema de saúde que possa ser agravado pelo serviço de navegação no mar ou tornar o marítimo inapto para esse serviço, ou colocar em perigo a saúde e a segurança de outras pessoas a bordo? *Is the seafarer free for many medical condition likely to be aggravated by service at sea orto render these afarerunfit for such service or to end anger the health of other persons on board?*		

_______________________, ______ de ____________ de ______.

Local e data/*Place and Date*

____

Médico/*Doctor*

____

Tripulante/*Crew member*

ANEXO I da NR-30 PESCA COMERCIAL

SUMÁRIO

1. Objetivo e campo de aplicação

1.1. O presente Anexo estabelece as disposições mínimas de segurança e saúde no trabalho a bordo das embarcações de pesca comercial inscritas em órgão da autoridade marítima e licenciadas pelo órgão de pesca competente.

1.1.1. As embarcações de pesca comercial estão sujeitas, ainda, aos controles periódicos previstos nas demais normas que a elas se aplicam.

1.2. O disposto neste Anexo aplica-se a todos os pescadores profissionais e barcos de pesca de comprimento total igual ou superior a doze metros ou Arqueação Bruta igual ou superior a dez, que se dediquem a operações de pesca comercial, salvo disposições em contrário.

1.2.1. Para embarcações menores que doze metros ou Arqueação Bruta inferior a dez, esta Norma aplica-se naquilo que couber.

2. Definições

2.1. Barco é todo barco de pesca, novo ou existente.

2.1.1. Barco de pesca, para os fins que dispõe este Anexo, é toda embarcação de bandeira brasileira utilizada para fins comerciais ou industriais que exerça atividade de captura, conservação, beneficiamento, transformação ou industrialização de seres vivos que têm na água o seu meio natural.

2.1.2. Considera-se barco de pesca novo a embarcação cujos planos de construção tenham sido aprovados pela autoridade marítima após a data de entrada em vigor do deste Anexo ou cuja inscrição tenha ocorrido após seis meses da mesma data.

2.1.3. Barco de pesca existente é toda embarcação de pesca que não seja um barco de pesca novo.

2.2. Trabalhador é toda pessoa que exerce uma atividade profissional a bordo de um barco, inclusive as que estão em período de formação e os aprendizes, com exclusão do pessoal de terra que realize trabalhos a bordo e dos práticos.

2.3. Pescador profissional é a pessoa que exerce sua atividade a bordo, em todas as funções devidamente habilitadas pela autoridade marítima brasileira, ainda que em período de formação ou aperfeiçoamento, com exclusão do prático e do pessoal de terra que realize trabalhos não inerentes à atividade-fim.

2.4. Armador é a pessoa física ou jurídica que explora barcos próprios, afretados, arrendados ou cedidos, dentro de qualquer modalidade prevista nas legislações nacional ou internacional, ainda que esta não seja sua atividade principal.

2.5. Patrão de pesca é todo pescador devidamente habilitado para comandar um barco e administrar as atividades de pesca, sendo responsável por sua operação.

3. Obrigações gerais

3.1. Cabe ao armador:

a) adotar as medidas necessárias para que os barcos sejam utilizados de forma a não comprometer a segurança e a saúde dos trabalhadores nas condições meteorológicas previsíveis; e

b) fornecer ao patrão de pesca os meios necessários para cumprir as obrigações que lhe são atribuídas pelo presente Anexo.

3.2. É responsabilidade do armador, em caso de acidente a bordo em que haja morte ou desaparecimento, lesão grave ou prejuízo material de grande monta, tomar providências para que o patrão de pesca, além de cumprir as normas legais, elabore um relatório detalhado do ocorrido.

3.2.1. O relatório deve ser enviado, caso requerido, à autoridade laboral competente.

3.2.2. A ocorrência será registrada de forma detalhada no livro de quarto ou, caso não exista, em documento específico para esse fim.

4. Disposições de segurança e saúde nos barcos

4.1. Os barcos de pesca novos, ou que sofreram reformas ou modificações importantes, devem atender às disposições mínimas de segurança e saúde previstas no Apêndice I do presente Anexo.

4.2. No caso de barcos de pesca existentes, devem ser cumpridas as disposições previstas no Apêndice II.

4.3. A observância do disposto neste Anexo não exime os barcos dos controles periódicos, previstos nas demais normas que a eles se aplicam.

4.4. Cabe ao armador, sem prejuízo da responsabilidade do patrão de pesca:

a) zelar pela manutenção técnica dos barcos, de suas instalações e equipamentos, especialmente no que diz respeito ao disposto nos Apêndices I e II do presente Anexo, de forma a eliminar, o quanto antes, os defeitos que possam afetar a segurança e saúde dos trabalhadores;

b) tomar medidas para garantir a limpeza periódica dos barcos e do conjunto de instalações e equipamentos, de modo a manter condições adequadas de higiene e segurança;

c) manter a bordo dos barcos os meios de salvamento e de sobrevivência apropriados, em bom estado de funcionamento e em quantidade suficiente, de acordo com as Normas da Autoridade Marítima – NORMAM;

d) atender às disposições mínimas de segurança e saúde relativas aos meios de salvamento e sobrevivência previstas no Apêndice III deste Anexo e nas NORMAM;

e) fornecer os equipamentos de proteção individual necessários, quando não for possível evitar ou diminuir suficientemente os riscos para a segurança e saúde dos trabalhadores com meios ou técnicas coletivas de proteção, de acordo com a Norma Regulamentadora n. 6 (NR-06); e

f) garantir o aprovisionamento de víveres e água potável em quantidade suficiente, de acordo com o número de pescadores profissionais e outros trabalhadores a bordo, a duração, a natureza da viagem e as situações de emergência.

5. Exames médicos e primeiros socorros

5.1. É responsabilidade do armador:

a) custear a elaboração e implementação do Programa de Controle Médico e Saúde Ocupacional – PCMSO dos pescadores, conforme disposto na Norma Regulamentadora n. 7 (NR-07);

b) suprir a embarcação dos meios necessários para o atendimento de primeiros socorros a bordo e de livro de primeiros socorros e medicamentos, de acordo com o preconizado pelas autoridades marítima e sanitária; e

c) tomar providências para que exista, pelo menos, um pescador profissional treinado no atendimento de primeiros socorros para cada dez pescadores profissionais ou fração a bordo.

5.2. Para cada exame médico realizado, o médico responsável emitirá o Atestado de Saúde Ocupacional – ASO, em três vias.

5.2.1. A primeira via do ASO deve ser mantida a bordo da embarcação em que o pescador profissional estiver prestando serviço.

5.2.2. A segunda via do ASO deve ser obrigatoriamente entregue ao pescador profissional, mediante recibo nas outras duas vias.

5.2.3. A terceira via do ASO deve ser mantida com o armador ou seu preposto em terra.

5.3. O prazo de validade do exame médico fica prorrogado, caso expire no decorrer de uma pescaria, até a data da escala da embarcação em um porto onde haja as condições necessárias para sua realização, observado o máximo de quarenta e cinco dias.

6. Formação e informação

6.1. Em relação aos pescadores profissionais, cabe ao armador:

a) exigir certificado de formação emitido pela autoridade marítima; e

b) garantir o fornecimento de informações adequadas e compreensíveis sobre segurança e saúde a bordo, assim como sobre as medidas de prevenção e proteção adotadas no barco, sem prejuízo da responsabilidade do patrão de pesca;

6.2. A formação dos pescadores profissionais deve incluir instruções precisas, compreendendo, em especial:

a) o treinamento para o combate a incêndios;

b) a utilização de meios de salvamento e sobrevivência;

c) o uso adequado dos aparelhos de pesca e dos equipamentos de tração; e

d) os diferentes métodos de sinalização, especialmente os de comunicação por sinais.

6.2.1. Quando de modificações nas atividades do barco, novas informações devem ser ministradas, sempre que necessário.

6.3. É responsabilidade do armador garantir que toda pessoa contratada para comandar um barco esteja devidamente habilitada pela autoridade marítima.

6.3.1. A formação profissional especializada deve incluir, no mínimo, os seguintes tópicos:

a) prevenção de enfermidades profissionais e acidentes de trabalho a bordo e as providências a serem adotadas em caso de acidentes;

b) combate a incêndio e utilização dos meios de salvamento e sobrevivência;

c) estabilidade do barco e manutenção da estabilidade em todas as condições previsíveis de carga e durante as operações de pesca; e

d) procedimentos de navegação e comunicação via rádio.

7. Disposição final

7.1. Cabe à Fundação Jorge Duprat Figueiredo, de Segurança e Medicina do Trabalho – Fundacentro elaborar e manter atualizado um Guia Técnico, de caráter recomendatório, para a avaliação e a prevenção dos riscos relativos à utilização de barcos de pesca.

Apêndice I
Disposições Mínimas de Segurança e Saúde Aplicáveis aos Barcos de Pesca Novos

1. Campo de aplicação

1.1. As obrigações previstas no presente Apêndice aplicam-se aos barcos de pesca novos, considerando:

a) as características operacionais para as quais foram projetados;

b) a distância máxima de operação;

c) a autonomia de tempo de navegação e pesca;

d) os requisitos de segurança dos locais de trabalho ou da atividade pesqueira; e

e) as circunstâncias ou a evidência de riscos a bordo.

2. Navegabilidade e estabilidade

2.1. O barco deve ser mantido em boas condições de navegabilidade e ser dotado de equipamentos apropriados ao seu destino e utilização.

2.2. Informações sobre as características de estabilidade do barco, quando exigíveis, devem estar disponíveis a bordo e acessíveis ao pessoal de serviço.

2.3. Todo barco deve manter sua estabilidade intacta para as condições de serviço previstas, cabendo ao patrão de pesca adotar as medidas de precaução necessárias.

2.4. As instruções relativas à estabilidade do barco devem ser estritamente observadas.

3. Instalações

3.1. Instalações elétricas

3.1.1. As instalações elétricas devem ser projetadas e montadas de modo seguro, garantindo:

a) a proteção da tripulação e do barco contra os perigos elétricos;

b) o funcionamento correto dos equipamentos necessários para a manutenção do barco em condições normais de operação e de habitabilidade, sem que se recorra a uma fonte de eletricidade de emergência; e

c) o funcionamento dos equipamentos elétricos essenciais para a segurança em situações de emergência.

3.1.2. O barco deve ser dotado de fonte de energia elétrica de emergência.

3.1.2.1. A fonte de energia elétrica de emergência deve estar situada fora da praça de máquinas e ser projetada, em todos os casos, de forma a garantir, em caso de incêndio ou de avaria da instalação elétrica principal, o funcionamento simultâneo, por no mínimo três horas:

a) do sistema de comunicação interna, dos detectores de incêndio e da sinalização de emergência;

b) das luzes de navegação e da iluminação de emergência;

c) do sistema de radiocomunicação; e

d) da bomba elétrica de emergência contra incêndio ou alagamento, caso exista.

3.1.2.2. A bateria de acumuladores, quando utilizada como fonte, deve estar ligada automaticamente ao qua-

NR 30

dro de distribuição de energia elétrica de emergência e garantir a alimentação ininterrupta durante três horas dos sistemas a que se fez referência nas alíneas" a", "b" e "c" do subitem 3.1.2.1.

3.1.3. O quadro principal de distribuição de eletricidade e o quadro de emergência devem:

a) ser instalados de forma a não estarem expostos à água ou ao fogo;

b) dispor de indicações claras; e

c) ser revistos periodicamente no que diz respeito às caixas e aos suportes dos fusíveis, de modo a garantir que sejam utilizados fusíveis cuja corrente nominal seja adequada à intensidade de corrente do circuito.

3.1.4. Os compartimentos onde ficam alojados os acumuladores elétricos devem ser adequadamente ventilados.

3.2. Outras instalações

3.2.1. Os dispositivos eletrônicos de navegação devem ser testados frequentemente e mantidos em perfeito estado de funcionamento.

3.2.2. A instalação de radiocomunicações deve ter capacidade de entrar em contato, a qualquer momento, com, no mínimo, uma estação costeira ou interior, levando-se em conta as condições normais de propagação das ondas radioelétricas, observados os requisitos técnicos estabelecidos nas Normas da Autoridade Marítima – NORMAM.

3.2.3. Os equipamentos de tração, carga e descarga e acessórios semelhantes devem ser mantidos em boas condições de funcionamento, examinados periodicamente e certificados anualmente.

3.2.4. As instalações frigoríficas e os sistemas de ar comprimido devem ter manutenção adequada e ser submetidos a revisões periódicas.

3.2.5. Os equipamentos de cozinha e eletrodomésticos que utilizem gases somente devem ser usados em espaços ventilados.

3.2.6. Cilindros que contenham gases inflamáveis ou outros gases perigosos devem ter indicação clara do seu conteúdo e ser armazenados em espaços abertos.

3.2.6.1. As válvulas reguladoras de pressão e as canalizações ligadas aos cilindros devem ser protegidas contra avarias por choque.

4. Vias e saídas de emergência

4.1. As vias e saídas a serem utilizadas no caso de emergência devem:

a) permanecer sempre desimpedidas;

b) ser de fácil acesso e adequadamente sinalizadas, com indicação clara da direção da saída; e

c) conduzir o mais diretamente possível ao nível superior ou a uma zona de segurança e, desse ponto, às embarcações de salvamento, de modo que os trabalhadores possam evacuar os locais de trabalho e de alojamento rapidamente e em condições de máxima segurança.

4.1.1. O número, a distribuição e as dimensões das vias devem estar de acordo com a utilização, o equipamento e o número máximo de pessoas que podem estar nesses locais.

4.1.2. A sinalização deve ser feita nos lugares adequados e ter durabilidade.

4.2. As saídas que possam ser utilizadas como de emergência, e que devam permanecer fechadas, devem permitir abertura fácil e rápida, por qualquer trabalhador ou por equipes de salvamento.

4.3. As portas e outras saídas de emergência devem:

a) manter estanqueidade ao mau tempo ou à água, de acordo com o local, considerando suas funções específicas em relação à segurança; e

b) oferecer a mesma resistência ao fogo que a das anteparas.

4.4. As vias, os meios de abandono e as saídas de emergência que necessitem de iluminação devem ser dotados de sistema de iluminação de emergência de intensidade suficiente para os casos de avaria do sistema normal.

5. Detecção e combate a incêndios

5.1. Os alojamentos e os lugares de trabalho fechados, incluindo praça de máquinas e porões de pesca, devem ter dispositivos adequados de combate a incêndio e, se necessário, detectores de incêndio e sistema de alarme, de acordo com as dimensões e a utilização do barco, os equipamentos de que é dotado, as características físicas e químicas das substâncias a bordo e o número máximo de pessoas que podem estar a bordo.

5.1.1. Os dispositivos de combate a incêndio devem ser:

a) instalados em locais de fácil acesso, desobstruídos e sinalizados; e

b) mantidos em perfeitas condições de funcionamento.

5.1.2. Os trabalhadores devem ser informados quanto à localização, aos mecanismos de funcionamento e à forma de utilização dos dispositivos de combate a incêndio.

5.1.3. É obrigatória a verificação da existência de extintores e demais equipamentos de combate a incêndio a bordo, antes de qualquer saída do barco do porto.

5.1.4. Os dispositivos portáteis de combate a incêndio devem ser de fácil acesso e operação e estar devidamente sinalizados.

5.1.4.1. A sinalização deve ser colocada em locais adequados e permanentemente mantida.

5.2. Os sistemas de detecção de incêndio e de alarme devem ser testados regularmente e mantidos em bom estado de funcionamento.

5.3. Devem ser realizados exercícios de combate a incêndio envolvendo toda a tripulação, pelo menos uma vez por ano e sempre que necessário.

6. Locais de trabalho

6.1. Ambientes de trabalho

6.1.1. Os locais de trabalho fechados devem dispor de ventilação suficiente, de acordo com os métodos de trabalho e as exigências físicas impostas aos trabalhadores.

6.1.1.1. A ventilação mecânica deve ser mantida em bom estado de funcionamento.

6.1.2. A temperatura nos locais de trabalho deve ser adequada ao organismo humano durante as horas de trabalho, levando-se em consideração os métodos de trabalho empregados, as exigências físicas impostas aos trabalhadores e as condições meteorológicas reinantes ou que possam ocorrer na região em que o barco opera.

6.1.3. Os locais de trabalho, na medida do possível, devem receber luz natural suficiente e estar equipados com iluminação artificial adequada às circunstâncias da pesca e que não coloque em risco a segurança e saúde dos trabalhadores, nem a navegação de outros barcos.

6.1.3.1. As instalações de iluminação dos locais de trabalho, das escadas e dos corredores devem ser escolhidas de modo a não apresentar riscos de acidentes para os trabalhadores nem dificultar a navegação do barco.

6.1.3.2. Os lugares de trabalho em que trabalhadores estejam particularmente expostos a riscos, em caso de avaria da iluminação artificial, devem possuir iluminação de emergência de intensidade adequada, mantida em condições de funcionamento eficaz e testada periodicamente.

6.1.3.3. Os locais onde estejam instalados postos de trabalho devem ser dotados de isolamento acústico e térmico suficientes, levando-se em conta o tipo de tarefas e a atividade física dos pescadores profissionais.

6.2. Pisos, anteparas e tetos

6.2.1. Todos os locais aos quais os trabalhadores tenham acesso devem possuir pisos antiderrapantes ou dispositivos contra quedas e estar livres de obstáculos.

6.2.2. As superfícies dos pisos, das anteparas e dos tetos devem ser de fácil higienização.

6.3. Portas

6.3.1. As portas, em especial as portas de correr, quando indispensáveis, devem funcionar com a máxima segurança para os trabalhadores, especialmente em condições de mar e de tempo adversas.

6.3.2. Todas as portas devem poder ser abertas por dentro, sem necessidade de dispositivos específicos, como chaves ou assemelhados.

6.3.3. As portas devem poder ser abertas por ambos os lados nos compartimentos de trabalho.

6.4. Vias de circulação e zonas perigosas

6.4.1. Deve estar disponível escada de embarque, prancha de embarque ou dispositivo similar que ofereça acesso apropriado e seguro ao barco.

6.4.2. Os corredores, cruzamentos, partes exteriores de compartimentos e todas as vias de circulação no barco devem ser equipados com corrimãos, apoios para as mãos ou outro meio que garanta a segurança da tripulação durante suas atividades a bordo.

6.4.3. Caso haja risco de queda de trabalhadores pela escotilha do convés, ou de um convés para outro, devem ser instalados guarda-corpos adequados em todos os locais necessários.

6.4.3.1. Os guarda-corpos devem ter altura mínima de um um metro e vinte centímetros, proteções intermediárias e rodapé de vinte centímetros.

6.4.4. As aberturas de acesso às áreas do convés ou da coberta, utilizadas para permitir a manutenção das instalações, devem ser feitas de modo a garantir a segurança dos trabalhadores.

6.4.5. As amuradas e outros meios instalados para evitar quedas pela borda devem ser mantidos em bom estado de conservação e permitir o escoamento rápido da água.

6.4.6. Nos sistemas de arrasto pela popa dotados de rampa na parte superior, deve haver portão ou outro dispositivo de segurança da mesma altura que as amuradas, a fim de proteger os trabalhadores do risco de queda.

6.4.6.1. O dispositivo deve ser facilmente aberto e fechado, de preferência por controle remoto, e ser aberto unicamente para largar ou içar a rede.

7. Segurança nas operações

7.1. As áreas de trabalho devem estar preparadas para sua finalidade e oferecer proteção adequada aos trabalhadores contra quedas a bordo ou no mar.

7.1.1. As zonas de manuseio do pescado devem ser suficientemente espaçosas no que diz respeito à altura e à área de trabalho, considerando o número de pescadores profissionais exigidos na operação.

7.2. O controle dos motores deve ser instalado em local específico, separado, com isolamento acústico e térmico.

7.2.1. Quando localizado na praça de máquinas, o controle dos motores deve possuir acesso independente.

7.2.2. Considera-se o passadiço um local que atende a todos os requisitos mencionados no item 7.2.

7.3. Os comandos de equipamentos de tração devem:

a) ser instalados em área suficientemente ampla, projetada para facilitar a operação;

b) permitir fácil visualização da área de trabalho; e

c) garantir que os operadores não se exponham a riscos de acidentes com cabos e partes móveis.

7.4. Os equipamentos de tração devem ser dotados de dispositivos de parada de emergência localizados onde possam ser acionados diretamente pelo operador ou por outros pescadores profissionais.

7.5. O operador dos comandos de equipamentos de tração deve ter visão adequada da movimentação do equipamento e dos trabalhadores que estão na faina.

7.5.1. Quando os equipamentos de tração forem acionados do passadiço, o operador deve ter visão clara da área de movimentação do equipamento e dos trabalhadores envolvidos na faina, diretamente ou por outro meio adequado.

7.6. O sistema de comunicação entre o passadiço e o convés de trabalho deve ser adequado e confiável.

7.7. Deve-se manter rigorosa vigilância, assim como sistema sonoro e visual de alerta da tripulação, quanto ao risco iminente de golpe do mar durante as operações de pesca ou quando se realize trabalho no convés.

7.8. As partes móveis a descoberto dos viradores, dos cabos de arrasto e das peças dos equipamentos devem ser protegidas por meio de mecanismos adequados.

7.9. Devem ser instalados sistemas de controle da movimentação de cargas, especialmente nos sistemas de arrasto, incluindo:

a) mecanismos de bloqueio da porta da rede de arrasto; e

b) mecanismos de controle do balanceio do copo da rede de arrasto.

7.10. Os equipamentos de proteção individual utilizados como peças de vestuários, ou que se usem por cima dessas peças, devem ser de cores vivas, para contrastar com o meio marinho e serem bem visíveis.

8. Condições de habitabilidade e áreas de vivência a bordo

8.1. Requisitos básicos

8.1.1. A localização, a estrutura, o isolamento acústico e térmico e a disposição das áreas de vivência a bordo, incluindo dormitórios, locais de alimentação, sanitários, áreas de lazer, lavanderia e meios de acesso aos mesmos, devem oferecer proteção adequada contra inclemências do tempo e do mar, vibrações, ruído e emanações provenientes de outras áreas, que possam perturbar os trabalhadores nos seus períodos de alimentação e repouso.

8.1.2. As áreas de vivência a bordo devem possuir altura livre adequada.

8.1.2.1. Nos locais em que os trabalhadores devam permanecer em pé por períodos prolongados, a altura não pode ser inferior a um metro de noventa centímetros.

8.1.2.2. Nos barcos com comprimento total igual ou superior a vinte e seis metros e cinquenta centímetros ou Arqueação Bruta igual ou superior a cem, a altura livre nas áreas de vivência não pode ser inferior a dois metros.

8.1.2.3. A autoridade marítima pode permitir redução da altura livre nas áreas de vivência, se razoável e se não resultar em desconforto para os pescadores profissionais.

8.1.3. As áreas de vivência destinadas aos dormitórios não podem comunicar-se diretamente com os porões de armazenamento de pescado e com as salas de máquinas, exceto por meio de aberturas a serem utilizadas, exclusivamente, como saídas de emergência.

8.1.3.1. Caso seja razoável e factível, deve-se evitar comunicação direta entre as áreas destinadas aos dormitórios e as áreas destinadas à cozinha, despensas, instalações sanitárias coletivas e lavanderia.

8.1.3.2. Nos barcos com comprimento total igual ou superior a vinte e seis metros e cinquenta centímetros ou Arqueação Bruta igual ou superior a cem, as áreas destinadas aos dormitórios não podem comunicar-se diretamente com porões de pescado, sala de máquinas, cozinhas, despensas, lavanderias e instalações sanitárias de uso coletivo, exceto pelas aberturas destinadas a servir, exclusivamente, como saídas de emergência.

8.1.4. Os espaços destinados às áreas de vivência devem ser adequadamente isolados e os materiais constituintes das anteparas interiores, divisórias e revestimentos de piso devem ser adequados, de modo a garantir um ambiente salubre a bordo.

8.1.5. As áreas de vivência devem possuir sistema para escoamento de água.

8.1.6. Todos os espaços das áreas de vivência, em seu conjunto, devem possuir pelo menos duas saídas de emergência em bordos opostos.

8.1.7. A temperatura nos dormitórios, nas áreas de serviço, nos refeitórios e nos locais de primeiros socorros deve estar de acordo com o uso específico de cada lugar.

8.1.8. Os barcos com comprimento total igual ou superior a vinte e seis metros e cinquenta centímetros ou Arqueação Bruta igual ou superior a cem, devem dispor de instalações de lazer, jogos, livros e outros meios de entretenimento adequados.

8.1.9. Os trabalhadores a bordo devem poder ter acesso aos equipamentos de comunicação disponíveis, a um preço que não exceda o de custo.

8.1.10. As áreas de vivência dos pescadores devem ser mantidas em condições adequadas de asseio e limpeza, não sendo permitido o armazenamento, nesses locais, de material ou mercadoria que não seja de uso pessoal dos seus ocupantes.

8.2. Conforto térmico e acústico

8.2.1. Os níveis de ruído nas áreas de vivência devem ser reduzidos ao mínimo.

8.2.1.1. Nas áreas destinadas aos dormitórios dos pescadores profissionais, os níveis de ruído devem ser limitados a um máximo de sessenta e cinco decibéis dB(A).

8.2.2. As áreas de vivência devem ser protegidas quanto à transmissão de vibrações oriundas dos motores, dos equipamentos de guindar e da casa de máquinas.

8.2.3. Os barcos com comprimento total igual ou superior a vinte e seis metros e cinquenta centímetros ou Arqueação Bruta igual ou superior a cem, devem ser dotados de áreas de vivência com isolamento acústico e sistemas de absorção de vibrações, de modo a garantir um nível máximo de ruído de sessenta e cinco decibéis dB(A).

8.2.3.1. Nas áreas destinadas aos dormitórios dos pescadores profissionais dos barcos, a que se refere o subitem 8.2.3, os níveis máximos de ruído devem ser de sessenta decibéis db(A).

8.2.4. A ventilação das áreas de vivência deve considerar as condições climáticas da área de operação prevista no projeto do barco, de modo a proporcionar continuamente uma renovação de ar em quantidade satisfatória em relação ao número máximo de trabalhadores a bordo.

8.2.4.1. Os barcos com comprimento total igual ou superior a vinte e seis metros e cinquenta centímetros ou Arqueação Bruta igual ou superior a cem, devem ser equipados com sistema de ventilação artificial nas áreas de vivência, capaz de regular continuamente a circulação de ar em qualquer condição atmosférica e climatológica.

8.2.5. As áreas de vivência dos barcos projetados para operar em áreas situadas fora das Zonas Tropicais ou sujeitas a temperaturas inferiores a quinze graus Celsius devem possuir sistema de calefação capaz de garantir um nível de aquecimento adequado.

8.2.5.1. Nos barcos com comprimento total igual ou superior a vinte e seis metros e cinquenta centímetros ou Arqueação Bruta igual ou superior a cem, deve ser instalado sistema de ar condicionado nos espaços destinados às áreas de vivência, ponte de comando, sala de rádio e salas de controle central de máquinas, assim como nos locais de trabalho onde seja necessário, exceto naqueles que operem com regularidade em zonas cujas condições climáticas tornem desnecessárias medidas de controle térmico.

8.3. Dormitórios

8.3.1. Quando o desenho, as dimensões ou as características de operação de pesca para as quais o barco foi projetado permitirem, os dormitórios devem estar situados próximos ao centro de gravidade do barco, onde se minimizem os efeitos dos movimentos e da aceleração, não sendo permitida sua instalação à frente da antepara de colisão.

8.3.2. As áreas dos dormitórios, excluindo-se os espaços ocupados pelas camas e armários, devem proporcionar aos pescadores profissionais espaço e comodidade adequados, considerando o período de duração das operações de pesca para as quais foi projetado o barco.

8.3.2.1. Os barcos com comprimento total igual ou superior a vinte e seis metros e cinquenta centímetros, porém menor do que cinquenta metros, ou de Arqueação Bruta igual ou superior a cem, porém menor do que quinhentos, devem possuir nos dormitórios área livre de, no mínimo, um metro quadrado por trabalhador a bordo, excluindo-se os espaços ocupados por camas e armários.

8.3.2.2. Nos barcos com comprimento total igual ou superior a cinquenta metros ou Arqueação Bruta igual ou superior a quinhentos, a área livre deverá ser de um metro e cinquenta centímetros quadrado por trabalhador.

8.3.3. O número máximo de trabalhadores por dormitório não poderá ser superior a seis.

8.3.3.1. Nos barcos com comprimento total igual ou superior a vinte e seis metros e cinquenta centímetros ou Arqueação Bruta igual ou superior a cem, o número máximo de trabalhadores não pode ser superior a quatro e o número de oficiais não pode ser superior a dois, por dormitório.

8.3.3.2. A autoridade marítima poderá permitir exceção em relação ao previsto nos subitens 8.3.3 e 8.3.3.1 deste Apêndice, nos casos particulares em que sua aplicação não seja razoável ou factível, de acordo com o tipo de embarcação, suas dimensões e o serviço ao qual se destina.

8.3.4. O número máximo de pessoas por dormitório deverá estar indicado, de forma legível e indelével, em lugar de fácil visualização na entrada do dormitório.

8.3.5. Os pescadores profissionais devem dispor de camas individuais de dimensões apropriadas e com colchões confeccionados com materiais adequados.

8.3.5.1. Nos barcos com comprimento total igual ou superior a vinte e seis metros e cinquenta centímetros ou Arqueação Bruta igual ou superior a cem, as dimensões das camas não podem ser menores que um metro de noventa por sessenta e oito centímetros.

8.3.6. Os dormitórios devem ser equipados com mobiliário que facilite a limpeza e proporcione comodidade aos pescadores profissionais, devendo ser incluídos camas, armários individuais e uma escrivaninha em cada dormitório.

8.3.6.1. Nos barcos com comprimento total igual ou superior a vinte e seis metros e cinquenta centímetros ou Arqueação Bruta igual ou superior a cem, os dormitórios devem ser separados por sexo.

8.3.6.2. Nos barcos menores, os dormitórios devem ser administrados de modo a proporcionar aos homens e mulheres a bordo um nível adequado de privacidade.

8.3.7. Devem existir cabides ou armários fora das áreas de dormitórios para pendurar roupas de trabalho usadas ou capas impermeáveis.

8.3.8. O armador deverá prover a embarcação de roupa de cama apropriada para cada cama a bordo.

8.4. Instalações sanitárias

8.4.1. Os barcos que disponham de dormitórios devem ser dotados de instalações sanitárias compostas de pias, privadas e chuveiros protegidos contra oxidação e escorregões, de fácil limpeza e em número adequado à quantidade de trabalhadores, de acordo com as normas das autoridades marítima e sanitária.

8.4.1.1. As instalações sanitárias devem:

a) ser ventiladas com ar livre independente, de qualquer outra parte das áreas de vivência;

b) ser concebidas e operadas de maneira a eliminar o risco de contaminação de outras áreas do barco;

c) permitir privacidade aos trabalhadores na sua utilização; e *d)* dispor de água doce, quente e fria, em quantidade suficiente para assegurar higiene adequada aos trabalhadores, durante todo o período que permaneçam a bordo.

8.4.1.2. Nos barcos com comprimento total igual ou superior a vinte e seis metros e cinquenta centímetros ou Arqueação Bruta igual ou superior a cem, os pescadores que ocupam dormitórios com instalações sanitárias privadas devem dispor de pelo menos uma ducha, um vaso sanitário e um lavatório para cada quatro pessoas.

8.5. Refeitórios

8.5.1. Os refeitórios devem ser próximos da cozinha.

8.5.1.1. Nos barcos com comprimento total igual ou superior a vinte e seis metros e cinquenta centímetros ou Arqueação Bruta igual ou superior a cem, os refeitórios devem ser separados dos dormitórios.

8.5.2. As dimensões e o equipamento do refeitório devem estar adequados a atender, no mínimo, de um terço dos trabalhadores a bordo por vez.

8.5.3. Nos barcos com comprimento total igual ou superior a vinte e seis metros e cinquenta centímetros ou Arqueação Bruta igual ou superior a cem, os trabalhadores devem poder ter acesso a um refrigerador de volume adequado e possibilidade de preparar bebidas quentes e frias.

8.6. Cozinha, local de preparo de alimentos e despensa

8.6.1. Todos os barcos devem possuir local adequado, com utensílios e equipamentos necessários, para se preparar alimentos.

8.6.1.1. Sempre que possível, deve instalar-se uma cozinha em ambiente separado e exclusivamente para essa finalidade.

8.6.1.2. Os barcos de comprimento total igual ou superior a vinte e seis metros e cinquenta centímetros ou Arqueação Bruta igual ou superior a cem, devem estar equipados com cozinha separada.

8.6.2. A cozinha ou a instalação destinada à preparação dos alimentos deve possuir dimensões adequadas, ser bem iluminada, ventilada e devidamente mantida.

8.6.3. Quando se utilize gás liquefeito para se cozinhar, os recipientes devem estar devidamente acondicionados na área externa da embarcação.

8.6.4. Deve existir local adequado, com tamanho suficiente, devidamente ventilado e seco, para o armazenamento de provisões, de modo a evitar sua deterioração durante a viagem.

8.6.4.1. Os barcos que não disponham de refrigeradores devem ser dotados de outros dispositivos que possam ser utilizados para se manter alimentos armazenados à baixa temperatura.

8.6.4.2. Os barcos de comprimento total igual ou superior a vinte e seis metros e cinquenta centímetros ou Arqueação Bruta igual ou superior a cem, devem dispor de despensa e refrigerador ou outro tipo de lugar específico para o armazenamento de alimentos à baixa temperatura.

8.6.5. A cozinha, despensa e locais para preparo de alimentos devem ser mantidas em boas condições de higiene.

8.6.6. Todo o lixo e restos de alimentos devem ser depositados em recipientes fechados e mantidos fora dos locais onde se manipulam os alimentos e ser descartados de acordo com as normas ambientais vigentes.

8.6.7. Deve ser previsto aprovisionamento suficiente de víveres e água potável em quantidade, qualidade, variedade e valor nutritivo, levando em consideração o número de pescadores a bordo, suas exigências religiosas e práticas culturais em relação à alimentação, assim como a duração e natureza da viagem.

8.6.7.1. A autoridade competente pode estabelecer requisitos mínimos quanto ao valor nutricional dos alimentos e às quantidades mínimas de alimentos e água que devem ser levadas a bordo.

8.7. Lavanderia

8.7.1. Os barcos que possuam dormitórios devem dispor de instalações para lavagem e secagem de roupas, conforme seja necessário, considerando as condições de utilização do barco.

8.7.1.1. Os barcos com comprimento total igual ou superior a vinte e seis metros e cinquenta centímetros ou Arqueação Bruta igual ou superior a cem, devem possuir instalações para lavar, secar e passar roupas.

8.7.1.2. Nos barcos com comprimento total igual ou superior a cinquenta metros ou Arqueação Bruta igual ou superior a quinhentos, as instalações para lavar, secar e passar roupa devem ser separadas dos dormitórios, refeitórios, instalações sanitárias, e devem estar em local suficientemente ventilado e provido de cordas ou outros meios para secar a roupa.

8.8. Locais para atenção à saúde:

8.8.1. Sempre que necessário, deve ser disponibilizado dormitório isolado para pescador que esteja enfermo ou lesionado.

8.8.1.1. Os barcos com comprimento total igual ou superior a cinquenta metros ou Arqueação Bruta igual ou superior a quinhentos, devem ser dotados de enfermaria separada, adequadamente equipada e mantida em condições higiênicas.

8.8.2. Todos os barcos devem dispor de material de primeiros socorros, de acordo com as normas das autoridades marítima e sanitária.

9. Inspeções periódicas

9.1. Nos barcos com comprimento total igual ou superior a vinte e seis metros e cinquenta centímetros ou Arqueação Bruta igual ou superior a cem, o patrão de pesca ou outro pescador profissional por ele autorizado, deve realizar inspeções periódicas para garantir que os locais de vivência estejam em condições de habitabilidade e de segurança adequadas.

9.1.1. As inspeções periódicas devem verificar se o barco dispõe de alimentos e água potável em quantidade suficiente e em bom estado de conservação.

9.1.2. Os resultados das inspeções devem ser anotados no livro de bordo, assim como as medidas adotadas para solucionar as anomalias detectadas.

Apêndice II
Disposições Mínimas de Segurança e Saúde Aplicáveis aos Barcos de Pesca Existentes

1. Campo de aplicação

1.1. As obrigações previstas neste Apêndice aplicam-se aos barcos de pesca já existentes, considerando:

a) as características operacionais para as quais foram projetados;

b) a distância máxima de operação;

c) a autonomia de tempo de navegação e pesca;

d) os requisitos de segurança dos locais de trabalho ou da atividade pesqueira; e

e) as circunstâncias ou a evidência de riscos a bordo.

2. Navegabilidade e estabilidade

2.1. O barco deve ser mantido em boas condições de navegabilidade e ser dotado de equipamentos apropriados ao seu destino e utilização.

2.2. Informações sobre as características de estabilidade do barco, quando exigíveis, devem estar disponíveis a bordo e acessíveis ao pessoal de serviço.

2.3. Todo barco deve manter sua estabilidade intacta para as condições de serviço previstas, cabendo ao patrão de pesca adotar as medidas de precaução necessárias.

2.4. As instruções relativas à estabilidade do barco devem ser estritamente observadas.

3. Instalações

3.1. Instalações elétricas

3.1.1. As instalações elétricas devem ser mantidas de modo seguro, garantindo:

a) a proteção da tripulação e do barco contra os perigos elétricos;

b) o funcionamento correto dos equipamentos necessários para manutenção do barco nas condições normais de operação e de habitabilidade, sem que se recorra a uma fonte de energia elétrica de emergência; e

c) o funcionamento dos aparelhos elétricos essenciais à segurança em situações de emergência.

3.1.2. Deve ser instalada uma fonte de energia elétrica de emergência de maneira a garantir, em caso de incêndio ou de avaria da instalação elétrica principal, o funcionamento simultâneo, por, no mínimo, três horas:

a) do sistema de comunicação interna, dos detectores de incêndio e da sinalização de emergência;

b) das luzes de navegação e da iluminação de emergência;

c) do sistema de radiocomunicação; e

d) da bomba elétrica de emergência contra incêndios e da bomba elétrica de esgotamento do porão, caso exista.

3.1.2.1. Quando as características estruturais do barco permitirem, a fonte de energia elétrica de emergência deve, exceto em barcos abertos, estar situada fora da praça de máquinas.

3.1.2.2. A bateria de acumuladores, quando utilizada como fonte, deve estar ligada, automaticamente, ao quadro de distribuição de energia elétrica de emergência e garantir, em caso de falha da fonte principal, a alimentação ininterrupta, durante três horas, dos dispositivos a que se fez referência nas alíneas "a", "b" e "c" do subitem 3.1.2 deste Apêndice.

3.1.3. O quadro principal de distribuição de eletricidade e o quadro de emergência devem ser instalados de forma a não estarem expostos à água ou ao fogo.

3.2. Outras instalações

3.2.1. A instalação de radiocomunicações deve ter capacidade de entrar em contato, a qualquer momento, com, no mínimo, uma estação costeira ou interior, levando-se em conta as condições normais de propagação das ondas radioelétricas, observados os requisitos técnicos estabelecidos nas Normas da Autoridade Marítima – NORMAM.

4. Vias e saídas de emergência

4.1. As vias e saídas a serem utilizadas no caso de emergência devem:

a) permanecer sempre desimpedidas;

b) ser de fácil acesso; e

c) conduzir o mais diretamente possível ao nível superior ou a uma zona de segurança e, desse ponto, às embarcações de salvamento, de modo que os trabalhadores possam evacuar os locais de trabalho e de alojamento rapidamente e em condições de máxima segurança.

4.1.1. O número, a distribuição e as dimensões das vias e saídas devem estar de acordo com o número máximo de pessoas que possam estar nesses locais.

4.1.1.1. Na impossibilidade de atendimento ao subitem 4.1.1 deste Apêndice, devem ser providenciadas as alterações necessárias nos seguintes prazos, com aprovação da autoridade competente:

a) imediatamente, quando não houver pelo menos duas saídas situadas uma em cada bordo; ou

b) por ocasião da primeira reforma, nos demais casos.

4.2. As saídas que possam ser utilizadas como de emergência, e que devam permanecer fechadas, devem permitir abertura fácil e rápida por qualquer trabalhador ou por equipes de salvamento.

4.3. As vias e saídas de emergência devem ser adequadamente sinalizadas, com indicação clara da direção da saída.

4.3.1. A sinalização deve ser feita nos lugares adequados e ter durabilidade.

4.4. As vias, os meios de abandono e as saídas de emergência que necessitem de iluminação, devem ser dotados de sistema de iluminação de emergência de intensidade suficiente para os casos de avaria do sistema normal.

5. Detecção e combate a incêndios

5.1. Os alojamentos e os lugares de trabalho fechados, incluindo praça de máquinas e porões de pesca, devem ter dispositivos adequados de combate a incêndio e, se necessário, detectores de incêndio e sistema de alarme, de acordo com as dimensões e a utilização do barco, os equipamentos de que é dotado, as características físicas e químicas das substâncias a bordo e o número máximo de pessoas que podem estar a bordo.

5.1.1. Os dispositivos de combate a incêndio devem sempre estar em seus locais, em perfeitas condições de funcionamento e prontos para uso imediato.

5.1.2. Os trabalhadores devem ser informados quanto à localização, aos mecanismos de funcionamento e à forma de utilização dos dispositivos de combate a incêndio.

5.1.3. Antes da saída do barco do porto deve ser verificado se os extintores e os demais equipamentos de combate a incêndio encontram-se a bordo.

5.1.4. Os dispositivos manuais de combate a incêndio devem ser de fácil acesso e operação, devidamente sinalizados.

5.1.4.1. A sinalização deve ser colocada em locais adequados e estar permanentemente mantida.

5.2. Os sistemas de detecção de incêndio e de alarme, quando houver, devem ser testados regularmente e mantidos em bom estado de funcionamento.

5.3. Exercícios de combate a incêndio devem ser realizados periodicamente.

5.4. Quando da recarga, os extintores devem ser efetivamente descarregados pelos trabalhadores de bordo, como forma de treinamento e capacitação para sua utilização.

6. Locais de trabalho

6.1. Ambientes de trabalho

6.1.1. Os locais de trabalho fechados devem dispor de ventilação suficiente, de acordo com os métodos de trabalho e as exigências físicas impostas aos pescadores profissionais.

6.1.1.1. A ventilação mecânica deve ser mantida em bom estado de funcionamento.

6.1.2. A temperatura nos locais de trabalho deve ser adequada ao organismo humano durante as horas de trabalho, levando-se em consideração os métodos de trabalho empregados, as exigências físicas impostas aos trabalhadores e as condições meteorológicas reinantes ou que possam ocorrer na região em que o barco opera.

6.1.3. A temperatura nos alojamentos, na área de serviços, nos refeitórios e nos locais de primeiros socorros deve estar de acordo com o uso específico de cada lugar.

6.1.4. A critério da autoridade competente, os locais de trabalho devem dispor de isolamento acústico e térmico suficientes, levando-se em conta o tipo de tarefas e a atividade física dos trabalhadores.

6.1.5. Os locais de trabalho, na medida do possível, devem receber luz natural suficiente e ser equipados com iluminação artificial adequada às circunstâncias da pesca, que não ponha em perigo a segurança e saúde dos trabalhadores, nem a navegação de outros barcos.

6.1.6. As instalações de iluminação dos locais de trabalho, das escadas e dos corredores devem ser escolhidas de modo a não apresentar riscos de acidentes para os trabalhadores nem dificultar a navegação do barco.

6.1.7. Os lugares de trabalho em que trabalhadores estejam particularmente expostos a riscos em caso de avaria da iluminação artificial devem possuir iluminação de emergência de intensidade adequada.

6.1.7.1. A iluminação de emergência deve ser mantida em condições de funcionamento eficaz e testada periodicamente.

6.2. Pisos, anteparas e tetos

6.2.1. Todos os locais aos quais os trabalhadores tenham acesso devem possuir pisos antiderrapantes ou dispositivos contra quedas e estar livres de obstáculos.

6.2.2. As superfícies dos pisos, das anteparas e dos tetos devem ser de fácil higienização.

6.3. Portas

6.3.1. As portas, em especial as portas de correr, quando indispensáveis, devem funcionar com a máxima segurança para os trabalhadores, especialmente em condições de mar e de tempo adversas.

6.3.2. Todas as portas devem poder ser abertas por dentro, sem necessidade de dispositivos específicos, como chaves ou assemelhados.

6.3.3. As portas devem poder ser abertas por ambos os lados nos compartimentos de trabalho.

6.4. Vias de circulação e zonas perigosas

6.4.1. Deve estar disponível escada de embarque, prancha de embarque ou dispositivo similar que ofereça acesso apropriado e seguro ao barco.

6.4.2. Os corredores, cruzamentos, partes exteriores de compartimentos e todas as vias de circulação no barco devem ser equipados, quando tecnicamente possível, com corrimãos, apoios para as mãos ou outro meio que garanta a segurança da tripulação durante suas atividades a bordo.

6.4.3. Caso haja risco de queda de trabalhadores pela escotilha do convés, ou de um convés para outro, devem ser instalados guarda-corpos adequados em todos os locais em que seja tecnicamente possível.

6.4.3.1. Os guarda-corpos devem ter altura mínima de um metro de vinte centímetros.

6.4.4. As aberturas de acesso às áreas do convés ou da coberta utilizadas para permitir a manutenção das instalações, devem ser feitas de modo a garantir a segurança dos trabalhadores.

6.4.5. As amuradas e outros meios instalados para evitar quedas pela borda, devem ser mantidos em bom estado de conservação e permitir o escoamento rápido da água.

6.4.6. Nos sistemas de arrasto pela popa dotados de rampa na parte superior, deve haver portão ou outro dispositivo de segurança da mesma altura que as amuradas, a fim de proteger os trabalhadores do risco de queda.

6.4.6.1. O dispositivo deve ser facilmente aberto e fechado, de preferência por controle remoto, e ser aberto, unicamente, para largar ou içar a rede ou o bote.

7. Segurança nas operações

7.1. As áreas de trabalho devem estar preparadas para sua finalidade e, na medida do possível, oferecer proteção adequada aos trabalhadores contra quedas a bordo ou no mar.

7.1.1. As zonas de manuseio do pescado devem ser suficientemente espaçosas no que diz respeito à altura e área de trabalho, considerando o número de pescadores profissionais exigidos na operação.

7.2. O controle dos motores deve ser instalado em lugar separado, com isolamento acústico e térmico.

7.2.1. Quando localizado na praça de máquinas, o controle dos motores deve possuir acesso independente, se as características estruturais do barco permitirem.

7.2.2. Considera-se o passadiço um local que atende a todos os requisitos mencionados no item 7.2, deste Apêndice.

7.3. Os comandos de equipamentos de tração, quando as características estruturais do barco permitirem, devem ser instalados em área suficientemente ampla, para não permitir que os operadores exponham-se a riscos de acidentes com cabos e partes móveis.

7.4. Os equipamentos de tração devem ser dotados de dispositivos de segurança adequados para emergências, inclusive os de parada de emergência.

7.5. O operador dos comandos de equipamentos de tração deve ter visão adequada da movimentação do equipamento e dos trabalhadores que estão na faina.

7.5.1. Quando os equipamentos de tração forem acionados do passadiço, o operador deve ter visão clara dos trabalhadores envolvidos na faina, diretamente ou por outro meio adequado.

7.6. O sistema de comunicação entre o passadiço e o convés de trabalho deve ser confiável.

7.7. Deve-se manter, constantemente, rigorosa vigilância e procedimentos para alerta da tripulação quanto ao risco iminente de golpe do mar, durante as operações de pesca ou quando se realize trabalho no convés.

7.8. Os riscos da movimentação a descoberto dos viradores, dos cabos de arrasto e das peças móveis do equipamento, devem ser reduzidos ao mínimo, por meio da instalação de mecanismos de proteção.

7.9. Devem ser instalados sistemas de controle da movimentação de cargas, especialmente mecanismo de bloqueio da porta da rede de arrasto.

7.10. Os equipamentos de proteção individual, utilizados como peças de vestuários ou que se usem por cima dessas peças, devem ser de cores vivas, para contrastar com o meio marinho e serem bem visíveis.

8. Condições de habitabilidade e áreas de vivência a bordo

8.1. Alojamentos

8.1.1. Os alojamentos dos trabalhadores devem ser protegidos das intempéries, do calor e do frio excessivos e adaptados de forma a minimizar ruído, vibrações, efeitos dos movimentos e das acelerações e emanações provenientes de outros locais, quando tecnicamente possível.

8.1.1.1. Deve-se instalar iluminação adequada nos alojamentos.

8.1.2. O número de trabalhadores por dormitório não pode ser superior a seis.

8.1.2.1. Nos barcos com comprimento total igual ou superior a vinte e seis metros e cinquenta centímetros ou Arqueação Bruta igual ou superior a cem, o número de trabalhadores por dormitório não pode ser superior a quatro e, o de oficiais, não pode ser superior a dois por dormitório.

8.1.2.2. A autoridade marítima poderá permitir exceção em relação ao previsto nos subitens 8.1.2 e 8.1.2.1, deste Apêndice, nos casos particulares em que sua aplicação não seja razoável ou factível, de acordo com o tipo de embarcação, suas dimensões e o serviço ao qual se destina.

8.1.3. O número máximo de pessoas por dormitório deve ser indicado de forma legível e indelével, em lugar de fácil visualização na entrada do dormitório.

8.1.4. Os pescadores profissionais devem dispor de camas individuais, de dimensões apropriadas e com colchões confeccionados com materiais adequados.

8.1.4.1. Consideradas as características regionais, a autoridade competente poderá autorizar o uso de redes individuais no lugar das camas.

8.1.4.2. Nos barcos com comprimento total igual ou superior a vinte e seis metros e cinquenta centímetros ou Arqueação Bruta igual ou superior a cem, as dimensões das camas não podem ser inferiores a um metro de noventa centímetros por sessenta e oito centímetros.

8.1.5. Os dormitórios devem ser equipados com mobiliário que facilite a limpeza e proporcione comodidade aos pescadores profissionais, devendo ser incluídos camas e armários individuais.

8.1.6. Nos barcos com comprimento total igual ou superior a vinte e seis metros e cinquenta centímetros ou Arqueação Bruta igual ou superior a cem, os dormitórios devem ser separados por sexo.

8.1.7. A cozinha e o refeitório devem:

a) ter dimensões adequadas;

b) ser suficientemente iluminados e ventilados; e

c) ser de fácil limpeza.

8.1.8. Devem estar disponíveis refrigeradores ou outros meios de armazenamento de alimentos à baixa temperatura, assim como utensílios e meios adequados para preparo das refeições.

8.2. Instalações sanitárias

8.2.1. Os barcos que disponham de alojamento devem ser dotados de instalações sanitárias contendo pias, privadas e chuveiros protegidos contra oxidação.

8.2.1.1. As instalações sanitárias devem:

a) ser protegidas contra escorregões e adequadamente ventiladas;

b) ser em número adequado à quantidade de trabalhadores; e

c) estar de acordo com as NORMAM.

8.3. Primeiros socorros

8.3.1. Todos os barcos deverão dispor de material de primeiros socorros, de acordo com as normas das autoridades marítima e sanitária.

Apêndice III
Meios de Salvamento e Sobrevivência

1. As obrigações previstas neste Apêndice aplicam-se a todos os barcos de pesca, considerando:

a) as características operacionais para os quais foram projetados;

b) a distância máxima de operação;

c) a autonomia de tempo de navegação e pesca;

d) os requisitos de segurança dos locais de trabalho ou da atividade pesqueira; e

e) as circunstâncias ou a evidência de riscos a bordo.

2. Os barcos de pesca devem dispor de meios adequados de salvamento e sobrevivência, incluindo os que permitam a retirada de trabalhadores da água e os determinados pelas Normas da Autoridade Marítima – NORMAM.

3. Todos os meios de salvamento e sobrevivência devem estar em lugar apropriado e em bom estado de conservação, prontos para uso imediato.

4. O patrão de pesca ou pescador profissional por ele indicado deve verificar os meios de salvamento, antes que o barco deixe o porto.

5. Os meios de salvamento e sobrevivência devem ser supervisionados regularmente, de acordo com as NORMAM.

6. Todos os pescadores profissionais devem estar devidamente treinados e instruídos para o caso de emergências.

7. Os barcos com comprimento superior total igual ou superior a vinte e seis metros e cinquenta centímetros ou Arqueação Bruta igual ou superior a cem, devem dispor de quadro com instruções precisas sobre os procedimentos que cada trabalhador deve seguir, em caso de emergência.

8. O exercício anual de salvamento deve ser realizado no porto ou no mar e envolver todos os pescadores profissionais.

8.1. Os exercícios devem garantir que os pescadores profissionais conheçam perfeitamente as operações relativas ao manejo e funcionamento dos meios de salvamento e de sobrevivência.

9. Os pescadores profissionais devem estar familiarizados com as instalações do equipamento de radiocomunicação e ser treinados em seu manejo.

•• Havia aqui o Anexo II, não previsto pela Portaria n. 425, de 7-10-2021.

NR 31
Segurança e Saúde no Trabalho na Agricultura, Pecuária, Silvicultura, Exploração Florestal e Aquicultura [1]

•• *Vide* Portaria n. 22.677, de 22-10-2020, da SEPRT (*DOU* de 27-10-2020), que aprova a nova redação desta Norma Regulamentadora, em vigor 1 (um) ano após a data de sua publicação.

SUMÁRIO:

31.1. Objetivo

31.1.1. Esta Norma Regulamentadora – NR tem por objetivo estabelecer os preceitos a serem observados na organização e no ambiente de trabalho rural, de forma a tornar compatível o planejamento e o desenvolvimento das atividades do setor com a prevenção de acidentes e doenças relacionadas ao trabalho rural.

31.2. Campo de Aplicação – Obrigações e Competências – Das Responsabilidades

31.2.1. Esta Norma se aplica a quaisquer atividades da agricultura, pecuária, silvicultura, exploração florestal e aquicultura, verificadas as formas de relações de trabalho e emprego e o local das atividades.

31.2.1.1. Nas atividades previstas no subitem 31.2.1, aplica-se somente o disposto nesta NR, salvo:

a) quando houver remissão expressa à aplicação de outras NR nesta Norma;

b) em caso de embargo e interdição (Norma Regulamentadora n. 3);

c) em caso de caldeiras, vasos de pressão, tubulações e tanques metálicos de armazenamento (Norma Regulamentadora n. 13), quando aplicável;

d) quanto aos aspectos de insalubridade (Norma Regulamentadora n. 15);

e) quanto aos aspectos de periculosidade (Norma Regulamentadora n. 16);

f) em caso de inflamáveis e combustíveis (Norma Regulamentadora n. 20), quando aplicável; e

g) quanto aos aspectos de fiscalização e penalidades (Norma Regulamentadora n. 28).

31.2.2. Esta Norma também se aplica às atividades de exploração industrial desenvolvidas em estabelecimentos rurais.

31.2.2.1. São consideradas atividades de exploração industrial desenvolvidas em estabelecimento rural aquelas estabelecidas no art. 2º, §§ 3º, 4º e 5º do Regulamento das Relações Individuais e Coletivas de Trabalho Rural, aprovado pelo Decreto n. 73.626, de 12 de fevereiro de 1974.

31.2.3. Cabe ao empregador rural ou equiparado:

a) cumprir e fazer cumprir as disposições legais e regulamentares sobre segurança e saúde no trabalho rural, de forma a garantir adequadas condições de trabalho, higiene e conforto, e adotar medidas de prevenção e proteção para garantir que todas as atividades, locais de trabalho, máquinas, equipamentos e ferramentas sejam seguros;

---

(1) NR aprovada pela Portaria n. 86, de 3-3-2005, e com redação determinada pela **Portaria n. 22.677, de 22-10-2020, do Ministério da Economia (*DOU* de 27-10-2020), em vigor após um ano de sua publicação**. A Portaria n. 191, de 15-4-2008, revogou a Portaria n. 3.067, de 12-4-1988, que aprovava as Normas Regulamentadoras Rurais. *Vide* Lei n. 5.889, de 3-7-1970, que dispõe sobre o trabalho rural. A Portaria n. 392, de 18-7-2013, da SIT, aprova o Regulamento Técnico para luvas de segurança utilizadas na atividade de corte manual de cana-de-açúcar.

b) adotar os procedimentos necessários quando da ocorrência de acidentes e doenças do trabalho, incluindo a análise de suas causas;

c) assegurar que se forneçam aos trabalhadores instruções compreensíveis em matéria de segurança e saúde, seus direitos, deveres e obrigações, bem como a orientação e supervisão necessárias ao trabalho seguro;

d) informar aos trabalhadores:

I – os riscos decorrentes do trabalho e as medidas de prevenção implantadas, inclusive em relação a novas tecnologias adotadas pelo empregador;

II – os resultados dos exames médicos e complementares a que foram submetidos, quando realizados por serviço médico contratado pelo empregador;

III – os resultados das avaliações ambientais realizadas nos locais de trabalho;

e) permitir que representante dos trabalhadores, legalmente constituído, acompanhe a fiscalização dos preceitos legais e regulamentares sobre segurança e saúde no trabalho; e

f) disponibilizar à Inspeção do Trabalho todas as informações relativas à segurança e à saúde no trabalho.

31.2.4. Cabe ao trabalhador:

a) cumprir as determinações sobre as formas seguras de desenvolver suas atividades, especialmente quanto às ordens de serviço emitidas para esse fim;

b) adotar as medidas de prevenção determinadas pelo empregador, em conformidade com esta Norma Regulamentadora, sob pena de constituir ato faltoso a recusa injustificada;

c) submeter-se aos exames médicos previstos nesta Norma Regulamentadora;

d) colaborar com a empresa na aplicação desta Norma Regulamentadora;

e) não danificar as áreas de vivência, de modo a preservar as condições oferecidas;

f) cumprir todas as orientações relativas aos procedimentos seguros de operação, alimentação, abastecimento, limpeza, manutenção, inspeção, transporte, desativação, desmonte e descarte das ferramentas, máquinas e equipamentos;

g) não realizar qualquer tipo de alteração nas ferramentas e nas proteções mecânicas ou dispositivos de segurança de máquinas e equipamentos, de maneira que possa colocar em risco a sua saúde e integridade física ou de terceiros;

h) comunicar seu superior imediato se alguma ferramenta, máquina ou equipamento for danificado ou perder sua função.

31.2.4.1. As obrigações previstas no subitem 31.2.4 não desobrigam o empregador do cumprimento dos requisitos desta Norma.

31.2.5. São direitos dos trabalhadores:

a) ambientes de trabalho seguros e saudáveis, em conformidade com o disposto nesta Norma Regulamentadora;

b) ser consultados, por meio de seus representantes na Comissão Interna de Prevenção de Acidentes do Trabalho Rural – CIPATR, sobre as medidas de prevenção que serão adotadas pelo empregador;

c) escolher sua representação em matéria de segurança e saúde no trabalho;

d) receber instruções em matéria de segurança e saúde, bem como orientação para atuar no processo de implementação das medidas de prevenção que serão adotadas pelo empregador.

31.2.5.1. O trabalhador pode interromper suas atividades quando constatar uma situação de trabalho onde, a seu ver, envolva um risco grave e iminente para a sua vida e saúde, informando imediatamente ao seu superior hierárquico.

31.2.5.2. Comprovada pelo empregador a situação de grave e iminente risco, não pode ser exigida a volta dos trabalhadores à atividade, enquanto não sejam tomadas as medidas corretivas.

31.2.6. Capacitação

31.2.6.1. O empregador rural ou equiparado deve promover capacitação e treinamento dos trabalhadores em conformidade com o disposto nesta NR.

31.2.6.1.1. Ao término dos treinamentos ou capacitações, deve ser emitido certificado contendo o nome do trabalhador, o conteúdo programático, a carga horária, a data, o local de realização do treinamento, o nome e a qualificação dos instrutores e a assinatura do responsável técnico, devendo a assinatura do trabalhador constar em lista de presença ou certificado.

31.2.6.2. O treinamento inicial deve ocorrer antes de o trabalhador iniciar suas funções.

31.2.6.2.1. Os treinamentos periódicos ou de reciclagem devem ocorrer de acordo com a periodicidade estabelecida nos itens específicos da presente NR ou, quando não estabelecida, em prazo determinado pelo Programa de Gerenciamento de Riscos no Trabalho Rural – PGRTR.

31.2.6.3. A capacitação pode incluir:

a) estágio prático, prática profissional supervisionada ou orientação em serviço;

b) exercícios simulados; ou

c) habilitação para operação de veículos, embarcações, máquinas ou equipamentos.

31.2.6.4. O tempo despendido em treinamentos e capacitações previstos nesta NR é considerado como de trabalho efetivo.

31.2.6.5. O certificado deve ser disponibilizado ao trabalhador, e uma cópia deve ser arquivada pelo empregador ou equiparado em meio físico ou eletrônico.

31.2.6.6. É permitido o aproveitamento de conteúdos de treinamentos ministrados pelo mesmo empregador desde que:

a) o conteúdo e a carga horária requeridos no novo treinamento estejam compreendidos no treinamento anterior;

b) o conteúdo do treinamento anterior tenha sido ministrado em prazo inferior ao estabelecido nesta NR, ou há menos de 2 (dois) anos quando não estabelecida esta periodicidade; e

c) seja validado pelo responsável técnico do treinamento.

31.2.6.6.1. O aproveitamento dos conteúdos deve ser registrado no certificado, mencionando-se o conteúdo e a data de realização do treinamento aproveitado.

31.2.6.6.1.1. A validade do novo treinamento deve considerar a data do treinamento mais antigo aproveitado.

31.2.6.7. Os treinamentos realizados pelo trabalhador podem ser avaliados pelo empregador e convalidados ou complementados.

31.2.6.7.1. A convalidação ou complementação deve considerar:

a) as atividades desenvolvidas pelo trabalhador no empregador anterior, quando for o caso;

b) as atividades que desempenhará;

c) o conteúdo e carga horária cumpridos;

d) o conteúdo e carga horária exigidos; e

e) que o último treinamento tenha sido realizado em período inferior ao estabelecido nesta NR, ou há menos de 2 (dois) anos quando não estabelecida esta periodicidade.

31.2.6.8. O aproveitamento, total ou parcial, de treinamentos anteriores não exclui a responsabilidade do empregador rural ou equiparado de emitir o certificado de capacitação do trabalhador, devendo mencionar no certificado a data de realização dos treinamentos convalidados ou complementados.

31.2.6.8.1. Para efeito de periodicidade de realização de novo treinamento, deve ser considerada a data do treinamento mais antigo convalidado ou complementado.

31.2.6.9. Os treinamentos ou capacitações podem ser ministrados nas modalidades presencial, semipresencial ou de ensino a distância, desde que atendidos os requisitos operacionais, administrativos, tecnológicos e de estruturação pedagógica previstos no Anexo II da Norma Regulamentadora n. 1 – Disposições Gerais e Gerenciamento de Riscos Ocupacionais.

31.2.6.9.1. O conteúdo prático do treinamento ou capacitação deve ser ministrado na modalidade presencial.

31.3. Programa de Gerenciamento de Riscos no Trabalho Rural – PGRTR

31.3.1. O empregador rural ou equiparado deve elaborar, implementar e custear o PGRTR, por estabelecimento rural, por meio de ações de segurança e saúde que visem à prevenção de acidentes e doenças decorrentes do trabalho nas atividades rurais.

31.3.1.1. O empregador rural ou equiparado que possua, por estabelecimento rural, até 50 (cinquenta) empregados por prazo determinado e indeterminado pode optar pela utilização de ferramenta(s) de avaliação de risco a ser(em) disponibilizada(s) pela Secretaria Especial de Previdência e Trabalho - SEPRT, para estruturar o PGRTR e elaborar plano de ação, considerando o relatório produzido por esta(s) ferramenta(s).

31.3.1.2. O atendimento ao disposto no subitem 31.3.1.1 não desobriga o empregador rural ou equiparado do cumprimento das demais disposições previstas nesta NR.

31.3.1.3. O empregador deve comunicar aos trabalhadores sobre os riscos consolidados no inventário de riscos e as medidas de prevenção do plano de ação do PGRTR.

31.3.2. O PGRTR deve contemplar os riscos químicos, físicos, biológicos, de acidentes e os aspectos ergonômicos, sendo sua abrangência e complexidade dependentes das características dos riscos das necessidades de controle.

31.3.3. O PGRTR deve incluir, no mínimo, as seguintes etapas:

a) levantamento preliminar dos perigos e sua eliminação, quando possível;

b) avaliação dos riscos ocupacionais que não puderem ser completamente eliminados;

c) estabelecimento de medidas de prevenção, com prioridades e cronograma;

d) implementação de medidas de prevenção, de acordo com a seguinte ordem de prioridade:

I – eliminação dos fatores de risco;

II – minimização e controle dos fatores de risco com a adoção de medidas de proteção coletiva;

III – minimização e controle dos fatores de risco com a adoção de medidas administrativas ou de organização do trabalho; e

IV – adoção de medidas de proteção individual;

e) acompanhamento do controle dos riscos ocupacionais; e

f) investigação e análise de acidentes e doenças ocupacionais.

31.3.3.1. Os parâmetros para avaliações dos riscos e da exposição dos trabalhadores aos agentes físicos e químicos e os critérios para a prevenção dos riscos à saúde dos trabalhadores decorrentes das exposições ocupacionais devem ser realizados conforme os Anexos da Norma Regulamentadora n. 9 – Avaliação e Controle das Exposições Ocupacionais a Agentes Físicos, Químicos e Biológicos.

31.3.3.2. O PGRTR deve conter, no mínimo, os seguintes documentos:

a) inventário de riscos ocupacionais; e

b) plano de ação.

31.3.3.2.1. O Inventário de Riscos Ocupacionais deve contemplar, no mínimo, as seguintes informações:

a) caracterização dos processos e ambientes de trabalho;

b) caracterização das atividades;

c) descrição de perigos e de possíveis lesões ou agravos à saúde dos trabalhadores, com a identificação das fontes ou circunstâncias, descrição de riscos gerados pelos perigos, com a indicação dos grupos de trabalhadores sujeitos a esses riscos, e descrição de medidas de prevenção implementadas;

d) dados da análise preliminar ou do monitoramento das exposições a agentes físicos, químicos e biológicos, e os resultados da avaliação de ergonomia, nos termos do item 31.8 desta Norma;

e) avaliação dos riscos, incluindo a classificação para fins de elaboração do plano de ação; e

f) critérios adotados para avaliação dos riscos e tomada de decisão.

31.3.4. PGRTR deve ser revisto a cada 3 (três) anos, ou quando ocorrerem inovações e modificações nas tecnologias, ambientes, processos, condições, procedimentos e organização do trabalho, ou quando identificadas inadequações ou insuficiência na avaliação dos perigos e na adoção das medidas de prevenção.

31.3.5. O PGRTR deve também estabelecer medidas para:

a) trabalhos com animais, incluindo imunização dos trabalhadores, manipulação e eliminação de secreções, excreções e restos de animais, e as formas corretas e locais adequados de aproximação, contato e imobilização, e reconhecimento e precauções relativas a doenças transmissíveis;

b) orientação a trabalhadores quanto aos procedimentos a serem adotados na ocorrência de condições climáticas extremas e interrupção das atividades nessas situações, quando comprometerem a segurança dos trabalhadores;

c) organização do trabalho, de forma que as atividades que exijam maior esforço físico, quando possível, sejam desenvolvidas no período da manhã ou no final da tarde, e para minimização dos impactos sobre a segurança e saúde do trabalhador nas atividades em terrenos acidentados;

d) definição de condições seguras de trânsito de trabalhadores e veículos nas vias próprias internas de circulação do estabelecimento rural, com sinalização visível e proteções físicas onde houver risco de quedas dos veículos;

e) eliminação, dos locais de trabalho, de resíduos provenientes dos processos produtivos que possam gerar riscos à segurança e à saúde dos trabalhadores; e

f) realização de trabalhos em faixa de segurança de linhas de distribuição de energia elétrica, considerando os possíveis riscos de acidentes.

31.3.6. As ações de preservação da saúde ocupacional dos trabalhadores e de prevenção e controle dos agravos decorrentes do trabalho devem ser planejadas e executadas com base na identificação dos perigos e nas necessidades e peculiaridades das atividades rurais.

31.3.7. O empregador rural ou equiparado deve garantir a realização de exames médicos, obedecendo aos seguintes requisitos:

a) exame admissional, que deve ser realizado antes que o trabalhador assuma suas atividades;

b) exame periódico, que deve ser realizado anualmente ou em intervalos menores, quando disposto em acordo ou convenção coletiva de trabalho ou a critério médico;

c) exame de retorno ao trabalho, que deve ser realizado no primeiro dia do retorno à atividade do trabalhador ausente por período igual ou superior a 30 (trinta) dias devido a qualquer doença ou acidente;

d) exame de mudança de risco ocupacional, que deve, obrigatoriamente, ser realizado antes da data da mudança, adequando-se o controle médico aos novos riscos;

e) no exame demissional, o exame clínico deve ser realizado em até 10 (dez) dias contados do término do contrato, podendo ser dispensado caso o exame clínico mais recente tenha sido realizado há menos de 90 dias, salvo o disposto em acordo ou convenção coletiva de trabalho.

31.3.7.1. Os exames de que trata o subitem 31.3.7 compreendem o exame clínico e exames complementares, em função dos riscos a que o trabalhador estiver exposto e de acordo com os parâmetros definidos nos Anexos da Norma Regulamentadora n. 7 – Programa de Controle Médico de Saúde Ocupacional – PCMSO.

31.3.7.1.1. Os exames complementares devem ser executados por laboratório que tenha autorização legal para funcionamento e interpretados com base nos critérios constantes nos Anexos da NR-07, sendo obrigatórios quando houver exposições ocupacionais acima dos níveis de ação determinados nos Anexos da NR-09 ou se a classificação dos riscos do PGRTR assim indicar.

31.3.7.1.2. Os exames previstos nos Quadros 1 e 2 do Anexo I da NR-07 devem ser realizados a cada seis meses, podendo ser antecipados ou postergados por até 45 (quarenta e cinco) dias, a critério do médico responsável, mediante justificativa técnica, com o objetivo de realizar os exames em situações mais representativas da exposição do empregado ao agente.

31.3.7.1.3. Podem ser realizados outros exames complementares, a critério do médico responsável, desde que relacionados aos riscos ocupacionais identificados e classificados no PGRTR.

31.3.8. Para cada exame clínico ocupacional, deve ser emitido um Atestado de Saúde Ocupacional – ASO, em duas vias, contendo, no mínimo:

a) nome completo do trabalhador, o número de seu CPF e sua função;

b) a descrição dos perigos ou fatores de riscos identificados e classificados no PGRTR que necessitem de controle médico, ou indicação de sua inexistência;

c) indicação e data de realização dos exames clínicos ocupacionais e complementares a que foi submetido o trabalhador;

d) definição de apto ou inapto para a função que o trabalhador vai exercer, exerce ou exerceu;

e) data e assinatura do médico encarregado do exame, contendo seu número de inscrição no Conselho Regional de Medicina.

31.3.8.1. Quando forem realizados exames complementares sem que tenha ocorrido exame clínico, deve ser emitido recibo de entrega do resultado do exame, devendo este ser fornecido ao trabalhador em meio físico, mediante recibo, não sendo necessária a emissão do ASO.

31.3.8.2. A primeira via do ASO deve estar à disposição da fiscalização do trabalho, podendo ser em meio físico ou eletrônico, e a segunda via deve ser entregue ao trabalhador em meio físico, mediante recibo.

31.3.9. Todo estabelecimento rural deve estar equipado com material necessário à prestação de primeiros socorros, considerando-se as características da atividade desenvolvida, sob cuidados de pessoa treinada para este fim.

31.3.9.1. Nas frentes de trabalho com 10 (dez) ou mais trabalhadores, o material referido no subitem anterior ficará sob os cuidados da pessoa treinada para esse fim.

31.3.10. O empregador deve garantir a remoção do acidentado em caso de urgência, sem ônus para o trabalhador.

31.3.10.1. Em casos de acidentes com animais peçonhentos, após os procedimentos de primeiros socorros, o trabalhador acidentado deve ser encaminhado imediatamente à unidade de saúde mais próxima ou a local indicado no PGRTR.

31.3.11. Quando constatada a ocorrência ou agravamento de doenças ocupacionais, através dos exames complementares, ou sendo verificadas alterações em indicador biológico com significado clínico, mesmo sem sintomatologia, caberá ao empregador rural ou equiparado, mediante orientação formal, por meio de laudo ou atestado do médico encarregado dos exames:

a) emitir a Comunicação de Acidentes do Trabalho – CAT;

b) afastar o trabalhador da exposição ao risco, ou do trabalho; e

c) encaminhar o trabalhador à Previdência Social para estabelecimento de nexo causal, avaliação de incapacidade e definição da conduta previdenciária em relação ao trabalho.

31.3.12. Deve ser possibilitado o acesso dos trabalhadores aos órgãos de saúde com a finalidade de:

a) prevenção e profilaxia de doenças endêmicas; e

b) aplicação de vacina antitetânica e outras.

31.4. Serviço Especializado em Segurança e Saúde no Trabalho Rural – SESTR

31.4.1. O SESTR, composto por profissionais especializados, consiste em um serviço destinado ao desenvolvimento de ações técnicas, integradas às práticas de gestão de segurança e saúde, para tornar o meio ambiente de trabalho compatível com a promoção da segurança e saúde e a preservação da integridade física do trabalhador rural.

Competências

31.4.2. Compete ao SESTR:

a) elaborar plano de trabalho e monitorar metas, indicadores e resultados de seguranca e saúde no trabalho;

b) responsabilizar-se tecnicamente pela orientação dos empregadores e trabalhadores quanto ao cumprimento do disposto nesta NR;

c) promover a realização de atividades de orientação, informação e conscientização dos trabalhadores para a prevenção de acidentes e doenças relacionadas ao trabalho;

d) estabelecer no PGRTR as medidas de prevenção em segurança e saúde no trabalho;

e) manter permanente interação com a CIPATR, quando houver;

f) propor imediatamente a interrupção das atividades e a adoção de medidas corretivas e/ou de controle quando constatadas condições ou situações de trabalho que estejam associadas a grave e iminente risco para a segurança ou saúde dos trabalhadores; e

g) conduzir as investigações e análises dos acidentes e doenças relacionadas ao trabalho, com o objetivo de definir os fatores causais e as medidas preventivas a serem adotadas.

31.4.3. Cabe ao empregador rural ou equiparado proporcionar os meios e recursos necessários para o cumprimento dos objetivos e atribuições do SESTR.

Modalidades

31.4.4. O SESTR pode ser constituído nas seguintes modalidades:

a) individual: em caso de estabelecimento enquadrado no Quadro 1 desta NR; ou

b) coletivo: nas situações previstas no subitem 31.4.5 desta NR.

31.4.5. Os empregadores rurais ou equiparados que sejam obrigados a constituir SESTR individual podem optar pelo SESTR coletivo, quando se configure uma das seguintes situações:

a) vários empregadores rurais ou equiparados instalados em um mesmo estabelecimento;

b) empregadores rurais ou equiparados cujos estabelecimentos distem entre si até 200 Km (duzentos quilômetros) por vias de acesso, contados a partir da sede de cada propriedade rural;

c) vários estabelecimentos sob controle acionário de um mesmo grupo econômico que distem entre si até 200 km (duzentos quilômetros) por vias de acesso, contados a partir da sede de cada propriedade rural; ou

d) consórcio de empregadores e cooperativas de produção.

Dimensionamento

31.4.6. É obrigatória a constituição de SESTR, com profissionais registrados diretamente pelo empregador rural ou por meio de empresa especializada em serviços de segurança e saúde no trabalho rural, para o estabelecimento que possuir 51 (cinquenta e um) ou mais trabalhadores contratados por prazo indeterminado, obedecendo ao dimensionamento previsto no Quadro 1 desta NR.

31.4.6.1. Sempre que o empregador rural ou equiparado proceder à contratação de trabalhadores por prazo determinado e/ou de empresa contratada e o somatório dos trabalhadores próprios e contratados alcançar o número mínimo exigido nesta Norma Regulamentadora para a constituição de SESTR, deve constituir o serviço durante o período de vigência da contratação.

31.4.6.2. No dimensionamento do SESTR, não devem ser considerados:

a) os trabalhadores das empresas contratadas atendidos por SESTR individual ou Serviço Especializado em Engenharia de Segurança e em Medicina do Trabalho – SESMT, previsto na Norma Regulamentadora n. 4; e

b) os trabalhadores eventuais, autônomos ou regidos por legislação específica.

31.4.6.3. Em caso de aumento no dimensionamento do SESTR decorrente da contratação de trabalhadores por prazo determinado, o SESTR, individual ou coletivo, constituído por profissionais registrados pelo empregador ou equiparado, pode ser complementado por meio de contratação de empresa especializada em serviços de segurança e saúde para atender ao Quadro 1 desta NR.

31.4.7. O SESTR coletivo pode ser estendido a empregadores rurais cujos estabelecimentos não se enquadrem no Quadro 1 desta NR, devendo o dimensionamento considerar o somatório dos trabalhadores assistidos.

31.4.8. O dimensionamento e a constituição do SESTR individual devem ser realizados por estabelecimento rural, considerando o número de trabalhadores, observado o Quadro 1 desta NR.

31.4.9. O dimensionamento do SESTR coletivo deve ser realizado pelo somatório de trabalhadores de todos os estabelecimentos assistidos, observado o Quadro 1 desta NR.

31.4.10. O estabelecimento que possuir entre 11 (onze) até 50 (cinquenta) empregados fica dispensado de constituir SESTR, desde que o empregador rural ou preposto tenha capacitação sobre prevenção de acidentes e doenças relacionadas ao trabalho necessária ao cumprimento dos objetivos desta Norma Regulamentadora.

31.4.10.1. O não enquadramento no subitem 31.4.10 obriga o empregador a constituir SESTR individual, composto, no mínimo, por um técnico em segurança do trabalho, com carga horária compatível com a necessidade de elaboração e implementação das ações de gestão em segurança, saúde e meio ambiente do trabalho rural, ou SESTR coletivo, observado o disposto no subitem 31.4.9 desta NR.

31.4.10.2. Caso opte pela capacitação prevista no subitem 31.4.10, a carga horária e o conteúdo programático devem atender ao disposto nos subitens 31.5.24 e 31.5.25 desta NR.

31.4.11. As empresas obrigadas a constituir SESTR e SESMT, previsto na NR-04, podem constituir apenas um destes serviços, considerando o somatório de empregados de ambas as atividades.

Composição, Competência e Funcionamento

31.4.12. O SESTR deve ser composto por médico do trabalho, engenheiro de segurança do trabalho, técnico em segurança do trabalho, enfermeiro do trabalho e auxiliar/técnico em enfermagem do trabalho, obedecido o dimensionamento previsto no Quadro 1 desta NR.

31.4.12.1. A inclusão de outros profissionais especializados deve ser estabelecida de acordo com as recomendações do SESTR e PGRTR.

31.4.13. Os profissionais integrantes do SESTR devem possuir formação e registro profissional em conformidade com o disposto na regulamentação da profissão e nos instrumentos normativos emitidos pelo respectivo Conselho Profissional, quando existente.

31.4.14. O SESTR deve ser coordenado por um dos profissionais integrantes deste serviço.

31.4.15. O técnico em segurança do trabalho deve dedicar, no mínimo, 20 (vinte) horas, quando contratado por tempo parcial, ou 36 (trinta e seis) horas, quando contratado por tempo integral, por semana, para as atividades do SESTR, de acordo com o estabelecido no Quadro 1 desta NR, respeitada a legislação pertinente em vigor, durante o horário de expediente do estabelecimento.

31.4.16. O auxiliar/técnico em enfermagem do trabalho deve dedicar 36 (trinta e seis) horas, por semana, para as atividades do SESTR, de acordo com o estabelecido no Quadro 1 desta NR, respeitada a legislação pertinente em vigor, durante o horário de expediente do estabelecimento.

31.4.17. O engenheiro de segurança do trabalho, o médico do trabalho e o enfermeiro do trabalho devem dedicar, no mínimo, 15 (quinze) horas (tempo parcial) ou 30 (trinta) horas (tempo integral), por semana, para as atividades do SESTR, de acordo com o estabelecido no Quadro 1 desta NR, respeitada a legislação pertinente em vigor, durante o horário de expediente do estabelecimento.

31.4.17.1. Relativamente aos profissionais referidos no subitem 31.4.17, para cumprimento das atividades dos SESTR em tempo integral, o empregador rural ou equiparado pode contratar mais de um profissional, desde que cada um dedique no mínimo a metade da carga horária semanal.

31.4.18. Aos profissionais integrantes do SESTR, é vedado o exercício de outras atividades durante o horário de sua atuação neste serviço.

Registro

31.4.19. O SESTR individual e o coletivo devem ser registrados conforme estabelecido pela Secretaria de Trabalho – STRAB do Ministério da Economia.

31.4.20. O empregador rural ou equiparado que possuir SESTR individual ou coletivo constituído com profissionais diretamente por ele registrados como empregados deve informar e manter atualizados os seguintes dados:

a) CPF dos profissionais do SESTR;

b) qualificação e número de registro dos profissionais;

c) número de trabalhadores da requerente no estabelecimento;

d) especificação dos turnos de trabalho no estabelecimento; e

e) carga horária dos profissionais dos SESTR.

31.4.20.1. Quando da constituição de SESTR coletivo, o registro do serviço deve conter as informações dos estabelecimentos atendidos.

31.4.21. Em caso de contratação de empresa especializada para atender o SESTR, o empregador rural ou equiparado deve informar o CNPJ da contratada.

31.4.21.1. Na situação prevista no subitem 31.4.21, cabe à empresa especializada em segurança e saúde no trabalho rural contratada informar e manter atualizados os dados constantes no subitem 31.4.20 desta NR, para cada um dos estabelecimentos nos quais presta serviço.

Prestação de Serviço por Empresa Especializada

31.4.22. O empregador rural ou equiparado pode contratar empresa especializada em serviços de segurança e saúde para atender integralmente o SESTR, em qualquer de suas modalidades.

31.4.22.1. O dimensionamento do SESTR atendido por empresa especializada em serviços de segurança e saúde deve obedecer ao estabelecido no Quadro 1 desta NR, para cada estabelecimento.

31.4.23. A empresa especializada deve exercer atividade de prestação de serviços em segurança e saúde no trabalho, conforme previsto no contrato social.

31.4.24. A empresa especializada deve registrar cada SESTR sob sua responsabilidade, informando e mantendo atualizados os dados previstos no subitem 31.4.20 desta NR e a forma de controle do cumprimento da carga horária dos profissionais no estabelecimento do contratante.

31.4.25. Os documentos relativos à prestação dos serviços especializados, por contratante, devem ser arquivados pela empresa especializada pelo prazo de 5 (cinco) anos.

31.4.26. A empresa especializada em prestação de serviços de segurança e saúde no trabalho rural deve cumprir as atribuições do SESTR previstas nesta Norma Regulamentadora.

31.4.27. A contratação de empresa especializada em serviços de segurança e saúde não exime o empregador rural ou equiparado de sua responsabilidade no cumprimento das normas de segurança e saúde no trabalho.

QUADRO 1

Número de Trabalhadores	Profissionais Legalmente Habilitados				
	Eng. Seg.	**Med. Trab.**	**Téc. Seg.**	**Enf. Trab.**	**Aux. ou Téc. Enf.**
51 a 100	-	-	1*	-	-
101 a 150	-	-	1	-	-
151 a 300	-	-	1	-	1**
301 a 500	-	1***	2	-	1****
501 a 1000	1	1	2	1	1
1001 a 3000	1	1	3	1	2
Acima de 3000 para cada grupo de 2000 ou fração	1	1	3	1	2

***** Técnico em segurança do trabalho em tempo parcial (20 horas semanais).

****** O empregador pode optar pela contratação de um enfermeiro do trabalho em tempo integral, em substituição ao auxiliar ou técnico de enfermagem do trabalho.

******* Médico do trabalho em tempo parcial (15 horas semanais).

******** O empregador pode optar pela contratação de um enfermeiro do trabalho em tempo parcial, em substituição ao auxiliar ou técnico de enfermagem do trabalho.

OBSERVAÇÕES:

1) A jornada de trabalho do auxiliar ou técnico de enfermagem sempre será em tempo integral;

2) A ausência de asterisco corresponde às cargas horárias de 30 (trinta) horas, para os profissionais de nível superior, e de 36 (trinta e seis) horas, para os profissionais de nível médio.

31.5. Comissão Interna de Prevenção de Acidentes do Trabalho Rural – CIPATR

31.5.1. A CIPATR tem como objetivo a promoção da saúde e prevenção de acidentes e doenças relacionados ao trabalho, de modo a compatibilizar, permanentemente, o trabalho com a preservação da vida do trabalhador.

Constituição e Organização

31.5.2. O empregador rural ou equiparado que mantenha 20 (vinte) ou mais empregados contratados por prazo indeterminado fica obrigado a constituir e manter em funcionamento, por estabelecimento, uma CIPATR.

31.5.3. A CIPATR deve ser composta por representantes indicados pelo empregador e representantes eleitos pelos empregados, de forma paritária, de acordo com a proporção mínima estabelecida no Quadro 2 desta Norma.

QUADRO 2

N. de Trabalhadores N. Membros	20 a 35	36 a 70	71 a 100	101 a 500	501 a 1000	Acima de 1000
Representantes dos Trabalhadores	1	2	3	4	5	6
Representantes do Empregador	1	2	3	4	5	6

31.5.4. Os representantes dos empregados na CIPATR serão eleitos em escrutínio secreto.

31.5.5. Os candidatos votados e não eleitos devem ser relacionados na ata de eleição, em ordem decrescente de votos, possibilitando a posse como membros da CIPATR em caso de vacância.

31.5.6. O mandato dos membros eleitos da CIPATR terá duração de 2 (dois) anos, permitida uma reeleição.

31.5.7. O coordenador da CIPATR deve ser escolhido dentre seus membros pela representação do empregador, no primeiro ano do mandato, e pela representação dos trabalhadores, no segundo ano do mandato.

31.5.8. Organizada a CIPATR, as atas de eleição e posse e o calendário das reuniões devem ser mantidos no estabelecimento à disposição da fiscalização do trabalho.

31.5.9. A CIPATR não pode ter seu número de representantes reduzido, tampouco pode ser desativada pelo empregador antes do término do mandato de seus membros, ainda que haja redução do número de empregados, exceto no caso de encerramento das atividades do estabelecimento.

Atribuições

31.5.10. A CIPATR terá por atribuição:

a) acompanhar o processo de avaliação de riscos e a adoção de medidas de controle desenvolvidos pelo empregador rural ou equiparado e/ou SESTR, quando houver;

b) realizar, periodicamente, verificações nos ambientes e condições de trabalho visando à identificação de situações que possam trazer riscos para a segurança e a saúde dos trabalhadores;

c) elaborar plano de trabalho que possibilite a ação preventiva em segurança e saúde no trabalho;

d) colaborar no desenvolvimento e implementação do PGRTR;

e) participar da análise das causas dos acidentes e doenças relacionadas ao trabalho e propor medidas de solução para os problemas identificados;

f) promover, anualmente, em conjunto com o SESTR, onde houver, a Semana Interna de Prevenção de Acidentes do Trabalho Rural – SIPATR, em dias e turnos definidos conforme cronograma;

g) propor ao empregador a realização de cursos e treinamentos que julgar necessários para os trabalhadores, visando à melhoria das condições de segurança e saúde no trabalho; e

h) elaborar o calendário bianual de suas reuniões ordinárias.

31.5.11. Cabe ao empregador rural ou equiparado:

a) proporcionar aos membros da CIPATR tempo suficiente e os meios necessários ao desempenho de suas atribuições;

b) permitir a colaboração dos trabalhadores na gestão da CIPATR;

c) fornecer à CIPATR, quando requisitadas, as informações necessárias ao desempenho das suas atribuições;

d) convocar as reuniões ordinárias e extraordinárias da CIPATR; e

e) analisar as recomendações e determinar a adoção das medidas necessárias, mantendo a CIPATR informada.

31.5.12. Cabe aos trabalhadores indicar à CIPATR e ao SESTR, quando existentes, situações de risco e apresentar sugestões para a melhoria das condições de trabalho.

31.5.13. Cabe ao coordenador da CIPATR as seguintes atribuições:

a) coordenar e supervisionar as atividades da CIPATR, zelando para que os objetivos propostos sejam alcançados;

b) divulgar as decisões da CIPATR a todos os trabalhadores do estabelecimento; e

c) encaminhar ao empregador rural ou equiparado e ao SESTR, quando houver, as decisões da CIPATR.

Processo eleitoral

31.5.14. Compete ao empregador rural ou equiparado convocar eleições para escolha dos representantes dos trabalhadores na CIPATR, no prazo mínimo de 60 (sessenta) dias antes do término do mandato em curso.

31.5.14.1. O início do processo eleitoral deve ser comunicado ao sindicato da categoria profissional por meio do envio do edital de convocação da eleição, em até 5 (cinco) dias após sua divulgação, podendo o envio ser realizado por meio eletrônico, com confirmação de entrega.

31.5.14.1.1. A abertura das inscrições não pode ser realizada antes da comunicação ao sindicato da categoria profissional.

31.5.14.2. O coordenador da CIPATR deve constituir dentre seus membros a comissão eleitoral, que será a responsável pela organização e acompanhamento do processo eleitoral.

31.5.14.3. Nos estabelecimentos onde não houver CIPATR, a comissão eleitoral deve ser constituída pelo empregador rural ou equiparado, no prazo de até 30 (trinta) dias após atingido o dimensionamento mínimo para sua constituição.

31.5.14.3.1. A eleição em primeiro mandato deve ocorrer no prazo máximo de 30 dias após a constituição da comissão eleitoral.

31.5.14.4. O processo eleitoral deve observar as seguintes condições:

a) publicação e divulgação de edital de convocação da eleição e abertura de prazos para inscrição de candidatos, em locais de fácil acesso e visualização, sendo facultada a divulgação por meios eletrônicos;

b) inscrição e eleição individual, sendo que o período mínimo para inscrição é de 15 (quinze) dias;

c) liberdade de inscrição para todos os trabalhadores do estabelecimento, independentemente de setores ou locais de trabalho, com fornecimento de comprovante, salvo os casos de afastamentos que impliquem a suspensão do contrato de trabalho, cuja duração prevista impossibilite a participação na eleição, treinamento e posse como integrante da CIPATR;

d) garantia de emprego para todos os inscritos até a eleição;

e) publicação e divulgação de relação dos trabalhadores inscritos em locais de fácil acesso e visualização, sendo facultada a divulgação por meios eletrônicos;

f) realização da eleição no prazo mínimo de 15 (quinze) dias antes do término do mandato vigente da CIPATR, quando houver;

g) realização de eleição em dia normal de trabalho, respeitados os horários de turnos, e em horário que possibilite a participação da maioria dos empregados;

h) voto secreto;

i) apuração dos votos em horário normal de trabalho, com acompanhamento de representantes do empregador rural ou equiparado e dos empregados, em número a ser definido pela comissão eleitoral; e

j) organização da eleição por meio de processo que garanta tanto a segurança do sistema como a confidencialidade e a precisão do registro dos votos.

31.5.14.5. Havendo participação inferior a 50% (cinquenta por cento) dos empregados na votação, não haverá a apuração dos votos, e a comissão eleitoral deve organizar nova votação, que deve ocorrer no prazo máximo de 10 (dez) dias, a qual será considerada válida com a participação de, no mínimo, um terço dos empregados.

31.5.14.6. Denúncias sobre o processo eleitoral devem ser protocolizadas na unidade descentralizada da Secretaria do Trabalho – STRAB, até 30 (trinta) dias após a data da posse dos novos membros da CIPATR.

31.5.14.7. Compete à autoridade máxima regional em matéria de fiscalização do trabalho, confirmadas irregularidades no processo eleitoral, determinar a sua correção ou proceder à anulação quando for o caso.

31.5.14.8. Em caso de anulação, o empregador rural ou equiparado deve convocar nova eleição no prazo de 10 (dez) dias, a contar da data de ciência, garantidas as inscrições anteriores.

31.5.14.9. Quando a anulação se der antes da posse dos membros da CIPATR, ficará assegurada a prorrogação do mandato anterior, quando houver, até a complementação do processo eleitoral.

31.5.14.10. A posse dos membros da CIPATR se dará no primeiro dia útil após o término do mandato anterior.

31.5.14.10.1. Em caso de primeiro mandato, a posse deve ser realizada no prazo máximo de 45 (quarenta e cinco) dias após a eleição.

31.5.14.11. Assumirão a condição de membros eleitos os candidatos mais votados.

31.5.14.12. Em caso de empate, assumirá aquele que tiver maior tempo de serviço no estabelecimento.

Funcionamento

31.5.15. A CIPATR terá reuniões ordinárias bimestrais, em local apropriado e em horário normal de expediente, obedecendo ao calendário bianual.

31.5.16. As reuniões da CIPATR terão as atas assinadas pelos presentes.

31.5.16.1. As atas devem ficar disponíveis a todos trabalhadores em meio físico ou eletrônico.

31.5.17. Em caso de acidente de trabalho grave ou fatal, a CIPATR se reunirá em caráter extraordinário, no máximo, até cinco dias úteis após a ocorrência, com a presença do responsável pelo setor em que ocorreu o acidente.

31.5.18. O membro da CIPATR perderá o mandato quando faltar a mais de quatro reuniões ordinárias sem justificativa.

31.5.19. Quando o empregador rural ou equiparado contratar prestadores de serviço, a CIPATR da empresa contratante deve, em conjunto com a contratada, definir mecanismos de integração e participação de todos os trabalhadores em relação às decisões da referida comissão.

31.5.20. Os membros da CIPATR eleitos pelos empregados não podem sofrer despedida arbitrária, entendendo-se como tal a que não se fundar em motivo disciplinar, técnico, econômico ou financeiro.

31.5.21. Caso não existam mais candidatos votados e não eleitos, registrados na forma indicada no subitem 31.5.5 desta NR, o empregador rural ou equiparado deve realizar eleição extraordinária, desde que o prazo para o encerramento do mandato vigente seja superior a 6 (seis) meses, a qual somente será considerada válida com a participação de, no mínimo, um terço dos trabalhadores.

31.5.21.1. Os prazos da eleição extraordinária devem ser reduzidos à metade dos prazos previstos no processo eleitoral.

31.5.21.2. As demais exigências estabelecidas para o processo eleitoral devem ser atendidas.

31.5.21.3. O mandato do membro eleito em processo eleitoral extraordinário deve ser compatibilizado com o mandato dos demais membros da Comissão.

31.5.21.4. O treinamento de membro eleito em processo extraordinário deve ser realizado no prazo máximo de 30 (trinta) dias, contados a partir da data da posse.

Treinamento

31.5.22. O empregador rural ou equiparado deve promover treinamento semipresencial para os membros da CIPATR antes da posse.

31.5.23. O treinamento da CIPATR em primeiro mandato deve ser realizado no prazo máximo de 30 (trinta) dias, contados a partir da data da posse.

31.5.24. O treinamento para a CIPATR deve contemplar, no mínimo, os seguintes itens:

a) noções de organização, funcionamento, importância e atuação da CIPATR;

b) estudo das condições de trabalho com análise dos riscos originados do processo produtivo no campo, bem como medidas de controle;

c) caracterização e estudo de acidentes ou doenças do trabalho, metodologia de investigação e análise;

d) noções de primeiros socorros;

e) noções sobre legislação trabalhista e previdenciária relativa à segurança e à saúde no trabalho;

f) noções sobre prevenção e combate a incêndios;

g) princípios gerais de higiene no trabalho;

h) proteção de máquinas e equipamentos; e

i) noções de ergonomia.

31.5.25. O treinamento terá carga horária mínima de 20 (vinte) horas, distribuídas em, no máximo, 8 (oito) horas diárias.

31.5.26. O empregador rural ou equiparado deve promover o treinamento previsto no subitem 31.5.22 desta NR para os empregados mais votados e não eleitos, limitado ao número de membros eleitos da CIPATR.

31.6. Medidas de Proteção Pessoal

31.6.1. É obrigatório o fornecimento gratuito aos trabalhadores de Equipamentos de Proteção Individual – EPI, nos termos da Norma Regulamentadora n. 6 – Equipamentos de Proteção Individual – EPI.

31.6.2. Além dos EPI previstos na NR-06, cabe ao empregador, de acordo com os riscos de cada atividade, fornecer aos trabalhadores os seguintes dispositivos de proteção pessoal:

a) chapéu ou boné tipo árabe ou legionário contra o sol;

b) protetor facial contra lesões ocasionadas por partículas, respingos, vapores de produtos químicos, ou óculos contra a ação de líquidos agressivos;

c) perneira contra picadas de animais peçonhentos;

d) colete refletivo ou tiras refletivas para sinalização;

e) vestimenta de corpo inteiro para proteção biológica;

f) bota ou botina com solado sem ranhuras para atividades que envolvam montaria de animais; e

g) roupas especiais para atividades específicas.

31.6.2.1. O empregador deve, se indicado no PGRTR ou configurada exposição à radiação solar sem adoção de medidas de proteção coletiva ou individual, disponibilizar protetor solar.

31.6.2.1.1. O protetor solar pode ser disponibilizado por meio de dispensador coletivo e seu uso é facultativo pelo trabalhador.

31.6.2.2. Para fins desta Norma, consideram-se dispositivos de proteção pessoal os equipamentos destinados à proteção do trabalhador, mas que não são enquadrados como EPI pelo Anexo I da NR-06.

31.6.3. Os equipamentos de proteção individual e os dispositivos de proteção pessoal devem ser adequados aos riscos, mantidos conservados e em condições de funcionamento.

31.6.4. O empregador deve exigir que os trabalhadores utilizem os EPI e os dispositivos de proteção pessoal.

31.6.5. Cabe ao empregador orientar o empregado sobre o uso dos EPI e dos dispositivos de proteção pessoal.

31.6.6. Cabe ao empregado quanto ao EPI e aos dispositivos de proteção pessoal:

a) utilizá-los apenas para a finalidade a que se destina;

b) responsabilizar-se pela guarda e conservação;

c) comunicar ao empregador qualquer alteração que os tornem impróprios para uso;

d) cumprir as determinações do empregador sobre o uso adequado.

31.7. Agrotóxicos, Aditivos, Adjuvantes e Produtos Afins

31.7.1. Para fins desta Norma, consideram-se:

a) trabalhadores em exposição direta, os que manipulam os agrotóxicos, aditivos, adjuvantes e produtos afins, em qualquer uma das etapas de armazenamento, transporte, preparo, aplicação, descarte e descontaminação de equipamentos e vestimentas; e

b) trabalhadores em exposição indireta, os que não manipulam diretamente os agrotóxicos, aditivos, adjuvantes e produtos afins, mas circulam e desempenham suas atividades de trabalho em áreas vizinhas aos locais onde se faz a manipulação dos agrotóxicos em qualquer uma das etapas de armazenamento, transporte, preparo, aplicação, descarte e descontaminação de equipamentos e vestimentas, ou, ainda, os que desempenham atividades de trabalho em áreas recém-tratadas.

31.7.1.1. Para fins desta NR, o transporte e o armazenamento de embalagens lacradas e não violadas são considerados como exposição indireta.

31.7.1.2. Devem ser fornecidas instruções para os trabalhadores que transportam e armazenam embalagens lacradas e não violadas.

31.7.1.3. As instruções podem ser fornecidas por meio de Diálogos Diários de Segurança - DDS, panfleto escrito e outras, desde que documentadas pelo empregador.

31.7.1.4. Não se aplica a definição do subitem 31.7.1.1 desta Norma se houver embalagens não lacradas ou violadas no transporte e no local de armazenamento.

31.7.2. O empregador rural ou equiparado afastará as mulheres gestantes e em período de lactação das atividades com exposição direta ou indireta a agrotóxicos, aditivos, adjuvantes e produtos afins, incluindo os locais de armazenamento, imediatamente após ser informado da gestação.

31.7.3. São vedados:

a) a manipulação de quaisquer agrotóxicos, aditivos, adjuvantes e produtos afins que não estejam registrados e autorizados pelos órgãos governamentais competentes;

b) a manipulação de quaisquer agrotóxicos, aditivos, adjuvantes e produtos afins por menores de 18 (dezoito) anos, por maiores de 60 (sessenta) anos e por mulheres gestantes e em período de lactação;

c) a manipulação de quaisquer agrotóxicos, aditivos, adjuvantes e produtos afins, nos ambientes de trabalho, em desacordo com a receita e as indicações do rótulo e bula, previstos em legislação vigente;

d) o trabalho em áreas recém-tratadas antes do término do intervalo de reentrada estabelecido nos rótulos dos produtos, salvo com o uso de equipamento de proteção recomendado;

e) a entrada e a permanência de qualquer pessoa na área a ser tratada durante a pulverização aérea;

f) a entrada e a permanência de qualquer pessoa na área a ser tratada durante a aplicação de agrotóxicos em cultivos protegidos, exceto o aplicador;

g) o uso de roupas pessoais quando da aplicação de agrotóxicos;

h) a reutilização, para qualquer fim, das embalagens vazias de agrotóxicos, aditivos, adjuvantes e produtos afins, incluindo as respectivas tampas, cuja destinação final deve atender à legislação vigente;

i) a armazenagem de embalagens vazias ou cheias de agrotóxicos, aditivos, adjuvantes e produtos afins, em desacordo com o estabelecido na bula do fabricante;

j) o transporte de agrotóxicos, aditivos, adjuvantes e produtos afins em um mesmo compartimento que contenha alimentos, rações, forragens, utensílios de uso pessoal e doméstico;

k) o uso de tanque utilizado no transporte de agrotóxicos, mesmo que higienizado, para transporte de água potável ou qualquer outro produto destinado ao consumo humano ou de animais;

l) a lavagem de veículos transportadores de agrotóxicos, aditivos, adjuvantes e produtos afins em coleções de água; e

m) o transporte simultâneo de trabalhadores e agrotóxicos, aditivos, adjuvantes e produtos afins em veículos que não possuam compartimentos estanques projetados para tal fim.

31.7.4. A aplicação de agrotóxicos com a utilização de atomizador mecanizado tracionado somente pode ser realizada por meio de máquina com cabine fechada, exceto para as culturas em parreiras.

•• **Item 31.7.4, com vigência suspensa até 5-7-2022, por força da Portaria n. 9, de 5-1-2022.**

31.7.5. O empregador rural ou equiparado deve proporcionar capacitação semipresencial ou presencial sobre prevenção de acidentes com agrotóxicos, aditivos, adjuvantes e produtos afins a todos os trabalhadores expostos diretamente.

31.7.5.1. A capacitação semipresencial ou presencial prevista nesta Norma deve ser proporcionada aos trabalhadores em exposição direta mediante programa, com carga horária mínima de 20 (vinte) horas, teórica e prática, com o seguinte conteúdo mínimo:

a) conhecimento das formas de exposição direta e indireta aos agrotóxicos, aditivos, adjuvantes e produtos afins;

b) conhecimento de sinais e sintomas de intoxicação e medidas de primeiros socorros;

c) rotulagem e sinalização de segurança;

d) medidas higiênicas durante e após o trabalho;

e) uso, limpeza e manutenção de vestimentas de trabalho e equipamentos de proteção individual; e

f) uso correto dos equipamentos de aplicação.

31.7.5.2. A capacitação deve ser ministrada por órgãos e serviços oficiais de extensão rural, instituições de ensino de níveis médio e superior em ciências agrárias, Serviço Nacional de Aprendizagem Rural – SENAR, SESTR do empregador rural ou equiparado, sindicatos, associações de produtores rurais, associação de profissionais, cooperativas de produção agropecuária ou florestal, fabricantes dos respectivos produtos ou profissionais qualificados para este fim, desde que realizada sob a responsabilidade técnica de profissional habilitado, que se responsabilizará pela adequação do conteúdo, forma, carga horária, qualificação dos instrutores e avaliação dos discentes.

31.7.5.3. O empregador rural ou equiparado deve complementar ou realizar novo programa quando comprovada a insuficiência da capacitação proporcionada ao trabalhador, devendo a carga horária ser no mínimo de 8 (oito) horas, no caso de complementação, e 16 (dezesseis) horas, no caso de novo programa de capacitação.

31.7.6. O empregador rural ou equiparado deve adotar, no mínimo, as seguintes medidas:

a) fornecer equipamentos de proteção individual e vestimentas de trabalho adequadas aos riscos, que privilegiem o conforto térmico;

b) fornecer os equipamentos de proteção individual e vestimentas de trabalho em condições de uso e devidamente higienizados;

c) responsabilizar-se pela descontaminação das vestimentas de trabalho e equipamentos de proteção individual ao fim de cada jornada de trabalho, substituindo-os sempre que necessário;

d) disponibilizar, nas frentes de trabalho, água, sabão e toalhas para higiene pessoal;

e) disponibilizar local para banho com: água, sabão, toalhas e armários individuais para a guarda da roupa de uso pessoal;

f) garantir que nenhum equipamento de proteção ou vestimenta de trabalho contaminados sejam levados para fora do ambiente de trabalho, salvo nos casos de transporte para empresas especializadas para descontaminação; e

g) garantir que nenhum dispositivo de proteção ou vestimenta de trabalho seja reutilizado antes da devida descontaminação.

31.7.6.1. Para todos os trabalhadores envolvidos em trabalhos com agrotóxicos, é obrigatório o banho, após finalizadas todas as atividades envolvendo o preparo e/ou aplicação de agrotóxicos, aditivos, adjuvantes e produtos afins, conforme procedimento estabelecido no PGRTR.

31.7.7. O empregador rural ou equiparado deve disponibilizar a todos os trabalhadores informações sobre o uso de agrotóxicos, aditivos, adjuvantes e produtos afins no estabelecimento, abordando os seguintes aspectos:

a) área tratada: descrição das características gerais da área, da localização, e do tipo de aplicação a ser feita, incluindo o equipamento a ser utilizado;

b) nome comercial do produto utilizado;

c) classificação toxicológica;

d) data e hora da aplicação;

e) intervalo de reentrada;

f) intervalo de segurança/período de carência;

g) medidas de proteção necessárias aos trabalhadores em exposição direta e indireta; e

h) medidas a serem adotadas em caso de intoxicação.

31.7.8. O empregador rural ou equiparado deve sinalizar as áreas tratadas, informando o período de reentrada.

31.7.9. O trabalhador que apresentar sintomas de intoxicação deve ser imediatamente afastado das atividades e transportado para atendimento médico, juntamente com as informações contidas nos rótulos e bulas dos agrotóxicos, aditivos, adjuvantes e produtos afins aos quais tenha sido exposto.

31.7.10. Os equipamentos de aplicação dos agrotóxicos, aditivos, adjuvantes e produtos afins devem ser:

a) mantidos e conservados em condições de funcionamento, sem vazamentos;

b) inspecionados antes de cada aplicação;

c) utilizados para a finalidade indicada; e

d) operados dentro dos limites, especificações e orientações técnicas.

31.7.11. A conservação, manutenção e limpeza dos equipamentos utilizados para aplicação de agrotóxicos, aditivos, adjuvantes e produtos afins só podem ser realizadas por pessoas previamente capacitadas e protegidas.

3.7.12. A limpeza dos equipamentos deve ser executada de forma a não contaminar poços, rios, córregos e quaisquer outras coleções de água.

3.7.13. Os agrotóxicos, aditivos, adjuvantes e produtos afins devem ser mantidos em suas embalagens originais, com seus rótulos e bulas.

3.7.14. As edificações destinadas ao armazenamento de agrotóxicos, aditivos, adjuvantes e produtos afins devem:

a) ter paredes e cobertura resistentes;

b) ter acesso restrito aos trabalhadores devidamente capacitados a manusear os referidos produtos;

c) possuir ventilação, comunicando-se exclusivamente com o exterior e dotada de proteção que não permita o acesso de animais;

d) ter afixadas placas ou cartazes com símbolos de perigo;

e) possibilitar a limpeza e descontaminação; e

f) estar situadas a mais de 15 (quinze) metros das habitações e locais onde são conservados ou consumidos alimentos, medicamentos ou outros materiais.

31.7.14.1. A distância de fontes e cursos de água às edificações de armazenamento de agrotóxicos, aditivos, adjuvantes e produtos afins deve atender às normas da legislação vigente.

31.7.15. O armazenamento deve obedecer às normas da legislação vigente, às especificações do fabricante constantes dos rótulos e bulas e às seguintes recomendações básicas:

a) as embalagens devem ser colocadas sobre estrados, evitando-se contato com o piso, e mantendo-se as pilhas estáveis e afastadas das paredes e do teto, ou nos armários de que trata o subitem 31.7.16 desta Norma; e

b) os produtos inflamáveis devem ser mantidos em local ventilado, protegido contra centelhas e outras fontes de combustão.

31.7.16. O armazenamento de agrotóxicos, aditivos e adjuvantes e produtos afins até o limite de 100 (cem) litros ou 100 (cem) quilos, ou a somatória de litros e quilos considerados conjuntamente, pode ser feito em armários de uso exclusivo, trancados e abrigados de sol e intempéries, confeccionados de material resistente que permita higienização e não propicie a propagação de chamas, localizados fora de moradias, áreas de vivência e áreas administrativas, respeitadas as alíneas *b* e *d* do subitem 31.7.14 desta Norma, desde que obedecidos os seguintes requisitos:

a) não estar localizado em meio de passagem de pessoas ou veículos;

b) não guardar produtos químicos incompatíveis juntos em um mesmo armário; e

c) estar fixados em paredes ou piso de forma a evitar o risco de tombamento.

31.7.17. Os agrotóxicos, aditivos, adjuvantes e produtos afins devem ser transportados em recipientes rotulados, resistentes e hermeticamente fechados.

31.7.17.1. Os veículos utilizados para transporte de agrotóxicos, aditivos, adjuvantes e produtos afins devem ser higienizados e descontaminados sempre que forem destinados para outros fins.

31.8. Ergonomia

31.8.1. O empregador rural ou equiparado deve adotar princípios ergonômicos que visem a adaptação das condições de trabalho às características psicofisiológicas dos trabalhadores, de modo a proporcionar adequadas condições de conforto e segurança no trabalho.

31.8.2. As condições de trabalho incluem aspectos relacionados ao levantamento, transporte e descarga de materiais, ao mobiliário, às máquinas e equipamentos, às condições ambientais do posto de trabalho e à própria organização do trabalho.

31.8.3. O empregador rural ou equiparado deve realizar o levantamento preliminar das situações de trabalho que demandam adaptação às características psicofisiológicas dos trabalhadores, com o objetivo de identificar a necessidade de adoção de medidas preventivas, que devem constar do PGRTR.

31.8.3.1. Após o levantamento preliminar, havendo necessidade de adoção de medidas preventivas em situações de trabalho nas quais o empregador possa agir diretamente com a implementação de melhorias ou de soluções conhecidas, devem ser elaborados e implementados planos de ação específicos.

31.8.3.2. Caso a implantação das ações previstas no subitem 31.8.3.1 não conduzam a um resultado eficaz ou demandem estudos ou análises mais aprofundadas, deve ser realizada Análise Ergonômica do Trabalho – AET da situação de trabalho, conforme os princípios ergonômicos aplicáveis.

31.8.4. A operação de máquinas, equipamentos e implementos, incluindo seus comandos, painéis de controle e posto de operação, deve proporcionar ao trabalhador condições de boa postura, movimentação e visualização.

31.8.5. Os mobiliários dos postos de trabalho devem proporcionar ao trabalhador condições de boa postura, movimentação e visualização.

31.8.6. Para as atividades que forem realizadas necessariamente em pé, devem ser garantidas pausas para descanso.

31.8.7. Nas atividades que exijam sobrecarga muscular estática ou dinâmica, devem ser incluídas pausas para descanso e outras medidas organizacionais e administrativas.

31.8.8. As pausas previstas nos subitens 31.8.6 e 31.8.7 devem ser definidas no PGRTR.

31.9. Transporte de Trabalhadores

31.9.1. O transporte coletivo de trabalhadores deve observar os seguintes requisitos:

a) possuir autorização específica para o transporte coletivo de passageiros, emitida pela autoridade de trânsito competente, acompanhada da respectiva vistoria anual do veículo;

b) transportar todos os passageiros sentados;

c) ser conduzido por motorista habilitado, devidamente identificado;

d) possuir compartimento resistente e fixo, separado dos passageiros, onde devem ser transportadas as ferramentas e materiais que acarretem riscos à saúde e à segurança do trabalhador, com exceção dos objetos de uso pessoal;

e) possuir em regular funcionamento registrador instantâneo e inalterável de velocidade (tacógrafo) quando a capacidade for superior a 10 (dez) lugares; e

f) possuir, em local visível, todas as instruções de segurança cabíveis aos passageiros durante o transporte, conforme legislações pertinentes.

31.9.1.1. Para fins desta NR, em caso de o transporte coletivo de trabalhadores ser realizado diretamente pelo próprio empregador rural ou equiparado e, por esse motivo, o ente público competente não conceder autorização para transporte de trabalhadores, fica dispensada a autorização de que trata a alínea *a* do subitem 31.9.1, desde que o veículo utilizado para o transporte coletivo de trabalhadores possua certificado de inspeção veicular emitido por empresa credenciada junto ao órgão de trânsito, ou por profissional legalmente habilitado com emissão de Anotação de Responsabilidade Técnica – ART.

31.9.2. O transporte coletivo de trabalhadores em veículos adaptados somente pode ser realizado em situações excepcionais, mediante autorização prévia da autoridade competente em matéria de trânsito, devendo o veículo apresentar as seguintes condições mínimas de segurança:

a) possuir Certificado de Segurança Veicular – CSV, expedido por Instituição Técnica Licenciada – ITL, e Termo de Vistoria Anual, emitido pela autoridade competente para conceder a autorização de trânsito;

b) possuir escada para acesso, com corrimão, posicionada em local de fácil visualização pelo motorista;

c) possuir carroceria com cobertura, barras de apoio para as mãos e proteção lateral rígida, com 2,10 m (dois metros e dez centímetros) de altura livre, e constituída de material de boa qualidade e resistência estrutural que evite o esmagamento e a projeção de pessoas em caso de acidente com o veículo;

d) possuir cabina e carroceria com sistemas de ventilação, garantida a comunicação entre o motorista e os passageiros;

e) possuir assentos, na quantidade suficiente para todos os passageiros, revestidos de espuma, com encosto e cinto de segurança, e fixados na estrutura da carroceria;

f) possuir compartimento resistente e fixo, separado dos passageiros, onde devem ser transportadas as ferramentas e materiais que acarretem riscos à saúde e à segurança do trabalhador, com exceção dos objetos de uso pessoal; e

g) possuir, em local visível, todas as instruções de segurança cabíveis aos passageiros durante o transporte conforme legislações pertinentes.

31.10. Instalações Elétricas

31.10.1. Todas as partes das instalações elétricas devem ser projetadas, construídas, operadas e mantidas de modo que seja possível prevenir, por meios seguros, os perigos de choque elétrico e outros tipos de acidentes.

31.10.2. Os componentes das instalações elétricas devem atender aos seguintes requisitos de segurança:

a) oferecer resistência mecânica compatível com a sua utilização;

b) possuir proteção contra a possibilidade de rompimento mecânico, de contatos abrasivos e de contato com lubrificantes, combustíveis, umidade e calor; e

c) ser protegido por materiais isolantes e que não propaguem o fogo.

31.10.2.1. Os quadros ou painéis de distribuição de energia elétrica devem atender aos seguintes requisitos mínimos de segurança:

a) possuir porta de acesso mantida permanentemente fechada;

b) ser dimensionados com capacidade para instalar os componentes dos circuitos elétricos que o constituem;

c) ser constituídos de materiais resistentes ao calor gerado pelos componentes das instalações;

d) garantir que as partes vivas sejam mantidas inacessíveis e protegidas;

e) ter acesso desobstruído;

f) ser instalados com espaço suficiente para a realização de serviços e operação;

g) estar identificados e sinalizados quanto ao risco elétrico;

h) estar em conformidade com a classe de proteção requerida; e

i) ter seus circuitos identificados.

31.10.2.2. As instalações elétricas devem possuir sistema de aterramento elétrico de proteção em conformidade com as normas técnicas nacionais vigentes.

31.10.2.3. As partes condutoras das instalações elétricas, máquinas, equipamentos e ferramentas elétricas não pertencentes ao circuito elétrico, mas que possam ficar energizadas quando houver falha da isolação, devem estar conectadas ao sistema de aterramento elétrico de proteção.

31.10.3. As instalações elétricas que estejam ou possam estar em contato direto ou indireto com água devem ser projetadas com meios e dispositivos que garantam sua blindagem, estanqueidade, isolamento e aterramento, de modo a prevenir a ocorrência de acidentes.

31.10.4. As ferramentas utilizadas nas intervenções em instalações elétricas devem possuir isolação adequada.

31.10.5. As intervenções elétricas em instalações elétricas somente podem ser realizadas por trabalhadores que tenham capacitação, que pode ou não ser promovida pelo empregador.

31.10.6. As edificações devem estar protegidas por Sistema de Proteção contra Descargas Atmosféricas – SPDA, projetado, construído e mantido conforme normas técnicas nacionais vigentes.

31.10.6.1. O cumprimento do disposto no subitem 31.10.6 é dispensado nas situações previstas em normas técnicas nacionais vigentes, mediante laudo emitido por profissional legalmente habilitado.

31.10.7. As cercas elétricas devem ser devidamente sinalizadas e instaladas conforme instruções do profissional legalmente habilitado ou do manual de instalação fornecido pelos fabricantes.

31.10.8. Nas instalações elétricas em áreas classificadas ou sujeitas a risco acentuado de incêndio ou explosões, devem ser adotados os dispositivos adequados de proteção, conforme as normas técnicas oficiais.

31.11. Ferramentas Manuais

31.11.1. O empregador deve disponibilizar, gratuitamente, ferramentas e acessórios adequados ao trabalho, substituindo-as sempre que necessário.

31.11.2. As ferramentas devem ser seguras e eficientes, devendo ser utilizadas exclusivamente para os fins a que se destinam e ser mantidas em condições adequadas de uso.

31.11.3. Os cabos das ferramentas devem permitir boa aderência em situação de manuseio, possuir formato que favoreça a empunhadura da mão do trabalhador e ser fixados de forma a não se soltar acidentalmente da lâmina.

31.11.4. As ferramentas de corte devem ser guardadas e transportadas em bainha.

31.12. Segurança no Trabalho em Máquinas, Equipamentos e Implementos

31.12.1. Aplicam-se as disposições deste capítulo às máquinas, equipamentos e implementos utilizados nas atividades previstas nos subitens 31.2.1 e 31.2.2 desta Norma.

Princípios Gerais

31.12.2. As máquinas, equipamentos e implementos devem ser utilizados segundo as especificações técnicas do fabricante e dentro dos limites operacionais e restrições por ele indicados, e operados por trabalhadores capacitados, qualificados ou habilitados para tais funções.

31.12.2.1. Este capítulo não se aplica:

a) às máquinas e implementos movidos ou impulsionados por força humana ou animal;

b) às ferramentas portáteis e ferramentas transportáveis (semiestacionárias), operadas eletricamente, que atendam aos princípios construtivos estabelecidos em norma técnica tipo 'C' (parte geral e específica) nacional ou, na ausência desta, em norma técnica internacional aplicável;

c) às maquinas e equipamentos classificados como eletrodomésticos;

d) aos equipamentos estáticos; e

e) às máquinas, equipamentos e implementos certificados pelo INMETRO, desde que atendidos todos os requisitos técnicos de construção relacionados à segurança da máquina.

31.12.2.2. Aplicam-se as disposições do item 31.12 às máquinas existentes nos equipamentos estáticos.

31.12.2.3. Não é obrigatória a observação de novas exigências advindas de normas técnicas publicadas posteriormente à data de fabricação, importação ou adequação das máquinas e equipamentos, desde que atendam ao Anexo XI da Norma Regulamentadora n. 12 – Segurança no Trabalho em Máquinas e Equipamentos, publicada pela Portaria SIT n. 197, de 17 de dezembro de 2010, *DOU* de 24-12-2010, e suas alterações posteriores, bem como às normas técnicas vigentes à época de sua fabricação, importação ou adequação.

31.12.3. As proteções, dispositivos e sistemas de segurança previstos nesta Norma devem integrar as máquinas, equipamentos e implementos desde a sua fabricação, não podendo ser considerados itens opcionais para quaisquer fins.

31.12.4. É permitida a movimentação segura de máquinas, equipamentos e implementos fora das instalações físicas do estabelecimento rural para reparos, adequações, modernização tecnológica, desativação, desmonte e descarte.

31.12.5. É permitida a segregação, o bloqueio e a sinalização que impeçam a utilização de máquinas, equipamentos e implementos enquanto estiverem aguardando reparos, adequações de segurança, atualização tecnológica, desativação, desmonte e descarte.

31.12.6. Os procedimentos de segurança e permissão de trabalho, quando necessários, devem ser elaborados e aplicados para garantir, de forma segura, a operação, o acesso, o acionamento, a inspeção, a manutenção ou quaisquer outras intervenções em máquinas, equipamentos e implementos.

31.12.7. É vedado o transporte de pessoas em máquinas autopropelidas e nos seus implementos.

31.12.7.1. Excetuam-se da vedação do subitem 31.12.7 as máquinas autopropelidas e seus implementos que possuam postos de trabalhos projetados para este fim pelo fabricante ou por profissional legalmente habilitado, desde que garantidas as condições de segurança, conforme disposto nesta Norma.

31.12.8. É vedada a adaptação de máquinas forrageiras tracionadas e equipadas com sistema de autoalimentação para sistema de alimentação manual.

Dispositivos de Partida, Acionamento e Parada

31.12.9. Os dispositivos de partida, acionamento e parada das máquinas e equipamentos estacionários devem ser projetados, selecionados e instalados de modo que:

a) não se localizem em suas zonas perigosas;

b) impeçam acionamento ou desligamento involuntário pelo operador ou por qualquer outra forma acidental;

c) não acarretem riscos adicionais;

d) dificultem a burla; e

e) possam ser acionados ou desligados em caso de emergência por outra pessoa que não seja o operador.

31.12.10. Os comandos de partida ou acionamento das máquinas e equipamentos estacionários devem possuir dispositivos que impeçam seu funcionamento automático ao serem energizadas.

31.12.11. Nas paradas temporárias ou prolongadas das máquinas autopropelidas, o operador deve colocar os controles em posição neutra ou de estacionamento, acionar os freios e adotar todas as medidas necessárias para eliminar riscos provenientes de deslocamento ou movimentação de implementos ou de sistemas da máquina operada.

31.12.12. As máquinas e equipamentos estacionários devem possuir sistema de bloqueio para impedir o seu acionamento por pessoas não autorizadas e, no caso de máquinas autopropelidas, chave de ignição para o bloqueio de seus dispositivos de acionamento.

Sistemas de Segurança

31.12.13. As zonas de perigo das máquinas, equipamentos e implementos devem possuir sistemas de segurança, caracterizados por proteções fixas, proteções móveis e dispositivos de segurança interligados, que garantam a proteção à saúde e à integridade física dos trabalhadores.

31.12.14. A adoção de sistemas de segurança, em especial nas zonas de operação que apresentem perigo, deve considerar as características técnicas da máquina e do processo de trabalho e as medidas e alternativas técnicas existentes, de modo a atingir o nível necessário de segurança previsto nesta Norma.

31.12.15. Os sistemas de segurança devem ser selecionados e instalados de modo a atender aos seguintes requisitos:

a) ter categoria de segurança conforme apreciação de riscos prevista nas normas técnicas oficiais;

b) estar sob a responsabilidade técnica de profissional legalmente habilitado;

c) possuir conformidade técnica com o sistema de comando a que são integrados;

d) ser instalados de modo que dificulte a sua burla;

e) manterem-se sob vigilância automática, ou seja, monitoramento, se indicado pela apreciação de risco, de acordo com a categoria de segurança requerida, exceto para dispositivos de segurança exclusivamente mecânicos; e

f) paralisar os movimentos perigosos e demais riscos quando ocorrerem falhas ou situações anormais de trabalho.

31.12.15.1. A instalação de sistemas de segurança deve ser realizada por profissional legalmente habilitado ou profissional qualificado ou capacitado, devidamente autorizados pelo empregador rural ou equiparado.

31.12.16. Os componentes funcionais das áreas de processo e trabalho das máquinas autopropelidas e implementos que necessitem ficar expostos para correta operação devem ser protegidos adequadamente até a extensão máxima possível, de forma a permitir a funcionalidade operacional a que se destinam, atendendo às normas técnicas vigentes e às exceções constantes do Quadro 2 do Anexo II desta Norma.

31.12.17. Cabe ao empregador rural ou equiparado manter os sistemas de segurança em perfeito estado de conservação e funcionamento, sendo a retirada ou neutralização total ou parcial destes sistemas que coloquem em risco a integridade física dos trabalhadores considerada risco grave e iminente.

31.12.18. Para fins de aplicação desta Norma, considera-se proteção o elemento especificamente utilizado para prover segurança por meio de barreira física, podendo ser:

a) proteção fixa, que deve ser mantida em sua posição de maneira permanente ou por meio de elementos de fixação que só permitam sua remoção ou abertura com o uso de ferramentas; ou

b) proteção móvel, que pode ser aberta sem o uso de ferramentas, geralmente ligada por elementos mecânicos à estrutura da máquina ou a um elemento fixo próximo, e deve se associar a dispositivos de intertravamento.

31.12.18.1. As máquinas autopropelidas podem possuir dispositivo de intertravamento mecânico de atuação simples e não monitorado para proteção do compartimento do motor.

31.12.19. As proteções devem ser projetadas e construídas de modo a atender aos seguintes requisitos de segurança:

a) cumprir suas funções apropriadamente durante a vida útil da máquina ou possibilitar a reposição de partes deterioradas ou danificadas;

b) ser constituídas de materiais resistentes e adequados à contenção de projeção de peças, materiais e partículas;

c) possuir fixação firme e garantia de estabilidade e resistência mecânica compatíveis com os esforços requeridos;

d) não criar pontos de esmagamento ou agarramento com partes da máquina ou com outras proteções;

e) não possuir extremidades e arestas cortantes ou outras saliências perigosas;

f) resistir às condições ambientais do local onde estão instaladas;

g) dificultar a burla;

h) proporcionar condições de higiene e limpeza;

i) impedir o acesso à zona de perigo;

j) ter seus dispositivos de intertravamento utilizados para bloqueio de funções perigosas das máquinas protegidos adequadamente contra sujidade, poeiras e corrosão, se necessário;

k) ter ação positiva, ou seja, atuação de modo positivo; e

l) não acarretar riscos adicionais.

31.12.19.1. Quando a proteção for confeccionada com material descontínuo, devem ser observadas as distâncias de segurança para impedir o acesso às zonas de perigo, conforme Quadros 4, 5 e 6 do Anexo II desta Norma.

31.12.20. Os componentes relacionados aos sistemas de segurança e comandos de acionamento e parada das máquinas e equipamentos estacionários, inclusive de emergência, devem garantir a manutenção do estado seguro da máquina quando ocorrerem flutuações no nível de energia além dos limites considerados no projeto, incluindo o corte e restabelecimento do fornecimento de energia.

31.12.21. A proteção deve ser móvel quando o acesso a uma zona de perigo for requerido uma ou mais vezes por turno de trabalho, observando-se que:

a) a proteção deve ser associada a um dispositivo de intertravamento quando sua abertura não possibilitar o acesso à zona de perigo antes da eliminação do risco; e

b) a proteção deve ser associada a um dispositivo de intertravamento com bloqueio quando sua abertura possibilitar o acesso à zona de perigo antes da eliminação do risco.

31.12.21.1. Para as máquinas autopropelidas e seus implementos, a proteção deve ser móvel quando o acesso a uma zona de perigo for requerido mais de uma vez por turno de trabalho.

31.12.22. As máquinas, equipamentos e implementos dotados de proteções móveis associadas a dispositivos de intertravamento devem:

a) operar somente quando as proteções estiverem fechadas;

b) paralisar suas funções perigosas quando as proteções forem abertas durante a operação; e

c) garantir que o fechamento das proteções por si só não possa dar início às funções perigosas.

31.12.22.1. As máquinas autopropelidas ficam dispensadas do atendimento das alíneas *a* e *b* do subitem 31.12.22 para acesso em operações de manutenção e inspeção, desde que realizadas por trabalhador capacitado ou qualificado.

31.12.23. Os dispositivos de intertravamento com bloqueio associados às proteções móveis das máquinas, equipamentos e implementos devem:

a) permitir a operação somente enquanto a proteção estiver fechada e bloqueada;

b) manter a proteção fechada e bloqueada até que tenha sido eliminado o risco de lesão devido às funções perigosas da máquina, do equipamento ou do implemento; e

c) garantir que o fechamento e bloqueio da proteção por si só não possa dar início às funções perigosas da máquina, do equipamento ou do implemento.

31.12.23.1. As máquinas autopropelidas ficam dispensadas do atendimento das alíneas *a* e *b* do subitem 31.12.23 para acesso em operações de manutenção e inspeção, desde que realizadas por trabalhador capacitado ou qualificado.

31.12.24. As transmissões de força e os componentes móveis a elas interligados, acessíveis ou expostos, devem ser protegidos por meio de proteções fixas ou móveis com dispositivos de intertravamento que impeçam o acesso por todos os lados, ressalvado o disposto no subitem 31.12.16 desta Norma e as exceções previstas no Quadro 2 do Anexo II desta Norma.

31.12.25. As proteções de colhedoras devem ser mantidas com sinalização quanto aos riscos, conforme o manual do fabricante.

31.12.26. Quando utilizadas proteções móveis para o enclausuramento de transmissões de força que possuam inércia, devem ser utilizados dispositivos de intertravamento com bloqueio.

31.12.27. O eixo cardã deve possuir proteção adequada, em perfeito estado de conservação em toda a sua extensão, fixada na tomada de força da máquina desde a cruzeta até o acoplamento do implemento ou equipamento.

31.12.28. As máquinas, equipamentos e implementos que ofereçam risco de ruptura de suas partes, projeção de peças ou material em processamento devem possuir proteções que garantam a saúde e a segurança dos trabalhadores, salvo as exceções constantes dos Quadros 1 e 2 do Anexo II desta Norma.

31.12.29. As roçadeiras devem possuir dispositivos de proteção contra o arremesso de materiais sólidos.

31.12.30. As máquinas de cortar, picar, triturar, moer, desfibrar e similares devem possuir sistemas de segurança que impossibilitem o contato do operador ou demais pessoas com suas zonas de perigo.

31.12.31. As máquinas forrageiras tracionadas fabricadas após 120 (cento e vinte) dias da publicação desta NR devem dispor de sistema de reversão dos rolos recolhedores, por meio de acionamento mecânico com a ferramenta específica para reversão fornecida pelo fabricante, e as instruções de uso e segurança descritas no manual de operações.

31.12.32. Nas proteções distantes de máquinas estacionárias, em que haja possibilidade de alguma pessoa ficar na zona de perigo, devem ser adotadas medidas adicionais de proteção coletiva para impedir a partida da máquina enquanto houver a presença de pessoas nesta zona.

31.12.33. As aberturas para alimentação de máquinas, equipamentos ou implementos que estiverem situadas ao nível do ponto de apoio do operador ou abaixo dele devem possuir proteção que impeça a queda de pessoas em seu interior.

31.12.34. Quando as características da máquina, equipamento ou implemento exigirem que as proteções sejam utilizadas também como meio de acesso, estas devem atender aos requisitos de resistência e segurança adequados a ambas as finalidades.

31.12.35. O fundo dos degraus ou da escada deve possuir proteção-espelho sempre que uma parte saliente do pé ou da mão do trabalhador possa contatar uma zona perigosa.

31.12.36. As baterias devem manter proteção do terminal positivo, a fim de prevenir contato acidental e curto-circuito.

31.12.37. As máquinas autopropelidas fabricadas a partir de maio de 2008, sob a égide da redação da NR 31, conferida pela Portaria MTE n. 86, de 3 de março de 2005, devem possuir faróis, lanternas traseiras de posição, buzina, espelho retrovisor e sinal sonoro automático de ré acoplado ao sistema de transmissão, salvo as exceções previstas no Quadro 1 do Anexo II desta Norma.

31.12.37.1. As máquinas autopropelidas fabricadas antes de maio de 2008 devem possuir faróis, buzina e espelho retrovisor.

31.12.38. As máquinas autopropelidas devem possuir Estrutura de Proteção na Capotagem – EPC e cinto de segurança, exceto as constantes do Quadro 1 do Anexo II desta Norma, que devem ser utilizadas em conformidade com as especificações e recomendações indicadas nos manuais do fabricante.

31.12.38.1. As máquinas autopropelidas fabricadas antes de maio de 2008 ficam excluídas da obrigação definida no subitem 31.12.38, desde que utilizadas conforme as recomendações operacionais do fabricante, em especial quanto a limites de declividade, velocidade, carga e aplicação.

31.12.39. Para as máquinas autopropelidas fabricadas a partir de maio de 2008, deve ser consultado o Quadro 3 do Anexo II desta Norma para verificação da disponibilidade técnica de EPC.

31.12.40. A EPC deve:

a) ser adquirida do fabricante ou revenda autorizada;

b) ser instalada conforme as recomendações do fabricante; e

c) atender aos requisitos de segurança estabelecidos pelas normas técnicas vigentes.

31.12.41. As máquinas autopropelidas que durante sua operação ofereçam riscos de queda de objetos sobre o posto de trabalho devem possuir Estrutura de Proteção contra Queda de Objetos – EPCO.

31.12.42. Na Tomada de Potência – TDP dos tratores, deve ser instalada uma proteção que cubra a parte superior e as laterais, conforme Figura 6 do Anexo II desta Norma.

31.12.43. As máquinas, equipamentos e implementos tracionados devem possuir sistemas de engate para reboque pelo sistema de tração, de modo a assegurar o acoplamento ou desacoplamento fácil e seguro, bem como a impedir o desacoplamento acidental durante a utilização.

31.12.43.1. A indicação de uso dos sistemas de engate mencionados no subitem 31.12.43 deve ficar em local de fácil visualização e afixada em local próximo da conexão.

31.12.43.2. Os implementos tracionados, caso o peso da barra do reboque assim exija, devem possuir dispositivo de apoio que possibilite a redução do esforço e a conexão segura ao sistema de tração.

31.12.43.3. A operação de engate deve ser feita em local apropriado e com o equipamento tracionado imobilizado de forma segura com calço ou similar.

31.12.44. É vedado o trabalho de máquinas, equipamentos e implementos acionados por motores de combustão interna em locais fechados sem ventilação, salvo quando for assegurada a eliminação de gases.

31.12.45. As motosserras devem dispor dos seguintes dispositivos de segurança:

a) freio manual e automático de corrente;

b) pino pega-corrente;

c) protetor da mão direita;

d) protetor da mão esquerda;

e) trava de segurança do acelerador; e

f) sistema de amortecimento contra vibração.

31.12.45.1. Motopodas e similares devem possuir os dispositivos elencados no subitem 31.12.45, quando couber.

31.12.46. O empregador rural ou equiparado deve promover, a todos os operadores de motosserra e motopoda, treinamento semipresencial ou presencial para utilização segura destas máquinas, com carga horária mínima de 16 (dezesseis) horas e conforme conteúdo programático relativo à sua utilização constante no manual de instruções, acrescido dos seguintes conteúdos práticos:

a) riscos no uso de motosserras e motopodas, incluindo ruído, vibração, queimaduras, partes cortantes, manuseio de combustíveis e lubrificantes e afiação de correntes de motosserras;

b) técnicas de cortes de árvores, incluindo derrubada, direcionamento de queda, remoção de árvores cortadas que permanecem suspensas por galhos de outras árvores, desgalhamento, traçamento/toragem; e

c) posturas corporais para preservar a coluna vertebral e manter o equilíbrio durante operação de motosserras e motopodas.

31.12.46.1. O empregador rural ou equiparado deve promover, para todos os operadores de roçadeira costal motorizada e derriçadeira, treinamento semipresencial ou presencial para utilização segura destas máquinas, com carga horária mínima de 4 (quatro) horas e conforme conteúdo programático relativo à sua utilização constante do manual de instruções.

Manutenção

31.12.47. As atividades de manutenção e ajuste devem ser feitas por trabalhadores qualificados ou capacitados, com as máquinas, equipamentos e implementos parados e com observância das recomendações constantes dos manuais ou instruções de operação e manutenção seguras.

31.12.48. Nas manutenções das máquinas, equipamentos e implementos, sempre que detectado qualquer defeito em peça ou componente que comprometa a segurança, deve ser providenciada sua reparação ou substituição imediata por outra peça ou componente original ou equivalente, de modo a garantir as mesmas características e condições seguras de uso.

31.12.49. É vedada a execução de serviços de limpeza, lubrificação, abastecimento e ajuste com as máquinas, equipamentos e implementos em funcionamento, salvo se o movimento for indispensável à realização dessas operações, situação em que devem ser tomadas medidas especiais de treinamento, proteção e sinalização contra acidentes de trabalho, e atendido o subitem 31.12.50 desta NR, no que couber.

31.12.50. Para situações especiais de manutenção em que houver necessidade de acesso às áreas de risco, os serviços devem ser realizados com o uso de dispositivo de comando de ação continuada e baixa velocidade ou dispositivo de comando por movimento limitado - passo a passo, selecionados em dispositivo de validação.

31.12.51. Na manutenção ou inspeção de colhedoras, quando as proteções forem abertas ou acessadas com exposição de elementos da máquina que ainda possuam rotação ou movimento após a interrupção de força, deve-se ter, na área próxima, uma evidência visível da rotação, ou indicação de sinal sonoro da rotação, ou adesivo de segurança apropriado.

31.12.51.1. Excetuam-se do cumprimento do subitem 31.12.51 as máquinas autopropelidas e seus implementos, os quais devem atender aos procedimentos de segurança e os requisitos indicados no manual do fabricante.

31.12.52. As proteções fixas que podem ser removidas só podem ser retiradas para execução de limpeza, lubrificação, reparo e ajuste, sendo que, ao término desses serviços, devem ser obrigatoriamente recolocadas.

31.12.53. Os serviços e substituições de baterias devem ser realizados conforme as orientações constantes do manual de operação fornecido pelo fabricante.

31.12.54. Nas atividades de montagem e desmontagem de pneumáticos das rodas que ofereçam riscos de acidentes, devem ser observadas as recomendações do fabricante e as seguintes condições:

a) os pneumáticos devem ser completamente despressurizados, removendo o núcleo da válvula de calibragem antes da desmontagem e de qualquer intervenção que possa acarretar acidentes; e

b) o enchimento de pneumáticos só pode ser executado dentro de dispositivo de clausura ou gaiola adequadamente dimensionada, até que seja alcançada uma pressão suficiente para forçar o talão sobre o aro e criar uma vedação pneumática.

Transportadores de Materiais

31.12.55. Os movimentos perigosos dos transportadores contínuos de materiais acessíveis durante a operação normal devem ser protegidos, especialmente nos pontos de esmagamento, agarramento e aprisionamento.

31.12.55.1. As partes móveis dos transportadores contínuos de materiais devem ser mantidas lubrificadas e limpas para evitar a ocorrência de superaquecimento e acúmulo de poeiras.

31.12.55.2. Excetuam-se da obrigação do subitem 31.12.55 as correias transportadoras instaladas em máquinas autopropelidas e implementos.

31.12.55.3. Aplicam-se às esteiras móveis para carga e descarga as exigências do subitem 31.12.55, ficando as mesmas desobrigadas dos demais requisitos relativos a transportadores contínuos.

31.12.56. Os transportadores contínuos de correia cuja altura da borda da correia que transporta a carga seja superior a 2,70 m (dois metros e setenta centímetros) do piso estão dispensados da observância do subitem 31.12.55 desta NR, desde que não haja circulação nem permanência de pessoas nas zonas de perigo.

31.12.57. Os transportadores contínuos de correia cuja altura da borda da correia que transporta a carga seja superior a 2,70 m (dois metros e setenta centímetros) do piso devem possuir, em toda a sua extensão, passarelas em ambos os lados, atendidos os requisitos do item 6 e do subitem 6.1 do Anexo I desta Norma.

31.12.58. Os transportadores cuja correia tenha largura de até 762 mm (setecentos e sessenta e dois milímetros) ou 30 (trinta) polegadas podem possuir passarela em apenas um dos lados, devendo-se adotar o uso de plataformas móveis ou elevatórias para quaisquer intervenções e inspeções.

31.12.59. Ficam dispensados da obrigatoriedade do cumprimento dos subitens 31.12.56 e 31.12.57 desta Norma os transportadores contínuos de correia cuja manutenção e/ou inspeção seja realizada por meio de plataformas móveis ou elevatórias, atendidos os requisitos do item 6 do Anexo I desta Norma, ou por meio de andaimes metálicos, atendidos os requisitos do item 6 do Anexo I desta Norma.

31.12.60. É proibida a permanência e a circulação de pessoas sobre partes dos transportadores contínuos de materiais que estejam em movimento ou que possam entrar em movimento, quando não projetadas para essas finalidades.

31.12.61. A permanência e a circulação de pessoas sobre os transportadores contínuos de materiais devem ser realizadas por meio de passarelas com sistema de proteção contra quedas, conforme item 6 e subitem 6.1 do Anexo I desta Norma.

31.12.62. Os transportadores contínuos acessíveis aos trabalhadores devem dispor, ao longo de sua extensão, de dispositivos de parada de emergência, de modo que possam ser acionados em todas as posições de trabalho.

31.12.62.1. Os transportadores contínuos acessíveis aos trabalhadores ficam dispensados do cumprimento da exigência do subitem 31.12.62 se a análise de risco assim indicar.

31.12.63. Nos transportadores contínuos de correia cujo desalinhamento anormal da correia ou em que a sobrecarga de materiais ofereça riscos de acidentes, devem existir dispositivos que garantam a segurança em caso de falha durante sua operação normal e interrompam seu funcionamento quando ultrapassados os limites de segurança, conforme especificado em projeto.

31.12.64. É permitida a permanência e a circulação de pessoas sob os transportadores contínuos somente em locais protegidos que ofereçam resistência e dimensões adequadas contra quedas de materiais.

Componentes Pressurizados

31.12.65. Os cilindros hidráulicos de elevação das máquinas, equipamentos e implementos devem ser dotados de sistemas de segurança, a fim de evitar quedas em caso de perda de pressão no sistema hidráulico.

31.12.65.1. Os sistemas de segurança devem ser montados diretamente no corpo do cilindro, ou, na sua impossibilidade, deve ser utilizada tubulação rígida, soldada ou flangeada entre o cilindro e a válvula.

31.12.65.2. As mangueiras utilizadas nos sistemas pressurizados devem possuir indicação da pressão máxima de trabalho admissível especificada pelo fabricante.

31.12.65.3. As mangueiras e conexões de alimentação de equipamentos pressurizados devem ser dotadas de dispositivo auxiliar que garanta a contenção das mangueiras, evitando o seu ricocheteamento em caso de desprendimento acidental.

Capacitação de Segurança

31.12.66. O empregador rural ou equiparado deve se responsabilizar pela capacitação dos trabalhadores visando ao manuseio e à operação segura de máquinas, equipamentos e implementos, de forma compatível com suas funções e atividades.

31.12.67. A capacitação deve:

a) ocorrer antes que o trabalhador assuma a função;

b) ser providenciada pelo empregador ou equiparado, sem ônus para o empregado;

c) ser específica para máquina, equipamento ou implemento em que o empregado irá exercer as suas funções;

d) respeitar o limite diário da jornada de trabalho; e

e) ser ministrada pelo SESTR do empregador rural ou equiparado, fabricantes, órgãos e serviços oficiais de extensão rural, instituições de ensino de níveis médio e superior em ciências agrárias, Serviço Nacional de Aprendizagem Rural - SENAR, entidades sindicais, associações de produtores rurais, associação de profissionais, cooperativas de produção agropecuária ou florestal ou profissionais qualificados para este fim, com supervisão de profissional habilitado, que se responsabilizará pela adequação do conteúdo, forma, carga horária, qualificação dos instrutores e avaliação dos discentes.

31.12.68. O programa de capacitação de máquinas estacionárias deve abranger partes teórica e prática, com o seguinte conteúdo mínimo:

a) descrição e identificação dos riscos associados com cada máquina, equipamento e implemento e as proteções específicas contra cada risco;

b) funcionamento das proteções, como e por que devem ser usadas;

c) como, por quem e em que circunstâncias pode ser removida uma proteção;

d) o que fazer se uma proteção for danificada ou perder sua função, deixando de garantir a segurança adequada;

e) princípios de segurança na utilização da máquina;

f) segurança para riscos mecânicos, elétricos e outros relevantes;

g) procedimento seguro de trabalho;

h) ordem ou permissão de trabalho; e

j) sistema de bloqueio de funcionamento das máquinas e implementos durante a inspeção e manutenção.

31.12.69. A capacitação de operadores de máquinas autopropelidas e implementos deve atender ao programa de capacitação, com etapas teórica e prática, carga horária mínima de 24 (vinte e quatro) horas, distribuídas em no máximo 8 (oito) horas diárias, com respeito à jornada diária de trabalho e ao seguinte conteúdo programático:

a) legislação de segurança e saúde no trabalho e noções de legislação de trânsito;

b) identificação das fontes geradoras dos riscos à integridade física e à saúde do trabalhador;

c) noções sobre acidentes e doenças decorrentes da exposição aos riscos existentes na máquina e implementos;

d) medidas de controle dos riscos: Proteção Coletiva e Equipamento de Proteção Individual;

e) operação da máquina e implementos com segurança;

f) inspeção, regulagem e manutenção com segurança;

g) sinalização de segurança;

h) procedimentos em situação de emergência; e

i) noções sobre prestação de primeiros socorros.

31.12.70. A parte prática da capacitação pode ser realizada na máquina, equipamento ou implemento que o trabalhador irá operar e deve ter carga horária mínima de 12 (doze) horas, ser supervisionada e documentada.

31.12.70.1. O material didático escrito ou audiovisual utilizado nesta capacitação de segurança deve ser produzido em língua portuguesa – Brasil e em linguagem adequada aos trabalhadores.

31.12.71. Deve ser realizada capacitação para reciclagem do trabalhador sempre que ocorrerem modificações significativas nas instalações e na operação de máquinas, equipamentos e implementos ou troca de métodos, processos e organização do trabalho.

31.12.71.1. O conteúdo programático da reciclagem deve atender às necessidades da situação que a motivou, com carga horária que garanta aos trabalhadores executarem suas atividades com segurança, com respeito ao limite diário da jornada de trabalho.

Manuais

31.12.72. As máquinas, equipamentos e implementos devem possuir manual de instruções fornecido pelo fabricante ou importador, com informações de segurança sobre as fases de transporte, montagem, instalação, ajuste, operação, limpeza, manutenção, inspeção, desativação e desmonte, o qual deve ser mantido no estabelecimento, em formato original ou cópia, devendo o empregador disponibilizá-lo para os operadores.

31.12.73. Quando inexistente ou extraviado o manual de máquinas, equipamentos ou implementos que apresentem riscos, o empregador ou pessoa por ele designada deve elaborar ficha de informação contendo os seguintes itens:

a) tipo, modelo e capacidade;

b) descrição da utilização prevista para a máquina ou equipamento;

c) indicação das medidas de segurança existentes;

d) instruções para utilização segura da máquina, equipamento ou implemento, com recomendações operacionais do fabricante, em especial quanto a limites de declividade, velocidade, carga e aplicação;

e) periodicidade e instruções quanto às inspeções e manutenção; e

f) procedimentos a serem adotados em situações de emergência, quando aplicável.

31.12.74. Para fins de aplicação desta NR, os Anexos I e II contemplam obrigações, disposições especiais ou exceções que se aplicam às máquinas, equipamentos e implementos.

31.13. Secadores, Silos e Espaços Confinados

31.13.1. Os secadores devem ser projetados e montados sob a responsabilidade de profissional legalmente habilitado, de forma a garantir a segurança e a saúde dos trabalhadores durante as suas operações.

31.13.2. Os secadores e silos devem ser submetidos a manutenções em conformidade com o manual de operação e manutenção do fabricante, garantindo-se no mínimo:

a) integridade dos revestimentos constituídos de material refratário;

b) limpeza das colunas e condutos de injeção e tomada de ar quente;

c) verificação da regulagem do queimador, quando existente;

d) verificação do sistema elétrico de aquecimento, quando existente; e

e) limpeza periódica dos filtros de ar, quando existentes.

31.13.2.1. As manutenções dos secadores e silos devem ser registradas, por equipamento, em livro próprio, ficha ou sistema informatizado, com os seguintes dados:

a) intervenções realizadas;

b) data da realização de cada intervenção;

c) serviço realizado;

d) peças reparadas ou substituídas;

e) indicação conclusiva quanto às condições de segurança da máquina; e

f) nome do responsável pela execução das intervenções.

31.13.3. Os secadores alimentados por combustíveis gasosos ou líquidos devem possuir sistema de proteção:

a) para evitar explosão por falha da chama de aquecimento e/ou no acionamento do queimador; e

b) para evitar retrocesso da chama.

31.13.4. Os silos devem ser projetados, montados e mantidos sob a responsabilidade de profissional legalmente habilitado, de acordo com as cargas e esforços prescritos pelo fabricante, em solo com carga compatível com as cargas de trabalho, e utilizados para armazenar apenas produtos para os quais foram dimensionados.

31.13.4.1. Os serviços de montagem, desmontagem e instalação em silos e estruturas interligadas devem ser realizados pelo fabricante ou por empresa recomendada ou autorizada pelo fabricante.

31.13.4.2. Os silos devem possuir revestimento interno, elevadores e sistemas de alimentação que impeçam o acúmulo de grãos, poeiras e a formação de barreiras, bem como dispositivos que controlem os riscos de combustão espontânea.

31.13.5. O acesso à parte superior dos silos deve:

a) ser feito por meio de escada com degraus, tipo caracol ou similar, com plataformas de descanso e chegada, incorporadas à estrutura do silo, e construída de material resistente a intempéries e corrosão;

b) quando houver risco de queda, possuir escada inclinada com degraus no trecho do telhado e plataforma no colar central do silo; e

c) possuir guarda-corpo, com travessão superior entre 1,10 m (um metro e dez centímetros) e 1,20 m (um metro e vinte centímetros), travessão intermediário com altura de 0,70 m (setenta centímetros) e rodapé com altura de 0,20 m (vinte centímetros), instalado nas escadas, plataformas e parte externa superior do silo.

31.13.5.1. As exigências previstas nas alíneas *a* e *c* do subitem 31.13.5 não se aplicam aos silos instalados e montados antes da vigência desta NR.

31.13.6. O acesso ao interior dos silos somente pode ocorrer:

a) quando extremamente necessário, desde que não esteja em operação;

b) com a presença de, no mínimo, 2 (dois) trabalhadores, devendo um deles permanecer no exterior;

c) com a utilização de Sistema de Proteção Coletiva contra Queda - SPCQ ou Sistema de Proteção Individual contra Queda - SPIQ, ancorado na estrutura do silo, permitindo o resgate do trabalhador em situações de emergência; e

d) após a avaliação dos riscos de engolfamento, afogamento, soterramento e sufocamento, bem com adoção de medidas para controlar esses riscos.

31.13.7. Os serviços de manutenção por processos de soldagem, operações de corte ou que gerem eletricidade estática devem ser precedidos de uma permissão especial, em que sejam analisados os riscos e os controles necessários.

31.13.8. Nos silos hermeticamente fechados, só deve ser permitida a entrada de trabalhadores após a renovação do ar ou com proteção respiratória adequada.

31.13.9. Os procedimentos de carga, descarga e manutenção de silos devem ser executados conforme os manuais de operação e manutenção fornecidos pelo fabricante, os quais devem ser mantidos no estabelecimento à disposição dos trabalhadores.

31.13.10. Nos intervalos de operação dos silos, o empregador rural ou equiparado deve adotar medidas de prevenção para minimizar a inalação de poeiras pelos trabalhadores e o risco de incêndio e explosões gerado por poeiras.

31.13.11. As pilhas de materiais armazenados devem ser dispostas de forma que não ofereçam riscos de acidentes.

31.13.12. Os silos tipo "bag" e "trincheira" devem ser montados, mantidos e desmontados conforme recomendações do fabricante e/ou responsável técnico.

31.13.13. Considera-se espaço confinado qualquer área não projetada para ocupação humana contínua, a qual tenha meios limitados de entrada e saída ou uma configuração interna que possa causar aprisionamento ou asfixia de trabalhador, e na qual a ventilação seja inexistente ou insuficiente para remover contaminantes perigosos e/ou deficiência/enriquecimento de oxigênio que possam existir ou se desenvolver, ou que contenha um material com potencial para engolfar/afogar um trabalhador que entre no espaço.

31.13.13.1. A caracterização de silos, moegas, caixas de grãos, túneis, poços de elevadores de canecas, tremonhas, tanques, túneis, transportadores enclausurados de materiais, secadores e cisternas como espaço confinado deve ser realizada com base nas condições previstas no subitem 31.13.13.

31.13.13.2. O empregador rural ou equiparado que possua espaço confinado deve:

a) indicar formalmente o responsável técnico pelo espaço confinado do estabelecimento;

b) providenciar a sinalização e o bloqueio do espaço confinado, para evitar a entrada de pessoas não autorizadas;

c) proceder à avaliação e controle dos riscos físicos, químicos, biológicos, ergonômicos e mecânicos;

d) avaliar a atmosfera no espaço confinado, antes da entrada de trabalhadores, para verificar se o seu interior é seguro;

e) implementar medidas necessárias para eliminação ou controle dos riscos atmosféricos em espaço confinado;

f) garantir que o acesso ao espaço confinado somente ocorra após a emissão, por escrito, da Permissão de Entrada e Trabalho;

g) monitorar continuamente a atmosfera no espaço confinado, durante toda a realização dos trabalhos; e

h) manter condições atmosféricas aceitáveis na entrada e durante toda a realização dos trabalhos através de sistema de ventilação adequada.

31.13.13.3. As instalações elétricas em áreas classificadas ou com risco de incêndio devem possuir dispositivos de proteção adequados, conforme as normas técnicas oficiais.

31.13.13.4. Os equipamentos para avaliação de riscos atmosféricos devem ser calibrados e submetidos periodicamente a teste de resposta.

31.13.13.5. O empregador rural ou equiparado deve providenciar a capacitação teórica e prática dos supervisores de entrada, vigias e trabalhadores autorizados sobre seus direitos, deveres, riscos e medidas de controle.

31.13.13.6. A capacitação inicial dos supervisores de entrada deve ter carga horária de 40 (quarenta) horas, com o seguinte conteúdo:

a) definições;

b) reconhecimento, avaliação e controle dos riscos;

c) funcionamento de equipamentos utilizados;

d) procedimentos e utilização da Permissão de Entrada e Trabalho;

e) noções de resgate e primeiros socorros;

f) identificação dos espaços confinados;

g) critérios de indicação e uso de equipamentos para controle de riscos;

h) conhecimentos sobre práticas seguras em espaços confinados;

i) legislação de segurança e saúde no trabalho;

j) programa de proteção respiratória;

k) área classificada; e

l) operações de salvamento.

31.13.13.7. A capacitação inicial dos vigias e trabalhadores autorizados deve ter carga horária de 16 (dezesseis) horas, com o conteúdo programático previsto nas alíneas *a, b, c, d* e *g* do subitem 31.13.13.6 desta Norma.

31.13.13.8. Os supervisores de entrada, vigias e trabalhadores autorizados devem receber capacitação periódica a cada 12 (doze) meses, com carga horária mínima de 8 (oito) horas.

31.13.13.9. Ao término do treinamento, deve-se emitir um certificado contendo o nome do trabalhador e dos instrutores, o conteúdo programático, a carga horária, a especificação do tipo de trabalho e espaço confinado, a data e o local de realização do treinamento, com a assinatura do responsável técnico.

31.13.13.10. Cabe ao supervisor de entrada: emitir a Permissão de Entrada e Trabalho antes do início das atividades; executar os testes; conferir os equipamentos e os procedimentos contidos na Permissão de Entrada e Trabalho; e encerrar a Permissão de Entrada e Trabalho após o término dos serviços.

31.13.13.11. Cabe ao vigia: manter continuamente a contagem precisa do número de trabalhadores autorizados no espaço confinado e assegurar que todos saiam ao término da atividade; permanecer fora do espaço confinado, junto à entrada, em contato permanente com os trabalhadores autorizados; operar os movimentadores de pessoas; e ordenar o abandono do espaço confinado quando reconhecer algum risco.

31.13.13.12. O trabalho em espaços confinados deve ser acompanhado, no exterior, por supervisor de entrada ou vigia durante todo o período.

31.13.13.13. O empregador rural ou equiparado deve designar trabalhadores para situações de emergência e resgate e providenciar a capacitação com carga horária compatível com a complexidade dos espaços confinados e atividades realizadas, bem como os possíveis cenários de acidente.

31.14. Movimentação e Armazenamento de Materiais

31.14.1. O levantamento, o transporte, a carga, a descarga, a manipulação e o armazenamento de produtos e materiais devem ser executados de forma que o esforço físico realizado pelo trabalhador seja compatível com sua segurança, saúde e capacidade de força.

31.14.2. Sempre que possível tecnicamente e quando não inviabilize a atividade, a movimentação de cargas deve ser realizada de forma mecanizada, com uso de máquinas e equipamentos apropriados.

31.14.2.1. Sendo inviável tecnicamente a mecanização do transporte e movimentação de cargas, o empregador deve, em conformidade com o levantamento preliminar ou Análise Ergonomica de Trabalho – AET:

a) limitar a duração, a frequência e o número de movimentos a serem efetuados pelos trabalhadores;

b) adequar o peso e o volume da carga;

c) reduzir as distâncias a serem percorridas com a carga; e

d) efetuar a alternância com outras atividades ou implantar pausas suficientes.

31.14.3. Nos equipamentos de transporte, com força motriz própria, o operador deve receber treinamento específico para realização da operação na área interna da propriedade.

31.14.3.1. No caso de circulação em vias públicas, o operador deve possuir habilitação conforme legislação de trânsito.

31.14.4. Os carros manuais para transporte devem possuir manopla.

31.14.5. O método de carregamento e descarregamento de caminhões deve ser compatível com o tipo de carroceria utilizado, devendo ser observadas condições de segurança durante toda a operação.

31.14.6. As escadas ou rampas utilizadas pelos trabalhadores para carregamento e descarregamento de caminhões devem garantir condições de segurança e evitar esforços físicos excessivos.

31.14.7. O armazenamento deve obedecer aos requisitos de segurança especiais de cada tipo de material, observando-se a distância mínima de pelo menos 0,50 m (cinquenta centímetros) das estruturas laterais da edificação, a capacidade de carga do piso e a não obstrução de passagens.

31.14.8. As pilhas de sacos e *big bags* devem ser montadas e mantidas de forma a garantir a sua estabilidade e possuir altura máxima em função da forma e resistência dos materiais da embalagem, de modo a não causar riscos aos trabalhadores.

31.14.9. Na operação manual de carga e descarga de sacos situados acima de 2 m (dois metros) de altura, o trabalhador deve ter o auxílio de ajudante.

31.14.10. Nas atividades de movimentação e armazenamento de materiais, devem ser adotadas medidas de proteção contra queda nos serviços realizados acima de 2 m (dois metros) de altura com riscos de queda do trabalhador.

31.14.11. Todo trabalhador designado para o levantamento, manuseio e transporte manual regular de cargas deve receber treinamento ou instruções quanto aos métodos de trabalho que deve utilizar, com vistas a salvaguardar sua saúde e prevenir acidentes.

31.14.12. O peso suportado por um trabalhador durante o transporte manual de cargas deve ser compatível com a sua capacidade de força e não ser suscetível de comprometer a sua saúde.

31.14.13. O transporte e a descarga de materiais feitos por impulsão ou tração de vagonetes sobre trilhos, carros de mão ou qualquer outro aparelho mecânico devem ser executados de forma que o esforço físico realizado pelo trabalhador seja compatível com sua saúde, segurança e capacidade de força.

31.14.14. O transporte de cargas dentro da área interna da propriedade rural deve assegurar a segurança dos trabalhadores e observar:

a) as especificações técnicas do veículo, reboque e semirreboque, determinadas pelo fabricante;

b) os limites operacionais e as restrições do veículo, reboque e semirreboque, indicados pelo fabricante; e

c) as condições da via de tráfego.

31.15. Trabalho em Altura

31.15.1. Este capítulo aplica-se somente às atividades de instalação, montagem, manutenção, inspeção, limpeza ou conservação de máquinas, equipamentos, implementos ou de edificações rurais, executadas acima de 2 m (dois metros) do nível inferior, onde haja risco de queda.

31.15.1.1. As medidas de prevenção contra risco de queda nas atividades de colheita e tratos culturais devem ser estabelecidas no PGRTR, aplicando-se neste caso apenas o subitem 31.15.9 e seus subitens deste capítulo.

31.15.2. O empregador rural ou equiparado deve identificar, por meio de Análise de Risco – AR, as atividades rotineiras e não rotineiras de trabalho em altura, determinar e implementar as medidas de proteção contra risco de queda.

31.15.2.1. A Análise de Risco deve considerar: riscos inerentes ao trabalho em altura; local em que os serviços serão executados; condições meteorológicas; risco de queda de materiais e os riscos adicionais.

31.15.3. Todo trabalho em altura deve ser realizado sob supervisão, cuja forma deve ser definida pela análise de risco de acordo com as peculiaridades da atividade.

31.15.4. As medidas de proteção contra queda devem:

a) ser definidas no PGRTR;

b) ser adequadas à tarefa a ser executada; e

c) ser selecionadas por profissional qualificado em segurança do trabalho.

31.15.5. As atividades rotineiras de trabalho em altura devem ser precedidas de procedimento operacional.

31.15.6. As atividades de trabalho em altura não rotineiras devem ser previamente autorizadas mediante Permissão de Trabalho.

31.15.7. Todo trabalhador designado para trabalhos em altura deve ser submetido a exames clínicos e complementares específicos para a função que irá desempenhar, conforme definido no PGRTR, com a emissão do respectivo Atestado de Saúde Ocupacional – ASO.

31.15.7.1. A aptidão para trabalho em altura deve ser consignada no ASO do trabalhador.

31.15.8. É vedada a designação para trabalhos em altura sem a prévia capacitação do trabalhador.

31.15.9. Considera-se trabalhador capacitado para trabalho em altura aquele que foi submetido e aprovado em treinamento semipresencial ou presencial, teórico e prático, com carga horária mínima de 8 (oito) horas, cujo conteúdo programático deve, no mínimo, incluir:

a) normas e regulamentos aplicáveis ao trabalho em altura;

b) análise de risco e condições impeditivas;

c) riscos potenciais inerentes ao trabalho em altura e medidas de prevenção e controle;

d) sistemas, equipamentos e procedimentos de proteção coletiva;

e) equipamentos de proteção individual para trabalho em altura: seleção, inspeção, conservação e limitação de uso; e

f) condutas em situações de emergência, incluindo noções de técnicas de resgate e de primeiros socorros.

31.15.9.1. Nas atividades de tratos culturais e colheitas a carga horária do treinamento semipresencial ou presencial para trabalho em altura deve ser prevista no PGRTR, não podendo ser inferior a 2 (duas) horas.

31.15.9.2. Ao término do treinamento, deve ser emitido certificado contendo o nome do trabalhador, o conteúdo programático, a carga horária, a data, o local de realização do treinamento, o nome e a qualificação dos instrutores e a assinatura do responsável.

31.15.9.3. O treinamento deve ser ministrado por instrutores com comprovada proficiência no assunto, sob a responsabilidade de profissional qualificado em segurança no trabalho.

31.15.9.4. Os treinamentos para trabalho em altura podem ser ministrados em conjunto com outros treinamentos.

31.15.10. O empregador rural ou equiparado deve assegurar que os procedimentos de emergência e resgate em trabalhos em altura estejam contemplados no PGRTR.

31.16. Edificações Rurais

31.16.1. As estruturas das edificações rurais devem ser projetadas, executadas e mantidas em condições de suportar as cargas permanentes e móveis a que se destinam.

31.16.2. Os pisos dos locais de trabalho internos às edificações rurais não devem apresentar defeitos que prejudiquem a circulação de trabalhadores ou a movimentação de materiais.

31.16.3. As aberturas nos pisos e nas paredes devem ser protegidas de forma que impeçam a queda de trabalhadores ou de materiais.

31.16.4. Nas escadas, rampas, corredores e outras áreas destinadas à circulação de trabalhadores e à movimentação de materiais e que ofereçam risco de escorregamento, devem ser empregados materiais ou processos antiderrapantes.

31.16.5. Nos andares acima do solo e nas escadas, rampas, corredores e outras áreas destinadas à circulação de trabalhadores e à movimentação de materiais, devem ser adotadas medidas para proteção contra o risco de queda.

31.16.6. As coberturas dos locais de trabalho devem assegurar proteção contra as intempéries.

31.16.7. As edificações rurais fixas, conforme a finalidade a que se destinam, devem:

a) proporcionar proteção contra a umidade;

b) ser projetadas e construídas de modo a evitar insolação excessiva ou falta de insolação;

c) possuir ventilação e iluminação adequadas às atividades laborais a que se destinam;

d) ser submetidas a processo constante de limpeza e desinfecção, para que se neutralize a ação nociva de agentes patogênicos; e

e) ser dotadas de sistema de saneamento básico, destinado à coleta das águas servidas na limpeza e na desinfecção, para que se evite a contaminação do meio ambiente.

31.16.8. Nas edificações rurais fixas, devem ser adotadas medidas que preservem a segurança e a saúde dos que nela trabalham e medidas de prevenção de incêndios, em conformidade com a legislação estadual.

31.16.9. A adequação das medidas de segurança deve ser realizada de acordo com as leis vigentes, observadas as características da edificação em seus aspectos históricos, religiosos e culturais.

31.17. Condições Sanitárias e de Conforto no Trabalho Rural

31.17.1. O empregador rural ou equiparado deve disponibilizar aos trabalhadores áreas de vivência compostas de:

a) instalações sanitárias;

b) locais para refeição;

c) alojamentos;

d) local adequado para preparo de alimentos, exceto quando os alimentos forem preparados fora da propriedade; e

e) lavanderias.

31.17.1.1. O cumprimento do disposto nas alíneas *c*, *d* e *e* do subitem.

31.17.1. Somente é obrigatório nos casos onde houver trabalhadores alojados.

31.17.2. As áreas de vivência devem:

a) ser mantidas em condições de conservação, limpeza e higiene;

b) ter paredes de alvenaria, madeira ou outro material equivalente que garanta resistência estrutural;

c) ter piso cimentado, de madeira ou outro material equivalente;

d) ter cobertura que proteja contra as intempéries; e

e) ser providas de iluminação e ventilação adequadas.

31.17.2.1. É permitida a utilização das áreas de vivência para fins diversos daqueles a que se destinam, desde que:

a) não ofereça risco para a segurança e a saúde dos trabalhadores;

b) não restrinja seu uso; e

c) não traga prejuízo para as condições de conforto e repouso para os trabalhadores.

31.17.2.1.1. As dependências de áreas de vivência não utilizadas pelos trabalhadores podem ser aproveitadas para armazenamento de materiais e produtos, desde que estes não gerem riscos à segurança e à saúde dos trabalhadores e não restrinjam o uso da área de vivência.

31.17.3. Instalações Sanitárias Fixas

31.17.3.1. As instalações sanitárias fixas devem ser constituídas de:

a) lavatório, na proporção de 1 (uma) unidade para cada grupo de 20 (vinte) trabalhadores ou fração;

b) bacia sanitária sifonada, dotada de assento com tampo, na proporção de 1 (uma) unidade para cada grupo de 20 (vinte) trabalhadores ou fração;

c) mictório, na proporção de 1 (uma) unidade para cada grupo de 20 (vinte) trabalhadores ou fração; e

d) chuveiro, na proporção de 1 (uma) unidade para cada grupo de 10 (dez) trabalhadores ou fração, quando houver exposição ou manuseio de substâncias tóxicas e quando houver trabalhadores alojados.

31.17.3.2. No mictório tipo calha, cada segmento de 0,60 m (sessenta centímetros) deve corresponder a 1 (um) mictório tipo cuba.

31.17.3.3. As instalações sanitárias fixas devem:

a) ter portas de acesso que impeçam o devassamento, construídas de modo a manter o resguardo;

b) ser separadas por sexo;

c) estar situadas em locais de fácil e seguro acesso;

d) dispor de água limpa, sabão ou sabonete e papel toalha;

e) estar ligadas a sistema de esgoto, fossa séptica ou sistema equivalente; e

f) dispor de papel higiênico e possuir recipiente para coleta de lixo.

31.17.3.3.1. Nos setores administrativos com até 10 (dez) trabalhadores, pode ser disponibilizada apenas uma instalação sanitária individual de uso comum entre os sexos, desde que garantidas condições de higiene e de privacidade.

31.17.3.3.1.1. A alínea *b* do subitem 31.17.3.3 não se aplica aos estabelecimentos rurais com até 5 (cinco) trabalhadores que utilizem a instalação sanitária de sua sede, desde que garantidas condições de higiene e privacidade.

31.17.3.4. Os compartimentos destinados às bacias sanitárias e aos chuveiros devem:

a) ser individuais e mantidos em condições de conservação, limpeza e higiene;

b) ter divisórias com altura que mantenha seu interior indevassável e com vão inferior que facilite a limpeza e a ventilação;

c) ser dotados de portas independentes, providas de fecho que impeçam o devassamento; e

d) ter piso e paredes revestidos de material impermeável e lavável.

31.17.3.4.1. Os compartimentos destinados aos chuveiros, além das exigências contidas no subitem 31.17.3.4, devem dispor de suportes para sabonete e para toalha.

31.17.3.4.2. Os compartimentos destinados às bacias sanitárias devem possuir dimensões de acordo com o código de obras local ou, na ausência deste, devem possuir área livre de pelo menos 0,60 m (sessenta centímetros) de diâmetro entre a borda frontal da bacia sanitária e a porta fechada.

31.17.3.5. A água para banho deve ser disponibilizada com temperatura em conformidade com os usos e costumes da região.

31.17.4. Locais Fixos para Refeição

31.17.4.1. Os locais fixos para refeição devem atender aos seguintes requisitos:

a) ter condições de higiene e conforto;

b) ter capacidade para atender aos trabalhadores, com assentos em número suficiente, observadas as escalas de intervalos para refeição;

c) dispor de água limpa para higienização;

d) ter mesas com superfícies ou coberturas lisas, laváveis ou descartáveis;

e) dispor de água potável em condições higiênicas, sendo proibido o uso de copo coletivo;

f) ter recipientes para lixo, com tampas; e

g) dispor de local ou recipiente para guarda e conservação de refeições em condições higiênicas.

31.17.5. Instalações Sanitárias e Locais para Refeição e Descanso nas Frentes de Trabalho

31.17.5.1. Nas frentes de trabalho, devem ser disponibilizadas instalações sanitárias, fixas ou móveis, compostas por vaso sanitário e lavatório, na proporção de 1 (um) conjunto para cada grupo de 40 (quarenta) trabalhadores ou fração.

31.17.5.2. A instalação sanitária fixa deve atender aos requisitos dos subitens 31.17.2 e 31.17.3.3 desta Norma.

31.17.5.3. As instalações sanitárias móveis devem atender ao subitem 31.17.3.3 desta Norma, sendo permitido o uso de fossa seca, devendo também atender às seguintes exigências:

a) ser mantidas em condições de conservação, limpeza e higiene;

b) ter fechamento lateral e cobertura que garantam condições estruturais seguras;

c) ser ancoradas e fixadas de forma que garantam estabilidade e resistência às condições climáticas; e

d) ser providas de iluminação e ventilação adequadas.

31.17.5.4. Nas frentes de trabalho, os locais para refeição e descanso devem oferecer proteção para todos os trabalhadores contra as intempéries e atender aos requisitos estabelecidos no subitem 31.17.4.1 desta Norma.

31.17.5.5. As exigências previstas no subitem 31.17.5 e seus subitens não se aplicam às atividades itinerantes, desde que seja garantido ao trabalhador, por qualquer meio de deslocamento, o acesso a instalações sanitárias e locais para refeição.

31.17.5.5.1. A exceção prevista no subitem 31.17.5.5 não se aplica às frentes de trabalho.

31.17.5.6. Nas frentes de trabalho exercido em terrenos alagadiços, as instalações sanitárias e os locais para refeição devem ser instalados em local seco, fora da área alagada, devendo ser garantido o acesso aos trabalhadores.

31.17.6. Alojamentos

31.17.6.1. Os dormitórios dos alojamentos devem possuir:

a) a relação de, no mínimo, 3,00 m² (três metros quadrados) por cama simples ou 4,50 m² (quatro metros e cinquenta centímetros quadrados) por beliche, em ambos os casos incluídas a área de circulação e o armário, ou, alternativamente, camas separadas por, no mínimo, 1 m (um metro);

b) camas em quantidade correspondente ao número de trabalhadores alojados no quarto, sendo vedado o uso de 3 (três) ou mais camas na mesma vertical, devendo haver espaçamentos vertical e horizontal que permitam ao trabalhador movimentação com segurança;

c) camas com colchão certificado pelo INMETRO;

d) camas superiores de beliches com proteção lateral e escada afixada na estrutura;

e) armários com compartimentos individuais para guarda de objetos pessoais;

f) portas e janelas capazes de oferecer vedação e segurança;

g) iluminação e ventilação adequadas;

h) recipientes para coleta de lixo; e

i) separação por sexo.

31.17.6.1.2. As camas podem ser substituídas por redes, de acordo com o costume local, obedecendo-se o espaçamento mínimo de 1 m (um metro) entre as mesmas.

31.17.6.2. O empregador rural ou equiparado deve fornecer roupas de cama adequadas às condições climáticas locais.

31.17.6.3. É proibida a utilização de fogões, fogareiros ou similares no interior dos dormitórios dos alojamentos.

31.17.6.4. Os trabalhadores alojados com suspeita de doença infectocontagiosa devem ser submetidos à avaliação médica, que decidirá pelo afastamento ou permanência no alojamento.

31.17.6.5. As instalações sanitárias dos alojamentos devem atender às exigências descritas no subitem 31.17.3 e seus subitens desta Norma.

31.17.6.6. Os locais para refeição dos alojamentos devem atender às exigências do subitem 31.17.4 e seus subitens desta Norma.

31.17.6.7. Os locais para preparo de refeições devem:

a) ser dotados de lavatórios exclusivos para o pessoal que manipula alimentos;

b) possuir sistema de coleta de lixo;

c) ter instalações sanitárias exclusivas para o pessoal que manipula alimentos; e

d) não ter ligação direta com instalações sanitárias e com dormitórios.

31.17.6.7.1. Os locais para preparo de refeições para até 10 (dez) trabalhadores estão dispensados de atender às alíneas *c* e *d* do subitem 31.17.6.7.

31.17.6.8. Os recipientes de armazenagem de gás liquefeito de petróleo – GLP devem ser instalados em área externa ventilada, observadas as normas técnicas brasileiras pertinentes.

31.17.6.9. As lavanderias devem ser:

a) instaladas em local coberto e ventilado para que os trabalhadores alojados possam lavar as roupas de uso pessoal; e

b) dotadas de tanques individuais ou coletivos e água limpa.

31.17.6.10. Nos alojamentos, deve ser previsto local para convivência ou lazer dos trabalhadores alojados, podendo ser utilizado o local de refeições para este fim.

31.17.6.11. É facultada ao empregador a utilização de casas para alojamento mesmo fora do estabelecimento, desde que atenda ao disposto no subitem 31.17.6 e seus subitens desta Norma, excetuadas as alíneas *c* e *d* do subitem 31.17.6.7.

31.17.7. Moradias

31.17.7.1. Sempre que o empregador rural ou equiparado fornecer aos trabalhadores moradias familiares, estas devem possuir:

a) capacidade dimensionada para uma família;

b) paredes construídas em alvenaria, madeira ou outro material equivalente que garanta condições estruturais seguras;

c) pisos de material resistente e lavável;

d) iluminação e ventilação adequadas;

e) cobertura capaz de proporcionar proteção contra intempéries;

f) poço ou caixa de água protegido contra contaminação; e

g) instalação sanitária ligada à sistema de esgoto, fossa séptica ou equivalente.

31.17.7.2. Em caso de utilização de fossas sépticas, quando não houver rede de esgoto, estas devem ser afastadas da casa e do poço de água, em lugar livre de enchentes e a jusante do poço.

31.17.7.3. As moradias familiares de trabalhadores devem ser construídas em local arejado e afastadas, no mínimo, 30 m (trinta metros) dos depósitos de fenos e estercos, currais, estábulos, pocilgas e quaisquer viveiros de criação, exceto aqueles para uso próprio da família.

31.17.7.4. Em cada moradia deve habitar, exclusivamente, uma única família.

31.17.7.5. Os ocupantes das moradias disponibilizadas pelo empregador devem zelar pela sua conservação, asseio e limpeza.

31.17.8. Disposições Gerais Sanitárias e de Conforto no Trabalho

31.17.8.1. O empregador rural ou equiparado deve disponibilizar água potável e fresca em quantidade suficiente nos locais de trabalho.

31.17.8.2. A água potável deve ser disponibilizada em condições higiênicas, sendo proibida a utilização de copos coletivos.

31.17.8.3. O empregador pode optar pela utilização de serviços externos de hospedagem, lavanderias, fornecimento de refeições e restaurantes, desde que devidamente autorizados à prestação desses serviços pelo poder público.

31.17.8.3.1. Ao contratar serviços externos de hospedagem, o empregador deve:

a) observar a capacidade estabelecida no alvará de funcionamento, não podendo hospedar mais trabalhadores do que o autorizado pelo poder público;

b) avaliar as condições de higiene e conforto do local;

c) separar os trabalhadores por sexo, ressalvados os vínculos familiares.

31.17.8.3.2. Nos casos em que o empregador utilizar a ocupação total do serviço externo de hospedagem, deve ser observada no contrato de prestação de serviços a manutenção das condições de higiene.

ANEXO I

MEIOS DE ACESSO A MÁQUINAS, EQUIPAMENTOS E IMPLEMENTOS

1. As máquinas, equipamentos e implementos devem dispor de acessos permanentemente fixados e seguros a todos os seus pontos de operação, de abastecimento, de inserção de matérias-primas e retirada de produtos trabalhados, de preparação, de manutenção e de intervenção constante.

2. Consideram-se meios de acesso elevadores, rampas, passarelas, plataformas ou escadas de degraus.

2.1. Na impossibilidade técnica de adoção dos meios previstos no item 2, pode ser utilizada escada fixa tipo marinheiro.

2.2. Quanto aos meios de acesso, as máquinas, equipamentos e implementos que atendam ao disposto nas normas técnicas oficiais ou internacionais vigentes são dispensados do cumprimento das exigências contidas neste Anexo.

3. Os locais ou postos de trabalho acima do nível do solo em que haja acesso de trabalhadores para comando ou quaisquer outras intervenções habituais nas máquinas, equipamentos e implementos, como operação, abastecimento, manutenção, preparação e inspeção, devem possuir plataformas de trabalho estáveis e seguras.

3.1. Na impossibilidade técnica de aplicação do previsto no item 3, é permitida a utilização de plataformas móveis ou elevatórias.

3.1.1. As plataformas móveis devem ser estáveis de modo a não permitir sua movimentação ou tombamento durante a realização do trabalho.

4. Devem ser fornecidos meios de acesso se a altura do solo ou do piso ao posto de operação das máquinas for maior que 0,55 m (cinquenta e cinco centímetros).

4.1. Em máquinas autopropelidas da indústria de construção com aplicação agroflorestal, os meios de acesso devem ser fornecidos se a altura do solo ao posto de operação for maior que 0,60 m (sessenta centímetros).

4.2. Em colhedoras de arroz, colhedoras equipadas com esteiras e outras colhedoras equipadas com sistema de autonivelamento, os meios de acesso devem ser fornecidos se a altura do solo ao posto de operação for maior que 0,70 m (setenta centímetros).

4.3. A conexão entre o primeiro degrau e o segundo degrau pode ser articulada.

5. Nas máquinas, equipamentos e implementos, os meios de acesso permanentes devem ser localizados e instalados de modo a prevenir riscos de acidente e facilitar sua utilização pelos trabalhadores.

6. Os meios de acesso de máquinas, equipamentos e implementos, exceto escada fixa do tipo marinheiro e elevador, devem possuir sistema de proteção contra quedas com as seguintes características:

a) ser dimensionado, construído e fixado de modo seguro e resistente, de forma a suportar os esforços solicitantes;

b) ser constituído de material resistente a intempéries e corrosão;

c) possuir travessão superior de 1,10 m (um metro e dez centímetros) a 1,20 m (um metro e vinte centímetros) de altura em relação ao piso ao longo de toda a extensão, em ambos os lados;

d) o travessão superior não deve possuir superfície plana, a fim de evitar a colocação de objetos; e

e) possuir rodapé de, no mínimo, 0,20 m (vinte centímetros) de altura e travessão intermediário a 0,70 m (setenta centímetros) de altura em relação ao piso, localizado entre o rodapé e o travessão superior.

6.1. Os meios de acesso instalados antes da publicação da Portaria MTE n. 2.546, de 14 de dezembro de 2011, ficam dispensados do atendimento da dimensão indicada na alínea c do item 6, devendo, neste caso, o travessão superior possuir, no mínimo, 1,00 m (um metro) de altura.

6.2. Havendo risco de queda de objetos e materiais, o vão entre o rodapé e o travessão superior do guarda-corpo deve receber proteção fixa, integral e resistente.

6.2.1. A proteção mencionada no item 6.2 pode ser constituída de tela resistente, desde que sua malha não permita a passagem de qualquer objeto ou material que possa causar lesões aos trabalhadores.

7. Para o sistema de proteção contra quedas em plataformas utilizadas em operações de abastecimento ou que acumulam sujidades, é permitida a adoção das dimensões constantes da Figura 5 do Anexo II desta Norma.

8. O sistema de proteção contra quedas de plataformas que não sejam a de operação em colhedoras está dispensado de atender aos requisitos da Figura 5 do Anexo II desta Norma, desde que disponha de barra superior, instalada em um dos lados, com altura de 1 m (um metro) a 1,10 m (um metro e dez centímetros) em relação ao piso, e barra intermediária, instalada de 0,40 m (quarenta centímetros) a 0,60 m (sessenta centímetros) abaixo da barra superior.

8.1. As plataformas indicadas no item 8 somente podem ser acessadas quando a máquina estiver parada.

9. O emprego dos meios de acesso de máquinas estacionárias deve considerar o ângulo de lance, conforme Figura 1 do Anexo II desta Norma.

10. As passarelas, plataformas, rampas e escadas de degraus devem propiciar condições seguras de trabalho, circulação, movimentação e manuseio de materiais e serem mantidas desobstruídas.

11. As rampas com inclinação entre 10° (dez graus) e 20° (vinte graus) em relação ao plano horizontal devem possuir peças transversais horizontais fixadas de modo seguro, para impedir escorregamento, distanciadas entre si 0,40 m (quarenta centímetros) em toda sua extensão.

11.1. É proibida a construção de rampas com inclinação superior a 20° (vinte graus) em relação ao piso.

12. As passarelas, plataformas e rampas de máquinas estacionárias devem ter as seguintes características:

a) largura útil mínima de 0,60 m (sessenta centímetros); e

b) meios de drenagem, se necessário.

12.1. As passarelas, plataformas e rampas de máquinas autopropelidas e implementos devem atender à largura mínima determinada no Anexo XI da NR-12.

12.2. A largura útil mínima das passarelas, plataformas e rampas de máquinas estacionárias pode ser reduzida para 0,50 m (cinquenta centímetros) nos seguintes casos:

a) quando seu comprimento for menor que 2,00 m (dois metros); ou

b) quando o espaço no nível do piso for restrito por canalizações, cabeamentos elétricos ou razões construtivas da máquina.

12.3. As passarelas, plataformas e rampas de máquinas estacionárias instaladas antes da publicação da Portaria MTE n. 2.546, de 14 de dezembro de 2011, ficam dispensadas do atendimento do disposto na alínea *a* do item 12 deste Anexo, devendo ser garantida largura útil mínima de 0,50 m (cinquenta centímetros).

13. Em máquinas estacionárias, as escadas de degraus com espelho devem ter:

a) largura mínima de 0,60 m (sessenta centímetros);

b) degraus com profundidade mínima de 0,20 m (vinte centímetros);

c) degraus e lances uniformes, nivelados e sem saliências;

d) altura entre os degraus de 0,20 m (vinte centímetros) a 0,25 m (vinte e cinco centímetros); e

e) plataforma de descanso de 0,60 m (sessenta centímetros) a 0,80 m (oitenta centímetros) de largura e comprimento, a intervalos de, no máximo, 3,00 m (três metros) de altura.

13.1. Para escadas com único lance cuja altura for inferior a 1,50 m (um metro e cinquenta centímetros), a largura útil mínima pode ser reduzida para 0,50 m (cinquenta centímetros).

13.2. As escadas de degraus com espelho das máquinas e equipamentos estacionárias instaladas antes da publicação da Portaria MTE n. 2.546, de 14 de dezembro de 2011, ficam dispensadas do atendimento do contido nas alíneas *a, b, d* e *e* do item 13 deste Anexo, exceto quanto ao intervalo de até três metros, devendo ser garantida largura útil mínima de 0,50 m (cinquenta centímetros).

14. Em máquinas estacionárias, as escadas de degraus sem espelho devem ter:

a) largura mínima de 0,60 m (sessenta centímetros);

b) degraus com profundidade mínima de 0,15 m (quinze centímetros);

c) degraus e lances uniformes, nivelados e sem saliências;

d) altura máxima entre os degraus de 0,25 m (vinte e cinco centímetros);

e) plataforma de descanso com 0,60 m (sessenta centímetros) a 0,80 m (oitenta centímetros) de largura e comprimento, a intervalos de, no máximo, 3,00 m (três metros) de altura;

f) projeção mínima de 0,01 m (dez milímetros) de um degrau sobre o outro; e

g) degraus com profundidade que atendam à fórmula: 600£ g +2h £ 660 (dimensões em milímetros), conforme Figura 2 do Anexo II desta Norma.

14.1. Para escadas com único lance cuja altura for inferior a 1,50 m (um metro e cinquenta centímetros), a largura útil mínima pode ser reduzida para 0,50 m (cinquenta centímetros).

14.2. As escadas de degraus sem espelho das máquinas e equipamentos estacionárias instaladas antes da publicação da Portaria MTE n. 2.546, de 14 de dezembro de 2011, ficam dispensadas do atendimento do disposto nas alíneas *a* e *e* do item 14 deste Anexo, exceto quanto ao intervalo de até três metros, devendo ser garantida largura útil mínima de 0,50 m (cinquenta centímetros).

15. Em máquinas estacionárias, as escadas fixas do tipo marinheiro devem ter:

a) dimensionamento, construção e fixação seguras e resistentes, de forma a suportar os esforços solicitantes;

b) constituição de materiais ou revestimentos resistentes a intempéries e corrosão, caso estejam expostas em ambiente externo ou corrosivo;

c) gaiolas de proteção, caso possuam altura superior a 3,50 m (três metros e cinquenta centímetros), instaladas a partir de 2,00 m (dois metros) do piso, ultrapassando a plataforma de descanso ou o piso superior em pelo menos 1,10 m (um metro e dez centímetros) a 1,20 m (um metro e vinte centímetros);

d) corrimão ou continuação dos montantes da escada ultrapassando a plataforma de descanso ou o piso superior em 1,10 m (um metro e dez centímetros) a 1,20 m (um metro e vinte centímetros);

e) largura de 0,40 m (quarenta centímetros) a 0,60 m (sessenta centímetros), conforme Figura 3 do Anexo II desta Norma;

f) altura total máxima de 10,00 m (dez metros), se for de um único lance;

g) altura máxima de 6,00 m (seis metros) entre duas plataformas de descanso, se for de múltiplos lances, construídas em lances consecutivos com eixos paralelos, distanciados no mínimo em 0,70 m (setenta centímetros), conforme Figura 3 do Anexo II desta Norma;

h) espaçamento entre barras de 0,25 m (vinte e cinco centímetros) a 0,30 m (trinta centímetros), conforme Figura 3 do Anexo II desta Norma;

i) espaçamento entre o piso da máquina ou da edificação e a primeira barra não superior a 0,55 m (cinquenta e cinco centímetros), conforme Figura 3 do Anexo II desta Norma;

j) distância em relação à estrutura em que é fixada de, no mínimo, 0,15 m (quinze centímetros), conforme Figura 4C do Anexo II desta Norma;

k) barras horizontais de 0,025 m (vinte e cinco milímetros) a 0,038 m (trinta e oito milímetros) de diâmetro ou espessura; e

l) barras horizontais com superfícies, formas ou ranhuras a fim de prevenir deslizamentos.

15.1. As gaiolas de proteção devem ter diâmetro de 0,65 m (sessenta e cinco centímetros) a 0,80 m (oitenta centímetros), conforme Figura 4C do Anexo II desta Norma, e:

a) possuir barras verticais com espaçamento máximo de 0,30 m (trinta centímetros) entre si e distância máxima de 1,50 m (um metro e cinquenta centímetros) entre arcos, conforme Figuras 4A e 4B do Anexo II desta Norma; ou

b) possuir vãos entre arcos de, no máximo, 0,30 m (trinta centímetros), conforme Figura 3 do Anexo II desta Norma, e dotadas de barra vertical de sustentação dos arcos.

16. A direção não pode ser considerada manípulo de apoio.

17. Os pneus, cubos, rodas e para-lamas não são considerados degraus para acesso aos postos de trabalho.

17.1. Os para-lamas podem ser considerados degraus para acesso desde que projetados para esse fim.

17.2. Em máquinas de esteira, as sapatas e a superfície de apoio das esteiras podem ser utilizadas como degraus de acesso desde que projetadas para esse fim e se for garantido ao operador apoio em três pontos de contato durante todo tempo de acesso.

18. As máquinas autopropelidas e implementos devem ser dotados de corrimãos ou manípulos pega-mãos, em um ou ambos os lados dos meios de acesso que ofereçam risco de queda ou acesso às áreas de perigo, devendo possuir:

a) projeto de forma que o operador possa manter contato de apoio em três pontos durante todo o tempo de acesso;

b) largura da seção transversal entre 0,025 m (vinte e cinco milímetros) e 0,038 m (trinta e oito milímetros);

c) extremidade inferior em pelo menos um corrimão ou manípulo, localizada no máximo a 1600 mm (um mil e seiscentos milímetros) da superfície do solo;

d) espaço livre mínimo de 0,050 m (cinquenta milímetros) entre o corrimão ou manípulo e as partes adjacentes para acesso da mão, exceto nos pontos de fixação;

e) um manípulo instalado do último degrau superior do meio de acesso a uma altura de 0,85 m (oitenta e cinco centímetros) a 1,10 m (um metro e dez centímetros); e

f) manípulo com comprimento mínimo de 0,15 m (quinze centímetros).

18.1. Os pontos de apoio para mãos devem ficar a pelo menos 0,30 m (trinta centímetros) de qualquer elemento de articulação.

18.2. As plataformas de máquinas autopropelidas e implementos que apresentem risco de queda de trabalhadores devem ser acessados por degraus e possuir sistema de proteção contra quedas, conforme as dimensões constantes da Figura 5 do Anexo II desta Norma.

19. As máquinas estacionárias, autopropelidas e implementos fabricados antes da vigência desta Norma e que possuam plataforma de trabalho, devem possuir escada de acesso e proteção contra quedas, sendo consideradas regulares, desde que dimensionadas conforme normas vigentes à época de sua fabricação.

19.1. Para as operações de abastecimento de combustível e de outros materiais, nas máquinas autopropelidas que possuam bocal de abastecimento situado a mais de 1,5 m (um metro e cinquenta centímetros) acima do ponto de apoio do operador, deve ser instalado degrau de acesso com manípulos que garantam três pontos de contato durante toda a tarefa.

19.2. Para as operações de abastecimento de combustível e de outros materiais, nas máquinas autopropelidas que possuam o tanque localizado na parte traseira ou lateral, pode ser utilizada plataforma ou escada externa que servirá de apoio para a execução segura da tarefa.

19.3. Para máquinas autopropelidas e implementos fabricados antes da vigência desta Norma, pode ser utilizada plataforma ou escada externa, que servirá de apoio para execução segura da tarefa.

ANEXO II
QUADROS E FIGURAS AUXILIARES

Figura 1 - Escolha dos meios de acesso conforme a inclinação - ângulo de lance

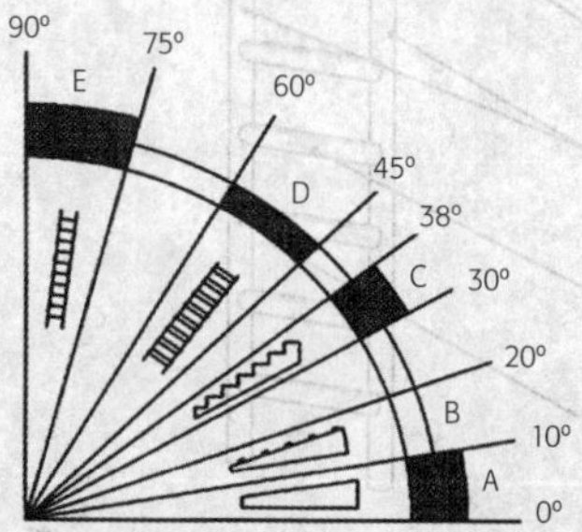

Legenda:
A: rampa
B: rampa com peças transversais para evitar o escorregamento
C: escada com espelho
D: escada sem espelho
E: escada do tipo marinheiro

Fonte: ISO 14122 – Segurança de Máquinas – Meios de acesso permanentes às máquinas.

Figura 2 – Exemplo de escada sem espelho

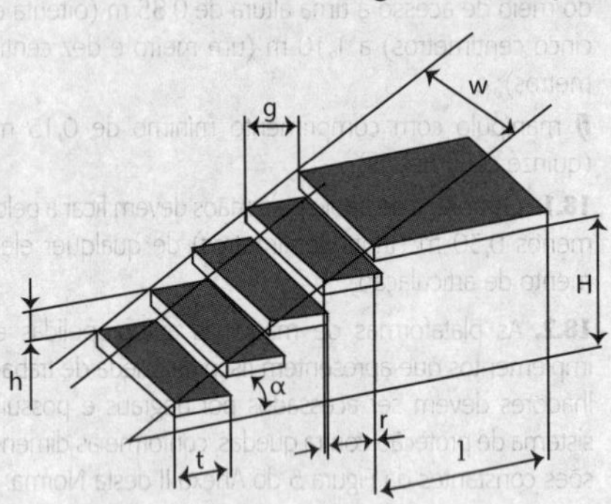

Legenda:

w: largura da escada

h: altura entre degraus

r: projeção entre degraus

g: profundidade livre do degrau

α: inclinação da escada – ângulo de lance

l: comprimento da plataforma de descanso

H: altura da escada

t: profundidade total do degrau

Figura 3 – Exemplo de escada fixa do tipo marinheiro

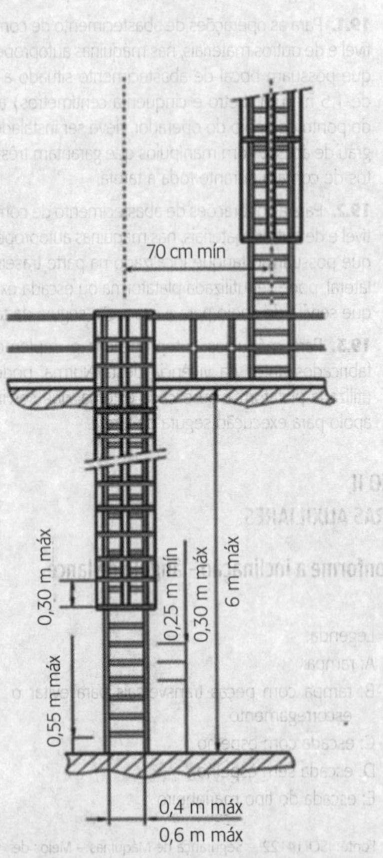

Figuras 4A, 4B e 4C – Exemplo de detalhes da gaiola da escada fixa do tipo marinheiro

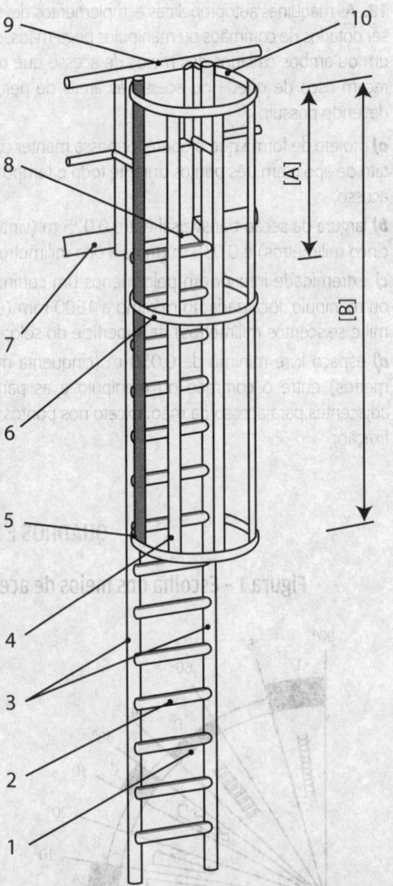

Figura 4A

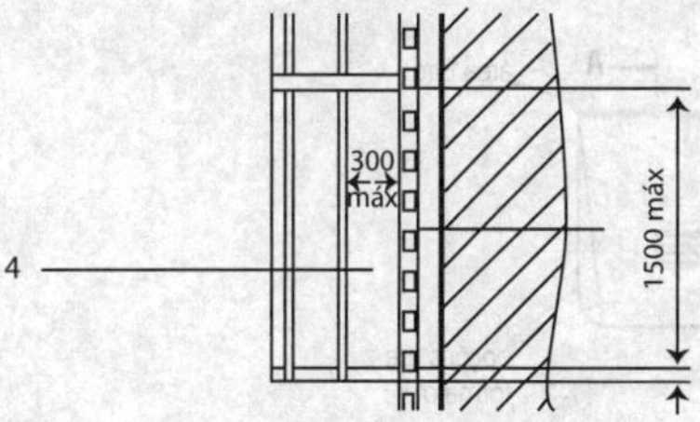

Figura 4B

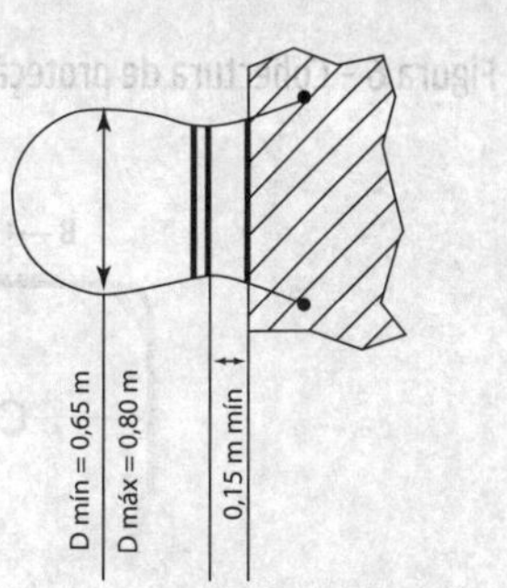

Figura 4C

Figura 5 - Sistema de proteção contra quedas em plataforma (dimensões em milímetros)

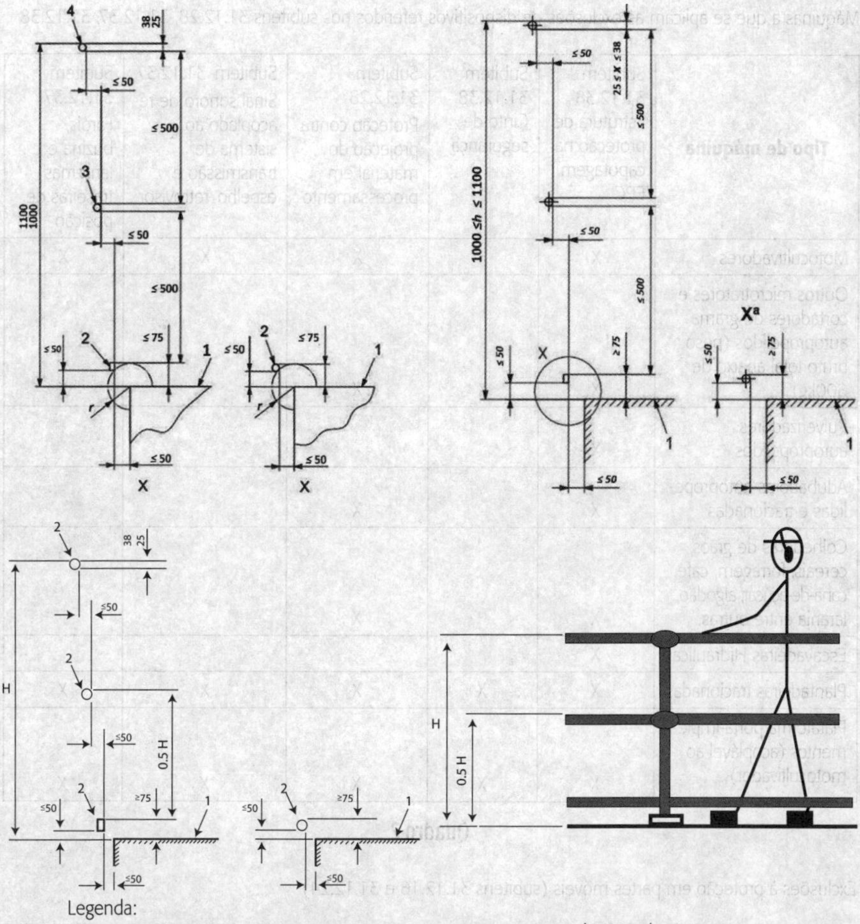

Legenda:

H: altura barra superior, entre 1000 mm (mil milímetros) e 1100 mm (mil e cem milímetros)

1: plataforma

2: barra-rodapé

3: barra intermediária

4: barra superior corrimão

Figura 6 - Cobertura de proteção da Tomada de Potência - TDP para tratores Agrícolas

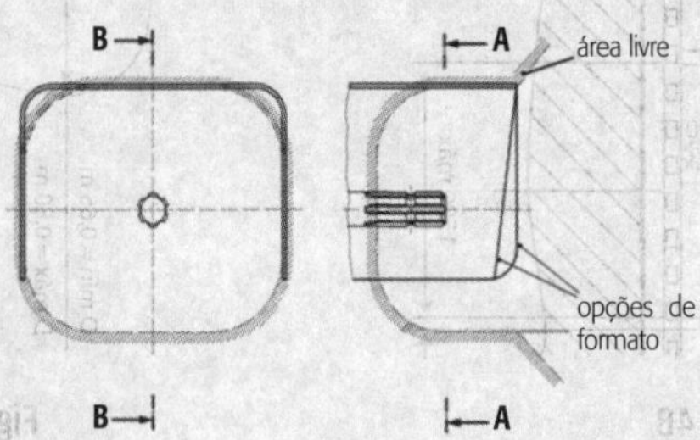

Quadro 1

Máquinas a que se aplicam as exclusões de dispositivos referidos nos subitens 31.12.28, 31.12.37, 31.12.38

Tipo de máquina	Subitem 31.12.38 Estrutura de proteção na capotagem EPC	Subitem 31.12.38 Cinto de segurança	Subitem 31.12.28 Proteção contra projeção do material em processamento	Subitem 31.12.37 Sinal sonoro de ré acoplado ao sistema de transmissão e espelho retrovisor	Subitem 31.12.37 Faróis, buzina e lanternas traseiras de posição
Motocultivadores	X	X	X	X	X
Outros microtratores e cortadores de grama autopropelidos (peso bruto total abaixo de 600kg)	X	X	X	X	X
Pulverizadores autopropelidos	X				
Adubadoras autopropelidas e tracionadas	X		X		
Colhedoras de grãos, cereais, forragem, café, cana-de-açúcar, algodão, laranja entre outras.	X		X		
Escavadeiras Hidráulicas	X				
Plantadeiras tracionadas	X	X	X	X	X
Plataforma porta-implementos (acoplável ao motocultivador)	X	X	X	X	X

Quadro 2

Exclusões à proteção em partes móveis (subitens 31.12.16 e 31.12.24)

Máquina/ implemento	Descrição da Exclusão
Motocultivadores	Área da parte ativa do implemento acoplado de acordo com a aplicação.

Outros microtratores e cortadores de grama autopropelidos (peso bruto total abaixo de 600kg)	Área do cortador de grama, embaixo da máquina, protegido por proteções laterais.
Adubadoras tracionadas e autopropelidas	Área distribuidora – área do distribuidor (disco ou tubo); Área de transporte e esteira helicoidal.
Colhedoras de grãos ou cereais	Área de corte e alimentação ou de captação (plataforma de corte/recolhimento); Área de expulsão e projeção de resíduos (espalhador de palha); Área de descarregamento (tubo descarregador de grãos).
Colhedoras de cana-de-açúcar	Área de corte ou recolhimento da cana-de-açúcar a ser processada (unidades de corte e recolhimento); Área de projeção/descarregamento do material (picador e transportador de material).
Colhedoras de algodão	Área de recolhimento da fibra do algodão; Área de descarregamento do fardo de algodão.
Colhedoras de café	Área de conjunto das hastes vibratórias, lâminas retráteis, transportadores e descarregamento.
Colhedoras de laranja	Área de conjunto das hastes vibratórias, lâminas retráteis, transportadores e descarregamento.
Escavadeiras hidráulicas, feller bunchers e harvesters	Área de corte, desgalhamento, processamento ou carregamento de toras.
Forrageiras tracionadas e autopropelidas	Área de corte ou recolhimento da planta a ser processada (plataforma de corte ou recolhimento); Área de descarregamento/projeção do material triturado.
Plantadeiras tracionadas	Linhas de corte da palha e seus componentes; Linhas de plantio e seus componentes; Área de distribuição de sementes e adubos.

Quadro 3

Disponibilidade técnica para implantação de EPC (subitem 31.12.39)

Marca	Modelo	EPC Subitem 31.12.39 (a partir do mês / ano)	Cinto de segurança Subitem 31.12.39 (a partir do mês / ano)
Agrale	4100	Janeiro/2009	Janeiro/2009
Agrale	4100 gás	Janeiro/2009	Janeiro/2009
Agrale	4118	Janeiro/2009	Janeiro/2009
Agrale	4230	Janeiro/2009	Janeiro/2009
Agrale	5075	Janeiro/2009	Janeiro/2009
Agrale	5085	Janeiro/2009	Janeiro/2009
Agrale	6110	Janeiro/2009	Janeiro/2009
Agrale	6150	Janeiro/2009	Janeiro/2009
Agrale	6180	Janeiro/2009	Janeiro/2009
Agritech	1030-h	Janeiro/2009	Janeiro/2009
Agritech	1030-dt	Janeiro/2009	Janeiro/2009
Agritech	1045-h	Janeiro/2009	Janeiro/2009
Agritech	1045-dt	Janeiro/2009	Janeiro/2009
Agritech	1055-dt	Janeiro/2009	Janeiro/2009

Agritech	1145	Janeiro/2009	Janeiro/2009
Agritech	1145.4	Janeiro/2009	Janeiro/2009
Agritech	1155.4	Janeiro/2009	Janeiro/2009
Agritech	1175.4	Janeiro/2009	Janeiro/2009
Agritech ou yanmar	2060-xt	Janeiro/2008	Janeiro/2008
Agritech ou yanmar	Ke - 4 0	Janeiro/2008	Janeiro/2008
Agritech ou yanmar	F-28	Janeiro/2008	Janeiro/2008
Agritech ou yanmar	1040	Janeiro/2008	Janeiro/2008
Case ih	Maxxum 135	Janeiro/2008	Janeiro/2008
Case ih	Maxxum 150	Janeiro/2008	Janeiro/2008
Case ih	Maxxum 150	Janeiro/2008	Janeiro/2008
Case ih	Maxxum 180	Janeiro/2008	Janeiro/2008
Case ih	Magnum 220	Janeiro/2008	Janeiro/2008
Case ih	Magnum 240	Janeiro/2008	Janeiro/2008
Case ih	Magnum 270	Janeiro/2008	Janeiro/2008
Case ih	Magnum 305	Janeiro /2008	Janeiro/2008
.John deere	5303	Janeiro/2008	Janeiro/2008
.John deere	5403	Janeiro/2008	Janeiro/2008
John deere	5603	Janeiro/2008	Janeiro/2008
John deere	5605	Janeiro/2008	Janeiro/2008
John deere	5705	Janeiro/2008	Janeiro/2008
John deere	6405	Janeiro/2008	Janeiro/2008
John deere	6415	Janeiro/2008	Janeiro/2008
.John deere	6605	Janeiro/2008	Janeiro/2008
.John deere	6615	Janeiro/2008	Janeiro/2008
.John deere	6415 classic	Janeiro/2008	Janeiro/2008
.John deere	6615 classic	Janeiro/2008	Janeiro/2008
John deere	6110j	Janeiro/2008	Janeiro/2008
John deere	6125j	Janeiro/2008	Janeiro/2008
.John deere	6145j	Janeiro/2008	Janeiro/2008
.John deere	6165j	Janeiro/2008	Janeiro/2008
.John deere	7505	Janeiro/2008	Janeiro/2008
John deere	7515	Janeiro/2008	Janeiro/2008
John deere	7715	Janeiro/2008	Janeiro/2008
John deere	7815	Janeiro/2008	Janeiro/2008
Landini	Technofarm	Janeiro/2008	Janeiro/2008

Landini	Globalfarm	Janeiro/2008	Janeiro/2008
Landini	Rex	Janeiro/2008	Janeiro/2008
Landini	Mistral	Janeiro/2008	Janeiro/2008
Landini	Rex	Janeiro/2008	Janeiro/2008
Landini	Landpower	Janeiro/2008	Janeiro/2008
Landini	Montana 30/40/45/50/60	Janeiro/2008	Janeiro/2008
Maxion	Maxion 750	Janeiro/2011	Janeiro/2011
Massey ferguson	Mf250	Janeiro/2008	Janeiro/2008
Massey ferguson	Mf255	Janeiro/2008	Janeiro/2008
Massey ferguson	Mf250 f	Janeiro/2008	Janeiro/2008
Massey ferguson	Mf255 f	Janeiro/2008	Janeiro/2008
Massey ferguson	Mf265 f	Janeiro/2008	Janeiro/2008
Massey ferguson	Mf275 f	Janeiro/2008	Janeiro/2008
Massey ferguson	Mf283 f	Janeiro/2008	Janeiro/2008
Massey ferguson	Mf4265	Março/2010	Março/2010
Massey ferguson	Mf4275	Março/2010	Março/2010
Massey ferguson	Mf4283	Março/2010	Março/2010
Massey ferguson	Mf4290	Março/2010	Março/2010
Massey ferguson	Mf4291	Março/2010	Março/2010
Massey ferguson	Mf4292	Março/2010	Março/2010
Massey ferguson	Mf4297	Março/2010	Março/2010
Massey ferguson	Mf4299	Março/2010	Março/2010
Massey ferguson	Mf6350	Janeiro/2008	Janeiro/2008
Massey ferguson	Mf6360	Janeiro/2008	Janeiro/2008
Massey ferguson	Mf7140	Janeiro/2009	Janeiro/2009
Massey ferguson	Mf7150	Janeiro/2009	Janeiro/2009

Massey ferguson	Mf7170	Janeiro/2009	Janeiro/2009
Massey ferguson	Mf7180	Janeiro/2009	Janeiro/2009
Massey ferguson	Mf7350	Janeiro/2010	Janeiro/2010
Massey ferguson	Mf7370	Janeiro/2010	Janeiro/2010
Massey ferguson	Mf7390	Janeiro/2010	Janeiro/2010
Massey ferguson	Mf7415	Janeiro/2010	Janeiro/2010
Massey ferguson	Mf86	Janeiro/2011	Janeiro/2011
Massey ferguson	Mf96	Janeiro/2011	Janeiro/2011
Massey ferguson	Mf265	Janeiro/2008	Janeiro/2008
Massey ferguson	Mf275	Janeiro/2008	Janeiro/2008
Massey ferguson	Mf283	Janeiro/2008	Janeiro/2008
Massey ferguson	Mf290	Janeiro/2008	Janeiro/2008
Massey ferguson	Mf291	Janeiro/2008	Janeiro/2008
Massey ferguson	Mf292	Janeiro/2008	Janeiro/2008
Massey ferguson	Mf297	Janeiro/2008	Janeiro/2008
Massey ferguson	Mf298	Janeiro/2008	Janeiro/2008
Massey ferguson	Mf299	Janeiro/2008	Janeiro/2008
Massey ferguson	Mf630	Janeiro/2008	Janeiro/2008
Massey ferguson	Mf640	Janeiro/2008	Janeiro/2008
Massey ferguson	Mf650	Janeiro/2008	Janeiro/2008
Massey ferguson	Mf660	Janeiro/2008	Janeiro/2008
Massey ferguson	Mf680	Janeiro/2008	Janeiro/2008
New holland	Tl 60e	Janeiro/2008	Janeiro/2008
New holland	Tl 75e	Janeiro/2008	Janeiro/2008

New holland	Tl 85e	Janeiro/2008	Janeiro/2008
New holland	Tl 95e	Janeiro/2008	Janeiro/2008
New holland	Tt 3840	Janeiro/2008	Janeiro/2008
New holland	Tt 4030	Janeiro/2008	Janeiro/2008
New holland	Ts 6000	Janeiro/2008	Janeiro/2008
New holland	Ts 6020	Janeiro/2008	Janeiro/2008
New holland	Ts 6030	Janeiro/2008	Janeiro/2008
New holland	Ts 6040	Janeiro/2008	Janeiro/2008
New holland	Tm 7010	Janeiro/2008	Janeiro/2008
New holland	Tm 7020	Janeiro/2008	Janeiro/2008
New holland	Tm 7030	Janeiro/2008	Janeiro/2008
New holland	Tm 7040	Janeiro/2008	Janeiro/2008
New holland	7630	Janeiro/2008	Janeiro/2008
New holland	8030	Janeiro/2008	Janeiro/2008
Valtra	Bf65	Janeiro/2008	Janeiro/2008
Valtra	Bf75	Janeiro/2008	Janeiro/2008
Valtra	A650	Março/2010	Março/2010
Valtra	A750	Julho/2009	Julho/2009
Valtra	A850	Julho/2009	Julho/2009
Valtra	A950	Agosto/2009	Agosto/2009
Valtra	Bm100	Janeiro/2008	Janeiro/2008
Valtra	Bm110	Janeiro/2008	Janeiro/2008
Valtra	Bm125i	Janeiro/2008	Janeiro/2008
Valtra	Bh145	Janeiro/2008	Janeiro/2008
Valtra	Bh165	Janeiro/2008	Janeiro/2008
Valtra	Bh180	Janeiro/2008	Janeiro/2008
Valtra	Bh185i	Janeiro/2008	Janeiro/2008
Valtra	Bh205i	Agosto/2008	Agosto/2008
Valtra	Bt150	Setembro/2010	Setembro/2010
Valtra	Bt170	Setembro/2010	Setembro/2010

Valtra	Bt190	Setembro/2010	Setembro/2010
Valtra	Bt210	Setembro/2010	Setembro/2010
Valtra	Bf65	Janeiro/2008	Janeiro/2008
Valtra	Bf75	Janeiro/2008	Janeiro/2008
Valtra	585	Janeiro/2008	Janeiro/2008
Valtra	685ats	Janeiro/2008	Janeiro/2008
Valtra	685	Janeiro/2008	Janeiro/2008
Valtra	785	Janeiro/2008	Janeiro/2008
Case	Pá carregadeira - 521d toldo	Janeiro/2008	Janeiro/2008
Case	Pá carregadeira - 621d toldo	Janeiro/2008	Janeiro/2008
Case	Pá carregadeira - w20e cabine	Janeiro/2008	Janeiro/2008
Caterpillar	Motoniveladora 120h/ 120k	Janeiro/2008	Janeiro/2008
Caterpillar	Motoniveladora 140h/ 140k	Janeiro/2008	Janeiro/2008
Caterpillar	Motoniveladora 160h/ 160k	Janeiro/2008	Janeiro/2008
Caterpillar	Motoniveladora 12h/12k	Janeiro/2008	Janeiro/2008
Caterpillar	Motoniveladora 135h	Janeiro/2008	Janeiro/2008
Ciber	Rolo hamm 3410/11	Janeiro/2008	Janeiro/2008
New holland	Pá carregadeira - w130 toldo	Janeiro/2008	Janeiro/2008
New holland	Trator de esteira - d170	Janeiro/2008	Janeiro/2008

Quadro 4

Distâncias de segurança para impedir o acesso a zonas de perigo pelos membros superiores (dimensões em milímetros)

Parte do corpo	Ilustração	Abertura	Distância de segurança sr		
			fenda	quadrado	circular
Ponta do dedo	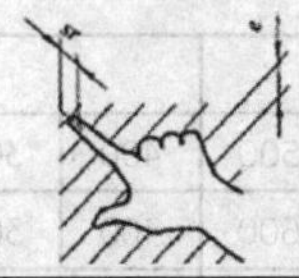	e ≤ 4	≥ 2	≥ 2	≥ 2
		4 < e ≤ 6	≥ 10	≥ 5	≥ 5
Dedo até articulação com a mão	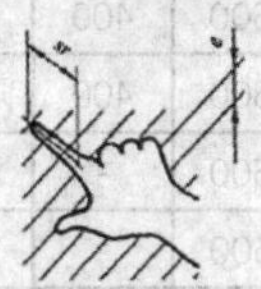	6 < e ≤ 8	≥ 20	≥ 15	≥ 5
		8 < e ≤ 10	≥ 80	≥ 25	≥ 20
	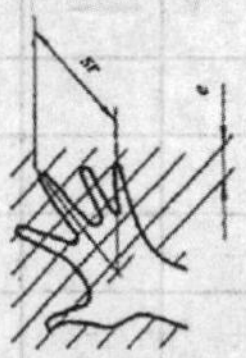	10 < e ≤ 12	≥ 100	≥ 80	≥ 80
		12 < e ≤ 20	≥ 120	≥ 120	≥ 120
		20 < e ≤ 30	≥ 850[1]	≥ 120	≥ 120
Braços até junção com o ombro	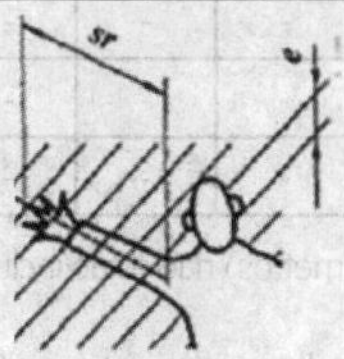	30 < e ≤ 40	≥ 850	≥ 200	≥ 120
		40 < e ≤ 120	≥ 850	≥ 850	≥ 850

[1] Se o comprimento da abertura em forma de fenda é ≤ 65 mm, o polegar atuará como um limitador e a distância de segurança poderá ser reduzida para 200 mm.

Fonte: ABNT NBR NM ISO 13852 – Segurança de Máquinas – Distâncias de segurança para impedir o acesso a zonas de perigo pelos membros superiores.

Figura 7 - Alcance sobre estruturas de proteção (Para utilização do Quadro 5 observar a legenda da figura a seguir)

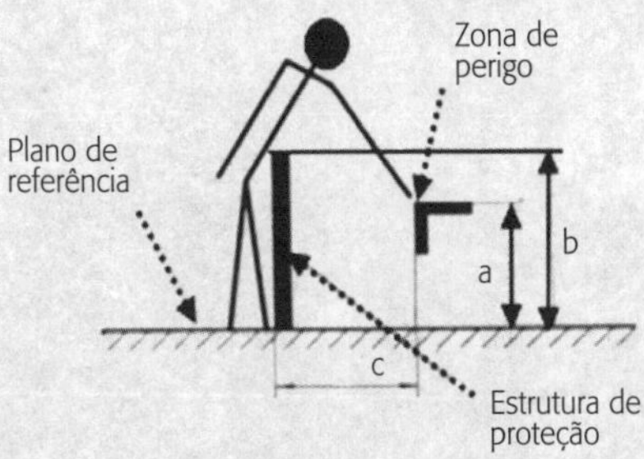

Legenda:
a: altura da zona de perigo
b: altura da estrutura de proteção
c: distância horizontal à zona de perigo

Quadro 5

Alcance sobre estruturas de proteção – Alto risco (dimensões em milímetros)

	Altura da estrutura de proteção "b"[1]									
	1000	1200	1400[2]	1600	1800	2000	2200	2400	2500	2700
Altura da zona de perigo "a"	Distância horizontal à zona de perigo "c"									
2700[3]	-	-	-	-	-	-	-	-	-	-
2600	900	800	700	600	600	500	400	300	100	-
2400	1100	1100	900	800	700	600	400	300	100	-
2200	1300	1200	1000	900	800	600	400	300	-	-
2000	1400	1300	1100	900	800	600	400	-	-	-
1800	1500	1400	1100	900	800	600	-	-	-	-
1600	1500	1400	1100	900	800	500	-	-	-	-
1400	1500	1400	1100	900	800	-	-	-	-	-
1200	1500	1400	1100	900	700	-	-	-	-	-
1000	1500	1400	1100	800	-	-	-	-	-	-
800	1500	1300	900	600	-	-	-	-	-	-
600	1400	1300	800	-	-	-	-	-	-	-
400	1400	1200	400	-	-	-	-	-	-	-
200	1200	900	-	-	-	-	-	-	-	-
0	1100	500	-	-	-	-	-	-	-	-

(1) Estruturas de proteção com altura inferior que 1000 mm (mil milímetros) não estão incluídas por não restringirem suficientemente o acesso do corpo.

(2) Estruturas de proteção com altura menor que 1400 mm (um mil e quatrocentos milímetros) não devem ser usadas sem medidas adicionais de segurança.

(3) Para zonas de perigo com altura superior a 2700 mm (dois mil e setecentos milímetros), ver Figura 8.

Não devem ser feitas interpolações dos valores deste quadro; consequentemente, quando os valores conhecidos de "a", "b" ou "c" estiverem entre dois valores do quadro, os valores a serem utilizados serão os que propiciarem maior segurança.

Fonte: ABNT NBR NM ISO 13852:2003 – Segurança de Máquinas – Distâncias de segurança para impedir o acesso a zonas de perigo pelos membros superiores.

Figura 8 - Alcance das zonas de perigo superiores

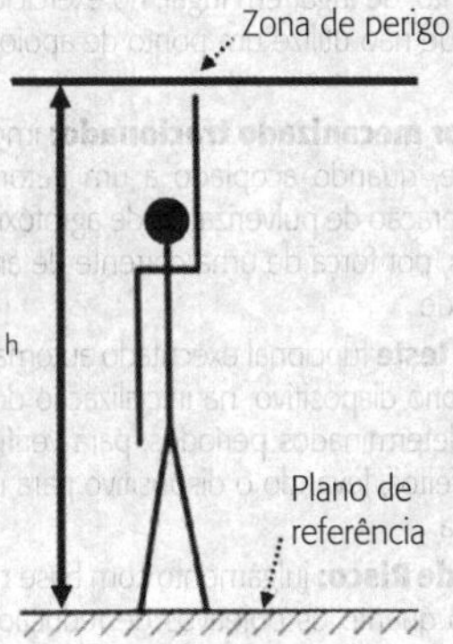

Legenda:

h: a altura da zona de perigo

Se a zona de perigo oferece baixo risco, deve-se situar a uma altura "h" igual ou superior a 2500 mm (dois mil e quinhentos milímetros), para que não necessite proteções.

Se existe um alto risco na zona de perigo:

– a altura "h" da zona de perigo deve ser, no mínimo, de 2700 mm (dois mil e setecentos milímetros), ou

– devem ser utilizadas outras medidas de segurança.

Fonte: ABNT NBR NM ISO 13852:2003 – Segurança de Máquinas – Distâncias de segurança para impedir o acesso a zonas de perigo pelos membros superiores.

Quadro 6

Alcance ao redor – movimentos fundamentais (dimensões em milímetros)

Limitação do movimento	Distância de segurança sr	Ilustração
Limitação do movimento apenas no ombro e axila	≥ 850	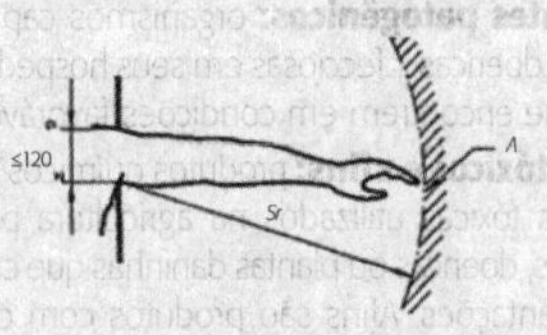
Braço apoiado até o cotovelo	≥ 550	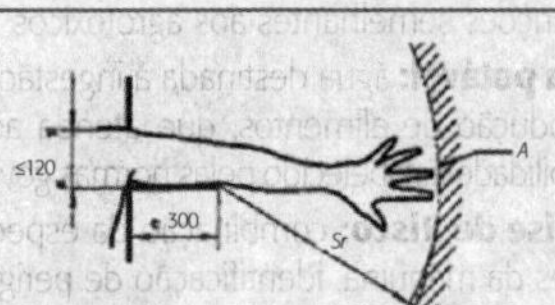
Braço apoiado até o punho	≥ 230	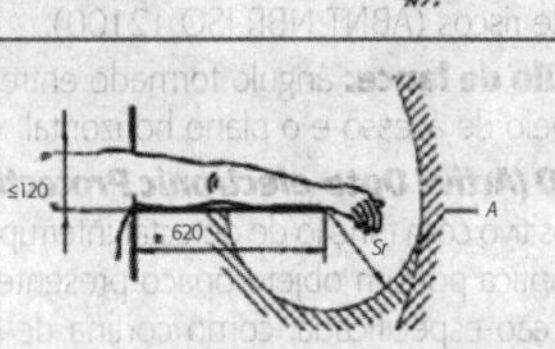
Braço e mão apoiados até a articulação dos dedos	≥ 130	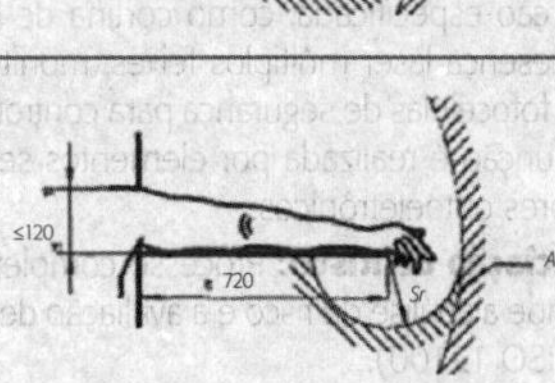

A: faixa de movimento do braço

(1) diâmetro de uma abertura circular, lado de uma abertura quadrada ou largura de uma abertura em forma de fenda.

•• Redação conforme publicação oficial.

Fonte: ABNT NBR NM ISO 13852 – Segurança de Máquinas – Distâncias de segurança para impedir o acesso a zonas de perigo pelos membros superiores.

GLOSSÁRIO

Abrigo fixo: toda e qualquer instalação fixada de forma permanente para resguardo dos trabalhadores.

Abrigo móvel: toda e qualquer instalação que pode ser migrada de local para resguardo dos trabalhadores.

Ação positiva: quando um componente mecânico móvel inevitavelmente move outro componente consigo, por contato direto ou através de elementos rígidos, o segundo componente é dito como atuado em modo positivo, ou positivamente, pelo primeiro.

Aditivo: substância ou produto adicionado a agrotóxicos, componentes e afins para melhorar a sua ação, função, durabilidade, estabilidade e detecção ou para facilitar o processo de produção.

Adjuvante: produto utilizado em mistura com produtos formulados para melhorar a sua aplicação.

Adubadora automotriz: máquina destinada à aplicação de fertilizante sólido granulado e desenvolvida para o setor canavieiro.

Adubadora tracionada: implemento agrícola que, quando acoplado a um trator agrícola, pode realizar a operação de aplicar fertilizantes sólidos granulados ou em pó.

Agentes patogênicos: organismos capazes de provocar doenças infecciosas em seus hospedeiros sempre que se encontrem em condições favoráveis.

Agrotóxicos e afins: produtos químicos com propriedades tóxicas utilizados na agricultura para controlar pragas, doenças ou plantas daninhas que causam danos às plantações. Afins são produtos com características ou funções semelhantes aos agrotóxicos.

Água potável: água destinada à ingestão, preparação e produção de alimentos, que atenda ao padrão de potabilidade estabelecido pelas normas governamentais.

Análise de Risco: combinação da especificação dos limites da máquina, identificação de perigos e estimativa de riscos (ABNT NBR ISO 12100).

Ângulo de lance: ângulo formado entre a inclinação do meio de acesso e o plano horizontal.

***AOPD (Active Opto-electronic Protective Device)*:** dispositivo com função de detectar interrupção da emissão óptica por um objeto opaco presente na zona de detecção especificada, como cortina de luz, detector de presença laser múltiplos feixes, monitor de área a laser, fotocélulas de segurança para controle de acesso. Sua função é realizada por elementos sensores e receptores optoeletrônicos.

Apreciação de Risco: Processo completo que compreende a análise de risco e a avaliação de risco (ABNT NBR ISO 12100).

Área tratada: área que foi submetida à aplicação de agrotóxicos e/ou produtos afins.

Assento instrucional: assento de máquina autopropelida projetado para fins exclusivamente instrucionais.

Assentos em número suficiente: quantidade mínima de assentos que deve atender o número de trabalhadores, observada a escala de intervalos para refeição.

Atividade itinerante: aquela realizada em contínuo deslocamento, de lugar em lugar, no exercício de uma função, e que não utilize um ponto de apoio para sua realização.

Atomizador mecanizado tracionado: implemento agrícola que, quando acoplado a um trator agrícola, realiza a operação de pulverização de agrotóxicos, afins e nutrientes, por força de uma corrente de ar de grande velocidade.

Autoteste: teste funcional executado automaticamente pelo próprio dispositivo, na inicialização do sistema e durante determinados períodos, para verificação de falhas e defeitos, levando o dispositivo para uma condição segura.

Avaliação de Risco: julgamento com base na análise de risco, do quanto os objetivos de redução de risco foram atingidos. (ABNT NBR ISO 12100)

Baixa velocidade ou velocidade reduzida: velocidade inferior à de operação, compatível com o trabalho seguro.

Burla: ato de anular de maneira simples o funcionamento normal e seguro de dispositivos ou sistemas da máquina, utilizando para acionamento quaisquer objetos disponíveis, tais como, parafusos, agulhas, peças em chapa de metal, objetos de uso diário, como chaves e moedas ou ferramentas necessárias à utilização normal da máquina.

Cabine fechada: posto de operação hermeticamente fechado, dotado de sistema de climatização com purificação do ar.

Categoria: classificação das partes de um sistema de comando relacionadas à segurança, com respeito à sua resistência a defeitos e seu subsequente comportamento na condição de defeito, e que é alcançada pela combinação e interligação das partes e/ou por sua confiabilidade. O desempenho com relação à ocorrência de defeitos de uma parte de um sistema de comando, relacionado à segurança, é dividido em cinco categorias (B, 1, 2, 3 e 4), segundo a norma técnica ABNT NBR 14153 – Segurança de máquinas – Partes de sistemas de comando relacionadas à segurança – Princípios gerais para projeto, equivalente à norma técnica europeia EN 954-1 – *Safety of machinery. Safety related parts of control systems. General principles for design*, que leva em conta princípios qualitativos para sua seleção. A norma europeia EN 954 foi substituída pela norma internacional ISO 13849, após um período de adaptação e convivência, a qual foi traduzida no Brasil pela Associação Brasileira de Normas Técnicas – ABNT, por meio da publicação da norma técnica ABNT NBR ISO 13849 partes 1 e 2, atualizada em 2019. A norma ISO 13849-1 prevê requisitos para a concepção e integração de componentes relacionadas com a segurança dos sistemas de controle, incluindo alguns aspectos do software, expressos por nível de performance (PL), que é classificado de "a" até "e". O conceito de categoria é mantido, mas existem requisitos adicionais a serem preenchidos para que um nível de performance possa ser reivindicado por um sistema ou componente, sendo fundamental a confiabilidade dos dados que serão empregados em uma análise quantitativa do sistema de segurança. Máquinas importadas e componentes que já utilizam o conceito de PL não devem ser consideradas, apenas por esta razão, em desacordo com a NR-12, pois existe uma correlação, embora não linear, entre os conceitos de PL e categoria (*vide* Nota Técnica DSST/SIT n. 48/2016).

Categoria B: caracterizada principalmente pela seleção de componentes. A ocorrência de um defeito pode levar à perda da função de segurança.

Categoria 1: a ocorrência de um defeito pode levar à perda da função de segurança, porém, a probabilidade de sua ocorrência é menor que para a categoria B.

Categoria 2: a função de segurança é verificada em intervalos pelo sistema:

a) a ocorrência de um defeito pode levar à perda da função de segurança entre as verificações; e

b) a perda da função de segurança é detectada pela verificação.

Categoria 3: quando o comportamento de sistema permite que:

a) quando ocorrer o defeito isolado, a função de segurança sempre seja cumprida;

b) alguns, mas não todos, defeitos sejam detectados; e

c) o acúmulo de defeitos não detectados leve à perda da função de segurança.

Categoria 4: quando as partes dos sistemas de comando relacionadas à segurança devem ser projetadas de tal forma que:

a) uma falha isolada em qualquer dessas partes relacionadas à segurança não leve à perda das funções de segurança; e

b) a falha isolada seja detectada antes ou durante a próxima atuação sobre a função de segurança, como, por exemplo, imediatamente, ao ligar o comando, ao final do ciclo de operação da máquina. Se essa detecção não for possível, o acúmulo de defeitos não deve levar à perda das funções de segurança.

Chave de partida: combinação de todos os dispositivos de manobra necessários para partir e parar um motor.

Circuito elétrico de comando: circuito responsável por levar o sinal gerado pelos controles da máquina ou equipamento até os dispositivos e componentes, cuja função é comandar o acionamento das máquinas e equipamentos, tais como interfaces de segurança, relés, contatores, entre outros, geralmente localizados em painéis elétricos ou protegidos pela estrutura ou carenagem das máquinas e equipamentos.

Classificação toxicológica: agrupamento dos agrotóxicos em classes de acordo com sua toxicidade.

Colhedora de algodão: possui um sistema de fusos giratórios que retiram a fibra do algodão sem prejudicar a parte vegetativa da planta, ou seja, caules e folhas. Determinados modelos têm como característica a separação da fibra e do caroço, concomitante à operação de colheita.

Colhedora de café: equipamento agrícola automotriz que efetua a derriçagem e a colheita de café.

Colhedora de cana-de-açúcar: equipamento que permite a colheita de cana de modo uniforme, gerando maior produtividade, por possuir sistema de corte de base capaz de cortar a cana-de- açúcar acompanhando o perfil do solo, reduzindo a quantidade de impurezas e palha no produto final. Possui um sistema de elevador que desloca a cana cortada até a unidade de transbordo.

Colhedora de forragem ou forrageira autopropelida: equipamento agrícola automotriz apropriado para colheita e forragem de milho, sorgo, girassol e outros. Oferece corte preciso da planta, sendo capaz de colher ou recolher, triturar e recolher a cultura cortada em contentores ou veículos separados de transbordo.

Colhedora de grãos: máquina destinada à colheita de grãos, como trigo, soja, milho, arroz, feijão etc. O produto é recolhido por meio de uma plataforma de corte e conduzido para a área de trilha e separação, onde o grão é separado da palha, que é expelida, enquanto o grão é transportado ao tanque graneleiro.

Colhedora de laranja: máquina agrícola autopropelida que efetua a colheita da laranja e outros cítricos similares.

Comandos elétricos ou interfaces de segurança: dispositivos responsáveis por realizar monitoramento e que verificam a interligação, posição e funcionamento de outros dispositivos do sistema. Impedem a ocorrência de falha que provoque a perda da função de segurança, como relés de segurança, controladores configuráveis de segurança e controlador lógico programável de segurança.

Compartimento estanque: compartimento com características de vedação e isolamento impermeáveis, projetado para evitar o vazamento de produtos.

Compostagem de dejetos de origem animal: processo biológico que acelera a decomposição e permite a reciclagem da matéria orgânica contida em restos de origem animal.

Condições climáticas extremas: intempéries.

Controlador Configurável de Segurança – CCS: equipamento eletrônico computadorizado – *hardware*, que utiliza memória configurável para armazenar e executar internamente intertravamentos de funções específicas de programa – *software*, tais como sequenciamento, temporização, contagem e blocos de segurança, controlando e monitorando por meio de entradas e saídas de segurança vários tipos de máquinas ou processos. Deve ter três princípios básicos de funcionamento: redundância, diversidade e autoteste. O programa instalado deve garantir sua eficácia de forma a reduzir ao mínimo a possibilidade de erros provenientes de falha humana no projeto, a fim de evitar o comprometimento de qualquer função relativa à segurança, bem como não permitir alteração dos blocos de função de segurança específicos.

Contatos espelho: um contato auxiliar normalmente fechado (NF) que não pode estar na posição fechada ao mesmo tempo que um dos contatos principais (de força ou potência) no mesmo contator. Assim, contatos espelho é uma característica que diz respeito à ligação mecânica entre os contatos auxiliares e os contatos principais de um contator.

Contatos mecanicamente ligados: uma combinação de contatos normalmente abertos (NA) e contatos normalmente fechados (NF) projetada de modo que os contatos não possam estar simultaneamente na posição fechada (ou aberta). Aplica-se a contatos auxiliares de dispositivos de comando onde a força de atuação é provida internamente, tais como: contatores.

Controlador Lógico Programável – CLP de segurança: equipamento eletrônico computadorizado – *hardware*, que utiliza memória programável para armazenar e executar internamente instruções e funções específicas de programa – *software*, tais como lógica, sequenciamento, temporização, contagem, aritmética e blocos de segurança, controlando e monitorando por meio de entradas e saídas de segurança vários tipos de máquinas ou processos. O CLP de segurança deve ter três princípios básicos de funcionamento: redundância, diversidade e autoteste. O programa instalado deve garantir sua eficácia de forma a reduzir ao mínimo a possibilidade de erros provenientes de falha humana no projeto, a fim de evitar o comprometimento de qualquer função relativa à segurança, bem como não permitir alteração dos blocos de função de segurança específicos.

Controles: dispositivos que compõem a interface de operação entre homem e máquina, incluídos os dispositivos de partida, acionamento e parada, tais como botões, pedais, alavancas, *joysticks*, telas sensíveis ao toque (*touch screen*), entre outros, geralmente visíveis. Os controles geram os sinais de comando da máquina ou equipamento.

Cultivo protegido: consiste em uma técnica que possibilita certo controle de variáveis climáticas como temperatura, umidade do ar, radiação solar e vento. O mais conhecido é aquele realizado em estufas.

Deriva: fração dos ingredientes ativos de agrotóxicos e afins que não atinge o alvo.

Derriçadeira: aparelho mecânico manejado manualmente e acionado por motor lateral ou costal, que fazem vibrar as varetas em suas extremidades promovendo a derriçagem dos frutos.

Descarga elétrica atmosférica: descarga elétrica natural proveniente da natureza por meio de raio.

Descontaminação: remoção de um contaminante químico, físico ou biológico.

Dispositivo de ação continuada (também conhecido como dispositivo de comando sem retenção): dispositivo de acionamento manual que inicia e mantém em operação elementos da máquina ou equipamento apenas enquanto estiver atuado.

Dispositivo de acionamento bimanual (também conhecido como dispositivo de comando bimanual): dispositivo que exige, ao menos, a atuação simultânea pela utilização das duas mãos, com o objetivo de iniciar e manter as mãos do operador nos dispositivos de atuação (geralmente botões) enquanto existir uma condição de perigo, propiciando uma medida de proteção apenas para a pessoa que o atua. Distâncias requeridas entre os dispositivos de atuação e outras informações podem ser obtidas nas normas técnicas ISO 13851 – *Safety of machinery – Two-hand control devices – Principles for design and selection* e ANBT NBR 14152 – Segurança de máquinas – Dispositivos de comando bimanuais – Aspectos funcionais e princípios para projeto.

Dispositivo de acionamento por movimento limitado passo a passo (também conhecido como dispositivo de comando limitador de movimento): dispositivo cujo acionamento permite apenas um deslocamento limitado de um elemento de uma máquina ou equipamento, reduzindo assim o risco tanto quanto possível, ficando excluído qualquer movimento posterior até que o dispositivo de atuação seja desativado e acionado novamente.

Dispositivo de intertravamento: dispositivo associado a uma proteção, cujo propósito é prevenir o funcionamento de funções perigosas da máquina sob condições específicas (geralmente enquanto a proteção não está fechada), com atuação mecânica (com contato físico), como os dispositivos mecânicos de intertravamento, ou sem atuação mecânica (sem contato físico), como os dispositivos de intertravamento indutivos, magnéticos, capacitivos, ultrassônicos, óticos, e por radiofrequência. Podem ou não ser codificados, a depender da aplicação, e sua instalação deve dificultar a burla por meios simples, como chaves de fenda, pregos, arames, fitas, imãs comuns, objetos metálicos etc. (ISO 14119 – *Safety of machinery – Interlocking devices associated with guards – Principles for design and selection*).

Dispositivo de obstrução: qualquer obstáculo físico (barreira, trilho etc.) que, sem impedir totalmente o acesso a uma zona perigosa, reduz a probabilidade do acesso a esta zona, oferecendo uma obstrução ao acesso livre.

Dispositivo de restrição mecânica: dispositivo que tem por função inserir em um mecanismo um obstáculo mecânico, como cunha, veio, fuso, escora, calço etc., capaz de se opor pela sua própria resistência a qualquer movimento perigoso, por exemplo, queda de uma corrediça, no caso de falha do sistema de retenção normal.

Dispositivo inibidor ou defletor: obstáculo físico que, sem impedir totalmente o acesso a uma zona perigosa, reduz sua probabilidade, restringindo as possibilidades de acesso.

Dispositivo limitador: dispositivo que previne uma máquina, ou as condições perigosas de uma máquina, de ultrapassar um limite determinado (por exemplo, limitador de espaço, limitador de pressão, limitador de torque etc.).

Dispositivo mecânico: dispositivo de retenção, restrição, obstrução, limitadores, separadores, empurradores, inibidores/defletores, retráteis, ajustáveis ou com autofechamento.

Dispositivo mecânico de intertravamento: dispositivo cujo funcionamento se dá pela inserção/remoção de um atuador externo no corpo do dispositivo, ou pela ação mecânica direta (ou positiva) de partes da máquina ou equipamento, geralmente proteções móveis, sobre elementos mecânicos do dispositivo. É passível de desgaste, devendo ser utilizado de forma redundante e diversa quando a apreciação de riscos assim exigir, para evitar que uma falha mecânica, como a quebra do atuador ou de outros elementos, leve à perda da função de segurança. Quando exigidos em redundância (dois dispositivos), pode-se aplicar um deles com ação direta de abertura de um elemento de contato normalmente fechado (NF), e o outro com ação não direta de abertura (por ação de mola) de um elemento de contato normalmente aberto (NA), gerando os sinais de parada, dentre outras configurações possíveis. A depender também da interface de segurança utilizada, que pode operar com sinais iguais ou invertidos (ISO 14119 – *Safety of machinery – Interlocking devices associated with guards – Principles for design and selection*).

Distância de segurança: distância que protege as pessoas do alcance das zonas de perigo, sob condições específicas, para diferentes situações de acesso. Quando utilizadas proteções, ou seja, barreiras físicas que restringem o acesso do corpo ou parte dele, devem ser observadas as distâncias mínimas constantes dos Quadros 4, 5 e 6 e Figuras 7 e 8 do Anexo II desta Norma, que apresenta os principais quadros e tabelas da ABNT NBR NM ISO 13852 – Segurança de Máquinas – Distâncias de segurança, para impedir o acesso a zonas de perigo pelos membros superiores. As distâncias de segurança para impedir o acesso dos membros inferiores são determinadas pela ABNT NBR NM ISO 13853 – Segurança de máquinas – Distâncias de segurança para impedir o acesso a zonas de perigo pelos membros inferiores, e devem ser utilizadas quando há risco apenas para os membros inferiores, pois, quando houver risco para membros superiores e inferiores, as distâncias de segurança previstas na norma para membros superiores devem ser atendidas. As disposições das normas técnicas ABNT NBR NM ISO 13852 e ABNT NBR NM ISO 13853 encontram-se reunidas em uma única norma, a EN ISO 13857 – *Safety of machinery – Safety distances to prevent hazard zones being reached by upper and lower limbs*, ainda sem tradução no Brasil.

Diversidade: aplicação de componentes, dispositivos ou sistemas com diferentes princípios ou tipos, podendo reduzir a probabilidade de existir uma condição perigosa.

Empregador rural ou equiparado: pessoa física ou jurídica, proprietário ou não, que explore atividade agroeconômica, em caráter permanente ou temporário, diretamente ou através de prepostos e com auxílio de empregados. Equipara-se ao empregador rural, a pessoa física ou jurídica que, habitualmente, em caráter profissional, e por conta de terceiros, execute serviços de natureza agrária, mediante utilização do trabalho de outrem.

Equipamento tracionado: equipamento que desenvolve a atividade para a qual foi projetado, deslocando-se por meio do sistema de propulsão de outra máquina que o conduz.

Escada de degraus com espelho: meio de acesso permanente com um ângulo de lance de 20° (vinte graus) a 45° (quarenta e cinco graus), cujos elementos horizontais são degraus com espelho.

Escada de degraus sem espelho: meio de acesso permanente com um ângulo de lance de 45° (quarenta e cinco graus) a 75° (setenta e cinco graus), cujos elementos horizontais são degraus sem espelho.

Escada do tipo marinheiro: meio de acesso permanente com um ângulo de lance de 75° (setenta e cinco graus) a 90° (noventa graus), cujos elementos horizontais são barras ou travessas.

Escavadeira hidráulica em aplicação florestal: escavadeira projetada para executar trabalhos de construção, que pode ser utilizada em aplicação florestal, por meio da instalação de dispositivos especiais que permitam o corte, desgalhamento, processamento ou carregamento de toras.

Espaço confinado: qualquer área não projetada para ocupação humana contínua, a qual tenha meios limitados de entrada e saída ou uma configuração interna que possa causar aprisionamento ou asfixia de trabalhador, e na qual a ventilação seja inexistente ou insuficiente para remover contaminantes perigosos e/ou deficiência/enriquecimento de oxigênio que possam existir ou se desenvolver, ou que contenha um material com potencial para engolfar/afogar um trabalhador que entre no espaço.

Especificação e limitação técnica: informações detalhadas na máquina ou manual, tais como: capacidade, velocidade de rotação, dimensões máximas de ferramentas, massa de partes desmontáveis, dados de regulagem, necessidade de utilização de EPI, frequência de inspeções e manutenções etc.

ESPS (Electro-sensitive Protective Systems): sistema composto por dispositivos ou componentes que operam conjuntamente, com objetivo de proteção e sensoriamento da presença humana, compreendendo no mínimo: dispositivo de sensoriamento, dispositivo de monitoração ou controle e dispositivo de chaveamento do sinal de saída.

Estabelecimento rural: propriedade ou extensão de terra, situada fora ou dentro dos limites urbanos, que se destina à exploração de atividade agroeconômica, agricultura, pecuária, silvicultura, exploração florestal e aquicultura, em caráter temporário ou permanente, diretamente ou através de prepostos e com auxílio de trabalhadores, considerando-se as frentes de trabalho como extensão daquela.

Estrados: estruturas planas inseridas acima do nível do chão, formando um piso mais elevado para pôr em destaque coisa ou objeto.

Faixa de segurança: área necessária à implantação, operação e manutenção da Linha de Distribuição Rural. A faixa de segurança é de um modo geral de 10 m (dez metros) de largura, ou seja, 5 m (cinco metros) de cada lado do eixo da linha.

Falha segura: o princípio de falha segura requer que um sistema entre em estado seguro, quando ocorrer falha de um componente relevante à segurança. A principal precondição para a aplicação desse princípio é a existência de um estado seguro em que o sistema pode ser projetado para entrar nesse estado quando ocorrerem falhas. O exemplo típico é o sistema de proteção de trens (estado seguro = trem parado). Um sistema pode não ter um estado seguro como, por exemplo, um avião. Nesse caso, deve ser usado o princípio de vida segura, que requer a aplicação de redundância e de componentes de alta confiabilidade para se ter a certeza de que o sistema sempre funcione.

Fase de utilização: fase que compreende todas as etapas de construção, transporte, montagem, instalação, ajuste, operação, limpeza, manutenção, inspeção, desativação e desmonte.

Feller buncher: trator florestal cortador-enfeixador de troncos para abate de árvores inteiras, por meio do uso de implemento de corte com disco ou serra circular e garras para segurar e enfeixar vários troncos simultaneamente.

Ferramenta: utensílio com finalidade operacional e que é indispensável para o desempenho de algumas atividades do trabalho rural.

Forrageira tracionada: implemento agrícola que, quando acoplado a um trator agrícola, pode realizar a operação de colheita ou recolhimento e trituração da planta forrageira, sendo o material triturado, como forragem, depositado em contentores ou veículos separados de transbordo.

Fossa seca: escavação, com ou sem revestimento interno, feita no terreno para receber os dejetos de instalação sanitária.

Fossa séptica: unidade de tratamento primário de esgoto doméstico na qual é feita a separação e a transformação físico-química da matéria sólida contida no esgoto.

Harvester: trator florestal cortador de troncos para abate de árvores, utilizando cabeçote processador que corta troncos, um por vez, e que tem capacidade de processar a limpeza dos galhos e corte subsequente em toras de tamanho padronizado.

Hermeticamente fechado: fechado de modo a impedir a entrada do ar ou o vazamento de produtos.

Impedimento do devassamento: medida que tem por finalidade evitar a exposição da intimidade do trabalhador durante a realização das atividades fisiológicas e/ou banho.

Implemento agrícola e florestal: dispositivo sem força motriz própria que é conectado a uma máquina e que, quando puxado, arrastado ou operado, permite a execução de operações específicas voltadas para a agricultura, pecuária e trato florestal, como preparo do solo, tratos culturais, plantio, colheita, abertura de valas para irrigação e drenagem, transporte, distribuição de ração ou adubos, poda e abate de árvores etc.

Informação ou símbolo indelével: aquele aplicado diretamente sobre a máquina, que deve ser conservado de forma íntegra e legível durante todo o tempo de utilização da máquina.

Instalações elétricas blindadas: aquelas onde há proteção de forma a isolar as partes condutoras do contato elétrico.

Interface de segurança: dispositivo responsável por realizar o monitoramento, verificando a interligação, posição e funcionamento de outros dispositivos do sistema, impedindo a ocorrência de falha que provoque a perda da função de segurança, como relés de segurança, controladores configuráveis de segurança e CLP de segurança.

Intertravamento com bloqueio: proteção associada a um dispositivo de intertravamento com dispositivo de bloqueio, de tal forma que: a) as funções perigosas cobertas pela proteção não possam operar enquanto a máquina não estiver fechada e bloqueada; b) a proteção permanece bloqueada na posição fechada até que tenha cessado o risco de acidente devido às funções perigosas da máquina; e c) quando a proteção estiver bloqueada na posição fechada, as funções perigosas da máquina possam operar, mas o fechamento e o bloqueio da proteção não iniciem por si próprios a operação dessas funções. Geralmente, apresenta-se sob a forma de chave de segurança eletromecânica de duas partes: corpo e atuador-lingueta.

Intervalo de reentrada: intervalo de tempo entre a aplicação de agrotóxicos ou produtos afins e a entrada de pessoas na área tratada sem a necessidade de uso de EPI.

Intoxicação: conjunto de sinais e sintomas causados pela exposição a substâncias químicas nocivas ao organismo.

Lanterna traseira de posição: dispositivo designado para emitir um sinal de luz para indicar a presença de uma máquina.

Limiar de queimaduras: temperatura superficial que define o limite entre a ausência de queimaduras e uma queimadura de espessura parcial superficial, causada pelo contato da pele com uma superfície aquecida, para um período específico de contato.

Manípulo ou pega-mão: dispositivo auxiliar, incorporado à estrutura da máquina ou nela afixado, que tem a finalidade de permitir o acesso.

Manopla: acessório utilizado nos carrinhos de mão para "pega" pelo trabalhador, auxiliando na proteção e na aderência das mãos.

Máquina: conjunto de mecanismos combinados para receber uma forma definida de energia, transformá-la e restituí-la sob forma mais apropriada, ou para produzir determinado efeito ou executar determinada função. Como por exemplo: um trator agrícola cujo motor alimentado com combustível produz uma força que pode puxar ou arrastar implementos e ainda, através da Tomada de Potência – TDP, fornecer energia para funcionamento destes.

Máquina agrícola e florestal autopropelida ou automotriz: máquina destinada a atividades agrícolas e florestais que se desloca sobre meio terrestre com sistema de propulsão próprio.

Máquina automotriz ou autopropelida: máquina que desloca sobre meio terrestre com sistema de propulsão próprio, tais como: tratores, colhedoras e pulverizadores.

Máquina de construção em aplicação agroflorestal: máquina originalmente concebida para realização de trabalhos relacionados à construção e movimentação de solo e que recebe dispositivos específicos para realização de trabalhos ligados a atividades agroflorestais.

Máquina estacionária: aquela que se mantém fixa em um posto de trabalho, ou seja, transportável para uso em bancada ou em outra superfície estável em que possa ser fixada.

Máquina ou equipamento manual: máquina ou equipamento portátil guiado à mão.

Máquina ou implemento projetado: todo equipamento ou dispositivo desenhado, calculado, dimensionado e construído por profissional legalmente habilitado, para o uso adequado e seguro.

Materiais: aqueles cuja finalidade é de apoio e suporte aos trabalhadores durante a permanência nas frentes de trabalho. Esses materiais podem ser transportados no interior do veículo desde que devidamente acondicionados de forma a não se deslocarem durante o transporte, não acarretando riscos à saúde e segurança dos trabalhadores.

Materiais de uso pessoal: aqueles cujo uso visa suprir uma necessidade básica do trabalhador com alimentação, saúde, higiene, conforto e lazer.

Microtrator e cortador de grama autopropelido: máquina de pequeno porte destinada à execução de serviços gerais e de conservação de jardins residenciais ou comerciais. Seu peso bruto total sem implementos não ultrapassa 600 kg (seiscentos quilogramas).

Monitoramento: função intrínseca do projeto do componente ou realizada por interface de segurança que garante a funcionalidade de um sistema de segurança quando um componente ou um dispositivo tiver sua função reduzida ou limitada, ou quando houver situações de perigo devido a alterações nas condições do processo.

Motocultivador – trator de rabiças, "mula mecânica" ou microtrator: equipamento motorizado de duas rodas utilizado para tracionar implementos diversos, desde preparo de solo até colheita. Caracteriza-se pelo fato de o operador caminhar atrás do equipamento durante o trabalho.

Motopoda: máquina similar à motosserra, dotada de cabo extensor para maior alcance nas operações de poda.

Motorista habilitado para condução de veículo de transporte coletivo de trabalhadores: aquele que possui habilitação categoria "D" ou superior e curso para condutor de veículo de transporte coletivo de passageiros.

Motosserra: serra motorizada de empunhadura manual utilizada principalmente para corte e poda de árvores.

***Muting*:** desabilitação automática e temporária de uma função de segurança por meio de componentes de segurança ou circuitos de comando responsáveis pela segurança, durante o funcionamento normal da máquina.

Opcional: dispositivo ou sistema não obrigatório, como faróis auxiliares.

Pausas para descanso: interrupções da jornada de trabalho determinadas pelo empregador, com o objetivo de o trabalhador recuperar-se da fadiga acumulada durante a execução das atividades laborais realizadas em pé e/ou nas atividades que exijam sobrecarga muscular estática ou dinâmica.

Perigo: fonte com potencial para causar lesão ou problema de saúde.

Permissão de trabalho – ordem de serviço: documento escrito, específico e auditável, que contenha, no mínimo, a descrição do serviço, a data, o local, o nome e a função dos trabalhadores e dos responsáveis pelo serviço e por sua emissão e os procedimentos de trabalho e segurança.

Plantadeira tracionada: implemento agrícola que, quando acoplado a um trator agrícola, pode realizar a operação de plantio de culturas, como sementes, mudas, tubérculos ou outros.

Plataforma ou escada externa para máquina autopropelida agrícola, florestal e de construção em aplicações agroflorestais: dispositivo de apoio não fixado de forma permanente na máquina.

Poeira orgânica: poeiras de origem vegetal, animal ou microbiológica.

Posto de operação: local da máquina ou equipamento de onde o trabalhador opera a máquina.

Posto de trabalho: qualquer local de máquinas, equipamentos e implementos em que seja requerida a intervenção do trabalhador.

Prevenção: conjunto das disposições ou medidas tomadas ou previstas em todas as fases das atividades, visando evitar, eliminar, minimizar ou controlar os riscos ocupacionais.

Profissional habilitado para a supervisão da capacitação: profissional que comprove conclusão de curso específico na área de atuação, compatível com o curso a ser ministrado, com registro no competente conselho de classe, se necessário.

Profissional legalmente habilitado: trabalhador previamente qualificado e com registro no competente conselho de classe, se necessário.

Profissional ou trabalhador capacitado: aquele que recebeu capacitação sob orientação e responsabilidade de profissional habilitado.

Profissional ou trabalhador qualificado: aquele que comprove conclusão de curso específico na sua área de atuação e reconhecido pelo sistema oficial de ensino.

Proteção coletiva: dispositivo, sistema ou meio, fixo ou móvel, de abrangência coletiva, destinado a preservar a integridade física e a saúde dos trabalhadores e terceiros.

Proteção fixa distante: proteção que não cobre completamente a zona de perigo, mas que impede ou reduz o acesso em razão de suas dimensões e sua distância em relação à zona de perigo, como, por exemplo, grade de perímetro ou proteção em túnel.

Pulverizador autopropelido: instrumento ou máquina utilizada na agricultura no combate às pragas da lavoura, infestação de plantas daninha e insetos. Tem como principal característica a condição de cobrir grandes áreas, com altíssima produtividade e preciso controle da dosagem dos produtos aplicados. Sua maior função é permitir o controle da dosagem na aplicação de defensivos ou fertilizantes sobre determinada área.

Pulverizador tracionado: implemento agrícola que, quando acoplado a um trator agrícola, pode realizar a operação de aplicar agrotóxicos.

Queimadura de espessura parcial superficial: queimadura em que a epiderme é completamente destruída, mas os folículos pilosos e glândulas sebáceas, bem como as glândulas sudoríparas, são poupados.

Rampa: meio de acesso permanente inclinado e contínuo em ângulo de lance de 0° (zero grau) a 20° (vinte graus).

Redução de riscos: ações para reduzir a probabilidade da ocorrência de danos para a integridade física e saúde do trabalhador.

Redundância: aplicação de mais de um componente, dispositivo ou sistema, a fim de assegurar que, havendo uma falha em um deles na execução de sua função, o outro estará disponível para executar esta função.

Relé de segurança: componente com redundância e circuito eletrônico dedicado para acionar e supervisionar funções específicas de segurança, tais como chaves de segurança, sensores, circuitos de parada de emergência, ESPE, válvulas e contatores, garantindo que, em caso de falha ou defeito desses ou em sua função, a máquina interrompa o funcionamento e não permita a inicialização de um novo ciclo, até o defeito ser sanado. Deve ter três princípios básicos de funcionamento: redundância, diversidade e autoteste.

Resíduos: sobras do processo produtivo em estado sólido ou líquido.

Risco: probabilidade da ocorrência de danos para a integridade física e saúde do trabalhador.

Risco mecânico: qualquer risco dentro da atividade executada que possa gerar uma lesão corporal imediata ou não ao trabalhador.

Roçadeira costal motorizada: equipamento mecânico, manejado manualmente e acionado por motor, utilizado para cortar gramíneas e outros tipos de vegetação.

Roupa de cama: jogo de cama composto por fronha, lençol de baixo, lençol e cobertor, este último conforme a necessidade e de acordo com as condições climáticas da região.

Ruptura positiva – operação de abertura positiva de um elemento de contato: efetivação da separação de um contato como resultado direto de um movimento específico do atuador da chave do interruptor, por meio de partes não resilientes, ou seja, não dependentes da ação de molas.

Salpicos: respingos de qualquer líquido.

Secadores: equipamento destinado à secagem artificial de produtos agrícolas através de ventilação forçada com utilização de ar aquecido ou não, não incluindo estufas.

Seletor – chave seletora, dispositivo de validação: chave seletora ou seletora de modo de comando com acesso restrito ou senha de tal forma que:

a) possa ser bloqueada em cada posição, impedindo a mudança de posição por trabalhadores não autorizados;

b) cada posição corresponda a um único modo de comando ou de funcionamento;

c) o modo de comando selecionado tenha prioridade sobre todos os outros sistemas de comando, com exceção da parada de emergência; e

d) torne a seleção visível, clara e facilmente identificável.

Símbolo – pictograma: desenho esquemático normatizado, destinado a significar certas indicações simples.

Sistema de proteção contra quedas: estrutura fixada à máquina ou equipamento, projetada para impedir a queda de pessoas, materiais ou objetos.

Sistema de Proteção Coletiva contra Quedas (SPCQ): sistema coletivo destinado a eliminar o risco de queda dos trabalhadores ou a minimizar as consequências da queda.

Sistema de Proteção Individual contra Quedas (SPIQ): sistema individual destinado a eliminar o risco de queda dos trabalhadores ou a minimizar as consequências da queda.

Talão: parte mais rígida reforçada do pneu, que entra em contato com o aro, garantindo sua fixação.

Terreno alagadiço: porção de terra coberta de água de forma permanente ou sazonal.

Transporte coletivo de trabalhadores: aquele realizado em veículos normalizados, com autorização emitida pela autoridade de trânsito competente, que exceda a oito passageiros, excluído o motorista.

Trator acavalado: trator agrícola em que, devido às dimensões reduzidas, a plataforma de operação consiste apenas de um piso pequeno nas laterais para o apoio dos pés e operação.

Trator agrícola: máquina autopropelida de médio a grande porte, destinada a puxar ou arrastar implementos agrícolas. Possui uma ampla gama de aplicações na agricultura e pecuária e é caracterizado por possuir no mínimo dois eixos para pneus ou esteiras e peso, sem lastro ou implementos, maior que 600 kg (seiscentos quilogramas) e bitola mínima entre pneus traseiros, com o maior pneu especificado, maior que 1280 mm (um mil duzentos e oitenta milímetros).

Trator agrícola estreito: trator de pequeno porte destinado à produção de frutas, café e outras aplicações nas quais o espaço é restrito e utilizado para implementos de pequeno porte. Possui bitola mínima entre pneus traseiros, com o maior pneu especificado, menor ou igual a 1280 mm (um mil duzentos e oitenta milímetros) e peso bruto total acima de 600 kg (seiscentos quilogramas).

Válvula e bloco de segurança: componente conectado à máquina ou equipamento com a finalidade de permitir ou bloquear, quando acionado, a passagem de fluidos líquidos ou gasosos, como ar comprimido e fluidos hidráulicos, de modo a iniciar ou cessar as funções da máquina ou equipamento. Deve possuir monitoramento para a verificação de sua interligação, posição e funcionamento, impedindo a ocorrência de falha que provoque a perda da função de segurança.

Vaso sanitário: peça de uso sanitário constituída de louça cerâmica, metal ou outros materiais de características equivalentes, possuindo tampa de metal, madeira, plástico ou outros materiais de características equivalentes.

Veículos adaptados: veículos que sofreram adequações em suas características originais, para alterar a sua finalidade para o transporte de passageiros.

Vestimenta de trabalho: roupa adequada para a atividade desenvolvida pelo trabalhador no manuseio de agrotóxicos, aditivos, adjuvantes e produtos afins, compatível com o uso associado ao EPI contra agrotóxicos e que não se confunde com as roupas de uso pessoal.

Vias internas: vias dentro do estabelecimento rural utilizada para circulação de veículos.

Zona perigosa: qualquer zona dentro ou ao redor de uma máquina ou equipamento, onde uma pessoa possa ficar exposta a risco de lesão ou dano à saúde.

NR 32
Segurança e Saúde no Trabalho em Serviços de Saúde ([1])

•• *Vide* Anexo II da Portaria n. 485, de 11-11-2005, que dispõe sobre os prazos para cumprimento dos itens desta NR.

32.1. Do objetivo e campo de aplicação

32.1.1. Esta Norma Regulamentadora – NR tem por finalidade estabelecer as diretrizes básicas para a implementação de medidas de proteção à segurança e à saúde dos trabalhadores dos serviços de saúde, bem como daqueles que exercem atividades de promoção e assistência à saúde em geral.

32.1.2. Para fins de aplicação desta NR entende-se por serviços de saúde qualquer edificação destinada à prestação de assistência à saúde da população, e todas as ações de promoção, recuperação, assistência, pesquisa e ensino em saúde em qualquer nível de complexidade.

32.2. Dos Riscos Biológicos

32.2.1. Para fins de aplicação desta NR, considera-se Risco Biológico a probabilidade da exposição ocupacional a agentes biológicos.

32.2.1.1. Consideram-se Agentes Biológicos os microrganismos, geneticamente modificados ou não; as culturas de células; os parasitas; as toxinas e os príons.

32.2.1.2. A classificação dos agentes biológicos encontra-se anexa a esta NR.

32.2.2. Do Programa de Prevenção de Riscos Ambientais – PPRA:

32.2.2.1. O PPRA, além do previsto na NR-09, na fase de reconhecimento, deve conter:

I. Identificação dos riscos biológicos mais prováveis, em função da localização geográfica e da característica do serviço de saúde e seus setores, considerando:

• Código: 132.375-0. Infração: 3. Tipo: S.

a) fontes de exposição e reservatórios;

• Código: 132.439-0. Infração: 2. Tipo: S.

b) vias de transmissão e de entrada;

• Código: 132.439-0. Infração: 2. Tipo: S.

c) transmissibilidade, patogenicidade e virulência do agente;

• Código: 132.439-0. Infração: 2. Tipo: S.

d) persistência do agente biológico no ambiente;

• Código: 132.439-0. Infração: 2. Tipo: S.

e) estudos epidemiológicos ou dados estatísticos;

• Código: 132.439-0. Infração: 2. Tipo: S.

f) outras informações científicas.

• Código: 132.439-0. Infração: 2. Tipo: S.

II. Avaliação do local de trabalho e do trabalhador, considerando:

• Código: 132.440-3. Infração: 2 Tipo: S.

a) a finalidade e descrição do local de trabalho;

• Código: 132.440-3. Infração: 2. Tipo: S.

b) a organização e procedimentos de trabalho;

• Código: 132.440-3. Infração: 2. Tipo: S.

c) a possibilidade de exposição;

• Código: 132.440-3. Infração: 2 Tipo: S.

d) a descrição das atividades e funções de cada local de trabalho;

• Código: 132.440-3. Infração: 2. Tipo: S.

e) as medidas preventivas aplicáveis e seu acompanhamento.

• Código: 132.440-3. Infração: 2. Tipo: S.

32.2.2.2. O PPRA deve ser reavaliado 01 (uma) vez ao ano e:

a) sempre que se produza uma mudança nas condições de trabalho, que possa alterar a exposição aos agentes biológicos;

• Código: 132.441-1. Infração: 3. Tipo: S.

b) quando a análise dos acidentes e incidentes assim o determinar.

• Código: 132.441-1. Infração: 3. Tipo: S.

32.2.2.3. Os documentos que compõem o PPRA deverão estar disponíveis aos trabalhadores.

32.2.3. Do Programa de Controle Médico de Saúde Ocupacional – PCMSO

32.2.3.1. O PCMSO, além do previsto na NR-7, e observando o disposto no inciso I do item 32.2.2.1, deve contemplar:

a) o reconhecimento e a avaliação dos riscos biológicos;

• Código: 132.442-0. Infração: 3. Tipo: M.

b) a localização das áreas de risco segundo os parâmetros do item 32.2.2;

• Código: 132.442-0. Infração: 3. Tipo: M.

c) a relação contendo a identificação nominal dos trabalhadores, sua função, o local em que desempenham suas atividades e o risco a que estão expostos;

• Código: 132.442-0. Infração: 3. Tipo: M.

d) a vigilância médica dos trabalhadores potencialmente expostos;

• Código: 132.442-0. Infração: 3. Tipo: M.

e) o programa de vacinação.

• Código: 132.442-0. Infração: 3. Tipo: M.

---

(1) NR aprovada pela Portaria n. 485, de 11-11-2005. *Vide* art. 200, VII, da CLT, sobre higiene nos locais de trabalho. A Lei n. 6.437, de 20-8-1977, configura infrações à legislação sanitária federal, estabelece sanções respectivas, e dá outras providências.

32.2.3.2. Sempre que houver transferência permanente ou ocasional de um trabalhador para um outro posto de trabalho, que implique em mudança de risco, esta deve ser comunicada de imediato ao médico coordenador ou responsável pelo PCMSO.

• Código: 132.394-6. Infração: 2. Tipo: M.

32.2.3.3. Com relação à possibilidade de exposição acidental aos agentes biológicos, deve constar do PCMSO:

a) os procedimentos a serem adotados para diagnóstico, acompanhamento e prevenção da soroconversão e das doenças;

• Código: 132.443-8. Infração: 2. Tipo: M.

b) as medidas para descontaminação do local de trabalho;

• Código: 132.443-8. Infração: 2. Tipo: M.

c) o tratamento médico de emergência para os trabalhadores;

• Código: 132.443-8. Infração: 2. Tipo: M.

d) a identificação dos responsáveis pela aplicação das medidas pertinentes;

• Código: 132.443-8. Infração: 2. Tipo: M.

e) a relação dos estabelecimentos de saúde que podem prestar assistência aos trabalhadores;

• Código: 132.443-8. Infração: 2. Tipo: M.

f) as formas de remoção para atendimento dos trabalhadores;

• Código: 132.443-8. Infração: 2. Tipo: M.

g) a relação dos estabelecimentos de assistência à saúde depositários de imunoglobulinas, vacinas, medicamentos necessários, materiais e insumos especiais.

• Código: 132.443-8. Infração: 2. Tipo: M.

32.2.3.4. O PCMSO deve estar à disposição dos trabalhadores, bem como da inspeção do trabalho.

• Código: 132.395-4. Infração: 2. Tipo: M.

32.2.3.5. Em toda ocorrência de acidente envolvendo riscos biológicos, com ou sem afastamento do trabalhador, deve ser emitida a Comunicação de Acidente de Trabalho – CAT.

• Código: 132.033-5. Infração: 4. Tipo: S.

32.2.4. Das Medidas de Proteção

32.2.4.1. As medidas de proteção devem ser adotadas a partir do resultado da avaliação, previstas no PPRA, observando o disposto no item 32.2.2.

• Código: 132.034-3. Infração: 4. Tipo: S.

32.2.4.1.1. Em caso de exposição acidental ou incidental, medidas de proteção devem ser adotadas imediatamente, mesmo que não previstas no PPRA.

• Código: 132.035-1. Infração: 4. Tipo: S.

32.2.4.2. A manipulação em ambiente laboratorial deve seguir as orientações contidas na publicação do Ministério da Saúde – Diretrizes Gerais para o Trabalho em Contenção com Material Biológico, correspondentes aos respectivos microrganismos.

• Código: 132.036-0. Infração: 4. Tipo: S.

32.2.4.3. Todo local onde exista possibilidade de exposição ao agente biológico deve ter lavatório exclusivo para higiene das mãos provido de água corrente, sabonete líquido, toalha descartável e lixeira provida de sistema de abertura sem contato manual.

• Código: 132.444-6. Infração: 3. Tipo: S.

32.2.4.3.1. Os quartos ou enfermarias destinados ao isolamento de pacientes portadores de doenças infectocontagiosas devem conter lavatório em seu interior.

• Código: 132.444-6. Infração: 3. Tipo: S.

32.2.4.3.2. O uso de luvas não substitui o processo de lavagem das mãos, o que deve ocorrer, no mínimo, antes e depois do uso das mesmas.

• Código: 132.039-4. Infração: 3. Tipo: S.

32.2.4.4. Os trabalhadores com feridas ou lesões nos membros superiores só podem iniciar suas atividades após avaliação médica obrigatória com emissão de documento de liberação para o trabalho.

• Código: 132.040-8. Infração: 4. Tipo: S.

32.2.4.5. O empregador deve vedar:

a) a utilização de pias de trabalho para fins diversos dos previstos;

• Código: 132.041-6. Infração: 4. Tipo: S.

b) o ato de fumar, o uso de adornos e o manuseio de lentes de contato nos postos de trabalho;

• Código: 132.445-4. Infração: 4. Tipo: S.

c) o consumo de alimentos e bebidas nos postos de trabalho;

• Código: 132.445-4. Infração: 4. Tipo: S.

d) a guarda de alimentos em locais não destinados para este fim;

• Código: 132.044-0. Infração: 4. Tipo: S.

e) o uso de calçados abertos.

• Código: 132.445-4. Infração: 4. Tipo: S.

32.2.4.6. Todos trabalhadores com possibilidade de exposição a agentes biológicos devem utilizar vestimenta de trabalho adequada e em condições de conforto.

• Código: 132.446-2. Infração: 4. Tipo: S.

32.2.4.6.1. A vestimenta deve ser fornecida sem ônus para o empregado.

• Código: 132.446-2. Infração: 4. Tipo: S.

32.2.4.6.2. Os trabalhadores não devem deixar o local de trabalho com os equipamentos de proteção individual e as vestimentas utilizadas em suas atividades laborais.

• Código: 132.398-9. Infração: 4. Tipo: S.

32.2.4.6.3. O empregador deve providenciar locais apropriados para fornecimento de vestimentas limpas e para deposição das usadas.

• Código: 132.446-2. Infração: 3. Tipo: S.

32.2.4.6.4. A higienização das vestimentas utilizadas nos centros cirúrgicos e obstétricos, serviços de tratamento intensivo, unidades de pacientes com doenças infectocontagiosa e quando houver contato direto da vestimenta com material orgânico, deve ser de responsabilidade do empregador.

• Código: 132.399-7. Infração: 4. Tipo: S.

32.2.4.7. Os Equipamentos de Proteção Individual – EPI, descartáveis ou não, deverão estar à disposição em número suficiente nos postos de trabalho, de forma que seja garantido o imediato fornecimento ou reposição.

• Código: 132.051-3. Infração: 4. Tipo: S.

32.2.4.8. O empregador deve:

a) garantir a conservação e a higienização dos materiais e instrumentos de trabalho;

• Código: 132.447-0. Infração: 4. Tipo: S.

b) providenciar recipientes e meios de transporte adequados para materiais infectantes, fluidos e tecidos orgânicos.

• Código: 132.447-0. Infração: 4. Tipo: S.

32.2.4.9. O empregador deve assegurar capacitação aos trabalhadores, antes do início das atividades e de forma continuada, devendo ser ministrada:

a) sempre que ocorra uma mudança das condições de exposição dos trabalhadores aos agentes biológicos;

• Código: 132.448-9. Infração: 3. Tipo: S.

b) durante a jornada de trabalho;

• Código: 132.448-9. Infração: 3. Tipo: S.

c) por profissionais de saúde familiarizados com os riscos inerentes aos agentes biológicos.

• Código: 132.448-9. Infração: 3. Tipo: S.

32.2.4.9.1. A capacitação deve ser adaptada à evolução do conhecimento e à identificação de novos riscos biológicos e deve incluir:

• Código: 132.448-9. Infração: 3. Tipo: S.

a) os dados disponíveis sobre riscos potenciais para a saúde;

b) medidas de controle que minimizem a exposição aos agentes;

c) normas e procedimentos de higiene;

d) utilização de equipamentos de proteção coletiva, individual e vestimentas de trabalho;

e) medidas para a prevenção de acidentes e incidentes;

f) medidas a serem adotadas pelos trabalhadores no caso de ocorrência de incidentes e acidentes.

32.2.4.9.2. O empregador deve comprovar para a inspeção do trabalho a realização da capacitação através de documentos que informem a data, o horário, a carga horária, o conteúdo ministrado, o nome e a formação ou capacitação profissional do instrutor e dos trabalhadores envolvidos.

• Código: 132.448-9. Infração: 3. Tipo: S.

32.2.4.10. Em todo local onde exista a possibilidade de exposição a agentes biológicos, devem ser fornecidas aos trabalhadores instruções escritas, em linguagem acessível, das rotinas realizadas no local de trabalho e medidas de prevenção de acidentes e de doenças relacionadas ao trabalho.

• Código: 132.449-7. Infração: 3. Tipo: S.

32.2.4.10.1. As instruções devem ser entregues ao trabalhador, mediante recibo, devendo este ficar à disposição da inspeção do trabalho.

• Código: 132.449-7. Infração: 3. Tipo: S.

32.2.4.11. Os trabalhadores devem comunicar imediatamente todo acidente ou incidente, com possível exposição a agentes biológicos, ao responsável pelo local de trabalho e, quando houver, ao serviço de segurança e saúde do trabalho e à CIPA.

32.2.4.12. O empregador deve informar, imediatamente, aos trabalhadores e aos seus representantes qualquer acidente ou incidente grave que possa provocar a disseminação de um agente biológico suscetível de causar doenças graves nos seres humanos, as suas causas e as medidas adotadas ou a serem adotadas para corrigir a situação.

• Código: 132.405-5. Infração: 3. Tipo: S.

32.2.4.13. Os colchões, colchonetes e demais almofadados devem ser revestidos de material lavável e impermeável, permitindo desinfecção e fácil higienização.

32.2.4.13.1. O revestimento não pode apresentar furos, rasgos, sulcos ou reentrâncias.

32.2.4.14. Os trabalhadores que utilizarem objetos perfurocortantes devem ser os responsáveis pelo seu descarte.

32.2.4.15. São vedados o reencape e a desconexão manual de agulhas.

• Código: 132.071-8. Infração: 4. Tipo: S.

32.2.4.16. O empregador deve elaborar e implementar Plano de Prevenção de Riscos de Acidentes com Materiais Perfurocortantes, conforme as diretrizes estabelecidas no Anexo III desta Norma Regulamentadora.

•• Item com redação determinada pela Portaria n. 1.748, de 30-8-2011.

•• O art. 3º da Portaria n. 1.748, de 30-8-2011, dispõe: "Art. 3º O empregador deve elaborar e implantar o Plano de Prevenção de Riscos de Acidentes com Materiais Perfurocortantes no prazo de cento e vinte dias, a partir da data de publicação desta Portaria".

• Código: 132.436-5. Infração: 4. Tipo: S.

32.2.4.16.1. As empresas que produzem ou comercializam materiais perfurocortantes devem disponibilizar, para os trabalhadores dos serviços de saúde, capacitação sobre a correta utilização do dispositivo de segurança.

•• Item com redação determinada pela Portaria n. 1.748, de 30-8-2011.

32.2.4.16.2. O empregador deve assegurar, aos trabalhadores dos serviços de saúde, a capacitação prevista no subitem 32.2.4.16.1.

•• Item com redação determinada pela Portaria n. 1.748, de 30-8-2011.

• Código: 132.437-3. Infração: 3. Tipo: S.

32.2.4.17. Da Vacinação dos Trabalhadores

32.2.4.17.1. A todo trabalhador dos serviços de saúde deve ser fornecido, gratuitamente, programa de imunização ativa contra tétano, difteria, hepatite B e os estabelecidos no PCMSO.

• Código: 132.450-0. Infração: 4. Tipo: M.

32.2.4.17.2. Sempre que houver vacinas eficazes contra outros agentes biológicos a que os trabalhadores estão, ou poderão estar, expostos, o empregador deve fornecê-las gratuitamente.

• Código: 132.450-0. Infração: 4. Tipo: M.

32.2.4.17.3. O empregador deve fazer o controle da eficácia da vacinação sempre que for recomendado pelo Ministério da Saúde e seus órgãos, e providenciar, se necessário, seu reforço.

• Código: 132.450-0. Infração: 4. Tipo: M.

32.2.4.17.4. A vacinação deve obedecer às recomendações do Ministério da Saúde.

• Código: 132.450-0. Infração: 4. Tipo: M.

32.2.4.17.5. O empregador deve assegurar que os trabalhadores sejam informados das vantagens e dos efeitos colaterais, assim como dos riscos a que estarão expostos por falta ou recusa de vacinação, devendo, nestes casos, guardar documento comprobatório e mantê-lo disponível à inspeção do trabalho.

• Código: 132.450-0. Infração: 4. Tipo: M.

32.2.4.17.6. A vacinação deve ser registrada no prontuário clínico individual do trabalhador, previsto na NR-7.

• Código: 132.450-0. Infração: 4. Tipo: M.

32.2.4.17.7. Deve ser fornecido ao trabalhador comprovante das vacinas recebidas.

• Código: 132.450-0. Infração: 4. Tipo: M.

32.3. Dos Riscos Químicos

32.3.1. Deve ser mantida a rotulagem do fabricante na embalagem original dos produtos químicos utilizados em serviços de saúde.

• Código: 132.407-1. Infração: 4. Tipo: S.

32.3.2. Todo recipiente contendo produto químico manipulado ou fracionado deve ser identificado, de forma legível, por etiqueta com o nome do produto, composição química, sua concentração, data de envase e de validade, e nome do responsável pela manipulação ou fracionamento.

• Código: 132.080-7. Infração: 4. Tipo: S.

32.3.3. É vedado o procedimento de reutilização das embalagens de produtos químicos.

• Código: 132.081-5. Infração: 4. Tipo: S.

32.3.4. Do Programa de Prevenção de Riscos Ambientais – PPRA

32.3.4.1. No PPRA dos serviços de saúde deve constar inventário de todos os produtos químicos, inclusive intermediários e resíduos, com indicação daqueles que impliquem em riscos à segurança e saúde do trabalhador.

• Código: 132.082-3. Infração: 3. Tipo: S.

32.3.4.1.1. Os produtos químicos, inclusive intermediários e resíduos que impliquem riscos à segurança e saúde do trabalhador, devem ter uma ficha descritiva contendo, no mínimo, as seguintes informações:

• Código: 132.083-1. Infração: 3. Tipo: S.

a) as características e as formas de utilização do produto;

b) os riscos à segurança e saúde do trabalhador e ao meio ambiente, considerando as formas de utilização;

c) as medidas de proteção coletiva, individual e controle médico da saúde dos trabalhadores;

d) condições e local de estocagem;

e) procedimentos em situações de emergência.

32.3.4.1.2. Uma cópia da ficha deve ser mantida nos locais onde o produto é utilizado.

• Código: 132.408-0. Infração: 3. Tipo: S.

32.3.5. Do Programa de Controle Médico de Saúde Ocupacional – PCMSO

32.3.5.1. Na elaboração e implementação do PCMSO, devem ser consideradas as informações contidas nas fichas descritivas citadas no subitem 32.3.4.1.1.

• Código: 132.090-4. Infração: 2. Tipo: M.

32.3.6. Cabe ao empregador:

32.3.6.1. Capacitar, inicialmente e de forma continuada, os trabalhadores envolvidos para a utilização segura de produtos químicos.

• Código: 132.451-9. Infração: 3. Tipo: S.

32.3.6.1.1. A capacitação deve conter, no mínimo:

• Código: 132.451-9. Infração: 3. Tipo: S.

a) a apresentação das fichas descritivas citadas no subitem 32.3.4.1.1, com explicação das informações nelas contidas;

b) os procedimentos de segurança relativos à utilização;

c) os procedimentos a serem adotados em caso de incidentes, acidentes e em situações de emergência.

32.3.7. Das Medidas de Proteção

32.3.7.1. O empregador deve destinar local apropriado para a manipulação ou fracionamento de produtos químicos que impliquem riscos à segurança e saúde do trabalhador.

• Código: 132.452-7. Infração: 3. Tipo: S.

32.3.7.1.1. É vedada a realização destes procedimentos em qualquer local que não o apropriado para este fim.

• Código: 132.452-7. Infração: 3. Tipo: S.

32.3.7.1.2. Excetuam-se a preparação e associação de medicamentos para administração imediata aos pacientes.

32.3.7.1.3. O local deve dispor, no mínimo, de:

a) sinalização gráfica de fácil visualização para identificação do ambiente, respeitando o disposto na NR-26;

• Código: 132.452-7. Infração: 3. Tipo: S.

b) equipamentos que garantam a concentração dos produtos químicos no ar abaixo dos limites de tolerância estabelecidos nas NR-9 e NR-15 e observando-se os níveis de ação previstos na NR-9;

• Código: 132.452-7. Infração: 3. Tipo: S.

c) equipamentos que garantam a exaustão dos produtos químicos de forma a não potencializar a exposição de qualquer trabalhador, envolvido ou não, no processo de trabalho, não devendo ser utilizado o equipamento tipo coifa;

- Código: 132.452-7. Infração: 3. Tipo: S.

d) chuveiro e lava-olhos, os quais deverão ser acionados e higienizados semanalmente;

- Código: 132.452-7. Infração: 3. Tipo: S.

e) equipamentos de proteção individual, adequados aos riscos, à disposição dos trabalhadores;

- Código: 132.452-7. Infração: 3. Tipo: S.

f) sistema adequado de descarte.

- Código: 132.452-7. Infração: 3. Tipo: S.

32.3.7.2. A manipulação ou fracionamento dos produtos químicos deve ser feito por trabalhador qualificado.

- Código: 132.103-0. Infração: 3. Tipo: S.

32.3.7.3. O transporte de produtos químicos deve ser realizado considerando os riscos à segurança e saúde do trabalhador e ao meio ambiente.

- Código: 132.104-8. Infração: 4. Tipo: S.

32.3.7.4. Todos os estabelecimentos que realizam, ou que pretendem realizar, esterilização, reesterilização ou reprocessamento por gás óxido de etileno, deverão atender o disposto na Portaria Interministerial n. 482/MS/MTE de 16 de abril de 1999.

- Código: 132.105-6. Infração: 4. Tipo: S.

32.3.7.5. Nos locais onde se utilizam e armazenam produtos inflamáveis, o sistema de prevenção de incêndio deve prever medidas especiais de segurança e procedimentos de emergência.

- Código: 132.106-4. Infração: 4. Tipo: S.

32.3.7.6. As áreas de armazenamento de produtos químicos devem ser ventiladas e sinalizadas.

- Código: 132.453-5. Infração: 4. Tipo: S.

32.3.7.6.1. Devem ser previstas áreas de armazenamento próprias para produtos químicos incompatíveis.

- Código: 132.453-5. Infração: 4. Tipo: S.

32.3.8. Dos Gases Medicinais

32.3.8.1. Na movimentação, transporte, armazenamento, manuseio e utilização dos gases, bem como na manutenção dos equipamentos, devem ser observadas as recomendações do fabricante, desde que compatíveis com as disposições da legislação vigente.

- Código: 132.454-3. Infração: 4. Tipo: S.

32.3.8.1.1. As recomendações do fabricante, em português, devem ser mantidas no local de trabalho à disposição dos trabalhadores e da inspeção do trabalho.

- Código: 132.454-3. Infração: 4. Tipo: S.

32.3.8.2. É vedado:

a) a utilização de equipamentos em que se constate vazamento de gás;

- Código: 132.454-3. Infração: 4. Tipo: S.

b) submeter equipamentos a pressões superiores àquelas para as quais foram projetados;

- Código: 132.454-3. Infração: 4. Tipo: S.

c) a utilização de cilindros que não tenham a identificação do gás e a válvula de segurança;

- Código: 132.454-3. Infração: 4. Tipo: S.

d) a movimentação dos cilindros sem a utilização dos equipamentos de proteção individual adequados;

- Código: 132.454-3. Infração: 4. Tipo: S.

e) a submissão dos cilindros a temperaturas extremas;

- Código: 132.454-3. Infração: 4. Tipo: S.

f) a utilização do oxigênio e do ar comprimido para fins diversos aos que se destinam;

- Código: 132.454-3. Infração: 4. Tipo: S.

g) o contato de óleos, graxas, hidrocarbonetos ou materiais orgânicos similares com gases oxidantes;

- Código: 132.454-3. Infração: 4. Tipo: S.

h) a utilização de cilindros de oxigênio sem a válvula de retenção ou o dispositivo apropriado para impedir o fluxo reverso;

- Código: 132.454-3. Infração: 4. Tipo: S.

i) a transferência de gases de um cilindro para outro, independentemente da capacidade dos cilindros;

- Código: 132.454-3. Infração: 4. Tipo: S.

j) o transporte de cilindros soltos, em posição horizontal e sem capacetes.

- Código: 132.454-3. Infração: 4. Tipo: S.

32.3.8.3. Os cilindros contendo gases inflamáveis, tais como hidrogênio e acetileno, devem ser armazenados a uma distância mínima de oito metros daqueles contendo gases oxidantes, tais como oxigênio e óxido nitroso, ou através de barreiras vedadas e resistentes ao fogo.

- Código: 132.121-8. Infração: 4. Tipo: S.

32.3.8.4. Para o sistema centralizado de gases medicinais devem ser fixadas placas, em local visível, com caracteres indeléveis e legíveis, com as seguintes informações:

- Código: 132.412-8. Infração: 2. Tipo: S.

a) nominação das pessoas autorizadas a terem acesso ao local e treinadas na operação e manutenção do sistema;

b) procedimentos a serem adotados em caso de emergência;

c) número de telefone para uso em caso de emergência;

d) sinalização alusiva a perigo.

32.3.9. Dos Medicamentos e das Drogas de Risco

32.3.9.1. Para efeito desta NR, consideram-se medicamentos e drogas de risco aquelas que possam causar genotoxicidade, carcinogenicidade, teratogenicidade e toxicidade séria e seletiva sobre órgãos e sistemas.

32.3.9.2. Deve constar no PPRA a descrição dos riscos inerentes às atividades de recebimento, armazenamento, preparo, distribuição, administração dos medicamentos e das drogas de risco.

- Código: 132.127-7. Infração: 2. Tipo: S.

32.3.9.3. Dos Gases e Vapores Anestésicos

32.3.9.3.1. Todos os equipamentos utilizados para a administração dos gases ou vapores anestésicos devem ser submetidos à manutenção corretiva e preventiva, dando-se especial atenção aos pontos de vazamentos para o ambiente de trabalho, buscando sua eliminação.

• Código: 132.455-1. Infração: 4. Tipo: S.

32.3.9.3.2. A manutenção consiste, no mínimo, na verificação dos cilindros de gases, conectores, conexões, mangueiras, balões, traqueias, válvulas, aparelhos de anestesia e máscaras faciais para ventilação pulmonar.

• Código: 132.455-1. Infração: 4. Tipo: S.

32.3.9.3.2.1. O programa e os relatórios de manutenção devem constar de documento próprio que deve ficar à disposição dos trabalhadores diretamente envolvidos e da fiscalização do trabalho.

• Código: 132.455-1. Infração: 4. Tipo: S.

32.3.9.3.3. Os locais onde são utilizados gases ou vapores anestésicos devem ter sistemas de ventilação e exaustão, com o objetivo de manter a concentração ambiental sob controle, conforme previsto na legislação vigente.

• Código: 132.131-5. Infração: 3. Tipo: S.

32.3.9.3.4. Toda trabalhadora gestante só será liberada para o trabalho em áreas com possibilidade de exposição a gases ou vapores anestésicos após autorização por escrito do médico responsável pelo PCMSO, considerando as informações contidas no PPRA.

• Código: 132.132-3. Infração: 4. Tipo: S.

32.3.9.4. Dos Quimioterápicos Antineoplásicos

32.3.9.4.1. Os quimioterápicos antineoplásicos somente devem ser preparados em área exclusiva e com acesso restrito aos profissionais diretamente envolvidos. A área deve dispor no mínimo de:

• Código: 132.133-1. Infração: 4. Tipo: S.

a) vestiário de barreira com dupla câmara;

• Código: 132.456-0. Infração: 3. Tipo: S.

b) sala de preparo dos quimioterápicos;

• Código: 132.456-0. Infração: 3. Tipo: S.

c) local destinado para as atividades administrativas;

• Código: 132.456-0. Infração: 3. Tipo: S.

d) local de armazenamento exclusivo para estocagem.

• Código: 132.456-0. Infração: 3. Tipo: S.

32.3.9.4.2. O vestiário deve dispor de:

a) pia e material para lavar e secar as mãos;

• Código: 132.457-8. Infração: 3. Tipo: S.

b) lava olhos, o qual pode ser substituído por uma ducha tipo higiênica;

• Código: 132.457-8. Infração: 3. Tipo: S.

c) chuveiro de emergência;

• Código: 132.457-8. Infração: 3. Tipo: S.

d) equipamentos de proteção individual e vestimentas para uso e reposição;

• Código: 132.457-8. Infração: 3. Tipo: S.

e) armários para guarda de pertences;

• Código: 132.457-8. Infração: 3. Tipo: S.

f) recipientes para descarte de vestimentas usadas.

• Código: 132.457-8. Infração: 3. Tipo: S.

32.3.9.4.3. Devem ser elaborados manuais de procedimentos relativos a limpeza, descontaminação e desinfecção de todas as áreas, incluindo superfícies, instalações, equipamentos, mobiliário, vestimentas, EPI e materiais.

• Código: 132.458-6. Infração: 3. Tipo: S.

32.3.9.4.3.1. Os manuais devem estar disponíveis a todos os trabalhadores e à fiscalização do trabalho.

• Código: 132.458-6. Infração: 3. Tipo: S.

32.3.9.4.4. Todos os profissionais diretamente envolvidos devem lavar adequadamente as mãos, antes e após a retirada das luvas.

• Código: 132.146-3. Infração: 3. Tipo: S.

32.3.9.4.5. A sala de preparo deve ser dotada de Cabine de Segurança Biológica Classe II B2 e na sua instalação devem ser previstos, no mínimo:

• Código: 132.147-1. Infração: 4. Tipo: S.

a) suprimento de ar necessário ao seu funcionamento;

• Código: 132.459-4. Infração: 3. Tipo: S.

b) local e posicionamento, de forma a evitar a formação de turbulência aérea.

• Código: 132.459-4. Infração: 3. Tipo: S.

32.3.9.4.5.1. A cabine deve:

a) estar em funcionamento no mínimo por 30 minutos antes do início do trabalho de manipulação e permanecer ligada por 30 minutos após a conclusão do trabalho;

• Código: 132.460-8. Infração: 3. Tipo: S.

b) ser submetida periodicamente a manutenções e trocas de filtros absolutos e pré-filtros de acordo com um programa escrito, que obedeça às especificações do fabricante, e que deve estar à disposição da inspeção do trabalho;

• Código:132.460-8. Infração: 4. Tipo: S.

c) possuir relatório das manutenções, que deve ser mantido a disposição da fiscalização do trabalho;

• Código: 132.460-8. Infração: 3. Tipo: S.

d) ter etiquetas afixadas em locais visíveis com as datas da última e da próxima manutenção;

• Código: 132.460-8. Infração: 2. Tipo: S.

e) ser submetida a processo de limpeza, descontaminação e desinfecção, nas paredes laterais internas e superfície de trabalho, antes do início das atividades;

• Código: 132.460-8. Infração: 4. Tipo: S.

f) ter a sua superfície de trabalho submetida aos procedimentos de limpeza ao final das atividades e no caso de ocorrência de acidentes com derramamentos e respingos.

• Código: 132.460-8. Infração: 4. Tipo: S.

32.3.9.4.6. Com relação aos quimioterápicos antineoplásicos, compete ao empregador:

a) proibir fumar, comer ou beber, bem como portar adornos ou maquiar-se;

• Código: 132.461-6. Infração: 4. Tipo: S.

b) afastar das atividades as trabalhadoras gestantes e nutrizes;

• Código: 132.461-6. Infração: 4. Tipo: S.

c) proibir que os trabalhadores expostos realizem atividades com possibilidade de exposição aos agentes ionizantes;

• Código: 132.461-6. Infração: 4. Tipo: S.

d) fornecer aos trabalhadores avental confeccionado de material impermeável, com frente resistente e fechado nas costas, manga comprida e punho justo, quando do seu preparo e administração;

• Código: 132.461-6. Infração: 4. Tipo: S.

e) fornecer aos trabalhadores dispositivos de segurança que minimizem a geração de aerossóis e a ocorrência de acidentes durante a manipulação e administração;

• Código: 132.461-6. Infração: 4. Tipo: S.

f) fornecer aos trabalhadores dispositivos de segurança para a prevenção de acidentes durante o transporte.

• Código: 132.461-6. Infração: 4. Tipo: S.

32.3.9.4.7. Além do cumprimento do disposto na legislação vigente, os Equipamentos de Proteção Individual – EPI devem atender as seguintes exigências:

a) ser avaliados diariamente quanto ao estado de conservação e segurança;

• Código: 132.162-5. Infração: 3. Tipo: S.

b) estar armazenados em locais de fácil acesso e em quantidade suficiente para imediata substituição, segundo as exigências do procedimento ou em caso de contaminação ou dano.

• Código: 132.163-3. Infração: 3. Tipo: S.

32.3.9.4.8. Com relação aos quimioterápicos antineoplásicos é vedado:

a) iniciar qualquer atividade na falta de EPI;

• Código: 132.164-1. Infração: 4. Tipo: S.

b) dar continuidade às atividades de manipulação quando ocorrer qualquer interrupção do funcionamento da cabine de segurança biológica.

• Código: 132.165-0. Infração: 4. Tipo: S.

32.3.9.4.9. Dos Procedimentos Operacionais em Caso de Ocorrência de Acidentes Ambientais ou Pessoais.

32.3.9.4.9.1. Com relação aos quimioterápicos, entende-se por acidente:

a) ambiental: contaminação do ambiente devido à saída do medicamento do envase no qual esteja acondicionado, seja por derramamento ou por aerodispersoides sólidos ou líquidos;

b) pessoal: contaminação gerada por contato ou inalação dos medicamentos da terapia quimioterápica antineoplásica em qualquer das etapas do processo.

32.3.9.4.9.2. As normas e os procedimentos, a serem adotados em caso de ocorrência de acidentes ambientais ou pessoais, devem constar em manual disponível e de fácil acesso aos trabalhadores e à fiscalização do trabalho.

• Código: 132.166-8. Infração: 3. Tipo: S.

32.3.9.4.9.3. Nas áreas de preparação, armazenamento e administração e para o transporte deve ser mantido um "Kit" de derramamento identificado e disponível, que deve conter, no mínimo: luvas de procedimento, avental impermeável, compressas absorventes, proteção respiratória, proteção ocular, sabão, recipiente identificado para recolhimento de resíduos e descrição do procedimento.

• Código: 132.167-6. Infração: 4. Tipo: S.

32.3.10. Da Capacitação

32.3.10.1. Os trabalhadores envolvidos devem receber capacitação inicial e continuada que contenha, no mínimo:

• Código: 132.462-4. Infração: 3. Tipo: S.

a) as principais vias de exposição ocupacional;

b) os efeitos terapêuticos e adversos destes medicamentos e o possível risco à saúde, a longo e curto prazo;

c) as normas e os procedimentos padronizados relativos ao manuseio, preparo, transporte, administração, distribuição e descarte dos quimioterápicos antineoplásicos;

d) as normas e os procedimentos a serem adotados no caso de ocorrência de acidentes.

32.3.10.1.1. A capacitação deve ser ministrada por profissionais de saúde familiarizados com os riscos inerentes aos quimioterápicos antineoplásicos.

• Código: 132.462-4. Infração: 3. Tipo: S.

32.4. Das Radiações Ionizantes

32.4.1. O atendimento das exigências desta NR, com relação às radiações ionizantes, não desobriga o empregador de observar as disposições estabelecidas pelas normas específicas da Comissão Nacional de Energia Nuclear – CNEN e da Agência Nacional de Vigilância Sanitária – ANVISA, do Ministério da Saúde.

32.4.2. É obrigatório manter no local de trabalho e à disposição da inspeção do trabalho o Plano de Proteção Radiológica – PPR, aprovado pela CNEN, e para os serviços de radiodiagnóstico aprovado pela Vigilância Sanitária.

• Código: 132.463-2. Infração: 3. Tipo: S.

• A Resolução n. 176, de 27-11-2014, da Comissão Nacional de Energia Nuclear – CNEN – aprova a norma CNEN 6.10, que dispõe sobre requisitos de segurança e proteção radiológica para serviços de radioterapia.

32.4.2.1. O Plano de Proteção Radiológica deve:

a) estar dentro do prazo de vigência;

• Código: 132.463-2. Infração: 3. Tipo: S.

b) identificar o profissional responsável e seu substituto eventual como membros efetivos da equipe de trabalho do serviço;

• Código: 132.463-2. Infração: 3. Tipo: S.

c) fazer parte do PPRA do estabelecimento;

• Código: 132.463-2. Infração: 3. Tipo: S.

d) ser considerado na elaboração e implementação do PCMSO;

• Código: 132.463-2. Infração: 3. Tipo: M.

e) ser apresentado na CIPA, quando existente na empresa, sendo sua cópia anexada às atas desta comissão.

• Código: 132.463-2. Infração: 3. Tipo: S.

32.4.3. O trabalhador que realize atividades em áreas onde existam fontes de radiações ionizantes deve:

a) permanecer nestas áreas o menor tempo possível para a realização do procedimento;

• Código: 132.464-0. Infração: 4. Tipo: S.

b) ter conhecimento dos riscos radiológicos associados ao seu trabalho;

• Código: 132.464-0. Infração: 4. Tipo: S.

c) estar capacitado inicialmente e de forma continuada em proteção radiológica;

• Código: 132.464-0. Infração: 4. Tipo: S.

d) usar os EPI adequados para a minimização dos riscos;

• Código: 132.464-0. Infração: 4. Tipo: S.

e) estar sob monitoração individual de dose de radiação ionizante, nos casos em que a exposição seja ocupacional.

• Código: 132.464-0. Infração: 4. Tipo: S.

32.4.4. Toda trabalhadora com gravidez confirmada deve ser afastada das atividades com radiações ionizantes, devendo ser remanejada para atividade compatível com seu nível de formação.

• Código: 132.185-4. Infração: 4. Tipo: S.

32.4.5. Toda instalação radiativa deve dispor de monitoração individual e de áreas.

• Código: 132.465-9. Infração: 4. Tipo: S.

32.4.5.1. Os dosímetros individuais devem ser obtidos, calibrados e avaliados exclusivamente em laboratórios de monitoração individual acreditados pela CNEN.

• Código: 132.465-9. Infração: 4. Tipo: S.

32.4.5.2. A monitoração individual externa, de corpo inteiro ou de extremidades, deve ser feita através de dosimetria com periodicidade mensal e levando-se em conta a natureza e a intensidade das exposições normais e potenciais previstas.

• Código: 132.465-9. Infração: 4. Tipo: S.

32.4.5.3. Na ocorrência ou suspeita de exposição acidental, os dosímetros devem ser encaminhados para leitura no prazo máximo de 24 horas.

• Código: 132.465-9. Infração: 4. Tipo: S.

32.4.5.4. Após ocorrência ou suspeita de exposição acidental a fontes seladas, devem ser adotados procedimentos adicionais de monitoração individual, avaliação clínica e a realização de exames complementares, incluindo a dosimetria citogenética, a critério médico.

• Código: 132.465-9. Infração: 4. Tipo: S.

32.4.5.5. Após ocorrência ou suspeita de acidentes com fontes não seladas, sujeitas a exposição externa ou com contaminação interna, devem ser adotados procedimentos adicionais de monitoração individual, avaliação clínica e a realização de exames complementares, incluindo a dosimetria citogenética, a análise *in vivo* e *in vitro*, a critério médico.

• Código: 132.465-9. Infração: 4. Tipo: S.

32.4.5.6. Deve ser elaborado e implementado um programa de monitoração periódica de áreas, constante do Plano de Proteção Radiológica, para todas as áreas da instalação radiativa.

• Código: 132.465-9. Infração: 4. Tipo: S.

32.4.6. Cabe ao empregador:

a) implementar medidas de proteção coletiva relacionadas aos riscos radiológicos;

• Código: 132.466-7. Infração: 4. Tipo: S.

b) manter profissional habilitado, responsável pela proteção radiológica em cada área específica, com vinculação formal com o estabelecimento;

• Código: 132.466-7. Infração: 4. Tipo: S.

c) promover capacitação em proteção radiológica, inicialmente e de forma continuada, para os trabalhadores ocupacionalmente e paraocupacionalmente expostos às radiações ionizantes;

• Código: 132.466-7. Infração: 4. Tipo: S.

d) manter no registro individual do trabalhador as capacitações ministradas;

• Código: 132.466-7. Infração: 4. Tipo: S.

e) fornecer ao trabalhador, por escrito e mediante recibo, instruções relativas aos riscos radiológicos e procedimentos de proteção radiológica adotados na instalação radiativa;

• Código: 132.466-7. Infração: 4. Tipo: S.

f) dar ciência dos resultados das doses referentes às exposições de rotina, acidentais e de emergências, por escrito e mediante recibo, a cada trabalhador e ao médico coordenador do PCMSO ou médico encarregado dos exames médicos previstos na NR-7.

• Código: 132.466-7. Infração: 4. Tipo: S.

32.4.7. Cada trabalhador da instalação radiativa deve ter um registro individual atualizado, o qual deve ser conservado por 30 (trinta) anos após o término de sua ocupação, contendo as seguintes informações:

• Código: 132.467-5. Infração: 4. Tipo: S.

a) identificação (Nome, DN, Registro, CPF), endereço e nível de instrução;

b) datas de admissão e de saída do emprego;

c) nome e endereço do responsável pela proteção radiológica de cada período trabalhado;

d) funções associadas às fontes de radiação com as respectivas áreas de trabalho, os riscos radiológicos a que está ou esteve exposto, data de início e término da atividade com radiação, horários e períodos de ocupação;

e) tipos de dosímetros individuais utilizados;

f) registro de doses mensais e anuais (doze meses consecutivos) recebidas e relatórios de investigação de doses;

g) capacitações realizadas;

h) estimativas de incorporações;

i) relatórios sobre exposições de emergência e de acidente;

NR 32

j) exposições ocupacionais anteriores a fonte de radiação.

32.4.7.1. O registro individual dos trabalhadores deve ser mantido no local de trabalho e à disposição da inspeção do trabalho.

- Código: 132.467-5. Infração: 4. Tipo: S.

32.4.8. O prontuário clínico individual previsto pela NR-7 deve ser mantido atualizado e ser conservado por 30 (trinta) anos após o término de sua ocupação.

- Código: 132.211-7. Infração: 4. Tipo: S.

32.4.9. Toda instalação radiativa deve possuir um serviço de proteção radiológica.

- Código: 132.468-3. Infração: 4. Tipo: S.
- A Resolução n. 176, de 27-11-2014, da Comissão Nacional de Energia Nuclear – CNEN – aprova a norma CNEN 6.10, que dispõe sobre requisitos de segurança e proteção radiológica para serviços de radioterapia.

32.4.9.1. O serviço de proteção radiológica deve estar localizado no mesmo ambiente da instalação radiativa e serem garantidas as condições de trabalho compatíveis com as atividades desenvolvidas, observando as normas da CNEN e da ANVISA.

- Código: 132.468-3. Infração: 4. Tipo: S.

32.4.9.2. O serviço de proteção radiológica deve possuir, de acordo com o especificado no PPR, equipamentos para:

a) monitoração individual dos trabalhadores e de área;

- Código: 132.468-3. Infração: 4. Tipo: S.

b) proteção individual;

- Código: 132.468-3. Infração: 4. Tipo: S.

c) medições ambientais de radiações ionizantes específicas para práticas de trabalho.

- Código: 132.468-3. Infração: 4. Tipo: S.

32.4.9.3. O serviço de proteção radiológica deve estar diretamente subordinado ao Titular da instalação radiativa.

- Código: 132.468-3. Infração: 4. Tipo: S.

32.4.9.4. Quando o estabelecimento possuir mais de um serviço, deve ser indicado um responsável técnico para promover a integração das atividades de proteção radiológica destes serviços.

- Código: 132.468-3. Infração: 4. Tipo: S.

32.4.10. O médico coordenador do PCMSO ou o encarregado pelos exames médicos, previstos na NR-7, deve estar familiarizado com os efeitos e a terapêutica associados à exposição decorrente das atividades de rotina ou de acidentes com radiações ionizantes.

- Código: 132.219-2. Infração: 3. Tipo: M.

32.4.11. As áreas da instalação radiativa devem ser classificadas e ter controle de acesso definido pelo responsável pela proteção radiológica.

- Código: 132.220-6. Infração: 4. Tipo: S.

32.4.12. As áreas da instalação radiativa devem estar devidamente sinalizadas em conformidade com a legislação em vigor, em especial quanto aos seguintes aspectos:

a) utilização do símbolo internacional de presença de radiação nos acessos controlados;

- Código: 132.469-1. Infração: 4. Tipo: S.

b) as fontes presentes nestas áreas e seus rejeitos devem ter as suas embalagens, recipientes ou blindagens identificadas em relação ao tipo de elemento radioativo, atividade e tipo de emissão;

- Código: 132.469-1. Infração: 4. Tipo: S.

c) valores das taxas de dose e datas de medição em pontos de referência significativos, próximos às fontes de radiação, nos locais de permanência e de trânsito dos trabalhadores, em conformidade com o disposto no PPR;

- Código: 132.469-1. Infração: 4. Tipo: S.

d) identificação de vias de circulação, entrada e saída para condições normais de trabalho e para situações de emergência;

- Código: 132.469-1. Infração: 4. Tipo: S.

e) localização dos equipamentos de segurança;

- Código: 132.469-1. Infração: 4. Tipo: S.

f) procedimentos a serem obedecidos em situações de acidentes ou de emergência;

- Código: 132.469-1. Infração: 4. Tipo: S.

g) sistemas de alarme.

- Código: 132.469-1. Infração: 4. Tipo: S.

32.4.13. Do Serviço de Medicina Nuclear

32.4.13.1. As áreas supervisionadas e controladas de Serviço de Medicina Nuclear devem ter pisos e paredes impermeáveis que permitam sua descontaminação.

- Código: 132.487-0. Infração: 4. Tipo: S.

32.4.13.2. A sala de manipulação e armazenamento de fontes radioativas em uso deve:

a) ser revestida com material impermeável que possibilite sua descontaminação, devendo os pisos e paredes ser providos de cantos arredondados;

- Código: 132.487-0. Infração: 4. Tipo: S.

b) possuir bancadas constituídas de material liso, de fácil descontaminação, recobertas com plástico e papel absorvente;

- Código: 132.487-0. Infração: 4. Tipo: S.

c) dispor de pia com cuba de, no mínimo, 40 cm de profundidade, e acionamento para abertura das torneiras sem controle manual.

- Código: 132.487-0. Infração: 4. Tipo: S.

32.4.13.2.1. É obrigatória a instalação de sistemas exclusivos de exaustão:

a) local, para manipulação de fontes não seladas voláteis;

- Código: 132.487-0. Infração: 4. Tipo: S.

b) de área, para os serviços que realizem estudos de ventilação pulmonar.

- Código: 132.487-0. Infração: 4. Tipo: S.

32.4.13.2.2. Nos locais onde são manipulados e armazenados materiais radioativos ou rejeitos, não é permitido:

a) aplicar cosméticos, alimentar-se, beber, fumar e repousar;

- Código: 132.487-0. Infração: 4. Tipo: S.

b) guardar alimentos, bebidas e bens pessoais.

• Código: 132.487-0. Infração: 4. Tipo: S.

32.4.13.3. Os trabalhadores envolvidos na manipulação de materiais radioativos e marcação de fármacos devem usar os equipamentos de proteção recomendados no PPRA e PPR.

• Código: 132.487-0. Infração: 4. Tipo: S.

32.4.13.4. Ao término da jornada de trabalho, deve ser realizada a monitoração das superfícies de acordo com o PPR, utilizando-se monitor de contaminação.

• Código: 132.487-0. Infração: 4. Tipo: S.

32.4.13.5. Sempre que for interrompida a atividade de trabalho, deve ser feita a monitoração das extremidades e de corpo inteiro dos trabalhadores que manipulam radiofármacos.

• Código: 132.487-0. Infração: 4. Tipo: S.

32.4.13.6. O local destinado ao decaimento de rejeitos radioativos deve:

a) ser localizado em área de acesso controlado;

• Código: 132.487-0. Infração: 4. Tipo: S.

b) ser sinalizado;

• Código: 132.487-0. Infração: 4. Tipo: S.

c) possuir blindagem adequada;

• Código: 132.487-0. Infração: 4. Tipo: S.

d) ser constituído de compartimentos que possibilitem a segregação dos rejeitos por grupo de radionuclídeos com meia-vida física próxima e por estado físico.

• Código: 132.487-0. Infração: 4. Tipo: S.

32.4.13.7. O quarto destinado à internação de paciente, para administração de radiofármacos, deve possuir:

a) blindagem;

• Código: 132.487-0. Infração: 4. Tipo: S.

b) paredes e pisos com cantos arredondados, revestidos de materiais impermeáveis, que permitam sua descontaminação;

• Código: 132.487-0. Infração: 4. Tipo: S.

c) sanitário privativo;

• Código: 132.487-0. Infração: 4. Tipo: S.

d) biombo blindado junto ao leito;

• Código: 132.487-0. Infração: 4. Tipo: S.

e) sinalização externa da presença de radiação ionizante;

• Código: 132.487-0. Infração: 4. Tipo: S.

f) acesso controlado.

• Código: 132.487-0. Infração: 4. Tipo: S.

32.4.14. Dos Serviços de Radioterapia

32.4.14.1. Os Serviços de Radioterapia devem adotar, no mínimo, os seguintes dispositivos de segurança:

a) salas de tratamento possuindo portas com sistema de intertravamento, que previnam o acesso indevido de pessoas durante a operação do equipamento;

• Código: 132.470-5. Infração: 4. Tipo: S.

b) indicadores luminosos de equipamento em operação, localizados na sala de tratamento e em seu acesso externo, em posição visível.

• Código: 132.470-5. Infração: 4. Tipo: S.

32.4.14.2. Da Braquiterapia

32.4.14.2.1. Na sala de preparo e armazenamento de fontes é vedada a prática de qualquer atividade não relacionada com a preparação das fontes seladas.

• Código: 132.470-5. Infração: 4. Tipo: S.

32.4.14.2.2. Os recipientes utilizados para o transporte de fontes devem estar identificados com o símbolo de presença de radiação e a atividade do radionuclídeo a ser deslocado.

• Código: 132.470-5. Infração: 4. Tipo: S.

32.4.14.2.3. No deslocamento de fontes para utilização em braquiterapia deve ser observado o princípio da otimização, de modo a expor o menor número possível de pessoas.

• Código: 132.470-5. Infração: 4. Tipo: S.

32.4.14.2.4. Na capacitação dos trabalhadores para manipulação de fontes seladas utilizadas em braquiterapia devem ser empregados simuladores de fontes.

• Código: 132.470-5. Infração: 4. Tipo: S.

32.4.14.2.5. O preparo manual de fontes utilizadas em braquiterapia de baixa taxa de dose deve ser realizado em sala específica com acesso controlado, somente sendo permitida a presença de pessoas diretamente envolvidas com esta atividade.

• Código: 132.470-5. Infração: 4. Tipo: S.

32.4.14.2.6. O manuseio de fontes de baixa taxa de dose deve ser realizado exclusivamente com a utilização de instrumentos e com a proteção de anteparo plumbífero.

• Código: 132.470-5. Infração: 4. Tipo: S.

32.4.14.2.7. Após cada aplicação, as vestimentas de pacientes e as roupas de cama devem ser monitoradas para verificação da presença de fontes seladas.

• Código: 132.470-5. Infração: 4. Tipo: S.

32.4.15. Dos serviços de radiodiagnóstico médico

•• A Portaria n. 453, de 1º-6-1998, da ANVISA, aprova o Regulamento Técnico que estabelece as diretrizes básicas de proteção radiológica em radiodiagnóstico médico e odontológico.

32.4.15.1. É obrigatório manter no local de trabalho e à disposição da inspeção do trabalho o Alvará de Funcionamento vigente concedido pela autoridade sanitária local e o Programa de Garantia da Qualidade.

• Código: 132.488-8. Infração: 4. Tipo: S.

32.4.15.2. A cabine de comando deve ser posicionada de forma a:

a) permitir ao operador, na posição de disparo, eficaz comunicação e observação visual do paciente;

• Código: 132.488-8. Infração: 4. Tipo: S.

b) permitir que o operador visualize a entrada de qualquer pessoa durante o procedimento radiológico.

• Código: 132.488-8. Infração: 4. Tipo: S.

32.4.15.3. A sala de raios X deve dispor de:

a) sinalização visível na face exterior das portas de acesso, contendo o símbolo internacional de radiação ionizante, acompanhado das inscrições: "raios X, entrada restrita" ou "raios X, entrada proibida a pessoas não autorizadas".

• Código: 132.488-8. Infração: 4. Tipo: S.

b) sinalização luminosa vermelha acima da face externa da porta de acesso, acompanhada do seguinte aviso de advertência: "Quando a luz vermelha estiver acesa, a entrada é proibida". A sinalização luminosa deve ser acionada durante os procedimentos radiológicos.

• Código: 132.488-8. Infração: 4. Tipo: S.

32.4.15.3.1. As portas de acesso das salas com equipamentos de raios X fixos devem ser mantidas fechadas durante as exposições.

• Código: 132.488-8. Infração: 4. Tipo: S.

32.4.15.3.2. Não é permitida a instalação de mais de um equipamento de raios X por sala.

• Código: 132.488-8. Infração: 4. Tipo: S.

32.4.15.4. A câmara escura deve dispor de:

a) sistema de exaustão de ar localizado;

• Código: 132.488-8. Infração: 4. Tipo: S.

b) pia com torneira.

• Código: 132.488-8. Infração: 4. Tipo: S.

32.4.15.5. Todo equipamento de radiodiagnóstico médico deve possuir diafragma e colimador em condições de funcionamento para tomada radiográfica.

• Código: 132.488-8. Infração: 4. Tipo: S.

32.4.15.6. Os equipamentos móveis devem ter um cabo disparador com um comprimento mínimo de 2 metros.

• Código: 132.488-8. Infração: 4. Tipo: S.

32.4.15.7. Deverão permanecer no local do procedimento radiológico somente o paciente e a equipe necessária.

• Código: 132.488-8. Infração: 4. Tipo: S.

32.4.15.8. Os equipamentos de fluoroscopia devem possuir:

a) sistema de intensificação de imagem com monitor de vídeo acoplado;

• Código: 132.488-8. Infração: 4. Tipo: S.

b) cortina ou saiote plumbífero inferior e lateral para proteção do operador contra radiação espalhada;

• Código: 132.488-8. Infração: 4. Tipo: S.

c) sistema para garantir que o feixe de radiação seja completamente restrito à área do receptor de imagem;

• Código: 132.488-8. Infração: 4. Tipo: S.

d) sistema de alarme indicador de um determinado nível de dose ou exposição.

• Código: 132.488-8. Infração: 4. Tipo: S.

32.4.15.8.1. Caso o equipamento de fluoroscopia não possua o sistema de alarme citado, o mesmo deve ser instalado no ambiente.

• Código: 132.488-8. Infração: 4. Tipo: S.

32.4.16. Dos Serviços de Radiodiagnóstico Odontológico

•• A Portaria n. 453, de 1º-6-1998, da ANVISA, aprova o Regulamento Técnico que estabelece as diretrizes básicas de proteção radiológica em radiodiagnóstico médico e odontológico.

32.4.16.1. Na radiologia intraoral:

a) todos os trabalhadores devem manter-se afastados do cabeçote e do paciente a uma distância mínima de 2 metros;

• Código: 132.471-3. Infração: 4. Tipo: S.

b) nenhum trabalhador deve segurar o filme durante a exposição;

• Código: 132.471-3. Infração: 4. Tipo: S.

c) caso seja necessária a presença de trabalhador para assistir ao paciente, esse deve utilizar os EPIs.

• Código: 132.471-3. Infração: 4. Tipo: S.

32.4.16.2. Para os procedimentos com equipamentos de radiografia extraoral deverão ser seguidos os mesmos requisitos do radiodiagnóstico médico.

• Código: 132.471-3. Infração: 4. Tipo: S.

32.5. Dos Resíduos

32.5.1. Cabe ao empregador capacitar, inicialmente e de forma continuada, os trabalhadores nos seguintes assuntos:

• Código: 132.423-3. Infração: 3. Tipo: S.

a) segregação, acondicionamento e transporte dos resíduos;

b) definições, classificação e potencial de risco dos resíduos;

c) sistema de gerenciamento adotado internamente no estabelecimento;

d) formas de reduzir a geração de resíduos;

e) conhecimento das responsabilidades e de tarefas;

f) reconhecimento dos símbolos de identificação das classes de resíduos;

g) conhecimento sobre a utilização dos veículos de coleta;

h) orientações quanto ao uso de Equipamentos de Proteção Individual – EPIs.

32.5.2. Os sacos plásticos utilizados no acondicionamento dos resíduos de saúde devem atender ao disposto na NBR 9191 e ainda ser:

a) preenchidos até 2/3 de sua capacidade;

• Código: 132.472-1. Infração: 3. Tipo: S.

b) fechados de tal forma que não se permita o seu derramamento, mesmo que virados com a abertura para baixo;

• Código: 132.472-1. Infração: 3. Tipo: S.

c) retirados imediatamente do local de geração após o preenchimento e fechamento;

• Código: 132.472-1. Infração: 3. Tipo: S.

d) mantidos íntegros até o tratamento ou a disposição final do resíduo.

• Código: 132.472-1. Infração: 4. Tipo: S.

32.5.3. A segregação dos resíduos deve ser realizada no local onde são gerados, devendo ser observado que:

a) sejam utilizados recipientes que atendam as normas da ABNT, em número suficiente para o armazenamento;

• Código: 132.473-0. Infração: 3. Tipo: S.

b) os recipientes estejam localizados próximos da fonte geradora;

• Código: 132.473-0. Infração: 3. Tipo: S.

c) os recipientes sejam constituídos de material lavável, resistente à punctura, ruptura e vazamento, com tampa provida de sistema de abertura sem contato manual, com cantos arredondados e que sejam resistentes ao tombamento;

• Código: 132.473-0. Infração: 3. Tipo: S.

d) os recipientes sejam identificados e sinalizados segundo as normas da ABNT.

• Código: 132.473-0. Infração: 3. Tipo: S.

32.5.3.1. Os recipientes existentes nas salas de cirurgia e de parto não necessitam de tampa para vedação.

32.5.3.2. Para os recipientes destinados a coleta de material perfurocortante, o limite máximo de enchimento deve estar localizado 5 cm abaixo do bocal.

• Código: 132.474-8. Infração: 4. Tipo: S.

32.5.3.2.1. O recipiente para acondicionamento dos perfurocortantes deve ser mantido em suporte exclusivo e em altura que permita a visualização da abertura para descarte.

• Código: 132.474-8. Infração: 4. Tipo: S.

32.5.4. O transporte manual do recipiente de segregação deve ser realizado de forma que não exista o contato do mesmo com outras partes do corpo, sendo vedado o arrasto.

• Código: 132.300-8. Infração: 3. Tipo: S.

32.5.5. Sempre que o transporte do recipiente de segregação possa comprometer a segurança e a saúde do trabalhador, devem ser utilizados meios técnicos apropriados, de modo a preservar a sua saúde e integridade física.

• Código: 132.301-6. Infração: 3. Tipo: S.

32.5.6. A sala de armazenamento temporário dos recipientes de transporte deve atender, no mínimo, às seguintes características:

I. ser dotada de:

a) pisos e paredes laváveis;

• Código: 132.475-6. Infração: 2. Tipo: S.

b) ralo sifonado;

• Código: 132.475-6. Infração: 2. Tipo: S.

c) ponto de água;

• Código: 132.475-6. Infração: 2. Tipo: S.

d) ponto de luz;

• Código: 132.475-6. Infração: 2. Tipo: S.

e) ventilação adequada;

• Código: 132.475-6. Infração: 2. Tipo: S.

f) abertura dimensionada de forma a permitir a entrada dos recipientes de transporte.

• Código: 132.475-6. Infração: 2. Tipo: S.

II. ser mantida limpa e com controle de vetores;

• Código: 132.475-6. Infração: 2. Tipo: S.

III. conter somente os recipientes de coleta, armazenamento ou transporte;

• Código: 132.475-6. Infração: 2. Tipo: S.

IV. ser utilizada apenas para os fins a que se destina;

• Código: 132.475-6. Infração: 2. Tipo: S.

V. estar devidamente sinalizada e identificada.

• Código: 132.475-6. Infração: 2. Tipo: S.

32.5.7. O transporte dos resíduos para a área de armazenamento externo deve atender aos seguintes requisitos:

a) ser feito através de carros constituídos de material rígido, lavável, impermeável, provido de tampo articulado ao próprio corpo do equipamento e cantos arredondados;

• Código: 132.476-4. Infração: 3. Tipo: S.

b) ser realizado em sentido único com roteiro definido em horários não coincidentes com a distribuição de roupas, alimentos e medicamentos, períodos de visita ou de maior fluxo de pessoas.

• Código: 132.476-4. Infração: 3. Tipo: S.

32.5.7.1. Os recipientes de transporte com mais de 400 litros de capacidade devem possuir válvula de dreno no fundo.

• Código: 132.476-4. Infração: 3. Tipo: S.

32.5.8. Em todos os serviços de saúde deve existir local apropriado para o armazenamento externo dos resíduos, até que sejam recolhidos pelo sistema de coleta externa.

• Código: 132.477-2. Infração: 4. Tipo: S.

32.5.8.1. O local, além de atender às características descritas no item 32.5.6, deve ser dimensionado de forma a permitir a separação dos recipientes conforme o tipo de resíduo.

• Código: 132.477-2. Infração: 4. Tipo: S.

32.5.9. Os rejeitos radioativos devem ser tratados conforme disposto na Resolução CNEN NE-6.05.

• Código: 132.317-2. Infração: 4. Tipo: S.

32.6. Das Condições de Conforto por Ocasião das Refeições

32.6.1. Os refeitórios dos serviços de saúde devem atender ao disposto na NR-24.

32.6.2. Os estabelecimentos com até 300 trabalhadores devem ser dotados de locais para refeição, que atendam aos seguintes requisitos mínimos:

a) localização fora da área do posto de trabalho;

• Código: 132.478-0. Infração: 3. Tipo: S.

b) piso lavável;

• Código: 132.478-0. Infração: 3. Tipo: S.

c) limpeza, arejamento e boa iluminação;

• Código: 132.478-0. Infração: 3. Tipo: S.

d) mesas e assentos dimensionados de acordo com o número de trabalhadores por intervalo de descanso e refeição;

• Código: 132.478-0. Infração: 3. Tipo: S.

e) lavatórios instalados nas proximidades ou no próprio local;

• Código: 132.478-0. Infração: 3. Tipo: S.

f) fornecimento de água potável;

• Código: 132.478-0. Infração: 3. Tipo: S.

g) possuir equipamento apropriado e seguro para aquecimento de refeições.

• Código: 132.478-0. Infração: 3. Tipo: S.

32.6.3. Os lavatórios para higiene das mãos devem ser providos de papel toalha, sabonete líquido e lixeira com tampa, de acionamento por pedal.

• Código: 132.478-0. Infração: 3. Tipo: S.

32.7. Das Lavanderias

32.7.1. A lavanderia deve possuir duas áreas distintas, sendo uma considerada suja e outra limpa, devendo ocorrer na primeira o recebimento, classificação, pesagem e lavagem de roupas, e na segunda a manipulação das roupas lavadas.

• Código: 132.479-9. Infração: 3. Tipo: S.

32.7.2. Independente do porte da lavanderia, as máquinas de lavar devem ser de porta dupla ou de barreira, em que a roupa utilizada é inserida pela porta situada na área suja, por um operador e, após lavada, retirada na área limpa, por outro operador.

• Código: 132.479-9. Infração: 3. Tipo: S.

32.7.2.1. A comunicação entre as duas áreas somente é permitida por meio de visores ou intercomunicadores.

• Código: 132.479-9. Infração: 3. Tipo: S.

32.7.3. A calandra deve ter:

a) termômetro para cada câmara de aquecimento, indicando a temperatura das calhas ou do cilindro aquecido;

• Código: 132.479-9. Infração: 3. Tipo: S.

b) termostato;

• Código: 132.479-9. Infração: 3. Tipo: S.

c) dispositivo de proteção que impeça a inserção de segmentos corporais dos trabalhadores junto aos cilindros ou partes móveis da máquina.

• Código: 132.479-9. Infração: 3. Tipo: S.

32.7.4. As máquinas de lavar, centrífugas e secadoras devem ser dotadas de dispositivos eletromecânicos que interrompam seu funcionamento quando da abertura de seus compartimentos.

• Código: 132.479-9. Infração: 3. Tipo: S.

32.8. Da Limpeza e Conservação

32.8.1. Os trabalhadores que realizam a limpeza dos serviços de saúde devem ser capacitados, inicialmente e de forma continuada, quanto aos princípios de higiene pessoal, risco biológico, risco químico, sinalização, rotulagem, EPI, EPC e procedimentos em situações de emergência.

• Código: 132.480-2. Infração: 3. Tipo: S.

32.8.1.1. A comprovação da capacitação deve ser mantida no local de trabalho, à disposição da inspeção do trabalho.

• Código: 132.480-2. Infração: 3. Tipo: S.

32.8.2. Para as atividades de limpeza e conservação, cabe ao empregador, no mínimo:

a) providenciar carro funcional destinado à guarda e transporte dos materiais e produtos indispensáveis à realização das atividades;

• Código: 132.481-0. Infração: 3. Tipo: S.

b) providenciar materiais e utensílios de limpeza que preservem a integridade física do trabalhador;

• Código: 132.481-0. Infração: 3. Tipo: S.

c) proibir a varrição seca nas áreas internas;

• Código: 132.481-0. Infração: 3. Tipo: S.

d) proibir o uso de adornos.

• Código: 132.481-0. Infração: 3. Tipo: S.

32.8.3. As empresas de limpeza e conservação que atuam nos serviços de saúde devem cumprir, no mínimo, o disposto nos itens 32.8.1 e 32.8.2.

32.9. Da Manutenção de Máquinas e Equipamentos

32.9.1. Os trabalhadores que realizam a manutenção, além do treinamento específico para sua atividade, devem também ser submetidos a capacitação inicial e de forma continuada, com o objetivo de mantê-los familiarizados com os princípios de:

• Código: 132.339-3. Infração: 3. Tipo: S.

a) higiene pessoal;

b) riscos biológico (precauções universais), físico e químico;

c) sinalização;

d) rotulagem preventiva;

e) tipos de EPC e EPI, acessibilidade e seu uso correto.

32.9.1.1. As empresas que prestam assistência técnica e manutenção nos serviços de saúde devem cumprir o disposto no item 32.9.1.

32.9.2. Todo equipamento deve ser submetido à prévia descontaminação para realização de manutenção.

• Código: 132.482-9. Infração: 4. Tipo: S.

32.9.2.1. Na manutenção dos equipamentos, quando a descontinuidade de uso acarrete risco à vida do paciente, devem ser adotados procedimentos de segurança visando a preservação da saúde do trabalhador.

• Código: 132.482-9. Infração: 4. Tipo: S.

32.9.3. As máquinas, equipamentos e ferramentas, inclusive aquelas utilizadas pelas equipes de manutenção, devem ser submetidos à inspeção prévia e às manutenções preventivas de acordo com as instruções dos fabricantes, com a norma técnica oficial e legislação vigentes.

• Código: 132.483-7. Infração: 4. Tipo: S.

32.9.3.1. A inspeção e a manutenção devem ser registradas e estar disponíveis aos trabalhadores envolvidos e à fiscalização do trabalho.

• Código: 132.483-7. Infração: 4. Tipo: S.

32.9.3.2. As empresas que prestam assistência técnica e manutenção nos serviços de saúde devem cumprir o disposto no item 32.9.3.

32.9.3.3. O empregador deve estabelecer um cronograma de manutenção preventiva do sistema de abastecimento de gases e das capelas, devendo manter um registro individual da mesma, assinado pelo profissional que a realizou.

• Código: 132.483-7. Infração: 4. Tipo: S.

32.9.4. Os equipamentos e meios mecânicos utilizados para transporte devem ser submetidos periodicamente à manutenção, de forma a conservar os sistemas de rodízio em perfeito estado de funcionamento.

• Código: 132.350-4. Infração: 3. Tipo: S.

32.9.5. Os dispositivos de ajuste dos leitos devem ser submetidos à manutenção preventiva, assegurando a lubrificação permanente, de forma a garantir sua operação sem sobrecarga para os trabalhadores.

• Código: 132.351-2. Infração: 3. Tipo: S.

32.9.6. Os sistemas de climatização devem ser submetidos a procedimentos de manutenção preventiva e corretiva para preservação da integridade e eficiência de todos os seus componentes.

• Código: 132.352-0. Infração: 3. Tipo: S.

32.9.6.1. O atendimento do disposto no item 32.9.6 não desobriga o cumprimento da Portaria GM/MS n. 3.523 de 28/08/98 e demais dispositivos legais pertinentes.

32.10. Das Disposições Gerais

32.10.1. Os serviços de saúde devem:

a) atender as condições de conforto relativas aos níveis de ruído previstas na NB 95 da ABNT;

• Código: 132.484-5. Infração: 3. Tipo: S.

b) atender as condições de iluminação conforme NB 57 da ABNT;

• Código: 132.484-5. Infração: 3. Tipo: S.

c) atender as condições de conforto térmico previstas na RDC 50/02 da ANVISA;

• Código: 132.484-5. Infração: 3. Tipo: S.

d) manter os ambientes de trabalho em condições de limpeza e conservação.

• Código: 132.484-5. Infração: 3. Tipo: S.

32.10.2. No processo de elaboração e implementação do PPRA e do PCMSO devem ser consideradas as atividades desenvolvidas pela Comissão de Controle de Infecção Hospitalar – CCIH do estabelecimento ou comissão equivalente.

• Código: 132.431-4. Infração: 3. Tipo: S.

32.10.3. Antes da utilização de qualquer equipamento, os operadores devem ser capacitados quanto ao modo de operação e seus riscos.

• Código: 132.359-8. Infração: 3. Tipo: S.

32.10.4. Os manuais do fabricante de todos os equipamentos e máquinas, impressos em língua portuguesa, devem estar disponíveis aos trabalhadores envolvidos.

• Código: 132.360-1. Infração: 3. Tipo: S.

32.10.5. É vedada a utilização de material médico-hospitalar em desacordo com as recomendações de uso e especificações técnicas descritas em seu manual ou em sua embalagem.

• Código: 132.361-0. Infração: 4. Tipo: S.

32.10.6. Em todo serviço de saúde deve existir um programa de controle de animais sinantrópicos, o qual deve ser comprovado sempre que exigido pela inspeção do trabalho.

• Código: 132.362-8. Infração: 3. Tipo: S.

32.10.7. As cozinhas devem ser dotadas de sistemas de exaustão e outros equipamentos que reduzam a dispersão de gorduras e vapores, conforme estabelecido na NBR 14518.

• Código: 132.363-6. Infração: 2. Tipo: S.

32.10.8. Os postos de trabalho devem ser organizados de forma a evitar deslocamentos e esforços adicionais.

• Código: 132.364-4. Infração: 3. Tipo: S.

32.10.9. Em todos os postos de trabalho devem ser previstos dispositivos seguros e com estabilidade, que permitam aos trabalhadores acessar locais altos sem esforço adicional.

• Código: 132.365-2. Infração: 3. Tipo: S.

32.10.10. Nos procedimentos de movimentação e transporte de pacientes deve ser privilegiado o uso de dispositivos que minimizem o esforço realizado pelos trabalhadores.

• Código: 132.366-0. Infração: 3. Tipo: S.

32.10.11. O transporte de materiais que possa comprometer a segurança e a saúde do trabalhador deve ser efetuado com auxílio de meios mecânicos ou eletromecânicos.

• Código: 132.367-9. Infração: 3. Tipo: S.

32.10.12. Os trabalhadores dos serviços de saúde devem ser:

a) capacitados para adotar mecânica corporal correta, na movimentação de pacientes ou de materiais, de forma a preservar a sua saúde e integridade física;

• Código: 132.485-3. Infração: 3. Tipo: S.

b) orientados nas medidas a serem tomadas diante de pacientes com distúrbios de comportamento.

• Código: 132.485-3. Infração: 3. Tipo: S.

32.10.13. O ambiente onde são realizados procedimentos que provoquem odores fétidos deve ser provido de sistema de exaustão ou outro dispositivo que os minimizem.

• Código: 132.370-9. Infração: 2. Tipo: S.

32.10.14. É vedado aos trabalhadores pipetar com a boca.

• Código: 132.371-7. Infração: 4. Tipo: S.

32.10.15. Todos os lavatórios e pias devem:

a) possuir torneiras ou comandos que dispensem o contato das mãos quando do fechamento da água;

• Código: 132.486-1. Infração: 3. Tipo: S.

b) ser providos de sabão líquido e toalhas descartáveis para secagem das mãos.

• Código: 132.486-1. Infração: 3. Tipo: S.

32.10.16. As edificações dos serviços de saúde devem atender ao disposto na RDC 50 de 21 de fevereiro de 2002 da ANVISA.

• Código: 132.374-1. Infração: 3. Tipo: S.

32.11. Das Disposições Finais

32.11.1. (*Revogado pela Portaria n. 915, de 30-7-2019.*)

32.11.2. (*Revogado pela Portaria n. 915, de 30-7-2019.*)

32.11.3. Ficam criadas a Comissão Tripartite Permanente Nacional da NR-32, denominada CTPN da NR-32, e as Comissões Tripartites Permanentes Regionais da NR-32, no âmbito das Unidades da Federação, denominadas CTPR da NR-32.

32.11.3.1. As dúvidas e dificuldades encontradas durante a implantação e o desenvolvimento continuado desta NR deverão ser encaminhadas à CTPN.

32.11.4. (*Revogado pela Portaria n. 915, de 30-7-2019.*)

Anexo I

Classificação dos agentes biológicos

Os agentes biológicos são classificados em:

Classe de risco 1: baixo risco individual para o trabalhador e para a coletividade, com baixa probabilidade de causar doença ao ser humano.

Classe de risco 2: risco individual moderado para o trabalhador e com baixa probabilidade de disseminação para a coletividade. Podem causar doenças ao ser humano, para as quais existem meios eficazes de profilaxia ou tratamento.

Classe de risco 3: risco individual elevado para o trabalhador e com probabilidade de disseminação para a coletividade. Podem causar doenças e infecções graves ao ser humano, para as quais nem sempre existem meios eficazes de profilaxia ou tratamento.

Classe de risco 4: risco individual elevado para o trabalhador e com probabilidade elevada de disseminação para a coletividade. Apresenta grande poder de transmissibilidade de um indivíduo a outro. Podem causar doenças graves ao ser humano, para as quais não existem meios eficazes de profilaxia ou tratamento.

Anexo II

Tabela de classificação dos Agentes Biológicos

1. Este anexo apresenta uma tabela de agentes biológicos, classificados nas classes de risco, 3 e 4, de acordo com os critérios citados no Anexo I. Para algumas informações adicionais, utilizamos os seguintes símbolos:

A: possíveis efeitos alérgicos

E: agente emergente e oportunista

O: agente oncogênico de baixo risco

O+: agente oncogênico de risco moderado

T: produção de toxinas

V: vacina eficaz disponível

(*): normalmente não é transmitido através do ar

"spp": outras espécies do gênero, além das explicitamente indicadas, podendo constituir um risco para a saúde.

Na classificação por gênero e espécie podem ocorrer as seguintes situações:

a) no caso de mais de uma espécie de um determinado gênero ser patogênica, serão assinaladas as mais importantes, e as demais serão seguidas da denominação "spp", indicando que outras espécies do gênero podem ser também patogênicas. Por exemplo: *Campylobacter fetus, Campylobacter jejuni, Campylobacter spp*.

b) quando uma única espécie aparece na tabela, por exemplo, *Rochalimaea quintana*, indica que especificamente este agente é patógeno.

2. Na classificação dos agentes considerou-se os possíveis efeitos para os trabalhadores sadios. Não foram considerados os efeitos particulares para os trabalhadores cuja suscetibilidade possa estar afetada, como nos casos de patologia prévia, medicação, transtornos imunológicos, gravidez ou lactação.

3. Para a classificação correta dos agentes utilizando-se esta tabela, deve-se considerar que:

a) a não identificação de um determinado agente na tabela não implica em sua inclusão automática na classe de risco 1, devendo-se conduzir, para isso, uma avaliação de risco, baseada nas propriedades conhecidas ou potenciais desses agentes e de outros representantes do mesmo gênero ou família.

b) os organismos geneticamente modificados não estão incluídos na tabela.

c) no caso dos agentes em que estão indicados apenas o gênero, devem-se considerar excluídas as espécies e cepas não patogênicas para o homem.

d) todos os vírus isolados em seres humanos, porém não incluídos na tabela, devem ser classificados na classe de risco 2, até que estudos para sua classificação estejam concluídos.

AGENTES BIOLÓGICOS	Classificação (grupos)	Notas
Bactérias		
Acinetobacter baumannii (anteriormente Acinetobacter calcoaceticus)	2	
Actinobacillus spp	2	
Actinomadura madurae	2	
Actinomadura pelletieri	2	
Actinomyces gerencseriae	2	
Actinomyces israelí	2	
Actinomyces pyogenes (anteriormente Corynebacterium pyogenes)	2	
Actinomyces spp	2	
Aeromonas hydrophyla	2	
Amycolata autotrophica	2	
Archanobacterium haemolyticum (Corynebacterium haemolyticum)	2	

Bacillus anthracis	3	
Bacteroides fragilis	2	
Bartonella (Rochalimea) spp	2	
Bartonella bacilliformis	2	
Bartonella henselae	2	
Bartonella quintana	2	
Bartonella vinsonii	2	
Bordetella bronchiseptica	2	
Bordetella parapertussis	2	
Bordetella pertussis	2	V
Borrelia anserina	2	
Borrelia burgdorferi	2	
Borrelia duttonii	2	
Borrelia persicus	2	
Borrelia recurrentis	2	
Borrelia spp	2	
Borrelia theileri	2	
Borrelia vincenti	2	
Brucella abortus	3	
Brucella canis	3	
Brucella melitensis	3	
Brucella suis	3	
Burkholderia mallei (Pseudomonas mallei)	3	
Burkholderia pseudomallei (Pseudomonas pseudomallei)	3	
Campylobacter coli	2	
Campylobacter fetus	2	
Campylobacter jejuni	2	
Campylobacter septicum	2	
Campylobacter spp	2	
Cardiobacterium hominis	2	
Chlamydia pneumoniae	2	
Chlamydia trachomatis	2	
Chlamydia psittaci (cepas aviárias)	3	
Clostridium botulinum	3	T
Clostridium chauvoei	2	
Clostridium haemolyticum	2	
Clostridium histolyticum	2	
Clostridium novyi	2	
Clostridium perfringens	2	
Clostridium septicum	2	
Clostridium spp	2	
Clostridium tetani	2	T, V
Corynebacterium diphtheriae	2	T, V
Corynebacterium equi	2	
Corynebacterium haemolyticum	2	
Corynebacterium minutissimum	2	
Corynebacterium pseudotuberculosis	2	
Corynebacterium pyogenes	2	
Corynebacterium renale	2	
Corynebacterium spp	2	
Coxiella burnetii	3	
Dermatophilus congolensis	2	
Edwardsiella tarda	2	
Ehrlichia sennetsu (Rickettsia sennetsu)	2	
Ehrlichia spp	2	
Eikenella corrodens	2	
Enterobacter aerogenes/cloacae	2	
Enterococcus spp	2	
Erysipelothrix rhusiopathiae	2	
Escherichia coli (todas as cepas enteropatogênicas, enterotoxigênicas, enteroinvasivas e detentoras do antígeno K 1)	2	
Escherichia coli, cepas verocitotóxicas (por exemplo O157:H7 ou O103)	3	(*), T
Francisella tularensis (tipo A)	3	
Haemophilus ducreyi	2	
Haemophilus equigenitalis	3	
Haemophilus influenzae	2	
Helicobacter pylori	2	
Klebsiella oxytoca	2	
Klebsiella pneumoniae	2	
Klebsiella spp	2	
Legionella pneumophila	2	
Legionella spp	2	
Leptospira interrogans (todos os sorotipos)	2	
Listeria monocytogenes	2	
Listeria ivanovii	2	
Moraxella spp	2	
Mycobacterium asiaticum	2	
Mycobacterium avium/intracellulare	2	
Mycobacterium bovis (exceto a cepa BCG)	3	V
Mycobacterium chelonae	2	
Mycobacterium fortuitum	2	
Mycobacterium kansasii	2	
Mycobacterium leprae	2	
Mycobacterium malmoense	2	
Mycobacterium marinum	2	
Mycobacterium paratuberculosis	2	
Mycobacterium scrofulaceum	2	
Mycobacterium simiae	2	
Mycobacterium szulgai	2	
Mycobacterium tuberculosis	3	V
Mycobacterium xenopi	2	
Mycoplasma caviae	2	
Mycoplasma hominis	2	
Mycoplasma pneumoniae	2	
Neisseria gonorrhoeae	2	
Neisseria meningitidis	2	V
Nocardia asteroides	2	
Nocardia brasiliensis	2	
Nocardia farcinica	2	
Nocardia nova	2	
Nocardia otitidiscaviarum	2	
Nocardia transvalensis	2	
Pasteurella multocida	2	
Pasteurella multocida tipo B (amostra buffalo e outras cepas virulentas)	3	

NR 32

Pasteurella spp	2	
Peptostreptococcus anaerobius	2	
Plesiomonas shigelloides	2	
Porphyromonas spp	2	
Prevotella spp	2	
Proteus mirabilis	2	
Proteus penneri	2	
Proteus vulgaris	2	
Providencia alcalifaciens	2	
Providencia rettgeri	2	
Providencia spp	2	
Pseudomonas aeruginosa	2	
Rhodococcus equi	2	
Rickettsia akari	3	(*)
Rickettsia australis	3	
Rickettsia Canada	3	(*)
Rickettsia conorii	3	
Rickettsia Montana	3	(*)
Rickettsia prowazekii	3	
Rickettsia rickettsii	3	
Rickettsia siberica	3	
Rickettsia tsutsugamushi	3	
Rickettsia typhi (Rickettsia mooseri)	3	
Salmonella arizonae	2	
Salmonella enteritidis	2	
Salmonella typhimurium	2	
Salmonella paratyphi A, B, C	2	V
Salmonella Typha	2	(*), V
Salmonella spp	2	
Serpulina spp	2	
Shigella boydii	2	
Shigella dysenteriae	2	
Shigella flexneri	2	
Shigella sonnei	2	
Staphylococcus aureus	2	
Streptobacillus moniliformis	2	
Streptococcus pneumoniae	2	
Streptococcus pyogenes	2	
Streptococcus suis	2	
Streptococcus spp	2	
Treponema carateum	2	
Treponema pallidum	2	
Treponema pertenue	2	
Treponema spp	2	
Vibrio cholerae (01 e 0139)	2	
Vibrio parahaemolyticus	2	
Vibrio vulnificus	2	
Vibrio spp	2	
Yersinia enterocolitica	2	
Yersinia pestis	3	V
Yersinia pseudotuberculosis	2	
Yersinia spp	2	
Vírus		
Herpesvirus de cobaias	2	O
Shope fibroma vírus	2	O
Vírus da Doença hemorrágica de coelhos	4	
Vírus da Enterite viral de patos, gansos e cisnes	4	

Vírus da Febre catarral maligna de bovinos e cervos	4	
Vírus da Hepatite viral do pato tipos 1, 2 e 3	4	
Vírus da Leucemia de Hamsters	2	O
Vírus da Leucose Bovina Enzoótica	2	O
Vírus da lumpy skin	4	
Vírus do Sarcoma Canino	2	O
Vírus do Tumor Mamário de camundongos	2	O
Vírus Lucke (vírus de rãs)	2	O
Adenoviridae	2	
Adenovirus 1 aviário – Vírus CELO	2	O
Adenovirus 2 – Vírus Símio 40 (Ad2-SV40)	2	O+
Adenovirus 7 – Vírus Símio 40 (Ad7-SV40)	2	O
Arenaviridae:		
** Complexos virais LCM-Lassa (arenavírus do Velho Continente)*		
Vírus Lassa	4	
Vírus da coriomeningite linfocítica (cepas neurotrópicas)	3	
Vírus da coriomeningite linfocítica (outras cepas)	2	
** Complexos virais Tacaribe (arenavírus do Novo Mundo):*		
Vírus Amapari	2	
Vírus Flechal	2	
Vírus Guanarito	4	
Vírus Junin	4	
Vírus Latino	2	
Vírus Machupo	4	
Vírus Paraná	2	
Vírus Pichinde	2	
Vírus Sabiá	4	
Astroviridae	2	
Birnavirus: incluindo Picobirnavirus, Picotrinavirus	2	
Bunyaviridae:		
Vírus Belém	2	
Vírus Mojuí dos Campos	2	
Vírus Pará	2	
Vírus Santarém	2	
Vírus Turlock	2	
** Grupo Anopheles A*		
Vírus Arumateua	2	
Vírus Caraipé	2	
Vírus Lukuni	2	
Vírus Tacaiuma	2	
Vírus Trombetas	2	
Vírus Tucurui	2	
** Grupo Bunyamwera*		
Vírus Iaco	2	
Vírus Kairi	2	
Vírus Macauã	2	

Vírus Maguari	2	
Vírus Sororoca	2	
Vírus Taiassuí	2	
Vírus Tucunduba	2	
Vírus Xingu	2	
** Grupo da encefalite da Califórnia*		
Vírus Inkoo	2	
Vírus La Crosse	2	
Vírus Lumbo	2	
Vírus San Angelo	2	
Vírus Snow hare	2	
Vírus Tahyna	2	
** Grupo Melão*		
Vírus Guaroa	2	
Vírus Jamestown Canyon	2	
Vírus Keystone	2	
Vírus Serra do Navio	2	
Vírus South River	2	
Vírus Trivittatus	2	
** Grupo C*		
Vírus Apeu	2	
Vírus Caraparu	2	
Vírus Itaqui	2	
Vírus Marituba	2	
Vírus Murutucu	2	
Vírus Nepuyo	2	
Vírus Oriboca	2	
** Grupo Capim*		
Vírus Acara	2	
Vírus Benevides	2	
Vírus Benfica	2	
Vírus Capim	2	
Vírus Guajará	2	
Vírus Moriche	2	
** Grupo Guamá*		
Vírus Ananindeua	2	
Vírus Bimiti	2	
Vírus Catú	2	
Vírus Guamá	2	
Vírus Mirim	2	
Vírus Moju	2	
Vírus Timboteua	2	
** Grupo Simbu*		
Vírus Jatobal	2	
Vírus Oropouche	2	
Vírus Utinga	2	
Caliciviridae:		
Vírus da Hepatite E	2	(*)
Vírus Norwalk	2	
Outros Caliciviridae	2	
Coronaviridae:		
Vírus humanos, gastroenterite de suínos, hepatite murina, Coronavirus bovinos, peritonite infecciosa felina, bronquite infecciosa aviária, Coronavirus de caninos, ratos e coelhos	2	
Filoviridae:		
Vírus Ebola	4	
Vírus de Marburg	4	
Flaviviridae:		
Vírus Bussuquara	2	
Vírus Cacipacoré	2	
Vírus da Dengue tipos 1-4	2	
Vírus da Encefalite B japonesa	3	V
Vírus da Encefalite da Austrália (Encefalite do Vale Murray)	3	
Vírus da Encefalite da primavera-verão russa	4	V, (*a*)
Vírus da Encefalite de São Luís	2	
Vírus da Encefalite da Europa Central	4	(*), V, (*a*)
Vírus da Febre amarela	3	V
Vírus da Febre hemorrágica de Omsk	4	(*a*)
Vírus da Floresta de Kyasanur	4	V, (*a*)
Vírus da Hepatite C	2	(*)
Vírus do Nilo Ocidental	2	
Vírus Ilhéus	2	
Vírus Kunjin	2	
Vírus Powassan	3	
Vírus Rocio	3	
Vírus Sal Vieja	3	
Vírus San Perlita	3	
Vírus Spondweni	3	
Hantavirus:		
Vírus Andes	3	
Vírus Dobrava (Belgrado)	3	
Vírus Hantaan (Febre hemorrágica da Coreia)	3	
Vírus Juquitiba	3	
Vírus Prospect Hill	2	
Vírus Puumala	2	
Vírus Seoul	3	
Vírus Sin Nombre	3	
Hepadnaviridae:		
Vírus da hepatite B	2	(*), V
Vírus da hepatite D (Delta)	2	(*), V, (*b*)
Herpesviridae:		
Citomegalovirus	2	
Herpes simplex vírus tipos 1 e 2	2	
Herpesvirus de Ateles (Rhadinovirus)	3	
Herpesvirus de Saimiri (Rhadinovirus)	3	
Herpesvirus humano 7 (HHV7)	2	
Herpesvirus humano 8 (HHV8)	2	
Herpesvirus simiae (vírus B)	4	
Herpesvirus varicellazoster	2	
Vírus da Doença de Marek	2	O
Vírus Epstein-Barr	2	O
Vírus linfotrópico humano B (HBLV-HHV6)	2	
Nairovirus:		
Vírus da Febre hemorrágica da Crimeia/Congo	4	

Vírus Hazara	2	
Oncornavirus: Vírus C e D	3	
Orthomyxoviridae:		
Vírus da Influenza tipos A, B e C	2	V (c)
Ortomixovirus transmitidos por carrapatos: Vírus Dhori e Thogoto	2	
Papovaviridae:		
Polyoma vírus	2	O
Shope papilloma vírus	2	O
Vírus BK e JC	2	
Vírus do Papiloma bovino	2	O
Vírus do Papiloma humano	2	
Vírus Símio 40 (SV40)	2	
Paramyxoviridae:		
Pneumovirus	2	
Vírus da Caxumba	2	V
Vírus da Doença de Newcastle (amostras não asiáticas)	2	
Vírus da Parainfluenza tipos 1 a 4	2	
Vírus do Sarampo	2	V
Vírus Nipah	2	
Vírus Respiratório Sincicial	2	
Parvoviridae:		
Parvovirus humano (B 19)	2	
Phlebovirus:		
Uukuvirus	2	
Vírus Alenquer	2	
Vírus Ambé	2	
Vírus Anhangá	2	
Vírus Ariquemes	2	
Vírus Belterra	2	
Vírus Bujarú	2	
Vírus Candiru	2	
Vírus de Toscana	2	
Vírus Icoarací	2	
Vírus Itaituba	2	
Vírus Itaporanga	2	
Vírus Jacundá	2	
Vírus Joa	2	
Vírus Morumbi	2	
Vírus Munguba	2	
Vírus Nápoles	2	
Vírus Oriximina	2	
Vírus Pacuí	2	
Vírus Serra Norte	2	
Vírus Tapará	2	
Vírus Toscana	2	
Vírus Turuna	2	
Vírus Uriurana	2	
Vírus Urucuri	2	
Picornaviridae:		
Poliovirus	2	V
Rinovirus	2	
Vírus Coxsackie	2	
Vírus da Aftosa com seus diversos tipos e variantes	4	
Vírus da Conjuntivite Hemorrágica Aguda (AHC)	2	
Vírus da Hepatite A (enterovirus humano tipo 72)	2	V
Vírus ECHO	2	
Poxviridae:		
Parapoxvirus	2	
Poxvirus de caprinos, suínos e aves	2	
Vírus Buffalopox	2	(d)
Vírus Cotia	2	
Vírus Cowpox (e relacionados isolados de felinos domésticos e animais selvagens)	2	
Vírus da varíola (major, minor)	4	V
Vírus da varíola alastrim	4	
Vírus da varíola do camelo	4	
Vírus do Nódulo dos ordenhadores	2	
Vírus Molluscum contagiosum	4	V
Vírus Monkeypox (varíola do macaco)	3	
Vírus Orf	2	
Vírus Vaccinia	2	
Vírus Whitepox ("vírus da varíola")	4	V
Vírus Yatapox: Tana	2	
Vírus Yatapox: Yaba	2	O+
Reoviridae:		
Coltivirus	2	
Orbivirus	2	
Orthoreovirus tipos 1, 2 e 3	2	
Reovirus isolados na Amazônia dos Grupos Changuinola e Corriparta	2	
Rotavirus humanos	2	
Vírus Ieri	2	
Vírus Itupiranga	2	
Vírus Tembé	2	
Retroviridae:		
HIV – Vírus da Imunodeficiência Humana	3	(*)
Rous Sarcoma Vírus	2	O
Vírus da Leucemia de Gibões (GaLV)	2	O+
Vírus da Leucemia de murinos	2	O
Vírus da Leucemia de ratos	2	O
Vírus da Leucemia Felina (FeLV)	2	O+
Vírus da Leucose Aviária	2	O
Vírus do Sarcoma de murinos	2	O
Vírus do Sarcoma de Símios (SSV-1)	2	O+
Vírus do Sarcoma Felino (FeSV)	2	O+
Vírus Linfotrópicos das células T humana (HTLV-1 e HTLV-2)	3	(*)
Vírus Símio Mason-Pfizer	2	O
Vírus SIV	3	(*), (e)
Rhabdoviridae:		
Vírus Aruac	2	
Vírus da Raiva	3	V, (*)

Vírus Duvenhage	2	
Vírus Inhangapi	2	
Vírus Xiburema	2	
** Grupo da Estomatite Vesicular*		
Vírus Alagoas VSV-3	2	
Vírus Carajás	2	
Vírus Cocal VSV-2	2	
Vírus Indiana VSV-1	2	
Vírus Juruna	2	
Vírus Marabá	2	
Vírus Maraba VSV-4	2	
Vírus Piry	2	
** Grupo Hart Park*		
Vírus Hart Park	2	
Vírus Mosqueiro	2	
** Grupo Mussuril*		
Vírus Cuiabá	2	
Vírus Marco	2	
** Grupo Timbó*		
Vírus Chaco	2	
Vírus Sena Madureira	2	
Vírus Timbó	2	
Togaviridae:		
** Alfavirus*		
Vírus Aura	2	
Vírus Bebaru	2	
Vírus Chikungunya	2	(*)
Vírus da Encefalomielite equina americana ocidental	2	V
Vírus da Encefalomielite equina americana oriental	2	V
Vírus da Encefalomielite equina venezuelana	3	V
Vírus do Bosque Semliki	2	
Vírus do Rio Ross	2	
Vírus Mayaro	2	
Vírus Mucambo	2	(*)
Vírus Onyongnyong	2	
Vírus Pixuna	2	
Vírus Uma	2	
Outros alfavirus conhecidos	2	
** Rubivirus: Vírus da Rubéola*	2	V
** Pestivirus: Vírus da Diarreia Bovina*	2	
Prions: agentes não classificados associados a encefalopatias espongiformes transmissíveis		
Agente da Encefalopatia Espongiforme Bovina (BSE), scrapie e outras doenças animais afins	3	(*), (f)
Agente da Doença de Creutzfeldt-Jakob (CJD)	3	(*)
Agente da Insônia Familiar Fatal	3	(*)
Agente da Síndrome de Gerstmann-Sträussler-Scheinker	3	(*)
Agente do Kuru	3	(*)
Parasitas		
Acanthamoeba castellani	2	

Ancylostoma ceylanicum	2	
Ancylostoma duodenale	2	
Angiostrongylus cantonensis	2	
Angiostrongylus costaricensis	2	
Angiostrongylus spp	2	
Ascaris lumbricoides	2	A
Ascaris suum	2	A
Babesia divergens	2	
Babesia microti	2	
Balantidium coli	2	
Brugia malayi	2	
Brugia pahangi	2	
Brugia timori	2	
Capillaria philippinensis	2	
Capillaria spp	2	
Clonorchis sinensis	2	
Clonorchis viverrini	2	
Coccidia spp	2	
Cryptosporidium parvum	2	
Cryptosporidium spp	2	
Cyclospora cayetanensis	2	
Cysticercus cellulosae (cisto hidático, larva de T. sollium)	2	
Dactylaria galopava (Ochroconis gallopavum)	2	
Dipetalonema streptocerca	2	
Diphyllobothrium latum	2	
Dracunculus medinensis	2	
Echinococcus granulosus	2	(*)
Echinococcus multilocularis	2	(*)
Echinococcus vogeli	2	(*)
Emmonsia parva var. crescens	2	
Emmonsia parva var. parva	2	
Entamoeba histolytica	2	
Enterobius spp	2	
Exophiala (Wangiella) dermatitidis	2	
Fasciola gigantica	2	
Fasciola hepática	2	
Fasciolopsis buski	2	
Fonsecaea compacta	2	
Fonsecaea pedrosoi	2	
Giardia lamblia (Giardia intestinalis)	2	
Giardia spp	2	
Heterophyes spp	2	
Hymenolepis diminuta	2	
Hymenolepis nana	2	
Isospora spp	2	
Leishmania brasiliensis	2	(*)
Leishmania donovani	2	(*)
Leishmania major	2	
Leishmania mexicana	2	
Leishmania peruviana	2	
Leishmania spp	2	
Leishmania tropica	2	
Leishmanla ethiopica	2	
Loa loa	2	
Madurella grises	2	

Madurella mycetomatis	2	
Mansonella ozzardi	2	
Mansonella perstans	2	
Microsporidium spp	2	
Naegleria fowleri	2	
Naegleria gruberi	2	
Necator americanus	2	
Onchocerca volvulus	2	
Opisthorchis felineus	2	
Opisthorchis spp	2	
Paragonimus westermani	2	
Plasmodium cynomolgi	2	
Plasmodium falciparum	2	(*)
Plasmodium malariae	2	
Plasmodium ovale	2	
Plasmodium spp (humano e símio)	2	
Plasmodium vivax	2	
Sarcocystis suihominis	2	
Scedosporium apiospermum (Pseudallescheria boidii)	2	
Scedosporium prolificans (inflatum)	2	
Schistosoma haematobium	2	
Schistosoma intercalatum	2	
Schistosoma japonicum	2	
Schistosoma mansoni	2	
Schistosoma mekongi	2	
Strongyloides spp	2	
Strongyloides stercoralis	2	
Taenia saginata	2	
Taenia solium	2	(*)
Toxocara canis	2	
Toxoplasma gondii	2	
Trichinella spiralis	2	
Trichuris trichiura	2	
Trypanosoma brucei brucei	2	
Trypanosoma brucei gambiense	2	
Trypanosoma brucei rhodesiense	2	(*)
Trypanosoma cruzi	2	
Wuchereria bancrofti	2	
Fungos		
Acremonium falciforme	2	E
Acremonium kiliense	2	E
Acremonium potronii	2	E
Acremonium recifei	2	E
Acremonium roseogriseum	2	E
Alternaria anamorfo de Pleospora infectoria	2	E
Aphanoascus fulvescens	2	E
Aspergillus amstelodami	2	E
Aspergillus caesiellus	2	E
Aspergillus candidus	2	E
Aspergillus carneus	2	E
Aspergillus flavus	2	
Aspergillus fumigatus	2	
Aspergillus glaucus	2	E
Aspergillus oryzae	2	E

Aspergillus penicillioides	2	E
Aspergillus restrictus	2	E
Aspergillus sydowi	2	E
Aspergillus terreus	2	E
Aspergillus unguis	2	E
Aspergillus versicolor	2	E
Beauveria bassiana	2	E
Blastomyces dermatitidis (Ajellomyces dermatitidis)	2	A
Candida albicans	2	A
Candida lipolytica	2	E
Candida pulcherrima	2	E
Candida ravautii	2	E
Candida tropicalis	2	
Candida viswanathii	2	E
Chaetoconidium spp	2	E
Chaetomium spp	2	E
Chaetosphaeronema larense	2	E
Cladophialophora bantiana (Xylophora bantiana, Cladosporium bantianum ou C. trichoides)	2	
Cladophialophora carrioni (Cladosporium carrioni)	2	
Cladosporium cladosporioides	2	E
Coccidioides immitis	3	A
Conidiobolus incongruus	2	E
Coprinus cinereus	2	E
Cryptococcus neoformans	2	
Cryptococcus neoformans var. gattii (Filobasidiella bacillispora)	2	A
Cryptococcus neoformans var. neoformans (Filobasidiella neoformans var. neoformans)	2	A
Cunninghamella geniculata	2	E
Curvularia pallescens	2	E
Curvularia senegalensis	2	E
Cylindrocarpon tonkinense	2	E
Drechslera spp	2	E
Emmonsia parva var. crescens	2	
Emmonsia parva var. parva	2	
Epidermophyton floccosum	2	A
Epidermophyton spp	2	
Exophiala (Wangiella) dermatitidis	2	
Exophiala moniliae	2	E
Fonsecaea compacta	2	
Fonsecaea pedrosoi	2	
Fusarium dimerum	2	E
Fusarium nivale	2	E
Geotrichum candidum	2	E
Hansenula polymorpha	2	E
Histoplasma capsulatum duboisii	3	

Histoplasma capsulatum var capsulatum (Ajellomyces capsulatus)	3	
Lasiodiplodia theobramae	2	E
Madurella grises	2	
Madurella mycetomatis	2	
Madurella spp	2	
Microascus desmosporus	2	E
Microsporum aldouinii	2	A
Microsporum canis	2	A
Microsporum spp	2	A
Mucor rouxianus	2	E
Mycelia sterilia	2	E
Mycocentrospora acerina	2	E
Neotestudina rosatii	2	
Oidiodendron cerealis	2	E
Paecilomyces lilacinus	2	E
Paecilomyces variotti	2	E
Paecilomyces viridis	2	E
Paracoccidioides brasiliensis (na fase de esporulação apresenta maior risco de infecção)	2	
Penicillium chrysogenum	2	E
Penicillium citrinum	2	E
Penicillium commune	2	E
Penicillium expansum	2	E
Penicillium marneffei	2	A
Penicillium spinulosum	2	E
Phialophora hoffmannii	2	E
Phialophora parasitica	2	E
Phialophora repens	2	E
Phoma hibérnica	2	E
Phyllosticta ovalis	2	E
Phyllosticta spp	2	E
Pneumocystis carinii	2	
Pyrenochaeta unguis-hominis	2	E
Rhizoctonia spp	2	E
Rhodotorula pilimanae	2	E
Rhodotorula rubra	2	E
Scedosporium apiospermum (Pseudallescheria boidii)	2	
Scedosporium prolificans (inflatum)	2	
Schizophyllum commune	2	E
Scopulariops acremonium	2	E
Scopulariops brumptii	2	E
Sporothrix schenckii	2	
Stenella araguata	2	E
Taeniolella stilbospora	2	E
Tetraploa spp	2	E
Trichophyton rubrum	2	
Trichophyton spp	2	
Trichosporon capitatum	2	E
Tritirachium oryzae	2	E
Volutella cinerescens	2	E

Fontes:

1. Brasil (2004) Diretrizes Gerais para o trabalho em contenção com material biológico. Série A: Normas e Manuais Técnicos. Ministério da Saúde, Secretaria de Ciência, Tecnologia e Insumos Estratégicos, Brasília: Ministério da Saúde, 60p.

2. UE (2000) Council Directive 2000/54/EC. OJ L 262, 17.10.2000, 21p.

3. ABSA (2005) Risk Group Classification for Infectious Agents. http://www.absa.org/resriskgroup.html, acessado em 11 de julho de 2005.

(*a*) Encefalites transmitidas por carrapatos.

(*b*) O vírus da hepatite D é patogênico apenas na presença de infecção simultânea ou secundária causada pelo vírus da hepatite B. Assim, a vacinação de pessoas que não sejam portadoras do vírus da hepatite B também imuniza contra a hepatite D (Delta).

(*c*) Apenas para os tipos A e B.

(*d*) Dois vírus estão identificados: um é o buffalopox tipo e o outro é uma variante do vírus Vaccinia.

(*e*) Até o momento não há evidência de doença em seres humanos causada por retrovírus de origem símia. Como precaução, recomenda-se nível de contenção 3 para o trabalho com este agente.

(*f*) Até o momento não há evidência de infecções em seres humanos causadas pelos agentes responsáveis pela encefalite espongiforme bovina. No entanto, recomenda-se o nível de contenção 2, no mínimo, para o trabalho com este agente em laboratório.

Anexo III

Plano de Prevenção de Riscos de Acidentes Com Materiais Perfurocortantes

•• Anexo III acrescentado pela Portaria n. 1.748, de 30-8-2011.

•• O art. 3º da Portaria n. 1.748, de 30-8-2011, dispõe: "Art. 3º O empregador deve elaborar e implantar o Plano de Prevenção de Riscos de Acidentes com Materiais Perfurocortantes no prazo de cento e vinte dias, a partir da data de publicação desta Portaria".

1. Objetivo e Campo de Aplicação:

1.1. Estabelecer diretrizes para a elaboração e implementação de um plano de prevenção de riscos de acidentes com materiais perfurocortantes com probabilidade de exposição a agentes biológicos, visando a proteção, segurança e saúde dos trabalhadores dos serviços de saúde, bem como daqueles que exercem atividades de promoção e assistência à saúde em geral.

1.2. Entende-se por serviço de saúde qualquer edificação destinada à prestação de assistência à saúde da população, e todas as ações de promoção, recuperação, assistência, pesquisa e ensino em saúde em qualquer nível de complexidade.

1.3. Materiais perfurocortantes são aqueles utilizados na assistência à saúde que têm ponta ou gume, ou que possam perfurar ou cortar.

1.4. O dispositivo de segurança é um item integrado a um conjunto do qual faça parte o elemento perfurocortante ou uma tecnologia capaz de reduzir o risco de acidente, seja qual for o mecanismo de ativação do mesmo.

2. Comissão gestora multidisciplinar:

2.1. O empregador deve constituir uma comissão gestora multidisciplinar, que tem como objetivo reduzir os riscos de acidentes com materiais perfurocortantes, com probabilidade de exposição a agentes biológicos, por meio da elaboração, implementação e atualização de plano de prevenção de riscos de acidentes com materiais perfurocortantes.

2.2. A comissão deve ser constituída, sempre que aplicável, pelos seguintes membros:

a) o empregador, seu representante legal ou representante da direção do serviço de saúde;

b) representante do Serviço Especializado em Engenharia de Segurança e em Medicina do Trabalho – SESMT, conforme a Norma Regulamentadora n. 4;

c) vice-presidente da Comissão Interna de Prevenção de Acidentes – CIPA ou o designado responsável pelo cumprimento dos objetivos da Norma Regulamentadora n. 5, nos casos em que não é obrigatória a constituição de CIPA;

d) representante da Comissão de Controle de Infecção Hospitalar;

e) direção de enfermagem;

f) direção clínica;

g) responsável pela elaboração e implementação do PGRSS – Plano de Gerenciamento de Resíduos de Serviço de Saúde;

h) representante da Central de Material e Esterilização;

i) representante do setor de compras; e

j) representante do setor de padronização de material.

3. Análise dos acidentes de trabalho ocorridos e das situações de risco com materiais perfurocortantes:

3.1. A Comissão Gestora deve analisar as informações existentes no PPRA e no PCMSO, além das referentes aos acidentes do trabalho ocorridos com materiais perfurocortantes.

3.2. A Comissão Gestora não deve se restringir às informações previamente existentes no serviço de saúde, devendo proceder às suas próprias análises dos acidentes do trabalho ocorridos e situações de risco com materiais perfurocortantes.

3.3. A Comissão Gestora deve elaborar e implantar procedimentos de registro e investigação de acidentes e situações de risco envolvendo materiais perfurocortantes.

4. Estabelecimento de prioridades:

4.1. A partir da análise das situações de risco e dos acidentes de trabalho ocorridos com materiais perfurocortantes, a Comissão Gestora deve estabelecer as prioridades, considerando obrigatoriamente os seguintes aspectos:

a) situações de risco e acidentes com materiais perfurocortantes que possuem maior probabilidade de transmissão de agentes biológicos veiculados pelo sangue;

b) frequência de ocorrência de acidentes em procedimentos com utilização de um material perfurocortante específico;

c) procedimentos de limpeza, descontaminação ou descarte que contribuem para uma elevada ocorrência de acidentes; e

d) número de trabalhadores expostos às situações de risco de acidentes com materiais perfurocortantes.

5. Medidas de controle para a prevenção de acidentes com materiais perfurocortantes:

5.1. A adoção das medidas de controle deve obedecer à seguinte hierarquia:

a) substituir o uso de agulhas e outros perfurocortantes quando for tecnicamente possível;

b) adotar controles de engenharia no ambiente (por exemplo, coletores de descarte);

c) adotar o uso de material perfurocortante com dispositivo de segurança, quando existente, disponível e tecnicamente possível; e

d) mudanças na organização e nas práticas de trabalho.

6. Seleção dos materiais perfurocortantes com dispositivo de segurança:

6.1. Esta seleção deve ser conduzida pela Comissão Gestora Multidisciplinar, atendendo as seguintes etapas:

a) definição dos materiais perfurocortantes prioritários para substituição a partir da análise das situações de risco e dos acidentes de trabalho ocorridos;

b) definição de critérios para a seleção dos materiais perfurocortantes com dispositivo de segurança e obtenção de produtos para a avaliação;

c) planejamento dos testes para substituição em áreas selecionadas no serviço de saúde, decorrente da análise das situações de risco e dos acidentes de trabalho ocorridos; e

d) análise do desempenho da substituição do produto a partir das perspectivas da saúde do trabalhador, dos cuidados ao paciente e da efetividade, para posterior decisão de qual material adotar.

7. Capacitação dos trabalhadores:

7.1. Na implementação do plano, os trabalhadores devem ser capacitados antes da adoção de qualquer medida de controle e de forma continuada para a prevenção de acidentes com materiais perfurocortantes.

7.2. A capacitação deve ser comprovada por meio de documentos que informem a data, o horário, a carga horária, o conteúdo ministrado, o nome e a formação ou capacitação profissional do instrutor e dos trabalhadores envolvidos.

8. Cronograma de implementação:

8.1. O plano deve conter um cronograma para a sua implementação.

8.2. O cronograma deve contemplar as etapas dos itens 3 a 7 acima descritos e respectivos prazos para a sua implantação.

8.3. Este cronograma e a comprovação da implantação devem estar disponíveis para a Fiscalização do Ministério do Trabalho e Emprego e para os trabalhadores ou seus representantes.

9. Monitoramento do plano:

9.1. O plano deve contemplar monitoração sistemática da exposição dos trabalhadores a agentes biológicos na utilização de materiais perfurocortantes, utilizando a análise das situações de risco e acidentes do trabalho ocorridos antes e após a sua implementação, como indicadores de acompanhamento.

10. Avaliação da eficácia do plano:

10.1. O plano deve ser avaliado a cada ano, no mínimo, e sempre que se produza uma mudança nas condições de trabalho e quando a análise das situações de risco e dos acidentes assim o determinar.

Glossário

ABNT: Associação Brasileira de Normas Técnicas.

Acidente: é um evento súbito e inesperado que interfere nas condições normais de operação e que pode resultar em danos ao trabalhador, à propriedade ou ao meio ambiente.

Alvará de Funcionamento: Licença ou autorização de funcionamento ou operação do serviço fornecida pela autoridade sanitária local. Também chamado de licença ou alvará sanitário.

Análise *in vitro*: É um método indireto utilizado para determinação da atividade do radionuclídeo no corpo através da análise de material biológico, principalmente amostras de urina e fezes.

Análise *in vivo*: É um método direto de medida da radiação emitida, utilizado para avaliação do conteúdo corporal ou das atividades de alguns radionuclídeos em órgãos específicos do corpo. Nesta análise, geralmente são utilizados os chamados contadores de corpo inteiro, onde os raios gama ou X emitidos pelos elementos radioativos incorporados são detectados em pontos estratégicos do corpo do indivíduo monitorado.

Animais sinantrópicos: espécies que indesejavelmente coabitam com o homem e que podem transmitir doenças ou causar agravos à saúde humana, tais como roedores, baratas, moscas, pernilongos, pombos, formigas, pulgas e outros.

Antineoplásicos: são medicamentos que inibem ou previnem o crescimento e disseminação de alguns tipos de células cancerosas. São utilizados no tratamento de pacientes portadores de neoplasias malignas. São produtos altamente tóxicos e que podem causar teratogênese, mutagênese e carcinogênese com diferentes graus de risco.

ANVISA: Agência Nacional de Vigilância Sanitária.

Área Controlada: área sujeita a regras especiais de proteção e segurança, com a finalidade de controlar as exposições normais, prevenir a disseminação de contaminação radioativa e prevenir ou limitar a amplitude das exposições potenciais.

Área Supervisionada: área para a qual as condições de exposição ocupacional a radiações ionizantes são mantidas sob supervisão, mesmo que medidas de proteção e segurança específicas não sejam normalmente necessárias.

Armazenamento externo: Consiste na guarda dos recipientes de resíduos até a realização da etapa de coleta externa, em ambiente exclusivo com acesso facilitado para os veículos coletores.

Armazenamento Temporário: Consiste na guarda temporária dos recipientes contendo os resíduos já acondicionados, em local próximo aos pontos de geração, visando agilizar a coleta dentro do estabelecimento e otimizar o deslocamento entre os pontos geradores e o ponto destinado à apresentação para coleta externa. Não poderá ser feito armazenamento temporário com disposição direta dos sacos sobre o piso, sendo obrigatória a conservação dos sacos em recipientes de acondicionamento.

Biombo blindado: anteparo ou divisória móvel, cuja superfície é revestida com material para blindagem contra radiações ionizantes, para demarcar um espaço e criar uma área resguardada.

Blindagem: Barreira protetora. Material ou dispositivo interposto entre uma fonte de radiação e seres humanos ou meio ambiente com o propósito de segurança e proteção radiológica.

Braquiterapia: radioterapia mediante uma ou mais fontes seladas emissoras de raio gama ou beta utilizadas para aplicações superficiais, intracavitárias ou intersticiais.

Cabine de segurança biológica classe II B2: Cabine com a finalidade de oferecer proteção aos trabalhadores e ao meio ambiente dos produtos químicos, radionuclídeos e dos agentes biológicos que se enquadram no critério de Biossegurança Nível 3. Protegem também o produto ou ensaio executado no interior da cabine dos contaminantes existentes no local onde ela está instalada e da contaminação cruzada no interior da própria cabine.

Cabine de Segurança Biológica Classe II tipo B2 (segundo os conceitos da NSF 49): Cabine dotada de filtro absoluto (HEPA) com eficiência da filtragem e exaustão do ar de 99,99% a 100%, velocidade média do ar (m/s) 0,45 ± 10%, velocidade de entrada de ar pela janela frontal de 0,5-0,55 m/s. Todo ar que entra na cabine e o que é exaurido para o exterior passam previamente pelo filtro HEPA. Não há recirculação de fluxo de ar, a exaustão é total. A cabine tem pressão negativa em relação ao local onde está instalada, pela diferença entre o insuflamento do ar no interior da cabine e sua exaustão (vazão 1500 m^3/h e pressão de sucção de @35 m.m. c.a.).

Carcinogenicidade: capacidade que alguns agentes possuem de induzir ou causar câncer.

CCIH: Comissão de Controle de Infecção Hospitalar.

CNEN: Comissão Nacional de Energia Nuclear.

Colimador: Dispositivo adicional a uma fonte de radiação que possibilita a limitação do campo de radiação e a melhoria das condições de imagem ou exposição, para obtenção do diagnóstico ou terapia, por meio do formato e dimensão do orifício que dá passagem a radiação.

Coleta externa: consiste na remoção dos resíduos dos serviços de saúde do abrigo de resíduos (armazenamento externo) até a unidade de tratamento ou disposição final, utilizando-se técnicas que garantam a preservação das condições de acondicionamento e a integridade dos trabalhadores, da população e do meio ambiente, devendo estar de acordo com as orientações dos órgãos de limpeza urbana.

Controle de vetores: são operações ou programas desenvolvidos com o objetivo de reduzir, eliminar ou controlar a ocorrência dos vetores em uma determinada área.

Culturas de células: crescimento *in vitro* de células derivadas de tecidos ou órgãos de organismos multicelulares em meio nutriente e em condições de esterilidade.

Decaimento de rejeitos radioativos: transformação espontânea pela qual a atividade de um material radioativo reduz com o tempo. Deste processo resulta a diminuição do número de átomos radioativos originais de uma amostra. O tempo para que a atividade se reduza à metade é chamado meia-vida radioativa.

Descontaminação: remoção de um contaminante químico, físico ou biológico.

Desinfecção: processo de eliminação ou destruição de microrganismos na forma vegetativa, independente de serem patogênicos ou não, presentes nos artigos e objetos inanimados. A desinfecção pode ser de baixo, médio ou alto nível. Pode ser feita através do uso de agentes físicos ou químicos.

Diafragma: dispositivo que permite o controle da abertura e dimensionamento do feixe de radiação ionizante.

Disposição Final: Consiste na disposição de resíduos no solo, previamente preparado para recebê-los, obedecendo a critérios técnicos de construção e operação, e com licenciamento ambiental de acordo com a Resolução CONAMA n. 237/97.

Dosimetria citogenética: avaliação da dose de radiação absorvida através da contagem da frequência de aberrações cromossômicas em cultura de linfócitos do indivíduo irradiado. É principalmente utilizada para confirmar doses elevadas registradas em dosímetros individuais.

Dosímetro individual: Dispositivo usado junto a partes do corpo de um indivíduo, com o objetivo de avaliar a dose efetiva ou a dose equivalente acumulada em um dado período. Construído de material tecido-equivalente com fator de calibração bem estabelecido e rastreado à rede nacional e internacional de metrologia, cujas características são regidas pelas Normas ISO 4037-1 e IEC 731. Também chamado de monitor individual.

Exposição Acidental: exposição involuntária e imprevisível decorrente de situação de acidente.

Exposição de emergência (Radiações Ionizantes): exposição deliberada por autoridade competente ocorrida durante o atendimento a situações de emergência, exclusivamente no interesse de:

a) salvar vidas;

b) prevenir a escalada de acidentes que possam acarretar mortes;

c) salvar uma instalação de vital importância para o país.

Exposição de Rotina (Radiações Ionizantes): exposição de trabalhadores em condições normais de trabalho, em intervenções ou treinamento em práticas autorizadas.

Fluoroscopia: exame de um órgão por meio de uma imagem formada em um anteparo fluorescente com aplicação dos raios X.

Fonte de Radiação: equipamento ou material que emite ou é capaz de emitir radiação ionizante ou de liberar substâncias ou materiais radioativos.

Fontes de Exposição: pessoa, animal, objeto ou substância dos quais um agente biológico passa a um hospedeiro ou a reservatórios ambientais.

Fontes não seladas: são aquelas em que o material radioativo está sob forma sólida (pó), líquida ou mais raramente, gasosa, em recipientes que permitem o fracionamento do conteúdo em condições normais de uso.

Fontes seladas: materiais radioativos hermeticamente encapsulados de modo a evitar vazamentos e contato com o referido material, sob condições de aplicação específicas.

Genotoxicidade: capacidade que alguns agentes possuem de causar dano ao DNA de organismos a eles expostos. Quando são induzidas mutações, os agentes são chamados de mutagênicos.

Imunoglobulina: solução que contém anticorpos contra um ou mais agentes biológicos, empregada com o objetivo de conferir imunidade imediata e transitória.

Incidente: é um evento súbito e inesperado que interfira na atividade normal do trabalho sem dano ao trabalhador, à propriedade ou ao meio ambiente.

Incorporação: ação de determinado material radioativo no instante de sua admissão no corpo humano por ingestão, inalação ou penetração através da pele ou de ferimentos.

INMETRO: Instituto Nacional de Metrologia.

Instalação Radiativa: estabelecimento ou instalação onde se produzem, utilizam, transportam ou armazenam fontes de radiação. Excetuam-se desta definição:

a) as instalações nucleares;

b) os veículos transportadores de fontes de radiação quando estas não são partes integrantes dos mesmos.

Lavatório: peça sanitária destinada exclusivamente à lavagem de mãos.

Material Radioativo: material que contém substâncias ou elementos emissores de radiação ionizante.

Microrganismos: formas de vida de dimensões microscópicas. Organismos visíveis individualmente apenas ao microscópio, que inclui bactérias, fungos, protozoários e vírus.

Microrganismos geneticamente modificados: são aqueles em que o material genético (DNA) foi alterado por tecnologias da biotecnologia moderna, especialmente a tecnologia do DNA recombinante. A biotecnologia moderna abrange métodos artificiais de alteração do material genético, isto é, não envolvendo cruzamentos ou recombinações genéticas naturais.

Monitor de Contaminação: instrumento com capacidade para medir níveis de radiação em unidades estabelecidas pelos limites derivados de contaminação de superfície de acordo com a Norma CNEN NE- 3.01.

Monitor de Radiação: medidor de grandezas e parâmetros para fins de controle ou de avaliação da exposição à radiação presente em pessoas ou em superfícies de objetos, o qual possui a função de fornecer sinais de alerta ou alarme em condições específicas.

Monitoração Ambiental: medição contínua, periódica ou especial de grandezas radiológicas no meio ambiente, para fins de radioproteção.

Monitoração de Área: avaliação e controle das condições radiológicas das áreas de uma instalação, incluindo medição de grandezas relativas a:

a) campos externos de radiação;

b) contaminação de superfícies;

c) contaminação atmosférica.

Monitoração Individual: monitoração por meio de dosímetros individuais colocados sobre o corpo do indivíduo para fins de controle das exposições ocupacionais. A monitoração individual tem a função primária de avaliar a dose no indivíduo monitorado. Também pode ser utilizada para verificar a adequação do plano de proteção radiológica às atividades da instalação.

Monitoração Radiológica (ou simplesmente Monitoração): medição de grandezas relativas e parâmetros relativos à radioproteção, para fins de avaliação e controle das condições radiológicas das áreas de uma instalação ou do meio ambiente, de exposições ou de materiais radioativos e materiais nucleares, incluindo a interpretação de resultados.

Mutagenicidade: capacidade que alguns agentes possuem de induzir mutações em organismos a eles expostos. Mutações são alterações geralmente permanentes na sequência de nucleotídeos do DNA, podendo causar uma ou mais alterações fenotípicas. As mutações podem ter caráter hereditário.

NB: Norma Brasileira elaborada pela ABNT.

NBR: Norma Brasileira elaborada pela ABNT e registrada no INMETRO.

Parasita: organismo que sobrevive e se desenvolve às expensas de um hospedeiro, podendo localizar-se no interior ou no exterior deste. Usualmente causa algum dano ao hospedeiro.

Patogenicidade: capacidade de um agente biológico causar doença em um hospedeiro suscetível.

Perfurocortantes: que têm ponta ou gume, materiais utilizados para perfurar ou cortar.

Persistência do agente biológico no ambiente: capacidade do agente biológico de permanecer fora do hospedeiro, mantendo a possibilidade de causar doença.

Pia de lavagem (ou simplesmente pia): destinada preferencialmente à lavagem de utensílios podendo ser também usada para lavagem de mãos.

Plano de Proteção Radiológica: documento exigido para fins de licenciamento da instalação, que estabelece o sistema de radioproteção a ser implantado pelo serviço de radioproteção.

Princípio de Otimização: estabelece que o projeto, o planejamento do uso e a operação de instalação e de fontes de radiação devem ser feitos de modo a garantir que as operações sejam tão reduzidas quanto razoavelmente exequíveis, levando-se em consideração fatores sociais e econômicos.

Príons: Partículas proteicas infecciosas que não possuem ácidos nucleicos.

Programa de Garantia da Qualidade: conjunto de ações sistemáticas e planejadas visando garantir a confiabilidade adequada quanto ao funcionamento de uma estrutura, sistema, componentes ou procedimentos, de acordo com um padrão aprovado. Em radiodiagnóstico, estas ações devem resultar na produção continuada de imagens de alta qualidade com o mínimo de exposição para os pacientes e operadores.

Quimioterápicos Antineoplásicos: medicamentos utilizados no tratamento e controle do câncer.

Radiação Ionizante (ou simplesmente Radiação): qualquer partícula ou radiação eletromagnética que, ao interagir com a matéria, ioniza direta ou indiretamente seus átomos ou moléculas.

Radiofármaco: substância radioativa cujas propriedades físicas, químicas e biológicas, fazem com que seja apropriada para uso em seres humanos.

Radionuclídeo: isótopo instável de um elemento que decai ou se desintegra espontaneamente, emitindo radiação.

Radioproteção: conjunto de medidas que visa proteger o ser humano, seus descendentes e o meio ambiente de possíveis efeitos indesejados causados pela radiação ionizante, de acordo com princípios básicos estabelecidos pela CNEN.

Radioterapia: aplicação médica da radiação ionizante para fins terapêuticos.

RDC: Resolução da Diretoria Colegiada da ANVISA.

Recipiente de transporte: são os contenedores providos de rodas, destinados à coleta e transporte interno de resíduos de serviços de saúde.

Rejeito Radioativo: Qualquer material resultante de atividades humanas cuja reutilização seja imprópria ou não previsível e que contenha radionuclídeos em quantidades superiores aos limites de isenção estabelecidos na norma CNEN-NE-6.05, ou em outra que venha a substituí-la.

Reservatório: Pessoa, animal, objeto ou substância, em que um agente biológico pode persistir, manter sua viabilidade ou crescer e multiplicar-se, de modo a poder ser transmitido a um hospedeiro.

Resíduos de Serviços de Saúde: são todos aqueles resultantes de atividades exercidas nos serviços de saúde que, por suas características, necessitam de processos diferenciados em seu manejo, exigindo ou não tratamento prévio à sua disposição final.

Segregação: consiste na separação dos resíduos no momento e no local de sua geração, de acordo com as características físicas, químicas, biológicas, o seu estado físico e os riscos envolvidos.

Serviço de Medicina Nuclear: instalação médica específica para aplicação de radiofármacos em pacientes, para propósitos terapêuticos e/ou diagnósticos.

Serviço de Proteção Radiológica: entidade constituída especificamente com vistas à execução e manutenção do plano de radioproteção de uma instalação. Essa designação não tem caráter obrigatório, servindo simplesmente como referência.

Serviço de Radiodiagnóstico Médico: estabelecimento, ou setor definido do estabelecimento ou instituição ou especialidade médica que emprega radiações ionizantes para fazer diagnóstico através de imagens radiológicas e/ou radiografias.

Serviço de Radiodiagnóstico Odontológico: estabelecimento, ou setor definido do estabelecimento ou instituição ou especialidade odontológica que emprega radiações ionizantes para fazer diagnósticos através de imagens radiológicas e/ou radiografias. Nesta definição estão incluídos os consultórios odontológicos com equipamento de raios X diagnósticos.

Serviço de Radioterapia: instalação específica para aplicação médica da radiação ionizante para fins terapêuticos com utilização de fontes seladas ou feixes de radiação.

Símbolo Internacional da Radiação Ionizante: símbolo utilizado internacionalmente para indicar a presença de radiação ionizante. Deve ser acompanhado de um texto descrevendo o emprego da radiação ionizante.

Simuladores de fontes seladas: invólucros vazios, para enclausurar material radioativo, utilizados em treinamentos de braquiterapia.

Teratogenicidade: propriedade de um agente químico, físico ou biológico de induzir desenvolvimento anormal, gestacionalmente ou na fase pós-natal, expressado pela letalidade, malformações, retardo do desenvolvimento ou aberração funcional.

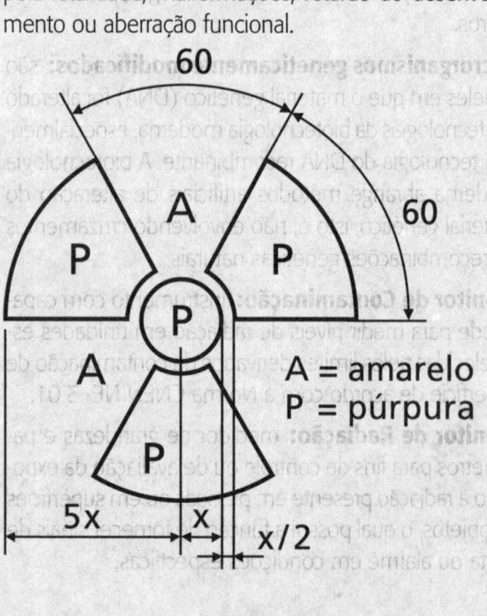

Titular da Instalação Radiativa: responsável legal pelo estabelecimento para o qual foi outorgada uma licença ou outro tipo de autorização.

Toxinas: substâncias químicas sintetizadas por organismos, que exercem efeitos biológicos adversos no ser humano.

Trabalhadores ocupacionalmente expostos às radiações ionizantes: trabalhador que, em consequência do seu trabalho a serviço da instalação radiativa, possa vir a receber, por ano, doses superiores aos limites primários para indivíduos do público, estabelecidos na Norma CNEN-NE 3.01 "Diretrizes Básicas de Radioproteção".

Trabalhador paraocupacionalmente exposto às radiações ionizantes: trabalhador cujas atividades laborais não estão relacionadas diretamente às radiações ionizantes, mas que ocasionalmente também podem vir a receber doses superiores aos limites primários estabelecidos na Norma CNEN-NE 3.01 "Diretrizes Básicas de Radioproteção" para indivíduos do público.

Trabalhador Qualificado: aquele que comprove perante o empregador e a inspeção do trabalho uma das seguintes condições:

a) capacitação na empresa, conforme o disposto na NR-32;

b) capacitação mediante curso ministrado por instituições privadas ou públicas, desde que conduzido por profissional habilitado.

Transmissibilidade: capacidade de transmissão de um agente a um hospedeiro. O período de transmissibilidade corresponde ao intervalo de tempo durante o qual um organismo elimina um agente biológico para reservatórios ou para um hospedeiro.

Turbulência aérea: alteração da uniformidade do fluxo de ar laminar unidirecional (no caso, interior da Cabine de Segurança Biológica Classe II tipo B2).

Vacinação: processo visando obtenção de imunidade ativa e duradoura de um organismo. A imunidade ativa é a proteção conferida pela estimulação antigênica do sistema imunológico com o desenvolvimento de uma resposta humoral (produção de anticorpos) e celular.

Vetor: vetor é um organismo que transmite um agente biológico de uma fonte de exposição ou reservatório a um hospedeiro.

Vias de entrada: tecidos ou órgãos por onde um agente penetra em um organismo, podendo ocasionar uma doença. A entrada pode ser por via cutânea (por contato direto com a pele), percutânea (através da pele), parenteral (por inoculação intravenosa, intramuscular, subcutânea), por contato direto com as mucosas, por via respiratória (por inalação) e por via oral (por ingestão).

Vias de transmissão: percurso feito pelo agente biológico a partir da fonte de exposição até o hospedeiro. A transmissão pode ocorrer das seguintes formas:

1. Direta: transmissão do agente biológico, sem a intermediação de veículos ou vetores.

2. Indireta: transmissão do agente biológico por meio de veículos ou vetores.

Virulência: é o grau de patogenicidade de um agente infeccioso.

NR 33
Segurança e Saúde nos Trabalhos em Espaços Confinados (1)

33.1. Objetivo e Definição

33.1.1. Esta Norma tem como objetivo estabelecer os requisitos mínimos para identificação de espaços confinados e o reconhecimento, avaliação, monitoramento e controle dos riscos existentes, de forma a garantir permanentemente a segurança e saúde dos trabalhadores que interagem direta ou indiretamente nestes espaços.

33.1.2. Espaço Confinado é qualquer área ou ambiente não projetado para ocupação humana contínua, que possua meios limitados de entrada e saída, cuja ventilação existente é insuficiente para remover contaminantes ou onde possa existir a deficiência ou enriquecimento de oxigênio.

33.2. Das Responsabilidades

33.2.1. Cabe ao Empregador:

a) indicar formalmente o responsável técnico pelo cumprimento desta norma;

• Código: 133.001-2. Infração: 2. Tipo: S.

b) identificar os espaços confinados existentes no estabelecimento;

c) identificar os riscos específicos de cada espaço confinado;

d) implementar a gestão em segurança e saúde no trabalho em espaços confinados, por medidas técnicas de prevenção, administrativas, pessoais e de emergência e salvamento, de forma a garantir permanentemente ambientes com condições adequadas de trabalho;

e) garantir a capacitação continuada dos trabalhadores sobre os riscos, as medidas de controle, de emergência e salvamento em espaços confinados;

f) garantir que o acesso ao espaço confinado somente ocorra após a emissão, por escrito, da Permissão de Entrada e Trabalho, conforme modelo constante no anexo II desta NR;

g) fornecer às empresas contratadas informações sobre os riscos nas áreas onde desenvolverão suas atividades e exigir a capacitação de seus trabalhadores;

• Código: 133.002-0. Infração: 3. Tipo: S.

h) acompanhar a implementação das medidas de segurança e saúde dos trabalhadores das empresas contratadas provendo os meios e condições para que eles possam atuar em conformidade com esta NR;

• Código: 133.003-9. Infração: 4. Tipo: S.

i) interromper todo e qualquer tipo de trabalho em caso de suspeição de condição de risco grave e iminente, procedendo ao imediato abandono do local; e

• Código: 133.004-7. Infração: 4. Tipo: S.

j) garantir informações atualizadas sobre os riscos e medidas de controle antes de cada acesso aos espaços confinados.

• Código: 133.005-5. Infração: 3. Tipo: S.

33.2.2. Cabe aos Trabalhadores:

a) colaborar com a empresa no cumprimento desta NR;

b) utilizar adequadamente os meios e equipamentos fornecidos pela empresa;

c) comunicar ao Vigia e ao Supervisor de Entrada as situações de risco para sua segurança e saúde ou de terceiros, que sejam do seu conhecimento; e

d) cumprir os procedimentos e orientações recebidos nos treinamentos com relação aos espaços confinados.

33.3. Gestão de segurança e saúde nos trabalhos em espaços confinados

33.3.1. A gestão de segurança e saúde deve ser planejada, programada, implementada e avaliada, incluindo medidas técnicas de prevenção, medidas administrativas e medidas pessoais e capacitação para trabalho em espaços confinados.

• Código: 133.006-3. Infração: 4. Tipo: S.

33.3.2. Medidas técnicas de prevenção:

a) identificar, isolar e sinalizar os espaços confinados para evitar a entrada de pessoas não autorizadas;

• Código: 133.088-8. Infração: 3. Tipo: S.

b) antecipar e reconhecer os riscos nos espaços confinados;

• Código: 133.088-8. Infração: 3. Tipo: S.

c) proceder à avaliação e controle dos riscos físicos, químicos, biológicos, ergonômicos e mecânicos;

• Código: 133.088-8. Infração: 3. Tipo: S.

d) prever a implantação de travas, bloqueios, alívio, lacre e etiquetagem;

• Código: 133.088-8. Infração: 3. Tipo: S.

e) implementar medidas necessárias para eliminação ou controle dos riscos atmosféricos em espaços confinados;

• Código: 133.011-0. Infração: 3. Tipo: S.

f) avaliar a atmosfera nos espaços confinados, antes da entrada de trabalhadores, para verificar se o seu interior é seguro;

• Código: 133.012-8. Infração: 3. Tipo: S.

g) manter condições atmosféricas aceitáveis na entrada e durante toda a realização dos trabalhos, monitorando, ventilando, purgando, lavando ou inertizando o espaço confinado;

(1) NR aprovada pela Portaria n. 202, de 22-12-2006.

• Código: 133.013-6. Infração: 3. Tipo: S.

h) monitorar continuamente a atmosfera nos espaços confinados nas áreas onde os trabalhadores autorizados estiverem desempenhando as suas tarefas, para verificar se as condições de acesso e permanência são seguras;

• Código: 133.014-4. Infração: 3. Tipo: S.

i) proibir a ventilação com oxigênio puro;

• Código: 133.015-2. Infração: 3. Tipo: S.

j) testar os equipamentos de medição antes de cada utilização; e

• Código: 133.089-6. Infração: 3. Tipo: S.

k) utilizar equipamento de leitura direta, intrinsecamente seguro, provido de alarme, calibrado e protegido contra emissões eletromagnéticas ou interferências de radiofrequência.

• Código: 133.089-6. Infração: 3. Tipo: S.

33.3.2.1. Os equipamentos fixos e portáteis, inclusive os de comunicação e de movimentação vertical e horizontal, devem ser adequados aos riscos dos espaços confinados;

• Código: 133.018-7. Infração: 3. Tipo: S.

33.3.2.2. Em áreas classificadas os equipamentos devem estar certificados ou possuir documento contemplado no âmbito do Sistema Brasileiro de Avaliação da Conformidade – INMETRO.

• Código: 133.019-5. Infração: 3. Tipo: S.

33.3.2.3. As avaliações atmosféricas iniciais devem ser realizadas fora do espaço confinado.

• Código: 133.020-9. Infração: 3. Tipo: S.

33.3.2.4. Adotar medidas para eliminar ou controlar os riscos de incêndio ou explosão em trabalhos a quente, tais como solda, aquecimento, esmerilhamento, corte ou outros que liberem chama aberta, faíscas ou calor.

• Código: 133.021-7. Infração: 3. Tipo: S.

33.3.2.5. Adotar medidas para eliminar ou controlar os riscos de inundação, soterramento, engolfamento, incêndio, choques elétricos, eletricidade estática, queimaduras, quedas, escorregamentos, impactos, esmagamentos, amputações e outros que possam afetar a segurança e saúde dos trabalhadores.

• Código: 133.022-5. Infração: 3. Tipo: S.

33.3.3. Medidas administrativas:

a) manter cadastro atualizado de todos os espaços confinados, inclusive dos desativados, e respectivos riscos;

• Código: 133.090-0. Infração: 3. Tipo: S.

b) definir medidas para isolar, sinalizar, controlar ou eliminar os riscos do espaço confinado;

• Código: 133.090-0. Infração: 3. Tipo: S.

c) manter sinalização permanente junto à entrada do espaço confinado, conforme o Anexo I da presente norma;

• Código: 133.091-8. Infração: 3. Tipo: S.

d) implementar procedimento para trabalho em espaço confinado;

• Código: 133.090-0. Infração: 3. Tipo: S.

e) adaptar o modelo de Permissão de Entrada e Trabalho, previsto no Anexo II desta NR, às peculiaridades da empresa e dos seus espaços confinados;

• Código: 133.090-0. Infração: 3. Tipo: S.

f) preencher, assinar e datar, em três vias, a Permissão de Entrada e Trabalho antes do ingresso de trabalhadores em espaços confinados;

• Código: 133.091-8. Infração: 3. Tipo: S.

g) possuir um sistema de controle que permita a rastreabilidade da Permissão de Entrada e Trabalho;

• Código: 133.091-8. Infração: 3. Tipo: S.

h) entregar para um dos trabalhadores autorizados e ao Vigia cópia da Permissão de Entrada e Trabalho;

• Código: 133.091-8. Infração: 3. Tipo: S.

i) encerrar a Permissão de Entrada e Trabalho quando as operações forem completadas, quando ocorrer uma condição não prevista ou quando houver pausa ou interrupção dos trabalhos;

j) manter arquivados os procedimentos e Permissões de Entrada e Trabalho por cinco anos;

• Código: 133.090-0. Infração: 3. Tipo: S.

k) disponibilizar os procedimentos e Permissão de Entrada e Trabalho para o conhecimento dos trabalhadores autorizados, seus representantes e fiscalização do trabalho;

• Código: 133.090-0. Infração: 3. Tipo: S.

l) designar as pessoas que participarão das operações de entrada, identificando os deveres de cada trabalhador e providenciando a capacitação requerida;

• Código: 133.090-0. Infração: 3. Tipo: S.

m) estabelecer procedimentos de supervisão dos trabalhos no exterior e no interior dos espaços confinados;

• Código: 133.090-0. Infração: 3. Tipo: S.

n) assegurar que o acesso ao espaço confinado somente seja iniciado com acompanhamento e autorização de supervisão capacitada;

• Código: 133.091-8. Infração: 3. Tipo: S.

o) garantir que todos os trabalhadores sejam informados dos riscos e medidas de controle existentes no local de trabalho; e

• Código: 133.091-8. Infração: 3. Tipo: S.

p) implementar um Programa de Proteção Respiratória de acordo com a análise de risco, considerando o local, a complexidade e o tipo de trabalho a ser desenvolvido.

• Código: 133.090-0. Infração: 3. Tipo: S.

33.3.3.1. A Permissão de Entrada e Trabalho é válida somente para cada entrada.

• Código: 133.039-0. Infração: 3. Tipo: S.

33.3.3.2. Nos estabelecimentos onde houver espaços confinados devem ser observadas, de forma complementar a presente NR, os seguintes atos normativos: NBR 14606 – Postos de Serviço – Entrada em Espaço Confinado; e NBR 14787 – Espaço Confinado – Prevenção de Acidentes, Procedimentos e Medidas de Proteção, bem como suas alterações posteriores.

• Código: 133.040-3. Infração: 3. Tipo: S.

33.3.3.3. O procedimento para trabalho deve contemplar, no mínimo: objetivo, campo de aplicação, base técnica, responsabilidades, competências, preparação, emissão, uso e cancelamento da Permissão de Entrada e Trabalho, capacitação para os trabalhadores, análise de risco e medidas de controle.

• Código: 133.041-1. Infração: 2. Tipo: S.

33.3.3.4. Os procedimentos para trabalho em espaços confinados e a Permissão de Entrada e Trabalho devem ser avaliados no mínimo uma vez ao ano e revisados sempre que houver alteração dos riscos, com a participação do Serviço Especializado em Segurança e Medicina do Trabalho – SESMT e da Comissão Interna de Prevenção de Acidentes – CIPA.

• Código: 133.042-0. Infração: 2. Tipo: S.

33.3.3.5. Os procedimentos de entrada em espaços confinados devem ser revistos quando da ocorrência de qualquer uma das circunstâncias abaixo:

a) entrada não autorizada num espaço confinado;

• Código: 133.092-6. Infração: 2. Tipo: S.

b) identificação de riscos não descritos na Permissão de Entrada e Trabalho;

• Código: 133.092-6. Infração: 2. Tipo: S.

c) acidente, incidente ou condição não prevista durante a entrada;

• Código: 133.092-6. Infração: 2. Tipo: S.

d) qualquer mudança na atividade desenvolvida ou na configuração do espaço confinado;

• Código: 133.092-6. Infração: 2. Tipo: S.

e) solicitação do SESMT ou da CIPA; e

• Código: 133.092-6. Infração: 2. Tipo: S.

f) identificação de condição de trabalho mais segura.

• Código: 133.092-6. Infração: 2. Tipo: S.

33.3.4. Medidas Pessoais

33.3.4.1. Todo trabalhador designado para trabalhos em espaços confinados deve ser submetido a exames médicos específicos para a função que irá desempenhar, conforme estabelecem as NRs 7 e 31, incluindo os fatores de riscos psicossociais com a emissão do respectivo Atestado de Saúde Ocupacional – ASO.

• Código: 133.049-7. Infração: 3. Tipo: M.

33.3.4.2. Capacitar todos os trabalhadores envolvidos, direta ou indiretamente com os espaços confinados, sobre seus direitos, deveres, riscos e medidas de controle, conforme previsto no item 33.3.5.

33.3.4.3. O número de trabalhadores envolvidos na execução dos trabalhos em espaços confinados deve ser determinado conforme a análise de risco.

• Código: 133.050-0. Infração: 3. Tipo: S.

33.3.4.4. É vedada a realização de qualquer trabalho em espaços confinados de forma individual ou isolada.

• Código: 133.051-9. Infração: 4. Tipo: S.

33.3.4.5. O Supervisor de Entrada deve desempenhar as seguintes funções:

a) emitir a Permissão de Entrada e Trabalho antes do início das atividades;

• Código: 133.093-4. Infração: 3. Tipo: S.

b) executar os testes, conferir os equipamentos e os procedimentos contidos na Permissão de Entrada e Trabalho;

• Código: 133.093-4. Infração: 3. Tipo: S.

c) assegurar que os serviços de emergência e salvamento estejam disponíveis e que os meios para acioná-los estejam operantes;

• Código: 133.093-4. Infração: 3. Tipo: S.

d) cancelar os procedimentos de entrada e trabalho quando necessário; e

• Código: 133.093-4. Infração: 3. Tipo: S.

e) encerrar a Permissão de Entrada e Trabalho após o término dos serviços.

• Código: 133.093-4. Infração: 3. Tipo: S.

33.3.4.6. O Supervisor de Entrada pode desempenhar a função de Vigia.

33.3.4.7. O Vigia deve desempenhar as seguintes funções:

a) manter continuamente a contagem precisa do número de trabalhadores autorizados no espaço confinado e assegurar que todos saiam ao término da atividade;

• Código: 133.094-2. Infração: 3. Tipo: S.

b) permanecer fora do espaço confinado, junto à entrada, em contato permanente com os trabalhadores autorizados;

• Código: 133.094-2. Infração: 3. Tipo: S.

c) adotar os procedimentos de emergência, acionando a equipe de salvamento, pública ou privada, quando necessário;

• Código: 133.094-2. Infração: 3. Tipo: S.

d) operar os movimentadores de pessoas; e

• Código: 133.094-2. Infração: 3. Tipo: S.

e) ordenar o abandono do espaço confinado sempre que reconhecer algum sinal de alarme, perigo, sintoma, queixa, condição proibida, acidente, situação não prevista ou quando não puder desempenhar efetivamente suas tarefas, nem ser substituído por outro Vigia.

• Código: 133.094-2. Infração: 3. Tipo: S.

33.3.4.8. O Vigia não poderá realizar outras tarefas que possam comprometer o dever principal que é o de monitorar e proteger os trabalhadores autorizados.

• Código: 133.061-6. Infração: 4. Tipo: S.

33.3.4.9. Cabe ao empregador fornecer e garantir que todos os trabalhadores que adentrarem em espaços confinados disponham de todos os equipamentos para controle de riscos, previstos na Permissão de Entrada e Trabalho.

• Código: 133.062-4. Infração: 3. Tipo: S.

33.3.4.10. Em caso de existência de Atmosfera Imediatamente Perigosa à Vida ou à Saúde – Atmosfera IPVS –, o espaço confinado somente pode ser adentrado com a utilização de máscara autônoma de demanda com pressão positiva ou com respirador de linha de ar comprimido com cilindro auxiliar para escape.

• Código: 133.063-2. Infração: 4. Tipo: S.

33.3.5. Capacitação para trabalhos em espaços confinados

33.3.5.1. É vedada a designação para trabalhos em espaços confinados sem a prévia capacitação do trabalhador.

• Código: 133.064-0. Infração: 3. Tipo: S.

33.3.5.2. O empregador deve desenvolver e implantar programas de capacitação sempre que ocorrer qualquer das seguintes situações:

a) (*Revogada pela Portaria n. 915, de 30-7-2019.*)

b) (*Revogada pela Portaria n. 915, de 30-7-2019.*)

c) quando houver uma razão para acreditar que existam desvios na utilização ou nos procedimentos de entrada nos espaços confinados ou que os conhecimentos não sejam adequados.

• Código: 133.067-5. Infração: 2. Tipo: S.

33.3.5.3. Todos os trabalhadores autorizados, Vigias e Supervisores de Entrada devem receber capacitação periódica a cada doze meses, com carga horária mínima de oito horas.

•• Item com redação determinada pela Portaria n. 1.409, de 29-8-2012.

• Código: 133.085-3. Infração: 3. Tipo: S.

33.3.5.4. A capacitação inicial dos trabalhadores autorizados e Vigias deve ter carga horária mínima de dezesseis horas, ser realizada dentro do horário de trabalho, com conteúdo programático de:

•• Item, *caput*, com redação determinada pela Portaria n. 1.409, de 29-8-2012.

• Código: 133.095-0. Infração: 0. Tipo: S.

a) definições;

•• Alínea *a* com redação determinada pela Portaria n. 1.409, de 29-8-2012.

b) reconhecimento, avaliação e controle de riscos;

•• Alínea *b* com redação determinada pela Portaria n. 1.409, de 29-8-2012.

c) funcionamento de equipamentos utilizados;

•• Alínea *c* com redação determinada pela Portaria n. 1.409, de 29-8-2012.

d) procedimentos e utilização da Permissão de Entrada e Trabalho; e

•• Alínea *d* com redação determinada pela Portaria n. 1.409, de 29-8-2012.

e) noções de resgate e primeiros socorros.

•• Alínea *e* com redação determinada pela Portaria n. 1.409, de 29-8-2012.

33.3.5.5. A capacitação dos Supervisores de Entrada deve ser realizada dentro do horário de trabalho, com conteúdo programático estabelecido no subitem 33.3.5.4, acrescido de:

• Código: 133.095-0. Infração: 3. Tipo: S.

a) identificação dos espaços confinados;

b) critérios de indicação e uso de equipamentos para controle de riscos;

c) conhecimentos sobre práticas seguras em espaços confinados;

d) legislação de segurança e saúde no trabalho;

e) programa de proteção respiratória;

f) área classificada; e

g) operações de salvamento.

33.3.5.6. Todos os Supervisores de Entrada devem receber capacitação específica, com carga horária mínima de quarenta horas para capacitação inicial.

•• Item com redação determinada pela Portaria n. 1.409, de 29-8-2012.

• Código: 133.095-0. Infração: 3. Tipo: S.

33.3.5.7. Os instrutores designados pelo responsável técnico, devem possuir comprovada proficiência no assunto.

• Código: 133.095-0. Infração: 3. Tipo: S.

33.3.5.8. Ao término do treinamento deve-se emitir um certificado contendo o nome do trabalhador, conteúdo programático, carga horária, a especificação do tipo de trabalho e espaço confinado, data e local de realização do treinamento, com as assinaturas dos instrutores e do responsável técnico.

• Código: 133.095-0. Infração: 3. Tipo: S.

33.3.5.8.1. (*Revogado pela Portaria n. 915, de 30-7-2019.*)

33.4. Emergência e Salvamento

33.4.1. O empregador deve elaborar e implementar procedimentos de emergência e resgate adequados aos espaços confinados incluindo, no mínimo:

a) descrição dos possíveis cenários de acidentes, obtidos a partir da Análise de Riscos;

• Código: 133.096-9. Infração: 4. Tipo: S.

b) descrição das medidas de salvamento e primeiros socorros a serem executadas em caso de emergência;

• Código: 133.096-9. Infração: 4. Tipo: S.

c) seleção e técnicas de utilização dos equipamentos de comunicação, iluminação de emergência, busca, resgate, primeiros socorros e transporte de vítimas;

• Código: 133.096-9. Infração: 4. Tipo: S.

d) acionamento de equipe responsável, pública ou privada, pela execução das medidas de resgate e primeiros socorros para cada serviço a ser realizado; e

• Código: 133.096-9. Infração: 4. Tipo: S.

e) exercício simulado anual de salvamento nos possíveis cenários de acidentes em espaços confinados.

• Código: 133.096-9. Infração: 4. Tipo: S.

33.4.2. O pessoal responsável pela execução das medidas de salvamento deve possuir aptidão física e mental compatível com a atividade a desempenhar.

• Código: 133.097-7. Infração: 3. Tipo: S.

33.4.3. A capacitação da equipe de salvamento deve contemplar todos os possíveis cenários de acidentes identificados na análise de risco.

• Código: 133.097-7. Infração: 3. Tipo: S.

33.5. Disposições Gerais

33.5.1. O empregador deve garantir que os trabalhadores possam interromper suas atividades e abandonar o local de trabalho, sempre que suspeitarem da existência de risco grave e iminente para sua segurança e saúde ou a de terceiros.

• Código: 133.083-7. Infração: 4. Tipo: S.

33.5.2. São solidariamente responsáveis pelo cumprimento desta NR os contratantes e contratados.

33.5.3. É vedada a entrada e a realização de qualquer trabalho em espaços confinados sem a emissão da Permissão de Entrada e Trabalho.

• Código: 133.084-5. Infração: 4. Tipo: S.

Anexo I
Sinalização

Sinalização para identificação de espaço confinado

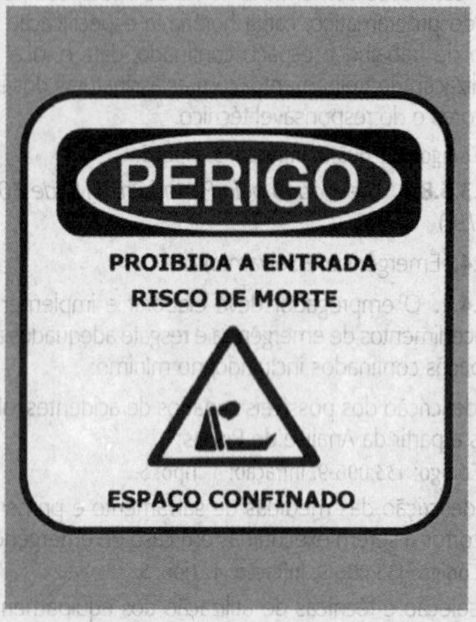

Anexo II
Permissão de Entrada e Trabalho - PET

Modelo de caráter informativo para elaboração da Permissão de Entrada e Trabalho em Espaço Confinado

Nome da empresa:

Local do espaço confinado:

Espaço confinado n.:

Data e horário da emissão:

Data e horário do término:

Trabalho a ser realizado:

Trabalhadores autorizados:

Vigia:

Equipe de resgate:

Supervisor de Entrada:

Procedimentos que devem ser completados antes da entrada

1. Isolamento S ( ) N ( )

2. Teste inicial da atmosfera: horário__________

Oxigênio % O_2

Inflamáveis % LIE

Gases/vapores tóxicos ppm

Poeiras/fumos/névoas tóxicas mg/m³

Nome legível / assinatura do Supervisor dos testes:

3. Bloqueios, travamento e etiquetagem N/A ( ) S ( ) N ( )

4. Purga e/ou lavagem N/A ( ) S ( ) N ( )

5. Ventilação/exaustão – tipo, equipamento e tempo N/A ( ) S ( ) N ( )

6. Teste após ventilação e isolamento: horário __________

Oxigênio % O_2 > 19,5% ou < 23,0 %

Inflamáveis %LIE < 10%

Gases/vapores tóxicos ppm

Poeiras/fumos/névoas tóxicas mg/m³

Nome legível / assinatura do Supervisor dos testes:

7. Iluminação geral N/A ( ) S ( ) N ( )

8. Procedimentos de comunicação: N/A ( ) S ( ) N ( )

9. Procedimentos de resgate: N/A ( ) S ( ) N ( )

10. Procedimentos e proteção de movimentação vertical: N/A ( ) S ( ) N ( )

11. Treinamento de todos os trabalhadores? É atual? N/A ( ) S ( ) N ( )

12. Equipamentos:

13. Equipamento de monitoramento contínuo de gases aprovados e certificados por um Organismo de Certificação Credenciado (OCC) pelo INMETRO para trabalho em áreas potencialmente explosivas de leitura direta com alarmes em condições: S ( ) N ( )

Lanternas N/A ( ) S ( ) N ( )

Roupa de proteção N/A ( ) S ( ) N ( )

Extintores de incêndio N/A ( ) S ( ) N ( )

Capacetes, botas, luvas N/A ( ) S ( ) N ( )

Equipamentos de proteção respiratória/autônomo ou sistema de ar mandado com cilindro de escape N/A ( ) S ( ) N ( )

Cinturão de segurança e linhas de vida para os trabalhadores autorizado S ( ) N ( )

Cinturão de segurança e linhas de vida para a equipe de resgate N/A ( ) S ( ) N ( )

Escada N/A ( ) S ( ) N ( )

Equipamentos de movimentação vertical/suportes externos N/A ( ) S ( ) N ( )

Equipamentos de comunicação eletrônica aprovados e certificados por um Organismo de Certificação Credenciado (OCC) pelo INMETRO para trabalho em áreas potencialmente explosivas ______________________ N/A ( ) S ( ) N ( )

Equipamento de proteção respiratória autônomo ou sistema de ar mandado com cilindro de escape S ( ) N ( ) para a equipe de resgate ______________________ S ( ) N ( )

Equipamentos elétricos e eletrônicos aprovados e certificados por um Organismo de Certificação Credenciado (OCC) pelo INMETRO para trabalho em áreas potencialmente explosivas ______________________ N/A ( ) S ( ) N ( )

Procedimentos que devem ser completados durante o desenvolvimento dos trabalhos

Permissão de trabalhos a quente N/A ( ) S ( ) N ( )

Procedimentos de Emergência e Resgate

Telefones e contatos:

Ambulância:______________________

Bombeiros:______________________

Segurança:______________________

Legenda: N/A – "não se aplica"; N – "não"; S – "sim".

A entrada não pode ser permitida se algum campo não for preenchido ou contiver a marca na coluna "não".

A falta de monitoramento contínuo da atmosfera no interior do espaço confinado, alarme, ordem do Vigia ou qualquer situação de risco à segurança dos trabalhadores, implica no abandono imediato da área.

Qualquer saída de toda equipe por qualquer motivo implica a emissão de nova permissão de entrada. Esta permissão de entrada deverá ficar exposta no local de trabalho até o seu término. Após o trabalho, esta permissão deverá ser arquivada.

Anexo III
Glossário

Abertura de linha: abertura intencional de um duto, tubo, linha, tubulação que está sendo utilizada ou foi utilizada para transportar materiais tóxicos, inflamáveis, corrosivos, gás, ou qualquer fluido em pressões ou temperaturas capazes de causar danos materiais ou pessoais visando a eliminar energias perigosas para o trabalho seguro em espaços confinados.

Alívio: o mesmo que abertura de linha.

Análise Preliminar de Risco (APR): avaliação inicial dos riscos potenciais, suas causas, consequências e medidas de controle.

Área Classificada: área potencialmente explosiva ou com risco de explosão.

Atmosfera IPVS – Atmosfera Imediatamente Perigosa à Vida ou à Saúde: qualquer atmosfera que apresente risco imediato à vida ou produza imediato efeito debilitante à saúde.

Avaliações iniciais da atmosfera: conjunto de medições preliminares realizadas na atmosfera do espaço confinado.

Base técnica: conjunto de normas, artigos, livros, procedimentos de segurança de trabalho, e demais documentos técnicos utilizados para implementar o Sistema de Permissão de Entrada e Trabalho em espaços confinados.

Bloqueio: dispositivo que impede a liberação de energias perigosas tais como: pressão, vapor, fluidos, combustíveis, água e outros visando à contenção de energias perigosas para trabalho seguro em espaços confinados.

Chama aberta: mistura de gases incandescentes emitindo energia, que é também denominada chama ou fogo.

Condição IPVS: Qualquer condição que coloque um risco imediato de morte ou que possa resultar em efeitos à saúde irreversíveis ou imediatamente severos ou que possa resultar em dano ocular, irritação ou outras condições que possam impedir a saída de um espaço confinado.

Contaminantes: gases, vapores, névoas, fumos e poeiras presentes na atmosfera do espaço confinado.

Deficiência de Oxigênio: atmosfera contendo menos de 20,9 % de oxigênio em volume na pressão atmosférica normal, a não ser que a redução do percentual seja devidamente monitorada e controlada.

Engolfamento: é o envolvimento e a captura de uma pessoa por líquidos ou sólidos finamente divididos.

Enriquecimento de Oxigênio: atmosfera contendo mais de 23% de oxigênio em volume.

Etiquetagem: colocação de rótulo num dispositivo isolador de energia para indicar que o dispositivo e o equipamento a ser controlado não podem ser utilizados até a sua remoção.

Faísca: partícula candente gerada no processo de esmerilhamento, polimento, corte ou solda.

Gestão de segurança e saúde nos trabalhos em espaços confinados: conjunto de medidas técnicas de prevenção, administrativas, pessoais e coletivas necessárias para garantir o trabalho seguro em espaços confinados.

Inertização: deslocamento da atmosfera existente em um espaço confinado por um gás inerte, resultando numa atmosfera não combustível e com deficiência de oxigênio.

Intrinsecamente Seguro: situação em que o equipamento não pode liberar energia elétrica ou térmica suficientes para, em condições normais ou anormais, causar a ignição de uma dada atmosfera explosiva, conforme expresso no certificado de conformidade do equipamento.

Lacre: braçadeira ou outro dispositivo que precise ser rompido para abrir um equipamento.

Leitura direta: dispositivo ou equipamento que permite realizar leituras de contaminantes em tempo real.

Medidas especiais de controle: medidas adicionais de controle necessárias para permitir a entrada e o trabalho em espaços confinados em situações peculiares, tais como trabalhos a quente, atmosferas IPVS ou outras.

Ordem de Bloqueio: ordem de suspensão de operação normal do espaço confinado.

Ordem de Liberação: ordem de reativação de operação normal do espaço confinado.

Oxigênio puro: atmosfera contendo somente oxigênio (100%).

Permissão de Entrada e Trabalho (PET): documento escrito contendo o conjunto de medidas de controle visando à entrada e desenvolvimento de trabalho seguro, além de medidas de emergência e resgate em espaços confinados.

Proficiência: competência, aptidão, capacitação e habilidade aliadas à experiência.

Programa de Proteção Respiratória: conjunto de medidas práticas e administrativas necessárias para proteger a saúde do trabalhador pela seleção adequada e uso correto dos respiradores.

Purga: método de limpeza que torna a atmosfera interior do espaço confinado isenta de gases, vapores e outras impurezas indesejáveis através de ventilação ou lavagem com água ou vapor.

Quase acidente: qualquer evento não programado que possa indicar a possibilidade de ocorrência de acidente.

Responsável Técnico: profissional habilitado para identificar os espaços confinados existentes na empresa e elaborar as medidas técnicas de prevenção, administrativas, pessoais e de emergência e resgate.

Risco Grave e Iminente: Qualquer condição que possa causar acidente de trabalho ou doença profissional com lesão grave à integridade física do trabalhador.

Riscos psicossociais: influência na saúde mental dos trabalhadores, provocada pelas tensões da vida diária, pressão do trabalho e outros fatores adversos.

Salvamento: procedimento operacional padronizado, realizado por equipe com conhecimento técnico especializado, para resgatar e prestar os primeiros socorros a trabalhadores em caso de emergência.

Sistema de Permissão de Entrada em Espaços Confinados: procedimento escrito para preparar uma Permissão de Entrada e Trabalho (PET).

Supervisor de Entrada: pessoa capacitada para operar a permissão de entrada com responsabilidade para preencher e assinar a Permissão de Entrada e Trabalho (PET) para o desenvolvimento de entrada e trabalho seguro no interior de espaços confinados.

Trabalhador autorizado: trabalhador capacitado para entrar no espaço confinado, ciente dos seus direitos e deveres e com conhecimento dos riscos e das medidas de controle existentes.

Trava: dispositivo (como chave ou cadeado) utilizado para garantir isolamento de dispositivos que possam liberar energia elétrica ou mecânica de forma acidental.

Vigia: trabalhador designado para permanecer fora do espaço confinado e que é responsável pelo acompanhamento, comunicação e ordem de abandono para os trabalhadores.

NR 34

Condições e Meio Ambiente de Trabalho na Indústria de Construção, Reparação e Desmonte Naval ([1])

•• Título com redação determinada pela Portaria n. 790, de 9-6-2017.

SUMÁRIO:

34.1. Objetivo e Campo de Aplicação

34.1.1. Esta Norma Regulamentadora – NR estabelece os requisitos mínimos e as medidas de proteção à segurança, à saúde e ao meio ambiente de trabalho nas atividades da indústria de construção, reparação e desmonte naval.

•• Item com redação determinada pela Portaria n. 790, de 9-6-2017.

34.1.2. Consideram-se atividades da indústria da construção e reparação naval todas aquelas desenvolvidas no âmbito das instalações empregadas para este fim ou nas próprias embarcações e estruturas, tais como navios, barcos, lanchas, plataformas fixas ou flutuantes, dentre outras.

34.1.3. (*Revogado pela Portaria n. 915, de 30-7-2019.*)

---

(1) NR aprovada pela Portaria n. 200, de 20-1-2011. Retificada no *Diário Oficial da União*, de 24-1-2011. A Portaria n. 235, de 9-6-2011, da Secretaria de Inspeção do Trabalho, estabelece a competência e a composição da Comissão Nacional Tripartite Temática da NR 34.

34.2. Responsabilidades

34.2.1. Cabe ao empregador garantir a efetiva implementação das medidas de proteção estabelecidas nesta Norma, devendo:

a) designar formalmente um responsável pela implementação desta Norma;

• Código: 134.002-6. Infração: 3. Tipo: S.

b) garantir a adoção das medidas de proteção definidas nesta Norma antes do início de qualquer trabalho;

• Código: 134.003-4. Infração: 4. Tipo: S.

c) assegurar que os trabalhos sejam imediatamente interrompidos quando houver mudanças nas condições ambientais que os tornem potencialmente perigosos à integridade física e psíquica dos trabalhadores;

• Código: 134.004-2. Infração: 4. Tipo: S.

d) providenciar a realização da Análise Preliminar de Risco – APR e, quando aplicável, a emissão da Permissão de Trabalho – PT;

• Código: 134.005-0. Infração: 4. Tipo: S.

e) realizar, antes do início das atividades operacionais, Diálogo Diário de Segurança – DDS, contemplando as atividades que serão desenvolvidas, o processo de trabalho, os riscos e as medidas de proteção, consignando o tema tratado em um documento, rubricado pelos participantes e arquivado, juntamente com a lista de presença;

• Código: 134.006-9. Infração: 4. Tipo: S.

f) garantir aos trabalhadores informações atualizadas acerca dos riscos da atividade e as medidas de controle que são e devem ser adotadas;

• Código: 134.007-7. Infração: 4. Tipo: S.

g) adotar as providências necessárias para acompanhar o cumprimento das medidas de proteção estabelecidas nesta Norma pelas empresas contratadas.

• Código: 134.008-5. Infração: 4. Tipo: S.

34.2.2. O empregador deve proporcionar condições para que os trabalhadores possam colaborar com a implementação das medidas previstas nesta Norma, bem como interromper imediatamente o trabalho, com informação a seu superior hierárquico, conforme previsto na alínea *c* do item 34.2.1.

• Código: 134.009-3. Infração: 4. Tipo: S.

34.3. Capacitação e Treinamento

34.3.1. É considerado trabalhador qualificado aquele que comprovar conclusão de curso específico para sua atividade em instituição reconhecida pelo sistema oficial de ensino.

34.3.2. É considerado profissional legalmente habilitado o trabalhador previamente qualificado e com registro no competente conselho de classe.

34.3.3. É considerado trabalhador capacitado aquele que receba capacitação sob orientação e responsabilidade de profissional legalmente habilitado.

34.3.4. (*Revogado pela Portaria n. 915, de 30-7-2019.*)

• Código: 134.586-9. Infração: 3. Tipo: S.

34.3.4.1. O treinamento admissional deve ter carga horária mínima de seis horas, constando de informações sobre:

• Código: 134.586-9. Infração: 3. Tipo: S.

a) os riscos inerentes à atividade;

b) as condições e meio ambiente de trabalho;

c) os Equipamentos de Proteção Coletiva – EPC existentes no estabelecimento;

d) o uso adequado dos Equipamentos de Proteção Individual – EPI.

34.3.4.2. O treinamento periódico deve ter carga horária mínima de quatro horas e ser realizado anualmente ou quando do retorno de afastamento ao trabalho por período superior a noventa dias.

• Código: 134.586-9. Infração: 3. Tipo: S.

34.3.5. A capacitação deve ser realizada durante o horário normal de trabalho.

• Código: 134.013-1. Infração: 4. Tipo: S.

34.3.5.1. (*Revogado pela Portaria n. 915, de 30-7-2019.*)

•• Código: 134.587-7. Infração: 2. Tipo: S.

34.3.5.2. (*Revogado pela Portaria n. 915, de 30-7-2019.*)

•• Código: 134.587-7. Infração: 2. Tipo: S.

34.3.5.3. (*Revogado pela Portaria n. 915, de 30-7-2019.*)

•• Código: 134.587-7. Infração: 2. Tipo: S.

34.3.6. O trabalhador deve receber o material didático utilizado na capacitação.

• Código: 134.587-7. Infração: 2. Tipo: S.

34.4. Documentação

34.4.1. Toda documentação prevista nesta Norma deve permanecer no estabelecimento à disposição da Auditoria-Fiscal do Trabalho, dos representantes da Comissão Interna de Prevenção de Acidentes – CIPA e dos representantes das Entidades Sindicais representativas da categoria, sendo arquivada por um período mínimo de cinco anos.

• Código: 134.018-2. Infração: 4. Tipo: S.

34.4.2. Consiste a Permissão de Trabalho – PT em documento escrito que contém o conjunto de medidas de controle necessárias para que o trabalho seja desenvolvido de forma segura, além de medidas de emergência e resgate, e deve:

a) ser emitida em três vias, para: afixação no local de trabalho, entrega à chefia imediata dos trabalhadores que realizarão o trabalho, e arquivo de forma a ser facilmente localizada;

• Código: 134.588-5. Infração: 4. Tipo: S.

b) conter os requisitos mínimos a serem atendidos para a execução dos trabalhos e, quando aplicável, às disposições estabelecidas na APR;

• Código: 134.588-5. Infração: 4. Tipo: S.

c) ser assinada pelos integrantes da equipe de trabalho, chefia imediata e profissional de segurança e saúde no trabalho ou, na inexistência desse, pelo responsável pelo cumprimento desta Norma;

• Código: 134.588-5. Infração: 4. Tipo: S.

d) ter validade limitada à duração da atividade, restrita ao turno de trabalho, podendo ser revalidada pelo responsável pela aprovação nas situações em que não ocorram mudanças nas condições estabelecidas ou na equipe de trabalho.

•• Alínea *d* com redação determinada pela Portaria n. 1.897, de 9-12-2013.

• Código: 134.588-5. Infração: 4. Tipo: S.

34.4.3. A Análise Preliminar de Risco – APR consiste na avaliação inicial dos riscos potenciais, suas causas, consequências e medidas de controle, efetuada por equipe técnica multidisciplinar e coordenada por profissional de segurança e saúde no trabalho ou, na inexistência deste, o responsável pelo cumprimento desta Norma, devendo ser assinada por todos participantes.

• Código: 134.023-9. Infração: 4. Tipo: S.

34.5. Trabalho a Quente

34.5.1. Para fins desta Norma, considera-se trabalho a quente as atividades de soldagem, goivagem, esmerilhamento, corte ou outras que possam gerar fontes de ignição tais como aquecimento, centelha ou chama.

34.5.1.1. As medidas de proteção contemplam as de ordem geral e as específicas, aplicáveis, respectivamente, a todas as atividades inerentes ao trabalho a quente e aos trabalhos em áreas não previamente destinadas a esse fim.

Medidas de Ordem Geral

34.5.2. Inspeção Preliminar

34.5.2.1. Nos locais onde se realizam trabalhos a quente deve ser efetuada inspeção preliminar, de modo a assegurar que:

a) o local de trabalho e áreas adjacentes estejam limpos, secos e isentos de agentes combustíveis, inflamáveis, tóxicos e contaminantes;

• Código: 134.589-3. Infração: 4. Tipo: S.

b) a área somente seja liberada após constatação da ausência de atividades incompatíveis com o trabalho a quente;

• Código: 134.589-3. Infração: 4. Tipo: S.

c) o trabalho a quente seja executado por trabalhador capacitado, conforme item 4 do anexo I.

•• Alínea *c* com redação determinada pela Portaria n. 1.897, de 9-12-2013.

• Código: 134.589-3. Infração: 4. Tipo: S.

34.5.3. Proteção contra Incêndio

34.5.3.1. Cabe aos empregadores tomar as seguintes medidas de proteção contra incêndio nos locais onde se realizam trabalhos a quente:

a) providenciar a eliminação ou manter sob controle possíveis riscos de incêndios;

• Código: 134.590-7. Infração: 4. Tipo: S.

b) instalar proteção física adequada contra fogo, respingos, calor, fagulhas ou borras, de modo a evitar o contato com materiais combustíveis ou inflamáveis, bem como interferir em atividades paralelas ou na circulação de pessoas;

• Código: 134.590-7. Infração: 4. Tipo: S.

c) manter desimpedido e próximo à área de trabalho sistema de combate a incêndio, especificado conforme tipo e quantidade de inflamáveis e/ou combustíveis presentes;

• Código: 134.590-7. Infração: 4. Tipo: S.

d) inspecionar o local e as áreas adjacentes ao término do trabalho, a fim de evitar princípios de incêndio.

• Código: 134.590-7. Infração: 4. Tipo: S.

34.5.4. Controle de fumos e contaminantes

34.5.4.1. Para o controle de fumos e contaminantes decorrentes dos trabalhos a quente devem ser implementadas as seguintes medidas:

a) limpar adequadamente a superfície e remover os produtos de limpeza utilizados, antes de realizar qualquer operação;

• Código: 134.591-5. Infração: 4. Tipo: S.

b) providenciar renovação de ar a fim de eliminar gases, vapores e fumos empregados e/ou gerados durante os trabalhos a quente.

• Código: 134.591-5. Infração: 4. Tipo: S.

34.5.4.2. Sempre que ocorrer mudança nas condições ambientais estabelecidas as atividades devem ser interrompidas, avaliando-se as condições ambientais e adotando-se as medidas necessárias para adequar a renovação de ar.

• Código: 134.033-6. Infração: 4. Tipo: S.

34.5.4.3. Quando a composição do revestimento da peça ou dos gases liberados no processo de solda/aquecimento não for conhecida, deve ser utilizado equipamento autônomo de proteção respiratória ou proteção respiratória de adução por linha de ar comprimido, de acordo com o previsto no Programa de Proteção Respiratória – PPR.

• Código: 134.034-4. Infração: 4. Tipo: S.

34.5.5. Utilização de gases

34.5.5.1. Nos trabalhos a quente que utilizem gases devem ser adotadas as seguintes medidas:

a) utilizar somente gases adequados à aplicação, de acordo com as informações do fabricante;

• Código: 134.592-3. Infração: 4. Tipo: S.

b) seguir as determinações indicadas na Ficha de Informação de Segurança de Produtos Químicos – FISPQ;

• Código: 134.592-3. Infração: 3. Tipo: S.

c) usar reguladores de pressão calibrados e em conformidade com o gás empregado.

• Código: 134.592-3. Infração: 4. Tipo: S.

34.5.5.2. É proibida a instalação de adaptadores entre o cilindro e o regulador de pressão.

• Código: 134.038-7. Infração: 4. Tipo: S.

34.5.5.3. No caso de equipamento de oxiacetileno, deve ser utilizado dispositivo contra retrocesso de chama nas alimentações da mangueira e do maçarico.

• Código: 134.039-5. Infração: 4. Tipo: S.

34.5.5.4. Quanto ao circuito de gás, devem ser observadas:

a) a inspeção antes do início do trabalho, de modo a assegurar a ausência de vazamentos e o seu perfeito estado de funcionamento;

• Código: 134.593-1. Infração: 4. Tipo: S.

b) manutenção com a periodicidade estabelecida no procedimento da empresa, conforme especificações técnicas do fabricante/ fornecedor.

• Código: 134.593-1. Infração: 4. Tipo: S.

34.5.5.5. Somente é permitido emendar mangueiras por meio do uso de conector, em conformidade com as especificações técnicas do fornecedor/fabricante.

• Código: 134.042-5. Infração: 4. Tipo: S.

34.5.5.6. Os cilindros de gás devem ser:

a) mantidos em posição vertical, fixados e distantes de chamas, fontes de centelhamento, calor ou de produtos inflamáveis;

• Código: 134.594-0. Infração: 4. Tipo: S.

b) instalados de forma a não se tornar parte de circuito elétrico, mesmo que acidentalmente;

• Código: 134.594-0. Infração: 4. Tipo: S.

c) transportados na posição vertical, com capacete rosqueado, por meio de equipamentos apropriados, devidamente fixados, evitando-se colisões;

• Código: 134.594-0. Infração: 4. Tipo: S.

d) quando inoperantes e/ou vazios, mantidos com as válvulas fechadas e guardados com o protetor de válvulas (capacete rosqueado).

• Código: 134.594-0. Infração: 4. Tipo: S.

34.5.5.7. É proibida a instalação de cilindros de gases em ambientes confinados.

• Código: 134.047-6. Infração: 4. Tipo: S.

34.5.5.8. Sempre que o serviço for interrompido, devem ser fechadas as válvulas dos cilindros, dos maçaricos e dos distribuidores de gases.

• Código: 134.048-4. Infração: 4. Tipo: S.

34.5.5.9. Ao término do serviço, as mangueiras de alimentação devem ser desconectadas.

• Código: 134.049-2. Infração: 3. Tipo: S.

34.5.5.10. Os equipamentos inoperantes e as mangueiras de gases devem ser mantidos fora dos espaços confinados.

• Código: 134.050-6. Infração: 4. Tipo: S.

34.5.6. Equipamentos elétricos

34.5.6.1. Os equipamentos elétricos e seus acessórios devem ser aterrados a um ponto seguro de aterramento e instalados de acordo com as instruções do fabricante.

• Código: 134.051-4. Infração: 4. Tipo: S.

34.5.6.2. Devem ser utilizados cabos elétricos de bitola adequada às aplicações previstas, e com a isolação em perfeito estado.

• Código: 134.052-2. Infração: 4. Tipo: S.

34.5.6.3. Os terminais de saída devem ser mantidos em bom estado, sem partes quebradas ou isolação trincada, principalmente aquele ligado à peça a ser soldada.

• Código: 134.595-8. Infração: 3. Tipo: S.

34.5.6.4. Deve ser assegurado que as conexões elétricas estejam bem ajustadas, limpas e secas.

• Código: 134.595-8. Infração: 3. Tipo: S.

Medidas Específicas

34.5.7. Devem ser empregadas técnicas de APR para:

a) determinar as medidas de controle;

b) definir o raio de abrangência;

c) sinalizar e isolar a área;

d) avaliar a necessidade de vigilância especial contra incêndios (observador) e de sistema de alarme;

e) outras providências, sempre que necessário.

34.5.8. Antes do início dos trabalhos a quente, o local deve ser inspecionado, e o resultado da inspeção ser registrado na Permissão de Trabalho.

• Código: 134.055-7. Infração: 2. Tipo: S.

34.5.9. As aberturas e canaletas devem ser fechadas ou protegidas, para evitar projeção de fagulhas, combustão ou interferência em outras atividades.

• Código: 134.056-5. Infração: 4. Tipo: S.

34.5.10. Quando definido na APR, o observador deve permanecer no local, em contato permanente com as frentes de trabalho, até a conclusão do serviço.

• Código: 134.596-6. Infração: 4. Tipo: S.

34.5.10.1. O observador deve receber treinamento ministrado por trabalhador capacitado em prevenção e combate a incêndio, com conteúdo programático e carga horária mínima conforme o item 1 do Anexo I desta Norma.

• Código: 134.596-6. Infração: 4. Tipo: S.

34.6. Trabalhos em Altura

•• Item 34.6 com redação determinada pela Portaria n. 592, de 28-4-2014.

34.6.1. As medidas de proteção contra quedas de altura devem atender à NR-35 e ao disposto neste item.

34.6.2. Metodologia de Trabalho

34.6.2.1. Na execução do trabalho em altura devem ser tomadas as seguintes providências:

a) isolamento e sinalização de toda a área sob o serviço antes do início das atividades;

• Código: 134.597-4. Infração: 4. Tipo: S.

b) adoção de medidas para evitar a queda de ferramentas e materiais, inclusive no caso de paralisação dos trabalhos;

• Código: 134.597-4. Infração: 4. Tipo: S.

c) desenergização, bloqueio e etiquetagem de toda instalação elétrica aérea nas proximidades do serviço;

• Código: 134.597-4. Infração: 4. Tipo: S.

d) instalação de proteção ou barreiras que evitem contato acidental com instalações elétricas aéreas, conforme procedimento da concessionária local, na inviabilidade técnica de sua desenergização;

• Código: 134.597-4. Infração: 4. Tipo: S.

e) interrupção imediata do trabalho em altura em caso de iluminação insuficiente ou condições meteorológicas adversas, como chuva e ventos superiores a quarenta quilômetros por hora, dentre outras.

• Código: 134.597-4. Infração: 4. Tipo: S.

34.6.2.2. Pode ser autorizada a execução de trabalho em altura em condições com ventos superiores a quarenta quilômetros por hora e inferiores a cinquenta e cinco quilômetros por hora, desde que atendidos os seguintes requisitos:

a) justificada a impossibilidade do adiamento dos serviços mediante documento apensado à APR, assinado por profissional de segurança no trabalho e pelo responsável pela execução dos serviços, consignando as medidas de proteção adicionais aplicáveis;

•• Alínea *a* com redação determinada pela Portaria n. 836, de 9-10-2018.

• Código: 134.598-2. Infração: 3. Tipo: S.

b) realizada mediante operação assistida por profissional de segurança no trabalho e pelo responsável pela execução das atividades.

•• Alínea *b* com redação determinada pela Portaria n. 836, de 9-10-2018.

• Código: 134.598-2. Infração: 3. Tipo: S.

34.6.3. Escadas, rampas e passarelas.

34.6.3.1. A transposição de pisos com diferença de nível superior a trinta centímetros deve ser feita por meio de escadas ou rampas.

• Código: 134.417-0. Infração: 3. Tipo: S.

34.6.3.2. As escadas de uso coletivo, rampas e passarelas para a circulação de pessoas e materiais devem possuir construção sólida, corrimão e rodapé.

• Código: 134.418-8. Infração: 3. Tipo: S.

34.6.3.3. Para a construção de escadas, rampas e passarelas, deve ser utilizada madeira seca e de boa qualidade, que não apresente nós e rachaduras que possam comprometer sua resistência, sendo vedado o uso de pintura para encobrir imperfeições.

• Código: 134.419-6. Infração: 3. Tipo: S.

Escadas

34.6.3.4. Nos trabalhos a quente, é vedada a utilização de escadas de madeira.

• Código: 134.420-0. Infração: 3. Tipo: S.

34.6.3.5. As escadas provisórias de uso coletivo devem ser dimensionadas em função do fluxo de trabalhadores, com largura mínima de oitenta centímetros, e patamar intermediário pelo menos a cada dois metros e noventa centímetros de altura, com largura e comprimento, no mínimo, iguais à largura da escada.

• Código: 134.421-8. Infração: 3. Tipo: S.

34.6.3.6. As escadas de mão devem ser de uso restrito a acessos provisórios e serviços de pequeno porte, e:

a) ser dimensionadas com até sete metros de extensão e espaçamento uniforme entre os degraus, variando entre vinte e cinco e trinta centímetros;

• Código: 134.599-0. Infração: 4. Tipo: S.

b) ser instaladas de forma a ultrapassar em um metro o piso superior;

• Código: 134.599-0. Infração: 4. Tipo: S.

c) ser fixadas nos pisos inferior e superior ou possuir dispositivo que impeça o seu escorregamento;

• Código: 134.599-0. Infração: 4. Tipo: S.

d) possuir degraus antiderrapantes; e

• Código: 134.599-0. Infração: 4. Tipo: S.

e) ser apoiadas em piso resistente.

• Código: 134.599-0. Infração: 4. Tipo: S.

34.6.3.7. É proibida a utilização de escadas de mão com montante único e junto a redes e equipamentos elétricos desprotegidos.

• Código: 134.599-0. Infração: 4. Tipo: S.

34.6.3.8. É vedada a colocação de escadas de mão nas proximidades de portas ou áreas de circulação, de aberturas e vãos e em locais onde haja risco de queda de objetos ou materiais.

• Código: 134.599-0. Infração: 4. Tipo: S.

34.6.3.9. As escadas de abrir devem ser rígidas, estáveis e possuir dispositivos que as mantenham com abertura constante e comprimento máximo de seis metros quando fechadas.

• Código: 134.430-7. Infração: 4. Tipo: S.

34.6.3.10. As escadas extensíveis devem possuir dispositivo limitador de curso, colocado no quarto vão a contar da catraca ou, caso não haja o limitador de curso, devem permitir uma sobreposição de no mínimo um metro quando estendidas.

• Código: 134.431-5. Infração: 4. Tipo: S.

34.6.3.11. As escadas fixas, tipo marinheiro, que possuam seis metros ou mais de altura, devem possuir:

a) gaiola protetora a partir de dois metros acima da base até um metro acima da última superfície de trabalho;

• Código: 134.600-8. Infração: 4. Tipo: S.

b) patamar intermediário de descanso, protegido por guarda-corpo e rodapé, para cada lance de nove metros.

• Código: 134.600-8. Infração: 4. Tipo: S.

Rampas e passarelas

34.6.3.12. As rampas e passarelas provisórias devem ser construídas e mantidas em perfeitas condições de uso e segurança.

• Código: 134.601-6. Infração: 4. Tipo: S.

34.6.3.13. As rampas provisórias devem ser fixadas no piso inferior e superior, não ultrapassando trinta graus de inclinação em relação ao piso.

• Código: 134.601-6. Infração: 4. Tipo: S.

34.6.3.14. Nas rampas provisórias com inclinação superior a dezoito graus, devem ser fixadas peças transversais, espaçadas em quarenta centímetros, no máximo, para apoio dos pés.

• Código: 134.601-6. Infração: 4. Tipo: S.

34.6.3.15. Não devem existir ressaltos entre o piso da passarela e o piso do terreno.

• Código: 134.601-6. Infração: 4. Tipo: S.

34.6.3.16. Os apoios das extremidades das passarelas devem ser dimensionados em função do comprimento total das mesmas e das cargas a que estarão submetidas.

• Código: 134.601-6. Infração: 4. Tipo: S.

34.6.4. Plataformas Fixas

34.6.4.1. As plataformas devem ser projetadas, aprovadas, instaladas e mantidas de modo a suportar as cargas máximas permitidas.

• Código: 134.602-4. Infração: 4. Tipo: S.

34.6.4.2. O projeto de plataformas e de sua estrutura de sustentação e fixação deve ser realizado por profissional legalmente habilitado.

• Código: 134.602-4. Infração: 4. Tipo: S.

34.6.4.3. A memória de cálculo do projeto de plataformas deve ser mantida no estabelecimento.

• Código: 134.602-4. Infração: 4. Tipo: S.

34.6.4.4. É proibida a utilização de quaisquer meios para se atingir lugares mais altos sobre o piso de trabalho de plataformas.

• Código: 134.602-4. Infração: 4. Tipo: S.

34.6.4.5. Deve ser afixada nas plataformas, de forma visível e indelével, placa contendo a indicação da carga máxima permitida.

• Código: 134.602-4. Infração: 4. Tipo: S.

34.6.5. Plataformas Elevatórias

34.6.5.1. As plataformas de trabalho com sistema de movimentação vertical em pinhão e cremalheira e as plataformas hidráulicas devem observar as especificações técnicas do fabricante quanto à montagem, operação, manutenção, desmontagem e inspeções periódicas, sob responsabilidade técnica de profissional legalmente habilitado.

• Código: 134.603-2. Infração: 4. Tipo: S.

34.6.5.2. Em caso de equipamentos importados, os projetos, especificações técnicas e manuais de montagem, operação, manutenção, inspeção e desmontagem devem ser revisados e referendados por profissional legalmente habilitado no país, atendendo o previsto nas normas técnicas da Associação Brasileira de Normas Técnicas – ABNT ou de entidades internacionais por ela referendadas, ou, ainda, outra entidade credenciada pelo Conselho Nacional de Metrologia, Normalização e Qualidade Industrial.

• Código: 134.603-2. Infração: 4. Tipo: S.

34.6.5.3. Os manuais de orientação do fabricante, em língua portuguesa, devem estar à disposição no estabelecimento.

• Código: 134.603-2. Infração: 4. Tipo: S.

34.6.5.4. A instalação, manutenção e inspeção periódica das plataformas de trabalho devem ser feitas por trabalhador capacitado, sob supervisão e responsabilidade técnica de profissional legalmente habilitado.

• Código: 134.447-1. Infração: 4. Tipo: S.

34.6.5.5. Os equipamentos da plataforma elevatória somente devem ser operados por trabalhador capacitado.

• Código: 134.604-0. Infração: 4. Tipo: S.

34.6.5.6. Todos os trabalhadores usuários de plataformas devem receber orientação quanto ao correto carregamento e posicionamento dos materiais na plataforma.

• Código: 134.604-0. Infração: 4. Tipo: S.

34.6.5.7. O responsável pela verificação diária das condições de uso dos equipamentos deve receber manual de procedimentos para a rotina de verificação diária.

• Código: 134.604-0. Infração: 4. Tipo: S.

34.6.5.8. A capacidade de carga mínima no piso de trabalho deve ser de cento e cinquenta quilogramas-força por metro quadrado.

• Código: 134.605-9. Infração: 3. Tipo: S.

34.6.5.9. As extensões telescópicas, quando utilizadas, devem oferecer a mesma resistência do piso da plataforma.

• Código: 134.605-9. Infração: 3. Tipo: S.

34.6.5.10. São proibidas a improvisação na montagem de trechos em balanço e a interligação de plataformas.

• Código: 134.605-9. Infração: 3. Tipo: S.

34.6.5.11. É responsabilidade do fabricante ou locador a indicação dos esforços na estrutura e apoios das plataformas, bem como a indicação dos pontos que resistam a esses esforços.

34.6.5.12. A área sob as plataformas de trabalho deve ser devidamente sinalizada e delimitada, sendo proibida a circulação de trabalhadores dentro daquele espaço.

• Código: 134.454-4. Infração: 3. Tipo: S.

34.6.5.13. As plataformas elevatórias devem dispor de:

a) sistema de sinalização sonora acionado automaticamente durante sua subida e descida;

• Código: 134.606-7. Infração: 3. Tipo: S.

b) botão de parada de emergência no painel de comando;

• Código: 134.606-7. Infração: 3. Tipo: S.

c) dispositivos de segurança que garantam o perfeito nivelamento no ponto de trabalho, que não pode exceder a inclinação máxima indicada pelo fabricante.

• Código: 134.606-7. Infração: 3. Tipo: S.

34.6.5.14. No percurso vertical das plataformas não pode haver interferências que obstruam seu livre deslocamento.

• Código: 134.458-7. Infração: 3. Tipo: S.

34.6.5.15. Em caso de pane elétrica, os equipamentos devem ser dotados de dispositivos mecânicos de emergência que mantenham a plataforma parada permitindo o alívio manual por parte do operador, para descida segura da mesma até sua base.

• Código: 134.459-5. Infração: 4. Tipo: S.

34.6.5.16. O último elemento superior da torre deve ser cego, não contendo engrenagens de cremalheira, de forma a garantir que os roletes permaneçam em contato com as guias.

• Código: 134.460-9. Infração: 4. Tipo: S.

34.6.5.17. Os elementos de fixação utilizados no travamento das plataformas devem ser devidamente dimensionados para suportar os esforços indicados em projeto.

• Código: 134.461-7. Infração: 4. Tipo: S.

34.6.5.18. Os espaçamentos entre as ancoragens ou entroncamentos devem obedecer às especificações do fabricante e ser indicados no projeto.

• Código: 134.462-5. Infração: 3. Tipo: S.

34.6.5.19. A ancoragem da torre é obrigatória quando a altura desta for superior a nove metros.

• Código: 134.463-3. Infração: 4. Tipo: S.

34.6.5.20. A utilização das plataformas elevatórias sem ancoragem ou entroncamento deve seguir rigorosamente as condições de cada modelo indicadas pelo fabricante.

• Código: 134.464-1. Infração: 3. Tipo: S.

34.6.5.21. No caso de utilização de plataformas elevatórias com chassi móvel, este deve estar devidamente nivelado, patolado e/ou travado no início da montagem das torres verticais de sustentação das plataformas, permanecendo dessa forma durante seu uso e desmontagem.

• Código: 134.465-0. Infração: 4. Tipo: S.

34.6.5.22. Os guarda-corpos, inclusive nas extensões telescópicas, devem atender ao previsto no item 34.11.16 e observar as especificações do fabricante, não sendo permitido o uso de cordas, cabos, correntes ou qualquer outro material flexível.

• Código: 134.466-8. Infração: 4. Tipo: S.

34.6.5.23. Os equipamentos, quando fora de serviço, devem estar no nível da base, desligados e protegidos contra acionamento não autorizado.

• Código: 134.467-6. Infração: 4. Tipo: S.

34.6.5.24. As plataformas de trabalho devem ter seus acessos dotados de dispositivos eletroeletrônicos que impeçam sua movimentação quando abertos.

• Código: 134.468-4. Infração: 4. Tipo: S.

34.6.5.25. É proibida a utilização das plataformas elevatórias de trabalho para o transporte de pessoas e materiais não vinculados aos serviços em execução.

• Código: 134.469-2. Infração: 4. Tipo: S.

34.6.6. Acesso por Corda

34.6.6.1. Na execução das atividades com acesso por cordas devem ser utilizados procedimentos técnicos de escalada industrial, conforme estabelecido em norma técnica nacional ou, na sua ausência, em normas internacionais.

• Código: 134.470-6. Infração: 4. Tipo: S.

34.6.6.2. A empresa responsável pelo serviço e a equipe de trabalhadores devem ser certificadas em conformidade com norma técnica nacional ou, na sua ausência, com normas internacionais.

• Código: 134.471-4. Infração: 3. Tipo: S.

34.6.6.3. A equipe de trabalho deve ser capacitada para resgate em altura e composta por, no mínimo, três pessoas, sendo um supervisor.

• Código: 134.472-2. Infração: 3. Tipo: S.

34.6.6.4. Para cada local de trabalho deve haver um plano de autorresgate e resgate dos profissionais.

• Código: 134.473-0. Infração: 3. Tipo: S.

34.6.6.5. Durante a execução da atividade, o trabalhador deve estar conectado a, pelo menos, dois pontos de ancoragem.

• Código: 134.474-9. Infração: 3. Tipo: S.

34.6.6.6. Devem ser utilizados equipamentos e cordas que sejam certificados em conformidade com normas nacionais ou, na ausência dessas, normas internacionais.

• Código: 134.607-5. Infração: 3. Tipo: S.

34.6.6.7. Os equipamentos utilizados para acesso por corda devem ser armazenados e mantidos conforme recomendação do fabricante/fornecedor.

• Código: 134.607-5. Infração: 3. Tipo: S.

34.6.6.8. As informações do fabricante/fornecedor devem ser mantidas de modo a permitir a rastreabilidade.

• Código: 134.607-5. Infração: 3. Tipo: S.

34.6.6.9. O trabalho de acesso por corda deve ser interrompido imediatamente em caso de iluminação insuficiente e condições meteorológicas adversas, como chuva e ventos superiores a quarenta quilômetros por hora, dentre outras.

• Código: 134.478-1. Infração: 4. Tipo: S.

34.6.6.9.1. Pode ser autorizada a execução de trabalho em altura utilizando acesso por cordas em condições com ventos superiores a quarenta quilômetros por hora e inferiores a quarenta e seis quilômetros por hora, desde que atendidos os seguintes requisitos:

a) justificada a impossibilidade do adiamento dos serviços mediante documento apensado à APR, assinado por profissional de segurança no trabalho e pelo responsável pela execução dos serviços, consignando as medidas de proteção adicionais aplicáveis;

•• Alínea *a* com redação determinada pela Portaria n. 836, de 9-10-2018.

• Código: 134.608-3. Infração: 3. Tipo: S.

b) realizada mediante operação assistida por profissional de segurança no trabalho e pelo responsável pela execução das atividades.

•• Alínea *b* com redação determinada pela Portaria n. 836, de 9-10-2018.

• Código: 134.608-3. Infração: 3. Tipo: S.

34.6.6.10. A equipe de trabalho deve portar rádio comunicador ou equipamento de telefonia similar.

• Código: 134.481-1. Infração: 3. Tipo: S.

34.6.7. Plataformas para trabalho em altura inferior a 2,00 m

34.6.7.1. Para trabalhos executados em altura inferior a 2,00 (dois metros), podem ser usadas plataformas, as quais devem:

a) ter capacidade de carga indicada de forma indelével;

• Código: 134.609-1. Infração: 3. Tipo: S.

b) dispor de meio de acesso incorporado à mesma;

• Código: 134.609-1. Infração: 3. Tipo: S.

c) dispor de guarda-corpo com altura mínima de 1,00m (um metro) com vãos inferiores a 50 cm;

• Código: 134.609-1. Infração: 3. Tipo: S.

d) dispor de rodapé com 20 cm de altura, no caso de plataformas com pisos acima de 1,00m (um metro).

• Código: 134.609-1. Infração: 3. Tipo: S.

34.6.7.1.1. É proibido o uso de estrutura de madeira.

• Código: 134.609-1. Infração: 3. Tipo: S.

34.6.7.1.2. No caso de plataformas sobre rodízios essas devem adicionalmente:

a) ser dotadas de travas;

• Código: 134.609-1. Infração: 3. Tipo: S.

b) ser apoiadas somente sobre superfícies horizontais planas.

• Código: 134.609-1. Infração: 3. Tipo: S.

34.7. Trabalho com Exposição a Radiações Ionizantes

•• Item com redação determinada pela Portaria n. 790, de 9-6-2017.

34.7.1. Devem ser adotadas medidas de segurança para execução dos serviços envolvendo radiações ionizantes (radiografia e gamagrafia), visando a proteger os trabalhadores e meio ambiente contra os efeitos nocivos da radiação.

• Código: 134.568-0. Infração: 4. Tipo: S.

34.7.2. Deve ser designado pela empresa executante Supervisor de Proteção Radiológica – SPR, responsável pela supervisão dos trabalhos com exposição a radiações ionizantes.

• Código: 134.569-9. Infração: 4. Tipo: S.

34.7.3. Os serviços devem ser executados conforme instruções da PT para atividades com exposição a radiações ionizantes.

• Código: 134.570-2. Infração: 4. Tipo: S.

34.7.4. O trabalho deve ser interrompido imediatamente se houver mudança nas condições ambientais que o torne potencialmente perigoso.

• Código: 134.571-0. Infração: 4. Tipo: S.

34.7.5. Os seguintes documentos devem ser elaborados e mantidos atualizados no estabelecimento:

a) Plano de Proteção Radiológica, aprovado pela Comissão Nacional de Energia Nuclear – CNEN;

• Código: 134.610-5. Infração: 4. Tipo: S.

b) autorização para operação, expedida pela CNEN;

• Código: 134.610-5. Infração: 4. Tipo: S.

c) relação dos profissionais registrados pela CNEN para execução dos serviços;

• Código: 134.610-5. Infração: 4. Tipo: S.

d) certificados de calibração dos monitores de radiação, conforme regulamentação da CNEN;

• Código: 134.610-5. Infração: 4. Tipo: S.

e) certificados das fontes radioativas e as respectivas tabelas de decaimento.

• Código: 134.610-5. Infração: 4. Tipo: S.

34.7.6. No caso da execução dos serviços por empresas contratadas, cópias dos documentos relacionados no item 34.7.5 devem permanecer na contratante.

• Código: 134.610-5. Infração:4. Tipo: S.

34.7.7. O Plano de Proteção Radiológica deve estar articulado com os demais programas da empresa, especialmente com o Programa de Prevenção de Riscos Ambientais – PPRA e o Programa de Controle Médico de Saúde Ocupacional – PCMSO.

• Código: 134.611-3. Infração: 4. Tipo: S.

34.7.8. Antes do início dos serviços envolvendo radiações ionizantes, deve ser elaborado plano específico de radioproteção, contendo:

a) as características da fonte radioativa;

• Código: 134.611-3. Infração: 4. Tipo: S.

b) as características do equipamento (tipo de foco, potência máxima etc.);

• Código: 134.611-3. Infração: 4. Tipo: S.

c) a memória de cálculo do balizamento;

• Código: 134.611-3. Infração: 4. Tipo: S.

d) o método de armazenamento da fonte radioativa;

• Código: 134.611-3. Infração: 4. Tipo: S.

e) a movimentação da fonte radioativa;

• Código: 134.611-3. Infração: 4. Tipo: S.

f) a relação dos acessórios e instrumentos a serem utilizados em situações de emergência;

• Código: 134.611-3. Infração: 4. Tipo: S.

g) a relação de trabalhadores envolvidos;

• Código: 134.611-3. Infração: 4. Tipo: S.

h) o plano de atuação para situações de emergência.

• Código: 134.611-3. Infração: 4. Tipo: S.

34.7.8.1. A empresa contratada deve apresentar plano específico de radioproteção a contratante.

• Código: 134.575-3. Infração: 4. Tipo: S.

34.7.9. A executante deve prover a guarda dos registros de dose para cada Indivíduo Ocupacionalmente Exposto – IOE.

• Código: 134.576-1. Infração: 4. Tipo: S.

34.7.9.1. No caso de haver IOE por parte da empresa contratante, os registros de dose desses trabalhadores devem ser guardados na empresa contratante.

• Código: 134.577-0. Infração: 4. Tipo: S.

34.7.9.2. Os registros devem ser preservados até os IOE atingirem a idade de setenta e cinco anos e, pelo menos, por trinta anos após o término de sua ocupação, mesmo que já tenham falecido.

34.7.10. Devem ser aplicadas medidas preventivas de segurança nos serviços envolvendo radiações ionizantes.

• Código: 134.612-1. Infração: 4. Tipo: S.

34.7.10.1. Antes da exposição da fonte de radiação, devem ser tomadas as seguintes providências:

a) dotar o local onde é executada a radiografia e/ou gamagrafia do objeto de acessos e condições adequados;

• Código: 134.612-1. Infração: 4. Tipo: S.

b) isolar a área controlada, sinalizando-a com placas de advertência contendo o símbolo internacional de radiação ionizante e providenciando iluminação de alerta e controle nos locais de acesso.

• Código: 134.612-1. Infração: 4. Tipo: S.

34.7.10.2 Durante a exposição da fonte de radiação, devem ser adotadas as seguintes medidas:

a) monitoração individual de dose de radiação ionizante de todo o pessoal envolvido, por dispositivo de leitura direta e indireta, conforme o plano de proteção radiológica;

• Código: 134.612-1. Infração: 4. Tipo: S.

b) monitoração da área controlada quando do acionamento da fonte de radiação, por meio de medidor portátil de radiação, por profissional registrado pela CNEN e equipamento calibrado.

• Código: 134.612-1. Infração: 4. Tipo: S.

Transporte

34.7.11. As operações de transporte de material radioativo devem ser acompanhadas de sua documentação específica, atendendo aos requisitos das normas técnicas nacionais vigentes, bem como às instruções e às recomendações da CNEN e dos recebedores e/ou fornecedores de fontes seladas.

• Código: 134.583-4. Infração: 4. Tipo: S.

34.7.12. As medidas estabelecidas no plano de emergência do Plano de Proteção Radiológica da executante devem ser informadas à empresa contratante.

• Código: 134.584-2. Infração: 4. Tipo: S.

34.7.12.1. A executante deve informar imediatamente à empresa contratante qualquer situação de emergência.

• Código: 134.585-0. Infração: 4. Tipo: S.

34.8. Trabalhos de Jateamento e Hidrojateamento

34.8.1. Os serviços de jateamento/hidrojateamento somente devem ser realizados por trabalhadores capacitados.

• Código: 134.613-0. Infração: 4. Tipo: S.

34.8.1.1. Os envolvidos no serviço devem utilizar cartão específico contendo as informações necessárias ao atendimento de emergência.

• Código: 134.613-0. Infração: 4. Tipo: S.

34.8.1.2. Os trabalhadores devem estar devidamente protegidos contra os riscos decorrentes das atividades de jateamento/hidrojateamento, em especial os riscos mecânicos.

• Código: 134.185-5. Infração: 3. Tipo: S.

34.8.2. A manutenção dos equipamentos deve ser realizada somente por trabalhadores qualificados.

• Código: 134.186-3. Infração: 3. Tipo: S.

34.8.3. A PT deve ser emitida em conformidade com a atividade a ser desenvolvida.

• Código: 134.187-1. Infração: 3. Tipo: S.

34.8.4. Na execução dos trabalhos, devem ser tomados os seguintes cuidados:

a) demarcar, sinalizar e isolar a área de trabalho;

• Código: 134.614-8. Infração: 4. Tipo: S.

b) aterrar a máquina de jato/hidrojato;

• Código: 134.614-8. Infração: 4. Tipo: S.

c) empregar mangueira/mangote dotada de revestimento em malha de aço e dispositivo de segurança em suas conexões que impeça o chicoteamento;

• Código: 134.614-8. Infração: 4. Tipo: S.

d) verificar as condições dos equipamentos, acessórios e travas de segurança;

• Código: 134.614-8. Infração: 4. Tipo: S.

e) eliminar vazamentos no sistema de jateamento/hidrojateamento;

• Código: 134.614-8. Infração: 4. Tipo: S.

f) somente ligar a máquina após a autorização do jatista/hidrojatista;

• Código: 134.614-8. Infração: 4. Tipo: S.

g) operar o equipamento conforme recomendações do fabricante, proibindo pressões operacionais superiores às especificadas para as mangueiras/mangotes;

• Código: 134.614-8. Infração: 4. Tipo: S.

h) impedir dobras, torções e a colocação de mangueiras/mangotes sobre arestas sem proteção;

• Código: 134.614-8. Infração: 4. Tipo: S.

i) manter o contato visual entre operadores e jatista/hidrojatista ou empregar observador intermediário;

• Código: 134.614-8. Infração: 4. Tipo: S.

j) realizar revezamento entre jatista/hidrojatista, obedecendo à resistência física do trabalhador.

• Código: 134.614-8. Infração: 4. Tipo: S.

34.8.5. A atividade de hidrojateamento de alta pressão deve ser realizada em tempo contínuo de até uma hora, com intervalos de igual período, em jornada de trabalho máxima de oito horas.

• Código: 134.198-7. Infração: 4. Tipo: S.

34.8.6. É proibido o travamento ou amarração do gatilho da pistola do equipamento.

• Código: 134.199-5. Infração: 4. Tipo: S.

34.8.7. Deve ser mantido sistema de drenagem para retirar a água liberada durante o hidrojateamento.

• Código: 134.200-2. Infração: 2. Tipo: S.

34.8.8. O dispositivo de segurança (trava) da pistola deve ser acionado quando da interrupção do trabalho, sobretudo durante a mudança de nível ou compartimento.

• Código: 134.201-0. Infração: 4. Tipo: S.

34.8.9. É proibido ao jatista/hidrojatista desviar o jato do seu foco de trabalho.

• Código: 134.202-9. Infração: 3. Tipo: S.

34.8.10. Em serviço de hidrojateamento deve ser utilizada iluminação estanque alimentada por extrabaixa tensão.

• Código: 134.203-7. Infração: 3. Tipo: S.

34.8.11. É obrigatório o uso de equipamento de adução por linha de ar comprimido nas atividades de jateamento.

• Código: 134.615-6. Infração: 4. Tipo: S.

34.8.11.1. Deve ser assegurado que a qualidade do ar empregado nos equipamentos de proteção respiratória de adução por linha de ar comprimido esteja conforme estabelecido pelo PPR.

• Código: 134.615-6. Infração: 4. Tipo: S.

34.8.12. Todo o sistema deve ser despressurizado quando o equipamento estiver fora de uso, em manutenção ou limpeza.

• Código: 134.206-1. Infração: 2. Tipo: S.

34.8.13. É proibido o jateamento de areia ou a utilização de materiais que contenham concentração de sílica superior ao permitido pela legislação vigente.

• Código: 134.207-0. Infração: 4. Tipo: S.

34.9. Atividades de Pintura

34.9.1. Na realização de serviços de pintura, devem ser observadas as seguintes medidas:

a) designar somente trabalhador capacitado;

• Código: 134.616-4. Infração: 3. Tipo: S.

b) emitir PT em conformidade com a atividade a ser desenvolvida, exceto em serviços realizados em cabines de pintura;

•• Item com redação determinada pela Portaria n. 1.112, de 21-9-2016.

• Código: 134.616-4. Infração: 3. Tipo: S.

c) impedir a realização de trabalhos incompatíveis nas adjacências;

• Código: 134.616-4. Infração: 3. Tipo: S.

d) demarcar, sinalizar e isolar a área de trabalho;

• Código: 134.616-4. Infração: 3. Tipo: S.

e) utilizar equipamentos e iluminação à prova de explosão, com cabo de alimentação elétrica sem emendas, para pintura em espaço confinado ou com pistola pneumática (*Airless*);

• Código: 134.616-4. Infração: 3. Tipo: S.

f) aterrar a bomba empregada no sistema de pistola pneumática.

• Código: 134.616-4. Infração: 3. Tipo: S.

34.9.2. Devem ser implementadas as recomendações da FISPQ, treinando o trabalhador quanto a suas disposições.

• Código: 134.214-2. Infração: 3. Tipo: S.

34.9.3. É proibido consumir alimentos e portar materiais capazes de gerar centelha, fagulha ou chama na área da pintura e em seu entorno.

• Código: 134.215-0. Infração: 4. Tipo: S.

34.9.4. Deve ser providenciada renovação de ar para eliminar gases e vapores gerados durante o serviço de pintura, monitorando continuamente a concentração de contaminantes no ar.

• Código: 134.216-9. Infração: 4. Tipo: S.

34.9.4.1. Quando a concentração de contaminantes for igual ou superior a dez por cento do Limite Inferior de Explosividade – LIE, o serviço deve ser imediatamente interrompido e o compartimento evacuado, implementando-se ventilação adicional.

• Código: 134.217-7. Infração: 4. Tipo: S.

34.9.4.2. Os contaminantes devem ser direcionados para fora dos locais de trabalho, onde não haja fontes de ignição próxima, observando a legislação vigente.

• Código: 134.218-5. Infração: 4. Tipo: S.

34.9.5. Ao término do serviço, deve ser mantida a ventilação, avaliando-se a concentração dos gases, em conformidade com o LIE.

• Código: 134.219-3. Infração: 4. Tipo: S.

34.9.5.1. Exceto em serviços realizados em cabine de pintura, a área somente deve ser liberada após autorização do profissional de segurança e saúde no trabalho ou, na sua inexistência, pelo responsável pelo cumprimento desta Norma, observados os limites inferiores de explosividade e de exposição estabelecidos na APR.

•• Item com redação determinada pela Portaria n. 1.112, de 21-9-2016.

• Código: 134.567-2. Infração: 4. Tipo: S.

Preparo e Descarte

34.9.6. As tintas devem ser preparadas em local ventilado, preestabelecido pela PT e delimitado por dique de contenção.

• Código: 134.617-2. Infração: 2. Tipo: S.

34.9.7. No local do serviço, deve ser disposta a quantidade de tinta necessária à utilização imediata.

• Código: 134.617-2. Infração: 2. Tipo: S.

34.9.8. Os vasilhames contendo resíduos de tintas ou solventes devem ser armazenados em local protegido, ventilado e sinalizado.

• Código: 134.617-2. Infração: 2. Tipo: S.

34.9.9. Os resíduos devem ser tratados, dispostos ou retirados dos limites do estabelecimento em conformidade com a legislação ambiental.

• Código: 134.617-2. Infração: 2. Tipo: S.

Espaço Confinado

34.9.10. Os quadros de alimentação elétricos devem ser instalados fora do espaço confinado, com distância mínima de dois metros de sua entrada.

• Código: 134.225-8. Infração: 4. Tipo: S.

34.9.11. Deve ser mantido equipamento autônomo de proteção respiratória ou sistema de ar mandado disponível e de fácil acesso para situações de emergência.

• Código: 134.226-6. Infração: 4. Tipo: S.

34.9.12. Somente deve ser utilizada alimentação elétrica em extrabaixa tensão.

• Código: 134.227-4. Infração: 4. Tipo: S.

34.9.13. A bomba pneumática de pintura (*Airless*) deve ser instalada fora do espaço confinado.

• Código: 134.228-2. Infração: 4. Tipo: S.

Higiene e Proteção do Trabalhador

34.9.14. Deve ser fornecido ao trabalhador armário individual duplo, de forma que os compartimentos estabeleçam, rigorosamente, o isolamento das roupas de uso comum e as de trabalho.

• Código: 134.229-0. Infração: 3. Tipo: S.

34.9.15. A higienização e substituição da vestimenta de trabalho deve ser realizada diariamente ou, havendo impossibilidade, deve ser fornecida vestimenta de material descartável.

• Código: 134.230-4. Infração: 3. Tipo: S.

34.9.16. Deve ser garantida a qualidade do ar empregado nos equipamentos de proteção respiratória de adução por linha de ar comprimido, conforme estabelecido no PPR.

• Código: 134.231-2. Infração: 4. Tipo: S.

34.9.17. Devem ser mantidos lava-olhos de emergência próximo ao local da pintura e disponibilizados chuveiros de emergência em locais definidos pela APR.

• Código: 134.232-0. Infração: 4. Tipo: S.

34.10. Movimentação de Cargas

34.10.1. As operações de movimentação eletromecânicas de cargas somente devem ser realizadas por trabalhador capacitado e autorizado.

• Código: 134.233-9. Infração: 3. Tipo: S.

34.10.2. Deve ser garantido que os equipamentos de movimentação de cargas e seus acessórios sejam utilizados em perfeito estado operacional e certificados, com identificação e documentação que possam ser rastreados.

• Código: 134.234-7. Infração: 4. Tipo: S.

34.10.3. Deve ser elaborado o Prontuário dos Equipamentos contendo, no mínimo, as seguintes informações:

a) cópia do manual de operação fornecido pelo fabricante, em língua portuguesa, e na indisponibilidade deste, é permitida a reclassificação do equipamento por órgão certificador externo credenciado;

• Código: 134.618-0. Infração: 3. Tipo: S.

b) especificações técnicas;

• Código: 134.618-0. Infração: 3. Tipo: S.

c) programa de inspeção, manutenção e certificação;

• Código: 134.618-0. Infração: 3. Tipo: S.

d) registro das inspeções, manutenções e certificações;

• Código: 134.618-0. Infração: 3. Tipo: S.

e) plano de ação para correção das não conformidades encontradas durante as inspeções, manutenções ou certificações;

• Código: 134.618-0. Infração: 3. Tipo: S.

f) identificação e assinatura do responsável técnico indicado pela empresa para implementar este procedimento.

• Código: 134.618-0. Infração: 3. Tipo: S.

Inspeção, Manutenção e Certificação de Equipamentos

34.10.4. Antes de iniciar a jornada de trabalho, o operador deve inspecionar e registrar em lista de verificação (*check-list*), no mínimo, os seguintes itens:

• Código: 134.241-0. Infração: 4. Tipo: S.

a) freios;

b) embreagens;

c) controles;

d) mecanismos da lança;

e) anemômetro;

f) mecanismo de deslocamento;

g) dispositivos de segurança de peso e curso;

h) níveis de lubrificantes, combustível e fluido refrigerante;

i) instrumentos de controle no painel;

j) cabos de alimentação dos equipamentos;

k) sinal sonoro e luminoso;

l) eletroímã.

34.10.5. Antes de iniciar a jornada de trabalho, o sinaleiro deve inspecionar e registrar em lista de verificação (*check-list*) os acessórios de movimentação de cargas, contemplando, no mínimo, os seguintes itens:

• Código: 134.242-8. Infração: 4. Tipo: S.

a) moitões;

b) grampos;

c) ganchos;

d) manilhas;

e) distorcedores;

f) cintas, estropos e correntes;

g) cabos de aço;

h) clips;

i) pinos de conexões, parafusos, travas e demais dispositivos;

j) roldanas da ponta da lança e do moitão;

k) olhais;

l) patolas;

m) grampo de içamento;

n) balanças.

34.10.6. A certificação dos equipamentos de movimentação de cargas e seus acessórios deve obedecer aos seguintes critérios:

a) ser realizada por profissional legalmente habilitado, com registro no Conselho Regional de Engenharia e Arquitetura – CREA;

• Código: 134.619-9. Infração: 4. Tipo: S.

b) ser registrada em Relatório de Inspeção;

• Código: 134.619-9. Infração: 4. Tipo: S.

c) atender à periodicidade especificada pelo órgão certificador e/ou fabricante.

• Código: 134.619-9. Infração: 4. Tipo: S.

34.10.6.1. O Relatório de Inspeção deve conter:

a) os itens inspecionados e as não conformidades encontradas, descrevendo as impeditivas e as não impeditivas à operação do equipamento de guindar;

• Código: 134.619-9. Infração: 4. Tipo: S.

b) as medidas corretivas adotadas para as não conformidades impeditivas;

• Código: 134.619-9. Infração: 4. Tipo: S.

c) o cronograma de correção para as irregularidades não impeditivas, que não representem perigo à segurança e à saúde, isoladamente ou em conjunto.

• Código: 134.619-9. Infração: 4. Tipo: S.

34.10.6.2. O equipamento somente será liberado para operar após a correção das não conformidades impeditivas.

• Código: 134.249-5. Infração: 4. Tipo: S.

34.10.7. O equipamento reprovado e/ou inoperante deve ter essa situação consignada em seu Prontuário, e somente poderá operar após nova certificação.

• Código: 134.250-9. Infração: 3. Tipo: S.

34.10.8. É proibida a utilização de cabos de fibras naturais na movimentação de cargas ou de pessoas.

• Código: 134.251-7. Infração: 4. Tipo: S.

Procedimentos de Movimentação de Cargas

34.10.9. Deve ser realizada APR quando a Segurança no Trabalho e/ou responsável da operação considerar necessário.

• Código: 134.252-5. Infração: 4. Tipo: S.

34.10.10. A operação de movimentação de cargas deve ser impedida em condições climáticas adversas e/ou iluminação deficiente.

• Código: 134.253-3. Infração: 4. Tipo: S.

34.10.11. Para movimentar cargas, deve ser adotado o seguinte procedimento operacional:

a) proibir ferramentas ou qualquer objeto solto;

• Código: 134.620-2. Infração: 4. Tipo: S.

b) garantir que a carga esteja distribuída uniformemente entre os ramais da lingada, estabilizada e amarrada;

• Código: 134.620-2. Infração: 4. Tipo: S.

c) certificar-se que o peso seja compatível com a capacidade do equipamento;

• Código: 134.620-2. Infração: 4. Tipo: S.

d) garantir que o gancho do equipamento de guindar esteja perpendicular à peça a ser içada, verificando a posição do centro de gravidade da carga;

• Código: 134.620-2. Infração: 4. Tipo: S.

e) utilizar guia, em material não condutor de eletricidade, para posicionar a carga;

• Código: 134.620-2. Infração: 4. Tipo: S.

f) sinalizar a área de movimentação, garantindo a proibição do trânsito ou da permanência de pessoas sob a carga suspensa;

• Código: 134.620-2. Infração: 4. Tipo: S.

g) sinalizar, desenergizar e aterrar as redes elétricas aéreas localizadas nas áreas de movimentação ou, na impossibilidade da desenergização, assegurar que o dispositivo suspenso, ao ser movimentado, guarde o dobro das distâncias da zona controlada em relação às redes elétricas (conforme Anexo I da NR-10), mantendo o guindaste aterrado;

• Código: 134.620-2. Infração: 4. Tipo: S.

h) assegurar que os dispositivos e acessórios de movimentação de carga tenham identificação de carga máxima, de forma indelével e de fácil visualização;

• Código: 134.620-2. Infração: 4. Tipo: S.

i) somente utilizar ganchos dos moitões com trava de segurança;

• Código: 134.620-2. Infração: 4. Tipo: S.

j) garantir que os cilindros de gases, bombonas e tambores somente sejam transportados na posição vertical, dentro de dispositivo apropriado;

• Código: 134.620-2. Infração: 4. Tipo: S.

k) proibir jogar e arrastar os acessórios de movimentação de cargas;

• Código: 134.620-2. Infração: 4. Tipo: S.

l) garantir que o cabo de aço e/ou cintas não entrará em contato direto com as arestas das peças durante o transporte;

• Código: 134.620-2. Infração: 4. Tipo: S.

m) proibir a movimentação simultânea de cargas com o mesmo equipamento;

• Código: 134.620-2. Infração: 4. Tipo: S.

n) proibir a interrupção da movimentação mantendo a carga suspensa;

• Código: 134.620-2. Infração: 4. Tipo: S.

o) ao interromper ou concluir a operação, manter os controles na posição neutra, freios aplicados, travamento acionado e desenergizado.

• Código: 134.620-2. Infração: 4. Tipo: S.

34.10.12. Os locais destinados aos patolamentos dos equipamentos de guindar devem obedecer a projeto elaborado por profissional legalmente habilitado, que deve estar disponível no estabelecimento.

• Código: 134.269-0. Infração: 3. Tipo: S.

34.10.12.1. A operação de patolamento deve obedecer às recomendações do fabricante.

• Código: 134.270-3. Infração: 3. Tipo: S.

34.10.13. A cabine de operação do equipamento de guindar deve dispor de:

a) mobiliário do posto de trabalho e condições ambientais ergonômicas, em conformidade com a NR-17;

• Código: 134.621-0. Infração: 3. Tipo: S.

b) proteção contra insolação e intempéries;

• Código: 134.621-0. Infração: 3. Tipo: S.

c) piso limpo e isento de materiais;

• Código: 134.621-0. Infração: 3. Tipo: S.

d) tabela de cargas máxima em todas as condições de uso, escrita em língua portuguesa, afixada no interior da cabine e de fácil visualização pelo operador.

• Código: 134.621-0. Infração: 3. Tipo: S.

34.10.14. Antes de iniciar as operações com equipamentos de movimentação de cargas sobre trilhos, deve ser assegurado que os trilhos ou pantógrafos estejam desobstruídos e os batentes em perfeitas condições.

• Código: 134.275-4. Infração: 3. Tipo: S.

34.10.15. Antes de iniciar a operação de ponte rolante comandada por controle remoto, deve ser garantido que o transmissor:

a) corresponde ao equipamento a ser comandado;

• Código: 134.622-9. Infração: 4. Tipo: S.

b) contém numeração correspondente ao equipamento;

• Código: 134.622-9. Infração: 4. Tipo: S.

c) está no sentido correto de funcionamento;

• Código: 134.622-9. Infração: 4. Tipo: S.

d) será utilizado conforme as instruções do fabricante.

• Código: 134.622-9. Infração: 4. Tipo: S.

34.10.16. A utilização de gruas em condições de ventos superiores a quarenta e dois quilômetros por hora só será permitida mediante trabalho assistido, limitada a setenta e dois quilômetros por hora.

• Código: 134.280-0. Infração: 4. Tipo: S.

Sinalização

34.10.17. A movimentação aérea de carga deve ser orientada por sinaleiro.

• Código: 134.623-7. Infração: 4. Tipo: S.

34.10.18. O sinaleiro deve estar sempre no raio de visão do operador.

• Código: 134.623-7. Infração: 4. Tipo: S.

34.10.18.1. Na impossibilidade da visualização do operador, deve ser empregada comunicação via rádio e/ou sinaleiro intermediário.

• Código: 134.623-7. Infração: 4. Tipo: S.

34.10.19. O sinaleiro deve usar identificação de fácil visualização, diurna/noturna, que o diferencie dos demais trabalhadores da área de operação.

• Código: 134.623-7. Infração: 4. Tipo: S.

34.10.20. O operador deve obedecer unicamente às instruções dadas pelo sinaleiro, exceto quando for constatado risco de acidente.

• Código: 134.623-7. Infração: 4. Tipo: S.

Treinamento e Avaliação

34.10.21. O sinaleiro deve receber treinamento com carga horária e conteúdo programático em conformidade com o Anexo I, item 2, desta Norma.

• Código: 134.286-0. Infração: 4. Tipo: S.

34.10.22. Para os operadores, além do estabelecido no item 34.10.21, deve ser ministrado treinamento complementar, de acordo com o Anexo I, item 3, desta Norma.

• Código: 134.287-8. Infração: 4. Tipo: S.

34.11. Montagem e Desmontagem de Andaimes

•• Item com denominação determinada pela Portaria n. 207, de 8-12-2015.

Medidas de Ordem Geral

•• Item com denominação determinada pela Portaria n. 207, de 8-12-2015.

34.11.1. O projeto, dimensionamento, montagem e desmontagem de andaimes devem atender, além do disposto nesta NR, às disposições contidas em normas técnicas oficiais vigentes ou na ausência dessas normas nas normas técnicas internacionais.

•• Item com redação determinada pela Portaria n. 207, de 8-12-2015.

• Código: 134.516-8. Infração: 4. Tipo: S.

34.11.2. O dimensionamento dos andaimes e de sua estrutura de sustentação e fixação deve ser realizado por profissional legalmente habilitado.

•• Item com redação determinada pela Portaria n. 207, de 8-12-2015.

• Código: 134.624-5. Infração: 4. Tipo: S.

34.11.3. Os andaimes devem ser dimensionados e construídos de modo a suportar, com segurança, as cargas de trabalho a que estarão sujeitos.

•• Item com redação determinada pela Portaria n. 207, de 8-12-2015.

• Código: 134.624-5. Infração: 4. Tipo: S.

34.11.4. A memória de cálculo do projeto dos andaimes deve ser mantida no estabelecimento.

•• Item com redação determinada pela Portaria n. 207, de 8-12-2015.

• Código: 134.624-5. Infração: 4. Tipo: S.

34.11.5. Os andaimes devem ser fixados a estruturas firmes, estaiadas ou ancoradas em pontos que apresentem resistência suficiente à ação dos ventos e às cargas a serem suportadas.

•• Item com redação determinada pela Portaria n. 207, de 8-12-2015.

• Código: 134.520-6. Infração: 4. Tipo: S.

34.11.5.1. Poderá ser dispensada a fixação quando a torre do andaime não ultrapassar, em altura, três vezes a menor dimensão da base de apoio.

•• Item acrescentado pela Portaria n. 207, de 8-12-2015.

• Código: 134.521-4. Infração: 4. Tipo: S.

34.11.6. A estrutura do andaime em balanço deve ser contraventada e ancorada para eliminar oscilações.

•• Item com redação determinada pela Portaria n. 207, de 8-12-2015.

• Código: 134.522-2. Infração: 4. Tipo: S.

34.11.7. Os montantes devem ser firmemente apoiados em sapatas sobre base sólida e nivelada capaz de resistir aos esforços solicitantes e às cargas transmitidas.

•• Item com redação determinada pela Portaria n. 207, de 8-12-2015.

• Código: 134.523-0. Infração: 3. Tipo: S.

34.11.8. Somente devem ser utilizados andaimes móveis até seis metros de altura, com rodízios providos de travas e apoiados em superfícies planas.

•• Item com redação determinada pela Portaria n. 207, de 8-12-2015.

• Código: 134.524-9. Infração: 4. Tipo: S.

34.11.9. As áreas ao redor dos andaimes devem ser sinalizadas e protegidas contra o impacto de veículos ou equipamentos móveis.

•• Item com redação determinada pela Portaria n. 207, de 8-12-2015.

• Código: 134.525-7. Infração: 3. Tipo: S.

34.11.10. Quando houver possibilidade de queda em direção à face interna, deve ser prevista proteção adequada de guarda-corpo e rodapé.

•• Item com redação determinada pela Portaria n. 207, de 8-12-2015.

• Código: 134.526-5. Infração: 4. Tipo: S.

34.11.11. As aberturas nos pisos devem ser protegidas com guarda-corpo fixo e rodapé.

•• Item com redação determinada pela Portaria n. 207, de 8-12-2015.

• Código: 134.527-3. Infração: 4. Tipo: S.

34.11.12. A plataforma do andaime deve ser protegida em todo o seu perímetro, exceto na face de trabalho, com:

•• Item, *caput*, com redação determinada pela Portaria n. 207, de 8-12-2015.

a) guarda-corpo rígido, fixo e formado por dois tubos metálicos, colocados horizontalmente a distâncias do tablado de setenta centímetros e um metro e vinte centímetros;

•• Alínea *a* acrescentada pela Portaria n. 207, de 8-12-2015.

• Código: 134.625-3. Infração: 4. Tipo: S.

b) rodapés, junto à prancha, com altura mínima de vinte centímetros.

•• Alínea *b* acrescentada pela Portaria n. 207, de 8-12-2015.

• Código: 134.625-3. Infração: 4. Tipo: S.

34.11.13. Os andaimes com pisos situados a mais de um metro de altura devem ser providos de escadas ou rampas.

•• Item com redação determinada pela Portaria n. 207, de 8-12-2015.

• Código: 134.530-3. Infração: 3. Tipo: S.

Dos Elementos Constitutivos

•• Item com denominação determinada pela Portaria n. 207, de 8-12-2015.

34.11.14. Para a montagem de andaimes, devem ser utilizadas somente peças de qualidade comprovada para suportar cargas, em bom estado de conservação e limpeza.

•• Item com redação determinada pela Portaria n. 207, de 8-12-2015.

• Código: 134.626-1. Infração: 4. Tipo: S.

34.11.14.1. As peças devem ser inspecionadas e avaliadas periodicamente, consignando os resultados em lista de verificação sob a supervisão de profissional legalmente habilitado.

•• Item acrescentado pela Portaria n. 207, de 8-12-2015.

• Código: 134.626-1. Infração: 4. Tipo: S.

34.11.15. As peças de contraventamento devem ser fixadas, travadas e ajustadas nos montantes por meio de parafusos, abraçadeiras ou por encaixe em pinos.

•• Item com redação determinada pela Portaria n. 207, de 8-12-2015.

• Código: 134.626-1. Infração: 4. Tipo: S.

34.11.16. O piso de trabalho deve ter forração completa, antiderrapante, ser nivelado e fixado de modo seguro e resistente, permanecendo desimpedido.

•• Item com redação determinada pela Portaria n. 207, de 8-12-2015.

• Código: 134.627-0. Infração: 4. Tipo: S.

34.11.16.1. As pranchas de madeira, caso sejam utilizadas, devem ser secas, com trinta e oito milímetros de espessura mínima, de qualidade comprovada, isentas de nós, rachaduras e outros defeitos que comprometam a sua resistência, sendo proibido o uso de pintura que encubra imperfeições.

•• Item acrescentado pela Portaria n. 207, de 8-12-2015.

• Código: 134.627-0. Infração: 4. Tipo: S.

34.11.16.2. A fixação das pranchas sobre as travessas deve ser estabelecida no projeto e feita por meio de abraçadeira e/ou fio de arame recozido, com diâmetro mínimo de dois inteiros e setenta e sete centésimos de milímetro e/ou dispositivo mecânico equivalente que assegure a fixação e não sobressaia do piso do andaime mais do que 5 (cinco) milímetros (0,005m), sem cantos vivos.

•• Item acrescentado pela Portaria n. 207, de 8-12-2015.

• Código: 134.627-0. Infração: 4. Tipo: S.

34.11.17. As emendas das pranchas ou tábuas devem ser por justaposição, apoiadas sobre travessas, uma em cada extremidade, com balanço mínimo de quinze centímetros e máximo de vinte centímetros.

•• Item com redação determinada pela Portaria n. 207, de 8-12-2015.

• Código: 134.536-2. Infração: 4. Tipo: S.

34.11.18. É permitida a emenda por sobreposição, desde que:

•• Item, *caput*, com redação determinada pela Portaria n. 207, de 8-12-2015.

a) prevista no projeto do andaime;

•• Alínea *a* acrescentada pela Portaria n. 207, de 8-12-2015.

• Código: 134.628-8. Infração: 4. Tipo: S.

b) em segmentos não lineares de andaimes e/ou limitados por espaço físico, validada a sobreposição por profissional de segurança no trabalho ou, na inexistência desse, pelo responsável pelo cumprimento desta Norma;

•• Alínea *b* acrescentada pela Portaria n. 207, de 8-12-2015.

• Código: 134.628-8. Infração: 4. Tipo: S.

c) apoiada sobre uma travessa e com pelo menos vinte centímetros para cada lado, criando uma sobreposição de, no mínimo, quarenta centímetros, caso em que é obrigatória a sinalização adequada do local (indicando a existência do ressalto e pintura de uma faixa de alerta no piso), bem como a fixação cuidadosa das pontas, de modo a não permitir que fiquem levantadas do piso.

•• Alínea *c* acrescentada pela Portaria n. 207, de 8-12-2015.

• Código: 134.628-8. Infração: 4. Tipo: S.

Dos Andaimes Tubulares

•• Item com denominação determinada pela Portaria n. 207, de 8-12-2015.

34.11.19. Devem ser usados tubos de aço galvanizado, com espessura de parede mínima de três inteiros e cinco centésimos de milímetro, ou liga de alumínio, calculados de acordo com o projeto.

•• Item com redação determinada pela Portaria n. 207, de 8-12-2015.

• Código: 134.540-0. Infração: 3. Tipo: S.

34.11.20. Devem ser utilizados somente tubos de comprimento inferior a quatro metros e cinquenta centímetros como montantes em torres e andaimes, exceto na montagem da base.

•• Item com redação determinada pela Portaria n. 207, de 8-12-2015.

• Código: 134.541-9. Infração: 3. Tipo: S.

Dos Andaimes Multidirecionais

•• Item com denominação determinada pela Portaria n. 207, de 8-12-2015.

34.11.21. A plataforma do andaime multidirecional deve ser protegida em todo o seu perímetro, exceto na face de trabalho, com:

•• Item, *caput*, com redação determinada pela Portaria n. 207, de 8-12-2015.

a) guarda-corpo rígido, fixo e formado por dois tubos metálicos, colocados horizontalmente a distância mínima do tablado de cinquenta centímetros e um metro;

•• Alínea *a* acrescentada pela Portaria n. 207, de 8-12-2015.

• Código: 134.629-6. Infração: 4. Tipo: S.

b) rodapés, junto ao piso, com altura mínima de quinze centímetros.

•• Alínea *b* acrescentada pela Portaria n. 207, de 8-12-2015.

• Código: 134.629-6. Infração: 4. Tipo: S.

Requisitos para Trabalhos em Andaimes

•• Item com denominação determinada pela Portaria n. 207, de 8-12-2015.

34.11.22. É proibido:

•• Item, *caput*, com redação determinada pela Portaria n. 207, de 8-12-2015.

a) a retirada ou bloqueio de dispositivos de segurança do andaime;

•• Alínea *a* acrescentada pela Portaria n. 207, de 8-12-2015.

• Código: 134.630-0. Infração: 4. Tipo: S.

b) o deslocamento de andaimes com trabalhadores e/ou ferramentas sobre os mesmos;

•• Alínea *b* acrescentada pela Portaria n. 207, de 8-12-2015.

• Código: 134.630-0. Infração: 4. Tipo: S.

c) o uso de escadas ou outras estruturas para se atingir lugares mais altos, a partir do piso de trabalho de andaimes, quando não previsto em projeto.

•• Alínea *c* acrescentada pela Portaria n. 207, de 8-12-2015.

• Código: 134.630-0. Infração: 4. Tipo: S.

34.11.23. Caso seja necessário instalar aparelho de içar material, deve-se escolher o ponto de aplicação em conformidade com o projeto, de modo a não comprometer a estabilidade e a segurança do andaime.

•• Item com redação determinada pela Portaria n. 207, de 8-12-2015.

• Código: 134.545-1. Infração: 3. Tipo: S.

Montagem e Desmontagem de Andaimes

•• Item com denominação determinada pela Portaria n. 207, de 8-12-2015.

34.11.24. Deve ser emitida PT para montagem, desmontagem e manutenção de andaimes.

•• Item com redação determinada pela Portaria n. 207, de 8-12-2015.

• Código: 134.631-8. Infração: 4. Tipo: S.

34.11.25. A montagem, desmontagem e manutenção devem ser executadas por trabalhador capacitado, sob a supervisão e responsabilidade da chefia imediata.

•• Item com redação determinada pela Portaria n. 207, de 8-12-2015.

• Código: 134.631-8. Infração: 4. Tipo: S.

34.11.25.1. O trabalho de montagem, desmontagem e manutenção deve ser interrompido imediatamente em caso de iluminação insuficiente e condições climáticas adversas, como chuva, ventos superiores a quarenta quilômetros por hora, dentre outras.

•• Item com redação determinada pela Portaria n. 836, de 9-10-2018.

• Código: 134.632-6. Infração: 4. Tipo: S.

34.11.25.1.1. Pode ser autorizado o trabalho de montagem, desmontagem e manutenção em condições com ventos superiores a quarenta quilômetros por hora e inferiores a quarenta e seis quilômetros por hora, desde que atendidos os seguintes requisitos:

•• Item acrescentado pela Portaria n. 836, de 9-10-2018.

a) justificada a impossibilidade do adiamento dos serviços mediante documento apensado à APR, assinado por profissional de segurança no trabalho e pelo responsável pela execução dos serviços, consignando as medidas de proteção adicionais aplicáveis;

•• Alínea *a* acrescentada pela Portaria n. 836, de 9-10-2018.

• Código: 134.633-4. Infração: 4. Tipo: S.

b) realizada mediante operação assistida por profissional de segurança no trabalho e pelo responsável pela execução das atividades.

•• Alínea *b* acrescentada pela Portaria n. 836, de 9-10-2018.

• Código: 134.633-4. Infração: 4. Tipo: S.

34.11.26. É obrigatório o uso de cinto de segurança do tipo paraquedista, dotado de talabarte duplo pelos montadores de andaimes.

•• Item com redação determinada pela Portaria n. 207, de 8-12-2015.

• Código: 134.549-4. Infração: 4. Tipo: S.

34.11.27. O montador de andaimes deve dispor de ferramentas apropriadas, acondicionadas e atadas ao cinto.

•• Item com redação determinada pela Portaria n. 207, de 8-12-2015.

• Código: 134.634-2. Infração: 3. Tipo: S.

34.11.28. A área deve ser isolada durante os serviços de montagem, desmontagem ou manutenção, permitindo-se o acesso somente à equipe envolvida nas atividades.

•• Item com redação determinada pela Portaria n. 207, de 8-12-2015.

• Código: 134.634-2. Infração: 4. Tipo: S.

34.11.29. Os andaimes em processo de montagem, desmontagem ou manutenção devem ser sinalizados com placas nas cores vermelha, indicando a proibição do uso, ou verde, após sua liberação.

•• Item com redação determinada pela Portaria n. 207, de 8-12-2015.

• Código: 134.634-2. Infração: 4. Tipo: S.

Liberação para Utilização de Andaimes

•• Item com denominação determinada pela Portaria n. 207, de 8-12-2015.

34.11.30. Os andaimes somente devem ser utilizados após serem aprovados pelo profissional de segurança e saúde no trabalho ou, na inexistência desse, pelo responsável pelo cumprimento desta Norma, conjuntamente com o encarregado do serviço.

•• Item com redação determinada pela Portaria n. 207, de 8-12-2015.

• Código: 134.553-2. Infração: 4. Tipo: S.

34.11.30.1. A aprovação deve ser consignada na "Ficha de Liberação de Andaime" que será preenchida, assinada e afixada no andaime.

•• Item acrescentado pela Portaria n. 207, de 8-12-2015.

• Código: 134.554-0. Infração: 3. Tipo: S.

Armazenagem

•• Item com denominação determinada pela Portaria n. 207, de 8-12-2015.

34.11.31. O material a ser usado na montagem de andaimes deve ser armazenado em local iluminado, nivelado, não escorregadio e protegido de intempéries.

•• Item com redação determinada pela Portaria n. 207, de 8-12-2015.

• Código: 134.635-0. Infração: 2. Tipo: S.

34.11.32. Quando do armazenamento, as pranchas e os tubos devem ser estocados por tamanhos, perfeitamente escorados e apoiados sobre estantes resistentes, montadas em locais preestabelecidos.

•• Item acrescentado pela Portaria n. 207, de 8-12-2015.

• Código: 134.635-0. Infração: 2. Tipo: S.

34.11.33. O material restante deve ser recolhido, transportado e armazenado ao término da montagem ou desmontagem do andaime.

•• Item acrescentado pela Portaria n. 207, de 8-12-2015.

• Código: 134.635-0. Infração: 2. Tipo: S.

34.12. Equipamentos Portáteis

34.12.1. Deve ser realizada manutenção preventiva conforme programa aprovado pelo responsável técnico, mantendo seu registro na empresa.

• Código: 134.330-0. Infração: 3. Tipo: S.

34.12.2. Os equipamentos devem ser dotados de dispositivo de acionamento e parada em sua estrutura.

• Código: 134.331-9. Infração: 4. Tipo: S.

NR 34

34.12.3. Deve ser Identificada a pressão máxima ou tensão de trabalho dos equipamentos em sua estrutura, de forma visível e indelével.

• Código: 134.332-7. Infração: 3. Tipo: S.

34.12.4. Deve ser assegurado que a atividade com equipamento portátil rotativo seja executada por trabalhador capacitado.

• Código: 134.333-5. Infração: 3. Tipo: S.

34.12.5. Os equipamentos que ofereçam risco de ruptura de suas partes, projeção de peças ou partes dessas devem ter os seus movimentos alternados ou rotativos protegidos.

• Código: 134.334-3. Infração: 4. Tipo: S.

34.12.6. Para o trabalho com máquinas e equipamentos portáteis devem ser providenciadas as seguintes medidas:

• Código: 134.335-1. Infração: 4. Tipo: S.

a) inspecionar o equipamento e os acessórios antes do início das atividades;

b) garantir área de trabalho segura e limpa para as atividades com máquinas rotativas;

c) empregar EPC, para evitar a projeção de faíscas;

d) utilizar as máquinas e acessórios de acordo com as recomendações do fabricante;

e) operar somente equipamentos em perfeito estado de conservação e funcionamento.

34.12.7. É proibido retirar a coifa de proteção das máquinas que utilizam disco rígido.

• Código: 134.336-0. Infração: 4. Tipo: S.

34.12.8. Os acessórios devem ser protegidos contra impactos, trepidações e produtos químicos.

• Código: 134.337-8. Infração: 3. Tipo: S.

34.12.9. É proibido:

a) utilizar equipamentos portáteis rotativos para afiar ferramentas;

• Código: 134.636-9. Infração: 4. Tipo: S.

b) utilizar o cabo de alimentação para movimentar ou desconectar o equipamento;

• Código: 134.636-9. Infração: 4. Tipo: S.

c) utilizar o disco de corte para desbastar;

• Código: 134.636-9. Infração: 4. Tipo: S.

d) utilizar equipamento portátil como máquina de bancada, exceto quando especificado pelo fabricante.

• Código: 134.636-9. Infração: 4. Tipo: S.

34.12.10. O cabo de alimentação deve ser mantido distante da área de rotação.

• Código: 134.637-7. Infração: 3. Tipo: S.

34.12.11. Deve ser assegurado que o dispositivo de acionamento esteja na posição "desligado" antes de ser conectado ao sistema de alimentação.

• Código: 134.637-7. Infração: 3. Tipo: S.

34.12.12. A troca ou aperto dos acessórios deve ser efetuada com o equipamento desconectado da fonte de alimentação, utilizando-se ferramenta apropriada.

• Código: 134.637-7. Infração: 3. Tipo: S.

34.12.13. Os discos devem ser compatíveis com a rotação dos equipamentos.

• Código: 134.345-9. Infração: 3. Tipo: S.

34.12.14. No emprego de equipamentos pneumáticos, deve ser utilizado cabo de segurança para evitar chicoteamento.

• Código: 134.346-7. Infração: 3. Tipo: S.

34.12.14.1. O equipamento deve ser despressurizado quando estiver fora de uso, em manutenção ou limpeza.

• Código: 134.347-5. Infração: 3. Tipo: S.

34.13. Instalações Elétricas Provisórias

34.13.1. Os cabos elétricos devem ser dispostos em estruturas aéreas ou subterrâneas, de forma a garantir a proteção dos trabalhadores e não obstruir acessos, passagens e rotas de fuga.

• Código: 134.348-3. Infração: 4. Tipo: S.

34.13.2. Nos circuitos elétricos, devem ser utilizados somente cabos bi ou tripolares com isolação plástica (PP) ou de borracha (PB).

• Código: 134.349-1. Infração: 4. Tipo: S.

34.13.3. As caixas de distribuição devem ser:

• Código: 134.350-5. Infração: 4. Tipo: S.

a) dimensionadas adequadamente;

b) confeccionadas em material não combustível, livre de arestas cortantes;

c) aterradas e protegidas por disjuntores;

d) dotadas de dispositivos de proteção contra choques e dispositivo Diferencial Residual – DR;

e) identificadas quanto à voltagem e sinalizadas para evitar choque elétrico;

f) dotadas de porta e fecho;

g) equipadas com barreira fixa para evitar contato acidental com as partes energizadas.

34.13.4. As máquinas manuais e de solda devem ser conectadas por meio de plugues a quadros de tomadas protegidos por disjuntores.

• Código: 134.351-3. Infração: 4. Tipo: S.

34.13.5. As luminárias devem ser alimentadas por circuito exclusivo.

• Código: 134.352-1. Infração: 2. Tipo: S.

34.13.6. As luminárias provisórias devem ser instaladas e fixadas de modo seguro pelos eletricistas autorizados.

• Código: 134.353-0. Infração: 3. Tipo: S.

34.13.7. Emendas que eventualmente fiquem submersas devem ser vulcanizadas ou receber capa externa estanque.

• Código: 134.354-8. Infração: 4. Tipo: S.

34.13.8. Devem ser utilizados nas emendas conectores tubulares de liga de cobre, prensados ou soldados, para garantir a continuidade do circuito e minimizar o aquecimento.

• Código: 134.355-6. Infração: 2. Tipo: S.

34.13.8.1. Para cabos estacionários de tensão alternada, poderá ser utilizado o conector tipo parafuso fendido (*split-bolt*).

34.13.8.2. A emenda, quando concluída, deve ser isolada com fita de autofusão.

• Código: 134.356-4. Infração: 2. Tipo: S.

34.13.9. Para cabos de solda, o afastamento mínimo permitido entre as emendas deve ser de três metros.

• Código: 134.357-2. Infração: 3. Tipo: S.

34.13.10. A capa da isolação deve ser recomposta sempre que houver danos em sua superfície.

• Código: 134.358-0. Infração: 4. Tipo: S.

34.13.10.1. O conduto, em caso de exposição, deve ser isolado com fita de autofusão.

• Código: 134.359-9. Infração: 3. Tipo: S.

34.14. Testes de Estanqueidade

34.14.1. Considera-se teste de estanqueidade o ensaio não destrutivo realizado pela aplicação de pressão em peça, compartimento ou tubulação para detecção de vazamentos.

34.14.2. A elaboração e qualificação do procedimento, bem como a execução e supervisão do ensaio devem ser realizadas por profissional capacitado.

•• Item com redação determinada pela Portaria n. 1.897, de 9-12-2013.

• Código: 134.407-2. Infração: 3. Tipo: S.

34.14.2.1. Considera-se trabalhador capacitado para realização de testes de estanqueidade aquele que foi submetido a treinamento teórico e prático com carga horária e conteúdo programático em conformidade com o item 5 do anexo I.

•• Item acrescentado pela Portaria n. 1.897, de 9-12-2013.

34.14.2.2. O trabalhador capacitado em teste de estanqueidade deve receber treinamento periódico a cada 12 meses, com carga horária mínima de 8 horas.

•• Item acrescentado pela Portaria n. 1.897, de 9-12-2013.

• Código: 134.638-5. Infração: 2. Tipo: S.

34.14.2.3. Os treinamentos devem ser ministrados por instrutores com comprovada proficiência no assunto, sob a responsabilidade de profissional legalmente habilitado.

•• Item acrescentado pela Portaria n. 1.897, de 9-12-2013.

• Código: 134.638-5. Infração: 2. Tipo: S.

34.14.3. Os trabalhadores que executam o teste de estanqueidade devem usar uma identificação de fácil visualização que os diferencie dos demais.

• Código: 134.361-0. Infração: 2. Tipo: S.

34.14.4. O sistema de teste deve dispor de regulador de pressão, válvula de segurança, válvula de alívio e medidor de pressão calibrado e de fácil leitura.

• Código: 134.639-3. Infração: 4. Tipo: S.

34.14.5. O projeto do sistema do teste de estanqueidade deve ser elaborado por profissional legalmente habilitado.

• Código: 134.639-3. Infração: 4. Tipo: S.

34.14.5.1. Deve ser mantida no estabelecimento memória de cálculo do projeto do sistema de teste de estanqueidade.

• Código: 134.639-3. Infração: 4. Tipo: S.

34.14.6. Antes do início das atividades, devem ser adotadas as seguintes medidas de segurança:

a) emitir a PT;

• Código: 134.640-7. Infração: 4. Tipo: S.

b) evacuar, isolar e sinalizar a área de risco definida no procedimento;

• Código: 134.640-7. Infração: 4. Tipo: S.

c) implementar EPC;

• Código: 134.640-7. Infração: 4. Tipo: S.

d) na inviabilidade técnica do uso de EPC, deve ser elaborada APR contendo medidas alternativas que assegurem a integridade física do trabalhador.

• Código: 134.640-7. Infração: 4. Tipo: S.

34.14.7. As juntas de expansão, acessórios, instrumentos, e vidros de manômetros que não possam ser submetidas aos testes de pressão devem ser retirados e isolados.

• Código: 134.369-6. Infração: 3. Tipo: S.

34.14.8. Todas as junções devem estar expostas, sem isolamento ou revestimento.

• Código: 134.370-0. Infração: 3. Tipo: S.

34.14.9. É proibido o reparo, reaperto ou martelamento no sistema testado quando pressurizado.

• Código: 134.371-8. Infração: 4. Tipo: S.

34.14.10. Deve ser utilizada sempre válvula de segurança com pressão de abertura ajustada em conformidade com o procedimento de teste.

• Código: 134.372-6. Infração: 4. Tipo: S.

34.14.11. Após atingir a pressão de ensaio o sistema de teste deve ser bloqueado do sistema testado.

• Código: 134.373-4. Infração: 4. Tipo: S.

34.14.12. Ao interromper o teste, os sistemas não devem ser mantidos pressurizados.

• Código: 134.374-2. Infração: 3. Tipo: S.

34.14.13. Somente é permitido despressurizar por meio da válvula de alívio do sistema.

• Código: 134.375-0. Infração: 4. Tipo: S.

34.14.14. No emprego de linhas flexíveis, deve ser adotado cabo de segurança para evitar chicoteamento.

• Código: 134.376-9. Infração: 3. Tipo: S.

34.14.15. Durante a realização dos testes, a pressão deve ser elevada gradativamente até a pressão final de teste.

• Código: 134.377-7. Infração: 4. Tipo: S.

34.15. Fixação e Estabilização Temporária de Elementos Estruturais

•• Item 34.15 com redação determinada pela Portaria n. 592, de 28-4-2014.

34.15.1. São consideradas fixação e estabilização temporária de elementos estruturais as atividades onde um conjunto de elementos é disposto em posição de equilíbrio estável, mediante a utilização de dispositivos temporários, ponteamentos, apoios especiais ou suporte por equipamento de guindar.

34.15.1.1. O disposto neste item se aplica nas fases de processamento, submontagem, montagem, edificação, reparo, retrabalho e estocagem vertical de peças.

34.15.1.2. A atividade de fixação ou estabilização temporária deve estar sob a responsabilidade técnica de profissional legalmente habilitado, indicado formalmente pelo empregador.

• Código: 134.489-7. Infração: 2. Tipo: S.

34.15.1.3. Cabe ao responsável técnico, em conformidade com as tabelas do Anexo II:

a) classificar os elementos estruturais sobre os quais se aplica o disposto neste item, considerando, no mínimo, peso e área vélica;

• Código: 134.641-5. Infração: 2. Tipo: S.

b) estabelecer o procedimento para as atividades de fixação e estabilização.

• Código: 134.641-5. Infração: 2. Tipo: S.

34.15.1.4. A classificação do elemento estrutural, considerando seu peso e área vélica, deve atender à situação mais crítica para selecionar o tipo de procedimento de estabilização (geral – G ou específico – E, citados nas tabelas do Anexo II) a ser adotado durante a fixação e estabilização.

• Código: 134.492-7. Infração: 3. Tipo: S.

34.15.2. O procedimento geral – G deve conter no mínimo:

• Código: 134.493-5. Infração: 3. Tipo: S.

a) sistema de fixação e estabilização do elemento estrutural através de equipamento de guindar e/ou dispositivos temporários;

b) sequência de execução das atividades;

c) inspeções;

d) responsabilidades.

34.15.3. O procedimento específico – E, além do descrito no item 34.15.2, deve contemplar:

• Código: 134.494-3. Infração: 3. Tipo: S.

a) Análise de Risco;

b) Permissão de Trabalho;

c) isolamento e sinalização;

d) representação mediante tabelas, esquemas ou desenhos específicos;

e) fundamentação em memória de cálculo estrutural específica.

34.15.4. As atividades de fixação e estabilização devem ser supervisionadas por Responsável Operacional – RO previamente capacitado nos procedimentos, sob a responsabilidade do profissional legalmente habilitado definido no item 34.15.1.2.

• Código: 134.495-1. Infração: 3. Tipo: S.

34.15.4.1. Somente o RO deve autorizar a liberação do equipamento de guindar ou remoção dos dispositivos temporários.

• Código: 134.496-0. Infração: 2. Tipo: S.

34.15.5. A remoção dos dispositivos temporários deve ser realizada quando o elemento estrutural se encontrar em uma das seguintes situações:

• Código: 134.497-8. Infração: 3. Tipo: S.

a) fixado de forma permanente;

b) fixado por processo de soldagem temporária, em conformidade com o procedimento de trabalho;

c) sustentado por equipamento de guindar.

34.16. Serviços com apoio de estruturas flutuantes

•• Item e subitens acrescentados pela Portaria n. 836, de 9-10-2018.

34.16.1. A estrutura flutuante deve obedecer aos preceitos desta Norma Regulamentadora e das demais, bem como as Normas da Autoridade Marítima (NORMAM/DPC).

• Código: 134.642-3. Infração: 4. Tipo: S.

34.16.1.1. Para efeitos da aplicação deste item, considera-se estrutura flutuante toda embarcação homologada pela autoridade marítima para operação exclusivamente em águas abrigadas que se destina aos serviços de apoio à indústria naval.

• Código: 134.642-3. Infração: 4. Tipo: S.

34.16.1.2. Excetua-se da aplicação deste item os serviços de inspeção, vistoria e transporte realizados mediante a utilização de lanchas.

• Código: 134.642-3. Infração: 4. Tipo: S.

34.16.2. A estrutura flutuante deve:

• Código: 134.642-3. Infração: 4. Tipo: S.

a) ser previamente inscrita na Autoridade Marítima, por intermédio das Capitanias dos Portos, das Delegacias ou das Agências subordinadas;

• Código: 134.642-3. Infração: 4. Tipo: S.

b) possuir o Título de Inscrição de Embarcação – TIE ou a Provisão de Registro de Propriedade Marítima – PRPM;

• Código: 134.642-3. Infração: 4. Tipo: S.

c) ter marcações no casco, de modo visível e durável.

• Código: 134.642-3. Infração: 4. Tipo: S.

34.16.3. A navegação e as atividades laborais em estrutura flutuante somente devem ser realizadas em águas abrigadas e interiores, segundo as Normas e Procedimentos da Capitania dos Portos da Jurisdição – NPCP, correspondentes aos locais de execuções dos serviços.

• Código: 134.642-3. Infração: 4. Tipo: S.

34.16.4. É proibida a realização de serviços com o apoio de estruturas flutuantes em mar aberto.

• Código: 134.642-3. Infração: 4. Tipo: S.

34.16.5. O proprietário da estrutura flutuante é responsável por:

• Código: 134.642-3. Infração: 4. Tipo: S.

a) assegurar que os serviços a bordo sejam interrompidos, sempre que forem atingidas as condições máximas de mar e de vento, referentes à força 3 da Escala Beaufort (vento com velocidade de 12 km/h a 19 km/h e altura de onda entre 0,5 metro e 1,25 metros);

• Código: 134.642-3. Infração: 4. Tipo: S.

b) garantir que os trabalhadores sejam evacuados da embarcação não propelidas, sempre que forem alcançadas as condições máximas de mar e de vento alusivas à força 5 da Escala Beaufort (vento com velocidade de 29 km/h a 38 km/h e altura de onda entre 2,5 metros e 4,0 metros);

• Código: 134.642-3. Infração: 4. Tipo: S.

c) garantir que na estrutura flutuante, dotada de propulsão própria, desloque-se para condições de mar e vento seguros sempre que forem alcançadas as condições máximas de mar e de vento alusivas à força 5 da Escala Beaufort (vento com velocidade de 29 km/h a 38 km/h e altura de onda entre 2,5 metros e 4,0 metros).

• Código: 134.642-3. Infração: 4. Tipo: S.

34.16.6. No caso de estruturas flutuantes não propelidas, a empresa deve dispor de embarcação adequada para efetuar o deslocamento dos trabalhadores entre a estrutura flutuante e a base de apoio, e vice-versa.

• Código: 134.642-3. Infração: 4. Tipo: S.

34.16.6.1. Alternativamente, a estrutura flutuante pode ser provida de linhas de segurança (sistemas de amarrações) atrelada à base de apoio, permitindo a sua aproximação mecânica até a base por meio de equipamento próprio para tal finalidade.

• Código: 134.642-3. Infração: 4. Tipo: S.

34.16.7. A estrutura flutuante deve ser sinalizada conforme as normas vigentes da NR 26 – Sinalização de Segurança.

34.16.8. A iluminação dos locais de trabalho deve atender ao prescrito no subitem 17.5.3.3, da NR 17 – Ergonomia.

• Código: 134.642-3. Infração: 4. Tipo: S.

34.16.9. Os equipamentos elétricos, fixos e portáteis, utilizados em atmosferas explosivas por gases e vapores ou poeiras combustíveis devem obedecer às prescrições contidas nas normas técnicas aplicáveis.

• Código: 134.642-3. Infração: 4. Tipo: S.

34.16.10. As superfícies e os pisos de trabalho devem ser revestidos com material antiderrapante e incombustível.

• Código: 134.642-3. Infração: 4. Tipo: S.

34.16.11. As aberturas existentes nos pisos e nas superfícies de trabalho devem ser dotadas de proteções resistentes para evitar a queda de pessoas ou objetos.

• Código: 134.642-3. Infração: 4. Tipo: S.

34.16.12. Os materiais e as ferramentas devem ser adequadamente fixados ou armazenados, de modo a evitar seus deslocamentos involuntários.

• Código: 134.642-3. Infração: 4. Tipo: S.

34.16.13. Ao redor de toda estrutura flutuante devem ser instalados guarda-corpos (balaustradas), de altura mínima de um metro, resistentes e firmemente fixados à sua estrutura, podendo ser removíveis durante a execução do serviço, quando necessário.

• Código: 134.642-3. Infração: 4. Tipo: S.

34.16.14. A estrutura flutuante deve ser dotada de coletes salva-vidas Classe III, homologados pela Marinha do Brasil, em quantidade suficiente para atender a todos os trabalhadores e tripulantes lotados a bordo.

• Código: 134.642-3. Infração: 4. Tipo: S.

34.16.14.1. Nas atividades executadas próximas às bordas do flutuante, os trabalhadores devem portar coletes salva-vidas Classe IV, de acordo com as atividades executadas, homologados pela Marinha do Brasil.

• Código: 134.642-3. Infração: 4. Tipo: S.

34.16.15. É obrigatória a sinalização e a instalação de extintores de incêndio em número e capacidade suficientes para debelar o fogo, proporcionalmente ao tamanho da estrutura flutuante e aos tipos de serviços executados a bordo.

• Código: 134.642-3. Infração: 4. Tipo: S.

34.16.16. O trabalhador na atividade em estruturas flutuantes deve ter acesso a banheiro, situado a uma distância máxima de 50 (cinquenta) metros do posto de trabalho, na proporção de 1 (um) banheiro para cada 20 (vinte) trabalhadores ou fração, separados por sexo, com as seguintes características:

a) mantido em perfeito estado de higiene e funcionamento;

• Código: 134.642-3. Infração: 4. Tipo: S.

b) dotado de vaso sanitário, pia e cesto com tampa;

• Código: 134.642-3. Infração: 4. Tipo: S.

c) dispor de material descartável para enxugo das mãos, papel higiênico e sabonete líquido ou em pasta;

• Código: 134.642-3. Infração: 4. Tipo: S.

d) dispor de água suficiente própria para o consumo humano nos banheiros.

• Código: 134.642-3. Infração: 4. Tipo: S.

34.16.16.1. O dimensionamento ou distância diferente da descrita no subitem 34.16.16 podem ser alteradas em função de inviabilidade técnica, desde que devidamente atestados por profissional de segurança ou saúde habilitados.

• Código: 134.642-3. Infração: 4. Tipo: S.

34.16.17. As refeições devem ser realizadas prioritariamente no refeitório do estaleiro ou em área especifica destinada para este fim na própria estrutura flutuante.

• Código: 134.642-3. Infração: 4. Tipo: S.

34.16.17.1. Quando os trabalhadores permanecerem a bordo, durante os seus períodos de refeições por necessidade de serviço, a estrutura flutuante deve dispor de local apropriado para realizar as refeições, com as seguintes características;

• Código: 134.642-3. Infração: 4. Tipo: S.

a) ser limpo, arejado e bem iluminado;

• Código: 134.642-3. Infração: 4. Tipo: S.

b) possuir isolamento e cobertura que proteja das intempéries;

• Código: 134.642-3. Infração: 4. Tipo: S.

c) possuir mesas e assentos correspondentes a, pelo menos, 1/3 (um terço) da quantidade de trabalhadores lotados a bordo;

• Código: 134.642-3. Infração: 4. Tipo: S.

d) ter pias instaladas nas proximidades ou no próprio local onde são realizadas as refeições;

• Código: 134.642-3. Infração: 4. Tipo: S.

e) ter local para guarda e conservação dos alimentos.

• Código: 134.642-3. Infração: 4. Tipo: S.

34.16.18. A empresa deve garantir aos trabalhadores, que devam permanecer a bordo por necessidade de serviço, acesso gratuito à alimentação de boa qualidade, fornecida em condições de higiene e conservação, conforme prevê a legislação vigente.

• Código: 134.642-3. Infração: 4. Tipo: S.

34.16.18.1. O cardápio deve ser balanceado e elaborado por profissional nutricionista legalmente habilitado, possuir conteúdo que atenda às exigências nutricionais necessárias às condições de saúde, ser adequado ao tipo de atividade laboral e assegurar o bem-estar a bordo.

• Código: 134.642-3. Infração: 4. Tipo: S.

34.16.18.2. Adicionalmente, a empresa deve disponibilizar dietas específicas para a patologia do trabalhador, segundo prescrição médica.

• Código: 134.642-3. Infração: 4. Tipo: S.

34.16.18.3. A empresa contratante, proprietário da estrutura flutuante, deve garantir que a empresa contratada para prestar serviços de alimentação a bordo cumpra os requisitos para o sistema de gestão da segurança de alimentos, estabelecida pela Norma da ABNT – NBR – ISO 22000 e suas alterações posteriores.

• Código: 134.642-3. Infração: 4. Tipo: S.

34.16.19. É proibido o consumo de qualquer alimento em ambientes com a possibilidade de exposição a agentes químicos, físicos ou biológicos.

• Código: 134.642-3. Infração: 4. Tipo: S.

34.16.20. É obrigatório o fornecimento a bordo de água potável em condições higiênicas, filtrada e fresca, por meio de bebedouro de jato inclinado ou equipamento similar que garanta as mesmas condições.

• Código: 134.642-3. Infração: 4. Tipo: S.

34.16.20.1. Na impossibilidade da instalação de bebedouros, a água potável a bordo pode ser provida em recipientes portáteis, hermeticamente fechados e de fácil limpeza, confeccionados em materiais apropriados para não contaminá-la.

• Código: 134.642-3. Infração: 4. Tipo: S.

34.16.20.2. O recipiente citado no subitem 34.16.20.1. deve ser higienizado diariamente.

• Código: 134.642-3. Infração: 4. Tipo: S.

34.16.20.3. A distância a ser percorrida pelo trabalhador, do seu posto de trabalho até o bebedouro ou recipiente portátil, deve ser inferior a 50 (cinquenta) metros no plano horizontal e a 5 (cinco) metros no plano vertical.

• Código: 134.642-3. Infração: 4. Tipo: S.

34.16.20.4. Em localidades ou estações do ano de clima quente deve ser garantido, ainda, o fornecimento de água refrigerada a todos os trabalhadores a bordo.

• Código: 134.642-3. Infração: 4. Tipo: S.

34.16.20.5. A empresa deve suprir, a bordo, água potável suficiente para atender às necessidades individuais dos trabalhadores, em quantidade superior a 1/4 (um quarto) de litro (250 ml) por hora/homem trabalho.

• Código: 134.642-3. Infração: 4. Tipo: S.

34.16.20.6. Os locais de armazenamento e transporte de água potável e as suas fontes devem ser:

• Código: 134.642-3. Infração: 4. Tipo: S.

a) protegidos contra qualquer contaminação;

• Código: 134.642-3. Infração: 4. Tipo: S.

b) colocados ao abrigo de intempéries;

• Código: 134.642-3. Infração: 4. Tipo: S.

c) submetidos à processo de higienização, quinzenalmente, supervisionados por equipe de saúde ocupacional e consignado em relatório técnico disponível aos trabalhadores, com o registro da higienização afixado no reservatório, quando houver;

• Código: 134.642-3. Infração: 4. Tipo: S.

d) situados em local separado da água imprópria para beber, cujos avisos de advertência tem que ser afixado em local de fácil visualização, de forma legível e indelével.

• Código: 134.642-3. Infração: 4. Tipo: S.

34.16.20.7. O procedimento de controle de qualidade da água para o consumo humano e o seu padrão de potabilidade, a promoção à saúde nos portos e as boas práticas para o sistema de abastecimento de água ou a solução alternativa coletiva devem satisfazer, respectivamente e naquilo que couber, à Portaria do Ministério da Saúde, n. 2.914, de 12 de dezembro de 2011, à Resolução da Diretoria Colegiada – RDC n. 72, de 29-12-2009 e à RDC n. 91, de 30 de junho de 2016, e suas alterações posteriores.

• Código: 134.642-3. Infração: 4. Tipo: S.

34.16.21. É proibido o uso de copos, pratos, talheres e outros utensílios de forma compartilhada, sem a prévia higienização, ou improvisados para consumir água ou alimentos, sendo permitida a utilização de materiais descartáveis.

• Código: 134.642-3. Infração: 4. Tipo: S.

34.16.21.1. Os copos descartáveis a serem utilizados devem ser armazenados em local limpo e acondicionados em recipientes do tipo porta-copos para permitir a sua retirada individualizada.

• Código: 134.642-3. Infração: 4. Tipo: S.

34.17. Plano de Respostas às Emergências – PRE

•• Item e subitens acrescentados pela Portaria n. 836, de 9-10-2018.

34.17.1. A empresa deve elaborar e implementar o PRE.

• Código: 134.660-1. Infração: 4. Tipo: S.

34.17.1.1. Aplicam-se ao PRE, de forma complementar, as disposições constantes em:

a) Normas Regulamentadoras da Portaria MTb n. 3.214/78 e suas alterações posteriores;

b) normas técnicas nacionais;

c) Códigos Estaduais de Incêndio, no caso de edificações;

d) Normas da Autoridade Marítima da Diretoria de Portos e Costas (NORMAN/DPC), no caso de embarcações e estruturas, tais como navios, barcos, lanchas, plataformas fixas ou flutuantes, dentre outras.

34.17.2. O PRE deve:

• Código: 134.660-1. Infração: 4. Tipo: S.

a) ser elaborado de acordo com os cenários de emergência, selecionados dentre os possíveis cenários acidentais, identificados em análises de risco;

b) contemplar as ações a serem adotadas nos cenários de emergência, considerando as características e a complexidade das edificações, embarcações e estruturas;

c) contemplar as ações a serem adotadas nos cenários de emergência, considerando as características da instalação;

d) prever orientações adequadas para cada nível de envolvimento dos trabalhadores próprios, terceirizados e visitantes;

e) ser elaborado por profissional legalmente habilitado em segurança do trabalho;

f) ser revisado periodicamente por profissional legalmente habilitado em segurança do trabalho.

34.17.3. O PRE deve conter:

• Código: 134.660-1. Infração: 4. Tipo: S.

a) identificação da empresa (razão social e número do CNPJ) e forma de contato (endereço, telefone, endereço eletrônico);

b) identificação do responsável técnico pela elaboração e revisão do PRE;

c) delimitação da abrangência das ações do PRE;

d) ações de resposta para cada cenário de emergência;

e) matriz de atribuições;

f) dimensionamento dos recursos em função dos cenários de emergências identificados, incluindo primeiros socorros;

g) definição dos meios de acessos e de evacuação das instalações industriais e das embarcações, abrangendo as estruturas flutuantes, quando couber;

h) procedimento de comunicação com empresas contratadas;

i) procedimentos para orientação de visitantes, quanto aos riscos existentes e como proceder em situações de emergência;

j) procedimentos para acionamento de recursos e estruturas de resposta complementares e das autoridades públicas pertinentes, bem como o desencadeamento do Plano de Ajuda Mútua – PAM, caso haja;

k) procedimentos para comunicação do evento que desencadeou o acionamento do PRE;

l) a periodicidade, o conteúdo programático e a carga horária dos treinamentos da equipe de emergência.

34.17.3.1. A empresa deve manter uma relação atualizada, de acordo com a matriz de atribuições, dos envolvidos nas ações de resposta à emergência.

• Código: 134.661-0. Infração: 3. Tipo: S.

34.17.3.2. O PRE deve estar articulado com as demais Normas Regulamentadoras e com os PRE das embarcações onde estão sendo realizados os serviços (navios, plataformas, unidades de apoio marítimo, unidades de manutenção e segurança e outros tipos de embarcações).

• Código: 134.661-0. Infração: 3. Tipo: S.

34.17.4. A empresa deve realizar exercícios simulados para avaliar a eficácia do PRE.

• Código: 134.662-8. Infração: 3. Tipo: S.

34.17.4.1. Os exercícios simulados devem:

a) ser realizados de acordo com os cenários de emergência mapeados;

• Código: 134.662-8. Infração: 3. Tipo: S.

b) atender o planejamento e cronograma estabelecidos pelo responsável técnico;

• Código: 134.662-8. Infração: 3. Tipo: S.

c) ser realizados durante o horário normal de trabalho, considerando os turnos de trabalho, quando houver.

• Código: 134.662-8. Infração: 3. Tipo: S.

34.17.4.2. Após a realização dos exercícios simulados ou na ocorrência de situações reais, deve ser elaborado relatório, com o objetivo de verificar a eficácia do PRE, detectar possíveis falhas e subsidiar os ajustes necessários.

• Código: 134.662-8. Infração: 3. Tipo: S.

34.17.5. O PRE deve ser revisado nas seguintes situações:

a) quando houver alterações dos possíveis cenários acidentais;

• Código: 134.663-6. Infração: 2. Tipo: S.

b) quando recomendado nos relatórios de avaliação dos exercícios simulados ou nos relatórios de avaliação de situações reais;

• Código: 134.663-6. Infração: 2. Tipo: S.

c) a cada dois anos.

• Código: 134.663-6. Infração: 2. Tipo: S.

34.17.6. O PRE, suas revisões e os relatórios de avaliação dos exercícios simulados e do acionamento do PRE em situações reais devem ser apresentados à CIPA, quando houver.

• Código: 134.663-6. Infração: 2. Tipo: S.

34.17.7. Os componentes da equipe de respostas a emergências devem ser submetidos a treinamentos inicial e periódico e exames médicos específicos para a função que irão desempenhar no PRE, incluindo os fatores de riscos psicossociais.

• Código: 134.664-4. Infração: 2. Tipo: S.

34.17.8. A participação do trabalhador nas equipes de resposta a emergências é voluntária, salvo nos casos em que a natureza da função assim o exigir.

• Código: 134.664-4. Infração: 2. Tipo: S.

34.18. Disposições Finais

•• Item e subitens renumerados pela Portaria n. 836, de 9-10-2018.

34.18.1. É proibido o uso de adorno pessoal na área industrial.

• Código: 134.665-2. Infração: 4. Tipo: S.

34.18.2. É proibido o uso de lentes de contato nos trabalhos a quente.

• Código: 134.665-2. Infração: 4. Tipo: S.

34.18.3. O trabalhador deve estar protegido contra insolação excessiva, calor, frio e umidade em serviços a céu aberto.

• Código: 134.666-0. Infração: 3. Tipo: S.

34.18.4. É proibido o uso de solvente, ar comprimido e gases pressurizados para limpar a pele ou as vestimentas.

• Código: 134.666-0. Infração: 3. Tipo: S.

34.18.5. Os locais de trabalho devem ser mantidos em estado de limpeza compatível com a atividade.

• Código: 134.667-9. Infração: 3. Tipo: S.

34.18.5.1. O serviço de limpeza deve ser realizado por processo que reduza, ao mínimo, o levantamento de poeira.

• Código: 134.667-9. Infração: 3. Tipo: S.

34.18.5.2. É proibido o uso de ar comprimido como processo de limpeza.

• Código: 134.667-9. Infração: 3. Tipo: S.

34.18.6. A embarcação deve ser dotada de sinalização e iluminação de emergência, de forma a possibilitar a saída em caso de falta de energia.

• Código: 134.668-7. Infração: 4. Tipo: S.

34.18.7. É obrigatório o fornecimento gratuito pelo empregador de vestimentas de trabalho e sua reposição quando danificadas.

• Código: 134.669-5. Infração: 4. Tipo: S.

34.18.8. É obrigatório o fornecimento de água potável, filtrada e fresca para os trabalhadores por meio de bebedouro de jato inclinado ou equipamento similar que garanta as mesmas condições, na proporção de um para cada grupo de vinte e cinco trabalhadores ou fração.

• Código: 134.670-9. Infração: 4. Tipo: S.

34.18.8.1. O disposto neste subitem deve ser garantido de forma que, do posto de trabalho ao bebedouro, não haja deslocamento superior a cem metros, no plano horizontal e cinco metros no plano vertical.

• Código: 134.670-9. Infração: 4. Tipo: S.

34.18.8.2. Na impossibilidade da instalação de bebedouros dentro dos limites referidos no subitem anterior, o empregador deve garantir, nos postos de trabalho, suprimento de água potável, filtrada e fresca fornecida em recipientes portáteis hermeticamente fechados, confeccionados em material apropriado, sendo proibido o uso de copos coletivos.

• Código: 134.670-9. Infração: 4. Tipo: S.

34.18.8.3. Em regiões do país ou estações do ano de clima quente deve ser garantido o fornecimento de água refrigerada.

• Código: 134.670-9. Infração: 4. Tipo: S.

34.18.9. Em caso de ocorrência de acidente fatal, é obrigatória a adoção das seguintes medidas:

a) comunicar de imediato à autoridade policial competente e ao órgão regional do Ministério do Trabalho e Emprego, que repassará a informação imediatamente ao sindicato da categoria profissional;

• Código: 134.671-7. Infração: 4. Tipo: S.

b) isolar o local diretamente relacionado ao acidente, mantendo suas características até a sua liberação pela autoridade policial competente e pelo órgão regional do Ministério do Trabalho e Emprego.

• Código: 134.671-7. Infração: 4. Tipo: S.

34.18.9.1. A liberação do local poderá ser concedida após a investigação pelo órgão regional competente do Ministério do Trabalho e Emprego, que ocorrerá num prazo máximo de setenta e duas horas, contando do protocolo de recebimento da comunicação escrita ao referido órgão, podendo, após esse prazo, serem suspensas as medidas referidas na alínea *b* do subitem 34.15.9.

34.18.10. A área de produção industrial deve ser provida de sistema de escoamento de águas pluviais.

• Código: 134.672-5. Infração: 2. Tipo: S.

34.18.11. Deve ser colocada, em lugares visíveis para os trabalhadores, comunicação visual alusiva à prevenção de acidentes e doenças do trabalho.

• Código: 134.673-3. Infração: 2. Tipo: S.

34.18.12. Deve ser disponibilizada no estaleiro área de recreação para os trabalhadores.

• Código: 134.674-1. Infração: 2. Tipo: S.

34.18.13. Soluções Alternativas

•• Item acrescentado pela Portaria n. 207, de 8-12-2015.

34.18.13.1. É facultada às empresas em situações não previstas nesta NR, mediante cumprimento dos requisitos previstos nos subitens seguintes, a adoção de soluções alternativas referentes às medidas de proteção coletiva, às técnicas de trabalho e ao uso de equipamentos, tecnologias e outros dispositivos que:

•• Item, *caput*, acrescentado pela Portaria n. 207, de 8-12-2015.

a) propiciem avanço tecnológico em segurança e saúde dos trabalhadores;

•• Alínea *a* acrescentada pela Portaria n. 207, de 8-12-2015.

b) objetivem a implementação de medidas de controle e de sistemas preventivos de segurança nos processos, nas condições e no meio ambiente de trabalho;

•• Alínea *b* acrescentada pela Portaria n. 207, de 8-12-2015.

c) garantam a realização das tarefas e atividades de modo seguro e saudável.

•• Alínea *c* acrescentada pela Portaria n. 207, de 8-12-2015.

34.18.13.2. As soluções alternativas devem atender aos seguintes requisitos:

•• Item, *caput*, acrescentado pela Portaria n. 207, de 8-12-2015.

a) estar sob responsabilidade técnica de profissionais legalmente habilitados;

•• Alínea *a* acrescentada pela Portaria n. 207, de 8-12-2015.

• Código: 134.675-0. Infração: 4. Tipo: S.

b) ser precedida de Análise de Risco – AR e Permissão de Trabalho – PT;

•• Alínea *b* acrescentada pela Portaria n. 207, de 8-12-2015.

• Código: 134.559-1. Infração: 4. Tipo: S.

c) ser descrita em Procedimento de Segurança no Trabalho.

•• Alínea *c* acrescentada pela Portaria n. 207, de 8-12-2015.

• Código: 134.559-1. Infração: 4. Tipo: S.

34.18.13.2.1. A responsabilidade técnica das soluções alternativas é exercida pelo engenheiro legalmente habilitado na modalidade envolvida e por engenheiro de segurança no trabalho.

•• Item acrescentado pela Portaria n. 207, de 8-12-2015.

34.18.13.2.2. Além do previsto no subitem 34.4.2, uma cópia da Análise de Risco deve ser mantida nas frentes de trabalho.

•• Item acrescentado pela Portaria n. 207, de 8-12-2015.

• Código: 134.675-0. Infração: 4. Tipo: S.

34.18.13.2.3. As tarefas executadas mediante a adoção de soluções alternativas devem estar previstas em Procedimentos de Segurança no Trabalho contendo:

•• Item, *caput*, acrescentado pela Portaria n. 207, de 8-12-2015.

• Código: 134.562-1. Infração: 3. Tipo: S.

a) os riscos aos quais os trabalhadores estão expostos;

•• Alínea *a* acrescentada pela Portaria n. 207, de 8-12-2015.

b) a descrição dos equipamentos e das medidas de proteção coletiva;

•• Alínea *b* acrescentada pela Portaria n. 207, de 8-12-2015.

c) a especificação técnica dos Equipamentos de Proteção Individual – EPI;

•• Alínea *c* acrescentada pela Portaria n. 207, de 8-12-2015.

d) instruções quanto ao uso dos Equipamentos de Proteção Coletiva – EPC e EPI, conforme as etapas das tarefas;

•• Alínea *d* acrescentada pela Portaria n. 207, de 8-12-2015.

e) ações de prevenção a serem observadas durante a execução dos serviços.

•• Alínea e acrescentada pela Portaria n. 207, de 8-12-2015.

34.19. Glossário

•• Glossário renumerado pela Portaria n. 836, de 9-10-2018.

Acesso por corda: também denominado alpinismo industrial, é o conjunto de técnicas específicas, adequadas para a área industrial, destinadas à realização de trabalhos em altura ou em ambiente de difícil acesso.

Acessórios de movimentação: dispositivos utilizados na movimentação de carga, situados entre a carga e o cabo de elevação do equipamento de transporte, tais como moitões, estropos, manilhas, balanças, correntes, grampos, distorcedores, olhais de suspensão, cintas e ganchos.

Análise Preliminar de Risco – APR: avaliação inicial dos riscos potenciais, suas causas, consequências e medidas de controle.

Andaime: plataforma para trabalhos em alturas elevadas por meio de estrutura provisória ou dispositivo de sustentação.

Andaime em balanço: andaime fixo, suportado por vigamento em balanço.

Andaime externo: andaime metálico simplesmente apoiado, fixado à estrutura na extensão do costado ou casario.

Andaime simplesmente apoiado: andaime cujo estrado está simplesmente apoiado, podendo ser fixo ou deslocar-se no sentido horizontal.

Área controlada: área submetida às regras especiais de proteção e segurança, sob supervisão de profissional com conhecimento para prevenir a disseminação de contaminação radioativa e limitar a amplitude das exposições potenciais.

Área não previamente destinada para trabalhos a quente: local de trabalho não projetado para tal finalidade, provisoriamente adaptado para a execução de trabalhos a quente, como os realizados a bordo das embarcações e em blocos, caso em que os materiais combustíveis ou inflamáveis foram removidos ou protegidos contra exposição a fontes de ignição.

Área previamente destinada para trabalhos a quente: local de trabalho projetado e aprovado para trabalhos a quente, construído com materiais incombustíveis ou resistentes ao fogo, livre de materiais inflamáveis ou combustíveis, bem como segregado de áreas adjacentes; tais como oficinas, *pipe shops* e *maintenance shops*.

Área vélica: maior área da peça exposta à ação do vento.

•• Verbete acrescentado pela Portaria n. 592, de 28-4-2014.

Autoridade marítima: Comandante da Marinha do Brasil, conforme designado pelo parágrafo único do artigo 17, da Lei Complementar n. 97, de 9 de junho de 1999.

•• Verbete acrescentado pela Portaria n. 836, de 9-10-2018.

Balizamento: delimitação da área controlada, calculada em função da atividade da fonte radioativa e do tempo de exposição, em ensaios de radiografia e gamagrafia.

Cabine de pintura: local projetado por profissional legalmente habilitado destinado exclusivamente para tratamento e pintura de superfícies, constituído de materiais incombustíveis ou resistentes ao fogo, dotado de sistema de ventilação/exaustão, filtragem e controles ambientais.

•• Verbete acrescentado pela Portaria n. 1.112, de 21-9-2016.

Cabo de energia: condutor formado por um feixe de fios, ou por um conjunto de grupos de fios não isolados entre si.

Capacidade do equipamento de guindar: carga máxima que pode suportar o equipamento de guindar para uma determinada configuração de içamento.

Cinto de segurança tipo paraquedista: Equipamento de Proteção Individual utilizado para trabalhos em altura onde haja risco de queda.

Coifa: anteparo fixado a máquina para proteger o operador contra projeções de fragmentos, fagulhas ou contato acidental.

Colimador: dispositivo de formato especial empregado para blindar e direcionar a radiação por uma abertura visando reduzir a área de radiação.

Condutor ou condutor elétrico: componente metálico utilizado para transportar energia elétrica ou transmitir sinais elétricos.

Contraventamento: sistema de ligação entre elementos principais de uma estrutura para aumentar a rigidez do conjunto.

Desbaste: preparação de superfície pela remoção de revestimentos ou de defeitos, tais como rebarbas e imperfeições de cordões de solda, utilizando-se ferramentas abrasivas.

Diálogo Diário de Segurança – DDS: reunião diária, de curta duração, durante a qual são discutidos temas de segurança, saúde no trabalho e meio ambiente.

Dispositivos temporários de fixação ou estabilização: equipamentos e peças utilizadas para unir ou suportar temporariamente elementos estruturais, tais como talhas, tifor, guias de espera, vigas provisórias, olhais, reforços, cachorros, borboletas etc.

•• Verbete acrescentado pela Portaria n. 592, de 28-4-2014.

Elemento estrutural: peça utilizada na edificação de embarcações ou outras estruturas flutuantes, tais como bloco, antepara, piso, reforço e hastilha.

•• Verbete acrescentado pela Portaria n. 592, de 28-4-2014.

Equipamento pneumático de pintura (Airless): equipamento pneumático de pintura a pistola, que utiliza pressão por ar comprimido para aplicação do revestimento.

Escala de Beaufort: classifica a intensidade dos ventos, tendo em conta a sua velocidade e os efeitos resultantes das ventanias no mar e em terra.

•• Verbete acrescentado pela Portaria n. 836, de 9-10-2018.

Esmerilhamento: processo de remoção de material (por corte e/ou desbaste) de uma superfície com um equipamento que utiliza abrasivos em alta rotação.

Extrabaixa tensão: tensão não superior a cinquenta volts em corrente alternada ou cento e vinte volts em corrente contínua, entre fases ou entre fase e terra.

Fator de queda: relação entre a distância que o trabalhador percorreria na queda e o comprimento do equipamento que irá detê-lo.

Ficha de Liberação de Andaime: formulário contendo lista de verificação dos requisitos de segurança a serem atendidos para a liberação do andaime.

Fonte de radiação: equipamento ou material que emite ou é capaz de emitir radiação ionizante ou de liberar substâncias ou materiais radioativos.

Gamagrafia: ensaio não destrutivo de materiais com uso de fonte de radiação gama.

Goivagem: processo de corte por eletrodo de grafite para remoção de raízes de solda imperfeitas e dispositivos auxiliares de montagem, entre outros.

Guindaste: veículo provido de lança metálica de dimensão variada e motor com potência capaz de levantar e transportar cargas pesadas.

Grua: equipamento pesado empregado no transporte horizontal e vertical de materiais.

Hidrojateamento: tratamento prévio de superfícies por meio de jato d'água pressurizado para remover depósitos aderidos, podendo ser de baixa pressão (até cinco mil psi), alta pressão (de cinco mil psi a vinte mil psi) ou ultra-alta pressão (superiores a vinte mil psi).

Indivíduo Ocupacionalmente Exposto – IOE: indivíduo sujeito à exposição ocupacional à radiação ionizante, de acordo com os critérios estabelecidos pela CNEN.

•• Verbete com redação determinada pela Portaria n. 790, de 9-6-2017.

Isolamento elétrico: processo destinado a impedir a passagem de corrente elétrica, por interposição de materiais isolantes.

Jateamento: tratamento prévio de superfícies por meio de projeção de partículas abrasivas em alta velocidade.

Lingada: conjunto de objetos, sustentados por eslingas, a serem movimentados por equipamento de guindar.

Moitão: parte do equipamento de guindar, que liga o cabo de içamento ao gancho de içamento por meio de polias.

Monitoração individual de dose: monitoração da dose externa, contaminação ou incorporação de radionuclídeos em indivíduos.

Montante: peça estrutural vertical de andaime, torres e escadas.

Patolar: utilização de sistema de braços (patolas) para estabilizar equipamento de guindar, evitando o tombamento.

Permissão de Trabalho – PT: documento escrito contendo conjunto de medidas de controle visando o desenvolvimento de trabalho seguro, além de medidas de emergência e resgate.

Plataforma elevatória: plataforma de trabalho em altura com movimentação vertical por sistema hidráulico, articulado ou de pinhão e cremalheira.

Ponte rolante: equipamento de movimentação de cargas montado sobre trilhos suspensos.

Ponto de ancoragem: ponto destinado a suportar carga de pessoas para a conexão de dispositivos de segurança, tais como cordas, cabos de aço, trava-queda e talabartes.

Ponto de ancoragem temporário: aquele que foi avaliado e selecionado para ser utilizado de forma temporária para suportar carga de pessoas durante determinado serviço.

Quadro distribuidor: caixa de material incombustível destinada a conter dispositivos elétricos de proteção e manobra.

Radiação ionizante: qualquer partícula ou radiação eletromagnética que, ao interagir com a matéria, ioniza direta ou indiretamente seus átomos ou moléculas.

Radiografia industrial: ensaio não destrutivo de materiais com uso de fonte de radiação.

Radioproteção: conjunto de medidas que visa proteger o ser humano, seus descendentes e o meio ambiente de possíveis efeitos indesejados causados pela radiação ionizante, de acordo com princípios básicos estabelecidos pela CNEN.

Responsável por Instalação Aberta – RIA: trabalhador certificado pela CNEN para coordenar a execução dos serviços de radiografia industrial em instalações abertas.

Sinaleiro/Amarrador de cargas: trabalhador capacitado que realiza e verifica a amarração da carga, emitindo os sinais necessários ao operador do equipamento durante a movimentação.

Sistema amortecedor: dispositivo destinado a reduzir o impacto transmitido ao corpo do trabalhador e sistema de segurança durante a contenção de queda.

Soldagem ou soldadura: processo de união de materiais para obter a coalescência localizada, produzida por aquecimento, com ou sem a utilização de pressão e/ou material de adição.

Split-bolt: tipo de conector de cabos elétricos em forma de parafuso fendido.

Supervisor de Proteção Radiológica – SPR: trabalhador certificado pela CNEN para supervisionar a aplicação das medidas de radioproteção, através do Serviço de Radioproteção.

Suspensão inerte: situação em que um trabalhador permanece suspenso pelo sistema de segurança, até o momento do socorro.

Talabarte: dispositivo de conexão de um sistema de segurança, regulável ou não, para sustentar, posicionar e limitar a movimentação do trabalhador.

Trava-queda: dispositivo automático de travamento destinado à ligação do cinto de segurança ao cabo de segurança, com Certificado de Aprovação – CA.

Vigilância especial contra incêndios: trabalhador capacitado, também denominado observador, que permanece em contato permanente com os trabalhadores que executam trabalhos a quente, monitora os trabalhos e o seu entorno, visando detectar e combater possíveis princípios de incêndio.

Anexo I

Conteúdo programático e carga horária mínima para o programa de treinamento

1. Curso básico para observador de Trabalhos a Quente

Carga horária mínima de oito horas.

Conteúdo programático:

a) Classes de fogo;

b) Métodos de extinção;

c) Tipos de equipamentos de combate a incêndio;

d) Sistemas de alarme e comunicação;

e) Rotas de fuga;

f) Equipamento de proteção individual e coletiva;

g) Práticas de prevenção e combate a incêndio.

2. Curso básico de segurança em operações de Movimentação de Cargas

Carga horária mínima de vinte horas.

Conteúdo programático:

a) Conceitos básicos;

b) Considerações gerais (amarrações, acessórios de içamento, cabos de aço etc.);

c) Tabela de capacidade de cargas e ângulos de içamento;

d) Operação (cargas perigosas, peças de pequeno porte, tubos, perfis, chapas e eixos etc.);

e) Sinais e comunicação durante a movimentação de cargas;

f) Segurança na movimentação de cargas;

g) Exercício prático;

h) Avaliação final.

3. Curso complementar para operadores de Equipamento de Guindar

Carga horária mínima de vinte horas.

Conteúdo programático:

a) Acidente do Trabalho e sua prevenção;

b) Equipamentos de proteção coletiva e individual;

c) Dispositivos aplicáveis das Normas Regulamentadoras (NR-6, NR-10, NR-11 e NR-17);

d) Equipamento de Guindar (tipos de equipamento, inspeções dos equipamentos e acessórios);

e) Situações especiais de risco (movimentação de cargas nas proximidades de rede elétrica energizada, condições climáticas adversas dentre outras);

f) Ergonomia do posto de trabalho;

g) Exercício prático;

h) Avaliação Final.

4. Curso Básico de Segurança para Trabalhos a Quente.

Carga horária mínima: 8 (oito) horas.

•• Item acrescentado pela Portaria n. 1.897, de 9-12-2013.

4.1. Módulo Geral: aplicável a todas as especialidades de trabalho a quente.

Carga horária mínima: 4 (quatro) horas;

Conteúdo programático:

a) Estudo da NR-34, Item 34.5;

b) Identificação de Perigos e Análise de Riscos

Conceitos de Perigos e Riscos;

Técnicas de Identificação de Perigos e Análise de Riscos;

APP e APR – Análise Preliminar de Perigos e Análise Preliminar de Riscos.

c) Permissão para Trabalho – PT;

d) Limite inferior e superior de explosividade;

e) Medidas de Controle no Local de Trabalho

Inspeção Preliminar;

Controle de materiais combustíveis e inflamáveis;

Proteção Física;

Atividades no entorno;

Sinalização e Isolamento do Local de Trabalho;

Inspeção Posterior para controle de fontes de ignição.

f) Renovação de Ar no Local de Trabalho (Ventilação/Exaustão);

g) Rede de Gases (Válvulas e Engates);

h) Ergonomia;

i) Doenças ocupacionais;

j) FISPQ.

4.2. Módulo Específico: aplicável às diferentes modalidades de trabalho a quente:

Carga horária mínima: 4 (quatro) horas para cada uma das modalidades;

Conteúdo programático:

4.2.1. Atividade com Solda – Riscos e Formas de Prevenção:

Riscos da Solda Elétrica;

Radiações Não Ionizantes;

Gases e Fumos Metálicos;

Máquinas de Solda;

Cabos de Solda;

Eletrodos;

Circuito de Corrente de Solda;

Riscos nas Soldas com Eletrodos Especiais;

Riscos nas Soldas com Processos Especiais (Arco Submerso, Mig, Mag, Tig);

Riscos na Operação de Goivagem;

EPI e EPC;

Proteção Elétrica – Quadros, Disjuntores e Cabos de Alimentação.

4.2.2. Atividade com maçarico – Riscos e Forma de Prevenção:

Riscos no Corte e Solda a Gás;

Cilindros de Gases;

Sistemas de Alimentação de Gases;

Características dos Gases Utilizados (Acetileno, Oxigênio, GLP);

Mangueiras de Gases;

Maçaricos;

EPI e EPC.

4.2.3. Atividades com Máquinas Portáteis Rotativas – Riscos e Forma de Prevenção:

Equipamentos de Corte e Desbaste;

Acessórios: Coifas, Disco de Corte, Disco de Desbaste, Escova, Retífica, Lixa e Outros;

Sistema de Segurança;

Proteção Física contra Faíscas;

Proteção Elétrica – Quadros, Disjuntores e Cabos de Alimentação;

EPI e EPC.

4.2.4. Outras atividades a quente – Riscos e Forma de Prevenção:

Conteúdo definido de acordo com a atividade, identificados na APR.

5. Curso Básico de Segurança em Teste de Estanqueidade

Carga horária mínima: 24 (vinte e quatro) horas;

•• Item acrescentado pela Portaria n. 1.897, de 9-12-2013.

5.1. Módulo Teórico

Carga horária mínima: 8 (oito) horas;

Conteúdo programático:

a) Estudo da NR-34, item 34.14;

b) Princípios básicos, finalidade e campo de aplicação dos Testes de Estanqueidade;

c) Grandezas físicas;

d) Normas Técnicas e Procedimentos de teste de estanqueidade;

e) Sistema de testes;

f) Características especiais dos sistemas a serem testados;

g) Identificação de Perigos e Análise de Riscos

Conceitos de Perigos e Riscos;

Técnicas de Identificação de Perigos e Análise de Riscos;

APR – Análise Preliminar de Riscos.

h) Permissão de Trabalho – PT;

i) Sistemas de Proteção (coletiva e individual);

j) Determinação do isolamento.

5.2. Módulo Prático

Carga horária mínima: 16 (dezesseis) horas.

Anexo II

•• Anexo II acrescentado pela Portaria n. 592, de 28-4-2014.

Tabela 1 - Serviços em Oficinas

	SITUAÇÃO DE FIXAÇÃO TEMPORÁRIA		PESO (TON) – P			ÁREA VÉLICA (M^2) – A		
	POSIÇÃO	SUPORTE & ESTABILIZAÇÃO	P≤0,30	0,3<P≤10,0	P>10,0	A≤4,0	4,0<A≤32,0	A>32,0
HASTILHAS, SUBCONJUNTOS E DEMAIS ESTRUTURAS LEVES	HORIZONTAL	APOIADO EM CACHORROS	N/A	G	E	N/A	G	E
		APOIADO EM PONTOS DE SOLDA	N/A	G	E	N/A	G	E
	VERTICAL	APOIADO EM OUTRAS ESTRUTURAS E ESTABILIZADO POR CACHORROS	N/A	G	E	N/A	G	E
		APOIADO EM OUTRAS ESTRUTURAS E ESTABILIZADO POR PONTOS DE SOLDA	N/A	G	E	N/A	G	E
	HORIZONTAL	PENDURADO EM CACHORROS	G	G	E	G	G	E
	VERTICAL	PENDURADO E ESTABILIZADO POR CACHORROS	G	G	E	G	G	E
VÃOS DE CAVERNAS	HORIZONTAL	APOIADO EM CACHORROS	N/A	G	E	N/A	G	E
		APOIADO EM PONTOS DE SOLDA	N/A	G	E	N/A	G	E
	VERTICAL	APOIADO EM OUTRAS ESTRUTURAS E ESTABILIZADO POR CACHORROS	N/A	G	E	N/A	G	E
VÃOS DE CAVERNAS		APOIADO EM OUTRAS ESTRUTURAS E ESTABILIZADO POR PONTOS DE SOLDA	N/A	G	E	N/A	G	E
	HORIZONTAL	PENDURADO EM CACHORROS	G	G	E	G	G	E
	VERTICAL	PENDURADO E ESTABILIZADO POR CACHORROS	G	G	E	G	G	E
PAINÉIS	HORIZONTAL	APOIADO EM CACHORROS	N/A	G	E	N/A	G	E
		APOIADO EM PONTOS DE SOLDA	N/A	G	E	N/A	G	E
	VERTICAL	APOIADO EM OUTRAS ESTRUTURAS E ESTABILIZADO POR CACHORROS	N/A	G	E	N/A	G	E
		APOIADO EM OUTRAS ESTRUTURAS E ESTABILIZADO POR PONTOS DE SOLDA	N/A	G	E	N/A	G	E

PAINÉIS	HORIZONTAL	PENDURADO EM CACHORROS	G	G	E	G	G	E
	VERTICAL	PENDURADO E ESTABILIZADO POR CACHORROS	G	G	E	G	G	E
BLOCOS	HORIZONTAL	APOIADO EM CACHORROS	N/A	G	E	N/A	G	E
		APOIADO EM PONTOS DE SOLDA	N/A	G	E	N/A	G	E
	VERTICAL	APOIADO EM OUTRAS ESTRUTURAS E ESTABILIZADO POR CACHORROS	N/A	G	E	N/A	G	E
		APOIADO EM OUTRAS ESTRUTURAS E ESTABILIZADO POR PONTOS DE SOLDA	N/A	G	E	N/A	G	E
	HORIZONTAL	PENDURADO EM CACHORROS	G	G	E	G	G	E
	VERTICAL	PENDURADO E ESTABILIZADO POR CACHORROS	G	G	E	G	G	E

LEGENDA:
N/A – NÃO SE APLICA
G – PROCEDIMENTO GERAL ELABORADO PELO RESPONSÁVEL TÉCNICO (PODENDO ABRANGER DIVERSOS PROJETOS E SERVIÇOS).
E – PROCEDIMENTO ESPECÍFICO PARA CADA PROJETO OU SERVIÇO, EMITIDO POR RESPONSÁVEL TÉCNICO.

Tabela 2 - Serviços em Área Descobertas

	SITUAÇÃO DE FIXAÇÃO TEMPORÁRIA		PESO (TON) – P			ÁREA VÉLICA (M^2) – A		
	POSIÇÃO	SUPORTE & ESTABILIZAÇÃO	$P < 0{,}30$	$0{,}3 < P \leq 10{,}0$	$P > 10{,}0$	$A < 2{,}0$	$2{,}0 < A \leq 16{,}0$	$A > 16{,}0$
HASTILHAS, SUBCONJUNTOS E DEMAIS ESTRUTURAS LEVES	HORIZONTAL	APOIADO EM CACHORROS	N/A	G	E	N/A	G	E
		APOIADO EM PONTOS DE SOLDA	N/A	G	E	N/A	G	E
	VERTICAL	APOIADO EM OUTRAS ESTRUTURAS E ESTABILIZADO POR CACHORROS	N/A	G	E	N/A	G	E
		APOIADO EM OUTRAS ESTRUTURAS E ESTABILIZADO POR PONTOS DE SOLDA	N/A	G	E	N/A	G	E
	HORIZONTAL	PENDURADO EM CACHORROS	G	G	E	G	G	E
	VERTICAL	PENDURADO E ESTABILIZADO POR CACHORROS	G	G	E	G	G	E
VÃOS DE CAVERNAS	HORIZONTAL	APOIADO EM CACHORROS	N/A	G	E	N/A	G	E
		APOIADO EM PONTOS DE SOLDA	N/A	G	E	N/A	G	E
	VERTICAL	APOIADO EM OUTRAS ESTRUTURAS E ESTABILIZADO POR CACHORROS	N/A	G	E	N/A	G	E

VÃOS DE CAVERNAS	VERTICAL	APOIADO EM OUTRAS ESTRUTURAS E ESTABILIZADO POR PONTOS DE SOLDA	N/A	G	E	N/A	G	E
	HORIZONTAL	PENDURADO EM CACHORROS	G	G	E	G	G	E
	VERTICAL	PENDURADO E ESTABILIZADO POR CACHORROS	G	G	E	G	G	E
PAINÉIS	HORIZONTAL	APOIADO EM CACHORROS	N/A	G	E	N/A	G	E
		APOIADO EM PONTOS DE SOLDA	N/A	G	E	N/A	G	E
	VERTICAL	APOIADO EM OUTRAS ESTRUTURAS E ESTABILIZADO POR CACHORROS	N/A	G	E	N/A	G	E
		APOIADO EM OUTRAS ESTRUTURAS E ESTABILIZADO POR PONTOS DE SOLDA	N/A	G	E	N/A	G	E
	HORIZONTAL	PENDURADO EM CACHORROS	G	G	E	G	G	E
	VERTICAL	PENDURADO E ESTABILIZADO POR CACHORROS	G	G	E	G	G	E
BLOCOS	HORIZONTAL	APOIADO EM CACHORROS	N/A	G	E	N/A	G	E
		APOIADO EM PONTOS DE SOLDA	N/A	G	E	N/A	G	E
	VERTICAL	APOIADO EM OUTRAS ESTRUTURAS E ESTABILIZADO POR CACHORROS	N/A	G	E	N/A	G	E
		APOIADO EM OUTRAS ESTRUTURAS E ESTABILIZADO POR PONTOS DE SOLDA	N/A	G	E	N/A	G	E
	HORIZONTAL	PENDURADO EM CACHORROS	G	G	E	G	G	E
	VERTICAL	PENDURADO E ESTABILIZADO POR CACHORROS	G	G	E	G	G	E

LEGENDA:

N/A – NÃO SE APLICA

G – PROCEDIMENTO GERAL ELABORADO PELO RESPONSÁVEL TÉCNICO (PODENDO ABRANGER DIVERSOS PROJETOS E SERVIÇOS).

E – PROCEDIMENTO ESPECÍFICO PARA CADA PROJETO OU SERVIÇO, EMITIDO POR RESPONSÁVEL TÉCNICO.

NR 35

Trabalho em Altura ([1])

35.1. Objetivo e Campo de Aplicação

35.1.1. Esta Norma estabelece os requisitos mínimos e as medidas de proteção para o trabalho em altura, envolvendo o planejamento, a organização e a execução, de forma a garantir a segurança e a saúde dos trabalhadores envolvidos direta ou indiretamente com esta atividade.

35.1.2. Considera-se trabalho em altura toda atividade executada acima de 2,00 m (dois metros) do nível inferior, onde haja risco de queda.

35.1.3. Esta norma se complementa com as normas técnicas oficiais estabelecidas pelos Órgãos competentes e, na ausência ou omissão dessas, com as normas internacionais aplicáveis.

35.2. Responsabilidades

35.2.1. Cabe ao empregador:

a) garantir a implementação das medidas de proteção estabelecidas nesta Norma;

• Código: 135.001-3. Infração: 3. Tipo: S.

b) assegurar a realização da Análise de Risco – AR e, quando aplicável, a emissão da Permissão de Trabalho – PT;

• Código: 135.002-1. Infração: 3. Tipo: S.

c) desenvolver procedimento operacional para as atividades rotineiras de trabalho em altura;

• Código: 135.148-6. Infração: 3. Tipo: S.

d) assegurar a realização de avaliação prévia das condições no local do trabalho em altura, pelo estudo, planejamento e implementação das ações e das medidas complementares de segurança aplicáveis;

• Código: 135.004-8. Infração: 3. Tipo: S.

e) adotar as providências necessárias para acompanhar o cumprimento das medidas de proteção estabelecidas nesta Norma pelas empresas contratadas;

• Código: 135.005-6. Infração: 3. Tipo: S.

f) garantir aos trabalhadores informações atualizadas sobre os riscos e as medidas de controle;

• Código: 135.006-4. Infração: 3. Tipo: S.

g) garantir que qualquer trabalho em altura só se inicie depois de adotadas as medidas de proteção definidas nesta Norma;

• Código: 135.007-2. Infração: 3. Tipo: S.

h) assegurar a suspensão dos trabalhos em altura quando verificar situação ou condição de risco não prevista, cuja eliminação ou neutralização imediata não seja possível;

• Código: 135.008-0. Infração: 4. Tipo: S.

i) estabelecer uma sistemática de autorização dos trabalhadores para trabalho em altura;

• Código: 135.149-4. Infração: 3. Tipo: S.

j) assegurar que todo trabalho em altura seja realizado sob supervisão, cuja forma será definida pela análise de riscos de acordo com as peculiaridades da atividade;

• Código: 135.010-2. Infração: 3. Tipo: S.

k) assegurar a organização e o arquivamento da documentação prevista nesta Norma.

• Código: 135.011-0. Infração: 3. Tipo: S.

35.2.2. Cabe aos trabalhadores:

a) cumprir as disposições legais e regulamentares sobre trabalho em altura, inclusive os procedimentos expedidos pelo empregador;

b) colaborar com o empregador na implementação das disposições contidas nesta Norma;

c) (*Revogada pela Portaria n. 915, de 30-7-2019.*)

d) zelar pela sua segurança e saúde e a de outras pessoas que possam ser afetadas por suas ações ou omissões no trabalho.

35.3. Capacitação e Treinamento

35.3.1. (*Revogado pela Portaria n. 915, de 30-7-2019.*)

35.3.2. Considera-se trabalhador capacitado para trabalho em altura aquele que foi submetido e aprovado em treinamento, teórico e prático, com carga horária mínima de oito horas, cujo conteúdo programático deve, no mínimo, incluir:

a) normas e regulamentos aplicáveis ao trabalho em altura;

• Código: 135.013-7. Infração: 4. Tipo: S.

b) análise de risco e condições impeditivas;

• Código: 135.013-7. Infração: 4. Tipo: S.

c) riscos potenciais inerentes ao trabalho em altura e medidas de prevenção e controle;

• Código: 135.013-7. Infração: 4. Tipo: S.

d) sistemas, equipamentos e procedimentos de proteção coletiva;

• Código: 135.013-7. Infração: 4. Tipo: S.

e) equipamentos de Proteção Individual para trabalho em altura: seleção, inspeção, conservação e limitação de uso;

• Código: 135.013-7. Infração: 4. Tipo: S.

f) acidentes típicos em trabalhos em altura;

• Código: 135.013-7. Infração: 4. Tipo: S.

g) condutas em situações de emergência, incluindo noções de técnicas de resgate e de primeiros socorros.

• Código: 135.013-7. Infração: 4. Tipo: S.

(1) NR aprovada pela Portaria n. 313, de 23-3-2012.

35.3.3. (*Revogado pela Portaria n. 915, de 30-7-2019.*)

35.3.3.1. O treinamento periódico bienal deve ter carga horária mínima de oito horas, conforme conteúdo programático definido pelo empregador.

• Código: 135.015-3. Infração: 2. Tipo: S.

35.3.3.2. (*Revogado pela Portaria n. 915, de 30-7-2019.*)

35.3.4. (*Revogado pela Portaria n. 915, de 30-7-2019.*)

35.3.5. (*Revogado pela Portaria n. 915, de 30-7-2019.*)

35.3.5.1. (*Revogado pela Portaria n. 915, de 30-7-2019.*)

35.3.6. O treinamento deve ser ministrado por instrutores com comprovada proficiência no assunto, sob a responsabilidade de profissional qualificado em segurança no trabalho.

• Código: 135.018-8. Infração: 3. Tipo: S.

35.3.7. (*Revogado pela Portaria n. 915, de 30-7-2019.*)

35.3.7.1. (*Revogado pela Portaria n. 915, de 30-7-2019.*)

35.3.8. (*Revogado pela Portaria n. 915, de 30-7-2019.*)

35.4. Planejamento, Organização e Execução

35.4.1. Todo trabalho em altura deve ser planejado, organizado e executado por trabalhador capacitado e autorizado.

• Código: 135.022-6. Infração: 3. Tipo: S.

35.4.1.1. Considera-se trabalhador autorizado para trabalho em altura aquele capacitado, cujo estado de saúde foi avaliado, tendo sido considerado apto para executar essa atividade e que possua anuência formal da empresa.

35.4.1.2. Cabe ao empregador avaliar o estado de saúde dos trabalhadores que exercem atividades em altura, garantindo que:

• Código: 135.023-4. Infração: 3. Tipo: M.

a) os exames e a sistemática de avaliação sejam partes integrantes do Programa de Controle Médico de Saúde Ocupacional – PCMSO, devendo estar nele consignados;

b) a avaliação seja efetuada periodicamente, considerando os riscos envolvidos em cada situação;

c) seja realizado exame médico voltado às patologias que poderão originar mal súbito e queda de altura, considerando também os fatores psicossociais.

35.4.1.2.1. A aptidão para trabalho em altura deve ser consignada no atestado de saúde ocupacional do trabalhador.

• Código: 135.024-2. Infração: 2. Tipo: M.

35.4.1.3. A empresa deve manter cadastro atualizado que permita conhecer a abrangência da autorização de cada trabalhador para trabalho em altura.

35.4.2. No planejamento do trabalho devem ser adotadas, de acordo com a seguinte hierarquia:

• Código: 135.026-9. Infração: 3. Tipo: S.

a) medidas para evitar o trabalho em altura, sempre que existir meio alternativo de execução;

b) medidas que eliminem o risco de queda dos trabalhadores, na impossibilidade de execução do trabalho de outra forma;

c) medidas que minimizem as consequências da queda, quando o risco de queda não puder ser eliminado.

35.4.3. Todo trabalho em altura deve ser realizado sob supervisão, cuja forma será definida pela análise de risco de acordo com as peculiaridades da atividade.

• Código: 135.027-7. Infração: 3. Tipo: S.

35.4.4. A execução do serviço deve considerar as influências externas que possam alterar as condições do local de trabalho já previstas na análise de risco.

35.4.5. Todo trabalho em altura deve ser precedido de Análise de Risco.

• Código: 135.029-3. Infração: 3. Tipo: S.

35.4.5.1. A Análise de Risco deve, além dos riscos inerentes ao trabalho em altura, considerar:

a) o local em que os serviços serão executados e seu entorno;

• Código: 135.150-8. Infração: 3. Tipo: S.

b) o isolamento e a sinalização no entorno da área de trabalho;

• Código: 135.150-8. Infração: 3. Tipo: S.

c) o estabelecimento dos sistemas e pontos de ancoragem;

• Código: 135.150-8. Infração: 3. Tipo: S.

d) as condições meteorológicas adversas;

• Código: 135.150-8. Infração: 3. Tipo: S.

e) a seleção, inspeção, forma de utilização e limitação de uso dos sistemas de proteção coletiva e individual, atendendo às normas técnicas vigentes, às orientações dos fabricantes e aos princípios da redução do impacto e dos fatores de queda;

• Código: 135.150-8. Infração: 3. Tipo: S.

f) o risco de queda de materiais e ferramentas;

• Código: 135.150-8. Infração: 3. Tipo: S.

g) os trabalhos simultâneos que apresentem riscos específicos;

• Código: 135.150-8. Infração: 3. Tipo: S.

h) o atendimento aos requisitos de segurança e saúde contidos nas demais normas regulamentadoras;

• Código: 135.150-8. Infração: 3. Tipo: S.

i) os riscos adicionais;

• Código: 135.150-8. Infração: 3. Tipo: S.

j) as condições impeditivas;

• Código: 135.150-8. Infração: 3. Tipo: S.

k) as situações de emergência e o planejamento do resgate e primeiros socorros, de forma a reduzir o tempo da suspensão inerte do trabalhador;

• Código: 135.150-8. Infração: 3. Tipo: S.

l) a necessidade de sistema de comunicação;

• Código: 135.150-8. Infração: 3. Tipo: S.

m) a forma de supervisão.

• Código: 135.150-8. Infração: 3. Tipo: S.

35.4.6. Para atividades rotineiras de trabalho em altura a análise de risco pode estar contemplada no respectivo procedimento operacional.

35.4.6.1. Os procedimentos operacionais para as atividades rotineiras de trabalho em altura devem conter, no mínimo:

a) as diretrizes e requisitos da tarefa;

b) as orientações administrativas;

c) o detalhamento da tarefa;

d) as medidas de controle dos riscos característicos à rotina;

e) as condições impeditivas;

f) os sistemas de proteção coletiva e individual necessários;

g) as competências e responsabilidades.

35.4.7. As atividades de trabalho em altura não rotineiras devem ser previamente autorizadas mediante Permissão de Trabalho.

• Código: 135.151-6. Infração: 3. Tipo: S.

35.4.7.1. Para as atividades não rotineiras as medidas de controle devem ser evidenciadas na Análise de Risco e na Permissão de Trabalho.

• Código: 135.151-6. Infração: 3. Tipo: S.

35.4.8. A Permissão de Trabalho deve ser emitida, aprovada pelo responsável pela autorização da permissão, disponibilizada no local de execução da atividade e, ao final, encerrada e arquivada de forma a permitir sua rastreabilidade.

• Código: 135.151-6. Infração: 3. Tipo: S.

35.4.8.1. A Permissão de Trabalho deve conter:

• Código: 135.151-6. Infração: 3. Tipo: S.

a) os requisitos mínimos a serem atendidos para a execução dos trabalhos;

b) as disposições e medidas estabelecidas na Análise de Risco;

c) a relação de todos os envolvidos e suas autorizações.

35.4.8.2. A Permissão de Trabalho deve ter validade limitada à duração da atividade, restrita ao turno de trabalho, podendo ser revalidada pelo responsável pela aprovação nas situações em que não ocorram mudanças nas condições estabelecidas ou na equipe de trabalho.

• Código: 135.151-6. Infração: 3. Tipo: S.

35.5. Sistemas de Proteção contra quedas

•• Item com redação determinada pela Portaria n. 1.113, de 21-9-2016.

35.5.1. É obrigatória a utilização de sistema de proteção contra quedas sempre que não for possível evitar o trabalho em altura.

•• Item com redação determinada pela Portaria n. 1.113, de 21-9-2016.

• Código: 135.094-3. Infração: 4. Tipo: S.

35.5.2. O sistema de proteção contra quedas deve:

•• Item, *caput*, com redação determinada pela Portaria n. 1.113, de 21-9-2016.

a) ser adequado à tarefa a ser executada;

•• Alínea com redação determinada pela Portaria n. 1.113, de 21-9-2016.

• Código: 135.152-4. Infração: 4. Tipo: S.

b) ser selecionado de acordo com Análise de Risco, considerando, além dos riscos a que o trabalhador está exposto, os riscos adicionais;

•• Alínea com redação determinada pela Portaria n. 1.113, de 21-9-2016.

• Código: 135.152-4. Infração: 4. Tipo: S.

c) ser selecionado por profissional qualificado em segurança do trabalho;

•• Alínea com redação determinada pela Portaria n. 1.113, de 21-9-2016.

• Código: 135.152-4. Infração: 4. Tipo: S.

d) ter resistência para suportar a força máxima aplicável prevista quando de uma queda;

•• Alínea com redação determinada pela Portaria n. 1.113, de 21-9-2016.

• Código: 135.152-4. Infração: 4. Tipo: S.

e) atender às normas técnicas nacionais ou na sua inexistência às normas internacionais aplicáveis;

•• Alínea com redação determinada pela Portaria n. 1.113, de 21-9-2016.

• Código: 135.152-4. Infração: 4. Tipo: S.

f) ter todos os seus elementos compatíveis e submetidos a uma sistemática de inspeção.

•• Alínea com redação determinada pela Portaria n. 1.113, de 21-9-2016.

• Código: 135.152-4. Infração: 4. Tipo: S.

35.5.3. A seleção do sistema de proteção contra quedas deve considerar a utilização:

•• Item, *caput*, com redação determinada pela Portaria n. 1.113, de 21-9-2016.

• Código: 135.101-0. Infração: 3. Tipo: S.

a) de sistema de proteção coletiva contra quedas – SPCQ;

•• Alínea com redação determinada pela Portaria n. 1.113, de 21-9-2016.

b) de sistema de proteção individual contra quedas – SPIQ, nas seguintes situações:

•• Alínea com redação determinada pela Portaria n. 1.113, de 21-9-2016.

b.1) na impossibilidade de adoção do SPCQ;

•• Subitem com redação determinada pela Portaria n. 1.113, de 21-9-2016.

b.2) sempre que o SPCQ não ofereça completa proteção contra os riscos de queda;

•• Subitem com redação determinada pela Portaria n. 1.113, de 21-9-2016.

b.3) para atender situações de emergência.

•• Subitem com redação determinada pela Portaria n. 1.113, de 21-9-2016.

35.5.3.1. O SPCQ deve ser projetado por profissional legalmente habilitado.

•• Item com redação determinada pela Portaria n. 1.113, de 21-9-2016.

• Código: 135.102-8. Infração: 3. Tipo: S.

35.5.4. O SPIQ pode ser de restrição de movimentação, de retenção de queda, de posicionamento no trabalho ou de acesso por cordas.

•• Item com redação determinada pela Portaria n. 1.113, de 21-9-2016.

35.5.5. O SPIQ é constituído dos seguintes elementos:

•• Item, *caput*, com redação determinada pela Portaria n. 1.113, de 21-9-2016.

a) sistema de ancoragem;

•• Alínea com redação determinada pela Portaria n. 1.113, de 21-9-2016.

b) elemento de ligação;

•• Alínea com redação determinada pela Portaria n. 1.113, de 21-9-2016.

c) equipamento de proteção individual.

•• Alínea com redação determinada pela Portaria n. 1.113, de 21-9-2016.

35.5.5.1. Os equipamentos de proteção individual devem ser:

•• Item, *caput*, com redação determinada pela Portaria n. 1.113, de 21-9-2016.

a) certificados;

•• Alínea com redação determinada pela Portaria n. 1.113, de 21-9-2016.

• Código: 135.153-2. Infração: 4. Tipo: S.

b) adequados para a utilização pretendida;

•• Alínea com redação determinada pela Portaria n. 1.113, de 21-9-2016.

• Código: 135.153-2. Infração: 4. Tipo: S.

c) utilizados considerando os limites de uso;

•• Alínea com redação determinada pela Portaria n. 1.113, de 21-9-2016.

• Código: 135.153-2. Infração: 4. Tipo: S.

d) ajustados ao peso e à altura do trabalhador.

•• Alínea com redação determinada pela Portaria n. 1.113, de 21-9-2016.

• Código: 135.153-2. Infração: 4. Tipo: S.

35.5.5.1.1. O fabricante e/ou o fornecedor de EPI deve disponibilizar informações quanto ao desempenho dos equipamentos e os limites de uso, considerando a massa total aplicada ao sistema (trabalhador e equipamentos) e os demais aspectos previstos no item 35.5.11.

•• Item com redação determinada pela Portaria n. 1.113, de 21-9-2016.

35.5.6. Na aquisição e periodicamente devem ser efetuadas inspeções do SPIQ, recusando-se os elementos que apresentem defeitos ou deformações.

•• Item com redação determinada pela Portaria n. 1.113, de 21-9-2016.

• Código: 135.154-0. Infração: 4. Tipo: S.

35.5.6.1. Antes do início dos trabalhos deve ser efetuada inspeção rotineira de todos os elementos do SPIQ.

•• Item com redação determinada pela Portaria n. 1.113, de 21-9-2016.

• Código: 135.154-0. Infração: 4. Tipo: S.

35.5.6.2. Devem-se registrar os resultados das inspeções:

•• Item, *caput*, com redação determinada pela Portaria n. 1.113, de 21-9-2016.

• Código: 135.154-0. Infração: 4. Tipo: S.

a) na aquisição;

•• Alínea com redação determinada pela Portaria n. 1.113, de 21-9-2016.

b) periódicas e rotineiras quando os elementos do SPIQ forem recusados.

•• Alínea com redação determinada pela Portaria n. 1.113, de 21-9-2016.

35.5.6.3. Os elementos do SPIQ que apresentarem defeitos, degradação, deformações ou sofrerem impactos de queda devem ser inutilizados e descartados, exceto quando sua restauração for prevista em normas técnicas nacionais ou, na sua ausência, em normas internacionais e de acordo com as recomendações do fabricante.

•• Item com redação determinada pela Portaria n. 1.113, de 21-9-2016.

• Código: 135.154-0. Infração: 4. Tipo: S.

35.5.7. O SPIQ deve ser selecionado de forma que a força de impacto transmitida ao trabalhador seja de no máximo 6 kN quando de uma eventual queda;

•• Item com redação determinada pela Portaria n. 1.113, de 21-9-2016.

• Código: 135.112-5. Infração: 4. Tipo: S.

35.5.8. Os sistemas de ancoragem destinados à restrição de movimentação devem ser dimensionados para resistir às forças que possam vir a ser aplicadas.

•• Item com redação determinada pela Portaria n. 1.113, de 21-9-2016.

35.5.8.1. Havendo possibilidade de ocorrência de queda com diferença de nível, em conformidade com a análise de risco, o sistema deve ser dimensionado como de retenção de queda.

•• Item com redação determinada pela Portaria n. 1.113, de 21-9-2016.

• Código: 135.113-3. Infração: 4. Tipo: S.

35.5.9. No SPIQ de retenção de queda e no sistema de acesso por cordas, o equipamento de proteção individual deve ser o cinturão de segurança tipo paraquedista.

•• Item com redação determinada pela Portaria n. 1.113, de 21-9-2016.

• Código: 135.114-1. Infração: 4. Tipo: S.

35.5.9.1. O cinturão de segurança tipo paraquedista, quando utilizado em retenção de queda, deve estar conectado pelo seu elemento de engate para retenção de queda indicado pelo fabricante.

•• Item com redação determinada pela Portaria n. 1.113, de 21-9-2016.

• Código: 135.115-0. Infração: 4. Tipo: S.

35.5.10. A utilização do sistema de retenção de queda por trava-queda deslizante guiado deve atender às recomendações do fabricante, em particular no que se refere:

•• Item, *caput*, com redação determinada pela Portaria n. 1.113, de 21-9-2016.

• Código: 135.116-8. Infração: 3. Tipo: S.

a) à compatibilidade do trava-quedas deslizante guiado com a linha de vida vertical;

•• Alínea com redação determinada pela Portaria n. 1.113, de 21-9-2016.

b) ao comprimento máximo dos extensores.

•• Alínea com redação determinada pela Portaria n. 1.113, de 21-9-2016.

35.5.11. A Análise de Risco prevista nesta norma deve considerar para o SPIQ minimamente os seguintes aspectos:

•• Item, *caput*, com redação determinada pela Portaria n. 1.113, de 21-9-2016.

a) que o trabalhador deve permanecer conectado ao sistema durante todo o período de exposição ao risco de queda;

•• Alínea com redação determinada pela Portaria n. 1.113, de 21-9-2016.

• Código: 135.163-0. Infração: 2. Tipo: S.

b) distância de queda livre;

•• Alínea com redação determinada pela Portaria n. 1.113, de 21-9-2016.

• Código: 135.163-0. Infração: 2. Tipo: S.

c) o fator de queda;

•• Alínea com redação determinada pela Portaria n. 1.113, de 21-9-2016.

• Código: 135.163-0. Infração: 2. Tipo: S.

d) a utilização de um elemento de ligação que garanta um impacto de no máximo 6 kN seja transmitido ao trabalhador quando da retenção de uma queda;

•• Alínea com redação determinada pela Portaria n. 1.113, de 21-9-2016.

• Código: 135.163-0. Infração: 2. Tipo: S.

e) a zona livre de queda;

•• Alínea com redação determinada pela Portaria n. 1.113, de 21-9-2016.

• Código: 135.163-0. Infração: 2. Tipo: S.

f) compatibilidade entre os elementos do SPIQ.

•• Alínea com redação determinada pela Portaria n. 1.113, de 21-9-2016.

• Código: 135.163-0. Infração: 2. Tipo: S.

35.5.11.1. O talabarte e o dispositivo trava-quedas devem ser posicionados:

•• Item, *caput*, com redação determinada pela Portaria n. 1.113, de 21-9-2016.

a) quando aplicável, acima da altura do elemento de engate para retenção de quedas do equipamento de proteção individual;

•• Alínea com redação determinada pela Portaria n. 1.113, de 21-9-2016.

• Código: 135.155-9. Infração: 4. Tipo: S.

b) de modo a restringir a distância de queda livre;

•• Alínea com redação determinada pela Portaria n. 1.113, de 21-9-2016.

• Código: 135.155-9. Infração: 4. Tipo: S.

c) de forma a assegurar que, em caso de ocorrência de queda, o trabalhador não colida com estrutura inferior.

•• Alínea com redação determinada pela Portaria n. 1.113, de 21-9-2016.

• Código: 135.155-9. Infração: 4. Tipo: S.

35.5.11.1.1. O talabarte, exceto quando especificado pelo fabricante e considerando suas limitações de uso, não pode ser utilizado:

•• Item, *caput*, com redação determinada pela Portaria n. 1.113, de 21-9-2016.

• Código: 135.126-5. Infração: 4. Tipo: S.

a) conectado a outro talabarte, elemento de ligação ou extensor;

•• Alínea com redação determinada pela Portaria n. 1.113, de 21-9-2016.

b) com nós ou laços.

•• Alínea com redação determinada pela Portaria n. 1.113, de 21-9-2016.

35.6. Emergência e Salvamento

35.6.1. O empregador deve disponibilizar equipe para respostas em caso de emergências para trabalho em altura.

• Código: 135.065-0. Infração: 4. Tipo: S.

35.6.1.1. A equipe pode ser própria, externa ou composta pelos próprios trabalhadores que executam o trabalho em altura, em função das características das atividades.

35.6.2. O empregador deve assegurar que a equipe possua os recursos necessários para as respostas a emergências.

• Código: 135.066-8. Infração: 4. Tipo: S.

35.6.3. As ações de respostas às emergências que envolvam o trabalho em altura devem constar do plano de emergência da empresa.

• Código: 135.067-6. Infração: 3. Tipo: S.

35.6.4. As pessoas responsáveis pela execução das medidas de salvamento devem estar capacitadas a executar o resgate, prestar primeiros socorros e possuir aptidão física e mental compatível com a atividade a desempenhar.

• Código: 135.068-4. Infração: 3. Tipo: S.

Glossário

•• Glossário com redação determinada pela Portaria n. 1.113, de 21-9-2016.

Absorvedor de energia: elemento com função de limitar a força de impacto transmitida ao trabalhador pela dissipação da energia cinética.

Análise de Risco – AR: avaliação dos riscos potenciais, suas causas, consequências e medidas de controle.

Ancoragem estrutural: elemento fixado de forma permanente na estrutura, no qual um dispositivo de ancoragem ou um EPI pode ser conectado.

Atividades rotineiras: atividades habituais, independente da frequência, que fazem parte do processo de trabalho da empresa.

Avaliação de conformidade: demonstração de que os requisitos especificados em norma técnica relativos a um produto, processo, sistema, pessoa são atendidos.

Certificação: atestação por organismo de avaliação de conformidade relativa a produtos, processos, sistemas ou pessoas de que o atendimento aos requisitos especificados em norma técnica foi demonstrado.

Certificado: que foi submetido à certificação.

Cinturão de segurança tipo paraquedista: Equipamento de Proteção Individual utilizado para trabalhos em altura onde haja risco de queda, constituído de sustentação na parte inferior do peitoral, acima dos ombros e envolta nas coxas.

Condições impeditivas: situações que impedem a realização ou continuidade do serviço que possam colocar em risco a saúde ou a integridade física do trabalhador.

Dispositivo de ancoragem: dispositivo removível da estrutura, projetado para utilização como parte de um sistema pessoal de proteção contra queda, cujos elementos incorporam um ou mais pontos de ancoragem fixos ou móveis.

Distância de frenagem: distância percorrida durante a atuação do sistema de absorção de energia, normalmente compreendida entre o início da frenagem e o término da queda.

Distância de queda livre: distância compreendida entre o início da queda e o início da retenção.

Elemento de engate: elemento de um cinturão de segurança para conexão de um elemento de ligação.

Elemento de engate para retenção de quedas: elemento de engate projetado para suportar força de impacto de retenção de quedas, localizado na região dorsal ou peitoral.

Elemento de fixação: elemento destinado a fixar componentes do sistema de ancoragem entre si.

Elemento de ligação: elemento com a função de conectar o cinturão de segurança ao sistema de ancoragem, podendo incorporar um absorvedor de energia. Também chamado de componente de união.

Equipamentos auxiliares: equipamentos utilizados nos trabalhos de acesso por corda que completam o cinturão tipo paraquedista, talabarte, trava-quedas e corda, tais como: conectores, bloqueadores, anéis de cintas têxteis, polias, descensores, ascensores, dentre outros.

Estrutura: estrutura artificial ou natural utilizada para integrar o sistema de ancoragem, com capacidade de resistir aos esforços desse sistema.

Extensor: componente ou elemento de conexão de um trava-quedas deslizante guiado.

Fator de queda: razão entre a distância que o trabalhador percorreria na queda e o comprimento do equipamento que irá detê-lo.

Força de impacto: força dinâmica gerada pela frenagem de um trabalhador durante a retenção de uma queda.

Força máxima aplicável: Maior força que pode ser aplicada em um elemento de um sistema de ancoragem.

Influências externas: variáveis que devem ser consideradas na definição e seleção das medidas de proteção, para segurança das pessoas, cujo controle não é possível implementar de forma antecipada.

Operação assistida: atividade realizada sob supervisão permanente de profissional com conhecimentos para avaliar os riscos nas atividades e implantar medidas para controlar, minimizar ou neutralizar tais riscos.

Permissão de Trabalho – PT: documento escrito contendo conjunto de medidas de controle, visando ao desenvolvimento de trabalho seguro, além de medidas de emergência e resgate.

Ponto de ancoragem: parte integrante de um sistema de ancoragem onde o equipamento de proteção individual é conectado.

Profissional legalmente habilitado: trabalhador previamente qualificado e com registro no competente conselho de classe.

Riscos adicionais: todos os demais grupos ou fatores de risco, além dos existentes no trabalho em altura, específicos de cada ambiente ou atividade que, direta ou indiretamente, possam afetar a segurança e a saúde no trabalho.

Sistema de acesso por cordas: sistema de trabalho em que são utilizadas cordas como meio de acesso e como proteção contra quedas.

Sistema de posicionamento no trabalho: sistema de trabalho configurado para permitir que o trabalhador permaneça posicionado no local de trabalho, total ou parcialmente suspenso, sem o uso das mãos.

Sistema de Proteção contra Quedas – SPQ: sistema destinado a eliminar o risco de queda dos trabalhadores ou a minimizar as consequências da queda.

Sistema de restrição de movimentação: SPQ que limita a movimentação de modo que o trabalhador não fique exposto a risco de queda.

Sistema de retenção de queda: SPQ que não evita a queda, mas a interrompe depois de iniciada, reduzindo as suas consequências.

Suspensão inerte: situação em que um trabalhador permanece suspenso pelo sistema de segurança, até o momento do socorro.

Talabarte: dispositivo de conexão de um sistema de segurança, regulável ou não, para sustentar, posicionar e/ou limitar a movimentação do trabalhador.

Trabalhador qualificado: trabalhador que comprove conclusão de curso específico para sua atividade em instituição reconhecida pelo sistema oficial de ensino.

Trava-queda: dispositivo de segurança para proteção do usuário contra quedas em operações com movimentação vertical ou horizontal, quando conectado com cinturão de segurança para proteção contra quedas.

Zona livre de queda – ZLQ: região compreendida entre o ponto de ancoragem e o obstáculo inferior mais próximo contra o qual o trabalhador possa colidir em caso de queda, tal como o nível do chão ou o piso inferior.

Anexo I
Acesso por Cordas

•• Anexo I acrescentado pela Portaria n. 593, de 28-4-2014.

•• O art. 3º da Portaria n. 593, de 28-4-2014 (*DOU* de 30-4-2014), dispõe:

"Art. 3º Esta Portaria entra em vigor na data de sua publicação, com exceção dos itens 2.1, alínea "b", e 3.2 do Anexo I – Acesso por Cordas, que entrarão em vigor seis meses após a publicação deste ato.

Parágrafo único. Durante o decurso do prazo acima indicado os profissionais autorizados que executam atividades de acesso por cordas devem comprovar sua proficiência na atividade conforme item 35.4.1.1.".

•• A Portaria n. 1.471, de 24-9-2014 (*DOU* de 25-9-2014), prorroga por três meses o prazo estabelecido no art. 3º da Portaria n. 593, de 28-4-2014 (*DOU* de 30-4-2014).

1. Campo de Aplicação

1.1. Para fins desta Norma Regulamentadora considera-se acesso por corda a técnica de progressão utilizando cordas, com outros equipamentos para ascender, descender ou se deslocar horizontalmente, assim como para posicionamento no local de trabalho, normalmente incorporando dois sistemas de segurança fixados de forma independente, um como forma de acesso e o outro como corda de segurança utilizado com cinturão de segurança tipo paraquedista.

1.2. Em situações de trabalho em planos inclinados, a aplicação deste anexo deve ser estabelecida por Análise de Risco.

1.3. As disposições deste anexo não se aplicam nas seguintes situações:

a) atividades recreacionais, esportivas e de turismo de aventura;

b) arboricultura;

c) serviços de atendimento de emergência destinados a salvamento e resgate de pessoas que não pertençam à própria equipe de acesso por corda.

2. Execução das atividades

2.1. As atividades com acesso por cordas devem ser executadas:

a) de acordo com procedimentos em conformidade com as normas técnicas nacionais vigentes;

• Código: 135.156-7. Infração: 3. Tipo: S.

b) por trabalhadores certificados em conformidade com normas técnicas nacionais vigentes de certificação de pessoas;

•• Sobre vigência desta alínea, *vide* nota ao título deste anexo.

• Código: 135.156-7. Infração: 3. Tipo: S.

c) por equipe constituída de pelo menos dois trabalhadores, sendo um deles o supervisor.

• Código: 135.156-7. Infração: 3. Tipo: S.

2.1.1. O processo de certificação desses trabalhadores contempla os treinamentos inicial e periódico previstos nos subitens 35.3.1 e 35.3.3 da NR-35.

2.2. Durante a execução da atividade o trabalhador deve estar conectado a pelo menos duas cordas em pontos de ancoragem independentes.

• Código: 135.156-7. Infração: 3. Tipo: S.

2.2.1. A execução da atividade com o trabalhador conectado a apenas uma corda pode ser permitida se atendidos cumulativamente aos seguintes requisitos:

a) for evidenciado na análise de risco que o uso de uma segunda corda gera um risco superior;

b) sejam implementadas medidas suplementares, previstas na análise de risco, que garantam um desempenho de segurança no mínimo equivalente ao uso de duas cordas.

3. Equipamentos e cordas

3.1. As cordas utilizadas devem atender aos requisitos das normas técnicas nacionais.

• Código: 135.157-5. Infração: 3. Tipo: S.

3.2. Os equipamentos auxiliares utilizados devem ser certificados de acordo com normas técnicas nacionais ou, na ausência dessas, de acordo com normas técnicas internacionais.

•• Sobre vigência deste item, *vide* nota ao título deste anexo.

• Código: 135.157-5. Infração: 3. Tipo: S.

3.2.1. Na inexistência de normas técnicas internacionais, a certificação por normas estrangeiras pode ser aceita desde que atendidos aos requisitos previstos na norma europeia (EN).

3.3. Os equipamentos e cordas devem ser inspecionados nas seguintes situações:

• Código: 135.157-5. Infração: 3. Tipo: S.

a) antes da sua utilização;

b) periodicamente, com periodicidade mínima de seis meses.

3.3.1. Em função do tipo de utilização ou exposição a agentes agressivos, o intervalo entre as inspeções deve ser reduzido.

• Código: 135.157-5. Infração: 3. Tipo: S.

3.4. As inspeções devem atender às recomendações do fabricante e aos critérios estabelecidos na Análise de Risco ou no Procedimento Operacional.

• Código: 135.157-5. Infração: 3. Tipo: S.

3.4.1. Todo equipamento ou corda que apresente defeito, desgaste, degradação ou deformação deve ser recusado, inutilizado e descartado.

• Código: 135.157-5. Infração: 3. Tipo: S.

3.4.2. A Análise de Risco deve considerar as interferências externas que possam comprometer a integridade dos equipamentos e cordas.

• Código: 135.157-5. Infração: 3. Tipo: S.

3.4.2.1. Quando houver exposições a agentes químicos que possam comprometer a integridade das cordas ou equipamentos, devem ser adotadas medidas adicionais em conformidade com as recomendações do fabricante considerando as tabelas de incompatibilidade dos produtos identificados com as cordas e equipamentos.

• Código: 135.157-5. Infração: 3. Tipo: S.

3.4.2.2. Nas atividades nas proximidades de sistemas energizados ou com possibilidade de energização, devem ser adotadas medidas adicionais.

• Código: 135.157-5. Infração: 3. Tipo: S.

3.5. As inspeções devem ser registradas:

a) na aquisição;

• Código: 135.157-5. Infração: 3. Tipo: S.

b) periodicamente;

• Código: 135.157-5. Infração: 3. Tipo: S.

c) quando os equipamentos ou cordas forem recusados.

• Código: 135.157-5. Infração: 3. Tipo: S.

3.6. Os equipamentos utilizados para acesso por corda devem ser armazenados e mantidos conforme recomendação do fabricante ou fornecedor.

• Código: 135.157-5. Infração: 3. Tipo: S.

4. Resgate

4.1. A equipe de trabalho deve ser capacitada para autorresgate e resgate da própria equipe.

• Código: 135.087-0. Infração: 2. Tipo: S.

4.2. Para cada frente de trabalho deve haver um plano de resgate dos trabalhadores.

• Código: 135.088-9. Infração: 3. Tipo: S.

5. Condições impeditivas

5.1. Além das condições impeditivas identificadas na Análise de Risco, como estabelece o item 35.4.5.1, alínea *j* da NR-35, o trabalho de acesso por corda deve ser interrompido imediatamente em caso de ventos superiores a quarenta quilômetros por hora.

• Código: 135.089-7. Infração: 4. Tipo: S.

5.2. Pode ser autorizada a execução de trabalho em altura utilizando acesso por cordas em condições com ventos superiores a quarenta quilômetros por hora e inferiores a quarenta e seis quilômetros por hora, desde que atendidos os seguintes requisitos:

a) justificar a impossibilidade do adiamento dos serviços mediante documento assinado pelo responsável pela execução dos serviços;

• Código: 135.158-3. Infração: 4. Tipo: S.

b) elaborar Análise de Risco complementar com avaliação dos riscos, suas causas, consequências e medidas de controle, efetuada por equipe multidisciplinar coordenada por profissional qualificado em segurança do trabalho ou, na inexistência deste, pelo responsável pelo cumprimento desta norma, anexada à justificativa, com as medidas de proteção adicionais aplicáveis, assinada por todos os participantes;

• Código: 135.158-3. Infração: 4. Tipo: S.

c) implantar medidas adicionais de segurança que possibilitem a realização das atividades;

• Código: 135.158-3. Infração: 4. Tipo: S.

d) ser realizada mediante operação assistida pelo supervisor das atividades.

• Código: 135.158-3. Infração: 4. Tipo: S.

Anexo II
Sistemas de ancoragem

•• Anexo II acrescentado pela Portaria n. 1.113, de 21-9-2016.

1. Campo de aplicação

1.1. Este Anexo se aplica ao sistema de ancoragem, definido como um conjunto de componentes, integrante de um sistema de proteção individual contra quedas – SPIQ, que incorpora um ou mais pontos de ancoragem, aos quais podem ser conectados Equipamentos de Proteção Individual (EPI) contra quedas, diretamente ou por meio de outro componente, e projetado para suportar as forças aplicáveis.

1.2. Os sistemas de ancoragem tratados neste anexo podem atender às seguintes finalidades:

a) retenção de queda;

b) restrição de movimentação;

c) posicionamento no trabalho;

d) acesso por corda.

1.3. As disposições deste anexo não se aplicam às seguintes situações:

a) atividades recreacionais, esportivas e de turismo de aventura;

b) arboricultura;

c) sistemas de ancoragem para equipamentos de proteção coletiva;

d) sistemas de ancoragem para fixação de equipamentos de acesso;

e) sistemas de ancoragem para equipamentos de transporte vertical ou horizontal de pessoas ou materiais;

2. Componentes do sistema de ancoragem

2.1. O sistema de ancoragem pode apresentar seu ponto de ancoragem:

a) diretamente na estrutura;

b) na ancoragem estrutural;

c) no dispositivo de ancoragem.

2.1.1. A estrutura integrante de um sistema de ancoragem deve ser capaz de resistir à força máxima aplicável.

• Código: 135.159-1. Infração: 4. Tipo: S.

2.2. A ancoragem estrutural e os elementos de fixação devem:

a) ser projetados e construídos sob responsabilidade de profissional legalmente habilitado;

• Código: 135.159-1. Infração: 4. Tipo: S.

b) atender às normas técnicas nacionais ou, na sua inexistência, às normas internacionais aplicáveis.

• Código: 135.159-1. Infração: 4. Tipo: S.

2.2.1. Os pontos de ancoragem da ancoragem estrutural devem possuir marcação realizada pelo fabricante ou responsável técnico contendo, no mínimo:

• Código: 135.159-1. Infração: 4. Tipo: S.

a) identificação do fabricante;

b) número de lote, de série ou outro meio de rastreabilidade;

c) número máximo de trabalhadores conectados simultaneamente ou força máxima aplicável.

2.2.1.1. Os pontos de ancoragem da ancoragem estrutural já instalados e que não possuem a marcação prevista nesse item devem ter sua marcação reconstituída pelo fabricante ou responsável técnico.

• Código: 135.159-1. Infração: 4. Tipo: S.

2.2.1.1.1. Na impossibilidade de recuperação das informações, os pontos de ancoragem devem ser submetidos a ensaios, sob responsabilidade de profissional legalmente habilitado, e marcados com a identificação do número máximo de trabalhadores conectados simultaneamente ou da força máxima aplicável e identificação que permita a rastreabilidade do ensaio.

• Código: 135.159-1. Infração: 4. Tipo: S.

2.3. O dispositivo de ancoragem deve atender a um dos seguintes requisitos:

• Código: 135.159-1. Infração: 4. Tipo: S.

a) ser certificado;

b) ser fabricado em conformidade com as normas técnicas nacionais vigentes sob responsabilidade do profissional legalmente habilitado;

c) ser projetado por profissional legalmente habilitado, tendo como referência as normas técnicas nacionais vigentes, como parte integrante de um sistema completo de proteção individual contra quedas.

3. Requisitos do sistema de ancoragem

3.1. Os sistemas de ancoragem devem:

a) ser instalados por trabalhadores capacitados;

• Código: 135.160-5. Infração: 3. Tipo: S.

b) ser submetidos à inspeção inicial e periódica.

3.1.1. A inspeção inicial deve ser realizada após a instalação, alteração ou mudança de local.

• Código: 135.160-5. Infração: 3. Tipo: S.

3.1.2. A inspeção periódica do sistema de ancoragem deve ser efetuada de acordo com o procedimento operacional, considerando o projeto do sistema de ancoragem e o de montagem, respeitando as instruções do fabricante e as normas regulamentadoras e técnicas aplicáveis, com periodicidade não superior a 12 meses.

• Código: 135.160-5. Infração: 3. Tipo: S.

3.2. O sistema de ancoragem temporário deve:

a) atender os requisitos de compatibilidade a cada local de instalação conforme procedimento operacional;

• Código: 135.160-5. Infração: 3. Tipo: S.

b) ter os pontos de fixação definidos sob responsabilidade de profissional legalmente habilitado.

• Código: 135.160-5. Infração: 3. Tipo: S.

3.3. O sistema de ancoragem permanente deve possuir projeto e a instalação deve estar sob responsabilidade de profissional legalmente habilitado.

• Código: 135.160-5. Infração: 3. Tipo: S.

4. Projetos e especificações

4.1. O projeto, quando aplicável, e as especificações técnicas do sistema de ancoragem devem:

a) estar sob responsabilidade de um profissional legalmente habilitado;

• Código: 135.161-3. Infração: 3. Tipo: S.

b) ser elaborados levando em conta os procedimentos operacionais do sistema de ancoragem;

• Código: 135.161-3. Infração: 3. Tipo: S.

c) conter indicação das estruturas que serão utilizadas no sistema de ancoragem;

• Código: 135.161-3. Infração: 3. Tipo: S.

d) conter detalhamento e/ou especificação dos dispositivos de ancoragem, ancoragens estruturais e elementos de fixação a serem utilizados.

• Código: 135.161-3. Infração: 3. Tipo: S.

4.1.1. O projeto, quando aplicável, e as especificações técnicas devem conter dimensionamento que determine os seguintes parâmetros:

• Código: 135.161-3. Infração: 3. Tipo: S.

a) a força de impacto de retenção da queda do(s) trabalhador(es), levando em conta o efeito de impactos simultâneos ou sequenciais;

b) os esforços em cada parte do sistema de ancoragem decorrentes da força de impacto;

c) a zona livre de queda necessária.

5. Procedimentos operacionais

5.1. O sistema de ancoragem deve ter procedimento operacional de montagem e utilização.

• Código: 135.162-1. Infração: 3. Tipo: S.

5.1.1. O procedimento operacional de montagem deve:

a) contemplar a montagem, manutenção, alteração, mudança de local e desmontagem;

• Código: 135.162-1. Infração: 3. Tipo: S.

b) ser elaborado por profissional qualificado em segurança do trabalho, considerando os requisitos do projeto, quando aplicável, e as instruções dos fabricantes.

• Código: 135.162-1. Infração: 3. Tipo: S.

NR 36

Segurança e Saúde no Trabalho em Empresas de Abate e Processamento de Carnes e Derivados (1)

SUMÁRIO:

•• Sobre a entrada em vigor de itens que demandem intervenções estruturais de mobiliário e equipamentos e itens que demandem alterações nas instalações físicas da empresa, *vide* art. 3º da Portaria n. 555, de 18-4-2013, do Ministério do Trabalho e Emprego.

36.1. Objetivos

36.1.1. O objetivo desta Norma é estabelecer os requisitos mínimos para a avaliação, controle e monitoramento dos riscos existentes nas atividades desenvolvidas na indústria de abate e processamento de carnes e derivados destinados ao consumo humano, de forma a garantir permanentemente a segurança, a saúde e a qualidade de vida no trabalho, sem prejuízo da observância do disposto nas demais Normas Regulamentadoras – NR do Ministério do Trabalho e Emprego.

36.2. Mobiliário e postos de trabalho

36.2.1. Sempre que o trabalho puder ser executado alternando a posição de pé com a posição sentada, o posto de trabalho deve ser planejado ou adaptado para favorecer a alternância das posições.

• Código: 136.001-9. Infração: 2. Tipo: S.

36.2.2. Para possibilitar a alternância do trabalho sentado com o trabalho em pé, referida no item 36.2.1, o empregador deve fornecer assentos para os postos de trabalho estacionários, de acordo com as recomendações da Análise Ergonômica do Trabalho – AET, assegurando, no mínimo, um assento para cada três trabalhadores.

•• Sobre a entrada em vigor deste item, *vide* art. 3º da Portaria n. 555, de 18-4-2013.

• Código: 136.317-4. Infração: 2. Tipo: S.

36.2.3. O número de assentos dos postos de trabalho cujas atividades possam ser efetuadas em pé e sentado deve ser suficiente para garantir a alternância das posições, observado o previsto no item 36.2.2.

• Código: 136.317-4. Infração: 2. Tipo: S.

36.2.4. Para o trabalho manual sentado ou em pé, as bancadas, esteiras, nórias, mesas ou máquinas devem proporcionar condições de boa postura, visualização e operação, atendendo, no mínimo:

• Código: 136.004-3. Infração: 2. Tipo: S.

a) altura e características da superfície de trabalho compatíveis com o tipo de atividade, com a distância requerida dos olhos ao campo de trabalho e com a altura do assento;

b) características dimensionais que possibilitem posicionamento e movimentação adequados dos segmentos corporais isentas de amplitudes articulares excessivas, tanto para o trabalho na posição sentada quanto na posição em pé;

c) área de trabalho dentro da zona de alcance manual permitindo o posicionamento adequado dos segmentos corporais;

d) ausência de quinas vivas ou rebarbas.

36.2.5. As dimensões dos espaços de trabalho devem ser suficientes para que o trabalhador possa movimen-

---

(1) NR aprovada pela Portaria n. 555, de 18-4-2013 (*DOU* de 19-4-2013). *Vide* art. 2º da Portaria n. 555, de 18-4-2013, do Ministério do Trabalho e Emprego, que determina a criação da Comissão Nacional Tripartite Temática – CNTT, com o objetivo de acompanhar a implantação desta NR. A Portaria Conjunta n. 19, de 18-6-2020, da SPREV, estabelece as medidas a serem observadas visando à prevenção, controle e mitigação dos riscos de transmissão da COVID-19 nas atividades desenvolvidas na indústria de abate e processamento de carnes e derivados destinados ao consumo humano e laticínios.

tar os segmentos corporais livremente, de forma segura, de maneira a facilitar o trabalho, reduzir o esforço do trabalhador e não exigir a adoção de posturas extremas ou nocivas.

• Código: 136.005-1. Infração: 2. Tipo: S.

36.2.6. Para o trabalho realizado sentado:

36.2.6.1. Além do previsto no item 17.3.3 da NR-17 (Ergonomia), os assentos devem:

• Código: 136.006-0. Infração: 2. Tipo: S.

a) possuir sistemas de ajustes de fácil manuseio;

b) ser construídos com material que priorize o conforto térmico, obedecidas as características higiênico-sanitárias legais.

36.2.6.2. Deve ser fornecido apoio para os pés que se adapte ao comprimento das pernas do trabalhador, nos casos em que os pés do operador não alcançarem o piso, mesmo após a regulagem do assento, com as seguintes características:

• Código: 136.007-8. Infração: 2. Tipo: S.

a) dimensões que possibilitem o posicionamento e a movimentação adequada dos segmentos corporais, permitindo as mudanças de posição e o apoio total das plantas dos pés;

b) altura e inclinação ajustáveis e de fácil acionamento;

c) superfície revestida com material antiderrapante, obedecidas as características higiênico-sanitárias legais.

36.2.6.3. O mobiliário utilizado nos postos de trabalho onde o trabalhador pode trabalhar sentado deve:

• Código: 136.008-6. Infração: 2. Tipo: S.

a) possuir altura do plano de trabalho e altura do assento compatíveis entre si;

b) ter espaços e profundidade suficientes para permitir o posicionamento adequado das coxas, a colocação do assento e a movimentação dos membros inferiores.

36.2.7. Para o trabalho realizado exclusivamente em pé, devem ser atendidos os seguintes requisitos mínimos:

a) zonas de alcance horizontal e vertical que favoreçam a adoção de posturas adequadas, e que não ocasionem amplitudes articulares excessivas, tais como elevação dos ombros, extensão excessiva dos braços e da nuca, flexão ou torção do tronco;

• Código: 136.318-2. Infração: 2. Tipo: S.

b) espaço suficiente para pernas e pés na base do plano de trabalho, para permitir que o trabalhador se aproxime o máximo possível do ponto de operação e possa posicionar completamente a região plantar;

• Código: 136.318-2. Infração: 2. Tipo: S.

c) barras de apoio para os pés para alternância dos membros inferiores, quando a atividade permitir;

• Código: 136.318-2. Infração: 2. Tipo: S.

d) existência de assentos ou bancos próximos ao local de trabalho para as pausas permitidas pelo trabalho, atendendo no mínimo 50% do efetivo que usufruirá dessas pausas.

•• Sobre a entrada em vigor desta alínea, *vide* art. 3º da Portaria n. 555, de 18-4-2013.

• Código: 136.318-2. Infração: 2. Tipo: S.

36.2.8. Para as atividades que necessitam do uso de pedais e comandos acionados com os pés ou outras partes do corpo de forma permanente e repetitiva, os trabalhadores devem efetuar alternância com atividades que demandem diferentes exigências físico-motoras.

• Código: 136.013-2. Infração: 2. Tipo: S.

36.2.8.1. Caso os comandos sejam acionados por outras partes do corpo, devem ter posicionamento e dimensões que possibilitem alcance fácil e seguro e movimentação adequada dos segmentos corporais.

• Código: 136.014-0. Infração: 2. Tipo: S.

36.2.9. Os postos de trabalho devem possuir:

a) pisos com características antiderrapantes, obedecidas as características higiênico-sanitárias legais;

• Código: 136.319-0. Infração: 2. Tipo: S.

b) sistema de escoamento de água e resíduos;

• Código: 136.319-0. Infração: 2. Tipo: S.

c) áreas de trabalho e de circulação dimensionadas de forma a permitir a movimentação segura de materiais e pessoas;

• Código: 136.319-0. Infração: 2. Tipo: S.

d) proteção contra intempéries quando as atividades ocorrerem em área externa, obedecida a hierarquia das medidas previstas no item 36.11.7;

• Código: 136.319-0. Infração: 2. Tipo: S.

e) limpeza e higienização constantes.

• Código: 136.319-0. Infração: 2. Tipo: S.

36.2.10. Câmaras Frias

36.2.10.1. As câmaras frias devem possuir dispositivo que possibilite abertura das portas pelo interior sem muito esforço, e alarme ou outro sistema de comunicação, que possa ser acionado pelo interior, em caso de emergência.

• Código: 136.320-4. Infração: 2. Tipo: S.

36.2.10.1.1. As câmaras frias cuja temperatura for igual ou inferior a -18 °C devem possuir indicação do tempo máximo de permanência no local.

•• Acreditamos ter havido um equívoco na publicação. No *Diário Oficial da União*, a referência abaixo foi feita ao n. 36.2.10.2, inexistente nesta NR.

• Código: 136.320-4. Infração: 2. Tipo: S.

36.3. Estrados, passarelas e plataformas

36.3.1. Os estrados utilizados para adequação da altura do plano de trabalho ao trabalhador nas atividades realizadas em pé, devem ter dimensões, profundidade, largura e altura que permitam a movimentação segura do trabalhador.

• Código: 136.022-1. Infração: 2. Tipo: S.

36.3.2. É vedado improvisar a adequação da altura do posto de trabalho ao trabalhador com materiais não destinados para este fim.

• Código: 136.023-0. Infração: 2. Tipo: S.

36.3.3. As plataformas, escadas fixas e passarelas devem atender ao disposto na NR-12 (Segurança e Saúde no Trabalho em Máquinas e Equipamentos).

36.3.3.1. Caso seja tecnicamente inviável a colocação de guarda-corpo, tais como nas fases de evisceração e espostejamento de animais de grande e médio porte, em plataformas elevadas, devem ser adotadas medidas preventivas que garantam a segurança dos trabalhadores e o posicionamento adequado dos segmentos corporais.

• Código: 136.024-8. Infração: 2. Tipo: S.

36.3.4. A altura, posicionamento e dimensões das plataformas devem ser adequadas às características da atividade, de maneira a facilitar a tarefa a ser exercida com segurança, sem uso excessivo de força e sem exigência de adoção de posturas extremas ou nocivas de trabalho.

• Código: 136.025-6. Infração: 2. Tipo: S.

36.4. Manuseio de produtos

36.4.1. O empregador deve adotar meios técnicos e organizacionais para reduzir os esforços nas atividades de manuseio de produtos.

• Código: 136.321-2. Infração: 2. Tipo: S.

36.4.1.1. O manuseio de animais ou produtos não deve propiciar o uso de força muscular excessiva por parte dos trabalhadores, devendo ser atendidos, no mínimo, os seguintes requisitos:

a) os elementos a serem manipulados, devem estar dispostos dentro da área de alcance principal para o trabalhador, tanto para a posição sentada como em pé;

• Código: 136.321-2. Infração: 2. Tipo: S.

b) a altura das esteiras ou de outro mecanismo utilizado para depósito de produtos e de partes dos produtos manuseados, deve ser dimensionada de maneira a não propiciar extensões e/ou elevações excessivas dos braços e ombros;

• Código: 136.321-2. Infração: 2. Tipo: S.

c) as caixas e outros continentes utilizados para depósito de produtos devem estar localizados de modo a facilitar a pega e não propiciar a adoção excessiva e continuada de torção e inclinações do tronco, elevação e/ou extensão dos braços e ombros.

• Código: 136.321-2. Infração: 2. Tipo: S.

36.4.1.2. Os elementos a serem manipulados, tais como caixas, bandejas, engradados, devem:

• Código: 136.031-0. Infração: 2. Tipo: S.

a) possuir dispositivos adequados ou formatos para pega segura e confortável;

b) estar livres de quinas ou arestas que possam provocar irritações ou ferimentos;

c) ter dimensões e formato que não provoquem o aumento do esforço físico do trabalhador;

d) ser estáveis.

36.4.1.2.1. O item 36.4.1.2 não se aplica a caixas de papelão ou produtos finais selados.

36.4.1.3. Os sistemas utilizados no transporte de produtos a serem espostejados em linha, trilhagem aérea mecanizada e esteiras, devem ter características e dimensões que evitem a adoção de posturas excessivas e continuadas dos membros superiores e da nuca.

• Código: 136.032-9. Infração: 2. Tipo: S.

36.4.1.4. Não devem ser efetuadas atividades que exijam manuseio ou carregamento manual de peças, volumosas ou pesadas, que possam comprometer a segurança e a saúde do trabalhador.

• Código: 136.033-7. Infração: 2. Tipo: S.

36.4.1.5. Caso a peça não seja de fácil manuseio, devem ser utilizados meios técnicos que facilitem o transporte da carga.

• Código: 136.322-0. Infração: 2. Tipo: S.

36.4.1.5.1. Sendo inviável tecnicamente a mecanização do transporte, devem ser adotadas medidas, tais como redução da frequência e do manuseio dessas cargas.

• Código: 136.322-0. Infração: 2. Tipo: S.

36.4.1.6. Devem ser implementadas medidas de controle que evitem que os trabalhadores, ao realizar suas atividades, sejam obrigados a efetuar de forma contínua e repetitiva:

a) movimentos bruscos de impacto dos membros superiores;

• Código: 136.323-9. Infração: 2. Tipo: S.

b) uso excessivo de força muscular;

• Código: 136.323-9. Infração: 2. Tipo: S.

c) frequência de movimentos dos membros superiores que possam comprometer a segurança e saúde do trabalhador;

• Código: 136.323-9. Infração: 2. Tipo: S.

d) exposição prolongada a vibrações;

• Código: 136.323-9. Infração: 2. Tipo: S.

e) imersão ou contato permanente das mãos com água.

• Código: 136.323-9. Infração: 2. Tipo: S.

36.4.1.7. Nas atividades de processamento de animais, principalmente os de grande e médio porte, devem ser adotados:

a) sistemas de transporte e ajudas mecânicas na sustentação de cargas, partes de animais e ferramentas pesadas;

• Código: 136.324-7. Infração: 2. Tipo: S.

b) medidas organizacionais e administrativas para redução da frequência e do tempo total nas atividades de manuseio, quando a mecanização for tecnicamente inviável;

• Código: 136.324-7. Infração: 2. Tipo: S.

c) medidas técnicas para prevenir que a movimentação do animal durante a realização da tarefa possa ocasionar riscos de acidentes, tais como corte, tombamento e prensagem do trabalhador.

• Código: 136.324-7. Infração: 2. Tipo: S.

36.5. Levantamento e transporte de produtos e cargas.

36.5.1. O empregador deve adotar medidas técnicas e organizacionais apropriadas e fornecer os meios adequados para reduzir a necessidade de carregamento manual constante de produtos e cargas cujo peso possa comprometer a segurança e saúde dos trabalhadores.

NR 36

• Código: 136.325-5. Infração: 2. Tipo: S.

36.5.2. O levantamento, transporte, descarga, manipulação e armazenamento de produtos, partes de animais e materiais devem ser executados de forma que o esforço físico realizado pelo trabalhador seja compatível com sua segurança, saúde e capacidade de força.

• Código: 136.325-5. Infração: 2. Tipo: S.

36.5.3. O empregador deve efetuar análise ergonômica do trabalho para avaliar a compatibilidade do esforço físico dos trabalhadores com a sua capacidade de força, nas atividades que exijam levantamento, transporte, descarga, manipulação e armazenamento de animais, produtos e materiais de forma constante e repetitiva.

• Código: 136.046-9. Infração: 2. Tipo: S.

36.5.4. A duração e a frequência da tarefa de carregamento manual de cargas que possa comprometer a segurança e saúde do trabalhador devem ser limitadas, devendo-se efetuar alternância com outras atividades ou pausas adequadas, entre períodos não superiores a duas horas, ressalvadas outras disposições legais.

• Código: 136.047-7. Infração: 2. Tipo: S.

36.5.5. Devem ser adotadas medidas para adequação do peso e do tamanho da carga, do número de movimentos a serem efetuados, da frequência de levantamento e carregamento e das distâncias a percorrer com cargas que possam comprometer a segurança e saúde dos trabalhadores.

• Código: 136.048-5. Infração: 2. Tipo: S.

36.5.6. Os pisos e as passagens onde são efetuadas operações de levantamento, carregamento e transporte manual de cargas devem estar em perfeito estado de conservação e desobstruídos.

• Código: 136.049-3. Infração: 2. Tipo: S.

36.5.7. No levantamento, manuseio e transporte individual de cargas deve ser observado, além do disposto no item 17.2 da NR-17 (Ergonomia), os seguintes requisitos:

a) os locais para pega e depósito das cargas devem ser organizados de modo que as cargas, acessos, espaços para movimentação, alturas de pega e deposição não obriguem o trabalhador a efetuar flexões, extensões e rotações excessivas do tronco e outros posicionamentos e movimentações forçadas e nocivas aos segmentos corporais;

• Código: 136.326-3. Infração: 2. Tipo: S.

b) a estocagem dos materiais e produtos deve ser organizada em função dos pesos e da frequência de manuseio, de maneira a não exigir manipulação constante de carga com pesos que possam comprometer a segurança e saúde do trabalhador;

• Código: 136.326-3. Infração: 2. Tipo: S.

c) devem ser adotadas medidas, sempre que tecnicamente possível, para que quaisquer materiais e produtos a serem erguidos, retirados, armazenados ou carregados de forma frequente não estejam localizados próximos ao solo ou acima dos ombros;

• Código: 136.326-3. Infração: 2. Tipo: S.

d) cargas e equipamentos devem ser posicionadas o mais próximo possível do trabalhador, resguardando espaços suficientes para os pés, de maneira a facilitar o alcance, não atrapalhar os movimentos ou ocasionar outros riscos.

• Código: 136.326-3. Infração: 2. Tipo: S.

36.5.7.1. É vedado o levantamento não eventual de cargas quando a distância de alcance horizontal da pega for superior a 60 cm em relação ao corpo.

• Código: 136.054-0. Infração: 2. Tipo: S.

36.5.8. Devem ser adotados meios técnicos, administrativos e organizacionais, a fim de evitar esforços contínuos e prolongados do trabalhador, para impulsão e tração de cargas.

• Código: 136.327-1. Infração: 2. Tipo: S.

36.5.8.1. Sempre que tecnicamente possível, devem ser disponibilizados vagonetes com rodas apropriadas ou movidos a eletricidade ou outro sistema de transporte por impulsão ou tração que facilite a movimentação e reduza o esforço do trabalhador.

• Código: 136.327-1. Infração: 2. Tipo: S.

36.5.9. O transporte e a descarga de materiais feitos por impulsão ou tração de vagonetes sobre trilhos, carros de mão ou qualquer outro aparelho mecânico devem ter mecanismos que propiciem posicionamento e movimentação adequados dos segmentos corporais, de forma que o esforço físico realizado pelo trabalhador seja compatível com sua capacidade de força e não comprometa a sua segurança ou saúde.

• Código: 136.328-0. Infração: 2. Tipo: S.

36.5.10. As alças, empunhaduras ou pontos de apoio de vagonetes ou outros equipamentos para transporte por impulsão devem ter formato anatômico, para facilitar a pega, e serem posicionadas em altura adequada, de modo a não induzir a adoção de posturas forçadas, tais como a flexão do tronco.

• Código: 136.328-0. Infração: 2. Tipo: S.

36.5.11. Os equipamentos de transporte devem ser submetidos a manutenções periódicas.

• Código: 136.328-0. Infração: 2. Tipo: S.

36.6. Recepção e descarga de animais

36.6.1. As atividades de descarga e recepção de animais devem ser devidamente organizadas e planejadas, devendo envolver, no mínimo:

a) procedimentos específicos e regras de segurança na recepção e descarga de animais para os trabalhadores e terceiros, incluindo os motoristas e ajudantes;

• Código: 136.329-8. Infração: 2. Tipo: S.

b) sinalização e/ou separação das áreas de passagem de veículos, animais e pessoas;

• Código: 136.329-8. Infração: 2. Tipo: S.

c) plataformas de descarregamento de animais isoladas de outros setores ou locais de trabalho;

• Código: 136.329-8. Infração: 2. Tipo: S.

d) postos de trabalho, da recepção até o curral de animais de grande porte, protegidos contra intempéries;

• Código: 136.329-8. Infração: 2. Tipo: S.

e) medidas de proteção contra a movimentação intempestiva e perigosa dos animais de grande porte que possam gerar risco aos trabalhadores;

• Código: 136.329-8. Infração: 2. Tipo: S.

f) passarelas para circulação dos trabalhadores ao lado ou acima da plataforma quando o acesso aos animais assim o exigir;

• Código: 136.329-8. Infração: 2. Tipo: S.

g) informação aos trabalhadores sobre os riscos e as medidas de prevenção no trabalho com animais vivos;

• Código: 136.330-1. Infração: 2. Tipo: S.

h) estabelecimento de procedimentos de orientação aos contratados e terceiros acerca das disposições relativas aos riscos ocupacionais.

• Código: 136.330-1. Infração: 2. Tipo: S.

36.6.1.1. Para a atividade de descarga de animais de grande porte é proibido o trabalho isolado.

• Código: 136.068-0. Infração: 2. Tipo: S.

36.6.2. Nas áreas de recepção e descarga de animais devem permanecer somente trabalhadores devidamente informados e treinados.

• Código: 136.069-8. Infração: 2. Tipo: S.

36.6.3. Na recepção e descarga de aves devem ser adotadas medidas de controle de poeiras de maneira a garantir que os níveis não sejam prejudiciais à saúde dos trabalhadores.

• Código: 136.070-1. Infração: 2. Tipo: S.

36.6.4. O box de atordoamento de animais – acesso ao local e ao animal, e as posições e uso dos comandos, devem permitir a execução segura da atividade para qualquer tipo, tamanho e forma de abate do animal.

• Código: 136.071-0. Infração: 2. Tipo: S.

36.6.5. Devem ser previstos dispositivos para reter o animal de médio e grande porte no caso de um atordoamento falho ou de procedimentos de não atordoamento que possam gerar riscos ao trabalhador devido à movimentação dos animais.

• Código: 136.072-8. Infração: 2. Tipo: S.

36.6.6. A atividade de verificação de animais de grande porte deve ser realizada de maneira que as condições do local e dos acessos garantam o posicionamento adequado e seguro dos segmentos corporais dos trabalhadores.

• Código: 136.073-6. Infração: 2. Tipo: S.

36.6.7. Devem ser adotadas medidas de prevenção para que as atividades de segurar e degolar animais sejam efetuadas de modo a permitir a movimentação adequada e segura dos trabalhadores.

• Código: 136.331-0. Infração: 2. Tipo: S.

36.6.7.1. Devem ser adotados rodízios ou pausas ou outras medidas preventivas para minimizar a exposição dos trabalhadores nas atividades descritas no item 36.6.7 e na sangria manual.

• Código: 136.331-0. Infração: 2. Tipo: S.

36.7. Máquinas

36.7.1. As máquinas e equipamentos utilizados nas empresas de abate e processamento de carnes e derivados devem atender ao disposto na NR-12 (Segurança no Trabalho em Máquinas e Equipamentos).

36.7.2. O efetivo de trabalhadores da manutenção deve ser compatível com a quantidade de máquinas e equipamentos existentes na empresa.

• Código: 136.332-8. Infração: 2. Tipo: S.

36.7.3. Os sistemas de trilhagem aérea, esteiras transportadoras, roscas sem fim ou nórias devem estar equipados com um ou mais dispositivos de parada de emergência, que permitam a interrupção do seu funcionamento por segmentos curtos, a partir de qualquer um dos operadores em seus postos de trabalho.

• Código: 136.077-9. Infração: 2. Tipo: S.

36.7.4. Os elevadores, guindastes ou quaisquer outras máquinas e equipamentos devem oferecer garantias de resistência, segurança e estabilidade.

• Código: 136.078-7. Infração: 2. Tipo: S.

36.7.5. As atividades de manutenção e higienização de máquinas e equipamentos que possam ocasionar riscos de acidentes devem ser realizadas por mais de um trabalhador, desde que a análise de risco da máquina ou equipamento assim o exigir.

• Código: 136.332-8. Infração: 2. Tipo: S.

36.7.6. As instalações elétricas das máquinas e equipamentos devem ser projetadas e mantidas de modo a prevenir, por meios seguros, os riscos de choque elétrico e todos os outros tipos de acidentes, atendendo as disposições contidas nas NR-12 (Segurança no Trabalho em Máquinas e Equipamentos) e NR-10 (Segurança em Instalações e Serviços em Eletricidade).

36.7.7. Devem ser adotadas medidas de controle para proteger os trabalhadores dos riscos adicionais provenientes:

a) da emissão ou liberação de agentes físicos ou químicos pelas máquinas e equipamentos;

• Código: 136.333-6. Infração: 2. Tipo: S.

b) das emanações aquecidas de máquinas, equipamentos e tubulações;

• Código: 136.333-6. Infração: 2. Tipo: S.

c) do contato do trabalhador com superfícies quentes de máquinas e equipamentos que possam ocasionar queimaduras.

• Código: 136.333-6. Infração: 2. Tipo: S.

36.7.8. Nos locais fechados e sem ventilação é proibida a utilização de máquinas e equipamentos movidos a combustão interna, salvo se providos de dispositivos neutralizadores adequados.

• Código: 136.083-3. Infração: 2. Tipo: S.

36.8. Equipamentos e ferramentas

36.8.1. Os equipamentos e ferramentas disponibilizados devem favorecer a adoção de posturas e movimentos adequados, facilidade de uso e conforto, de maneira a não obrigar o trabalhador ao uso excessivo de força, pressão, preensão, flexão, extensão ou torção dos segmentos corporais.

NR 36

• Código: 136.334-4. Infração: 2. Tipo: S.

36.8.2. O tipo, formato e a textura da empunhadura das facas devem ser apropriados à tarefa, à mão do trabalhador e ao eventual uso de luvas.

• Código: 136.085-0. Infração: 2. Tipo: S.

36.8.3. As ferramentas devem ser específicas e adequadas para cada tipo de atividade e tão leves e eficientes quanto possível.

• Código: 136.334-4. Infração: 2. Tipo: S.

36.8.4. Devem ser adotadas medidas preventivas para permitir o uso correto de ferramentas ou equipamentos manuais de forma a evitar a compressão da palma da mão ou de um ou mais dedos em arestas ou quinas vivas dos equipamentos.

• Código: 136.335-2. Infração: 2. Tipo: S.

36.8.4.1. As medidas preventivas devem incluir, no mínimo:

a) afiação e adequação de ferramentas e equipamentos;

• Código: 136.335-2. Infração: 2. Tipo: S.

b) treinamento e orientação, na admissão e periodicamente.

• Código: 136.335-2. Infração: 2. Tipo: S.

36.8.5. Os equipamentos manuais, cujos pesos forem passíveis de comprometer a segurança e saúde dos trabalhadores, devem ser dotados de dispositivo de sustentação.

36.8.6. Os equipamentos devem estar posicionados dentro dos limites de alcance manual e visual do operador, permitindo a movimentação adequada e segura dos membros superiores e inferiores e respeitando a natureza da tarefa.

• Código: 136.091-4. Infração: 2. Tipo: S.

36.8.7. Os equipamentos e ferramentas elétricas devem estar aterrados e as fiações e cabos devem ser submetidos a revisões periódicas para verificação de sinais de desgaste ou outros defeitos que possam comprometer a segurança.

• Código: 136.092-2. Infração: 2. Tipo: S.

36.8.8. As ferramentas e equipamentos de trabalho devem ter sistema de manutenção constante.

• Código: 136.093-0. Infração: 2. Tipo: S.

36.8.9. Devem ser consideradas as sugestões dos trabalhadores na escolha das ferramentas e dos equipamentos manuais.

• Código: 136.094-9. Infração: 2. Tipo: S.

36.8.10. Os empregadores devem:

a) estabelecer critérios de exigências para a escolha das características das facas, com a participação dos trabalhadores, em função das necessidades das tarefas existentes na empresa;

• Código: 136.336-0. Infração: 2. Tipo: S.

b) implementar sistema para controle de afiação das facas;

• Código: 136.336-0. Infração: 2. Tipo: S.

c) estabelecer mecanismos de reposição constante de facas afiadas, em quantidade adequada em função da demanda de produção;

• Código: 136.336-0. Infração: 2. Tipo: S.

d) instruir os supervisores sobre a importância da reposição de facas afiadas;

• Código: 136.336-0. Infração: 2. Tipo: S.

e) treinar os trabalhadores, especialmente os recém-admitidos ou nos casos de mudança de função, no uso da chaira, quando aplicável à atividade.

• Código: 136.336-0. Infração: 2. Tipo: S.

36.8.11. O setor ou local destinado a afiação de facas, onde houver, deve possuir espaço físico e mobiliário adequado e seguro.

• Código: 136.100-7. Infração: 2. Tipo: S.

36.9. Condições ambientais de trabalho

36.9.1. Ruído

36.9.1.1. Para controlar a exposição ao ruído ambiental devem ser adotadas medidas que priorizem a sua eliminação, a redução da sua emissão e a redução da exposição dos trabalhadores, nesta ordem.

• Código: 136.337-9. Infração: 2. Tipo: S.

36.9.1.2. Todas as condições de trabalho com níveis de ruído excessivo devem ser objeto de estudo para determinar as mudanças estruturais necessárias nos equipamentos e no modo de produção, a fim de eliminar ou reduzir os níveis de ruído.

• Código: 136.337-9. Infração: 2. Tipo: S.

36.9.1.3. As recomendações para adequações e melhorias devem ser expressas em programas claros e objetivos, com definição de datas de implantação.

• Código: 136.103-1. Infração: 2. Tipo: S.

36.9.1.4. Caso não seja possível tecnicamente eliminar ou reduzir a emissão do ruído ou quando as medidas de proteção adotadas não forem suficientes ou encontrarem-se em fase de estudo, planejamento ou implantação, ou ainda em caráter complementar ou emergencial, devem ser adotadas medidas para redução da exposição dos trabalhadores obedecendo à seguinte hierarquia:

a) medidas de caráter administrativo ou de organização do trabalho;

• Código: 136.338-7. Infração: 2. Tipo: S.

b) utilização de equipamento de proteção individual – EPI.

• Código: 136.338-7. Infração: 2. Tipo: S.

36.9.2. Qualidade do ar nos ambientes artificialmente climatizados

36.9.2.1. As empresas devem efetuar o controle do ar nos ambientes artificialmente climatizados a fim de manter a boa qualidade do ar interno e garantir a prevenção de riscos à saúde dos trabalhadores.

• Código: 136.339-5. Infração: 2. Tipo: S.

36.9.2.2. Para atender o disposto no item 36.9.2.1 deve ser adotado, no mínimo, o seguinte:

a) limpeza dos componentes do sistema de climatização de forma a evitar a difusão ou multiplicação de agentes nocivos à saúde humana;

• Código: 136.339-5. Infração: 2. Tipo: S.

b) verificação periódica das condições físicas dos filtros mantendo-os em condições de operação e substituindo-os quando necessário;

• Código: 136.339-5. Infração: 2. Tipo: S.

c) adequada renovação do ar no interior dos ambientes climatizados.

• Código: 136.339-5. Infração: 2. Tipo: S.

36.9.2.3. Deve ser observado, como indicador de renovação de ar interno, uma concentração de dióxido de carbono (CO_2) igual ou inferior a 1000 ppm.

• Código: 136.110-4. Infração: 2. Tipo: S.

36.9.2.3.1. Uma medição de CO_2 acima de 1000 ppm não indica que o critério não é satisfeito, desde que a medição não ultrapasse em mais de 700 ppm a concentração no ar exterior.

36.9.2.3.2. Para aferição do parâmetro indicado no item 36.9.2.3 deve ser adotada a metodologia constante na Norma Técnica 002 da Resolução RE n. 9 da ANVISA, de 16 de janeiro de 2003.

36.9.2.4. Os procedimentos de manutenção, operação e controle dos sistemas de climatização e limpeza dos ambientes climatizados não devem trazer riscos à saúde dos trabalhadores que os executam, nem aos ocupantes dos ambientes climatizados.

• Código: 136.111-2. Infração: 2. Tipo: S.

36.9.3. Agentes químicos

36.9.3.1. A empresa deve adotar medidas de prevenção coletivas e individuais quando da utilização de produtos químicos.

• Código: 136.112-0. Infração: 2. Tipo: S.

36.9.3.2. As medidas de prevenção coletivas a serem adotadas quando da utilização de amônia devem envolver, no mínimo:

a) manutenção das concentrações ambientais aos níveis mais baixos possíveis e sempre abaixo do nível de ação (NR-9), por meio de ventilação adequada;

• Código: 136.113-9. Infração: 2. Tipo: S.

b) implantação de mecanismos para a detecção precoce de vazamentos nos pontos críticos, acoplados a sistema de alarme;

• Código: 136.114-7. Infração: 2. Tipo: S.

c) instalação de painel de controle do sistema de refrigeração;

• Código: 136.115-5. Infração: 2. Tipo: S.

d) instalação de chuveiros de segurança e lava-olhos;

• Código: 136.116-3. Infração: 2. Tipo: S.

e) manutenção de saídas de emergência desobstruídas e adequadamente sinalizadas;

• Código: 136.117-1. Infração: 2. Tipo: S.

f) manutenção de sistemas apropriados de prevenção e combate a incêndios, em perfeito estado de funcionamento;

• Código: 136.118-0. Infração: 2. Tipo: S.

g) instalação de chuveiros ou *sprinklers* acima dos grandes vasos de amônia, para mantê-los resfriados em caso de fogo, de acordo com a análise de risco;

• Código: 136.119-8. Infração: 2. Tipo: S.

h) manutenção das instalações elétricas à prova de explosão, próximas aos tanques;

• Código: 136.120-1. Infração: 2. Tipo: S.

i) sinalização e identificação dos componentes, inclusive as tubulações;

• Código: 136.121-0. Infração: 2. Tipo: S.

j) permanência apenas das pessoas autorizadas para realizar atividades de inspeção, manutenção ou operação de equipamentos na sala de máquinas.

• Código: 136.122-8. Infração: 2. Tipo: S.

36.9.3.2.1. Em caso de vazamento de amônia, o painel de controle do sistema de refrigeração deve:

a) acionar automaticamente o sistema de alarme;

• Código: 136.340-9. Infração: 2. Tipo: S.

b) acionar o sistema de controle e eliminação da amônia.

• Código: 136.340-9. Infração: 2. Tipo: S.

36.9.3.3. O empregador deve elaborar Plano de Resposta a Emergências que contemple ações específicas a serem adotadas na ocorrência de vazamentos de amônia.

• Código: 136.341-7. Infração: 2. Tipo: S.

36.9.3.3.1. O Plano de Resposta a Emergências deve conter, no mínimo:

• Código: 136.341-7. Infração: 2. Tipo: S.

a) nome e função do responsável técnico pela elaboração e revisão do plano;

b) nome e função do responsável pelo gerenciamento e execução do plano;

c) designação dos integrantes da equipe de emergência, responsáveis pela execução de cada ação;

d) estabelecimento dos possíveis cenários de emergências, com base na análise de riscos;

e) descrição das medidas necessárias para resposta a cada cenário contemplado;

f) descrição dos procedimentos de resposta à emergência, incluindo medidas de evacuação das áreas, remoção das fontes de ignição, quando necessário, formas de redução da concentração de amônia e procedimentos de contenção de vazamento;

g) descrição das medidas de proteção coletiva e individual;

h) indicação dos EPI adequados ao risco;

i) registro dos exercícios simulados realizados com periodicidade mínima anual envolvendo todos os empregados da área.

36.9.3.4. Sempre que ocorrer acidente que implique vazamento de amônia nos ambientes de trabalho, deve ser efetuada a medição da concentração do produto no ambiente para que seja autorizado o retorno dos trabalhadores às suas atividades.

• Código: 136.342-5. Infração: 2. Tipo: S.

36.9.3.4.1. Deve ser realizada avaliação das causas e consequências do acidente, com registro das ocorrências, postos e locais afetados, identificação dos trabalhadores expostos, resultados das avaliações clínicas e medidas de prevenção a serem adotadas.

• Código: 136.342-5. Infração: 2. Tipo: S.

36.9.4. Agentes biológicos

36.9.4.1. Devem ser identificadas as atividades e especificadas as tarefas suscetíveis de expor os trabalhadores a contaminação biológica, através de:

a) estudo do local de trabalho, considerando as medidas de controle e higiene estabelecidas pelas Boas Práticas de Fabricação – BPF;

• Código: 136.343-3. Infração: 2. Tipo: S.

b) controles mitigadores estabelecidos pelos serviços de inspeção sanitária, desde a criação até o abate;

• Código: 136.343-3. Infração: 2. Tipo: S.

c) identificação dos agentes patogênicos e meios de transmissão;

• Código: 136.343-3. Infração: 2. Tipo: S.

d) dados epidemiológicos referentes ao agente identificado, incluindo aqueles constantes dos registros dos serviços de inspeção sanitária;

• Código: 136.343-3. Infração: 2. Tipo: S.

e) acompanhamento de quadro clínico ou subclínico dos trabalhadores, conforme Programa de Controle Médico de Saúde Ocupacional – PCMSO.

• Código: 136.343-3. Infração: 2. Tipo: S.

36.9.4.2. Caso seja identificada exposição a agente biológico prejudicial à saúde do trabalhador, conforme item anterior, deverá ser efetuado o controle destes riscos, utilizando-se, no mínimo, das seguintes medidas:

a) procedimentos de limpeza e desinfecção;

• Código: 136.344-1. Infração: 2. Tipo: S.

b) medidas de biossegurança envolvendo a cadeia produtiva;

• Código: 136.344-1. Infração: 2. Tipo: S.

c) medidas adotadas no processo produtivo pela própria empresa;

• Código: 136.344-1. Infração: 2. Tipo: S.

d) fornecimento de equipamentos de proteção individual adequados;

• Código: 136.344-1. Infração: 2. Tipo: S.

e) treinamento e informação aos trabalhadores.

• Código: 136.344-1. Infração: 2. Tipo: S.

36.9.4.2.1. O treinamento indicado no item 36.9.4.2, alínea *e*, deve contemplar:

a) os riscos gerados por agentes biológicos;

b) as medidas preventivas existentes e necessárias;

c) o uso adequado dos EPI;

d) procedimentos em caso de acidente.

36.9.4.3. Nas atividades que possam expor o trabalhador ao contato com excrementos, vísceras e resíduos animais, devem ser adotadas medidas técnicas, administrativas e organizacionais a fim de eliminar, minimizar ou reduzir o contato direto do trabalhador com estes produtos ou resíduos.

• Código: 136.139-2. Infração: 3. Tipo: S.

36.9.5. Conforto térmico

36.9.5.1. Devem ser adotadas medidas preventivas individuais e coletivas – técnicas, organizacionais e administrativas, em razão da exposição em ambientes artificialmente refrigerados e ao calor excessivo, para propiciar conforto térmico aos trabalhadores.

• Código: 136.345-0. Infração: 2. Tipo: S.

36.9.5.1.1. As medidas de prevenção devem envolver, no mínimo:

• Código: 136.345-0. Infração: 2. Tipo: S.

a) controle da temperatura, da velocidade do ar e da umidade;

b) manutenção constante dos equipamentos;

c) acesso fácil e irrestrito a água fresca;

d) uso de EPI e vestimenta de trabalho compatível com a temperatura do local e da atividade desenvolvida;

e) outras medidas de proteção visando o conforto térmico.

36.9.5.1.2. Quando as condições do ambiente forem desconfortáveis, em virtude da exposição ao calor, além do previsto no subitem 36.9.5.1.1 devem ser adotadas as seguintes medidas:

• Código: 136.345-0. Infração: 2. Tipo: S.

a) alternância de tarefas, buscando a redução da exposição ao calor;

b) medidas técnicas para minimizar os esforços físicos.

36.9.5.2. Deve ser disponibilizado sistema para aquecimento das mãos próximo dos sanitários ou dos locais de fruição de pausas, quando as atividades manuais forem realizadas em ambientes frios ou exijam contato constante com superfícies e produtos frios.

• Código: 136.141-4. Infração: 2. Tipo: S.

36.9.5.3. Devem ser adotadas medidas de controle da ventilação ambiental para minimizar a ocorrência de correntes de ar aplicadas diretamente sobre os trabalhadores.

• Código: 136.142-2. Infração: 2. Tipo: S.

36.10. Equipamentos de Proteção Individual – EPI e Vestimentas de Trabalho

36.10.1. Os Equipamentos de proteção individual – EPI devem ser selecionados de forma a oferecer eficácia necessária para o controle da exposição ao risco e o conforto, atendendo o previsto nas NR-06 (Equipamentos de proteção Individual – EPI) e NR-09 (Programa de Prevenção dos Riscos Ambientais – PPRA).

• Código: 136.346-8. Infração: 2. Tipo: S.

36.10.1.1. Os EPI usados concomitantemente, tais como capacete com óculos e/ou proteção auditiva, devem ser compatíveis entre si, confortáveis e não acarretar riscos adicionais.

• Código: 136.346-8. Infração: 2. Tipo: S.

36.10.1.2. Nas atividades com exposição ao frio devem ser fornecidas meias limpas e higienizadas diariamente.

• Código: 136.145-7. Infração: 2. Tipo: S.

36.10.1.3. As luvas devem ser:

• Código: 136.146-5. Infração: 2. Tipo: S.

a) compatíveis com a natureza das tarefas, com as condições ambientais e o tamanho das mãos dos trabalhadores;

b) substituídas, quando necessário, a fim de evitar o comprometimento de sua eficácia.

36.10.1.4. Nas atividades onde as mãos dos trabalhadores ficam totalmente molhadas e não seja possível a utilização de luvas em razão da geração de riscos adicionais, deve ser efetuado rodízio com outras tarefas.

• Código: 136.147-3. Infração: 2. Tipo: S.

36.10.2. O empregador deve fornecer vestimentas de trabalho de maneira que:

a) os trabalhadores possam dispor de mais de uma peça de vestimenta, para utilizar de maneira sobreposta, a seu critério, e em função da atividade e da temperatura do local, atendendo às características higiênico-sanitárias legais e ao conforto térmico;

• Código: 136.347-6. Infração: 2. Tipo: S.

b) as extremidades sejam compatíveis com a atividade e o local de trabalho;

• Código: 136.347-6. Infração: 2. Tipo: S.

c) sejam substituídas quando necessário, a fim de evitar o comprometimento de sua eficácia.

• Código: 136.347-6. Infração: 2. Tipo: S.

36.10.2.1. As vestimentas devem ser trocadas diariamente, sendo sua higienização responsabilidade do empregador.

• Código: 136.152-0. Infração: 2. Tipo: S.

36.11. Gerenciamento dos riscos

36.11.1. O empregador deve colocar em prática uma abordagem planejada, estruturada e global da prevenção, por meio do gerenciamento dos fatores de risco em Segurança e Saúde no Trabalho – SST, utilizando-se de todos os meios técnicos, organizacionais e administrativos para assegurar o bem-estar dos trabalhadores e garantir que os ambientes e condições de trabalho sejam seguros e saudáveis.

• Código: 136.153-8. Infração: 2. Tipo: S.

36.11.2. A estratégia de prevenção em SST e meio ambiente de trabalho deve:

a) integrar as ações de prevenção às atividades de gestão e à dinâmica da produção, levando-se em consideração a competência e experiência dos trabalhadores e de um representante indicado pelo sindicato da categoria preponderante, a fim de aperfeiçoar de maneira contínua os níveis de proteção e desempenho no campo da segurança e saúde no trabalho;

• Código: 136.348-4. Infração: 2. Tipo: S.

b) integrar a prevenção nas atividades de capacitação e treinamento dos trabalhadores, incluindo os níveis gerenciais.

• Código: 136.348-4. Infração: 2. Tipo: S.

36.11.3. No planejamento da prevenção devem ser definidos métodos, técnicas e ferramentas adequadas para a avaliação de riscos, incluindo parâmetros e critérios necessários para tomada de decisão.

• Código: 136.156-2. Infração: 2. Tipo: S.

36.11.4. A avaliação dos riscos tem como objetivo introduzir medidas de prevenção para a sua eliminação ou redução, assim como para determinar se as medidas previstas ou existentes são adequadas, de forma a minimizar o impacto desses riscos à segurança e saúde dos trabalhadores.

36.11.5. As ações de avaliação, controle e monitoração dos riscos devem:

• Código: 136.345-0. Infração: 2. Tipo: S.

a) constituir um processo contínuo e interativo;

• Código: 136.349-2. Infração: 2. Tipo: S.

b) integrar todos os programas de prevenção e controle previstos nas demais NR;

• Código: 136.349-2. Infração: 2. Tipo: S.

c) abranger a consulta e a comunicação às partes envolvidas, com participação dos trabalhadores.

• Código: 136.349-2. Infração: 2. Tipo: S.

36.11.6. As ações em SST devem abranger todos os riscos à segurança e saúde e abordar, no mínimo:

• Código: 136.160-0. Infração: 2. Tipo: S.

a) riscos gerados por máquinas, equipamentos, instalações, eletricidade, incêndios, entre outros;

• Código: 136.345-0. Infração: 2. Tipo: S.

b) riscos gerados pelo ambiente de trabalho, entre eles os decorrentes da exposição a agentes físicos, químicos e biológicos, como definidos na NR-9 (Programa de Prevenção de Riscos Ambientais);

c) riscos de natureza ergonômica e outros gerados pela organização do trabalho.

36.11.7. As medidas preventivas e de proteção devem ser implementadas de acordo com a seguinte ordem de prioridade:

• Código: 136.161-9. Infração: 2. Tipo: S.

a) eliminação dos fatores de risco;

b) minimização e controle dos fatores de risco, com a adoção de medidas coletivas – técnicas, administrativas e organizacionais;

c) uso de Equipamentos de Proteção Individual – EPI.

36.11.8. A implementação de projetos de novas instalações, métodos ou processos de trabalho, ou de modificação dos já existentes e das medidas de controle, deve envolver a análise das repercussões sobre a segurança e saúde dos trabalhadores.

• Código: 136.350-6. Infração: 2. Tipo: S.

36.11.9. Quando ocorrer a implementação ou introdução de alterações nos ambientes e nos processos de trabalho deve-se assegurar que os trabalhadores envolvidos tenham sido adequadamente informados e treinados.

• Código: 136.350-6. Infração: 2. Tipo: S.

36.12. Programas de Prevenção dos Riscos Ambientais e de Controle Médico de Saúde Ocupacional.

36.12.1. O Programa de Prevenção de Riscos Ambientais – PPRA e o Programa de Controle Médico de Saúde Ocupacional – PCMSO devem estar articulados entre si e com as demais normas, em particular com a NR-17.

• Código: 136.164-3. Infração: 2. Tipo: S.

36.12.2. Para fins de elaboração de programas preventivos devem ser considerados, entre outros, os seguintes aspectos da organização do trabalho:

a) compatibilização das metas com as condições de trabalho e tempo oferecidas;

• Código: 136.351-4. Infração: 2. Tipo: S.

b) repercussões sobre a saúde do trabalhador de todo e qualquer sistema de avaliação de desempenho para efeito de remuneração e vantagens de qualquer espécie;

• Código: 136.351-4. Infração: 2. Tipo: S.

c) períodos insuficientes para adaptação e readaptação de trabalhadores à atividade.

• Código: 136.351-4. Infração: 2. Tipo: S.

36.12.3. Deve ser utilizado, no PCMSO, instrumental clínicoepidemiológico que oriente as medidas a serem implementadas no PPRA e nos programas de melhorias ergonômicas e de condições gerais de trabalho, por meio de tratamento de informações coletivas e individuais, incluindo, no mínimo:

• Código: 136.168-6. Infração: 3. Tipo: M.

a) vigilância passiva, através do estudo causal em trabalhadores que procurem o serviço médico;

b) vigilância ativa, por meio da utilização de questionários, análise de séries históricas dos exames médicos, avaliações clínicas e resultados dos exames complementares.

36.12.4. O médico coordenador do PCMSO deve informar aos responsáveis pelo PPRA e ao empregador, as situações geradoras de riscos aos trabalhadores, especialmente quando observar, no controle médico ocupacional, nexo causal entre as queixas e agravos à saúde dos trabalhadores e as situações de trabalho a que ficam expostos.

• Código: 136.169-4. Infração: 2. Tipo: M.

36.12.5. Deve ser implementado um Programa de Conservação Auditiva, para os trabalhadores expostos a níveis de pressão sonora acima dos níveis de ação, contendo no mínimo:

• Código: 136.352-2. Infração: 2. Tipo: S.

a) controles técnicos e administrativos da exposição ao ruído;

b) monitoramento periódico da exposição e das medidas de controle;

c) treinamento e informação aos trabalhadores;

d) determinação dos Equipamentos de Proteção Individual – EPI;

e) audiometrias conforme Anexo I da NR-7;

f) histórico clínico e ocupacional do trabalhador.

36.12.6. O coordenador do PCMSO deve elaborar o Relatório anual com os dados da evolução clínica e epidemiológica dos trabalhadores, contemplando as medidas administrativas e técnicas a serem adotadas na comprovação do nexo causal entre as alterações detectadas nos exames e a atividade exercida.

• Código: 136.171-6. Infração: 4. Tipo: M.

36.12.6.1. As medidas propostas pelo Médico do Trabalho devem ser apresentadas e discutidas com os responsáveis pelo PPRA, com os responsáveis pelas melhorias ergonômicas na empresa e com membros da Comissão Interna de Prevenção de Acidentes – CIPA.

• Código: 136.172-4. Infração: 2. Tipo: S.

36.12.7. Além do previsto na NR-7, o Relatório Anual do PCMSO deve discriminar número e duração de afastamentos do trabalho, estatísticas de queixas dos trabalhadores, estatísticas de alterações encontradas em avaliações clínicas e exames complementares, com a indicação dos setores e postos de trabalho respectivos.

• Código: 136.173-2. Infração: 2. Tipo: M.

36.12.8. Sendo constatados a ocorrência ou o agravamento de doenças ocupacionais, através de exames médicos que incluam os definidos na NR-7 ou sendo verificadas alterações que revelem qualquer tipo de disfunção de órgão ou sistema biológico, através dos exames médicos constantes nos quadros I e II e do item 7.4.2.3 da NR-7, mesmo sem sintomatologia, caberá ao Médico coordenador ou encarregado:

a) emitir a CAT;

• Código: 136.353-0. Infração: 2. Tipo: S.

b) indicar, quando necessário, o afastamento do trabalhador da exposição ao risco ou do trabalho;

• Código: 136.353-0. Infração: 2. Tipo: S.

c) encaminhar o trabalhador à Previdência Social para estabelecimento de nexo causal, avaliação de incapacidade e definição da conduta previdenciária em relação ao trabalho;

• Código: 136.353-0. Infração: 2. Tipo: S.

d) adotar as medidas de controle no ambiente de trabalho.

• Código: 136.353-0. Infração: 2. Tipo: S.

36.12.9. Cabe ao empregador, conforme orientação do coordenador do PCMSO, proceder, quando necessário, à readaptação funcional em atividade compatível com o grau de incapacidade apresentada pelo trabalhador.

• Código: 136.178-3. Infração: 2. Tipo: S.

36.12.10. Devem ser estabelecidos critérios e mecanismos de avaliação da eficácia das medidas de prevenção implantadas, considerando os dados obtidos nas avaliações e estudos realizados e no controle médico de saúde ocupacional.

• Código: 136.179-1. Infração: 2. Tipo: S.

36.13. Organização temporal do trabalho

36.13.1. Para os trabalhadores que exercem suas atividades em ambientes artificialmente frios e para os que movimentam mercadorias do ambiente quente ou normal para o frio e vice-versa, depois de uma hora e quarenta minutos de trabalho contínuo, será assegurado um período mínimo de vinte minutos de repouso, nos termos do art. 253 da CLT.

• Código: 136.180-5. Infração: 2. Tipo: S.

36.13.1.1. Considera-se artificialmente frio, o que for inferior, na primeira, segunda e terceira zonas climáticas a 15 °C, na quarta zona a 12 °C, e nas zonas quinta, sexta e sétima, a 10 °C, conforme mapa oficial do Instituto Brasileiro de Geografia e Estatística – IBGE.

36.13.2. Para os trabalhadores que desenvolvem atividades exercidas diretamente no processo produtivo, ou seja, desde a recepção até a expedição, onde são exigidas repetitividade e/ou sobrecarga muscular estática ou dinâmica do pescoço, ombros, dorso e membros superiores e inferiores, devem ser asseguradas pausas psicofisiológicas distribuídas, no mínimo, de acordo com o seguinte quadro:

Quadro 1

Jornada de Trabalho	Tempo de tolerância para aplicação da pausa	Tempo de Pausa
até 6h	Até 6h20	20 Minutos
até 7h20	Até 7h40	45 Minutos
até 8h48	Até 9h10	60 Minutos

•• Sobre a entrada em vigor deste Quadro I, *vide* art. 3º da Portaria n. 555, de 18-4-2013.

• Código: 136.181-3. Infração: 2. Tipo: S.

36.13.2.1. Caso a jornada ultrapasse 6h20, excluído o tempo de troca de uniforme e de deslocamento até o setor de trabalho, deve ser observado o tempo de pausa da jornada de até 7h20.

36.13.2.2. Caso a jornada ultrapasse 7h40, excluído o tempo de troca de uniforme e de deslocamento até o setor de trabalho, deve ser observado o tempo de pausa da jornada de até 8h48.

36.13.2.3. Caso a jornada ultrapasse 9h10, excluído o tempo de troca de uniforme e de deslocamento até o setor de trabalho, deve ser concedida pausa de 10 minutos após as 8h48 de jornada.

• Código: 136.354-9. Infração: 2. Tipo: S.

36.13.2.3.1. Caso a jornada ultrapasse 9h58, excluído o tempo de troca de uniforme e de deslocamento até o setor de trabalho, devem ser concedidas pausas de 10 minutos a cada 50 minutos trabalhados.

• Código: 136.354-9. Infração: 2. Tipo: S.

36.13.2.4. A empresa deve medir o tempo de troca de uniforme e de deslocamento até o setor de trabalho e consigná-lo no PPRA ou nos relatórios de estudos ergonômicos.

• Código: 136.184-8. Infração: 2. Tipo: S.

36.13.2.4.1. Caso a empresa não registre o tempo indicado nos documentos citados no item 36.13.2.4, presume-se, para fins de aplicação da tabela prevista no quadro I do item 36.13.2, os registros de ponto do trabalhador.

36.13.2.5. Os períodos unitários das pausas, distribuídas conforme quadro 1, devem ser de no mínimo 10 minutos e máximo 20 min.

• Código: 136.355-7. Infração: 2. Tipo: S.

36.13.2.6. A distribuição das pausas deve ser de maneira a não incidir na primeira hora de trabalho, contíguo ao intervalo de refeição e no final da última hora da jornada.

• Código: 136.355-7. Infração: 2. Tipo: S.

36.13.3. Constatadas a simultaneidade das situações previstas nos itens 36.13.1 e 36.13.2, não deve haver aplicação cumulativa das pausas previstas nestes itens.

36.13.4. Devem ser computadas como trabalho efetivo as pausas previstas nesta NR.

• Código: 136.187-2. Infração: 4. Tipo: S.

36.13.5. Para que as pausas possam propiciar a recuperação psicofisiológica dos trabalhadores, devem ser observados os seguintes requisitos:

• Código: 136.188-0. Infração: 2. Tipo: S.

a) a introdução de pausas não pode ser acompanhada do aumento da cadência individual;

b) as pausas previstas no item 36.13.1 devem ser obrigatoriamente usufruídas fora dos locais de trabalho, em ambientes que ofereçam conforto térmico e acústico, disponibilidade de bancos ou cadeiras e água potável;

c) as pausas previstas no item 36.13.2 devem ser obrigatoriamente usufruídas fora dos postos de trabalho, em local com disponibilidade de bancos ou cadeiras e água potável;

36.13.6. A participação em quaisquer modalidades de atividade física, quando ofertada pela empresa, pode ser realizada apenas em um dos intervalos destinado a pausas, não sendo obrigatória a participação do trabalhador, e a sua recusa em praticá-la não é passível de punição.

• Código: 136.189-9. Infração: 2. Tipo: S.

36.13.7. No local de repouso deve existir relógio de fácil visualização pelos trabalhadores, para que eles possam controlar o tempo das pausas.

• Código: 136.190-2. Infração: 2. Tipo: S.

36.13.8. Fica facultado o fornecimento de lanches durante a fruição das pausas, resguardadas as exigências sanitárias.

36.13.9. As saídas dos postos de trabalho para satisfação das necessidades fisiológicas dos trabalhadores devem ser asseguradas a qualquer tempo, independentemente da fruição das pausas.

• Código: 136.191-0. Infração: 2. Tipo: S.

36.14. Organização das atividades

36.14.1. Devem ser adotadas medidas técnicas de engenharia, organizacionais e administrativas com o objetivo de eliminar ou reduzir os fatores de risco, especialmente a repetição de movimentos dos membros superiores.

• Código: 136.356-5. Infração: 2. Tipo: S.

36.14.1.1. Os empregadores devem elaborar um cronograma com prazos para implementação de medidas que visem promover melhorias e, sempre que possível, adequações no processo produtivo nas situações de risco identificado.

• Código: 136.356-5. Infração: 2. Tipo: S.

36.14.2. A organização das tarefas deve ser efetuada com base em estudos e procedimentos de forma a atender os seguintes objetivos:

a) a cadência requerida na realização de movimentos de membros superiores e inferiores não deve comprometer a segurança e a saúde dos trabalhadores;

• Código: 136.357-3. Infração: 2. Tipo: S.

b) as exigências de desempenho devem ser compatíveis com as capacidades dos trabalhadores, de maneira a minimizar os esforços físicos estáticos e dinâmicos que possam comprometer a sua segurança e saúde;

• Código: 136.357-3. Infração: 2. Tipo: S.

c) o andamento da atividade deve ser efetuado de forma menos árdua e mais confortável aos trabalhadores;

• Código: 136.357-3. Infração: 2. Tipo: S.

d) facilitar a comunicação entre trabalhadores, entre trabalhadores e supervisores, e com outros setores afins.

• Código: 136.357-3. Infração: 2. Tipo: S.

36.14.3. A empresa deve possuir contingente de trabalhadores em atividade, compatível com as demandas e exigências de produção, bem como mecanismos para suprir eventuais faltas de trabalhadores, e exigências relacionadas ao aumento de volume de produção, de modo a não gerar sobrecarga excessiva aos trabalhadores.

• Código: 136.198-8. Infração: 2. Tipo: S.

36.14.4. Mudanças significativas no processo produtivo com impacto no dimensionamento dos efetivos devem ser efetuadas com a participação do Serviço Especializado em Engenharia de Segurança e em Medicina do Trabalho – SESMT e da CIPA, em conjunto com os supervisores imediatos.

• Código: 136.199-6. Infração: 2. Tipo: S.

36.14.5. Na organização do processo e na velocidade da linha de produção deve ser considerada a variabilidade temporal requerida por diferentes demandas de produção e produtos, devendo ser computados, pelo menos, os tempos necessários para atender as seguintes tarefas:

• Código: 136.358-1. Infração: 2. Tipo: S.

a) afiação/chairação das facas;

b) limpeza das mesas;

c) outras atividades complementares à tarefa, tais como mudança de posto de trabalho, troca de equipamentos e ajuste dos assentos.

36.14.6. Os mecanismos de monitoramento da produtividade ou outros aspectos da produção não podem ser usados para aceleração do ritmo individual de trabalho para além dos limites considerados seguros.

• Código: 136.358-1. Infração: 2. Tipo: S.

36.14.7. Rodízios

36.14.7.1. O empregador, observados os aspectos higiênico-sanitários, deve implementar rodízios de atividades dentro da jornada diária que propicie o atendimento de pelo menos uma das seguintes situações:

• Código: 136.359-0. Infração: 2. Tipo: S.

a) alternância das posições de trabalho, tais como postura sentada com a postura em pé;

b) alternância dos grupos musculares solicitados;

c) alternância com atividades sem exigências de repetitividade;

d) redução de exigências posturais, tais como elevações, flexões/extensões extremas dos segmentos corporais, desvios cúbitos radiais excessivos dos punhos, entre outros;

e) redução ou minimização dos esforços estáticos e dinâmicos mais frequentes;

f) alternância com atividades cuja exposição ambiental ao ruído, umidade, calor, frio, seja mais confortável;

g) redução de carregamento, manuseio e levantamento de cargas e pesos;

h) redução da monotonia.

36.14.7.1.1. A alternância de atividades deve ser efetuada, sempre que possível, entre as tarefas com cadência estabelecida por máquinas, esteiras, nórias e outras tarefas em que o trabalhador possa determinar livremente seu ritmo de trabalho.

36.14.7.1.2. Os trabalhadores devem estar treinados para as diferentes atividades que irão executar.

• Código: 136.203-8. Infração: 2. Tipo: S.

36.14.7.2. Os rodízios devem ser definidos pelos profissionais do SESMT e implantados com a participação da CIPA e dos trabalhadores envolvidos.

• Código: 136.359-0. Infração: 2. Tipo: S.

36.14.7.3. O SESMT e o Comitê de Ergonomia da empresa, quando houver, devem avaliar os benefícios dos rodízios implantados e monitorar a eficácia dos procedimentos na redução de riscos e queixas dos trabalhadores, com a participação dos mesmos.

• Código: 136.205-4. Infração: 2. Tipo: S.

36.14.7.4. Os rodízios não substituem as pausas para recuperação psicofisiológica previstas nesta NR.

• Código: 136.206-2. Infração: 2. Tipo: S.

36.14.8. Aspectos psicossociais

36.14.8.1. Os superiores hierárquicos diretos dos trabalhadores da área industrial devem ser treinados para buscar no exercício de suas atividades:

• Código: 136.207-0. Infração: 2. Tipo: S.

a) facilitar a compreensão das atribuições e responsabilidades de cada função;

b) manter aberto o diálogo de modo que os trabalhadores possam sanar dúvidas quanto ao exercício de suas atividades;

c) facilitar o trabalho em equipe;

d) conhecer os procedimentos para prestar auxílio em caso de emergência ou mal-estar;

e) estimular tratamento justo e respeitoso nas relações pessoais no ambiente de trabalho.

36.15. Análise Ergonômica do Trabalho

36.15.1. As análises ergonômicas do trabalho devem ser realizadas para avaliar a adaptação das condições de trabalho às características psicofisiológicas dos trabalhadores e subsidiar a implementação das medidas e adequações necessárias conforme previsto na NR-17.

• Código: 136.360-3. Infração: 2. Tipo: S.

36.15.2. As análises ergonômicas do trabalho devem incluir as seguintes etapas:

a) discussão e divulgação dos resultados com os trabalhadores e instâncias hierárquicas envolvidas, assim como apresentação e discussão do documento na CIPA;

• Código: 136.360-3. Infração: 2. Tipo: S.

b) recomendações ergonômicas específicas para os postos e atividades avaliadas;

• Código: 136.360-3. Infração: 2. Tipo: S.

c) avaliação e revisão das intervenções efetuadas com a participação dos trabalhadores, supervisores e gerentes;

• Código: 136.360-3. Infração: 2. Tipo: S.

d) avaliação e validação da eficácia das recomendações implementadas.

• Código: 136.360-3. Infração: 2. Tipo: S.

36.16. Informações e Treinamentos em Segurança e Saúde no Trabalho

36.16.1. Todos os trabalhadores devem receber informações sobre os riscos relacionados ao trabalho, suas causas potenciais, efeitos sobre a saúde e medidas de prevenção.

• Código: 136.361-1. Infração: 2. Tipo: S.

36.16.1.1. Os superiores hierárquicos, cuja atividade influencie diretamente na linha de produção operacional devem ser informados sobre:

• Código: 136.361-1. Infração: 2. Tipo: S.

a) os eventuais riscos existentes;

b) as possíveis consequências dos riscos para os trabalhadores;

c) a importância da gestão dos problemas;

d) os meios de comunicação adotados pela empresa na relação empregado-empregador.

36.16.1.2. Os trabalhadores devem estar treinados e suficientemente informados sobre:

a) os métodos e procedimentos de trabalho;

• Código: 136.362-0. Infração: 2. Tipo: S.

b) o uso correto e os riscos associados à utilização de equipamentos e ferramentas;

• Código: 136.362-0. Infração: 2. Tipo: S.

c) as variações posturais e operações manuais que ajudem a prevenir a sobrecarga osteomuscular e reduzir a fadiga, especificadas na AET;

• Código: 136.362-0. Infração: 2. Tipo: S.

d) os riscos existentes e as medidas de controle;

• Código: 136.362-0. Infração: 2. Tipo: S.

e) o uso de EPI e suas limitações;

• Código: 136.362-0. Infração: 2. Tipo: S.

f) as ações de emergência.

• Código: 136.362-0. Infração: 2. Tipo: S.

36.16.1.3. Os trabalhadores que efetuam limpeza e desinfecção de materiais, equipamentos e locais de trabalho devem, além do exposto acima, receber informações sobre os eventuais fatores de risco das atividades, quando aplicável, sobre:

• Código: 136.361-1. Infração: 2. Tipo: S.

a) agentes ambientais físicos, químicos, biológicos;

b) riscos de queda;

c) riscos biomecânicos;

d) riscos gerados por máquinas e seus componentes;

e) uso de equipamentos e ferramentas.

36.16.2. As informações e treinamentos devem incluir, além do abordado anteriormente, no mínimo, os seguintes itens:

a) noções sobre os fatores de risco para a segurança e saúde nas atividades;

• Código: 136.362-0. Infração: 2. Tipo: S.

b) medidas de prevenção indicadas para minimizar os riscos relacionados ao trabalho;

• Código: 136.362-0. Infração: 2. Tipo: S.

c) informações sobre riscos, sinais e sintomas de danos à saúde que possam estar relacionados às atividades do setor;

• Código: 136.362-0. Infração: 2. Tipo: S.

d) instruções para buscar atendimento clínico no serviço médico da empresa ou terceirizado, sempre que houver percepção de sinais ou sintomas que possam indicar agravos a saúde;

• Código: 136.362-0. Infração: 2. Tipo: S.

e) informações de segurança no uso de produtos químicos, quando necessário, incluindo, no mínimo, dados sobre os produtos, grau de nocividade, forma de contato, procedimentos para armazenamento e forma adequada de uso;

• Código: 136.362-0. Infração: 2. Tipo: S.

f) informações sobre a utilização correta dos mecanismos de ajuste do mobiliário e dos equipamentos dos postos de trabalho, incluindo orientação para alternância de posturas.

• Código: 136.362-0. Infração: 2. Tipo: S.

36.16.3. Em todas as etapas dos processos de trabalhos com animais que antecedem o serviço de inspeção sanitária, devem ser disponibilizadas aos trabalhadores informações sobre:

• Código: 136.361-1. Infração: 2. Tipo: S.

a) formas corretas e locais adequados de aproximação, contato e imobilização;

b) maneiras de higienização pessoal e do ambiente;

c) precauções relativas a doenças transmissíveis.

36.16.4. Deve ser realizado treinamento na admissão com, no mínimo, quatro horas de duração.

• Código: 136.363-8. Infração: 2. Tipo: S.

36.16.4.1. Deve ser realizado treinamento periódico anual com carga horária de, no mínimo, duas horas.

• Código: 136.363-8. Infração: 2. Tipo: S.

36.16.5. Os trabalhadores devem receber instruções adicionais ao treinamento obrigatório referido no item anterior quando forem introduzidos novos métodos, equipamentos, mudanças no processo ou procedimentos que possam implicar em novos fatores de riscos ou alterações significativas.

• Código: 136.231-3. Infração: 2. Tipo: S.

36.16.6. A elaboração do conteúdo, a execução e a avaliação dos resultados dos treinamentos em SST devem contar com a participação de:

• Código: 136.232-1. Infração: 2. Tipo: S.

a) representante da empresa com conhecimento técnico sobre o processo produtivo;

b) integrantes do Serviço Especializado em Segurança e Medicina do Trabalho, quando houver;

c) membros da Comissão Interna de Prevenção de Acidentes;

d) médico coordenador do Programa de Controle Médico de Saúde Ocupacional;

e) responsáveis pelo Programa de Prevenção de Riscos Ambientais.

36.16.6.1. O empregador deve disponibilizar material contendo, no mínimo, o conteúdo dos principais tópicos abordados nos treinamentos aos trabalhadores e, quando solicitado, disponibilizar ao representante sindical.

• Código: 136.364-6. Infração: 2. Tipo: S.

36.16.6.1.1. A representação sindical pode encaminhar sugestões para melhorias dos treinamentos ministrados pelas empresas e tais sugestões devem ser analisadas.

• Código: 136.364-6. Infração: 2. Tipo: S.

36.16.7. As informações de SST devem ser disponibilizadas aos trabalhadores terceirizados.

• Código: 136.361-1. Infração: 2. Tipo: S.

Anexo I
Glossário

1. Abate e processamento de carnes e derivados: abate de bovinos e suínos, aves, pescados e outras espécies animais, realizado para obtenção de carne e de seus derivados.

2. Derivados de produtos de origem animal: produtos e subprodutos, comestíveis ou não, elaborados no todo ou em parte.

3. Estabelecimentos de carnes e derivados – os estabelecimentos de carnes e derivados são classificados em:

a) Matadouro-frigorífico: estabelecimento dotado de instalações completas e equipamentos adequados para o abate, manipulação, elaboração, preparo e conservação das espécies de açougue sob variadas formas, com aproveitamento completo, racional e perfeito, de subprodutos não comestíveis; possui instalações de frio industrial.

b) Matadouro: estabelecimento dotado de instalações adequadas para a matança de quaisquer das espécies de açougue, visando o fornecimento de carne em natureza ao comércio interno, com ou sem dependências para industrialização; deve dispor obrigatoriamente, de instalações e aparelhagem para o aproveitamento completo e perfeito de todas as matérias-primas e preparo de subprodutos não comestíveis.

c) Matadouro de pequenos e médios animais: estabelecimento dotado de instalações para o abate e industrialização de: Suínos; Ovinos; Caprinos; Aves e Coelhos; Caça de pelo, dispondo de frio industrial.

d) Charqueada: estabelecimento que realiza matança com o objetivo principal de produzir charque, dispondo obrigatoriamente de instalações próprias para o aproveitamento integral e perfeito de todas as matérias-primas e preparo de subprodutos não comestíveis;

e) Fábrica de conservas: estabelecimento que industrialize a carne de variadas espécies de açougue, com ou sem sala de matança anexa, e em qualquer dos casos seja dotado de instalações de frio industrial e aparelhagem adequada para o preparo de subprodutos não comestíveis.

f) Fábrica de produtos suínos: estabelecimento que disponha de sala de matança e demais dependências, industrialize animais da espécie suína e, em escala estritamente necessária aos seus trabalhos, animais de outras espécies; disponha de instalações de frio industrial e aparelhagem adequada ao aproveitamento completo de subprodutos não comestíveis.

g) Fábrica de produtos gordurosos: os estabelecimentos destinados exclusivamente ao preparo de gorduras, excluída a manteiga, adicionadas ou não de matérias-primas de origem vegetal.

h) Entreposto de carnes e derivados: estabelecimento destinado ao recebimento, guarda, conservação, acondicionamento e distribuição de carnes frescas ou frigorificadas das diversas espécies de açougue e outros produtos animais, dispondo ou não de dependências anexas para a industrialização.

i) Fábricas de produtos não comestíveis: estabelecimento que manipula matérias-primas e resíduos de animais de várias procedências, para preparo exclusivo de produtos não utilizados na alimentação humana.

j) Matadouro de aves e coelhos: estabelecimento dotado de instalações para o abate e industrialização de: Aves e caça de penas; Coelhos, dispondo de frio industrial.

k) Entreposto-frigorífico: estabelecimento destinado, principalmente, à estocagem de produtos de origem animal pelo emprego de frio industrial.

4. Carcaça:

a) Bovinos: animais abatidos, formados das massas musculares e ossos, desprovidos de cabeça, mocotós, cauda, couro, órgãos e vísceras torácicas e abdominais, tecnicamente preparados;

b) Suínos: animais abatidos, formados das massas musculares e ossos, desprovidos de mocotós, cauda, órgãos e vísceras torácicas e abdominais, tecnicamente preparados, podendo ou não incluir couro, cabeça e pés;

c) Aves: corpo inteiro do animal após insensibilização, ou não, sangria, depenagem e evisceração, onde papo, traqueia, esôfago, intestinos, cloaca, baço, órgãos reprodutores e pulmões tenham sido removidos. É facultativa a retirada dos rins, pés, pescoço e cabeça.

5. Corte: parte ou fração da carcaça, com limites previamente especificados, com osso ou sem osso, com pele ou sem pele, temperado ou não, sem mutilações e/ou dilacerações.

6. Recorte: parte ou fração de um corte.

7. Produtos gordurosos: são os que resultam do aproveitamento de tecidos animais, por fusão ou por outros processos aprovados.

8. Graxaria: seção destinada ao aproveitamento de matérias-primas gordurosas e de subprodutos não comestíveis. A graxaria compreende a seção de produtos gordurosos comestíveis; seção de produtos gordurosos não comestíveis; seção de subprodutos não comestíveis. Processam subprodutos e/ou resíduos dos abatedouros ou frigoríficos e de casas de comercialização de carnes (açougues), como sangue, ossos, cascos, chifres, gorduras, aparas de carne, animais ou suas partes condenadas pela inspeção sanitária e vísceras não comestíveis. Seus produtos principais são o sebo ou gordura animal (para a indústria de sabões/sabonetes, de rações animais e para a indústria química) e farinhas de carne e ossos (para rações animais). Há graxarias que também produzem sebo ou gordura e/ou o chamado adubo organo-mineral somente a partir de ossos. Podem ser anexas aos abatedouros e frigoríficos ou unidades de negócio independentes.

9. BPF – Boas Práticas de Fabricação para estabelecimentos que processam produtos de origem animal: são procedimentos necessários para obtenção de alimentos inócuos, saudáveis e sãos.

10. Ambientes climatizados: espaços fisicamente determinados e caracterizados por dimensões e instalações próprias, submetidos ao processo de climatização, através de equipamentos.

11. Aerodispersoides: sistema disperso, em um meio gasoso, composto de partículas sólidas e/ou líquidas. O mesmo que aerosol ou aerossol.

12. Ar de renovação: ar externo que é introduzido no ambiente climatizado.

13. Ar condicionado: processo de tratamento do ar, destinado a manter os requisitos de qualidade do ar interior do espaço condicionado, controlando variáveis, como a temperatura, umidade, velocidade, material particulado, partículas biológicas e teor de dióxido de carbono (CO2).

14. Avaliação de riscos: processo geral, abrangente e amplo de identificação, análise e valoração, para definir ações de controle e monitoração.

15. Características psicofisiológicas: englobam o que constitui o caráter distintivo, particular de uma pessoa, incluindo suas capacidades sensitivas, motoras, psíquicas e cognitivas, destacando, entre outras, questões relativas aos reflexos, à postura, ao equilíbrio, à coordenação motora e aos mecanismos de execução dos movimentos que variam intra e inter indivíduos. Inclui, no mínimo, o conhecimento antropológico, psicológico, fisiológico relativo ao ser humano. Englobam, ainda, temas como níveis de vigilância, sono, motivação e emoção; memória e aprendizagem.

16. Climatização: conjunto de processos empregados para se obter por meio de equipamentos em recintos fechados, condições específicas de conforto e boa qualidade do ar, adequadas ao bem-estar dos ocupantes.

17. Continente: também chamado de contentor, é todo o material que envolve ou acondiciona o alimento, total ou parcialmente, para comércio e distribuição como unidade isolada.

18. COV's: compostos orgânicos voláteis, responsáveis por odores desagradáveis (existentes principalmente nas graxarias).

19. Demanda ergonômica: observação do contexto geral do processo produtivo da empresa e a evidência de seus disfuncionamentos, não devendo se restringir apenas a dores, sofrimento e doenças.

20. Desinfecção: é a redução por intermédio de agentes químicos ou métodos físicos adequados, do número de micro-organismos no prédio, instalações, maquinaria, utensílios, ao nível que impeça a contaminação do alimento que se elabora.

21. Equipamentos: maquinaria e demais utensílios utilizados nos estabelecimentos.

22. Padrão Referencial de Qualidade do Ar Interior: marcador qualitativo e quantitativo de qualidade do ar ambiental interior, utilizado como sentinela para determinar a necessidade da busca das fontes poluentes ou das intervenções ambientais.

23. Qualidade do Ar Ambiental Interior: Condição do ar ambiental de interior, resultante do processo de ocupação de um ambiente fechado com ou sem climatização artificial.

24. Resfriamento: processo de refrigeração e manutenção da temperatura entre 0° C (zero grau centígrado) e 4° C (quatro graus centígrados positivos) dos produtos (carcaças, cortes ou recortes, miúdos e/ou derivados), com tolerância de 1° C (um grau centígrado) medidos no interior dos mesmos.

25. Risco: possibilidade ou chance de ocorrerem danos à saúde ou integridade física dos trabalhadores, devendo ser identificado em relação aos eventos ou exposições possíveis e suas consequências potenciais.

26. Serviço de Inspeção Sanitária: serviço de inspeção federal (SIF), estadual e municipal.

27. Subprodutos e/ou resíduos: couros, sangue, ossos, gorduras, aparas de carne, tripas, animais ou suas partes condenadas pela inspeção sanitária, etc. que devem passar por processamentos específicos.

28. Triparia: departamento destinado à manipulação, limpeza e preparo para melhor apresentação ou subsequente tratamento dos órgãos e vísceras retiradas dos animais abatidos. São considerados produtos de triparia as cabeças, miolos, línguas, mocotós, esôfagos e todas as vísceras e órgãos, torácicos e abdominais, não rejeitados pela Inspeção Federal.

29. Valor Máximo Recomendável: Valor limite recomendável que separa as condições de ausência e de presença do risco de agressão à saúde humana.

30. Valoração dos riscos: a valoração do risco refere-se ao processo de comparar a magnitude ou nível do risco em relação a critérios previamente definidos para estabelecer prioridades e fundamentar decisões sobre o controle/tratamento do risco.

31. Agentes Biológicos: Para fins de aplicação desta norma, consideram-se agentes biológicos prejudiciais aqueles que pela sua natureza ou intensidade são capazes de produzir danos à saúde dos trabalhadores.

32. Boa qualidade do ar interno: conjunto de propriedades físicas, químicas e biológicas do ar que não apresentem agravos à saúde humana.

33. Isolamento térmico: Propriedade de um material, usado na vestimenta, de reduzir as trocas térmicas entre o corpo e o ambiente.

No caso dos ambientes frios, de reduzir a perda de calor. A eficácia do isolamento da vestimenta depende das propriedades isolantes do tecido e da adaptação às diferentes partes do corpo.

34. Cilindro dentado – Eixo com dentes e ranhuras de raspagem para o arraste do produto. Cilindro que tem estrias circunferenciais, conforme características constantes no item 1.2.3.3.

•• Item acrescentado pela Portaria n. 97, de 8-2-2018.

35. Cilindro de arraste – Eixo com dentes e uma disposição ondulada sem ranhuras de raspagem para o arraste do produto. Cilindro com ranhuras longitudinais, sem estrias circunferenciais, conforme características constantes no item 1.2.3.4.

•• Item acrescentado pela Portaria n. 97, de 8-2-2018.

Anexo II
Requisitos de segurança específicos para máquinas utilizadas nas indústrias de abate e processamento de carnes e derivados destinados ao consumo humano

•• Anexo II acrescentado pela Portaria n. 511, de 29-4-2016.

1. Para fins do atendimento do item 36.7.1 desta Norma, estão abrangidos no presente anexo as seguintes máquinas de uso exclusivo na indústria de abate e processamento de carnes de derivados destinados ao consumo humano:

•• Item 1 com redação determinada pela Portaria n. 99, de 8-2-2018.

I – Máquina automática para descourear e retirar pele e película;

II – Máquina aberta para descourear e retirar pele;

III – Máquina de repasse de moela;

IV – Máquina Serra de Fita;

V – Máquina para corte de carcaças de animais de médio e grande porte.

•• Inciso V acrescentado pela Portaria n. 1.087, de 18-12-2018, em vigor após 180 dias da sua publicação (*DOU* 19-12-2018).

I – Máquina automática para descourear e retirar pele e película

1.1. A máquina automática para descourear e retirar pele e película de carnes destinadas ao consumo humano é definida para fins deste anexo como a máquina com cilindros de tração e lâmina utilizada para descourear e retirar a pele e a película de carnes, com alimentação por esteira transportadora, sistema de retenção e esteira de descarga, conforme exemplificado nas figuras 1 e 2.

1.1.1. A máquina deve ser utilizada dentro dos limites estabelecidos no manual de instruções.

• Código: 136.365-4. Infração: 2. Tipo: S.

Figura 1 - Máquina automática de descourear e retirar pele e película

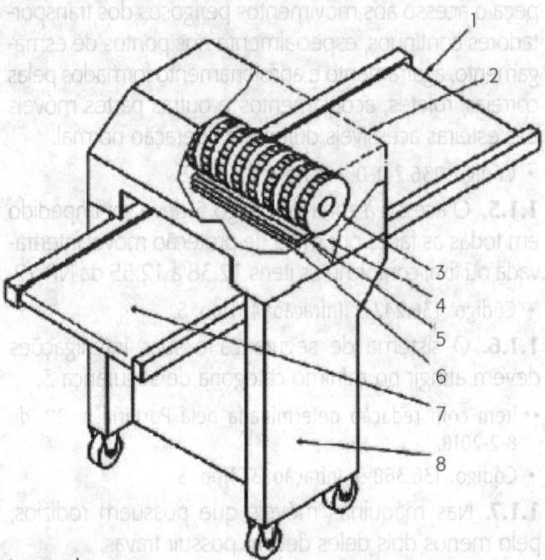

Legenda:

1. Esteira transportadora de descarga (saída do produto);
2. Proteção móvel;
3. Cilindros de retenção;
4. Suporte da lâmina;
5. Lâmina;
6. Cilindro dentado ou de transporte;
7. Esteira transportadora de alimentação;
8. Carenagem/Sistema motriz.

Fonte: Norma Técnica EN 12355:2003 + A1: 2010

Figura 2 - Detalhe do sistema de corte e transporte de uma máquina automática de descourear e retirar pele e película

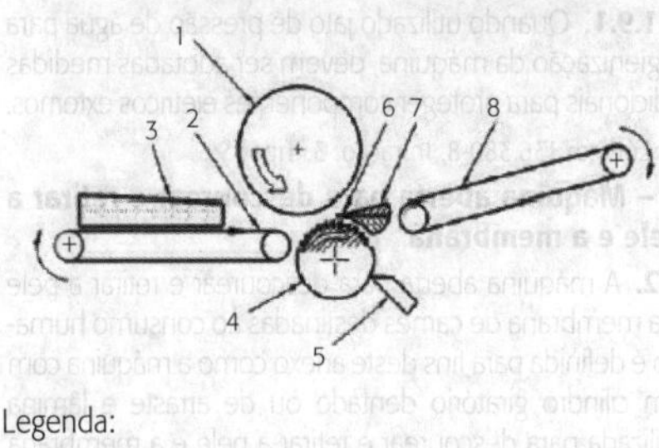

Legenda:

1. Cilindro de retenção;
2. Esteira transportadora para alimentação;
3. Produto;
4. Cilindro dentado tracionado;
5. Raspador;
6. Lâmina;
7. Suporte da lâmina;
8. Esteira transportadora de descarga (saída do produto).

Fonte: Norma Técnica EN 12355:2003 + A1: 2010

1.1.2. Os perigos mecânicos (figura 3) e os requisitos de segurança abrangidos neste anexo se referem ao tipo de máquina descrita no item 1.1 e seus limites de aplicação.

1.1.2.1. Deve ser realizada uma prévia avaliação de risco da máquina, após a sua instalação, longo período de inatividade ou quando ocorrer mudança do processo operacional, em relação ao trabalhador, para evitar riscos adicionais oriundos do processo e das condições do ambiente de trabalho.

• Código: 136.366-2. Infração: 4. Tipo: S.

Figura 3 - Zonas de perigo da máquina automática de descourear e retirar pele e película

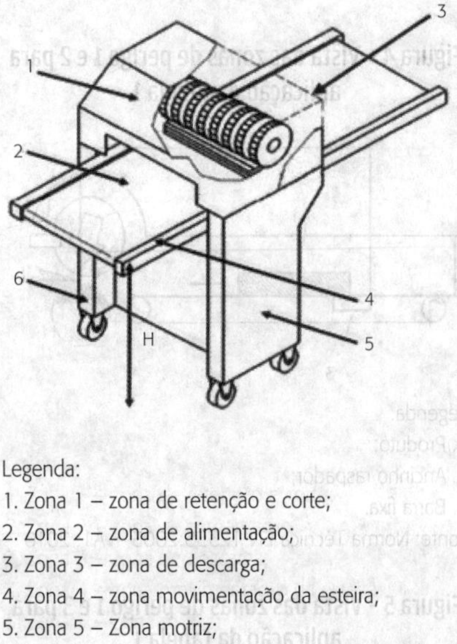

Legenda:

1. Zona 1 – zona de retenção e corte;
2. Zona 2 – zona de alimentação;
3. Zona 3 – zona de descarga;
4. Zona 4 – zona movimentação da esteira;
5. Zona 5 – Zona motriz;
6. Zona 6 – zona do sistema de rodízio para facilitar o transporte;

H – Altura da superfície da esteira de alimentação e de descarga em relação ao solo.

Fonte: Norma Técnica EN 12355:2003 + A1: 2010

1.1.3. O acesso às zonas de perigo 1, 2 e 3 deve ser impedido por meio de proteção móvel intertravada, monitorada por interface de segurança, conforme os itens 12.38 a 12.55 da NR-12, devendo ainda o acesso às zonas 2 e 3 atender às dimensões indicadas na tabela 1 e figuras 4 e 5 deste anexo.

• Código: 136.367-0. Infração: 4. Tipo: S.

1.1.3.1. O movimento de risco dos cilindros deve cessar totalmente em um período de tempo de até dois segundos quando a proteção móvel intertravada for aberta.

• Código: 136.367-0. Infração: 4. Tipo: S.

1.1.3.2. A proteção móvel deve ser projetada de forma que possa ser movimentada pelo trabalhador com uma força menor do que 50N (newton).

• Código: 136.367-0. Infração: 4. Tipo: S.

Tabela 1
Relação entre a altura da abertura B e a distância A iniciando na área de contato (medidas em milímetros)

A	≥=	230	450	550
B	≥=	40	95	120

A = Distância até a área de contato.
B = Altura da abertura, incluída a distância de controle, na borda frontal da proteção ou da barra de desconexão.

Figura 4 - Vista das zonas de perigo 1 e 2 para aplicação da tabela 1

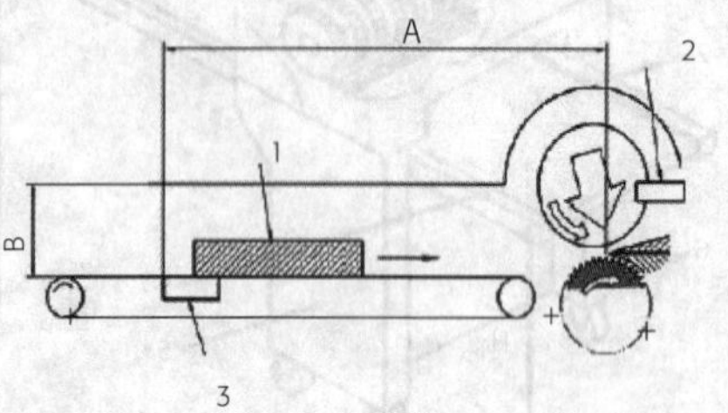

Legenda:
1. Produto;
2. Ancinho raspador;
3. Barra fixa.

Fonte: Norma Técnica EN 12355:2003 + A1: 2010

Figura 5 - Vista das zonas de perigo 1 e 3 para aplicação da tabela 1

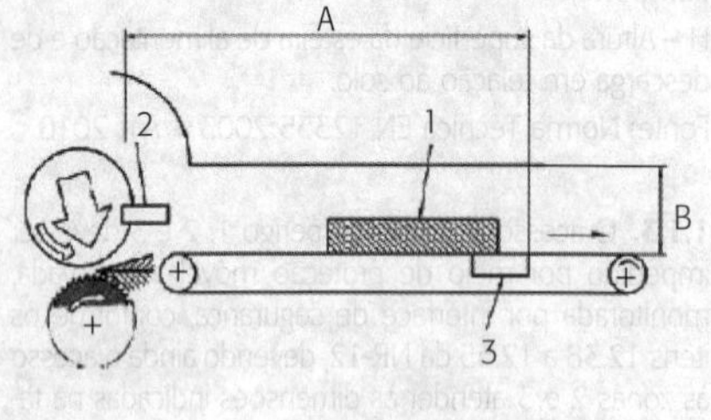

Legenda:
1. Produto;
2. Ancinho raspador;
3. Barra fixa.

Fonte: Norma Técnica EN 12355:2003 + A1: 2010

1.1.4. O acesso à zona de perigo 4 deve ser impedido por meio de proteção móvel intertravada ou fixa, conforme os itens 12.38 a 12.55 da NR-12, para que se impeça o acesso aos movimentos perigosos dos transportadores contínuos, especialmente nos pontos de esmagamento, agarramento e aprisionamento formados pelas correias, roletes, acoplamentos e outras partes móveis das esteiras acessíveis durante a operação normal.

• Código: 136.241-0. Infração: 4. Tipo: S.

1.1.5. O acesso à zona de perigo 5 deve ser impedido em todas as faces por meio de proteção móvel intertravada ou fixa, conforme os itens 12.38 a 12.55 da NR-12.

• Código: 136.242-9. Infração: 4. Tipo: S.

1.1.6. O sistema de segurança e suas interligações devem atingir no mínimo categoria de segurança 3.

•• Item com redação determinada pela Portaria n. 99, de 8-2-2018.

• Código: 136.368-9. Infração: 3. Tipo: S.

1.1.7. Nas máquinas móveis que possuem rodízios, pelo menos dois deles devem possuir travas.

• Código: 136.369-7. Infração: 3. Tipo: S.

1.1.8. A altura "H" deve ser de 1050 mm se a altura da esteira (plano de trabalho) for fixa.

• Código: 136.379-4. Infração: 3. Tipo: S.

1.1.8.1. Quando a altura da esteira for regulável, a altura "H" deve permitir ajuste entre 850 mm a 1120 mm.

• Código: 136.379-4. Infração: 3. Tipo: S.

1.1.8.2. A altura "H" fora do padrão estabelecido nos itens 1.1.8 e 1.1.8.1 deste anexo só pode ser adotada por meio de uma análise ergonômica do trabalho (AET) do posto de trabalho.

• Código: 136.379-4. Infração: 3. Tipo: S.

1.1.9. Os componentes elétricos devem atender ao grau de proteção (IP), de acordo com as normas técnicas oficiais vigentes à época de publicação deste anexo.

• Código: 136.380-8. Infração: 3. Tipo: S.

1.1.9.1. Quando utilizado jato de pressão de água para higienização da máquina, devem ser adotadas medidas adicionais para proteger componentes elétricos externos.

• Código: 136.380-8. Infração: 3. Tipo: S.

II – Máquina aberta para descourear e retirar a pele e a membrana

1.2. A máquina aberta para descourear e retirar a pele e a membrana de carnes destinadas ao consumo humano é definida para fins deste anexo como a máquina com um cilindro giratório dentado ou de arraste e lâmina utilizada para descourear e retirar a pele e a membrana de carnes, de alimentação manual, sem a utilização de esteira, conforme exemplificado nas figuras 6 e 7.

1.2.1. Nas máquinas abertas para descourear e retirar a pele e a membrana somente devem ser processados produtos arredondados e grandes.

• Código: 136.248-8. Infração: 3. Tipo: S.

1.2.1.1. Os produtos planos somente devem ser processados em máquinas automáticas para descourear e retirar pele e película.

1.2.1.2. A máquina deve ser utilizada dentro dos limites estabelecidos no manual de instruções.

- Código: 136.365-4. Infração: 2. Tipo: S.

Figura 6 - Máquina aberta de descourear e de retirar a pele e a membrana

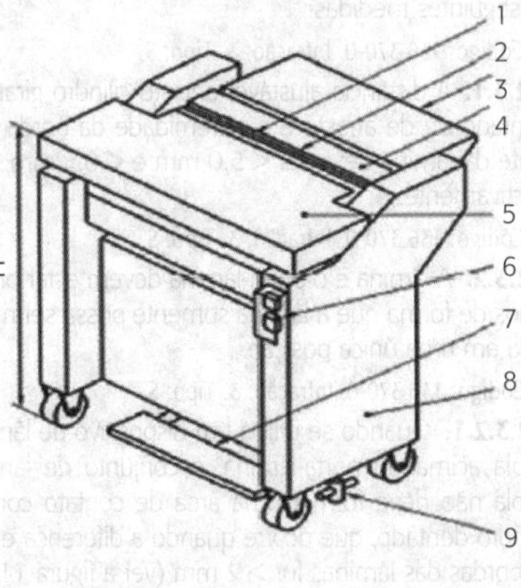

Legenda:

1. Cilindro dentado e tampa protetora;
2. Lâmina;
3. Mesa de evacuação;
4. Suporte de lâmina;
5. Mesa de alinhamento;
6. Interruptor de LIGA/DESLIGA;
7. Interruptor do pedal;
8. Sistema Motriz;
9. Dispositivo de bloqueio;
10. Altura da Mesa (H);

Fonte: Norma Técnica EN 12355:2003 + A1: 2010

Figura 7 - Sistema de uma máquina aberta de descourear e de retirar a pele e a membrana

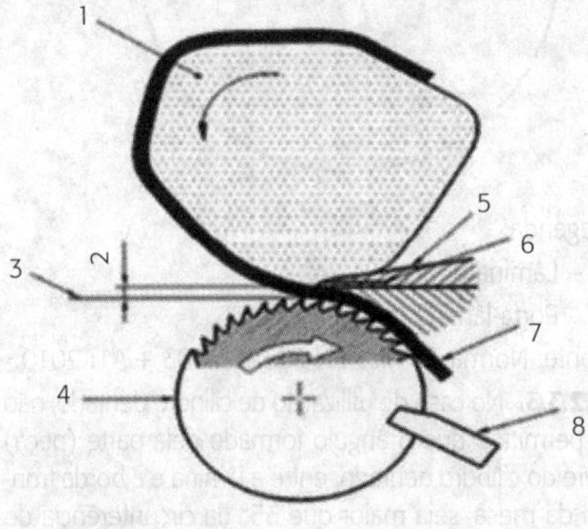

Legenda:

1. Produto arredondado;
2. Espessura do corte ≤ 5mm (cilindro dentado) ou ≤ 0,5 mm (cilindro de arraste);
3. Mesa de alimentação;
4. Cilindro dentado ou de arraste;
5. Suporte de lâmina;
6. Lâmina;
7. Couro ou pele;
8. Pente de raspagem.

Fonte: Norma Técnica EN 12355:2003 + A1: 2010

1.2.2. Os perigos mecânicos (figura 8) e os requisitos de segurança abrangidos neste anexo se referem ao tipo de máquina descrita no item 1.2 e seus limites de aplicação.

1.2.2.1. Deve ser realizada uma prévia avaliação de risco da máquina, após a sua instalação, longo período de inatividade ou quando ocorrer mudança do processo operacional, em relação ao trabalhador, para evitar riscos adicionais oriundos do processo e das condições do ambiente de trabalho.

- Código: 136.366-2. Infração: 4. Tipo: S.

Figura 8 - Zonas de perigo da máquina aberta de descourear e retirar a pele e a membrana

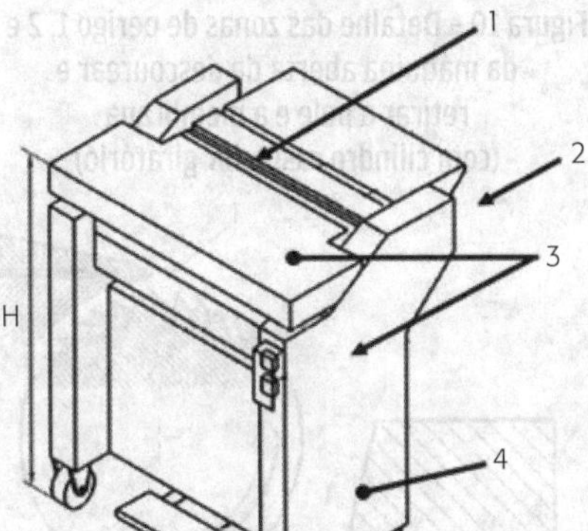

Legenda:

1. Zona 1: Zona de corte;
2. Zona 2: Zona de descarga;
3. Zona 3: Zona interna – entre cilindros e partes fixas da máquina e dispositivos de limpeza (se existentes);
4. Zona 4: Zona motriz;
5. Zona 5: Zona do sistema de rodízio para facilitar o transporte;

H. Altura da mesa de alinhamento em relação ao solo.

Fonte: Norma Técnica EN 12355:2003 + A1: 2010

Figura 9 – Detalhe das zonas de perigo 1, 2 e 3 da máquina aberta de descourear e retirar a pele e a membrana (com pente raspador)

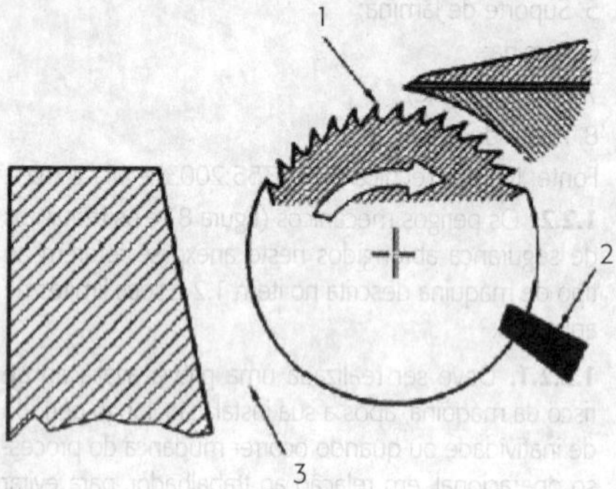

Legenda:

1. Cilindro dentado giratório e porta lâmina ajustável na altura com a lâmina montada;

2. Cilindro dentado giratório e pente raspador;

3. Cilindro dentado giratório e as partes fixas da máquina.

Fonte: Norma Técnica EN 12355:2003 + A1: 2010

Figura 10 – Detalhe das zonas de perigo 1, 2 e 3 da máquina aberta de descourear e retirar a pele e a membrana (com cilindro raspador giratório)

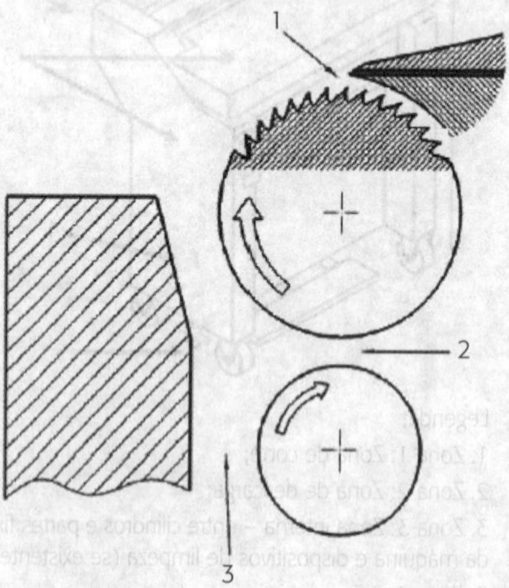

Legenda:

1. Cilindro de arraste giratório e porta lâmina fixo com a lâmina montada;

2. Cilindro de arraste giratório e cilindro raspador giratório;

3. Cilindro de arraste/cilindro raspador giratórios, com as partes fixas da máquina e o dispositivo de limpeza por jato de ar.

Fonte: Norma Técnica EN 12355:2003 + A1: 2010

1.2.3. O acesso à zona de perigo 1 (área de corte e área de separação entre o cilindro dentado ou de arraste e o porta-lâmina) deve estar protegido, aplicando-se as seguintes medidas:

- Código: 136.370-0. Infração: 3. Tipo: S.

1.2.3.1. A distância ajustável entre o cilindro giratório dentado ou de arraste e a extremidade da borda cortante da lâmina deve ser < 5,0 mm e < 0,5 mm, respectivamente.

- Código: 136.370-0. Infração: 3. Tipo: S.

1.2.3.2. A lâmina e o porta-lâmina devem estar projetados de forma que a lâmina somente possa ser montada em uma única posição.

- Código: 136.370-0. Infração: 3. Tipo: S.

1.2.3.2.1. Quando se utiliza um dispositivo de lâmina dupla acima do porta-lâmina, o conjunto de lâmina dupla não deve formar uma área de contato com o cilindro dentado, que ocorre quando a diferença entre as bordas das lâminas for > 2 mm (ver a figura 11).

- Código: 136.370-0. Infração: 3. Tipo: S.

Figura 11 – Detalhe do dispositivo de lâmina dupla

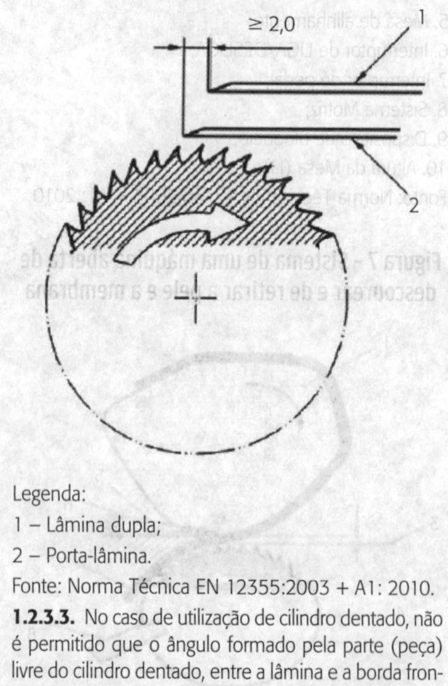

Legenda:

1 – Lâmina dupla;

2 – Porta-lâmina.

Fonte: Norma Técnica EN 12355:2003 + A1: 2010.

1.2.3.3. No caso de utilização de cilindro dentado, não é permitido que o ângulo formado pela parte (peça) livre do cilindro dentado, entre a lâmina e a borda frontal da mesa, seja maior que 35° da circunferência do cilindro, para uma mesa cuja altura é compreendida entre 850 mm a 1050 mm.

• Código: 136.370-0. Infração: 3. Tipo: S.

1.2.3.3.1. No caso de produtos arredondados e excepcionalmente grandes, pode-se utilizar uma mesa de alimentação que permita uma parte livre do cilindro dentado não superior a 90° para uma altura da mesa > 850 mm.

• Código: 136.370-0. Infração: 3. Tipo: S.

1.2.3.4. No caso de utilização de cilindro de arraste, na circunferência do cilindro giratório de arraste, a distância ponto-a-ponto das ranhuras (fendas) longitudinais deve ser menor ou igual a 2,5 mm, a profundidade da fenda (ranhura) menor ou igual a 2,0 mm e as ranhuras não devem ter estrias circunferenciais (ver figura 12).

•• Item com redação determinada pela Portaria n. 97, de 8-2-2018.

• Código: 136.370-0. Infração: 3. Tipo: S.

Figura 12 – Requisitos de segurança do cilindro de arraste

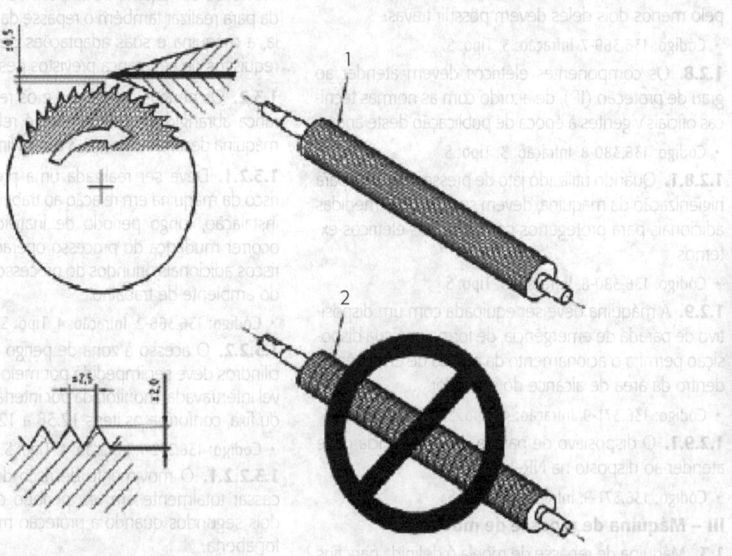

Legenda:

1 – Cilindro de arraste sem estrias circunferenciais.

2 – Cilindro de arraste com estrias circunferenciais.

Fonte: Norma Técnica EN 12355:2003 + A1: 2010

1.2.3.5. O dispositivo de acionamento e parada do sistema motriz do cilindro dentado ou cilindro de arraste deve ser um comando sensível.

• Código: 136.370-0. Infração: 3. Tipo: S.

1.2.3.5.1. O cilindro deve parar em até dois segundos depois que o operador soltar o interruptor de comando.

• Código: 136.370-0. Infração: 3. Tipo: S.

1.2.3.5.2. O interruptor de comando pode ser acionado, por exemplo, com o pé, com o joelho ou com a barriga, e deve estar protegido contra qualquer acionamento involuntário.

• Código: 136.370-0. Infração: 3. Tipo: S.

1.2.3.5.3. O dispositivo de acionamento e parada poderá ser interligado em série com o botão de parada de emergência.

• Código: 136.370-0. Infração: 3. Tipo: S.

1.2.3.6. Devem-se adotar medidas para evitar o acesso de terceiros à zona de perigo 1, limitando-se o acesso apenas ao posto de trabalho do operador da máquina (acesso frontal).

• Código: 136.370-0. Infração: 3. Tipo: S.

1.2.3.6.1. Quando não for possível limitar o acesso por meio do posicionamento da máquina no ambiente ou da organização dos postos de trabalho, o acesso de terceiros (outras pessoas) ao cilindro dentado ou de arraste da máquina aberta para descourear e retirar a pele e a membrana deve estar protegido por proteção fixa, conforme os itens 12.38 a 12.55 da NR-12.

• Código: 136.370-0. Infração: 3. Tipo: S.

1.2.3.6.2. Não devem ser utilizadas luvas de malha metálica ou luvas reforçadas com arame metálico durante a operação da máquina.

• Código: 136.370-0. Infração: 3. Tipo: S.

1.2.4. O acesso às zonas de perigo 2, 3 e 4 deve ser impedido em todas as faces por meio de proteção móvel intertravada ou fixa, conforme os itens 12.38 a 12.55 da NR-12.

• Código: 136.263-1. Infração: 4. Tipo: S.

1.2.5. O sistema de segurança e suas interligações devem atingir no mínimo categoria de segurança 3.

•• Item com redação determinada pela Portaria n. 99, de 8-2-2018.

• Código: 136.368-9. Infração: 3. Tipo: S.

1.2.6. A altura "H" deve ser de 1050 mm se a altura da mesa de alinhamento (plano de trabalho) for fixa.

• Código: 136.379-4. Infração: 3. Tipo: S.

1.2.6.1. Quando a altura for regulável, a altura "H" deve permitir ajuste entre 850 mm a 1120 mm.

• Código: 136.379-4. Infração: 3. Tipo: S.

1.2.6.2. A altura "H" fora do padrão estabelecido nos itens 1.2.6 e 1.2.6.1 deste anexo, só pode ser adotada por meio de uma análise ergonômica do trabalho (AET) do posto de trabalho.

• Código: 136.379-4. Infração: 3. Tipo: S.

1.2.7. Nas máquinas móveis que possuem rodízios, pelo menos dois deles devem possuir travas.

• Código: 136.369-7. Infração: 3. Tipo: S.

1.2.8. Os componentes elétricos devem atender ao grau de proteção (IP), de acordo com as normas técnicas oficiais vigentes à época de publicação deste anexo.

• Código: 136.380-8. Infração: 3. Tipo: S.

1.2.8.1. Quando utilizado jato de pressão de água para higienização da máquina, devem ser adotadas medidas adicionais para proteger os componentes elétricos externos.

• Código: 136.380-8. Infração: 3. Tipo: S.

1.2.9. A máquina deve ser equipada com um dispositivo de parada de emergência, de forma que sua disposição permita o acionamento da parada de emergência dentro da área de alcance do operador.

• Código: 136.371-9. Infração: 4. Tipo: S.

1.2.9.1. O dispositivo de parada de emergência deve atender ao disposto na NR-12.

• Código: 136.371-9. Infração: 4. Tipo: S.

III – Máquina de repasse de moela

1.3. Máquina de repasse de moela é definida para fins deste Anexo como a máquina com esteira e/ou local de alimentação, cilindros dentados, local de descarga e funil de resíduo de descarga utilizada para realizar o repasse da limpeza de moelas.

•• A Portaria n. 511, de 29-4-2016 (*DOU* de 2-5-2016), dispõe em seu art. 2º:

"Art. 2º Esta Portaria entra em vigor na data de sua publicação, exceto quanto às máquinas de repasse de moela fabricadas antes de sua vigência, que terão prazos escalonados, por estabelecimento, para implementação do disposto no item 1.3 e subitens, devendo-se observar:

I – Os estabelecimentos devem adequar 50% das máquinas de repasse de moela em até 18 meses.

II – Os estabelecimentos devem adequar 25% das máquinas de repasse de moela restantes em até 24 meses.

III – Os estabelecimentos devem adequar os demais 25% das máquinas de repasse de moela em até 30 meses.

§ 1º O atendimento às disposições transitórias estabelecidas no item 1.3.8 e subitens é requisito para a concessão do prazo de implementação estabelecido neste artigo.

•• *Vide* item 1.3.8 e subitens do anexo II desta NR 36.

§ 2º Os estabelecimentos que possuam até três máquinas de repasse de moela poderão optar pelo ajuste de uma máquina em 18 meses, uma em 24 meses e outra em 30 meses.

§ 3º Os estabelecimentos que possuam até duas máquinas de repasse de moela poderão optar pelo ajuste de uma máquina em 24 meses e outra em 30 meses.

§ 4º Os estabelecimentos que possuam apenas uma máquina de repasse de moela poderão optar pelo ajuste da máquina em até 24 meses.

§ 5º As microempresas e empresas de pequeno porte terão 6 meses a mais de prazo, em relação ao indicado neste artigo, para adequar suas máquinas de repasse de moela".

1.3.1. Se a máquina de limpeza de moela for adaptada para realizar também o repasse da limpeza de moela, a máquina e suas adaptações devem atender aos requisitos de segurança previstos neste anexo.

1.3.2. Os perigos mecânicos e os requisitos de segurança abrangidos neste anexo se referem ao tipo de máquina descrita no item 1.3 e seus limites de aplicação.

1.3.2.1. Deve ser realizada uma prévia avaliação de risco da máquina em relação ao trabalhador, após a sua instalação, longo período de inatividade ou quando ocorrer mudança do processo operacional, para evitar riscos adicionais oriundos do processo e das condições do ambiente de trabalho.

• Código: 136.366-2. Infração: 4. Tipo: S.

1.3.2.2. O acesso à zona de perigo de operação dos cilindros deve ser impedido por meio de proteção móvel intertravada, monitorada por interface de segurança, ou fixa, conforme os itens 12.38 a 12.55 da NR-12.

• Código: 136.372-7. Infração: 4. Tipo: S.

1.3.2.2.1. O movimento de risco dos cilindros deve cessar totalmente em um período de tempo de até dois segundos quando a proteção móvel intertravada for aberta.

• Código: 136.372-7. Infração: 4. Tipo: S.

1.3.2.2.2. A proteção móvel deve ser projetada de forma que possa ser movimentada pelo trabalhador com uma força menor do que 50N (newton).

• Código: 136.372-7. Infração: 4. Tipo: S.

1.3.2.3. O acesso às zonas de perigo do local de alimentação, do local de descarga do produto e do funil de descarga de resíduos deve ser impedido por meio de proteção que, por sua geometria, impeça o acesso aos movimentos perigosos por meio de proteção móvel intertravada ou fixa, conforme os itens 12.38 a 12.55 da NR-12, especialmente nos pontos de esmagamento, agarramento e aprisionamento formados pelos roletes, acoplamentos e outras partes móveis acessíveis durante a operação normal.

• Código: 136.373-5. Infração: 4. Tipo: S.

1.3.2.3.1. As proteções contra o acesso às zonas de perigo do local de alimentação, do local de descarga do produto e do funil de descarga de resíduos devem observar ainda as distâncias de segurança conforme quadro I do item "A" do Anexo I da NR-12.

• Código: 136.373-5. Infração: 4. Tipo: S.

1.3.2.3.2. Se for utilizada esteira para a alimentação automática da máquina ou na saída do produto, deve ser utilizada proteção móvel intertravada ou fixa, conforme os itens 12.38 a 12.55 da NR-12, que impeça a acesso aos movimentos perigosos dos transportadores contínuos, especialmente nos pontos de esmagamento, agarramento e aprisionamento formados pelas esteiras, correias, roletes, acoplamentos e outras partes móveis acessíveis durante a operação normal.

• Código: 136.373-5. Infração: 4. Tipo: S.

1.3.2.4. O acesso às partes móveis e transmissões de força deve ser impedido em todas as faces por meio de proteção móvel intertravada ou fixa, conforme os itens 12.38 a 12.55 da NR-12.

• Código: 136.278-0. Infração: 4. Tipo: S.

1.3.3. O sistema de segurança e suas interligações devem atingir no mínimo categoria de segurança 3.

•• Item com redação determinada pela Portaria n. 99, de 8-2-2018.

• Código: 136.368-9. Infração: 3. Tipo: S.

1.3.4. A altura "H" deve ser de 1050 mm se a altura de alimentação da máquina (plano de trabalho) for fixa.

• Código: 136.379-4. Infração: 3. Tipo: S.

1.3.4.1. Quando a altura de alimentação for regulável, a altura "H" deve permitir ajuste entre 850 mm a 1120 mm.

• Código: 136.379-4. Infração: 3. Tipo: S.

1.3.4.2. A altura "H" fora do padrão estabelecido nos itens 1.3.4 e 1.3.4.1 deste anexo, só poderá ser adotada através de uma análise ergonômica do trabalho (AET) do posto de trabalho.

• Código: 136.379-4. Infração: 3. Tipo: S.

1.3.5. Nas máquinas móveis que possuem rodízios, pelo menos dois deles devem possuir travas.

• Código: 136.369-7. Infração: 3. Tipo: S.

1.3.6. Os componentes elétricos devem atender ao grau de proteção (IP), de acordo com as normas técnicas oficiais vigentes à época de publicação deste anexo.

• Código: 136.380-8. Infração: 3. Tipo: S.

1.3.6.1. Quando utilizado jato de pressão de água para higienização da máquina, devem ser adotadas medidas adicionais para proteger componentes elétricos externos.

• Código: 136.380-8. Infração: 3. Tipo: S.

1.3.7. A máquina deve ser equipada com um dispositivo de parada de emergência, de forma que sua disposição permita o acionamento da parada de emergência dentro da área de alcance do operador.

• Código: 136.371-9. Infração: 4. Tipo: S.

1.3.7.1. O dispositivo de parada de emergência deve atender ao disposto na NR-12.

• Código: 136.371-9. Infração: 4. Tipo: S.

Disposições transitórias

1.3.8. As máquinas utilizadas para o repasse de moela fabricadas antes da vigência desta Portaria têm o prazo indicado no art. 2º para se adequarem ao disposto no item 1.3 e seus subitens, podendo ser utilizadas nesse período desde que atendam aos requisitos indicados nos subitens de 1.3.8.1 a 1.3.8.6.

•• *Vide* nota no item 1.3 do Anexo II desta NR 36.

1.3.8.1. A operação da máquina de repasse de moela só pode ser realizada por trabalhador que não utilize luvas e jalecos de manga longa.

1.3.8.2. A máquina deve ser equipada com um dispositivo de parada de emergência, de forma que sua disposição permita o acionamento da parada de emergência dentro da área de alcance do operador.

1.3.8.2.1. O dispositivo de parada de emergência deve atender ao disposto na NR-12.

1.3.8.2.2. O movimento dos cilindros deve cessar totalmente em um período de até dois segundos após o acionamento do dispositivo de parada de emergência.

1.3.8.3. O ângulo das ranhuras dos cilindros deve ser de 60° e a distância livre entre dois cilindros não deve ultrapassar 0,4 mm.

1.3.8.4. As extremidades dos roletes devem ser dotadas de proteção que impeça o acesso de membros superiores nas zonas de preensão e esmagamento.

1.3.8.5. O acesso para limpeza dos cilindros deve ser impedido por meio de proteção móvel intertravada, monitorada por interface de segurança, conforme os itens 12.38 a 12.55 da NR-12.

1.3.8.6. O sistema de segurança e suas interligações devem atingir no mínimo categoria de segurança 3.

•• Item com redação determinada pela Portaria n. 99, de 8-2-2018.

IV – Máquina Serra de Fita.

•• Item acrescentado pela Portaria n. 99, de 8-2-2018.

1.4. A máquina serra de fita é definida para fins deste anexo como sendo aquela formada por uma mesa de alimentação fixa ou uma mesa de alimentação parcialmente deslizante ou um transportador com cilindros ou uma correia transportadora, com uma canaleta regulável deslizante, uma polia superior e uma polia inferior, uma fita de corte, uma guia superior e uma guia inferior para a fita de corte, um dispositivo para ajustar a tensão da fita de corte, um sistema motriz e componentes elétricos, dependendo da especificidade da máquina, com uma altura de corte de até 550 mm.

1.4.1. As máquinas às quais se aplicam esta norma são utilizadas para cortar:

a) ossos;

b) carnes com ou sem ossos;

c) peixes;

d) blocos de produtos alimentícios;

e) outros produtos cárneos.

1.4.2. Esta norma não se aplica à serra de fita de uso restrito a açougues, mercearias, bares e restaurantes, prevista no Anexo VII da NR-12.

1.4.3. Os perigos mecânicos e requisitos de segurança abrangidos neste anexo se referem ao tipo de máquina descrita no item 1.4, devendo ser realizada uma prévia avaliação de risco da máquina, após a sua instalação, longo período de inatividade ou quando ocorrer mudança do processo operacional, em relação ao trabalhador, para evitar riscos adicionais oriundos do processo e das condições do ambiente de trabalho.

1.4.4. São consideradas zonas de perigo, conforme a figura 1:

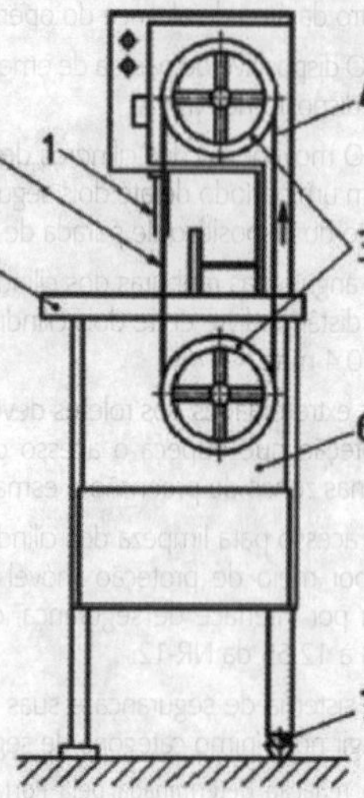

Legenda:
1 – Zona 1 – Parte da fita de corte coberta por canaleta regulável deslizante
2 – Zona 2 – Área de corte
3 – Zona 3 – Polias inferior e superior
4 – Zona 4 – Fita de corte fora da área de corte
5 – Zona 5 – Mesa de alimentação (fixa e/ou parcialmente deslizante)
6 – Zona 6 – Unidade motriz
7 – Zona 7 – Sistema de rodízio para facilitar o transporte.
H – Altura da mesa de trabalho em relação ao solo
Figura 1 – Zonas de perigo da máquina serra de fita
Fonte: Norma Técnica EN 12268:2014

1.4.5. O acesso a zona de perigo 1 deve possuir uma canaleta regulável deslizante, para enclausurar o perímetro da fita serrilhada na região de corte, liberando apenas a área mínima de fita serrilhada para operação.

• Código: 136.297-6. Infração: 3. Tipo: S.

1.4.6. O acesso à zona de perigo 2, área de corte da lâmina, deve ser impedido pela aplicação conjunta das seguintes medidas:

a) limitar a distância das mãos do(s) operador(es) a no mínimo 20 cm da fita, por todos os lados;

•• A Portaria n. 99, de 8-2-2018 (*DOU* de 9-2-2018), dispõe sobre o prazo de vigência desta alínea: "Art. 4º Esta portaria entra em vigor na data de sua publicação, exceto quanto aos itens abaixo discriminados, exclusivamente para adequação das máquinas já em uso, que entrarão em vigor nos prazos consignados, contados da publicação:

Item	Prazo para empresas em geral	Prazo para micro e pequenas empresas
1.4.6, alínea "a"	6 meses	12 meses
1.4.6, alínea "d"	12 meses	18 meses

• Código: 136.374-3. Infração: 3. Tipo: S.

b) não utilizar luvas de malha de aço, anticorte ou de material que possibilite agarramento;

• Código: 136.374-3. Infração: 3. Tipo: S.

c) quando utilizar vestimentas de manga longa na realização da atividade, esta deve ter fechamento no punho;

• Código: 136.374-3. Infração: 3. Tipo: S.

d) adotar medidas para evitar o acesso de terceiros à zona de perigo 2, limitando-se o acesso apenas ao posto de trabalho do(s) operador(es) da máquina.

•• A Portaria n. 99, de 8-2-2018 (*DOU* de 9-2-2018), dispõe sobre o prazo de vigência desta alínea: "Art. 4º Esta portaria entra em vigor na data de sua publicação, exceto quanto aos itens abaixo discriminados, exclusivamente para adequação das máquinas já em uso, que entrarão em vigor nos prazos consignados, contados da publicação:

Item	Prazo para empresas em geral	Prazo para micro e pequenas empresas
1.4.6, alínea "a"	6 meses	12 meses
1.4.6, alínea "d"	12 meses	18 meses

• Código: 136.374-3. Infração: 3. Tipo: S.

1.4.6.1. Os cortes que exijam distância inferior ao previsto na letra "a" do item 1.4.6, somente podem ser realizados com a utilização de dispositivo que proteja completamente as mãos do(s) operador(es).

• Código: 136.374-3. Infração: 3. Tipo: S.

1.4.6.1.1. O dispositivo para proteção, constituído por material resistente ao corte da serra, pode ser do tipo empurrador, anteparo físico ou outras alternativas, conforme exemplos das figuras 2, 3 e 4, que impeçam o contato das mãos com a fita de corte;

• Código: 136.374-3. Infração: 3. Tipo: S.

1.4.6.1.2. As soluções alternativas para proteção devem ser projetadas de modo a atingir o nível necessário de segurança previsto neste anexo.

• Código: 136.374-3. Infração: 3. Tipo: S.

1.4.6.2. Quando não for possível limitar o acesso por meio do posicionamento da máquina no ambiente ou da organização dos postos de trabalho, o acesso de terceiros (outras pessoas) à área de corte da lâmina deve estar protegido por meio de proteção fixa ou móvel intertravada, conforme os itens de 12.38 a 12.55 da NR-12.

• Código: 136.374-3. Infração: 3. Tipo: S.

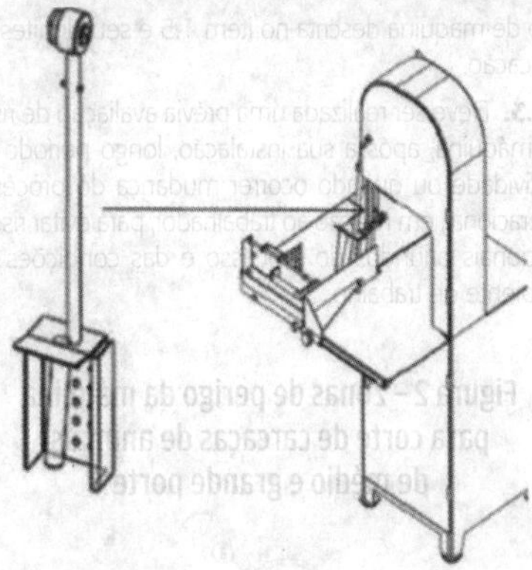

Figura 2 – Exemplo de dispositivo para proteção da mão do trabalhador

Fonte: Arquivo da subcomissão de máquinas da CNTT da NR-36

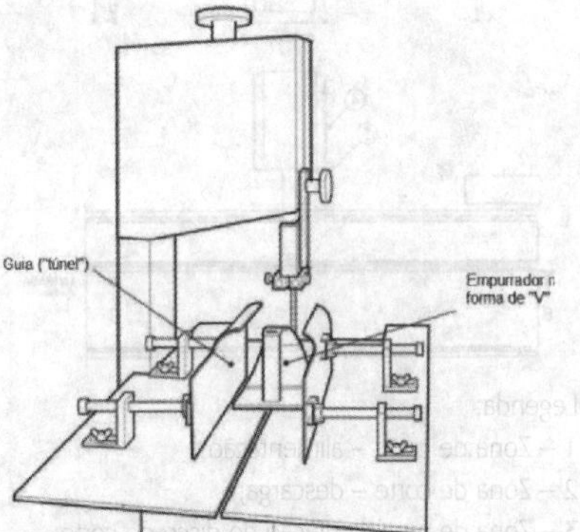

Figura 3 – Exemplo de dispositivo para proteção da mão do trabalhador

Fonte: Reducing bandsaw accidents in the food industry. Guidance Note PM33 do HSE (Health and Safety Executive), 2000.

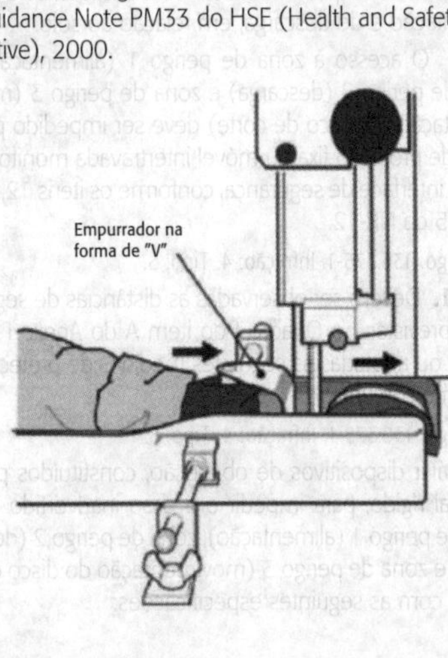

Figura 4 – Exemplo de dispositivo para proteção da mão do trabalhador

Fonte: Reducing bandsaw accidents in the food industry. Guidance Note PM33 do HSE (Health and Safety Executive), 2000.

1.4.7. O acesso à zona de perigo 3, polias inferior e superior e à zona de perigo 4, fita de corte fora da área de corte, deve ser impedido em todas as faces por meio de proteção móvel intertravada, conforme os itens 12.38 a 12.55 da NR-12.

• Código: 136.304-2. Infração: 3. Tipo: S.

1.4.8. Na zona de perigo 5, mesa de alimentação, quando utilizada a mesa parcialmente deslizante, esta deve ser projetada para impedir qualquer salto ou deslizamento para fora dos trilhos ou da guia.

• Código: 136.305-0. Infração: 3. Tipo: S.

1.4.9. O acesso à zona de perigo 6, unidade motriz, deve ser impedido por meio de proteção móvel intertravada ou fixa, conforme os itens 12.38 a 12.55 da NR-12, que impeça o acesso aos movimentos perigosos do sistema motriz durante a operação normal.

• Código: 136.306-9. Infração: 3. Tipo: S.

1.4.10. A máquina serra de fita com uma altura de corte maior do que 420 mm deve ser dotada de unidade de alimentação e de evacuação não automática, como por exemplo, transportador com cilindros, correia (cinta) transportadora, mesa deslizante, entre outros.

• Código: 136.307-7. Infração: 3. Tipo: S.

1.4.11. Devem ser adotadas medidas para impedir a passagem de pessoas e materiais no espaço imediatamente atrás do(s) operador(es) de modo a evitar seu deslocamento acidental durante a operação.

• Código: 136.308-5. Infração: 3. Tipo: S.

1.4.12. Nas máquinas móveis que possuem rodízios, pelo menos dois deles devem possuir travas.

• Código: 136.369-7. Infração: 3. Tipo: S.

1.4.13. A altura "H", a partir do solo até a superfície superior da mesa de alimentação deve estar entre 850 mm à 1120 mm.

• Código: 136.379-4. Infração: 3. Tipo: S.

1.4.13.1. A altura "H" fora do padrão estabelecido no item 1.4.10 deste anexo só pode ser adotada por meio de uma Análise Ergonômica do Trabalho (AET) do posto de trabalho.

• Código: 136.379-4. Infração: 3. Tipo: S.

1.4.14. Os componentes elétricos devem atender ao grau de proteção (IP), de acordo com as normas técnicas oficiais vigentes à época de publicação deste anexo.

• Código: 136.380-8. Infração: 3. Tipo: S.

1.4.14.1. Quando utilizado jato de pressão de água para higienização da máquina devem ser adotadas medidas adicionais para proteger componentes elétricos externos.

• Código: 136.380-8. Infração: 3. Tipo: S.

1.4.15. A máquina deve ser equipada com um dispositivo de parada de emergência, de forma que sua dis-

NR 36

posição permita o acionamento da parada de emergência dentro da área de alcance do operador.

• Código: 136.371-9. Infração: 4. Tipo: S.

1.4.15.1. O dispositivo de parada de emergência deve atender ao disposto na NR-12.

• Código: 136.371-9. Infração: 4. Tipo: S.

1.4.16. O sistema de segurança e suas interligações devem atingir no mínimo categoria de segurança 3.

• Código: 136.368-9. Infração: 3. Tipo: S.

1.4.17. Os operadores da máquina serra de fita devem estar identificados durante seu turno de trabalho.

• Código: 136.316-6. Infração: 3. Tipo: S.

V – Máquina para corte de carcaças de animais de médio e grande porte.

•• Item acrescentado pela Portaria n. 1.087, de 18-12-2018, em vigor após 180 dias da sua publicação (*DOU* 19-12-2018).

1.5. A máquina para corte de carcaças de animais de médio e grande porte é definida para fins deste anexo como a máquina com discos giratórios utilizados para a segregação de carcaças tais como pernil, carré, sobre paleta ou outros e dotada de esteira transportadora automática, conforme exemplificado na Figura 1 (a figura é meramente ilustrativa, para fins de demonstração das partes da máquina).

1.5.1. A máquina deve ser utilizada dentro dos limites estabelecidos no manual de instruções do fabricante.

Figura 1 – Módulo da máquina para corte de carcaças de animais de médio e grande porte

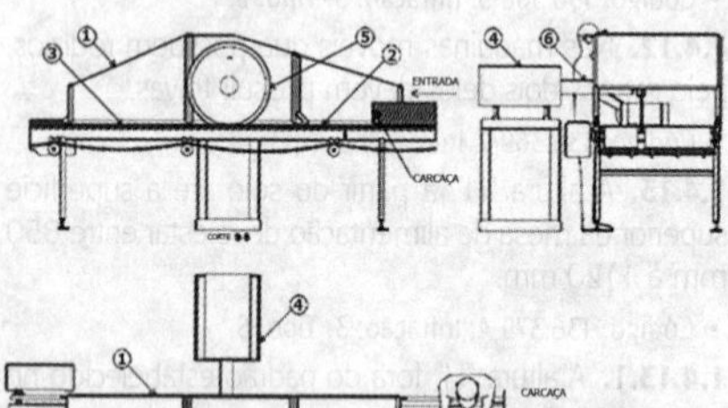

Legenda:

1 – Proteção externa fixa ou móvel da área de corte;

2 – Esteira transportadora de alimentação (entrada de produtos);

3 – Esteira transportadora de descarga (saída de produtos);

4 – Proteção fixa ou móvel do sistema motriz;

5 – Disco de corte;

6 – Proteção fixa do eixo de transmissão do sistema motriz.

1.5.2. Os perigos mecânicos (Figura 2) e os requisitos de segurança abrangidos neste anexo se referem ao tipo de máquina descrita no item 1.5 e seus limites de aplicação.

1.5.3. Deve ser realizada uma prévia avaliação de risco da máquina, após a sua instalação, longo período de inatividade ou quando ocorrer mudança do processo operacional, em relação ao trabalhador, para evitar riscos adicionais oriundos do processo e das condições do ambiente de trabalho.

Figura 2 – Zonas de perigo da máquina para corte de carcaças de animais de médio e grande porte

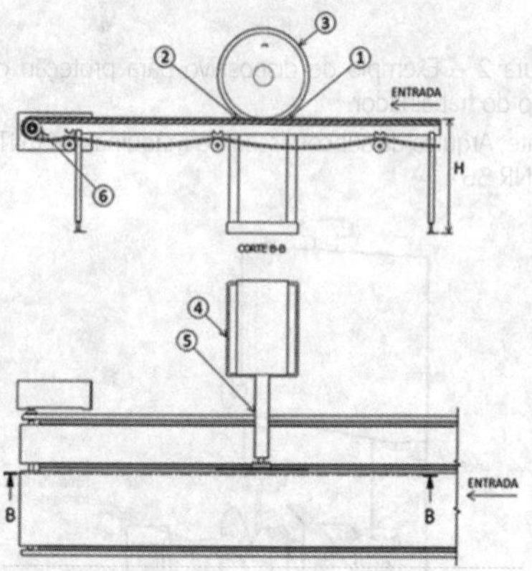

Legenda:

1 – Zona de corte – alimentação;

2 – Zona de corte – descarga;

3 – Zona de movimentação do disco de corte;

4 – Zona motriz;

5 – Zona de transmissão;

6 – Zona de movimentação da esteira;

H – Altura da superfície da esteira transportadora de alimentação e de descarga, em relação ao solo.

1.5.4. O acesso à zona de perigo 1 (alimentação), zona de perigo 2 (descarga) e zona de perigo 3 (movimentação do disco de corte) deve ser impedido por meio de proteção fixa ou móvel intertravada monitorada por interface de segurança, conforme os itens 12.38 a 12.55 da NR-12.

• Código: 136.375-1. Infração: 4. Tipo: S.

1.5.4.1. Devem ser observadas as distâncias de segurança previstas no Quadro I do item A do Anexo I da NR-12 ou adotadas as seguintes medidas de proteção de forma conjunta:

• Código: 136.375-1. Infração: 4. Tipo: S.

a) instalar dispositivos de obstrução, constituídos por material rígido, para impedir o acesso inadvertido na zona de perigo 1 (alimentação), zona de perigo 2 (descarga) e zona de perigo 3 (movimentação do disco de corte), com as seguintes especificações:

I. dois dispositivos de obstrução basculantes frontais paralelos na face de entrada do corte (zona de perigo 1), que ofereçam resistência para evitar o contato acidental com o disco, com massa de no mínimo 2 kg cada um;

II. dispositivos de obstrução fixo na face de saída do corte (zona de perigo 2), que recubra o disco;

III. proteção fixa na zona de movimentação do disco de corte (zona de perigo 3), que recubra o disco;

b) atender a altura e as distâncias especificadas na figura 3 e na tabela 1:

Figura 3 - Dispositivos de obstrução e proteções internas e externas

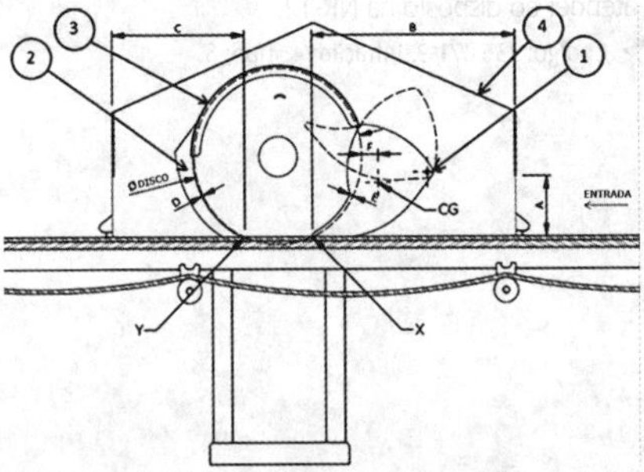

Legenda:

1 – Dois dispositivos de obstrução frontais na face de entrada do corte. Tais dispositivos devem estar posicionados paralelamente, um de cada lado do disco de corte. A distância (fenda) entre os dispositivos basculantes deve ser de no máximo 12 mm;

2 – O dispositivo de obstrução na face de saída do corte deve possuir espessura igual ou maior que a espessura do disco de corte;

3 – Proteção fixa na zona de movimentação do disco de corte;

4 – Proteção externa fixa ou móvel da área de corte:

A – Altura da abertura na entrada e na saída de produtos;

B – Distância medida do ponto de intersecção do disco com a mesa, na zona de alimentação (ponto X), até o posto de trabalho junto à superfície que restringe o acesso do corpo ou parte deste;

C – Distância medida do ponto de intersecção do disco com a mesa, na zona de descarga (ponto Y), até o posto de trabalho junto à superfície que restringe o acesso do corpo ou parte deste;

D – Distância (fenda) máxima entre o disco e o dispositivo de obstrução da parte traseira do disco;

E – Transposição mínima entre os dispositivos de obstrução basculantes frontais (1) e o disco de corte;

F – Distância mínima entre o disco de corte e o centro de gravidade dos dispositivos de obstrução basculantes (1) para garantir que tais dispositivos se mantenham sempre recobrindo o disco;

X – Ponto de intersecção do disco com a mesa, na zona de alimentação;

Y – Ponto de intersecção do disco com a mesa, na zona de descarga;

CG – Centro de gravidade dos dispositivos de obstrução basculantes frontais (1).

Tabela 1
Medidas de altura e distâncias (medidas em milímetros)

A	≤	320
B	≥	850
C	≥	550
D	≤	5
E	≥	10
F	≥	65

1.5.4.1.1. Podem ser adotados outros dispositivos de obstrução, observados o item 12.5 e o subitem 12.38.1 da NR-12, desde que garantam a mesma eficácia dos mencionados neste item e atendam ao disposto nas normas técnicas oficiais vigentes tipos A e B e, na ausência dessas, normas internacionais ou europeias harmonizadas aplicáveis.

• Código: 136.375-1. Infração: 4. Tipo: S.

1.5.4.2. O movimento dos discos de corte deve cessar totalmente antes da abertura da proteção móvel intertravada.

• Código: 136.375-1. Infração: 4. Tipo: S.

1.5.4.3. Caso a proteção externa fixa ou móvel da área de corte seja aberta em sua face superior, devem ser observadas as distâncias de segurança previstas no Quadro II, do item A, do Anexo I, da NR-12.

• Código: 136.375-1. Infração: 4. Tipo: S.

1.5.5. O acesso à zona de perigo 4 (motriz) e zona de perigo 5 (transmissão) deve ser impedido em todas as faces por meio de proteção fixa ou móvel intertravada monitorada por interface de segurança, conforme os itens 12.38 a 12.55 da NR-12.

• Código: 136.376-0. Infração: 4. Tipo: S.

1.5.6. O acesso à zona de perigo 6 (movimentação da esteira) deve ser impedido por meio de proteção fixa ou móvel intertravada, monitorada por interface de segurança, conforme os itens 12.38 a 12.55 da NR-12, para que impeça o acesso aos movimentos perigosos dos transportadores contínuos, especialmente nos pontos de esmagamento, agarramento e aprisionamento formados pelas correias, roletes, acoplamentos, eixos de transmissão da esteira e outras partes móveis das esteiras acessíveis durante a operação normal.

• Código: 136.377-8. Infração: 4. Tipo: S.

1.5.7. As proteções móveis intertravadas devem ser projetadas de forma que possam ser movimentadas pelo trabalhador com uma força menor do que 50 N (newtons).

• Código: 136.378-6. Infração: 2. Tipo: S.

1.5.8. O sistema de segurança e suas interligações devem atingir no mínimo categoria de segurança 3.

• Código: 136.368-9. Infração: 3. Tipo: S.

1.5.9. Quando houver intervenção de trabalhadores na atividade, a altura "H", indicada na Figura 2, deve ser de 1000 mm, se a altura da esteira (plano de trabalho) for fixa.

• Código: 136.379-4. Infração: 3. Tipo: S.

1.5.9.1. Quando a altura da esteira for regulável, a altura "H" deve permitir ajuste entre 850 mm a 1120 mm.

• Código: 136.379-4. Infração: 3. Tipo: S.

1.5.9.2. A altura "H" fora do padrão estabelecido nos itens 1.5.9 e 1.5.9.1 deste anexo só poderá ser adotada por meio de uma Análise Ergonômica do Trabalho - AET do posto de trabalho.

• Código: 136.379-4. Infração: 3. Tipo: S.

1.5.10. Os componentes elétricos devem atender ao grau de proteção (IP), de acordo com as normas técnicas oficiais vigentes à época de publicação deste anexo.

• Código: 136.380-8. Infração: 3. Tipo: S.

1.5.10.1. Quando utilizado jato de pressão de água para higienização da máquina, devem ser adotadas medidas adicionais para proteger componentes elétricos externos.

• Código: 136.380-8. Infração: 3. Tipo: S.

1.5.11. A máquina deve ser equipada com um ou mais dispositivos de parada de emergência que permitam a interrupção de seu funcionamento a partir de qualquer um dos operadores em seus postos de trabalho.

• Código: 136.371-9. Infração: 4. Tipo: S.

1.5.11.1. O dispositivo de parada de emergência deve atender ao disposto na NR-12.

• Código: 136.371-9. Infração: 4. Tipo: S.

NR 37
Segurança e Saúde em Plataformas de Petróleo (1)

SUMÁRIO:

37.1 Objetivo e Campo de Aplicação

37.1.1 Esta Norma Regulamentadora – NR estabelece os requisitos mínimos de segurança, saúde e condições de vivência no trabalho a bordo de plataformas de petróleo em operação nas Águas Jurisdicionais Brasileiras – AJB.

37.1.2 A observância desta NR não desobriga as empresas do cumprimento de outras disposições legais com relação à matéria de segurança e saúde no trabalho e ainda daquelas oriundas de contratos de trabalho, acordos de trabalho e convenções coletivas de trabalho, conforme a Consolidação das Leis do Trabalho – CLT.

37.1.3 Plataformas estrangeiras com previsão de operação temporária, de até seis meses, em AJB, e que não tenham suas instalações adequadas aos requisitos desta NR, devem atender às regras estabelecidas em convenções internacionais e ser certificadas e mantida em classe por sociedade classificadora, reconhecida pela Autoridade Marítima brasileira, com delegação de competência para tal.

• Código: 137.001-4. Infração: 4. Tipo: S.

37.1.3.1 A operação temporária dessas plataformas não pode pôr em risco a segurança e a saúde dos trabalhadores, especialmente no que diz respeito aos riscos graves e iminentes, conforme estabelecidos na NR-3 (Embargo ou Interdição).

37.1.3.2 Os intervalos entre dois períodos consecutivos das operações temporárias destas plataformas devem ser superiores a 3 (três) meses.

(1) Aprovada pela Portaria n. 1.186, de 20-12-2018, em vigor após 1 ano da data de publicação (*DOU* de 21-12-2018).

37.2 Obrigações Gerais – Responsabilidades e Competências

37.2.1 Cabe à operadora da instalação:

a) cumprir e fazer cumprir a presente NR, bem como, no que couber, as disposições contidas nas demais NRs, aprovadas pela Portaria MTb n. 3.214, de 08 de junho de 1978 e alterações posteriores;

b) interromper todo e qualquer tipo de atividade que exponha os trabalhadores a condições de risco grave e iminente;

- Código: 137.002-2. Infração: 4. Tipo: S.

c) prestar as informações solicitadas pela Auditoria Fiscal do Trabalho;

- Código: 137.003-0. Infração: 3. Tipo: S.

d) garantir que todos os trabalhadores sejam informados sobre os riscos e as medidas de controle que devem ser adotadas, associados às atividades realizadas a bordo, os riscos psicossociais e os demais riscos existentes nos locais de trabalho e nas áreas de vivência;

- Código: 137.004-9. Infração: 3. Tipo: S.

e) garantir aos trabalhadores o acesso às normas de segurança e saúde no trabalho vigentes, publicações e material instrucional em matéria de segurança, saúde e bem-estar a bordo, em meio físico ou digital;

- Código: 137.004-9. Infração: 3. Tipo: S.

f) disponibilizar ao Ministério do Trabalho e às respectivas representações de trabalhadores, quando solicitado, as estatísticas anuais de acidentes e doenças relacionadas aos trabalhos de empregados a bordo, previstas nos Quadros III, IV e VI da NR-04 (Serviços Especializados em Engenharia de Segurança e em Medicina do Trabalho – SESMT), dos últimos 5 (cinco) anos;

- Código: 137.005-7. Infração: 3. Tipo: S.

g) garantir, pelos meios usuais de transporte e sem ônus para o Ministério do Trabalho, o acesso à plataforma dos Auditores Fiscais do Trabalho – AFTs em serviço, onde não houver transporte público;

- Código: 137.006-5. Infração: 3. Tipo: S.

h) garantir, pelos meios usuais de transporte e sem ônus para os representantes dos trabalhadores da categoria operadora da instalação ou da categoria preponderante, o acesso à plataforma para acompanhar a fiscalização do trabalho, onde não houver transporte público.

- Código: 137.006-5. Infração: 3. Tipo: S.

37.2.2 Cabe à operadora do contrato:

a) cumprir e fazer cumprir a presente NR, bem como, no que couber, as disposições contidas nas demais NRs, aprovadas pela Portaria MTb n. 3.214, de 08 de junho de 1978 e alterações posteriores;

b) auditar, na forma prevista em sistema de gestão, a operadora da instalação quanto ao cumprimento desta NR e daquelas aprovadas pela Portaria MTb n. 3.214, de 08 de junho de 1978 e alterações posteriores, naquilo que couber;

- Código: 137.007-3. Infração: 3. Tipo: S.

c) prestar as informações solicitadas pela Auditoria Fiscal do Trabalho.

- Código: 137.008-1. Infração: 3. Tipo: S.

37.2.3 Cabe aos trabalhadores:

a) colaborar com a operadora da instalação para o cumprimento das disposições legais e regulamentares, inclusive dos procedimentos internos sobre segurança e saúde no trabalho e de bem-estar a bordo;

b) comunicar imediatamente ao seu superior hierárquico as situações que considerarem representar risco para a sua segurança e saúde ou para a de terceiros, e registrar em meio físico ou digital;

I – o seu superior hierárquico deverá informar ao SESMT e à CIPLAT ou, na sua ausência, ao responsável designado pelo cumprimento das obrigações da CIPLAT, quando couber;

c) portar a quantidade adequada de medicamentos de uso contínuo próprio, acompanhada da prescrição médica e dentro do prazo de validade.

37.3 Responsabilidades da Contratante e da Contratada

37.3.1 A operadora da instalação é responsável pelo cumprimento das medidas de segurança, saúde e bem-estar no trabalho desta NR e das demais Normas Regulamentadoras – NRs aplicáveis às empresas contratadas que prestam serviço a bordo da plataforma.

37.3.1.1 A operadora da instalação é responsável pelo controle de acesso, permanência e desembarque da plataforma de trabalhadores próprios, da concessionária ou empresas terceirizadas prestadoras de serviço a bordo, devendo arquivar estas informações, em meio físico ou digital, por pelo menos 12 (doze) meses.

- Código: 137.009-0. Infração: 3. Tipo: S.

37.3.1.2 É proibido o acesso de trabalhador à plataforma sem que a cópia, em meio físico ou digital, do seu Atestado de Saúde Ocupacional – ASO esteja disponível a bordo ou cuja validade esteja vencida ou a vencer dentro do período de embarque.

- Código: 137.009-0. Infração: 3. Tipo: S.

37.3.1.2.1 Para o acesso à plataforma desabitada deve ser observado o subitem 37.7.1.2 desta NR.

- Código: 137.009-0. Infração: 3. Tipo: S.

37.3.2 A operadora da instalação deve assegurar que os trabalhadores da empresa prestadora de serviço participem dos treinamentos de segurança e saúde previstos no subitem 37.8.10.1.

- Código: 137.010-3. Infração: 3. Tipo: S.

37.3.3 A operadora da instalação deve prestar as informações disponíveis em matéria de segurança e saúde, segundo a legislação vigente, relacionadas aos serviços realizados pela empresa contratada e ao meio ambiente de trabalho, que esta venha requerer antes, durante ou após a prestação dos seus serviços, de acordo com os prazos previstos na legislação.

- Código: 137.010-3. Infração: 3. Tipo: S.

37.3.4 A empresa contratada deve cumprir os requisitos de segurança e saúde especificados pela contratante, por esta NR e pelas demais NRs, naquilo que couber.

- Código: 137.011-1. Infração: 3. Tipo: S.

37.3.5 A operadora da instalação, visando atender ao previsto nesta NR, deve verificar e avaliar o cumprimento da legislação em matéria de segurança e saúde no trabalho nos serviços realizados pelas contratadas a bordo.

• Código: 137.012-0. Infração: 3. Tipo: S.

37.3.6 A operadora da instalação deve garantir que os requisitos de segurança e saúde e as condições de acesso à plataforma, higiene e condições de vivência dos empregados terceirizados a bordo sejam, no mínimo, os mesmos assegurados aos empregados da operadora da instalação ou concessionária.

• Código: 137.012-0. Infração: 3. Tipo: S.

37.3.7 A operadora da instalação deverá aprovar previamente as ordens de serviço, as permissões de trabalho e as permissões de entrada de trabalho em espaços confinados dos serviços a serem executados pelos empregados das empresas contratadas.

• Código: 137.013-8. Infração: 3. Tipo: S.

37.4 Direitos dos Trabalhadores

37.4.1 São direitos do trabalhador:

a) interromper a sua tarefa, com base em sua capacitação e experiência, quando constatar evidência de risco grave e iminente para sua segurança e saúde ou de outras pessoas, informando imediatamente ao seu superior hierárquico ou, na ausência deste, ao representante da operadora da instalação, e a CIPLAT, para que sejam tomadas as medidas adequadas às correções das não conformidades;

b) ser informado sobre os riscos existentes nos locais de trabalho e áreas de vivência e suas possíveis consequências que possam comprometer a sua segurança e saúde;

c) ser comunicado sobre ordens, instruções, recomendações ou notificações relativas as suas atividades ou ambientes de trabalho, feitas pela auditoria fiscal do trabalho relacionadas com o ambiente laboral, por meio dos diferentes instrumentos legais previstos na legislação trabalhista em matéria de segurança e saúde;

d) comunicar ao empregador e ao Ministério do Trabalho sobre qualquer risco potencial que considere capaz de gerar um acidente ampliado.

37.5 Declaração da Instalação Marítima – DIM

37.5.1 A operadora da instalação deve protocolizar a Declaração da Instalação Marítima – DIM da plataforma na Superintendência Regional do Trabalho – SRTb, correspondente à unidade da federação onde irá operar a plataforma.

• Código: 137.014-6. Infração: 2. Tipo: S.

37.5.1.1 A DIM deve ser elaborada pela operadora da instalação e assinada pelo seu preposto legal.

• Código: 137.015-4. Infração: 2. Tipo: S.

37.5.1.2 Os profissionais legalmente habilitados, e no âmbito das suas competências, responsáveis pela elaboração de parte ou do todo dos quesitos técnicos da DIM, conforme descritos no Anexo I desta NR, devem estar nominalmente identificados com os seus números de registros na entidade de classe e a respectiva Anotação de Responsabilidade Técnica – ART, para o exercício do cargo, função, atividade múltipla ou específica.

• Código: 137.015-4. Infração: 2. Tipo: S.

37.5.1.3 Os anexos constantes da DIM devem ser apresentados em meio eletrônico, devidamente dispostos de forma ordenada e regular, de fácil leitura e compreensão e passíveis de serem impressos.

• Código: 137.015-4. Infração: 2. Tipo: S.

37.5.1.3.1 Caso a visualização dos anexos necessite de programas computacionais específicos de engenharia ou de projeto, o documento deve ser integralmente impresso pela operadora da instalação e juntado à DIM.

•• A Portaria n. 1.412, de 17-12-2019 (*DOU* de 18-12-2019), prorroga por 12 (doze) meses a entrada em vigor deste item.

• Código: 137.015-4. Infração: 2. Tipo: S.

37.5.2 A DIM deve ser protocolizada, no mínimo, 90 (noventa) dias antes do:

• Código: 137.014-6. Infração: 2. Tipo: S.

a) início das atividades de perfuração, no caso de plataforma de perfuração;

b) final da ancoragem no local de operação, em se tratando de plataforma de produção flutuante;

c) término da montagem no local de operação, no caso de plataforma fixa;

d) início da prestação de serviços, para as instalações de apoio.

37.5.2.1 Se ocorrer mudança da locação da plataforma, a operadora da instalação ficará dispensada de providenciar nova DIM, devendo protocolizar tanto na SRTb de origem como na de destino, antes de iniciar o seu deslocamento, documento contendo as seguintes informações:

a) razão social e CNPJ da operadora da concessão;

• Código: 137.016-2. Infração: 2. Tipo: S.

b) localização (bacia, bloco ou campo e suas coordenadas geográficas);

• Código: 137.016-2. Infração: 2. Tipo: S.

c) tipo de operação;

• Código: 137.016-2. Infração: 2. Tipo: S.

d) início e término previstos da operação;

• Código: 137.016-2. Infração: 2. Tipo: S.

e) número máximo de trabalhadores embarcados.

• Código: 137.016-2. Infração: 2. Tipo: S.

37.5.2.2 Em caso de mudança de locação, decorrente de situações de emergência, a comunicação referida no subitem 37.5.2.1 deverá ser feita em até sete dias corridos após a ocorrência do sinistro, anexando cópia da comunicação do incidente prevista no subitem 37.32.1.1 desta NR.

• Código: 137.016-2. Infração: 2. Tipo: S.

37.5.3 A operadora da instalação deve atualizar e protocolizar a DIM na SRTb, em até 30 (trinta) dias após a efetivação de alterações na estrutura, máquinas, equipamentos, sistemas, instalações, processos ou áreas de vivência da plataforma, que impliquem impactos significativos nas condições de segurança, saúde e bem-

-estar dos trabalhadores, segundo os resultados e critérios estabelecidos no subitem 37.22.2 desta NR pelas análises de riscos atualizadas.

• Código: 137.017-0. Infração: 2. Tipo: S.

37.5.4 No caso de alteração da operadora da instalação em determinada plataforma, a operadora substituta deve elaborar e protocolizar nova DIM na respectiva SRTb, pelo menos 30 (trinta) dias antes do início das suas atividades operacionais a bordo.

• Código: 137.018-9. Infração: 2. Tipo: S.

37.6 Comissionamento, Ampliação, Modificação, Manutenção, Reparo, Descomissionamento e Desmonte

37.6.1 Para as atividades de comissionamento, ampliação, modificação, manutenção e reparo naval, descomissionamento e desmonte de plataformas, aplicam-se, além do disposto nos subitens deste item, os requisitos da NR-34 (Condições e Meio Ambiente de Trabalho na Indústria da Construção e Reparação Naval), naquilo que couber, independentemente do local, tipo e extensão do serviço a ser realizado a bordo.

37.6.1.1 Nos serviços de comissionamento, ampliação, modificação, manutenção, reparo, descomissionamento ou desmontes realizados durante as operações simultâneas a bordo da plataforma, devem ser:

a) elaboradas as análises de riscos;

• Código: 137.019-7. Infração: 3. Tipo: S.

b) implementadas, previamente, as recomendações das análises de riscos;

• Código: 137.019-7. Infração: 3. Tipo: S.

c) emitidas as respectivas permissões de trabalho e permissões de entrada em espaços confinados, quando couber;

• Código: 137.019-7. Infração: 3. Tipo: S.

d) acompanhados periodicamente por profissional de segurança do trabalho, na razão de 2 operações simultâneas para cada profissional.

• Código: 137.020-0. Infração: 3. Tipo: S.

37.6.2 A operadora da instalação deve protocolar documento na SRTb, com no mínimo 30 dias de antecedência, comunicando as paradas programadas, as atividades com acoplamento de unidade de manutenção e segurança ou as atividades que impliquem aumento da população da plataforma, acima da lotação aprovada inicialmente pela Autoridade Marítima.

• Código: 137.021-9. Infração: 2. Tipo: S

37.6.2.1 A operadora da instalação deve manter disponível a bordo, comprovante da ciência formal a todos os trabalhadores lotados na plataforma mediante instruções gerais por ocasião do embarque (*briefing* de segurança da plataforma), descrito no subitem 37.8.10.1.2, por até um ano após o término da campanha em pauta.

• Código: 137.038-3. Infração: 3. Tipo: S.

37.6.2.2 A comunicação prévia deve conter as seguintes informações:

a) identificação da plataforma onde ocorrerá a atividade;

• Código: 137.021-9. Infração: 2. Tipo: S.

b) descrição resumida e período de realização dos serviços, e quantitativo estimado de trabalhadores para a realização dos mesmos;

• Código: 137.021-9. Infração: 2. Tipo: S.

1. caso aconteçam correções do cronograma inicial, a operadora da instalação deve mantê-lo atualizado a bordo, observando ao prescrito no item 37.7 desta NR.

c) denominação, endereço e CNPJ das empresas prestadoras de serviço a bordo, responsáveis pela execução das atividades a serem realizadas conforme previstas no cronograma;

• Código: 137.021-9. Infração: 2. Tipo: S

d) limite de lotação da plataforma anterior ao início e durante estas atividades.

• Código: 137.021-9. Infração: 2. Tipo: S

37.6.2.3 A operadora da instalação deve disponibilizar a bordo cópia do documento comprovando autorização de aumento da lotação pela Autoridade Marítima, observando ao prescrito no item 37.7, desta NR.

• Código: 137.021-9. Infração: 2. Tipo: S

37.6.3 A operadora da instalação deve protocolizar comunicado de descomissionamento da plataforma na SRTb, em até 30 (trinta) dias antes do encerramento das suas operações.

• Código: 137.021-9. Infração: 2. Tipo: S

37.6.4 Para os trabalhadores embarcados, próprios ou terceirizados, durante as fases de comissionamento, ampliação, modificação, manutenção, reparo, descomissionamento ou desmonte, devem ser assegurados às condições de vivência, conforme os requisitos estabelecidos nesta NR.

• Código: 137.022-7. Infração: 2. Tipo: S.

37.6.4.1 Em situação emergencial, cujas condições de vivência não sejam plenamente atendidas segundo o item 37.14 desta NR, a operadora da instalação deve assegurar:

a) o direito de recusa aos trabalhadores envolvidos nas ações de resposta, sem a necessidade de justificativa;

• Código: 137.022-7. Infração: 2. Tipo: S.

b) a aplicação do item 3.4 da NR-03 (Embargo e Interdição), na existência de condições de risco grave e iminente a bordo;

• Código: 137.022-7. Infração: 2. Tipo: S.

c) o desembarque dos trabalhadores envolvidos nas ações de resposta, durante o seu período de descanso;

• Código: 137.022-7. Infração: 2. Tipo: S.

d) o atendimento ao prescrito no subitem 37.14.4.5 desta NR para as áreas de vivência.

• Código: 137.022-7. Infração: 2. Tipo: S.

37.7 Documentação

37.7.1 A documentação prevista nesta NR deve permanecer arquivada, em meio físico ou eletrônico, na plataforma por período mínimo de 5 (cinco) anos, salvo disposição em contrário mencionada nesta ou nas demais NRs, e à disposição da auditoria fiscal do trabalho.

• Código: 137.023-5. Infração: 2. Tipo: S.

37.7.1.1 Quando solicitada pela entidade sindical representativa da categoria, e mediante justificativa, a operadora da instalação deve disponibilizar a documentação referida no subitem 37.7.1 desta NR.

• Código: 137.023-5. Infração: 2. Tipo: S.

37.7.1.1.1 O não atendimento da solicitação deve ser justificado pela operadora da instalação.

• Código: 137.023-5. Infração: 2. Tipo: S.

37.7.1.2 Para as plataformas desabitadas, os documentos podem estar arquivados e disponíveis na sede da operadora da instalação ou na plataforma habitada.

• Código: 137.023-5. Infração: 2. Tipo: S.

37.7.1.3 A documentação deve estar disponível no idioma português do Brasil e atualizada.

• Código: 137.024-3. Infração: 1. Tipo: S.

37.7.1.3.1 Para as plataformas com previsão de operação temporária, de até 6 (seis) meses em águas jurisdicionais brasileiras, a documentação pode estar disponível nos idiomas português do Brasil ou inglês.

37.7.1.3.2 Os documentos desatualizados devem permanecer arquivados por um período mínimo de 5 (cinco) anos, salvo disposição em contrário mencionada nesta ou nas demais NRs.

• Código: 137.024-3. Infração: 1. Tipo: S.

37.7.1.4 A documentação disponibilizada em meio eletrônico deve atender aos seguintes requisitos:

• Código: 137.025-1. Infração: 2. Tipo: S.

a) ser de acesso imediato ou permitir a sua consulta à distância;

b) estar organizada;

c) ser de fácil leitura e compreensão;

d) possibilitar a sua impressão no local ou a sua cópia em meio eletrônico;

e) para aqueles documentos em que a legislação vigente exija assinatura, com as respectivas qualificações dos responsáveis técnicos, a cópia digitalizada deve ser feita a partir do documento original assinado.

37.7.1.4.1 A comprovação do responsável técnico dos documentos não previstos na alínea e do subitem 37.7.1.4 deve ser feita por: certificação digital, meio eletrônico com senha individual, delegação formal da operadora da instalação ou comprovação de assinatura pelo próprio responsável técnico emitente dos mesmos.

• Código: 137.025-1. Infração: 2. Tipo: S.

37.7.2 A documentação prevista nesta NR deve estar disponível no idioma português do Brasil e, no mínimo, em inglês para as atividades relacionadas com as do trabalhador estrangeiro embarcado.

• Código: 137.024-3. Infração: 1. Tipo: S.

37.7.3 Caso ocorra substituição da operadora da instalação, todos os documentos previstos nesta NR devem ser elaborados novamente pela operadora substituta, antes de iniciar a operação da plataforma.

• Código: 137.026-0. Infração: 2. Tipo: S.

37.7.3.1 Quando a aquisição da operadora da instalação constituir grupo econômico, mesmo que cada uma das empresas tenha personalidade jurídica própria, os documentos previstos nesta NR devem ser avaliados, revalidados e, se necessário, elaborados novamente, antes de iniciar a operação da plataforma.

• Código: 137.026-0. Infração: 2. Tipo: S.

37.8 Capacitação, Qualificação e Habilitação

37.8.1 Todos os treinamentos previstos nesta NR devem ser realizados de forma presencial, conforme as características do treinamento, durante a jornada de trabalho, a cargo e custo do empregador.

• Código: 137.027-8. Infração: 2. Tipo: S.

37.8.1.1 O tempo despendido durante qualquer treinamento é considerado como horas trabalhadas, sendo proibida a participação em cursos nos períodos de férias, afastamentos ou descanso do trabalhador a bordo.

• Código: 137.028-6. Infração: 2. Tipo: S.

37.8.2 Os instrutores dos treinamentos devem possuir:

a) curso de formação de instrutor;

• Código: 137.029-4. Infração: 2. Tipo: S.

b) qualificação ou habilitação no tema, comprovada por meio de diploma;

• Código: 137.030-8. Infração: 2. Tipo: S.

c) experiência mínima de dois anos na atividade, evidenciada mediante registro na carteira de trabalho ou contrato específico na área em questão.

• Código: 137.030-8. Infração: 2. Tipo: S.

37.8.3 Até o início do treinamento, o trabalhador deve receber o material didático a ser utilizado, no idioma português do Brasil, em meio físico ou eletrônico.

• Código: 137.031-6. Infração: 1. Tipo: S.

37.8.4 O material didático escrito ou audiovisual, utilizado e fornecido em qualquer tipo de treinamento ou instrução ministrada, deve ser produzido no idioma português do Brasil, utilizando linguagem adequada ao nível de conhecimento dos trabalhadores e mantido à disposição da fiscalização do trabalho.

• Código: 137.031-6. Infração: 1. Tipo: S.

37.8.4.1 O material didático de treinamento ministrado para o trabalhador estrangeiro, não fluente no idioma português, deve estar disponível no idioma inglês.

• Código: 137.031-6. Infração: 1. Tipo: S.

37.8.5 A lista de presença do treinamento deve conter o título do curso ministrado, conteúdo programático, data, local, carga horária, nomes, assinaturas dos participantes, e identificação e qualificação do instrutor.

• Código: 137.031-6. Infração: 1. Tipo: S.

37.8.6 Ao término do treinamento, o empregador, o responsável técnico, o instrutor ou a empresa contratada para ministrar o curso deve emitir o certificado contendo:

a) título do treinamento;

• Código: 137.032-4. Infração: 1. Tipo: S.

b) data e local de realização do curso;

• Código: 137.032-4. Infração: 1. Tipo: S.

c) conteúdo programático;

NR 37

• Código: 137.032-4. Infração: 1. Tipo: S.

d) carga horária;

• Código: 137.032-4. Infração: 1. Tipo: S.

e) nome e assinatura do participante;

• Código: 137.032-4. Infração: 1. Tipo: S.

f) identificação e qualificação ou habilitação do instrutor;

• Código: 137.032-4. Infração: 1. Tipo: S.

g) identificação do responsável técnico;

• Código: 137.032-4. Infração: 1. Tipo: S.

h) data de validade do certificado, quando couber.

• Código: 137.032-4. Infração: 1. Tipo: S.

37.8.6.1 O responsável técnico pelo curso ou a empresa prestadora de serviço contratada para realizar os treinamentos previstos nesta NR devem estar devidamente registrados no respectivo conselho de classe regional.

• Código: 137.033-2. Infração: 2. Tipo: S.

37.8.7 O certificado original do treinamento deve ser entregue ao trabalhador e consignado no seu registro de empregado.

• Código: 137.032-4. Infração: 1. Tipo: S.

37.8.8 A operadora da instalação deve disponibilizar a bordo, cópia dos documentos atualizados que comprovem a capacitação, qualificação e habilitação dos trabalhadores, próprios e terceirizados, envolvidos nas diversas atividades laborais.

• Código: 137.034-0. Infração: 2. Tipo: S.

37.8.8.1 A operadora da instalação só deve permitir a execução de serviços por trabalhador terceirizado quando este estiver devidamente capacitado para a sua função.

• Código: 137.034-0. Infração: 2. Tipo: S.

37.8.9 A capacitação só terá validade para a empresa que o capacitou e nas condições estabelecidas pelo profissional legalmente habilitado e autorizado, responsável pela capacitação.

• Código: 137.035-9. Infração: 2. Tipo: S.

37.8.10 Capacitações em Segurança e Saúde no Trabalho

37.8.10.1 O operador da instalação deve implementar programa de capacitação em segurança e saúde no trabalho em plataforma, compreendendo as seguintes modalidades:

a) orientações gerais por ocasião de cada embarque (*briefing* de segurança da plataforma);

• Código: 137.036-7. Infração: 3. Tipo: S.

b) treinamento antes do primeiro embarque;

• Código: 137.037-5. Infração: 3. Tipo: S.

c) treinamento eventual;

• Código: 137.036-7. Infração: 3. Tipo: S.

d) treinamento básico;

• Código: 137.037-5. Infração: 3. Tipo: S.

e) treinamento avançado;

• Código: 137.037-5. Infração: 3. Tipo: S.

f) reciclagens dos treinamentos;

• Código: 137.036-7. Infração: 3. Tipo: S.

g) Diálogo Diário de Segurança – DDS.

• Código: 137.036-7. Infração: 3. Tipo: S.

37.8.10.1.1 Todos os treinamentos, citados nas alíneas *b*, *c*, *d*, *e* e *f* do subitem 37.8.10.1, devem ter engenheiro de segurança do trabalho como responsável técnico.

• Código: 137.036-7. Infração: 3. Tipo: S.

37.8.10.1.2 A operadora da instalação deve ministrar instruções gerais (*briefing*), consignado em lista de presença, por ocasião de cada embarque, ao chegar a bordo da plataforma, cujo conteúdo mínimo deve constar:

a) a descrição sucinta das características da plataforma e o seu estado (operacional, parada, comissionamento, operações críticas e simultâneas, etc.);

• Código: 137.038-3. Infração: 3. Tipo: S.

b) os tipos de alarme disponíveis a bordo, destacando os de emergência;

• Código: 137.038-3. Infração: 3. Tipo: S.

c) os procedimentos de agrupamento (pontos de encontro) e de evacuação em caso de emergência;

• Código: 137.038-3. Infração: 3. Tipo: S.

d) as rotas de fuga;

• Código: 137.038-3. Infração: 3. Tipo: S.

e) as localizações dos recursos de salvatagem (coletes, boias, baleeiras, balsas, botes de resgate, dentre outros);

• Código: 137.038-3. Infração: 3. Tipo: S.

f) a identificação das lideranças de bordo;

• Código: 137.038-3. Infração: 3. Tipo: S.

g) as regras de convívio a bordo, especialmente no diz respeito ao silêncio nas áreas das acomodações;

• Código: 137.038-3. Infração: 3. Tipo: S.

h) cuidados básicos de higiene e saúde pessoal.

• Código: 137.038-3. Infração: 3. Tipo: S.

37.8.10.1.2.1 A operadora da instalação deve atualizar o briefing quando houver mudança no Plano de Resposta de Emergências – PRE, descrito no item 37.30 desta NR.

• Código: 137.038-3. Infração: 3. Tipo: S.

37.8.10.2 O treinamento previsto na alínea "b" do subitem 37.8.10.1 deve ser realizado antes do primeiro embarque, e ter carga horária mínima de 6 horas e abordar, pelo menos, o seguinte conteúdo programático:

a) meios e procedimentos de acesso à plataforma;

• Código: 137.039-1. Infração: 3. Tipo: S.

b) condições e meio ambiente de trabalho;

• Código: 137.039-1. Infração: 3. Tipo: S.

c) substâncias combustíveis e inflamáveis presentes a bordo: características, propriedades, perigos e riscos;

• Código: 137.039-1. Infração: 3. Tipo: S.

d) áreas classificadas, fontes de ignição e seu controle;

• Código: 137.039-1. Infração: 3. Tipo: S.

e) riscos ambientais existentes na área da plataforma;

• Código: 137.039-1. Infração: 3. Tipo: S.

f) medidas de segurança disponíveis para o controle dos riscos operacionais a bordo;

• Código: 137.039-1. Infração: 3. Tipo: S.

g) outros riscos inerentes às atividades específicas dos trabalhadores e as suas medidas de controle e eliminação;

• Código: 137.039-1. Infração: 3. Tipo: S.

h) riscos psicossociais decorrentes de vários estressores como jornada prolongada, trabalho em turnos e noturno, abordando seus efeitos nas atividades laborais e na saúde;

• Código: 137.039-1. Infração: 3. Tipo: S.

i) riscos radiológicos de origem industrial ou de ocorrência natural, quando existentes;

• Código: 137.039-1. Infração: 3. Tipo: S.

j) produtos químicos perigosos e explosivos armazenados e manuseados a bordo;

• Código: 137.039-1. Infração: 3. Tipo: S.

k) Ficha de Informação de Segurança de Produtos Químicos – FISPQ;

• Código: 137.039-1. Infração: 3. Tipo: S.

l) Equipamentos de Proteção Coletiva – EPC;

• Código: 137.039-1. Infração: 3. Tipo: S.

m) Equipamentos de Proteção Individual – EPI;

• Código: 137.039-1. Infração: 3. Tipo: S.

n) procedimentos a serem adotados em situações de emergência.

• Código: 137.039-1. Infração: 3. Tipo: S.

37.8.10.2.1 O treinamento antes do primeiro embarque não é obrigatório para as comitivas, visitantes e atividades exclusivamente administrativas.

37.8.10.2.2 O treinamento antes do primeiro embarque de trabalhadores não lotados na plataforma deve ser ministrado, complementado ou validado pela operadora da instalação.

• Código: 137.039-1. Infração: 3. Tipo: S.

37.8.10.3 A reciclagem do treinamento citado no subitem 37.8.10.2 deve ter carga horária mínima de 4 (quatro) horas, e ser realizado a cada 5 (cinco) anos ou quando houver alteração nas análises de riscos, descritas no subitem 37.22.7, ou retorno de afastamento ao trabalho por período superior a 90 (noventa) dias.

• Código: 137.039-1. Infração: 3. Tipo: S.

37.8.10.4 O treinamento eventual deve ser realizado nas seguintes situações:

a) mudanças nos procedimentos, nas condições operacionais ou nas instalações da plataforma;

• Código: 137.040-5. Infração: 3. Tipo: S.

b) operações simultâneas de risco;

• Código: 137.040-5. Infração: 3. Tipo: S.

c) incidente de grande relevância ou acidente grave ou fatal, na própria instalação ou em outras plataformas;

• Código: 137.040-5. Infração: 3. Tipo: S.

d) doença ocupacional que acarrete lesão grave à integridade física do(s) trabalhador(es);

• Código: 137.040-5. Infração: 3. Tipo: S.

e) parada para a realização de campanhas de manutenção, reparação ou ampliação realizadas pela própria operadora ou por prestadores de serviços;

• Código: 137.040-5. Infração: 3. Tipo: S.

f) parada programada;

• Código: 137.040-5. Infração: 3. Tipo: S.

g) comissionamento, descomissionamento ou desmonte da plataforma.

• Código: 137.040-5. Infração: 3. Tipo: S.

37.8.10.4.1 A carga horária, o conteúdo programático do treinamento eventual e os trabalhadores a serem capacitados devem ser definidos pela operadora da instalação, levando-se em conta as situações de perigo a partir de análises de riscos realizadas para a atividade em questão.

• Código: 137.040-5. Infração: 3. Tipo: S.

37.8.10.5 A operadora da instalação também deve realizar treinamento básico, com duração mínima de 4 (quatro) horas, para os trabalhadores que adentram a área operacional, efetuando atividades específicas, pontuais e eventuais, bem como as de comissionamento, manutenção, reparação, inspeção, descomissionamento e desmonte, cujo conteúdo programático mínimo deve conter:

a) análise preliminar de riscos: conceitos e exercícios;

• Código: 137.041-3. Infração: 3. Tipo: S.

b) permissão para trabalho, a frio ou a quente, na presença de combustíveis e inflamáveis;

• Código: 137.041-3. Infração: 3. Tipo: S.

c) aditivos químicos e composição dos fluidos empregados nas operações de perfuração, completação, restauração e estimulação, quando aplicável;

• Código: 137.041-3. Infração: 3. Tipo: S.

d) noções dos sistemas de prevenção e combate a incêndio da plataforma.

• Código: 137.041-3. Infração: 3. Tipo: S.

37.8.10.5.1 A reciclagem do treinamento básico deve ter carga horária mínima de 4 (quatro) horas, e ser realizado a cada 5 (cinco) anos ou quando houver alteração nas análises de riscos descritas no subitem 37.22.7 ou do retorno de afastamento ao trabalho por período superior a 90 (noventa) dias.

• Código: 137.041-3. Infração: 3. Tipo: S.

37.8.10.6 Além do disposto no subitem 37.8.10.5, os trabalhadores que adentram a área operacional e mantêm contato direto com o processo, efetuando a operação, manutenção ou atendimento emergencial, devem realizar treinamento avançado com carga horária de, no mínimo, 8 (oito) horas, com o seguinte conteúdo programático:

a) acidentes com inflamáveis: suas causas e as medidas preventivas existentes na área operacional;

• Código: 137.042-1. Infração: 3. Tipo: S.

b) respostas as emergências com combustíveis e inflamáveis, segundo o PRE descrito no item 37.30 desta NR;

• Código: 137.042-1. Infração: 3. Tipo: S.

c) noções de segurança de processo para plataformas;

• Código: 137.042-1. Infração: 3. Tipo: S.

d) segurança na operação das instalações elétricas em atmosferas explosivas;

• Código: 137.042-1. Infração: 3. Tipo: S.

e) atividade prática a bordo, de no mínimo uma hora, com a indicação *in loco* dos sistemas e equipamentos disponíveis para o combate a incêndio.

• Código: 137.042-1. Infração: 3. Tipo: S.

37.8.10.6.1 A reciclagem do treinamento avançado deve ter carga horária mínima de 4 (quatro) horas, e ser realizado a cada 5 (cinco) anos, ou quando houver alteração das análises de riscos descritas no subitem 37.22.7 ou do retorno de afastamento ao trabalho por período superior a 90 (noventa) dias, devendo contemplar a parte prática.

• Código: 137.042-1. Infração: 3. Tipo: S.

37.8.10.7 Diálogo Diário de Segurança – DDS

37.8.10.7.1 A operadora da instalação deve realizar, antes do início das atividades operacionais, o DDS, considerando:

a) as tarefas que serão desenvolvidas, de forma simultânea ou não;

• Código: 137.043-0. Infração: 3. Tipo: S.

b) o processo de trabalho, os riscos e as medidas de proteção;

• Código: 137.043-0. Infração: 3. Tipo: S.

c) as causas dos alarmes de evacuação a bordo e as respectivas medidas de segurança a serem adotadas;

• Código: 137.043-0. Infração: 3. Tipo: S.

d) as paradas não programadas ocasionadas por incidentes operacionais.

• Código: 137.043-0. Infração: 3. Tipo: S.

37.8.10.7.1.1 A operadora da instalação deve consignar e arquivar o documento contendo os temas tratados, a data, a rubrica dos participantes e do responsável pela capacitação.

• Código: 137.044-8. Infração: 3. Tipo: S.

37.8.10.7.1.2 Para comprovar a realização do DDS, as informações supracitadas podem ser incluídas na própria Permissão de Trabalho – PT, quando aplicável.

37.9 Serviços Especializados em Segurança e Medicina do Trabalho – SESMT

37.9.1 A operadora da instalação e as empresas que prestem serviços a bordo da plataforma devem possuir SESMT em terra e a bordo de cada plataforma, de acordo com o especificado neste item.

• Código: 137.045-6. Infração: 3. Tipo: S.

• Código: 137.047-2. Infração: 3. Tipo: S.

37.9.2 SESMT em terra

37.9.2.1 A operadora da instalação e as empresas que prestem serviços a bordo de plataformas devem dimensionar os seus respectivos SESMT situados em terra, conforme o estabelecido na NR-04.

• Código: 137.046-4. Infração: 3. Tipo: S.

37.9.2.1.1 Os SESMT em terra da operadora da instalação e das empresas que prestem serviços a bordo devem considerar o somatório dos seus próprios trabalhadores lotados nas unidades terrestres, bem como aqueles lotados nas plataformas.

• Código: 137.046-4. Infração: 3. Tipo: S.

• Código: 137.047-2. Infração: 3. Tipo: S.

37.9.2.1.2 Os dimensionamentos dos SESMT em terra da operadora da instalação e das empresas que prestem serviços a bordo estão vinculados à gradação do risco da atividade principal de cada empresa e ao número total de empregados calculados de acordo com o subitem 37.9.2.1.1 desta NR.

• Código: 137.046-4. Infração: 3. Tipo: S.

• Código: 137.047-2. Infração: 3. Tipo: S.

37.9.2.1.3 O SESMT situado em terra dará assistência tanto aos trabalhadores lotados em terra como aos embarcados.

• Código: 137.046-4. Infração: 3. Tipo: S.

37.9.3 SESMT a bordo da plataforma

37.9.3.1 A operadora da instalação deve garantir, ainda, a lotação na plataforma de técnico(s) de segurança do trabalho, quando o número total de seus trabalhadores a bordo somados com os trabalhadores das empresas prestadoras de serviços for maior ou igual a 25 (vinte e cinco).

37.9.3.1.1 O dimensionamento do SESMT complementar a bordo da operadora da instalação na plataforma deve assegurar, pelo menos, um técnico de segurança do trabalho para cada grupo de 50 (cinquenta) trabalhadores ou fração de trabalhadores que esteja a bordo.

37.9.3.1.1.1 Quando o dimensionamento do SESMT da plataforma exigir 3 (três) ou mais técnicos de segurança do trabalho, a operadora da instalação pode substituir um destes profissionais por um engenheiro de segurança do trabalho.

37.9.3.2 A empresa prestadora de serviços, em caráter permanente ou intermitente na plataforma, deve garantir, também, a lotação a bordo de técnico de segurança do trabalho, quando o número total de seus trabalhadores for igual ou maior que 50 (cinquenta), durante o período de prestação dos seus serviços a bordo.

• Código: 137.048-0. Infração: 3. Tipo: S.

37.9.3.2.1 Para cada novo grupo de 50 (cinquenta) trabalhadores embarcados, a empresa prestadora de serviços deve adicionar um técnico de segurança.

• Código: 137.048-0. Infração: 3. Tipo: S.

37.9.3.2.2 Os profissionais citados no subitem 37.9.3.2 devem atuar exclusivamente nas atividades de segurança do trabalho pertinentes à sua empresa, de forma integrada com o SESMT da operadora da instalação.

• Código: 137.048-0. Infração: 3. Tipo: S.

37.9.3.3 Os registros dos SESMT da operadora da instalação e da prestadora de serviços a bordo devem ser protocolizados separadamente, discriminando os profissionais de segurança do trabalho lotados em cada uma das respectivas plataformas.

• Código: 137.045-6. Infração: 3. Tipo: S.

37.9.3.4 Os técnicos de segurança, designados para o SESMT a bordo, devem cumprir jornada de trabalho integralmente embarcados, exclusivamente na função referente à segurança no trabalho e na plataforma onde estão lotados.

• Código: 137.049-9. Infração: 3. Tipo: S.

37.9.3.4.1 É vedado, mesmo que parcialmente, o impedimento do exercício profissional do técnico de segurança do trabalho, bem como o desvirtuamento ou desvio de funções.

• Código: 137.049-9. Infração: 3. Tipo: S.

37.9.3.4.2 A partir de 50 (cinquenta) trabalhadores, em atividades no turno da noite, pelo menos um dos profissionais da área de segurança do trabalho, da operadora da instalação lotados a bordo da plataforma, deve cumprir sua jornada neste período.

• Código: 137.050-2. Infração: 3. Tipo: S.

37.9.3.4.2.1 Quando o número de trabalhadores for inferior a 50 (cinquenta) no turno da noite, qualquer atividade neste período, que exija a presença de profissional de segurança do trabalho, deve ser planejada com antecedência mínima de 24 (vinte e quatro) horas, exceto em situações de emergência.

• Código: 137.050-2. Infração: 3. Tipo: S.

37.9.3.4.3 Na ausência de profissional de segurança do SESMT a bordo, por motivos de férias, licenças, capacitação e outros tipos de afastamentos legais, a operadora da instalação pode proceder à sua substituição por outro profissional de segurança, pelo prazo máximo de 60 (sessenta) dias; sem a obrigatoriedade de atualização da composição do SESMT de bordo junto ao MTb.

37.9.3.4.3.1 No caso de atividades desenvolvidas na base da operadora da instalação, o profissional de segurança do trabalho, lotado a bordo, pode ser substituído por períodos de até 180 (cento e oitenta) dias, em ciclos superiores a 3 (três) anos.

37.9.3.5 Plataformas interligadas de maneira permanente, que possibilitam a circulação de trabalhadores, serão consideradas como uma única instalação marítima para efeito de dimensionamento do número de profissionais de segurança do trabalho para comporem o SESMT a bordo.

37.9.4 Em operações de risco ou simultâneas é obrigatória à presença no local de, pelo menos, um profissional de segurança do trabalho, independentemente do número de trabalhadores a bordo, inclusive quando se tratar de plataformas desabitadas.

• Código: 137.051-0. Infração: 3. Tipo: S.

37.9.5 Em plataforma desobrigada a constituir SESMT, é obrigatória a presença de profissional de segurança do trabalho sempre que, mediante as análises de riscos, o serviço necessitar da sua anuência para liberar a execução do trabalho.

• Código: 137.051-0. Infração: 3. Tipo: S.

37.9.6 O dimensionamento do quantitativo de profissionais de segurança do trabalho presentes no SESMT a bordo deve ser baseado na média do número de trabalhadores embarcados no trimestre que antecede ao cálculo.

• Código: 137.052-9. Infração: 3. Tipo: S.

37.9.6.1 O SESMT deve ser redimensionado caso haja alteração no quantitativo mencionado no subitem 37.9.6 desta NR, e o seu registro atualizado junto ao Ministério do Trabalho.

• Código: 137.052-9. Infração: 3. Tipo: S.

37.9.6.2 Para as plataformas novas, o dimensionamento do SESMT a bordo deve se baseado no efetivo estimado no subitem 37.25.5 desta NR.

• Código: 137.052-9. Infração: 3. Tipo: S.

37.10 Comissão Interna de Prevenção de Acidentes em Plataformas – CIPLAT

37.10.1 A operadora da instalação e as empresas prestadoras de serviços permanentes a bordo devem dimensionar suas CIPLAT, por plataforma, obedecendo, em ordem de prioridade, às regras estabelecidas nesta NR e às descritas na NR-05.

• Código: 137.053-7. Infração: 2. Tipo: S.

37.10.2 A CIPLAT da operadora da instalação será constituída por representantes indicados pelo empregador e eleitos pelos trabalhadores.

• Código: 137.054-5. Infração: 2. Tipo: S.

37.10.2.1 Serão eleitos pelos trabalhadores um representante titular e um suplente, em cada turma de embarque, com vínculo empregatício no Brasil, sendo o titular definido como vice-presidente.

• Código: 137.054-5. Infração: 2. Tipo: S.

37.10.2.2 A operadora da instalação deverá formalizar seus representantes em paridade com o número de membros eleitos, indicando como presidente da CIPLAT o empregado de maior nível hierárquico lotado na plataforma, com vínculo empregatício no Brasil.

• Código: 137.054-5. Infração: 2. Tipo: S.

37.10.2.3 Quando o número de trabalhadores lotados na plataforma for inferior a 20 (vinte), a operadora da instalação pode, alternativamente, designar um trabalhador responsável pelo cumprimento dos objetivos da CIPLAT, por turma de embarque, treinado de acordo com o subitem 5.32.2 da NR-05.

• Código: 137.053-7. Infração: 2. Tipo: S.

37.10.3 O dimensionamento da CIPLAT da empresa prestadora de serviços permanente a bordo deverá obedecer ao prescrito na NR-05, considerando o total de empregados na plataforma, independentemente da turma de embarque.

• Código: 137.053-7. Infração: 2. Tipo: S.

37.10.3.1 Para dimensionar a Comissão Interna de Prevenção de Acidentes – CIPA, a empresa prestadora de serviços itinerante em plataformas deve considerar como estabelecimento a sua unidade em terra, onde a equipe de trabalho encontra-se lotada.

• Código: 137.055-3. Infração: 2. Tipo: S.

37.10.4 Para tempos de prestação de serviços a bordo iguais ou inferiores a 12 (doze) meses, a empresa pode designar um trabalhador responsável pelo cumprimen-

NR 37

to dos objetivos da CIPLAT, treinado de acordo com o subitem 5.32.2 da NR-05.

• Código: 137.053-7. Infração: 2. Tipo: S.

37.10.5 Os períodos de inscrições e de eleições dos candidatos a membros da CIPLAT devem corresponder a, no mínimo, um ciclo de embarque para cada uma destas fases do processo eleitoral, de modo a permitir a participação de todos os trabalhadores embarcados.

• Código: 137.054-5. Infração: 2. Tipo: S.

37.10.6 As eleições dos representantes dos empregados de cada turma de embarque devem ser realizadas a bordo, sendo facultada a eleição por meio eletrônico.

• Código: 137.054-5. Infração: 2. Tipo: S.

37.10.7 A duração do mandato da CIPLAT será de 2 (dois) anos, permitida uma reeleição.

• Código: 137.054-5. Infração: 2. Tipo: S.

37.10.8 Havendo participação inferior a 50% (cinquenta por cento) dos empregados da turma na votação, a comissão eleitoral não efetuará a apuração dos votos desta turma e organizará outra votação no seu próximo embarque, dando ampla divulgação prévia do novo pleito.

• Código: 137.054-5. Infração: 2. Tipo: S.

37.10.9 A comissão eleitoral da CIPLAT será composta pelo presidente e o vice-presidente presentes à reunião na qual for iniciado o processo eleitoral, bem como pelos seus respectivos membros titulares em cada turma, os quais serão responsáveis pela continuidade deste processo.

• Código: 137.054-5. Infração: 2. Tipo: S.

37.10.10 As reuniões ordinárias mensais da CIPLAT devem ser realizadas exclusivamente a bordo, atendendo ao calendário previamente estabelecido.

• Código: 137.056-1. Infração: 2. Tipo: S.

37.10.10.1 O calendário de reuniões ordinárias mensais da CIPLAT deve considerar a participação de todas as turmas de embarque ao longo do mandato.

• Código: 137.056-1. Infração: 2. Tipo: S.

37.10.10.2 As reuniões devem contar com a presença de cada bancada representativa, devendo o suplente comparecer às reuniões no caso de impedimento do membro titular.

• Código: 137.056-1. Infração: 2. Tipo: S.

37.10.10.3 As reuniões da CIPLAT da operadora da instalação devem ainda:

a) ter a participação de profissional de segurança do trabalho embarcado;

• Código: 137.056-1. Infração: 2. Tipo: S.

b) ter a presença de membro eleito da CIPLAT ou dos designados das prestadoras de serviços, quando estiverem embarcados;

• Código: 137.056-1. Infração: 2. Tipo: S.

c) permitir a presença de qualquer profissional que esteja a bordo, inclusive de representante designado pelo sindicato.

• Código: 137.056-1. Infração: 2. Tipo: S.

37.10.10.3.1 Os profissionais citados no subitem 37.10.11.3 não possuem direito a voto nas reuniões da CIPLAT.

• Código: 137.056-1. Infração: 2. Tipo: S.

37.10.10.4 Ao término das reuniões, as atas das CIPLAT da operadora da instalação e das prestadoras de serviço a bordo devem estar disponíveis aos trabalhadores no local onde é realizado o *briefing*.

• Código: 137.056-1. Infração: 2. Tipo: S.

37.10.10.5 Caso não haja consenso nas deliberações discutidas na CIPLAT será instalado processo de votação, permanecendo na reunião, de forma paritária, somente os representantes do empregador e dos empregados da operadora da instalação.

• Código: 137.056-1. Infração: 2. Tipo: S.

37.10.11 A empresa deve elaborar o cronograma de execução das medidas corretivas, definindo prazos e respectivas responsabilidades, que deve ser discutido e aprovado na próxima reunião da CIPLAT, com a participação do SESMT.

• Código: 137.057-0. Infração: 2. Tipo: S.

37.10.11.1 A operadora da instalação deve atender aos prazos previstos no cronograma ou justificar e reprogramar novos prazos, com análise e aprovação pela CIPLAT e SESMT.

• Código: 137.057-0. Infração: 2. Tipo: S.

37.10.12 As decisões tomadas na reunião da CIPLAT da operadora da instalação, que envolvam as prestadoras de serviços a bordo, devem ser comunicadas formalmente pela operadora da instalação às empresas contratadas, no prazo de três dias úteis a partir da emissão da ata, que se dará ao final da reunião.

• Código: 137.058-8. Infração: 2. Tipo: S.

37.10.12.1 Nas reuniões da CIPLAT da prestadora de serviços devem ser abordados os temas e deliberações referentes às suas atividades na plataforma que constarem da última ata da CIPLAT da operadora da instalação.

• Código: 137.059-6. Infração: 2. Tipo: S.

37.10.13 As cópias de todas as atas da CIPLAT das prestadoras de serviços devem ser encaminhadas à CIPLAT da operadora da instalação, para análise na sua próxima reunião.

• Código: 137.058-8. Infração: 2. Tipo: S.

• Código: 137.059-6. Infração: 2. Tipo: S.

37.10.14 Os membros da CIPLAT da prestadora de serviços, ou o empregado designado como responsável pelo cumprimento de suas atribuições, devem participar das análises e providências sobre acidentes ou doenças ocupacionais ocorridas com os seus empregados a bordo, juntamente com a operadora da instalação.

• Código: 137.060-0. Infração: 2. Tipo: S.

37.10.15 É vedada a transferência para outra plataforma ou estabelecimento em terra, exceto por interesse do empregado da operadora da instalação eleito para a CIPLAT, bem como a dispensa arbitrária ou sem justa causa, a partir do registro da candidatura até um ano após o fim do seu mandato.

• Código: 137.061-8. Infração: 2. Tipo: S.

37.11 Programa de Prevenção de Riscos Ambientais – PPRA

37.11.1 A operadora da instalação e as empresas prestadoras de serviços permanentes a bordo devem elaborar os seus respectivos PPRA, por plataforma, observando as regras específicas previstas nos subitens deste item e o disposto na NR-09 (Programa de Prevenção de Riscos Ambientais), nesta ordem.

• Código: 137.062-6. Infração: 3. Tipo: S.

37.11.2 Na elaboração do PPRA, as empresas devem considerar também:

• Código: 137.062-6. Infração: 3. Tipo: S.

a) as metodologias para avaliação de riscos ambientais preconizadas na legislação brasileira, sendo que, na sua ausência, podem ser adotadas outras já consagradas internacionalmente ou estabelecidas em acordo ou convenção coletiva de trabalho, desde que mais rigorosas do que os critérios técnico-legais estabelecidos;

b) os riscos gerados pelas prestadoras de serviços a bordo da plataforma, especialmente durante o comissionamento, a manutenção, a modificação, a reparação, a ampliação, as paradas programadas da plataforma e o descomissionamento;

c) a relação entre os limites de tolerância e o tempo de exposição ocupacional para turnos prolongados de trabalho a bordo.

37.11.2.1 A operadora da instalação deve realizar análise global do PPRA quando ocorrerem paradas programadas.

• Código: 137.063-4. Infração: 3. Tipo: S.

37.11.3 Antes de o trabalhador terceirizado iniciar a sua atividade laboral a bordo, a operadora da instalação ou concessionária deve cientificar formalmente às suas respectivas prestadoras de serviços sobre as informações relacionadas aos riscos a que estará sujeito o trabalhador, contidas no PPRA da correspondente plataforma.

• Código: 137.064-2. Infração: 3. Tipo: S.

37.11.4 A empresa prestadora de serviços deve informar, previamente, à operadora da instalação, por escrito e mediante recibo, os riscos reconhecidos no seu PPRA, que serão introduzidos na plataforma em decorrência de suas atividades a bordo.

• Código: 137.065-0. Infração: 3. Tipo: S.

37.11.4.1 A operadora da instalação deve permitir que as empresas prestadoras de serviços procedam, *in loco*, às avaliações qualitativas e quantitativas dos seus riscos ambientais gerados na plataforma.

• Código: 137.064-2. Infração: 3. Tipo: S.

37.11.4.2 Alternativamente, a operadora da instalação pode proceder estas avaliações, informando os resultados obtidos às empresas prestadoras de serviços, por escrito e mediante recibo.

37.11.5 A operadora da instalação deve assegurar a realização dos ajustes necessários e o estabelecimento de novas metas e prioridades, por meio da análise global do PPRA da plataforma, para contemplar os riscos adicionados pelas atividades da empresa prestadora de serviços a bordo, conforme subitem 9.2.1.1 da NR-09.

• Código: 137.066-9. Infração: 3. Tipo: S.

37.11.5.1 A operadora da instalação deve repassar à empresa contratada, por escrito e mediante recibo, todas as informações descritas na análise global do seu PPRA.

• Código: 137.066-9. Infração: 3. Tipo: S.

37.12 Atenção à Saúde na Plataforma

37.12.1 A operadora da instalação e cada uma das empresas prestadoras de serviços permanentes a bordo devem elaborar os seus respectivos Programa de Controle Médico de Saúde Ocupacional – PCMSO, por plataforma, atendendo aos preceitos deste item e, complementarmente, ao disposto na NR-07.

• Código: 137.067-7. Infração: 3. Tipo: M.

37.12.1.1 Para um conjunto de plataformas desabitadas, a operadora dessas instalações pode elaborar PCMSO único, desde que sejam apreciados todos os riscos reconhecidos nos PPRA específicos de cada uma dessas plataformas desabitadas.

• Código: 137.068-5. Infração: 3. Tipo: M.

37.12.2 A operadora da instalação e as empresas prestadoras de serviços devem adotar medidas que visem à promoção, à proteção, à recuperação e à prevenção de agravos à saúde de todos os seus trabalhadores a bordo. Tais medidas devem compreender ações em terra e a bordo e, no mínimo, contemplar:

a) realizações de exames e vacinações, previamente aos embarques, previstas no PCMSO, de acordo com os riscos reconhecidos pelo PPRA da própria plataforma;

• Código: 137.069-3. Infração: 3. Tipo: M.

b) serviços gratuitos de assistência à saúde a bordo e em terra pela operadora da instalação ou por empresas especializadas na prestação destes serviços, que sejam decorrentes de acidentes ou doenças ocorridas no trabalho, com os empregados próprios e terceirizados;

• Código: 137.069-3. Infração: 3. Tipo: M.

c) desembarque e remoção do trabalhador para unidade de saúde em terra, no caso de necessidade de cuidados médicos complementares, devendo atender aos seguintes requisitos:

• Código: 137.069-3. Infração: 3. Tipo: M.

1. o tipo de aeronave a ser utilizada para transportar o trabalhador deve obedecer ao critério do médico regulador, que é designado pela concessionária ou operadora da instalação;

2. no caso de atendimento emergencial, o resgate realizado por aeronave do tipo Evacuação Aeromédica – EVAM, devendo a aeronave e a tripulação estarem prontas para decolar em até 30 (trinta) minutos, após o seu acionamento pelo médico regulador. Tempos superiores a 30 (trinta) minutos devem ser justificados pela operadora da instalação; entretanto, o prazo para a decolagem não pode exceder a 45 (quarenta e cinco minutos.

d) programas de educação em saúde, incluindo temas sobre alimentação saudável;

• Código: 137.069-3. Infração: 3. Tipo: M.

e) programas de promoção e prevenção da saúde, visando implantar medidas para mitigar os fatores de riscos psicossociais identificados, assim como prevenir constrangimentos nos locais de trabalho decorrentes de agressão, assédio moral, assédio sexual, dentre outros;

• Código: 137.069-3. Infração: 3. Tipo: M.

f) acompanhamento pelos médicos coordenadores dos PCMSO da operadora da instalação e das empresas prestadoras de serviços, em todos os casos de acidentes e adoecimentos ocupacionais ocorridos a bordo com os trabalhadores próprios e terceirizados.

• Código: 137.069-3. Infração: 3. Tipo: M.

37.12.3 Cabe ainda ao empregador avaliar o estado de saúde dos trabalhadores que acessam a plataforma por intermédio de cesta de transferência ou embarcação, de modo que os seguintes aspectos sejam considerados:

• Código: 137.070-7. Infração: 3. Tipo: M.

a) inclusão no PCMSO dos exames e sistemática de avaliação;

b) avaliação periódica dos riscos envolvidos na operação de transbordo, consignando no ASO a aptidão para esta atividade;

• Código: 137.071-5. Infração: 3. Tipo: M.

c) apreciação das patologias que podem originar mal súbito, queda de altura e riscos psicossociais.

37.12.4 Para cada exame médico realizado, o médico emitirá o ASO em duas vias, distribuídas da seguinte forma:

a) a primeira via do ASO deve ser arquivada na própria instalação marítima ou na sede da empresa, em terra;

• Código: 137.072-3. Infração: 2. Tipo: M.

b) a segunda via do ASO deve ser obrigatoriamente entregue ao trabalhador, mediante recibo na primeira via.

• Código: 137.072-3. Infração: 2. Tipo: M.

37.12.4.1 Cópia da primeira via do ASO, em meio físico ou eletrônico, deve estar disponível na enfermaria a bordo, observado o disposto no item 37.7 desta NR.

• Código: 137.072-3. Infração: 2. Tipo: M.

37.12.5 A plataforma habitada deve:

a) possuir profissional de saúde, registrado no respectivo conselho de classe, embarcado para prestar assistência à saúde e atendimentos de primeiros socorros, de acordo com a NORMAM-01/DPC, na seguinte proporção:

• Código: 137.073-1. Infração: 3. Tipo: M.

1. partir de 31 (trinta e um) até 250 (duzentos e cinquenta) trabalhadores a bordo, o profissional de saúde deve ser um técnico de enfermagem, sob a supervisão de enfermeiro, um enfermeiro ou um médico;

2. entre 251 (duzentos e cinquenta e um) até 400 (quatrocentos) trabalhadores deve ser adicionado um profissional de saúde, assegurando que ao menos um deles seja de nível superior;

3. acima de 401 (quatrocentos e um) trabalhadores deve ser acrescentado um profissional de saúde.

b) ser dotada de enfermaria que atenda ao descrito no Capítulo 9 das Normas da Autoridade Marítima para Embarcações Empregadas na Navegação de Mar Aberto (NORMAM – 01 da Diretoria de Portos e Costas – DPC da Marinha do Brasil) e na NR-32 (Segurança e Saúde no Trabalho em Serviços de Saúde), naquilo que couber;

• Código: 137.073-1. Infração: 3. Tipo: M.

c) disponibilizar sistema de telemedicina entre o profissional de saúde a bordo e os médicos especialistas em terra, a qualquer hora do dia ou da noite, operado por trabalhador capacitado, conforme Resoluções do Conselho Federal de Medicina e demais legislações pertinentes.

• Código: 137.074-0. Infração: 3. Tipo: M.

37.12.5.1 Os profissionais de saúde devem ter os treinamentos avançados em suporte cardiológico e trauma pré-hospitalar, certificados por instituições especializadas, obedecendo às suas respectivas validades.

• Código: 137.075-8. Infração: 3. Tipo: M.

37.12.5.2 Os profissionais de saúde lotados na plataforma devem implementar as medidas de prevenção, promoção e atendimento à saúde previstas nesta NR e nas demais, naquilo que couber, sendo vedado o desvio ou desvirtuamento dessas funções.

• Código: 137.076-6. Infração: 3. Tipo: M.

37.12.5.3 Os equipamentos, materiais e medicamentos para prestar a assistência à saúde e o atendimento de primeiros socorros aos trabalhadores a bordo devem ser definidos e descritos pelo médico coordenador no PCMSO da plataforma, elaborado pela operadora da instalação.

• Código: 137.077-4. Infração: 3. Tipo: M.

37.12.5.3.1 Os tipos de equipamentos, materiais e medicamentos necessários, e em quantidades suficientes, devem estar disponíveis a bordo, dentro dos seus respectivos prazos de validades.

• Código: 137.077-4. Infração: 3. Tipo: M.

37.12.6 No caso de o trabalhador não dispuser da quantidade adequada do medicamento mencionado na alínea *c* do subitem 37.2.3 desta NR, a operadora da instalação deve, imediatamente, providenciar a sua obtenção ou o desembarque do trabalhador.

• Código: 137.078-2. Infração: 3. Tipo: M.

37.13 Meios de Acesso à Plataforma

37.13.1 Os deslocamentos dos trabalhadores entre o continente e a plataforma ou entre plataformas não interligadas, e vice-versa, devem ser realizados por meio de helicópteros.

• Código: 137.079-0. Infração: 3. Tipo: S.

37.13.1.1 As aeronaves, os heliportos e os procedimentos de transporte aéreo devem obedecer aos requisitos de segurança exigidos pelas autoridades competentes.

• Código: 137.079-0. Infração: 3. Tipo: S.

37.13.1.2 É permitido o transporte dos trabalhadores por meio de embarcações, desde que:

a) sejam certificadas pela Autoridade Marítima;

• Código: 137.079-0. Infração: 3. Tipo: S.

b) a distância a ser percorrida entre o continente e a plataforma seja inferior ou igual a 35 milhas náuticas;

• Código: 137.079-0. Infração: 3. Tipo: S.

c) sejam atendidas as condições adequadas de conforto para o trabalhador durante a navegação;

• Código: 137.079-0. Infração: 3. Tipo: S.

d) as condições de mar e vento sejam inferiores ou iguais aos valores abrangidos até o grau 5 da escala Beaufort.

• Código: 137.080-4. Infração: 3. Tipo: S.

37.13.2 A operadora da concessão deve assegurar que os terminais próprios ou exclusivos, compartilhados ou não, terrestres de embarque e desembarque aéreo ou marítimo sejam climatizados, além de garantir condições sanitárias, de higiene e de conforto para os trabalhadores em trânsito, aplicando os critérios previstos na NR-24 (Condições Sanitárias e de Conforto nos Locais de Trabalho).

• Código: 137.081-2. Infração: 2. Tipo: S.

37.13.2.1 Os terminais devem dispor, ainda, de assentos em número suficiente para acomodar todos os trabalhadores em trânsito, previstos no horário de maior fluxo de passageiros, atendendo a programação normal e excetuando as superposições por atrasos.

• Código: 137.082-0. Infração: 2. Tipo: S.

37.13.3 No caso de transporte marítimo, a transferência de trabalhadores entre as embarcações e a plataforma, e vice-versa, deve ser realizada mediante cesta de transferência de pessoal ou atracadouro especial para a lancha do tipo surfer, nos termos descritos neste item.

• Código: 137.083-9. Infração: 3. Tipo: S.

37.13.3.1 As operações de transferência de trabalhadores devem obedecer aos seguintes requisitos:

a) ser realizadas durante o período diurno e com boa visibilidade;

• Código: 137.084-7. Infração: 3. Tipo: S.

b) todos os trabalhadores devem receber treinamentos de segurança e instruções preliminares de segurança (*briefing*), antes de cada transporte e transferência;

• Código: 137.084-7. Infração: 3. Tipo: S.

c) os trabalhadores transportados e transferidos devem usar colete salva-vidas (Classe I – NORMAM 01/DPC);

d) os trabalhadores a serem transferidos não devem carregar materiais, inclusive mochilas, durante a transferência, de modo a terem as mãos livres;

• Código: 137.084-7. Infração: 3. Tipo: S.

e) um tripulante capacitado da embarcação deve dar orientação prática acerca do processo de transferência, devendo o trabalhador seguir estritamente as suas determinações;

• Código: 137.084-7. Infração: 3. Tipo: S.

f) o trabalhador não pode ser submetido à operação de transferência sem o seu consentimento, podendo se recusar a qualquer momento mediante justificativa;

• Código: 137.084-7. Infração: 3. Tipo: S.

g) existindo pessoa sem condições físicas ou psicológicas para a transferência ou que se recuse a cumprir as determinações do tripulante, o comandante da embarcação deve interromper imediatamente a operação, solicitando a retirada deste trabalhador da área de embarque, informando a ocorrência à operadora da instalação.

• Código: 137.084-7. Infração: 3. Tipo: S.

37.13.3.2 É proibida a realização de operações simultâneas ou outras atividades na área de transferência de pessoal no decorrer da mesma.

• Código: 137.084-7. Infração: 3. Tipo: S.

37.13.3.3 É vedado o uso de cordas, correntes ou qualquer outro tipo de cabos para a transferência de trabalhadores entre as embarcações e a plataforma, e vice-versa.

• Código: 137.084-7. Infração: 3. Tipo: S.

37.13.3.4 Para plataforma flutuante, posicionada em águas interiores, o acesso e o desembarque dos trabalhadores também pode ser realizado por meio de escadas fixas da própria plataforma.

37.13.4 A transferência de trabalhadores, por meio de cesta, deve ser realizada apenas sob as seguintes condições meteorológicas e oceanográficas:

a) condições máximas de mar e de vento correspondentes até o grau 5 da Escala Beaufort, constante do Anexo II desta NR;

• Código: 137.087-1. Infração: 3. Tipo: S

b) visibilidade superior a 3 km;

• Código: 137.086-3. Infração: 3. Tipo: S.

c) balanço (roll) máximo de 3° (três graus), para plataformas flutuantes.

• Código: 137.085-5. Infração: 3. Tipo: S.

• Código: 137.086-3. Infração: 3. Tipo: S.

37.13.4.1 A operadora da instalação deve assegurar que a cesta obedeça aos seguintes requisitos mínimos:

a) ser homologada e certificada pela Autoridade Marítima;

• Código: 137.088-0. Infração: 3. Tipo: S.

b) atender às especificações definidas pela NORMAM-05/DPC e alterações posteriores;

• Código: 137.088-0. Infração: 3. Tipo: S.

c) ser armazenada em local que não a exponha a qualquer tipo de dano à sua integridade;

• Código: 137.088-0. Infração: 3. Tipo: S.

d) estar íntegra e sempre disponível para utilização.

• Código: 137.088-0. Infração: 3. Tipo: S.

37.13.4.2 As áreas de saída e de chegada da cesta devem:

a) ter a presença de tripulante capacitado para a execução das manobras de transferência;

• Código: 137.088-0. Infração: 3. Tipo: S.

b) estar desimpedidas;

• Código: 137.088-0. Infração: 3. Tipo: S.

c) manter trabalhador de prontidão para lançamento da boia circular, em caso de homem ao mar.

• Código: 137.088-0. Infração: 3. Tipo: S.

37.13.4.3 Os sinaleiros e seus auxiliares devem estar visivelmente identificados e, juntamente com os passageiros, são as únicas pessoas que podem permanecer nas áreas de chegada ou saída da cesta.

• Código: 137.089-8. Infração: 3. Tipo: S.

37.13.4.4 Antes de iniciar cada operação contínua com a cesta de transbordo, a operadora da instalação deve assegurar a adoção dos seguintes procedimentos:

a) inspecionar e testar o guindaste nos moldes do subitem 37.20.3.4 desta NR, desde que seja a primeira operação na jornada de trabalho do operador de guindaste;

• Código: 137.088-0. Infração: 3. Tipo: S.

b) inspecionar a cesta, os acessórios e o conjunto estabilizador, quando aplicável;

• Código: 137.088-0. Infração: 3. Tipo: S.

c) registrar e arquivar, nas plataformas habitadas, os resultados da inspeção dos cinturões de segurança e acessórios a serem utilizados, descartando os que apresentem falhas ou deformações ou que tenham sofrido impacto de queda;

• Código: 137.088-0. Infração: 3. Tipo: S.

d) registrar as condições ambientais na ocasião da transferência (velocidade do vento, altura da onda, condições de visibilidade e o ângulo de balanço);

• Código: 137.088-0. Infração: 3. Tipo: S.

e) verificar a eficácia da comunicação visual e por rádio.

• Código: 137.088-0. Infração: 3. Tipo: S.

37.13.4.4.1 Para as plataformas desabitadas, os registros mencionados nas alíneas *c* e *d*, do subitem 37.13.4.4, devem ser arquivados na plataforma habitada onde estão lotados os trabalhadores da operadora da instalação que executam atividades eventuais na unidade desabitada ou na sede da empresa, em terra.

• Código: 137.088-0. Infração: 3. Tipo: S.

37.13.4.5 É proibida a utilização da cesta de transbordo:

a) para o transporte de materiais ou equipamentos, com exceção da bagagem dos trabalhadores transportados, que deve ser conduzida no centro da cesta;

• Código: 137.090-1. Infração: 3. Tipo: S.

b) com carga acima de sua capacidade máxima de transporte;

• Código: 137.090-1. Infração: 3. Tipo: S.

c) como a primeira carga do dia de operação do guindaste, devendo ser usado outro elemento de carga semelhante no lugar da cesta, com no mínimo duas vezes a sua capacidade máxima de transporte para fazer as devidas verificações;

• Código: 137.090-1. Infração: 3. Tipo: S.

d) quando não houver permanente comunicação visual e via rádio entre o operador do guindaste e os sinaleiros da plataforma e da embarcação.

• Código: 137.090-1. Infração: 3. Tipo: S.

37.13.4.6 O operador do guindaste deve obedecer unicamente às instruções dadas pelos sinaleiros, exceto quando for constatado risco de acidente e sinalizada a parada de emergência por qualquer pessoa situada na área de embarque ou desembarque.

• Código: 137.089-8. Infração: 3. Tipo: S.

37.13.4.7 É permitido o transbordo de pessoas, no período noturno, por meio de cesta de transferência somente em situações de:

a) emergência;

• Código: 137.090-1. Infração: 3. Tipo: S.

b) execução de serviços emergenciais que visem à proteção dos trabalhadores ou a segurança operacional;

• Código: 137.090-1. Infração: 3. Tipo: S.

c) socorro médico de urgência;

• Código: 137.090-1. Infração: 3. Tipo: S.

d) resgate de náufrago;

• Código: 137.090-1. Infração: 3. Tipo: S.

e) transferência de pessoas acidentadas em embarcações.

• Código: 137.090-1. Infração: 3. Tipo: S.

37.13.5 Acesso à plataforma por lancha do tipo surfer só é permitido em plataformas fixas, dotadas de atracadouro com estrutura projetada e fabricada para aproximação e contato da proa deste tipo de embarcação, conforme ilustram as figuras 1 e 2.

• Código: 137.091-0. Infração: 3. Tipo: S.

Figura 1 – Vista lateral do sistema composto por lancha do tipo surfer e atracadouro.

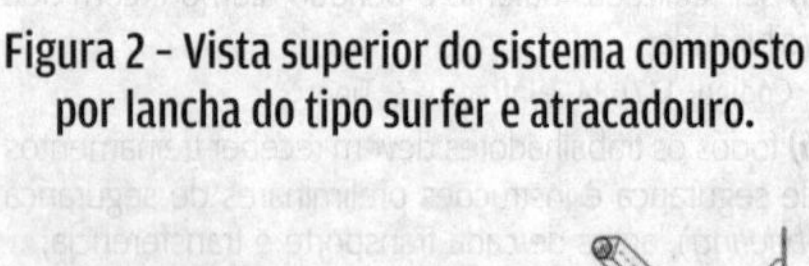

Figura 2 – Vista superior do sistema composto por lancha do tipo surfer e atracadouro.

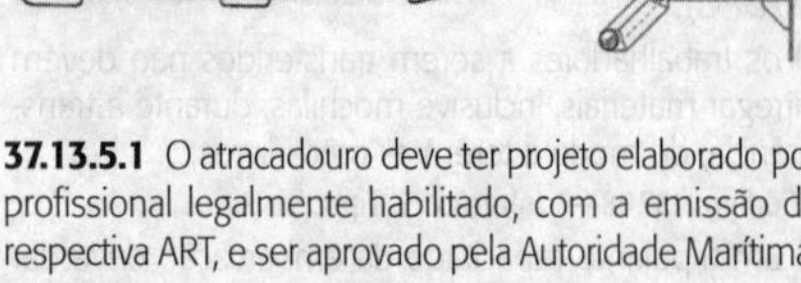

37.13.5.1 O atracadouro deve ter projeto elaborado por profissional legalmente habilitado, com a emissão da respectiva ART, e ser aprovado pela Autoridade Marítima.

• Código: 137.092-8. Infração: 3. Tipo: S.

37.13.5.2 O acesso à plataforma, por meio de lancha do tipo surfer, deve obedecer aos seguintes requisitos:

• Código: 137.093-6. Infração: 3. Tipo: S.

a) as operações de transferência somente devem ser realizadas em condições máximas de mar e ventos correspondentes ao grau 4 da Escala Beaufort, constante do Anexo II desta NR, e corrente marítima de, no máximo, 1,5 nós;

b) as condições de mar, vento e visibilidade no momento da manobra devem ser avaliadas e consignadas em documento próprio pelo comandante da embarcação, ficando arquivados na lancha do tipo surfer ou na plataforma habitada por um período não inferior a um ano, e de fácil acesso à auditoria fiscal do trabalho;

• Código: 137.094-4. Infração: 3. Tipo: S.

1. em se tratando de plataforma desabitada, o documento pode ser arquivado na lancha do tipo surfer, na plataforma habitada onde estão lotados os trabalhadores transportados ou na sede da operadora da instalação, em terra.

37.13.6 A movimentação de trabalhadores entre a unidade marítima de apoio adjacente e a plataforma, fixa ou flutuante, deve ser feita por meio de passarela (*gangway*), obedecendo aos seguintes requisitos mínimos:

a) manter a via desobstruída, dotada de corrimãos e piso antiderrapante;

• Código: 137.095-2. Infração: 3. Tipo: S.

b) garantir ângulo de inclinação seguro para o deslocamento dos trabalhadores;

• Código: 137.095-2. Infração: 3. Tipo: S.

c) utilizar passarela dotada de fechamento lateral;

• Código: 137.095-2. Infração: 3. Tipo: S.

d) instalar redes de proteção contra quedas no entorno da base da passarela nas plataformas, quando requerida nas análises de riscos;

• Código: 137.095-2. Infração: 3. Tipo: S.

e) guarnecer cada extremidade da passarela com sistema de sinalização automática ou vigia treinado, indicado formalmente, identificado e portando faixa fluorescente;

• Código: 137.095-2. Infração: 3. Tipo: S.

f) equipar os vigias de sistema de comunicação, interligados com o comando da plataforma e da unidade de apoio, para orientar o fluxo de trabalhadores;

• Código: 137.095-2. Infração: 3. Tipo: S.

g) designar área segura, sinalizada, desimpedida e abrigada como ponto de espera para travessia, baseada nas análises de riscos específicas;

• Código: 137.095-2. Infração: 3. Tipo: S.

h) elaborar procedimento de movimentação, interrupção de passagem e evacuação de trabalhadores da passarela, em caso de condições climáticas e marítimas adversas ou emergências operacionais;

• Código: 137.095-2. Infração: 3. Tipo: S.

i) instalar sistema de alarme sonoro e luminoso diferenciado para avisar aos trabalhadores em caso de necessidade de interrupção de passagem pela passarela;

• Código: 137.095-2. Infração: 3. Tipo: S.

j) possuir as suas partes móveis protegidas e sinalizadas;

• Código: 137.095-2. Infração: 3. Tipo: S.

k) ser dotada de meio de acesso mediante escadas e rampa posicionadas no máximo a 30 graus de um plano horizontal e dotado de dispositivo rotativo que permita a mesma acompanhar o movimento involuntário da embarcação.

• Código: 137.095-2. Infração: 3. Tipo: S.

37.13.6.1 A operadora da instalação deve manter a bordo os documentos com os parâmetros e cálculos utilizados como critérios para acionamento do alarme e interrupção imediata da passagem de trabalhadores pela passarela (*gangway*), em caso de situações de emergência.

• Código: 137.095-2. Infração: 3. Tipo: S.

37.13.7 As utilizações de soluções alternativas para outros tipos de acessos as plataformas devem ser precedidas de aprovação tripartite.

• Código: 137.096-0. Infração: 3. Tipo: S.

37.14 Condições de Vivência a Bordo

37.14.1 A operadora da instalação deve assegurar áreas de vivência compostas por alojamentos, instalações sanitárias, refeitório, cozinha, lavanderia, sala de recreação, sala de leitura, sala para o uso da rede de alcance mundial informatizada (internet) e outros serviços, em condições de segurança, saúde, conforto, higiênico-sanitárias e perfeito estado de funcionamento e conservação.

• Código: 137.097-9. Infração: 2. Tipo: S.

37.14.2 Disposições gerais

37.14.2.1 As áreas de vivência devem ser projetadas, considerando:

a) o atendimento aos requisitos de segurança e saúde do trabalhador;

• Código: 137.098-7. Infração: 2. Tipo: S.

b) as condições de vivência adequadas ao bem-estar dos trabalhadores embarcados;

• Código: 137.098-7. Infração: 2. Tipo: S.

c) à distância de máquinas, equipamentos e aparelhos ruidosos e substâncias perigosas (combustíveis, inflamáveis, radioativas, explosivas e outras);

• Código: 137.098-7. Infração: 2. Tipo: S.

d) a mitigação a exposição dos trabalhadores ao ruído, às vibrações e às substâncias perigosas, bem como aos demais fatores de riscos ambientais acima dos limites de tolerância presentes a bordo;

• Código: 137.098-7. Infração: 2. Tipo: S.

e) a facilidade de abandono das áreas de vivência em situações de emergência.

• Código: 137.098-7. Infração: 2. Tipo: S.

37.14.2.2 A operadora da instalação deve assegurar que nos leitos dos camarotes e módulos de acomodação temporária os níveis de ruídos não sejam superiores a 55 dB (A), sendo que a partir de 50 dB (A) devem ser adotadas medidas preventivas.

• Código: 137.099-5. Infração: 2. Tipo: S.

37.14.2.3 As áreas de vivência devem ser dotadas de água para o consumo humano, conforme estabelecem a NR-24, a Portaria MS n. 2.914 de 12/12/11 e Resolução da Diretoria Colegiada – RDC n. 72, de 29/12/09 e RDC n. 91, de 30 de Junho de 2016, naquilo que couber.

• Código: 137.100-2. Infração: 2. Tipo: S.

37.14.3 Instalações sanitárias

37.14.3.1 As instalações sanitárias devem:

a) possuir uma área mínima de 1,00m², para cada vaso sanitário;

• Código: 137.101-0. Infração: 2. Tipo: S.

b) ser abastecidas por água canalizada;

• Código: 137.101-0. Infração: 2. Tipo: S.

c) dispor de água tratada, quente e fria, nos chuveiros e pias para fins de higiene pessoal, exceto para os vasos e mictórios;

•• *Vide* art. 3º, I, da Portaria n. 1.186, de 20-12-2018.

• Código: 137.102-9. Infração: 2. Tipo: S.

d) ser separadas por sexo;

• Código: 137.101-0. Infração: 2. Tipo: S.

e) ter porta principal inteiriça para manter a privacidade, provida de painel com dimensão de 0,60 m x 0,80 m, que permita a ventilação e o escape em caso de emergência;

• Código: 137.103-7. Infração: 2. Tipo: S.

f) possuir portas com fechamento interno sem, contudo, impedir sua abertura emergencial pelo lado externo mediante chave mestra ou similar;

• Código: 137.101-0. Infração: 2. Tipo: S.

g) possuir piso impermeável, lavável, antiderrapante, com caimento para o ralo sifonado e sem ressaltos e depressões;

• Código: 137.101-0. Infração: 2. Tipo: S.

h) ter lixeira com tampa, com dispositivo de abertura que dispense a necessidade de contato manual com a tampa;

• Código: 137.101-0. Infração: 2. Tipo: S.

i) ser providas de rede de iluminação, protegida externamente por eletrodutos ou embutida nas anteparas, com iluminamento geral e difuso de, no mínimo, 150 lux;

•• *Vide* art. 3º, I, da Portaria n. 1.186, de 20-12-2018.

• Código: 137.101-0. Infração: 2. Tipo: S.

j) possuir sistema de exaustão eficaz, direcionado para fora da área de vivência e sem contaminar os seus demais ambientes;

• Código: 137.101-0. Infração: 2. Tipo: S.

k) ter disponível protetor descartável para o assento do vaso sanitário;

• Código: 137.101-0. Infração: 2. Tipo: S.

l) ser dotada de, no mínimo, uma tomada de energia elétrica junto aos lavatórios.

• Código: 137.101-0. Infração: 2. Tipo: S.

37.14.3.2 Além do disposto no subitem 37.14.3.1, as instalações sanitárias para o uso coletivo devem:

a) estar situadas em locais de fácil e seguro acesso, próximas aos locais de trabalho ou das refeições;

• Código: 137.104-5. Infração: 2. Tipo: S.

b) ser localizadas de maneira a não se comunicarem diretamente com os locais destinados às refeições, cozinha e dormitórios;

• Código: 137.104-5. Infração: 2. Tipo: S.

c) garantir a privacidade de seus usuários em relação ao ambiente externo;

• Código: 137.104-5. Infração: 2. Tipo: S.

d) estar situadas a no máximo 150 m no plano horizontal e 10 m no plano vertical do posto de trabalho;

•• *Vide* art. 3º, I, da Portaria n. 1.186, de 20-12-2018.

• Código: 137.105-3. Infração: 2. Tipo: S.

e) possuir vasos sanitários em conjunto com lavatórios;

• Código: 137.104-5. Infração: 2. Tipo: S.

f) dispor de cabines privativas para os vasos sanitários, quando houver mais de uma unidade ou forem acompanhados de mictórios;

• Código: 137.104-5. Infração: 2. Tipo: S.

g) ser separadas por sexo, de forma permanente.

• Código: 137.104-5. Infração: 2. Tipo: S.

37.14.3.2.1 O dimensionamento das instalações sanitárias, de uso coletivo para cada sexo, deve levar em conta os seus respectivos quantitativos a bordo e os postos de trabalho.

• Código: 137.104-5. Infração: 2. Tipo: S.

37.14.3.3 A plataforma deve possuir instalações sanitárias para o uso coletivo distribuídos pelos diferentes pisos ou decks, na proporção de, no mínimo, 1 (um) vaso sanitário e 1 (um) lavatório para cada 15 (quinze) trabalhadores ou fração, considerando o turno de trabalho com maior efetivo.

•• *Vide* art. 3º, I, da Portaria n. 1.186, de 20-12-2018.

• Código: 137.106-1. Infração: 2. Tipo: S.

37.14.3.3.1 Em instalações sanitárias masculinas de uso coletivo é permitida a substituição de 50% (cinquenta por cento) dos vasos por mictórios para o uso coletivo, desde que sejam assegurados, no mínimo, dois vasos.

37.14.3.4 A plataforma deve possuir, ainda, instalações sanitárias para uso coletivo dotadas de chuveiro, na proporção de 1 (um) para cada 30 (trinta) trabalhadores ou fração, considerando o turno de trabalho com maior efetivo.

•• *Vide* art. 3º, I, da Portaria n. 1.186, de 20-12-2018.

• Código: 137.106-1. Infração: 2. Tipo: S.

37.14.3.5 O vaso sanitário deve:

a) ser do tipo sifonado ou dotado de mecanismo que impeça o retorno de odores, com comando de descarga, assento e tampa e espaço frontal livre com dimensões mínimas de 0,80 m de largura e 0,60 m de profundidade;

• Código: 137.107-0. Infração: 2. Tipo: S.

b) possuir suporte para o papel higiênico em forma de rolo ou interfolhado, com suprimento regular e suficiente e na cor branca;

• Código: 137.107-0. Infração: 2. Tipo: S.

c) ter ducha higiênica, alimentada por água fria;

• Código: 137.107-0. Infração: 2. Tipo: S.

d) estar instalado em cabines individuais e separadas.

• Código: 137.107-0. Infração: 2. Tipo: S.

37.14.3.5.1 A cabine do vaso sanitário para o uso coletivo deve:

a) ter divisórias com altura mínima de 1,90 m e com bordo inferior a, no máximo, 0,15 m acima do piso;

• Código: 137.107-0. Infração: 2. Tipo: S.

b) ser dotada de porta independente com sistema de fechamento que impeça o devassamento;

• Código: 137.107-0. Infração: 2. Tipo: S.

c) possuir alças de apoio, em plataformas flutuantes.

• Código: 137.107-0. Infração: 2. Tipo: S.

37.14.3.6 Os mictórios devem ser:

a) instalados em compartimentos individuais, separados por divisórias de dimensões suficientes para garantir a privacidade, com espaçamento de 0,60 m;

• Código: 137.107-0. Infração: 2. Tipo: S.

b) do tipo cuba, de material liso e impermeável e de fácil escoamento e limpeza;

• Código: 137.107-0. Infração: 2. Tipo: S.

c) providos de descarga provocada ou automática.

• Código: 137.107-0. Infração: 2. Tipo: S.

37.14.3.7 O lavatório deve ser dotado de:

a) torneira;

• Código: 137.108-8. Infração: 2. Tipo: S.

b) recipiente para o descarte de papéis servidos;

• Código: 137.108-8. Infração: 2. Tipo: S.

c) saboneteira ou outro dispositivo que permita a higienização das mãos;

• Código: 137.108-8. Infração: 2. Tipo: S.

d) porta papel-toalha ou secador do tipo elétrico para as mãos;

• Código: 137.108-8. Infração: 2. Tipo: S.

e) iluminação;

• Código: 137.108-8. Infração: 2. Tipo: S.

f) espelho;

• Código: 137.108-8. Infração: 2. Tipo: S.

37.14.3.7.1 É proibida a utilização de toalhas de uso coletivo.

• Código: 137.108-8. Infração: 2. Tipo: S.

37.14.3.7.2 Próximo aos locais de retirada dos Equipamentos de Proteção Individual – EPIs ou de onde são realizadas atividades com exposição a substâncias tóxicas, irritantes, infectantes, alergizantes ou que provoquem sujidade, devem ser disponibilizados, no mínimo, 2 (dois) lavatórios para o uso coletivo.

• Código: 137.109-6. Infração: 2. Tipo: S.

37.14.3.8 Os compartimentos destinados aos chuveiros devem:

a) ser dotados de portas de acesso que impeçam o devassamento ou construídos de modo a manter a privacidade necessária;

• Código: 137.110-0. Infração: 2. Tipo: S.

b) possuir ralos com sistema de escoamento que impeça a comunicação das águas servidas entre os compartimentos;

• Código: 137.110-0. Infração: 2. Tipo: S.

c) possuir tento ou rebaixo com desnível mínimo de 0,05m em relação ao piso da instalação sanitária;

• Código: 137.110-0. Infração: 2. Tipo: S.

d) dispor de suporte para sabonete e xampu;

• Código: 137.110-0. Infração: 2. Tipo: S.

e) possuir suportes ou cabides para toalha de banho;

• Código: 137.110-0. Infração: 2. Tipo: S.

f) ter piso antiderrapante com caimento que assegure o escoamento da água para a rede de esgoto;

• Código: 137.110-0. Infração: 2. Tipo: S.

g) possuir divisórias revestidas de material resistente, liso, impermeável e lavável;

• Código: 137.110-0. Infração: 2. Tipo: S.

h) ser construídos de forma a não possuir arestas vivas que possam causar acidentes;

• Código: 137.110-0. Infração: 2. Tipo: S.

i) possuir alças de apoio;

• Código: 137.110-0. Infração: 2. Tipo: S.

j) ser comandado por registros de metal, situados à meia altura da antepara;

• Código: 137.110-0. Infração: 2. Tipo: S.

k) possuir chuveiro dotado de crivo, confeccionado em material resistente e com altura mínima de 2m em relação ao piso, podendo ser do tipo móvel e de altura ajustável.

• Código: 137.110-0. Infração: 2. Tipo: S.

37.14.3.8.1 Os chuveiros e aquecedores elétricos, utilizados para secar as toalhas, devem possuir resistência do tipo blindada.

• Código: 137.110-0. Infração: 2. Tipo: S.

37.14.3.9 A operadora da instalação deve assegurar, no mínimo, 60 (sessenta) litros diários de água tratada por trabalhador para serem utilizados nas instalações sanitárias.

• Código: 137.111-8. Infração: 2. Tipo: S.

37.14.3.10 É vedado o uso de banheiro químico, inclusive no módulo de acomodação temporária, exceto nos casos previstos nesta NR.

• Código: 137.112-6. Infração: 2. Tipo: S.

37.14.3.10.1 Ao constatar a inoperância do sistema de esgotamento de todas as instalações sanitárias, o seguinte procedimento deve ser adotado:

a) interromper a operação da plataforma;

• Código: 137.112-6. Infração: 2. Tipo: S.

b) providenciar imediatamente a logística para o desembarque de todos os trabalhadores, com o retorno da tripulação somente após a normalização do sistema de esgotamento;

• Código: 137.112-6. Infração: 2. Tipo: S.

c) manter a bordo apenas o contingente mínimo para garantir a segurança da instalação e o reparo do sistema;

• Código: 137.112-6. Infração: 2. Tipo: S.

d) providenciar banheiros químicos para os trabalhadores que compõe o contingenciamento mínimo, até a normalização do sistema de esgotamento.

NR 37

• Código: 137.112-6. Infração: 2. Tipo: S.

37.14.3.11 A operadora da instalação deve elaborar, por plataforma, os procedimentos de controle e de vigilância para manter e controlar a qualidade da água distribuída para o consumo humano a bordo contemplando, no mínimo, os seguintes tópicos:

a) exigência, junto aos fornecedores, do laudo de inocuidade dos materiais utilizados na produção e distribuição que tenham contato com a água;

• Código: 137.113-4. Infração: 2. Tipo: S.

b) controle operacional do(s) ponto(s) de captação, adução, tratamento, armazenamento e distribuição, operada sempre com pressão positiva em toda a sua extensão;

• Código: 137.113-4. Infração: 2. Tipo: S.

c) processo de desinfecção ou cloração da água a ser fornecida coletivamente para o consumo humano, exigindo, junto aos fornecedores, o laudo de atendimento dos requisitos de saúde estabelecidos em norma técnica da ABNT para o controle de qualidade dos produtos químicos utilizados no tratamento da água;

• Código: 137.113-4. Infração: 2. Tipo: S.

d) controle da qualidade da água utilizando as metodologias analíticas, definidas no Anexo XX da Portaria de Consolidação – PRC n. 5 de 28/09/17.

• Código: 137.113-4. Infração: 2. Tipo: S.

37.14.3.11.1 A operadora da instalação pode realizar as análises em laboratório, próprio ou contratado, que atenda aos requisitos específicos citados na NBR ISO/IEC 17025.

37.14.3.11.2 As análises devem contemplar os ensaios físicos, químicos, físicoquímicos, microbiológicos e de radioatividade aplicáveis, descritos no Anexo XX da Portaria de Consolidação – PRC n. 5 de 28/09/17.

• Código: 137.113-4. Infração: 2. Tipo: S.

37.14.3.11.3 O plano de amostragem deve ser realizado por plataforma, respeitando os planejamentos mínimos de amostragem expressos no Anexo XX da Portaria de Consolidação – PRC n. 5 de 28/09/17.

• Código: 137.113-4. Infração: 2. Tipo: S.

37.14.3.12 Os procedimentos de vigilância e controle da qualidade de água utilizado no tratamento, armazenamento e distribuição para o consumo humano a bordo devem considerar as informações contidas nas análises de riscos da instalação.

• Código: 137.113-4. Infração: 2. Tipo: S.

37.14.3.13 Após as realizações dos serviços de manutenção, reparo, ampliação e outras intervenções na plataforma, que possam contaminar a água para o consumo humano, a operadora da instalação deve efetuar amostragens e as análises supracitadas e, se necessários, efetuar os tratamentos adequados antes de voltar a fornecer a água.

• Código: 137.114-2. Infração: 2. Tipo: S.

37.14.3.14 A concessionária ou operadora da instalação devem assegurar o fornecimento de água para o consumo humano, mediante veículo transportador ou embarcações, que atendam às seguintes condições:

a) possuam tanques, válvulas e equipamentos apropriados e de uso exclusivo para o armazenamento e transporte de água potável;

• Código: 137.115-0. Infração: 2. Tipo: S.

b) tenham registros com dados atualizados sobre o fornecedor e a fonte de água;

• Código: 137.115-0. Infração: 2. Tipo: S.

c) mantenham registro atualizado das análises de controle da qualidade da água, previstos na legislação citadas no subitem 37.15.5.2;

• Código: 137.115-0. Infração: 2. Tipo: S.

d) certifiquem que a água fornecida contenha, em toda a extensão do sistema de distribuição (reservatório e rede), o teor de cloro prescrito pela RDC n. 72 de 29/09/2009 da ANVISA e alterações posteriores.

• Código: 137.115-0. Infração: 2. Tipo: S.

37.14.3.15 Antes da disponibilização para o consumo humano, a água ofertada a bordo da embarcação, procedente da captação direta de ambientes aquáticos, deve:

a) passar por tratamento prévio;

• Código: 137.115-0. Infração: 2. Tipo: S.

b) ter a eficácia do tratamento verificada por metodologia de monitoramento e controle pertinentes;

• Código: 137.115-0. Infração: 2. Tipo: S.

c) ser captada no ambiente marinho em local distante do ponto de descarte dos diversos rejeitos (orgânicos e inorgânicos) oriundos da plataforma;

• Código: 137.115-0. Infração: 2. Tipo: S.

d) ser avaliada quanto ao nível de radioatividade ocasionada pela presença de material radioativo de ocorrência natural dissolvido na água ou tecnicamente enriquecido presente no sistema em questão, quando aplicáveis.

• Código: 137.115-0. Infração: 2. Tipo: S.

37.14.3.16 A concessionária e a operadora da instalação devem providenciar ou assegurar a capacitação e a atualização técnica dos profissionais que atuam de forma direta no fornecimento e controle da qualidade da água para o consumo humano.

• Código: 137.116-9. Infração: 2. Tipo: S.

37.14.3.17 A operadora da instalação deve estabelecer mecanismos para o recebimento de reclamações e manter registros atualizados sobre a qualidade da água distribuída, sistematizando-os de forma compreensível aos consumidores e disponibilizando-os para pronto acesso e consulta pela auditoria fiscal do trabalho, trabalhadores e seus representantes.

• Código: 137.117-7. Infração: 2. Tipo: S.

37.14.4 Higiene, segurança e conforto por ocasião das refeições

37.14.4.1 Nas plataformas habitadas é obrigatória a existência de refeitório para os trabalhadores.

• Código: 137.118-5. Infração: 2. Tipo: S.

37.14.4.2 O refeitório deve atender, nesta ordem, aos requisitos desta NR e, naquilo que couber, aos itens constantes das Resoluções da Agência Nacional de Vigilância Sanitária – ANVISA, RDC n. 216/2004 e RDC n. 72/2009, conforme descritos a seguir:

a) ser instalado em local apropriado, não se comunicando diretamente com os locais de trabalho, instalações sanitárias e locais insalubres ou perigosos;

• Código: 137.118-5. Infração: 2. Tipo: S.

b) possuir área mínima de 1,50 m² por usuário, com a quantidade de mesas e assentos que atenda a 1/3 do total de empregados do turno com o maior efetivo;

• Código: 137.118-5. Infração: 2. Tipo: S.

c) possuir circulação principal com largura mínima de 0,75 m, com circulação entre assentos e entre os assentos e as anteparas com largura mínima de 0,55 m;

• Código: 137.118-5. Infração: 2. Tipo: S.

d) ser providas de rede de iluminação, protegida externamente por eletrodutos ou embutida nas anteparas ou teto, com iluminamento geral e difuso de, no mínimo, 150 lux;

• Código: 137.118-5. Infração: 2. Tipo: S.

e) ter piso impermeável, antiderrapante e revestido de material que permita a limpeza e desinfecção;

• Código: 137.118-5. Infração: 2. Tipo: S.

f) ter anteparas revestidas com material liso, resistente, impermeável e que permita a limpeza e desinfecção;

• Código: 137.118-5. Infração: 2. Tipo: S.

g) dispor de água potável;

• Código: 137.118-5. Infração: 2. Tipo: S.

h) possuir mesas providas de tampo liso e de material impermeável;

• Código: 137.118-5. Infração: 2. Tipo: S.

i) possuir mesas e bancos ou cadeiras de fácil higienização e mantidos permanentemente limpos;

• Código: 137.118-5. Infração: 2. Tipo: S.

j) ter balcões de autosserviço dotados de protetores salivar;

• Código: 137.119-3. Infração: 2. Tipo: S.

k) dispor de álcool gel ou outro saneante na área de acesso aos balcões de autosserviço.

• Código: 137.118-5. Infração: 2. Tipo: S.

37.14.4.2.1 As mesas do refeitório de plataformas flutuantes devem ser dotadas de tampo com ressalto arredondado nas bordas, acompanhada por bancos ou cadeiras fixas ou com pés de alto atrito.

• Código: 137.118-5. Infração: 2. Tipo: S.

37.14.4.3 Além do quantitativo de lavatórios para uso coletivo previstos no subitem 37.14.3.3, os refeitórios também devem dispor de lavatórios localizados nas proximidades da entrada ou no seu interior, na proporção de 1 (um) para cada 20 (vinte) assentos.

• Código: 137.120-7. Infração: 2. Tipo: S.

37.14.4.4 É proibida, ainda que em caráter provisório, a utilização do refeitório como depósito.

• Código: 137.121-5. Infração: 2. Tipo: S.

37.14.4.5 As plataformas desabitadas devem dispor de condições sanitárias, higiene e conforto suficientes para as refeições dos trabalhadores, bem como atender aos seguintes requisitos mínimos:

a) dispor de local adequado e isolado da área de trabalho;

• Código: 137.122-3. Infração: 2. Tipo: S.

b) possuir piso e anteparas apropriados para limpeza e desinfecção;

• Código: 137.122-3. Infração: 2. Tipo: S.

c) ter ventilação artificial ou natural,

• Código: 137.122-3. Infração: 2. Tipo: S.

d) iluminação geral e difusa de, no mínimo, 150 lux;

• Código: 137.122-3. Infração: 2. Tipo: S.

e) dispor de mesas e assentos em número compatível com a quantidade de trabalhadores a bordo;

• Código: 137.122-3. Infração: 2. Tipo: S.

f) possuir lavatório nas proximidades;

• Código: 137.122-3. Infração: 2. Tipo: S.

g) fornecer água potável;

• Código: 137.122-3. Infração: 2. Tipo: S.

h) dispor de equipamento para aquecer a refeição ou de dispositivo térmico que a mantenha aquecida em condições de higiene, conservação e consumo até o final do horário da refeição;

• Código: 137.122-3. Infração: 2. Tipo: S.

i) fornecer refeições que atendam às exigências de conservação da alimentação em recipientes apropriados, adequados aos equipamentos de aquecimento disponíveis;

• Código: 137.122-3. Infração: 2. Tipo: S.

j) disponibilizar pratos, talheres e copos individuais higienizados, podendo ser descartáveis;

• Código: 137.122-3. Infração: 2. Tipo: S.

k) possuir compartimento para guarda e proteção dos utensílios.

• Código: 137.122-3. Infração: 2. Tipo: S.

37.14.4.5.1 Na plataforma desabitada, que não ofereça ambiente com condições para as refeições, o tempo de permanência dos trabalhadores a bordo deve ser de, no máximo, 4 (quatro) horas.

• Código: 137.122-3. Infração: 2. Tipo: S.

37.14.4.6 É proibida a tomada de refeições fora dos locais citados nos subitens 37.14.4.2 e 37.14.4.5.

• Código: 137.123-1. Infração: 2. Tipo: S.

37.14.4.7 Os alimentos acondicionados em bandejas aquecidas, pronto para o consumo, não devem ter as suas temperaturas de condicionamento interior inferior a 60ºC, podendo permanecer exposto por período máximo de 6 (seis) horas.

• Código: 137.124-0. Infração: 2. Tipo: S.

37.14.4.7.1 É obrigatório o monitoramento das temperaturas e do tempo de exposição desses alimentos, cujos registros devem ser consignados em relatórios próprios assinados pelo profissional legalmente habilitado pela função.

• Código: 137.124-0. Infração: 2. Tipo: S.

37.14.4.8 É vedada a utilização de vestimenta de trabalho com a presença de agentes químicos ou biológicos, provenientes das atividades laborais, nos refeitórios ou nos locais específicos para a alimentação.

• Código: 137.123-1. Infração: 2. Tipo: S.

37.14.5 Cozinha

• Código: 137.125-8. Infração: 3. Tipo: S.

37.14.5.1 Em plataforma dotada de cozinha, a operadora da instalação deve seguir todas as medidas para garantir a higiene e a qualidade da alimentação produzida, de acordo com as normas da vigilância sanitária.

• Código: 137.125-8. Infração: 3. Tipo: S.

37.14.5.2 A cozinha deve dispor de:

• Código: 137.125-8. Infração: 3. Tipo: S.

a) anteparas de material impermeável, apropriado para limpeza e desinfecção;

b) piso antiderrapante, de material apropriado para limpeza e desinfecção, com caimento e ralos ou dispositivos que favoreçam o escoamento de águas;

c) portas revestidas de materiais lisos e de fácil limpeza e desinfecção;

d) rede de iluminação protegida por eletrodutos ou embutida nas anteparas ou tetos, com iluminamento geral e difuso de, no mínimo, 200 lux;

e) lavatório coletivo de uso exclusivo dos trabalhadores do serviço de alimentação, com acionamento automático da água e dispositivos de sabão líquido bactericida ou sabão neutro juntamente com um antisséptico, sistema para a secagem das mãos e, quando for o caso, coletor de papel acionado sem contato manual;

f) sistema de exaustão para a captação de fumaças, vapores e odores, dotada de coifa em aço inoxidável;

g) bancadas de trabalho e pias para lavagem de utensílios em aço inoxidável;

h) locais distintos para a instalação de equipamentos de refrigeração de alimentos, de lavagem de utensílios e de preparo de refeições;

i) áreas independentes para higienização dos alimentos, para o manuseio de massas e para a cocção;

j) áreas distintas ou separadas por barreiras físicas para preparação de carnes, de peixes, de aves e de saladas;

k) lixeira confeccionada em material de fácil higienização, dotada de tampa, com abertura sem contato manual;

l) dispositivo para abafamento de fogo do tipo manta, confeccionado em material antichamas, não contaminante e não alergênico.

37.14.5.2.1 É vedado a utilização de toalha de uso coletivo nos lavatórios utilizados pelos profissionais da cozinha.

• Código: 137.125-8. Infração: 3. Tipo: S.

37.14.5.3 A cozinha deve ficar interligada ao refeitório através de aberturas do tipo passa-pratos ou portas distintas, uma para servir as refeições e a outra para a devolução dos utensílios.

•• *Vide* art. 3º, I, da Portaria n. 1.186, de 20-12-2018.

• Código: 137.125-8. Infração: 3. Tipo: S.

37.14.5.4 As áreas previstas para cozinha, depósito de gêneros alimentícios secos e dispositivos de refrigeração de alimentos devem ser compatíveis com o número diário de refeições servidas e a quantidade de provisões que devem ser armazenadas, considerando-se ainda uma reserva de emergência.

• Código: 137.125-8. Infração: 3. Tipo: S.

37.14.5.5 As plataformas devem possuir instalações sanitárias adicionais, exclusivas para o uso coletivo dos trabalhadores da cozinha, atendendo ao disposto no subitem 37.14.3.2, na proporção de 1 (um) vaso sanitário e 1 (um) lavatório para cada 10 (dez) trabalhadores ou fração, considerando o sexo e o turno de trabalho do pessoal da cozinha com maior efetivo.

•• *Vide* art. 3º, I, da Portaria n. 1.186, de 20-12-2018.

• Código: 137.125-8. Infração: 3. Tipo: S.

37.14.5.6 Os manipuladores de alimentos e o pessoal da limpeza que atuam na cozinha devem utilizar uniformes (aventais e toucas ou gorros) e EPIs adequados e de uso exclusivos, devidamente higienizados, podendo ser descartáveis, quando aplicável.

• Código: 137.125-8. Infração: 3. Tipo: S.

37.14.5.7 Os equipamentos e utensílios utilizados nos locais de manipulação de alimentos devem estar em condições higiênico-sanitárias satisfatórias e ser confeccionados em materiais que não liberem substâncias tóxicas, odores e sabores.

• Código: 137.125-8. Infração: 3. Tipo: S.

37.14.5.7.1 Os equipamentos e acessórios de cocção utilizados nas cozinhas das plataformas flutuantes devem possuir dispositivo de fixação que permita a sua remoção para utilização e limpeza.

• Código: 137.125-8. Infração: 3. Tipo: S.

37.14.5.8 A cozinha, seus equipamentos e acessórios, exaustores e dutos de exaustão devem passar por processo de higienização de acordo com as recomendações do fabricante ou fornecedor, consignado em plano de manutenção específico e relatório assinado pelo profissional responsável.

• Código: 137.125-8. Infração: 3. Tipo: S.

37.14.5.9 As máquinas e equipamentos utilizados na cozinha devem atender ao previsto na NR-12 (Segurança no Trabalho em Máquinas e Equipamentos).

• Código: 137.125-8. Infração: 3. Tipo: S.

37.14.5.9.1 A câmara de refrigeração deve ter botoeira de emergência no seu interior e dispositivo que permita a abertura internamente.

37.14.6 Alojamentos

37.14.6.1 Os camarotes, camarotes provisórios e módulos de acomodação temporária devem atender aos seguintes requisitos gerais:

a) dispor de anteparas, revestimento, forro, piso e juntas construídos com materiais específicos para uso marítimo e resistentes ao fogo, de acordo com os requisitos definidos pela IMO Code for Construction and Equipment of Mobile Offshore Drilling Units (Código MODU), SOLAS e suas alterações posteriores.

• Código: 137.126-6. Infração: 2. Tipo: S.

b) ser construídos com materiais termo acústicos, impermeáveis, atóxicos, adequados à sua utilização e que garantam um ambiente saudável e sua perfeita higienização;

• Código: 137.126-6. Infração: 2. Tipo: S.

c) ser dotados de dispositivos suficientes para o escoamento das águas;

• Código: 137.126-6. Infração: 2. Tipo: S.

d) preservar a privacidade dos usuários;

• Código: 137.126-6. Infração: 2. Tipo: S.

e) ser separado por sexo durante todo o seu tempo de ocupação, sendo proibida a alternância diurna/noturna entre os sexos masculino e feminino neste período;

• Código: 137.126-6. Infração: 2. Tipo: S.

f) acomodar no máximo quatro pessoas;

• Código: 137.126-6. Infração: 2. Tipo: S.

g) possuir pé-direito de, no mínimo, 2,40 m quando forem usados beliches ou 2,20 m no caso de uso exclusivo de camas simples;

• Código: 137.126-6. Infração: 2. Tipo: S.

h) dispor de dormitório com área mínima de 3,60 m^2 por pessoa, exceto nos casos dos dormitórios individuais ou duplos, cuja área total mínima deve ser de 7,50 m^2;

•• *Vide* art. 3º, I, da Portaria n. 1.186, de 20-12-2018.

• Código: 137.126-6. Infração: 2. Tipo: S.

i) ter dimensões adequadas de modo a propiciar o conforto e a facilitar sua limpeza e ordem;

• Código: 137.126-6. Infração: 2. Tipo: S.

j) possuir instalação sanitária privativa, adjacente ao dormitório e com uma porta para comunicação direta ou para a antecâmara, dotada de vaso sanitário, compartimento para chuveiro e lavatório com armário, gavetas individuais, secador de toalhas e alça de apoio;

• Código: 137.126-6. Infração: 2. Tipo: S.

k) dispor de portas com altura mínima de 2,10 m e largura mínima de 0,80 m, dotadas de dispositivos que permita mantê-las abertas e providas de painéis de escape com dimensões 0,60 x 0,80 m;

• Código: 137.127-4. Infração: 2. Tipo: S.

l) ser dotados de mobiliário e acessórios constituídos de material de fácil higienização, sem cantos vivos, mantido em boas condições de uso, e que não produzam gases ou partículas tóxicas quando expostos ao fogo;

• Código: 137.126-6. Infração: 2. Tipo: S.

m) apresentar valores máximos de vibração de corpo inteiro inferiores ao nível de ação para a exposição ocupacional diária à vibração de corpo inteiro citada no Anexo I (Avaliação da Exposição Ocupacional a Vibrações de Corpo Inteiro), da NR-09;

• Código: 137.128-2. Infração: 2. Tipo: S.

n) dispor de tensão elétrica de 127 ou 220 volts nas tomadas, devidamente identificadas;

• Código: 137.126-6. Infração: 2. Tipo: S.

o) possuir sistema de iluminação de modo a manter um nível mínimo de iluminamento geral e difuso de acordo com a NR-17 (Ergonomia), bem como iluminação de emergência;

• Código: 137.126-6. Infração: 2. Tipo: S.

p) ter manta antichamas, não alergênica, na proporção mínima de uma peça para cada ocupante.

• Código: 137.126-6. Infração: 2. Tipo: S.

37.14.6.1.1 O alojamento deve ser adequadamente isolado, não podendo haver quaisquer aberturas diretas para a praça de máquinas, compartimento de carga, cozinha, paiol, lavanderias, poço de elevador ou instalações sanitárias de uso coletivo.

• Código: 137.126-6. Infração: 2. Tipo: S.

37.14.6.1.2 As tubulações de vapor, de descarga de gases e outras semelhantes não devem passar pelo interior dos alojamentos, nem pelos seus corredores, salvo em caso de inviabilidade técnica, quando deverão ser isoladas e protegidas.

• Código: 137.126-6. Infração: 2. Tipo: S.

37.14.6.1.3 A área de circulação para acesso aos alojamentos deve ter a largura mínima de 1,20 m.

• Código: 137.126-6. Infração: 2. Tipo: S.

37.14.6.2 O mobiliário do dormitório deve observar os seguintes requisitos mínimos:

a) possuir no máximo quatro leitos, cuja distância horizontal entre eles seja de, no mínimo, 0,60 m para permitir a livre circulação e o acesso;

• Código: 137.129-0. Infração: 2. Tipo: S.

b) ter armários individuais com tranca e chave, e volume mínimo de 0,5 m^3, providos de gaveta, prateleira e cabides, com, pelo menos, três compartimentos para guardar separadamente:

• Código: 137.129-0. Infração: 2. Tipo: S.

1. os itens de higiene pessoal;

2. as roupas e os pertences pessoais;

3. os EPIs e a bolsa de viagem;

c) ser dotado de ganchos de uso individual, em quantidade e condições suficientes para pendurar vestimenta de trabalho e EPI;

• Código: 137.129-0. Infração: 2. Tipo: S.

d) possuir mesa ou escrivaninha, que poderá ser do tipo de tampo fixo, dobrável ou corrediço, acompanhada de cadeira, provida de iluminação auxiliar e de tomada de energia elétrica;

• Código: 137.129-0. Infração: 2. Tipo: S.

e) possuir telefone e televisão de dimensão superior a 26 polegadas;

• Código: 137.130-4. Infração: 2. Tipo: S.

f) ter espelho, podendo ser instalado na parte interna dos armários;

• Código: 137.129-0. Infração: 2. Tipo: S.

g) dispor de estante ou prateleira para livros;

• Código: 137.129-0. Infração: 2. Tipo: S.

h) possuir recipiente para lixo;

• Código: 137.129-0. Infração: 2. Tipo: S.

i) conter dispositivos individuais, do tipo gancho ou barra, para guardar e secar toalhas de banho e rosto, fora do armário, que assegure condições de higiene;

• Código: 137.129-0. Infração: 2. Tipo: S.

j) ser dotado de compartimentos destinados à guarda de coletes salva-vidas.

37.14.6.3 A cama deve atender aos seguintes requisitos:

• Código: 137.129-0. Infração: 2. Tipo: S.

a) possuir dimensões internas que comportem um colchão de solteiro de, no mínimo, 1,98m por 0,80m;

• Código: 137.132-0. Infração: 2. Tipo: S.

b) ter altura mínima de 0,40m, medida da face superior do colchão ao piso do camarote;

• Código: 137.131-2. Infração: 2. Tipo: S

c) possuir colchão antialérgico e com densidade mínima 33 (trinta e três), mantido em condições higiênico-sanitária e no prazo de sua validade, gravada de forma legível e indelével;

• Código: 137.132-0. Infração: 2. Tipo: S.

d) dispor de dois lençóis, uma fronha, um travesseiro ergonômico, confeccionado em material visco-elástico ou similar, e com dimensões mínimas iguais a 55cm x 35cm x 10cm e um cobertor, todos de uso individual, de dimensões compatíveis, em condições adequadas de higiene e conservação, manufaturados a partir de materiais antialérgicos;

• Código: 137.131-2. Infração: 2. Tipo: S

e) ter cortina tipo *blackout* ou outro elemento semelhante, confeccionada em material antialérgico, que impeça a entrada de luz e promova a privacidade, sem comprometer a circulação de ar;

• Código: 137.131-2. Infração: 2. Tipo: S

f) ser dotada de iluminação complementar e tomada de energia elétrica.

• Código: 137.132-0. Infração: 2. Tipo: S.

37.14.6.3.1 No caso de utilização de camas sobrepostas na vertical (beliche), estas deverão atender também às condições a seguir:

a) limitado a duas camas, com distância livre mínima de 0,90 m, medida a partir do nível superior do colchão da cama de baixo ao nível inferior do estrado da cama superior;

• Código: 137.133-9. Infração: 2. Tipo: S.

b) cama superior com distância livre mínima de 0,90 m, medida a partir do teto do dormitório até nível superior do seu colchão;

• Código: 137.133-9. Infração: 2. Tipo: S.

c) cama superior com proteção lateral contra queda, até a metade do seu comprimento;

• Código: 137.133-9. Infração: 2. Tipo: S.

d) acesso à cama superior por meio de escada rígida adequada, com degraus de superfície antiderrapante, fixada ao beliche e alça para pega junto à escada;

• Código: 137.133-9. Infração: 2. Tipo: S.

e) estrados das camas impermeáveis.

• Código: 137.134-7. Infração: 2. Tipo: S.

37.14.6.3.1.1 Nas plataformas flutuantes, a cama inferior deve ser provida, ainda, de proteção lateral até a metade do seu comprimento.

• Código: 137.133-9. Infração: 2. Tipo: S.

37.14.6.4 Módulos de Acomodação Temporária

37.14.6.4.1 O módulo de acomodação temporária só pode ser instalado com o intuito de aumentar a capacidade de acomodação da plataforma, durante a execução de campanhas de manutenção, reparação, montagem, comissionamento, descomissionamento, desmonte ou intervenções de sondas em plataformas fixas.

• Código: 137.135-5. Infração: 2. Tipo: S.

37.14.6.4.2 A instalação e a permanência do módulo de acomodação temporária nas plataformas habitadas devem ser solicitadas à SRTb, correspondente à locação da plataforma, e em caso de plataformas desabitadas somente mediante negociação tripartite.

• Código: 137.135-5. Infração: 2. Tipo: S.

37.14.6.4.2.1 A solicitação deve ser feita mediante a apresentação das análises de riscos e plantas baixa e de corte.

37.14.6.4.3 Além do disposto nos subitens 37.14.6.1 a 37.14.6.3, o módulo de acomodação temporária deve atender às seguintes exigências:

a) não ter sido utilizado para outros fins, como o armazenamento ou manuseio de substâncias perigosas à saúde;

• Código: 137.136-3. Infração: 2. Tipo: S.

b) dispor de anteparas, piso e teto construídos com o material de classe A-60, conforme descrito no Código MODU;

• Código: 137.136-3. Infração: 2. Tipo: S.

c) ser apoiado sobre estruturas de sustentação com apoios resilientes para absorções de ruídos e vibrações, salvo laudo técnico conclusivo que dispense tais apoios, elaborado por profissional legalmente habilitado e com a emissão da respectiva ART;

• Código: 137.136-3. Infração: 2. Tipo: S.

d) ter quadro elétrico instalado em seu interior, em local de fácil acesso, dispondo de barramento interno com disjuntores, portas com vedação de borracha, trinco e pintura eletrostática a pó;

• Código: 137.136-3. Infração: 2. Tipo: S.

e) possuir vidros ou materiais alternativos utilizados em divisórias, janelas e visores das portas que não produzam estilhaços ou fumaça tóxica;

• Código: 137.136-3. Infração: 2. Tipo: S.

f) dispor de antecâmara para isolamento do ruído exterior, das intempéries e do devassamento, podendo tal função ser exercida pelo corredor que interliga os módulos;

• Código: 137.136-3. Infração: 2. Tipo: S.

g) possuir corredor com largura mínima de 1,20m, provido de iluminação de emergência, indicação das rotas de fuga e sinalização de saída;

• Código: 137.136-3. Infração: 2. Tipo: S.

h) dispor de portas externas que atendem aos requisitos de estanqueidade e da classificação das anteparas, conforme sua localização na embarcação, dotadas de sistema automático para o seu fechamento;

• Código: 137.136-3. Infração: 2. Tipo: S.

i) dispor de televisor e telefone em cada dormitório;

• Código: 137.137-1. Infração: 2. Tipo: S.

j) dispor de saída de emergência alternativa.

• Código: 137.136-3. Infração: 2. Tipo: S.

37.14.6.5 A operadora da instalação deve disponibilizar canais para televisão, com pacote de programação diversificado (noticiários, esportes, filmes, documentários e outros), em condições adequadas de funcionamento, diuturnamente.

• Código: 137.138-0. Infração: 2. Tipo: S.

37.14.6.6 A telefonia das acomodações deve permitir a realização de ligações entre os diferentes ramais da plataforma.

• Código: 137.138-0. Infração: 2. Tipo: S.

37.14.6.7 A operadora da instalação deve garantir o cumprimento das seguintes regras de uso dos alojamentos:

a) limpeza diária e manutenção das condições higiênico-sanitárias;

• Código: 137.139-8. Infração: 2. Tipo: S.

b) retirada diária do lixo e disposição em local adequado;

• Código: 137.139-8. Infração: 2. Tipo: S.

c) substituição, a cada três dias, da roupa de cama e banho para proceder à sua lavagem e secagem;

• Código: 137.140-1. Infração: 2. Tipo: S.

d) proibição da permanência de pessoas com suspeitas de doenças infectocontagiosas, que possam comprometer a saúde da população embarcada;

• Código: 137.139-8. Infração: 2. Tipo: S.

e) desinfecção de qualquer acomodação utilizada por trabalhador portador de doença infectocontagiosa.

• Código: 137.140-1. Infração: 2. Tipo: S.

37.14.6.8 Alterações eventuais que forneçam condições diversas, porém equivalentes ao disposto neste item, devem ser apreciadas de forma tripartite e autorizadas pela SRTb.

37.14.6.8.1 O camarote provisório deve ter seu projeto, prazo de utilização e prorrogação, se necessária, aprovados pela SRTb, depois de ouvidas as partes em procedimento de negociação tripartite.

37.14.6.9 O somatório dos trabalhadores alojados em camarotes provisórios e módulos de acomodação temporária não pode exceder a 25% (vinte e cinco por cento) do quantitativo máximo de trabalhadores instalados nos camarotes permanentes, observando a regulamentação da NORMAM-01/DPC para os equipamentos de salvatagem.

• Código: 137.141-0. Infração: 2. Tipo: S.

37.14.6.10 É vedado o transbordo de trabalhadores registrados no People On Board – POB de uma plataforma para o pernoite em alojamento de outra plataforma, com a finalidade de suprir ausência de acomodações.

• Código: 137.141-0. Infração: 2. Tipo: S.

37.14.7 Lavanderia

37.14.7.1 A plataforma habitada deve possuir lavanderia para a lavagem e a secagem das roupas de trabalho, de cama, de banho e de uso pessoal.

• Código: 137.142-8. Infração: 2. Tipo: S.

37.14.7.1.1 A lavanderia da plataforma deve:

a) ser dimensionada de acordo com a quantidade de turnos e a lotação total de trabalhadores embarcados;

• Código: 137.143-6. Infração: 2. Tipo: S.

b) ter a área de lavagem e secagem projetada e isolada acusticamente para manter os níveis de ruído dentro dos limites de tolerância nos demais compartimentos;

• Código: 137.143-6. Infração: 2. Tipo: S.

c) possuir piso de circulação sem saliências e depressões;

• Código: 137.143-6. Infração: 2. Tipo: S.

d) possuir sistema de exaustão e ventilação;

• Código: 137.143-6. Infração: 2. Tipo: S.

e) ser abastecida com água tratada;

• Código: 137.143-6. Infração: 2. Tipo: S.

f) ter facilidades para passagem de roupas.

• Código: 137.143-6. Infração: 2. Tipo: S.

37.14.7.2 As roupas de trabalho devem ser lavadas e secas separadamente das demais (roupas de cama, de banho e de uso pessoal), em máquinas de lavar e secar distintas e devidamente identificadas.

• Código: 137.144-4. Infração: 2. Tipo: S.

37.14.8 Serviços de bem-estar a bordo

37.14.8.1 Na plataforma habitada devem existir meios e instalações para proporcionar condições de bem-estar a todos os trabalhadores a bordo, como:

a) sala de ginástica ou aparelhos para exercícios físicos instalados em locais destinados para esta finalidade;

• Código: 137.145-2. Infração: 2. Tipo: S.

b) sala(s) de recreação com música, rádio, televisão, exibição de vídeos com conteúdos variados e renovados em intervalos regulares, além de jogos de mesa com seus acessórios;

• Código: 137.145-2. Infração: 2. Tipo: S.

c) sala de leitura dotada de uma biblioteca, cujo acervo contenha periódicos e livros de conteúdos variados, em quantidade suficiente e renováveis;

• Código: 137.145-2. Infração: 2. Tipo: S.

d) acesso viável a rede mundial de computadores (internet), do tipo sem fio (wi-fi), ao menos nas áreas de vivência e alojamentos, para utilização recreativa e comunicação interpessoal, de acesso reservado a correio eletrônico, redes sociais e outros sistemas privativos, dimensionada de modo a atender ao quantitativo de trabalhadores no período folga, diuturnamente;

• Código: 137.146-0. Infração: 2. Tipo: S.

e) sala de internet recreativa e para comunicação interpessoal, dotada de computadores de uso individual, conectados à rede, na razão de, no mínimo, 1 (um) para cada 50 (cinquenta) trabalhadores ou fração, referente aos trabalhadores em período de folga;

• Código: 137.145-2. Infração: 2. Tipo: S.

1. no caso de inviabilidade técnica de instalação de internet sem fio (wi-fi), a operadora da instalação deve disponibilizar computadores de uso individual, conectados à rede citada, na razão de, no mínimo, 1 (um) para cada 15 (quinze) trabalhadores ou fração, para os trabalhadores em período de folga;

f) a operadora da instalação deve manter os meios de comunicação da sala de internet com os computadores pessoais ou similares (*hardwares*) e os sistemas operacionais (*softwares*) atualizados, de forma a garantir o seu perfeito funcionamento.

• Código: 137.145-2. Infração: 2. Tipo: S.

37.14.8.2 A área de vivência a bordo deve possuir cabines telefônicas individuais ou locais privativos, na proporção de um aparelho telefônico para cada 50 (cinquenta) trabalhadores ou fração a bordo, permitindo a comunicação particular entre a plataforma e a terra.

a) a operadora da instalação deve franquear ao trabalhador, próprio ou terceirizado, período mínimo de 15 (quinze) minutos por dia de ligação externa gratuita;

• Código: 137.147-9. Infração: 2. Tipo: S.

b) quando excedido o tempo gratuito de ligação, e caso seja custeado pelo trabalhador, o valor máximo da ligação deve ser equivalente ao seu preço de custo, que venha a ser cobrado pela operadora de telefonia nacional.

• Código: 137.147-9. Infração: 2. Tipo: S.

37.14.8.2.1 Caso a operadora da instalação não disponibilize internet, do tipo wi-fi, a proporção estabelecida no subitem 37.14.8.2 deve ser de, no mínimo, 1 (um) para cada 15 (quinze) trabalhadores ou fração.

• Código: 137.147-9. Infração: 2. Tipo: S.

37.14.8.3 A sala para a prática das atividades físicas deve:

a) ser dimensionada para os trabalhadores embarcados na plataforma, em horário de folga;

• Código: 137.148-7. Infração: 2. Tipo: S.

b) possuir piso apropriado, livres de rachaduras, imperfeições, elementos cortantes e perfurantes;

• Código: 137.148-7. Infração: 2. Tipo: S.

c) ter suportes ou compartimentos exclusivos para a guarda de material de apoio complementar (anilhas, barras, cordas e outros);

• Código: 137.148-7. Infração: 2. Tipo: S.

d) estar limpa;

• Código: 137.148-7. Infração: 2. Tipo: S.

e) ser climatizada;

• Código: 137.148-7. Infração: 2. Tipo: S.

f) ter as áreas de circulação livres e seguras.

• Código: 137.148-7. Infração: 2. Tipo: S.

37.14.8.3.1 Os aparelhos ergométricos, os aparelhos e os equipamentos fixos para a prática de exercícios físicos da sala de ginástica devem:

a) estar em perfeito estado de conservação, higiene e segurança;

• Código: 137.148-7. Infração: 2. Tipo: S.

b) estar aprumados, fixados e distanciados entre si de, no mínimo, 0,80 cm;

• Código: 137.148-7. Infração: 2. Tipo: S.

c) ter as suas partes móveis lubrificadas;

• Código: 137.148-7. Infração: 2. Tipo: S.

d) ser certificados pelo INMETRO, quando aplicável;

• Código: 137.148-7. Infração: 2. Tipo: S.

e) passar por manutenção preventiva e corretiva.

• Código: 137.148-7. Infração: 2. Tipo: S.

37.14.8.3.2 O trabalhador para realizar atividade física a bordo deve ser previamente orientado por profissional legalmente habilitado, apresentando o comprovante ao profissional de saúde da plataforma.

• Código: 137.148-7. Infração: 2. Tipo: S.

37.14.8.4 A plataforma pode ser dotada de sala de projeção de filmes, quadra desportiva, piscina e sauna, sempre que for compatível com as suas características técnicas, operacionais e de segurança.

37.15 Alimentação a Bordo

37.15.1 A operadora da instalação deve garantir que os trabalhadores a bordo tenham acesso gratuito à alimentação de boa qualidade, preparada a bordo, fornecida em condições de higiene e conservação, conforme prevê a legislação vigente.

• Código: 137.149-5. Infração: 3. Tipo: S.

37.15.1.1 O cardápio deve ser variado, balanceado e elaborado por profissional nutricionista legalmente habilitado, possuir conteúdo que atenda às exigências nutricionais necessárias às condições de saúde dos trabalhadores, ser adequado ao tipo de atividade laboral e assegurar o bem-estar a bordo.

• Código: 137.149-5. Infração: 3. Tipo: S.

37.15.1.2 Nas plataformas desabitadas, a alimentação deve possuir as mesmas características citadas no subitem 37.15.1, sendo dispensado o seu preparo a bordo.

37.15.1.3 A operadora da instalação deve disponibilizar dietas específicas para a patologia do trabalhador, segundo prescrição médica.

• Código: 137.149-5. Infração: 3. Tipo: S.

37.15.1.4 A operadora da instalação deve garantir que a empresa contratada para prestar serviços de hotelaria e alimentação cumpra os requisitos para o sistema de gestão da segurança de alimentos estabelecidos pela ABNT – NBR – ISO 22000 e suas alterações posteriores.

• Código: 137.150-9. Infração: 2. Tipo: S.

37.15.2 A operadora da instalação deve exigir que os manipuladores de alimentos sejam capacitados para cada função, com conhecimentos práticos e teóricos, sobre boas práticas de manipulação e higiene, hábitos de higiene pessoal, segurança e doenças transmitidas por alimentos, mediante Curso Básico para Manipuladores de Alimentos, com conteúdo programático mínimo descrito no Anexo III desta NR.

• Código: 137.151-7. Infração: 2. Tipo: S.

37.15.2.1 Em adição, os cozinheiros encarregados do preparo das refeições a bordo devem possuir formação e qualificações exigidas para esta função, com conhecimentos teóricos e práticos sobre cozinha, armazenamento de víveres e gestão de abastecimentos.

• Código: 137.151-7. Infração: 2. Tipo: S.

37.15.3 A operadora da instalação deve garantir que os manipuladores de alimentos:

a) utilizem EPI de acordo com a função e a atividade desenvolvida;

• Código: 137.152-5. Infração: 2. Tipo: S.

b) usem roupa protetora de cor clara, sapatos fechados, cabelos presos e protegidos por redes, toucas ou outro acessório apropriado para este fim;

• Código: 137.152-5. Infração: 2. Tipo: S.

c) mantenham a higiene corporal e mãos limpas, devendo ser lavadas com água e sabão, desinfetadas antes do início do trabalho e depois de cada afastamento do mesmo;

• Código: 137.152-5. Infração: 2. Tipo: S.

d) estejam com as unhas aparadas, curtas e sem esmalte ou base, e o rosto sem pelos;

• Código: 137.152-5. Infração: 2. Tipo: S.

e) retirem os objetos de adorno pessoal e a maquiagem;

• Código: 137.152-5. Infração: 2. Tipo: S.

f) guardem as roupas e pertences pessoais em locais destinados para esta finalidade, fora das áreas de manipulação, armazenamento (onde alimentos ou ingredientes estejam expostos) e limpeza de equipamentos e utensílios;

• Código: 137.152-5. Infração: 2. Tipo: S.

g) estejam livres de enfermidades infectocontagiosas ou curativos, inflamações, infecções ou afecções na pele, feridas ou outras anormalidades que possam originar contaminação microbiológica do alimento, do ambiente ou de outros indivíduos;

• Código: 137.152-5. Infração: 2. Tipo: S.

h) não consumam alimentos e bebidas nas áreas de preparação e manipulação de alimentos.

• Código: 137.152-5. Infração: 2. Tipo: S.

37.15.4 As principais refeições devem ser realizadas no refeitório da plataforma.

37.15.4.1 É proibido o consumo de qualquer alimento em ambientes com exposição a agentes químicos, físicos ou biológicos, devendo ser asseguradas as condições adequadas de conforto e higiene, descritas no subitem 37.14.4 desta NR.

• Código: 137.123-1. Infração: 2. Tipo: S.

37.15.5 É obrigatório o fornecimento de água potável e fresca no casario e nas áreas operacionais da plataforma, cujos parâmetros microbiológicos, físicos, químicos, físico-químicos e radioativos estejam em conformidade com os padrões de potabilidade, de modo que não ofereçam riscos à saúde humana, bem como em quantidade suficiente para atender às necessidades individuais dos trabalhadores, de no mínimo ¼ litro (250 ml) por hora para cada trabalhador.

• Código: 137.153-3. Infração: 3. Tipo: S.

37.15.5.1 A operadora da instalação deve fornecer água potável e fresca nos locais e frentes de trabalho por meio de bebedouro, equipamentos similares ou recipientes portáteis limpos, hermeticamente fechados e confeccionados em material apropriado que garantam as mesmas condições.

• Código: 137.153-3. Infração: 3. Tipo: S.

37.15.5.2 O padrão de potabilidade da água deve estar de acordo, naquilo que couber, com o prescrito pela Portaria MS n. 2.914, de 12 de dezembro de 2011, Resolução da Diretoria Colegiada – RDC n. 72, de 29/12/2009 e suas respectivas alterações posteriores.

• Código: 137.153-3. Infração: 3. Tipo: S.

37.15.5.3 O laudo técnico, comprovando a potabilidade da água consumida a bordo, deve ser elaborado por profissional legalmente habilitado e estar afixado em quadro de aviso próximo ao refeitório.

• Código: 137.153-3. Infração: 3. Tipo: S.

37.15.5.4 A responsabilidade técnica pelas análises físicas, químicas e biológicas da água potável fornecida deve estar desvinculada da responsabilidade técnica pela realização dos serviços de tratamento, armazenamento e distribuição da mesma.

• Código: 137.153-3. Infração: 3. Tipo: S.

37.15.5.5 A operadora da instalação deve garantir a operação e a manutenção das instalações destinadas ao abastecimento de água potável em conformidade com as NRs do Ministério do Trabalho, com as normas técnicas da Associação Brasileira de Normas Técnicas – ABNT e as demais legislações pertinentes.

• Código: 137.153-3. Infração: 3. Tipo: S.

37.15.5.6 É proibido o uso de copos, pratos, talheres e outros utensílios de forma compartilhada, sem a prévia higienização, ou improvisados para consumir água ou alimentos.

• Código: 137.154-1. Infração: 2. Tipo: S.

37.15.5.6.1 A operadora da instalação pode utilizar materiais descartáveis para servir a água e alimentos, sendo vedado o fornecimento de alimentos em embalagens plásticas que serão aquecidas para o seu consumo.

• Código: 137.154-1. Infração: 2. Tipo: S.

37.15.5.7 Os locais de armazenamento e transporte de água potável e as suas fontes devem ser:

a) protegidos contra qualquer contaminação;

• Código: 137.153-3. Infração: 3. Tipo: S.

b) colocados ao abrigo de intempéries;

• Código: 137.153-3. Infração: 3. Tipo: S.

c) submetidos à processo de higienização;

• Código: 137.153-3. Infração: 3. Tipo: S.

d) isentos de material plástico que contenham em sua composição produtos químicos tóxicos e outros contaminantes que possam causar danos à saúde do trabalhador;

• Código: 137.153-3. Infração: 3. Tipo: S.

e) situados em local separado da água não potável.

• Código: 137.153-3. Infração: 3. Tipo: S.

37.15.6 O aprovisionamento de víveres e água potável a bordo deve ser suficiente e levar em conta o número de trabalhadores e as possíveis situações de emergência.

• Código: 137.155-0. Infração: 2. Tipo: S.

37.15.7 Os compartimentos internos e os equipamentos destinados ao armazenamento (material de revestimento, anteparas, tetos, portas, esquadrias, iluminação, drenagem, ventilação, entre outros), manipulação, preparo e consumo de alimentos devem estar em condições operacionais e higiênico-sanitárias satisfatórias, dispondo de proteção contra a entrada ou presença de vetores e outros animais da fauna sinantrópica nociva.

• Código: 137.156-8. Infração: 2. Tipo: S.

37.15.7.1 Os alimentos devem ser armazenados em local limpo e organizado, protegidos contra contaminações, identificados e mantidos sobre paletes, estrados ou prateleiras, confeccionados em material resistente e de fácil higienização, distantes do piso, respeitando-se o espaçamento mínimo necessário para garantir adequada ventilação, limpeza e desinfecção do local.

• Código: 137.156-8. Infração: 2. Tipo: S.

37.15.7.1.1 As áreas de armazenamento de alimentos devem apresentar-se isentas de materiais estranhos ao ambiente, estragados, tóxicos ou outros que possam contaminá-los.

• Código: 137.156-8. Infração: 2. Tipo: S.

37.15.7.1.2 É vedado o armazenamento de alimento em caixas de papel, que não as próprias embalagens, e outros recipientes de difícil higienização.

• Código: 137.156-8. Infração: 2. Tipo: S.

37.15.7.1.3 É proibida a disposição de água potável em galões diretamente sobre o piso.

• Código: 137.156-8. Infração: 2. Tipo: S.

37.15.8 O gerente da plataforma ou seu preposto deve realizar inspeções semanais para verificar:

a) a quantidade, a qualidade e a validade do aprovisionamento em víveres e água potável;

• Código: 137.157-6. Infração: 2. Tipo: S.

b) o estado das instalações e equipamentos utilizados para armazenamento e manuseio de víveres e de água potável;

• Código: 137.157-6. Infração: 2. Tipo: S.

c) as condições de higiene e funcionamento da cozinha e do refeitório seus equipamentos e acessórios, incluindo o exaustor;

• Código: 137.157-6. Infração: 2. Tipo: S.

d) a ausência de animais sinantrópicos.

• Código: 137.157-6. Infração: 2. Tipo: S.

37.15.8.1 Os resultados das inspeções devem ser:

a) consignados em relatório, datado e assinado pelo comissário ou responsável pela hotelaria e pelo gerente da plataforma ou seu preposto;

• Código: 137.157-6. Infração: 2. Tipo: S.

b) divulgados à força de trabalho mediante afixação em quadro de avisos, próximo à entrada do refeitório.

• Código: 137.157-6. Infração: 2. Tipo: S.

37.15.9 A operadora da instalação deve proceder, no mínimo semestralmente, à desinsetização e à desratização.

• Código: 137.158-4. Infração: 2. Tipo: S.

37.15.9.1 Os comprovantes da desinsetização e desratização têm que:

a) ser assinado pelo responsável técnico pelo serviço;

• Código: 137.158-4. Infração: 2. Tipo: S.

b) conter a metodologia empregada, com as técnicas de aplicação;

• Código: 137.158-4. Infração: 2. Tipo: S.

c) mencionar as dosagens dos produtos químicos aplicados em cada um dos compartimentos;

• Código: 137.158-4. Infração: 2. Tipo: S.

d) listar as substâncias ativas inseticidas ou raticidas e inertes, utilizadas nas concentrações permitidas pelos órgãos competentes.

• Código: 137.158-4. Infração: 2. Tipo: S.

37.15.9.2 A empresa responsável pela desinsetização e desratização deve fornecer as FISPQ dos produtos utilizados no processo de desinsetização e desratização.

• Código: 137.159-2. Infração: 2. Tipo: S.

37.16 Climatização

37.16.1 A plataforma habitada deve ser provida de sistema de climatização adequado para as áreas de vivência e locais de trabalho onde exijam solicitação intelectual e atenção constantes, garantindo a saúde, a segurança, o bem-estar e o conforto térmico.

• Código: 137.160-6. Infração: 2. Tipo: S.

37.16.1.1 O sistema de climatização deve ser mantido em funcionamento contínuo, provendo ambiente climatizado com ar interno de boa qualidade, sempre que houver trabalhadores a bordo, independentemente do modo em que se encontra a plataforma (comissionamento, operação, manutenção, reparo, ampliação e outros).

• Código: 137.160-6. Infração: 2. Tipo: S.

37.16.1.1.1 Em caso de deficiência na qualidade do ar interno, que exponha os trabalhadores a Risco Grave e Iminente, a operadora da instalação deve providenciar o imediato deslocamento da força de trabalho para um local seguro e acionar o PRE, de acordo com o item 37.30 desta NR, com retorno somente após a normalização do sistema.

• Código: 137.161-4. Infração: 4. Tipo: S.

37.16.1.1.1.1 O retorno dos trabalhadores às áreas contaminadas da plataforma depende da comprovação da eliminação do agente nocivo, comprovada por laudo técnico emitido por profissional legalmente habilitado, conforme descrito no subitem 37.16.2.1 desta NR.

• Código: 137.161-4. Infração: 4. Tipo: S.

37.16.2 A operadora da instalação deve garantir que o sistema de climatização esteja em condições adequadas de limpeza, manutenção, operação e controle, segundo a Portaria MS n. 3.523, de 28/08/98.

• Código: 137.162-2. Infração: 2. Tipo: S.

37.16.2.1 A operadora da instalação deve possuir responsável técnico habilitado, com ART, para cumprir as seguintes atribuições:

a) implantar e manter disponível a bordo o Plano de Manutenção, Operação e Controle – PMOC;

• Código: 137.162-2. Infração: 2. Tipo: S.

b) elaborar as recomendações a serem adotadas em situações de falha do equipamento e de emergência;

• Código: 137.162-2. Infração: 2. Tipo: S.

c) garantir a aplicação e a periodicidade do PMOC, por intermédio da execução contínua direta ou indireta deste serviço;

• Código: 137.162-2. Infração: 2. Tipo: S.

d) manter disponível a bordo o registro da execução dos procedimentos estabelecidos no PMOC;

• Código: 137.162-2. Infração: 2. Tipo: S.

e) divulgar os procedimentos e resultados das atividades de manutenção, operação e controle aos trabalhadores.

• Código: 137.162-2. Infração: 2. Tipo: S.

37.16.2.2 O PMOC deve contemplar, no mínimo, as seguintes medidas:

a) manter limpos os componentes do sistema de climatização, tais como: bandejas, serpentinas, umidificadores, ventiladores e dutos;

• Código: 137.162-2. Infração: 2. Tipo: S.

b) limpar os componentes do sistema de climatização com produtos biodegradáveis, devidamente registrados no Ministério da Saúde;

• Código: 137.162-2. Infração: 2. Tipo: S.

c) verificar, periodicamente, as condições físicas dos filtros e mantê-los operacionais, promovendo as suas substituições quando necessárias;

• Código: 137.162-2. Infração: 2. Tipo: S.

d) restringir a utilização do compartimento, onde está instalada a caixa de mistura do ar de retorno e ar de renovação, ao uso exclusivo do sistema de climatização;

• Código: 137.162-2. Infração: 2. Tipo: S.

e) preservar a captação de ar externo livre de possíveis fontes poluentes externas que apresentem riscos à saúde humana;

• Código: 137.162-2. Infração: 2. Tipo: S.

f) dotar a entrada do ar externo com filtro classe G1, conforme as especificações do Anexo II da Portaria MS n. 3.523, de 28/08/98;

• Código: 137.162-2. Infração: 2. Tipo: S.

g) garantir que renovação do ar de interior dos ambientes climatizados seja, no mínimo, de 27 m^3/h/pessoa;

• Código: 137.162-2. Infração: 2. Tipo: S.

h) prever proteções contra os riscos à segurança e a saúde dos trabalhadores que executam os serviços de manutenção e limpeza, bem como dos ocupantes dos compartimentos climatizados.

• Código: 137.162-2. Infração: 2. Tipo: S.

37.16.3 A qualidade do ar interior deve atender ao previsto na Resolução – RE n. 9, de 16 de janeiro de 2003 da ANVISA e alterações posteriores.

• Código: 137.163-0. Infração: 2. Tipo: S.

37.16.3.1 A avaliação do ar interior deve considerar e quantificar, também, os poluentes provenientes dos agentes físicos, químicos e biológicos identificados no PPRA.

• Código: 137.164-9. Infração: 2. Tipo: S.

37.16.3.2 O método analítico e o padrão referencial da qualidade do ar interior devem obedecer ao estabelecido nas legislações vigentes, nas normas técnicas nacionais e internacionais, nesta ordem.

• Código: 137.163-0. Infração: 2. Tipo: S.

37.16.3.3 A operadora da instalação deve assegurar o atendimento da qualidade do ar por responsável técnico habilitado, com emissão da ART, para:

a) realizar a avaliação biológica, química e física das condições do ar interior dos ambientes climatizados;

• Código: 137.165-7. Infração: 2. Tipo: S.

b) proceder à correção das não conformidades encontradas para atender ao estabelecido no art. 4º da Resolução – RE n. 176;

• Código: 137.165-7. Infração: 2. Tipo: S.

c) manter disponível o registro das avaliações e correções realizadas;

• Código: 137.165-7. Infração: 2. Tipo: S.

d) elaborar relatório técnico sobre a qualidade do ar interior, consignando a data de realização do serviço de limpeza e manutenção dos componentes do sistema de climatização executado, bem como a do próximo serviço;

• Código: 137.165-7. Infração: 2. Tipo: S.

e) divulgar aos trabalhadores os procedimentos e resultados das atividades de avaliação, correção e manutenção realizadas.

• Código: 137.165-7. Infração: 2. Tipo: S.

37.16.3.4 A responsabilidade técnica pelas análises laboratoriais do ar interno deve estar desvinculada da responsabilidade técnica pela limpeza e manutenção do sistema de climatização.

• Código: 137.165-7. Infração: 2. Tipo: S.

37.16.4 A climatização central ou individual dos camarotes, camarotes provisórios e módulos de acomodação temporários deve atender também aos seguintes requisitos:

a) possuir controle individual da temperatura do ar condicionado;

•• *Vide* art. 3º, I, da Portaria n. 1.186, de 20-12-2018.

• Código: 137.167-3. Infração: 2. Tipo: S.

b) permitir o direcionamento do ar mediante aletas ajustáveis, instaladas nas grelhas de insuflação;

• Código: 137.166-5. Infração: 2. Tipo: S.

c) produzir baixos níveis de ruído e vibração.

• Código: 137.166-5. Infração: 2. Tipo: S.

37.16.5 Os aparelhos de ar condicionado individuais devem ser submetidos, anualmente, a procedimentos de limpeza e manutenção realizados por profissional qualificado, de modo a garantir as adequadas condições de operação e controle.

• Código: 137.168-1. Infração: 2. Tipo: S.

37.16.5.1 A qualidade do ar interno deve obedecer ao prescrito no subitem 37.16.3.

37.16.6 As exaustões das instalações sanitárias devem ser direcionadas para o exterior, de maneira a não contaminar os ambientes adjacentes.

• Código: 137.169-0. Infração: 2. Tipo: S.

37.17 Sinalização de Segurança e Saúde

37.17.1 Para fins de atendimento à sinalização de segurança e saúde no trabalho aplica-se à plataforma o constante da NR-26 (Sinalização de Segurança), com as modificações conforme o descrito neste item.

37.17.1.1 O código de cores utilizado deve estar disponível em quadros de aviso da plataforma.

• Código: 137.170-3. Infração: 2. Tipo: S.

37.17.1.2 A plataforma com trabalhadores estrangeiros a bordo deve possuir as sinalizações de segurança e saúde no trabalho escritas também no idioma inglês.

• Código: 137.170-3. Infração: 2. Tipo: S.

37.17.2 A sinalização de segurança contra incêndios e pânico deve obedecer à norma ABNT – NBR 13434-2 e alterações posteriores.

• Código: 137.171-1. Infração: 3. Tipo: S.

37.17.3 A utilização de cores na segurança do trabalho para identificar e advertir contra riscos deve atender ao disposto na norma ABNT – NBR 7195 e alterações posteriores.

• Código: 137.171-1. Infração: 3. Tipo: S.

37.17.4 O uso de cores na identificação de tubulações para a canalização de fluidos e material fragmentado ou condutores elétricos deve atender ao estabelecido na norma ABNT – NBR 6493 e alterações posteriores, observando ainda os requisitos a seguir.

• Código: 137.171-1. Infração: 3. Tipo: S.

37.17.4.1 As tubulações devem ser identificadas por pintura em toda a sua extensão ou por meio de faixas.

• Código: 137.171-1. Infração: 3. Tipo: S.

37.17.4.1.1 As faixas de identificação devem:

a) ser feitas mediante pintura ou fitas adesivas nas cores e largura correspondentes às descritas na ABNT – NBR 6493 e alterações posteriores;

• Código: 137.172-0. Infração: 3. Tipo: S.

b) contornar toda a circunferência da tubulação;

• Código: 137.172-0. Infração: 3. Tipo: S.

c) estar espaçadas de no máximo 15 (quinze) metros;

• Código: 137.173-8. Infração: 3. Tipo: S.

d) ser tal que torne possível a identificação da tubulação, sem que seja necessário ao observador percorrê-la;

• Código: 137.172-0. Infração: 3. Tipo: S.

e) existir nos pontos de desconexão e inspeção, junto às válvulas e na proximidade de obstáculo atravessado pela tubulação, como anteparas e conveses.

• Código: 137.172-0. Infração: 3. Tipo: S.

37.17.4.2 O sentido de escoamento do fluido deve ser feito por meio de setas indicativas, em cor contrastante com a cor do fundo, junto às válvulas, quando a tubulação for pintada em toda a sua extensão.

• Código: 137.174-6. Infração: 3. Tipo: S.

37.17.4.2.1 No caso de identificação por faixas, as setas devem ser colocadas junto às mesmas.

• Código: 137.174-6. Infração: 3. Tipo: S.

37.17.4.3 A identificação das tubulações destinadas à água ou espuma para combater incêndio deve ser feita, obrigatoriamente, mediante pintura em toda a sua extensão.

• Código: 137.174-6. Infração: 3. Tipo: S.

37.17.4.4 A pressão na tubulação deve ser indicada junto aos pontos de amostragem ou drenagem, na unidade em kgf/cm^2.

• Código: 137.175-4. Infração: 3. Tipo: S.

37.17.5 As fontes de radiação ionizante, os locais de armazenamento de material radioativo e os locais de trabalho com exposição à radiação ionizante, industrial ou de ocorrência natural devem ser sinalizados com o símbolo internacional (trifólio) e o aviso suplementar, preconizado pela Agência Internacional de Energia Atômica – AIEA, mostrados no Anexo IV.

• Código: 137.176-2. Infração: 3. Tipo: S.

37.17.6 No refeitório, cozinha e locais de armazenamento e manipulação de víveres e água devem ser afixados cartazes de orientação sobre a correta lavagem e antissepsia das mãos e demais hábitos de higiene, em locais de fácil visualização, inclusive nas instalações sanitárias e lavatórios utilizados exclusivamente pelos manipuladores de alimentos.

• Código: 137.176-2. Infração: 3. Tipo: S.

37.18 Instalações Elétricas

37.18.1 Aplica-se à plataforma o que dispõem os subitens deste item e a NR-10 (Segurança em Instalações e Serviços em Eletricidade).

37.18.1.1 Na omissão da NR-10, aplicam-se, nesta ordem, as normas técnicas nacionais, o Código MODU ou as normas técnicas internacionais.

37.18.2 Os trabalhadores estrangeiros autorizados também devem estar devidamente capacitados, qualificados ou legalmente habilitados para o exercício de suas funções, de acordo com o estabelecido pela NR-10.

• Código: 137.177-0. Infração: 2. Tipo: S.

37.18.2.1 O trabalhador estrangeiro é considerado capacitado após a sua formação e treinamento ministrados no exterior serem reconhecidos formalmente pelo profissional legalmente habilitado, autorizado pela operadora da instalação.

37.18.3 A plataforma com continuidade metálica está dispensada de comprovar as inspeções e medições de sistemas de proteção contra descargas atmosféricas, desde que esta condição seja atestada por laudo técnico elaborado por profissional legalmente habilitado, com emissão da respectiva ART.

• Código: 137.178-9. Infração: 3. Tipo: S.

37.18.4 Os trabalhadores, que executam serviços em instalações elétricas energizadas com alta tensão, devem estar capacitados segundo o Anexo V, desta NR.

• Código: 137.179-7. Infração: 2. Tipo: S.

37.19 Armazenamento de Substâncias Perigosas

37.19.1 A localização do compartimento e os locais utilizados para o armazenamento interno de substâncias perigosas na plataforma devem primar pela segurança e a saúde dos trabalhadores a bordo, bem como obedecer aos preceitos citados nesta NR, nas normas da Autoridade Marítima e da International Maritime Dangerous Goods Code – IMDG Code.

• Código: 137.180-0. Infração: 3. Tipo: S.

37.19.2 Os compartimentos devem acessar diretamente à área aberta da plataforma, ser de uso exclusivo para o armazenamento de substâncias perigosas e estar situados a uma distância segura das áreas de vivência (inclusive módulos de acomodação temporária), sala de controle, laboratórios, rotas de fuga, chamas, faíscas e calor.

• Código: 137.181-9. Infração: 3. Tipo: S.

• Código: 137.182-7. Infração: 3. Tipo: S.

37.19.3 É proibido armazenar substâncias perigosas em locais que não satisfaçam ao prescrito no subitem 37.19.1 desta NR, mesmo que temporariamente.

• Código: 137.180-0. Infração: 3. Tipo: S.

37.19.4 Os produtos químicos armazenados devem ser distribuídos e separados em função da sua natureza, sendo as substâncias incompatíveis devidamente segregadas.

37.19.5 O compartimento de armazenamento interno dos combustíveis e inflamáveis deve possuir:

a) anteparas, tetos e pisos construídos em material resistente ao fogo, sendo que este último não pode provocar centelha por atrito de sapatos ou ferramentas;

• Código: 137.183-5. Infração: 3. Tipo: S.

b) dispositivo para impedir a formação de eletricidade estática;

• Código: 137.183-5. Infração: 3. Tipo: S.

c) equipamentos e materiais elétricos apropriados à classificação de área, conforme descrito na NR-10;

• Código: 137.183-5. Infração: 3. Tipo: S.

d) ventilação e exaustão eficazes, quando requerido;

• Código: 137.183-5. Infração: 3. Tipo: S.

e) sistema de tratamento ou eliminação segura dos gases tóxicos ou inflamáveis;

• Código: 137.183-5. Infração: 3. Tipo: S.

f) sistema de combate a incêndio com extintores apropriados, próximos à porta de acesso;

• Código: 137.183-5. Infração: 3. Tipo: S.

g) detecção automática de fogo instalada no interior do compartimento e alarme na sala de controle;

• Código: 137.183-5. Infração: 3. Tipo: S.

h) portas com mecanismo de fechamento automático, quando necessário;

• Código: 137.183-5. Infração: 3. Tipo: S.

i) ambiente seco e isento de substâncias corrosivas;

• Código: 137.183-5. Infração: 3. Tipo: S.

j) luz de emergência;

• Código: 137.183-5. Infração: 3. Tipo: S.

k) vias e portas de acesso sinalizadas de forma legível e visível com os dizeres "INFLAMÁVEL" e "NÃO FUME";

• Código: 137.183-5. Infração: 3. Tipo: S.

l) conjunto adequado para a contenção de vazamentos.

• Código: 137.183-5. Infração: 3. Tipo: S.

37.19.5.1 O compartimento deve ser de fácil limpeza e possuir área de contenção adequada que permita o seu recolhimento ou sistema de drenagem que possibilite o escoamento e armazenamento em local seguro, no caso de vazamento de líquidos combustíveis ou inflamáveis.

• Código: 137.183-5. Infração: 3. Tipo: S.

37.19.5.2 Os armários, prateleiras ou estantes empregados para armazenar os combustíveis e inflamáveis devem ser construídos de material metálico.

• Código: 137.183-5. Infração: 3. Tipo: S.

37.19.6 O local utilizado para armazenar gás inflamável em área aberta da plataforma deve:

a) se comunicar apenas com o convés aberto;

• Código: 137.184-3. Infração: 3. Tipo: S.

b) ser seguro, arejado, segregado e sinalizado;

• Código: 137.184-3. Infração: 3. Tipo: S.

c) permitir a fixação do cilindro;

• Código: 137.184-3. Infração: 3. Tipo: S.

d) prover a proteção dos cilindros contra impactos e intempéries;

• Código: 137.184-3. Infração: 3. Tipo: S.

e) estar afastado de fontes ignição e agentes corrosivos.

• Código: 137.184-3. Infração: 3. Tipo: S.

37.19.7 Os cilindros de gases devem ser:

a) estocados com as válvulas fechadas e protegidas por capacete rosqueado;

• Código: 137.185-1. Infração: 3. Tipo: S.

b) fixados na posição vertical;

• Código: 137.185-1. Infração: 3. Tipo: S.

c) segregados por tipo de produto;

• Código: 137.185-1. Infração: 3. Tipo: S.

d) separados os cheios dos recipientes vazios ou parcialmente utilizados;

• Código: 137.185-1. Infração: 3. Tipo: S.

e) sinalizados.

• Código: 137.185-1. Infração: 3. Tipo: S.

37.19.7.1 Os cilindros de gases e os recipientes de substâncias perigosas, considerados nominalmente vazios, devem ser armazenados de acordo com os requisitos supracitados, até serem desembarcados.

• Código: 137.185-1. Infração: 3. Tipo: S.

37.19.8 As válvulas, tubulações, mangotes e acessórios empregados nos cilindros contendo gases devem ser de material resistente à pressão, impacto e corrosão, compatível com o fluido;

• Código: 137.186-0. Infração: 3. Tipo: S.

37.19.9 Os cilindros, válvulas, tubulações, mangotes e seus acessórios devem ser inspecionados periodicamente, os resultados consignados em relatórios e arquivados a bordo.

• Código: 137.186-0. Infração: 3. Tipo: S.

37.19.10 É proibida a permanência de cilindros contendo gases inflamáveis na cozinha, refeitório ou adjacências interiores.

• Código: 137.185-1. Infração: 3. Tipo: S.

37.19.11 A operadora da instalação deve manter disponível aos trabalhadores e seus representantes a relação atualizada das substâncias perigosas presentes a bordo e as suas respectivas FISPQ.

• Código: 137.187-8. Infração: 3. Tipo: S.

37.19.12 As FISPQ devem ser mantidas também no compartimento onde estas substâncias se encontram, de forma organizada e de fácil acesso.

• Código: 137.187-8. Infração: 3. Tipo: S.

37.20 Movimentação e Transporte de Cargas

As máquinas e equipamentos utilizados nos diversos serviços de movimentação e transporte de carga a bordo devem obedecer aos preceitos descritos nesta NR, na NR-12, nas normas técnicas nacionais e internacionais aplicáveis, nesta ordem.

37.20.1 Projeto, Manutenção e Certificação dos Equipamentos Motorizados

37.20.1.1 Os equipamentos motorizados de movimentação e transporte de cargas devem ser projetados por profissional legalmente habilitado.

• Código: 137.188-6. Infração: 3. Tipo: S.

37.20.1.1.1 Quando fabricados no exterior, os equipamentos devem atender aos requisitos técnicos previstos em normas internacionais e ser devidamente certificados.

• Código: 137.188-6. Infração: 3. Tipo: S.

37.20.1.2 A manutenção dos equipamentos motorizados deve ser executada por profissionais qualificados, e sob a supervisão de profissional legalmente habilitado, formalmente autorizados pela operadora da instalação.

• Código: 137.189-4. Infração: 3. Tipo: S.

37.20.1.2.1 As empresas prestadoras de serviços técnicos de manutenção de equipamentos motorizados devem ser registradas no Conselho Regional de Engenharia e Agronomia – CREA.

• Código: 137.190-8. Infração: 3. Tipo: S.

37.20.1.2.2 É obrigatória a emissão de ART específica para os serviços de manutenção realizados por terceiros, devendo a mesma permanecer disponível a bordo.

• Código: 137.190-8. Infração: 3. Tipo: S.

37.20.1.3 A operadora da instalação deve elaborar o prontuário dos equipamentos motorizados contendo, no mínimo, as seguintes informações:

a) especificações técnicas;

• Código: 137.191-6. Infração: 2. Tipo: S.

b) programas e registros de inspeções e manutenções;

• Código: 137.191-6. Infração: 2. Tipo: S.

c) certificações;

• Código: 137.191-6. Infração: 2. Tipo: S.

d) cronograma para correção das não conformidades encontradas durante as inspeções e manutenções;

• Código: 137.191-6. Infração: 2. Tipo: S.

e) identificação e assinatura do responsável técnico indicado pela operadora da instalação para implementar este procedimento;

• Código: 137.191-6. Infração: 2. Tipo: S.

f) cópia do manual de operação fornecido pelo fabricante ou fornecedor, em língua portuguesa do Brasil.

• Código: 137.191-6. Infração: 2. Tipo: S.

37.20.1.3.1 Na indisponibilidade do manual de operação do equipamento, o mesmo deve ser reconstituído por profissional legalmente habilitado.

37.20.1.4 A certificação dos equipamentos de movimentação de cargas e de seus assessórios deve obedecer aos seguintes critérios:

a) ser realizada por profissional legalmente habilitado, com registro no CREA e emissão da respectiva ART;

• Código: 137.192-4. Infração: 3. Tipo: S.

b) conter registro do relatório de inspeção;

• Código: 137.192-4. Infração: 3. Tipo: S.

c) atender à periodicidade especificada pelo profissional legalmente habilitado, que não deve ser maior do que a recomendada pelo fabricante ou fornecedor.

• Código: 137.192-4. Infração: 3. Tipo: S.

37.20.1.5 O relatório de inspeção para certificação do equipamento deve ser elaborado por profissional legalmente habilitado e conter:

a) critérios e normas técnicas utilizadas;

• Código: 137.192-4. Infração: 3. Tipo: S.

b) itens inspecionados;

• Código: 137.192-4. Infração: 3. Tipo: S.

c) não conformidades encontradas, descrevendo as impeditivas e as não impeditivas à operação do equipamento;

• Código: 137.192-4. Infração: 3. Tipo: S.

d) medidas corretivas adotadas para as não conformidades impeditivas ao seu funcionamento;

• Código: 137.192-4. Infração: 3. Tipo: S.

e) cronograma de correção para as irregularidades não impeditivas que não representem, isoladamente ou em conjunto, perigo à segurança e à saúde dos trabalhadores;

• Código: 137.192-4. Infração: 3. Tipo: S.

f) data estabelecida para a próxima inspeção;

• Código: 137.192-4. Infração: 3. Tipo: S.

g) parecer conclusivo quanto à operação do equipamento.

• Código: 137.192-4. Infração: 3. Tipo: S.

37.20.1.6 É vedada a certificação e a operação do equipamento sem a correção das não conformidades impeditivas ao seu funcionamento.

• Código: 137.193-2. Infração: 3. Tipo: S.

37.20.1.7 O equipamento inoperante ou reprovado deve ter essa situação registrada em seu prontuário, e para voltar a operar deve ser novamente certificado.

• Código: 137.193-2. Infração: 3. Tipo: S.

37.20.2 Inspeção pré-operacional e operação de equipamento motorizado

37.20.2.1 Antes de iniciar qualquer operação, o equipamento deve ser inspecionado pelo seu operador, conforme orientação do responsável técnico (profissional legalmente habilitado) e recomendações do fabricante ou fornecedor.

• Código: 137.194-0. Infração: 3. Tipo: S.

37.20.2.1.1 Os resultados obtidos durante a inspeção devem ser registrados pelo operador em lista de verificação (*checklist*).

• Código: 137.194-0. Infração: 3. Tipo: S.

37.20.2.2 Os equipamentos de movimentação de cargas e seus acessórios só podem ser utilizados em perfeito estado operacional.

• Código: 137.194-0. Infração: 3. Tipo: S.

37.20.2.3 O transporte e a movimentação eletromecânica de cargas devem ser realizados por trabalhador capacitado e autorizado.

• Código: 137.195-9. Infração: 3. Tipo: S.

37.20.2.3.1 O operador de equipamento de guindar deve, ainda, ter a função consignada na sua carteira de trabalho e registro.

• Código: 137.195-9. Infração: 3. Tipo: S.

37.20.2.4 As áreas de carga ou descarga devem ser isoladas e sinalizadas durante a movimentação, sendo nesta ocasião permitido somente o acesso ao pessoal envolvido na operação.

• Código: 137.196-7. Infração: 3. Tipo: S.

37.20.2.5 Os procedimentos operacionais dos equipamentos devem estar de acordo com as recomendações do fabricante ou fornecedor.

• Código: 137.196-7. Infração: 3. Tipo: S.

37.20.2.6 A operadora da instalação deve elaborar procedimento específico para a movimentação de substâncias perigosas, como: ácidos, gases inflamáveis e tóxicos, explosivos, solventes e outras.

• Código: 137.196-7. Infração: 3. Tipo: S.

37.20.2.7 Ao término do seu turno, o operador do equipamento deve consignar em livro próprio ou em meio eletrônico as anormalidades observadas em relação ao seu funcionamento.

• Código: 137.197-5. Infração: 3. Tipo: S.

37.20.2.7.1 O profissional legalmente habilitado deve avaliar e assinar, as anormalidades registradas, adotando as medidas que se fizerem necessárias, avaliando-as conjuntamente com o cronograma de correção das irregularidades não impeditivas constantes do último relatório de inspeção (subitem 37.20.1.5) que certificou o equipamento.

• Código: 137.197-5. Infração: 3. Tipo: S.

37.20.3 Operações com guindastes

37.20.3.1 As operações com guindastes eletromecânicos devem ser supervisionadas pelo responsável pela movimentação ou supervisor de convés.

• Código: 137.198-3. Infração: 3. Tipo: S.

37.20.3.2 Toda operação de movimentação com guindaste deve ser orientada por sinaleiro e movimentada pelo operador capacitado neste equipamento.

• Código: 137.199-1. Infração: 3. Tipo: S.

37.20.3.2.1 O sinaleiro deve possuir o curso básico de segurança, com conteúdo programático descrito no Anexo VI desta NR.

• Código: 137.199-1. Infração: 3. Tipo: S.

37.20.3.2.2 Ao guindasteiro deve ser ministrado o curso básico (Anexo VI) e o curso complementar, conforme o Anexo VII desta NR.

• Código: 137.199-1. Infração: 3. Tipo: S.

37.20.3.2.3 O sinaleiro e o operador de guindaste devem passar por reciclagem de 8 (oito) horas, de acordo com o conteúdo programático estabelecido pela operadora da instalação, quando ocorrer uma das seguintes situações:

a) afastamento do operador desta atividade em tempo igual ou superior a 90 (noventa) dias;

• Código: 137.199-1. Infração: 3. Tipo: S.

b) capacitação em equipamento diferente daquele operado normalmente pelo operador;

• Código: 137.199-1. Infração: 3. Tipo: S.

c) acidente grave ou fatal ocorrido a bordo relacionado à atividade de movimentação de carga ou transporte de pessoas.

• Código: 137.199-1. Infração: 3. Tipo: S.

37.20.3.3 Antes de iniciar cada jornada, o responsável pela movimentação de carga ou o supervisor de convés deve inspecionar se os acessórios a serem utilizados estão com as certificações dentro do prazo de validade e em condições adequadas. Os resultados assim obtidos devem ser anotados em lista de verificação (*checklist*), contemplando, por exemplo, os seguintes itens:

• Código: 137.200-9. Infração: 3. Tipo: S.

a) moitões;

b) grampos;

c) ganchos com travas de segurança;

d) manilhas;

e) distorcedores;

f) cintas, estropos e correntes;

g) cabos de aço;

h) clips ou eslingas (cabos de aço, soquetes e terminações);

i) pinos de conexões, parafusos, travas e demais dispositivos;

j) roldanas da ponta da lança e do moitão;

k) olhais;

l) grampo de içamento;

m) balanças.

37.20.3.3.1 Nova inspeção deve ser realizada sempre que houver a inclusão ou substituição de qualquer acessório.

• Código: 137.200-9. Infração: 3. Tipo: S.

37.20.3.4 Antes de iniciar cada jornada de trabalho, o operador do guindaste deve inspecionar e registrar em lista de verificação (*checklist*) as condições operacionais e de segurança, tais como:

• Código: 137.200-9. Infração: 3. Tipo: S.

a) freios;

b) embreagens;

c) controles;

d) mecanismos da lança;

e) anemômetro;

f) mecanismo de deslocamento;

g) dispositivos de segurança de peso e curso;

h) níveis de lubrificantes, combustível e fluido refrigerante;

i) instrumentos de controle no painel;

j) sinais sonoro e luminoso;

k) eletroímã;

l) limpador de para-brisa;

m) vazamentos de fluidos e combustível;

n) ruídos e vibrações anormais.

37.20.3.5. A movimentação aérea de carga deve ser orientada por sinaleiro, situado sempre no raio de visão do operador.

• Código: 137.201-7. Infração: 3. Tipo: S.

37.20.3.5.1 Na impossibilidade da visualização do sinaleiro, pelo operador do guindaste, deve ser empregada comunicação via rádio, sinaleiro intermediário ou ambos.

• Código: 137.201-7. Infração: 3. Tipo: S.

37.20.3.5.1.1 Em plataformas desabitadas deve ser prevista a obrigatoriedade do sinaleiro no procedimento de operações com movimentação eventual de cargas, mediante elaboração de APR.

• Código: 137.201-7. Infração: 3. Tipo: S.

37.20.3.6 O sinaleiro deve usar identificação de fácil visualização, tanto no período diurno quanto no noturno, que o diferencie dos demais trabalhadores da área de operação do equipamento de guindar.

• Código: 137.199-1. Infração: 3. Tipo: S.

37.20.3.7 O operador do guindaste deve atender às indicações dos sinaleiros.

37.20.3.7.1 Excepcionalmente, o operador deve atender a sinalização de parada de emergência indicada por outros trabalhadores.

37.20.3.8 É proibida a utilização de cabos de fibras naturais na movimentação de cargas, exceto quando utilizados como cabo guia.

• Código: 137.202-5. Infração: 3. Tipo: S.

37.20.3.9 O guindaste deve dispor de dispositivo automático, com alarme sonoro para alertar sobre a velocidade do vento.

• Código: 137.202-5. Infração: 3. Tipo: S.

37.20.3.10 É proibida a movimentação de cargas com guindaste nos seguintes casos:

a) iluminação deficiente;

• Código: 137.203-3. Infração: 4. Tipo: S.

b) condições climáticas adversas ou outras desfavoráveis que exponham os trabalhadores a riscos;

• Código: 137.203-3. Infração: 4. Tipo: S.

c) inobservância das limitações do equipamento, conforme manual do fabricante ou fornecedor.

• Código: 137.203-3. Infração: 4. Tipo: S.

37.20.3.10.1 Além do exigido no subitem 37.20.3.10, a operadora da instalação deve cumprir o disposto na Tabela 2 para efetuar a movimentação de carga.

• Código: 137.203-3. Infração: 4. Tipo: S.

Tabela 2
Condições para operação do guindaste em função da velocidade do vento.

Grau da Escala Beaufort	Velocidade do vento	Condições para operação do equipamento de guindar
Abaixo de 6	0 a 38 km/h	- Permitida todas as operações de movimentação de cargas.
6	39 a 49 km/h	- Acionamento de alarme sonoro a partir de 39 km/h; - Operações ordinárias de movimentação de cargas devem ser interrompidas; - Permitidas apenas as operações assistidas, inclusive entre a plataforma e embarcações, com observação contínua das condições climáticas.
7	50 a 61 km/h	- Permitidas apenas as operações assistidas e realizadas somente dentro da própria plataforma, com observação contínua das condições climáticas.
Acima de 7	Acima de 61 km/h	- Todas as operações devem ser interrompidas.

37.20.3.11 Para movimentar cargas com o equipamento de guindar, o operador deve:

a) proibir ferramentas ou qualquer objeto solto sobre a carga;

• Código: 137.204-1. Infração: 3. Tipo: S.

b) garantir que a carga esteja distribuída uniformemente entre os ramais da lingada, estabilizada e amarrada;

• Código: 137.204-1. Infração: 3. Tipo: S.

c) certificar-se de que o peso seja compatível com a capacidade do equipamento;

• Código: 137.204-1. Infração: 3. Tipo: S.

d) garantir que o gancho do equipamento de guindar esteja perpendicular à peça a ser içada, verificando a posição do centro de gravidade da carga;

• Código: 137.204-1. Infração: 3. Tipo: S.

e) utilizar cabo guia, confeccionada com material não condutor de eletricidade, para posicionar a carga;

• Código: 137.204-1. Infração: 3. Tipo: S.

f) assegurar que os dispositivos e acessórios de movimentação de carga tenham identificação de carga máxima, de forma indelével e de fácil visualização;

• Código: 137.204-1. Infração: 3. Tipo: S.

g) utilizar somente ganchos dos moitões com trava de segurança;

• Código: 137.204-1. Infração: 3. Tipo: S.

h) garantir que os cilindros de gases somente sejam transportados na posição vertical e dentro de dispositivo apropriado;

• Código: 137.204-1. Infração: 3. Tipo: S.

i) assegurar que bombonas e tambores, quando movimentados em conjunto, estejam contidos em dispositivos adequados ao transporte;

• Código: 137.204-1. Infração: 3. Tipo: S.

j) proibir que sejam jogados e arrastados os acessórios de movimentação de cargas;

• Código: 137.204-1. Infração: 3. Tipo: S.

k) impedir que as cintas e cabos de aço entrem em contato direto com as arestas das peças durante o transporte;

• Código: 137.204-1. Infração: 3. Tipo: S.

l) proibir a movimentação simultânea de cargas com o mesmo equipamento;

• Código: 137.204-1. Infração: 3. Tipo: S.

m) proibir a interrupção da movimentação que mantenha a carga suspensa, exceto em situação emergencial;

• Código: 137.204-1. Infração: 3. Tipo: S.

n) manter os controles na posição neutra, freios aplicados, travamento acionado e desenergizado, ao interromper ou concluir a operação;

• Código: 137.204-1. Infração: 3. Tipo: S.

o) garantir que a área de movimentação de carga esteja sinalizada e isolada.

• Código: 137.204-1. Infração: 3. Tipo: S.

37.20.3.12 A cabine de operação do guindaste deve dispor de:

a) posto de trabalho e condições ambientais segundo a NR-17;

• Código: 137.205-0. Infração: 3. Tipo: S.

b) proteção contra insolação excessiva e intempéries;

• Código: 137.205-0. Infração: 3. Tipo: S.

c) piso antiderrapante, limpo e isento de materiais;

• Código: 137.205-0. Infração: 3. Tipo: S.

d) tabela de cargas máxima em todas as condições de uso, escrita em língua portuguesa do Brasil e inglesa, afixada no interior da cabine e de fácil compreensão e visualização pelo operador;

• Código: 137.205-0. Infração: 3. Tipo: S.

e) painel de controle do equipamento em adequado estado de funcionamento e na condição pronto para operar;

• Código: 137.205-0. Infração: 3. Tipo: S.

f) escada em condições adequadas de segurança para permitir o acesso e escape;

• Código: 137.205-0. Infração: 3. Tipo: S.

g) cópia da Escala Beaufort e da Tabela 2 desta NR.

• Código: 137.205-0. Infração: 3. Tipo: S.

37.21 Caldeiras, Vasos de Pressão e Tubulações

37.21.1 Aplicam-se às caldeiras, aos vasos de pressão e às tubulações das plataformas as disposições deste item e o que dispõe a NR-13 (Caldeiras, Vasos de Pressão, Tubulações e Tanques Metálicos de Armazenamento).

37.21.1.1 Os vasos originariamente transportáveis, que estejam permanentemente solidários às instalações da plataforma e que não sofram qualquer tipo de movimentação durante a operação, devem atender às disposições contidas na NR-13.

37.21.1.2 Aos vasos de pressão destinados exclusivamente aos sistemas navais e de propulsão de embarcações convertidas em plataformas não será aplicada a NR-13, desde que:

a) estas embarcações possuam certificado de classe atualizado emitido por sociedades classificadoras reconhecidas pela Autoridade Marítima;

b) os vasos sob pressão de que trata o *caput* não estejam integrados ou interligados à planta de processo da plataforma.

37.21.2 Para caldeira instalada em ambiente fechado não são aplicáveis as seguintes exigências do subitem 13.4.2.4 da NR-13:

a) prédio separado para a casa de caldeiras ou praça de máquinas;

b) ventilação permanente que não possa ser bloqueada;

c) proibição da utilização de casa de caldeiras ou praça de máquinas para outras finalidades.

37.21.3 Para os vasos de pressão instalados em ambiente fechado não é aplicável à exigência de ventilação permanente, com entradas de ar que não possam ser bloqueadas.

37.21.4 É considerado trabalhador capacitado, como operador de caldeira ou de unidade de processo, o estrangeiro que possuir treinamento e estágio ou treinamento e experiência maior que dois anos, realizados no exterior ou no Brasil.

37.21.4.1 A capacitação deve ser reconhecida formalmente pelo profissional legalmente habilitado e designado pela operadora da instalação como responsável técnico pela(s) caldeira(s) ou unidade(s) de processo(s).

37.21.4.2 O profissional legalmente habilitado deve fundamentar as razões que levaram a reconhecer a capacitação do operador estrangeiro de caldeira ou de unidade de processo, emitindo o respectivo certificado.

37.21.4.3 A previsão de validações das capacitações supracitadas deve estar descrita na ART emitida pelo profissional legalmente habilitado.

37.21.5 A operadora da instalação deve manter a bordo documentos que comprovem treinamento, estágio e reciclagem dos operadores de caldeira e dos profissionais com treinamento de segurança na operação de unidades de processo.

• Código: 137.206-8. Infração: 2. Tipo: S.

37.21.6 A inspeção de segurança inicial do vaso de pressão deve ser realizada com o mesmo interligado, de modo definitivo, à unidade de processo na plataforma, conforme estabelecido no projeto.

• Código: 137.207-6. Infração: 3. Tipo: S.

37.21.6.1 A inspeção de segurança inicial deve ser realizada por profissional legalmente habilitado designado como responsável técnico, com emissão da ART correspondente.

• Código: 137.207-6. Infração: 3. Tipo: S.

37.21.6.2 No caso de plataforma, cuja unidade de processo for construída por módulos interligáveis, a inspeção inicial poderá ser feita com o vaso de pressão conectado ao módulo, antes deste conjunto ser içado e interligado aos demais módulos de maneira definitiva.

37.21.6.2.1 Nesta situação, o prazo máximo para interligação definitiva dos módulos que contenham os vasos de pressão é de um ano.

37.21.6.2.2 Caso as inspeções iniciais de segurança, referidas no subitem 37.21.6.2, sejam acompanhadas formalmente por profissional legalmente habilitado e empregado da operadora da instalação, o prazo máximo para interligação definitiva dos módulos que contenham os vasos de pressão poderá ser de até 2 (dois) anos.

37.21.6.2.3 Se os prazos dos subitens 37.21.6.2.1 e 37.21.6.2.2 forem excedidos, as inspeções iniciais de segurança dos vasos de pressão devem ser refeitas.

• Código: 137.207-6. Infração: 3. Tipo: S.

37.21.6.2.3.1 Caso a reinspeção seja executada no local definitivo, conforme subitem 37.21.6, fica dispensado o atendimento aos subitens 37.21.6.2.4 e 37.21.6.2.5.

37.21.6.2.4 O içamento dos módulos em questão deve ser acompanhado por profissional legalmente habilitado, formalmente designado pela operadora da instalação como responsável técnico, com a finalidade de atestar a integridade física dos vasos de pressão e de seus acessórios, ao serem instalados de forma definitiva na unidade de processo da plataforma.

• Código: 137.208-4. Infração: 3. Tipo: S.

37.21.6.2.4.1 Após o içamento, a operadora da instalação deve proceder à inspeção externa dos vasos de pressão e tubulações contidos no respectivo módulo.

• Código: 137.208-4. Infração: 3. Tipo: S.

37.21.6.2.5 Após a interligação dos módulos devem ser realizados testes de estanqueidade nos seus vasos de pressão e tubulações, segundo critério estabelecido nas normas técnicas vigentes.

• Código: 137.208-4. Infração: 3. Tipo: S.

37.22 Análises de Riscos das Instalações e Processos

37.22.1 A operadora da instalação deve elaborar, documentar, implantar e divulgar as análises de riscos, qualitativas e quantitativas, das instalações e processos, de acordo com o estabelecido nesta NR, devendo ser revisada ou revalidada no máximo a cada 5 (cinco) anos.

• Código: 137.209-2. Infração: 3. Tipo: S.

37.22.2 As análises de riscos devem ser estruturadas com base em metodologias apropriadas, escolhidas em função dos propósitos da análise, dos riscos presentes, das características e da complexidade da instalação, considerando inclusive possíveis interações entre os diversos riscos e substâncias existentes a bordo.

• Código: 137.209-2. Infração: 3. Tipo: S.

37.22.3 A operadora da instalação designará, formalmente, um ou mais profissionais legalmente habilitados, responsáveis por coordenar as análises de riscos, bem como definir a metodologia a ser utilizada e fundamentar tecnicamente a sua escolha no próprio relatório, emitindo a respectiva ART.

• Código: 137.210-6. Infração: 3. Tipo: S.

37.22.4 Os relatórios das análises de riscos devem ser elaborados e assinados por equipe multidisciplinar, com conhecimento na aplicação das metodologias, dos riscos presentes e experiência na plataforma em análise, contendo no mínimo os seguintes tópicos:

a) objetivo e escopo do estudo;

• Código: 137.211-4. Infração: 3. Tipo: S.

b) descrição da instalação, parte da instalação, sistema ou equipamento que será submetido à análise;

• Código: 137.211-4. Infração: 3. Tipo: S.

c) justificativa e descrição da metodologia das análises de riscos utilizadas;

• Código: 137.211-4. Infração: 3. Tipo: S.

d) identificações, análises e classificações dos riscos;

• Código: 137.211-4. Infração: 3. Tipo: S.

e) conclusões sobre os resultados obtidos;

• Código: 137.211-4. Infração: 3. Tipo: S.

f) recomendações necessárias para a mitigação e prevenção dos riscos.

• Código: 137.211-4. Infração: 3. Tipo: S.

37.22.4.1 Ao menos um profissional de segurança do trabalho, do SESMT da operadora da instalação, lotado a bordo da plataforma em questão, e um trabalhador com experiência na instalação objeto do estudo devem participar das análises de riscos.

•• *Vide* art. 3º, I, da Portaria n. 1.186, de 20-12-2018.

• Código: 137.212-2. Infração: 3. Tipo: S.

37.22.4.1.1 É facultativo o cumprimento do subitem 37.22.4.1 na fase de projeto da plataforma.

37.22.4.1.2 Em se tratando de plataforma desobrigada de dispor de SESMT complementar a bordo, a operadora da instalação deverá indicar outro empregado próprio, que seja profissional de segurança do trabalho, para compor a equipe multidisciplinar.

• Código: 137.212-2. Infração: 3. Tipo: S.

37.22.5 O responsável legal pela operadora da instalação, designado formalmente, deve aprovar o relatório das análises de riscos.

• Código: 137.213-0. Infração: 3. Tipo: S.

37.22.5.1 O profissional de maior nível hierárquico, embarcado na plataforma, deve tomar ciência formal do relatório das análises de riscos.

• Código: 137.213-0. Infração: 3. Tipo: S.

37.22.6 A operadora da instalação deve elaborar cronograma, definindo prazos e responsáveis para implementar as recomendações aprovadas.

• Código: 137.214-9. Infração: 3. Tipo: S.

37.22.6.1 A inobservância da implementação das recomendações ou dos prazos, definidos no cronograma, deve ser justificada e documentada, desde que não representem, separadamente ou em conjunto, risco grave e iminente aos trabalhadores.

37.22.7 As análises de riscos devem ser reavaliadas segundo o presente item, sob pena de caracterização de risco grave e iminente, nas seguintes situações:

a) se ocorrer mudança na locação da plataforma;

• Código: 137.215-7. Infração: 4. Tipo: S.

b) se acontecer substituição da operadora da instalação;

• Código: 137.215-7. Infração: 4. Tipo: S.

c) quando forem colocadas instalações temporárias a bordo, inclusive módulos de acomodação temporária;

• Código: 137.215-7. Infração: 4. Tipo: S.

d) antes da ampliação ou modificação da instalação, processo ou processamento, quando indicado pela gestão de mudanças;

• Código: 137.215-7. Infração: 4. Tipo: S.

e) por solicitação do SESMT ou da CIPLAT, quando aprovada tecnicamente pelo responsável legal pela plataforma;

• Código: 137.215-7. Infração: 4. Tipo: S.

f) por recomendação decorrente de análise de incidente.

• Código: 137.215-7. Infração: 4. Tipo: S.

37.22.8 A partir das análises de riscos, a operadora da instalação deve definir a dotação e localização de lava-olhos e chuveiros de emergência na plataforma, mantidos em perfeito estado de funcionamento, próximos a locais estratégicos.

• Código: 137.216-5. Infração: 3. Tipo: S.

37.22.9 As análises de riscos devem estar disponíveis para consulta pelos trabalhadores e seus representantes, exceto nos aspectos ou nas partes que envolvam informações industriais confidenciais.

• Código: 137.209-2. Infração: 3. Tipo: S.

37.23 Inspeções de Segurança e Saúde a Bordo

37.23.1 As plataformas devem ser inspecionadas periodicamente pela operadora da instalação com enfoque na segurança e saúde no trabalho, considerando os riscos das atividades e as operações desenvolvidas a bordo.

• Código: 137.217-3. Infração: 4. Tipo: S.

37.23.2 O cronograma anual das inspeções mensais deve ser elaborado pelo SESMT e implementado pelos gerentes da plataforma, informando previamente a CIPLAT.

• Código: 137.217-3. Infração: 4. Tipo: S.

37.23.3 As inspeções mensais de segurança e saúde planejadas com a participação do membro eleito, titular ou suplente, da CIPLAT devem ser coordenadas, realizadas e consignadas em relatório pelos profissionais do SESMT lotados na plataforma.

• Código: 137.217-3. Infração: 4. Tipo: S.

37.23.4 As inspeções devem ser documentadas mediante relatórios, com o seguinte conteúdo mínimo:

a) nome da plataforma, data e local inspecionado;

• Código: 137.217-3. Infração: 4. Tipo: S.

b) participantes e suas respectivas assinaturas;

• Código: 137.217-3. Infração: 4. Tipo: S.

c) pendências anteriores e situação atual;

• Código: 137.217-3. Infração: 4. Tipo: S.

d) existência de risco grave e iminente à segurança e à saúde dos trabalhadores;

• Código: 137.217-3. Infração: 4. Tipo: S.

e) recomendações;

• Código: 137.217-3. Infração: 4. Tipo: S.

f) cronograma com a proposta de prazos e de responsáveis pela execução das recomendações.

• Código: 137.217-3. Infração: 4. Tipo: S.

37.23.4.1 O responsável legal pela plataforma deve tomar ciência do conteúdo do relatório de inspeções de segurança e saúde a bordo, mediante assinaturas ao final deste documento, aprovando o cronograma com prazos e responsáveis pelo atendimento das recomendações.

• Código: 137.217-3. Infração: 4. Tipo: S.

37.23.4.2 Os relatórios das inspeções de segurança e saúde devem ser apresentados à CIPLAT durante a reunião ordinária subsequente ao término de sua elaboração, sendo uma cópia anexada à ata.

• Código: 137.217-3. Infração: 4. Tipo: S.

37.24 Inspeções e Manutenções

37.24.1 A operadora da instalação deve definir e implantar o plano de inspeções e manutenções dos equipamentos, instrumentos, máquinas, sistemas e acessórios da plataforma, especificando a estratégia adequada, as normas técnicas nacionais, as recomendações dos fabricantes ou fornecedores e as boas práticas de engenharia aplicáveis.

• Código: 137.218-1. Infração: 3. Tipo: S.

37.24.1.1 A operadora da instalação deve priorizar a manutenção preventiva e preditiva para eliminar os efeitos das causas básicas das possíveis não conformidades, falhas ou situações indesejáveis, visando prevenir a sua ocorrência.

• Código: 137.218-1. Infração: 3. Tipo: S.

37.24.2 O plano deve ser objeto de planejamento e gerenciamento efetuado por profissional legalmente habilitado e os resultados devem ser documentados em livro próprio, ficha ou sistema informatizado.

• Código: 137.218-1. Infração: 3. Tipo: S.

37.24.3 Os planos de inspeções e manutenções devem conter, no mínimo, os seguintes itens:

a) listagem dos elementos da plataforma sujeitos às inspeções e manutenções;

• Código: 137.218-1. Infração: 3. Tipo: S.

b) tipos de intervenções a serem realizadas;

• Código: 137.218-1. Infração: 3. Tipo: S.

c) cronograma anual com o estabelecimento de prazos e a identificação dos responsáveis;

• Código: 137.218-1. Infração: 3. Tipo: S.

d) formação profissional dos trabalhadores e suas respectivas autorizações formais;

• Código: 137.218-1. Infração: 3. Tipo: S.

e) medidas de segurança a serem adotadas para cada um dos elementos e os respectivos equipamentos de proteção coletiva e individual necessários, podendo estar na permissão para o trabalho;

• Código: 137.218-1. Infração: 3. Tipo: S.

f) descrição das atividades a serem realizadas e os procedimentos de inspeções e manutenções;

• Código: 137.218-1. Infração: 3. Tipo: S.

g) assinaturas dos responsáveis técnicos.

• Código: 137.218-1. Infração: 3. Tipo: S.

37.24.3.1 A operadora da instalação deve justificar e documentar a inobservância dos prazos definidos nos planos de inspeções e manutenções.

• Código: 137.219-0. Infração: 3. Tipo: S.

37.24.3.2 Os planos de inspeções e manutenções devem ser revisados pelo menos uma vez a cada 5 (cinco) anos e atualizados quando necessário, por profissional legalmente habilitado.

• Código: 137.219-0. Infração: 3. Tipo: S.

37.24.4 A periodicidade das inspeções e manutenções deve considerar:

a) o previsto nas NRs, nas normas técnicas nacionais ou, na ausência destas, nas internacionais;

• Código: 137.219-0. Infração: 3. Tipo: S.

b) as recomendações do fabricante ou fornecedor, especialmente os itens críticos à segurança e à saúde dos trabalhadores;

• Código: 137.219-0. Infração: 3. Tipo: S.

c) as medidas propostas nos relatórios de inspeções de segurança e saúde do trabalho;

• Código: 137.219-0. Infração: 3. Tipo: S.

d) as recomendações e pareceres contidos nos relatórios de inspeções e manutenções;

• Código: 137.219-0. Infração: 3. Tipo: S.

e) as sugestões decorrentes de investigações de incidentes do trabalho elaboradas pelo SESMT e CIPLAT;

• Código: 137.219-0. Infração: 3. Tipo: S.

f) as recomendações das análises de riscos;

• Código: 137.219-0. Infração: 3. Tipo: S.

g) as condições ambientais e climáticas a bordo;

• Código: 137.219-0. Infração: 3. Tipo: S.

h) as sugestões dos representantes dos empregados, caso sejam pertinentes.

• Código: 137.219-0. Infração: 3. Tipo: S.

37.24.5 As inspeções, manutenções e outras intervenções devem ser executadas por trabalhadores com treinamento apropriado, sob a supervisão de profissional qualificado a bordo e coordenada por profissional legalmente habilitado que pode estar lotado em terra.

• Código: 137.220-3. Infração: 3. Tipo: S.

37.24.6 O relatório de manutenção deve conter:

a) as não conformidades encontradas;

• Código: 137.220-3. Infração: 3. Tipo: S.

b) as intervenções realizadas com suas respectivas datas, descrevendo as peças reparadas ou substituídas;

• Código: 137.220-3. Infração: 3. Tipo: S.

c) os registros dos profissionais responsáveis pela execução das intervenções;

• Código: 137.220-3. Infração: 3. Tipo: S.

d) os nomes dos executantes das intervenções;

• Código: 137.220-3. Infração: 3. Tipo: S.

e) a assinatura do responsável pelo relatório.

• Código: 137.220-3. Infração: 3. Tipo: S.

37.24.7 É proibida a utilização e a operação de equipamentos, instrumentos, máquinas, tubulações, acessórios ou qualquer outro sistema da plataforma sujeito a inspeção e manutenção, antes da correção das suas não conformidades impeditivas, com a ciência formal do responsável legal pela plataforma.

• Código: 137.221-1. Infração: 4. Tipo: S.

37.24.8 No caso de inspeções, manutenções, reparos e outras atividades que utilizem os Veículos Aéreos Não Tripulados – VANT (drone), a operadora da instalação deve adotar o Regulamento Brasileiro de Aviação Civil Especial n. 94/2017 (RBAC-E n. 94/2017) da Agência Nacional de Aviação Civil – ANAC, e às normas de operação de estabelecidas pelo Departamento de Controle do Espaço Aéreo – DECEA e as exigências da Agência Nacional de Telecomunicações – ANATEL.

• Código: 137.222-0. Infração: 3. Tipo: S.

37.24.8.1 Além do prescrito no subitem 37.24.8 desta NR, a operadora da instalação deve:

a) contratar empresas prestadoras de serviço ou ser devidamente cadastrada na ANAC;

• Código: 137.222-0. Infração: 3. Tipo: S.

b) assegurar que o operador de drone participe da elaboração das análises de riscos e assine a PT para a atividade de voos a bordo;

• Código: 137.222-0. Infração: 3. Tipo: S.

c) garantir que os drones utilizados em áreas classificadas obedeçam às condições previstas nas normas do Instituto Nacional de Metrologia, Qualidade e Tecnologia – INMETRO para estes tipos de locais;

• Código: 137.222-0. Infração: 3. Tipo: S.

d) avaliar as operações simultâneas na plataforma antes da utilização do drone;

• Código: 137.222-0. Infração: 3. Tipo: S.

e) elaborar mapa limitando a área permitida ao voo do drone, notadamente sobre as áreas com a possível presença de trabalhadores.

• Código: 137.222-0. Infração: 3. Tipo: S.

37.25 Procedimentos Operacionais e da Organização do Trabalho

37.25.1 A operadora da instalação deve elaborar, documentar, implementar, divulgar, manter atualizado e disponibilizar os procedimentos operacionais realizados na plataforma para todos os trabalhadores envolvidos.

• Código: 137.223-8. Infração: 2. Tipo: S.

37.25.1.1 Os procedimentos operacionais devem estar em conformidade com:

a) as especificações técnicas do projeto dos sistemas da plataforma;

• Código: 137.223-8. Infração: 2. Tipo: S.

b) as instruções dos manuais de operação e de manutenção elaborados pelos fabricantes/fornecedores;

• Código: 137.223-8. Infração: 2. Tipo: S.

37.25.2 Os procedimentos operacionais devem conter instruções claras e específicas para a execução das atividades com segurança, em cada uma das seguintes fases:

a) comissionamento;

• Código: 137.223-8. Infração: 2. Tipo: S.

b) pré-operação e partida;

• Código: 137.223-8. Infração: 2. Tipo: S.

c) operação;

• Código: 137.223-8. Infração: 2. Tipo: S.

d) parada, inclusive de emergência;

• Código: 137.223-8. Infração: 2. Tipo: S.

e) retorno à operação, incluindo após emergência;

• Código: 137.223-8. Infração: 2. Tipo: S.

f) descomissionamento.

• Código: 137.223-8. Infração: 2. Tipo: S.

37.25.3 Os procedimentos operacionais devem ser reavaliados, no mínimo, bienalmente e revisados quando ocorrer uma das situações descritas a seguir:

a) recomendações decorrentes de inspeção de segurança, análises de riscos ou incidentes ocorridos na instalação;

• Código: 137.224-6. Infração: 2. Tipo: S.

b) modificações, ampliações ou reformas nos sistemas e equipamentos relacionados aos procedimentos;

• Código: 137.224-6. Infração: 2. Tipo: S.

c) alterações significativas nas condições operacionais da plataforma;

• Código: 137.224-6. Infração: 2. Tipo: S.

d) solicitações do SESMT.

• Código: 137.224-6. Infração: 2. Tipo: S.

37.25.4 Quando houver revisão de procedimento operacional, os trabalhadores envolvidos, próprios ou terceirizados, devem passar por reciclagem conforme prevê a alínea "c" do subitem 37.8.10.1 desta NR.

• Código: 137.224-6. Infração: 2. Tipo: S.

37.25.5 A operadora da instalação deve dimensionar o efetivo suficiente de trabalhadores para a realização de todas as tarefas operacionais com segurança, analisando, no mínimo, os seguintes aspectos:

a) os diferentes níveis de capacitação técnica;

• Código: 137.225-4. Infração: 3. Tipo: S.

b) os postos de trabalho;

• Código: 137.225-4. Infração: 3. Tipo: S.

c) a organização do trabalho;

• Código: 137.225-4. Infração: 3. Tipo: S.

d) as turmas de embarque;

• Código: 137.225-4. Infração: 3. Tipo: S.

e) os horários e turnos de trabalho;

• Código: 137.225-4. Infração: 3. Tipo: S.

f) os treinamentos necessários;

• Código: 137.225-4. Infração: 3. Tipo: S.

g) a definição de responsabilidades de supervisão e execução das atividades laborais.

• Código: 137.225-4. Infração: 3. Tipo: S.

37.25.5.1 Os parâmetros adotados pelo empregador, no dimensionamento do contingente mínimo a bordo, devem ser documentados e arquivados na plataforma e assinados pelo profissional responsável, designado pela empresa.

• Código: 137.225-4. Infração: 3. Tipo: S.

37.25.5.2 A organização do trabalho deve levar em consideração, no mínimo, os requisitos previstos no subitem 17.6.2 da NR-17.

• Código: 137.225-4. Infração: 3. Tipo: S.

37.25.5.3 Os trabalhadores devem ser capacitados nos processos de trabalho em que atuem, visando conscientizá-los em relação à importância de cumprimento destes procedimentos para a sua segurança e saúde.

• Código: 137.225-4. Infração: 3. Tipo: S.

37.26. Sistema de Detecção e Alarme de Incêndio e Gases

37.26.1 A plataforma deve possuir sistemas de detecções e de alarmes para monitorar, continuamente, a possibilidade de perda de contenção de materiais tóxicos, inflamáveis e incêndio, utilizando metodologia específica para estes sistemas, com projeto elaborado por profissional legalmente habilitado.

• Código: 137.226-2. Infração: 3. Tipo: S.

37.26.1.1 Nas plataformas de produção, os sistemas fixos de detecções e de alarmes devem ter interface com os outros sistemas de segurança como os de combate a incêndio, de parada de emergência (*shut down*) e de despressurizações (*blow down*) da unidade e outras situações de riscos, permitindo as atuações conforme previstos nas suas respectivas lógicas.

• Código: 137.226-2. Infração: 3. Tipo: S.

37.26.1.2 Nas plataformas de perfuração, os sistemas fixos de detecções e de alarmes devem ter interface com os outros sistemas de segurança como o de combate a incêndio, detecção de influxo (*kick*), sistema de desconexão de emergência, parada de emergência (*shut down*) e despressurização (*blow down*) e outras situações de riscos, permitindo também as atuações conforme previsto na sua lógica.

• Código: 137.226-2. Infração: 3. Tipo: S.

37.26.1.3 Nas plataformas capazes de produzir, perfurar e realizar intervenções em poços, a operadora da instalação deve cumprir os subitens 37.26.1.1 e 37.26.1.2.

• Código: 137.226-2. Infração: 3. Tipo: S.

37.26.2 Os detectores e alarmes fixos devem ser instalados de acordo com o dimensionamento de projeto e suas atualizações, inclusive nas instalações temporárias.

• Código: 137.227-0. Infração: 3. Tipo: S.

37.26.3 As botoeiras de acionamento do alarme de incêndio devem ser do tipo "Quebre o vidro e aperte o botão" ou sistema similar, ambos sinalizados na cor vermelha.

• Código: 137.228-9. Infração: 3. Tipo: S.

37.26.3.1 As botoeiras situadas nos corredores devem ser facilmente acessíveis e posicionadas de modo que a distância a ser percorrida pelo trabalhador, para o seu acionamento, seja de no máximo 20m.

• Código: 137.229-7. Infração: 3. Tipo: S.

37.26.4 O projeto deve levar em conta o estudo de dispersão de gases e vapores tóxicos ou inflamáveis no meio ambiente laboral para a seleção do tipo, quantidade, distribuição e sensibilidade dos detectores.

• Código: 137.226-2. Infração: 3. Tipo: S.

37.26.4.1 Em caso da ausência de estudo de dispersão de gases, a operadora da instalação deve adotar a quantidade e o posicionamento de detectores e alarmes previstos em norma técnica nacional ou internacional.

• Código: 137.226-2. Infração: 3. Tipo: S.

37.26.5 Os detectores fixos devem ser identificados individualmente e interligados ao sistema de alarmes da sala de controle da plataforma.

• Código: 137.227-0. Infração: 3. Tipo: S.

37.26.6 Os sistemas de alarme e comunicação com o pessoal de bordo deve ser capaz de emitir sinais sonoros e visuais perceptíveis e inconfundíveis, bem como veicular mensagens audíveis em todos os locais da plataforma destinados à ocupação humana.

• Código: 137.230-0. Infração: 3. Tipo: S.

37.26.6.1 Nas áreas em que o nível de ruído contínuo ou intermitente estiver acima de 90 dB (A) devem ser instalados também sinais luminosos.

• Código: 137.230-0. Infração: 3. Tipo: S.

37.26.7 O ajuste do alarme (*set point*) deve considerar, quando aplicável, os seguintes aspectos:

a) a toxidez dos materiais presentes;

• Código: 137.231-9. Infração: 3. Tipo: S.

b) os limites inferior e superior de explosividade dos materiais inflamáveis;

• Código: 137.231-9. Infração: 3. Tipo: S.

c) o efeito sinérgico em razão da presença de outras substâncias no ar;

• Código: 137.231-9. Infração: 3. Tipo: S.

d) o tempo máximo requerido para a resposta do detector;

• Código: 137.231-9. Infração: 3. Tipo: S.

e) as ações a serem tomadas, após soar o alarme;

• Código: 137.231-9. Infração: 3. Tipo: S.

f) o tempo necessário para evacuar os trabalhadores do ambiente contaminado ou em chamas.

• Código: 137.231-9. Infração: 3. Tipo: S.

37.26.7.1 Para os detectores fixos dedicados a pontos de emanação contínua ou intermitente de gases tóxicos, o primeiro nível de alarme deve ser ajustado para os limites de exposição estabelecidos pelas normas brasileiras ou internacionais.

• Código: 137.231-9. Infração: 3. Tipo: S.

37.26.8 Após instalação e comissionamento, os detectores e alarmes devem ser testados periodicamente por profissional capacitado, conforme instruções do fabricante ou fornecedor, e os resultados consignados em relatório.

• Código: 137.230-0. Infração: 3. Tipo: S.

37.26.9 Os detectores e os alarmes fixos devem ser energizáveis pelo sistema elétrico de emergência da plataforma, conforme NORMAM-01/DPC.

• Código: 137.227-0. Infração: 3. Tipo: S.

37.26.10 Somente é permitido desativar, contornar (*by-pass*), mudar o nível de ação (*set point*) ou utilizar qualquer meio que impeça o correto funcionamento dos detectores ou alarmes, mediante:

a) a autorização de gestor designado pelo empregador;

• Código: 137.231-9. Infração: 3. Tipo: S.

b) o procedimento ou planejamento específico;

• Código: 137.231-9. Infração: 3. Tipo: S.

c) a implementação das recomendações contempladas pelas análises de riscos.

• Código: 137.231-9. Infração: 3. Tipo: S.

37.26.11 Ao menos dois instrumentos portáteis devem estar disponíveis a bordo, para detecção de CH4, H2S, O2, CO e Compostos Orgânicos Voláteis – COV.

• Código: 137.232-7. Infração: 3. Tipo: S.

37.26.12 Os detectores fixos e portáteis devem ser calibrados, aprovados e certificados por laboratório acreditado pelo INMETRO.

• Código: 137.233-5. Infração: 3. Tipo: S.

37.26.12.1 O auto zero (ou ajuste de ar limpo), o teste de resposta (*bump test* ou *function check*) e o ajuste dos detectores podem ser realizados por trabalhador capacitado ou qualificado para este fim.

37.26.13 Na captação do ar do sistema de climatização devem ser instalados detectores, em redundância, conforme indicado em estudo de riscos.

• Código: 137.234-3. Infração: 3. Tipo: S.

37.26.13.1 Os detectores de gases devem estar associados aos dispositivos de intertravamento para controlar ventiladores, exaustores e dampers, cujo tempo máximo de resposta assegure condições ambientais internas do compartimento adequadas à saúde humana.

• Código: 137.234-3. Infração: 3. Tipo: S.

37.26.13.2 O sistema de exaustão do ar climatizado do casario, salas de controle e laboratórios deve ser dotado de dampers de fechamento automático, quando o ar for destinado para as áreas classificadas.

• Código: 137.234-3. Infração: 3. Tipo: S.

37.26.14 Nos locais onde são preparados, armazenados ou tratados os fluidos de perfuração, completação, estimulação e restauração de poços de petróleo, com características combustíveis ou inflamáveis, devem ser instalados detectores para alertar a formação de atmosferas explosivas ou tóxicas.

• Código: 137.235-1. Infração: 3. Tipo: S.

37.26.15 A sala de baterias deve possuir sistema de detecção e alarme de hidrogênio (H2), considerando na sua localização a influência do sistema de exaustão e insuflação do ar no compartimento.

• Código: 137.235-1. Infração: 3. Tipo: S.

37.26.15.1 O funcionamento adequado do sistema de exaustão da sala de baterias deve ser sinalizado na sala de controle da plataforma.

• Código: 137.235-1. Infração: 3. Tipo: S.

37.27 Prevenção e Controle de Vazamentos, Derramamentos, Incêndios e Explosões

37.27.1 A operadora da instalação deve implementar medidas continuamente, desde a fase de projeto, para prevenir e controlar vazamentos, derramamentos, incêndios e explosões, contemplando os meios necessários para minimizar a ocorrência e mitigar as suas consequências, em caso de falhas nos sistemas de prevenção e controle.

• Código: 137.236-0. Infração: 4. Tipo: S.

37.27.1.1 Para as emissões fugitivas, o projeto original da plataforma e suas alterações, modificações nas condições de processo, manutenção e reparo devem incluir procedimentos para minimizar os riscos de acordo com a viabilidade técnica, após a identificação das suas fontes.

• Código: 137.236-0. Infração: 4. Tipo: S.

37.27.2 Os trabalhadores lotados na plataforma, próprios e terceirizados, e seus representantes devem ser consultados pela operadora da instalação durante a elaboração das medidas específicas e suas revisões para prevenir e controlar vazamentos, derramamentos, incêndios e explosões.

• Código: 137.236-0. Infração: 4. Tipo: S.

37.27.2.1 A comprovação da consulta se dará mediante a ciência dos trabalhadores embarcados em listagem específica, na ocasião da elaboração ou revisão das medidas supracitadas.

• Código: 137.236-0. Infração: 4. Tipo: S.

37.27.3 As ações no sentido de prevenir e controlar vazamentos, derramamentos, incêndios e explosões devem ser revisadas, após as análises críticas das medidas adotadas em decorrência destes eventos ou quando ocorrer:

a) recomendação decorrente de inspeção de segurança ou das análises de riscos;

• Código: 137.237-8. Infração: 4. Tipo: S.

b) modificação, ampliação ou reforma da instalação;

• Código: 137.237-8. Infração: 4. Tipo: S.

c) alterações significativas nas condições operacionais e de processo, segundo critérios das análises de riscos;

• Código: 137.237-8. Infração: 4. Tipo: S.

d) recomendações decorrentes das análises de incidentes ocorridos na instalação, ou mesmo fora dela, que possam ter afetado as condições normais de operação da plataforma;

• Código: 137.237-8. Infração: 4. Tipo: S.

e) casos de abrangência decorrentes de incidentes ocorridos nas suas próprias plataformas ou divulgados pela Agência Nacional do Petróleo, Gás Natural e Biocombustíveis – ANP, cuja avaliação deve ser realizada pela operadora da instalação;

• Código: 137.237-8. Infração: 4. Tipo: S.

f) solicitação do SESMT;

• Código: 137.237-8. Infração: 4. Tipo: S.

g) solicitação da CIPLAT, mediante avaliação técnica do SESMT;

• Código: 137.237-8. Infração: 4. Tipo: S.

h) notificação pela auditoria fiscal do trabalho.

• Código: 137.237-8. Infração: 4. Tipo: S.

37.27.4 Os tanques, vasos e equipamentos e outros componentes da plataforma que armazenam líquidos combustíveis e inflamáveis devem possuir sistemas de contenção de vazamentos ou derramamentos, como diques, bandejas ou similares, dimensionados e construídos de acordo com as normas técnicas nacionais ou, na sua ausência, com as normas internacionais.

• Código: 137.238-6. Infração: 4. Tipo: S.

37.27.4.1 No caso de bacias de contenção é vedado o armazenamento de materiais, recipientes e similares em seu interior, exceto durante as atividades de manutenção, reparo, ampliação, inspeção, descomissionamento e desmonte do equipamento protegido pela bacia em questão.

• Código: 137.238-6. Infração: 4. Tipo: S.

37.27.4.2 Os tanques de carga ou aqueles incorporados à estrutura da plataforma estão desobrigados de atenderem ao subitem 37.27.4 desta NR.

• Código: 137.238-6. Infração: 4. Tipo: S.

37.27.5 Os sistemas utilizados para preparar, armazenar ou tratar os fluidos de perfuração, completação, estimulação e restauração de poços de petróleo, com características combustíveis ou inflamáveis, devem ser dotados de equipamentos e instrumentos de medida e controle para impedir a formação de atmosferas explosivas, obedecendo a seguinte hierarquia:

a) prevenir a liberação ou disseminação desses agentes no meio ambiente de trabalho;

• Código: 137.239-4. Infração: 4. Tipo: S.

• Código: 137.240-8. Infração: 4. Tipo: S.

b) reduzir a concentração desses agentes no ambiente de trabalho;

• Código: 137.239-4. Infração: 4. Tipo: S.

• Código: 137.240-8. Infração: 4. Tipo: S.

c) eliminar o risco de incêndio e explosão.

• Código: 137.239-4. Infração: 4. Tipo: S.

• Código: 137.240-8. Infração: 4. Tipo: S.

37.27.6 Em áreas sujeitas à existência ou à formação de atmosferas explosivas ou misturas inflamáveis, a operadora da instalação é responsável por implementar medidas específicas para controlar as fontes de ignição, como por exemplo: a geração, o acúmulo e a descarga de eletricidade estática, e a presença de superfícies aquecidas de máquinas, equipamentos, instrumentos, dutos e demais acessórios.

37.27.7 As instalações elétricas, os equipamentos e os instrumentos elétricos fixos, móveis e portáteis, os equipamentos de comunicação, a iluminação, as ferramentas e similares utilizados em áreas classificadas devem estar em conformidade com a NR-10 e a ABNT NBR IEC 60079 e alterações posteriores.

• Código: 137.241-6. Infração: 3. Tipo: S.

37.27.8 Os equipamentos mecânicos e eletromecânicos instalados em áreas classificadas devem estar em conformidade com os requisitos técnicos do INMETRO e da norma ISO 80079-36 e alterações posteriores.

• Código: 137.241-6. Infração: 3. Tipo: S.

37.27.9 A operadora da instalação deve assinalar e classificar nas plantas da plataforma as áreas, externas e internas, sujeitas à existência ou a formação de atmosferas contendo misturas inflamáveis ou explosivas, de acordo com a norma ABNT NBR IEC 60079 e alterações posteriores.

• Código: 137.242-4. Infração: 3. Tipo: S.

37.27.9.1 As áreas classificadas devem possuir sinalização de segurança, visível e legível, indicando a proibição da presença de fontes de ignição.

• Código: 137.242-4. Infração: 3. Tipo: S.

37.27.10 Os serviços envolvendo o uso de equipamentos, instrumentos, ferramentas e demais serviços que possam gerar chamas, fagulhas, calor ou centelhas, nas áreas sujeitas à existência ou à formação de atmosferas explosivas ou misturas inflamáveis, devem obedecer ao descrito no subitem 34.5, da NR-34.

• Código: 137.240-8. Infração: 4. Tipo: S.

37.27.11 Em plataformas semissubmersíveis, do tipo coluna estabilizada, não devem ser instalados no interior de colunas ou submarinos (*pontoons*) tanques ou vasos interligados, direta ou indiretamente, à unidade de processamento de petróleo ou gás.

• Código: 137.243-2. Infração: 3. Tipo: S.

37.27.12 A operadora da instalação deve assegurar que a concentração de oxigênio na mistura gasosa gerada pela queima seja inferior ou igual a 5% (v/v), e no interior dos tanques de carga inferior ou igual a 8% (v/v).

• Código: 137.244-0. Infração: 3. Tipo: S.

37.28 Proteção e Combate a Incêndios

37.28.1 Aplicam-se às plataformas o disposto neste item, no Capítulo 9 da NORMAM-01/DPC e ISO 13702, nesta ordem.

• Código: 137.245-9. Infração: 3. Tipo: S.

37.28.2 A proteção contra incêndios nas plataformas deve ser desenvolvida por meio de uma abordagem estruturada, considerar os riscos existentes para os trabalhadores e ter os seguintes objetivos:

a) reduzir a possibilidade de ocorrência de incêndio;

• Código: 137.246-7. Infração: 4. Tipo: S.

b) detectar e alarmar a ocorrência de incêndio na zona de origem;

• Código: 137.246-7. Infração: 4. Tipo: S.

c) limitar a possibilidade de propagação de incêndio;

• Código: 137.246-7. Infração: 4. Tipo: S.

d) proteger a atuação dos trabalhadores envolvidos nas atividades de resposta a emergências;

• Código: 137.246-7. Infração: 4. Tipo: S.

e) controlar e, quando for seguro, extinguir focos de incêndio;

• Código: 137.246-7. Infração: 4. Tipo: S.

f) salvaguardar a segurança e a saúde dos trabalhadores durante o abandono da plataforma.

• Código: 137.246-7. Infração: 4. Tipo: S.

37.28.3 O sistema de proteção contra incêndio deve ser composto, no mínimo, pelos seguintes requisitos:

a) instrumentos de detecção e alarmes da presença de gases, fumaça e chama;

• Código: 137.246-7. Infração: 4. Tipo: S.

b) controle e parada do processo de produção ou perfuração;

• Código: 137.246-7. Infração: 4. Tipo: S.

c) fonte de energia elétrica autônoma de emergência;

• Código: 137.246-7. Infração: 4. Tipo: S.

d) equipamentos suficientes para combater incêndios em seu início, conforme prescreve a NORMAM 01/DPC;

• Código: 137.246-7. Infração: 4. Tipo: S.

e) trabalhadores treinados no uso correto dos equipamentos supracitados, estabelecido na NORMAM-01/DPC;

• Código: 137.246-7. Infração: 4. Tipo: S.

f) Equipamentos de Proteção Individual – EPIs adequados para combater o fogo e com Certificados de Aprovação – CAs;

• Código: 137.246-7. Infração: 4. Tipo: S.

g) rotas de fuga, saídas de emergência e iluminação de emergência para a rápida retirada do pessoal a bordo, em caso de incêndio ou explosão.

• Código: 137.246-7. Infração: 4. Tipo: S.

37.28.4 Dispositivos de controle e parada de emergência

37.28.4.1 Na plataforma devem existir sistemas automáticos que paralisem o processo, isolem parte dele, despressurizem a unidade ou limitem o escalonamento de situações anormais.

• Código: 137.247-5. Infração: 3. Tipo: S.

37.28.4.2 A partir das análises e estudos de riscos, a operadora da instalação deve elaborar procedimentos operacionais para o sistema de parada da plataforma, em função do local e tipo de emergência.

• Código: 137.247-5. Infração: 3. Tipo: S.

37.28.4.3 A plataforma deve possuir sistema de acionamento remoto a bordo para comandar a parada de emergência de equipamentos e sistemas que possam propagar ou alimentar o incêndio com material combustível ou inflamável.

• Código: 137.247-5. Infração: 3. Tipo: S.

37.28.4.4 A plataforma deve possuir controle das admissões e descargas do ar e do funcionamento da ventilação das estações de controle, das áreas de vivência e dos compartimentos de serviço, de carga e de máquinas.

• Código: 137.248-3. Infração: 3. Tipo: S.

37.28.4.4.1 Os meios de fechamento dos dutos e de controle dos ventiladores devem:

a) ficar protegidos do fogo;

• Código: 137.248-3. Infração: 3. Tipo: S.

b) ser facilmente acessíveis;

• Código: 137.248-3. Infração: 3. Tipo: S.

c) ser localizados fora dos compartimentos que estão sendo ventilados;

• Código: 137.248-3. Infração: 3. Tipo: S.

d) estar identificados de forma visível e legível;

• Código: 137.248-3. Infração: 3. Tipo: S.

e) indicar se os dutos estão abertos ou fechados;

• Código: 137.248-3. Infração: 3. Tipo: S.

f) mostrar se os ventiladores estão ligados ou desligados.

• Código: 137.248-3. Infração: 3. Tipo: S.

37.28.5 A operadora da instalação deve realizar exercícios de combate a incêndio e treinamento específico para a brigada de incêndio dentro da periodicidade e com conteúdo determinados pela Autoridade Marítima (NORMAM-01/DPC).

• Código: 137.249-1. Infração: 3. Tipo: S.

37.28.6 Sistemas fixos de combate a incêndio

37.28.6.1 As plataformas devem ser dotadas de sistemas de combate a incêndio, com água pressurizada, que assegure à resposta a emergência em tempo suficiente para preservar a segurança dos trabalhadores.

• Código: 137.250-5. Infração: 4. Tipo: S.

37.28.6.1.1 As especificações das bombas, redes, tomadas de incêndio, mangueiras e demais acessórios devem atender ao disposto na NORMAM-01/DPC.

• Código: 137.251-3. Infração: 4. Tipo: S.

37.28.6.1.2 Os hidrantes devem ser facilmente visíveis e acessíveis.

• Código: 137.251-3. Infração: 4. Tipo: S.

37.28.6.1.3 Os abrigos das mangueiras e demais acessórios não podem estar trancados à chave.

• Código: 137.251-3. Infração: 4. Tipo: S.

37.28.6.1.4 Os hidrantes e as redes de alimentação devem ser inspecionados mensalmente e os resultados consignados em relatório.

• Código: 137.251-3. Infração: 4. Tipo: S.

37.28.6.1.5 O suprimento de água para a rede de combate a incêndio deve ser provido por, pelo menos, dois conjuntos motobombas capazes de serem acionadas independentemente do sistema elétrico principal da plataforma, mediante motor a combustão ou sistema elétrico de emergência.

• Código: 137.252-1. Infração: 4. Tipo: S.

37.28.6.1.5.1 A plataforma deve ter conjunto motobomba de combate a incêndio pronta para operar, com capacidade plena para o cenário de maior demanda.

• Código: 137.252-1. Infração: 4. Tipo: S.

37.28.6.1.5.2 Caso haja ampliação ou modificações que alterem o cenário de maior demanda, a operadora da instalação deve reavaliar e redimensionar o sistema de combate a incêndio, quando aplicável.

• Código: 137.252-1. Infração: 4. Tipo: S.

37.28.6.1.5.3 No período de manutenção do conjunto motobomba que se encontra em reserva, a operadora da instalação deve adotar medidas de contingenciamento baseada em análises riscos, garantindo o nível de confiabilidade do sistema de combate a incêndio exigido em normas técnicas nacionais ou internacionais, nesta sequência.

• Código: 137.252-1. Infração: 4. Tipo: S.

37.28.6.1.6 As bombas de combate a incêndio devem ser testadas, anualmente, quanto ao seu desempenho, mediante a elaboração das suas curvas características (altura manométrica total versus vazão), utilizando instrumentos para medir a vazão, a pressão e a rotação.

• Código: 137.253-0. Infração: 4. Tipo: S.

37.28.6.1.6.1 Os instrumentos citados no subitem 37.28.6.1.6 devem possuir certificados de calibração válidos, segundo procedimento do INMETRO.

• Código: 137.253-0. Infração: 4. Tipo: S.

37.28.6.1.6.2 A eficiência da bomba testada deve corresponder àquela fornecida pelo fabricante ou fornecedor e assim como à estabelecida pelo Capítulo 4 da NORMAM-01/DPC, assegurando o seu correto funcionamento em caso de incêndio.

• Código: 137.253-0. Infração: 4. Tipo: S.

37.28.6.2 A plataforma deve ser dotada de sistemas fixos de extinção de incêndio eficazes, de acordo com as classes de fogo possíveis e o potencial de incêndio na área a ser protegida.

• Código: 137.250-5. Infração: 4. Tipo: S.

37.28.6.2.1 As tubulações e acessórios usados no sistema de borrifo de água pressurizada devem estar íntegros, atendendo ao projeto de combate a incêndio.

• Código: 137.250-5. Infração: 4. Tipo: S.

37.28.6.3 A operadora de plataforma desabitada pode utilizar sistema alternativo de proteção contra incêndio para garantir a segurança dos trabalhadores, baseado em análises de riscos e normas nacionais ou internacionais.

37.28.7 Extintores de incêndio portáteis

37.28.7.1 A plataforma deve ser provida de extintores para permitir o combate a incêndios em sua fase inicial.

• Código: 137.254-8. Infração: 4. Tipo: S.

37.28.7.2 O número, distribuição, tipo e carga dos extintores devem estar relacionados com a sua capacidade extintora, as classes de fogo possíveis a bordo e o potencial de incêndio na área a ser protegida, conforme a NORMAM-01/DPC, ou na sua omissão, as normas técnicas nacionais.

• Código: 137.254-8. Infração: 4. Tipo: S.

37.28.7.2.1 O extintor de incêndio sobre rodas só é contabilizado na capacidade extintora quando o seu agente puder atingir a área a ser protegida.

37.28.7.3 Os extintores de incêndio devem ser certificados pelo INMETRO, possuindo o respectivo selo de marca de conformidade.

• Código: 137.254-8. Infração: 4. Tipo: S.

37.28.7.4 Localização e sinalização

37.28.7.4.1 Os extintores deverão ser instalados em locais de fácil visualização e acesso.

• Código: 137.255-6. Infração: 4. Tipo: S.

37.28.7.4.2 É vedada a localização dos extintores nas escadas, antecâmaras de escadas e atrás de portas.

• Código: 137.255-6. Infração: 4. Tipo: S.

37.28.7.4.3 O local destinado à fixação do extintor deve ser sinalizado, conforme previsto na norma ABNT-NBR 13434-2 e alterações posteriores.

• Código: 137.255-6. Infração: 4. Tipo: S.

37.28.7.4.4 O piso situado embaixo do extintor deve ter área livre e desobstruída de 1,00m por 1,00m.

• Código: 137.255-6. Infração: 4. Tipo: S.

37.28.7.4.5 O extintor de incêndio não deverá ter a sua parte superior situada a mais de 1,60m acima do nível do piso.

• Código: 137.255-6. Infração: 4. Tipo: S.

37.28.7.4.6 Ao ser instalado, o extintor deve estar com as suas instruções de utilização voltada para frente, de modo visível.

• Código: 137.255-6. Infração: 4. Tipo: S.

37.28.7.5 Inspeção e manutenção dos extintores portáteis.

37.28.7.5.1 Os serviços de inspeção e manutenção de primeiro, segundo e terceiro níveis de extintores de incêndio devem ser realizados conforme requisitos do INMETRO.

• Código: 137.256-4. Infração: 4. Tipo: S.

37.28.7.5.2 Os resultados das inspeções e manutenções devem ser consignados em relatório, conforme a norma ABNT NBR 12962 e alterações posteriores.

• Código: 137.256-4. Infração: 4. Tipo: S.

37.28.7.5.3 O extintor de incêndio que for retirado para manutenção deve ser substituído, no ato da sua retirada, por outro extintor de características idênticas ou superiores.

• Código: 137.256-4. Infração: 4. Tipo: S.

37.28.8 Rotas de fuga, saídas, portas e iluminação de emergência.

37.28.8.1 Os locais de trabalho e as áreas de vivência devem dispor de rotas de fuga e saídas para áreas externas, em número suficiente e dispostas de modo a conduzir os trabalhadores até um local seguro ou para o posto de abandono da plataforma com rapidez e segurança.

• Código: 137.257-2. Infração: 4. Tipo: S.

37.28.8.2 Além do estabelecido na NORMAM-01/DPC, as rotas de fuga devem:

a) possuir sinalização vertical por meio de placas fosforescentes ou sinais luminosos, segundo norma ABNT NBR 13434-2 ou sinalização no piso ou ao nível do rodapé, indicando o sentido para chegar a saída;

• Código: 137.257-2. Infração: 4. Tipo: S.

b) ser dotadas de iluminação de emergência;

• Código: 137.257-2. Infração: 4. Tipo: S.

c) ser mantidas permanentemente desobstruídas e integras;

• Código: 137.257-2. Infração: 4. Tipo: S.

d) possuir largura mínima de 1,20m quando principais e 0,70m para as secundárias;

• Código: 137.257-2. Infração: 4. Tipo: S.

e) ser, nas áreas internas, contínuas e seguras para o acesso às áreas externas.

• Código: 137.257-2. Infração: 4. Tipo: S.

37.28.8.3 A plataforma deve possuir projeto de iluminação de emergência de acordo com a norma IEC

61892-2, elaborado por profissional legalmente habilitado e com os objetivos de:

a) facilitar a saída de zonas perigosas (áreas classificadas, de caldeiras, de vasos de pressão e outras);

• Código: 137.258-0. Infração: 4. Tipo: S.

b) propiciar apropriada visibilidade das rotas de fuga secundárias para que os trabalhadores possam chegar à rota de fuga principal;

• Código: 137.258-0. Infração: 4. Tipo: S.

c) permitir visibilidade e orientação ao longo da rota de fuga principal;

• Código: 137.258-0. Infração: 4. Tipo: S.

d) permitir a visualização de quadros e painéis elétricos a serem ligados/desligados em caso de sinistro a bordo;

• Código: 137.258-0. Infração: 4. Tipo: S.

e) possibilitar a identificação dos equipamentos de segurança e de combate a incêndio;

• Código: 137.258-0. Infração: 4. Tipo: S.

f) garantir a iluminação de emergência da enfermaria.

• Código: 137.258-0. Infração: 4. Tipo: S.

37.28.8.3.1 As rotas de fuga devem ter iluminância de no mínimo 5 (cinco) lux, enquanto que as áreas classificadas e os locais onde estão instalados os equipamentos de emergência (hidrantes, bombas de incêndio, geradores de emergência, baterias de acumuladores, dentre outros) devem ter iluminância igual ou superior a 15 (quinze) lux.

• Código: 137.259-9. Infração: 4. Tipo: S.

37.28.8.3.2 Os pontos de luz da iluminação de emergência devem estar em perfeito estado de funcionamento, e ser instalados prioritariamente em locais onde haja desnível no piso, mudança de direção da rota de fuga, escada, área de abandono, equipamento de emergência e acionamento do alarme de incêndio, dentre outros locais estratégicos.

• Código: 137.259-9. Infração: 4. Tipo: S.

37.28.8.4 As portas para as rotas de fuga principais devem:

a) ser dispostas de maneira a serem sempre visíveis;

• Código: 137.260-2. Infração: 4. Tipo: S.

b) ser mantidas permanentemente desobstruídas;

• Código: 137.260-2. Infração: 4. Tipo: S.

c) abrir no sentido de fuga, exceto para as portas deslizantes;

• Código: 137.260-2. Infração: 4. Tipo: S.

d) estar situados de modo que, ao serem abertas, não impeçam as vias de passagem ou causem lesões pessoais.

• Código: 137.260-2. Infração: 4. Tipo: S.

37.28.8.4.1 O sentido de abertura das demais portas não podem obstruir as rotas de fuga secundárias.

• Código: 137.260-2. Infração: 4. Tipo: S.

37.28.8.4.2 É vedada a utilização de portas de enrolar nas plataformas.

• Código: 137.260-2. Infração: 4. Tipo: S.

37.28.8.4.3 As portas com abertura para o interior devem ser dotadas de passagem de emergência que possa ser aberta para fora e ser utilizada como via de escape, em caso de pânico ou de falha no sistema regular de abertura, com dimensões mínimas de 0,60m por 0,60m.

• Código: 137.260-2. Infração: 4. Tipo: S.

37.28.8.4.4 A largura do vão livre das portas que dão acesso às escadas deve ter, no mínimo, a mesma largura da rota de fuga atendida por elas.

• Código: 137.260-2. Infração: 4. Tipo: S.

37.28.8.4.5 É proibido fechar com chave, aferrolhar ou prender, interna ou externamente, a porta corta-fogo ou a porta situada no percurso da rota de fuga.

• Código: 137.260-2. Infração: 4. Tipo: S.

37.28.9 Fonte de energia elétrica autônoma de emergência

37.28.9.1 A plataforma deve possuir bateria de acumuladores, e se necessário gerador de emergência, capaz de suprir, simultaneamente, a energia imprescindível ao funcionamento dos seguintes sistemas essenciais à segurança dos trabalhadores:

a) iluminação de emergência e escape;

• Código: 137.261-0. Infração: 4. Tipo: S.

b) detecção e alarme de fogo e gás;

• Código: 137.261-0. Infração: 4. Tipo: S.

c) comunicação de emergência;

• Código: 137.261-0. Infração: 4. Tipo: S.

d) combate a incêndio;

• Código: 137.261-0. Infração: 4. Tipo: S.

e) parada de emergência e desconexão de emergência;

• Código: 137.261-0. Infração: 4. Tipo: S.

f) controle, intertravamento e supervisão.

• Código: 137.261-0. Infração: 4. Tipo: S.

37.28.9.2 A fonte de energia elétrica de emergência a bordo deve possuir autonomia suficiente para suprir os serviços essenciais à segurança dos trabalhadores por períodos de tempo especificados pela legislação vigente.

• Código: 137.261-0. Infração: 4. Tipo: S.

37.28.9.3 As baterias de acumuladores devem estar no estado pronta-para-operar e alojadas em compartimentos construídos e utilizados unicamente para este fim, mantido ventilado e dotado de detectores específicos para os gases que possam ser gerados.

• Código: 137.262-9. Infração: 4. Tipo: S.

37.28.9.3.1 É vedada a instalação de baterias de acumuladores no mesmo compartimento do quadro elétrico de emergência.

• Código: 137.262-9. Infração: 4. Tipo: S.

37.28.10 Manutenções, testes e inspeções

37.28.10.1 As manutenções, os testes e as inspeções devem ser realizados para assegurar a confiabilidade

NR 37

dos sistemas, equipamentos de combate a incêndio e fonte de energia elétrica de emergência, conforme manual do fabricante e as normas técnicas aplicáveis, nesta ordem.

• Código: 137.263-7. Infração: 4. Tipo: S.

37.28.10.2 O plano de manutenção do sistema e equipamentos utilizados na proteção contra incêndio deve ser mantido atualizado e disponível a bordo da plataforma.

• Código: 137.263-7. Infração: 4. Tipo: S.

37.29 Proteção Contra Radiações Ionizantes

37.29.1 Durante todo o ciclo de vida da plataforma, a operadora da instalação deve adotar medidas para proteger os trabalhadores contra os efeitos nocivos da radiação ionizante, provenientes de operações industriais com fontes radioativas e de materiais radioativos de ocorrência natural, gerados durante a exploração, produção, armazenamento e movimentação de petróleo e resíduos, prescritas nesta NR e na NR-34.

37.29.1.1 A operadora da instalação deve priorizar métodos alternativos que não utilizem fontes radioativas a bordo.

• Código: 137.264-5. Infração: 3. Tipo: S.

37.29.1.1.1 Quando não for viável a sua substituição, a operadora da instalação deve justificar e consignar em relatório elaborado profissional legalmente habilitado.

• Código: 137.265-3. Infração: 3. Tipo: S.

37.29.2 O atendimento das exigências desta NR e da NR-34 não desobriga ao cumprimento de outras disposições estabelecidas pelas normas específicas da Comissão Nacional de Energia Nuclear – CNEN, ou na ausência destas, daquelas previstas em normas técnicas e regulamentos nacionais e internacionais, nesta ordem.

• Código: 137.266-1. Infração: 2. Tipo: S.

37.29.3 A operadora da instalação deve assegurar que as empresas contratadas que manuseiam ou utilizam equipamentos com fontes radioativas estejam licenciadas pela CNEN.

• Código: 137.266-1. Infração: 2. Tipo: S.

37.29.4 Medidas de Ordem Geral

37.29.4.1 A operadora da instalação deve assegurar o atendimento por Serviço de Radioproteção – SR, inclusive para material radioativo de ocorrência natural, de acordo com legislação específica da CNEN.

• Código: 137.267-0. Infração: 3. Tipo: S.

37.29.4.1.1 O SR deve estabelecer e dispor de pessoal, instalações, procedimentos e equipamentos adequados e suficientes para executar todas as tarefas com segurança, bem como proceder ao atendimento em caso de acidente ou emergência.

• Código: 137.267-0. Infração: 3. Tipo: S.

37.29.4.1.2 A operadora da instalação deve designar um Supervisor de Proteção Radiológica – SPR responsável pela supervisão dos trabalhos com exposição a radiações ionizantes.

• Código: 137.267-0. Infração: 3. Tipo: S.

37.29.4.1.3 O SPR deve possuir certificação da qualificação válida na área de atuação, segundo a sua atividade e em conformidade com legislação específica da CNEN.

• Código: 137.267-0. Infração: 3. Tipo: S.

37.29.4.2 O coordenador do PCMSO deve manter atualizado o registro de cada IOE da sua empresa, contendo as seguintes informações:

a) identificação, endereço e nível de instrução;

• Código: 137.268-8. Infração: 2. Tipo: S.

b) datas de admissão e saída do emprego;

• Código: 137.268-8. Infração: 2. Tipo: S.

c) funções associadas a fontes e materiais radioativos com as respectivas áreas de trabalho e riscos radiológicos;

• Código: 137.268-8. Infração: 2. Tipo: S.

d) horário e tempo na função;

• Código: 137.268-8. Infração: 2. Tipo: S.

e) dosímetros individuais utilizados;

• Código: 137.268-8. Infração: 2. Tipo: S.

f) doses recebidas nos períodos de monitoramento, doses anuais e doses integradas no período de ocupação na instalação;

• Código: 137.268-8. Infração: 2. Tipo: S.

g) treinamentos necessários e realizados;

• Código: 137.268-8. Infração: 2. Tipo: S.

h) estimativas de incorporações;

• Código: 137.268-8. Infração: 2. Tipo: S.

i) relatórios sobre exposições de emergência e acidental;

• Código: 137.268-8. Infração: 2. Tipo: S.

j) históricos radiológicos anteriores;

• Código: 137.268-8. Infração: 2. Tipo: S.

k) nome e endereço do chefe imediato atual.

• Código: 137.268-8. Infração: 2. Tipo: S.

37.29.4.3 A monitoração individual dos trabalhadores considerados IOE deve ser feita conforme metodologia estabelecida pela CNEN e pelo Plano de Radioproteção – PR, levando-se em conta a natureza e a intensidade das exposições normais e potenciais previstas.

• Código: 137.269-6. Infração: 3. Tipo: S.

37.29.4.3.1 Após a ocorrência de exposições decorrentes de emergências ou acidentes, ou suspeita de ocorrência de acidentes, a operadora da instalação deve garantir que sejam tomadas as providências para a imediata avaliação dos dosímetros individuais dos IOE envolvidos, segundo Norma CNEN 3.02.

• Código: 137.269-6. Infração: 3. Tipo: S.

37.29.4.3.2 É vedada a utilização da metodologia de Grupo Homogêneo de Exposição – GHE para inferir a dose recebida pelos IOE.

• Código: 137.269-6. Infração: 3. Tipo: S.

37.29.4.4 Caso haja exposição à radiação acima dos limites estabelecidos pelo Anexo n. 5 (Limites de Tolerância para Radiações Ionizantes) da NR-15, os IOE devem ser afastados de atividade com exposição à radiação e avaliados em conformidade com o PCMSO.

• Código: 137.270-0. Infração: 3. Tipo: S.

37.29.4.4.1 O retorno ao trabalho do IOE, que envolva radiações ionizantes, dependerá de autorização do médico examinador especialista nesta área, mediante consignação no ASO do empregado.

• Código: 137.270-0. Infração: 3. Tipo: S.

37.29.4.5 Os registros e arquivos das doses para cada IOE devem ser preservados até que os mesmos tenham atingido a idade de 75 (setenta e cinco) anos e, pelo menos, por 30 (trinta) anos após o término de sua ocupação profissional, inclusive para o trabalhador falecido.

• Código: 137.271-8. Infração: 2. Tipo: S.

37.29.4.6 O empregador deve dar ciência aos IOE, por escrito e mediante recibo, do valor das suas doses referentes às exposições rotineiras, acidentais e emergenciais, bem como ao médico coordenador do PCMSO.

• Código: 137.271-8. Infração: 2. Tipo: S.

37.29.4.6.1 Cópias dos registros das doses devem ser fornecidas mensalmente ao IOE em situações normais de trabalho.

• Código: 137.271-8. Infração: 2. Tipo: S.

37.29.4.6.2 No caso do subitem 37.29.4.3.1, os resultados devem ser entregues ao IOE em até 24 (vinte e quatro) horas após o empregador receber o relatório de doses.

• Código: 137.271-8. Infração: 2. Tipo: S.

37.29.4.7 Antes de iniciar o trabalho envolvendo fonte ou material radioativo, a operadora da instalação deve exigir da empresa contratada cópias dos ASO concernentes aos seus IOE.

• Código: 137.272-6. Infração: 2. Tipo: S.

37.29.8 A avaliação dos dosímetros individuais e a calibração dos equipamentos de monitoração de área devem ser realizadas em laboratórios ou institutos autorizados pela CNEN.

37.29.4.9 Antes de acessar as áreas supervisionadas e controladas, os IOE devem ser autorizados formalmente pela operadora da instalação.

• Código: 137.273-4. Infração: 3. Tipo: S.

37.29.4.10 A operadora da instalação deve assegurar que os IOE possuam capacitação de acordo com o Anexo VIII desta NR.

• Código: 137.274-2. Infração: 2. Tipo: S.

37.29.4.10.1 A capacitação deve ser ministrada por SPR e profissionais em segurança e saúde, com qualificação e habilitação em proteção radiológica.

• Código: 137.275-0. Infração: 2. Tipo: S.

37.29.4.11 Com o objetivo de atender ao prescrito na alínea "g" do subitem 37.8.10.2 desta NR, a operadora da instalação deve efetuar treinamento dos riscos radiológicos específicos da plataforma, com carga horária mínima de 2 (duas) horas e conteúdo programático estabelecido pela própria empresa.

• Código: 137.274-2. Infração: 2. Tipo: S.

37.29.4.12 Nos casos previstos no subitem 37.8.10.4, o IOE deve ser submetido ao treinamento eventual antes de ser autorizado a executar atividades com exposição a radiações ionizantes.

• Código: 137.274-2. Infração: 2. Tipo: S.

37.29.4.13 A operadora da instalação deve manter um serviço médico especializado ao tipo e às proporções das fontes e materiais radioativos presentes, visando assegurar a supervisão médica aos trabalhadores expostos a radiações ionizantes e o tratamento apropriado aos envolvidos em acidentes.

• Código: 137.276-9. Infração: 3. Tipo: M.

37.29.4.13.1 O serviço médico especializado pode ser prestado por profissional legalmente habilitado com proficiência no assunto ou empresa especializada contratada, desde que estejam sob a supervisão do médico coordenador do PCMSO.

• Código: 137.276-9. Infração: 3. Tipo: M.

37.29.4.14 A operadora da instalação deve elaborar e manter atualizado o PR aprovado pela CNEN, sob a responsabilidade técnica de Supervisor de Proteção Radiológica – SPR devidamente certificado pela CNEN.

• Código: 137.277-7. Infração: 3. Tipo: S.

37.29.4.14.1 O PR deve ainda:

a) ser exclusivo para cada plataforma;

• Código: 137.277-7. Infração: 3. Tipo: S.

b) estar articulado com o PPRA da operadora da instalação e das empresas prestadoras de serviços cujos trabalhadores terceirizados estão expostos a radiações;

• Código: 137.277-7. Infração: 3. Tipo: S.

c) ser considerado na elaboração e implementação do PCMSO;

• Código: 137.277-7. Infração: 3. Tipo: S.

d) ser apresentado nas CIPLAT da operadora da instalação e das empresas terceirizadas, quando existentes, com cópia anexada às atas desta Comissão;

• Código: 137.277-7. Infração: 3. Tipo: S.

e) estar contemplado no Plano de Respostas a Emergências – PRE da plataforma, descrito no item 30 desta NR.

• Código: 137.277-7. Infração: 3. Tipo: S.

37.29.4.14.2 As medidas emergenciais contidas no PR devem contemplar, no mínimo, os seguintes tópicos:

a) método, instrumentação e dispositivos necessários para delimitação e sinalização da área de emergência;

• Código: 137.277-7. Infração: 3. Tipo: S.

b) instruções relativas ao planejamento das etapas ou fases de resgate da fonte;

• Código: 137.277-7. Infração: 3. Tipo: S.

c) critérios para seleção da equipe de IOE responsável pela execução das atividades para o resgate da fonte;

• Código: 137.277-7. Infração: 3. Tipo: S.

d) registros e anotações a serem executados pela equipe de resgate para elaborar o relatório do evento;

• Código: 137.277-7. Infração: 3. Tipo: S.

e) requisitos para avaliação de doses recebidas pelos IOE envolvidos na emergência;

• Código: 137.277-7. Infração: 3. Tipo: S.

f) critérios para o atendimento médico dos IOE.

• Código: 137.277-7. Infração: 3. Tipo: S.

37.29.4.14.3 O PR deve ser avaliado, junto com a análise global do PPRA, com o objetivo de constatar a sua adequação e eficácia no controle da exposição à radiação ionizante, visando à realização dos ajustes necessários e estabelecimento de novas metas e prioridades.

• Código: 137.278-5. Infração: 3. Tipo: S.

37.29.4.14.3.1 O PR também deve ser avaliado sempre que ocorrer acidente, situações de emergência ou constatação de doença ocasionada por exposição a radiações ionizantes, com os mesmos objetivos do subitem 37.29.4.14.3.

• Código: 137.279-3. Infração: 3. Tipo: S.

37.29.4.15 O transporte de fontes e rejeitos de materiais radioativos deve ser autorizado pelo SPR, acompanhados de documentação específica, atendendo aos requisitos da CNEN e demais normas técnicas nacionais e internacionais vigentes.

• Código: 137.280-7. Infração: 2. Tipo: S.

37.29.4.16 O trabalhador deve ser afastado imediatamente de serviço que envolva exposição à radiação ionizante quando apresentar feridas ou cortes.

• Código: 137.270-0. Infração: 3. Tipo: S.

37.29.4.17 É proibido fumar, repousar, se alimentar, beber, aplicar cosméticos, guardar alimentos, bebidas e bens pessoais nos locais onde são manipulados, transportados armazenados ou haja risco de contaminação por materiais radioativos.

• Código: 137.280-7. Infração: 2. Tipo: S.

37.29.4.18 A operadora da instalação é responsável pela higienização e manutenção da vestimenta e dos demais EPIs utilizados em atividades com materiais radioativos, bem como a descontaminação ou a sua substituição imediata, quando danificado ou extraviado.

• Código: 137.281-5. Infração: 2. Tipo: S.

37.29.4.18.1 Imediatamente após o término do serviço ou parada para as refeições, a operadora da instalação deve assegurar local apropriado para a troca da vestimenta de trabalho por outra limpa, segundo norma da CNEN.

• Código: 137.281-5. Infração: 2. Tipo: S.

37.29.5 Serviços e operações com fontes radioativas industriais

37.29.5.1 Antes do início da execução dos serviços e operações envolvendo radiações ionizantes, a operadora da instalação deve elaborar o PR específico previsto no subitem 37.29.4.14, contendo no mínimo:

a) as características da fonte radioativa;

• Código: 137.282-3. Infração: 3. Tipo: S.

b) as características do equipamento;

• Código: 137.282-3. Infração: 3. Tipo: S.

c) a relação dos trabalhadores envolvidos;

• Código: 137.282-3. Infração: 3. Tipo: S.

d) memórias de cálculos das distâncias de isolamentos físicos em instalações abertas;

• Código: 137.282-3. Infração: 3. Tipo: S.

e) o manuseio e método de armazenamento da fonte radioativa a bordo;

• Código: 137.282-3. Infração: 3. Tipo: S.

f) os procedimentos, equipamentos e acessórios a serem utilizados em situações de acidentes ou emergência.

• Código: 137.282-3. Infração: 3. Tipo: S.

37.29.5.1.1 No caso de operações industriais com fontes radioativas, o PR pode ser elaborado pela prestadora de serviço conforme normas da CNEN, cabendo à operadora da instalação garantir o seu cumprimento.

• Código: 137.282-3. Infração: 3. Tipo: S.

37.29.5.2 A operadora da instalação e a empresa responsável pelos serviços e operações envolvendo radiações ionizantes devem adotar as seguintes providências:

a) avaliação da segurança e confiabilidade das estruturas e equipamentos associados à fonte de radiação;

• Código: 137.283-1. Infração: 3. Tipo: S.

b) avaliação do local, classificação e sinalização das áreas supervisionadas, controladas e de isolamento físico;

• Código: 137.283-1. Infração: 3. Tipo: S.

c) instalação de meios físicos adequados para delimitar às áreas supervisionadas e controladas, evitando o acesso de trabalhadores não autorizados;

• Código: 137.283-1. Infração: 3. Tipo: S.

d) definição dos alarmes no PRE;

• Código: 137.283-1. Infração: 3. Tipo: S.

e) identificação e sinalização de vias de circulação, entrada e saída e rotas de fuga dentro das áreas supervisionadas e controladas;

• Código: 137.283-1. Infração: 3. Tipo: S.

f) instalações de iluminação adequada e de emergência nas áreas supervisionadas, áreas controladas e nas vias de circulação onde estão sendo executados os serviços e operações com radiações ionizantes;

• Código: 137.283-1. Infração: 3. Tipo: S.

g) sinalização e isolamento físico dos locais destinados às fontes de radiação e de rejeitos.

• Código: 137.283-1. Infração: 3. Tipo: S.

37.29.5.3 Além das medidas prescritas no PR, durante a exposição da fonte de radiação devem ser adotadas as seguintes medidas:

a) exposição do menor número de trabalhadores possível para realizar a atividade;

• Código: 137.284-0. Infração: 3. Tipo: S.

b) execução do serviço de acordo com as instruções da Permissão de Trabalho;

• Código: 137.284-0. Infração: 3. Tipo: S.

c) realização das tarefas somente pelos IOE autorizados;

• Código: 137.284-0. Infração: 3. Tipo: S.

d) interrupção imediata do serviço nos casos de mudança das condições que o torne potencialmente perigoso, observando a alínea "a" do subitem 37.4.1 desta NR;

• Código: 137.284-0. Infração: 3. Tipo: S.

e) interrupção imediata da atividade e recolhimento da fonte para exposições acima do limite estabelecido pelo Anexo n. 5 da NR-15;

• Código: 137.284-0. Infração: 3. Tipo: S.

f) descontaminação, reavaliação e redimensionamento da área e do tempo de exposição, antes de reiniciar a atividade caso aconteça a situação citada na alínea "e" deste subitem.

• Código: 137.284-0. Infração: 3. Tipo: S.

37.29.5.4 Após concluir o serviço, o SR deve:

a) recolher, acondicionar e guardar a fonte em segurança, em local segregado, trancado, demarcado, sinalizado, de baixa circulação de pessoas e monitorado quanto aos níveis de radiação emitida;

• Código: 137.284-0. Infração: 3. Tipo: S.

b) avaliar o nível de radiação da área onde foi realizado o serviço, de acordo com o PR;

• Código: 137.284-0. Infração: 3. Tipo: S.

c) proceder à liberação das áreas supervisionada e controlada, removendo os isolamentos e a sinalização.

• Código: 137.284-0. Infração: 3. Tipo: S.

37.29.6 Materiais radioativos de ocorrência natural

37.29.6.1 A concessionária deve assegurar que a operadora da instalação efetue a avaliação da presença de materiais radioativos de ocorrência natural no meio ambiente de trabalho que possam representar riscos à saúde dos trabalhadores.

• Código: 137.285-8. Infração: 3. Tipo: S.

37.29.6.1.1 A operadora da instalação deve identificar as operações e os locais onde podem ocorrer exposições às radiações ou incorporações, as trajetórias do material radioativo e os seus meios de propagação, devendo realizar levantamento radiométrico quando constatada a sua presença.

• Código: 137.286-6. Infração: 3. Tipo: S.

37.29.6.1.2 O levantamento radiométrico deve considerar os pontos críticos em relação à possibilidade de exposição do trabalhador, determinando o Nível de Radiação na Superfície – NRS dos equipamentos, instrumentos, tubulações e acessórios e outros elementos presentes na plataforma, bem como nas áreas próximas aos elementos da planta de processo (radiação de fundo).

• Código: 137.286-6. Infração: 3. Tipo: S.

37.29.6.1.3 Após o levantamento radiométrico, deve ser elaborado plano de monitoramento definido pelo SPR, cuja frequência deve atender, no mínimo, a análise global do PPRA.

• Código: 137.286-6. Infração: 3. Tipo: S.

37.29.6.1.3.1 O monitoramento deve ser realizado nos seguintes locais que estejam contaminados pelos materiais radioativos de origem natural:

a) tubos e seus acessórios, inclusive os armazenados já utilizados;

• Código: 137.286-6. Infração: 3. Tipo: S.

b) tanques contendo água da formação produtora, fluidos de perfuração, completação, restauração e estimulação recuperados;

• Código: 137.286-6. Infração: 3. Tipo: S.

c) suspiros (*vents*) e drenos;

• Código: 137.286-6. Infração: 3. Tipo: S.

d) separadores e tratadores;

• Código: 137.286-6. Infração: 3. Tipo: S.

e) locais de chegada dos poços durante a perfuração ou a produção;

• Código: 137.286-6. Infração: 3. Tipo: S.

f) demais lugares onde for presumível a presença de materiais radioativos.

• Código: 137.286-6. Infração: 3. Tipo: S.

37.29.6.2 Amostras do material radioativo devem ser coletadas e analisadas durante as paradas programadas da plataforma, em que ocorram as aberturas dos equipamentos, tubulações, acessórios e demais elementos da unidade, conforme estabelecido no PR.

• Código: 137.287-4. Infração: 3. Tipo: S.

37.29.6.2.1 A análise do material radioativo deve contemplar a identificação dos radionuclídeos, sua concentração, a forma química e a forma física.

• Código: 137.287-4. Infração: 3. Tipo: S.

37.29.6.2.2 Com base na análise do material radioativo, a operadora da instalação deve identificar os tipos de radiações e o seu potencial nocivo ao ser humano, bem como as medidas para assegurar a segurança e a saúde dos trabalhadores expostos a radiações ionizantes.

• Código: 137.287-4. Infração: 3. Tipo: S.

37.29.6.2.3 Caso as medidas de proteção coletiva e de ordem operacional e administrativa não reduzam os níveis de exposição e incorporação aos valores de doses previstos no Anexo n. 5 da NR-15, a operadora da instalação deve reavaliar o projeto da plataforma e implantar soluções de engenharia para garantir o seu cumprimento.

• Código: 137.287-4. Infração: 3. Tipo: S.

37.29.6.3 Os relatórios de radioproteção são parte integrante do PPRA da plataforma e devem ser discutidos nas reuniões das CIPLAT da operadora da instalação e das empresas prestadoras de serviços, de acordo com a alínea "i" do item 5.16 da NR-05, com cópias anexadas as suas atas.

• Código: 137.288-2. Infração: 2. Tipo: S.

37.29.6.4 A operadora da instalação deve implementar procedimentos para evitar a contaminação passiva dos trabalhadores não envolvidos nas atividades com material radioativo de ocorrência natural.

• Código: 137.289-0. Infração: 3. Tipo: S.

37.29.6.4.1 As medidas devem considerar a exposição direta a radiações, bem como a inalação, ingestão e contato com partículas e gases radioativos, por intermédio da contaminação da água, de alimentos, do ar e de outros meios de propagação deste agente.

• Código: 137.289-0. Infração: 3. Tipo: S.

37.29.6.4.2 Medidas adicionais às supracitadas devem ser implantadas para controlar o risco de contaminação da água, dos alimentos e do ar condicionado pelos materiais radioativos de ocorrência natural, quando reconhecido segundo o subitem 9.3.3 da NR-09.

• Código: 137.289-0. Infração: 3. Tipo: S.

37.29.6.5 É vedado aos IOE adentrarem o casario com a vestimenta, EPI e equipamentos de trabalho contaminados.

• Código: 137.290-4. Infração: 2. Tipo: S.

37.29.6.6 Áreas específicas para a descontaminação dos trabalhadores devem ser instituídas pelo SR, conforme legislação específica da CNEN, normas técnicas nacionais ou internacionais, nesta ordem.

• Código: 137.290-4. Infração: 2. Tipo: S.

37.29.6.7 Caso constatada a contaminação interna por material radioativo de origem natural, o PCMSO da plataforma deve contemplar análises de sangue e excreta e exame com contador de corpo inteiro, a serem realizados por instituições autorizadas pela CNEN.

• Código: 137.291-2. Infração: 2. Tipo: S.

37.30 Plano de Resposta a Emergências

37.30.1 A operadora da instalação deve, a partir dos cenários das análises de riscos, elaborar, implementar e disponibilizar a bordo o Plano de Resposta a Emergências – PRE, que contemple ações específicas a serem adotadas na ocorrência de eventos que configurem situações de riscos grave e iminente à segurança e à saúde dos trabalhadores.

• Código: 137.292-0. Infração: 4. Tipo: S.

37.30.1.1 A operadora da instalação deve capacitar os trabalhadores que tiverem suas atribuições alteradas pela revisão do PRE, cumprindo o descrito no item 37.8 desta NR.

• Código: 137.292-0. Infração: 4. Tipo: S.

37.30.2 O PRE deve ser elaborado considerando as características e a complexidade da plataforma e contemplar, no mínimo, os seguintes tópicos:

a) identificação da plataforma e do responsável legal, designado pela operadora da instalação;

• Código: 137.292-0. Infração: 4. Tipo: S.

b) função do(s) responsável(eis) técnico(s), legalmente habilitado(s), pela sua elaboração e revisão;

• Código: 137.292-0. Infração: 4. Tipo: S.

c) função do responsável pelo gerenciamento, coordenação e implementação;

• Código: 137.292-0. Infração: 4. Tipo: S.

d) funções com os respectivos quantitativos;

• Código: 137.292-0. Infração: 4. Tipo: S.

e) estabelecimento dos cenários de emergências definidos com base nas análises de riscos e legislação vigente, capazes de conduzir a plataforma a um estado de emergência;

• Código: 137.292-0. Infração: 4. Tipo: S.

f) procedimentos de resposta à emergência para cada cenário contemplado, incluindo resposta a emergências médicas e demais cenários acidentais de helicópteros previstos na NORMAM 27;

• Código: 137.292-0. Infração: 4. Tipo: S.

g) descrição de equipamentos e materiais necessários para resposta a cada cenário contemplado;

• Código: 137.292-0. Infração: 4. Tipo: S.

h) descrição dos meios de comunicação;

• Código: 137.292-0. Infração: 4. Tipo: S.

i) sistemas de detecção de fogo e gás;

• Código: 137.292-0. Infração: 4. Tipo: S.

j) sistemas de parada de emergência;

• Código: 137.292-0. Infração: 4. Tipo: S.

k) equipamentos e sistemas de combate a incêndio;

• Código: 137.292-0. Infração: 4. Tipo: S.

l) procedimentos para orientação de não residentes, quanto aos riscos existentes e como proceder em situações de emergência;

• Código: 137.292-0. Infração: 4. Tipo: S.

m) procedimento para acionamento de recursos e estruturas de resposta complementares e das autoridades públicas;

• Código: 137.292-0. Infração: 4. Tipo: S.

n) procedimentos para comunicação do acidente;

• Código: 137.292-0. Infração: 4. Tipo: S.

o) cronograma, metodologia, registros e critérios para avaliação dos resultados dos exercícios simulados;

• Código: 137.292-0. Infração: 4. Tipo: S.

p) EPIs para combater incêndios, adentrar o fogo total e outros, de acordo com os riscos descritos na alínea "e" supracitada.

• Código: 137.292-0. Infração: 4. Tipo: S.

37.30.2.1 A operadora da instalação deve manter atualizada a tabela de postos de emergência, relacionando nominalmente os trabalhadores integrantes da equipe que compõem o PRE a bordo.

• Código: 137.292-0. Infração: 4. Tipo: S.

37.30.3 A operadora da instalação deve disponibilizar meios de resgate de emergência durante todo o período de pouso e decolagem de aeronaves na plataforma, conforme prescrito na NORMAM/DPC.

• Código: 137.293-9. Infração: 3. Tipo: S.

37.30.3.1 Os exercícios simulados devem envolver os trabalhadores designados e contemplar os cenários e a periodicidade definidos no PRE.

• Código: 137.293-9. Infração: 3. Tipo: S.

37.30.3.1.1 Após a realização dos exercícios simulados ou na ocorrência de sinistros a bordo deve ser avaliado o atendimento do PRE, com o objetivo de se verificar a sua eficácia, detectar possíveis desvios e proceder aos ajustes necessários.

• Código: 137.293-9. Infração: 3. Tipo: S.

37.30.4 As equipes de respostas às emergências devem:

a) ser compostas considerando todos os turnos de trabalho por, no mínimo, 20% (vinte e cinco por centro) do POB a bordo;

• Código: 137.294-7. Infração: 3. Tipo: S.

b) ser submetidas a treinamentos e exames médicos específicos para a função que irão desempenhar, incluindo os fatores de riscos psicossociais, consignando a sua aptidão no respectivo ASO;

• Código: 137.294-7. Infração: 3. Tipo: S.

c) possuir conhecimento das instalações;

• Código: 137.294-7. Infração: 3. Tipo: S.

d) ser treinadas de acordo com a função que cada um dos seus membros irá executar, observando o prescrito no item 37.8 desta NR.

• Código: 137.294-7. Infração: 3. Tipo: S.

37.31 Sistemas de Drenagem, de Tratamento e de Disposição de Resíduos

37.31.1 Os resíduos industriais devem ter destino adequado, sendo proibido o lançamento ou a liberação no meio ambiente de trabalho de quaisquer contaminantes que possam comprometer a segurança e a saúde dos trabalhadores, segundo previsto na NR-25 (Resíduos Industriais).

• Código: 137.295-5. Infração: 3. Tipo: S.

37.31.1.1 No caso de resíduos líquidos e sólidos, a concessionária e a operadora da instalação devem:

a) desenvolver ações de controle para evitar riscos à segurança e saúde dos trabalhadores, em cada uma das etapas;

• Código: 137.296-3. Infração: 3. Tipo: S.

b) coletar, acondicionar, armazenar e transportar para a sua adequada disposição final;

• Código: 137.296-3. Infração: 3. Tipo: S.

c) dispor e desembarcar os resíduos perigosos;

• Código: 137.296-3. Infração: 3. Tipo: S.

d) dispor e desembarcar os materiais radioativos de origem natural, conforme estabelecido na Norma CNEN--NE 8.01 – "Gerência de Rejeitos Radioativos de Baixo e Médio Níveis de Radiação" e alterações posteriores.

• Código: 137.296-3. Infração: 3. Tipo: S.

37.31.2 Os drenos, descargas de válvulas de segurança, suspiros (*vents*) e outros mecanismos de equipamentos, instrumentos e acessórios que liberem substâncias no meio ambiente devem ser projetados e instalados segundo normas técnicas nacionais ou, na ausência destas, de normas internacionais, de maneira a não contaminar a plataforma.

• Código: 137.297-1. Infração: 2. Tipo: S.

37.31.3 Os sistemas de drenos da plataforma devem ser eficazes e separados fisicamente para escoar e descartar substâncias e águas pluviais.

• Código: 137.297-1. Infração: 2. Tipo: S.

37.31.3.1 Nas plataformas flutuantes, os drenos devem ser projetados para operar independentemente das condições de mar.

• Código: 137.297-1. Infração: 2. Tipo: S.

37.31.4 Os líquidos combustíveis e inflamáveis, passíveis de serem represados nas bacias de contenção, devem ser escoados, armazenados e tratados, segundo normas das autoridades competentes.

• Código: 137.298-0. Infração: 3. Tipo: S.

37.31.5 A plataforma deve possuir equipamento projetado especificamente para descartar os gases inflamáveis e tóxicos através de queima ou dispersão apropriada, durante os diversos processos produção de petróleo, parada e outros procedimentos operacionais e de segurança.

• Código: 137.299-8. Infração: 4. Tipo: S.

37.31.5.1 O tipo de queimador (*flare*) e as descargas dos suspiros (*vent*) de alta velocidade e suas respectivas localizações devem assegurar, em todas as áreas da plataforma, níveis aceitáveis de exposição à vibração, ao ruído e ao calor, conforme limites estabelecidos pelo Anexo I (Vibração) da NR-09 e pelos Anexos n. 1 (Limites de Tolerância para Ruído Contínuo ou Intermitente), n. 2 (Limites de Tolerância para Ruídos de Impacto) e n. 3 (Limites de Tolerância para Exposição ao Calor) da NR-15, exceto durante as operações de despressurização.

• Código: 137.299-8. Infração: 4. Tipo: S.

37.31.5.2 O queimador (*flare*) deve ser dotado de acendimento remoto e de sistema de detecção de piloto apagado para proceder à parada de emergência da planta industrial que o utiliza.

• Código: 137.300-5. Infração: 4. Tipo: S.

37.31.5.2.1 A chama piloto deve ser mantida permanentemente acesa com o gás proveniente do processo.

• Código: 137.300-5. Infração: 4. Tipo: S.

37.31.5.2.2 Os botões do painel de controle do sistema de acendimento remoto devem ser devidamente identificados.

• Código: 137.300-5. Infração: 4. Tipo: S.

37.31.5.2.3 A plataforma deve possuir procedimento operacional contemplando o acendimento da chama piloto, considerando as diretrizes do fabricante ou fornecedor.

• Código: 137.301-3. Infração: 3. Tipo: S.

37.31.5.2.4 Os operadores devem ser capacitados no procedimento operacional descrito no subitem 37.31.5.2.3.

NR 37

• Código: 137.301-3. Infração: 3. Tipo: S.

37.31.5.2.4.1 A carga horária e o conteúdo programático devem ser definidos pela operadora da instalação, considerando o procedimento operacional e os riscos envolvidos na operação do queimador a partir das análises de riscos.

• Código: 137.301-3. Infração: 3. Tipo: S.

37.31.5.2.5 Os cilindros de gases utilizados para acender a chama piloto devem ser:

a) armazenados em áreas abertas da plataforma;

• Código: 137.300-5. Infração: 4. Tipo: S.

b) estocados em local seguro e arejado;

• Código: 137.300-5. Infração: 4. Tipo: S.

c) segregados e fixados;

• Código: 137.300-5. Infração: 4. Tipo: S.

d) sinalizados com os dizeres "Inflamável" e "Proibido Fumar";

• Código: 137.300-5. Infração: 4. Tipo: S.

e) protegidos contra impacto e intempéries;

• Código: 137.300-5. Infração: 4. Tipo: S.

f) afastados de fontes de ignição e materiais corrosivos.

• Código: 137.300-5. Infração: 4. Tipo: S.

37.31.5.2.6 Inspeções do sistema de acendimento remoto devem ser realizadas de acordo com o item 37.24 desta NR.

37.31.5.2.7 Os sistemas não convencionais de acendimento remoto do queimador podem ser usados desde que aprovados por profissional legalmente habilitado, mediante emissão de laudo técnico e da respectiva ART.

• Código: 137.300-5. Infração: 4. Tipo: S.

37.31.5.2.8 Para o acendimento do queimador é vedado o emprego do equipamento de guindar ou qualquer outro tipo de improvisação.

• Código: 137.300-5. Infração: 4. Tipo: S.

37.31.6 A plataforma deve possuir procedimento e sistema para tratamento da água oleosa de modo a monitorar o H2S (gás sulfídrico) biogênico, gerado pela ação de bactérias redutoras de sulfato.

• Código: 137.302-1. Infração: 3. Tipo: S.

37.31.6.1 O procedimento para tratamento de água oleosa deve ser elaborado por profissional legalmente habilitado e contemplar a periodicidade do monitoramento da concentração de H2S, a adoção de medidas de controle, bem como possíveis interrupções no processo.

• Código: 137.302-1. Infração: 3. Tipo: S.

37.31.6.2 Os resultados do monitoramento da concentração de H2S e da adoção de medidas de controle devem ser supervisionados por profissional legalmente habilitado e consignados em relatórios.

• Código: 137.302-1. Infração: 3. Tipo: S.

37.31.6.3 A utilização do biocida no tratamento da água oleosa deve estar de acordo com o disposto pela autoridade ambiental competente.

• Código: 137.302-1. Infração: 3. Tipo: S.

37.31.7 A cozinha da plataforma deve ser dotada de sistema para trituração de resíduos orgânicos e disposição de lixo, de acordo com o disposto pelas autoridades competentes.

• Código: 137.303-0. Infração: 3. Tipo: S.

37.31.8 É proibida a comunicação direta dos sistemas de esgoto e de disposição de resíduos com os locais de trabalho e os destinados às refeições.

• Código: 137.303-0. Infração: 3. Tipo: S.

37.31.9 A operadora da instalação deve elaborar o Plano de Gerenciamento de Rejeitos Radioativos de materiais radioativos de ocorrência natural para o quais a reutilização é impropria ou não prevista, segundo legislação da CNEN.

• Código: 137.304-8. Infração: 3. Tipo: S

37.31.9.1 O Plano de Gerência de Rejeitos Radioativos deve conter procedimentos para identificar, manusear, segregar, acondicionar, monitorar e armazenar provisoriamente a bordo os rejeitos, até que sejam desembarcados da plataforma.

• Código: 137.304-8. Infração: 3. Tipo: S

37.31.9.2 Os recipientes devem possuir condições de integridade asseguradas, vedação adequada e conteúdo identificado, segundo legislação específica da CNEN.

• Código: 137.305-6. Infração: 3. Tipo: S.

37.31.9.3 O modo de acondicionamento de rejeitos oriundos de materiais radioativos de ocorrência natural deve seguir ao disposto pelas autoridades competentes.

• Código: 137.305-6. Infração: 3. Tipo: S.

37.31.9.4 O armazenamento de rejeitos, oriundos de materiais radioativos de ocorrência natural, deve obedecer ao prescrito pelas autoridades competentes, assim como ser:

a) contemplado no projeto da plataforma;

• Código: 137.307-2. Infração: 3. Tipo: S.

b) realizado em lugar que contenha tais rejeitos com segurança;

• Código: 137.306-4. Infração: 3. Tipo: S.

c) disposto em local dotado de piso e anteparas impermeáveis e de fácil descontaminação;

• Código: 137.306-4. Infração: 3. Tipo: S.

d) destinado para área de uso específico, enquanto o rejeito estiver a bordo;

• Código: 137.306-4. Infração: 3. Tipo: S.

e) situado em ambientes com sistemas de ventilação, exaustão e filtragem, quando o depósito for em locais ou compartimentos fechados;

• Código: 137.306-4. Infração: 3. Tipo: S.

f) provido de drenos para a coleta de líquidos provenientes de vazamentos;

• Código: 137.306-4. Infração: 3. Tipo: S.

g) localizado em áreas delimitadas, sinalizadas, isoladas fisicamente e com acesso restrito ao pessoal autorizado;

• Código: 137.306-4. Infração: 3. Tipo: S.

h) distante dos postos de trabalho e de materiais corrosivos, inflamáveis e explosivos;

• Código: 137.306-4. Infração: 3. Tipo: S.

i) dotado de espaços reservados a monitoração e a descontaminação dos IOE.

• Código: 137.306-4. Infração: 3. Tipo: S.

37.31.9.5 A operadora da instalação deve disponibilizar o Plano de Gerência de Rejeitos Radioativos para todos os trabalhadores a bordo, sendo o mesmo apresentado na reunião da CIPLAT e uma cópia anexada a ata.

• Código: 137.304-8. Infração: 3. Tipo: S

37.31.9.6 A operadora da instalação deve disponibilizar no local de armazenamento o inventário atualizado dos rejeitos presentes.

• Código: 137.308-0. Infração: 3. Tipo: S.

37.31.9.6.1 A operadora da instalação deve elaborar as medidas de proteção coletiva e individuais e os procedimentos para incidentes e situações de emergência, baseados nas informações contidas nas Fichas com Dados de Segurança de Resíduos Químicos – FDSR e no Rótulo, conforme norma ABNT/NBR 16725.

• Código: 137.308-0. Infração: 3. Tipo: S.

37.31.9.6.2 As FDSR devem ser disponibilizadas nos locais de armazenamento e na enfermaria da plataforma.

• Código: 137.308-0. Infração: 3. Tipo: S.

37.31.9.7 Os riscos presentes nos locais de armazenamento de materiais radioativos de ocorrência natural devem constar do mapa de risco e da análise global do PPRA, segundo subitem 9.2.1.1 da NR-09, ainda que o material seja mantido transitoriamente a bordo.

• Código: 137.308-0. Infração: 3. Tipo: S.

37.31.10 Os resíduos de riscos biológicos devem ser dispostos segundo os prescritos na NR-32 (Segurança e Saúde no Trabalho em Serviços de Saúde) e nas legislações sanitárias e ambientais, no que for aplicável.

• Código: 137.295-5. Infração: 3. Tipo: S.

37.32. Comunicação e Investigação de Incidentes

37.32.1 A operadora da instalação deve comunicar à SRTb, da jurisdição da plataforma, a ocorrência de doenças ocupacionais, acidentes graves, fatais e demais incidentes, conforme critérios estabelecidos no Manual de Comunicação de Incidentes emitido pela ANP para danos à saúde humana.

• Código: 137.309-9. Infração: 3. Tipo: S.

37.32.1.1 A comunicação deve ser protocolizada até o segundo dia útil após a ocorrência do incidente a bordo da plataforma, conforme formulário do Anexo IX desta NR.

• Código: 137.309-9. Infração: 3. Tipo: S.

37.32.2 A operadora da instalação deve comunicar, em até 72 (setenta e duas) horas, a ocorrência de doenças ou acidentes ocupacionais, graves ou fatais ao representante sindical preponderante da categoria embarcada.

• Código: 137.309-9. Infração: 3. Tipo: S.

37.32.2.1 É facultado ao sindicato participar de investigação de doenças ou acidentes ocupacionais, graves ou fatais, mediante a indicação de um representante para compor a comissão, no prazo máximo de 72 (setenta e duas) horas a partir do recebimento da comunicação mencionada no subitem 37.32.2.

37.32.3 A operadora da instalação deve encaminhar o relatório de investigação e análise do incidente à SRTb, em até 30 (trinta) dias após a ocorrência do incidente.

• Código: 137.310-2. Infração: 4. Tipo: S.

37.32.3.1 O relatório de investigação e análise do incidente deve conter, além do disposto no Anexo IX desta NR, as seguintes informações:

a) metodologia da investigação;

• Código: 137.310-2. Infração: 4. Tipo: S.

b) descrição do evento;

• Código: 137.310-2. Infração: 4. Tipo: S.

c) informações documentais e testemunhais, quando aplicável;

• Código: 137.310-2. Infração: 4. Tipo: S.

d) histórico de incidentes ocorridos na instalação, envolvendo o sistema em análise;

• Código: 137.310-2. Infração: 4. Tipo: S.

e) descrição das causas básicas que possibilitaram a ocorrência do incidente;

• Código: 137.310-2. Infração: 4. Tipo: S.

f) medidas corretivas e preventivas recomendadas;

• Código: 137.310-2. Infração: 4. Tipo: S.

g) cronograma de implementação.

• Código: 137.310-2. Infração: 4. Tipo: S.

37.32.3.2 O Superintendente Regional do Trabalho poderá conceder prazos superiores ao prescrito no subitem 37.32.3, mediante apresentação de fundamentação técnica pela operadora da instalação, em até 30 (trinta) dias após a ocorrência do incidente.

37.32.3.3 No caso de incidente a bordo com empregado de empresa prestadora de serviço, a contratada deve elaborar o respectivo relatório de investigação.

• Código: 137.311-0. Infração: 4. Tipo: S.

37.32.4 A operadora da instalação deve disponibilizar cópia do relatório de investigação de doenças ou acidentes ocupacionais graves ou fatais ao representante sindical, quando houver a sua participação na respectiva comissão e concordância com as conclusões do relatório, condicionado ao compromisso de confidencialidade.

• Código: 137.310-2. Infração: 4. Tipo: S.

37.32.4.1 A operadora da instalação deve apresentar, mediante solicitação do sindicato, as conclusões do relatório quando o mesmo não participar da comissão de investigação e análise de doenças ou acidentes ocupacionais, graves ou fatais.

• Código: 137.310-2. Infração: 4. Tipo: S.

37.32.5 As causas e recomendações de incidentes devem ser divulgadas nas reuniões da CIPLAT, sendo uma cópia anexada a sua ata.

• Código: 137.310-2. Infração: 4. Tipo: S.

37.32.6 Em caso de ocorrência de acidente fatal é obrigatória a adoção das seguintes medidas:

a) comunicar de imediato e por escrito à SRTb, da jurisdição onde se encontra a plataforma, e ao sindicato da categoria profissional;

• Código: 137.309-9. Infração: 3. Tipo: S.

b) isolar o local e não alterar a cena do acidente, desde que não coloque em risco a segurança e a integridade física das pessoas e da instalação.

• Código: 137.309-9. Infração: 3. Tipo: S.

37.32.6.1 A SRTb manifestar-se-á, num prazo máximo de 72 (setenta e duas) horas a partir do recebimento do protocolo de comunicação citada na alínea "a" do subitem 37.32.6, em relação à ação fiscalizatória e à liberação do local.

37.32.6.1.1 Após este prazo, e se não houver manifestação por parte da SRTb, podem ser suspensas as medidas referidas na alínea "b" do subitem 37.32.6, exceto se determinado de forma diferente por outras autoridades igualmente competentes para tal.

37.33 Glossário

Acidente ampliado ou maior – evento inesperado, como uma emissão, um incêndio ou uma explosão de grande magnitude, no curso de uma atividade dentro de uma instalação exposta a riscos de acidentes maiores, envolvendo uma ou mais substâncias perigosas e que exponha os trabalhadores, a população ou o meio ambiente a perigo de consequências imediatas, de médio e longo prazos.

Acidente do trabalho – é o que ocorre pelo exercício do trabalho a serviço de empresa ou pelo exercício do trabalho dos segurados, referidos no inciso VII do art. 11, da Lei n. 8.213/91, provocando lesão corporal ou perturbação funcional que cause a morte ou a perda ou redução, permanente ou temporária, da capacidade para o trabalho.

Água potável – água com características físico-químicas e biológicas próprias para o consumo humano e em conformidade com a legislação vigente.

Água oleosa – água contaminada pelo petróleo, por exemplo: águas de processo, produzida, pluviais, etc.

Água tratada – água da qual foram eliminados os agentes de contaminação que possam causar algum risco para a saúde, tornando-a própria ao uso humano, exceto para o consumo.

Águas Jurisdicionais Brasileiras (AJB) – compreendem as águas interiores e os espaços marítimos, nos quais o Brasil exerce jurisdição, em algum grau, sobre atividades, pessoas, instalações, embarcações e recursos naturais vivos e não vivos, encontrados na massa líquida, no leito ou no subsolo marinho, para os fins de controle e fiscalização, dentro dos limites da legislação internacional e nacional. Esses espaços marítimos compreendem a faixa de duzentas milhas marítimas contadas a partir das linhas de base, acrescida das águas sobrejacentes à extensão da Plataforma Continental além das duzentas milhas marítimas, onde ela ocorrer.

Alojamento – local projetado e apropriado para o repouso dos trabalhadores embarcados, composto de dormitório e instalação sanitária privativa, como: camarotes, camarotes provisórios e módulos de acomodação temporária.

Aparelho sanitário – equipamentos (com seus acessórios) da instalação sanitária utilizados para fins higiênicos, tais como: vaso sanitário, mictório, lavatório, chuveiro e similares.

Área controlada – áreas sujeitas às regras especiais de proteção e segurança radiológica, com a finalidade de controlar as exposições normais, prevenir a disseminação de contaminação radioativa e prevenir ou limitar a amplitude das exposições potenciais.

Autoridade Marítima – Comandante da Marinha do Brasil, conforme designado pelo parágrafo único do Art. 17 da Lei Complementar n.° 97, de 9 de junho de 1999.

Camarote provisório – alojamento de caráter excepcional, utilizado em casos de aumento temporário da população embarcada, e que emprega estrutura ou compartimento de finalidade diversa, já existente no casario, porém adaptado à sua utilização, segundo exigências específicas desta NR.

Ciclo de vida da plataforma – consiste na construção, comissionamento, operação, modificação, descomissionamento e desmonte de plataformas.

Código MODU – Mobile Offshore Drilling Units Code – código internacional emitido pela IMO – International Maritime Organization e adotado pela Autoridade Marítima brasileira para regulamentação de requisitos técnicos de plataformas de petróleo.

Comissionamento – conjunto de técnicas e procedimentos de engenharia aplicados de forma integrada à instalação ou parte dela, visando torná-la operacional, de acordo com os requisitos especificados em projeto.

Concessão – contrato administrativo mediante o qual a ANP outorga a empresas que atendam aos requisitos técnicos, econômicos, jurídicos e fiscais por ela estabelecidos, o exercício das atividades de exploração e produção de petróleo e gás natural no território nacional.

Contratada – empresa terceirizada que presta serviços diversos a bordo da plataforma, de forma contínua ou eventual, mediante trabalhadores próprios regidos pela Consolidação das Leis Trabalhistas (CLT).

Convenção SOLAS – International Convention for the Safety of Life at Sea – Convenção Internacional para a Salvaguarda da Vida Humana no Mar, ratificada pelo Brasil, da Organização Marítima Internacional.

Damper – dispositivo que regula ou interrompe o fluxo de ar em sistemas de ventilação ou climatização.

Desativação de instalação – é a retirada definitiva de operação e a remoção de instalações de produção, dando-lhes destinação final adequada, e a recuperação ambiental das áreas em que estas instalações se situam.

Descomissionamento – conjunto de ações legais, técnicas e procedimentos de engenharia aplicados de forma integrada a um duto ou Sistema Submarino, visando assegurar que sua desativação ou retirada de operação atenda às condições de segurança, preservação do meio ambiente, confiabilidade e rastreabilidade de informações e de documentos.

Desmonte – consiste na desmontagem completa da plataforma em local destinado para este fim, visando à reciclagem de seus componentes, após o término do período de vida útil da mesma.

Emissões fugitivas – liberações involuntárias de gases e vapores que ocorrem de maneira contínua ou intermitente durante as operações normais dos equipamentos e instrumentos.

Exercícios simulados – exercícios práticos de simulação de um cenário de acidente, durante o qual deve ser testada a eficiência do plano de respostas a emergências, com foco nos procedimentos, no desempenho das equipes, na funcionalidade das instalações e dos equipamentos, dentre outros aspectos.

Fonte de radiação – equipamento ou material que emite ou é capaz de emitir radiação ionizante ou de liberar substâncias ou materiais radioativos.

Incidente – qualquer ocorrência, decorrente de fato ou ato intencional ou acidental, envolvendo risco de dano ou dano à integridade física ou a saúde dos trabalhadores. Dentro deste conceito de incidente estão incluídos os quase acidentes e os acidentes relacionados com a segurança operacional.

Incorporação – ingestão, inalação ou absorção através da pele de material radioativo no corpo humano.

Indivíduo Ocupacionalmente Exposto (IOE) – indivíduo sujeito à exposição radioativa ocupacional.

Material radioativo de ocorrência natural – material que contêm radionuclídeos naturalmente presentes nas rochas, nos solos e na água, que emite ou é capaz de emitir radiação ionizante, e que pode ser concentrado ou exposto ao meio ambiente como resultado de atividades humanas; cujos limites máximos de exposição estão estabelecidos pelas normas técnicas nacionais ou internacionais, nesta ordem.

Mudanças significativas – são aquelas que impliquem em alterações nas instalações das plataformas, demandando a realização de obras de grande porte, que possam interferir nas estruturas ou sistemas das mesmas, ao necessitar redimensionamentos nos seus leiaute e/ou sistemas originais.

Operação simultânea – é o conjunto de duas ou mais operações realizadas ao mesmo tempo na plataforma onde existam interfaces operacionais, de acordo com a matriz de operações simultâneas e, em particular, quando elas introduzem perigos novos que não foram considerados de uma forma específica na avaliação de riscos; requerem logísticas especiais, medidas de apoio ou procedimentos de trabalho seguro ou comprometem a disponibilidade e funcionalidade dos elementos críticos de segurança operacional.

Operações industriais com fontes radioativas – são operações que utilizam fontes artificiais de radiações ionizantes, tais como: perfilagem, gamagrafia, radiografia, dentre outras.

Operador do contrato – empresa detentora de direitos de exploração e produção de petróleo e gás natural com contrato com a ANP e responsável pela condução e execução, direta ou indireta, de todas as atividades de exploração, avaliação, desenvolvimento, produção, desativação e abandono.

Operadora da concessão – empresa constituída sob as leis brasileiras, com sede e administração no Brasil, com a qual a ANP celebra contrato de concessão para exploração e produção de petróleo ou gás natural, em bacia sedimentar localizada no território nacional.

Operadora da instalação – empresa responsável pelo gerenciamento e execução de todas as operações e atividades de uma plataforma.

People On Board (POB) – número total de pessoas a bordo da plataforma.

Plano de Segurança – documento obrigatório para as plataformas que indica claramente, em cada piso, o arranjo contendo a discriminação dos materiais, equipamentos e instalações de segurança a bordo para salvatagem, detecção, proteção e combate a incêndio, simbologia, nomenclatura, localização e dotação, além das rotas de fuga e das saídas de emergência.

Plataforma desabitada – instalação que não possui tripulação embarcada em caráter permanente.

Plataforma – instalação ou estrutura de perfuração, produção, intervenção, armazenamento ou transferência, fixa ou flutuante, destinada às atividades direta ou indiretamente relacionadas com a pesquisa, exploração, produção ou armazenamento de óleo e/ou gás oriundos do subsolo, das águas interiores ou do mar, inclusive da plataforma continental. Para efeito desta NR, este conceito abrange também as instalações de apoio e as unidades marítimas de manutenção.

Portas externas do módulo de acomodação temporária – são aquelas que ligam a antecâmara do módulo de acomodação temporária ou o corredor comum dos módulos à área externa.

Procedimentos operacionais – conjunto de instruções para o desenvolvimento das atividades operacionais de uma instalação, considerando os aspectos de segurança, saúde e meio ambiente que impactem sobre a integridade física e a saúde dos trabalhadores.

Proficiência – competência, aptidão, capacitação e habilidade aliadas à experiência profissional, comprovadas por meio de diplomas, registro na carteira de trabalho, contratos específicos na área em questão e outros documentos.

Profissional legalmente habilitado – profissional previamente qualificado, com atribuições legais para a atividade a ser desempenhada, que assume a responsabilidade técnica, possuindo registro no conselho de classe competente.

Proteção radiológica ou radioproteção – conjunto de medidas que visam a proteger o ser humano e seus descendentes e o meio ambiente contra possíveis efeitos indesejados causados pela radiação ionizante.

Radiação ionizante – qualquer partícula ou radiação eletromagnética que, ao interagir com a matéria, ioniza seus átomos ou moléculas.

Resíduos industriais – são aqueles provenientes dos processos industriais, na forma sólida, líquida ou gasosa ou combinação dessas, e que por suas características físicas, químicas ou microbiológicas não se assemelham aos resíduos domésticos.

Responsável legal pela plataforma – preposto formalmente designado pela empresa como responsável pela gestão da instalação.

Riscos psicossociais – decorrem de deficiências na concepção, organização e gestão do trabalho, bem como de um contexto social de trabalho problemático, podendo ter efeitos negativos a nível psicológico, físico e social, como o estresse relacionado ao trabalho, o esgotamento ou a depressão. Exemplos de condições de trabalho que conduzem aos riscos psicossociais: cargas de trabalho excessivas, exigências contraditórias, falta de clareza na definição das funções, ausência de sua participação na tomada de decisões que afetam o trabalhador, descontrole sobre a forma como executa o trabalho, gestão de mudanças organizacionais inadequadas, insegurança laboral, comunicação ineficaz, deficiência de apoio da parte de chefias e colegas, assédio psicológico ou sexual, violência provenientes de terceiros, etc.

Rotas de fuga – saídas e caminhos devidamente sinalizados, iluminados e desobstruídos, a serem percorridos pelas pessoas para um rápido e seguro evacuação de qualquer local da plataforma até o ponto de encontro previamente determinado pelo plano de resposta a emergências.

Saúde – é o estado de completo bem-estar físico, mental e social, e não somente a ausência de doença.

Serviço de Radioproteção (SR) – estrutura constituída especificamente com vistas à execução e manutenção do plano de proteção radiológica de uma instalação.

Supervisor de Proteção Radiológica ou Supervisor de Radioproteção – indivíduo com certificação de qualificação pela CNEN para supervisionar a aplicação das medidas de radioproteção através do supervisor.

Trabalhador capacitado – aquele que tenha recebido capacitação sob a orientação e responsabilidade de profissional legalmente habilitado.

Trabalhador qualificado – aquele que tenha comprovada a conclusão de curso específico para sua atividade, em instituição reconhecida pelo sistema oficial de ensino nacional.

Treinamento (capacitação ou curso) – conjunto de instruções teóricas e práticas ministradas sob a supervisão de profissional legalmente habilitado, e que seguem conteúdo programático planejado, destinado a tornar o trabalhador apto a exercer determinada função.

Anexo I

Declaração da Instalação Marítima (DIM)

Nome da Plataforma, n.º IMO e Certificado de Registro:		
Razão Social e CNPJ (do estabelecimento da operadora da instalação):		
Endereço com CEP e telefone (da gerência que tem gestão sobre a plataforma):		
Atividade principal da plataforma:		
Localização da plataforma (incluindo coordenadas geográficas):		
CARACTERÍSTICAS DE OCUPAÇÃO	QUANTIDADE	
Camarotes existentes		
Leitos existentes		
Previsão de trabalhadores embarcados	Masculino	Feminino
Operadora da Instalação		
Prestadoras de serviço		
Total		
DESCRIÇÃO DAS INSTALAÇÕES E DOS EQUIPAMENTOS		
A operadora da instalação deverá preparar resumo descritivo das instalações e equipamentos existentes na plataforma, devendo abordar, no mínimo, os seguintes aspectos: a) conveses; b) meios de acesso e de evacuação de pessoal; c) sinalização de segurança e rotas de fuga; d) equipamentos de salvatagem (com as respectivas capacidades); e) sistemas de prevenção e combate a incêndio (incluir extintores e detectores de incêndio); f) sistemas de detecção de gases; g) sistema de parada de emergência; h) sistema de aterramento elétrico; i) compartimento para armazenamento de substâncias perigosas e sua localização; j) sistema de consulta médica à distância; k) áreas de vivência (incluir a distribuição de leitos por camarote e a quantidade de assentos no refeitório); l) sistema de climatização; m) quantidade, localização e distribuição dos bebedouros ou dispositivos equivalentes; n) quantidade, localização e distribuição das instalações sanitárias; m) sistemas de esgoto, de drenagem, de tratamento e de disposição de resíduos e de rejeitos.		
ANEXOS: a) planta geral de todos os conveses; b) planta geral das rotas de fuga, pontos de encontro e localização dos equipamentos de salvatagem e de combate a incêndio (Plano de Segurança); c) plantas de localização dos dispositivos de detecção de gases; d) plantas de classificação elétrica de áreas; e) plantas das áreas de vivência; f) plantas de localização das caldeiras e vasos de pressão, abrangidos pela NR-13; g) relação das caldeiras e vasos de pressão contendo, no mínimo, número de identificação, categoria, Permissão Máxima de Trabalho Admissível - PMTA, pressão de abertura dos dispositivos de segurança e data da inspeção inicial; h) esquemas unifilares atualizados das instalações elétricas com as especificações do sistema de aterramento e demais equipamentos e dispositivos de proteção; i) laudo comprobatório da continuidade elétrica das instalações e aterramento dos equipamentos; j) cópias das certificações dos equipamentos e materiais elétricos em áreas classificadas; k) cópias das certificações dos equipamentos de proteção coletiva contra riscos elétricos; l) cópias das certificações dos equipamentos de guindar.		
_______________, _______de _____________ de ___________ (nome legível e assinatura do preposto legal da operadora da instalação)		

Anexo II
Escala Beaufort

Designação	Velocidade do Vento			Aspecto do Mar	Efeitos em Terra
	m/s	km/h	nó		
Calmo	< 0,3	< 1	< 1	Espelhado	Fumaça sobe na vertical
Aragem	0,3 a 1,5	1 a 5	1 a 3	Pequenas rugas na superfície do mar	Fumaça indica direção do vento
Brisa Leve	1,6 a 3,3	6 a 11	4 a 6	Ligeira ondulação sem rebentação	As folhas das árvores movem; os moinhos começam a trabalhar
Brisa Fraca	3,4 a 5,4	12 a 19	7 a 10	Ondulação até 60cm, com alguns *carneiros*	As folhas agitam-se e as bandeiras desfraldam ao vento
Brisa Moderada	5,5 a 7,9	20 a 28	11 a 16	Ondulação até 1m, *carneiros* frequentes.	Poeira e pequenos papéis levantados; movem-se os galhos das árvores
Brisa Forte	8 a 10,7	29 a 38	17 a 21	Ondulação até 2,5m, com cristas e muitos *carneiros*	Movimentação de grandes galhos e árvores pequenas
Vento Fresco	10,8 a 13,8	39 a 49	22 a 27	Ondas grandes até 3,5m; borrifos	Movem-se os ramos das árvores; dificuldade em manter um guarda-chuva aberto; assobio em fios de postes
Vento Forte	13,9 a 17,1	50 a 61	28 a 33	Mar revolto até 4,5 m com espuma e borrifos	Movem-se as árvores grandes; dificuldade em andar contra o vento
Ventania	17,2 a 20,7	62 a 74	34 a 40	Mar revolto até 5m com rebentação e faixas de espuma	Quebram-se galhos de árvores; dificuldade em andar contra o vento; barcos permanecem nos portos
Ventania Forte	20,8 a 24,4	75 a 88	41 a 47	Mar revolto até 7m; visibilidade precária	Danos em árvores e pequenas construções; impossível andar contra o vento
Tempestade	24,5 a 28,4	89 a 102	48 a 55	Mar revolto até 9m; superfície do mar branca	Árvores arrancadas; danos estruturais em construções
Tempestade Violenta	28,5 a 2,6	103 a 117	56 a 63	Mar revolto até 11m; pequenos navios sobem nas vagas	Estragos generalizados em construções
Furacão	> 32,7	> 118	> 64	Mar todo de espuma, com até 14m; visibilidade nula	Estragos graves e generalizados em construções

Anexo III
Curso Básico para Manipuladores de Alimentos

Carga horária mínima: 16 horas

Conteúdo programático:

a) noções básicas sobre legislação aplicável a segurança de alimentos (RDC 216);

b) noções sobre higiene pessoal aplicada a segurança de alimentos;

c) manipulação higiênica dos alimentos e doenças transmitidas por alimentos – Manual de Boas Práticas;

d) etapas do processo de produção de alimentos e bebidas, considerando as exigências quanto à segurança dos alimentos;

e) formas de monitoramento dos pontos de controle e padrões aplicáveis;

f) medidas de controle a serem aplicadas quanto à segurança de alimentos;

g) noções sobre higienização e segurança na operação de equipamentos para panificação e confeitaria e máquinas fatiadoras de frios;

h) uso adequado de Equipamentos de Proteção Individual - EPI.

Anexo IV
Curso Complementar para Serviços em Instalações Elétricas em Alta Tensão

Carga horária mínima: 16 horas.

Conteúdo programático:

1. Organização do trabalho:

a) prontuário e cadastro das instalações;

b) programação e planejamento dos serviços;

c) métodos de trabalho e procedimentos;

d) condições impeditivas para serviços.

2. Riscos típicos e sua prevenção:

a) proximidade e contatos com partes energizadas;

b) indução;

c) estática;

d) campos elétricos e magnéticos;

e) acidentes típicos;

f) sistemas de proteção individual e coletiva;

g) equipamentos e ferramentas de trabalho (escolha, uso, conservação, verificação, ensaios)

3. Técnicas de trabalho sob tensão:

a) em linha viva;

b) ao potencial;

c) em áreas internas.

Anexo V
Símbolos para Sinalizar as Fontes de Radiação Ionizante, Locais de Armazenamento de Material Radioativo e Locais de Trabalho com Exposição à Radiação Ionizante Industrial ou de Origem Natural

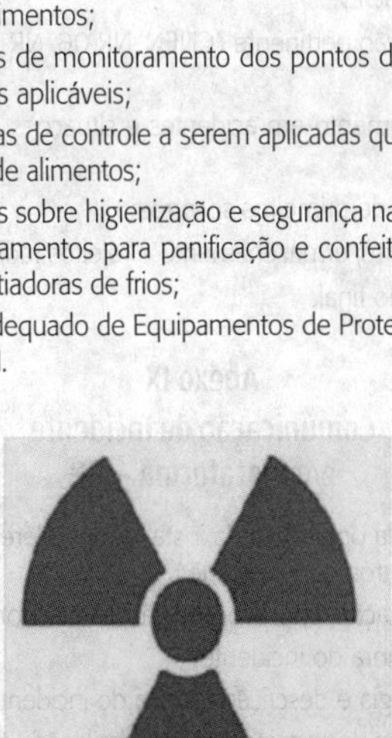

Anexo VI
Curso Básico de Segurança em Operações de Movimentação de Cargas e Transporte de Pessoas

Carga horária mínima: 20 horas.

Conteúdo programático:

a) conceitos básicos na movimentação de cargas e pessoas;

b) tipos de equipamentos de guindar;

c) componentes e acessórios utilizados na movimentação e suas respectivas aplicações;

d) inspeção visual de equipamentos e acessórios de movimentação de carga;

e) tabela de capacidade de cargas do equipamento e seus acessórios;

f) movimentação crítica de cargas (materiais perigosos, peças de grande porte, tubos, perfis, chapas, eixos, etc.);

g) comunicação durante a movimentação de pessoas e cargas: sinaleiro, sinalização e comunicação por rádio;

h) incidentes e acidentes durante a movimentação;

i) procedimentos para a segurança na movimentação de pessoas e cargas;

j) equipamentos de proteção;

k) práticas de operação de movimentação a bordo da plataforma;

l) avaliação final.

Anexo VII
Curso Complementar para Operadores de Guindastes

Carga horária mínima: 20 horas.

Conteúdo programático:

a) guindastes em plataformas (características operacionais, procedimentos operacionais, emergência, manutenção e inspeção);

b) dispositivos de proteção e segurança existentes;

c) tabelas de capacidade de cargas e ângulos de içamento;

d) operações de elevação e transporte de cargas e pessoas;

e) situações especiais e risco, tais como: condições climáticas e marítimas, transferência de cargas entre embarcações, operações simultâneas, dentre outras;

f) ergonomia no posto de trabalho;

g) exercícios práticos a bordo da plataforma;

h) avaliação final.

Anexo VIII
Curso para Indivíduos Ocupacionalmente Expostos à Radiação Ionizante

Carga horária mínima: 16 horas.

Conteúdo programático:

a) introdução às radiações e radioatividade;

b) tipos de fontes radioativas (naturais e sintéticas);

c) grandezas radiológicas (unidades e quantidades);

d) tipos de contaminação (exposição direta, contato, inalação e ingestão);

e) riscos da radiação associados à saúde em virtude do desempenho de suas funções;

f) princípios e objetivos da radioproteção;

g) principais instrumentos utilizados em radioproteção;

h) limites e controle de dose (tempo, distância e blindagem);

i) detecção e medição da radiação (monitoração individual e de área);

j) área supervisionada e área controlada;

k) EPI e EPC disponíveis e relacionados aos riscos radiológicos presentes;

l) direito de acesso aos registros dos valores das doses para cada IOE;

m) legislação pertinente (CNEN, NR-06, NR-15 e esta NR);

n) procedimento em acidentes e situações de emergência;

o) noções de primeiros socorros;

p) transporte, armazenamento e rejeitos radioativos;

q) avaliação final.

Anexo IX
Comunicação de Incidente em Plataforma – CIP

a) nome da operadora da instalação, endereço, CNPJ, correio eletrônico e telefone;

b) identificação, tipo e localização da plataforma;

c) data e hora do incidente;

d) cronologia e descrição técnica do incidente;

e) descrição dos equipamentos, instalações, processos e atividades envolvidas no incidente;

f) causas prováveis;

g) medidas emergenciais adotadas;

h) consequências para a segurança e a saúde dos trabalhadores;

i) quantidade, gênero, idade e função dos acidentados, se houver;

j) situação atual da operação;

k) data e hora da comunicação;

l) demais autoridades comunicadas;

m) identificação e assinatura do responsável pela comunicação.

Legislação Complementar

Lei n. 5.889, de 8 de junho de 1973 (1)

Estatui normas reguladoras do trabalho rural e dá outras providências.

O Presidente da República

Faço saber que o Congresso Nacional decreta e eu sanciono a seguinte Lei:

Art. 1º As relações de trabalho rural serão reguladas por esta Lei e, no que com ela não colidirem, pelas normas da Consolidação das Leis do Trabalho, aprovada pelo Decreto-lei n. 5.452, de 1º de maio de 1943.

•• A CF enumera, em seu art. 7º, os direitos dos trabalhadores rurais.

Parágrafo único. Observadas as peculiaridades do trabalho rural, a ele também se aplicam as Leis n. 605, de 5 de janeiro de 1949; 4.090, de 13 de julho de 1962; 4.725, de 13 de julho de 1965, com as alterações da Lei n. 4.093, de 16 de setembro de 1965, e os Decretos-leis n. 15, de 29 de julho de 1966; 17, de 22 de agosto de 1966, e 368, de 19 de dezembro de 1968.

Art. 2º Empregado rural é toda pessoa física que, em propriedade rural ou prédio rústico, presta serviços de natureza não eventual a empregador rural, sob a dependência deste e mediante salário.

Art. 3º Considera-se empregador rural, para os efeitos desta Lei, a pessoa física ou jurídica, proprietária ou não, que explore atividade agroeconômica, em caráter permanente ou temporário, diretamente ou através de prepostos e com auxílio de empregados.

§ 1º Inclui-se na atividade econômica referida no *caput* deste artigo, além da exploração industrial em estabelecimento agrário não compreendido na Consolidação das Leis do Trabalho – CLT, aprovada pelo Decreto-Lei n. 5.452, de 1º de maio de 1943, a exploração do turismo rural ancilar à exploração agroeconômica.

•• § 1º com redação determinada pela Lei n. 13.171, de 21-10-2015.

§ 2º Sempre que uma ou mais empresas, embora tendo cada uma delas personalidade jurídica própria, estiverem sob direção, controle ou administração de outra, ou ainda quando, mesmo guardando cada uma sua autonomia, integrem grupo econômico ou financeiro rural, serão responsáveis solidariamente nas obrigações decorrentes da relação de emprego.

Art. 4º Equipara-se ao empregador rural a pessoa física ou jurídica que, habitualmente, em caráter profissional, e por conta de terceiros, execute serviços de natureza agrária mediante utilização do trabalho de outrem.

Art. 5º Em qualquer trabalho contínuo de duração superior a 6 (seis) horas, será obrigatória a concessão de um intervalo para repouso ou alimentação, observados os usos e costumes da região, não se computando este intervalo na duração do trabalho. Entre 2 (duas) jornadas de trabalho haverá um período mínimo de 11 (onze) horas consecutivas para descanso.

Art. 6º Nos serviços, caracteristicamente intermitentes, não serão computados, como de efetivo exercício, os intervalos entre uma e outra parte da execução da tarefa diária, desde que tal hipótese seja expressamente ressalvada na Carteira de Trabalho e Previdência Social.

Art. 7º Para os efeitos desta Lei, considera-se trabalho noturno o executado entre as 21 (vinte e uma) horas de um dia e as 5 (cinco) horas do dia seguinte, na lavoura, e entre as 20 (vinte) horas de um dia e as 4 (quatro) horas do dia seguinte, na atividade pecuária.

Parágrafo único. Todo trabalho noturno será acrescido de 25% (vinte e cinco por cento) sobre a remuneração normal.

Art. 8º Ao menor de 18 (dezoito) anos é vedado o trabalho noturno.

....

Art. 13. Nos locais de trabalho rural serão observadas as normas de segurança e higiene estabelecidas em portaria do Ministro do Trabalho e Previdência Social.

•• *Vide* NR 31, que dispõe sobre Segurança e Saúde no Trabalho na Agricultura, Pecuária, Silvicultura, Exploração Florestal e Aquicultura.

....

Art. 17. As normas da presente Lei são aplicáveis, no que couber, aos trabalhadores rurais não compreendidos na definição do art. 2º, que prestem serviços a empregador rural.

....

Art. 21. Esta Lei entra em vigor na data de sua publicação, revogadas as disposições em contrário, em especial a Lei n. 4.214, de 2 de março de 1963, e o

(1) Publicada no *Diário Oficial da União*, de 11-6-1973, retificada em 30-10-1973. Regulamentada pelo Decreto n. 73.626, de 12-2-1974.

Decreto-lei n. 761, de 14 de agosto de 1969.

Brasília, 8 de junho de 1973; 152º da Independência e 85º da República.

Emílio G. Médici

Lei n. 6.514, de 22 de dezembro de 1977 (1)

Altera o Capítulo V do Título II da Consolidação das Leis do Trabalho, relativo a segurança e medicina do trabalho, e dá outras providências.

O Presidente da República

Faço saber que o Congresso Nacional decreta e eu sanciono a seguinte Lei:

Art. 1º O Capítulo V do Título II da Consolidação das Leis do Trabalho, aprovada pelo Decreto-lei n. 5.452, de 1º de maio de 1943, passa a vigorar com a seguinte redação:

•• Alterações já processadas no diploma modificado.

Art. 2º A retroação dos efeitos pecuniários decorrentes do trabalho em condições de insalubridade ou periculosidade, de que trata o art. 196 da Consolidação das Leis do Trabalho, com a nova redação dada por esta Lei, terá como limite a data da vigência desta Lei, enquanto não decorridos 2 (dois) anos da sua vigência.

Art. 3º As disposições contidas nesta Lei aplicam-se, no que couber, aos trabalhadores avulsos, às entidades ou empresas que lhes tomem o serviço e aos sindicatos representativos das respectivas categorias profissionais.

§ 1º Ao Delegado de Trabalho Marítimo ou ao Delegado Regional do Trabalho, conforme o caso, caberá promover a fiscalização do cumprimento das normas de segurança e medicina do trabalho em relação ao trabalhador avulso, adotando as medidas necessárias inclusive as previstas na Seção II, do Capítulo V, do Título II da Consolidação das Leis do Trabalho, com a redação que lhe for conferida pela presente Lei.

§ 2º Os exames de que tratam os §§ 1º e 3º do art. 168 da Consolidação das Leis do Trabalho, com a redação desta Lei, ficarão a cargo do Instituto Nacional de Assistência Médica da Previdência Social – INAMPS, ou dos serviços médicos das entidades sindicais correspondentes.

• A Lei n. 8.689, de 27-7-1993, dispõe sobre a extinção do Instituto Nacional de Assistência Médica da Previdência Social – INAMPS. Suas funções, competências, atividades e atribuições foram absorvidas pelas instâncias federal, estadual e municipal gestoras do Sistema Único de Saúde, de acordo com as respectivas competências, critérios e demais disposições das Leis n. 8.080, de 19-9-1990, e 8.142, de 28-12-1990.

Art. 4º O Ministro do Trabalho relacionará os artigos do Capítulo V do Título II da Consolidação das Leis do Trabalho, cuja aplicação será fiscalizada exclusivamente por engenheiros de segurança e médicos do trabalho.

Art. 5º Esta Lei entrará em vigor na data de sua publicação, ficando revogados os arts. 202 a 223 da Consolidação das Leis do Trabalho; a Lei n. 2.573, de 15 de agosto de 1955; o Decreto-lei n. 389, de 26 de dezembro de 1968 e demais disposições em contrário.

Brasília, em 22 de dezembro de 1977; 156º da Independência e 89º República.

Ernesto Geisel

Lei n. 7.410, de 27 de novembro de 1985 (2)

Dispõe sobre a Especialização de Engenheiros e Arquitetos em Engenharia de Segurança do Trabalho, a profissão de Técnico de Segurança do Trabalho, e dá outras providências.

O Presidente da República

Faço saber que o Congresso Nacional decreta e eu sanciono a seguinte Lei:

Art. 1º O exercício da especialização de Engenheiro de Segurança do Trabalho será permitido, exclusivamente:

I – ao Engenheiro ou Arquiteto, portador de certificado de conclusão de curso de especialização em Engenharia de Segurança do Trabalho, a ser ministrado no País, em nível de pós-graduação;

II – ao portador de certificado de curso de especialização em Engenharia de Segurança do Trabalho, realizado em caráter prioritário, pelo Ministério do Trabalho;

III – ao possuidor de registro de Engenheiro de Segurança do Trabalho, expedido pelo Ministério do Trabalho, até a data fixada na regulamentação desta Lei.

Parágrafo único. O curso previsto no inciso I deste artigo terá o currículo fixado pelo Conselho Federal de Educação, por proposta do Ministério do Trabalho, e seu funcionamento determinará a extinção dos cursos de que trata o inciso II, na forma da regulamentação a ser expedida.

Art. 2º O exercício da profissão de Técnico de Segurança do Trabalho será permitido, exclusivamente:

I – ao portador de certificado de conclusão de curso de Técnico de Segurança do Trabalho, a ser ministrado no País em estabelecimentos de ensino de 2º Grau;

II – ao portador de certificado de conclusão de curso de Supervisor de Segurança do Trabalho, realizado em caráter prioritário pelo Ministério do Trabalho;

III – ao possuidor de registro de Supervisor de Segurança do Trabalho, expedido pelo Ministério do Trabalho, até a data fixada na regulamentação desta Lei.

(1) Publicada no *Diário Oficial da União*, de 23-12-1977.

(2) Publicada no *Diário Oficial da União*, de 28-11-1985. Regulamentada pelo Decreto n. 92.530, de 9-4-1986. *Vide* NR 27.

Parágrafo único. O curso previsto no inciso I deste artigo terá o currículo fixado pelo Ministério da Educação, por proposta do Ministério do Trabalho, e seu funcionamento determinará a extinção dos cursos de que trata o inciso II, na forma da regulamentação a ser expedida.

Art. 3º O exercício da atividade de Engenheiros e Arquitetos na especialização de Engenharia de Segurança do Trabalho dependerá de registro em Conselho Regional de Engenharia, Arquitetura e Agronomia, após a regulamentação desta Lei, e o de Técnico de Segurança do Trabalho, após o registro no Ministério do Trabalho.

Art. 4º O Poder Executivo regulamentará esta Lei no prazo de 120 (cento e vinte) dias, contados de sua publicação.

Art. 5º Esta Lei entra em vigor na data de sua publicação.

Art. 6º Revogam-se as disposições em contrário.

Brasília, 27 de novembro de 1985; 164º da Independência e 97º da República.

José Sarney

Decreto n. 92.530, de 9 de abril de 1986 (1)

Regulamenta a Lei n. 7.410, de 27 de novembro de 1985, que dispõe sobre a especialização de Engenheiros e Arquitetos em Engenharia de Segurança do Trabalho, a profissão de Técnico de Segurança do Trabalho e dá outras providências.

O Presidente da República, no uso da atribuição que lhe confere o art. 81, item III, da Constituição, e tendo em vista o disposto no art. 4º da Lei n. 7.410, de 27 de novembro de 1985, decreta:

Art. 1º O exercício da especialização de Engenheiro de Segurança do Trabalho é permitido, exclusivamente:

I – ao Engenheiro ou Arquiteto, portador de certificado de conclusão de curso de especialização em Engenharia de Segurança do Trabalho, em nível de pós-graduação;

II – ao portador de certificado de curso de especialização em Engenharia de Segurança do Trabalho, realizado em caráter prioritário, pelo Ministério do Trabalho;

III – ao possuidor de registro de Engenheiro de Segurança do Trabalho, expedido pelo Ministério do Trabalho, dentro de 180 dias da extinção do curso referido no item anterior.

Art. 2º O exercício da profissão de Técnico de Segurança do Trabalho é permitido, exclusivamente:

I – ao portador de certificado de conclusão de curso de Técnico de Segurança do Trabalho ministrado no País em estabelecimento de ensino de 2º grau;

II – ao portador de certificado de conclusão de curso de Supervisor de Segurança do Trabalho, realizado em caráter prioritário pelo Ministério do Trabalho;

III – ao possuidor de registro de Supervisor de Segurança do Trabalho, expedido pelo Ministério do Trabalho até 180 dias da extinção do curso referido no item anterior.

Art. 3º O Ministério da Educação, dentro de 120 dias, por proposta do Ministério do Trabalho, fixará os currículos básicos do curso de especialização em Engenharia de Segurança do Trabalho, e do curso de Técnico de Segurança do Trabalho, previstos no item I do art. 1º e no item I do art. 2º.

§ 1º O funcionamento dos cursos referidos neste artigo determinará a extinção dos cursos de que tratam o item II do art. 1º e o item II do art. 2º.

§ 2º Até que os cursos previstos neste artigo entrem em funcionamento, o Ministro do Trabalho poderá autorizar, em caráter excepcional, que tenham continuidade os cursos mencionados no parágrafo precedente, os quais deverão adaptar-se aos currículos aprovados pelo Ministério da Educação.

Art. 4º As atividades dos Engenheiros e Arquitetos especializados em Engenharia de Segurança do Trabalho serão definidas pelo Conselho Federal de Engenharia e Agronomia – CONFEA, no prazo de 60 dias após a fixação dos currículos de que trata o artigo 3º pelo Ministério da Educação, ouvida a Secretaria de Segurança e Medicina do Trabalho – SSMT.

Art. 5º O exercício da atividade de Engenheiros e Arquitetos na especialidade de Engenharia de Segurança do Trabalho, depende de registro no Conselho Regional de Engenharia, Arquitetura e Agronomia – CREA.

Art. 6º As atividades de Técnico de Segurança do Trabalho serão definidas pelo Ministério do Trabalho, no prazo de 60 dias, após a fixação do respectivo currículo escolar pelo Ministério da Educação, na forma do art. 3º.

Art. 7º O exercício da profissão de Técnico de Segurança do Trabalho depende de registro no Ministério do Trabalho.

• A Portaria n. 10, de 1º-7-1993, aprova o Modelo de Registro Profissional do Técnico de Segurança do Trabalho.

Art. 8º O Ministério da Administração, em articulação com o Ministério do Trabalho, promoverá, no prazo de 90 dias a partir da vigência deste decreto, estudos para a criação de categorias funcionais e os respectivos quadros do Grupo – Engenharia e Segurança do Trabalho.

Art. 9º Este Decreto entrará em vigor na data de sua publicação.

Art. 10. Revogam-se as disposições em contrário.

(1) Publicado no *Diário Oficial da União*, de 10-4-1986.

Brasília, 9 de abril de 1986; 165º da Independência e 98º da República.

José Sarney

Lei n. 8.112, de 11 de dezembro de 1990 ([1])

Dispõe sobre o regime jurídico dos servidores públicos civis da União, das autarquias e das fundações públicas federais.

O Presidente da República.

Faço saber que o Congresso Nacional decreta e eu sanciono a seguinte Lei:

Título I

Capítulo Único

Das Disposições Preliminares

Art. 1º Esta Lei institui o Regime Jurídico dos Servidores Públicos Civis da União, das autarquias, inclusive as em regime especial, e das fundações públicas federais.

• A Lei n. 11.440, de 29-12-2006, institui o Regime Jurídico dos Servidores do Serviço Exterior Brasileiro.

....

Título II

Do Provimento, Vacância, Remoção, Redistribuição e Substituição

Capítulo I

Do Provimento

....

Seção VII

Da Readaptação

Art. 24. Readaptação é a investidura do servidor em cargo de atribuições e responsabilidades compatíveis com a limitação que tenha sofrido em sua capacidade física ou mental verificada em inspeção médica.

§ 1º Se julgado incapaz para o serviço público, o readaptando será aposentado.

§ 2º A readaptação será efetivada em cargo de atribuições afins, respeitada a habilitação exigida, nível de escolaridade e equivalência de vencimentos e, na hipótese de inexistência de cargo vago, o servidor exercerá suas atribuições como excedente, até a ocorrência de vaga.

•• § 2º com redação determinada pela Lei n. 9.527, de 10-12-1997.

....

Título III

Dos Direitos e Vantagens

....

Capítulo II

Das Vantagens

....

Seção II

Das Gratificações e Adicionais

....

Subseção IV

Dos adicionais de insalubridade, periculosidade ou atividades penosas

• A Orientação Normativa n. 4, de 14-2-2017, do Ministério do Planejamento, Orçamento e Gestão, estabelece orientação sobre a concessão dos adicionais de insalubridade, periculosidade, irradiação ionizante e gratificação por trabalhos com Raios-X ou substâncias radioativas.

Art. 68. Os servidores que trabalhem com habitualidade em locais insalubres ou em contato permanente com substâncias tóxicas, radioativas ou com risco de vida, fazem jus a um adicional sobre o vencimento do cargo efetivo.

•• A Resolução n. 165, de 7-8-2020, da DPU, disciplina a concessão do adicional de insalubridade previsto neste artigo.

§ 1º O servidor que fizer jus aos adicionais de insalubridade e de periculosidade deverá optar por um deles.

§ 2º O direito ao adicional de insalubridade ou periculosidade cessa com a eliminação das condições ou dos riscos que deram causa a sua concessão.

Art. 69. Haverá permanente controle da atividade de servidores em operações ou locais considerados penosos, insalubres ou perigosos.

Parágrafo único. A servidora gestante ou lactante será afastada, enquanto durar a gestação e a lactação, das operações e locais previstos neste artigo, exercendo suas atividades em local salubre e em serviço não penoso e não perigoso.

Art. 70. Na concessão dos adicionais de atividades penosas, de insalubridade e de periculosidade, serão observadas as situações estabelecidas em legislação específica.

Art. 71. O adicional de atividade penosa será devido aos servidores em exercício em zonas de fronteira ou em localidades cujas condições de vida o justifiquem, nos termos, condições e limites fixados em regulamento.

Art. 72. Os locais de trabalho e os servidores que operam com Raios X ou substâncias radioativas serão mantidos sob controle permanente, de modo que as doses de radiação ionizante não ultrapassem o nível máximo previsto na legislação própria.

(1) Publicada no *Diário Oficial da União*, de 12-12-1990, retificada em 19-4-1991, e republicada em 18-3-1998.

Parágrafo único. Os servidores a que se refere este artigo serão submetidos a exames médicos a cada 6 (seis) meses.

...

Título VI
Da Seguridade Social do Servidor

Capítulo I
Disposições Gerais

Art. 183. A União manterá Plano de Seguridade Social para o servidor e sua família.

...

Art. 184. O Plano de Seguridade Social visa a dar cobertura aos riscos a que estão sujeitos o servidor e sua família, e compreende um conjunto de benefícios e ações que atendam às seguintes finalidades:

I – garantir meios de subsistência nos eventos de doença, invalidez, velhice, acidente em serviço, inatividade, falecimento e reclusão;

...

Art. 185. Os benefícios do Plano de Seguridade Social do servidor compreendem:

I – quanto ao servidor:

a) aposentadoria;

...

f) licença por acidente em serviço;

g) assistência à saúde;

h) garantia de condições individuais e ambientais de trabalho satisfatórias;

...

Capítulo II
Dos Benefícios

Seção I
Da Aposentadoria

Art. 186. O servidor será aposentado:

I – por invalidez permanente, sendo os proventos integrais quando decorrente de acidente em serviço, moléstia profissional ou doença grave, contagiosa ou incurável, especificada em lei, e proporcionais nos demais casos;

...

§ 1º Consideram-se doenças graves, contagiosas ou incuráveis, a que se refere o inciso I deste artigo, tuberculose ativa, alienação mental, esclerose múltipla, neoplasia maligna, cegueira posterior ao ingresso no serviço público, hanseníase, cardiopatia grave, doença de Parkinson, paralisia irreversível e incapacitante, espondiloartrose anquilosante, nefropatia grave, estados avançados do mal de Paget (osteíte deformante), Síndrome de Imunodeficiência Adquirida – AIDS, e outras que a lei indicar, com base na medicina especializada.

§ 2º Nos casos de exercício de atividades consideradas insalubres ou perigosas, bem como nas hipóteses previstas no art. 71, a aposentadoria de que trata o inciso III, *a* e *c*, observará o disposto em lei específica.

§ 3º Na hipótese do inciso I o servidor será submetido à junta médica oficial, que atestará a invalidez quando caracterizada a incapacidade para o desempenho das atribuições do cargo ou a impossibilidade de se aplicar o disposto no art. 24.

•• § 3º acrescentado pela Lei n. 9.527, de 10-12-1997.

...

Art. 188. A aposentadoria voluntária ou por invalidez vigorará a partir da data da publicação do respectivo ato.

§ 1º A aposentadoria por invalidez será precedida de licença para tratamento de saúde, por período não excedente a 24 (vinte e quatro) meses.

§ 2º Expirado o período de licença e não estando em condições de reassumir o cargo ou de ser readaptado, o servidor será aposentado.

§ 3º O lapso de tempo compreendido entre o término da licença e a publicação do ato da aposentadoria será considerado como de prorrogação da licença.

§ 4º Para os fins do disposto no § 1º deste artigo, serão consideradas apenas as licenças motivadas pela enfermidade ensejadora da invalidez ou doenças correlacionadas.

•• § 4º acrescentado pela Lei n. 11.907, de 2-2-2009.

§ 5º A critério da Administração, o servidor em licença para tratamento de saúde ou aposentado por invalidez poderá ser convocado a qualquer momento, para avaliação das condições que ensejaram o afastamento ou a aposentadoria.

•• § 5º acrescentado pela Lei n. 11.907, de 2-2-2009.

...

Art. 190. O servidor aposentado com provento proporcional ao tempo de serviço se acometido de qualquer das moléstias especificadas no § 1º do art. 186 desta Lei e, por esse motivo, for considerado inválido por junta médica oficial passará a perceber provento integral, calculado com base no fundamento legal de concessão da aposentadoria.

•• Artigo com redação determinada pela Lei n. 11.907, de 2-2-2009.

• A Orientação Normativa n. 5, de 14-7-2008, da Secretaria de Recursos Humanos do Ministério do Planejamento, Orçamento e Gestão, objetiva esclarecer aos órgãos setoriais e seccionais do Sistema de Pessoal Civil – SIPEC, que é permitida a conversão do provento proporcional em integral em razão da superveniência de doenças graves, contagiosas ou incuráveis, nos termos deste artigo.

...

Seção IV
Da Licença para Tratamento de Saúde

•• O Decreto n. 7.003, de 9-11-2009, regulamenta a licença para tratamento de saúde, de que tratam os arts. 202 a 205 desta Lei. A Orientação Normativa n. 3, de 23-2-2010, uniformiza procedimentos no âmbito dos órgãos e entidades do Sistema de Pessoal Civil – SIPEC, acerca da aplicação desse decreto.

Art. 202. Será concedida ao servidor licença para tratamento de saúde, a pedido ou de ofício, com base em perícia médica, sem prejuízo da remuneração a que fizer jus.

Art. 203. A licença de que trata o art. 202 desta Lei será concedida com base em perícia oficial.

•• *Caput* com redação determinada pela Lei n. 11.907, de 2-2-2009.

§ 1º Sempre que necessário, a inspeção médica será realizada na residência do servidor ou no estabelecimento hospitalar onde se encontrar internado.

§ 2º Inexistindo médico no órgão ou entidade no local onde se encontra ou tenha exercício em caráter permanente o servidor, e não se configurando as hipóteses previstas nos parágrafos do art. 230, será aceito atestado passado por médico particular.

•• § 2º com redação determinada pela Lei n. 9.527, de 10-12-1997.

• Os parágrafos mencionados dispõem sobre a assistência à saúde do servidor ativo e inativo.

§ 3º No caso do § 2º deste artigo, o atestado somente produzirá efeitos depois de recepcionado pela unidade de recursos humanos do órgão ou entidade.

•• § 3º com redação determinada pela Lei n. 11.907, de 2-2-2009.

§ 4º A licença que exceder o prazo de 120 (cento e vinte) dias no período de 12 (doze) meses a contar do primeiro dia de afastamento será concedida mediante avaliação por junta médica oficial.

•• § 4º com redação determinada pela Lei n. 11.907, de 2-2-2009.

§ 5º A perícia oficial para concessão da licença de que trata o *caput* deste artigo, bem como nos demais casos de perícia oficial previstos nesta Lei, será efetuada por cirurgiões-dentistas, nas hipóteses em que abranger o campo de atuação da odontologia.

•• § 5º com redação determinada pela Lei n. 11.907, de 2-2-2009.

Art. 204. A licença para tratamento de saúde inferior a 15 (quinze) dias, dentro de 1 (um) ano, poderá ser dispensada de perícia oficial, na forma definida em regulamento.

•• Artigo com redação determinada pela Lei n. 11.907, de 2-2-2009.

Art. 205. O atestado e o laudo da junta médica não se referirão ao nome ou natureza da doença, salvo quando se tratar de lesões produzidas por acidente em serviço, doença profissional ou qualquer das doenças especificadas no art. 186, § 1º.

• *Vide* citado dispositivo constante deste volume.

Art. 206. O servidor que apresentar indícios de lesões orgânicas ou funcionais será submetido a inspeção médica.

Art. 206-A. O servidor será submetido a exames médicos periódicos, nos termos e condições definidos em regulamento.

•• *Caput* acrescentado pela Lei n. 11.907, de 2-2-2009.

•• Artigo regulamentado pelo Decreto n. 6.856, de 25-5-2009.

Parágrafo único. Para os fins do disposto no *caput*, a União e suas entidades autárquicas e fundacionais poderão:

•• Parágrafo único, *caput*, acrescentado pela Lei n. 12.998, de 18-6-2014.

I – prestar os exames médicos periódicos diretamente pelo órgão ou entidade à qual se encontra vinculado o servidor;

•• Inciso I acrescentado pela Lei n. 12.998, de 18-6-2014.

II – celebrar convênio ou instrumento de cooperação ou parceria com os órgãos e entidades da administração direta, suas autarquias e fundações;

•• Inciso II acrescentado pela Lei n. 12.998, de 18-6-2014.

III – celebrar convênios com operadoras de plano de assistência à saúde, organizadas na modalidade de autogestão, que possuam autorização de funcionamento do órgão regulador, na forma do art. 230; ou

•• Inciso III acrescentado pela Lei n. 12.998, de 18-6-2014.

IV – prestar os exames médicos periódicos mediante contrato administrativo, observado o disposto na Lei n. 8.666, de 21 de junho de 1993, e demais normas pertinentes.

•• Inciso IV acrescentado pela Lei n. 12.998, de 18-6-2014.

....

Seção VI
Da Licença por Acidente em Serviço

Art. 211. Será licenciado, com remuneração integral, o servidor acidentado em serviço.

Art. 212. Configura acidente em serviço o dano físico ou mental sofrido pelo servidor, que se relacione, mediata ou imediatamente, com as atribuições do cargo exercido.

Parágrafo único. Equipara-se ao acidente em serviço o dano:

I – decorrente de agressão sofrida e não provocada pelo servidor no exercício do cargo;

II – sofrido no percurso da residência para o trabalho e vice-versa.

Art. 213. O servidor acidentado em serviço que necessite de tratamento especializado poderá ser tratado em instituição privada, à conta de recursos públicos.

Parágrafo único. O tratamento recomendado por junta médica oficial constitui medida de exceção e somente será admissível quando inexistirem meios e recursos adequados em instituição pública.

Art. 214. A prova do acidente será feita no prazo de 10 (dez) dias, prorrogável quando as circunstâncias o exigirem.

....

Título IX

Capítulo Único
Das Disposições Transitórias e Finais

....

Art. 252. Esta Lei entra em vigor na data de sua publicação, com efeitos financeiros a partir do primeiro dia do mês subsequente.

Art. 253. Ficam revogadas a Lei n. 1.711, de 28 de outubro de 1952, e respectiva legislação complementar, bem como as demais disposições em contrário.

Brasília, 11 de dezembro de 1990; 169º da Independência e 102º da República.

Fernando Collor

Lei n. 8.213, de 24 de julho de 1991 ([1])

Dispõe sobre os Planos de Benefícios da Previdência Social e dá outras providências.

O Presidente da República.

Faço saber que o Congresso Nacional decreta e eu sanciono a seguinte Lei:

Título I
Da Finalidade e dos Princípios Básicos da Previdência Social

Art. 1º A Previdência Social, mediante contribuição, tem por fim assegurar aos seus beneficiários meios indispensáveis de manutenção, por motivo de incapacidade, desemprego involuntário, idade avançada, tempo de serviço, encargos familiares e prisão ou morte daqueles de quem dependiam economicamente.

....

Título III
Do Regime Geral de Previdência Social

Capítulo I
Dos Beneficiários

Art. 10. Os beneficiários do Regime Geral de Previdência Social classificam-se como segurados e dependentes, nos termos das Seções I e II deste Capítulo.

Seção I
Dos Segurados

Art. 11. São segurados obrigatórios da Previdência Social as seguintes pessoas físicas:

I – como empregado:

a) aquele que presta serviço de natureza urbana ou rural à empresa, em caráter não eventual, sob sua subordinação e mediante remuneração, inclusive como diretor empregado;

b) aquele que, contratado por empresa de trabalho temporário, definida em legislação específica, presta serviço para atender a necessidade transitória de substituição de pessoal regular e permanente ou a acréscimo extraordinário de serviços de outras empresas;

c) o brasileiro ou o estrangeiro domiciliado e contratado no Brasil para trabalhar como empregado em sucursal ou agência de empresa nacional no exterior;

d) aquele que presta serviço no Brasil a missão diplomática ou a repartição consular de carreira estrangeira e a órgãos a elas subordinados, ou a membros dessas missões e repartições, excluídos o não brasileiro sem residência permanente no Brasil e o brasileiro amparado pela legislação previdenciária do país da respectiva missão diplomática ou repartição consular;

e) o brasileiro civil que trabalha para a União, no exterior, em organismos oficiais brasileiros ou internacionais dos quais o Brasil seja membro efetivo, ainda que lá domiciliado e contratado, salvo se segurado na forma da legislação vigente do país do domicílio;

f) o brasileiro ou estrangeiro domiciliado e contratado no Brasil para trabalhar como empregado em empresa domiciliada no exterior, cuja maioria do capital votante pertença a empresa brasileira de capital nacional;

g) o servidor público ocupante de cargo em comissão, sem vínculo efetivo com a União, Autarquias, inclusive em regime especial, e Fundações Públicas Federais;

•• Alínea *g* com redação determinada pela Lei n. 8.647, de 13-4-1993.

h) o exercente de mandato eletivo federal, estadual ou municipal, desde que não vinculado a regime próprio de previdência social;

•• Alínea *h* acrescentada pela Lei n. 9.506, de 30-10-1997.

i) o empregado de organismo oficial internacional ou estrangeiro em funcionamento no Brasil, salvo quando coberto por regime próprio de previdência social;

•• Alínea *i* acrescentada pela Lei n. 9.876, de 26-11-1999.

j) o exercente de mandato eletivo federal, estadual ou municipal, desde que não vinculado a regime próprio de previdência social;

•• Alínea *j* acrescentada pela Lei n. 10.887, de 18-6-2004.

II – como empregado doméstico: aquele que presta serviço de natureza contínua a pessoa ou família, no âmbito residencial desta, em atividades sem fins lucrativos;

III e IV – (*Revogados pela Lei n. 9.876, de 26-11-1999.*)

V – como contribuinte individual:

•• Inciso V, *caput*, com redação determinada pela Lei n. 9.876, de 26-11-1999.

a) a pessoa física, proprietária ou não, que explora atividade agropecuária, a qualquer título, em caráter permanente ou temporário, em área superior a 4 (quatro) módulos fiscais; ou, quando em área igual ou inferior a 4 (quatro) módulos fiscais ou atividade pesqueira, com auxílio de empregados ou por intermédio de prepostos; ou ainda nas hipóteses dos §§ 9º e 10 deste artigo;

•• Alínea *a* com redação determinada pela Lei n. 11.718, de 20-6-2008.

• Citados parágrafos estabelecem o que não caracteriza a condição de segurado especial.

(1) Publicada no *Diário Oficial da União*, de 25-7-1991. Republicada em 11-4-1996 e 14-8-1998. Regulamentada pelo Decreto n. 3.048, de 6-5-1999.

Legislação Complementar

b) a pessoa física, proprietária ou não, que explora atividade de extração mineral – garimpo, em caráter permanente ou temporário, diretamente ou por intermédio de prepostos, com ou sem o auxílio de empregados, utilizados a qualquer título, ainda que de forma não contínua;

•• Alínea *b* com redação determinada pela Lei n. 9.876, de 26-11-1999.

c) o ministro de confissão religiosa e o membro de instituto de vida consagrada, de congregação ou de ordem religiosa;

•• Alínea *c* com redação determinada pela Lei n. 10.403, de 8-1-2002.

d) (*Revogada pela Lei n. 9.876, de 26-11-1999.*)

e) o brasileiro civil que trabalha no exterior para organismo oficial internacional do qual o Brasil é membro efetivo, ainda que lá domiciliado e contratado, salvo quando coberto por regime próprio de previdência social;

•• Alínea *e* com redação determinada pela Lei n. 9.876, de 26-11-1999.

f) o titular de firma individual urbana ou rural, o diretor não empregado e o membro de conselho de administração de sociedade anônima, o sócio solidário, o sócio de indústria, o sócio gerente e o sócio cotista que recebam remuneração decorrente de seu trabalho em empresa urbana ou rural, e o associado eleito para cargo de direção em cooperativa, associação ou entidade de qualquer natureza ou finalidade, bem como o síndico ou administrador eleito para exercer atividade de direção condominial, desde que recebam remuneração;

•• Alínea *f* acrescentada pela Lei n. 9.876, de 26-11-1999.

g) quem presta serviço de natureza urbana ou rural, em caráter eventual, a uma ou mais empresas, sem relação de emprego;

•• Alínea *g* acrescentada pela Lei n. 9.876, de 26-11-1999.

h) a pessoa física que exerce, por conta própria, atividade econômica de natureza urbana, com fins lucrativos ou não;

•• Alínea *h* acrescentada pela Lei n. 9.876, de 26-11-1999.

VI – como trabalhador avulso: quem presta, a diversas empresas, sem vínculo empregatício, serviço de natureza urbana ou rural definidos no Regulamento;

VII – como segurado especial: a pessoa física residente no imóvel rural ou em aglomerado urbano ou rural próximo a ele que, individualmente ou em regime de economia familiar, ainda que com o auxílio eventual de terceiros, na condição de:

•• Inciso VII, *caput*, com redação determinada pela Lei n. 11.718, de 20-6-2008.

• *Vide* Súmula 41 dos Juizados Especiais Federais.

a) produtor, seja proprietário, usufrutuário, possuidor, assentado, parceiro ou meeiro outorgados, comodatário ou arrendatário rurais, que explore atividade:

1. agropecuária em área de até 4 (quatro) módulos fiscais;

2. de seringueiro ou extrativista vegetal que exerça suas atividades nos termos do inciso XII do *caput* do art. 2º da Lei n. 9.985, de 18 de julho de 2000, e faça dessas atividades o principal meio de vida;

•• Alínea *a* acrescentada pela Lei n. 11.718, de 20-6-2008.

• A Lei n. 9.985, de 18-7-2000, que institui o Sistema Nacional de Unidades de Conservação da Natureza, define, no dispositivo citado, o que se entende por "extrativismo".

b) pescador artesanal ou a este assemelhado que faça da pesca profissão habitual ou principal meio de vida; e

•• Alínea *b* acrescentada pela Lei n. 11.718, de 20-6-2008.

c) cônjuge ou companheiro, bem como filho maior de 16 (dezesseis) anos de idade ou a este equiparado, do segurado de que tratam as alíneas *a* e *b* deste inciso, que, comprovadamente, trabalhem com o grupo familiar respectivo.

•• Alínea *c* acrescentada pela Lei n. 11.718, de 20-6-2008.

§ 1º Entende-se como regime de economia familiar a atividade em que o trabalho dos membros da família é indispensável à própria subsistência e ao desenvolvimento socioeconômico do núcleo familiar e é exercido em condições de mútua dependência e colaboração, sem a utilização de empregados permanentes.

•• § 1º com redação determinada pela Lei n. 11.718, de 20-6-2008.

§ 2º Todo aquele que exercer, concomitantemente, mais de uma atividade remunerada sujeita ao Regime Geral de Previdência Social é obrigatoriamente filiado em relação a cada uma delas.

§ 3º O aposentado pelo Regime Geral de Previdência Social – RGPS que estiver exercendo ou que voltar a exercer atividade abrangida por este Regime é segurado obrigatório em relação a essa atividade, ficando sujeito às contribuições de que trata a Lei n. 8.212, de 24 de julho de 1991, para fins de custeio da Seguridade Social.

•• § 3º acrescentado pela Lei n. 9.032, de 28-4-1995.

§ 4º O dirigente sindical mantém, durante o exercício do mandato eletivo, o mesmo enquadramento no Regime Geral de Previdência Social – RGPS de antes da investidura.

•• § 4º acrescentado pela Lei n. 9.528, de 10-12-1997.

§ 5º Aplica-se o disposto na alínea *g* do inciso I do *caput* ao ocupante de cargo de Ministro de Estado, de Secretário Estadual, Distrital ou Municipal, sem vínculo efetivo com a União, Estados, Distrito Federal e Municípios, suas autarquias, ainda que em regime especial, e fundações.

•• § 5º acrescentado pela Lei n. 9.876, de 26-11-1999.

Art. 13. É segurado facultativo o maior de 14 (quatorze) anos que se filiar ao Regime Geral de Previdência Social, mediante contribuição, desde que não incluído nas disposições do art. 11.

Art. 14. Consideram-se:

I – empresa – a firma individual ou sociedade que assume o risco de atividade econômica urbana ou rural, com fins lucrativos ou não, bem como os órgãos e entidades da administração pública direta, indireta ou fundacional;

II – empregador doméstico – a pessoa ou família que admite a seu serviço, sem finalidade lucrativa, empregado doméstico.

Parágrafo único. Equiparam-se a empresa, para os efeitos desta Lei, o contribuinte individual e a pessoa física na condição de proprietário ou dono de obra de construção civil, em relação a segurado que lhe presta serviço, bem como a cooperativa, a associação ou entidade de qualquer natureza ou finalidade, a missão diplomática e a repartição consular de carreira estrangeiras.

•• Parágrafo único com redação determinada pela Lei n. 13.202, de 8-12-2015.

Art. 15. Mantém a qualidade de segurado, independentemente de contribuições:

I – sem limite de prazo, quem está em gozo de benefício, exceto do auxílio-acidente;

•• Inciso I com redação determinada pela Lei n. 13.846, de 18-6-2019.

•• Os arts. 1º a 3º da Portaria n. 231, de 23-3-2020, do INSS, dispõem: " Art. 1º Diante da alteração promovida no inciso I do art. 15 da Lei n. 8.213/91, pela Lei n. 13.846 de 18-6-2019, que excluiu o benefício de auxílio-acidente do rol de benefícios que garante a manutenção da qualidade de segurado, sem limite de prazo, para quem está em gozo de benefício, fica estabelecido que:

§ 1º O auxílio-acidente concedido, ou que tenha data da consolidação das lesões, até 17 de junho de 2019, véspera da publicação da Lei n. 13.846/2019, deve ter o período de manutenção da qualidade de segurado de 12 meses iniciado em 18 de junho de 2019, nos termos do art. 15, inciso II, da Lei n. 8.213/91, conforme entendimento descrito na Nota n. 00011/2020/CCBEN/PFE-INSS.

§ 2º O auxílio-acidente com fato gerador a partir de 18 de junho de 2019 não será considerado para manutenção da qualidade de segurado.

Art. 2º Aplica-se o disposto nesta portaria aos benefícios de auxílio suplementar.

Art. 3º As regras de cômputo das remunerações no período básico de cálculo permanecem inalteradas".

II – até 12 (doze) meses após a cessação das contribuições, o segurado que deixar de exercer atividade remunerada abrangida pela Previdência Social ou estiver suspenso ou licenciado sem remuneração;

•• A Lei n. 13.135, de 17-6-2015, propôs nova redação para esse inciso, todavia teve o seu texto vetado.

III – até 12 (doze) meses após cessar a segregação, o segurado acometido de doença de segregação compulsória;

IV – até 12 (doze) meses após o livramento, o segurado retido ou recluso;

V – até 3 (três) meses após o licenciamento, o segurado incorporado às Forças Armadas para prestar serviço militar;

VI – até 6 (seis) meses após a cessação das contribuições, o segurado facultativo.

§ 1º O prazo do inciso II será prorrogado para até 24 (vinte e quatro) meses se o segurado já tiver pago mais de 120 (cento e vinte) contribuições mensais sem interrupção que acarrete a perda da qualidade de segurado.

§ 2º Os prazos do inciso II ou do § 1º serão acrescidos de 12 (doze) meses para o segurado desempregado, desde que comprovada essa situação pelo registro no órgão próprio do Ministério do Trabalho e da Previdência Social.

§ 3º Durante os prazos deste artigo, o segurado conserva todos os seus direitos perante a Previdência Social.

§ 4º A perda da qualidade de segurado ocorrerá no dia seguinte ao do término do prazo fixado no Plano de Custeio da Seguridade Social para recolhimento da contribuição referente ao mês imediatamente posterior ao do final dos prazos fixados neste artigo e seus parágrafos.

Seção II
Dos Dependentes

Art. 16. São beneficiários do Regime Geral de Previdência Social, na condição de dependentes do segurado:

I – o cônjuge, a companheira, o companheiro e o filho não emancipado, de qualquer condição, menor de 21 (vinte e um) anos ou inválido ou que tenha deficiência intelectual ou mental ou deficiência grave;

•• Inciso I com redação determinada pela Lei n. 13.146, de 6-7-2015.

•• A Portaria n. 513, de 9-12-2010, do Ministério da Previdência Social, dispõe sobre a união estável entre pessoas do mesmo sexo.

II – os pais;

III – o irmão não emancipado, de qualquer condição, menor de 21 (vinte e um) anos ou inválido ou que tenha deficiência intelectual ou mental ou deficiência grave;

•• Inciso III com redação determinada pela Lei n. 13.146, de 6-7-2015.

IV – (*Revogado pela Lei n. 9.032, de 28-4-1995.*)

§ 1º A existência de dependente de qualquer das classes deste artigo exclui do direito às prestações os das classes seguintes.

§ 2º O enteado e o menor tutelado equiparam-se a filho mediante declaração do segurado e desde que comprovada a dependência econômica na forma estabelecida no Regulamento.

•• § 2º com redação determinada pela Lei n. 9.528, de 10-12-1997.

•• O STF, por maioria, julgou parcialmente procedente as ADIs n. 4.878 e 5.083, nas sessões virtuais de 28-5-2021 a 7-6-2021 (*DOU* de 16-6-2021), conferindo interpretação conforme a CF a este § 2º, para contemplar em seu âmbito de proteção o "menor sob guarda".

§ 3º Considera-se companheira ou companheiro a pessoa que, sem ser casada, mantém união estável com o segurado ou com a segurada, de acordo com o § 3º do art. 226 da Constituição Federal.

• Citado dispositivo consta deste volume.

§ 4º A dependência econômica das pessoas indicadas no inciso I é presumida e a das demais deve ser comprovada.

§ 5º As provas de união estável e de dependência econômica exigem início de prova material contemporânea dos fatos, produzido em período não superior a 24 (vinte e quatro) meses anterior à data do óbito ou do recolhimento à prisão do segurado, não admitida a prova exclusivamente testemunhal, exceto na ocorrência de motivo de força maior ou caso fortuito, conforme disposto no regulamento.

•• § 5º acrescentado pela Lei n. 13.846, de 18-6-2019.

§ 6º Na hipótese da alínea *c* do inciso V do § 2º do art. 77 desta Lei, a par da exigência do § 5º deste artigo, deverá ser apresentado, ainda, início de prova material que comprove união estável por pelo menos 2 (dois) anos antes do óbito do segurado.

•• § 6º acrescentado pela Lei n. 13.846, de 18-6-2019.

§ 7º Será excluído definitivamente da condição de dependente quem tiver sido condenado criminalmente por sentença com trânsito em julgado, como autor, coautor ou partícipe de homicídio doloso, ou de tentativa desse crime, cometido contra a pessoa do segurado, ressalvados os absolutamente incapazes e os inimputáveis.

•• § 7º acrescentado pela Lei n. 13.846, de 18-6-2019.

....

Capítulo II
Das Prestações em Geral

Seção I
Das Espécies de Prestações

Art. 18. Regime Geral de Previdência Social compreende as seguintes prestações, devidas inclusive em razão de eventos decorrentes de acidente do trabalho, expressas em benefícios e serviços:

I – quanto ao segurado:

a) aposentadoria por invalidez;

b) aposentadoria por idade;

c) aposentadoria por tempo de contribuição;

•• Alínea *c* com redação determinada pela Lei Complementar n. 123, de 14-12-2006.

d) aposentadoria especial;

e) auxílio-doença;

....

h) auxílio-acidente;

....

II – quanto ao dependente:

a) pensão por morte;

....

III – quanto ao segurado e dependente:

....

b) serviço social;

c) reabilitação profissional.

§ 1º Somente poderão beneficiar-se do auxílio-acidente os segurados incluídos nos incisos I, II, VI e VII do art. 11 desta Lei.

•• § 1º com redação determinada pela Lei Complementar n. 150, de 1º-6-2015.

§ 2º O aposentado pelo Regime Geral de Previdência Social – RGPS que permanecer em atividade sujeita a este Regime, ou a ele retornar, não fará jus a prestação alguma da Previdência Social em decorrência do exercício dessa atividade, exceto ao salário-família e à reabilitação profissional, quando empregado.

•• § 2º com redação determinada pela Lei n. 9.528, de 10-12-1997.

....

§ 4º Os benefícios referidos no *caput* deste artigo poderão ser solicitados, pelos interessados, aos Oficiais de Registro Civil das Pessoas Naturais, que encaminharão, eletronicamente, requerimento e respectiva documentação comprobatória de seu direito para deliberação e análise do Instituto Nacional do Seguro Social (INSS), nos termos do regulamento.

•• § 4º acrescentado pela Lei n. 13.846, de 18-6-2019.

....

Art. 19. Acidente do trabalho é o que ocorre pelo exercício do trabalho a serviço de empresa ou de empregador doméstico ou pelo exercício do trabalho dos segurados referidos no inciso VII do art. 11 desta Lei, provocando lesão corporal ou perturbação funcional que cause a morte ou a perda ou redução, permanente ou temporária, da capacidade para o trabalho.

•• *Caput* com redação determinada pela Lei Complementar n. 150, de 1º-6-2015.

§ 1º A empresa é responsável pela adoção e uso das medidas coletivas e individuais de proteção e segurança da saúde do trabalhador.

§ 2º Constitui contravenção penal, punível com multa, deixar a empresa de cumprir as normas de segurança e higiene do trabalho.

•• *Vide* NRs 1 a 37.

§ 3º É dever da empresa prestar informações pormenorizadas sobre os riscos da operação a executar e do produto a manipular.

§ 4º O Ministério do Trabalho e da Previdência Social fiscalizará e os sindicatos e entidades representativas de classe acompanharão o fiel cumprimento do disposto nos parágrafos anteriores, conforme dispuser o Regulamento.

Art. 20. Consideram-se acidente do trabalho, nos termos do artigo anterior, as seguintes entidades mórbidas:

•• O Anexo II do Decreto n. 3.048, de 6-5-1999, estabelece a lista dos agentes patogênicos causadores de doenças profissionais ou do trabalho, conforme previsto neste artigo. Estabelece ainda os agentes ou fatores de risco de natureza ocupacional relacionados com a etiologia de doenças profissionais e de outras doenças relacionadas com o trabalho (Lista A) e as doenças infecciosas e parasitárias relacionadas com o trabalho (Lista B).

I – doença profissional, assim entendida a produzida ou desencadeada pelo exercício do trabalho peculiar a determinada atividade e constante da respectiva relação elaborada pelo Ministério do Trabalho e da Previdência Social;

II – doença do trabalho, assim entendida a adquirida ou desencadeada em função de condições especiais em que o trabalho é realizado e com ele se relacione diretamente, constante da relação mencionada no inciso I.

§ 1º Não são consideradas como doença do trabalho:

a) a doença degenerativa;

b) a inerente a grupo etário;

c) a que não produza incapacidade laborativa;

d) a doença endêmica adquirida por segurado habitante de região em que ela se desenvolva, salvo comprovação de que é resultante de exposição ou contato direto determinado pela natureza do trabalho.

§ 2º Em caso excepcional, constatando-se que a doença não incluída na relação prevista nos incisos I e II deste artigo resultou das condições especiais em que o trabalho é executado e com ele se relaciona diretamente, a Previdência Social deve considerá-la acidente do trabalho.

Art. 21. Equiparam-se também ao acidente do trabalho, para efeitos desta Lei:

I – o acidente ligado ao trabalho que, embora não tenha sido a causa única, haja contribuído diretamente para a morte do segurado, para redução ou perda da sua capacidade para o trabalho, ou produzido lesão que exija atenção médica para a sua recuperação;

II – o acidente sofrido pelo segurado no local e no horário do trabalho, em consequência de:

a) ato de agressão, sabotagem ou terrorismo praticado por terceiro ou companheiro de trabalho;

b) ofensa física intencional, inclusive de terceiro, por motivo de disputa relacionada ao trabalho;

c) ato de imprudência, de negligência ou de imperícia de terceiro ou de companheiro de trabalho;

d) ato de pessoa privada do uso da razão;

e) desabamento, inundação, incêndio e outros casos fortuitos ou decorrentes de força maior;

III – a doença proveniente de contaminação acidental do empregado no exercício de sua atividade;

IV – o acidente sofrido pelo segurado ainda que fora do local e horário de trabalho:

a) na execução de ordem ou na realização de serviço sob a autoridade da empresa;

b) na prestação espontânea de qualquer serviço à empresa para lhe evitar prejuízo ou proporcionar proveito;

c) em viagem a serviço da empresa, inclusive para estudo quando financiada por esta dentro de seus planos para melhor capacitação da mão de obra, independentemente do meio de locomoção utilizado, inclusive veículo de propriedade do segurado;

d) no percurso da residência para o local de trabalho ou deste para aquela, qualquer que seja o meio de locomoção, inclusive veículo de propriedade do segurado.

§ 1º Nos períodos destinados a refeição ou descanso, ou por ocasião da satisfação de outras necessidades fisiológicas, no local do trabalho ou durante este, o empregado é considerado no exercício do trabalho.

§ 2º Não é considerada agravação ou complicação de acidente do trabalho a lesão que, resultante de acidente de outra origem, se associe ou se superponha às consequências do anterior.

Art. 21-A. A perícia médica do Instituto Nacional do Seguro Social (INSS) considerará caracterizada a natureza acidentária da incapacidade quando constatar ocorrência de nexo técnico epidemiológico entre o trabalho e o agravo, decorrente da relação entre a atividade da empresa ou do empregado doméstico e a entidade mórbida motivadora da incapacidade elencada na Classificação Internacional de Doenças (CID), em conformidade com o que dispuser o regulamento.

•• *Caput* com redação determinada pela Lei Complementar n. 150, de 1º-6-2015.

§ 1º A perícia médica do INSS deixará de aplicar o disposto neste artigo quando demonstrada a inexistência do nexo de que trata o *caput* deste artigo.

•• § 1º acrescentado pela Lei n. 11.430, de 26-12-2006.

§ 2º A empresa ou o empregador doméstico poderão requerer a não aplicação do nexo técnico epidemiológico, de cuja decisão caberá recurso, com efeito suspensivo, da empresa, do empregador doméstico ou do segurado ao Conselho de Recursos da Previdência Social.

•• § 2º com redação determinada pela Lei Complementar n. 150, de 1º-6-2015.

Art. 22. A empresa ou o empregador doméstico deverão comunicar o acidente do trabalho à Previdência Social até o primeiro dia útil seguinte ao da ocorrência e, em caso de morte, de imediato, à autoridade competente, sob pena de multa variável entre o limite mínimo e o limite máximo do salário de contribuição, sucessivamente aumentada nas reincidências, aplicada e cobrada pela Previdência Social.

•• *Caput* com redação determinada pela Lei Complementar n. 150, de 1º-6-2015.

•• A Portaria n. 4.334, de 15-4-2021, da SEPRT/ME, dispõe que a Comunicação de Acidente de Trabalho (CAT), de que trata este art. 22, será cadastrada exclusivamente em meio eletrônico.

§ 1º Da comunicação a que se refere este artigo receberão cópia fiel o acidentado ou seus dependentes, bem como o sindicato a que corresponda a sua categoria.

§ 2º Na falta de comunicação por parte da empresa, podem formalizá-la o próprio acidentado, seus dependentes, a entidade sindical competente, o médico que o assistiu ou qualquer autoridade pública, não prevalecendo nestes casos o prazo previsto neste artigo.

§ 3º A comunicação a que se refere o § 2º não exime a empresa de responsabilidade pela falta do cumprimento do disposto neste artigo.

§ 4º Os sindicatos e entidades representativas de classe poderão acompanhar a cobrança, pela Previdência Social, das multas previstas neste artigo.

§ 5º A multa de que trata este artigo não se aplica na hipótese do *caput* do art. 21-A.

•• § 5º acrescentado pela Lei n. 11.430, de 26-12-2006.

Art. 23. Considera-se como dia do acidente, no caso de doença profissional ou do trabalho, a data do início da incapacidade laborativa para o exercício da atividade habitual, ou o dia da segregação compulsória, ou o dia em que for realizado o diagnóstico, valendo para este efeito o que ocorrer primeiro.

• *Vide* Súmula 507 do STJ.

Seção II
Dos Períodos de Carência

Art. 24. Período de carência é o número mínimo de contribuições mensais indispensáveis para que o beneficiário faça jus ao benefício, consideradas a partir do transcurso do primeiro dia dos meses de suas competências.

Parágrafo único. (*Revogado pela Lei n. 13.457, de 26-6-2017.*)

Art. 25. A concessão das prestações pecuniárias do Regime Geral de Previdência Social depende dos seguintes períodos de carência, ressalvado o disposto no art. 26:

I – auxílio-doença e aposentadoria por invalidez: 12 (doze) contribuições mensais;

II – aposentadoria por idade, aposentadoria por tempo de serviço e aposentadoria especial: 180 (cento e oitenta) contribuições mensais;

•• Inciso II com redação determinada pela Lei n. 8.870, de 15-4-1994.

III – salário-maternidade para as seguradas de que tratam os incisos V e VII do *caput* do art. 11 e o art. 13 desta Lei: 10 (dez) contribuições mensais, respeitado o disposto no parágrafo único do art. 39 desta Lei; e

•• Inciso III com redação determinada pela Lei n. 13.846, de 18-6-2019.

IV – auxílio-reclusão: 24 (vinte e quatro) contribuições mensais.

•• Inciso IV acrescentado pela Lei n. 13.846, de 18-6-2019.

Parágrafo único. Em caso de parto antecipado, o período de carência a que se refere o inciso III será reduzido em número de contribuições equivalente ao número de meses em que o parto foi antecipado.

•• Parágrafo único acrescentado pela Lei n. 9.876, de 26-11-1999.

Art. 26. Independe de carência a concessão das seguintes prestações:

I – pensão por morte, salário-família e auxílio-acidente;

•• Inciso I com redação determinada pela Lei n. 13.846, de 18-6-2019.

II – auxílio-doença e aposentadoria por invalidez nos casos de acidente de qualquer natureza ou causa e de doença profissional ou do trabalho, bem como nos casos de segurado que, após filiar-se ao RGPS, for acometido de alguma das doenças e afecções especificadas em lista elaborada pelos Ministérios da Saúde e da Previdência Social, atualizada a cada 3 (três) anos, de acordo com os critérios de estigma, deformação, mutilação, deficiência ou outro fator que lhe confira especificidade e gravidade que mereçam tratamento particularizado;

•• Inciso II com redação determinada pela Lei n. 13.135, de 17-6-2015.

III – os benefícios concedidos na forma do inciso I do art. 39, aos segurados especiais referidos no inciso VII do art. 11 desta Lei;

IV – serviço social;

V – reabilitação profissional;

VI – salário-maternidade para as seguradas empregada, trabalhadora avulsa e empregada doméstica;

•• Inciso VI acrescentado pela Lei n. 9.876, de 26-11-1999.

Art. 27. Para cômputo do período de carência, serão consideradas as contribuições:

•• *Caput* com redação determinada pela Lei Complementar n. 150, de 1º-6-2015.

I – referentes ao período a partir da data de filiação ao Regime Geral de Previdência Social (RGPS), no caso dos segurados empregados, inclusive os domésticos, e dos trabalhadores avulsos;

•• Inciso I com redação determinada pela Lei Complementar n. 150, de 1º-6-2015.

II – realizadas a contar da data de efetivo pagamento da primeira contribuição sem atraso, não sendo consideradas para este fim as contribuições recolhidas com atraso referentes a competências anteriores, no caso dos segurados contribuinte individual, especial e facultativo, referidos, respectivamente, nos incisos V e VII do art. 11 e no art. 13.

•• Inciso II com redação determinada pela Lei Complementar n. 150, de 1º-6-2015.

Art. 27-A. Na hipótese de perda da qualidade de segurado, para fins da concessão dos benefícios de auxílio-doença, de aposentadoria por invalidez, de salário-maternidade e de auxílio-reclusão, o segurado deverá contar, a partir da data da nova filiação à Previdência Social, com metade dos períodos previstos nos incisos I, III e IV do *caput* do art. 25 desta Lei.

•• Artigo com redação determinada pela Lei n. 13.846, de 18-6-2019.

Seção III
Do Cálculo do Valor dos Benefícios

Subseção I
Do salário de benefício

Art. 28. O valor do benefício de prestação continuada, inclusive o regido por norma especial e o decorrente de acidente do trabalho, exceto o salário-família e o salário-maternidade, será calculado com base no salário de benefício.

•• *Caput* com redação determinada pela Lei n. 9.032, de 28-4-1995.

....

Art. 29. O salário de benefício consiste:

•• *Caput* com redação determinada pela Lei n. 9.876, de 26-11-1999.

I – para os benefícios de que tratam as alíneas *b* e *c* do inciso I do art. 18, na média aritmética simples dos maiores salários de contribuição correspondentes a 80% (oitenta por cento) de todo o período contributivo, multiplicada pelo fator previdenciário;

•• Inciso I acrescentado pela Lei n. 9.876, de 26-11-1999.

II – para os benefícios de que tratam as alíneas *a*, *d*, *e* e *h* do inciso I do art. 18, na média aritmética simples dos maiores salários de contribuição correspondentes a 80% (oitenta por cento) de todo o período contributivo.

•• Inciso II acrescentado pela Lei n. 9.876, de 26-11-1999.

• A Resolução n. 268, de 24-1-2013, do Instituto Nacional do Seguro Social, dispõe sobre a revisão de que trata este inciso.

....

§ 2º O valor do salário de benefício não será inferior ao de um salário mínimo, nem superior ao do limite máximo do salário de contribuição na data de início do benefício.

•• A Portaria n. 477, de 12-1-2021, do Ministério da Economia, estabelece que, a partir de 1.º-1-2021, o salário de benefício e o salário de contribuição não poderão ser inferiores a R$ 1.100,00 (um mil e cem reais), nem superiores a R$ 6.433,57 (seis mil quatrocentos e trinta e três reais e cinquenta e sete centavos).

§ 3º Serão considerados para cálculo do salário de benefício os ganhos habituais do segurado empregado, a qualquer título, sob forma de moeda corrente ou de utilidades, sobre os quais tenha incidido contribuições previdenciárias, exceto o décimo terceiro salário (gratificação natalina).

•• § 3º com redação determinada pela Lei n. 8.870, de 15-4-1994.

§ 4º Não será considerado, para o cálculo do salário de benefício, o aumento dos salários de contribuição que exceder o limite legal, inclusive o voluntariamente concedido nos 36 (trinta e seis) meses imediatamente anteriores ao início do benefício, salvo se homologado pela Justiça do Trabalho, resultante de promoção regulada por normas gerais da empresa, admitida pela legislação do trabalho, de sentença normativa ou de reajustamento salarial obtido pela categoria respectiva.

§ 5º Se, no período básico de cálculo, o segurado tiver recebido benefícios por incapacidade, sua duração será contada, considerando-se como salário de contribuição, no período, o salário de benefício que serviu de base para o cálculo da renda mensal, reajustado nas mesmas épocas e bases dos benefícios em geral, não podendo ser inferior ao valor de 1 (um) salário mínimo.

• *Vide* Súmula 557 do STJ.

§ 6º O salário de benefício do segurado especial consiste no valor equivalente ao salário mínimo, ressalvado o disposto no inciso II do art. 39 e nos §§ 3º e 4º do art. 48 desta Lei.

•• § 6º com redação determinada pela Lei n. 11.718, de 20-6-2008.

I e II – (*Revogados pela Lei n. 11.718, de 20-6-2008.*)

§ 7º O fator previdenciário será calculado considerando-se a idade, a expectativa de sobrevida e o tempo de contribuição do segurado ao se aposentar, segundo a fórmula constante do Anexo desta Lei.

•• § 7º acrescentado pela Lei n. 9.876, de 26-11-1999.

§ 8º Para efeito do disposto no § 7º, a expectativa de sobrevida do segurado na idade da aposentadoria será obtida a partir da tábua completa de mortalidade construída pela Fundação Instituto Brasileiro de Geografia e Estatística – IBGE, considerando-se a média nacional única para ambos os sexos.

•• § 8º acrescentado pela Lei n. 9.876, de 26-11-1999.

§ 9º Para efeito da aplicação do fator previdenciário, ao tempo de contribuição do segurado serão adicionados:

I – 5 (cinco) anos, quando se tratar de mulher;

II – 5 (cinco) anos, quando se tratar de professor que comprove exclusivamente tempo de efetivo exercício das funções de magistério na educação infantil e no ensino fundamental e médio;

III – 10 (dez) anos, quando se tratar de professora que comprove exclusivamente tempo de efetivo exercício das funções de magistério na educação infantil e no ensino fundamental e médio.

•• § 9º acrescentado pela Lei n. 9.876, de 26-11-1999.

§ 10. O auxílio-doença não poderá exceder a média aritmética simples dos últimos 12 (doze) salários de contribuição, inclusive em caso de remuneração variável, ou, se não alcançado o número de 12 (doze), a média aritmética simples dos salários de contribuição existentes.

•• § 10 acrescentado pela Lei n. 13.135, de 17-6-2015.

§ 11. (*Vetado.*)

•• § 11 acrescentado pela Lei n. 13.135, de 17-6-2015.

§ 12. (*Vetado.*)

•• § 12 acrescentado pela Lei n. 13.135, de 17-6-2015.

§ 13. (*Vetado.*)

•• § 13 acrescentado pela Lei n. 13.135, de 17-6-2015.

Art. 31. O valor mensal do auxílio-acidente integra o salário de contribuição, para fins de cálculo do salário de benefício de qualquer aposentadoria, observado, no que couber, o disposto no art. 29 e no art. 86, § 5º.

•• Artigo com redação determinada pela Lei n. 9.528, de 10-12-1997.

Subseção II
Da renda mensal do benefício

Art. 33. A renda mensal do benefício de prestação continuada que substituir os salários de contribuição ou o rendimento do trabalho do segurado não terá valor inferior ao do salário mínimo, nem superior ao do limite máximo do salário de contribuição, ressalvado o disposto no art. 45 desta Lei.

Art. 34. No cálculo do valor da renda mensal do benefício, inclusive o decorrente de acidente do trabalho, serão computados:

•• *Caput* com redação determinada pela Lei Complementar n. 150, de 1º-6-2015.

I – para o segurado empregado, inclusive o doméstico, e o trabalhador avulso, os salários de contribuição referentes aos meses de contribuições devidas, ainda que não recolhidas pela empresa ou pelo empregador doméstico, sem prejuízo da respectiva cobrança e da aplicação das penalidades cabíveis, observado o disposto no § 5º do art. 29-A;

•• Inciso I com redação determinada pela Lei Complementar n. 150, de 1º-6-2015.

II – para o segurado empregado, inclusive o doméstico, o trabalhador avulso e o segurado especial, o valor mensal do auxílio-acidente, considerado como salário de contribuição para fins de concessão de qualquer aposentadoria, nos termos do art. 31;

•• Inciso II com redação determinada pela Lei Complementar n. 150, de 1º-6-2015.

III – para os demais segurados, os salários de contribuição referentes aos meses de contribuições efetivamente recolhidas.

•• Inciso III acrescentado pela Lei n. 9.528, de 10-12-1997.

Art. 35. Ao segurado empregado, inclusive o doméstico, e ao trabalhador avulso que tenham cumprido todas as condições para a concessão do benefício pleiteado, mas não possam comprovar o valor de seus salários de contribuição no período básico de cálculo, será concedido o benefício de valor mínimo, devendo esta renda ser recalculada quando da apresentação de prova dos salários de contribuição.

•• Artigo com redação determinada pela Lei Complementar n. 150, de 1º-6-2015.

....

Art. 39. Para os segurados especiais, referidos no inciso VII do *caput* do art. 11 desta Lei, fica garantida a concessão:

•• *Caput* com redação determinada pela Lei n. 13.846, de 18-6-2019.

I – de aposentadoria por idade ou por invalidez, de auxílio-doença, de auxílio-reclusão ou de pensão, no valor de 1 (um) salário mínimo, e de auxílio-acidente, conforme disposto no art. 86 desta Lei, desde que comprovem o exercício de atividade rural, ainda que de forma descontínua, no período imediatamente anterior ao requerimento do benefício, igual ao número de meses correspondentes à carência do benefício requerido, observado o disposto nos arts. 38-A e 38-B desta Lei; ou

•• Inciso I com redação determinada pela Lei n. 13.846, de 18-6-2019.

II – dos benefícios especificados nesta Lei, observados os critérios e a forma de cálculo estabelecidos, desde que contribuam facultativamente para a Previdência Social, na forma estipulada no Plano de Custeio da Seguridade Social.

Parágrafo único. Para a segurada especial fica garantida a concessão do salário-maternidade no valor de 1 (um) salário mínimo, desde que comprove o exercício de atividade rural, ainda que de forma descontínua, nos 12 (doze) meses imediatamente anteriores ao do início do benefício.

•• Parágrafo único acrescentado pela Lei n. 8.861, de 25-3-1994.

Art. 40. É devido abono anual ao segurado e ao dependente da Previdência Social que, durante o ano, recebeu auxílio-doença, auxílio-acidente ou aposentadoria, pensão por morte ou auxílio-reclusão.

•• A Portaria n. 1.267, de 12-1-2021, do INSS, disciplina e orienta, no âmbito do INSS, sobre os procedimentos a serem adotados nos casos em que houver ocorrência de óbito do segurado, antes da conclusão do ano vigente, em benefício com recebimento total das cotas de 13º (décimo terceiro) salário pagas antecipadamente.

•• O Decreto n. 10.695, de 4-5-2021, dispõe sobre a antecipação do abono anual devido aos segurados e aos dependentes da Previdência Social no ano de 2021, de que trata este artigo.

Parágrafo único. O abono anual será calculado, no que couber, da mesma forma que a Gratificação de Natal dos trabalhadores, tendo por base o valor da renda mensal do benefício do mês de dezembro de cada ano.

....

Seção V
Dos Benefícios

Subseção I
Da aposentadoria por invalidez

Art. 42. A aposentadoria por invalidez, uma vez cumprida, quando for o caso, a carência exigida, será devida ao segurado que, estando ou não em gozo de auxílio-doença, for considerado incapaz e insusceptível de reabilitação para o exercício de atividade que lhe garanta a subsistência, e ser-lhe-á paga enquanto permanecer nesta condição.

§ 1º A concessão de aposentadoria por invalidez dependerá da verificação da condição de incapacidade mediante exame médico-pericial a cargo da Previdência Social, podendo o segurado, às suas expensas, fazer-se acompanhar de médico de sua confiança.

§ 2º A doença ou lesão de que o segurado já era portador ao filiar-se ao Regime Geral de Previdência Social não lhe conferirá direito à aposentadoria por invalidez, salvo quando a incapacidade sobrevier por motivo de progressão ou agravamento dessa doença ou lesão.

Art. 43. A aposentadoria por invalidez será devida a partir do dia imediato ao da cessação do auxílio-doença, ressalvado o disposto nos §§ 1º, 2º e 3º deste artigo.

§ 1º Concluindo a perícia médica inicial pela existência de incapacidade total e definitiva para o trabalho, a aposentadoria por invalidez será devida:

•• § 1º com redação determinada pela Lei n. 9.032, de 28-4-1995.

a) ao segurado empregado, a contar do 16º (décimo sexto) dia do afastamento da atividade ou a partir da entrada do requerimento, se entre o afastamento e a entrada do requerimento decorrerem mais de 30 (trinta) dias;

•• Alínea *a* com redação determinada pela Lei n. 9.876, de 26-11-1999.

b) ao segurado empregado doméstico, trabalhador avulso, contribuinte individual, especial e facultativo, a contar da data do início da incapacidade ou da data da entrada do requerimento, se entre essas datas decorrerem mais de 30 (trinta) dias.

•• Alínea *b* com redação determinada pela Lei n. 9.876, de 26-11-1999.

§ 2º Durante os primeiros 15 (quinze) dias de afastamento da atividade por motivo de invalidez, caberá à empresa pagar ao segurado empregado o salário.

•• § 2º com redação determinada pela Lei n. 9.876, de 26-11-1999.

§ 3º (*Revogado pela Lei n. 9.032, de 28-4-1995.*)

§ 4º O segurado aposentado por invalidez poderá ser convocado a qualquer momento para avaliação das condições que ensejaram o afastamento ou a aposentadoria, concedida judicial ou administrativamente, observado o disposto no art. 101 desta Lei.

•• § 4º acrescentado pela Lei n. 13.457, de 26-6-2017.

§ 5º A pessoa com HIV/aids é dispensada da avaliação referida no § 4º deste artigo.

•• § 5º acrescentado pela Lei n. 13.847, de 19-6-2019.

Art. 44. A aposentadoria por invalidez, inclusive a decorrente de acidente do trabalho, consistirá numa renda mensal correspondente a 100% (cem por cento) do salário de benefício, observado o disposto na Seção III, especialmente no art. 33 desta Lei.

•• *Caput* com redação determinada pela Lei n. 9.032, de 28-4-1995.

§ 1º (*Revogado pela Lei n. 9.528, de 10-12-1997.*)

§ 2º Quando o acidentado do trabalho estiver em gozo de auxílio-doença, o valor da aposentadoria por invalidez será igual ao do auxílio-doença se este, por força de reajustamento, for superior ao previsto neste artigo.

Art. 45. O valor da aposentadoria por invalidez do segurado que necessitar da assistência permanente de outra pessoa será acrescido de 25% (vinte e cinco por cento).

Parágrafo único. O acréscimo de que trata este artigo:

a) será devido ainda que o valor da aposentadoria atinja o limite máximo legal;

b) será recalculado quando o benefício que lhe deu origem for reajustado;

c) cessará com a morte do aposentado, não sendo incorporável ao valor da pensão.

Art. 46. O aposentado por invalidez que retornar voluntariamente à atividade terá sua aposentadoria automaticamente cancelada, a partir da data do retorno.

Art. 47. Verificada a recuperação da capacidade de trabalho do aposentado por invalidez, será observado o seguinte procedimento:

I – quando a recuperação ocorrer dentro de 5 (cinco) anos, contados da data do início da aposentadoria por invalidez ou do auxílio-doença que a antecedeu sem interrupção, o benefício cessará:

a) de imediato, para o segurado empregado que tiver direito a retornar à função que desempenhava na empresa quando se aposentou, na forma da legislação trabalhista, valendo como documento, para tal fim, o certificado de capacidade fornecido pela Previdência Social; ou

b) após tantos meses quantos forem os anos de duração do auxílio-doença ou da aposentadoria por invalidez, para os demais segurados;

II – quando a recuperação for parcial, ou ocorrer após o período do inciso I, ou ainda quando o segurado for declarado apto para o exercício de trabalho diverso do qual habitualmente exercia, a aposentadoria será mantida, sem prejuízo da volta à atividade:

a) no seu valor integral, durante 6 (seis) meses contados da data em que for verificada a recuperação da capacidade;

b) com redução de 50% (cinquenta por cento), no período seguinte de 6 (seis) meses;

c) com redução de 75% (setenta e cinco por cento), também por igual período de 6 (seis) meses, ao término do qual cessará definitivamente.

....

Subseção IV
Da aposentadoria especial

Art. 57. A aposentadoria especial será devida, uma vez cumprida a carência exigida nesta Lei, ao segurado que tiver trabalhado sujeito a condições especiais que prejudiquem a saúde ou a integridade física, durante 15 (quinze), 20 (vinte) ou 25 (vinte e cinco) anos, conforme dispuser a lei.

•• *Caput* com redação determinada pela Lei n. 9.032, de 28-4-1995.

§ 1º A aposentadoria especial, observado o disposto no art. 33 desta Lei, consistirá numa renda mensal equivalente a 100% (cem por cento) do salário de benefício.

•• § 1º com redação determinada pela Lei n. 9.032, de 28-4-1995.

§ 2º A data de início do benefício será fixada da mesma forma que a da aposentadoria por idade, conforme o disposto no art. 49.

§ 3º A concessão da aposentadoria especial dependerá de comprovação pelo segurado, perante o Instituto Nacional do Seguro Social – INSS, do tempo de trabalho permanente, não ocasional nem intermitente, em condições especiais que prejudiquem a saúde ou a integridade física, durante o período mínimo fixado.

•• § 3º com redação determinada pela Lei n. 9.032, de 28-4-1995.

•• *Vide* Súmula 85 do JEF.

§ 4º O segurado deverá comprovar, além do tempo de trabalho, exposição aos agentes nocivos químicos, físicos, biológicos ou associação de agentes prejudiciais à saúde ou à integridade física, pelo período equivalente ao exigido para a concessão do benefício.

•• § 4º com redação determinada pela Lei n. 9.032, de 28-4-1995.

§ 5º O tempo de trabalho exercido sob condições especiais que sejam ou venham a ser consideradas prejudiciais à saúde ou à integridade física será somado, após a respectiva conversão ao tempo de trabalho exercido em atividade comum, segundo critérios estabelecidos pelo Ministério da Previdência e Assistência Social, para efeito de concessão de qualquer benefício.

•• § 5º com redação determinada pela Lei n. 9.032, de 28-4-1995.

§ 6º O benefício previsto neste artigo será financiado com os recursos provenientes da contribuição de que trata o inciso II do art. 22 da Lei n. 8.212, de 24 de julho de 1991, cujas alíquotas serão acrescidas de doze, nove ou seis pontos percentuais, conforme a atividade exercida pelo segurado a serviço da empresa permita a concessão de aposentadoria especial após quinze, vinte ou vinte e cinco anos de contribuição, respectivamente.

•• § 6º com redação determinada pela Lei n. 9.732, de 11-12-1998.

•• Mencionados dispositivos do art. 22 da Lei n. 8.212, de 24-7-1991, dispõem:

Legislação Complementar

....

"Art. 22. A contribuição a cargo da empresa, destinada à Seguridade Social, além do disposto no art. 23, é de:

....

II – para o financiamento do benefício previsto nos arts. 57 e 58 da Lei n. 8.213, de 24 de julho de 1991, e daqueles concedidos em razão do grau de incidência de incapacidade laborativa decorrente dos riscos ambientais do trabalho, sobre o total das remunerações pagas ou creditadas, no decorrer do mês, aos segurados empregados e trabalhadores avulsos:

•• A alíquota de contribuição de um, dois ou três por cento, destinada ao financiamento do benefício de aposentadoria especial ou daqueles concedidos em razão do grau de incidência de incapacidade laborativa decorrente dos riscos ambientais do trabalho, poderá ser reduzida, em até cinquenta por cento, ou aumentada, em até cem por cento, conforme dispuser o regulamento, em razão do desempenho da empresa em relação à respectiva atividade econômica, apurado em conformidade com os resultados obtidos a partir dos índices de frequência, gravidade e custo, calculados segundo metodologia aprovada pelo Conselho Nacional de Previdência Social, por força do art. 10 da Lei n. 10.666, de 8 de maio de 2003.

a) 1% (um por cento) para as empresas em cuja atividade preponderante o risco de acidentes do trabalho seja considerado leve;

b) 2% (dois por cento) para as empresas em cuja atividade preponderante esse risco seja considerado médio;

c) 3% (três por cento) para as empresas em cuja atividade preponderante esse risco seja considerado grave.

•• Inciso II com redação determinada pela Lei n. 9.732, de 11-12-1998.

....

§ 3º O Ministério do Trabalho e da Previdência Social poderá alterar, com base nas estatísticas de acidentes do trabalho, apuradas em inspeção, o enquadramento de empresas para efeito da contribuição a que se refere o inciso II deste artigo, a fim de estimular investimentos em prevenção de acidentes".

§ 7º O acréscimo de que trata o parágrafo anterior incide exclusivamente sobre a remuneração do segurado sujeito às condições especiais referidas no *caput*.

•• § 7º acrescentado pela Lei n. 9.732, de 11-12-1998.

§ 8º Aplica-se o disposto no art. 46 ao segurado aposentado nos termos deste artigo que continuar no exercício de atividade ou operação que o sujeite aos agentes nocivos constantes da relação referida no art. 58 desta Lei.

•• § 8º acrescentado pela Lei n. 9.732, de 11-12-1998.

Art. 58. A relação dos agentes nocivos químicos, físicos e biológicos ou associação de agentes prejudiciais à saúde ou à integridade física considerados para fins de concessão da aposentadoria especial de que trata o artigo anterior será definida pelo Poder Executivo.

•• *Caput* com redação determinada pela Lei n. 9.528, de 10-12-1997.

•• O Anexo IV do Decreto n. 3.048, de 6-5-1999, estabelece a classificação dos agentes nocivos.

§ 1º A comprovação da efetiva exposição do segurado aos agentes nocivos será feita mediante formulário, na forma estabelecida pelo Instituto Nacional do Seguro Social – INSS, emitido pela empresa ou seu preposto, com base em laudo técnico de condições ambientais do trabalho expedido por médico do trabalho ou engenheiro de segurança do trabalho nos termos da legislação trabalhista.

•• § 1º com redação determinada pela Lei n. 9.732, de 11-12-1998.

§ 2º Do laudo técnico referido no parágrafo anterior deverão constar informação sobre a existência de tecnologia de proteção coletiva ou individual que diminua a intensidade do agente agressivo a limites de tolerância e recomendação sobre a sua adoção pelo estabelecimento respectivo.

•• § 2º com redação determinada pela Lei n. 9.732, de 11-12-1998.

§ 3º A empresa que não mantiver laudo técnico atualizado com referência aos agentes nocivos existentes no ambiente de trabalho de seus trabalhadores ou que emitir documento de comprovação de efetiva exposição em desacordo com o respectivo laudo estará sujeita à penalidade prevista no art. 133 desta Lei.

•• § 3º com redação determinada pela Lei n. 9.528, de 10-12-1997.

§ 4º A empresa deverá elaborar e manter atualizado perfil profissiográfico abrangendo as atividades desenvolvidas pelo trabalhador e fornecer a este, quando da rescisão do contrato de trabalho, cópia autêntica deste documento.

•• § 4º com redação determinada pela Lei n. 9.528, de 10-12-1997.

Subseção V
Do auxílio-doença

Art. 59. O auxílio-doença será devido ao segurado que, havendo cumprido, quando for o caso, o período de carência exigido nesta Lei, ficar incapacitado para o seu trabalho ou para a sua atividade habitual por mais de 15 (quinze) dias consecutivos.

•• A Lei n. 14.131, de 30-3-2021, dispõe em seu art. 6º: "Art. 6º Fica o Instituto Nacional do Seguro Social (INSS) autorizado, até 31 de dezembro de 2021, a conceder o benefício de auxílio por incapacidade temporária de que trata o art. 59 da Lei n. 8.213, de 24 de julho de 1991, mediante apresentação pelo requerente de atestado médico e de documentos complementares que comprovem a doença informada no atestado como causa da incapacidade. § 1.º Os requisitos para a apresentação e a forma de análise do atestado médico e dos documentos complementares referidos no *caput* deste artigo serão estabelecidos em ato conjunto da Secretaria Especial de Previdência e Trabalho do Ministério da Economia e do INSS. § 2.º O procedimento estabelecido no *caput* deste artigo será adotado em caráter excepcional e a duração do benefício por incapacidade temporária dele resultante não terá duração superior a 90 (noventa) dias. § 3.º O INSS cientificará o requerente, no momento do requerimento, de que o benefício concedido com base neste artigo não está sujeito a pedido de prorrogação e de que eventual necessidade de acréscimo ao período inicialmente concedido, ainda que inferior a 90 (noventa) dias, estará sujeita a novo requerimento".

§ 1º Não será devido o auxílio-doença ao segurado que se filiar ao Regime Geral de Previdência Social já portador da doença ou da lesão invocada como causa para o benefício, exceto quando a incapacidade sobrevier por motivo de progressão ou agravamento da doença ou da lesão.

•• Parágrafo único renumerado pela Lei n. 13.846, de 18-6-2019.

§ 2º Não será devido o auxílio-doença para o segurado recluso em regime fechado.

•• § 2º acrescentado pela Lei n. 13.846, de 18-6-2019.

§ 3º O segurado em gozo de auxílio-doença na data do recolhimento à prisão terá o benefício suspenso.

•• § 3º acrescentado pela Lei n. 13.846, de 18-6-2019.

§ 4º A suspensão prevista no § 3º deste artigo será de até 60 (sessenta) dias, contados da data do recolhimento à prisão, cessado o benefício após o referido prazo.

•• § 4º acrescentado pela Lei n. 13.846, de 18-6-2019.

§ 5º Na hipótese de o segurado ser colocado em liberdade antes do prazo previsto no § 4º deste artigo, o benefício será restabelecido a partir da data da soltura.

•• § 5º acrescentado pela Lei n. 13.846, de 18-6-2019.

§ 6º Em caso de prisão declarada ilegal, o segurado terá direito à percepção do benefício por todo o período devido.

•• § 6º acrescentado pela Lei n. 13.846, de 18-6-2019.

§ 7º O disposto nos §§ 2º, 3º, 4º, 5º e 6º deste artigo aplica-se somente aos benefícios dos segurados que forem recolhidos à prisão a partir da data de publicação desta Lei.

•• § 7º acrescentado pela Lei n. 13.846, de 18-6-2019.

§ 8º O segurado recluso em cumprimento de pena em regime aberto ou semiaberto terá direito ao auxílio-doença.

•• § 8º acrescentado pela Lei n. 13.846, de 18-6-2019.

Art. 60. O auxílio-doença será devido ao segurado empregado a contar do 16º (décimo sexto) dia do afastamento da atividade, e, no caso dos demais segurados, a contar da data do início da incapacidade e enquanto ele permanecer incapaz.

•• *Caput* com redação determinada pela Lei n. 9.876, de 26-11-1999.

§ 1º Quando requerido por segurado afastado da atividade por mais de 30 (trinta) dias, o auxílio-doença será devido a contar da data da entrada do requerimento.

§ 2º (*Revogado pela Lei n. 9.032, de 28-4-1995.*)

§ 3º Durante os primeiros 15 (quinze) dias consecutivos ao do afastamento da atividade por motivo de doença, incumbirá à empresa pagar ao segurado empregado o seu salário integral.

•• § 3º com redação determinada pela Lei n. 9.876, de 26-11-1999.

§ 4º A empresa que dispuser de serviço médico, próprio ou em convênio, terá a seu cargo o exame médico e o abono das faltas correspondentes ao período referido no § 3º, somente devendo encaminhar o segurado à perícia médica da Previdência Social quando a incapacidade ultrapassar 15 (quinze) dias.

§ 5º (*Revogado pela Lei n. 13.846, de 18-6-2019.*)

§ 6º O segurado que durante o gozo do auxílio-doença vier a exercer atividade que lhe garanta subsistência poderá ter o benefício cancelado a partir do retorno à atividade.

•• § 6º acrescentado pela Lei n. 13.135, de 17-6-2015.

§ 7º Na hipótese do § 6º, caso o segurado, durante o gozo do auxílio-doença, venha a exercer atividade diversa daquela que gerou o benefício, deverá ser verificada a incapacidade para cada uma das atividades exercidas.

•• § 7º acrescentado pela Lei n. 13.135, de 17-6-2015.

§ 8º Sempre que possível, o ato de concessão ou de reativação de auxílio-doença, judicial ou administrativo, deverá fixar o prazo estimado para a duração do benefício.

•• § 8º acrescentado pela Lei n. 13.457, de 26-6-2017.

§ 9º Na ausência de fixação do prazo de que trata o § 8º deste artigo, o benefício cessará após o prazo de cento e vinte dias, contado da data de concessão ou de reativação do auxílio-doença, exceto se o segurado requerer a sua prorrogação perante o INSS, na forma do regulamento, observado o disposto no art. 62 desta Lei.

•• § 9º acrescentado pela Lei n. 13.457, de 26-6-2017.

§ 10. O segurado em gozo de auxílio-doença, concedido judicial ou administrativamente, poderá ser convocado a qualquer momento para avaliação das condições que ensejaram sua concessão ou manutenção, observado o disposto no art. 101 desta Lei.

•• § 10 acrescentado pela Lei n. 13.457, de 26-6-2017.

§ 11. O segurado que não concordar com o resultado da avaliação da qual dispõe o § 10 deste artigo poderá apresentar, no prazo máximo de trinta dias, recurso da decisão da administração perante o Conselho de Recursos do Seguro Social, cuja análise médica pericial, se necessária, será feita pelo assistente técnico médico da junta de recursos do seguro social, perito diverso daquele que indeferiu o benefício.

•• § 11 acrescentado pela Lei n. 13.457, de 26-6-2017.

Art. 61. O auxílio-doença, inclusive o decorrente de acidente do trabalho, consistirá numa renda mensal correspondente a 91% (noventa e um por cento) do salário de benefício, observado o disposto na Seção III, especialmente no art. 33 desta Lei.

•• Artigo com redação determinada pela Lei n. 9.032, de 28-4-1995.

Art. 62. O segurado em gozo de auxílio-doença, insuscetível de recuperação para sua atividade habitual, deverá submeter-se a processo de reabilitação profissional para o exercício de outra atividade.

•• *Caput* com redação determinada pela Lei n. 13.457, de 26-6-2017.

§ 1º O benefício a que se refere o *caput* deste artigo será mantido até que o segurado seja considerado reabilitado para o desempenho de atividade que lhe garanta a subsistência ou, quando considerado não recuperável, seja aposentado por invalidez.

•• Parágrafo único renumerado pela Lei n. 13.846, de 18-6-2019.

§ 2º A alteração das atribuições e responsabilidades do segurado compatíveis com a limitação que tenha sofrido em sua capacidade física ou mental não configura desvio de cargo ou função do segurado reabilitado ou que estiver em processo de reabilitação profissional a cargo do INSS.

•• § 2º acrescentado pela Lei n. 13.846, de 18-6-2019.

Art. 63. O segurado empregado, inclusive o doméstico, em gozo de auxílio-doença será considerado pela empresa e pelo empregador doméstico como licenciado.

•• *Caput* com redação determinada pela Lei Complementar n. 150, de 1º-6-2015.

Parágrafo único. A empresa que garantir ao segurado licença remunerada ficará obrigada a pagar-lhe durante o período de auxílio-doença a eventual diferença entre o valor deste e a importância garantida pela licença.

Art. 64. (*Revogado pela Lei n. 9.032, de 28-4-1995.*)

....

Subseção VIII

Da pensão por morte

Art. 74. A pensão por morte será devida ao conjunto dos dependentes do segurado que falecer, aposentado ou não, a contar da data:

•• *Caput* com redação determinada pela Lei n. 9.528, de 10-12-1997.

I – do óbito, quando requerida em até 180 (cento e oitenta) dias após o óbito, para os filhos menores de 16 (dezesseis) anos, ou em até 90 (noventa) dias após o óbito, para os demais dependentes;

•• Inciso I com redação determinada pela Lei n. 13.846, de 18-6-2019.

II – do requerimento, quando requerida após o prazo previsto no inciso anterior;

•• Inciso II acrescentado pela Lei n. 9.528, de 10-12-1997.

III – da decisão judicial, no caso de morte presumida.

•• Inciso III acrescentado pela Lei n. 9.528, de 10-12-1997.

§ 1º Perde o direito à pensão por morte o condenado criminalmente por sentença com trânsito em julgado, como autor, coautor ou partícipe de homicídio doloso, ou de tentativa desse crime, cometido contra a pessoa do segurado, ressalvados os absolutamente incapazes e os inimputáveis.

•• § 1º com redação determinada pela Lei n. 13.846, de 18-6-2019.

§ 2º Perde o direito à pensão por morte o cônjuge, o companheiro ou a companheira se comprovada, a qualquer tempo, simulação ou fraude no casamento ou na união estável, ou a formalização desses com o fim exclusivo de constituir benefício previdenciário, apuradas em processo judicial no qual será assegurado o direito ao contraditório e à ampla defesa.

•• § 2º acrescentado pela Lei n. 13.135, de 17-6-2015.

§ 3º Ajuizada a ação judicial para reconhecimento da condição de dependente, este poderá requerer a sua habilitação provisória ao benefício de pensão por morte, exclusivamente para fins de rateio dos valores com outros dependentes, vedado o pagamento da respectiva cota até o trânsito em julgado da respectiva ação, ressalvada a existência de decisão judicial em contrário.

•• § 3º acrescentado pela Lei n. 13.846, de 18-6-2019.

§ 4º Nas ações em que o INSS for parte, este poderá proceder de ofício à habilitação excepcional da referida pensão, apenas para efeitos de rateio, descontando-se os valores referentes a esta habilitação das demais cotas, vedado o pagamento da respectiva cota até o trânsito em julgado da respectiva ação, ressalvada a existência de decisão judicial em contrário.

•• § 4º acrescentado pela Lei n. 13.846, de 18-6-2019.

§ 5º Julgada improcedente a ação prevista no § 3º ou § 4º deste artigo, o valor retido será corrigido pelos índices legais de reajustamento e será pago de forma proporcional aos demais dependentes, de acordo com as suas cotas e o tempo de duração de seus benefícios.

•• § 5º acrescentado pela Lei n. 13.846, de 18-6-2019.

§ 6º Em qualquer caso, fica assegurada ao INSS a cobrança dos valores indevidamente pagos em função de nova habilitação.

•• § 6º acrescentado pela Lei n. 13.846, de 18-6-2019.

Art. 75. O valor mensal da pensão por morte será de 100% (cem por cento) do valor da aposentadoria que o segurado recebia ou daquela a que teria direito se estivesse aposentado por invalidez na data de seu falecimento, observado o disposto no art. 33 desta Lei.

•• Artigo com redação determinada pela Lei n. 9.528, de 10-12-1997.

Art. 76. A concessão da pensão por morte não será protelada pela falta de habilitação de outro possível dependente, e qualquer inscrição ou habilitação posterior que importe em exclusão ou inclusão de dependente só produzirá efeito a contar da data da inscrição ou habilitação.

§ 1º O cônjuge ausente não exclui do direito à pensão por morte o companheiro ou a companheira, que somente fará jus ao benefício a partir da data de sua habilitação e mediante prova de dependência econômica.

§ 2º O cônjuge divorciado ou separado judicialmente ou de fato que recebia pensão de alimentos concorrerá em igualdade de condições com os dependentes referidos no inciso I do art. 16 desta Lei.

§ 3º Na hipótese de o segurado falecido estar, na data de seu falecimento, obrigado por determinação judicial a pagar alimentos temporários a ex-cônjuge, ex-companheiro ou ex-companheira, a pensão por morte será devida pelo prazo remanescente na data do óbito, caso não incida outra hipótese de cancelamento anterior do benefício.

•• § 3º acrescentado pela Lei n. 13.846, de 18-6-2019.

Art. 77. A pensão por morte, havendo mais de um pensionista, será rateada entre todos em partes iguais.

•• *Caput* com redação determinada pela Lei n. 9.032, de 28-4-1995.

§ 1º Reverterá em favor dos demais a parte daquele cujo direito à pensão cessar.

•• § 1º com redação determinada pela Lei n. 9.032, de 28-4-1995.

§ 2º O direito à percepção da cota individual cessará:

•• § 2º, *caput*, com redação determinada pela Lei n. 13.846, de 18-6-2019.

I – pela morte do pensionista;

II – para o filho, a pessoa a ele equiparada ou o irmão, de ambos os sexos, ao completar vinte e um anos de idade, salvo se for inválido ou tiver deficiência intelectual ou mental ou deficiência grave;

•• Inciso II com redação determinada pela Lei n. 13.183, de 4-11-2015.

III – para filho ou irmão inválido, pela cessação da invalidez;

•• Inciso III com redação determinada pela Lei n. 13.135, de 17-6-2015.

IV – para filho ou irmão que tenha deficiência intelectual ou mental ou deficiência grave, pelo afastamento da deficiência, nos termos do regulamento;

•• Inciso IV acrescentado pela Lei n. 13.135, de 17-6-2015.

•• A Lei n. 13.135, de 17-6-2015, estabelece em seu art. 6º, II, *a*, que esta alteração entra em vigor 2 anos após a data de sua publicação (*DOU* de 18-6-2015), com relação às pessoas com deficiência intelectual ou mental.

V – para cônjuge ou companheiro:

•• Inciso V, *caput*, acrescentado pela Lei n. 13.135, de 17-6-2015.

a) se inválido ou com deficiência, pela cessação da invalidez ou pelo afastamento da deficiência, respeitados os períodos mínimos decorrentes da aplicação das alíneas *b* e *c*;

•• Alínea *a* acrescentada pela Lei n. 13.135, de 17-6-2015.

b) em 4 (quatro) meses, se o óbito ocorrer sem que o segurado tenha vertido 18 (dezoito) contribuições mensais ou se o casamento ou a união estável tiverem sido iniciados em menos de 2 (dois) anos antes do óbito do segurado;

•• Alínea *b* acrescentada pela Lei n. 13.135, de 17-6-2015.

c) transcorridos os seguintes períodos, estabelecidos de acordo com a idade do beneficiário na data de óbito do segurado, se o óbito ocorrer depois de vertidas 18 (dezoito) contribuições mensais e pelo menos 2 (dois) anos após o início do casamento ou da união estável:

•• Alínea *c*, *caput*, acrescentada pela Lei n. 13.135, de 17-6-2015.

1) 3 (três) anos, com menos de 21 (vinte e um) anos de idade;

•• Item 1 acrescentado pela Lei n. 13.135, de 17-6-2015.

•• A Portaria n. 424, de 29-12-2020, do Ministério da Economia, fixa novo limite de idade do beneficiário: "I – três anos, com menos de vinte e dois anos de idade".

2) 6 (seis) anos, entre 21 (vinte e um) e 26 (vinte e seis) anos de idade;

•• Item 2 acrescentado pela Lei n. 13.135, de 17-6-2015.

•• A Portaria n. 424, de 29-12-2020, do Ministério da Economia, fixa novos limites de idade do beneficiário: "II – seis anos, entre vinte e dois e vinte e sete anos de idade".

3) 10 (dez) anos, entre 27 (vinte e sete) e 29 (vinte e nove) anos de idade;

•• Item 3 acrescentado pela Lei n. 13.135, de 17-6-2015.

•• A Portaria n. 424, de 29-12-2020, do Ministério da Economia, fixa novos limites de idade do beneficiário: "III – dez anos, entre vinte e oito e trinta anos de idade".

4) 15 (quinze) anos, entre 30 (trinta) e 40 (quarenta) anos de idade;

•• Item 4 acrescentado pela Lei n. 13.135, de 17-6-2015.

•• A Portaria n. 424, de 29-12-2020, do Ministério da Economia, fixa novos limites de idade do beneficiário: "IV – quinze anos, entre trinta e um e quarenta e um anos de idade".

5) 20 (vinte) anos, entre 41 (quarenta e um) e 43 (quarenta e três) anos de idade;

•• Item 5 acrescentado pela Lei n. 13.135, de 17-6-2015.

•• A Portaria n. 424, de 29-12-2020, do Ministério da Economia, fixa novos limites de idade do beneficiário: "V – vinte anos, entre quarenta e dois e quarenta e quatro anos de idade".

6) vitalícia, com 44 (quarenta e quatro) ou mais anos de idade.

•• Item 6 acrescentado pela Lei n. 13.135, de 17-6-2015.

•• A Portaria n. 424, de 29-12-2020, do Ministério da Economia, fixa novo limite de idade do beneficiário: "VI – vitalícia, com quarenta e cinco ou mais anos de idade".

VI – pela perda do direito, na forma do § 1º do art. 74 desta Lei.

•• Inciso VI acrescentado pela Lei n. 13.846, de 18-6-2019.

§ 2º-A. Serão aplicados, conforme o caso, a regra contida na alínea *a* ou os prazos previstos na alínea *c*, ambas do inciso V do § 2º, se o óbito do segurado decorrer de acidente de qualquer natureza ou de doença profissional ou do trabalho, independentemente do recolhimento de 18 (dezoito) contribuições mensais ou da comprovação de 2 (dois) anos de casamento ou de união estável.

•• § 2º-A acrescentado pela Lei n. 13.135, de 17-6-2015.

§ 2º-B. Após o transcurso de pelo menos 3 (três) anos e desde que nesse período se verifique o incremento mínimo de um ano inteiro na média nacional única, para ambos os sexos, correspondente à expectativa de sobrevida da população brasileira ao nascer, poderão ser fixadas, em números inteiros, novas idades para os fins previstos na alínea *c* do inciso V do § 2º, em ato do Ministro de Estado da Previdência Social, limitado o acréscimo na comparação com as idades anteriores ao referido incremento.

•• § 2º-B acrescentado pela Lei n. 13.135, de 17-6-2015.

§ 3º Com a extinção da parte do último pensionista a pensão extinguir-se-á.

•• § 3º acrescentado pela Lei n. 9.032, de 28-4-1995.

§ 4º (*Revogado pela Lei n. 13.135, de 17-6-2015.*)

•• A Lei n. 13.146, de 6-7-2015, propôs nova redação para este § 4º, todavia teve o seu texto vetado.

§ 5º O tempo de contribuição a Regime Próprio de Previdência Social (RPPS) será considerado na contagem das 18 (dezoito) contribuições mensais de que tratam as alíneas *b* e *c* do inciso V do § 2º.

•• § 5º acrescentado pela Lei n. 13.135, de 17-6-2015.

§ 6º O exercício de atividade remunerada, inclusive na condição de microempreendedor individual, não impede a concessão ou manutenção da parte individual da pensão do dependente com deficiência intelectual ou mental ou com deficiência grave.

•• § 6º acrescentado pela Lei n. 13.183, de 4-11-2015.

§ 7º Se houver fundados indícios de autoria, coautoria ou participação de dependente, ressalvados os absolutamente incapazes e os inimputáveis, em homicídio, ou em tentativa desse crime, cometido contra a pessoa do segurado, será possível a suspensão provisória de sua parte no benefício de pensão por morte, mediante processo administrativo próprio, respeitados a ampla defesa e o contraditório, e serão devidas, em caso de absolvição, todas as parcelas corrigidas desde a data da suspensão, bem como a reativação imediata do benefício.

•• § 7º acrescentado pela Lei n. 13.846, de 18-6-2019.

Art. 78. Por morte presumida do segurado, declarada pela autoridade judicial competente, depois de 6 (seis) meses de ausência, será concedida pensão provisória, na forma desta Subseção.

§ 1º Mediante prova do desaparecimento do segurado em consequência de acidente, desastre ou catástrofe, seus dependentes farão jus à pensão provisória independentemente da declaração e do prazo deste artigo.

§ 2º Verificado o reaparecimento do segurado, o pagamento da pensão cessará imediatamente, desobrigados os dependentes da reposição dos valores recebidos, salvo má-fé.

Art. 79. (*Revogado pela Lei n. 13.846, de 18-6-2019.*)

....

Subseção XI
Do auxílio-acidente

•• O Anexo III do Decreto n. 3.048, de 6-5-1999, estabelece a relação das situações que dão direito ao auxílio-acidente, de que trata esta subseção.

Art. 86. O auxílio-acidente será concedido, como indenização, ao segurado quando, após consolidação das lesões decorrentes de acidente de qualquer natureza, resultarem sequelas que impliquem redução da capacidade para o trabalho que habitualmente exercia.

•• *Caput* com redação determinada pela Lei n. 9.528, de 10-12-1997.

§ 1.º O auxílio-acidente mensal corresponderá a 50% (cinquenta por cento) do salário de benefício e será devido, observado o disposto no § 5.º, até a véspera do início de qualquer aposentadoria ou até a data do óbito do segurado.

•• § 1.º com redação determinada pela Lei n. 9.528, de 10-12-1997.

§ 2º O auxílio-acidente será devido a partir do dia seguinte ao da cessação do auxílio-doença, independentemente de qualquer remuneração ou rendimento auferido pelo acidentado, vedada sua acumulação com qualquer aposentadoria.

••§ 2º com redação determinada pela Lei n. 9.528, de 10-12-1997.

• *Vide* Súmula 507 do STJ.

§ 3º O recebimento de salário ou concessão de outro benefício, exceto de aposentadoria, observado o disposto no § 5º, não prejudicará a continuidade do recebimento do auxílio-acidente.

•• § 3º com redação determinada pela Lei n. 9.528, de 10-12-1997.

• *Vide* Súmula 507 do STJ.

§ 4º A perda da audição, em qualquer grau, somente proporcionará a concessão do auxílio-acidente, quando, além do reconhecimento de causalidade entre o trabalho e a doença, resultar, comprovadamente, na redução ou perda da capacidade para o trabalho que habitualmente exercia.

••§ 4º com redação determinada pela Lei n. 9.528, de 10-12-1997.

§ 5º (*Revogado pela Lei n. 9.032, de 28-4-1995.*)

•• A Lei n. 9.528, de 10-12-1997, propôs uma nova redação para este parágrafo, mas teve seu texto vetado.

....

Seção VI
Dos Serviços

Subseção I
Do serviço social

Art. 88. Compete ao Serviço Social esclarecer junto aos beneficiários seus direitos sociais e os meios de exercê-los e estabelecer conjuntamente com eles o processo de solução dos problemas que emergirem da sua relação com a Previdência Social, tanto no âmbito interno da instituição como na dinâmica da sociedade.

§ 1º Será dada prioridade aos segurados em benefício por incapacidade temporária e atenção especial aos aposentados e pensionistas.

§ 2º Para assegurar o efetivo atendimento dos usuários serão utilizados intervenção técnica, assistência de natureza jurídica, ajuda material, recursos sociais, intercâmbio com empresas e pesquisa social, inclusive mediante celebração de convênios, acordos ou contratos.

§ 3º O Serviço Social terá como diretriz a participação do beneficiário na implementação e no fortalecimento da política previdenciária, em articulação com as associações e entidades de classe.

§ 4º O Serviço Social, considerando a universalização da Previdência Social, prestará assessoramento técnico aos Estados e Municípios na elaboração e implantação de suas propostas de trabalho.

Subseção II
Da habilitação e da reabilitação profissional

Art. 89. A habilitação e a reabilitação profissional e social deverão proporcionar ao beneficiário incapacitado parcial ou totalmente para o trabalho, e às pessoas portadoras de deficiência, os meios para a (re)educação e de (re)adaptação profissional e social indicados para participar do mercado de trabalho e do contexto em que vive.

Parágrafo único. A reabilitação profissional compreende:

a) o fornecimento de aparelho de prótese, órtese e instrumentos de auxílio para locomoção quando a perda ou redução da capacidade funcional puder ser atenuada por seu uso e dos equipamentos necessários à habilitação e reabilitação social e profissional;

b) a reparação ou a substituição dos aparelhos mencionados no inciso anterior, desgastados pelo uso normal ou por ocorrência estranha à vontade do beneficiário;

c) o transporte do acidentado do trabalho, quando necessário.

Art. 90. A prestação de que trata o artigo anterior é devida em caráter obrigatório aos segurados, inclusive aposentados e, na medida das possibilidades do órgão da Previdência Social, aos seus dependentes.

Art. 91. Será concedido, no caso de habilitação e reabilitação profissional, auxílio para tratamento ou exame fora do domicílio do beneficiário, conforme dispuser o Regulamento.

Art. 92. Concluído o processo de habilitação ou reabilitação social e profissional, a Previdência Social emitirá certificado individual, indicando as atividades que poderão ser exercidas pelo beneficiário, nada impedindo que este exerça outra atividade para a qual se capacitar.

Art. 93. A empresa com 100 (cem) ou mais empregados está obrigada a preencher de 2% (dois por cento) a 5% (cinco por cento) dos seus cargos com beneficiários reabilitados ou pessoas portadoras de deficiência, habilitadas, na seguinte proporção:

•• A Lei n. 13.146, de 6-7-2015, propôs nova redação para este *caput*, todavia teve o seu texto vetado.

I – até 200 empregados 2%

•• A Lei n. 13.146, de 6-7-2015, propôs nova redação para este inciso I, todavia teve o seu texto vetado.

II – de 201 a 500 .... 3%

•• A Lei n. 13.146, de 6-7-2015, propôs nova redação para este inciso II, todavia teve o seu texto vetado.

III – de 501 a 1.000 .... 4%

•• A Lei n. 13.146, de 6-7-2015, propôs nova redação para este inciso III, todavia teve o seu texto vetado.

IV – de 1.001 em diante 5%

•• A Lei n. 13.146, de 6-7-2015, propôs nova redação para este inciso IV, todavia teve o seu texto vetado.

V – (*Vetado*.)

•• Inciso V acrescentado pela Lei n. 13.146, de 6-7-2015.

•• A Portaria n. 667, de 8-11-2021, do MTP, dispõe em seu art. 84: "Art. 84. A multa por infração ao disposto no art. 93 da Lei n. 8.213, de 1991, será calculada na seguinte proporção:

I – para empresas com até duzentos empregados, multiplicar o número de trabalhadores portadores de deficiência ou beneficiários reabilitados que deixaram de ser contratados pelo valor mínimo legal, acrescido de zero a vinte por cento;

II – para empresas com duzentos e um a quinhentos empregados, multiplicar o número de trabalhadores portadores de deficiência ou beneficiários reabilitados que deixaram de ser contratados pelo valor mínimo legal, acrescido de vinte a trinta por cento;

III – para empresas com quinhentos e um a mil empregados, multiplicar o número de trabalhadores portadores de deficiência ou beneficiários reabilitados que deixaram de ser contratados pelo valor mínimo legal, acrescido de trinta a quarenta por cento; e

IV – para empresas com mais de mil empregados, multiplicar o número de trabalhadores portadores de deficiência ou beneficiários reabilitados que deixaram de ser contratados pelo valor mínimo legal, acrescido de quarenta a cinquenta por cento.

§ 1º O valor mínimo legal a que se referem os incisos I a IV está previsto no art. 133 da Lei n. 8.213, de 1991.

§ 2º O valor resultante da aplicação dos parâmetros previstos neste artigo não poderá ultrapassar o máximo estabelecido no art. 133 da Lei n. 8.213, de 1991".

§ 1º A dispensa de pessoa com deficiência ou de beneficiário reabilitado da Previdência Social ao final de contrato por prazo determinado de mais de 90 (noventa) dias e a dispensa imotivada em contrato por prazo indeterminado somente poderão ocorrer após a contratação de outro trabalhador com deficiência ou beneficiário reabilitado da Previdência Social.

•• § 1º com redação determinada pela Lei n. 13.146, de 6-7-2015.

§ 2º Ao Ministério do Trabalho e Emprego incumbe estabelecer a sistemática de fiscalização, bem como gerar dados e estatísticas sobre o total de empregados e as vagas preenchidas por pessoas com deficiência e por beneficiários reabilitados da Previdência Social, fornecendo-os, quando solicitados, aos sindicatos, às entidades representativas dos empregados ou aos cidadãos interessados.

•• § 2º com redação determinada pela Lei n. 13.146, de 6-7-2015.

§ 3º Para a reserva de cargos será considerada somente a contratação direta de pessoa com deficiência, excluído o aprendiz com deficiência de que trata a Consolidação das Leis do Trabalho (CLT), aprovada pelo Decreto-lei n. 5.452, de 1º de maio de 1943.

•• § 3º acrescentado pela Lei n. 13.146, de 6-7-2015.

§ 4º (*Vetado*.)

•• § 4º acrescentado pela Lei n. 13.146, de 6-7-2015.

Seção VIII
Das Disposições Diversas Relativas às Prestações

Art. 101. O segurado em gozo de auxílio-doença, aposentadoria por invalidez e o pensionista inválido estão obrigados, sob pena de suspensão do benefício, a submeter-se a exame médico a cargo da Previdência Social, processo de reabilitação profissional por ela prescrito e custeado, e tratamento dispensado gratuitamente, exceto o cirúrgico e a transfusão de sangue, que são facultativos.

•• *Caput* com redação determinada pela Lei n. 9.032, de 28-4-1995.

§ 1º O aposentado por invalidez e o pensionista inválido que não tenham retornado à atividade estarão isentos do exame de que trata o *caput* deste artigo:

•• § 1º, *caput*, com redação determinada pela Lei n. 13.457, de 26-6-2017.

I – após completarem cinquenta e cinco anos ou mais de idade e quando decorridos quinze anos da data da

Legislação Complementar

concessão da aposentadoria por invalidez ou do auxílio-doença que a precedeu; ou

•• Inciso I acrescentado pela Lei n. 13.457, de 26-6-2017.

II – após completarem sessenta anos de idade.

•• Inciso II acrescentado pela Lei n. 13.457, de 26-6-2017.

§ 2º A isenção de que trata o § 1º não se aplica quando o exame tem as seguintes finalidades:

•• § 2º, *caput*, acrescentado pela Lei n. 13.063, de 30-12-2014.

I – verificar a necessidade de assistência permanente de outra pessoa para a concessão do acréscimo de 25% (vinte e cinco por cento) sobre o valor do benefício, conforme dispõe o art. 45;

•• Inciso I acrescentado pela Lei n. 13.063, de 30-12-2014.

II – verificar a recuperação da capacidade de trabalho, mediante solicitação do aposentado ou pensionista que se julgar apto;

•• Inciso II acrescentado pela Lei n. 13.063, de 30-12-2014.

III – subsidiar autoridade judiciária na concessão de curatela, conforme dispõe o art. 110.

•• Inciso III acrescentado pela Lei n. 13.063, de 30-12-2014.

§ 3º (Vetado.)

•• § 3º acrescentado pela Lei n. 13.457, de 26-6-2017.

§ 4º A perícia de que trata este artigo terá acesso aos prontuários médicos do periciado no Sistema Único de Saúde (SUS), desde que haja a prévia anuência do periciado e seja garantido o sigilo sobre os dados dele.

•• § 4º acrescentado pela Lei n. 13.457, de 26-6-2017.

§ 5º É assegurado o atendimento domiciliar e hospitalar pela perícia médica e social do INSS ao segurado com dificuldades de locomoção, quando seu deslocamento, em razão de sua limitação funcional e de condições de acessibilidade, imponha-lhe ônus desproporcional e indevido, nos termos do regulamento.

•• § 5º acrescentado pela Lei n. 13.457, de 26-6-2017.

Art. 102. A perda da qualidade de segurado importa em caducidade dos direitos inerentes a essa qualidade.

•• *Caput* com redação determinada pela Lei n. 9.528, de 10-12-1997.

§ 1º A perda da qualidade de segurado não prejudica o direito à aposentadoria para cuja concessão tenham sido preenchidos todos os requisitos, segundo a legislação em vigor à época em que estes requisitos foram atendidos.

•• § 1º acrescentado pela Lei n. 9.528, de 10-12-1997.

§ 2º Não será concedida pensão por morte aos dependentes do segurado que falecer após a perda desta qualidade, nos termos do art. 15 desta Lei, salvo se preenchidos os requisitos para obtenção da aposentadoria na forma do parágrafo anterior.

•• § 2º acrescentado pela Lei n. 9.528, de 10-12-1997.

Art. 103. O prazo de decadência do direito ou da ação do segurado ou beneficiário para a revisão do ato de concessão, indeferimento, cancelamento ou cessação de benefício e do ato de deferimento, indeferimento ou não concessão de revisão de benefício é de 10 (dez) anos, contado:

•• *Caput* com redação determinada pela Lei n. 13.846, de 18-6-2019.

•• O STF, na ADI n. 6.096, nas sessões virtuais de 2-10-2020 a 9-10-2020 (*DOU* de 26-10-2020), declarou a inconstitucionalidade do art. 24 da Lei n. 13.846, de 18-6-2019, que deu nova redação a este artigo.

I – do dia primeiro do mês subsequente ao do recebimento da primeira prestação ou da data em que a prestação deveria ter sido paga com o valor revisto; ou

•• Inciso I acrescentado pela Lei n. 13.846, de 18-6-2019.

II – do dia em que o segurado tomar conhecimento da decisão de indeferimento, cancelamento ou cessação do seu pedido de benefício ou da decisão de deferimento ou indeferimento de revisão de benefício, no âmbito administrativo.

•• Inciso II acrescentado pela Lei n. 13.846, de 18-6-2019.

•• *Vide* Súmula 81 do JEF.

Parágrafo único. Prescreve em 5 (cinco) anos, a contar da data em que deveriam ter sido pagas, toda e qualquer ação para haver prestações vencidas ou quaisquer restituições ou diferenças devidas pela Previdência Social, salvo o direito dos menores, incapazes e ausentes, na forma do Código Civil.

•• Parágrafo único acrescentado pela Lei n. 9.528, de 10-12-1997.

Art. 103-A. O direito da Previdência Social de anular os atos administrativos de que decorram efeitos favoráveis para os seus beneficiários decai em dez anos, contados da data em que foram praticados, salvo comprovada má-fé.

•• *Caput* acrescentado pela Lei n. 10.839, de 5-2-2004.

§ 1º No caso de efeitos patrimoniais contínuos, o prazo decadencial contar-se-á da percepção do primeiro pagamento.

•• § 1º acrescentado pela Lei n. 10.839, de 5-2-2004.

§ 2º Considera-se exercício do direito de anular qualquer medida de autoridade administrativa que importe impugnação à validade do ato.

•• § 2º acrescentado pela Lei n. 10.839, de 5-2-2004.

Art. 104. As ações referentes à prestação por acidente do trabalho prescrevem em 5 (cinco) anos, observado o disposto no art. 103 desta Lei, contados da data:

I – do acidente, quando dele resultar a morte ou a incapacidade temporária, verificada esta em perícia médica a cargo da Previdência Social; ou

II – em que for reconhecida pela Previdência Social a incapacidade permanente ou o agravamento das sequelas do acidente.

...

Art. 118. O segurado que sofreu acidente do trabalho tem garantida, pelo prazo mínimo de 12 (doze) meses, a manutenção do seu contrato de trabalho na empresa, após a cessação do auxílio-doença acidentário, independentemente de percepção de auxílio-acidente.

• *Vide* Súmula 378 do TST.

Parágrafo único. (*Revogado pela Lei n. 9.032, de 28-4-1995.*)

Art. 119. Por intermédio dos estabelecimentos de ensino, sindicatos, associações de classe, Fundação Jorge Duprat Figueiredo de Segurança e Medicina do Trabalho – FUNDACENTRO, órgãos públicos e outros meios, serão promovidas regularmente instrução e formação com vistas a incrementar costumes e atitudes prevencionistas em matéria de acidente, especialmente do trabalho.

Art. 120. A Previdência Social ajuizará ação regressiva contra os responsáveis nos casos de:

•• *Caput* com redação determinada pela Lei n. 13.846, de 18-6-2019.

• A Portaria Conjunta n. 1, de 24-1-2020, da SPREV/INSS, dispõe sobre os critérios a serem utilizados para a definição do valor do ressarcimento ao Fundo do Regime Geral de Previdência Social nas ações regressivas ajuizadas pelo Instituto Nacional do Seguro Social – INSS.

I – negligência quanto às normas padrão de segurança e higiene do trabalho indicadas para a proteção individual e coletiva;

•• Inciso I acrescentado pela Lei n. 13.846, de 18-6-2019.

II – violência doméstica e familiar contra a mulher, nos termos da Lei n. 11.340, de 7 de agosto de 2006.

•• Inciso II acrescentado pela Lei n. 13.846, de 18-6-2019.

Art. 121. O pagamento de prestações pela Previdência Social em decorrência dos casos previstos nos incisos I e II do *caput* do art. 120 desta Lei não exclui a responsabilidade civil da empresa, no caso do inciso I, ou do responsável pela violência doméstica e familiar, no caso do inciso II.

•• Artigo com redação determinada pela Lei n. 13.846, de 18-6-2019.

Art. 122. Se mais vantajoso, fica assegurado o direito à aposentadoria, nas condições legalmente previstas na data do cumprimento de todos os requisitos necessários à obtenção do benefício, ao segurado que, tendo completado 35 (trinta e cinco) anos de serviço, se homem, ou 30 (trinta) anos, se mulher, optou por permanecer em atividade.

•• Artigo com redação determinada pela Lei n. 9.528, de 10-12-1997.

Art. 123. (*Revogado pela Lei n. 9.032, de 28-4-1995.*)

Art. 124. Salvo no caso de direito adquirido, não é permitido o recebimento conjunto dos seguintes benefícios da Previdência Social:

I – aposentadoria e auxílio-doença;

II – mais de uma aposentadoria;

•• Inciso II com redação determinada pela Lei n. 9.032, de 28-4-1995.

III – aposentadoria e abono de permanência em serviço;

IV – salário-maternidade e auxílio-doença;

•• Inciso IV acrescentado pela Lei n. 9.032, de 28-4-1995.

V – mais de um auxílio-acidente;

•• Inciso V acrescentado pela Lei n. 9.032, de 28-4-1995.

VI – mais de uma pensão deixada por cônjuge ou companheiro, ressalvado o direito de opção pela mais vantajosa.

•• Inciso VI acrescentado pela Lei n. 9.032, de 28-4-1995.

Parágrafo único. É vedado o recebimento conjunto do seguro-desemprego com qualquer benefício de prestação continuada da Previdência Social, exceto pensão por morte ou auxílio-acidente.

•• Parágrafo único acrescentado pela Lei n. 9.032, de 28-4-1995.

Art. 124-A. O INSS implementará e manterá processo administrativo eletrônico para requerimento de benefícios e serviços e disponibilizará canais eletrônicos de atendimento.

•• *Caput* acrescentado pela Lei n. 13.846, de 18-6-2019.

§ 1º O INSS facilitará o atendimento, o requerimento, a concessão, a manutenção e a revisão de benefícios por meio eletrônico e implementará procedimentos automatizados, de atendimento e prestação de serviços por meio de atendimento telefônico ou de canais remotos.

•• § 1º acrescentado pela Lei n. 13.846, de 18-6-2019.

§ 2º Poderão ser celebrados acordos de cooperação, na modalidade de adesão, com órgãos e entidades da União, dos Estados, do Distrito Federal e dos Municípios, para a recepção de documentos e o apoio administrativo às atividades do INSS que demandem serviços presenciais.

•• § 2º acrescentado pela Lei n. 13.846, de 18-6-2019.

§ 3º A implementação de serviços eletrônicos preverá mecanismos de controle preventivos de fraude e de identificação segura do cidadão.

•• § 3º acrescentado pela Lei n. 13.846, de 18-6-2019.

§ 4º As ligações telefônicas realizadas de telefone fixo ou móvel que visem à solicitação dos serviços referidos no § 1º deste artigo deverão ser gratuitas e serão consideradas de utilidade pública.

•• § 4º acrescentado pela Lei n. 14.199, de 2-9-2021.

Art. 124-B. O INSS, para o exercício de suas competências, observado o disposto nos incisos XI e XII do art. 5º da Constituição Federal e na Lei n. 13.709, de 14 de agosto de 2018, terá acesso aos dados necessários para a análise, a concessão, a revisão e a manutenção de benefícios por ele administrados, em especial aos dados:

•• *Caput* acrescentado pela Lei n. 13.846, de 18-6-2019.

I – (*Vetado*);

•• Inciso I acrescentado pela Lei n. 13.846, de 18-6-2019.

II – dos registros e dos prontuários eletrônicos do Sistema Único de Saúde (SUS), administrados pelo Ministério da Saúde;

•• Inciso II acrescentado pela Lei n. 13.846, de 18-6-2019.

III – dos documentos médicos mantidos por entidades públicas e privadas, sendo necessária, no caso destas últimas, a celebração de convênio para garantir o acesso; e

•• Inciso III acrescentado pela Lei n. 13.846, de 18-6-2019.

IV – de movimentação das contas do Fundo de Garantia por Tempo de Serviço (FGTS), instituído pela Lei n. 5.107, de 13 de setembro de 1966, mantidas pela Caixa Econômica Federal.

•• Inciso IV acrescentado pela Lei n. 13.846, de 18-6-2019.

§ 1º Para fins do cumprimento do disposto no *caput* deste artigo, serão preservados a integridade e o sigilo dos dados acessados pelo INSS, eventualmente existentes, e o acesso aos dados dos prontuários eletrônicos do Sistema Único de Saúde (SUS) e dos documentos médicos mantidos por entidades públicas e privadas será exclusivamente franqueado aos peritos médicos federais designados pelo INSS.

•• § 1º acrescentado pela Lei n. 13.846, de 18-6-2019.

§ 2º O Ministério da Economia terá acesso às bases de dados geridas ou administradas pelo INSS, incluída a folha de pagamento de benefícios com o detalhamento dos pagamentos.

•• § 2º acrescentado pela Lei n. 13.846, de 18-6-2019.

§ 3º As bases de dados e as informações de que tratam o *caput* e o § 1º deste artigo poderão ser compartilhadas com os regimes próprios de previdência social, para estrita utilização em suas atribuições relacionadas à recepção, à análise, à concessão, à revisão e à manutenção de benefícios por eles administrados, preservados a integridade dos dados e o sigilo eventualmente existente, na forma disciplinada conjuntamente pela Secretaria Especial de Previdência e Trabalho do Ministério da Economia e pelo gestor dos dados.

•• § 3º acrescentado pela Lei n. 13.846, de 18-6-2019.

§ 4º Fica dispensada a celebração de convênio, de acordo de cooperação técnica ou de instrumentos congêneres para a efetivação do acesso aos dados de que trata o *caput* deste artigo, quando se tratar de dados hospedados por órgãos da administração pública federal, e caberá ao INSS a responsabilidade de arcar com os custos envolvidos, quando houver, no acesso ou na extração dos dados, exceto quando estabelecido de forma diversa entre os órgãos envolvidos.

•• § 4º acrescentado pela Lei n. 13.846, de 18-6-2019.

§ 5º As solicitações de acesso a dados hospedados por entidades privadas possuem característica de requisição, dispensados a celebração de convênio, acordo de cooperação técnica ou instrumentos congêneres para a efetivação do acesso aos dados de que trata o *caput* deste artigo e o ressarcimento de eventuais custos, vedado o compartilhamento dos dados com demais entidades de direito privado.

•• § 5º acrescentado pela Lei n. 13.846, de 18-6-2019.

§ 6º Excetua-se da vedação de que trata o § 5º deste artigo a autorização para compartilhamento com as entidades de previdência complementar das informações sobre o óbito de beneficiários dos planos de previdência por elas administrados.

•• § 6º acrescentado pela Lei n. 14.131, de 30-3-2021.

Art. 124-C. O servidor responsável pela análise dos pedidos dos benefícios previstos nesta Lei motivará suas decisões ou opiniões técnicas e responderá pessoalmente apenas na hipótese de dolo ou erro grosseiro.

•• Artigo acrescentado pela Lei n. 13.846, de 18-6-2019.

Art. 124-D. A administração pública federal desenvolverá ações de segurança da informação e comunicações, incluídas as de segurança cibernética, de segurança das infraestruturas, de qualidade dos dados e de segurança de interoperabilidade de bases governamentais, e efetuará a sua integração, inclusive com as bases de dados e informações dos Estados, dos Municípios e do Distrito Federal, com o objetivo de atenuar riscos e inconformidades em pagamentos de benefícios sociais.

•• Artigo acrescentado pela Lei n. 13.846, de 18-6-2019.

Art. 124-E. (*Vetado*).

•• Artigo acrescentado pela Lei n. 13.846, de 18-6-2019.

Art. 124-F. (*Vetado*).

•• Artigo acrescentado pela Lei n. 13.846, de 18-6-2019.

TÍTULO IV

Das Disposições Finais e Transitórias

....

Art. 129. Os litígios e medidas cautelares relativos a acidentes do trabalho serão apreciados:

I – na esfera administrativa, pelos órgãos da Previdência Social, segundo as regras e prazos aplicáveis às demais prestações, com prioridade para conclusão; e

II – na via judicial, pela Justiça dos Estados e do Distrito Federal, segundo o rito sumaríssimo, inclusive durante as férias forenses, mediante petição instruída pela prova de efetiva notificação do evento à Previdência Social, através da Comunicação de Acidente do Trabalho – CAT.

Parágrafo único. O procedimento judicial de que trata o inciso II deste artigo é isento do pagamento de quaisquer custas e de verbas relativas à sucumbência.

•• *Vide* Súmula 226 do STJ.

....

Art. 133. A infração a qualquer dispositivo desta Lei, para a qual não haja penalidade expressamente cominada, sujeita o responsável, conforme a gravidade da infração, à multa variável de Cr$ 100.000,00 (cem mil cruzeiros) a Cr$ 10.000.000,00 (dez milhões de cruzeiros).

•• Valores atualizados, a partir de 1º-1-2021, pela Portaria n. 477, de 12-1-2021, do Ministério da Economia, para, respectivamente, R$ 2.656,61 (dois mil seiscentos e cinquenta e seis reais e sessenta e um centavos) e R$ 265.659,51 (duzentos e sessenta e cinco mil seiscentos e cinquenta e nove reais e cinquenta e um centavos).

Parágrafo único. (*Revogado pela Lei n. 11.941, de 27-5-2009.*)

....

Art. 151. Até que seja elaborada a lista de doenças mencionada no inciso II do art. 26, independe de carência a concessão de auxílio-doença e de aposentadoria por invalidez ao segurado que, após filiar-se ao RGPS, for acometido das seguintes doenças: tuberculose ativa, hanseníase, alienação mental, esclerose múltipla, hepatopatia grave, neoplasia maligna, cegueira, paralisia irreversível e incapacitante, cardiopatia grave, doença de Parkinson, espondiloartrose anquilosante, nefropatia grave, estado avançado da doença de Paget (osteíte deformante), síndrome da deficiência imunológica adquirida (aids) ou contaminação por radiação, com base em conclusão da medicina especializada.

•• Artigo com redação determinada pela Lei n. 13.135, de 17-6-2015.

....

Art. 154. O Poder Executivo regulamentará esta Lei no prazo de 60 (sessenta) dias a partir da data da sua publicação.

Art. 155. Esta Lei entra em vigor na data de sua publicação.

Art. 156. Revogam-se as disposições em contrário.

Brasília, 24 de julho de 1991; 170º da Independência e 103º da República.

Fernando Collor de Mello

Resolução n. 359, de 31 de julho de 1991 (1)

Dispõe sobre o exercício profissional, o registro e as atividades do Engenheiro de Segurança do Trabalho e dá outras providências.

O Conselho Federal de Engenharia, Arquitetura e Agronomia, no uso da atribuição que lhe confere o art. 27, alínea "f", da Lei n. 5.194, de 24 de dezembro de 1966,

Considerando que a Lei n. 7.410/85 veio excepcionar a legislação anterior que regulou os cursos de especialização e seus objetivos, tanto que o seu art. 6º revogou as disposições em contrário;

Considerando a aprovação, pelo Conselho Federal de Educação, do currículo básico do curso de Engenharia de Segurança do Trabalho – Parecer n. 19/87;

Considerando, ainda, que tal Parecer n. 19/87 é expresso em ressaltar que "deve a Engenharia da Segurança do Trabalho voltar-se precipuamente para a proteção do trabalhador em todas as unidades laborais, no que se refere à questão de segurança, inclusive higiene do trabalho, sem interferência específica nas competências legais e técnicas estabelecidas para as diversas modalidades da Engenharia, Arquitetura e Agronomia";

Considerando, ainda, que o mesmo parecer concluiu por fixar um currículo básico único e uniforme para a pós-graduação em Engenharia de Segurança do Trabalho, independentemente da modalidade do curso de graduação concluído pelos profissionais engenheiros e arquitetos;

Considerando que a Lei n. 7.410/85 faculta a todos os titulados como Engenheiro a faculdade de se habilitarem como Engenheiros de Segurança do Trabalho, estando, portanto, amparados inclusive os Engenheiros da área de Agronomia;

Considerando, por fim, a manifestação da Secretaria de Segurança e Medicina do Trabalho, prevista no art. 4º do Decreto n. 92.530/86, pela qual "a Engenharia de Segurança do Trabalho visa à prevenção de riscos nas atividades de trabalho com vistas à defesa da integridade da pessoa humana", resolve:

Art. 1º O exercício da especialização de Engenheiro de Segurança do Trabalho é permitido, exclusivamente:

I – ao Engenheiro ou Arquiteto, portador de certificado de conclusão de curso de especialização, a nível de pós-graduação, em Engenharia de Segurança do Trabalho;

II – ao portador de certificado de curso de especialização em Engenharia de Segurança do Trabalho, realizado em caráter prioritário pelo Ministério do Trabalho;

III – ao portador de registro de Engenharia de Segurança do Trabalho, expedido pelo Ministério do Trabalho, dentro de 180 (cento e oitenta) dias da extinção do curso referido no item anterior.

Parágrafo único. A expressão Engenheiro é específica e abrange o universo sujeito à fiscalização do CONFEA, compreendido entre os arts. 2º e 22, inclusive, da Resolução n. 218/73.

Art. 2º Os Conselhos Regionais concederão o Registro dos Engenheiros de Segurança do Trabalho, procedendo à anotação nas carteiras profissionais já expedidas.

Art. 3º Para o registro, só serão aceitos certificados de cursos de pós-graduação acompanhados do currículo cumprido, de conformidade com o Parecer n. 19/87, do Conselho Federal de Educação.

Art. 4º As atividades dos Engenheiros e Arquitetos, na especialidade de Engenharia de Segurança do Trabalho, são as seguintes:

1. Supervisionar, coordenar e orientar tecnicamente os serviços de Engenharia de Segurança do Trabalho;

2. Estudar as condições de segurança dos locais de trabalho e das instalações e equipamentos, com vistas especialmente aos problemas de controle de risco, controle de poluição, higiene do trabalho, ergonomia, proteção contra incêndio e saneamento;

3. Planejar e desenvolver a implantação de técnicas relativas a gerenciamento e controle de riscos;

4. Vistoriar, avaliar, realizar perícias, arbitrar, emitir parecer, laudos técnicos e indicar medidas de controle sobre grau de exposição a agentes agressivos de riscos físicos, químicos e biológicos, tais como poluentes atmosféricos, ruídos, calor, radiação em geral e pressões anormais, caracterizando as atividades, operações e locais insalubres e perigosos;

(1) Publicada no *Diário Oficial da União*, de 1º-11-1991.

Legislação Complementar

5. Analisar riscos, acidentes e falhas, investigando causas, propondo medidas preventivas e corretivas e orientando trabalhos estatísticos, inclusive com respeito a custo;

6. Propor políticas, programas, normas e regulamentos de Segurança do Trabalho, zelando pela sua observância;

7. Elaborar projetos de sistemas de segurança e assessorar a elaboração de projetos de obras, instalação e equipamentos, opinando do ponto de vista da Engenharia de Segurança;

8. Estudar instalações, máquinas e equipamentos, identificando seus pontos de risco e projetando dispositivos de segurança;

9. Projetar sistemas de proteção contra incêndios, coordenar atividades de combate a incêndio e de salvamento e elaborar planos para emergência e catástrofes;

10. Inspecionar locais de trabalho no que se relaciona com a segurança do Trabalho, delimitando áreas de periculosidade;

11. Especificar, controlar e fiscalizar sistemas de proteção coletiva e equipamentos de segurança, inclusive os de proteção individual e os de proteção contra incêndio, assegurando-se de sua qualidade e eficiência;

12. Opinar e participar da especificação para aquisição de substâncias e equipamentos cuja manipulação, armazenamento, transporte ou funcionamento possam apresentar riscos, acompanhando o controle do recebimento e da expedição;

13. Elaborar planos destinados a criar e desenvolver a prevenção de acidentes, promovendo a instalação de comissões e assessorando-lhes o funcionamento;

14. Orientar o treinamento específico de Segurança do Trabalho e assessorar a elaboração de programas de treinamento geral, no que diz respeito à Segurança do Trabalho;

15. Acompanhar a execução de obras e serviços decorrentes da adoção de medidas de segurança, quando a complexidade dos trabalhos a executar assim o exigir;

16. Colaborar na fixação de requisitos de aptidão para o exercício de funções, apontando os riscos decorrentes desses exercícios;

17. Propor medidas preventivas no campo da Segurança do Trabalho, em face do conhecimento da natureza e gravidade das lesões provenientes do acidente de trabalho, incluídas as doenças do trabalho;

18. Informar aos trabalhadores e à comunidade, diretamente ou por meio de seus representantes, as condições que possam trazer danos a sua integridade e as medidas que eliminam ou atenuam estes riscos e que deverão ser tomadas.

Art. 5º A presente Resolução entrará em vigor na data de sua publicação.

Art. 6º Revogam-se as Resoluções n. 325, de 27 de novembro de 1987, e 329, de 31 de março de 1989, e as disposições em contrário.

Brasília, 31 julho de 1991.

Frederico V. M. Bussinger

Portaria n. 9, de 9 de outubro de 1992 (1)

Altera os Anexos n. 11 e 13 da Norma Regulamentadora n. 15.

O Diretor do Departamento Nacional de Segurança e Saúde do Trabalhador, da Secretaria Nacional do Trabalho, no uso das atribuições que lhe conferem os arts. 155 e 201 da Consolidação das Leis do Trabalho, com a redação dada pela Lei n. 6.514, de 22 de dezembro de 1977, e o disposto no art. 2º da Portaria n. 3.214, de 8 de junho de 1978,

Considerando que as Normas Regulamentadoras são instrumentos dinâmicos e devem ser revisados quando necessários.

Considerando que diversos estudos epidemiológicos e pesquisas de saúde ocupacional mostraram que a produção e a exposição ao negro de fumo não induzem a um aumento de riscos de doenças profissionais ou indícios de efeito carcinogênico,

Considerando que aproximadamente 90% do negro de fumo produzido é utilizado na industrialização de artefatos de borracha e que apenas aproximadamente 10% é usado na indústria química e de plásticos,

Considerando que o limite de tolerância de até 3,5 mg/m3 de poeira do negro de fumo no ar, foi adotado pela "American Conference of Governmental Industrial Higienists" e pela "Ocupational Safety and Health Administration",

Considerando a necessidade de estabelecer parâmetros técnicos que guiem os profissionais da área de segurança e saúde no tocante à proteção dos trabalhadores expostos a agentes químicos, resolve:

Art. 1º Incluir no Anexo n. 11 da Norma Regulamentadora n. 15, o agente químico Negro de Fumo, no Quadro n. 1 (Tabela de Limites de Tolerância).

•• Alteração já processada no diploma modificado.

§ 1º O limite de tolerância ao negro de fumo é de até 3,5 mg/m³ para uma jornada de até 48 (quarenta e oito) horas semanais de exposição.

§ 2º Sempre que o limite de tolerância estabelecido no parágrafo anterior for ultrapassado, as atividades e operações que envolvam a produção ou utilização do negro de fumo será considerada como insalubre no grau máximo.

Art. 2º A presente Portaria aplica-se a todas e quaisquer atividades nas quais os trabalhadores estejam em contato com o negro de fumo no exercício do trabalho.

1. Entende-se por "Negro de Fumo" as formas finamente divididas de carbono produzidas pela combustão

(1) Publicada no *Diário Oficial da União*, de 14-10-1992.

incompleta ou decomposição térmica de gás natural ou óleo de petróleo.

2. Entende-se por "Exposição ao Negro de Fumo" a exposição permanente no trabalho ao negro de fumo em suspensão no ar originada pelo manuseio do mesmo.

3. Cabe ao empregador elaborar normas de procedimentos a serem adotadas em situações de emergência, informando os trabalhadores, convenientemente, inclusive com treinamento específico.

4. Será de responsabilidade dos fabricantes e fornecedores de negro de fumo, a rotulagem adequada e suficiente, de maneira facilmente compreensível pelos trabalhadores e subitem 26.6 da NR 26 – Sinalização e Segurança da Portaria n. 3.214/78.

5. O empregador deverá realizar a avaliação ambiental de poeira do negro de fumo nos locais de trabalho em intervalos não superiores a um ano.

5.1. Os registros de avaliação deverão ser mantidos por um período não inferior a 30 (trinta) anos.

5.2. Os representantes indicados pelos trabalhadores poderão acompanhar o processo de avaliação ambiental, bem como solicitar avaliação complementar em locais de trabalho específicos e ter pleno acesso aos resultados dessas avaliações.

6. A avaliação ambiental para determinar a exposição ao negro de fumo, deve ser feita através de medições "Média Ponderada de Tempo", com uma duração mínima de 360 minutos, na zona respiratória do trabalhador, usando-se para tal bomba de coleta de alto fluxo, calibrada a 2,0 L/min., filtro membrana de PVC de diâmetro circular de 37 milímetros e 5,0 micrômetros de porosidade e analisada por gravimetria.

7. O empregador deverá fornecer gratuitamente uniformes aos trabalhadores expostos ao negro de fumo, de modo a impedir o seu contato direto com o produto, além de manter vestiário duplo para a utilização dos trabalhadores que exerçam suas atividades em área do negro de fumo.

8. Todos os trabalhadores que desempenham funções ligadas à exposição ocupacional ao negro de fumo deverão ser submetidos a exames médicos, conforme previsto na NR 7 – Exame Médico, da Portaria n. 3.214/78.

9. O empregador deverá adotar medidas de controle de engenharia, onde tecnicamente viáveis, que assegure concentrações abaixo do limite de tolerância estabelecido no artigo 1º, parágrafo 1º desta Portaria e sempre que necessário fornecer os EPIs, tais como respiradores, luvas e outros que propiciem adequada proteção aos trabalhadores.

Art. 3º Excluir do anexo n. 13 da Norma Regulamentadora n. 15, que trata dos agentes químicos, no grupo dos hidrocarbonetos e outros compostos de carbono, a manipulação do negro de fumo.

Art. 4º Esta Portaria entra em vigor na data de sua publicação.

Jaques Sherique

Portaria n. 25, de 29 de dezembro de 1994 (1)

O Secretário de Segurança e Saúde no Trabalho, no uso de suas atribuições legais, e

Considerando o disposto nos arts. 155 e 200, item VI, da Consolidação das Leis do Trabalho – CLT, com a redação dada pela Lei n. 6.514, de 22 de dezembro de 1994;

Considerando que o Decreto n. 93.413, de 15 de outubro de 1986, determina que seja executada e cumprida a Convenção n. 148, da Organização Internacional do Trabalho – OIT, sobre a Proteção dos Trabalhadores Contra os Riscos Profissionais Devidos à Contaminação do Ar, ao Ruído e às Vibrações no Local de Trabalho;

Considerando que o Decreto n. 1.254, de 29 de setembro de 1994, determina que seja cumprida a Convenção n. 155, da OIT, sobre Segurança e Saúde dos Trabalhadores e o Meio Ambiente do Trabalho;

Considerando o disposto no inciso XXII, do art. 7º do Capítulo II, do Título II, da Constituição da República de 1988;

Considerando as conclusões do Grupo Técnico de Trabalho instituído para estudar a revisão da Norma Regulamentadora n. 9 – RISCOS AMBIENTAIS, após análise das contribuições recebidas de toda a comunidade, objeto da Portaria SSST n. 11, de 13 de outubro de 1994, publicada no *DOU* de 14 de outubro de 1994;

Considerando a necessidade de melhor orientar a adoção de medidas de controle dos Riscos Ambientais nos locais de trabalho;

Considerando a necessidade de inclusão da metodologia do Mapa de Riscos, na Norma Regulamentadora n. 5, à luz das posturas dos regimentos sociais, como instrumento de atuação direta dos trabalhadores no reconhecimento dos riscos nos ambientes de trabalho, resolve:

Art. 1º *(Revogado pela Portaria, n. 6.735, de 10-3-2020.)*

Art. 2º *(Revogado pela Portaria n. 422, de 7-10-2021.)*

Art. 3º Incluir na Norma Regulamentadora n. 16, o item 16.8 com a seguinte redação:

•• Alteração já processada no diploma modificado.

Art. 4º Os empregadores terão 180 (cento e oitenta) dias para se adaptarem às novas exigências introduzidas na Norma Regulamentadora n. 9 e apresentar o PPRA – Programa de Prevenção de Riscos Ambientais – inicial.

Art. 5º As dúvidas suscitadas e os casos omissos serão dirimidos pela Secretaria de Segurança e Saúde no Trabalho, do Ministério do Trabalho.

(1) Publicada no *Diário Oficial da União*, de 30-12-1994, e republicada em 15-2-1995.

Legislação Complementar

Art. 6º Esta Portaria entra vigor na data de sua publicação.

Art. 7º Revogam-se as disposições em contrário, em especial as Portarias SSMT n. 12, de 6 de junho de 1983 no que se refere às disposições da NR 9 – Riscos Ambientais, e a Portaria DNSST n. 5, de 17 de agosto de 1992.

Jófilo Moreira Lima Júnior

Anexo

Anexo IV – Mapa de Riscos

1. O Mapa de Riscos tem como objetivos:

a) reunir as informações necessárias para estabelecer o diagnóstico da situação de segurança e saúde no trabalho na empresa;

b) possibilitar, durante a sua elaboração, a troca e divulgação de informações entre os trabalhadores, bem como estimular sua participação nas atividades de prevenção.

2. Etapas de elaboração:

a) conhecer o processo de trabalho no local analisado:

– os trabalhadores: número, sexo, idade, treinamento profissional e de segurança e saúde;

– os instrumentos e materiais de trabalho;

– as atividades exercidas;

– o ambiente;

b) identificar os riscos existentes no local analisado, conforme a classificação da tabela;

c) identificar as medidas preventivas existentes e sua eficácia:

– medidas de proteção coletiva;

– medidas de organização do trabalho;

– medidas de proteção individual;

– medidas de higiene e conforto: banheiro, lavatórios, vestiários, armários, bebedouro, refeitório;

d) identificar os indicadores de saúde:

– queixas mais frequentes e comuns entre os trabalhadores expostos aos mesmos riscos;

– acidentes de trabalho ocorridos;

– doenças profissionais diagnosticadas;

– causas mais frequentes de ausência ao trabalho;

e) conhecer os levantamentos ambientais já realizados no local;

f) elaborar o Mapa de Riscos, sobre o *layout* da empresa, incluindo através de círculo:

– o grupo a que pertence o risco, de acordo com a cor padronizada na Tabela I;

– o número de trabalhadores expostos ao risco, o qual deve ser anotado dentro do círculo;

– a especialização do agente (por exemplo: químico-sílica, hexano, ácido clorídrico, ou ergonômica-repetitividade, ritmo excessivo) que deve ser anotada também dentro do círculo;

– a intensidade do risco, de acordo com a percepção dos trabalhadores, que deve ser representada por tamanhos diferentes de círculos.

3. Após discutido e aprovado pela CIPA, o Mapa de Riscos, completo ou setorial, deverá ser afixado em cada local analisado, de forma claramente visível e de fácil acesso para os trabalhadores.

4. No caso das empresas da indústria da construção, o Mapa de Riscos do estabelecimento deverá ser realizado por etapa de execução dos serviços, devendo ser revisto sempre que um fato novo e superveniente modificar a situação de riscos estabelecida.

TABELA I (Anexo IV)

Classificação dos Principais Riscos Ocupacionais em Grupos, de Acordo com a sua Natureza e a Padronização das Cores Correspondentes

GRUPO 1: VERDE	GRUPO 2: VERMELHO	GRUPO 3: MARROM	GRUPO 4: AMARELO	GRUPO 5: AZUL
Riscos Físicos	Riscos Químicos	Riscos Biológicos	Riscos Ergonômicos	Riscos de Acidentes
Ruídos	Poeiras	Vírus	Esforço físico intenso	Arranjo físico inadequado
Vibrações	Fumos	Bactérias	Levantamento e transporte manual de peso	Máquinas e equipamentos sem proteção
Radiações ionizantes	Névoas	Protozoários	Exigência de postura inadequada	Ferramentas inadequadas ou defeituosas
Radiações não ionizantes	Neblinas	Fungos	Controle rígido de produtividade	Iluminação inadequada

Frio	Gases	Parasitas	Imposição de ritmos excessivos	Eletricidade
Calor	Vapores	Bacilos	Trabalho em turno e noturno	Probabilidade de incêndio ou explosão
Pressões anormais	Substâncias compostas ou produtos químicos em geral		Jornada de trabalho prolongada	Armazenamento inadequado
Umidade			Monotonia e repetitividade	Animais peçonhentos
			Outras situações causadoras de stress físico e/ou psíquico	Outras situações de risco que poderão contribuir para a ocorrência de acidentes

Portaria n. 26, de 29 de dezembro de 1994 (1)

Classifica os Cremes Protetores como Equipamento de Proteção Individual (EPI), com sua inclusão da Norma Regulamentadora – NR 6 da Portaria n. 3.214/78 e demais providências.

O Secretário de Segurança e Saúde no Trabalho, no uso de suas atribuições legais, e

Considerando o disposto nos arts. 155, 166, 167 e 200 da Consolidação das Leis do Trabalho – CLT, com a redação dada pela Lei n. 6.514, de 22 de dezembro de 1977;

Considerando o disposto no art. 2º da Portaria MTb n. 3.214, de 8 de junho de 1978;

Considerando o princípio insculpido na Norma Regulamentadora n. 6, expedido pela Portaria MTb n. 3.214, de 8 de junho de 1978, com a redação dada pela Portaria SSMT n. 6/83, segundo a qual considera-se Equipamento de Proteção Individual – EPI, todo dispositivo de uso individual destinado a proteger a integridade física do trabalhador;

Considerando o disposto no art. 1º da Lei n. 6.360, de 23 de setembro de 1976, que submete ao Sistema de Vigilância Sanitária os medicamentos, as drogas, os insumos farmacêuticos, e correlatos, definidos na Lei n. 5.991, de 17 de dezembro de 1973, bem como os de higiene, os cosméticos, perfumes, saneantes domissanitários, produtos destinados à correção estética e outros;

• A Lei n. 6.360, de 23-9-1976, dispõe sobre a vigilância sanitária a que ficam sujeitos os medicamentos, as drogas, os insumos farmacêuticos e correlatos, cosméticos, saneantes e outros produtos.

Considerando que o art. 2º da Lei n. 6.360, de 23 de setembro de 1973, determina que somente poderão extrair, produzir, fabricar, transformar, sintetizar, purificar, fracionar, embalar, reembalar, importar, exportar, armazenar ou expedir os produtos de que trata o artigo 1º, as empresas para tal fim autorizadas pelo Ministério da Saúde, cujos estabelecimentos hajam sido licenciados pelo órgão sanitário das Unidades Federativas em que se localizam;

Considerando o disposto no art. 12 da Lei n. 6.360, de 23 de setembro de 1976 que estabelece que nenhum dos produtos de que trata esta Lei, inclusive os importados, poderá ser industrializado, exposto à venda ou entregue ao consumo antes de registrado no Ministério da Saúde;

Considerando que os cremes protetores vêm sendo utilizados regularmente em outros países, a ponto da literatura internacional recomendá-los como barreiras contra agentes externos;

Considerando que numerosas empresas vêm utilizando livremente esses cremes, atestando sua eficácia em benefício dos trabalhadores;

Considerando que apresentam resultados satisfatórios os estudos e as demonstrações práticas realizadas com cremes protetores de fabricação nacional; resolve:

Art. 1º Os cremes protetores ficam classificados como Equipamentos de Proteção Individual – EPI, e incluído como inciso IX, do item 6.3, da Norma Regulamentadora n. 6, com a seguinte redação:

•• Alteração prejudicada pela Portaria n. 25, de 15-10-2001, que dá nova redação à NR 6.

Cremes Protetores

Art. 2º Os cremes protetores só poderão ser postos à venda ou utilizados como equipamentos de proteção individual, mediante o Certificado de Aprovação (CA) do Ministério do Trabalho, para o que serão enquadrados nos seguintes grupos:

a) Grupo 1 – água-resistente – são aqueles que, quando aplicados à pele do usuário, não são facilmente removíveis com água.

(1) Publicada no *Diário Oficial da União*, de 30-12-1994.

b) Grupo 2 – óleo-resistente – são aqueles que, quando aplicados à pele do usuário, não são facilmente removíveis na presença de óleos ou substâncias apolares.

c) Grupo 3 – cremes especiais – são aqueles com indicações e usos definidos e bem especificados pelo fabricante.

Art. 3º Para a obtenção do Certificado de Aprovação (CA) o fabricante deverá apresentar os documentos previstos na NR 6, além dos seguintes procedimentos, exigências e laudos técnicos emitidos por laboratórios qualificados.

1 – Comprovante laboratorial sobre a capacidade de proteção do creme produzido, informando através do teste de salubridade ou equivalente o grupo ao qual se integra: se água-resistente; óleo-resistente ou creme especial;

2 – Relatório e garantia de que o creme não causa irritação, sensibilização da pele e de que não interfere no sistema termo-regulador humano;

3 – Cópia da publicação do registro do creme protetor no órgão de Vigilância Sanitária do Ministério da Saúde, conforme previsto na Lei n. 6.360, de 23 de setembro de 1976;

4 – Laudo laboratorial comprovando que o creme não tem ação reagente ou catalizadora em contato com as substâncias para as quais se destina a proteger;

5 – Cópia da anotação de responsabilidade técnica – ART de profissional responsável pela produção e controle da qualidade do produto;

6 – Cópia do registro no Ministério do Trabalho como fabricante – CRF ou o de importador – CRI.

Art. 4º Os fabricantes de cremes protetores terão prazo de 180 (cento e oitenta) dias para adequação às novas exigências desta norma regulamentadora.

Art. 5º Os Certificados de Aprovação para cremes protetores, emitidos pela Secretaria de Segurança e Saúde no Trabalho, e que venceram no dia 18 de agosto de 1994, ficam prorrogados por 180 (cento e oitenta) dias, contados a partir da data de publicação da presente Portaria.

Art. 6º Esta Portaria entrará em vigor na data de sua publicação, revogadas as disposições em contrário, especialmente a Portaria n. 3, de 20 de fevereiro de 1992.

Jófilo Moreira Lima Júnior

Lei n. 9.029, de 13 de abril de 1995 (1)

Proíbe a exigência de atestados de gravidez e esterilização, e outras práticas discriminatórias, para efeitos admissionais ou de permanência da relação jurídica de trabalho, e dá outras providências.

O Presidente da República.

Faço saber que o Congresso Nacional decreta e eu sanciono a seguinte Lei:

Art. 1º É proibida a adoção de qualquer prática discriminatória e limitativa para efeito de acesso à relação de trabalho, ou de sua manutenção, por motivo de sexo, origem, raça, cor, estado civil, situação familiar, deficiência, reabilitação profissional, idade, entre outros, ressalvadas, nesse caso, as hipóteses de proteção à criança e ao adolescente previstas no inciso XXXIII do art. 7º da Constituição Federal.

•• Artigo com redação determinada pela Lei n. 13.146, de 6-7-2015.

Art. 2º Constituem crime as seguintes práticas discriminatórias:

I – a exigência de teste, exame, perícia, laudo, atestado, declaração ou qualquer outro procedimento relativo à esterilização ou a estado de gravidez;

II – a adoção de quaisquer medidas, de iniciativa do empregador, que configurem:

a) indução ou instigamento à esterilização genética;

b) promoção do controle de natalidade, assim não considerado o oferecimento de serviços e de aconselhamento ou planejamento familiar, realizados através de instituições públicas ou privadas, submetidas às normas do Sistema Único de Saúde (SUS).

Pena: detenção de um a dois anos e multa.

Parágrafo único. São sujeitos ativos dos crimes a que se refere este artigo:

I – a pessoa física empregadora;

II – o representante legal do empregador, como definido na legislação trabalhista;

III – o dirigente, direto ou por delegação, de órgãos públicos e entidades das administrações públicas direta, indireta e fundacional de qualquer dos Poderes da União, dos Estados, do Distrito Federal e dos Municípios.

Art. 3º Sem prejuízo do prescrito no art. 2º desta Lei e nos dispositivos legais que tipificam os crimes resultantes de preconceito de etnia, raça, cor ou deficiência, as infrações ao disposto nesta Lei são passíveis das seguintes cominações:

•• *Caput* com redação determinada pela Lei n. 13.146, de 6-7-2015.

I – multa administrativa de dez vezes o valor do maior salário pago pelo empregador, elevado em cinquenta por cento em caso de reincidência;

II – proibição de obter empréstimo ou financiamento junto a instituições financeiras oficiais.

Art. 4º O rompimento da relação de trabalho por ato discriminatório, nos moldes desta Lei, além do direito à reparação pelo dano moral, faculta ao empregado optar entre:

•• *Caput* com redação determinada pela Lei n. 12.288, de 20-7-2010.

I – a reintegração com ressarcimento integral de todo o período de afastamento, mediante pagamento das

(1) Publicada no *Diário Oficial da União*, de 17-4-1995.

remunerações devidas, corrigidas monetariamente e acrescidas de juros legais;

•• Inciso I com redação determinada pela Lei n. 13.146, de 6-7-2015.

II – a percepção, em dobro, da remuneração do período de afastamento, corrigida monetariamente e acrescida dos juros legais.

Art. 5º Esta Lei entra em vigor na data de sua publicação.

Art. 6º Revogam-se as disposições em contrário.

Brasília, 13 de abril de 1995; 174º da Independência e 107º da República.

Fernando Henrique Cardoso

Portaria n. 14, de 20 de dezembro de 1995 (1)

O Secretário de Segurança e Saúde no Trabalho, no uso de suas atribuições legais, e

Considerando a necessidade de evitar a incidência de casos de benzenismo no Brasil;

Considerando que o benzeno é uma substância reconhecidamente carcinogênica;

Considerando que o Decreto n. 157, de 2 de julho de 1991, determina que seja executada e cumprida a Convenção n. 139 e a recomendação 147 da Organização Internacional do Trabalho – OIT, sobre a Prevenção e o Controle de Riscos Profissionais causados pelas substâncias cancerígenas ou Agentes Cancerígenos;

Considerando o Decreto n. 1.253 de 27 de setembro de 1994, determina que seja cumprida a Convenção n. 136 e a recomendação 144 da Organização Internacional do Trabalho – OIT sobre a Proteção Contra os Riscos de Intoxicação Provocados pelo Benzeno;

Considerando o disposto na Portaria n. 10 do MTb/SSST, de 8 de setembro de 1994, que instituiu o Grupo de Trabalho Tripartite para elaboração de proposta de regulamentação sobre benzeno;

Considerando o acordo assinado entre a Confederação Nacional da Indústria – CNI, Associação Brasileira da Indústria Química – ABIQUIM, o Instituto Brasileiro de Siderurgia – IBS, o Sindicato das Indústrias de Produtos Químicos para Fins Industriais e da Petroquímica no Estado de São Paulo – SINPROQUIM, a Confederação Nacional dos Trabalhadores na Indústria – CNTI, a Confederação Nacional dos Trabalhadores Metalúrgicos – CNTM, a Central Única dos Trabalhadores – CUT, a Força Sindical, a Fundação Jorge Duprat Figueiredo de Segurança e Medicina no Trabalho – FUNDACENTRO, o Ministério da Saúde – MS e o Ministério da Previdência e Assistência Social – MPAS, resolve:

Art. 1º Alterar o item "Substâncias Cancerígenas" do anexo 13, da Norma Regulamentadora n. 15 – ATIVIDADES E OPERAÇÕES INSALUBRES, da Portaria MTb n. 3.214, de 8 de junho de 1978, com redação dada pela Portaria SSST n. 3, de 10 de março de 1994, que passa a vigorar com a seguinte redação:

•• Alteração já processada no diploma modificado.

Art. 2º Incluir na Norma Regulamentadora n. 15 – ATIVIDADES E OPERAÇÕES INSALUBRES, o Anexo 13-A – Benzeno.

•• Alteração já processada no diploma modificado.

Art. 3º As empresas que produzem, transportam, armazenam, utilizam ou manipulam benzeno e suas misturas líquidas contendo 1% (hum por cento) ou mais de volume deverão, no prazo máximo de 90 (noventa) dias da data de publicação desta Portaria, ter seus estabelecimentos cadastrados junto à Secretaria de Segurança e Saúde no Trabalho do Ministério do Trabalho – SSST/MTb.

Art. 4º As empresas que produzem, transportam, armazenam, utilizam ou manipulam benzeno e suas misturas líquidas contendo 1% (hum por cento) ou mais de volume deverão apresentar à SSST/MTb, no prazo máximo de 180 (cento e oitenta) dias, após a publicação desta Portaria, o Programa de Prevenção da Exposição Ocupacional ao Benzeno – PPEOB.

Parágrafo único. Ficam excluídas desta obrigatoriedade as empresas produtoras de álcool anidro e aquelas proibidas de utilizarem o benzeno.

Art. 5º Esta Portaria entra em vigor na data de sua publicação, revogadas as disposições em contrário, em especial a Portaria SSST n. 3, de 10 de março de 1994.

Zuher Handar

Portaria Interministerial n. 482, de 16 de abril de 1999 (2)

Os Ministros de Estado da Saúde e do Trabalho e Emprego, no uso das atribuições que lhes confere o art. 87, item II, da Constituição e tendo em vista o disposto na Lei n. 8.080, de 19 de setembro de 1990, que instituiu o Sistema Único de Saúde e o disposto no art. 200 da Consolidação das Leis do Trabalho – CLT, e considerando o uso difundido do gás óxido de etileno como agente esterilizante de materiais médico-hospitalares, especialmente para materiais e artigos termossensíveis, e a evolução das tecnologias para o seu emprego; considerando que o gás óxido de etileno é altamente tóxico, facilmente inflamável e explosivo, além de ser carcinogênico, mutagênico, teratogênico e neurotóxico; consideran-

(1) Publicada no *Diário Oficial da União*, de 22-12-1995.

(2) Publicada no *Diário Oficial da União*, de 19-4-1999.

do os riscos ocupacionais e de transmissão de agentes infecciosos decorrentes do funcionamento de unidades de esterilização sem a observância de padrões técnicos de segurança e pela aplicação inadequada do método de esterilização, reesterilização e de reprocessamento; considerando que o gás óxido de etileno e seus subprodutos podem ser absorvidos, adsorvidos ou reagir com alguns materiais específicos, alterando a estrutura química e característica original dos produtos, com liberação de substâncias tóxicas ou permanência de resíduos, que induzem a riscos reais e potenciais à saúde dos usuários; considerando a complexidade de ações no uso do gás óxido de etileno em esterilização de materiais e artigos médico-hospitalares e a necessidade de acompanhamento com estatísticas, visando garantir o equilíbrio dos serviços, da integridade física dos pacientes, dos trabalhadores envolvidos e do meio ambiente, resolvem:

Art. 1º Aprovar o Regulamento Técnico e seus Anexos, objeto desta Portaria, contendo disposições sobre os procedimentos de instalações de Unidade de Esterilização por óxido de etileno e de suas misturas e seu uso, bem como, de acordo com as suas competências, estabelecer as ações sob a responsabilidade do Ministério da Saúde e Ministério do Trabalho e Emprego.

Art. 2º Adequar os procedimentos de registro na Secretaria de Vigilância Sanitária do Ministério da Saúde para o acompanhamento das ações no uso do gás óxido de etileno e de seus respectivos agentes esterilizantes para o acompanhamento das ações no uso em esterilização, reesterilização e reprocessamento de materiais e artigos médico-hospitalares, elaboração e controle de estatísticas e desenvolvimento de atividades pertinentes.

Art. 3º Estabelecer o Limite de Tolerância de concentração do gás óxido de etileno no ambiente de trabalho em 1,8 mg/m³ (um miligrama e oito décimos por metro cúbico) ou 1 ppm (uma parte por milhão) de concentração no ar, para um dia normal de oito horas, devendo o Ministério do Trabalho e Emprego através da Secretaria de Segurança e Saúde no Trabalho alterar o Quadro n. 1, do Anexo 11 da Norma Regulamentadora NR-15, da Portaria n. 3.214, de 8 de junho de 1978.

Art. 4º Estabelecer a concentração máxima permitida para exposição ao gás óxido de etileno para períodos de até 15 minutos diários, em 9 mg/m³ (nove miligramas por metro cúbico) ou 5 ppm (cinco partes por milhão).

Art. 5º Proibir a menores, gestantes e/ou mulheres em idade fértil exercerem atividades nas salas de esterilização, quarentena e depósito de recipientes de óxido de etileno e na área de tratamento do gás.

Art. 6º Proibir o uso de óxido de etileno envasado em ampolas de vidro ou outros materiais frágeis.

Art. 7º Proibir o uso das instalações das Unidades de Esterilização por Óxido de Etileno para esterilização, reesterilização, reprocessamento ou outros processos de redução de carga microbiana de produtos que não sejam materiais e artigos médico-hospitalares.

Art. 8º Determinar que o empregador ou responsável por ele delegado deve assegurar as condições necessárias para o cumprimento desta Portaria.

Art. 9º Fixar prazo de trezentos e sessenta dias, a partir da data desta publicação, para o cumprimento das disposições previstas nesta Portaria, Regulamento Técnico e Anexos, inclusive nos casos de licenças e autorizações concedidas anteriormente a esta Portaria.

Art. 10. Fixar prazo de cento e oitenta dias para elaboração de regulamento contendo especificações técnicas de recipientes de contenedores do agente esterilizante, conforme previsto no item 27 do Regulamento Técnico desta Portaria.

Parágrafo Único. Até a publicação do regulamento referido neste artigo serão aceitos, neste período, certificados de conformidade, emitidos por organismos de certificação estrangeiros que atendam as mesmas regras internacionais de credenciamento adotadas pelo INMETRO, para o reconhecimento das atividades de certificação realizadas por este organismo.

Art. 11. Os Ministérios da Saúde e do Trabalho e Emprego oferecerão treinamento conjunto aos agentes responsáveis pela observância do cumprimento desta Portaria.

Art. 12. As Secretarias de Saúde Estaduais, Municipais e do Distrito Federal e as Delegacias Regionais do Trabalho desenvolverão suas atividades de orientação e fiscalização com completa interação entre seus órgãos visando garantir o equilíbrio dos serviços de esterilização e a integridade física dos pacientes, dos trabalhadores e do meio ambiente.

Art. 13. A inobservância do disposto nesta Portaria, sujeitará o infrator às penalidades previstas na Lei n. 6.437, de 20 de agosto de 1977, da Lei n. 6.514, de 22 de dezembro de 1977 e na Consolidação das Leis do Trabalho – CLT, sem prejuízo das responsabilidades civil e penal cabíveis, e em outras normas relacionadas à segurança no trabalho e à proteção do meio ambiente.

•• A Lei n. 6.437, de 20-8-1977, configura infrações à legislação sanitária federal e estabelece as sanções respectivas.

Art. 14. Revoga-se a Portaria Interministerial n. 4, de 31 de julho de 1991, a partir da data da publicação desta Portaria.

José Serra

Francisco Dornelles

REGULAMENTO TÉCNICO

PROCEDIMENTOS DE INSTALAÇÃO E USO DO GÁS ÓXIDO DE ETILENO E SUAS MISTURAS EM UNIDADES DE ESTERILIZAÇÃO

Capítulo I

Autorização, Registro, Cadastro, e Responsabilidade

1. Todas as empresas, conforme definido nesta Portaria, que realizam ou que pretendem realizar esterilização, reesterilização ou reprocessamento por gás óxido de etileno, devem requerer junto aos órgãos de Vigilância Sanitária Estadual, Municipal ou do Distrito Federal, Licença de Funcionamento para a Unidade de Esterilização por Óxido de Etileno, específica.

2. O órgão de Vigilância Sanitária Estadual, Municipal ou do Distrito Federal, após análise do requerimento, deve encaminhar à Secretaria de Vigilância Sanitária do Ministério da Saúde cópia do parecer conclusivo da Licença e a ficha cadastral com os dados exigidos pelo Ministério da Saúde para o cadastramento, bem como as posteriores alterações.

3. A Licença de Funcionamento para Unidade de Esterilização por Óxido de Etileno só pode ser emitida pela Vigilância Sanitária Estadual, Municipal ou do Distrito Federal, após constatação do fiel cumprimento deste Regulamento Técnico.

4. A Licença de Funcionamento para Unidade de Esterilização por Óxido de Etileno é condição necessária para obtenção da Licença Sanitária emitida pela Secretaria de Vigilância Sanitária Estadual, Municipal ou do Distrito Federal, para funcionamento da Empresa.

5. Qualquer alteração de atividade fim da Unidade de Esterilização por Óxido de Etileno, endereço, área física, instalações, aquisição de novos equipamentos de esterilização ou outras que interfiram na qualidade do produto ou serviço, ou alteração da responsabilidade técnica exige Alteração de Licença de Funcionamento para Unidade de Esterilização por Óxido de Etileno, junto à Vigilância Sanitária Estadual, Municipal ou do Distrito Federal.

6. Todo fabricante/importador de equipamentos de esterilização por óxido de etileno, qualquer que seja sua procedência, deve registrar seu produto no Ministério da Saúde, apresentando o Certificado de Conformidade, de acordo com os requisitos da regulamentação técnica que dispõe sobre equipamentos para atmosferas explosivas, emitido por organismo de certificação credenciado no âmbito do Sistema Brasileiro de Certificação, nos termos da Portaria n. 121, de 24 de julho de 1990, do INMETRO.

7. Todo fabricante de equipamento de esterilização por óxido de etileno deve manter cadastro de suas unidades fabricadas, bem como o de seus respectivos destinos.

8. Os responsáveis pelos equipamentos pre- existentes em funcionamento, devem apresentar Laudo Técnico à Secretaria de Vigilância Sanitária Estadual, Municipal ou Distrito Federal em conformidade com os requisitos aplicáveis, deste Regulamento Técnico.

9. Todos os equipamentos de esterilização por óxido de etileno, qualquer que seja a procedência ou modalidade de aquisição, inclusive através de doação, só podem ser expostos à venda ou entregues ao consumo se estiverem devidamente registrados no Ministério da Saúde.

10. O produtor e/ou importador do agente esterilizante à base de óxido de etileno, qualquer que seja a procedência, composição e apresentação, deve registrar o seu produto na Secretaria de Vigilância Sanitária do Ministério da Saúde, como saneante domissanitário, atendendo às exigências prescritas no item 27, do Capítulo III.

11. O fornecimento do agente esterilizante a base de óxido de etileno fica restrito às empresas que possuam Licença de Funcionamento para Unidade de Esterilização por óxido de etileno, conforme itens de 1 a 4 do Capítulo I, deste Regulamento Técnico, mediante a devolução dos recipientes vazios.

12. As empresas que realizam o transporte de produtos, materiais ou artigos médico-hospitalares, esterilizados ou a esterilizar, bem como empresas transportadoras que têm esta finalidade, são passíveis de serem inspecionadas pela Secretaria de Vigilância Sanitária Municipal, Estadual ou do Distrito Federal.

13. Cabe às empresas que realizam esterilização por gás óxido de etileno a responsabilidade pelo controle biológico e o controle de resíduos de óxido de etileno dos materiais esterilizados, que devem ser realizados em instalações próprias e adequadas para este fim.

14. Os materiais e artigos médico-hospitalares passíveis de reprocessamento por óxido de etileno, quando submetidos a esse processo, ficam sob a responsabilidade conjunta do solicitante e do executante do serviço.

15. Todas as empresas que utilizam esterilização por óxido de etileno devem dispor de responsável técnico com nível superior em suas unidades de esterilização, cujo curso de graduação contemple disciplinas afins ao processo, e de trabalhadores tecnicamente qualificados para operação, controle de qualidade, manutenção e segurança do sistema.

16. O responsável técnico pela Unidade de Esterilização deve, obrigatoriamente, garantir a eficácia do processo, o controle com registro da concentração de óxido de etileno nos ambientes de trabalho observando-se os limites estabelecidos nesta Portaria, bem como garantir que os resíduos de óxido de etileno e de seus derivados, após os processos de esterilização, reesterilização ou reprocessamento, não ultrapassem os valores contidos na Tabela I.

17. A qualificação técnica dos trabalhadores citados no item 15 deve ser realizada por meio de treinamento específico, documentado, conforme programa mínimo integrante desta Portaria.

Tabela I
Limites Máximos de Resíduos em Correlatos – (ppm)

CORRELATO	ETO	ETCH	ETG
Implantes			
Pequeno (10 g)	250	250	5.000
Médio (>10 – < 100 g)	100	100	2.000
Grande (>100 g)	25	25	500
Dispositivos intrauterinos	5	10	10
Lentes intraoculares	25	25	500
Correlatos que contatam a mucosa	250	250	5.000
Correlatos que contatam o sangue	25	25	250
Correlatos que contatam a pele	250	250	5.000
Esponjas cirúrgicas	25	250	500

ETO – Óxido de Etileno
ETCH – Etileno Cloridrina
ETG – Etilenoglicol

Capítulo II

Condições Mínimas de Área Física, de Instalações e de Segurança Ambiental

18. As Unidades de Esterilização de que tratam esta Portaria compõem-se de, no mínimo, cinco ambientes distintos com acesso restrito a pessoal autorizado, exclusivos para o processo e independentes dos demais setores de apoio do estabelecimento:

a) área de comando,

b) sala de esterilização,

c) sala de aeração,

d) sala ou área de depósito de recipientes de óxido de etileno,

e) área de tratamento do gás.

19. As Unidades de Esterilização que praticam reprocessamento devem, ainda, possuir ambientes, destinados, exclusivamente, à recepção, limpeza, desinfecção e preparo de materiais e artigos, independentes dos demais setores, além de sala de armazenagem de materiais de artigos já submetidos ao processo e aerados.

20. As salas de esterilização e de depósito de recipientes de óxido de etileno e de suas misturas explosivas devem possuir construção que permita um direcionamento adequado para expansibilidade dos gases em caso de acidente, através de teto ou parede frágil, garantindo um raio externo compatível com os riscos inerentes às instalações, sem movimentação de pessoas, veículos ou quaisquer atividades.

21. A Unidade de Esterilização por óxido de etileno deve possuir, também:

a) sistema de renovação de ar independente dos demais setores que garanta 25 (vinte e cinco) trocas de ar por hora, nas salas de esterilização e aeração, bem como pressão negativa na sala de esterilização em relação à de aeração e desta em relação aos demais ambientes;

b) dispositivos automáticos de proteção contra sobrecorrentes e sobretensão, conforme Norma Técnica Brasileira – NBR 5.410 – Instalações Elétricas de Baixa Tensão;

c) instalações elétricas de acordo com a Portaria n. 5.418, Instalações Elétricas em Atmosferas Explosivas, determinada na Portaria n. 121, de 24 de julho de 1996, do INMETRO nas salas de esterilização, depósito de recipientes de óxido de etileno e área de tratamento do gás;

d) sistema de proteção contra descargas atmosféricas de acordo com as Normas Técnicas Brasileiras, NBR-5.419 – Proteção de Estrutura Contra Descarga Atmosférica;

e) porta exclusiva para emergência, localizada na sala de esterilização, com saída desbloqueada e sem possibilidade de ser trancada com chaves, sendo a abertura em sentido de fuga;

f) lava-olhos e chuveiros de emergência localizados em lugar de fácil acesso e visualização, fora das instalações sanitárias, próximo ao depósito de recipientes e a outros locais onde possam ocorrer acidentes com o óxido de etileno liquefeito;

g) sistema de combate a incêndio compatível com as normas do Corpo de Bombeiros local, sendo indispensável a existência de extintores de dióxido de carbono (CO2);

h) sistema automático de alarme sonoro e luminoso para casos emergenciais de vazamento do gás;

i) sinalização gráfica de fácil visualização, para identificação dos ambientes de esterilização, quarentena, depósito de recipientes de óxido de etileno e tratamento de gás e dos sistemas de segurança, conforme NR-26, da Portaria n. 3.214, de 8 de junho de 1978, do Ministério do Trabalho e Emprego;

j) equipamento de monitorização da concentração do óxido de etileno no ambiente de trabalho.

22. Os equipamentos de esterilização por óxido de etileno e de suas misturas devem possuir:

a) sistema automático de admissão e de remoção do gás na câmara e controle à distância dos parâmetros do processo: concentração de óxido de etileno, tempo de cada operação, temperatura, umidade relativa e pressão interna da câmara;

b) sistema que impossibilite abertura de portas das câmaras após o início do ciclo até a conclusão do processo;

c) sistema que garanta, obrigatoriamente, aeração mecânica dentro da própria câmara de esterilização com nitrogênio ou ar filtrado, mesmo que ocorra a interrupção do ciclo;

d) sistema de geração de relatório gráfico e/ou alfanumérico do ciclo de esterilização;

e) sistema que garanta tratamento de todos os resíduos líquidos que tenham mantido contato com óxido de etileno, inclusive os provenientes de bombas de vácuo de anel líquido, de modo a atender à legislação pertinente nos níveis federal, estadual e municipal;

f) sistema de tratamento do óxido de etileno utilizado na esterilização por meio de processo catalítico ou borbulhamento em solução ácida com posterior neutralização dos resíduos, ou outro processo de tratamento do óxido de etileno que garanta a inocuidade do produto, respeitando as condições contidas no item 25.

23. Os equipamentos que utilizam recipientes convencionais devem possuir tubulações e conexões dos cilindros ao equipamento, de acordo com as Normas Técnicas vigentes.

24. Os equipamentos que utilizam recipientes descartáveis devem possuir dispositivo interno à câmara para acoplamento e acondicionamento dos mesmos.

25. O ponto de lançamento de resíduo de óxido de etileno para a atmosfera, oriundo da área de tratamento de gases, deve estar localizado em área de acesso restrito ao trabalhador autorizado, em cujos limites devem ser observados os teores estabelecidos nesta Portaria.

26. Os equipamentos a gás óxido de etileno e suas misturas devem estar instalados fora do alcance de fontes de calor.

Capítulo III

Embalagem, Rotulagem, Transporte e Armazenamento de Recipientes de Óxido de Etileno e Suas Misturas

27. O recipiente do gás, convencional ou descartável, que contenha o agente esterilizante, deve ser de material que não propicie a polimerização do óxido de etileno, apresente resistência mecânica ao impacto e à pressão hidrostática, bem como o fechamento hermético, dentre outras especificações técnicas que estejam contempladas em Regulamento Técnico para recipientes contenedores do agente esterilizante.

28. A embalagem para transporte dos recipientes descartáveis contendo agente esterilizante deve ser confeccionada em material apropriado que impeça o impacto entre eles.

29. A rotulagem do recipiente de óxido de etileno deve conter gravação de forma indelével e atóxica e na língua portuguesa, com nome, endereço e telefone do fabricante, origem, identificação do produto envasado, volumes, cuidados no transporte e armazenamento, limite de tolerância, prazo de validade, procedimentos de uso e emergenciais, identificação do responsável técnico, n. de registro no Ministério da Saúde, além das inscrições "cuidado – perigoso se ingerido, inalado ou absorvido pela pele", "proibida a venda direta ao público" conter símbolo gráfico para produtos perigosos, definido pela NBR 7.500 e demais exigências contidas na legislação específica de saneantes do Ministério da Saúde.

30. O rótulo do recipiente descartável do agente esterilizante, contemplado nesta Portaria, deve informar também a obrigatoriedade da devolução dos recipientes vazios ao fornecedor.

31. O transporte de recipientes de óxido de etileno deve seguir a legislação específica para produtos perigosos.

32. O armazenamento de recipiente do agente esterilizante deve ser realizado em depósito específico, atendendo ao item 20 e às especificações do Anexo I.

33. Os recipientes descartáveis vazios devem ser mantidos especificamente na sala de depósito de recipientes de óxido de etileno, separados dos volumes cheios, para posterior devolução.

Capítulo IV

Embalagem, Rotulagem, Transporte e Armazenamento de Materiais e Artigos Médico-hospitalares

34. A embalagem primária dos materiais submetidos ao agente esterilizante, deve ser de papel grau cirúrgico ou combinação deste com filme plástico, ou material comprovadamente eficaz quanto às características de penetração e exaustão do gás, integridade física e barreira microbiana.

35. O fechamento da embalagem primária deve ser realizado por termosselagem ou outro processo compatível com o material empregado, de modo a garantir a sua integridade e a do produto contido.

36. A rotulagem da embalagem primária e secundária deve conter a indicação do processo a que foi submetido (esterilização, reesterilização ou reprocessamento a gás óxido de etileno), a data de sua realização, o número de lote, o prazo de validade, identificação do responsável pelo processo e identificação do estabelecimento.

37. A embalagem utilizada para transporte de materiais e artigos, a serem submetidos ao reprocessamento em estabelecimento prestador de serviços, deve ser recipiente rígido, liso e fechado hermeticamente e conter rótulo com lista dos produtos, nome do estabelecimento solicitante e do estabelecimento prestador de serviços e identificação de material infectante afixada em sua superfície.

38. A embalagem para transporte de materiais e artigos já submetidos ao reprocessamento deve garantir condições ambientais higiênicas, manutenção de integridade da embalagem primária e esterilidade do produto, além de conter identificação do estabelecimento reprocessador e do solicitante e relação dos artigos esterilizados.

39. O translado externo dos recipientes a que se refere os itens 37 e 38, deve ser realizado em veículos exclusivos para este fim – ou outro que utilize contêineres específicos, com as mesmas identificações, devendo ser asseguradas as condições de desinfecção e higiene necessárias à preservação da saúde humana – sujeitos à fiscalização, conforme legislação vigente.

40. Na sala de armazenagem de materiais esterilizados só e permitida a estocagem de materiais e artigos já aerados na sala de aeração.

Legislação Complementar

Capítulo V

Condições Mínimas para Eficácia do Processo de Esterilização de Materiais e Artigos Médico-hospitalares

41. Os estabelecimentos que mantêm Unidade de Esterilização por Óxido de Etileno para esterilização, reesterilização e/ou reprocessamento de materiais e artigos médico-hospitalares, devem:

a) realizar o processo de esterilização de modo a garantir a sua eficácia e repetibilidade;

b) validar o processo empregando como indicador biológico o *Bacillus subtilis*, Variedade Niger, na concentração de 105 e 107 de esporos, por ocasião do início das atividades de esterilização;

c) revalidar o processo periodicamente, pelo menos uma vez ao ano, e sempre que ocorrerem mudanças nas condições do ciclo, alteração nas instalações, mudança do produto ou utilização de novos equipamentos;

d) comprovar a letalidade de cada ciclo de esterilização empregando indicador biológico e realizando o teste de esterilidade em amostras de produtos que compõem a carga do ciclo, conforme Farmacopeia Brasileira.

Capítulo VI

Condições Mínimas de Saúde e Segurança Ocupacional

42. Ao implantar o Programa de Controle Médico de Saúde Ocupacional – PCMSO, da Norma Regulamentadora, NR-7, da Portaria n. 3.214, de 8 de junho de 1978, do Ministério do Trabalho e Emprego, as empresas devem contemplar questões específicas relacionadas ao óxido de etileno, tais como:

a) o trabalhador direta ou indiretamente envolvido com o processo de esterilização a gás óxido de etileno deve ser submetido a exames admissional, periódico, de retorno ao trabalho, mudança de função e demissional;

b) os exames a que se refere o item anterior compreendem: avaliação clínica abrangendo anamnese ocupacional, exame físico e mental e os exames complementares que devem ser realizados de acordo com termos específicos da NR-7, incluindo hemograma, contagem de plaquetas, exame qualitativo de urina, ureia, creatinina, desidrogenase láctica, transaminase e outros complementares a critério médico;

c) a cada exame médico realizado, o médico emitirá o Atestado de Saúde Ocupacional – ASO, em duas vias, sendo que a primeira ficará arquivada no local de trabalho, à disposição da fiscalização do trabalho, e a segunda será obrigatoriamente entregue ao trabalhador, mediante recibo na primeira via;

d) o ASO deverá conter, no mínimo: identificação do trabalhador com o seu nome completo, número de registro de sua identidade, e sua função; os riscos ocupacionais específicos existentes; indicação dos procedimentos médicos a que foi submetido o trabalhador, incluindo os exames complementares e a data em que foram realizados; o nome do médico coordenador, quando houver, com o respectivo registro no Conselho Regional de Medicina – CRM; definição de apto ou inapto para a função específica que o trabalhador vai exercer, exerce ou exerceu; nome e endereço do médico encarregado do exame e forma de contato; data e assinatura do médico encarregado do exame e carimbo contendo seu número de inscrição no CRM;

e) os registros médicos obtidos dos trabalhadores ocupacionalmente expostos ao óxido de etileno, incluindo prontuários e resultados de exames complementares, devem ser guardados por 20 anos após a demissão.

43. O cumprimento dos itens 1-a a 1-e não desobriga o fiel cumprimento das demais exigências da NR-7 já mencionada.

44. Para deito desta Portaria, deve-se ainda considerar:

a) os exames devem ser realizados com periodicidade semestral ou a intervalos menores a critério médico, ou, ainda, como resultado de negociação coletiva de trabalho;

b) todo trabalhador que esteve envolvido direta ou indiretamente em atividades com óxido de etileno e que não mais exerça esta atividade deve continuar a realizar os exames médicos e complementares, com periodicidade no mínimo anual, durante todo o tempo em que trabalhar na empresa;

c) os exames clínicos e laboratoriais devem dar especial atenção às exposições prévias ao óxido de etileno e seus efeitos sobre os órgãos e sistemas relacionados ao metabolismo do óxido de etileno.

45. Conforme definido nesta Portaria, ao implantar o Programa de Prevenção de Riscos Ambientais – PPRA, de acordo com a NR-9, da Portaria n. 3.214, de 8 de junho de 1978, do Ministério do Trabalho e Emprego, as empresas devem entre outras ações, prever:

a) levantamento, análise e avaliação de riscos existentes nas Unidades de Esterilização;

b) o fornecimento e uso obrigatório de Equipamentos de Proteção Individual – EPI, luvas, botas e macacão de PVC e máscaras faciais alimentadas a ar comprimido, durante as atividades de risco, carregamento e descarregamento da câmara e troca de cilindros, ou outras com risco potencial e durante vazamentos acidentais.

46. As empresas devem ainda:

a) elaborar rotina escrita disponível a todos os trabalhadores de todas as etapas do processo – inclusive recebimento e troca do recipiente de gás, descarte de resíduos líquidos e sólidos – dos procedimentos de emergência e de primeiros socorros;

b) realizar treinamento técnico por ocasião da admissão e reciclagens semestrais para os trabalhadores das Unidades de Esterilização, de acordo com o Programa Mínimo existente no anexo II desta Portaria;

c) realizar a monitorização passiva individual, para os trabalhadores envolvidos com o processo, durante as atividades de risco definidas no item anterior;

d) possuir meios de monitorização contínua da concentração ambiental de óxido de etileno nas salas de esterilização, quarentena, depósito de recipientes de óxido de etileno e área de tratamento do gás, quando na presença de seres humanos, assegurando a manutenção do Limite de Tolerância estabelecido nos arts. 3º e 4º desta Portaria;

e) manter Prontuário da Unidade de Esterilização por óxido de etileno, contendo fluxograma do processo, conjunto de desenhos da instalação de equipamentos de esterilização, descrição de funcionamento da Unidade de Esterilização e dos dispositivos de segurança, livro de ocorrências e as especificações dos equipamentos;

f) garantir que o desenvolvimento das atividades de risco não ocorra em presença de somente um trabalhador.

Anexo I
Definição e Especificação

Absorção – fixação de uma substância no interior de outra substância.

Acesso restrito – acesso permitido somente a pessoas credenciadas.

Adsorção – fixação de uma substância na superfície de outra substância.

Aeração mecânica – processo de ventilação que funciona no interior da câmara esterilizadora, utilizando ar estéril e/ou gás inerte, permitindo a retirada de grande parte dos resíduos do gás óxido de etileno dos materiais esterilizados.

Agente esterilizante – para efeito desta portaria, é o produto saneante, gás óxido de etileno e suas misturas com agente diluente ou propelente inerte.

Ambiente – espaço fisicamente determinado e especializado para o desenvolvimento de determinadas atividades, caracterizado por dimensões e instalações diferenciadas.

Ar filtrado estéril – ar que passa através de filtros de ar que retêm partículas maiores ou iguais a 0,3 micrometro (micron).

Área – ambiente aberto, sem paredes em uma ou mais faces.

Artigo médico-hospitalar de uso único – correlato que após o uso perde suas características originais ou que, em função de outros riscos reais ou potenciais à saúde do usuário, não pode ser reutilizado.

Área de depósito de recipientes de óxido de etileno – área exclusivamente destinada a receber os cilindros de agentes esterilizantes. Deve ser bem arejada, telada, protegida do calor e das intempéries e próxima da área de esterilização. Para cilindros do gás puro ou misturas inflamáveis, prever construção resistente à explosividade e direcionamento para expansão.

Área de tratamento de gás – ambiente destinado à instalação dos equipamentos de tratamento do gás óxido de etileno.

Artigo de uso único – ver artigo médico-hospitalar de uso único.

Atividade de risco – para efeito desta Portaria, são as operações de carga e descarga da câmara de esterilização a óxido de etileno, troca de cilindros e manutenção de seus equipamentos, quando na possível presença do gás.

Autorização – ato privativo do órgão competente do Ministério da Saúde incumbido da vigilância sanitária dos produtos e serviços submetidos a esse regime, contendo permissão para que as empresas exerçam as atividades que lhes são próprias.

Autorização de funcionamento específica – autorização exclusiva para unidades de esterilização por óxido de etileno.

Bactericida – substância ou produto que tem a capacidade de destruir bactérias.

Calibração – operação em que se estabelece uma correspondência entre leituras de instrumento e valores de uma grandeza física que é medida diretamente ou indiretamente pelo instrumento.

Câmara de esterilização por óxido de etileno – componente do equipamento de esterilização destinado a receber a carga de materiais termossensíveis a serem esterilizados a gás óxido de etileno.

Capabilidade – capacidade de um processo para atingir os objetivos para os quais foi desenvolvido.

Carcinogenicidade – propriedade que tem a substância de provocar alterações responsáveis pela indução do câncer.

Concentração do gás de óxido de etileno – concentração estabelecida em função da carga microbiana inicial dos materiais, das características do produto, da embalagem e das especificações técnicas das câmaras, normalmente expressa em miligrama por metro cúbico.

Controle do processo – verificação realizada durante o processo de esterilização com o objetivo de monitorar e ajustar os parâmetros de relevância do processo: temperatura, umidade relativa, concentração de óxido de etileno e tempo de exposição.

Correlato – substância, produto, aparelho ou acessório, cujo uso ou aplicação esteja ligado à defesa e proteção da saúde individual ou coletiva, à higiene pessoal ou de ambientes, ou a fins diagnósticos e analíticos, os cosméticos e perfumes, e, ainda, aos produtos dietéticos, óticos, de acústica médica, odontológicos e veterinários.

Depósito de recipientes de óxido de etileno – ambiente exclusivamente destinado a receber os recipientes de gases óxido de etileno ou de suas misturas, que alimentarão as câmaras de esterilização. Para cilindros convencionais este ambiente deve ser bem arejado, telado, protegido de fonte de calor e de intempéries e possuir menor afastamento possível da área de esterilização. Para recipientes descartáveis, este am-

Legislação Complementar

biente deverá ser uma sala compatível com a explosividade do gás, possuir exaustão mecânica e acesso exclusivo a pessoal autorizado.

Descarga atmosférica – descarga elétrica entre uma nuvem e a terra, consistindo em um ou mais impulsos de vários quiloampéres.

Desinfecção – processo de destruição de micro-organismos patogênicos de forma vegetativa existentes em superfícies inertes, mediante aplicação de produtos químicos ou físicos.

Embalagem secundária – invólucro, recipiente ou qualquer acondicionamento com finalidade de garantir a integridade física da embalagem primária e do produto, quando necessário.

Embalagem primária – para efeito desta Portaria, invólucro, material, impresso, recipiente ou qualquer acondicionamento que mantém contato com o produto, com a finalidade de permitir a entrada e liberação do gás esterilizante, proteger o produto contra a entrada de micro-organismos, poeira e umidade, enquanto o artigo estiver armazenado, até o momento de ser aberto para uso.

Empresa – para efeito desta Portaria, qualquer prestador de serviços de saúde, hospital ou entidade a ele assemelhada, empresa fabricante ou produtor, prestadora de serviços que exerça atividades de esterilização, reesterilização ou reprocessamento de artigos médico-hospitalares com gás óxido de etileno e de suas misturas.

Equipamento de esterilização por óxido de etileno – conjunto composto de câmara de esterilização a óxido de etileno e seus equipamentos periféricos.

Equipamento de proteção individual – EPI – todo dispositivo de uso individual destinado a garantir a integridade física do trabalhador, luvas, botas, máscaras, aventais, protetores faciais, entre outros.

Esporicida – substância ou produto que tem capacidade de destruir micro-organismos na forma esporulada.

Esterilização – processo físico ou químico empregado para eliminar micro-organismos nas formas vegetativas e esporuladas das substâncias, materiais ou artigos.

Esterilização por óxido de etileno – processo químico de esterilização onde o agente esterilizante utilizado é o gás óxido de etileno.

Etilenocloridrina – produto derivado da reação do óxido de etileno com o cloro.

Etilenoglicol – produto derivado da reação do óxido de etileno com água.

Filme plástico – laminado ou coextrudado de polímero atóxico para embalagens dos produtos a serem esterilizados.

Fungicida – substância ou produto que tem a capacidade de destruir fungos.

Indicador biológico – produto ou suporte de plástico ou papel contaminado com suspensão de micro-organismo padrão em concentração conhecida. É utilizado rotineiramente na monitorização biológica dos processos de esterilização.

Inflamabilidade – capacidade que tem a substância ou produto de se inflamar na presença de fonte de calor ou faísca.

Lava-olhos – equipamento composto de cuba com jatos de água direcionados para os olhos, destinados à lavagem dos olhos em caso de exposição direta ao óxido de etileno liquefeito.

Licença de funcionamento específica – licença sanitária exclusiva para unidades de esterilização por óxido de etileno.

Licença sanitária – ato privativo do órgão de saúde competente dos Estados, Municípios e do Distrito Federal, contendo permissão para funcionamento dos estabelecimentos que desenvolvam quaisquer atividades a que fora autorizada.

Limite de tolerância – para efeito desta Portaria, é o limite estabelecido por entidades oficiais, na qual o trabalhador pode ficar exposto durante oito horas de trabalho sem que tenha prejuízo da sua integridade física.

Limpeza – processo de retirada de sujidades e detritos para manter em estado de asseio os artigos e equipamentos médico-hospitalares.

Material e artigo médico-hospitalar – material e/ou artigo de uso médico, odontológico ou laboratorial, destinados a fornecer suporte a procedimentos diagnósticos, terapêuticos ou cirúrgicos.

Material frágil – para efeito desta Portaria, material que reempregado na confecção de recipientes de gás óxido de etileno estará sujeito à ruptura em caso de queda.

Micobactericida – substância ou produto que tem a capacidade de destruir micobactérias, inclusive *Mycobacterium tuberculosis*.

Mistura explosiva – toda mistura do agente esterilizante com qualquer diluente ou propelente, que em contato com o ar pode formar uma atmosfera potencialmente explosiva.

Monitor biológico – dispositivo para acomodação de indicador biológico destinado a simular a condição de maior dificuldade para esterilização. A forma do monitor biológico depende do tipo de produto a ser esterilizado e dos procedimentos de esterilização.

Monitorização passiva – sistema individual que serve para recolher substâncias aéreas por meio de dosímetros para posterior avaliação analítica.

Mutagenicidade – propriedade de variação brusca de um ou mais caracteres em um organismo, devido a modificações no seu material genético, tornando-se hereditária.

Neurotoxicidade – propriedade que tem a substância de ser tóxica ao sistema nervoso.

Número de lote – designação constituída de combinação de letras, números ou símbolos, impressa na embalagem de cada unidade do produto submetido ao regime de vigilância sanitária, que permite identificar o lote ou partida a que este pertence, além de localizar e rever todas as operações de produção, inspeção, armazenagem e controle do produto em questão.

Órgão de vigilância sanitária – órgão do Ministério da Saúde, da Secretaria de Saúde dos Estados, Municípios ou do Distrito Federal, incumbido da vigilância sanitária dos produtos ou atividades abrangidos por lei.

Óxido de etileno – gás incolor, de alto poder virucida, bactericida, micobactericida e fungicida, sua fórmula é C_2H_4O. É miscível em água, acetona, éter, benzeno e na maioria dos solventes orgânicos. É altamente explosivo e facilmente inflamável.

Papel grau cirúrgico – papel que apresenta características físicas, químicas e biológicas que permitem a esterilização e manutenção da esterilidade do produto. É próprio para embalagens de artigos médico-hospitalares a serem submetidos a processo de esterilização, reesterilização e reprocessamento a gás óxido de etileno.

PCMSO – Programa de Controle Médico e Saúde Ocupacional, é um programa de prevenção, rastreamento e diagnóstico precoce dos agravos à saúde relacionados ao trabalho. Este Programa deve estar articulado com o PPRA.

PPRA – Programa de Prevenção de Riscos Ambientais, é um programa que visa à preservação da saúde e da integridade física do trabalhador mediante antecipação, reconhecimento, avaliação e controle de ocorrências de riscos ambientais existentes ou que venham a existir no ambiente de trabalho levando em consideração também a proteção do meio ambiente e dos recursos naturais.

Preparo de materiais – procedimento de limpeza, desinfecção e embalagem de materiais ou artigos médico-hospitalares para serem submetidos ao processo de reprocessamento por óxido de etileno.

Recepção – ambiente destinado ao recebimento de materiais ou artigos médico-hospitalares para serem submetidos a esterilização, reesterilização ou reprocessamento por óxido de etileno.

Recipiente convencional – vasilhame ou cilindro metálico retornável, contenedor do gás óxido de etileno.

Recipiente descartável – vasilhame ou cartucho metálico, de uso único, contenedor do gás óxido de etileno, com capacidade não superior a 200 gramas, utilizado acoplado no interior da câmara de esterilização por óxido de etileno.

Reesterilização – processo de esterilização de artigos já esterilizados e não utilizados quando há dúvida quanto à segurança, ao processo ou resultado de esterilização inicial.

Reprocessamento – processo a ser aplicado a artigos médico-hospitalares, exceto os de uso único, para permitir sua reutilização, incluindo a limpeza, desinfecção, preparo, embalagem, esterilização e controle da qualidade.

Reprodutibilidade – propriedade de um processo de produzir os mesmos resultados, mesmo sob condições variadas de execução.

Rótulo – identificação impressa ou litografada, dizeres pintados ou gravados a fogo, pressão ou decalco aplicado diretamente sobre recipientes, vasilhames, invólucros, envoltórios ou outro protetor de embalagem.

Sala – ambiente limitado por parede em todo o seu perímetro.

Sala de aeração – ambiente provido de condição mecânica ou natural que permita a circulação de ar nos produtos visando a eliminação total dos resíduos do gás. Destinado a receber os materiais esterilizados já submetidos a aeração mecânica na própria câmara esterilizadora.

Sala de armazenagem de materiais esterilizados – ambiente destinado à guarda e distribuição de materiais submetidos ao gás esterilizante, após a permanência na sala de aeração.

Sala de comando – ambiente de acesso restrito, onde estão instalados os pontos de comando, controle e monitorização do processo de esterilização.

Sala de depósito de recipientes de óxido de etileno – ambiente de acesso restrito, exclusivamente destinado à guarda dos recipientes descartáveis de gás óxido de etileno, cuja construção deve ser resistente à explosividade, com direcionamento para expansão através de teto ou paredes frágeis, prevendo-se ventilação.

Sala de esterilização – ambiente onde se localiza a câmara de esterilização. Para os casos em que seja utilizado óxido de etileno puro ou suas misturas inflamáveis, o projeto de engenharia deve ser compatível com o risco de explosão.

Teratogenicidade – propriedade que tem uma substância ou um agente de provocar anomalias no desenvolvimento embrionário ou fetal quando a gestante entra em contato ou é exposta aos mesmos.

Termosselagem – processo térmico de fechamento das embalagens.

Toxicidade – propriedade que tem a substância ou produto de provocar efeitos adversos.

Trabalhador diretamente envolvido – trabalhador que realiza atividades ligadas diretamente ao processo de esterilização e apoio, tais como: operação de equipamento de esterilização; carregamento ou descarregamento de câmaras; manuseio de produtos recém-saídos do processo de aeração; troca de cilindros ou outras atividades afins relacionadas com grande probabilidade de exposição ao gás óxido de etileno.

Trabalhador indiretamente envolvido – trabalhador que, mesmo não exercendo atividades relativas ao processo de esterilização, trabalha na área esporadicamente, podendo sofrer exposição acidental ao óxido de etileno; é o caso das atividades de manutenção preventiva e corretiva das instalações, limpeza nas dependências de risco, laboratório de análise de qualidade do processo ou outra atividade assemelhada.

Unidade de esterilização – unidade de apoio à saúde destinada à operacionalização de processos de esterilização, reesterilização e reprocessamento de produtos por óxido de etileno.

Validação do processo – procedimento documentado para obtenção, registro e interpretação de resultados necessários para demonstrar que o processo produzirá produtos que atendam a especificações predeterminadas.

Virucida – substância ou produto que tem a capacidade de destruir vírus.

Anexo II
Programa Mínimo

TREINAMENTO DE PESSOAL ENVOLVIDO COM ESTERILIZAÇÃO, REESTERILIZAÇÃO E REPROCESSAMENTO POR ÓXIDO DE ETILENO

1 – Conceitos Físicos Básicos
2 – Vantagens e Desvantagens do Processo de Esterilização por Óxido de Etileno em Relação a Outros Processos de Esterilização
3 – Mecanismo de Ação do Óxido de Etileno
4 – Efeitos do Óxido de Etileno sobre o Ser Humano
5 – Limite de Tolerância
6 – Metodologia de Avaliação Ambiental
7 – Metodologia de Monitorização Ativa e Passiva
8 – Equipamentos de Proteção Individual
9 – Exames Médicos e Laboratoriais
10 – Ações em Situação de Emergência
11 – Sistema de Manutenção
12 – Sistema de Segurança
13 – A Rotina de Trabalho
14 – Limpeza dos Materiais
15 – Especificação de Materiais Adequados para Embalagem de Óxido de Etileno
16 – Especificação de Materiais Adequados para Embalagens de Produtos a Serem Submetidos ao Processo por Óxido de Etileno
17 – Parâmetro de Influência no Processo: Temperatura, Umidade Relativa, Concentração de Óxido de Etileno e Tempo
18 – Registro de Dados do Ciclo de Esterilização
19 – Ciclo Esterilizante: Aquecimento, Vácuo, Umidificação, Admissão do Óxido de Etileno, Exaustão e Aeração
20 – Controle de Qualidade
21 – Teste de Esterilidade e Monitores Biológicos
22 – Análise Química dos Resíduos
23 – Tratamento do Óxido de Etileno
24 – Aspectos Legais: Portaria sobre Óxido de Etileno – Ministério da Saúde/Ministério do Trabalho e Emprego; Portaria de Correlatos – Ministério da Saúde; Portaria n. 3.214/78, sobre Segurança e Saúde do Trabalhador – Ministério do Trabalho e Emprego.

Anexo III
Competência de Fiscalização

Para facilitar a atividade de fiscalização pelo Ministério da Saúde e pelo Ministério do Trabalho e Emprego, ficam determinados os itens de competência, ressaltando-se a duplicidade de ação naqueles duplamente assinalados, onde poderá a inspeção ser realizada em conjunto.

ITEM	MINISTÉRIO DA SAÚDE	MINISTÉRIO DO TRABALHO E EMPREGO
ART.		
1º		
2º		
3º	X	X
4º	X	X
5º	X	X
6º	X	X
7º	X	
8º	X	X
9º	X	X
10		
11		
12		
13		
14		
CAPÍTULO I		
1	X	
2	X	
3	X	
4	X	
5	X	
6	X	
7	X	
8	X	
9	X	
10	X	
11	X	
12	X	
13	X	
14	X	
15	X	
16	X	
17	X	
CAPÍTULO II		
18	X	
19	X	X
20	X	X
21		
a	X	X
b	X	X

c	X	X
d	X	X
e	X	X
f	X	X
g	X	X
h	X	X
i	X	X
j	X	X
22	X	X
a	X	X
b	X	X
c	X	X
d	X	X
e	X	X
f	X	X
23	X	X
24	X	X
25	X	X
26	X	X
CAPÍTULO III		
27	X	
28	X	
29	X	
30	X	
31		X
32	X	X
33	X	X
CAPÍTULO IV		
34	X	
35	X	
36	X	
37	X	
38	X	
39	X	X
40	X	X
CAPÍTULO V		
41		
a	X	
b	X	
c	X	
d	X	
CAPÍTULO VI		
42		
a		X
b		X
c		X
d		X
e		X
43		X
44		
a		X
b		X
c		X
45		
a		X
b		X
46		
a	X	
b	X	X
c	X	X
d	X	X
e	X	X
f	X	X

Decreto n. 4.552, de 27 de dezembro de 2002 (1)

Aprova o Regulamento da Inspeção do Trabalho.

O Presidente da República, no uso da atribuição que lhe confere o art. 84, inciso IV, e considerando o disposto no art. 21, inciso XXIV, ambos da Constituição, na Lei n. 10.593, de 6 de dezembro de 2002, e na Convenção 81 da Organização Internacional do Trabalho, aprovada pelo Decreto Legislativo n. 24, de 29 de maio de 1956, promulgada pelo Decreto n. 41.721, de 25 de junho de 1957, e revigorada pelo Decreto n. 95.461, de 11 de dezembro de 1987, bem como o disposto na Consolidação das Leis do Trabalho, aprovada pelo Decreto-lei n. 5.452, de 1º de maio de 1943, decreta:

Art. 1º Fica aprovado o Regulamento da Inspeção do Trabalho, que a este Decreto acompanha.

Art. 2º Este Decreto entra em vigor na data da sua publicação.

Art. 3º Revogam-se os Decretos n. 55.841, de 15 de março de 1965, 57.819, de 15 de fevereiro de 1966, 65.557, de 21 de outubro de 1969, e 97.995, de 26 de julho de 1989.

Brasília, 27 de dezembro de 2002; 181º da Independência e 114º da República.

Fernando Henrique Cardoso

(1) Publicado no *Diário Oficial da União*, de 30-12-2002.

Legislação Complementar

REGULAMENTO DA INSPEÇÃO DO TRABALHO

CAPÍTULO I
Da Finalidade

Art. 1º O Sistema Federal de Inspeção do Trabalho, a cargo do Ministério do Trabalho e Emprego, tem por finalidade assegurar, em todo o território nacional, a aplicação das disposições legais, incluindo as convenções internacionais ratificadas, os atos e decisões das autoridades competentes e as convenções, acordos e contratos coletivos de trabalho, no que concerne à proteção dos trabalhadores no exercício da atividade laboral.

• *Vide* Decreto n. 10.088, de 5-11-2019.

CAPÍTULO II
Da Organização

Art. 2º Compõem o Sistema Federal de Inspeção do Trabalho:

I – autoridades de direção nacional, regional ou local: aquelas indicadas em leis, regulamentos e demais atos atinentes à estrutura administrativa do Ministério do Trabalho e Emprego;

II – Auditores-Fiscais do Trabalho;

•• Inciso II com redação determinada pelo Decreto n. 4.870, de 30-10-2003.

III – Agentes de Higiene e Segurança do Trabalho, em funções auxiliares de inspeção do trabalho.

Art. 3º Os Auditores-Fiscais do Trabalho são subordinados tecnicamente à autoridade nacional competente em matéria de inspeção do trabalho.

Art. 4º Para fins de inspeção, o território de cada unidade federativa será dividido em circunscrições, e fixadas as correspondentes sedes.

Parágrafo único. As circunscrições que tiverem dois ou mais Auditores-Fiscais do Trabalho poderão ser divididas em áreas de inspeção delimitadas por critérios geográficos.

Art. 5º A distribuição dos Auditores-Fiscais do Trabalho pelas diferentes áreas de inspeção da mesma circunscrição obedecerá ao sistema de rodízio, efetuado em sorteio público, vedada a recondução para a mesma área no período seguinte.

§ 1º Os Auditores-Fiscais do Trabalho permanecerão nas diferentes áreas de inspeção pelo prazo máximo de doze meses.

§ 2º É facultado à autoridade de direção regional estabelecer programas especiais de fiscalização que contemplem critérios diversos dos estabelecidos neste artigo, desde que aprovados pela autoridade nacional competente em matéria de inspeção do trabalho.

Art. 6º Atendendo às peculiaridades ou circunstâncias locais ou, ainda, a programas especiais de fiscalização, poderá a autoridade nacional competente em matéria de inspeção do trabalho alterar os critérios fixados nos arts. 4º e 5º para estabelecer a fiscalização móvel, independentemente de circunscrição ou áreas de inspeção, definindo as normas para sua realização.

•• Artigo com redação determinada pelo Decreto n. 4.870, de 30-10-2003.

Art. 7º Compete às autoridades de direção do Sistema Federal de Inspeção do Trabalho:

I – organizar, coordenar, avaliar e controlar as atividades de auditoria e as auxiliares da inspeção do trabalho.

II – elaborar planejamento estratégico das ações da inspeção do trabalho no âmbito de sua competência;

III – proferir decisões em processo administrativo resultante de ação de inspeção do trabalho; e

IV – receber denúncias e, quando for o caso, formulá-las e encaminhá-las aos demais órgãos do poder público.

§ 1º As autoridades de direção local e regional poderão empreender e supervisionar projetos consoante diretrizes emanadas da autoridade nacional competente em matéria de inspeção do trabalho.

§ 2º Cabe à autoridade nacional competente em matéria de inspeção do trabalho elaborar e divulgar os relatórios previstos em convenções internacionais.

Art. 8º O planejamento estratégico das ações de inspeção do trabalho será elaborado pelos órgãos competentes, considerando as propostas das respectivas unidades descentralizadas.

§ 1º O planejamento de que trata este artigo consistirá na descrição das atividades a serem desenvolvidas nas unidades descentralizadas, de acordo com as diretrizes fixadas pela autoridade nacional competente em matéria de inspeção do trabalho.

§ 2º (*Revogado pelo Decreto n. 4.870, de 30-10-2003.*)

CAPÍTULO III
Da Inspeção

•• A Portaria n. 547, de 22-10-2021, do Ministério do Trabalho e Previdência, disciplina a forma de atuação da inspeção do trabalho e dá outras providências.

Art. 9º A inspeção do trabalho será promovida em todas as empresas, estabelecimentos e locais de trabalho, públicos ou privados, estendendo-se aos profissionais liberais e instituições sem fins lucrativos, bem como às embarcações estrangeiras em águas territoriais brasileiras.

• *Vide* Decreto n. 10.088, de 5-11-2019.

Art. 10. Ao Auditor-Fiscal do Trabalho será fornecida Carteira de Identidade Fiscal (CIF), que servirá como credencial privativa, com renovação quinquenal.

•• Sobre a Carteira de Identidade Fiscal (CIF) dos Auditores-Fiscais do Trabalho: arts. 59 a 68 e Anexo II da Portaria n. 547, de 22-10-2021, do Ministério do Trabalho e Previdência.

§ 1º Além da credencial aludida no *caput*, será fornecida credencial transcrita na língua inglesa ao Auditor-Fiscal do Trabalho, que tenha por atribuição inspecionar embarcações de bandeira estrangeira.

§ 2º A autoridade nacional competente em matéria de inspeção do trabalho fará publicar, no *Diário Oficial da União*, relação nominal dos portadores de Carteiras de Identidade Fiscal, com nome, número de matrícula e órgão de lotação.

§ 3º É proibida a outorga de identidade fiscal a quem não seja integrante da Carreira Auditoria-Fiscal do Trabalho.

Art. 11. A credencial a que se refere o art. 10 deverá ser devolvida para inutilização, sob pena de responsabilidade administrativa, nos seguintes casos:

I – posse em outro cargo público efetivo inacumulável;

II – posse em cargo comissionado de quadro diverso do Ministério do Trabalho e Emprego;

III – exoneração ou demissão do cargo de Auditor-Fiscal do Trabalho;

IV – aposentadoria; ou

V – afastamento ou licenciamento por prazo superior a seis meses.

Art. 12. A exibição da credencial é obrigatória no momento da inspeção, salvo quando o Auditor-Fiscal do Trabalho julgar que tal identificação prejudicará a eficácia da fiscalização, hipótese em que deverá fazê-lo após a verificação física.

Parágrafo único. O Auditor-Fiscal somente poderá exigir a exibição de documentos após a apresentação da credencial.

Art. 13. O Auditor-Fiscal do Trabalho, munido de credencial, tem o direito de ingressar, livremente, sem prévio aviso e em qualquer dia e horário, em todos os locais de trabalho mencionados no art. 9º.

Art. 14. Os empregadores, tomadores e intermediadores de serviços, empresas, instituições, associações, órgãos e entidades de qualquer natureza ou finalidade são sujeitos à inspeção do trabalho e ficam, pessoalmente ou por seus prepostos ou representantes legais, obrigados a franquear, aos Auditores-Fiscais do Trabalho, o acesso aos estabelecimentos, respectivas dependências e locais de trabalho, bem como exibir os documentos e materiais solicitados para fins de inspeção do trabalho.

Art. 15. As inspeções, sempre que necessário, serão efetuadas de forma imprevista, cercadas de todas as cautelas, na época e horários mais apropriados a sua eficácia.

Art. 16. As determinações para o cumprimento de ação fiscal deverão ser comunicadas por escrito, por meio de ordens de serviço.

Parágrafo único. As ordens de serviço poderão prever a realização de inspeções por grupos de Auditores-Fiscais do Trabalho.

Art. 17. Os órgãos da administração pública direta ou indireta e as empresas concessionárias ou permissionárias de serviços públicos ficam obrigadas a proporcionar efetiva cooperação aos Auditores-Fiscais do Trabalho.

Art. 18. Compete aos Auditores-Fiscais do Trabalho, em todo o território nacional:

I – verificar o cumprimento das disposições legais e regulamentares, inclusive as relacionadas à segurança e à saúde no trabalho, no âmbito das relações de trabalho e de emprego, em especial:

a) os registros em Carteira de Trabalho e Previdência Social (CTPS), visando à redução dos índices de informalidade;

b) o recolhimento do Fundo de Garantia do Tempo de Serviço (FGTS), objetivando maximizar os índices de arrecadação;

c) o cumprimento de acordos, convenções e contratos coletivos de trabalho celebrados entre empregados e empregadores; e

d) o cumprimento dos acordos, tratados e convenções internacionais ratificados pelo Brasil;

II – ministrar orientações e dar informações e conselhos técnicos aos trabalhadores e às pessoas sujeitas à inspeção do trabalho, atendidos os critérios administrativos de oportunidade e conveniência;

III – interrogar as pessoas sujeitas à inspeção do trabalho, seus prepostos ou representantes legais, bem como trabalhadores, sobre qualquer matéria relativa à aplicação das disposições legais e exigir-lhes documento de identificação;

IV – expedir notificação para apresentação de documentos;

V – examinar e extrair dados e cópias de livros, arquivos e outros documentos, que entenda necessários ao exercício de suas atribuições legais, inclusive quando mantidos em meio magnético ou eletrônico;

VI – proceder a levantamento e notificação de débitos;

VII – apreender, mediante termo, materiais, livros, papéis, arquivos e documentos, inclusive quando mantidos em meio magnético ou eletrônico, que constituam prova material de infração, ou, ainda, para exame ou instrução de processos;

VIII – inspecionar os locais de trabalho, o funcionamento de máquinas e a utilização de equipamentos e instalações;

IX – averiguar e analisar situações com risco potencial de gerar doenças ocupacionais e acidentes do trabalho, determinando as medidas preventivas necessárias;

X – notificar as pessoas sujeitas à inspeção do trabalho para o cumprimento de obrigações ou a correção de irregularidades e adoção de medidas que eliminem os riscos para a saúde e segurança dos trabalhadores, nas instalações ou métodos de trabalho;

XI – quando constatado grave e iminente risco para a saúde ou segurança dos trabalhadores, expedir a notificação a que se refere o inciso X deste artigo, determinando a adoção de medidas de imediata aplicação;

XII – coletar materiais e substâncias nos locais de trabalho para fins de análise, bem como apreender equipamentos e outros itens relacionados com a segurança e saúde no trabalho, lavrando o respectivo termo de apreensão;

XIII – propor a interdição de estabelecimento, setor de serviço, máquina ou equipamento, ou o embargo de obra, total ou parcial, quando constatar situação de grave e iminente risco à saúde ou à integridade física do trabalhador, por meio de emissão de laudo técnico que indique a situação de risco verificada e especifique as medidas corretivas que deverão ser adotadas pelas pessoas sujeitas à inspeção do trabalho, comunicando o fato de imediato à autoridade competente;

XIV – analisar e investigar as causas dos acidentes do trabalho e das doenças ocupacionais, bem como as situações com potencial para gerar tais eventos;

•• *Vide* nota ao inciso IX deste artigo.

XV – realizar auditorias e perícias e emitir laudos, pareceres e relatórios;

•• Inciso XV com redação determinada pelo Decreto n. 4.870, de 30-10-2003.

•• *Vide* nota ao inciso IX deste artigo.

XVI – solicitar, quando necessário ao desempenho de suas funções, o auxílio da autoridade policial;

XVII – lavrar termo de compromisso decorrente de procedimento especial de inspeção;

XVIII – lavrar autos de infração por inobservância de disposições legais;

XIX – analisar processos administrativos de auto de infração, notificações de débitos ou outros que lhes forem distribuídos;

XX – devolver, devidamente informados os processos e demais documentos que lhes forem distribuídos, nos prazos e formas previstos em instruções expedidas pela autoridade nacional competente em matéria de inspeção do trabalho;

XXI – elaborar relatórios de suas atividades, nos prazos e formas previstos em instruções expedidas pela autoridade nacional competente em matéria de inspeção do trabalho;

•• *Vide* nota ao inciso IX deste artigo.

XXII – levar ao conhecimento da autoridade competente, por escrito, as deficiências ou abusos que não estejam especificamente compreendidos nas disposições legais;

XXIII – atuar em conformidade com as prioridades estabelecidas pelos planejamentos nacional e regional.

•• Inciso XXIII com redação determinada pelo Decreto n. 4.870, de 30-10-2003.

§ 1º (*Revogado pelo Decreto n. 4.870, de 30-10-2003.*)

§ 2º Aos Auditores-Fiscais do Trabalho serão ministrados regularmente cursos necessários à sua formação, aperfeiçoamento e especialização, observadas as peculiaridades regionais, conforme instruções do Ministério do Trabalho e Emprego, expedidas pela autoridade nacional competente em matéria de inspeção do trabalho.

Art. 19. É vedado às autoridades de direção do Ministério do Trabalho e Emprego:

I – conferir aos Auditores-Fiscais do Trabalho encargos ou funções diversas das que lhes são próprias, salvo se para o desempenho de cargos de direção, de funções de chefia ou de assessoramento;

II – interferir no exercício das funções de inspeção do trabalho ou prejudicar, de qualquer maneira, sua imparcialidade ou a autoridade do Auditor-Fiscal do Trabalho; e

III – conferir qualquer atribuição de inspeção do trabalho a servidor que não pertença ao Sistema Federal de Inspeção do Trabalho.

Art. 20. A obrigação do Auditor-Fiscal do Trabalho de inspecionar os estabelecimentos e locais de trabalho situados na área de inspeção que lhe compete, em virtude do rodízio de que trata o art. 6º, § 1º, não o exime do dever de, sempre que verificar, em qualquer estabelecimento, a existência de violação a disposições legais, comunicar o fato, imediatamente, à autoridade competente.

Parágrafo único. Nos casos de grave e iminente risco à saúde e segurança dos trabalhadores, o Auditor-Fiscal do Trabalho atuará independentemente de sua área de inspeção.

Art. 21. Caberá ao órgão regional do Ministério do Trabalho e Emprego promover a investigação das causas de acidentes ou doenças relacionadas ao trabalho, determinando as medidas de proteção necessárias.

Art. 22. O Auditor-Fiscal do Trabalho poderá solicitar o concurso de especialistas e técnicos devidamente qualificados, assim como recorrer a laboratórios técnico-científicos governamentais ou credenciados, a fim de assegurar a aplicação das disposições legais e regulamentares relativas à segurança e saúde no trabalho.

Art. 23. Os Auditores-Fiscais do Trabalho têm o dever de orientar e advertir as pessoas sujeitas à inspeção do trabalho e os trabalhadores quanto ao cumprimento da legislação trabalhista, e observarão o critério da dupla visita nos seguintes casos:

I – quando ocorrer promulgação ou expedição de novas leis, regulamentos ou instruções ministeriais, sendo que, com relação exclusivamente a esses atos, será feita apenas a instrução dos responsáveis;

II – quando se tratar de primeira inspeção nos estabelecimentos ou locais de trabalho recentemente inaugurados ou empreendidos;

III – quando se tratar de estabelecimento ou local de trabalho com até dez trabalhadores, salvo quando for constatada infração por falta de registro de empregado ou de anotação da CTPS, bem como na ocorrência de reincidência, fraude, resistência ou embaraço à fiscalização; e

IV – quando se tratar de microempresa e empresa de pequeno porte, na forma da lei específica.

§ 1º A autuação pelas infrações não dependerá da dupla visita após o decurso do prazo de noventa dias da vigência das disposições a que se refere o inciso I ou do efetivo funcionamento do novo estabelecimento ou local de trabalho a que se refere o inciso II.

§ 2º Após obedecido o disposto no inciso III, não será mais observado o critério de dupla visita em relação ao dispositivo infringido.

§ 3º A dupla visita será formalizada em notificação, que fixará prazo para a visita seguinte, na forma das instruções expedidas pela autoridade nacional competente em matéria de inspeção do trabalho.

Art. 24. A toda verificação em que o Auditor-Fiscal do Trabalho concluir pela existência de violação de preceito legal deve corresponder, sob pena de responsabilidade, a lavratura de auto de infração, ressalvado o disposto no art. 23 e na hipótese de instauração de procedimento especial de fiscalização.

Parágrafo único. O auto de infração não terá seu valor probante condicionado à assinatura do infrator ou de testemunhas e será lavrado no local da inspeção, salvo havendo motivo justificado que será declarado no próprio auto, quando então deverá ser lavrado no prazo de vinte e quatro horas, sob pena de responsabilidade.

Art. 25. As notificações de débitos e outras decorrentes da ação fiscal poderão ser lavradas, a critério do Auditor-Fiscal do Trabalho, no local que oferecer melhores condições.

Art. 26. Aqueles que violarem as disposições legais ou regulamentares, objeto da inspeção do trabalho, ou se mostrarem negligentes na sua aplicação, deixando de atender às advertências, notificações ou sanções da autoridade competente, poderão sofrer reiterada ação fiscal.

Parágrafo único. O reiterado descumprimento das disposições legais, comprovado mediante relatório emitido pelo Auditor-Fiscal do Trabalho, ensejará por parte da autoridade regional a denúncia do fato, de imediato, ao Ministério Público do Trabalho.

Capítulo IV
Do Procedimento Especial para a Ação Fiscal

Art. 27. Considera-se procedimento especial para a ação fiscal aquele que objetiva a orientação sobre o cumprimento das leis de proteção ao trabalho, bem como a prevenção e o saneamento de infrações à legislação.

Art. 28. O procedimento especial para a ação fiscal poderá ser instaurado pelo Auditor-Fiscal do Trabalho quando concluir pela ocorrência de motivo grave ou relevante que impossibilite ou dificulte o cumprimento da legislação trabalhista por pessoas ou setor econômico sujeito à inspeção do trabalho, com a anuência da chefia imediata.

§ 1º O procedimento especial para a ação fiscal iniciará com a notificação, pela chefia da fiscalização, para comparecimento das pessoas sujeitas à inspeção do trabalho, à sede da unidade descentralizada do Ministério do Trabalho e Emprego.

§ 2º A notificação deverá explicitar os motivos ensejadores da instauração do procedimento especial.

§ 3º O procedimento especial para a ação fiscal destinado à prevenção ou saneamento de infrações à legislação poderá resultar na lavratura de termo de compromisso que estipule as obrigações assumidas pelo compromissado e os prazos para seu cumprimento.

§ 4º Durante o prazo fixado no termo, o compromissado poderá ser fiscalizado para verificação de seu cumprimento, sem prejuízo da ação fiscal em atributos não contemplados no referido termo.

§ 5º Quando o procedimento especial para a ação fiscal for frustrado pelo não atendimento da convocação, pela recusa de firmar termo de compromisso ou pelo descumprimento de qualquer cláusula compromissada, serão lavrados, de imediato, os respectivos autos de infração, e poderá ser encaminhado relatório circunstanciado ao Ministério Público do Trabalho.

§ 6º Não se aplica o procedimento especial de saneamento às situações de grave e iminente risco à saúde ou à integridade física do trabalhador.

Art. 29. A chefia de fiscalização poderá, na forma de instruções expedidas pela autoridade nacional competente em matéria de inspeção do trabalho, instaurar o procedimento especial sempre que identificar a ocorrência de:

I – motivo grave ou relevante que impossibilite ou dificulte o cumprimento da legislação trabalhista pelo tomador ou intermediador de serviços;

II – situação reiteradamente irregular em setor econômico.

Parágrafo único. Quando houver ação fiscal em andamento, o procedimento especial de fiscalização deverá observar as instruções expedidas pela autoridade nacional competente em matéria de inspeção do trabalho.

Art. 30. Poderão ser estabelecidos procedimentos de fiscalização indireta, mista, ou outras que venham a ser definidas em instruções expedidas pela autoridade nacional competente em matéria de inspeção do trabalho.

§ 1º Considera-se fiscalização indireta aquela realizada por meio de sistema de notificações para apresentação de documentos nas unidades descentralizadas do Ministério do Trabalho e Emprego.

§ 2º Poderá ser adotada fiscalização indireta:

I – na execução de programa especial para a ação fiscal; ou

II – quando o objeto da fiscalização não importar necessariamente em inspeção no local de trabalho.

§ 3º Considera-se fiscalização mista aquela iniciada com a visita ao local de trabalho e desenvolvida mediante notificação para apresentação de documentos nas unidades descentralizadas do Ministério do Trabalho e Emprego.

Capítulo V
Das Atividades Auxiliares à Inspeção do Trabalho

Art. 31. São atividades auxiliares de apoio operacional à inspeção do trabalho, a cargo dos Agentes de Higiene e Segurança do Trabalho:

I – levantamento técnico das condições de segurança nos locais de trabalho, com vistas à investigação de acidentes do trabalho;

II – levantamento de dados para fins de cálculo dos coeficientes de frequência e gravidade dos acidentes;

III – avaliação qualitativa ou quantitativa de riscos ambientais;

IV – levantamento e análise das condições de risco nas pessoas sujeitas à inspeção do trabalho;

V – auxílio à realização de perícias técnicas para caracterização de insalubridade ou de periculosidade;

VI – comunicação, de imediato e por escrito, à autoridade competente de qualquer situação de risco grave e iminente à saúde ou à integridade física dos trabalhadores;

VII – participação em estudos e análises sobre as causas de acidentes do trabalho e de doenças profissionais;

VIII – colaboração na elaboração de recomendações sobre segurança e saúde no trabalho;

IX – acompanhamento das ações de prevenção desenvolvidas pela unidade descentralizada do Ministério do Trabalho e Emprego;

X – orientação às pessoas sujeitas à inspeção do trabalho sobre instalação e funcionamento das Comissões Internas de Prevenção de Acidentes (CIPA) e dimensionamento dos Serviços Especializados em Engenharia de Segurança e em Medicina do Trabalho (SESMT);

XI – prestação de assistência às CIPA;

XII – participação nas reuniões das CIPA das pessoas sujeitas à inspeção do trabalho, como representantes da unidade descentralizada do Ministério do Trabalho e Emprego;

XIII – devolução dos processos e demais documentos que lhes forem distribuídos, devidamente informados, nos prazos assinalados;

XIV – elaboração de relatório mensal de suas atividades, nas condições e nos prazos fixados pela autoridade nacional em matéria de inspeção do trabalho; e

XV – prestação de informações e orientações em plantões fiscais na área de sua competência.

§ 1º As atividades externas de que trata este artigo somente poderão ser exercidas mediante ordem de serviço expedida pela chefia de fiscalização.

§ 2º Para o desempenho das atribuições previstas neste artigo, será fornecida aos Agentes de Higiene e Segurança do Trabalho credencial específica que lhes possibilite o livre acesso aos estabelecimentos e locais de trabalho.

- Sobre modelo de credencial dos Agentes de Higiene e Segurança do Trabalho: arts. 69 e 72 da Portaria n. 547, de 22-10-2021.

Art. 32. Aos Agentes de Higiene e Segurança do Trabalho poderão ser ministrados cursos necessários à sua formação, aperfeiçoamento e especialização, conforme instruções a serem expedidas pelo Ministério do Trabalho e Emprego, expedidas pela autoridade nacional competente em matéria de inspeção do trabalho.

Capítulo VI
Das Disposições Gerais

Art. 33. Os Auditores-Fiscais do Trabalho poderão participar de atividades de coordenação, planejamento, análise de processos e de desenvolvimento de programas especiais e de outras atividades internas e externas relacionadas com a inspeção do trabalho, na forma das instruções expedidas pela autoridade nacional competente em matéria de inspeção do trabalho.

Art. 34. As empresas de transportes de qualquer natureza, inclusive as exploradas pela União, Distrito Federal, Estados e Municípios, bem como as concessionárias de rodovias que cobram pedágio para o trânsito concederão passe livre aos Auditores-Fiscais do Trabalho e aos Agentes de Higiene e Segurança do Trabalho, no território nacional em conformidade com o disposto no art. 630, § 5º, da Consolidação das Leis do Trabalho (CLT), mediante a apresentação da Carteira de Identidade Fiscal.

Parágrafo único. O passe livre a que se refere este artigo abrange a travessia realizada em veículos de transporte aquaviário.

Art. 35. É vedado aos Auditores-Fiscais do Trabalho e aos Agentes de Higiene e Segurança do Trabalho:

I – revelar, sob pena de responsabilidade, mesmo na hipótese de afastamento do cargo, os segredos de fabricação ou comércio, bem como os processos de exploração de que tenham tido conhecimento no exercício de suas funções;

II – revelar informações obtidas em decorrência do exercício das suas competências;

III – revelar as fontes de informações, reclamações ou denúncias; e

IV – inspecionar os locais em que tenham qualquer interesse direto ou indireto, caso em que deverão declarar o impedimento.

Parágrafo único. Os Auditores Fiscais do Trabalho e os Agentes de Higiene e Segurança do Trabalho responderão civil, penal e administrativamente pela infração ao disposto neste artigo.

Art. 36. Configura falta grave o fornecimento ou a requisição de Carteira de Identidade Fiscal para qualquer pessoa não integrante do Sistema Federal de Inspeção do Trabalho.

Parágrafo único. É considerado igualmente falta grave o uso da Carteira de Identidade Fiscal para fins outros que não os da fiscalização.

Art. 37. Em toda unidade descentralizada do Ministério do Trabalho e Emprego em que houver Auditores-Fiscais do Trabalho deverá ser reservada uma sala para o uso exclusivo desses servidores.

Art. 38. A autoridade nacional competente em matéria de inspeção do trabalho expedirá as instruções necessárias à execução deste Regulamento.

Portaria n. 56, de 17 de setembro de 2003 (1)

Acresce dispositivos à Norma Regulamentadora 11 – Transporte, Movimentação, Armazenagem e Manuseio de Materiais, aprovada pela Portaria n. 3.214, de 8 de junho de 1978.

A Secretária de Inspeção do Trabalho e o Diretor de Segurança e Saúde no Trabalho, no uso de suas atribuições legais e:

Considerando o número elevado de acidentes do trabalho na movimentação de chapas de mármore, granito e outras rochas;

Considerando as deliberações da Comissão Permanente Nacional do Setor Mineral e da Subcomissão Permanente Nacional do Setor de Mármore e Granito, que aprovou a proposta de estabelecimento de normatização técnica sobre movimentação e armazenagem de chapas de mármore, granito e outras rochas, resolvem:

Art. 1º Acrescentar o item 11.4 e o subitem 11.4.11 na NR-11 (Transporte, Movimentação, Armazenagem e Manuseio de Materiais), aprovada pela Portaria 3.214/78, que passa a vigorar com a seguinte redação:

•• Alterações já processadas no diploma modificado.

Art. 2º Acrescentar o Anexo I (Regulamento Técnico de Procedimentos para Movimentação, Armazenagem e Manuseio de Chapas de Mármore, Granito e Outras Rochas) à NR-11, conforme anexo a esta Portaria.

•• Alteração já processada no diploma modificado.

Art. 3º As exigências prescritas nos itens 1 (Fueiros) e 5 (Movimentação de chapas com uso de ventosas), do referido Anexo I, devem ser implementadas num prazo máximo de seis meses.

Art. 4º As exigências prescritas nos itens 2 (Carro porta-bloco e carro transportador) e 4 (Cavaletes), do referido Anexo I, devem ser implementadas no prazo de doze meses.

§ 1º Enquanto as exigências prescritas no item 4 (Cavaletes) do Anexo I estiverem sendo implantadas, os cavaletes que se encontram em uso devem ter esta condição comprovada por inspeção, observando-se ainda os seguintes requisitos:

a) a proteção lateral não poderá ser usada como apoio natural para as chapas;

b) deverá ser destinada uma área, devidamente demarcada no piso, de no mínimo um metro e vinte centímetros de largura em torno dos cavaletes para a circulação de pessoas.

§ 2º Enquanto as exigências prescritas no item 2 (Carro porta-bloco e carro transportador) do Anexo I estiverem sendo implantadas, os carros porta-blocos e carros transportadores que se encontram em uso, devem ter esta condição comprovada por profissional legalmente habilitado.

Art. 5º Em cinco anos, contados da data da publicação desta portaria, todas as empresas que manuseiam chapas de mármore, granito e outras rochas devem instalar sistema de movimentação mecânica por pontes-rolantes, talhas ou similar, eliminando o uso de carrinhos de duas rodas para transporte de chapas.

Art. 6º As infrações ao disposto no item 11.4.1 da NR-11, serão punidas na gradação I-4, conforme os anexos I e II da NR-28.

Art. 7º Esta portaria entra em vigor na data de sua publicação.

Ruth Beatriz Vasconcelos Vilela

Instrução Normativa n. 98, de 5 de dezembro de 2003 (2)

Aprova Norma Técnica sobre Lesões por Esforços Repetitivos – LER ou Distúrbios Osteomusculares Relacionados ao Trabalho – DORT.

A Diretoria Colegiada do Instituto Nacional do Seguro Social, em Reunião Extraordinária realizada no dia 5 de dezembro de 2003, no uso da competência que lhe confere o Decreto n. 4.688, de 7 de maio de 2003,

Considerando a necessidade de rever a Norma Técnica sobre Distúrbios Osteomusculares Relacionados ao Trabalho – DORT, aprovada pela Ordem de Serviço, INSS/DSS n. 606, de 5 de agosto de 1998, em razão das constantes reivindicações da população trabalhadora;

Considerando a necessidade de simplificar, uniformizar e adequar a atividade médico-pericial frente ao atual nível de conhecimento da síndrome das Lesões por Esforços Repetitivos – LER, e dos Distúrbios Osteomusculares Relacionados ao Trabalho – DORT;

Considerando a evolução da Medicina do Trabalho, da Medicina Assistencial e Preventiva e dos meios de diagnósticos, bem como a nova realidade social, resolve:

Art. 1º Aprovar a Norma Técnica sobre Lesões por Esforços Repetitivos ou Distúrbios Osteomusculares Relacionados ao Trabalho, constante do anexo, a qual possui duas seções:

(1) Publicada no *Diário Oficial da União*, de 18-9-2003, e retificada em 1º-10-2003.

(2) Publicada no *Diário Oficial da União*, de 10-12-2003.

Seção I – Atualização clínica: Lesões por Esforços Repetitivos ou Distúrbios Osteomusculares Relacionados ao Trabalho.

Seção II – Norma Técnica de Avaliação da Incapacidade Laborativa.

Art. 2º O Diretor de Benefícios, por meio de Orientação Interna, definirá as rotinas e os procedimentos a serem adotados pelas áreas de Perícia Médica e de Reabilitação Profissional.

Art. 3º Esta Instrução Normativa entra em vigor na data de sua publicação, e revoga as disposições em contrário, especialmente a Ordem de Serviço INSS/DSS n. 606, de 5 de agosto de 1998.

Taiti Inenami

Anexo I

Seção I

Atualização Clínica das Lesões por Esforços Repetitivos (Ler) ou Distúrbios Osteomusculares Relacionados ao Trabalho (Dort)

1. INTRODUÇÃO

As Lesões por Esforços Repetitivos (LER) ou Distúrbios Osteomusculares Relacionados ao Trabalho (DORT) têm se constituído em grande problema da saúde pública em muitos dos países industrializados.

A terminologia DORT tem sido preferida por alguns autores em relação a outros tais como: Lesões por Traumas Cumulativos (LTC), Lesões por Esforços Repetitivos (LER), Doença Cervicobraquial Ocupacional (DCO), e Síndrome de Sobrecarga Ocupacional (SSO), por evitar que na própria denominação já se apontem causas definidas (como por exemplo: "cumulativo" nas LTC e "repetitivo" nas LER) e os efeitos (como por exemplo: "lesões" nas LTC e LER).

Para fins de atualização desta norma, serão utilizados os termos Lesões por Esforços Repetitivos/ Distúrbios Osteomusculares Relacionados ao Trabalho (LER/DORT).

2. CONCEITO

Entende-se LER/DORT como uma síndrome relacionada ao trabalho, caracterizada pela ocorrência de vários sintomas concomitantes ou não, tais como: dor, parestesia, sensação de peso, fadiga, de aparecimento insidioso, geralmente nos membros superiores, mas podendo acometer membros inferiores. Entidades neuro-ortopédicas definidas como tenossinovites, sinovites, compressões de nervos periféricos, síndromes miofaciais, que podem ser identificadas ou não. Frequentemente são causa de incapacidade laboral temporária ou permanente. São resultado da combinação da sobrecarga das estruturas anatômicas do sistema osteomuscular com a falta de tempo para sua recuperação. A sobrecarga pode ocorrer seja pela utilização excessiva de determinados grupos musculares em movimentos repetitivos com ou sem exigência de esforço localizado, seja pela permanência de segmentos do corpo em determinadas posições por tempo prolongado, particularmente quando essas posições exigem esforço ou resistência das estruturas músculo-esqueléticas contra a gravidade. A necessidade de concentração e atenção do trabalhador para realizar suas atividades e a tensão imposta pela organização do trabalho, são fatores que interferem de forma significativa para a ocorrência das LER/DORT.

O Ministério da Previdência Social e o Ministério da Saúde, respectivamente, por meio do Decreto n. 3.048/99, anexo II e da Portaria n. 1.339/99, organizaram uma lista extensa, porém exemplificativa, de doenças do sistema osteomuscular e do tecido conjuntivo relacionadas ao trabalho.

3. ASPECTOS EPIDEMIOLÓGICOS E LEGAIS

Com o advento da Revolução Industrial, quadros clínicos decorrentes de sobrecarga estática e dinâmica do sistema osteomuscular tornaram-se mais numerosos. No entanto, apenas a partir da segunda metade do século, esses quadros osteomusculares adquiriram expressão em número e relevância social, com a racionalização e inovação técnica na indústria, atingindo, inicialmente, de forma particular, perfuradores de cartão. A alta prevalência das LER/DORT tem sido explicada por transformações do trabalho e das empresas. Estas têm se caracterizado pelo estabelecimento de metas e produtividade, considerando apenas suas necessidades, particularmente a qualidade dos produtos e serviços e competitividade de mercado, sem levar em conta os trabalhadores e seus limites físicos e psicossociais. Há uma exigência de adequação dos trabalhadores às características organizacionais das empresas, com intensificação do trabalho e padronização dos procedimentos, impossibilitando qualquer manifestação de criatividade e flexibilidade, execução de movimentos repetitivos, ausência e impossibilidade de pausas espontâneas, necessidade de permanência em determinadas posições por tempo prolongado, exigência de informações específicas, atenção para não errar e submissão a monitoramento de cada etapa dos procedimentos, além de mobiliário, equipamentos e instrumentos que não propiciam conforto.

Entre os vários países que viveram epidemias de LER/DORT estão a Inglaterra, os países escandinavos, o Japão, os Estados Unidos, a Austrália e o Brasil. A evolução das epidemias nesses países foi variada e alguns deles continuam ainda com problemas significativos.

O advento das LER/DORT em grande número de pessoas, em diferentes países, provocou uma mudança no conceito tradicional de que o trabalho pesado, envolvendo esforço físico, é mais desgastante que o trabalho leve, envolvendo esforço mental, com sobrecarga dos membros superiores e relativo gasto de energia.

No Brasil, as LER/DORT foram primeiramente descritas como tenossinovite ocupacional. Foram apresentados, no XII Congresso Nacional de Prevenção de Acidentes do Trabalho – 1973, casos de tenossinovite ocupacional em lavadeiras, limpadoras e engomadeiras, recomendando-se que fossem observadas pausas de trabalho daqueles que operavam intensamente com as mãos.

No campo social, sobretudo na década de 80, os sindicatos dos trabalhadores em processamento de dados travaram uma luta pelo enquadramento da tenossinovite como doença do trabalho.

Monteiro (1995) descreve com detalhes a trajetória do processo de reconhecimento das LER/DORT no Brasil. Em novembro de 1986, a direção geral do Instituto Nacional de Assistência Médica da Previdência Social (INAMPS) publicou a Circular de Origem n. 501.001.55 n. 10, pela qual orientava as Superintendências para que reconhecessem a tenossinovite como doença do trabalho, quando resultante de "movimentos articulares intensos e reiterados, equiparando-se nos termos do parágrafo 3º, do art. 2º da Lei n. 6.367, de 19/10/76, a um acidente do trabalho". Ainda nessa Circular, há referência a "todas as afecções que, relacionadas ao trabalho, resultem de sobrecarga das bainhas tendinosas, do tecido peritendinoso e das inserções musculares e tendinosas, sobrecarga essa a que, entre outras categorias profissionais, frequentemente se expõem digitadores de dados, mecanógrafos, datilógrafos, pianistas, caixas, grampeadores, costureiras e lavadeiras."

Em 6 de agosto de 1987, o então Ministro de Estado da Previdência e Assistência Social, com base em pareceres do então Instituto Nacional de Previdência Social (INPS) e INAMPS, constantes no Processo n. 30.000.006119/87, originado de requerimento do Sindicato dos Empregados em Empresas de Processamento de Dados do Estado do Rio de Janeiro, publicou a Portaria n. 4.062, reconhecendo que "a tenossinovite do digitador" podia ser considerada uma doença ocupacional. Também essa Portaria enquadrava a "síndrome" no parágrafo 3º, do art. 2º da Lei n. 6.379/76 como doença do trabalho e estendia a peculiaridade do esforço repetitivo a determinadas categorias, além dos digitadores, tais como datilógrafos, pianistas, entre outros.

Em 23/11/90, o Ministro do Trabalho publicou a Portaria n. 3.751 alterando a NR 17 e atualizando a Portaria n. 3.214/78. Embora não se tratasse de uma Portaria exclusiva para a prevenção das LER/DORT, abordava aspectos das condições de trabalho que propiciavam a ocorrência dessa síndrome. Estabelecia, por exemplo, que "nas atividades que exigissem sobrecarga muscular estática ou dinâmica do pescoço, ombros, dorso e membros superiores e inferiores, e partir da análise ergonômica do trabalho", o sistema de avaliação de desempenho para efeito de remuneração e vantagens de qualquer espécie devia levar em consideração as repercussões sobre a saúde do trabalhador. Também estabelecia pausas para descanso e para as atividades de processamento eletrônico de dados, limitava a oito mil o número máximo de toques por hora e a cinco horas o tempo máximo efetivo de trabalho de entrada de dados na jornada de trabalho.

Em 1991, o então Ministério unificado do Trabalho e da Previdência Social, na sua série Normas Técnicas para Avaliação de Incapacidade, publicou as normas referentes às LER, que continham critérios de diagnóstico e tratamento, ressaltavam aspectos epidemiológicos com base na experiência do Núcleo de Saúde do Trabalhador do INSS de Minas Gerais, descrevendo casos entre diversas categorias profissionais, tais como: digitador, controlador de qualidade, embalador, enfitadeiro, montador de chicote, montador de tubos de imagem, operador de máquinas, operador de terminais de computador, auxiliar de administração, auxiliar de contabilidade, operador de telex, datilógrafo, pedreiro, secretário, técnico administrativo, telefonista, auxiliar de cozinha e copeiro, eletricista, escriturário, operador de caixa, recepcionista, faxineiro, ajudante de laboratório, viradeiro e vulcanizador.

Em 1992, foi a vez do Sistema Único de Saúde por meio da Secretaria de Estado da Saúde de São Paulo e das Secretarias de Estado do Trabalho e Ação Social e da Saúde de Minas Gerais publicarem resoluções sobre o assunto.

Em 1993, o INSS publicou uma revisão das suas normas sobre LER, ampliando o seu conceito, reconhecendo na sua etiologia além dos fatores biomecânicos, os relacionados à organização do trabalho.

Em 1998, em substituição às normas de 1993, o INSS publicou a OS n. 606/98, objeto da presente revisão.

4. FATORES DE RISCO

O desenvolvimento das LER/DORT é multicausal, sendo importante analisar os fatores de risco envolvidos direta ou indiretamente. A expressão "fator de risco" designa, de maneira geral, os fatores do trabalho relacionados com as LER/DORT. Os fatores foram estabelecidos na maior parte dos casos, por meio de observações empíricas e depois confirmados com estudos epidemiológicos.

Os fatores de risco não são independentes. Na prática, há a interação destes fatores nos locais de trabalho. Na identificação dos fatores de risco, deve-se integrar as diversas informações.

Na caracterização da exposição aos fatores de risco, alguns elementos são importantes, dentre outros:

a) a região anatômica exposta aos fatores de risco;

b) a intensidade dos fatores de risco;

c) a organização temporal da atividade (por exemplo: a duração do ciclo de trabalho, a distribuição das pausas ou a estrutura de horários);

d) o tempo de exposição aos fatores de risco.

Os grupos de fatores de risco das LER podem ser relacionados com (Kuorinka e Forcier, 1995):

a) o grau de adequação do posto de trabalho à zona de atenção e à visão. A dimensão do posto de trabalho pode forçar os indivíduos a adotarem posturas ou métodos de trabalho que causam ou agravam as lesões osteomusculares;

b) o frio, as vibrações e as pressões locais sobre os tecidos. A pressão mecânica localizada é provocada pelo contato físico de cantos retos ou pontiagudos de um objeto ou ferramentas com tecidos moles do corpo e trajetos nervosos;

c) as posturas inadequadas. Em relação à postura existem três mecanismos que podem causar as LER/DORT:

c.1) os limites da amplitude articular;

c.2) a força da gravidade oferecendo uma carga suplementar sobre as articulações e músculos;

c.3) as lesões mecânicas sobre os diferentes tecidos;

d) a carga osteomuscular. A carga osteomuscular pode ser entendida como a carga mecânica decorrente:

d.1) de uma tensão (por exemplo, a tensão do bíceps);

d.2) de uma pressão (por exemplo, a pressão sobre o canal do carpo);

d.3) de uma fricção (por exemplo, a fricção de um tendão sobre a sua bainha);

d.4) de uma irritação (por exemplo, a irritação de um nervo).

Entre os fatores que influenciam a carga osteomuscular, encontramos: a força, a repetitividade, a duração da carga, o tipo de preensão, a postura do punho e o método de trabalho;

e) a carga estática. A carga estática está presente quando um membro é mantido numa posição que vai contra a gravidade. Nesses casos, a atividade muscular não pode se reverter a zero (esforço estático). Três aspectos servem para caracterizar a presença de posturas estáticas: a fixação postural observada, as tensões ligadas ao trabalho, sua organização e conteúdo;

f) a invariabilidade da tarefa. A invariabilidade da tarefa implica monotonia fisiológica e/ou psicológica;

g) as exigências cognitivas. As exigências cognitivas podem ter um papel no surgimento das LER/DORT, seja causando um aumento de tensão muscular, seja causando uma reação mais generalizada de estresse;

h) os fatores organizacionais e psicossociais ligados ao trabalho. Os fatores psicossociais do trabalho são as percepções subjetivas que o trabalhador tem dos fatores de organização do trabalho. Como exemplo de fatores psicossociais podemos citar: considerações relativas à carreira, à carga e ritmo de trabalho e ao ambiente social e técnico do trabalho. A "percepção" psicológica que o indivíduo tem das exigências do trabalho é o resultado das características físicas da carga, da personalidade do indivíduo, das experiências anteriores e da situação social do trabalho.

5. DIAGNÓSTICO

Reproduzimos abaixo parte do fascículo 105, Série A. Normas e Manuais Técnicos, do Ministério da Saúde (2001), que detalha procedimentos diagnósticos.

"O diagnóstico de LER/DORT consiste, como em qualquer caso, nas etapas habituais de investigação clínica, com os objetivos de se estabelecer a existência de uma ou mais entidades nosológicas, os fatores etiológicos e de agravamento:

a) História da moléstia atual – As queixas mais comuns entre os trabalhadores com LER/DORT são a dor localizada, irradiada ou generalizada, desconforto, fadiga e sensação de peso. Muitos relatam formigamento, dormência, sensação de diminuição de força, edema e enrijecimento muscular, choque, falta de firmeza nas mãos, sudorese excessiva, alodínea (sensação de dor como resposta a estímulos não nocivos em pele normal). São queixas encontradas em diferentes graus de gravidade do quadro clínico.

É importante caracterizar as queixas quanto ao tempo de duração, localização, intensidade, tipo ou padrão, momentos e formas de instalação, fatores de melhora e piora, variações no tempo.

O início dos sintomas é insidioso, com predominância nos finais de jornada de trabalho ou durante os picos de produção, ocorrendo alívio com o repouso noturno e nos finais de semana. Poucas vezes o paciente se dá conta de sua ocorrência precocemente. Por serem intermitentes, de curta duração e de leve intensidade, passam por cansaço passageiro ou "mau jeito". A necessidade de responder às exigências do trabalho, o medo de desemprego, a falta de informação e outras contingências, principalmente nos momentos de crise que vivemos, estimulam o paciente a suportar seus sintomas e a continuar trabalhando como se nada estivesse ocorrendo.

Aos poucos, os sintomas intermitentemente tornam-se presentes por mais tempo durante a jornada de trabalho e, às vezes, passam a invadir as noites e finais de semana. Nessa fase, há um aumento relativamente significativo de pessoas que procuram auxílio médico, por não conseguirem mais responder à demanda da função. No entanto, nem sempre conseguem receber informações dos médicos sobre procedimentos adequados para conter a progressão do problema.

Muitas vezes recebem tratamento baseado apenas em anti-inflamatórios e sessões de fisioterapia, que "mascaram" transitoriamente os sintomas, sem que haja ação de controle de fatores desencadeantes e agravantes. O paciente permanece, assim, submetido à sobrecarga estática e dinâmica do sistema músculo-esquelético, e os sintomas evoluem de forma tão intensa, que sua permanência no posto de trabalho se dá às custas de muito esforço. Não ocorrendo mudanças nas condições de trabalho, há grandes chances de piora progressiva do quadro clínico.

Em geral, o alerta só ocorre para o paciente quando os sintomas passam a existir, mesmo por ocasião da realização de esforços mínimos, comprometendo a capacidade funcional, seja no trabalho ou em casa.

Com o passar do tempo, os sintomas aparecem espontaneamente e tendem a se manter continuamente, com a existência de crises de dor intensa, geralmente desencadeadas por movimentos bruscos, pequenos esforços físicos, mudança de temperatura ambiente, nervosismo, insatisfação e tensão. Às vezes, as crises ocorrem sem nenhum fator desencadeante aparente. Essas características já fazem parte de um quadro mais grave de dor crônica, que merecerá uma abordagem especial por parte do médico, integrado em uma equipe multidisciplinar.

Nessa fase, dificilmente o trabalhador consegue trabalhar na mesma função e várias de suas atividades cotidianas estão comprometidas.

É comum que se identifiquem evidências de ansiedade, angústia, medo e depressão, pela incerteza do futuro tanto do ponto de vista profissional, como do pessoal. Embora esses sintomas sejam comuns a quase todos os pacientes, com longo tempo de evolução, às vezes, mesmo pacientes com pouco tempo de queixas também os apresentam, por testemunharem problemas que seus colegas nas mesmas condições enfrentam, seja pela duração e dificuldade de tratamento, seja pela necessidade de peregrinação na estrutura burocrática da Previdência Social, seja pelas repercussões nas relações com a família, colegas e empresa.

Especial menção deve ser feita em relação à dor crônica dos pacientes com LER/DORT. Trata-se de quadro caracterizado por dor contínua, espontânea, atingindo segmentos extensos, com crises álgicas de duração variável e existência de comprometimento importante das atividades da vida diária. Estímulos que, a princípio, não deveriam provocar dor, causam sensações de dor intensa, acompanhadas muitas vezes de choque e formigamento. Os achados de exame físico podem ser extremamente discretos e muitas vezes os exames complementares nada evidenciam, restando apenas as queixas do paciente, que, por definição, são subjetivas. O tratamento convencional realizado para dor aguda não produz efeito significativo, e para o profissional pouco habituado com o seu manejo, parece incompreensível que pacientes há muito tempo afastados do trabalho e sob tratamento, apresentem melhora pouco significativa e mantenham períodos de crises intensas.

Essa situação frequentemente desperta sentimentos de impotência e "desconfiança" no médico, que se julga "enganado" pelo paciente, achando que o problema é de ordem exclusivamente psicológica ou de tentativa de obtenção de ganhos secundários. Do lado de alguns pacientes, essa evolução extremamente incômoda e sofrida traz depressão e falta de esperança, despertando o sentimento de necessidade de "provar a todo o custo" que realmente têm o problema e que não se trata de "invenção de sua cabeça".

b) Investigação dos diversos aparelhos – como em qualquer caso clínico, é importante que outros sintomas ou doenças sejam investigados.

A pergunta que se deve fazer é: tais sintomas ou doenças mencionados podem ter influência na determinação e/ou agravamento do caso? Lembremos de algumas situações que podem causar ou agravar sintomas do sistema músculo-esquelético e do sistema nervoso periférico, como por exemplo: trauma, doenças do colágeno, artrites, diabetes *mellitus*, hipotireoidismo, anemia megaloblástica, algumas neoplasias, artrite reumatoide, espondilite anquilosante, esclerose sistêmica, polimiosite, gravidez e menopausa.

Para ser significativo como causa, o fator não ocupacional precisa ter intensidade e frequência similar àquela dos fatores ocupacionais conhecidos. O achado de uma patologia não ocupacional não descarta de forma alguma a existência concomitante de LER/DORT. Não esquecer que um paciente pode ter dois ou três problemas ao mesmo tempo. Não há regra matemática neste caso: é impossível determinar com exatidão a porcentagem de influência de fatores laborais e não laborais e frequentemente a evolução clínica os dá maiores indícios a respeito.

Do ponto de vista da legislação previdenciária, havendo relação com o trabalho, a doença é considerada ocupacional, mesmo que haja fatores concomitantes não relacionados à atividade laboral.

c) Comportamentos e hábitos relevantes – hábitos que possam causar ou agravar sintomas do sistema músculo-esquelético devem ser objeto de investigação: uso excessivo de computador em casa, lavagem manual de grande quantidade de roupas, ato de passar grande quantidade de roupas, limpeza manual de vidros e azulejos, ato de tricotar, carregamento de sacolas cheias, polimento manual de carro, o ato de dirigir, etc.

Essas atividades acima citadas geralmente agravam o quadro de LER/DORT, mas dificilmente podem ser consideradas causas determinantes dos sintomas do sistema músculo-esquelético, tais como se apresentam nas LER/DORT, uma vez que são atividades com características de flexibilidade de ritmo e tempos. Além do mais, não se tem conhecimento de nenhum estudo que indique tarefas domésticas como causas de quadros do sistema músculo-esquelético semelhantes aos quadros das LER/DORT; em contraposição, há vários que demonstram associação entre fatores laborais de diversas categorias profissionais e a ocorrência de LER/DORT.

As tarefas domésticas não devem ser confundidas com atividades profissionais de limpeza, faxina ou cozinha industrial. Estas últimas são consideradas de risco para a ocorrência de LER/DORT.

d) Antecedentes pessoais – história de traumas, fraturas e outros quadros mórbidos que possam ter desencadeado e/ou agravado processos de dor crônica, entrando como fator de confusão, devem ser investigados.

e) Antecedentes familiares – existência de familiares consanguíneos com história de diabetes e outros distúrbios hormonais, reumatismos, deve merecer especial atenção.

f) História ocupacional – tão fundamental quanto elaborar uma boa história clínica é perguntar detalhadamente como e onde o paciente trabalha, tentando ter um retrato dinâmico de sua rotina laboral: duração de jornada de trabalho, existência de tempo de pausas, forças exercidas, execução e frequência de movimentos repetitivos, identificação de musculatura e segmentos do corpo mais utilizados, existência de sobrecarga estática, formas de pressão de chefias, exigência de produtividade, existência de prêmio por produção, falta de flexibilidade de tempo, mudanças no ritmo de trabalho ou na organização do trabalho, existência de ambiente estressante, relações com chefes e colegas, insatisfações, falta de reconhecimento profissional, sensação de perda de qualificação profissional.

Fatores como ruído excessivo, desconforto térmico, iluminação inadequada e móveis desconfortáveis contribuem para a ocorrência de LER/DORT.

Deve-se observar, também, empregos anteriores e suas características, independente do tipo de vínculo empregatício.

Cabe ao médico atentar para os seguintes questionamentos:

- houve tempo suficiente de exposição aos fatores de risco?
- houve intensidade suficiente de exposição aos fatores de risco?
- os fatores existentes no trabalho são importantes para, entre outros, produzir ou agravar o quadro clínico?

As perguntas acima não podem ser compreendidas matematicamente. Estudos conclusivos, por exemplo, de tempo de exposição a fatores predisponentes necessário e suficiente para o desencadeamento de LER/DORT não nos parecem ser de fácil execução, uma vez que mesmo atividades semelhantes nunca são executadas de forma igual, mesmo que aparentemente o sejam.

Em condições ideais, a avaliação médica deve contar com uma análise ergonômica, abrangendo o posto de trabalho e a organização do trabalho.

g) Exame físico

h) Exames complementares – exames complementares devem ser solicitados à luz de hipóteses diagnósticas e não de forma indiscriminada. Seus resultados devem sempre levar em conta o quadro clínico e a evolução, que são soberanos na análise e conclusão diagnóstica.

Conclusão diagnóstica: a conclusão diagnóstica deve considerar o quadro clínico, sua evolução, fatores etiológicos possíveis, com destaque para a anamnese e fatores ocupacionais. É importante lembrar sempre que os exames complementares devem ser interpretados à luz do raciocínio clínico. Um diagnóstico não ocupacional não descarta LER/DORT.

Quadro I

Relação Exemplificativa entre o Trabalho e Algumas Entidades Nosológicas

LESÕES	CAUSAS OCUPACIONAIS	EXEMPLOS	ALGUNS DIAGNÓSTICOS DIFERENCIAIS
Bursite do cotovelo (olecraniana)	Compressão do cotovelo contra superfícies duras	Apoiar o cotovelo em mesas	Gota, contusão e artrite reumatoide
Contratura de fáscia palmar	Compressão palmar associada à vibração	Operar compressores pneumáticos	Heredo-familiar (Contratura de Dupuytren)
Dedo em Gatilho	Compressão palmar associada à realização de força	Apertar alicates e tesouras	Diabetes, artrite reumatoide, mixedema, amiloidose.
Epicondilites do Cotovelo	Movimentos com esforços estáticos e preensão prolongada de objetos, principalmente com o punho estabilizado em flexão dorsal e nas prono-supinações com utilização de força.	Apertar parafusos, desencapar fios, tricotar, operar motosserra	Doenças reumáticas e metabólicas, hanseníase, neuropatias periféricas, contusão traumas.
Síndrome do Canal Cubital	Flexão extrema do cotovelo com ombro abduzido. Vibrações.	Apoiar cotovelo ou antebraço em mesa	Epicondilite medial, sequela de fratura, bursite olecraniana forma T de Hanseníase
Síndrome do Canal de Guyon	Compressão da borda ulnar do punho.	Carimbar	Cistos sinoviais, tumores do nervo ulnar, tromboses da artéria ulnar, trauma, artrite reumatoide etc.

Síndrome do Desfiladeiro Torácico	Compressão sobre o ombro, flexão lateral do pescoço, elevação do braço.	Fazer trabalho manual sobre veículos, trocar lâmpadas, pintar paredes, lavar vidraças, apoiar telefones entre o ombro e a cabeça	Cervicobraquialgia, síndrome da costela cervical, síndrome da primeira costela, metabólicas, Artrite Reumatoide e Rotura do Supraespinhoso
Síndrome do Interósseo Anterior	Compressão da metade distal do antebraço.	Carregar objetos pesados apoiados no antebraço	
Síndrome do Pronador Redondo	Esforço manual do antebraço em pronação.	Carregar pesos, praticar musculação, apertar parafusos.	Síndrome do túnel do carpo
Síndrome do Túnel do Carpo	Movimentos repetitivos de flexão, mas também extensão com o punho, principalmente se acompanhados por realização de força.	Digitar, fazer montagens industriais, empacotar	Menopausa, trauma, tendinite da gravidez (particularmente se bilateral), lipomas, artrite reumatoide, diabetes, amiloidose, obesidade neurofibromas, insuficiência renal, lúpus eritematoso, condrocalcinose do punho
Tendinite da Porção Longa do Bíceps	Manutenção do antebraço supinado e fletido sobre o braço ou do membro superior em abdução.	Carregar pesos	Artropatia metabólica e endócrina, artrites, osteofitose da goteira bicipital, artrose acromioclavicular e radiculopatias C5-C6
Tendinite do Supraespinhoso	Elevação com abdução dos ombros associada à elevação de força.	Carregar pesos sobre o ombro	Bursite, traumatismo, artropatias diversas, doenças metabólicas
Tenossinovite de De Quervain	Estabilização do polegar em pinça seguida de rotação ou desvio ulnar do carpo, principalmente se acompanhado de força.	Apertar botão com o polegar	Doenças reumáticas, tendinite da gravidez (particularmente bilateral), estiloidite do rádio
Tenossinovite dos extensores dos dedos	Fixação antigravitacional do punho. Movimentos repetitivos de flexão e extensão dos dedos.	Digitar, operar mouse	Artrite Reumatoide, Gonocócica, Osteoartrose e Distrofia Simpático-Reflexa (síndrome Ombro – Mão)
Obs.1: considerar a relevância quantitativa das causas na avaliação de cada caso. A presença de um ou mais dos fatores listados na coluna "Outras Causas e Diagnóstico Diferencial" não impede, *a priori*, o estabelecimento do nexo.			
Obs. 2: *vide* Decreto n. 3.048/99, Anexo II, Grupo XIII da CID –10 – "Doenças do Sistema Osteomuscular e do Tecido Conjuntivo, Relacionadas com o Trabalho".			

6. TRATAMENTO

Nas LER/DORT, em geral, como em qualquer outro caso, quanto mais precoce o diagnóstico e o início do tratamento adequado, maiores as possibilidades de êxito. Isto depende de vários fatores, dentre eles, do grau de informação do paciente, da efetividade do programa de prevenção de controle médico da empresa, da possibilidade de o paciente manifestar-se em relação às queixas de saúde sem "sofrer represálias", explícitas ou implícitas, e da direção da empresa, que pode facilitar ou não o diagnóstico precoce.

A gravidade do problema está intimamente relacionada ao tempo de evolução do quadro clínico. No entanto, às vezes encontramos casos de início relativamente recente que evoluem rapidamente para quadros graves, como distrofia simpático reflexa ou síndrome complexa de dor regional, de difícil controle. O papel do médico da empresa é fundamental no diagnóstico precoce, no controle dos fatores de risco e na realocação do trabalhador dentro de um programa de promoção da saúde, prevenção de agravos ocupacionais, diminuição da possibilidade de agravamento e cronificação dos casos e reabilitação.

O controle da dor crônica músculo-esquelética exige o emprego de abordagem interdisciplinar, que tente focalizar as raízes do problema. Os tratamentos costumam ser longos e envolvem questões sociais, empregatícias, trabalhistas e previdenciárias, além das clínicas. Se todos estes aspectos não forem abordados adequadamente, dificilmente obtém-se sucesso no tratamento.

A equipe multiprofissional, composta por médicos, enfermeiros, terapeutas corporais, profissionais de terapias complementares, fisioterapeutas, terapeutas ocupacionais, psicólogos e assistentes sociais, deve estabelecer um programa com objetivos gerais e específicos do tratamento e da reabilitação para cada caso, e cada meta deve ser conhecida pelos pacientes, pois do contrário as pequenas conquistas não serão valorizadas, esperando-se curas radicais e imediatas.

Alguns dos recursos terapêuticos que podem ser utilizados em um programa de tratamento e reabilitação encontram-se abaixo citados:

- medicamentos, que devem ser prescritos de maneira cautelosa. Os pacientes precisam ser bem orientados quanto à forma correta de utilização e o que esperar deles. Além disso, é importante considerar o tempo de tratamento, que pode ser um fator importante a considerar nos casos de medicamentos de alto custo. Os medicamentos analgésicos e anti-inflamatórios são úteis no combate à dor aguda e inflamação, mas, se usados isoladamente, não são efetivos para o combate da dor crônica. Nesse caso, é necessário, a associação dos psicotrópicos (antidepressivos tricíclicos e fenotiazínicos), que proporcionam efeito analgésico e ansiolítico, estabilizam o humor e promovem alterações na simbologia da dor;
- em alguns casos de dor crônica refratária a técnicas menos invasivas, o bloqueio da cadeia simpática com anestésicos locais ou outras formulações pode ser utilizado a fim de diminuir o desconforto e propiciar a possibilidade do emprego de medidas fisioterapêuticas como a cinesioterapia, para recuperação do trofismo e da amplitude articular da região afetada pela lesão. O agulhamento seco e a infiltração locais de anestésicos produzem resultados satisfatórios em alguns casos;
- atividades coletivas com os grupos de adoecidos por LER/DORT têm sido realizadas com bons resultados nos serviços públicos de saúde, permitindo a socialização da vivência do adoecimento e da incapacidade, a discussão e reflexão sobre os temores e dúvidas dos pacientes em relação ao adoecimento e às dificuldades encontradas no estabelecimento do diagnóstico, tratamento e reabilitação;
- a fisioterapia utiliza recursos de eletrotermofototerapia, massoterapia e cinesioterapia, sendo que a combinação de técnicas adequadas deve ser definida para cada caso. Não é possível padronizar o tipo nem a duração do tratamento. Seus objetivos principais são: alívio da dor, relaxamento muscular e prevenção de deformidades, proporcionando uma melhora da capacidade funcional dos pacientes portadores de LER/DORT. A presença ativa do fisioterapeuta é fundamental para uma avaliação contínua da evolução do caso e para mudanças de técnicas ao longo do tratamento. Alguns recursos como alongamentos, automassagem, e relaxamentos podem ser realizados em abordagens grupais; as técnicas específicas para cada caso são aplicadas em sessões individuais;
- apoio psicológico é essencial aos pacientes portadores de LER/DORT, para que se sintam amparados em sua insegurança e temor no que se refere às atividades prévias no trabalho, às consequências do adoecimento, às perspectivas no emprego. A abordagem dos aspectos psicossociais das LER/DORT e do sofrimento mental que cada paciente apresenta são muito úteis no processo de recuperação e reabilitação;
- os grupos informativo-psicoterapêutico-pedagógicos, promovidos por profissionais da área de saúde mental, também propiciam a troca de experiências a respeito de toda problemática das LER/DORT, enriquecendo as discussões e os progressos durante o tratamento. Situações de conflitos, de medo, que trazem sofrimento expresso de diferentes maneiras são enfrentadas coletivamente, por meio de técnicas diversificadas;
- a terapia ocupacional tem se mostrado bastante importante na conquista da autonomia dos pacientes adoecidos por LER/DORT. Nas atividades em grupo são discutidos temas referentes às atividades da vida cotidiana, para que esses trabalhadores possam se apropriar novamente das suas capacidades e ressignificar o seu "fazer", levando em conta as mudanças decorrentes do adoecimento. Individualmente, a terapia ocupacional também pode atuar na indicação e confecção de órteses de posicionamento adequadas para cada caso visando a prevenção de deformidades;
- as terapias complementares, como a acupuntura, do-in, shiatsu, entre outras, também têm se mostrado bastante eficazes no tratamento da LER/DORT;
- terapias corporais de relaxamento, alongamento e reeducação postural têm sido de extrema importância, assim como a hidroterapia.

Nos casos em que houver quadro de compressão nervosa periférica, também o tratamento clínico deve ser instituído de forma integral e interdisciplinar. Os procedimentos cirúrgicos não têm se mostrado úteis, mesmo nos casos em que a indicação cirúrgica parece adequada. Frequentemente ocorre evolução para dor crônica de difícil controle.

7. PREVENÇÃO

A prevenção das LER/DORT não depende de medidas isoladas, de correções de mobiliários e equipamentos.

Um programa de prevenção das LER/DORT em uma empresa inicia-se pela criteriosa identificação dos fatores de risco presentes na situação de trabalho. Deve ser analisado o modo como as tarefas são realizadas, especialmente as que envolvem movimentos repetitivos, movimentos bruscos, uso de força, posições forçadas e por tempo prolongado. Aspectos organizacionais do trabalho e psicossociais devem ser especialmente focalizados.

A identificação de aspectos que propiciam a ocorrência

de LER/DORT e as estratégias de defesa, individuais e coletivas, dos trabalhadores, deve ser fruto de análise integrada entre a equipe técnica e os trabalhadores, considerando-se o saber de ambos os lados. Análises unilaterais geralmente não costumam retratar a realidade das condições de risco e podem levar a conclusões equivocadas e a consequentes encaminhamentos não efetivos.

A Norma Regulamentadora (NR 17) estabelece alguns parâmetros que podem auxiliar a adaptação das condições de trabalho às características psicofisiológicas dos trabalhadores, de modo a proporcionar conforto, segurança e desempenho eficiente.

Embora não seja específica para a prevenção de LER/DORT, trata da organização do trabalho nos aspectos das normas de produção, modo operatório, exigência de tempo, determinação do conteúdo de tempo, ritmo de trabalho e conteúdo das tarefas.

No item 17.6.3. da NR 17, para as atividades que exijam sobrecarga muscular estática ou dinâmica do pescoço, ombros, dorso e membros superiores e inferiores, e a partir da análise ergonômica do trabalho, estabelece inclusão de pausas para descanso. Para as atividades de processamento de dados, estabelece número máximo de toques reais por hora trabalhada, o limite máximo de cinco horas por jornada para o efetivo trabalho de entrada de dados, pausas de dez minutos para cada cinquenta minutos trabalhados e retorno gradativo à exigência de produção em relação ao número de toques nos casos de afastamento do trabalho por quinze dias ou mais.

Embora normas técnicas ajudem a estabelecer alguns parâmetros, o resultado de um programa de prevenção de agravos decorrentes do trabalho em uma empresa depende da participação e compromisso dos atores envolvidos, em especial a direção da empresa, passando pelos diversos níveis hierárquicos, incluindo trabalhadores e seus sindicatos, supervisores, cipeiros, profissionais da saúde e de serviço de segurança do trabalho, gerentes e cargos de chefia.

8. DA NOTIFICAÇÃO

A notificação tem por objetivo o registro e a vigilância dos casos das LER/DORT, garantindo ao segurado os direitos previstos na legislação acidentária

Havendo suspeita de diagnóstico de LER/DORT, deve ser emitida a Comunicação de Acidente do Trabalho – CAT. A CAT deve ser emitida mesmo nos casos em que não acarrete incapacidade laborativa para fins de registro e não necessariamente para o afastamento do trabalho. Segundo o art. 336 do Decreto n. 3.048/99, "para fins estatísticos e epidemiológicos, a empresa deverá comunicar o acidente de que tratam os arts. 19, 20, 21 e 23 da Lei n. 8.213, de 1991". Dentre esses acidentes, se encontram incluídas as doenças do trabalho nas quais se enquadram as LER/DORT.

Do art. 336 do Decreto n. 3.048/99, destacam-se os seguintes parágrafos:

"Parágrafo 1º Da comunicação a que se refere este artigo receberão cópia fiel o acidentado ou seus dependentes, bem como o sindicato a que corresponda a sua categoria.

Parágrafo 2º Na falta do cumprimento do disposto no *caput*, caberá ao setor de benefícios do Instituto Nacional do Seguro Social comunicar a ocorrência ao setor de fiscalização, para a aplicação e cobrança da multa devida.

Parágrafo 3º Na falta de comunicação por parte da empresa, podem formalizá-la o próprio acidentado, seus dependentes, a entidade sindical competente, o médico que o assistiu ou qualquer autoridade pública, não prevalecendo nesses casos o prazo previsto neste artigo".

Seção II
Norma Técnica de Avaliação da Incapacidade Laborativa

Procedimentos Administrativos e Periciais em LER/DORT

1. INTRODUÇÃO

1. Emissão da Comunicação de Acidente do Trabalho – CAT

Todos os casos com suspeita diagnóstica de LER/DORT devem ser objeto de emissão de CAT pelo empregador, com o devido preenchimento do Atestado Médico da CAT ou relatório médico equivalente pelo médico do trabalho da empresa, médico assistente (Serviço de Saúde Público ou Privado) ou médico responsável pelo Programa de Controle Médico de Saúde Ocupacional-PCMSO, com descrição da atividade e posto de trabalho para fundamentar o nexo causal.

Na falta de Comunicação por parte do empregador, pode formalizá-la o próprio acidentado, seus dependentes, a entidade sindical competente, o médico assistente ou qualquer autoridade pública, não prevalecendo, nestes casos, os prazos legais.

Os casos de agravamento ou recidiva de sintomatologias incapacitantes deverão ser objeto de emissão de nova CAT em reabertura.

2. O encaminhamento da CAT pela empresa, ao INSS, deverá ser feito:

a) até o 1º dia útil após a data do início da incapacidade;

Nos casos em que a Comunicação não for feita pela empresa, não prevalecerão esses prazos legais.

3. Recebendo a CAT, o Setor de Benefícios do INSS fará o seu registro com verificação do preenchimento de seus campos. Caso o preenchimento esteja incompleto, deverá ser encaminhado procedimento para completá-lo, sem prejuízo da conclusão posterior da Perícia Médica.

O acidente será caracterizado tecnicamente pela Perícia Médica do INSS (art. 337 do Decreto n. 3.048/99), que fará o reconhecimento técnico do nexo causal entre:

I – o acidente e a lesão;

II – a doença e o trabalho;

III – a *causa mortis* e o acidente.

Nenhuma CAT poderá ser recusada, devendo ser registrada independentemente da existência de incapacidade para o trabalho, para fins estatísticos e epidemiológicos. Caso haja recomendação de afastamento

Legislação Complementar

do trabalho por um período superior a quinze dias, a área de Benefícios do INSS encaminhará o segurado à Perícia Médica, para realização de exame pericial, a partir do 16º dia de afastamento.

4. Os trabalhadores avulsos e segurados especiais deverão ser encaminhados para realização de exame médico pericial a partir do primeiro dia útil do afastamento do trabalho.

5. Conduta Médico Pericial

O Médico Perito deve desempenhar suas atividades com ética, competência, boa técnica e respeito aos dispositivos legais e administrativos. Deve levar em conta os relatórios médicos portados pelo segurado. Se necessário, para o estabelecimento do quadro clínico e do nexo causal com o trabalho, deve seguir os procedimentos dos itens 5 e 6 da Seção I desta Instrução Normativa. Caso o Médico Perito identifique a necessidade de algum exame complementar, deve solicitá-lo, utilizando os serviços públicos ou credenciados pela Instituição ou de escolha do segurado. Poderá também solicitar colaboração ao colega que assiste o segurado. Não poderá, em hipótese alguma, delegar ao segurado verbalmente a responsabilidade de realização de qualquer exame ou avaliação especializada.

6. Conclusão Médico Pericial

Situações Possíveis:

I – não se constatou incapacidade laborativa em nenhum momento, portanto configura-se caso de indeferimento do auxílio-doença acidentário requerido, independentemente do nexo causal;

II – existe incapacidade laborativa, porém o nexo causal não foi caracterizado, logo concede-se o auxílio-doença previdenciário (E-31);

III – existe incapacidade laborativa com nexo causal caracterizado, tratando-se de caso de deferimento do auxílio doença acidentário como requerido (E-91);

IV – vale ressaltar que com alguma frequência é dado ao Perito avaliar segurado desempregado e, neste caso, é necessário considerar que podem ocorrer as seguintes situações:

- O segurado pode ter tido início do quadro antes da demissão, tendo ocultado sua situação, por medo de discriminação e demissão;
- O segurado pode ter agravamento dos sintomas, independentemente de estar submetido aos fatores de risco para a ocorrência de LER/DORT, pois pode ter dor crônica.

Assim, o fato de o segurado se encontrar desempregado não descarta em hipótese alguma que apresente incapacidade para o trabalho por existência de LER/DORT.

7. Constatada a remissão dos sinais e sintomas clínicos que fundamentaram a existência da incapacidade laborativa, a conclusão pericial será pela cessação do auxílio-doença, o que poderá ocorrer já no exame inicial, sem ou com sequelas permanentes que impliquem redução da capacidade para o trabalho que habitualmente exercia.

O retorno ao trabalho, com quadro estabilizado, deverá dar-se em ambiente e atividade/função adequados, sem risco de exposição, uma vez que a remissão dos sintomas não garante que o trabalhador esteja livre das complicações tardias que poderão advir, se voltar às mesmas condições de trabalho que geraram a incapacidade laborativa.

Em todos os casos de cessação do auxílio-doença acidentário, será necessária a emissão da Comunicação do Resultado de Exame Médico (CREM) ou da Comunicação de Resultado de Requerimento (CRER), que deverá ser entregue ao segurado pelo Médico Perito. Como preceito da ética médica, deve prestar informações ao segurado, especialmente quando solicitado.

8. Auxílio-acidente

O auxílio-acidente será concedido, como indenização, ao segurado empregado, exceto o doméstico, ao trabalhador avulso e ao segurado especial quando, após a consolidação das lesões decorrentes de acidente de qualquer natureza, resultar sequela definitiva, conforme as situações discriminadas no anexo III, que implique em redução da capacidade para o trabalho que habitualmente exerciam (artigo regulamentado pelo Decreto n. 4.729, de 9 de junho de 2003).

9. Aposentadoria acidentária

Será concedida somente para os casos irrecuperáveis e com incapacidade total e permanente para todas as profissões (omniprofissional) e insuscetível de reabilitação profissional, geralmente representados por casos gravíssimos e irreversíveis, com repercussão anatômica e funcional importante que se apresenta com atrofias musculares ou neuropatia periférica e com importante diminuição da força muscular ou perda do controle de movimentos no segmento afetado, o que caracteriza, sem dúvida, impotência funcional severa.

10. Programa de Reabilitação Profissional

Os segurados que apresentem quadro clínico estabilizado e necessitem de mudança de atividade ou função serão encaminhados ao Programa de Reabilitação Profissional.

As Unidades Técnicas de Reabilitação Profissional deverão abordar cada caso, analisando cuidadosamente os aspectos físicos e psicossociais do reabilitando, e as condições reais apresentadas pela empresa, para receber de volta o seu funcionário e efetivamente contribuir para a sua reabilitação profissional, sem discriminação.

Bibliografia

LER – Lesões por Esforços Repetitivos. Normas técnicas para avaliação da incapacidade – 1993; MPS – INSS.

SATO L. et al. Atividade em grupo com portadores de LER e achados sobre a dimensão psicossocial. Revista Brasileira Saúde Ocupacional; 1993, 79(21);49-62.

COHEN E COLS. The Relevance of Concepts of Hiperalgesia to R.S.I. National Center for Epidemiology and Populational Health, Austrália, 1992.

QUINTNER E ELVERY. The Neurogenic Hypotesis of R.S.I. National Center for Epidemiology and Populational Health, Austrália, 1991.

SWANSON, D. H. W. Chronic Pain as Third Pathologic Emotion. Am. J. Psychiatry, 141:210-4, 1984.

YUNUS, M.B. Síndrome da Dor Miofacial e Injúria por Esforços Repetitivos. Rheuma,1:4-6, 1996.

ALMEIDA, E.H.R. e cols., 1994, Correlação entre as Lesões por Esforços Repetitivos – LER e as funções exercidas pelos trabalhadores, Segundo Encontro Carioca de Ergonomia, Anais, 427-38, Rio de Janeiro.

HAGBERG e cols., 1995, Work Related Musculoskeletal Disorders: A Reference Book for Prevention. Taylor & Francis, London.

LISS, G.M., 1995, Dupuytren's Contracture: A Systematic Review of the Evidence of Work-Relatedness, Second International Scientific Conference on Prevention of Musculoskeletal Disorders, 54-6, Canada.

MERSKEY, H. E SPEAR, F. G. "Pain: Psycological and Psychiatric Aspects". Ed. Tindall & Cassel, 1967.

MOREIRA, C. e CARVALHO, M.A.P.; "Noções Práticas de Reumatologia". Livraria e Editora Health. Belo Horizonte, 1996.

RUSSEL, I. J., e cols., "Neurohormonal Aspects of Fibromyalgia Syndrome." Clin. Rheum. Dis. N. Am. v.15, p. 149-168, 1989.

Brasil. Lei 8.213, de 24 de julho de 1991. Dispõe sobre os Planos de Benefícios da Previdência Social e dá outras providências. Diário Oficial da União, Brasília, ... de julho de 1999.

Brasil. Decreto 3.048, de 6 de maio de 1999. Aprova o regulamento da Previdência Social e dá outras providências. Diário Oficial da União, 7 de maio de 1999, republicado em 12 de maio de 1999.

KUORINKA I., FORCIER L. (Org.). Work related musculoskeletal disorders (WMSDs): a reference book for prevention. London: Taylor & Francis Ltd; 1995.

LIN TY. Distrofia simpático-reflexa e causalgia dos membros superiores: estudo clínico e terapêutico. São Paulo; 1995. [Dissertação de mestrado – Faculdade de Medicina da USP].

LIN TY, KAZIYAMA HHS, TEIXEIRA MJ. Síndrome dolorosa miofascial. In: Teixeira MJ, Figueiró JAB. Dor. São Paulo: Moreira Jr. Editora Ltda.; 2001.

MAENO M., ALMEIDA I. M., MARTINS M. C., TOLEDO L. F., PAPARELLI R. Diagnóstico, tratamento, reabilitação, prevenção e fisiopatologia das LER/DORT. Brasília: Ministério da Saúde. Departamento de Ações Programáticas e Estratégicas. Área Técnica de Saúde do Trabalhador; 2001. (Série A. Normas e Manuais Técnicos, n. 105.)

MONTEIRO A. L. Os aspectos legais das tenossinovites. In: CODO W., ALMEIDA M.C.C.G. L.E.R.: diagnóstico, tratamento e prevenção: uma abordagem interdisciplinar. Petrópolis, RJ: Vozes; 1995.

[MPAS] Ministério da Previdência e Assistência Social. OS 606 de 05 de agosto de 1998: aprova norma técnica sobre Distúrbios Osteomusculares Relacionados ao Trabalho – DORT. Diário Oficial da União, Brasília.

[MS] Ministério da Saúde. Portaria n. 1.339/ GM, de 18 de novembro de 1999: dispõe sobre lista de doenças relacionadas ao trabalho. Diário Oficial da União, Brasília.

[MS] Ministério da Saúde. Secretaria de Políticas de Saúde. Organização Pan-americana de Saúde. Doenças Relacionadas ao Trabalho. Manual de Procedimentos Para os Serviços de Saúde. Brasília; 2001.

Portaria Interministerial n. 775, de 28 de abril de 2004 (1)

Proíbe a comercialização de produtos acabados que contenham "benzeno" em sua composição, admitindo, porém, alguns percentuais.

Os Ministros de Estado do Trabalho e Emprego e da Saúde, no uso das atribuições que lhes confere o art. 87 da Constituição, e considerando que o benzeno é um produto cancerígeno, para o qual não existe limite seguro de exposição; considerando que existe possibilidade técnica de diminuir o teor de benzeno em produtos acabados; considerando os estudos, pesquisas e eventos científicos desenvolvidos pela Comissão Nacional Permanente do Benzeno – CNPBz, para propor a redução da concentração de benzeno em produtos acabados, atendendo aos itens 8.1.4 e 8.1.5 do Acordo do Benzeno; e considerando, ainda, o contido na ata da Reunião Plenária da CNPBz, realizada nos dias 22 e 23 de agosto de 2002, resolvem:

Art. 1º Proibir, em todo o Território Nacional, a comercialização de produtos acabados que contenham "benzeno" em sua composição, admitida, porém, a presença desta substância, como agente contaminante, em percentual não superior a:

a) 1% (um por cento), em volume, até 30 de junho de 2004;

b) 0,8% (zero vírgula oito por cento), em volume, a partir de 1º de julho de 2004;

---

(1) Publicada no *Diário Oficial da União*, de 29-4-2004.

Legislação Complementar

c) 0,4% (zero vírgula quatro por cento), em volume, a partir de 1º de dezembro de 2005; e

d) 0,1% (zero vírgula um por cento), em volume, a partir de 1º de dezembro de 2007.

§ 1º Aos combustíveis derivados de petróleo é admitido um percentual não superior a 1% (um por cento), em volume.

§ 2º Os produtos sob o regulamento sanitário conforme a Lei n. 6.360, de 23 de setembro de 1976, seguirão a Resolução – RDC n. 252, de 16 de setembro de 2003 e suas atualizações.

• A Lei n. 6.360, de 23-9-1976, dispõe sobre a vigilância sanitária a que ficam sujeitos os medicamentos, drogas, insumos farmacêuticos e correlatos, cosméticos, saneantes e outros produtos.

• A Resolução n. 252, de 16-9-2003, da ANVISA, proíbe em todo o território nacional a fabricação, distribuição ou comercialização de produtos avaliados e registrados pela ANVISA que contenham benzeno em sua composição, admitida porém a presença dessa substância como agente contaminante em percentual que especifica.

Art. 2º Estabelecer a obrigatoriedade de que o rótulo de qualquer produto acabado que contenha mais de 0,01% (zero vírgula zero um por cento), em volume, de benzeno, deve indicar a presença e a concentração máxima deste aromático.

Art. 3º Fixar o prazo de 180 dias, após a publicação deste ato, para que os fabricantes e distribuidores dos produtos acabados se adequem ao disposto no artigo 2º desta portaria.

Art. 4º Esta portaria entra em vigor na data de sua publicação.

Ricardo Berzoini

Ministro de Estado do Trabalho e Emprego

Humberto Costa

Ministro de Estado da Saúde

Portaria n. 776, de 28 de abril de 2004 (1)

Dispõe sobre a regulamentação dos procedimentos relativos à vigilância da saúde dos trabalhadores expostos ao benzeno, e dá outras providências.

O Ministro de Estado da Saúde, no uso de suas atribuições, e

Considerando o arcabouço jurídico legal que fundamenta as ações de Saúde do Trabalhador no País, conforme o disposto nos arts. 198 e 200 da Constituição da República Federativa do Brasil de 1988, combinado com os preceitos da Lei Orgânica da Saúde – Lei n. 8.080/90 e da Portaria n. 3.120/GM, de 1º de julho de 1998, que dispõe sobre a Instrução Normativa de Vigilância em Saúde do Trabalhador;

Considerando o determinado no Acordo Benzeno, assinado em 1995, Capítulo III – Das Competências, nos subitens 4.1.3 e 5.3, que preveem responsabilidades para o Ministério da Saúde e para o Ministério do Trabalho e Emprego, com relação à Vigilância da Saúde dos Trabalhadores na Prevenção da Exposição Ocupacional ao Benzeno;

Considerando a necessidade de articular, no âmbito do Sistema Único de Saúde – SUS, ações de prevenção, promoção e recuperação da saúde dos trabalhadores urbanos e rurais independentemente do vínculo empregatício e do tipo de inserção no mercado de trabalho;

Considerando a necessidade de garantir a atenção em saúde do trabalhador no SUS, incluindo ações de assistência, vigilância e promoção;

Considerando que o acompanhamento epidemiológico sistemático das populações expostas a agentes químicos é uma das formas de controle sanitário que permite a detecção de casos de agravos à saúde precocemente; e

Considerando que o benzeno é um agente mielotóxico regular, leucemogênico e cancerígeno, mesmo em baixas concentrações, resolve:

Art. 1º Instituir, na forma do Anexo desta Portaria, as Normas de Vigilância à Saúde dos Trabalhadores expostos ao Benzeno nos processos de trabalho que produzem, utilizam, transportam, armazenam ou manipulam benzeno e, ou suas misturas líquidas.

•• *Vide* Instrução Normativa n. 2, de 8-11-2021, do Ministério do Trabalho e Previdência.

Art. 2º Esta Portaria entra em vigor na data de sua publicação.

Humberto Costa

Anexo
Normas de Vigilância à Saúde dos Trabalhadores Expostos ao Benzeno

1 – OBJETIVO

Regulamentar os procedimentos relativos à vigilância da saúde dos trabalhadores expostos ao benzeno.

2 – CAMPO DE APLICAÇÃO

As empresas e respectivas contratadas que produzem, utilizam, transportam, armazenam e manipulam benzeno ou suas misturas líquidas para os serviços de saúde públicos e privados, laboratórios e outras instâncias institucionais do campo da saúde do trabalhador.

3 – CONCEITOS

Vigilância Epidemiológica – Entende-se por vigilância epidemiológica um conjunto de ações que proporcio-

(1) Publicada no *Diário Oficial da União*, de 29-4-2004.

nam o conhecimento, a detecção ou prevenção de qualquer mudança nos fatores determinantes e condicionantes da saúde individual e coletiva, com a finalidade de recomendar e adotar medidas de prevenção e controle das doenças ou agravos (Lei n. 8.080/90).

Vigilância Sanitária – Entende-se por vigilância sanitária um conjunto de ações capaz de eliminar, diminuir ou prevenir riscos à saúde e de intervir nos problemas sanitários decorrentes do meio ambiente, da produção e circulação de bens e da prestação de serviços de interesse da saúde (Lei n. 8.080/90).

Vigilância em Saúde do Trabalhador – Entende-se por vigilância em saúde do trabalhador uma atuação contínua e sistemática, ao longo do tempo, no sentido de detectar, conhecer, pesquisar e analisar os fatores determinantes e condicionantes dos agravos à saúde relacionados aos processos e ambientes de trabalho, em seus aspectos tecnológico, social e organizacional e epidemiológico, com a finalidade de planejar, executar e avaliar intervenções sobre esses aspectos, de forma a eliminá-los ou controlá-los (Instrução Normativa de Vigilância em Saúde do Trabalhador no SUS – Portaria n. 3.120/GM, de 1º de julho de 1998).

Benzeno – É um hidrocarboneto aromático que se apresenta como um líquido incolor, lipossolúvel, volátil, inflamável, de odor característico, perceptível a concentrações da ordem de 12 ppm, cuja fórmula molecular é C6H6. Registro CAS n. 71-43-2, registro ONU n. 1114.

Benzenismo – Conjunto de sinais, sintomas e complicações decorrentes da exposição aguda ou crônica ao hidrocarboneto aromático, benzeno. As complicações podem ser agudas, quando houver exposição a altas concentrações com presença de sinais e sintomas neurológicos, ou crônicas, com sinais e sintomas clínicos diversos, podendo ocorrer complicações a médio ou a longo prazo, localizadas principalmente no sistema hematopoético.

4 – DIRETRIZES

4.1 – Diagnóstico da Intoxicação Ocupacional pelo Benzeno:

4.1.1 – Introdução: O benzeno é um mielotóxico regular, leucemogênico e cancerígeno, mesmo em baixas concentrações. Outras alterações podem também ocorrer como descrito a seguir. Não existem sinais ou sintomas patognomônicos da intoxicação.

4.1.2 – Síndrome Clínica da Intoxicação pelo Benzeno: Quadro Clínico e Laboratorial da Toxicidade pelo Benzeno: Considera-se toxicidade do benzeno (ou benzenismo) quando a pessoa apresenta um conjunto de sinais e sintomas e que tenha sido exposta ao benzeno. O quadro clínico de toxicidade ao benzeno caracteriza-se por uma repercussão orgânica múltipla, em que o comprometimento da medula óssea é o componente mais frequente e significativo, sendo a causa básica de diversas alterações hematológicas.

Os sinais e sintomas ocorrem em aproximadamente 60% dos casos. São eles: astenia, mialgia, sonolência, tontura e sinais infecciosos de repetição. Os dados laboratoriais hematológicos mais relevantes são representados pelo aparecimento de neutropenia, leucopenia, eosinofilia, linfocitopenia, monocitopenia, macrocitose, pontilhado basófilo, pseudo Pelger e plaquetopenia.

O diagnóstico de benzenismo, de natureza ocupacional, é eminentemente clínico e epidemiológico, fundamentando-se na história de exposição ocupacional e na observação de sintomas e sinais clínicos e laboratoriais descritos anteriormente.

Entende-se como exposição ocupacional a exposição acima de níveis populacionais, decorrente de atividades laborais.

Em pessoas potencialmente expostas ao benzeno, todas as alterações hematológicas devem ser valorizadas, investigadas e justificadas.

A toxicidade do benzeno pode ser aguda ou crônica. Em cada um desses casos há sinais e sintomas clínicos que descreveremos a seguir:

Efeitos Agudos: O benzeno é um irritante moderado das mucosas e sua aspiração em altas concentrações pode provocar edema pulmonar. Os vapores são, também, irritantes para as mucosas oculares e respiratórias.

A absorção do benzeno provoca efeitos tóxicos para o sistema nervoso central, causando, de acordo com a quantidade absorvida, narcose e excitação seguida de sonolência, tonturas, cefaleia, náuseas, taquicardia, dificuldade respiratória, tremores, convulsões, perda da consciência e morte.

Efeitos Crônicos: Principais Agravos À Saúde Alterações Hematológicas: Vários tipos de alterações sanguíneas, isoladas ou associadas, estão relacionadas à exposição ao benzeno. Em virtude da lesão do tecido da medula óssea (local de produção de células sanguíneas), essas alterações correspondem, sobretudo, a hipoplasia, displasia e aplasia.

O aparecimento de macrocitose, pontilhado basófilo, hipossegmentação dos neutrófilos (pseudo Pelger), eosinofilia, linfocitopenia e macroplaquetas são alterações precocemente apreciadas na toxicidade benzênica.

A hipoplasia da medula óssea pode ocasionar, no sangue periférico, citopenia(s). A leucopenia com neutropenia corresponde à principal repercussão hematológica da hipoplasia secundária ao benzeno e, em menor frequência, à plaquetopenia isolada ou associada à neutropenia. Estudos realizados em medula óssea de trabalhadores com benzenismo evidenciaram a relação entre a neutropenia periférica e a hipoplasia granulocítica, numa mediana de quatro anos de exposição.

Estudo posterior, realizado com a mesma coorte de pacientes, após o afastamento da exposição, demonstrou um tempo médio de 5 anos para a recuperação hematológica periférica.

A aplasia da medula óssea, que corresponde à depressão de todas as linhagens hematológicas, expressa-se no sangue periférico através de pancitopenia (leucopenia, plaquetopenia e anemia).

O caráter leucemogênico do benzeno é amplamente reconhecido. As transformações leucêmicas, precedidas ou não por alterações mielodisplásicas, são objeto de diversas publicações, sendo a leucemia mieloide aguda, entre todas, a mais frequente. Outras variantes são também descritas.

Além de leucemogênica, a toxicidade por benzeno está também relacionada ao surgimento de outras formas de doenças onco-hematológicas, como linfoma não Hodgkin, mieloma múltiplo e mielofibrose, embora em menor frequência.

Alterações Neuropsicológicas e Neurológicas: São observadas alterações como: atenção, percepção, memória, habilidade motora, viso-espacial, viso-construtiva, função executiva, raciocínio lógico, linguagem, aprendizagem e humor.

Além dessas disfunções cognitivas, surgem outras alterações como: astenia, cefaleia, depressão, insônia, agitação e alterações de comportamento.

São também descritos quadros de polineuropatias periféricas e mielites transversas.

No sistema auditivo podem aparecer alterações periféricas como centrais, podendo ser observadas: perdas auditivas neurossensoriais, zumbidos, vertigens e dificuldades no processamento auditivo.

Outras Alterações: Foram observadas alterações cromossômicas numéricas e estruturais em linfócitos e células da medula óssea de trabalhadores expostos ao benzeno. É possível fazer avaliação de danos cromossomiais através de técnicas citogenéticas.

Podem ocorrer alterações dermatológicas tais como eritema e dermatite irritativa de contato por exposições ocupacionais repetidas e prolongadas ao benzeno.

Outras formas de câncer podem ser observadas devido à associação da exposição do benzeno com gás de coqueria e de vazamentos em indústrias que manipulam correntes de naftas ou produtos petroquímicos.

4.1.3 – Parâmetros Clínico-Laboratoriais

Parâmetros Clínicos: Durante a condução diagnóstica dos casos suspeitos de leucopenia secundária à toxicidade benzênica, alguns fatores devem ser considerados: as enfermidades ou as situações clínicas e fisiológicas que cursam com leucopenia, como, por exemplo, colagenoses, viroses, alcoolismo, exposição a medicamentos e a outros agentes mielotóxicos devem ser investigadas. As neutropenias constitucionais e as situações anteriormente descritas devem ser objeto de análise sistemática, sem, contudo, permitir que sua comprovação seja suficiente para afastar a hipótese de associação com a toxicidade benzênica (veja principais causas de leucopenias no QUADRO I).

Quadro I
Principais Causas de Leucopenia

Infecciosas	Virais	Gripe, Mononucleose, Hepatite, CMV, Sarampo, Rubéola, Dengue, HIV e Febre Amarela
Infecciosas	Bacterianas	Tuberculose, Febre Tifoide, Septicemia e Brucelose
	Outras	Histoplasmose, Sífilis, Ricketsioses, Psitacose, Malária e Calazar
Esplenomegalias	Hepatopatia Crônica, Hepatopatia Alcoólica, Esquistossomose, Esplenomegalia Congestiva, Doença de Gaucher e Síndrome de Felty	
Imunológicas	LES, Artrite Reumatoide, Periarterite Nodosa, Outras Colegenoses, Doença Hemolítica Autoimune e Choque Anafilático	
Outras	Pseudoneutropenia, Desnutrição, Hipervitaminose A e Alcoolismo	
Agentes Leucopenizantes	Regulares	Colchicina, Irradiação, Citostáticos e Benzeno
	Ocasionais	Analgésicos, Antibióticos, Anticonvulsivantes, Sais de Ouro, Tranquilizantes, Antitiroidianos, Diuréticos, Dipoglicemiantes, Antimaláricos, Anti-Histamínicos, Tuberculostáticos, Sulfonamidas e Barbitúricos
Alterações da Medula Óssea	Infiltração	Metástase, Linfoma e Necrose MO

Alterações da Medula Óssea	Deficiências	Ferro, Vitamina B12, Vitamina B6 e Ácido Fólico
	Alteração do Parênquima	Leucemias, Síndrome Mielodisplásica, Síndrome de Fanconi, Hemoglobinúria Paroxística Noturna, Anemia Aplástica Idiopática, Neutropenia Cíclica Familiar, Hipoplasia Crônica e Agranulocitose Infantil

Por outro lado, uma série histórica evidenciando valores leucocitários baixos e constantes, na ausência de exames pré-admissionais, não deve ser suficiente para afastar neutropenia secundária ao benzenismo; o caso deve, portanto, permanecer em investigação.

Uma criteriosa análise do quadro clínico é insubstituível. Para se ter uma visão panorâmica, não se deve considerar apenas os resultados de exames, devendo ser valorizada, também, a história ocupacional.

Hemograma: O hemograma é um dos principais instrumentos laboratoriais para detecção de alterações tardias da hematopoese em casos de toxicidade crônica por benzeno. Deve ser realizado pelo método automático com hemocitoscopia criteriosa. Deve-se salientar que a coleta deve ser realizada, na ausência de jejum. Os valores referenciais para fins de análise devem ser os do próprio indivíduo em período prévio à exposição a qualquer agente mielotóxico. Do ponto de vista prático, caso seja desconhecido, admite-se como supostamente anormal toda leucopenia que, após ampla investigação, nenhuma causa reativa possa ser apontada que a justifique.

Os resultados de hemogramas devem ser organizados na forma de série histórica de forma a permitir a comparação sistemática e permanente dos dados e análise de alterações eventuais ou persistentes.

Deve-se salientar que todos os trabalhadores expostos ao benzeno, portadores de leucopenia isolada ou associada a outra alteração hematológica, são, a princípio, suspeitos de serem portadores de lesão da medula óssea mediada pelo benzeno. A partir desse ponto de vista, na ausência de outra causa, a leucopenia deve ser atribuída à toxicidade por essa substância.

Outros Exames: A análise clínica dos casos suspeitos deve nortear os passos seguintes até a conclusão destes. Pode ser necessária a realização de uma grande variedade de exames, como punção aspirativa e, ou biópsia de medula óssea, estudos citogenéticos, entre outros que ficam a critério de especialista.

4.1.4 – Protocolo de Investigação de Casos Suspeitos:

O protocolo de investigação de dano em expostos ao benzeno deve conter as seguintes informações e procedimentos:

a) História Clínica Atual e Pregressa, incluindo a investigação de exposição a agentes mielotóxicos (medicamentos, radiação ionizante, entre outros), interrogatório dos diversos aparelhos, antecedentes pessoais e familiares e exame físico completo;

b) História Ocupacional Atual (antecedentes profissionais) com informação sobre as empresas, setores, funções, tarefas e respectivos períodos de trabalho;

c) Levantamento dos Dados Hematológicos de que dispõe o trabalhador, inclusive os anteriores à admissão na empresa suspeita de causadora da toxicidade;

d) Exames Complementares:

– Hemograma com análise quantitativa e qualitativa das três séries sanguíneas e contagem de reticulócitos. Na ausência da série histórica, realizar três hemogramas com intervalo de 15 dias.

– Transaminases (AST e ALT), gama glutamil transferase, bilirrubinas totais e frações e LDH.

– Provas de atividades reumáticas ou inflamatórias: VHS, Proteína C reativa e FAN.

– Marcadores de Hepatite B e C (anti-HBS Ag, anti-HBc –IgM e anti-HCV).

– Anti-HIV.

e) Estudo da Medula Óssea (Biópsia de medula óssea e mielograma) – sempre que indicados clinicamente;

f) Outros Exames – poderão ser solicitados, de acordo com o exame clínico; e

g) Outras Investigações:

– Avaliação Sobre o Sistema Nervoso Central – Avaliação de queixas neuropsicológicas e neuropsiquiátricas, efeitos ototóxicos e alterações citogenéticas deverão ser realizados sempre que necessário.

– Avaliação Neuropsicológica / Neurocomportamental. É um instrumento para investigação dos efeitos que à exposição a substâncias neurotóxicas produz sobre os processos psíquicos no homem. Objetiva estabelecer a presença ou não de disfunção cognitiva e distúrbios afetivos e localizar alterações sutis, a fim de detectar as disfunções ainda em estágios iniciais.

– O benzeno, como os solventes, pode causar distúrbios de memória de curto prazo, raciocínio e resoluções de problemas, execução de tarefas visoconstrutivas ou verbais e habilidade de planejar.

– A avaliação das alterações neuropsicológicas é feita por meio de bateria de testes específicos, padronizados e de entrevista clínica.

– Avaliação Neurológica – Para investigar os efeitos da exposição ao benzeno, bem como a solventes orgânicos no sistema auditivo, o uso de exames convencionais como a audiometria tonal por via aérea e óssea e a audiometria vocal podem não ser suficientes.

– O emprego de outros testes audiológicos como imitanciometria, exame vestibular, otoemissão acústica, audiometria de tronco cerebral e provas de processamento auditivo são importantes para complementar informações sobre o topodiagnóstico da lesão.

4.1.5 – Conclusão Diagnóstica:

O diagnóstico diferencial da intoxicação crônica pelo benzeno deverá ser conduzido pelo médico clínico responsável de acordo com o que lhe parecer adequado.

Do Caso Para Ser Investigado:

Critérios Para Iniciar a Investigação do Caso de Toxicidade Crônica do Benzeno – Alterações Hematológicas:

Para o reconhecimento de casos que serão investigados, deverão ser evidenciadas as seguintes situações em indivíduos expostos ocupacionalmente ao benzeno.

Embora estejam explícitos somente os critérios de alteração nos valores da contagem de leucócitos totais, todas as alterações hematológicas, consideradas relevantes, devem ser valorizadas e investigadas.

Constatação de alterações hematológicas – Instalação de leucopenia. Para análise da leucometria, recomenda-se:

4.1.5.1 – Para Trabalhadores sem História de Exposição:

A média de 3 hemogramas realizados com intervalo de 15 dias, sendo o primeiro realizado no processo de admissão no emprego. Esse será o parâmetro de comparação para verificação da instalação de leucopenia.

4.1.5.2 – Para Trabalhadores Antigos:

– O exame admissional anterior à exposição a agentes mielotóxicos servirá como referência.

– Caso não se localize o exame referido no item anterior, deve-se utilizar a média da contagem de leucócitos dos hemogramas anteriores à instalação da tendência decrescente.

– Quando, em juízo profissional, não for possível usar os dois critérios acima, adotar os valores de referência de Williams 2001, valores fixos populacionais contidos na Tabela 1 do anexo 1A destas Normas.

Devem ser alvo de investigação os trabalhadores que apresentarem:

(1) QUEDA RELEVANTE E PERSISTENTE DA LEUCOMETRIA, constatada através de 3 (três) exames com intervalo de 15 (quinze) dias, com ou sem outras alterações associadas.

Um índice arbitrário de 20% de redução da leucometria poderá ser usado para considerar queda significativa em relação aos critérios anteriores. Essa taxa poderá ser reavaliada, baseada em novos estudos. Variações menores e a presença de outras alterações hematológicas devem ser consideradas, quando suspeitada sua relevância.

Observação: na análise de séries históricas consolidadas com grandes períodos de acompanhamento, deve ser considerado o patamar pré-exposição ou o mais próximo possível desse período.

(2) PRESENÇA DE ALTERAÇÕES HEMATOLÓGICAS EM HEMOGRAMAS SERIADOS, sem outros achados clínicos que as justifiquem, como:

– AUMENTO DO VOLUME CORPUSCULAR MÉDIO (macrocitose), diminuição do número absoluto de linfócitos (linfopenia ou linfocitopenia);

– LEUCOCITOSE PERSISTENTE;

– ALTERAÇÕES NEUTROFÍLICAS: Pontilhado basófilo, hipossegmentação dos neutrófilos (pseudo Pelger);

– PRESENÇA DE MACROPLAQUETAS;

– LEUCOPENIA COM ASSOCIAÇÃO DE OUTRAS CITOPENIAS (plaquetopenia).

DO CASO CONSIDERADO SUSPEITO

Considera-se CASO SUSPEITO de toxicidade crônica por benzeno a presença de alteração hematológica relevante e sustentada. A relevância foi definida nos critérios anteriores e a sustentabilidade considerada mínima é definida após a realização de 3 hemogramas com intervalos de 15 dias entre eles. Nas situações em que persistem as alterações nesse tempo mínimo de 45 dias, considera-se o CASO SUSPEITO.

Deve ser iniciada investigação segundo item protocolo de investigação de caso suspeito destas Normas.

DO CASO CONFIRMADO DE TOXICIDADE CRÔNICA DO BENZENO

Ao se realizar a avaliação clínico-laboratorial do caso suspeito e confirmada a ausência de enfermidades concomitantes que possam acarretar tais alterações além da exposição ao benzeno, fica estabelecido o diagnóstico de benzenismo.

4.2 – Tratamento de Intoxicação Ocupacional pelo Benzeno

Não existe tratamento medicamentoso específico para os casos de intoxicação pelo benzeno.

O acompanhamento médico para os casos confirmados de intoxicação deve ser regular e em longo prazo. As intercorrências clínicas devem ser tratadas com precocidade. As perturbações de ordem psíquica e social causadas aos indivíduos devem merecer atenção especializada em programas de saúde integrados sob o enfoque do trabalho.

4.3 – Prognóstico de Intoxicação Ocupacional pelo Benzeno

4.3.1 – Os trabalhadores que apresentaram alterações hematológicas devido à exposição ao benzeno devem ser considerados suscetíveis ou hipersensibilizados, sendo maior o risco de agravamento do quadro, em especial o desenvolvimento de neoplasias.

4.3.2 – É possível a reversão do quadro hematológico periférico que pode ocorrer após um período longo do afastamento do risco. Porém, a reversão para a "normalidade" do quadro hematimétrico, no sangue periférico, não deve ser considerada como estado de cura.

Todas as pessoas expostas e que manifestaram alterações hematológicas devem ter acompanhamento médico, devendo seu posto de trabalho e suas atividades serem analisados, no sentido de serem afastadas da exposição ocupacional ao benzeno, utilizando-se para tal o Anexo 2 como critério. Tal procedimento deve ser assegurado pela empresa e aprovado pelo órgão competente da fiscalização do ambiente de trabalho (MTE/DRT e SUS).

4.3.3 – A reversão das alterações periféricas para níveis hematimétricos normais não exclui a possibilidade de evolução para o agravamento, como a manifestação de hemopatias malignas ou anemia aplástica tardia.

4.3.4 – Mesmo após a remissão das alterações hematológicas periféricas ou de outras manifestações clínicas, os casos deverão ser acompanhados clínica e laboratorialmente de forma permanente, com periodicidade pelo menos anual, através da realização de exames complementares propostos em um protocolo de acompanhamento pelo órgão de referência do SUS.

4.3.5 – A normalização ou estabilidade dos valores hematimétricos do sangue periférico, após afastamento do ambiente de trabalho, não descaracteriza a intoxicação e nem constitui critério para retorno a um ambiente ou função com risco de exposição.

4.4 – Consequências do Afastamento

4.4.1 – Alterações Psicossociais: A condição de incapaz, ainda que temporária ou circunstancial, para o trabalho, pode acarretar sérios transtornos psicossociais a esses indivíduos, entre os quais destacamos:

– Perda da Identidade Psicossocial: o indivíduo perde a sua referência social, ao deixar de ocupar o lugar que lhe era socialmente conferido, o que acarreta a consequente perda da identidade psíquica. O indivíduo não sabe mais quem é, nem que lugar ocupa.

– Estigmatização: o indivíduo se sente marcado – cabe lembrar que a palavra estigma é sinônimo de ferrete, instrumento que era usado para marcar os escravos – pela sua condição de não trabalhador.

Essas alterações psicossociais características dos trabalhadores configuram um quadro psicopatológico peculiar do afastamento, onde uma alteração orgânica – por exemplo, uma leucopenia, propicia o desenvolvimento de outra, de ordem psíquica, ou seja, a necessidade de afastamento desses trabalhadores de áreas contaminadas pelo benzeno, somada à especificidade da qualificação da maioria desses trabalhadores, o que os impossibilita de trabalharem em outra atividade econômica, faz com que, mesmo afastados, ou mais precisamente em virtude desse afastamento, se produza um adoecimento de natureza psicossocial.

4.5 – Prevenção:

Considerando-se as características do produto como toxicidade e carcinogenicidade, as ações preventivas são as que se apresentam como sendo de maior relevância na proteção da saúde. Assim, o ambiente e o processo de trabalho devem assegurar sempre a menor exposição ocupacional possível.

Medidas de proteção coletiva adotadas no processo de trabalho, minimizando a exposição ou eliminando o agente, e medidas de proteção individual contribuem decididamente na prevenção da intoxicação.

A avaliação quantitativa do nível de benzeno no ar, associada à avaliação individual da exposição e à análise do Índice Biológico de Exposição (IBE) em grupos homogêneos de risco de exposição, constitui ferramenta importante quando se objetiva a avaliação da exposição e a implantação de medidas de controle para diminuição e eliminação do risco (*vide* Instrução Normativa – IN-01 Acordo do Benzeno).

5 – Procedimentos Operacionais

5.1 – Procedimentos Administrativos: (Conforme o Acordo Nacional do Benzeno e normatizado na IN-02). As empresas devem garantir ao trabalhador sob investigação de alteração do seu estado de saúde com suspeita de ser de etiologia ocupacional, os seguintes procedimentos:

– afastamento da exposição, de acordo com o Anexo 2;

– emissão da CAT;

– encaminhamento ao INSS para avaliação previdenciária;

– encaminhamento ao SUS para investigação clínica e registro;

– custeio pleno de consultas, exames e pareceres necessários à elucidação diagnóstica de suspeita de danos à saúde provocados por benzeno;

– custeio pleno de medicamentos, materiais médicos, internações hospitalares e procedimentos médicos de tratamento de dano à saúde provocado por benzeno ou suas sequelas e consequências; e

– desencadear ações imediatas de correção, prevenção e controle no ambiente, condições e processos de trabalho.

5.2 – Procedimento Retorno:

Consideram-se como área de retorno os critérios apresentados no Anexo 2 devem ser notificados imediatamente às comissões regionais do Benzeno e, em caso da não existência dessas comissões, aos órgãos de vigilância da Saúde do Trabalhador e ao DRT para verificação do local de retorno.

5.3 – Procedimentos de Informação:

O Ministério da Saúde, a partir dos dados de cadastro de empresas da CNP-Bz, deverá encaminhar aos respectivos Estados a relação dessas empresas para fins de acompanhamento regional.

5.3.1 – Informações Decorrentes das Empresas:

Cabe aos serviços das empresas cadastradas no MTE encaminhar aos serviços de saúde do trabalhador de sua área de abrangência, em meio magnético padronizado pelo SIMPEAQ, anualmente, no mês de março:

– Nome e registro de trabalhadores com data de nascimento, sexo, função, setor de atividade e empresa em que está prestando serviço no caso de terceiros, com ou sem sinais e sintomas de benzenismo, afastados ou não do trabalho, incluindo os demitidos a contar de um período de 20 anos passados.

– A série histórica de hemogramas realizados em exames admissional, periódicos e demissional, anualmente, no mês de março, em meio magnético padronizado pelo SIMPEAQ.

– Cópia dos resultados das alterações clínicas e dos exames de indicador biológico de exposição realizados em exames periódicos e demissional, bem como avaliações citoquímicas, imunológicas, citogenéticas, histológicas, neuropsicológicas e neuropsiquiátricas, realizadas em trabalhadores expostos ao benzeno, em meio magnético padronizado pelo SIMPEAQ.

– Dados de monitorização ambiental do benzeno (exposição individual e de área; média ponderada pelo tempo, curta duração, instantâneas de emergência ou não) realizada nos diversos setores da empresa, a cada semestre.

– As informações de acidentes com vazamentos, em 24 horas, e o registro permanente de modificações operacionais e estruturais das plantas.

Observações:

– É de responsabilidade solidária de contratantes e contratadas o envio e a padronização das informações contidas nos itens 1º a 7º.

Os prontuários médicos dos trabalhadores e dos intoxicados devem ser mantidos à disposição daqueles, dos seus representantes legalmente constituídos e dos órgãos públicos por, no mínimo, 20 (vinte) anos após o desligamento do trabalhador.

5.3.2 – Informações Decorrentes de Outras Instâncias:

As instâncias e serviços que atuam na área de saúde do trabalhador deverão realizar a vigilância epidemiológica de morbimortalidade de casos de aplasia de medula e câncer do sistema hematopoético, ocorridos em maiores de 18 anos de idade. Esse sistema deve ser gerenciado pelos serviços de saúde do trabalhador responsáveis por cada região, que terão as seguintes atribuições:

– analisar todos os dados das companhias de seguros das empresas cadastradas no MTE relativas a estes dados;

– identificar regionalmente os serviços de hematologia e oncologia que notificarão, conforme ficha de notificação anexa, os serviços de saúde do trabalhador da região. Por sua vez, esses serviços de saúde do trabalhador deverão investigar o nexo com a exposição ao benzeno em cada um desses casos;

– os dados confirmados de nexo com a exposição ao benzeno deverão ser comunicados pelos serviços de saúde via SINAN.

Os laboratórios de análises clínicas deverão notificar ao responsável pela vigilância em saúde do trabalhador de sua área todos os resultados de indicadores biológicos de exposição do benzeno, anualmente, em meio magnético, conforme padronização pelo SIMPEAQ.

Todos os dados constantes do Sistema de Informação deverão ser analisados e compilados nos diversos níveis do sistema (região/Município, Estado, Ministério da Saúde) e gerenciados pelas comissões regionais de acompanhamento do acordo do benzeno. O Ministério da Saúde deverá fazer a publicação anual dos dados analisados e compilados a esse nível.

5.4 – Procedimentos de Intervenção:

Os serviços de saúde do trabalhador realizarão a vigilância dos ambientes e processos de trabalho, compreendendo a análise, a investigação, a orientação, a fiscalização e a aplicação de penalidades nas empresas, por meio de inspeções sanitárias.

A notificação, a intimação, a autuação, a multa, a suspensão de atividades e a interdição seguirão legislação da área de abrangência do serviço, de acordo com as legislações e portarias pertinentes, tais como Códigos Sanitários, Lei n. 8.080/90 e Portaria n. 3.120/GM, de 1º de julho de 1998.

Critérios para priorização da vigilância dos ambientes de trabalho:

– estatísticas geradas pelos Sistemas de Informação (SINAN, SIMPEAQ entre outros);

– o não cumprimento de qualquer norma estabelecida para o benzeno;

– denúncia de trabalhadores, meios de comunicação ou sociedades civis;

– solicitação do sindicato de trabalhadores; e

– investigações sistemáticas.

Os serviços de saúde do trabalhador deverão privilegiar na intervenção nos ambientes de trabalho:

Análise das informações existentes (atas de CIPA, ROAS, PPEOB, PPRA, PCMSO, programas de saúde, ambiente e segurança, informações de outras instituições).

Análise e observação das situações potenciais de risco.

Estabelecimento de propostas de eliminação, controle e redução de risco.

Participação dos trabalhadores e seus representantes em todas as etapas da intervenção.

Processos de discussão, de negociação e de formalização de acordos envolvendo empregadores, governo, trabalhadores e sociedade civil para estabelecimento de medidas de eliminação, controle e redução da exposição ao benzeno além do previsto na legislação.

Ações de integração interinstitucionais com o Ministério do Trabalho e Emprego, Ministério da Previdência Social, os Ministérios Públicos, as Secretarias de Meio Ambiente, e as Instituições de ensino e pesquisa, entre outras.

Os serviços de saúde do trabalhador deverão manter atualizado o cadastro das empresas de produção, utilização, manipulação, armazenamento ou transporte de benzeno na sua área de abrangência.

As instâncias estaduais do SUS deverão assessorar os serviços municipais e regionais de saúde do trabalhador nas ações de vigilância dos ambientes de trabalho e realizá-las em caráter complementar.

Deverão ser incentivadas a criação e as ações de instâncias regionais de acompanhamento do acordo nacional do benzeno.

O Ministério da Saúde estabelecerá estratégias de integração entre os polos de vigilância visando o reforço da municipalização e à comunicação entre os níveis do sistema.

6 – ANEXOS

Anexo 1A

Valores de Referência em Hematologia:

Tabela 1

Tabela de Leucócitos, segundo Williams (2001)

Idade	Leucócitos (X 10³/ml)	Neutrófilos (X 10³/ml)		Eosinófilos (X 10³/ml)	Basófilos (X 10³/ml)	Linfócitos (X 10³/ml)	Monócitos (X 10³/ml)
		Segmentados	Bastões				
1	6,0 – 17,5	1,0 – 8,5	0,35	0,05 – 0,7	0 – 0,2	4,0 – 10,5	0,05 – 1,1
4	5,5 – 15,5	1,5 – 7,5	0 – 1,0	0,02 – 0,65	0 – 0,2	2,0 – 8,0	0 – 0,8
6	5,0 – 14,5	1,5 – 7,0	0 – 1,0	0 – 0,65	0 – 0,2	1,5 – 7,0	0 – 0,8
10	4,5 – 13,5	1,8 – 7,0	0 – 1,0	0 – 0,60	0 – 0,2	1,5 – 6,5	0 – 0,8
21	4,5 – 11,0	1,8 – 7,0	0 – 0,7	0 – 0,45	0 – 0,2	1,0 – 4,8	0 – 0,8

Anexo 1B

Variações dos Valores dos Hemogramas:

Tabela 2

Diferenças Étnicas no Hemograma, segundo Williams (2001)

	HOMENS			MULHERES		
	Caucasianos	Afro-caribenhos	Africanos	Caucasianos	Afro-caribenhos	Africanos
Leucometria (X 10³ /ml)	5,7 (3,6 – 9,2)	5,2 (2,8 – 9,5)	4,5 (2,8 – 7,2)	6,2 (3,5 – 10,8)	5,7 (3,3 – 9,9)	5,0 (3,2 – 7,8)
Neutrófilos (X 10³ /ml)	3,2 (1,7 – 6,1)	2,5 (1,0 – 5,8)	2,0 (0,9 – 4,2)	3,6 (1,7 – 7,5)	3,0 (1,4 – 6,5)	2,4 (1,3 – 4,2)
Linfócitos (X 10³ /ml)	1,7 (1,0 – 2,9)	1,9 (1,0 – 3,6)	1,8 (1,0 – 3,5)	1,8 (1,0 – 3,5)	2,0 (1,2 – 3,4)	2,0 (1,1 – 3,6)
Monócitos (X 10³ /ml)	0,34 (0,18 – 0,62)	0,33 (0,18 – 0,52)	0,29 (0,15 – 0,58)	0,30 (0,14 – 0,61)	0,31 (0,16 – 0,59)	0,28 (0,15 – 0,39)
Eosinófilos (X 10³ /ml)	0,12 (0,03 – 0,48)	0,13 (0,03 – 0,58)	0,12 (0,02 – 0,79)	0,13 (0,04 – 0,44)	0,10 (0,03 – 0,33)	0,10 (0,02 – 0,41)
Plaquetas (X 10³ /ml)	218 (143 – 332)	196 (122 – 313)	183 (115 – 290)	246 (169 – 358)	236 (149 – 374)	207 (125 – 342)

Tabela 3

Diferenças Étnicas e de Horário de Coleta no Hemograma, Segundo Wintrobe (1999)

Horário de Coleta	Europeus Caucasianos Idade Média 25 9:30 – 11:30/ 14:30-16:30		Americanos Caucasianos 16-44 anos Antes do meio-dia ou à tarde próximo ao meio-dia	Afro-americanos Caucasianos Antes do meio-dia ou à tarde próximo ao meio-dia	Africanos 9:00 – 12:00
Leucometria (X 10³ /ml)	3,487 – 9,206	3,722 – 9,828	4,550 – 10,100	3,600 – 10,200	2,587 – 9,075
Neutrófilos (X 10³ /ml)	1,539 – 5,641	1,775 – 6,508	2,050 – 6,800	1,300 – 7,400	0,775 – 4,131
Linfócitos (X 10³ /ml)			1,500 – 4,00	1,450 – 3,750	1,012 – 3,876
Monócitos (X 10³ /ml)			0,220 – 0,950	0,210 – 1,050	0,062 – 0,688
Eosinófilos (X 10³ /ml)			0,030 – 0,860	0,030 – 0,720	0,047 – 3,371

Nota: Os valores das tabelas 1º, 2º e 3º demonstram que as variações são diferentes segundo a base populacional e as variabilidades decorrentes de métodos de coleta diversificados. Cabe destacar a necessidade de serem estabelecidos valores a partir da experiência brasileira e que estes deverão estar disponíveis assim que forem definidos.

Anexo 2

Critérios de Retorno de Trabalhadores Afastados do Trabalho por Agravos à Saúde Decorrentes da Exposição ao Benzeno

1 – Objetivo: Definir parâmetros para o retorno seguro de trabalhadores afastados por agravos à saúde decorrentes da exposição ao benzeno.

2 – Critérios: O local de trabalho deve ser avaliado quanto aos seguintes critérios:

– avaliação da exposição – qualitativa e quantitativa; e

– avaliação epidemiológica de agravos à saúde dos trabalhadores.

3 – Critérios de Avaliação da Exposição:

Qualitativa: O trabalhador em situação de retorno, independentemente da área ou setor para onde for lotado, não deve participar de atividades que representam risco de exposição acima de 0,1 ppm, tais como (lista exemplificativa):

Paradas, emergências, vazamentos;

Leitura de nível de tanque com trena (e temperatura);

Transferências e carregamento de produtos;

Comando de evasões;

Coletas de amostras de produtos, insumos, matérias-primas etc., para fins de controle de qualidade de processo;

Limpeza de equipamentos;

Acompanhamento de serviços de manutenção ou de liberação de equipamentos;

Atividade envolvendo outros mielotóxicos; e

A empresa deve possuir procedimento escrito que garanta o cumprimento deste critério e deve orientar seus trabalhadores quanto a esse procedimento.

Quantitativa: O trabalhador somente poderá ser lotado em área ou setor onde esteja ocorrendo controle rigoroso das concentrações de benzeno, de acordo com a IN-01.

Os resultados de avaliação da concentração de benzeno na área e na atividade não devem ultrapassar 0,1 ppmv MPT.

Para avaliação da conformidade com o valor de referência para retorno (0,1 ppm), serão considerados os resultados das concentrações obtidas no processo de avaliação realizado pela empresa, devendo ser submetidos à avaliação e validação das autoridades públicas competentes, MTE e/ou SUS, tanto o processo de coleta e análise quanto os valores obtidos.

4 – Critério de Avaliação Epidemiológica:

Realizar comparação das séries históricas de hemogramas de pelo menos 30 trabalhadores do setor/atividade escolhida para o retorno. Analisar a existência de casos de alterações hematológicas possivelmente relacionadas ao benzeno. Quando o setor tiver menos que 30 trabalhadores, considerar a população total dos trabalhadores do setor e a sua história epidemiológica para agravos à saúde decorrentes da exposição ao benzeno. É recomendado que o(s) grupo(s) homogêneo(s) de referência para avaliação seja(m) constituído(s) por empregados com cinco anos ou mais na atividade ou local de trabalho.

Na ocorrência de pelo menos um caso de diminuição persistente de, no mínimo, 20% da média dos parâmetros hematológicos considerados pela IN-02, sem justificativa clínica, deve ser caracterizada a existência de suspeitos de mielotoxidade ocupacional no grupo avaliado.

A presença de suspeitos de mielotoxicidade no setor ou atividade implica setor inadequado para o retorno do trabalhador.

Observações:

Caso o empregado tenha sido remanejado de área com exposição, o seu histórico deve ser avaliado à luz das atividades na nova área.

Na ausência de série histórica, recomenda-se a utilização dos seguintes parâmetros:

– realização do indicador biológico adotado pela empresa para avaliação de exposições a benzeno até 1 ppm (ácido trans, transmucônico urinário, por exemplo) no(s) grupo(s) homogêneo(s) de referência;

– comparação do hemograma atual com o exame admissional; e

– na ausência de exame admissional deve ser considerado como referência o critério de Williams (IN-02) para avaliação.

Validação: O GTB deverá participar do processo de seleção das áreas/atividades para o retorno dos trabalhadores, observando o item 9.7.1 nos casos de discordância.

A liberação da área/atividade para retorno deverá ser realizada pelas autoridades competentes na área de saúde e segurança.

Anexo 3

Ficha de notificação de elevação do indicador biológico de exposição do benzeno acima da normalidade:

Nome da Empresa	
Endereço:	
Município	Estado:
CEP:	Tel.:
Data da anormalidade verificada:	

Valor encontrado	Valor de normalidade
Nome do trabalhador	
Função do trabalhador	
Setor de atividade	
Atividade realizada previamente ao achado de anormalidade	
Investigações proferidas ao caso para sua avaliação pelo setor competente	
Nome dos demais trabalhadores envolvidos nesta mesma atividade	
Condutas estabelecidas para os trabalhadores envolvidos na atividade de risco	
Condutas estabelecidas ou a serem estabelecidas no ambiente de trabalho para melhoria das condições de exposição ao benzeno	
Observações:	
Data:	Assinatura do Profissional Responsável carimbo legível

Anexo 4
Siglas

Anti-HBs Ag – marcador da Hepatite B
Anti-HBc -IgM – marcador da Hepatite B
BMO – Biópsia de Medula Óssea
CAS – Código Internacional de Substâncias Químicas
CAT – Comunicação de Acidente de Trabalho
CMV – Citomegalovirus
DRT – Delegacia Regional do Trabalho
FAN – Fator Antinuclear
HIV – Vírus da Síndrome de Imunodeficiência Adquirida
HCV – Vírus da Hepatite C
IBE – Indicador Biológico de Exposição IgM – Imunoglobulina M
INSS – Instituto Nacional de Seguridade Social
MO – Medula Óssea
MS – Ministério da Saúde
MTE – Ministério do Trabalho e Emprego
LES – Lupus Eritematoso Sistêmico
ONU – Organização das Nações Unidas
PCMSO – Plano de Controle Médico de Saúde Ocupacional
PPEOB – Plano de Prevenção da Exposição Ocupacional ao Benzeno
PPRA – Plano de Prevenção de Riscos Ambientais
SIMPEAQ – Sistema de Informações de Populações Expostas a Agentes Químicos
SUS – Sistema Único de Saúde
VHS – Velocidade de Hemossedimentação

Portaria n. 485, de 11 de novembro de 2005 (1)

Aprova a Norma Regulamentadora n. 32 (Segurança e Saúde no Trabalho em Estabelecimentos de Saúde).

O Ministro do Trabalho e Emprego, no uso das atribuições que lhe confere o art. 87, parágrafo único, inciso II, da Constituição Federal, e os arts. 155, inciso I, e 200 da Consolidação das Leis do Trabalho – CLT, aprovada pelo Decreto-lei n. 5.452, de 1º de maio de 1943, com redação dada pelo art. 1º da Lei n. 6.514, de 22 de dezembro de 1977, resolve:

Art. 1º Aprovar a Norma Regulamentadora de Segurança e Saúde no Trabalho em Estabelecimentos de Saúde, doravante denominada de NR-32, nos termos do Anexo I desta Portaria.

Art. 2º A exigência do cumprimento das normas estabelecidas no Anexo I dar-se-á nos prazos estabelecidos no Anexo II desta Portaria.

Art. 3º Esta Portaria entra em vigor na data de sua publicação.

Luiz Marinho

Anexo I

•• Este Anexo aprova a NR 32.

Anexo II
Prazos para Cumprimento dos Itens da NR-32

1. Prazo de 5 (cinco) meses: 32.1; 32.1.1; 32.1.2; 32.2; 32.2.1; 32.2.1.1; 32.2.1.2; 32.2.4; 32.2.4.1.1; 32.2.4.2; 32.2.4.3.2; 32.2.4.4; 32.2.4.5; 32.2.4.6; 32.2.4.6.1; 32.2.4.6.2; 32.2.4.6.3; 32.2.4.6.4; 32.2.4.7; 32.2.4.8; 32.2.4.11; 32.2.4.12; 32.2.4.13.1; 32.2.4.14; 32.2.4.15; 32.2.4.16; 32.3; 32.3.1; 32.3.3; 32.3.7.1.2; 32.3.7.2; 32.3.7.3; 32.3.7.4; 32.3.7.5; 32.3.7.6; 32.3.7.6.1; 32.3.8; 32.3.8.1; 32.3.8.2; 32.3.8.3; 32.3.8.4; 32.3.9; 32.3.9.1; 32.3.9.3; 32.3.9.3.1; 32.3.9.3.2; 32.3.9.3.2.1; 32.3.9.3.4; 32.3.9.4; 32.3.9.4.3.1; 32.3.9.4.4; 32.3.9.4.5.1; 32.3.9.4.6; 32.3.9.4.7; 32.3.9.4.8; 32.3.9.4.9; 32.3.9.4.9.1; 32.3.9.4.9.3; 32.4; 32.4.1; 32.4.2; 32.4.2.1; 32.4.3; 32.4.4; 32.4.5; 32.4.5.1; 32.4.5.2; 32.4.5.3; 32.4.5.4; 32.4.5.5; 32.4.6 alíneas *a*, *b* e *f*; 32.4.7; 32.4.7.1; 32.4.8; 32.4.9; 32.4.9.1; 32.4.9.2; 32.4.9.3; 32.4.9.4; 32.4.10; 32.4.11; 32.4.12; 32.4.13; 32.4.13.1; 32.4.13.2; 32.4.13.2.1; 32.4.13.2.2; 32.4.13.3; 32.4.13.4; 32.4.13.5; 32.4.13.6; 32.4.13.7; 32.4.14; 32.4.14.1; 32.4.14.2; 32.4.14.2.1;

(1) Publicada no *Diário Oficial da União*, de 16-11-2005.

Legislação Complementar

32.4.14.2.2; 32.4.14.2.3; 32.4.14.2.5; 32.4.14.2.6; 32.4.14.2.7; 32.4.15; 32.4.15.1; 32.4.15.2; 32.4.15.3; 32.4.15.3.1; 32.4.15.3.2; 32.4.15.4; 32.4.15.5; 32.4.15.6; 32.4.15.7; 32.4.15.8; 32.4.15.8.1; 32.4.16; 32.4.16.2; 32.5; 32.5.2; 32.5.3; 32.5.3.1; 32.5.3.2; 32.5.3.2.1; 32.5.4; 32.5.5; 32.5.7; 32.5.7.1; 32.5.8; 32.5.8.1; 32.5.9; 32.9; 32.9.1.1; 32.9.2; 32.9.2.1; 32.9.3; 32.9.3.1; 32.9.3.2; 32.9.3.3; 32.9.4; 32.9.5; 32.9.6; 32.9.6.1; 32.10; 32.10.1; 32.10.2; 32.10.3; 32.10.5; 32.10.7; 32.10.8; 32.10.9; 32.10.10; 32.10.11; 32.10.12 alínea *b*; 32.10.13; 32.10.14; 32.10.15 alínea *b*; 32.10.16; 32.11; 32.11.1; 32.11.2; 32.11.3; 32.11.3.1; 32.11.4.

2. Prazo de 11 (onze) meses: 32.2.4.3; 32.2.4.9; 32.2.4.9.1; 32.2.4.9.2; 32.2.4.10; 32.2.4.10.1; 32.2.4.13; 32.2.4.17; 32.2.4.17.1; 32.2.4.17.2; 32.2.4.17.3; 32.2.4.17.4; 32.2.4.17.5; 32.2.4.17.6; 32.2.4.17.7; 32.3.2; 32.3.6; 32.3.6.1; 32.3.6.1.1; 32.3.7; 32.3.7.1; 32.3.7.1.1; 32.3.8.1.1; 32.3.9.3.3; 32.3.9.4.1; 32.3.9.4.2; 32.3.9.4.3; 32.3.9.4.5; 32.3.9.4.9.2; 32.3.10; 32.3.10.1; 32.3.10.1.1; 32.4.5.6; 32.4.6 alíneas *c*, *d* e *e*; 32.4.14.2.4; 32.5; 32.5.1; 32.5.6; 32.6; 32.6.1; 32.6.2; 32.6.3; 32.7; 32.7.1; 32.7.2; 32.7.2.1; 32.7.3; 32.7.4; 32.8; 32.8.1; 32.8.1.1; 32.8.2; 32.8.3; 32.9.1; 32.10.4; 32.10.6; 32.10.13 alínea *a*.

3. Prazo de 13 (treze) meses: 32.2.2; 32.2.2.1; 32.2.2.2; 32.2.2.3; 32.2.3; 32.2.3.1; 32.2.3.2; 32.2.3.3; 32.2.3.4; 32.2.3.5; 32.2.4.1; 32.3.4; 32.3.4.1; 32.3.4.1.1; 32.3.4.1.2; 32.2.4.3; 32.3.5; 32.3.5.1; 32.3.9.2.

4. Prazo de 17 (dezessete) meses: 32.2.4.3.1; 32.3.7.1.3; 32.10.15 alínea *a*.

Portaria n. 191, de 4 de dezembro de 2006 (¹)

Inclui o subitem E.2 no anexo I da Norma Regulamentadora n. 6.

A Secretária de Inspeção do Trabalho e do Diretor do Departamento de Segurança e Saúde no Trabalho, no uso de suas atribuições legais, resolvem:

Art. 1º Incluir o subitem E.2, no item E, no Anexo I da Norma Regulamentadora n. 6, aprovada pela Portaria n. 25, de 15-10-2001, com a seguinte redação:

•• Alteração já processada no diploma modificado.

Art. 2º A emissão do Certificado de Aprovação previsto no artigo 167 da CLT, para o equipamento de proteção individual definido no art. 1º, está condicionada à homologação do produto e respectivo apostilamento ao título de registro da empresa fabricante ou importadora, efetuados pelo Exército Brasileiro.

• Citado dispositivo consta deste volume.

Parágrafo único. A empresa fabricante ou importadora deve comunicar imediatamente ao Departamento de Segurança e Saúde no Trabalho qualquer alteração em seu registro ou de seus produtos, efetuada pelo Exército Brasileiro.

Art. 3º Os procedimentos de fabricação, homologação, apostilamento, transferência, guarda, transporte, distribuição, comercialização, exposição e utilização do colete à prova de balas devem atender à regulamentação específica do produto.

Art. 4º A necessidade do Certificado de Aprovação não se aplica aos equipamentos fabricados até 270 dias após a publicação desta Portaria.

•• Artigo com redação determinada pela Portaria n. 11, de 31-5-2007.

Art. 5º As obrigações de aquisição, fornecimento e uso do equipamento de proteção individual definido no art. 1º, nos postos de trabalho, serão exigidas na proporção de 10% (dez por cento) a cada semestre, totalizando 5 (cinco) anos contados da publicação desta portaria.

Art. 6º Esta portaria entra em vigor na data de sua publicação.

Ruth Beatriz Vasconcelos Vilela

Lei Complementar n. 123, de 14 de dezembro de 2006 (²)

Institui o Estatuto Nacional da Microempresa e da Empresa de Pequeno Porte; altera dispositivos das Leis n. 8.212 e 8.213, ambas de 24 de julho de 1991, da Consolidação das Leis do Trabalho – CLT, aprovada pelo Decreto-lei n. 5.452, de 1º de maio de 1943, da Lei n. 10.189, de 14 de fevereiro de 2001, da Lei Complementar n. 63, de 11 de janeiro de 1990; e revoga as Leis n. 9.317, de 5 de dezembro de 1996, e 9.841, de 5 de outubro de 1999.

O Presidente da República:

Faço saber que o Congresso Nacional decreta e eu sanciono a seguinte Lei Complementar:

Capítulo I
Disposições Preliminares

Art. 1º Esta Lei Complementar estabelece normas gerais relativas ao tratamento diferenciado e favorecido a ser dispensado às microempresas e empresas de pequeno porte no âmbito dos Poderes da União, dos Estados, do Distrito Federal e dos Municípios, especialmente no que se refere:

•• A Resolução n. 140, de 22-5-2018, dispõe sobre o Regime Especial Unificado de Arrecadação de Tributos e Contribuições devidos pelas Microempresas e Empresas de Pequeno Porte (Simples Nacional).

(1) Publicada no *Diário Oficial da União*, de 6-12-2006.

(2) Publicada no *Diário Oficial da União*, de 15-12-2006. Republicada em 6-3-2012, em atendimento ao disposto no art. 5º da Lei Complementar n. 139, de 10-11-2011.

A Lei n. 12.792, de 28-3-2013, cria a Secretaria da Micro e Pequena Empresa.

I – à apuração e recolhimento dos impostos e contribuições da União, dos Estados, do Distrito Federal e dos Municípios, mediante regime único de arrecadação, inclusive obrigações acessórias;

II – ao cumprimento de obrigações trabalhistas e previdenciárias, inclusive obrigações acessórias;

III – ao acesso a crédito e ao mercado, inclusive quanto à preferência nas aquisições de bens e serviços pelos Poderes Públicos, à tecnologia, ao associativismo e às regras de inclusão;

IV – ao cadastro nacional único de contribuintes a que se refere o inciso IV do parágrafo único do art. 146, *in fine*, da Constituição Federal.

•• Inciso IV acrescentado pela Lei Complementar n. 147, de 7-8-2014.

• Citado dispositivo constitucional estabelece que a arrecadação, a fiscalização e a cobrança de impostos e contribuições poderão ser compartilhadas pelos entes federados, adotado o cadastro nacional único de contribuintes.

CAPÍTULO II

Da Definição de Microempresa e de Empresa de Pequeno Porte

Art. 3º Para os efeitos desta Lei Complementar, consideram-se microempresas ou empresas de pequeno porte a sociedade empresária, a sociedade simples, a empresa individual de responsabilidade limitada e o empresário a que se refere o art. 966 da Lei n. 10.406, de 10 de janeiro de 2002 (Código Civil), devidamente registrados no Registro de Empresas Mercantis ou no Registro Civil de Pessoas Jurídicas, conforme o caso, desde que:

•• *Caput* com redação determinada pela Lei Complementar n. 139, de 10-11-2011.

•• *Vide* item 12.153.2 da NR 12.

• Estabelece o mencionado dispositivo: "Considera-se empresário quem exerce profissionalmente atividade econômica organizada para a produção ou a circulação de bens ou de serviços. Parágrafo único. Não se considera empresário quem exerce profissão intelectual, de natureza científica, literária ou artística, ainda com o concurso de auxiliares ou colaboradores, salvo se o exercício da profissão constituir elemento de empresa".

I – no caso da microempresa, aufira, em cada ano-calendário, receita bruta igual ou inferior a R$ 360.000,00 (trezentos e sessenta mil reais); e

•• Inciso I com redação determinada pela Lei Complementar n. 139, de 10-11-2011.

II – no caso de empresa de pequeno porte, aufira, em cada ano-calendário, receita bruta superior a R$ 360.000,00 (trezentos e sessenta mil reais) e igual ou inferior a R$ 4.800.000,00 (quatro milhões e oitocentos mil reais).

•• Inciso II com redação determinada pela Lei Complementar n. 155, de 27-10-2016, produzindo efeitos a partir de 1º-1-2018.

CAPÍTULO VI

Da Simplificação das Relações de Trabalho

Seção I
Da Segurança e da Medicina do Trabalho

Art. 50. As microempresas e as empresas de pequeno porte serão estimuladas pelo poder público e pelos Serviços Sociais Autônomos a formar consórcios para acesso a serviços especializados em segurança e medicina do trabalho.

•• Artigo com redação determinada pela Lei Complementar n. 127, de 14-8-2007.

Seção II
Das Obrigações Trabalhistas

Art. 51. As microempresas e as empresas de pequeno porte são dispensadas:

I – da afixação de Quadro de Trabalho em suas dependências;

II – da anotação das férias dos empregados nos respectivos livros ou fichas de registro;

III – de empregar e matricular seus aprendizes nos cursos dos Serviços Nacionais de Aprendizagem;

IV – da posse do livro intitulado "Inspeção do Trabalho"; e

V – de comunicar ao Ministério do Trabalho e Emprego a concessão de férias coletivas.

Art. 52. O disposto no art. 51 desta Lei Complementar não dispensa as microempresas e as empresas de pequeno porte dos seguintes procedimentos:

I – anotações na Carteira de Trabalho e Previdência Social – CTPS;

II – arquivamento dos documentos comprobatórios de cumprimento das obrigações trabalhistas e previdenciárias, enquanto não prescreverem essas obrigações;

III – apresentação da Guia de Recolhimento do Fundo de Garantia do Tempo de Serviço e Informações à Previdência Social – GFIP;

IV – apresentação das Relações Anuais de Empregados e da Relação Anual de Informações Sociais – RAIS e do Cadastro Geral de Empregados e Desempregados – CAGED.

Parágrafo único. (*Vetado*.)

Art. 53. (*Revogado pela Lei Complementar n. 127, de 14-8-2007.*)

Seção III
Do Acesso à Justiça do Trabalho

Art. 54. É facultado ao empregador de microempresa ou de empresa de pequeno porte fazer-se substituir ou representar perante a Justiça do Trabalho por terceiros que conheçam dos fatos, ainda que não possuam vínculo trabalhista ou societário.

Legislação Complementar

Capítulo VII
Da Fiscalização Orientadora

Art. 55. A fiscalização, no que se refere aos aspectos trabalhista, metrológico, sanitário, ambiental, de segurança, de relações de consumo e de uso e ocupação do solo das microempresas e das empresas de pequeno porte, deverá ser prioritariamente orientadora quando a atividade ou situação, por sua natureza, comportar grau de risco compatível com esse procedimento.

•• *Caput* com redação determinada pela Lei Complementar n. 155, de 27-10-2016, produzindo efeitos a partir de 1º-1-2018.

§ 1º Será observado o critério de dupla visita para lavratura de autos de infração, salvo quando for constatada infração por falta de registro de empregado ou anotação da Carteira de Trabalho e Previdência Social – CTPS, ou, ainda, na ocorrência de reincidência, fraude, resistência ou embaraço à fiscalização.

§ 2º (*Vetado.*)

§ 3º Os órgãos e entidades competentes definirão, em 12 (doze) meses, as atividades e situações cujo grau de risco seja considerado alto, as quais não se sujeitarão ao disposto neste artigo.

§ 4º O disposto neste artigo não se aplica ao processo administrativo fiscal relativo a tributos, que se dará na forma dos arts. 39 e 40 desta Lei Complementar.

§ 5º O disposto no § 1º aplica-se à lavratura de multa pelo descumprimento de obrigações acessórias relativas às matérias do *caput*, inclusive quando previsto seu cumprimento de forma unificada com matéria de outra natureza, exceto a trabalhista.

•• § 5º acrescentado pela Lei Complementar n. 147, de 7-8-2014.

§ 6º A inobservância do critério de dupla visita implica nulidade do auto de infração lavrado sem cumprimento ao disposto neste artigo, independentemente da natureza principal ou acessória da obrigação.

•• § 6º acrescentado pela Lei Complementar n. 147, de 7-8-2014.

§ 7º Os órgãos e entidades da administração pública federal, estadual, distrital e municipal deverão observar o princípio do tratamento diferenciado, simplificado e favorecido por ocasião da fixação de valores decorrentes de multas e demais sanções administrativas.

•• § 7º acrescentado pela Lei Complementar n. 147, de 7-8-2014.

§ 8º A inobservância do disposto no *caput* deste artigo implica atentado aos direitos e garantias legais assegurados ao exercício profissional da atividade empresarial.

•• § 8º acrescentado pela Lei Complementar n. 147, de 7-8-2014.

§ 9º O disposto no *caput* deste artigo não se aplica a infrações relativas à ocupação irregular da reserva de faixa não edificável, de área destinada a equipamentos urbanos, de áreas de preservação permanente e nas faixas de domínio público das rodovias, ferrovias e dutovias ou de vias e logradouros públicos.

•• § 9º acrescentado pela Lei Complementar n. 147, de 7-8-2014.

....

Capítulo XIV
Disposições Finais e Transitórias

....

Art. 84. O art. 58 da Consolidação das Leis do Trabalho – CLT, aprovada pelo Decreto-lei n. 5.452, de 1º de maio de 1943, passa a vigorar acrescido do seguinte § 3º:

•• Alteração já processada no diploma modificado.

....

Art. 88. Esta Lei Complementar entra em vigor na data de sua publicação, ressalvado o regime de tributação das microempresas e empresas de pequeno porte, que entra em vigor em 1º de julho de 2007.

Art. 89. Ficam revogadas, a partir de 1º de julho de 2007, a Lei n. 9.317, de 5 de dezembro de 1996, e a Lei n. 9.841, de 5 de outubro de 1999.

Brasília, 14 de dezembro de 2006; 185º da Independência e 118º da República.

Luiz Inácio Lula da Silva

Decreto n. 6.481, de 12 de junho de 2008 (1)

Regulamenta os artigos 3º, alínea d, e 4º da Convenção 182 da Organização Internacional do Trabalho (OIT) que trata da proibição das piores formas de trabalho infantil e ação imediata para sua eliminação, aprovada pelo Decreto Legislativo n. 178, de 14 de dezembro de 1999, e promulgada pelo Decreto n. 3.597, de 12 de setembro de 2000, e dá outras providências.

O Presidente da República, no uso das atribuições que lhe confere o art. 84, inciso IV, da Constituição, e tendo em vista o disposto nos arts. 3º, alínea *d*, e 4º da Convenção 182 da Organização Internacional do Trabalho (OIT), decreta:

Art. 1º Fica aprovada a Lista das Piores Formas de Trabalho Infantil (Lista TIP), na forma do Anexo, de acordo com o disposto nos arts. 3º, *d*, e 4º da Convenção 182 da Organização Internacional do Trabalho – OIT, aprovada pelo Decreto Legislativo n. 178, de 14 de dezembro de 1999 e promulgada pelo Decreto n. 3.597, de 12 de setembro de 2000.

• *Vide* citados dispositivos constantes deste volume.

Art. 2º Fica proibido o trabalho do menor de dezoito anos nas atividades descritas na Lista TIP, salvo nas hipóteses previstas neste decreto.

§ 1º A proibição prevista no *caput* poderá ser elidida:

I – na hipótese de ser o emprego ou trabalho, a partir da idade de dezesseis anos, autorizado pelo Ministério

(1) Publicado no *Diário Oficial da União*, de 13-6-2008. Retificado no *Diário Oficial da União*, de 23-10-2008.

do Trabalho e Emprego, após consulta às organizações de empregadores e de trabalhadores interessadas, desde que fiquem plenamente garantidas a saúde, a segurança e a moral dos adolescentes; e

II – na hipótese de aceitação de parecer técnico circunstanciado, assinado por profissional legalmente habilitado em segurança e saúde no trabalho, que ateste a não exposição a riscos que possam comprometer a saúde, a segurança e a moral dos adolescentes, depositado na unidade descentralizada do Ministério do Trabalho e Emprego da circunscrição onde ocorrerem as referidas atividades.

§ 2º As controvérsias sobre a efetiva proteção dos adolescentes envolvidos em atividades constantes do parecer técnico referido no § 1º, inciso II, serão objeto de análise por órgão competente do Ministério do Trabalho e Emprego, que tomará as providências legais cabíveis.

§ 3º A classificação de atividades, locais e trabalhos prejudiciais à saúde, à segurança e à moral, nos termos da Lista TIP, não é extensiva aos trabalhadores maiores de dezoito anos.

Art. 3º Os trabalhos técnicos ou administrativos serão permitidos, desde que fora das áreas de risco à saúde, à segurança e à moral, ao menor de dezoito e maior de dezesseis anos e ao maior de quatorze e menor de dezesseis, na condição de aprendiz.

Art. 4º Para fins de aplicação das alíneas *a*, *b* e *c* do art. 3º da Convenção n. 182, da OIT, integram as piores formas de trabalho infantil:

I – todas as formas de escravidão ou práticas análogas, tais como venda ou tráfico, cativeiro ou sujeição por dívida, servidão, trabalho forçado ou obrigatório;

II – a utilização, demanda, oferta, tráfico ou aliciamento para fins de exploração sexual comercial, produção de pornografia ou atuações pornográficas;

III – a utilização, recrutamento e oferta de adolescente para outras atividades ilícitas, particularmente para a produção e tráfico de drogas; e

IV – o recrutamento forçado ou compulsório de adolescente para ser utilizado em conflitos armados.

Art. 5º A Lista TIP será periodicamente examinada e, se necessário, revista em consulta com as organizações de empregadores e de trabalhadores interessadas.

Parágrafo único. Compete ao Ministério do Trabalho e Emprego organizar os processos de exame e consulta a que se refere o *caput*.

Art. 6º Este Decreto entra em vigor noventa dias após a data de sua publicação.

Brasília, 12 de junho de 2008; 187º da Independência e 120º da República.

Luiz Inácio Lula da Silva

Lista das Piores Formas de Trabalho Infantil
(LISTA TIP)

I. Trabalhos Prejudiciais à Saúde e à Segurança

Atividade: Agricultura, Pecuária, Silvicultura e Exploração Florestal

Item	Descrição dos Trabalhos	Prováveis Riscos Ocupacionais	Prováveis Repercussões à Saúde
1.	Na direção e operação de tratores, máquinas agrícolas e esmeris, quando motorizados e em movimento	Acidentes com máquinas, instrumentos ou ferramentas perigosas	Afecções músculo-esqueléticas (bursites, tendinites, dorsalgias, sinovites, tenossinovites), mutilações, esmagamentos, fraturas
2.	No processo produtivo do fumo, algodão, sisal, cana-de-açúcar e abacaxi	Esforço físico e posturas viciosas; exposição a poeiras orgânicas e seus contaminantes, como fungos e agrotóxicos; contato com substâncias tóxicas da própria planta; acidentes com animais peçonhentos; exposição, sem proteção adequada, à radiação solar, calor, umidade, chuva e frio; acidentes com instrumentos perfurocortantes	Afecções músculo-esqueléticas (bursites, tendinites, dorsalgias, sinovites, tenossinovites); pneumoconioses; intoxicações exógenas; cânceres; bissinoses; hantaviroses; urticárias; envenenamentos; intermações; queimaduras na pele; envelhecimento precoce; câncer de pele; desidratação; doenças respiratórias; ceratoses actínicas; ferimentos e mutilações; apagamento de digitais
3.	Na colheita de cítricos, pimenta-malagueta e semelhantes	Esforço físico, levantamento e transporte manual de peso; posturas viciosas; exposição, sem proteção adequada, à radiação solar, calor, umidade, chuva e frio; contato com ácido da casca; acidentes com instrumentos perfurocortantes	Afecções músculo-esqueléticas (bursites, tendinites, dorsalgias, sinovites, tenossinovites); intermações; queimaduras na pele; envelhecimento precoce; câncer de pele; desidratação; doenças respiratórias; ceratoses actínicas; apagamento de digitais; ferimentos; mutilações
4.	No beneficiamento do fumo, sisal, castanha-de-caju e cana-de-açúcar	Esforço físico, levantamento e transporte de peso; exposição a poeiras orgânicas, ácidos e substâncias tóxicas	Fadiga física; afecções músculo-esqueléticas (bursites, tendinites, dorsalgias, sinovites, tenossinovites); intoxicações agudas e crônicas; rinite; bronquite; vômitos; dermatites ocupacionais; apagamento das digitais
5.	Na pulverização, manuseio e aplicação de agrotóxicos, adjuvantes, e produtos afins, incluindo limpeza de equipamentos, descontaminação, disposição e retorno de recipientes vazios	Exposição a substâncias químicas, tais como, pesticidas e fertilizantes, absorvidos por via oral, cutânea e respiratória	Intoxicações agudas e crônicas; polineuropatias; dermatites de contato; dermatites alérgicas; osteomalácias do adulto induzidas por drogas; cânceres; arritmias cardíacas; leucemias e episódios depressivos
6.	Em locais de armazenamento ou de beneficiamento em que haja livre desprendimento de poeiras de cereais e de vegetais	Exposição a poeiras e seus contaminantes	Bissinoses; asma; bronquite; rinite alérgica; enfizema; pneumonia e irritação das vias aéreas superiores

Item	Descrição dos Trabalhos	Prováveis Riscos Ocupacionais	Prováveis Repercussões à Saúde
7.	Em estábulos, cavalariças, currais, estrebarias ou pocilgas, sem condições adequadas de higienização	Acidentes com animais e contato permanente com vírus, bactérias, parasitas, bacilos e fungos	Afecções músculo-esqueléticas (bursites, tendinites, dorsalgias, sinovites, tenossinovites); contusões; tuberculose; carbúnculo; brucelose; leptospirose; tétano; psitacose; dengue; hepatites virais; dermatofitoses; candidíases; leishmanioses cutâneas e cutâneo-mucosas e blastomicoses
8.	No interior ou junto a silos de estocagem de forragem ou grãos com atmosferas tóxicas, explosivas ou com deficiência de oxigênio	Exposição a poeiras e seus contaminantes; queda de nível; explosões; baixa pressão parcial de oxigênio	Asfixia; dificuldade respiratória; asma ocupacional; pneumonia; bronquite; rinite; traumatismos; contusões e queimaduras
9.	Com sinalizador na aplicação aérea de produtos ou defensivos agrícolas	Exposição a substâncias químicas, tais como pesticidas e fertilizantes, absorvidos por via oral, cutânea e respiratória	Intoxicações exógenas agudas e crônicas; polineuropatias; dermatites; rinite; bronquite; leucemias; arritmia cardíaca; cânceres; leucemias; neurastenia e episódios depressivos •• Redação conforme publicação oficial.
10.	Na extração e corte de madeira	Acidentes com queda de árvores, serra de corte, máquinas e ofidismo	Afecções músculo-esqueléticas (bursites, tendinites, dorsalgias, sinovites, tenossinovites); esmagamentos; amputações; lacerações; mutilações; contusões; fraturas; envenenamento e blastomicose
11.	Em manguezais e lamaçais	Exposição à umidade; cortes; perfurações; ofidismo, e contato com excrementos	Rinite; resfriados; bronquite; envenenamentos; intoxicações exógenas; dermatites; leptospirose; hepatites virais; dermatofitoses e candidíases

Atividade: Pesca

Item	Descrição dos Trabalhos	Prováveis Riscos Ocupacionais	Prováveis Repercussões à Saúde
12.	Na cata de iscas aquáticas	Trabalho noturno; exposição à radiação solar, umidade, frio e a animais carnívoros ou peçonhentos; afogamento	Transtorno do ciclo vigília-sono; queimaduras na pele; envelhecimento precoce; hipotermia; lesões; envenenamentos; perfuração da membrana do tímpano; perda da consciência; labirintite e otite média não supurativa e apneia prolongada
13.	Na cata de mariscos	Exposição à radiação solar, chuva, frio; posturas inadequadas e movimentos repetitivos; acidentes com instrumentos perfurocortantes; horário flutuante, como as marés; águas profundas	Queimaduras na pele; envelhecimento precoce; câncer de pele; desidratação; doenças respiratórias; ceratoses actínicas; hipertermia; fadiga física; dores musculares nos membros e coluna vertebral; ferimentos; fadiga; distúrbios do sono; afogamento
14.	Que exijam mergulho, com ou sem equipamento	Apneia prolongada e aumento do nitrogênio circulante	Afogamento; perfuração da membrana do tímpano; perda de consciência; barotrauma; embolia gasosa; síndrome de Raynaud; acrocianose; otite barotraumática; sinusite barotraumática; labirintite e otite média não supurativa

Item	Descrição dos Trabalhos	Prováveis Riscos Ocupacionais	Prováveis Repercussões à Saúde
15.	Em condições hiperbáricas	Exposição a condições hiperbáricas, sem períodos de compressão e descompressão	Morte; perda da consciência; perfuração da membrana do tímpano; intoxicação por gases (oxigênio ou nitrogênio); barotrauma; embolia gasosa; síndrome de Raynaud; acrocianose; otite barotraumática; sinusite barotraumática; labirintite; otite média não supurativa; osteonecrose asséptica e mal dos caixões (doença descompressiva)

Atividade: Indústria Extrativa

Item	Descrição dos Trabalhos	Prováveis Riscos Ocupacionais	Prováveis Repercussões à Saúde
16.	Em cantarias e no preparo de cascalho	Esforço físico; posturas viciosas; acidentes com instrumentos perfurocortantes; exposição a poeiras minerais, inclusive sílica	Afecções músculo-esqueléticas (bursites, tendinites, dorsalgias, sinovites, tenossinovites); DORT/LER; ferimentos e mutilações; rinite; asma; pneumoconioses; tuberculose
17.	De extração de pedras, areia e argila (retirada, corte e separação de pedras; uso de instrumentos contuso-cortantes, transporte e arrumação de pedras)	Exposição à radiação solar, chuva; exposição à sílica; levantamento e transporte de peso excessivo; posturas inadequadas e movimentos repetitivos; acidentes com instrumentos perfurocortantes; condições sanitárias precárias; corpos estranhos	Queimaduras na pele; envelhecimento precoce; câncer de pele; desidratação; doenças respiratórias; hipertermia; fadiga física; dores musculares nos membros e coluna vertebral; lesões e deformidades osteomusculares; comprometimento do desenvolvimento psicomotor; ferimentos; mutilações; parasitoses múltiplas e gastroenterites; ferimentos nos olhos (córnea e esclera)
18.	De extração de mármores, granitos, pedras preciosas, semipreciosas e outros minerais	Levantamento e transporte de peso excessivo; acidentes com instrumentos contundentes e perfurocortantes; exposição a poeiras inorgânicas; acidentes com eletricidade e explosivos; gases asfixiantes	Fadiga física; afecções músculo-esqueléticas (bursites, tendinites, dorsalgias, sinovites, tenossinovites); esmagamentos; traumatismos; ferimentos; mutilações; queimaduras; silicose; bronquite; bronquiolite; rinite; tuberculose; asma ocupacional; enfisema; fibrose pulmonar; choque elétrico; queimaduras e mutilações; asfixia
19.	Em escavações, subterrâneos, pedreiras, garimpos, minas em subsolo e a céu aberto	Esforços físicos intensos; soterramento; exposição a poeiras inorgânicas e a metais pesados;	Afecções músculo-esqueléticas (bursites, tendinites, dorsalgias, sinovites, tenossinovites); asfixia; anóxia; hipóxia; esmagamentos; queimaduras; fraturas; silicoses; tuberculose; asma ocupacional; bronquites; enfisema pulmonar; cânceres; lesões oculares; contusões; ferimentos; alterações mentais; fadiga e estresse
20.	Em locais onde haja livre desprendimento de poeiras minerais	Exposição a poeiras inorgânicas	Pneumoconioses associadas com tuberculose; asma ocupacional; rinite; silicose; bronquite e bronquiolite

Item	Descrição dos Trabalhos	Prováveis Riscos Ocupacionais	Prováveis Repercussões à Saúde
21.	Em salinas	Esforços físicos intensos; levantamento e transporte manual de peso; movimentos repetitivos; exposição, sem proteção adequada, à radiação solar, chuva e frio	Fadiga física; stress; afecções músculo-esqueléticas (bursites, tendinites, dorsalgias, sinovites, tenossinovites); DORT/LER; intermações; queimaduras na pele; envelhecimento precoce; câncer de pele; desidratação; doenças respiratórias; ceratoses actínicas

Atividade: Indústria de Transformação

Item	Descrição dos Trabalhos	Prováveis Riscos Ocupacionais	Prováveis Repercussões à Saúde
22.	De lixa nas fábricas de chapéu ou feltro	Acidentes com máquinas e instrumentos perigosos; exposição à poeira	Ferimentos; lacerações; mutilações; asma e bronquite
23.	De jateamento em geral, exceto em processos enclausurados	Exposição à poeira mineral	Silicose; asma; bronquite; bronquiolite; stress e alterações mentais
24.	De douração, prateação, niquelação, galvanoplastia, anodização de alumínio, banhos metálicos ou com desprendimento de fumos metálicos	Exposição a fumos metálicos (cádmio, alumínio, níquel, cromo, etc.), névoas, vapores e soluções ácidas e cáusticas; exposição a altas temperaturas; umidade	Intoxicações agudas e crônicas; asma ocupacional; rinite; faringite; sinusite; bronquite; pneumonia; edema pulmonar; estomatite ulcerativa crônica; dermatite de contato; neoplasia maligna dos brônquios e pulmões; ulceração ou necrose do septo nasal; queimaduras
25.	Na operação industrial de reciclagem de papel, plástico e metal	Exposição a riscos biológicos (bactérias, vírus, fungos e parasitas), como contaminantes do material a ser reciclado, geralmente advindo de coleta de lixo	Dermatoses ocupacionais; dermatites de contato; asma; bronquite; viroses; parasitoses; cânceres
26.	No preparo de plumas e crinas	Exposição ao mercúrio e querosene, além de poeira orgânica	Transtornos da personalidade e de comportamento; episódios depressivos; neurastenia; ataxia cerebelosa; encefalopatia; transtorno extrapiramidal do movimento; gengivite crônica; estomatite ulcerativa e arritmias cardíacas
27.	Na industrialização do fumo	Exposição à nicotina	Intoxicações exógenas; tonturas e vômitos
28.	Na industrialização de cana-de-açúcar	Exposição a poeiras orgânicas	Bagaçose; asma; bronquite e pneumonite
29.	Em fundições em geral	Exposição a poeiras inorgânicas, a fumos metálicos (ferro, bronze, alumínio, chumbo, manganês e outros); exposição a altas temperaturas; esforços físicos intensos;	Intoxicações; siderose; saturnismo; beriliose; estanhose; bronquite crônica; bronquite asmática; bronquite obstrutiva; sinusite; cânceres; ulceração ou necrose do septo nasal; desidratação e intermação; afecções músculo-esqueléticas (bursites, tendinites, dorsalgias, sinovites, tenossinovites)
30.	Em tecelagem	Exposição à poeira de fios e fibras mistas e sintéticas; exposição a corantes; postura inadequadas e esforcos repetitivos	Bissinose; bronquite crônica; bronquite asmática; bronquite obstrutiva; sinusite; fadiga física; DORT/LER

Item	Descrição dos Trabalhos	Prováveis Riscos Ocupacionais	Prováveis Repercussões à Saúde
31.	No beneficiamento de mármores, granitos, pedras preciosas, semipreciosas e outros bens minerais	Esforços físicos intensos; acidentes com máquinas perigosas e instrumentos perfurocortantes; exposição a poeiras inorgânicas; acidentes com eletricidade	Afecções músculo-esqueléticas (bursites, tendinites, dorsalgias, sinovites, tenossinovites); traumatismos; ferimentos; mutilações; silicose; bronquite; bronquiolite; rinite; tuberculose; asma ocupacional; enfisema; fibrose pulmonar; choque elétrico
32.	Na produção de carvão vegetal	Exposição à radiação solar, chuva; contato com amianto; picadas de insetos e animais peçonhentos; levantamento e transporte de peso excessivo; posturas inadequadas e movimentos repetitivos; acidentes com instrumentos perfurocortantes; queda de toras; exposição à vibração, explosões e desabamentos; combustão espontânea do carvão; monotonia; estresse da tensão da vigília do forno; fumaça contendo subprodutos da pirólise e combustão incompleta: ácido pirolenhoso, alcatrão, metanol, acetona, acetato, monóxido de carbono, dióxido de carbono e metano	Queimaduras na pele; envelhecimento precoce; câncer de pele; desidratação; doenças respiratórias; hipertemia; reações na pele ou generalizadas; fadiga física; dores musculares nos membros e coluna vertebral; lesões e deformidades osteomusculares; comprometimento do desenvolvimento psicomotor; dort/ler; ferimentos; mutilações; traumatismos; lesões osteomusculares; síndromes vasculares; queimaduras; sofrimento psíquico; intoxicações agudas e crônicas
33.	Em contato com resíduos de animais deteriorados, glândulas, vísceras, sangue, ossos, couros, pelos ou dejetos de animais	Exposição a vírus, bactérias, bacilos, fungos e parasitas	Tuberculose; carbúnculo; brucelose; hepatites virais; tétano; psitacose; ornitose; dermatoses ocupacionais e dermatites de contato
34.	Na produção, processamento e manuseio de explosivos, inflamáveis líquidos, gasosos ou liquefeitos	Exposição a vapores e gases tóxicos; risco de incêndios e explosões	Queimaduras; intoxicações; rinite; asma ocupacional; dermatoses ocupacionais e dermatites de contato
35.	Na fabricação de fogos de artifícios	Exposição a incêndios, explosões, corantes de chamas (cloreto de potássio, antimônio trisulfito) e poeiras	Queimaduras; intoxicações; enfisema crônico e difuso; bronquite e asma ocupacional
36.	De direção e operação de máquinas e equipamentos elétricos de grande porte	Esforços físicos intensos e acidentes com sistemas; circuitos e condutores de energia elétrica	Afecções músculo-esqueléticas (bursites, tendinites, dorsalgias, sinovites, tenossinovites); mutilações; esmagamentos; fraturas; queimaduras; perda temporária da consciência; carbonização; parada cardiorrespiratória
37.	Em curtumes, industrialização de couros e fabricação de peles e peliças	Esforços físicos intensos; exposição a corantes, alvejantes, álcalis, desengordurantes, ácidos, alumínio, branqueadores, vírus, bactérias, bacilos, fungos e calor	Afecções músculo-esquelética (bursites, tendinites, dorsalgias, sinovites, tenossinovites); tuberculose; carbúnculo; brucelose; antrax; cânceres; rinite crônica; conjuntivite; pneumonite; dermatites de contato; dermatose ocupacional e queimaduras
38.	Em matadouros ou abatedouros em geral	Esforços físicos intensos; riscos de acidentes com animais e ferramentas perfurocortantes e exposição a agentes biológicos	Afecções músculo-esqueléticas (bursites, tendinites, dorsalgias, sinovites, tenossinovites); contusões; ferimentos; tuberculose; carbúnculo; brucelose e psitacose; antrax

Item	Descrição dos Trabalhos	Prováveis Riscos Ocupacionais	Prováveis Repercussões à Saúde
39.	Em processamento ou empacotamento mecanizado de carnes	Acidentes com máquinas, ferramentas e instrumentos perfurocortantes; esforços repetitivos e riscos biológicos	Afecções músculo-esqueléticas (bursites, tendinites, dorsalgias, sinovites, tenossinovites); contusão; amputação; corte; DORT/LER; tuberculose; carbúnculo; brucelose; psitacose
40.	Na fabricação de farinha de mandioca	Esforços físicos intensos; acidentes com instrumentos perfurocortantes; posições inadequadas; movimentos repetitivos; altas temperaturas e poeiras	Afecções músculo-esqueléticas (bursites, tendinites, dorsalgias, sinovites, tenossinovites); contusão; amputações; cortes; queimaduras; DORT/LER; cifose; escoliose; afecções respiratórias e dermatoses ocupacionais
41.	Em indústrias cerâmicas	Levantamento e transporte de peso; posturas inadequadas e movimentos repetitivos; exposição ao calor e à umidade; exposição à poeira; acidentes com máquinas e quedas	Fadiga física; dores musculares nos membros e coluna vertebral; lesões e deformidades osteomusculares; comprometimento do desenvolvimento psicomotor; desidratação; intermação; doenças respiratórias, com risco de silicose; fraturas; mutilações; choques elétricos
42.	Em olarias nas áreas de fornos ou com exposição à umidade excessiva	Levantamento e transporte de peso; posturas inadequadas e movimentos repetitivos; exposição ao calor e à umidade; exposição à poeira; acidentes com máquinas e quedas	Fadiga física; dores musculares nos membros e coluna vertebral; lesões e deformidades osteomusculares; comprometimento do desenvolvimento psicomotor; desidratação; intermação; doenças respiratórias, com risco de silicose; fraturas; mutilações; choques elétricos
43.	Na fabricação de botões e outros artefatos de nácar, chifre ou osso	Acidentes com máquinas e ferramentas perfurocortantes; esforços repetitivos e vibrações, poeiras e ruídos	Contusões; perfurações; cortes; dorsalgia; cervicalgia; síndrome cervicobraquial; tendinites; bursites; DORT/LER; alterações temporárias do limiar auditivo; hipoacusia e perda da audição
44.	Na fabricação de cimento ou cal	Esforços físicos intensos; exposição a poeiras (sílica); altas temperaturas; efeitos abrasivos sobre a pele	Afecções músculo-esqueléticas (bursites, tendinites, dorsalgias, sinovites, tenossinovites); silicose; asma ocupacional; bronquite; dermatites; dermatoses ocupacionais; intermação; ferimentos; mutilações; fadiga e estresse
45.	Na fabricação de colchões	Exposição a solventes orgânicos, pigmentos de chumbo, cádmio e manganês e poeiras	Encefalopatias tóxicas agudas e crônicas; hipertensão arterial; arritmias cardíacas; insuficiência renal; hipotireoidismo; anemias; dermatoses ocupacionais e irritação da pele e mucosas
46.	Na fabricação de cortiças, cristais, esmaltes, estopas, gesso, louças, vidros ou vernizes	Esforços físicos intensos; exposição a poeiras (sílica), metais pesados, altas temperaturas, corantes e pigmentos metálicos (chumbo, cromo e outros) e calor	Afecções músculo-esqueléticas (bursites, tendinites, dorsalgias, sinovites, tenossinovites); queimaduras; catarata; silicose; asma ocupacional; bronquite; enfisema; intoxicação; dermatoses ocupacionais; intermação
47.	Na fabricação de porcelanas	Exposição a poeiras minerais e ao calor; posições inadequadas	Pneumoconioses e dermatites; fadiga física e intermação; afecções músculo-esqueléticas (bursites, tendinites, dorsalgias, sinovites, tenossinovites); DORT/LER

Item	Descrição dos Trabalhos	Prováveis Riscos Ocupacionais	Prováveis Repercussões à Saúde
48.	Na fabricação de artefatos de borracha	Esforços físicos intensos; exposição a produtos químicos, antioxidantes, plastificantes, dentre outros, e ao calor	Afecções músculo-esqueléticas (bursites, tendinites, dorsalgias, sinovites, tenossinovites); câncer de bexiga e pulmão; asma ocupacional; bronquite; enfisema; intoxicação; dermatoses ocupacionais; intermação e intoxicações; queimaduras
49.	Em destilarias de álcool	Exposição a vapores de etanol, metanol e outros riscos químicos; risco de incêndios e explosões	Cânceres; dermatoses ocupacionais; dermatites de contato; intermação; asma ocupacional; bronquites; queimaduras
50.	Na fabricação de bebidas alcoólicas	Exposição a vapores de etanol e a poeira de cereais; exposição a bebidas alcoólicas, ao calor, à formação de atmosferas explosivas; incêndios e outros acidentes	Queimaduras; asfixia; tonturas; intoxicação; irritação das vias aéreas superiores; irritação da pele e mucosas; cefaleia e embriaguez
51.	No interior de resfriadores, casas de máquinas, ou junto de aquecedores, fornos ou alto-fornos	Exposição a temperaturas extremas, frio e calor	Frio; hipotermia com diminuição da capacidade física e mental; calor, hipertermia; fadiga; desidratação; desequilíbrio hidroeletrolítico e estresse
52.	Em serralherias	Exposição a poeiras metálicas tóxicas, (chumbo, arsênico cádmio), monóxido de carbono, estilhaços de metal, calor, e acidentes com máquinas e equipamentos	Neoplasia maligna dos brônquios e pulmões; bronquite; pneumonite; edema pulmonar agudo; enfisema intersticial; queimaduras; cortes; amputações; traumatismos; conjuntivite; catarata e intoxicações
53.	Em indústrias de móveis	Esforços físicos intensos; exposição à poeira de madeiras, solventes orgânicos, tintas e vernizes; riscos de acidentes com máquinas, serras e ferramentas perigosas	Afecções músculo-esqueléticas (bursites, tendinites, dorsalgias, sinovites, tenossinovites); neoplasia maligna dos brônquios e pulmões; bronquite; pneumonite; edema pulmonar agudo; enfisema intersticial; asma ocupacional; cortes; amputações; traumatismos; dermatose ocupacional; anemias; conjuntivite
54.	No beneficiamento de madeira	Esforços físicos intensos; exposição à poeira de madeiras; risco de acidentes com máquinas, serras, equipamentos e ferramentas perigosas	Afecções músculo-esqueléticas (bursites, tendinites, dorsalgias, sinovites, tenossinovites); asma ocupacional; bronquite; pneumonite; edema pulmonar agudo; enfizema intersticial; asma ocupacional; dermatose ocupacional; esmagamentos; ferimentos; amputações; mutilações; fadiga; stress e DORT/LER
55.	Com exposição a vibrações localizadas ou de corpo inteiro	Vibrações localizadas ou generalizadas	Síndrome cervicobraquial; dor articular; moléstia de Dupuytren; capsulite adesiva do ombro; bursites; epicondilite lateral; osteocondrose do adulto; doença de Kohler; hérnia de disco; artroses e aumento da pressão arterial
56.	De desmonte ou demolição de navios e embarcações em geral	Esforços físicos intensos; exposição a fumos metálicos (ferro, bronze, alumínio, chumbo e outros); uso de ferramentas pesadas; altas temperaturas	Afecções músculo-esqueléticas (bursites, tendinites, dorsalgias, sinovites, tenossinovites); asfixia; perda da consciência; fibrilação ventricular; queimaduras; fraturas; contusões; intermação; perfuração da membrana do tímpano

Atividade: Produção e Distribuição de Eletricidade, Gás e Água

Item	Descrição dos Trabalhos	Prováveis Riscos Ocupacionais	Prováveis Repercussões à Saúde
57.	Em sistemas de geração, transmissão e distribuição de energia elétrica	Exposição à energia de alta tensão; choque elétrico e queda de nível.	Eletrochoque; fibrilação ventricular; parada cardiorrespiratória; traumatismos; escoriações fraturas

Atividade: Construção

Item	Descrição dos Trabalhos	Prováveis Riscos Ocupacionais	Prováveis Repercussões à Saúde
58.	Construção civil e pesada, incluindo construção, restauração, reforma e demolição exposição	Esforços físicos intensos; risco de acidentes por queda de nível, com máquinas, equipamentos e ferramentas; exposição à poeira de tintas, cimento, pigmentos metálicos e solventes; posições inadequadas; calor; vibrações e movimentos repetitivos	Afecções músculo-esqueléticas (bursites, tendinites, dorsalgias, sinovites, tenossinovites); mutilações; fraturas; esmagamentos; traumatismos; afecções respiratórias; dermatites de contato; intermação; síndrome cervicobraquial; dores articulares; intoxicações; polineuropatia periférica; doenças do sistema hematopoiético; leucocitose; episódios depressivos; neurastenia; dermatoses ocupacionais; DORT/LER; cortes; contusões; traumatismos

Atividade: Comércio (Reparação de Veículos Automotores, Objetos Pessoais e Domésticos)

Item	Descrição dos Trabalhos	Prováveis Riscos Ocupacionais	Prováveis Repercussões à Saúde
59.	Em borracharias ou locais onde sejam feitos recapeamento ou recauchutagem de pneus	Esforços físicos intensos; exposição a produtos químicos, antioxidantes, plastificantes, entre outros, e calor	Afecções músculo-esqueléticas (bursites, tendinites, dorsalgias, sinovites, tenossinovites); queimaduras; câncer de bexiga e pulmão; asma ocupacional; bronquite; enfisema; intoxicação; dermatoses ocupacionais; intermação e intoxicações

Atividade: Transporte e Armazenagem

Item	Descrição dos Trabalhos	Prováveis Riscos Ocupacionais	Prováveis Repercussões à Saúde
60.	No transporte e armazenagem de álcool, explosivos, inflamáveis líquidos, gasosos e liquefeitos	Exposição a vapores tóxicos; risco de incêndio e explosões	Intoxicações; queimaduras; rinite e dermatites de contato
61.	Em porão ou convés de navio	Esforços físicos intensos; risco de queda de nível; isolamento, calor e outros riscos inerentes às cargas transportadas	Afecções músculo-esqueléticas (bursites, tendinites, dorsalgias, sinovites, tenossinovites); lesões; fraturas; contusões; traumatismos; fobia e transtorno do ciclo vigília-sono
62.	Em transporte de pessoas ou animais de pequeno porte	Acidentes de trânsito	Ferimentos; contusões; fraturas; traumatismos e mutilações

Atividade: Saúde e Serviços Sociais

Item	Descrição dos Trabalhos	Prováveis Riscos Ocupacionais	Prováveis Repercussões à Saúde
63.	No manuseio ou aplicação de produtos químicos, incluindo limpeza de equipamentos, descontaminação, disposição e retorno de recipientes vazios	Exposição a quimioterápicos e outras substâncias químicas de uso terapêutico	Intoxicações agudas e crônicas; polineuropatia; dermatites de contato; dermatite alérgica; osteomalácia do adulto induzida por drogas; cânceres; arritmia cardíaca; leucemias; neurastenia e episódios depressivos
64.	Em contato com animais portadores de doenças infectocontagiosas e em postos de vacinação de animais	Exposição a vírus, bactérias, parasitas e bacilos	Tuberculose; carbúnculo; brucelose; psitacose; raiva; asma; rinite; conjuntivite; pneumonia; dermatite de contato e dermatose ocupacional
65.	Em hospitais, serviços de emergência, enfermarias, ambulatórios, postos de vacinação e outros estabelecimentos destinados ao cuidado da saúde humana, em que se tenha contato direto com os pacientes ou se manuseie objetos de uso dos pacientes não previamente esterilizados	Exposição a vírus, bactérias, parasitas e bacilos; stress psíquico e sofrimento; acidentes com material biológico	Tuberculose; AIDS; hepatite; meningite; carbúnculo; toxoplasmose; viroses, parasitoses; zoonose; pneumonias; candidíases; dermatoses; episódios depressivos e sofrimento mental
66.	Em laboratórios destinados ao preparo de soro, de vacinas e de outros produtos similares	Exposição a vírus, bactérias, parasitas, bacilos e contato com animais de laboratório	Envenenamentos; cortes; lacerações; hepatite; AIDS; tuberculose; carbúnculo; brucelose; psitacose; raiva; asma; rinite crônica; conjuntivite; zoonoses; ansiedade e sofrimento mental

Atividade: Serviços Coletivos, Sociais, Pessoais e Outros

Item	Descrição dos Trabalhos	Prováveis Riscos Ocupacionais	Prováveis Repercussões à Saúde
67.	Em lavanderias industriais	Exposição a solventes, cloro, sabões, detergentes, calor e movimentos repetitivos	Polineurites; dermatoses ocupacionais; blefarites; conjuntivites; intermação; fadiga e queimaduras
68.	Em tinturarias e estamparias	Exposição a solventes, corantes, pigmentos metálicos, calor e umidade	Hipotireoidismo; anemias; polineuropatias; encefalopatias; hipertensão arterial; arritmia cardíaca; insuficiência renal; infertilidade masculina; queimaduras; intermação e depressão do Sistema Nervoso Central.
69.	Em esgotos	Esforços físicos intensos; exposição a produtos químicos utilizados nos processos de tratamento de esgoto, tais como cloro, ozônio, sulfeto de hidrogênio e outros; riscos biológicos; espaços confinados e riscos de explosões	Afecções músculo-esqueléticas (bursites, tendinites, dorsalgias, sinovites, tenossinovites); escolioses; disfunção olfativa; alcoolismo; asma; bronquite; lesões oculares; dermatites; dermatoses; asfixia; salmoneloses; leptospirose e disfunções olfativas
70.	Na coleta, seleção e beneficiamento de lixo	Esforços físicos intensos; exposição aos riscos físicos, químicos e biológicos; exposição a poeiras tóxicas, calor; movimentos repetitivos; posições antiergonômicas	Afecções músculo-esqueléticas (bursites, tendinites, dorsalgias, sinovites, tenossinovites); ferimentos; lacerações; intermações; resfriados; DORT/LER; deformidades da coluna vertebral; infecções respiratórias; piodermites; desidratação; dermatoses ocupacionais; dermatites de contato; alcoolismo e disfunções olfativas

Item	Descrição dos Trabalhos	Prováveis Riscos Ocupacionais	Prováveis Repercussões à Saúde
71.	Em cemitérios	Esforços físicos intensos; calor; riscos biológicos (bactérias, fungos, ratos e outros animais, inclusive peçonhentos); risco de acidentes e estresse psíquico	Afecções músculo-esqueléticas (bursites, tendinites, dorsalgias, sinovites, tenossinovites); ferimentos; contusões; dermatoses ocupacionais; ansiedade; alcoolismo; desidratação; câncer de pele; neurose profissional e ansiedade
72.	Em serviços externos, que impliquem em manuseio e porte de valores que coloquem em risco a sua segurança (*Office-boys*, mensageiros, contínuos)	Acidentes de trânsito e exposição à violência	Traumatismos; ferimentos; ansiedade e estresse
73.	Em ruas e outros logradouros públicos (comércio ambulante, guardador de carros, guardas mirins, guias turísticos, transporte de pessoas ou animais, entre outros)	Exposição à violência, drogas, assédio sexual e tráfico de pessoas; exposição à radiação solar, chuva e frio; acidentes de trânsito; atropelamento	Ferimentos e comprometimento do desenvolvimento afetivo; dependência química; doenças sexualmente transmissíveis; atividade sexual precoce; gravidez indesejada; queimaduras na pele; envelhecimento precoce; câncer de pele; desidratação; doenças respiratórias; hipertermia; traumatismos; ferimentos
74.	Em artesanato	Levantamento e transporte de peso; manutenção de posturas inadequadas; movimentos repetitivos; acidentes com instrumentos perfurocortantes; corpos estranhos; jornadas excessivas	Fadiga física; dores musculares nos membros e coluna vertebral; lesões e deformidades osteomusculares; comprometimento do desenvolvimento psicomotor; DORT/LER; ferimentos; mutilações; ferimentos nos olhos; fadiga; estresse; distúrbios do sono
75.	De cuidado e vigilância de crianças, de pessoas idosas ou doentes	Esforços físicos intensos; violência física, psicológica e abuso sexual; longas jornadas; trabalho noturno; isolamento; posições antiergonômicas; exposição a riscos biológicos.	Afecções músculo-esqueléticas (bursites, tendinites, dorsalgias, sinovites, tenossinovites); DORT/LER; ansiedade; alterações na vida familiar; síndrome do esgotamento profissional; neurose profissional; fadiga física; transtornos do ciclo vigília-sono; depressão e doenças transmissíveis.

Atividade: Serviço Doméstico

Item	Descrição dos Trabalhos	Prováveis Riscos Ocupacionais	Prováveis Repercussões à Saúde
76.	Domésticos	Esforços físicos intensos; isolamento; abuso físico, psicológico e sexual; longas jornadas de trabalho; trabalho noturno; calor; exposição ao fogo, posições antiergonômicas e movimentos repetitivos; tracionamento da coluna vertebral; sobrecarga muscular e queda de nível	Afecções músculo-esqueléticas (bursites, tendinites, dorsalgias, sinovites, tenossinovites); contusões; fraturas; ferimentos; queimaduras; ansiedade; alterações na vida familiar; transtornos do ciclo vigília-sono; DORT/LER; deformidades da coluna vertebral (lombalgias, lombociatalgias, escolioses, cifoses, lordoses); síndrome do esgotamento profissional e neurose profissional; traumatismos; tonturas e fobias

Atividade: Todas

Item	Descrição dos Trabalhos	Prováveis Riscos Ocupacionais	Prováveis Repercussões à Saúde
77.	De manutenção, limpeza, lavagem ou lubrificação de veículos, tratores, motores, componentes, máquinas ou equipamentos, em que se utilizem solventes orgânicos ou inorgânicos, óleo diesel, desengraxantes ácidos ou básicos ou outros produtos derivados de óleos minerais	Exposição a solventes orgânicos, neurotóxicos, desengraxantes, névoas ácidas e alcalinas	Dermatoses ocupacionais; encefalopatias; queimaduras; leucocitoses; elaioconiose; episódios depressivos; tremores; transtornos da personalidade e neurastenia
78.	Com utilização de instrumentos ou ferramentas perfurocortantes, sem proteção adequada capaz de controlar o risco	Perfurações e cortes	Ferimentos e mutilações
79.	Em câmaras frigoríficas	Exposição a baixas temperaturas e a variações súbitas	Hipotermia; eritema pérnio; geladura (Frostbite) com necrose de tecidos; bronquite; rinite; pneumonias
80.	Com levantamento, transporte, carga ou descarga manual de pesos, quando realizados raramente, superiores a 20 quilos, para o gênero masculino e superiores a 15 quilos para o gênero feminino; e superiores a 11 quilos para o gênero masculino e superiores a 7 quilos para o gênero feminino, quando realizados frequentemente	Esforço físico intenso; tracionamento da coluna vertebral; sobrecarga muscular	Afecções músculo-esqueléticas (bursites, tendinites, dorsalgias, sinovites, tenossinovites); lombalgias; lombociatalgias; escolioses; cifoses; lordoses; maturação precoce das epífises
81.	Ao ar livre, sem proteção adequada contra exposição à radiação solar, chuva , frio	Exposição, sem proteção adequada, à radiação solar, chuva e frio	Intermações; queimaduras na pele; envelhecimento precoce; câncer de pele; desidratação; doenças respiratórias; ceratoses actínicas; hipertermia; dermatoses; dermatites; conjuntivite; queratite; pneumonite; fadiga; intermação
82.	Em alturas superiores a 2,0 (dois) metros	Queda de nível	Fraturas; contusões; traumatismos; tonturas; fobias
83.	Com exposição a ruído contínuo ou intermitente acima do nível previsto na legislação pertinente em vigor, ou a ruído de impacto	Exposição a níveis elevados de pressão sonora	Alteração temporária do limiar auditivo; hipoacusia; perda da audição; hipertensão arterial; ruptura traumática do tímpano; alterações emocionais; alterações mentais e estresse
84.	Com exposição ou manuseio de arsênico e seus compostos, asbestos, benzeno, carvão mineral, fósforo e seus compostos, hidrocarbonetos, outros compostos de carbono, metais pesados (cádmio, chumbo, cromo e mercúrio) e seus compostos, silicatos, ácido oxálico, nítrico, sulfúrico, bromídrico, fosfórico, pícrico, álcalis cáusticos ou substâncias nocivas à saúde conforme classificação da Organização Mundial da Saúde (OMS)	Exposição aos compostos químicos acima dos limites de tolerância	Neoplasia maligna dos brônquios e pulmões; angiosarcoma do fígado; polineuropatias; encefalopatias; neoplasia maligna do estômago, laringe e pleura; mesoteliomas; asbestoses; arritmia cardíaca; leucemias; síndromes mielodisplásicas; transtornos mentais; cor pulmonale; silicose e síndrome de Caplan

Item	Descrição dos Trabalhos	Prováveis Riscos Ocupacionais	Prováveis Repercussões à Saúde
85.	Em espaços confinados	Isolamento; contato com poeiras, gases tóxicos e outros contaminantes	Transtorno do ciclo vigília-sono; rinite; bronquite; irritabilidade e estresse
86.	De afiação de ferramentas e instrumentos metálicos em afiadora, rebolo ou esmeril, sem proteção coletiva contra partículas volantes	Acidentes com material cortante e com exposição a partículas metálicas cortantes desprendidas da afiadora	Ferimentos e mutilações
87.	De direção, operação, de veículos, máquinas ou equipamentos, quando motorizados e em movimento (máquinas de laminação, forja e de corte de metais, máquinas de padaria, como misturadores e cilindros de massa, máquinas de fatiar, máquinas em trabalhos com madeira, serras circulares, serras de fita e guilhotinas, esmeris, moinhos, cortadores e misturadores, equipamentos em fábricas de papel, guindastes ou outros similares)	Esforços físicos; acidentes com ferramentas e com sistemas condutores de energia elétrica	Afecções músculo-esqueléticas (bursites, tendinites, dorsalgias, sinovites, tenossinovites); mutilações; esmagamentos; fraturas; queimaduras e parada cardiorrespiratória
88.	Com exposição a radiações ionizante e não ionizante (microondas, ultravioleta ou laser)	Exposição a radiações não ionizante e ionizante (raios X, gama, alfa e beta) em processos industriais, terapêuticos ou propedêuticos (em saúde humana ou animal) ou em prospecção; processamento, estocagem e transporte de materiais radioativos	Carcinomas baso-celular e espino-celular; neoplasia maligna da cavidade nasal, brônquios, pulmões, ossos e cartilagens articulares; sarcomas ósseos; leucemias; síndrome mielodisplásicas; anemia aplástica; hemorragias; agranulocitose; polineuropatia; blefarite; conjuntivite; catarata; gastroenterite; afecções da pele e do tecido conjuntivo relacionadas com a radiação, osteonecrose e infertilidade masculina
89.	De manutenção e reparo de máquinas e equipamentos elétricos, quando energizados	Esforços físicos intensos; exposição a acidentes com sistemas, circuitos e condutores de energia elétrica e acidentes com equipamentos e ferramentas contuso-cortantes	Afecções músculo-esqueléticas (bursites, tendinites, dorsalgias, sinovites, tenossinovites); mutilações; esmagamentos; fraturas; queimaduras; perda temporária da consciência; carbonização; parada cardiorrespiratória

II. Trabalhos Prejudiciais à Moralidade

Item	Descrição dos Trabalhos
1.	Aqueles prestados de qualquer modo em prostíbulos, boates, bares, cabarés, danceterias, casas de massagem, saunas, motéis, salas ou lugares de espetáculos obscenos, salas de jogos de azar e estabelecimentos análogos
2.	De produção, composição, distribuição, impressão ou comércio de objetos sexuais, livros, revistas, fitas de vídeo ou cinema e cds pornográficos, de escritos, cartazes, desenhos, gravuras, pinturas, emblemas, imagens e quaisquer outros objetos pornográficos que possam prejudicar a formação moral
3.	De venda, a varejo, de bebidas alcoólicas
4.	Com exposição a abusos físicos, psicológicos ou sexuais

Lei n. 11.934, de 5 de maio de 2009 (1)

Dispõe sobre limites à exposição humana a campos elétricos, magnéticos e eletromagnéticos; altera a Lei n. 4.771, de 15 de setembro de 1965; e dá outras providências.

O Presidente da República

Faço saber que o Congresso Nacional decreta e eu sanciono a seguinte Lei:

Art. 1º Esta Lei estabelece limites à exposição humana a campos elétricos, magnéticos e eletromagnéticos, associados ao funcionamento de estações transmissoras de radiocomunicação, de terminais de usuário e de sistemas de energia elétrica nas faixas de frequências até 300 GHz (trezentos gigahertz), visando a garantir a proteção da saúde e do meio ambiente.

Parágrafo unico. Estão sujeitos às obrigações estabelecidas por esta Lei às prestadoras de serviço que se utilizar de estações transmissoras de radiocomunicação, os fornecedores de terminais de usuário comercializados no País e as concessionárias, permissionárias e autorizadas de serviços de energia elétrica.

Art. 2º Os limites estabelecidos nesta Lei referem-se à exposição:

I – da população em geral aos campos elétricos, magnéticos e eletromagnéticos; e

II – de trabalhadores aos campos elétricos, magnéticos e eletromagnéticos em razão de seu trabalho.

Art. 3º Para os fins desta Lei, são adotadas as seguintes definições:

I – área crítica: área localizada até 50 (cinquenta) metros de hospitais, clínicas, escolas, creches e asilos;

II – campos elétricos e magnéticos: campos de energia independentes um do outro, criados por voltagem ou diferença de potencial elétrico (campo elétrico) ou por corrente elétrica (campo magnético), associados à geração, transmissão, distribuição e uso de energia elétrica;

III – campos eletromagnéticos: campo radiante em que as componentes de campo elétrico e magnético são dependentes entre si, capazes de percorrer grandes distâncias; para efeitos práticos, são associados a sistemas de comunicação;

IV – estação transmissora de radiocomunicação: conjunto de equipamentos ou aparelhos, dispositivos e demais meios necessários à realização de comunicação, seus acessórios e periféricos que emitem radiofrequências e, quando for o caso, as instalações que os abrigam e complementam;

V – sistema de energia elétrica: conjunto de estruturas, fios e cabos condutores de energia, isoladores, transformadores, subestações e seus equipamentos, aparelhos, dispositivos e demais meios e equipamentos destinados aos serviços de geração, transmissão, distribuição e ao uso de energia elétrica;

VI – exposição: situação em que pessoas estão expostas a campos elétricos, magnéticos ou eletromagnéticos, ou estão sujeitas a correntes de contato ou induzidas, associadas a campos elétricos, magnéticos ou eletromagnéticos;

VII – infraestrutura de suporte: meios físicos fixos construídos para dar suporte a estações transmissoras de radiocomunicação, entre os quais postes, torres, mastros, armários, estruturas de superfície e estruturas suspensas;

....

IX – local multiusuário: local em que estejam instaladas ou em que venham a ser instaladas mais de uma estação transmissora de radiocomunicação operando em radiofrequências distintas;

X – radiocomunicação: telecomunicação que utiliza frequências radioelétricas não confinadas a fios, cabos ou outros meios físicos;

XI – radiofrequência – RF: frequências de ondas eletromagnéticas, abaixo de 3000 GHz, que se propagam no espaço sem guia artificial e, para os fins desta Lei, situadas na faixa entre 9 kHz e 300 GHz;

XII – relatório de conformidade: documento elaborado e assinado por entidade competente, reconhecida pelo respectivo órgão regulador federal, contendo a memória de cálculo ou os resultados das medições utilizadas, com os métodos empregados, se for o caso, para demonstrar o atendimento aos limites de exposição;

XIII – taxa de absorção específica – SAR: medida dosimétrica utilizada para estimar a absorção de energia pelos tecidos do corpo;

XIV – terminal de usuário: estação transmissora de radiocomunicação destinada à prestação de serviço que pode operar quando em movimento ou estacionada em lugar não especificado;

XV – torre: modalidade de infraestrutura de suporte a estações transmissoras de radiocomunicação com configuração vertical.

Art. 4º Para garantir a proteção da saúde e do meio ambiente em todo o território brasileiro, serão adotados os limites recomendados pela Organização Mundial de Saúde – OMS para a exposição ocupacional e da população em geral a campos elétricos, magnéticos e eletromagnéticos gerados por estações transmissoras de radiocomunicação, por terminais de usuário e por sistemas de energia elétrica que operam na faixa até 300 GHz.

---

(1) Publicada no *Diário Oficial da União*, de 6-5-2009. Regulamentada pela Resolução Normativa n. 915, de 23-2-2021, da Agência Nacional de Energia Elétrica – ANEEL, no que se refere aos limites à exposição humana a campos elétricos e magnéticos originários de instalações de geração, transmissão e distribuição de energia elétrica.

Parágrafo único. Enquanto não forem estabelecidas novas recomendações pela Organização Mundial de Saúde, serão adotados os limites da Comissão Internacional de Proteção Contra Radiação Não Ionizante – ICNIRP, recomendados pela Organização Mundial de Saúde.

Art. 5º As estações transmissoras de radiocomunicação, os terminais de usuário e os sistemas de energia elétrica em funcionamento no território nacional deverão atender aos limites de exposição humana aos campos elétricos, magnéticos ou eletromagnéticos estabelecidos por esta Lei, nos termos da regulamentação expedida pelo respectivo órgão regulador federal.

Parágrafo único. Não estão sujeitos às prescrições previstas nesta Lei os radares militares e civis, com propósito de defesa ou controle de tráfego aéreo, cujo funcionamento deverá obedecer a regulamentação própria.

....

Art. 11. A fiscalização do atendimento aos limites estabelecidos por esta Lei para exposição humana aos campos elétricos, magnéticos e eletromagnéticos gerados por estações transmissoras de radiocomunicação, terminais de usuário e sistemas de energia elétrica será efetuada pelo respectivo órgão regulador federal.

....

Art. 16. Os concessionários de serviços de transmissão de energia elétrica deverão, na fase de autorização e comissionamento de novo sistema de transmissão de energia ou sempre que houver alteração nas características vigentes dos sistemas de transmissão, realizar medições dos níveis de campo elétrico e magnético ou apresentar relatório de cálculos efetuados com metodologia consagrada e verificação de conformidade, conforme estabelecido pela normatização metodológica vigente.

§ 1º O órgão regulador federal de energia elétrica poderá estabelecer exceções à obrigatoriedade imposta no *caput* deste artigo, em virtude de características técnicas do serviço ou de parâmetros de operação ou localização de estações, submetendo-as previamente a consulta pública.

§ 2º O relatório de medições e verificações de conformidade deverá ser enviado ao órgão regulador federal de energia elétrica, na forma estabelecida por regulamentação própria.

§ 3º As informações referidas no § 2º deste artigo deverão ser divulgadas na rede mundial de computadores, conforme estabelecido em regulamentação própria.

Art. 17. Com vistas na coordenação da fiscalização, o respectivo órgão regulador federal implantará cadastro informatizado, que deverá conter todas as informações necessárias à verificação dos limites de exposição previstos nesta Lei, especialmente:

I – no caso de sistemas de radiocomunicação:

a) (*Vetado.*)

b) relatório de conformidade emitido por entidade competente para cada estação transmissora de radiocomunicação;

c) resultados de medições de conformidade efetuadas pelo órgão regulador federal de telecomunicações, por entidade por ele credenciada ou pelas prestadoras;

d) informações das prestadoras sobre o atendimento aos limites de exposição previstos nesta Lei e sobre o processo de licenciamento previsto na Lei n. 9.472, de 16 de julho de 1997; e

• Citado diploma dispõe sobre a organização dos serviços de telecomunicações, a criação e funcionamento de um órgão regulador e outros aspectos institucionais.

e) informações dos fornecedores de terminais de usuário comercializados no País sobre o atendimento aos limites de exposição previstos nesta Lei para cada um de seus produtos;

II – no caso de sistemas de energia elétrica:

a) relatórios de medição e cálculo para verificação de conformidade dos parâmetros de campo elétrico e magnético para autorização de operação de nova linha de transmissão de energia elétrica segundo estabelecido em normatização metodológica vigente, nos termos do art. 16 desta Lei;

b) resultados de medições de conformidade de sistemas de energia elétrica em operação efetuadas pelo órgão regulador federal de energia elétrica, por entidade por ele credenciada ou pelas prestadoras.

§ 1º Será franqueado acesso livre e gratuito a informações sobre estações transmissoras de radiocomunicação e sobre sistemas de energia elétrica aos entes estaduais, distritais e municipais encarregados do licenciamento ambiental e urbanístico.

§ 2º A fim de permitir sua compreensão pelo usuário leigo, as informações sobre as estações transmissoras de radiocomunicação e sobre os sistemas de transmissão de energia elétrica que compõem o cadastro a que se refere o *caput* deste artigo deverão ser também apresentadas na forma de um mapa de localização.

§ 3º A obrigação estabelecida no *caput* deste artigo deverá ser cumprida no prazo de 180 (cento e oitenta) dias, no caso do inciso I, e em 360 (trezentos e sessenta) dias, no caso do inciso II, ambos do *caput* deste artigo.

§ 4º A forma de apresentação das informações e o cronograma de implantação do cadastro serão definidos pelos órgãos reguladores federais de telecomunicações e de energia elétrica.

....

Art. 22. Esta Lei entra em vigor na data de sua publicação.

Brasília, 5 de maio de 2009; 188º da Independência e 121º da República.

Luiz Inácio Lula da Silva

Legislação Complementar

Decreto n. 6.856, de 25 de maio de 2009 (1)

Regulamenta o art. 206-A da Lei n. 8.112, de 11 de dezembro de 1990 – Regime Jurídico Único, dispondo sobre os exames médicos periódicos de servidores.

O Presidente da República, no uso das atribuições que lhe confere o art. 84, incisos IV e VI, alínea *a*, da Constituição Federal, e tendo em vista o disposto no art. 206-A da Lei n. 8.112, de 11 de dezembro de 1990, decreta:

Art. 1º A realização dos exames médicos periódicos dos servidores da administração pública federal direta, autárquica e fundacional, de que trata o art. 206-A da Lei n. 8.112, de 11 de dezembro de 1990, observará o disposto neste Decreto.

• Citado dispositivo consta deste volume.

Art. 2º A realização de exames médicos periódicos tem como objetivo, prioritariamente, a preservação da saúde dos servidores, em função dos riscos existentes no ambiente de trabalho e de doenças ocupacionais ou profissionais.

Art. 3º Os servidores regidos pela Lei n. 8.112, de 1990, serão submetidos a exames médicos periódicos, conforme programação adotada pela administração pública federal.

• A Lei n. 8.112, de 11-12-1990, Regime Jurídico dos Servidores Públicos Civis da União, das autarquias e das fundações públicas federais, consta desta obra.

Parágrafo único. Na hipótese de acumulação permitida de cargos públicos federais, o exame deverá ser realizado com base no cargo de maior exposição a riscos nos ambientes de trabalho.

Art. 4º Os exames médicos periódicos serão realizados conforme os seguintes intervalos de tempo:

I – bienal, para os servidores com idade entre dezoito e quarenta e cinco anos;

II – anual, para os servidores com idade acima de quarenta e cinco anos; e

III – anual ou em intervalos menores, para os servidores expostos a riscos que possam implicar o desencadeamento ou agravamento de doença ocupacional ou profissional e para os portadores de doenças crônicas.

Art. 5º Os servidores que operam com Raios X ou substâncias radioativas serão submetidos a exames médicos complementares a cada seis meses.

Art. 6º A administração pública federal poderá programar a submissão dos servidores à avaliação clínica e aos exames laboratoriais, a seguir especificados, bem como a outros considerados necessários, a seu critério:

I – avaliação clínica;

II – exames laboratoriais:

a) hemograma completo;

b) glicemia;

c) urina tipo I (Elementos Anormais e Sedimentoscopia – EAS);

d) creatinina;

e) colesterol total e triglicérides;

f) AST (Transaminase Glutâmica Oxalacética – TGO);

g) ALT (Transaminase Glutâmica Pirúvica – TGP); e

h) citologia oncótica (Papanicolau), para mulheres;

III – servidores com mais de quarenta e cinco anos de idade: oftalmológico; e

IV – servidores com mais de cinquenta anos:

a) pesquisa de sangue oculto nas fezes (método imunocromatográfico);

b) mamografia, para mulheres; e

c) PSA, para homens.

Parágrafo único. O exame de citologia oncótica é anual para mulheres que possuem indicação médica e, caso haja dois exames seguidos com resultados normais num intervalo de um ano, o exame poderá ser feito a cada três anos.

Art. 7º Os servidores expostos a agentes químicos serão submetidos aos exames específicos de acordo com as dosagens de indicadores biológicos previstos em normas expedidas pelo Ministério do Trabalho e Emprego ou pelo Ministério da Saúde.

Art. 8º Os servidores expostos a outros riscos à saúde serão submetidos a exames complementares previstos em normas de saúde, a critério da administração.

Art. 9º Compete à Secretaria de Recursos Humanos do Ministério do Planejamento, Orçamento e Gestão:

I – definir os protocolos dos exames médicos periódicos, tendo por base a idade, o sexo, as características raciais, a função pública e o grau de exposição do servidor a riscos nos ambientes de trabalho;

II – supervisionar a realização desses exames pelos órgãos e entidades da administração pública federal;

III – expedir normas complementares à aplicação deste Decreto; e

IV – estabelecer procedimentos para preservação do sigilo das informações sobre a saúde do servidor, restringindo-se o acesso apenas ao próprio servidor, ou a quem este autorizar, e ao profissional de saúde responsável.

Parágrafo único. Os dados dos exames periódicos comporão prontuário eletrônico, para fins coletivos de vigilância epidemiológica e de melhoria dos processos e ambientes de trabalho, sendo garantido o sigilo e a segurança das informações individuais, de acordo com o previsto em normas de segurança expedidas pelo Conselho Federal de Medicina.

Art. 10. As despesas decorrentes deste Decreto serão custeadas pela União, com recursos destinados à

(1) Publicado no *Diário Oficial da União*, de 26-5-2009.

assistência médica e odontológica aos servidores, empregados e seus dependentes, nos limites das dotações orçamentárias consignadas a cada unidade orçamentária.

Art. 11. Os exames médicos periódicos, a cargo dos órgãos e entidades do Sistema de Pessoal Civil da Administração Federal – SIPEC, serão prestados:

I – diretamente pelo órgão ou entidade;

II – mediante convênio ou instrumento de cooperação ou parceria com os órgãos e entidades da administração direta, autárquica e fundacional; ou

III – mediante contrato administrativo, observado o disposto na Lei n. 8.666, de 21 de junho de 1993, e demais disposições legais.

• A Lei n. 8.666, de 21-6-1993, dispõe sobre licitações e contratos da administração pública.

Art. 12. É lícito ao servidor se recusar a realizar os exames, mas a recusa deverá ser por ele consignada formalmente ou reduzido a termo pelo órgão ou entidade.

Art. 13. Este Decreto entra em vigor na data de sua publicação.

Brasília, 25 de maio de 2009; 188º da Independência e 121º da República.

Luiz Inácio Lula da Silva

Decreto n. 7.602, de 7 de novembro de 2011 (1)

Dispõe sobre a Política Nacional de Segurança e Saúde no Trabalho – PNSST.

A Presidenta da República, no uso das atribuições que lhe confere o art. 84, incisos IV e VI, alínea *a*, da Constituição, e tendo em vista o disposto no artigo 4 da Convenção n. 155, da Organização Internacional do Trabalho, promulgada pelo Decreto n. 1.254, de 29 de setembro de 1994, decreta:

Art. 1º Este Decreto dispõe sobre a Política Nacional de Segurança e Saúde no Trabalho – PNSST, na forma do Anexo.

• O Decreto n. 8.725, de 27-4-2016, institui a Rede Intersetorial de Reabilitação Integral, com vistas à integração e à articulação permanente entre serviços e ações das políticas de saúde, previdência social, trabalho, assistência social e educação.

Art. 2º Este Decreto entra em vigor na data da sua publicação.

Brasília, 7 de novembro de 2011; 190º da Independência e 123º da República.

Dilma Rousseff

---

(1) Publicado no *Diário Oficial da União*, de 8-11-2011. *Vide* Decreto n. 10.088, de 5-11-2019.

Anexo

Política Nacional de Segurança e Saúde no Trabalho

OBJETIVO E PRINCÍPIOS

I – A Política Nacional de Segurança e Saúde no Trabalho – PNSST tem por objetivos a promoção da saúde e a melhoria da qualidade de vida do trabalhador e a prevenção de acidentes e de danos à saúde advindos, relacionados ao trabalho ou que ocorram no curso dele, por meio da eliminação ou redução dos riscos nos ambientes de trabalho;

II – A PNSST tem por princípios:

a) universalidade;

b) prevenção;

c) precedência das ações de promoção, proteção e prevenção sobre as de assistência, reabilitação e reparação;

d) diálogo social; e

e) integralidade;

III – Para o alcance de seu objetivo a PNSST deverá ser implementada por meio da articulação continuada das ações de governo no campo das relações de trabalho, produção, consumo, ambiente e saúde, com a participação voluntária das organizações representativas de trabalhadores e empregadores;

DIRETRIZES

IV – As ações no âmbito da PNSST devem constar do Plano Nacional de Segurança e Saúde no Trabalho e desenvolver-se de acordo com as seguintes diretrizes:

a) inclusão de todos trabalhadores brasileiros no sistema nacional de promoção e proteção da saúde;

b) harmonização da legislação e a articulação das ações de promoção, proteção, prevenção, assistência, reabilitação e reparação da saúde do trabalhador;

c) adoção de medidas especiais para atividades laborais de alto risco;

d) estruturação de rede integrada de informações em saúde do trabalhador;

e) promoção da implantação de sistemas e programas de gestão da segurança e saúde nos locais de trabalho;

f) reestruturação da formação em saúde do trabalhador e em segurança no trabalho e o estímulo à capacitação e à educação continuada de trabalhadores; e

g) promoção de agenda integrada de estudos e pesquisas em segurança e saúde no trabalho;

RESPONSABILIDADES NO ÂMBITO DA PNSST

V – São responsáveis pela implementação e execução da PNSST os Ministérios do Trabalho e Emprego, da Saúde e da Previdência Social, sem prejuízo da participação de outros órgãos e instituições que atuem na área;

VI – Cabe ao Ministério do Trabalho e Emprego:

a) formular e propor as diretrizes da inspeção do trabalho, bem como supervisionar e coordenar a execução das atividades relacionadas com a inspeção dos ambientes de trabalho e respectivas condições de trabalho;

b) elaborar e revisar, em modelo tripartite, as Normas Regulamentadoras de Segurança e Saúde no Trabalho;

c) participar da elaboração de programas especiais de proteção ao trabalho, assim como da formulação de novos procedimentos reguladores das relações capital-trabalho;

d) promover estudos da legislação trabalhista e correlata, no âmbito de sua competência, propondo o seu aperfeiçoamento;

e) acompanhar o cumprimento, em âmbito nacional, dos acordos e convenções ratificados pelo Governo brasileiro junto a organismos internacionais, em especial à Organização Internacional do Trabalho – OIT, nos assuntos de sua área de competência;

f) planejar, coordenar e orientar a execução do Programa de Alimentação do Trabalhador; e

g) por intermédio da Fundação Jorge Duprat Figueiredo de Segurança e Medicina do Trabalho – FUNDACENTRO:

1. elaborar estudos e pesquisas pertinentes aos problemas que afetam a segurança e saúde do trabalhador;

2. produzir análises, avaliações e testes de medidas e métodos que visem à eliminação ou redução de riscos no trabalho, incluindo equipamentos de proteção coletiva e individual;

3. desenvolver e executar ações educativas sobre temas relacionados com a melhoria das condições de trabalho nos aspectos de saúde, segurança e meio ambiente do trabalho;

4. difundir informações que contribuam para a proteção e promoção da saúde do trabalhador;

5. contribuir com órgãos públicos e entidades civis para a proteção e promoção da saúde do trabalhador, incluindo a revisão e formulação de regulamentos, o planejamento e desenvolvimento de ações interinstitucionais; a realização de levantamentos para a identificação das causas de acidentes e doenças nos ambientes de trabalho; e

6. estabelecer parcerias e intercâmbios técnicos com organismos e instituições afins, nacionais e internacionais, para fortalecer a atuação institucional, capacitar os colaboradores e contribuir com a implementação de ações globais de organismos internacionais;

VII – Compete ao Ministério da Saúde:

a) fomentar a estruturação da atenção integral à saúde dos trabalhadores, envolvendo a promoção de ambientes e processos de trabalho saudáveis, o fortalecimento da vigilância de ambientes, processos e agravos relacionados ao trabalho, a assistência integral à saúde dos trabalhadores, reabilitação física e psicossocial e a adequação e ampliação da capacidade institucional;

b) definir, em conjunto com as secretarias de saúde de Estados e Municípios, normas, parâmetros e indicadores para o acompanhamento das ações de saúde do trabalhador a serem desenvolvidas no Sistema Único de Saúde, segundo os respectivos níveis de complexidade destas ações;

c) promover a revisão periódica da listagem oficial de doenças relacionadas ao trabalho;

d) contribuir para a estruturação e operacionalização da rede integrada de informações em saúde do trabalhador;

e) apoiar o desenvolvimento de estudos e pesquisas em saúde do trabalhador;

f) estimular o desenvolvimento de processos de capacitação de recursos humanos em saúde do trabalhador; e

g) promover a participação da comunidade na gestão das ações em saúde do trabalhador;

VIII – Compete ao Ministério da Previdência Social:

a) subsidiar a formulação e a proposição de diretrizes e normas relativas à interseção entre as ações de segurança e saúde no trabalho e as ações de fiscalização e reconhecimento dos benefícios previdenciários decorrentes dos riscos ambientais do trabalho;

b) coordenar, acompanhar, avaliar e supervisionar as ações do Regime Geral de Previdência Social, bem como a política direcionada aos Regimes Próprios de Previdência Social, nas áreas que guardem inter-relação com a segurança e saúde dos trabalhadores;

c) coordenar, acompanhar e supervisionar a atualização e a revisão dos Planos de Custeio e de Benefícios, relativamente a temas de sua área de competência;

d) realizar estudos, pesquisas e propor ações formativas visando ao aprimoramento da legislação e das ações do Regime Geral de Previdência Social e dos Regimes Próprios de Previdência Social, no âmbito de sua competência; e

e) por intermédio do Instituto Nacional do Seguro Social – INSS:

1. realizar ações de reabilitação profissional; e

2. avaliar a incapacidade laborativa para fins de concessão de benefícios previdenciários;

GESTÃO

IX a XII – *(Revogados pelo Decreto n. 9.944, de 30-7-2019.)*

Portaria n. 1.056, de 5 de julho de 2012 (1)

Disciplina a avaliação de conformidade de máquinas e componentes e dá outras providências.

(1) Publicada no *Diário Oficial da União*, de 6-7-2012.

O Ministro de Estado do Trabalho e Emprego, no uso da competência que lhe é conferida pelo art. 87, parágrafo único, inciso II da Constituição Federal combinada com o art. 27, inciso XXI, alínea *f* da Lei n. 10.683, de 28 de maio de 2003, e o Acordo de Cooperação Técnica, publicado no *Diário Oficial da União* do dia 26 de setembro de 2007, firmado entre o MTE e o Instituto Nacional de Metrologia, Normalização e Qualidade Industrial – INMETRO, resolve:

Art. 1º Fica delegada ao INMETRO atribuição para:

I – coordenar a elaboração dos Regulamentos Técnicos da Qualidade e de Avaliação da Conformidade de máquinas e componentes, mediante assessoria do MTE.

II – acreditar, consoante requisitos mínimos exigidos, os organismos de avaliação de conformidade ou laboratórios a serem homologados por este Ministério.

III – fiscalizar, em todo território nacional, diretamente ou através dos órgãos delegados, com base na Lei n. 9.933/99, o cumprimento das disposições contidas nesta portaria relativas à avaliação da conformidade das Máquinas e Componentes, que possuam Regulamento de Avaliação de Conformidade – RAC em vigor no âmbito do SINMETRO.

Art. 2º Cabe ainda ao INMETRO o planejamento, o desenvolvimento e a implementação dos programas de avaliação da conformidade das Máquinas e Componentes no âmbito do Sistema Brasileiro de Normalização, Metrologia e Qualidade Industrial – SINMETRO.

Art. 3º Esta Portaria entra em vigor na data de sua publicação.

Carlos Daudt Brizola

Portaria n. 555, de 18 de abril de 2013 (1)

Aprova a Norma Regulamentadora n. 36 – Segurança e Saúde no Trabalho em Empresas de Abate e Processamento de Carnes e Derivados.

O Ministro de Estado do Trabalho e Emprego, no uso das atribuições que lhe conferem o inciso II do parágrafo único do art. 87 da Constituição Federal e os arts. 155 e 200 da Consolidação das Leis do Trabalho – CLT, aprovada pelo Decreto-lei n. 5.452, de 1º de maio de 1943, resolve:

Art. 1º Aprovar a Norma Regulamentadora n. 36 (NR-36), sob o título "Segurança e Saúde no Trabalho em Empresas de Abate e Processamento de Carnes e Derivados", com a redação constante no Anexo desta Portaria.

Art. 2º Criar a Comissão Nacional Tripartite Temática – CNTT da NR-36 com o objetivo de acompanhar a implantação da Norma Regulamentadora, conforme estabelece o art. 9º da Portaria MTE n. 1.127, de 2 de outubro de 2003.

Art. 3º Esta Portaria entra em vigor 6 meses após a sua publicação, exceto quanto aos itens abaixo discriminados, que entrarão em vigor nos prazos consignados, contados da publicação deste ato:

Itens que demandem intervenções estruturais de mobiliário e equipamentos	12 meses
Itens que demandem alterações nas instalações físicas da empresa	24 meses
36.2.2	Um assento para cada quatro trabalhadores: 9 meses; Um assento para cada três trabalhadores: 24 meses.
36.2.7, *d*	Atendimento a, no mínimo, 50% do efetivo de trabalhadores que usufruirá das pausas previstas neste item: 6 meses; Atendimento a, no mínimo, 75% do efetivo de trabalhadores que usufruirá das pausas previstas neste item: 12 meses;
36.2.7, *d*	Atendimento a 100% do efetivo de trabalhadores que usufruirá das pausas previstas neste item: 18 meses.
36.13.2, Quadro I	Concessão de pausas psicofisiológicas distribuídas, no mínimo, da seguinte forma: Para jornadas de até 6h20: 10 minutos em prazo imediato; 20 minutos em prazo de 6 meses; Para jornadas de 6h20 a 7h40: 20 minutos em prazo imediato; 30 minutos em 9 meses; 45 minutos em 18 meses; Para jornadas de 7h40 a 9h10: 40 minutos em prazo imediato; 50 minutos em 9 (nove) meses; 60 minutos em 18 meses.

Manoel Dias

(1) Publicada no *Diário Oficial da União*, de 19-4-2013.

Legislação Complementar

Anexo I

•• Este Anexo aprova a NR 36.

Portaria Interministerial n. 9, de 7 de outubro de 2014 (1)

Publica a Lista Nacional de Agentes Cancerígenos para Humanos (Linach), como referência para formulação de políticas públicas, na forma do anexo a esta Portaria.

Os Ministros de Estado do Trabalho e Emprego, da Saúde e da Previdência Social, no uso de suas atribuições que lhes conferem os incisos I e II do parágrafo único do art. 87 da Constituição, e

considerando o Decreto n. 7.602, de 7 de novembro de 2011, que dispõe sobre a Política Nacional de Segurança e Saúde no Trabalho (PNSST);

considerando o Plano Nacional de Segurança e Saúde no Trabalho (Plansat), disponível no sítio eletrônico http://portal.mte.gov.br/geral/plano-nacional-de-seguranca-e-saude-no-trabalho-plansat.htm, em particular a ação definida como de curto prazo sob número 4.4.1, referente á estratégia 4.4 do Objetivo 4; e

considerando a elevada incidência de câncer no Brasil; e

considerando os estudos científicos existentes e a lista de agentes cancerígenos da Agência Internacional para a Investigação do Câncer (Iarc), da Organização Mundial da Saúde (OMS), resolvem:

Art. 1º Fica publicada a Lista Nacional de Agentes Cancerígenos para Humanos (Linach), como referência para formulação de políticas públicas, na forma do anexo a esta Portaria.

Art. 2º Os agentes cancerígenos de que trata a Linach são classificados de acordo com os seguintes grupos:

I – Grupo 1 – carcinogênicos para humanos;

II – Grupo 2A – provavelmente carcinogênicos para humanos; e

III – Grupo 2B – possivelmente carcinogênicos para humanos.

Art. 3º A Linach será atualizada semestralmente.

Art. 4º Esta Portaria entra em vigor na data de sua publicação.

Manoel Dias

(1) Publicada no *Diário Oficial da União*, de 8-10-2014.

Anexo
Lista Nacional de Agentes Cancerígenos para Humanos – Linach

Grupo 1 – Agentes confirmados como carcinogênicos para humanos[2]

Agente	Registro no Chemical Abstracts Service – CAS
Acetaldeído associado com o consumo de bebidas alcoólicas	000075-07-0
Ácido Aristólico	000313-67-7
Ácido Aristólico (plantas que o contêm)	000313-67-7
Ácidos Mistos, Inorgânicos Fortes	Não se aplica
Aflatoxinas	001402-68-2
Álcool Isopropílico, manufatura usando ácidos fortes	Não se aplica
Alumínio, produção de	Não se aplica
4-Aminobifenila	000092-67-1
Arsênio e compostos inorgânicos de arsênio	007440-38-2
Asbestos ou amianto – todas as formas, inclusive actinolita, amosita, antofilita, crisotila, crocidolita, tremolita (nota: Substâncias minerais, a exemplo do talco ou vermiculita, que contenham amianto também devem ser considerados como cancerígeno para os seres humanos)	001332-21-4 013768-00-8 012172-73-5 017068-78-9 012001-29-5 012001-28-4 014567-73-8
Auramina, produção de	Não se aplica
Azatioprina	000446-86-6

Bebidas alcoólicas	Não se aplica
Benzeno	000071-43-2
Benzidina	000092-87-5
Benzo[a]pireno	000050-32-8
Berílio e seus compostos	007440-41-7
Bifenis policlorados	001336-36-3
Bifenis policlorados, 'dioxin-like' ('tipo dioxina' ou 'do grupo das dioxinas'), com Fator de Equivalência de Toxicidade de acordo com a OMS (PCBs 77, 81, 105, 114, 118, 123, 126, 156, 157, 167, 169, 189)	Não se aplica
Borracha, indústria de transformação da	Não se aplica
Breu de alcatrão de hulha	065996-93-2
Bussulfano	000055-98-1
1,3 Butadieno	000106-99-0
Cádmio e compostos de cádmio	007440-43-9
Ciclofosfamida	000050-18-0 006055-19-2
Ciclosporina	059865-13-3 079217-60-0
Clonorchis sinensis, Infecção com	Não se aplica
Clorambucil	000305-03-3
Cloreto de vinila	000075-01-4
Clornafazina	000494-03-1
Compostos de cromo (VI)	018540-29-9
Compostos de níquel	Não se aplica
Coque, produção de	Não se aplica
Corantes que liberam benzidina no metabolismo	Não se aplica
Destilação do alcatrão de hulha	008007-45-2
Dietilestilbestrol	000056-53-1
Emissões em ambiente fechado na combustão doméstica do carvão	Não se aplica
Erionita	066733-21-9
Estrogênio-progesterona associados como contraceptivo oral (nota: há também provas convincentes em seres humanos de que esses agentes conferem um efeito protetor contra o câncer em endométrio e ovário)	Não se aplica
Estrogênio-progesterona associados em terapia menopausal combinada	Não se aplica
Estrógeno, terapia pós-menopausal	Não se aplica
Etanol em bebidas alcoólicas	000064-17-5

Grupo 2A – Agentes provavelmente carcinogênicos para humanos[3]

Éter bis (clorometílico); éter metílico de clorometila	000542-88-1 000107-30-2
Etoposide	033419-42-0

Legislação Complementar

Etoposide em associação com cisplatina e bleomicina	033419-42-0 015663-27-1 011056-06-7
Exaustão do motor diesel	Não se aplica
Fenacetina	000062-44-2
Fenacetina (mistura de analgésicos contendo fenacetina)	Não se aplica
Formaldeído	000050-00-0
Fósforo 32, como fosfato	014596-37-3
Fuligem (como os encontrados na exposição ocupacional dos limpadores de chaminés)	Não se aplica
Fundição de ferro e aço (exposição ocupacional em)	Não se aplica
Gaseificação de carvão	Não se aplica
Gás Mostarda	000505-60-2
Helicobacter pilori, Infecção com	Não se aplica
Hematita, mineração subterrânea	Não se aplica
Magenta, produção de	Não se aplica
Material particulado na poluição do ar	Não se aplica
Melfalano	000148-82-3
Metoxsalen associado com radiação ultravioleta A	000298-81-7
4,4'-Metileno bis (2-cloroanilina) (MOCA)	000101-14-4
MOPP e outros agentes quimioterápicos, inclusive agentes alquilantes	Não se aplica
2 -Naftilamina	000091-59-8
N'-nitrosonornicotina (NNN) e 4-. (metilnitrosamino)-1-(3-piridil)1-butanona (NNK)	016543-55-8 064091-91-4
Noz de Areca	Não se aplica
Noz de Betel, misturada com tabaco	Não se aplica
Noz de Betel, não misturada com tabaco	Não se aplica
Óleos de xisto	068308-34-9
Óleos minerais (não tratados ou pouco tratados)	Não se aplica
Opisthorchis viverrini, Infecção com	Não se aplica
Óxido de Etileno	000075-21-8
Papilomavírus humano – HPV tipos 16, 18, 31, 33, 35, 39, 45, 51, 52, 56, 58, 59 (nota: os tipos de HPV classificados como cancerígenos para humanos podem diferir na magnitude do risco em relação ao câncer cervical)	Não se aplica
Peixe estilo chinês, salgado	Não se aplica
3, 4, 5, 3', 4' -Pentaclorobifenil (PCB – 126)	057465-28-8
2 ,3 ,4 ,7 ,8-Pentaclorodibenzofurano	057117-31-4
Pintor (exposição ocupacional como pintor)	Não se aplica
Plutônio	007440-07-5
Poeira de couro	Não se aplica
Poeira de madeira	Não se aplica
Poeira de sílica, cristalina, em forma de quartzo ou cristobalita	014808-60-7

Poluição do Ar	Não se aplica
Poluição do ar em partículas	Não se aplica
Produtos de fissão, inclusive estrôncio-90	Não se aplica
Radiação de Nêutrons	Não se aplica
Radiação Ionizante (todos os tipos)	Não se aplica
Radiação Solar	Não se aplica
Radiação ultravioleta (100-400 nm, abrangendo UVA, UVB e UVC)	Não se aplica
Radiação ultravioleta emitida por dispositivos de bronzeamento	Não se aplica
Radiações X e gama	Não se aplica
Rádio-224 e seus produtos de decaimento	013982-63-3
Rádio-226 e seus produtos de decaimento	015262-20-1
Rádio-228 e seus produtos de decaimento	010043-92-2
Radioiodos, incluindo o iodo-131	Não se aplica
Radionuclídeos, emissores de partículas alfa, internamente depositados	Não se aplica
Radionuclídeos, emissores de partículas beta, internamente depositados	Não se aplica
Radônio-222 e seus produtos de decaimento	013233-32-4
Sarcoma de Kaposi associado com herpes vírus	Não se aplica
Schistosoma haematobium, infecção com	Não se aplica
Semustina [1-(2 -cloroetil) -3-(4-metilciclo-hexil)-1-nitrosourea, Metil CC-NU]	013909-09-6
Tabaco em uso passivo	Não se aplica
Tabaco sem fumaça	Não se aplica
Tabagismo	Não se aplica
Tamoxifeno (nota: há evidências também conclusivas para seu uso na redução do risco de câncer de mama contralateral em pacientes com câncer de mama)	010540-29-1
2,3,7,8-Tetraclorodibenzo-para-dioxina	001746-01-6
Tiotepa	000052-24-4
orto-Toluidina	000095-53-4
Treosulfano	000299-75-2
Tricloroetileno	000079-01-6
Tório-232 e seus produtos de decaimento	007440-29-1
Vírus da Hepatite B, infecção crônica com	Não se aplica
Vírus da Hepatite C, infecção crônica com	Não se aplica
Vírus da Imunodeficiência tipo 1, Infecção com	Não se aplica
Vírus Epstein-Barr	Não se aplica
Vírus linfotrópico célula-T humana tipo I	Não se aplica

Grupo 2B – Agentes possivelmente carcinogênicos para humanos[3]

Agente	Registro no Chemical Abstracts Service – CAS
Acrilamida	000079-06-1
Adriamicina	023214-92-8
Azacitidina	000320-67-2

Legislação Complementar

Betumes, oxidados, e suas emissões durante impermeabilizações	064742-93-4
Bifenilos polibromados	059536-65-1
Biscloroetil nitrosourea (BCNU)	000154-93-8
Brometo de vinila (nota: em termos práticos, seu mecanismo de ação como carcinógeno humano deveria ser considerado semelhante ao do cloreto de vinila)	000593-60-2
Cabeleireiro ou barbeiro (exposição ocupacional como)	Não se aplica
Captafol	002425-06-1
Carbamato de etila (uretano)	000051-79-6
Chumbo inorgânico, compostos de	Não se aplica
Ciclopenta[c,d]pireno	027208-37-3
Cisplatina	015663-27-1
Cloral	000075-87-6
Cloranfenicol	000056-75-7
1-(2-cloroetil)-3-cicloexil-1nitrosourea (CCNU)	013010-47-4
Cloreto de dimetil carbamoila	000079-44-7
Cloridrato de procarbazina	000366-70-1
Clorozotocin	054749-90-5
4-Cloro-orto-toluidina	000095-69-2
Cobalto metálico com carbeto de tungstênio	007440-48-4 012070-12-1
Creosoto	008001-58-9
Dibenzo [a,j] acridina	000224-42-0
Dibenzo[a,h]antraceno	000053-70-3
Dibenzo[a,l]pireno	000191-30-0
Dibrometo de etileno	000106-93-4
Dietilsulfato	000064-67-5
1 ,2 -Dimetil-hidrazina	000540-73-8
Emissões em ambiente fechado na combustão doméstica de biomassa (principalmente madeira)	Não se aplica
Epicloridrina	000106-89-8
Esteroides androgênicos	Não se aplica
N -etil -N -nitrosoureia	000759-73-9
Fabricação de eletrodos de carbono	Não se aplica
Fluoreto de vinila (nota: em termos práticos, seu mecanismo de ação como carcinógeno humano deveria ser considerado semelhante ao do cloreto de vinila)	000075-02-5
Fosfeto de Índio	022398-80-7
Fritura, emissões de alta temperatura	Não se aplica
Glicidol	000556-52-5
Hidrato de cloral	000302-17-0

Inseticidas não arsenicais (exposição ocupacional na pulverização e aplicação)	Não se aplica
IQ (2– amino-3-metilimidazol [4,5-f] quinolina)	076180-96-6
Malária (quando causada pela infecção com *Plasmodium falciparum* em áreas holoendêmicas)	Não se aplica
Manufatura de arte em vidro, recipientes de vidro e porcelana prensada	Não se aplica
Mate quente	Não se aplica
Metilmetanosulfonato	000066-27-3
N-Metil-N'-nitro-N-nitrosoguanidina (MNNG)	000070-25-7
N -metil -N -nitrosureia	000684-93-5
5 – Metoxipsoraleno	000484-20-8
Mostarda nitrogenada	000051-75-2
Nitrato ou nitrito (ingerida), sob condições que resultam em nitrosação endógena	Não se aplica
6-Nitrocriseno	007496-02-8
1-Nitropireno	005522-43-0
N-nitrosodietilamina	000055-18-5
N-nitrosodimetilamina	000062-75-9
2-Nitrotolueno	000088-72-2
7,8-Óxido de estireno	000096-09-3
Papilomavirus humano tipo 68	Não se aplica
Poliomavirus de células de Merkel (MCV)	Não se aplica
Refino de petróleo (exposição ocupacional em)	Não se aplica
Sulfato de dimetila	000077-78-1
Teniposídeo	029767-20-2
Tetracloroetileno (Percloroetileno)	000127-18-4
Toluenos a-clorados (cloreto de benzal, benzotricloreto, cloreto de benzila) e cloreto de benzoila (em exposição combinada)	000098-87-3 000098-07-7 000100-44-7 000098-88-4
Trabalho em turnos que envolve desequilíbrio de ritmo circadiano	Não se aplica
1,2,3-Tricloropropano	000096-18-4
Tri (2 ,3-dibromopropil) fosfato	000126-72-7

Notas:

1. A lista de agentes cancerígenos da Agência Internacional para a Investigação do Câncer – Larc, considerada na elaboração da Linach, reúne os Agentes Classificados com base nas Monografias de 1 a 107, sendo sua última atualização em 10 de abril de 2013.

2. Para efeito do art. 68, § 4º, do Decreto n. 3.048, de 6 de maio de 1999, serão considerados agentes reconhecidamente cancerígenos aqueles do Grupo I desta lista que têm registro no Chemical Abstracts Service – CAS.

3. Nota sobre os Grupos 2A e 2B: Os agentes são designados para o grupo 2A (provavelmente cancerígeno para os seres humanos) ou para o Grupo 2B (possivelmente cancerígeno para os seres humanos) com base em evidências epidemiológicas e experimentais de carcinogenicidade e outros dados relevantes. Os termos provavelmente carcinogênico e possivelmente carcinogênico não tem nenhum significado quantitativo e são utilizados como descritores de diferentes níveis de evidência de carcinogenicidade em humanos, com provavelmente carcinogênico significando um maior nível de evidência que possivelmente carcinogênico.

Lei n. 13.103, de 2 de março de 2015 (1)

Dispõe sobre o exercício da profissão de motorista; altera a Consolidação das Leis do Trabalho – CLT, aprovada pelo Decreto-lei n. 5.452, de 1º de maio de 1943, e as Leis n. 9.503, de 23 de setembro de 1997 – Código de Trânsito Brasileiro, e 11.442, de 5 de janeiro de 2007 (empresas e transportadores autônomos de carga), para disciplinar a jornada de trabalho e o tempo de direção do motorista profissional; altera a Lei n. 7.408, de 25 de novembro de 1985; revoga dispositivos da Lei n. 12.619, de 30 de abril de 2012; e dá outras providências.

A Presidenta da República

Faço saber que o Congresso Nacional decreta e eu sanciono a seguinte Lei:

Art. 1º É livre o exercício da profissão de motorista profissional, atendidas as condições e qualificações profissionais estabelecidas nesta Lei.

Parágrafo único. Integram a categoria profissional de que trata esta Lei os motoristas de veículos automotores cuja condução exija formação profissional e que exerçam a profissão nas seguintes atividades ou categorias econômicas:

I – de transporte rodoviário de passageiros;

II – de transporte rodoviário de cargas.

Art. 2º São direitos dos motoristas profissionais de que trata esta Lei, sem prejuízo de outros previstos em leis específicas:

I – ter acesso gratuito a programas de formação e aperfeiçoamento profissional, preferencialmente mediante cursos técnicos e especializados previstos no inciso IV do art. 145 da Lei n. 9.503, de 23 de setembro de 1997 – Código de Trânsito Brasileiro, normatizados pelo Conselho Nacional de Trânsito – CONTRAN, em cooperação com o poder público;

II – contar, por intermédio do Sistema Único de Saúde – SUS, com atendimento profilático, terapêutico, reabilitador, especialmente em relação às enfermidades que mais os acometam;

III – receber proteção do Estado contra ações criminosas que lhes sejam dirigidas no exercício da profissão;

IV – contar com serviços especializados de medicina ocupacional, prestados por entes públicos ou privados à sua escolha;

V – se empregados:

a) não responder perante o empregador por prejuízo patrimonial decorrente da ação de terceiro, ressalvado o dolo ou a desídia do motorista, nesses casos mediante comprovação, no cumprimento de suas funções;

b) ter jornada de trabalho controlada e registrada de maneira fidedigna mediante anotação em diário de bordo, papeleta ou ficha de trabalho externo, ou sistema e meios eletrônicos instalados nos veículos, a critério do empregador; e

c) ter benefício de seguro de contratação obrigatória assegurado e custeado pelo empregador, destinado à cobertura de morte natural, morte por acidente, invalidez total ou parcial decorrente de acidente, traslado e auxílio para funeral referentes às suas atividades, no valor mínimo correspondente a 10 (dez) vezes o piso salarial de sua categoria ou valor superior fixado em convenção ou acordo coletivo de trabalho.

Art. 3º Aos motoristas profissionais dependentes de substâncias psicoativas é assegurado o pleno atendimento pelas unidades de saúde municipal, estadual e federal, no âmbito do Sistema Único de Saúde, podendo ser realizados convênios com entidades privadas para o cumprimento da obrigação.

Art. 4º O § 5º do art. 71 da Consolidação das Leis do Trabalho – CLT, aprovada pelo Decreto-lei n. 5.452, de 1º de maio de 1943, passa a vigorar com a seguinte redação:

•• Alteração já processada no diploma modificado.

Art. 5º O art. 168 da Consolidação das Leis do Trabalho – CLT, aprovada pelo Decreto-lei n. 5.452, de 1º de maio de 1943, passa a vigorar com as seguintes alterações:

•• Alteração já processada no diploma modificado.

Art. 6º A Seção IV-A do Capítulo I do Título III da Consolidação das Leis do Trabalho – CLT, aprovada pelo Decreto-lei n. 5.452, de 1º de maio de 1943, passa a vigorar com as seguintes alterações:

•• Alteração já processada no diploma modificado.

....

Art. 9º As condições de segurança, sanitárias e de conforto nos locais de espera, de repouso e de descanso dos motoristas profissionais de transporte rodoviário de passageiros e rodoviário de cargas terão que obedecer ao disposto em normas regulamentadoras pelo ente competente.

•• *Vide* Portaria n. 672, de 8-11-2021.

§ 1º É vedada a cobrança ao motorista ou ao seu empregador pelo uso ou permanência em locais de espera sob a responsabilidade de:

I – transportador, embarcador ou consignatário de cargas;

II – operador de terminais de cargas;

III – aduanas;

IV – portos marítimos, lacustres, fluviais e secos;

V – terminais ferroviários, hidroviários e aeroportuários.

§ 2º Os locais de repouso e descanso dos motoristas profissionais serão, entre outros, em:

I – estações rodoviárias;

II – pontos de parada e de apoio;

III – alojamentos, hotéis ou pousadas;

IV – refeitórios das empresas ou de terceiros;

V – postos de combustíveis.

§ 3º Será de livre iniciativa a implantação de locais de repouso e descanso de que trata este artigo.

(1) Publicada no *Diário Oficial da União*, de 3-3-2015. Regulamentada pelo Decreto n. 8.433, de 16-4-2015.

§ 4º A estrita observância às Normas Regulamentadoras do Ministério do Trabalho e Emprego, no que se refere aos incisos II, III, IV e V do § 2º, será considerada apenas quando o local for de propriedade do transportador, do embarcador ou do consignatário de cargas, bem como nos casos em que esses mantiverem com os proprietários destes locais contratos que os obriguem a disponibilizar locais de espera e repouso aos motoristas profissionais.

Art. 10. O poder público adotará medidas, no prazo de até 5 (cinco) anos a contar da vigência desta Lei, para ampliar a disponibilidade dos espaços previstos no art. 9º, especialmente:

•• *Vide* art. 6º do Decreto n. 8.433, de 16-4-2015.

I – a inclusão obrigatória de cláusulas específicas em contratos de concessão de exploração de rodovias, para concessões futuras ou renovação;

II – a revisão das concessões de exploração das rodovias em vigor, de modo a adequá-las à previsão de construção de pontos de parada de espera e descanso, respeitado o equilíbrio econômico-financeiro dos contratos;

III – a identificação e o cadastramento de pontos de paradas e locais para espera, repouso e descanso que atendam aos requisitos previstos no art. 9º desta Lei;

• A Portaria n. 45, de 11-3-2021, do Ministério da Infraestrutura, estabelece procedimentos para o reconhecimento como Ponto de Parada e Descanso – PPD.

IV – a permissão do uso de bem público nas faixas de domínio das rodovias sob sua jurisdição, vinculadas à implementação de locais de espera, repouso e descanso e pontos de paradas, de trevos ou acessos a esses locais;

V – a criação de linha de crédito para apoio à implantação dos pontos de paradas.

Parágrafo único. O poder público apoiará ou incentivará, em caráter permanente, a implantação pela iniciativa privada de locais de espera, pontos de parada e de descanso.

Art. 11. Atos do órgão competente da União ou, conforme o caso, de autoridade do ente da federação com circunscrição sobre a via publicarão a relação de trechos das vias públicas que disponham de pontos de parada ou de locais de descanso adequados para o cumprimento desta Lei.

•• *Vide* art. 6º do Decreto n. 8.433, de 16-4-2015.

§ 1º A primeira relação dos trechos das vias referidas no *caput* será publicada no prazo de até 180 (cento e oitenta) dias a contar da data da publicação desta Lei.

§ 2º As relações de trechos das vias públicas de que trata o *caput* deverão ser ampliadas e revisadas periodicamente.

§ 3º Os estabelecimentos existentes nas vias poderão requerer no órgão competente com jurisdição sobre elas o seu reconhecimento como ponto de parada e descanso.

• *Vide* art. 4º do Decreto n. 8.433, de 16-4-2015.

• *Vide* nota ao art. 10, III, desta Lei.

• *Vide* nota ao art. 10, III, desta Lei.

Art. 12. O disposto nos §§ 2º e 3º do art. 235-C do Capítulo I do Título III da Consolidação das Leis do Trabalho – CLT, aprovada pelo Decreto-lei n. 5.452, de 1º de maio de 1943, e no *caput* e nos §§ 1º e 3º do art. 67-C do Capítulo III-A da Lei n. 9.503, de 23 de setembro de 1997 – Código de Trânsito Brasileiro, produzirá efeitos:

•• *Vide* art. 6º do Decreto n. 8.433, de 16-4-2015

I – a partir da data da publicação dos atos de que trata o art. 11, para os trechos das vias deles constantes;

II – a partir da data da publicação das relações subsequentes, para as vias por elas acrescidas.

Parágrafo único. Durante os primeiros 180 (cento e oitenta) dias de sujeição do trecho ao disposto na Consolidação das Leis do Trabalho – CLT, aprovada pelo Decreto-lei n. 5.452, de 1º de maio de 1943, e na Lei n. 9.503, de 23 de setembro de 1997 – Código de Trânsito Brasileiro, com as alterações constantes desta Lei, a fiscalização do seu cumprimento será meramente informativa e educativa.

Art. 13. O exame toxicológico com janela de detecção mínima de 90 (noventa) dias de que tratam o art. 148-A da Lei n. 9.503, de 23 de setembro de 1997 – Código de Trânsito Brasileiro, os §§ 6º e 7º do art. 168 e o inciso VII do art. 235-B da Consolidação das Leis do Trabalho – CLT, aprovada pelo Decreto-lei n. 5.452, de 1º de maio de 1943, será exigido:

I – em 90 (noventa) dias da publicação desta Lei, para a renovação e habilitação das categorias C, D e E;

II – em 1 (um) ano a partir da entrada em vigor desta Lei, para a admissão e a demissão de motorista profissional;

III – em 3 (três) anos e 6 (seis) meses a partir da entrada em vigor desta Lei, para o disposto no § 2º do art. 148-A da Lei n. 9.503, de 23 de setembro de 1997;

IV – em 2 (dois) anos e 6 (seis) meses a partir da entrada em vigor desta Lei, para o disposto no § 3º do art. 148-A da Lei n. 9.503, de 23 de setembro de 1997.

Parágrafo único. Caberá ao Contran estabelecer adequações necessárias ao cronograma de realização dos exames.

Art. 14. Decorrido o prazo de 3 (três) anos a contar da publicação desta Lei, os seus efeitos dar-se-ão para todas as vias, independentemente da publicação dos atos de que trata o art. 11 ou de suas revisões.

....

Art. 17. Em todo o território nacional, os veículos de transporte de cargas que circularem vazios ficarão isentos da cobrança de pedágio sobre os eixos que mantiverem suspensos.

•• *Caput* com redação determinada pela Lei n. 13.711, de 24-8-2018.

§ 1º O disposto no *caput* deste artigo abrange as vias terrestres federais, estaduais, distritais e municipais, inclusive as concedidas.

•• § 1º acrescentado pela Lei n. 13.711, de 24-8-2018.

Legislação Complementar

§ 2º Os órgãos e as entidades competentes da União, dos Estados, do Distrito Federal e dos Municípios disporão sobre as medidas técnicas e operacionais para viabilizar a isenção de que trata o *caput* deste artigo.

•• § 2º acrescentado pela Lei n. 13.711, de 24-8-2018.

§ 3º Até a implementação das medidas a que se refere o § 2º deste artigo, considerar-se-ão vazios os veículos de transporte de carga que transpuserem as praças de pedágio com um ou mais eixos mantidos suspensos, assegurada a fiscalização dessa condição pela autoridade com circunscrição sobre a via ou pelo agente designado na forma prevista no § 4º do art. 280 da Lei n. 9.503, de 23 de setembro de 1997 (Código de Trânsito Brasileiro).

•• § 3º acrescentado pela Lei n. 13.711, de 24-8-2018.

§ 4º Para as vias rodoviárias federais concedidas ou delegadas, será adotada a regulamentação da Agência Nacional de Transportes Terrestres (ANTT).

•• § 4º acrescentado pela Lei n. 13.711, de 24-8-2018.

§ 5º Ficam sujeitos à penalidade prevista no art. 209 da Lei n. 9.503, de 23 de setembro de 1997 (Código de Trânsito Brasileiro), os veículos de transporte de cargas que circularem com eixos indevidamente suspensos.

•• § 5º acrescentado pela Lei n. 13.711, de 24-8-2018.

§ 6º O aumento do valor do pedágio para os usuários da rodovia a fim de compensar a isenção de que trata o *caput* deste artigo somente será adotado após esgotadas as demais alternativas de reequilíbrio econômico-financeiro dos contratos.

•• § 6º acrescentado pela Lei n. 13.711, de 24-8-2018.

Art. 18. O embarcador indenizará o transportador por todos os prejuízos decorrentes de infração por transporte de carga com excesso de peso em desacordo com a nota fiscal, inclusive as despesas com transbordo de carga.

Art. 19. Fica instituído o Programa de Apoio ao Desenvolvimento do Transporte de Cargas Nacional – PROCARGAS, cujo objetivo principal é estimular o desenvolvimento da atividade de transporte terrestre nacional de cargas.

Parágrafo único. O Procargas tem como finalidade o desenvolvimento de programas visando à melhoria do meio ambiente de trabalho no setor de transporte de cargas, especialmente as ações de medicina ocupacional para o trabalhador.

Art. 20. Fica permitida a concessão de Autorização Especial de Trânsito – AET – para composição de veículos boiadeiros articulados (Romeu e Julieta) com até 25 m de comprimento, sendo permitido a estes veículos autorização para transitar em qualquer horário do dia.

Art. 21. Ficam revogados os arts. 1º, 2º e 9º da Lei n. 12.619, de 30 de abril de 2012.

Art. 22. Ficam convertidas em sanção de advertência:

•• *Vide* art. 3º do Decreto n. 8.433, de 16-4-2015.

I – as penalidades decorrentes de infrações ao disposto na Lei n. 12.619, de 30 de abril de 2012, que alterou a Consolidação das Leis do Trabalho – CLT, aprovada pelo Decreto-lei n. 5.452, de 1º de maio de 1943, e a Lei n. 9.503, de 23 de setembro de 1997 – Código de Trânsito Brasileiro, aplicadas até a data da publicação desta Lei; e

II – as penalidades por violação do inciso V do art. 231 da Lei n. 9.503, de 23 de setembro de 1997 – Código de Trânsito Brasileiro, aplicadas até 2 (dois) anos antes da entrada em vigor desta Lei.

Brasília, 2 de março de 2015; 194º da Independência e 127º da República.

Dilma Rousseff

Decreto n. 8.433, de 16 de abril de 2015 (1)

Dispõe sobre a regulamentação dos art. 9º a art. 12, art. 17 e art. 22 da Lei n. 13.103, de 2 de março de 2015.

A Presidenta da República, no uso da atribuição que lhe confere o art. 84, *caput*, incisos IV e VI, alínea *a*, da Constituição, e tendo em vista o disposto na Lei n. 13.103, de 2 de março de 2015, decreta:

Art. 1º Este Decreto regulamenta a Lei n. 13.103, de 2 de março de 2015, que dispõe sobre o exercício da profissão de motorista.

Art. 2º Os veículos de transporte de carga que circularem vazios ficam isentos da cobrança de pedágio sobre os eixos que mantiverem suspensos.

§ 1º Os órgãos ou entidades competentes da União, dos Estados, do Distrito Federal e dos Municípios disporão sobre as medidas técnicas e operacionais para viabilizar a isenção de que trata o *caput*.

§ 2º Até a implementação das medidas a que se refere o § 1º, consideram-se vazios os veículos de transporte de carga que transpuserem as praças de pedágio com um ou mais eixos que mantiverem suspensos, ressalvada a fiscalização da condição pela autoridade com circunscrição sobre a via ou ao seu agente designado na forma do § 4º do art. 280 da Lei n. 9.503, de 23 de setembro de 1997 – Código de Trânsito Brasileiro.

§ 3º Para as vias rodoviárias federais concedidas, a regulamentação de que trata o § 1º será publicada pela Agência Nacional de Transportes Terrestres – ANTT no prazo máximo de cento e oitenta dias, contado da publicação deste Decreto, observada a viabilidade econômica e o interesse público.

§ 4º Regulamentações específicas fixarão os prazos para o cumprimento das medidas pelas concessionárias de rodovias.

Art. 3º As penalidades a que se refere o art. 22 da Lei n. 13.103, de 2015, ficam convertidas em advertências, conforme os procedimentos estabelecidos:

(1) Publicado no *Diário Oficial da União*, de 17-4-2015. Retificado em 20-4-2015.

I – pelo Ministério do Trabalho e Emprego, no caso das infrações ao disposto na Lei n. 12.619, de 30 de abril de 2012, de que trata o inciso I do *caput* do art. 22 da Lei n. 13.103, de 2015; e

II – pelos órgãos competentes para aplicar penalidades, no caso das infrações ao Código de Trânsito Brasileiro de que tratam os incisos I e II do *caput* do art. 22 da Lei n. 13.103, de 2015.

§ 1º As penalidades decorrentes das infrações de trânsito de que tratam os incisos I e II do *caput* do art. 22 da Lei n. 13.103, de 2015, são aquelas previstas no inciso XXIII do *caput* do art. 230 e no inciso V do *caput* do art. 231 do Código de Trânsito Brasileiro, respectivamente.

§ 2º A restituição de valores pagos pelas penalidades referidas no *caput* deverá ser solicitada por escrito e autuada em processo administrativo específico junto ao órgão responsável pelo recolhimento.

Art. 4º Compete ao Ministério do Trabalho e Emprego regulamentar as condições de segurança, sanitárias e de conforto nos locais de espera, de repouso e de descanso dos motoristas profissionais de transporte rodoviário de passageiros e de cargas, conforme disposto no art. 9º da Lei n. 13.103, de 2 de março de 2015.

•• *Vide* Portaria n. 672, de 8-11-2021.

Parágrafo único. Para os procedimentos de reconhecimento como ponto de parada e descanso, os órgãos de que trata o § 3º do art. 11 da Lei n. 13.103, de 2015, observarão o cumprimento da regulamentação de que trata o *caput*.

• A Portaria n. 471, de 13-2-2020, da SNTT, estabelece os atos administrativos necessários para reconhecimento e certificação dos Pontos de Parada e Descanso.

Art. 5º Compete ao Conselho Nacional de Trânsito – Contran regulamentar:

I – os modelos de sinalização, de orientação e de identificação dos locais de espera, de repouso e de descanso dos motoristas profissionais de transporte rodoviário de passageiros e de cargas, observadas as disposições do § 3º do art. 11 da Lei n. 13.103, de 2015; e

II – o uso de equipamentos para a verificação se o veículo se encontra vazio e os demais procedimentos a serem adotados para a fiscalização de trânsito e o cumprimento das disposições do art. 17 da Lei n. 13.103, de 2015, no prazo máximo de cento e oitenta dias, contado da publicação deste Decreto.

Art. 6º A regulamentação das disposições dos incisos I ao IV do *caput* do art. 10, do art. 11 e do art. 12 da Lei n. 13.103, de 2015, compete:

I – à ANTT, para as rodovias por ela concedidas; e

II – ao Departamento Nacional de Infraestrutura de Transportes – DNIT, para as demais rodovias federais.

Parágrafo único. A outorga de permissão de uso de bem público nas faixas de domínio a que se refere o inciso IV do *caput* do art. 10 da Lei n. 13.103, de 2015, compete ao órgão com jurisdição sobre a via, observados os requisitos e as condições por ele estabelecidos.

Art. 7º Este Decreto entra em vigor na data de sua publicação.

Brasília, 16 de abril de 2015; 194º da Independência e 127º da República.

Dilma Rousseff

Lei n. 13.146, de 6 de julho de 2015 (1)

Institui a Lei Brasileira de Inclusão da Pessoa com Deficiência (Estatuto da Pessoa com Deficiência).

A Presidenta da República

Faço saber que o Congresso Nacional decreta e eu sanciono a seguinte Lei:

LIVRO I

PARTE GERAL

TÍTULO I

Disposições Preliminares

CAPÍTULO I

Disposições Gerais

Art. 1º É instituída a Lei Brasileira de Inclusão da Pessoa com Deficiência (Estatuto da Pessoa com Deficiência), destinada a assegurar e a promover, em condições de igualdade, o exercício dos direitos e das liberdades fundamentais por pessoa com deficiência, visando à sua inclusão social e cidadania.

• *Vide* arts. 7º, XXXI, 23, II, e 24, XIV, da CF.

Parágrafo único. Esta Lei tem como base a Convenção sobre os Direitos das Pessoas com Deficiência e seu Protocolo Facultativo, ratificados pelo Congresso Nacional por meio do Decreto Legislativo n. 186, de 9 de julho de 2008, em conformidade com o procedimento previsto no § 3º do art. 5º da Constituição da República Federativa do Brasil, em vigor para o Brasil, no plano jurídico externo, desde 31 de agosto de 2008, e promulgados pelo Decreto n. 6.949, de 25 de agosto de 2009, data de início de sua vigência no plano interno.

Art. 2º Considera-se pessoa com deficiência aquela que tem impedimento de longo prazo de natureza física, mental, intelectual ou sensorial, o qual, em interação com uma ou mais barreiras, pode obstruir sua participação plena e efetiva na sociedade em igualdade de condições com as demais pessoas.

§ 1º A avaliação da deficiência, quando necessária, será biopsicossocial, realizada por equipe multiprofissional e interdisciplinar e considerará:

(1) Publicada no *Diário Oficial da União*, de 7-7-2015. *Vide* Decreto n. 10.088, de 5-11-2019, Convenção n. 159, da OIT, sobre Reabilitação Profissional e Emprego de Pessoas Deficientes.

Legislação Complementar

•• *Vide* art. 124 desta Lei.

I – os impedimentos nas funções e nas estruturas do corpo;

II – os fatores socioambientais, psicológicos e pessoais;

III – a limitação no desempenho de atividades; e

IV – a restrição de participação.

§ 2º O Poder Executivo criará instrumentos para avaliação da deficiência.

....

Título II
Dos Direitos Fundamentais

....

Capítulo II
Do Direito à Habilitação e à Reabilitação

Art. 14. O processo de habilitação e de reabilitação é um direito da pessoa com deficiência.

• O Decreto n. 8.725, de 27-4-2016, institui a Rede Intersetorial de Reabilitação Integral, com vistas à integração e à articulação permanente entre serviços e ações das políticas de saúde, previdência social, trabalho, assistência social e educação.

Parágrafo único. O processo de habilitação e de reabilitação tem por objetivo o desenvolvimento de potencialidades, talentos, habilidades e aptidões físicas, cognitivas, sensoriais, psicossociais, atitudinais, profissionais e artísticas que contribuam para a conquista da autonomia da pessoa com deficiência e de sua participação social em igualdade de condições e oportunidades com as demais pessoas.

Art. 15. O processo mencionado no art. 14 desta Lei baseia-se em avaliação multidisciplinar das necessidades, habilidades e potencialidades de cada pessoa, observadas as seguintes diretrizes:

I – diagnóstico e intervenção precoces;

II – adoção de medidas para compensar perda ou limitação funcional, buscando o desenvolvimento de aptidões;

III – atuação permanente, integrada e articulada de políticas públicas que possibilitem a plena participação social da pessoa com deficiência;

IV – oferta de rede de serviços articulados, com atuação intersetorial, nos diferentes níveis de complexidade, para atender às necessidades específicas da pessoa com deficiência;

V – prestação de serviços próximo ao domicílio da pessoa com deficiência, inclusive na zona rural, respeitadas a organização das Redes de Atenção à Saúde (RAS) nos territórios locais e as normas do Sistema Único de Saúde (SUS).

Art. 16. Nos programas e serviços de habilitação e de reabilitação para a pessoa com deficiência, são garantidos:

I – organização, serviços, métodos, técnicas e recursos para atender às características de cada pessoa com deficiência;

II – acessibilidade em todos os ambientes e serviços;

III – tecnologia assistiva, tecnologia de reabilitação, materiais e equipamentos adequados e apoio técnico profissional, de acordo com as especificidades de cada pessoa com deficiência;

IV – capacitação continuada de todos os profissionais que participem dos programas e serviços.

Art. 17. Os serviços do SUS e do Suas deverão promover ações articuladas para garantir à pessoa com deficiência e sua família a aquisição de informações, orientações e formas de acesso às políticas públicas disponíveis, com a finalidade de propiciar sua plena participação social.

Parágrafo único. Os serviços de que trata o *caput* deste artigo podem fornecer informações e orientações nas áreas de saúde, de educação, de cultura, de esporte, de lazer, de transporte, de previdência social, de assistência social, de habitação, de trabalho, de empreendedorismo, de acesso ao crédito, de promoção, proteção e defesa de direitos e nas demais áreas que possibilitem à pessoa com deficiência exercer sua cidadania.

....

Capítulo VI
Do Direito ao Trabalho

Seção I
Disposições Gerais

Art. 34. A pessoa com deficiência tem direito ao trabalho de sua livre escolha e aceitação, em ambiente acessível e inclusivo, em igualdade de oportunidades com as demais pessoas.

• Contrato de aprendizagem em relação ao portador de deficiência: *vide* art. 428, §§ 3º, 5º e 6º, da CLT.

§ 1º As pessoas jurídicas de direito público, privado ou de qualquer natureza são obrigadas a garantir ambientes de trabalho acessíveis e inclusivos.

§ 2º A pessoa com deficiência tem direito, em igualdade de oportunidades com as demais pessoas, a condições justas e favoráveis de trabalho, incluindo igual remuneração por trabalho de igual valor.

§ 3º É vedada restrição ao trabalho da pessoa com deficiência e qualquer discriminação em razão de sua condição, inclusive nas etapas de recrutamento, seleção, contratação, admissão, exames admissional e periódico, permanência no emprego, ascensão profissional e reabilitação profissional, bem como exigência de aptidão plena.

• *Vide* art. 7º, XXXI, da CF.

§ 4º A pessoa com deficiência tem direito à participação e ao acesso a cursos, treinamentos, educação continuada, planos de carreira, promoções, bonificações e incentivos profissionais oferecidos pelo empregador, em igualdade de oportunidades com os demais empregados.

§ 5º É garantida aos trabalhadores com deficiência acessibilidade em cursos de formação e de capacitação.

Art. 35. É finalidade primordial das políticas públicas de trabalho e emprego promover e garantir condições de acesso e de permanência da pessoa com deficiência no campo de trabalho.

Parágrafo único. Os programas de estímulo ao empreendedorismo e ao trabalho autônomo, incluídos o cooperativismo e o associativismo, devem prever a participação da pessoa com deficiência e a disponibilização de linhas de crédito, quando necessárias.

Seção II
Da Habilitação Profissional e Reabilitação Profissional

Art. 36. O poder público deve implementar serviços e programas completos de habilitação profissional e de reabilitação profissional para que a pessoa com deficiência possa ingressar, continuar ou retornar ao campo do trabalho, respeitados sua livre escolha, sua vocação e seu interesse.

§ 1º Equipe multidisciplinar indicará, com base em critérios previstos no § 1º do art. 2º desta Lei, programa de habilitação ou de reabilitação que possibilite à pessoa com deficiência restaurar sua capacidade e habilidade profissional ou adquirir novas capacidades e habilidades de trabalho.

§ 2º A habilitação profissional corresponde ao processo destinado a propiciar à pessoa com deficiência aquisição de conhecimentos, habilidades e aptidões para exercício de profissão ou de ocupação, permitindo nível suficiente de desenvolvimento profissional para ingresso no campo de trabalho.

§ 3º Os serviços de habilitação profissional, de reabilitação profissional e de educação profissional devem ser dotados de recursos necessários para atender a toda pessoa com deficiência, independentemente de sua característica específica, a fim de que ela possa ser capacitada para trabalho que lhe seja adequado e ter perspectivas de obtê-lo, de conservá-lo e de nele progredir.

§ 4º Os serviços de habilitação profissional, de reabilitação profissional e de educação profissional deverão ser oferecidos em ambientes acessíveis e inclusivos.

§ 5º A habilitação profissional e a reabilitação profissional devem ocorrer articuladas com as redes públicas e privadas, especialmente de saúde, de ensino e de assistência social, em todos os níveis e modalidades, em entidades de formação profissional ou diretamente com o empregador.

§ 6º A habilitação profissional pode ocorrer em empresas por meio de prévia formalização do contrato de emprego da pessoa com deficiência, que será considerada para o cumprimento da reserva de vagas prevista em lei, desde que por tempo determinado e concomitante com a inclusão profissional na empresa, observado o disposto em regulamento.

§ 7º A habilitação profissional e a reabilitação profissional atenderão à pessoa com deficiência.

Seção III
Da Inclusão da Pessoa com Deficiência no Trabalho

Art. 37. Constitui modo de inclusão da pessoa com deficiência no trabalho a colocação competitiva, em igualdade de oportunidades com as demais pessoas, nos termos da legislação trabalhista e previdenciária, na qual devem ser atendidas as regras de acessibilidade, o fornecimento de recursos de tecnologia assistiva e a adaptação razoável no ambiente de trabalho.

Parágrafo único. A colocação competitiva da pessoa com deficiência pode ocorrer por meio de trabalho com apoio, observadas as seguintes diretrizes:

I – prioridade no atendimento à pessoa com deficiência com maior dificuldade de inserção no campo de trabalho;

II – provisão de suportes individualizados que atendam a necessidades específicas da pessoa com deficiência, inclusive a disponibilização de recursos de tecnologia assistiva, de agente facilitador e de apoio no ambiente de trabalho;

III – respeito ao perfil vocacional e ao interesse da pessoa com deficiência apoiada;

IV – oferta de aconselhamento e de apoio aos empregadores, com vistas à definição de estratégias de inclusão e de superação de barreiras, inclusive atitudinais;

V – realização de avaliações periódicas;

VI – articulação intersetorial das políticas públicas;

VII – possibilidade de participação de organizações da sociedade civil.

Art. 38. A entidade contratada para a realização de processo seletivo público ou privado para cargo, função ou emprego está obrigada à observância do disposto nesta Lei e em outras normas de acessibilidade vigentes.

....

Capítulo VIII
Do Direito à Previdência Social

Art. 41. A pessoa com deficiência segurada do Regime Geral de Previdência Social (RGPS) tem direito à aposentadoria nos termos da Lei Complementar n. 142, de 8 de maio de 2013.

....

Livro II
Parte Especial

....

Título III
Disposições Finais e Transitórias

....

Art. 97. A Consolidação das Leis do Trabalho (CLT), aprovada pelo Decreto-lei n. 5.452, de 1º de maio de

1943, passa a vigorar com as seguintes alterações:

•• Alteração já processada no diploma modificado.

....

Art. 101. A Lei n. 8.213, de 24 de julho de 1991, passa a vigorar com as seguintes alterações:

•• Alteração já processada no diploma modificado.

....

Art. 107. A Lei n. 9.029, de 13 de abril de 1995, passa a vigorar com as seguintes alterações:

•• Alteração já processada no diploma modificado.

....

Art. 124. O § 1º do art. 2º desta Lei deverá entrar em vigor em até 2 (dois) anos, contados da entrada em vigor desta Lei.

....

Art. 127. Esta Lei entra em vigor após decorridos 180 (cento e oitenta) dias de sua publicação oficial.

Brasília, 6 de julho de 2015; 194º da Independência e 127º da República.

Dilma Rousseff

Lei n. 13.425, de 30 de março de 2017 (1)

Estabelece diretrizes gerais sobre medidas de prevenção e combate a incêndio e a desastres em estabelecimentos, edificações e áreas de reunião de público; altera as Leis n. 8.078, de 11 de setembro de 1990, e 10.406, de 10 de janeiro de 2002 – Código Civil; e dá outras providências.

O Presidente da República

Faço saber que o Congresso Nacional decreta e eu sanciono a seguinte Lei:

Art. 1º Esta Lei:

I – estabelece diretrizes gerais e ações complementares sobre prevenção e combate a incêndio e a desastres em estabelecimentos, edificações e áreas de reunião de público, atendendo ao disposto no inciso XX do art. 21, no inciso I, *in fine*, do art. 24, no § 5º, *in fine*, do art. 144 e no *caput* do art. 182 da Constituição Federal;

II – altera as seguintes Leis:

a) Lei n. 8.078, de 11 de setembro de 1990, que dispõe sobre a proteção do consumidor e dá outras providências; e

b) Lei n. 10.406, de 10 de janeiro de 2002 – Código Civil;

III – define atos sujeitos à aplicação da Lei n. 8.429, de 2 de junho de 1992, que dispõe sobre as sanções aplicáveis aos agentes públicos nos casos de enriquecimento ilícito no exercício de mandato, cargo, emprego ou função na administração pública direta, indireta ou fundacional e dá outras providências;

IV – caracteriza a prevenção de incêndios e desastres como condição para a execução de projetos artísticos, culturais, esportivos, científicos e outros que envolvam incentivos fiscais da União; e

V – prevê responsabilidades para os órgãos de fiscalização do exercício das profissões das áreas de engenharia e de arquitetura, na forma que especifica.

Art. 2º O planejamento urbano a cargo dos Municípios deverá observar normas especiais de prevenção e combate a incêndio e a desastres para locais de grande concentração e circulação de pessoas, editadas pelo poder público municipal, respeitada a legislação estadual pertinente ao tema.

§ 1º As normas especiais previstas no *caput* deste artigo abrangem estabelecimentos, edificações de comércio e serviços e áreas de reunião de público, cobertos ou descobertos, cercados ou não, com ocupação simultânea potencial igual ou superior a cem pessoas.

§ 2º Mesmo que a ocupação simultânea potencial seja inferior a cem pessoas, as normas especiais previstas no *caput* deste artigo serão estendidas aos estabelecimentos, edificações de comércio e serviços e áreas de reunião de público:

I – (Vetado);

II – que, pela sua destinação:

a) sejam ocupados predominantemente por idosos, crianças ou pessoas com dificuldade de locomoção; ou

b) contenham em seu interior grande quantidade de material de alta inflamabilidade.

§ 3º Desde que se assegure a adoção das medidas necessárias de prevenção e combate a incêndio e a desastres, ato do prefeito municipal poderá conceder autorização especial para a realização de eventos que integram o patrimônio cultural local ou regional.

§ 4º As medidas de prevenção referidas no § 3º deste artigo serão analisadas previamente pelo Corpo de Bombeiros Militar, com a realização de vistoria *in loco*.

§ 5º Nos locais onde não houver possibilidade de realização da vistoria prevista no § 4º deste artigo pelo Corpo de Bombeiros Militar, a análise das medidas de prevenção ficará a cargo da equipe técnica da prefeitura municipal com treinamento em prevenção e combate a incêndio e emergências, mediante o convênio referido no § 2º do art. 3º desta Lei.

§ 6º As disposições deste artigo aplicam-se, também, a imóveis públicos ou ocupados pelo poder público e a instalações temporárias.

§ 7º Regulamento disporá sobre o licenciamento simplificado de microempresas e empresas de pequeno porte, cuja atividade não ofereça risco de incêndios.

Art. 3º Cabe ao Corpo de Bombeiros Militar planejar, analisar, avaliar, vistoriar, aprovar e fiscalizar as medidas de prevenção e combate a incêndio e a desastres em estabelecimentos, edificações e áreas de reunião de público, sem prejuízo das prerrogativas municipais no controle das edificações e do uso, do parcelamento e da ocupação do solo urbano e das atribuições dos profissionais responsáveis pelos respectivos projetos.

(1) Publicada no *Diário Oficial da União*, de 31-3-2017.

§ 1º Inclui-se nas atividades de fiscalização previstas no *caput* deste artigo a aplicação de advertência, multa, interdição e embargo, na forma da legislação estadual pertinente.

§ 2º Os Municípios que não contarem com unidade do Corpo de Bombeiros Militar instalada poderão criar e manter serviços de prevenção e combate a incêndio e atendimento a emergências, mediante convênio com a respectiva corporação militar estadual.

Art. 4º O processo de aprovação da construção, instalação, reforma, ocupação ou uso de estabelecimentos, edificações e áreas de reunião de público perante o poder público municipal, voltado à emissão de alvará de licença ou autorização, ou documento equivalente, deverá observar:

I – o estabelecido na legislação estadual sobre prevenção e combate a incêndio e a desastres e nas normas especiais editadas na forma do art. 2º desta Lei;

II – as condições de acesso para operações de socorro e evacuação de vítimas;

III – a prioridade para uso de materiais de construção com baixa inflamabilidade e de sistemas preventivos de aspersão automática de combate a incêndio;

IV – (*Vetado*); e

V – as exigências fixadas no laudo ou documento similar expedido pelo Corpo de Bombeiros Militar, por força do disposto no art. 3º desta Lei.

§ 1º Nos Municípios onde não houver possibilidade de realização de vistoria in loco pelo Corpo de Bombeiros Militar, a emissão do laudo referido no inciso V do *caput* deste artigo fica a cargo da equipe técnica da prefeitura municipal com treinamento em prevenção e combate a incêndio e a emergências, mediante o convênio referido no § 2º do art. 3º desta Lei.

§ 2º A validade do alvará de licença ou autorização, ou documento equivalente expedido pelo poder público municipal na forma deste artigo, fica condicionada ao prazo de validade do laudo referido no inciso V do *caput* deste artigo.

§ 3º Sem prejuízo de outras medidas cabíveis e do disposto na Lei n. 11.901, de 12 de janeiro de 2009, o laudo referido no inciso V do *caput* deste artigo poderá exigir a existência de bombeiros civis e a fixação do seu quantitativo nos estabelecimentos, edificações e áreas de reunião de público, bem como de funcionários treinados para agir em situações de emergência, certificados por cursos oficialmente reconhecidos.

§ 4º Além do disposto neste artigo, cabe ao poder público municipal requerer outros requisitos de segurança nos estabelecimentos, nas edificações e nas áreas de reunião de público, considerando-se:

I – a capacidade e a estrutura física do local;

II – o tipo de atividade desenvolvida no local e em sua vizinhança; e

III – os riscos à incolumidade física das pessoas.

Art. 5º O poder público municipal e o Corpo de Bombeiros Militar realizarão fiscalizações e vistorias periódicas nos estabelecimentos comerciais e de serviços e nos edifícios residenciais multifamiliares, tendo em vista o controle da observância das determinações decorrentes dos processos de licenciamento ou autorização sob sua responsabilidade.

§ 1º (*Vetado*).

§ 2º Nos locais onde não houver possibilidade de realização de vistoria in loco pelo Corpo de Bombeiros Militar, a vistoria será realizada apenas pelo poder público municipal, garantida a participação da equipe técnica da prefeitura municipal com treinamento em prevenção e combate a incêndio e a emergências, mediante o convênio referido no § 2º do art. 3º desta Lei.

§ 3º Constatadas irregularidades nas vistorias previstas neste artigo, serão aplicadas as sanções administrativas cabíveis previstas nas legislações estadual e municipal, incluindo advertência, multa, interdição, embargo e outras medidas pertinentes.

§ 4º Constatadas condições de alto risco pelo poder público municipal ou pelo Corpo de Bombeiros Militar, o estabelecimento ou a edificação serão imediatamente interditados pelo ente público que fizer a constatação, assegurando-se, mediante provocação do interessado, a ampla defesa e o contraditório em processo administrativo posterior.

§ 5º (*Vetado*).

Art. 6º (*Vetado*).

Art. 7º As diretrizes estabelecidas por esta Lei serão suplementadas por normas estaduais, municipais e do Distrito Federal, na esfera de competência de cada ente político.

Parágrafo único. Os Estados, os Municípios e o Distrito Federal deverão considerar as peculiaridades regionais e locais e poderão, por ato motivado da autoridade competente, determinar medidas diferenciadas para cada tipo de estabelecimento, edificação ou área de reunião de público, voltadas a assegurar a prevenção e combate a incêndio e a desastres e a segurança da população em geral.

Art. 8º Os cursos de graduação em Engenharia e Arquitetura em funcionamento no País, em universidades e organizações de ensino públicas e privadas, bem como os cursos de tecnologia e de ensino médio correlatos, incluirão nas disciplinas ministradas conteúdo relativo à prevenção e ao combate a incêndio e a desastres.

Parágrafo único. Os responsáveis pelos cursos referidos no *caput* deste artigo terão o prazo de seis meses, contados da entrada em vigor desta Lei, para promover as complementações necessárias no conteúdo das disciplinas ministradas, visando a atender o disposto no *caput* deste artigo.

Art. 9º Será obrigatório curso específico voltado para a prevenção e combate a incêndio para os oficiais e praças integrantes dos setores técnicos e de fiscalização dos Corpos de Bombeiros Militares, em conformidade com seus postos e graduações e os cargos a serem desempenhados.

Art. 10. O poder público municipal e o Corpo de Bombeiros Militar manterão disponíveis, na rede mundial de computadores, informações completas sobre todos os alvarás de licença ou autorização, ou documento equivalente, laudos ou documento similar concedidos a estabelecimentos, edificações e áreas de reunião de público, com atividades permanentes ou temporárias.

§ 1º A obrigação estabelecida no *caput* deste artigo aplica-se também:

I – às informações referentes ao trâmite administrativo dos atos referidos no *caput* deste artigo; e

II – ao resultado das vistorias, perícias e outros atos administrativos relacionados à prevenção e ao combate a incêndio e a desastres.

§ 2º Os estabelecimentos de comércio e de serviços que contarem com sítio eletrônico na rede mundial de computadores deverão disponibilizar na respectiva página, de forma destacada, os alvarás e outros documentos referidos no *caput* deste artigo.

Art. 11. O disposto no art. 10 desta Lei não exime os responsáveis pelos estabelecimentos de comércio ou de serviço de manter visíveis ao público o alvará de funcionamento ou ato administrativo equivalente expedido pelo poder público municipal e demais documentações que são requisitos para o seu funcionamento.

Parágrafo único. Sem prejuízo de exigências complementares nesse sentido determinadas pelos órgãos competentes, deverão estar divulgados na entrada dos estabelecimentos de comércio ou de serviço:

I – o alvará de funcionamento ou ato administrativo equivalente; e

II – a capacidade máxima de pessoas.

Art. 12. (*Vetado*).

Art. 13. Incorre em improbidade administrativa, nos termos do art. 11 da Lei n. 8.429, de 2 de junho de 1992, o prefeito municipal que deixar de tomar as providências necessárias para garantir a observância:

I – do disposto no *caput* e nos §§ 1º e 2º do art. 2º, no prazo máximo de dois anos, contados da data de entrada em vigor desta Lei;

II – (*Vetado*); ou

III – (*Vetado*).

§ 1º (*Vetado*).

§ 2º Os Estados, os Municípios e o Distrito Federal estabelecerão, por lei própria, prazos máximos para o trâmite administrativo voltado à emissão de alvará de licença, autorização, laudo ou outros documentos relacionados à aplicação desta Lei.

Art. 14. (*Vetado*).

Art. 15. As informações sobre incêndios ocorridos no País em áreas urbanas serão reunidas em sistema unificado de informações, com a participação da União, dos Estados, do Distrito Federal e dos Municípios, integrado ao sistema de informações e monitoramento de desastres previsto pela Lei n. 12.608, de 10 de abril de 2012, nos termos do regulamento.

Art. 16. (*Vetado*).

Art. 19. (*Vetado*).

Art. 20. As disposições desta Lei serão aplicadas sem prejuízo das ações previstas no âmbito da Política Nacional de Proteção e Defesa Civil – PNPDEC e das prerrogativas dos entes públicos integrantes do Sistema Nacional de Proteção e Defesa Civil – SINPDEC, na forma da Lei n. 12.608, de 10 de abril de 2012.

Art. 21. Os órgãos de fiscalização do exercício das profissões de engenheiro e arquiteto, disciplinadas respectivamente pela Lei n. 5.194, de 24 de dezembro de 1966, e pela Lei n. 12.378, de 31 de dezembro de 2010, em seus atos de fiscalização, exigirão a apresentação dos projetos técnicos elaborados pelos profissionais, devidamente aprovados pelo poder público municipal.

§ 1º Nos projetos técnicos referidos no *caput* deste artigo incluem-se, conforme o caso, projetos de arquitetura, cálculo estrutural, instalações prediais, urbanização e outros a cargo de profissionais das áreas de engenharia e de arquitetura.

§ 2º Se a edificação estiver sujeita a projeto de prevenção de incêndios, também será exigida a sua apresentação aos órgãos de fiscalização profissional.

Art. 22. As medidas previstas nesta Lei devem observar as diretrizes de simplificação, racionalização e uniformização a que se refere o art. 6º da Lei Complementar n. 123, de 14 de dezembro de 2006, bem como o disposto no art. 5º da Lei n. 11.598, de 3 de dezembro de 2007.

Art. 23. Esta Lei entra em vigor após decorridos cento e oitenta dias de sua publicação oficial.

Brasília, 30 de março de 2017; 196º da Independência e 129º da República.

Michel Temer

Lei n. 13.477, de 30 de agosto de 2017 (1)

Dispõe sobre a instalação de cerca eletrificada ou energizada em zonas urbana e rural.

O Presidente da Câmara dos Deputados, no exercício do cargo de Presidente da República

Faço saber que o Congresso Nacional decreta e eu sanciono a seguinte Lei:

Art. 1º Esta Lei estabelece os cuidados e procedimentos que devem ser observados na instalação de cerca eletrificada ou energizada em zonas urbana e rural.

Art. 2º As instalações de que trata o art. 1º deverão observar as seguintes exigências:

I – o primeiro fio eletrificado deverá estar a uma altura compatível com a finalidade da cerca eletrificada;

(1) Publicada no *Diário Oficial da União*, de 31-8-2017.

II – em áreas urbanas, deverá ser observada uma altura mínima, a partir do solo, que minimize o risco de choque acidental em moradores e em usuários das vias públicas;

III – o equipamento instalado para energizar a cerca deverá prover choque pulsativo em corrente contínua, com amperagem que não seja mortal, em conformidade com as normas da Associação Brasileira de Normas Técnicas (ABNT);

IV – deverão ser fixadas, em lugar visível, em ambos os lados da cerca eletrificada, placas de aviso que alertem sobre o perigo iminente de choque e que contenham símbolos que possibilitem a sua compreensão por pessoas analfabetas;

V – a instalação de cercas eletrificadas próximas a recipientes de gás liquefeito de petróleo deve obedecer às normas da ABNT.

Art. 3º Sem prejuízo de sanções penais e civis pelo descumprimento dos procedimentos definidos nesta Lei, é estabelecida a penalidade de multa de R$ 5.000,00 (cinco mil reais) para o proprietário do imóvel infrator, ou síndico, no caso de área comum de condomínio edilício, e de R$ 10.000,00 (dez mil reais) para o responsável técnico pela instalação.

§ 1º (*Vetado*).

§ 2º (*Vetado*).

§ 3º A multa prevista no *caput* deste artigo será transferida ao morador do imóvel no caso em que o proprietário provar que a cerca eletrificada foi instalada sem o seu consentimento.

§ 4º A multa prevista no *caput* deste artigo será aplicada em dobro, no caso de reincidência.

§ 5º O valor da multa referido no *caput* deste artigo poderá ser atualizado por decreto.

Art. 4º Os imóveis que, na data de publicação desta Lei, possuam cerca eletrificada ou energizada também deverão adequar-se aos parâmetros nela previstos.

Art. 5º Esta Lei entra em vigor após decorridos noventa dias de sua publicação oficial.

Brasília, 30 de agosto de 2017; 196º da Independência e 129º da República.

Rodrigo Maia

Lei n. 13.589, de 4 de janeiro de 2018 [1]

Dispõe sobre a manutenção de instalações e equipamentos de sistemas de climatização de ambientes.

O Presidente da República:

Faço saber que o Congresso Nacional decreta e eu sanciono a seguinte Lei:

Art. 1º Todos os edifícios de uso público e coletivo que possuem ambientes de ar interior climatizado artificialmente devem dispor de um Plano de Manutenção, Operação e Controle – PMOC dos respectivos sistemas de climatização, visando à eliminação ou minimização de riscos potenciais à saúde dos ocupantes.

§ 1º Esta Lei, também, se aplica aos ambientes climatizados de uso restrito, tais como aqueles dos processos produtivos, laboratoriais, hospitalares e outros, que deverão obedecer a regulamentos específicos.

§ 2º (Vetado).

Art. 2º Para os efeitos desta Lei, são adotadas as seguintes definições:

I – ambientes climatizados artificialmente: espaços fisicamente delimitados, com dimensões e instalações próprias, submetidos ao processo de climatização por meio de equipamentos;

II – sistemas de climatização: conjunto de instalações e processos empregados para se obter, por meio de equipamentos em recintos fechados, condições específicas de conforto e boa qualidade do ar, adequadas ao bem-estar dos ocupantes; e

III – manutenção: atividades de natureza técnica ou administrativa destinadas a preservar as características do desempenho técnico dos componentes dos sistemas de climatização, garantindo as condições de boa qualidade do ar interior.

Art. 3º Os sistemas de climatização e seus Planos de Manutenção, Operação e Controle – PMOC devem obedecer a parâmetros de qualidade do ar em ambientes climatizados artificialmente, em especial no que diz respeito a poluentes de natureza física, química e biológica, suas tolerâncias e métodos de controle, assim como obedecer aos requisitos estabelecidos nos projetos de sua instalação.

Parágrafo único. Os padrões, valores, parâmetros, normas e procedimentos necessários à garantia da boa qualidade do ar interior, inclusive de temperatura, umidade, velocidade, taxa de renovação e grau de pureza, são os regulamentados pela Resolução n. 9, de 16 de janeiro de 2003, da Agência Nacional de Vigilância Sanitária – ANVISA, e posteriores alterações, assim como as normas técnicas da ABNT – Associação Brasileira de Normas Técnicas.

Art. 4º Aos proprietários, locatários e prepostos responsáveis por sistemas de climatização já instalados é facultado o prazo de 180 (cento e oitenta) dias, a contar da regulamentação desta Lei, para o cumprimento de todos os seus dispositivos.

Art. 5º Esta Lei entra em vigor na data da sua publicação.

Brasília, 4 de janeiro de 2018; 197º da Independência e 130º da República.

Michel Temer

(1) Publicada no *Diário Oficial da União*, de 5-1-2018.

Legislação Complementar

Resolução n. 571, de 21 de março de 2018 (1)

Autoriza o Enfermeiro do Trabalho preencher, emitir e assinar Laudo de Monitorização Biológica, previsto no Perfil Profissiográfico Previdenciário-PPP.

O Conselho Federal de Enfermagem (Cofen), no uso das atribuições que lhe são conferidas pela Lei n. 5.905, de 12 de julho de 1973, e pelo Regimento da Autarquia, aprovado pela Resolução Cofen n. 421, de 15 de fevereiro de 2012.

Considerando a Lei n. 7.498, de 25 de junho de 1986, e o Decreto n. 94.406, de 08 de junho de 1987, que regulamentam o exercício da Enfermagem no país;

Considerando o Código de Ética dos Profissionais de Enfermagem, aprovado pela Resolução Cofen n. 564, de 6 de novembro de 2017;

Considerando a Resolução Cofen n. 358/2009, que dispõe sobre a Sistematização da Assistência de Enfermagem;

Considerando a Resolução Cofen n. 389/2011, que atualiza, no âmbito do Sistema Cofen/Conselhos Regionais de Enfermagem, os procedimentos para registro de título de pós-graduação *lato* e *stricto sensu* concedido a Enfermeiros e lista as especialidades;

Considerando a Resolução Cofen n. 509/2016, que normatiza as condições para Anotação de Responsabilidade Técnica pelo Serviço de Enfermagem e define as atribuições do Enfermeiro Responsável Técnico;

Considerando o Decreto n. 7.602 de 07/11/2012, publicado no D.O.U. 08/11/2011 – Seção 1, que dispõe sobre a Política Nacional de Segurança e Saúde do Trabalho – PNSST

Considerando a Portaria n. 1.823, de 23/08/2012, publicada no D.O.U. 24/08/2012, que institui a Política Nacional de Saúde do Trabalhador e da Trabalhadora.

Considerando a Portaria n. 3.214, de 8 de junho de 1978, que aprova as Normas Regulamentadoras-NR – do Capítulo V, Título II, da Consolidação das Leis do Trabalho relativas à Segurança e Medicina do Trabalho;

Considerando o § 1º, do art. 148 da Instrução Normativa INSS/DC 95/2003, que institui o PPP;

Considerando a Instrução Normativa INSS/PRES n. 85, de 18 de fevereiro de 2016, publicada no D.O.U. de 19/02/2016, em seu art. 2º, anexo I, itens 17 e 18, os quais versam sobre Resultados de Monitorização Biológica; e

Considerando a deliberação do Plenário do Conselho Federal de Enfermagem em sua 498ª Reunião Ordinária e tudo mais que consta dos autos do Processo Administrativo Cofen n. 452/2018; resolve:

Art. 1º Fica autorizado ao Enfermeiro do Trabalho, inscrito, reconhecido e registrado como especialista no respectivo Conselho Regional de Enfermagem, preencher, emitir e assinar o Laudo de Monitorização Biológica, previsto no Perfil Profissiográfico Previdenciário-PPP.

Art. 2º O Perfil Profissiográfico Previdenciário-PPP deve ser preenchido pelas empresas que exercem atividades que exponham seus empregados a agentes nocivos químicos, físicos, biológicos ou associação de agentes prejudiciais à saúde ou à integridade física nos termos definidos pela legislação vigente.

Art. 3º O Enfermeiro do Trabalho, para dar cumprimento a esta Resolução, poderá preencher todos os campos relativos ao Anexo I, itens 17 e 18, da IN INSS/PRES n. 85, de 18/02/2016, DOU de 19/02/2016, referentes a exames médicos obrigatórios, clínicos e complementares, realizados para o trabalhador, como responsável pela Monitoração Biológica, constante no PPP.

Art. 4º Para respaldo ético e profissional da conduta e decisão adotada, estará o Enfermeiro obrigado a manter Registros no prontuário do trabalhador, assegurando a realização da Sistematização da Assistência de Enfermagem (SAE).

Art. 5º Esta Resolução entra em vigor na data de sua publicação, revogando disposições em contrário, especialmente a Resolução Cofen 289/2004.

Brasília, 21 de março de 2018.

Manoel Carlos N. da Silva

(1) Publicada no *Diário Oficial da União*, de 28-3-2018.

Resolução n. 162, de 24 de maio de 2018 (2)

Dispõe sobre o registro de título complementar e o exercício das atividades do arquiteto e urbanista com especialização em Engenharia de Segurança do Trabalho e dá outras providências.

O Conselho de Arquitetura e Urbanismo do Brasil (CAU/BR), no exercício das competências e prerrogativas de que tratam o art. 28 da Lei n. 12.378, de 31 de dezembro de 2010, e os arts. 2º, 4º e 30 do Regimento Interno aprovado pela Deliberação Plenária Ordinária DPOBR n. 0065-05/2017, de 28 de abril de 2017, e instituído pela Resolução CAU/BR n. 139, de 28 de abril de 2017, e de acordo com a Deliberação Plenária Ordinária DPOBR n. 0078-08/2018, de 24 de maio de 2018, adotada na Reunião Plenária Ordinária n. 78, realizada no dia 24 de maio de 2018; e

Considerando a Lei n. 7.410, de 27 de novembro de 1985, que dispõe sobre a Especialização de Engenheiros e Arquitetos em Engenharia de Segurança do Trabalho, e o Decreto n. 92.530, de 9 de abril de 1986, que regulamenta a Lei e estabelece as condições para

(2) Publicada no *Diário Oficial da União*, de 19-6-2018.

o exercício da especialização de "Engenheiro de Segurança do Trabalho" no Brasil;

Considerando que o art. 3º da Lei n. 7.410, de 1985, determina que o exercício da atividade de Engenheiros e Arquitetos na especialização em Engenharia de Segurança do Trabalho dependerá de registro em Conselho Regional de Engenharia, Arquitetura e Agronomia;

Considerando que as questões relativas aos arquitetos e urbanistas, constantes da Lei n. 5.194, de 24 de dezembro de 1966, e da Lei n. 6.496, de 7 de dezembro de 1977, passaram a ser regulamentadas pela Lei n. 12.378, de 31 de dezembro de 2010;

Considerando que o § 1º do art. 2º do Decreto-lei n. 4.657, de 4 de setembro de 1942, prevê que a lei posterior revoga a anterior [...] quando regule inteiramente a matéria de que tratava a lei anterior;

Considerando que, a partir da vigência da Lei n. 12.378, de 2010, os arquitetos e urbanistas passaram a ter registro profissional nos Conselhos de Arquitetura e Urbanismo dos Estados e do Distrito Federal (CAU/UF);

Considerando a Resolução CAU/BR n. 21, de 5 de abril de 2012, que detalha em seu art. 3º o rol de atividades técnicas de atribuição e campo de atuação dos arquitetos e urbanistas para fins de Registro de Responsabilidade Técnica (RRT) e formação de acervo técnico no CAU;

Considerando o Regimento Geral do CAU, instituído pela Resolução CAU/BR n. 139, de 28 de abril de 2017, no qual foram adotadas as seguintes definições e convenções:

I – CAU: refere-se ao conjunto autárquico formado pelo Conselho de Arquitetura e Urbanismo do Brasil (CAU/BR) e pelos Conselhos de Arquitetura e Urbanismo dos Estados e do Distrito Federal (CAU/UF); e

II – CAU/UF: refere-se, genericamente, a qualquer dos Conselhos de Arquitetura e Urbanismo dos Estados e do Distrito Federal;

Considerando a necessidade de aperfeiçoar os procedimentos relativos ao registro e exercício das atividades do arquiteto e urbanista com especialização em Engenharia de Segurança do Trabalho, previstos na Resolução CAU/BR n. 10, de 16 de janeiro de 2012; resolve:

Capítulo I

Das Disposições Preliminares

Art. 1º A habilitação para o exercício das atividades de especialização em Engenharia de Segurança do Trabalho pelos arquitetos e urbanistas dependerá de registro profissional ativo e do registro do título complementar de "Engenheiro (a) de Segurança do Trabalho (Especialização)" em um dos Conselhos de Arquitetura e Urbanismo dos Estados e do Distrito Federal (CAU/UF), nos termos desta Resolução.

Art. 2º O exercício das atividades de Engenharia de Segurança do Trabalho é permitido, exclusivamente, ao arquiteto e urbanista que seja:

I – portador de certificado de conclusão de curso de especialização, em nível de pós-graduação, em Engenharia de Segurança do Trabalho; ou

II – portador de certificado de curso de especialização em Engenharia de Segurança do Trabalho, realizado em caráter prioritário pelo Ministério do Trabalho; ou

III – portador de registro de Engenharia de Segurança do Trabalho, expedido pelo Ministério do Trabalho, dentro de 180 (cento e oitenta) dias da extinção do curso referido no item anterior.

Parágrafo único. Para os fins desta Resolução, o título único de arquiteto e urbanista compreende, em conformidade com o art. 55 da Lei n. 12.378, de 2010, os títulos de arquiteto, arquiteto e urbanista e engenheiro arquiteto.

Art. 3º Ficam asseguradas aos arquitetos e urbanistas possuidores de anotação da especialização de Engenheiro (a) ou de Engenharia de Segurança do Trabalho efetuada pelos então Conselhos Regionais de Engenharia, Arquitetura e Agronomia (CREA) antes da entrada em vigor da Lei n. 12.378, de 2010, as prerrogativas estabelecidas na Lei n. 7.410, de 1985, e nos normativos específicos do CAU/BR.

Capítulo II

Do Registro do Título Complementar de Engenheiro(a) de Segurança do Trabalho (Especialização)

Art. 4º O registro da titularidade complementar de "Engenheiro (a) de Segurança do Trabalho (Especialização) no CAU deverá ser requerido pelo arquiteto e urbanista, com registro ativo no CAU, por meio do preenchimento de formulário específico disponível no ambiente profissional do Sistema de Informação e Comunicação dos Conselhos de Arquitetura e Urbanismo (SICCAU).

§ 1º O formulário de requerimento de que trata o *caput* deste artigo, ao ser cadastrado, gera o número do protocolo SICCAU que instaura o processo administrativo e que será submetido à análise e aprovação do CAU/UF pertinente.

§ 2º A responsabilidade pela aprovação do processo mencionado no parágrafo anterior é da Comissão de Ensino e Formação (CEF) do CAU/UF, que poderá delegar a análise e instrução do processo para o corpo técnico por meio de Deliberação de Comissão.

§ 3º Para os fins desta Resolução, o CAU/UF pertinente é aquele de jurisdição do endereço de registro do profissional, conforme cadastrado no SICCAU.

Art. 5º No ato do preenchimento do requerimento, o interessado deverá instruir o formulário com o certi-

Legislação Complementar

ficado de conclusão de curso de pós-graduação acompanhado do respectivo histórico escolar, apresentados na forma de arquivos digitais, contendo, obrigatoriamente, as seguintes informações:

I – relação das disciplinas, carga horária, nota ou conceito;

II – período em que o curso foi realizado, incluindo datas de início e conclusão;

III – título da monografia ou do trabalho de conclusão do curso e nota ou conceito obtido; e

IV – identificação do corpo docente com sua respectiva qualificação.

§ 1º A instituição de ensino deverá ser credenciada pelo Ministério da Educação (MEC), de acordo com a legislação educacional em vigor.

§ 2º O curso deve atender as diretrizes curriculares fixadas pelo Conselho Nacional de Educação (CNE), conforme determina o parágrafo único do art. 1º da Lei 7.410, de 1985, observando-se as disciplinas básicas exigidas, a carga horaria e o tempo de integralização mínimos e os requisitos do corpo docente exigidos pela legislação educacional em vigor.

Art. 6º O prazo de análise do requerimento de anotação do curso será de até 60 (sessenta dias), contados a partir da data do requerimento e desde que este contenha toda documentação mencionada no art. 5º desta Resolução.

§ 1º Os procedimentos para análise do requerimento serão definidos por meio de instrução específica emitida pelo CAU/BR, por meio da Comissão de Ensino e Formação (CEF-CAU/BR), com a finalidade de orientar e instruir os CAU/UF quantos aos procedimentos administrativos, com base no Manual de Atos Administrativos e Normativos de Competência do CAU/BR.

§ 2º Ao finalizar a análise e fundamentar sua decisão, o CAU/UF pertinente deverá comunicar o profissional interessado sobre o deferimento ou indeferimento do pleito.

Art. 7º No caso de indeferimento do pleito, o CAU/UF pertinente deverá informar ao profissional que ele poderá interpor recurso ao Plenário do CAU/UF em face da decisão da CEFCAU/UF.

Art. 8º O registro da titularidade complementar e a atribuição para o exercício da especialização em Engenharia de Segurança do Trabalho somente será efetuada mediante a aprovação e deferimento do requerimento por parte do CAU/UF pertinente.

Parágrafo único. O título complementar a ser cadastrado no SICCAU, no registro do profissional, nas certidões a serem expedidas, nos Registros de Responsabilidade Técnica (RRT) a serem efetuados e na Carteira de Identificação Profissional, será de "Engenheiro(a) de Segurança do Trabalho (Especialização)".

Art. 9º Os documentos, as comunicações enviadas e recebidas, a decisão e a data de deferimento ou indeferimento ficarão registrados no SICCAU, no protocolo do requerimento.

Capítulo III

Das Atividades do Arquiteto e Urbanista com Especialização em Engenharia de Segurança do Trabalho

Art. 10. As atividades dos arquitetos e urbanistas no exercício da especialização em Engenharia de Segurança do Trabalho, em conformidade com normativo educacional vigente, são:

I – supervisão, coordenação, gerenciamento e orientação técnica dos serviços de Engenharia de Segurança do Trabalho;

II – estudo das condições de segurança dos locais de trabalho e das instalações e equipamentos, com vistas especialmente aos problemas de controle de risco, controle de poluição, higiene do trabalho, ergonomia, proteção contra incêndio e saneamento;

III – planejamento, desenvolvimento e implantação de técnicas relativas a gerenciamento e controle de riscos;

IV – realização de vistorias, avaliações, perícias e arbitramentos, emissão de pareceres e laudos técnicos e indicação de medidas de controle sobre grau de exposição a agentes agressivos de riscos físicos, químicos e biológicos, tais como poluentes atmosféricos, ruídos, calor, radiação em geral e pressões anormais, caracterizando as atividades, operações e locais insalubres e perigosos;

V – análise de riscos, acidentes e falhas, investigando causas, propondo medidas preventivas e corretivas e orientando trabalhos estatísticos, inclusive com respeito a custo;

VI – proposição de políticas, programas, normas e regulamentos de segurança do trabalho, zelando pela sua observância;

VII – elaboração de projetos de sistemas de segurança e assessoramento na elaboração de projetos de obras, instalações e equipamentos, opinando do ponto de vista da Engenharia de Segurança do Trabalho;

VIII – estudo das instalações, máquinas e equipamentos, identificando seus pontos de risco e projetando dispositivos de segurança;

IX – projeto de sistemas de proteção contra incêndio, coordenação de atividades de combate a incêndio e de salvamento e elaboração de planos para emergência e catástrofes;

X – inspeção de locais de trabalho no que se relaciona com a segurança do trabalho, delimitando áreas de periculosidade;

XI – especificação, controle e fiscalização de sistemas de proteção coletiva e de equipamentos de segurança, inclusive os de proteção individual e os de proteção contra incêndio, assegurando-se de sua qualidade e eficiência;

XII – participação na especificação para aquisição de substâncias e equipamentos cuja manipulação, armazenamento, transporte ou funcionamento possam apresentar riscos, acompanhando o controle do recebimento e da expedição;

XIII – elaboração de planos destinados a criar e desenvolver a prevenção de acidentes, promovendo a instalação de comissões e assessorando o funcionamento;

XIV – orientação de treinamento específico de segurança do trabalho e assessoramento na elaboração de programas de treinamento geral, no que diz respeito à segurança do trabalho;

XV – acompanhamento da execução de obras e serviços decorrentes da adoção de medidas de segurança, quando a complexidade dos trabalhos a executar assim o exigir;

XVI – colaboração na fixação de requisitos de aptidão para o exercício de funções, apontando os riscos decorrentes desses exercícios;

XVII – proposição de medidas preventivas no campo da segurança do trabalho, em face do conhecimento da natureza e gravidade das lesões provenientes do acidente de trabalho, incluídas as doenças do trabalho;

XVIII – informação aos trabalhadores e à comunidade, diretamente ou por meio de seus representantes, das condições que possam trazer danos a sua integridade e as medidas que eliminem ou atenuem estes riscos e que deverão ser tomadas;

XIX – organização e supervisão das CIPAS;

XX – outras atividades destinadas a prevenir riscos à integridade da pessoa humana e a promover a proteção à saúde do trabalhador no ambiente de trabalho.

Art. 11. No exercício das atividades de especialista em Engenharia de Segurança do Trabalho, o arquiteto e urbanista efetuará o Registro de Responsabilidade Técnica (RRT) no CAU, nos termos da norma específica do CAU/BR sobre Registro de Responsabilidade Técnica (RRT), e em conformidade com as atividades técnicas previstas no item "7. ENGENHARIA DE SEGURANÇA DO TRABALHO" do art. 3º da Resolução CAU/BR n. 21, de 5 de abril de 2012.

Parágrafo único. Para atendimento de todas as atividades listadas no art. 10 desta Resolução, serão incluídas no subitem 7.8 do item 7 do art. 3º da Resolução CAU/BR n. 21, de 2012, as atividades técnicas listadas no art. 14 desta Resolução.

Capítulo IV
Das Disposições Finais e Transitórias

Art. 12. Constatado que as informações fornecidas pelo profissional são inverídicas, este estará sujeito à autuação por infração à legislação reguladora da profissão e por falta ética, sujeitando-se às cominações legais e regulamentares aplicáveis.

Parágrafo único. Para apuração e constatação da infração legal ou da falta ética de que trata o *caput* deste artigo, deverá ser instaurado o devido processo administrativo, seguindo os ritos processuais dispostos nos normativos específicos do CAU/BR que tratam de fiscalização e ética e disciplina.

Art. 13. O arquiteto e urbanista, que já possui o título complementar de "Especialista em Engenharia de Segurança do Trabalho" registrado no CAU e a Carteira de Identificação Profissional emitida, poderá solicitar a troca da sua carteira no CAU/UF pertinente para que a nova Carteira contemple a nova nomenclatura de título complementar "Engenheiro(a) de Segurança do Trabalho (Especialização)", por meio do requerimento de segunda via de carteira, nos termos da norma específica do CAU/BR sobre carteiras.

Parágrafo único. Para os casos definidos no *caput* deste artigo, o profissional que requerer a troca da carteira no prazo de 180 (cento e oitenta) dias, contados da data de entrada em vigor desta Resolução, estará isento do pagamento da taxa correspondente para emissão da segunda via da carteira de identidade profissional definitiva.

....

Art. 15. Revoga-se a Resolução CAU/BR n. 10, de 16 de janeiro de 2012.

Art. 16. Esta Resolução entra em vigor 90 (noventa dias) da data de publicação.

Luciano Guimarães

Decreto n. 9.579, de 22 de novembro de 2018 (1)

Consolida atos normativos editados pelo Poder Executivo federal que dispõem sobre a temática do lactente, da criança e do adolescente e do aprendiz, e sobre o Conselho Nacional dos Direitos da Criança e do Adolescente, o Fundo Nacional para a Criança e o Adolescente e os programas federais da criança e do adolescente, e dá outras providências.

O Presidente da República, no uso da atribuição que lhe confere o art. 84, *caput*, inciso IV, da Constituição, e tendo em vista o disposto na Lei Complementar n. 95, de 26 de fevereiro de 1998, e na Lei n. 8.069, de 13 de julho de 1990 – Estatuto da Criança e do Adolescente, decreta:

Título I
Disposições Preliminares

Art. 1º Este Decreto consolida os atos normativos editados pelo Poder Executivo federal que dispõem sobre a temática da criança e do adolescente, em ob-

(1) Publicado no *Diário Oficial da União* de 23-11-2018. A Lei n. 11.692, de 10-6-2008, dispõe sobre o Programa Nacional de Inclusão de Jovens – Projovem.

servância ao disposto na Lei Complementar n. 95, de 26 de fevereiro de 1998, e no Decreto n. 9.191, de 1º de novembro de 2017.

• Citados diplomas dispõem sobre a elaboração, redação, alteração, consolidação e encaminhamento de propostas de atos normativos.

§ 1º Para fins do disposto neste Decreto, considera-se consolidação a reunião de atos normativos pertinentes a determinada matéria em um único diploma legal, com a revogação formal daqueles atos normativos incorporados à consolidação e sem a modificação do alcance nem da interrupção da força normativa dos dispositivos consolidados, nos termos do disposto no art. 13, § 1º, da Lei Complementar n. 95, de 1998, e no art. 45 do Decreto n. 9.191, de 2017.

§ 2º A consolidação de atos normativos tem por objetivo eliminar do ordenamento jurídico brasileiro normas de conteúdo idêntico ou divergente, observado o disposto no art. 46 do Decreto n. 9.191, de 2017.

Art. 2º Para fins do disposto neste Decreto, considera-se criança a pessoa com até doze anos de idade incompletos e adolescente a pessoa entre doze e dezoito anos de idade, em observância ao disposto na Lei n. 8.069, de 13 de julho de 1990 – Estatuto da Criança e do Adolescente.

Parágrafo único. Nas hipóteses previstas em lei, o disposto neste Decreto se aplica, excepcionalmente, às pessoas entre dezoito e vinte e um anos.

TÍTULO II
Dos Direitos Fundamentais da Criança e do Adolescente

CAPÍTULO V
Do Direito à Profissionalização

Seção I
Das Atividades Voluntárias

Art. 42. Crianças e Adolescentes poderão participar de atividades voluntárias, desde que acompanhados ou expressamente autorizados pelos pais ou responsáveis, observado o disposto na legislação específica de proteção à criança e ao adolescente, conforme o disposto no art. 15 do Decreto n. 9.149, de 28 de agosto de 2017.

• Citado artigo dispõe: "Art. 15. Crianças e adolescentes poderão participar de atividades voluntárias, desde que acompanhados ou expressamente autorizados pelos pais ou responsáveis, observada a legislação específica de proteção à criança e ao adolescente".

Seção II
Do Aprendiz

Art. 43. Nas relações jurídicas pertinentes à contratação de aprendizes, será observado o disposto neste Capítulo.

• *Vide* arts. 14 a 16 da Lei n. 12.852, de 5-8-2013 (Estatuto da Juventude).

Art. 44. Para fins do disposto neste Capítulo, considera-se aprendiz a pessoa maior de quatorze anos e menor de vinte e quatro anos que celebra contrato de aprendizagem, nos termos do disposto no art. 428 da Consolidação das Leis do Trabalho – CLT, aprovada pelo Decreto-lei n. 5.452, de 1º de maio de 1943.

Parágrafo único. A idade máxima prevista no *caput* deste artigo não se aplica a aprendizes com deficiência.

Seção III
Do Contrato de Aprendizagem

•• A CLT dispõe sobre proteção ao trabalho do menor nos arts. 402 e s.

Art. 45. Contrato de aprendizagem é o contrato de trabalho especial, ajustado por escrito e por prazo determinado não superior a dois anos, em que o empregador se compromete a assegurar ao aprendiz, inscrito em programa de aprendizagem, formação técnico-profissional metódica compatível com o seu desenvolvimento físico, moral e psicológico, e o aprendiz se compromete a executar, com zelo e diligência, as tarefas necessárias a essa formação.

Parágrafo único. A comprovação da escolaridade de aprendiz com deficiência psicossocial deverá considerar, sobretudo, as habilidades e as competências relacionadas com a profissionalização.

Art. 46. A validade do contrato de aprendizagem pressupõe anotação na Carteira de Trabalho e Previdência Social, matrícula e frequência do aprendiz à escola, caso não tenha concluído o ensino fundamental, e inscrição em programa de aprendizagem desenvolvido sob a orientação de entidade qualificada em formação técnico-profissional metódica.

Art. 47. O descumprimento das disposições legais e regulamentares importará a nulidade do contrato de aprendizagem, nos termos do disposto no art. 9º da CLT, aprovada pelo Decreto-lei n. 5.452, de 1943, situação em que fica estabelecido o vínculo empregatício diretamente com o empregador responsável pelo cumprimento da cota de aprendizagem.

Parágrafo único. O disposto no *caput* não se aplica, quanto ao vínculo, a pessoa jurídica de direito público.

Seção IV
Da Formação Técnico-Profissional e das Entidades Qualificadas em Formação Técnico-Profissional Metódica

Subseção I
Da formação técnico-profissional

Art. 48. Para fins do disposto neste Capítulo, considera-se formação técnico-profissional metódica para os efeitos do contrato de aprendizagem as atividades teóricas e práticas, metodicamente organizadas em tarefas de complexidade progressiva desenvolvidas no ambiente de trabalho.

Parágrafo único. A formação técnico-profissional metódica de que trata o *caput* será realizada por meio de programas de aprendizagem organizados e desenvolvidos sob a orientação e a responsabilidade de entidades qualificadas em formação técnico-profissional metódica estabelecidas no art. 50.

Art. 49. A formação técnico-profissional do aprendiz obedecerá aos seguintes princípios:

I – garantia de acesso e frequência obrigatória no ensino fundamental;

II – horário especial para o exercício das atividades; e

III – capacitação profissional adequada ao mercado de trabalho.

Parágrafo único. Ao aprendiz com idade inferior a dezoito anos é assegurado o respeito à sua condição peculiar de pessoa em desenvolvimento.

Subseção II

Das entidades qualificadas em formação técnico-profissional metódica

Art. 50. Consideram-se entidades qualificadas em formação técnico-profissional metódica:

• *Vide* arts. 48, parágrafo único, 55 e 57 deste Decreto.

I – os serviços nacionais de aprendizagem, assim identificados:

a) Serviço Nacional de Aprendizagem Industrial – Senai;

b) Serviço Nacional de Aprendizagem Comercial – Senac;

c) Serviço Nacional de Aprendizagem Rural – Senar;

d) Serviço Nacional de Aprendizagem do Transporte – Senat; e

e) Serviço Nacional de Aprendizagem do Cooperativismo – Sescoop;

II – as escolas técnicas e agrotécnicas de educação; e

III – as entidades sem fins lucrativos que tenham por objetivos a assistência ao adolescente e à educação profissional, registradas no conselho municipal dos direitos da criança e do adolescente.

§ 1º As entidades mencionadas no *caput* deverão dispor de estrutura adequada ao desenvolvimento dos programas de aprendizagem, de forma a manter a qualidade do processo de ensino e a acompanhar e avaliar os resultados.

§ 2º O Ministério do Trabalho editará, ouvido o Ministério da Educação, normas complementares para dispor sobre a avaliação da competência das entidades a que se refere o inciso III do *caput*.

§ 3º Compete ao Ministério do Trabalho instituir e manter cadastro nacional das entidades qualificadas em formação técnico-profissional metódica e disciplinar a compatibilidade entre o conteúdo e a duração do programa de aprendizagem, com vistas a garantir a qualidade técnico-profissional.

Seção V

Da Contratação de Aprendiz

Subseção I

Da obrigatoriedade da contratação de aprendiz

Art. 51. Estabelecimentos de qualquer natureza são obrigados a empregar e matricular nos cursos oferecidos pelos serviços nacionais de aprendizagem o número de aprendizes equivalente a cinco por cento, no mínimo, e quinze por cento, no máximo, dos trabalhadores existentes em cada estabelecimento cujas funções demandem formação profissional.

•• *Vide* art. 54 deste Decreto.

§ 1º Para o cálculo da porcentagem a que se refere o *caput*, as frações de unidade serão arredondadas para o número inteiro subsequente, hipótese que permite a admissão de aprendiz.

§ 2º Para fins do disposto neste Capítulo, considera-se estabelecimento todo complexo de bens organizado para o exercício de atividade econômica ou social do empregador, que se submeta ao regime da CLT, aprovada pelo Decreto-lei n. 5.452, de 1943.

Art. 52. Para a definição das funções que demandem formação profissional, deverá ser considerada a Classificação Brasileira de Ocupações do Ministério do Trabalho.

§ 1º Ficam excluídas da definição a que se refere o *caput* as funções que demandem, para o seu exercício, habilitação profissional de nível técnico ou superior, ou, ainda, as funções que estejam caracterizadas como cargos de direção, de gerência ou de confiança, nos termos do disposto no inciso II do *caput* e no parágrafo único do art. 62 e no § 2º do art. 224 da CLT, aprovada pelo Decreto-lei n. 5.452, de 1943.

§ 2º Deverão ser incluídas na base de cálculo todas as funções que demandem formação profissional, independentemente de serem proibidas para menores de dezoito anos.

Art. 53. A contratação de aprendizes deverá atender, prioritariamente, aos adolescentes entre quatorze e dezoito anos, exceto quando:

I – as atividades práticas da aprendizagem ocorrerem no interior do estabelecimento e sujeitarem os aprendizes à insalubridade ou à periculosidade, sem que se possa elidir o risco ou realizá-las integralmente em ambiente simulado;

II – a lei exigir, para o desempenho das atividades práticas, licença ou autorização vedada para pessoa com idade inferior a dezoito anos; e

III – a natureza das atividades práticas for incompatível com o desenvolvimento físico, psicológico e moral dos adolescentes aprendizes.

Parágrafo único. As atividades práticas da aprendizagem a que se refere o *caput* deverão ser designadas aos jovens de dezoito a vinte e quatro anos.

Art. 54. Ficam excluídos da base de cálculo de que trata o *caput* do art. 51 os empregados que executem os serviços prestados sob o regime de trabalho temporário, instituído pela Lei n. 6.019, de 3 de janeiro de 1973, e os aprendizes já contratados.

Parágrafo único. Na hipótese de empresas que prestem serviços especializados para terceiros, independentemente do local onde sejam executados, os empregados serão incluídos exclusivamente na base de cálculo da prestadora.

Art. 55. Na hipótese de os serviços nacionais de aprendizagem não oferecerem cursos ou vagas suficientes para atender à demanda dos estabelecimentos, esta poderá ser suprida por outras entidades qualificadas em formação técnico-profissional metódica, observado o disposto no art. 50.

Parágrafo único. A insuficiência de cursos ou vagas a que se refere o *caput* será verificada pela inspeção do trabalho.

Art. 56. Ficam dispensadas da contratação de aprendizes:

I – as microempresas e as empresas de pequeno porte; e

• *Vide* art. 51, III, da Lei Complementar n. 123, de 14-12-2006, que institui o Estatuto Nacional da Microempresa e da Empresa de Pequeno Porte.

II – as entidades sem fins lucrativos que tenham por objetivo a educação profissional.

Subseção II
Das espécies de contratação do aprendiz

Art. 57. A contratação do aprendiz deverá ser efetivada diretamente pelo estabelecimento que se obrigue ao cumprimento da cota de aprendizagem ou, supletivamente, pelas entidades sem fins lucrativos a que se refere o inciso III do *caput* do art. 50.

§ 1º Na hipótese de contratação de aprendiz diretamente pelo estabelecimento que se obrigue ao cumprimento da cota de aprendizagem, este assumirá a condição de empregador, hipótese em que deverá inscrever o aprendiz em programa de aprendizagem a ser ministrado pelas entidades indicadas no art. 50.

§ 2º A contratação de aprendiz por intermédio de entidade sem fins lucrativos, para fins do cumprimento da obrigação prevista no *caput* do art. 51, somente deverá ser formalizada após a celebração de contrato entre o estabelecimento e a entidade sem fins lucrativos, no qual, entre outras obrigações recíprocas, serão estabelecidas as seguintes:

I – a entidade sem fins lucrativos, simultaneamente ao desenvolvimento do programa de aprendizagem, assumirá a condição de empregador, com todos os ônus dela decorrentes, e assinará a Carteira de Trabalho e Previdência Social do aprendiz, na qual anotará, no espaço destinado às anotações gerais, a informação de que o contrato de trabalho específico decorrerá de contrato firmado com determinado estabelecimento para fins do cumprimento de sua cota de aprendizagem; e

II – o estabelecimento assumirá a obrigação de proporcionar ao aprendiz a experiência prática da formação técnico-profissional metódica a que este será submetido.

Art. 58. A contratação do aprendiz por empresas públicas e sociedades de economia mista ocorrerá de forma direta, nos termos do disposto no § 1º do art. 57, hipótese em que será realizado processo seletivo por meio de edital, ou nos termos do disposto no § 2º do referido artigo.

Parágrafo único. A contratação do aprendiz por órgãos e entidades da administração pública direta, autárquica e fundacional observará regulamento específico, hipótese em que não se aplica o disposto neste Capítulo.

Seção VI
Dos Direitos Trabalhistas e das Obrigações Acessórias

Subseção I
Da remuneração

Art. 59. Ao aprendiz, exceto se houver condição mais favorável, será garantido o salário mínimo-hora.

Parágrafo único. Para fins do disposto neste Capítulo, entende-se por condição mais favorável aquela estabelecida no contrato de aprendizagem ou prevista em convenção ou acordo coletivo de trabalho, em que se especifique o salário mais favorável ao aprendiz e o piso regional de que trata a Lei Complementar n. 103, de 14 de julho de 2000.

Subseção II
Da jornada

•• A CLT dispõe sobre jornada de trabalho nos arts. 58 a 65 e sobre jornada do menor nos arts. 411 a 414.

Art. 60. A jornada de trabalho do aprendiz não excederá seis horas diárias.

§ 1º Para os aprendizes que já tenham concluído o ensino fundamental, a jornada de trabalho poderá ser de até oito horas diárias, desde que nessa carga horária sejam computadas as horas destinadas à aprendizagem teórica.

§ 2º A jornada semanal do aprendiz inferior a vinte e cinco horas não caracterizará trabalho em regime de tempo parcial, de que trata o art. 58-A da CLT, aprovada pelo Decreto-lei n. 5.452, de 1943.

Art. 61. São vedadas a prorrogação e a compensação de jornada de trabalho.

Art. 62. A jornada de trabalho do aprendiz compreenderá as horas destinadas s atividades teóricas e práticas, simultâneas ou não, e caberá à entidade qualificada em formação técnico-profissional metódica estabelecê-las no plano do curso.

Art. 63. Na hipótese de o aprendiz menor de dezoito anos ser empregado em mais de um estabelecimento, as horas da jornada de trabalho em cada um dos estabelecimentos serão totalizadas.

Parágrafo único. Para estabelecer a jornada de trabalho do aprendiz menor de dezoito anos, a entidade qualificada em formação técnico-profissional metódica considerará os direitos assegurados pela Lei n. 8.069, de 1990 – Estatuto da Criança e do Adolescente.

Subseção III

Das atividades teóricas e práticas

Art. 64. As aulas teóricas do programa de aprendizagem deverão ocorrer em ambiente físico adequado ao ensino e com meios didáticos apropriados.

§ 1º As aulas teóricas poderão ocorrer sob a forma de aulas demonstrativas no ambiente de trabalho, hipótese em que é vedada qualquer atividade laboral do aprendiz, ressalvado o manuseio de materiais, ferramentas, instrumentos e assemelhados.

§ 2º É vedado ao responsável pelo cumprimento da cota de aprendizagem cometer ao aprendiz atividades diversas daquelas previstas no programa de aprendizagem.

Art. 65. As aulas práticas poderão ocorrer na própria entidade qualificada em formação técnico-profissional metódica ou no estabelecimento contratante ou concedente da experiência prática do aprendiz.

§ 1º Na hipótese de o ensino prático ocorrer no estabelecimento, será formalmente designado pela empresa, ouvida a entidade qualificada em formação técnico-profissional metódica, um empregado monitor responsável pela coordenação de exercícios práticos e pelo acompanhamento das atividades do aprendiz no estabelecimento, em conformidade com o disposto no programa de aprendizagem.

§ 2º A entidade responsável pelo programa de aprendizagem fornecerá aos empregadores e ao Ministério do Trabalho, quando solicitado, cópia do projeto pedagógico do programa.

§ 3º Para fins da experiência prática de acordo com a organização curricular do programa de aprendizagem, o empregador que mantenha mais de um estabelecimento no mesmo Município poderá centralizar as atividades práticas correspondentes em um de seus estabelecimentos.

§ 4º Nenhuma atividade prática poderá ser desenvolvida no estabelecimento em desacordo com as disposições do programa de aprendizagem.

Art. 66. O estabelecimento contratante cujas peculiaridades da atividade ou dos locais de trabalho constituam embaraço à realização das aulas práticas, além de poder ministrá-las exclusivamente nas entidades qualificadas em formação técnico-profissional, poderá requerer junto à unidade descentralizada do Ministério do Trabalho a assinatura de termo de compromisso para o cumprimento da cota em entidade concedente da experiência prática do aprendiz.

§ 1º Compete ao Ministério do Trabalho definir:

I – os setores da economia em que a aula prática poderá ser ministrada nas entidades concedentes; e

II – o processamento do pedido de assinatura de termo de compromisso.

§ 2º Para fins do disposto neste Capítulo, consideram-se entidades concedentes da experiência prática do aprendiz:

I – órgãos públicos;

II – organizações da sociedade civil, nos termos do disposto no art. 2º da Lei n. 13.019, de 31 de julho de 2014; e

III – unidades do sistema nacional de atendimento socioeducativo.

§ 3º Firmado o termo de compromisso com o Ministério do Trabalho, o estabelecimento contratante e a entidade qualificada por ele já contratada deverão firmar, conjuntamente, parceria com uma das entidades concedentes para a realização das aulas práticas.

§ 4º Compete à entidade qualificada o acompanhamento pedagógico das aulas práticas.

§ 5º A seleção dos aprendizes será realizada a partir do cadastro público de emprego, disponível no sítio eletrônico Emprega Brasil, do Ministério do Trabalho, e deverá priorizar a inclusão de jovens e adolescentes em situação de vulnerabilidade ou risco social, tais como:

I – adolescentes egressos do sistema socioeducativo ou em cumprimento de medidas socioeducativas;

II – jovens em cumprimento de pena no sistema prisional;

III – jovens e adolescentes cujas famílias sejam beneficiárias de programas de transferência de renda;

IV – jovens e adolescentes em situação de acolhimento institucional;

V – jovens e adolescentes egressos do trabalho infantil;

VI – jovens e adolescentes com deficiência;

VII – jovens e adolescentes matriculados em instituição de ensino da rede pública, em nível fundamental, médio regular ou médio técnico, incluída a modalidade de Educação de Jovens e Adultos; e

VIII – jovens desempregados e com ensino fundamental ou médio concluído em instituição de ensino da rede pública.

§ 6º Os percentuais a serem cumpridos na forma alternativa e no sistema regular deverão constar do termo de compromisso firmado com o Ministério do Trabalho, com vistas ao adimplemento integral da cota de aprendizagem, observados, em todos as hipóteses, os limites previstos na Seção IV do Capítulo IV do Título III da CLT, aprovada pelo Decreto-lei n. 5.452, de 1943, e a contratação do percentual mínimo no sistema regular.

Subseção IV

Do Fundo de Garantia do Tempo de Serviço

Art. 67. O disposto no § 7º do art. 15 da Lei n. 8.036, de 11 de maio de 1990, se aplica à alíquota de contribuição ao Fundo de Garantia do Tempo de Serviço – FGTS para o contrato de aprendizagem.

Parágrafo único. A contribuição ao FGTS de que trata o *caput* corresponderá a dois por cento da remuneração paga ou devida, no mês anterior, ao aprendiz.

Subseção V

Das férias

•• A CLT dispõe sobre férias nos arts. 129 e s.

Art. 68. As férias do aprendiz coincidirão, preferencialmente, com as férias escolares, vedado ao empregador estabelecer período diverso daquele definido no programa de aprendizagem.

Subseção VI
Dos efeitos dos instrumentos coletivos de trabalho

Art. 69. As convenções e os acordos coletivos apenas estenderão suas cláusulas sociais ao aprendiz quando expressamente previsto e desde que não excluam ou reduzam o alcance dos dispositivos tutelares que lhes são aplicáveis.

Subseção VII
Do vale-transporte

Art. 70. É assegurado ao aprendiz o direito ao benefício previsto na Lei n. 7.418, de 16 de dezembro de 1985, que institui o vale-transporte.

Subseção VIII
Das hipóteses de extinção e rescisão de contrato de aprendizagem

Art. 71. O contrato de aprendizagem extinguir-se-á no seu termo ou quando o aprendiz completar vinte e quatro anos, exceto na hipótese de aprendiz com deficiência, ou, ainda antecipadamente, nas seguintes hipóteses:

I – desempenho insuficiente ou inadaptação do aprendiz;

II – falta disciplinar grave;

III – ausência injustificada à escola que implique perda do ano letivo; e

IV – a pedido do aprendiz.

Parágrafo único. Nas hipóteses de extinção ou rescisão do contrato de aprendizagem, o empregador deverá contratar novo aprendiz, nos termos do disposto neste Decreto, sob pena de infração ao disposto no art. 429 da CLT.

Art. 72. Para fins do disposto no art. 71, serão observadas as seguintes disposições:

I – o desempenho insuficiente ou inadaptação do aprendiz referente às atividades do programa de aprendizagem será caracterizado por meio de laudo de avaliação elaborado pela entidade qualificada em formação técnico-profissional metódica;

II – a falta disciplinar grave será caracterizada por quaisquer das hipóteses previstas no art. 482 da CLT, aprovada pelo Decreto-lei n. 5.452, de 1943; e

III – a ausência injustificada às aulas que implique perda do ano letivo será caracterizada por meio de declaração da instituição de ensino.

Art. 73. O disposto nos arts. 479 e 480 da CLT, aprovada pelo Decreto-lei n. 5.452, de 1943, não se aplica às hipóteses de extinção do contrato a que se refere o art. 71.

Seção IV
Do Certificado de Qualificação Profissional de Aprendizagem

•• Numeração conforme publicação oficial.

Art. 74. Aos aprendizes que concluírem os programas de aprendizagem com aproveitamento será concedido pela entidade qualificada em formação técnico profissional metódica o certificado de qualificação profissional.

Art. 75. O certificado de qualificação profissional a que se refere o art. 74 deverá enunciar o título e o perfil profissional para a ocupação em que o aprendiz tenha sido qualificado.

....

Título VII
Disposições Finais

Art. 126. Ficam revogados:

....

V – o Decreto n. 5.598, de 1º de dezembro de 2005;

....

Art. 127. Este Decreto entra em vigor na data de sua publicação.

Brasília, 22 de novembro de 2018; 197º da Independência e 130º da República.

Michel Temer

Portaria n. 1.082, de 18 de dezembro de 2018 (1)

Altera a Norma Regulamentadora n. 13 (NR-13) – Caldeiras, Vasos de Pressão e Tubulação.

O Ministro de Estado do Trabalho – substituto, no uso das atribuições que lhe conferem o inciso II do parágrafo único do art. 87 da Constituição Federal, o inciso VI do art. 55, da Lei n. 13.502, de 1º de novembro de 2017, e os arts. 155 e 200 da Consolidação das Leis do Trabalho – CLT, aprovada pelo Decreto-Lei n. 5.452, de 1º de maio de 1943, resolve:

Art. 1º A Norma Regulamentadora n. 13 (NR-13), aprovada pela Portaria MTb n. 3.214, de 8 de junho de 1978, sob o título Caldeiras e Vasos de Pressão, passa a vigorar sob o título Caldeiras, Vasos de Pressão, Tubulações e Tanques Metálicos de Armazenamento, com a redação constante no Anexo desta Portaria.

Art. 2º Os estabelecimentos de empresas que possuem Serviço Próprio de Inspeção – SPIE e que optarem por aplicar a metodologia de Inspeção Não Intrusiva – INI, conforme previsto nesta Norma, devem realizar uma inspeção piloto com acompanhamento em todas as suas etapas pelo Organismo de Certificação de Produto – OCP de SPIE e pela representação sindical na Comissão Nacional Tripartite Temática da NR-13 – CNTT NR-13, ou por representante por ela

(1) Publicada no *Diário Oficial da União*, de 20-12-2018.

indicado, que avaliarão o processo para deliberação na Comissão de Certificação de SPIE – COMCER.

§ 1º A inspeção piloto deve ser sucedida de uma inspeção visual interna no prazo máximo de dois anos para validação da efetividade da metodologia.

§ 2º O estabelecimento que tiver a inspeção piloto aprovada pela COMCER pode aplicar a metodologia de INI, conforme subitem 13.5.4.7 da NR-13.

Art. 3º A obrigatoriedade do atendimento ao subitem 13.3.7 é válida para equipamentos novos fabricados a partir da data de entrada em vigor desta Portaria.

Art. 4º A implantação de barreira de proteção por Sistema Instrumentado de Segurança – SIS, por estudos de confiabilidade para as antigas caldeiras especiais (com prazo de inspeção interna de até 40 meses), deve considerar um prazo máximo de 4 (quatro) anos, contados a partir da data de publicação desta Portaria.

Art. 5º A obrigatoriedade do atendimento ao subitem 13.7.3.1, referente à inspeção de segurança inicial, é válida para tanques instalados a partir da data da publicação desta Portaria.

Art. 6º A data para a primeira inspeção de segurança periódica, de acordo o subitem 13.7.3.2, deve ser definida no programa de inspeção a ser elaborado conforme o subitem 13.7.1.1.

Art. 7º Os subitens 13.7.1.1, 13.7.1.4 e 13.7.1.6 entrarão em vigor no prazo de 12 (doze) meses contados da publicação deste ato.

§ 1º Caso o empregador não possa atender, mediante justificativa técnica, aos prazos fixados no *caput* deste artigo, deve elaborar um plano de trabalho com cronograma de implantação para adequação aos referidos itens, considerando um prazo máximo de dois anos, contados a partir da data de publicação desta Portaria.

§ 2º O plano de trabalho com cronograma de implantação deve estar arquivado no estabelecimento e disponível à fiscalização do trabalho e à representação sindical dos trabalhadores predominante do estabelecimento.

Art. 8º O prazo para o cumprimento do subitem 13.5.1.7.2 é de até 60 (sessenta) meses a partir da data da publicação desta Portaria.

Art. 9º O prazo para o cumprimento do subitem 13.5.1.7.3 é de até 10 (dez) anos a partir da data da publicação desta Portaria.

Art. 10. Inclua-se no Anexo da Portaria SIT n. 787, de 27 de novembro de 2018, o enquadramento do Anexo III da NR-13 como Tipo 1.

Art. 11. Esta Portaria entra em vigor após decorridos 90 (noventa) dias de sua publicação oficial.

Carlos Pimentel de Matos Junior

ANEXO

•• Alteração já processada na NR 13.

Portaria n. 1.186, de 20 de dezembro de 2018 (1)

Aprova a Norma Regulamentadora n. 37 – Segurança e Saúde em Plataformas de Petróleo.

O Ministro de Estado do Trabalho, no uso das atribuições que lhe conferem o inciso II do parágrafo único do art. 87 da Constituição Federal, o inciso VI do art. 55, da Lei n. 13.502, de 1 de novembro de 2017, e os arts. 155 e 200 da Consolidação das Leis do Trabalho – CLT, aprovada pelo Decreto-lei n. 5.452, de 1º de maio de 1943, resolve:

Art. 1º Aprovar a Norma Regulamentadora n. 37 (NR-37) sob o título "Segurança e Saúde em Plataformas de Petróleo", conforme redação constante do Anexo desta Portaria.

Art. 2º Criar a Comissão Nacional Tripartite Temática – CNTT da NR-37 com o objetivo de acompanhar a implantação da Norma Regulamentadora – NR, conforme estabelece o art. 9º da Portaria MTE n. 1.127, de 2 de outubro de 2003.

Parágrafo único. A CNTT da NR-37 terá como regimento interno as disposições contidas na Portaria SIT n. 186, de 28 de maio de 2010.

Art. 3º Estabelecer as disposições transitórias para aplicação da NR:

I – as plataformas em operação ou as que iniciem sua operação em até 5 (cinco) anos após a data de publicação desta Portaria estão dispensadas, no todo ou em parte, do atendimento aos subitens mencionados a seguir:

37.14.3.1 "c"	Somente no que tange ao fornecimento de água quente nas pias.
37.14.3.1 "l"	
37.14.3.2 "d"	
37.14.3.3	Apenas em relação à obrigatoriedade de distribuição das instalações sanitárias nos diferentes pisos ou decks da plataforma
37.14.3.4	
37.14.5.3	
37.14.5.5	
37.14.6.1 "h"	Exclusivamente no que diz respeito à área do dormitório por trabalhador, que deve ser de, no mínimo, de 3m2 por pessoa.
37.16.4 "a"	
37.22.4.1	Unicamente para análises de riscos vigentes na data da publicação desta NR.

(1) Publicada no *Diário Oficial da União*, de 21-12-2018.

II – para os demais itens da NR cuja aplicação gere a necessidade de modificações estruturais incompatíveis tecnicamente com as áreas disponíveis ou que possam influenciar na segurança da plataforma, a concessionária ou operadora da instalação deve apresentar projeto técnico ou solução alternativa, com justificativa, para apreciação e manifestação da Superintendência Regional do Trabalho – SRTb.

III – a análise do projeto técnico alternativo, mencionado no inciso II, deve ser realizada pela SRTb, sendo que sua aprovação deve ser realizada mediante processo tripartite, com a concordância de todas as três representações envolvidas.

IV – a Comissão Interna de Prevenção de Acidentes – CIPA, em curso ou em processo eleitoral no início da vigência da NR-37, deve atender ao item 37.10 da NR somente ao final dos seus respectivos mandatos.

Art. 4º A NR-37 entrará em vigor no prazo de 1 (um) ano a partir da data de publicação desta Portaria, excetuando-se os seguintes subitens que observarão os prazos abaixo consignados:

Prazo	Itens
Em até 2 anos da publicação	37.8.10.1, alíneas "b", "d" e "e"; 37.12.1; 37.12.5, alínea "c"; 37.12.5.1; 37.14.2.2; 37.14.6.1, alínea "m"; 37.14.8.1, alínea "d"; 37.16.3.1; 37.17.4.1.1, alínea "c"; 37.17.4.4; 37.28.8.3; 37.29.4.13; 37.29.4.13.1 e 37.31.9.4, alínea "a".
Em até 3 anos da publicação	37.13.5.1 e 37.15.1.4

Parágrafo único. Em caso de necessidade de prazo adicional para o cumprimento de tópicos específicos citados no *caput* deste artigo, a operadora da instalação deve apresentar solicitação formal, 2 (dois) meses antes do término do prazo previsto, ao Departamento de Segurança e Saúde do Trabalho – DSST da Secretaria de Inspeção do Trabalho – SIT, mediante justificativa fundamentada.

Art. 5º Na data do início da vigência da NR-37, revogue-se a Portaria SIT n. 183, de 11 de maio de 2010, que aprovou o Anexo II da Norma Regulamentadora 30 – NR– 30.

Art. 6º Inclua-se no Anexo da Portaria SIT n. 787, de 27 de novembro de 2018, o enquadramento da NR-37 como norma setorial, bem como dos seus Anexos I, III, V, VI, VII, VIII e IX como Tipo 1, e dos seus Anexos II e IV como Tipo 3.

Art. 7º Esta Portaria entra em vigor na data de sua publicação.

Caio Vieira de Melo

Portaria n. 210, de 11 de abril de 2019 (1)

Altera a Norma Regulamentadora n. 22 (NR-22) – Segurança e Saúde Ocupacional na Mineração.

O Secretário Especial de Previdência e Trabalho do Ministério da Economia, no uso das atribuições que lhe conferem o inciso VII do art. 67 do Decreto n. 9.679, de 02 de janeiro de 2019 e os arts. 155 e 200 da Consolidação das Leis do Trabalho – CLT, aprovada pelo Decreto-lei n. 5.452, de 1º de maio de 1943 – (Processo n. 19964.100350/2019-23), resolve

Art. 1º Inserir os subitens 22.6.1.1, 22.6.1.1.1, 22.6.1.1.2 e 22.6.1.1.3 na Norma Regulamentadora n. 22 (NR-22) – Segurança e Saúde Ocupacional na Mineração, aprovada pela Portaria MTb n. 3.214/1978, com a seguinte redação:

•• Alterações já processadas no diploma modificado.

Art. 2º Estabelecer o prazo de 6 (seis) meses para aplicação dos subitens mencionados no art. 1º desta Portaria.

Art. 3º Esta Portaria entra em vigor na data de sua publicação.

Rogério Marinho

Portaria n. 916, de 30 de julho de 2019 (2)

Altera a redação da Norma Regulamentadora n. 12 – Segurança no Trabalho em Máquinas e Equipamentos.

O Secretário Especial de Previdência e Trabalho do Ministério da Economia, no uso das atribuições que lhe conferem o inciso V do art. 71 do Decreto n. 9.745, de 08 de abril de 2019, resolve:

Art. 1º A Norma Regulamentadora n. 12 (NR-12) – Segurança no Trabalho em Máquinas e Equipamentos, passa a vigorar com a redação constante do Anexo desta Portaria.

Art. 2º Os itens 2.6, 2.6.1, 2.6.2, 2.6.3, 2.8, 2.8.1, 2.8.1.1, 2.8.1.2, 3.3.2, 3.3.2.1, 3.3.2.1.1, 4.1.3 e 5.4 do Anexo VIII – Prensas e Similares entrarão em vigor no prazo de 3 (três) anos, contados a partir da publicação da Portaria MTb n. 873, de 06 de julho de 2017, publicada no *DOU* de 10 de julho de 2017, página 116.

Art. 3º O item 2.3.2 do Anexo XII – Equipamentos de guindar para elevação de pessoas e realização de

(1) Publicada no *Diário Oficial da União*, de 12-4-2018. *Vide* NR-22.

(2) Publicada no *Diário Oficial da União*, de 31-7-2019. Retificada em 5-8-2019 e 12-8-2019. *Vide* NR 12.

trabalho em altura entrará em vigor no prazo de 10 (dez) anos, contados a partir da publicação da Portaria SIT n. 293, de 8 de dezembro de 2011, publicada no *DOU* de 9 de dezembro de 2011.

Art. 4º De acordo com a Portaria SIT n. 787, de 27 de novembro de 2018, a Norma Regulamentadora n. 12 (NR-12) e seus anexos serão interpretados conforme o disposto na tabela abaixo:

Regulamento	Tipificação
NR-12	NR Especial
Anexo I	Tipo 1
Anexo II	Tipo 1
Anexo III	Tipo 1
Anexo IV	Tipo 3
Anexo V	Tipo 2
Anexo VI	Tipo 2
Anexo VII	Tipo 2
Anexo VIII	Tipo 2
Anexo IX	Tipo 2
Anexo X	Tipo 2
Anexo XI	Tipo 2
Anexo XII	Tipo 2

Art. 5º Esta Portaria entra em vigor na data de sua publicação.

Rogério Simonetti Marinho

Anexo

Norma Regulamentadora n. 12 – Segurança no Trabalho em Máquinas e Equipamentos

•• Alteração já processada na NR 12.

Portaria n. 1.066, de 23 de setembro de 2019 (1)

Aprova a nova redação da Norma Regulamentadora n. 24 – Condições de Higiene e Conforto nos Locais de Trabalho.

O Secretário Especial de Previdência e Trabalho do Ministério da Economia, no uso das atribuições que lhe conferem o inciso V do art. 71 do Anexo I do Decreto n. 9.745, de 08 de abril de 2019, e os arts. 155 e 200 da Consolidação das Leis do Trabalho – CLT, aprovada pelo Decreto-lei n. 5.452, de 1º de maio de 1943, resolve:

Art. 1º A Norma Regulamentadora n. 24 (NR-24) – Condições de Higiene e Conforto nos Locais de Trabalho, aprovada pela Portaria MTb n. 3.214, de 08 de junho de 1978, passa a vigorar com a redação constante do Anexo desta Portaria.

Art. 2º Determinar, conforme previsto na Portaria SIT n. 787, de 27 de novembro de 2018, que a Norma Regulamentadora n. 24 e seus Anexos serão interpretados conforme o disposto na tabela abaixo:

Regulamento	Tipificação
NR-24	NR Especial
Anexo I	Tipo 2
Anexo II	Tipo 2
Anexo III	Tipo 2

Art. 3º Revogar a Portaria SSST n. 13, de 17 de setembro de 1993.

Art. 4º Esta Portaria entra em vigor na data de sua publicação.

Rogério Marinho

Anexo

Norma Regulamentadora n. 24 – Condições de Higiene e Conforto nos Locais de Trabalho

•• Alteração já processada na NR 24.

Portaria n. 1.068, de 23 de setembro de 2019 (2)

Aprova a nova redação da Norma Regulamentadora n. 03 – Embargo e Interdição.

O Secretário Especial de Previdência e Trabalho do Ministério da Economia, no uso das atribuições que lhe conferem o inciso V do art. 71 do Decreto n. 9.745, de 08 de abril de 2019, e nos arts. 155 e 200 da Consolidação das Leis do Trabalho – CLT, aprovada pelo Decreto-lei n. 5.452, de 1º de maio de 1943, resolve:

Art. 1º A Norma Regulamentadora n. 03 (NR-03) – Embargo e Interdição, aprovada pela Portaria MTb n. 3.214, de 08 de junho de 1978, passa a vigorar com a redação constante do Anexo desta Portaria.

Art. 2º Revogar as Portarias SSMT n. 06, de 09 de março de 1983, e SIT n. 199, de 17 de janeiro de 2011, publicadas, respectivamente, no *D.O.U.* de 14-3-83, Seção 1, págs. 4.099 a 4.104 e de 19-1-11, Seção 1, pág. 46.

Art. 3º Determinar, conforme previsto na Portaria SIT n. 787, de 27 de novembro de 2018, que a Norma Regulamentadora n. 03 seja interpretada com a tipificação de NR Geral.

(1) Publicada no *Diário Oficial da União*, de 24-9-2019. *Vide* NR 24.

(2) Publicada no *Diário Oficial da União*, de 24-9-2019. *Vide* NR 3.

Art. 4º Esta Portaria entra em vigor em 120 (cento e vinte) dias após sua publicação.

Rogério Marinho

Anexo
Norma Regulamentadora n. 03 – Embargo e Interdição

•• Alteração já processada na NR 3.

Decreto n. 10.088, de 5 de novembro de 2019 (1)

Consolida atos normativos editados pelo Poder Executivo Federal que dispõem sobre a promulgação de convenções e recomendações da Organização Internacional do Trabalho – OIT ratificadas pela República Federativa do Brasil.

O Presidente Da República, no uso da atribuição que lhe confere o art. 84, *caput*, inciso IV, da Constituição, e tendo em vista o disposto na Lei Complementar n. 95, de 26 de fevereiro de 1998, decreta:

Capítulo I
Disposições Preliminares

Art. 1º Este Decreto consolida, na forma de seus anexos, os atos normativos editados pelo Poder Executivo federal que dispõem sobre a promulgação de convenções e recomendações da Organização Internacional do Trabalho – OIT ratificadas pela República Federativa do Brasil e em vigor, em observância ao disposto na Lei Complementar n. 95, de 26 de fevereiro de 1998, e no Decreto n. 9.191, de 1º de novembro de 2017.

Capítulo II
Das Convenções e das Recomendações

Art. 2º As convenções e recomendações da OIT, aprovadas pelo Congresso Nacional, promulgadas por ato do Poder Executivo federal e consolidadas por este Decreto estão reproduzidas integralmente nos Anexos, em ordem cronológica de promulgação, da seguinte forma:

....

II – Anexo II – Convenção n. 42 da OIT concernente à indenização das moléstias profissionais (revista em 1934; firmada em Genebra, em 4 de junho de 1934, na 18ª sessão da Conferência Geral da Organização Internacional do Trabalho; aprovada pelo Decreto Legislativo n. 9, de 22 de dezembro de 1935; instrumento de ratificação depositado no Secretariado da Liga das Nações, em 8 de junho de 1936; e promulgada em 12 de janeiro de 1937);

....

XIV – Anexo XIV – Convenção n. 29 da OIT concernente a Trabalho Forçado ou Obrigatório (adotada pela Conferência em sua Décima Quarta Sessão, Genebra, 28 de junho de 1930, com as modificações da Convenção de Revisão dos artigos finais, de 1946; aprovada pelo Decreto Legislativo n. 24, de 29 de maio de 1956; e promulgada em 25 de junho de 1957);

XV – Anexo XV – Convenção n. 81 da OIT concernente à Inspeção do Trabalho na Indústria e no Comércio (adotada pela Conferência em sua Trigésima Sessão, Genebra, de 19 de junho de 1947; aprovada pelo Decreto Legislativo n. 24, de 29 de maio de 1956; e promulgada em 25 de junho de 1957);

....

XXIX – Anexo XXIX – Convenção n. 115 da OIT relativa à Proteção dos Trabalhadores contra as Radiações Ionizantes (adotada pela Conferência Internacional do Trabalho, em 22 de junho de 1960, por ocasião da sua quadragésima quarta sessão; aprovada pelo Decreto Legislativo n. 2, de 7 de abril de 1964; entrada em vigor, em relação ao Brasil, em 5 de setembro de 1967, isto é, doze meses após o instrumento brasileiro de ratificação haver sido registrado pela Repartição Internacional do Trabalho, em 5 de setembro de 1966; e promulgada em 19 de janeiro de 1968);

....

XXXIII – Anexo XXXIII – Convenção n. 120 da OIT sobre a Higiene no Comércio e nos Escritórios (adotada pela Conferência Geral da Organização Internacional do Trabalho, em sua quadragésima oitava sessão, em 8 de julho de 1964; aprovada pelo Decreto Legislativo n. 30, de 20 de agosto de 1968; entrada em vigor, para o Brasil, de conformidade com o artigo 21, parágrafo 3º, em 24 de março de 1970, doze meses após o registro da ratificação brasileira pela Repartição Internacional do Trabalho, realizado em 24 de março de 1969; e promulgada em 27 de abril de 1970);

....

XXXV – Anexo XXXV – Convenção n. 127 da OIT relativa ao peso máximo das cargas que podem ser transportadas por um só trabalhador (adotada em 30 de junho de 1967, por ocasião da quinquagésima primeira Organização Internacional do Trabalho; aprovada pelo Decreto-lei n. 662, de 30 de junho de 1969; registrado o instrumento brasileiro de ratificação na Repartição Internacional do Trabalho em 21 de agosto de 1970; entrada em vigor, para o Brasil, a partir de 21 de agosto de 1971, de conformidade com o disposto no seu artigo X, parágrafo 3; e promulgada em 5 de outubro de 1970);

....

XXXIX – Anexo XXXIX – Convenção n. 148 da OIT sobre a Proteção dos Trabalhadores Contra os Riscos Profissionais devidos à contaminação do ar, ao ruído e às vibrações no local de trabalho (assinada em Gene-

(1) Publicado no *Diário Oficial da União*, de 6-11-2019. Retificado em 4-12-2019 – Edição extra – e 13-12-2019.

bra, em 1º de junho de 1977; aprovada pelo Decreto Legislativo n. 56, de 9 de outubro de 1981; depositados os instrumentos de ratificação pelo Brasil em 14 de janeiro de 1982; entrada em vigor, para o Brasil, em 14 de janeiro de 1983; e promulgada em 15 de outubro de 1986);

....

XLI – Anexo XLI – Convenção n. 152 da OIT relativa à Segurança e Higiene nos Trabalhos Portuários (assinada em Genebra, em 25 de junho de 1979; aprovada pelo Decreto Legislativo n. 84, de 11 de dezembro de 1989; ratificada pelo Brasil em 17 de maio de 1990; tendo entrado em vigor na forma de seu art. 45 e seus parágrafos; e promulgada em 19 de setembro de 1990);

....

XLIII – Anexo XLIII – Convenção n. 161 da OIT relativa aos Serviços de Saúde do Trabalho (concluída em Genebra, em 7 de junho de 1985; aprovada pelo Decreto Legislativo n. 86, de 14 de dezembro de 1989; depositada a Carta de Ratificação da Convenção em 18 de maio de 1990; entrada em vigor, para o Brasil, em 18 de maio de 1991, na forma de seu artigo 18, item 3; e promulgada em 22 de maio de 1991);

....

XLV – Anexo XLV – Convenção n.159 da OIT sobre Reabilitação Profissional e Emprego de Pessoas Deficientes (concluída em Genebra, em 1º de junho de 1983; aprovada pelo Decreto Legislativo n. 51, de 25 de agosto de 1989; depositada a Carta de Ratificação da Convenção em 18 de maio de 1990; entrada em vigor, para o Brasil, em 18 de maio de 1991, na forma se seu artigo 11, parágrafo 3; e promulgada em 22 de maio de 1991);

....

XLVII – Anexo XLVII – Convenção n. 139 da OIT sobre a Prevenção e o Controle de Riscos Profissionais causados pelas Substâncias ou Agentes Cancerígenos (concluída em Genebra, em 24 de junho de 1974; aprovada pelo Decreto Legislativo n. 3, de 7 de maio de 1990; depositada a Carta de Ratificação da Convenção em 27 de junho de 1990; entrada em vigor, para o Brasil, em 27 de junho de 1991, na forma de seu artigo 8º, parágrafo 3; e promulgada em 2 de julho de 1991);

....

XLIX – Anexo XLIX – Convenção n. 147 da OIT sobre Normas Mínimas da Marinha Mercante (adotada em Genebra, em 1976, durante a 62ª Sessão da Conferência Internacional do Trabalho; aprovada pelo Decreto Legislativo n. 33, de 25 de outubro de 1990; depositada a Carta de Ratificação da Convenção em 17 de janeiro de 1991; entrada em vigor, para o Brasil, em 17 de janeiro de 1992, na forma de seu artigo 6º, parágrafo 3; e promulgada em 7 de fevereiro de 1992);

L – Anexo L – Convenção n. 136 da OIT sobre a Proteção contra os Riscos de Intoxicação Provocados pelo Benzeno (assinada em Genebra, em 30 de junho de 1971; aprovada pelo Decreto Legislativo n. 76, de 19 de novembro de 1992; depositada a Carta de Ratificação do instrumento em 24 de março de 1993; entrada em vigor internacional em 27 de julho de 1973 e, para o Brasil, em 24 de março de 1994, na forma do seu art. 16; e promulgada em 27 de setembro de 1994);

LI – Anexo LI – Convenção n. 155 da OIT sobre Segurança e Saúde dos Trabalhadores e o Meio Ambiente de Trabalho (concluída em Genebra, em 22 de junho de 1981; aprovada pelo Decreto Legislativo n. 2, de 17 de março de 1992; depositada a Carta de Ratificação em 18 de maio de 1992; entrada em vigor internacional em 11 de agosto de 1983 e, para o Brasil, em 18 de maio de 1993, na forma de seu artigo 24; e promulgada em 29 de setembro de 1994);

LII – Anexo LII – Convenção n. 119 da OIT sobre Proteção das Máquinas (concluída em Genebra, em 25 de junho de 1963; aprovada pelo Decreto Legislativo n. 232, de 16 de dezembro de 1991; depositada a Carta de Ratificação em 16 de abril de 1992; entrada em vigor internacional em 21 de abril de 1965 e, para o Brasil, em 16 de abril de 1993, na forma do seu art. 19; e promulgada em 29 de setembro de 1994)

....

LX – Anexo LX – Convenção n. 170 da OIT relativa à Segurança na Utilização de Produtos Químicos no Trabalho (assinada em Genebra, em 25 de junho de 1990; aprovada pelo Decreto Legislativo n. 67, de 4 de maio de 1995; depositado o instrumento de ratificação da Emenda em 23 de dezembro de 1996; entrada em vigor internacional em 4 de novembro de 1993 e, para o Brasil, em 22 de dezembro de 1997; e promulgada em 3 de julho de 1998);

LXI – Anexo LXI – Convenção n. 163 da OIT sobre o Bem-Estar dos Trabalhadores Marítimos no Mar e no Porto (assinada em Genebra, em 8 de outubro de 1987; aprovada pelo Decreto Legislativo n. 74, de 16 de agosto de 1996; depositado o instrumento de ratificação em 4 de março de 1997; entrada em vigor internacional em 3 de outubro de 1990 e, para o Brasil, em 3 de março de 1998; e promulgada em 15 de julho de 1998);

....

LXIII – Anexo LXIII – Convenção n. 164 da OIT sobre a Proteção da Saúde e a Assistência Médica aos Trabalhadores Marítimos (assinada em Genebra, em 8 de outubro de 1987; aprovada pelo Decreto Legislativo n. 74, de 16 de agosto de 1996; depositado o instrumento de ratificação em 4 de março de 1997; entrada em vigor internacional em 11 de janeiro de 1991 e, para o Brasil, em 3 de março de 1998; e promulgada em 15 de julho de 1998);

....

LXVII – Anexo LXVII – Convenção n. 134 da OIT sobre Prevenção de Acidentes de Trabalho dos Marítimos (concluída em Genebra, em 30 de outubro de 1970; aprovada pelo Decreto Legislativo n. 43, de 10 de abril de 1995; depositado o Instrumento de Ratificação em

25 de julho de 1996; entrada em vigor internacional em 17 de fevereiro de 1973 e, para o Brasil, em 25 de julho de 1997, nos termos do § 3º de seu art. 12; e promulgada em 17 de novembro de 1999);

LXVIII – Anexo LXVIII – Convenção n. 182 e a Recomendação n. 190 da OIT sobre a Proibição das Piores formas de trabalho infantil e a ação imediata para sua eliminação (concluídas em Genebra, em 17 de junho de 1999; aprovadas pelo Decreto Legislativo n. 178, de 14 de dezembro de 1999; depositado o Instrumento de Ratificação em 2 de fevereiro de 2000; entrada em vigor, para o Brasil, em 2 de fevereiro de 2001, nos termos do parágrafo 3º de seu Artigo 10º; e promulgada em 12 de setembro de 2000);

LXIX – Anexo LXIX – Convenção n. 174 e, seu complemento, a Recomendação n. 181 da OIT sobre a Prevenção de Acidentes Industriais Maiores (concluídas em Genebra, em 2 de junho de 1993; aprovadas pelo Decreto Legislativo n. 246, de 28 de junho de 2001; entrada em vigor, para o Brasil, em 2 de agosto de 2002, nos termos do parágrafo 3º de seu artigo 24; e promulgadas em 15 de janeiro de 2002);

....

LXXI – Anexo LXXI – Convenção n. 171 da OIT relativa ao Trabalho Noturno (adotada em Genebra, em 26 de junho de 1990; aprovada pelo Decreto Legislativo n. 270, de 13 de novembro de 2002; depositado o instrumento de ratificação junto à Diretoria-Geral da Repartição Internacional do Trabalho, em 18 de dezembro de 2002; entrada em vigor internacional em 4 de janeiro de 1995 e, para o Brasil em 18 de dezembro de 2003; e promulgada em 8 de março de 2004);

....

LXXIII – Anexo LXXIII – Convenção n. 176 e Recomendação n. 183 da OIT sobre Segurança e Saúde nas Minas (adotada em Genebra, em 22 de junho de 1995; aprovadas pelo Decreto Legislativo n. 62, de 18 de abril de 2006; ratificada pelo Governo brasileiro em 18 de maio de 2006; entrada em vigor internacional em 5 de junho de 1998, para o Brasil, em 18 de maio de 2007; e promulgada em 22 de novembro de 2007);

LXXIV – Anexo LXXIV – Convenção n. 167 e a Recomendação n. 175 da OIT sobre a Segurança e Saúde na Construção (adotadas em Genebra, em 20 de junho de 1988, pela 75ª Sessão da Conferência Internacional do Trabalho; aprovadas pelo Decreto Legislativo n. 61, de 18 de abril de 2006; ratificada pelo Governo brasileiro em 19 de maio de 2006; entrada em vigor internacional em 11 de janeiro de 1991 e, para o Brasil, em 19 de maio de 2007; e promulgada em 22 de novembro de 2007);

LXXV – Anexo LXXV – Convenção n. 178 da OIT relativa à Inspeção das Condições de Vida e de Trabalho dos Trabalhadores Marítimos (assinada em Genebra, em 22 de outubro de 1996; aprovada pelo Decreto Legislativo n. 267, de 4 de outubro de 2007; depositado pelo Governo brasileiro o instrumento de ratificação junto ao Diretor-Geral da OIT, na qualidade de depositário do ato, em 21 de dezembro de 2007; entrada em vigor para o Brasil, no plano jurídico externo, em 21 de dezembro de 2008, e promulgada em 10 de fevereiro de 2009);

....

Capítulo III

Disposições Finais

Art. 3º As Convenções anexas a este Decreto serão executadas e cumpridas integralmente em seus termos.

§ 1º Considera-se, para todos os efeitos, que as Convenções objeto desta consolidação permanecem vigentes, em âmbito interno, desde a data em que a República Federativa do Brasil tenha se obrigado, conforme decretos de promulgação originais, sem modificação do alcance nem interrupção da força normativa dos dispositivos consolidados.

§ 2º O Governo brasileiro, no momento da ratificação, aceitou as obrigações da Convenção n. 118 da OIT sobre Igualdade de Tratamento dos Nacionais e Não Nacionais em Matéria de Previdência Social, constante do Anexo XXXII, no que diz respeito aos ramos da previdência social previstos nas alíneas "a", "b", "c", "d", "e", "f" e "g" do item 1 do Artigo 2.

§ 3º A Convenção n. 138 da OIT sobre Idade Mínima de Admissão ao Emprego, constante no Anexo LXX a este Decreto, foi promulgada com as seguintes declarações interpretativas:

I – para os efeitos do item 1 do art. 2º da Convenção, fica estabelecido que a idade mínima para admissão a emprego ou trabalho é de dezesseis anos; e

II – em virtude do permissivo contido nos itens 1 e 3 do Artigo 5º, o âmbito de aplicação da Convenção restringe-se inicialmente a minas e pedreiras, a indústrias manufatureiras, a construção, a serviços de eletricidade, de gás e de água, a saneamento, a transporte e armazenamento, a comunicações, a plantações e a outros empreendimentos agrícolas que produzam principalmente para o comércio, excluídas as empresas familiares ou de pequeno porte que trabalhem para o mercado local e que não empreguem regularmente trabalhadores assalariados.

§ 4º A Convenção n. 151 e a Recomendação n. 159 da OIT sobre as Relações de Trabalho na Administração Pública, constantes do Anexo LXXVI, foram promulgadas com as seguintes declarações interpretativas:

I – a expressão "pessoas empregadas pelas autoridades públicas", constante do item 1 do Artigo 1 da Convenção n. 151, abrange tanto os empregados públicos, ingressos na administração pública mediante concurso público, regidos pela Consolidação das Leis do Trabalho – CLT, aprovada pelo Decreto-lei n. 5.452, de 1º de maio de 1943, quanto os servidores públicos federais, regidos pela Lei n. 8.112, de 11 de dezembro de 1990, e os servidores públicos estaduais e municipais, regidos pela legislação dos respectivos entes federativos; e

II – consideram-se "organizações de trabalhadores" abrangidas pela Convenção apenas as organizações constituídas nos termos do art. 8º da Constituição.

Art. 4º São sujeitos à aprovação do Congresso Nacional atos que possam resultar em revisão das Convenções anexas a este Decreto e ajustes complementares que acarretem encargos ou compromissos gravosos ao patrimônio nacional, nos termos do inciso I do *caput* do art. 49 da Constituição.

Art. 5º Ficam revogados:

....

II – o Decreto n. 1.361, de 12 de janeiro de 1937;

....

XIII – o Decreto n. 41.721, de 25 de junho de 1957;

....

XXVI – o Decreto n. 62.151, de 19 de janeiro de 1968;

....

XXXII – o Decreto n. 66.498, de 27 de abril de 1970;

....

XXXV – o Decreto n. 67.339, de 5 de outubro de 1970;

....

XL – o Decreto n. 93.413, de 15 de outubro de 1986;

....

XLIII – o Decreto n. 99.534, de 19 de setembro de 1990;

....

XLV – o Decreto n. 127, de 22 de maio de 1991;

....

XLVII – o Decreto n. 129, de 22 de maio de 1991;

....

XLIX – o Decreto n. 157, de 2 de julho de 1991;

....

LI – o Decreto n. 447, de 7 de fevereiro de 1992;

LII – o Decreto n. 1.253, de 27 de setembro de 1994;

LIII – o Decreto n. 1.254, de 29 de setembro de 1994;

LIV – o Decreto n. 1.255, de 29 de setembro de 1994;

....

LXIII – o Decreto n. 2.657, de 3 de julho de 1998;

LXIV – o Decreto n. 2.669, de 15 de julho de 1998;

....

LXVI – o Decreto n. 2.671, de 15 de julho de 1998;

....

LXX – o Decreto n. 3.251, de 17 de novembro de 1999;

LXXI – o Decreto n. 3.597, de 12 de setembro de 2000;

LXXII – o Decreto n. 4.085, de 15 de janeiro de 2002;

....

LXXIV – o Decreto n. 5.005, de 8 de março de 2004;

....

LXXVI – o Decreto n. 6.270, de 22 de novembro de 2007;

LXXVII – o Decreto n. 6.271, de 22 de novembro de 2007;

LXXVIII – o Decreto n. 6.766, de 10 de fevereiro de 2009;

....

Art. 6º Este Decreto entra em vigor em 6 de maio de 2020.

Brasília, 5 de novembro de 2019; 198º da Independência e 131º da República.

Jair Messias Bolsonaro

....

Anexo II

CONVENÇÃO N. 42 DA OIT RELATIVA À INDENIZAÇÃO DAS MOLÉSTIAS PROFISSIONAIS

Projeto de convenção (n. 42), concernente à indenização das moléstias profissionais revista (em 1934)

A Conferência Geral da Organização Internacional do Trabalho da Liga das Nações, convocada em Genebra pelo Conselho de Administração da Repartição internacional do Trabalho e ali reunida a 4 de junho de 1934, na sua decima, oitava sessão.

Depois de haver deliberado adotar diversas propostas relativas à revisão parcial da convenção concernente à indenização das moléstias profissionais adotada pela Conferência em sua sétima sessão, questão esta que constitui o quinto item da respectiva ordem do dia,

Considerando que essas propostas devem tomar a forma de um projeto de convenção internacional,

Adota, aos vinte e um dias de junho de mil novecentos e trinta e quatro, o projeto de convenção que segue, o qual será denominado Convenção (revista) das moléstias profissionais, 1934.

Artigo I

1. Todo Membro de Organização internacional do Trabalho que ratificar a presente convenção se obriga a garantir às vítimas de moléstias profissionais, ou a quem couber de direito, uma indenização baseada nos princípios gerais da legislação nacional concernente à indenização dos acidentes de trabalho.

2. O valor dessa indenização não será inferior à que prevê a legislação nacional sobre danos provenientes de acidentes do trabalho, Ressalvada esta condição, cada Membro ficará livre, determinando na sua legislação nacional as condições de pagamento das indenizações relativas às moléstias de que se trata, e aplicando às mesmas a sua legislação concernente à reparação dos acidentes do trabalho, de adotar as modificações e adaptações que lhe parecerem adequadas.

Artigo II

Todo Membro da Organização internacional do Trabalho que ratificar a presente convenção se obriga a considerar como moléstias profissionais as moléstias, bem como as intoxicações produzidas pelas substancias inscritas no quadro abaixo, quando essas moléstias ou intoxicações acometam os trabalhadores ocupados em profissões, indústrias ou processos que com elas se correspondam no referido quadro e provenham do trabalho prestado a uma empresa sujeito à legislação nacional.

Lista das moléstias e das substancias tóxicas.

Intoxicação pelo chumbo, suas ligas ou seus compostos, seguida das consequências diretas dessa intoxicação.

Intoxicação pelo mercúrio, suas amálgamas e seus compostos, seguida das consequências diretas dessa intoxicação.

Infecções carbunculosas.

Silicose com ou sem tuberculose pulmonar desde que, a silicose seja uma causa determinante da incapacidade ou da morte.

Lista das profissões, industrias ou processos correspondentes.

Tratamento dos minérios que contêm chumbo, inclusive as cinzas plumbíferas de usinas de zinco. Fusão de zinco velho e do chumbo em barras ou pães.

Fabricação de objetos de chumbo fundido ou de ligas de chumbo. Industrias poligráficas, Fabricação dos compostos de chumbo. Fabricação e concertos dos acumuladores.

Preparações e emprego de esmaltes que contenham chumbo

Polimento por meio do emprego de limalha de chumbo ou de pasta de chumbo. Trabalhos de pintura compreendendo o preparo ou a manipulação de unguentos, vernizes ou cores e que contenham pigmentos de chumbo.

Tratamento dos minérios de mercúrio.

Fabricação dos compostos de mercúrio Fabricação de aparelhos de medidas ou de laboratório.

Preparo das matérias primas para a indústria de chapéus.

Douradura a fogo.

Emprego de bombas de mercúrio para a fabricação de lâmpadas incandescentes.

Fabricação de espoletas de fulminato de mercúrio.

Operários em contato com animais carbunculosos.

Manipulação de resíduos de animais, carga, descarga ou transporte de mercadorias.

As industrias ou processos que, segundo a legislação nacional, se prestam ao risco da silicose.

Quaisquer processos que comportem a produção, escapamento ou utilização do fósforo ou de seus compostos.

Quaisquer processos que comportem a produção, escapamento ou utilização do arsênico ou de seus compostos.

Quaisquer processos que comportem a produção, escapamento ou utilização do benzeno ou de seus homólogos ou dos seus derivados nitrosos ou amidosos.

Quaisquer processos comportando a produção, escapamento ou utilização dos derivados alógenos dos hidrocarburetos da série graxa, designados pela legislação nacional.

Quaisquer processos que exponham à ação do rádio, das substancias radioativas ou dos raios X.

Quaisquer processos que comportem à manipulação ou emprego, do alcatrão, breu, betume, óleos minerais, parafina, ou de compostos, produtos ou resíduos dessas substancias.

Artigo III

As ratificações oficiais da presente convenção serão comunicadas ao Secretário-Geral da Liga das Nações e por ele registradas.

Artigo IV

A presente convenção somente obrigará aos Membros da Organização internacional do Trabalho que tiverem feito registrar a respectiva ratificação pelo Secretário-Geral.

2. A Convenção entrará em vigor doze meses depois de terem sido registradas pelo Secretário-Geral as ratificações por parte de dois Membros.

3. Posteriormente esta convenção entrará em vigor para cada Membro doze meses após a data de registo da sua ratificação.

Artigo V

Logo que as ratificações por parte de dois Membros da Organização Internacional do Trabalho forem registradas no Secretariado, o Secretário-Geral da Liga das Nações notificará o fato a todos os Membros da Organização Internacional do Trabalho. Notificará igualmente o registro das ratificações que lhe forem posteriormente comunicadas por todos os outros Membros da Organização.

Artigo VI

1. Todo Membro que houver ratificado a presente convenção poderá denunciá-la ao termo de um período de cinco anos contados da data inicial da vigência da convenção, mediante comunicação ao Secretário-Geral da Liga das Nações e por ele registrada. A denúncia não produzirá efeito senão um ano após haver sido registrada no Secretariado.

2. Todo Membro que houver ratificado a presente convenção e que, no termo de um ano após a expiração do período de cinco anos referido no parágrafo anterior não fizer uso da faculdade de denuncia prevista neste artigo, ficará ligado por um novo período de cinco anos, e, posteriormente, poderá denunciar a presente convenção ao termo de cada período de cinco anos nas condições previstas neste artigo.

Artigo VII

Ao termo de cada período de dez anos, contados da entrada em vigor da presente convenção, o Conselho de administração da Repartição Internacional do Trabalho deverá apresentar à Conferência Geral um relatório sobre a aplicação desta convenção e decidirá se é o caso de ser inscrita na ordem do dia da Conferência a questão da sua revisão total ou parcial.

Artigo VIII

1. Caso a Conferência adotasse uma nova convenção importando em revisão total ou parcial da presente convenção, e a menos que a nova convenção disponha de outra forma:

a) a ratificação por um Membro da nova convenção acarretaria de pleno direito, apesar do que dispõe o artigo 6 *supra*, a denúncia imediata da presente convenção, contanto que a nova convenção, já esteja em vigor;

b) a partir da data da entrada em vigor da nova convenção a presente convenção deixaria de estar aberta à ratificação dos Membros.

2. A presente convenção permaneceria, entretanto, em vigor, na sua forma e teor para os Membros que a houvessem ratificado o não ratificassem a nova convenção.

Artigo IX

Os textos em francês e inglês da presente convenção farão igualmente fé.

....

Anexo XIV

CONVENÇÃO N. 29 DA OIT CONCERNENTE A TRABALHO FORÇADO OU OBRIGATÓRIO

Genebra, 28 de junho de 1930 (com as modificações da Convenção de revisão dos artigos finais, de 1946).

A Conferência Geral da Organização Internacional do Trabalho,

Convocada em Genebra pelo Conselho de Administração da Repartição Internacional do Trabalho e aí se tendo reunido em 10 de junho de 1930 em sua décima quarta sessão.

Depois de haver decidido adotar diversas proposições relativas ao trabalho forçado ou obrigatório, questão compreendida no primeiro ponto da ordem do dia da sessão, e

Depois de haver decidido que essas proposições tomariam a forma de convenção internacional, adota, neste vigésimo oitavo dia de junho de mil novecentos e trinta, a convenção presente, que será denominada Convenção sobre o Trabalho Forçado, de 1930, a ser ratificada pelos Membros da Organização Internacional do Trabalho conforme as disposições da Constituição da Organização Internacional do Trabalho:

Artigo 1º

1. Todos os Membros da Organização Internacional do Trabalho que ratificam a presente convenção se obrigam a suprimir o emprego do trabalho forçado ou obrigatório sob todas as suas formas no mais curto prazo possível.

2. Com o fim de alcançar-se essa supressão total, o trabalho forçado ou obrigatório poderá ser empregado, durante o período transitório, unicamente para fins públicos e a título excepcional, nas condições e com as garantias estipuladas nos artigos que seguem.

3. À expiração de um prazo de cinco anos a partir da entrada em vigor da presente convenção e por ocasião do relatório previsto no artigo 31 abaixo, o Conselho de Administração da Organização Internacional do Trabalho examinará a possibilidade de suprimir sem nova delonga o trabalho forçado ou obrigatório sob todas as suas formas e decidirá da oportunidade de inscrever essa questão na ordem do dia da Conferência.

Artigo 2º

1. Para os fins da presente convenção, a expressão "trabalho forçado ou obrigatório" designará todo trabalho ou serviço exigido de um indivíduo sob ameaça de qualquer penalidade e para o qual ele não se ofereceu de espontânea vontade.

2. Entretanto, a expressão "trabalho forçado ou obrigatório" não compreenderá para os fins da presente convenção:

a) qualquer trabalho ou serviço exigido em virtude das leis sobre o serviço militar obrigatório e que só compreenda trabalhos de caráter puramente militar;

b) qualquer trabalho ou serviço que faça parte das obrigações cívicas normais dos cidadãos de um país plenamente autônomo;

c) qualquer trabalho ou serviço exigido de um indivíduo como consequência de condenação pronunciada por decisão judiciária, contanto que esse trabalho ou serviço seja executado sob a fiscalização e o controle das autoridades públicas e que o dito indivíduo não seja posto à disposição de particulares, companhias ou pessoas morais privadas;

d) qualquer trabalho ou serviço exigido nos casos de força maior, quer dizer, em caso de guerra, de sinistro ou ameaças de sinistro, tais como incêndios, inundações, fome, tremores de terra, epidemias, e epizootias, invasões de animais, de insetos ou de parasitas vegetais daninhos, e em geral todas as circunstâncias que ponham em perigo a vida ou as condições normais de existência, de toda ou de parte da população;

e) pequenos trabalhos de uma comunidade, isto é, trabalhos executados no interesse direto da coletividade pelos membros desta, trabalhos que, como tais, podem ser considerados obrigações cívicas normais dos membros da coletividade, contanto que a própria população ou seus representantes diretos tenham o direito de se pronunciar sobre a necessidade desse trabalho.

Artigo 3º

Para os fins da presente convenção, o termo "autoridades competentes" designará as autoridades metropolitanas ou as autoridades centrais superiores do território interessado.

Artigo 4º

1. As autoridades competentes não deverão impor ou deixar impor o trabalho forçado ou obrigatório em proveito de particulares, de companhias, ou de pessoas jurídicas de direito privado.

2. Se tal forma de trabalho forçado ou obrigatório em proveito de particulares, de companhias ou de pessoas jurídicas de direito privado, existir na data em que a ratificação da presente convenção por um Membro for registrada pelo Diretor Geral da Repartição Internacional do Trabalho, este Membro deverá suprimir completamente o dito trabalho forçado ou obrigatório, na data da entrada em vigor da presente convenção para esse Membro.

Artigo 5º

1. Nenhuma concessão feita a particulares, companhias ou pessoas jurídicas de direito privado deverá ter como consequência a imposição de qualquer forma de trabalho forçado ou obrigatório com o fim de produzir ou recolher os produtos que esses particulares, companhias ou pessoas jurídicas de direito privado utilizam ou negociam.

2. Se concessões existentes contêm disposições que tenham como consequência a imposição de trabalho forçado ou obrigatório, essas disposições deverão ser canceladas logo que possível, a fim de satisfazer as prescrições do artigo primeiro da presente convenção.

Artigo 6º

Os funcionários da Administração, mesmo quando tenham que incentivar as populações sob seus cuidados a se ocupar com qualquer forma de trabalho, não deverão exercer sobre essas populações pressão coletiva ou individual, visando a fazê-los trabalhar para particulares, companhias ou pessoas jurídicas de direito privado.

Artigo 7º

1. Os chefes que não exercem funções administrativas não deverão recorrer a trabalhos forçados ou obrigatórios.

2. Os chefes que exercem funções administrativas poderão, com a autorização expressa das autoridades competentes recorrer ao trabalho forçado ou obrigatório nas condições expressas no artigo 10 da presente convenção.

3. Os chefes legalmente reconhecidos e que não recebem renumeração adequada sob outras formas, poderão beneficiar-se dos serviços pessoais devidamente regulamentados, devendo ser tomadas todas as medidas necessárias para prevenir abusos.

Artigo 8º

1. A responsabilidade de qualquer decisão de recorrer ao trabalho forçado ou obrigatório caberá às autoridades civis superiores do território interessado.

2. Entretanto, essas autoridades poderão delegar às autoridades locais superiores o poder de impor trabalho forçado ou obrigatório nos casos em que esse trabalho não tenha por efeito afastar o trabalhador de sua residência habitual. Essas autoridades poderão igualmente delegar às autoridades locais superiores, pelo período e nas condições que serão estipuladas pela regulamentação prevista no artigo 23 da presente convenção, o poder de impor trabalho forçado ou obrigatório para cuja execução os trabalhadores deverão se afastar de sua residência habitual, quando se tratar de facilitar o deslocamento de funcionários da administração no exercício de suas funções e o transporte do material da administração.

Artigo 9º

Salvo disposições contrárias estipuladas no artigo 10 da presente convenção, toda autoridade que tiver o direito de impor o trabalho forçado ou obrigatório não deverá permitir recurso a essa forma de trabalho, a não ser que tenha sido assegurado o seguinte:

a) que o serviço ou trabalho a executar é de interesse direto e importante para a coletividade chamada a executá-lo;

b) que esse serviço ou trabalho é de necessidade atual e premente;

c) que foi impossível encontrar mão de obra voluntária para a execução desse serviço ou trabalho, apesar do oferecimento de salários e condições de trabalho ao menos iguais aos que são usuais no território interessado para trabalhos ou serviços análogos, e

d) que não resultará do trabalho ou serviço ônus muito grande para a população atual, considerando-se a mão de obra disponível e sua aptidão para o desempenho do trabalho.

Artigo 10

1. O trabalho forçado ou obrigatório exigido a título de imposto e o trabalho forçado ou obrigatório exigido, para os trabalhos de interesse público, por chefes que exerçam funções administrativas, deverão ser progressivamente abolidos.

2. Enquanto não o forem quando o trabalho forçado ou obrigatório for a título de imposto ou exigido por chefes que exerçam funções administrativas, para a execução de trabalhos de interesse público, as autoridades interessadas deverão primeiro assegurar:

a) que o serviço ou trabalho a executar é de interesse direto e importante para a coletividade chamada a executá-los;

b) que este serviço ou trabalho é de necessidade atual ou premente;

c) que não resultará do trabalho ou serviço ônus muito grande para a população atual, considerando-se a mão de obra disponível e sua aptidão para o desempenho do trabalho;

d) que a execução desse trabalho ou serviço não obrigará os trabalhadores a se afastarem do lugar de sua residência habitual;

e) que a execução desse trabalho ou serviço será orientado conforme as exigências da religião, da vida social ou agricultura.

Artigo 11

1. Somente os adultos válidos do sexo masculino cuja idade presumível não seja inferior a 18 anos nem superior a 45, poderão estar sujeitos a trabalhos forçados ou obrigatórios. Salvo para as categorias de trabalho estabelecidas no artigo 10 da presente convenção, os limites e condições seguintes deverão ser observados:

a) conhecimento prévio, em todos os casos em que for possível, por médico designado pela administração, da ausência de qualquer moléstia contagiosa e da aptidão física dos interessados para suportar o trabalho imposto e as condições em que será executado;

b) isenção do pessoal das escolas, alunos e professores, assim como do pessoal administrativo em geral;

c) manutenção, em cada coletividade, de um número de homens adultos e válidos indispensáveis à vida familiar e social;

d) respeito aos vínculos conjugais e familiares.

2. Para os fins indicados na alínea c) acima, a regulamentação prevista no artigo 23 da presente convenção fixará a proporção de indivíduos da população permanente masculina e válida que poderá ser convocada a qualquer tempo, sem, entretanto, que essa proporção possa, em caso algum, ultrapassar 25 por cento dessa população. Fixando essa proporção, as autoridades competentes deverão ter em conta a densidade da população, e desenvolvimento social e físico dessa população, a época do ano e os trabalhos que devem ser executados pelos interessados no lugar e por sua própria conta; de um modo geral, elas deverão respeitar as necessidades econômicas e sociais da vida normal da coletividade interessada.

Artigo 12

1. O período máximo durante o qual um indivíduo qualquer poderá ser submetido a trabalho forçado ou obrigatório sob suas diversas formas, não deverá ultrapassar sessenta dias por período de doze meses, compreendidos nesse período os dias de viagem necessários para ir ao lugar de trabalho e voltar.

2. Cada trabalhador submetido ao trabalho forçado ou obrigatório deverá estar munido de certificado que indique os períodos de trabalho forçado e obrigatório que tiver executado.

Artigo 13

1. O número de horas normais de trabalho de toda pessoa submetida a trabalho forçado ou obrigatório deverá ser o mesmo adotado para o trabalho livre, e as horas de trabalho executado além do período normal deverão ser renumeradas nas mesmas bases usuais para as horas suplementares dos trabalhadores livres.

2. Um dia de repouso semanal deverá ser concedido a todas as pessoas submetidas a qualquer forma de trabalho forçado ou obrigatório, e esse dia deverá coincidir, tanto quanto possível, com o dia consagrado pela tradição ou pelos costumes do país ou região.

Artigo 14

1. Com exceção do trabalho previsto no artigo 10 da presente convenção, o trabalho forçado ou obrigatório sob todas as formas, deverá ser remunerado em espécie e em bases que, pelo mesmo gênero de trabalho, não deverão ser inferiores aos em vigor na região onde os trabalhadores estão empregados, nem aos que vigorarem no lugar onde forma recrutados.

2. No caso do trabalho imposto por chefes no exercício de suas funções administrativas, o pagamento de salários nas condições previstas no parágrafo precedente deverá ser introduzido o mais breve possível.

3. Os salários deverão ser entregues a cada trabalhador individualmente, e não a ser chefe de grupo ou a qualquer outra autoridade.

4. Os dias de viagem para ir ao trabalho e voltar deverão ser contados no pagamento dos salários como dias de trabalho.

5. O presente artigo não terá por efeito impedir o fornecimento aos trabalhadores de rações alimentares habituais como parte do salário, devendo essas rações ser ao menos equivalentes à soma de dinheiro que se supõe representarem; mas nenhuma dedução deverá ser feita no salário, nem pagamento de impostos, nem para alimentação, vestuário ou alojamento especiais, que serão fornecidos aos trabalhadores para mantê-los em situação de continuar seu trabalho, considerando-se as condições especiais de seu emprego, nem pelo fornecimento de utensílios.

Artigo 15

1. Toda legislação concernente à indenização por acidentes ou moléstias resultantes de trabalho e toda legislação que prevê indenizações de pessoas dependentes de trabalhadores mortos ou inválidos, que estejam ou estiverem em vigor no território interessado, deverão se aplicar às pessoas submetidas ao trabalho forçado ou obrigatório nas mesmas condições dos trabalhadores livres.

2. De qualquer modo, toda autoridade que empregar trabalhador em trabalho forçado ou obrigatório, deverá ter a obrigação de assegurar a subsistência do dito trabalhador se um acidente ou uma moléstia resultante de seu trabalho tiver o efeito de torná-lo total ou parcialmente incapaz de prover às suas necessidades. Esta autoridade deverá igualmente ter a obrigação de tomar medidas para assegurar a manutenção de toda pessoa efetivamente dependente do dito trabalhador em caso de incapacidade ou morte resultante do trabalho.

Artigo 16

1. As pessoas submetidas a trabalho forçado ou obrigatório não deverão, salvo em caso de necessidade excepcional, ser transferidas para regiões onde as con-

Legislação Complementar

dições de alimentação e de clima sejam de tal maneira diferentes das a que estão acostumadas que poderiam oferecer perigo para sua saúde.

2. Em caso algum, será autorizada tal transferência de trabalhadores sem que todas as medidas de higiene e de habitat que se impõe para sua instalação e para a proteção de sua saúde tenham sido estritamente aplicadas.

3. Quando tal transferência não poder ser evitada, deverão ser adotadas medidas que assegurem adaptação progressiva dos trabalhadores às novas condições de alimentação e de clima, depois de ouvido o serviço médico competente.

4. Nos casos em que os trabalhadores forem chamados a executar um trabalho regular ao qual não estão acostumados, deverão tomar-se medidas para assegurar a sua adaptação a esse gênero de trabalho, a disposição de repousos intercalados e a melhoria e aumento de rações alimentares necessárias.

Artigo 17

Antes de autorizar qualquer recurso ao trabalho forçado ou obrigatório para trabalhos de construção ou de manutenção que obriguem os trabalhadores a permanecerem nos locais de trabalho durante um período prolongado, as autoridades competentes deverão assegurar:

1) que todas as medidas necessárias foram tomadas para assegurar a higiene dos trabalhadores e garantir-lhes os cuidados médicos indispensáveis, e que, em particular; a) esses trabalhadores passam por um exame médico antes de começar os trabalhos e se submetem a novos exames em intervalos determinados durante o período de emprego; b) foi previsto um pessoal médico suficiente, assim como dispensários, enfermarias, hospitais e material necessários para fazer face a todas as necessidades, e c) a boa higiene dos lugares de trabalho, o abastecimento de víveres, água, combustíveis e material de cozinha foram assegurados aos trabalhadores de maneira satisfatória, e roupas e alojamentos necessários foram previstos;

2) que foram tomadas medidas apropriadas para assegurar a subsistência da família do trabalhador, especialmente facilitando a entrega de parte do salário a ela, por um processo seguro, com o consentimento ou pedido do trabalhador;

3) que as viagens de ida e volta dos trabalhadores ao lugar do trabalho serão assegurados pela administração sob sua responsabilidade e à sua custa, e que a administração facilitará essas viagens, utilizando, na medida de transportes disponíveis;

4) que, em caso de enfermidade ou acidente do trabalhador que acarrete incapacidade de trabalho durante certo tempo, o repatriamento do trabalhador será assegurado às expensas da administração;

5) que todo trabalhador que desejar ficar no local como trabalhador livre, no fim do período de trabalho forçado ou obrigatório, terá permissão para fazê-lo, sem perder, durante um período de repatriamento gratuito.

Artigo 18

1. o trabalho forçado ou obrigatório para o transporte de pessoas ou mercadorias, tais como o trabalho de carregadores ou barqueiros, deverá ser suprimido o mais brevemente possível e, esperando essa providência, as autoridades competentes deverão baixar regulamentos fixando, especialmente:

a) a obrigação de não utilizar esse trabalho a não ser para facilitar o transporte de funcionários da administração no exercício de suas funções ou o transporte do material da administração, ou, em caso de necessidade absolutamente urgente, o transporte de outras pessoas que não sejam funcionários;

b) a obrigação de não empregar em tais transportes senão homens reconhecidos fisicamente aptos para esse trabalho em exame médico anterior, nos casos que isso for possível; quando não o for, a pessoa que empregar essa mão de obra deverá assegurar, sob sua responsabilidade, que os trabalhadores empregados possuem a aptidão física necessária e não sofram moléstias contagiosas;

c) a carga mínima a ser levada por esses trabalhadores;

d) o percurso máximo que poderá ser imposto a esses trabalhadores, do local de sua residência;

e) o número máximo de dias por mês ou por qualquer outro período durante o qual esses trabalhadores poderão ser requisitados, incluídos nesse número os dias da viagem de volta;

f) as pessoas autorizadas a recorrer a essa forma de trabalho forçado ou obrigatório, assim como até que ponto elas têm direito de recorrer a esse trabalho.

2. Fixando os máximos mencionados nas alíneas c), d), e e) do parágrafo precedente, as autoridades competentes deverão ter em conta os diversos elementos a considerar, notadamente a aptidão física da população que deverá atender à requisição a natureza do itinerário a ser percorrido, assim como as condições climáticas.

3. As autoridades competentes deverão, outrossim, tomar medidas para que o trajeto diário normal dos carregadores não ultrapasse distância correspondente à duração média de um dia de trabalho de oito horas, ficando entendido que, para determiná-la, dever-se-á levar em conta, não somente a carga a ser percorrida, mas ainda, o estado da estrada, a época do ano e todos os outros elementos a considerar; se for necessário impor horas de marcha suplementares aos carregadores, estas deverão ser remuneradas em bases mais elevadas do que as normais.

Artigo 19

1. As autoridades competentes não deverão autorizar o recurso às culturas obrigatórias a não ser com o fim de prevenir fome ou a falta de produtos alimentares e sempre com a reserva de que as mercadorias assim obtidas constituirão propriedade dos indivíduos ou da coletividade que os tiverem produzido.

2. O presente artigo não deverá tornar sem efeito a obrigação dos membros da coletividade de se desobrigarem do trabalho imposto, quando a produção se achar organizada segundo a lei e o costume, sobre base comunal e quando os produtos ou benefícios provenientes da venda ficarem como propriedade da coletividade.

Artigo 20

As legislações que preveem repressão coletiva aplicável a uma coletividade inteira por delitos cometidos por alguns dos membros, não deverão estabelecer trabalho forçado ou obrigatório para uma coletividade como um dos métodos de repressão.

Artigo 21

Não se aplicará o trabalho forçado ou obrigatório para trabalhos subterrâneos em minas.

Artigo 22

Os relatórios anuais que os Membros que retificam a presente convenção, se comprometem a apresentar à Repartição Internacional do Trabalho, conforme as disposições do artigo 22, da Constituição da Organização Internacional do Trabalho , sobre as medidas por eles tomadas para pôr em vigor as disposições da presente convenção, deverão conter as informações mais completas possíveis, para cada território interessado, sobre o limite da aplicação do trabalho forçado ou obrigatório nesse território, assim como os pontos seguintes: para que fins foi executado esse trabalho; porcentagem de enfermidades e de mortalidade; horas de trabalho; métodos de pagamento dos salários e totais destes; assim como quaisquer outras informações a isso pertinentes.

Artigo 23

1. Para pôr em vigor a presente convenção, as autoridades competentes deverão promulgar uma regulamentação completa e precisa sobre o emprego do trabalho forçado ou obrigatório.

2. Esta regulamentação deverá conter, notadamente, normas que permitam a cada pessoa submetida a trabalho forçado ou obrigatório apresentar às autoridades todas as reclamações relativas às condições de trabalho e lhes deem garantias de que essas reclamações serão examinadas e tomadas em consideração.

Artigo 24

Medidas apropriadas deverão ser tomadas em todos os casos para assegurar a estreita aplicação dos regulamentos concernentes ao emprego do trabalho forçado ou obrigatório, seja pela extensão ao trabalho forçado ou obrigatório das atribuições de todo organismo de inspeção já criado para a fiscalização do trabalho livre, seja por qualquer outro sistema conveniente. Deverão ser igualmente tomadas medidas no sentido de que esses regulamentos sejam levados ao conhecimento das pessoas submetidas ao trabalho forçado ou obrigatório.

Artigo 25

Fato de exigir ilegalmente o trabalho forçado ou obrigatório será passível de sanções penais, e todo Membro que ratificar a presente convenção terá a obrigação de assegurar que as sanções impostas pela lei são realmente eficazes e estritamente aplicadas.

Artigo 26

1. Todo Membro da Organização Internacional do Trabalho que ratifica a presente convenção, compromete-se a aplicá-la aos territórios submetidos à sua soberania, jurisdição, proteção, suserania, tutela ou autoridade, na medida em que ele tem o direito de subscrever obrigações referentes a questões de jurisdição interior. Entretanto, se o Membro quer se prevalecer das disposições do artigo 35 da Constituição da Organização Internacional do Trabalho, deverá acompanhar sua ratificação de declaração estabelecendo:

1) os territórios nos quais pretende aplicar integralmente as disposições da presente convenção;

2) os territórios nos quais pretende aplicar as disposições da presente convenção com modificações e em que consistem as ditas modificações;

3) os territórios para os quais reserva sua decisão.

2. A declaração acima mencionada será reputada parte integrante da ratificação e terá idênticos efeitos. Todo Membro que formular tal declaração terá a faculdade de renunciar, em nova declaração, no todo ou em parte, às reservas feitas, em virtude das alíneas 2 e 3 acima, na sua declaração anterior.

Artigo 27

As ratificações oficiais da presente convenção nas condições estabelecidas pela Constituição da Organização Internacional do Trabalho serão comunicadas ao Diretor-Geral da Repartição Internacional do Trabalho e por ele registradas.

Artigo 28

1. A presente convenção não obrigará senão os Membros da Organização Internacional do Trabalho cuja ratificação tiver sido registrada na Repartição Internacional do Trabalho.

2. Ela entrará em vigor doze meses depois que as ratificações de dois Membros tiverem sido registradas pelo Diretor-Geral.

3. em seguida, esta convenção entrará em vigor para cada Membro doze meses depois da data em que sua ratificação tiver sido registrada.

Artigo 29

Logo que as ratificações de dois Membros da Organização Internacional do Trabalho tiverem sido registradas na repartição Internacional do Trabalho, o Diretor-Geral da Repartição notificará o fato a todos os Membros da Organização Internacional do Trabalho. Será também notificado o registro das ratificações que lhe forem ulteriormente comunicadas por todos os outros Membros da Organização.

Artigo 30

1. Todo Membro que tiver ratificado a presente convenção pode denunciá-la no fim de um período de dez anos depois da data da entrada em vigor inicial da convenção, por ato comunicado, ao Diretor-Geral da Repartição Internacional do Trabalho e por ele registrado. Essa denúncia não se tornará efetiva senão um ano depois de registrada na Repartição Internacional do Trabalho.

2. Todo Membro que, tendo ratificado a presente convenção, no prazo de um ano, depois da expiração do período de 10 anos mencionado no parágrafo precedente, não fizer uso da faculdade de denúncia prevista no presente artigo, está comprometido por um novo período de cinco anos, e em seguida poderá denunciar a presente convenção no fim de cada período de cinco anos nas condições previstas no presente artigo.

Artigo 31

No fim de cada período de cinco anos a contar da entrada em vigor da presente convenção, o Conselho de Administração da Repartição Internacional do Trabalho deverá apresentar à Conferência Geral relatório sobre a aplicação da presente convenção e decidirá da oportunidade de inscrever na ordem do dia da Conferência a questão da sua revisão total parcial.

Artigo 32

1. No caso de a Conferência Geral adotar nova convenção de revisão total ou parcial da presente convenção, a ratificação por um membro da nova convenção de revisão acarretará de pleno direito denúncia da presente convenção, sem condições de prazo, não obstante o artigo 30 acima, contanto que nova convenção de revisão tenha entrado em vigor.

2. A partir da data da entrada em vigor da nova convenção de revisão, a presente convenção cessará de estar aberta à ratificação dos Membros.

3. A presente convenção ficará, entretanto, em vigor na sua forma e teor para os Membros que tiverem ratificado e não ratificarem a nova convenção de revisão.

Artigo 33

Os textos francês e inglês da presente convenção farão fé.

O texto precedente é o texto autêntico da Convenção sobre trabalho forçado, de 1930, tal qual foi modificada pela Convenção de revisão dos artigos finais, de 1946.

O texto original da convenção foi autenticado em 25 de julho, 1930, pelas assinaturas de M. E. Mahnaim, Presidente da Conferência, e de M. Albert Thomas, Diretor da Repartição Internacional do Trabalho.

A Convenção entrou em vigor inicialmente em 1º de maio de 1932.

Em fé do que autentiquei, com minha assinatura de acordo com as disposições do artigo 6º da Convenção de revisão dos artigos finais, de 1946, neste trigésimo primeiro dia de agosto de 1948, dois exemplares originais do texto da convenção tal qual foi modificada.

– Edward Phelan – Diretor-Geral da Repartição Internacional do Trabalho.

O texto da Convenção presente é cópia exata do texto autenticado pela assinatura do Diretor-Geral da Repartição Internacional do Trabalho.

Cópia certificada para o Diretor-Geral da Repartição Internacional do Trabalho – C. W. Jenks – Consultor Jurídico da Repartição Internacional do Trabalho.

Anexo XV

CONVENÇÃO N. 81 DA OIT CONCERNENTE À INSPEÇÃO DO TRABALHO NA INDÚSTRIA E NO COMÉRCIO

A Conferência Geral da Organização Internacional do Trabalho,

Convocada em Genebra pelo Conselho de Administração da Repartição Internacional do Trabalho e aí se tendo reunido em 19 de junho de 1947, em sua trigésima sessão.

Depois de adotar diversas disposições relativas à inspeção do trabalho na indústria e no comércio, questão que constitui o quarto ponto de 1947, em sua trigésima sessão,

Depois de decidir que essas proposições tomariam a forma de uma convenção internacional,

Adota, neste décimo primeiro dia de julho de mil novecentos e quarenta e sete, a convenção presente, que será denominada Convenção sobre a inspeção do trabalho de 1947:

PARTE I

Inspeção do Trabalho na Indústria

Artigo 1º

Cada Membro da Organização Internacional do Trabalho para a qual a presente convenção está em vigor, deve ter um sistema de inspeção de trabalho nos estabelecimentos industriais.

Artigo 2º

1. O sistema de inspeção de trabalho nos estabelecimentos industriais se aplicará a todos os estabelecimentos para os quais os inspetores de trabalho estão encarregados de assegurar a aplicação das disposições legais relativas às condições de trabalho e à proteção dos trabalhadores no exercício da profissão.

2. A legislação nacional poderá isentar as empresas mineras e de transporte, ou parte dessas empresas, da aplicação da presente convenção.

Artigo 3º

1. O sistema de inspeção de trabalho será encarregado:

a) de assegurar a aplicação das disposições legais relativas às condições de trabalho e à proteção dos trabalhadores no exercício de sua profissão, tais como as disposições relativas à duração do trabalho, aos salários, à segurança, à higiene e ao bem-estar, ao emprego das crianças e dos adolescentes e a outras matérias conexas, na medida em que os inspetores são encarregados de assegurar a aplicação das ditas disposições;

b) de fornecer informações e conselhos técnicos aos empregadores e trabalhadores sobre os meios mais eficazes de observar as disposições legais;

c) de levar ao conhecimento da autoridade competente as deficiências ou os abusos que não estão especificamente compreendidos nas disposições legais existente.

2. se forem confiadas outras funções aos inspetores de trabalho, estas não deverão ser obstáculo ao exercício de suas funções principais, nem prejudicar de qualquer maneira a autoridade ou a imparcialidade necessárias aos inspetores nas suas relações com os empregadores.

Artigo 4º

1. Tanto quanto isso for compatível com a prática administrativa do Membro, a inspeção do trabalho será submetida à vigilância e ao controle de uma autoridade central.

2. Se se tratar de Estado federativo, o termo "autoridade central" poderá designar, seja autoridade federal, seja autoridade central de uma entidade federada.

Artigo 5º

A autoridade competente deverá tomar medidas apropriadas para favorecer:

a) a cooperação efetiva entre os serviços de inspeção, de uma parte, e outros serviços governamentais e as instituições públicas e privadas que exercem atividades análogas de outra parte;

b) a colaboração entre os funcionários da inspeção do trabalho e os empregadores e os trabalhadores ou suas organizações.

Artigo 6º

O pessoal da inspeção será composto de funcionários públicos sujo estatuto e condições de serviços lhes assegurem a estabilidade nos seus empregos e os tornem independentes de qualquer mudança de governo ou de qualquer influência externa indevida.

Artigo 7º

1. Ressalvadas as condições às quais a legislação nacional submeta o recrutamento dos membros dos serviços públicos, os inspetores do trabalho serão recrutados unicamente sobre a base das aptidões para as funções.

2. Os meios de verificar essas aptidões serão determinados pela autoridade competente.

3. Os inspetores de trabalho deverão receber formação apropriada, para o exercício de suas funções.

Artigo 8º

Tanto as mulheres quanto os homens poderão ser nomeados membros do pessoal do serviço de inspeção; se houver necessidade, poderão ser atribuídas tarefas especiais aos inspetores e inspetoras.

Artigo 9º

Cada Membro tomará as medidas necessárias para assegurar a colaboração de especialistas e técnicos devidamente qualificados, técnicos em medicina, em mecânica, eletricidade e química para o funcionamento da inspeção segundo os métodos julgados mais apropriados às condições nacionais, a fim de assegurar a aplicação das disposições legais relativas à higiene e segurança dos trabalhadores no exercício de suas profissões, e de se informar dos processos empregados, do material usado e dos métodos de trabalho, sobre a higiene e a segurança dos trabalhadores.

Artigo 10

O número de inspetores de trabalho será suficiente para permitir o exercício eficaz das funções de serviço de inspeção e será fixado tendo-se em conta:

a) a importância das tarefas que os inspetores terão de executar, notadamente;

i) o número, a natureza, a importância, e a situação dos estabelecimentos sujeitos ao controle da inspeção;

ii) o número e a diversidade das categorias de trabalhadores ocupados nesses estabelecimentos;

iii) o número e a complexidade das disposições legais cuja aplicação deve ser assegurada;

b) os meios materiais de execução postos à disposição dos inspetores;

c) as condições práticas nas quais as visitas de inspeção deverão se efetuar para ser eficazes.

Artigo 11

1. A autoridade competente tomará as medidas necessárias no sentido de fornecer aos inspetores de trabalho:

a) escritórios locais organizados de maneira apropriada às necessidades do serviço e acessíveis a todos os interessados;

b) facilidades de transporte necessário ao exercício de suas funções quando não existirem facilidades de transporte público apropriado;

2) A autoridade competente tomará as medidas necessárias no sentido de indenizar os inspetores de trabalho de todos os gastos de locomoção e todas as despesas acessórias necessárias ao exercício de suas funções.

Artigo 12

1. Os inspetores de trabalho munidos de credenciais serão autorizados:

a) a penetrar livremente e sem aviso prévio, a qualquer hora do dia ou da noite, em qualquer estabelecimento submetido à inspeção;

b) a penetrar durante o dia em todos os locais que eles possam ter motivo razoável para supor estarem sujeitos ao controle de inspeção;

Legislação Complementar

c) a proceder a todos exames, controles e inquéritos julgados necessários para assegurar que as disposições legais são efetivamente observadas, e notadamente;

i) a interrogar, seja só ou em presença de testemunhas, o empregador ou pessoal do estabelecimento sobre quaisquer matérias relativas à aplicação das disposições legais;

ii) a pedir vistas de todos os livros, registros e documentos prescritos pela legislação relativa às condições de trabalho, com o fim de verificar sua conformidade com os dispositivos legais, de os copiar ou extrair dados;

iii) a exigir a afixação dos avisos previstos pelas disposições legais;

iv) a retirar ou levar para fim de análises, amostras de materiais e substâncias utilizadas ou manipuladas, contanto que o empregador ou seu representante seja advertido de que os materiais ou substâncias foram retiradas ou levadas para esse fim.

2. por ocasião de uma visita de inspeção, o inspetor deverá informar o empregador ou seu representante de sua presença, a menos que julgue que tal aviso pode ser prejudicial à eficiência da fiscalização.

Artigo 13

1. Os inspetores de trabalho serão autorizados a providenciar medidas destinadas a eliminar defeitos encontrados em uma instalação uma organização ou em métodos de trabalho que eles tenham motivos razoáveis para considerar como ameaça à saúde ou à segurança dos trabalhadores.

2. A fim de estarem aptos a provocar essas medidas, os inspetores terão o direito, ressalvado qualquer recurso judiciário ou administrativo que possa prever a legislação nacional, de ordenar ou de fazer ordenar:

a) que sejam feitas nas instalações, dentro do prazo de um prazo fixo, as modificações necessárias a assegurar a aplicação escrita das disposições legais concernentes à saúde e à segurança dos trabalhadores.

b) que sejam tomadas imediatamente medidas executivas no caso de perigo iminente para a saúde e a segurança dos trabalhadores.

3. Se o procedimento fixado no § 2º não for compatível com a prática administrativa e judiciária do Membro, os inspetores terão o direito, de dirigir-se à autoridade competente para que ela formule prescrições ou faça tomar medidas de efeito executório imediato.

Artigo 14

A inspeção do trabalho deverá ser informada dos acidentes de trabalho e dos casos de enfermidade profissional, nos casos e da maneira determinados pela legislação nacional.

Artigo 15

Ressalvadas as exceções que a legislação nacional possa prever, os inspetores de trabalho:

a) não terão direito a qualquer interesse direto ou indireto nas empresas submetidas a seu controle;

b) serão obrigados, sob sanção penal ou de medidas disciplinares apropriadas, a não revelar, mesmo depois de terem deixado o serviço, os segredos de fabricação ou de comércio ou os processos de exploração de que possam ter conhecimento no exercício de suas funções;

c) deverão tomar como absolutamente confidencial a fonte de queixas que lhes tragam ao conhecimento um defeito de instalação ou uma infração às disposições legais e deverão abster-se de revelar ao empregador ou a seu representante que sua visita de inspeção resultou de alguma queixa.

Artigo 16

Os estabelecimentos deverão ser inspecionados com a frequência e o cuidado necessários a assegurar a aplicação efetiva das disposições legais em questão.

Artigo 17

1. As pessoas que violarem ou negligenciarem a observância das disposições legais de cuja execução estão incumbidos os inspetores de trabalho, serão passíveis de perseguições legais imediatas sem aviso prévio. Entretanto, a legislação nacional poderá prever exceções nos casos em que uma advertência deva ser feita a fim de remediar a situação ou de se tomarem mediadas preventivas.

2. Os inspetores de trabalho terão a liberdade de fazer advertências ou de conselhos, em vez de intentar ou recomendar ações.

Artigo 18

Sanções apropriadas por violação dos dispositivos legais cuja aplicação está submetida ao controle dos inspetores de trabalho e por obstrução feita aos inspetores de trabalho no exercício de suas funções, serão previstas pela legislação nacional e efetivamente aplicadas.

Artigo 19

1. Os inspetores de trabalho ou os escritórios de inspeção locais, segundo o caso, serão obrigados a submeter à autoridade central de inspeção relatórios periódicos de caráter geral sobre os resultados de suas atividades.

2. Esses relatórios serão feitos segundo a maneira prescrita pela autoridade central e tratarão dos assuntos indicados de tempo em tempo pela autoridade central; eles deverão ser apresentados tão frequentemente quanto o prescreva a autoridade central, e, em qualquer hipótese, pelo menos uma vez por ano.

Artigo 20

1. A autoridade central de inspeção publicará um relatório anual de caráter geral sobre os trabalhos de inspeção submetidos a seu controle.

2. Esses relatórios serão publicados dentro de um prazo razoável que em nenhum caso exceda de doze meses, a partir do fim do ano ao qual eles se referem.

3. Cópias dos relatórios anuais serão enviadas ao Diretor-Geral da Repartição Internacional do Trabalho dentro de um prazo razoável depois de seu aparecimento, mas, em qualquer caso, num prazo que não exceda de três meses.

Artigo 21

O relatório anual publicado pela autoridade central de inspeção deverá tratar dos seguintes assuntos:

a) as leis e regulamentos importantes para o serviço de inspeção do trabalho;

b) pessoal do serviço de inspeção do trabalho;

c) estatísticas dos estabelecimentos submetidos à inspeção e número dos trabalhadores ocupados nesses estabelecimentos;

d) estatísticas das visitas de inspeção;

e) estatísticas das infrações cometidas e das sanções impostas;

f) estatísticas dos acidentes de trabalho;

g) estatísticas das enfermidades profissionais;

Assim como sobre qualquer ponto referente a esses assuntos, na medida em que esteja sob o controle da referida autoridade central.

PARTE II

Inspeção do Trabalho no Comércio

Artigo 22

Cada Membro da Organização Internacional do Trabalho para a qual esta parte da presente convenção está em vigor deve possuir um sistema de inspeção de trabalho nos seus estabelecimentos comerciais.

Artigo 23

O sistema de inspeção de trabalho nos estabelecimentos comerciais se aplica aos estabelecimentos nos quais os inspetores de trabalho estão encarregados de assegurar a aplicação dos dispositivos legais relativos às condições de trabalho e à proteção dos trabalhadores no exercício de sua profissão.

Artigo 24

O sistema de inspeção de trabalho nos estabelecimentos comerciais deverá satisfazer às disposições dos artigos 3º a 21 da presente convenção, na medida em que forem aplicados.

PARTE III

Medidas Diversas

1. Todo Membro da Organização Internacional do Trabalho que ratifica a presente convenção pode, em declaração anexa a sua ratificação, excluir a II Parte de sua aceitação da convenção.

2. Todo Membro que tiver feito tal declaração pode anulá-la em qualquer tempo com declaração ulterior.

3. Todo Membro para o qual está em vigor uma declaração feita de conformidade com o § 1º do presente artigo, indicará cada ano, no seu relatório anual sobre a aplicação da presente convenção, o teor de sua legislação e de sua prática no que se refere às disposições da Parte II da presente convenção, esclarecendo até que ponto se puseram ou se pretendem pôr em prática as ditas disposições.

Artigo 26

No caso em que não haja certeza sobre se um estabelecimento, uma parte ou um serviço de um estabelecimento estão submetidos à presente convenção, é a autoridade competente que deve decidir a questão.

Artigo 27

Na presente convenção a expressão "disposições legais" compreende além da legislação, as sentenças arbitrais e os contratos coletivos que têm força de lei, e cuja aplicação os inspetores de trabalho estão encarregados de assegurar.

Artigo 28

Informações detalhadas concernentes a qualquer legislação nacional que ponha, em vigor as disposições de presente convenção, deverão ser incluídas nos relatórios anuais que devem ser apresentados conforme o artigo 22 da Constituição da Organização Internacional do Trabalho.

Artigo 29

1. Quando o território de um Membro compreende vastas regiões onde, em razão da pouca densidade da população ou do estado de seu desenvolvimento, a autoridade competente considera impraticáveis os dispositivos da presente convenção, ela pode isentar as ditas regiões da aplicação da convenção, seja de um modo geral, seja com exceções que ela julgue apropriadas em relação a certos estabelecimentos ou certos trabalhos.

2. Todo Membro deve indicar, no seu primeiro relatório anual sobre a aplicação da presente convenção, que será apresentada em virtude do artigo 22 da Constituição da Organização Internacional do Trabalho, todas as regiões nas quais se propõe a recorrer às disposições do presente artigo e deve dar as razões porque se propõe recorrer a elas. Posteriormente, nenhum membro poderá recorrer às disposições do presente artigo, salvo no que concerne às regiões que houver assim indicado.

3. Todo Membro que recorrer às disposições do presente artigo, deverá indicar, nos seus relatórios anuais ulteriores, as regiões para as quais ele renuncia o direito de recorrer às ditas disposições.

Artigo 30

1. No que concerne aos territórios mencionados no artigo 35 da Constituição da Organização Internacional do Trabalho tal qual foi emendada instrumento de emenda à Constituição da Organização Internacional do Trabalho de 1946, com exclusão dos territórios citados nos parágrafos 4º e 5º do dito artigo assim emendado, todo Membro da Organização que ratificar a presente convenção deverá comunicar ao Diretor-Geral da Repartição Internacional do Trabalho, no mais breve prazo possível depois de sua ratificação, uma declaração esclarecendo:

a) os territórios nos quais ele se compromete a aplicar, sem modificação, as disposições da convenção;

b) os territórios nos quais ele se compromete a aplicar as disposições da convenção com modificações, e em que consistem as ditas modificações;

c) os territórios aos quais a convenção é inaplicável, e, nesse caso, as razões pelas quais ela é inaplicável;

d) os territórios para os quais ele reserva sua decisão.

2. Os compromissos mencionados nas alíneas "a" e "b" do parágrafo primeiro do presente artigo serão reputados partes integrantes da ratificação e terão idênticos efeitos.

3. Todo Membro poderá renunciar, em nova declaração, no todo ou em parte, às reservas contidas na sua declaração anterior em virtude das alíneas "b", "c" e "d" do parágrafo 1º do presente artigo.

4. Todo Membro poderá, durante os períodos em que a presente convenção pode ser denunciada de conformidade com as disposições do artigo 34, comunicar ao Diretor-Geral nova declaração modificando, em qualquer outro ponto os termos de qualquer declaração anterior e esclarecendo a situação dos territórios que especificar.

Artigo 31

1. Quando as questões tratadas pela presente convenção entram no quadro da competência própria das autoridades de um território não metropolitano, o Membro responsável pelas relações internacionais desse território, em acordo com seu próprio governo, poderá comunicar ao Diretor-Geral da Repartição Internacional do Trabalho uma declaração de aceitação, em nome desse território, das obrigações da presente convenção.

2. Uma declaração de aceitação das obrigações da presente convenção pode ser comunicada ao Diretor-Geral da Repartição Internacional do Trabalho:

a) por dois ou mais Membros da Organização para um território colocado sob sua autoridade conjunta;

b) por qualquer autoridade internacional responsável pela administração de um território em virtude das disposições da Carta das Nações Unidas ou de qualquer outra disposição em vigor, com respeito a esse território.

3. As declarações comunicadas ao Diretor-Geral do Bureau Internacional do Trabalho, de conformidade com as disposições dos parágrafos precedentes do presente artigo, devem indicar se as disposições da convenção serão aplicadas no território com ou sem modificações; quando a declaração indica que as disposições da convenção se aplicam sob reserva de modificações, ela deve especificar em que consistem as ditas modificações.

4. O Membro ou os Membros ou autoridade internacional interessados poderão renunciar inteiramente ou em parte, em declaração ulterior, ao direito de invocar uma modificação indicada em declaração anterior.

5. O Membro ou os Membros ou autoridade internacional interessados poderão, durante os períodos em que a Convenção pode ser denunciada de conformidade com as disposições do artigo 34, comunicar ao Diretor-Geral nova declaração modificando em qualquer sentido os termos de qualquer declaração anterior e esclarecendo a situação no que concerne à aplicação desta convenção.

PARTE IV

As ratificações formais da presente convenção serão comunicadas ao Diretor-Geral da Repartição Internacional do Trabalho e por ele registradas

Artigo 33

1. A presente convenção não obriga senão os Membros da Organização Internacional do Trabalho cuja ratificação tenha sido registrada pelo Diretor-Geral.

2. Ela entrará em vigor doze meses depois que as retificações de dois membros tiverem sido registradas pelo Diretor-Geral.

3. Em seguida, esta convenção entrará em vigor para cada Membro doze meses depois da data em que sua ratificação for registrada.

Artigo 34

1. Todo Membro que ratifique a presente convenção pode denunciá-la no fim de um período de 10 anos depois da data em que a convenção entrou em vigor pela primeira vez, por ato comunicado ao Diretor-Geral da Repartição Internacional do Trabalho e por ele registrado. Essa denúncia não terá efeito senão um ano depois de registrada.

2. Todo Membro que, tendo ratificado a presente convenção, dentro do prazo de um ano depois da expiração do período de 10 anos mencionados no parágrafo precedente, não fizer uso da faculdade de denúncia prevista pelo presente artigo, ficará comprometido por um período de dez anos, e, posteriormente, poderá denunciar a presente convenção no fim de cada período de dez anos nas condições previstas no presente artigo.

Artigo 35

1. O Diretor-Geral da Repartição Internacional do Trabalho notificará a todos os Membros da Organização Internacional do Trabalho o registro de todas as ratificações, declarações e denúncias que lhe forem comunicadas pelos Membros da Organização.

2. Notificação aos Membros da Organização o registro da segunda ratificação que lhe for comunicada, o Diretor-Geral chamará a atenção dos Membros da Organização sobre a data em que a presente convenção entrar em vigor.

Artigo 36

A Repartição Internacional do Trabalho enviará ao Secretário-Geral das Nações Unidas, para fins de registro, de conformidade com o artigo 102 da Carta das Nações Unidas, informações completas a respeito de todas as ratificações, declarações e atos de denúncia que tiverem sido registrados conforme os artigos precedentes.

Artigo 37

À expiração de cada período de dez anos a contar da data da entrada em vigor da presente convenção, o Conselho de Administração da Repartição Internacional do Trabalho deverá apresentar à Conferência Geral um relatório sobre a aplicação da presente convenção e decidirá da oportunidade de inscrever na ordem do dia da Conferência a questão da sua revisão total ou parcial.

Artigo 38

1. No caso em que a Conferência adote uma nova convenção de revisão total ou parcial da presente convenção, e a menos que a nova convenção disponha de outra forma:

a) a ratificação por um Membro da nova convenção de revisão provocará, de pleno direito, não obstante o artigo 34 acima, denúncia imediata da presente convenção, quando a nova convenção de revisão tiver entrado em vigor;

b) a partir da data da entrada em vigor da nova convenção de revisão, a presente convenção não estará mais aberta à ratificação dos Membros.

2. A presente convenção ficará, em qualquer caso, em vigor em sua forma e teor para os Membros que a tiverem ratificado e que não ratificarem a convenção de revisão.

Artigo 39

As versões em francês e em inglês do texto da presente convenção fazem igualmente fé.

O texto precedente é o texto autêntico da convenção devidamente adotada pela Conferência Geral da Organização Internacional do Trabalho em sua trigésima sessão, realizada em Genebra e declarada encerrada a 11 de julho de 1947.

Em fé do que apuseram suas assinaturas, neste décimo nono dia de julho de 1947:

O Presidente da Conferência, Cal Joachim Hambro.

O Diretor-Geral da Repartição Internacional do Trabalho, Edward Phelan.

Anexo XXIX

CONVENÇÃO N. 115 DA OIT SOBRE A PROTEÇÃO CONTRA AS RADIAÇÕES IONIZANTES

Convenção (n. 115) relativa à proteção dos trabalhadores contra as radiações ionizantes, adotada pela Conferência Internacional do Trabalho na sua quadragésima quarta sessão, Genebra, 22 de junho de 1960.

A Conferência Geral da Organização Internacional do Trabalho, convocada em Genebra pelo Conselho de Administração da Repartição Internacional do Trabalho, e tendo-se ali reunido em 1º de junho de 1960, em sua quadragésima quarta sessão.

Depois de haver decidido adotar diversas proposições relativas à proteção dos trabalhadores contra as radiações ionizantes, questão que constitui o quarto ponto na ordem do dia da sessão;

Depois de haver decidido que essas proposições tomariam a forma de uma convenção internacional, adota, nesse vigésimo segundo dia de junho de mil novecentos e sessenta, à presente convenção, que será denominada Convenção sobre a proteção contra as radiações, 1960:

PARTE I

Disposições Gerais

Artigo 1º

Todo Membro da Organização Internacional do Trabalho que ratificar a presente convenção se compromete a aplicá-la por meio de leis ou regulamentos, coletâneas de normas práticas ou por outras medidas apropriadas. Ao aplicar-se as disposições da convenção, a autoridade competente consultará representantes dos empregados e trabalhadores.

Artigo 2º

1. A presente convenção se aplica a todas as atividades que acarretam a exposição de trabalhadores às radiações ionizantes, durante o trabalho.

2. A presente convenção não se aplica às substâncias radioativas, seladas ou não, nem aos aparelhos geradores de radiações ionizantes, que, em razão das fracas doses de radiações ionizantes que podem emitir, ficarão isentos da sua aplicação segundo um dos métodos a serem empregados para aplicar a convenção, previstos no artigo 1º.

Artigo 3º

1. À luz da evolução dos conhecimentos, todas as medidas adequadas serão tomadas para assegurar uma proteção eficaz dos trabalhadores contra as radiações ionizantes, do ponto de vista da sua saúde e segurança.

2. Com esse fim, serão adotadas normas e medidas necessárias, e serão postas à disposição as informações essenciais para a obtenção de uma proteção eficaz.

3. Para que tal proteção eficaz seja assegurada:

a) as medidas para a proteção dos trabalhadores contra as radiações ionizantes, adotadas após a ratificação da convenção por um Membro, deverão estar de acordo com as disposições da convenção.

b) O Membro interessado deverá modificar, logo que possível, as medidas que ele próprio houver adotado antes da ratificação da convenção, para que elas fiquem de acordo com as disposições desta, e deverá estimular a modificação no mesmo sentido de todas as outras medidas que igualmente existiam antes da ratificação;

Legislação Complementar

c) o Membro interessado deverá enviar ao Diretor-Geral da Repartição Internacional do Trabalho, quando da ratificação da convenção, uma declaração indicando de que maneira e a que categorias de trabalhadores se aplicam as disposições da convenção, e deverá levar em conta, em seus relatórios sobre a aplicação da convenção, todo progresso realizado nessa matéria;

d) ao término de um período de três anos após a entrada em vigor inicial da presente convenção, o Conselho de Administração da Repartição Internacional do Trabalho apresentará à Conferência um relatório especial relativo à aplicação da alínea "b" do presente parágrafo, contendo as propostas que julgar oportunas em vista das medidas a tomar a esse respeito.

PARTE II

Medidas de Proteção

Artigo 4º

As atividades visadas no artigo 2º devem ser organizadas e executadas de maneira a assegurar a proteção prevista nesta parte da convenção.

Artigo 5º

Todos os esforços devem ser feitos para reduzir ao nível mais baixo possível a exposição dos trabalhadores às radiações ionizantes e qualquer exposição inútil deve ser evitada por todas as partes interessadas.

Artigo 6º

1. As doses máximas admissíveis de radiações ionizantes provenientes de fontes exteriores ou interiores ao organismo, assim como as quantidades máximas admissíveis de substâncias radioativas introduzidas no organismo, serão fixadas, em conformidade com a Parte I da presente convenção, para as diferentes categorias de trabalhadores.

2. Essas doses e quantidades máximas admissíveis deverão ser constantemente revistas à luz dos conhecimentos novos.

Artigo 7º

1. No que diz respeito aos trabalhadores que são diretamente dedicados a trabalhos sob radiação, níveis adequados devem ser fixados, em conformidade com as disposições do artigo 6º:

a) de um lado, para os que têm dezoito anos ou mais;

b) de outro lado, para os menores de dezoito anos.

2. Nenhum trabalhador com menos de dezesseis anos deverá ficar sujeito a trabalhos que acarretem a emissão de radiações ionizantes.

Artigo 8º

Níveis adequados devem ser fixados, em conformidade com as disposições do artigo 6º, para os trabalhadores que não são diretamente sujeitos a trabalhos sob radiação, mas que permanecem ou passam em lugares onde podem estar expostos às radiações ionizantes ou às substâncias radioativas.

Artigo 9º

1. Uma sinalização adequada dos perigos deve ser utilizada para indicar a existência de riscos devido às radiações ionizantes. Todas as informações que possam ser necessárias sobre o assunto devem ser fornecidas aos trabalhadores.

2. Todos os trabalhadores diretamente sujeitos a trabalhos sob radiação devem ser devidamente instruídos, antes e durante a sujeição a trabalhos, acerca das precauções a tomar para sua segurança e para a proteção de sua saúde, assim como das razões que as motivam.

Artigo 10

A legislação deve prescrever a notificação, segundo as modalidades que fixará, dos trabalhos que acarretem a exposição de trabalhadores às radiações, durante o seu trabalho.

Artigo 11

Um controle adequado dos trabalhadores e dos lugares de trabalho deve ser efetuado, a fim de medir a exposição dos trabalhadores às radiações ionizantes e às substâncias radioativas, com o fim de verificar se os níveis fixados são respeitados.

Artigo 12

Todos os trabalhadores diretamente sujeitos a trabalhos sob radiação devem submeter-se a um exame médico apropriado antes ou pouco tempo depois da sujeição a tais trabalhos, e submeter-se ulteriormente a exames médicos com intervalos adequados.

Artigo 13

Serão determinados segundo um dos métodos a serem empregados para aplicar a convenção, previstos no artigo 1º, os casos em que, atendendo à natureza ou ao grau da exposição, devem ser tomadas rapidamente as medidas seguintes:

a) o trabalhador deve submeter-se a exame médico adequado;

b) o empregador deve avisar a autoridade competente, em conformidade com as diretivas dadas por esta última;

c) pessoas competentes em matéria de proteção contra as radiações devem estudar as condições nas quais o trabalhador efetua o trabalho;

d) o empregador deve tomar todas as providências corretivas necessárias, baseando-se nas verificações técnicas e nos pareceres médicos.

Artigo 14

Nenhum trabalhador deve ser sujeito, ou continuar a ser sujeito, a um trabalho suscetível de expô-lo às radiações ionizantes, contrariamente a um laudo médico autorizado.

Artigo 15

Todo Membro que ratificar a presente convenção se compromete a encarregar serviços de inspeção apropriados do controle da aplicação das suas disposições, ou a verificar se está garantida uma inspeção adequada.

PARTE III

Disposições Finais

Artigo 16

As ratificações formais da presente convenção serão comunicadas ao Diretor-Geral da Repartição Internacional do Trabalho e pelo mesmo registradas.

Artigo 17

1. A presente convenção só vinculará os Membros da Organização Internacional do Trabalho cuja ratificação houver sido registrada pelo Diretor-Geral.

2. Entrará em vigor doze meses depois que as ratificações de dois Membros houverem sido registradas pelo Diretor-Geral.

3. A seguir, esta convenção entrará em vigor para cada Membro doze meses após a data em que sua ratificação houver sido registrada.

Artigo 18

1. Todo Membro que houver ratificado a presente convenção poderá denunciá-la ao término de um período de cinco anos após a data da entrada em vigor inicial da convenção, por uma comunicação dirigida ao Diretor-Geral da Repartição Internacional do Trabalho e pelo mesmo registrada. A denúncia só produzirá efeito um ano depois de haver sido registrada.

2. Todo Membro tendo ratificado esta convenção, que no prazo de um ano após o término do período de cinco anos mencionado no parágrafo precedente, não fizer uso da faculdade de denúncia prevista pelo presente artigo, estará vinculado por um novo período de cinco anos e, a seguir, poderá denunciar esta convenção ao término de cada período de cinco, nas condições previstas no presente artigo.

Artigo 19

1. O Diretor-Geral da Repartição Internacional do Trabalho notificará a todos os Membros da Organização Internacional do Trabalho o registro de todas as ratificações e denúncias que lhe forem comunicadas pelos Membros da Organização.

2. Notificando aos Membros da Organização o registro da segunda ratificação que lhe houver sido comunicada, o Diretor-Geral pedirá a atenção dos Membros da Organização para a data em que a presente convenção entrará em vigor.

Artigo 20

O Diretor-Geral da Repartição Internacional do Trabalho comunicará ao Secretário-Geral das Nações Unidas, para fins de registro, em conformidade com o artigo 102 da Carta das Nações Unidas, informações completas sobre todas as ratificações e todos os atos de denúncia que houver registrado, em conformidade com os artigos precedentes.

Artigo 21

Cada vez que julgar necessário, o Conselho de Administração da Repartição Internacional do Trabalho apresentará à Conferência Geral um relatório sobre a aplicação da presente convenção e examinará se há necessidade de inscrever na ordem do dia da Conferência questão da sua revisão total ou parcial.

Artigo 22

1. No caso de adotar a Conferência nova convenção contendo revisão total ou parcial da presente convenção e a menos que a nova convenção disponha de maneira diferente:

a) a ratificação por um Membro da nova convenção revista acarretará de pleno direito, não obstante o artigo 18 acima, a denúncia imediata da presente convenção, sob reserva de que a nova convenção revista haja entrado em vigor;

b) a partir da data da entrada em vigor da nova convenção revista, a presente convenção deixará de estar aberta à ratificação dos Membros.

2. A presente convenção permanecerá e, todo caso em vigor, na sua forma e teor, para os Membros que a houverem ratificado e que não ratificarem a convenção revista.

Artigo 23

As versões francesa e inglesa do texto da presente convenção fazem igualmente fé.

O texto que precede é o texto autêntico da Convenção, devidamente adotada pela Conferência Geral da Organização Internacional do Trabalho, em sua quadragésima quarta sessão, que se realizou em Genebra e foi declarada encerrada em 23 de junho de 1960.

Anexo XXXIII

CONVENÇÃO N. 120 DA OIT SOBRE A HIGIENE NO COMÉRCIO E NOS ESCRITÓRIOS

A Conferência Geral da Organização Internacional do Trabalho,

Convocada em Genebra pelo Conselho de Administração da Repartição Internacional do Trabalho e havendo aí se reunido a 17 de junho de 1964, na sua quadragésima oitava sessão;

Após haver decidido adotar diversas propostas relativas à higiene no comércio e nos escritórios, que constitui o quarto ponto da ordem do dia da sessão;

Após haver decidido que algumas destas propostas tomariam a forma de convenção internacional;

Adota, neste oitavo dia de julho de mil novecentos e sessenta e quatro, a seguinte convenção, que será chamada Convenção sobre Higiene (comércio e escritórios), 1964.

PARTE I

Obrigações das Partes

Artigo I

A presente convenção aplica-se:

a) aos estabelecimentos comerciais;

b) aos estabelecimentos, instituições ou administrações em que os trabalhadores se ocupam principalmente de trabalho de escritório;

c) a quaisquer serviços de outros estabelecimentos, instituições ou administrações em que os trabalhadores se ocupam principalmente de atividades comerciais ou de trabalhos de escritório, na medida em que não estiverem submetidas à legislação nacional ou a outras disposições que disciplinem a higiene na indústria, nas minas, nos transportes ou na agricultura.

Artigo II

A autoridade competente poderá, após consultar as organizações de empregadores e de trabalhadores diretamente interessados, caso existam, excluir da aplicação da totalidade ou algumas disposições da presente convenção determinadas categorias de estabelecimentos, de instituições, de administrações ou de serviços mencionados no art. 1, quando as circunstâncias e as condições de emprego sejam tais que não convenha à aplicação da totalidade ou de algumas dessas disposições.

Artigo III

Em todos os casos em que não pareça ser duvidosa a aplicação da presente Convenção a um estabelecimento, a uma instituição ou a uma administração determinados, a questão será resolvida quer pela autoridade competente, após consulta aos organismos representativos de empregadores e de trabalhadores interessados, caso existam, quer de conformidade com qualquer outro método segundo a legislação e a prática nacionais.

Artigo IV

Todo Membro que ratificar a presente convenção compromete-se:

a) a adotar e a manter em vigor uma legislação que assegure a aplicação dos princípios gerais contidos na parte II;

b) a assegurar que, na medida em que as condições nacionais o permitam e o tornem desejável, seja dado efeito às disposições da recomendação sobre higiene (comércio e escritórios), 1964; ou a disposição equivalente.

Artigo V

A legislação que der efeito às disposições da presente convenção deverá ser elaborada após consulta das organizações representativas dos empregadores e trabalhadores interessados se existirem, o mesmo se dará com toda legislação que dê efeito, na medida em que as condições nacionais o permitirem e o tornarem desejável, às disposições da recomendação sobre higiene (comércio e escritório), 1964; ou a disposições equivalentes.

Artigo VI

1. Deverão ser tomadas medidas apropriadas por meio de serviços de inspeção adequados ou por outros meios para assegurar a aplicação efetiva das legislações mencionadas no art. 5.

2. Se os meios pelos quais forem efetivadas as disposições da presente convenção o permitirem, a aplicação efetiva destas legislações deverá ser assegurada pela instituição de um sistema de sanções adequado.

PARTE II

Princípios Gerais

Artigo VII

Todos os locais utilizados pelos trabalhadores assim como o equipamento destes locais deverão ser mantidos limpos e em bom estado.

Artigo VIII

Todos os locais utilizados pelos trabalhadores devem ser arejados naturalmente ou ventilados artificialmente, ou ambos conjuntamente de uma maneira satisfatória e apropriada, pelo suprimento de ar novo ou purificado.

Artigo IX

Todos os locais utilizados pelos trabalhadores deverão ser iluminados de uma maneira satisfatória e apropriada; para os locais de trabalho, a iluminação deverá ser na medida do possível natural.

Artigo X

Uma temperatura tão confortável e estável quanto as circunstâncias o permitirem deverá ser mantida em todos os locais utilizados pelos trabalhadores.

Artigo XI

Todos os locais de trabalho deverão ser organizados de tal maneira que a saúde dos trabalhadores não seja exposta a qualquer efeito nocivo.

Artigo XII

Água potável ou uma outra bebida sadia deverá ser posta em quantidade suficiente à disposição dos trabalhadores.

Artigo XIII

Lavatórios apropriados e instalações sanitárias apropriadas deverão ser providos em número suficiente e ser mantidos convenientemente.

Artigo XIV

Cadeiras apropriadas e em número suficiente deverão ser postas à disposição dos trabalhadores; estes deverão, numa medida razoável, ter a possibilidade de utilizá-los.

Artigo XV

Para permitir aos trabalhadores de mudar de roupa, de deixar e fazer secar a roupa que não usam durante o trabalho, deverão ser providas e mantidas convenientemente instalações apropriadas.

Artigo XVI

Os locais subterrâneos e os locais sem janelas em que um trabalho é normalmente executado deverão corresponder a normas de higiene apropriadas.

Artigo XVII

Os trabalhadores deverão ser protegidos por medidas apropriadas e praticáveis contra as substâncias e processos incômodos, insalubres ou tóxicos ou perigosos, seja qual for a razão. Quando a natureza do trabalho o exigir, a autoridade competente deverá prescrever a utilização de equipamentos de proteção individual.

Artigo XVIII

Os ruídos e as vibrações suscetíveis de produzir nos trabalhadores efeitos nocivos deverão ser reduzidos na medida do possível por medidas apropriadas e praticáveis.

Artigo XIX

Qualquer estabelecimento, instituição, administração ou serviço a que se aplicar a presente Convenção deverá de conformidade com sua importância e riscos envolvidos:

a) quer possuir sua própria enfermaria ou seu próprio posto de primeiros socorros;

b) quer possuir uma enfermaria ou um posto de primeiros socorros em comum com outros estabelecimentos, instituições, administrações ou serviços;

c) quer possuir um ou vários armários, caixas ou estojos de primeiros socorros.

Artigo XX

As ratificações formais da presente convenção serão comunicadas ao Diretor-Geral da Repartição Internacional do Trabalho e por ele registradas.

Artigo XXI

1. A presente convenção não obrigará senão aos Membros da Organização Internacional do Trabalho cuja ratificação tenha sido registrada pelo Diretor-Geral.

2. Ela entrará em vigor doze meses depois que as ratificações de dois Membros tiverem sido registradas pelo Diretor-Geral.

3. Daí por diante, esta Convenção entrará em vigor para cada Membro doze meses depois da data em que sua ratificação for registrada.

Artigo XXII

1. Todo Membro que tenha ratificado a presente Convenção poderá denunciá-la no fim de um período de 10 anos depois da data da entrada inicial em vigor da Convenção, por ato comunicado ao Diretor-Geral da Repartição Internacional do Trabalho e por ele registrado. Essa denúncia só terá efeito um ano depois registrado.

2. Todo Membro que, tenho ratificado a presente Convenção dentro do prazo de um ano depois da expiração do período de 10 anos mencionados no parágrafo precedente, não fizer uso da faculdade de denúncia prevista pelo presente artigo ficará comprometido por novo período de 10 anos e, posteriormente, poderá denunciar a presente Convenção no fim de cada período de 10 anos nas condições previstas no presente artigo.

Artigo XXIII

1. O Diretor-Geral da Repartição Internacional do Trabalho notificará a todos os Membros da Organização Internacional do Trabalho o registro de todas as ratificações e denúncias que lhe forem comunicadas pelos Membros da Organização.

2. Ao notificar aos Membros da Organização o registro da segunda ratificação que lhe for comunicada, o Diretor-Geral chamará a atenção dos Membros da Organização para a data em que a presente Convenção entrar em vigor.

Artigo XXIV

O Diretor-Geral da Repartição Internacional do Trabalho enviará ao Secretário-Geral das Nações Unidas, para fins de registro, de conformidade com o art. 102 da Carta das Nações Unidas, informações completas a respeito de todas as ratificações, declarações e atos de denúncia que tiverem sido registrados conforme os artigos precedentes.

Artigo XXV

Sempre que julgar necessário, o Conselho de Administração da Repartição Internacional do Trabalho apresentará à Conferência Geral um relatório sobre a aplicação da presente Convenção e examinará decidirá da oportunidade de inscrever na ordem do dia da Conferência a questão de sua revisão total ou parcial.

Artigo XXVI

1. Caso a Conferência adote nova Convenção de revisão total ou parcial da presente Convenção, e a menos que a nova Convenção disponha de outra forma:

a) a ratificação, por um Membro, da nova Convenção de revisão provocará, de pleno direito, não obstante o art. 22 acima, denúncia imediata da presente Convenção, sob reserva de que a nova convenção de revisão tenha entrado em vigor;

b) a partir da data da entrada em vigor da nova Convenção de revisão, a presente Convenção não estará mais aberta à ratificação dos Membros.

2. A presente Convenção ficará, em qualquer caso, em vigor, na forma e teor, para os Membros que a tiverem ratificado e que não ratificarem a Convenção de revisão.

Artigo XXVII

As versões em francês e em inglês do texto da presente convenção fazem igualmente fé.

O texto precedente é o texto autêntico da Convenção devidamente adotada pela Conferência geral da Organização Internacional do Trabalho em sua quadragésima oitava sessão em Genebra e declarada encerrada a 9 de julho de 1964.

Em fé do que apuserem suas assinaturas, neste décimo terceiro dia de julho de 1964.

Anexo XXXV

CONVENÇÃO N. 127 DA OIT RELATIVA AO PESO MÁXIMO DAS CARGAS QUE PODEM SER TRANSPORTADAS POR UM SÓ TRABALHADOR

A Conferência Geral da Organização Internacional do Trabalho,

Convocada em Genebra pelo Conselho de Administração da Repartição Internacional do Trabalho, e tendo-se ali reunido a 7 de junho de 1967, em sua quinquagésima primeira sessão;

Havendo decidido adotar diversas proposições relativas ao peso máximo das cargas que possam ser transportadas por um só trabalhador, questão essa que constitui o item seis da agenda da sessão;

Havendo decidido que essas proposições tomariam a forma de uma convenção internacional;

Adota, neste dia 28 de junho de 1967, a seguinte Convenção, que receberá a denominação de Convenção sobre o Peso Máximo, 1967

Artigo I

Para os fins de aplicação da presente Convenção:

a) a expressão "transporte manual de cargas" designa todo transporte no qual o peso da carga é suportado inteiramente por um só trabalhador; ela compreende o levantamento e a deposição da carga;

b) a expressão "transporte manual regular de carga" designa toda atividade consagrada de maneira contínua ou essencial ao transporte manual de cargas ou que inclua normalmente, mesmo de forma descontínua, o transporte manual de cargas;

c) a expressão "trabalhador jovem" designa todo trabalhador com idade inferior a dezoito anos.

Artigo II

1. A presente Convenção se aplica ao transporte manual regular de cargas.

2. A presente Convenção se aplica a todos os setores de atividade econômica para os quais o Membro interessado tenha um sistema de inspeção de trabalho.

Artigo III

O transporte manual, por um trabalhador, de cargas cujo peso seria suscetível de comprometer sua saúde ou sua segurança não deverá ser exigido nem admitido.

Artigo IV

Para os fins de aplicação do princípio enunciado no art. 3 acima, os Membros levarão em conta todas as condições nas quais o trabalho deverá ser executado.

Artigo V

Cada Membro tomará as medidas necessárias para que todo trabalhador designado para o transporte manual regular de cargas outras que não as leves, receba, antes dessa designação, treinamento ou instruções satisfatórios quanto aos métodos de trabalho que deverá utilizar com vistas a salvaguardar sua saúde e prevenir acidentes.

Artigo VI

Com vistas a limitar ou facilitar o transporte manual de cargas, deverão ser usados meios técnicos apropriados tanto quanto possível.

Artigo VII

1. A designação de mulheres e de trabalhadores jovens para o transporte manual de cargas outras que as leve, deverá ser limitada.

2. Quando mulheres e trabalhadores jovens forem designados para o transporte normal de cargas, o peso máximo destas cargas deverá ser nitidamente inferior àquele admitido para os homens.

Artigo VIII

Cada Membro tomará, por via legislativa ou qualquer outro método de acordo com a prática e as condições nacionais e consultando os organismos mais representativos dos empregadores e empregados interessados, as medidas necessárias para levar a efeito as disposições da presente Convenção.

Artigo IX

As ratificações formais da presente convenção serão comunicadas ao Diretor-Geral da Repartição Internacional do Trabalho e por ele registradas.

Artigo X

1. A presente convenção não obrigará senão aos Membros da Organização Internacional do Trabalho cuja ratificação tenha sido registrada pelo Diretor-Geral.

2. Ele entrará em vigor doze meses depois que as ratificações de dois Membros tiverem sido registradas pelo Diretor-Geral.

3. Daí por diante, esta Convenção entrará em vigor para cada Membro doze meses depois da data em que sua ratificação tiver sido registrada.

Artigo XI

1. Todo Membro que tiver ratificado a presente convenção poderá denunciá-la após um período de dez anos depois da data da entrada em vigor inicial da Convenção, por ato comunicado ao Diretor-Geral da Repartição Internacional do Trabalho e por ele registrado. A denúncia só terá efeito um ano depois de registrada.

2. Todo Membro que, tendo ratificado a presente Convenção, não fizer uso da faculdade de denúncia prevista pelo presente artigo, dentro do prazo de um ano após a expiração do período de dez anos mencionado no parágrafo precedente, ficará comprometido por novo período de dez anos e, em seguida, poderá denunciar a presente Convenção no fim de cada período de dez anos nas condições previstas no presente artigo.

Artigo XII

1. O Diretor-Geral da Repartição Internacional do Trabalho notificará a todos os Membros da Organização Internacional do Trabalho o registro de todas as ratificações e denúncias que lhe forem comunicadas pelos Membros da Organização.

2. Ao notificar aos Membros da Organização o registro da segunda ratificação que lhe tiver sido comunicada, o Diretor-Geral chamará a atenção dos Membros da Organização sobre a data em que a presente Convenção entrará em vigor.

Artigo XIII

O Diretor-Geral da Repartição Internacional do Trabalho enviará ao Secretário-Geral das Nações Unidas, para fim de registro, de conformidade com o art. 102 da Carta das Nações Unidas, informações completas a respeito de todas as ratificações, declarações e de todos os atos de denúncia que tiverem sido registrados conforme os artigos precedentes.

Artigo XIV

Sempre que julgar necessário, o Conselho de Administração da Repartição Internacional do Trabalho apresentará à Conferência Geral um relatório sobre a aplicação da presente Convenção e decidirá da oportunidade de inscrever na ordem do dia da Conferência a questão de sua revisão total ou parcial.

Artigo XV

1. Caso a Conferência adote nova Convenção de revisão total ou parcial da presente Convenção, e a menos que a nova Convenção disponha de outra forma:

a) a ratificação por Membro da nova Convenção de revisão provocará de pleno direito, não obstante o artigo 11 acima, a denúncia imediata da presente Convenção, sob reserva de que a nova Convenção de revisão tenha entrado em vigor;

b) a partir da data da entrada em vigor da nova Convenção de revisão, a presente Convenção não estará mais aberta à ratificação dos Membros.

2. A presente convenção permanecerá, em qualquer caso, em vigor em sua forma e teor para os Membros que a tiverem ratificado e não ratificarem a Convenção de revisão.

Artigo XVI

As versões em francês e em inglês do texto da presente convenção fazem igualmente fé.

O texto precedente é o texto autêntico da Convenção devidamente adotada pela Conferência Geral da Organização Internacional do Trabalho na quinquagésima primeira sessão realizada em Genebra e declarada encerrada a 29 de junho de 1967.

....

Anexo XXXIX

CONVENÇÃO N. 148 DA OIT SOBRE A PROTEÇÃO DOS TRABALHADORES CONTRA OS RISCOS PROFISSIONAIS DEVIDOS À CONTAMINAÇÃO DO AR, AO RUÍDO E ÀS VIBRAÇÕES NO LOCAL DE TRABALHO

Convenção Sobre a Proteção dos Trabalhadores Contra os Riscos Profissionais Devidos à Contaminação do Ar, ao Ruído e às Vibrações no Local de Trabalho.

A Conferência Geral da Organização Internacional do Trabalho:

Convocada em Genebra pelo Conselho de Administração da Repartição Internacional do Trabalho, e tendo-se ali reunido em 1º de junho de 1977, em sua sexagésima terceira reunião;

Lembrando as disposições das Convenções e Recomendações Internacionais do Trabalho pertinentes, em especial, a Recomendação sobre a Proteção da Saúde dos Trabalhadores, 1953; a Recomendação sobre os Serviços de Medicina do Trabalho, 1959; a Convenção e a Recomendação sobre a Proteção contra as Radiações, 1960; a Convenção e a Recomendação sobre a Proteção da Maquinaria, 1963; a Convenção sobre as Prestações em Caso de Acidentes do Trabalho e Enfermidades Profissionais, 1964; a Convenção e a Recomendação sobre a Higiene (Comércio e Escritórios), 1964; a Convenção e a Recomendação sobre o Câncer Profissional, 1974;

Depois de haver decidido adotar diversas propostas relativas ao meio ambiente de trabalho: contaminação atmosférica, ruído e vibrações, questão que constitui o quarto ponto da Agenda da reunião, e

Depois de haver decidido que as referidas propostas tomassem a forma de uma Convenção internacional, adota, aos vinte de junho do ano de mil novecentos e setenta e sete, a presente Convenção, que poderá ser mencionada como a Convenção sobre o Meio Ambiente de Trabalho (Contaminação do Ar, Ruído e Vibrações), 1977:

PARTE I

Campo de Aplicações e Definições

Artigo 1

1. A presente Convenção aplica-se a todos os ramos de atividade econômica.

2. Todo Membro que ratifique a presente Convenção, depois de consultar as organizações representativas de empregadores e de trabalhadores interessadas, se tais organizações existirem, poderá excluir de sua aplicação os ramos de atividade econômica em que tal aplicação apresente problemas especiais de certa importância.

3. Todo Membro que ratifique a presente Convenção deverá enumerar, no primeiro relatório que apresente sobre a aplicação da Convenção, de acordo com o Artigo 22 da Constituição da Organização Internacional do Trabalho, os ramos que houvessem sido excluídos em virtude do parágrafo 2 deste artigo, explicando os motivos da referida exclusão, e indicando em relatórios subsequentes o estado da legislação e da prática sobre os ramos excluídos e o grau em que se aplica ou se propõe a aplicar a Convenção a tais ramos.

Artigo 2

1. Todo Membro poderá, em consulta com as organizações representativas de empregadores e de trabalhadores, se tais organizações existirem, aceitar separadamente as obrigações previstas na presente Convenção, no que diz respeito:

a) à contaminação do ar;

b) ao ruído;

c) às vibrações.

2. Todo Membro que não aceite as obrigações previstas na Convenção a respeito de uma ou várias categorias de riscos deverá indicá-las no instrumento de ratificação e explicar os motivos de tal exclusão no primeiro relatório sobre a aplicação da Convenção, que submeta nos termos do Artigo 22 da Constituição da Organização Internacional do Trabalho. Nos relatórios subsequentes deverá indicar o estado da legislação e da prática sobre qualquer categoria de riscos que tenha sido excluída, e o grau em que aplica ou se propõe aplicar a Convenção a tal categoria.

3. Todo Membro que, no momento da ratificação, não tenha aceito as obrigações previstas na Convenção, relativas a todas as categorias de riscos, deverá posteriormente notificar o Diretor-Geral da Repartição Internacional do Trabalho, quando julgue que as circunstâncias o permitem, que aceita tais obrigações com respeito a uma ou várias das categorias anteriormente excluídas.

Artigo 3

Para fins da presente Convenção:

a) a expressão "contaminação do ar", compreende o ar contaminado por substâncias que, qualquer que seja seu estado físico, sejam nocivas à saúde ou contenham qualquer outro tipo de perigo;

b) o termo "ruído" compreende qualquer som que possa provocar uma perda de audição ou ser nocivo à saúde ou contenha qualquer outro tipo de perigo;

c) o termo "vibrações" compreende toda vibração transmitida ao organismo humano por estruturas sólidas e que seja nociva à saúde ou contenha qualquer outro tipo de perigo.

PARTE II

Disposições Gerais

Artigo 4

1. A legislação nacional deverá dispor sobre a adoção de medidas no local de trabalho para prevenir e limitar os riscos profissionais devidos à contaminação do ar, ao ruído e às vibrações, e para proteger os trabalhadores contra tais riscos.

2. Para a aplicação prática das medidas assim prescritas poder-se-á recorrer à adoção de normas técnicas, repertórios de recomendações práticas e outros meios apropriados.

Artigo 5

1. Ao aplicar as disposições da presente Convenção, a autoridade competente deverá atuar em consulta com as organizações interessadas mais representativas de empregadores e de trabalhadores.

2. Os representantes dos empregadores e dos trabalhadores estarão associados na elaboração das modalidades de aplicação das medidas prescritas de acordo com o Artigo 4.

3. Na aplicação das medidas prescritas em virtude da presente Convenção, deverá ser estabelecida colaboração mais estreita possível, em todos os níveis, entre empregadores e trabalhadores.

4. Os representantes do empregador e os representantes dos trabalhadores da empresa deverão ter a possibilidade de acompanhar os agentes de inspeção no controle da aplicação das medidas prescritas de acordo com a presente Convenção, a menos que os agentes de inspeção julguem, à luz das diretrizes gerais da autoridade competente, que isso possa prejudicar a eficácia de seu controle.

Artigo 6

1. Os empregadores serão responsáveis pela aplicação das medidas prescritas.

2. Sempre que vários empregadores realizem simultaneamente atividade no mesmo local de trabalho, terão o dever de colaborar para aplicar as medidas prescritas, sem prejuízo da responsabilidade de cada empregador quanto à saúde e à segurança dos trabalhadores que emprega. Nos casos apropriados, a autoridade competente deverá prescrever os procedimentos gerais para efetivar esta colaboração.

Artigo 7

1. Deverá obrigar-se aos trabalhadores a observância das normas de segurança destinadas a prevenir e a limitar os riscos profissionais devidos à contaminação do ar, ao ruído e às vibrações no local de trabalho, e a assegurar a proteção contra tais riscos.

2. Os trabalhadores ou seus representantes terão direito a apresentar propostas, receber informações e orientação, e a recorrer a instâncias apropriadas, a fim de assegurar a proteção contra riscos profissionais devidos à contaminação do ar, ao ruído e às vibrações no local de trabalho.

PARTE III

Medidas de Prevenção e de Proteção

Artigo 8

1. A autoridade competente deverá estabelecer os critérios que permitam os riscos da exposição à contaminação do ar, ao ruído e às vibrações no local de trabalho, e a fixar, quando cabível, com base em tais critérios, os limites de exposição.

2. Ao elaborar os critérios e ao determinar os limites de exposição, a autoridade competente deverá tomar em consideração a opinião de pessoas tecnicamente qualificadas, designadas pelas organizações interessadas mais representativas de empregadores e de trabalhadores.

3. Os critérios e limites de exposição deverão ser fixados, completados e revisados a intervalos regulares, de conformidade com os novos conhecimentos e dados nacionais e internacionais, e tendo em conta, na medida do possível, qualquer aumento dos riscos profissionais resultante da exposição simultânea a vários fatores nocivos no local de trabalho.

Artigo 9

Na medida do possível, dever-se-á eliminar todo risco devido à contaminação do ar, ao ruído e às vibrações no local de trabalho:

a) mediante medidas técnicas aplicadas às novas instalações e aos novos métodos de sua elaboração ou de sua instalação, ou mediante medidas técnicas aduzidas às instalações ou operações existentes, ou quando isto não seja possível;

b) mediante medidas complementares de organização do trabalho.

Artigo 10

Quando as medidas adotadas em conformidade com o Artigo 9 não reduzam a contaminação do ar, o ruído e as vibrações no local de trabalho a limites especificados de acordo com o Artigo 8, o empregador deverá proporcionar e conservar em bom estado o equipamento de proteção pessoal apropriado. O empregador não deverá obrigar um trabalhador a trabalhar sem o equipamento de proteção pessoal previsto neste Artigo.

Artigo 11

1. O estado de saúde dos trabalhadores expostos ou que possam estar expostos aos riscos profissionais devidos à contaminação do ar, ao ruído e às vibrações no local de trabalho deverá ser objeto de controle, a intervalos apropriados, segundo as modalidades e nas circunstâncias fixadas pela autoridade competente. Este controle deverá compreender um exame médico anterior ao emprego e exames periódicos, conforme determine a autoridade competente.

2. O controle previsto no parágrafo 1 do presente Artigo não deverá implicar em despesa para o trabalhador.

3. Quando, por razões médicas, seja desaconselhável a permanência de um trabalhador em uma função sujeita à exposição à contaminação do ar, ao ruído ou às vibrações, deverão ser adotadas todas as medidas compatíveis com a prática e as condições nacionais para transferi-lo para outro emprego adequado ou para assegurar-lhe a manutenção de seus rendimentos, mediante prestações da previdência social ou por qualquer outro meio.

4. As medidas tomadas para aplicar a presente Convenção não deverão afetar desfavoravelmente os direitos dos trabalhadores previstos na legislação sobre a previdência social ou seguros sociais.

Artigo 12

A atualização de processos, substâncias, máquinas ou materiais – que serão especificados pela autoridade competente – que impliquem em exposição dos trabalhadores aos riscos profissionais devidos à contaminação do ar, ao ruído e às vibrações no local de trabalho, deverá ser comunicada à autoridade competente, a qual poderá, conforme o caso, autorizá-la, de conformidade com as modalidades determinadas, ou proibi-la.

Artigo 13

Todas as pessoas interessadas:

a) deverão ser apropriada e suficientemente informadas sobre os riscos profissionais que possam originar-se no local de trabalho devido à contaminação do ar, ao ruído e às vibrações;

b) deverão receber instruções suficientes e apropriadas quanto aos meios disponíveis para prevenir e limitar tais riscos, e proteger-se dos mesmos.

Artigo 14

Deverão ser adotadas medidas, tendo em conta as condições e os recursos nacionais, para promover a pesquisa no campo da prevenção e limitação dos riscos devidos à contaminação do ar, ao ruído e ou às vibrações no local de trabalho.

PARTE IV

Medidas de Aplicação

Artigo 15

Segundo as modalidades e nas circunstâncias fixadas pela autoridade competente, o empregador deverá designar pessoa competente ou recorrer a serviço especializado, comum ou não a várias empresas, para que se ocupe das questões de prevenção e limitação da contaminação do ar, do ruído e das vibrações no local de trabalho.

Artigo 16

Todo membro deverá:

a) adotar, por via legislativa ou por qualquer outro método conforme a prática e as condições nacionais, as medidas necessárias, incluído o estabelecimento de sanções apropriadas, para dar efeito às disposições da presente Convenção;

b) promover serviços de inspeção apropriados para velar pela aplicação das disposições da presente Convenção ou certificar-se de que se exerce uma inspeção adequada.

Artigo 17

As ratificações formais desta Convenção deverão ser comunicadas ao Diretor-Geral da Repartição Internacional do Trabalho, para registro.

Artigo 18

1. Esta Convenção será obrigatória apenas para aqueles Membros da Organização Internacional do Trabalho cujas ratificações tenham sido registradas junto ao Diretor-Geral.

2. Esta Convenção entrará em vigor 12 meses após a data em que tenham sido registradas junto ao Diretor-Geral as ratificações de dois Membros.

3. A partir de então, esta Convenção entrará em vigor para cada Membro, doze meses após a data em que sua ratificação tenha sido registrada.

Artigo 19

1. Todo Membro que tenha ratificado esta Convenção poderá, no término de um período de dez anos, a partir da data em que entrou em vigor pela primeira vez, denunciar a Convenção em seu conjunto ou uma ou várias das categorias de riscos a que se refere o Artigo 2, através de um ato comunicado ao Diretor-Geral da Repartição Internacional do Trabalho, para registro. Tal denúncia surtirá efeito um ano depois da data em que tenha sido registrada.

2. Todo Membro que tenha ratificado esta Convenção e que não exerça, durante o ano seguinte à expiração do período de dez anos mencionado no parágrafo anterior, o direito de denúncia previsto neste Artigo, estará obrigado por outro período de dez anos e, a partir de então, poderá denunciar esta Convenção ao término de cada período de dez anos, nos termos previstos neste artigo.

Artigo 20

1. O Diretor-Geral da Repartição Internacional do Trabalho deverá comunicar a todos os Membros da Organização Internacional do Trabalho o registro de todas as ratificações, declarações e denúncias comunicadas pelos Membros da Organização.

2. Ao comunicar aos Membros da Organização o registro da segunda ratificação, o Diretor-Geral chamará a atenção dos Membros para a data em que a Convenção entrará em vigor.

Artigo 21

O Diretor-Geral da Repartição Internacional do Trabalho comunicará ao Secretário-Geral das Nações Unidas, para fins de registro e de conformidade com o Artigo 102 da Carta das Nações Unidas, uma informação completa sobre todas as ratificações, declarações e atos de denúncia registrados por ele, de acordo com os termos dos Artigos precedentes.

Artigo 22

Toda vez que julgue necessário, o Conselho de Administração da Repartição Internacional do Trabalho apresentará à Conferência um relatório sobre a aplicação da Convenção e examinará a conveniência de ser colocada na Agenda da Conferência a questão de sua revisão total ou parcial.

Artigo 23

1. Caso a Conferência adote nova Convenção que modifique total ou parcialmente a presente Convenção, então, a menos que a nova Convenção determine em contrário:

a) a ratificação por um Membro da nova Convenção modificativa implicará, *ipso jure*, na denúncia imediata da presente Convenção, não obstante as determinações do Artigo 19, quando a nova Convenção modificativa tenha entrado em vigor;

b) a partir da data da entrada em vigor da nova Convenção modificativa, a presente Convenção deixará de estar aberta à ratificação pelos Membros.

2. Esta Convenção entrará em vigor, em sua forma e conteúdo originais, para aqueles Membros que a tenham ratificado, mas que não tenham ratificado a Convenção modificativa.

Artigo 24

As versões em inglês e francês do texto desta Convenção são igualmente autênticas.

Anexo XLI

CONVENÇÃO N. 152 DA OIT RELATIVA À SEGURANÇA E HIGIENE NOS TRABALHOS PORTUÁRIOS

A Conferência Geral da Organização Internacional do Trabalho,

Convocada em Genebra pelo Conselho de Administração da Repartição Internacional do Trabalho, e tendo-se reunido em 6 de julho de 1979, em sua sexagésima quinta sessão

Registrando as disposições das Convenções e recomendações internacionais pertinentes e especialmente as da Convenção sobre a indicação do peso dos pacotes transportados por navio, 1929, da Convenção sobre a proteção das máquinas, 1963 e da Convenção sobre o ambiente de trabalho (poluição do ar, barulhos e vibrações), 1977;

Após ter decidido adotar diversas propostas relativas à revisão da convenção (n. 32) sobre a proteção dos estivadores contra os acidentes (revista), 1932, questão que constitui o quarto ponto da agenda da sessão;

Considerando que tais propostas deverão concretizar-se, adota, neste vigésimo quinto dia do mês de junho do ano de mil e novecentos e setenta e nove, a Convenção abaixo que será denominada Convenção sobre a segurança e higiene nos trabalhos portuários, 1979.

PARTE I

Área de Aplicação e Definições

Artigo 1º

A expressão "trabalhos portuários" designa, para os fins da presente Convenção, em seu conjunto ou separadamente, as operações de carregamento ou descarregamento de todo navio bem como todas as operações conexas; a definição de tais operações deverá ser fixada pela legislação ou prática nacionais. As organizações de empregadores e trabalhadores interessados deverão ser consultadas quando da elaboração ou revisão dessa definição ou nela se associarem de qualquer outra maneira.

Artigo 2º

1. Quando se tratar quer de estivagens efetuadas num lugar onde o tráfico for irregular e limitado a navios de baixo calado, quer de estivagem relativa a barcos pesqueiros ou a certas categorias de pesqueiros, cada Membro pode conceder isenções totais ou parciais ao disposto na presente Convenção, contanto que:

a) os trabalhos sejam efetuados em condições seguras;

b) a autoridade competente tenha se certificado, após consulta às organizações de empregadores e de trabalhadores interessadas, que a isenção pode razoavelmente ser concedida, levando em conta todas as circunstâncias.

2. Certas exigências particulares da III parte da presente Convenção podem ser modificadas se, após consulta às organizações de empregadores e trabalhadores interessadas, a autoridade competente se tiver certificado que as modificações garantem vantagens equivalentes e de que, em seu conjunto, a proteção dessa maneira assegurada não for inferior àquela que resultaria da aplicação integral das disposições da presente Convenção.

3. As derrogações totais ou parciais consideradas no parágrafo 1 deste Artigo e as modificações importantes consideradas no parágrafo 2, bem como as razões que as motivaram, deverão ser indicadas nos relatórios sobre a aplicação da Convenção que devem ser apresentados por força do Artigo 22 da Constituição da Organização Internacional do Trabalho.

Artigo 3º

Para os fins da presente Convenção:

a) pelo termo "trabalhador", entende-se toda pessoa ocupada nos trabalhos portuários;

b) pela expressão "pessoa competente", entende-se toda pessoa que tenha os conhecimentos e experiência requeridos para o cumprimento de uma ou várias funções específicas, e aceitável enquanto tal pela autoridade competente.

c) pela expressão "pessoa responsável", entende-se toda pessoa designada pelo empregador, o capitão do navio ou o proprietário do aparelho, de acordo com o caso, para assegurar a execução de uma ou várias funções específicas e que tenha conhecimento e experiência suficientes bem como a autoridade exigida para que tenha as condições para desempenhar convenientemente esta ou estas funções;

d) pela expressão "pessoa autorizada" entende-se toda pessoa autorizada pelo empregador, o capitão do navio ou uma pessoa responsável, para realizar uma ou mais tarefas específicas e que possua conhecimentos técnicos e experiência necessárias;

e) pela expressão "aparelhos de içar", consideram-se todos os aparelhos de carga, fixados ou móveis, utilizados em terra ou a bordo do navio para suspender, levantar ou arriar as cargas ou deslocá-las de um lugar para outro em posição suspensa ou levantada, incluindo rampas de cais acionadas pela força motriz;

f) pela expressão "acessório de estivagem", considera-se todo acessório por meio do qual uma carga pode ser fixada num aparelho de içar, mas que não seja parte integrante do aparelho ou da carga.

g) pelo termo "navio", consideram-se navios, barcos, barcaças, lanchões, bote de descarga e *hovercrafts* de quaisquer categorias, com exclusão dos vasos de guerra.

PARTE II

Disposições Gerais

Artigo 4º

1. A legislação nacional deverá dispor, no tocante às estivagens quais medidas, conforme as disposições da Parte III desta Convenção, serão tomadas visando:

a) a organização e manutenção dos locais de trabalho e dos materiais bem como a utilização de métodos de trabalho que ofereçam garantias de segurança e salubridade;

b) a organização e a manutenção, em todos os locais de trabalho, de meios de acesso que garantam a segurança dos trabalhadores;

c) a informação, formação e controle indispensáveis para garantir a proteção dos trabalhadores contra os riscos de acidente ou de prejuízos para a saúde que resultem de seu emprego ou que sobrevenham no exercício desse:

d) a fornecimento, aos trabalhadores, de todo equipamento de proteção individual, de todo o vestuário de proteção e de todos os meios de salvamento que poderão ser, no limite do razoável, exigidos quando não tiver possível prevenir, de outra maneira, os riscos de acidente ou prejuízos para a saúde.

e) a organização e manutenção dos meios adequados e suficientes de primeiros socorros e salvamento.

f) a elaboração e estabelecimento de procedimentos adequados destinados a fazer frente a todas as situações de emergência que possam advir.

2. As medidas a serem tomadas para a implementação desta Convenção deverão visar:

a) as prescrições gerais relativas à construção, equipamento e manutenção das instalações portuárias e outros lugares onde se efetuam as estivagens;

b) a luta contra os incêndios e as explosões e sua prevenção;

c) os meios de se chegar sem perigo aos navios, porões, plataformas, materiais e aparelhos de içar;

d) o transporte dos trabalhadores;

e) a abertura e fechamento das escotilhas, a proteção das escotilhas e o trabalho nos porões;

f) a construção, manutenção e utilização dos aparelhos de içar e de estivagem;

g) a construção, manutenção e utilização das plataformas;

h) as enxárcias e a utilização dos mastros de carga dos navios;

i) o teste, exame, inspeção e certificação, quando preciso for, dos aparelhos de içar, dos acessórios de estivagem (inclusive as correntes e cordame) bem como as lingas e outros dispositivos de levantamento que formam parte integrante da carga.

j) a estivagem de diferentes tipos de carga;

k) o enfeixamento e o armazenamento das mercadorias;

l) as substâncias perigosas e outros riscos do ambiente de trabalho;

m) o equipamento de proteção individual e o vestuário de proteção;

n) as instalações sanitárias, banheiros e serviços de bem-estar;

o) a fiscalização médica;

p) os primeiros socorros e os meios de salvamento;

q) a organização da segurança e da higiene;

r) a formação dos trabalhadores;

s) a declaração e a investigação em caso de acidente de trabalho e doença profissional.

3. A aplicação prática das prescrições decorrentes do parágrafo 1 deste Artigo deverá ser assegurada por ou apoiar-se em normas técnicas ou compêndios de diretrizes práticas aprovadas pela autoridade competente, ou por outros métodos adequados compatíveis com a prática e as condições nacionais.

Artigo 5º

1. legislação nacional deverá responsabilizar as pessoas adequadas – empregadores, proprietários, capitães de navio ou quaisquer outras pessoas, de acordo com o caso – pela aplicação das medidas previstas no parágrafo 1º do Artigo 4º acima.

2. Cada vez que vários empregadores se entregarem simultaneamente a atividades num mesmo local de trabalho, deverão colaborar visando a aplicação das medidas prescritas, sem prejuízo de responsabilidade de cada empregador para com a saúde e segurança dos trabalhadores por ele empregados. Nos casos adequados, a autoridade competente prescreverá as modalidades gerais de tal colaboração.

Artigo 6º

1. Disposições deverão ser tomadas para que os trabalhadores:

a) sejam obrigados a não estorvarem indevidamente o funcionamento de um dispositivo de segurança previsto para sua própria proteção ou a de outras pessoas, ou não o empregarem de modo incorreto;

b) tomem razoavelmente conta de sua própria segurança e a das outras pessoas suscetíveis de serem afetadas por suas ações ou omissões no trabalho;

c) comuniquem sem demora a seu superior hierárquico imediato toda situação da qual tenham razões para pensar que essa possa apresentar um risco qualquer que não possam eles próprios corrigir, a fim de que medidas corretivas possam ser tomadas.

2. Poderão os trabalhadores ter direito, em todo local de trabalho, a dar sua contribuição para a segurança do trabalho dentro das limitações do controle que possam exercer sobre os materiais e métodos de trabalho e expressar opiniões sobre procedimentos de trabalho adotados, contanto que esses tenham em vista a segurança. Na medida em que isso seja adequado e conforme a legislação e a prática nacionais, quando comitês de segurança e higiene tiverem sido criados por força do Artigo 37 desta Convenção, esse direito será exercido por intermédio de tais comitês.

Artigo 7º

1. Dando efeito às disposições desta Convenção por meio de uma legislação nacional ou por qualquer outro meio adequado de conformidade com a prática e as condições nacionais, a autoridade competente deverá atuar após consulta às organizações de empregadores e de trabalhadores interessadas.

2. Deverá ser instituída estreita colaboração entre empregadores e trabalhadores ou seus representantes com vistas à aplicação das medidas previstas no parágrafo 1 do Artigo 4º acima.

PARTE III

Medidas Técnicas

Artigo 8º

Quando um local de trabalho apresentar risco para a segurança ou a saúde, medidas eficientes deverão ser implementadas (fechamento, balizamento ou outros meios adequados, inclusive, se necessário, suspensão do trabalho) com vistas a proteger os trabalhadores até que esse lugar não apresente mais riscos.

Artigo 9º

1. Todos os locais onde as estivagens forem efetuadas e todas as vias de acesso a tais locais deverão ser iluminados de forma adequada e suficiente.

2. Todo obstáculo suscetível de apresentar risco para o deslocamento de um aparelho de içar, de um veículo ou de uma pessoa deverá – se não puder ser retirado por motivos de ordem prática – ser correta e visivelmente demarcado e, se preciso for, suficientemente iluminado.

Artigo 10

1. Todos os solos empregados para a circulação de veículos ou o enfeixamento dos produtos ou mercadorias deverão ser dispostos para esse fim e corretamente conservados.

2. Quando produtos ou mercadorias forem engavelados, arrimados, desengavelados ou desarrimados, essas operações deverão ser efetuadas ordenadamente e com precaução, levando em consideração a natureza e o condicionamento ou das mercadorias.

Artigo 11

1. Corredores suficientemente largos deverão ser dispostos para permitirem a utilização sem perigo dos veículos e aparelhos de estivagem.

2. Corredores distintos para os pedestres deverão ser dispostos, quando for necessário e possível; tais corredores deverão ter largura suficiente e, na medida do possível, separados dos corredores usados pelos veículos.

Artigo 12

Meios adequados e suficientes de combate ao incêndio deverão estar à disposição para serem utilizados onde as estivagens estiverem sendo efetuadas.

Artigo 13

1. Todas as partes perigosas das máquinas deverão ser eficientemente protegidas à menos que estejam localizadas ou agenciadas de modo a oferecer a mesma segurança do que se estivessem eficientemente protegidas.

2. Medidas eficientes deverão ser tomadas para que, em caso de emergência, a alimentação em energia de cada máquina possa ser cortada rapidamente, se necessário for.

3. Quando for necessário proceder, numa máquina, a trabalhos de limpeza, manutenção ou reparo comportando um risco qualquer para uma pessoa, a máquina deverá ser parada antes do início de tal trabalho e medidas suficientes deverão ser tomadas de modo a garantir que a máquina não possa ser acionada antes do término do trabalho, entendendo-se que uma pessoa responsável poderá acioná-la para teste ou regulagem que não seriam possíveis caso a máquina estivesse parada.

4. Somente pessoa autorizada poderá:

a) retirar um protetor quando o trabalho a ser efetuado assim o exigir;

b) retirar um dispositivo de segurança ou o tornar inoperante para fins de limpeza, regulagem ou reparo.

5. Quando um protetor tiver sido retirado, precauções suficientes deverão ser tomadas, e o protetor deverá ser reposto em seu lugar assim que for praticamente realizável.

6. Quando um dispositivo de segurança tiver sido retirado ou tornado inoperante, deverá ser reposto em lugar ou posto para funcionar assim que for praticamente realizável, e medidas deverão ser tomadas para que a referida instalação não possa funcionar de modo intempestivo ou ser utilizada todo o tempo em que o dispositivo de segurança não tiver sido recolocado em seu lugar ou não estiver em condição de funcionamento.

7. Para os fins do presente Artigo, o termo "máquina" compreende todo aparelho de içar, painel de porão acionado mecanicamente ou aparelhagem acionada por força motriz.

Artigo 14

Todos os materiais e instalações elétricas deverão ser construídos, dispostos, explorados e conservados de modo a que seja prevenido qualquer perigo e estar de acordo com as normas que poderão ter sido reconhecidas pela autoridade competente.

Artigo 15

Quando um navio for carregado ou descarregado do bordo para o cais ou do bordo de outro navio, meios adequados de acesso ao navio que ofereçam garantias de segurança, corretamente instaladas e fixadas, deverão ser organizados e disponíveis.

Artigo 16

1. Quando trabalhadores tiverem que ser transportados por água para um navio ou para outro lugar e ser trazidos de volta, medidas suficientes deverão ser previstas para garantir a segurança de seu embarque, transporte e desembarque; as condições a serem preenchidas pelas embarcações a serem utilizadas para essa finalidade deverão ser especificadas.

2. Quando trabalhadores tiverem que ser transportados por terra para um local de trabalho e trazidos de volta, os meios de transporte e a serem providenciados pelo empregador deverão oferecer garantias de segurança.

Artigo 17

1. O acesso ao porão ou ao convés de mercadorias deverá ser assegurado:

a) por uma escada fixa ou, quando isto não for praticamente possível, por uma escada de mão afixada, por meio de ganchos ou por degraus aços de dimensões adequadas, com resistência suficiente e construção adequada;

b) por qualquer outro meio aceitável pela autoridade competente.

2. Na medida em que for possível e praticamente realizável, os meios de acesso especificados no presente Artigo deverão ser separados da área da escotilha.

3. Os trabalhadores não deverão usar nem ser obrigados a usar os meios de acesso ao porão ou ao convés de mercadorias de um navio diferentes dos que estão especificados no presente Artigo.

Artigo 18

1. Nenhum painel de porão nem barrote deverá ser utilizado, a menos que seja de construção sólida, de resistência suficiente para a utilização que deve ser feita e mantido em bom estado de conservação.

2. Os painéis de porão manobrados com o auxílio de um aparelho de içar deverão ser providos de fixações adequadas e facilmente acessíveis para que sejam pendurados neles as lingas ou qualquer outro acessório.

3. Os painéis de porão e os barrotes deverão, contanto que não sejam intermutáveis, ser claramente marcados indicando a escotilha a que pertencem bem como sua posição sobre essa.

4. Somente uma pessoa autorizada (cada vez que for possível praticamente, um membro da tripulação) deverá estar em condições de abrir ou fechar os painéis de porão acionados por força motriz; esses não deverão ser abertos ou fechados enquanto a manobra apresentar perigo para quem quer que seja.

5. As disposições do parágrafo 4 acima deverão aplicar-se, *mutatis mutandis*, às instalações de bordo acionadas pela força motriz tais como: porta instalada no casco, rampa, convés-garagem escamoteável ou outro dispositivo análogo.

Artigo 19

1. Medidas suficientes deverão ser tomadas para proteger toda abertura que possa apresentar risco de queda para os trabalhadores ou os veículos num convés ou na entreponte onde trabalhadores devem exercer sua atividade.

2. Toda escotilha, que não estiver provida de uma tampa de altura e resistência suficientes, deverá ser fechada ou seu parapeito reposto no lugar quando não estiver mais em serviço, salvo durante as interrupções do trabalho de curta duração, e uma pessoa responsável deverá ser encarregada de vigiar para que essas medidas sejam observadas.

Artigo 20

1. Todas as medidas necessárias deverão ser tomadas a fim de garantir a segurança dos trabalhadores obrigados a permanecer no porão ou na entre ponte de mercadorias de navio quando veículos motorizados forem aí usados ou que operações de carga e descarga forem efetuadas com a ajuda de aparelhos motorizados.

2. Os painéis de porão e os barrotes não deverão ser retirados ou repostos quando os trabalhos estiverem sendo executados no porão situado abaixo da escotilha. Antes de se proceder a operações de carga ou descarga, os painéis de porão e os barrotes que não estiverem convenientemente fixados, deverão ser retirados.

3. Uma ventilação suficiente deverá ser assegurada no porão ou na entreponte de mercadorias mediante circulação de ar fresco, com a fresco, com a finalidade de prevenir os riscos de prejuízo à saúde causados pelas fumaças expelidas por motores de combustão interna ou de outras fontes.

4. Disposições suficientes, inclusive meios de evacuação sem perigo, deverão ser previstos para a proteção das pessoas quando operações de carga ou descarga de carregamentos a granel sólidos estiverem sendo efetuados num porão ou numa entreponte, ou quando um trabalhador for chamado a trabalhar numa tremonha a bordo.

Artigo 21

Todo aparelho de içar, todo acessório de estivagem e todo cabo de guindaste ou dispositivo de levante que sejam parte integrante de uma carga deverão ser:

a) de uma concepção e construção cuidadosas, de resistência adequada à sua utilização, com manutenção que os conserve em bom estado e, nos casos dos aparelhos de içar para os quais torna-se necessário, corretamente instalados;

b) utilizados de modo correto e seguro; especialmente, não deverão ser carregados acima de sua carga máxima, exceto em se tratando de testes efetuados regulamentarmente e sob a direção de pessoa competente.

Artigo 22

1. Todo aparelho de içar e todo acessório de estivagem deverão ser submetidos a testes efetuados de acordo com a legislação nacional por uma pessoa competente antes de sua entrada em serviço e depois de qualquer modificação ou reparo importantes efetuados em uma parte suscetível de afetar sua segurança.

2. Os aparelhos de içar que fazem parte do equipamento de um navio serão submetidos a novo teste, pelo menos uma vez em cada cinco anos.

3. Os aparelhos de içar do cais serão submetidos a novo teste nos intervalos prescritos pela autoridade competente.

4. No término de cada teste de um aparelho de içar ou de um acessório de estivagem efetuado de acordo com as disposições do presente Artigo, o aparelho ou o acessório deverá ser objeto de exame minucioso e será lavrado um atestado pela pessoa que aplicou o referido teste.

Artigo 23

1. Não obstante as disposições do Artigo 22, todo aparelho de içar e todo acessório de estivagem deverão periodicamente ser objeto de exame minucioso e deverá ser lavrado um atestado por pessoa competente; tais exames deverão ser feitos pelo menos uma vez em cada 12 meses.

2. Para efeito do parágrafo 4 do Artigo 22 e do parágrafo 1 acima, entende-se por exame minucioso, o exame visual detalhado efetuado por pessoa competente, complementado, se preciso for, por outros meios ou medidas adequadas com vistas a chegar a uma conclusão fundamentada quanto à segurança do aparelho de içar ou do acessório de estivagem examinado.

Artigo 24

1. Qualquer acessório de estivagem deverá ser inspecionado regularmente antes de ser utilizado, ficando entendido que as lingas perdidas ou descartáveis não deverão ser reutilizadas. No caso de cargas pré-lingadas, as lingas deverão ser inspecionadas tantas vezes quanto isso for razoável e praticamente possível.

2. Para efeito do parágrafo 1 acima, entende-se por inspeção, um exame visual efetuado por pessoa responsável, com vistas a decidir, na medida em que se possa dessa maneira ter segurança, se a utilização do acessório ou da linga pode prosseguir sem riscos.

Artigo 25

1. Termos devidamente autenticados que atestam uma presumível e suficiente segurança do funcionamento dos aparelhos de içar e dos acessórios da estivagem em pauta deverão ser conservados, em terra ou a bordo, dependendo do caso, especificando a carga máxima de utilização, a data e os resultados dos testes, exames minuciosos e inspeções mencionados nos Artigos 22, 23 e 24 acima, ficando entendido que, no caso das inspeções mencionadas no parágrafo 1 do Artigo 24 acima, um termo será lavrado somente quando a inspeção tiver revelado um defeito.

2. Um registro dos aparelhos de içar e dos acessórios de estivagem deverá ser lançado do modo prescrito pela autoridade competente, levando em consideração o modelo recomendado pela Repartição Internacional do Trabalho.

3. O registro deverá incluir os certificados expedidos ou reconhecidos pela autoridade competente, ou cópias autenticadas dos referidos certificados lavrados do modo prescrito pela autoridade competente, levando em conta modelos recomendados pela Repartição Internacional do Trabalho no que se refere, de acordo com o caso, ao exame minucioso ou à inspeção dos aparelhos de içar ou dos acessórios de estivagem.

Artigo 26

1. Com vistas a garantir o reconhecimento mútuo das disposições tomadas pelos Membros que tenham ratificado a presente Convenção no tocante ao teste, exame minucioso, inspeção e estabelecimento dos certificados relativos aos aparelhos de içar e aos acessórios de estivagem que fazem parte do equipamento de um navio, bem como os termos relativos aos mesmos.

a) a autoridade competente de todo Membro que tenha ratificado a Convenção deverá designar ou reconhecer de qualquer outro modo, pessoas ou entidades, nacionais ou internacionais competentes encarregadas de efetuar os testes e os exames minuciosos ou outras atividades conexas, em condições tais que estas pessoas ou entidades só continuem a ser designadas ou reconhecidas se cumprirem suas funções de maneira satisfatória;

b) qualquer membro que tenha ratificado a Convenção deverá aceitar ou reconhecer as pessoas ou entidades designadas ou reconhecidas de qualquer outro modo por força da alínea *a)* acima, ou deverá concluir acordos de reciprocidade no que tange tal aceitação ou reconhecimento, com a ressalva de que, em ambos os casos, as referidas pessoas ou entidades cumpram satisfatoriamente suas funções.

2. Nenhum aparelho de içar, acessório de estivagem ou outro aparelho de estivagem deverá ser utilizado se:

a) a autoridade competente não estiver convencida, com base num certificado de teste ou exame ou de um termo autenticado, de acordo com o caso, de que o teste, exame ou inspeção necessários tenham sido efetuados de acordo com as disposições da presente Convenção.

b) o parecer da autoridade competente considerar que a utilização do aparelho ou acessório não oferece garantias de segurança suficientes.

3. O parágrafo 2 acima não deverá ser aplicado de modo a que sejam atrasadas a carga ou a descarga de um navio cujo equipamento utilizado satisfaça a autoridade competente.

Artigo 27

1. Todo aparelho de içar (outro que mastro de carga de navio) que tenha uma única carga máxima de utilização e todo acessório de estivagem, deverão trazer, de modo preciso, a indicação de sua carga máxima de utilização gravada com buril ou, quando isso não for praticável, mediante outros meios adequados.

2. Todo aparelho de içar (outro que mastro de carga de navio), tendo mais de uma carga máxima de utilização, deverá ser equipado com dispositivos eficientes que possibilitem ao condutor determinar a carga máxima em todas as condições de utilização.

3. Todo mastro de carga de navio (que não seja mastro guindaste) deverá trazer a indicação, de modo preciso, das cargas máximas de utilização aplicáveis quando for usado o mastro de carga:

a) sozinho;

b) com uma roldana inferior;

c) acoplado a outro mastro de carga em todas as posições possíveis da roldana.

Artigo 28

Todo navio deverá conservar a bordo os planos de enxárcia e todos os outros documentos necessários para possibilitar a enxárcia correta dos mastros de carga e de seus acessórios.

Artigo 29

As palhetas e outros dispositivos análogos destinados a conter carregar as cargas deverão ser construção sólida e resistência suficiente e não apresentar defeito visível de maneira a tornar perigosa sua utilização.

Artigo 30

As cargas não deverão ser nem suspensas nem arriadas se não estiverem ligadas ou fixadas de outro modo ao aparelho de içar de maneira a oferecer garantias de segurança.

Artigo 31

1. O planejamento dos terminais de *containers* e a organização do trabalho nesses terminais deverão ser concebidos de modo a que, na medida em que for razoável e praticamente possível, seja garantida a segurança dos trabalhadores.

2. Os navios que transportam *containers* deverão ser equipados com meios que possibilitem a segurança dos trabalhadores que procedem à preensão e depreensão dos *containers*.

Artigo 32

1. As cargas perigosas deverão ser acondicionadas, marcadas e rotuladas, estivadas, armazenadas ou arrimadas de acordo com as disposições dos regulamentos internacionais aplicáveis ao transporte de mercadorias perigosas por água e a estivagem das mercadorias perigosas nos portos.

2. As substâncias perigosas só deverão ser estivadas armazenadas ou arrimadas se forem acondicionadas, marcadas e rotuladas de acordo com os regulamentos internacionais aplicáveis ao transporte de tais substâncias.

3. Se recipientes ou *containers* que contenham substâncias perigosas forem quebrados ou danificados a ponto de apresentarem algum risco, as operações de estivagem diferentes das que são necessárias para eliminar o perigo, deverão ser suspensas na região ameaçada e os trabalhados colocados em local protegido até que o risco tenha sido eliminado.

4. Medidas suficientes deverão ser tomadas para prevenir a exposição dos trabalhadores a substâncias ou agentes tóxicos ou nocivos, ou a atmosferas apresentando insuficiência de oxigênio ou risco de explosão.

5. Quando trabalhadores forem chamados para ocuparem espaços confinados nos quais podem haver substâncias tóxicas ou nocivas, ou nos quais pode manifestar-se insuficiência de oxigênio, medidas suficientes deverão ser tomadas para prevenir riscos de acidentes e prejuízo à saúde.

Artigo 33

Precauções adequadas deverão ser tomadas para proteger os trabalhadores contra os efeitos perigosos de barulho excessivo nos locais de trabalho.

Artigo 34

1. Quando uma proteção suficiente contra os riscos de acidente ou de prejuízo à saúde não puder ser garantida por outros meios, os trabalhadores deverão estar providos dos equipamentos de proteção individual e do vestuário de proteção que podem ser razoavelmente exigidos para lhes possibilitar a execução do trabalho com toda a segurança e deverão ser obrigados a fazer uso adequado desse material.

2. Os trabalhadores deverão ser convidados a cuidar de tais equipamentos de proteção individual e deste vestuário de proteção.

3. Os equipamentos de proteção individual e o vestuário de proteção deverão ser convenientemente conservados pelo empregador.

Artigo 35

Em previsão de acidentes, meios suficientes, inclusive pessoa qualificado, deverão estar facilmente disponíveis para salvar qualquer pessoa em perigo, administrar os primeiros socorros e evacuar os feridos em toda a medida em que for razoável e praticamente possível sem piorar seu estado.

Artigo 36

1. Todo Membro deverá determinar por via da legislação nacional ou qualquer outro meio adequado de acordo com a prática e as condições nacionais e após consultas às organizações de empregadores e de trabalhadores interessadas:

a) os riscos profissionais para os quais convém prever um exame médico prévio ou exames médicos periódicos, ou ambos os tipos de exames;

b) levando em conta a natureza e o grau dos riscos incorridos e das circunstâncias particulares, o intervalo máximo no qual os exames periódicos devem ser efetuados;

c) no caso de trabalhadores expostos a riscos profissionais particulares para a saúde, o alcance dos exames especiais considerados necessários;

d) as medidas adequadas para assegurar um serviço de medicina do trabalho para os trabalhadores.

2. Os exames médicos e especiais efetuados por força do parágrafo 1 acima serão sem ônus para os trabalhadores.

3. As verificações feitas por ocasião dos exames médicos e especiais deverão permanecer confidenciais.

Artigo 37

1. Comitês de segurança e higiene incluindo representantes dos empregadores e dos trabalhadores deverão ser criados em todos os portos em que haja número elevado de trabalhadores. Se necessário for, esses comitês deverão ser igualmente instituídos nos outros portos.

2. A implantação, a composição e as funções desses comitês deverão ser determinadas por meio da legislação nacional ou qualquer outro meio adequado de acordo com a prática e as condições nacionais, após consulta às organizações de empregadores e trabalhadores interessadas e à luz das condições locais.

Artigo 38

1. Nenhum trabalhador deverá ser empregado na estivagem sem ter recebido treinamento ou formação suficiente quanto aos riscos em potencial inerentes a seu trabalho e quanto às principais precauções a serem tomadas.

2. Somente as pessoas com pelo menos 18 anos de idade e que possuam as aptidões e experiências necessárias ou as pessoas que estejam recebendo treinamento quando convenientemente supervisionadas poderão guiar os aparelhos de içar e outros aparelhos de estivagem.

Artigo 39

Com vistas a contribuir na prevenção dos acidentes de trabalho e das doenças profissionais, medidas deverão ser tomadas para que esses sejam declarados à autoridade competente, e se necessário tornarem-se objeto de uma investigação.

Artigo 40

De acordo com a legislação ou a prática nacionais, instalações sanitárias e banheiros adequados e mantidos convenientemente limpos deverão ser previstos em número suficiente em todas as docas e a distâncias razoáveis dos locais de trabalho onde isto for praticamente realizável.

PARTE IV

Aplicação

Artigo 41

Cada Membro que ratificar a presente Convenção deverá:

a) especificar as obrigações em matéria de segurança e higiene do trabalho das pessoas e órgãos relativos às estivagens;

b) tomar as medidas necessárias e principalmente prever as sanções adequadas, para garantir a aplicação das disposições da presente Convenção;

c) incumbir determinados serviços de inspeção adequados, da aplicação das medidas a serem tomadas de acordo com as disposições da presente Convenção ou verificar se está assegurada uma inspeção adequada.

Artigo 42

1. A legislação nacional deverá determinar os prazos nos quais as disposições da presente Convenção tornar-se-ão aplicáveis no que se refere a:

a) a construção ou equipamento dos navios:

b) a construção de equipamentos de todo aparelho de içar ou de estivagem situado no cais;

c) a construção de todo acessório de estivagem.

2. Os prazos determinados de acordo com o parágrafo 1 acima não deverão ultrapassar quatro anos a contar da data da ratificação da presente Convenção.

PARTE V

Disposições Finais

Artigo 43

A presente Convenção é relativa à revisão da Convenção sobre Proteção dos Estivadores contra os Acidentes, 1929, e da Convenção sobre a Proteção dos Estivadores contra os Acidentes (revista), 1932.

Artigo 44

As ratificações formais da presente Convenção serão comunicadas, para seu registro, ao Diretor-Geral da Repartição Internacional do Trabalho.

Artigo 45

1. A presente Convenção obrigará unicamente os Membros da Organização Internacional do Trabalho cujas ratificações tenham sido registradas pelo Diretor-Geral.

2. A presente Convenção entrará em vigor doze meses após a data em que as ratificações de dois Membros tiveram sido registradas pelo Diretor-Geral.

3. A partir desse referido momento, a presente Convenção entrará em vigor, para cada Membro, doze meses após a data em que tenha sido registrada sua ratificação.

Artigo 46

1. Todo Membro que tenha ratificado esta Convenção poderá denunciá-la no término de um período de dez anos, a partir da data em que tenha entrado inicialmente em vigor, mediante uma comunicação formal, para seu registro, ao Diretor-Geral da Repartição Internacional do Trabalho. A denúncia produzirá efeito somente um ano após a data em que tenha sido registrada.

2. Todo Membro que tenha ratificado esta Convenção e que, no prazo de um ano após o término do período de dez anos mencionado no parágrafo anterior, não tiver feito uso do direito de denúncia previsto neste Artigo, ficará obrigado por um novo período de dez anos e, em seguida, poderá denunciar esta Convenção no término de cada período de dez anos, nas condições previstas neste Artigo.

Artigo 47

1. O Diretor-Geral da Repartição Internacional do Trabalho notificará a todos os Membros da Organização Internacional do Trabalho o registro de todas as ratificações, declarações e denúncias que lhe tenham sido comunicadas pelos Membros da Organização.

2. Ao notificar aos Membros da Organização o registro da segunda ratificação que lhe tenha sido comunicação, o Diretor-Geral chamará a atenção dos Membros da Organização para a data em que entrará em vigor a presente Convenção.

Artigo 48

O Diretor-Geral da Repartição Internacional do Trabalho comunicará ao Secretário-Geral das Nações Unidas, para fins do registro e de acordo com o Artigo 102 da Carta das Nações, informações completas sobre todas as ratificações, declarações e documentos de renúncia que tenha registrado de acordo com os artigos anteriores.

Artigo 49

Cada vez que o julgar necessário, o Conselho de Administração da Repartição Internacional do Trabalho apresentará a conferência um relatório sobre a aplicação da Convenção e examinará a conveniência de incluir na agenda da Conferência a questão de sua revisão total ou parcial.

Artigo 50

1. No caso de que a Conferência adote uma nova Convenção que implique a revisão total ou parcial da presente, e a menos que a nova convenção contenha disposições em contrário:

a) a ratificação, por um Membro, da Revisão da Convenção implicará, *ipso jure*, a denúncia imediata desta Convenção, não obstante as disposições contidas no Artigo 46, sempre que a nova Revisão da Convenção tenha entrado em vigor;

b) a partir da data em que entrar em vigor a nova Revisão da Convenção, a presente Convenção deixará de estar aberta à ratificação dos Membros.

2. Esta Convenção continuará em vigor em todo caso, em sua forma e conteúdo atuais, para os Membros que a tenham ratificado e não ratifiquem a Revisão da Convenção.

Artigo 51

As versões inglesa e francesa do texto da presente Convenção são igualmente autênticas.

Anexo XLIII

CONVENÇÃO N. 161 DA OIT RELATIVA AOS SERVIÇOS DE SAÚDE DO TRABALHO

A Conferência Geral da Organização Internacional do Trabalho;

Convocada em Genebra pelo Conselho Administrativo da Repartição Internacional do Trabalho e tendo ali se reunido a 7 de junho de 1985, em sua septuagésima primeira sessão;

Observando que a proteção dos trabalhadores contra as doenças profissionais e as doenças em geral e contra os acidentes de trabalho constitui uma das tarefas da Organização Internacional do Trabalho em virtude da sua Constituição;

Observando as Convenções e Recomendações Internacionais do Trabalho sobre a matéria, em particular a Recomendação sobre a Proteção da Saúde dos Trabalhadores, 1953; a Recomendação sobre os Serviços Médicos do Trabalho, 1959; a Convenção Relativa aos Representantes dos Trabalhadores, 1971, bem como a Convenção e a Recomendação sobre a Seguridade da Saúde dos Trabalhadores, 1981, documentos que estabelecem os princípios de uma política nacional e de uma ação em nível nacional;

Após ter decidido adotar diversas propostas sobre os serviços médicos no trabalho, questão que constitui o quarto ponto da agenda da sessão;

Após ter decidido que essas propostas deveriam tomar a forma de uma Convenção Internacional.

Adotada, neste vigésimo sexto dia de junho de mil novecentos e oitenta e cinco, a seguinte Convenção, que será denominada Convenção sobre os Serviços de Saúde do Trabalho, 1985.

PARTE I

Princípios de uma Política Nacional

Artigo 1

Para os fins da presente Convenção:

a) a expressão "serviços de saúde no trabalho" designa um serviço investido de funções essencialmente preventivas e encarregado de aconselhar o empregador, os trabalhadores e seus representantes na empresa em apreço, sobre:

i) os requisitos necessários para estabelecer e manter um ambiente de trabalho seguro e salubre, de molde a favorecer uma saúde física e mental ótima em relação com o trabalho;

ii) a adaptação do trabalho às capacidades dos trabalhadores, levando em conta seu estado de sanidade física e mental;

b) a expressão "representantes dos trabalhadores na empresa" designa as pessoas reconhecidas como tal em virtude da legislação ou da prática nacional.

Artigo 2

A luz das condições e da prática nacionais e em consulta com as organizações de empregadores e de trabalhadores mais representativas, onde estas existam, todo Membro deverá definir, pôr em prática e reexaminar periodicamente uma política nacional coerente com relação aos serviços de saúde no trabalho.

Artigo 3

1 – Todo Membro se compromete a instituir, progressivamente, serviços de saúde no trabalho para todos os trabalhadores, entre os quais se contam os do setor público, e os cooperantes das cooperativas de produção, em todos os ramos da atividade econômica e em todas as empresas; as disposições adotadas deverão ser adequadas e corresponder aos riscos específicos que prevalecem nas empresas.

2 – Se os serviços de saúde no trabalho não puderem ser instituídos imediatamente para todas as empresas, todo Membro em questão deverá, em consulta com a organizações de empregadores mais representativas, onde elas existam, elaborar planos que visam a instituição desses serviços.

3 – Todo Membro em questão deverá, no primeiro relatório sobre a aplicação da Convenção que está sujeito a apresentar em virtude do Artigo 22 da Constituição da Organização Internacional do Trabalho, indicar os planos que tenha elaborado em função do parágrafo 2 do presente Artigo e expor, em relatórios ulteriores, todo progresso obtido com vistas à sua aplicação.

Artigo 4

A autoridade competente deverá consultar as organizações de empregadores e de trabalhadores mais representativas, sempre que elas existam, a respeito das medidas a serem adotadas para pôr em prática as disposições da presente Convenção.

PARTE II

Funções

Artigo 5

Sem prejuízo da responsabilidade de cada empregador a respeito da saúde e da segurança dos trabalhadores que emprega, e tendo na devida conta a necessidade de participação dos trabalhadores em matéria de segurança e saúde no trabalho, os serviços de saúde no trabalho devem assegurar as funções, dentre as seguintes, que sejam adequadas e ajustadas aos riscos da empresa com relação à saúde no trabalho:

a) identificar e avaliar os riscos para a saúde, presentes nos locais de trabalho;

b) vigiar os fatores do meio de trabalho e as práticas de trabalho que possam afetar a saúde dos trabalhadores, inclusive as instalações sanitárias, as cantinas e as áreas de habitação, sempre que esses equipamentos sejam fornecidos pelo empregador;

c) prestar assessoria quanto ao planejamento e à organização do trabalho, inclusive sobre a concepção dos locais de trabalho, a escolha, a manutenção e o estado das máquinas e dos equipamentos, bem como, sobre o material utilizado no trabalho;

d) participar da elaboração de programa de melhoria das práticas de trabalho, bem como dos testes e da avaliação de novos equipamentos no que concerne aos aspectos da saúde;

e) prestar assessoria nas áreas da saúde, da segurança e da higiene no trabalho, da ergonomia e, também, no que concerne aos equipamentos de proteção individual e coletiva;

f) acompanhar a saúde dos trabalhadores em relação com o trabalho;

g) promover a adaptação do trabalho aos trabalhadores;

h) contribuir para as medidas de readaptação profissional;

i) colaborar na difusão da informação, na formação e na educação nas áreas da saúde e da higiene no trabalho, bem como na da ergonomia;

j) organizar serviços de primeiros socorros e de emergência;

k) participar da análise de acidentes de trabalho e das doenças profissionais.

PARTE III

Organização

Artigo 6

Com vistas à instituição de serviços de saúde no trabalho deverão ser adotadas iniciativas:

a) pela via da legislação;

b) por intermédio de convenções coletivas ou de outros acordos entre empregadores e trabalhadores interessados;

c) por todos os demais meios aprovados pela autoridade competente após consultas junto a organizações representativas de empregadores e trabalhadores interessados.

Artigo 7

1 – Os serviços de saúde no trabalho podem ser organizados, conforme o caso, seja como serviços para uma só empresa seja como serviços que atendem a diversas empresas.

2 – De acordo com as condições e a prática nacionais, os serviços de saúde no trabalho poderão ser organizados:

a) pelas empresas ou grupos de empresas interessadas;

b) pelos poderes públicos ou serviços oficiais;

c) pelas instituições de seguridade social;

d) por todo outro organismo habilitado por autoridade competente;

e) por qualquer combinação das possibilidades precedentes.

Artigo 8

O empregador, os trabalhadores e seus representantes, quando estes existam, devem cooperar e participar na organização de serviços de saúde no trabalho e de outras medidas a eles relativas, em bases equitativas.

PARTE IV

Condições de Funcionamento

Artigo 9

1– De acordo com a legislação e a prática nacionais, os serviços de saúde no trabalho deverão ser multidisciplinares. A composição do pessoal deverá ser determinada em função da natureza das tarefas a executar.

Legislação Complementar

2 – Os serviços de saúde deverão desempenhar suas funções em colaboração com os outros serviços da empresa.

3 – Medidas deverão ser tomadas, de acordo com a legislação e a prática nacionais, para assegurar uma cooperação e uma coordenação adequadas entre os serviços de saúde no trabalho e, na medida em que for cabível, com os demais serviços envolvidos na prestação de serviços de saúde.

Artigo 10

O pessoal prestador de serviços de saúde no trabalho deverá gozar de independência profissional completa com relação ao empregador, aos trabalhadores e aos seus representantes, quando estes existirem, no que tange às funções estabelecidas no Artigo 5.

Artigo 11

A autoridade competente deverá determinar as qualificações exigidas do pessoal chamado a prestar serviços de saúde no trabalho em função da natureza das tarefas e executar e de acordo com a legislação e a prática nacionais.

Artigo 12

O acompanhamento da saúde dos trabalhadores em relação com o trabalho não deverá acarretar para estes e qualquer ônus; deverá ser gratuito e ter lugar, na medida do possível, durante o expediente de trabalho.

Artigo 13

Todos os trabalhadores devem ser informados dos riscos para a saúde inerentes a seu trabalho.

Artigo 14

Os serviços de saúde no trabalho devem ser informados, pelo empregador e pelos trabalhadores, de todo fator conhecido e de todo fator suspeito do ambiente de trabalho, que possa ter efeitos sobre a saúde dos trabalhadores.

Artigo 15

Os serviços de saúde no trabalho devem ser informados dos casos de doença entre os trabalhadores e das faltas ao serviço por motivos de saúde, a fim de estarem aptos a identificar toda relação que possa haver entre as causas da doença ou da falta e os riscos à saúde que possam existir no local de trabalho não deverá ser instado, pelo empregador, no sentido de averiguar o fundamento ou as razões de faltas ao serviço.

PARTE V

Disposições Gerais

Artigo 16

A legislação nacional deverá designar a autoridade ou autoridades encarregadas de supervisionar o funcionamento dos serviços de saúde no trabalho e de prestar-lhes assessoramento, uma vez instituídos.

Artigo 17

As ratificações formais da presente Convenção serão transmitidas ao Diretor-Geral da Repartição Internacional do Trabalho e por ele registradas.

Artigo 18

1 – A presente Convenção somente vinculará os Membros da Organização Internacional do Trabalho cujas ratificações tenham sido registradas pelo Diretor-Geral.

2 – Esta Convenção entrará em vigor doze meses após o registro das ratificações de dois Membros por parte do Diretor-Geral.

3 – Posteriormente, esta Convenção entrará em vigor, para cada Membro, doze meses após o registro de sua ratificação.

Artigo 19

1 – Todo membro que tenha ratificado a presente Convenção poderá denunciá-la após a expiração de um período de dez anos contados da entrada em vigor mediante ato comunicado ao Diretor-Geral da Repartição Internacional do Trabalho e por ele registrado. A denúncia só surtirá efeito um ano após o registro.

2 – Todo Membro que tenha ratificado a presente Convenção e não fizer uso da faculdade de denúncia prevista pelo presente Artigo dentro do prazo de um ano após a expiração do período de dez anos previsto pelo presente Artigo, ficará obrigado por novo período de dez anos e, posteriormente, poderá denunciar a presente Convenção ao expirar cada período de dez anos, nas condições previstas no presente Artigo.

Artigo 20

1 – O Diretor-Geral da Repartição Internacional do Trabalho notificará todos os Membros da Organização Internacional do Trabalho o registro de todas as ratificações e denúncias que lhe sejam comunicadas pelos Membros da Organização.

2 – Ao notificar aos Membros da Organização o registro da segunda ratificação que lhe tenha sido comunicada, o Diretor-Geral chamará a atenção dos Membros para a data de entrada em vigor da presente Convenção.

Artigo 21

O Diretor-Geral da Repartição Internacional do Trabalho comunicará ao Secretário-Geral das Nações Unidas, para fins de registro, conforme o Artigo 102 da Carta das Nações Unidas, as informações completas referentes a quaisquer ratificações ou atos de denúncia que tenha registrado de acordo com os Artigos anteriores.

Artigo 22

Sempre que julgar necessário, o Conselho de Administração da Repartição Internacional do Trabalho deverá apresentar à Conferência Geral um relatório sobre a aplicação da presente Convenção e decidirá sobre a oportunidade de inscrever na ordem do dia da Conferência a questão da sua revisão total ou parcial.

Artigo 23

1 – Se a Conferência adotar uma nova Convenção que revise total ou parcialmente a presente Convenção e a menos que a nova Convenção disponha contrariamente.

a) a ratificação, por um membro, da nova Convenção revista, implicará de pleno direito, não obstante o disposto pelo Artigo 19, *supra*, a denúncia imediata da presente Convenção, desde que a nova Convenção revista tenha entrado em vigor;

b) a partir da entrada em vigor da Convenção revistam a presente Convenção deixará de estar aberta à ratificação dos Membros.

A presente Convenção continuará em vigor, em qualquer caso, em sua forma e teor atuais, para os Membros que a tiverem ratificado e que não ratificarem a Convenção revista.

Artigo 24

As versões inglesa e francesa do texto da presente Convenção são igualmente autênticas.

....

Anexo XLV

CONVENÇÃO N. 159 DA OIT SOBRE REABILITAÇÃO PROFISSIONAL E EMPREGO DE PESSOAS DEFICIENTES

A Conferência Geral da Organização Internacional do Trabalho:

Convocada em Genebra pelo Conselho de Administração do Escritório internacional do Trabalho realizada nessa cidade em 1 de junho de 1983, em sua sexagésima nona reunião;

Tendo tomado conhecimento das normas internacionais existentes e contidas na Recomendação sobre a habilitação e reabilitação profissionais dos deficientes, 1955, e na Recomendação sobre o desenvolvimento dos recursos humanos, 1975;

Tomando conhecimento de que, desde a adoção da Recomendação sobre a habilitação e reabilitação profissionais dos deficientes, 1955, foi registrado um significativo progresso na compreensão das necessidades da reabilitação, na extensão e organização dos serviços de reabilitação e na legislação e no desempenho de muitos Países Membros em relação às questões cobertas por essa recomendação;

Considerando que a Assembleia Geral das Nações Unidas proclamou 1981 o ano Internacional das Pessoas Deficientes, com o tema "Participação plena e igualdade", e que um programa mundial de ação relativo às pessoas deficientes permitiria a adoção de medidas eficazes a nível nacional e internacional para atingir as metas da "participação plena" das pessoas deficientes na vida social e no desenvolvimento, assim como de "igualdade";

Depois de haver decidido que esses progressos tornaram oportuna a conveniência de adotar novas normas internacionais sobre o assunto, que levem em consideração, em particular, a necessidade de assegurar, tanto nas zonas rurais como nas urbanas, a igualdade de oportunidade e tratamento a todas as categorias de pessoas deficientes no que se refere a emprego e integração na comunidade;

Depois de haver determinado que estas proposições devam ter a forma de uma Convenção, adota com a data de vinte de junho de mil novecentos e oitenta e três, a presente Convenção sobre reabilitação e emprego (pessoas deficientes), 1983.

PARTE I

Definições e Campo de Aplicação

Artigo 1

1 – Para efeitos desta Convenção, entende-se por "pessoa deficiente" todas as pessoas cujas possibilidades de obter e conservar um emprego adequado e de progredir no mesmo fiquem substancialmente reduzidas devido a uma deficiência de caráter físico ou mental devidamente comprovada.

2 – Para efeitos desta Convenção, todo o País Membro deverá considerar que a finalidade da reabilitação profissional é a de permitir que a pessoa deficiente obtenha e conserve um emprego e progrida no mesmo, e que se promova, assim a integração ou e reintegração dessa pessoa na sociedade.

3 – Todo País Membro aplicará os dispositivos desta Convenção através de medidas adequadas às condições nacionais e de acordo com a experiência (costumes, uso e hábitos) nacional.

4 – As proposições desta Convenção serão aplicáveis a todas as categorias de pessoas deficientes.

PARTE II

Princípios da Política de Reabilitação Profissional e Emprego Para Pessoas Deficientes

Artigo 2

De acordo com as condições nacionais, experiências e possibilidades nacionais, cada País Membro formulará, aplicará e periodicamente revisará a política nacional sobre reabilitação profissional e emprego de pessoas deficientes.

Artigo 3

Essa política deverá ter por finalidade assegurar que existam medidas adequadas de reabilitação profissional ao alcance de todas as categorias de pessoas deficientes e promover oportunidades de emprego para as pessoas deficientes no mercado regular de trabalho.

Artigo 4

Essa política deverá ter como base o princípio de igualdade de oportunidades entre os trabalhadores deficientes e dos trabalhadores em geral. Dever-se-á respeitar a igualdade de oportunidades e de tratamento para os trabalhadores deficientes. As medidas positivas especiais com a finalidade de atingir a igualdade efetiva de oportunidades e de tratamento entre os trabalhadores deficientes e os demais trabalhadores, não devem ser vistas como discriminatórias em relação a estes últimos.

Artigo 5

As organizações representativas de empregadores e de empregados devem ser consultadas sobre aplicação dessa política e em particular, sobre as medidas que devem ser adotadas para promover a cooperação e coordenação dos organismos públicos e particulares que participam nas atividades de reabilitação profissional. As organizações representativas de e para deficientes devem, também, ser consultadas.

PARTE III

Medidas a Nível Nacional para o Desenvolvimento de Serviços de Reabilitação Profissional e Emprego para Pessoas Deficientes

Artigo 6

Todo o País Membro, mediante legislação nacional e por outros procedimentos, de conformidade com as condições e experiências nacionais, deverá adotar as medidas necessárias para aplicar os Artigos 2, 3, 4 e 5 da presente Convenção.

Artigo 7

As autoridades competentes deverão adotar medidas para proporcionar e avaliar os serviços de orientação e formação profissional, colocação, emprego e outros semelhantes, a fim de que as pessoas deficientes possam obter e conservar um emprego e progredir no mesmo; sempre que for possível e adequado, serão utilizados os serviços, existentes para os trabalhadores em geral, com as adaptações necessárias.

Artigo 8

Adotar-se-ão medidas para promover o estabelecimento e desenvolvimento de serviços de reabilitação profissional e de emprego para pessoas deficientes na zona rural e nas comunidades distantes.

Artigo 9

Todo País Membro deverá esforçar-se para assegurar a formação e a disponibilidade de assessores em matéria de reabilitação e outro tipo de pessoal qualificado que se ocupe da orientação profissional, da formação profissional, da colocação e do emprego de pessoas deficientes.

PARTE IV

Disposições Finais

Artigo 10

As ratificações formais da presente Convenção serão comunicadas para o devido registro, ao Diretor-Geral do Escritório Internacional do Trabalho.

Artigo 11

1 – Esta Convenção obrigará unicamente aqueles Países Membros da Organização Internacional do Trabalho, cujas ratificações tenham sido registradas pelo Diretor-Geral.

2 – Entrará em vigor doze meses após a data em que as ratificações de dois dos Países Membros tenham sido registradas pelo Diretor-Geral.

3 – A partir desse momento, esta Convenção entrará em vigor, para cada País Membro, doze meses após a data em que tenha sido registrada sua ratificação.

Artigo 12

1 – Todo País Membro que tenha ratificado esta Convenção poderá suspender, por um período de dez anos, a partir da data em que tenha sido posta inicialmente em vigor, mediante um comunicado ao Diretor-Geral do Trabalho, para o devido registro. A suspensão somente passará a vigorar um ano após a data em que tenha sido registrada.

2 – Todo País Membro que tenha ratificado esta Convenção e que, no prazo de um ano após a expiração do período de dez anos mencionado no parágrafo anterior, não tenha feito uso do direito de suspensão previsto neste Artigo será obrigado, durante um novo período de dez anos, e no ano seguinte poderá suspender esta Convenção na expiração de cada período de dez anos, nas condições previstas neste Artigo.

Artigo 13

1 – O Diretor-Geral da Organização Internacional do Trabalho notificará todos os Países Membros da Organização Internacional do Trabalho, o registro de número de ratificações, declarações e suspensões que lhe forem comunicadas por aqueles.

2 – Ao notificar os Países Membros da Organização, o registro da segunda ratificação que lhe tenha sido comunicada, o Diretor-Geral chamará a atenção dos Países Membros da Organização sobre a data em que entrará em vigor a presente Convenção.

Artigo 14

O Diretor-Geral do Escritório Internacional do Trabalho comunicará ao Secretário-Geral das Nações Unidas, os efeitos do registro e de acordo com o Artigo 102 da Carta das Nações Unidas, uma informação completa sobre todas as ratificações, declarações e ofícios de suspensão que tenha registrado de acordo com os Artigos anteriores.

Artigo 15

Cada vez que considere necessário, o Conselho Administrativo do Escritório Internacional do Trabalho apresentará na Conferência um relatório sobre a aplicação da Convenção, e considerará a conveniência de incluir na ordem do dia da Conferência a questão da sua revisão total ou parcial.

Artigo 16

1 – No caso de a conferência adotar uma nova Convenção que implique uma revisão total ou parcial da presente, e a menos que uma nova convenção contenha dispositivos em contrário:

a) a ratificação, por um País Membro, de novo Convênio, implicará, *ipso jure*, a notificação imediata deste Convênio, não obstante as disposições contidas no Artigo 12, sempre que o novo Convênio tenha entrado em vigor;

b) a partir da data em que entre em vigor o novo Convênio, o presente Convênio cessará para as ratificações pelos Países Membros.

2 – Este Convênio continuará em vigor, em todo caso, em sua forma e conteúdo atuais, para os Países Membros, que o tenham ratificado e não ratifiquem um Convênio revisado.

Artigo 17

As versões inglesa e francesa do texto deste Convênio são igualmente autênticas.

Anexo XLVII

CONVENÇÃO N. 139 DA OIT SOBRE A PREVENÇÃO E O CONTROLE DE RISCOS PROFISSIONAIS CAUSADOS PELAS SUBSTÂNCIAS OU AGENTES CANCERÍGENOS

A Conferência Geral da Organização Internacional do Trabalho:

Convocada em Genebra pelo Conselho de Administração da Repartição Internacional do Trabalho, e reunida naquela cidade em 5 de junho de 1974, em sua quinquagésima nona reunião;

Tendo tomado conhecimento das disposições da Convenção e da Recomendação sobre a proteção contra as radiações, de 1960, e da Convenção e da Recomendação sobre o benzeno, de 1971;

Considerando que é oportuno estabelecer normas internacionais sobre a proteção contra substâncias ou agentes cancerígenos;

Tendo em conta esforço empreendido por outras organizações internacionais, em especial a organização Mundial da Saúde e do Centro Internacional de Investigações sobre o Câncer, com os quais colabora a Organização Internacional do Trabalho;

Depois de ter decidido adotar diversas proposições relativas à prevenção e controle dos riscos profissionais causados por substâncias ou agentes cancerígenos, questão que constitui o quinto ponto da ordem do dia da reunião, e

Depois de ter decidido que tais proposições se revistam da forma de uma Convenção Internacional, adota com a data de vinte e quatro de junho de mil novecentos e setenta e quatro, a presente Convenção, que poderá ser citada com a Convenção sobre o câncer profissional, de 1974:

Artigo 1

1 – Todo Membro que ratifique a presente Convenção deverá determinar periodicamente as substâncias e agentes cancerígenos aos quais estará proibida a exposição no trabalho, ou sujeita a autorização ou controle, e aqueles a que se devam aplicar outras disposições da presente Convenção.

2 – As exceções a esta proibição apenas poderão ser concedidas mediante autorização que especifique em cada caso as condições a serem cumpridas.

3 – Ao determinar as substâncias e agentes a que se refere o parágrafo 1 do presente Artigo, deverão ser levados em consideração os dados mais recentes contidos nos repertórios de recomendações práticas ou guias que a Secretaria Internacional do Trabalho possa elaborar, assim como a informação proveniente de outros organismos competentes.

Artigo 2

1 – Todo Membro que ratifique a presente Convenção deverá procurar de todas as formas substituir as substâncias e agentes cancerígenos a que possam estar expostos os trabalhadores durante seu trabalho por substâncias ou agentes não cancerígenos ou por substâncias menos nocivas. Na escolha das substâncias ou agentes de substituição deve-se levar em conta suas propriedades cancerígenas, tóxicas e outras.

2 – O número de trabalhadores expostos às substâncias ou agentes cancerígenos e a duração e os níveis dessa exposição devem ser reduzidos ao mínimo compatível com a segurança.

Artigo 3

Todo Membro que ratifique a presente Convenção deverá prescrever as medidas a serem tomadas para proteger os trabalhadores contra os riscos de exposição a substâncias ou agentes cancerígenos e deverá assegurar o estabelecimento de um sistema apropriado de registros.

Artigo 4

Todo Membro que ratifique a presente Convenção deverá adotar medidas para que os trabalhadores que tenham estado, estejam ou corram o risco de vir a estar expostos a substâncias ou agentes cancerígenos recebam toda a informação disponível sobre os perigos que representam tais substâncias e sobre as medidas a serem aplicadas.

Artigo 5

Todo Membro que ratifique a presente Convenção deverá adotar medidas para assegurar que sejam proporcionados aos trabalhadores os exames médicos ou os exames ou investigações de natureza biológica ou de outro tipo, durante ou depois do emprego, que sejam necessários para avaliar a exposição ou o estado de saúde com relação aos riscos profissionais.

Artigo 6

Todo Membro que ratifique a presente Convenção deverá:

a) adotar, por via legislativa ou por qualquer outro método conforme a prática e as condições nacionais, e em consulta com as organizações internacionais de empregadores e de trabalhadores mais representativas, as medidas necessárias para efetivar as disposições da presente Convenção;

b) indicar a que organismos ou pessoas incumbe, de acordo com a prática nacional, a obrigação de assegurar o cumprimento das disposições da presente Convenção;

c) comprometer-se a proporcionar os serviços de inspeção apropriados para velar pela aplicação das disposições da presente Convenção ou certificar-se de que se exerce uma inspeção adequada.

Artigo 7

As ratificações formais da presente Convenção apresentadas, para seu registro, ao Diretor-Geral da Repartição Internacional do Trabalho.

Artigo 8

1 – Esta Convenção obrigará unicamente aqueles Membros da Organização Internacional do Trabalho cujas ratificações tenham sido registradas pelo Diretor-Geral.

2 – Entrará em vigor doze meses depois da data em que as ratificações de dois dos Membros tenham sido registradas pelo Diretor-Geral.

3 – A partir desse momento, esta Convenção entrará em vigor, para cada Membro, doze meses após a data em que tenha sido realizada sua ratificação.

Artigo 9

1 – Todo Membro que tenha ratificado esta Convenção poderá denunciá-lo ao expirar um período de dez anos, a partir da data em que tenha entrado em vigor, mediante uma Ata Comunicada, para seu registro, ao Diretor-Geral da Organização Internacional do Trabalho. A denúncia não surtirá efeito até um ano após a data em que tenha sido registrada.

2 – Todo Membro que tenha ratificado esta Convenção e que, num prazo de um ano após a expiração do mencionado período de dez anos, não faça uso do direito de denúncia previsto neste Artigo ficará obrigado durante um novo período de dez anos, podendo, futuramente, denunciar esta Convenção ao expirar cada período de dez anos, nas condições previstas neste Artigo.

Artigo 10

1 – O Diretor-Geral da Repartição Internacional do Trabalho notificará todos os Membros da Organização Internacional do Trabalho do registro de quantas ratificações, declarações e denúncias lhe comuniquem os Membros da Organização.

2 – Ao notificar os Membros da Organização do registro da segunda ratificação que tenha sido comunicada, o Diretor-Geral comunicará aos Membros da Organização a data em que entrará em vigor a presente Convenção.

Artigo 11

O Diretor-Geral da Repartição Internacional do Trabalho apresentará ao Secretário-Geral das Nações Unidas, para efeito de registro e em conformidade com o Artigo 102 da Carta das Nações Unidas, uma informação completa sobre todas as ratificações, declarações e atas de denúncia que tenham sido registradas de acordo com os Artigos precedentes.

Artigo 12

Sempre que julgar necessário, o Conselho de Administração da Secretaria Internacional do Trabalho apresentará à Conferência uma memória sobre a aplicação da Convenção, e considerará a conveniência de incluir na ordem do dia da Conferência a questão de sua revisão total ou parcial.

Artigo 13

1 – Caso a Conferência adote uma nova Convenção que implique a revisão total ou parcial da presente, e a menos que a nova Convenção contenha disposições em contrário:

a) a ratificação, por um Membro, da nova Convenção revisora implicará, *ipso jure*, a denúncia imediata desta Convenção, não obstante as disposições contidas no Artigo 9, desde que a nova Convenção revisora tenha entrado em vigor;

b) a partir da data em que entre em vigor a nova Convenção revisora, a presente Convenção cessará de estar aberta à ratificação por parte dos Membros.

2 – Esta Convenção continuará em vigor em qualquer hipótese, em sua forma e conteúdo atuais, para os Membros que a tenham ratificado e não ratifiquem a Convenção revisora.

Artigo 14

As versões inglesa e francesa do texto desta Convenção são igualmente autênticas.

Anexo XLIX

CONVENÇÃO N. 147 DA OIT SOBRE NORMAS MÍNIMAS DA MARINHA MERCANTE

A Conferência Geral da Organização Internacional do Trabalho, convocada em Genebra pelo Conselho de Administração da Repartição Internacional do Trabalho e tendo-se reunido naquela cidade em 13 de outubro de 1976, em sua sexagésima segunda sessão;

Lembrando as disposições da Recomendação sobre a Contratação dos Marítimos (navios estrangeiros), 1958, e da Recomendação sobre as Condições de Vida, Trabalho e Segurança dos Marítimos, 1958;

Após ter decidido adotar diversas propostas relativas aos navios em que prevalecem condições inferiores às normas, especialmente àqueles que estão matriculados sob bandeira de cortesia, questão essa que constitui o quinto item da agenda da sessão;

Após ter decidido que essas propostas concretizar-se-

-iam na forma de uma convenção internacional, adota, neste vigésimo nono dia do mês de outubro do ano de mil novecentos e setenta e seis, a convenção abaixo, que será denominada Convenção sobre a Marinha Mercante (normas mínimas) 1976.

Artigo 1º

1. Ressalvando as disposições em contrário que se encontram neste Artigo, a presente Convenção se aplica a todo navio marítimo, de propriedade pública ou particular, destinado, para fins comerciais, ao transporte de mercadorias ou de passageiros ou utilizado para outros fins comerciais.

2. A legislação nacional determinará quando um navio será considerado navio marítimo para os fins da presente Convenção.

3. A presente Convenção se aplica aos rebocadores do mar.

4. A presente Convenção não se aplica:

a) aos navios nos quais a vela é o principal meio de propulsão, quer sejam ou não equipados com máquina auxiliar;

b) aos navios que se dedicam à pesca, caça de baleia ou operações similares;

c) aos navios de pequeno calado nem aos navios tais como as plataformas de foragem e exploração quando não forem utilizadas para a navegação; a decisão relativa aos navios que são mencionados pelo presente dispositivo será tomada pela autoridade competente de cada país, em consulta com as mais representativas organizações dos armadores e dos marítimos.

5. Nenhum dispositivo da presente Convenção deverá ser considerado como alargando a área de aplicação das Convenções discriminadas no anexo à presente Convenção ou de qualquer das disposições dessas.

Artigo 2º

Todo Membro que ratificar a presente Convenção se compromete a:

a) promulgar uma legislação relativa aos navios matriculados em seu território e que se refira a:

i) as normas de segurança, inclusive as que se referem à competência da tripulação, duração do trabalho e seu efetivo a fim de resguardar a vida humana a bordo dos navios;

ii) um regime adequado de previdência social;

iii) as condições de emprego a bordo e os arranjos relativos à vida a bordo, na medida em que, em sua opinião, não estão protegidos por convenções coletivas ou determinadas por tribunais competentes de modo a que vincule da mesma maneira os armadores e os marítimos interessados, e verificar que as disposições de tal legislação equivalem, em seu conjunto, às convenções ou aos artigos de convenções aos quais é feita referência no anexo à presente Convenção, na medida em que o Membro não tiver obrigação de aplicar as referidas convenções;

b) exercer efetivamente sua jurisdição ou controle nos navios matriculados em seu território no que se refira a:

i) normas de segurança, inclusive às que se referem à competência da tripulação, duração do trabalho e seus efetivos, prescritos pela legislação nacional;

ii) a implementação do regime de previdência social prescrito pela legislação nacional;

iii) as condições de emprego a bordo e os arranjos relativos à vida a bordo prescritos pela legislação nacional ou determinados por tribunais competentes de modo a que vinculem do mesmo modo os armadores e os marítimos interessados;

c) verificar que medidas que visem assegurar um controle eficiente das outras condições de emprego a bordo e outros arranjos relativos à vida a bordo sejam, quando o Membro não exceder jurisdição efetiva, acordados entre os armadores ou suas organizações e organizações marítimos constituídas de acordo com as disposições fundamentais da Convenção sobre a Liberdade e Proteção do Direito Sindical, 1948, e da Convenção sobre o Direito de Organização e Negociação Coletiva, 1949;

d) fazer com que:

i) existam procedimentos adequados, submetidos à supervisão geral da autoridade competente e que deem sequência, eventualmente, a consultas tripartites entre essa autoridade e as organizações representativas de armadores e marítimos, referentes ao recrutamento dos marítimos em navios matriculados em seu território bem como ao exame das queixas depositadas sobre esse assunto;

ii) existam procedimentos adequados, submetidos à supervisão geral da autoridade competente e que deem sequência, eventualmente, a consultas tripartites entre essa autoridade e as organizações representativas de armadores e marítimos referentes ao exame de toda queixa relativa à contratação, em seu território, de marítimos estrangeiros em navios matriculados num país estrangeiro, sejam transmitidas rapidamente pela autoridade competente à autoridade competente do país em que está matriculado o navio, com cópia para o Diretor-Geral da Repartição Internacional do Trabalho;

e) fazer com que os marítimos contratados em navios matriculados em seu território sejam convenientemente qualificados ou treinados para as funções para as quais são recrutados, levando em conta a Recomendação sobre a Formação Profissional dos Marítimos, 1970;

f) verificar, mediante inspeções ou outros meios adequados que os navios matriculados em seu território estejam conforme com as convenções internacionais do trabalho aplicáveis e vigentes que ratificaram a legislação exigida pela alínea *a)* deste Artigo e, na medida em que, tendo em vista a legislação nacional, for considerado conveniente às convenções coletivas;

g) abrir inquérito oficial sobre todos os acidentes marítimos graves em que estejam implicados navios matriculados em seu próprio território, especialmente quando tiver havido ferimento ou perda de vida humana, devendo o relatório final desse inquérito normalmente ser tornado público.

Artigo 3º

Todo Membro que tiver ratificado a presente Convenção informará seus nacionais, na medida possível, dos problemas que podem resultar de uma contratação em navio matriculado em um Estado que não tenha ratificado a referida Convenção, até que tenha adquirido a convicção de que normas equivalentes àquelas fixadas por esta Convenção estejam sendo aplicadas. As medidas tomadas para esses fins pelo Estado que ratificar a presente Convenção não deverão estar em contradição com o princípio de livre circulação dos trabalhadores estipulado pelos tratados aos quais esses dois Estados podem ser partes.

Artigo 4º

1. Se um Membro, que tiver ratificado a presente Convenção e no porto do qual um navio faz escala no decurso normal de suas atividades ou por razão inerente à sua explicação, receber uma queixa ou adquirir a prova de que esse navio não está de acordo com as normas que se encontram na presente Convenção, após a entrada em vigor dessa Convenção, poderá enviar um relatório ao governo do país em que está matriculado o navio, com cópia para o Diretor-Geral da Repartição Internacional do Trabalho, e tomar as medidas necessárias para retificar toda situação a bordo que se constitua claramente em perigo para a segurança e a saúde.

2. Ao tomar tais medidas, o Membro deverá informar imediatamente o representante marítimo, consular ou diplomático mais próximo do Estado da bandeira e solicitar a presença desse representante se possível. Não deverá reter ou retardar indevidamente o navio.

3. Para os fins do presente Artigo, entende-se por "queixa" toda informação apresentada por um membro da tripulação, um órgão profissional, uma associação, um sindicato ou, de modo geral, qualquer pessoa tendo interesse na segurança do navio, inclusive sob o aspecto de riscos relativos à segurança e saúde da tripulação.

Artigo 5º

1. A presente Convenção está aberta à ratificação dos Membros que são partes nos instrumentos internacionais discriminados abaixo ou, no que se refere aos mencionados na alínea *c)*, que tiverem aplicado as disposições das mesmas:

a) a Convenção Internacional para a Salvaguarda da Vida Humana no Mar, 1960, ou a Convenção Internacional para a Salvaguarda da Vida Humana no Mar, 1974, ou toda Convenção que revise essas duas Convenções;

b) a Convenção Internacional sobre as Linhas de Carga, 1966, ou toda Convenção que a revise;

c) as normas internacionais para prevenir as abordagens no mar, de 1960, ou a Convenção sobre as Normas Internacionais para prevenir as abordagens no mar, 1972, ou toda Convenção que revise esses instrumentos internacionais.

2. A presente Convenção está, outrossim, aberta à ratificação de todo Membro que se comprometa, por ocasião da referida ratificação, a satisfazer as condições às quais seja subordinada a ratificação no parágrafo anterior e que ainda não as preencha.

3. As ratificações formais da presente Convenção serão comunicadas ao Diretor-Geral da Repartição Internacional do Trabalho e por aquele registradas.

Artigo 6º

1. A presente Convenção vinculará apenas os Membros da Organização Internacional do Trabalho cuja ratificação tiver sido registrada pelo Diretor-Geral.

2. A Convenção entrará em vigor doze meses após a data em que tiverem sido registradas as ratificações de pelo menos dez Membros cuja tonelagem bruta some conjuntamente 25 por cento da frota mercante mundial.

3. Posteriormente, essa Convenção entrará em vigor, para cada Membro, doze meses após a data em que sua ratificação tiver sido registrada.

Artigo 7º

1. Todo Membro que tenha ratificado esta Convenção poderá denunciá-la no término de um período de dez anos, a partir da data em que tenha entrado inicialmente em vigor, mediante uma comunicação formal, para seu registro, ao Diretor-Geral da Repartição Internacional do Trabalho. A denúncia produzirá efeito somente um ano após a data em que tenha sido registrada.

2. Todo Membro que tenha ratificado a presente Convenção e que, no prazo de um ano após o término do período de dez anos mencionados no parágrafo anterior, não tenha feito uso do direito de denúncia previsto neste Artigo, ficará obrigado durante um novo período de dez anos e em seguida poderá denunciar a presente Convenção no término de cada período de dez anos, nas condições previstas neste Artigo.

Artigo 8º

1. O Diretor-Geral da Repartição Internacional do Trabalho notificará a todos os Membros da Organização Internacional do Trabalho, o registro de todas as ratificações, declarações e denúncias que lhe tenham sido comunicadas pelos Membros da Organização.

2. Quando tiverem sido cumpridas as condições enunciadas no parágrafo 2º do Artigo 6º, o Diretor-Geral chamará a atenção de todos os Membros da Organização sobre a data em que entrará em vigor a presente Convenção.

Artigo 9º

O Diretor-Geral da Repartição Internacional do Trabalho comunicará ao Secretário-Geral das Nações Unidas, para os fins do registro de acordo com o Artigo 102 da Carta das Nações Unidas, uma informação completa sobre todas as ratificações, declarações e documentos de denúncia que tenha registrado de acordo com os artigos anteriores.

Artigo 10

Cada vez que o julgar necessário, o Conselho de Administração da Repartição Internacional do Trabalho apresentará à Conferência uma comunicação formal sobre a aplicação da Convenção, e considerará a conveniência de incluir na agenda da Conferência a questão de sua revisão total ou parcial.

Artigo 11

1. No caso em que a Conferência adote uma convenção que implique uma revisão total ou parcial da presente, e a menos que a nova Convenção contenha disposição em contrário:

a) a ratificação, por um Membro da Revisão da Convenção, implicará, *ipso jure*, a denúncia imediata desta Convenção não obstante as disposições contidas no Artigo 7, sempre que a nova Revisão da Convenção tenha entrado em vigor;

b) a partir da data em que entre em vigor a nova Revisão da Convenção, a presente Convenção deixará de estar aberta à ratificação dos Membros.

2. Esta Convenção continuará em vigor em todo caso, em sua forma e conteúdo atuais, para os Membros que tenham ratificado e não ratifiquem a Revisão da Convenção.

Artigo 12

As versões inglesa e francesa do texto desta Convenção são igualmente autênticas.

Anexo L

CONVENÇÃO N. 136 DA OIT SOBRE A PROTEÇÃO CONTRA OS RISCOS DE INTOXICAÇÃO PROVOCADOS PELO BENZENO

A Conferência Geral da Organização Internacional do Trabalho, Convocada em Genebra pelo Conselho de Administração da Repartição Internacional do Trabalho e tendo ali se reunido em 2 de junho de 1971, em sua quinquagésima sexta Sessão;

Após haver decidido adotar diversas propostas sobre proteção contra os riscos provocados pelo benzeno, questão que constitui o sexto item da ordem do dia da sessão;

Após haver decidido que essas propostas deveriam tomar a forma de Convenção Internacional, adota neste 23 de junho de 1971, a seguinte Convenção que será denominada Convenção sobre Benzeno, 1971;

Artigo 1

A presente Convenção aplicar-se-á a todas as atividades que acarretem exposição dos trabalhadores:

a) ao hidrocarboneto aromático benzeno C H, doravante denominado "benzeno";

b) aos produtos cuja taxa em benzeno ultrapassar 1 por cento em volume, doravante denominados "produtos contendo benzeno".

Artigo 2

1. Sempre que estiverem disponíveis produtos sucedâneos inofensivos ou menos nocivos, eles deverão substituir o benzeno ou os produtos contendo benzeno.

2. O parágrafo 1 não será aplicado:

a) à produção de benzeno;

b) ao emprego de benzeno em trabalhos de síntese química;

c) ao emprego de benzeno em combustíveis;

d) aos trabalhadores de análise ou de pesquisas em laboratórios.

Artigo 3

1. A autoridade competente em cada País poderá permitir derrogação temporária à percentagem fixada na alínea *b)* do artigo 1 e às disposições do parágrafo 1 do artigo 2 da presente Convenção, nos limites e nos prazos a serem determinados após consulta às organizações mais representativas dos empregados e dos trabalhadores interessados, se existirem.

2. Nesses casos, o Membro interessado indicará nos relatórios sobre a aplicação da presente Convenção que está obrigado a apresentar, em virtude do artigo 22 da Constituição da Organização Internacional do Trabalho, o estágio de sua legislação e de sua prática relativas às derrogações e aos progressos realizados a fim de atingir a plena aplicação das disposições da Convenção.

3. Decorrido um período de três anos, após a entrada em vigor inicial da presente Convenção, o Conselho de Administração da Repartição Internacional do Trabalho apresentará um relatório especial sobre a aplicação dos parágrafos 1 e 2 do presente artigo e que contenham as propostas que julgar oportunas a fim de serem adotadas as medidas pertinentes.

Artigo 4

1. A utilização do benzeno e de produtos contendo benzeno deverá ser proibida em certos trabalhos a serem determinados pela legislação nacional.

2. Esta proibição deverá, pelo menos, incluir a utilização de benzeno e de produtos contendo benzeno como solventes ou diluentes, exceto em operações que se efetuem em sistemas fechados ou por outros processos que apresentem as mesmas condições de segurança.

Artigo 5

Deverão ser adotadas medidas de prevenção técnica e de higiene do trabalho, a fim de assegurar proteção eficaz dos trabalhadores expostos ao benzeno ou a produtos contendo benzeno.

Artigo 6

1. Nos locais em que forem fabricados, manipulados e utilizados benzeno ou produtos contendo benzeno, deverão ser adotadas toda as medidas necessárias para impedir o escapamento de vapores de benzeno na atmosfera dos locais de trabalho.

2. Quando os trabalhadores estiverem expostos ao benzeno ou a produtos contendo benzeno, o empregador deverá garantir que a concentração de benzeno na atmosfera dos locais de trabalho não ultrapasse um máximo a ser fixado pela autoridade competente em um nível que não exceda o valor teto de 25 partes por milhão (80 mg/m3).

3. A autoridade competente deverá expedir instruções sobre a maneira de proceder para determinar a concentração de benzeno na atmosfera dos locais de trabalho.

Artigo 7

1. Os trabalhadores que impliquem a utilização de benzeno e de produtos contendo benzeno deverão ser feitos, na medida do possível, em sistemas fechados.

2. Quando não for possível o uso de sistemas fechados, os locais de trabalho onde forem utilizados o benzeno ou produtos contendo benzeno deverão ser munidos de meios eficazes para assegurar a saída de vapores de benzeno na medida necessária à proteção da saúde dos trabalhadores.

Artigo 8

1. Os trabalhadores que venham a ter contato com benzeno líquido ou produtos líquidos contendo benzeno deverão estar munidos de meios de proteção individual adequados contra riscos de absorção cutânea.

2. Os trabalhadores que, por razões especiais, se acharem expostos à concentração de benzeno na atmosfera dos locais de trabalho que ultrapassem o máximo previsto no parágrafo 2 do artigo 6 da presente Convenção, deverão estar munidos de meios de proteção individual adequados contra riscos de aspiração de vapores de benzeno; deverá ser limitado, na medida do possível, o tempo de exposição.

Artigo 9

1. Quando trabalhadores forem empregados em trabalhos que acarretarem exposição ao benzeno ou a produtos contendo benzeno deverão ser submetidos:

a) exame médico completo de aptidão, anterior ao emprego, abrangendo o exame de sangue;

b) a exames posteriores periódicos que compreendam exames biológicos (inclusive exame de sangue) e cuja frequência seja determinada pela legislação nacional.

1. Após consulta às organizações mais representativas dos empregadores e dos trabalhadores interessados, se existirem, a autoridade competente em cada país poderá permitir derrogações nas obrigações referidas no parágrafo 1 do presente artigo em relação a determinadas categorias de trabalhadores.

Artigo 10

1. Os exames médicos previstos no parágrafo 1 do artigo 9 da presente Convenção deverão:

a) ser efetuados sob a responsabilidade de médico especializado, aprovado pela autoridade competente com a assistência especializado, aprovado pela autoridade competente com a assistência, se for necessária, de laboratórios competentes;

b) ser atestados de modo apropriado.

2. Esses exames não deverão acarretar despesas para os interessados.

Artigo 11

1. As mulheres em estado de gravidez, atestado por médico, e as mães em período de amamentação não deverão ser empregadas em trabalhos que acarretem exposição ao benzeno ou produtos contendo benzeno.

2. Os menores de dezoito anos não poderão prestar serviço em trabalhos que acarretem exposição ao benzeno ou a produtos contendo benzeno; entretanto, essa proibição poderá não se aplicar a menos que receberem instrução ou treinamento e que estiverem sob controle técnico ou médico, adequado.

Artigo 12

A palavra "benzeno" e os símbolos de perigo necessários deverão estar claramente visíveis sobre todo recipiente contendo benzeno ou produtos contendo benzeno.

Artigo 13

Cada Membro deverá adotar as medidas indispensáveis para que todo trabalhador, exposto ao benzeno ou a produtos contendo benzeno, receba instruções apropriadas a respeito das medidas de prevenção a serem tomadas, a fim de proteger a saúde ou de evitar os acidentes, assim como a respeito de todas as medidas a serem adotadas no caso em que se manifestarem sintomas de intoxicação.

Artigo 14

Cada Membro que ratificar a presente Convenção:

a) tomará, por meio de legislação ou de qualquer outro método compatível com a prática e as condições nacionais, as medidas necessárias para tornar efetivas as disposições da presente Convenção;

b) designará, de conformidade com a prática nacional, pessoas a quem caberá a obrigação de assegurar a aplicação das disposições da presente Convenção;

c) comprometer-se-á a incumbir os serviços de inspeção apropriados do controle da aplicação das disposições da presente Convenção, ou a garantir que uma inspeção adequada está sendo executada.

Artigo 15

As ratificações formais da presente Convenção serão comunicadas ao Diretor-Geral da Repartição Internacional do Trabalho e por ele registradas.

Artigo 16

1. A presente Convenção só obrigará os Membros da Organização Internacional do Trabalho, cuja ratificação tiver sido registrada pelo Diretor-Geral.

2. Esta Convenção entrará em vigor doze meses após o registro das ratificações de dois Membros pelo Diretor-Geral.

3. Posteriormente, esta Convenção entrará em vigor, para cada Membro, doze meses após, o registro, pelo Diretor-Geral, do respectivo instrumento de ratificação.

Artigo 17

1. Todo Membro que ratificar a presente Convenção, poderá denunciá-la, após a expedição de um período de dez anos, contados da entrada em vigor inicial, mediante ato comunicado ao Diretor-Geral da Repartição Internacional do Trabalho e por ele registrado. A denúncia só surtirá efeitos um ano após o registro.

2. Todo Membro que, tendo ratificado a presente Convenção, e não fizer uso da faculdade de denúncia prevista pelo presente artigo, dentro prazo de um ano, após a expiração do período de dez anos previsto no parágrafo anterior ficará obrigado por novo período de dez anos e, posteriormente, poderá denunciar a presente Convenção ao expirar cada período de dez anos, nas condições previstas no presente artigo.

Artigo 18

1. O Diretor-Geral da Repartição Internacional do Trabalho notificará a todos os Membros da Organização Internacional do Trabalho o registro de todas as ratificações e denúncias que lhe forem comunicadas pelos Membros da Organização.

2. Ao modificar aos Membros da Organização o registro da segunda ratificação que lhe for comunicada, o Diretor-Geral chamará a atenção dos Membros da Organização para a data de entrada em vigor da presente Convenção.

Artigo 19

O Diretor-Geral da Repartição Internacional do Trabalho comunicará ao Secretário-Geral das Nações Unidas, para fins de registro de conformidade com o artigo 102 da Carta das Nações Unidas, informações completas a respeito de todas as ratificações e atos de denúncia que tiverem sido registrados, de conformidade com os artigos anteriores.

Artigo 20

Sempre que julgar necessário, o Conselho de Administração da Repartição Internacional do Trabalho deverá apresentar à Conferência Geral um relatório sobre a aplicação da presente Convenção e examinará a conveniência de inscrever, na ordem do dia da Conferência, a questão de sua revisão total ou parcial.

Artigo 21

1. No caso em que a Conferência venha a adotar uma nova Convenção de revisão total ou parcial da presente Convenção, e a menos que a nova Convenção disponha de outro modo:

a) a ratificação, por um Membro da nova Convenção revista implicará, de pleno direito, não bastante o disposto no artigo 17 acima, a denúncia imediata da presente Convenção, quando a nova Convenção tiver entrado em vigor;

b) a partir da entrada em vigor da nova Convenção revista, a presente Convenção deixará de estar aberta à ratificação dos Membros.

2. A presente Convenção continuará, em qualquer caso, em vigor em sua forma e disposição atuais para os Membros que a tiverem ratificado e não ratificarem a Convenção revista.

Artigo 22

As versões inglesa e francesa do texto da presente Convenção serão igualmente autenticadas.

O texto que precede é o autêntico da Convenção devidamente adotada pela Conferência Geral da Organização Internacional do Trabalho em sua quinquagésima sexta Sessão, realizada em Genebra e que foi declarada encerrada em 23 de junho de 1971.

Em fé do que, apuseram suas assinaturas, em 30 de junho de 1971.

Presidente da Conferência, Pierre Wline

Diretor-Geral da Repartição Internacional do Trabalho, Wifred Jenks

Anexo LI

CONVENÇÃO N. 155 DA OIT SOBRE SEGURANÇA E SAÚDE DOS TRABALHADORES E O MEIO AMBIENTE DE TRABALHO

A Conferência Geral da Organização Internacional do Trabalho, convocada em Genebra pelo Conselho de Administração da Repartição Internacional do Trabalho, e reunida nessa cidade em 3 de junho de 1981, na sua sexagésima sétima Sessão;

Após ter decidido adotar diversas proposições relativas à segurança, à higiene e ao meio ambiente de trabalho, questão que constitui o sexto item da agenda da reunião, e

Após ter decidido que tais proposições tomariam a forma de uma Convenção Internacional, adota, na data de 22 de junho de 1981, a presente Convenção, que poderá ser citada como a Convenção sobre Segurança e Saúde dos Trabalhadores, 1981:

PARTE I

Área de Aplicação e Definições

Artigo 1

1. A presente Convenção aplica-se a todas as áreas de atividade econômica.

2. Todo Membro que ratificar a presente Convenção poderá mediante consulta prévia, tão cedo quanto possível, às organizações representativas de empregadores e de trabalhadores interessados, excluir total ou parcialmente da sua aplicação determinadas áreas de atividade econômica, tais como o transporte marítimo ou a pesca, nas quais essa aplicação apresentar problemas especiais de uma certa importância.

Legislação Complementar

3. Todo Membro que ratificar a presente Convenção deverá enumerar, no primeiro relatório sobre a aplicação da Convenção que submeter, em virtude do artigo 22 da Constituição da Organização Internacional do Trabalho, as áreas de atividades econômica que tiverem sido excluídas em virtude do parágrafo 2 deste artigo, explicando os motivos dessa exclusão e descrevendo as medidas adotadas para assegurar a proteção suficiente dos trabalhadores nas áreas excluídas, e deverá indicar nos relatórios subsequentes todo progresso que for realizado no sentido de uma aplicação mais abrangente.

Artigo 2

1. A presente Convenção aplica-se a todos os trabalhadores das áreas de atividade econômica abrangidas.

2. Todo o Membro que ratificar a presente Convenção poderá, mediante consulta prévia, tão cedo quanto possível, às organizações representativas de empregadores e de trabalhadores interessadas, excluir parcial ou totalmente da sua aplicação categorias limitadas de trabalhadores que apresentariam problemas particulares para sua aplicação.

3. Todo Membro que ratificar a presente Convenção deverá enumerar, no primeiro relatório sobre a aplicação que submeter, em virtude do artigo 22 da Constituição da Organização Internacional do Trabalho, as categorias limitadas de trabalhadores que tiverem sido excluídas em virtude do parágrafo 2 deste artigo, explicando os motivos dessa exclusão, e deverá indicar nos relatórios subsequentes todos os progressos realizados no sentido de uma aplicação mais abrangente.

Artigo 3

Para os fins da presente Convenção:

a) a expressão "áreas de atividade econômica" abrange todas as áreas em que existam trabalhadores empregados, inclusive a administração pública;

b) o termo "trabalhadores" abrange todas as pessoas empregadas, incluindo os funcionários públicos;

c) a expressão "local de trabalho" abrange todos os lugares onde os trabalhadores devem permanecer ou onde têm que comparecer, e que esteja sob o controle, direto ou indireto, do empregador;

d) o termo "regulamentos" abrange todas as disposições às quais a autoridade ou as autoridades competentes tiverem dado força de lei;

e) o termo "saúde", com relação ao trabalho, abrange não só a ausência de afecções ou de doenças, mas também os elementos físicos e mentais que afetam a saúde e estão diretamente relacionados com a segurança e a higiene no trabalho.

PARTE II

Princípios de uma Política Nacional

Artigo 4

1. Todo Membro deverá, em consulta às organizações mais representativas de empregadores e de trabalhadores, e levando em conta as condições e a prática nacionais, formular, pôr em prática e reexaminar periodicamente uma política nacional coerente em matéria de segurança e saúde dos trabalhadores e o meio ambiente de trabalho.

2. Essa política terá como objetivo prevenir os acidentes e os danos à saúde que forem consequência do trabalho, tenham relação com a atividade de trabalho, ou se apresentarem durante o trabalho, reduzindo ao mínimo, na medida que for razoável e possível, as causas dos riscos inerentes ao meio ambiente de trabalho.

Artigo 5

A política à qual se faz referência no artigo 4 da presente Convenção deverá levar em consideração as grandes esferas de ação que se seguem, na medida em que possam afetar a segurança e a saúde dos trabalhadores e o meio ambiente de trabalho:

a) projeto, teste, escolha, substituição, instalação, arranjo, utilização e manutenção dos componentes materiais do trabalho (locais de trabalho, meio ambiente de trabalho, ferramentas, maquinário e equipamento; substâncias e agentes químicos, biológicos e físicos; operações e processos);

b) relações existentes entre os componentes materiais do trabalho e as pessoas que o executam ou supervisionam, e adaptação do maquinário, dos equipamentos, do tempo de trabalho, da organização do trabalho e das operações e processos às capacidades físicas e mentais dos trabalhadores;

c) treinamento, incluindo o treinamento complementar necessário, qualificações e motivação das pessoas que intervenham, de uma ou de outra maneira, para que sejam atingidos níveis adequados de segurança e higiene;

d) comunicação e cooperação em níveis de grupo de trabalho e de empresa e em todos os níveis apropriados, inclusive até no nível nacional;

e) a proteção dos trabalhadores e de seus representantes contra toda medida disciplinar por eles justificadamente empreendida de acordo com a política referida no artigo 4 da presente Convenção.

Artigo 6

A formulação da política referida no artigo 4 da presente Convenção deverá determinar as respectivas funções e responsabilidades, em matéria de segurança e saúde dos trabalhadores e meio ambiente de trabalho, das autoridades públicas, dos empregadores, dos trabalhadores e de outras pessoas interessadas, levando em conta o caráter complementar dessas responsabilidades, assim como as condições e a prática nacionais.

Artigo 7

A situação em matéria de segurança e saúde dos trabalhadores e meio ambiente de trabalho deverá ser examinada, em intervalos adequados, globalmente ou com relação a setores determinados, com a finalidade de se identificar os principais problemas, elaborar meios eficazes para resolvê-los, definir a ordem de prioridade das medidas que for necessário adotar, e avaliar os resultados.

PARTE III

Ação em Nível Nacional

Artigo 8

Todo Membro deverá adotar, por via legislativa ou regulamentar ou por qualquer outro método de acordo com as condições e a prática nacionais, e em consulta às organizações representativas de empregadores e de trabalhadores interessadas, as medidas necessárias para tornar efetivo o artigo 4 da presente Convenção.

Artigo 9

O controle da aplicação das leis e dos regulamentos relativos à segurança, à higiene e ao meio ambiente de trabalho deverá estar assegurado por um sistema de inspeção das leis ou dos regulamentos.

Artigo 10

Deverão ser adotadas medidas para orientar os empregadores e os trabalhadores com o objetivo de ajudá-los a cumprirem com suas obrigações legais.

Artigo 11

Com a finalidade de tornar efetiva a política referida no artigo 4 da presente Convenção, a autoridade ou as autoridades competentes deverão garantir a realização progressiva das seguintes tarefas:

a) a determinação, quando a natureza e o grau de risco assim o requererem, das condições que regem a concepção, a construção e o acondicionamento das empresas, sua colocação em funcionamento, as transformações mais importantes que forem necessárias e toda modificação dos seus fins iniciais, assim como a segurança do equipamento técnico utilizado no trabalho e a aplicação de procedimentos definidos pelas autoridades competentes;

b) a determinação das operações e processos que serão proibidos, limitados ou sujeitos à autorização ou ao controle da autoridade ou autoridades competentes, assim como a determinação das substâncias e agentes aos quais estará proibida a exposição no trabalho, ou bem limitada ou sujeita à autorização ou ao controle da autoridade ou autoridades competentes; deverão ser levados em consideração os riscos para a saúde decorrentes da exposição simultâneas a diversas substâncias ou agentes;

c) o estabelecimento e a aplicação de procedimentos para a declaração de acidentes de trabalho e doenças profissionais por parte dos empregadores e, quando for pertinente, das instituições seguradoras ou outros organismos ou pessoas diretamente interessadas, e a elaboração de estatísticas anuais sobre acidentes de trabalho e doenças profissionais.

d) a realização de sindicâncias cada vez que um acidente de trabalho, um caso de doença profissional ou qualquer outro dano à saúde ocorrido durante o trabalho ou com relação ao mesmo possa indicar uma situação grave;

e) a publicação anual de informações sobre as medidas adotadas para a aplicação da política referida no artigo 4 da presente Convenção e sobre os acidentes de trabalho, os casos de doenças profissionais ou outros danos à saúde ocorridos durante o trabalho ou com relação ao mesmo;

f) levando em consideração as condições e possibilidades nacionais, a introdução ou o desenvolvimento de sistemas de pesquisa dos agentes químicos, físicos ou biológicos no que diz respeito aos riscos que eles representaram para a saúde dos trabalhadores.

Artigo 12

Deverão ser adotadas medidas de conformidade com a legislação e a prática nacionais a fim de assegurar que aquelas pessoas que projetam, fabricam, importam, fornecem ou cedem, sob qualquer título, maquinário, equipamentos ou substâncias para uso profissional:

a) tenham certeza, na medida do razoável e possível, de que o maquinário, os equipamentos ou as substâncias em questão não implicarão perigo algum para a segurança e a saúde das pessoas que fizerem uso correto dos mesmos;

b) facilitem informações sobre a instalação e utilização corretas do maquinário e dos equipamentos e sobre o uso correto de substâncias, sobre os riscos apresentados pelas máquinas e os materiais, e sobre as características perigosas das substâncias químicas, dos agentes ou dos produtos físicos ou biológicos, assim como instruções sobre a forma de prevenir contra os riscos conhecidos;

c) façam estudos e pesquisas, ou se mantenham a par de qualquer outra forma, da evolução dos conhecimentos científicos e técnicos necessários para cumprir com as obrigações expostas nos itens *a)* e *b)* do presente artigo.

Artigo 13

De conformidade com a prática e as condições nacionais, deverá ser protegido, de consequências injustificadas, todo trabalhador que julgar necessário interromper uma situação de trabalho por considerar, por motivos razoáveis, que ela envolve um perigo iminente e grave para sua vida ou sua saúde.

Artigo 14

Medidas deverão ser adotadas no sentido de promover, de maneira conforme à pratica e às condições nacionais, a inclusão das questões de segurança, higiene e meio ambiente de trabalho em todos os níveis de ensino e de treinamento, incluídos aqueles do ensino superior, técnico, médico e profissional, com o objetivo de satisfazer as necessidades de treinamento de todos os trabalhadores.

Artigo 15

1. A fim de se assegurar a coerência da política referida no artigo 4 da presente Convenção e das medidas adotadas para aplicá-la, todo Membro deverá implementar, mediante consulta prévia, tão cedo quanto possível, com as organizações mais representativas de empregadores e de trabalhadores e, quando for apropriado, com outros organismos, disposições de acordo com a prática e as condições nacionais a fim de conseguir a necessária coordenação entre as diversas autoridades e os diversos organismos encarregados de tornar efetivas as Partes II e III da presente Convenção.

2. Quando as circunstâncias requererem e a prática e as condições nacionais permitirem, essas disposições deverão incluir o estabelecimento de um organismo central.

PARTE IV

Ação em Nível de Empresa

Artigo 16

1. Deverá ser exigido dos empregadores que, na medida que for razoável e possível, garantam que os locais de trabalho, o maquinário, os equipamentos e as operações e processos que estiverem sob seu controle são seguros e não envolvem risco algum para a segurança e a saúde dos trabalhadores.

2. Deverá ser exigido dos empregadores que, na medida que for razoável e possível, garantam que os agentes e as substâncias químicas, físicas e biológicas que estiverem sob seu controle não envolvem riscos para a saúde quando são tomadas medidas de proteção adequadas.

3. Quando for necessário, os empregadores deverão fornecer roupas e equipamentos de proteção adequados a fim de prevenir, na medida que for razoável e possível, os riscos de acidentes ou de efeitos prejudiciais para a saúde.

Artigo 17

Sempre que duas ou mais empresas desenvolverem simultaneamente atividades num mesmo local de trabalho, as mesmas terão o dever de colaborar na aplicação das medidas previstas na presente Convenção.

Artigo 18

Os empregadores deverão prever, quando for necessário, medidas para lidar com situações de urgência e com acidentes, incluindo meios adequados para a administração de primeiros socorros.

Artigo 19

Deverão ser adotadas disposições, em nível de empresa, em virtude das quais:

a) os trabalhadores, ao executarem seu trabalho, cooperem com o cumprimento das obrigações que correspondem ao empregador;

b) os representantes dos trabalhadores na empresa cooperem com o empregador no âmbito da segurança e higiene do trabalho;

c) os representantes dos trabalhadores na empresa recebam informação adequada acerca das medidas tomadas pelo empregador para garantir a segurança e a saúde, e possam consultar as suas organizações representativas sobre essa informação, sob condição de não divulgarem segredos comerciais;

d) os trabalhadores e seus representantes na empresa recebam treinamento apropriado no âmbito da segurança e da higiene do trabalho;

e) os trabalhadores ou seus representantes e, quando for o caso, suas organizações representativas na empresa estejam habilitados, de conformidade com a legislação e a prática nacionais, para examinarem todos os aspectos da segurança e da saúde relacionados com seu trabalho, e sejam consultados nesse sentido pelo empregador. Com essa finalidade, e em comum acordo, poder-se-á recorrer a conselheiros técnicos alheios à empresa;

f) o trabalhador informará imediatamente o seu superior hierárquico direto sobre qualquer situação de trabalho que, a seu ver e por motivos razoáveis, envolva um perigo iminente e grave para sua vida ou sua saúde. Enquanto o empregador não tiver tomado medidas corretivas, se forem necessárias, não poderá exigir dos trabalhadores a sua volta a uma situação de trabalho onde exista, em caráter contínuo, um perigo grave ou iminente para sua vida ou sua saúde.

Artigo 20

A cooperação entre os empregadores e os trabalhadores ou seus representantes na empresa deverá ser um elemento essencial das medidas em matéria de organização, e de outro tipo, que forem adotadas para a aplicação dos artigos 16 a 19 da presente Convenção.

Artigo 21

As medidas de segurança e higiene do trabalho não deverão implicar nenhum ônus financeiro para os trabalhadores.

PARTE V

Disposições Finais

Artigo 22

A presente Convenção não revisa nenhuma das Convenções ou recomendações internacionais do trabalho existentes.

Artigo 23

As ratificações formais da presente Convenção serão comunicadas, para seu registro, ao Diretor-Geral da Organização Internacional do Trabalho.

Artigo 24

1. Esta Convenção obrigará exclusivamente aqueles Membros da Organização Internacional do Trabalho cuja ratificações tiverem sido registradas pelo Diretor-Geral.

2. Entrará em vigor 12 (doze) meses após a data em que as ratificações de 2 (dois) membros tiverem sido registrados pelo Diretor-Geral.

3. A partir desse momento, a Convenção entrará em vigor, para cada Membro, 12 (doze) meses após a data na qual a sua ratificação tiver sido registrada.

Artigo 25

1. Todo Membro que tiver ratificado esta Convenção poderá denunciá-la ao fim do período de 10 (dez) anos, a contar da data em que tiver entrado inicialmente em vigor, através de um ato comunicado ao Diretor-Geral da Repartição Internacional do Trabalho e por ele registrado. A denúncia não terá efeito senão 1 (um) ano depois da data em que tiver sido registrada.

2. Todo Membro que, tendo ratificado esta Convenção e que no prazo de 1 (um) ano após a expiração do período de 10 (dez) anos mencionado no parágrafo precedente, não fizer uso da faculdade de denúncia prevista no presente artigo, permanecerá obrigado durante um novo período de 10 (dez) anos e, sucessivamente, poderá denunciar esta Convenção no fim de cada período de 10 (dez) anos, nas condições prevista neste artigo.

Artigo 26

1. O Diretor-Geral da Repartição Internacional do Trabalho notificará a todos os membros da Organização Internacional do Trabalho o registro de todas as ratificações, declarações e denúncias a ele comunicadas pelos Membros da Organização.

2. Ao notificar aos Membros da Organização o registro da segunda ratificação que lhe tiver sido comunicada, o Diretor-Geral fará notar aos Membros da Organização a data em que a presente Convenção entrará em vigor.

Artigo 27

O Diretor-Geral da Repartição Internacional do Trabalho comunicará ao Secretário-Geral das Nações Unidas, para efeitos do registro da segunda ratificação e de conformidade com o artigo 102 da Carta das Nações Unidas, um relatório completo sobre todas as ratificações, declarações e atos de denúncia que ele tiver registrado, de acordo com os artigos precedentes.

Artigo 28

Sempre que o considerar necessário, o Conselho de Administração da Repartição Internacional do Trabalho apresentará à conferência um relatório sobre a aplicação da convenção e considerará a conveniência de incluir na agenda da Conferência a questão de sua total ou parcial revisão.

Artigo 29

1. No caso de a Conferência adotar uma nova Convenção que implique a revisão total ou parcial da presente, e a não ser que a nova Convenção contenha disposições em contrário:

a) a ratificação, por um Membro, da nova Convenção revisora implicará, *ipso jure*, a denúncia imediata da presente Convenção, não obstante as disposições contidas no artigo 25, sempre que a nova Convenção revista tiver entrado em vigor;

b) a partir da data de entrada em vigor da nova Convenção revisora, a presente Convenção deixará de estar aberta para ratificação por parte dos Membros.

2. A presente Convenção permanecerá em vigor em todos os casos, em sua forma e conteúdo atuais, para aqueles Membros que a tiverem ratificado e que não ratificarem a Convenção revisora.

Artigo 30

As versões inglesa e francesa do texto desta Convenção são igualmente autênticas.

Anexo LII

CONVENÇÃO N. 119 DA OIT SOBRE PROTEÇÃO DAS MÁQUINAS

A Conferência Geral da Organização Internacional do Trabalho.

Convocada em Genebra pelo Conselho de Administração da Repartição Internacional do Trabalho e tendo-se aí reunido em 5 de junho de 1963, em sua quadragésima sétima Sessão;

Após haver decidido adotar diversas proposições relativas à proibição de venda, locação das máquinas desprovidas de dispositivos de proteção apropriados, questão que constitui o quarto ponto da ordem do dia da sessão;

Após haver decidido que essas proposições tomariam a forma de uma Convenção Internacional; adota neste 25 de junho de 1963, a seguinte Convenção que será denominada Convenção sobre a Proteção das Máquinas, 1963:

PARTE I

Disposições Gerais

Artigo I

1. Todas as máquinas, novas ou de segunda mão, movidas por forças não humanas, serão consideradas máquinas para os fins de aplicação da presente Convenção.

2. A autoridade competente em cada país determinará se e em que medida as máquinas, novas ou de segunda mão, movidas pela força humana, apresentam perigos para a integridade física dos trabalhadores e devem ser consideradas máquinas para fins de aplicação da presente Convenção. Estas decisões deverão ser tomadas após consulta às organizações mais representativas de empregadores e de trabalhadores interessados. A iniciativa da consulta poderá ser tomada por qualquer dessas organizações.

3. As disposições da presente Convenção:

Só se aplicarão aos veículos rodoviários ou ferroviários em movimento, na medida em que estiver em causa a segurança dos operadores,

Só se aplicarão às máquinas agrícolas móveis na medida em que estiver em causa a segurança dos trabalhadores cujo emprego esteja em conexão com essas máquinas.

PARTE II

Venda, Locação, Cessão a Qualquer outro Título e Exposição

Artigo 2

1. A venda e a locação de máquinas cujos elementos perigosos, especificados nos parágrafos 3 e 4 do presente artigo, estiverem desprovidos de dispositivos de proteção apropriados, deverão ser proibidas pela legislação nacional e ou impedidas por outras medidas igualmente eficazes.

2. A cessão a qualquer outro título e a exposição de máquinas cujos elementos perigosos, especificados nos parágrafos 3 e 4 do presente artigo, estiverem desprovidos de dispositivos de proteção apropriados, deverão, na medida determinada pela autoridade competente, ser proibidas pela legislação ou impedidas por outras medidas igualmente eficazes. Entretanto, a retirada provisória, durante a exposição de uma máquina, de dispositivos de proteção, para fins de demonstração, não será considerada como uma infração à presente disposição, com a condição que as preocupações apropriadas sejam tomadas para proteger as pessoas contra qualquer risco.

3. Todos os parafusos de meia rosca, parafusos de fixação, e chaves, assim como outras peças que formem saliências nas partes móveis das máquinas que forem sucessíveis igualmente de apresentarem perigo para as pessoas que entrarem em contato com as mesmas, quando estiverem em movimento deverão ser desenhados embutidos ou protegidos a fim de prevenir esses perigos.

4. Todos os volantes, engrenagens, cones ou cilíndricos de fricção, excêntricos, polias, correias, correntes, pinhões, roscas sem fim, bielas e corrediças, assim como os trates (inclusive as extremidades) e outras peças de transmissão que forem suscetíveis igualmente de apresentar perigo para as pessoas que entrarem em contato com esses elementos quando estes estiverem em movimento deverão ser desenhados ou protegidos a fim de prevenir estes perigos. Os controles das máquinas deverão ser desenhados ou protegidos a fim de prevenir qualquer perigo.

Artigo 3

1. As disposições do artigo 2 não se aplicarão às máquinas ou suas partes perigosas especificadas naquele artigo que:

a) oferecem, em virtude de sua construção, segurança idêntica à que apresentariam dispositivos de proteção apropriados;

b) são destinados a ser instalados ou colocados de maneira que, em virtude da sua instalação ou colocação, oferecem segurança idêntica à que apresentariam dispositivos de proteção apropriadas.

2. A proibição de venda, locação, transferência a qualquer outro título ou exibição da maquinaria prevista no parágrafo 1 e 2 do artigo 2 não se aplica à máquinas que, pelo simples motivo de que as máquinas sejam desenhadas de tal maneira que os requisitos dos parágrafos 3 e 4 daquele artigo não estejam plenamente preenchidos durante as operações de manutenção, de lubrificação, de mudança de peças e regulagem, se tais operações puderem ser realizadas de conformidade com as normas de segurança usuais.

3. As disposições do artigo 2 não prejudiciais à venda ou à cessão, a qualquer outro título, das máquinas para armazenagem, destruição ou recondicionamento. Entretanto, tal maquinaria não será vendida, alugada ou transferida a qualquer outro título ou exibida após ser armazenada ou reconhecida a não ser que esteja protegida de conformidade com as referidas disposições.

Artigo 4

A obrigação de aplicar as disposições do artigo 2 deverá recair sobre o vencedor, o locador, a pessoa a que cabe a máquina a qualquer outro título ou o expositor, assim como, nos casos apropriados, de conformidade com a legislação nacional, sobre os respectivos mandatários. O fabricante que vende, aluga, cede a qualquer outro título ou expõe as máquinas terá a mesma obrigação.

Artigo 5

1. Todo Membro poderá prever uma derrogação temporária às disposições do artigo 2.

2. As condições e a duração desta derrogação temporária, que não pode ultrapassar 3 (três) anos a partir da entrada em vigor da presente Convenção para o Membro interessado, deverão ser determinadas pela legislação nacional ou por outras medidas igualmente eficazes.

3. Para fins de aplicação do presente artigo, a autoridade competente deverá consultar as organizações mais representativas de empregadores e trabalhadores interessados, assim como, se for o caso, as organizações dos fabricantes.

PARTE III

Utilização

Artigo 6

1. A utilização das máquinas das quais qualquer dos elementos perigosos, inclusive as partes móveis (zona de operação) está sem os dispositivos de proteção apropriados, deverá ser proibida pela legislação nacional ou impedida por outras medidas igualmente eficazes. Entretanto, quando esta interdição não poder ser plenamente respeitada sem impedir a utilização da máquina, ela deve, não obstante, aplica-se na medida em que esta utilização o permitir.

2. As máquinas deverão ser protegidas de maneira que a regulamentação e as normas nacionais de segurança e de higiene de trabalho sejam respeitadas.

Artigo 7

A obrigação de aplicar as disposições do artigo 6 deverão recair sobre o empregador.

Artigo 8

1. As disposições do artigo 6 não se aplicam às máquinas ou aos elementos das máquinas que, em virtude de sua construção, de sua instalação ou de sua colocação, ofereçam segurança idêntica à que apresentariam dispositivos de proteção apropriados.

2. As disposições do artigo 6 e do artigo 11 não prejudicarão as operações de manutenção, de lubrificação, de mudanças das partes móveis ou de regulagem das máquinas ou elementos de máquinas, efetuadas de conformidade com as normas usuais de segurança.

Artigo 9

Todo Membro poderá prever uma derrogação temporária às disposições do artigo 6.

1. As condições e a duração desta derrogação temporária, que não poderá ultrapassar 3 (três) anos a partir da entrada em vigor da presente Convenção para o Membro interessado, deverão ser determinadas pela legislação nacional ou por outras medidas igualmente eficazes.

2. Para os fins de aplicação do presente artigo, a autoridade competente deverá consultar as organizações mais representativas de empregadores e de trabalhadores interessados.

Artigo 10

1. O empregador deverá tomar as medidas para pôr os trabalhadores ao corrente da legislação nacional relativa à proteção das máquinas e deverá informá-las, de maneira apropriada, dos perigos provenientes da utilização das máquinas, assim como das precauções a serem tomadas.

2. O empregador deve estabelecer e manter os ambientes em condições tais que os trabalhadores que lidem com as máquinas das quais trata a presente Convenção não corra perigo algum.

Artigo 11

1. Nenhum trabalhador deverá utilizar uma máquina sem que os dispositivos de proteção de que é provida estejam montados. Não poderá ser solicitado a qualquer trabalhador que utilize uma máquina sem que os dispositivos de proteção que é provida estejam montados.

2. Nenhum trabalhador deverá tornar inoperante o dispositivo de proteção de que seja provida a máquina que utilizar. Os dispositivos de proteção de que seja provida uma máquina destinada a ser utilizada por um trabalhador não devem ser tornados inoperantes.

Artigo 12

A ratificação da presente Convenção não prejudicará os direitos dos trabalhadores provenientes das legislações nacionais de previdência social ou de seguro social.

Artigo 13

A disposição da presente parte da Convenção que se relacionam com as obrigações dos empregadores e dos trabalhadores aplicar-se-ão, se a autoridade competente assim o decidir, e, na medida por ela fixada, aos trabalhadores independentes.

Artigo 14

Para os fins de aplicação da presente parte desta Convenção, o termo "empregador" designa igualmente, quando for o caso, o mandatário do empregador no sentido que lhe dê a legislação nacional.

PARTE IV

Medidas de Aplicação

Artigo 15

1. Todas as medidas necessárias, inclusive medidas que prevejam sanções apropriadas, deverão ser tomadas para assegurar a aplicação efetiva das disposições da presente Convenção.

2. Todo Membro que ratificar a presente Convenção compromete-se a encarregar os serviços de inspeção apropriados do controle da aplicação de suas disposições ou de verificar que seja assegurada uma inspeção adequada.

Artigo 16

Qualquer legislação nacional que efetivar as disposições da presente Convenção deverá ser elaborada pela autoridade competente após consulta às organizações mais representativas de empregados e empregadores interessados assim como, ocorrendo o caso, às organizações de fabricantes.

PARTE V

Campo de Aplicação

Artigo 17

1. As disposições da presente Convenção aplicar-se-ão a todos os setores da atividade econômica, a menos que o membro que ratificar a Convenção não restrinja a aplicação por uma declaração anexa à sua ratificação.

2. No caso de uma declaração que restrinja assim a aplicação das disposições da presente Convenção:

a) as disposições da Convenção devem aplicar-se ao menos às empresas ou aos setores de atividade eco-

Legislação Complementar

nômica que a autoridade competente, após consulta aos serviços de inspeção do trabalho e às organizações mais representativas de empregadores e empregados interessadas, considere como grande utilizadores de máquinas; a iniciativa da consulta poderá ser tomada por qualquer das referidas organizações;

b) o Membro deverá indicar, nos relatórios a serem submetidos por força do artigo 22 da Constituição da Organização Internacional do Trabalho, quais foram os pregressos realizados com vistas a maior aplicação das disposições da Convenção.

3. Todo Membro que fizer uma declaração de conformidade com o parágrafo 1 acima poderá, a qualquer momento, anulá-la total ou parcialmente, por uma declaração posterior.

PARTE VI

Disposições Finais

Artigo 18

As ratificações formais da presente Convenção deverão ser comunicadas ao Diretor-Geral de Repartição Internacional do Trabalho e por ele registradas.

Artigo 19

1. A presente Convenção não obrigará senão os Membros da Organização Internacional do Trabalho cuja ratificação tenha sido registrada pelo Diretor-Geral.

2. A presente Convenção entrará em vigor 12 (doze) meses depois que as ratificações de 2 (dois) Membros tiverem sido registrados pelo Diretor-Geral.

3. Posteriormente, esta Convenção entrará em vigor para cada Membro 12 (doze) meses depois da data em que sua ratificação for registrada.

Artigo 20

1. Todo Membro que tenha ratificado a presente Convenção poderá denunciá-la ao fim de um período de 10 (dez) anos depois da data da entrada inicial em vigor da Convenção, por ato comunicado ao Diretor-Geral da Repartição Internacional do Trabalho e por ele registrado. Essa denúncia só terá efeito 1 (um) ano depois de registrada.

2. Todo Membro que, tendo ratificação a presente Convenção dentro do prazo de 1 (um) ano depois da expiração do período de 10 (dez) anos mencionados no parágrafo presente, não fizer uso da faculdade de denúncia prevista pelo presente artigo, ficará comprometido por um novo período de 10 (dez) anos, e, posteriormente, poderá denunciar a presente Convenção ao fim de cada período de 10 (dez) anos nas condições previstas no presente artigo.

Artigo 22

O Diretor-Geral da Repartição Internacional do Trabalho enviará ao Secretário-Geral das Nações Unidas, para fins de registro, de conformidade com o artigo 102 da Carta das Nações Unidas, informações completas a respeito de todas as ratificações e atos de denúncia que tiverem sido registrados conforme os artigos precedentes.

Artigo 23

Sempre que julgar necessário, o Conselho de Administração da Repartição Internacional do Trabalho apresentará à Conferência Geral um relatório sobre a aplicação da presente Convenção e decidirá da oportunidade de inscrever na ordem do dia da Conferência a questão da sua revisão total ou parcial.

Artigo 24

1. Caso a Conferência adote nova Convenção de revisão total ou parcial da presente Convenção, e a menos que a nova Convenção disponha de outra forma:

a) a ratificação por Membro de nova Convenção revista provocará, de pleno direito, não obstante o artigo 20 acima, denúncia imediata da presente Convenção, sob reserva de que a nova Convenção revista tenha entrado em vigor;

b) a partir da data da entrada em vigor da nova Convenção revista a presente Convenção não estará mais aberta à ratificação dos Membros.

2. A presente Convenção ficará, em qualquer caso, em vigor em sua forma e teor, para os Membros que a tiverem ratificado e que não ratificarem a Convenção revista.

Artigo 25

As versões em francês e em inglês ao texto da presente Convenção fazem igualmente fé.

O texto precedente é o texto autêntico da Convenção devidamente adotada pela Conferência Geral da Organização Internacional do Trabalho em sua quadragésima sétima, em Genebra e declarada encerrada em 26 de junho de 1963.

Anexo LX

CONVENÇÃO N. 170 DA OIT RELATIVA À SEGURANÇA NA UTILIZAÇÃO DE PRODUTOS QUÍMICOS NO TRABALHO

A Conferência Geral da Organização Internacional do Trabalho.

Convocada em Genebra pelo Conselho Administrativo da Repartição Internacional do Trabalho e tendo ali se reunido a 6 de junho de 1990, na sua septuagésima sétima sessão;

Tomando nota das Convenções e Recomendações internacionais do trabalho sobre a matéria e, em particular, a Convenção e a Recomendação sobre o benzeno, 1971; a Convenção e a Recomendação sobre o câncer profissional, 1974; a Convenção e a Recomendação sobre o meio ambiente no trabalho (poluição do ar, ruído e vibrações), 1977; a Convenção e a Recomendação sobre segurança e saúde dos trabalhadores, 1981; a Convenção e a Recomendação relativa aos serviços de saúde no trabalho, 1985; a Convenção e a Recomendação sobre o asbesto, 1986, e a lista de doenças profissionais, na sua versão emendada de 1980, que se encontra como anexo à Convenção sobre os benefícios em caso de acidentes do trabalho e doenças profissionais, 1964;

Observando que a proteção dos trabalhadores contra os efeitos nocivos dos produtos químicos contribui também para a proteção do público em geral e do meio ambiente;

Observando que o acesso dos trabalhadores à informação acerca dos produtos químicos utilizados no trabalho responde a uma necessidade e é um direito dos trabalhadores;

Considerando que é essencial prevenir as doenças e os acidentes causados pelos produtos químicos no trabalho ou reduzir a sua incidência:

a) garantindo que todos os produtos químicos sejam avaliados a fim de se determinar o perigo que apresentam;

b) proporcionando aos empregadores sistemas que lhes permitam obter dos fornecedores informações sobre os produtos químicos utilizados no trabalho, de forma a poderem pôr em prática programas eficazes de proteção dos trabalhadores contra os perigos provocados pelos produtos químicos;

c) proporcionando aos trabalhadores informações sobre os produtos químicos utilizados nos locais de trabalho, bem como as medidas adequadas de prevenção que lhes permitam participar eficazmente dos programas de proteção, e

d) estabelecendo as orientações básicas desses programas para garantir a utilização dos produtos químicos em condições de segurança.

Fazendo referência à necessidade de uma cooperação no âmbito do Programa Internacional de Segurança nos Produtos Químicos entre a Organização Internacional do Trabalho, o Programa das Nações Unidas para a Meio Ambiente e a Organização Mundial da Saúde, bem como com a Organização das Nações Unidas para o Desenvolvimento Industrial, e observando os instrumentos, códigos e diretrizes pertinentes promulgados por estas organizações;

Após ter decidido adotar diversas propostas relativas à segurança na utilização de produtos químicos no trabalho, questão que constitui o quinto item na agenda da sessão, e

Após ter decidido que essas propostas deveriam tomar a forma de uma Convenção internacional, adota, neste vigésimo quinto dia do mês de junho de mil novecentos e noventa, a seguinte Convenção, que será denominada Convenção Sobre Produtos Químicos, 1990:

PARTE I

Área de Aplicação e Definições

Artigo 1

1. A presente Convenção aplica-se a todos os ramos da atividade econômica em que são utilizados produtos químicos.

2. Com consulta prévia junto às organizações mais representativas de empregadores e trabalhadores interessadas, e com base em uma avaliação dos peritos existentes e das medidas de proteção que deverão ser aplicadas, a autoridade competente de todo Membro que ratificar a Convenção:

a) poderá excluir da aplicação da Convenção, ou de algumas das suas disposições, determinados ramos da atividade econômica, empresas ou produtos:

i) quando a sua aplicação apresentar problemas especiais de suficiente importância, e

ii) quando a proteção outorgada no seu conjunto, em conformidade àquela que resultaria da aplicação, na íntegra, das disposições da Convenção;

b) deverá estabelecer disposições especiais para proteger as informações confidenciais, cuja divulgação, a um concorrente poderia resultar prejudicial para a atividade do empregador, sob a condição de que a segurança e a saúde dos trabalhadores não fiquem comprometidas.

3. A Convenção não se aplica aos artigos que, sob condições de utilização normais ou razoavelmente previsíveis, não expõem os trabalhadores a um produto químico perigoso.

4. A Convenção não se aplica aos organismos, mas aplica-se, sim, aos produtos químicos derivados dos organismos.

Artigo 2

Para fins da presente Convenção:

a) a expressão "produtos químicos" designa os elementos e compostos químicos, e suas misturas, sejam naturais, sejam sintéticos;

b) a expressão "produtos químicos perigosos" abrange todo produto químico que tiver sido classificado como perigoso em conformidade com o Artigo 6, ou sobre o qual existam informações pertinentes indicando que ele implica risco;

c) a expressão "utilização de produtos químicos no trabalho" implica toda atividade de trabalho que poderia expor um trabalhador a um produto químico, e abrange:

i) a produção de produtos químicos;

ii) o manuseio de produtos químicos;

iii) o armazenamento de produtos químicos;

iv) o transporte de produtos químicos;

v) a eliminação e o tratamento dos resíduos de produtos químicos;

vi) a emissão de produtos químicos resultantes do trabalho;

vii) a manutenção, a reparação e a limpeza de equipamentos e recipientes utilizados para os produtos químicos;

d) a expressão "ramos da atividade econômica" aplica-se a todos os ramos onde existam trabalhadores empregados, inclusive a administração pública;

e) o termo "artigo" designa todo objeto que seja fabricado com uma forma ou um projeto específico, ou que esteja na sua forma natural, e cuja utilização dependa total ou parcialmente das características de forma ou projeto;

f) a expressão "representantes dos trabalhadores" designa as pessoas reconhecidas como tais pela legislação ou a prática nacionais, em conformidade com a convenção sobre os representantes dos trabalhadores, 1971.

PARTE II

Princípios Gerais

Artigo 3

Deverão ser consultadas as organizações mais representativas de empregadores e de trabalhadores interessadas acerca das medidas destinadas a levar a efeito as disposições da Convenção.

Artigo 4

Todo Membro deverá, em consulta com as organizações mais representativas de empregadores e de trabalhadores, e levando na devida conta as condições e práticas nacionais, formular, pôr em prática e reexaminar periodicamente uma política coerente de segurança na utilização de produtos químicos no trabalho.

Artigo 5

A autoridade competente, se for justificado por motivos de segurança e saúde, deverá poder proibir ou restringir a utilização de certos produtos químicos perigosos, ou exigir notificação e autorização prévias para a utilização desses produtos.

PARTE III

Classificação e Medidas Conexas

Artigo 6

SISTEMA DE CLASSIFICAÇÃO

1. A autoridade competente, ou os organismos aprovados ou reconhecidos pela autoridade competente, em conformidade com as normas nacionais ou internacionais, deverão estabelecer sistemas e critérios específicos apropriados para classificar todos os produtos químicos em função do tipo e do grau dos riscos físicos e para a saúde que os mesmos oferecem, e para avaliar a pertinência das informações necessárias para determinar a sua periculosidade.

2. As propriedades perigosas das misturas formadas por dois ou mais produtos químicos poderão ser determinadas avaliando os riscos que oferecem os produtos químicos que as compõem.

3. No caso do transporte, tais sistemas e critérios deverão levar em consideração as Recomendações das Nações Unidas relativas ao transporte de mercadorias perigosas.

4. Os sistemas de classificação e a sua aplicação deverão ser progressivamente ampliados.

Artigo 7

ROTULAÇÃO E MARCAÇÃO

1. Todos os produtos químicos deverão portar uma marca que permita a sua identificação.

2. Os produtos químicos perigosos deverão portar, ainda, uma etiqueta facilmente compreensível para os trabalhadores, que facilite informações essenciais sobre a sua classificação, os perigos que oferecem e as precauções de segurança que devam ser observadas.

3.1 As exigências para rotular ou marcar os produtos químicos, de acordo com os parágrafos 1 e 2 do presente Artigo, deverão ser estabelecidas pela autoridade competente ou por um organismo aprovado ou reconhecido pela autoridade competente, em conformidade com as normas nacionais ou internacionais.

3.2 No caso do transporte, tais exigências deverão levar em consideração as Recomendações das Nações Unidas relativas ao transporte de mercadorias perigosas.

Artigo 8

FICHAS COM DADOS DE SEGURANÇA

1. Os empregadores que utilizem produtos químicos perigosos deverão receber fichas com dados de segurança que contenham informações essenciais detalhadas sobre a sua identificação, seu fornecedor, a sua classificação, a sua periculosidade, as medidas de precaução e os procedimentos de emergência.

2. Os critérios para a elaboração das fichas com dados de segurança deverão ser estabelecidos pela autoridade competente ou por um organismo aprovado ou reconhecido pela autoridade competente, em conformidade com as normas nacionais ou internacionais.

3. A denominação química ou comum utilizada para identificar o produto químico na ficha com dados de segurança deverá ser a mesma que aparece na etiqueta.

Artigo 9

RESPONSABILIDADE DOS FORNECEDORES

1. Os fornecedores, tanto se tratando de fabricantes ou importadores como de distribuidores de produtos químicos, deverão assegurar-se de que:

a) os produtos químicos que fornecem foram classificados de acordo com o Artigo 6, com base no conhecimento das suas propriedades e na busca de informações disponíveis ou avaliados em conformidade com o parágrafo 3 do presente Artigo;

b) esses produtos químicos ostentem uma marca que permita a sua identificação, em conformidade com o parágrafo 1 do Artigo 7;

c) os produtos químicos perigosos que são fornecidos sejam etiquetados em conformidade com o parágrafo 2 do Artigo 7;

d) sejam preparadas e proporcionadas aos empregadores, de acordo com o parágrafo 1 do Artigo 8, fichas com dados de segurança relativas aos produtos químicos perigosos.

2. Os fornecedores de produtos químicos perigosos deverão zelar para que sejam preparadas e fornecidas aos empregadores, segundo método acorde com a legislação e a prática nacionais, as etiquetas e as fichas com dados de segurança, revisadas sempre que surgirem novas informações pertinentes em matéria de saúde e segurança.

3. Os fornecedores de produtos químicos que ainda não tenham sido classificados em conformidade com o Artigo 6 deverão identificar os produtos que fornecem e avaliar as propriedades desses produtos químicos se baseando nas informações disponíveis, com a finalidade de se determinar se são perigosas.

PARTE IV

Responsabilidade dos Empregadores

Artigo 10

IDENTIFICAÇÃO

1. Os empregadores deverão assegurar-se de que todos os produtos químicos utilizados no trabalho estejam etiquetados ou marcados, de acordo com o previsto no Artigo 7, e de que as fichas com dados de segurança foram proporcionadas, segundo é previsto no Artigo 8, e colocadas à disposição dos trabalhadores e de seus representantes.

2. Quando os empregadores receberem produtos químicos que não tenham sido etiquetados ou marcados de acordo com a previsto no Artigo 7 ou para os quais não tenham sido proporcionadas fichas com dados de segurança, conforme está prevista no Artigo 8, deverão obter informações pertinentes do fornecedor ou de outras fontes de informação razoavelmente disponíveis, e não deverão utilizar os produtos químicos antes de obterem essas informações.

3. Os empregadores deverão assegurar-se de que somente sejam utilizados aqueles produtos classificados de acordo com o previsto no Artigo 6 ou identificados ou avaliados segundo o parágrafo 3 do Artigo 9 e etiquetados ou marcados em conformidade com o Artigo 7, bem como de que sejam tomadas todas as devidas precauções durante a sua utilização.

Artigo 11

TRANSFERÊNCIA DE PRODUTOS QUÍMICOS

Os empregadores deverão zelar para que, quando sejam transferidos produtos químicos para outros recipientes ou equipamentos, seja indicado o conteúdo destes últimos a fim de que os trabalhadores fiquem informados sobre a identidade desses produtos, dos riscos que oferece a sua utilização e de todas as precauções de segurança que devem ser adotadas.

Artigo 12

EXPOSIÇÃO

Os empregadores deverão:

a) se assegurar de que seus trabalhadores não fiquem expostos a produtos químicos acima dos limites de exposição ou de outros critérios de exposição para a avaliação e o controle do meio ambiente de trabalho estabelecidos pela autoridade competente ou por um organismo aprovado ou reconhecido pela autoridade competente, em conformidade com as normas nacionais ou internacionais;

b) avaliar a exposição dos trabalhadores aos produtos químicos perigosos;

c) vigiar e registrar a exposição dos trabalhadores a produtos químicos perigosos quando isso for necessário, para proteger a sua segurança e a sua saúde, ou quando estiver prescrito pela autoridade competente;

d) assegurar-se de que os dados relativos à vigilância do meio ambiente de trabalho e da exposição dos trabalhadores que utilizam produtos químicos perigosos sejam conservados durante o período prescrito pela autoridade competente e estejam acessíveis para esses trabalhadores e os seus representantes.

Artigo 13

CONTROLE OPERACIONAL

1. Os empregadores deverão avaliar os riscos dimanantes da utilização de produtos químicos no trabalho, e assegurar a proteção dos trabalhadores contra tais riscos pelos meios apropriados, e especialmente:

a) escolhendo os produtos químicos que eliminem ou reduzam ao mínimo o grau de risco;

b) elegendo tecnologia que elimine ou reduza ao mínimo o grau de risco;

c) aplicando medidas adequadas de controle técnico;

d) adotando sistemas e métodos de trabalho que eliminem ou reduzam ao mínimo o grau de risco;

e) adotando medidas adequadas de higiene do trabalho;

f) quando as medidas que acabam de ser enunciadas não forem suficientes, facilitando, sem ônus para o trabalhador, equipamentos de proteção pessoal e roupas protetoras, assegurando a adequada manutenção e zelando pela utilização desses meios de proteção.

2. Os empregadores deverão:

a) limitar a exposição aos produtos químicos perigosos para proteger a segurança e a saúde dos trabalhadores;

b) proporcionar os primeiros socorros;

c) tomar medidas para enfrentar situações de emergência.

Artigo 14

ELIMINAÇÃO

Os produtos químicos perigosos que não sejam mais necessários e os recipientes que foram esvaziados, mas que possam conter resíduos de produtos químicos perigosos, deverão ser manipulados ou eliminados de maneira a eliminar ou reduzir ao mínimo os riscos para a segurança e a saúde, bem como para o meio ambiente, em conformidade com a legislação e a prática nacionais.

Artigo 15

INFORMAÇÃO E FORMAÇÃO

Os empregadores deverão:

a) informar aos trabalhadores sobre os perigos que oferece a exposição aos produtos químicos que utilizam no local de trabalho;

b) instruir os trabalhadores sobre a forma de obterem e usarem as informações que aparecem nas etiquetas e nas fichas com dados de segurança;

c) utilizar as fichas com dados de segurança, juntamente com as informações específicas do local de trabalho, como base para a preparação de instruções para os trabalhadores, que deverão ser escritas se houver oportunidade;

d) proporcionar treinamento aos trabalhadores, continuamente, sobre os procedimentos e práticas a serem seguidas com vistas à utilização segura de produtos químicos no trabalho.

Artigo 16

COOPERAÇÃO

Os empregadores, no âmbito das suas responsabilidades, deverão cooperar da forma mais estreita que for possível com os trabalhadores ou seus representantes com relação à segurança na utilização dos produtos químicos no trabalho.

PARTE V

Obrigações dos Trabalhadores

Artigo 17

1. Os trabalhadores deverão cooperar da forma mais estreita que for possível com seus empregadores no âmbito das responsabilidades destes últimos e observar todos os procedimentos e práticas estabelecidos com vistas à utilização segura de produtos químicos no trabalho.

2. Os trabalhadores deverão adotar todas as medidas razoáveis para eliminar ou reduzir ao mínimo, para eles mesmos e para os outros, os riscos que oferece a utilização de produtos químicos no trabalho.

PARTE VI

Direitos dos Trabalhadores e seus Representantes

Artigo 18

1. Os trabalhadores deverão ter o direito de se afastar de qualquer perigo derivado da utilização de produtos químicos quando tiverem motivos razoáveis para acreditar, que existe um risco grave e iminente para a sua segurança ou a sua saúde, e deverão indicá-la sem demora ao seu supervisor.

2. Os trabalhadores que se afastem de um perigo, em conformidade com as disposições do parágrafo anterior, ou que exercitem qualquer outro direito em conformidade com esta Convenção, deverão estar protegidos contra as consequências injustificadas desse ato.

3. Os trabalhadores interessados e os seus representantes deverão ter o direito de obter:

a) informações sobre a identificação dos produtos químicos utilizados no trabalho, as propriedades perigosas desses produtos, as medidas de precaução que devem ser tomadas, a educação e a formação;

b) as informações contidas nas etiquetas e os símbolos;

c) as fichas com dados de segurança;

d) quaisquer outras informações que devam ser conservadas em virtude do disposto na presente Convenção.

4. Quando a divulgação, a um concorrente, de identificação específica de um ingrediente de um composto químico puder resultar prejudicial para a atividade do empregador, ele poderá, ao fornecer as informações mencionadas no parágrafo 3, proteger a identificação do ingrediente, de acordo com as disposições estabelecidas pelas autoridades competentes, em conformidade com o Artigo 1, parágrafo 2, item b.

PARTE VII

Responsabilidades dos Estados Exportadores

Artigo 19

Quando em um Estado Membro exportador a utilização de produtos químicos perigosos tenha sido total ou parcialmente proibida por razões de segurança e saúde no trabalho, esse Estado deverá levar esse fato e as razões que o motivaram ao conhecimento de todo país ao qual exporta.

Artigo 20

As ratificações formais da presente Convenção serão comunicadas, para seu registro, ao Diretor-Geral da Repartição Internacional do Trabalho.

Artigo 21

1. A presente Convenção somente vinculará os Membros da Organização Internacional do Trabalho cujas ratificações tenham sido registradas pelo Diretor-Geral.

2. Esta Convenção entrará em vigor doze meses após o registro das ratificações de dois Membros por parte do Diretor-Geral.

3. Posteriormente, esta Convenção entrará em vigor, para cada Membro, doze meses após o registro da sua ratificação.

Artigo 22

1. Todo Membro que tenha ratificado a presente Convenção poderá denunciá-la após a expiração de um período de dez anos contados da entrada em vigor mediante ato comunicado ao Diretor-Geral da Repartição Internacional do Trabalho e por ele registrado. A denúncia só surtirá efeito um ano após o seu registro.

2. Todo Membro que tenha ratificado a presente Convenção e não fizer uso da faculdade de denúncia prevista pelo presente Artigo dentro do prazo de um ano após a expiração do período de dez anos previstos pelo parágrafo anterior, ficará obrigado por um novo período de dez anos e, posteriormente, poderá denunciar a presente Convenção ao expirar cada período de dez anos, nas condições previstas no presente Artigo.

Artigo 23

1. O Diretor-Geral da Repartição Internacional do Trabalho notificará a todos os Membros da Organização Internacional do Trabalho o registro de todas as ratificações, declarações e denúncias que lhe sejam comunicadas pelos Membros da Organização.

2. Ao notificar aos Membros da organização o registro da segunda ratificação que lhe tenha sido comunicada, o Diretor-Geral chamará a atenção dos membros para a data de entrada em vigor da presente Convenção.

Artigo 24

O Diretor-Geral da Repartição Internacional do Trabalho comunicará ao Secretário-Geral das Nações Unidas, para fins de registro, conforme o Artigo 102 da Carta das Nações Unidas, as informações completas referentes a quaisquer ratificações, declarações e atos de denúncia que tenha registrado de acordo com os Artigos anteriores.

Artigo 25

Sempre que o julgar necessário, o Conselho de Administração da Repartição Internacional do Trabalho apresentará à Conferência Geral um relatório sobre a aplicação da presente Convenção e decidirá sobre a oportunidade de inscrever na agenda da Conferência a questão da sua revisão total ou parcial.

Artigo 26

1. Se a Conferência adotar uma nova Convenção que revise total ou parcialmente a presente Convenção e a menos que a nova convenção disponha contrariamente:

a) a ratificação, por um Membro, da nova Convenção revista implicará, de pleno direito, não obstante o disposto pelo Artigo 22, *supra*, a denúncia imediata da presente Convenção, desde que a nova Convenção revista tenha entrado em vigor.

b) a partir da entrada em vigor da Convenção revista, a presente Convenção deixará de estar aberta à ratificação dos Membros.

2. A presente Convenção continuará em vigor, em qualquer caso, em sua forma e teor atuais, para os Membros que a tiverem ratificado e que não ratificarem a Convenção revista.

Artigo 27

As versões inglesa e francesa do texto da presente Convenção são igualmente autênticas.

Anexo LXI

CONVENÇÃO N. 163 DA OIT SOBRE O BEM-ESTAR DOS TRABALHADORES MARÍTIMOS NO MAR E NO PORTO

A Conferência Geral da Organização Internacional do Trabalho;

CONVOCADA em Genebra pelo Conselho de Administração da Repartição Internacional do Trabalho e reunida na mesma cidade em 24 de setembro de 1987, em sua septuagésima quarta reunião;

RECORDANDO as disposições da Recomendação sobre as condições da estada dos trabalhadores marítimos nos portos, 1936, e da Recomendação sobre o bem-estar dos trabalhadores marítimos, 1970;

Depois de ter decidido aprovar diversas propostas sobre o bem-estar dos trabalhadores marítimos no mar e no porto, questão que constitui o segundo ponto da pauta da reunião, e

Depois de ter decidido que tais propostas assumissem a forma de uma convenção internacional, aprova, em oito de outubro de mil novecentos e oitenta e sete, a presente Convenção, que poderá ser citada como a Convenção sobre o Bem-Estar dos Trabalhadores Marítimos, 1987.

Artigo 1

1. Para efeitos da presente Convenção:

a) a expressão "trabalhadores marítimos" ou "marinheiros" designa todas as pessoas empregadas, com qualquer cargo, a bordo de um navio dedicado à navegação marítima, de propriedade pública ou privada, que não seja um navio de guerra;

b) a expressão "meios e serviços de Bem-Estar" designa meios e serviços de Bem-Estar, culturais, recreativos e informativos.

2. Todo Membro determinará, por meio de sua legislação nacional e consultando previamente as organizações representativas de armadores e trabalhadores marítimos, quais os navios registrados em seu território que devem ser considerados como dedicados à navegação marítima para efeitos das disposições da presente Convenção referentes a meios e serviços de Bem-Estar a bordo de navios.

3. Na medida em que considerar viável, e consultando previamente as organizações representativas de armadores de embarcações de pesca e de pescadores, a autoridade competente deverá aplicar disposições da presente Convenção à pesca marítima comercial.

Artigo 2

1. Todo Membro para o qual esteja em vigor a presente Convenção compromete-se a zelar para que sejam providenciados os meios e serviços de Bem-Estar adequados aos trabalhadores marítimos, tanto nos portos como a bordo de navios.

2. Todo Membro cuidará para que sejam tomadas as medidas necessárias para financiar os meios e serviços de Bem-Estar providenciados em conformidade com as disposições da presente Convenção.

Artigo 3

1. Todo Membro se compromete a cuidar para que sejam providenciados meios e serviços de Bem-Estar nos portos apropriados do país para todos os marinheiros, sem distinção de nacionalidade, raça, cor, sexo, religião, opinião pública ou origem social, e independentemente do Estado em que estiver registrado o navio a bordo do qual estejam empregados.

2. Todo membro determinará, consultando previamente as organizações representativas de armadores e de trabalhadores marítimos, os portos que devem ser considerados apropriados para os efeitos deste Artigo.

Artigo 4

Todo Membro compromete-se a cuidar de que os meios e serviços de Bem-Estar instalados em todo navio dedicado à navegação marítima, de propriedade pública ou privada, registrado em seu território, sejam acessíveis a todos os trabalhadores marítimos que se encontrarem a bordo.

Artigo 5

Os meios e serviços de Bem-Estar serão revistos com frequência no intuito de assegurar que sejam apropriados, levando-se em conta a evolução das necessidades dos trabalhadores marítimos, decorrente de progressos técnicos, funcionais ou de outra natureza que se verifiquem na indústria do transporte marítimo.

Artigo 6

Todo Membro se compromete:

a) cooperar com os demais Membros com vistas a garantir a aplicação da presente Convenção;

b) cuidar de que as partes envolvidas e interessadas na promoção do Bem-Estar dos trabalhadores marítimos no mar e no porto cooperem entre si.

Artigo 7

As ratificações formais da presente Convenção serão comunicadas, para registro, ao Diretor-Geral da Repartição Internacional do Trabalho.

Artigo 8

1. Esta Convenção obrigará unicamente os Membros da Organização Internacional do Trabalho cujas Ratificações tiverem sido registradas pelo Diretor-Geral.

2. Entrará em vigor doze meses depois da data em que as Ratificações de dois Membros tiverem sido registradas pelo Diretor-Geral.

3. A partir do dito momento, esta Convenção entrará em vigor para cada Membro doze meses depois da data em que tiver sido registrada sua ratificação.

Artigo 9

1. Todo Membro que tiver ratificado esta Convenção poderá denunciá-la, ao expirar um período de dez anos contado a partir da data em que tiver entrado em vigor inicialmente, por meio de uma ata comunicada, para o devido registro, ao Diretor-Geral da Repartição Internacional do Trabalho. A denúncia só surtirá efeito um ano após a data em que tiver sido registrada.

2. Todo Membro que tiver ratificado esta Convenção e que, no prazo de um ano após a expiração do período de dez anos mencionados no parágrafo precedente, não fizer uso do direito de denúncia previsto neste artigo, ficará obrigado durante um novo período de dez anos, e a seguir poderá denunciar esta Convenção ao cabo de cada período de dez anos, nas condições previstas neste artigo.

Artigo 10

1. O Diretor-Geral da Repartição Internacional do Trabalho notificará a todos os Membros da Organização Internacional do Trabalho o registro de todas as ratificações, declarações e denúncias que lhe forem comunicadas pelos Membros da Organização.

2. Ao notificar os Membros da Organização o registro da segunda ratificação que lhe tiver sido comunicada, o Diretor-Geral chamará a atenção dos Membros da Organização para data em que entrará em vigor o presente Acordo.

Artigo 11

O Diretor-Geral da Repartição Internacional do Trabalho comunicará ao Secretário-Geral das Nações Unidas, para efeitos de registro e conforme o artigo 102 da Carta das Nações Unidas, uma informação completa sobre todas as ratificações, declarações e atas de denúncia que tiver registrado em conformidade com os artigos precedentes.

Artigo 12

Cada vez que estimar necessário, o Conselho de Administração da Repartição Internacional do Trabalho apresentará à Conferência uma memória sobre a aplicação da Convenção, e considerará a conveniência de incluir na pauta da Conferência a questão de sua revisão total ou parcial.

Artigo 13

1. Caso a Conferência adote uma nova Convenção que implique uma revisão total ou parcial da presente, e a menos que o novo acordo contenha disposições em contrário:

a) a ratificação por um Membro da nova Convenção revisora implicará, *ipso jure*, a denúncia imediata desta Convenção não obstante as disposições contidas no artigo 9, desde que a nova Convenção revisora tenha entrado em vigor;

b) a partir da data em que entrar em vigor a nova Convenção revisora, a presente Convenção deixará de estar aberta à ratificação por parte dos Membros.

2. Esta Convenção continuará em vigor, em todos os casos, com sua forma e conteúdos atuais, para os Membros que não tiverem ratificado e não ratificarem a Convenção revisora.

Artigo 14

As versões inglesa e francesa do texto desta Convenção são igualmente autênticas.

Anexo LXIII

CONVENÇÃO N. 164 DA OIT RELATIVA À PROTEÇÃO DA SAÚDE E A ASSISTÊNCIA MÉDICA AOS TRABALHADORES MARÍTIMOS

A Conferência Geral da Organização Internacional do Trabalho,

Convocada em Genebra pelo Conselho de Administração da Repartição Internacional do Trabalho e reunida na mesma cidade em 24 de setembro de 1987, em sua septuagésima quarta reunião;

Recordando as disposições da Convenção sobre o exame médico dos trabalhadores marítimos, 1946; da Convenção sobre o alojamento da tripulação (revisada), 1949; da Convenção sobre o alojamento da tripulação (disposições complementares), 1970; da Recomendação sobre as farmácias a bordo dos navios, 1958; da Recomendação sobre consultas médicas em alto-mar, 1958, e da Convenção e da Recomendação sobre a prevenção de acidentes (trabalhadores marítimos), 1970;

Recordando os termos do Acordo internacional sobre normas de formação, titulação e plantão para os trabalhadores marítimos, 1978, no referente à formação em primeiros socorros em caso de acidentes ou doenças que possam ocorrer a bordo;

Observando que, para que a ação realizada na esfera da proteção da saúde e a assistência médica aos trabalhadores marítimos seja bem-sucedida, é importante que a Organização Internacional do Trabalho, a Organização Marítima Internacional e a Organização Mundial da Saúde mantenham uma estreita cooperação dentro de suas respectivas esferas;

Observando que, por conseguinte, as normas que se seguem foram elaboradas com a cooperação da Organização Marítima Internacional e da Organização Mundial da Saúde, e que está prevista a continuidade da cooperação com tais organizações no que tange à aplicação destas normas;

Depois de ter decidido aprovar diversas propostas sobre a proteção da saúde e a assistência médica aos trabalhadores marítimos, questão que constitui o quarto ponto da pauta da reunião, e

Depois de ter decidido que tais propostas assumissem a forma de uma convenção internacional, aprova, em oito de outubro de mil novecentos e oitenta e sete, a presente Convenção, que poderá ser citada como a Convenção sobre a Proteção da Saúde e a Assistência Médica (trabalhadores marítimos), 1987.

Artigo 1

1. A presente Convenção se aplica a todo navio dedicado à navegação marítima, de propriedade pública ou privada, registrado no território de um Membro para o qual a Convenção estiver em vigor e destinado normalmente à navegação marítima comercial.

2. Na medida em que considerar viável, e consultando previamente as organizações representativas de armadores de embarcações de pesca e de pescadores, a autoridade competente deverá aplicar as disposições da presente Convenção à pesca marítima comercial.

3. Caso existirem dúvidas acerca de se, para efeitos da presente Convenção, uma embarcação deve ou não ser considerada como destinada à navegação marítima comercial, ou à pesca marítima comercial, a questão será resolvida pela autoridade competente, consultando-se previamente as organizações interessadas de armadores, de trabalhadores marítimos e de pescadores.

4. Para os efeitos da presente Convenção, os termos "trabalhadores marítimos" ou "marinheiros" designam todas as pessoas empregadas, com qualquer cargo, a bordo de um navio dedicado à navegação marítima ao qual for aplicável o presente Acordo.

Artigo 2

A presente Convenção será levada a efeito por intermédio da legislação nacional, dos acordos coletivos, regimentos internos, laudos arbitrais, sentenças judiciais ou qualquer outro meio apropriado às condições nacionais.

Artigo 3

Todo Membro deverá prever, através de sua legislação nacional, que os armadores sejam considerados responsáveis pela manutenção dos navios em condições sanitárias e higiênicas adequadas.

Artigo 4

Todo membro deverá zelar pela aprovação das medidas que garantam a proteção da saúde e a assistência médica aos trabalhadores marítimos a bordo. Tais medidas deverão:

a) garantir a aplicação aos trabalhadores marítimos de todas as disposições gerais sobre a proteção da saúde no trabalho e a assistência médica que interessem à profissão de marinheiro, bem como das disposições especiais relativas ao trabalho a bordo;

Legislação Complementar

b) ter por objetivo proporcionar aos trabalhadores marítimos uma proteção da saúde e uma assistência médica o mais próxima que for possível das que geralmente desfrutam os trabalhadores de terra;

c) garantir aos trabalhadores marítimos o direito de consultar sem demora um médico nos portos de escala, quando isto for possível;

d) garantir que, conforme a legislação e a prática nacionais, a assistência médica e a proteção sanitária sejam prestadas gratuitamente aos marinheiros inscritos na lista de tripulantes;

e) não se limitar ao tratamento dos marinheiros doentes ou acidentados, mas incluir também medidas de caráter preventivo e dar particular atenção à elaboração de programas de promoção da saúde e de educação sanitária, com vistas a que os próprios trabalhadores marítimos possam contribuir ativamente para a redução de frequência das enfermidades passíveis de afetá-los.

Artigo 5

1. Todo navio ao qual for aplicável a presente Convenção deverá transportar uma farmácia de bordo.

2. O conteúdo dessa farmácia e o equipamento médico de bordo serão determinados pela autoridade competente, levando em conta fatores como o tipo de navio, o número de pessoas a bordo e a natureza, destino e duração das viagens.

3. Ao aprovar ou rever as disposições nacionais relativas ao conteúdo da farmácia e do equipamento médico de bordo, a autoridade competente deverá levar em conta as recomendações internacionais nesse âmbito, como as edições mais recentes do guia médico Internacional de Bordo e a Lista de Medicamentos Essenciais, publicados pela Organização Mundial da Saúde, bem como dos progressos realizados em matéria de conhecimentos médicos e métodos de tratamentos aprovados.

4. A adequada manutenção da farmácia e de seu conteúdo, e do equipamento médico de bordo, bem como sua inspeção periódica a intervalos regulares não superiores a doze meses, ficarão a cargo de pessoas responsáveis designadas pela autoridade competente que zelarão pelo controle da data de vencimento e das condições de conservação dos medicamentos.

5. A autoridade competente garantirá que o conteúdo da farmácia figure numa lista e esteja etiquetado utilizando nomes genéricos, além dos nomes de marca, data de vencimento e condições de conservação, e de que esteja de acordo com o que estipula o guia médico empregado em escala nacional.

6. A autoridade competente cuidará de que, quando um carregamento classificado como perigoso não tiver sido incluído na edição mais recente do guia de primeiros socorros para uso em caso de acidentes relacionados com mercadorias perigosas, publicado pela Organização Marítima Internacional, seja proporcionada ao capitão, aos trabalhadores marítimos e a outras pessoas interessadas a informação necessária para a natureza das substâncias, os riscos que encerram, os equipamentos de proteção pessoal necessários, os procedimentos médicos pertinentes e os antídotos específicos. Os antídotos específicos e os equipamentos de proteção pessoal devem ser levados a bordo sempre que forem transportadas mercadorias perigosas.

7. Em caso de emergência, quando um medicamento receitado a um marinheiro pelo pessoal médico qualificado não figurar na farmácia de bordo, o armador deverá tomar todas as medidas necessárias com vistas a obtê-lo o mais depressa possível.

Artigo 6

1. Todo navio ao qual for aplicável a presente Convenção deverá levar um guia médico de bordo aprovado pela autoridade competente.

2. O guia médico deverá explicar como deve ser utilizado o conteúdo da farmácia e sua concepção deve ser tal que permita que o pessoal não médico atenda aos doentes ou feridos a bordo, com ou sem consulta médica por rádio ou satélite.

3. Ao aprovar ou rever o guia médico de bordo em uso no país, a autoridade competente deverá levar em conta as recomendações internacionais nesta matéria, inclusive as edições mais recentes do guia médico internacional de bordo e do Guia de primeiros socorros para uso em caso de acidentes relacionados com mercadorias perigosas.

Artigo 7

1. A autoridade competente deverá assegurar, por meio de um sistema preestabelecido, que, a qualquer hora do dia ou da noite, os navios em alto-mar possam efetuar consultas médicas por rádio ou satélite, inclusive com assessoramento de especialistas.

2. Tais consultas médicas, incluindo a transmissão de mensagens médicas por rádio ou satélite entre um navio e as pessoas de terra que dão a assessoria, deverão ser gratuitas para todos os navios, independentemente do território em que estejam registrados.

3. Com vistas a garantir a otimização do uso dos meios disponíveis para efetuar consultas médicas por rádio ou satélite:

a) todos os navios a que for aplicável a presente Convenção e que disponham de instalação de rádio deverão levar a bordo uma lista completa das estações de rádio através das quais podem ser feitas consultas médicas;

b) todos os navios a que for aplicável a presente Convenção e que disponham de um sistema de comunicação por satélite deverão levar a bordo uma lista completa das estações terrestres costeiras através das quais podem ser feitas consultas médicas;

c) estas listas devem ser mantidas atualizadas e sob a custódia da pessoa encarregada das comunicações.

4. Os trabalhadores marítimos que pedirem assessoramento médico por rádio ou satélite deverão ser instruídos no uso do guia médico de bordo e da seção médica da edição mais recente do Código internacional de sinais publicado pela Organização Marítima Internacional, a fim de que possam compreender a informação necessária exigida pelo médico consultado e pelo assessoramento dele recebido.

5. A autoridade competente providenciará para que os médicos que derem assessoramento médico de acordo com este Artigo recebam uma formação apropriada e conheçam as condições de bordo.

Artigo 8

1. Todos os navios aos quais for aplicável a presente Convenção, tenham cem ou mais marinheiros a bordo e normalmente façam travessias internacionais de mais de três dias de duração deverão contar, entre os membros da tripulação, com um médico encarregado de prestar assistência médica.

2. A legislação nacional deverá estipular quais os outros navios que devem ter um médico entre os membros de sua tripulação, levando em conta, entre outros fatores, a duração, a natureza e as condições da travessia, bem como o número de marinheiros a bordo.

Artigo 9

1. Todos os navios aos quais for aplicáveis a presente Convenção e não tiverem nenhum médico a bordo deverão levar entre sua tripulação uma ou várias pessoas especialmente encarregadas de prestar assistência médica e administrar medicamentos como parte de suas obrigações normais.

2. As pessoas, que não sejam médicos, encarregadas da assistência médica a bordo deverão ter concluído de maneira satisfatória um curso de formação teórica e prática em matéria de assistência médica, aprovado pela autoridade competente. Este curso consistirá:

a) para navios de menos de 1.600 toneladas de porte bruto que normalmente possam ter acesso a uma assistência médica qualificada e a serviços médicos num prazo de oito horas, numa formação elementar que permita que essas pessoas tomem as medidas imediatas necessárias em caso de acidentes ou doenças que possam ocorrer a bordo e façam uso de assessoramento médico por rádio ou satélite;

b) para todos os demais navios, numa formação médica do mais alto nível, que abranja uma formação prática nos serviços de emergência ou de acidentados de um hospital, quando for possível, e uma formação em técnicas de sobrevivência como a terapia endovenosa, que permita que essas pessoas participem eficazmente de programas coordenados de assistência médica a navios que se encontrem navegando e assegurem aos doentes e feridos um nível satisfatório de assistência médica durante o período em que provavelmente tiverem de permanecer a bordo. Sempre que for possível, esta formação deverá ser ministrada sob a supervisão de um médico que conheça e compreenda profundamente os problemas médicos dos trabalhadores marítimos e as condições inerentes à profissão de marinheiro e que possua um conhecimento especializado dos serviços médicos por rádio ou satélite.

3. Os cursos aos quais o presente Artigo faz referência deverão basear-se no conteúdo das edições mais recentes do guia médico internacional de bordo, do Guia de primeiros socorros para uso em caso de acidentes relacionados com mercadorias perigosas, do Documento que deve servir de guia – Guia internacional para a formação dos trabalhadores marítimos, publicado pela Organização Marítima Internacional, e da seção médica do Código internacional de sinais, bem como de guias nacionais análogos.

4. As pessoas às quais o parágrafo 2 deste Artigo faz referência e os demais trabalhadores marítimos que a autoridade competente vier a designar deverão seguir, de cinco em cinco anos aproximadamente, cursos de aperfeiçoamento que lhes permitam conservar e atualizar seus conhecimentos e competências, bem como se manter a par dos novos progressos.

5. Todos os trabalhadores marítimos deverão receber, no decorrer de sua formação profissional marítima, uma preparação sobre as medidas que devem ser tomadas em caso de acidentes ou outra emergência médica a bordo.

6. Além da pessoa ou das pessoas encarregadas de dar assistência médica a bordo, um ou mais membros determinados da tripulação deverão receber uma formação elementar em matéria de assistência médica que lhes permita tomar as medidas imediatas necessárias em caso de acidentes ou doenças que possam ocorrer a bordo.

Artigo 10

Todos os navios aos quais seja aplicável a presente Convenção prestarão, quando for viável, toda a assistência médica necessária a qualquer navio que vier a solicitá-la.

Artigo 11

1. Todo navio de 500 toneladas ou mais de porte bruto que levar quinze ou mais marinheiros a bordo e efetuar uma travessia de mais de três dias deverá dispor de uma enfermaria independente a bordo. A autoridade competente poderá isentar deste requisito os navios de cabotagem.

2. O presente Artigo será aplicado, sempre que for possível e razoável, aos navios de 200 a 500 toneladas de porte bruto e aos rebocadores.

3. O presente Artigo não será aplicado aos navios com propulsão principalmente a vela.

4. A enfermaria deve estar situada de maneira tal que seja de fácil acesso e que seus ocupantes possam estar confortavelmente alojados e receber assistência médica com bom ou mau tempo.

5. A enfermaria deverá ser concebida de modo a facilitar as consultas e os primeiros socorros.

6. A entrada, os beliches, a iluminação, a ventilação, a calefação e o abastecimento de água da enfermaria deverão ser dispostos de modo a garantir o conforto e facilitar o tratamento de seus ocupantes.

7. A autoridade competente determinará o número de beliches que devem ser instalados na enfermaria.

8. Os ocupantes da enfermaria devem dispor de sanitários para seu uso exclusivo situados na própria enfermaria ou em sua proximidade imediata.

9. A enfermaria não poderá ser destinada a outro uso que não seja a assistência médica.

Artigo 12

1. A autoridade competente deverá adotar um modelo de relatório médico para os trabalhadores marítimos, para o uso de médicos de bordo, capitães de navios ou pessoas encarregadas da assistência médica a bordo e de hospitais ou médicos em terra.

2. Esse modelo de relatório deve ser especialmente concebido para facilitar a troca, entre navio e terra, de informação pessoal médica e informação conexa sobre marinheiros em caso de doença ou acidente.

3. A informação contida nos relatórios médicos deverá ter caráter confidencial e ser utilizada apenas para o tratamento dos trabalhadores marítimos.

Artigo 13

1. Os Membros para os quais a presente Convenção estiver em vigor deverão cooperar mutuamente com vistas a promover a proteção da saúde e a assistência médica aos trabalhadores marítimos a bordo de navios.

2. Tal cooperação poderia consistir no seguinte:

a) desenvolver e coordenar os esforços de busca e salvamento e organizar a pronta assistência médica e a evacuação de pessoas gravemente doentes ou feridas a bordo de navios por meios tais como sistemas de sinalização periódica da posição dos navios, centros de coordenação de operações de salvamento e serviços de helicópteros para caso de emergência, conforme as disposições do Acordo Internacional de 1979 sobre Busca e Salvamento Marítimos, o Manual de Buscas e Salvamento para Navios Mercantes e o Manual de Buscas e Salvamento da OMI, elaborados pela Organização Marítima Internacional;

b) utilizar ao máximo os navios pesqueiros com médico a bordo e os navios estacionados no mar que possam prestar serviços hospitalares e fornecer meios de salvamento;

c) compilar e manter em dia uma lista internacional de médicos e centros de assistência médica disponíveis no mundo inteiro para prestar assistência médica de emergência aos trabalhadores marítimos;

d) desembarcar os trabalhadores marítimos num porto com vistas a um tratamento de emergência;

e) repatriar no mais breve prazo possível os trabalhadores marítimos hospitalizados no exterior, de acordo com o parecer médico dos médicos responsáveis pelo caso, levando em conta o desejo e as necessidades do marinheiro;

f) tomar as providências necessárias para que seja dada assistência pessoal aos trabalhadores marítimos durante sua repatriação, de acordo com o parecer médico dos médicos responsáveis pelo caso, levando em conta o desejo e as necessidades do marinheiro;

g) procurar criar, para os trabalhadores marítimos, centros sanitários que:

i) efetuem pesquisas sobre o estado de saúde, o tratamento médico e a assistência sanitária preventiva dos trabalhadores marítimos;

ii) formem o pessoal médico e sanitário em medicina marítima.

h) compilar e avaliar estatísticas relativas a acidentes, doenças e óbitos de origem profissional de trabalhadores marítimos e incorporá-las aos sistemas nacionais existentes de estatísticas de acidentes, doenças e óbitos de origem profissional de outras categorias de trabalhadores, harmonizando-as, ao mesmo tempo, com tais sistemas;

i) organizar intercâmbios internacionais de informação técnica, de material de formação e de pessoal docente, bem como cursos, seminários e grupos de trabalho internacionais em matéria de formação;

j) assegurar a todos os trabalhadores marítimos serviços de saúde e de acompanhamento médico, de caráter curativo e preventivo, que lhes sejam especialmente destinados nos portos, ou colocar à sua disposição serviços gerais de saúde, médicos e de reabilitação;

k) tomar as providências cabíveis para repatriar o mais breve possível os corpos ou as cinzas dos marinheiros falecidos, conforme o desejo de seus parentes mais próximos.

3. A cooperação internacional no âmbito da proteção da saúde e a assistência médica aos trabalhadores marítimos deverá basear-se em acordos bilaterais ou multilaterais, ou em consultas entre Estados Membros.

Artigo 14

As ratificações formais da presente Convenção serão comunicadas, para registro, ao Diretor-Geral da Repartição Internacional do Trabalho.

Artigo 15

1. Esta Convenção obrigará unicamente os Membros da Organização Internacional do Trabalho cujas ratificações tiverem sido registradas pelo Diretor-Geral.

2. Entrará em vigor doze meses depois da data em que as ratificações de dois Membros tiverem sido registradas pelo Diretor-Geral.

3. A partir desse momento, esta Convenção entrará em vigor para cada Membro doze meses depois da data em que tiver sido registrada sua ratificação.

Artigo 16

1. Todo Membro que tiver ratificado esta Convenção poderá denunciá-la ao expirar um período de dez anos contado a partir da data em que tiver entrado em vigor inicialmente, por meio de uma ata comunicada, para o devido registro, ao Diretor-Geral da Repartição Internacional do Trabalho. A denúncia só surtirá efeito um ano depois da data em que tiver sido registrada.

2. Todo Membro que tiver ratificado esta Convenção e que, no prazo de um ano após a expiração do período de dez anos mencionado no parágrafo precedente, não fizer uso do direito de denúncia previsto neste Artigo, ficará obrigado durante um novo período de dez anos, e a seguir poderá denunciar esta Convenção ao cabo de cada período de dez anos, nas condições previstas neste Artigo.

Artigo 17

1. O Diretor-Geral da Repartição Internacional do Trabalho notificará a todos os Membros da Organização Internacional do Trabalho o registro de todas as ratificações, declarações e denúncias que lhe forem comunicadas pelos Membros da Organização.

2. Ao notificar aos Membros da Organização o registro da segunda ratificação que lhe tiver sido comunicada, o Diretor-Geral chamará a atenção dos Membros da Organização para a data em que entrará em vigor a presente Convenção.

Artigo 18

O Diretor-Geral da Repartição Internacional do Trabalho comunicará ao Secretário-Geral das Nações Unidas, para efeitos de registro e conforme o Artigo 102 da Carta das Nações Unidas, uma informação completa sobre todas as ratificações, declarações e atas de denúncia que tiver registrado conforme os Artigos precedentes.

Artigo 19

Cada vez que estimar necessário, o Conselho de Administração da Repartição Internacional do Trabalho apresentará à Conferência uma memória sobre a aplicação desta Convenção, e considerará a conveniência de incluir na pauta da Conferência a questão de sua revisão total ou parcial.

Artigo 20

1. Caso a Conferência adote uma nova Convenção que implique uma revisão total ou parcial da presente, e a menos que a nova Convenção contenha disposições em contrário:

a) a ratificação por um Membro da nova Convenção revisora implicará, *ipso jure*, a denúncia imediata desta Convenção, não obstante as disposições contidas no Artigo 16, desde que a nova Convenção revisora tenha entrado em vigor;

b) a partir da data em que entrar em vigor a nova Convenção revisora, a presente Convenção deixará de estar aberta à ratificação por parte dos Membros.

2. Esta Convenção continuará em vigor, em todos os casos, com sua forma e conteúdos atuais, para os Membros que não tiverem ratificado e não ratificarem a Convenção revisora.

Artigo 21

As versões inglesa e francesa do texto desta Convenção são igualmente autênticas.

....

Anexo LXVII

CONVENÇÃO N. 134 DA OIT RELATIVA À PREVENÇÃO DE ACIDENTES DE TRABALHO DOS MARÍTIMOS

A Conferência Geral da Organização Internacional do Trabalho,

Convocada em Genebra pelo Conselho de Administração da Repartição Internacional do Trabalho e ali reunida a 14 de outubro de 1970, em sua quinquagésima quinta sessão;

Havendo notado os termos das convenções e recomendações internacionais do trabalho existentes aplicáveis ao trabalho a bordo e nos portos e referentes à prevenção de acidentes de trabalho dos marítimos, e em especial os da Recomendação sobre Inspeção do Trabalho (Marítimos), 1926, os termos da Recomendação sobre Prevenção de Acidentes Industriais, 1929, os termos da Convenção sobre Proteção dos Portuários contra Acidentes (Revista), 1932, da Convenção sobre Exame Médico dos Marítimos, 1946, e da Convenção e Recomendação sobre Proteção das Máquinas, 1963;

Havendo notado os termos da Convenção para a Salvaguarda da Vida Humana no Mar, 1960, e da regulamentação anexa à Convenção sobre Linhas de Carga, revista em 1966, que preveem medidas de segurança a serem adotadas a bordo de navios para assegurar a proteção das pessoas que ali trabalharem;

Havendo decidido adotar diversas propostas sobre prevenção de acidentes a bordo dos navios no mar e nos portos, questão que constitui o quinto ponto da ordem do dia da sessão;

Havendo decidido que essas propostas devem tomar a forma de Convenção Internacional;

Havendo verificado que, para o sucesso da ação a ser empreendida no campo da prevenção de acidentes a bordo de navios, é necessária uma estreita colaboração, nos campos respectivos, entre a Organização Internacional do Trabalho e a Organização Marítima Consultiva Intergovernamental;

Havendo constatado que as seguintes normas foram consequentemente elaboradas em cooperação com a Organização Marítima Consultiva Intergovernamental e que é proposto o prosseguimento da colaboração com essa Organização no que se refere à aplicação dessas normas; adota, neste trigésimo dia de outubro de mil novecentos e setenta, a seguinte convenção, que será denominada Convenção sobre Prevenção de Acidentes (Marítimos), 1970:

Artigo 1

1. Para os fins da presente Convenção, a expressão "marítimos" aplica-se a qualquer pessoa empregada, em qualquer condição, a bordo de um navio, que não seja navio de guerra e que esteja registrado num território em que vigore esta Convenção e que se destine normalmente à navegação marítima.

2. Em caso de dúvida quanto à questão de saber se certas categorias de pessoas devem ser consideradas como marítimos para os fins da Convenção, esta questão será resolvida, em cada país, pela autoridade competente, após consulta às organizações de armadores e de marítimos interessadas.

3. Para os fins da presente Convenção, a expressão "acidentes de trabalho" aplica-se aos acidentes de que são vítimas os marítimos em virtude ou por ocasião de seu emprego.

Artigo 2

1. Em cada país marítimo, a autoridade competente deverá tomar as medidas necessárias para que sejam feitos inquéritos e relatórios apropriados dos acidentes de trabalho e elaboradas e analisadas estatísticas pormenorizadas sobre esses acidentes.

2. Todos os acidentes de trabalho deverão ser assinalados e as estatísticas não deverão se cingir aos acidentes mortais ou aos acidentes em que o próprio navio for atingido.

3. As estatísticas deverão abranger o número, a natureza, as causas e as consequências dos acidentes de trabalho e especificar a parte do navio, por exemplo, convés, máquinas ou locais do serviço geral, e o local, por exemplo, no mar ou no porto, em que o acidente se produzir.

4. A autoridade competente deverá proceder a um inquérito sobre as causas e as circunstâncias de acidentes de trabalho que provocarem perdas de vidas humanas ou lesões corporais graves, assim como de todos os outros acidentes previstos na legislação nacional.

Artigo 3

A fim de obter uma base sólida para a prevenção de acidentes que sejam provocados por riscos inerentes ao trabalho marítimo, deverão ser empreendidas pesquisas sobre a evolução geral em matéria de acidentes desse caráter, bem como sobre os riscos revelados pelas estatísticas.

Artigo 4

1. As disposições sobre prevenção de acidentes de trabalho deverão ser previstas por meio de legislação, compilações de instruções práticas ou de outros instrumentos apropriados.

2. Essas disposições deverão referir-se a todas as disposições gerais sobre prevenção de acidentes de trabalho e higiene do trabalho que forem suscetíveis de ser aplicadas ao trabalho dos marítimos e deverão especificar as medidas a serem adotadas para a prevenção dos acidentes que forem inerentes ao emprego marítimo.

3. Essas disposições deverão, em particular, versar sobre as matérias seguintes:

a) disposições gerais e disposições básicas;

b) características estruturais do navio;

c) máquinas;

d) medidas especiais de segurança sobre ou abaixo do convés;

e) equipamentos de carga e de descarga;

f) prevenção e extinção de incêndios;

g) âncoras, amarras e cabos;

h) cargas e lastro;

i) equipamento individual de proteção.

Artigo 5

1. As disposições sobre prevenção de acidentes referidas no Artigo 4 deverão indicar claramente as obrigações que armadores, os marítimos e outras pessoas interessadas têm de obedecê-las.

2. De modo geral, toda obrigação que couber ao armador de fornecer material de proteção e de outros dispositivos de prevenção de acidentes deverá vir acompanhada das instruções para a utilização do dito material e dos dispositivos de prevenção de acidentes pelo pessoal de bordo, passando seu uso a constituir obrigação para o dito pessoal.

Artigo 6

1. Deverão ser adotadas medidas apropriadas para assegurar, mediante inspeção adequada ou outros meios, a aplicação das medidas referidas no Artigo 4.

2. Deverão ser adotadas medidas apropriadas para que as disposições referidas no Artigo 4 sejam respeitadas.

3. As autoridades encarregadas da inspeção e do controle da aplicação das disposições referidas no artigo 4 deverão estar familiarizadas com o trabalho marítimo e suas práticas.

4. A fim de facilitar a aplicação das disposições referidas no Artigo 4, o texto dessas disposições ou seu resumo deverá ser levado ao conhecimento dos marítimos por meio, por exemplo, de afixação a bordo em locais bem visíveis.

Artigo 7

Deverão ser adotadas disposições para a designação de uma ou mais pessoas qualificadas ou a constituição de um comitê qualificado, escolhidos entre os membros da tripulação do navio e responsáveis, sob a autoridade do capitão, para prevenção de acidentes.

Artigo 8

1. A autoridade competente, com a colaboração das organizações de armadores e de marítimos, deverá adotar programas de prevenção de acidentes de trabalho.

2. A aplicação desses programas deverá ser organizada de tal forma que a autoridade competente, os outros organismos interessados, os armadores e os marítimos ou seus representantes possam tomar neles parte ativa.

3. Serão criadas, em especial, comissões mistas, nacionais ou locais, encarregadas de prevenção de acidentes, ou grupos especiais de trabalho, em que estejam representadas as organizações de armadores e de marítimos.

Artigo 9

1. A autoridade competente deverá incentivar e, na medida do possível, tendo em vista as condições especiais de cada país, prever o ensino da prevenção de acidentes e de higiene do trabalho nos programas dos centros de formação profissional, destinados aos marítimos de diversas funções e categorias; esse ensino deverá fazer parte do próprio ensino profissional.

2. Outrossim, todas as medidas apropriadas deverão ser adotadas, por exemplo, por meio de avisos oficiais que contenham as instruções necessárias, para chamar a atenção dos marítimos para determinados riscos.

Artigo 10

Os membros esforçar-se-ão, se necessário com a ajuda de organizações intergovernamentais e de outras organizações internacionais, em cooperar para atingir o maior grau possível de uniformização de todas as outras disposições que visarem à prevenção de acidentes de trabalho.

Artigo 11

As ratificações formais da presente convenção serão comunicadas ao Diretor-Geral da Repartição Internacional do Trabalho e por ele registradas.

Artigo 12

1. A presente convenção só obrigará os Membros da Organização Internacional do Trabalho cuja ratificação tiver sido registrada pelo Diretor-Geral.

2. Esta Convenção entrará em vigor doze meses após o registro das ratificações de dois Membros pelo Diretor-Geral.

3. Posteriormente, esta convenção entrará em vigor, para cada Membro, doze meses após o registro de sua ratificação.

Artigo 13

1. Todo Membro que ratificar a presente Convenção poderá denunciá-la após a expiração de um período de dez anos, contados da data da entrada em vigor inicial, mediante ato comunicado ao Diretor-Geral da Repartição Internacional do Trabalho e por ele registrado. A denúncia só surtirá efeito um ano após o registro.

2. Todo Membro que, tendo ratificado a presente Convenção, não fizer uso da faculdade de denúncia prevista pelo presente Artigo, dentro do prazo de um ano, após a expiração do período de dez anos previsto no parágrafo anterior, ficará obrigado por novo período de dez anos e, posteriormente, poderá denunciar a presente Convenção ao expirar cada período de dez anos, nas condições previstas no presente Artigo.

Artigo 14

1. O Diretor-Geral da Repartição Internacional do Trabalho notificará a todos os Membros da Organização Internacional do Trabalho o registro de todas as ratificações e denúncias que lhe forem comunicadas pelos Membros da Organização.

2. Ao notificar aos Membros da Organização o registro da segunda ratificação que lhe for comunicada, o Diretor-Geral chamará a atenção dos Membros da Organização para a data da entrada em vigor da presente Convenção.

Artigo 15

O Diretor-Geral da Repartição Internacional do Trabalho comunicará ao Secretário-Geral das Nações Unidas, para fim de registro, de conformidade com o Artigo 102 da Carta das Nações Unidas, informações completas a respeito de todas as ratificações e atos de denúncia que tiverem sido registrados, de conformidade com os artigos anteriores.

Artigo 16

Sempre que julgar necessário, o Conselho de Administração da Repartição Internacional do Trabalho deverá apresentar à Conferência Geral um relatório sobre a aplicação da presente Convenção e decidirá da oportunidade de inscrever na ordem do dia da Conferência a questão de sua revisão total ou parcial.

Artigo 17

1. No caso de a Conferência adotar nova Convenção de revisão total ou parcial da presente Convenção, e a menos que a nova Convenção disponha de outro modo:

a) a ratificação por um Membro da nova Convenção revisora implicará, de pleno direito, não obstante o Artigo13 acima, na denúncia imediata da presente Convenção, sob a condição de que a nova quando a nova convenção entre em vigor;

b) a partir da entrada em vigor da nova Convenção revisora, a presente Convenção deixará de estar aberta à ratificação dos Membros.

2. A presente convenção continuará, em todo caso, em vigor, em sua forma e teor atuais para os Membros que a tiverem ratificado e que não ratificarem a Convenção revisora.

Artigo 18

As versões em inglesa e francesa do texto da presente convenção serão igualmente autênticas.

O texto que precede é o texto autêntico da Convenção devidamente adotada pela Conferência Geral da Organização Internacional do Trabalho, em sua quinquagésima quinta sessão, realizada em Genebra e declarada encerrada a 30 de outubro de 1970.

Em fé do que, apuseram suas assinaturas, neste trigésimo dia de outubro de 1970.

O Presidente da Conferência, Nagendra Singh

O Diretor-Geral da Repartição Internacional do Trabalho, Wilfred Jenks

Anexo LXVIII

CONVENÇÃO N. 182 E A RECOMENDAÇÃO N. 190 DA OIT RELATIVAS À PROIBIÇÃO DAS PIORES FORMAS DE TRABALHO INFANTIL E A AÇÃO IMEDIATA PARA SUA ELIMINAÇÃO

A Conferência Geral da Organização Internacional do Trabalho:

Convocada em Genebra pelo Conselho de Administração da Repartição Internacional do Trabalho e reunida naquela cidade em 1º de junho de 1999 em sua octogésima sétima reunião;

CONSIDERANDO a necessidade de adotar novos instrumentos para a proibição e eliminação das piores formas de trabalho infantil, principal prioridade da ação nacional e internacional, incluídas a cooperação e a assistência internacionais, como complemento da Convenção e Recomendação sobre a idade mínima de admissão ao emprego 1973, que continuam sendo instrumentos fundamentais sobre o trabalho infantil;

CONSIDERANDO que a eliminação efetiva das piores formas de trabalho infantil requer uma ação imediata e abrangente que leve em conta importância da educação básica gratuita e a necessidade de liberar de todas essas formas de trabalho as crianças afetadas e assegurar a sua reabilitação e sua inserção social ao mesmo tempo em que são atendidas as necessidades de suas famílias;

RECORDANDO a Resolução sobre a eliminação do trabalho infantil, adotada pela Conferência Internacional do Trabalho em sua 83ª reunião, celebrada em 1996;

RECONHECENDO que o trabalho infantil é em grande parte causado pela pobreza e que a solução no longo prazo está no crescimento econômico sustentado conducente ao progresso social, em particular à mitigação da pobreza e à educação universal;

RECORDANDO a Convenção sobre Direitos da Criança adotada pela Assembleia Geral das Nações Unidas em 20 de novembro de 1989;

RECORDANDO a Declaração da OIT relativa aos princípios e direitos fundamentais no trabalho e seu seguimento, adotada pela Conferência Internacional do Trabalho em sua 86ª reunião, celebrada em 1998;

RECORDANDO que algumas das piores formas de trabalho infantil são objeto de outros instrumentos internacionais, em particular a Convenção sobre o trabalho forçado, 1930, e a Convenção suplementar das Nações Unidas sobre a abolição da escravidão, o tráfico de escravos e as instituições e práticas análogas à escravidão, 1956;

TENDO decidido adotar diversas propostas relativas ao trabalho infantil, questão que constitui o quarto ponto da agenda da reunião, e

TENDO determinado que essas propostas tornem a forma de uma convenção internacional,

ADOTA, com data de dezessete de junho de mil novecentos e noventa e nove, a seguinte Convenção, que poderá ser citada como Convenção sobre as piores formas de trabalho infantil, 1999:

Artigo 1

Todo Membro que ratifique a presente Convenção deverá adotar medidas imediatas e eficazes para assegurar a proibição e eliminação das piores formas de trabalho infantil, em caráter de urgência.

Artigo 2

Para efeitos da presente Convenção, o termo "criança" designa toda pessoa menor de 18 anos.

Artigo 3

Para efeitos da presente Convenção, a expressão "as piores formas de trabalho infantil" abrange:

a) todas as formas de escravidão ou práticas análogas à escravidão, tais como a venda e tráfico de crianças, a servidão por dívidas e a condição de servo, e o trabalho forçado ou obrigatório, inclusive o recrutamento forçado ou obrigatório de crianças para serem utilizadas em conflitos armados;

b) a utilização, o recrutamento ou a oferta de crianças para a prostituição, a produção de pornografia ou atuações pornográficas;

c) a utilização, recrutamento ou a oferta de crianças para a realização para a realização de atividades ilícitas, em particular a produção e o tráfico de entorpecentes, tais com definidos nos tratados internacionais pertinentes; e,

d) o trabalho que, por sua natureza ou pelas condições em que é realizado, é suscetível de prejudicar a saúde, a segurança ou a moral das crianças.

Artigo 4

1. Os tipos de trabalhos a que se refere o Artigo 3, *d)*, deverão ser determinados pela legislação nacional ou pela autoridade competente, após consulta às organizações de empregadores e de trabalhadores interessadas e levando em consideração as normas internacionais na matéria, em particular os parágrafos 3 e 4 da Recomendação sobre as piores formas de trabalho infantil, 1999.

2. A autoridade competente, após consulta às organizações de empregados e de trabalhadores interessadas, deverá localizar os tipos de trabalho determinados conforme o parágrafo 1º deste Artigo.

3. A lista dos tipos de trabalho determinados conforme o parágrafo 1º deste Artigo deverá ser examinada periodicamente e, caso necessário, revista, em consulta com às organizações de empregados e de trabalhadores interessadas.

Artigo 5

1. Todo Membro, após consulta às organizações de empregadores e de trabalhadores, deverá estabelecer ou designar mecanismos apropriados para monitorar a aplicação dos dispositivos que colocam em vigor a presente Convenção.

Artigo 6

1. Todo membro deverá elaborar e implementar programas de ação para eliminar, como medida prioritária, as piores formas de trabalho infantil.

2. Esses programas de ação deverão ser elaborados e implementados em consulta com as instituições governamentais competentes e as organizações de empregadores e de trabalhadores, levando em consideração as opiniões de outros grupos interessados, caso apropriado.

Artigo 7

1. Todo Membro deverá adotar todas as medidas necessárias para garantir a aplicação efetiva e o cumprimento dos dispositivos que colocam em vigor a presente Convenção, inclusive o estabelecimento e a aplicação de sanções penais ou outras sanções, conforme o caso.

2. Todo Membro deverá adotar, levando em consideração a importância para a eliminação de trabalho infantil, medidas eficazes e em prazo determinado, com o fim de:

a) impedir a ocupação de crianças nas piores formas de trabalho infantil;

b) prestar a assistência direta necessária e adequada para retirar as crianças das piores formas de trabalho infantil e assegurar sua reabilitação e inserção social;

c) assegurar o acesso ao ensino básico gratuito e, quando for possível e adequado, à formação profissional a todas as crianças que tenham sido retiradas das piores formas de trabalho infantil;

d) identificar as crianças que estejam particularmente expostas a riscos e entrar em contato direto com elas; e,

e) levar em consideração a situação particular das meninas.

3. Todo Membro deverá designar a autoridade competente encarregada da aplicação dos dispositivos que colocam em vigor a presente Convenção.

Artigo 8

Os Membros deverão tomar medidas apropriadas para apoiar-se reciprocamente na aplicação dos dispositivos da presente Convenção por meio de uma cooperação e/ou assistência internacionais intensificadas, as quais venham a incluir o apoio ao desenvolvimento social e econômico, aos programas de erradicação da pobreza e à educação universal.

Artigo 9

As ratificações formais da presente Convenção serão comunicadas, para registro, ao Diretor-Geral da Repartição Internacional do Trabalho.

Artigo 10

1. Esta Convenção obrigará unicamente aqueles Membros da Organização Internacional do Trabalho cujas ratificações tenham sido registradas pelo Diretor-Geral da Repartição Internacional do Trabalho.

2. Entrará em vigor 12 (doze) meses depois da data em que as ratificações de 2 (dois) dos Membros tenham sido registradas pelo Diretor-Geral.

3. A partir desse momento, esta Convenção entrará em vigor, para cada Membro, 12 (doze) meses após a data em que tenha sido registrada sua ratificação.

Artigo 11

1. Todo Membro que tenha ratificado esta Convenção poderá denunciá-la ao expirar um período de dez anos, a partir da data em que tenha entrado em vigor, mediante ata comunicada, para registro, ao Diretor-Geral da Repartição Internacional do Trabalho. A denúncia não surtirá efeito até 1 (um) ano após a data em que tenha sido registrada.

2. Todo Membro que tenha ratificado esta Convenção e que, no prazo de um ano após a expiração do período de dez anos mencionados no parágrafo precedente, não faça uso do direito de denúncia previsto neste Artigo ficará obrigado durante um novo período de dez anos, podendo, sucessivamente, denunciar esta Convenção ao expirar cada período de dez anos, nas condições previstas neste Artigo.

Artigo 12

1. O Diretor-Geral da Repartição Internacional do Trabalho notificará todos os membros da Organização Internacional do Trabalho do registro de todas as ratificações e atas de denúncia que lhe forem comunicadas pelos Membros da Organização.

2. Ao notificar os Membros da Organização do registro da segunda ratificação que lhe tenha sido comunicada, o Diretor-Geral informará os Membros da Organização sobre a data de entrada em vigor da presente Convenção.

Artigo 13

O Diretor-Geral da Repartição Internacional do Trabalho apresentará ao Secretário-Geral das Nações Unidas, para efeitos de registro e em conformidade com o Artigo 102 da Carta das Nações Unidas, informação completa sobre todas as ratificações e atas de denúncia que tenha registrado de acordo com os Artigos precedentes.

Artigo 14

Sempre que julgar necessário, o Conselho de Administração da Repartição Internacional do Trabalho apresentará à Conferência Geral um relatório sobre a aplicação da Convenção e examinará a conveniência de incluir na agenda da Conferência a questão de sua revisão total ou parcial.

Artigo 15

1. Caso a Conferência adote uma nova Convenção que revise, total ou parcialmente, a presente, e a menos que a nova Convenção contenha dispositivos em contrário:

a) a ratificação, por um Membro, da nova Convenção revisora implicará *ipso jure* a denúncia imediata desta Convenção, não obstante os dispositivos contidos no Artigo 11, desde que a nova Convenção revisora tenha entrado em vigor;

b) a partir da data em que entrar em vigor a nova Convenção revigora, a presente Convenção cessará de estar à ratificação pelos Membros.

2. Esta Convenção continuará em vigor em qualquer hipótese, em sua forma e conteúdo atuais, para os Membros que a tenham ratificado, mas não tenham ratificado a Convenção revisora.

Artigo 16

As versões inglesa e francesa do texto desta Convenção são igualmente autênticas.

RECOMENDAÇÃO 190

Recomendação sobre a Proibição das Piores Formas de Trabalho Infantil e a Ação Imediata para a sua Eliminação

A Conferência Geral da Organização Internacional do Trabalho:

Convocada em Genebra pelo Conselho de Administração da Repartição Internacional do Trabalho e reunida naquela cidade em 1º de junho de 1999, em sua octogésima sétima reunião:

Tendo adotado a Convenção sobre as piores formas de trabalho infantil, 1999;

Tendo decidido adotar diversas propostas relativas ao trabalho infantil, questão que constitui o quarto ponto da agenda da reunião, e

Tendo determinado que essas propostas tomem a forma de uma recomendação que complemente a Convenção sobre as piores formas de trabalho infantil, 1999,

Adota, nesta data de dezessete de junho de mil novecentos e noventa e nove, a seguinte Recomendação, que poderá ser citada como a Recomendação sobre as Piores Formas de Trabalho Infantil, 1999.

1. Os dispositivos da presente Recomendação complementam os da Convenção sobre as piores formas de trabalho infantil, 1999 (doravante denominada "a Convenção"), e deveriam ser aplicados em conjuntos com os mesmos.

I. PROGRAMAS DE AÇÃO

1. Os programas de ação mencionados no artigo 6 da Convenção deveriam ser elaborados e implementados em caráter de urgência, em consulta com as instituições governamentais competentes e as organizações de empregadores e de trabalhadores, levando em consideração as opiniões das crianças diretamente afetadas pelas piores formas de trabalho infantil, de suas famílias e, caso apropriado, de outros grupos interessados comprometidos com os objetivos da Convenção e da presente Recomendação. Os objetivos de tais programas deveriam ser, entre outros:

a) identificar e denunciar as piores formas de trabalho infantil;

b) impedir a ocupação de crianças nas piores formas de trabalho infantil ou retirá-las dessas formas de trabalho, protegê-las de represálias e garantir sua reabilitação e inserção social através de medidas que atendam às suas necessidades educacionais, físicas e psicólogas;

c) dispensar especial atenção;

i) às crianças mais jovens;

ii) às meninas;

iii) ao problema do trabalho oculto, no qual as meninas estão particularmente expostas a riscos; e,

iv) a outros grupos de crianças que sejam especialmente vulneráveis ou tenham necessidades particulares;

d) identificar as comunidades nas quais as crianças estejam especialmente expostas a riscos, entrar em contato direto e trabalhar com elas, e

e) informar, sensibilizar e mobilizar a opinião públicas e os grupos interessados, inclusive as crianças e suas famílias.

II. TRABALHO PERIGOSO

1. Ao determinar e localizar onde se praticam os tipos de trabalho a que se refere o artigo 3, d) da Convenção, deveriam ser levadas em consideração, entre outras coisas:

a) os trabalhos em que a criança ficar exposta a abusos de ordem física, psicológica ou sexual;

b) os trabalhos subterrâneos, debaixo d'água, em alturas perigosas ou em locais confinados;

c) os trabalhos que se realizam com máquinas, equipamentos e ferramentas perigosos, ou que impliquem a manipulação ou transporte manual de cargas pesadas;

d) os trabalhos realizados em um meio insalubre, no qual as crianças estiverem expostas, por exemplo, a substâncias, agentes ou processos perigosos ou a temperaturas, níveis de ruído ou de vibrações prejudiciais à saúde, e

e) os trabalhos que sejam executados em condições especialmente difíceis, como os horários prolongados ou noturnos, ou trabalhos que retenham injustificadamente a criança em locais do empregador.

4. No que concerne os tipos de trabalho a que se faz referência no Artigo 3, d) da Convenção e no parágrafo 3 da presente Recomendação, a legislação nacional ou a autoridade competente, após consulta às organizações de empregadores e de trabalhadores interessadas, poderá autorizar o emprego ou trabalho a partir da idade de 16 anos, desde que fiquem plenamente garantidas a saúde, a segurança e a moral dessas crianças e que tenham recebido instruções ou formação profissional adequada e específica na área da atividade correspondente.

III. APLICAÇÃO

5. 1) Deveriam ser compilados e mantidos atualizados dados estatísticos e informações pormenorizadas sobre a natureza e extensão do trabalho infantil, de modo a servir de base para o estabelecimento das prioridades da ação nacional dirigida à eliminação do trabalho infantil, em particular à proibição e à eliminação de suas piores formas, em caráter de urgência.

2) Na medida do possível, essas informações e esses dados estatísticos deveriam incluir dados desagregados por sexo, faixa etária, ocupação, setor de atividade econômica, situação no emprego, frequência escolar e localização geográfica. Deveria ser levada em consideração a importância de um sistema eficaz de registros de nascimentos, que compreenda a expedição de certidões de nascimento.

3) Deveriam ser compilados e mantidos atualizados os dados pertinentes em matéria de violação das normas jurídicas nacionais sobre a proibição e a eliminação das piores formas de trabalho infantil.

6. A compilação e o processamento das informações e dos dados a que se refere o parágrafo 5 anterior deveriam ser realizados com o devido respeito ao direito à privacidade.

7. As informações compiladas conforme o disposto no parágrafo 5 anterior deveriam ser comunicadas periodicamente à Repartição Internacional do Trabalho.

8 . Os Membros, após consulta às organizações de empregadores e de trabalhadores, deveriam estabelecer ou designar mecanismos nacionais apropriados para monitorar a aplicação das normas jurídicas nacionais sobre a proibição e a eliminação das piores formas de trabalho infantil.

9. Os Membros deveriam assegurar que as autoridades competentes incumbidas da aplicação das normas jurídicas nacionais sobre a proibição e eliminação das piores formas de trabalho infantil colaborem entre si e coordenem suas atividades.

10. A legislação nacional ou autoridade competente deveria determinar a quem será atribuída a responsabilidade em caso de descumprimento das normas jurídicas nacionais sobre a proibição e eliminação das piores formas de trabalho infantil.

11. Os Membros deveriam colaborar, na medida em que for compatível com a legislação nacional, com os esforços internacionais tendentes à proibição e eliminação das piores formas de trabalho infantil, em caráter de urgência, mediante:

a) a compilação e o intercâmbio de informações relativas a atos delituosos, incluídos aqueles que envolvam redes internacionais;

b) a investigação e a instauração de inquérito contra aqueles que estiverem envolvidos na venda e tráfico de crianças ou na utilização, recrutamento ou oferta de crianças para a realização de atividades ilícitas, prostituição, produção de pornografia ou atuações pornográficas; e,

c) o registro dos autores de tais delitos.

12. Os Membros deveriam adotar dispositivos com o fim de considerar atos delituosos as piores formas de trabalho infantil que são indicadas a seguir:

a) todas as formas de escravidão ou as práticas análogas à escravidão, como a venda e o tráfico de crianças, a servidão por dívidas e a condição de servo, e o trabalho forçado ou obrigatório, inclusive o recrutamento forçado ou obrigatório de crianças para serem utilizadas em conflitos armados;

b) a utilização, recrutamento ou oferta de crianças para a prostituição, a produção de pornografia ou atuações pornográficas; e,

c) a utilização, recrutamento ou oferta de criança para a realização de atividades ilícitas, em particular para a produção e tráfico de entorpecentes, tais com definidos nos tratados internacionais pertinentes, ou para a realização de atividades que impliquem o porte ou o uso ilegais de armas de fogo ou outras armas.

13. Os Membros deveriam assegurar que sejam impostas sanções, inclusive de caráter penal, quando proceda, em caso de violação das normas jurídicas nacionais sobre a proibição e a eliminação de qualquer dos tipos de trabalho a que se refere o artigo 3 d) da Convenção.

14. Quando apropriado, os Membros também deveriam estabelecer em caráter de urgência outras medidas penais, civis ou administrativas para garantir a aplicação efetiva das normas jurídicas nacionais sobre a proibição e eliminação das piores formas de trabalho infantil, tais como a supervisão especial das empresas que tiverem utilizado as piores formas de trabalho infantil e, nos casos de violação reiterada, a revogação temporária ou permanente das licenças para operar.

15. Dentre outras medidas voltadas para a proibição e eliminação das piores formas de trabalho infantil, poderiam ser incluídas as seguintes:

a) informar, sensibilizar e mobilizar o público em geral e, em particular, os dirigentes políticos nacionais e locais, os parlamentares e as autoridades judiciárias;

b) tornar partícipes e treinar as organizações de empregadores e trabalhadores e as organizações da sociedade civil;

c) dar formação adequada aos funcionários públicos competentes, em particular aos fiscais e aos funcionários encarregados do cumprimento da lei, bem como a outros profissionais pertinentes;

d) permitir a todo Membro que processe em seu território seus nacionais por infringir sua legislação nacional sobre a proibição e eliminação imediata das piores formas de trabalho infantil, ainda que estas infrações tenham sido cometidas fora de seu território;

e) simplificar os procedimentos judiciais e administrativos e assegurar que sejam adequados e rápidos;

f) estimular o desenvolvimento de políticas empresariais que visem à promoção dos fins da Convenção;

g) registrar e difundir as melhores práticas em matéria de eliminação do trabalho infantil;

h) difundir, nos idiomas e dialetos correspondentes, as normas jurídicas ou de outro tipo sobre o trabalho infantil;

i) prever procedimentos especiais para queixas, adotar medidas para proteger da discriminação e de represálias aqueles que denunciem legitimamente toda violação dos dispositivos da Convenção, criar serviços telefônicos de assistência e estabelecer centros de contato ou designar mediadores;

j) adotar medidas apropriadas para melhorar a infraestrutura educativa e a capacitação de professores que atendam às necessidades dos meninos e das meninas, e

k) na medida do possível, levar em conta, nos programas de ação nacionais, a necessidade de:

i) promover o emprego e a capacitação profissional dos pais e adultos das famílias das crianças que trabalham nas condições referidas na Convenção, e

ii) sensibilizar os pais sobre o problema das crianças que trabalham nessas condições.

16. Uma cooperação e/ou assistência internacional maior entre os Membros destinada a proibir e eliminar efetivamente as piores formas de trabalho infantil deveria complementar os esforços nacionais e poderia, segundo proceda, desenvolver-se e implementar-se em consulta com as organizações de empregadores e de trabalhadores. Essa cooperação e/ou assistência internacional deveria incluir:

a) a mobilização de recursos para os programas nacionais ou internacionais;

b) a assistência jurídica mutua;

c) a assistência técnica, inclusive o intercâmbio de informações, e

d) o apoio ao desenvolvimento econômico e social, aos programas de erradicação da pobreza e à educação universal.

Anexo LXIX

CONVENÇÃO N. 174 E A RECOMENDAÇÃO N. 181 DA OIT SOBRE A PREVENÇÃO DE ACIDENTES INDUSTRIAIS MAIORES

A Conferência Geral da Organização Internacional do Trabalho:

Convocada em Genebra pelo Conselho de Administração da Repartição Internacional do Trabalho, e congregada naquela cidade em 2 de junho de 1993, na sua 80ª reunião;

Tomando nota das convenções e recomendações internacionais do trabalho pertinentes, e em particular a Convenção e Recomendação sobre Segurança e Saúde dos trabalhadores, 1981 e a Convenção e a Recomendação sobre os Produtos químicos, 1990, e destacando a necessidade de adotar um enfoque global e coerente;

Tomando nota também do Repertório de recomendações práticas para a prevenção de acidentes industriais maiores, publicado pela OIT em 1991;

Considerando a necessidade de zelar por que sejam adotadas medidas apropriadas para:

a. prevenir os acidentes maiores;

b. reduzir ao mínimo os riscos de acidentes maiores;

c. reduzir ao mínimo as consequências desses acidentes maiores;

Considerando as causas desses acidentes, particularmente os erros de organização, os fatores humanos, as avarias ou deficiências de uma peça, os desvios a respeito das condições normais de funcionamento, as interferências externas e os fenômenos naturais;

Referindo-se à necessidade de colaboração, no âmbito do Programa Internacional de Segurança nas Substâncias Químicas, entre a Organização Internacional do Trabalho, o Programa das Nações Unidas para o Meio Ambiente e a Organização Mundial da Saúde, assim como com outras organizações intergovernamentais pertinentes;

Depois de haver decidido adotar diversas propostas relativas à prevenção dos acidentes industriais, tema que constitui o quarto ponto da ordem do dia da reunião, e

Depois de decidir que essas propostas revistam a forma de uma Convenção Internacional,

Adota com data de vinte e dois de junho de mil novecentos e noventa e três, a seguinte convenção, que poderá ser citada como a Convenção sobre a Prevenção de Acidentes Industriais Maiores, 1993:

PARTE I

Campo de Aplicação e Definições

Artigo 1

1. A presente Convenção tem por objetivo a prevenção de acidentes industriais maiores que envolvam substâncias perigosas e a limitação das consequências de referidos acidentes.

2. A Convenção se aplica a instalações expostas a riscos de acidentes maiores.

3. A Convenção não se aplica:

a) às instalações nucleares e fábricas de tratamento de substâncias radioativas, à exceção dos setores de referidas instalações nos quais sejam manipuladas substâncias não radioativas;

b) às instalações militares;

c) ao transporte fora da instalação distinto do transporte por tubos.

4. Todo Membro que ratifique a presente Convenção poderá, depois de consulta às organizações representativas de empregadores e de trabalhadores interessadas, e a outras partes interessadas, que possam ser afetadas, excluir de seu campo de aplicação aquelas instalações ou setores da atividade econômica nas quais se disponha de uma proteção equivalente.

Artigo 2

Quando se apresentarem problemas particulares de certa magnitude que impossibilitem pôr em prática o conjunto de medidas preventivas e de proteção previstas pela Convenção, todo Estado Membro deverá formular, sob consulta às organizações de empregadores e de trabalhadores e com outras partes interessadas que possam ser afetadas, planos com vistas à aplicação por etapas de referidas medidas, num prazo fixo.

Artigo 3

1. Para efeitos da presente Convenção:

a) a expressão "substância perigosa" designa toda substância ou mistura que, em razão de propriedades químicas, físicas ou toxicológicas, seja uma só ou em combinação com outras, represente perigo;

b) a expressão "quantidade limite" diz respeito de uma substância ou categoria de substâncias perigosas a quantidade fixada pela legislação nacional com referência às condições específicas que, se for ultrapassada, identifica uma instalação exposta a riscos de acidentes maiores;

c) a expressão "instalação exposta a riscos de acidentes maiores" designa aquela que produz, transforma, manipula, utiliza, descarta ou armazena, de maneira permanente ou transitória, uma ou várias substâncias ou categorias de substâncias perigosas, em quantidades que ultrapassem a quantidade limite;

d) a expressão "acidente maior" designa todo evento inesperado, como uma emissão, um incêndio ou uma explosão de grande magnitude, no curso de uma atividade dentro de uma instalação exposta a riscos de acidentes maiores, envolvendo uma ou mais substâncias perigosas e que exponha os trabalhadores, a população ou o meio ambiente a perigo de consequências imediatas ou de médio e longo prazos;

e) a expressão "relatório de segurança" designa um documento escrito que contenha informação técnica, de gestão e de funcionamento relativa aos perigos e aos riscos que comporta uma instalação exposta a riscos de acidentes maiores e à sua prevenção, e que justifique as medidas adotadas para a segurança da instalação;

f) o termo "quase acidente" designa qualquer evento inesperado que envolva uma ou mais substâncias perigosas que poderia ter levado a um acidente maior, caso ações e sistemas atenuantes não tivessem atuado.

PARTE II

Princípios Gerais

Artigo 4

1. Todo Estado-Membro deverá formular, adotar e revisar periodicamente, considerando a legislação, as condições e a prática nacionais, e em consulta com as organizações mais representativas de empregadores e de trabalhadores, e com outras partes interessadas que possam ser afetadas, uma política nacional coerente relativa à proteção dos trabalhadores, da população e do meio ambiente, contra os riscos de acidentes maiores.

2. Esta política deverá ser aplicada mediante disposições preventivas e de proteção para as instalações expostas a riscos de acidentes maiores e, quando for possível, deverá promover a utilização de melhores tecnologias de segurança disponíveis.

Artigo 5

1. A autoridade competente ou um organismo aprovado ou reconhecido pela autoridade competente deverá realizar uma prévia consulta com as organizações mais representativas de empregadores e de trabalhadores e com outras partes interessadas que possam ser afetadas, estabelecer um sistema para a identificação das instalações expostas a riscos de acidentes maiores segundo se definem no artigo 3, c), baseado numa lista de substâncias perigosas ou de categorias de substâncias perigosas, ou de ambas, que inclua suas quantidades limites respectivas, de acordo com a legislação nacional ou com as normas internacionais.

2. O sistema mencionado no parágrafo 1 acima deverá ser revisto e atualizado.

Artigo 6

A autoridade competente, após consultar às organizações representativas de empregadores e de trabalhadores interessadas, deverá adotar disposições especiais para proteger as informações confidenciais que lhe são transmitidas ou colocadas à disposição de conformidade com qualquer dos artigos 8, 12, 13 ou 14, cuja revelação poderia causar prejuízo às atividades do empregador, sempre e quando referida confidencialidade não implique perigo grave para os trabalhadores, a população ou o meio ambiente.

PARTE III

Responsabilidades dos Empregadores

IDENTIFICAÇÃO

Artigo 7

Os empregadores deverão identificar, de conformidade com os sistemas mencionados no artigo 5, toda instalação exposta a riscos de acidentes maiores submetidas a seu controle.

NOTIFICAÇÃO

Artigo 8

1. Os empregadores deverão notificar à autoridade competente toda instalação exposta a riscos de acidentes maiores que tiverem identificado:

a) dentro de um prazo fixo em caso de instalação já existente;

b) antes de colocá-la em funcionamento em caso de nova instalação.

2. Os empregadores deverão também notificar à autoridade competente o fechamento definitivo de uma instalação exposta a riscos de acidentes industriais maiores antes de que este ocorra.

DISPOSIÇÕES RELATIVAS À INSTALAÇÃO

Artigo 9

Relativo a cada instalação exposta a riscos de acidentes maiores, os empregadores deverão estabelecer e manter um sistema documentado de prevenção de riscos de acidentes maiores no qual estejam previstos:

Legislação Complementar

a) a identificação e o estudo dos perigos e a avaliação dos riscos, considerando também as possíveis interações entre as substâncias;

b) medidas técnicas que compreendam o projeto, os sistemas de segurança, a construção, a escolha de substâncias químicas, o funcionamento, a manutenção e a inspeção sistemática da instalação;

c) medidas de organização que compreendam a formação e instrução do pessoal, o fornecimento de equipamentos de proteção destinados a garantir sua segurança, alocação de pessoal, hora de trabalho, a definição de responsabilidades e o controle sobre os prestadores de serviço e os trabalhadores temporários no local da instalação;

d) planos e procedimentos de emergência que compreendam:

i) a preparação de planos e procedimentos de emergência eficazes, com inclusão dos procedimentos médicos de emergência, para ser aplicado no local em caso de acidente maior ou de risco de acidente maior, a verificação e avaliação periódica de sua eficácia e sua revisão quando for necessário;

ii) informar sobre os possíveis acidentes e os planos de emergência locais, às autoridades e aos organismos encarregados de estabelecer os planos e procedimentos de emergência para proteger à população e ao meio ambiente na parte externa da instalação;

iii) quaisquer consultas necessárias com tais autoridades e organismos;

e) medidas destinadas a limitar as consequências de um acidente maior;

f) a consulta com os trabalhadores e seus representantes;

g) a melhoria do sistema, incluindo medidas para agrupar informações e analisar acidentes e quase acidentes. A experiência assim adquirida deverá ser discutida com os trabalhadores e seus representantes e deverá ser registrada, de conformidade com a legislação e prática nacional.

RELATÓRIO DE SEGURANÇA

Artigo 10

1. Os empregadores deverão preparar um Relatório de Segurança de acordo com as disposições do artigo 9.

2. O relatório deverá ser redigido:

a) para as instalações já existentes que estiverem expostas a riscos de acidentes maiores, dentro do prazo posterior à notificação que prescreva a legislação nacional;

b) qualquer nova instalação exposta a riscos de acidentes maiores, antes de entrar em operação.

Artigo 11

Os empregadores deverão rever, atualizar e modificar o Relatório de Segurança:

a) em caso de uma modificação que tenha uma influência significativa sobre o nível de segurança da instalação ou nos procedimentos de trabalho da mesma, ou sobre as quantidades de substâncias perigosas presentes;

b) quando o desenvolvimento em conhecimentos técnicos ou em avaliação dos perigos os tornem necessários;

c) nos intervalos prescritos pela legislação nacional;

d) quando solicitado pela autoridade competente.

Artigo 12

Os empregadores deverão enviar ou disponibilizar à autoridade competente os relatórios de segurança referidos nos artigos 10 e 11.

OCORRÊNCIA DE ACIDENTE

Artigo 13

Os empregadores deverão informar à autoridade competente e aos demais órgãos designados para esse fim, tão logo um acidente ocorra.

Artigo 14

1. Após um acidente maior, os empregadores deverão, dentro de um prazo estabelecido previamente, apresentar à autoridade competente um relatório detalhado no qual sejam analisadas as causas do acidente e sejam indicadas suas consequências locais, assim como todas as medidas adotadas para atenuar seus efeitos.

2. O relatório deverá incluir recomendações detalhando as ações a serem tomadas para prevenir a reincidência.

PARTE IV

Responsabilidades das Autoridades Competentes

PLANOS PARA CASOS DE EMERGÊNCIA FORA DAS INSTALAÇÕES

Artigo 15

Considerando a informação fornecida pelo empregador, a autoridade competente deverá garantir que os procedimentos e planos de emergência que contêm as condições para proteção da população e do meio ambiente fora do local onde estiver situada cada instalação exposta a riscos de acidentes maiores sejam estabelecidos e atualizados em intervalos apropriados e coordenados com autoridades e organismos relevantes.

Artigo 16

A autoridade competente deverá zelar para que:

a) informações sobre medidas de segurança e o comportamento apropriado a ser adotado em caso de acidente esteja difundido entre a população passível de ser afetada por este acidente, sem que seja necessário solicitá-lo e que tais informações sejam atualizadas e novamente divulgadas em intervalos apropriados;

b) seja dado alarme o mais rápido possível quando ocorrer um acidente maior;

c) quando as consequências de um acidente maior possam ultrapassar as fronteiras, seja proporcionada aos Estados afetados a informação requerida nas alíneas *a)* e *b)* com a finalidade de contribuir às medidas de cooperação e coordenação.

LOCALIZAÇÃO DE INSTALAÇÕES EXPOSTAS A RISCOS DE ACIDENTES MAIORES

Artigo 17

A autoridade competente deverá estabelecer uma política global de localização que tenha prevista uma separação adequada entre as instalações que estiverem expostas a riscos de acidentes maiores e as áreas de trabalho, as áreas residenciais e os serviços públicos, e medidas apropriadas para as instalações existentes. Tal política deverá refletir-se nos princípios gerais enunciados na Parte II desta Convenção.

INSPEÇÃO

Artigo 18

1. A autoridade competente deverá dispor de pessoal devidamente treinado e qualificado que tenha a competência adequada e com o apoio técnico e profissional suficiente para inspecionar, investigar, avaliar e assessorar assuntos tratados nesta Convenção e garantir a conformidade com a legislação nacional.

2. Os representantes do empregador e os representantes dos trabalhadores da instalação exposta a riscos de acidentes maiores deverão ter a possibilidade de acompanhar aos inspetores quando controlem a aplicação das medidas prescritas em virtude da presente Convenção, a não ser que os inspetores estimem, à luz das diretrizes gerais da autoridade competente, que isso possa prejudicar o cumprimento de suas funções de controle.

Artigo 19

A autoridade competente deverá ter direito a suspender qualquer atividade que represente ameaça iminente de acidente maior.

PARTE V

Direitos e Obrigações dos Trabalhadores e de seus Representantes

Artigo 20

Numa instalação exposta a riscos de acidentes maiores, os trabalhadores e seus representantes deverão ser consultados mediante mecanismos apropriados de cooperação, com o fim de garantir um sistema de seguro de trabalho. Em particular, os trabalhadores e seus representantes deverão:

a) estar suficiente e adequadamente informados dos riscos que representa a referida instalação e suas possíveis consequências;

b) estar informados sobre qualquer instrução ou recomendação feita por autoridade competente;

c) ser consultados para a preparação dos seguintes instrumentos e ter acesso aos mesmos:

i) o Relatório de Segurança;

ii) os planos e procedimentos de emergência;

iii) os relatórios sobre os acidentes;

d) ser regularmente instruído e treinado nas práticas e procedimentos de acidentes maiores e de controle de desenvolvimentos que possam resultar em um acidente maior e aos procedimentos de emergência a serem seguidos em tais casos;

e) dentro de suas atribuições, e sem que de modo algum isso possa prejudicá-los, adotar medidas corretivas e em caso necessário, interromper a atividade quando fundamentando em seu treinamento e experiência, tenham justificativa razoável para acreditar que existe risco iminente de acidente maior, e, informar seu supervisor ou acionar o alarme quando apropriado, antes ou assim que possível depois de tomar tal ação;

f) discutir com o empregador qualquer perigo potencial que eles considerem que pode causar um acidente maior e ter direito de informar à autoridade competente sobre os referidos perigos.

Artigo 21

Os trabalhadores empregados no local de uma instalação exposta a riscos de acidentes maiores deverão:

a) cumprir todos os procedimentos e práticas relativos à prevenção de acidentes maiores e ao controle de acontecimentos que possam originar um acidente maior nas instalações expostas a referidos riscos;

b) cumprir com todos os procedimentos de emergência caso um acidente maior ocorra.

PARTE VI

Responsabilidade dos Países Exportadores

Artigo 22

Quando num Estado Membro exportador o uso das substâncias, tecnologias ou procedimentos perigosos tiver sido proibido por ser fonte potencial de um acidente maior, referido Estado deverá pôr à disposição de todo país importador a informação relativa a essa proibição e as razões pelas quais estão motivadas.

PARTE VII

Disposições Finais

Artigo 23

As ratificações formais da presente Convenção serão comunicadas, para registro, ao Diretor-Geral da Repartição Internacional do Trabalho.

Legislação Complementar

Artigo 24

1. Esta Convenção obrigará unicamente àqueles Membros da Organização Internacional do Trabalho cujas ratificações tiver registrado o Diretor-Geral.

2. Entrará em vigor doze meses após a data em que as ratificações de dois Membros tiverem sido registradas pelo Diretor-Geral.

3. A partir desse momento, esta Convenção entrará em vigor, para cada Membro, doze meses após a data em que tiver sido registrada sua ratificação.

Artigo 25

1. Todo Membro que tiver ratificado esta Convenção poderá denunciá-la à expiração de um período de dez anos, a partir da data em que tiver entrado inicialmente em vigor, mediante Ata comunicada, para seu registro, ao Diretor-Geral da Repartição Internacional do Trabalho. A denúncia não terá efeito até um ano após a data em que tiver sido registrada.

2. Todo Membro que tiver ratificado esta Convenção e que, no prazo de um ano após a expiração do período de dez anos mencionado no parágrafo precedente, não fizer uso do direito de denúncia previsto neste Artigo fica obrigado durante um novo período de dez anos, e no sucessivo poderá denunciar esta Convenção à expiração de cada período de dez anos, nas condições previstas neste Artigo.

Artigo 26

1. O Diretor-Geral da Repartição Internacional do Trabalho notificará a todos os Membros da Organização Internacional do Trabalho o registro de quantas ratificações, declarações e denúncias lhe forem comunicadas pelos Membros da Organização

2. Ao notificar aos Membros da Organização o registro da segunda ratificação que tiver sido comunicada, o Diretor-Geral chamará a atenção dos Membros da Organização sobre a data em que entrará em vigor a presente Convenção.

Artigo 27

O Diretor-Geral da Repartição Internacional do Trabalho comunicará ao Secretário-Geral das Nações Unidas, para efeitos de registro e de conformidade com o artigo 102 da Carta das Nações Unidas, uma informação completa sobre todas as ratificações, declarações e atas de denúncias que tiver registrado de acordo com os artigos precedentes.

Artigo 28

Cada vez que considere necessário, o Conselho de Administração da Organização Internacional do Trabalho apresentará à Conferência Geral um Relatório sobre a aplicação da Convenção, deverá analisar a conveniência de incluir na ordem do dia da Conferência a questão para revisões em sua totalidade ou em parte.

Artigo 29

1. Deveria a Conferência Geral adotar uma nova Convenção revisando-a no total ou em parte, a menos que a nova Convenção contenha disposições em contrário:

a) a ratificação, por um membro, da nova convenção implicará, *ipso jure*, a denúncia imediata desta Convenção, não obstante as disposições contidas no artigo 25 acima, se e quando esta Convenção revisada entrar em vigor;

b) a partir da data em que estiver em vigor a nova Convenção revisada, a presente Convenção deixará de estar aberta à ratificação pelos Membros.

2. Esta Convenção continuará em vigor em qualquer caso, em sua forma e conteúdo atuais, para os Membros que a tiverem ratificado e não ratifiquem a Convenção revisada.

Artigo 30

As versões inglesa e francesa do texto da Convenção são igualmente legítimas.

Versão aprovada pela Comissão Tripartite:

Marcelo Kos Silveira Campos Roberto Odilon Horta

Joaquim da Costa Amaro Gerrit Gruezner

Rui de Oliveira Magrini Fernando Vieira Sobrinho

Maria de Fátima Cantídio Mota Sérgio Paixão Pardo

Carlos Machado de Freitas (CETESH/ENSP/FIOCRUZ)

RECOMENDAÇÃO N. 181

A Conferência Geral da Organização Internacional do Trabalho:

Convocada em Genebra pelo Conselho de Administração da Organização Internacional do Trabalho e reunida em sua 80ª Sessão, em 2 de junho de 1993;

Depois de decidir adotar determinadas propostas relativas à prevenção de acidentes industriais maiores, tema que constitui o quarto ponto da ordem do dia da reunião; e

Depois de determinar que essas propostas revistam a forma de Recomendação complementar à Convenção sobre a Prevenção de Acidentes Industriais Maiores, 1993;

Adota em vinte e dois de junho de mil novecentos e noventa e três a seguinte Recomendação, que poderá ser citada como a Recomendação sobre a Prevenção de Acidentes Industriais Maiores, 1993.

1. As disposições da presente Recomendação deverão aplicar-se em conjunto com aquelas da Convenção sobre a Prevenção de Acidentes Industriais Maiores, 1993 (doravante denominada "Convenção").

2. (1) A Organização Internacional do Trabalho, em cooperação com outras organizações internacionais, intergovernamentais e não governamentais relevantes, deverá providenciar o intercâmbio internacional de informações no que se refere a:

a) boas práticas de segurança em instalações expostas a riscos de acidentes maiores, inclusive gerenciamento de segurança e segurança do processo;

b) acidentes maiores;

c) experiências obtidas a partir de quase acidentes;

d) tecnologias e processos proibidos por motivo de segurança e saúde;

e) organização e técnicas médicas que permitam lidar com as consequências de um acidente maior;

f) mecanismos e procedimentos utilizados por autoridades competentes com vistas à aplicação da Convenção e da presente Recomendação.

(2) Os Membros deverão, na medida do possível, informar a Organização Internacional do Trabalho sobre as questões relacionadas no subparágrafo (1) acima.

3. A política nacional prevista pela Convenção, bem como a legislação nacional ou outras medidas que visem à sua aplicação deverão ser, quando pertinente, orientadas pelo Código de práticas da OIT sobre a Prevenção de acidentes Industriais Maiores, publicado em 1991.

4. Os Membros deverão formular políticas que visem a abordar os riscos e perigos de acidentes maiores e suas consequências nos setores e atividades excluídos do campo de aplicação da Convenção por força de seu Artigo 1, parágrafo 3.

5. Reconhecendo que um acidente maior poderia implicar sérias consequências em termos de seu impacto sobre a vida humana e o meio ambiente, os Membros deverão incentivar a criação de sistemas para indenizar os trabalhadores tão rapidamente quanto possível após a ocorrência do evento, bem como a abordar, de forma adequada, os efeitos sobre a população e o meio ambiente.

6. De conformidade com a Declaração Tripartite de Princípios referente a Empresas Multinacionais e Política Social, adotada pelo Conselho de Administração da Organização Internacional do Trabalho, uma empresa nacional ou multinacional com mais de um estabelecimento deverá fornecer medidas de segurança, relativas à prevenção de acidentes maiores e ao controle de acontecimentos que possam resultar em um acidente maior, aos trabalhadores, sem discriminação, em todos os seus estabelecimentos, independentemente do local ou país em que estejam situados.

Anexo LXXI

CONVENÇÃO N. 171 DA OIT RELATIVA AO TRABALHO NOTURNO

A Conferência Geral da Organização Internacional do Trabalho:

Convocada em Genebra pelo Conselho Administrativo da Repartição Internacional do Trabalho e tendo ali se reunido a 6 de junho de 1990, em sua septuagésima sétima sessão;

Tomando nota das disposições das Convenções e Recomendações internacionais do trabalho sobre o trabalho noturno dos menores e, em particular, das disposições da Convenção e da Recomendação sobre o trabalho noturno dos menores (trabalhos não industriais), 1964; da Convenção (revista) sobre o trabalho noturno dos menores (indústrias), 1984, e da Recomendação sobre o trabalho noturno dos menores (agricultura), 1921;

Tomando nota das disposições das Convenções internacionais do trabalho sobre o trabalho noturno da mulher e, em particular, aquelas da Convenção (revista) sobre o trabalho noturno (mulheres), 1948, e de seu Protocolo de 1990; da Recomendação sobre o trabalho noturno das mulheres (agricultura), 1921, e do parágrafo 5 da Recomendação sobre a proteção da maternidade, 1952;

Tomando nota das disposições da Convenção sobre a discriminação (emprego e ocupação), 1958;

Tomando nota das disposições da Convenção sobre a proteção da maternidade (revista), 1952;

Após ter decidido adotar diversas propostas sobre o trabalho noturno, questão que constitui o quarto item da agenda da sessão; e

Após ter decidido que essas propostas deveriam tomar a forma de uma Convenção internacional, adota, nesse vigésimo sexto dia do mês de junho de mil novecentos e noventa, a seguinte Convenção, que será denominada Convenção sobre o Trabalho Noturno, 1990:

Artigo 1

Para os fins da presente Convenção:

a) a expressão "trabalho noturno" designa todo trabalho que seja realizado durante um período de pelo menos sete horas consecutivas, que abranja o intervalo compreendido entre a meia noite e as cinco horas da manhã, e que será determinado pela autoridade competente mediante consulta prévia com as organizações mais representativas dos empregadores e de trabalhadores ou através de convênios coletivos;

b) a expressão "trabalhador noturno" designa todo trabalhador assalariado cujo trabalho exija a realização de horas de trabalho noturno em número substancial, superior a um limite determinado. Esse número será fixado pela autoridade competente mediante consulta prévia com as organizações mais representativas de empregadores e de trabalhadores, ou através de convênios coletivos.

Artigo 2

1. Esta Convenção aplica-se a todos os trabalhadores assalariados, com exceção daqueles que trabalham na agricultura, a pecuária, a pesca, os transportes marítimos e a navegação interior.

2. Todo Membro que ratificar a presente Convenção poderá excluir total ou parcialmente da sua área de aplicação, com consulta prévia junto às organizações representativas dos empregadores e dos trabalhadores interessados, categorias limitadas de trabalhadores, quando essa aplicação apresentar, no caso das categorias citadas, problemas particulares e importantes.

3. Todo Membro que fizer uso da possibilidade prevista no parágrafo 2 deste Artigo deverá indicar as categorias particulares de trabalhadores assim excluídas, e as razões da sua exclusão, nos relatórios relativos à aplicação da Convenção que apresentar em virtude do Artigo 22 da Constituição da OIT. Também deverá indicar todas as medidas que tiver adotado a fim de estender progressivamente as disposições da Convenção a esses trabalhadores.

Artigo 3

1. Deverão ser adotadas, em benefício dos trabalhadores noturnos, as medidas específicas exigidas pela natureza do trabalho noturno, que abrangerão, no mínimo, aquelas mencionadas nos Artigos 4 a 10, a fim de proteger a sua saúde, ajudá-los a cumprirem com suas responsabilidades familiares e sociais, proporcionar aos mesmos possibilidades de melhoria na sua carreira e compensá-los de forma adequada. Essas medidas deverão também ser adotadas no âmbito da segurança e da proteção da maternidade, a favor de todos os trabalhadores que realizam trabalho noturno.

2. As medidas a que se refere o parágrafo anterior poderão ser aplicadas de forma progressiva.

Artigo 4

1. Se os trabalhadores solicitarem, eles poderão ter direito a que seja realizada uma avaliação do seu estado de saúde gratuitamente e a serem assessorados sobre a maneira de atenuarem ou evitarem problemas de saúde relacionados com seu trabalho:

a) antes de sua colocação em trabalho noturno;

b) em intervalos regulares durante essa colocação;

c) no caso de padecerem durante essa colocação problemas de saúde que não sejam devidos a fatores alheios ao trabalho noturno.

2. Salvo declaração de não serem aptos para o trabalho noturno, o teor dessas avaliações não será comunicado a terceiros sem o seu consentimento, nem utilizado em seu prejuízo.

Artigo 5

Deverão ser colocados à disposição dos trabalhadores que efetuam trabalho noturno serviços adequados de primeiros socorros, inclusive disposições práticas que permitam que esses trabalhadores, em caso necessário, sejam transladados rapidamente até um local onde possam receber tratamento adequado.

Artigo 6

1. Os trabalhadores noturnos que, por razões de saúde, sejam declarados não aptos para o trabalho noturno serão colocados, quando for viável, em função similar para a qual estejam aptos.

2. Se a colocação nessa função não for viável, serão concedidos a esses trabalhadores os mesmos benefícios que a outros trabalhadores não aptos para o trabalho ou que não podem conseguir emprego.

3. Um trabalhador noturno declarado temporariamente não apto para o trabalhado noturno gozará da mesma proteção contra a demissão ou a notificação de demissão que os outros trabalhadores que não possam trabalhar por razões de saúde.

Artigo 7

1. Deverão ser adotadas medidas para assegurar que existe uma alternativa do trabalho noturno para as trabalhadoras que, a falta dessa alternativa, teriam que realizar esse trabalho:

a) antes e depois do parto, durante o período de, pelo menos, dezesseis semanas, das quais oito, pelo menos, deverão ser tomadas antes da data estimada para o parto;

b) com prévia apresentação de certificado médico indicando que isso é necessário para a saúde da mãe ou do filho, por outros períodos compreendidos;

i) durante a gravidez;

ii) durante um lapso determinado além do período posterior ao parto estabelecido em conformidade com o item a) do presente parágrafo, cuja duração será determinada pela autoridade competente e prévia consulta junto às organizações mais representativas dos empregadores e de trabalhadores.

2. As medidas referidas no parágrafo 1 do presente Artigo poderão consistir da colocação em trabalho diurno quando for viável, a concessão dos benefícios de seguridade social ou a prorrogação da licença maternidade.

3. Durante os períodos referidos no parágrafo 1 do presente Artigo:

a) não deverá ser demitida, nem receber comunicação de demissão, a trabalhadora em questão, salvo por causas justificadas não vinculadas à gravidez ou ao parto;

b) os rendimentos da trabalhadora deverão ser mantidos em nível suficiente para garantir o sustento da mulher e do seu filho em condições de vida adequadas. A manutenção desses rendimentos poderá ser assegurada mediante qualquer uma das medidas indicadas no parágrafo 2 deste Artigo, por qualquer outra medida apropriada, ou bem por meio de uma combinação dessas medidas;

c) a trabalhadora não perderá benefícios relativos a grau, antiguidade e possibilidades de promoção que estejam vinculados ao cargo de trabalho noturno que desempenha regularmente.

4. As disposições do presente Artigo não deverão ter como efeito a redução da proteção e os benefícios relativos à licença maternidade.

Artigo 8

A compensação aos trabalhadores noturnos em termos de duração do trabalho, remuneração ou benefícios similares deverá reconhecer a natureza do trabalho noturno;

Artigo 9

Deverão ser previstos serviços sociais apropriados para os trabalhadores noturnos e, quando for preciso, para aqueles trabalhadores que realizarem um trabalho noturno.

Artigo 10

1. Antes de se introduzir horários de trabalho que exijam os serviços de trabalhadores noturnos, o empregador deverá consultar os representantes dos trabalhadores interessados acerca dos detalhes desses horários e sobre as formas de organização do trabalho noturno que melhor se adaptem ao estabelecimento e ao seu pessoal, bem como sobre as medidas de saúde no trabalho e os serviços sociais que seriam necessários. Nos estabelecimentos que empregam trabalhadores noturnos, essas consultas deverão ser realizadas regularmente.

2. Para os fins deste Artigo, a expressão "representantes dos trabalhadores" designa as pessoas reconhecidas como tais pela legislação ou prática nacionais, de acordo com a Convenção sobre os representantes dos Trabalhadores, 1971.

Artigo 11

1. As disposições da presente Convenção poderão ser aplicadas mediante a legislação nacional, convênios coletivos, laudos arbitrais ou sentenças judiciais, através de uma combinação desses meios ou de qualquer outra forma conforme as condições e a prática nacionais. Deverão ser aplicadas por meio da legislação na medida em que não sejam aplicadas por outros meios.

2. Quando as disposições desta Convenção forem aplicadas por meio da legislação, deverão ser previamente consultadas as organizações mais representativas de empregadores e de trabalhadores.

Artigo 12

As ratificações formais da presente Convenção serão transmitidas ao Diretor-Geral da Repartição Internacional do Trabalho e por ele registradas.

Artigo 13

1. A presente Convenção somente vinculará os Membros da Organização Internacional do Trabalho cujas ratificações tenham sido registradas pelo Diretor-Geral.

2. Esta Convenção entrará em vigor em doze meses após o registro das ratificações de dois Membros por parte do Diretor-Geral.

3. Posteriormente, esta Convenção entrará em vigor, para cada Membro, doze meses após o registro da sua ratificação.

Artigo 14

1. Todo Membro que tenha ratificado a presente Convenção poderá denunciá-la após a expiração de um período de dez anos contado da entrada em vigor mediante ato comunicado ao Diretor-Geral da Repartição Internacional do Trabalho e por ele registrado. A denúncia só surtirá efeito um ano após o registro.

2. Todo Membro que tenha ratificado a presente Convenção e não fizer uso da faculdade de denúncia prevista pelo presente Artigo dentro do prazo de um ano após a expiração do período de dez anos previstos no parágrafo anterior, ficará obrigado por novo período de dez anos e, posteriormente, poderá denunciar a presente Convenção ao expirar cada período de dez anos, nas condições previstas no presente Artigo.

Artigo 15

1. O Diretor-Geral da Repartição Internacional do Trabalho notificará a todos os Membros da Organização Internacional do Trabalho o registro de todas as ratificações, declarações e denúncias que lhe sejam comunicadas pelos Membros da Organização.

2. Ao notificar aos Membros da Organização o registro da segunda ratificação que lhe tenha sido comunicada, o Diretor-Geral chamará a atenção dos Membros para a data de entrada em vigor da presente Convenção.

Artigo 16

O Diretor-Geral da Repartição Internacional do Trabalho comunicará ao Secretário-Geral das Nações Unidas, para fins de registro, conforme o Artigo 102 da Carta das Nações Unidas, as informações completas referentes a quaisquer ratificações, declarações e atos de denúncia que tenha registrado de acordo com os Artigos anteriores.

Artigo 17

Sempre que julgar necessário, o Conselho de Administração da Repartição Internacional do Trabalho deverá apresentar à Conferência um relatório sobre a aplicação da presente Convenção e decidirá sobre a oportunidade de inscrever na agenda da Conferência a questão da sua revisão total ou parcial.

Artigo 18

1. Se a Conferência adotar uma nova Convenção que revise total ou parcialmente a presente Convenção e a menos que a nova Convenção disponha contrariamente:

a) a ratificação, por um Membro, da nova Convenção revista, implicará, de pleno direito, não obstante o disposto pelo Artigo 22, a denúncia imediata da presente Convenção, desde que a nova Convenção revista tenha entrado em vigor.

b) a partir da entrada em vigor da Convenção revista, a presente Convenção deixará de estar aberta à ratificação dos Membros.

2. A presente Convenção continuará em vigor, em qualquer caso, em sua forma e teor atuais, para os Membros que a tiverem ratificado e que não ratificaram a Convenção revista.

Artigo 19

As versões inglesa e francesa do texto da presente convenção são igualmente autênticas ([1]).

....

(1) Publicada no *Diário Oficial da União*, de 29-4-2004.

Legislação Complementar

Anexo LXXIII

CONVENÇÃO N. 176 E A RECOMENDAÇÃO N. 183 DA OIT SOBRE SEGURANÇA E SAÚDE NAS MINAS

A Conferência Geral da Organização Internacional do Trabalho, convocada em Genebra pelo Conselho de Administração da Repartição Internacional do Trabalho e reunida nessa cidade em 6 de junho de 1995, em sua Octogésima Segunda Reunião;

Tomando nota das convenções e recomendações internacionais do trabalho pertinentes, e em particular a Convenção sobre a abolição do trabalho forçado, 1957; a Convenção e Recomendação sobre a proteção contra as radiações, 1960; a Convenção e Recomendação sobre a proteção da maquinaria, 1963; a Convenção e a Recomendação sobre as prestações em caso de acidentes de trabalho e doenças profissionais, 1964; a Convenção e a Recomendação sobre a idade mínima (trabalho subterrâneo), 1965; a Convenção sobre o exame médico dos menores (trabalho subterrâneo), 1965; a Convenção e a Recomendação sobre o meio ambiente de trabalho (contaminação do ar, ruído e vibrações), 1977; a Convenção e a Recomendação sobre seguridade e saúde dos trabalhadores, 1981; a Convenção e Recomendação sobre os serviços de saúde no trabalho, 1985; a Convenção e Recomendação sobre seguridade e saúde na construção, 1988; a Convenção e a Recomendação sobre produtos químicos, 1990, e a Convenção e Recomendação sobre a prevenção de acidentes industriais maiores, 1993;

Considerando que os trabalhadores têm a necessidade e o direito de serem informados, de receberem formação, bem como de serem realmente consultados e de participarem na preparação e na aplicação de medidas de segurança e saúde relativas aos perigos e riscos presentes na indústria mineradora;

Reconhecendo que é desejável prevenir todo acidente mortal, lesão ou menoscabo da saúde dos trabalhadores ou da população, ou prejuízo ao meio ambiente que tenha origem nas operações mineradoras;

Levando em conta a necessidade de cooperação entre a Organização Internacional do Trabalho, a Organização Mundial da Saúde, a Agência Internacional de Energia Atômica e outras instituições competentes e tomando nota dos instrumentos, repertórios de recomendações práticas, códigos e diretrizes pertinentes publicados por estas organizações;

Depois de haver decidido adotar diversas propostas relativas à segurança e saúde nas minas, tema que constitui o quarto ponto da ordem do dia da reunião; e

Depois de haver decidido que estas propostas revistam a forma de uma convenção internacional,

Adota, em vinte e dois de junho de mil novecentos e noventa e cinco, a seguinte Convenção, que poderá ser citada como a Convenção sobre segurança e saúde nas minas, 1995;

I. DEFINIÇÕES

Artigo 1º

1. Aos efeitos da presente Convenção, o termo "mina" engloba:

a) as instalações, subterrâneas ou de superfície, nas que se realizam, em particular, as seguintes atividades:

i) a exploração de minérios, excluídos o gás e o petróleo, que implique a alteração do solo por meios mecânicos;

ii) a exploração de minérios, excluídos gás e petróleo;

iii) a preparação, incluídas a trituração, a moagem, a concentração ou a lavagem do material extraído, e

b) todas as máquinas, equipamentos, acessórios, instalações, edifícios e estruturas de engenharia civil utilizados em relação com as atividades a que se refere a alínea *a)* anterior.

2. Aos efeitos da presente Convenção, o termo "empregador" designa a toda pessoa física ou jurídica que emprega um ou mais trabalhadores em uma mina, e conforme o caso, ao encarregado da exploração, ao empreiteiro principal, ao empreiteiro ou ao subempreiteiro.

II. ALCANCE E MEIOS DE APLICAÇÃO

Artigo 2º

1. A presente Convenção se aplica a todas as minas.

2. Prévia consulta com as organizações mais representativas de empregadores e de trabalhadores interessadas, a autoridade competente de um Membro que ratifique a Convenção:

a) poderá excluir da aplicação da Convenção, ou de algumas de suas disposições, certas categorias de minas se a proteção conferida em seu conjunto nessas minas, de conformidade com a legislação e a prática nacionais, não é inferior a que resultaria da aplicação integral das disposições da Convenção;

b) deverá estabelecer, em caso de exclusão de certas categorias de minas em virtude da alínea *a)* anterior, planos para estender progressivamente a cobertura a todas as minas.

3. Todo Membro que ratifique a presente Convenção e se acolha à possibilidade prevista na alínea *a)* do parágrafo 2 anterior deverá indicar, nos relatórios sobre a aplicação da Convenção que apresente em virtude do artigo 22 da Constituição da Organização Internacional do Trabalho, toda categoria específica de minas que tenha sido excluída e os motivos desta exclusão.

Artigo 3º

Considerando as condições e práticas nacionais e prévia consulta com as organizações mais representativas de empregadores e trabalhadores interessadas, o Membro deverá formular, aplicar e revisar periodicamente uma política nacional coerente em matéria de segurança e saúde nas minas, em especial no concernente às medidas adotadas para fazer as disposições da presente Convenção.

Artigo 4º

1. As medidas destinadas a garantir a aplicação da Convenção deverão estabelecer-se por meio da legislação nacional.

2. Quando procedente, esta legislação nacional deverá ser completada com:

a) normas técnicas, diretrizes ou repertórios de recomendações práticas; ou

b) outros meios de aplicação de acordo com a prática nacional, segundo estabeleça a autoridade competente.

Artigo 5º

1. A legislação nacional mencionada no parágrafo 1 do Artigo 4º deverá designar a autoridade competente encarregada de vigiar e regular os diversos aspectos de segurança e saúde nas minas.

2. Esta legislação nacional deverá conter disposições relativas a:

a) a vigilância da segurança e saúde nas minas;

b) a inspeção das minas por inspetores designados para esse efeito pela autoridade competente;

c) os procedimentos para a notificação e a investigação dos acidentes fatais ou graves, os incidentes perigosos e desastres acontecidos nas minas, segundo sejam definidos na legislação nacional;

d) a compilação e publicação de estatísticas sobre os acidentes, doenças profissionais e os incidentes perigosos, segundo sejam definidos na legislação nacional;

e) a possibilidade de a autoridade competente suspender ou restringir, por motivos de segurança e saúde, as atividades mineradoras, enquanto não houverem sido corrigidas as circunstâncias causantes da suspensão ou da restrição, e

f) o estabelecimento de procedimentos eficazes que garantam o exercício dos direitos dos trabalhadores e seus representantes, a serem consultados acerca das questões e a participar nas medidas relativas à segurança e saúde no local de trabalho.

3. Esta legislação nacional deverá dispor que a fabricação, o armazenamento, o transporte e o uso de explosivos e detonadores de minas sejam realizados por pessoas competentes e autorizadas, ou sob sua supervisão direta.

4. Esta legislação nacional deverá especificar:

a) as exigências em matéria de salvamento nas minas, primeiros socorros e serviços médicos adequados;

b) a obrigação de proporcionar e manter em condições apropriadas respiradores de salvamento àqueles que trabalham em minas subterrâneas de carvão e, em caso necessário, em outras minas subterrâneas;

c) as medidas de proteção que garantam a segurança das explorações mineiras abandonadas, a fim de eliminar ou reduzir ao mínimo os riscos que apresentam para a segurança e saúde;

d) os requisitos para o armazenamento, o transporte e a eliminação, em condições de segurança, das substâncias perigosas utilizadas no processo de produção e dos resíduos produzidos nas minas, e

e) quando proceda, a obrigação de facilitar e manter em condições higiênicas um número suficiente de equipamentos sanitários e de instalações para lavar-se, trocar de roupas e comer.

III. MEDIDAS DE PREVENÇÃO E PROTEÇÃO NA MINA

A. RESPONSABILIDADES DOS EMPREGADORES

Artigo 6º

Ao adotar as medidas de prevenção e proteção previstas nessa parte da Convenção, o empregador deverá avaliar os riscos e tratá-los na seguinte ordem de prioridade:

a) eliminar os riscos;

b) controlar os riscos em sua fonte;

c) reduzir os riscos ao mínimo mediante medidas que incluam a elaboração de métodos de trabalho seguros;

d) enquanto perdure a situação de risco, prever a utilização de equipamentos de proteção pessoal, levando em consideração o que seja razoável, praticável e factível e o que esteja em consonância com a prática e o exercício da devida diligência.

Artigo 7º

O empregador deverá adotar as disposições necessárias para eliminar ou reduzir ao mínimo os riscos para a segurança e saúde presentes nas minas que estão sob seu controle e, em particular:

a) assegurar-se de que a mina é desenhada, construída e dotada de equipamentos elétricos, mecânicos e de outra índole, incluindo um sistema de comunicação, de tal maneira que seja garantida uma exploração segura e um meio ambiente de trabalho salubre;

b) assegurar-se de que a mina seja posta em serviço, seja explorada, seja mantida e seja clausurada de modo que os trabalhadores possam realizar tarefas encomendadas sem pôr em perigo sua segurança e saúde e nem as de terceiras pessoas;

c) adotar medidas para manter a estabilidade do terreno nas áreas as que as pessoas têm acesso por razões de trabalho;

d) estabelecer, sempre que possível, duas vias de saída de qualquer lugar subterrâneo do trabalho, cada uma delas comunicada com uma via independente de saída à superfície;

e) assegurar a vigilância, a avaliação e a inspeção periódicas do meio ambiente de trabalho para identificar os diferentes riscos a que possam estar expostos os trabalhadores, e avaliar o grau de exposição a tais riscos;

f) assegurar um sistema de ventilação adequado em todas as explorações subterrâneas às que esteja permitido o acesso;

g) nas zonas expostas a riscos especiais, preparar e aplicar um plano de ação e procedimentos que garantam a segurança do sistema de trabalho e proteção dos trabalhadores;

Legislação Complementar

h) adotar medidas e precauções adequadas à índole da exploração mineradora para prevenir, detectar e combater o início e a propagação de incêndios e explosões; e

i) garantir a interrupção das atividades e a evacuação dos trabalhadores para um lugar seguro em caso de grave perigo para a segurança e a saúde dos mesmos.

Artigo 8º

O empregador deverá preparar um plano de ação de urgência específica, para cada mina, destinado a enfrentar os desastres naturais e industriais razoavelmente previsíveis.

Artigo 9º

Quando os trabalhadores estiverem expostos a riscos físicos, químicos ou biológicos, o empregador deverá:

a) informar os trabalhadores de maneira compreensível dos riscos relacionados com seu trabalho, dos perigos que estes implicam para sua saúde e dos meios de prevenção e proteção aplicáveis;

b) tomar as medidas necessárias para eliminar ou reduzir ao mínimo os perigos derivados da exposição a estes riscos;

c) proporcionar e manter, sem nenhum custo para os trabalhadores, o equipamento, roupa, caso seja necessário, e outros dispositivos de proteção adequados que se definam na legislação nacional, quando a proteção contra os riscos de acidente ou dano para a saúde, incluída a exposição a condições adversas, não possa ser garantida por outros meios; e

d) proporcionar aos trabalhadores que tenham sofrido uma lesão ou doença no local de trabalho primeiros socorros in situ, um meio adequado de transporte desde o local de trabalho e acesso a serviços médicos adequados.

Artigo 10

O empregador deverá velar para que:

a) os trabalhadores disponham, sem nenhum custo para eles, de programas apropriados de formação e readaptação e de instruções compreensíveis em matéria de segurança e saúde, bem como em relação às tarefas que lhe são atribuídas;

b) sejam realizadas, de acordo com a legislação nacional, a vigilância e o controle adequados em cada turno que permitam garantir que a exploração da mina se efetue em condições de segurança;

c) seja estabelecido um sistema que permita saber com precisão e em qualquer momento, os nomes de todas as pessoas que estão sob terra, assim como a localização provável das mesmas;

d) sejam investigados todos os acidentes e incidentes perigosos, de conformidade com a legislação nacional, e sejam adotadas as medidas corretivas apropriadas; e

e) seja apresentado à autoridade competente relatório sobre os acidentes e incidentes perigosos, de acordo com o disposto na legislação nacional.

Artigo 11

De acordo com os princípios gerais de saúde no trabalho e de acordo com a legislação nacional, o empregador deverá assegurar que seja realizada de maneira sistemática a vigilância da saúde dos trabalhadores expostos aos riscos próprios das atividades mineradoras.

Artigo 12

Quando dois ou mais empregadores realizem atividades numa mesma mina, o empregador responsável pela mina deverá coordenar a aplicação de todas as medidas relativas à segurança e saúde dos trabalhadores e terá igualmente a responsabilidade principal no que concerne a segurança das operações. O anterior não isentará a cada um dos empregadores da responsabilidade de aplicar todas as medidas relativas à segurança e à saúde dos trabalhadores.

B. DIREITOS E OBRIGAÇÕES DOS TRABALHADORES E SEUS REPRESENTANTES

Artigo 13

1. A legislação nacional a que se refere o Artigo 4º deverá conceder aos trabalhadores o direito a:

a) notificar os acidentes, os incidentes perigosos e os riscos ao empregador e à autoridade competente;

b) pedir e obter, sempre que existir um motivo de preocupação em matéria de segurança e saúde, que o empregador e a autoridade competente efetuem inspeções e investigações;

c) conhecer os riscos existentes no local de trabalho que possam afetar sua saúde ou segurança, e estar informado a respeito;

d) obter informação relativa a sua segurança ou saúde que esteja sob a responsabilidade do empregador ou da autoridade competente.

e) retirar-se de qualquer setor da mina quando houver motivos razoavelmente fundados para pensar que a situação apresenta um perigo para sua segurança ou saúde, e

f) eleger, coletivamente, os representantes de segurança e saúde.

2. Os representantes de segurança e saúde aludidos na alínea *f)* do parágrafo 1 acima citado deverão ter, de acordo com a legislação nacional, direito a:

a) representar os trabalhadores em todos os aspectos relativos a segurança e saúde no local de trabalho, incluindo, nesse caso, o exercício dos direitos que figuram no parágrafo 1 acima citado:

i) participar em inspeções e investigações realizadas pelos empregadores e pela autoridade competente no local de trabalho, e

ii) supervisionar e investigar assuntos relativos a segurança e saúde.

b) recorrer a conselheiros e peritos independentes;

c) fazer oportunamente consultas com o empregador acerca de questões relativas à segurança e a saúde, incluídas as políticas e os procedimentos nesta matéria;

d) consultar a autoridade competente, e

e) receber notificação dos acidentes e incidentes perigosos pertinentes aos setores para os quais tenham sido eleitos.

3. Os procedimentos para o exercício dos direitos previstos nos parágrafos 1 e 2 anteriores deverão determinar-se:

a) na legislação nacional; e

b) mediante consultas entre os empregadores e trabalhadores e seus representantes.

4. A legislação nacional deverá garantir que os direitos previstos nos parágrafos 1 e 2 anteriores possam exercer-se sem dar lugar a discriminação nem represálias.

Artigo 14

A legislação nacional deverá prever que os trabalhadores tenham, em função de sua formação, a obrigação de:

a) acatar as medidas de segurança e saúde prescritas;

b) velar, de maneira razoável, pela própria segurança e saúde e pelas das pessoas que possam vir a ser afetadas por suas ações ou omissões no trabalho, incluídos a utilização e o cuidado adequados da roupa de proteção, as instalações e os equipamentos postos a sua disposição com esse fim;

c) informar no ato ao seu chefe direto de qualquer situação que considere que possa representar um risco para sua saúde e segurança ou para as de outras pessoas e que não possam resolver adequadamente eles mesmos; e

d) cooperar com o empregador para permitir que sejam cumpridos os deveres e as responsabilidades assinados a este em virtude das disposições da presente Convenção.

C. COOPERAÇÃO

Artigo 15

Deverão adotar-se medidas, de acordo com a legislação nacional, para fomentar a cooperação entre os empregadores e os trabalhadores e seus representantes, destinadas a promover a segurança e a saúde nas minas.

IV. APLICAÇÃO

Artigo 16

O Membro deverá:

a) adotar todas as medidas necessárias, incluídas sanções e medidas corretivas apropriadas para garantir a aplicação efetiva das disposições da Convenção, e

b) facilitar serviços de inspeção adequados com objetivo de supervisionar a aplicação das medidas que se adotarão em virtude da Convenção, e dotar recursos necessários para o cumprimento de suas tarefas.

V. DISPOSIÇÕES FINAIS

Artigo 17

As ratificações formais da presente Convenção serão comunicadas, para seu registro, ao Diretor-Geral da Repartição Internacional do Trabalho.

Artigo 18

1. Esta Convenção obrigará unicamente aqueles Membros da Organização Internacional do Trabalho cujas ratificações houver registrado o Diretor-Geral da Repartição Internacional do Trabalho.

2. Entrará em vigor doze meses depois da data em que as ratificações de dois Membros houverem sido registradas pelo Diretor-Geral.

3. Desde este momento, esta Convenção entrará em vigor, para cada Membro, doze meses depois da data em que houver sido registrada sua ratificação.

Artigo 19

1. Todo Membro que tenha ratificado esta Convenção poderá denunciá-la à expiração do período de dez anos, a partir da data em que foi posto inicialmente em vigor, mediante uma ata comunicada, para seu registro, ao Diretor-Geral da Repartição Internacional do Trabalho. A denúncia não surtirá efeito até um ano depois da data em que foi registrada.

2. Todo Membro que tiver ratificado esta Convenção e que, no prazo de um ano depois da expiração do período de dez anos mencionado no parágrafo precedente, não faça uso do direito de denúncia previsto nesse artigo ficará obrigado durante novo período de dez anos, e o sucessivo poderá denunciar esta Convenção a expiração de cada período de dez anos, nas condições previstas nesse artigo.

Artigo 20

1. O Diretor-Geral da Repartição Internacional do Trabalho notificará a todos os Membros da Organização Internacional do Trabalho o registro de quantas ratificações, declarações e denúncias lhe comuniquem os Membros da Organização.

2. Ao notificar aos Membros da Organização o registro da segunda ratificação que lhe houver sido comunicada, o Diretor-Geral chamará a atenção dos Membros da Organização sobre a data em que entrará em vigor a presente Convenção.

Artigo 21

O Diretor-Geral da Repartição Internacional do Trabalho comunicará ao Secretário-Geral das Nações Unidas para efeito de registro e de conformidade com o artigo 12 da Carta das Nações Unidas, uma informação completa sobre todas as ratificações, declarações e atas de denúncia que houverem sido registradas de acordo com os artigos precedentes.

Artigo 22

Cada vez que o estime necessário, o Conselho de Administração da Repartição Internacional do Trabalho apresentará à Conferência um relatório sobre a aplicação da Convenção, e considerará a conveniência de incluir na ordem do dia da Conferência a questão de sua revisão total ou parcial.

Artigo 23

1. Em caso de a Conferência adotar uma nova Convenção que implique uma revisão total ou parcial da presente, e a menos que a nova convenção contenha disposições em contrário:

a) a ratificação, por um Membro, da nova convenção revista implicará, *ipso jure*, a denúncia imediata desta Convenção, não obstante as disposições contidas no Artigo 19, sempre que a nova convenção revista haja entrado em vigor;

b) a partir da data em que entrar em vigor a nova convenção revista, a presente Convenção cessará de estar aberta a ratificação por seus Membros.

2. Esta Convenção continuará em vigor em todo caso, em sua forma e conteúdo atuais, para os Membros que não houverem ratificado e os que tiverem ratificado a convenção revista.

Artigo 24

As versões inglesa e francesa do texto desta Convenção são igualmente oficiais.

RECOMENDAÇÃO 183
SOBRE SEGURANÇA E SAÚDE NAS MINAS

A Conferência Geral da Organização Internacional do Trabalho:

Convocada pelo Conselho de Administração da Repartição Internacional do Trabalho e reunida em Genebra, em 6 de junho de 1995, em sua octogésima segunda reunião;

Tomando nota das convenções e recomendações internacionais do trabalho pertinentes, e em particular a Convenção sobre a abolição do trabalho forçado, 1957; a Convenção e Recomendação sobre a proteção contra as radiações, 1960; a Convenção e Recomendação sobre a proteção da maquinaria, 1963; a Convenção e a Recomendação sobre as prestações em caso de acidentes de trabalho e doenças profissionais, 1964; a Convenção e a Recomendação sobre a idade mínima (trabalho subterrâneo), 1965; a Convenção sobre o exame médico dos menores (trabalho subterrâneo), 1965; a Convenção e a Recomendação sobre o meio ambiente de trabalho (contaminação do ar, ruído e vibrações), 1977; a Convenção e a Recomendação sobre seguridade e saúde dos trabalhadores, 1981; a Convenção e Recomendação sobre os serviços de saúde no trabalho, 1985; a Convenção e Recomendação sobre seguridade e saúde na construção, 1988; a Convenção e a Recomendação sobre produtos químicos, 1990, e a Convenção e Recomendação sobre a prevenção de acidentes industriais maiores, 1993;

Considerando que os trabalhadores têm a necessidade e o direito de ser informados, de receber treinamento, bem como de ser consultados e de participar na preparação e implementação de medidas de segurança e saúde relacionadas com os perigos e os riscos presentes na indústria de mineração;

Reconhecendo a relevância de que se reveste a prevenção de qualquer acidente mortal, lesão ou menosprezo à saúde dos trabalhadores ou da população, bem como qualquer dano ao meio ambiente resultante das atividades mineradoras;

Tendo em conta a necessidade de cooperação entre a Organização Internacional do Trabalho, a Organização Mundial da Saúde, a Agência Internacional de Energia Atômica e outras instituições correlatas, e considerando, ainda, os instrumentos, as listas de recomendações práticas, os códigos e as diretrizes pertinentes divulgados pelos referidos organismos;

Após haver decidido pela aprovação de diversas propostas relativas à segurança e à saúde nas áreas de mineração, tema que se insere como quarto item da ordem do dia da sessão; e

Após haver decidido que tais propostas constituam uma recomendação que complemente a Convenção sobre segurança e saúde nas minas,

Aprova, com data de vinte e dois de junho de mil novecentos e noventa e cinco, a seguinte Recomendação, que poderá ser denominada Recomendação sobre segurança e saúde nas minas, 1995:

I. DISPOSIÇÕES GERAIS

1. Os dispositivos da presente Recomendação complementam os da Convenção sobre segurança e saúde em áreas de mineração, de 1995 (doravante denominado "o Convênio"), devendo ser aplicados em conjunto com os deste último;

2. A presente Recomendação aplica-se a todas as áreas de mineração.

3. 1) Tendo em vista as condições e a prática nacionais, e consultados os organismos mais representativos de empregadores e de trabalhadores, caberá a qualquer Membro formular, aplicar e revisar, periodicamente, uma política compatível com a questão da segurança e saúde nas áreas de mineração.

2) As consultas previstas no Artigo 3º da Convenção deverão incluir consultas aos organismos mais representativos de empregadores e de trabalhadores quanto às consequências, para a segurança e para a saúde dos trabalhadores, da duração da jornada de trabalho, do trabalho noturno e do trabalho por turnos. Após as referidas consultas, caberá ao Membro adotar as medidas necessárias concernentes ao horário de trabalho e, em particular, com a jornada máxima de trabalho e com a duração mínima dos períodos de descanso diário.

4. A autoridade competente deverá dispor de pessoal devidamente qualificado, especializado e competente, que conte com o apoio técnico e profissional exigido para o desempenho das funções de inspeção, investigação, avaliação e assessoramento relativamente às questões abordadas pela Convenção e para assegurar o cumprimento da legislação nacional.

5. Deverão ser adotadas medidas de fomento e promoção de:

a) investigação e intercâmbio, nos âmbitos nacional e internacional, das informações referentes à segurança e à saúde nas áreas de mineração;

b) prestação de assistência específica, por parte da autoridade competente, às pequenas empresas mineradoras, com vistas a contribuir para:

i) transferência de tecnologia;

ii) adoção de programas preventivos de segurança e saúde;

iii) fomento da cooperação e das consultas entre empregadores e trabalhadores e seus respectivos representantes, e

c) implementação de programas ou sistemas de reabilitação e reintegração dos trabalhadores que tenham sido vítimas de lesões ou doenças profissionais.

6. Os dispositivos que digam respeito à vigilância da segurança e da saúde em áreas de mineração, previstos no item 2 do Artigo 5 da Convenção, deverão abranger, quando oportuno, os relativos a:

a) capacitação e treinamento;

b) inspeção da mina, bem como de seus equipamentos e instalações;

c) supervisão do manuseio, transporte, armazenagem e uso de explosivos e substâncias perigosas utilizados ou gerados no processo de produção;

d) realização de tarefas em instalações e equipamentos elétricos, e

e) supervisão dos trabalhadores.

7. Os dispositivos constantes no item 4 do Artigo 5 da Convenção poderão incluir a obrigação de que os fornecedores de equipamentos, acessórios, produtos e substâncias perigosas a serem utilizados na mina garantam que estes obedecem às normas nacionais sobre segurança e saúde, identifiquem claramente, com etiquetas, os respectivos produtos e forneçam dados e instruções inteligíveis.

8. As disposições em matéria de salvamento nas áreas de mineração, bem como de primeiros socorros adequados e serviços médicos de urgência, a que se refere a letra a) do item 4 do Artigo 5 da Convenção, poderão abranger:

a) medidas relativas à organização;

b) equipamento a ser adotado;

c) normas de capacitação;

d) treinamento dos trabalhadores e sua participação em exercícios ou testes;

e) suficiente quantidade de pessoas capacitadas, que deverão estar disponíveis;

f) eficiente sistema de comunicação;

g) eficaz sistema de alarme para aviso em caso de perigo;

h) estabelecimento e conservação de meios de evacuação e salvamento;

i) formação de um ou vários grupos de salvamento na mina;

j) controles médicos periódicos da aptidão e, inclusive, treinamento periódico dos integrantes dos citados grupos;

k) assistência prestada por equipe médica, inclusive transporte, aos trabalhadores vitimados por lesão ou doença no local de trabalho – sem qualquer ônus para estes;

l) coordenação com as autoridades locais;

m) medidas destinadas a promover a cooperação internacional nesse setor de atividade.

9. O previsto na letra b) do item 4 do Artigo 5 da Convenção poderá abranger as especificações e as normas relativas ao tipo de equipamentos de autossalvamento a serem fornecidos e, em especial, quando se tratar de minas expostas a escapamentos repentinos de gás, assim como de outros tipos de minas, quando necessário, o fornecimento de aparelhos respiratórios individuais.

10. Na legislação nacional deverão estar incluídas medidas referentes à utilização e à manutenção da aparelhagem de controle a distância, em condições de segurança.

11. A legislação nacional deverá especificar que ao empregador caberá adotar as medidas apropriadas à proteção dos trabalhadores que realizam suas tarefas sozinhos ou isolados.

II. MEDIDAS DE PREVENÇÃO E PROTEÇÃO NA MINA

12. Caberá ao empregador avaliar os perigos e analisar os riscos, para elaboração e aplicação, o que convier, dos respectivos sistemas de monitoramento.

13. De conformidade com a letra c) do Artigo 7 da Convenção, o empregador deverá adotar todas as medidas adequadas à manutenção da estabilidade do terreno, mediante:

a) vigilância e controle da movimentação dos sedimentos;

b) providências para uma eficaz sustentação da cobertura (abóbada), das paredes e do solo das obras, salvo nas áreas em que os métodos de extração selecionados permitam o desmoronamento controlado do terreno;

c) vigilância e controle das paredes das minas a céu aberto, a fim de evitar queda ou deslizamento de cascalho durante a escavação, bem como expor os trabalhadores a situações de perigo; e

d) segurança de que as represas, os depósitos de decantação de resíduos ou qualquer outro tipo de depósito estejam bem planejados, construídos e observados, para prevenir deslizamentos ou desmoronamentos.

14. Em consonância com o disposto na letra d) do Artigo 7 da Convenção, as vias de saída deverão ser as mais livres possíveis, devendo ser adotadas medidas, inclusive com o fornecimento do equipamento necessário, para garantir pronta e segura evacuação dos trabalhadores em caso de perigo.

15. Nos termos da letra f) do Artigo 7 da Convenção, todas as explorações mineradoras subterrâneas às quais os mineiros tenham acesso, assim como outras áreas,

Legislação Complementar

conforme o caso, deverão ser ventiladas de maneira adequada à manutenção de uma atmosfera:

a) em que tenha sido eliminado ou reduzido ao mínimo o risco de explosão;

b) em que as condições de trabalho sejam adequadas, considerados os métodos de trabalho utilizados e o esforço físico a que se sujeitam os trabalhadores, e

c) cuja qualidade se ajuste às normas nacionais sobre resíduos em suspensão, gases, radiações e condições climáticas; quando não houver normas nacionais sobre o assunto, o empregador deverá levar em conta as normas internacionais.

16. Os riscos especiais mencionados na letra g) do Artigo 7 da Convenção e que exigem plano de ação e procedimentos específicos, poderão consistir em:

a) incêndios e explosões nas minas;

b) escapamento instantâneo de gás;

c) irrupção de água e de materiais semissólidos;

e) desprendimento de rochas;

f) movimentos sísmicos na área de trabalho;

g) riscos relacionados com o trabalho realizado nas proximidades de escavações perigosas ou em condições geológicas particularmente difíceis;

h) falha na ventilação.

17. As providências passíveis de serem adotadas pelos empregadores, em função do disposto na letra h) do Artigo 7 da Convenção deverão incluir, conforme o caso, a proibição de que as pessoas levem consigo, para a área de exploração subterrânea, qualquer objeto ou substância capaz de provocar incêndios, explosões ou outros acidentes perigosos.

18. De conformidade com o definido na letra i) do Artigo 7 da Convenção, as instalações mineiras deverão contar, sempre que necessário, com suficiente quantidade de locais incombustíveis, independentes, para servir de refúgio aos trabalhadores em situações de emergência. Tais refúgios deverão ser facilmente identificáveis e acessíveis, em especial em condições de pouca visibilidade.

19. O plano de ação em situações de emergência, previsto no Artigo 8 da Convenção, poderia compreender:

a) esquemas específicos nas áreas de demarcação;

b) dispositivos para interrupção das atividades e evacuação dos trabalhadores;

c) treinamento adequado sobre os procedimentos de emergência e a utilização dos equipamentos;

d) adequada proteção da população e do meio ambiente;

e) fornecimento de informações – com realização de consultas, se for o caso -a organismos e organizações pertinentes.

20. Os fatores de risco referidos no Artigo 9 da Convenção poderão consistir em:

a) poeira ambiental;

b) gases inflamáveis, tóxicos, nocivos e de outro tipo presentes nas minas;

c) vapores e substâncias perigosas;

d) gases de escapamento de motores a diesel;

e) falta de oxigênio;

f) radiações procedentes dos estratos rochosos, dos equipamentos e de outras fontes;

g) ruído e vibrações;

h) temperaturas extremas;

i) excesso de umidade;

j) insuficiência de iluminação ou de ventilação;

k) os resultantes de trabalhos a grande altura, a grande profundidade ou em espaços confinados;

l) os associados à manipulação de ferramentas ou equipamentos;

m) os relacionados com a utilização de máquinas e com instalações elétricas;

n) os decorrentes da combinação de qualquer dos riscos mencionados.

21. As medidas previstas no Artigo 9 da Convenção poderão compreender:

a) dispositivos de caráter técnico e organizacional aplicáveis às atividades mineradoras ou às instalações, máquinas, equipamentos, acessórios ou estruturas;

b) quando não for possível recorrer aos dispositivos citados na letra a), acima, outras medidas eficazes, inclusive utilização de equipamentos de proteção individual e de roupas especiais de proteção, sem ônus para o trabalhador;

c) quando identificados riscos e perigos para a função reprodutora, treinamento e adoção de disposições específicas de caráter técnico e organizacional, inclusive, conforme o caso, direito à transferência para outras tarefas, sem redução de salário, especialmente durante períodos tais como gravidez e amamentação, quando o organismo se torna mais vulnerável a riscos;

d) vigilância e inspeções periódicas das áreas que ofereçam riscos ou passíveis de apresentar riscos.

22. O equipamento e outros dispositivos de proteção referidos na letra c) do Artigo 9 da Convenção poderão abranger:

a) estruturas de proteção contra tombamento ou queda de objetos;

b) cintos e roupas especiais;

c) compartimentos estanques pressurizados;

d) refúgios independentes, para salvamento;

e) duchas de socorro e outras fontes, para lavagem dos olhos.

23. Na aplicação do definido na letra b) do Artigo 10 da Convenção, aos empregadores caberá:

a) certificar-se de que são inspecionados de modo adequado todos os locais de trabalho na mina, particularmente as condições climáticas, as condições de solo, o maquinário, o equipamento e seus acessórios, incluídas, quando necessário, inspeções antes de cada turno, e

b) proceder ao registro das inspeções realizadas, das deficiências eventualmente detectadas e das respectivas medidas corretivas, tendo-o sempre à disposição na mina;

24. Conforme o caso, a vigilância sanitária referida no Artigo 11 da Convenção deverá abranger, sem ônus para o trabalhador e sem que este seja objeto de qualquer tipo de discriminação ou represália:

a) a possibilidade de que seja realizado um exame médico na admissão e exames médicos periódicos, em relação às tarefas que tenha de executar, e

b) quando possível, a reintegração ou a reabilitação dos trabalhadores que não estejam em condições de realizar suas tarefas normais devido a alguma lesão ou doença profissional.

25. De acordo com o definido na letra e) do item 4 do Artigo 5 da Convenção, os empregadores deverão, conforme o caso, facilitar e manter, sem ônus para os trabalhadores:

a) banheiros, duchas, lavabos e vestiários adequados e em número suficiente, separados, se for o caso, para homens e mulheres;

b) instalações adequadas para guarda, lavagem e secagem de roupa;

c) suficiente volume de água potável, em locais convenientes; e

d) locais apropriados e higiênicos para alimentação.

III. DIREITOS E OBRIGAÇÕES DOS TRABALHADORES E SEUS REPRESENTANTES

26. Tendo em vista o disposto no Artigo 13 da Convenção, os trabalhadores e seus representantes em questões de segurança e saúde deverão, sempre que oportuno, ter à sua disposição informações que deverão incluir:

a) quando for o caso, comunicado sobre qualquer visita à mina de representante da autoridade competente e relacionada com a segurança e a saúde;

b) relatórios sobre as inspeções efetuadas pela autoridade competente ou pelo empregador, inclusive no que se refere às inspeções do maquinário e dos equipamentos;

c) cópias das ordens ou instruções que digam respeito à segurança e à saúde emitidas pela autoridade competente;

d) informes elaborados pela autoridade competente, ou pelo empregador, acerca de acidentes, lesões, casos de menosprezo à saúde e incidentes que envolvam segurança e saúde;

e) dados e comunicados acerca de todos os riscos eventualmente existentes na área de trabalho, inclusive os relacionados com material, substâncias ou agentes perigosos, tóxicos ou nocivos utilizados na mina;

f) qualquer outra documentação relativa à segurança e à saúde e que o empregador deva conservar;

g) comunicação imediata dos acidentes e outros incidentes que envolvam perigo; e

h) exames médicos realizados em função dos riscos presentes no local de trabalho.

27. Os dispositivos aprovados em consonância com o definido na letra e) do item 1 do Artigo 13 da Convenção poderão prever:

a) comunicação aos supervisores e aos representantes da área de segurança e da saúde sobre o perigo a que se refere o dispositivo acima citado;

b) participação de representantes credenciados dos empregadores e de representantes dos trabalhadores quando da busca de soluções;

c) intervenção, quando necessário, de um representante da autoridade competente, para ajudar na solução de problemas;

d) preservação do salário do trabalhador e, se for o caso, transferência deste para outra função;

e) comunicação a qualquer trabalhador solicitado a trabalhar na área em questão sobre a recusa de outro trabalhador em fazê-lo, como também acerca das razões de tal recusa.

28. Na aplicação do disposto no item 2 do Artigo 13 da Convenção, os direitos dos representantes em questões de segurança e saúde deverão incluir, conforme o caso, o direito a:

a) receber treinamento adequado durante a jornada de trabalho, sem redução de salário, a fim de que tomem conhecimento de seus direitos e de suas atribuições na qualidade de representantes de segurança e saúde, bem como das questões relacionadas com a segurança e com a saúde;

b) dispor de instalações adequadas para o exercício de suas funções;

c) receber seu salário normal durante o tempo dedicado ao exercício de seus direitos e funções, e

d) prestar assistência e assessoria a qualquer trabalhador que se tenha retirado de seu local de trabalho por considerá-lo um risco à sua segurança e à sua saúde.

29. Os representantes em questões de segurança e saúde deverão, quando for o caso, anunciar com a devida antecedência, ao empregador, sua intenção de supervisionar ou investigar questões relativas à segurança e à saúde, de conformidade com o previsto na letra b) do item 2 do Artigo 13 da Convenção.

30. 1) Toda pessoa terá o dever de:

a) abster-se de desconectar, trocar ou retirar de maneira arbitrária os dispositivos de segurança instalados em máquinas, equipamentos, acessórios, ferramentas, instalações e edifícios, e

b) utilizar corretamente tais dispositivos de segurança.

2) Os empregadores terão a obrigação de facilitar treinamento e instruções adequadas aos trabalhadores, a fim de que estes possam cumprir com os deveres descritos no subitem 1), acima.

IV. COOPERAÇÃO

31. As medidas destinadas a fomentar a cooperação prevista no Artigo 15 da Convenção deverão incluir:

a) criação de mecanismos de cooperação, tais como comitês de segurança e saúde, com representação paritária de empregadores e trabalhadores e com os poderes e as funções que lhes são inerentes, inclusive realizar inspeções conjuntas;

b) indicação, pelo empregador, de pessoas que possuam qualificações e experiência adequadas à promoção da segurança e da saúde;

c) treinamento dos trabalhadores e de seus representantes em questões de segurança e saúde;

d) implantação, de maneira permanente, de programas de conscientização em matéria de segurança e saúde para os trabalhadores;

e) permanente intercâmbio de informações e experiência sobre segurança e saúde nas minas;

f) consulta do empregador aos trabalhadores e seus representantes, quando da implementação de políticas e procedimentos em matéria de segurança e saúde;

g) inclusão, pelo empregador, de representantes dos trabalhadores nas investigações de acidentes e incidentes perigosos, previstos na letra d) do Artigo 10 da Convenção.

V. OUTRAS DISPOSIÇÕES

32. Não deverá ocorrer nenhum tipo de discriminação ou represália contra o trabalhador que exerça os direitos que lhe são conferidos pela legislação nacional ou os que tenham sido fixados mediante acordo entre empregadores e trabalhadores e seus representantes.

33. Deverá ser prestada a necessária atenção às consequências que da atividade mineradora possam resultar para o meio ambiente circundante e para a segurança da população. Em particular, deverão ser bem controlados os desmoronamentos, as vibrações e os desprendimentos de rochas, bem como os agentes poluidores da água, do ar ou do solo, além de ser efetuado um seguro e eficaz gerenciamento do descarte de escombros e da restauração dos locais da mineração.

Anexo LXXIV

CONVENÇÃO N. 167 E A RECOMENDAÇÃO N. 175 DA OIT SOBRE A SEGURANÇA E SAÚDE NA CONSTRUÇÃO

A Conferência Geral da Organização Internacional do Trabalho.

Convocada em Genebra pelo Conselho de Administração da Repartição Internacional do Trabalho e tendo ali se reunido em 1 de junho de 1988, em sua septuagésima quinta sessão;

Observando as Convenções e Recomendações internacionais do trabalho sobre a matéria e, em particular, a Convenção e Recomendação sobre as prescrições de segurança (edificação), 1937; a Recomendação sobre colaboração para prevenir os acidentes (edificações), 1937; a Convenção e a Recomendação sobre proteção de maquinaria, 1963; a Convenção e a Recomendação sobre o peso máximo, 1967; a Convenção e a Recomendação sobre o câncer profissional, 1974; a Convenção e a Recomendação sobre o meio ambiente no trabalho (poluição do ar, ruído e vibrações), 1977; a Convenção e a Recomendação sobre segurança e saúde dos trabalhadores, 1981; a Convenção e Recomendação sobre os serviços de saúde no trabalho, 1985; a Convenção e a Recomendação sobre os asbestos, 1986 e lista de doenças profissionais, na sua versão modificada de 1980, anexada à Convenção sobre os benefícios no caso de acidentes do trabalho, 1964;

Após ter decidido adotar diversas propostas sobre a segurança e a saúde na construção, que constitui o quarto item da agenda da sessão, e

Após ter decidido que essas propostas deveriam tomar a forma de uma Convenção internacional que revise o Convênio sobre as prescrições de segurança (edificação), 1937,

Adota, neste vigésimo dia de junho de mil novecentos e oitenta e oito, a presente Convenção, que poderá ser citada como a Convenção sobre Segurança e Saúde na Construção, 1988:

I. ÁREA DE APLICAÇÃO E DEFINIÇÕES

Artigo 1º

1. A presente Convenção aplica-se a todas as atividades de construção, isto é, os trabalhos de edificação, as obras públicas e os trabalhos de montagem e desmonte, inclusive qualquer processo, operação e transporte nas obras, desde a preparação das obras até a conclusão do projeto.

2. Todo membro que ratificar a presente Convenção poderá, mediante prévia consulta com as organizações mais representativas de empregadores e de trabalhadores interessadas, se houver, excluir da aplicação da Convenção ou de algumas das suas aplicações determinados ramos de atividade econômica ou empresas a respeito das quais sejam expostos problemas especiais que possuam certa importância, sob a condição de se garantir mais um meio ambiente de trabalho seguro e saudável.

3. A presente Convenção aplica-se também aos trabalhadores autônomos que a legislação nacional possa designar.

Artigo 2º

Para os fins da presente Convenção:

a) a expressão "construção" abrange:

i) a edificação, incluídas as escavações e a construção, as transformações estruturais, a renovação, o reparo, a manutenção (incluindo os trabalhos de limpeza e pintura) e a demolição de todo tipo de edifícios e estruturas;

ii) as obras públicas, inclusive os trabalhos de escavações e a construção, transformação estrutural, reparo, manutenção e demolição de, por exemplo, aeroportos, embarcadouros, portos, canais, reservatórios, obras de prevenção contra as águas fluviais e marítimas e avalanches, estradas e autoestradas, ferrovias, pontes, túneis, viadutos e obras relacionadas com a prestação de serviços, como comunicações, captação de águas pluviais, esgotos e fornecimentos de água e energia;

iii) a montagem e o desmonte de edifícios e estruturas a base de elementos pré-fabricados, bem como a fabricação desses elementos nas obras ou nas suas imediações;

b) a expressão "obras" designa qualquer lugar onde sejam realizados quaisquer dos trabalhos ou operações descritos no item (a), anterior;

c) a expressão "local de trabalho" designa todos os sítios onde os trabalhadores devem estar ou para onde devam estar ou para onde devam se dirigir devido ao seu trabalho e que se encontrem sob o controle de um empregador no sentido do item (e);

d) a expressão "trabalhador" designa qualquer pessoa empregada na construção;

e) a expressão "empregador" designa:

i) qualquer pessoa física ou jurídica que emprega um ou vários trabalhadores em uma obra; e

ii) segundo for o caso, o empreiteiro principal, o empreiteiro e o subempreiteiro;

f) a expressão "pessoa competente" designa a pessoa possuidora de qualificações adequadas, tais como formação apropriada e conhecimentos, experiência e aptidões suficientes para executar funções específicas em condições de segurança. As autoridades competentes poderão definir os critérios para a designação dessas pessoas e determinar as obrigações que devam ser a elas atribuídas;

g) a expressão "andaimes" designa toda estrutura provisória fixa, suspensa ou móvel, e os componentes em que ela se apoie, a qual sirva de suporte para os trabalhadores e materiais ou permita o acesso a essa estrutura, excluindo-se os aparelhos elevadores definidos no item (h);

h) a expressão "aparelho elevador" designa todos os aparelhos, fixos ou móveis, utilizados para içar ou descer pessoas ou cargas;

i) a expressão "acessório içamento" designa todo mecanismo ou equipamento por meio do qual seja possível segurar uma carga ou um aparelho elevador, mas que não seja parte integrante do aparelho nem da carga.

II. DISPOSIÇÕES GERAIS

Artigo 3º

Dever-se-á consultar as organizações mais representativas de empregadores e de trabalhadores acerca das medidas que serão necessárias adotar para levar a efeito as disposições do presente Convênio.

Artigo 4º

Todo membro que ratificar a presente Convenção compromete-se, com base em uma avaliação dos riscos que existam para a segurança e a saúde, a adotar e manter em vigor legislação que assegure a aplicação das disposições da Convenção.

Artigo 5º

1. A legislação que for adotada em conformidade com o Artigo 4º da presente Convenção poderá prever a sua aplicação prática mediante normas técnicas ou repertórios de recomendações práticas ou por outros métodos apropriados, em conformidade com as condições e a prática nacionais.

2. Ao levar a efeito o Artigo 4º da presente Convenção e o parágrafo 1 do presente Artigo, todo membro deverá levar na devida conta as normas pertinentes adaptadas pelas organizações internacionais reconhecidas na área de normalização.

Artigo 6º

Deverão ser adotadas medidas para assegurar a cooperação entre empregadores e trabalhadores, em conformidade com as modalidades que a legislação nacional definir, a fim de fomentar a segurança e a saúde nas obras.

Artigo 7º

A legislação nacional deverá prever que os empregadores e os trabalhadores autônomos estarão obrigados a cumprir no local de trabalho as medidas prescritas em matéria de segurança e saúde.

Artigo 8º

1. Quando dois ou mais empregadores estiverem realizando atividades simultaneamente na mesma obra:

a) a coordenação das medidas prescritas em matéria de segurança e saúde e, na medida em que for compatível com a legislação nacional, a responsabilidade de zelar pelo cumprimento efetivo de tais medidas recairá sobre o empreiteiro principal ou sobre outra pessoa ou organismo que estiver exercendo controle efetivo ou tiver a principal responsabilidade pelo conjunto de atividades na obra;

b) quando o empreiteiro principal, ou a pessoa ou organismo que estiver exercendo o controle efetivo ou tiver a responsabilidade principal pela obra não estiver presente no local de trabalho deverá, na medida em que isso for compatível com a legislação nacional, atribuir a uma pessoa ou um organismo competente, presente na obra, a autoridade e os meios necessários para assegurar no seu nome a coordenação e a aplicação das medidas no item (a);

c) cada empregador será responsável pela aplicação das medidas prescritas aos trabalhadores sob a sua autoridade.

2. Quando empregadores ou trabalhadores autônomos realizarem atividades simultaneamente em uma mesma obra terão a obrigação de cooperarem na aplicação das medidas prescritas em matéria de segurança e saúde que a legislação nacional determinar.

Artigo 9º

As pessoas responsáveis pela concepção e o planejamento de um projeto de construção deverão levar em consideração a segurança e a saúde dos trabalhadores da construção, em conformidade com a legislação e a prática nacionais.

Artigo 10

A legislação nacional deverá prever que em qualquer local de trabalho os trabalhadores terão o direito e o dever de participarem no estabelecimento de condições seguras de trabalho na medida em que eles controlem o equipamento e os métodos de trabalho adotados, naquilo que estes possam afetar a segurança e a saúde.

Artigo 11

A legislação nacional deverá estipular que os trabalhadores terão a obrigação de:

a) cooperar da forma mais estreita possível com seus empregadores na aplicação das medidas prescritas em matéria de segurança e de saúde;

b) zelar razoavelmente pela sua própria segurança e saúde e aquela de outras pessoas que possam ser afetadas pelos seus atos ou omissões no trabalho;

c) utilizar os meios colocados à sua disposição e não utilizar de forma indevida nenhum dispositivo que lhes tiver sido proporcionado para sua própria proteção ou proteção dos outros;

d) informar sem demora ao seu superior hierárquico imediato e ao delegado de segurança dos trabalhadores, se houver, sobre qualquer situação que a seu ver possa conter riscos e que não possam contornar adequadamente eles mesmos;

e) cumprir as medidas prescritas em matéria de segurança e saúde.

Artigo 12

1. A legislação nacional deverá estabelecer que todo trabalhador terá o direito de se afastar de uma situação de perigo quando tiver motivos razoáveis para acreditar que essa situação contém risco imediato e grave para a sua segurança e sua saúde, e a obrigação de informar o fato sem demora ao seu superior hierárquico.

2. Quando existir um risco iminente para a segurança dos trabalhadores, o empregador deverá adotar medidas imediatas para interromper as atividades e, se for necessário, providenciar a evacuação dos trabalhadores.

III. MEDIDAS DE PREVENÇÃO E PROTEÇÃO

Artigo 13

SEGURANÇA NOS LOCAIS DE TRABALHO

1. Deverão ser adotadas todas as precauções adequadas para garantir que todos os locais de trabalho sejam seguros e estejam isentos de riscos para a segurança e saúde dos trabalhadores.

2. Deverão ser facilitados, mantidos em bom estado e sinalizados, onde for preciso, meios seguros de acesso e de saída em todos os locais de trabalho.

3. Deverão ser adotadas todas as precauções adequadas para proteger as pessoas presentes em uma obra, ou em suas imediações, de todos os riscos que possam se derivar da mesma.

Artigo 14

ANDAIMES E ESCADAS DE MÃO

1. Quando o trabalho não puder ser executado com plena segurança no nível do chão ou a partir do chão ou de uma parte de um edifício ou de outra estrutura permanente, deverão ser montados e mantidos em bom estado andaimes seguros e adequados ou se recorrer a qualquer outro meio igualmente seguro e adequado.

2. Havendo falta de outros meios seguros de acesso a locais de trabalho em pontos elevados, deverão ser proporcionadas escadas de mão adequadas e de boa qualidade. Elas deverão estar convenientemente presas para impedir todo movimento involuntário.

3. Todos os andaimes e escadas de mão deverão ser construídos e utilizados em conformidade com a legislação nacional.

4. Os andaimes deverão ser inspecionados por uma pessoa competente nos casos e nos momentos prescritos pela legislação nacional.

Artigo 15

APARELHOS ELEVADORES E ACESSÓRIOS DE IÇAMENTO

1. Todo aparelho elevador e todo acessório de içamento, inclusive seus elementos constitutivos, peças para fixação e ancoragem e suportes deverão:

a) ser bem projetados e construídos, estar fabricados com materiais de boa qualidade e ter a resistência apropriada para o uso ao qual estejam destinados;

b) ser instalados e utilizados corretamente;

c) ser mantidos em bom estado de funcionamento;

d) ser examinados e submetidos a teste por pessoa competente nos momentos e nos casos prescritos pela legislação nacional; os resultados dos exames e testes devem ser registrados;

e) ser manipulados pelos trabalhadores que tiverem recebido treinamento adequado em conformidade com a legislação nacional.

2. Não deverão ser içadas, descidas nem transportadas pessoas por meio de nenhum aparelho elevador, a não ser que ele tenha sido construído e instalado com esse objetivo, em conformidade com a legislação nacional, exceto no caso de uma situação de urgência em que for preciso evitar riscos de ferimentos graves ou acidente mortal, quando o aparelho elevador puder ser utilizado com absoluta segurança.

Artigo 16

VEÍCULOS DE TRANSPORTE E MAQUINARIA DE MOVIMENTAÇÃO DE TERRA E DE MANIPULAÇÃO DE MATERIAIS

1. Todos os veículos e toda a maquinaria de movimentação de terra e de manipulação de materiais deverão:

a) ser bem projetados e construídos, levando em conta, na medida do possível, os princípios de ergonomia;

b) ser mantidos em bom estado;

c) ser corretamente utilizados;

d) ser manipulados por trabalhadores que tiverem recebido treinamento adequado em conformidade com a legislação nacional.

2. Em todas as obras em que forem utilizados veículos e maquinaria de movimentação de terra ou de manipulação de materiais:

a) deverão ser facilitadas vias de acesso seguras e apropriadas para eles;

b) deverá ser organizado e controlado o trânsito de forma a garantir sua utilização em condições de segurança.

Artigo 17

INSTALAÇÕES, MÁQUINAS, EQUIPAMENTOS E FERRAMENTAS MANUAIS

1. As instalações, as máquinas e os equipamentos, inclusive as ferramentas manuais, sejam ou não acionadas por motor, deverão:

a) ser bem projetadas e construídas, levando em conta, na medida do possível, os princípios de ergonomia;

b) ser mantidos em bom estado;

c) ser utilizados exclusivamente nos trabalhos para os quais foram concebidos, a não ser que a sua utilização para outros fins, diversos daqueles inicialmente previstos, tenha sido objeto de uma avaliação completa por parte de pessoa competente que tenha concluído que essa utilização não apresente riscos;

d) ser manipulados pelos trabalhadores que tenham recebido treinamento apropriado.

2. Nos casos apropriados, o fabricante ou o empregador fornecerá instruções adequadas para uma utilização segura, em forma inteligível para os usuários.

3. As instalações e os equipamentos a pressão deverão ser examinados e submetidos a teste por pessoa competente, nos casos e momentos prescritos pela legislação nacional.

Artigo 18

TRABALHOS NAS ALTURAS, INCLUINDO OS TELHADOS

1. Sempre que for necessário para prevenir um risco, ou quando a altura da estrutura ou seu declive ultrapassarem o que for determinado pela legislação nacional, deverão ser adotadas medidas preventivas para evitar quedas de trabalhadores e de ferramentas ou outros materiais ou objetos.

2. Quando os trabalhadores precisarem trabalhar próximos ou sobre telhados ou qualquer outra superfície revestida com material frágil através do qual possam cair, deverão ser adotadas medidas preventivas para que eles não pisem inadvertidamente nesse material frágil ou possam cair através dele.

Artigo 19

ESCAVAÇÕES, POÇOS, ATERROS, OBRAS SUBTERRÂNEAS E TÚNEIS

Nas escavações, poços, aterros, obras subterrâneas ou túneis deverão ser tomadas precauções adequadas:

a) colocando o escoramento adequado ou recorrendo a outros meios para evitar que os trabalhadores tenham risco de desabamento ou desprendimento de terra, rochas ou outros materiais;

b) para prevenir os perigos de quedas de pessoas, materiais ou objetos, ou irrupção de água na escavação, poço, aterro, obra subterrânea ou túnel;

c) para assegurar ventilação suficiente em todos os locais de trabalho a fim de se manter uma atmosfera pura, apta para a respiração, e de se manter a fumaça, gases, vapores, poeira ou outras impurezas em níveis que não sejam perigosos ou nocivos para a saúde e estejam de acordo com os limites fixados pela legislação nacional;

d) para que os trabalhadores possam se colocar a salvo no caso de incêndio ou de uma irrupção de água ou de materiais;

e) para evitar aos trabalhadores riscos derivados de eventuais perigos subterrâneos, particularmente a circulação de fluídos ou a existência de bolsões de gás, procedendo à realização de pesquisas apropriadas a fim de localizá-los.

Artigo 20

PRÉ-BARRAGENS E CAIXÕES DE AR COMPRIMIDO

1. As pré-barragens e os caixões de ar comprimido deverão:

a) ser bem construídos, estar fabricados com materiais apropriados e sólidos e ter suficiente resistência;

b) estar providos de meios que permitam aos trabalhadores se pôr a salvo no caso de irrupção de água ou de materiais.

2. A construção, a colocação, a modificação ou o desmonte de uma pré-barragem ou caixão de ar comprimido deverão ser realizados exclusivamente sob a supervisão direta de pessoa competente.

3. Todas as pré-barragens e os caixões de ar comprimido serão examinados por pessoa competente, a intervalos prescritos.

Artigo 21

TRABALHOS EM AR COMPRIMIDO

1. Os trabalhos em ar comprimido deverão ser realizados exclusivamente nas condições prescritas pela legislação nacional.

2. Os trabalhos em ar comprimido deverão ser realizados exclusivamente por trabalhadores cuja aptidão física tiver sido comprovada mediante exame médico, e na presença de pessoa competente para supervisionar o desenvolvimento das operações.

Artigo 22

ARMAÇÕES E FORMAS

1. A montagem de armações e dos seus elementos, de formas, de escoras e de escapamentos somente deverá ser realizada sob a supervisão de pessoa competente.

2. Deverão ser tomadas precauções adequadas para proteger os trabalhadores dos riscos devidos à fragilidade ou instabilidade temporárias de uma estrutura.

3. As formas, os escoramentos e os escapamentos deverão ser projetados, construídos e conservados de maneira a sustentarem com segurança todas as cargas a que possam ser submetidos.

Artigo 23

TRABALHOS POR CIMA DE UMA SUPERFÍCIE DE ÁGUA

Quando forem realizados trabalhos por cima ou na proximidade de uma superfície de água deverão ser adotadas disposições adequadas para:

a) impedir que os trabalhadores possam cair na água;

b) salvar qualquer trabalhador em perigo de afogamento;

c) proporcionar meios de transporte seguros e suficientes.

Artigo 24

TRABALHOS DE DEMOLIÇÃO

Quando a demolição de um prédio ou estrutura possa conter riscos para os trabalhadores ou para o público:

a) serão tomadas precauções e serão adotadas métodos e procedimentos apropriados, inclusive aqueles necessários para a remoção de rejeitos ou resíduos, em conformidade com a legislação nacional;

b) os trabalhos deverão ser planejados e executados exclusivamente sob a supervisão de pessoa competente.

Artigo 25

ILUMINAÇÃO

Em todos os locais de trabalho ou em qualquer outro local de obra por onde o trabalhador tiver que passar deverá haver iluminação suficiente e apropriada, incluindo, quando for o caso, luminárias portáteis.

Artigo 26

ELETRICIDADE

1. Todos os equipamentos e instalações elétricas deverão ser construídos, instalados e conservados por pessoa competente, e utilizados de maneira a prevenir qualquer perigo.

2. Antes de se iniciar obras de construção, bem como durante a sua execução, deverão ser adotadas medidas adequadas para verificar a existência de algum cabo ou aparelho elétrico sob tensão nas obras, por cima ou sob elas, e prevenir qualquer risco que a sua existência possa implicar para os trabalhadores.

3. A colocação e a manutenção de cabos e aparelhos elétricos nas obras deverão responder às normas e regras técnicas aplicadas em nível nacional.

Artigo 27

EXPLOSIVOS

Os explosivos somente deverão ser guardados, transportados, manipulados ou utilizados:

a) nas condições prescritas pela legislação nacional;

b) por pessoa competente, que deverá adotar as medidas necessárias para evitar qualquer risco de lesões para os trabalhadores e para outras pessoas.

Artigo 28

RISCOS PARA A SAÚDE

1. Quando um trabalhador possa estar exposto a qualquer risco químico, físico, ou biológico, em grau que possa resultar perigoso para sua saúde, deverão ser tomadas medidas apropriadas de prevenção à exposição.

2. A exposição referida no parágrafo 1 do presente Artigo deverá ser prevenida:

a) substituindo as substâncias perigosas por substâncias inofensivas ou menos perigosas, sempre que isso for possível; ou

b) aplicando medidas técnicas à instalação, à maquinaria, aos equipamentos ou aos processos; ou

c) quando não for possível aplicar os itens (a) nem (b), recorrendo a outras medidas eficazes, particularmente ao uso de roupas e equipamentos de proteção pessoal.

3. Quando trabalhadores precisarem penetrar em uma zona onde possa haver uma substância tóxica ou nociva, ou cuja atmosfera possa ser deficiente em oxigênio ou ser inflamável, deverão ser adotadas medidas adequadas para prevenir todos os riscos.

4. Não deverão ser destruídos nem eliminados de outra forma os materiais residuais nas obras se isso puder ser prejudicial para a saúde.

Artigo 29

PRECAUÇÕES CONTRA INCÊNDIOS

1. O empregador deverá adotar todas as medidas adequadas para:

a) evitar o risco de incêndio;

b) extinguir rápida e eficazmente qualquer surto de incêndio;

c) assegurar a evacuação rápida e segura das pessoas.

2. Deverão ser previstos meios suficientes e apropriados para se armazenar líquidos, sólidos e gases inflamáveis.

Artigo 30

ROUPAS E EQUIPAMENTOS DE PROTEÇÃO PESSOAL

1. Quando não for possível garantir por outros meios a proteção adequada contra riscos de acidentes ou danos para a saúde, inclusive aqueles derivados da exposição a condições adversas, o empregador deverá proporcionar e manter, sem custo para os trabalhadores, roupas e equipamentos de proteção pessoal adequados aos tipos de trabalho e riscos, em conformidade com a legislação nacional.

2. O empregador deverá proporcionar aos trabalhadores os meios adequados para possibilitar o uso dos equipamentos de proteção pessoal e assegurar a correta utilização dos mesmos.

3. As roupas e os equipamentos de proteção pessoal deverão estar ajustados às normas estabelecidas pela autoridade competente, levando em conta, na medida do possível, os princípios de ergonomia.

4. Os trabalhadores terão a obrigação de utilizar e tratar de maneira adequada as roupas e os equipamentos de proteção pessoal que lhes sejam fornecidos.

Artigo 31

PRIMEIROS SOCORROS

O empregador será responsável por garantir em todo momento a disponibilidade de meios adequados e de pessoal com formação adequada para prestar os primeiros socorros. Deverão ser tomadas as providências necessárias para garantir a remoção dos trabalhadores feridos, no caso de acidentes, ou tomados de mal súbito para poder proporcionar aos mesmos a assistência médica necessária.

Artigo 32

BEM-ESTAR

1. Em toda obra ou a distância razoável da mesma dever-se-á dispor de abastecimento suficiente de água potável.

2. Em toda obra ou a distância razoável da mesma, e em função do número de trabalhadores e da duração do trabalho, deverão ser proporcionados e mantidos os seguintes serviços.

a) instalações sanitárias e de higiene pessoal;

b) instalação para mudar de roupa e para guardá-la e secá-la;

c) locais para refeições e para o abrigo durante interrupções do trabalho provocadas pela intempérie.

3. Deveriam ser previstas instalações sanitárias e de higiene pessoal separadamente para os trabalhadores e as trabalhadoras.

Artigo 33

INFORMAÇÃO E FORMAÇÃO

Dever-se-á facilitar aos trabalhadores, de maneira suficiente e adequada:

a) informação sobre os riscos para sua segurança e sua saúde aos quais possam estar expostos nos locais de trabalho;

b) instrução e formação sobre os meios disponíveis para prevenirem e controlarem esses riscos e se protegerem dos mesmos.

Artigo 34

NOTIFICAÇÃO DE ACIDENTES E DOENÇAS

A legislação nacional deverá estipular que os acidentes e doenças profissionais sejam notificados à autoridade competente dentro de um prazo.

IV. APLICAÇÃO

Artigo 35

Cada Membro deverá:

a) adotar as medidas necessárias, inclusive o estabelecimento de sanções e medidas corretivas apropriadas, para garantir a aplicação efetiva das disposições da presente Convenção;

b) organizar serviços de inspeção apropriados para supervisionar a aplicação das medidas que forem adotadas em conformidade com a Convenção e dotar esses serviços com os meios necessários para realizar a sua tarefa, ou verificar que inspeções adequadas estejam sendo efetuadas.

V. DISPOSIÇÕES GERAIS

Artigo 36

A presente Convenção revisa a Convenção sobre as prescrições de segurança (edificação), 1937.

Artigo 37

As ratificações formais da presente Convenção serão comunicadas para seu registro, ao Diretor-Geral da Repartição Internacional do Trabalho.

Artigo 38

1. Esta Convenção obrigará somente àqueles Membros da Organização Internacional do Trabalho cujas retificações tenham sido registradas pelo Diretor-Geral.

2. Entrará em vigor doze meses após a data em que as ratificações de dois Membros tenham sido registradas pelo Diretor-Geral.

3. A partir do referido momento, esta Convenção entrará em vigor, para cada Membro, doze meses após a data em que tiver sido registrada a sua ratificação.

Artigo 39

1. Todo Membro que tenha ratificado esta Convenção poderá denunciá-la no final de um período de dez anos, a partir da data em que tiver entrado inicialmente em vigor, mediante ato comunicado ao Diretor-Geral da Repartição Internacional do Trabalho e por ele registrada. A denúncia só surtirá efeito um ano após a data em que tiver sido registrada.

2. Todo Membro que tenha ratificado esta Convenção e que, no prazo de um ano após a expiração do período de dez anos, mencionado no parágrafo precedente, não fizer uso do direito de denúncia previsto neste Artigo, ficará obrigado durante um novo período de dez anos e, posteriormente, poderá denunciar a presente Convenção ao expirar cada período de dez anos, nas condições previstas no presente Artigo.

Artigo 40

1. O Diretor-Geral da Repartição Internacional do Trabalho notificará a todos os Membros da Organização Internacional do Trabalho o registro de todas as ratificações, declarações e denúncias que lhe sejam comunicadas pelos Membros da Organização.

2. Ao notificar aos Membros da Organização o registro da segunda ratificação que lhe tenha sido comunicada, o Diretor-Geral chamará a atenção dos Membros da Organização para a data de entrada em vigor da presente Convenção.

Artigo 41

O Diretor-Geral da Repartição Internacional do Trabalho comunicará ao Secretário-Geral das Nações Unidas, para fins de registro e em conformidade com o Artigo 102 da Carta das Nações Unidas, as informações completas referente a quaisquer ratificações, declarações e atos de denúncia.

Artigo 42

Sempre que julgar necessário, o Conselho de Administração da Repartição Internacional do Trabalho apresentará à Conferência um relatório sobre a aplicação da Convenção e considerará a conveniência de incluir na agenda da Conferência a questão da sua revisão total ou parcial.

Artigo 43

1. Se a Conferência adotar uma nova Convenção que revise total ou parcialmente a presente Convenção, e a menos que a nova Convenção disponha contrariamente:

a) a ratificação, por um Membro, da nova Convenção revista implicará, de pleno direito, não obstante o disposto pelo Artigo 34, a denúncia imediata da presente Convenção, desde que a nova Convenção revista tenha entrado em vigor;

b) a partir da entrada em vigor da Convenção revista, a presente Convenção deixará de estar aberta à ratificação dos Membros.

2. A presente Convenção continuará em vigor em qualquer caso, em sua forma e teor atuais, para os Membros que a tiverem ratificado e não ratificarem a Convenção revista.

Artigo 44

As versões inglesa e francesa do texto da presente Convenção são igualmente autênticas.

RECOMENDAÇÃO 175
SOBRE SEGURANÇA E SAÚDE NA CONSTRUÇÃO

A Conferência Geral da Organização Internacional do Trabalho.

Convocada pelo Conselho de Administração da Repartição Internacional do Trabalho, realizou, em Genebra, sua septuagésima quinta sessão, e

Tendo em vista importantes Convenções e Recomendações internacionais do trabalho sobre a matéria e, em particular, a Convenção e Recomendação sobre as prescrições de segurança (edificação), 1937; a Recomendação sobre colaboração para prevenir os acidentes (edificações), 1937; a Convenção e a Recomendação sobre proteção de maquinaria, 1963; a Convenção e a Recomendação sobre o peso máximo, 1967; a Convenção e a Recomendação sobre o câncer profissional, 1974; a Convenção e a Recomendação sobre o meio ambiente no trabalho (poluição do ar, ruído e vibrações), 1977; a Convenção e a Recomendação sobre segurança e saúde dos trabalhadores, 1981; a Convenção e Recomendação sobre os serviços de saúde no trabalho, 1985; a Convenção e a Recomendação sobre os asbestos, 1986 e lista de doenças profissionais, na sua versão modificada de 1980, anexada à Convenção sobre os benefícios no caso de acidentes do trabalho, 1964, e

Tendo decidido pela aprovação de algumas propostas sobre segurança e saúde na construção – quarto item da agenda da Sessão – e

Havendo determinado que tais propostas tomarão a forma de uma Recomendação, complementando a Convenção sobre Segurança e Saúde na Construção,

Adota, em vinte de junho de mil novecentos e oitenta e oito, a seguinte Recomendação, que pode ser denominada Recomendação sobre Segurança e Saúde na Construção, de 1988.

I. ESCOPO E DEFINIÇÕES

1. O disposto na Convenção sobre Segurança e Saúde em Edificações, de 1988 (doravante referida como Convenção), bem como na presente Recomendação, aplicar-se-á, especialmente, a:

a) edificações, engenharia civil, construção e demolição de edifícios e estruturas pré-fabricados, nos termos do que dispõe o Artigo 2 (a) da Convenção;

b) fabricação e montagem de sondas petrolíferas e de instalações em alto-mar enquanto sob execução em terra;

2. Para os fins da presente Recomendação:

a) o termo "construção" abrange:

i) a edificação, incluídas as escavações e a construção, as transformações estruturais, a renovação, o reparo, a manutenção (incluindo os trabalhos de limpeza e pintura) e a demolição de todo tipo de edifícios e estruturas;

ii) as obras públicas, inclusive os trabalhos de escavações e a construção, transformação estrutural, reparo, manutenção e demolição de, por exemplo, aeroportos, embarcadouros, portos, canais, reservatórios, obras de prevenção contra as águas fluviais e marítimas e avalanches, estradas e autoestradas, ferrovias, pontes, túneis, viadutos e obras relacionadas com a prestação de serviços, como comunicações, captação de águas pluviais, esgotos e fornecimentos de água e energia;

iii) a montagem e o desmonte de edifícios e estruturas pré-fabricados, bem como a fabricação de peças pré-fabricadas no canteiro de obras;

b) a expressão "canteiro de obras" designa qualquer local em que esteja sendo realizada qualquer das atividades indicadas na letra (a), acima;

c) a expressão "local de trabalho" designa todos os lugares em que os trabalhadores precisam estar ou aos quais precisam ir em razão de seu trabalho e que estejam sob controle de um empregador, nos termos do disposto na letra (f), abaixo;

d) o termo "trabalhador" designa qualquer pessoa empregada na construção;

e) a expressão "representantes dos trabalhadores" refere-se a pessoas reconhecidas como tal por legislação ou prática nacional;

f) o termo "empregador" significa:

i) qualquer pessoa física ou jurídica que empregue um ou mais trabalhadores em canteiro de obras; e

ii) conforme o caso, empresa, empreiteiro ou subempreiteiro;

g) a expressão "pessoa especializada" refere-se a pessoa com qualificações, ou seja, formação adequada e conhecimentos, experiência e aptidão suficientes para o exercício de funções específicas em condições de segurança. As autoridades competentes poderão definir os critérios para a indicação de tais pessoas e os deveres que a elas devam ser atribuídos;

h) o termo "andaime" designa qualquer estrutura provisória, fixa, suspensa ou móvel, com seus respectivos componentes, destinada a servir de apoio a trabalhadores e materiais ou para permitir acesso a qualquer estrutura desse tipo, sem que constitua um "mecanismo de içamento" como o definido na letra (i), abaixo;

i) a expressão "elevador" designa qualquer mecanismo, fixo ou móvel, utilizado para içar ou baixar pessoas ou cargas;

j) a expressão "mecanismo de içamento" designa qualquer mecanismo ou guincho por meio do qual seja possível acoplar uma carga a um elevador, mas que não seja parte integrante do equipamento ou da carga.

3. O disposto na presente Recomendação deverá aplicar-se igualmente a tantos trabalhadores autônomos quantos os especificados em legislação ou normas nacionais.

II. DISPOSIÇÕES GERAIS

4. Da legislação e das normas nacionais deverá constar a obrigatoriedade, tanto para empregadores quanto para trabalhadores autônomos, de manter o local de trabalho seguro e saudável e de obedecer às medidas sanitárias e de segurança nelas prescritas.

5. (1) Sempre que dois ou mais empregadores assumirem atividades em um canteiro de obras, estarão obrigados a cooperar uns com os outros, assim como com quaisquer outras pessoas que participem da obra, aí incluído o proprietário, ou seu representante, em atendimento às exigências sanitárias e de segurança.

(2) A responsabilidade final pela coordenação das medidas sanitárias e de segurança no canteiro de obras será da empresa ou de qualquer outra pessoa responsável pela execução da obra.

6. As providências a serem adotadas para garantia de cooperação entre empregadores e trabalhadores, com vistas a assegurar condições de saúde e segurança em canteiros de obras, deverão ser constar de legislação ou normas nacionais ou ser determinadas pela autoridade competente. Tais providências deverão incluir:

a) criação de comissões de saúde e de segurança, representativas de empregadores e trabalhadores e com poderes e atribuições a serem definidos;

b) eleição ou indicação de representantes dos trabalhadores para questões de segurança, com poderes e atribuições a serem definidos;

c) indicação, pelo empregador, de pessoas devidamente qualificadas e experientes na formulação de condições de segurança e de saúde;

d) treinamento de representante para questões de segurança, bem como de integrantes da comissão de segurança.

7. As pessoas vinculadas ao design e ao planejamento de um projeto de construção deverão levar em conta a segurança e a saúde dos trabalhadores da obra, obedecendo ao disposto em legislação, normas e prática nacionais.

8. O design do equipamento a ser utilizado no canteiro de obras, bem como as ferramentas, o equipamento de proteção e outros similares, deverá atender a princípios ergonômicos.

III. MEDIDAS PREVENTIVAS E DE PROTEÇÃO

9. A obra deverá ser planejada, preparada e realizada de tal modo que:

a) riscos passíveis de surgir no local de trabalho sejam prevenidos o mais rapidamente possível;

b) posições e movimentos excessiva ou desnecessariamente extenuantes sejam evitados;

c) a organização de tarefas leve em conta a segurança e a saúde dos trabalhadores;

d) os materiais e os produtos utilizados sejam adequados, do ponto de vista da segurança e da saúde;

e) os métodos de trabalho visem à proteção dos trabalhadores contra efeitos nocivos de agentes químicos, físicos e biológicos.

10. Das leis e normas nacionais deverá constar a exigência de notificação à autoridade competente sobre a extensão, duração ou características da obra.

11. Aos trabalhadores deverão ser assegurados o direito e o dever, em qualquer canteiro de obras, de garantir seguras condições de trabalho, proporcionalmente ao controle que exercerem sobre o equipamento e sobre os métodos de trabalho, bem como de manifestar opinião sobre os procedimentos adotados, sempre que estes possam vir a afetar sua segurança e sua saúde.

SEGURANÇA DE LOCAIS DE TRABALHO

12. Programas de organização do local de trabalho deverão ser criados e implementados nos canteiros de obras, o que inclui:

Legislação Complementar

a) adequada estocagem de materiais e equipamento;

b) periódica remoção de lixo e entulho;

13. Onde os trabalhadores não possam ser protegidos contra quedas de locais altos por quaisquer outros meios:

a) redes de segurança ou tapumes deverão ser instalados e mantidos; ou

b) correias de proteção deverão ser fornecidas e utilizadas.

14. O empregador deverá proporcionar aos trabalhadores os meios necessários à utilização de equipamento de proteção individual, além de garantir seu uso de forma adequada. O tipo de equipamento e da roupa de proteção deverão estar de acordo com os padrões fixados pela autoridade competente e atendendo, tanto quanto possível, princípios ergonômicos.

15. (1) A segurança do maquinário e do equipamento do canteiro de obras deverá ser verificada e testada, por tipo ou unidade, por pessoa especializada.

(2) A legislação e as normas nacionais deverão levar em conta a possibilidade de doenças ocupacionais serem causadas pela utilização de maquinário, equipamentos e sistemas cujo design não obedeça a princípios ergonômicos.

ANDAIMES

16. Qualquer andaime e respectivas peças devem ser constituídos de material adequado e robusto, de dimensão e potência apropriados aos fins a que se destinem, além de mantidos em condições apropriadas.

17. Qualquer andaime deve ser projetado, içado e conservado de forma a prevenir desmoronamentos ou acidentes quando corretamente utilizado.

18. As plataformas, os passadiços e as escadas dos andaimes deverão ter características de dimensão e fabricação tais que garantam a proteção dos que neles trabalham, a fim de evitar quedas de trabalhadores e o risco de serem atingidos por ferramentas ou outros objetos.

19. Nenhum andaime poderá ser sobrecarregado ou utilizado para fins diversos daqueles a que se destina.

20. Nenhum andaime poderá ser içado, substancialmente alterado ou desmontado senão por pessoa especializada ou sob a supervisão desta.

21. Em consonância com legislação e normas nacionais, os andaimes deverão ser inspecionados e as respectivas conclusões devidamente registradas por pessoa especializada:

a) antes de iniciada sua utilização;

b) a partir de então, em intervalos periódicos;

c) após qualquer alteração, interrupção de uso, exposição a fatores climáticos ou condições sísmicas, ou quaisquer outras circunstâncias passíveis de afetar sua potência ou estabilidade.

GUINCHOS E MECANISMOS DE IÇAMENTO

22. A legislação e as normas nacionais deverão dispor sobre guinchos e mecanismos de içamento, os quais deverão ser examinados e testados por pessoa especializada:

a) antes de serem colocados em uso pela primeira vez;

b) após sua montagem no local de trabalho;

c) subsequentemente, nos períodos previstos pela referidas legislação e normas nacionais;

d) após qualquer alteração substancial ou reparo.

23. As conclusões dos exames e dos testes realizados em guinchos e em componentes do mecanismo de içamento realizados em consonância com o disposto no Parágrafo 22, acima, deverão ser registradas e colocadas à disposição da autoridade competente, bem como de empregadores e trabalhadores ou seus representantes.

24. Qualquer guincho destinado a um único tipo de carga, assim como cada componente do mecanismo de içamento, deverá ter a indicação clara do peso máximo capaz de ser suportado.

25. Cada guincho destinado a cargas de peso variável deverá ser provido de meios eficazes que indiquem claramente a seu condutor a carga máxima e as condições em que poderá ser utilizado.

26. Nenhum guincho ou mecanismo de içamento poderá ser utilizado com carga ou cargas superiores à sua capacidade, salvo para fins de teste realizado por pessoa especializada ou sob sua supervisão.

27. Cada guincho e cada componente de mecanismo de içamento terá que estar apropriadamente instalado, a fim de, inter alia, propiciar espaço suficiente e seguro entre qualquer peça móvel e objetos fixos e assegurar a estabilidade do equipamento.

28. Sempre que necessário para fins de proteção contra riscos, nenhum mecanismo de içamento será utilizado sem os devidos dispositivos de sinalização.

29. Nos termos da legislação e das normas nacionais, os condutores e operadores de tais equipamentos deverão:

a) ter um limite mínimo de idade;

b) ser devidamente treinados e qualificados.

30. Os condutores e operadores de veículos e de equipamento de aterragem ou de manuseio de materiais deverão ser pessoas treinadas e avaliadas de acordo com os requisitos de legislação nacional.

31. Deverão existir dispositivos de sinalização ou outros mecanismos de controle para proteção contra riscos eventualmente resultantes da movimentação de veículos e de equipamento de aterragem ou do manuseio de materiais, especialmente no que se refere a veículos e equipamentos em manobras de marcha à ré.

32. Medidas preventivas deverão ser adotadas para evitar que veículos e equipamentos de aterragem e de manuseio de materiais se precipitem em escavações ou na água.

33. Sempre que necessário, os equipamentos de aterragem e de manuseio de materiais deverão estar adequados às estruturas projetadas, a fim de proteger o respectivo operador contra riscos de tombamento da máquina e de queda de material.

ESCAVAÇÕES, POÇOS, ATERROS, OBRAS SUBTERRÂNEAS E TÚNEIS

34. Nenhum escoramento ou outro tipo de apoio para qualquer parte de escavação, poço, aterro, obra subterrânea ou túnel poderá ser feito, alterado ou desmontado, a não ser sob supervisão de pessoa especializada.

35. (1) Qualquer parte de uma escavação, poço, aterro, obra subterrânea ou túnel em que haja trabalhadores terá que ser inspecionada por pessoa especializada, nos períodos e nos casos determinados por legislação e normas nacionais, registradas as respectivas conclusões.

(2) Os trabalhos não poderão ser iniciados antes de tal inspeção.

TRABALHOS COM AR COMPRIMIDO

36. Segundo o Artigo 21 da Convenção, as medidas concernentes a trabalho com ar comprimido deverão incluir dispositivos que regulamentem as condições em que o trabalho deva ser realizado, bem como a instalação e o equipamento a serem utilizados, a supervisão médica e o controle de trabalhadores, além do tempo de duração do trabalho.

37. Uma pessoa só pode ter permissão para trabalhar em caixões de ar comprimido se este houver sido inspecionado por especialista, em atendimento à legislação e às normas nacionais, e os resultados da inspeção tiverem sido devidamente registrados.

EMPILHAMENTO

38. Toda empilhadeira deverá ser de bom design e de fabricação confiável, obedecidos, tanto quanto possível, princípios ergonômicos, e ser submetida à necessária manutenção.

39. As tarefas de empilhamento deverão ser realizadas sob supervisão de pessoa especializada.

TRABALHO SOBRE ÁGUA

40. As disposições relacionadas com trabalho sobre água, contidas no Artigo 23 da Convenção, deverão incluir, onde couber, previsão e utilização de:

a) tapume, redes de proteção e cintos de segurança;

b) coletes salva-vidas, salva-vidas, botes (a motor, se necessário) e boias;

c) proteção contra riscos tais como presença de répteis e outros animais.

RISCOS À SAÚDE

41. (1) Um sistema de informação deverá ser provido pela autoridade competente, com base em conclusões de pesquisa científica internacional, para conhecimento, por parte de arquitetos, empreiteiros, empregadores e representantes de empregados, de quaisquer riscos à saúde decorrentes da utilização de substâncias utilizadas na construção civil.

(2) Aos fabricantes e representantes de produtos utilizados na construção civil deverão ser prestadas informações sobre eventuais riscos à saúde a eles associados, bem como sobre precauções a serem tomadas.

(3) Sempre que necessário utilizar material contendo substâncias nocivas e quando da remoção e despejo de lixo, deverá ser salvaguardada a saúde de trabalhadores e do público e preservado o meio ambiente, em conformidade com o previsto na respectiva legislação nacional.

(4) Substâncias perigosas devem ter claramente identificadas e marcadas, por meio de etiquetas, suas características e as instruções sobre seu uso.

(5) A autoridade competente determinará quais substâncias nocivas deverão ter seu uso proibido na indústria da construção civil.

42. A autoridade competente manterá registros sobre o monitoramento do ambiente de trabalho e sobre a avaliação da saúde dos trabalhadores com a periodicidade prevista em legislação nacional.

43. O içamento manual de pesos excessivos que apresente riscos à segurança e à saúde deverá ser evitado mediante a redução do peso, com uso de dispositivos mecânicos ou outros meios.

44. Sempre que introduzidos novos produtos, equipamento e métodos de trabalho, especial atenção deve ser dada à necessidade de informação aos trabalhadores e de treinamento destes no que se refere às implicações em termos de segurança e saúde.

AMBIENTES PERIGOSOS

45. As medidas relativas a ambientes perigosos, prescritas no Artigo 28, parágrafo 3, da Convenção, deverão incluir a exigência de permissão ou autorização prévia, por escrito, de pessoa especializada, ou de qualquer outro sistema por meio do qual se verifique o acesso a qualquer ambiente perigoso, somente podendo ser aplicadas após a conclusão dos procedimentos específicos.

PRECAUÇÃO CONTRA INCÊNDIOS

46. Onde se tornar necessário proteção contra perigo, os trabalhadores deverão ser devidamente treinados nas ações a serem adotadas em caso de incêndio, inclusive no que respeita a meios de evacuação.

47. Onde necessário, deverá haver sinais visuais que indiquem claramente as vias de evacuação em caso de incêndio.

RISCOS DE RADIAÇÃO

48. Rígidas normas de segurança deverão ser elaboradas e colocadas em prática pela autoridade competente, no que concerne aos trabalhadores envolvidos na manutenção, renovação, demolição ou desmonte de quaisquer edificações em que haja risco de exposição a radiações ionizantes, em especial em indústria de energia nuclear.

PRIMEIROS SOCORROS

49. O provimento de instalações e de pessoal de primeiros socorros, nos termos do que dispõe o Artigo 31 da Convenção, deverá estar previsto em legislação e normas nacionais elaboradas após consulta às competentes autoridades sanitárias e aos organismos mais representativos dos respectivos empregadores e trabalhadores.

50. Onde o trabalho envolver risco de afogamento, asfixia ou choque elétrico, o pessoal da área de primeiros socorros deverá ser especializado no uso de técnicas de ressuscitamento e outras destinadas ao salvamento de vidas, bem como em procedimentos de resgate.

BEM-ESTAR

51. Quando conveniente, e dependendo do número de trabalhadores, da duração do trabalho e de sua localização, deverá haver instalações adequadas para obtenção ou preparação de alimentos e bebidas no local da obra ou próximo a esta, caso de algum modo indisponíveis.

52. Adequadas instalações para moradia dos trabalhadores deverão ser colocadas à disposição destes, quando se tratar de obras distantes de seus lares e onde o transporte entre o local da obra e suas casas ou qualquer outro tipo de acomodação não estejam disponíveis. De igual modo, deverá haver instalações sanitárias separadas para homens e mulheres, bem como locais para higiene pessoal e dormitórios.

IV. IMPLICAÇÃO QUANTO A RECOMENDAÇÕES ANTERIORES

53. A presente Recomendação substitui a Recomendação sobre Prescrições de Segurança (Edificações), de 1937, e a Recomendação sobre colaboração para a prevenção de acidentes (Edificações), de 1937.

Anexo LXXV

CONVENÇÃO N. 178 DA OIT RELATIVA À INSPEÇÃO DAS CONDIÇÕES DE VIDA E DE TRABALHO DOS TRABALHADORES MARÍTIMOS

A Conferência Geral da Organização Internacional do Trabalho,

Convocada em Genebra pelo Conselho Administrativo do Escritório Internacional do Trabalho, e congregada em 8 de outubro de 1996 em sua octogésima quarta sessão e;

Observando as mudanças ocorridas no setor marítimo e as alterações conseguintes nas condições de vida e de trabalho dos trabalhadores marítimos desde a adoção da Recomendação sobre a Inspeção do Trabalho (Trabalhadores Marítimos), 1926 e;

Observando as disposições da Convenção e a Recomendação sobre a Inspeção do Trabalho, 1947; da Recomendação sobre a Inspeção do Trabalho (Mineração e Transporte), 1947, e da Convenção sobre a Marinha Mercante (Padrões Mínimos), 1976 e;

Observando a entrada em vigor, em 16 de novembro de 1994, da Convenção das Nações Unidas sobre o Direito do Mar, 1982;

Havendo decidido pela adoção de certas propostas relativas à revisão da Recomendação sobre a Inspeção do Trabalho (Trabalhadores Marítimos), 1926, sendo este o primeiro Item da ordem do dia desta sessão, e;

Havendo decidido que essas propostas deverão tomar a forma de uma convenção internacional, para aplicação apenas por parte do Estado da bandeira;

Adota, no dia vinte e dois de outubro de mil novecentos e noventa e seis, a seguinte Convenção, que poderá ser citada como a Convenção sobre a Inspeção do Trabalho (Trabalhadores Marítimos), 1996:

PARTE I

Escopo e Definições

Artigo 1º

1. Reservadas as disposições contrárias que figurem neste artigo, esta Convenção se aplica a todo navio utilizado para navegação marítima, de propriedade pública ou privada, que esteja registrado no território de um país Membro para o qual a Convenção esteja em vigor e que esteja destinado a fins comerciais para o transporte de mercadorias ou de passageiros ou que seja utilizado para qualquer outro fim comercial.

Para fins dessa Convenção, um navio registrado no território de dois países Membros será considerado como registrado no território do país Membro cuja bandeira esteja portando.

2. As legislações nacionais deverão determinar quais navios deverão ser considerados como de utilização para navegação marítima para fins desta Convenção.

3. Esta Convenção se aplica a reboques de alto mar.

4. Esta Convenção não se aplica a embarcações de menos de 500 toneladas brutas, nem às que não sejam utilizadas para navegação, como plataformas de perfuração e de extração de petróleo. A autoridade de coordenação central ficará encarregada de decidir, em consulta com as organizações mais representativas de armadores e de trabalhadores marítimos, quais embarcações deverão ser incluídas neste dispositivo.

5. Na medida em que a autoridade de coordenação central considere factível, após haver consultado as organizações representativas dos proprietários de navios pesqueiros e dos pescadores, as disposições desta Convenção deverão ser aplicadas às embarcações utilizadas para a pesca marítima comercial.

6. No caso de dúvida quanto à utilização de um navio para operações marítimas comerciais ou para a pesca marítima comercial para fins desta Convenção, a questão será resolvida pela autoridade de coordenação central, após haver consultado com as organizações interessadas de armadores, trabalhadores marítimos e pescadores.

7. Para fins desta Convenção:

a) o termo autoridade de coordenação central refere-se aos ministros, departamentos do governo ou outras autoridades públicas com poder para determinar e supervisionar a aplicação de regulamentos, ordens ou outras instruções legais, que se refiram à inspeção das condições de vida e de trabalho dos trabalhadores marítimos em qualquer navio registrado no território do país Membro;

b) o termo inspetor significa qualquer servidor público ou outro funcionário público encarregado da inspeção de qualquer aspecto das condições de vida e de trabalho dos trabalhadores marítimos, assim como toda e qualquer pessoa devidamente credenciada que realize trabalhos de inspeção para uma instituição ou organização autorizada pela autoridade de coordenação central, de acordo com o disposto no parágrafo 3 do Artigo 2;

c) o termo disposições legais inclui, além das leis e regulamentações, os laudos arbitrais e os acordos coletivos que tenham força de lei;

d) o termo "trabalhadores marítimos" refere-se a qualquer pessoa empregada a qualquer título a bordo de um navio utilizado para navegação marítima e ao qual se aplique esta Convenção. No caso de dúvida sobre que categorias de pessoas deverão ser consideradas trabalhadores marítimos para fins desta Convenção, a questão será resolvida pela autoridade de coordenação central, após consultar as organizações interessadas de armadores e trabalhadores marítimos.

e) o termo condições de vida e de trabalho dos trabalhadores marítimos refere-se a condições tais como as relativas aos padrões de manutenção e limpeza das áreas de alojamento e trabalho no navio, de idade mínima, itens acordados, alimentação e serviço de bordo, acomodação da tripulação, recrutamento, guarnições, nível de qualificação, horas de trabalho, exames médicos, prevenção de acidentes de trabalho, cuidados médicos, afastamento por doença ou acidente, bem-estar social e questões afins, repatriação, condições de emprego e de trabalho regidos pela legislação nacional e a liberdade de associação conforme definida na Convenção da Organização do Trabalho sobre a Liberdade de Associação e a Proteção do Direito de Organização Sindical, 1948.

II. ORGANIZAÇÃO DA INSPEÇÃO

Artigo 2º

1. Todo país Membro para o qual a presente Convenção esteja em vigor deverá ter em funcionamento um sistema de inspeção das condições de vida e de trabalho dos trabalhadores marítimos.

2. A autoridade de coordenação central se encarregará de coordenar as inspeções pertinentes, de maneira exclusiva ou em parte, sobre as condições de vida e de trabalho dos trabalhadores marítimos, assim como de fixar os princípios que devam ser observados.

3. A autoridade de coordenação central será responsável, em todos os casos, pela inspeção das condições de vida e de trabalho dos trabalhadores marítimos. Poderá autorizar instituições públicas ou outras organizações, as quais reconheça como competentes e independentes, para que efetuem, em seu nome, inspeções das condições de vida e de trabalho dos trabalhadores marítimos e deverá ter atualizada e disponível para o público uma lista dessas instituições ou organizações autorizadas.

Artigo 3º

1. Todo país Membro deverá assegurar-se de que todos os navios registrados em seu território sejam inspecionados em intervalos que não excedam o prazo máximo de três anos, ou anualmente se possível for, para verificar que as condições de trabalho e de vida dos trabalhadores marítimos a bordo estejam em conformidade com a legislação nacional.

2. Se um país Membro receber uma denúncia ou obtiver provas de que um navio registrado em seu território não esteja em conformidade com a legislação nacional em relação às condições de trabalho e de vida dos trabalhadores marítimos, deverá o país Membro tomar as medidas cabíveis para inspecionar o navio dentro do menor prazo possível.

3. Nos casos de alterações substanciais na construção do navio ou nos alojamentos, o navio deverá ser inspecionado no prazo de três meses a partir da realização das referidas alterações.

Artigo 4º

Cada país Membro deverá designar inspetores que estejam qualificados para o exercício de suas funções e deverá adotar as medidas necessárias para assegurar-se de que o número de inspetores seja suficiente para cumprir com os requisitos desta Convenção.

Artigo 5º

1. Os inspetores deverão ter o status jurídico e as condições de trabalho necessários para garantir sua independência em relação às mudanças no governo e a qualquer influência exterior indevida.

2. Os inspetores devidamente credenciados estarão autorizados para:

a) subir a bordo de um navio registrado no território do país Membro e entrar nos locais necessários para realizar a inspeção;

b) realizar quaisquer exames, testes ou investigação que considerem necessários para certificar-se do estrito cumprimento das disposições legais;

c) exigir que sejam reparadas as deficiências;

d) quando tenham motivos para acreditar que uma deficiência representa um sério risco para a segurança e a saúde dos trabalhadores marítimos, proibir, reservado o direito de recorrer a uma autoridade judicial ou administrativa, que um navio abandone o porto até que tenham sido adotadas as medidas necessárias, não devendo ser este impedido de sair ou detido além do tempo necessário e justificável.

Artigo 6º

1. No caso de realização de uma inspeção ou da adoção de medidas com base nesta Convenção, deve ser feito tudo o possível para evitar que o navio seja detido ou retido indevidamente.

2. No caso de que um navio seja detido ou retido indevidamente, o armador ou o comandante do navio terá direito a uma indenização para compensar quaisquer perdas ou prejuízos sofridos. Sempre que sejam alegadas a detenção ou retenção indevidas de um navio, o ônus da prova recairá sobre o armador ou comandante do navio.

III. SANÇÕES

Artigo 7º

1. A legislação nacional estipulará sanções adequadas, que serão devidamente aplicadas, nos casos de violação das disposições legais aplicadas pelos inspetores e em casos de obstrução a seu trabalho quando no exercício de sua função.

2. Os inspetores terão poder discricionário para advertir e aconselhar, em lugar de instituir ou recomendar um procedimento.

IV. RELATÓRIOS

Artigo 8º

1. A autoridade de coordenação central fará registros das inspeções sobre as condições de vida e de trabalho dos trabalhadores marítimos.

2. A autoridade de coordenação central publicará um relatório anual sobre as atividades de inspeção, incluindo uma lista das instituições e organizações autorizadas a realizar inspeções em seu nome. Este relatório será publicado dentro de um prazo razoável, que não deverá ser superior a seis meses contados do fim do ano a que se refira.

Artigo 9º

1. Os inspetores apresentarão um relatório de cada inspeção à autoridade de coordenação central. O capitão do navio deverá receber uma cópia do referido relatório em inglês ou no idioma utilizado no navio e outra cópia deverá ficar exposta no quadro de avisos do navio para informação dos trabalhadores marítimos ou ser enviada aos seus representantes.

2. No caso de realização de uma investigação relativa a um incidente maior, o relatório será apresentado no menor prazo possível, e sempre dentro do prazo máximo de um mês a partir do término da inspeção.

V. DISPOSIÇÕES FINAIS

Artigo 10

Esta Convenção substitui a Recomendação sobre a Inspeção do Trabalho (Trabalhadores Marítimos), 1926.

Artigo 11

As ratificações formais desta Convenção serão comunicadas ao Diretor-Geral do Escritório Internacional do Trabalho, para efetuação de seus registros.

Artigo 12

1. Esta Convenção será obrigatória apenas para os países Membros da Organização Internacional do Trabalho cujas ratificações tenham sido registradas com o Diretor-Geral do Escritório Internacional do Trabalho.

2. Entrará em vigor doze meses após a data em que as ratificações de dois países.

Membros tenham sido registradas pelo Diretor-Geral.

3. Subsequentemente, a Convenção entrará em vigor, para cada país Membro, doze meses após a data em que sua ratificação tenha sido registrada.

Artigo 13

1. Todo país Membro que tenha ratificado esta Convenção poderá denunciá-la após um período de dez anos, a partir da data em que tenha inicialmente entrado em vigor, mediante um ato comunicado ao Diretor-Geral do Escritório Internacional do Trabalho, para que seja efetuado seu registro. A denúncia não terá efeito até um ano após a data em que tenha sido registrada.

2. Todo país Membro que tenha ratificado esta Convenção e que, no prazo de um ano após o término do período de dez anos, mencionado no parágrafo anterior, não tenha exercido seu direito de denúncia, previsto neste artigo, ficará obrigado a cumprir um novo prazo de dez anos, quando então poderá denunciar esta Convenção ao término de cada período de dez anos, com base nos termos deste artigo.

Artigo 14

1. O Diretor-Geral do Escritório Internacional do Trabalho notificará todos os países Membros da Organização Internacional do Trabalho sobre o registro de todas as ratificações e denúncias que lhe forem comunicadas pelos países Membros da Organização.

2. Ao notificar os países Membros da Organização sobre o registro da segunda ratificação que lhe tenha sido comunicada, o Diretor-Geral chamará a atenção dos países Membros da Organização sobre a data em que entrará em vigor esta Convenção.

Artigo 15

O Diretor-Geral do Escritório Internacional do Trabalho comunicará ao Secretário-Geral das Nações Unidas, para fins de registro, conforme estipulado no Artigo 102 da Carta das Nações Unidas, as informações detalhadas sobre todas as ratificações e denúncias que tenham sido registradas de acordo com os artigos anteriores.

Artigo 16

O Conselho Administrativo do Escritório Internacional do Trabalho apresentará à Conferência, sempre que considerar necessário, um relatório sobre a aplicação da Convenção, e avaliará a conveniência de incluir na ordem do dia da Conferência a questão de sua revisão total ou parcial.

Artigo 17

1. Caso a Conferência adote uma nova convenção que implique em uma revisão total ou parcial desta Convenção, e a menos que a nova convenção contenha disposições em contrário:

a) a ratificação, por parte de um país Membro, da nova convenção revisora implicará, *ipso jure*, a denúncia imediata desta Convenção, não obstante as disposições contidas no Artigo 13, acima, quando da entrada em vigor da nova convenção revisora;

b) a partir da data em que entre em vigor a nova convenção revisora, esta Convenção não mais estará aberta à ratificação de países Membros.

2. Esta Convenção permanecerá em vigor, em sua forma e conteúdo efetivos, para os países Membros que a tenham ratificado e que não ratifiquem a convenção revisora.

Artigo 18

As versões em inglês e francês do texto desta Convenção são igualmente válidas.

Portaria n. 1.360, de 9 de dezembro de 2019 (1)

Aprova a nova redação da Norma Regulamentadora n. 20 – Segurança e Saúde no Trabalho com Inflamáveis e Combustíveis, altera o Anexo II da Norma Regulamentadora n. 28 – Fiscalização e Penalidades e dá outras providências

O Secretário Especial de Previdência e Trabalho, no uso das atribuições que lhe conferem os arts. 155 e 200 da Consolidação das Leis do Trabalho – CLT, aprovada pelo Decreto-lei n. 5.452, de 1º de maio de 1943 e o inciso V do art. 71 do Anexo I do Decreto n. 9.745, de 08 de abril de 2019, resolve:

Art. 1º A Norma Regulamentadora n. 20 (NR-20) – Segurança e Saúde no Trabalho com Inflamáveis e Combustíveis – passa a vigorar com a redação constante do Anexo desta Portaria.

Art. 2º De acordo com a Portaria da Secretaria de Inspeção do Trabalho – SIT n. 787, de 27 de novembro de 2018, a NR-20 e seus anexos serão interpretados conforme o disposto na tabela abaixo:

Regulamento	Tipificação
NR-20	NR Especial
Anexo I	Tipo 1
Anexo II	Tipo 1
Anexo III	Tipo 2

Art. 3º O Anexo II da Norma Regulamentadora n. 28 – Fiscalização e Penalidades, aprovada pela Portaria da Secretaria Especial de Previdência e Trabalho – SEPRT n. 1.067, de 23 de setembro de 2019, passa a vigorar com as seguintes alterações:

•• Alteração já processada no diploma modificado.

Art. 4º Revogar as Portarias:

I – Portaria SIT n. 308, de 29 de fevereiro de 2012;

II – Portaria do Ministério do Trabalho e Emprego – MTE n. 1.079, de 16 de julho de 2014;

III – Portaria do Ministério do Trabalho – MTB n. 860, de 16 de outubro de 2018.

Art. 5º Esta Portaria entra em vigor na data de sua publicação.

Rogério Marinho

Anexo

NR 20 – Segurança e Saúde no Trabalho Com Inflamáveis e Combustíveis

•• Alteração já processada na NR 20.

Portaria n. 3.733, de 10 de fevereiro de 2020 (2)

Aprova a nova redação da Norma Regulamentadora n. 18 – Segurança e Saúde no Trabalho na Indústria da Construção.

O Secretário Especial de Previdência e Trabalho do Ministério da Economia – Substituto, no uso das atribuições que lhe conferem os arts. 155 e 200 da Consolidação das Leis do Trabalho – CLT, aprovada pelo Decreto-Lei n. 5.452, de 1º de maio de 1943 e o inciso V do art. 71 do Anexo I do Decreto n. 9.745, de 08 de abril de 2019, resolve:

Art. 1º A Norma Regulamentadora n. 18 (NR-18) – Condições de Segurança e Saúde no Trabalho na Indústria da Construção passa a vigorar com a redação constante do Anexo I desta Portaria.

(1) Publicada no *Diário Oficial da União*, de 10-12-2019.

(2) Publicada no *Diário Oficial da União*, de 11-2-2020.

Art. 2º Determinar que a Norma Regulamentadora n. 18 e seus anexos sejam interpretados com a tipificação disposta na tabela abaixo:

Regulamento	Tipificação
NR-18	NR Setorial
Anexo I	Tipo 1
Anexo II	Tipo 1

Art. 3º Os itens elencados na tabela a seguir serão exigidos após decorridos os prazos nela consignados, contados da data da entrada em vigor desta Portaria.

Item	Prazo	Descrição
18.7.2.16	6 meses	escavação manual de tubulão
18.7.2.23	24 meses	fundação por meio de tubulão de ar comprimido
18.8.6.7, "b"	24 meses	escadas com degrau antiderrapante
18.10.1.13	36 meses (novos) 60 meses (usados)	climatização de máquinas autopropelidas
18.10.1.25, "b"	24 meses (novos) 48 meses (usados)	climatização de equipamentos de guindar
18.10.1.45, "f"	24 meses	tensão de 24V em guincho coluna
18.11.18, "b"	12 meses	horímetro do elevador
18.12.35, "h"	12 meses	horímetro da PEMT
18.17.2	24 meses	uso de contêiner de transporte de cargas em área de vivência

§ 1º Até o decurso do prazo estabelecido no *caput* para o item 18.7.2.16, a utilização de sistema de tubulão escavado manualmente com profundidade superior a 15 m (quinze metros) deve atender ao estabelecido nos subitens 18.7.2.17 a 18.7.2.22.1 da NR-18.

§ 2º Até o decurso do prazo estabelecido no *caput* para o item 18.7.2.23, a execução de fundação por tubulão de ar comprimido deve atender ao estabelecido nos subitens 18.17.3 a 18.17.18 da NR-18, sendo que, após esse prazo, só será permitido o término da atividade ainda em andamento.

§ 3º Até o decurso do prazo estabelecido no *caput* para o item 18.17.2, só será permitido o uso de contêiner originalmente utilizado para transporte de cargas em área de vivência ou de ocupação de trabalhadores, se este for acompanhado de laudo das condições ambientais relativo à ausência de riscos químicos, biológicos e físicos (especificamente para radiações), com a identificação da empresa responsável pela adaptação.

....

Art. 5º Esta Portaria entra em vigor 1 (um) ano após a data de sua publicação.

Bruno Bianco Leal

Anexo I

NR-18 – Condições de Segurança e Saúde no Trabalho na Indústria da Construção

•• Alteração já processada na NR 18.

Portaria n. 6.730, de 9 de março de 2020 (1)

Aprova a nova redação da Norma Regulamentadora n. 01 – Disposições Gerais e Gerenciamento de Riscos Ocupacionais. (Processo n. 19966.100073/2020-72).

O Secretário Especial de Previdência e Trabalho do Ministério da Economia, no uso das atribuições que lhe conferem os arts. 155 e 200 da Consolidação das Leis do Trabalho – CLT, aprovada pelo Decreto-Lei n. 5.452, de 1º de maio de 1943 e o inciso V do art. 71 do Anexo I do Decreto n. 9.745, de 08 de abril de 2019, resolve:

Art. 1º A Norma Regulamentadora n. 01 (NR-01) – Disposições Gerais e Gerenciamento de Riscos Ocupacionais passa a vigorar com a redação constante do Anexo I desta Portaria.

Art. 2º Determinar que a Norma Regulamentadora n. 01 e seus Anexos serão interpretados conforme o disposto na tabela abaixo:

Regulamento	Tipificação
NR-01	NR Geral
Anexo I	Tipo 3
Anexo II	Tipo 1

Art. 3º Estabelecer que, enquanto não houver sistema informatizado para o recebimento da declaração de informações digitais prevista nos subitens 1.8.4 e 1.8.6 do Anexo I desta Portaria, o empregador deverá manter declaração de inexistência de riscos no estabelecimento para fazer jus ao tratamento diferenciado.

(1) Publicada no *Diário Oficial da União*, de 12-3-2020.

Art. 4º Na data da entrada em vigor desta Portaria, revogar os arts. 1º, 5º, 6º e 7º da Portaria SEPRT n. 915, de 30 de julho de 2019.

Art. 5º Esta Portaria entra em vigor 1 (um) ano após a data de sua publicação.

Bruno Bianco Leal

Anexo I

Norma Regulamentadora N. 01 - Disposições Gerais e Gerenciamento de Riscos Ocupacionais

•• Alteração já processada na NR 1.

Portaria n. 6.734, de 9 de março de 2020 (1)

Aprova a nova redação da Norma Regulamentadora n. 07 – Programa de Controle Médico de Saúde Ocupacional – PCMSO. (Processo n. 19966.100069/2020-12)

O Secretário Especial de Previdência e Trabalho do Ministério da Economia, no uso das atribuições que lhe conferem os arts. 155 e 200 da Consolidação das Leis do Trabalho – CLT, aprovada pelo Decreto-Lei n. 5.452, de 1º de maio de 1943, e o inciso V do art. 71 do Anexo I do Decreto n. 9.745, de 08 de abril de 2019, resolve:

Art. 1º A Norma Regulamentadora n. 07 (NR-07) – Programa de Controle Médico de Saúde Ocupacional – PCMSO passa a vigorar com a redação constante do Anexo desta Portaria.

Parágrafo único. Quando das atualizações dos limites de exposição ocupacional constantes dos Anexos da Norma Regulamentadora n. 15, os Quadros 1 – Indicadores Biológicos de Exposição Excessiva (IBE/EE) e 2 – Indicadores Biológicos de Exposição com Significado Clínico (IBE/SC) do Anexo I da NR-07 deverão ser atualizados.

Art. 2º Determinar que a Norma Regulamentadora n. 07 e seus Anexos sejam interpretados com a tipificação disposta na tabela abaixo:

Regulamento	Tipificação
NR-07	NR Geral
Anexo I	Tipo 2
Anexo II	Tipo 2
Anexo III	Tipo 2
Anexo IV	Tipo 2
Anexo V	Tipo 2

(1) Publicada no *Diário Oficial da União*, de 13-3-2020.

Art. 3º Os exames complementares toxicológicos elencados na tabela a seguir, constantes do Anexo I da Norma Regulamentadora n. 07, serão exigidos conforme os prazos e observações abaixo consignados, sendo os prazos contados a partir do início da vigência desta Portaria:

Exame	Prazo (em meses)	Observação
Ácido S-fenilmercaptúrico na urina (S-PMA)	18	O benzeno pode ser monitorado por meio do TTMA. Quando a dosagem do S-PMA estiver disponível, poder-se-á optar pelo uso deste, a critério do médico.
Ácido butoxiacético na urina (BAA)	12	
Cobalto na urina	6	
1,2 ciclo-hexanol na urina ou Ciclo-hexanol	12	
Diclometano na urina	12	
N-metil-acetamida na urina	12	
Ácido etoxiacético na urina	12	
Ácido furoico na urina	12	
1,6 hexametilenodiamina na urina	18	
Ácido 2-metoxiacético na urina	12	
MIBK na urina	6	
5-hidroxi-n-metil-2-pirrolidona na urina	18	
Tetra-hidrofurano na urina	12	
Orto-cresol na urina	6	Até este indicador estar disponível, a exposição a tolueno deve ser monitorada por meio do ácido hipúrico urinário.

Legislação Complementar

Exame	Prazo (em meses)	Observação
Isômeros 2,4 e 2,6 toluenodiamino na urina	18	
1,2 di-hidro-4 (n-acetilcisteína) butano na urina	36	
Adutos de N-(2-hidroxietil) valina (HEV) em hemoglobina	36	
Tetracloretileno no ar exalado ou Tetracloroetileno no sangue	36	Até estes indicadores estarem disponíveis, a exposição a tetracloroetileno deve ser monitorada por meio do ácido tricloroacético urinário.
Tolueno no sangue ou Tolueno na urina	36	Até estes indicadores estarem disponíveis, a exposição a tolueno deve ser monitorada por meio do ácido hipúrico urinário.

Art. 4º Na data da entrada em vigor desta Portaria, revogar as Portarias:

I – Portaria MTPS n. 3.720, de 31 de outubro de 1990;

II – Portaria SSST n. 24, de 29 de dezembro de 1994;

III – Portaria SSST n. 08, de 08 de maio de 1996;

IV – Portaria SSST n. 19, de 09 de abril de 1998;

V – Portaria SIT n. 223, de 06 de maio de 2011;

VI – Portaria SIT n. 236, de 10 de junho de 2011;

VII – Portaria MTE n. 1.892, de 09 de dezembro de 2013; e

VIII – Portaria MTb n. 1.031, de 06 de dezembro de 2018.

Art. 5º Esta Portaria entra em vigor 1 (um) ano após a data de sua publicação.

Bruno Bianco Leal

Anexo

Norma Regulamentadora N. 07 – Programa de Controle Médico de Saúde Ocupacional – PCMSO

•• Alterações já processadas no texto da NR 7, disponível neste volume.

Portaria n. 6.735, de 10 de março de 2020 (1)

Aprova a nova redação da Norma Regulamentadora n. 09 – Avaliação e Controle das Exposições Ocupacionais a Agentes Físicos, Químicos e Biológicos. (Processo n. 19966.100181/2020-45).

O Secretário Especial de Previdência e Trabalho do Ministério da Economia, no uso das atribuições que lhe conferem os arts. 155 e 200 da Consolidação das Leis do Trabalho – CLT, aprovada pelo Decreto-Lei n. 5.452, de 1º de maio de 1943, e o inciso V do art. 71 do Anexo I do Decreto n. 9.745, de 08 de abril de 2019, resolve:

Art. 1º A Norma Regulamentadora n. 09 (NR-09) – Avaliação e Controle das Exposições Ocupacionais a Agentes Físicos, Químicos e Biológicos passa a vigorar com a redação constante do Anexo I desta Portaria.

Art. 2º Determinar que a Norma Regulamentadora n. 09 seja interpretada com a tipificação de NR Geral.

Art. 3º Na data da entrada em vigor desta Portaria, fica revogado o art. 1º da Portaria SSST n. 25, de 29 de dezembro de 1994.

Art. 4º Esta Portaria entra em vigor 1 (um) ano após a data de sua publicação.

Bruno Bianco Leal

Anexo I

NR-09 – Avaliação e Controle das Exposições Ocupacionais a Agentes Físicos, Químicos e Biológicos

•• Alteração já processada na NR 9.

Portaria Conjunta n. 20, de 18 de junho de 2020 (2)

Estabelece as medidas a serem observadas visando à prevenção, controle e mitigação dos riscos de transmissão da COVID-19 nos ambientes de trabalho (orientações gerais) (Processo n. 19966.100565/2020-68).

O Secretário Especial de Previdência e Trabalho do Ministério da Economia e o Ministro de Estado da Saúde Interino, no uso das atribuições que lhes conferem o art. 71 do Decreto n. 9.745, de 8 de abril de 2020, e os incisos I e II do parágrafo único do art. 87 da Constituição, respectivamente, e tendo em vista o disposto na da Lei n. 13.979, de 6 de fevereiro de 2020,

(1) Publicada no *Diário Oficial da União*, de 12-3-2020.

(2) Publicada no *Diário Oficial da União*, de 19-6-2020 – Ret. em 6-7-2020.

que dispõe sobre as medidas para enfrentamento da emergência de saúde pública de importância internacional decorrente do coronavírus (COVID-19) responsável pelo surto de 2019, resolvem:

Art. 1º Aprovar, na forma prevista no Anexo I desta Portaria, as medidas necessárias a serem observadas pelas organizações visando à prevenção, controle e mitigação dos riscos de transmissão da COVID-19 em ambientes de trabalho, de forma a preservar a segurança e a saúde dos trabalhadores, os empregos e a atividade econômica.

§ 1º As medidas previstas nesta portaria não se aplicam aos serviços de saúde, para os quais devem ser observadas as orientações e regulamentações específicas, e poderão ser revistas ou atualizadas por meio de portaria conjunta, a qualquer momento em razão dos avanços no conhecimento e controle da pandemia.

§ 2º O disposto nessa Portaria não determina ou autoriza a abertura de estabelecimentos, apenas apresenta conjunto de disposições a serem observadas por aqueles que se encontrarem em funcionamento.

Art. 2º O disposto nesta Portaria não autoriza o descumprimento, pelas organizações:

I – das normas regulamentadoras de segurança e saúde no trabalho;

II – das demais regulamentações sanitárias aplicáveis;

III – de outras disposições que, no âmbito de suas competências, sejam incluídas em regulamentos sanitários dos Estados, Distrito Federal ou Municípios; e

IV – de medidas de saúde, higiene e segurança do trabalho oriundas de convenções e acordos coletivos de trabalho.

Art. 3º Orientações setoriais complementares poderão ser emitidas pela Secretaria de Trabalho da Secretaria Especial de Previdência e Trabalho do Ministério da Economia ou pelo Ministério da Saúde, no âmbito de suas competências.

Art. 4º As disposições contidas nesta Portaria são de observância obrigatória pelos órgãos integrantes da estrutura organizacional da Secretaria Especial de Previdência e Trabalho do Ministério da Economia e do Ministério da Saúde, pelas entidades da administração pública federal indireta a este vinculadas, nos termos do Decreto n. 9.960, de 1º de janeiro de 2019, e por seus respectivos agentes públicos, durante o enfrentamento do estado de calamidade pública reconhecido pelo Decreto Legislativo n. 6, de 20 de março de 2020, e da emergência de saúde pública de importância internacional decorrente do coronavírus (COVID-19), decretada pelo Ministro de Estado da Saúde, em 3 de fevereiro de 2020, nos termos do disposto na Lei n. 13.979, de 6 de fevereiro de 2020, com a finalidade de prevenção contra a COVID-19.

Art. 5º Esta Portaria entra em vigor:

I – quanto ao item 7.2 do Anexo I, em quinze dias;

II – quanto aos demais dispositivos, na data de sua publicação e produzirá efeitos até o término da declaração de emergência em saúde pública, previsto na Portaria n. 188/GM/MS, de 2020.

Bruno Bianco Leal

Anexo I

Medidas para prevenção, controle e mitigação dos riscos de transmissão da COVID-19 em ambientes de trabalho

1. Medidas gerais

1.1 A organização deve estabelecer e divulgar orientações ou protocolos com a indicação das medidas necessárias para prevenção, controle e mitigação dos riscos de transmissão da COVID-19 nos ambientes de trabalho.

1.1.1 As orientações ou protocolos devem estar disponíveis para os trabalhadores e suas representações, quando solicitados.

1.2 As orientações ou protocolos devem incluir:

a) medidas de prevenção nos ambientes de trabalho, nas áreas comuns da organização, a exemplo de refeitórios, banheiros, vestiários, áreas de descanso, e no transporte de trabalhadores, quando fornecido pela organização;

b) ações para identificação precoce e afastamento dos trabalhadores com sinais e sintomas compatíveis com a COVID-19;

c) procedimentos para que os trabalhadores possam reportar à organização, inclusive de forma remota, sinais ou sintomas compatíveis com a COVID-19 ou contato com caso confirmado da COVID-19; e

d) instruções sobre higiene das mãos e etiqueta respiratória.

1.2.1 As orientações ou protocolos podem incluir a promoção de vacinação, buscando evitar outras síndromes gripais que possam ser confundidas com a COVID-19.

1.3 A organização deve informar os trabalhadores sobre a COVID-19, incluindo formas de contágio, sinais e sintomas e cuidados necessários para redução da transmissão no ambiente de trabalho e na comunidade.

1.3.1 A organização deve estender essas informações aos trabalhadores terceirizados e de outras organizações que adentrem o estabelecimento.

1.4 As instruções aos trabalhadores podem ser transmitidas durante treinamentos ou por meio de diálogos de segurança, documento físico ou eletrônico (cartazes, normativos internos, entre outros), evitando o uso de panfletos.

2. Conduta em relação aos casos suspeitos e confirmados da COVID-19 e seus contatantes

2.1 Considera-se caso confirmado o trabalhador com:

a) resultado de exame laboratorial, confirmando a COVID-19, de acordo com as orientações do Ministério da Saúde; ou

b) síndrome gripal ou Síndrome Respiratória Aguda Grave – SRAG, para o qual não foi possível a investigação laboratorial específica, e que tenha histórico de contato com caso confirmado laboratorialmente para a COVID-19 nos últimos sete dias antes do aparecimento dos sintomas no trabalhador.

2.2 Considera-se caso suspeito o trabalhador que apresente quadro respiratório agudo com um ou mais dos sinais ou sintomas: febre, tosse, dor de garganta, coriza e falta de ar, sendo que outros sintomas também podem estar presentes, tais como dores musculares, cansaço ou fadiga, congestão nasal, perda do olfato ou paladar e diarreia.

2.3 Considera-se contatante de caso confirmado da COVID-19 o trabalhador assintomático que teve contato com o caso confirmado da COVID-19, entre dois dias antes e quatorze dias após o início dos sinais ou sintomas ou da confirmação laboratorial, em uma das situações abaixo:

a) ter contato durante mais de quinze minutos a menos de um metro de distância;

b) permanecer a menos de um metro de distância durante transporte;

c) compartilhar o mesmo ambiente domiciliar; ou

d) ser profissional de saúde ou outra pessoa que cuide diretamente de um caso da COVID-19, ou trabalhador de laboratório que manipule amostras de um caso da COVID-19 sem a proteção recomendada.

2.4 Considera-se contatante de caso suspeito da COVID-19 o trabalhador assintomático que teve contato com caso suspeito da COVID-19, entre dois dias antes e quatorze dias após o início dos sintomas do caso, em uma das situações abaixo:

a) ter contato durante mais de quinze minutos a menos de um metro de distância;

b) permanecer a menos de um metro de distância durante transporte;

c) compartilhar o mesmo ambiente domiciliar; ou

d) ser profissional de saúde ou outra pessoa que cuide diretamente de um caso da COVID-19, ou trabalhador de laboratório que manipule amostras de um caso da COVID-19 sem a proteção recomendada.

2.5 A organização deve afastar imediatamente os trabalhadores das atividades laborais presenciais, por quatorze dias, nas seguintes situações:

a) casos confirmados da COVID-19;

b) casos suspeitos da COVID-19; ou

c) contatantes de casos confirmados da COVID-19.

2.5.1 O período de afastamento dos contatantes de caso confirmado da COVID-19 deve ser contado a partir do último dia de contato entre os contatantes e o caso confirmado.

2.5.2 Os trabalhadores afastados considerados casos suspeitos poderão retornar às suas atividades laborais presenciais antes do período determinado de afastamento quando:

a) exame laboratorial descartar a COVID-19, de acordo com as orientações do Ministério da Saúde; e

b) estiverem assintomáticos por mais de 72 horas.

2.5.3 Os contatantes que residem com caso confirmado da COVID-19 devem ser afastados de suas atividades presenciais por quatorze dias, devendo ser apresentado documento comprobatório.

2.6 A organização deve orientar seus empregados afastados do trabalho nos termos do item 2.5 a permanecer em sua residência, assegurando-se a manutenção da remuneração durante o afastamento.

2.7 A organização deve estabelecer procedimentos para identificação de casos suspeitos, incluindo:

a) canais para comunicação com os trabalhadores referente ao aparecimento de sinais ou sintomas compatíveis com a COVID-19, bem como sobre contato com caso confirmado ou suspeito da COVID-19, podendo ser realizadas enquetes, por meio físico ou eletrônico, contato telefônico ou canais de atendimento eletrônico; e

b) triagem na entrada do estabelecimento em todos os turnos de trabalho, podendo utilizar medição de temperatura corporal por infravermelho ou equivalente, antes que os trabalhadores iniciem suas atividades, inclusive terceirizados.

2.8 A organização deve levantar informações sobre os contatantes, as atividades, o local de trabalho e as áreas comuns frequentadas pelo trabalhador suspeito ou confirmado da COVID-19.

2.9 Os contatantes de caso suspeito da COVID-19 devem ser informados sobre o caso e orientados a relatar imediatamente à organização o surgimento de qualquer sinal ou sintoma relacionado à doença, descritos no item 2.2.

2.10 A organização deve, na ocorrência de casos suspeitos ou confirmados da COVID-19, reavaliar a implementação das medidas de prevenção indicadas.

2.11 A organização deve manter registro atualizado, à disposição dos órgãos de fiscalização, com informações sobre:

a) trabalhadores por faixa etária;

b) trabalhadores com condições clínicas de risco para desenvolvimento de complicações que podem estar relacionadas a quadros mais graves da COVID-19, de acordo com o subitem 2.11.1, não devendo ser especificada a doença, preservando-se o sigilo;

c) casos suspeitos;

d) casos confirmados;

e) trabalhadores contatantes afastados; e

f) medidas tomadas para a adequação dos ambientes de trabalho para a prevenção da COVID-19.

2.11.1 São consideradas condições clínicas de risco para desenvolvimento de complicações da COVID-19: cardiopatias graves ou descompensadas (insuficiência cardíaca, infartados, revascularizados, portadores de arritmias, hipertensão arterial sistêmica descompensada); pneumopatias graves ou descompensadas (dependentes de oxigênio, portadores de asma moderada/grave, Doença Pulmonar Obstrutiva Crônica – DPOC); imunodeprimidos; doentes renais crônicos em estágio avançado (graus 3, 4 e 5); diabéticos, conforme juízo clínico, e gestantes de alto risco.

2.12 A organização deve encaminhar para o ambulatório médico da organização, quando existente, os casos suspeitos para avaliação e acompanhamento adequado.

2.12.1 O atendimento de trabalhadores sintomáticos deve ser separado dos demais trabalhadores, fornecendo-se máscara cirúrgica a todos os trabalhadores a partir da chegada no ambulatório;

2.12.2 Os profissionais do serviço médico devem receber Equipamentos de Proteção Individual – EPI ou outros equipamentos de proteção de acordo com os riscos, em conformidade com as orientações e regulamentações dos Ministérios da Economia e da Saúde.

3. Higiene das mãos e etiqueta respiratória

3.1 Todos trabalhadores devem ser orientados sobre a higienização correta e frequente das mãos com utilização de água e sabonete ou, caso não seja possível a lavagem das mãos, com sanitizante adequado para as mãos, como álcool a 70%.

3.2 Devem ser adotados procedimentos para que, na medida do possível, os trabalhadores evitem tocar superfícies com alta frequência de contato, como botões de elevador, maçanetas, corrimãos etc.

3.3 Devem ser disponibilizados recursos para a higienização das mãos próximos aos locais de trabalho, incluindo água, sabonete líquido, toalha de papel descartável e lixeira, cuja abertura não demande contato manual, ou sanitizante adequado para as mãos, como álcool a 70%.

3.4 Deve haver orientação sobre o não compartilhamento de toalhas e produtos de uso pessoal.

3.5 Os trabalhadores devem ser orientados sobre evitar tocar boca, nariz, olhos e rosto com as mãos e sobre praticar etiqueta respiratória, incluindo utilizar lenço descartável para higiene nasal, cobrir nariz e boca ao espirrar ou tossir e higienizar as mãos após espirrar ou tossir.

3.6 Deve ser dispensada a obrigatoriedade de assinatura individual dos trabalhadores em planilhas, formulários e controles, tais como listas de presença em reunião e diálogos de segurança.

4. Distanciamento social

4.1 A organização deve adotar medidas para aumentar o distanciamento e diminuir o contato pessoal entre trabalhadores e entre esses e o público externo, orientando para que se evitem abraços, beijos, apertos de mão e conversações desnecessárias.

4.2 Deve ser mantida distância mínima de um metro entre os trabalhadores e entre os trabalhadores e o público.

4.2.1 Se o distanciamento físico de ao menos um metro não puder ser implementado para reduzir o risco de transmissão entre trabalhadores, clientes, usuários, contratados e visitantes, além das demais medidas previstas neste Anexo, deve-se:

a) para as atividades desenvolvidas em postos fixos de trabalho, manter o uso de máscara cirúrgica ou de tecido, observado o item 7 e seus subitens deste Anexo, e adotar divisórias impermeáveis ou fornecer proteção facial do tipo viseira plástica (*face shield*) ou fornecer óculos de proteção.

b) para as demais atividades, manter o uso de máscara cirúrgica ou de tecido, observado o item 7 e seus subitens deste Anexo.

4.2.2 Medidas alternativas podem ser adotadas com base em análise de risco, realizada pela organização.

4.3 Devem ser adotadas medidas para limitação de ocupação de elevadores, escadas e ambientes restritos, incluindo instalações sanitárias e vestiários.

4.4 A organização deve demarcar e reorganizar os locais e espaços para filas e esperas com, no mínimo, um metro de distância entre as pessoas.

4.5 A organização deve priorizar agendamentos de horários de atendimento para evitar aglomerações e para distribuir o fluxo de pessoas.

4.6 A organização deve priorizar medidas para distribuir a força de trabalho ao longo do dia, evitando concentrações nos ambientes de trabalho.

4.7 A organização deve promover teletrabalho ou trabalho remoto, quando possível.

4.8 Devem ser evitadas reuniões presenciais e, quando indispensáveis, manter o distanciamento previsto neste Anexo.

5. Higiene, ventilação, limpeza e desinfecção dos ambientes

5.1 A organização deve promover a limpeza e desinfecção dos locais de trabalho e áreas comuns no intervalo entre turnos ou sempre que houver a designação de um trabalhador para ocupar o posto de trabalho de outro.

5.2 Deve-se aumentar a frequência dos procedimentos de limpeza e desinfecção de instalações sanitárias e vestiários, além de pontos de grande contato como teclados, corrimãos, maçanetas, terminais de pagamento, botoeiras de elevadores, mesas, cadeiras etc.

5.3 Deve-se privilegiar a ventilação natural nos locais de trabalho ou adotar medidas para aumentar ao máximo o número de trocas de ar dos recintos, trazendo ar limpo do exterior.

5.3.1 Quando em ambiente climatizado, a organização deve evitar a recirculação de ar e verificar a adequação das manutenções preventivas e corretivas.

5.4 Os bebedouros do tipo jato inclinado, quando existentes, devem ser adaptados de modo que somente seja possível o consumo de água com o uso de copo descartável.

6. Trabalhadores do grupo de risco

6.1 Os trabalhadores com 60 anos ou mais ou que apresentem condições clínicas de risco para desenvolvimento de complicações da COVID-19, de acordo com o subitem 2.11.1, devem receber atenção especial, priorizando-se sua permanência na residência em teletrabalho ou trabalho remoto ou, ainda, em atividade ou local que reduza o contato com outros trabalhadores e o público, quando possível.

6.1.1 Para os trabalhadores do grupo de risco, não sendo possível a permanência na residência ou trabalho remoto, deve ser priorizado trabalho em local arejado e higienizado ao fim de cada turno de trabalho, observadas as demais medidas previstas neste Anexo.

7. Equipamentos de Proteção Individual – EPI e outros equipamentos de proteção

7.1 Devem ser criados ou revisados os procedimentos de uso, higienização, acondicionamento e descarte dos Equipamentos de Proteção Individual – EPI e outros equipamentos de proteção utilizados na organização tendo em vista os riscos gerados pela COVID-19.

7.1.1 A organização deve orientar os trabalhadores sobre o uso, higienização, descarte e substituição das máscaras, higienização das mãos antes e após o seu uso, e, inclusive, limitações de sua proteção contra a COVID-19, seguindo as orientações do fabricante, quando houver, e as recomendações pertinentes dos Ministérios da Economia e da Saúde.

7.1.2 As máscaras cirúrgicas e de tecido não são consideradas EPI nos termos definidos na Norma Regulamentadora n. 6 – Equipamentos de Proteção Individual e não substituem os EPI para proteção respiratória, quando indicado seu uso.

7.2 Máscaras cirúrgicas ou de tecido devem ser fornecidas para todos os trabalhadores e seu uso exigido em ambientes compartilhados ou naqueles em que haja contato com outros trabalhadores ou público.

7.2.1 As máscaras cirúrgicas ou de tecido devem ser substituídas, no mínimo, a cada três horas de uso ou quando estiverem sujas ou úmidas.

7.2.2 As máscaras de tecido devem ser confeccionadas e higienizadas de acordo com as recomendações do Ministério da Saúde.

7.2.3 As máscaras de tecido devem ser higienizadas pela organização, após cada jornada de trabalho, ou pelo trabalhador sob orientação da organização.

7.3 Os EPI e outros equipamentos de proteção não podem ser compartilhados entre trabalhadores durante as atividades.

7.3.1 Os EPI e outros equipamentos de proteção que permitam higienização somente poderão ser reutilizados após a higienização.

7.4 Somente deve ser permitida a entrada de pessoas no estabelecimento com a utilização de máscara de proteção.

7.5 Os profissionais responsáveis pela triagem ou pré-triagem dos trabalhadores, os trabalhadores da lavanderia (área suja) e que realizam atividades de limpeza em sanitários e áreas de vivências devem receber EPI de acordo com os riscos a que estejam expostos, em conformidade com as orientações e regulamentações dos Ministérios da Economia e da Saúde.

8. Refeitórios

8.1 É vedado o compartilhamento de copos, pratos e talheres, sem higienização.

8.2 Deve ser evitado o autosserviço ou, quando este não puder ser evitado, devem ser implementadas medidas de controle, tais como:

a) higienização das mãos antes e depois de se servir;

b) higienização ou troca frequentes de utensílios de cozinha de uso compartilhado, como conchas, pegadores e colheres;

c) instalação de protetor salivar sobre as estruturas de autosserviço; e

d) utilização de máscaras e orientações para evitar conversas durante o serviço.

8.3 A organização deve realizar limpeza e desinfecção frequentes das superfícies das mesas, bancadas e cadeiras.

8.4 A organização deve promover nos refeitórios espaçamento mínimo de um metro entre as pessoas na fila e nas mesas, orientando para o cumprimento das recomendações de etiqueta respiratória e que sejam evitadas conversas.

8.4.1 Quando o distanciamento frontal ou transversal não for observado, deve ser utilizada barreira física sobre as mesas que possuam altura de, no mínimo, um metro e cinquenta centímetros em relação ao solo.

8.5 A organização deve distribuir os trabalhadores em diferentes horários nos locais de refeição.

8.6 Devem ser retirados os recipientes de temperos (azeite, vinagre, molhos), saleiros e farinheiras, bem como os porta-guardanapos, de uso compartilhado, entre outros

8.7 Deve ser entregue jogo de utensílios higienizados (talheres e guardanapo de papel, embalados individualmente).

9. Vestiários

9.1 Deve-se evitar aglomeração de trabalhadores na entrada, na saída e durante a utilização do vestiário.

9.1.1 A organização deve adotar procedimento de monitoramento do fluxo de ingresso nos vestiários e orientar os trabalhadores para manter a distância de um metro entre si durante a sua utilização.

9.2 A organização deve orientar os trabalhadores sobre a ordem de desparamentação de vestimentas e equipamentos, de modo que o último equipamento de proteção a ser retirado seja a máscara.

9.3 Devem ser disponibilizados pia com água e sabonete líquido e toalha descartável ou dispensadores de sanitizante adequado para as mãos, como álcool a 70%, na entrada e na saída dos vestiários.

10. Transporte de trabalhadores fornecido pela organização

10.1 Implantar procedimentos para comunicação, identificação e afastamento de trabalhadores com sintomas da COVID-19 antes do embarque no transporte para o trabalho, quando fornecido pelo empregador, de maneira a impedir o embarque de pessoas sintomáticas, incluindo eventuais terceirizados da organização de fretamento.

10.2 O embarque de trabalhadores no veículo deve ser condicionado ao uso de máscara de proteção.

10.3 Os trabalhadores devem ser orientados no sentido de evitar aglomeração no embarque e no desembarque do veículo de transporte, devendo ser implantadas medidas que garantam distanciamento mínimo de um metro entre trabalhadores.

10.4 A organização deve priorizar medidas para manter uma distância segura entre trabalhadores, realizando o espaçamento dos trabalhadores dentro do veículo de transporte.

10.5 Deve-se manter preferencialmente a ventilação natural dentro dos veículos e, quando for necessária a utilização do sistema de ar condicionado, deve-se evitar a recirculação do ar.

10.6 Os assentos e demais superfícies do veículo mais frequentemente tocadas pelos trabalhadores devem ser higienizados regularmente.

10.7 Os motoristas devem higienizar frequentemente as mãos e o seu posto de trabalho, inclusive o volante e superfícies mais frequentemente tocadas.

10.8 A organização deve manter registro dos trabalhadores que utilizam o transporte, listados por veículo e viagem.

11. Serviços Especializados em Engenharia de Segurança e em Medicina do Trabalho – SESMT e Comissão Interna de Prevenção de Acidentes – CIPA

11.1 SESMT e CIPA, quando existentes, devem participar das ações de prevenção implementadas pela organização.

11.2 Os trabalhadores de atendimento de saúde do SESMT, como enfermeiros, auxiliares e médicos, devem receber Equipamentos de Proteção Individual – EPI de acordo com os riscos a que estejam expostos, em conformidade com as orientações e regulamentações dos Ministérios da Economia e da Saúde.

12. Medidas para retomada das atividades

12.1 Quando houver a paralisação das atividades de determinado setor ou do próprio estabelecimento, decorrente da COVID-19 devem ser adotados os seguintes procedimentos antes do retorno das atividades:

a) assegurar a adoção das medidas de prevenção previstas neste Anexo;

b) higienizar e desinfectar o local de trabalho, as áreas comuns e os veículos utilizados;

c) reforçar a comunicação aos trabalhadores; e

d) implementar triagem dos trabalhadores, garantindo o afastamento dos casos confirmados, casos suspeitos e contatantes de casos confirmados da COVID-19.

12.1.1 Não deve ser exigida testagem laboratorial para a COVID-19 de todos os trabalhadores como condição para retomada das atividades do setor ou do estabelecimento por não haver, até o momento da edição deste Anexo, recomendação técnica para esse procedimento.

12.1.1.1 Quando adotada a testagem de trabalhadores, esta deve ser realizada de acordo com as recomendações do Ministério da Saúde em relação à indicação, metodologia e interpretação dos resultados.

Portaria n. 14.782, de 19 de junho de 2020 (1)

Disciplina procedimentos relativos ao recurso de embargo e interdição em atividades essenciais, assim consideradas aquelas definidas no Decreto n. 10.282, de 20 de março de 2020, durante o enfrentamento do estado de calamidade pública reconhecido pelo Decreto Legislativo n. 6, de 20 de março de 2020, e da emergência de saúde pública de importância internacional decorrente do coronavírus (covid-19) decretada pelo Ministro de Estado da Saúde, em 3 de fevereiro de 2020, nos termos do disposto na Lei n. 13.979, de 6 de fevereiro de 2020 (Processo n. 19964.105643/2020-31).

O Secretário Especial de Previdência e Trabalho do Ministério da Economia, no uso das atribuições que lhe conferem os arts. 155 e 200 da Consolidação das Leis do Trabalho – CLT, aprovada pelo Decreto-Lei n. 5.452, de 1º de maio de 1943, e no inciso I e alínea *f* do inciso II do art. 71 do Anexo I do Decreto n. 9.745, de 08 de abril de 2019, resolve:

Art. 1º Esta Portaria disciplina os procedimentos relativos à interposição de recurso administrativo em face dos atos relativos a embargo e interdição em atividades essenciais, assim consideradas aquelas definidas no Decreto n. 10.282, de 20 de março de 2020, durante o enfrentamento do estado de calamidade pública reconhecido pelo Decreto Legislativo n. 6, de 20 de março de 2020, e da emergência de saúde pública de importância internacional decorrente do coronavírus (covid-19) decretada pelo Ministro de Estado da Saúde, em 3 de fevereiro de 2020, nos termos do disposto na Lei n. 13.979, de 6 de fevereiro de 2020.

Parágrafo único. As disposições contidas nesta Portaria prevalecem sobre aquelas previstas na Portaria da

(1) Publicada no *Diário Oficial da União*, de 22-6-2020.

Legislação Complementar

Secretaria Especial de Previdência e Trabalho – SEPRT n. 1.069, de 23 de setembro de 2019, que disciplina os procedimentos relativos aos embargos e interdições, enquanto perdurar a decretação do estado de calamidade pública supracitado.

Art. 2º O prazo para prestar as informações complementares previsto no art. 21 da Portaria SEPRT n. 1.069, de 2019, será de vinte e quatro horas.

Art. 3º O prazo para o cumprimento dos trâmites previsto pelo art. 22 da Portaria SEPRT n. 1.069, de 2019, será de dois dias.

Art. 4º O prazo para o cumprimento dos trâmites previstos no art. 23 da Portaria SEPRT n. 1.069, de 2019, é de quatro dias, contados da data de encaminhamento do processo entre as Regionais, especificamente para as situações previstas nessa Portaria.

Art. 5º Nos processos de recurso de embargos ou interdições relacionados à COVID-19 em atividade essencial, é obrigatória a constituição da comissão prevista no art. 26 da Portaria SEPRT n. 1.069, de 2019.

Art. 6º O prazo para decisão do recurso previsto no art. 27 da Portaria SEPRT n. 1.069, de 2019, será de três dias.

§ 1º Sendo constituída a comissão prevista no art. 26, da Portaria SEPRT n. 1.069, de 2019, o prazo previsto no *caput* será acrescido de vinte e quatro horas.

§ 2º Caso o processo não esteja devidamente instruído, a Coordenação-Geral de Recursos – CGR da Secretaria de Trabalho, no prazo de quarenta e oito horas, decidirá sobre eventual pedido de efeito suspensivo e o devolverá à unidade que instruiu o processo para regularização em até quarenta e oito horas, contados do seu recebimento.

Art. 7º Esta Portaria entra em vigor na data de sua Publicação.

Bruno Bianco Leal

Portaria n. 15.797, de 2 de julho de 2020 (1)

Estabelece medida extraordinária quanto à inspeção de segurança periódica de vasos de pressão, tubulações e tanques metálicos de armazenamento, prevista na Norma Regulamentadora n. 13 – Caldeiras, vasos de pressão, tubulações e tanques metálicos de armazenamento, em razão do estado de calamidade pública reconhecido pelo Decreto Legislativo n. 6, de 20 de março de 2020, e da emergência de saúde pública de importância internacional decorrente do coronavírus (covid-19), de que trata a Lei n. 13.979, de 6 de fevereiro de 2020 (Processo n. 19966.100593/2020-85).

O Secretário Especial de Previdência e Trabalho do Ministério da Economia, no uso das atribuições que lhe conferem os arts. 155 e 200 da Consolidação das Leis do Trabalho – CLT, aprovada pelo Decreto-Lei n. 5.452, de 1º de maio de 1943, e os incisos I e V do art. 71 do Anexo I do Decreto n. 9.745, de 08 de abril de 2019, resolve:

Art. 1º Esta Portaria estabelece medida extraordinária quanto à inspeção de segurança periódica de vasos de pressão, tubulações e tanques metálicos de armazenamento, prevista na Norma Regulamentadora n. 13 – Caldeiras, vasos de pressão, tubulações e tanques metálicos de armazenamento, em razão do estado de calamidade pública reconhecido pelo Decreto Legislativo n. 6, de 20 de março de 2020, e da emergência de saúde pública de importância internacional decorrente do coronavírus (covid-19), de que trata a Lei n. 13.979, de 6 de fevereiro de 2020.

Art. 2º Durante a vigência da emergência de saúde pública referida no art. 1º, mediante justificativa formal do empregador, acompanhada por análise técnica e respectivas medidas de contingência para mitigação dos riscos, elaborada por Profissional Habilitado ou por grupo multidisciplinar por ele coordenado, com emissão da respectiva Anotação de Responsabilidade Técnica – ART, pode ocorrer postergação de até seis meses do prazo previsto para a inspeção de segurança periódica de vaso sob pressão, tubulação e tanque metálico de armazenamento, estipulada na Norma Regulamentadora n. 13.

§ 1º Entende-se por Profissional Habilitado aquele que tem competência legal para o exercício da profissão de engenheiro nas atividades referentes a projeto de construção, acompanhamento da operação e da manutenção, inspeção e supervisão de inspeção de caldeiras, vasos de pressão, tubulações e tanques metálicos de armazenamento, em conformidade com a regulamentação profissional vigente no país.

§ 2º É vedada a postergação do prazo de inspeção de segurança periódica do equipamento se houver recomendação técnica, em relatório de inspeção anterior, que impeça a prorrogação da sua realização.

§ 3º O empregador deve comunicar ao sindicato dos trabalhadores da categoria predominante do estabelecimento a justificativa formal para postergação da inspeção de segurança periódica citada no *caput* e disponibilizar a análise técnica e respectivas medidas de contingência para mitigação dos riscos, caso solicitado.

§ 4º O prazo de postergação da inspeção de segurança periódica referido no *caput* é improrrogável.

Art. 3º A postergação de prazo prevista no art. 2º não se aplica às inspeções iniciais e extraordinárias, também estabelecidas na Norma Regulamentadora n. 13.

(1) Publicada no *Diário Oficial da União*, de 2-7-2020 – Edição Extra.

Art. 4º Esta Portaria entra em vigor na data de sua publicação.

Bruno Bianco Leal

Portaria n. 22.677, de 22 de outubro de 2020 (1)

Aprova a nova redação da Norma Regulamentadora n. 31 – Segurança e Saúde no Trabalho na Agricultura, Pecuária, Silvicultura, Exploração Florestal e Aquicultura.

O Secretário Especial de Previdência e Trabalho, no uso das atribuições que lhe conferem os arts. 155 e 200 da Consolidação das Leis do Trabalho – CLT, aprovada pelo Decreto-lei n. 5.452, de 1º de maio de 1943, e o inciso V do art. 71 do Anexo I do Decreto n. 9.745, de 8 de abril de 2019, resolve:

Art. 1º A Norma Regulamentadora n. 31 (NR-31) – Segurança e Saúde no Trabalho na Agricultura, Pecuária, Silvicultura, Exploração Florestal e Aquicultura passa a vigorar com a redação constante do Anexo I desta Portaria.

Art. 2º Determinar que a Norma Regulamentadora n. 31 e seus Anexos sejam interpretados com a tipificação disposta na tabela abaixo:

Regulamento	Tipificação
NR-31	NR Setorial
Anexo I	Tipo 1
Anexo II	Tipo 1

Art. 3º Na data da entrada em vigor desta Portaria, revogar as Portarias:

I – Portaria MTE n. 86, de 3 de março de 2005;

....

Art. 4º Esta Portaria entra em vigor 1 (um) ano após a data de sua publicação.

Bruno Bianco Leal

ANEXO I

NR-31 – SEGURANÇA E SAÚDE NO TRABALHO NA AGRICULTURA, PECUÁRIA, SILVICULTURA, EXPLORAÇÃO FLORESTAL E AQUICULTURA

•• Alteração já processada na NR 31.

Lei n. 14.151, de 12 de maio de 2021 (2)

Dispõe sobre o afastamento da empregada gestante das atividades de trabalho presencial durante a emergência de saúde pública de importância nacional decorrente do novo coronavírus.

O Presidente da República

Faço saber que o Congresso Nacional decreta e eu sanciono a seguinte Lei:

Art. 1º Durante a emergência de saúde pública de importância nacional decorrente do novo coronavírus, a empregada gestante deverá permanecer afastada das atividades de trabalho presencial, sem prejuízo de sua remuneração.

Parágrafo único. A empregada afastada nos termos do caput deste artigo ficará à disposição para exercer as atividades em seu domicílio, por meio de teletrabalho, trabalho remoto ou outra forma de trabalho a distância.

Art. 2º Esta Lei entra em vigor na data de sua publicação.

Brasília, 12 de maio de 2021; 200º da Independência e 133º da República.

Jair Messias Bolsonaro

Resolução n. 2.297, de 5 de agosto de 2021 (3)

Dispõe de normas específicas para médicos que atendem o trabalhador.

O Conselho Federal de Medicina, no uso das atribuições conferidas pela Lei n. 3.268, de 30 de setembro de 1957, regulamentada pelo Decreto n. 44.045, de 19 de julho de 1958, e

Considerando o estabelecido no artigo 1º, inciso IV, no artigo 6º e no artigo 7º, inciso XXII, da Constituição Federal; Capítulo V – Da Segurança e da Medicina do Trabalho – da Consolidação das Leis do Trabalho, bem como as normas do Código de Ética Médica (Resolução CFM n.1.931/2009);

Considerando o disposto nas Convenções 155 e 161 da Organização Internacional do Trabalho (OIT);

Considerando as deliberações da Organização Mundial da Saúde (OMS) que versam sobre segurança e saúde dos trabalhadores;

Considerando a Lei n. 11.430/2006 e o Decreto n. 6.042/2007;

Considerando que o trabalho é um meio de prover a subsistência e a dignidade humana, não devendo gerar mal-estar, doenças e mortes;

Considerando que promoção, prevenção, recuperação da saúde e preservação da capacidade de trabalho são direitos garantidos pela Constituição Federal;

Considerando que as condições de vida e trabalho são determinantes sociais de saúde;

(1) Publicada no *Diário Oficial da União*, de 27-10-2020.

(2) Publicada no *Diário Oficial da União*, de 13-5-2021.

(3) Publicada no *Diário Oficial da União*, de 18-8-2021.

Considerando o trabalho como fator adjuvante no tratamento de determinadas doenças, e que o médico do trabalho é o especialista que detém o conhecimento técnico e científico para promover os ajustes no contexto do trabalho;

Considerando que o médico do trabalho é um dos principais responsáveis pela promoção, prevenção e recuperação da saúde integral dos trabalhadores, seja no setor público, seja no privado;

Considerando os diversos campos de atuação do médico do trabalho, seja na saúde do trabalhador em empresas, seja no Sistema Único de Saúde (SUS), nas perícias judiciais ou previdenciárias;

Considerando a necessidade de normatizar a atividade dos médicos do trabalho e dos demais médicos que atendam o trabalhador;

Considerando a necessidade de normatizar os critérios para estabelecer o nexo causal entre o exercício da atividade laboral e os agravos à saúde;

Considerando que todo médico, ao atender seu paciente, deve avaliar a possibilidade de que a causa de determinada doença, alteração clínica ou laboratorial possa estar relacionada ao trabalho;

Considerando a constante necessidade de avaliar os impactos das mudanças tecnológicas, da organização do trabalho e da legislação;

Considerando que médico perito é aquele designado pela autoridade competente, assistindo-a no que a lei determina;

Considerando que assistente técnico é o médico que assiste a uma das partes em litígio no processo judicial;

Considerando que o Artigo 465 do Código de Processo Civil dispôs que o juiz nomeará perito especializado no objeto e natureza da perícia consoante a sua área de especialidade, técnica ou de expertise, ou seja, nomeará perito em engenharia, contabilidade, medicina, informática, agronomia etc., consoante habilitação técnica segundo o objeto da perícia;

Considerando, finalmente, o decidido na Sessão Plenária realizada em 5 de agosto de 2021, resolve:

Art. 1º Aos médicos do trabalho e demais médicos que atendem o trabalhador, independentemente do local em que atuem, cabe:

I – Assistir ao trabalhador, elaborar seu prontuário médico e fazer todos os encaminhamentos devidos;

II – Fornecer atestados e pareceres para o trabalhador sempre que necessário, considerando que o repouso, o acesso a terapias ou o afastamento da exposição nociva faz parte do tratamento;

III – Fornecer laudos, pareceres e relatórios de exame médico e dar encaminhamento, sempre que necessário, dentro dos preceitos éticos;

IV – Promover, com a ciência do trabalhador, a discussão clínica com o especialista assistente do trabalhador sempre que julgar necessário e propor mudanças no contexto do trabalho, quando indicadas, com vistas ao melhor resultado do tratamento.

§ 1º Quando requerido pelo paciente, deve o médico pôr à sua disposição ou à de seu representante legal tudo o que se refira ao seu atendimento, em especial cópia dos exames e do prontuário médico.

§ 2º Na elaboração do atestado médico, deve o médico assistente observar o contido na Resolução CFM n. 1.658/2002, alterada pela Resolução CFM n. 1.851/2008.

§ 3º O médico do trabalho pode discordar dos termos de atestado médico emitido por outro médico, desde que justifique a discordância, após o devido exame clínico do trabalhador, assumindo a responsabilidade pelas consequências do seu ato.

§ 4º O médico do trabalho, ao ser solicitado pelo médico assistente do trabalhador, deverá produzir relatório com descrição dos riscos ocupacionais e da organização do trabalho e entregá-lo ao trabalhador ou ao seu responsável legal, em envelope lacrado endereçado ao médico solicitante, de forma confidencial.

§ 5º O médico assistente ou especialista, ao ser solicitado pelo médico do trabalho, deverá produzir relatório ou parecer com descrição dos achados clínicos, prognóstico, tratamento e exames complementares realizados que possam estar relacionados às queixas do trabalhador e entregá-lo a ele ou ao seu responsável legal, em envelope lacrado endereçado ao médico solicitante, de forma confidencial.

Art. 2º Para o estabelecimento do nexo causal entre os transtornos de saúde e as atividades do trabalhador, além da anamnese, do exame clínico (físico e mental), de relatórios e dos exames complementares, é dever do médico considerar:

I – A história clínica e ocupacional atual e pregressa, decisiva em qualquer diagnóstico e/ou investigação de nexo causal;

II – O estudo do local de trabalho;

III – O estudo da organização do trabalho;

IV – Os dados epidemiológicos;

V – A literatura científica;

VI – A ocorrência de quadro clínico ou subclínico em trabalhadores expostos a riscos semelhantes;

VII – A identificação de riscos físicos, químicos, biológicos, mecânicos, estressantes e outros;

VIII – O depoimento e a experiência dos trabalhadores;

IX – Os conhecimentos e as práticas de outras disciplinas e de seus profissionais, sejam ou não da área da saúde.

Parágrafo único. Ao médico assistente é vedado determinar nexo causal entre doença e trabalho sem observar o contido neste artigo e seus incisos.

Art. 3º Os médicos do trabalho e os demais médicos que atendem os trabalhadores de empresas e instituições, que admitem trabalhadores independentemente de sua especialidade, devem:

I – Atuar visando essencialmente a promoção da saúde e a prevenção da doença, conhecendo, para tanto, os processos produtivos e o ambiente de trabalho da empresa.

II – Promover o esclarecimento e prestar as orientações necessárias sobre a condição dos trabalhadores com deficiência, idosos e/ou com doenças crônico-degenerativas e gestantes; e promover a inclusão destes no trabalho, participando do processo de adaptação do trabalho ao trabalhador, quando necessário.

III – Dar conhecimento formalmente aos empregadores, aos trabalhadores e às comissões internas de prevenção de acidentes sobre os riscos existentes no ambiente de trabalho, informações da vigilância epidemiológica e outros informes técnicos, desde que resguardado o sigilo profissional.

IV – Notificar formalmente o empregador quando da ocorrência ou de sua suspeita de acidente ou doença do trabalho, para que a empresa proceda à emissão de Comunicação de Acidente de Trabalho, devendo deixar registrado no prontuário do trabalhador.

V – Notificar formalmente os agravos de notificação compulsória ao órgão competente do Ministério da Saúde quando suspeitar ou comprovar a existência de agravos relacionados ao trabalho, bem como notificar formalmente ao empregador a adoção dos procedimentos cabíveis, independentemente da necessidade de afastar o empregado do trabalho, devendo registrar tudo em prontuário.

Art. 4º Compete ao médico do trabalho avaliar as condições de saúde do trabalhador para determinadas funções e/ou ambientes, propondo sua alocação para trabalhos compatíveis com seu atual estado de saúde, orientando-o, bem como ao empregador ou chefia imediata, se necessário, em relação ao processo de adaptação do trabalho.

Art. 5º Os médicos do trabalho, como tais reconhecidos por lei, especialmente investidos da função de Coordenador do Programa de Controle Médico de Saúde Ocupacional (PCMSO), estarão obrigados a fazerem-se presentes, com a regularidade que for necessária, nas empresas e em suas filiais, para coordenarem o referido programa, estando devidamente inscritos nos conselhos regionais de medicina dos estados em que estiverem atuando.

§ 1º Os médicos que executam os exames ocupacionais devem observar o contido nos programas instituídos para proteção integral à saúde do trabalhador, devendo ter conhecimento sobre as condições e riscos do trabalho.

§ 2º Ao médico do trabalho da empresa contratante é facultado exigir exames específicos da atividade a ser realizada pelo trabalhador por exposição a risco não contemplado no PCMSO de origem.

Art. 6º É vedado ao médico que presta assistência ao trabalhador:

I – Realizar exame médico ocupacional com recursos de telemedicina, sem o exame presencial do trabalhador.

II – Assinar Atestado de Saúde Ocupacional (ASO) em branco.

III – Emitir ASO sem que esteja familiarizado com os princípios da patologia ocupacional e suas causas, bem como com o ambiente, as condições de trabalho e os riscos a que está ou será exposto cada trabalhador.

IV – Deixar de registrar no prontuário médico do trabalhador todas as informações referentes aos atos médicos praticados.

V – Informar resultados dos exames no ASO.

Art. 7º Conforme as Resoluções do CFM n. 2.007/2013 e n. 2.147/2016, o ambulatório de assistência à saúde do trabalhador deverá ter médico do trabalho com Registro de Qualificação da Especialidade (RQE) como diretor técnico responsável pelo estabelecimento de saúde perante os conselhos regionais de medicina, autoridades sanitárias, ministério público, judiciário e demais autoridades.

Art. 8º Os atestados, relatórios e demais documentos apresentados emitidos por médicos e odontólogos, regularmente inscritos nos seus respectivos conselhos, podem ser considerados pelo médico do trabalho, perito ou junta médica para subsidiar a decisão sobre capacidade laborativa, sendo indispensável proceder à avaliação clínica.

Art. 9º Em sua peça de contestação de nexo ao perito médico da Previdência, o médico do trabalho poderá enviar documentação probatória demonstrando que os agravos não possuem nexo com o trabalho exercido pelo trabalhador, tais como:

I – Programa de Prevenção de Riscos Ambientais (PPRA);

II – Programa de Controle Médico de Saúde Ocupacional (PCMSO);

III – Perfil Profissiográfico Previdenciário (PPP);

IV – Comunicação de Acidente de Trabalho (CAT);

V – Laudo Técnico de Condições Ambientais de Trabalho (LTCAT);

VI – Programa de Gerenciamento de Riscos (PGR);

VII – Programa de Condições e Meio Ambiente de Trabalho na Indústria da Construção (PCMAT);

VIII – Análise ergonômica do posto de trabalho, ficha de produtos químicos e outros documentos relacionados às condições de trabalho e pertinentes à contestação poderão ser utilizados, quando necessários.

Parágrafo único: Por ocasião do encaminhamento do trabalhador à perícia previdenciária, deve o médico do trabalho entregar relatório médico ao trabalhador com a descrição das condições em que se deu o acidente ou a doença.

Art. 10. Em ações judiciais, a cópia do prontuário médico, de exames complementares ou outros documentos poderá ser liberada por autorização do paciente ou dever legal.

Art. 11. O médico de empresa, o médico responsável por qualquer programa de controle de saúde ocupacional de empresa e o médico participante do Serviço Especializado em Engenharia de Segurança e Medicina do Trabalho podem atuar como assistente técnico nos casos envolvendo a empresa contratante e/ou seus assistidos, desde que observem os preceitos éticos.

§ 1º No desempenho dessa função no Tribunal, o médico deverá agir de acordo com sua livre consciência, nos exatos termos dos princípios, direitos e vedações previstos no Código de Ética Médica.

§ 2º Existindo relação médico-paciente, permanecerá a vedação estabelecida no Código de Ética Médica vigente, sem prejuízo do contido no § 1º.

Art. 12. Ao médico do trabalho responsável pelo PCMSO da empresa e ao médico participante do Serviço Especializado em Segurança e Medicina do Trabalho (SESMT) é vedado atuar como peritos judiciais, securitários ou previdenciários nos casos que envolvam a firma contratante e/ou seus assistidos, atuais ou passados.

Art. 13. São atribuições e deveres do médico perito judicial e assistentes técnicos:

I – Examinar clinicamente o trabalhador e solicitar os exames complementares, se necessários;

II – O médico perito judicial e assistentes técnicos, ao vistoriarem o local de trabalho, devem fazer-se acompanhar, se possível, pelo próprio trabalhador que está sendo objeto da perícia, para melhor conhecimento do seu ambiente de trabalho e função;

III – Estabelecer o nexo causal, considerando o exposto no artigo 2º e incisos (redação aprovada pela Resolução CFM n. 1.940/2010) e tal como determina a Lei n. 12.842/2013, ato privativo do médico.

Art. 14. Conforme artigo 465 do Código de Processo Civil, o juiz nomeará perito especializado no objeto e na natureza da perícia. A perícia com fins de determinação de nexo causal, avaliação de capacidade laborativa/aptidão, avaliação de sequela/valoração do dano corporal, requer atestação de saúde e definição do prognóstico referente ao diagnóstico nosológico, o que é, legalmente, ato privativo do médico.

§ 1º É vedado ao médico participar como assistente técnico de perícia privativa de outra profissão regulamentada em lei.

§ 2º É vedado ao médico realizar perícia médica na presença de assistente técnico não médico. Nesse caso, o médico perito deve suspender a perícia e informar imediatamente ao magistrado o seu impedimento.

Art. 15. Em ações judiciais, o médico perito poderá peticionar ao Juízo que oficie o estabelecimento de saúde ou o médico assistente para anexar cópia do prontuário do periciado, em envelope lacrado e em caráter confidencial.

Art. 16. Esta Resolução não se aplica aos médicos peritos previdenciários cuja atuação possui legislação própria, ressalvando-se as questões éticas do exercício profissional.

Art. 17. Revoga-se a Resolução CFM n. 2.183, publicada no Diário Oficial da União de 21 de setembro de 2018, Seção I, página 206, e as disposições em contrário.

Art. 18. Esta Resolução entrará em vigor na data de sua publicação.

Mauro Luiz De Britto Ribeiro

Portaria n. 313, de 22 de setembro de 2021 (1)

Dispõe sobre a implantação do Perfil Profissiográfico Previdenciário (PPP) em meio eletrônico, de que tratam os §§ 3º e 8º do art. 68 do Regulamento da Previdência Social, aprovado pelo Decreto n. 3.048, de 6 de maio de 1999, com redação dada pelo Decreto n. 10.410, de 30 de junho de 2020.

O Ministro de Estado do Trabalho e Previdência, no uso das atribuições que lhe conferem o art. 87, parágrafo único, inciso II, da Constituição e tendo em vista o disposto no art. 68, §§ 3º e 8º do Regulamento da Previdência Social, aprovado pelo Decreto n. 3.048, de 6 de maio de 1999, e alterado pelo Decreto n. 10.410, de 30 de junho de 2020, resolve:

Art. 1º A partir 1º de janeiro de 2023 o Perfil Profissiográfico Previdenciário – PPP será emitido exclusivamente em meio eletrônico, a partir das informações constantes nos eventos de Segurança e Saúde no Trabalho (SST) no Sistema Simplificado de Escrituração Digital das Obrigações Previdenciárias, Trabalhistas e Fiscais – eSocial, para os segurados das empresas obrigadas.

•• *Caput* com redação determinada pela Portaria n. 1.010, de 24-12-2021.

§ 1º A implantação do PPP em meio eletrônico será gradativa, conforme cronograma de implantação dos eventos de SST no eSocial.

§ 2º As orientações quanto ao adequado preenchimento no eSocial das informações que compõem o PPP estão estabelecidas no Manual de Orientação do eSocial (MOS).

Art. 2º O Perfil Profissiográfico Previdenciário em meio eletrônico corresponde ao histórico laboral do trabalhador a partir de 1º de janeiro de 2023.

•• *Caput* com redação determinada pela Portaria n. 1.010, de 24-12-2021.

Parágrafo único. O Perfil Profissiográfico Previdenciário em meio físico não será aceito para comprovação de direitos perante a Previdência Social para períodos trabalhados a partir de 1º de janeiro de 2023.

•• Parágrafo único com redação determinada pela Portaria n. 1.010, de 24-12-2021.

•• Havia aqui os §§ 1º e 2º, que diziam: "1º O registro da profissiografia relacionada a período anterior deverá ser feito conforme procedimento adotado à época, em meio físico. § 2º Para os períodos anteriores ao início da obrigatoriedade do PPP em meio eletrônico, permanece a obrigação de fornecimento ao segurado do PPP em meio físico".

Art. 3º As informações que compõem o PPP em meio eletrônico são as constantes no modelo elaborado pelo Instituto Nacional do Seguro Social – INSS.

(1) Publicada no *Diário Oficial da União*, de 23-9-2021.

Parágrafo único. A identificação do trabalhador ocorrerá por meio do número de inscrição no Cadastro de Pessoas Físicas – CPF, dispensada a indicação de outros documentos de identificação.

Art. 4º O cumprimento da obrigação de elaboração e atualização do PPP em meio eletrônico ocorre por meio da recepção e validação pelo ambiente nacional do eSocial das informações que o compõem, enviadas:

I – pela empresa, no caso de segurado empregado;

II – pela cooperativa de trabalho ou de produção, no caso de cooperado filiado; e

III – pelo órgão gestor de mão de obra ou pelo sindicato da categoria, no caso de trabalhador avulso.

§ 1º O envio das informações que compõem o PPP ao ambiente nacional do eSocial é constatado a partir do recibo de entrega com sucesso dos respectivos eventos que as contêm, observadas as regras e prazos para atualização da informação.

§ 2º O procedimento previsto no *caput* representa o cumprimento da obrigação de fornecer o PPP.

§ 3º As informações constantes do PPP eletrônico ficarão disponíveis ao segurado por meio dos canais digitais do INSS.

Art. 5º As informações consolidadas do PPP serão disponibilizadas ao segurado pelo INSS, a partir dos dados do vínculo com a empresa e dos eventos:

I – Comunicações de Acidentes de Trabalho, constantes no evento 'S-2210 – Comunicação de Acidente de Trabalho';

II – Profissiografia e Registros Ambientais, constantes no evento 'S-2240 – Condições Ambientais do Trabalho – Agentes Nocivos'; e

III – Resultado de Monitoração Biológica, constantes no evento 'S-2220 – Monitoramento da Saúde do Trabalhador'.

Art. 6º A partir de sua implantação, o Perfil Profissiográfico Previdenciário em meio eletrônico deverá ser preenchido para todos os segurados empregados, trabalhadores avulsos e cooperados vinculados à cooperativa de trabalho ou de produção, independentemente do ramo de atividade da empresa e da exposição a agentes nocivos.

•• Artigo com redação determinada pela Portaria n. 1.010, de 24-12-2021.

Art. 7º Caberá ao INSS adotar as providências necessárias à recepção das informações do Perfil Profissiográfico Previdenciário em meio eletrônico e à disponibilização de tais informações ao segurado a partir de 1º de janeiro de 2023.

•• Artigo com redação determinada pela Portaria n. 1.010, de 24-12-2021.

Art. 8º (*Revogado pela Portaria n. 1.010, de 24-12-2021.*)

Art. 9º Esta Portaria entra em vigor no dia 1º de outubro de 2021.

Onyx Dornelles Lorenzoni

Portaria n. 422, de 7 de outubro de 2021 (1)

Aprova a nova redação da Norma Regulamentadora n. 05 – Comissão Interna de Prevenção de Acidentes – CIPA.

O Ministro de Estado do Trabalho e Previdência, no uso das atribuições que lhe conferem os arts. 155, 163 e 200 do Decreto-Lei n. 5.452, de 1º de maio de 1943 – Consolidação das Leis do Trabalho – CLT, e tendo em vista o disposto no art. 48-A, *caput*, inciso VIII, da Lei n. 13.844, de 18 de junho de 2019, resolve:

Art. 1º A Norma Regulamentadora n. 05 (NR-5) – Comissão Interna de Prevenção de Acidentes – CIPA passa a vigorar com a redação constante do Anexo.

Art. 2º Determinar, conforme previsto na Portaria SIT n. 787, de 27 de novembro de 2018, que a NR-5 e seu Anexo serão interpretados conforme o disposto na tabela abaixo:

Regulamento	Tipificação
NR-05	NR Geral
Anexo I	Tipo 2

Art. 3º Os editais de convocação de eleição publicados antes da entrada em vigor desta Portaria seguem o dimensionamento previsto na Portaria vigente da NR-5 à data de sua publicação.

Art. 4º Na data da entrada em vigor desta, ficam revogados os seguintes dispositivos:

I – texto da NR-05, publicado no Anexo da Portaria SSMT n. 33, de 27 de outubro de 1983;

II – art. 2º da Portaria SSST n. 25, de 29 de dezembro de 1994;

III – Portaria SSST n. 08, de 23 de fevereiro de 1999;

IV – Portaria SSST n. 15, de 26 de fevereiro de 1999;

V – Portaria SSST n. 24, de 27 de maio de 1999;

VI – Portaria SSST n. 25, de 27 de maio de 1999;

VII – Portaria SIT/DSST n. 16, 10 de maio de 2001;

VIII – Portaria SIT/DSST n. 14, 21 de junho de 2007; e

IX – Portaria SIT n. 247, de 12 de julho de 2011.

Art. 5º Esta Portaria entra em vigor em 3 de janeiro de 2022.

Onyx Dornelles Lorenzoni

ANEXO

NR 5 – COMISSÃO INTERNA DE PREVENÇÃO DE ACIDENTES

•• Alteração já processada na NR 5.

(1) Publicada no *Diário Oficial da União*, de 8-10-2021.

Legislação Complementar

ANEXO I
DA NR-5 – CIPA DA INDÚSTRIA DA CONSTRUÇÃO

•• Alteração já processada na NR 5.

Portaria n. 423, de 7 de outubro de 2021 (1)

Aprova a nova redação da Norma Regulamentadora n. 17 – Ergonomia.

O Ministro de Estado do Trabalho e Previdência, no uso das atribuições que lhe conferem os arts. 155, 163 e 200 do Decreto-Lei n. 5.452, de 1º de maio de 1943 – Consolidação das Leis do Trabalho – CLT, e tendo em vista o disposto no art. 48-A, *caput*, inciso VIII, da Lei n. 13.844, de 18 de junho de 2019, resolve:

Art. 1º A Norma Regulamentadora n. 17 (NR 17) – Ergonomia, aprovada pela Portaria MTb n. 3.214, de 8 de junho de 1978, passa a vigorar com a redação constante do Anexo.

Art. 2º Determinar que a NR 17 e seus Anexos sejam interpretados com a tipificação disposta na tabela abaixo:

Regulamento	Tipificação
NR 17	NR GERAL
ANEXO I	TIPO 2
ANEXO II	TIPO 2

Art. 3º Na data da entrada em vigor desta, ficam revogadas as seguintes Portarias:

I – Portaria MTPS n. 3.751, de 23 de novembro de 1990, publicada no DOU de 26 de novembro de 1990 – Seção 1;

II – Portaria DSST/SIT n. 08, de 30 de março de 2007, publicada no DOU de 02 de abril de 2007 – Seção 1;

III – Portaria DSST/SIT n. 09, de 30 de março de 2007, publicada no DOU de 02 de abril de 2002 – Seção 1;

IV – Portaria DSST/SIT n. 13, de 21 de junho de 2007, publicada no DOU de 26 de junho de 2007 – Seção 1; e

V – Portaria MTb n. 876, de 24 de outubro de 2018, republicada no DOU de 26 de outubro de 2018 – Seção 1.

Art. 4º Esta Portaria entra em vigor em 3 de janeiro de 2022.

Onyx Dornelles Lorenzoni

(1) Publicada no *Diário Oficial da União*, de 8-10-2021.

ANEXO
NORMA REGULAMENTADORA N. 17 – ERGONOMIA

•• As alterações já foram processadas no texto da NR 17.

Portaria n. 424, de 7 de outubro de 2021 (2)

Aprova a nova redação da Norma Regulamentadora n. 19 – Explosivos.

O Ministro de Estado do Trabalho e Previdência, no uso das atribuições que lhe conferem os arts. 155 e 200 do Decreto-Lei n. 5.452, de 1º de maio de 1943 – Consolidação das Leis do Trabalho – CLT, e tendo em vista o disposto no art. 48-A, *caput*, inciso VIII, da Lei n. 13.844, de 11 de junho de 2019, resolve:

Art. 1º A Norma Regulamentadora n. 19 – NR-19 – Explosivos – passa a vigorar com a redação constante do Anexo desta Portaria.

Art. 2º Determinar, conforme previsto na Portaria SIT n. 787, de 27 de novembro de 2018, que a NR-19 e seus Anexos serão interpretados conforme o disposto na tabela abaixo:

Regulamento	Tipificação
NR-19	NR Especial
Anexo I	Tipo 2
Anexo II	Tipo 1
Anexo III	Tipo 1

Art. 3º Na data da entrada em vigor desta, ficam revogados os seguintes dispositivos:

I – Art. 2º da Portaria SSMT n. 02, de 02 de fevereiro de 1979;

II – Portaria SIT/DSST n. 07, de 30 de março de 2007; e

III – Portaria SIT n. 228, de 24 de maio de 2011.

Art. 4º Esta Portaria entra em vigor em 03 de janeiro de 2022.

Onyx Dornelles Lorenzoni

ANEXO

•• As alterações já foram processadas no texto da NR 19.

Portaria n. 425, de 7 de outubro de 2021 (3)

Aprova a nova redação da Norma Regulamentadora n. 30 – Segurança e Saúde no Trabalho Aquaviário.

(2) Publicada no *Diário Oficial da União*, de 8-10-2021.

(3) Publicada no *Diário Oficial da União*, de 8-10-2021.

O Ministro de Estado do Trabalho e Previdência, no uso das atribuições que lhe conferem os arts. 155 e 200 do Decreto-Lei n. 5.452, de 1º de maio de 1943 – Consolidação das Leis do Trabalho – CLT, e tendo em vista o disposto no art. 48-A, *caput*, inciso VIII, da Lei n. 13.844, de 11 de junho de 2019, resolve:

Art. 1º A Norma Regulamentadora n. 30 (NR-30) – Segurança e Saúde no Trabalho Aquaviário – passa a vigorar com a redação constante do Anexo.

Art. 2º Determinar, conforme previsto na Portaria SIT n. 787, de 27 de novembro de 2018, que a NR-30 e seu Anexo serão interpretados conforme o disposto na tabela abaixo:

Regulamento	Tipificação
NR-30	NR Setorial
Anexo I	Tipo 2

Art. 3º Na data da entrada em vigor desta Portaria, ficam revogados os seguintes dispositivos:

I – Portaria SIT n. 34, de 04 de dezembro de 2002;

II – Portaria SIT n. 12, de 31 de maio de 2007;

III – Portaria SIT n. 36, de 29 de janeiro de 2008;

IV – Portaria SIT n. 58, de 19 de junho de 2008;

V – Portaria MTE n. 100, de 17 de janeiro de 2013; e

VI – Portaria MTE n. 2.062, de 30 de dezembro de 2014.

Art. 4º Fica estipulado o prazo de vinte e quatro meses, a partir da data de início de vigência desta Portaria, para observância do subitem 30.9.6 do Anexo.

Art. 5º O conteúdo do relatório de inspeção periódica, disposto no subitem 30.15.3.1.2.1 do Anexo, deve ser aplicado às inspeções realizadas após a data de início de vigência desta Portaria.

Art. 6º Esta Portaria entra em vigor em 3 de janeiro de 2022.

Onyx Dornelles Lorenzoni

Anexo

NR 30 - SEGURANÇA E SAÚDE NO TRABALHO AQUAVIÁRIO

•• As alterações já foram processadas no texto da NR 30.

Anexo I da NR-30

•• As alterações já foram processadas no texto da NR 30.

Portaria n. 426, de 7 de outubro de 2021 (1)

Aprova o Anexo I – Vibração e o Anexo III – Calor, da Norma Regulamentadora n. 09 – Avaliação e Controle das Exposições Ocupacionais e Agentes Físicos, Químicos e Biológicos.

O Ministro do Trabalho e Previdência, no uso das atribuições que lhe conferem os art. 155, art. 163 e art. 200 do Decreto-Lei n. 5.452, de 1º de maio de 1943 – Consolidação das Leis do Trabalho – CLT, e tendo em vista o disposto no art. 48-A, *caput*, inciso VIII, da Lei n. 13.844, de 11 de junho de 2019, resolve:

Art. 1º Aprovar o Anexo I – Vibração e o Anexo III – Calor, da Norma Regulamentadora n. 09 (NR-09) – Avaliação e Controle das Exposições Ocupacionais a Agentes Físicos, Químicos e Biológicos, aprovada pela Portaria SEPRT n. 6.735, de 10 de março de 2020, conforme redação constante dos Anexos I e II desta Portaria, respectivamente.

Parágrafo único. Inserir no Sumário da Portaria SEPRT n. 6.735, de 2020, os seguintes títulos:

I – Anexo I – Vibração

II – Anexo III – Calor

Art. 2º Determinar que os Anexos I e III da NR 09 serão interpretados conforme o disposto na tabela abaixo:

Regulamento	Tipificação
Anexo I	Tipo 1
Anexo III	Tipo 1

Art. 3º Alterar a redação da alínea *b* do subitem 2.5 do Anexo 8 – Vibração – da Norma Regulamentadora n. 15, alterado pela Portaria MTE n. 1.297, de 13 de agosto de 2014, que passa a vigorar com a seguinte redação:

•• Alteração já processada no diploma modificado.

Art. 4º Alterar a redação da alínea *b* do subitem 3.1 do Anexo III – Limites de Tolerância para Exposição ao Calor – da Norma Regulamentadora n. 15, alterado pela Portaria SEPRT n. 1.359, de 09 de dezembro de 2019, que passa a vigorar com a seguinte redação:

•• Alteração já processada no diploma modificado.

Art. 5º Na data da entrada em vigor desta Portaria, ficam revogados os seguintes dispositivos:

I – art. 1º e art. 3º da Portaria MTE n. 1.297, de 13 de agosto de 2014;

II – art. 1º e art. 4º da Portaria MTb n. 1.359, de 9 de dezembro de 2019; e

III – Anexo II da NR 09, aprovado pela Portaria MTb n. 1.109, de 21 de setembro de 2016.

Art. 6º Esta Portaria entra em vigor em 3 de janeiro de 2022.

Onyx Dornelles Lorenzoni

ANEXO I

•• Alteração já processada na NR 9.

ANEXO II

•• Alteração já processada na NR 9.

(1) Publicada no *Diário Oficial da União*, de 8-10-2021.

Portaria n. 427, de 7 de outubro de 2021 (1)

Aprova o Anexo IV (Exposição Ocupacional ao Benzeno em Postos de Serviços Revendedores de Combustíveis Automotivos) da Norma Regulamentadora n. 20 – Segurança e Saúde no Trabalho com Inflamáveis e Combustíveis.

O Ministro do Trabalho e Previdência, no uso das atribuições que lhe conferem os art. 155, art. 163 e art. 200 do Decreto-Lei n. 5.452, de 1º de maio de 1943 – Consolidação das Leis do Trabalho – CLT, e tendo em vista o disposto no art. 48-A, *caput*, inciso VIII, da Lei n. 13.844, de 11 de junho de 2019, resolve:

Art. 1º Aprovar o Anexo IV (Exposição Ocupacional ao Benzeno em Postos de Serviços Revendedores de Combustíveis Automotivos) da Norma Regulamentadora n. 20 (NR-20) – Segurança e Saúde no Trabalho com Inflamáveis e Combustíveis, aprovada pela Portaria SEPRT n. 1.360, de 9 de dezembro de 2019, com a redação constante do Anexo desta Portaria.

Art. 2º Determinar que o Anexo IV da NR-20 seja interpretado com a tipificação tipo 2.

Art. 3º O subitem 9.2 do Anexo IV da NR-20 entrará em vigor em 21 de setembro de 2023.

Art. 4º O subitem 14.1 do Anexo IV da NR-20 entrará em vigor, conforme cronograma de implantação disposto abaixo:

Cronograma de implantação para subitem 14.1	
Ano de fabricação da bomba de combustível.	**Data limite para instalação do sistema de recuperação de vapor.**
Até 2019	21 de setembro de 2031
Anterior a 2016	21 de setembro de 2028
Anterior a 2014	21 de setembro de 2027
Anterior a 2011	21 de setembro de 2026
Anterior a 2007	21 de setembro de 2024
Anterior a 2004	21 de setembro de 2022

Art. 5º Na data da entrada em vigor desta, ficam revogadas as seguintes Portarias:

I – Portaria MTb n. 1.109, de 21 de setembro de 2016;

II – Portaria MTb n. 871, de 06 de julho de 2017; e

III – Portaria SEPRT n. 1.358, de 9 de dezembro de 2019.

Art. 6º Esta Portaria entra em vigor em 3 de janeiro de 2022.

Onyx Lorenzoni

(1) Publicada no *Diário Oficial da União*, de 8-10-2021.

Portaria n. 671, de 8 de novembro de 2021 (2)

Regulamenta disposições relativas à legislação trabalhista, à inspeção do trabalho, às políticas públicas e às relações de trabalho.

O Ministro de Estado do Trabalho e Previdência, no uso da atribuição que lhe confere o art. 87, *caput*, parágrafo único, inciso II da Constituição, resolve:

Art. 1º A presente Portaria visa disciplinar matérias referentes à legislação trabalhista, à inspeção do trabalho, às políticas públicas e às relações de trabalho no que se refere a:

....

V – jornada de trabalho, em especial:

a) autorização transitória para trabalho aos domingos e feriados;

b) autorização permanente para trabalho aos domingos e feriados; e

c) prorrogação de jornada em atividades insalubres;

....

VII – local para guarda e assistência dos filhos no período da amamentação;

VIII – reembolso-creche;

IX – registro profissional;

....

XII – medidas contra a discriminação no trabalho;

....

XVI – fiscalização orientadora em microempresas e empresas de pequeno porte;

....

Capítulo V
Da Jornada de Trabalho

Seção I
Da Autorização Transitória para Trabalho aos Domingos e Feriados

Art. 56. A autorização transitória para trabalho aos domingos e feriados civis e religiosos a que se refere o parágrafo único do art. 68 do Decreto-Lei n. 5.452, de 1943 – CLT, será regida de acordo com os procedimentos previstos nesta Seção.

Parágrafo único. A autorização a que se refere o *caput* poderá ser concedida nas seguintes hipóteses:

I – para atender à realização ou conclusão de serviços inadiáveis ou necessidade imperiosa de serviço; e

II – quando a inexecução das atividades puder acarretar prejuízo manifesto.

(2) Publicada no *Diário Oficial da União*, de 11-11-2021, retificada em 8-12-2021. Deixamos de publicar os Anexos, por não atenderem ao propósito desta obra.

Art. 57. A autorização de que trata o art. 56 será concedida pelo chefe da unidade descentralizada da Inspeção do Trabalho, com circunscrição no local da prestação de serviço, mediante fundamentação técnica que leve à conclusão pela realização ou conclusão de serviços inadiáveis ou cuja inexecução possa acarretar prejuízo manifesto à requerente.

Parágrafo único. A autorização transitória poderá ser concedida pelo prazo de até sessenta dias.

Art. 58. O requerimento para solicitar a autorização transitória deverá ser instruído por laudo técnico fundamentado, com indicação da necessidade de ordem técnica e os setores que exigem a continuidade do trabalho.

§ 1º Nos serviços que exijam trabalho aos domingos, com exceção quanto aos elencos teatrais, será estabelecida escala de revezamento, mensalmente organizada e sujeito à fiscalização.

§ 2º O repouso semanal remunerado deverá coincidir, pelo menos uma vez no período máximo de sete semanas, com o domingo, respeitadas as demais normas de proteção ao trabalho.

§ 3º Nas atividades do comércio em geral, o repouso semanal remunerado deverá coincidir, pelo menos uma vez no período máximo de três semanas, com o domingo, respeitadas as demais normas de proteção ao trabalho e outras a serem estipuladas em negociação coletiva, nos termos da Lei n. 10.101, de 19 de dezembro de 2000.

Art. 59. A autorização transitória poderá ser cancelada a qualquer momento pelo chefe da unidade descentralizada da Inspeção do Trabalho, após oitiva da empresa, mediante despacho fundamentado e baseado em relatório da Inspeção do Trabalho, desde que observada a ocorrência de uma das seguintes hipóteses no curso da referida autorização:

I – descumprimento das exigências constantes desta Seção;

II – infração nos atributos de jornada e descanso, constatada pela Inspeção do Trabalho; ou

III – situação de grave e iminente risco à segurança e saúde do trabalhador constatada pela Inspeção do Trabalho.

Art. 60. Deferida a autorização transitória para trabalho aos domingos e feriados, o início das atividades das empresas nestes dias independe de inspeção prévia.

Art. 61. A escala de revezamento será efetuada por livre escolha do empregador.

Seção II
Da Autorização Permanente para Trabalho aos Domingos e Feriados

Art. 62. É concedida, em caráter permanente, autorização para o trabalho aos domingos e feriados, de que tratam os art. 68 e art. 70 do Decreto-Lei n. 5.452, de 1943 – CLT, às atividades constantes do Anexo IV desta Portaria.

Art. 63. Os § 1º, § 2º e § 3º do art. 58 também se aplicam à autorização permanente para trabalho aos domingos e feriados.

Seção III
Da Prorrogação de Jornada em Atividade Insalubre

Art. 64. Nas atividades insalubres, quaisquer prorrogações de jornada só poderão ser praticadas mediante autorização da chefia da unidade de segurança e saúde no trabalho da unidade descentralizada da Inspeção do Trabalho correspondente, salvo nas hipóteses de:

I – jornada de doze horas de trabalho por trinta e seis horas ininterruptas de descanso; ou

II – haver acordo ou convenção coletiva de trabalho autorizando expressamente a prorrogação.

Art. 65. O pedido de autorização para a prorrogação de jornada em atividade insalubre será apresentado, por meio do portal gov.br, com as seguintes informações:

I – identificação do empregador e do estabelecimento, que contenha:

a) razão social;

b) CNPJ;

c) endereço;

d) CNAE; e

e) número de empregados;

II – indicação das funções, setores e turnos cuja jornada será prorrogada, com o número de empregados alcançados pela prorrogação;

III – descrição da jornada de trabalho ordinária e a indicação do tempo de prorrogação pretendido; e

IV – relação dos agentes insalubres, com identificação da fonte, nível ou concentração e descrição das medidas de controle adotadas.

Art. 66. A análise do pedido deve considerar o possível impacto da prorrogação na saúde dos trabalhadores alcançados.

Art. 67. O deferimento do pedido está condicionado ao atendimento dos seguintes requisitos:

I – inexistência de autos de infração às normas regulamentadoras, de graduação I3 e I4 nos termos da NR-28, no setor da empresa abrangido pelo pedido de autorização, no período de dois anos;

II – inexistência de acidente de trabalho no setor da empresa abrangido pelo pedido de autorização, no período de dois anos, com consequências:

a) significativa – lesão à integridade física ou à saúde, que implique em incapacidade temporária por prazo superior a quinze dias;

b) severa – que prejudique a integridade física ou a saúde, que provoque lesão ou sequela permanentes; ou

c) fatal;

III – adoção de sistema de pausas durante o trabalho, quando previstas em norma regulamentadora, e cumprimento das condições para concessão dessas pausas; e

Legislação Complementar

IV – cumprimento dos intervalos previstos na legislação.

Art. 68. Não será admitida prorrogação de jornada em atividades com exposição a agentes cuja caracterização da insalubridade ocorra por meio de avaliação quantitativa, salvo em situações transitórias e desde que sejam implementadas medidas adicionais de proteção do trabalhador contra a exposição ao agente nocivo.

Art. 69. A análise do pedido será feita por meio de análise documental e consulta aos sistemas de informação da Inspeção do Trabalho, referentes a ações fiscais anteriormente realizadas e, caso seja necessário, complementada por inspeção no estabelecimento do empregador.

Art. 70. A validade da autorização será determinada pela autoridade que a conceder, nunca superior a cinco anos.

Art. 71. A autorização deve ser cancelada sempre que for verificado o não atendimento às condições estabelecidas no art. 67.

....

Capítulo VII

Do local para Guarda e Assistência dos Filhos no Período da Amamentação

Art. 118. As exigências de instalação de local apropriado para guarda sob vigilância e assistência de filhos no período da amamentação, de que trata o § 1º do art. 389 do Decreto-Lei n. 5.452, de 1943 – CLT, constam deste Capítulo.

Art. 119. Os estabelecimentos em que trabalharem pelo menos trinta mulheres, com mais de dezesseis anos de idade, deverão ter local apropriado onde seja permitido às empregadas guardar sob vigilância e assistência os seus filhos no período de amamentação.

§ 1º O local a que se refere o *caput* obedecerá aos seguintes requisitos:

I – berçário com área mínima de três metros quadrados por criança, devendo haver, entre os berços e entre estes e as paredes, a distância mínima de cinquenta centímetros;

II – saleta de amamentação provida de cadeiras ou bancos-encosto para que as mulheres possam amamentar seus filhos em adequadas condições de higiene e conforto;

III – cozinha dietética para o preparo de mamadeiras ou suplementos dietéticos para a criança ou para as mães;

IV – o piso e as paredes deverão ser revestidos de material impermeável e lavável; e

V – instalações sanitárias para uso das mães e do pessoal do berçário.

§ 2º O número de leitos no berçário obedecerá à proporção de um leito para cada grupo de trinta empregadas.

Art. 120. A exigência de que trata o *caput* do art. 119 poderá ser suprida se o estabelecimento mantiver creche diretamente ou mediante convênios com outras entidades públicas ou privadas.

Parágrafo único. A creche deverá estar situada, de preferência, nas proximidades da residência das empregadas ou dos estabelecimentos.

Capítulo VIII

Do Reembolso-Creche

Art. 121. Ficam as empresas e empregadores autorizados a adotar o sistema de reembolso-creche, em substituição à exigência contida no § 1º do art. 389 do Decreto-Lei n. 5.452, de 1943 – CLT, desde que obedeçam às seguintes exigências:

I – o reembolso-creche deverá cobrir, integralmente, as despesas efetuadas com o pagamento da creche de livre escolha da empregada-mãe, ou outra modalidade de prestação de serviços desta natureza, pelo menos até os seis meses de idade da criança, nas condições, prazos e valor estipulados em acordo ou convenção coletiva, sem prejuízo do cumprimento dos demais preceitos de prestação à maternidade;

II – o benefício deverá ser concedido a toda empregada-mãe, independentemente do número de mulheres do estabelecimento, e sem prejuízo do cumprimento dos demais preceitos de proteção à maternidade;

III – as empresas e empregadores deverão dar ciência às empregadas da existência do sistema e dos procedimentos necessários para a utilização do benefício, com a afixação de avisos em locais visíveis e de fácil acesso para os empregados, ou por meio de comunicação escrita ou por meio eletrônico; e

IV – o reembolso-creche deverá ser efetuado até o terceiro dia útil da entrega do comprovante das despesas efetuadas, pela empregada-mãe, com a mensalidade da creche.

Art. 122. A implantação do sistema de reembolso-creche dependerá de prévia estipulação em acordo ou convenção coletiva.

Capítulo IX

Do Registro Profissional

Art. 123. A solicitação de registros profissionais à Secretaria de Trabalho do Ministério do Trabalho e Previdência deverá ser realizada por meio de sistema eletrônico disponível no endereço https://www.gov.br/pt-br/servicos/registrar-se-como-profissional-para-atividades-exigidas-em-lei.

Parágrafo único. Para os efeitos da emissão do registro profissional, será considerado crime de falsidade, com as penalidades previstas na Lei n. 2.848, de 7 de dezembro de 1940 – Código Penal, prestar informações falsas ou apresentar documentos por qualquer forma falsificados.

Art. 124. O processamento das atividades de concessão dos registros profissionais será realizado por meio do Sistema Informatizado de Registro Profissional – Sirpweb e aprovados os modelos de documentos emitidos pelo sistema.

Art. 125. Os recursos interpostos em razão de indeferimento dos pedidos de registro profissional serão analisados pelas unidades hierárquicas imediatamente superiores à que proferiu a decisão.

....

Seção II
Do Técnico de Segurança do Trabalho

Art. 129. O exercício da profissão de técnico de segurança do trabalho depende de prévio registro na Secretaria de Trabalho do Ministério do Trabalho e Previdência, na forma do art. 123.

Art. 130. As atividades do técnico de segurança do trabalho são:

I – informar ao empregador, através de parecer técnico, sobre os riscos existentes nos ambientes de trabalho e orientá-lo sobre as medidas de eliminação e neutralização;

II – informar aos trabalhadores sobre os riscos da sua atividade e das medidas de eliminação e neutralização;

III – analisar os métodos e os processos de trabalho e identificar os fatores de risco de acidentes do trabalho, doenças profissionais e do trabalho e a presença de agentes ambientais agressivos ao trabalhador e propor a eliminação ou o controle;

IV – executar os procedimentos de segurança e higiene do trabalho e avaliar os resultados alcançados, a fim de adequar as estratégias utilizadas de maneira a integrar o processo prevencionista em uma planificação e beneficiar o trabalhador;

V – executar programas de prevenção de acidentes do trabalho, doenças profissionais e do trabalho nos ambientes de trabalho com a participação dos trabalhadores, com o objetivo de acompanhar e avaliar seus resultados, sugerir constante atualização dos mesmos e estabelecer procedimentos a serem seguidos;

VI – promover debates, encontros, campanhas, seminários, palestras, reuniões, treinamentos e utilizar outros recursos de ordem didática e pedagógica com o objetivo de divulgar as normas de segurança e higiene do trabalho, assuntos técnicos, administrativos e prevencionistas, com vistas a evitar acidentes do trabalho, doenças profissionais e do trabalho;

VII – executar as normas de segurança referentes a projetos de construção, ampliação, reforma, arranjos físicos e de fluxos, com vistas à observância das medidas de segurança e higiene do trabalho, inclusive por terceiros;

VIII – encaminhar aos setores e áreas competentes normas, regulamentos, documentação, dados estatísticos, resultados de análises e avaliações, materiais de apoio técnico, educacional e outros de divulgação para conhecimento e autodesenvolvimento do trabalhador;

IX – indicar, solicitar e inspecionar equipamentos de proteção contra incêndio, recursos audiovisuais e didáticos e outros materiais considerados indispensáveis, de acordo com a legislação vigente, dentro das qualidades e especificações técnicas recomendadas, e avaliar seu desempenho;

X – cooperar com as atividades do meio ambiente, orientar quanto ao tratamento e destinação dos resíduos industriais, incentivar e conscientizar o trabalhador da sua importância para a vida;

XI – orientar as atividades desenvolvidas por empresas contratadas, quanto aos procedimentos de segurança e higiene do trabalho, previstos na legislação ou constantes em contratos de prestação de serviço;

XII – executar as atividades ligadas à segurança e higiene do trabalho com o uso de métodos e de técnicas científicas, com observação de dispositivos legais e institucionais que objetivem a eliminação, controle ou redução permanente dos riscos de acidentes do trabalho e a melhoria das condições do ambiente, para preservar a integridade física e mental dos trabalhadores;

XIII – levantar e estudar os dados estatísticos de acidentes do trabalho, doenças profissionais e do trabalho, calcular a frequência e a gravidade destes para ajustes das ações prevencionistas, normas, regulamentos e outros dispositivos de ordem técnica, que permitam a proteção coletiva e individual;

XIV – articular-se e colaborar com os setores responsáveis pelos recursos humanos, a fim de fornecer-lhes resultados de levantamentos técnicos de riscos das áreas e atividades para subsidiar a adoção de medidas de prevenção a nível de pessoal;

XV – informar aos trabalhadores e ao empregador sobre as atividades insalubres, perigosas e penosas existentes na empresa, seus riscos específicos, e as medidas e alternativas de eliminação ou neutralização dos mesmos;

XVI – avaliar as condições ambientais de trabalho e emitir parecer técnico que subsidie o planejamento e a organização do trabalho de forma segura para o trabalhador;

XVII – articular-se e colaborar com os órgãos e entidades ligados à prevenção de acidentes do trabalho, doenças profissionais e do trabalho; e

XVIII – participar de seminários, treinamentos, congressos e cursos, com vistas ao intercâmbio e ao aperfeiçoamento profissional.

....

Capítulo XII
Das Medidas contra a Discriminação no Trabalho

Art. 185. Este capítulo trata da proibição de práticas discriminatórias no âmbito das relações de trabalho, previstas na Lei n. 7.716, de 5 de janeiro de 1989, na Lei n. 9.029, de 13 de abril de 1995, na Lei n. 12.984, de 2 de junho de 2014, na Lei n. 13.146, de 06 de julho de 2015 e no art. 373-A do Decreto-Lei n. 5.452, de 1943 – CLT.

Art. 186. O disposto neste capítulo abrange todos os trabalhadores que atuem sob todas as formas ou modalidades, e em todos os locais de trabalho, inclusive:

I – as pessoas que exercem qualquer emprego ou ocupação;

II – as pessoas em formação, incluídos os estagiários e aprendizes;

III – os voluntários;

IV – as pessoas que estão à procura de um emprego e os candidatos a um emprego; e

V – os trabalhadores desligados ou suspensos do trabalho.

Seção I
Da Vedação de Práticas Discriminatórias

Art. 187. As seguintes práticas discriminatórias são vedadas ao empregador para fins de seleção, contratação, remuneração, promoção, formação profissional e manutenção do emprego, além de outras previstas em legislações específicas:

I – considerar como variável determinante idade, raça, cor, etnia, sexo, situação familiar, religião, procedência nacional, condição de portador do vírus da imunodeficiência adquirida – HIV, condição de pessoa com deficiência ou reabilitado, entre outras previstas na legislação; e

II – fazer exigência de quaisquer documentos com fins discriminatórios ou obstativos, como certidão negativa de reclamatória trabalhista, teste, exame, perícia, laudo, atestado ou declaração relativos à esterilização ou a estado de gravidez;

Art. 188. As políticas, programas e projetos desenvolvidos no âmbito da Secretaria de Trabalho deverão contemplar ações de estímulo a inclusão da população negra do mercado de trabalho na forma prevista no Capítulo V da Lei n. 12.288, de 20 de julho de 2010.

Art. 189. As práticas discriminatórias referidas nesta norma são passíveis das sanções previstas nas respectivas legislações específicas.

Seção II
Das Orientações sobre o Combate à Discriminação Relacionada ao HIV e a Aids nos Locais de Trabalho

Art. 190. Os seguintes princípios gerais aplicam-se a todas as ações relativas ao HIV e à Aids no mundo do trabalho:

I – a resposta ao HIV e à Aids será reconhecida como uma contribuição para a concretização dos direitos humanos, das liberdades fundamentais e da igualdade de gênero para todos, incluídos os trabalhadores, suas famílias e dependentes;

II – o HIV e a Aids devem ser reconhecidos e tratados como uma questão que afeta o local de trabalho, a ser incluída entre os elementos essenciais da resposta nacional para a pandemia, com plena participação das organizações de empregadores e de trabalhadores;

III – não pode haver discriminação ou estigmatização dos trabalhadores, em particular as pessoas que buscam e as que se candidatam a um emprego, em razão do seu estado sorológico relativo ao HIV, real ou suposto, ou do fato de pertencerem a regiões do mundo ou a segmentos da população considerados sob maior risco ou maior vulnerabilidade à infecção pelo HIV;

IV – a prevenção de todos os meios de transmissão do HIV deve ser uma prioridade fundamental;

V – os trabalhadores, suas famílias e seus dependentes necessitam ter acesso a serviços de prevenção, tratamento, atenção e apoio em relação a HIV e Aids, e o local de trabalho deve desempenhar papel relevante na facilitação do acesso a esses serviços;

VI – a participação dos trabalhadores e o seu envolvimento na concepção, implementação e avaliação dos programas nacionais sobre o local de trabalho devem ser reconhecidos e reforçados;

VII – os trabalhadores devem beneficiar-se de programas de prevenção do risco específico de transmissão pelo HIV no trabalho e de outras doenças transmissíveis associadas, como a tuberculose;

VIII – os trabalhadores, suas famílias e seus dependentes devem gozar de proteção da sua privacidade, incluída a confidencialidade relacionada ao HIV e à Aids, em particular no que diz respeito ao seu próprio estado sorológico para o HIV;

IX – nenhum trabalhador pode ser obrigado a realizar o teste de HIV ou revelar seu estado sorológico para o HIV;

X – as medidas relativas ao HIV e à Aids no mundo do trabalho integram todas as políticas relacionadas ao trabalho; e

XI – proteção dos trabalhadores em ocupações particularmente expostas ao risco de transmissão do HIV.

Art. 191. Na elaboração de suas normas, políticas e programas, o Ministério do Trabalho e Previdência deverá considerar o Repertório de Recomendações Práticas da OIT sobre o HIV/Aids e o Mundo do Trabalho, de 2001 e suas revisões posteriores, os outros instrumentos pertinentes da Organização Internacional do Trabalho e demais diretrizes internacionais adotadas sobre o assunto.

Art. 192. O estado sorológico de HIV, real ou suposto, não pode ser motivo de qualquer discriminação para a contratação ou manutenção do emprego, ou para a busca da igualdade de oportunidades compatíveis com as disposições da Convenção sobre a Discriminação em Emprego e Profissão, de 1958, da Organização Internacional do Trabalho.

Art. 193. O estado sorológico de HIV, real ou suposto, não pode ser causa de rompimento da relação de trabalho.

Parágrafo único. As ausências temporárias do trabalho por motivo de doença ou para prestar cuidados relacionadas ao HIV e à Aids devem ser tratadas da mesma maneira que as ausências por outros motivos de saúde.

Art. 194. Às pessoas com doenças relacionadas ao HIV não deve ser negada a possibilidade de continuar a realizar seu trabalho enquanto são clinicamente aptas a fazê-lo, mediante acomodações razoáveis sempre que necessário.

Parágrafo único. Devem ser estimuladas medidas para realocar essas pessoas em atividades adaptadas às suas capacidades, apoiada sua requalificação profissional para o caso de procurarem outro trabalho ou facilitar o seu retorno ao trabalho.

Art. 195. Deverão ser tomadas medidas no local de trabalho, ou por meio dele, para reduzir a transmissão do HIV e atenuar o seu impacto, como:

I – garantir o respeito aos direitos humanos e às liberdades fundamentais;

II – assegurar a igualdade de gênero;

III – garantir ações para prevenir e proibir a violência e o assédio no local de trabalho;

IV – promover a participação ativa de mulheres e homens na resposta ao HIV e à Aids;

V – promover o envolvimento de todos os trabalhadores, independentemente da orientação sexual ou porque façam ou não parte de grupos vulneráveis; e

VI – garantir a efetiva confidencialidade dos dados pessoais, inclusive dos dados médicos.

Art. 196. As estratégias de prevenção devem ser adaptadas aos ambientes e processos de trabalho, além de levar em consideração aspectos econômicos, sociais, culturais e de gênero.

Art. 197. Os programas de prevenção devem garantir:

I – informações relevantes, oportunas e atualizadas a todos, em um formato e linguagem culturalmente adequados, mediante os diferentes canais de comunicação disponíveis;

II – programas de educação abrangente, de modo a ajudar homens e mulheres a compreender e reduzir o risco de todas as formas de infecção pelo HIV, inclusive a transmissão de mãe para filho, e entender a importância da mudança de comportamentos de risco associados à infecção;

III – medidas efetivas de segurança e saúde no trabalho;

IV – medidas para incentivar os trabalhadores a conhecer o seu próprio estado sorológico, mediante aconselhamento e teste voluntário; particular, preservativos masculinos e femininos e, quando adequado, informações sobre seu uso correto, além do acesso a medidas de profilaxia pós-exposição; e

V – orientação quanto a medidas para reduzir comportamentos de alto risco, inclusive dos grupos mais expostos a risco, com vistas a diminuir a incidência do HIV.

Art. 198. Os testes diagnósticos devem ser voluntários e livres de qualquer coerção, respeitadas as diretrizes internacionais em matéria de confidencialidade, aconselhamento e consentimento.

Art. 199. Caracteriza-se como prática discriminatória exigir aos trabalhadores, incluídos os migrantes, às pessoas que procuram emprego e aos candidatos a trabalho, testes para HIV ou quaisquer outras formas de diagnóstico de HIV.

§ 1º Não será permitida, direta ou indiretamente, nos exames médicos por ocasião da admissão, mudança de função, avaliação periódica, retorno, demissão ou outros ligados à relação de emprego, a testagem do trabalhador quanto ao HIV.

§ 2º O disposto no § 1º não obsta que campanhas ou programas de prevenção da saúde estimulem os trabalhadores a conhecer seu estado sorológico quanto ao HIV por meio de orientações e exames voluntários, sem vínculo com a relação de trabalho e sempre resguardada a privacidade quanto ao conhecimento dos resultados.

Art. 200. Os resultados dos testes de HIV devem ser confidenciais e não devem comprometer o acesso ao emprego, à estabilidade, à segurança no emprego ou a oportunidades para o avanço profissional.

Art. 201. Os trabalhadores, incluídos os migrantes, os desempregados e os candidatos a emprego, não devem ser coagidos a fornecer informações relacionadas ao HIV sobre si mesmos ou outros.

Art. 202. O trânsito dos trabalhadores migrantes ou daqueles que pretendem migrar em função do emprego não deve ser impedido com base no seu *status* sorológico para o HIV, real ou suposto.

Art. 203. O ambiente de trabalho deve ser seguro e saudável, a fim de prevenir a transmissão do HIV no local de trabalho.

Art. 204. As ações de segurança e saúde destinadas a prevenir a exposição dos trabalhadores ao HIV no trabalho devem incluir precauções universais, como:

I – medidas de prevenção de riscos e acidentes, como as relacionadas à organização do trabalho e ao controle de técnicas e práticas de trabalho;

II – equipamentos de proteção individual, quando apropriado;

III – medidas de controle ambiental e profilaxia pós-exposição; e

IV – outras medidas de segurança para minimizar o risco de infecção pelo HIV e pela tuberculose, especialmente em profissões de maior risco, como as do setor da saúde.

Art. 205. Quando existir a possibilidade de exposição ao HIV no local de trabalho, os trabalhadores devem receber informação e orientação sobre os modos de transmissão e os procedimentos para evitar a exposição e a infecção, resguardado o sigilo médico e a intimidade do trabalhador.

Art. 206. As medidas de sensibilização devem enfatizar que o HIV não é transmitido por simples contato físico e que a presença de uma pessoa vivendo com HIV não deve ser considerada como uma ameaça no local de trabalho.

Capítulo XVI
Da Fiscalização Orientadora em Microempresas e Empresas de Pequeno Porte

Art. 309. Este Capítulo estabelece as situações que, por sua natureza, não sujeitam as microempresas e empresas de pequeno porte à fiscalização prioritariamente orientadora, prevista no art. 55 da Lei Complementar n. 123, de 2006.

Art. 310. O benefício da dupla visita não será aplicado quando constatado trabalho em condições análogas às de escravo ou trabalho infantil, bem como para as infrações relacionadas a:

I – atraso no pagamento de salário; e

II – acidente de trabalho, no que tange aos fatores diretamente relacionados ao evento, com consequência:

a) significativa – lesão à integridade física ou à saúde, que implique em incapacidade temporária por prazo superior a quinze dias;

b) severa – que prejudique a integridade física ou a saúde, que provoque lesão ou sequela permanentes; ou

c) fatal;

III – risco grave e iminente à segurança e saúde do trabalhador, conforme irregularidades indicadas em relatório técnico, nos termos da Norma Regulamentadora – NR 3, aprovada pela Portaria SEPRT n. 1.068, de 23 de setembro de 2019; e

IV – descumprimento de embargo ou interdição.

....

Capítulo XIX
Disposições Finais

Art. 398. O empregador poderá utilizar controle único e centralizado dos documentos sujeitos à inspeção do trabalho, à exceção do registro de empregados, do registro de horário de trabalho e de outros documentos estabelecidos em normas específicas, que deverão permanecer em cada estabelecimento.

Parágrafo único. A exibição dos documentos passíveis de centralização deverá ser feita no prazo de dois a oito dias, a critério do Auditor-Fiscal do Trabalho.

....

Art. 400. Ficam revogados os seguintes atos normativos:

....

XI – Portaria Interministerial MTb/MS n. 3.257, de 22 de setembro de 1988;

....

XIII – Portaria MTb n. 3.275, de 21 de setembro de 1989;

....

XLI – Portaria MTE n. 262, de 29 de maio de 2008;

....

CV – Portaria MTE n. 1.927, de 10 de dezembro de 2014;

....

CVIII – Portaria MTE n. 702, de 28 de maio de 2015;

....

CXXVII – Portaria MTb n. 693, de 23 de maio de 2017;

....

CXLVI – Portaria SEPRT n. 211, de 11 de abril de 2019;

....

Art. 401. Esta Portaria entra em vigor:

I – em 10 de fevereiro de 2022, quanto:

a) à Seção IV do Capítulo V;

b) ao Capítulo XVIII; e

c) aos incisos XLVI, XLIX, LIV, LXII, LXXIV, XC, CXXVII e CXLI do art. 400.

II – quanto aos demais dispositivos, em 10 de dezembro de 2021.

Onyx Dornelles Lorenzoni

Portaria n. 672, de 8 de novembro de 2021 (1)

Disciplina os procedimentos, programas e condições de segurança e saúde no trabalho e dá outras providências.

O Ministro do Trabalho e Previdência, no uso das atribuições que lhe confere o art. 87, *caput*, parágrafo único, inciso II da Constituição, e tendo em vista o disposto no art. 155 e art. 200 da Consolidação das Leis do Trabalho – CLT, aprovada pelo Decreto-Lei n. 5.452, de 1º de maio de1943, e no art. 48-A da Lei n. 13.844, de 18 de junho de 2019, resolve:

Art. 1º A presente Portaria disciplina procedimentos, programas e condições de segurança e saúde no trabalho no que se refere a:

I – procedimentos de avaliação de equipamentos de proteção individual, previstos na Norma Regulamentadora n. 6 (NR 06);

II – regulamento técnico sobre o uso de equipamentos para proteção respiratória;

III – segurança e saúde dos motoristas profissionais do transporte rodoviário de cargas e coletivo de passageiros;

IV – cadastramento de empresas e instituições que utilizam benzeno e indicador biológico de exposição ocupacional ao benzeno;

V – embargos e interdições;

VI – estrutura, classificação e regras de aplicação das normas regulamentadoras – NR de segurança e saúde no trabalho;

VII – procedimentos para elaboração e revisão das normas regulamentadoras de segurança e saúde no trabalho; e

VIII – Programa de Alimentação do Trabalhador – PAT.

(1) Publicada no *Diário Oficial da União*, de 11-11-2021.

Capítulo I

Dos Procedimentos e Requisitos Técnicos para Avaliação de Equipamentos de Proteção Individual – EPI

Art. 2º Este Capítulo estabelece os procedimentos e os requisitos de avaliação de Equipamento de Proteção Individual – EPI e emissão, renovação ou alteração de Certificado de Aprovação.

§ 1º Para fins deste Capítulo, considera-se EPI todo dispositivo ou produto, de uso individual utilizado pelo trabalhador, destinado à proteção de riscos suscetíveis de ameaçar a segurança e a saúde no trabalho, conforme o disposto na Norma Regulamentadora n. 6 (NR 06).

§ 2º O fabricante ou importador tem responsabilidade técnica, civil e penal quanto aos EPI por ele fabricados ou importados, sendo que a emissão do Certificado de Aprovação não configura, em nenhuma hipótese, transferência de responsabilidade ao Ministério do Trabalho e Previdência.

Seção I
Da avaliação de Equipamento de Proteção Individual

Art. 3º O EPI deve ser concebido e avaliado segundo os requisitos técnicos estipulados nos Anexos I, II e III desta Portaria.

Art. 4º O fabricante e o importador do EPI são responsáveis por comprovar a eficácia da proteção do equipamento, previamente à sua comercialização no território nacional, em conformidade com as exigências deste Capítulo.

§ 1º Os EPI submetidos à avaliação compulsória no âmbito do Sistema Nacional de Metrologia, Normalização e Qualidade Industrial – Sinmetro, devem ser avaliados na modalidade de certificação, por meio de organismos de certificação de produtos acreditados pelo Instituto Nacional de Metrologia, Qualidade e Tecnologia, em conformidade com os Regulamentos de Avaliação da Conformidade publicados pelo Inmetro, bem como com o estabelecido nesta Portaria, no que tange aos requisitos documentais e de marcação.

§ 2º Os demais EPI devem ser avaliados na modalidade de relatório de ensaio, por meio de laboratórios de ensaio acreditados pelo Inmetro , em conformidade com os critérios estabelecidos nos Anexos I, II e III desta Portaria.

§ 3º O EPI tipo meia de segurança terá sua conformidade atestada mediante termo de responsabilidade emitido pelo próprio fabricante ou importador, no qual assegure a eficácia do equipamento para o fim a que se destina e declare ciência quanto às consequências legais, civis e criminais em caso de falsa declaração e falsidade ideológica.

§ 4º O EPI tipo colete à prova de balas terá sua conformidade comprovada por meio dos seguintes documentos:

I – Relatório Técnico Experimental, emitido pelo Exército Brasileiro, que aprove o modelo de colete à prova de balas e indique o nível de proteção correspondente; e

II – Título de Registro e respectiva Apostila, emitidos pelo Exército Brasileiro, abrangendo o modelo do colete à prova de balas, com data de validade vigente.

Seção II
Dos Certificados de Conformidade e dos Relatórios de Ensaio

Art. 5º Os certificados de conformidade e os relatórios de ensaio que comprovem a eficácia da proteção do EPI devem ser emitidos em nome do fabricante nacional ou importador.

Parágrafo único. Em caso de EPI importado, os documentos referidos no *caput* podem ser apresentados em nome do fabricante estrangeiro.

Art. 6º Para fins do disposto no §2º do art. 4º, também serão aceitos relatórios de ensaio e certificados de conformidade emitidos no exterior, observadas as seguintes condições:

I – o organismo certificador do país emissor deve ser acreditado por um organismo signatário de acordo multilateral de reconhecimento (Multilateral Recognition Arrangement – MLA), estabelecido por uma das seguintes cooperações:

a) International Accreditation Forum, Inc. – IAF;

b) International Laboratory Accreditation Cooperation – ILAC; ou

c) Interamerican Accreditation Cooperation – IAAC;

II – o relatório de ensaio deve ter sido emitido por laboratório estrangeiro acreditado por um organismo signatário de acordo multilateral de reconhecimento, estabelecido por uma das seguintes cooperações:

a) Interamerican Accreditation Cooperation – IAAC; ou

b) International Laboratory Accreditation Cooperation – ILAC.

Parágrafo único. Em caso de EPI de proteção respiratória, serão aceitos certificados emitidos pelo National Institute for Occupational Safety and Health – NIOSH.

Seção III
Dos critérios de emissão, renovação e alteração do Certificado de Aprovação

Art. 7º A solicitação de Certificado de Aprovação de EPI deve ser realizada por pessoa jurídica constituída segundo as leis brasileiras, de forma que, em qualquer caso, possa se responsabilizar pelo equipamento a ser comercializado no território nacional.

§ 1º Deverá constar expressamente no contrato social da pessoa jurídica, dentre os seus objetos sociais, a fabricação ou a importação de EPI.

§ 2º Uma vez emitido o Certificado de Aprovação para determinado EPI, os direitos decorrentes da sua titularidade não podem ser cedidos ou compartilhados com terceiros, observado o disposto neste Capítulo.

§ 3º Ao fabricante ou importador detentor do Certificado de Aprovação, não é permitida a cessão de uso ou qualquer outra forma de autorização a terceiros, para que estes utilizem o Certificado sem que se submetam ao procedimento regular estipulado neste Capítulo para a obtenção de Certificado de Aprovação próprio.

Art. 8º A análise dos requerimentos de Certificado de Aprovação é realizada pela Coordenação-Geral de Segurança e Saúde no Trabalho da Subsecretaria de Inspeção do Trabalho da Secretaria de Trabalho do Ministério do Trabalho e Previdência.

Parágrafo único. O Certificado de Aprovação será gerado no sistema eletrônico de obtenção de Certificado de Aprovação

Art. 9º Para solicitar emissão, renovação ou alteração de Certificado de Aprovação, o fabricante ou importador de EPI deve apresentar a folha de rosto de emissão, renovação ou alteração de Certificado de Aprovação, gerada em sistema próprio, acompanhada dos seguintes documentos, conforme o tipo do equipamento:

I – certificado de conformidade, emitido por organismos de certificação de produtos acreditados pelo Inmetro, para equipamentos submetidos à avaliação compulsória no âmbito do Sinmetro;

II – Relatório Técnico Experimental, Título de Registro válido e respectiva Apostila, emitidos pelo Exército Brasileiro, para o EPI tipo colete à prova de bala;

III – termo de responsabilidade, para o EPI tipo meia de segurança;

IV – para os demais equipamentos não listados nos incisos anteriores, relatório de ensaio emitido por laboratório nacional acreditado pelo Inmetro, certificado de conformidade ou relatório de ensaio emitido por organismos ou laboratórios estrangeiros acreditados nos termos do art. 6º.

§ 1º Para a geração da folha de rosto, o fabricante ou importador deve solicitar acesso ao sistema, enviando e-mail para epi.sit@economia.gov.br, com os dados de Cadastro de Pessoa Física – CPF e e-mail do usuário, Cadastro Nacional de Pessoa Jurídica– CNPJ da empresa e os tipos de EPI para os quais serão solicitados o Certificado de Aprovação.

§ 2º O documento referido no inciso I do *caput* deve ser apresentado em formato digital e assinado digitalmente com certificado digital, emitido no âmbito da Infraestrutura de Chaves Públicas Brasileira (ICP-Brasil), normatizada por lei específica.

§ 3º O documento referido no inciso IV do *caput* emitido por laboratório nacional deve ser inserido por meio da ferramenta de laudo digital disponível no sistema Certificado de Aprovação de Equipamento de Proteção Individual para laboratórios, ocasião em que deve ser encaminhado apenas o recibo de importação de laudo, gerado pelo sistema ou, na impossibilidade de inserção direta no sistema, o documento deve ser apresentado no formato indicado no § 2º.

§ 4º Os documentos referidos no inciso IV do *caput*, emitidos por organismos ou laboratórios estrangeiros, devem ser apresentados com assinatura digital e estar acompanhados de:

a) tradução para a língua portuguesa; e

b) comprovação das acreditações previstas no art. 6º.

§ 5º Os documentos emitidos pelo Exército Brasileiro podem ser apresentados em formato de cópia simples.

§ 6º Em caso de equipamento de proteção contra queda com diferença de nível, deve ser apresentado o certificado de conformidade do cinturão de segurança, acompanhado de relação dos dispositivos talabartes ou trava-quedas, avaliados no âmbito do Sinmetro e que podem ser utilizados em conjunto com o modelo de cinturão, observado o disposto no item 2.10 e subitens do Anexo I desta Portaria.

§ 7º Em caso de dispositivos talabartes ou trava-quedas fabricados por empresas distintas do fabricante do cinturão, deverá ser apresentada, além da relação indicada no § 6º, autorização de uso do modelo de cinturão em conjunto com os dispositivos de terceiros que se deseja incluir no respectivo Certificado de Aprovação, observado o disposto no item 2.10 e subitens do Anexo I desta Portaria.

Art. 10. A documentação referida no art. 9º deve ser peticionada eletronicamente ao Ministério do Trabalho e Previdência, por meio do Sistema Eletrônico de Informações – SEI.

Art. 11. Caso o Título de Registro, previsto no inciso II do art. 9º esteja com a validade expirada e tenha sido solicitada sua revalidação junto ao Exército Brasileiro, de acordo com o Regulamento de Produtos Controlados, aprovado pelo Decreto n. 10.030, de 30 de setembro de 2019, o fabricante ou importador do colete à prova de balas poderá solicitar a prorrogação da data de validade do respectivo Certificado de Aprovação, por meio da comprovação de requisição tempestiva de revalidação do Título de Registro.

§ 1º A prorrogação de validade do Certificado de Aprovação referida no *caput* será concedida pelo prazo de noventa dias corridos.

§ 2º Após a revalidação do Título de Registro pelo Exército Brasileiro, o fabricante ou o importador deverá solicitar a renovação do Certificado de Aprovação do tipo colete à prova de balas, apresentando-se a documentação prevista no art. 9º.

Art. 12. Em caso de EPI fabricado ou importado pela matriz ou suas filiais, o fabricante ou o importador nacional poderá solicitar a emissão de Certificado de Aprovação único no CNPJ da matriz, mediante apresentação de relatório de ensaio que elenque todas as unidades que produzam ou importam aquele equipamento.

Parágrafo único. O fabricante ou o importador deve informar no manual de instruções do EPI os CNPJ das unidades que produzam ou importam o referido equipamento.

Art. 13. Em caso de alteração das características do EPI deverá ser solicitada a alteração do Certificado de Aprovação anteriormente concedido.

§ 1º A solicitação de alteração do Certificado de Aprovação será admitida quando o enquadramento do EPI no Anexo I da Norma Regulamentadora n. 6 (NR 06) não for modificado e desde que não ocorra supressão quanto ao tipo de proteção oferecida.

§ 2º O prazo de validade do Certificado de Aprovação para o qual foi requerida a alteração não será alterado.

Art. 14. Será indeferido o requerimento cuja documentação esteja em desacordo com:

I – a legislação vigente;

II – o relatório de ensaio ou com o certificado de conformidade, emitidos nos termos do Anexo I desta Portaria; ou

III – as especificações técnicas de fabricação ou funcionamento, inclusive no que tange à supressão quanto ao tipo de proteção oferecida.

§ 1º É facultado ao interessado recorrer da decisão de indeferimento no prazo de quinze dias úteis, a contar do recebimento da notificação.

§ 2º Após sessenta dias corridos sem manifestação do interessado, o requerimento será arquivado.

§ 3º O interessado pode requerer, a qualquer tempo, emissão, renovação ou alteração de Certificado de Aprovação de EPI que já tenha sido objeto de apreciação, mediante abertura de novo processo administrativo.

Seção IV
Do prazo de validade do Certificado de Aprovação

Art. 15. O prazo de validade do Certificado de Aprovação de Equipamento de Proteção Individual é de cinco anos, contados a partir da data de emissão do:

I – Certificado de Aprovação, caso o relatório de ensaio tenha sido emitido há menos de um ano; ou

II – relatório de ensaio, caso o relatório de ensaio tenha sido emitido há mais de um ano.

Parágrafo único. Os relatórios de ensaio com mais de quatro anos não serão válidos para emissão, renovação ou alteração de Certificado de Aprovação.

Art. 16. Em caso de EPI avaliado mediante certificado de conformidade, o Certificado de Aprovação terá validade equivalente àquela do certificado apresentado.

§ 1º Em caso de certificado de conformidade emitido no exterior, sem prazo de validade, com prazo de validade indeterminado ou com prazo de validade superior a cinco anos, o prazo de validade do Certificado de Aprovação será de cinco anos.

§ 2º Em caso de EPI de proteção contra queda de altura composto por cinturão de segurança, talabarte ou trava-quedas, a data de validade do Certificado de Aprovação será equivalente àquela do certificado de conformidade do cinturão de segurança.

§ 3º A manutenção da validade do Certificado de Aprovação emitido mediante a apresentação de Certificado de Conformidade é condicionada à regular execução de suas manutenções periódicas, nos termos deste Capítulo.

Art. 17. O Certificado de Aprovação de EPI tipo colete à prova de balas terá validade equivalente àquela do Título de Registro do produto, emitido pelo Exército Brasileiro.

Parágrafo único. Em caso de Título de Registro emitido com prazo de validade superior a cinco anos, o prazo de validade do Certificado de Aprovação será de cinco anos.

Seção V
Da migração de Certificado de Aprovação

Art. 18. Em caso de alteração societária que resulte na sucessão de direitos e deveres, a empresa sucessora poderá solicitar a migração dos Certificados de Aprovação da empresa sucedida, apresentando os seguintes documentos:

I – requerimento formal de migração de Certificado de Aprovação em que se explique a situação que ensejou a alteração contratual;

II – comprovação do registro da alteração societária na repartição competente, consubstanciado no ato da reorganização empresarial que comprove a incorporação de uma empresa pela outra, ou a cisão em que se comprove a transferência da fabricação ou importação dos EPI para o novo CNPJ;

III – declaração dos organismos certificadores de produto envolvidos, se for o caso, atestando a ciência quanto à migração dos Certificados de Aprovação e informando como realizarão este procedimento, em caso de equipamentos certificados no âmbito do Inmetro; e

IV – a relação de EPI e respectivos Certificados de Aprovação da empresa sucedida.

Parágrafo único. Uma vez concedido o requerimento, todos os Certificados de Aprovação da empresa sucedida serão migrados para a empresa sucessora.

Seção VI
Da comercialização e das marcações obrigatórias

Art. 19. O fabricante ou o importador deverá fornecer manual de instruções do EPI, em língua portuguesa, quando da sua comercialização, conforme parâmetros estabelecidos nos requisitos técnicos constantes no Anexo I desta Portaria.

§ 1º Salvo disposição em contrário da norma técnica de ensaio aplicável, o manual de instruções do EPI pode ser disponibilizado ao usuário em meio eletrônico, desde que presentes na embalagem a descrição, os materiais de composição, as instruções de uso, a indicação de proteção oferecida, as restrições e as limitações do equipamento.

§ 2º Em caso de manual de instruções disponibilizado ao usuário em meio eletrônico, é responsabilidade do fabricante ou do importador do EPI garantir, além da prestação de informações referida no § 1º, a permanente veiculação do documento na plataforma eletrônica escolhida, sob pena de ser considerada a comercialização do equipamento sem o correspondente manual de instruções.

Art. 20. O EPI deve possuir a marcação indelével do nome do fabricante ou do importador, do lote de fabricação e do número do Certificado de Aprovação, conforme parâmetros estabelecidos nos requisitos técnicos constantes no Anexo I desta Portaria.

§ 1º O laboratório de ensaio ou o organismo de certificação de produto deve verificar no EPI, em caso de:

I – renovação ou alteração de Certificado de Aprovação, as marcações referidas no *caput*; ou

II – emissão de Certificado de Aprovação, as marcações do nome do fabricante ou importador, do lote de fabricação e a existência de campo destinado para a marcação do futuro número do Certificado de Aprovação.

§ 2º Em caso de EPI avaliado no exterior, conforme art. 6º, caberá ao próprio fabricante ou importador garantir as marcações obrigatórias estabelecidas neste artigo.

Art. 21. O fabricante ou o importador que comercializar EPI sem o manual de instruções ou sem as marcações obrigatórias previstas neste Capítulo ficará sujeito à suspensão ou ao cancelamento do Certificado de Aprovação.

Seção VII
Da fiscalização do Equipamento de Proteção Individual

Art. 22. As atividades de fiscalização quanto ao cumprimento das disposições relativas à avaliação e à comercialização dos EPI serão desenvolvidas pela Subsecretaria de Inspeção do Trabalho da Secretaria de Trabalho do Ministério do Trabalho e Previdência, por meio dos Auditores-Fiscais do Trabalho.

§ 1º A Subsecretaria de Inspeção do Trabalho realizará a fiscalização referida no *caput* de ofício ou em resposta a denúncias.

§ 2º Será aceita, para fins de apuração, a denúncia relativa a EPI, desde que formalmente apresentada à Subsecretaria de Inspeção e instruída com documentos e subsídios quanto à alegação, não sendo aceita, em nenhuma circunstância, denúncia anônima, resguardada a identidade do denunciante.

§ 3º A denúncia recebida pela Subsecretaria de Inspeção do Trabalho sobre EPI que possua requisito de avaliação da conformidade em vigor no âmbito do Sinmetro, será encaminhada ao organismo de certificação de produto responsável pela avaliação do equipamento para fins de apuração.

§ 4º O organismo de certificação de produto deverá comunicar à Subsecretaria de Inspeção do Trabalho os resultados da apuração realizada e as medidas adotadas.

§ 5º Em caso de suspensão ou cancelamento do certificado de conformidade nas situações previstas nos Requisitos Gerais de Certificação de Produtos do Inmetro, o organismo de certificação de produto deverá comunicar o fato à Subsecretaria de Inspeção do Trabalho, para fins de registro no Certificado de Aprovação correspondente, de acordo com o Anexo IV desta Portaria.

Art. 23. Para a fiscalização da avaliação e da comercialização do EPI, a Subsecretaria de Inspeção do Trabalho da Secretaria de Trabalho do Ministério do Trabalho e Previdência, por meio da Coordenação-Geral de Segurança e Saúde no Trabalho, solicitará às unidades descentralizadas da inspeção do trabalho o recolhimento de amostras de EPI para realização de ensaios.

Art. 24. A amostra do EPI, a ser recolhida pela auditoria-fiscal do trabalho mediante lavratura de termo de apreensão, deve:

I – pertencer preferencialmente ao mesmo lote de fabricação;

II – conter o número mínimo de unidades estabelecido nas normas técnicas aplicáveis;

III – ser apreendida diretamente no fabricante ou importador do EPI, ou em distribuidores comerciais por eles reconhecidos ou, ainda, em estabelecimentos sujeitos à fiscalização do trabalho, desde que o equipamento não tenha sido utilizado, esteja na embalagem original do fabricante ou importador e seja acompanhado da respectiva nota fiscal de compra, a fim de comprovar sua origem; e

IV – ser encaminhada, posteriormente, à Subsecretaria de Inspeção do Trabalho da Secretaria de Trabalho do Ministério do Trabalho e Previdência.

§ 1º Não sendo possível a apreensão do número mínimo de unidades necessárias, a fiscalização deverá efetuar a apreensão das unidades disponíveis.

§ 2º Os custos com a reposição da amostra apreendida pela fiscalização do trabalho em distribuidores ou em estabelecimentos fiscalizados são de responsabilidade do fabricante ou importador do EPI.

Art. 25. As amostras apreendidas pela auditoria-fiscal serão encaminhadas pela Subsecretaria de Inspeção do Trabalho da Secretaria de Trabalho do Ministério do Trabalho e Previdência ao laboratório de ensaio responsável pela avaliação do EPI, para que promova nova avaliação, objetivando à verificação da manutenção das condições originárias do equipamento.

§ 1º Os custos decorrentes da avaliação do EPI prevista no *caput* são de responsabilidade do fabricante ou do importador do EPI, sob pena de suspensão e de cancelamento do respectivo Certificado de Aprovação.

§ 2º Em caso de EPI avaliado no exterior, além dos custos previstos no parágrafo anterior, o fabricante ou importador do EPI é responsável também pelos custos de envio das amostras apreendidas ao laboratório estrangeiro, sob pena de suspensão e cancelamento do respectivo Certificado de Aprovação.

Parágrafo único. Os custos decorrentes da avaliação do EPI prevista no *caput* são de responsabilidade do fabricante ou do importador do EPI.

Art. 26. Em caso de denúncia quanto às marcações obrigatórias no EPI, dispostas na Norma Regulamentadora n. 6 (NR 06), a avaliação da adequação será realizada pela Subsecretaria de Inspeção do Trabalho da Secretaria de Trabalho do Ministério do Trabalho e Previdência, inclusive em caso de EPI que possua Requisito de Avaliação da Conformidade em vigor no âmbito do Sinmetro.

Parágrafo único. Para a avaliação referida no *caput*, poderá ser aceita amostra do equipamento encaminhada pelo denunciante, desde que acompanhada da embalagem original e da nota fiscal de aquisição.

Art. 27. O fabricante ou o importador que tiver o EPI submetido a procedimento de fiscalização deve prestar à Subsecretaria de Inspeção do Trabalho da Secretaria de Trabalho do Ministério do Trabalho e Previdência, quando solicitado ou notificado administrativamente, todas as informações sobre o processo de avaliação e sobre o processo interno de controle da qualidade da produção, no prazo máximo de dez dias úteis, sob pena de suspensão e cancelamento do respectivo Certificado de Aprovação.

Art. 28. A conclusão do processo de fiscalização poderá resultar em suspensão ou cancelamento do Certificado de Aprovação do EPI analisado e na lavratura de auto de infração, em virtude de eventuais irregularidades constatadas.

Seção VIII
Da suspensão do Certificado de Aprovação

Art. 29. A suspensão do Certificado de Aprovação de EPI pode ocorrer nos seguintes casos:

I – quando for constatada a ocorrência de omissão ou falsidade nas declarações ou provas documentais apresentadas no momento da solicitação da emissão, renovação ou alteração do Certificado de Aprovação;

II – desconformidade das características ou do desempenho do produto existentes à época da certificação e que foram determinantes para a concessão do Certificado de Aprovação;

III – quando verificado que no contrato social da pessoa jurídica não consta dentre os seus objetos sociais a fabricação ou a importação de EPI;

IV – quando constatada a comercialização do EPI sem o manual de instruções referido no art. 19, ou sem marcação indelével no equipamento dos dados referidos no art. 20;

V – quando o titular do Certificado de Aprovação divulgar, durante a comercialização do EPI, informação diversa da que foi objeto de avaliação e que foi determinante para a concessão do Certificado de Aprovação;

VI – cessão de uso de Certificado de Aprovação a terceiros;

VII – falta de pagamento dos custos decorrentes da avaliação das amostras de EPI apreendidas pela fiscalização do trabalho, em caso de fiscalização para apuração da qualidade do EPI, de que trata o art. 25; ou

VIII – não prestação de informações, conforme disposto no art. 27.

§ 1º A suspensão do Certificado de Aprovação será comunicada ao fabricante ou importador do EPI.

§ 2º O fabricante ou importador pode apresentar defesa escrita à Subsecretaria de Inspeção do Trabalho da Secretaria de Trabalho do Ministério do Trabalho e Previdência, por meio da Coordenação-Geral de Segurança e Saúde no Trabalho, no prazo de dez dias úteis, contados do recebimento da notificação.

§ 3º No caso de deferimento total da defesa, a Subsecretaria de Inspeção do Trabalho, por meio da Coordenação-Geral de Segurança e Saúde no Trabalho, revogará o ato de suspensão do Certificado de Aprovação do equipamento.

Art. 30. Durante o período de suspensão do Certificado de Aprovação, é vedada a fabricação ou importação do EPI, devendo o fabricante ou importador suspender a sua comercialização até que promova as adequações necessárias.

§ 1º O fabricante ou importador deverá informar a suspensão de comercialização do EPI a todos os distribuidores autorizados.

§ 2º No período de suspensão do Certificado de Aprovação, os distribuidores não poderão comercializar o referido EPI.

Seção IX
Do cancelamento do Certificado de Aprovação

Art. 31. São hipóteses de cancelamento do Certificado de Aprovação:

I – a não apresentação de defesa à suspensão do Certificado de Aprovação no prazo de dez dias úteis, conforme o disposto no § 2º do art. 29;

II – o indeferimento parcial ou total da defesa apresentada em resposta à suspensão do Certificado de Aprovação, conforme previsto no §2º do art. 29, ou

III – o descumprimento do disposto no art. 30.

Art. 32. O cancelamento do Certificado de Aprovação, nas situações previstas no art. 31, será precedido de comunicação ao fabricante ou importador do EPI.

§ 1º É facultado ao interessado recorrer à Subsecretaria de Inspeção do Trabalho da Secretaria de Trabalho do Ministério do Trabalho e Previdência da decisão de cancelamento do Certificado de Aprovação, no prazo de dez dias corridos, contado do recebimento da comunicação do cancelamento.

§ 2º O recurso será interposto perante a Coordenação-Geral de Segurança e Saúde no Trabalho, que poderá reconsiderar sua decisão de forma motivada, ou apreciar as alegações apresentadas, indicando os fundamentos técnicos que justifiquem sua manutenção, hipótese em que encaminhará o processo devidamente instruído à Subsecretaria de Inspeção do Trabalho da Secretaria de Trabalho para julgamento do recurso.

Art. 33. Em caso de cancelamento de Certificado de Aprovação em decorrência dos motivos estabelecidos nos incisos I, II, IV ou VI do art. 29 ou do descumprimento do disposto no art. 30, o fabricante ou o importador ficará impedido de solicitar a emissão de novo Certificado de Aprovação para o mesmo equipamento até que comprove a superação das irregularidades que deram origem ao cancelamento.

Art. 34. Após a decisão final de cancelamento do Certificado de Aprovação, o fabricante ou importador deverá providenciar o recolhimento dos equipamentos do comércio atacadista e varejista no prazo de noventa dias corridos, comprovando à Subsecretaria de Inspeção do Trabalho da Secretaria de Trabalho do Ministério do Trabalho e Previdência a adoção da medida.

Parágrafo único. O não atendimento do disposto no *caput* gera a responsabilização do fabricante ou importador por quaisquer danos decorrentes da comercialização irregular do EPI cujo Certificado de Aprovação foi cancelado.

Art. 35. O Certificado de Aprovação cancelado após decisão final de processo administrativo não será reativado.

Art. 36. Os Certificados de Aprovação de todos os produtos correspondentes a itens suprimidos do Anexo I da Norma Regulamentadora n. 6 (NR 06) serão automaticamente cancelados pela Subsecretaria de Inspeção do Trabalho da Secretaria de Trabalho do Ministério do Trabalho e Previdência, por meio da Coordenação-Geral de Segurança e Saúde no Trabalho.

Parágrafo único. Para a continuidade da comercialização do produto, para outros fins que não sejam como EPI, o fabricante ou importador deve providenciar, no prazo de noventa dias corridos, a retirada do número do Certificado de Aprovação do produto, de sua embalagem e de toda a sua documentação.

Seção X
Das disposições transitórias

Art. 37. Para fins de avaliação de EPI, serão aceitos, pelo período de vinte e quatro meses, contado de 8 de maio de 2020, relatórios de ensaios elaborados por laboratórios de ensaio ainda não acreditados pelo Inmetro e que já se encontram credenciados pela Subsecretaria de Inspeção do Trabalho da Secretaria de Trabalho do Ministério do Trabalho e Previdência.

Parágrafo único. Os ensaios de EPI e os respectivos relatórios de ensaio emitidos pelos laboratórios referidos no *caput* devem atender aos parâmetros previstos na ISO 17025.

Art. 38. Os EPI submetidos à avaliação compulsória no âmbito do Sinmetro, referidos no §1º do art. 4º, passarão a ser avaliados segundo regulamento do Ministério do Trabalho e Previdência, a ser publicado:

I – até 28 de fevereiro de 2022, para capacete de segurança de uso na indústria, para componentes de EPI para proteção contra quedas com diferença de nível e para luvas isolantes de borracha; e

II – até 30 de novembro de 2022, para luvas cirúrgicas e de procedimento não cirúrgico contendo borracha natural, para luvas de proteção contra agentes biológicos não sujeitas ao regime de vigilância sanitária, e para peças semifaciais filtrantes para partículas.

§ 1º O regulamento referido no *caput* poderá estabelecer prazos diferenciados para início de vigência, conforme a necessidade de cada tipo de EPI.

§ 2º Até o início da vigência do regulamento do Ministério do Trabalho e Previdência, os EPI referidos no *caput* continuarão a ser avaliados segundo os programas de avaliação da conformidade estabelecidos pelo Inmetro.

Art. 39. Os EPI fabricados no Brasil ou no exterior, de 12 de novembro de 2019 a 4 de novembro de 2020, podem ser postos à venda ou utilizados com a indicação de certificado de conformidade emitido no âmbito do Sinmetro, de laudos de ensaio emitidos por laboratórios acreditados pelo Inmetro ou do Título de Registro, emitido pelo Exército Brasileiro, ficando dispensados do cumprimento da obrigação de marcação do número do Certificado de Aprovação, prevista no art. 20.

Art. 40. O fabricante ou o importador de EPI denominado peça semifacial filtrante para partículas, previsto na Portaria Inmetro n. 142, de 22 de março de 2021, deve apresentar à Secretaria de Trabalho do Ministério do Trabalho e Previdência, para fins de emissão ou renovação de Certificado de Aprovação, os registros do cumprimento dos requisitos técnicos previstos por meio de ensaios realizados em conformidade com o disposto na referida Portaria.

Art. 41. O fabricante ou o importador de luvas cirúrgicas e de procedimento não cirúrgico de borracha natural, borracha sintética e de misturas de borrachas sintéticas e luvas de proteção contra agentes biológicos, não sujeitas ao regime de vigilância sanitária, de borracha natural, borracha sintética, misturas de borracha natural e sintética, e de policloreto de vinila, cujo Certificado de Aprovação foi emitido durante o período de suspensão da certificação compulsória, revogada pela Portaria Inmetro n. 142, de 2021, deverá apresentar o respectivo Certificado de Conformidade emitido no âmbito do Sinmetro, no prazo de noventa dias dias a partir da data de publicação desta Portaria, sob pena de suspensão do Certificado de Aprovação.

Art. 42. A exigência referida no §1º do art. 7º será dispensada em caso de fabricação ou importação de EPI para enfrentamento do coronavírus (COVID-19), enquanto durar a situação de emergência de saúde pública a que se refere a Lei n. 13.979, de 06 de fevereiro de 2020.

Art. 43. Os Certificados de Aprovação dos EPI listados abaixo, que estejam válidos até 30 de junho de 2022, poderão ter sua validade prorrogada até 30 de junho de 2023:

I – respirador purificador de ar não motorizado tipo peça um quarto facial;

II – respirador semifacial ou facial inteira, com filtros para material particulado, com filtros químicos ou com filtros combinados;

III – respirador de adução de ar tipo linha de ar comprimido; e

IV – respirador de adução de ar tipo máscara autônoma.

§ 1º As empresas interessadas na prorrogação de validade dos respectivos Certificados de Aprovação devem protocolar requerimento, contendo as seguintes informações: dados cadastrais da empresa (razão social,

CNPJ, endereço completo); o número do Certificado de Aprovação a ser renovado; declaração expressa de que a renovação do Certificado de Aprovação pretendida se enquadra nos termos deste Capítulo e assinatura do responsável legal da empresa.

§ 2º Os Certificados de Aprovação enquadrados nas situações elencadas no *caput* terão sua validade prorrogada e poderão ser verificados no endereço eletrônico de consulta de Certificado de Aprovação, disponibilizado pela Secretaria de Trabalho do Ministério do Trabalho e Previdência, não sendo emitido novo documento.

§ 3º Durante todo o período de validade do Certificado de Aprovação, inclusive durante o período de prorrogação, conforme previsto no *caput*, o fabricante ou importador do EPI deve se responsabilizar pela comercialização de equipamentos em consonância com as características especificadas no relatório de ensaio do EPI, nos termos da alínea "e" do item 6.8.1 da Norma Regulamentadora n. 6 (NR 06) e do art. 4º.

Capítulo II
Regulamento Técnico sobre o uso de Equipamentos para Proteção Respiratória

Art. 44. O empregador deverá adotar um conjunto de medidas para adequar a utilização dos equipamentos de proteção respiratória, quando necessário para complementar as medidas de proteção coletiva implementadas, ou enquanto elas estiverem sendo implantadas, com a finalidade de garantir uma completa proteção ao trabalhador contra os riscos existentes nos ambientes de trabalho.

§ 1º As medidas previstas neste artigo deverão observar:

I – o estabelecimento de procedimentos escritos abordando, no mínimo:

a) os critérios para a seleção dos equipamentos;

b) o uso adequado dos equipamentos, levando em conta o tipo de atividade e as características individuais do trabalhador;

c) a orientação ao trabalhador para deixar a área de risco por motivos relacionados ao equipamento;

II – a indicação do equipamento de acordo com os riscos aos quais o trabalhador está exposto;

III – a instrução e o treinamento do usuário sobre o uso e as limitações do equipamentos de proteção respiratória;

IV – o uso individual dos equipamentos, de acordo com a sua finalidade, salvo em situações específicas em que for possível o uso por mais de um usuário;

V – a guarda, a conservação e a higienização adequada;

VI – o monitoramento apropriado e periódico das áreas de trabalho e dos riscos ambientais a que estão expostos os trabalhadores;

VII – o fornecimento somente a pessoas fisicamente capacitadas a realizar suas tarefas utilizando os equipamentos;

VIII – o uso somente de respiradores aprovados e indicados para as condições em que devam ser utilizados;

IX – a adoção da proteção respiratória individual após a avaliação prévia dos seguintes parâmetros:

a) características físicas do ambiente de trabalho;

b) necessidade de utilização de outros EPI;

c) demandas físicas específicas das atividades de que o usuário está encarregado;

d) tempo de uso em relação à jornada de trabalho;

e) características específicas de trabalho, tendo em vista possibilidade da existência de atmosferas imediatamente perigosas à vida ou à saúde; e

f) realização de ensaio de vedação para respiradores com contato facial;

X – a realização de exame médico no candidato ao uso do equipamento de proteção respiratória, quando por recomendação médica, levando em conta, dentre outras, as disposições do inciso IX, sem prejuízo dos exames previstos na Norma Regulamentadora n. 7 (NR 07).

§ 2º Para a adequada observância dos princípios previstos neste artigo, o empregador deve seguir, além do disposto nas normas regulamentadoras de segurança e saúde no trabalho, no que couber, as recomendações da Fundação Jorge Duprat Figueiredo de Segurança e Medicina do Trabalho – Fundacentro, contidas na publicação intitulada "Programa de Proteção Respiratória – Recomendações, Seleção e Uso de Respiradores", e também as normas técnicas oficiais vigentes, quando houver.

Art. 45. A seleção dos equipamentos de proteção respiratória deve observar, dentre outros, os valores dos fatores de proteção atribuído, previstos no "Programa de Proteção Respiratória – Recomendações, Seleção e Uso de Respiradores", indicado no § 2º do art. 44.

Art. 46. Os equipamentos de proteção respiratória somente poderão ser comercializados se acompanhados de instruções de uso impressas.

§ 1º As instruções de uso dos equipamentos de proteção respiratória devem atender a norma técnica de ensaio correspondente e, quando aplicável, os parâmetros estabelecidos nos requisitos técnicos constantes no Anexo I desta Portaria.

§ 2º As instruções referidas neste artigo deverão acompanhar a menor unidade comercializada de equipamentos.

Capítulo III
Da Segurança e Saúde dos Motoristas Profissionais do Transporte Rodoviário de Cargas e Coletivo de Passageiros

Seção I

Das condições mínimas de segurança, sanitárias e de conforto nos locais de espera, de repouso e de descanso dos motoristas profissionais de transporte rodoviário de passageiros e de cargas

Art. 47. As condições mínimas de segurança, sanitárias e de conforto nos locais de espera, de repouso e de descanso dos motoristas profissionais de transporte rodoviário de passageiros e de cargas devem atender ao disposto neste Capítulo, nos termos da Lei n. 13.103, de 02 de março de 2015.

Art. 48. As instalações sanitárias devem:

I – ser separadas por sexo;

II – possuir gabinetes sanitários privativos, dotados de portas de acesso que impeçam o devassamento, com dispositivo de fechamento, além de cesta de lixo e papel higiênico;

III – dispor de lavatórios dotados de materiais para higienização e secagem das mãos;

IV – ser dotadas de chuveiros com água fria e quente;

V – seguir a proporção mínima de um gabinete sanitário, um chuveiro e um lavatório, por sexo, para cada vinte vagas ou fração, considerando a quantidade de vagas no estacionamento destinadas ao atendimento dos motoristas profissionais de transporte;

VI – ser providos de rede de iluminação; e

VII – ser mantidas em adequadas condições de higiene, conservação, funcionamento e organização.

§ 1º Os vasos sanitários devem possuir assento com tampa.

§ 2º O local dos chuveiros pode ser separado daquele destinado às instalações com gabinetes sanitários e lavatórios.

§ 3º Nas instalações sanitárias masculinas é permitida a instalação adicional de mictórios.

§ 4º As instalações sanitárias femininas podem ser reduzidas em até setenta por cento da proporção prevista no inciso V, nos locais em que houver baixa demanda de usuárias, desde que assegurada a existência de pelo menos uma instalação sanitária feminina.

§ 5º Para cumprimento do disposto neste Capítulo não é permitida a utilização de banheiros químicos.

Art. 49. Os compartimentos destinados aos chuveiros devem:

I – ser individuais;

II – ser dotados de portas de acesso que impeçam o devassamento, com dispositivo de fechamento;

III – possuir ralos sifonados com sistema de escoamento que impeça a comunicação das águas servidas entre os compartimentos e que escoe toda a água do piso; e

IV – dispor de suporte para sabonete e cabide para toalha.

Art. 50. Medidas adequadas devem ser adotadas para garantir que o esgotamento das águas utilizadas não seja fonte de contaminação.

Art. 51. Os ambientes para refeições, quando existirem, podem ser de uso exclusivo ou compartilhado com o público em geral, devendo sempre:

I – ser dotados de mesas e assentos;

II – ser mantidos em adequadas condições de higiene, limpeza e conforto; e

III – permitir acesso fácil às instalações sanitárias e às fontes de água potável.

Art. 52. Poderá ser permitido que os usuários dos locais de espera, de repouso e de descanso utilizem a própria caixa de cozinha ou equipamento similar para preparo de suas refeições, desde que em local que não comprometa as condições de segurança do estabelecimento.

Art. 53. Deve ser disponibilizada, gratuitamente, água potável em quantidade suficiente, por meio de copos individuais, bebedouro ou outro equipamento similar que garanta as mesmas condições.

Art. 54. Todo local de espera, de repouso e de descanso deve conter sinalização informando as áreas destinadas ao estacionamento de veículos, bem como a indicação da localização das instalações sanitárias e, quando existirem, dos ambientes de refeição.

Art. 55. Todo local de espera, de repouso e de descanso deve possuir vigilância ou monitoramento eletrônico.

Art. 56. O local de espera, de repouso e de descanso que exigir dos usuários pagamento de taxa para permanência do veículo deve ser cercado e possuir controle de acesso.

Art. 57. A venda, o fornecimento e o consumo de bebidas alcoólicas nos locais de espera, de repouso e de descanso deve respeitar o disposto na Lei n. 11.705, de 19 de junho de 2008.

Art. 58. É vedado o ingresso e a permanência de crianças e adolescentes nos locais de espera, de repouso e de descanso, salvo quando acompanhados pelos responsáveis ou por eles autorizados.

Art. 59. Aos estabelecimentos de propriedade do transportador, do embarcador ou do consignatário de cargas, bem como nos casos em que esses mantiverem com os proprietários destes locais contratos que os obriguem a disponibilizar locais de espera, de repouso e de descanso aos motoristas profissionais, aplicam-se as normas regulamentadoras de segurança e saúde no trabalho.

Seção II

Da realização dos exames toxicológicos por motoristas profissionais

Art. 60. A realização dos exames toxicológicos previstos nos § 6º e § 7º do art. 168 da Consolidação das Leis do Trabalho – CLT, aprovada pelo Decreto-Lei n. 5.452, de 1943, por motoristas profissionais do transporte rodoviário coletivo de passageiros e do transporte rodoviário de cargas é regulamentada por esta Seção.

Art. 61. Os exames toxicológicos serão realizados previamente à admissão e por ocasião do desligamento.

§ 1º Os exames toxicológicos devem:

I – ter janela de detecção para consumo de substâncias psicoativas, com análise retrospectiva mínima de noventa dias, para substâncias que causem dependência ou, comprovadamente, comprometam a capacidade de direção, podendo ser utilizado, para essa finalidade, o exame toxicológico previsto na Lei n. 9.503, de 23 de setembro de 1997 – Código de Trânsito Brasileiro, desde que realizado nos últimos sessenta dias; e

II – ser realizados e avaliados em conformidade com os parâmetros estabelecidos pelo Conselho Nacional de Trânsito, em especial a Resolução CONTRAN n. 691, de 27 de setembro de 2017, ou norma posterior que a venha substituir.

§ 2º Os exames toxicológicos não devem:

I – ser parte integrante do Programa de Controle Médico de Saúde Ocupacional – PCMSO;

II – constar de atestados de saúde ocupacional; e

III – estar vinculados à definição de aptidão do trabalhador.

Art. 62. A validade do exame toxicológico será de sessenta dias, a partir da data da coleta da amostra, podendo seu resultado ser utilizado neste período para todos os fins de que trata o *caput* do art. 61.

Parágrafo único. O exame toxicológico previsto pela Lei n. 9.503, de 1997 – Código de Trânsito Brasileiro, desde que realizado nos últimos sessenta dias, poderá ser utilizado para os fins do *caput* do art. 61.

Art. 63. É assegurado ao trabalhador que realiza exame toxicológico o direito à contraprova e à confidencialidade dos resultados dos exames.

Parágrafo único. Os laboratórios devem entregar ao trabalhador laudo laboratorial detalhado em que conste a relação de substâncias testadas, bem como seus respectivos resultados.

Art. 64. Os laboratórios devem disponibilizar médico revisor para proceder à interpretação do laudo laboratorial e emissão do relatório médico, sendo facultado ao empregador optar por outro médico revisor de sua escolha.

§ 1º Cabe ao médico revisor emitir relatório médico, concluindo pelo uso indevido, ou não, de substância psicoativa.

§ 2º O médico revisor deve considerar, dentre outras situações, além dos níveis da substância detectada no exame, o uso de medicamento prescrito, devidamente comprovado.

§ 3º O médico revisor deve possuir conhecimentos para interpretação dos resultados laboratoriais.

§ 4º O relatório médico emitido pelo médico revisor deve conter:

I – nome e CPF do trabalhador;

II – data da coleta da amostra;

III – número de identificação do exame;

IV – identificação do laboratório que realizou o exame;

V – data da emissão do laudo laboratorial;

VI – data da emissão do relatório; e

VII – assinatura e número de inscrição no Conselho Regional de Medicina – CRM.

§ 5º O relatório médico deve concluir pelo uso indevido, ou não, de substância psicoativa, sem indicação de níveis ou tipo de substância.

§ 6º O trabalhador deve entregar ao empregador o relatório médico emitido pelo médico revisor em até quinze dias corridos após o recebimento.

Capítulo IV
Do cadastramento de Empresas e Instituições que utilizam Benzeno e do Indicador Biológico de Exposição Ocupacional ao Benzeno

Art. 65. São estabelecidos por este Capítulo os procedimentos para análise das solicitações de cadastramento de empresas e instituições que utilizam benzeno, conforme previsto na Norma Regulamentadora n. 15 (NR 15) – Atividades e Operações Insalubres.

Art. 66. Os pedidos de cadastramento devem ser dirigidos à Coordenação-Geral de Segurança e Saúde no Trabalho da Subsecretaria de Inspeção do Trabalho da Secretaria de Trabalho do Ministério do Trabalho e Previdência, instruídos com os documentos que comprovem as informações previstas no subitem 4.1 do Anexo 13-A da Norma Regulamentadora n. 15 (NR 15), e o cumprimento da legislação do benzeno.

Art. 67. A solicitação de cadastramento, com a documentação pertinente, deve ser encaminhada pela Coordenação-Geral de Segurança e Saúde no Trabalho à seção, setor ou núcleo de segurança e saúde no trabalho da unidade descentralizada da inspeção do trabalho da unidade da Federação onde se localiza o estabelecimento ou instalação objeto do pedido.

§ 1º A seção, setor ou núcleo de segurança e saúde no trabalho do local deverá inspecionar as instalações da empresa para avaliar a:

I – conformidade do Programa de Prevenção da Exposição Ocupacional ao Benzeno;

II – composição da representação dos trabalhadores prevista no item 9 do Anexo 13-A da Norma Regulamentadora n. 15 (NR 15) no Grupo de Representação dos Trabalhadores do Benzeno;

III – existência de equipamentos que possuam tecnologias com capacidade de minimizar as emissões; e

IV – adoção de processos baseados nas tecnologias previstas no inciso III.

§ 2º Nas empresas de transporte, a inspeção deverá ser em um ou mais estabelecimentos onde estejam disponíveis os equipamentos, veículos ou embarcações mais representativos dos processos de trabalho em que o benzeno seja manipulado ou transportado.

§ 3º É obrigatória a verificação, nas empresas mencionadas no § 2º, da existência de mecanismos para garantir o efetivo controle da jornada de trabalho dos motoristas ou condutores que transportam benzeno, devendo ser indeferido o cadastramento se for apurada a prática habitual de sobrejornada de trabalho.

Art. 68. O resultado da inspeção prevista no art. 67 será informado pelo Auditor-Fiscal do Trabalho à seção, setor ou núcleo de segurança e saúde no trabalho da unidade descentralizada da inspeção do trabalho em relatório circunstanciado, com conclusão pela regularidade, ou não, das instalações, equipamentos e processos de trabalho e necessidade de notificação da empresa para cumprimento de exigências decorrentes de inconformidades ou insuficiência de informações no Programa de Prevenção da Exposição Ocupacional ao Benzeno.

§ 1º Na hipótese de haver exigências, a seção, setor ou núcleo de segurança e saúde no trabalho da unidade descentralizada da inspeção do trabalho notificará a empresa, que terá prazo de até sessenta dias corridos, contados do recebimento da notificação, para regularizar os itens dela constantes, nos termos do disposto na Norma Regulamentadora n. 28 (NR 28).

§ 2º Fica garantido à empresa o direito de solicitar dilação do prazo ou recorrer da exigência, na forma prevista na Norma Regulamentadora n. 28 (NR 28).

§ 3º Da decisão da unidade descentralizada da inspeção do trabalho caberá recurso para a Coordenação-Geral de Segurança e Saúde no Trabalho da Subsecretaria de Inspeção do Trabalho da Secretaria de Trabalho do Ministério do Trabalho e Previdência.

§ 4º Ao término do prazo constante da notificação, deverá ser realizada nova inspeção na empresa para verificação do cumprimento das exigências.

Art. 69. A seção, setor ou núcleo de segurança e saúde no trabalho da unidade descentralizada da inspeção do trabalho deverá encaminhar o processo à Subsecretaria de Inspeção do Trabalho da Secretaria de Trabalho do Ministério do Trabalho e Previdência, com manifestação acerca do cadastramento, que poderá ser:

I – pelo deferimento, quando verificada a regularidade das instalações, equipamentos e processos de trabalho ou o cumprimento das exigências previstas no art. 67; ou

II – pelo indeferimento, quando decorrido o prazo sem correção das irregularidades.

Art. 70. A partir de indícios ou denúncia de descumprimento da legislação do benzeno, deverá ser verificada a existência de infração, por meio de análise documental ou inspeção das instalações, equipamentos, processos produtivos e de trabalho.

§ 1º Constatada infração à legislação do benzeno, a empresa será notificada para corrigir as irregularidades, podendo ser concedido prazo de até sessenta dias, contados do recebimento da notificação.

§ 2º O prazo previsto no § 1º poderá ser prorrogado na forma prevista na Norma Regulamentadora n. 28 (NR 28).

Art. 71. Caso a empresa não promova a regularização dos itens nos prazos estabelecidos, a seção, setor ou núcleo de segurança e saúde no trabalho da unidade descentralizada da inspeção do trabalho encaminhará o processo à Subsecretaria de Inspeção do Trabalho da Secretaria de Trabalho do Ministério do Trabalho e Previdência, acompanhado dos documentos pertinentes, com sugestão de suspensão do cadastramento da empresa, sem prejuízo da lavratura dos autos de infração devidos pelo descumprimento da legislação.

§ 1º Nos processos de suspensão do cadastramento de empresa, a Coordenação-Geral de Segurança e Saúde no Trabalho da Subsecretaria de Inspeção do Trabalho poderá solicitar manifestação de outros órgãos técnicos competentes.

§ 2º Da decisão que concluir pela suspensão do cadastramento caberá recurso à Subsecretaria de Inspeção do Trabalho, no prazo de dez dias úteis contados da data da ciência, na forma da Lei n. 9.784, de 29 de janeiro de 1999.

Art. 72. As empresas e instituições que deixam de utilizar benzeno podem solicitar a exclusão voluntária do cadastro de que trata o art. 66.

Art. 73. A solicitação de exclusão do cadastro deve ser assinada pelo representante legal da empresa, com anexação de cópia do contrato social e sua última alteração ou carta de preposto.

Art. 74. A solicitação de exclusão do cadastro deverá conter uma declaração de responsabilidade, assinada pelo responsável pelo Programa de Prevenção da Exposição Ocupacional ao Benzeno e pelo representante legal da empresa, com as seguintes informações:

I – a não produção, transporte, armazenamento, utilização ou manipulação de benzeno ou misturas líquidas que contenham benzeno igual ou acima de um por cento em volume em seu processo produtivo;

II – a ausência de benzeno e suas misturas acima de um por cento em volume em depósitos, tanques, vasos, almoxarifado e outras dependências da empresa;

III – a destinação dos produtos restantes, dos resíduos e dos materiais e equipamentos contaminados; e

IV – a garantia do atendimento, pela empresa, dos requisitos constantes dos Anexos LXVIII, LXIX, LXX e LXXI, da Portaria de Consolidação n. 5, de 28 de setembro de 2017, do Ministério da Saúde, quanto à vigilância à saúde de todos os trabalhadores incluídos no Programa de Prevenção da Exposição Ocupacional ao Benzeno que trabalharam durante o período de seu cadastramento.

Art. 75. A Coordenação-Geral de Segurança e Saúde no Trabalho da Subsecretaria de Inspeção do Trabalho da Secretaria de Trabalho do Ministério do Trabalho e Previdência poderá enviar a solicitação de exclusão do cadastro à seção, setor ou núcleo de segurança e saúde no trabalho da unidade descentralizada da Inspeção do Trabalho responsável pela circunscrição em que se localiza o estabelecimento ou instalação objeto da solicitação para realização de inspeção, visando à verificação das informações prestadas na declaração de responsabilidade.

Art. 76. Os procedimentos para a utilização de indicador biológico de exposição ocupacional ao benzeno encontram-se previstos no Anexo V desta Portaria.

CAPÍTULO V

Dos Procedimentos de Embargo e Interdição

Art. 77. Este Capítulo disciplina os procedimentos de embargo e interdição previstos na Consolidação das Leis do Trabalho – CLT, aprovada pelo Decreto-Lei n. 5.452, de 1943 e na Norma Regulamentadora n. 3 (NR 03), considerando a decisão proferida no curso da Ação Civil Pública n. 0010450-12.2013.5.14.0008.

Art. 78. Os procedimentos previstos neste Capítulo revestem-se de caráter de urgência, tendo em vista a natureza preventiva das medidas de embargo e interdição, que têm por objeto evitar o dano à integridade física do trabalhador.

Art. 79. O embargo e a interdição são medidas de urgência, adotadas quando constatada condição ou situação de trabalho que caracterize grave e iminente risco ao trabalhador.

§ 1º Considera-se grave e iminente risco toda condição ou situação de trabalho que possa causar acidente ou doença com lesão grave ao trabalhador.

§ 2º O embargo implica a paralisação parcial ou total da obra.

§ 3º A interdição implica a paralisação parcial ou total da atividade, da máquina ou equipamento, do setor de serviço ou do estabelecimento.

Art. 80. Os Auditores-Fiscais do Trabalho estão autorizados, em todo o território nacional, a ordenar a adoção de medidas de interdições e embargos, e seu consequente levantamento posterior, quando se depararem com uma condição ou situação de risco iminente à vida, à saúde ou à segurança dos trabalhadores.

Parágrafo único. Para o início ou manutenção da produção de seus efeitos, o embargo ou interdição não depende de prévia autorização ou confirmação por autoridade diversa não envolvida na ação fiscal, ressalvada, exclusivamente, a possibilidade de recurso.

Art. 81. Quando o Auditor-Fiscal do Trabalho constatar, em verificação física no local de trabalho, grave e iminente risco que, nos termos da Norma Regulamentadora n. 3 (NR 03), justifique embargo ou interdição, deverá lavrar, com a urgência que o caso requer, relatório técnico em duas vias, que contenha:

I – identificação do empregador com nome, inscrição no CNPJ ou CPF, código na CNAE e endereço do estabelecimento em que será aplicada a medida;

II – endereço do empregador, caso a medida seja aplicada em obra, local de prestação de serviço ou frente de trabalho realizada fora do estabelecimento;

III – identificação precisa do objeto da interdição ou embargo;

IV – descrição dos fatores de risco e indicação dos riscos a eles relacionados;

V – indicação clara e objetiva das medidas de proteção da segurança e saúde no trabalho que deverão ser adotadas pelo empregador, identificando e fundamentando o risco atual (situação encontrada), risco de referência (situação objetivo), e o excesso de risco, conforme estabelecido na Norma Regulamentadora n. 3 (NR 03);

VI – assinatura e identificação do Auditor-Fiscal do Trabalho, contendo nome, cargo e número da Carteira de Identidade Fiscal; e

VII – indicação da relação de documentos que devem ser apresentados pelo empregador, quando houver a necessidade de comprovação das medidas de proteção por meio de relatório, projeto, cálculo, laudo ou outro documento.

Art. 82. Os termos e relatórios técnicos relativos a embargo ou interdição deverão descrever, exclusivamente, as situações de trabalho que possam causar acidente ou doença com lesão grave ao trabalhador.

§ 1º Para as demais irregularidades verificadas, que não caracterizem grave e iminente risco, o Auditor-Fiscal do Trabalho deve adotar, em separado, os procedimentos legais cabíveis.

§ 2º Efetuada a entrega do termo e do relatório técnico relativos a embargo ou interdição, somente poderão ser acrescidas exigências de documentação ou medidas de proteção àquelas já requeridas inicialmente, caso as medidas adotadas para a regularização das situações apontadas no relatório gerem riscos adicionais.

§ 3º Verificadas novas situações de grave e iminente risco não decorrentes das intervenções do empregador geradoras de riscos adicionais, deverá ser elaborado novo termo de embargo ou interdição e respectivo relatório técnico.

Art. 83. A gravidade e iminência que ensejam o embargo ou a interdição devem ser caracterizadas a partir de elementos fáticos constatados na inspeção do local de trabalho, com alcance limitado ao local inspecionado, os quais podem ou não ser acompanhados de análise de elementos documentais.

Parágrafo único. O disposto no *caput* não se aplica quando houver previsão expressa em norma de segurança e saúde no trabalho de que a documentação, ou ausência desta, seja suficiente para caracterização de condição de grave e iminente risco.

Art. 84. Os termos e relatórios técnicos relativos a embargo ou interdição, inclusive aqueles referentes aos levantamentos ou manutenções, deverão ser lavrados e transmitidos por meio de sistema eletrônico disponibilizado pela Subsecretaria de Inspeção do Trabalho da Secretaria de Trabalho do Ministério do Trabalho e Previdência.

§ 1º A lavratura e a transmissão dos termos e relatórios técnicos no sistema eletrônico não supre a necessidade de protocolo destes para formação de processo administrativo, prevista no inciso I do art. 85.

Legislação Complementar

§ 2º A ciência da lavratura de termo de embargo ou de interdição à chefia imediata ocorre pela sua transmissão por meio do sistema eletrônico.

§ 3º Nas situações de termos lavrados de forma *offline* ou manual em que a transmissão dos termos no sistema eletrônico não possa ocorrer em até vinte e quatro horas após sua lavratura, o Auditor-Fiscal do Trabalho deverá dar ciência, dentro desse prazo, por escrito, por qualquer meio de comunicação, à sua chefia imediata.

Art. 85. O termo de embargo ou termo de interdição será lavrado em duas vias, com a seguinte destinação:

I – a primeira via formará processo administrativo, juntamente com a primeira via do relatório técnico; e

II – a segunda via deverá ser entregue ao empregador, mediante aposição de recibo na primeira via, no máximo em um dia útil após sua lavratura, juntamente com a segunda via do relatório técnico.

Art. 86. O processo administrativo de embargo ou interdição deverá ter tramitação prioritária, em todas as suas etapas.

Art. 87. O embargo ou a interdição produzirão efeitos desde a ciência, pelo empregador, do termo respectivo.

§ 1º Na hipótese de recusa do empregador em assinar ou receber o termo de embargo ou interdição, o Auditor-Fiscal do Trabalho deverá consignar o fato no próprio termo, indicando a data, horário, local do ato, bem como o nome do empregador ou preposto, caracterizando tal conduta como resistência à fiscalização, considerando-se o empregador ciente a partir desse momento.

§ 2º O termo de embargo ou interdição poderá ser remetido via postal, com Aviso de Recebimento – AR ou por via eletrônica, mediante confirmação de recebimento, quando o estabelecimento se situar em localidade de difícil acesso ou na hipótese de ação fiscal na modalidade indireta.

§ 3º Nas hipóteses em que o termo de embargo ou interdição for remetido via postal, o processo administrativo poderá ser formado com a primeira via do documento, independente da juntada do Aviso de Recebimento, que poderá ser feita em momento posterior.

§ 4º Quando houver recusa consignada no Aviso de Recebimento, caracteriza-se a ciência do empregador a partir da data e hora da sua recusa.

§ 5º Quando o termo de embargo ou interdição for remetido via postal e a entrega for frustrada por quaisquer razões, à exceção da recusa por parte do empregador, deverá ser feita a notificação por meio de edital, considerando-se a ciência feita na datada sua publicação no DOU.

§ 6º A apresentação de recurso ou de pedido de levantamento de embargo ou interdição, pelo empregador, pode ser considerada como ato comprobatório do recebimento do termo de embargo ou interdição.

Art. 88. Os documentos originais deverão ser inseridos no Sistema Eletrônico de Informações – SEI, ou em outro sistema eletrônico que venha a ser criado para essa finalidade, em até cinco dias corridos após a lavratura do documento fiscal, para formação de processo administrativo, devendo, na sequência, ser encaminhado para a seção, setor ou núcleo de segurança e saúde no trabalho da unidade descentralizada da inspeção do trabalho.

Parágrafo único. Independentemente do disposto no *caput* deste artigo, tão logo lavrado o termo de embargo ou o termo de interdição e tendo ele produzido seus efeitos, o Auditor-Fiscal do Trabalho responsável deverá comunicar imediatamente sua chefia imediata pelos meios à sua disposição.

Art. 89. Caberá ao empregador requerer o levantamento do embargo ou da interdição a qualquer momento, após adoção das medidas de proteção da segurança e saúde no trabalho indicadas no relatório técnico.

Parágrafo único. O requerimento deverá ser protocolizado, preferencialmente, através do peticionamento eletrônico, por usuário externo do Sistema Eletrônico de Informações, selecionando o tipo de processo "Fiscalização do Trabalho: Termo de Embargo/Interdição" e indicando a unidade da federação do local do embargo ou interdição, e conterá:

I – o número do termo de embargo ou termo de interdição;

II – a identificação da obra, ou da atividade, máquina ou equipamento, setor do serviço, ou estabelecimento objeto do embargo ou da interdição; e

III – descrição das providências e medidas adotadas.

Art. 90. O requerimento de levantamento do embargo ou interdição será incluído no processo administrativo originado do termo de embargo ou termo de interdição.

Art. 91. Recebido o processo administrativo com pedido de levantamento de embargo ou interdição, ainda que parcial, pela seção, setor ou núcleo de segurança e saúde no trabalho da unidade descentralizada da inspeção do trabalho, a chefia deverá providenciar nova inspeção para verificação da adoção das medidas indicadas no relatório técnico.

§ 1º Para o cumprimento do disposto no *caput* deverá ser designado, preferencialmente, Auditor-Fiscal do Trabalho que participou da inspeção inicial, lavrando termo e relatório técnico correspondentes no sistema eletrônico.

§ 2º A inspeção de que trata o *caput* deve ser realizada no prazo máximo de um dia útil a contar:

I – da data do protocolo do requerimento, quando realizado pelo fluxo preferencial previsto no parágrafo único do art. 89.

II – da data do recebimento do requerimento de levantamento do embargo ou interdição pela seção, setor ou núcleo de segurança e saúde no trabalho da unidade descentralizada da inspeção do trabalho, quando realizada por outros meios.

§ 3º Na impossibilidade de cumprimento do prazo previsto no § 2º por Auditor-Fiscal do Trabalho que tenha participado da inspeção original, conforme justificativa apresentada à chefia, esta deverá designar outro Auditor-Fiscal do Trabalho para realização da tarefa.

§ 4º Ressalvadas as situações de afastamento legal do trabalho, o Auditor-Fiscal do Trabalho deverá fazer de imediato, por escrito, a justificativa prevista no § 3º e anexá-la ao processo administrativo correspondente.

§ 5º Em caso de a inspeção ser realizada fora do município de exercício do Auditor-Fiscal do Trabalho designado, o deslocamento deve ser providenciado com a maior brevidade possível, e o prazo de um dia útil para a inspeção deve ser contado a partir da data de sua chegada à localidade.

§ 6º Quando o levantamento do embargo ou interdição for condicionado à apresentação de relatório, projeto, cálculo, laudo ou outro documento pelo empregador, conforme previsto no relatório técnico, o prazo de um dia útil para a inspeção será contado a partir da conclusão da análise dos documentos pelo Auditor-Fiscal do Trabalho, conforme número de turnos indicados na Ordem de Serviço Administrativa pela chefia.

Art. 92. Após a inspeção de que trata o art. 91, o Auditor-Fiscal do Trabalho deverá elaborar novo relatório técnico, conforme número de turnos indicados pela chefia na Ordem de Serviço Administrativa, que conterá, dentre outras informações julgadas necessárias, as previstas nos incisos I, II, III e VI do art. 81, e ainda:

I – indicação do cumprimento, ou não, das medidas previstas no Relatório Técnico emitido quando do embargo ou interdição;

II – indicação da permanência, ou não, dos fatores de risco, dos riscos a eles relacionados, identificação do risco atual (nova situação encontrada), risco de referência (situação objetivo) e a permanência, ou não, do excesso de risco que justifique o levantamento ou a manutenção do embargo e/ou interdição, conforme estabelecido na Norma Regulamentadora n. 3 (NR 03); e

III – proposta de levantamento total, levantamento parcial ou manutenção do embargo ou interdição.

Parágrafo único. O relatório técnico servirá de base para a manutenção ou levantamento do embargo ou interdição pelo Auditor-Fiscal do Trabalho.

Art. 93. A manutenção, levantamento ou levantamento parcial do embargo ou da interdição devem ser formalizados por meio de termo de manutenção, levantamento total ou parcial, lavrado e transmitido por meio de sistema eletrônico disponibilizado pela Subsecretaria de Inspeção do Trabalho da Secretaria de Trabalho do Ministério do Trabalho e Previdência.

§ 1º A segunda via do termo de manutenção, levantamento ou levantamento parcial do embargo ou da interdição deverá ser entregue ao empregador, mediante recibo na primeira via, na data de sua expedição ou, no máximo, no próximo dia útil seguinte.

§ 2º Caso o estabelecimento do empregador se localize em local de difícil acesso, ou na hipótese de ação fiscal na modalidade indireta, os documentos previstos no § 1º poderão ser remetidos via postal, com Aviso de Recebimento ou por via eletrônica, mediante confirmação de recebimento.

Art. 94. Em face dos atos relativos a embargo ou interdição, cabe a interposição de recurso administrativo à Coordenação-Geral de Recursos da Secretaria de Trabalho do Ministério do Trabalho e Previdência, que poderá atribuir efeito suspensivo ao recurso.

Art. 95. O recurso é cabível em face de termo de:

I – embargo ou interdição;

II – manutenção de embargo ou interdição; e

III – levantamento parcial de embargo ou interdição.

Art. 96. O recurso deverá ser protocolizado, preferencialmente, através do peticionamento eletrônico, por usuário externo do Sistema Eletrônico de Informações – SEI/ME, selecionando o tipo de processo "Fiscalização do Trabalho: Termo de Embargo/Interdição" e indicando a unidade da federação do local do embargo ou interdição, no prazo de dez dias corridos contados do dia útil seguinte à ciência do administrado do ato contra o qual ele deseja recorrer, e será recebido e autuado em processo administrativo apartado no qual constituirá a peça inaugural.

§ 1º Os autos do recurso deverão ser apensados ao processo administrativo previsto no inciso I, do art. 85.

§ 2º O recurso remetido via postal deve ser encaminhado para o endereço indicado no termo de embargo ou interdição, no mesmo prazo previsto no *caput*, sendo considerada a data de postagem como a de sua apresentação.

§ 3º O processo de embargo ou interdição deverá permanecer na origem, para cumprimento do disposto no art. 90.

§ 4º Os processos administrativos previstos no *caput* deverão ser tramitados via Sistema Eletrônico de Informações ou por outro sistema eletrônico que venha a ser criado para essa finalidade.

Art. 97. O recurso administrativo interposto deve ser submetido à análise de seus pressupostos de admissibilidade e, em sendo conhecido o recurso, o processo deverá ser encaminhado para ciência do Auditor-Fiscal do Trabalho responsável pelo embargo ou interdição para que, caso seja necessário, diante dos argumentos apresentados pelo recorrente, preste informações complementares no prazo de quarenta e oito horas.

§ 1º Toda a instrução do processo recursal previsto no *caput* deverá ser feita pela seção, setor ou núcleo de segurança e saúde no trabalho da unidade descentralizada da Inspeção do Trabalho.

§ 2º Na análise dos pressupostos de admissibilidade serão consideradas a tempestividade, a legitimidade e a representação.

§ 3º As informações complementares previstas no *caput* poderão ser dispensadas no caso de afastamentos legais.

§ 4º Não conhecido o recurso, o processo deverá ser arquivado na unidade onde foi interposto.

Art. 98. O prazo para o cumprimento dos trâmites previstos nos art. 96 e art. 97 é de quatro dias corridos, contados da data da interposição do recurso.

Art. 99. Após análise e encaminhamento previstos no art. 97, o processo referente ao recurso administrativo de embargo e interdição deverá ser encaminhado à unidade descentralizada da inspeção do trabalho responsável pela análise de sua legalidade e mérito.

§ 1º A Coordenação-Geral de Segurança e Saúde no Trabalho da Subsecretaria de Inspeção do Trabalho definirá os procedimentos a serem observados para encaminhamento dos processos entre as unidades descentralizadas da inspeção do trabalho.

§ 2º A análise de legalidade e mérito prevista no *caput* não poderá ser distribuída para Auditor-Fiscal do Trabalho em exercício na mesma unidade descentralizada da inspeção do trabalho do local do embargo ou interdição.

Art. 100. Após a análise prevista no art. 99, os processos deverão ser encaminhados à Coordenação-Geral de Recursos da Secretaria de Trabalho do Ministério do Trabalho e Previdência para decisão.

Art. 101. O prazo para o cumprimento dos trâmites previstos no art. 99 é de nove dias corridos, contados da data de encaminhamento do processo entre as unidades descentralizadas da inspeção do trabalho.

Art. 102. Para deliberação sobre proposta de decisão, a critério do Coordenador-Geral de Recursos, poderá ser constituída comissão específica composta por dois Auditores-Fiscais do Trabalho indicados pela Coordenação-Geral de Segurança e Saúde no Trabalho e por um analista da Coordenação-Geral de Recursos, que emitirão, conjuntamente, o parecer contendo a proposta final de decisão.

Parágrafo único. Os Auditores-Fiscais do Trabalho indicados pela Coordenação-Geral de Segurança e Saúde no Trabalho para constituir a comissão receberão Ordens de Serviços Administrativas em quantidade suficiente de turnos para a elaboração da proposta.

Art. 103. A decisão do recurso deve ser proferida pela Coordenação-Geral de Recursos da Secretaria de Trabalho do Ministério do Trabalho e Previdência no prazo de sete dias corridos, contados do recebimento do processo devidamente instruído.

Parágrafo único. Caso o processo não esteja devidamente instruído, a Coordenação-Geral de Recursos, no prazo de cinco dias corridos, decidirá sobre eventual pedido de efeito suspensivo e o devolverá à unidade que instruiu o processo para regularização em até cinco dias, contados do seu recebimento.

Art. 104. O levantamento de embargo e interdição deverá ser comunicado, de imediato, pela unidade de origem à Coordenação-Geral de Recursos da Secretaria de Trabalho do Ministério do Trabalho e Previdência, que declarará a perda do objeto do recurso relativamente ao item corrigido.

Art. 105. A decisão da Coordenação-Geral de Recursos da Secretaria de Trabalho do Ministério do Trabalho e Previdência será publicada no DOU e o processo será devolvido à unidade de origem, que comunicará o teor da decisão ao empregador.

Art. 106. O processo administrativo referente a embargo ou interdição deverá ser encerrado e arquivado, dentre outras, nas seguintes situações:

I – levantamento total de embargo ou interdição;

II – perda de objeto de embargo ou interdição; ou

III – determinação judicial transitada em julgado.

Art. 107. Semestralmente, a chefia da seção, setor ou núcleo de segurança e saúde no trabalho de unidade descentralizada da inspeção do trabalho deverá avaliar os processos referentes a embargo ou interdição não encerrados, verificando a necessidade de nova inspeção ou de tomada de outras medidas administrativas pertinentes ao caso.

Art. 108. Na hipótese prevista no art. 107, quando a chefia entender pela necessidade de nova inspeção, deverá ser, preferencialmente, designado Auditor-Fiscal do Trabalho que participou da inspeção inicial.

Art. 109. Em caso de judicialização, a tramitação de processos administrativos de embargo ou interdição ou de recurso somente será alterada ou obstada por expressa decisão judicial nesse sentido, dotada de força executória.

§ 1º Na hipótese de decisão judicial não transitada em julgado, sempre que protocolizado pedido administrativo de levantamento do embargo ou interdição, deverá ser designado Auditor-Fiscal do Trabalho para analisá-lo, na forma do § 1º do art. 91.

§ 2º O resultado de nova inspeção, relativa a embargo ou interdição objeto de processo judicial, deverá ser comunicado ao juízo competente, preferencialmente por meio da Advocacia-Geral da União.

§ 3º Da decisão judicial irrecorrível que levante totalmente o embargo ou a interdição, deverá ser elaborado, no sistema eletrônico, relatório técnico que indique a perda de objeto, sem a necessidade de nova inspeção no local.

§ 4º Da decisão judicial irrecorrível que levante parcialmente o embargo ou a interdição, deverá ser elaborado, no sistema eletrônico, termo de levantamento parcial e respectivo relatório técnico, sem necessidade de nova inspeção no local, relativo ao objeto da decisão judicial.

§ 5º Levantado o embargo ou a interdição por decisão judicial não transitada em julgado, a Coordenação-Geral de Recursos da Secretaria de Trabalho do Ministério do Trabalho e Previdência devolverá o processo administrativo para a unidade de origem, a fim de acompanhar o trâmite do processo judicial.

Art. 110. Verificado o descumprimento de embargo ou interdição, o Auditor-Fiscal do Trabalho deverá dar conhecimento à autoridade policial, bem como lavrar os autos de infração correspondentes e encaminhar relatório circunstanciado à autoridade policial, ao Ministério Público Federal e ao Ministério Público do Trabalho.

Art. 111. A imposição de embargo ou interdição não elide a lavratura de autos de infração por descumprimento das normas regulamentadoras de segurança e saúde no trabalho ou dos dispositivos da legislação trabalhista relacionados à situação analisada.

Art. 112. O embargo ou interdição decorrente de requerimento de entidade sindical, conforme previsto no § 2º do art. 161 da Consolidação das Leis do Trabalho – CLT, aprovada pelo Decreto-Lei n. 5.452, de 1943, seguirão os procedimentos previstos neste Capítulo.

Art. 113. A Subsecretaria de Inspeção do Trabalho da Secretaria de Trabalho do Ministério do Trabalho e Previdência publicará, na página de internet do Ministério do Trabalho e Previdência, informações sobre embargos e interdições lavrados por Auditores-Fiscais do Trabalho.

Capítulo VI
Da Estrutura, Classificação e Regras de Aplicação das Normas Regulamentadoras de Segurança e Saúde no Trabalho

Art. 114. As normas regulamentadoras de segurança e saúde no trabalho devem ser estruturadas em quatro partes básicas:

I – sumário;

II – objetivo;

III – campo de aplicação; e

IV – requisitos gerais, técnicos e administrativos.

Art. 115. As NR de segurança e saúde no trabalho poderão conter:

I – disposições transitórias e finais;

II – glossário; e

III – anexo, representando parte especial ao corpo da norma.

Art. 116. As normas regulamentadoras de segurança e saúde no trabalho observarão as seguintes regras de articulação e formatação:

I – a unidade básica de articulação será o capítulo;

II – o capítulo se desdobrará em itens;

III – os itens se desdobrarão em subitens;

IV – os itens ou subitens podem se desdobrar em alíneas;

V – as alíneas podem se desdobrar em incisos;

VI – os incisos podem se desdobrar em números; e

VII – o agrupamento dos itens poderá constituir Título.

Parágrafo único. Os dispositivos que tratam do mesmo assunto, sempre que possível, devem ser agrupados em alíneas ou incisos.

Art. 117. As normas regulamentadoras de segurança e saúde no trabalho são classificadas em:

I – normas gerais: normas que regulamentam aspectos decorrentes da relação jurídica prevista em Lei, sem estarem condicionadas a outros requisitos, como atividades, instalações, equipamentos ou setores e atividades econômicos específicos;

II – normas especiais: normas que regulamentam a execução do trabalho considerando as atividades, instalações ou equipamentos empregados, sem estarem condicionadas a setores ou atividades econômicas específicos; e

III – normas setoriais: normas que regulamentam a execução do trabalho em setores ou atividades econômicas específicos

Art. 118. Os Anexos das normas regulamentadoras de segurança e saúde no trabalho são classificados em:

I – anexo tipo 1: complementa diretamente a parte geral da norma regulamentadora de segurança e saúde no trabalho, exemplifica ou define seus termos; e

II – anexo tipo 2: dispõe sobre situação específica.

Art. 119. A classificação da norma regulamentadora de segurança e saúde no trabalho e de seu Anexo deve constar na sua portaria de publicação.

Parágrafo único. A tabela com a classificação de todas as NR de segurança e saúde no trabalho será disponibilizada no sítio institucional do Ministério do Trabalho e Previdência.

Seção I
Das regras de aplicação das Normas Regulamentadoras de Segurança e Saúde no Trabalho

Art. 120. As normas regulamentadoras de segurança e saúde no trabalho e suas alterações começam a vigorar em todo o país quarenta e cinco dias corridos após sua publicação, salvo disposto em contrário.

Parágrafo único. Alterações meramente formais do texto, como reorganização ou correção ortográfica, não reiniciam o prazo previsto no *caput*.

Art. 121. As disposições previstas em normas setoriais se aplicam, exclusivamente, ao setor ou atividade econômica por ela regulamentada.

Art. 122. As disposições previstas em normas setoriais se complementam com as disposições previstas em normas especiais no que não lhes forem contrárias, e estas, com as disposições das normas gerais.

Art. 123. Em caso de conflito aparente entre dispositivos normativos, a solução se dará pela aplicação das seguintes regras:

I – norma regulamentadora setorial se sobrepõe à norma regulamentadora especial ou geral;

II – norma regulamentadora especial se sobrepõe à norma regulamentadora geral;

III – parte geral de norma regulamentadora se sobrepõe ao anexo tipo 1; e

IV – anexo tipo 2, considerando o seu campo de aplicação, sobrepõe-se à parte geral de norma regulamentadora.

Legislação Complementar

Art. 124. Em caso de lacunas na aplicação de norma regulamentadora de segurança e saúde no trabalho, aplicam-se as regras seguintes:

I – norma regulamentadora setorial pode ser complementada por norma regulamentadora especial ou geral quando aquela não contemple todas as situações sobre determinado tema; e

II – norma regulamentadora especial pode ser complementada por norma regulamentadora geral.

Art. 125. As regras previstas nos art. 122, art. 123 e art. 124 não serão aplicadas quando houver disposição expressa em sentido contrário no campo de aplicação de norma regulamentadora de segurança e saúde no trabalho.

Capítulo VII

Dos Procedimentos para Elaboração e Revisão das Normas Regulamentadoras de Segurança e Saúde no Trabalho

Art. 126. Este capítulo estabelece os procedimentos para elaboração e revisão das normas regulamentadoras de segurança e saúde no trabalho.

Art. 127. A elaboração e a revisão das normas regulamentadoras de segurança e saúde no trabalho incluirão a consulta às organizações mais representativas de trabalhadores e empregadores por meio da Comissão Tripartite Paritária Permanente – CTPP, instituída pelo Decreto n. 9.944, de 30 de julho de 2019.

Art. 128. A agenda regulatória em matéria de norma regulamentadora de segurança e saúde no trabalho será definida pela Secretaria de Trabalho do Ministério do Trabalho e Previdência, após consultada a Comissão Tripartite Paritária Permanente.

§ 1º A agenda regulatória de que trata o *caput* é o instrumento de planejamento da atuação regulatória sobre temas prioritários.

§ 2º A agenda regulatória de que trata o *caput* será publicada em sítio específico no portal gov.br e conterá o cronograma anual, podendo ser revista a qualquer tempo, observado o disposto no art. 129.

Art. 129. A revisão da agenda regulatória prevista no art. 128 poderá ser motivada nos seguintes casos:

I – publicação de lei ou decreto que vincule a atuação do Ministério do Trabalho e Previdência;

II – publicação de atos normativos de outros órgãos ou entidades que demandem atuação do Ministério do Trabalho e Previdência;

III – compromissos internacionais assumidos que demandem atuação do Ministério do Trabalho e Previdência, especialmente aqueles relacionados às convenções internacionais do trabalho ratificadas pelo Brasil;

IV – identificação de tema relacionado à segurança e à saúde no trabalho que demande atuação emergencial;

V – alteração da situação de fato ou de direto que definiu o juízo de conveniência e oportunidade para a inclusão do tema na agenda regulatória; ou

VI – demanda específica apresentada por qualquer das bancadas que compõem a Comissão Tripartite Paritária Permanente.

Parágrafo único. As demandas citadas no inciso VI devem conter a delimitação do problema regulatório e os objetivos pretendidos.

Art. 130. A análise de impacto regulatório será iniciada após a avaliação pelo Ministério do Trabalho e Previdência quanto à obrigatoriedade ou quanto à conveniência e à oportunidade para a resolução do problema regulatório identificado, nos termos do art. 5º do Decreto n. 10.411, de 30 de junho de 2020.

Art. 131. A análise de impacto regulatório deve observar as disposições contidas no Decreto n. 10.411, de 2020.

§ 1º O disposto no *caput* não se aplica aos atos normativos previstos no § 2º do art. 3º do Decreto n. 10.411, de 2020, bem como pode ser dispensada pelo Ministério do Trabalho e Previdência, em decisão fundamentada, nas hipóteses do art. 4º do referido Decreto.

§ 2º A análise de impacto regulatório será concluída por meio de relatório aprovado pela Secretaria de Trabalho do Ministério do Trabalho e Previdência, observado o disposto no art. 6º do Decreto n. 10.411, de 2020.

§ 3º O relatório de análise de impacto regulatório poderá vir acompanhado de proposta de texto técnico, observado o procedimento de elaboração e revisão de NR de segurança e saúde no trabalho previsto nos art. 133 e art. 134.

Art. 132. O relatório de análise de impacto regulatório previsto no § 2º do art. 131 será submetido ao Ministro do Trabalho e Previdência que decidirá, nos termos do § 2º do art. 15 do Decreto n. 10.411, de 2020, pela:

I – adoção de alternativa ou de combinação de alternativas sugerida no relatório da análise de impacto regulatório;

II – necessidade de complementação da análise de impacto regulatório; ou

III – adoção de alternativa diversa daquela sugerida no relatório, inclusive quanto às opções de inação ou soluções não normativas.

§ 1º O relatório de análise de impacto regulatório ou a nota técnica que fundamente a dispensa de análise de impacto regulatório será publicado em sítio específico no portal gov.br, ressalvadas as informações com restrição de acesso, nos termos da Lei n. 12.527, de 18 de novembro de 2011.

§ 2º Na hipótese de ser decidido pela elaboração ou revisão de norma regulamentadora de segurança e saúde no trabalho, seguem-se os procedimentos previstos neste Capítulo.

Art. 133. O procedimento de elaboração de nova norma regulamentadora de segurança e saúde no trabalho deve observar as seguintes etapas:

I – elaboração de texto técnico por grupo técnico composto por Auditores-Fiscais do Trabalho indicados pela Subsecretaria de Inspeção do Trabalho da Secretaria de Trabalho do Ministério do Trabalho e Previdência, representantes da Fundação Jorge Duprat Figueiredo, de Segurança e Medicina do Trabalho – Fundacentro e, quando aplicável, por representantes de órgãos ou entidades de direito público ou privado ligadas à área objeto da regulamentação pretendida;

II – disponibilização, pelo Ministério do Trabalho e Previdência, do texto técnico para consulta pública pelo prazo mínimo de trinta dias corridos, podendo haver prorrogação;

III – elaboração de texto técnico final, após a análise das contribuições recebidas, por grupo técnico coordenado pela Subsecretaria de Inspeção do Trabalho da Secretaria de Trabalho do Ministério do Trabalho e Previdência;

IV – apreciação do texto técnico final pela Comissão Tripartite Paritária Permanente, acompanhado de cronograma de implementação;

V – elaboração de nota técnica pela Subsecretaria de Inspeção do Trabalho da Secretaria de Trabalho Ministério do Trabalho e Previdência, com a motivação para a publicação da NR de segurança e saúde no trabalho, e da proposta de regulamentação, devendo ser anexadas ao processo administrativo que contenha o relatório de análise de impacto regulatório ou a nota técnica que fundamente sua dispensa;

VI – análise da proposta de norma regulamentadora de segurança e saúde no trabalho pela Secretaria de Trabalho do Ministério do Trabalho e Previdência;

VII – encaminhamento da minuta de norma regulamentadora de segurança e saúde no trabalho ao órgão jurídico consultivo do Ministério do Trabalho e Previdência;

VIII – encaminhamento do processo administrativo, contendo o registro dos atos praticados, inclusive o relatório de análise de impacto regulatório e a minuta de norma regulamentadora, para análise e deliberação final do Ministério do Trabalho e Previdência; e

IX – publicação da norma no Diário Oficial da União – DOU pelo Ministério do Trabalho e Previdência.

Parágrafo único. Poderão ser constituídos grupos de trabalho ou comissões temáticas tripartites, nos termos previstos no art. 16 e art. 17 do Decreto n. 9.944, de 2019, formados por especialistas indicados pelas bancadas de governo, trabalhadores e empregadores da Comissão Tripartite Paritária Permanente, para auxiliar no processo de elaboração de nova norma regulamentadora de segurança e saúde no trabalho, em especial para fins da etapa prevista no inciso III do *caput* deste artigo, ouvida a Comissão Tripartite Paritária Permanente.

Art. 134. O procedimento de revisão de norma regulamentadora de segurança e saúde no trabalho deve observar as seguintes etapas:

I – proposição de texto técnico de revisão de norma regulamentadora de segurança e saúde no trabalho por grupo técnico composto por Auditores-Fiscais do Trabalho indicados pela Subsecretaria de Inspeção do Trabalho as Secretaria de Trabalho do Ministério do Trabalho e Previdência, representantes da Fundacentro e, quando aplicável, órgãos e entidades de direito público ou privado ligadas à área objeto da regulamentação pretendida;

II – disponibilização, pelo Ministério do Trabalho e Previdência, do texto técnico para consulta pública, pelo prazo mínimo de trinta dias corridos, podendo haver prorrogação, observado o disposto no § 1º;

III – elaboração de texto técnico final, após a análise das contribuições recebidas, pelo grupo técnico coordenado pela Subsecretaria de Inspeção do Trabalho da Secretaria de Trabalho do Ministério do Trabalho e Previdência;

IV – apreciação do texto técnico final pela Comissão Tripartite Paritária Permanente, acompanhado de cronograma de implementação;

V – elaboração de nota técnica pela Subsecretaria de Inspeção do Trabalho da Secretaria de Trabalho do Ministério do Trabalho e Previdência, com a motivação para a publicação da norma regulamentadora de segurança e saúde no trabalho, e da proposta de regulamentação, devendo ser anexadas ao processo administrativo que contenha o relatório da análise de impacto regulatório ou a nota técnica que fundamente sua dispensa;

VI – análise da proposta de norma regulamentadora de segurança e saúde no trabalho pela Secretaria de Trabalho do Ministério do Trabalho e Previdência;

VII – encaminhamento da minuta de norma regulamentadora de segurança e saúde no trabalho ao órgão jurídico consultivo do Ministério do Trabalho e Previdência;

VIII – encaminhamento do processo administrativo, contendo o registro dos atos praticados, inclusive o relatório da análise de impacto regulatório e a minuta de norma regulamentadora de segurança e saúde no trabalho, para análise e deliberação final do Ministério do Trabalho e Previdência; e

IX – publicação da norma no DOU, pelo Ministério do Trabalho e Previdência.

§ 1º A Secretaria de Trabalho do Ministério do Trabalho e Previdência, ouvida a Comissão Tripartite Paritária Permanente, poderá decidir por não submeter proposta de revisão à consulta pública.

§ 2º Poderão ser constituídos grupos de trabalho ou comissões temáticas tripartites, nos termos previstos nos art. 16 e art. 17 do Decreto n. 9.944, de 2019, formados por especialistas indicados pelas bancadas de governo, trabalhadores e empregadores da Comissão Tripartite Paritária Permanente, para auxiliar no processo de revisão de norma regulamentadora de segurança e saúde no trabalho, em especial para fins da etapa prevista no inciso III do *caput* deste artigo, ouvida a Comissão Tripartite Paritária Permanente.

§ 3º A elaboração ou a revisão de anexo de norma regulamentadora de segurança e saúde no trabalho são considerados processos de revisão de norma regulamentadora de segurança e saúde no trabalho, devendo seguir o disposto neste artigo.

Art. 135. Deve ser realizada a atualização do estoque regulatório em intervalos não superiores a cinco anos, com o intuito de realizar o exame periódico das normas regulamentadoras de segurança e saúde no trabalho, para averiguar a pertinência de sua manutenção ou a necessidade de sua atualização ou revogação.

§ 1º Os resultados da atualização do estoque regulatório deverão ser apresentados para conhecimento da Comissão Tripartite Paritária Permanente.

§ 2º A atualização do estoque regulatório não se confunde com a avaliação de resultado regulatório – ARR, prevista no Decreto n. 10.411, de 2020.

Art. 136. A Comissão Tripartite Paritária Permanente pode, a qualquer tempo, propor as ações necessárias para implementação da norma regulamentadora de segurança e saúde no trabalho, que podem incluir a elaboração de instrumentos e eventos para divulgação.

Art. 137. As normas regulamentadoras de segurança e saúde no trabalho com natureza administrativa, tais como a Norma Regulamentadora n. 3 (NR 03) – Embargo e Interdição e a Norma Regulamentadora n. 28 (NR 28) – Fiscalização e penalidades, relativas à organização da forma de atuação da inspeção do trabalho ficam dispensadas de observar os procedimentos previstos neste Capítulo.

Art. 138. Para os processos de revisão de norma regulamentadora de segurança e saúde no trabalho atualmente em curso, devem ser adotadas as seguintes providências:

I – para o processo de revisão da Norma Regulamentadora n. 4 (NR 4) – SESMT, da Norma Regulamentadora n. 5 (NR 5) – CIPA, da Norma Regulamentadora n. 17 (NR 17) – Ergonomia, da Norma Regulamentadora n. 19 (NR 19) – Explosivos, da Norma Regulamentadora n. 29 (NR 29) – Segurança e saúde no trabalho portuário, da Norma Regulamentadora n. 30 (NR 30) – Segurança e saúde no trabalho aquaviário, e para inclusão de anexo de ruído na Norma Regulamentadora n. 9 (NR 09) e revisão do anexo de ruído da Norma Regulamentadora n. 15 (NR 15) – Atividades e operações insalubres, devem ser observadas as seguintes etapas:

a) elaboração de análise de impacto regulatório, nos termos do § 2º do art. 131, devendo ser observados os trâmites previstos no *caput* e § 1º do art. 132;

b) apreciação do texto técnico final pela Comissão Tripartite Paritária Permanente, acompanhado de cronograma de implementação;

c) elaboração de nota técnica pela Subsecretaria de Inspeção do Trabalho da Secretaria de Trabalho do Ministério do Trabalho e Previdência, com a motivação para a publicação da norma regulamentadora de segurança e saúde no trabalho, e da proposta de regulamentação, devendo ser anexadas ao processo administrativo que contenha o relatório de AIR;

d) análise da proposta de norma regulamentadora de segurança e saúde no trabalho pela Secretaria de Trabalho do Ministério do Trabalho e Previdência;

e) encaminhamento da minuta de norma regulamentadora de segurança e saúde no trabalho ao órgão jurídico consultivo do Ministério do Trabalho e Previdência;

f) encaminhamento do processo administrativo, contendo o registro dos atos praticados, inclusive o relatório da análise de impacto regulatório e a minuta de norma regulamentadora, para análise e deliberação final do Ministério do Trabalho e Previdência; e

g) publicação da norma no DOU pelo Ministério do Trabalho e Previdência.

II – para os processos de revisão dos Anexos I – Vibração, II – Exposição ocupacional ao benzeno em postos revendedores de combustíveis, e III – Calor, da Norma Regulamentadora n. 9 (NR 9) – Programa de prevenção de riscos ambientais, do Anexo III – Meios de acesso a máquinas e equipamentos da Norma Regulamentadora n. 12 (NR 12) – Segurança no trabalho em máquinas e equipamentos, e dos Anexos I – Trabalho dos operadores de *checkout*, e II – Trabalho em teleatendimento/telemarketing, da Norma Regulamentadora n. 17 (NR 17) – Ergonomia, devem ser observadas as seguintes etapas:

a) elaboração de Nota Técnica que fundamente a dispensa de análise de impacto regulatório, nos termos do § 1º do art. 131, com aprovação pelo Ministério do Trabalho e Previdência;

b) apreciação do texto técnico final pela Comissão Tripartite Paritária Permanente;

c) elaboração de nota técnica pela Subsecretaria de Inspeção do Trabalho da Secretaria de Trabalho do Ministério do Trabalho e Previdência, com a motivação para a publicação da norma regulamentadora de segurança e saúde no trabalho, e da proposta de regulamentação, devendo ser anexadas ao processo administrativo que contenha a Nota Técnica que fundamente a dispensa análise de impacto regulatório;

d) análise da proposta de norma regulamentadora de segurança e saúde no trabalho pela Secretaria de Trabalho do Ministério do Trabalho e Previdência;

e) encaminhamento da minuta de norma regulamentadora de segurança e saúde no trabalho ao órgão jurídico consultivo do Ministério do Trabalho e Previdência;

f) encaminhamento do processo administrativo, contendo o registro dos atos praticados, inclusive o relatório da análise de impacto regulatório e a minuta de norma regulamentadora de segurança e saúde no trabalho, para análise e deliberação final do Ministério do Trabalho e Previdência; e

g) publicação da norma no DOU pelo Ministério do Trabalho e Previdência.

III – para os processos de revisão da Norma Regulamentadora n. 10 (NR 10) – Segurança em instalações e serviços em eletricidade, da Norma Regulamentadora n. 32 (NR 32) – Segurança e saúde no trabalho em serviços de saúde, e da elaboração da norma regulamentadora de segurança e saúde no trabalho para limpeza urbana, devem ser observadas as seguintes etapas:

a) elaboração de Análise de Impacto Regulatório, nos termos do §2º do art. 131, devendo ser observados os trâmites previstos no *caput* e §1º do art. 132;

b) elaboração de texto técnico final, pelo grupo de trabalho tripartite coordenado pela Coordenação-Geral de Segurança e Saúde no Trabalho da Subsecretaria de Inspeção do Trabalho da Secretaria de Trabalho do Ministério do Trabalho e Previdência;

c) apreciação do texto técnico final pela Comissão Tripartite Paritária Permanente, acompanhado de cronograma de implementação;

d) elaboração de nota técnica pela Subsecretaria de Inspeção do Trabalho da Secretaria de Trabalho do Ministério do Trabalho e Previdência, com a motivação para a publicação da norma regulamentadora de segurança e saúde no trabalho, e da proposta de regulamentação, devendo ser anexadas ao processo administrativo que contenha o relatório de análise de impacto regulatório;

e) análise da proposta de norma regulamentadora de segurança e saúde no trabalho pela Secretaria de Trabalho do Ministério do Trabalho e Previdência;

f) encaminhamento da minuta de norma regulamentadora de segurança e saúde no trabalho ao órgão jurídico consultivo do Ministério do Trabalho e Previdência;

g) encaminhamento do processo administrativo, contendo o registro dos atos praticados, inclusive o relatório da análise de impacto regulatório e a minuta de norma regulamentadora de segurança e saúde no trabalho, para análise e deliberação final do Ministério do Trabalho e Previdência; e

h) publicação da norma no DOU pelo Ministério do Trabalho e Previdência.

CAPÍTULO VIII
Do Programa de Alimentação do Trabalhador

Art. 139. Este capítulo dispõe sobre o Programa de Alimentação do Trabalhador – PAT, instituído pela Lei n. 6.321, de 14 de abril de 1976, que tem por objetivo a melhoria da situação nutricional dos trabalhadores, visando à promoção de sua saúde e prevenção das doenças profissionais.

Art. 140. Poderão participar, como pessoa jurídica beneficiária do PAT, as pessoas jurídicas de direito público e privado e os empregadores que possuam Cadastro de Atividade Econômica da Pessoa Física – CAEPF ou Cadastro Nacional de Obras – CNO.

Parágrafo único. Para fins de execução do PAT, a pessoa jurídica beneficiária poderá:

I – manter serviço próprio de refeições;

II – distribuir alimentos; ou

III – firmar contrato com entidades de alimentação coletiva, registradas no PAT.

Art. 141. Constituem entidades de alimentação coletiva a que se refere o inciso III do art. 140:

I – empresa fornecedora de alimentação coletiva, nas seguintes modalidades:

a) operadora de cozinha industrial e fornecedora de refeições preparadas transportadas;

b) administradora de cozinha da contratante; e

c) fornecedora de cestas de alimento e similares, para transporte individual.

II – empresa facilitadora de aquisição de refeições ou gêneros alimentícios, em uma ou mais das seguintes modalidades:

a) emissora PAT – facilitadora que exerça a atividade de emissão de moeda eletrônica para atendimento dos pagamentos no âmbito do PAT; ou

b) credenciadora PAT – facilitadora que exerça a atividade de credenciamento para aceitação da moeda eletrônica emitida para atendimento dos pagamentos no âmbito do PAT.

Parágrafo único. As facilitadoras de aquisição de refeições ou gêneros alimentícios podem emitir ou credenciar a aceitação dos seguintes produtos:

I – instrumentos de pagamento para aquisição de refeições em restaurantes e estabelecimentos similares (refeição-convênio); e

II – instrumentos de pagamento para aquisição de gêneros alimentícios em estabelecimentos comerciais (alimentação-convênio).

Seção I
Da operacionalização do PAT

Art. 142. A pessoa jurídica beneficiária, na execução do PAT, deverá:

I – realizar sua inscrição no PAT por meio do portal gov.br para usufruir dos correspondentes benefícios fiscais;

II – garantir que o benefício possua o mesmo valor para todos os seus trabalhadores;

III – contratar profissional legalmente habilitado em nutrição como responsável técnico pela execução do PAT, o qual deverá se cadastrar por meio do portal gov.br e atuar mediante Anotação de Responsabilidade Técnica – ART, quando mantiver serviço de alimentação próprio;

IV – obter de cada trabalhador confirmação de recebimento do instrumento de pagamento, quando for o caso, sendo admitida a confirmação por qualquer meio ou tecnologia, a qual deverá ser mantida à disposição da inspeção do trabalho e servirá como comprovação da concessão do benefício;

V – orientar devidamente seus trabalhadores sobre a correta utilização dos instrumentos de pagamento;

VI – dispor de programas destinados a monitorar a saúde e a aprimorar a segurança alimentar e nutricional de seus trabalhadores, na forma estabelecida em ato conjunto do Ministério da Saúde e do Ministério do Trabalho e Previdência;

VII – manter os documentos e registros relacionados aos gastos com o PAT, e aos incentivos fiscais dele decorrente, discriminados por estabelecimento, à disposição da inspeção do trabalho, sendo facultada a guarda em meio eletrônico; e

VIII – atualizar os dados constantes de sua inscrição sempre que houver alteração de informações cadastrais.

Parágrafo único. A inscrição a que se refere o inciso I:

I – implica na sujeição voluntária à integralidade das regras do PAT, inclusive àquelas relativas às infrações e respectivas sanções;

II – poderá ser feita a qualquer tempo e terá validade por prazo indeterminado;

III – poderá ser cancelada por iniciativa da pessoa jurídica beneficiária ou pela Subsecretaria de Inspeção do Trabalho da Secretaria de Trabalho do Ministério do Trabalho e Previdência, em razão de execução inadequada do PAT.

Art. 143. É vedado à pessoa jurídica beneficiária:

I – suspender, reduzir ou suprimir o benefício do PAT a título de punição ao trabalhador;

II – utilizar o PAT, sob qualquer forma, como premiação;

III – operacionalizar o PAT com participação do trabalhador superior a vinte por cento do custo direto da refeição; e

IV – exigir ou receber, das entidades de alimentação coletiva de que trata o art. 141, qualquer tipo de deságio ou imposição de descontos sobre o valor contratado, prazos de repasse que descaracterizem a natureza pré-paga dos valores a serem disponibilizados aos trabalhadores, ou outras verbas e benefícios diretos ou indiretos de qualquer natureza não vinculados diretamente à promoção de saúde e segurança alimentar do trabalhador.

Parágrafo único. Não se aplica o disposto no inciso IV aos contratos vigentes, até a data de encerramento do contrato, ou até dezoito meses após a data de vigência desta Portaria, o que ocorrer primeiro, proibida a prorrogação do referido contrato sem a devida adequação dos seus termos ao disposto neste artigo.

Art. 144. As empresas fornecedoras de alimentação coletiva deverão:

I – possuir profissional legalmente habilitado em nutrição como responsável técnico pela execução do PAT, o qual deverá se cadastrar por meio do portal gov.br e atuará mediante Anotação de Responsabilidade Técnica;

II – registrar-se no PAT por meio do portal gov.br; e

III – atualizar os dados constantes de seu registro sempre que houver alteração de informações cadastrais.

Art. 145. As empresas facilitadoras de aquisição de refeições ou gêneros alimentícios deverão:

I – requerer seu registro no PAT por meio do portal gov.br;

II – atualizar os dados constantes de seu registro sempre que houver alteração de informações cadastrais;

III – denunciar irregularidades na execução do PAT, por meio dos canais eletrônicos para o recebimento de denúncias instituídos pela Subsecretaria de Inspeção do Trabalho da Secretaria de Trabalho do Ministério do Trabalho e Previdência;

IV – reembolsar ao estabelecimento comercial credenciado os valores dos instrumentos de pagamento, mediante depósito na conta bancária ou conta de pagamento em nome da empresa credenciada;

V – garantir que os recursos sejam utilizados exclusivamente para o pagamento de refeição em restaurantes e estabelecimentos similares ou para a aquisição de gêneros alimentícios em estabelecimentos comerciais, conforme a modalidade do produto, devendo ser escriturados separadamente;

VI – adotar mecanismos que assegurem proteção contra falsificação; e

VII – possibilitar que o valor do benefício concedido ao trabalhador, na forma de recursos aportados em conta de pagamento, independentemente de ter havido o desconto de sua participação, seja integralmente utilizado pelo trabalhador após a rescisão do seu contrato com a pessoa jurídica beneficiária do programa.

Art. 146. Para realização do credenciamento de estabelecimentos comerciais, as empresas de que trata a alínea "b" do inciso II, do art. 141 deverão:

I – verificar a documentação referente ao cumprimento das normas de vigilância sanitária;

II – certificar-se de que o estabelecimento é classificado e desenvolve as atividades de:

a) comercialização de refeições (restaurante, lanchonete, bar ou similar); ou

b) comercialização de gêneros alimentícios (supermercado, armazém, mercearia, açougue, peixaria, hortimercado, comércio de laticínios e/ou frios, padaria, etc.);

III – verificar a regularidade da inscrição e da situação cadastral de pessoa jurídica.

IV – garantir que os restaurantes e outros estabelecimentos por elas credenciados se situem, preferencialmente, nas imediações dos locais de trabalho;

V – cancelar o credenciamento dos estabelecimentos comerciais que não cumprirem as exigências sanitárias e nutricionais e, ainda, que, por ação ou omissão, concorram para o desvirtuamento do PAT, mediante o uso indevido dos instrumentos de pagamento ou outras práticas irregulares, especialmente:

a) a troca dos instrumentos de pagamento por dinheiro em espécie ou por mercadorias, serviços ou produtos não compreendidos na finalidade do Programa;

b) a exigência de qualquer tipo de ágio ou a imposição de descontos sobre o valor dos instrumentos de pagamento; e

c) o uso de instrumentos de pagamento que lhes forem apresentados para qualquer outro fim que não o de reembolso direto junto às facilitadoras de aquisição de refeições ou gêneros alimentícios; e

VI – proceder à verificação das informações prestadas pelos estabelecimentos comerciais credenciados, devendo o documento de cadastramento ficar à disposição da inspeção do trabalho.

Parágrafo único. As empresas de que trata o *caput* deverão disponibilizar trimestralmente à inspeção do trabalho, por meio eletrônico, lista atualizada dos estabelecimentos credenciados, bem como a relação dos estabelecimentos descredenciados em decorrência das irregularidades citadas neste artigo.

Seção II
Das Penalidades

Art. 147. Desde que não haja reincidência e que não seja impossibilitado o fornecimento de alimentação saudável aos trabalhadores, o Auditor-Fiscal do Trabalho concederá prazo de trinta dias para correção das seguintes irregularidades:

I – não apresentação da documentação relacionada aos gastos com o PAT ou aos incentivos fiscais dele decorrentes; ou

II – informações cadastrais inexatas ou desatualizadas, desde que não tenham sido mantidas com objetivo fraudulento e que não comprometam o cumprimento da legislação do PAT.

Art. 148. A execução inadequada do PAT, a qual é configurada, isolada ou cumulativamente, pelo descumprimento dos art. 142, art. 143, art. 144, art. 145 e art. 146, acarretará o cancelamento da inscrição da pessoa jurídica ou do registro da empresa fornecedora ou facilitadora de aquisição de refeições ou gêneros alimentícios no PAT pela Secretaria de Trabalho do Ministério do Trabalho e Previdência, desde a data da primeira irregularidade passível de cancelamento.

Art. 149. Em caso de irregularidade constada em ação fiscal da inspeção do trabalho, a pessoa jurídica inscrita ou registrada no PAT terá prazo de dez dias para apresentação de defesa, contados do recebimento da notificação.

Art. 150. Da decisão que aplicar penalidade, caberá recurso à Coordenação-Geral de Recursos da Secretaria de Trabalho no prazo de dez dias, contados do recebimento da notificação da decisão.

Art. 151. O cancelamento da inscrição ou do registro, determinado por decisão administrativa irrecorrível da Coordenação-Geral do Recursos da Secretaria de Trabalho, será formalizado pela publicação da decisão final no DOU.

1º Transcorrido o prazo sem interposição de recurso voluntário, a publicação de que trata o *caput* caberá à autoridade competente para decisão em primeira instância administrativa.

§ 2º Após a decisão final, a Subsecretaria de Inspeção do Trabalho enviará o processo para a Secretaria Especial da Receita Federal do Brasil do Ministério da Economia, para providências de sua competência.

Art. 152. A pessoa jurídica que tiver seu registro cancelado no PAT poderá apresentar novo pedido de inscrição via protocolo digital do Ministério do Trabalho e Previdência à seção, setor ou núcleo de segurança e saúde no trabalho da unidade descentralizada da inspeção do trabalho cuja circunscrição abranja o estabelecimento matriz, devendo, para tanto, apresentar as provas de saneamento das irregularidades determinantes da decisão de cancelamento.

Art. 153. Aos procedimentos relativos ao trâmite dos processos de cancelamento e de solicitação de nova inscrição ou registro no PAT aplicam-se, subsidiariamente, as regras referentes à organização e tramitação de processos e multas administrativas da Secretaria de Trabalho do Ministério do Trabalho e Previdência.

Capítulo IX
Disposições Finais

Art. 154. A comunicação prévia, de que trata a Norma Regulamentadora n. 18 (NR 18), deverá ser realizada, antes do início das atividades, por meio do Sistema de Comunicação Prévia de Obras, disponível no portal gov.br, antes do início das atividades.

Art. 155. Os serviços Especializados em Engenharia de Segurança e em Medicina do Trabalho – SESMT, de que trata a Norma Regulamentadora n. 4 (NR 04), devem ser registrados por meio do Sistema SESMT, disponível no portal gov.br.

§ 1º É facultado às empresas protocolarem o registro de SESMT composto por mais de trinta estabelecimentos diretamente nas unidades descentralizadas da inspeção do trabalho, preferencialmente através do protocolo eletrônico do Sistema Eletrônico de Informações.

§ 2º O registro de SESMT do tipo comum, previsto na Norma Regulamentadora n. 4 (NR 04); do Serviço Especializado em Segurança e Saúde no Trabalho Rural – SESTR, previsto na Norma Regulamentadora n. 31 (NR 31) e; do Serviço Especializado em Segurança e Saúde do Trabalhador Portuário– SESSTP, previsto na Norma Regulamentadora n. 29 (NR 29), deve ser efetuado diretamente nas unidades descentralizadas da inspeção do trabalho, preferencialmente por meio do protocolo eletrônico do Sistema Eletrônico de Informações, não devendo ser utilizado o Sistema SESMT para esses casos.

Art. 156. Ficam revogados os seguintes atos:

....

IV – Instrução Normativa SSST/MTB n. 1, de 11 de abril de 1994;

....

VII – Portaria SIT n. 34, de 20 de dezembro de 2001;

....

XIX – Portaria MTE n. 32, de 8 de janeiro de 2009;

....

XXIV – Portaria SIT n. 207, de 11 de março de 2011;

....

XXXIII – Portaria SIT n. 507, de 29 de setembro de 2015;

XXXIV – Portaria MTPS n. 116, de 13 de novembro de 2015;

....

XXXVII – Portaria SIT n. 559, de 03 de agosto de 2016;

....

XXXIX – Portaria SIT n. 787, de 27 de novembro de 2018;

....

XLI – Portaria SEPRT n. 1.069, de 23 de setembro de 2019;

XLII – Portaria SEPRT n. 1.343, de 2 de dezembro de 2019;

XLIII – Portaria SEPRT n. 11.437, de 6 de maio de 2020;

....

XLV – Portaria SEPRT n. 6.399, de 31 de maio de 2021.

Art. 157. Esta Portaria entra em vigor em 10 de dezembro de 2021, com exceção dos seguintes dispositivos, que entrarão em vigor em 10 de março de 2022:

•• *Caput* com redação determinada pela Portaria n. 899, de 9-12-2021.

I – capítulo I – Procedimentos de avaliação de equipamentos de proteção individual, previstos na Norma Regulamentadora n. 6 (NR 06), Seções I a IX;

•• Inciso I acrescentado pela Portaria n. 899, de 9-12-2021.

II – inciso XLIII do art. 156; e

•• Inciso II acrescentado pela Portaria n. 899, de 9-12-2021.

III – anexos I a IV.

•• Inciso III acrescentado pela Portaria n. 899, de 9-12-2021.

Onyx Dornelles Lorenzoni

Anexo I

Requisitos Técnicos, Documentais e de Marcação para Avaliação de Equipamento de Proteção Individual

1. DO DESEMPENHO TÉCNICO

1.1 Os Equipamentos de Proteção Individual-EPI devem ser avaliados de acordo com as normas técnicas especificadas no Quadro I.

1.1.1 As normas técnicas devem ser adotadas na sua versão atualizada, salvo nos casos expressamente identificados no Quadro I.

1.1.2 Em caso de revisão de norma técnica, a versão atualizada deve ser adotada em até um ano de sua publicação.

1.1.2.1 Casos específicos de revisões envolvendo alterações de maior impacto, que podem demandar maior prazo para sua adoção, serão decididos pela Subsecretaria de Inspeção do Trabalho.

1.1.3 Em caso de ausência de previsão de norma técnica relacionada no Quadro I, serão aceitas as normas técnicas adotadas pelos organismos e laboratórios estrangeiros previstos no art. 6º.

1.1.4 Em caso de relatórios de ensaio e certificações realizadas no exterior, serão aceitas, em substituição às normas técnicas nacionais previstas no Quadro I, as normas técnicas adotadas pelos organismos e laboratórios estrangeiros previstos no art. 6º.

Quadro I

NORMAS TÉCNICAS APLICÁVEIS AOS EQUIPAMENTOS DE PROTEÇÃO INDIVIDUAL

Equipamento de Proteção Individual – EPI	Enquadramento NR 06 – Anexo I	Norma Técnica Aplicável	Especificidades
A – PROTEÇÃO DA CABEÇA			
A.1. CAPACETE	Proteção da cabeça contra:		
	A.1.1. Impactos de objetos sobre o crânio; Choques elétricos.	RAC – Portaria Inmetro n. 118/2009 ou alteração posterior	Avaliação no âmbito do SINMETRO.
	A.1.2. Agentes Térmicos (calor)	–	Combate a incêndio. Aceitas normas técnicas adotadas pelos organismos e laboratórios estrangeiros previstos no art. 6º.
A.2. CAPUZ ou BALACLAVA	Proteção do crânio e pescoço contra:		
	A.2.1. Riscos de origem térmica (calor) e chamas	ABNT NBR ISO 11612	Pequenas chamas, calor de contato, convectivo, radiante e metais fundidos.
		ISO 11611	Soldagem ou processos similares.

Equipamento de Proteção Individual – EPI	Enquadramento NR 06 – Anexo I	Norma Técnica Aplicável	Especificidades
A.2. CAPUZ ou BALACLAVA	A.2.1. Riscos de origem térmica (calor) e chamas	ASTM F 1959 + ASTM F 2621 + ASTM F 1506 ou ABNT NBR IEC 61482-2 (IEC 61482-1-1, método A e IEC 61482-1-1, método B)	Arco elétrico. Observar o item 2.5 e subitens deste Anexo.
		EN 13911	Combate a incêndio.
	A.2.2. Riscos de origem térmica (frio)	EN 342	Para temperaturas inferiores a -5 °C.
		EN 14058	Para temperaturas acima de -5 °C.
	A.2.3. Riscos de origem química	ISO 16602	–
	A.2.4. Riscos de origem química (agrotóxicos)	ISO 27065	Observar o item 2.9 e subitens deste Anexo.
	A.2.5. Agentes abrasivos e escoriantes	ISO 11611	–
	A.2.6. Umidade proveniente de operações com uso de água	BS 3546:1974	Observar o item 2.7 e subitem deste Anexo.
B – PROTEÇÃO DOS OLHOS E FACE			
B.1. ÓCULOS	Proteção dos olhos e face contra:		
	B.1.1. Impactos de partículas volantes; luminosidade intensa; radiação ultravioleta; radiação infravermelha	ANSI.Z.87.1	–
B.2. PROTETOR FACIAL	B.2.1. Impactos de partículas volantes; radiação infravermelha; contra luminosidade intensa.	ANSI.Z.87.1	–
B.3. MÁSCARA DE SOLDA	B.3.1. Impactos de partículas volantes, radiação ultravioleta, radiação infravermelha, luminosidade intensa	ANSI.Z.87.1	A máscara deve atender simultaneamente todas as proteções do item B-3 do Anexo I da NR 06.
	B.3.2. Impactos de partículas volantes, radiação ultravioleta, radiação infravermelha, luminosidade intensa	–	Filtro de escurecimento automático. Aceitas normas técnicas adotadas pelos organismos e laboratórios estrangeiros previstos no art. 6º.
C – PROTEÇÃO AUDITIVA			
C.1. PROTETOR AUDITIVO	C.1.1. Circum-auricular; de inserção e semi-auricular para proteção contra níveis de pressão sonora superiores aos valores limites de exposição diária	ABNT NBR 16076	Método B – Método do Ouvido Real – Colocação pelo Ouvinte.

Equipamento de Proteção Individual – EPI	Enquadramento NR 06 – Anexo I	Norma Técnica Aplicável	Especificidades
D – PROTEÇÃO RESPIRATÓRIA			
D.1. RESPIRADOR PURIFICADOR DE AR NÃO MOTORIZADO	Proteção das vias respiratórias contra:		
	D.1.1. Poeiras e névoas	RAC – Portaria Inmetro n. 561/2014 ou alteração posterior	Peça semifacial filtrante (PFF1) Avaliação no âmbito do Sinmetro. Art. 40 – suspensão temporária da compulsoriedade (Portarias Inmetro n. 102/2020 e 142/2021)
	D.1.2. Poeiras, névoas e fumos	RAC – Portaria Inmetro n. 561/2014 ou alteração posterior	Peça semifacial filtrante (PFF2) Avaliação no âmbito do Sinmetro. Art. 40 – suspensão temporária da compulsoriedade (Portarias Inmetro n. 102/2020 e 142/2021)
	D.1.3. Poeiras, névoas, fumos e radionuclídeos	RAC – Portaria Inmetro n. 561/2014 ou alteração posterior	Peça semifacial filtrante (PFF3) Avaliação no âmbito do SINMETRO. Art. 40 – suspensão temporária da compulsoriedade (Portarias Inmetro n. 102/2020 e 142/2021)
	D.1.4. Poeiras, névoas, fumos e radionuclídeos	ABNT NBR 13694 ABNT NBR 13695 ABNT NBR 13696 ABNT NBR 13697	Peça um quarto facial ou semifacial ou facial inteira com filtros para material particulado tipo P1 (poeiras e névoas), P2 (poeiras, névoas e fumos), P3 (poeiras, névoas, fumos e radionuclídeos).
	D.1.5. Gases e vapores e /ou materiais particulados	ABNT NBR 13694 ABNT NBR 13695 ABNT NBR 13696 ABNT NBR 13697	Peça um quarto facial ou semifacial ou facial inteira com filtros químicos e/ou combinados.
D.2. RESPIRADOR PURIFICADOR DE AR MOTORIZADO	Proteção das vias respiratórias contra:		
	D.2.1. Poeiras, névoas, fumos, radionuclídeos e/ou contra gases e vapores.	–	Sem vedação facial tipo touca de proteção respiratória, capuz ou capacete. Aceitas normas técnicas adotadas pelos organismos e laboratórios estrangeiros previstos no art. 6º.

Equipamento de Proteção Individual – EPI	Enquadramento NR 06 – Anexo I	Norma Técnica Aplicável	Especificidades
	D.2.2. Poeiras, névoas, fumos e radionuclídeos e/ou contra gases e vapores.	–	Com vedação facial tipo peça semifacial ou facial inteira. Aceitas normas técnicas adotadas pelos organismos e laboratórios estrangeiros previstos no art. 6º.
D.3. RESPIRADOR DE ADUÇÃO DE AR TIPO LINHA DE AR COMPRIMIDO	D.3.1. Proteção das vias respiratórias em atmosferas não imediatamente perigosa à vida e à saúde e porcentagem de oxigênio maior que 12,5% ao nível do mar.		Respiradores de fluxo contínuo tipo capuz ou capacete. Aceitas normas técnicas adotadas pelos organismos e laboratórios estrangeiros previstos no art. 6º.
		–	Respiradores de fluxo contínuo e ou de demanda com pressão positiva tipo peça semifacial ou facial inteira. Aceitas normas técnicas adotadas pelos organismos e laboratórios estrangeiros previstos no art. 6º.
		–	Respiradores de fluxo contínuo tipo capuz ou capacete para operações de jateamento. Aceitas normas técnicas adotadas pelos organismos e laboratórios estrangeiros previstos no art. 6º.
	D.3.2. Proteção das vias respiratórias em atmosferas imediatamente perigosas à vida e à saúde (IPVS) e porcentagem de oxigênio menor ou igual a 12,5% ao nível do mar.	–	Para concentração de oxigênio menor ou igual a 12,5%. De demanda com pressão positiva tipo peça facial inteira combinado com cilindro auxiliar. Aceitas normas técnicas adotadas pelos organismos e laboratórios estrangeiros previstos no art. 6º.
D.4. RESPIRADOR DE ADUÇÃO DE AR TIPO MÁSCARA AUTÔNOMA	Proteção das vias respiratórias:		
	D.4.1. Proteção das vias respiratórias em atmosferas imediatamente perigosas à vida e à saúde (IPVS) e porcentagem de oxigênio menor ou igual a 12,5% ao nível do mar.	–	Respiradores de circuito aberto de demanda com pressão positiva. Aceitas normas técnicas adotadas pelos organismos e laboratórios estrangeiros previstos no art. 6º.

Equipamento de Proteção Individual – EPI	Enquadramento NR 06 – Anexo I	Norma Técnica Aplicável	Especificidades
	D.4.2. Proteção das vias respiratórias em atmosferas imediatamente perigosas à vida e à saúde (IPVS) e porcentagem de oxigênio menor ou igual a 12,5% ao nível do mar.	–	Respiradores de circuito fechado de demanda com pressão positiva. Aceitas normas técnicas adotadas pelos organismos e laboratórios estrangeiros previstos no art. 6º.
D.5. RESPIRADOR DE FUGA	D.5.1. Proteção das vias respiratórias contra agentes químicos (gases e vapores e/ou material particulado) em condições de escape de atmosferas imediatamente perigosas à vida e à saúde.	–	Respirador de fuga tipo bocal. Aceitas normas técnicas adotadas pelos organismos e laboratórios estrangeiros previstos no art. 6º.
E – PROTEÇÃO DO TRONCO			
E.1. VESTIMENTA PARA PROTEÇÃO DO TRONCO	Proteção contra:		
	E.1.1. Riscos de origem térmica (calor) e chamas	ABNT NBR ISO 11612	Pequenas chamas, calor de contato, convectivo, radiante e metais fundidos.
		ISO 11611	Soldagem ou processos similares.
		ASTM F 1959 + ASTM F 2621 + ASTM F 1506 + ou ABNT NBR IEC 61482-2 (IEC 61482-1-1, método A e IEC 61482-1-1 método B)	Arco elétrico. Observar o item 2.5 e subitens deste Anexo.
		NFPA 2112 (ASTM F 1930 e ASTM D 6413) ou ABNT NBR ISO 11612 (ISO 13506-1; ISO 13506-2 e ISO 15025)	Fogo repentino. Observar o item 2.5 e subitens deste Anexo.
		EN 469	Combate a incêndio de estruturas.
		ISO 15384	Combate a incêndios florestais.
	E.1.2. Riscos de origem térmica (frio)	EN 342	Para temperaturas inferiores a -5 °C.
		EN 14058	Para temperaturas acima de -5 °C.
	E.1.3. Riscos de origem mecânica	ISO 11611	Agentes abrasivos e escoriantes.
		ISO 13998	Riscos provocados por cortes por impacto provocado por facas manuais.
		ISO 11393-6	Vestimenta para motosserristas.

Equipamento de Proteção Individual – EPI	Enquadramento NR 06 – Anexo I	Norma Técnica Aplicável	Especificidades
	E.1.4. Riscos de origem química	ISO 16602	–
	E.1.5. Riscos de origem química (agrotóxicos)	ISO 27065	Observar o item 2.9 e subitens deste Anexo.
	E.1.6. Riscos de origem radioativa (radiação X)	ABNT NBR IEC 61331-1 + ABNT NBR IEC 61331-3 ou IEC 61331-1 + IEC 61331-3	–
	E.1.7. Umidade proveniente de precipitação pluviométrica	EN 343	–
	E.1.8. Umidade proveniente de operações com uso de água	BS 3546:1974	Observar o item 2.7 e subitem deste Anexo.
E.2. COLETE À PROVA DE BALAS Nível I, II, II A, III, III A e IV	E.2.1. Proteção contra riscos de origem mecânica (a prova de impacto de projéteis de armas de fogo)	NIJ *Standard* 0101.04	Título de Registro, Apostilamento e Relatório Técnico Experimental emitidos pelo Exército Brasileiro, conforme art. 4º, §4º, desta Portaria.
F – PROTEÇÃO DOS MEMBROS SUPERIORES			
F.1. LUVA	Proteção das mãos contra:		
	F.1.1. Agentes mecânicos	Anexo III desta Portaria	Para atividades de corte manual de cana-de-açúcar
	F.1.2. Agentes abrasivos, escoriantes, cortantes e perfurantes	EN 388	–
	F.1.3. Agentes cortantes e perfurantes	ISO 13999-1 ou ISO 13999-2	Contra cortes e golpes por facas manuais. Para luvas em malha de aço e outros materiais alternativos.
	F.1.4. Choques elétricos	RAC – Portaria Inmetro n. 229/2009 ou alteração posterior	Avaliação no âmbito do SINMETRO.
	F.1.5. Agentes térmicos (calor e chamas)	EN 407	–
		EN 12477	Soldagem ou processos similares.
		EN 659	Combate a incêndio.
	F.1.6. Agentes térmicos (frio)	EN 511	–
	F.1.7. Agentes biológicos	RAC – Portaria Inmetro n. 332/2012 ou alteração posterior	Luva cirúrgica ou Luva de procedimentos não cirúrgicos com borracha natural. Avaliação no âmbito do SINMETRO.

Equipamento de Proteção Individual – EPI	Enquadramento NR 06 – Anexo I	Norma Técnica Aplicável	Especificidades
		ABNT NBR 13391 ou ABNT NBR ISO 10282 + Ensaio microbiológico previsto no RAC – Portaria Inmetro n. 332/2012 ou alteração posterior	Luva cirúrgica sem borracha natural.
		ABNT NBR ISO 11193-1 +ABNT NBR ISO 11193-2 + Ensaio microbiológico previsto no RAC – Portaria Inmetro n. 332/2012 ou alteração posterior	Luva de procedimentos não cirúrgicos sem borracha natural.
		Anexo II desta Portaria RAC – Portaria Inmetro n. 123/2015 ou alteração posterior	Luvas não sujeitas ao regime da vigilância sanitária e submetidas à avaliação no âmbito do SINMETRO.
		ISO 374-5	Luvas não sujeitas ao regime da vigilância sanitária e não submetidas à avaliação no âmbito do SINMETRO.
	F.1.8. Riscos de origem química	EN 374	–
	F.1.9. Vibrações	EN 388 + ISO 10819	Observar o item 2.6 e subitens deste Anexo.
	F.1.10. Umidade proveniente de operações com uso de água	EN 388	Obrigatório ensaio quanto ao requisito umidade.
	F.1.11. Radiações ionizantes (radiação X)	ABNT NBR IEC 61331-1 + ABNT NBR IEC 61331-3 ou IEC 61331-1 + IEC 61331– 3	–
	F.1.12. Agentes mecânicos	ISO 11393-4	Luvas para motosserristas.
F.2. CREME PROTETOR	F.2.1. Proteção dos membros superiores contra agentes químicos	ABNT NBR 16276	Observar o item 2.8 deste Anexo.
F.3. MANGA	Proteção do braço e antebraço contra:		
	F.3.1. Choques elétricos	ABNT NBR 10623	–
	F.3.2. Riscos de origem química	ISO 16602	–
	F.3.3. Agentes abrasivos, escoriantes, cortantes e perfurantes.	EN 388	Somente riscos mecânicos.
		ISO 13998 ou ISO 13999-1 ou ISO 13999-2	Contra cortes e golpes por facas manuais.

Equipamento de Proteção Individual – EPI	Enquadramento NR 06 – Anexo I	Norma Técnica Aplicável	Especificidades
	F.3.4. Umidade proveniente de operações com uso de água.	BS 3546:1974	Observar o item 2.7 e subitem deste Anexo.
	F.3.5. Agentes térmicos (calor e/ou chamas)	ISO 11611	Para atividades de soldagem e processos similares.
		ABNT NBR ISO 11612	Pequenas chamas, calor de contato, convectivo, radiante e metais fundidos.
F.4. BRAÇADEIRA	Proteção do antebraço contra:		
	F.4.1. Agentes cortantes e escoriantes	ISO 11611	Agentes abrasivos e escoriantes.
		EN 388	Agentes mecânicos.
		ISO 13999-1 ou ISO 13999-2	Contra cortes e golpes por facas manuais.
F.5. DEDEIRA	F.5.1. Proteção dos dedos contra agentes abrasivos e escoriantes	ABNT NBR 13599	–
G – PROTEÇÃO DOS MEMBROS INFERIORES			
G.1. CALÇADO	Proteção dos pés contra:		
	G.1.1. Impactos de quedas de objetos sobre os artelhos; Agentes provenientes da energia elétrica; Agentes térmicos; Agentes abrasivos e escoriantes; Agentes cortantes e perfurantes; e Operações com uso de água	ABNT NBR ISO 20344 ABNT NBR ISO 20345 (de segurança) ABNT NBR ISO 20346 (de proteção) ABNT NBR ISO 20347 (ocupacional)	–
	G.1.2. Riscos de origem química	EN 13832-2 EN 13832-3	–
	G.1.3. Agentes térmicos (calor)	EN 15090	Para uso em combate ao fogo.
		ISO 20349-1 ISO 20349-2	Riscos térmicos e salpicos de metal fundido.
	G.1.4. Agentes provenientes da energia elétrica	ABNT NBR ISO 20345 ou ABNT NBR ISO 2034 ou ABNT NBR ISO 20347 + ABNT NBR 16603	Calçado isolante elétrico para trabalhos em instalações elétricas de baixa tensão até 500 V em ambiente seco.
		ABNT NBR 16135	Calçado para trabalho ao potencial.
		BS EN 50321-1	Calçado Classe II (polimérico/elastômero) para proteção elétrica
	G.1.5. Agentes mecânicos	ISO 17249	Calçado para motosserristas.

Legislação Complementar

Equipamento de Proteção Individual – EPI	Enquadramento NR 06 – Anexo I	Norma Técnica Aplicável	Especificidades
G.2. PERNEIRAS	Proteção da perna contra:		
	G.2.1. Agentes mecânicos	ISO 11393-2	Perneiras para motosserristas.
		ISO 11393-5	Perneiras tipo polaina para motosserristas.
	G.2.2. Agentes abrasivos e escoriantes	ISO 11611	–
	G.2.3. Agentes cortantes e perfurantes	ISO 13998	–
	G.2.4. Agentes térmicos (calor)	ABNT NBR ISO 11612	Pequenas chamas, calor de contato, convectivo, radiante e metais fundidos.
		ISO 11611	Soldagem ou processos similares.
	G.2.5. Riscos de origem química	ISO 16602	–
	G.2.6. Riscos de origem química (agrotóxicos)	ISO 27065	Observar o item 2.9 e subitens deste Anexo.
	G.2.7. Contra umidade proveniente de operações com uso de água	BS 3546:1974	Observar o item 2.7 e subitem deste Anexo.
G.3. CALÇA	Proteção das pernas contra:		
	G.3.1. Agentes mecânicos	ISO 11393-2	Calça para motosserristas.
		ISO 13998	Riscos provocados por cortes por impacto provocado por facas manuais.
		ISO 11611	Agentes abrasivos e escoriantes
	G.3.2. Riscos de origem química	ISO 16602	–
	G.3.3. Riscos de origem química (agrotóxicos)	ISO 27065	Observar o item 2.9 e subitens deste Anexo.
	G.3.4. Agentes térmicos (calor e chamas)	ABNT NBR ISO 11612	Pequenas chamas, calor de contato, convectivo, radiante e metais fundidos.
		ISO 11611	Soldagem ou processos similares.
		ASTM F 1959 + ASTM F 2621 + ASTM F 1506 + ou ABNT NBR IEC 61482-2 (IEC 61482-1-1, método A e IEC 61482-1-1 método B)	Arco elétrico. Observar o item 2.5 e subitens deste Anexo.
		NFPA 2112 (ASTM F 1930 e ASTM D 6413) ou ABNT NBR ISO 11612 (ISO 13506-1; ISO 13506-2 e ISO 15025)	Fogo repentino. Observar o item 2.5 e subitens deste Anexo.

Equipamento de Proteção Individual – EPI	Enquadramento NR 06 – Anexo I	Norma Técnica Aplicável	Especificidades
		EN 469	Combate a incêndio de estruturas.
		ISO 15384	Combate a incêndios florestais.
	G.3.5. Agentes térmicos (frio)	EN 342	Para temperaturas inferiores a -5 °C.
		EN 14058	Para temperaturas acima de -5 °C.
	G.3.6. Umidade proveniente de operações com uso de água.	BS 3546:1974	Observar o item 2.7 e subitem deste Anexo.
	G.3.7. Umidade proveniente de precipitação pluviométrica	EN 343	–
H – PROTEÇÃO DO CORPO INTEIRO			
	Proteção do tronco e membros superiores e inferiores contra:		
H.1. MACACÃO	H.1.1. Agentes térmicos (calor)	ISO 11611	Soldagem ou processos similares.
		ABNT NBR ISO 11612	Pequenas chamas, calor de contato, convectivo, radiante e metais fundidos.
		ASTM F 1959 + ASTM F 2621 + ASTM F 1506 + ou ABNT NBR IEC 61482-2 (IEC 61482-1-1, método A e IEC 61482-1-1 método B)	Arco elétrico. Observar o item 2.5 e subitens deste Anexo.
		NFPA 2112 (ASTM F 1930 e ASTM D 6413) ou ABNT NBR ISO 11612 (ISO 13506-1; ISO 13506-2 e ISO 15025)	Fogo repentino. Observar o item 2.5 e subitens deste Anexo.
		EN 469	Combate a incêndio de estruturas.
		ISO 15384	Combate a incêndios florestais.
	H.1.2. Riscos de origem química	ISO 16602	–
	H.1.3. Riscos de origem química (agrotóxicos)	ISO 27065	Observar o item 2.9 e subitens deste Anexo.
	H.1.4. Umidade proveniente de operações com uso de água	BS 3546:1974	Observar o item 2.7 e subitem deste Anexo.
	H.1.5. Umidade proveniente de precipitação pluviométrica	EN 343	–

<table>
<tr><th>Equipamento de Proteção Individual – EPI</th><th>Enquadramento NR 06 – Anexo I</th><th>Norma Técnica Aplicável</th><th>Especificidades</th></tr>
<tr><td rowspan="8">H.2. VESTIMENTA DE CORPO INTEIRO</td><td colspan="3">Proteção de todo o corpo contra:</td></tr>
<tr><td>H.2.1. Riscos de origem química</td><td>ISO 16602</td><td>Tipos 3, 4, 5 e 6</td></tr>
<tr><td rowspan="2">H.2.2. Riscos de origem química</td><td>EN 943 ou ISO 16602</td><td>Para vestimentas Tipo 1</td></tr>
<tr><td>EN 943 + EN 14594 ou ISO 16602</td><td>Para vestimentas Tipo 2</td></tr>
<tr><td>H.2.3. Riscos de origem química (agrotóxicos)</td><td>ISO 27065</td><td>Observar o item 2.9 e subitens deste Anexo.</td></tr>
<tr><td>H.2.4. Umidade proveniente de operações com água</td><td>BS 3546:1974</td><td>Observar o item 2.7 e subitem deste Anexo.</td></tr>
<tr><td>H.2.5. Choques elétricos</td><td>ABNT NBR 16135</td><td>Vestimenta condutiva de segurança para proteção de todo o corpo para trabalho ao potencial.</td></tr>
<tr><td>H.2.6. Umidade proveniente de precipitação pluviométrica</td><td>EN 343</td><td>–</td></tr>
<tr><td colspan="4">I – PROTEÇÃO CONTRA QUEDA COM DIFERENÇA DE NÍVEL</td></tr>
<tr><td rowspan="3">I.1. CINTURÃO DE SEGURANÇA</td><td>I.1.1. Quando utilizado com talabarte</td><td>RAC – Portaria Inmetro n. 388/2012 ou alteração posterior</td><td>Avaliação no âmbito do SINMETRO.
Observar o item 2.10 e subitens deste Anexo.</td></tr>
<tr><td>I.1.2. Quando utilizado com trava-quedas</td><td>RAC – Portaria Inmetro n. 388/2012 ou alteração posterior</td><td>Avaliação no âmbito do SINMETRO.
Observar o item 2.10 e subitens deste Anexo.</td></tr>
<tr><td>I.1.3. Quando utilizado com talabarte ou trava-quedas</td><td>RAC – Portaria Inmetro n. 388/2012 ou alteração posterior</td><td>Avaliação no âmbito do SINMETRO.
Observar o item 2.10 e subitens deste Anexo.</td></tr>
</table>

2. DAS CARACTERÍSTICAS TÉCNICAS ESPECÍFICAS

2.1 Equipamentos de Proteção Individual-EPIs com dispositivos de regulagem devem oferecer mecanismos de fixação que impeçam sua alteração involuntária, após ajustados pelo trabalhador, observadas as condições previsíveis de utilização.

2.2 EPIs destinados à proteção da face, olhos e vias respiratórias devem restringir o mínimo possível o campo visual e a visão do usuário.

2.3 EPIs destinados à utilização em áreas classificadas devem ser concebidos e fabricados de tal modo que não possam originar arcos ou faíscas de origem elétrica, eletrostática ou resultantes do atrito, passíveis de inflamar uma mistura explosiva.

DO EQUIPAMENTO DE PROTEÇÃO INDIVIDUAL CONJUGADO

2.4 Todos os dispositivos de ligação, extensão ou complemento conexos a um EPI devem ser concebidos e fabricados de forma que não diminuam o nível de proteção do equipamento.

2.4.1 Os EPIs conjugados, tais como calçado + vestimentas ou luvas + vestimentas para proteção contra agentes meteorológicos, água e químicos, devem ter suas conexões e junções avaliadas de acordo com os requisitos estabelecidos no Anexo B da norma ISO 16602:2007.

2.4.2 Os dispositivos de EPI conjugados devem oferecer proteção contra o mesmo risco.

DO EQUIPAMENTO DE PROTEÇÃO INDIVIDUAL CONTRA AGENTES TÉRMICOS

2.5 O EPI tipo vestimenta de proteção contra os efeitos térmicos do arco elétrico e/ou fogo repentino deve ser submetido à avaliação do(s) tecido(s) de composição e do desempenho da vestimenta pronta.

2.5.1 Para vestimentas multicamadas, os relatórios devem especificar a ordem e a composição de cada uma das camadas.

2.5.1.1 O relatório de ensaio da vestimenta pronta, emitido em nome do fabricante de vestimentas para proteção contra agentes térmicos provenientes do arco elétrico, deve referenciar o número do relatório de avaliação do tecido de composição e o laboratório emissor, além de relatar a composição, o nome do fabricante e a gramatura do tecido, acrescido do Arc Thermal Performance Value.

2.5.1.1.1 O desempenho têxtil e os dados de composição e gramatura do tecido devem ser comprovados em relatório de ensaio emitido em nome do fabricante do tecido ou do fabricante da vestimenta pronta, segundo as normas técnicas especificadas neste Anexo.

2.5.2 O relatório de ensaio do equipamento conjugado formado por capuz tipo carrasco com lente e capacete para proteção contra agentes térmicos provenientes do arco elétrico deve conter o nome do fabricante do capacete, o nome do fabricante da lente e o nome do fabricante do tecido, acompanhado do seu respectivo Arc Thermal Performance Value e composição.

2.5.3 O relatório de ensaio do equipamento conjugado formado por capacete e protetor facial para proteção contra os agentes térmicos provenientes do arco elétrico devem conter o nome do fabricante do capacete e o nome do fabricante do protetor facial.

2.5.4 Os equipamentos conjugados formados por capuz tipo carrasco com lente e capacete e por capacete e protetor facial, para proteção contra os agentes térmicos provenientes do arco elétrico, devem ser ensaiados de acordo com as Normas ASTM 2178 + ANSI Z 87.1, ou alteração posterior.

2.5.4.1 Os ensaios laboratoriais referentes à Norma Técnica ANSI Z 87.1 devem ser realizados em laboratórios nacionais acreditados pelo Inmetro ou que se enquadrem nas condições estabelecidas no art. 37 desta Portaria.

2.5.5 A determinação do ATPV, em caso de equipamentos de proteção contra os efeitos térmicos do arco elétrico e respectivos tecidos de composição avaliados segundo as Normas ASTM F 2178, ASTM F 2621 e ASTM F 1506, deve ser comprovada por relatórios de ensaio, de acordo com a Norma ASTM F 1959.

2.5.6 A conformidade das vestimentas de proteção contra os efeitos térmicos do arco elétrico em relação à Norma ABNT NBR IEC 61482 – 2 deve ser comprovada por relatórios de ensaio do equipamento, de acordo com a Norma IEC 61482-1-1, método B.

2.5.6.1 A determinação do Arc Thermal Performance Value, nestes casos, deve ser comprovada por relatórios de ensaio do tecido, de acordo com a Norma IEC 61482-1-1, método A.

2.5.7 A conformidade das vestimentas de proteção contra os efeitos térmicos do fogo repentino e dos respectivos tecidos de composição, em relação à Norma NFPA 2112, deve ser comprovada por relatórios de ensaio, de acordo com as Normas ASTM F 1930 e ASTM D 6413.

2.5.8 A conformidade das vestimentas de proteção contra os efeitos térmicos do fogo repentino e dos respectivos tecidos de composição, em relação à Norma ABNT NBR ISO 11612, deve ser comprovada por relatórios de ensaio, de acordo com as Normas ISO 13506-1, ISO 13506-2 e ISO 15025.

2.5.9 Para equipamentos que incluam capuz tipo carrasco com lente e capuz tipo carrasco com protetor facial, para proteção contra agentes térmicos provenientes de soldagem ou processos similares e/ou contra agentes térmicos (calor e chamas), deverá ser comprovada a proteção de lentes/protetores faciais contra o mesmo risco.

DO EQUIPAMENTO DE PROTEÇÃO INDIVIDUAL TIPO LUVA DE PROTEÇÃO CONTRA VIBRAÇÕES

2.6 As luvas de proteção contra vibração devem possuir na região dos dedos as mesmas características de atenuação que a da região da palma das mãos.

2.6.1 EPIs destinados a proteger as mãos contra vibrações devem ter capacidade de atenuar frequências compreendidas entre 16 Hz e 1600 Hz, conforme definições da Norma ISO 10819.

2.6.2 Os ensaios laboratoriais das luvas para proteção contra vibrações referentes às normas técnicas EN 420 e EN 388 deverão ser realizados em laboratórios nacionais acreditados pelo Inmetro ou que se enquadrem nas condições estabelecidas no art. 37 desta Portaria.

DO EQUIPAMENTO DE PROTEÇÃO INDIVIDUAL CONTRA UMIDADE

2.7 Os EPI destinados à proteção contra umidade proveniente de operações com uso de água, avaliados de acordo com a Norma BS 3546/1974, devem ser submetidos ao ensaio de resistência ao rasgo da Norma ISO 16602, ficando dispensados da realização do ensaio de resistência ao rasgo que consta na Norma BS 3546/1974.

2.7.1 Os equipamentos indicados no subitem 2.7 serão classificados de acordo com seu nível de desempenho (Norma ISO 16602), sendo considerado aprovado somente aqueles que atingirem, no mínimo, desempenho compatível com a classe 1.

DO EQUIPAMENTO DE PROTEÇÃO INDIVIDUAL TIPO CREME DE PROTEÇÃO

2.8 O relatório de ensaio laboratorial de EPI tipo creme protetor deve informar o número de registro do referido produto no órgão de Vigilância Sanitária do Ministério da Saúde, conforme previsto na Lei n. 6.360, de 23 de setembro de 1976.

DO EQUIPAMENTO DE PROTEÇÃO INDIVIDUAL CONTRA AGROTÓXICOS

2.9 O EPI tipo vestimenta de proteção contra riscos de origem química (agrotóxicos) deve ser submetido à avaliação do tecido de composição e do desempenho

Legislação Complementar

da vestimenta pronta, segundo a Norma Técnica ISO 27065.

2.9.1 O relatório de ensaio quanto ao desempenho do equipamento, emitido em nome do fabricante da vestimenta de proteção contra riscos de origem química (agrotóxico), deve conter o tipo (tecido ou não tecido), a composição, a gramatura, a espessura e o nome do fabricante da matéria-prima de composição da vestimenta.

2.9.1.1 Em caso de material de composição da vestimenta do tipo tecido plano, o relatório de ensaio deverá especificar ainda a estrutura do tecido e a densidade de fios na trama e no urdume.

2.9.1.2 O desempenho têxtil e os dados referidos nos subitens 2.9.1 e 2.9.1.1 quanto ao tecido de composição da vestimenta devem ser comprovados segundo normas técnicas nacionais ou, na sua ausência, normas internacionais, em relatório de ensaio emitido em nome do fabricante do tecido ou do fabricante da vestimenta pronta.

2.9.2 As vestimentas de proteção contra riscos de origem química (agrotóxico) deverão comprovar nível de proteção C2 ou C3 nos ensaios da Norma Técnica ISO 27065.

DO EQUIPAMENTO DE PROTEÇÃO INDIVIDUAL CONTRA QUEDA COM DIFERENÇA DE NÍVEL

2.10 Considera-se EPI contra queda o conjunto formado pelos componentes cinturão de segurança e os dispositivos talabarte ou trava-queda.

2.10.1 O fabricante ou importador de cinturão de segurança deve indicar expressamente, no manual de instruções do equipamento, os dispositivos de segurança, talabartes ou trava-quedas, compatíveis para uso com o modelo de cinturão de segurança.

2.10.2 Em caso de fabricantes distintos do cinturão de segurança e dos dispositivos talabartes e trava-quedas, o fabricante ou importador do cinturão de segurança realizará a certificação da conformidade dos dispositivos fabricados ou importados por terceiros que sejam compatíveis com o seu modelo de cinturão ou, alternativamente, poderá aceitar o certificado de conformidade vigente desses dispositivos, emitido em nome do fabricante ou importador do talabarte ou trava-queda, desde que autorize formalmente o uso desses dispositivos com o seu modelo de cinturão.

2.10.2.1 A autorização de uso referida neste subitem deve ser emitida pelo fabricante do cinturão de segurança de forma a contemplar, expressamente, a referência e a descrição do dispositivo, os dados do fabricante ou importador do talabarte ou trava-quedas e a ciência da sua responsabilidade na emissão dessa autorização.

2.10.2.1.1 A autorização de uso pode ser disponibilizada junto com o manual de instruções do cinturão de segurança.

2.10.3 O talabarte para retenção de queda deve ser dotado de absorvedor de energia integrado, ensaiado de acordo com as normas técnicas ABNT NBR 15834 e ABNT NBR 14629.

2.10.4 Os ensaios de conectores estabelecidos na Norma Técnica ABNT NBR 15837 devem ser realizados pelo fabricante ou importador do cinturão de segurança, do talabarte ou do trava-queda, conforme o caso.

3. DOS REQUISITOS DOCUMENTAIS

3.1. Os laboratórios de ensaio e os Organismos de Certificação de Produtos responsáveis pela avaliação de EPI deverão avaliar o equipamento com os seguintes documentos, observando-se os critérios estabelecidos nas respectivas normas técnicas de ensaio, nos Regulamentos de Avaliação da Conformidade publicados ou, na ausência de previsão de critérios nesses documentos, segundo os parâmetros estabelecidos nesta Portaria:

a) manual de instruções;

b) embalagem;

c) documentação de importação do equipamento (Declaração de Importação ou Certificado de Origem), a fim de resguardar a origem do equipamento.

3.1.1 No caso de emissão de Certificado de Aprovação em que o importador ainda não tenha a documentação de importação do EPI referida neste item, poderá ser apresentada declaração emitida pelo fabricante estrangeiro atestando a origem do equipamento ou fatura comercial com indicação do país de origem da mercadoria.

3.1.2 Em caso de EPI conjugado, cujos dispositivos são fabricados por empresas distintas, o fabricante ou importador deverá apresentar ao laboratório de ensaio declaração emitida, há menos de dois anos, pelo detentor do Certificado de Aprovação do equipamento que será conjugado com o equipamento do requerente, autorizando a utilização do seu dispositivo para a fabricação do equipamento conjugado.

3.1.3 Em caso de adoção de marca comercial como identificação do fabricante ou importador do EPI, deverá ser apresentado o instrumento de propriedade de marca ao laboratório de ensaio ou ao Organismo de Certificação de Produto responsável pela avaliação do EPI.

3.2 Em caso de equipamento importado, o relatório de ensaio e o certificado de conformidade devem identificar o fabricante estrangeiro e o país de origem do equipamento, conforme indicado no respectivo documento de importação.

3.3 O manual de instruções do EPI deve ser elaborado em língua portuguesa e apresentar o conteúdo exigido na norma técnica aplicável ao ensaio do equipamento.

3.3.1 Em caso de ausência de parâmetros para a elaboração do manual de instruções na norma técnica aplicável, o manual de instruções deverá conter:

a) descrição completa do EPI;

b) indicação da proteção que o EPI oferece;

c) instruções sobre o uso, armazenamento, higienização e manutenção corretos;

d) restrições e limitações do equipamento;

e) vida útil ou periodicidade de substituição de todo ou das partes do EPI que sofram deterioração com o uso;

f) acessórios existentes e suas características;

g) forma apropriada para guarda e transporte;

h) declaração do fabricante ou importador de que o equipamento não contém substâncias conhecidas ou suspeitas de provocar danos ao usuário e/ou declaração de presença de substâncias alergênicas;

i) os tempos máximos de uso em função da concentração/intensidade do agente de risco, sempre que tal informação seja necessária para garantir a proteção especificada para o equipamento;

j) incompatibilidade com outros EPIs passíveis de serem usados simultaneamente;

k) possibilidade de alteração das características, da eficácia ou do nível de proteção do EPI quando exposto a determinadas condições ambientais (exposição ao frio, calor, produtos químicos, etc.) ou em função de higienização.

3.4 O relatório de ensaio, emitido por laboratório de ensaio, deve conter, no mínimo:

a) dados do fabricante ou importador com informação de razão social, CNPJ e endereço;

b) em caso de EPI importado, os dados do fabricante estrangeiro do EPI;

c) classificação do equipamento ensaiado, conforme Anexo I da Norma Regulamentadora n. 6 (NR 06);

d) norma técnica de ensaio aplicável;

e) descrição do equipamento ensaiado, elaborada pelo próprio laboratório;

f) indicação dos tamanhos e cores do EPI, conforme ensaios realizados;

g) referência (nome ou código) inequívoca do equipamento informada pelo fabricante ou importador;

h) fotografias nítidas e coloridas do equipamento e do local de marcação das informações obrigatórias do item 6.9.3 da Norma Regulamentadora n. 6 (NR 06);

i) indicação do local de marcação das informações obrigatórias do item 6.9.3 da Norma Regulamentadora n. 6 (NR 06), bem como indicação de avaliação das marcações exigidas pela norma técnica aplicável;

j) indicação de avaliação do item 3.1 deste Anexo, atestando sua conformidade;

k) resultados que expressem todos os valores obtidos para cada amostra do equipamento em todos os ensaios exigidos pela norma aplicável;

l) conclusão que ateste o ensaio da amostra nos termos da norma técnica de ensaio aplicável;

m) data e assinatura do responsável técnico ou do respectivo signatário autorizado.

3.4.1 A conclusão do relatório de ensaio deve, ainda, indicar, quando aplicável, as não conformidades constatadas durante a avaliação do equipamento, inclusive no que tange às marcações referidas na alínea "i".

3.4.2 Para elaboração do relatório de ensaio, além dos demais requisitos legais aplicáveis, os laboratórios devem observar que:

a) a descrição do EPI deve restringir-se à forma construtiva, desenho, matéria-prima, materiais, componentes ou partes do equipamento, não devendo constar características ou adjetivos subjetivos que não possam ser comprovados através de requisitos normativos;

b) o relatório de ensaio deve indicar as cores e tamanhos das amostras ensaiadas, sendo que, se um produto for fabricado em várias cores, todas deverão ser ensaiadas em todos os ensaios previstos na norma aplicável, exceto quando houver disposição contrária específica na norma técnica de ensaio aplicável, no Regulamento de Avaliação da Conformidade ou nos instrumentos legais da Secretaria de Trabalho;

c) não é permitida a transferência resultado de ensaio de uma amostra de equipamento para outras distintas, ainda que fabricadas com o mesmo material ou matéria-prima.

3.5 O Certificado de Conformidade, emitido por Organismo de Certificação de Produtos, com base em ensaio de equipamento para fins de emissão ou renovação de Certificado de Aprovação, deve conter, no mínimo:

a) dados do fabricante ou importador com informação de razão social, CNPJ e endereço;

b) em caso de EPI importado, os dados do fabricante estrangeiro do EPI;

c) classificação do equipamento ensaiado, conforme o respectivo Regulamento de Avaliação da Conformidade vigente;

d) norma técnica de ensaio aplicável;

e) descrição do equipamento ensaiado, elaborada pelo próprio laboratório, com informação de variações de tamanhos e cores, conforme a necessidade de cada EPI;

f) referência (nome ou código) inequívoca do equipamento informada pelo fabricante ou importador;

g) número do contrato e do certificado;

h) data de emissão e data de validade do Certificado;

i) selo de Conformidade do Inmetro;

j) assinatura do responsável técnico ou do respectivo signatário autorizado.

3.5.1 As informações das alíneas "a", "b", "f", "g", "h", bem como a descrição resumida do EPI, deverão ser disponibilizadas no *site* do Inmetro.

3.6 A documentação recebida pelo laboratório de ensaio ou Organismos de Certificação de Produtos, para fins de avaliação de EPI, deverá ser arquivada pelo prazo de dez anos, em meio físico ou digital.

4. DOS REQUISITOS DE MARCAÇÃO

4.1 Todo EPI deverá apresentar, em caracteres indeléveis e bem visíveis, ao longo de sua vida útil, o nome comercial da empresa fabricante, o lote de fabricação e o número do Certificado de Aprovação ou, no caso de EPI importado, o nome do importador, o lote de fabricação e o número do Certificado de Aprovação.

4.1.1 O lote de fabricação deve permitir a rastreabilidade do EPI.

4.2 A data de fabricação do EPI deve ser marcada conforme a norma técnica de ensaio aplicável ou, na ausência de parâmetros, de forma indelével e legível, em cada exemplar ou componente do equipamento.

4.2.1 A data de fabricação do EPI deve expressar, no mínimo, o mês e o ano de fabricação do equipamento.

4.2.2 Se tecnicamente não for possível a marcação em cada EPI, o fabricante ou importador deve disponibilizar essa informação na embalagem do equipamento.

4.3 Para fins desta Portaria, será considerado como nome comercial da empresa a razão social ou o nome fantasia, que conste no Cadastro Nacional da Pessoa Jurídica – CNPJ, emitido pela Receita Federal do Brasil ou, ainda, marca registrada da qual o fabricante ou importador do EPI seja o detentor.

4.4 Os laboratórios de ensaio e os Organismos de Certificação de Produtos devem verificar nas amostras analisadas as marcações obrigatórias previstas nesta Portaria, além daquelas previstas nas normas técnicas de ensaio aplicáveis.

Anexo II

Regulamento Técnico que estabelece os requisitos mínimos de identidade e qualidade para luvas de borracha natural, borracha sintética, mistura de borrachas natural e sintética, e de policloreto de vinila, para proteção contra agentes biológicos, não sujeitas ao regime da Vigilância Sanitária

1. OBJETIVO

1.1. Fixar os requisitos mínimos de identidade e qualidade para as luvas de borracha natural, borracha sintética, mistura de borrachas natural e sintética, e de policloreto de vinila para proteção contra agentes biológicos, não sujeitas ao regime da vigilância sanitária, com a finalidade de garantir um produto seguro e eficaz quanto à finalidade a que se propõem.

2. DEFINIÇÃO

2.1. Para efeito deste Regulamento são adotadas as seguintes definições:

2.2.1. BORRACHA NATURAL OU BORRACHA DE LÁTEX NATURAL: Produto resultante da transformação do látex por meio de coagulação, outros processos e secagem, acrescidos de outros ingredientes.

2.2.2. BORRACHA SINTÉTICA: Produto sintetizado a partir de substâncias químicas e ingredientes, com características semelhantes à borracha de látex natural.

2.2.3. LUVA DE PROTEÇÃO CONTRA AGENTES BIOLÓGICOS: Produto feito de borracha natural, borracha sintética, misturas de borracha natural e sintética, ou de policloreto de vinila, de uso único, para proteção contra agentes biológicos.

2.2.4. LÁTEX DE BORRACHA NATURAL: Produto leitoso, de composição conhecida, extraído da casca do tronco da árvore da seringueira (*Hevea brasiliensis*).

3. CLASSIFICAÇÃO

As luvas de borracha natural, de borracha sintética, de mistura de borrachas natural e sintética, e de policloreto de vinila para proteção contra agentes biológicos podem ser classificadas em:

3.1. Quanto à matéria-prima: as luvas podem ser:

Tipo 1: de borracha natural;

Tipo 2: de borracha(s) sintética(s) e mistura de borracha natural e sintética(s);

Tipo 3: de policloreto de vinila.

As luvas de borracha(s) sintética(s) e de policloreto de vinila devem ser isenta(s) de borracha natural.

3.2. Quanto à superfície: as luvas podem ser texturizadas e antiderrapantes, em partes ou na sua totalidade ou lisas.

3.3. Quanto ao formato: no formato de uma palma da mão aberta (ambidestra) ou no formato anatômico.

3.4. Quanto à esterilização: não estéreis.

3.5. Quanto ao uso de pó ou outro lubrificante: quando houver pó ou quando não houver pó.

4. DESIGNAÇÃO

4.1. A designação das luvas será: "LUVA DE PROTEÇÃO CONTRA AGENTES BIOLÓGICOS" seguida das expressões definidas no item 3 – Classificação.

5. REFERÊNCIAS

5.1. BRASIL, Lei n. 8.078, de 11 de setembro de 1990, Código de Defesa do Consumidor, Diário Oficial da União, Brasília, DF, 12 set, 1990, Suplemento.

5.2. BRASIL, Associação Brasileira de Normas Técnicas – ABNT, NBR n. 5426 – Planos de Amostragem e Procedimentos na Inspeção por Atributos, 1985.

5.3. BRASIL, Associação Brasileira de Normas Técnicas – ABNT, NBR ISO n. 11193-1 – Luva para Exame Médico de uso Único, Parte1: Especificação para luvas produzidas de látex de borracha ou solução de borracha, de 15 de fevereiro de 2009.

5.4. ISO 11193-2 "Single-use medical examination gloves, Part 2: Specification for gloves made from poly (vinylchloride), 2006.11.01".

5.5. ISO 37/2005 Corregenda 1:2008 – "Rubber, vulcanize or thermoplastic – Determination of tensile stress-strain properties".

5.6. Norma Regulamentadora n. 6 (NR 06) Equipamento de Proteção Individual – EPI, aprovada pela Portaria n. 3.214, de 08 de junho de 1978.

6. PRINCÍPIOS GERAIS

6.1. A utilização de luvas de borracha natural, de borracha sintética, de mistura de borrachas natural e sintética, e de policloreto de vinila para proteção contra agentes biológicos não deve trazer risco ao usuário.

6.2. As luvas de borracha natural, de borracha sintética, de mistura de borrachas natural e sintética, e de policloreto de vinila para proteção contra agentes biológicos devem:

a) estar isentas de contaminantes que possam causar riscos à saúde humana;

b) ser avaliadas previamente quanto à segurança para uso em contato com a pele humana;

c) usar somente os aditivos ou substâncias com a função de aromatizar ou colorir, permitidos pela Farmacopeia Brasileira ou outra referência internacional equivalente.

6.3. As luvas contendo borracha de látex natural devem ser submetidas a operações e processamentos que garantam a redução do conteúdo de proteínas.

7. AMOSTRAGEM E SELEÇÃO DE AMOSTRAS PARA ENSAIO

7.1. Amostragem

As luvas de borracha natural, de borracha sintética, de mistura de borrachas natural e sintética, e de policloreto de vinila para proteção contra agentes biológicos devem ser amostradas e inspecionadas de acordo com a Norma ABNT NBR 5426. Os níveis de inspeção e níveis de qualidade aceitáveis -NQA devem estar de acordo com os especificados na Tabela 1.

Tabela 1

Níveis de Inspeção e níveis de qualidade aceitáveis – NQA

Requisitos Físicos	**Luva de proteção contra agentes biológicos**	
	Nível de Inspeção	**NQA**
Dimensões físicas (largura, comprimento, espessura)	S-2	4,0
Impermeabilidade (presença de furos)	S-4	0,65
Força na ruptura e alongamento na ruptura (antes e depois do envelhecimento acelerado)	S-2	4,0
Verificação da embalagem e rotulagem (Ausência de informações)	S-2	4,0

Nota: No caso de o(s) lote(s) estiver (em) sob suspeita ou houver denúncias de irregularidades, a Secretaria do Trabalho poderá exigir níveis mais rigorosos de inspeção.

7.2. Seleção de amostras para ensaio

As amostras para ensaio devem ser retiradas da palma ou dorso da luva.

8. REQUISÍTOS MÍNIMOS

As luvas de borracha natural, borracha sintética, de mistura de borrachas natural e sintética, e de policloreto de vinila para proteção contra agentes biológicos, devem atender ao disposto neste Regulamento Técnico para os seguintes requisitos de desempenho.

8.1. ENSAIOS FÍSICOS

8.1.1. Ensaios de dimensão (comprimento, largura e espessura)

As dimensões da luva de proteção contra agentes biológicos devem seguir o estabelecido nas Tabelas 2 e 3, quando ensaiadas de acordo com as Normas aplicadas ao produto.

Legislação Complementar

Tabela 2
Dimensões e Tolerâncias – Luva Tipos 1 e 2
Dimensões em milímetros

Código de tamanho	Largura correspondente ao código de tamanho (Fig. A.1)	Tamanho Nominal	Largura correspondente ao tamanho nominal (Fig. A.1)	Comprimento mínimo (Fig. A.1)	Espessura mínima (Fig. A.2)	Espessura máxima (Fig. A.2)
≤ 6,0	≤ 82	Extrapequeno (XP-PP)	≤ 80	220	Área lisa: 0,08	Área lisa: 2,00
6,5	83 ± 5	Pequeno (P)	80 ± 10	220		
7,0	89 ± 5	Médio (M)	95 ± 10	230		
7,5	95 ± 5			230		
8,0	102 ± 6	Grande (G)	110 ± 10	230	Área com textura: 0,11	Área com textura: 2,03
8,5	109 ± 6			230		
≥ 9,0	≥ 110	Extragrande (XG-GG)	≥ 110	230		

Tabela 3
Dimensões e Tolerâncias – Luva Tipo 3
Dimensões em milímetros

Código de tamanho	**Largura correspondente ao código de tamanho (Fig. A.1)**	**Tamanho Nominal**	**Largura correspondente ao tamanho nominal (Fig. A.1)**	**Comprimento mínimo (Fig. A.1)**	**Espessura mínima (Fig. A.2)**	**Espessura máxima (Fig. A.2)**
≤ 6,0	≤ 82	Extrapequeno (XP-PP)	≤ 80	220	Área lisa: 0,08	Área lisa: 0,22
6,5	83 ± 5	Pequeno (P)	80 ± 10	220		
7,0	89 ± 5	Médio (M)	95 ± 10	230		
7,5	95 ± 5			230		
8,0	102 ± 6	Grande (G)	110 ± 10	230	Área com textura: 0,11	Área com textura: 0,23
8,5	109 ± 6			230		
≥ 9,0	≥ 110	Extragrande (XG-GG)	≥ 110	230		

8.1.2. Ensaios de tração (antes e após envelhecimento em estufa):

As propriedades mecânicas das luvas de proteção contra agentes biológicos devem seguir o estabelecido na Tabela 4, quando ensaiadas de acordo com as Normas aplicadas ao produto.

Tabela 4
Propriedades de Tração

Propriedades	Requisitos		
	Luva Tipo 1	**Luva Tipo 2**	**Luva Tipo 3**
Força mínima na ruptura, antes do envelhecimento acelerado (N)	7,0	7,0	7,0
Alongamento mínimo na ruptura, antes do envelhecimento acelerado (%)	650	500	350
Força mínima na ruptura, depois do envelhecimento acelerado (N)	6,0	7,0	7,0
Alongamento mínimo na ruptura, depois do envelhecimento acelerado (%)	500	400	350

8.1.3. Ensaio de impermeabilidade

Quando as luvas de proteção contra agentes biológicos são ensaiadas com relação à impermeabilidade, conforme descrito na Norma aplicada ao produto, o tamanho de amostra e o número permissível de luvas não-conformes (vazando) na amostra devem ser determinados de acordo com o nível de inspeção e nível de qualidade – NQA mostrados na Tabela 1.

8.2 ROTULAGEM E EMBALAGEM

8.2.1 A rotulagem das embalagens das luvas de borracha natural, de borracha sintética, de mistura de borrachas natural e sintética, e de policloreto de vinila para proteção contra agentes biológicos deve:

a) atender ao disposto na Norma aplicada ao produto;

b) apresentar no rótulo em destaque e legível a seguinte expressão: "PROIBIDO REPROCESSAR".

8.3.2 As luvas de proteção contra agentes biológicos que contenham borracha de látex natural em qualquer proporção devem apresentar no rótulo de sua embalagem, em destaque e legível, a seguinte advertência: "ESTE PRODUTO CONTÉM LÁTEX DE BORRACHA NATURAL, SEU USO PODE CAUSAR REAÇÕES ALÉRGICAS EM PESSOAS SENSÍVEIS AO LÁTEX".

8.3.3 As luvas de proteção contra agentes biológicos fabricadas com policloreto de vinila devem apresentar no rótulo de sua embalagem, em destaque e legível, a seguinte advertência: "ESTE PRODUTO POSSUI MENOR RESISTÊNCIA AO ALONGAMENTO QUE AQUELES FABRICADOS COM BORRACHA NATURAL, COM BORRACHA SINTÉTICA, OU COM MISTURA DE BORRACHAS NATURAL E SINTÉTICA".

8.3.4 As luvas de proteção contra agentes biológicos devem conter na embalagem especificações sobre quaisquer efeitos secundários de danos à saúde provocados ou causados pelo uso do equipamento, como, alergias, inflamações e outros.

9. REQUISITOS GERAIS

9.1 As luvas de borracha natural, de borracha sintética, de mistura de borrachas natural e sintética, e de policloreto de vinila para proteção contra agentes biológicos devem ser processadas, embaladas, armazenadas e transportadas em condições que não produzam, desenvolvam e agreguem substâncias físicas, químicas ou biológicas que coloquem em risco a saúde do usuário.

9.2 As luvas de borracha natural, de borracha sintética, de mistura de borrachas natural e sintética, e de policloreto de vinila para proteção contra agentes biológicos devem ser identificadas por tamanho, de acordo com o estabelecido neste Regulamento Técnico.

9.3 Os métodos de ensaio para certificação são aqueles citados neste Regulamento Técnico, aplicáveis às luvas de borracha natural, de borracha sintética, de mistura de borrachas natural e sintética, e de policloreto de vinila para proteção contra agentes biológicos.

9.4 As luvas de proteção contra agentes biológicos devem apresentar, em caracteres bem visíveis, o nome comercial da empresa fabricante, o lote de fabricação e o número do Certificado de Aprovação ou, no caso de equipamento importado, o nome do importador, o lote de fabricação e o número do Certificado de Aprovação, conforme o subitem 6.9.3 da NR-06.

10. ARMAZENAMENTO

10.1 As luvas de borracha natural, de borracha sintética, de mistura de borrachas natural e sintética, e de policloreto de vinila para proteção contra agentes biológicos devem ser armazenadas e transportadas em condições que evitem a possibilidade de afetar sua integridade, em especial o calor, a umidade e a luz.

Anexo A
Ensaios de Dimensão (Comprimento, Largura e Espessura)

A.1. DETERMINAÇÃO DA LARGURA:

A.1.1 INSTRUMENTO

Escala metálica graduada em milímetros.

A.1.2. PROCEDIMENTO

Quando medido nos pontos mostrados na Figura A.1, a medida da largura da luva deve ser realizada no ponto central entre a base do dedo indicador e a base do dedo polegar. A medida de largura deverá ser tomada com a luva colocada em uma superfície plana.

A.2. DETERMINAÇÃO DO COMPRIMENTO

Legislação Complementar

A.2.1 INSTRUMENTO

Escala metálica graduada em milímetros.

A.2.2. PROCEDIMENTO

Quando medido nos pontos mostrados na Figura A.1, a medida do comprimento da luva deve ser a menor distância entre a ponta do segundo dedo e a terminação do punho. A medida de comprimento pode ser tomada pendurando a luva em um mandril apropriado com um raio de ponta de 5 mm.

Figura A.1: Pontos de medição para a largura e o comprimento

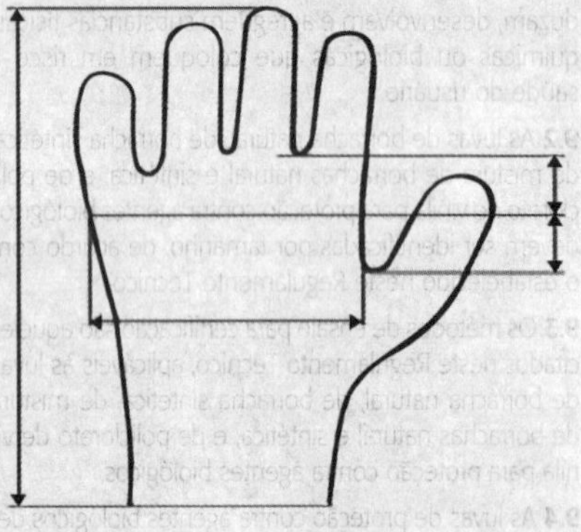

A.3. DETERMINAÇÃO DA ESPESSURA:

A.3.1 INSTRUMENTO

Medidor de espessura analógico ou digital, com resolução mínima de 0,001 mm, com pé de medição com base reta circular e diâmetro entre 3 mm e 10 mm, e pressão exercida sobre o corpo-de-prova com força de contato de 22 kPa ± 5 kPa.

A.3.2. PROCEDIMENTO

A espessura da parede dupla de uma luva intacta deverá ser medida com um medidor de espessura capaz de garantir uma pressão no pé de medição de 22 kPa ± 5 kPa. A espessura deve ser medida em cada um dos locais mostrados na Figura 2: um ponto de 13 mm ± 3 mm da ponta do segundo dedo e outro ponto no centro aproximado da palma.

A espessura de parede única em cada ponto deverá ser reportada como a metade da espessura de parede dupla medida e deverá estar de acordo com as dimensões mostradas nas Tabelas 2 ou 3, usando o nível de inspeção e o nível de qualidade – NQA mostrados na Tabela 1.

Se a inspeção visual indicar a presença de pontos finos, então as medições de espessura de parede única devem ser efetuadas em tais áreas. A espessura na área lisa e na área texturizada de uma parede única, quando medido conforme descrito neste item, não deverá ser menor que 0,08 mm e 0,11 mm, respectivamente.

Nota: Convém que a espessura da terminação do punho (bainha), medida de acordo com esse Regulamento, de preferência, não exceda a 2,50 mm.

Figura A.2 - Pontos de medição para espessura da luva

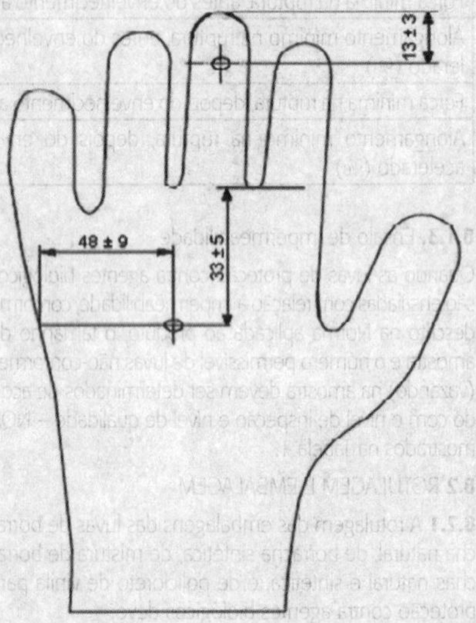

Nota: A distância de 48 mm ± 9 mm localiza o centro aproximado da palma para luvas de tamanhos diferentes.

Anexo B

Determinação das Propriedades Mecânicas

B.1 FORÇA NA RUPTURA E ALONGAMENTO NA RUPTURA ANTES DO ENVELHECIMENTO

B.1.1 APARELHAGEM

B.1.1.1 Máquina universal de tração com capacidade para produzir um deslocamento uniforme entre as garras de 500 mm/min, para uma distância de aproximadamente 750 mm. A máquina de ensaio deve ter um dinamômetro apropriado e um dispositivo para indicar e registrar a força aplicada.

B.1.1.2 Medidor de espessura para medição, conforme descrito em A.3.1.

B.1.1.3 Matriz para preparação do corpo-de-prova com forma e dimensões conforme Tabela B.1.

B.1.1.4 Garras para fixação do corpo-de-prova que devem fixar e exercer uma pressão uniforme ao longo de toda a superfície de fixação, para evitar deslizamentos e favorecer desvios a cada incremento de tensão na seção reduzida do corpo-de-prova. Garras pneumáticas com pressão constantes também são satisfatórias. Na extremidade de cada garra é recomendado um dispositivo que permita a fixação do corpo-de-prova na mesma profundidade e alinhamento com a direção de tração.

B.1.1.5 Marcação para leitura: são as duas marcas situadas no corpo-de-prova e utilizadas para medir o alongamento. A marcação para leitura deve ter duas marcas retas paralelas sobre a superfície lisa do corpo-de-prova e no mesmo plano. As superfícies devem ter entre 0,05 mm e 0,08 mm de largura e comprimento mínimo de 15 mm. O ângulo entre as superfícies de marcação e as laterais deve ser de pelo menos 75°. A distância entre os centros das superfícies de marcação deve estar dentro da tolerância de 1% da distância requerida.

Nota: Se for usado um extensômetro automático para medição do alongamento, a marcação para leitura é desnecessária.

Tabela B.1

Dimensões da matriz para preparação do corpo-de-prova (dimensões em milímetros)

Dimensões	Medidas (mm)	
A	Comprimento mínimo*	75
B	Largura da extremidade	12,5 ± 1,0
C	Comprimento na porção mais estreita	25,0 ± 1,0
D	Largura na porção mais estreita	4,0 ± 0,1
E	Raio externo de transição	8,0 ± 0,5
F	Raio interno de transição	12,5 ± 1,0
(*) Um maior comprimento total pode ser necessário para garantir um amplo paralelismo com as garras da máquina, para evitar a formação de "pontos de ruptura"		

B.1.2 PREPARAÇÃO DO CORPO-DE-PROVA

B.1.2.1 As seções obtidas para ensaio devem estar livres de superfícies rugosas ou texturizadas, bem como de revestimento interno ou camadas.

B.1.2.2 Todo corpo-de-prova deve ser cortado no sentido do comprimento, paralelo à estrutura e ao sentido de imersão, a uma distância de 75 mm a 85 mm, a partir da extremidade aberta da luva.

Nota: No caso das luvas com superfície texturizada na região do corte, os corpos-de-prova devem ser obtidos de qualquer área não texturizada.

B.1.2.3. Os corpos-de-prova devem ser cortados com um único golpe de matriz para garantir uma superfície de corte lisa e uniforme.

B.1.2.4 A marcação para leitura deve ser feita na seção reduzida do corpo-de-prova, equidistante do centro e perpendicular ao eixo longitudinal. A distância entre os centros das marcas deve ser de 20,00 mm ± 0,5 mm.

B.1.2.5 Três medições devem ser efetuadas para determinação da espessura, uma no centro e uma em cada extremidade da seção reduzida do corpo-de-prova. A mediana das três determinações deve ser usada como a espessura no cálculo da área da seção transversal. Corpos-de-prova com diferenças entre as leituras máxima e mínima que excedam 0,08 mm devem ser descartados. A largura do corpo-de-prova deve ser tomada como a distância perpendicular entre as extremidades cortantes da seção reduzida da matriz para preparação do corpo-de-prova.

B.1.3 PROCEDIMENTO

B.1.3.1 Fixar o corpo-de-prova na garra conectada à máquina universal de tração e, cuidadosamente, ajustá-lo simetricamente para distribuir a tensão uniformemente sobre a seção transversal.

B.1.3.2 Iniciar o ensaio e observar a distância entre as duas marcações para leitura, tomando cuidado para evitar paralaxe.

B.1.3.3 Tomar três amostras para ensaio de cada luva, e usar o valor mediano como resultado do ensaio. As amostras para ensaio devem ser tiradas da palma ou do dorso das luvas.

Nota: A determinação também pode ser efetuada com o uso de um extensômetro ou de um registrador gráfico.

B.1.4 EXPRESSÃO DOS RESULTADOS

B.1.4.1 Força na ruptura:

Onde:

T = tensão de ruptura;

F = força de tração requerida até a ruptura;

A = área da seção transversal do corpo-de-prova;

A = e. l

Onde:

e = mediana das três determinações da espessura do corpo-de-prova;

l = distância perpendicular entre as extremidades cortantes da seção reduzida da matriz.

B.1.4.2 Alongamento na ruptura:

$$Al = \frac{100 \times (D - D_0)}{D_0}$$

Onde:

Al = alongamento de ruptura

D = distância entre as marcações para leitura na ruptura;

D_0 = distância entre as marcações para leitura

B.2 FORÇA DE RUPTURA E ALONGAMENTO DE RUPTURA APÓS O ENVELHECIMENTO

B.2.1 APARELHAGEM

B.2.1.1 Estufa com circulação de ar forçada que apresente as seguintes dimensões internas ou volumes equivalentes:

a) mínimo – 300 mm x 300 mm x 300 mm

b) máximo – 900 mm x 900 mm x 900 mm

B.2.1.2 Termômetro registrador acoplado à parte central superior da câmara próximo ao centro dos corpos-de-prova em processo de envelhecimento, para registrar a temperatura real do ensaio.

B.2.1.3 Aparelhagem especificada em B.1.1.

B.2.2 PREPARAÇÃO DAS AMOSTRAS E DOS CORPOS-DE-PROVA

As amostras para ensaio podem ser preparadas tanto por envelhecimento das luvas a uma temperatura 70° C ± 2° C por 168 h ± 2 h e cortando as amostras para ensaio das luvas envelhecidas, ou cortando as amostras para ensaio das luvas não envelhecidas e envelhecendo as amostras para ensaio, a uma temperatura da estufa 70° C ± 2° C por 168 h ± 2 h.

B.2.3 PROCEDIMENTO

Determinar a força na ruptura e o alongamento na ruptura, após o envelhecimento, conforme B.1.3.

B.2.4 EXPRESSÃO DOS RESULTADOS

Calcular a força na ruptura e o alongamento na ruptura conforme B.1.4.

Anexo C

Impermeabilidade

Ensaio por Adição de Água

C.1 APARELHAGEM

C.1.1 Mandril circular vazado com diâmetro nominal externo mínimo de 60 mm e comprimento adequado para manter a luva presa e que permita adicionar 1000 mL de água, conforme Figura C.1.

C.1.2 Dispositivo de retenção projetado para manter a luva na posição vertical quando cheio com água, conforme Figura C.2.

C.1.3 Cilindro graduado com capacidade de pelo menos 1000 mL, ou outro aparelho de distribuição capaz de fornecer 1000 mL de cada vez.

Dimensões em milímetros

Figura C.1: Mandril

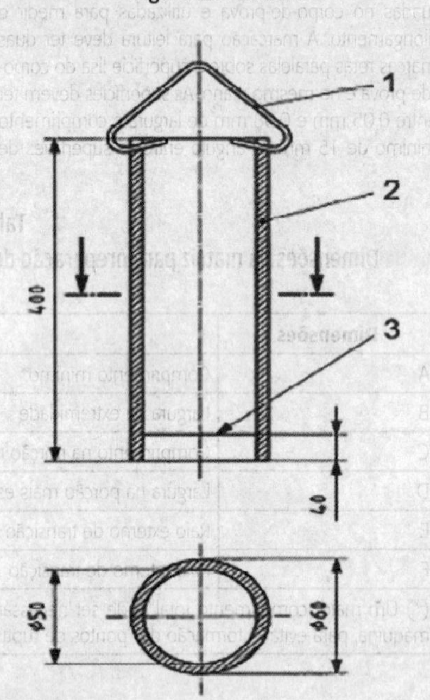

1. Gancho
2. Cilindro
3. Linha traçada dentro da superfície da parede

Figura C.2: Dispositivo de retenção

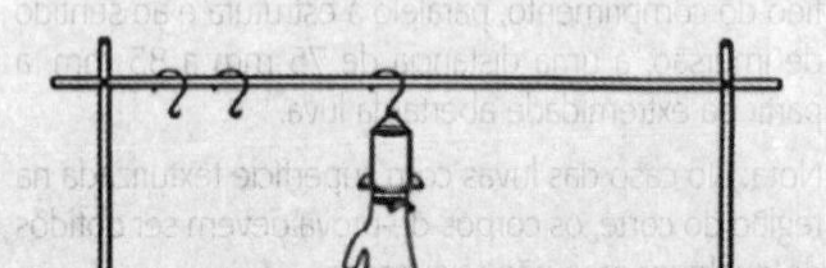

C.2 PROCEDIMENTO

C.2.1 Prender a luva no mandril circular oco por um dispositivo apropriado, por exemplo um anel O-ring, de forma que a luva não ultrapasse mais de 40 mm sobre o mandril.

C.2.2 Introduzir 1000 mL ± 50 mL de água em uma temperatura máxima de 36° C no mandril. Remover a água que inadvertidamente espirrou sobre o exterior da luva. Se a água não completar a luva até os 40 mm da extremidade do punho, levantar a luva para assegurar que a luva inteira, excluindo a parte de 40 mm da extremidade do punho, seja ensaiada. Observar qualquer vazamento imediatamente evidente. Se a luva não vazar imediatamente, fazer uma segunda observação de vazamentos entre 2 min a 4 min depois de despejar a água na luva. Desconsiderar o vazamento nos 40 mm da extremidade do punho. Para ajudar na observação, a água pode ser colorida com uma tintura solúvel em água.

Anexo D
Rotulagem e Embalagem

Requisitos de embalagem e rotulagem	
Embalagem para luvas não estéreis	**Embalagem para transporte***
a) tamanho;	a) tamanho;
b) nome e tipo do produto;	b) nome e tipo do produto;
c) origem do produto, informando o nome e endereço do fabricante e do importador, quando for o caso;	c) origem do produto, informando o nome e endereço do fabricante e do importador, quando for o caso;
d) quantidade;	d) quantidade;
e) n. do lote de fabricação;	e) n. do lote de fabricação;
f) prazo de validade;	f) prazo de validade;
g) mês e ano de fabricação;	g) mês e ano de fabricação;
h) características do produto (liso ou texturizado, com ou sem pó, anatômico, outros);	h) características do produto (liso ou texturizado, com ou sem pó, anatômico, outros);
i) marca;	i) marca;
j) selo de identificação da conformidade;	j) selo de identificação da conformidade;
l) os dizeres:	l) os dizeres:
"ESTE PRODUTO CONTÉM LÁTEX DE BORRACHA NATURAL. SEU USO PODE CAUSAR REAÇÕES ALÉRGICAS EM PESSOAS SENSÍVEIS AO LÁTEX"; quando houver a presença de látex de borracha natural. "PROTEJA ESTE PRODUTO DO CALOR, UMIDADE E DA LUZ" "PROIBIDO REPROCESSAR"; "ESTE PRODUTO POSSUI MENOR RESISTÊNCIA AO ALONGAMENTO QUE AQUELES FABRICADOS COM BORRACHA NATURAL, COM BORRACHA SINTÉTICA, OU COM MISTURA DE BORRACHAS NATURAL E SINTÉTICA"; quando fabricados com policloreto de vinila.	"ESTE PRODUTO CONTÉM LÁTEX DE BORRACHA NATURAL. SEU USO PODE CAUSAR REAÇÕES ALÉRGICAS EM PESSOAS SENSÍVEIS AO LÁTEX", quando houver a presença de látex de borracha natural. "PROTEJA ESTE PRODUTO DO CALOR, UMIDADE E DA LUZ" "ESTE PRODUTO POSSUI MENOR RESISTÊNCIA AO ALONGAMENTO QUE AQUELES FABRICADOS COM BORRACHA NATURAL, COM BORRACHA SINTÉTICA, OU COM MISTURA DE BORRACHAS NATURAL E SINTÉTICA"; quando fabricados com policloreto de vinila.
m) nº do CA;	m) nº do CA;
n) nº de telefone para atendimento ao consumidor;	n) nº de telefone para atendimento ao consumidor;
o) responsável técnico e inscrição no Conselho Regional de Classe	o) demais requisitos legais.
p) demais requisitos legais.	

(*) Quando as embalagens de transporte forem coletadas no comércio pode ser analisado apenas o *layout* das mesmas.

Anexo III
Regulamento Técnico que Estabelece os Requisitos Mínimos de Identidade e Desempenho Aplicável a Luvas de Segurança Utilizadas na Atividade de Corte Manual de Cana-de-Açúcar

INTRODUÇÃO

Este Regulamento foi concebido para estabelecer requisitos e métodos de ensaios para as luvas de proteção utilizadas na atividade de corte manual de cana-de-açúcar, devido ainda não existir normatização específica para esse produto.

Atualmente estão sendo utilizadas para a certificação desses produtos as normas europeias EN 420 (Requisitos gerais para luvas de proteção) e EN 388 (Luvas de proteção contra riscos mecânicos).

Tais normas estabelecem níveis de desempenho para alguns requisitos mecânicos, tais como abrasão, corte, rasgamento e perfuração. No entanto, esses níveis são baseados nos resultados alcançados pelos ensaios nas luvas, não se estabelecendo requisitos mínimos para cada um dos parâmetros ensaiados. Além disso, existem características próprias da atividade que exigem outros requisitos que são objeto deste Regulamento Técnico.

Nesta primeira versão não foi possível estabelecer todos os requisitos pertinentes à atividade do corte de cana-de-açúcar em razão da falta de normas ou procedimentos específicos para alguns tipos de ensaios. Existem fatores que ainda demandam estudos para o estabelecimento de requisitos técnicos, tais como a proteção contra um eventual corte por impacto, a influência do ambiente de trabalho, com presença do melaço de cana, poeira, fuligem, e a influência do processo de lavagem da luva após a jornada de trabalho sobre seu desempenho e durabilidade. Estes assuntos são citados no Anexo A (Informativo), que também possui outras recomendações e esclarecimentos aos fabricantes e/ou importadores e usuários.

O texto deste Regulamento Técnico poderá ser aproveitado em fóruns de normalização, como a Associação Brasileira de Normas Técnicas-ABNT, onde participam todos os atores da comunidade envolvida (fabricantes, empregadores, usuários, laboratórios, instituições e outros interessados), visando ao desenvolvimento de norma técnica para luva utilizada em corte manual de cana-de-açúcar.

1. OBJETIVO

Fixar os requisitos mínimos de identidade e desempenho para as luvas utilizadas na atividade de corte manual de cana-de-açúcar, identificando os aspectos relevantes para a concepção e construção das luvas de proteção, resistência dos materiais utilizados, inocuidade, marcação e informação a ser fornecida pelo fabricante e/ou importador, com a finalidade de garantir um produto seguro e eficaz quanto à finalidade a que se propõe.

2. DEFINIÇÃO

Para efeito deste Regulamento são adotadas as seguintes definições:

Figura 1: Definição de mão, dorso e palma

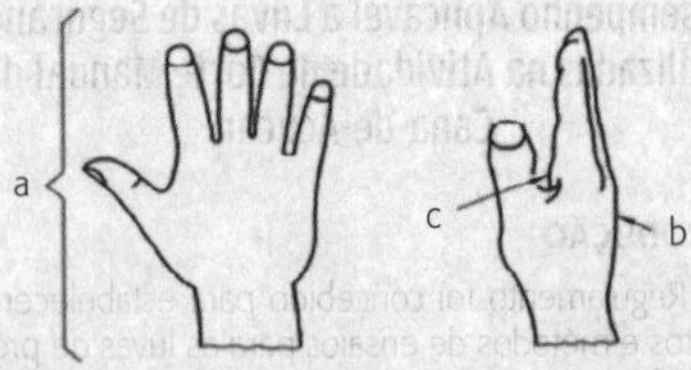

Legenda: a) Mão b) Dorso c) Palma

MÃO

Parte do corpo desde a ponta do dedo médio até o pulso.

LUVA DE PROTEÇÃO

Equipamento de Proteção Individual – EPI com características que buscam conferir proteção à mão do usuário contra riscos existentes durante a atividade que executa e dos que possam advir de acidentes ou minimizar a ação nociva de agentes externos durante o uso. Pode, adicionalmente, proteger parte do antebraço e braço.

LUVA DE PROTEÇÃO PARA CORTE MANUAL DE CANA-DE-AÇÚCAR

Luva com características que visam à proteção contra riscos existentes na atividade específica de corte manual da cana-de-açúcar e que atende a todos os requisitos deste Regulamento Técnico.

PALMA DA LUVA

Parte da luva que cobre a palma da mão, isto é, desde o pulso até a base dos dedos.

DORSO DA LUVA

Parte da luva que cobre o dorso da mão, isto é, desde o pulso até a base dos dedos.

COURO

Couro ou pele curtida contra o apodrecimento.

DESTREZA

Habilidade de manuseio para executar uma tarefa.

RISCO

Probabilidade de uma situação causar algum dano à saúde do corpo humano.

NÍVEL DE DESEMPENHO

Número que designa um valor dentro de uma faixa para determinar o desempenho da luva, que é estabelecido conforme resultado de ensaio técnico. O nível de desempenho é fixado pelo resultado do ensaio correspondente, realizando-se este de acordo com a norma específica. Um valor maior corresponde a um melhor desempenho.

Os níveis de desempenho são baseados em ensaios realizados em laboratório e podem não refletir necessariamente as condições do local de trabalho.

3. REFERÊNCIAS

Os documentos relacionados a seguir são indispensáveis à aplicação deste documento. Para as referências datadas, aplicam-se somente as edições citadas. Para referências não datadas, aplicam-se as edições mais recentes do referido documento, incluindo as emendas existentes.

3.1 EN 388:2003, Gloves against mechanical risks.

3.2 EN 420, General requirements for gloves.

3.3 EN ISO 12947-1, Textiles – Determination of the abrasion resistance of fabrics by the Martindale method – Part 1: Martindale abrasion testing apparatus (ISO 12947-1:1998).

3.4 EN ISO 13997, Protective clothing – Mechanical properties – Determination of resistance to cutting by sharp objects (ISO 13997:1999).

3.5 ISO 17075, Leather – Chemical tests – Determination of chromium (VI) content.

3.6 ISO 4045, Leather – Determination of pH.

3.7 Norma Regulamentadora n. 6 (NR 06). Equipamento de Proteção Individual – EPI.

4. REQUISITOS GERAIS – DESENHO DA LUVA

4.1 Desenho e construção da luva – Geral

4.1.1 A luva de proteção deve ser projetada e fabricada de modo que, nas condições previsíveis de uso a que se destina, o usuário possa realizar a atividade de maneira normal, enquanto desfruta de apropriado nível de proteção.

4.1.2 O uso da luva não deve forçar o trabalhador a fazer esforços adicionais para segurar o objeto que ele manipula, a fim de evitar o surgimento de dor, desconforto e até mesmo problemas musculoesqueléticos.

4.1.3 A luva da mão da cana deve apresentar os níveis de desempenho mínimos estabelecidos neste Regulamento para o material do dorso da luva, quanto à resistência ao corte estabelecida no item 10 deste Regulamento Técnico.

4.2 Cuidados com costuras, material sobressalente e uso de materiais duros

4.2.1 A luva não deve ter costuras externas ou material sobressalente na palma da mão, de forma a não dificultar o manuseio do facão, da cana ou outros objetos. As luvas que possuírem pigmentos ou materiais injetados na palma da mão, para aumentar a aderência com o material manipulado, não devem exigir do trabalhador esforços adicionais para segurar o material que ele manipula.

4.2.2 A luva deve ter acabamento de costuras internas de forma que não existam protuberâncias que lesionem as mãos. Quando utilizado o couro, este deve apresentar chanfração zero, ou seja, chanfros que apresentem ângulos que proporcionem espessura zero nas bordas.

4.2.3 Devem-se ter cuidados especiais com a utilização de materiais duros, como os elastoméricos, poliméricos e metais, tais como fios de aço, cabos de aço, arame, ilhoses e outros, que normalmente são utilizados para proteger contra o impacto do facão. Os metais utilizados não devem impedir ou dificultar o movimento da mão e dos dedos. Quando a luva, em sua construção original, possuir estes materiais, no caso de desgaste ou desprendimento destes, a luva deve ser substituída de imediato.

4.2.4 Os materiais duros, quando existentes, além de não dificultar o movimento, deverão ser firmemente anexados à luva, de tal forma que não se soltem durante o uso. A forma como são presos também não deverá permitir que arestas, pontas ou bordas penetrem ou machuquem a mão do usuário quando a luva for flexionada durante o uso. Quando a luva, em sua construção original, possuir estes materiais, no caso de desgaste ou desprendimento destes, a luva deve ser substituída de imediato.

4.3 Identificação da luva da mão da cana e da mão do facão

4.3.1 Na atividade de corte de cana-de-açúcar as funções das mãos esquerda e direita são diferentes. A tabela 1 apresenta as funções das mãos esquerda e direita para pessoas destras e canhotas.

Tabela 1

Funções das mãos

	Destro	Canhoto
Mão direita	Segura o facão – Mão do facão	Segura a cana – Mão da cana
Mão esquerda	Segura a cana – Mão da cana	Segura o facão – Mão do facão

4.3.2 O desenho e os materiais utilizados para fabricação das luvas podem ser iguais para as duas mãos. Podem também existir luvas ambidestras, ou seja, a face palmar é igual ao dorso e a luva é plana, não anatômica. Nesse modelo as luvas podem ser utilizadas tanto na mão esquerda quanto na mão direita, não havendo a necessidade de identificar qual a luva para a mão do facão e qual a luva para a mão da cana.

4.3.3 Podem existir modelos de luvas que levam em consideração as diferentes funções das mãos esquerda e direita. Assim, se a concepção do desenho e/ou materiais utilizados forem diferentes para as mãos esquerda e direita, o fabricante e/ou importador deve disponibilizar duas formas de fornecimento para esses modelos de luvas, devendo identificar cada peça da luva de acordo com a Tabela 2, abaixo. A identificação deverá ser aplicada no dorso ou na etiqueta da luva, de forma indelével e legível, com a utilização, no mínimo, da fonte arial, tamanho 12. A identificação, preferencialmente, deverá ser colocada junto à numeração da luva, como, por exemplo, uma luva tamanho 9 , mão do facão para canhoto: "9 FC".

Tabela 2

Formas de disponibilização e de identificação das luvas de diferentes concepções de desenho

Luva para destro		Luva para canhoto	
Função da mão	Identificação	Função da mão	Identificação
Luva do facão – mão direta	"F" ou "Facão"	Luva do facão – mão esquerda	"FC" ou "Facão –Canhoto"
Luva da cana – mão esquerda	"C" ou "Cana"	Luva da cana – mão direita	"CC" ou "Cana – Canhoto"

4.4 Designação de tamanhos

4.4.1 O fabricante e/ou importador da luva de proteção deve considerar que a população usuária das luvas de proteção para corte de cana-de-açúcar é composta de homens e mulheres de diferentes tamanhos de mãos, devendo, portanto, disponibilizar ao menos os tamanhos de luvas identificados na Tabela 3, que são do tamanho seis ao onze. Outros tamanhos, como, por exemplo, a utilização de meio-pontos, também poderão ser disponibilizados.

4.4.2 O tamanho da luva é determinado em função do tamanho da mão. O fabricante é quem deverá designar o tamanho da luva e considerar os materiais utilizados para a fabricação. Não existem dimensões pré-determinadas das luvas em função do tamanho, somente o comprimento total mínimo é estabelecido. Se a luva for fabricada, por

Legislação Complementar

exemplo, com um material com elasticidade, a dimensão da luva será menor do que outra do mesmo tamanho de um material que não possui elasticidade.

4.4.3 Este Regulamento Técnico aborda no Anexo A – Informativo – aspectos que podem ser considerados pelas empresas na compra de um lote de luvas de proteção.

4.4.4 Para a medição do tamanho das mãos, são consideradas duas medidas principais, conforme estabelecido no subitem 14.4, quais sejam: a) circunferência da mão e b) comprimento, ou seja, a distância entre o pulso e a ponta do dedo médio. Na Tabela 3 estão definidos seis tamanhos de mão, de acordo com estudos antropométricos efetuados em diferentes países. Os meios tamanhos podem ser obtidos por interpolação entre os tamanhos inteiros.

Tabela 3
Tamanho da mão

Tamanho da mão[1]	Circunferência da mão (mm)	Comprimento (mm)
6	152	160
7	178	171
8	203	182
9	229	192
10	254	204
11	279	215

[1]Este código é a especificação convencional do tamanho da mão, correspondendo à circunferência da mão expressa em polegadas.
O tamanho exato da mão será:
– Se for medida em milímetros: Tamanho = Circunferência da mão ÷ 25,4
– Se for medida em centímetros: Tamanho = Circunferência da mão ÷ 2,54
Deve-se aproximar o valor sempre para cima (Ex.: o valor 8,32 deverá ser aproximado para 8,5 (se for usado meio-ponto) ou 9 (se for usado ponto inteiro).
Fator de transformação: 1 polegada = 25,4mm = 2,54cm

4.4.5 Os tamanhos das luvas estão definidos de acordo com os tamanhos das mãos que as vão utilizar. Na Tabela 4, abaixo, estão indicados seis tamanhos de luvas de proteção. Os meios tamanhos podem ser obtidos por interpolação entre os tamanhos inteiros.

Tabela 4
Tamanho da luva

Tamanho da luva	Correspondência	Comprimento mínimo da luva (de acordo com o item 14.4) (mm)
6	Tamanho de mão 6	220
7	Tamanho de mão 7	230
8	Tamanho de mão 8	240
9	Tamanho de mão 9	250
10	Tamanho de mão 10	260
11	Tamanho de mão 11	270

Nota – Os tamanhos reais das luvas serão determinados pelo fabricante tendo em conta o comportamento do material da luva e o objetivo da sua utilização.

4.4.6 É possível também a utilização de meios tamanhos, como, por exemplo, 6,5; 7,5;....; 11,5. As dimensões dos meios pontos das Tabelas 3 e 4 são obtidas por interpolação dos valores de pontos inteiros.

4.4.7 O fabricante e/ou importador ou o fornecedor deverão disponibilizar para venda pelo menos os tamanhos de 6 a 11. A informação da disponibilidade da numeração fabricada deverá ser esclarecida na embalagem da luva, assunto abordado no subitem 15.2.1, alínea "c".

5. DESTREZA

5.1 A principal função das luvas de proteção para a atividade de corte de manual de cana-de-açúcar consiste em oferecer proteção ao usuário no manuseio do facão e da cana. Os usuários das luvas de proteção para o corte manual de cana-de-açúcar desempenham outras atividades com as mãos, tais como amolar o facão, cortar a cana, organizar a cana cortada em eitos ou leiras, se a cana for queimada, ou limpar as folhas da cana, se a cana for crua ou na palha, atividades estas que exigem um grau de destreza para as mãos, isto é, exigem uma capacidade de segurar os objetos. Ao segurar o facão é importante a pressão, tanto da face palmar quanto das superfícies dos dedos sobre o cabo da ferramenta, no sentido de segurá-la firmemente.

A função de segurar a cana durante o corte ou quando está sendo juntada exige uma destreza um pouco menor.

5.2 A destreza está relacionada a vários fatores como, por exemplo, aos materiais utilizados, a espessura do material da luva, a elasticidade e a capacidade de deformabilidade.

5.3 As luvas de proteção para o corte manual de cana-de-açúcar, quando ensaiadas de acordo com o subitem 6.2 da norma EN 420, deverão apresentar resultado de nível de desempenho, quanto ao ensaio de destreza de, no mínimo, dois.

5.4 Os desempenhos devem ser avaliados de acordo com a Tabela 5.

Tabela 5
Níveis de desempenho - ensaio de destreza do dedo

Nível de desempenho	Menor diâmetro dos pinos de acordo com as condições do ensaio(mm)
1	11

2	9,5
3	8
4	6,5
5	5

6. TRANSMISSÃO DO VAPOR DE ÁGUA OU ABSORÇÃO DE VAPOR DE ÁGUA

6.1 A atividade de corte de cana-de-açúcar no Brasil, em geral, é realizada sob forte exposição ao calor, sujeitando os usuários à transpiração e ao surgimento de suor nas mãos. Dessa forma, torna-se necessário que os materiais utilizados para a confecção da luva permitam a transpiração.

6.2 Quando ensaiadas de acordo com o disposto no subitem 6.3 da norma EN 420, as luvas devem permitir a transmissão de vapor de água de, no mínimo, 5mg/(cm2.h).

6.3 No caso de uso de materiais que inibam ou excluam a transmissão de vapor de água, o material interno ou o lado interno da luva deverá permitir a absorção do suor e sua posterior dessorção ou secagem, quando o trabalhador tirar a luva.

6.4 Quando não for atingida a transmissão de vapor de água de 5mg/(cm2.h), deve-se realizar o ensaio, em amostra de luva nova, de absorção de vapor de água, conforme disposto no subitem 6.4 da norma EN 420, devendo a luva ter uma absorção de vapor de água de, no mínimo, 8mg/cm2 no período de oito horas.

7. INOCUIDADE

7.1 Generalidades

7.1.1 As luvas de proteção são concebidas e fabricadas para proteger quando usadas de acordo com as instruções do fabricante, sem qualquer prejuízo do usuário.

7.1.2 Os materiais das luvas, os produtos, as substâncias incorporadas, as costuras e, particularmente, as partes da luva que estão em contato com o usuário, não devem prejudicar a saúde ou a higiene deste. O fabricante e/ou importador deve especificar todas as substâncias contidas na luva que possam causar reações alérgicas (ver o subitem 15.2.1, alínea "g"). Uma das consequências de se trabalhar em contato com materiais de luvas altamente ácidos ou altamente alcalinos é o aparecimento de dermatites de contato, irritações e alergias na pele.

7.1.3 Por outro lado, o uso de materiais que contenham substâncias restritivas, tais como o couro, que apresenta cromo VI, substância esta cancerígena, deve ser evitado, pois, com o tempo, podem prejudicar seriamente a saúde do trabalhador que entra em contato com o material da luva.

7.2 Determinação do valor do pH

7.2.1 O valor do pH para todas as luvas deve estar o mais próximo possível de um pH neutro. O valor do pH para todas as luvas deve ser maior que 3,5 e menor que 9,5. A determinação do pH deve ser de acordo com a norma ISO 4045, para luvas em couro, e de acordo com a norma EN 1413, para outros materiais. Deve ser aplicado o seguinte:

a) a peça a ensaiar deve ser cortada da área da palma da luva. Se outras partes da luva forem feitas de materiais diferentes, então, cada material deve ser ensaiado separadamente;

b) se as luvas forem feitas com mais de uma camada, todas as camadas devem ser ensaiadas em conjunto;

c) se a amostra contém couro, então deve ser usada a ISO 4045.

7.3 Determinação do teor de cromo VI

7.3.1 O teor de cromo VI em luvas de couro deve ser mais baixo do que o limite de detecção, de acordo com o método de ensaio descrito na norma ISO 17075. Devem ser retiradas, pelo menos, duas amostras de diferentes luvas para cada tipo de couro.

7.3.2 Se a luva for feita de diversos tipos de couro, que estejam ou não em contato com a pele, o ensaio deve ser efetuado em cada uma das variedades. O valor mais elevado deve ser considerado como o resultado final.

8. LIMPEZA / LAVAGEM / HIGIENIZAÇÃO

8.1 A luva de proteção para o corte manual de cana-de-açúcar, em regra, necessita passar por processo de limpeza entre os turnos de trabalho, devido ao acúmulo, durante a atividade, de poeira, fuligem e melaço da cana.

8.2 O usuário da luva de proteção, ou seja, o cortador, deverá ser informado sobre as instruções de limpeza e de conservação das luvas. A etiqueta, a embalagem em contato direto com a luva ou o folheto explicativo deverá informar qual o procedimento a ser adotado para a limpeza das luvas.

8.3 Das informações fornecidas aos usuários deve constar pelo menos uma das seguintes opções:

a) que a luva não deve ser lavada;

b) o processo de limpeza simples, que inclui as ações mecânicas como limpar com pano seco ou úmido, escovar, e outras ações, excluindo a utilização de água, vapor e materiais de limpeza. Neste caso, descrever os processos a serem utilizados e também descrever que a luva não deve ser lavada;

c) o processo de lavagem ou outra forma de higienização, que inclui o uso de água, produtos de limpeza, vapor, mudança de temperatura, como autoclave em processo de higienização, ou outros processos que podem afetar o desempenho das luvas.

8.4 O processo de limpeza não deverá afetar os requisitos de inocuidade, conforto e proteção da luva. Também não deverá proporcionar alteração dimensional e mudança de configuração da luva.

8.5 Caso constar, na informação a ser repassada ao usuário final, instruções conforme as alíneas "a" ou "b" do subitem 8.3, os ensaios exigidos neste Regulamento Técnico devem ser executados em amostras de luvas novas. Contudo, caso o processo de limpeza seja o definido na alínea "c" do subitem 8.3, as instruções devem ser detalhadamente especificadas, evitando-se termos genéricos, tais como "lavar à máquina", sem estabelecer maiores detalhes, como os produtos de limpeza a serem utilizados, a rotação da máquina e a temperatura da água. Deve ser estabelecido também o número máximo de ciclos de lavagem/limpeza que a luva pode sofrer durante a sua vida útil. Nesse caso, as luvas devem ser pré-tratadas antes da realização dos ensaios referentes aos requisitos previstos nos itens 9 a 13, obedecendo ao explicitado no subitem 14.2 e com as instruções constantes no subitem 15.2.1, alínea "i", todos deste Regulamento Técnico.

9. RESISTÊNCIA À ABRASÃO

9.1 Durante a atividade do corte de cana-de-açúcar, o cortador está exposto ao contato com materiais abrasivos, tais como a palha da cana. O ato de pegar, juntar e soltar a cana, manusear e amolar o facão e realizar outras atividades incorre em abrasão da luva contra outros materiais.

9.2 A resistência à abrasão na face palmar, incluindo palma e dedos, da luva da cana e da luva do facão deverá apresentar nível de desempenho mínimo de 2 (dois), quando ensaiadas de acordo com o disposto no subitem 6.1 da norma EN 388:2003.

9.3 Quando houver mais de uma camada de materiais, estes deverão ser testados juntos.

10. RESISTÊNCIA AO CORTE

10.1 Os materiais da palma e do dorso da luva da cana devem apresentar proteção mínima contra eventual corte por farpas da cana, arame, pedaços de madeira, e também pelo contato com a palha da cana ou o contato com animais peçonhentos.

10.2 Os materiais da palma da mão deverão apresentar nível de desempenho mínimo de dois, quando ensaiados de acordo com o disposto no subitem 6.2 da norma EN 388:2003. Se a concepção de desenho da luva da mão da cana for diferente da luva da mão do facão, ambas as luvas devem ser ensaiadas.

10.3 Os materiais do dorso da luva da cana devem apresentar nível de desempenho mínimo 2 (dois). Quando existir mais de uma camada de materiais, estes deverão ser ensaiados juntos.

10.4 O requisito de corte, conforme citado neste Regulamento e baseado na norma EN 388:2003, não deve ser relacionado com o uso do facão, que pode provocar um corte por impacto (ver maiores detalhes no Anexo A).

11. RESISTÊNCIA AO RASGAMENTO

11.1 A atividade de corte de cana-de-açúcar exige contato mecânico com a cana, pedaços de pau, pedras, animais peçonhentos e outros materiais que podem provocar um corte inicial na luva de proteção. O material da luva deverá resistir à propagação destes cortes, impedindo o rasgamento da luva.

11.2 Os materiais da face palmar da mão da cana e da mão do facão devem apresentar nível de desempenho mínimo de três, quando ensaiados de acordo com o disposto no subitem 6.3 da norma EN 388:2003.

12. RESISTÊNCIA À PERFURAÇÃO

12.1 A atividade de corte de cana-de-açúcar exige contato mecânico com pontas de cascas de cana, pedaços de pau, pedras pontiagudas, animais peçonhentos e outros materiais que podem provocar perfuração da luva de proteção. O material da luva deverá resistir à penetração de materiais estranhos.

12.2 Os materiais da face palmar da mão da cana, deverá apresentar nível de desempenho mínimo de 3 (três), quando ensaiados de acordo com o disposto no subitem 6.2 da norma EN 388:2003.

13. RESISTÊNCIA AO DESLIZAMENTO DO FACÃO

13.1 O corte de cana exige que a ferramenta utilizada, o facão, seja firmemente segurada pela mão do facão, de tal forma a permitir que a força do cortador seja totalmente aplicada no corte da cana. A luva de proteção deverá proporcionar firmeza suficiente para que o facão não escorregue ou deslize da mão.

13.2 Deverá ser relatado o valor do coeficiente de atrito estático da luva da mão do facão, quando ensaiada de acordo com o disposto no subitem 14.5 deste Regulamento Técnico.

14. MÉTODOS DE ENSAIO

14.1 Amostragem

14.1.1 O número de amostras a serem ensaiadas é definido nos procedimentos de ensaios das normas citadas nos itens específicos dos requisitos, itens 9 ao 13, ou nos procedimentos a seguir.

Deverão ser utilizadas luvas de todos os tamanhos fabricados.

14.1.2 Quando for aplicável, as luvas deverão ser pré-tratadas, conforme disposto no subitem 14.2, antes da retirada dos corpos-de-prova.

Os corpos-de-prova devem ser retirados de luvas de todos os tamanhos fabricados. As dimensões e a quantidade dos corpos-de-prova são descritas nos procedimentos ou nas normas de ensaios específicas.

14.2 Pré-tratamento

14.2.1 As luvas que apresentarem instruções de limpeza, conforme disposto na alínea "c" do subitem 8.3, deverão ser pré-tratadas através da realização de lavagem/limpeza, de acordo com as instruções que devem ser disponibilizadas ao usuário, na forma disposta no subitem 15.2.1, alínea "i". Esse pré-tratamento deverá ser realizado nas luvas de onde serão retirados corpos-de-prova para realização dos ensaios que determinam os requisitos citados nos itens 9 ao 13 (abrasão, corte, rasgamento, perfuração e resistência ao deslizamento).

14.2.2 O número máximo de ciclos de lavagem/limpeza que a luva poderá sofrer durante sua vida útil deverá ser determinado nas instruções ao usuário. Quando este número de ciclos for menor que cinco, durante o pré-tratamento, a luva deve ser lavada/limpa com o número de ciclos estabelecido nas instruções do fabricante.

14.2.3 Caso o número máximo de ciclos recomendado for igual ou maior a cinco lavagens, durante o pré-tratamento, a luva deve passar por cinco ciclos de lavagem/limpeza, conforme determinado nas instruções do fabricante.

14.3 Condicionamento

Os corpos de prova deverão ser condicionados por, no mínimo, quarenta e oito horas em ambiente com temperatura de (20±2) °C e umidade relativa de (50±5) %.

14.4 Medição e dimensões da mão e da luva

14.4.1 A circunferência da mão é medida com uma fita, a 20 mm a partir do ponto entre o dedo polegar e o indicador, como indicado na Figura 2. A pessoa deve posicionar a mão aberta, e outra pessoa deve medir a circunferência, enrolando uma fita métrica na mão, medindo a circunferência a uma distância de 20 mm ou 2 cm a partir da forquilha da mão, medido na direção do dedo indicador.

14.4.2 O comprimento da mão é medido como indicado na Figura 2. Medir o comprimento desde a ponta do dedo médio até o início do punho.

Figura 2: Medida da circunferência e do comprimento da mão

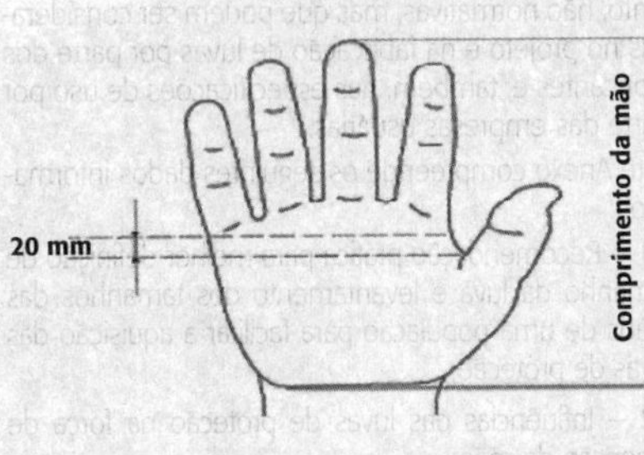

14.4.3 O comprimento da luva é medido da seguinte forma: medir o comprimento da luva, suspendendo-a livremente com o dedo médio, com uma régua vertical graduada, tendo uma ponta redonda de tal forma que se adapte à ponta do dedo da luva. Remover rugas e dobras sem esticar a luva. Registrar o comprimento mínimo medido, com aproximação ao milímetro.

Nota: Para facilitar a medição, a régua pode ser ligeiramente inclinada para trás, de modo que a luva esteja em contato com a régua.

14.4.4 Se as luvas tiverem elasticidade, as dimensões devem ser medidas com a amostra no estado relaxado ou colocando a luva na mão de uma pessoa com o tamanho apropriado.

14.5 Método de ensaio para determinar o coeficiente de atrito estático entre a luva e o cabo do facão

14.5.1 O ensaio deverá ser realizado em máquina universal de ensaios com velocidade de 60 (sessenta) mm/min.

14.5.2 O corpo-de-prova deverá ser retirado da palma da luva da mão do facão, com dimensão de 70 x 50 mm de área útil. A dimensão do corpo-de-prova poderá ser maior para auxiliar em sua fixação ao bloco de aço.

14.5.3 O corpo-de-prova deverá ser preso, ou colado a um bloco de aço com seção transversal do mesmo tamanho da área útil do corpo-de-prova, e que tenha uma massa de (5,0±0,1) kg, que proporcione uma força normal (FN) equivalente a cerca de 49N.

Poderá ser acoplada outra peça ao bloco, de tal forma a ser alcançada esta massa.

14.5.4 No lado menor (largura) do bloco de aço, no meio da largura, e em uma altura de 2 a 3 cm, o bloco de aço deverá ser preso a um fio que apresente o menor peso possível, recomendando-se uma corda de violão de diâmetro de 1,10 mm. O fio esticado na horizontal deverá passar por uma roldana posicionada de tal forma que o fio possa mudar para a posição vertical e esteja alinhada com a linha de ação da célula de carga. Esta célula de carga deverá estar presa na travessa móvel do equipamento e deslocar-se na posição vertical para cima, proporcionando tração no fio.

14.5.5 O bloco de aço com o corpo-de-prova deverá ficar apoiado em uma superfície de madeira de pau marfim, um dos tipos utilizados para fabricação de cabo de facão. Esta superfície de madeira deverá ter, no mínimo, 2 cm de espessura e deve ser tratada conforme o procedimento para fabricação do facão, devendo ser secada em estufa, aplainada e torneada com tupia. A largura da superfície da madeira deverá ser de, no mínimo, a largura do corpo de prova acrescida de 2 cm em cada lateral, proporcionando, assim, largura suficiente para que o bloco de aço deslize pela madeira.

14.5.6 Deve haver um espaço de, pelo menos, 20 cm para o deslocamento do bloco de aço na madeira. Após isso, iniciar o ensaio com o deslocamento da travessa móvel onde está presa a célula de carga, conforme esquema da Figura 3 abaixo.

Figura 3: Esquema para ensaio de determinação de coeficiente de atrito

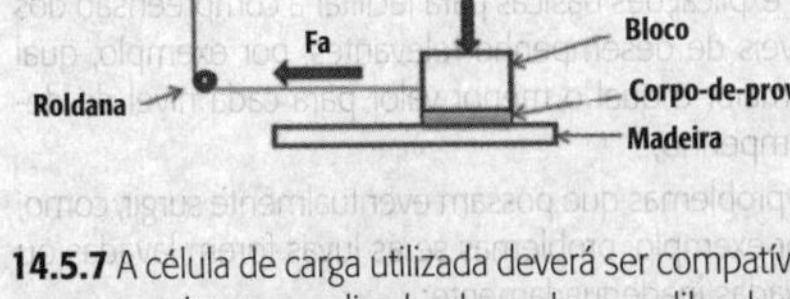

14.5.7 A célula de carga utilizada deverá ser compatível com o ensaio a ser realizado, devendo ser calibrada na faixa dos resultados alcançados durante o ensaio, recomendando-se célula de 100N. Deverá ser registrada a força axial máxima, que corresponderá à força atuante no bloco de aço para cálculo do atrito estático, de acordo com a fórmula abaixo.

Legislação Complementar

$$\mu = \frac{Fa}{FN}$$

Onde:

μ = coeficiente de atrito.

Fa = Força axial registrada pela célula de carga (Força de atrito).

FN = Força Normal proporcionada pelo bloco de aço.

15. MARCAÇÃO

MARCAÇÃO DA LUVA

15.1.1 Cada luva de proteção deve ser marcada ou trazer uma etiqueta com as seguintes informações:

a) o nome, marca registrada ou outro meio de identificação do fabricante e/ou importador;

b) a designação das luvas (nome comercial ou código que permita o usuário identificar precisamente o produto);

c) a designação do tamanho e, em seguida, a identificação da mão da cana e mão do facão (conforme o subitem 4.3).

15.1.2 A marcação deve estar de forma visível, legível e indelével durante toda a vida útil prevista para a luva. As marcações ou inscrições que possam ser confundidas com as acima referidas não devem ser fixadas na luva.

Nota: A marcação na luva não é suficiente por si só para transmitir informação compreensível sobre proteção ao usuário final. Por essa razão, deve ser considerada com as informações fornecidas pelo fabricante e/ou importador, descrita no subitem 15.2.1.

MARCAÇÃO DA EMBALAGEM OU FOLHETO EXPLICATIVO

15.2.1 Em cada embalagem individual em contato direto com as luvas ou em folheto explicativo individual que acompanhe cada par de luvas, devem existir as seguintes informações:

a) nome e endereço completo do fabricante e/ou importador;

b) designação das luvas (nome comercial ou código que permita ao usuário identificar precisamente o produto);

c) informação sobre os tamanhos disponíveis;

d) explicações básicas para facilitar a compreensão dos níveis de desempenho relevantes, por exemplo, qual o maior e qual o menor valor para cada nível de desempenho;

e) problemas que possam eventualmente surgir, como, por exemplo, problemas se as luvas forem lavadas ou lavadas inadequadamente;

f) listagem de substâncias contidas na luva, que são conhecidas por causar alergias;

g) instruções de uso e, quando aplicável, a combinação com outras formas de equipamentos de proteção, tais como acoplamento a mangotes;

h) instruções de limpeza e/ou lavagem, assim como o número máximo de ciclos de lavagem ou de limpeza à qual a luva pode ser submetida. Caso a luva não possa ser lavada, isso deve ser citado;

i) instruções de conservação, incluindo: 1) instruções de armazenagem e 2) símbolos de conservação, de acordo com a NBR NM ISO 3758:2013;

j) referência a acessórios e partes suplentes;

k) tipo de embalagem apropriada para transporte;

l) data de validade e se os níveis de desempenho de proteção da luva podem ser significativamente afetados pelo envelhecimento.

Anexo A (Informativo)

Aspectos a Serem Considerados para Promover Melhorias na Qualidade e Otimizar o Uso de Luvas de Proteção para o Corte de Cana-de-Açúcar

Este é um Anexo Informativo, com o objetivo de fornecer informações a fabricantes e usuários de luvas de proteção, para fins de atentarem-se quanto aos fatores que interferem na atividade do corte de cana-de-açúcar, aos aspectos que podem ser considerados para melhoria da qualidade dos produtos e à otimização do uso das luvas.

As informações aqui constantes são informativas, portanto, não normativas, mas que podem ser consideradas no projeto e na fabricação de luvas por parte dos fabricantes e, também. nas especificações de uso por parte das empresas usuárias.

Este Anexo compreende os seguintes dados informativos:

A1 – Recomendação prática para melhor definição de tamanho da luva e levantamento dos tamanhos das mãos de uma população para facilitar a aquisição das luvas de proteção;

A2 – Influências das luvas de proteção na força de preensão da mão;

A3 – Corte por impacto;

A4 – A influência do ambiente de trabalho no desempenho das luvas de proteção.

Recomendação prática para melhor definição de tamanho da luva e levantamento dos tamanhos das mãos de uma população para facilitar a aquisição de luvas

Um dos problemas mais citados por trabalhadores em estudos experimentais realizados em canaviais, sobre o uso de luvas de proteção, é a questão do tamanho inadequado das luvas.

São citados problemas, tais como, a dificuldade tanto para pegar a cana, quanto para manusear o facão. Além disso, são também citados, entre outros, o aparecimento de dores e a necessidade de maior esforço para executar a tarefa.

A indisponibilidade de tamanhos adequados de luvas vem de uma cultura onde os fornecedores, às vezes, fabricam somente um tamanho único, designado como "U" ou, às vezes, três tamanhos, designados como P,

M e G. No entanto, essa forma de numeração de luvas ou formas similares não atendem às necessidades de toda uma população de trabalhadores, que consiste em pessoas de ambos os sexos e de várias características.

Além disso, os empregadores sujeitam-se ao que é ofertado pelo mercado e, não raramente, desconhecem o sistema de numeração citado neste Regulamento Técnico, não fazendo em seus pedidos de compras as especificações que cubram todos os tamanhos de mão de uma população de trabalhadores.

Dessa forma, como pode ser visto no subitem 4.4.5, a luva de proteção para o corte de cana-de-açúcar deve ser disponibilizada pelos fabricantes em pelo menos seis tamanhos, numeração variando do 6 ao 11, podendo também serem fabricadas em meios tamanhos, numeração variando de 6,5 ao 10,5. Não deve existir outra forma de numeração, como por exemplo, P, M, G, XG, L, XL, U, entre outras.

O tamanho das luvas deve ser designado de acordo com o tamanho das mãos. Todas as mãos possuem um tamanho, que é determinado conforme demonstrado no subitem 4.4.4.

Para designar o tamanho da luva, o fabricante deve levar em consideração os materiais, a espessura desses materiais e, também, as características do mesmo, por exemplo, uma luva feita com material que estica e molda-se ao formato da mão pode ter dimensões menores que a própria mão, já que, se a luva tiver dimensões iguais à mão, pode correr o risco de ficar folgada, diminuindo a capacidade tátil.

Portanto, convém que o fabricante, ao designar o tamanho da luva, faça observações práticas para definir a numeração de cada tamanho. Isso pode ser realizado na prática por dois métodos, que partem da premissa que o fabricante confecciona luvas de várias dimensões.

O primeiro consiste em experimentar as luvas em manequins de mão com dimensões apropriadas a cada tamanho de mão. Deve-se, neste caso, ter disponível esses manequins de mão, com tamanhos de mão do número 6 ao 11 e, se for o caso, também os meios tamanhos, do número 6,5 ao 10,5.

Outro método é identificar pessoas com diferentes tamanhos de mãos e experimentar as luvas nessas pessoas. Nessa opção, pode se colher a opinião dessas pessoas enquanto elas experimentam as luvas de diversas dimensões, como, por exemplo, dizer qual a luva que mais se adaptou ao seu tamanho de mão. As pessoas também podem flexionar as mãos para verificar se existem dificuldades nos movimentos e na preensão de objetos. Esse método consiste em:

Encontrar pessoas com diferentes tamanhos de mãos (6, 7, 8, 9, 10, 11), medindo o perímetro da mão em polegadas (1 polegada = 2,54cm = 25,4mm). Para isso, mede-se a mão em milímetros e divide o valor por 25,4. Exemplo: 157mm, corresponde a 157 / 25,4 = 6,18 polegadas, o que resulta em mão 6½, pois o arredondamento deve ser feito sempre para cima. O ideal é encontrar pessoas com tamanhos de mão próximos do resultado exato, sem arredondamentos.

Orientar as pessoas a colocarem a luva e verificar a qual mão a luva se adequou sem comprometer os níveis de desempenho, por exemplo, uma luva tricotada não pode esticar ao ponto de as linhas ficarem muito distantes, diminuindo a força de perfuração; uma luva de material que estica não pode esticar ao ponto de diminuir a espessura do material drasticamente. Dessa forma, através da descoberta das pessoas para quem serve a luva, será feita a designação dos tamanhos, através do tamanho das mãos.

Outro requisito deste Regulamento Técnico é que as luvas devem ser fabricadas considerando-se as pessoas destras e canhotas.

Em levantamentos realizados em algumas usinas, constatou-se que, em média, o número de canhotos é de 4% da população de trabalhadores, sendo esse um número orientativo, mas houve locais em que este índice alcançou 11%. O ideal é que cada empresa conheça o quantitativo de pessoas canhotas.

Cabe à empresa usuária especificar as quantidades de cada tamanho de luvas a serem compradas e também se a concepção de desenho das luvas é diferente para mão da cana e mão do facão, precisando a quantidade de luvas para pessoas destras e canhotas. O pessoal encarregado de fazer essas especificações pode utilizar os passos discriminados abaixo para estabelecer essas quantidades.

Convém que, em exames médicos admissionais ou em exames de mudança de função, quando do início do exercício da atividade de corte manual de cana-de-açúcar, seja realizada a medição do tamanho das mãos dos trabalhadores e verificado se são destros ou canhotos, para fins de subsidiar o setor de compras das empresas usuárias. Estas informações serão importantes para realização do pedido de compra de um lote de luvas.

Assim, a empresa poderá designar quantos pares de luvas deverá adquirir ("x" pares no tamanho 6, "y" pares no tamanho 7, "z" pares no tamanho 8, "v" pares no tamanho 9, "w" pares no tamanho 10 e "t" pares no tamanho 11), ou estabelecer percentuais que podem ser multiplicados pelo número de luvas a serem adquiridas ("x%" no tamanho 6, "y%" no tamanho 7, "z%" no tamanho 8, "v%" no tamanho 9, "w%" no tamanho 10 e "t %" no tamanho 11). De forma análoga, pode ser estabelecido o número de pares para destros e para canhotos, se as concepções de desenho das luvas forem diferentes para a mão da cana e para a mão do facão, conforme explicado no subitem 4.3 deste Regulamento Técnico.

As empresas usuárias podem fornecer luvas distintas e de diferentes fabricantes para a mão da cana-de-açúcar e para a mão do facão. Tal fato ocorre em razão da observação em testes qualitativos, conduzidos com trabalhadores, de que, em muitos casos, o trabalhador prefere um tipo de luva para a mão do facão e outro para a mão da cana.

A.2 Influência das luvas de proteção na força de preensão da mão

A.2.1 Força de preensão

A mão pode ser comparada a um mecanismo altamente complexo que permite executar várias atividades, entre as quais segurar uma ferramenta, visando efetuar

Legislação Complementar

uma tarefa. No caso da atividade de corte de cana-de-açúcar, a mão do facão deve segurar a ferramenta, enquanto a outra mão segura a cana que será cortada, imputando a estes objetos uma força de preensão que, teoricamente, deve ser a menor possível, de tal forma a não causar fadiga e problemas musculoesqueléticos a quem executa a atividade.

A preensão é a capacidade da mão em segurar um objeto.

Existem dois tipos básicos, quais sejam:

a) a preensão de força, que ocorre com a ação de flexão dos quatro dedos e polegar de encontro com a palma da mão, com o propósito de transmitir força para um objeto;

b) a preensão de precisão, que está relacionada à aproximação dos dedos polegar e indicador ou outros para formar pinças funcionais, em movimentos de maior precisão e pequenas forças.

A atividade do corte de cana-de-açúcar envolve, principalmente, a preensão de força, cujas fases compreendem o fechamento dos dedos e polegar para agarrar o objeto e adaptar-se à sua forma e exercer força suficiente para prender o objeto e executar a atividade.

A força exercida pelas mãos sobre os objetos, a força de preensão, depende de vários fatores, entre as quais a forma do objeto, o tipo de superfície do objeto, a presença de materiais lubrificantes. No caso do corte de cana-de-açúcar, podem estar presente umidade (chuva), suor e melaço da cana, por exemplo.

A força de preensão pode ser medida de várias formas. Geralmente essas medições são realizadas no âmbito fisioterápico, na recuperação de pacientes que sofrem algum tipo de lesão nos membros superiores. Existem várias formas de se realizar a medição da força de preensão, sendo a mais comum a que utiliza um equipamento simples, disponível comercialmente como dinamômetro tipo Jamar, como o ilustrado na Figura 4 abaixo.

Figura 4: Dinamômetro Jamar

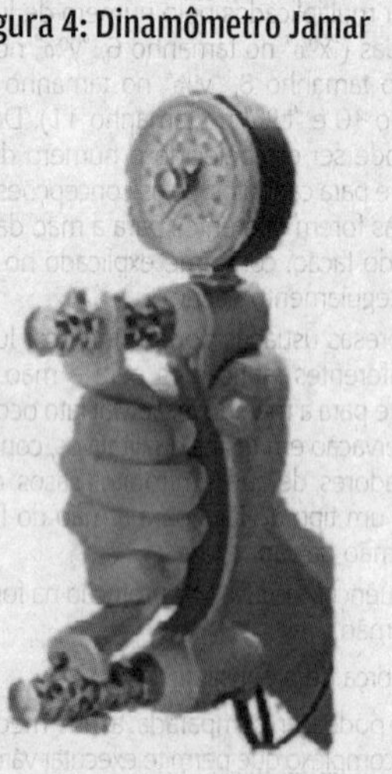

A.2.2 Influência do uso das luvas na força de preensão

Em estudos realizados por diversos pesquisadores, visando quantificar a influência da força de preensão quando uma pessoa utiliza uma luva, ficou demonstrado que a força de preensão sem o uso de luvas é significativamente menor do que quando se utilizam luvas. A força de preensão pode ser, por exemplo, 10% ou 40% maior quando se usam luvas, se comparada com a força da mão nua para executar a mesma atividade. Com relação a este aspecto, quanto menos aumentar a força de preensão com a luva em relação à execução da mesma tarefa com a mão nua, melhor será a luva.

O aumento de força de preensão quando se utilizam luvas consiste em maior esforço do trabalhador para realizar uma tarefa e, logicamente, maior fadiga e maior risco de acidente, como, por exemplo, deixar escapar a ferramenta de trabalho. No entanto, existem atividades que não podem ser realizadas sem luvas de proteção.

O uso da luva visa proteger o trabalhador de riscos mecânicos (abrasão, corte e perfuração).

Os principais fatores que determinam a força de preensão quando se utilizam luvas, aliados aos já citados anteriormente, são:

I. Fatores relacionados à luva de proteção:

a) materiais da luva;

b) materiais da superfície palmar, que deve proporcionar a "pega";

c) espessura da luva;

d) adaptação do formato da luva ao formato da mão, incluindo a disponibilidade e o uso do tamanho correto de luva, sem que esta fique apertada ou folgada;

e) sensibilidade táctil com o uso da luva;

f) destreza dos dedos (sensibilidade táctil dos dedos);

g) flexibilidade, não devendo a luva impedir ou dificultar os movimentos da mão;

h) posicionamento e tipo de costuras;

i) tipo de junção de peças, tipo de chanfração de peças, como, por exemplo, em luvas de couros;

j) peso da luva.

II. Outros fatores:

a) formato e volume do objeto, se for uma ferramenta, como, por exemplo, o facão, o cabo deve se adaptar ao formato do fechamento da mão, devendo ser anatômico;

b) superfície do objeto, devendo a superfície do cabo proporcionar a "pega";

c) presença de elementos lubrificantes entre a mão e o objeto manuseado, como a umidade, suor, melaço da cana, entre outros;

d) tipo e frequência de movimentos e fadiga do trabalhador.

Pelos fatores acima expostos, as luvas podem apresentar algumas características para não proporcionar um grande aumento da força de preensão por parte do trabalhador quando as utilizar, comparando-se com a força de preensão se a mão estivesse nua que, de forma exemplificativa, são:

a) o formato da luva deve se adaptar o mais fielmente possível à forma das mãos, proporcionando no nível mais elevado possível os seguintes fatores: sensibilidade tátil (capacidade de sentir o objeto quando em contato com o mesmo), destreza dos dedos, flexibilidade e liberdade de movimentos, o que pode ser obtido através da utilização de materiais com a menor espessura possível, respeitando-se a proteção e os níveis de desempenho esperados, e da disponibilização de uma gama de tamanhos suficientes para atender a todos os tamanhos de mão;

b) utilização de materiais que proporcionem conforto térmico e propriedades, tais como, a permeação do suor para o ambiente;

c) uso de materiais na palma da mão, incluindo face palmar dos dedos, que proporcionem alto coeficiente de atrito com os materiais a serem manuseados (cabo do facão e cana), principalmente em relação à mão do facão;

d) tipo de construção que não traga dificuldades para pegar objetos, que não cause dores e fadiga, tais como costuras inadequadas, materiais sobrepostos ou saliências.

A.3 Corte por impacto

Deve ser esclarecido que o ensaio de corte previsto neste Regulamento é um método normatizado e mundialmente conhecido por meio da norma EN 388 – Luvas de proteção contra riscos mecânicos.

A norma EN 388 também fornece como opção a realização do ensaio de corte através de um método que usa o princípio de corte por uma navalha de movimento alternativo (movimento de vai-e-vem), conforme a norma ISO 13999.

Estes métodos servem para comparar materiais e também para estabelecer níveis de desempenho mínimo em alguns tipos de produtos como, por exemplo, luva para uso em operações de combate a incêndio, ensaiada pela norma EN 659 – Luvas para bombeiros, que deve ter nível de desempenho dois para corte, quando realizado o ensaio por um dos métodos acima.

Este Regulamento Técnico também referencia o ensaio de corte pela EN 388, um dos métodos descritos acima, e estabelece o nível de desempenho mínimo de dois na palma da mão do (facão/cana) e no dorso da mão da cana. Quanto à definição do mesmo desempenho mínimo para a palma da luva da mão da cana e do facão, considerou-se o risco de corte na palma da mão da cana pelo manuseio da cana-de-açúcar, como também na mão do facão, pois existe o manuseio da cana-de-açúcar após o corte, conferindo total coerência ao critério adotado.

No entanto, com relação a um possível corte por impacto do facão no dorso da mão da cana, a utilização deste critério deve-se à falta de um método normatizado ou mesmo experimental, para medir um eventual corte provocado pelo impacto do facão contra a mão da cana. Existe um método para medição de corte por impacto descrito na norma ISO 13999, que é utilizado para ensaiar luvas de proteção contra cortes por facas manuais e objetos cortantes similares, fabricadas em malha de aço ou outros materiais alternativos. O método, entretanto, simula o impacto da ponta da faca, bastante diferente do que ocorre no corte de cana-de-açúcar, pois, se houver algum acidente, este será causado pelo impacto do gume da faca (meio da faca).

Todavia, algumas considerações de construção foram abordadas no decorrer do texto deste Regulamento Técnico, que podem ser observadas no item 4. O estabelecimento de um nível de desempenho mínimo para a resistência ao corte, conforme ensaio pela norma EN 388, visa a não utilização de materiais que, reconhecidamente, não protegeriam nem sequer para pequenos impactos e eventuais cortes como, por exemplo, os provocados no desponte das canas.

Assim, cabe esclarecer que uma luva fabricada sob a luz deste Regulamento Técnico pode minimizar, mas não evitar sequelas ao trabalhador caso haja um acidente envolvendo corte por impacto do facão. Deve também ser citado que o impacto pode provocar esmagamento da área atingida.

Através do histórico de algumas empresas, relacionado com a ocorrência de acidentes por corte por impacto, percebe-se que esses acidentes vêm diminuindo com o tempo. Alegam as empresas envolvidas que esse tipo de acidente está relacionado, principalmente, à questão de treinamento do trabalhador, já que a mão da cana não deve ficar na trajetória do facão. Existe uma forma de trabalho em que o risco de corte por impacto pode ser evitado, pois o abraço da cana deve fazer com que a mão fique longe do impacto do facão.

Então, recomenda-se às empresas usuárias de luvas de proteção que enfatizem essa questão aos trabalhadores, treinando-os e verificando periodicamente a eficácia desses treinamentos. Deve-se ponderar, também, que as condições de trabalho podem influenciar na ocorrência desses acidentes, principalmente quando os trabalhadores prestam serviços sob forte fadiga, que pode decorrer das condições climáticas, sistemas de produção, terrenos acidentados ou em desnível, entre outros, devendo essas situações serem consideradas.

Quanto aos fabricantes de luvas, é importante esclarecer que esforços têm sido realizados no sentido de diminuir possíveis sequelas em acidentes provocados pelo impacto do facão. A construção de luvas com mecanismos que visam diminuir esses danos tem surgido com o decorrer dos anos, como, por exemplo, o uso do fio de aço para proteger a região do dorso do polegar e do indicador da mão da cana.

Durante a elaboração deste Regulamento Técnico discutiu-se longamente sobre a necessidade de que a proteção fosse estendida a todo o dorso da mão, incluindo a região do punho e parte do antebraço.

No entanto, um maior nível de proteção nesta região envolve a utilização de materiais que podem impedir ou dificultar a movimentação da mão e a flexibilidade dos dedos, o que exigiria a utilização de materiais com níveis de proteção bem maiores com relação à questão de corte por impacto. Então, a exigência de um requisito para proteção contra o risco de corte por impacto poderia atrapalhar a questão da flexibilidade, que é bastante citada em pesquisas envolvendo trabalhadores. Assim, concluiu-se pela não criação de um requisito específico para proteção contra corte por impacto.

No entanto, mesmo com a falta de um requisito específico, os fabricantes podem e devem continuar realizando pesquisas no sentido de que novos produtos sejam lançados, visando uma melhor proteção do usuário contra o risco de corte por impacto e, se possível, principalmente, no dorso da mão da cana.

A.4 A influência do ambiente de trabalho no desempenho das luvas de proteção

A atividade de corte de cana-de-açúcar é realizada em ambiente aberto e sujeito a condições que podem influenciar no desempenho e durabilidade das luvas de proteção.

A atividade realizada no campo inclui a presença de terra, poeira, fuligem da queima da cana, suor, melaço da cana e, às vezes, a presença de água ou umidade proveniente de chuva ou tempo úmido. Além disso, como as luvas ficam sujas ao final de um dia de trabalho, os trabalhadores tendem a lavar as luvas, mesmo, às vezes, não sendo isso recomendado, como, por exemplo, em relação a algumas luvas de couro. Assim, ainda acresce-se aos outros agentes, a água para a lavagem e produtos de limpeza.

Esses agentes podem provocar a aceleração do desgaste ou alterações, como o endurecimento ou a degradação dos materiais das luvas.

Este Regulamento Técnico prevê que, se existirem instruções de uso para lavagem das luvas, estas devem ser repassadas ao usuário e, neste caso, o processo de lavagem ou limpeza deve ser seguido pelo número de ciclos recomendado pelo fabricante (até cinco ciclos ou considerar cinco ciclos se o número recomendado for maior) para, posteriormente, as luvas passarem pelos ensaios pertinentes.

É interessante que os fabricantes de luvas realizem estudos experimentais e considerem a influência dos fatores acima expostos nos projetos de seus produtos, inclusive, buscando melhorar as informações fornecidas aos usuários no que diz respeito a instruções de limpeza ou lavagem, se aplicável.

Como lavagem das luvas é rotina entre os trabalhadores, é interessante que sejam disponibilizados para uso pelo menos dois pares de luvas, de tal forma que, quando um par for lavado, haja tempo suficiente para a secagem do mesmo ou, mesmo que não seja lavado, haja tempo de haver dessorção do suor absorvido durante uma jornada de trabalho. É interessante, também, que o empregador recomende a alternância do uso dos pares de luva, por exemplo, um dia utilizar um par, no outro dia utilizar o outro par. Nesse sistema, o custo com o fornecimento de luvas será o mesmo gerado pelo fornecimento de apenas um par por vez, visto que as luvas terão uma maior vida útil.

Anexo IV

Correlação entre o Certificado de Aprovação e Suspensões, Cancelamentos e Encerramentos de Certificações de Conformidade Comunicados pelo Organismo de Certificação de Produtos

Motivo	Descrição da ação do Organismo de Certificação de Produtos	Ação em relação ao Certificado de Aprovação
I	Suspensão ou cancelamento por reprovação em ensaios.	O Certificado de Aprovação será **suspenso** ou **cancelado**, conforme o caso, podendo apresentar a informação de inutilização dos Equipamentos de Proteção Individual já disponíveis no mercado, de acordo com o relato do Organismo de Certificação de Produtos responsável.
II	Suspensão ou cancelamento por outros tipos de não conformidades não relacionadas a ensaios.	No caso de suspensão, o Certificado de Aprovação permanecerá com a data de validade do respectivo Certificado de Conformidade. Já no caso de cancelamento, o Certificado de Aprovação terá a data de validade alterada para a data de cancelamento do Certificado de Conformidade.
III	Suspensão ou cancelamento por abandono/rompimento de contrato (não cumprimento da etapa de manutenção ou recertificação).	No caso de suspensão, o Certificado de Aprovação permanecerá com a data de validade do respectivo Certificado de Conformidade. Já no caso de cancelamento, o Certificado de Aprovação terá a data de validade alterada para a data de cancelamento do Certificado de Conformidade.

IV	Cancelamento por transferência de Organismo de Certificação de Produtos.	O Certificado de Aprovação permanecerá válido, com a data de validade do Certificado de Conformidade emitido pelo novo Organismo de Certificação de Produtos.
V	Cancelamento a pedido por encerramento da fabricação/importação.	O Certificado de Aprovação terá a data de validade alterada para a data de cancelamento do Certificado de Conformidade ou o prazo previsto para encerramento da comercialização do estoque do equipamento, informado pelo Organismo de Certificação de Produtos, e que considere, inclusive, o estoque do equipamento de revendedores e distribuidores.
VI	Cancelamento por adequação a novo Regulamento de Avaliação da Conformidade (vencimento do 1º prazo de adequação).	O Certificado de Aprovação permanecerá válido, com a data de validade do novo Certificado de Conformidade.

Anexo V
Protocolo para a Utilização de Indicador Biológico da Exposição Ocupacional ao Benzeno

1. DO OBJETIVO

Estabelecer a utilização de indicadores biológicos para detecção de possível exposição ocupacional ao benzeno, que possuam características de aplicabilidade, especificidade e sensibilidade para exposição a baixas concentrações de benzeno em ambiente de trabalho compatíveis com o valor de referência tecnológico preconizado no Brasil, podendo, portanto, ser utilizado como ferramenta de acompanhamento de Higiene do Trabalho e da Vigilância da Saúde do Trabalhador.

2. DO INDICADOR BIOLÓGICO DE EXPOSIÇÃO

2.1 CONCEITO

Indicador biológico de exposição é uma substância química, elemento químico, atividade enzimática ou constituintes do organismo, cuja concentração (ou atividade) em fluido biológico (sangue, urina, ar exalado) ou em tecidos, possui relação com a exposição ambiental a determinado agente tóxico. A substância ou elemento químico determinado pode ser produto de uma biotransformação ou alteração bioquímica precoce decorrente da introdução deste agente tóxico no organismo. Para os agentes químicos preconizados na NR 07, é definido o índice biológico máximo permitido (IBMP), que é "o valor máximo do indicador biológico para o qual se supõe que a maioria das pessoas ocupacionalmente expostas não corre risco de dano à saúde. A ultrapassagem deste valor significa exposição excessiva". Este valor do o índice biológico máximo permitido deve ter correlação com a concentração do agente químico no ambiente de trabalho, definida como limite de tolerância ou limite de exposição ocupacional.

A adoção do Valor de Referência Tecnológico traz a necessidade de reavaliar o conceito de o índice biológico máximo permitido para o indicador biológico de exposição ao benzeno. O Valor de Referência Tecnológico é baseado principalmente na exequibilidade tecnológica e foram estabelecidos valores distintos para diferentes ramos industriais. O cumprimento do Valor de Referência Tecnológico é obrigatório, mas não exclui risco à saúde. Por isso, para o benzeno não faz sentido o estabelecimento de índice biológico máximo permitido. Na Alemanha, onde se utiliza Valor de Referência Tecnológico, valor técnico de concentração ambiental para substâncias carcinogênicas, base conceitual do Valor de Referência Tecnológico, não se estabelecem valores limite para indicador biológico de exposição de substâncias carcinogênicas ou mutagênicas. São apresentadas, no entanto, listas de concentrações dos indicadores biológicos de exposição em fluidos biológicos equivalentes a diferentes valores de concentração ambiental, para que sirvam de guia na investigação da exposição do trabalhador a esses agentes.

No Brasil, também está sendo adotado este conceito. Deverão ser estabelecidas concentrações equivalentes dos indicadores biológicos de exposição com a concentração ambiental do benzeno.

Portanto, este protocolo não trata somente da introdução de um novo indicador biológico de exposição para o benzeno, mas também da modificação da maneira de se interpretar os resultados obtidos.

2.2 OBJETIVO

O indicador biológico de exposição deve ser utilizado como ferramenta de higiene do trabalho e como instrumento auxiliar de vigilância à saúde. Poderá, portanto, ser utilizado para:

(1) correlação com os resultados de avaliações da exposição ocupacional na zona respiratória do trabalhador, obtidas pela higiene ocupacional;

(2) dedução, a partir dos resultados obtidos, da parcela de benzeno absorvida após exposição do trabalhador;

(3) verificação de mudanças qualitativas do perfil de exposição do grupo homogêneo estudado (mudanças de processo, de procedimentos ou de equipamentos);

(4) verificação de outras vias de penetração do benzeno no organismo, que não a inalatória; pela pele, por exemplo; e,

(5) verificação indireta da eficácia dos dispositivos de proteção usados.

Legislação Complementar

3.3 METODOLOGIA DE APLICAÇÃO

O indicador biológico de exposição só deve ser utilizado quando se têm bem definidos os objetivos de sua determinação e estabelecidos os critérios de interpretação dos resultados. Pode ter pouco significado a determinação do indicador biológico de exposição em datas pré-agendadas, como nos exames periódicos, por exemplo, que podem coincidir com períodos em que o trabalhador não executou nenhuma atividade relacionada com o benzeno.

Quando se pretende atingir qualquer um dos três primeiros objetivos relacionados no item 2.2, deve-se de, preferência, avaliar o indicador biológico de exposição em grupos de no mínimo vinte trabalhadores (Buschinelli & Kato, 1989) ou em todo o grupo homogêneo de exposição, se este for em número menor do que vinte, em conjunto com as avaliações da exposição ocupacional na zona respiratória do trabalhador.

Para os dois últimos objetivos, a análise deve ser realizada em grupos de quaisquer número de trabalhadores que estiveram em situações de exposições aguda e sujeitos a outras vias de penetração.

A interpretação dos resultados do grupo homogêneo de exposição deve ser feita levando-se em consideração os dados de todo o grupo avaliado, segundo Buschinelli & Kato. Esta forma de interpretação permite avaliar o nível de exposição e fazer inferência do potencial de agravo à saúde ou eficácia dos dispositivos de proteção respiratória.

Resultados individuais do grupo homogêneo muito discrepantes do conjunto não devem ser tratados como provável dano à saúde e devem ser expurgados estatisticamente da análise grupal, procedimento de rotina em estudos estatísticos. Devem, no entanto, ser investigados visando desencadear ações corretivas de higiene industrial e de vigilância à saúde individual, específicas para a ocorrência.

Em casos de investigação de exposições potencialmente excessivas, ou não rotineiras, tais como emergências ou vazamentos, qualquer valor deve ser avaliado individualmente para verificação de possível sobre-exposição.

4. DA INDICAÇÃO DO ÁCIDO TRANS, TRANS-MUCÔNICO

A monitorização biológica da exposição ao benzeno pode ser realizada através de diferentes indicadores, que vão desde aqueles com meia vida biológica curta, como o benzeno no ar exalado ou seus metabólitos urinários, até os adutores formados a partir de proteínas do sangue e moléculas de DNA, que podem persistir por meses no organismo humano.

O desenvolvimento de metodologias analíticas vem oferecendo a possibilidade de avaliar uma série de indicadores biológicos de exposição. Dentre os mais estudados, podemos destacar: os ácidos trans, trans-mucônico e fenil mercaptúrico urinários e o benzeno inalterado no ar exalado, na urina e no sangue.

A concentração do metabólito urinário corresponde a um valor médio ponderado, em relação ao período da exposição, ao momento da coleta e ao tempo de biotransformação da substância. Sendo a urina um fluido biológico que pode ser coletado através de processo não invasivo, e recomendada neste protocolo.

Entre os indicadores biológicos urinários preconizados para avaliar a exposição ocupacional ao benzeno em baixos níveis de concentração no ar, o ácido trans, trans-mucônico é o de mais fácil determinação analítica, e por isto foi decidido pela Comissão Nacional Permanente do Benzeno (CNP-Bz) recomendá-lo como indicador biológico de exposição ao benzeno.

4.1 CARACTERÍSTICAS DO ÁCIDO TRANS, TRANS-MUCÔNICO

A primeira etapa no processo de biotransformação do benzeno ocorre com a formação do epóxido de benzeno, através de uma oxidase microssomal de função mista, mediada pelo citocromo P-450. A partir daí, duas vias metabólicas se apresentam: a hidroxilação do anel aromático ou a sua abertura com a formação do ácido trans, trans-mucônico (Barbosa, 1997).

Para a avaliação da exposição ocupacional de indivíduos com turnos de trabalho de seis a oito horas, a biotransformação do benzeno em ácido trans, trans-mucônico fornece uma concentração máxima do produto a partir de aproximadamente 5,1 horas após o início da exposição, sendo que cerca de 2 a 3,9% do benzeno absorvido é excretado pela urina na forma de ácido trans, trans-mucônico (Coutrim et al., 2000; Boogaard & Sittert, 1995)

4.2 PROCEDIMENTOS DE COLETA

As amostras de urina devem ser coletadas em coletores universais de plástico, de 50 ml, no término da jornada de trabalho. Para jornadas de seis a oito horas diárias de trabalho, coletar a urina a partir do terceiro dia seguido de exposição. Os frascos devem ser imediatamente fechados e mantidos sob refrigeração (4 °C), até no máximo uma semana. Em situações de jornadas diferentes das anteriores ou situações de acidentes, deverão ser definidos critérios específicos de coleta, tecnicamente justificados.

4.3 TRANSPORTE DAS AMOSTRAS

As amostras devem ser mantidas refrigeradas e devem ser enviadas o mais rápido possível ao laboratório.

4.4 ARMAZENAGEM

Barbosa (1997) mostrou a estabilidade das amostras refrigeradas a -20° C por um período de até dez semanas. Costa (2001) indicou que a amostra não sofre alteração por um mês, a esta temperatura. De acordo com os achados de Martins, I. (1999) em estudos de estabilidade do ácido trans, trans-mucônico, os resultados mostraram que no intervalo analisado (0,2 – 2,0 mg/L) a concentração de 0,2 mg/L mostrou-se estável somente por seis semanas; a partir da sétima semana, o valor já se encontrava fora do gráfico de controle. Já para a concentração de 2,0 mg/L, a estabilidade foi de quinze semanas, permanecendo o analíto estável. Este autor também examinou a estabilidade por um período de dez dias em amostras conservadas a 4° C e os resultados mostraram que o analíto permaneceu estável durante este período para as concentrações estudadas. Destes fatos, julgamos prudente que se armazene a amostra de urina a 4° C por um período de no máximo sete dias antes da análise. Se não for possível a análise das amostras, no prazo de uma semana, elas devem ser refrigeradas a -20° C, por no máximo um mês.

4.5 ANÁLISE QUÍMICA

Recomenda-se a determinação do ácido trans, trans-mucônico, segundo metodologia cromatográfica baseada nos procedimentos metodológicos desenvolvidos por Ducos et al. (1990), podendo se introduzir modificações, como apresentado por Costa (2001).

O laboratório deve ter um método padronizado, validado e participar de programa de controle de qualidade interlaboratorial e intralaboratorial, para garantia da confiabilidade analítica de seus resultados.

4.6 INTERFERENTES

O ácido trans, trans-mucônico é um indicador sensível, mas de especificidade média. A sua concentração é influenciada pelo hábito de fumar, quando ocorre exposição simultânea ao tolueno ou pela ingestão de ácido sórbico e seus sais presentes na alimentação (Ducos et al., 1990; Inoue et al., 1989; Ruppert et al., 1997; Maestri et al., 1996; Kok & Ong, 1994). Há suspeitas que hidrocarbonetos policíclicos aromáticos (HPAs) também interferem nesta avaliação (Kivistöet al., 1997). Em trabalhadores não ocupacionalmente expostos ao benzeno, a concentração do ácido trans, trans-mucônico está abaixo de 0,5 mg/g creatinina. A presença do ácido trans, trans-mucônico (abaixo de 0,5 mg/g creatinina) em pessoas não ocupacionalmente expostas é atribuída, geralmente, à ampla poluição ambiental pelo benzeno que surge de fontes, tais como, hábito de fumar e outros processos de combustão, poluição urbana pelos automóveis e, provavelmente, contaminação de alimentos pelo ácido sórbico, um preservativo e agente fungistático muito comum em alimentos (queijo, carnes, peixe desidratado, vegetais em conserva, bebidas, etc.), que é também convertido ao ácido trans, trans-mucônico, embora em quantidades traços. Nesta situação, sugere-se a coleta de urina muitas horas após a última refeição, o que permitiria ignorar um possível efeito aditivo do ácido trans, trans-mucônico decorrente da ingestão do ácido sórbico.

4.7 CORREÇÃO DE RESULTADOS

Os resultados deverão ser ajustados pela concentração de creatinina na urina, e expressos em miligramas por grama de creatinina.

5. INTERPRETAÇÃO DOS RESULTADOS

Os valores de ácido trans, trans-mucônico acima dos valores de referência obtidos a partir de uma amostragem de uma população sadia, não ocupacionalmente exposta ao benzeno, podem indicar provável exposição do trabalhador a esta substância. Desta forma, deve-se investigar o local de trabalho e como estão sendo realizadas as tarefas, para identificar as possíveis causas de sobre exposição. Valores acima dos correspondentes aos Valor de Referência Tecnológico indicam que o ambiente de trabalho não está em conformidade com o preconizado no Anexo 13A da Norma Regulamentadora n. 15 (NR).

Os resultados de muitos trabalhos realizados em ambientes onde não há exposição ocupacional ao benzeno, têm mostrado dados bastante variados de ácido trans, trans-mucônico em populações de fumantes e não fumantes. A tabela abaixo demonstra esta situação:

Tabela

Dados encontrados na literatura para concentração de ácido trans, trans-mucônico, em fumantes e não fumantes, de população não exposta ao benzeno

Ácido trans, trans-mucônico Fumantes	Não Fumantes	Referência bibliográfica
0,075 mg/g* (0,025-0,175)	0,025 mg/g*	Javelaud et al. (1998)
0,09 mg/g*	0,05 mg/g*	Ruppert et al. (1995)
0,25 mg/l** (0,06-0,43)	0,13 mg/l** (0,03-0,33)	Lee et al. (1993)
0,207 mg/g* (média 20 cigarros)	0,067 mg/g*	Maestri et al. (1995)
0,19 mg/g*	0,14 mg/g*	Ong et al. (1994a)

* mg/g = miligrama de ácido trans, trans-mucônico por grama de creatinina

** mg/l = miligrama de ácido trans, trans-mucônico por litro de urina

Para se fazer as correlações dos resultados das análises de ácido trans, trans-mucônico com a concentração de benzeno no ar, deverão ser utilizados os valores de correlação abaixo com alteração dos resultados em mg/l para mg/gramas de creatinina, que foram feitas admitindo-se uma concentração média de 1,2 grama de creatinina por litro de urina.

Tabela

Correlação das concentrações de ácido trans, trans-mucônico com benzeno no ar corrigidos para grama/grama de creatinina (admitida concentração média de 1,2 grama de creatinina por litro de urina)

Benzeno no Ar (ppm)	Benzeno no Ar (mg/m3)	Ac. t, t mucônico (urina) (mg/l)	Ac. t, t mucônico (urina) (mg/grama creatinina)
0,3	1,0		
0,6	2,0	1,6	1,3
0,9	3,0	–	–
1,0	3,3	2	1,6
2	6,5	3	2,5
4	13	5	4,2
6	19,5	7	5,8

6. BIBLIOGRAFIA

- Barbosa, E. M.,– 1997, "Exposição Ocupacional ao Benzeno: o ácido trans-trans mucônico como indicador biológico de exposição na indústria de refino de petróleo", Dissertação de Mestrado. CESTEH, Escola Nacional de Saúde Pública, Fundação Oswaldo Cruz..
- Boogaard, P.J.; Van Sittert, N.J.; 1995, "Biological monitoring of exposure to benzene: a comparison between s-phenylmercapturic acid, trans,trans-muconic acid and phenol", Occup. Environ. Med., 52: 611.
- Brugnone, F.; Perbellini, L.; Romeo, L.; Cerpelloni, M.; Cecco, A.; Leopard Barra, E.; Moro, G.; Marchiori, L.; Ferracin, A.; 1997; "Environmental exposure and blood levels of benzene in gas station attendants. Comparison with the general population"; Med. Lav. 88(2): 131-147
- Buschinelli, J. T. P.;Kato, M., 1989, " Monitoramento biológico de exposição a agentes químicos", São Paulo, FUNDACENTRO.
- Carvalho, A.B.; Arcuri, A.S.A.; Bedrikow, B.; Augusto, L.G.S.; Oliveira, L.C.C.; Bonciani, M.; Kato, M.; Gramacho, M.I.P.; Freitas, N.B.B.; & Novaes, T.C.P, 1995, – BENZENO Subsídios Técnicos à Secretaria de Segurança e Saúde no Trabalho (SSST/MTb); 2. ed. – São Paulo: FUNDACENTRO: FUNDUNESP, 86p..
- Costa, M. F. B.; "Machado, J. M. H.; Moreira, J. C.; Brickus, L. S. R., 2000, "Aplicabilidade do ácido trans,trás-mucônico urinário como indicador biológico na avaliação da exposição ocupacional ao benzeno", Revista Brasileira de toxicologia,13:63-68.
- Costa. M.F.B. 2001. "Estudo da Aplicabilidade do ácido trans,trans-mucônico urinário como Indicador Biológico de Exposição ao Benzeno", Tese de Doutorado, Rio de Janeiro, Escola Nacional de Saúde Pública.
- Coutrim, M.X.; Carvalho, L.R.F.; Arcuri, A S. A ; 2000, "Avaliação dos métodos analíticos para a determinação de metabólitos do benzeno como potenciais biomarcadores de exposição humana ao benzeno no ar", Química Nova, 23(5): 653.
- Coutrim, M.X.; Jager, A.V.; Carvalho, L.R.F.; Tavares, M.F.M.; 1997, "Capillary electrophoresis determination of urinary muconic acid as a biological marker for benzene in cigarette smoke", J. Capillary Electrophor. 44:39.
- Coutrim, M.X.; 1998, "Desenvolvimento de metodologia analítica para a determinação de indicador biológico de exposição ao benzeno", Tese de doutorado. Instituto de Química, USP.
- DFG (Deutsche Forschungsgmeinschaft), 1996, "List of MAK and BAT Values, do, Report n° 32", página 156, item IX Carcinogenic Substances
- Drummond, L. R.; Luck, R.; Afacan, A.S.; Wilson, H. K. 1988, "Biological monitoring of workers exposure to benzene in the coke oven industry"; Br. J. Ind. Med. 45:256-261
- Ducos, P.; Gaudin, R.; Robert, A.; Francin, J.M.; Maire, C.; 1990, Improvement in HPLC Analysis of Urinary trans,trans-Muconic Acid, a Promising Substitute for Phenol in the Assessment of Benzene Exposure., Int. Arch. Occup. Environ. Health, 62: 529-534.
- Ducos, P.; Gaudin, R.; Bel, C.; Maire, C.; Francin, J.M.; Robert, A.; Wild, P.; 1992, "trans,trans-muconic acid, a reliable biological indicator for the detection of individual benzene exposure down to the ppm level", Int. Arch. Occup. Environ. Health, 64: 309-313.
- Freitas, N. B. B., Arcuri, A. S. A., 1997, "Valor de referência tecnológico (VRT) – a nova abordagem de controle da concentração de benzeno nos ambientes de trabalho", Rev.

Decreto n. 10.854, de 10 de novembro de 2021 (1)

Regulamenta disposições relativas à legislação trabalhista e institui o Programa Permanente de Consolidação, Simplificação e Desburocratização de Normas Trabalhistas Infralegais e o Prêmio Nacional Trabalhista, e altera o Decreto n. 9.580, de 22 de novembro de 2018.

O Presidente da República, no uso das atribuições que lhe confere o art. 84, *caput*, incisos IV e VI, alínea *a*, da Constituição, e tendo em vista o disposto na Consolidação das Leis do Trabalho, aprovada pelo Decreto-Lei n. 5.452, de 1º de maio de 1943, decreta:

TÍTULO I

Disposições Preliminares

Art. 1º Este Decreto regulamenta disposições relativas à legislação trabalhista sobre os seguintes temas:

....

IV – fiscalização das normas de proteção ao trabalho e de segurança e saúde no trabalho;

V – diretrizes para elaboração e revisão das normas regulamentadoras de segurança e saúde no trabalho;

VI – certificado de aprovação do equipamento de proteção individual, nos termos do disposto no art. 167 da Consolidação das Leis do Trabalho, aprovada pelo Decreto-Lei n. 5.452, de 1º de maio de 1943;

....

TÍTULO II

Disposições Gerais

....

CAPÍTULO IV

Da Fiscalização das Normas de Proteção ao Trabalho e de Saúde e Segurança no Trabalho

Art. 16. Compete exclusivamente aos Auditores-Fiscais do Trabalho do Ministério do Trabalho e Previdência, autoridades trabalhistas no exercício de suas atribuições legais, nos termos do disposto na Lei n. 10.593, de 6 de dezembro de 2002, a fiscalização do cumprimento das normas de proteção ao trabalho e de saúde e segurança no trabalho.

Art. 17. A autoridade nacional, as autoridades máximas regionais e as autoridades regionais em matéria de inspeção do trabalho serão Auditores-Fiscais do Trabalho.

Parágrafo único. Ato do Ministro de Estado do Trabalho e Previdência disporá sobre as autoridades a que se refere o *caput*.

Seção I

Das denúncias sobre irregularidades e dos pedidos de fiscalização trabalhista

Art. 18. A Subsecretaria de Inspeção de Trabalho da Secretaria de Trabalho do Ministério do Trabalho e Previdência receberá denúncias sobre irregularidades trabalhistas e pedidos de fiscalização por meio de canais eletrônicos.

§ 1º Os canais eletrônicos poderão ser utilizados por:

I – trabalhadores;

II – órgãos e entidades públicas;

III – entidades sindicais;

IV – entidades privadas; e

V – outros interessados.

§ 2º As denúncias sobre irregularidades trabalhistas e pedidos de fiscalização serão recebidas e tratadas pela inspeção do trabalho, e poderão:

I – ser utilizadas como fonte de informações nas fases de elaboração e execução do planejamento da inspeção do trabalho; e

II – ter prioridade em situações específicas, na forma estabelecida em ato do Ministro de Estado do Trabalho e Previdência, especialmente quando envolverem indícios de:

a) risco grave e iminente à segurança e à saúde de trabalhadores;

b) ausência de pagamento de salário;

c) trabalho infantil; ou

d) trabalho análogo ao de escravo.

§ 3º As denúncias que envolvam apenas o não pagamento de rubrica específica do salário ou de diferenças rescisórias e aquelas que envolvam o atraso de salários quitados no momento de análise da denúncia não se incluem nas hipóteses previstas na alínea *b* do inciso II do § 2º.

§ 4º Compete às chefias em matéria de inspeção do trabalho a designação de Auditor-Fiscal do Trabalho para o atendimento das demandas externas recebidas pelos canais eletrônicos a que se refere o *caput*.

§ 5º A execução das atividades e dos projetos previstos no planejamento da inspeção do trabalho terão prioridade em relação àquelas provenientes de denúncias, requisições ou pedidos de fiscalização, exceto quanto ao disposto no inciso II do § 2º e nas determinações judiciais.

§ 6º Em observância ao disposto no § 3º do art. 8º da Lei Complementar n. 75, de 20 de maio de 1993, a chefia em matéria de inspeção do trabalho deverá justificar e comunicar a justificativa quando da falta do atendimento de requisições do Ministério Público.

§ 7º A Subsecretaria de Inspeção de Trabalho da Secretaria de Trabalho do Ministério do Trabalho e Previdência poderá celebrar termo de entendimento com órgãos interessados com vistas à melhor articulação

(1) Publicado no *Diário Oficial da União*, de 11-11-2021.

entre o planejamento e a execução das ações fiscais e o atendimento a requisições ou pedidos de fiscalização.

§ 8º Será garantida a confidencialidade da identidade dos usuários dos canais eletrônicos de que trata o *caput*, hipótese em que será vedado a qualquer pessoa que obtiver acesso à referida informação revelar a sua origem ou a fonte da fiscalização, que ficará sujeita a penalidade prevista em legislação específica.

§ 9º Na impossibilidade de uso ou acesso aos canais eletrônicos de que trata o *caput*, poderão ser admitidos outros meios para recebimento de denúncias sobre irregularidades trabalhistas.

Seção II
Da atuação estratégica e preventiva da inspeção do trabalho

Art. 19. O planejamento da inspeção do trabalho contemplará atuação estratégica por meio de ações especiais setoriais para a prevenção de acidentes de trabalho, de doenças relacionadas ao trabalho e de irregularidades trabalhistas, a partir da análise dos dados de acidentalidade e adoecimento ocupacionais e do mercado de trabalho, na forma estabelecida em ato do Ministro de Estado do Trabalho e Previdência.

§ 1º A atuação estratégica por meio das ações especiais setoriais incluirá a realização de ações coletivas para prevenção e saneamento das irregularidades.

§ 2º As ações coletivas para prevenção e saneamento de irregularidades são iniciativas fora do âmbito das ações de fiscalização, que permitem o diálogo setorial e interinstitucional, e a construção coletiva de soluções.

§ 3º São ações coletivas para prevenção, dentre outras:

I – o estabelecimento de parcerias com entidades representativas de trabalhadores e empregadores;

II – o compartilhamento de diagnóstico setorial sobre os índices de informalidade, acidentalidade e adoecimento ocupacionais;

III – a realização de eventos de orientação às representações das partes interessadas;

IV – a elaboração de cartilhas e manuais;

V – a promoção do diálogo social por meio da realização de encontros periódicos para construção coletiva de soluções para a superação dos problemas identificados;

VI – a realização de visita técnica de instrução, no âmbito das competências previstas no inciso II do *caput* do art. 18 do Regulamento da Inspeção do Trabalho, aprovado pelo Decreto n. 4.552, de 27 de dezembro de 2002, e da Convenção n. 81 da OIT, nos termos do disposto no Decreto n. 10.088, de 5 de novembro de 2019; e

VII – a atuação integrada com outros órgãos da administração pública federal, estadual, distrital e municipal, com vistas ao compartilhamento de informações e à atuação conjunta na construção coletiva de soluções para os problemas concernentes a cada área de atuação.

§ 4º O monitoramento das ações coletivas para prevenção a que se refere o § 3º será realizado na forma estabelecida pelo responsável de cada projeto.

§ 5º A visita técnica de instrução a que se refere o inciso VI do § 3º consiste em atividade excepcional coletiva relacionada ao objeto do projeto ou da ação especial setorial, agendada previamente pela autoridade nacional ou máxima regional em matéria de inspeção do trabalho.

§ 6º Não caberá lavratura de auto de infração no âmbito das ações coletivas de prevenção previstas neste artigo.

Seção III
Da autuação pela inspeção do trabalho

Art. 20. Incumbe exclusivamente à autoridade máxima regional em matéria de inspeção do trabalho a aplicação de multas, na forma prevista no art. 634 da Consolidação das Leis do Trabalho, aprovada pelo Decreto-Lei n. 5.452, de 1943, e em ato do Ministro de Estado do Trabalho e Previdência.

§ 1º A análise de defesa administrativa, sempre que os meios técnicos permitirem, será feita em unidade federativa diferente daquela onde tiver sido lavrado o auto de infração.

§ 2º O sistema de distribuição aleatória de processos para análise, decisão e aplicação de multas será disciplinado na forma estabelecida em ato do Ministro de Estado do Trabalho e Previdência de que trata o *caput*.

Art. 21. O auto de infração lavrado pelo Auditor-Fiscal do Trabalho deverá indicar expressamente os dispositivos legais e infralegais ou as cláusulas de instrumentos coletivos que houverem sido infringidos.

Parágrafo único. Serão nulos os autos de infração ou as decisões de autoridades que não observarem o disposto neste artigo, independentemente da natureza principal ou acessória da obrigação.

Art. 22. É vedado ao Auditor-Fiscal do Trabalho determinar o cumprimento de exigências que constem apenas de manuais, notas técnicas, ofícios circulares ou atos congêneres.

Art. 23. A não observância ao disposto no art. 22 poderá ensejar a apuração de responsabilidade administrativa do Auditor-Fiscal do Trabalho, nos termos do disposto no art. 121 e no art. 143 da Lei n. 8.112, de 11 de dezembro de 1990.

Capítulo V
Das Diretrizes para Elaboração e Revisão das Normas Regulamentadoras de Segurança e Saúde no Trabalho

Art. 24. São diretrizes para elaboração e revisão das normas regulamentadoras de segurança e saúde no trabalho, nos termos do disposto no art. 200 da Consolidação das Leis do Trabalho, aprovada pelo Decreto-Lei n. 5.452, de 1943, no art. 13 da Lei n. 5.889, de 1973, e no art. 9º da Lei n. 9.719, de 27 de novembro de 1998:

I – redução dos riscos inerentes ao trabalho, prevenção de acidentes de trabalho e doenças ocupacionais e promoção da segurança e saúde do trabalhador;

II – a dignidade da pessoa humana, o valor social do trabalho, a valorização do trabalho humano, o livre exercício da atividade econômica e a busca do pleno emprego, nos termos do disposto nos incisos III e IV do *caput* do art. 1º e nos incisos IV e VIII do *caput* do art. 170 da Constituição;

III – o embasamento técnico ou científico, a atualidade das normas com o estágio corrente de desenvolvimento tecnológico e a compatibilidade dos marcos regulatórios brasileiro e internacionais;

IV – a harmonização, a consistência, a praticidade, a coerência e a uniformização das normas;

V – a transparência, a razoabilidade e a proporcionalidade no exercício da competência normativa;

VI – a simplificação e a desburocratização do conteúdo das normas regulamentadoras; e

VII – a intervenção subsidiária e excepcional do Estado sobre o exercício de atividades econômicas, nos termos do disposto no inciso III do *caput* do art. 2º da Lei n. 13.874, de 2019, incluído o tratamento diferenciado à atividade econômica de baixo risco à saúde e à segurança no ambiente de trabalho.

Parágrafo único. Poderá ser previsto tratamento diferenciado e favorecido para as microempresas e empresas de pequeno porte, nos termos do disposto no inciso IX do *caput* do art. 170 da Constituição, e na Lei Complementar n. 123, de 2006, quando o nível de risco ocupacional assim permitir.

Art. 25. São vedadas as seguintes condutas na elaboração e na revisão de normas regulamentadoras, exceto se em estrito cumprimento a previsão legal:

I – criar reserva de mercado ao favorecer segmento econômico em detrimento de concorrentes;

II – exigir especificação técnica que não seja necessária para atingir o fim pretendido; e

III – redigir enunciados que impeçam ou retardem a inovação e a adoção de novas tecnologias, processos ou modelos de negócios, observado o disposto no inciso I do *caput* do art. 24.

Art. 26. A atuação normativa relacionada à segurança e à saúde no trabalho deverá compreender todas as atividades e situações de trabalho e priorizará as situações de alto risco ocupacional e aquelas com maior propensão a gerar adoecimentos e acidentes de trabalho graves, em especial aqueles que gerem incapacidades permanentes para o trabalho ou que sejam fatais.

Art. 27. As normas regulamentadoras serão redigidas com clareza, precisão e ordem lógica, e apresentarão conceitos técnicos e objetivos, em observância ao disposto no Decreto n. 9.191, de 2017, e no Decreto n. 10.139, de 2019.

Art. 28. A elaboração e a revisão das normas regulamentadoras de segurança e saúde no trabalho incluirão mecanismos de consulta à sociedade em geral e às organizações sindicais mais representativas de trabalhadores e empregadores, seja por meio de procedimentos de audiência e consulta pública, seja por consulta à Comissão Tripartite Paritária Permanente, instituída pelo Decreto n. 9.944, de 30 de julho de 2019.

Art. 29. A Secretaria de Trabalho do Ministério do Trabalho e Previdência poderá solicitar à Fundação Jorge Duprat Figueiredo – Fundacentro, a elaboração de parecer com a indicação de parâmetros técnicos, estudos e pesquisas nacionais e internacionais atualizados sobre a área a ser regulada para instruir o processo de elaboração ou revisão de normas regulamentadoras.

....

Capítulo VI
Do Certificado de Aprovação do Equipamento de Proteção Individual

Art. 30. O equipamento de proteção individual somente poderá ser comercializado com a obtenção do certificado de aprovação, nos termos do disposto no art. 167 da Consolidação das Leis do Trabalho, aprovada pelo Decreto-Lei n. 5.452, de 1943, emitido pela Secretaria de Trabalho do Ministério do Trabalho e Previdência.

§ 1º Ato do Ministro de Estado do Trabalho e Previdência disporá sobre os procedimentos e os requisitos técnicos para emissão, renovação ou alteração do certificado de aprovação de que trata o *caput*.

§ 2º O certificado de aprovação de equipamento de proteção individual será emitido por meio de sistema eletrônico simplificado.

§ 3º As informações prestadas e as documentações e os relatórios apresentados serão de responsabilidade do requerente e serão considerados para fins de emissão do certificado.

§ 4º Os autores de declarações ou informações falsas ou que apresentarem documentos falsificados ficam sujeitos às penas previstas nos art. 297 a art. 299 do Decreto-Lei n. 2.848, de 7 de dezembro de 1940 – Código Penal.

....

Capítulo XII
Das Relações Individuais e Coletivas de Trabalho Rural

Art. 83. Este Capítulo disciplina a aplicação das normas reguladoras do trabalho rural, nos termos do disposto na Lei n. 5.889, de 1973.

Art. 84. Para fins do disposto neste Capítulo, considera-se empregador rural a pessoa natural ou jurídica, proprietária ou não, que explore atividade agroeconômica, em caráter permanente ou temporário, diretamente ou por meio de prepostos e com auxílio de empregados.

§ 1º Equipara-se ao empregador rural:

I – a pessoa natural ou jurídica que, habitualmente, em caráter profissional, e por conta de terceiros, execute serviços de natureza agrária, mediante a utilização do trabalho de outrem; e

Legislação Complementar

II – o consórcio simplificado de produtores rurais de que trata o art. 25-A da Lei n. 8.212, de 1991.

§ 2º Sempre que uma ou mais empresas, embora cada uma delas tenha personalidade jurídica própria, estiverem sob direção, controle ou administração de outra, ou ainda quando, mesmo guardando cada uma sua autonomia, integrem grupo econômico ou financeiro rural, serão responsáveis solidariamente nas obrigações decorrentes da relação de emprego.

§ 3º Considera-se como atividade agroeconômica, além da exploração industrial em estabelecimento agrário não compreendido na Consolidação das Leis do Trabalho, aprovada pelo Decreto-Lei n. 5.452, de 1943, a exploração do turismo rural ancilar à exploração agroeconômica.

§ 4º Para fins do disposto no § 3º, consideram-se como exploração industrial em estabelecimento agrário as atividades que compreendem o primeiro tratamento dos produtos agrários *in natura* sem transformá-los em sua natureza, tais como:

I – o beneficiamento, a primeira modificação e o preparo dos produtos agropecuários e hortigranjeiros e das matérias-primas de origem animal ou vegetal para posterior venda ou industrialização; e

II – o aproveitamento dos subprodutos provenientes das operações de preparo e modificação dos produtos *in natura* de que trata o inciso I.

§ 5º Para fins do disposto no § 3º, não se considera indústria rural aquela que, ao operar a primeira modificação do produto agrário, transforme a sua natureza a ponto de perder a condição de matéria-prima.

Art. 85. Para fins do disposto neste Capítulo, empregado rural é toda pessoa natural que, em propriedade rural ou prédio rústico, preste serviços de natureza não eventual a empregador rural, sob a dependência deste e mediante o pagamento de salário.

Art. 86. As relações de trabalho rural serão reguladas pela Lei n. 5.889, de 1973, e, naquilo que não dispuser em contrário, pela Consolidação das Leis do Trabalho, aprovada pelo Decreto-Lei n. 5.452, de 1943, e pela legislação especial.

Art. 87. Os contratos de trabalho rural, individuais ou coletivos, estabelecerão, conforme os usos, as praxes e os costumes de cada região, o início e o término normal da jornada de trabalho, cuja duração não poderá exceder a oito horas diárias.

§ 1º Será obrigatória, em qualquer trabalho contínuo de duração superior a seis horas, a concessão de intervalo mínimo de uma hora para repouso ou alimentação, observados os usos e os costumes da região.

§ 2º Os intervalos para repouso ou alimentação não serão computados na duração da jornada de trabalho.

Art. 88. Haverá período mínimo de onze horas consecutivas para descanso entre duas jornadas de trabalho.

Art. 89. A duração diária da jornada de trabalho poderá ser acrescida de horas extras, em número não excedente a duas horas, por acordo individual, convenção coletiva ou acordo coletivo de trabalho.

§ 1º Deverá constar, obrigatoriamente, de acordo individual, convenção coletiva ou acordo coletivo de trabalho a importância da remuneração da hora suplementar que será, no mínimo, cinquenta por cento superior à da hora normal.

§ 2º Poderá ser dispensado o acréscimo de salário se, por força de acordo ou convenção coletiva de trabalho, o excesso de horas em um dia for compensado pela diminuição correspondente em outro dia, de maneira que não exceda, no período máximo de um ano, à soma das jornadas semanais de trabalho previstas, nem seja ultrapassado o limite máximo de dez horas diárias.

§ 3º É lícito o regime de compensação de jornada estabelecido por acordo individual, tácito ou escrito, para a compensação no mesmo mês.

Art. 90. A duração da jornada de trabalho poderá, caso ocorra necessidade imperiosa, exceder ao limite legal ou convencionado, seja por motivo de força maior, seja para atender à realização ou à conclusão de serviços inadiáveis ou cuja inexecução possa acarretar prejuízo manifesto.

§ 1º Nas hipóteses previstas no *caput*, o excesso poderá ser exigido independentemente de convenção coletiva ou acordo coletivo de trabalho.

§ 2º Nas hipóteses de excesso de horário por motivo de força maior, a remuneração da hora excedente será de, no mínimo, cinquenta por cento superior à hora normal.

§ 3º Nas demais hipóteses de excesso previstas no *caput*, as horas que excederem à jornada de trabalho serão remuneradas com acréscimo de, no mínimo, cinquenta por cento, e o trabalho não poderá exceder a doze horas, desde que a lei não estabeleça expressamente outro limite.

§ 4º A duração da jornada de trabalho, sempre que ocorrer interrupção resultante de causas acidentais ou de força maior que determinem a impossibilidade de sua realização, poderá ser prorrogada pelo tempo necessário até o máximo de duas horas, durante o número de dias indispensáveis à recuperação do tempo perdido, desde que não exceda a dez horas diárias, em período não superior a quarenta e cinco dias por ano, sujeita essa recuperação à autorização prévia da autoridade competente.

Art. 91. Nos serviços intermitentes, não serão computados como de exercício efetivo os intervalos entre uma e outra parte da execução da tarefa diária, o que deverá ser expressamente ressalvado nos registros referentes à Carteira de Trabalho e Previdência Social.

Parágrafo único. Considera-se serviço intermitente aquele que, por sua natureza, seja normalmente executado em duas ou mais etapas diárias distintas, desde que haja interrupção da jornada de trabalho de, no mínimo, cinco horas, entre uma e outra parte da execução da tarefa.

Art. 92. O trabalho noturno acarretará acréscimo de vinte e cinco por cento sobre a remuneração normal da hora diurna.

Parágrafo único. Para fins do disposto no *caput*, considera-se trabalho noturno aquele executado entre:

I – as vinte horas de um dia e as quatro horas do dia seguinte, na atividade pecuária; e

II – as vinte e uma horas de um dia e as cinco horas do dia seguinte, na lavoura.

Art. 93. Fica proibido o trabalho noturno, perigoso ou insalubre a menores de dezoito anos de idade, além daqueles proibidos pela Lei n. 8.069, de 13 de julho de 1990 – Estatuto da Criança e do Adolescente, e pelo Decreto n. 6.481, de 12 de junho de 2008.

Parágrafo único. Fica proibida qualquer espécie de trabalho a menores de dezesseis anos de idade, exceto quanto à contratação de jovem a partir de quatorze anos de idade na condição de aprendiz.

Art. 94. Aplicam-se aos trabalhadores rurais sem vínculo empregatício que prestem serviços a empregadores rurais, dentre outras, as normas referentes:

I – à segurança e à saúde no trabalho;

II – à jornada de trabalho;

III – ao trabalho noturno; e

IV – ao trabalho do menor de idade.

Art. 95. No salário do empregado, além das hipóteses de determinação legal ou decisão judicial, somente poderão ser efetuados os seguintes descontos, calculados sobre o salário-mínimo:

I – até o limite de vinte por cento, pela ocupação da morada;

II – até o limite de vinte e cinco por cento, pelo fornecimento de alimentação; e

III – valores de adiantamentos em dinheiro.

§ 1º As deduções de que trata o *caput* deverão ser previamente autorizadas pelo empregado, sem o que serão nulas de pleno direito.

§ 2º Para fins do disposto no inciso I do *caput*, considera-se morada a habitação fornecida pelo empregador, a qual, atendidas as condições peculiares de cada região, satisfaça os requisitos de salubridade e higiene estabelecidos em normas editadas em ato do Ministro de Estado do Trabalho e Previdência.

§ 3º O desconto previsto no inciso I do *caput*, sempre que mais de um empregado residir na mesma morada, deverá ser dividido proporcionalmente pelo número total de empregados, vedada, em qualquer hipótese, a moradia coletiva de famílias.

§ 4º O empregado, rescindido ou extinto o contrato de trabalho, será obrigado a desocupar a morada fornecida pelo empregador no prazo de trinta dias, contado da data do término da relação laboral.

....

Art. 104. Ato do Ministro de Estado do Trabalho e Previdência estabelecerá as normas de segurança e saúde no trabalho a serem observadas nos locais de trabalho rural.

....

Título III

Disposições Finais

Art. 183. O Ministério do Trabalho e Previdência deverá ser consultado previamente quando da revisão periódica da lista oficial de doenças relacionadas ao trabalho, nos termos do disposto no inciso VII do § 3º do art. 6º da Lei n. 8.080, de 19 de setembro de 1990, para manifestação técnica quanto aos aspectos trabalhistas e previdenciários correlatos.

Parágrafo único. A atualização da lista oficial de doenças relacionadas ao trabalho será efetuada com base em critério epidemiológico ou técnico-científico consolidado.

Art. 184. Fica autorizado o armazenamento, em meio eletrônico, óptico ou equivalente, de documentos relativos a deveres e obrigações trabalhistas, incluídos aqueles relativos a normas regulamentadoras de saúde e segurança no trabalho, compostos por dados ou por imagens, nos termos do disposto no art. 2º-A da Lei n. 12.682, de 9 de julho de 2012, no Decreto n. 10.278, de 18 de março de 2020, no inciso X do *caput* do art. 3º da Lei n. 13.874, de 2019, e na Lei n. 13.709, de 14 de agosto de 2018.

....

Art. 188. Este Decreto entra em vigor:

I – dezoito meses após a data de sua publicação, quanto:

a) ao § 1º do art. 174;

b) ao art. 177; e

c) ao art. 182; e

II – trinta dias após a data de sua publicação, quanto aos demais dispositivos.

Brasília, 10 de novembro de 2021; 200º da Independência e 133º da República.

Jair Messias Bolsonaro

Instrução Normativa n. 2, de 8 de novembro de 2021 (1)

Dispõe sobre os procedimentos a serem observados pela Auditoria-Fiscal do Trabalho nas situações elencadas.

O Ministro de Estado do Trabalho e Previdência, no uso das atribuições que lhe confere o art. 87, *caput*, parágrafo único, inciso II, da Constituição, e tendo em vista o disposto no art. 155 e art. 200 da Consolidação das Leis do Trabalho – CLT, aprovada pelo Decreto-Lei n. 5.452, de 1º de maio de 1943, resolve:

(1) Publicada no *Diário Oficial da União*, de 12-11-2021.

Art. 1º Esta Instrução Normativa dispõe sobre os procedimentos a serem observados pelos Auditores-Fiscais do Trabalho no que se refere a:

....

X – fiscalização do trabalho rural;

....

XV – fiscalização do trabalho portuário e aquaviário;

XVI – análise de acidentes de trabalho;

XVII – avaliação das concentrações de benzeno em ambientes de trabalho;

....

Capítulo X
Da Fiscalização do Trabalho Rural

Art. 108. O Auditor-Fiscal do Trabalho, quando da fiscalização do trabalho rural, deverá observar o disposto neste Capítulo.

Seção I
Do planejamento das ações fiscais

Art. 109. As unidades descentralizadas em matéria de inspeção do trabalho, deverão, obrigatoriamente, incluir no planejamento anual as estratégias de ação relativas às fiscalizações nas atividades rurais.

§ 1º O planejamento deverá ser precedido de diagnóstico para a identificação dos focos de recrutamento de trabalhadores, das atividades econômicas rurais e sua sazonalidade, bem como das peculiaridades locais.

§ 2º O diagnóstico, elaborado com base em dados obtidos junto a órgãos e instituições governamentais, deverá ser subsidiado, também, por informações oriundas do Ministério Público do Trabalho, dos sindicatos de trabalhadores rurais e outras organizações não governamentais.

§ 3º O planejamento deverá priorizar as ações para os focos de recrutamento de trabalhadores, para as atividades econômicas intensivas em mão de obra e para aquelas com maior incidência de agravos à saúde do trabalhador, devendo contemplar, no mínimo, a verificação de condições de saúde e segurança no trabalho, trabalho infantil e trabalho informal.

Art. 110. As unidades descentralizadas da inspeção do trabalho poderão instituir grupos especiais permanentes de fiscalização para implementar as ações fiscais nas atividades rurais ou constituir equipes especiais para cada operação.

§ 1º No caso dos grupos especiais permanentes, as chefias de fiscalização e de segurança e saúde no trabalho designarão, de comum acordo, um coordenador dentre os integrantes do grupo.

§ 2º A chefia buscará garantir que cada grupo ou equipe de fiscalização seja integrado por, no mínimo, três Auditores-Fiscais do Trabalho, preferencialmente compondo uma equipe com formação multidisciplinar.

§ 3º Os grupos e equipes de fiscalização também deverão, a cada operação, ter um coordenador indicado de comum acordo pelas chefias de fiscalização e de segurança e saúde no trabalho.

§ 4º Alternativamente, a chefia de fiscalização poderá realizar sorteio ou rodízio de Auditores-Fiscais do Trabalho para a realização das viagens destinadas às fiscalizações.

Art. 111. Para a definição da estratégia a ser utilizada na ação fiscal, quando necessário, serão ouvidos previamente o Ministério Público do Trabalho, a Polícia Federal ou a Polícia Rodoviária Federal.

Art. 112. Na fase de execução da ação fiscal, após avaliação do grupo ou equipe, deverá ser garantida a participação da Polícia Federal, da Polícia Rodoviária Federal, da Polícia Militar ou da Polícia Civil, por intermédio de solicitação direta da autoridade regional ou da chefia de fiscalização.

Art. 113. A divisão de administração deve manter controle da frota de veículos de uso da fiscalização rural e monitorar a sua manutenção para garantir a sua pronta disponibilização para a realização das ações fiscais previstas no planejamento.

Parágrafo único. Os recursos necessários ao licenciamento anual e à manutenção dos veículos de uso exclusivo da fiscalização deverão ser solicitados em tempo hábil à Subsecretaria de Inspeção do Trabalho da Secretaria de Trabalho do Ministério do Trabalho e Previdência, com cópias dos respectivos orçamentos.

Art. 114. Para subsidiar a execução das ações de fiscalização do trabalho rural, deverá ser observada, especialmente, a Norma Regulamentadora n. 31 (NR 31).

Art. 115. A ação fiscal será iniciada com a verificação do cumprimento dos preceitos básicos da legislação trabalhista, destacando-se aqueles relativos às condições de segurança e saúde no trabalho, ao registro, à jornada, ao salário e ao FGTS.

Art. 116. No caso de constatação de risco grave e iminente para o trabalhador, o Auditor-Fiscal do Trabalho deverá adotar os procedimentos legais para interdição do estabelecimento, setor de serviço, máquina ou equipamento, conforme dispõem o art. 161 da Consolidação das Leis do Trabalho, aprovada pelo Decreto-Lei n. 5.452, de 1943, e a Norma Regulamentadora n. 3 (NR 03).

Art. 117. Ao identificar a ocorrência de aliciamento, terceirização ilegal ou qualquer forma irregular de intermediação de mão de obra, o Auditor-Fiscal do Trabalho procederá às autuações pertinentes e informará os fatos e circunstâncias em seu relatório de fiscalização para adoção de providências subsequentes.

Art. 118. Na hipótese de haver identificação de trabalho análogo ao de escravo em ação fiscal rotineira, o Auditor-Fiscal do Trabalho ou equipe especial de fiscalização comunicará imediatamente o fato à chefia da fiscalização, por qualquer meio, e adotará os procedimentos previstos no Capítulo V desta Instrução Normativa.

Art. 119. Quando constatar trabalho noturno, perigoso, insalubre ou nas atividades listadas no Decreto n. 6.481, de 2008, realizado por menores de dezoito anos ou qualquer trabalho realizado por menores de dezesseis anos, salvo na condição de aprendiz, a partir de quatorze anos, o Auditor-Fiscal do Trabalho deverá observar o disposto no Capítulo VI desta Instrução Normativa, bem como fazer constar do histórico do auto de infração a situação encontrada.

Seção II
Do recrutamento de trabalhadores urbanos e rurais

Art. 120. O Auditor-Fiscal do Trabalho, quando da fiscalização do recrutamento e transporte de trabalhadores urbanos e rurais para trabalhar em localidade diversa de sua origem, deverá observar o disposto nesta Seção.

Art. 121. O Auditor-Fiscal do Trabalho, quando da identificação de trabalhadores migrantes, recrutados para trabalhar em localidade diversa da sua origem, sendo transportados ou já em atividade, deverá verificar, dentre outras, as seguintes condições:

I – data da contratação, se foi formalizada com data de início correspondente ao dia da saída do local de origem do trabalhador ou data anterior;

II – regularidade do transporte junto aos órgãos competentes;

III – correspondência entre as condições de trabalho oferecidas quando da contratação e as fornecidas; e

IV – a regularidade do cumprimento dos direitos trabalhistas, especialmente aqueles relacionados à segurança e saúde no trabalho.

Parágrafo único. Identificando-se irregularidade na contratação e sendo caracterizada a exploração dos trabalhadores em alguma hipótese de trabalho análogo ao de escravo, caberá ao Auditor-Fiscal do Trabalho adotar as providências cabíveis quanto às irregularidades trabalhistas e apontar, nos relatórios de fiscalização, os elementos que possam caracterizar os crimes de submissão de trabalhadores à condição análoga à de escravo, tráfico de pessoas e de aliciamento de trabalhadores previsto nos art. 149, art. 149-A e art. 207 do Código Penal.

....

Capítulo XV
Da Fiscalização do Trabalho Portuário e Aquaviário

Seção I
Da inspeção do trabalho portuário e aquaviário

Art. 158. O Auditor-Fiscal do Trabalho, quando da inspeção do trabalho portuário e aquaviário, deverá observar o disposto neste Capítulo.

Art. 159. A fiscalização do trabalho portuário e aquaviário abrange os seguintes setores e atividades econômicas:

I – empresas de navegação;

II – pesca embarcada;

III – operadores portuários e demais empresas e serviços de atividades portuárias;

IV – operações de mergulho e atividades subaquáticas;

V – extração de petróleo e demais minerais por meio de plataformas marítimas ou com uso de qualquer forma de embarcação, bem como, seus serviços de apoio;

VI – construção, reparação e desmonte naval; e

VII – qualquer atividade econômica que envolva o trabalho embarcado ou que seja diretamente conexa à atividade portuária ou de navegação, conforme determinado nas diretrizes da Subsecretaria de Inspeção do Trabalho da Secretaria de Trabalho do Ministério do Trabalho e Previdência.

Art. 160. À unidade nacional de inspeção do trabalho portuário e aquaviário, instituída no âmbito da Coordenação-Geral de Segurança e Saúde no Trabalho, compete:

I – assessorar a Subsecretaria de Inspeção do Trabalho da Secretaria de Trabalho do Ministério do Trabalho e Previdência nos temas relacionados ao trabalho portuário e aquaviário;

II – colaborar na elaboração de diretrizes para uniformização dos procedimentos de fiscalização do trabalho portuário e aquaviário;

III – acompanhar as atividades das unidades regionais de inspeção do trabalho portuário e aquaviário, apoiando-as tecnicamente na elaboração e execução de seu planejamento e propondo medidas para melhoria na efetividade das ações fiscais com vistas ao alcance dos objetivos estabelecidos pela Subsecretaria de Inspeção do Trabalho da Secretaria de Trabalho do Ministério do Trabalho e Previdência;

IV – cooperar com a Coordenação Operacional do Grupo Especial de Fiscalização Móvel do Trabalho Portuário e Aquaviário no planejamento e execução das ações fiscais em âmbito nacional e regional;

V – manifestar-se sobre proposições legislativas ou normativas relacionadas com o trabalho portuário e aquaviário;

VI – subsidiar a elaboração de respostas às solicitações de informações quanto aos assuntos relacionados com o trabalho portuário e aquaviário; e

VII – propor intercâmbio com outros órgãos do poder público, bem como, auxiliar na execução de ações articuladas e na implementação de convênios com outras instituições em nível nacional em assuntos relacionados com o trabalho portuário e aquaviário.

Art. 161. A coordenação da unidade nacional de inspeção do trabalho portuário e aquaviário será exercida por Auditor-Fiscal do Trabalho designado pelo Subsecretário de Inspeção do Trabalho.

§ 1º O Auditor-Fiscal do Trabalho designado poderá estar em exercício em qualquer unidade descentralizada da inspeção do trabalho.

§ 2º A designação será atribuída a Auditor-Fiscal do Trabalho que, preferencialmente, já tenha atuado na fiscalização do trabalho portuário e aquaviário.

Art. 162. Às unidades regionais de inspeção do trabalho portuário e aquaviário, instituídas nas seções, setores

Legislação Complementar

ou núcleos de segurança e saúde no trabalho das unidades descentralizadas da inspeção do trabalho competem:

I – assessorar as chefias locais de segurança e saúde no trabalho e de fiscalização do trabalho em assuntos relacionados com o trabalho portuário e aquaviário, a partir das diretrizes e orientações emitidas pela Subsecretaria de Inspeção do Trabalho da Secretaria de Trabalho do Ministério do Trabalho e Previdência;

II – executar a fiscalização do cumprimento das normas de segurança e saúde no trabalho e da legislação trabalhista em quaisquer locais onde se desenvolvam as atividades econômicas elencadas no art. 159;

III – promover a verificação da regularidade do exercício profissional das diversas atividades dos trabalhadores portuários avulsos, adotando as medidas cabíveis em caso de infringência às normas legais;

IV – elaborar e cumprir o planejamento de inspeção do trabalho portuário e aquaviário, em conformidade com as diretrizes definidas pela Subsecretaria de Inspeção do Trabalho da Secretaria de Trabalho do Ministério do Trabalho e Previdência;

V – elaborar relatórios de atividades, conforme determinações emitidas pela Subsecretaria de Inspeção do Trabalho da Secretaria de Trabalho do Ministério do Trabalho e Previdência;

VI – executar ações articuladas com outros órgãos e instituições, em conformidade com o planejamento de inspeção; e

VII – orientar trabalhadores, sindicatos e empresas sobre a legislação portuária e aquaviária, em harmonia com as diretrizes definidas pela Subsecretaria de Inspeção do Trabalho da Secretaria de Trabalho do Ministério do Trabalho e Previdência.

Art. 163. As unidades regionais de inspeção do trabalho portuário e aquaviário estão subordinadas à chefia técnica imediata da unidade descentralizada da inspeção do trabalho da Secretaria de Trabalho do Ministério do Trabalho e Previdência.

§ 1º As coordenações das unidades regionais serão exercidas, preferencialmente, por Auditores-Fiscais do Trabalho já capacitados para atuação na área.

§ 2º A designação constará nos respectivos Termos de Abertura de Atividade ou Projeto da Atividade "Fiscalização do Trabalho Portuário e Aquaviário", conforme determinado nas diretrizes para o planejamento da inspeção do trabalho da Subsecretaria de Inspeção do Trabalho da Secretaria de Trabalho do Ministério do Trabalho e Previdência.

§ 3º Ato do Subsecretário de Inspeção do Trabalho definirá as unidades descentralizadas da inspeção do trabalho que devem manter unidades regionais, na forma prevista no *caput*.

Seção II

Dos procedimentos da fiscalização das condições do trabalho, segurança e saúde de vida a bordo de embarcações nacionais e estrangeiras

Art. 164. As unidades regionais de inspeção do trabalho portuário e aquaviário promoverão a fiscalização das condições de trabalho, de segurança e saúde no trabalho e de vida a bordo de embarcação comercial, nacional ou estrangeira, utilizada na navegação marítima, fluvial ou lacustre.

Parágrafo único. Consideram-se condições de trabalho e de vida a bordo, entre outras, aquelas relativas às normas de manutenção e limpeza das áreas de alojamento e trabalho a bordo, à idade mínima, aos contratos de engajamento, à alimentação e ao serviço de quarto, ao alojamento da tripulação, à contratação, à lotação, ao nível de qualificação, às horas de trabalho, aos atestados médicos, à prevenção de acidentes de trabalho, aos cuidados médicos, ao bem estar social e questões afins e à repatriação.

Subseção I

Da ação fiscal em embarcação nacional

Art. 165. Quando se tratar de embarcação comercial nacional, onde será sempre observada a legislação trabalhista nacional, mesmo nos contratos de trabalho de marítimos estrangeiros, o Auditor-Fiscal do Trabalho deverá observar:

I – o cumprimento das normas contidas na Convenção n. 147 da OIT, consolidada pelo Decreto n. 10.088, de 5 de novembro de 2019;

II – as disposições da Consolidação das Leis do Trabalho, aprovada pelo Decreto-Lei n. 5.452, de 1943;

III – a Norma Regulamentadora n. 30 (NR 30 – Segurança e Saúde no Trabalho Aquaviário);

IV – a legislação complementar pertinente; e

V – os acordos e convenções coletivas de trabalho.

Parágrafo único. Às violações das normas legais deve corresponder a lavratura dos autos de infração correspondentes.

Subseção II

Da ação fiscal em embarcação estrangeira

Art. 166. A unidade regional de inspeção do trabalho portuário e aquaviário deverá priorizar a ação de fiscalização de uma embarcação nas situações em que ocorrerem queixas de um membro da tripulação, de um sindicato ou de qualquer pessoa ou organização interessada nas condições contratuais de trabalho ou, ainda, quando um Auditor-Fiscal do Trabalho observar claro indício de irregularidade.

Art. 167. O Auditor-Fiscal do Trabalho deverá, na ação fiscal em embarcações de bandeira estrangeira, observar as diretrizes sobre procedimentos de fiscalização das condições de trabalho a bordo de embarcações previstas na publicação da OIT "Inspeção das Condições de Trabalho a Bordo de Navios: Diretrizes Concernentes a procedimentos ISBN 92-2-807096-X".

Art. 168. Quando a denúncia for sobre embarcação ainda não atracada, a ação fiscal deverá ser precedida de investigação no sentido de obter com as empresas e órgãos responsáveis as seguintes informações:

I – o agente marítimo autorizado, o nome, a classe e a bandeira da embarcação;

II – se já foi concedida a autorização definida como Livre Prática pela ANVISA, que é condição necessária para o acesso do Auditor-Fiscal do Trabalho a bordo; e

III – a previsão da data de atracação e desatracação, o cais e o berço que o navio irá ocupar no porto, e a carga que irá operar.

Art. 169. No navio atracado ou em área de fundeio, após a observância do disposto nos incisos I a III do art. 170, a ação fiscal deve determinar, inicialmente, a procedência e a contundência das queixas, em entrevista com o comandante e com os demais membros da tripulação.

Art. 170. Se considerada justificada uma inspeção, deverão ser solicitados os documentos e certificados emitidos pelas sociedades classificadoras relativos à embarcação, conforme o objeto da denúncia, sendo indispensáveis:

I – a lista de tripulantes (*crewlist*);

II – os dados gerais do navio (*shipparticulars*);

III – os contratos de engajamento dos tripulantes (*contractofemployment*);

IV – o certificado de tripulação mínima de segurança (*minimum safe manningcertificate*); e

V – a relação de recibos do último pagamento efetuado à tripulação (*crewpayroll*).

Art. 171. Quanto às condições de segurança e saúde no trabalho, dependendo da denúncia, poderá ser efetuada a verificação física dos alojamentos, cozinha, câmaras frigoríficas, com atenção à quantidade e à qualidade dos alimentos, bem como à provisão de água potável, que deverão ser compatíveis com o tempo de permanência do navio no porto e com a duração da viagem até o próximo porto.

Art. 172. Caso a denúncia ou irregularidade seja confirmada, o agente marítimo autorizado pelo armador e o comandante deverão ser notificados para o saneamento da situação irregular encontrada.

Art. 173. Se os itens da notificação expedida não forem atendidos, serão adotados os seguintes procedimentos, conforme o caso:

I – as questões relativas às condições de segurança e saúde no trabalho que possam causar grave e iminente risco à tripulação deverão ser comunicadas formalmente ao mais próximo representante consular do país da bandeira e à autoridade marítima, com a descrição da situação encontrada e solicitação do impedimento do despacho do navio, com a consequente retenção do navio, na forma prevista na Portaria Interministerial n. 80, de 16 de dezembro de 2002 e na Norma da Autoridade Marítima – NORMAM 08, até a solução do problema;

II – nos casos de irregularidade de origem contratual ou salarial e nas condições de segurança e saúde no trabalho de menor gravidade, após esgotadas todas as formas de solução e coletadas as provas documentais possíveis, o Auditor-Fiscal do Trabalho deverá elaborar o relatório circunstanciado de que trata o art. 174;

III – os casos que ensejarem repatriação, como aqueles de contratos de engajamento vencidos ou de outras circunstâncias elencadas no art. 2º da Convenção n. 166 da OIT, consolidada pelo Decreto n. 10.088, de 2019, motivarão a comunicação, por ofício, à Superintendência Regional da Polícia Federal, além da adoção dos procedimentos supramencionados; e

IV – quando a tripulação se encontrar em greve (*strike*), a inspeção do trabalho deverá buscar todos os meios de mediar o conflito, procurando garantir os direitos dos trabalhadores envolvidos, inclusive o próprio direito à greve.

Art. 174. Ao fim de qualquer ação fiscal deverá ser elaborado um relatório circunstanciado em que constem as ações tomadas e seus resultados, procedendo-se à remessa de cópia à unidade regional de inspeção do trabalho portuário e aquaviário e à chefia de fiscalização do órgão descentralizado da inspeção do trabalho.

Parágrafo único. Quando os itens considerados relevantes pela inspeção do trabalho não forem atendidos, deverá ser encaminhado relatório à Assessoria Internacional do Ministério do Trabalho e Previdência, com proposta de encaminhamento ao país da bandeira do navio.

Subseção III

Da ação fiscal em embarcação comercial estrangeira afretada e autorizada em águas jurisdicionais brasileiras

Art. 175. Tratando-se de embarcação estrangeira que esteja operando em águas jurisdicionais brasileiras, por força de contrato de afretamento ou de prestação de serviços ou de riscos, celebrado com empresa brasileira e, havendo queixa referente à irregularidade relacionada ao não cumprimento do percentual de brasileiros, conforme preconizado nas Resoluções do Conselho Nacional de Imigração – RN, será iniciada ação fiscal pela unidade regional de inspeção do trabalho portuário e aquaviário com base:

I – no previsto na RN 05, nos casos de navios de cruzeiro;

II – no previsto na RN 06, nos casos de navios atuando na navegação de apoio marítimo, apoio portuário, cabotagem ou exploração e prospecção de petróleo, aí incluídas as plataformas; e

III – no previsto na RN 22, nos casos de embarcações de pesca estrangeira.

Art. 176. A unidade regional de inspeção do trabalho portuário e aquaviário adotará os procedimentos a seguir elencados, elaborando relatório circunstanciado ao final da fiscalização:

I – verificar o tipo de navegação em que a embarcação opera: se de longo curso, cabotagem, apoio marítimo, apoio portuário, navegação interior de percurso nacional ou navegação interior de percurso internacional;

II – solicitar o Certificado de Autorização de Afretamento – CAA, emitido pela Agência Nacional de Transportes Aquaviários, caso esteja na navegação de cabotagem, apoio marítimo, apoio portuário ou na navegação interior de percurso nacional;

III – solicitar as listas de pessoal embarcado (*crewlist*) no padrão da Diretoria de Portos e Costas, assinada e carimbada pelo comandante, em três períodos diferentes nos cento e oitenta dias anteriores à fiscalização;

IV – solicitar o documento PortofCalls, listando os portos visitados pelo(s) navio(s), fiscalizados nos trezentos e sessenta e cinco dias anteriores à data de início da fiscalização, assinado e carimbado pelo comandante da embarcação;

V – solicitar a procuração dos operadores do navio com nomeação de agente marítimo e agente protetor no Brasil;

VI – quando houver queixa relativa à condição imigratória dos trabalhadores estrangeiros, solicitar as autorizações de residência e respectivos vistos temporários dos tripulantes;

VII – conforme o enquadramento do tipo de navegação e tipo de embarcação, adotar as etapas abaixo elencadas, em conformidade com resolução do Conselho Nacional de Imigração aplicável ao caso:

a) nas embarcações estrangeiras de pesca, arrendadas por empresa brasileira, deverá haver tripulantes brasileiros contratados sob legislação nacional, numa proporção de dois terços da tripulação, nos diversos níveis técnicos e de atividades, e os tripulantes estrangeiros deverão estar contratados pela empresa arrendatária da embarcação, também sob legislação nacional;

b) no caso de tripulantes e outros profissionais que exerçam atividade remunerada a bordo de navio de cruzeiro aquaviário na costa brasileira, na bacia amazônica ou demais águas interiores, deverá ser verificado no Diário de Navegação ou nos controles da autoridade marítima, se a embarcação está em águas jurisdicionais brasileiras há mais de trinta dias, hipótese na qual será verificado se a embarcação conta com um mínimo de vinte e cinco por cento de brasileiros em vários níveis técnicos e em diversas atividades a serem definidas pelo armador ou pela empresa representante do mesmo, conforme Resolução Normativa n. 05 do Conselho Nacional de Imigração, de 1º de dezembro de 2017;

c) em relação a embarcações e plataformas estrangeiras que operem em águas jurisdicionais brasileiras por prazo superior a noventa dias contínuos, observar que sejam aplicadas as normas do art. 4º da Resolução Normativa n. 06, de 1º de dezembro de 2017 Conselho Nacional de Imigração, em relação à admissão de marítimos e outros profissionais brasileiros, e seguindo os percentuais abaixo indicados:

1. para embarcações utilizadas na navegação de apoio marítimo, assim definida aquela realizada para o apoio logístico a embarcações e instalações, que atuem nas atividades de pesquisa e lavra de minerais e hidrocarbonetos:

1.1. a partir de noventa dias de operação, deverá contar com um terço de brasileiros, do total de profissionais existentes a bordo, em todos os níveis técnicos e em todas as atividades, de caráter contínuo;

1.2. a partir de cento e oitenta dias de operação, deverá contar com um meio de brasileiros, do total de profissionais existentes a bordo, em todos os níveis técnicos e em todas as atividades, de caráter contínuo e;

1.3. a partir de trezentos e sessenta dias de operação, deverá contar com dois terços de brasileiros, do total de profissionais existentes a bordo, em todos os níveis técnicos e em todas as atividades, de caráter contínuo.

2. para embarcações de exploração ou prospecção, assim como plataformas, definidas as instalações ou estruturas, fixas ou flutuantes, destinadas às atividades direta ou indiretamente relacionadas com a pesquisa, exploração e explotação dos recursos oriundos do leito das águas interiores e seu subsolo ou do mar, inclusive da plataforma continental e seu subsolo:

2.1. a partir de cento e oitenta dias de operação, deverá contar com um quinto de brasileiros, do total de profissionais existentes a bordo;

2.2. a partir de trezentos e sessenta dias de operação, deverá contar com um terço de brasileiros, do total de profissionais existentes a bordo e;

2.3. a partir de setecentos e vinte dias de operação, deverá contar com dois terços de brasileiros, do total de profissionais existentes a bordo.

3. para embarcações utilizadas na navegação de cabotagem, definida como aquela realizada entre portos ou pontos do território brasileiro, utilizando a via marítima ou esta e as vias navegáveis interiores:

3.1. a partir de noventa dias de operação, deverá contar com um quinto de marítimos brasileiros, arredondando-se para o inteiro subsequente, em caso de fração igual ou maior que cinco décimos, em cada nível técnico (oficiais e subalternos) e em cada ramo de atividade (convés e máquinas) de caráter contínuo e;

3.2. a partir de cento e oitenta dias de operação, deverá contar com um terço de marítimos brasileiros, arredondando-se para o inteiro subsequente, em caso de fração igual ou maior que cinco décimos, em cada nível técnico (oficiais e subalternos) e em cada ramo de atividade (convés e máquinas) de caráter contínuo.

Art. 177. Em caso de descumprimento do disposto nas Resoluções Normativas do Conselho Nacional de Imigração, inclusive em relação à admissão de trabalhadores brasileiros, deverá ser lavrado auto de infração em desfavor da empresa brasileira contratante da embarcação estrangeira, por infração ao art. 444 da Consolidação das Leis do Trabalho, aprovada pelo Decreto-Lei n. 5.452, de 1943.

Parágrafo único. O relatório da ação fiscal, acompanhado de cópia dos eventuais autos de infração lavrados, deverá ser encaminhado à unidade nacional, com cópia à chefia de fiscalização da unidade descentralizada da inspeção do trabalho.

Capítulo XVI

Das Análises de Acidentes de Trabalho

Art. 178. O Auditor-Fiscal do Trabalho, quando das fiscalizações para análises de acidentes de trabalho, deverá observar o disposto neste Capítulo.

Art. 179. As análises de acidentes de trabalho serão determinadas ao Auditor-Fiscal do Trabalho, por meio de ordens de serviço no SFITWEB, conforme dispõe o art. 16 do Decreto n. 4.552, de 2002.

Parágrafo único. Será prioridade a emissão de ordem de serviço para a análise de acidentes de trabalho graves ou fatais.

Art. 180. Além da análise dos acidentes previstos no parágrafo único do art. 179, podem ser realizadas ações fiscais para análise de outros acidentes de trabalho considerados relevantes pela unidade descentralizada da inspeção do trabalho, em face da necessidade de tomada de medidas de prevenção de novos eventos.

Parágrafo único. Os acidentes de trabalho ocorridos há mais de dois anos serão analisados em circunstâncias excepcionais e justificadas, independentemente da existência de solicitação, sem prejuízo da inclusão, no planejamento da unidade descentralizada da inspeção do trabalho, de ação fiscal visando à verificação da persistência dos fatores que ensejaram a sua ocorrência, em especial o potencial risco ao trabalhador.

Art. 181. Nas análises de acidentes de trabalho é recomendável que os Auditores-Fiscais do Trabalho utilizem como referência o Guia de Análise de Acidentes de Trabalho, disponível no sítio eletrônico do Ministério do Trabalho e Previdência.

Art. 182. As providências para as análises de acidente de trabalho deverão ser tomadas, a partir do conhecimento do evento, com a urgência requerida para cada caso, e as análises serão realizadas *in loco*, devendo o Auditor-Fiscal do Trabalho:

I – investigar a existência de irregularidades e infrações relativas às Normas Regulamentadoras de Segurança e Saúde no Trabalho, especialmente as de n. 1, 4, 5, 7 e 9, e a provável deficiência na capacitação dos trabalhadores ou outros aspectos de gestão de segurança e saúde do trabalho que influenciaram a ocorrência do evento;

II – investigar a influência de possíveis infrações decorrentes do descumprimento da legislação disciplinadora da jornada de trabalho e dos períodos de descanso na ocorrência do evento;

III – entrevistar os trabalhadores e outras pessoas direta ou indiretamente envolvidas para a apuração dos fatos; e

IV – relatar as medidas de prevenção que poderiam ter evitado o evento indesejado, bem como as medidas de proteção que poderiam ter reduzido as suas consequências.

Art. 183. Ao término da análise do acidente, o Auditor-Fiscal do Trabalho consignará o resultado da análise do acidente no respectivo Relatório de Inspeção no SFITWEB.

§ 1º O relatório previsto no *caput* deverá ter redação clara, precisa e com ordem lógica e instruído com o maior número possível de elementos probatórios, podendo ser incluídos diagramas, esquemas, fotos, vídeos e outros recursos.

§ 2º Os autos de infração lavrados no contexto de ação fiscal de análise de acidente de trabalho devem especificar, em seu histórico, a ocorrência do evento.

Art. 184. A unidade descentralizada de inspeção do trabalho deverá encaminhar cópia do relatório circunstanciado e seus anexos à Procuradoria da União no Estado, em face do disposto no parágrafo único do art. 341 do Decreto n. 3.048, de 06 de maio de 1999, e no art. 120 da Lei n. 8.213, de 1991.

Parágrafo único. Cópia do relatório poderá ser encaminhada a outras entidades ou interessados que demonstrem legítimo interesse, nos termos da Lei n. 8.159, de 8 de janeiro de 1991, da Lei n. 12.527, de 18 de novembro de 2011, e do Decreto n. 7.845, de 14 de novembro de 2012.

Art. 185. Durante a análise de acidentes, as informações prestadas pelo empregador devem ser cotejadas com as demais circunstâncias que envolvem o evento, sempre que estiverem presentes, isolada ou conjuntamente, as seguintes situações:

I – indicação de suicídio ou morte natural como fator causal;

II – ausência de testemunhas;

III – falta de preservação do local da ocorrência;

IV – ocorrência em locais onde não existam postos de trabalho fixos, tais como estradas e áreas rurais; e

V – participação determinante de fatores socioambientais, tais como violência urbana ou fenômenos meteorológicos.

Capítulo XVII

Da Avaliação das Concentrações de Benzeno em Ambientes de Trabalho e da Prevenção da Exposição Ocupacional ao Benzeno

Art. 186. A avaliação das concentrações de benzeno em ambientes de trabalho e a vigilância da saúde dos trabalhadores na prevenção da exposição ocupacional ao benzeno, ambos previstos no Anexo 13-A da Norma Regulamentadora n. 15 (NR 15 – Atividades e Operações Insalubres), devem observar o disposto, respectivamente, nos Anexos IX e X desta Instrução Normativa.

....

Capítulo XXI

Das Disposições Finais

Art. 294. Revogam-se as seguintes Instruções Normativas:

....

IV – Instrução Normativa SSST n. 01, de 20 de dezembro de 1995;

V – Instrução Normativa SSST n. 02, de 20 de dezembro de 1995;

....

XI – Instrução Normativa SIT n. 76, de 15 de maio de 2009;

....

XXXII – Instrução Normativa SIT n. 129, de 11 de janeiro de 2017;

....

Art. 295. Esta Instrução Normativa entra em vigor no dia 10 de dezembro de 2021.

Onyx Dornelles Lorenzoni

....

ANEXO IX

Avaliação das Concentrações de Benzeno em Ambientes de Trabalho

1. OBJETIVO

Esta Norma Técnica visa à determinação da concentração de Benzeno no ar nos ambientes de trabalho. Leva em consideração as possibilidades e limitações das determinações analíticas, estatísticas, bem como do julgamento profissional.

2. CAMPO DE APLICAÇÃO

Esta Norma Técnica se aplica, exclusivamente, à determinação e avaliação das concentrações de Benzeno no ar em ambientes de trabalho.

3. DEFINIÇÕES

Para efeito desta Norma Técnica, deve-se considerar as definições apresentadas a seguir:

a) Ambiente de trabalho: considera-se como sendo a área definida pelos limites físicos da empresa.

b) Amostra de Curta Duração: para efeito desta Norma é aquela coletada durante um período de até quinze minutos.

c) Amostra instantânea: no escopo desta Norma Técnica, entende-se por amostra instantânea aquela coletada por meio do uso de instrumentos que permitem a determinação da concentração de Benzeno no ar, representativa de um determinado local, em um dado instante. O tempo total de coleta, nestes casos, deve ser inferior a cinco minutos.

d) Amostragem: é o processo de seleção de amostras, baseado em estudos e métodos estatísticos convenientes, que possam oferecer resultados representativos da exposição ocupacional ou concentração ambiental.

e) Análise: corresponde a todo o procedimento que conduz à quantificação da concentração de Benzeno em uma amostra.

f) Avaliação: caracteriza-se pelo conjunto de ações necessárias para se realizar uma caracterização completa de um determinado ambiente ou da exposição ocupacional de trabalhadores.

g) Benzeno: significa Benzeno líquido ou gasoso, registro CAS n. 71-43-2, registro ONU n. 1114.

h) Coleta: corresponde ao processo de se obter uma amostra de Benzeno no ar.

i) Concentração de Benzeno no ar: corresponde à quantidade total de Benzeno por unidade de volume de ar. É expressa como massa por unidade de volume (m/v) ou volume por unidade de volume (v/v).

Para efeito desta Norma as unidades adotadas são, respectivamente, mg/m3 e ml/m3.

j) Concentração Média Ponderada no Tempo (CMPT): Corresponde à concentração de Benzeno obtida pelo somatório das concentrações ponderadas pelos respectivos tempos de duração das coletas, dividido pelo somatório dos tempos.

k) Distribuição log-normal: Significa que a distribuição de variáveis aleatórias tem a propriedade de que o logaritmo dos seus valores são normalmente distribuídos.

l) Grupo Homogêneo de Exposição (GHE): corresponde a um grupo de trabalhadores que experimentam exposição semelhante, de forma que o resultado fornecido pela avaliação da exposição de qualquer trabalhador do grupo seja representativo da exposição do restante dos trabalhadores do mesmo grupo.

m) Limites de Concentração (LC): para efeito desta Norma Técnica, corresponde a um valor de concentração de Benzeno média ponderada no tempo, estabelecido pela Secretaria de Trabalho do Ministério do Trabalho e Previdência, para fins de comparações.

n) Local de trabalho: local onde o trabalhador desenvolve as suas atividades.

o) mg/m3: unidade de concentração correspondente à miligrama de Benzeno por metro cúbico de ar.

p) Monitoramento: é o processo periódico e sistemático da avaliação ambiental de Benzeno.

q) ppm: unidade de concentração correspondente a partes de Benzeno por milhão de partes de ar, em volume. É equivalente a mililitros de vapor de Benzeno por metro cúbico de ar (ml/m3), nas mesmas condições de pressão e temperatura.

r) Turno ou jornada de trabalho: refere-se ao período de tempo diário no qual o trabalhador exerce a sua atividade remunerada no ambiente de trabalho.

s) Zona de respiração: região hemisférica com um raio de aproximadamente trinta centímetros das narinas.

t) Zona de trabalho: corresponde a uma zona espacial ou organizacionalmente definida onde o trabalhador desenvolve sua(s) atividade(s).

Uma zona de trabalho pode ser formada por um ou mais locais de trabalho.

4 – AVALIAÇÃO

A avaliação das concentrações de Benzeno no ar nos ambientes de trabalho visa atender aos seguintes objetivos:

– conhecer as exposições efetivas dos trabalhadores durante um determinado período de tempo;

– conhecer os níveis de concentração em locais determinados;

– diagnosticar fontes de emissão de Benzeno no ambiente de trabalho;

– avaliar a eficácia das medidas de controle adotadas;

– comparar os resultados com limites de concentração estabelecidos.

A avaliação de Benzeno nos ambientes de trabalho deve compreender as seguintes etapas:

4.1 – Reconhecimento/Caracterização;

4.2 – Estratégia de Avaliação;

4.3 – Avaliação Inicial;

4.4 – Interpretação dos Resultados/Julgamento Profissional.

4.1 – RECONHECIMENTO/CARACTERIZAÇÃO

A consulta aos trabalhadores e discussão com os mesmos é elemento fundamental para um correto reconhecimento/caracterização.

Esta etapa envolve a coleta inicial de informações, a visita aos locais de trabalho para observações detalhadas e a determinação dos Grupos Homogêneos de Exposição – GHE.

Os resultados obtidos nesta etapa são de vital importância para a determinação da Estratégia de Avaliação e dos Grupos Homogêneos de Exposição.

As informações levantadas devem incluir os procedimentos de operação normal, procedimentos para manutenção, procedimentos pré-operacionais e situações de emergência.

Devem ser levantadas as seguintes informações:

4.1.1. Referentes ao processo produtivo e a planta industrial:

a) relação de todos os equipamentos (bombas, tanques, vasos, colunas de extração, de destilação, de secagem, reatores, etc.), que contenham ou por onde circule Benzeno puro ou em misturas, suas características e localização no processo ou planta industrial;

b) relação de todas as possíveis fontes de emissão de vapores de Benzeno para a atmosfera (flanges, selos de bombas, ventos, válvulas, etc.), identificando a sua localização no processo ou planta;

c) descrição do processo produtivo enfatizando as circunstâncias, fases do processo ou procedimentos que podem contribuir para a contaminação dos ambientes de trabalho pelo Benzeno;

d) quantidade de Benzeno processado (como matéria-prima, como produto e como solvente, quando for o caso);

e) parâmetros operativos, como temperatura e pressão, nas várias fases do processo e nos equipamentos que contenham ou por onde circulem Benzeno;

f) diagrama de bloco ou fluxograma simplificado e *layout* da planta industrial contendo as disposições dos equipamentos e fontes relacionados nas alíneas *a* e *b* acima;

g) descrição dos locais de trabalho, enfatizando se são ambientes abertos ou fechados (se fechados, área e pé direito), a ventilação natural determinada e a existência, ou não, de equipamentos de proteção coletiva;

h) dados climáticos: temperatura do local de trabalho, umidade relativa do ar e direção dos ventos, com as respectivas taxas de predominância;

i) interferência de áreas vizinhas aos locais de trabalho;

4.1.2 – referentes aos trabalhadores e processos de trabalho (pessoal próprio e contratados):

a) zonas de trabalho e posição dos trabalhadores em relação às fontes de emissão de Benzeno;

b) descrição das funções, dos procedimentos e das atividades dos trabalhadores, enfatizando o tempo e frequência de cada operação ou procedimento e identificando as atividades de curta duração;

c) duração da jornada e regime de trabalho;

d) número de trabalhadores totais expostos ao Benzeno e daqueles com atividades idênticas e que possam ser separados por grupos considerados de "exposição similar";

e) trabalhadores (quantidade e identificação), *a priori*, como de maior risco de exposição;

f) atividades, procedimentos e zonas de trabalho, *a priori*, como de maior risco de exposição;

g) dados indicativos de possível comprometimento da saúde relativo à exposição ao Benzeno.

4.1.3. Avaliações pregressas de concentração de Benzeno no ar:

a) resultados de todos os monitoramentos anteriores realizados (monitoramento pessoal e de área);

b) outras medições já realizadas (de fontes de emissão, em situações de emergência, na avaliação de medidas de controle, etc.);

4.1.3.1. Outras informações também poderão ser utilizadas de modo orientativo para ajudarem na definição da estratégia de avaliação, na execução dos monitoramentos ou mesmo, na interpretação dos resultados. São elas:

a) resultados de concentrações de Benzeno no ar obtidos em processos de trabalho comparáveis (quando disponíveis);

b) cálculos matemáticos de dispersão (quando disponíveis).

4.2. ESTRATÉGIA DE AVALIAÇÃO

Esta etapa compreende a definição dos métodos de coleta, da duração da coleta e tempo de coleta/medição, do número mínimo de resultados exigidos, da escolha dos períodos para a realização das coletas/medições e a realização do diagnóstico inicial.

4.2.1. Métodos de coleta de amostras:

a) coleta de amostra pessoal (ou individual)

Visa à determinação da concentração de Benzeno na zona de respiração do trabalhador, fornecendo, assim, resultados representativos da sua exposição.

Caracteriza-se pelo fato de o sistema de coleta ser fixado no próprio trabalhador, na altura da zona de respiração (geralmente na lapela).

b) coletas de amostra de área (ambiental ou de ponto fixo)

É aquela onde o sistema de coleta ou medição é posicionado em um ponto fixo no ambiente de trabalho, geralmente na altura média da zona de respiração dos trabalhadores.

É geralmente utilizado com a finalidade de conhecer os níveis de concentração de Benzeno no ar de um determinado ambiente de trabalho aos quais os trabalhadores poderiam estar expostos, na avaliação da eficácia de medidas de controle ou quando se quer realizar avaliações em tempo real, pelo uso de monitores contínuos, com sistemas de registro de resultados, acoplados ou não a sistemas de alarme.

As avaliações de área podem ser usadas para detectar variações sazonais, de ciclos de processo ou mudanças de eficiência de sistemas de proteção coletiva implementados.

As avaliações de área não devem ser consideradas como um substituto de avaliação pessoal, pois algumas atividades do trabalhador podem influenciar as concentrações da zona respiratória.

Para trabalhadores cujas atividades não gerem exposições adicionais ao Benzeno, a avaliação de área pode ser uma alternativa aceitável para uma estimativa das exposições ocupacionais.

Os pontos de coleta de amostras de área devem ser determinados por meio de critérios técnicos e discussão com os trabalhadores. Devem ser considerados os seguintes fatores: número e localização das fontes de emissão de Benzeno, direção dos ventos, zonas ou locais de trabalho e arranjo físico do local.

4.2.2. Duração da coleta e tempo de coleta/medição

A duração da coleta se refere ao período avaliado. A duração da coleta será, no máximo, o turno inteiro de trabalho.

O tempo de coleta/medição é o tempo no qual ocorre a coleta de cada amostra de ar ou cada medição da concentração de Benzeno. O tempo de coleta/medição será, no máximo, igual à duração da coleta.

4.2.3. Técnicas de coleta de amostras:

a) amostra única

Nestes casos, uma única amostra de ar é coletada continuamente, durante todo o período desejado. O tempo de coleta da amostra é igual ao da duração da coleta. A concentração de Benzeno obtida já é representativa da Concentração Média Ponderada no Tempo do período.

A concentração de Benzeno no ar é calculada pela equação abaixo:

$$C_{MPT} = \frac{\text{quantidade de Benzeno na amostra (mg)}}{\text{volume de ar coletado (litros)}} \times 1.000 \left(\frac{mg}{m^3}\right)$$

b) coletas de amostras consecutivas

Nestes casos, várias amostras do ar são coletadas durante o período desejado, sendo que o tempo total de coleta deverá ser igual ao da duração do período. As amostras são analisadas e os resultados de concentração de Benzeno em cada uma delas são utilizados para o cálculo da Concentração Média Ponderada no Tempo (C_{MPT}) para o período, utilizando a equação abaixo.

Esta técnica de coleta é útil nos casos de existirem atividades diferenciadas ao longo da jornada, pois, além de possibilitar a comparação com o Limite de Concentração para o turno inteiro, permite conhecer as concentrações de Benzeno correspondentes a cada período/atividade amostrado.

$$\frac{C_{MPT} = C_1 T_1 + C_2 T_2 + ... + C_n T_n}{T_1}$$

onde,

$\mathbf{C_{MPT}}$ = Concentração Média Ponderada no Tempo no período, em ppm ou mg/m³;

$\mathbf{C_n}$ = concentração de Benzeno no ar obtida na amostra n, em ppm ou mg/m³;

$\mathbf{T_n}$ = tempo de coleta da amostra n, em minutos ou horas; e

$\mathbf{T_t}$ = tempo total da coleta = $T_1 + T_2 + ... + T_n$. Deverá ser aproximadamente igual ao tempo e duração do período (ex.: 8 horas = 480 minutos).

c) Coletas parciais

Também nestes casos, várias amostras de ar são coletadas durante o período do trabalho, sendo que o tempo total de coleta é inferior ao da duração do período de trabalho escolhido. As amostras são analisadas e os resultados de concentração de Benzeno em cada uma delas são utilizados para o cálculo de concentração média ponderada no tempo para o período avaliado, utilizando a mesma equação do item anterior. O tempo total (Tt), será igual à soma dos tempos de coleta de cada amostra.

Para comparar a resultado do concentração média ponderada no tempo obtido com o Limite de Concentração para o turno inteiro, é necessário que o tempo total de coleta cubra, pelo menos, setenta por cento da jornada de trabalho (Ex.: cinco ou seis horas para jornadas de oito horas).

d) Coletas/medições instantâneas

As coletas/medições instantâneas só poderão ser usadas para a determinação da concentração média ambiental de Benzeno se houver um número mínimo de oito coletas/medições no período de interesse (jornada inteira ou períodos das atividades/operações). Para avaliações da jornada inteira de trabalho só se deve usar esta técnica de coleta/medição quando for possível garantir que a distribuição da exposição ou concentração ambiental de Benzeno são uniformes ao longo da jornada.

Quando se deseja estimar a exposição de um trabalhador que desenvolve várias atividades diferentes ou muda de local ou zona de trabalho ao longo da jornada, devem ser realizadas um número mínimo de oito coletas/medições em cada situação. As coletas/medições deverão ser realizadas na altura média da zona de respiração dos trabalhadores.

Para avaliações da jornada inteira do trabalho utilizando-se a coleta de amostras de curta duração, um número mínimo de oito amostras deverá ser obtida durante a jornada. Também, neste caso, só se deve usar esta técnica de coleta quando for possível garantir que a distribuição da exposição ou concentração ambiental do Benzeno são uniformes ao longo da jornada.

Os momentos de coleta das amostras deverão ser escolhidos aleatoriamente, subdividindo-se o período de interesse em um número de subperíodos de tempo equivalente, no mínimo, ao tempo de coletas/ medição.

Ex.: Uma atividade que dura duas horas (cento e vinte minutos) contém oito subperíodos de quinze minutos, doze de dez minutos, vinte e quatro de cinco minutos, etc.

Tomando-se como exemplo uma jornada de trabalho de oito horas (quatrocentos e oitenta minutos), durante a qual se deseja realizar oito coletas de quinze minutos, deve-se proceder da seguinte forma:

1) subdivide-se o período de quatrocentos e oitenta minutos em "n" subperíodos de quinze minutos:

Subperíodo	Intervalo (hora)
01	08:00-08:15
02	08:15-08:30
03	08:30-08:45
-	
-	
-	
31	16:00-16:15
32	16:15-16:30

O resultado da concentração de Benzeno nestes casos corresponderá a Média Aritmética das Concentrações obtidas nas oito coletas/medições no período amostrado. A Média Aritmética, neste caso, corresponde à concentração média ponderada no tempo.

2) utiliza-se qualquer metodologia de escolha aleatória para selecionar os oito subperíodos a serem avaliados. Cada subperíodo estará associado ao seu intervalo de tempo. Procedimento análogo deverá ser utilizado para as coletas/medições dentro de períodos de tempo menores.

4.2.4. Número mínimo de resultados exigidos para uma avaliação. O número mínimo de resultados de média ponderada no tempo necessários para serem utilizados na avaliação estatística é de cinco.

No caso da avaliação ambiental (amostragem de área), deve ser utilizado um número mínimo de cinco resultados em cada ponto escolhido como representativo do local de trabalho, na etapa de reconhecimento/ caracterização.

Para a avaliação dos valores de curta duração devem ser obtidos um mínimo de 5 resultados em cada operação ou atividade em que haja a possibilidade de ocorrência de picos de concentração ou em cada período avaliado.

Para a avaliação do Grupo Homogêneo de Exposição – GHE deverão ser obtidos cinco resultados de média ponderada no tempo, escolhendo-se, aleatoriamente, os períodos de coleta. A escolha aleatória poderá recair sobre um mesmo trabalhador ou em até cinco trabalhadores do mesmo GHE.

O número mínimo de resultados permite que possa haver uma confiança estatística aceitável nas avaliações realizadas.

4.2.5. Distribuição das amostras no tempo

A escolha das épocas para a realização das coletas deve ser feita aleatoriamente, isto é, não será dada preferência especial a nenhum período, turno, dia, trabalhador, época do ano, etc.

Situações consideradas de maior risco ou atípicas devem ser obrigatoriamente avaliadas. Vale, no entanto, a escolha aleatória dentro dessas situações.

4.2.6. Diagnóstico inicial

Se as informações levantadas no item 4.1.3 não forem suficientes, deverão ser complementadas por avaliações adicionais. Essas avaliações, normalmente, devem ser realizadas considerando-se os pontos ou situações críticas nos locais de trabalho.

Nesta fase é possível utilizar inúmeras ferramentas analíticas que não sejam, necessariamente, as que serão empregadas na avaliação formal para efeito desta Norma Técnica.

4.2.7. Metodologia analítica

a) A metodologia analítica tem que ser específica para a determinação da Concentração Atmosfera de Benzeno nos ambientes de trabalho, respeitando as Limites de Concentração estabelecidos pelo Ministério do Trabalho e Previdência. O resultado deve ser único com respeito à concentração do Benzeno.

b) A metodologia analítica deverá fornecer resultados nas mesmas unidades dos Limites de Concentração estabelecidos. Deve ter seu limite de detecção, sensibilidade e precisão ajustados para os referidos Limites.

c) A metodologia analítica deverá ser capaz de medir concentrações de Benzeno na faixa de um vigésimo a três vezes o Limite de concentração média ponderada no tempo para o período em avaliação. E, quando não for possível, como no caso das amostras de curta duração, no mínimo um quinto do limite de concentração média ponderada no tempo para o período em avaliação.

d) Se o procedimento analítico não for específico, o resultado de concentração total deverá ser reportado como sendo referente ao Benzeno.

e) A imprecisão como erro integral de toda a metodologia e erros acidentais durante o procedimento de monitoração não deve exceder a vinte e cinco por cento.

Legislação Complementar

f) O procedimento analítico deverá ter sido validado em laboratório e no campo.

g) Os laboratórios deverão desenvolver programas de controle de qualidade laboratorial interno e participar, sempre que possível, de programas externos, para uma melhor confiabilidade dos seus resultados.

h) Poderão ser utilizadas metodologias analíticas da Associação Brasileira de Normas Técnicas – ABNT, de organismos internacionais de renome como o National Institute for Occupational Safety and Health (NIOSH), o Occupational Safety and Health Administration (OSHA), a American Conference os Governmental Industrial Hygienists (ACGIH), a Deutsche Forschungsgemeinschaft (DFG), entre outras, como referência.

i) No caso de só utilizar metodologias que requeiram o uso de bombas de amostragem de fluxo constante, os seguintes critérios deverão ser seguidos:

– as bombas devem ser calibradas contra qualquer sistema padrão primário de calibração, ou padrão secundário devidamente aferido;

– a calibração deve ser feita antes e após cada coleta de amostra, obedecendo-se aos critérios de correção dos valores de vazão; e

– para efeito da avaliação estatística, só serão admitidas amostras cujas variações nos resultados das calibrações sejam de, no máximo, cinco por cento, isto é, o resultado absoluto da expressão:

$$\frac{\text{(result. da calibração inicial – result. da calibração final)}}{\text{result. da calibração inicial}} \times 100 < 5\%$$

– Caso o resultado seja maior que cinco por cento, as amostras só poderão ser utilizadas para subsidiar o julgamento profissional.

4.3. AVALIAÇÃO INICIAL

Baseado nas informações levantadas no item 4.1, deve-se planejar e executar uma avaliação inicial completa, atendendo ao disposto no item 4.2.

Os resultados dessa avaliação inicial serão objeto de análise, de acordo com o item 4.4.

4.4. INTERPRETAÇÃO DOS RESULTADOS/JULGAMENTO PROFISSIONAL

a) Para proceder à interpretação, os resultados devem ser separados da seguinte forma:

– avaliações individuais: para o turno inteiro, períodos determinados, especiais tais como: procedimentos, atividades e condições operacionais;

– avaliações de área: para o turno inteiro, contínua, períodos determinados, especiais tais como: na verificação de eficiência de medidas de controle, fontes de omissão, estimativa de exposição ocupacional e condições operacionais.

Em cada caso devem ser separados os resultados de curta duração (curta exposição).

b) Para efeito desta Norma Técnica, se considera que os resultados de concentração média do Benzeno obedecem a uma distribuição log-normal.

c) Os resultados (mínimo de cinco) deverão ser submetidos ao tratamento estatístico, de acordo com o Apêndice 1, obtendo-se o LIMITE SUPERIOR DE CONFIANÇA (LSC) para um intervalo de confiança de noventa e cinco por cento. O valor do LSC passa a ser adotado como valor representativo da avaliação para fins de comparação com os limites de concentração de benzeno.

d) Em seguida, calcula-se a relação:

$$\frac{\text{LSB (95\%)}}{\text{LC}} = \text{I}$$

onde,

I = Índice de julgamento

LC = Limites de Concentração de Benzeno

onde,

Este índice I deve ser utilizado para desencadear medidas de controle e para balizar a frequência do monitoramento.

e) Recomenda-se que a frequência mínima para o monitoramento seja a seguinte:

I > 1 devem ser adotadas medidas de controle que conduzam a valores de I < 1.

Nesta situação, a frequência de monitoramento deve ser aquela necessária para a avaliação das medidas adotadas.

0,5 < I <1 a frequência mínima do monitoramento deve ser de dezesseis semanas.

0,25 < I <0,5 a frequência mínima do monitoramento deve ser de trinta e duas semanas.

I <0,25 a frequência mínima de monitoramento deve ser de sessenta e quatro semanas.

f) Independente da avaliação do GHE, qualquer desvio dos resultados individuais em relação aos Limites de Concentração estabelecidos deverá ser investigado, relatando-se as possíveis causas e eventuais medidas recomendadas ou adotadas.

g) Caso haja qualquer alteração, seja tecnológica, operacional ou de procedimentos e atividades, que levem à suspeita de ocorrerem alterações significativas no referido índice, deve-se realizar uma nova avaliação.

h) Até a realização de uma nova avaliação, a situação a ser considerada como representativa do objeto da avaliação (exposição do trabalhador ou do GHE, ou a concentração ambiental de Benzeno) será aquela da última avaliação realizada.

i) Quando ocorrerem situações de emergência tais como, respingos, vazamentos, rupturas ou outras falhas que possam levar a uma maior exposição ocupacional ou a um aumento na concentração ambiental de Benzeno, deverão ser realizados, logo após normalizada a situação, monitoramentos visando garantir que a situação retornou ao nível anterior. Caso a condição anterior à situação de emergência não seja alcançada, deve-se proceder uma nova avaliação padrão, ou seja, para determinar o novo valor de I.

j) Os monitoramentos realizados durante a situação de emergência servirão, apenas, para a caracterização da situação, visando ao direcionamento e à avaliação das medidas corretivas implantadas.

k) A garantia de que as Limites de Concentração não serão ultrapassados pode ser atingida através do monitoramento contínuo com instrumentos de leitura direta (medição instantânea) acoplados a sistemas de pré-alarme e alarme principal que desencadeiam medidas de controle para baixar a concentração o mais rapidamente possível.

5. RELATÓRIO

Todos as dados e informações obtidos dentro do escopo desta Norma Técnica deverão ser registrados em relatório completo, contendo:

a) Informações obtidas no item 4.1– Reconhecimento/ Caracterização.

b) Determinação dos GHE acompanhada da justificativa técnica quanto a todos os critérios escolhidos.

c) Estratégia de avaliação adotada, acompanhada de justificativa técnica quanto a todos os critérios escolhidos, inclusive do uso de monitores contínuos acoplados a sistemas de alarme.

d) Metodologia analítica utilizada, incluindo:

– sistemas de coleta utilizados;

– equipamentos utilizados (bombas de amostragem, instrumentos de leitura direta, medidores de umidade relativa e temperatura, medidores de velocidade de vento, etc.);

– método de análise adotado;

– cálculos dos resultados de concentração detalhados; e

– informações gerais sobre a metodologia analítica, conforme item 4.2.7 (limites de detecção, sensibilidade, especificidade, precisão, validação em campo, programas de controlo de qualidade interno e externo que participa ou desenvolve, etc.).

e) Resultados das avaliações e o julgamento das situações deverão estar relacionados:

– nomes dos trabalhadores amostrados;

– os responsáveis pelas coletas;

– os responsáveis pelas análises laboratoriais;

– a instituição que realizou os monitoramentos;

– a instituição que realizou as análises das amostras;

– as datas e horários em que foram realizadas as coletas/medições;

– as condições operacionais e dos locais de trabalho durante os monitoramentos;

– todos os resultados de concentração obtidos;

– os resultados das avaliações realizadas, conforme item 4.4, acompanhado dos respectivos cálculos; e

– julgamento técnico do resultado final.

f) Recomendações gerais

APÊNDICE 1
Cálculos Estatísticos

Procedimento

Para cada situação avaliada os resultados de concentração média de Benzeno (mínima de cinco) deverão ser tratados da forma descrita abaixo:

1. Os principais parâmetros a serem obtidos são:

– número de resultados totais = n

– graus de liberdade (n-1) = g

– maior resultado = Max. *

– menor resultado = Mín. *

– média aritmética dos resultados = MA *

– desvio padrão da MA para (n-1) = DP *

– logaritmo neperiano (1n) dos resultados = ln(xi)

– média dos ln(xi)= M(ln)

– desvio padrão de M (ln) para (n-1) = DP (ln)

– média geométrica = MG *

– desvio padrão geométrico = DPG *

– t (/2) do Student para 95% e g. graus de liberdade = t (/2)

* resultados não usados nos cálculos estatísticos, mas subsidiam o julgamento profissional

2. Para efeito desta Norma Técnica, os resultados nulos ou abaixo do limite de detecção do método deverão ser considerados como sendo o valor correspondente à metade do limite de detecção (Ex.: Caso o limite de detecção da metodologia seja igual a 0,1 ppm, todos os resultados nulos ou abaixo deste valor serão considerados como sendo 0,05 ppm).

3. O grau de liberdade (g) é sempre o número total dos resultados menos 1 (n– 1).

4. A média aritmética (MA) é igual à soma dos resultados dividido pelo número destes.

MA = (X1 + X2 + ... + Xn)/n (1)

5. O desvio padrão (DP) da média aritmética (MA) é igual a:

$$DP = \sqrt{\frac{1}{n-1}\sum_{i=1}^{n}(X_i - MA)^2} \qquad (2)$$

6. Tanto a média aritmética MA quanto o seu desvio padrão DP, podem ser obtidos diretamente em qualquer calculadora científica, bastando para isso, inserir todos os resultados Xn na função estatística da calculadora e pedir diretamente que a mesma forneça os resultados de MA e de DP, este último para n-1 graus de liberdade.

7. O logaritmo neperiano (lnxi) dos resultados, a sua média, M (ln), e respectivo desvio padrão, DP (1n), podem ser obtidos com auxílio da mesma calculadora.

8. A média geométrica dos resultados, MG, e o desvio padrão geométrico para n-1graus de liberdade, DPG (n-1), são obtidos aplicando-se, na calculadora, a função exponencial (eX) ou anti1n (o inverso de 1n) sobre as resultados de M (ln) e DP (ln), respectivamente.

9. A partir da Tabela Resumida da Distribuição "t", deste Apêndice, obtém-se o t(/2) de Student para noventa e cinco por cento de confiança, que corresponde ao valor crítico de "t" para noventa e cinco por cento de intervalo de confiança considerando-se os dois lados da curva (twosidedconfidenceinterval), que é simbolizado por t(/2).

Legislação Complementar

10. Os dados obtidos podem ser ordenados em uma tabela como a abaixo indicada (Tabela 1).

11. Com os dados obtidos, calcula-se a logaritmo neperiano do Limite Superior de Confiança (ln(LSC)) para um intervalo de confiança de noventa e cinco por cento da concentração média verdadeira, por meio da equação abaixo.

$$\ln(LSC) = M(\ln) + 0{,}5\,[DP(\ln)]\,A^2 + t_{(\alpha/2,95\%)}\left(\frac{DP(\ln)}{\sqrt{n}}\right) \quad (3)$$

12. Em seguida, obtém-se o LSC como abaixo indicado LSC(95%) = exp(ln(LSC)) = eln(LSC) (4)

Este valor significa que com noventa e cinco por cento de confiança a concentração média verdadeira é menor que este limite.

13. Utiliza-se a LSC (95%) conforme procedimento descrito no item 4.4 desta Norma.

Tabela 1
Parâmetros estatísticos obtidos

Resultados (Xi)	lnXi
X_1	$\ln X_1$
X_2	$\ln X_2$
.	.
.	.
.	.
X_n	$\ln X_n$
MA	M(ln)
DP	DP(ln)
MG = exp(M(ln)) ou $e^{M(\ln)}$	
DPG = exp(DP(ln)) ou $e^{DP(\ln)}$	

Avaliação de Benzeno no ar. EXEMPLO PRÁTICO (Situação SIMULADA)

Resultados correspondem a média ponderada no tempo para um turno de oito horas (amostragem única cobrindo toda a jornada de trabalho).

Limite de detecção do método = 0,1 ppm

Resultados (ppm): < 0,1; 0,3; 0,4; 0,1; < 0,1; 0,5; 0,2; < 0,1; 0,2; 0,3, ou seja, n= 10.

Graus de liberdade (g) = 10 – 1 = 9

Resultados (Xi)	Ln(Xi)
0,05	–2,996
0,3	–1,204
0,4	–0,916
0,1	–2,303
0,05	–2,996
0,5	–0,693
0,2	–1,609
0,05	–2,996
0,2	–1,609
0,3	–1,204
MA = 0,22	M(ln) = –1,85
DP = 0,16	DP(ln) = 0,90
MG = 0,16	
DPG = 2,5	

Pela Tabela Resumida da Distribuição "t", o valor de t (/2) para 9 graus de liberdade é 2,262. Utilizando-se as equações 3 e 4 deste Apêndice, encontraremos os valores de ln(LSC) e LSC(95%), ou seja,

$$\ln(LSC) = -1{,}85 + [0{,}90]^2 + 2{,}262\left(\frac{0{,}9}{\sqrt{10}}\right) \quad (4)$$

Logo, $\ln(LS) = -0{,}80$ e $LSC(95\%) = e^{-0{,}80} = 0{,}45$

O valor de LSC (95%) é utilizado juntamente com a LC, conforme o procedimento do item 4.4.

Tabela Resumida da Distribuição t

Graus de Liberdade (g)	t0,975
1	12,706
2	4,303
3	3,182
4	2,776
5	2,571
6	2,447
7	2,365
8	2,306
9	2,262
10	2,228
11	2,201
12	2,179
13	2,160
14	2,145
15	2,131
16	2,120
17	2,110
18	2,101
19	2,093
20	2,086
21	2,080
22	2,074
23	2,069
24	2,064

25	2,060
26	2,056
27	2,052
28	2,048

1. Leidel NA., Busch K.A. & Lynch, J.A., Occupational Exposure Sampling Strategy Manual, National Institute for Occupational Safety and Health (NIOSH), EUA, 1977

BIBLIOGRAFIA CONSULTADA

2. American Industrial Hygiene Association (AIHA), A Strategy for Occupational Exposure Assesrnent, Hawkins N.C., Norwood S.K. & Rock J.C. (Ed.), EUA, 1991

3. TRGS 402, ErmittlungundBeurteilung der KonzentrationengefarlicherStoffe in der Luft in Arbeitsbereichen (Determinação e Avaliação de Substâncias Perigosas a Saúde Contidas no Ar no Ambiente de Trabalho) – BMA-Ministério do Trabalho e da Ordern Social Alemão, Alemanha (Oc.) 1986.

4. Benzene, Federal Register 1910.1028, Occupational Safety and Health Administration (OSHA), EUA, 1989.

5. Goelzer, B. Estratégias para Avaliação de Exposição no Ambiente de Trabalho a Contaminantes Atmosféricos, Revista CIPA, Brasil, 1993.

6. AIDII, GuideOperativedilgieneIndustriale – StrategiadiControllodelFattoridiRischioChimicinegliAmbientidiLavoro, Sordelli D. & Nano G. (coord.), Itália.

ANEXO X

Vigilância da Saúde dos Trabalhadores na Prevenção da Exposição Ocupacional ao Benzeno

1. DEFINIÇÃO:

1.1 Para efeito desta Instrução Normativa, vigilância da saúde é o conjunto de ações e procedimentos que visam à detecção, o mais precocemente possível, de efeitos nocivos induzidos pelo benzeno à saúde dos trabalhadores.

2. INSTRUMENTOS:

2.1. Os instrumentos utilizados para o propósito de vigilância da saúde, conforme definido acima são:

2.1.1. Anamnese clínico ocupacional;

2.1.2. Exame físico;

2.1.3. Exames complementares, compreendendo, no mínimo, hemograma completo com contagem de plaquetas e reticulócitos;

2.1.4. Dados epidemiológicos dos grupos de risco;

2.1.5. Dados toxicológicos dos grupos de risco obtidos pela avaliação de indicadores biológicos de exposição, aplicados de acordo com protocolo a ser desenvolvido pelo Ministério da Saúde, por meio da Fundação Oswaldo Cruz, e pelo Ministério do Trabalho e Previdência, por meio da Fundação Jorge Duprat Figueiredo, de Segurança e Medicina do Trabalho – FUNDACENTRO.

3. APLICAÇÕES:

3.1. As ações e procedimentos de vigilância da saúde deverão ser realizados para os trabalhadores das empresas abrangidas pelo item 7.4.1. da Norma Regulamentadora n. 7 (NR 7).

3.1.1. Exame Admissional: Ocupacional, exame conforme item 2.1.3: realização da anamnese clínico-físico e exames complementares, acima. Na ocorrência de alterações hematológicas encaminhar ao Sistema Único de Saúde e ao Instituto Nacional do Seguro Social, para as devidas providências;

3.1.2. Exame periódico: devem ser realizados a intervalos máximos de seis meses nos trabalhadores, compreendendo os instrumentos definidos no item 2 acima, ressaltando a importância da construção da série histórica dos hemogramas.

3.1.3. Exame de mudança de função ou local: procedimentos idênticos aos do exame admissional;

3.1.4. Exame de retorno ao trabalho: procedimentos diferenciados, em função da patologia que o afastou e da exposição pregressa ao benzeno;

3.1.5. Exame demissional: deve ser feito nos trabalhadores compreendendo os instrumentos definidos no item 2.

4. AÇÕES:

4.1. No caso de exposição aguda:

4.1.1. No acidente de exposição sem quadro clínico de exposição aguda, deve o médico:

4.1.1.1. Estabelecer rigoroso programa de acompanhamento clínico e laboratorial do acidentado nos primeiros dias, a partir da data do acidente;

4.1.1.2. Registrar em prontuário do trabalhador o evento acidente e seus achados clínicos e laboratoriais de vigilância da saúde;

4.1.1.3. Notificar o evento acidente ao grupo do controle de exposição do benzeno;

4.1.1.4. Desencadear ações imediatas de correção, prevenção e controle no ambiente, condições e processos de trabalho;

4.1.2. No acidente com sinais e sintomas de intoxicação aguda, deve o médico:

4.1.2.1. Dar o suporte de pronto atendimento clínico e laboratorial necessário;

4.1.2.2. Observar a evolução dos efeitos agudos do acidentado, acompanhando-o até o seu restabelecimento. O primeiro exame periódico após este evento deve ser realizado dentro de um período máximo de três meses;

4.1.3. O registro do acidente se fará em formulário próprio, a partir de informações do trabalhador, que ficará com uma cópia deste.

4.2. No caso de exposição crônica:

4.2.1. Detectadas alterações clínicas ou laboratoriais em trabalhadores, deve o médico:

4.2.1.1. Providenciar o imediato afastamento do trabalhador da exposição;

4.2.1.2. Aplicar de imediato procedimentos de investigação diagnóstica mais complexos e abrangentes

Legislação Complementar

(biópsia de medula, avaliações neuropsicológicas e imunológicas, etc.), se necessário.

4.3. Nas situações 4.1.2. e 4.2., deve o médico:

4.3.1. Emitir Comunicação de Acidente do Trabalho – CAT;

4.3.2. Encaminhar ao INSS, para caracterização do acidente do trabalho e avaliação previdenciária;

4.3.3. Encaminhar ao SUS, para investigação clínica e registro;

4.3.4. Desencadear ações imediatas de correção, prevenção e controle no ambiente, condições e processos de trabalho.

5. INFORMAÇÃO AO TRABALHADOR:

5.1. O empregador deve fornecer ao trabalhador as cópias dos resultados dos seus exames, laudos e pareceres.

6. GARANTIAS DOS TRABALHADORES:

6.1. As empresas devem garantir ao trabalhador sob investigação de alteração do seu estado de saúde, suspeita de ser de etiologia ocupacional:

6.1.1. Afastamento da exposição;

6.1.2. Emissão da CAT;

6.1.3. Custeio pleno de consultas, exames e pareceres necessários à elucidação diagnóstica de suspeita de danos à saúde provocado por benzeno;

6.1.4. Custeio pleno de medicamentos, materiais médicos, internações hospitalares e procedimentos médicos de tratamento de dano à saúde provocado por benzeno ou suas sequelas e consequências.

7. REFERENCIAIS:

7.1. O benzenismo é uma síndrome decorrente da ação do benzeno sobre diversos sistemas (nervoso central, hematopoiético, imunológico, genético, etc.). Os sinais e sintomas observados são, também, comuns a outros agentes tóxicos e nosológicos e sua diferenciação requer avaliação clínica e laboratorial adequada, associada aos dados de exposição ocupacional e ambientais, atuais ou pregressos, além da investigação de outros processos clínicos que possam estar relacionados ou serem agravantes dos mesmos.

7.2. Para efeito de vigilância da saúde, devem ser valorizados e rigorosamente investigados:

7.2.1. Sintomas tais como: astenia, infecções repetitivas ou oportunísticas, hemorragias e distúrbios neurocomportamentais, cefaléia, tontura, fadiga, sonolência, dificuldade de memorização, etc.);

7.2.2. Sinais tais como: palidez da pele e mucosas, febre, petéquias, epistaxes, estomatites, sangramentos gengivais, etc.;

7.2.3. O hemograma não é um exame próprio para detecção de alterações precoces. É um instrumento laboratorial que detecta alterações de hematopoiese em casos de intoxicação crônica por benzeno. O valor de normalidade para fins de comparação deve ser o do próprio indivíduo, em período anterior ao trabalho em atividades que o exponha a agentes mielotóxicos. Na ausência deste dado, considerar o valor do exame admissional. Para fins de referência recomendam-se os valores mais preventivos, segundo Wintrobe s (ClinicalHematology; 9th edition; 1993);

7.2.4. Os hemogramas são instrumento auxiliar no diagnóstico, devendo ser relacionados com o quadro clínico e/ou anamnese ocupacional. Sua utilização para o diagnóstico do benzenismo deve estar sempre associado a esses dados;

7.2.5. As possíveis variações nos hemogramas devem ser levadas em consideração, assim como as características individuais de cada trabalhador. Para tanto, a série histórica de hemograma de cada indivíduo deve ser valorizada como referência principal;

7.2.6. Os hemogramas devem ser realizados, de preferência, pelo método de contagem automática, tendo em vista apresentar menor margem de erro. No entanto, o importante é manter o mesmo método para possibilitar o controle do erro;

7.2.7. Toda e qualquer alteração hematológica qualitativa ou quantitativa deve ser valorizada. Na casuística brasileira e internacional a leucopenia e/ou neutropenia são sinais frequentemente observados.

7.2.8. Outras alterações: o estudo da medula óssea por biópsia deve ser criteriosamente indicado. Realizado por profissional experiente neste procedimento e avaliado por anatomopatologista ou hematologista, é um recurso importante para verificar o dano central refletido nas alterações do sangue periférico. Outros exames como testes do mutagenicidade (testes dos micronúcleos e de avaliação de metáfases), imunológicos (imunoglobulinas e provas funcionais de neutrófilos) e neurocomportamentais devem ser considerados na elucidação dos casos em que houver necessidade;

7.3. Os prontuários médicos de trabalhadores e dos intoxicados devem ser mantidos à disposição daqueles, dos seus representantes legalmente constituídos e dos órgãos públicos por, no mínimo, trinta anos após o desligamento do trabalhador.

Decreto n. 10.905, de 20 de dezembro de 2021 (1)

Dispõe sobre o Conselho Nacional do Trabalho, a Comissão Tripartite Paritária Permanente, o Conselho Deliberativo do Fundo de Amparo ao Trabalhador e o Conselho Curador do Fundo de Garantia do Tempo de Serviço.

O Presidente da República, no uso da atribuição que lhe confere o art. 84, *caput*, inciso VI, alínea *a*, da Constituição, decreta:

Art. 1º Este Decreto dispõe sobre os seguintes colegiados do âmbito do Ministério do Trabalho e Previdência:

(1) Publicado no *Diário Oficial da União*, de 21-12-2021.

I – o Conselho Nacional do Trabalho;

II – a Comissão Tripartite Paritária Permanente;

III – o Conselho Deliberativo do Fundo de Amparo ao Trabalhador – CODEFAT, de que trata o art. 18 da Lei n. 7.998, de 11 de janeiro de 1990; e

IV – o Conselho Curador do Fundo de Garantia do Tempo de Serviço – Conselho Curador do FGTS, de que trata o art. 3º da Lei n. 8.036, de 11 de maio de 1990.

Capítulo I
Do Conselho Nacional do Trabalho

Art. 2º O Conselho Nacional do Trabalho possui natureza consultiva e é composto de forma tripartite, observada a paridade entre representantes do governo, dos trabalhadores e dos empregadores.

Art. 3º Ao Conselho Nacional do Trabalho compete:

I – propor políticas e ações para modernizar as relações de trabalho;

II – estimular a negociação coletiva e o diálogo social como mecanismos de solução de conflitos;

III – promover o entendimento entre trabalhadores e empregadores e buscar soluções em temas estratégicos relativos às relações de trabalho;

IV – propor diretrizes para a elaboração dos planos, dos programas e das normas sobre políticas públicas em matéria trabalhista, de competência do Ministério do Trabalho e Previdência;

V – propor estudos e analisar normas complementares que tratem das condições e das relações de trabalho; e

VI – pronunciar-se sobre outros assuntos que lhe sejam submetidos, na sua área de competência.

Art. 4º O Conselho Nacional do Trabalho é composto por dezoito representantes, dos quais:

I – seis do Poder Executivo federal;

II – seis dos empregadores; e

III – seis dos trabalhadores.

§ 1º Cada membro do Conselho Nacional do Trabalho terá um suplente, que o substituirá em suas ausências e seus impedimentos.

§ 2º Os membros do Conselho Nacional do Trabalho de que trata o inciso I do *caput* e os respectivos suplentes serão indicados pelos titulares dos seguintes órgãos:

I – três pelo Ministério do Trabalho e Previdência, dos quais um presidirá o Conselho Nacional do Trabalho;

II – um pelo Ministério da Economia;

III – um pelo Ministério da Agricultura, Pecuária e Abastecimento; e

IV – um pelo Ministério da Mulher, da Família e dos Direitos Humanos.

§ 3º Os membros de que trata o inciso II do *caput* e os respectivos suplentes serão indicados pelas seis confederações empresariais com registro ativo no Cadastro Nacional de Entidades Sindicais com maior número de sindicatos filiados.

§ 4º Os membros de que trata o inciso III do *caput* e os respectivos suplentes serão indicados pelas centrais sindicais que atendam aos requisitos de representatividade de que trata o art. 2º da Lei n. 11.648, de 31 de março de 2008, observado o disposto no art. 3º da referida Lei.

§ 5º Os membros suplentes de que tratam os § 3º e § 4º poderão ser indicados por entidade diferente da entidade que houver indicado o membro titular, definida em comum acordo entre as confederações empresariais ou as centrais sindicais, conforme o caso.

§ 6º Os membros do Conselho Nacional do Trabalho de que trata o *caput* e os respectivos suplentes serão designados nos termos do disposto no art. 30.

Art. 5º O regimento interno do Conselho Nacional do Trabalho será elaborado pelo seu Presidente e aprovado pela maioria absoluta de seus membros.

Art. 6º O Conselho Nacional do Trabalho se reunirá, em caráter ordinário, uma vez a cada trimestre e, em caráter extraordinário, mediante convocação do seu Presidente ou da maioria de seus membros.

Parágrafo único. O quórum de reunião do Conselho Nacional do Trabalho é de maioria absoluta e o quórum de aprovação é de maioria simples.

Art. 7º O Conselho Nacional do Trabalho é composto, também, pela Comissão Nacional de Erradicação do Trabalho Infantil, à qual compete:

I – monitorar, avaliar e propor políticas específicas relacionadas à erradicação do trabalho infantil;

II – monitorar, avaliar e elaborar proposta e relatório anual consolidado sobre a execução dos planos nacionais de prevenção e erradicação do trabalho infantil e proteção ao adolescente trabalhador;

III – monitorar e avaliar a aplicação das convenções internacionais sobre o trabalho infantil, e, se for o caso, elaborar propostas para adequações legislativas; e

IV – manifestar-se acerca de matérias atinentes ao tema do trabalho infantil.

§ 1º A Comissão Nacional de Erradicação do Trabalho Infantil é composta por dezoito representantes, respeitada a composição tripartite, dos quais:

I – seis do Poder Executivo federal;

II – seis dos empregadores, indicados na forma prevista no § 3º do art. 4º; e

III – seis dos empregados, indicados na forma prevista no § 4º do art. 4º.

§ 2º Cada membro da Comissão Nacional de Erradicação do Trabalho Infantil terá um suplente, que o substituirá em suas ausências e seus impedimentos.

§ 3º Os membros da Comissão Nacional de Erradicação do Trabalho Infantil de que trata o inciso I do § 1º e os respectivos suplentes serão indicados pelos titulares dos seguintes órgãos:

I – um pelo Ministério do Trabalho e Previdência;

Legislação Complementar

II – um pelo Ministério da Agricultura, Pecuária e Abastecimento;

III – um pelo Ministério da Educação;

IV – um pelo Ministério da Cidadania;

V – um pelo Ministério da Saúde; e

VI – um pelo Ministério da Mulher, da Família e dos Direitos Humanos.

§ 4º O Presidente do Conselho Nacional do Trabalho designará o Presidente da Comissão Nacional de Erradicação do Trabalho Infantil.

§ 5º As manifestações da Comissão Nacional de Erradicação do Trabalho Infantil serão ratificadas pelo Conselho Nacional do Trabalho, na forma estabelecida em seu regimento interno.

§ 6º A Comissão Nacional de Erradicação do Trabalho Infantil se reunirá na forma do disposto no regimento interno do Conselho Nacional do Trabalho.

Art. 8º O Presidente do Conselho Nacional do Trabalho poderá instituir grupos de trabalho específicos com o objetivo de auxiliar no cumprimento das competências de que trata o art. 3º.

Parágrafo único. Os grupos de trabalho:

I – serão aprovados pelo Conselho Nacional do Trabalho, que também definirá os seus objetivos específicos, o seu funcionamento e, quando for o caso, o prazo para conclusão dos seus trabalhos;

II – serão compostos por, no máximo, nove membros;

III – terão caráter temporário e duração não superior a um ano; e

IV – estarão limitados a, no máximo, quatro em operação simultânea.

Art. 9º Poderão ser convidados até seis especialistas representantes de outros órgãos, entidades ou organismos internacionais para participar das reuniões do Conselho Nacional do Trabalho, da Comissão Nacional de Erradicação do Trabalho Infantil e dos grupos de trabalho que tratarem de temas específicos das relações de trabalho, sem direito a voto.

CAPÍTULO II
Da Comissão Tripartite Paritária Permanente

Art. 10. A Comissão Tripartite Paritária Permanente possui natureza consultiva e é composto de forma tripartite, observada a paridade entre os representantes do governo, dos trabalhadores e dos empregadores.

Art. 11. À Comissão Tripartite Paritária Permanente compete:

I – propor ações nas áreas de segurança e saúde no trabalho;

II – propor medidas de compatibilização entre a proteção ao trabalhador e o desenvolvimento econômico do País;

III – estimular o diálogo entre governo, trabalhadores e empregadores;

IV – elaborar estudos e, quando solicitado, participar do processo de revisão das normas regulamentadoras de segurança e saúde no trabalho; e

V – elaborar estudos e acompanhar pesquisas e eventos científicos relativos à prevenção de acidentes e doenças do trabalho.

Art. 12. A Comissão Tripartite Paritária Permanente é composta por dezoito representantes, dos quais:

I – seis do Poder Executivo federal;

II – seis dos empregadores; e

III – seis dos trabalhadores.

§ 1º Cada membro da Comissão Tripartite Paritária Permanente terá um suplente, que o substituirá em suas ausências e seus impedimentos.

§ 2º Os seis membros da Comissão Tripartite Paritária Permanente de que trata o inciso I do *caput* e os respectivos suplentes serão indicados pelos titulares dos seguintes órgãos e entidade:

I – quatro pelo Ministério do Trabalho e Previdência, dos quais:

a) três pela Secretaria de Trabalho, um dos quais a presidirá; e

b) um pela Secretaria de Previdência;

II – um pelo Ministério da Saúde; e

III – um pela Fundação Jorge Duprat Figueiredo de Segurança e Medicina do Trabalho – Fundacentro.

§ 3º Entre os membros de que trata a alínea *a* do inciso I do § 2º, dois serão auditores fiscais do trabalho da Subsecretaria de Inspeção do Trabalho da Secretaria de Trabalho do Ministério do Trabalho e Previdência.

§ 4º Os membros de que trata o inciso II do *caput* e respectivos suplentes serão indicados pelas seis confederações empresariais com registro ativo no Cadastro Nacional de Entidades Sindicais com maior número de sindicatos filiados.

§ 5º Os membros de que trata o inciso III do *caput* e respectivos suplentes serão indicados pelas centrais sindicais que atendam aos requisitos de representatividade de que trata o art. 2º da Lei n. 11.648, de 2008, observado o disposto no art. 3º da referida Lei.

§ 6º Os membros suplentes de que tratam os § 4º e § 5º poderão ser indicados por entidade diferente da entidade que houver indicado o membro titular, definida em comum acordo entre as confederações empresariais ou as centrais sindicais, conforme o caso.

§ 7º Os membros do Comissão Tripartite Paritária Permanente de que trata o *caput* e os respectivos suplentes serão designados nos termos do disposto no art. 30.

Art. 13. O regimento interno da Comissão Tripartite Paritária Permanente será elaborado pelo seu Presidente e aprovado pela maioria absoluta de seus membros.

Art. 14. A Comissão Tripartite Paritária Permanente se reunirá, em caráter ordinário, uma vez a cada trimestre e, em caráter extraordinário, mediante convocação do seu Presidente ou da maioria de seus membros.

§ 1º O quórum de reunião da Comissão Tripartite Paritária Permanente é de maioria absoluta e o quórum de aprovação é de maioria simples.

§ 2º A ausência de representantes dos empregadores e dos trabalhadores não obsta a manifestação de assuntos previstos na pauta da reunião, desde que a solicitação de indicação de representantes e a sua convocação tenham sido feitas regularmente a todos os participantes.

Art. 15. A Comissão Tripartite Paritária Permanente é composta também pelas seguintes comissões temáticas, com a finalidade de monitorar, avaliar e propor políticas específicas relacionadas à segurança e à saúde no trabalho:

I – Comissão Nacional de Agentes Químicos Ocupacionais; e

II – Comissão Nacional de Acompanhamento da Política Nacional de Segurança e Saúde no Trabalho.

Parágrafo único. O Presidente da Comissão Tripartite Paritária Permanente designará os Presidentes das comissões temáticas.

Art. 16. À Comissão Nacional de Agentes Químicos Ocupacionais compete:

I – elaborar pareceres sobre questões relacionadas a agentes químicos ocupacionais;

II – elaborar relatórios sobre os valores de referência a serem utilizados como Limites de Exposição Ocupacional – LEO e sobre os valores de referência dos Indicadores Biológicos de Exposição – IBE para agentes químicos;

III – propor ações normativas e não normativas em temas relacionados a agentes químicos ocupacionais; e

IV – promover debates e estudos científicos sobre risco químico ocupacional.

§ 1º A Comissão Nacional de Agentes Químicos Ocupacionais é composta por dezoito representantes, respeitada a composição tripartite, dos quais:

I – seis do Poder Executivo federal;

II – seis dos empregadores, indicados na forma prevista no § 4º do art. 12; e

III – seis dos trabalhadores, indicados na forma prevista no § 5º do art. 12.

§ 2º Cada membro da Comissão Nacional de Agentes Químicos Ocupacionais terá um suplente, que o substituirá em suas ausências e seus impedimentos.

§ 3º Os seis membros da Comissão Nacional de Agentes Químicos Ocupacionais de que trata o inciso I do § 1º e os respectivos suplentes serão indicados pelos titulares dos seguintes órgãos e entidade:

I – três pelo Ministério do Trabalho e Previdência, dos quais:

a) dois pela Secretaria de Trabalho; e

b) um pela Secretaria de Previdência;

II – um pelo Ministério da Agricultura, Pecuária e Abastecimento;

III – um pelo Ministério da Saúde; e

IV – um pela Fundacentro.

§ 4º Os membros da Comissão Nacional de Agentes Químicos Ocupacionais e os respectivos suplentes deverão ser profissionais com:

I – formação de nível superior em Química; ou

II – outra formação de nível superior com pós-graduação, *lato* ou *stricto sensu*, em Toxicologia, Epidemiologia, Medicina do Trabalho, Engenharia de Segurança do Trabalho ou Higiene Ocupacional.

Art. 17. À Comissão Nacional de Acompanhamento da Política Nacional de Segurança e Saúde no Trabalho compete:

I – monitorar, avaliar e propor políticas específicas relacionadas à segurança e à saúde no trabalho;

II – monitorar, avaliar, elaborar proposta e apresentar relatório anual consolidado sobre a execução do Plano Nacional de Segurança e Saúde no Trabalho;

III – acompanhar e propor ações específicas relativas às taxas de acidentalidade;

IV – participar da organização da campanha nacional de prevenção de acidentes de trabalho;

V – elaborar plano de comunicação para formação da cultura de prevenção de acidentes de trabalho;

VI – propor a reestruturação da formação em saúde do trabalhador e em segurança no trabalho;

VII – promover incentivo à capacitação e à educação continuada de trabalhadores; e

VIII – promover agenda integrada de estudos e pesquisas em segurança e saúde no trabalho.

§ 1º A Comissão Nacional de Acompanhamento da Política Nacional de Segurança e Saúde no Trabalho é composta por dezoito representantes, respeitada a composição tripartite, dos quais:

I – seis do Poder Executivo federal;

II – seis dos empregadores, indicados na forma prevista no § 4º do art. 12; e

III – seis representantes dos trabalhadores, indicados na forma prevista no § 5º do art. 12.

§ 2º Cada membro da Comissão Nacional de Acompanhamento da Política Nacional de Segurança e Saúde no Trabalho terá um suplente, que o substituirá em suas ausências e seus impedimentos.

§ 3º Os seis membros da Comissão Nacional de Acompanhamento da Política Nacional de Segurança e Saúde no Trabalho de que trata o inciso I do § 1º e os respectivos suplentes serão indicados pelos titulares dos seguintes órgãos e entidade:

I – três pelo Ministério do Trabalho e Previdência, dos quais:

a) dois pela Secretaria de Trabalho; e

b) um pela Secretaria de Previdência;

II – um pelo Ministério da Educação;

III – um pelo Ministério da Saúde; e

IV – um pela Fundacentro.

Art. 18. As manifestações das comissões temáticas a que se refere o art. 15 serão ratificadas pela Comissão

Tripartite Paritária Permanente, na forma estabelecida em seu regimento interno.

Art. 19. O Presidente da Comissão Tripartite Paritária Permanente poderá instituir grupos de trabalho específicos com o objetivo de auxiliar no cumprimento das competências de que trata o art. 11.

Parágrafo único. Os grupos de trabalho:

I – serão aprovados pela Comissão Tripartite Paritária Permanente, que definirá os seus objetivos específicos, o seu funcionamento e, quando for o caso, o prazo para conclusão dos seus trabalhos;

II – serão compostos por, no máximo, nove membros;

III – terão caráter temporário e duração não superior a um ano; e

IV – estarão limitados a, no máximo, quinze em operação simultânea.

Art. 20. Poderão ser convidados até seis especialistas, representantes de outros órgãos, entidades ou organismos internacionais para participar das reuniões da Comissão Tripartite Paritária Permanente, das comissões temáticas e dos grupos de trabalho que tratarem de temas específicos de segurança e saúde do trabalho, sem direito a voto.

Capítulo III

Do Conselho Deliberativo do Fundo de Amparo ao Trabalhador - CODEFAT

Art. 21. O CODEFAT, instituído pelo art. 18 da Lei n. 7.998, de 1990, é composto pelos seguintes membros:

I – dois representantes do Ministério do Trabalho e Previdência;

II – dois representantes do Ministério da Economia;

III – um representante do Ministério da Agricultura, Pecuária e Abastecimento;

IV – um representante do Banco Nacional de Desenvolvimento Econômico e Social;

V – seis representantes dos trabalhadores indicados pelas seguintes entidades:

a) Central Única dos Trabalhadores;

b) Força Sindical;

c) União Geral dos Trabalhadores;

d) Nova Central Sindical de Trabalhadores;

e) Central dos Trabalhadores e Trabalhadoras do Brasil; e

f) Central dos Sindicatos Brasileiros; e

VI – seis representantes dos empregadores indicados pelas seguintes entidades:

a) Confederação Nacional da Indústria;

b) Confederação Nacional do Sistema Financeiro;

c) Confederação Nacional do Comércio de Bens, Serviços e Turismo;

d) Confederação da Agricultura e Pecuária do Brasil;

e) Confederação Nacional do Turismo; e

f) Confederação Nacional do Transporte.

§ 1º Cada membro do CODEFAT terá um suplente, que o substituirá em suas ausências e seus impedimentos.

§ 2º Os membros do CODEFAT de que tratam os incisos I a IV do *caput* e os respectivos suplentes serão indicados pelos titulares dos órgãos ou entidades que representam.

§ 3º Os membros do CODEFAT de que tratam os incisos V e VI do *caput* e os respectivos suplentes serão indicados pelas respectivas centrais sindicais e confederações nacionais, para mandato de quatro anos, admitida a recondução.

§ 4º Os membros do CODEFAT de que trata o *caput* e os respectivos suplentes serão designados nos termos do disposto no art. 30.

Art. 22. A presidência e a vice-presidência do CODEFAT, eleitas a cada dois anos por maioria absoluta dos seus membros, serão alternadas entre os representantes dos trabalhadores, dos empregadores e do governo.

§ 1º Quando a presidência do CODEFAT couber à representação do governo, nos termos do disposto no *caput*, será exercida por representante do Ministério do Trabalho e Previdência.

§ 2º Quando a presidência do CODEFAT couber à representação dos trabalhadores ou dos empregadores, a vice-presidência será exercida por representante do Ministério do Trabalho e Previdência.

Art. 23. Participarão das discussões do CODEFAT, sem direito a voto, representantes dos governos estadual e municipal que aderirem ao Sistema Nacional de Emprego, conforme o disposto no art. 21 da Lei n. 13.667, de 17 de maio de 2018.

Parágrafo único. Os representantes de que trata o *caput*, titulares e suplentes, serão indicados pelo Fórum Nacional de Secretarias Estaduais do Trabalho e pelo Fórum Nacional de Secretarias Municipais do Trabalho.

Capítulo IV

Do Conselho Curador do Fundo de Garantia do Tempo de Serviço - Conselho Curador do FGTS

Art. 24. O Conselho Curador do FGTS, instituído pelo art. 3º da Lei n. 8.036, de 1990, é composto pelos seguintes membros:

I – um representante do Ministério do Trabalho e Previdência, que o presidirá;

II – um representante da Casa Civil da Presidência da República;

III – dois representantes do Ministério da Economia;

IV – um representante do Ministério da Infraestrutura;

V – um representante do Ministério do Desenvolvimento Regional;

VI – um representante de cada uma das três centrais sindicais com maior índice de representatividade dos trabalhadores, nos termos do ato a que se refere o § 2º do art. 4º da Lei n. 11.648, de 2008; e

VII – três representantes dos empregadores, indicados pelas seguintes entidades:

a) Confederação Nacional da Indústria;

b) Confederação Nacional do Sistema Financeiro; e

c) Confederação Nacional do Comércio de Bens, Serviços e Turismo.

§ 1º Cada membro do Conselho Curador do FGTS terá um suplente, que o substituirá em suas ausências e seus impedimentos.

§ 2º Os membros do Conselho Curador do FGTS de que tratam os incisos I a V do *caput* e os respectivos suplentes serão indicados pelos titulares dos órgãos que representam.

§ 3º Os membros do Conselho Curador do FGTS de que tratam os incisos I a V do *caput* deverão ser servidores ocupantes de cargo ou função de confiança equivalente ou superior ao nível quinze dos Cargos Comissionados Executivos – CCE ou das Funções Comissionadas Executivas – FCE.

§ 4º Os membros do Conselho Curador do FGTS de que trata o *caput* e os respectivos suplentes serão designados nos termos do disposto no art. 30.

§ 5º Na hipótese de empate entre os índices de representatividade dos trabalhadores, a entidade sindical com data de fundação anterior terá preferência de assento para integrar o Conselho Curador do FGTS .

Art. 25. A Caixa Econômica Federal, na qualidade de agente operador do FGTS, prestará assessoramento técnico ao Conselho Curador do FGTS e aos grupos de trabalho por ele constituídos, sempre que convocada.

Art. 26. A reputação ilibada e o notório conhecimento dos membros do Conselho Curador do FGTS de que trata o § 10 do art. 3º da Lei n. 8.036, de 1990, serão comprovados na forma estabelecida em seu regimento interno.

Art. 27. Com exceção da recondução prevista no § 3º do art. 3º da Lei n. 8.036, de 1990, o cumprimento de interstício mínimo de dois anos sem a atuação no Conselho Curador do FGTS é condição para a nomeação de representante dos trabalhadores ou dos empregadores.

Capítulo V

Disposições Finais

Art. 28. A Secretaria-Executiva do Conselho Nacional do Trabalho, da Comissão Tripartite Paritária Permanente, do CODEFAT e do Conselho Curador do FGTS será exercida pelo Ministério do Trabalho e Previdência.

Art. 29. Os membros do Conselho Nacional do Trabalho, da Comissão Tripartite Paritária Permanente, do CODEFAT e do Conselho Curador do FGTS, das comissões temáticas e dos grupos de trabalho de que trata este Decreto que se encontrarem no Distrito Federal se reunirão presencialmente ou por videoconferência, nos termos do disposto no Decreto n. 10.416, de 7 de julho de 2020, e os membros que se encontrarem em outros entes federativos participarão da reunião, preferencialmente, por meio de videoconferência, facultada a realização de reunião presencial, quando necessário.

Art. 30. Os representantes titulares e suplentes do Conselho Nacional do Trabalho, da Comissão Tripartite Paritária Permanente, do CODEFAT e do Conselho Curador do FGTS serão designados em ato do Ministro de Estado do Trabalho e Previdência.

Art. 31. O órgão de assessoramento jurídico do Ministério do Trabalho e Previdência prestará assessoramento jurídico e comparecerá às reuniões do CODEFAT e do Conselho Curador do FGTS.

Art. 32. A participação no Conselho Nacional do Trabalho, na Comissão Tripartite Paritária Permanente, no CODEFAT e no Conselho Curador do FGTS, nas comissões temáticas e nos grupos de trabalho de que trata este Decreto será considerada prestação de serviço público relevante, não remunerada.

Art. 33. O Conselho Nacional do Trabalho, a Comissão Tripartite Paritária Permanente, o CODEFAT e o Conselho Curador do FGTS elaborarão relatório anual de suas atividades, que conterá a avaliação da produção e dos resultados alcançados.

Parágrafo único. Os relatórios de que trata o *caput* serão encaminhados ao Ministro de Estado do Trabalho e Previdência trinta dias após a data de realização da última reunião anual do colegiado.

Art. 34. O mandato dos membros dos colegiados do Ministério do Trabalho e Previdência em curso na data de publicação deste Decreto terão sua duração assegurada conforme o previsto no momento da designação.

Art. 35. Ficam revogados:

I – o Decreto n. 9.116, de 4 de agosto de 2017;

II – o Decreto n. 9.737, de 26 de março de 2019;

III – o Decreto n. 9.944, de 30 de julho de 2019; e

IV – o Decreto n. 10.574, de 14 de dezembro de 2020.

Art. 36. Este Decreto entra em vigor na data de sua publicação.

Brasília, 20 de dezembro de 2021; 200º da Independência e 133º da República.

Jair Messias Bolsonaro

Lei n. 14.297, de 5 de janeiro de 2022 (1)

Dispõe sobre medidas de proteção asseguradas ao entregador que presta serviço por intermédio de empresa de aplicativo de entrega durante a vigência

(1) Publicada no *Diário Oficial da União*, de 6-1-2022.

da emergência em saúde pública decorrente do coronavírus responsável pela covid-19.

O Presidente da República

Faço saber que o Congresso Nacional decreta e eu sanciono a seguinte Lei:

Art. 1º Esta Lei dispõe sobre medidas de proteção asseguradas ao entregador que presta serviço por intermédio de empresa de aplicativo de entrega durante a vigência, no território nacional da emergência de saúde pública decorrente do coronavírus responsável pela covid-19.

Parágrafo único. As medidas previstas nesta Lei devem ser asseguradas até que seja declarado o término da Emergência em Saúde Pública de Importância Nacional (Espin) em decorrência da infecção humana pelo coronavírus Sars-CoV-2.

Art. 2º Para os fins desta Lei, considera-se:

I – empresa de aplicativo de entrega: empresa que possui como principal atividade a intermediação, por meio de plataforma eletrônica, entre o fornecedor de produtos e serviços de entrega e o seu consumidor;

II – entregador: trabalhador que presta serviço de retirada e entrega de produtos e serviços contratados por meio da plataforma eletrônica de aplicativo de entrega.

Art. 3º A empresa de aplicativo de entrega deve contratar seguro contra acidentes, sem franquia, em benefício do entregador nela cadastrado, exclusivamente para acidentes ocorridos durante o período de retirada e entrega de produtos e serviços, devendo cobrir, obrigatoriamente, acidentes pessoais, invalidez permanente ou temporária e morte.

Parágrafo único. Na hipótese de o entregador prestar serviços para mais de uma empresa de aplicativo de entrega, a indenização, no caso de acidente, será paga pelo seguro contratado pela empresa para a qual o entregador prestava o serviço no momento do acidente.

Art. 4º A empresa de aplicativo de entrega deve assegurar ao entregador afastado em razão de infecção pelo coronavírus responsável pela covid-19 assistência financeira pelo período de 15 (quinze) dias, o qual pode ser prorrogado por mais 2 (dois) períodos de 15 (quinze) dias, mediante apresentação do comprovante ou do laudo médico a que se refere o § 2º deste artigo.

§ 1º A assistência financeira prevista no *caput* deste artigo deve ser calculada de acordo com a média dos 3 (três) últimos pagamentos mensais recebidos pelo entregador.

§ 2º A concessão da assistência financeira prevista no *caput* deste artigo está condicionada à apresentação de comprovante de resultado positivo para covid-19 – obtido por meio de exame RT-PCR – ou de laudo médico que ateste condição decorrente da covid-19 que justifique o afastamento.

Art. 5º A empresa de aplicativo de entrega deve fornecer ao entregador informações sobre os riscos do coronavírus responsável pela covid-19 e os cuidados necessários para se prevenir do contágio e evitar a disseminação da doença.

§ 1º Caberá à empresa de aplicativo de entrega disponibilizar máscaras e álcool em gel ou outro material higienizante aos entregadores, para proteção pessoal durante as entregas.

§ 2º O cumprimento do disposto no § 1º deste artigo pela empresa de aplicativo de entrega poderá ser feito por meio de repasse ou reembolso das despesas efetuadas pelo entregador.

§ 3º (*Vetado*.)

Art. 6º A empresa fornecedora do produto ou do serviço deverá:

I – (*Vetado*.);

II – permitir que o entregador utilize as instalações sanitárias de seu estabelecimento; e

III – garantir o acesso do entregador a água potável.

Art. 7º A empresa de aplicativo de entrega e a empresa fornecedora do produto ou do serviço deverão adotar prioritariamente forma de pagamento por meio da internet.

Parágrafo único. (*Vetado*.)

Art. 8º Do contrato ou do termo de registro celebrado entre a empresa de aplicativo de entrega e o entregador deverão constar expressamente as hipóteses de bloqueio, de suspensão ou de exclusão da conta do entregador da plataforma eletrônica.

§ 1º A aplicação da exclusão de contra prevista no *caput* deste artigo será precedida de comunicação prévia, com antecedência mínima de 3 (três) dias úteis, e será acompanhada das razões que a motivaram, que deverão ser devidamente fundamentadas, preservadas a segurança e a privacidade do usuário da plataforma eletrônica.

§ 2º O prazo previsto no § 1º deste artigo não se aplica aos casos de ameaça à segurança e à integridade da plataforma eletrônica, dos fornecedores e dos consumidores, em razão de suspeita de prática de infração penal prevista na legislação vigente.

Art. 9º O descumprimento desta Lei pela empresa de aplicativo de entrega ou pela empresa que utiliza serviços de entrega implica, nos termos definidos em regulamento:

I – a aplicação de advertência; e

II – o pagamento de multa administrativa no valor de R$ 5.000,00 (cinco mil reais) por infração cometida, em caso de reincidência.

Art. 10. Os benefícios e as conceituações previstos nesta Lei não servirão de base para caracterização da natureza jurídica da relação entre os entregadores e as empresas de aplicativo de entrega.

Art. 11. Esta Lei entra em vigor na data de sua publicação.

Brasília, 5 de janeiro de 2022; 201º da Independência e 134º da República.

Jair Messias Bolsonaro

Súmulas
Orientações Jurisprudenciais
Precedentes Normativos

SÚMULAS DO SUPREMO TRIBUNAL FEDERAL (¹)

•• As Súmulas aqui constantes (até a de n. 613) foram promulgadas antes da CF de 1988, que mudou a competência do STF.

35. Em caso de acidente do trabalho ou de transporte, a concubina tem direito de ser indenizada pela morte do amásio, se entre eles não havia impedimento para o matrimônio.

•• Com o advento do CC de 2002 a denominação correta para aqueles que vivem em união estável sem impedimento para o casamento é companheiro e companheira.

194. É competente o Ministro do Trabalho para a especificação das atividades insalubres.

198. As ausências motivadas por acidente do trabalho não são descontáveis do período aquisitivo das férias.

212. Tem direito ao adicional de serviço perigoso o empregado de posto de revenda de combustível líquido.

213. É devido o adicional de serviço noturno, ainda que sujeito o empregado ao regime de revezamento.

214. A duração legal da hora de serviço noturno (52 minutos e 30 segundos) constitui vantagem suplementar que não dispensa o salário adicional.

217. Tem direito de retornar ao emprego ou ser indenizado em caso de recusa do empregador o aposentado que recupera a capacidade de trabalho dentro de cinco anos, a contar da aposentadoria, que se torna definitiva após esse prazo.

229. A indenização acidentária não exclui a do direito comum, em caso de dolo ou culpa grave do empregador.

230. A prescrição da ação de acidente do trabalho conta-se do exame pericial que comprovar a enfermidade ou verificar a natureza da incapacidade.

232. Em caso de acidente do trabalho são devidas diárias até doze meses, as quais não se confundem com a indenização acidentária, nem com o auxílio-enfermidade.

234. São devidos honorários de advogado em ação de acidente do trabalho julgada procedente.

235. É competente para a ação de acidente do trabalho a Justiça Cível comum, inclusive em segunda instância, ainda que seja parte autarquia seguradora.

•• *Vide* arts. 109, I, e 114, VI, da CF.

•• *Vide* Súmula Vinculante 22, Súmula 501 do STF e Súmula 15 do STJ.

236. Em ação de acidente do trabalho, a autarquia seguradora não tem isenção de custas.

238. Em caso de acidente do trabalho, a multa pelo retardamento da liquidação é exigível do segurador sub-rogado, ainda que autarquia.

240. O depósito para recorrer, em ação de acidente do trabalho, é exigível do segurador sub-rogado, ainda que autarquia.

307. É devido o adicional de serviço insalubre, calculado à base do salário mínimo da região, ainda que a remuneração contratual seja superior ao salário mínimo acrescido da taxa de insalubridade.

311. No típico acidente do trabalho, a existência de ação judicial não exclui a multa pelo retardamento da liquidação.

313. Provada a identidade entre o trabalho diurno e o noturno, é devido o adicional, quanto a este, sem a limitação do art. 73, § 3º, da Consolidação das Leis do Trabalho, independentemente da natureza da atividade do empregador.

314. Na composição do dano por acidente do trabalho, ou de transporte, não é contrário à lei tomar para base da indenização o salário do tempo da perícia ou da sentença.

327. O direito trabalhista admite a prescrição intercorrente.

337. A controvérsia entre o empregador e o segurador não suspende o pagamento devido ao empregado por acidente do trabalho.

402. Vigia noturno tem direito a salário adicional.

434. A controvérsia entre seguradores indicados pelo empregador na ação de acidente do trabalho não suspende o pagamento devido ao acidentado.

460. Para efeito do adicional de insalubridade, a perícia judicial em reclamação trabalhista, não dispensa o enquadramento da atividade entre as insalubres, que é ato da competência do Ministério do Trabalho.

464. No cálculo da indenização por acidente do trabalho inclui-se, quando devido, o repouso semanal remunerado.

491. É indenizável o acidente que cause a morte de filho menor, ainda que não exerça trabalho remunerado.

501. Compete à Justiça Ordinária Estadual o processo e o julgamento, em ambas as instâncias, das causas de acidente do trabalho ainda que promovidas contra a União, suas Autarquias, Empresas Públicas ou Sociedades de Economia Mista.

•• *Vide* arts. 109, I, e 114, VI, da CF.

•• *Vide* Súmula Vinculante 22, Súmula 235 do STF e Súmula 15 do STJ.

529. Subsiste a responsabilidade do empregador pela indenização decorrente de acidente do trabalho, quando o segurador, por haver entrado em liquidação, ou por outro motivo, não se encontrar em condições financeiras de efetuar, na forma da lei, o pagamento que o seguro obrigatório visava garantir.

---

(1) De acordo com o art. 8º da Emenda Constitucional n. 45, de 8-12-2004 (Reforma do Judiciário): "As atuais súmulas do Supremo Tribunal Federal somente produzirão efeito vinculante após sua confirmação por dois terços de seus integrantes e publicação na imprensa oficial".

612. Ao trabalhador rural não se aplicam, por analogia, os benefícios previstos na Lei n. 6.367, de 19 de outubro de 1976.

• A Lei n. 6.367, de 19-10-1976, dispõe sobre o seguro de acidentes do trabalho a cargo do INSS.

613. Os dependentes de trabalhador rural não têm direito à pensão previdenciária, se o óbito ocorreu anteriormente à vigência da Lei Complementar n. 11/71.

• A Lei Complementar n. 11, de 25-5-1971, institui o Programa de Assistência ao Trabalhador Rural.

([1]) **676.** A garantia da estabilidade provisória prevista no art. 10, II, *a*, do ADCT, também se aplica ao suplente do cargo de direção de comissões internas de prevenção de acidentes (CIPA).

736. Compete à Justiça do Trabalho julgar as ações que tenham como causa de pedir o descumprimento de normas trabalhistas relativas à segurança, higiene e saúde dos trabalhadores.

SÚMULAS VINCULANTES ([2])

22. A Justiça do Trabalho é competente para processar e julgar as ações de indenização por danos morais e patrimoniais decorrentes de acidente de trabalho propostas por empregado contra empregador, inclusive aquelas que ainda não possuíam sentença de mérito em primeiro grau quando da promulgação da Emenda Constitucional n. 45/04.

• *Vide* arts. 7º, XXVIII, 109, I, e 114 da CF.

40. A contribuição confederativa de que trata o art. 8º, IV, da Constituição Federal, só é exigível dos filiados ao sindicato respectivo.

46. A definição dos crimes de responsabilidade e o estabelecimento das respectivas normas de processo e julgamento são da competência legislativa privativa da União.

• *Vide* art. 22, I, da CF.

53. A competência da Justiça do Trabalho prevista no art. 114, VIII, da Constituição Federal alcança a execução de ofício das contribuições previdenciárias relativas ao objeto da condenação constante das sentenças que proferir e acordos por ela homologados.

(1) As Súmulas seguintes foram promulgadas após a CF de 1988.

(2) As Súmulas Vinculantes estão previstas no art. 103-A da Constituição Federal, acrescentado pela Emenda Constitucional n. 45, de 2004 (Reforma do Judiciário), e regulamentado pela Lei n. 11.417, de 19-12-2006.

SÚMULAS DO SUPERIOR TRIBUNAL DE JUSTIÇA

15. Compete à Justiça Estadual processar e julgar os litígios decorrentes de acidente do trabalho.

•• *Vide* arts. 109, I, e 114, VI, da CF.

•• *Vide* Súmula Vinculante 22 e Súmulas 235 e 501 do STF.

62. Compete à Justiça Estadual processar e julgar o crime de falsa anotação na Carteira de Trabalho e Previdência Social, atribuído à empresa privada.

89. A ação acidentária prescinde do exaurimento da via administrativa.

110. A isenção do pagamento de honorários advocatícios, nas ações acidentárias, é restrita ao segurado.

146. O segurado, vítima de novo infortúnio, faz jus a um único benefício somado ao salário de contribuição vigente no dia do acidente.

149. A prova exclusivamente testemunhal não basta à comprovação da atividade rurícola, para efeito da obtenção de benefício previdenciário.

•• *Vide* Súmula 577 do STJ.

159. O benefício acidentário, no caso de contribuinte que perceba remuneração variável, deve ser calculado com base na média aritmética dos últimos doze meses de contribuição.

165. Compete à Justiça Federal processar e julgar crime de falso testemunho cometido no processo trabalhista.

178. O INSS não goza de isenção do pagamento de custas e emolumentos, nas ações acidentárias e de benefícios propostas na Justiça Estadual.

226. O Ministério Público tem legitimidade para recorrer na ação de acidente do trabalho, ainda que o segurado esteja assistido por advogado.

278. O termo inicial do prazo prescricional, na ação de indenização, é a data em que o segurado teve ciência inequívoca da incapacidade laboral.

351. A alíquota de contribuição para o Seguro de Acidente do Trabalho (SAT) é aferida pelo grau de risco desenvolvido em cada empresa, individualizada pelo seu CNPJ, ou pelo grau de risco da atividade preponderante quando houver apenas um registro.

456. É incabível a correção monetária dos salários de contribuição considerados no cálculo do salário de benefício de auxílio-doença, aposentadoria por invalidez, pensão ou auxílio-reclusão concedidos antes da vigência da CF/1988.

507. A acumulação de auxílio-acidente com aposentadoria pressupõe que a lesão incapacitante e a aposentadoria sejam anteriores a 11-11-1997, observado o critério do art. 23 da Lei n. 8.213/1991 para definição do momento da lesão nos casos de doença profissional ou do trabalho.

• *Vide* arts. 23 e 86, §§ 2º e 3º, da Lei n. 8.213, de 24-7-1991.

516. A contribuição de intervenção no domínio econômico para o Incra (Decreto-Lei n. 1.110/1970), devida por empregadores rurais e urbanos, não foi extinta pelas

Leis n. 7.787/1989, 8.212/1991 e 8.213/1991, não podendo ser compensada com a contribuição ao INSS.

557. A renda mensal inicial (RMI) alusiva ao benefício de aposentadoria por invalidez precedido de auxílio-doença será apurada na forma do art. 36, § 7º, do Decreto n. 3.048/1999, observando-se, porém, os critérios previstos no art. 29, § 5º, da Lei n. 8.213/1991, quando intercalados períodos de afastamento e de atividade laboral.

576. Ausente requerimento administrativo no INSS, o termo inicial para a implantação da aposentadoria por invalidez concedida judicialmente será a data da citação válida.

577. É possível reconhecer o tempo de serviço rural anterior ao documento mais antigo apresentado, desde que amparado em convincente prova testemunhal colhida sob o contraditório.

•• *Vide* Súmula 149 do STJ.

578. Os empregados que laboram no cultivo da cana-de-açúcar para empresa agroindustrial ligada ao setor sucroalcooleiro detêm a qualidade de rurícola, ensejando a isenção do FGTS desde a edição da Lei Complementar n. 11/1971 até a promulgação da Constituição Federal de 1988.

• A Lei Complementar n. 11, de 25-5-1971, institui o Programa de Assistência ao Trabalhador Rural (PRORURAL).

646. É irrelevante a natureza da verba trabalhista para fins de incidência da contribuição ao FGTS, visto que apenas as verbas elencadas em lei (art. 28, § 9º, da Lei n. 8.212/1991), em rol taxativo, estão excluídas da sua base de cálculo, por força do disposto no art. 15, § 6º, da Lei n. 8.036/1990.

SÚMULAS DO TRIBUNAL SUPERIOR DO TRABALHO (1)

15. Atestado médico

A justificação da ausência do empregado motivada por doença, para a percepção do salário-enfermidade e da remuneração do repouso semanal, deve observar a ordem preferencial dos atestados médicos estabelecida em lei.

29. Transferência

Empregado transferido, por ato unilateral do empregador, para local mais distante de sua residência, tem direito a suplemento salarial correspondente ao acréscimo da despesa de transporte.

32. Abandono de emprego

Presume-se o abandono de emprego se o trabalhador não retornar ao serviço no prazo de 30 (trinta) dias após a cessação do benefício previdenciário nem justificar o motivo de não o fazer.

•• Redação determinada pela Resolução n. 121, de 28-10-2003.

39. Periculosidade

Os empregados que operam em bomba de gasolina têm direito ao adicional de periculosidade (Lei n. 2.573, de 15-8-1955).

• A Lei n. 2.573, de 15-8-1955, que instituía salário adicional para os trabalhadores que prestem serviços em contato permanente com inflamáveis em condições de periculosidade, foi revogada pela Lei n. 6.514, de 22-12-1977.

43. Transferência

Presume-se abusiva a transferência de que trata o § 1º do art. 469 da CLT, sem comprovação da necessidade do serviço.

44. Aviso prévio

A cessação da atividade da empresa, com o pagamento da indenização, simples ou em dobro, não exclui, por si só, o direito do empregado ao aviso prévio.

46. Acidente de trabalho

As faltas ou ausências decorrentes de acidente do trabalho não são consideradas para os efeitos de duração de férias e cálculo da gratificação natalina.

47. Insalubridade

O trabalho executado em condições insalubres, em caráter intermitente, não afasta, só por essa circunstância, o direito à percepção do respectivo adicional.

58. Pessoal de obras

Ao empregado admitido como pessoal de obras, em caráter permanente e não amparado pelo regime estatutário, aplica-se a legislação trabalhista.

60. Adicional noturno. Integração no salário e prorrogação em horário diurno. (incorporada a Orientação Jurisprudencial n. 6 da SDI-1)

I – O adicional noturno, pago com habitualidade, integra o salário do empregado para todos os efeitos. (ex-Súmula 60 – RA 105/1974, *DJ* 24-10-1974)

II – Cumprida integralmente a jornada no período noturno e prorrogada esta, devido é também o adicional quanto às horas prorrogadas. Exegese do art. 73, § 5º, da CLT. (ex-OJ 6 – inserida em 25-11-1996)

•• Redação determinada pela Resolução n. 129, de 5-4-2005.

61. Ferroviário

Aos ferroviários que trabalham em estação do interior, assim classificada por autoridade competente, não são devidas horas extras (art. 243 da CLT).

62. Abandono de emprego

O prazo de decadência do direito do empregador de ajuizar inquérito em face do empregado que incorre em abandono de emprego é contado a partir do momento em que o empregado pretendeu seu retorno ao serviço.

63. Fundo de garantia

A contribuição para o Fundo de Garantia do Tempo de Serviço incide sobre a remuneração mensal devida ao empregado, inclusive horas extras e adicionais eventuais.

65. Vigia

O direito à hora reduzida de 52 minutos e 30 segundos aplica-se ao vigia noturno.

(1) A Resolução n. 129, de 5-4-2005, do TST, alterou a denominação dos verbetes da jurisprudência predominante deste Tribunal de "Enunciado" para "Súmula".

67. Gratificação. Ferroviário

Chefe de trem, regido pelo estatuto dos ferroviários (Decreto n. 35.530, de 19-9-1959), não tem direito à gratificação prevista no respectivo art. 110.

70. Adicional de periculosidade

O adicional de periculosidade não incide sobre os triênios pagos pela PETROBRAS.

80. Insalubridade

A eliminação da insalubridade mediante fornecimento de aparelhos protetores aprovados pelo órgão competente do Poder Executivo exclui a percepção do respectivo adicional.

83. Ação rescisória. Matéria controvertida. (incorporada a Orientação Jurisprudencial n. 77 da SDI-2)

I – Não procede pedido formulado na ação rescisória por violação literal de lei se a decisão rescindenda estiver baseada em texto legal infraconstitucional de interpretação controvertida nos Tribunais (ex-Súmula 83 – Res. 121/2003, *DJ* 21-11-2003)

II – O marco divisor quanto a ser, ou não, controvertida, nos Tribunais, a interpretação dos dispositivos legais citados na ação rescisória é a data da inclusão, na Orientação Jurisprudencial do TST, da matéria discutida. (ex-OJ 77 – inserida em 13-3-2002)

•• Redação determinada pela Resolução n. 137, de 4-8-2005.

84. Adicional regional

O adicional regional, instituído pela Petrobras, não contraria o art. 7º, XXXII, da CF/1988.

•• Redação determinada pela Resolução n. 121, de 28-10-2003.

96. Marítimo

A permanência do tripulante a bordo do navio, no período de repouso, além da jornada, não importa presunção de que esteja à disposição do empregador ou em regime de prorrogação de horário, circunstâncias que devem resultar provadas, dada a natureza do serviço.

110. Jornada de trabalho

Intervalo No regime de revezamento, as horas trabalhadas em seguida ao repouso semanal de 24 horas, com prejuízo do intervalo mínimo de 11 horas consecutivas para descanso entre jornadas, devem ser remuneradas como extraordinárias, inclusive com o respectivo adicional.

112. Trabalho noturno. Petróleo

O trabalho noturno dos empregados nas atividades de exploração, perfuração, produção e refinação do petróleo, industrialização do xisto, indústria petroquímica e transporte de petróleo e seus derivados por meio de dutos, é regulado pela Lei n. 5.811, de 11 de outubro de 1972, não se lhe aplicando a hora reduzida de 52 minutos e 30 segundos prevista no art. 73, § 2º, da CLT.

•• A referência correta é art. 73, § 1º, da CLT.

118. Jornada de trabalho. Horas extras

Os intervalos concedidos pelo empregador na jornada de trabalho, não previstos em lei, representam tempo à disposição da empresa, remunerados como serviço extraordinário, se acrescidos ao final da jornada.

129. Contrato de trabalho. Grupo econômico

A prestação de serviços a mais de uma empresa do mesmo grupo econômico, durante a mesma jornada de trabalho, não caracteriza a coexistência de mais de um contrato de trabalho, salvo ajuste em contrário.

132. Adicional de periculosidade. Integração. (incorporadas as Orientações Jurisprudenciais n. 174 e 267 da SDI-1)

I – O adicional de periculosidade, pago em caráter permanente, integra o cálculo de indenização e de horas extras. (ex-prejulgado 3). (ex-Súmula 132 – RA 102/1982, *DJ* 11-10-1982/ *DJ* 15-10-1982 e ex-OJ 267 – inserida em 27-9-2002)

II – Durante as horas de sobreaviso, o empregado não se encontra em condições de risco, razão pela qual é incabível a integração do adicional de periculosidade sobre as mencionadas horas. (ex– OJ 174 – inserida em 8-11-2000)

•• Redação determinada pela Resolução n. 129, de 5-4-2005.

138. Readmissão

Em caso de readmissão, conta-se a favor do empregado o período de serviço anterior, encerrado com a saída espontânea. Ex-prejulgado n. 9.

139. Adicional de insalubridade. (incorporada a Orientação Jurisprudencial n. 102 da SDI-1)

Enquanto percebido, o adicional de insalubridade integra a remuneração para todos os efeitos legais. (ex-OJ 102 – inserida em 1º-10-1997)

•• Redação determinada pela Resolução n. 129, de 5-4-2005.

140. Vigia

É assegurado ao vigia sujeito ao trabalho noturno o direito ao respectivo adicional. Ex-prejulgado n. 12.

143. Salário profissional

O salário profissional dos médicos e dentistas guarda proporcionalidade com as horas efetivamente trabalhadas, respeitado o mínimo de 50 (cinquenta) horas mensais. Ex-prejulgado n. 15.

146. Trabalho em domingos e feriados, não compensado

O trabalho prestado em domingos e feriados, não compensado, deve ser pago em dobro, sem prejuízo da remuneração relativa ao repouso semanal.

•• Redação determinada pela Resolução n. 121, de 28-10-2003.

149. Tarefeiro. Férias

A remuneração das férias do tarefeiro deve ser calculada com base na média da produção do período aquisitivo, aplicando-se-lhe a tarifa da data da concessão. Ex-prejulgado n. 22.

155. Ausência ao serviço

As horas em que o empregado falta ao serviço para comparecimento necessário, como parte, à Justiça do

Trabalho não serão descontadas de seus salários. Ex-prejulgado n. 30.

160. Aposentadoria por invalidez

Cancelada a aposentadoria por invalidez, mesmo após cinco anos, o trabalhador terá direito de retornar ao emprego, facultado, porém, ao empregador, indenizá-lo na forma da lei. Ex-prejulgado n. 37.

178. Telefonista. Art. 227, e parágrafos, da CLT. Aplicabilidade

É aplicável à telefonista de mesa de empresa que não explora o serviço de telefonia o disposto no art. 227, e seus parágrafos, da CLT. Ex-prejulgado n. 59.

188. Contrato de trabalho. Experiência. Prorrogação

O contrato de experiência pode ser prorrogado, respeitado o limite máximo de 90 (noventa) dias.

191. Adicional de periculosidade. Incidência. Base de cálculo. (cancelada a parte final da antiga redação e inseridos o itens II e III)

I – O adicional de periculosidade incide apenas sobre o salário básico e não sobre este acrescido de outros adicionais.

II – O adicional de periculosidade do empregado eletricitário, contratado sob a égide da Lei n. 7.369/1985, deve ser calculado sobre a totalidade das parcelas de natureza salarial. Não é válida norma coletiva mediante a qual se determina a incidência do referido adicional sobre o salário básico.

III – A alteração da base de cálculo do adicional de periculosidade do eletricitário promovida pela Lei n. 12.740/2012 atinge somente contrato de trabalho firmado a partir de sua vigência, de modo que, nesse caso, o cálculo será realizado exclusivamente sobre o salário básico, conforme determina o § 1º do art. 193 da CLT.

•• Redação determinada pela Resolução n. 214, de 28-11-2016.

228. Adicional de insalubridade. Base de cálculo. (redação alterada na sessão do Tribunal Pleno em 26-6-2008) – Res. 148/2008, *DJ* 4 e 7-7-2008 – Republicada no *DJ* 8, 9 e 10-7-2008. Súmula cuja eficácia está suspensa por decisão liminar do Supremo Tribunal Federal.

A partir de 9 de maio de 2008, data da publicação da Súmula Vinculante n. 4 do Supremo Tribunal Federal, o adicional de insalubridade será calculado sobre o salário básico, salvo critério mais vantajoso fixado em instrumento coletivo.

•• Redação determinada pela Resolução n. 185, de 14-9-2012.

229. Sobreaviso. Eletricitários

Por aplicação analógica do art. 244, § 2º, da CLT, as horas de sobreaviso dos eletricitários são remuneradas à base de 1/3 sobre a totalidade das parcelas de natureza salarial.

•• Redação determinada pela Resolução n. 121, de 28-10-2003.

241. Salário-utilidade. Alimentação

O vale para refeição, fornecido por força do contrato de trabalho, tem caráter salarial, integrando a remuneração do empregado, para todos os efeitos legais.

244. Gestante

Estabilidade Provisória (redação do item III alterada na sessão do Tribunal Pleno realizada em 14-9-2012)

I – O desconhecimento do estado gravídico pelo empregador não afasta o direito ao pagamento da indenização decorrente da estabilidade. (art. 10, II, *b*, do ADCT). (ex-OJ 88 – *DJ* 16-4-2004)

II – A garantia de emprego à gestante só autoriza a reintegração se esta se der durante o período de estabilidade. Do contrário, a garantia restringe-se aos salários e demais direitos correspondentes ao período de estabilidade. (ex-Súmula 244 – Res. 121/2003, *DJ* 21-11-2003)

III – A empregada gestante tem direito à estabilidade provisória prevista no art. 10, II, *b*, do Ato das Disposições Constitucionais Transitórias, mesmo na hipótese de admissão mediante contrato por tempo determinado.

•• Redação determinada pela Resolução n. 185, de 14-9-2012.

248. Adicional de insalubridade. Direito adquirido

A reclassificação ou a descaracterização da insalubridade, por ato da autoridade competente, repercute na satisfação do respectivo adicional, sem ofensa a direito adquirido ou ao princípio da irredutibilidade salarial.

257. Vigilante

O vigilante, contratado diretamente por banco ou por intermédio de empresas especializadas, não é bancário.

265. Adicional noturno. Alteração de turno de trabalho. Possibilidade de supressão

A transferência para o período diurno de trabalho implica a perda do direito ao adicional noturno.

282. Abono de faltas

Serviço médico da empresa Ao serviço médico da empresa ou ao mantido por esta última mediante convênio compete abonar os primeiros 15 (quinze) dias de ausência ao trabalho.

289. Insalubridade. Adicional. Fornecimento do aparelho de proteção. Efeito

O simples fornecimento do aparelho de proteção pelo empregador não o exime do pagamento do adicional de insalubridade. Cabe-lhe tomar as medidas que conduzam à diminuição ou eliminação da nocividade, entre as quais as relativas ao uso efetivo do equipamento pelo empregado.

293. Adicional de insalubridade. Causa de pedir. Agente nocivo diverso do apontado na inicial

A verificação mediante perícia de prestação de serviços em condições nocivas, considerado agente insalubre diverso do apontado na inicial, não prejudica o pedido de adicional de insalubridade.

301. Auxiliar de laboratório. Ausência de diploma. Efeitos

O fato de o empregado não possuir diploma de profissionalização de auxiliar de laboratório não afasta a observância das normas da Lei n. 3.999, de 15-12-1961, uma vez comprovada a prestação de serviços na atividade.

309. Vigia portuário. Terminal privativo. Não obrigatoriedade de requisição

Tratando-se de terminais privativos destinados à navegação de cabotagem ou de longo curso, não é obrigatória a requisição de vigia portuário indicado por sindicato.

339. CIPA. Suplente. Garantia de emprego. CF/1988. (incorporadas as Orientações Jurisprudenciais n. 25 e 329 da SDI-1)

I – O suplente da CIPA goza da garantia de emprego prevista no art. 10, II, *a*, do ADCT a partir da promulgação da Constituição Federal de 1988. (ex-Súmula 339 – Res. 39/1994, *DJ* 20-12-1994 e ex-OJ 25 – inserida em 29-3-1996)

II – A estabilidade provisória do cipeiro não constitui vantagem pessoal, mas garantia para as atividades dos membros da CIPA, que somente tem razão de ser quando em atividade a empresa. Extinto o estabelecimento, não se verifica a despedida arbitrária, sendo impossível a reintegração e indevida a indenização do período estabilitário. (ex-OJ 329 – *DJ* 9-12-2003)

•• Redação determinada pela Resolução n. 129, de 5-4-2005.

342. Descontos salariais. Art. 462 da CLT

Descontos salariais efetuados pelo empregador, com a autorização prévia e por escrito do empregado, para ser integrado em planos de assistência odontológica, médico-hospitalar, de seguro, de previdência privada, ou de entidade cooperativa, cultural ou recreativo-associativa de seus trabalhadores, em seu benefício e de seus dependentes, não afrontam o disposto no art. 462 da CLT, salvo se ficar demonstrada a existência de coação ou de outro defeito que vicie o ato jurídico.

344. Salário-família. Trabalhador rural

O salário-família é devido aos trabalhadores rurais somente após a vigência da Lei n. 8.213, de 24 de julho de 1991.

346. Digitador. Intervalos intrajornada. Aplicação analógica do art. 72 da CLT

Os digitadores, por aplicação analógica do art. 72 da CLT, equiparam-se aos trabalhadores nos serviços de mecanografia (datilografia, escrituração ou cálculo), razão pela qual têm direito a intervalos de descanso de 10 (dez) minutos a cada 90 (noventa) de trabalho consecutivo.

351. Professor. Repouso semanal remunerado. Art. 7º, § 2º, da Lei n. 605, de 5 de janeiro de 1949, e art. 320 da CLT

O professor que recebe salário mensal à base de hora-aula tem direito ao acréscimo de 1/6 a título de repouso semanal remunerado, considerando-se para esse fim o mês de quatro semanas e meia.

354. Gorjetas. Natureza jurídica. Repercussões

As gorjetas, cobradas pelo empregador na nota de serviço ou oferecidas espontaneamente pelos clientes, integram a remuneração do empregado, não servindo de base de cálculo para as parcelas de aviso prévio, adicional noturno, horas extras e repouso semanal remunerado.

358. Radiologista. Salário profissional. Lei n. 7.394, de 29 de outubro de 1985

O salário profissional dos técnicos em radiologia é igual a 2 (dois) salários mínimos e não a 4 (quatro).

361. Adicional de periculosidade. Eletricitários. Exposição intermitente

O trabalho exercido em condições perigosas, embora de forma intermitente, dá direito ao empregado a receber o adicional de periculosidade de forma integral, porque a Lei n. 7.369, de 20 de setembro de 1985 não estabeleceu nenhuma proporcionalidade em relação ao seu pagamento.

•• A Lei n. 7.369, de 20-9-1985, foi revogada pela Lei n. 12.740, de 8-12-2012.

364. Adicional de periculosidade. Exposição eventual, permanente e intermitente. (inserido o item II)

I – Tem direito ao adicional de periculosidade o empregado exposto permanentemente ou que, de forma intermitente, sujeita-se a condições de risco. Indevido, apenas, quando o contato dá-se de forma eventual, assim considerado o fortuito, ou o que, sendo habitual, dá-se por tempo extremamente reduzido. (ex-OJs da SBDI-1 n. 5 – inserida em 14-3-1994 – e 280 – *DJ* 11-8-2003).

II – Não é válida a cláusula de acordo ou convenção coletiva de trabalho fixando o adicional de periculosidade em percentual inferior ao estabelecido em lei e proporcional ao tempo de exposição ao risco, pois tal parcela constitui medida de higiene, saúde e segurança do trabalho, garantida por norma de ordem pública (arts. 7º, XXII e XXIII, da CF e 193, § 1º, da CLT).

•• Redação determinada pela Resolução n. 209, de 30-5-2016.

367. Utilidades *in natura*. Habitação. Energia elétrica. Veículo. Cigarro. Não integração ao salário. (conversão das Orientações Jurisprudenciais n. 24, 131 e 246 da SDI-1)

I – A habitação, a energia elétrica e veículo fornecidos pelo empregador ao empregado, quando indispensáveis para a realização do trabalho, não têm natureza salarial, ainda que, no caso de veículo, seja ele utilizado pelo empregado também em atividades particulares. (ex-OJs 131 – inserida em 20-4-1998 e ratificada pelo Tribunal Pleno em 7-12-2000 e 246 – inserida em 20-6-2001)

II – O cigarro não se considera salário-utilidade em face de sua nocividade à saúde. (ex-OJ 24 – inserida em 29-3-1996)

370. Médico e engenheiro. Jornada de trabalho. Leis ns. 3.999/1961 e 4.950/1966. (conversão das Orientações Jurisprudenciais n. 39 e 53 da SDI-1)

Tendo em vista que as Leis ns. 3.999/1961 e 4.950/1966 não estipulam a jornada reduzida, mas apenas estabelecem o salário mínimo da categoria para uma jornada de 4 horas para os médicos e de 6 horas para os engenheiros, não há que se falar em horas extras, salvo as excedentes à oitava, desde que seja respeitado o salário mínimo/horário das categorias. (ex-OJs 39 e 53 – inseridas respectivamente em 7-11-1994 e 29-4-1994)

371. Aviso prévio indenizado. Efeitos. Superveniência de auxílio-doença no curso deste. (conversão das Orientações Jurisprudenciais n. 40 e 135 da SDI-1)

A projeção do contrato de trabalho para o futuro, pela concessão do aviso prévio indenizado, tem efeitos limitados às vantagens econômicas obtidas no período de pré-aviso, ou seja, salários, reflexos e verbas rescisórias. No caso de concessão de auxílio-doença no curso do aviso prévio, todavia, só se concretizam os efeitos da dispensa depois de expirado o benefício previdenciário. (ex-OJs 40 e 135 – inseridas respectivamente em 28-11-1995 e 27-11-1998)

374. Norma coletiva. Categoria diferenciada. Abrangência. (conversão da Orientação Jurisprudencial n. 55 da SDI-1)

Empregado integrante de categoria profissional diferenciada não tem o direito de haver de seu empregador vantagens previstas em instrumento coletivo no qual a empresa não foi representada por órgão de classe de sua categoria. (ex-OJ 55 – inserida em 25-11-1996)

376. Horas extras. Limitação. Art. 59 da CLT. Reflexos. (conversão das Orientações Jurisprudenciais n. 89 e 117 da SDI-1)

I – A limitação legal da jornada suplementar a duas horas diárias não exime o empregador de pagar todas as horas trabalhadas. (ex-OJ 117 – inserida em 20-11-1997)

II – O valor das horas extras habitualmente prestadas integra o cálculo dos haveres trabalhistas, independentemente da limitação prevista no *caput* do art. 59 da CLT. (ex-OJ 89 – inserida em 28-4-1997)

377. Preposto. Exigência da condição de empregado

Exceto quanto à reclamação de empregado doméstico, ou contra micro ou pequeno empresário, o preposto deve ser necessariamente empregado do reclamado. Inteligência do art. 843, § 1º, da CLT e do art. 54 da Lei Complementar n. 123, de 14 de dezembro de 2006. (ex-OJ 99 – inserida em 30-5-1997)

•• Redação determinada pela Resolução n. 146, de 24-4-2008.

378. Estabilidade provisória. Acidente de trabalho. Art. 118 da Lei n. 8.213/91. (inserido o item III)

I – É constitucional o art. 118 da Lei n. 8.213/1991 que assegura o direito à estabilidade provisória por período de 12 meses após a cessação do auxílio-doença ao empregado acidentado. (ex-OJ n. 105 da SBDI-1 – inserida em 1º-10-1997)

II – São pressupostos para a concessão da estabilidade o afastamento superior a 15 dias e a consequente percepção do auxílio-doença acidentário, salvo se constatada, após a despedida, doença profissional que guarde relação de causalidade com a execução do contrato de emprego. (primeira parte – ex-OJ n. 230 da SBDI-1 – inserida em 20-6-2001)

III – O empregado submetido a contrato de trabalho por tempo determinado goza da garantia provisória de emprego, decorrente de acidente de trabalho, prevista no art. 118 da Lei n. 8.213/91.

•• Redação determinada pela Resolução n. 185, de 14-9-2012.

381. Correção monetária. Salário. Art. 459 da CLT. (conversão da Orientação Jurisprudencial n. 124 da SDI-1)

O pagamento dos salários até o 5º dia útil do mês subsequente ao vencido não está sujeito à correção monetária. Se essa data limite for ultrapassada, incidirá o índice da correção monetária do mês subsequente ao da prestação dos serviços, a partir do dia 1º. (ex-OJ 124 – inserida em 20-4-1998)

391. Petroleiros. Lei n. 5.811/1972. Turno ininterrupto de revezamento. Horas extras e alteração da jornada para horário fixo. (conversão das Orientações Jurisprudenciais n. 240 e 333 da SDI-1)

I – A Lei n. 5.811/72 foi recepcionada pela CF/88 no que se refere à duração da jornada de trabalho em regime de revezamento dos petroleiros. (ex-OJ 240 – inserida em 20-6-2001)

II – A previsão contida no art. 10 da Lei n. 5.811/1972, possibilitando a mudança do regime de revezamento para horário fixo, constitui alteração lícita, não violando os arts. 468 da CLT e 7º, VI, da CF/1988. (ex-OJ 333 – *DJ* 9-12-2003)

392. Dano moral e material. Relação de trabalho. Competência da Justiça do Trabalho

Nos termos do art. 114, inc. VI, da Constituição da República, a Justiça do Trabalho é competente para processar e julgar ações de indenização por dano moral e material, decorrentes da relação de trabalho, inclusive as oriundas de acidente de trabalho e doenças a ele equiparadas, ainda que propostas pelos dependentes ou sucessores do trabalhador falecido.

•• Redação determinada pela Resolução n. 200, de 27-10-2015.

396. Estabilidade provisória. Pedido de reintegração. Concessão do salário relativo ao período de estabilidade já exaurido. Inexistência de julgamento *extra petita*. (conversão das Orientações Jurisprudenciais n. 106 e 116 da SDI-1)

I – Exaurido o período de estabilidade, são devidos ao empregado apenas os salários do período compreendido entre a data da despedida e o final do período de estabilidade, não lhe sendo assegurada a reintegração no emprego. (ex-OJ 116 – inserida em 20-11-1997)

II – Não há nulidade por julgamento *extra petita* da decisão que deferir salário quando o pedido for de reintegração, dados os termos do art. 496 da CLT (ex-OJ 106 – inserida em 1º-10-1997).

423. Turno ininterrupto de revezamento. Fixação de jornada de trabalho mediante negociação coletiva. Validade. (conversão da Orientação Jurisprudencial n. 169 da SBDI-1)

Estabelecida jornada superior a seis horas e limitada a oito horas por meio de regular negociação coletiva, os empregados submetidos a turnos ininterruptos de revezamento não têm direito ao pagamento da 7ª e 8ª horas como extras.

428. Sobreaviso. Aplicação analógica do art. 244, § 2º, da CLT. (redação alterada na sessão do Tribunal Pleno realizada em 14-9-2012)

I – O uso de instrumentos telemáticos ou informatizados fornecidos pela empresa ao empregado, por si só, não caracteriza o regime de sobreaviso.

II – Considera-se em sobreaviso o empregado que, à distância e submetido a controle patronal por instrumentos telemáticos ou informatizados, permanecer em regime de plantão ou equivalente, aguardando a qualquer momento o chamado para o serviço durante o período de descanso.

•• Redação determinada pela Resolução n. 185, de 14-9-2012.

429. Tempo à disposição do empregador. Art. 4º da CLT. Período de deslocamento entre a portaria e o local de trabalho

Considera-se à disposição do empregador, na forma do art. 4º da CLT, o tempo necessário ao deslocamento do trabalhador entre a portaria da empresa e o local de trabalho, desde que supere o limite de 10 (dez) minutos diários.

437. Intervalo intrajornada para repouso e alimentação. Aplicação do art. 71 da CLT. (conversão das Orientações Jurisprudenciais n. 307, 342, 354, 380 e 381 da SBDI-1)

I – Após a edição da Lei n. 8.923/94, a não concessão ou a concessão parcial do intervalo intrajornada mínimo, para repouso e alimentação, a empregados urbanos e rurais, implica o pagamento total do período correspondente, e não apenas daquele suprimido, com acréscimo de, no mínimo, 50% sobre o valor da remuneração da hora normal de trabalho (art. 71 da CLT), sem prejuízo do cômputo da efetiva jornada de labor para efeito de remuneração.

II – É inválida cláusula de acordo ou convenção coletiva de trabalho contemplando a supressão ou redução do intervalo intrajornada porque este constitui medida de higiene, saúde e segurança do trabalho, garantido por norma de ordem pública (art. 71 da CLT e art. 7º, XXII, da CF/1988), infenso à negociação coletiva.

III – Possui natureza salarial a parcela prevista no art. 71, § 4º, da CLT, com redação introduzida pela Lei n. 8.923, de 27 de julho de 1994, quando não concedido ou reduzido pelo empregador o intervalo mínimo intrajornada para repouso e alimentação, repercutindo, assim, no cálculo de outras parcelas salariais.

IV – Ultrapassada habitualmente a jornada de seis horas de trabalho, é devido o gozo do intervalo intrajornada mínimo de uma hora, obrigando o empregador a remunerar o período para descanso e alimentação não usufruído como extra, acrescido do respectivo adicional, na forma prevista no art. 71, *caput* e § 4º da CLT.

438. Intervalo para recuperação térmica do empregado. Ambiente artificialmente frio. Horas extras. Art. 253 da CLT. Aplicação analógica

O empregado submetido a trabalho contínuo em ambiente artificialmente frio, nos termos do parágrafo único do art. 253 da CLT, ainda que não labore em câmara frigorífica, tem direito ao intervalo intrajornada previsto no *caput* do art. 253 da CLT.

440. Auxílio-doença acidentário. Aposentadoria por invalidez. Suspensão do contrato de trabalho. Reconhecimento do direito à manutenção de plano de saúde ou de assistência médica

Assegura-se o direito à manutenção de plano de saúde ou de assistência médica oferecido pela empresa ao empregado, não obstante suspenso o contrato de trabalho em virtude de auxílio-doença acidentário ou de aposentadoria por invalidez.

443. Dispensa discriminatória. Presunção. Empregado portador de doença grave. Estigma ou preconceito. Direito á reintegração

Presume-se discriminatória a despedida de empregado portador do vírus HIV ou de outra doença grave que suscite estigma ou preconceito. Inválido o ato, o empregado tem direito à reintegração no emprego.

444. Jornada de trabalho. Norma coletiva. Lei. Escala de 12 por 36. Validade

É válida, em caráter excepcional, a jornada de doze horas de trabalho por trinta e seis de descanso, prevista em lei ou ajustada exclusivamente mediante acordo coletivo de trabalho ou convenção coletiva de trabalho, assegurada a remuneração em dobro dos feriados trabalhados. O empregado não tem direito ao pagamento de adicional referente ao labor prestado na décima primeira e décima segunda horas.

446. Maquinista ferroviário. Intervalo intrajornada. Supressão parcial ou total. Horas extras devidas. Compatibilidade entre os arts. 71, § 4º, e 238, § 5º, da CLT

A garantia ao intervalo intrajornada, prevista no art. 71 da CLT, por constituir-se em medida de higiene, saúde e segurança do empregado, é aplicável também ao ferroviário maquinista integrante da categoria "c" (equipagem de trem em geral), não havendo incompatibilidade entre as regras inscritas nos arts. 71, § 4º, e 238, § 5º, da CLT.

447. Adicional de periculosidade. Permanência a bordo durante o abastecimento da aeronave. Indevido

Os tripulantes e demais empregados em serviços auxiliares de transporte aéreo que, no momento do abastecimento da aeronave, permanecem a bordo não têm direito ao adicional de periculosidade a que aludem o art. 193 da CLT e o Anexo 2, item 1, c, da NR 16 do MTE.

448. Atividade insalubre. Caracterização. Previsão na Norma Regulamentadora n. 15 da Portaria do Ministério do Trabalho n. 3.214/78. Instalações sanitárias. (conversão da Orientação Jurisprudencial n. 4 da SBDI-1 com nova redação do item II)

I – Não basta a constatação da insalubridade por meio de laudo pericial para que o empregado tenha direito ao respectivo adicional, sendo necessária a classificação da atividade insalubre na relação oficial elaborada pelo Ministério do Trabalho.

II – A higienização de instalações sanitárias de uso público ou coletivo de grande circulação, e a respectiva coleta de lixo, por não se equiparar à limpeza em residências e escritórios, enseja o pagamento de adicional de insalubridade em grau máximo, incidindo o disposto no Anexo 14 da NR-15 da Portaria do MTE n. 3.214/78 quanto à coleta e industrialização de lixo urbano.

449. Minutos que antecedem e sucedem a jornada de trabalho. Lei n. 10.243, de 19-6-2001. Norma coletiva. Flexibilização. Impossibilidade. (conversão da Orientação Jurisprudencial n. 372 da SBDI-1)

A partir da vigência da Lei n. 10.243, de 19-6-2001, que acrescentou o § 1º ao art. 58 da CLT, não mais prevalece cláusula prevista em convenção ou acordo coletivo que elastece o limite de 5 minutos que antecedem e sucedem a jornada de trabalho para fins de apuração das horas extras.

453. Adicional de periculosidade. Pagamento espontâneo. Caracterização de fato incontroverso. Desnecessária a perícia de que trata o art. 195 da CLT. (conversão da Orientação Jurisprudencial n. 406 da SBDI-1)

O pagamento de adicional de periculosidade efetuado por mera liberalidade da empresa, ainda que de forma proporcional ao tempo de exposição ao risco ou em percentual inferior ao máximo legalmente previsto, dispensa a realização da prova técnica exigida pelo art. 195 da CLT, pois torna incontroversa a existência do trabalho em condições perigosas.

454. Competência da Justiça do Trabalho. Execução de ofício. Contribuição social referente ao seguro de acidente de trabalho (SAT). Arts. 114, VIII, e 195, I, "a", da Constituição da República. (conversão da Orientação Jurisprudencial n. 414 da SBDI-1)

Compete à Justiça do Trabalho a execução, de ofício, da contribuição referente ao Seguro de Acidente de Trabalho (SAT), que tem natureza de contribuição para a seguridade social (arts. 114, VIII, e 195, I, "a", da CF), pois se destina ao financiamento de benefícios relativos à incapacidade do empregado decorrente de infortúnio no trabalho (arts. 11 e 22 da Lei n. 8.212/1991).

SÚMULAS DOS JUIZADOS ESPECIAIS FEDERAIS

9. O uso de Equipamento de Proteção Individual (EPI), ainda que elimine a insalubridade, no caso de exposição a ruído, não descaracteriza o tempo de serviço especial prestado.

14. Para a concessão de aposentadoria rural por idade, não se exige que o início de prova material, corresponda a todo o período equivalente à carência do benefício.

22. Se a prova pericial realizada em juízo dá conta de que a incapacidade já existia na data do requerimento administrativo, esta é o termo inicial do benefício assistencial.

26. A atividade de vigilante enquadra-se como especial, equiparando-se à de guarda, elencada no item 2.5.7. do Anexo III do Decreto n. 53.831/64.

•• O Decreto n. 53.831, de 25 de março de 1954, dispõe sobre a aposentadoria especial instituída pela Lei n. 3.807, de 26 de agosto de 1960 (Lei Orgânica da Previdência Social).

36. Não há vedação legal à cumulação da pensão por morte e trabalhador rural com benefício da aposentadoria por invalidez, por apresentarem pressupostos fáticos e fatos geradores distintos.

41. A circunstância de um dos integrantes do núcleo familiar desempenhar atividade urbana não implica, por si só, a descaracterização do trabalhador rural como segurado especial, condição que deve ser analisada no caso concreto.

46. O exercício de atividade urbana intercalada não impede a concessão de benefício previdenciário de trabalhador rural, condição que deve ser analisada no caso concreto.

47. Uma vez reconhecida a incapacidade parcial para o trabalho, o juiz deve analisar as condições pessoais e sociais do segurado para a concessão de aposentadoria por invalidez.

48. Para fins de concessão do benefício assistencial de prestação continuada, o conceito de pessoa com deficiência, que não se confunde necessariamente com situação de incapacidade laborativa, exige a configuração de impedimento de longo prazo com duração mínima de 2 (dois) anos, a ser aferido no caso concreto, desde o início do impedimento até a data prevista para a sua cessação.

•• Redação determinada pela Turma Nacional de Uniformização na sessão de 25-4-2019.

49. Para reconhecimento de condição especial de trabalho antes de 29-4-1995, a exposição a agentes nocivos à saúde ou à integridade física não precisa ocorrer de forma permanente.

50. É possível a conversão do tempo de serviço especial em comum do trabalho prestado em qualquer período.

53. Não há direito a auxílio-doença ou a aposentadoria por invalidez quando a incapacidade para o trabalho é preexistente ao reingresso do segurado no Regime Geral de Previdência Social.

55. A conversão do tempo de atividade especial em comum deve ocorrer com aplicação do fator multiplicativo em vigor na data da concessão da aposentadoria.

62. O segurado contribuinte individual pode obter reconhecimento de atividade especial para fins previdenciários, desde que consiga comprovar exposição a agentes nocivos à saúde ou à integridade física.

65. Os benefícios de auxílio-doença, auxílio-acidente e aposentadoria por invalidez concedidos no período de 28-3-2005 a 20-7-2005 devem ser calculados nos termos da Lei n. 8.213/1991, em sua redação anterior à vigência da Medida Provisória n. 242/2005.

67. O auxílio-alimentação recebido em pecúnia por segurado filiado ao Regime Geral da Previdência Social integra o salário de contribuição e sujeita-se à incidência de contribuição previdenciária.

68. O laudo pericial não contemporâneo ao período trabalhado é apto à comprovação da atividade especial do segurado.

70. A atividade de tratorista pode ser equiparada à de motorista de caminhão para fins de reconhecimento de atividade especial mediante enquadramento por categoria profissional.

71. O mero contato do pedreiro com o cimento não caracteriza condição especial de trabalho para fins previdenciários.

72. É possível o recebimento de benefício por incapacidade durante período em que houve exercício de atividade remunerada quando comprovado que o segurado estava incapaz para as atividades habituais na época em que trabalhou.

73. O tempo de gozo do auxílio-doença ou de aposentadoria por invalidez não decorrentes de acidente de trabalho só pode ser computado como tempo de contribuição ou para fins de carência quando intercalado entre períodos nos quais houve recolhimento de contribuições para a previdência social.

76. A averbação de tempo de serviço rural não contributivo não permite majorar o coeficiente de cálculo da renda mensal inicial de aposentadoria por idade previsto no art. 50 da Lei n. 8.213/91.

77. O julgador não é obrigado a analisar as condições pessoais e sociais quando não reconhecer a incapacidade do requerente para a sua atividade habitual.

78. Comprovado que o requerente de benefício é portador do vírus HIV, cabe ao julgador verificar as condições pessoais, sociais, econômicas e culturais, de forma a analisar a incapacidade em sentido amplo, em face da elevada estigmatização social da doença.

79. Nas ações em que se postula benefício assistencial, é necessária a comprovação das condições socioeconômicas do autor por laudo de assistente social, por auto de constatação lavrado por oficial de justiça ou, sendo inviabilizados os referidos meios, por prova testemunhal.

80. Nos pedidos de benefício de prestação continuada (LOAS), tendo em vista o advento da Lei n. 12.470/11, para adequada valoração dos fatores ambientais, sociais, econômicos e pessoais que impactam na participação da pessoa com deficiência na sociedade, é necessária a realização de avaliação social por assistente social ou outras providências aptas a revelar a efetiva condição vivida no meio social pelo requerente.

81. A impugnação de ato de indeferimento, cessação ou cancelamento de benefício previdenciário não se submete a qualquer prazo extintivo, seja em relação à revisão desses atos, seja em relação ao fundo de direito.

•• Redação determinada pela Turma Nacional de Uniformização na sessão de 9-12-2020.

82. O código 1.3.2 do quadro anexo ao Decreto n. 53.831/64, além dos profissionais da área da saúde, contempla os trabalhadores que exercem atividades de serviços gerais em limpeza e higienização de ambientes hospitalares.

•• O Decreto n. 53.831, de 25-3-1964, dispõe sobre a aposentadoria especial instituída pela Lei n. 3.807, de 26-8-1960. Atualmente, a matéria é tratada pela Lei n. 8.213, de 24-7-1991.

85. É possível a conversão de tempo comum em especial de período(s) anterior(es) ao advento da Lei n. 9.032/95 (que alterou a redação do § 3º do art. 57 da Lei n. 8.213/91), desde que todas as condições legais para a concessão do benefício pleiteado tenham sido atendidas antes da publicação da referida lei, independentemente da data de entrada do requerimento (DER).

87. A eficácia do EPI não obsta o reconhecimento de atividade especial exercida antes de 03/12/1998, data de início da vigência da MP 1.729/98, convertida na Lei n. 9.732/98.

ORIENTAÇÕES JURISPRUDENCIAIS DA SEÇÃO DE DISSÍDIOS INDIVIDUAIS 1 (SDI-1) DO TRIBUNAL SUPERIOR DO TRABALHO

4. (*Cancelada pela Resolução n. 194, de 19-5-2014, em decorrência de sua conversão na Súmula 448 do TST.*)

41. Estabilidade. Instrumento normativo. Vigência. Eficácia.

Preenchidos todos os pressupostos para a aquisição de estabilidade decorrente de acidente ou doença profissional, ainda durante a vigência do instrumento normativo, goza o empregado de estabilidade mesmo após o término da vigência deste.

47. Hora extra. Adicional de insalubridade. Base de cálculo. A base de cálculo da hora extra é o resultado da soma do salário contratual mais o adicional de insalubridade.

•• Redação determinada pela Resolução n. 148, de 26-6-2008.

60. Portuários. Hora noturna. Horas extras. (Lei n. 4.860/1965, arts. 4º e 7º, § 5º) Inserida em 28 de novembro de 1995 (nova redação em decorrência da incorporação da Orientação Jurisprudencial n. 61 da SDI-1)

I – A hora noturna no regime de trabalho no porto, compreendida entre dezenove horas e sete horas do dia seguinte, é de sessenta minutos.

II – Para o cálculo das horas extras prestadas pelos trabalhadores portuários, observar-se-á somente o salário básico percebido, excluídos os adicionais de risco e produtividade. (ex-OJ 61 da SDI-1 – inserida em 14-3-1994)

•• Redação determinada pela Resolução n. 129, de 5-4-2005.

97. Horas extras. Adicional noturno. Base de cálculo.

O adicional noturno integra a base de cálculo das horas extras prestadas no período noturno.

103. Adicional de insalubridade. Repouso semanal e feriados. Inserida em 1º de outubro de 1997 (nova redação)

O adicional de insalubridade já remunera os dias de repouso semanal e feriados.

•• Redação determinada pela Resolução n. 129, de 5-4-2005.

121. Substituição processual. Diferença do adicional de insalubridade. Legitimidade. Inserida em 20 de novembro de 1997 (nova redação)

O sindicato tem legitimidade para atuar na qualidade de substituto processual para pleitear diferença de adicional de insalubridade.

•• Redação determinada pela Resolução n. 129, de 5-4-2005.

127. Hora noturna reduzida. Subsistência após a CF/88.

O art. 73, § 1º, da CLT, que prevê a redução da hora noturna, não foi revogado pelo inciso IX do art. 7º da CF/88.

165. Perícia. Engenheiro ou médico. Adicional de insalubridade e periculosidade. Válido. Art. 195 da CLT.

O art. 195 da CLT não faz qualquer distinção entre o médico e o engenheiro para efeito de caracterização e classificação da insalubridade e periculosidade, bastando para a elaboração do laudo seja o profissional devidamente qualificado.

171. Adicional de insalubridade. Óleos minerais. Sentido do termo *manipulação*.

Para efeito de concessão de adicional de insalubridade não há distinção entre fabricação e manuseio de óleos minerais – Portaria n. 3.214 do Ministério do Trabalho, NR 15, Anexo XIII.

172. Adicional de insalubridade ou periculosidade. Condenação. Inserção em folha de pagamento. Condenada ao pagamento do adicional de insalubridade ou periculosidade, a empresa deverá inserir, mês a mês e enquanto o trabalho for executado sob essas condições, o valor correspondente em folha de pagamento.

173. Adicional de insalubridade. Atividade a céu aberto. Exposição ao sol e ao calor. (redação alterada na sessão do Tribunal Pleno realizada em 14-9-2012)

I – Ausente previsão legal, indevido o adicional de insalubridade ao trabalhador em atividade a céu aberto, por sujeição à radiação solar (art. 195 da CLT e Anexo 7 da NR 15 da Portaria n. 3.214/78 do MTE).

II – Tem direito ao adicional de insalubridade o trabalhador que exerce atividade exposto ao calor acima dos limites de tolerância, inclusive em ambiente externo com carga solar, nas condições previstas no Anexo 3 da NR 15 da Portaria n. 3.214/78 do MTE.

•• Redação determinada pela Resolução n. 186, de 14-9-2012.

191. Contrato de empreitada. Dono da obra de construção civil. Responsabilidade. (nova redação)

Diante da inexistência de previsão legal específica, o contrato de empreitada de construção civil entre o dono da obra e o empreiteiro não enseja responsabilidade solidária ou subsidiária nas obrigações trabalhistas contraídas pelo empreiteiro, salvo sendo o dono da obra uma empresa construtora ou incorporadora.

•• Redação determinada pela Resolução n. 175, de 24-5-2011.

208. Radiologista. Gratificação de raios X. Redução. Lei n. 7.923/89.

A alteração da gratificação por trabalho com raios X, de quarenta para dez por cento, na forma da Lei n. 7.923/89, não causou prejuízo ao trabalhador porque passou a incidir sobre o salário incorporado com todas as demais vantagens.

259. Adicional noturno. Base de cálculo. Adicional de periculosidade. Integração.

O adicional de periculosidade deve compor a base de cálculo do adicional noturno, já que também neste horário o trabalhador permanece sob as condições de risco.

278. Adicional de insalubridade. Perícia. Local de trabalho desativado.

A realização de perícia é obrigatória para a verificação de insalubridade. Quando não for possível sua realização como em caso de fechamento da empresa, poderá o julgador utilizar-se de outros meios de prova.

279. (*Cancelada pela Resolução n. 214, de 28-11-2016.*)

316. Portuários. Adicional de risco. Lei n. 4.860/1965.

O adicional de risco dos portuários, previsto no art. 14 da Lei n. 4.860/1965, deve ser proporcional ao tempo efetivo no serviço considerado sob risco e apenas àqueles que prestam serviços na área portuária.

• A Lei n. 4.860, de 26-11-1965, dispõe sobre o regime de trabalho nos portos organizados.

324. Adicional de periculosidade. Sistema elétrico de potência. Decreto n. 93.412/1986, art. 2º, § 1º.

É assegurado o adicional de periculosidade apenas aos empregados que trabalham em sistema elétrico de potência em condições de risco, ou que o façam com equipamentos e instalações elétricas similares, que ofereçam risco equivalente, ainda que em unidade consumidora de energia elétrica.

•• O Decreto n. 93.412, de 14-10-1986, foi revogado pelo Decreto n. 9.917, de 18-7-2019.

345. Adicional de periculosidade. Radiação ionizante ou substância radioativa. Devido.

A exposição do empregado à radiação ionizante ou à substância radioativa enseja a percepção do adicional de periculosidade, pois a regulamentação ministerial (Portarias do Ministério do Trabalho n. 3.393, de 17-12-1987, e 518, de 7-4-2003), ao reputar perigosa a atividade, reveste-se de plena eficácia, porquanto expedida por força de delegação legislativa contida no art. 200, *caput*, e inciso VI, da CLT. No período de 12-12-2002 a 6-4-2003, enquanto vigeu a Portaria n. 496 do Ministério do Trabalho, o empregado faz jus ao adicional de insalubridade.

347. Adicional de periculosidade. Sistema elétrico de potência. Lei n. 7.369, de 20 de setembro de 1985. Regulamentada pelo Decreto n. 93.412, de 14 de outubro de 1986. Extensão do direito aos cabistas, instaladores e reparadores de linhas e aparelhos em empresa de telefonia.

É devido o adicional de periculosidade aos empregados cabistas, instaladores e reparadores de linhas e aparelhos de empresas de telefonia, desde que, no exercício de suas funções, fiquem expostos a condições de risco equivalente ao do trabalho exercido em contato com o sistema elétrico de potência.

•• O Decreto n. 93.412, de 14-10-1986, foi revogado pelo Decreto n. 9.917, de 18-7-2019.

369. Estabilidade provisória. Delegado sindical. Inaplicável.

O delegado sindical não é beneficiário da estabilidade provisória prevista no art. 8º, VIII, da CF/1988, a qual é dirigida, exclusivamente, àqueles que exerçam ou ocupem cargos de direção nos sindicatos, submetidos a processo eletivo.

372. (*Cancelada pela Resolução n. 194, de 19-5-2014, em decorrência de sua conversão na Súmula 449 do TST.*)

375. Auxílio-doença. Aposentadoria por invalidez. Suspensão do contrato de trabalho. Prescrição. Contagem.

A suspensão do contrato de trabalho, em virtude da percepção do auxílio-doença ou da aposentadoria por invalidez, não impede a fluência da prescrição quinquenal, ressalvada a hipótese de absoluta impossibilidade de acesso ao Judiciário.

385. Adicional de periculosidade. Devido. Armazenamento de líquido inflamável no prédio. Construção vertical.

É devido o pagamento do adicional de periculosidade ao empregado que desenvolve suas atividades em edifício (construção vertical), seja em pavimento igual ou distinto daquele onde estão instalados tanques para armazenamento de líquido inflamável, em quantidade acima do limite legal, considerando-se como área de risco toda a área interna da construção vertical.

388. Jornada 12×36. Jornada mista que compreenda a totalidade do período noturno. Adicional noturno. Devido.

O empregado submetido à jornada de 12 horas de trabalho por 36 de descanso, que compreenda a totalidade do período noturno, tem direito ao adicional noturno, relativo às horas trabalhadas após as 5 horas da manhã.

393. Professor. Jornada de trabalho especial. Art. 318 da CLT. Salário mínimo. Proporcionalidade.

A contraprestação mensal devida ao professor, que trabalha no limite máximo da jornada prevista no art. 318 da CLT, é de um salário mínimo integral, não se cogitando do pagamento proporcional em relação a jornada prevista no art. 7º, XIII, da Constituição Federal.

395. Turno ininterrupto de revezamento. Hora noturna reduzida. Incidência.

O trabalho em regime de turnos ininterruptos de revezamento não retira o direito à hora noturna reduzida, não havendo incompatibilidade entre as disposições contidas nos arts. 73, § 1º, da CLT e 7º, XIV, da Constituição Federal.

396. Turnos ininterruptos de revezamento. Alteração da jornada de 8 para 6 horas diárias. Empregado horista. Aplicação do divisor 180.

Para o cálculo do salário-hora do empregado horista, submetido a turnos ininterruptos de revezamento, considerando a alteração da jornada de 8 para 6 horas diárias, aplica-se o divisor 180, em observância ao disposto no art. 7º, VI, da Constituição Federal, que assegura a irredutibilidade salarial.

399. Estabilidade provisória. Ação trabalhista ajuizada após o término do período de garantia

no emprego. Abuso do exercício do direito de ação. Não configuração. Indenização devida.

O ajuizamento de ação trabalhista após decorrido o período de garantia de emprego não configura abuso do exercício do direito de ação, pois este está submetido apenas ao prazo prescricional inscrito no art. 7º, XXIX, da CF/1988, sendo devida a indenização desde a dispensa até a data do término do período estabilitário.

402. Adicional de risco. Portuário. Terminal privativo. Arts. 14 e 19 da Lei n. 4.860, de 26 de novembro de 1965. Indevido. (mantida)

O adicional de risco previsto no artigo 14 da Lei n. 4.860, de 26 de novembro de 1965, aplica-se somente aos portuários que trabalham em portos organizados, não podendo ser conferido aos que operam terminal privativo.

•• Redação mantida pela Resolução n. 175, de 24-5-2011.

406. *(Cancelada pela Resolução n. 194, de 19-5-2014, em decorrência de sua conversão na Súmula 453 do TST.)*

414. *(Cancelada pela Resolução n. 194, de 19-5-2014, em decorrência de sua conversão na Súmula 454 do TST.)*

417. Prescrição. Rurícola. Emenda Constitucional n. 28, de 26-5-2000. Contrato de trabalho em curso.

Não há prescrição total ou parcial da pretensão do trabalhador rural que reclama direitos relativos a contrato de trabalho que se encontrava em curso à época da promulgação da Emenda Constitucional n. 28, de 26-05-2000, desde que ajuizada a demanda no prazo de cinco anos de sua publicação, observada a prescrição bienal.

419. *(Cancelada pela Resolução n. 200, de 27-10-2015.)*

420. Turnos ininterruptos de revezamento. Elastecimento da jornada de trabalho. Norma coletiva com eficácia retroativa. Invalidade.

É inválido o instrumento normativo que, regularizando situações pretéritas, estabelece jornada de oito horas para o trabalho em turnos ininterruptos de revezamento.

421. Honorários advocatícios. Ação de indenização por danos morais e materiais decorrentes de acidente de trabalho ou de doença profissional. Ajuizamento perante a justiça comum antes da promulgação da Emenda Constitucional n. 45/2004. Posterior remessa dos autos à justiça do trabalho. Art. 85 do CPC de 2015. Art. 20 do CPC de 1973. Incidência.

A condenação em honorários advocatícios nos autos de ação de indenização por danos morais e materiais decorrentes de acidente de trabalho ou de doença profissional, remetida à Justiça do Trabalho após ajuizamento na Justiça comum, antes da vigência da Emenda Constitucional n. 45/2004, decorre da mera sucumbência, nos termos do art. 85 do CPC de 2015 (art. 20 do CPC de 1973), não se sujeitando aos requisitos da Lei n. 5.584/1970.

•• Redação determinada pela Resolução n. 208, de 19-4-2016.

ORIENTAÇÕES JURISPRUDENCIAIS TRANSITÓRIAS DA SEÇÃO DE DISSÍDIOS INDIVIDUAIS 1 (SDI-1) DO TRIBUNAL SUPERIOR DO TRABALHO

4. *(Cancelada pela Resolução n. 175, de 24-5-2011.)*

12. CSN. Adicional de insalubridade e de periculosidade. Salário complessivo. Prevalência do acordo coletivo. Inserida em 19 de outubro de 2000 (inserido dispositivo)

O pagamento do adicional de insalubridade e periculosidade embutido no salário contratual dos empregados da CSN não caracteriza a complessividade salarial, uma vez que essa forma de pagamento decorre de acordo coletivo há muitos anos em vigor.

•• Redação determinada pela Resolução n. 129, de 5-4-2005.

33. Adicional de insalubridade. Base de cálculo, na vigência do Decreto-lei n. 2.351/1987: piso nacional de salários. (conversão da Orientação Jurisprudencial n. 3 da SDI-1)

Na vigência do Decreto-lei n. 2.351/1987, o piso nacional de salários é a base de cálculo para o adicional de insalubridade. (ex-OJ 3 da SDI-1 – inserida em 14-3-1994)

• O Decreto-lei n. 2.351, de 7-8-1987, que instituía o piso nacional de salários e o salário mínimo de referência, foi revogado pela Lei n. 11.321, de 7-7-2006.

57. Adicional de insalubridade. Deficiência de iluminamento. Limitação. (conversão da Orientação Jurisprudencial n. 153 da SDI-1)

Somente após 26 de fevereiro de 1991 foram, efetivamente, retiradas do mundo jurídico as normas ensejadoras do direito ao adicional de insalubridade por iluminamento insuficiente no local da prestação de serviço, como previsto na Portaria n. 3.751/1990 do Ministério do Trabalho. (ex-OJ 153 da SDI-1 – inserida em 26-3-1999)

ORIENTAÇÕES JURISPRUDENCIAIS DA SEÇÃO DE DISSÍDIOS INDIVIDUAIS 2 (SDI-2) DO TRIBUNAL SUPERIOR DO TRABALHO

2. Ação rescisória. Adicional de insalubridade. Base de cálculo. Salário mínimo. Cabível.

Viola o art. 192 da CLT decisão que acolhe pedido de adicional de insalubridade com base na remuneração do empregado.

•• Mantida pela Resolução n. 148, de 26-6-2008.

6. Ação rescisória. Cipeiro suplente. Estabilidade. ADCT da CF/88, art. 10, II, *a*. Súmula 83 do TST. Inserida em 20 de setembro de 2000 (nova redação)

Rescinde-se o julgado que nega estabilidade a membro suplente de CIPA, representante de empregado, por ofensa ao art. 10, II, *a*, do ADCT da CF/88, ainda que se cuide de decisão anterior à Súmula 339 do TST. Incidência da Súmula 83 do TST.

•• Redação determinada pela Resolução n. 137, de 4-8-2005.

ORIENTAÇÃO JURISPRUDENCIAL DA SEÇÃO DE DISSÍDIOS COLETIVOS (SDC) DO TRIBUNAL SUPERIOR DO TRABALHO

31. Estabilidade do acidentado. Acordo homologado. Prevalência. Impossibilidade. Violação do art. 118, Lei n. 8.213/91.

Não é possível a prevalência de acordo sobre legislação vigente, quando ele é menos benéfico do que a própria lei, porquanto o caráter imperativo dessa última restringe o campo de atuação da vontade das partes.

PRECEDENTES NORMATIVOS EM DISSÍDIOS COLETIVOS DO TRIBUNAL SUPERIOR DO TRABALHO

34. Empregado rural. Moradia

Ao empregado que residir no local de trabalho fica assegurada a moradia em condições de habitabilidade, conforme exigências da autoridade local.

42. Seguro obrigatório

Institui-se a obrigação do seguro, por acidente ou morte, para empregados que transportem valores ou exerçam as atividades de vigia ou vigilante.

50. Empregado rural. Defensivos agrícolas

O empregador rural é obrigado a possuir o receituário agronômico de defensivos agrícolas e a observar as medidas de prevenção nele contidas.

59. Empregado rural. Aferição das balanças

O instrumento de peso e medida, utilizado pelos empregadores para aferição das tarefas no regime de produção, deverá ser conferido pelo INPM.

60. Empregado rural. Latão de café

O latão de café terá capacidade de 60 litros e será padronizado de acordo com as normas do INPM.

71. Empregado rural. Transporte. Condições de segurança

Quando fornecidos pelo empregador, os veículos destinados a transportar trabalhadores rurais deverão satisfazer as condições de segurança e comodidade, sendo proibido o carregamento de ferramentas soltas junto às pessoas conduzidas.

106. Empregado rural. Atividade insalubre. Fornecimento de leite

Os empregadores que se dedicarem à pecuária leiteira fornecerão, diariamente, 1 (um) litro de leite aos trabalhadores que exerçam atividades insalubres.

107. Empregado rural. Caixa de medicamentos

Nos locais de trabalho no campo serão mantidos pelo empregador medicamentos e materiais de primeiros socorros.

108. Empregado rural. Abrigo no local de trabalho

Os empregadores rurais ficam obrigados a construir abrigos rústicos, nos locais de trabalho, para proteção de seus empregados.

110. Empregado rural. Ferramentas. Fornecimento pelo empregador

Serão fornecidas gratuitamente, pelo empregador, as ferramentas necessárias à execução do trabalho.

113. Transporte de acidentados, doentes e parturientes

Obriga-se o empregador a transportar o empregado, com urgência, para local apropriado, em caso de acidente, mal súbito ou parto, desde que ocorram no horário de trabalho ou em consequência deste.

DESPACHO DA SECRETARIA DE SEGURANÇA E SAÚDE NO TRABALHO, DE 1º DE OUTUBRO DE 1996 (1)

O Secretário de Segurança e Saúde no Trabalho no uso de suas atribuições legais, e

Considerando que a Norma Regulamentadora n. 7 (NR 7), intitulada Programa de Controle Médico de Saúde Ocupacional – PCMSO, aprovada pela Portaria SSST n. 24, de 29-12-94, publicada no *DOU* do dia 30-12-94, Seção 1, páginas 21.278 a 21.280, e alterada em parte pela Portaria SSST n. 8, de 8-5-96, publicada no *DOU* do dia 9-5-96, Seção 1, páginas 7.876/7.877, republicada no *DOU* do dia 13-5-96, Seção 1, página 8.202, tem sido objeto de questionamentos, consequentes, em grande parte, da não compreensão de seu texto, resolve expedir a presente Nota Técnica, visando orientar os profissionais ligados à área de segurança e saúde no trabalho, quanto à adequada operacionalização do programa de Controle Médico de Saúde Operacional – PCMSO, objeto da Norma Regulamentadora n. 7.

Norma Regulamentadora n. 7

Programa de Controle Médico de Saúde Ocupacional

Nota Técnica

A presente instrução técnica tem por objetivo a orientação de empregadores, empregados, agentes da inspeção do trabalho, profissionais ligados à área e

(1) Publicado no *Diário Oficial da União*, de 4-10-1996.

outros interessados para uma adequada operacionalização do Programa de Controle Médico de Saúde Ocupacional – PCMSO.

7.1. Do Objeto

7.1.1. Esta Norma Regulamentadora – NR estabelece a obrigatoriedade da elaboração e implementação, por parte de todos os empregadores e instituições que admitam trabalhadores como empregados, do Programa de Controle Médico de Saúde Ocupacional – PCMSO, com o objetivo de promoção e preservação da saúde do conjunto dos seus trabalhadores.

Nota:

Todos os trabalhadores devem ter o controle de sua saúde de acordo com os riscos a que estão expostos. Além de ser uma exigência legal prevista no art. 168 da CLT, está respaldada na Convenção n. 161 da Organização Internacional do Trabalho – OIT, respeitando princípios éticos, morais e técnicos.

7.1.2. Esta NR estabelece os parâmetros mínimos e diretrizes gerais a serem observados na execução do PCMSO, podendo os mesmos ser ampliados mediante negociação coletiva de trabalho.

7.1.3. Caberá a empresa contratante de mão de obra prestadora de serviços informar os riscos existentes e auxiliar na elaboração e implementação do PCMSO nos locais de trabalho onde os serviços estão sendo prestados.

Nota:

Lembramos que quanto ao trabalhador temporário, o vínculo empregatício, isto é, a relação de emprego, existe apenas entre o trabalhador temporário e a empresa prestadora de trabalho temporário. Esta é que está sujeita ao PCMSO e não o cliente.

Recomenda-se que as empresas contratantes de prestador de serviço coloquem como critério de contratação a realização do PCMSO.

7.2. Das Diretrizes

7.2.1. O PCMSO é parte integrante do conjunto mais amplo de iniciativas da empresa no campo da saúde dos trabalhadores, devendo estar articulado com o disposto nas demais NR.

7.2.2. O PCMSO deverá considerar as questões incidentes sobre o indivíduo e a coletividade de trabalhadores, privilegiando o instrumental clínico-epidemiológico na abordagem da relação entre sua saúde e o trabalho.

7.2.3. O PCMSO deverá ter caráter de prevenção, rastreamento e diagnóstico precoce dos agravos à saúde relacionados ao trabalho, inclusive de natureza subclínica, além da constatação da existência de casos de doenças profissionais ou danos irreversíveis à saúde dos trabalhadores.

7.2.4. PCMSO deverá ser planejado e implantado com base nos riscos à saúde dos trabalhadores, especialmente os identificados nas avaliações previstas nas demais NR.

Nota:

O PCMSO deve possuir diretrizes mínimas que possam balizar as ações desenvolvidas, de acordo com procedimentos em relação a condutas dentro dos conhecimentos científicos atualizados e da boa prática médica. Alguns destes procedimentos podem ser padronizados, enquanto outros devem ser individualizados para cada empresa, englobando sistema de registro de informações e referências que possam assegurar sua execução de forma coerente e dinâmica.

Assim, o mínimo que se requer do programa é um estudo *in loco* para reconhecimento prévio dos riscos ocupacionais existentes. O reconhecimento de riscos deve ser feito através de visitas aos locais de trabalho para análise do(s) procedimento(s) produtivo(s), postos de trabalho, informações sobre ocorrências de acidentes de trabalho e doenças ocupacionais, atas de CIPA, mapas de risco, estudos bibliográficos, etc.

Através deste reconhecimento, deve ser estabelecido um conjunto de exames clínicos e complementares específicos para a prevenção ou detecção precoce dos agravos à saúde dos trabalhadores, para cada grupo de trabalhadores da empresa, deixando claro, ainda, os critérios que deverão ser seguidos na interpretação dos resultados dos exames e as condutas que deverão ser tomadas no caso da constatação de alterações.

Embora o Programa deva ter articulação com todas as Normas Regulamentadoras, a articulação básica deve ser com o Programa de Prevenção de Riscos Ambientais – PPRA, previsto na Norma Regulamentadora n. 9 (NR 9).

Se o reconhecimento não detectar risco ocupacional específico, o controle médico poderá resumir-se a uma avaliação clínica global em todos os exames exigidos: admissional, periódico, demissional, mudança de função e retorno ao trabalho.

O instrumental clínico epidemiológico, citado no item 7.2.2, refere-se à boa prática da Medicina do Trabalho, pois além da abordagem clínica individual do trabalhador-paciente, as informações geradas devem ser tratadas no coletivo, ou seja, com uma abordagem dos grupos homogêneos em relação aos riscos detectados na análise do ambiente de trabalho, usando-se os instrumentos da epidemiologia, como cálculo de taxas ou coeficientes para verificar se há locais de trabalho, setores, atividades, funções, horários, ou grupos de trabalhadores, com mais agravos à saúde do que outros. Caso algo seja detectado, através desse "olhar" coletivo, deve-se proceder a investigações específicas, procurando-se a causa do fenômeno com vistas à prevenção do agravo.

O PCMSO pode ser alterado a qualquer momento, em seu todo ou em parte, sempre que o médico detectar mudanças nos riscos ocupacionais decorrentes de alterações nos processos de trabalho, novas descobertas da ciência médica em relação a efeitos de riscos existentes, mudança de critérios de interpretação de exames ou ainda reavaliações do reconhecimento dos riscos.

O PCMSO não é um documento que deve ser homologado ou registrado nas Delegacias Regionais do Trabalho, sendo que o mesmo deverá ficar arquivado no estabelecimento à disposição da fiscalização.

7.3. Das Responsabilidades

7.3.1. Compete ao empregador:

a) garantir a elaboração e efetiva implementação do PCMSO, bem como zelar pela sua eficácia;

b) custear, sem ônus para o empregado, todos os procedimentos relacionados ao PCMSO;

c) indicar, dentre os médicos dos Serviços Especializados em Engenharia de Segurança e em Medicina do Trabalho – SESMT, da empresa, um coordenador responsável pela execução do PCMSO;

d) no caso da empresa estar desobrigada de manter médico do trabalho, de acordo com a NR-4, deverá o empregador indicar médico do trabalho, empregado ou não da empresa, para reordenar o PCMSO;

e) inexistindo médico do trabalho na localidade, o empregador poderá contratar médico de outra especialidade para coordenar o PCMSO.

Nota:

O custeio do programa (incluindo avaliações clínicas e exames complementares) deve ser totalmente assumido pelo empregador, e, quando necessário, deverá ser comprovado que não houve nenhum repasse destes custos ao empregado.

O médico coordenador do Programa deve possuir, obrigatoriamente, especialização em Medicina do Trabalho, isto é, aquele portador de certificado de conclusão de curso de especialização em Medicina do Trabalho em nível de pós-graduação, ou portador de Certificado de Residência Médica em área de concentração em saúde do trabalhador, ou denominação equivalente, reconhecida pela Comissão Nacional de Residência Médica do Ministério da Educação, ambos ministrados por Universidade ou Faculdade que mantenha curso de Medicina, conforme item 4.4 da NR 4, com redação da Portaria DSST n. 11, de 17-9-90.

Os médicos do Trabalho registrados no Ministério do Trabalho até a data da publicação da Portaria n. 11, anteriormente citada, ou registrados no respectivo Conselho Profissional, têm seus direitos assegurados para o exercício da Medicina do Trabalho, conforme art. 4º da mesma Portaria, e ainda nos termos da Portaria SSMT n. 25, de 27-6-89.

7.3.1.1. Ficam desobrigadas de indicar médico coordenador as empresas de grau de risco 1 e 2, segundo o Quadro 1 da NR 4, com até 25 (vinte e cinco) empregados e aquelas de grau de risco 3 e 4, segundo o Quadro 1 da NR 4, com até 10 (dez) empregados.

7.3.1.1.1. As empresas com mais de 25 (vinte e cinco) empregados e até 50 (cinquenta) empregados, enquadradas no grau de risco 1 ou 2, segundo o Quadro 1 da NR 4, poderão estar desobrigadas de indicar médico coordenador em decorrência de negociação coletiva.

7.3.1.1.2. As empresas com mais de 10 (dez) empregados e com até 20 (vinte) empregados, enquadradas no grau de risco 3 ou 4, segundo o Quadro 1 da NR 4, poderão estar desobrigadas de indicar médico do trabalho coordenador em decorrência de negociação coletiva, assistida por profissional do órgão regional competente em segurança e saúde no trabalho.

7.3.1.1.3. Por determinação do Delegado Regional do Trabalho, com base no parecer técnico conclusivo da autoridade regional competente em matéria de segurança e saúde do trabalhador, ou em decorrência de negociação coletiva, as empresas previstas no item 7.3.1.1 e subitens anteriores poderão ter a obrigatoriedade de indicação de médico coordenador, quando suas condições representarem potencial de risco grave aos trabalhadores.

Nota:

Entende-se por parecer técnico conclusivo da autoridade regional competente em matéria de segurança e saúde do trabalhador, aquele emitido por agente de inspeção do trabalho da área de segurança e saúde do trabalhador.

7.3.2. Compete ao médico coordenador:

realizar os exames médicos previstos no item 7.4.1, ou encarregar os mesmos a profissional médico familiarizado com os princípios da patologia ocupacional e suas causas, bem como com o ambiente, as condições de trabalho e os riscos a que está ou será exposto cada trabalhador da empresa a ser examinado;

encarregar dos exames complementares previstos nos itens, quadros e anexos desta NR, profissionais e/ou entidades devidamente capacitados, equipados e qualificados.

Nota:

O médico do trabalho coordenador pode elaborar e ser responsável pelo PCMSO de várias empresas, filiais, unidades, frentes de trabalho, inclusive em várias Unidades da Federação. Por outro lado, o profissional encarregado pelo médico-coordenador de realizar os exames médicos, como pratica ato médico (exame médico) e assina ASO, deve estar registrado no CRM da Unidade da Federação em que atua.

O "profissional médico familiarizado", que poderá ser encarregado pelo médico coordenador de realizar os exames médicos ocupacionais, deverá ser um profissional da confiança deste, que orientado pelo PCMSO, poderá realizar os exames satisfatoriamente.

Quando um médico coordenador encarregar outro médico de realizar os exames, recomenda-se que esta delegação seja feita por escrito, e este documento fique arquivado no estabelecimento.

O médico do trabalho coordenador deverá ser indicado dentre os profissionais do SESMT da empresa, se esta estiver obrigada a possuí-lo. Caso contrário (ausência de médico do trabalho no SESMT) o médico do trabalho coordenador poderá ser autônomo ou filiado a qualquer entidade, como SESI, SESC, cooperativas médicas, empresas prestadoras de serviços, sindicatos ou associações, entre outras. Entretanto, é importante lembrar que o PCMSO estará sob a responsabilidade técnica do médico, e não da entidade à qual o mesmo se encontra vinculado.

Inexistindo na localidade o profissional especializado (médico do trabalho), ou indisponibilidade do mesmo, a empresa poderá contratar médico de outra especialidade para coordenar o PCMSO.

Não há necessidade de registrar ou cadastrar o médico do trabalho coordenador do PCMSO, ou empresa prestadora de serviço na Delegacia Regional do Trabalho.

Estrutura do PCMSO

Embora o Programa não possua um modelo a ser seguido, nem uma estrutura rígida, recomenda-se que alguns aspectos mínimos sejam contemplados e constem do documento:

a) identificação da empresa: razão social, endereço, CGC, ramo de atividade de acordo com Quadro 1 da NR 4 e seu respectivo grau de risco, número de trabalhadores e sua distribuição por sexo, e ainda horários de trabalho e turnos;

b) definição, com base nas atividades e processos de trabalho verificados e auxiliado pelo PPRA e mapeamento de risco, dos critérios e procedimentos a serem adotados nas avaliações clínicas;

c) programação anual dos exames clínicos e complementares específicos para os riscos detectados, definindo-se explicitamente quais trabalhadores ou grupos de trabalhadores serão submetidos a que exames e quando;

d) outras avaliações médicas especiais. Além disso, também podem ser incluídas, opcionalmente, no PCMSO, ações preventivas para doenças não ocupacionais, como: campanhas de vacinação, diabetes melitus, hipertensão arterial, prevenção do câncer ginecológico, prevenção de DST/AIDS, prevenção e tratamento do alcoolismo, entre outros.

O nível de complexidade do programa depende basicamente dos riscos existentes em cada empresa, das exigências físicas e psíquicas das atividades desenvolvidas, e das características biopsicofisiológicas de cada população trabalhadora. Assim, um Programa poderá se resumir à simples realização de avaliações clínicas bienais para empregados na faixa etária dos 18 aos 45 anos, não submetidos a riscos ocupacionais específicos, de acordo com o estudo prévio da empresa.

Poderão ser enquadrados nessa categoria trabalhadores do comércio varejista, secretárias de profissionais liberais, associações, entre outros.

Por outro lado, um PCMSO poderá ser muito complexo, contendo avaliações clínicas especiais, exames toxicológicos com curta periodicidade, avaliações epidemiológicas, entre outras providências.

As empresas desobrigadas de possuir médico coordenador deverão realizar as avaliações, por meio de médico, que, para a efetivação das mesmas, deverá necessariamente conhecer o local de trabalho.

Sem essa análise do local de trabalho, será impossível uma avaliação adequada da saúde do trabalhador.

Para essas empresas recomenda-se que o PCMSO contenha minimamente:

a) identificação da empresa: razão social, CGC, endereço, ramo de atividade, grau de risco, número de trabalhadores distribuídos por sexo, horário de trabalho e turnos;

b) identificação dos riscos existentes;

c) plano anual de realização dos exames médicos, com programação das avaliações clínicas e complementares específicas para os riscos detectados, definindo-se explicitamente quais os trabalhadores ou grupos de trabalhadores serão submetidos a que exames e quando.

7.4. Do Desenvolvimento do PCMSO

7.4.1. O PCMSO deve incluir, entre outros, a realização obrigatória dos exames médicos:

a) admissional;

b) periódicos;

c) do retorno ao trabalho;

d) de mudança de função;

e) demissional.

7.4.2. Os exames de que trata o item 7.4.1 compreendem:

a) avaliação clínica, abrangendo anamnese ocupacional e exame físico e mental;

b) exames complementares, realizados de acordo com os termos especificados nesta NR, e seus anexos.

7.4.2.1. Para os trabalhadores cujas atividades envolvem os riscos discriminados nos Quadros I e II desta NR, os exames médicos complementares deverão ser executados e interpretados com base nos critérios constantes dos referidos quadros e seus anexos. A periodicidade de avaliação dos indicadores biológicos do Quadro I deverá ser, no mínimo, semestral, podendo ser reduzida a critério do médico coordenador, ou por notificação do médico agente da inspeção do trabalho, ou mediante negociação coletiva de trabalho.

7.4.2.2. Para os trabalhadores expostos a agentes químicos não constantes dos Quadros I e II, outros indicadores biológicos poderão ser monitorizados, dependendo de estudo prévio dos aspectos de validade toxicológica, analítica e de interpretação desses indicadores.

7.4.2.3. Outros exames complementares usados normalmente em patologia clínica para avaliar o funcionamento de órgãos e sistemas orgânicos poderão ser realizados, a critério do médico coordenador ou encarregado, ou por notificação do médico agente da inspeção do trabalho, ou ainda decorrente de negociação coletiva de trabalho.

Despacho

7.4.3. A avaliação clínica referida no item 7.4.2, alínea "a", como parte integrante dos exames médicos constantes no item 7.4.1, deverá obedecer aos prazos e à periodicidade, conforme previsto nos subitens abaixo relacionados:

7.4.3.1. no exame médico admissional, deverá ser realizada antes que o trabalhador assuma suas atividades.

7.4.3.2. no exame médico periódico, de acordo com os intervalos mínimos de tempo abaixo discriminados:

a) para trabalhadores expostos a riscos ou situações de trabalho que impliquem no desencadeamento ou agravamento de doença ocupacional, ou ainda, para aqueles que sejam portadores de doenças crônicas, os exames deverão ser repetidos:

a.1) a cada ano ou a intervalos menores, a critério do médico encarregado, ou se notificado pelo médico agente da inspeção do trabalho, ou ainda, como resultado de negociação coletiva de trabalho;

a.2) de acordo com a periodicidade especificada no Anexo 6 da NR 15, para os trabalhadores expostos a condições hiperbáricas;

b) para os demais trabalhadores:

b.1) anual, quando menores de dezoito anos e maiores de quarenta e cinco anos de idade;

b.2) a cada dois anos, para os trabalhadores entre dezoito anos e quarenta e cinco anos de idade;

7.4.3.3. no exame de retorno ao trabalho, deverá ser realizada obrigatoriamente no primeiro dia da volta ao trabalho de trabalhador ausente por período igual ou superior a 30 (trinta) dias por motivo de doença ou acidente, de natureza ocupacional ou não, ou parto.

7.4.3.4. no exame médico de mudança de função, será obrigatoriamente realizada antes da data da mudança.

7.4.3.4.1. Para fins desta NR, entende-se por mudança de função toda e qualquer alteração de atividade, posto de trabalho ou de setor que implique na exposição do trabalhador a risco diferente daqueles a que estava exposto antes da mudança.

Nota:

Com relação ao exame de mudança de função, este deverá ser realizado somente se ocorrer alteração do risco a que o trabalhador ficará exposto. Poderá ocorrer troca de função na empresa sem mudança de risco, e assim não haverá necessidade do referido exame.

7.4.3.5. No exame médico demissional, será obrigatoriamente realizada até a data da homologação, desde que o último exame médico ocupacional tenha sido realizado há mais de:

• 135 (cento e trinta e cinco) dias para as empresas de grau de risco 1 e 2, segundo o Quadro 1 da NR 4;

• 90 (noventa) dias para empresas de grau de risco 3 e 4 segundo o Quadro 1 da NR 4.

7.4.3.5.1. As empresas enquadradas no grau de risco 1 ou 2, segundo o Quadro 1 da NR 4, poderão ampliar o prazo de dispensa da realização do exame demissional em até mais 135 (cento e trinta e cinco) dias, em decorrência de negociação coletiva, assistida por profissional indicado de comum acordo entre as partes ou por profissional do órgão regional competente em segurança e saúde no trabalho.

7.4.3.5.2. As empresas enquadradas no grau de risco 3 ou 4, segundo Quadro 1 da NR 4, poderão ampliar o prazo de dispensa da realização do exame demissional em até mais 90 (noventa) dias, em decorrência de negociação coletiva, assistida por profissional indicado de comum acordo entre as partes ou por profissional do órgão regional competente em segurança e saúde no trabalho.

7.4.3.5.3. Por determinação do Delegado Regional do Trabalho, com base em parecer técnico conclusivo da autoridade regional competente em matéria de segurança e saúde do trabalhador, ou em decorrência de negociação coletiva, as empresas poderão ser obrigadas a realizar o exame médico demissional independentemente da época de realização de qualquer outro exame, quando suas condições representarem potencial de risco grave aos trabalhadores.

Nota:

O médico agente de inspeção do trabalho, com base na inspeção efetuada na empresa, poderá notificá-la, com vistas a alteração do PCMSO, se considerar que há omissões que estejam prejudicando ou poderão prejudicar os trabalhadores. Recomenda-se que, antes da notificação, sempre que possível, o médico agente da inspeção do trabalho, discuta, tecnicamente, com o médico que elaborou o PCMSO as razões que o levaram à definição dos critérios e procedimentos apresentados.

Observando-se que um mesmo profissional ou empresa prestadora de serviço apresenta frequentes irregularidades na elaboração e implementação do PCMSO, recomenda-se o contato com os responsáveis, para orientação adequada.

Exames Médicos

O exame médico demissional deverá ser realizado até a data de homologação da dispensa ou até o desligamento definitivo do trabalhador, nas situações excluídas da obrigatoriedade de realização da homologação. O referido exame será dispensado sempre que houver sido realizado qualquer outro exame médico obrigatório em período inferior a 135 dias para empresas de graus de risco 1 e 2 e inferior a 90 dias para empresas de grau de risco 3 e 4. Esses prazos poderão ser ampliados em até mais 135 dias ou mais 90 dias, respectivamente, caso estabelecido em negociação coletiva, com assistência de profissional indicado de comum acordo entre as partes ou da área de segurança e saúde das DRT.

7.4.4. Para cada exame médico realizado, previsto no item 7.4.1, o médico emitirá o Atestado de Saúde Ocupacional – ASO, em duas vias.

7.4.4.1. A primeira via do ASO ficará arquivada no local de trabalho do trabalhador, inclusive frente de trabalho ou canteiro de obras, à disposição da fiscalização do trabalho.

7.4.4.2. A segunda via do ASO será obrigatoriamente entregue ao trabalhador, mediante recibo da primeira via.

7.4.4.3. O ASO deverá conter no mínimo:

a) nome completo do trabalhador, o número de registro de sua identidade e sua função;

b) os riscos ocupacionais específicos existentes, ou a ausência deles, na atividade do empregado, conforme instruções técnicas expedidas pela Secretaria de Segurança e Saúde no Trabalho – SSST;

c) indicação dos procedimentos médicos a que foi submetido o trabalhador, incluindo os exames complementares e a data em que foram realizados;

d) o nome do médico coordenador, quando houver, com respectivo CRM;

e) definição de apto ou inapto para a função específica que o trabalhador vai exercer, exerce ou exerceu;

f) nome do médico encarregado do exame e endereço ou forma de contato;

g) data e assinatura do médico encarregado do exame e carimbo contendo seu número de inscrição no CRM.

Nota:

Para Atestado de Saúde Ocupacional (ASO) serve qualquer modelo ou formulário, desde que traga as informações mínimas previstas na NR.

a) na identificação do trabalhador poderá ser usado o número da identidade, ou da carteira de trabalho. A função poderá ser completada pelo setor em que o empregado trabalha;

b) devem constar do ASO os riscos passíveis de causar doenças, exclusivamente ocupacionais, relacionadas com a atividade do trabalhador e em consonância com os exames complementares de controle médico;

Entende-se risco(s) ocupacional(ais) específico(s) o(s) agravo(s) potencial(ais) à saúde a que o empregado está exposto no seu setor/função. O(s) risco(s) é(são) o(s) detectado(s) na fase de elaboração do PCMSO.

Exemplos:

- prensista em uma estamparia ruidosa: ruído;
- faxineiro de empresa que exerça a sua função em área ruidosa: ruído;
- fundidor de grades de baterias: chumbo;
- pintor que trabalha em área ruidosa de uma metalúrgica: ruído e solventes;
- digitadora de um setor de digitação: movimentos repetitivos;
- mecânico que manuseia óleos e graxas: óleos;
- forneiro de uma função: calor
- técnico de radiologia: radiação ionizante;
- operador de moinho de farelo de soja: ruído e poeira orgânica;
- auxiliar de escritório que não faz movimentos repetitivos: não há riscos ocupacionais específicos;
- auxiliar de enfermagem em Hospital Geral: biológico;
- britador de pedra em uma pedreira: poeira mineral (ou poeira com alto teor de sílica livre cristalina se quiser ser mais específico) e ruído;
- gerente de supermercado: não há riscos ocupacionais específicos;
- impressor que usa tolueno como solvente de tinta em uma gráfica ruidosa: *solvente e ruído*;
- supervisor da mesma gráfica que permanece em uma sala isolada da área de produção: *não há risco ocupacional específico*;
- pintor a revólver que usa *thinner* como solvente: *solvente*.

Apesar de sua importância, não devem ser colocados riscos genéricos ou inespecíficos como *stress* por exemplo, e nem riscos de acidentes (mecânicos), como por exemplo, risco de choque elétrico para eletricista, risco de queda para trabalhadores em geral etc.

c) as indicações dos procedimentos médicos a que foi submetido o trabalhador são ligadas à identificação do(s) risco(s) da alínea "b";

Exemplos

Ruído: *audiometria*;

Poeira mineral: *radiografia do tórax*;

Chumbo: *plumbemia e ALA urinário*;

Fumos de plásticos: *espirometria*;

Tolueno: *ácido hipúrico e provas de função hepática e renal*;

Radiação ionizante: *hemograma*.

Para vários agentes descritos na alínea "b", não há procedimentos médicos específicos.

Exemplos

Dermatoses por cimento: O exame clínico detecta ou não dermatose por cimento. Convém escrever no PCMSO que o exame clínico deve ter atenção especial à pele, mas a alínea "c" do ASO fica em branco.

Trabalho em altas temperaturas: O hipertenso não deve trabalhar exposto a temperaturas elevadas, mas não há exames específicos a realizar.

L.E.R.: Não há exames complementares para detectar-se esta moléstia (é possível fazer ultra-som e eletroneuromiografia em todos os indivíduos, o que seria complexo, invasivo e caríssimo, além de ineficiente). O exame clínico é o mais indicado.

d) nome do médico coordenador, quando houver;

e) definição de apto ou inapto para a função;

f) nome do médico encarregado do exame, endereço ou forma de contato;

g) data e assinatura do médico encarregado do exame e carimbo contendo o número de inscrição no Conselho Regional de Medicina. Não é necessário carimbo. O nome do médico pode ser datilografado ou impresso através de recursos de informática, o importante é que seja legível.

7.4.5. Os dados obtidos nos exames médicos, incluindo avaliação clínica e exames complementares, as conclusões e a s medidas aplicadas deverão ser registrados em prontuário do médico coordenador do PCMSO.

7.4.5.1. Os registros a que se refere o item 7.4.5 deverão ser mantidos por período mínimo de 20 (vinte) anos após o desligamento do trabalhador.

7.4.5.2. Havendo substituição do médico a que se refere o item 7.4.5, os arquivos deverão ser transferidos para o seu sucessor.

Nota:

Os prontuários médicos devem ser guardados por 20 anos, prazo este de prescrição das ações pessoais (Código Civil Brasileiro – art. 177).

Do ponto de vista médico, grande parte das doenças ocupacionais têm tempo de latência entre a exposição e o aparecimento da moléstia de muitos anos. Em alguns casos esse período é de cerca de 40 anos. Assim, a conservação dos registros é importante para se recuperar a história profissional do trabalhador em caso de necessidade futura. Também para estudos epidemiológicos futuros é importante a conservação desses registros.

A guarda dos prontuários médicos é da responsabilidade do coordenador. Por se tratar de documento que contém informações confidenciais da saúde das pessoas, o seu arquivamento deve ser feito de modo a garantir o sigilo das mesmas. Esse arquivo pode ser guardado no local em que o médico coordenador considerar que os pré-requisitos acima estejam atendidos, podendo ser na própria empresa, em seu consultório ou escritório, na entidade a que está vinculado etc.

O prontuário médico pode ser informatizado, desde que resguardado o sigilo médico, conforme prescrito no código de ética médica.

O resultado dos exames complementares deve ser comunicado ao trabalhador e entregue ao mesmo uma cópia, conforme prescrito no § 5º do art. 168 da CLT, e o inciso III da alínea "c" do item 1.7 da NR 01 (Disposições Gerais).

7.4.6. O PCMSO deverá obedecer a um planejamento em que estejam p revistas as ações de saúde a serem executadas durante o ano, devendo estas ser objeto de relatório anual.

7.4.6.1. O relatório anual deverá discriminar, por setores da empresa, o número e a natureza dos exames médicos, incluindo avaliações clínicas e exames complementares, estatísticas de resultados anormais, assim como o planejamento para o próximo ano, tomando como base o modelo proposto no Quadro III desta NR.

7.4.6.2. O relatório anual deverá ser apresentado e discutido na CIPA, quando existente na empresa, de acordo com a NR 5, sendo sua cópia anexada ao livro de atas daquela Comissão.

7.4.6.3. O relatório anual do PCMSO poderá ser armazenado na forma de arquivo informatizado, desde que seja mantido de modo a proporcionar o imediato acesso por parte do agente da inspeção do trabalho.

7.4.6.4. As empresas desobrigadas de indicarem médico coordenador ficam dispensadas de elaborar o relatório anual.

Nota:

O relatório anual deverá ser feito após decorrido um ano da implantação do PCMSO, portanto depende de quando o Programa foi efetivamente implantado na empresa. Ainda quanto ao relatório, não há necessidade de envio, registro, ciência, ou qualquer tipo de procedimento junto às Delegacias Regionais de Trabalho. O mesmo deverá ser apresentado e discutido na CIPA, e mantido na empresa à disposição do agente de inspeção do trabalho. Esse relatório vai possibilitar ao médico a elaboração de seu plano de trabalho para o próximo ano.

O modelo proposto no Quadro III é apenas uma sugestão, a qual contém o mínimo de informações para uma análise do médico do trabalho coordenador no coletivo, ou seja, para o conjunto dos trabalhadores. O relatório poderá ser feito em qualquer modelo, desde que contenha as informações determinadas no item 7.4.6.1.

Nas empresas desobrigadas de manterem médico coordenador, recomenda-se a elaboração de um relatório anual contendo, minimamente: a relação dos exames com os respectivos tipos, datas de realização e resultados (conforme o ASO).

7.4.7. Sendo verificada, através da avaliação clínica do trabalhador e/ou dos exames constantes do Quadro I da presente NR, apenas exposição excessiva (EE ou SC +) ao risco, mesmo sem qualquer sintomatologia ou sinal clínico, deverá o trabalhador ser afastado do local de trabalho, ou do risco, até que esteja normalizado o indicador biológico de exposição e as medidas de controle nos ambientes de trabalho tenham sido adotadas.

7.4.8. Sendo constatada a ocorrência ou agravamento de doenças profissionais, através de exames médicos que incluem os definidos nesta NR, ou sendo verificadas alterações que revelem qualquer tipo de disfunção de órgão ou sistema biológico, através dos exames constantes dos quadros I (apenas aqueles com interpretação SC) e II, e do item 7.4.2.3 da presente NR, mesmo sem sintomatologia, caberá ao médico coordenador ou encarregado:

a) solicitar à empresa a emissão da Comunicação de Acidente do Trabalho – CAT;

b) indicar, quando necessário, o afastamento do trabalhador da exposição ao risco, ou do trabalho;

c) encaminhar o trabalhador à Previdência Social para estabelecimento de nexo causal, avaliação de incapacidade e definição da conduta previdenciária em relação ao trabalho;

d) orientar o empregador quanto à necessidade de adoção de medidas de controle no ambiente de trabalho.

7.5. Dos primeiros socorros

7.5.1. Todo estabelecimento deverá estar equipado com material necessário à prestação de primeiros socorros, considerando-se as características da atividade desenvolvida; manter esse material guardado em local adequado, aos cuidados de pessoa treinada para esse fim.

Quadro I

Nota:

O zinco e o tiocianato urinário foram retirados da norma anterior, basicamente porque os valores de referência da normalidade eram muito diferentes daqueles definidos para Europa e USA, de onde são originados. Poderão ser usados normalmente quando tivermos pesquisas que definam esses valores para o nosso país.

Em relação ao monitoramento biológico da exposição a tetracloroetileno através da dosagem de ácido tricloroacético urinário, o método analítico recomendável é a Espectroscopia UV/visível, mas no nível proposto para o IBMP (3,5 mg/1), é mais indicado realizar a análise por Cromatografia Gasosa ou mesmo HPLC.

Para controle do benzeno deve ser usado o Anexo à Instrução Normativa SSST n. 2, de 20-12-95.

•• *Vide* Instrução Normativa n. 2, de 8-11-2021, do Ministério do Trabalho e Previdência.

Zuher Handar

Índice Alfabético-Remissivo Geral

ADICIONAL DE INSALUBRIDADE

ADICIONAL DE PERICULOSIDADE

ADICIONAL DE RISCO

Índice

SÚMULA VINCULANTE